Thiel/Gelzer/Upmeier/Ley/Hanne · Baurechtssammlung · Band 92

Baurechtssammlung

Rechtsprechung des Bundesverwaltungsgerichts,
der Oberverwaltungsgerichte der Länder und anderer
Gerichte zum Bau- und Bodenrecht

Von **Prof. Dr. Fr. Thiel** †, **Prof. Dr. Konrad Gelzer** †,
Hans-Dieter Upmeier, Vizepräsident des Verwaltungsgerichts a. D. (Band 56–82), **Ralf Redeker,** Richter am Oberverwaltungsgericht für Nordrhein-Westfalen, Münster (Band 83–88), **Frauke Ley**, Leitung Büro des Oberbürgermeisters und des Rates in Bielefeld und **Wolfgang Hanne**, Fachstellenleiter im Bauordnungsamt Münster bis 08/2022 (ab Band 89)

Band 92 Rechtsprechung 2024

Werner Verlag 2026

Zitiervorschlag: BRS 92 Nr. 26

Bibliografische Information der Deutschen Nationalbibliothek
Die Deutsche Nationalbibliothek verzeichnet diese Publikation in der Deutschen Nationalbibliografie; detaillierte bibliografische Daten sind im Internet über http://dnb.d-nb.de abrufbar.

ISSN 0721-8451
ISBN 978-3-8041-5643-2

www.wolterskluwer.com

Satz: mediaTEXT Jena GmbH, Jena
Druck: Wydawnictwo Diecezjalne i Drukarnia w Sandomierzu, Sandomierz, Polen

Gedruckt auf säurefreiem, alterungsbeständigem und chlorfreiem Papier.

Vorwort

Mit dem 92. Band der Baurechtssammlung (BRS) legen wir wieder eine gezielte Auswahl der Rechtsprechung des Bundesverwaltungsgerichts, der Oberverwaltungsgerichte der Länder und anderer Gerichte zum Bau- und Bodenrecht vor. Bezugsjahr ist 2024, Redaktionsschluss war der 30.06.2025. Diese Entscheidungen spiegeln die Vielfalt und Komplexität des öffentlichen Baurechts aus unserer Sicht wider.

Verstärkt wurden Rechtsbehelfe gegen (großflächigen) Einzelhandel wahrgenommen. Aber auch Seniorenwohnheime, Flüchtlingsunterkünfte oder andere soziale Einrichtungen wurden und werden vielfach beklagt, die Akzeptanz für solche Infrastrukturmaßnahmen scheint zu sinken.

Bebauungspläne der Innenentwicklung haben sich zu einem beliebten Planungsinstrument entwickelt, auch hierzu finden Sie zahlreiche Entscheidungen in diesem Band. Die Nachverdichtung in bereits bebauten städtischen Bereichen führt zu vielfältigen Spannungen, die sich vermehrt in der Rechtsprechung zu Nachbareinwendungen niederschlagen.

Ein weiterer Schwerpunkt der vorliegenden Sammlung sind zahlreiche Entscheidungen zum Tätigkeitsfeld der Bauaufsichtsbehörden, insbesondere zum Abstandsflächenrecht. Verstärkt werden Rechtsstreite zu Nutzungsuntersagungen in Bezug auf Ferienwohnungen und Beherbergungsbetrieben geführt – eine Folge der Entwicklungen in touristisch geprägten Gebieten, in denen die Wohnraumbeschaffung für Einheimische inzwischen häufiger ein Strukturproblem geworden ist.

Fragen zum elektronischen Rechtsverkehr sind ebenfalls in der Rechtsprechung angekommen, hierzu finden Sie im letzten Kapitel Entscheidungen zur früheren und zu aktuellen Rechtslage.

Bielefeld und Münster, September 2025

Frauke Ley und *Wolfgang Hanne*

Gesamtübersicht

BAURECHTSSAMMLUNG (BRS)

Band 1	**Teil A:**	**Entscheidungen der VGH, OVG und LVG im Bundesgebiet 1945–1950**
	Teil B:	**Rechtsprechungsübersicht VGH, OVG und LVG 1945 bis 1950**
	Teil C:	**Rechtsprechungsübersicht PrOVG und RVG bis 1945**
	Teil D:	**Ausgewählte Entscheidungen des PrOVG und RVG**

Band 2 Entscheidungen des VGH, OVG und LVG 1951/52
Band 3 Entscheidungen des BVerwG, der VGH, OVG und LVG 1953
Band 4 Entscheidungen des BVerwG, der VGH, OVG und LVG 1954/55 nach Leitsätzen
Band 5 (Ergänzungsband) Rechtsprechungsübersicht 1945–1955
Band 6 Entscheidungen des BVerwG, der VGH, OVG und LVG 1956
Band 7 Entscheidungen des BVerwG, der VGH, OVG und LVG 1957
Band 8 Entscheidungen des BVerwG, der VGH, OVG und LVG 1958
Band 9 Entscheidungen des BVerwG, der VGH, OVG und LVG 1959
Band 10 (Ergänzungsband) Rechtsprechungsübersicht 1955–1960
Band 11 Entscheidungen des BVerwG, der VGH, OVG und LVG 1960
Band 12 Entscheidungen des BGH, der Baulandkammern und -senate, des BVerwG, der VGH, OVG und LVG 1961
Band 13 Entscheidungen des BGH, der Baulandkammern und -senate, des BVerwG, der VGH, OVG und LVG 1962
Band 14 Entscheidungen des BVerwG, der VGH, OVG, VG sowie der BauLG und des BGH 1962/63
Band 15 Entscheidungen des BVerwG, der VGH und OVG 1964
Band 16 Entscheidungen des BVerwG, der VGH und OVG 1965
Band 17 Entscheidungen des BVerwG, der VGH und OVG 1966
Band 18 Entscheidungen des BVerwG, der VGH und OVG 1967
Band 19 Sonderband der Rechtsprechung über die Enteignung und die Enteignungsentschädigung
Band 20 Entscheidungen des BVerwG, der VGH und OVG 1968
Band 21 Registerband für die Rechtsprechung 1964 bis 1968
Band 22 Entscheidungen des BVerwG, des BGH, der VGH und OVG 1969
Band 23 Entscheidungen des BVerwG, des BGH, der VGH und OVG 1970
Band 24 Entscheidungen des BVerwG, des BGH, der VGH und OVG 1971

Band 25 Entscheidungen des BVerwG, des BGH, der VGH und OVG 1972
Band 26 Sonderband der Rechtsprechung über die Enteignung und die Enteignungsentschädigung
Band 27 Entscheidungen des BVerwG, des BGH, der VGH und OVG 1973
Band 28 Entscheidungen des BVerwG, des BGH, der VGH und OVG 1974
Band 29 Entscheidungen des BVerwG, des BGH, der VGH und OVG 1975
Band 30 Entscheidungen des BVerwG, des BGH, der VGH und OVG 1976
Band 31 Registerband für die Rechtsprechung 1969 bis 1976
Band 32 Entscheidungen des BVerwG, des BGH, der VGH und OVG 1977
Band 33 Entscheidungen des BVerwG, des BGH, der VGH und OVG 1978
Band 34 Sonderband der Rechtsprechung über die Enteignung und die Enteignungsentschädigung
Band 35 Entscheidungen des BVerwG, des BGH, der VGH und OVG 1979
Band 36 Entscheidungen des BVerwG, des BGH, der VGH und OVG 1980
Band 37 Sonderband der Rechtsprechung zum Erschließungsbeitragsrecht
Band 38 Entscheidungen des BVerwG, des BGH, der VGH und OVG 1981
Band 39 Entscheidungen des BVerwG, des BGH, der VGH und OVG 1982
Band 40 Entscheidungen des BVerwG, des BGH, der VGH und OVG 1983
Band 41 Registerband für die Rechtsprechung 1977 bis 1983
Band 42 Entscheidungen des BVerwG, des BGH, der VGH und OVG 1984
Band 43 Sonderband der Rechtsprechung zum Erschließungsbeitragsrecht
Band 44 Entscheidungen des BVerwG, des BGH, der VGH und OVG 1985
Band 45 Sonderband der Rechtsprechung über die Enteignung und die Enteignungsentschädigung
Band 46 Entscheidungen des BVerwG, des BGH, der VGH und OVG 1986
Band 47 Entscheidungen des BVerwG, des BGH, der VGH und OVG 1987
Band 48 Entscheidungen des BVerwG, des BGH, der VGH und OVG 1988
Band 49 Entscheidungen des BVerwG, des BGH, der VGH und OVG 1989
Band 50 Entscheidungen des BVerwG, des BGH, der VGH und OVG 1990
Band 51 Registerband für die Rechtsprechung 1984 bis 1990
Band 52 Entscheidungen des BVerwG, des BGH, der VGH und OVG 1991
Band 53 Sonderband der Rechtsprechung über die Enteignung und die Enteignungsentschädigung
Band 54 Entscheidungen des BVerwG, des BGH, der VGH und OVG 1992
Band 55 Entscheidungen des BVerwG, des BGH, der VGH und OVG 1993
Band 56 Entscheidungen des BVerwG, des BGH, der VGH und OVG 1994
Band 57 Entscheidungen des BVerwG, des BGH, der VGH und OVG 1995
Band 58 Entscheidungen des BVerwG, des BGH, der VGH und OVG 1996

Band 59 **Entscheidungen des BVerwG, des BGH, der VGH und OVG 1997**
Band 60 **Entscheidungen des BVerwG, des BGH, der VGH und OVG 1998**
Band 61 **Registerband für die Rechtsprechung 1991 bis 1998**
Band 62 **Entscheidungen des BVerwG, des BGH, der VGH und OVG 1999**
Band 63 **Entscheidungen des BVerwG, des BGH, der VGH und OVG 2000**
Band 64 **Entscheidungen des BVerwG, des BGH, der VGH und OVG 2001**
Band 65 **Entscheidungen des BVerwG, des BGH, der VGH und OVG 2002**
Band 66 **Entscheidungen des BVerwG, des BGH, der VGH und OVG 2003**
Band 67 **Entscheidungen des BVerwG, des BGH, der VGH und OVG 2004**
Band 68 **Sonderband der Rechtsprechung über die Enteignung und die Enteignungsentschädigung 1993 bis 2007**
Band 69 **Entscheidungen des BVerwG, des BGH, der VGH und OVG 2005**
Band 70 **Entscheidungen des BVerwG, des BGH, der VGH und OVG 2006**
Band 71 **Entscheidungen des BVerwG, des BGH, der VGH und OVG 2007**
Band 72 **Registerband für die Rechtsprechung 1999 bis 2007**
Band 73 **Entscheidungen des BVerwG, des BGH, der VGH und OVG 2008**
Band 74 **Entscheidungen des BVerwG, des BGH, der VGH und OVG 2009**
Band 75 **Sonderband der Rechtsprechung zum Erschließungs- und Erschließungsbeitragsrecht 1986 bis 2010**
Band 76 **Entscheidungen des BVerwG, des BGH, der VGH und OVG 2010**
Band 77 **Sonderband der Rechtsprechung zum Denkmalschutzrecht 1986 bis 2011**
Band 78 **Entscheidungen des BVerwG, des BGH, der VGH und OVG 2011**
Band 79 **Entscheidungen des BVerwG, des BGH, der VGH und OVG 2012**
Band 80 **Sonderband der Rechtsprechung zum Landschafts- und Naturschutzrecht sowie zum europäischen Umweltrecht 2000 bis 2013**
Band 81 **Entscheidungen des BVerwG, des BGH, der VGH und OVG 2013**
Band 82 **Entscheidungen des BVerwG, des BGH, der VGH und OVG 2014**
Band 83 **Entscheidungen des BVerwG, des BGH, der VGH und OVG 2015**
Band 84 **Entscheidungen des BVerwG, der VGH und OVG und anderer Gerichte 2016**
Band 85 **Entscheidungen des BVerwG, der VGH und OVG und anderer Gerichte 2017**
Band 86 **Entscheidungen des BVerwG, der VGH und OVG und anderer Gerichte 2018**
Band 87 **Entscheidungen des BVerwG, der VGH und OVG und anderer Gerichte 2019**
Band 88 **Entscheidungen des BVerwG, der VGH und OVG und anderer Gerichte 2020**

Band 89 **Entscheidungen des BVerwG, der VGH und OVG und anderer Gerichte 2021**

Band 90 **Entscheidungen des BVerwG, der VGH und OVG und anderer Gerichte 2022**

Band 91 **Entscheidungen des BVerwG, der VGH und OVG und anderer Gerichte 2023**

Band 92 **Entscheidungen des BVerwG, der VGH und OVG und anderer Gerichte 2024**

Inhaltsübersicht

Inhaltsverzeichnis

II. Sicherung der Bauleitplanung

III. Zulässigkeit von Bauvorhaben

1. Im Bereich eines Bebauungsplanes

B. Rechtsprechung zum Bauordnungsrecht

I. Abstandsflächenrecht

II. Rechtsprechung zu sonstigen materiellen Fragen

C. Rechtsprechung zu bauaufsichtlichen Maßnahmen

D. Rechtsprechung zu Nachbareinwendungen

E. Rechtsprechung zum Baugenehmigungsverfahren

G. Rechtsprechung zum Natur- und Landschaftsschutzrecht

H. Rechtsprechung zum Immissionsschutzrecht

Zusammenstellung der abgedruckten Entscheidungen nach Gerichten in Zeitfolge

Datum	Aktenzeichen	Nr.	Seite
VG Augsburg			
01.08.2024	Au 4 K 24.1488	96	819
VG Bremen			
17.01.2024	1 K 2518/21	82	705
23.01.2024	1 V 2730/23	83	712
30.04.2024	1 V 562/24	85	728
15.11.2024	1 K 411/22	68	615
VG Düsseldorf			
22.05.2024	4 L 528/24	114	920
12.09.2024	28 K 4846/23	131	1085
VG Gelsenkirchen			
12.01.2024	5 L 1852/23	105	868
26.11.2024	6 K 4305/22	118	953
VG Hamburg			
15.01.2024	12 K 2905/21	121	970
06.03.2024	12 K 2215/19	64	567
VG Hannover			
30.09.2024	12 B 5770/23	126	1053
18.11.2024	4 B 4492/24	81	697
VG Karlsruhe			
21.02.2024	2 K 2590/23	122	996
20.03.2024	4 K 1921/22	110	889
08.04.2024	2 K 3865/23	123	1011
31.05.2024	2 K 224/23	134	1107
19.06.2024	2 K 3115/23	75	661
30.10.2024	2 K 597/24	143	1214
VG Köln			
24.07.2024	23 K 6041/21	94	802
VG Magdeburg			
03.04.2024	4 B 128/23 MD	71	632
27.06.2024	4 A 25/23 MD	91	774
VG Minden			
20.11.2024	9 K 2446/22	117	943

Abkürzungsverzeichnis

a. A.	anderer Ansicht, anderer Auffassung
a. a. O.	am angegebenen Ort
ABl.	Amtsblatt
Abs.	Absatz
Abschn.	Abschnitt
AgrarR	Agrarrecht
a. E.	am Ende
AEG	Allgemeines Eisenbahngesetz
a. F.	alte Fassung
AG	Amtsgericht
AG VwGO	Ausführungsgesetz zur VwGO
amtl.	amtlich
Amtsbl.	Amtsblatt
ÄndG	Änderungsgesetz
Anm.	Anmerkung
AöR	Archiv des öffentlichen Rechts (Zeitschrift)
Art.	Artikel
AS	Amtliche Sammlung der Entscheidungen der OVG Rheinland-Pfalz und Saarland
ASOG	Allgemeines Gesetz zum Schutze der öffentlichen Sicherheit und Ordnung in Berlin
AtG	Gesetz über die friedliche Nutzung der Kernenergie und den Schutz gegen ihre Gefahren (Atomgesetz)
AufbG	Aufbaugesetz
Aufl.	Auflage
BAB	Bundesautobahn
Bad.-Württ.	Baden-Württemberg
BauGB	Baugesetzbuch
BauGB-MaßnahmenG	Maßnahmengesetz zum Baugesetzbuch
BauNVO	Verordnung über die bauliche Nutzung der Grundstücke (Baunutzungsverordnung)
BauO	Bauordnung
BauO Bln	Berliner Bauordnung
BauO NRW	Bauordnung für das Land Nordrhein-Westfalen
BauR	Baurecht (Zeitschrift für das gesamte öffentliche und zivile Baurecht)

BauROG	Bau- und Raumordnungsgesetz
BauZVO	Bauplanungs- und Zulassungsverordnung
BayBO	Bayerische Bauordnung
BayDSchG	Denkmalschutzgesetz in Bayern
BayGO	Gemeindeordnung in Bayern
BayNatSchG	Naturschutzgesetz in Bayern
BayObLG	Bayerisches Oberstes Landesgericht
BayVBl.	Bayerische Verwaltungsblätter
Bay. VerfGH	Bayerischer Verfassungsgerichtshof
Bay. VGH	Bayerischer Verwaltungsgerichtshof
BayVwVfG	Verwaltungsverfahrensgesetz in Bayern
BayWG	Wassergesetz in Bayern
BBauG	Bundesbaugesetz
BBergG	Bundesberggesetz
Bbg	Brandenburg
BBodSchG	Bundesbodenschutzgesetz
Bd.	Band
Bek.	Bekanntmachung
BekanntmVO	Verordnung über die öffentliche Bekanntmachung von kommunalem Ortsrecht
BekV	Bekanntmachungsverordnung
Berl.Komm.	Berliner Kommentar zum BauGB
Beschl.	Beschluss
BGB	Bürgerliches Gesetzbuch
BGBl.	Bundesgesetzblatt
BGH	Bundesgerichtshof
BGHR-BGB	Rechtsprechung des Bundesgerichtshofs in Zivilsachen
BGHZ	Entscheidungen des BGH in Zivilsachen
BImSchG	Bundes-Immissionsschutzgesetz
16. BImSchG	Sechzehnte Verordnung zur Durchführung des BImSchG (Verkehrslärmschutzverordnung)
18. BImSchV	Achtzehnte Verordnung zur Durchführung des BImSchG (Sportanlagenlärmschutzverordnung)
BKleingG	Bundeskleingartengesetz
Bln	Berlin
BNatSchG	Bundesnaturschutzgesetz
BremLBO	Bremische Landesbauordnung

BRS	Baurechtssammlung
BSHG	Bundessozialhilfegesetz
BR-Drucks./Drs.	Bundesratsdrucksache
BT-Drucks./Drs.	Bundestagsdrucksache
Buchholz	Sammel- und Nachschlagewerk der Rechtsprechung des BVerwG, herausgegeben von Karl Buchholz
Buchst.	Buchstabe
BV	Verfassung des Freistaates Bayern
BVerfG	Bundesverfassungsgericht
BVerfGE	Entscheidungen des Bundesverfassungsgerichts
BVerwG	Bundesverwaltungsgericht
BVerwGE	Entscheidungen des Bundesverwaltungsgerichts
BWGZ	Baden-Württembergische Gemeindezeitschrift
CO_2	Kohlenstoffdioxid
CPlVO	Campingplatzverordnung
dB(A)	Dezibel des A-Schallpegels
DDR-StHG	Staatshaftungsgesetz der ehem. DDR
DIN	Deutsche Industrienorm
DÖV	Die Öffentliche Verwaltung (Zeitschrift)
Drucks.	Drucksache
DSchG	Denkmalschutzgesetz
DVBl.	Deutsches Verwaltungsblatt
DVO	Durchführungsverordnung
DVOR	Doppler Very High Frequency Omnidirectional Radio Range
DWD	Deutscher Wetterdienst
DWW	Deutsche Wohnungswirtschaft (Zeitschrift)
E	Entscheidung, Entscheidungssammlung
EAG Bau	Europarechtsanpassungsgesetz Bau
EEG	Gesetz über den Vorrang erneuerbarer Energien
EG	Europäische Gemeinschaft
EG BGB	Einführungsgesetz zum BGB
EGMR	Europäischer Gerichtshof für Menschenrechte
EG ZVG	Einführungsgesetz zum Zwangsversteigerungsgesetz
EKO	Einzelhandelskonzept
EMRK	Europäische Konvention zum Schutz der Menschenrechte und Grundfreiheiten

ESVGH	Entscheidungssammlung des Hessischen Verwaltungsgerichtshofs und des Verwaltungsgerichtshofs Baden-Württemberg
EuGH	Europäischer Gerichtshof
EWG	Europäische Wirtschaftsgemeinschaft
FFH-Richtlinie	Fauna-Flora-Habitat-Richtlinie
Fn.	Fußnote
FOC	Factory-Outlet-Center
FS	Festschrift
FSHG	Gesetz über den Feuerschutz und die Hilfeleistung
FStrG	Bundesfernstraßengesetz
GastG	Gaststättengesetz
GaVO (GarVO)	Garagenverordnung in Nordrhein-Westfalen
GBl.	Gesetzblatt
GbR	Gesellschaft bürgerlichen Rechts
GE	Gewerbegebiet
GeflPestSchV	Verordnung zum Schutz gegen die Geflügelpest
GemO (GO)	Gemeindeordnung
GEP	Gebietsentwicklungsplan
GesBl.	Gesetzblatt
GewArch.	Gewerbearchiv
GFZ	Geschossflächenzahl
GG	Grundgesetz für die Bundesrepublik Deutschland
GI	Industriegebiet
GIRL	Geruchsimmissions-Richtlinie
GKG	Gerichtskostengesetz
GlüStV NRW	Glücksspielstaatsvertrag für das Land Nordrhein-Westfalen
GmbH	Gesellschaft mit beschränkter Haftung
GMBl.	Gemeinsames Ministerialblatt
GO	Gemeindeordnung
GRZ	Grundflächenzahl
GV	Großvieheinheit
GVBl.	Gesetz- und Verordnungsblatt
GV NW	Gesetz- und Verordnungsblatt Nordrhein-Westfalen
GVOBl.	Gesetz- und Verordnungsblatt
h	Stunde
ha	Hektar

Hamb.	Hamburg
HBauO	Hamburgische Bauordnung
HBO	Hessische Bauordnung
h. M.	herrschende Meinung
HDSchG	Denkmalschutzgesetz in Hessen
HeNatG	Hessisches Naturschutzgesetz
HEPA-Filter	High Efficiency Particulate Airfilter
HessVerwRspr	Rechtsprechung des Hessischen Verwaltungsgerichtshofes
HessVGH	Hessischer Verwaltungsgerichtshof
HGO	Gemeindeordnung in Hessen
HPflG	Haftpflichtgesetz
HS	Halbsatz
HSOG	Gesetz über die öffentliche Sicherheit und Ordnung in Hessen
HVwVfG	Verwaltungsverfahrensgesetz in Hessen
i. d. F.	in der Fassung
i. d. R.	in der Regel
IFSP	immissionswirksame flächenbezogene Schallleistungspegel
InvWoBaulG (IWG)	Investitionserleichterungs- und Wohnbaulandgesetz
i. S.	im Sinne
i. S. d.	im Sinne der/des
i. V. m.	in Verbindung mit
JMBl.	Justizministerialblatt
JR	Juristische Rundschau (Zeitschrift)
Kfz	Kraftfahrzeug
Kfz/h	Kraftfahrzeuge pro Stunde
Komm.	Kommentar
KrW-/AbfG	Kreislaufwirtschafts- und Abfallgesetz
KVG LSA	Kommunalverfassungsgesetz des Landes Sachsen-Anhalt
LBauO	Landesbauordnung
LBG	Landbeschaffungsgesetz
LBO	Landesbauordnung
LBO Bad.-Württ.	Landesbauordnung Baden-Württemberg
LBO (LBauO) Rh.-Pf.	Landesbauordnung Rheinland-Pfalz

LBO Saarl.	Landesbauordnung des Saarlandes
LBO Schl.-H.	Landesbauordnung Schleswig-Holstein
LEK	Emissionskontingent
LEP/LEPro	Landesentwicklungsprogramm
Lfg.	Lieferung
LG	Landgericht
LG NW	Gesetz zur Sicherung des Naturhaushalts und zur Entwicklung der Landschaft (Landschaftsgesetz, Nordrhein-Westfalen)
lit.	Littera (Buchstabe)
LKV	Landes- und Kommunalverwaltung (Zeitschrift)
LPflG	Landespflegegesetz
LPlG	Landesplanungsgesetz
LROP	Landes-Raumordnungsprogramm
LS	Leitsatz
LSchVO	Landschaftsschutzverordnung
LT-Drucks./Drs.	Landtags-Drucksache
LUBW	Landesamt für Umweltschutz Baden-Württemberg
LuftVG	Luftverkehrsgesetz
Lwa	Schallleistungspegel
m^2	Quadratmeter
m^3	Kubikmeter
MBl.	Ministerialblatt
MD	Dorfgebiet
MDR	Monatsschrift für Deutsches Recht (Zeitschrift)
M-V	Mecklenburg-Vorpommern
Meckl.-Vorp.	Mecklenburg-Vorpommern
MI	Mischgebiet
MK	Kerngebiet
MKUNLV	Ministerium für Klimaschutz, Umwelt, Landwirtschaft, Natur- und Verbraucherschutz des Landes Nordrhein-Westfalen
MU	Urbanes Gebiet
MW	Megawatt
m.w.N.	mit weiteren Nachweisen
NatSchG	Naturschutzgesetz
NBauO	Niedersächsische Bauordnung
NdS	Niedersachsen

NdsVwVfG	Verwaltungsverfahrensgesetz in Niedersachsen
Nds. OVG	Niedersächsisches Oberverwaltungsgericht
NGO	Gemeindeordnung in Niedersachsen
NJ	Neue Justiz (Zeitschrift)
NJW	Neue Juristische Wochenschrift (Zeitschrift)
NordÖR	Zeitschrift für öffentliches Recht in Norddeutschland
Nr.	Nummer
NROG	Niedersächsisches Gesetz zur Raumordnung und Landesplanung
NRW	Nordrhein-Westfalen
NSOG	Gesetz über die öffentliche Sicherheit und Ordnung in Niedersachsen
NuR	Natur und Recht (Zeitschrift)
n. v.	nicht veröffentlicht
NVwZ	Neue Zeitschrift für Verwaltungsrecht
NVwZ-RR	NVwZ-Rechtsprechungsreport
NW	Nordrhein-Westfalen
NWG	Wassergesetz in Niedersachsen
NWVBl.	Nordrhein-Westfälische Verwaltungsblätter
OBG	Ordnungsbehördengesetz
OLG	Oberlandesgericht
OVG	Oberverwaltungsgericht
OVGE	Entscheidungen der Oberverwaltungsgerichte Münster (und Lüneburg)
OWiG	Gesetz über Ordnungswidrigkeiten
PBauE	Entscheidungssammlung zum Bauplanungsrecht
PBefG	Personenbeförderungsgesetz
PlanUP-RL	Richtlinie 2001/42/EG vom 27.06.2001 über die Prüfung der Umweltauswirkungen bestimmter Pläne und Programme
qm	Quadratmeter
RAS-L	Richtlinie für die Anlage von Straßen-Linienführung
RdErl.	Runderlass
RdL	Recht der Landwirtschaft (Zeitschrift)
RdLH	Rechtsdienste der Lebenshilfe
Rdnr.	Randnummer
RFNP	Regionaler Flächennutzungsplan

RGRK	Kommentar zum BGB, herausgegeben von Reichsgerichtsräten und Bundesrichtern
RGZ	Entscheidungen des Reichsgerichts in Zivilsachen
Rh.-Pf.	Rheinland-Pfalz
RL	Richtlinie
Rn.	Randnummer
ROG	Raumordnungsgesetz
RREP VP	Regionales Raumentwicklungsprogramm Vorpommern
RROP	Regionales Raumplanungsprogramm
Rs.	Rechtssache
RVO	Rechtsverordnung
S.	Seite oder Satz
Saarl.	Saarland
SachsAnh	Sachsen-Anhalt
Sachs.-Anh.	Sachsen-Anhalt
Sächs. OVG	Sächsisches Oberverwaltungsgericht
SächsBO	Sächsische Bauordnung
saP	Spezielle Artenschutzprüfung
Schl.-H.	Schleswig-Holstein
SKZ	Saarländische Kommunalzeitschrift
Slg.	Sammlung
SMBl.	Sammlung des Ministerialblattes
SO	Sondergebiet
SOG	Gesetz über die öffentliche Sicherheit und Ordnung
StBauFG	Städtebauförderungsgesetz
StBO	Staffelbauordnung
StörfallV	Störfallverordnung
stRspr.	Ständige Rechtsprechung
StrG	Straßengesetz
StrlSchV	Verordnung über den Schutz vor Schäden durch ionisierende Strahlen (Strahlenschutzverordnung)
StrWG	Straßen- und Wegegesetz
StVO	Straßenverkehrsordnung
SVwVfG	Verwaltungsverfahrensgesetz im Saarland
TA Abfall	Zweite allgemeine Verwaltungsvorschrift zum Abfallgesetz
TA Lärm	Technische Anleitung zum Schutz gegen Lärm

TEHG	Treibhausgas-Emissionshandelsgesetz
TF	textliche Festsetzung
Thür.	Thüringen
TKZulV	Telekommunikationszulassungsverordnung
Tz	Textziffer
UA	Urteilsabdruck
UMTS	Universal Mobil Telecommunications System
UmwRG	Umwelt-Rechtsbehelfsgesetz
UPR	Umwelt- und Planungsrecht (Zeitschrift)
Urt.	Urteil
UVP	Umweltverträglichkeitsprüfung
Var.	Variante
VBlBW	Verwaltungsblätter für Baden-Württemberg
VDI	Verein Deutscher Ingenieure
VENSA	Verwaltungsgerichtliche Entscheidungs- und Urteilssammlung des VGH Baden-Württemberg
VEP	Vorhaben- und Erschließungsplan
VerfGH	Verfassungsgerichtshof
VersR	Versicherungsrecht (Zeitschrift)
VerwArch.	Verwaltungsarchiv
VG	Verwaltungsgericht
VGH	Verwaltungsgerichtshof
VGH BW	Verwaltungsgerichtshof Baden-Württemberg
VGH Bad.-Württ.	Verwaltungsgerichtshof Baden-Württemberg
VGH n. F.	Amtliche Sammlung von Entscheidungen des Bayerischen Verwaltungsgerichtshofes, neue Folge
Vgl.	Vergleiche
VIZ	Zeitschrift für Vermögens- und Immobilienrecht
VO	Verordnung
Vorbem.	Vorbemerkung
VwGO	Verwaltungsgerichtsordnung
VwVfG	Verwaltungsverfahrensgesetz des Bundes und entsprechende Ländergesetze
VwVG	Verwaltungsvollstreckungsgesetz und entsprechende Ländergesetze
VwVSächsBO	Verwaltungsvorschrift des sächsischen Staatsministeriums des Innern zur sächsischen Bauordnung
VwZG	Verwaltungszustellungsgesetz und entsprechende Ländergesetze

WA	Allgemeines Wohngebiet
WaStrG	Bundeswasserstraßengesetz
WB	Besonderes Wohngebiet
WEA	Windenergieanlage
WEG	Wohnungseigentumsgesetz
WertR	Richtlinien für die Ermittlung des Verkehrswertes von Grundstücken
WG	Landeswassergesetz
WHG	Gesetz zur Ordnung des Wasserhaushaltes
WiVerw	Wirtschaft und Verwaltung
WM	Wertpapier-Mitteilungen (Zeitschrift)
WP	Wertpunkte
WR	Reines Wohngebiet
WRV	Weimarer Reichsverfassung
WS	Kleinsiedlungsgebiet
WTD	Wehrtechnische Dienststelle
WTG	Wohn- und Teilhabegesetz
ZfBR	Zeitschrift für deutsches und internationales Baurecht
ZfWG	Zeitschrift für Wett- und Glücksspielrecht
ZGB-DDR	Zivilgesetzbuch der ehem. DDR
Ziff.	Ziffer
ZMR	Zeitschrift für Miet- und Raumrecht
ZPO	Zivilprozessordnung
ZUR	Zeitschrift für Umweltrecht

A. Rechtsprechung zum Bauplanungsrecht

I. Bauleitplanung

Nr. 1

Die Beschränkung der Zahl zulässiger Vorhaben in einem sonstigen Sondergebiet ist mangels Rechtsgrundlage unwirksam. Ist mit der unwirksamen nummerischen Begrenzung eine Verkaufsflächenbegrenzung verknüpft, kommt eine planerhaltende Auslegung nur dann in Betracht, wenn die festgesetzte Fläche nach dem Willen der planenden Gemeinde nur für ein Vorhaben der festgesetzten Art vorgesehen ist.
(Leitsatz der Redaktion)

BauNVO § 11.

Bundesverwaltungsgericht, Beschluss vom 31. Januar 2024 – 4 BN 20.23 –.

Aus den Gründen:

In der Rechtsprechung des Bundesverwaltungsgerichts ist geklärt, dass die Beschränkung der Zahl zulässiger Vorhaben in einem sonstigen Sondergebiet mangels Rechtsgrundlage unwirksam ist. Eine planerhaltende Auslegung dieser Festsetzung scheidet aus. Die dann maßgebliche Frage nach der Wirksamkeit weiterer Bestimmungen des Bebauungsplans beantwortet sich nach den in der Rechtsprechung zum Verhältnis von Teil- und Gesamtunwirksamkeit eines Plans entwickelten Maßstäben. Hat die Gemeinde die unwirksame nummerische Beschränkung – wie hier – mit einer Verkaufsflächenbegrenzung verknüpft und besteht das als Sondergebiet ausgewiesene Areal nur aus einem vorhabengeeigneten Grundstück, kann die Festsetzung als grundstücksbezogene Verkaufsflächenbegrenzung aufrechterhalten werden, sofern die verbleibende Regelung zur Gewährleistung einer sinnvollen städtebaulichen Ordnung (§ 1 Abs. 3 Satz 1 BauGB) geeignet ist und zudem davon auszugehen ist, dass die Gemeinde die so verbleibende Festsetzung auch ohne die unwirksame zahlenmäßige Beschränkung erlassen hätte (vgl. BVerwG, Urteile v. 17.10.2019 – 4 CN 8.18 – BVerwGE 166, 378 Rdnr. 12 ff., 34 ff. und vom 25.1.2022 – CN 5.20 – Buchholz 406.12 § 11 BauNVO Nr. 43 Rdnr. 14 ff. und 31; Beschluss v. 15.12.2021 – 4 B 12.21 – juris Rdnr. 7, 10).

Diese Rechtsprechung hat das Oberverwaltungsgericht seiner Entscheidung zugrunde gelegt. Davon ausgehend hat es angenommen, dass sich die infolge der unzulässigen Beschränkung der Zahl zulässiger Vorhaben ebenfalls unzulässige baugebietsbezogene Verkaufsflächenbeschränkung planerhaltend als zulässige grundstücksbezogene Verkaufsflächenbeschränkung auslegen ließe, weil es in dem nur aus einem Buchgrundstück bestehenden Sondergebiet nur ein für die Art der Nutzung »Sportfachmarkt« geeignetes

Baugrundstück gebe. Das überplante Grundstück sei allerdings so groß, dass eine realistische Möglichkeit bestehe, dort mehrere Sportfachmärkte zu verwirklichen, die auch weit unterhalb einer Verkaufsfläche von 3 700 m^2 konkurrenzfähig seien. Dies entspreche aber nicht dem im Planaufstellungsverfahren zum Ausdruck gekommenen planerischen Willen der Antragsgegnerin, der es von Anfang an ausschließlich auf die »Ansiedlung eines Fachmarktes für Sportartikel« angekommen sei. Die Unwirksamkeit der nummerischen Festsetzung führe daher zur Gesamtunwirksamkeit der Sondergebietsfestsetzung. Der Umstand, dass bei Satzungsbeschluss bereits eine Baugenehmigung für einen D.-Markt mit einer Verkaufsfläche von 3 576,61 m^2 erteilt worden war, ändere daran nichts. Es sei nicht gesichert, dass dieser Markt dauerhaft ansässig bleibe, wie das Beispiel eines 2018 in P. eröffneten und bereits 2021 wieder geschlossenen D.-Marktes zeige.

An diesen Ausführungen geht das den Grundsatzfragen ... unterlegte Urteilsverständnis der Beschwerden vorbei, das Oberverwaltungsgericht habe als zusätzliche Voraussetzung für eine planerhaltende Auslegung der festgesetzten Verkaufsflächenbeschränkung verlangt, dass auf dem Baugrundstück nur ein durchschnittlich großer bzw. »marktgängiger« Sportfachmarkt untergebracht werden kann. Das Oberverwaltungsgericht hat eine planerhaltende Auslegung nicht wegen der Größe bzw. der – mangels Festsetzung einer Mindestverkaufsfläche – Ausnutzbarkeit des aus einem Buchgrundstück bestehenden Baugrundstücks durch mehr als einen Sportfachmarkt, sondern wegen des fehlenden planerischen Willens der Antragsgegnerin ausgeschlossen, dort mehrere Sportfachmärkte zu ermöglichen. Die Beigeladene macht insoweit eine fehlerhafte Anknüpfung am tatsächlichen und nicht am mutmaßlichen Willen der Antragsgegnerin geltend und erblickt darin eine Divergenz zum Urteil des Bundesverwaltungsgerichts vom 19.9.2002 – 4 CN 1.02 – (BVerwGE 117, 58 <61>). Abgesehen davon, dass die Beschwerdebegründung insoweit schon den Darlegungsanforderungen nicht genügt, ist die Rüge auch in der Sache unbegründet. Für den mutmaßlichen Willen ist – wie bereits ausgeführt – maßgeblich, ob die Gemeinde die verbleibende »Rest-Festsetzung« auch ohne die unwirksame zahlenmäßige Beschränkung erlassen hätte. Das richtet sich danach, worauf es der Gemeinde nach ihrem ursprünglichen Planungskonzept vornehmlich ankam. Nach den – gemäß § 137 Abs. 2 VwGO bindenden – auf die Planbegründung gestützten Feststellungen des Oberverwaltungsgerichts war dies gerade die Zulassung nur eines Sportfachmarktes.

Soweit die Antragsgegnerin in diesem Zusammenhang sinngemäß klären lassen möchte, wann ein Baugrundstück nur für einen Einzelhandelsbetrieb geeignet ist und welche Größe ein »marktgängiger« Sportfachmarkt haben muss, führt auch dies nicht zur Zulassung der Revision. Die Fragen betreffen die richterliche Tatsachenwürdigung und -bewertung. Tatsachenfragen – mögen sie auch von grundsätzlicher Bedeutung sein – reichen nach geltender Rechtslage für die Zulassung der Revision nicht aus (BVerwG, Beschlüsse v.

24.4.2017 – B 22.17 – Buchholz 310 § 132 Abs. 2 Nr. 1 VwGO Nr. 67 Rdnr. 4, vom 8.8.2018 – 1 B 25.18 – Buchholz 402.242 § 60 Abs. 2 AufenthG Nr. 58 Rdnr. 12 und vom 8.7.2020 – 4 B 44.19 – juris Rdnr. 7). Im Übrigen ist der Senat auch insoweit an die Tatsachenfeststellung und -würdigung der Vorinstanz mangels durchgreifender Verfahrensrügen gebunden (§ 137 Abs. 2 VwGO). Ungeachtet dessen lässt sich die Frage, ob die Unwirksamkeit einer nummerischen Festsetzung zur Gesamtunwirksamkeit des Bebauungsplans führt, nur anhand der Umstände des Einzelfalls, namentlich der Festsetzungen im Übrigen und der tatsächlichen Verhältnisse beurteilen.

Die .. aufgeworfene Frage, was für die planerhaltende Auslegung einer unzulässigen baugebietsbezogenen Verkaufsflächenbeschränkung als grundstücksbezogene Verkaufsflächenbeschränkung daraus folgt, dass bei der Beschlussfassung über den Bebauungsplan bereits eine Baugenehmigung für einen Sportfachmarkt erteilt war, der das Baugrundstück im Wesentlichen ausnutzt, und entsprechende Miet- und Bauverträge bereits abgeschlossen waren, lässt sich ohne Durchführung eines Revisionsverfahrens im Sinne des von der Vorinstanz eingenommenen Rechtsstandpunktes beantworten. Wie das Oberverwaltungsgericht zu Recht angenommen hat, sichert die Baugenehmigung die Nutzung des Grundstücks durch nur einen Sportfachmarkt nicht auf Dauer und ist deshalb als Anknüpfungspunkt für eine vorhaben- oder grundstücksbezogene Zuordnung der Verkaufsfläche ungeeignet.

Die Antragsgegnerin und die Beigeladene dringen auch mit ihren Divergenzrügen nicht durch.

Gemäß § 132 Abs. 2 Nr. 2 VwGO ist die Revision zuzulassen, wenn das Urteil von einer Entscheidung (u. a.) des Bundesverwaltungsgerichts abweicht und auf dieser Abweichung beruht. Dies setzt einen Widerspruch in einem abstrakten Rechtssatz voraus, also einen prinzipiellen Auffassungsunterschied über den Bedeutungsgehalt einer bestimmten Rechtsvorschrift oder eines Rechtsgrundsatzes (BVerwG, Beschluss v. 21.12.2017 – 6 B 43.17 – Buchholz 421.2 Hochschulrecht Nr. 198 Rdnr. 4). In der Beschwerdebegründung muss nach § 133 Abs. 3 Satz 3 VwGO die Entscheidung bezeichnet werden, von der das Urteil abweicht. Der Beschwerde obliegt es, einen tragenden, abstrakten Rechtssatz dieser Entscheidung zu einer revisiblen Rechtsvorschrift zu benennen und darzulegen, dass die Entscheidung der Vorinstanz auf einem abweichenden abstrakten Rechtssatz zu derselben Rechtsvorschrift beruht. Für eine Abweichung nach § 132 Abs. 2 Nr. 2 VwGO genügt nicht der Vorwurf, die Vorinstanz habe einen abstrakten Rechtssatz des Bundesverwaltungsgerichts fehlerhaft oder gar nicht angewandt (st. Rspr., vgl. BVerwG, Beschlüsse v. 19.8.1997 – 7 B 261.97 – 310 § 133 <n. F.> VwGO Nr. 26 S. 14 f. und vom 23.8.2021 – BN 10.21 – NVwZ 2021, 1702 Rdnr. 11).

Gemessen daran legen die Beschwerden eine Divergenz zu den Entscheidungen des Senats vom 3.4.2008 – 4 CN 3.07 – (BVerwGE 131, 86 Rdnr. 18), vom 17.10.2019 – 4 CN 8.18 – (BVerwGE 166, 378 Rdnr. 33) und vom

15.12.2021 – 4 B 12.21 – (juris Rdnr. 7) nicht dar. Die Beigeladene – und sinngemäß die Antragsgegnerin – entnehmen diesen Entscheidungen den Rechtssatz, dass sich eine als solche unzulässige baugebietsbezogene Verkaufsflächenbeschränkung planerhaltend als zulässige grundstücksbezogene Verkaufsflächenbeschränkung auslegen lasse, wenn das Sondergebiet nur aus einem Grundstück im grundbuchrechtlichen Sinn besteht und dieses auch das Baugrundstück bildet. Eine diesem Rechtssatz widersprechende Aussage kann dem angefochtenen Urteil nicht entnommen werden. Das Oberverwaltungsgericht hat seiner Entscheidung im Gegenteil – wie bereits ausgeführt – den vorstehenden Rechtssatz zugrunde gelegt. Die von den Beschwerden als divergierend bezeichneten weiteren Ausführungen betreffen dagegen die einzelfallbezogene Frage, ob es dem Willen der Antragsgegnerin entspricht, dass auf dem Baugrundstück angesichts des sonstigen Planinhalts und der tatsächlichen Verhältnisse mehr als ein Sportfachmarkt errichtet werden kann.

Nr. 2

1. **Eine städtische Problemlage, die durch erhebliche Geruchs-, Rauch-, und Feinstaubemissionen infolge einer hohen Konzentration von Grillrestaurants in der Umgebung entsteht, kann die städtebauliche Erforderlichkeit für den Erlass eines Bebauungsplans begründen.**
2. **Die Festsetzungsermächtigung des § 9 Abs. 1 Nr. 23a BauGB ermöglicht nur stoffbezogene, nicht aber anlagen- oder verhaltensbezogene Verwendungsverbote. Sie ist daher keine geeignete Rechtsgrundlage zur Untersagung von Grillanlagen als solchen.**

BauGB § 1 Abs. 3, § 2 Abs. 3, § 9 Abs. 1 Nr. 23a.

VGH Baden-Württemberg, Urteil vom 7. Mai 2024 – 3 S 189/22 –.

Aus den Gründen:

Die Antragstellerin wendet sich gegen einen Bebauungsplan, mit dem im Stadtgebiet der Antragsgegnerin in der näheren Umgebung des Marktplatzes Immissionen durch Grillrestaurants vermindert werden sollen. …

Der Bebauungsplan enthält folgende textliche Festsetzung:

»Im Geltungsbereich des Bebauungsplans ist die gewerbsmäßige Verwendung von festen und gasförmigen Brennstoffen für Feuerstätten, die dazu bestimmt sind, Speisen durch unmittelbare Berührung mit heißen Abgasen zu backen oder in ähnlicher Weise zuzubereiten, unzulässig.« …

Der Bebauungsplan leidet an einem beachtlichen formellen und einem materiellen Mangel. Er ist zwar städtebaulich erforderlich i. S. d. § 1 Abs. 3 Satz 1 BauGB. Es liegt aber ein Ermittlungs- und Bewertungsfehler i. S. d. § 2

Abs. 3 BauGB vor. Außerdem findet das festgesetzte Verbrennungsverbot in § 9 Abs. 1 Nr. 23a BauGB keine hinreichende Rechtsgrundlage.

Der Bebauungsplan leidet an einem beachtlichen Verfahrensfehler, weil das Abwägungsmaterial nicht hinreichend ermittelt und bewertet wurde (§ 2 Abs. 3 i. V. m. § 214 Abs. 1 Satz 1 Nr. 1 BauGB). Denn es gibt keine hinreichenden Ermittlungen und Bewertungen dazu, ob und in welchem Umfang die Emissionen von gasbetriebenen Feuerstätten zur Zubereitung von Speisen das gleiche Ausmaß und die gleiche Schädlichkeit aufweisen wie feststoffbefeuerte Grillanlagen, z. B. Holzkohlegrills.

Nach § 2 Abs. 3 BauGB sind bei der Aufstellung der Bauleitpläne die Belange, die für die Abwägung nach § 1 Abs. 7 BauGB von Bedeutung sind (Abwägungsmaterial), zu ermitteln und zu bewerten. Aus dieser Vorschrift ergeben sich die verfahrensrechtlichen Anforderungen an den Abwägungsvorgang. Das notwendige Abwägungsmaterial umfasst solche Belange, die in der konkreten Planungssituation nach Lage der Dinge in die Abwägung eingestellt werden müssen. Ein bereits einen Verfahrensfehler i. S. d. § 214 Abs. 1 Satz 1 Nr. 1 BauGB begründendes Ermittlungsdefizit liegt danach vor, wenn abwägungserhebliche Belange nicht oder in wesentlichen Punkten nicht zutreffend ermittelt worden sind und der Gemeinderat deshalb seiner Abwägungsentscheidung einen falschen oder unvollständigen Sachverhalt zu Grunde gelegt hat. Denn eine sachgerechte Einschätzung des Gewichts der berührten Belange (als Bewertung im Sinne des § 2 Abs. 3 BauGB) setzt ein vollständiges und zutreffendes Bild von den voraussichtlichen Auswirkungen der Planung voraus. Ein ebenfalls bereits einen Verfahrensfehler im Sinne des § 214 Abs. 1 Satz 1 Nr. 1 BauGB begründender Bewertungsfehler liegt vor, wenn die Bedeutung der berührten Belange verkannt wird (vgl. zum Ganzen Senatsurt. v. 17.2.2021 – 3 S 2249/20 – juris Rdnr. 51, Senatsurt. v. 20.10.2022 – 3 S 3017/20 – juris Rdnr. 64; VGH Bad.-Württ., Urteil v. 12.12.2023 – 5 S 3497/21 – juris Rdnr. 32; Urteil v. 27.9.2023 – 14 S 891/22 – juris Rdnr. 62; Urteil v. 12.3.2020 – 8 S 1542/189 – juris Rdnr. 36; jeweils m. w. N.).

Nach diesen Maßgaben liegt ein formeller Fehler i. S. d. § 2 Abs. 3 BauGB vor. Das im Bebauungsplan festgesetzte gewerbliche Verwendungsverbot von gasförmigen Brennstoffen für die Zubereitung von Speisen führt im Ergebnis zur Untersagung von gasbefeuerten Grillanlagen und Dönerspießen in Schank- und Speisegaststätten. Dies berührt die wirtschaftlichen Belange der Restaurants im Plangebiet, jedenfalls im Falle von Erweiterungen oder Neueröffnungen. Es liegt auf der Hand, dass diese Belange bei einer Festsetzung, die ausschließlich auf die Regelung der Betriebsabläufe von sog. Grillrestaurants zielt, in die Abwägung einzustellen sind. Der Gemeinderat der Antragsgegnerin hat jedoch nicht in ausreichendem Umfang Ermittlungen zum Emissionsbeitrag der gasbefeuerten Anlagen angestellt, so dass die Auswirkungen des Verwendungsverbots auf die hierdurch betroffenen Belange nicht sachgerecht bewertet und mit dem ihnen zukommenden Gewicht in die Abwägung eingestellt werden konnten.

Die Antragsgegnerin plante zunächst nur ein Vorgehen gegen Holzkohlegrills, im Laufe des Verfahrens wurden dann aber auch gasförmige Brennstoffe in das Verwendungsverbot einbezogen. Die Antragsgegnerin hat zwar zur Kenntnis genommen, dass es im Plangebiet im Zeitpunkt des Satzungsbeschlusses auch sieben Restaurants gab, die ausschließlich Dönergrillanlagen mit Gasfeuerung betrieben; es lagen aber keine hinreichenden Erkenntnisse über deren Beitrag zur dargestellten städtebaulichen Problemlage vor.

Der Geruchsimmissionsprognose lässt sich der Anteil der gasbefeuerten Grillanlagen und Dönerspieße an den schädlichen Umweltauswirkungen nicht entnehmen. Der Gutachter ging erkennbar davon aus, dass nur Holzkohlegrills ausgeschlossen werden sollen. Das Gutachten ermittelte die Geruchsimmissionen für fünf verschiedene Szenarien, bei denen jedoch stets auch Holzkohlegrills im Einsatz waren; ein Szenario, bei dem nur gasbefeuerte Grillgeräte bewertet wurden, wurde nicht untersucht. Das Gutachten legt zwar dar, dass Dönerspieße die zweitwichtigste Quelle hinsichtlich der Geruchsrelevanz sind und geht von insgesamt 14 emittierenden Dönergrills im Plangebiet aus. Bei der Berechnung und Bewertung des Szenarios 1 differenziert es aber nicht zwischen der Art der Befeuerung. Da die Antragsgegnerin annahm, dass von den 14 Dönergrills (nur) in sieben Restaurants ausschließlich Dönergrillanlagen mit Gasfeuerung betrieben werden, bietet auch der Befund für das Szenario 1 keine Grundlage für die Bewertung der allein durch Gasgrills verursachten Geruchsimmissionen.

Selbst wenn man zu Gunsten der Antragsgegnerin unterstellt, dass die Wärmequelle, d. h. die Verwendung von festen oder gasförmigen Brennstoffen, für das Ausmaß der Immissionen durch Grillgerüche in der betroffenen Umgebung keinen wesentlichen Unterschied macht – wie auch das von der Antragsgegnerin vorgelegte E-Mail des Fraunhofer-Instituts vom 21.7.2022 nahelegt –, ist zu berücksichtigen, dass neben den Geruchsimmissionen insbesondere auch die Verminderung der Rauch-, Ruß- und Feinstaubemissionen im Vordergrund stand, die ausdrücklich als eine der Hauptbelastungen qualifiziert. Dem Gemeinderat lagen aber im maßgeblichen Zeitpunkt des Satzungsbeschlusses keine Erkenntnisse vor, ob gasbefeuerte und feststoffbefeuerte Grillanlagen und Dönerspieße im Hinblick auf Rauch-, Ruß- und Feinstoffemissionen vergleichbare Auswirkungen haben. Nach der Planbegründung ist die Antragsgegnerin vielmehr davon ausgegangen, dass für die Entstehung von Rauch (einschließlich Ruß, Feinstaub und Blaurauch) (nur) die Verbrennung fester Brennstoffe verantwortlich ist, wobei neben Holzkohle auch Briketts genannt werden. Auch bei der Bezugnahme auf die Geruchsimmissionsprognose befasst sich die Planbegründung nur mit den »im Fokus stehenden« 14 Restaurants mit Holzkohlegrills bzw. enger mit den vier emissionsträchtigsten Restaurants, ohne die Einbeziehung der Gasbefeuerung zu erläutern. Dass es an positiven Erkenntnissen zu den Umweltauswirkungen gasbefeuerter Grillgeräte bzw. Dönerspieße insbesondere im Hinblick auf die

Rauchentwicklung fehlt, zeigt auch die Aussage in der Planbegründung, wonach es in der Literatur keine Belege dafür gebe, dass Gasgrills weniger Immissionen als Holzkohlegrills verursachten. Bei der in der Antragserwiderung genannten sachverständigen Stellungnahme des Fraunhofer-Instituts, wonach die beim Grillvorgang verwendete Wärmequelle (Holzkohle, Gas, Lavastein etc.) bei vielen gefährlichen Schadstoffen nur eine untergeordnete Rolle spiele, handelt es sich nach Aktenlage lediglich um eine – zudem sehr knapp gehaltene – E-Mail vom 21.7.2022, deren Inhalt dem Gemeinderat im Zeitpunkt des Satzungsbeschlusses noch nicht vorliegen konnte.

Auch wenn man mit der – insoweit nicht ganz konsistenten – Planbegründung davon ausgeht, dass die Einbeziehung gasförmiger Brennstoffe in erster Linie eine Umgehung des Verwendungsverbots für feste Brennstoffe durch ein Ausweichen auf gasförmige Brennstoffe verhindern soll, hätte es der Ermittlung der durch Gasgrills verursachten Emissionen und Immissionen bedurft. Denn wenn diese weniger schadstoff- oder geruchsintensiv als Holzkohlegrills sein sollten, könnte ein Systemwechsel ggf. sogar positiv zu bewerten sein; zumindest wären die betroffenen Belange unter diesen Umständen anders zu gewichten. Dies gilt umso mehr, als die Neuregelung auch Bestandsbetrieben einen Systemwechsel verbietet, obwohl die Antragsgegnerin den im Zeitpunkt des Inkrafttretens des Bebauungsplans bereits bestehenden – und ggf. schädlicheren – Kohlegrills Bestandsschutz zuschreibt. Die undifferenzierte Gleichsetzung von Holzkohle- und Gasgrills bzw. Dönerspießen, sei es hinsichtlich der Gerüche, sei es hinsichtlich der sonstigen Schadstoffe, stellt daher auch einen Bewertungsmangel dar.

Dieser Ermittlungs- und Bewertungsfehler ist beachtlich (§ 214 Abs. 1 Satz 1 Nr. 1 BauGB). Nach § 214 Abs. 1 Satz 1 Nr. 1 BauGB liegt ein beachtlicher Verfahrensfehler vor, wenn entgegen § 2 Abs. 3 BauGB die von der Planung berührten Belange, die der Gemeinde bekannt waren oder hätten bekannt sein müssen, in wesentlichen Punkten nicht zutreffend ermittelt oder bewertet worden sind und wenn der Mangel offensichtlich und auf das Ergebnis des Verfahrens von Einfluss gewesen ist. So liegt es hier.

Der dargelegte Mangel ist offensichtlich i. S. d. § 214 Abs. 1 Satz 1 Nr. 1 BauGB. Er betrifft die äußere Seite des Abwägungsvorgangs und ergibt sich aus objektiv erfassbaren Sachumständen, nämlich den vorliegenden Verwaltungsakten und der Planbegründung. Der Fehler ist auf das Ergebnis des Verfahrens auch von Einfluss gewesen, weil nach den Umständen des Falles die konkrete Möglichkeit besteht, dass ohne den Mangel im Abwägungsvorgang die Planung anders ausgefallen wäre. Der Einfluss von Fehlern i. S. d. § 214 Abs. 1 Satz 1 Nr. 1 BauGB darf nur verneint werden, wenn konkrete Anhaltspunkte dafür nachweisbar sind, dass die gleiche Entscheidung auch bei Vermeidung des Fehlers getroffen worden wäre (VGH Bad.-Württ., Urteil v. 22.6.2016 – 5 S 1149/15 – juris Rdnr. 74 m. w. N.). Dies ist hier nicht der Fall. Es kann nicht mit hinreichender Sicherheit ausgeschlossen werden, dass gasförmige Brennstoffe auf einer ausreichenden Tatsachengrundlage von dem Verbrennungsverbot etwa aus Gründen der Verhältnismäßigkeit ausgenommen worden wären. ...

Der Bebauungsplan leidet auch an einem zu seiner Gesamtunwirksamkeit führenden materiellen Mangel. Zwar fehlt es ihm nicht an der städtebaulichen Rechtfertigung. Die konkrete Festsetzung ist aber nicht von einer gesetzlichen Rechtsgrundlage gedeckt.

Nach § 1 Abs. 3 BauGB haben die Gemeinden die Bauleitpläne aufzustellen, soweit es für die städtebauliche Entwicklung und Ordnung erforderlich ist. Die Aufstellung ist nicht erst dann erforderlich, wenn hierfür zwingende Gründe vorliegen. Es muss sich lediglich um Belange handeln, die eine Bauleitplanung rechtfertigen können; hierzu gehören alle in § 1 Abs. 6 BauGB aufgeführten Belange. Das Recht zur Bauleitplanung ermächtigt die Gemeinden, diejenige Städtebaupolitik zu betreiben, die ihren städtebaulichen Ordnungsvorstellungen und Zielsetzungen entspricht. Nicht erforderlich sind daher nur solche Bebauungspläne, deren Verwirklichung auf unabsehbare Zeit rechtliche oder tatsächliche Hindernisse im Wege stehen oder die einer positiven Planungskonzeption entbehren und ersichtlich der Förderung von Zielen dienen, für deren Verwirklichung die Planungsinstrumente des Baugesetzbuchs nicht bestimmt sind. § 1 Abs. 3 Satz 1 BauGB setzt der Bauleitplanung damit eine erste Schranke, die zwar strikt bindend ist, aber lediglich grobe und einigermaßen offensichtliche Missgriffe ausschließt (st. Rspr.., vgl. etwa BVerwG, Urteil v. 27.3.2013 – 4 C 13.11 – BVerwGE 146, 137, juris Rdnr. 9; Senatsurt. v. 5.7.2023 – 3 S 4259/20 – juris Rdnr. 20 m. w. N.; VGH Bad.-Württ, Urteil v. 27.9.2023 – 14 S 891/22 – juris Rdnr. 85 m. w. N.).

Nach diesen Maßgaben ist der Bebauungsplan städtebaulich erforderlich i. S. d. § 1 Abs. 3 Satz 1 BauGB.

In der Begründung des Bebauungsplans wird im Wesentlichen ausgeführt, im Plangebiet sei eine ungewöhnliche Massierung von stark emittierenden Grillrestaurants festzustellen. Hierdurch komme es zu erheblichen Belästigungen durch Gerüche und Rauch, wegen denen es vermehrt Anwohnerbeschwerden gegeben habe. Die offenkundige Hauptbelastung sei die teilweise mit bloßem Auge sichtbare und bisweilen immense Rauch-, Ruß- und Feinstaubentwicklung, die Entwicklung sog. Blaurauchs und die – durch das Geruchsgutachten bestätigte – Luftverschmutzung durch Gerüche. Verstärkt werde die Immissionsproblematik durch den Gebietscharakter und die spezielle bauliche Topographie in der Mannheimer Innenstadt. Um die Abluft in die freie Abströmung führen zu können, wären aufgrund der heterogenen Dachlandschaft sehr hohe Kamine erforderlich, die jedoch aus statischen und optischen Gründen nicht realisierbar seien. Hinzu komme die geschlossene Blockrandbebauung, durch die die Abluft insbesondere bei Inversionswetterlagen nach unten in den Marktplatzbereich und in die angrenzenden Straßen transportiert werde. Die Innenstadt Mannheims weise traditionell eine hohe

Wohndichte auf. Im Stadtteil Jungbusch wohnten ca. 10 % der Gesamtbevölkerung, dies entspreche dem städtebaulichen Leitbild einer nutzungs- und sozialgemischten Stadt mit kurzen Wegen. Durch die starke Luftbelastung werde die Wohn- und Aufenthaltsqualität zeitweilig stark eingeschränkt. Es handele sich demnach um eine spezifische örtliche Problemlage. Die Stadt habe sich deshalb als Trägerin der Planungshoheit gehalten gesehen, ihre Planungsziele der (Wieder-)Herstellung, Sicherstellung und/oder Wahrung zuvörderst gesunder Wohn-, aber auch gesunder Arbeits- und Einkaufsverhältnisse als städtebauliches Ziel im Wege der Ordnung der Bodennutzungen durchzusetzen. Der Bebauungsplan sei Teil eines fachgebietsübergreifend abgestimmten Maßnahmenpakets bestehend aus reaktiven und präventiven Maßnahmen, da einzelne Maßnahmen wie beispielsweise solche nach dem Bundesimmissionsschutzgesetz für sich genommen nicht hinreichend seien, um die aktuelle Situation zu verbessern und insbesondere vorbeugenden Schutz auch in angrenzenden Gebieten zu gewährleisten. Angesichts weiterer Expansionsbestrebungen von Grillrestaurantbetreibern solle die Festsetzung nach § 9 Abs. 1 Nr. 23a BauGB die Neuinstallation von Grills in Gaststätten verhindern, um eingetretene Missstände nicht zu verschlimmern und einer weiteren Verschlechterung vorzubeugen.

Zielsetzung der Bauleitplanung ist es mithin, eine weitere Verschlechterung der Wohn-, Aufenthalts- und Arbeitsqualität in dem durch Immissionen von Grillanlagen besonders belasteten Plangebiet zu verhindern und die im Hinblick auf gesunde Wohn-, Aufenthalts- und Arbeitsverhältnisse eingetretenen Missstände zu begrenzen, um damit einer Verödung der Innenstadt entgegenzuwirken. Diese Zielsetzung ist städtebaulich gerechtfertigt. Zu den im vorliegenden Fall zu berücksichtigenden Belangen zählen nicht nur die Anforderungen an gesunde Wohnverhältnisse, umweltbezogene Auswirkungen auf den Menschen und seine Gesundheit, die Vermeidung von Emissionen sowie die Erhaltung der bestmöglichen Luftqualität (vgl. etwa § 1 Abs. 6 Nrn. 1, 7c), e) und h) BauGB), sondern auch die Wohnbedürfnisse der Bevölkerung (§ 1 Abs. 6 Nr. 2 BauGB).

Es besteht auch kein Anlass, anzunehmen, dass die genannten städtebaulichen Gründe nur vorgeschoben sind. Es gibt keine Anhaltspunkte dafür, dass die Antragsgegnerin in Wirklichkeit andere Zwecke verfolgt, als die dargestellte städtebauliche Problemlage zu bewältigen und gesunde Wohn- und Aufenthaltsverhältnisse zu fördern.

Ungeachtet der Frage, ob die Festsetzung des Bebauungsplans von der Rechtsgrundlage des § 9 Abs. 1 Nr. 23a BauGB gedeckt ist, kann der Antragsgegnerin im vorliegenden Zusammenhang auch nicht vorgehalten werden, dass sie im Gewande des Städtebaurechts immissionsschutzrechtliche Ziele verfolgt. Zwar ist die Bauleitplanung nach § 1 Abs. 1 und 3 BauGB ein Instrument zur städtebaulichen Entwicklung und Ordnung, das die bauliche und sonstige Nutzung der Grundstücke vorzubereiten und zu leiten hat. Den Kommunen ist es aber grundsätzlich nicht verwehrt, aus städtebaulichen Gründen auch (vorbeugenden) Immissionsschutz zu betreiben. Dies zeigen nicht nur die hier streitgegenständliche Ermächtigungsgrundlage des § 9 Abs. 1 Satz 1 Nr. 23a BauGB, sondern auch die allgemeinen Ermächtigungen und Verpflichtungen der Kommunen, den Belangen des Umweltschutzes und insbesondere des Immissionsschutzes Rechnung zu tragen (vgl. etwa § 1 Abs. 5 Satz 1 und 2, Abs. 6 Nr. 7 a), e), g), h), § 1a BauGB). Allein der Umstand, dass es der Antragsgegnerin darum geht, Emissionen zu senken, macht die Festsetzung deshalb noch nicht rechtswidrig. Maßgeblich ist vielmehr, ob diese Zielsetzung aus städtebaulichen Gründen verfolgt wird. Daran bestehen keine begründeten Zweifel.

Schließlich ist der Bebauungsplan nicht von vorneherein vollzugsunfähig, Ungeachtet der Frage, inwieweit für die bestehenden Grillanlagen und Dönerspieße Bestandsschutz besteht, ging die Antragsgegnerin im Zeitpunkt des Satzungsbeschlusses davon aus, dass es im Plangebiet weitere Expansionspläne von Grillrestaurantbetreibern gibt und der Markt noch nicht erschöpft ist. Dem ist die Antragstellerin nicht substantiiert entgegengetreten. Im Hinblick darauf, dass die Erforderlichkeit eines Bebauungsplans i. S. d. § 1 Abs. 3 Satz 1 BauGB nur bei offensichtlichen städtebaulichen Missgriffen fehlt, die Gemeinde auch vorsorglich tätig werden darf (s. dazu näher unten II.2.) und mit Umrüstungen verbundene Betreiberwechsel bei Restaurants auch nach der allgemeinen Lebenserfahrung vielfach vorkommen, bestehen insoweit keine rechtlichen Bedenken.

Das festgesetzte Verwendungsverbot findet aber in § 9 Abs. 1 Nr. 23a BauGB keine hinreichende Rechtsgrundlage.

Als Ausgestaltung von Inhalt und Schranken des Grundeigentums i. S. d. Art. 14 Abs. 1 Satz 2 GG bedürfen Festsetzungen eines Bebauungsplans einer gesetzlichen Grundlage. Diese findet sich in § 9 BauGB und in den ergänzenden Vorschriften der nach § 2 Abs. 5 BauGB erlassenen Baunutzungsverordnung. Hierdurch wird der festsetzungsfähige Inhalt eines Bebauungsplans abschließend geregelt; eine Gemeinde darf somit nur solche Festsetzungsinhalte in einen Bebauungsplan aufnehmen, zu denen sie auf Grund von § 9 BauGB oder der Baunutzungsverordnung ermächtigt ist; sie ist nicht befugt, andere Festsetzungsinhalte zu erfinden (Senatsurt. v. 29.7.2015 – 3 S 2492/13 – juris Rdnr. 56 m. w. N.).

Nach § 9 Abs. 1 Nr. 23a BauGB können im Bebauungsplan aus städtebaulichen Gründen Gebiete festgesetzt werden, in denen zum Schutz vor schädlichen Umwelteinwirkungen im Sinne des Bundes-Immissionsschutzgesetzes bestimmte luftverunreinigende Stoffe nicht oder nur beschränkt verwendet werden dürfen. Die betroffenen Gebiete sind nicht mit Gebieten gleichzusetzen, für die Luftreinhalte- oder Aktionspläne nach § 47 BImSchG zur Verminderung der Luftverunreinigung aufzustellen sind. Die Festsetzungsmöglichkeit nach Nr. 23a soll vielmehr auch vorbeugenden Umweltschutz ermöglichen und so den Eintritt von derartigen Belastungen gerade vermeiden helfen (vgl. BVerwG, Beschluss v. 16.12.1988 – 4 NB 1.88 – juris; Urteil v. 28.2.2002 – 4 CN 5.01 – juris, Urteil v. 14.9.2017 – 4 CN 6.16 – juris Rdnr. 22; VGH Bad.-Württ., Beschluss v. 2.12.1997 – 8 S 1477/97 – juris Rdnr. 19; OVG NRW, Beschluss v. 27.3.1998 – 10a D 188/97 – juris Rdnr. 16; offengelassen in Senatsurt. v. 29.7.2015 – 3 S 2492/13 – juris Rdnr. 59). Die Vorschrift dient speziell dem städtebaulichen Immissionsschutz auf örtlicher Ebene (vgl. Senatsurt. v. 29.7.2015 – 3 S 2492/13 – juris Rdnr. 58). Ein Verwendungsverbot zum Schutz vor schädlichen Umwelteinwirkungen muss daher durch besondere städtebauliche Gründe gerechtfertigt sein; das Verbot muss sich mithin mit den Besonderheiten der örtlichen Situation im Plangebiet rechtfertigen lassen (Senatsurt. v. 29.7.2015 – 3 S 2492/13 – juris Rdnr. 56; VGH Bad.-Württ., Beschluss v. 2. 12. 1997 – 8 S 1477/97 – juris Rdnr. 19). Diese gesetzliche Voraussetzung eines Verwendungsverbots darf aber nicht allzu streng gehandhabt werden. Mit der Ermächtigung in § 9 Abs. 1 Nr. 23a BauGB sollen die Gemeinden in die Lage versetzt werden sollten, dem Umweltschutz in Bebauungsplänen stärker als bisher Rechnung zu tragen. Dieser Zielsetzung würde es widersprechen, wenn an die Zulässigkeit von Verwendungsverboten besonders hohe Anforderungen gestellt würden (BVerwG, Beschluss v. 16. 12. 1988 – 4 NB 1.88 – juris; VGH Bad.-Württ., Beschluss v. 2. 12. 1997 – 8 S 1477/97 – Rdnr. 19). § 9 Abs. 1 Satz 1 Nr. 23a BauGB erlaubt im Interesse des Umweltschutzes auch eine schrittweise Verbesserung von Immissionssituationen in belasteten Bestandsgebieten. Bei einer Festsetzung für bebaute Gebiete kommt jedoch der Abwägungsgerechtigkeit (§ 1 Abs. 7 BauGB) im Hinblick auf die Erreichbarkeit der mit der Festsetzung verbundenen Ziele und der Abwägung der betroffenen Belange besonderes Gewicht zu (BVerwG, Beschluss v. 16. 12. 1988 – 4 NB 1.88 – juris).

Gemäß § 9 Abs. 1 Satz 1 Nr. 23a BauGB sind nur stoffbezogene, nicht aber anlagenbezogene Festsetzungen zu luftverunreinigenden Stoffen möglich (Senatsurt. v. 29.7.2015 – 3 S 2492/13 – juris Rdnr. 56; OVG NRW, Beschluss v. 27. 3. 1998 – 10a D 188/97 – juris Rdnr. 16, und Urteil v. 17. 10. 1996 – 7a D 164/94 – juris Rdnr. 19). Deshalb ist der Ausschluss der Errichtung von Rauchquellen und Feuerstätten für feste Brennstoffe wie etwa Schornsteine, Kachelöfen und Kaminöfen auf der Grundlage von Nr. 23a in einem Bebauungsplan unzulässig (vgl. BayVGH, Urteil v. 7. 4. 2000 – 2 N 98/32 – juris Rdnr. 14 m. w. N.; OVG NRW, Beschluss v. 27.3.1998 – 10a D 188/97 – juris Rdnr. 16). Ebenfalls nicht möglich ist es, technische oder bauliche Anforderungen an Anlagen festzusetzen oder an die Effizienz der Anlage anzuknüpfen, etwa an den Ausstoß bestimmter maximaler Schadstoffkonzentrationen (Senatsurt. v. 29.7.2015 – 3 S 2492/13 – juris Rdnr. 56). Die Verwendungsverbote und Verwendungsbeschränkungen müssen zudem vorhabenbezogen sowie hinreichend bestimmt in der Festsetzung bezeichnet werden und einen Bezug zu einer bestimmten Schädlichkeit aufweisen (vgl. zum Ganzen Mitschang/Reidt in Battis/Krautzberger/Löhr, BauGB, 22. Aufl. 2022, § 9 Rdnr. 125 ff. mit zahlreichen weiteren Nachweisen).

Gemessen an diesem Maßstab ist das Verwendungsverbot nach Auffassung des Senats trotz seines eng an § 9 Abs. 1 Nr. 23a BauGB angelehnten Wortlauts nicht mehr von dieser Rechtsgrundlage gedeckt.

Die Festsetzung ist allerdings städtebaulich begründet. Wie ausgeführt, handelt es sich um ein Gebiet mit einer spezifischen städtebaulichen Problemlage. Zielsetzung der Bauleitplanung ist es, eine weitere Verschlechterung der Wohn-, Aufenthalts- und Arbeitsqualität in dem durch Immissionen von Grillanlagen besonders belasteten Plangebiet zu verhindern und die im Hinblick auf gesunde Wohn-, Aufenthalts- und Arbeitsverhältnisse eingetretenen Missstände zu begrenzen. Diese Zielsetzung ist städtebaulich gerechtfertigt, zumal eine Gemeinde – abgesehen von den bereits festgestellten Geruchsrichtwertüberschreitungen – durch eine Festsetzung nach § 9 Abs. 1 Satz 1 Nr. 23a BauGB auch Vorsorge vor Luftverschmutzung treffen darf.

Entgegen der Auffassung der Antragstellerin dient die Festsetzung auch insoweit, als mit Gas betriebene Feuerstätten erfasst werden, dem Schutz vor schädlichen Umwelteinwirkungen im Sinne des Bundes-Immissionsschutzgesetzes.

Schädliche Umwelteinwirkungen sind Immissionen, die nach Art, Ausmaß oder Dauer geeignet sind, Gefahren, erhebliche Nachteile oder erhebliche Belästigungen für die Allgemeinheit oder für die Nachbarschaft herbeizuführen« (§ 3 Abs. 1 BImSchG). Immissionen sind u. a. Umwelteinwirkungen durch Luftverunreinigungen (Abs. 2). Luftverunreinigungen sind Veränderungen der natürlichen Zusammensetzung der Luft, insbesondere durch Rauch, Ruß, Staub, Gase, Aerosole, Dämpfe oder Geruchsstoffe (Abs. 4).

Auch die Verbrennung von Gas, die für sich genommen geruchsarm ist, verändert die natürliche Zusammensetzung der Luft. Zudem erzeugt die konkrete Verwendung des Gases Geruchsstoffe, die ebenfalls luftverunreinigend sind.

Die Festsetzung geht aber über den Tatbestand und den Sinn und Zweck des § 9 Abs. 1 Nr. 23a BauGB hinaus.

Sie widerspricht allerdings nicht dem allgemeinen Bestimmtheitsgrundsatz. Welchen Bestimmtheitsgrad eine Regelung aufweisen muss, richtet sich nach dem Lebenssachverhalt, den sie regeln soll. Sie muss nur so eindeutig sein, dass bei ihrer Anwendung keine Zweifelsfragen entstehen, die sich mit den üblichen juristischen Methoden nicht beantworten lassen. Zu diesen Methoden zählt insbesondere, den Inhalt von Regelungen nach ihrem Zweck zu ermitteln und die Normaufstellung begleitenden Umstände zu berücksichtigen (BVerwG, Beschluss v. 14.12.1995 – 4 N 2.95 – NVwZ-RR 1996, 429; VGH Bad.-Württ., Urteil v. 8.5.2012 – 8 S 1739/10 – juris Rdnr. 88 m. w. N.; Nieders. OVG, Urteil v. 14.1.2002 – 1 KN 468/01 – juris Rdnr. 17 m. w. N.).

Nach dem Sachzusammenhang und dem Regelungszweck der textlichen Festsetzung soll durch die Festsetzung die Verbrennung aller festen und gasförmigen Stoffe untersagt werden, deren Abgase geeignet sind, zum Grillen von Speisen verwendet zu werden. Vor diesem Hintergrund bereitet auch die Klassifizierung nach dem Aggregatszustand als fest oder gasförmig keine Schwierigkeiten (vgl. VGH Bad.-Württ., Urteil v. 2.12.1997 – 8 S 1477/97 – juris Rdnr. 22).

Gleichwohl ist die Festsetzung nach Auffassung des Senats nicht von der Ermächtigungsgrundlage des § 9 Abs. 1 Nr. 23a BauGB gedeckt, weil sie nicht die Verwendung bestimmter Brennstoffe zum Schutz vor luftverunreinigenden Stoffen beschränkt, sondern eine anlagen- und verhaltensbezogene Regelung trifft.

Das festgesetzte Verwendungsverbot untersagt schlechthin die Verbrennung aller festen und gasförmigen Brennstoffe, ohne diese im Einzelnen zu spezifizieren. Es benennt weder bestimmte Gattungen oder Arten von Brennstoffen (etwa Holzkohle, Briketts etc.) noch knüpft es an bestimmte unveränderliche Eigenschaften der Brennstoffe an (etwa Schwefelgehalt o. ä.). Ungeachtet dessen, dass die betroffenen Stoffe – wie ausgeführt – letztlich durch Auslegung ermittelt werden können, werden somit keine bestimmten Brennstoffe i. S. d. des Tatbestands der Nummer 23a untersagt. Der Umfang des Verwendungsverbots ergibt sich erst aus der Nutzung eines Brennstoffs in einer Grillanlage. Die Festsetzung zielt mithin nach ihrem Sinn und Zweck auf das Verbot dieser Anlagen zur gewerblichen Speisezubereitung. Sie knüpft insbesondere nicht an unmittelbar luftgefährdende Eigenschaften der jeweiligen Brennstoffe an, sondern an Auswirkungen, die sich – unabhängig von spezifischen Eigenschaften der verwendeten Brennstoffe – aus dem Vorgang der Speisezubereitung durch Grillen ergeben.

Der Senat verkennt nicht, dass ein Verwendungsverbot stets einen gewissen Anlagebezug aufweist. So werden auch fossile Brennstoffe zum Heizen wie etwa Erdöl, in Heizungsanlagen verbrannt, ohne dass Zweifel daran bestehen, dass § 9 Abs. 1 Nr. 23a BauGB zu einem entsprechenden Verbrennungsverbot ermächtigt, obwohl damit faktisch z. B. auch Ölheizungen untersagt werden. Vorliegend kommt aber hinzu, dass das Verwendungsverbot für feste und gasförmige Brennstoffe nach seinem Regelungszusammenhang nicht auf die Vermeidung der bei der Verbrennung dieser Stoffe entstehenden Emissionen zielt, sondern auf die Vermeidung der Emissionen, die erst mittelbar durch die Nutzung der bei der Verbrennung dieser Stoffe entstehenden Abgase für die Zubereitung von Speisen entstehen. Die Festsetzung spricht zwar von »Abgasen«; die luftverunreinigenden Stoffe, die verhindert werden sollen, sind aber in erster Linie nicht diese Abgase, d. h. die Emissionen der verbotenen Brennstoffe selbst. Sie entstehen nicht durch den Verbrennungsvorgang als solchen, sondern erst mittelbar durch die Nutzung der bei der Verbrennung der genannten Stoffe entstehenden Abgaswärme für einen Grillvorgang, etwa durch die Verbrennung tropfenden Fetts. Auch wenn vorliegend keine Emissionswerte festgesetzt werden (so die Fallkonstellation im

Senatsurt. v. 29.7.2015 – 3 S 2492/13 – juris), zielt der Regelungsgehalt der Festsetzung letztlich auf die Resultate des Brennstoffeinsatzes bei konkreten Verbrennungsvorgängen in konkreten Anlagen. So wird in der Planbegründung im Einzelnen beschrieben, dass die (zweifellos schädlichen) Emissionen von Holzkohlegrills vor allem dadurch entstehen, dass das Fett des verwendeten, oft sehr fetthaltigen Fleisches auf die Holzkohle tropft und dort verbrennt. Es geht mithin nicht um die Verwendung des Brennstoffes Holzkohle als solcher, sondern um eine bestimmte Verwendungsart in bestimmten Feuerstätten. Die Festsetzung will ersichtlich nicht die bei der gewerblichen Verbrennung etwa von Holzkohle entstehende Rauch-, Ruß- und sonstige Schadstoffbelastungen verhindern; denn dafür hätte Holzkohle als Brennstoff benannt und deren gewerbliche Verwendung generell verboten werden müssen. Vielmehr zielt das Verbrennungsverbot speziell auf die Emissionen einer bestimmten Art von Feuerstätten, nämlich Grillgeräten bzw. Dönerspießen, in der Holzkohle (lediglich) als Wärmequelle genutzt wird. Die Festsetzung hat damit einen eindeutigen Anlagen- und Verhaltensbezug.

Dieser Anlagen- und Verhaltensbezug zeigt sich noch deutlicher bei der Einbeziehung der gasförmigen Brennstoffe. Da die Verbrennung von Gas an sich geruchsarm ist und hierbei nach der Lebenserfahrung weder Rauch noch Ruß entstehen, zielt das Verwendungsverbot offensichtlich nicht oder nicht in erster Linie auf die Vermeidung der bei der Verbrennung von gasförmigen Stoffen als solcher entstehenden luftverunreinigenden Stoffe, sondern um Vermeidung der bei dem Betrieb einer gasbefeuerten Grillanlage entstehenden Emissionen. Dass es nicht um die bei der Verbrennung der genannten Brennstoffe selbst entstehenden Emissionen geht, zeigt auch der Umstand, dass gasförmige und feste Brennstoffe im Bebauungsplan ohne weiteres gleich behandelt werden, obgleich für eine Differenzierung insoweit – wie ausgeführt – durchaus Anlass bestand.

Letztlich hat auch die Plangeberin die anlagenbezogene Zielrichtung nicht verkannt. Denn die Planbegründung führt ausdrücklich aus, dass die Neuinstallation von Grillanlagen verhindert werden soll. Die Formulierung der textlichen Festsetzung des Bebauungsplans ist außerdem der anlagenbezogenen Bestimmung des § 1 Abs. 2 Nr. 2 b) 1. BImSchV entlehnt. Danach gelten die wesentlichen Regelungen der 1. BImSchV (Verordnung über kleine und mittlere Feuerungsanlagen) nicht für Feuerungsanlagen, die dazu bestimmt sind, Speisen durch unmittelbare Berührung mit heißen Abgasen zu backen oder in ähnlicher Weise zuzubereiten.

Der Bebauungsplan zielt nach alledem auf ein Anlagenverbot, das in § 9 Abs. 1 Satz 1 Nr. 23a BauGB keine Ermächtigungsgrundlage findet.

Entgegen der Anregung der Antragsgegnerin kann der Bebauungsplan im Hinblick auf das Verwendungsverbot für gasförmige Brennstoffe nicht nur teilweise für unwirksam erklärt werden. Eine Teilnichtigkeit kommt bei einem Planungsfehler, der einzelnen Festsetzungen anhaftet, nur dann in Betracht, wenn zum einen die übrigen Regelungen, für sich betrachtet noch eine sinnvolle städtebauliche Ordnung im Sinn des § 1 Abs. 3 BauGB bewirken können und zum anderen die Gemeinde nach ihrem im Planungsverfahren zum Ausdruck gekommenen Willen im Zweifel auch eine Satzung ohne den unwirksamen Teil beschlossen hätte. Umgekehrt ist eine Gesamtnichtigkeit dann festzustellen, wenn eine einzelne nichtige Festsetzung mit dem gesamten Bebauungsplan in einem untrennbaren Zusammenhang steht (st. Rspr.., vgl. etwa BVerwG, Urteil v. 19.9.2002 – 4 CN 1.02 – BVerwGE 117, 58, juris Rdnr. 12; VGH Bad.-Württ., Urteil v. 7.4.2022 – 8 S 847/21 – juris Rdnr. 96). Die Teilunwirksamkeit stellt dabei eine von besonderen Umständen abhängende Ausnahme dar (vgl. BVerwG, Beschluss v. 24.4.2013 – 4 BN 22.13 – juris Rdnr. 3).

Nach diesen Maßstäben ist für die Annahme einer bloßen Teilnichtigkeit kein Raum. Ungeachtet der Frage, ob eine einheitliche textliche Festsetzung überhaupt in sich teilbar ist, berühren das genannte Ermittlungsdefizit und das Fehlen einer Ermächtigungsgrundlage die rechtlichen Grundlagen des gesamten Bebauungsplans. Das Verwendungsverbot von gasförmigen Brennstoffen steht nach dem Willen der Plangeberin zudem in einem untrennbaren Zusammenhang mit dem Verwendungsverbot von festen Brennstoffen, unter anderem, weil es ein Ausweichen der Restaurantbetreiber verhindern soll. Es gibt keine hinreichenden Anhaltspunkte dafür, dass der Gemeinderat das Verbrennungsverbot für feste Brennstoffe auch isoliert beschlossen hätte.

Der Senat sieht von der Erörterung der von der Antragstellerin gerügten weiteren Mängel ab. Lediglich ergänzend merkt der Senat an, dass ein Verwendungsverbot für Holzkohle wegen der erheblichen Belästigungen in der betroffenen Umgebung und der vielen gesundheitsgefährdenden Stoffe, die bei deren Verbrennung entstehen (Feinstaub, Kohlenmonoxid, PAK etc.) keinen grundsätzlichen rechtlichen Bedenken im Hinblick auf den Grundsatz der Verhältnismäßigkeit begegnen dürfte. Den damit künftig verbundenen betrieblichen Einschränkungen, auf die sich die Betreiber einstellen könnten, stehen gewichtige Belange der gesunden Wohn-, Aufenthalts- und Arbeitsverhältnisse und der Luftreinhaltung gegenüber, denen die Antragsgegnerin im Rahmen einer ordnungsgemäßen Abwägung gegebenenfalls den Vorrang einräumen könnte. Sie wird dabei jedoch im Hinblick auf die Auswirkungen eines Verbotes auf bestehende Betriebe in die Abwägung einstellen müssen, dass der Umfang baurechtlicher Bestandsschutz in erster Linie nach Maßgabe des einfachen Gesetzesrechts gewährleistet ist (vgl. Senatsurt. v. 9.11.2020 – 3 S 2590/18 – juris Rdnr. 63 ff., 84 ff. m. w. N.). …

Nr. 3

1. **Die fehlende Verpflichtung eines Satzungsgebers, eine bestimmte Festsetzung im Bebauungsplan (hier: Errichtung einer Lärmschutzwand) vorzunehmen, besagt nichts darüber, ob ein Drittschutz durch die betreffende Festsetzung gewollt war.**

2. **Maßgeblich ist der in der Begründung des Bebauungsplans zum Ausdruck kommende Wille des Satzungsgebers, den Anwohnern Drittschutz zu vermitteln.**

3. **Durch den Abriss einer im Bebauungsplan festgesetzten Lärmschutzwand versetzt sich die Gemeinde nicht in das Stadium einer Neuplanung des Gebiets mit der Eröffnung eines ihr im Rahmen der Planungshoheit zukommenden Ermessens, sondern sie ist an die vorbehaltlose Festsetzung einer Lärmschutzwand in einem Bebauungsplan gebunden, solange dieser unverändert fortbesteht.**

4. **Ist eine drittschützende Festsetzung einer Lärmschutzwand im Bebauungsplan vorbehaltlos enthalten, besteht der Anspruch auf Durchsetzung des Lärmschutzes unter Umständen selbst dann, wenn die Lärmschutzmaßnahme nach einem späteren Schallschutzgutachten für entbehrlich gehalten wird. Die Verbindlichkeit des Bebauungsplans kann nicht unter Hinweis auf ein neues Schallschutzgutachten in Frage gestellt werden, solange die ursprüngliche Festsetzung nicht durch eine Änderung des Bebauungsplans aufgehoben wurde.**

5. **Die Argumentation, die Klägerin könne nicht verlangen, dass die gesamte Lärmschutzwand also auch entlang der Nachbargrundstücke zu deren Schutz neu errichtet werde, weil sie sich sonst zur Sachwalterin von Rechten Dritter mache, verkennt, dass die Lärmschutzwand als aktive Schallschutzmaßnahme nur in Gänze ihre Wirkung entfalten kann; ein ausreichender Schallschutz ist mit einer auf ihr Grundstück begrenzten Teilerrichtung der Lärmschutzwand nicht gewährleistet.**

BauGB § 9 Abs. 1 Nr. 24.

OVG Saarland, Beschluss vom 28. Mai 2024 – 2 A 39/23 –.

Aus den Gründen:

Die Klägerin begehrt von der Beklagten die Wiedererrichtung einer in einem Bebauungsplan festgesetzten Lärmschutzwand. Sie ist Eigentümerin des Grundstücks A-Straße, A-Stadt (Gemarkung E-Stadt, Flur …, Flurstück …).

Der am 23.7.1993 bekanntgemachte Bebauungsplan »F.« sieht für den Bereich des klägerischen Grundstücks ein allgemeines Wohngebiet vor und setzt in Ziffer 4.2 eine zwei Meter hohe Lärmschutzwand zwischen dem A-Straße und der bereits bestehenden Landstraße II. Ordnung L … (G-Straße), die parallel zum A-Straße verläuft und an das Gebiet des Bebauungsplans angrenzt, fest. In der Begründung des Bebauungsplans ist unter Ziffer 3.7 (Immissionsschutz) ausgeführt: »Erhebliche Lärmemissionen gehen von der G-Straße […] aus. Die G-Straße als Landstraße II. Ordnung ist zu Verkehrsspitzenzeiten (Schichtwechsel H.) mäßig bis stark vom Durchgangsverkehr belastet […]. Um die geplante Wohnbebauung entlang der G-Straße vor Lärmimmissionen zu schützen bzw. diese zu mindern, ist entlang der Ziegelei-straße eine begrünte Lärmschutzwand festgesetzt.« Im Sitzungsprotokoll des Naturschutz-, Umwelt- und Bauausschusses vom 29.4.1993 heißt es: »Das geforderte schalltechnische Gutachten ist erstellt, die Ergebnisse des Gutachtens finden ihren Niederschlag in der zeichnerischen und textlichen Festsetzung unterschiedlichster Lärmschutzmaßnahmen wie Lärmschutzwand, Lärmschutzwall und notwendige Schallschutzfenster.« Ziffer 4.3 des Bebauungsplans setzt für die Bebauung der G-Straße im ersten Obergeschoss lärmschutzhemmende Verglasung fest.

Nachdem die Lärmschutzwand zunächst wie vorgesehen errichtet, jedoch Jahre später erneuerungsbedürftig geworden war, plante die Beklagte nach Erhalt eines Zuwendungsbescheids über eine Förderung von 90 Prozent der Kosten in Höhe von 173 510 Euro die Neuerrichtung der Lärmschutzwand und ließ die bestehende Lärmschutzwand im September 2019 abreißen. Als sich im Ausschreibungsverfahren wesentlich höhere Wiedererrichtungskosten mit der Folge eines höheren Eigenanteils ergaben, beschloss der Gemeinderat, die Neuerrichtung nicht zu beauftragen. …

Nachdem das Verwaltungsgericht die Örtlichkeit am 15.6.2022 besichtigt hatte, hat es der Klage aufgrund mündlicher Verhandlung durch Urteil v. 23.11.2022 stattgegeben und ausgeführt, die Festsetzung der Lärmschutzwand in Ziffer 4.2 des Bebauungsplanes habe drittschützende Wirkung, denn in Ziffer 3.7 der Begründung des Bebauungsplans sei »um die geplante Wohnbebauung entlang der G-Straße vor Lärmimmissionen zu schützen bzw. diese zu mindern, (…) entlang der G-Straße eine begrünte Lärmschutzwand festgesetzt.« Mit der Bebauung entlang der G-Straße sei der A-Straße gemeint, der parallel zur G-Straße verlaufe und nur durch die für die Lärmschutzwand vorgesehene Fläche von der L… getrennt sei. Aus der Formulierung »um … zu schützen« ergebe sich, dass die satzungsgebende Beklagte die lärmschutzrelevanten Beeinträchtigungen der Grundstücke am Rande des Plangebietes erkannt und die Festsetzung der Lärmschutzwand gerade dem Schutz der Betroffenen vor Lärmimmissionen gedient habe. Die Festsetzung sei drittschützend, da der beabsichtigte Schutz andernfalls praktisch wertlos sei. Die Lärmimmissionen müssten nicht zwingend von einer im Gebiet des Bebauungsplans gelegenen Straße ausgehen, sondern der Satzungsgeber könne auch Schutz vor bereits vorhandenen schädlichen Umwelteinwirkungen einräumen, wenn eine Wohnbebauung mit der Aufstellung des Bebauungsplanes an eine viel befahrene Straße heranrücke. Die spätere Schließung des Bergwerks H. sei unbeachtlich, denn aus der Begründung des Bebauungsplans ergebe sich eine mäßige bis starke Belastung der G-Straße durch Durchgangsverkehr zu den Verkehrsspitzenzeiten. Der Klammerzusatz »Schichtwechsel H.« sei nicht dahingehend zu verstehen, dass der Drittschutz sich auf den Zu- und Abgangsverkehr vom Bergwerk beschränke und von dessen Betrieb abhänge, zumal die Bergwerksschließung nicht zu einer signifikanten Reduzierung des Verkehrslärms geführt habe. Der Satzungsgeber habe die Bewohner des A-Straße vielmehr umfassend vor dem gesamten von der L... ausgehenden Verkehrslärm schützen wollen.

Dass der Bebauungsplan im ersten Obergeschoss der Gebäude im A-Straße Fenster mit lärmhemmender Verglasung vorschreibe, stünde der Annahme einer drittschützenden Wirkung der Festsetzung der Lärmschutzwand nicht entgegen, denn insoweit ergebe sich eine klare Lastenverteilung zwischen der Beklagten und den Anwohnern des A-Straße, wonach das Erdgeschoss und die Freiflächen vor den Gebäuden durch die von der Beklagten zu errichtende Lärmschutzwand vor Lärm geschützt werden sollten, die Eigentümer für den Lärmschutz im ersten Obergeschoss hingegen selbst verantwortlich sein sollten. Diese im Bebauungsplan vorgesehene Lastenverteilung sei durch eine ersatzlose Beseitigung der Lärmschutzwand durchbrochen worden.

Ob die Klägerin unzumutbarem Lärm ausgesetzt sei, spiele keine Rolle, denn im Streit stünde nicht, ob die Beklagte im Rahmen ihres Planungsermessens zu einer entsprechenden Neufestsetzung verpflichtet sei, sondern die streitgegenständliche Festsetzung bestehe vorbehaltlos und entfalte ihre drittschützende Wirkung, so dass sich die Beklagte am Bebauungsplan festhalten lassen müsse, solange er unverändert Geltung habe.

Die Beklagte begehrt die Zulassung der Berufung gegen dieses Urteil. ...

Der Senat hat nach Würdigung des Zulassungsvorbringens keine ernstlichen Zweifel an der Richtigkeit der Einschätzung des Verwaltungsgerichts, dass die in Ziffer 4.2 des Bebauungsplans erfolgte Festsetzung der Lärmschutzwand Drittschutz zu Gunsten der Klägerin entfaltet.

Die Beklagte macht zur Begründung ihres Zulassungsantrags geltend, entgegen der Auffassung des Verwaltungsgerichts lasse sich aus der in Ziffer 3.7 der Bebauungsplanbegründung gewählten Formulierung keine drittschützende Wirkung herleiten, denn die dort gewählte Formulierung werde bei der Festsetzung von Lärmschutzwänden regelmäßig verwendet, so dass die vom Verwaltungsgericht vorgenommene Auslegung das Regel-Ausnahmeverhältnis in sein Gegenteil verkehre und im Widerspruch zu den allgemein anerkannten Grundsätzen stünde, dass die Festsetzung einer Lärmschutzwand im Bebauungsplan nur ausnahmsweise Nachbarschutz vermittele. Die Begründung des Bebauungsplans rechtfertige vorliegend gerade nicht die Annahme eines Ausnahmefalles.

Ungeachtet dessen, dass damit nicht dargelegt ist, dass die Beklagte diese angebliche Standardformulierung regelmäßig verwendet und somit kein Rückschluss auf ihren Willen als Satzungsgeberin gerechtfertigt ist, hat das Verwaltungsgericht die für die Annahme eines Drittschutzes geltenden Maßstäbe zutreffend dargestellt, insbesondere dessen Ausnahmecharakter erkannt und ihn sodann einzelfallbezogen unter Heranziehung von Ziffer 3.7. der Bebauungsplanbegründung richtigerweise bejaht. Auch die Ausführungen des Verwaltungsgerichts zur vorbehaltlosen Festsetzung der Lärmschutzwand und zur Lastenverteilung sind überzeugend. Insbesondere findet die durch das Verwaltungsgericht angenommene Lastenverteilung, wonach der Schutz des Erdgeschosses und der Freiflächen vor den Gebäuden des A-Straße durch die von der Beklagten zu errichtende Lärmschutzwand erreicht werden sollte, wohingegen der Lärmschutz im ersten Obergeschoss in die Verantwortlichkeit der Eigentümer fiel, ihre Bestätigung im Sitzungsprotokoll des Naturschutz-, Umwelt- und Bauausschusses vom 29.4.1993. Danach haben die Ergebnisse des (zur Vorbereitung des Bebauungsplans) erstellten schalltechnischen Gutachtens ihren Niederschlag gefunden in der zeichnerischen und textlichen Festsetzung unterschiedlichster Lärmschutzmaßnahmen wie Lärmschutzwand und notwendige Schallschutzfenster. Daraus ergibt sich, dass nach der Vorstellung der Satzungsgeberin aktiver und passiver Schallschutz hier nicht losgelöst voneinander betrachtet werden können, sondern vielmehr eine Kombination der in Ziffer 4.2 und 4.3 des Bebauungsplans festgesetzten Maßnahmen den von der Satzungsgeberin in Ziffer 3.7 der Bebauungsplanbegründung erstrebten Immissionsschutz gewährleisten sollte.

Die Beklagte moniert in Bezug auf die durch das Verwaltungsgericht vorgenommene, den Drittschutz bejahende Auslegung ferner ohne Erfolg, dieses habe nicht berücksichtigt, dass die Beklagte anlässlich der Planung der an die L... heranrückenden Wohnbebauung zum Schutz der Räumlichkeiten im Erdgeschoss der Klägerin nicht zu aktiven Schallschutzmaßnahmen entlang des A-Straße verpflichtet gewesen sei, denn derjenige, der eine an eine Straße heranrückende Wohnbebauung errichte, wisse von vornherein um die Einschränkungen und könne – wie die Klägerin – zu »architektonischer Selbsthilfe« greifen, indem er auf der der Lärmquelle zugewandten Seite nur solche Räumlichkeiten plane, die nicht dem ständigen Aufenthalt dienten wie Küche oder Badezimmer.

Zum einen besagt die fehlende Verpflichtung eines Satzungsgebers, eine bestimmte Festsetzung vorzunehmen, noch nichts darüber, ob ein Drittschutz durch die betreffende Festsetzung gewollt war. Im vorliegenden Fall durften diejenigen, die an die G-Straße heranrückten, mit einer Lärmschutzwand rechnen, die ihrem Schutz dient. Zum anderen verkennt die Beklagte mit ihren für die Phase der Plangebung durchaus zutreffenden Erwägungen, dass sie sich durch den Abriss der festgesetzten Lärmschutzwand nicht in das Stadium einer Neuplanung des Gebiets mit der Eröffnung eines ihr im Rahmen der Planungshoheit zukommenden Ermessens versetzt hat, sondern vielmehr nach wie vor an die Festsetzung der Lärmschutzwand im Bebauungsplan »F.« gebunden ist, solange dieser unverändert fortbesteht. Daher ist es ohne Belang, ob die Beklagte bei Erlass des Bebauungsplans zu den von ihr gewählten Lärmschutzmaßnahmen verpflichtet war oder nicht; maßgeblich ist angesichts der Gültigkeit des Bebauungsplans der durch die Festsetzungen zum Ausdruck kommende Wille der damaligen Satzungsgeberin, die den Konflikt zwischen der vorgesehenen Wohnbebauung entlang des A-Straße und dem von der L... ausgehenden Verkehrslärm gesehen und zur Lösung dieses Konflikts die vorgesehenen Festsetzungen auf der Basis eines damals eingeholten Schallschutzgutachtens getroffen hat. Die Festsetzung der Lärmschutzwand entfaltet daher ihre drittschützende Wirkung und beansprucht uneingeschränkte Geltung, solange sie nicht durch eine Änderung des Bebauungsplans aufgehoben wird.

Aus den gleichen Gründen kann die Beklagte mit ihrem weiteren Einwand, ausweislich des Schallschutzgutachtens vom 16.7.2020 seien die Werte für Mischgebiete eingehalten, so dass auch ohne die Wiedererrichtung der Lärmschutzwand jedenfalls keine Unzumutbarkeit für die Klägerin gegeben sei, keine ernstlichen Zweifel an der Ergebnisrichtigkeit des erstinstanzlichen Urteils begründen.

Zwar vermittelt die Ausweisung eines reinen oder allgemeinen Wohngebietes durch Bebauungsplan den innerhalb dieses Gebietes gelegenen Grundstücken beziehungsweise ihren Eigentümern keinen Anspruch gegen den Satzungsgeber auf Einhaltung bestimmter Lärmgrenzwerte für derartige Gebietsarten (vgl. OVG des Saarlandes, Urteil v. 29.11.1994 – 2 R 40/93 –, juris Rdnr. 52). Ist jedoch eine drittschützende Festsetzung einer Lärmschutzmaßnahme im Bebauungsplan – wie vorliegend – vorbehaltlos enthalten, besteht der Anspruch auf Durchsetzung des Lärmschutzes unter Umständen selbst dann, wenn die Lärmschutzmaßnahme nach einem späteren Schallschutzgutachten für entbehrlich gehalten wird. Die Verbindlichkeit des Bebauungsplans kann nicht unter Hinweis auf ein neues Schallschutzgutachten in Frage gestellt werden, solange die ursprüngliche Festsetzung nicht durch eine Änderung des Bebauungsplans aufgehoben wurde (vgl. zur vorbehaltlosen Planfestsetzung eines Schutzwalls OVG Lüneburg, Urteil v. 25.1.1993 – 6 L 195/90 –, juris Rdnr. 23 f; zur Verbindlichkeit einer vorbehaltlosen und drittschützenden Festsetzung einer Lärmschutzwand vgl. auch VG Stade, Urteil v. 2.12.2004 – 1 A 1122/02 –, juris Rdnr. 37; ferner VG Neustadt, Beschluss v. 25.10.2012 – 4 L 841/12.NW –, juris Rdnr. 9 f).

Nichts Anderes ergibt sich aus der von der Beklagten zur Stützung ihrer Rechtsansicht herangezogenen Entscheidung des Bayerischen Verwaltungsgerichtshofs (BayVGH, Beschluss v. 7.4.2011 – 1 ZB 09.225 –, juris Rdnr. 2, 10, 14), der den Drittschutz einer Lärmschutzwand einzelfallbezogen verneint hat, weil die im Bebauungsplan vorgesehene Lärmschutzwand nach dem Willen des Satzungsgebers vor allem der Abschirmung eines Mischgebiets vor Straßenlärm dienen sollte, und der Satzungsgeber davon ausging, das allgemeine Wohngebiet, in dem das Grundstück des betreffenden Klägers lag, sei durch eine im Mischgebiet vorgesehene (letztlich nicht vollständig realisierte) Riegelbebauung ausreichend vor Lärm geschützt. Mithin lagen dem erwähnten Beschluss völlig andere, mit dem vorliegenden Fall nicht vergleichbare Vorstellungen des Satzungsgebers zu Grunde.

Ernstliche Zweifel an der Richtigkeit des erstinstanzlichen Urteils bestehen schließlich auch nicht, soweit das Verwaltungsgericht die Beklagte zur Errichtung der gesamten Lärmschutzwand verurteilt hat.

Die Argumentation der Beklagten, die Klägerin könne nicht verlangen, dass die gesamte Lärmschutzwand – also auch entlang der Nachbargrundstücke zu deren Schutz – neu errichtet werde, weil sie sich sonst zur Sachwalterin von Rechten Dritter mache, verkennt, dass die Lärmschutzwand als aktive Schallschutzmaßnahme nur in Gänze ihre Wirkung entfalten kann; dementsprechend ist im Bebauungsplan *eine* Lärmschutzwand festgesetzt. Die Klägerin hat – da die drittschützende Festsetzung der Lärmschutzwand wie dargelegt volle Geltung beansprucht – einen Anspruch auf Durchsetzung des aktiven Schallschutzes durch Errichtung einer fortlaufenden Lärmschutzwand wie sie im Bebauungsplan vorgesehen ist. Dieser aktive Schallschutz ist mit einer auf ihr Grundstück begrenzten Teilerrichtung der Lärmschutzwand nicht gewährleistet; eine derartige Beschränkung lässt sich dem Bebauungsplan nicht entnehmen. Insofern dient die Verurteilung der Beklagten zur Errichtung der gesamten Lärmschutzwand dem Schutz eigener Rechte der Klägerin. …

Nr. 4

1. **Auf Antrag eines anerkannten Umweltverbands ist ein Bebauungsplan, der ein Vorhaben nach Nr. 18 der Anlage 1 zum UVPG zum Gegenstand hat, als Zulassungsentscheidung nach § 1 Abs. 1 Satz 1 Nr. 1 a) UmwRG i. V. m. § 2 Abs. 6 Nr. 3 Var. 1 UVPG einer Vollprüfung zu unterziehen (§ 2 Abs. 4 Satz 1 Nr. 1 UmwRG, im Anschluss an BVerwG, Urteil v. 24.4.2024 – 4 CN 2.23 –, NVwZ 2024, 1501 = BauR 2024, 1472 = juris Rdnr. 21).**

2. **In einem raumordnungsrechtlich festgelegten großflächigen Vorranggebiet für industrielle Anlagen und Gewerbe dürfen immissionssensible Nutzungen eine industrielle Nutzung durch emittierende bzw. Störfallbetriebe nicht substantiell erschweren.**

3. **Selbst eine vollständige Umgestaltung eines Landschaftsbilds kann unter der Erheblichkeitsschwelle des § 15 Abs. 2 Satz 2 BNatSchG bleiben, wenn**

diese sich bei der gebotenen großflächigen Betrachtung durch den aufgeschlossenen Durchschnittsbetrachter harmonisch in die umgebende Landschaft einfügt. Dies kann durch eine mittel- bzw. langfristig zu erreichende vollständige Eingrünung des Plangebiets gelingen, wenn die entsprechenden Pflanzvorgaben eine ausreichende Zahl an bis zur möglichen Höhe baulicher Anlagen aufwachsenden Bäumen und zugleich einen hinreichend dichten Unterwuchs vorsehen.

4. **Bei der Beurteilung der Geeignetheit von CEF-Maßnahmen kommt es für den Begriff des räumlichen Zusammenhangs i. S. d. § 44 Abs. 5 Satz 2 Nr. 3 BNatSchG auf artspezifische Vernetzungsdistanzen an, sodass sich etwaige Ersatzlebensräume innerhalb des Aktionsradius der betroffenen Individuen befinden müssen. Bezogen auf Bruthabitate der Feldlerche, die als Zugvogel jedes Jahr einen neuen Brutstandort sucht und sich dabei ohnehin an veränderte lokale Bedingungen – etwa durch Bewuchs – anpassen muss, ist ein größerer Radius anzunehmen. Jedenfalls Entfernungen von bis zu 5 km – ggf. auch mehr – sind daher in der Regel unbedenkllich (im Anschluss an Senatsbeschl. v. 1.8.2024 – 1 MN 75/24 –, juris Rdnr. 28).**

5. **Der Belang des Klimaschutzes ist in der Bauleitplanung im Rahmen der Abwägung nach § 1 Abs. 7 i. V. m. § 1 Abs. 5 Satz 2 und Abs. 6 Nr. 7a, § 1a Abs. 5 BauGB zu berücksichtigen, wo etwaige negative Auswirkungen ins Verhältnis zu den mit der Planung erstrebten Vorteilen gesetzt werden müssen. Klimaschutzgesichtspunkten kommt nicht von vonherein ein Vorrang vor anderen Gesichtspunkten zu; ein Optimierungsgebot besteht nicht.**

6. **Die Bauleitplanung ist wegen ihres bodenrechtlichen Bezugs kein Instrument, das die Gemeinde berechtigt oder gar verpflichtet, eine allgemeine Klimaschutzpolitik ohne Rücksicht auf die kompetenziellen Grenzen des Bauplanungsrechts zu verfolgen. Bauleitplanerischer Klimaschutz muss sich daher auf die konkrete Art der Bodennutzung – insbesondere die Standortsteuerung – und die Gestaltung baulicher Anlagen beziehen, wobei die Grenzen des Fachrechts zu beachten sind.**

7. **Wie intensiv die Gemeinde ihre Planung mit Blick auf den Klimaschutz hinsichtlich ihrer Auswirkungen auf das Lokalklima sowie ihrer Standortwahl untersuchen muss, hängt insbesondere von der Art der konkreten Planung ab, erfordert aber auch im Fall einer energie- und/oder verkehrsintensiven Anlage im Außenbereich nicht zwingend eine zahlenmäßige Bilanzierung der Auswirkungen, sondern kann sich auf deren verbale Beschreibung beschränken. Die zu § 13 KSG ergangene Rechtsprechung**

des BVerwG auf der Ebene der Vorhabenzulassung ist insoweit nicht übertragbar.

UmwRG § 1 Abs. 1 Satz 1 Nr. 1a; UVPG § 2 Abs. 6 Nr. 3 Var. 1.

Niedersächsisches OVG, Urteil vom 2. Oktober 2024 – 1 KN 34/23 –.

Aus den Gründen:

Die Antragsteller wenden sich gegen den Bebauungsplan Nr. 500/3 »Gewerbe- und Surfpark Stade«, mit dem die Antragsgegnerin die Entwicklung eines Sondergebiets »Surfpark und freizeitbezogenes Gewerbe« sowie eines Gewerbegebiets ermöglichen will.

Der Antragsteller zu 1) zählt zu den in Niedersachsen anerkannten Natur- und Umweltschutzvereinigungen. ...

Der zulässige Antrag des Antragstellers zu 1) ist begründet, da der streitgegenständliche Plan gegen das raumordnungsrechtliche Anpassungsgebot verstößt und sich zudem als abwägungsfehlerhaft bezüglich seiner Auswirkungen auf das Landschaftsbild sowie im Hinblick auf die fehlende Festsetzung zum Ausschluss von Bordellen und bordellartigen Betrieben erweist.

Der anzulegende Prüfungsmaßstab ergibt sich aus § 2 Abs. 4 Satz 1 Nr. 1 UmwRG, da es sich bei dem angegriffenen Bebauungsplan um eine Zulassungsentscheidung nach § 1 Abs. 1 Satz 1 Nr. 1 a) UmwRG i. V. m. § 2 Abs. 6 Nr. 3 Var. 1 UVPG handelt.

Nach der Rechtsprechung des Bundesverwaltungsgerichts unterfallen § 2 Abs. 6 Nr. 3 Var. 1 UVPG auch die Bebauungspläne, die auf Vorhaben nach Nr. 18 der Anlage 1 zum UVPG bezogen sind, und zwar unabhängig von dem Grad ihrer Konkretisierung (vgl. BVerwG, Urteil v. 24.4.2024 – 4 CN 2.23 –, NVwZ 2024, 1501 = BauR 2024, 1472 = juris Rdnr. 21). Da allein das Wasserbecken als Kernstück des Surfparks eine Fläche von mehr als 20 000 m^2 haben soll, sind jedenfalls die Voraussetzungen eines Städtebauprojekts gemäß Nr. 18.7.2 der Anlage 1 zum UVPG erfüllt. Begründet ist der Normenkontrollantrag gemäß § 2 Abs. 4 Satz 1 Nr. 1 UmwRG mithin schon dann, wenn dieser gegen Rechtsvorschriften verstößt, die für den Bebauungsplan von Bedeutung sind. Das führt zu einer Vollprüfung des Plans.

Der Bebauungsplan verstößt gegen § 1 Abs. 4 BauGB. Danach sind die Bauleitpläne, zu denen der Bebauungsplan gemäß § 1 Abs. 2 BauGB zählt, den Zielen der Raumordnung anzupassen. Die Planung ist mit den raumordnungsrechtlichen Festlegungen »Premiumstandort Hansestadt Stade – Steinbeck« und »Vorranggebiet industrielle Anlagen und Gewerbe – Stade-Süd –«, wobei Stade-Steinbeck und Stade-Süd dasselbe Gebiet bezeichnen, nicht zu vereinbaren.

Nach dem RROP 2013 des Landkreises Stade befindet sich das Plangebiet im südöstlichen Teil des sog. Premiumstandorts Hansestadt Stade – Steinbeck, der eine Fläche von ca. 165 ha hat. Hierzu findet sich in Ziff. 2.1 Abs. 09 Satz 6 RROP 2013, durch Fettdruck als Ziel gekennzeichnet, folgende Festlegung:

»Regional bedeutsame Industrie- und Gewerbeflächen sind an den Premiumstandorten … Hansestadt Stade – Steinbek … zu entwickeln.«

In der Begründung des RROP 2013 wird zu den Premiumstandorten auf S. 18 ausgeführt, dass diese sehr gute Standorteigenschaften hinsichtlich Infrastrukturausstattung und Verkehrsanbindung – ggf. sogar als Alleinstellungsmerkmal – bei einem nur geringen Konfliktpotential aufwiesen. Wegen ihrer Lage, Größe und Standorteigenschaften könnten sie überregional Aufmerksamkeit erwecken und seien prädestiniert für überregionale (Groß-)Ansiedlungen.

Das Plangebiet ist zugleich als Vorranggebiet industrielle Anlagen und Gewerbe festgelegt. Die Begründung des RROP 2013 führt allgemein zu den Vorranggebieten industrielle Anlagen und Gewerbe aus, dass diese grundsätzlich der Unterbringung von Industrie- und Gewerbebetrieben dienten und entsprechend der Nutzungsempfehlung zu realisieren seien (vgl. Begr. S. 19). Zu dem das Plangebiet überlagernden Vorranggebiet findet sich in Ziffer 4.1.1 Abs. 07 Satz 1 RROP 2013 folgendes Ziel: »In dem Vorranggebiet industrielle Anlagen und Gewerbe – Stade-Süd – sind insbesondere großindustrielle Anlagen des Produzierenden Gewerbes (Definition entsprechend der gültigen Branchensystematik der EU) anzusiedeln.«

Die Begründung des RROP 2013 führt hierzu auf S. 79 aus: »Die für den Landkreis erarbeitete Konzeption für die zukünftige regionale Industrie- und Gewerbeflächenentwicklung im Landkreis Stade geht in ihrer Bewertung der Fläche Stade-Steinbeck von sehr guten Standorteigenschaften aus. Das Gebiet ist sehr gut für eine industrielle Nutzung geeignet und soll für großflächige Industrieansiedlungen reserviert werden. Das RROP 2004 weist hier bereits ein Vorranggebiet aus.«

Die in Bezug genommene Festlegung des RROP 2004 geht zurück auf das letztlich nicht erfolgreiche Bestreben der Antragsgegnerin, auf der – damals noch etwas größeren, d. h. ca. 200 ha umfassenden – Fläche ein BMW-Werk anzusiedeln. Die oben zitierte Vorstellung für die Verwendung des Vorranggebiets Stade-Steinbeck wird wie folgt ergänzt:

»Das Vorranggebiet Stade – Steinbeck hat vielfältige infrastrukturelle Vorteile (Verkehr, Energie, große zusammenhängende Fläche), die das Gelände für eine einheitliche Nutzung prädestinieren.
Um die Standortvorteile vollständig nutzen zu können, ist für eine Ansiedlung eine Beschränkung der Branchen auf das Produzierende Gewerbe (Abschnitte C Bergbau und Gewinnung von Steinen und Erden und D Verarbeitendes Gewerbe; NACE-Code 10 bis 37) gerechtfertigt.« (Begr. zu der Zielvorgabe in Ziffer 2.1 Abs. 09 Satz 6 RROP 2013, S. 18 f.)

Zusammenfassend lässt sich dem RROP 2013 entnehmen, dass das Vorranggebiet Stade-Steinbeck bzw. Stade-Süd für die Ansiedelung regional bedeutsamer Industrie- und Gewerbebetriebe vorgesehen ist, um Standortvorteile des Vorranggebiets, zu denen die relativ große zusammenhängende Fläche, aber insbesondere auch das bislang geringe Konfliktpotential mit anderen Nutzungen gehören, auszunutzen. Ziffer 4.1.1 Abs. 07 Satz 1 RROP 2013 konkretisiert dies dahingehend, dass die Fläche vorrangig (»insbesondere«) von großindustriellen Anlagen des Produzierenden Gewerbes mit ihren besonderen Standortanforderungen genutzt werden soll. Das schließt sonstige gewerbliche und industrielle Nutzungen nicht von vornherein aus. Diese müssen sich jedoch hinsichtlich der Flächeninanspruchnahme den großindustriellen Anlagen klar unterordnen. Zudem dürfen sie die Ansiedlung großindustrieller Anlagen im verbleibenden Vorranggebiet weder unmöglich machen noch substantiell erschweren. Das gilt vor allem im Hinblick auf ihre Empfindlichkeit gegenüber Immissionen wie Lärm, Staub und Gerüchen, die zur Vermeidung schwerwiegender Folgen von Störfällen bei großindustriellen Anlagen häufig einzuhaltenden Achtungsabstände sowie die Lage im Raum, die nicht zu einer »Zerstückelung« des Vorranggebiets führen darf. Ein Verstoß gegen die Zielfestlegung liegt dabei schon dann vor, wenn eine sonstige gewerbliche oder industrielle Nutzung die Bandbreite der im Vorranggebiet realisierbaren großindustriellen Nutzungen spürbar verringert. Dass ein nicht unerhebliches Spektrum solcher Nutzungen weiterhin möglich bleibt, ist entgegen der in der mündlichen Verhandlung geäußerten Auffassung der Antragsgegnerin nicht ausreichend. Sonstige industrielle und gewerbliche Nutzungen können das Vorranggebiet arrondieren; sie dürfen dieses jedoch nicht prägen.

Diese Vorgaben des RROP 2013 hat die Antragsgegnerin im Grundsatz zutreffend erfasst, wenn sie in der Planbegründung zur Standortwahl auf die Ausführungen in der Begründung zur 39. Änderung des FNP verweist, wo es auf S. 23 f. heißt:

> »Das Vorranggebiet für Industrielle Anlagen und Gewerbe zielt generell auf die Unterbringung von Industrie- und Gewerbebetrieben mit besonderen Standortanforderungen, beispielsweise einem hohen Flächenbedarf, ab. Schwerpunktnutzung sollen gemäß Beschreibung im RROP insbesondere großindustrielle Anlagen des produzierenden Gewerbes sein. Durch die Öffnungsklausel »insbesondere« sind jedoch auch andere Nutzungen denkbar, sofern sie mit der grundlegenden Konzeption des Vorranggebietes Industrie und Gewerbe in Einklang stehe.
>
> Bei einem kommerziell betriebenen Surfpark handelt es sich nicht nur um eine Freizeiteinrichtung, sondern auch um einen Gewerbebetrieb, dessen besondere Standortanforderungen insbesondere durch seinen hohen Flächenbedarf (ca. 10 ha) sowie in den Bereichen der Bodenbeschaffenheit, der Geländetopografie sowie der Verkehrsanbindung gegeben sind.
>
> Um ausschließen zu können, dass die Aufstellung des Bebauungsplans eine zukünftige zielkonforme Umsetzung des Vorranggebiets unmöglich machen oder wesentlich erschweren könnte, wurde eine Prüfung zur Aus-

nutzbarkeit des Gebiets bei Ansiedlung des Surfparks durchgeführt. Hierzu wurde unter Berücksichtigung der heutigen örtlichen Gegebenheiten ein Strukturkonzept erarbeitet, das veranschaulicht, wie das im RROP ausgewiesene Vorranggebiet zu einer industriell-gewerblichen Baufläche entwickelt werden könnte. Maßgebliche Parameter waren hierbei insbesondere die Abstandsempfehlungen für Störfallbetriebe sowie der sogenannte »Abstandserlass NRW« für Abstände industrieller und gewerblicher Nutzungen zu Siedlungsgebieten.«

Nicht tragfähig ist indes die daran anschließende, auf dem Strukturkonzept für das Vorranggebiet für industrielle Anlagen und Gewerbe Stade-Steinbeck (Anlage 2 zur Begr. der 39. Änderung des FNP) beruhende Schlussfolgerung, auch unter Berücksichtigung des geplanten Sondergebiets werde die industriell-gewerbliche Entwicklung der Flächen nicht wesentlich eingeschränkt. Mit dem Surfpark, der Gastronomie und Übernachtungsmöglichkeiten in größerem Umfang einschließen soll, wird vielmehr eine Freizeiteinrichtung zugelassen, die einen Schutz vor Immissionen beanspruchen kann. Dieser Schutzanspruch, der bei einem Sondergebiet grundsätzlich aus dem zulässigen Nutzungsspektrum abzuleiten ist (vgl. Senatsurt. v. 26.3.2014 – 1 KN 1/12 –, juris Rdnr. 37), ist angesichts der Tatsache, dass sich dort eine große Zahl von Menschen zu Freizeitzwecken über längere Zeit aufhalten und auch übernachten soll, nicht unerheblich. Bezogen auf Gerüche und – jedenfalls zur Nachtzeit – auf Lärm kommt er demjenigen eines Mischgebiets gleich; im Übrigen ist der Gesundheitsschutz zu beachten. Zugleich handelt es sich bei dem Surfpark um ein öffentlich genutztes Gebäude bzw. Gebiet/Freizeitgebiet i. S. v. § 3 Abs. 5d BImSchG, also um ein benachbartes Schutzobjekt i. S. d. Störfallrechts, von dem Anlagen und Betriebsbereiche einen angemessenen Sicherheitsabstand halten müssen. Seine Ausdehnung ist schließlich nicht unerheblich; er liegt zwar am Rand des Vorranggebiets, beansprucht selbst aber bereits 10 ha. Rechnet man das Gewerbegebiet hinzu, dass eine Ansiedlung großindustrieller Anlagen schon nach seinem Zuschnitt nicht erlaubt, werden knapp 17 ha bzw. etwa 10 Prozent des Vorranggebiets der primär vorgesehenen Nutzung unmittelbar entzogen.

Die damit verbundenen Beeinträchtigungen des Vorranggebiets sind substantiell. In Bezug auf das Störfallrecht ergeben sich Anhaltspunkte zur Bemessung des angemessen Sicherheitsabstands i. S. v. § 3 Abs. 5c BImSchG aus dem Leitfaden »Empfehlungen für Abstände zwischen Betriebsbereichen nach der Störfall-Verordnung und schutzbedürftigen Gebieten im Rahmen der Bauleitplanung – Umsetzung § 50 BImSchG« des Technischen Ausschusses für Anlagensicherheit der Störfall-Kommission beim Bundesministerium für Umwelt, Naturschutz und Reaktorsicherheit in der zweiten, überarbeiteten Fassung vom November 2010 (KAS-18, vgl. BVerwG, Beschluss v. 6.6.2024 – 7 VR 7.24 –, juris Rdnr. 11). Aus dessen Anhang 1, Bild 1 »Abstandsempfehlungen für die Bauleitplanung ohne Detailkenntnisse« ergibt sich, dass für viele der dort aufgeführten chemischen Verbindungen Abstände von mehreren 100 m erforderlich sind. Eine entsprechende Zonierung des Vorranggebiets unter Berücksichtigung der vorhandenen Wohnnutzungen in den Siedlungen Steinbeck, Hagen und Riensförde sowie der Nutzungen in dem Sondergebiet findet sich in der Begründung zu der 39. Änderung des Flächennutzungsplans (Anlage 2). Hieraus ergibt sich, dass lediglich eine kleine Fläche im Nordwesten des Vorranggebiets den Anforderungen der höchsten Abstandsklasse genügt. Deutlich weniger als die Hälfte des Vorranggebiets steht für Industriebetriebe zur Verfügung, die mit nicht nur in der chemischen Industrie durchaus gängigen Stoffen wie Schwefeldioxid und Schwefelwasserstoff umgehen. Dieses Ergebnis relativierend wird ausgeführt, dass die Abstände bei Planumsetzung, d. h. mit Detailkenntnissen tatsächlich wesentlich geringer ausfallen, da die industriell-gewerblichen Anlagen nach dem Stand der Technik errichtet werden müssten. Hinzu komme, dass das Gewerbegebiet Steinbeck aus Sicht der Antragsgegnerin nicht vorrangig für Betriebe und Anlagen der chemischen Industrie entwickelt werden solle. Für derartige Betriebe und Anlagen seien die in der Elbmarsch gelegenen Industriegebiete rund um Bützfleth vorgesehen. Auf dieser Grundlage sei die Ausweisung von Industriegebieten i. S. d. BauNVO auf 108 ha im Nordwesten des Vorranggebiets möglich, während auf den übrigen 92 ha neben dem Sondergebiet Gewerbegebiete i. S. d. BauNVO festgesetzt werden könnten.

Abgesehen davon, dass insoweit noch nicht der neue Zuschnitt des Vorranggebiets mit nunmehr nur noch ca. 165 ha zugrunde gelegt wurde, veranschaulicht diese Karte, dass mit dem Sondergebiet ein weiteres Schutzobjekt im bislang insoweit nur durch das in der Nähe liegende FFH-Gebiet belasteten Südosten des Vorranggebiets entsteht. Das schränkt in Verbindung mit den bestehenden Vorbelastungen die Nutzbarkeit des Vorranggebiets für großindustrielle Anlagen sowohl räumlich als auch qualitativ erheblich ein. Räumlich steht – legt man die Zahlen und Angaben der Anlage 2 zur Begründung des FNP zugrunde – nur noch etwa die Hälfte des Vorranggebiets für eine Festsetzung als Industriegebiet gemäß § 9 BauNVO und damit für die Ansiedlung großindustrieller Anlagen zur Verfügung. Die übrige Hälfte ist nur noch für Nutzungen i. S. v. § 8 BauNVO vorgesehen. Von der rechtlichen gebotenen räumlichen Unterordnung der sonstigen gewerblichen Nutzungen kann vor diesem Hintergrund keine Rede sein. In qualitativer Hinsicht kommt hinzu, dass selbst in den potenziellen Industriegebieten die Bandbreite der möglichen Nutzungen eingeschränkt ist bzw. Schutzvorkehrungen erforderlich werden. Das betrifft nicht nur Randbereiche des Vorranggebiets, sondern erfasst wesentliche Teile der potenziellen Industriebaulichen.

Die Schaffung von weiteren Schutzobjekten läuft vor diesem Hintergrund der Festlegung der Fläche als Premiumstandort zuwider, die unter anderem an das bisher geringe Konfliktpotential der Fläche anknüpft. Damit werden die Möglichkeiten der Ansiedelung industrieller Nutzungen substantiell erschwert. Richtig ist zwar der in der mündlichen Verhandlung vertiefte Einwand der Antragsgegnerin, dass eine Vielzahl von Anlagen des produzierenden Gewerbes nicht zu den Störfallbetrieben gehört und sich auf der Ebene der Vorhabenzulassung regelmäßig geringere Sicherheitsabstände ergeben. Das ändert aber nichts daran, dass der raumordnungsrechtlich geschützte Standortvorteil einer großen konfliktarmen Fläche substantiell eingeschränkt wird, wenn diese mit einem neuen Schutzobjekt belegt wird. Hinzu kommt, dass das Störfallrecht nicht allein zu betrachten ist. Von Industriebetrieben gehen – dies kommt in § 9 Abs. 1 BauNVO zum Ausdruck – typischerweise Emissionen (z. B. Lärm, Gerüche, Staub) aus, die mit den Schutzansprüchen anderer Baugebiete unverträglich sind und daher erhebliche Abstände zu schutzbedürftigen Nutzungen erfordern. Geringe Abstände sind oft nur um den Preis kostspieliger Vorkehrungen zu erreichen, die die Attraktivität des Standortes mindern. In der Gesamtschau zeigt sich, dass die Planung die durch das RROP 2013 vorgegebene einheitliche bzw. großflächige Belegung des Vorranggebiets mit großindustriellen Anlagen des Produzierenden Gewerbes substantiell beschränkt, wenn nicht gar verhindert wird.

Der angegriffene Bebauungsplan leidet unter zu seiner Unwirksamkeit führenden Abwägungsmängeln.

Das in § 1 Abs. 7 BauGB verankerte Abwägungsgebot ist verletzt, wenn eine (sachgerechte) Abwägung überhaupt nicht stattfindet, wenn in die Abwägung Belange nicht eingestellt werden, die nach Lage der Dinge hätten eingestellt werden müssen, wenn die Bedeutung der betroffenen privaten Belange verkannt wird oder wenn der Ausgleich zwischen den von der Planung berührten öffentlichen Belangen in einer Weise vorgenommen wird, der zur objektiven Gewichtigkeit einzelner Belange außer Verhältnis steht. Innerhalb des so gezogenen Rahmens ist das Abwägungsgebot nicht verletzt, wenn sich die Gemeinde in der Kollision zwischen verschiedenen Belangen für die Bevorzugung des einen und damit notwendig für die Zurückstellung eines anderen entscheidet (BVerwG, Urteil v. 12.12.1969 – IV C 105.66 –, BVerwGE 34, 301 = juris Rdnr. 29). Zur Unwirksamkeit des Plans führen nur Abwägungsfehler, die offensichtlich und auf das Abwägungsergebnis von Einfluss gewesen sind (§ 214 Abs. 3 Satz 2, 2. Hs. BauGB).

Gemessen hieran hat die Antragsgegnerin die Vermeidung und den Ausgleich voraussichtlich erheblicher Beeinträchtigungen des Landschaftsbildes (vgl. § 1a Abs. 3 Satz 1 BauGB) in der Abwägung nicht ausreichend berücksichtigt. Ihre Annahme, die Planung führe zu keiner – ausgleichsbedürftigen – erheblichen Beeinträchtigung des Landschaftsbilds, erweist sich als nicht tragfähig.

Die Antragsgegnerin hat sich im Umweltbericht mit dem Schutzgut Landschaftsbild auseinandergesetzt, indem sie die Ausführungen des Landschaftsplanerische Fachbeitrags zur Umweltprüfung mit Eingriffs- und Ausgleichsbilanzierung vom 3.9.2021 übernommen hat. Letztgenannter beruht u. a. auf dem Landschaftsrahmenplan des Landkreises Stade, Neuaufstellung 2014 (im Folgenden LRP 2014). Auch wenn die Antragsgegnerin nicht jede einzelne Aussage des LRP 2014 zu dem Plangebiet in die Beschreibung des Bestands aufgenommen hat, deckt sich ihre Charakterisierung des Landschaftsbilds im Planungsraum mit der des LRP 2014, der den Planungsraum zu den »Landschaftsbildeinheiten mit mittlerer Bedeutung« zählt (LRP 2014, Karte 2: Landschaftsbild).

Ausgehend hiervon stellt die Antragsgegnerin fest, dass die durch die Planung ermöglichte Neubebauung im Sonder- sowie im Gewerbegebiet verglichen mit der bislang landwirtschaftlich genutzten Kulturlandschaft zu einem »vollständig umgewandelten Erscheinungsbild der Landschaft« führe und aufgrund der örtlichen Gegebenheiten von einer Fernwirkung auszugehen sei. Die Planung sei jedoch so ausgestaltet, dass das Baugebiet landschaftlich eingebunden und das Landschaftsbild insgesamt neugestaltet werde, sodass keine erheblichen Auswirkungen verblieben. Die Antragsgegnerin geht mithin davon aus, dass im Ergebnis der Planung ein Eingriff i. S. d. § 14 Abs. 1 BNatSchG nicht vorliegt. Danach sind Eingriffe in Natur und Landschaft im Sinne dieses Gesetzes Veränderungen der Gestalt oder Nutzung von Grundflächen, die die Leistungs- und Funktionsfähigkeit des Naturhaushalts oder das Landschaftsbild erheblich beeinträchtigen können. Das Merkmal »erheblich« verweist auf die Intensität der Einwirkung auf die maßgeblichen Schutzgüter. Das Landschaftsbild erfährt eine erhebliche Beeinträchtigung, wenn es sich bei großflächiger Betrachtungsweise infolge einer Gestalt- oder Nutzungsänderung vom Standpunkt eines »aufgeschlossenen Durchschnittsbetrachters« aus als gestört darstellt (Gellermann, in: Landmann/Rohmer, Umweltrecht, 104. EL Juni 2024, BNatSchG § 14 Rdnr. 18). Daraus folgt, dass selbst eine vollständige Umgestaltung des Landschaftsbilds unter der Erheblichkeitsschwelle bleiben kann (vgl. § 15 Abs. 2 Satz 2 BNatSchG). Erforderlich ist hierfür, dass das bei Umsetzung der Planung entstehende Landschaftsbild sich bei der gebotenen großflächigen Betrachtung durch den aufgeschlossenen Durchschnittsbetrachter als ungestört im Sinne von sich harmonisch in die umgebende Landschaft einfügend darstellt (vgl. Gellermann, in: Landmann/Rohmer, Umweltrecht, 104. EL Juni 2024, BNatSchG § 15 Rdnr. 21). Dies kann ggf. durch eine vollständige Eingrünung des Plangebiets gelingen, wenn die entsprechenden Pflanzvorgaben eine ausreichende Zahl an bis zur möglichen Höhe baulicher Anlagen aufwachsenden Bäumen und zugleich einen hinreichend dichten Unterwuchs vorsehen (vgl. Senatsbeschl. v. 30.4.2024 – 1 MN 161/23 –, BauR 2024, 1011 = DVBl 2024, 781 = juris Rdnr. 33). Dabei ist hinzunehmen, dass die Grünkulisse anfänglich, d. h. bei Umsetzung der Planung insbesondere höhenmäßig hinter dem Erforderlichen zurückbleibt. Die Eingriffsregelung nimmt eine vorübergehende Verschlechterung des ökologischen Zustandes in Kauf (vgl. BVerwG, Urteil v. 6.11.2012 – 9 A 17.11 –, BVerwGE 145, 40 = BRS 80 Nr. 100 = juris Rdnr. 149). Entscheidend ist, dass die Maßnahme mittel- und langfristig das Potential hat, das Plangebiet vollständig einzugrünen.

Hierfür reichen die Festsetzungen des Plans hinsichtlich der Eingrünung des Plangebiet jedoch nicht aus. Zwar sind im Westen und Norden des Sondergebiets sowie im Westen des Gewerbegebiets vorhandene Wallhecken zu erhalten und zu verdichten (TF Nr. 6.2 und 6.3) bzw. eine Wallhecke neu anzulegen (TF Nr. 6.1). Zudem sieht der Plan im Südwesten und Nordosten des Sondergebiets Flächen zum Anpflanzen von Sträuchern und Bäumen vor (TF Nr. 5.1), in denen zusätzlich Aufschüttungen bis zu einer Höhe von 2 m bzw. 3 m zulässig sind (TF Nr. 4). Insoweit bestehen allerdings erhebliche Lücken im Südwesten auf einer Länge von ca. 65 m, im Nordosten im gesamten Bereich der hier nach Osten verspringenden Baugrenze sowie südlich des Regenrückhaltebeckens, die einen ungehinderten Blick auf die zur Bebauung vorgesehenen Flächen gestatten. Im Norden des Gewerbegebiets ist keinerlei Eingrünung vorgesehen. Auf einen entsprechenden Einwand des Kreisbauernverbands Stade vom 6.1.2022 hat die Antragsgegnerin ausgeführt, dass hierfür kein Erfordernis bestehe und damit eine mittelfristige und unmittelbar anschließende Weiterentwicklung der Gewerbeflächen nach Norden ermöglicht werden solle. Die Grenze nach Norden könne durch einen Zaun gestaltet werden; dies sei auch üblich (Abwägung TÖB gem. § 4 Abs. 2, BA IV S. 535). Soweit die Antragsgegnerin in diesem Zusammenhang zwischen den Freizeitnutzungen, die »visuell zur Kreisstraße und den landwirtschaftlichen Flächen zu verringern seien« und damit möglicherweise eine Schutzbedürftigkeit des Sondergebiets unterstellt, die sie für das Gewerbegebiet verneint, verkennt sie die Auswirkungen des Gewerbegebiets auf das Landschaftsbild. Die Baugrenze des Gewerbegebiets verläuft im Norden nahezu durchgehend in einem Abstand von 3 m zur Grenze des Plangebiets, sodass dort potentiell dreigeschossige Bauten unmittelbar in die Landschaft hineinwirken können. Ein Zaun ist entgegen der Auffassung der Antragsgegnerin offensichtlich kein geeigneter Sichtschutz. Auch im Osten trifft die Planung keine Vorkehrungen zur Einbindung des Gebiets in die Landschaft. Die von der Antragsgegnerin insoweit angeführten »in Teilen gehölzbestandenen Straßenböschungen« sind ausweislich der in der mündlichen Verhandlung betrachteten google-street-view-Bilder nicht auf der Westseite, sondern nur auf der Ostseite der K30 vorhanden. Auch die Argumentation, dass die Baugrenze im Osten des Gewerbegebiets wegen der 20 m breiten Anbauverbotszone der K30 und den dort anzulegenden Flächen für die Regenwasserrückhaltung so weit abrücke, dass keine unmittelbare Wirkung bis in den Straßenraum gegeben sei, überzeugt nicht. Von der K30 aus gesehen mindern weder der Graben noch das Regenwasserrückhaltebecken die Auswirkungen der baulichen Anlagen in die Landschaft hinein. Die Defizite der Eingrünung werden auch nicht durch die Vorgaben zur Dach- bzw. Fassadenbegrünung (TF Nr. 6.5) kompensiert. Letztere ist nur für den Fall angeordnet, dass auf den Dachflächen Anlagen zur

Nutzung von Solarenergie hergestellt werden. Hinzu kommt, dass eine 50-prozentige Fassadenbegrünung die Wirkungen der Baukörper in die umgebende Landschaft deutlich weniger mindert als eine Eingrünung der Plangebietsränder, zumal diese nicht zwingend auf der der freien Landschaft zugewandten Gebäudeseite erfolge muss.

Der Plan erweist sich als abwägungsfehlerhaft, soweit er im festgesetzten Gewerbegebiet Vergnügungsstätten (vgl. TF Nr. 1.6), nicht aber Bordelle und bordellartige Betriebe ausschließt. Letzteres steht im Widerspruch zu der Planbegründung, in der es auf S. 21 heißt: »Bordelle und bordellartige Betriebe werden gemäß § 1 Abs. 9 BauNVO als Unterart der Gewerbebetriebe aller Art für unzulässig erklärt.«

Städtebauliches Ziel sei es, die zur Verfügung stehenden Flächen im Gewerbegebiet dem klassischen Gewerbe vorzubehalten. Zudem solle dieser Ausschluss einer Nutzungskonkurrenz entgegenwirken sowie negative Beeinträchtigungen des Plangebiets und seines Umfelds vermeiden. Auch wenn die Antragsgegnerin in der mündlichen Verhandlung erläutert hat, dass es sich insoweit um ein »Redaktionsversehen« handele und ein derartiger Ausschluss nicht beabsichtigt und aufgrund der Einflussmöglichkeiten beim Verkauf der Plangebietsflächen auch nicht notwendig gewesen sei, ändert dies nichts daran, dass der Rat der Antragsgegnerin den Plan mit dieser Begründung und dem darin zum Ausdruck gebrachten planerischen Willen als Satzung beschlossen hat. Ob die Erklärung der Antragsgegnerin zudem mit Blick darauf, dass im Gewerbegebiet nach der TF Nr. 1.6 Vergnügungsstätten unzulässig sind, überzeugt, kann dahinstehen. Festzuhalten ist, dass im Hinblick auf den fehlenden Ausschluss von Bordellen und bordellartigen Betrieben Planungswille und Planinhalt auseinanderfallen, sodass die Festsetzung zur Art der baulichen Nutzung im Gewerbegebiet als unwirksam erweist.

Der Mangel der Planung führt zur Gesamtunwirksamkeit des angegriffenen Plans und nicht bloß zur Unwirksamkeit der Gewerbegebietsfestsetzungen. Ein anderes Ergebnis käme nur unter der Voraussetzung einer Teilbarkeit des Plans in Betracht, die vorläge, wenn der Plan auch ohne die fraglichen Festsetzungen noch ein sinnhaftes Ganzes ergäbe und wenn mit Sicherheit anzunehmen wäre, dass die Antragsgegnerin ihn, hätte sie von der Unwirksamkeit der Festsetzungen gewusst, auch ohne diese beschlossen hätte. Dabei genügt es für die Annahme der Teilbarkeit nicht, dass der Rat der Antragsgegnerin der Teilwirksamkeit des Plans im Zweifel den Vorzug vor dessen Gesamtunwirksamkeit gegeben hätte. Bereits wenn die konkrete Möglichkeit besteht, dass der Rat den Plan in Kenntnis der Rechtswidrigkeit der tatsächlich gefundenen Lösung auch in anderen Teilen geändert hätte, fehlt es an der Teilbarkeit (Senatsurt. v. 12.2.2024 – 1 KN 191/21 –, BauR 2024, 897 = juris Rdnr. 26 m. w. N.).

Gemessen hieran ist der Plan nicht teilbar. Zwar ist anhand der Plangenese erkennbar, dass die Antragsgegnerin die Planung für den Surfpark zum Anlass genommen hat, zusätzlich das in Rede stehende Gewerbegebiet auszuweisen. Gleichwohl handelt es sich nicht um zwei eigenständige Pläne, die lediglich aus Gründen der Verfahrensökonomie in einem Plan zusammengefasst wurden. Dies zeigt sich insbesondere an dem Regenrückhaltebecken, das so dimensioniert wurde, dass es den Niederschlag eines 30-jährigen Regenereignisses im gesamten Plangebiet aufnehmen kann. Dächte man das Gewerbegebiet einschließlich der Planstraße 2 hinweg, wäre das Regenrückhaltebecken im Hinblick auf die genannte Prämisse zu groß bemessen. Soweit die Antragsgegnerin in der mündlichen Verhandlung argumentiert hat, dass die 39. Änderung ihres Flächennutzungsplans auf den Flächen nördlich des Sondergebiets ein Gewerbegebiet in Aussicht stellt, sodass sich das geplante Regenrückhaltebecken im Vorgriff auf eine entsprechende (neue) Planung als zutreffend dimensioniert erweise, reicht dies für die Annahme, dass der Rat der Antragsgegnerin dies auch so gesehen hätte, nicht aus. Ob die Position des Regenrückhaltebecken – wie die Antragsgegnerin meint – durch das Gelände vorgegeben sei oder dieses bei einer isolierten Planung des Sondergebiets beispielsweise weiter südlich festgesetzt worden wäre, bedarf daher keiner Entscheidung. Unabhängig davon erscheint es sehr zweifelhaft, dass die Kompensation der planbedingten Eingriffe, insbesondere die Neuanlage der Wallhecke am westlichen Rand des Plangebiets, die ohne das Gewerbegebiet willkürlich in die Ackerfläche hineinreichte genau so vom Rat der Antragsgegnerin beschlossen worden wäre.

Die vorgenannten innerhalb der Jahresfrist des § 215 Abs. 1 Satz 1 Nr. 3 BauGB gerügten Mängel sind offensichtlich, weil sie sich aus den Planaufstellungsvorgängen ergeben. Sie sind auch nicht deshalb nach § 214 Abs. 3 Satz 2 BauGB unbeachtlich, weil sie sich nicht auf das Abwägungsergebnis ausgewirkt haben könnten. Im Hinblick auf den Ausschluss der Bordelle und bordellartigen Betriebe erscheint es vielmehr naheliegend diese jedenfalls dann auszuschließen, wenn man – wie geschehen – Vergnügungsstätten u. a. mit der Begründung ausschließt, dass die Flächen im Gewerbegebiet »klassischen« Gewerbebetrieben vorbehalten bleiben sollen. In Bezug auf die planbedingten Auswirkungen auf das Landschaftsbild spricht schon weit Überwiegendes dafür, dass die Antragsgegnerin bei sachgerechter Bewertung des Abwägungsmaterials den Plan geändert hätte; zudem liegt insoweit auch ein nicht den vorgenannten Bestimmungen unterfallender Fehler im Abwägungsergebnis vor.

Nur ergänzend mit Blick auf das von der Antragsgegnerin möglicherweise angestrebte ergänzende Verfahren und die weithin nicht tragfähigen Ausführungen des Verwaltungsgerichts Stade in seinem Beschluss v. 29.4.2024 (– 2 B 175/24 –, juris) merkt der Senat Folgendes an:

Nicht durchgegriffen hätte das Vorbringen des Antragstellers gegen die Erforderlichkeit der Planung (§ 1 Abs. 3 BauGB) wegen eines – aus seiner Sicht – unüberwindlichen artenschutzrechtlichen Hindernisses im Hinblick auf Brutreviere der Feldlerche und der Schafstelze. Die von der Antragsgegnerin vorgesehenen CEF-Maßnahmen im ca. 4,5 km entfernten Pool Wiepenkathen sind geeignet, die ökologische Funktion der betroffenen Fortpflanzungsstätten im räumlichen Zusammenhang weiterhin zu erfüllen (vgl. § 44 Abs. 1 Nr. 3 und Abs. 5 Satz 2 Nr. 3 BNatSchG). Für den Begriff des räumlichen Zusammenhangs in diesem Sinne kommt es auf die artspezifischen Vernetzungsdistanzen an. Etwaige Ersatzlebensräume müssen sich innerhalb des Aktionsradius der betroffenen Individuen – verstanden als der Bereich, in dem sie nach dem Eingriff eine neue Fortpflanzungsstätte annehmen werden – befinden. Danach gibt es keine feststehende Grenze, ab der ein räumlicher Zusammenhang zu verneinen ist. Vielmehr kommt es auf die Verbreitung der lokalen Population im Einzelfall an. Unter lokaler Population ist keinesfalls nur die an einem bestimmten Ort anzutreffende Fortpflanzungsgemeinschaft zu verstehen. Die lokale Population umfasst eine biologisch oder geographisch abgegrenzte Zahl von Individuen, die dadurch gekennzeichnet sind, dass sie derselben Art oder Unterart angehören und innerhalb ihres Verbreitungsgebiets in generativen oder vegetativen Vermehrungsbeziehungen stehen. Es geht demnach um die Gesamtheit der Individuen einer Art, die in einem abgegrenzten Raum vorkommen. Eine lokale Population umfasst diejenigen (Teil-)Habitate und Aktivitätsbereiche der Individuen einer Art, die in einem für die Lebens(-raum)ansprüche der Art ausreichenden räumlich-funktionalen Zusammenhang stehen. Spezifisch mit Blick auf die Feldlerche ist zu berücksichtigen, dass es sich bei dieser um eine Vogelart handelt, die sich ohnehin jedes Jahr nach ihrer Rückkehr aus dem Süden einen neuen Standort sucht. Räumliche Verschiebungen sind schon deswegen unausweichlich, weil die Flächen in Abhängigkeit von der landwirtschaftlichen Bewirtschaftung von Jahr zu Jahr eine wechselnde Eignung als Bruthabitat haben. Vor diesem Hintergrund erscheint es angezeigt, den Aktionsradius der betroffenen Individuen und das Verbreitungsgebiet der lokalen Feldlerchenpopulation nicht zu eng zu fassen (vgl. Senatsbeschl. v. 1.8.2024 – 1 MN 75/24 –, juris Rdnr. 28 m. w. N.).

Entsprechend hat sich auch der Verfasser des Fachbeitrags Artenschutz in der mündlichen Verhandlung geäußert und dem Verständnis des Antragstellers, der den naturgemäß deutlich kleineren Aktionsradius des an einem Brutplatz niedergelassenen Brutpaares während der Brutsaison für maßgeblich hielt, zu Recht eine Absage erteilt. Vielmehr sei auf die aus den Winterquartieren zurückkehrenden Individuen abzustellen, die sich auf die Suche nach einem neuen Brutplatz machten. Dabei sei ein strenges Abstellen auf das im Vorjahr angetroffene Individuum aufgrund seiner im Regelfall verhältnismäßig kurzen Lebensspanne ohnehin problematisch. Im Ergebnis komme es daher darauf an, dass im räumlichen Zusammenhang eine unverminderte Anzahl an Fortpflanzungsstätten zur Verfügung stehe. Dieser räumliche Zusammenhang sei hier gewährt. Die Lokalpopulation der Feldlerche sei weit zu fassen, da sie als Vogel der norddeutschen Tiefebene keine Unterarten ausgebildet und die Art keine spezifischen Standortanforderungen habe. Ein ca. 4,5 km vom Eingriffsort entferntes Ersatzhabitat liegt sicher innerhalb der Vernetzungsdistanz der Lokalpopulation und erfüllt damit den räumlichen Zusammenhang i. S. d. § 44 Abs. 5 Satz 2 Nr. 3 BNatSchG. Mit 2 ha ist auch die Größe der in Aussicht genommenen Fläche für den Ersatz von zwei Bruthabitaten, zu deren Größe pro Brutpaar die Angaben stark variieren (z. B. NABU: 0,67 ha, https://www.nabu.de/tiere-und-pflanzen/aktionen-und-projekte/vogel-des-jahres/feldlerche/fakten/25183.html, zuletzt abgerufen am 18.10.2024; Landesbetrieb Mobilität Rheinland-Platz, Leitfaden CEF-Maßnahmen, 2021, Anlage 4, Steckbrief Feldlerche: 0,5-1 ha), geeignet. Soweit der Antragsteller – und ihm folgend das Verwaltungsgericht Stade in seinem Beschluss v. 29.4.2024 (– 2 B 175/24 –, juris Rdnr. 76 ff.) – einwendet, dass die bereits 2018/2019 hergestellten Ersatzhabitate bereits belegt und damit im Zeitpunkt des Eingriffs nicht mehr zur Verfügung stünden, geht er von einem unzutreffenden Sachverhalt aus. Die Antragsgegnerin hat überzeugend dargelegt, dass die für die Feldlerche vorgesehene Fläche erst seit dem Jahr 2023 entsprechend dem neuen Ziel »Wiesenvogelschutz« bewirtschaftet wird. Damit steht die Fläche im zeitlichen Zusammenhang mit dem bevorstehenden Eingriff zur Verfügung.

Soweit der Antragsteller- und auch insoweit ihm folgend das Verwaltungsgericht Stade mit Beschluss v. 29.4.2024 (– 2 B 175/24 –, juris Rdnr. 81 ff.) – meint, die Antragsgegnerin habe den Belang des Klimaschutzes fehlerhaft behandelt, teilt der Senat diese Einschätzung nicht.

Ausgangspunkt ist dabei nicht § 13 KSG, sondern die für Bauleitpläne in § 1 Abs. 5 Satz 2 und Abs. 6 Nr. 7 a), § 1a Abs. 5 BauGB – hier in der bei Satzungsbeschluss geltenden Fassung – spezialgesetzlich geregelte Pflicht zur Berücksichtigung von Klimaschutzaspekten (vgl. BT-Drs. 19/14337, S. 36; ebenso OVG SH, Beschluss v. 7.7.2023 – 1 MR 9/20 –, NordÖR 2023, 570 [OVG Hamburg 9.5.2023 – 2 Bs 41/23] = juris Rdnr. 65; Fellenberg, in: Fellenberg/Guckelberger, Klimaschutzrecht, 2022, KSG § 13 Rdnr. 11). Gemäß § 1a Abs. 5 BauGB ist der Grundsatz, dass den Erfordernissen des Klimaschutzes sowohl durch Maßnahmen, die dem Klimawandel entgegenwirken, als auch durch solche, die der Anpassung an den Klimawandel dienen, Rechnung getragen werden soll, in der Abwägung nach § 1 Abs. 7 BauGB zu berücksichtigen. Die planende Gemeinde trifft deshalb im Rahmen der von ihr verfolgten städtebaulichen Konzeption eine Pflicht zur Ermittlung und Bewertung der Klimafolgen ihrer Planung sowie zur Berücksichtigung im Rahmen der Abwägung, wo etwaige negative Auswirkungen ins Verhältnis zu den mit der Planung erstrebten Vorteilen gesetzt werden müssen.

Ebenso wie § 13 KSG enthält § 1a Abs. 5 BauGB aber kein Optimierungsgebot (vgl. Senatsurt. v. 27.9.2017 – 1 KN 168/15 –, BauR 2018, 1666 = juris Rdnr. 186; zu § 13 KSG ebenso BVerwG, Urteil v. 4.5.2022 – 9 A 7.21 –, BVerwGE 175, 312 = NVwZ 2022, 1549 = juris Rdnr. 86 ff.; Urteil v. 22.6.2023

– 7 VR 3.23 –, BVerwGE 179, 226 = NVwZ 2023, 1657 = juris Rdnr. 40). Demzufolge müssen Klimaschutzgesichtspunkte als ein zu berücksichtigender Belang unter vielen mit dem Gewicht, das ihnen zukommt, in die Abwägung einfließen, ohne dass diesen von vornherein ein Vorrang vor anderen Gesichtspunkten zukommt. Eine Verpflichtung der Gemeinde zu bestimmten Maßnahmen wird man § 1 Abs. 5 Satz 2 und Abs. 6 Nr. 7 a), § 1a Abs. 5 BauGB nur nach Maßgabe besonderer fachrechtlicher Bestimmungen bzw. in besonders gelagerten Ausnahmefällen entnehmen können.

Die vom Antragsteller zur Stützung seiner gegenteiligen Auffassung ins Feld geführte Rechtsprechung des Bundesverwaltungsgerichts, die § 13 KSG eine Pflicht zur Ermittlung der Menge an Treibhausgasen, die aufgrund eines Vorhabens emittiert werden, entnimmt (vgl. BVerwG, Urteil v. 22.6.2023 – 7 VR 3.23 –, BVerwGE 179, 226 = NVwZ 2023, 1657 = juris Rdnr. 39; Urteil v. 15.9.2023 – 7 VR 6.23 –, ZUR 2023, 675 = juris Rdnr. 42), ist auf die Bauleitplanung und die in diesem Rahmen maßgeblichen § 1 Abs. 5 Satz 2 und Abs. 6 Nr. 7 a), § 1a Abs. 5 BauGB nicht übertragbar. Die Rechtsprechung betrifft die Ebene der Vorhabenzulassung, nicht aber die Ebene der Bauleitplanung, auf der häufig noch keine Gewissheit über das zu errichtende Vorhaben besteht. Selbst wenn das aber ausnahmsweise der Fall ist, ist die vorhabenbezogene Prüfung, um eine solche handelt es sich bei der Beurteilung vorhabenbezogener Treibhausgasemissionen, im Rahmen der nachgelagerten Zulassungsentscheidung und nach Maßgabe des dafür vorgesehenen Fachrechts durchzuführen. Auf dieser Ebene kann mithin nach Maßgabe der konkreten gesetzlichen Bestimmungen eine zahlenmäßige Ermittlungspflicht bestehen. Auf der Ebene der Bauleitplanung, mithin der Standortentscheidung, ist eine solche Pflicht nicht gegeben.

Ausgehend von den dargestellten Vorgaben hat die Antragsgegnerin die Auswirkungen der Planung auf die Belange des Klimaschutzes hinreichend ermittelt. Sie hat sich mit dem Wasser- und Energiebedarf der Planung sowie mit deren verkehrlichen und kleinklimatischen Auswirkungen auseinandergesetzt und daraus eine insgesamt negative Klimabilanz des Vorhabens abgeleitet. Diese hat sie mit verschiedenen Festsetzungen (z. B. relativ geringer Versiegelungsgrad in den festgesetzten Gewerbegebieten, Dachbegrünung, Zulässigkeit von Solarenergie) – ergänzt durch Vereinbarungen in dem zu der Planung gehörenden städtebaulichen Vertrag (z. B. Vorgabe, die Energieversorgung möglichst aus erneuerbaren Energien zu decken, § 16a GrdV II, und mit einem Shuttle-Verkehr die Anbindung an den ÖPNV – befristet – zu sichern, § 16 GrdV II) – versucht, abzumildern. Dass die Klimabilanz der Planung gleichwohl negativ bleibt, hat die Antragsgegnerin erkannt, diesen Gesichtspunkt aber zugunsten des Planungsziels, einen neuen Freizeit- und Gewerbestandort zu schaffen, zurückgestellt. Dies ist nicht zu beanstanden. Auch wenn die Belange des Klimaschutzes mit einigem Gewicht in die Abwägung einzustellen sind, sind sie weiterhin der Abwägung und damit auch dem nachvollziehbar begründeten Wegwägen zugänglich. Der allein dafür zuständige Gesetzgeber hat die Klimaschutzziele derzeit nicht so ausgestaltet, dass ihnen ein Verbot von Planungen mit einer negativen Klimabilanz zu entnehmen ist (Fortführung v. Senatsurt. v. 27.9.2017 – 1 KN 168/15 –, BauR 2018, 1666 = juris Rdnr. 186). …

Nr. 5

1. **Soweit die Stellung eines Vorbescheidsantrags grundsätzlich ausreicht, um die Antragsbefugnis für einen Normenkontrollantrag gegen einen Flächennutzungsplan zu begründen, der auf eine Ausschlusswirkung nach § 35 Abs. 3 Satz 3 BauGB angelegt ist, gilt Entsprechendes auch für einen Normenkontrollantrag gegen einen Bebauungsplan, der Baufenster für Windenergieanlagen festsetzt, wenn ein Antragsteller – wie hier – einen Vorbescheid für einen Standort außerhalb der Baufenster beantragt hat.**
2. **Soweit nach § 9 Abs. 1 Nr. 2a BauGB im Bebauungsplan aus städtebaulichen Gründen vom Bauordnungsrecht abweichende Maße der Tiefe der Abstandsflächen festgesetzt werden können, muss nicht nur die Planung als Ganzes, sondern gerade auch die Festsetzung der vom Bauordnungsrecht abweichenden geringeren Tiefe der Abstandsflächen auf städtebaulichen Gründen beruhen. Dabei muss es sich um objektive städtebauliche Gründe handeln; subjektive Aspekte spielen hingegen keine Rolle.**
3. **Für die gerichtliche Überprüfung ist hinsichtlich der Abwägung nach § 214 Abs. 3 BauGB der Zeitpunkt des Satzungsbeschlusses bzw. im Übrigen der Zeitpunkt der Bekanntmachung der Satzung maßgeblich. Nach Erlass des Plans eintretende Rechtsänderungen, die zu einem Fortfall eines Rechtsverstoßes führen, sind nicht zu berücksichtigen.**

(Leitsätze der Redaktion)

BauGB § 9 Abs. 1 Nr. 2a.

OVG Nordrhein-Westfalen, Urteil vom 18. Dezember 2024 – 7 D 89/23.NE –.

Aus den Gründen:

Die Antragstellerin wendet sich gegen einen Bebauungsplan, mit dem die Antragsgegnerin ein Sondergebiet für die Errichtung von Windenergieanlagen ausweist. …

Der Normenkontrollantrag hat Erfolg.

Der Antrag ist zulässig.

Die Antragstellerin ist insbesondere – entgegen der Meinung der Antragsgegnerin und der Beigeladenen – gemäß § 47 Abs. 2 VwGO antragsbefugt.

Antragsbefugt ist nach § 47 Abs. 2 Satz 1 VwGO, wer die Möglichkeit einer Verletzung von Vorschriften darlegen kann, die in der jeweiligen rechtlichen Situation zumindest auch dem Schutz eigener Interessen dienen (vgl. OVG NRW, Urteil v. 24.2.2023 – 7 D 372/21.NE –, juris, Rdnr. 34).

Diese Voraussetzung ist hier erfüllt. Der Senat kann offenlassen, ob mit Blick auf eine zivilrechtliche Sicherung von Optionsflächen, auf die sich die Antragstellerin beruft, eine Antragsbefugnis gegeben ist. Unabhängig davon folgt die Antragsbefugnis jedenfalls aus der Stellung eines Vorbescheidsantrags, auf die sich die Antragstellerin ferner beruft. Dies reicht grundsätzlich aus, um die Antragsbefugnis für einen Normenkontrollantrag gegen einen Flächennutzungsplan zu begründen, der auf eine Ausschlusswirkung nach § 35 Abs. 3 Satz 3 BauGB angelegt ist (vgl. OVG NRW, Beschluss v. 17.6.2024 – 22 B 286/24.NE –, juris, Rdnr. 14).

Entsprechendes gilt für einen Normenkontrollantrag gegen einen Bebauungsplan, der Baufenster für Windenergieanlagen festsetzt, wenn ein Antragsteller – wie hier – einen Vorbescheid für einen Standort außerhalb der Baufenster beantragt hat. Dem steht nicht etwa, wie die Beigeladene rügt, wegen fehlender zivilrechtlicher Nutzungsrechte das Fehlen eines Sachbescheidungsinteresses für den Vorbescheidsantrag entgegen. Denn es erscheint nach Lage der Akten und dem Beteiligtenvorbringen in der mündlichen Verhandlung nicht von Vornherein ausgeschlossen, dass die Antragstellerin über die erforderlichen zivilrechtlichen Berechtigungen verfügt bzw. diese noch erlangt. …

Der Antrag ist auch in der Sache begründet.

Der Plan leidet an jedenfalls einem durchgreifenden materiellen Mangel, weil die in der textlichen Festsetzung 1.4 festgelegte generelle Verkürzung der Tiefe der Abstandsflächen für Windenergieanlagen auf 36 % ihrer größten Höhe unwirksam ist.

Diese generelle Abstandsflächenverkürzung auf 36 % der Anlagenhöhe gemäß der textlichen Festsetzung 1.4 ist unwirksam, weil sie nicht durch eine Rechtsgrundlage gedeckt ist; die Unwirksamkeit der Festsetzung führt insgesamt zur Planunwirksamkeit.

Für die generelle Abstandsflächenverkürzung auf 36 % der größten Anlagenhöhe gemäß 1.4 der textlichen Festsetzungen fehlt die erforderliche Rechtsgrundlage.

Bebauungsplanfestsetzungen bedürfen einer Rechtsgrundlage (vgl. etwa BVerwG, Beschluss v. 31.1.1995 – 4 NB 48.93 –, juris, Rdnr. 19; Bischopink, in: Der Sachgerechte Bebauungsplan, 5. Aufl., Rdnr. 507).

Für die in Rede stehende Festsetzung besteht indes keine hinreichende Rechtsgrundlage.

Als Rechtsgrundlage für die Verkürzung der Tiefe der Abstandsflächen im Plangebiet von 50 % – wie nach § 6 Abs. 13 BauO NRW in der im Zeitpunkt des Satzungsbeschlusses am 28.2.2023 geltenden Fassung vorgegeben – auf 36 % der größten Höhe einer Windenergieanlage kommt allein § 9 Abs. 1 Nr. 2a BauGB in Betracht.

Danach können im Bebauungsplan aus städtebaulichen Gründen vom Bauordnungsrecht abweichende Maße der Tiefe der Abstandsflächen festgesetzt werden. Was städtebauliche Gründe sind, ergibt sich aus den Zusammenhängen mit § 1, § 1a BauGB über die Aufgaben, Begriffe und Grundsätze der Bauleitplanung.

Der Begriff bezeichnet das im Einleitungssatz des § 9 Abs. 1 BauGB zum Ausdruck kommende Erfordernis, dass nicht nur die Planung als Ganzes, sondern gerade auch die Festsetzung einer vom Bauordnungsrecht abweichenden geringeren Tiefe der Abstandsflächen auf städtebaulichen Gründen beruhen muss (vgl. Söfker, in Ernst/Zinkahn/Bielenberg, BauGB, § 9 Rdnr. 15 [Bearb. Stand 2/21]; OVG NRW, Urteil v. 15.4.2011 – 7 D 68/10.NE –, juris, Rdnr. 56 f.).

Solche städtebaulichen Gründe sind hier nicht gegeben.

Soweit die Antragsgegnerin im Aufstellungsverfahren angenommen haben sollte, ein hinreichender städtebaulicher Grund bestehe hier deshalb, weil die Umsetzung des Baufensters N 3 sonst nicht möglich wäre, da es an der Mitwirkungsbereitschaft der Nachbarn durch Einräumung von Baulasten fehle, handelt es sich- auch nach den Ausführungen des im Aufstellungsverfahren durch die Antragsgegnerin um eine Stellungnahme gebetenen Rechtsanwalts Dr. R. – nicht um einen objektiven städtebaulichen Grund. Vielmehr geht es bei der Bereitschaft von Eigentümern zur Bestellung von Abstandsbaulasten um subjektive Aspekte.

Soweit insbesondere von der Beigeladenen geltend gemacht wird, dass zur Förderung der Windenergienutzung im Plangebiet eine Verringerung des jeweiligen Abstands generell mit Blick auf Probleme bei der Bestellung von Abstandsbaulasten wegen inzwischen wesentlich größerer Anlagenhöhen und häufig komplexen bzw. unklaren eigentumsrechtlichen Gegebenheiten erforderlich sei, rechtfertigt dies keine andere Beurteilung. Eine solchen Umständen geschuldete generelle Verringerung der Abstandsflächentiefe ist vielmehr Aufgabe des Landesgesetzgebers.

Dementsprechend wurde auch mit Wirkung ab 1.1.2024 das bauordnungsrechtliche Abstandsrecht in NRW geändert und die Tiefe der Abstandsfläche auf 30 % der größten Höhe einer Windenergieanlage bemessen (vgl. § 6 Abs. 1 Satz 5, Abs. 4 Satz 8 BauO NRW in der Fassung vom 31.10.2023, GV. NRW S. 1172).

Entgegen der Meinung der Antragsgegnerin kommt es aber für die Wirksamkeit der angegriffenen Satzung nicht darauf an, dass im Zeitpunkt der Senatsentscheidung eine Rechtslage besteht, nach der gemäß § 6 BauO NRW 2018 eine geringere Abstandsfläche maßgeblich ist. Die Entscheidung des Bundesverwaltungsgerichts, auf die sich die Antragsgegnerin in diesem Zusammenhang beruft (vgl. BVerwG, Beschluss v. 14.5.2007 – 4 BN 8/07 –, juris), trägt diese Auffassung nicht. Für die gerichtliche Überprüfung ist hinsichtlich der Abwägung nach § 214 Abs. 3 BauGB der Zeitpunkt des Satzungsbeschlusses bzw. im Übrigen der Zeitpunkt der Bekanntmachung der Satzung maßgeblich. Nach Erlass des Plans eintretende Rechtsänderungen, die zu einem Fortfall eines Rechtsverstoßes führen, sind nicht zu berücksichtigen (vgl. BVerwG, Beschluss v. 14.5.2007 – 4 BN 8.07 –, juris, Rdnr. 5; Urteil v. 27.3.2014 – 4 CN 3.13 –, juris, Rdnr. 32 f.).

Eine städtebauliche Begründung für die Festsetzung ergibt sich entgegen dem Vorbringen der Beigeladenen auch nicht mit Blick auf den »handtuchartigen Zuschnitt« der Grundstücke im Plangebiet und eine daraus folgende Erforderlichkeit zur Bestellung von Baulasten zur Ermöglichung von Windenergievorhaben. Die genannte Erforderlichkeit hängt von zivilrechtlichen Gegebenheiten ab, die veränderlich sind und keine tragfähige Grundlage für eine städtebauliche Begründung bieten können.

Schließlich reicht es für die Annahme städtebaulicher Gründe für die angegriffene Festsetzung auch nicht aus, dass – wie die Beigeladene geltend macht – die Nutzung erneuerbarer Energien in § 1 Abs. 6 Nr. 7 lit. f) BauGB als städtebaulicher Belang genannt wird und dass die Planung nach der Begründung darauf zielt, ein Repowering des Windenergieanlagenbestands im Plangebiet zu steuern und zu sichern. Daraus ergibt sich zwar die generelle städtebauliche Rechtfertigung der Planung eines Repowerings im Plangebiet, nicht jedoch eine spezifische städtebauliche Begründung gerade auch der festgesetzten Abstandsflächenverkürzung.

Dieser Mangel der Rechtsgrundlage der Festsetzung zu 1.4 ist beachtlich und führt – entgegen dem Vorbringen der Beigeladenen und der Antragsgegnerin – auch insgesamt zur Unwirksamkeit des Bebauungsplans.

Die Unwirksamkeit einzelner Festsetzungen eines Bebauungsplans führt – nach den allgemeinen Grundsätzen über die teilweise Nichtigkeit von Gesetzen und anderen Rechtsvorschriften (vgl. auch § 139 BGB) – dann nicht zur Gesamtunwirksamkeit eines Bebauungsplans, wenn die übrigen Festsetzungen für sich betrachtet noch eine den Anforderungen des § 1 Abs. 3 Satz 1 BauGB gerecht werdende, sinnvolle städtebauliche Ordnung im Sinne des § 1 Abs. 3 Satz 1 BauGB bewirken können und außerdem hinzukommt, dass die Gemeinde nach ihrem im Planungsverfahren zum Ausdruck gekommenen Willen im Zweifel auch einen Plan dieses eingeschränkten Inhalts beschlossen hätte (vgl. BVerwG, Urteil v. 5.5.2015 – 4 CN 4.14 –, BauR 2015, 1620 = juris, Rdnr. 19).

Davon, dass die Antragsgegnerin im Zweifel auch einen Plan ohne die genannte Festsetzung beschlossen hätte, ist der Senat – anders als die Beigeladene – nicht überzeugt. Im Planungsverfahren ist kein Wille der Antragsgegnerin zum Ausdruck gekommen, im Zweifel einen eingeschränkten Plan ohne die fehlerhafte Festsetzung zur Abstandsflächenverkürzung zu beschließen. Vielmehr dokumentieren die Ausführungen zu dieser Festsetzung in der Planbegründung, dass diese Festsetzung für die Planung der Antragsgegnerin von erheblicher Bedeutung war, weil sie mit der Reduzierung der Abstandflächen einen optimierten und konfliktfreieren Ausbau der Windenergie ermöglichen wollte. …

Nr. 6

1. **Mit vom Schutz bestimmter zentraler Versorgungsbereiche unabhängigen, eigenständigen Zielsetzungen eines Einzelhandels- und Zentrenkonzepts können Festsetzungen eines Bebauungsplans nach § 9 Abs. 2a BauGB nicht gerechtfertigt werden. Auch Ziele der Regionalplanung können dafür nicht herangezogen werden.**

2. **Zu schädlichen Auswirkungen eines Innenbereichsvorhabens auf zentrale Versorgungsbereiche i. S. d. § 34 Abs. 3 BauGB (hier verneint für einen nicht großflächigen Getränkemarkt).**

BauGB § 9 Abs. 2a BauGB, § 34 Abs. 3.

VGH Baden-Württemberg, Urteil vom 29. August 2024 – 8 S 2499/22 –.

Aus den Gründen:

Die Klägerin begehrt einen (positiven) Bauvorbescheid über die planungsrechtliche Zulässigkeit einer Nutzungsänderung.

Unter dem 20.6.2012 beantragte die Klägerin bei der Beklagten die Erteilung eines (positiven) Bauvorbescheids zur Frage, ob der Einbau eines Getränkemarkts mit 790 m^2 Verkaufsfläche im Erdgeschoss ihres auf dem Grundstück Flst. Nr. xxx der Gemarkung Stuttgart-Mühlhausen errichteten Parkhauses (»Axxx Straße xx«) nach dem Bebauungsplan »Aldinger Straße Mühlhausen« (Mühl 76) ausnahmsweise planungsrechtlich zulässig ist.

Auf dem südwestlich angrenzenden Grundstücksteil betreibt die Klägerin aufgrund einer ihr am 24.1.2000 erteilten Baugenehmigung, die auch das Parkhaus umfasst, einen Verbrauchermarkt (»xxx«) mit einer Verkaufsfläche von 5 000 m^2.

Nachdem die Beklagte zwischen 1960 und 1971 verschiedene bauplanerische Festsetzungen für den Bereich zwischen der Aldinger Straße (L 1100) im Norden und dem Neckar im Süden getroffen hatte, die auch das Baugrundstück betrafen, setzte sie mit dem Bebauungsplan »Aldinger Straße Mühlhausen« (Mühl 76) vom 25.11.1999 in dem auch für das Bauvorhaben maßgeblichen Teil ein Gewerbegebiet (GE 1) fest. In diesem waren nur »nicht erheblich belästigende Gewerbebetriebe zulässig, die das Wohnen nordwestlich der Aldinger Straße nicht westlich stören«. Einzelhandelsbetriebe konnten nur ausnahmsweise zugelassen werden. Im südwestlich angrenzenden Teil des Bebauungsplans war ein sonstiges Sondergebiet für Einkaufszentren (SO 1) festgesetzt worden, das der Unterbringung eines Einkaufszentrums mit einer zulässigen Verkaufsfläche von 5 000 m² Verkaufsfläche dient. Im Untergeschoss und in den Obergeschossen vorhandener baulichen Anlagen waren u. a. Nutzungen für nicht erheblich belästigende Gewerbebetriebe nach Maßgabe der Festsetzungen zum GE 1 zulässig. Zulässig waren auch im Sondergebiet nur Anlagen, »die das Wohnen nordwestlich der Aldinger Straße nicht wesentlich stören«.

Die bauplanerischen Festsetzungen hatte die Klägerin im Baugenehmigungsverfahren noch vor Inkrafttreten des Bebauungsplans nach § 33 BauGB anerkannt.

Mit Bescheid vom 20.9.2012 lehnte die Beklagte die Erteilung eines (positiven) Bauvorbescheids ab. Die für die Einrichtung eines Getränkemarkts erforderliche Ausnahme vom Bebauungsplan werde nicht erteilt. Angesichts der im Gewerbegebiet GE 1 bereits bestehenden Einzelhandelsnutzungen entstünde durch den Getränkemarkt ein Übergewicht dieser Nutzungen, was die Zielsetzungen des Bebauungsplans unterlaufe.

Den von der Klägerin erhobenen Widerspruch wies das Regierungspräsidium Stuttgart mit Widerspruchsbescheid vom 12.6.2013 zurück. Zur Begründung wurde ergänzend ausgeführt, eine Ausweitung des Einzelhandelsstandorts durch die zusätzliche Errichtung eines Getränkemarktes mit 790 m² Verkaufsfläche widerspräche dem Einzelhandels- und Zentrenkonzept der Beklagten.

Am 3.7.2013 hat die Klägerin Verpflichtungsklage erhoben, die das Verwaltungsgericht mit Urteil v. 16.12.2014 – 13 K 2249/13 – abgewiesen hat. Die Klägerin habe keinen Anspruch auf den beantragten Bauvorbescheid, weil das Vorhaben den Festsetzungen des Bebauungsplans widerspreche. Die Erteilung einer Ausnahme habe die Beklagte ermessensfehlerfrei abgelehnt.

Mit Urteil v. 10.10.2017 – 8 S 1606/15 – hat der Senat die von ihm zugelassene Berufung mit der Begründung zurückgewiesen, dass sich die Klägerin aufgrund ihres Anerkenntnisses nicht auf eine etwaige Unwirksamkeit des Bebauungsplans Mühl 76 berufen könne. Die Erteilung einer Ausnahme sei fehlerfrei abgelehnt worden.

Auf die Revision der Klägerin hat das Bundesverwaltungsgericht mit Urteil v. 12.12.2018 – 4 C 6.17 – das Urteil des Senats aufgehoben und die Sache zur erneuten Verhandlung und Entscheidung zurückverwiesen. Die Erwägung, die Klägerin könne sich infolge des Anerkenntnisses auch nach Inkrafttreten des Bebauungsplans Mühl 76 nicht auf dessen Unwirksamkeit berufen, sei mit Bundesrecht nicht vereinbar. Aufgrund der bisherigen Feststellungen lasse sich jedoch nicht abschließend beurteilen, ob ein Anspruch auf Erteilung eines Bauvorbescheids im Ergebnis dennoch zu Recht abgelehnt worden sei. Auf die Wirksamkeit des Bebauungsplans käme es freilich nicht an, wenn jedenfalls von einer bauplanungsrechtlichen Unzulässigkeit des Vorhabens auszugehen wäre. So könnte der Getränkemarkt zusammen mit dem bestehenden Verbrauchermarkt ein nach § 11 Abs. 3 Satz 1 Nr. 1 BauNVO außer in Kerngebieten nur in dafür festgesetzten Sondergebieten zulässiges Einkaufszentrum bilden. Auch könnte sich durch die Umwandlung einer Teilfläche des Parkhauses in einen Getränkemarkt die bauplanungsrechtliche Zulässigkeitsfrage hinsichtlich des Gesamtvorhabens »Verbrauchermarkt mit Parkhaus« neu stellen.

Am 19.3.2019 beschloss die Beklagte die Aufstellung des Bebauungsplans »Gewerbegebiet Aldinger Straße« (Mühl 89) und zu dessen Sicherung am 11.4.2019 eine Veränderungssperre.

Der Senat hat die an ihn zurückverwiesene Berufung daraufhin mit Urteil v. 28.5.2020 – 8 S 1081/19 – erneut zurückgewiesen. Der Nutzungsänderung stehe zwar nicht der Bebauungsplan vom 25.11.1999 entgegen, da dieser wegen der unzulässigen Beschränkung der zulässigen Gewerbebetriebe unwirksam und auch nicht hinreichend bestimmt sei. Eine Berufung darauf sei auch nicht rechtsmissbräuchlich. Jedoch stehe dem Vorhaben nunmehr eine Veränderungssperre entgegen, die gegenüber der Klägerin ungeachtet dessen wirksam sei, dass ihre Bauvoranfrage bereits vor Jahren abgelehnt worden sei.

Nachdem am 24.2.2022 – während eines erneuten Revisionsverfahrens – der im beschleunigten Verfahren nach § 13a BauGB am 17.2.2022 beschlossene einfache (sektorale) »Bebauungsplan Einzelhandel Gewerbegebiet Aldinger Straße« (Mühl 89) in Kraft getreten war, nach dem im Bereich zwischen Aldinger Straße und Neckar Einzelhandelsbetriebe nicht zulässig sind, hat das Bundesverwaltungsgericht mit Urteil v. 15.9.2022 – 4 C 5.21 – das Urteil des Senats wiederum aufgehoben und die Sache zurückverwiesen. Mit Inkrafttreten des Bebauungsplans sei die Veränderungssperre jedenfalls außer Kraft getreten. Der Bebauungsplan sei jedoch unwirksam, weil er nicht im beschleunigten Verfahren ohne Umweltprüfung und Umweltbericht habe aufgestellt werden können. Denn der allein vorgesehene Ausschluss des Einzelhandels sei keine »andere Maßnahme der Innenentwicklung«. Eine Umdeutung in ein vereinfachtes Verfahren komme nicht in Betracht, da sich beide Verfahren nach Anforderungen und Zweck unterschieden. Da nach den Feststellungen des Verwaltungsgerichtshofs auch die Festsetzungen früherer Bebauungspläne unwirksam seien, sei § 34 BauGB heranzuziehen. Ob die Erteilung des Bauvorbescheids danach zulässig wäre, könne aufgrund der bisherigen Feststellungen jedoch nicht entschieden werden.

Am 25.4.2024 hat die Beklagte dann im vereinfachten Verfahren nach § 13 BauGB für dasselbe Gebiet den einfachen (sektoralen) Bebauungsplan »Einzelhandel Gewerbegebiet Aldinger Straße II« (Mühl 91) beschlossen, mit dem wiederum Einzelhandelsbetriebe für nicht zulässig erklärt wurden. Der Bebauungsplan wurde am 13.6.2024 öffentlich bekanntgemacht. …

Die Klägerin beantragt zuletzt, das Urteil des Verwaltungsgerichts Stuttgart vom 16.12.2014 – 13 K 2249/13 – zu ändern und die Beklagte unter Aufhebung ihres Bescheids vom 20.9.2012 und des Widerspruchsbescheids des

Regierungspräsidiums Stuttgart vom 12.6.2013 zu verpflichten, ihr einen (positiven) Bauvorbescheid über die bauplanungsrechtliche Zulässigkeit einer Nutzungsänderung eines Parkdecks im Parkhaus Axxx Straße xx in Stuttgart in einen Getränkemarkt gemäß ihrem Bauantrag vom 20./29.6.2012 zu erteilen,

hilfsweise festzustellen, dass die Beklagte bis zum Inkrafttreten des Bebauungsplans »Einzelhandel Gewerbegebiet Aldinger Straße II (Mühl 91)« am 13.8.2024 verpflichtet war, ihr einen (positiven) Bauvorbescheid über die bauplanungsrechtliche Zulässigkeit der von ihr beabsichtigten Nutzungsänderung zu erteilen.

Die Berufung der Klägerin ist nach wie vor zulässig.

Sie ist bereits mit ihrem Hauptantrag begründet, sodass das angegriffene Urteil des Verwaltungsgerichts zu ändern und die Beklagte unter Aufhebung der entgegenstehenden Bescheide der Baurechtsbehörden zur Erteilung des von der Klägerin beantragten (positiven) Bauvorbescheids über die bauplanungsrechtliche Zulässigkeit der von ihr beabsichtigten Nutzungsänderung zu verpflichten war (vgl. § 113 Abs. 5 Satz 1 VwGO). Über den Hilfsantrag war nicht mehr zu entscheiden.

Der Klägerin steht zum maßgeblichen Zeitpunkt der erneuten Entscheidung des Senats ein Anspruch auf die Erteilung eines (positiven) Bauvorbescheids zu, da der von ihr beabsichtigten Nutzungsänderung eines Parkdecks in einen Getränkemarkt (derzeit) keine von der Beklagten zu prüfenden öffentlich-rechtlichen Vorschriften entgegenstehen (§ 57 Abs. 2 i. V. m. § 58 Abs. 1 Satz 1 LBO). Der seinerzeit gestellte Antrag war bei verständiger Auslegung auch nicht auf die Klärung der planungsrechtlichen Zulässigkeit gerade nach dem (seinerzeit noch als wirksam angesehenen) Bebauungsplan »Aldinger Straße Mühlhausen« (Mühl 76) beschränkt.

Die beabsichtigte Nutzungsänderung ist bauplanungsrechtlich zulässig. Die bauplanungsrechtliche Zulässigkeit beurteilt sich nach § 34 BauGB und nicht nach § 30 Abs. 1 BauGB, da die das Baugrundstück betreffenden Festsetzungen der qualifizierten Bebauungspläne »Aldinger Straße Mühlhausen« (Mühl 76) vom 25.11.1999, »Aldinger Straße« (Mühl 58) vom 1.7.1971 und »Aldinger Straße zwischen Hofener Brücke u. Mönchfeldstr.« (Mühl 30) vom 25.3.1965 – wie auch der vorausgegangene Bebauungsplan »Auwiesen« vom 22.10.1959/27.4.1960 – allesamt unwirksam sind (vgl. dazu Senatsurt. v. 26.5.2020 – 8 S 1081/19 –, UA S. 9 ff., 15).

Dabei beurteilt sich auch die Zulässigkeit der Art der baulichen Nutzung allein nach § 34 BauGB (und dem hier allerdings nicht einschlägigen einfachen – Vergnügungsstätten ausschließenden – Bebauungsplan vom 3.12.2020) und nicht auch nach dem – Einzelhandelsbetriebe ausschließenden – einfachen Bebauungsplan »Einzelhandel Gewerbegebiet Aldinger Straße II« (Mühl 91) vom 25.4.2024 (vgl. § 30 Abs. 3 BauGB). Denn dieser (sektorale) Bebauungsplan erweist sich – ebenso wie der vorausgegangene einfache Bebauungsplan »Einzelhandel Gewerbegebiet Aldinger Straße« (Mühl 89) vom 17.2.2022 (vgl. dazu BVerwG, Urteil v. 15.9.2022 – 4 C 5.21 –, Buchholz 406.11 § 13a BauGB Nr. 7) – als unwirksam. Die in Rede stehende Art der baulichen Nutzung beurteilt sich dann nach § 34 Abs. 1 BauGB und nicht nach § 34 Abs. 2 BauNVO i. V. m. § 8 BauNVO. Der Nutzungsänderung steht auch nicht die besondere Zulässigkeitsvoraussetzung des § 34 Abs. 3 BauGB entgegen.

Der Bebauungsplan »Einzelhandel Gewerbegebiet Axxx Straße KA« (K 91) vom 25.4.2024 ist unwirksam.

Zielsetzung und Anwendungsbereich des § 9 Abs. 2a BauGB, auf den der Bebauungsplan gestützt wird, liegen allerdings vor.

Die Beklagte verfolgt mit seinem Erlass die Erhaltung und Entwicklung ihrer zentralen Versorgungsbereiche im Stadtbezirk Mühlhausen, auch im Interesse einer verbrauchernahen Versorgung der Bevölkerung. Was ihre vorhandenen zentralen Versorgungsbereiche anbelangt, kann sie sich dabei freilich nur auf die beiden Versorgungsbereiche »D-Zentrum Ladenzentrum Xxxweg« im Stadtteil N. und »E-Zentrum F. (Kaufpark)« im Stadtteil Freiberg berufen. Denn allein diesen beiden Versorgungsbereichen kommt vor dem Hintergrund der Erkenntnisse aus dem Zentren- und Einzelhandelskonzept der Beklagten von 2008 und der damit übereinstimmenden Auswirkungsanalyse der xxx vom 4.9.2023 auch eine für die Annahme eines zentralen Versorgungsbereichs erforderliche gewisse, über den Nahbereich hinausgehende Versorgungsfunktion zu. Denn zentrale Versorgungsbereiche, zu denen durchaus auch Grund- und Nahversorgungszentren gehören können (vgl. BVerwG, Urteil v. 17.12.2009 – 4 C 2.08 –, BVerwGE 136, 10, juris Rdnr. 9), sind nur solche räumlich abgrenzbaren Bereiche einer Gemeinde, denen auf Grund vorhandener Einzelhandelsnutzungen auch eine gewisse Versorgungsfunktion über den unmittelbaren Nahbereich hinaus zukommt (vgl. BVerwG, Urteil v. 11.10.2007 – 4 C 7.07 –, BVerwGE 129, 307, juris Rdnr. 11). Aufgrund der hierzu vorliegenden Erkenntnisse kann von einer solchen Funktion bei dem »E-Zentrum (Wallensteinstraße)« nicht ausgegangen werden. Zwar misst die Beklagte nun auch diesem E-Zentrum die Bedeutung eines zentralen Versorgungsbereichs zu (vgl. Planbegründung, S. 9; Schriftsatz v. 21.12.2023), jedoch verweist sie zur weiteren Begründung lediglich auf einen Entwurf eines (im Planaufstellungsverfahren noch nicht vorliegenden) neuen Zentren- und Einzelhandelskonzepts, ohne dabei auch nur ansatzweise aufzuzeigen, inwiefern nun auch diesem E-Zentrum eine über den Nahbereich hinausgehende Versorgungsfunktion zukäme. Insofern konnte der Bebauungsplan nicht auch zum Schutz des »E-Zentrums (Wallensteinstraße)« aufgestellt werden (vgl. zum Schutz von Nahversorgungszentren und -standorten OVG NRW, Urt. 30.7.2015 – 2 D 38/14.NE –, ZfBR 2016, 269, Rdnr. 86 ff.).

Zwar genügte es – anders als bei § 34 Abs. 3 BauGB –, wenn ein Nahversorgungsbereich erst noch zu einem zentralen Versorgungsbereich entwickelt werden soll, da dies ebenfalls unter den Anwendungsbereich des § 9 Abs. 2a

BauGB fällt (»... oder Entwicklung zentraler Versorgungsbereiche«), jedoch hat die Beklagte für das »E-Zentrum (Wallensteinstraße)« eine solche Zielsetzung gar nicht angeführt. Vielmehr wird lediglich auf den Erhalt dieses Zentrums vor dem Hintergrund der angestrebten polyzentralen Nahversorgungsstruktur hingewiesen.

Soweit die Beklagte – maßgeblich – auf einen noch zu entwickelnden neuen zentralen Versorgungsbereich »in der Ortsmitte Stadtteil Mühlhausen« verweist, in dem zentren- **und** nicht zentrenrelevanter Einzelhandel angesiedelt werden soll, erscheint zwar zweifelhaft, ob insoweit bereits die erforderlichen planungsrechtlichen Voraussetzungen für Vorhaben, die einem solchen Versorgungsbereich dienen, vorhanden oder zumindest konkret vorgesehen sind (vgl. § 9 Abs. 2a Satz 3 BauGB). Denn zumindest für den maßgeblichen Bereich, in dem sich derzeit noch eine Turn- und Versammlungshalle befindet, die erst »perspektivisch« in das geplante Neubaugebiet Schafhaus im Norden des Stadtteils Mühlhausen verlagert werden soll, liegen noch keine geeigneten planungsrechtlichen Grundlagen für die Ansiedlung von Einzelhandelsbetrieben vor; ein Bebauungsplanverfahren ist hier auch erst »angedacht«. Ob im Hinblick auf die östlich an die Mönchfeldstraße angrenzenden Bereiche der Baustaffel 4 (»Gemischtes Gebiet«) im Wesentlichen noch die Voraussetzungen für einen zentralen Versorgungsbereich gegeben sind, erscheint fraglich, mag jedoch dahinstehen. Denn ein Fehlen der planungsrechtlichen Voraussetzungen für den hier zu entwickelnden zentralen Versorgungsbereich führte nicht dazu, dass insoweit schon der Anwendungsbereich des § 9 Abs. 2a BauGB nicht eröffnet wäre (vgl. Satz 3: »sollen«). Vielmehr stellte dies insoweit nur die städtebauliche Erforderlichkeit oder den im Wege der Abwägung vorgesehenen umfassenden Einzelhandelsausschluss in Frage.

Soweit die Beklagte darüber hinaus das Ziel verfolgt, die vorhandenen Nahversorgungsfunktionen in den Ortsmitten Mühlhausen, Mönchfeld und Hofen zu stärken, vermag auch dies einen Bebauungsplan nach § 9 Abs. 2a BauGB nicht zu rechtfertigen. Die Wendung im Gesetzeswortlaut, dass zulässige bauliche Nutzungen auch im Interesse einer verbrauchernahen Versorgung der Bevölkerung beschränkt werden können, ermächtigt nicht auch zu Maßnahmen zugunsten solcher integrierter Nahversorgungsstandorte, die nicht den Anforderungen an zentrale Versorgungsbereiche genügen (vgl. dazu etwa Bischopink u. a., Der sachgerechte Bebauungsplan 5. A. 2021 <2021>, Rdnr. 152; zu deren geringerer planerischer Bedeutung OVG NRW, Urteil v. 30.7.2015, a. a. O.).

Ebenso wenig kann auf die weiteren städtebaulichen Ziele zur Einzelhandelssteuerung im Einzelhandels- und Zentrenkonzept der Beklagten von 2008 abgehoben werden, wie etwa die im Plangebiet zu erreichende Bereitstellung von Flächen für Handwerk, produzierendes Gewerbe, Büro und Verwaltungsgebäude, die Vermeidung überhöhter Bodenpreise sowie die Zuweisung nicht zentrenrelevanten Einzelhandels an im Konzept vorgesehene Standorte. Denn anders als bei einem Bebauungsplan, in dem Baugebiete mit der Möglichkeit einer Feinsteuerung nach § 1 Abs. 4 – 10 BauNVO festgesetzt werden, geht es bei einem sektoralen Bebauungsplan nach § 9 Abs. 2a BauGB allein um den Schutz bestimmter zentraler Versorgungsbereiche (vgl. VGH Bad.-Württ., Urteil v. 16.10.2012 – 3 S 1191/10 –, VBlBW 2013, 297; OVG NW, Urteil v. 4.3.2022 – 10 D 107/19.NE –, juris Rdnr. 24).

Da die Aufstellung eines Bebauungsplans nach § 9 Abs. 2a BauGB nicht die vorherige Erstellung eines (freilich hilfreichen) städtebaulichen Entwicklungskonzepts voraussetzt, ein solches vielmehr nur bei seinem Vorliegen, freilich nur, soweit es den Schutz zentraler Versorgungsbereiche betrifft, zu berücksichtigen ist (vgl. § 9 Abs. 2 Satz 2, § 1 Abs. 6 Nr. 11 BauGB), führt auch der Umstand, dass das beschlossene Einzelhandels- und Zentrenkonzept noch von 2008 datiert (vgl. dazu OVG NW, Urteil v. 8.12.2023 – 10 D 275/21.NE –, BauR 2024, 723, juris Rdnr. 64) und sich ein neues Konzept erst im Entwurfsstadium befindet, für sich genommen noch auf keinen Fehler des Bebauungsplans.

Die Planung erfasst auch einen im Zusammenhang bebauten Ortsteil i. S. d. § 34 Abs. 1 BauGB. Diese Voraussetzung ist ungeachtet dessen erfüllt, dass das Gebiet im Geltungsbereich sich als unwirksam erwiesener qualifizierter Bebauungspläne liegt. Ebenso wenig steht einer Anwendung des § 9 Abs. 2a BauGB entgegen, dass für das Gebiet bereits ein anderer sektoraler Bebauungsplan – nämlich ein solcher nach § 9 Abs. 2b BauGB – erlassen worden war (vgl. dazu Bischopink u. a., a. a. O., Rdnr. 154). Denn die Art der baulichen Nutzung im Übrigen beurteilt sich weiterhin nach § 34 BauGB.

Der Bebauungsplan leidet bereits an beachtlichen Verfahrensfehlern.

Anhaltspunkte dafür, dass die Vorschriften über die Öffentlichkeits- und Behördenbeteiligung (vgl. § 214 Abs. 1 Satz 1 Nr. 2 BauGB) oder die Begründung (vgl. § 214 Abs. 1 Satz 1 Nr. 3 BauGB) verletzt worden sein könnten, liegen allerdings nicht vor. Insbesondere konnte der Bebauungsplan unter den erleichterten Voraussetzungen des § 13 Abs. 2 u. 3 BauGB aufgestellt werden. Denn die Beklagte konnte nach § 13 Abs. 1 Satz 1 a. E. BauGB das vereinfachte Verfahren anwenden. So enthält der Bebauungsplan mit dem Einzelhandels-ausschluss nur eine Festsetzung nach § 9 Abs. 2a BauGB.

Jedoch sind der Beklagten ungeachtet dessen, dass es nicht eigens einer vorherigen Aktualisierung ihres Einzelhandels- und Zentrenkonzepts bedurfte, beachtliche Ermittlungs- und Bewertungsfehler i. S. d. § 214 Abs. 1 Satz 1 Nr. 1, § 2 Abs. 3 BauGB unterlaufen.

So hat die Beklagte jedenfalls die für einen (umfassenden) Einzelhandelsausschluss sprechenden öffentlichen Belange »in wesentlichen Punkten« nicht zutreffend ermittelt und bewertet (vgl. § 214 Abs. 1 Satz 1 Nr. 1, § 2 Abs. 3 BauGB; dazu Gierke, in Brügelmann: BauGB <April 2024>, § 9 Rdnr.1278). Dagegen sind ihr bei der Ermittlung der von dem Einzelhandelsausschluss im Einzelnen erheblich betroffenen Gewerbebetriebe keine solchen Fehler unterlaufen.

Zwar macht die Klägerin insoweit geltend, der Gewerbebetrieb »xxx« verfüge entgegen der Annahme der Beklagten neben einer Werkstatt auch über eine »nicht nur untergeordnete Verkaufsstätte«, die keinen »Annexhandel« mehr darstelle. Ob sich dies bereits aus dem vorgelegten Luftbild herleiten lässt, erscheint indes zweifelhaft; über den Genehmigungsinhalt konnte freilich auch die Beklagte keine näheren Angaben machen. Die Betroffenheit eines weiteren Einzelhandelsbetriebs – hier mit nicht zentrenrelevantem Sortiment (Autozubehör) – wäre jedoch auf das Ergebnis des Verfahrens nicht von Einfluss gewesen, da die Planbegründung hinreichend sicher erkennen lässt, dass auch einem solchen Einzelhandelsbetrieb kein erweiterter Bestandsschutz gewährt worden wäre; denn im Plangebiet sollten künftig – unabhängig vom Bestand – jedwede Einzelhandelsbetriebe nicht mehr zulässig sein.

Ob beim »xxx«-Tankstellenshop aufgrund des dortigen Warenangebots auf einer Nutzfläche von »deutlich mehr als 100 m^2« noch von einem unselbständigen Betriebsteil der Tankstelle ausgegangen werden konnte (vgl. dazu das – aufgehobene – Senatsurt. v. 10.10.2017 – 8 S 1606/15 –, UA, S. 13; BayVGH, Urteil v. 28.9.2007 – 26 B 06.765 –, juris Rdnr. 29; BVerwG, Beschluss v. 30.1.2006 – 4 BN 55.05 –, Buchholz 406.11 § 9 BauGB Nr. 103), was die Klägerin bezweifelt, mag dahinstehen. Denn ein entsprechender Bewertungsfehler führte jedenfalls nicht dazu, dass die gegen einen umfassenden Einzelhandelsausschluss bzw. für bestandserhaltende Regelungen sprechenden Belange »in wesentlichen Punkten« unzutreffend bewertet worden wären.

Inwiefern der »xxx«-Markt als erheblich betroffener Einzelhandelsbetrieb nicht hinreichend berücksichtigt worden sein könnte, ist nicht zu erkennen. So wird dieser in der Planbegründung durchaus angesprochen (»Auf dem Flurstück xxx ... Einzelhandelsbetrieb mit Backshop«, S. 3; »- Flurstück xxx: Einzelhandel ...«).

Dass im Einzelnen noch Auswirkungen auf das gastronomische Angebot der Fast-Food-Anbieter (»xxx«, »xxx«) und den Fortbestand der »xxx«-Werkstatt zu ermitteln gewesen wären, erscheint fernliegend. Dass insoweit erhebliche negative Auswirkungen zu besorgen sein könnten, stellt lediglich eine nicht näher begründete Vermutung der Klägerin dar. Jedenfalls führte ein entsprechender Fehler nicht dazu, dass Belange »in wesentlichen Punkten« nicht zutreffend ermittelt und/oder bewertet worden wären.

Inwiefern der Plangeber schließlich von unrichtigen Annahmen hinsichtlich der den Bestandsbetrieben aufgrund passiven Bestandsschutzes verbleibenden Modernisierungsmöglichkeiten ausgegangen wäre, ist nicht zu erkennen. Dass innerhalb der durch die Baugenehmigung eröffneten Variationsbreite Modernisierungen und ggf. auch andere Einzelhandelsnutzungen nur zulässig wären, wenn dabei die Verkaufsfläche nicht erhöht und auch der bauliche Bestandsschutz nicht in Frage gestellt wird, dürfte sich von selbst verstehen. Inwiefern auch eine Verkleinerung der Verkaufsfläche nicht mehr vom Bestandsschutz gedeckt wäre, wie die Klägerin meint, erschließt sich nicht.

Auch was die finanziellen Risiken anbelangt, als Plangeber etwaigen Entschädigungsansprüchen ausgesetzt zu sein (vgl. § 42 Abs. 3 BauGB), dürfte letztlich kein beachtlicher Ermittlungs- und/oder Bewertungsfehler vorliegen. Soweit die Klägerin (im Hinblick auf den von ihr geplanten Getränkemarkt) auf einen »immensen Verzögerungsschaden« verweist, steht dies mit der nunmehr vorgesehenen Aufhebung der Zulässigkeit der im festgesetzten Sondergebiet ausgeübten Einzelhandelsnutzung in keinem Zusammenhang. Jener Schaden wäre auch nach ihrem eigenen Sachvortrag auf die Versagung des streitgegenständlichen Bauvorbescheids und nicht auf den nun planerisch festgesetzten Einzelhandelsausschluss zurückzuführen, der insbesondere ihren bereits vorhandenen großflächigen Verbrauchermarkt betrifft. Inwiefern dieser bei Erlass des neuerlichen Bebauungsplans planungsrechtlich schon nicht mehr zulässig gewesen wäre, wie die Beklagte meint, ist freilich nicht zu erkennen.

Soweit die Beklagte das private Interesse der Klägerin u. a. auch deshalb geringer bewertete, weil diese ihren gesicherten Bestand mit dem Angriff auf den Bebauungsplan Mühl 76 selbst in Frage gestellt habe, geht diese Bewertung freilich fehl, nachdem der Klägerin gerade (noch) keine unzulässige Rechtsausübung vorgeworfen werden konnte (vgl. Senatsurt. v. 26.5.2020, a. a. O., UA, S. 13 ff.). Allerdings betrifft sie offensichtlich keine »wesentlichen Punkte«.

Ob ein Ermittlungsfehler, was die Klägerin ebenfalls geltend macht, darin liegt, dass nicht ermittelt wurde, ob sich durch eine mit der »Wegplanung« des großflächigen Verbrauchermarkts und des »xxx«-Markts möglicherweise verbundene (frühere) Aufgabe des Einzelhandelsstandorts an der Aldinger Straße negative Auswirkungen auf die (Nah-)Versorgung der Bevölkerung Mühlhausens ergeben könnten, denen durch den erst perspektivisch vorgesehenen neuen zentralen Versorgungsbereich an der Mönchfeldstraße nicht hinreichend, insbesondere nicht rechtzeitig entgegengewirkt würde, mag hier dahinstehen. Entsprechende Befürchtungen waren immerhin auch im Ausschuss für Technik und Stadtentwicklung geäußert worden. Dass weitere Ermittlungen schon im Hinblick auf den verbleibenden passiven Bestandsschutz für den Verbrauchermarkt und die im größeren räumlichen Zusammenhang »angestrebte« Verbesserung der Versorgungssituation (vgl. Planbegründung, S. 12) entbehrlich gewesen wären, erscheint zumindest zweifelhaft; denn ein verbleibender Bestandsschutz bedeutet nicht, dass er auch weiterhin ausgenutzt und allein auf seiner Grundlage ggf. noch weitere (den Bestandsschutz nicht in Frage stellende) notwendig werdende Modernisierungen vorgenommen würden. Soweit die Beklagte in der mündlichen Verhandlung darauf hingewiesen hat, dass es der (ggf. früher) wegfallenden Einzelhandelsbetriebe aufgrund der geringen Einwohnerzahl des Stadtteils Mühlhausen gar nicht bedürfe, überrascht dies, nachdem in der Ortsmitte Mühlhausen offenbar ein neuer zentraler Versorgungsbereich mit einem großflächigen Lebensmittelmarkt geplant ist. Soweit die Beklagte diese Planung in der mündlichen Verhandlung mit einem erst neu im Bezirk zu entwickelnden neuen Wohngebiet östlich der Ortsmitte begründet hat, kann solches jedenfalls den Gemeinderatsprotokollen nicht entnommen werden.

»In wesentlichen Punkten« unzutreffend bewertet worden sind die für einen Einzelhandelsausschluss sprechenden Gründe aber schon deshalb, weil der Bebauungsplan nicht nur auch mit dem Schutz des »E-Zentrums (Wallensteinstraße«) begründet wurde, der den Anforderungen an einen zentralen Versorgungsbereich nicht genügt, sondern auch mit der Entwicklung eines neuen zentralen Versorgungsbereichs an der Mönchfeldstraße. Denn auch wenn für diesen im Hinblick auf § 34 BauGB (teilweise) noch die planungsrechtlichen Voraussetzungen vorlägen (Mischgebiet), kann dort im Hinblick auf den noch nicht anders überplanten Bereich der Turn- und Versammlungshalle jedenfalls noch kein nennenswerter (regelmäßig flächenintensiver) nicht zentrenrelevanter Einzelhandel – und auch nicht der erst im neuerlichen Berufungsverfahren angesprochene großflächige Lebensmittelmarkt – angesiedelt werden. Insofern ist aber den für einen umfassenden Einzelhandelsausschluss sprechenden öffentlichen Belangen zu Unrecht ein höheres Gewicht in der Abwägung eingeräumt worden, was bereits auf einen beachtlichen Bewertungsfehler führt.

Ein beachtlicher Bewertungsfehler liegt ferner darin, dass auch maßgeblich – und nicht nur beiläufig bzw. ergänzend – auf andere, vom Schutz bestimmter zentraler Versorgungsbereiche indes unabhängige, eigenständige Zielsetzungen der Einzelhandelssteuerung (Plangebiet als ungeeigneter Standort für jegliche Einzelhandelsnutzungen, Revitalisierung der Stadtteilzentren und Versorgungsschwerpunkte im Stadtbezirk unabhängig von deren Versorgungsfunktion, insbesondere die Förderung der Ortsmitten in Mühlhausen, Mönchfeld und Hofen, Planbegründung, S. 6 ff.) und Ziele der Regionalplanung abgehoben wurde (Planbegründung, S. 10). Denn all diese Ziele können nicht zur Rechtfertigung eines sektoralen Bebauungsplans nach § 9 Abs. 2a BauGB angeführt (auch VGH Bad.-Württ., Urteil v. 16.10.2012, a. a. O., juris Rdnr. 30; OVG NW, Urteil v. 4.3.2022, a. a. O., juris Rdnr. 24) und daher auch nicht – jedenfalls nicht maßgeblich – bei der Gewichtung der für einen Einzelhandelsausschluss sprechenden öffentlichen Belange berücksichtigt werden.

Ein beachtlicher Ermittlungs- und Bewertungsfehler liegt schließlich vor allem darin, dass nicht ermittelt wurde, inwieweit der Ausschluss jeglichen Einzelhandels, mithin auch nicht zentrenrelevanter Sortimente, wie sie in der »Stuttgarter Liste« (vgl. Einzelhandels- und Zentrenkonzept 2008 – Band 1, S. 83 Tab. 6) aufgeführt sind, zum Schutz der zentralen Versorgungsbereiche, insbesondere zur Entwicklung des neuen zentralen Versorgungsbereichs »in der Ortsmitte Stadtteil Mühlhausen« tatsächlich geeignet wäre (vgl. dazu VGH Bad.-Württ., Urteil v. 16.10.2012, a. a. O.; BVerwG, Beschluss v. 6.8.2013 – 4 BN 8.13 –, BauR 2013, 1191, juris Rdnr. 5).

Zwar mag ein zentraler Versorgungsbereich durchaus auch dadurch gestärkt bzw. entwickelt werden können, dass in ihm – etwa zur Erhöhung seiner Attraktivität – auch (ganz bestimmte) Einzelhandelsbetriebe mit typischerweise nicht zentrenrelevanten Sortimenten angesiedelt werden. Insofern trifft die Rechtsauffassung der Klägerin nicht zu, dass § 9 Abs. 2a BauGB von vornherein nicht zum anderweitigen Ausschluss auch typischerweise nicht zentrenrelevanten Einzelhandels ermächtigte (vgl. VGH Bad.-Württ., Urteil v. 16.10.2012, a. a. O., juris Rdnr. 28; anders mglw. Berliner Kommentar z. BauGB <1.4.2008>, § 9 Rdnr. 73). Hierzu bedürfte es auch keiner vorherigen Aktualisierung der »Stuttgarter Liste« (vgl. Söfker, in: Ernst/Zinkahn/Bielenberg/Krautzberger, BauGB <Jan. 2024>, § 9 Rdnr. 242 c). Die Klägerin übersieht, dass es bei § 9 Abs. 2a BauGB um den Schutz bestimmter vorhandener und geplanter zentraler Versorgungsbereiche geht und nicht darum, mit dem Ausschluss typischerweise zentrenrelevanten Einzelhandels die Versorgung mit kurz- oder mittelfristigem Bedarf oder gar nur die Nahversorgung in den integrierten Lagen sicherzustellen.

Der besondere Schutzzweck des § 9 Abs. 2a BauGB erfordert jedoch, dass sich der Plangeber konkrete Vorstellungen über die tatsächliche Eignung eines umfassenden Einzelhandelsausschlusses für die Erhaltung und Entwicklung seiner zentralen Versorgungsbereiche macht. So müssen die auszuschließenden Nutzungs(unter)arten für den Schutz der zentralen Versorgungsbereiche von Bedeutung und insofern zumindest geeignet sein, die Funktionsfähigkeit der zu schützenden zentralen Versorgungsbereiche nachteilig zu beeinflussen (vgl. Söfker, a. a. O., § 9 Rdnr. 242f; Bischopink, a. a. O., Rdnr. 159).

Zwar bedurfte es hier – da es nicht allein um den erst geplanten, sondern auch noch um – wenn auch nur zwei – weitere zentrale Versorgungsbereiche geht – nicht der Ermittlung der konkret zentrenschädlichen Sortimente (vgl. BVerwG, Urteil v. 27.3.2013 – 4 CN 6.11 –, BauR 2013, 1402, juris Rdnr. 18; Urteil v. 26.3.2009 – 4 C 21.07 –, BVerwGE 133, 310, juris Rdnr. 19), nachdem die für die Funktionsfähigkeit regelmäßig entscheidenden, zentrenrelevanten Sortimente bereits im Einzelhandels- und Zentrenkonzept der Beklagten von 2008 festgelegt wurden. Dass dieses inzwischen überholt wäre, ist nicht ersichtlich, zumal die Beklagte in der Planbegründung darauf hinwies, dass davon auszugehen sei, dass die bestehenden Grundzüge erhalten blieben. Dass es keiner weiteren Ermittlung bedurfte, gilt jedoch nicht für die nicht zentrenrelevanten Sortimente der »Stuttgarter Liste«. Insofern war bei einem – einen vollständigen Einzelhandelsausschluss vorsehenden, auf § 9 Abs. 2a BauGB gestützten – Bebauungsplan zu ermitteln, inwieweit abweichend von dieser Liste – wie sinngemäß behauptet – auch der Ausschluss (jedenfalls bislang) nicht als zentrenrelevant angesehener Sortimente für den Schutz insbesondere des geplanten zentralen Versorgungsbereichs aufgrund dessen Besonderheiten tatsächlich geeignet sein könnte. Dies war hier umso mehr angezeigt, als an dem von der Beklagten im Hinblick auf einen umfassenden

Einzelhandelsausschluss hervorgehobenen Standort (vgl. Planbegründung, S. 10 oben) – auch aus planungsrechtlichen Gründen – bis auf Weiteres nur eine weitgehend bereits bebaute Mischgebietsfläche zur Verfügung steht, auf der sich gerade nicht Einzelhandelsbetriebe jedweder Art ansiedeln lassen (vgl. dazu BVerwG, Urteil v. 26.3.2009, a. a. O., juris 20), auch nicht der im – erst am 22.8.2024 auszugsweise vorgelegten – Entwurf eines neuen Einzelhandels- und Zentrenkonzepts für unabdingbar angesehene großflächige Lebensmittelmarkt (vgl. § 11 Abs. 1 BauNVO).

Allein die – möglicherweise schon bei Erlass des Bebauungsplans angestellte – Erwägung, jeglicher Einzelhandel im Plangebiet erhöhe letztlich dessen Attraktivität zu Lasten der zentralen Versorgungsbereiche, weil dann (anlassbezogen) auch die dort noch Bestandsschutz genießenden Lebensmittelmärkte aufgesucht würden, machte weitere Ermittlungen nicht entbehrlich. Denn ein solches gelegentliches Kundenverhalten lässt nicht erkennen, dass jegliche Einzelhandelsbetriebe tatsächlich geeignet wären, die Funktionsfähigkeit der zentralen Versorgungsbereiche nachteilig zu beeinflussen. Gleiches gilt für den nunmehr gegebenen Hinweis der Beklagten, dass nicht zentrenrelevante Einzelhandelsbetriebe häufig zentrenrelevante Randsortimente führten. Die Beklagte übersieht, dass durchaus auch solche Randsortimente ausgeschlossen werden können; inwiefern marktübliche Gepflogenheiten dem entgegenstehen könnten, erschließt sich nicht (vgl. dazu VGH Bad.-Württ., Urteil v. 16.10.2012, a. a. O., juris Rdnr. 33 ff.).

Die zuvor festgestellten Ermittlungs- und Bewertungsdefizite sind auch offensichtlich und waren für das Ergebnis des Verfahrens von Einfluss. Denn die nicht auf »belastbaren« Umständen gründende Annahme der Beklagten, der Ausschluss jeglichen, auch nicht zentrenrelevanten Einzelhandels sei für die Erhaltung und Entwicklung ihrer zentralen Versorgungsbereiche tatsächlich geeignet, war für die Abwägung mit den gegenläufigen Eigentumsbelangen, insbesondere den Bestands- und Erweiterungsinteressen (vgl. BVerwG, Beschluss v. 15.5.2013 – 4 BN 1.13 –, ZfBR 2013, 573), denen im Rahmen der Abwägung ein hoher Stellenwert einzuräumen war, von besonderer Bedeutung. Denn sie liegt maßgeblich dem von der Beklagten für erforderlich gehaltenen vollständigen Einzelhandelsausschluss bzw. dem Absehen von einer räumlichen Differenzierung zugrunde (vgl. OVG NRW, Urteil v. 22.11.2010 – 7 D 1/09.NE –, BauR 2011, 789; Urteil v. 22.2.2017 – 7 A 1397/15 –, juris).

Der Bebauungsplan weist auch jedenfalls einen beachtlichen materiellen Mangel auf.

Dem Bebauungsplan bzw. dem (umfassenden) Einzelhandelsausschluss dürfte zwar nicht schon die städtebauliche Erforderlichkeit (vgl. § 1 Abs. 3 BauGB) fehlen. Immerhin folgt diese grundsätzlich schon aus der Verfolgung der in § 9 Abs. 2a BauGB aufgeführten Zielsetzung (vgl. auch § 1 Abs. 6 Nr. 4 BauGB), mag diese letzten Endes auch nicht hinsichtlich aller in der Planbegründung angesprochenen Versorgungsbereiche gerechtfertigt sein.

Städtebaulich nicht erforderlich sind nach § 9 Abs. 2a BauGB vorgesehene Maßnahmen zwar insoweit, als sie gerade auch zum Schutz nicht zentraler Versorgungsbereiche sowie – wofür hier einiges spricht – zur Entwicklung eines neuen, planungsrechtlich noch gar nicht vollständig abgesicherten Versorgungsbereichs getroffen wurden (vgl. § 9 Abs. 2a Satz 3 BauGB). Denn die zu treffenden Festsetzungen müssen geeignet sein, den mit der Planung verfolgten Zweck auch zu erreichen (vgl. Gierke, in Brügelmann, BauGB <April 2024> § 9 Rdnr. 1275). Da dies hier aber nicht schon offensichtlich die Planung bzw. Festsetzung insgesamt in Frage stellt, dürfte dieser Gesichtspunkt erst bei der Bestimmung des zulässigen Umfangs der Festsetzung bzw. der Abwägung der für bzw. gegen einen vollständigen Ausschluss sprechenden öffentlichen und privaten Belange zu berücksichtigen sein (ähnlich OVG NW, Urteil v. 14.10.2013 – 2 A 204/12 –, BauR 2014, 676, juris Rdnr. 78).

Ob gleichwohl deshalb die städtebauliche Erforderlichkeit verneint werden könnte, weil es an einer ausreichend substantiierten und nachvollziehbaren Begründung für einen Ausschluss jeglichen, mithin auch nicht zentrenrelevanten Handels fehlt (so VGH Bad.-Württ., Urteil v. 16.10.2012, a. a. O., Rdnr. 31), erscheint fraglich, da auch dies den Bebauungsplan bzw. die Festsetzung nicht insgesamt, sondern nur teilweise in Frage stellte. Auch erscheint der Ausschluss jeglichen Einzelhandels zum Schutz der zentralen Versorgungsbereiche nicht von vornherein ungeeignet (vgl. BVerwG, Urteil v. 27.3.2013, a. a. O., juris Rdnr. 12).

Der festgesetzte Einzelhandelsausschluss verstößt auch nicht gegen die Ziele der Raumordnung (vgl. § 1 Abs. 4 BauGB), da diese für das Plangebiet keine Einzelhandelsnutzung festschreiben. Landesplanerische bzw. regionalplanerische Ziele sind beim Erlass eines sektoralen Bebauungsplans nach § 9 Abs. 2a BauGB regelmäßig ohne Bedeutung. Denn mit einem solchen Bebauungsplan können nur nach § 34 BauGB zulässige Nutzungen eingeschränkt, aber nicht erweitert werden. Die nach § 9 Abs. 2a BauGB erforderliche Zielsetzung – Schutz vorhandener und geplanter zentraler Versorgungsbereiche – ermächtigt auch nicht, wie die Beklagte anzunehmen scheint, zu Nutzungsausschlüssen, mit denen den Zielen der Raumordnung auch im unbeplanten Innenbereich Geltung verschafft würde. Bedeutung mag diesen Zielen allenfalls noch bei der Frage der Berücksichtigung ihres städtebaulichen Entwicklungskonzepts zukommen (vgl. § 9 Abs. 2a Satz 2 BauGB). Denn dieses dürfte bei einem Verstoß gegen Ziele der Raumordnung nicht zu berücksichtigen sein, was hier freilich nicht erkennbar ist. Nach alldem kommt es auf den Aussagegehalt der angesprochenen, ausdrücklich nur Einzelhandelsgroßprojekte betreffenden Plansätze Nr. 2.4.3.2.2 u. Nr. 2.4.3.2.5 im Regionalplan der Region Stuttgart von vornherein nicht an.

Auch ein beachtlicher Verstoß gegen die Vorschriften über das Verhältnis des Bebauungsplans und des Flächennutzungsplans (vgl. § 214 Abs. 2, § 8 BauGB) liegt nicht vor. Zwar bedurfte es im Hinblick auf die im Flächennutzungsplan bisher dargestellte Sonderbaufläche »Großflächiger Einzelhandel (SV-Fläche)« grundsätzlich einer vorherigen Änderung des Flächennutzungsplans. Denn dessen Berichtigung erwies sich als gegenstandslos. Jedoch hat die Beklagte dies erkannt und ein – zulässiges – Parallelverfahren durchgeführt (vgl. § 8 Abs. 3 BauGB). Dem entsprechend wurde am 25.4.2024 auch die Änderung der Darstellung im Flächennutzungsplan in eine »Gewerbliche Baufläche« beschlossen; die am 27.5.2024 erteilte Genehmigung wurde am 13.6.2024 amtlich bekanntgemacht.

Der festgesetzte Einzelhandelsausschluss ist eine nach § 9 Abs. 2a BauGB grundsätzlich zulässige Festsetzung, wonach bestimmte Arten der hier nach § 34 BauGB – vorbehaltlich des § 34 Abs. 3 BauGB – zulässigen Nutzungen nicht zulässig sind. Inwiefern nach dieser Vorschrift von vornherein nur zentrenrelevante Einzelhandelsbetriebe ausgeschlossen werden können sollten, wie die Klägerin meint, erschließt sich, wie bereits ausgeführt, nicht (vgl. dazu VGH Bad.-Württ., Urteil v. 16.10.2012, a. a. O., juris Rdnr. 28; BVerwG, Beschluss v. 6.8.2013, a. a. O., juris Rdnr. 5).

Der Umfang des Ausschlusses – etwa auch nur von Unterarten von Einzelhandelsbetrieben (vgl. OVG Rh.-Pf., Urteil v. 2.9.2009 – 8 A 11057/08 –, BauR 201, 49, juris Rdnr. 25; OVG SH, Urteil v. 2.3.2023 – 1 KN 19/18 –, juris Rdnr. 60) – bzw. die Frage, ob für Teile des räumlichen Geltungsbereichs unterschiedliche Festsetzungen oder solche nur bedingt oder befristet (vgl. § 9 Abs. 2 BauGB; dazu Gierke, in: Brügelmann, BauGB <April 2024>, § 9 Rdnr. 1269; Berliner Kommentar <1.4.2008>, § 9 Rdnr. 73q) zu treffen sind, bestimmt sich, soweit städtebauliche Gründe angeführt sind, nach dem auch bei einem Bebauungsplan nach § 9 Abs. 2a BauGB zu beachtenden Abwägungsgebot (vgl. § 1 Abs. 7 BauGB).

Dagegen, dass, wie die Beklagte meint, nach dem »Alles-oder-Nichts-Prinzip« zu verfahren wäre (vgl. dazu BVerwG, Urteil v. 27.3.2013, a. a. O., Rdnr. 15), dem eine Differenzierung und ein nur teilweiser Ausschluss nicht zentrenrelevanten Einzelhandels entgegenstünde, sprechen schon die von ihr zu beachtenden Grundsätze der Geeignetheit und Verhältnismäßigkeit eines solchen Ausschlusses.

Da die Beklagte – wie aus den obigen Ausführungen erhellt –, letztlich keine nachvollziehbaren Gründe angeführt hat, die einen Ausschluss jeglichen und damit auch nicht zentrenrelevanten Einzelhandels gerade zum Schutz ihrer zentralen Versorgungsbereiche rechtfertigen könnten, dürfte sich die getroffene Festsetzung insoweit bereits als nicht erforderlich erweisen.

Beachtliche eigenständig rügefähige Abwägungsvorgangsfehler (vgl. § 214 Abs. 3 Satz 2 BauGB) dürften nicht vorliegen. Denn eine jedenfalls teilweise nicht erforderliche, jedenfalls aber unverhältnismäßige und damit disproportionale Zurücksetzung der gegen einen umfassenden Einzelhandelsausschluss sprechenden privaten Belange beruhte letztlich auf den oben festgestellten Ermittlungs- und Bewertungsfehlern, die dazu führten, dass ohne hinreichende Ermittlungen davon ausgegangen wurde, dass der Ausschluss jeglichen, auch typischerweise nicht zentrenrelevanten Einzelhandels für die Erhaltung und die Entwicklung der zentralen Versorgungsbereiche erforderlich sei.

Im Hinblick auf die gegenläufigen Eigentumsbelange liegt jedenfalls ein Fehler im Abwägungsergebnis wegen Disproportionalität vor, weil selbst an dem neuen zentralen Versorgungsbereich in der Nähe zur Ortsmitte Mühlhauens bis auf Weiteres kein nennenswerter, nicht zentrenrelevanter Einzelhandel angesiedelt werden kann, der einen umfassenden Ausschluss jeglichen Einzelhandels rechtfertigen könnte.

Alle festgestellten Mängel führen (auch für sich genommen) zur Unwirksamkeit des im Bebauungsplan festgesetzten (umfassenden) Einzelhandelsausschlusses; eine geltungserhaltende Reduktion etwa auf den Ausschluss lediglich zentrenrelevanten Einzelhandels kommt hier jedenfalls nicht in Betracht, da die Beklagte ausweislich der Planaufstellungsvorgänge nicht auch einen Bebauungsplan mit diesem eingeschränkten Inhalt beschlossen hätte (vgl. BVerwG, Urteil v. 5.5.2015 – 4 CN 4.14 –, Buchholz 406.11 § 1 BauGB Nr. 136, juris Rdnr. 19; Urteil v. 11.7.2002 – 3 B 84.02 –, juris Rdnr. 3).

Besteht danach kein wirksamer sektoraler Bebauungsplan nach § 9 Abs. 2a BauGB, ist die beabsichtigte Nutzungsänderung allein nach § 34 BauGB zu beurteilen.

Maßgeblich ist hier § 34 Abs. 1 BauGB, da § 34 Abs. 2 BauGB i. V. m. § 8 BauNVO wegen des bereits vorhandenen, das Gebiet ersichtlich prägenden großflächigen Einzelhandelsbetriebs (Verbrauchermarkt »xxx«) keine Anwendung findet. Denn in einem Gewerbegebiet i. S. d. § 8 BauNVO wären großflächige Einzelhandelsbetriebe i. S. d. § 11 Abs. 3 Satz 1 Nr. 2 BauNVO nicht zulässig.

Der im Wege einer Nutzungsänderung vorgesehene Getränkemarkt fügt sich nach allen maßgeblichen Merkmalen in die durch Einzelhandelsbetriebe mitgeprägte nähere Umgebung ein (vgl. § 34 Abs. 1 BauGB).

Der beabsichtigten Nutzungsänderung steht auch nicht die weitere Zulässigkeitsvoraussetzung des § 34 Abs. 3 BauGB entgegen, wonach von dem Vorhaben keine schädlichen Auswirkungen, mithin keine nicht nur unerheblichen Beeinträchtigungen auf – tatsächlich bestehende, nicht erst geplante – zentrale Versorgungsbereiche zu erwarten sein dürfen. Davon wäre jedenfalls auszugehen, wenn ein (außerhalb der zentralen Versorgungsbereich gelegenes) Vorhaben die Funktionsfähigkeit zentraler Versorgungsbereiche der Beklagten (oder der Nachbargemeinden) so nachhaltig stört, dass sie ihren Versorgungsauftrag generell oder hinsichtlich einzelner Branchen nicht mehr substantiell wahrnehmen können (vgl. BVerwG, Urteil v. 11.10.2007 – 4 C 7.07 –, BVerwGE 129, 307, juris Rdnr. 14). Solches ist hier nicht der Fall.

Schutzobjekte sind hier nur die im Stadtbezirk Mühlhausen vorhandenen zentralen Versorgungsbereiche »D-Zentrum Ladenzentrum Xxxweg« im

Stadtteil Neugereut und »E-Zentrum (Kaufpark) im Stadtteil Freiberg sowie die in der Auswirkungsanalyse festgestellten zentralen Versorgungsbereiche in den Nachbargemeinden Remseck und Kornwestheim. Der letztlich nur aus einem kleinflächigen »xxx«-Markt, einem ebenfalls nur kleinflächigen »xxx«-Markt, einer Bäckerei, einer Apotheke und einem Kiosk bestehende Versorgungsbereich »E-Zentrum (Wallensteinstraße)« ist insoweit (ebenso wenig wie die weiteren nicht zentralen Nahversorgungsstandorte) nicht in den Blick zu nehmen, da ihm eine gewisse, über die Nahversorgung hinausgehende Versorgungsfunktion fehlt; entscheidend ist dies im Ergebnis freilich nicht, da auch dort Getränke nur als untergeordnetes Randsortiment angeboten werden.

§ 34 Abs. 3 BauGB findet auch auf nicht großflächige Einzelhandelsbetriebe wie den hier in Rede stehenden Getränkemarkt mit einer Verkaufsfläche von 790 m^2 Anwendung (vgl. BVerwG, Urteil v. 17.12.2009 – 4 C 2.08 –, BVerwGE 136, 10, juris Rdnr. 12), mögen großflächige Einzelhandelsbetriebe auch für die Einführung der Vorschrift durch das EAG-Bau im Jahre 2004 maßgeblich gewesen sein. Aus der bei Anwendung des § 34 Abs. 1 BauGB nicht heranzuziehenden Vorschrift des § 11 Abs. 3 BauNVO (vgl. BVerwG, Beschluss v. 12.2.2009 – 4 B 3.09 –, Buchholz 406.12 § 11 BauNVO Nr. 34, juris Rdnr. 9; Urteil v. 17.12.2009 – 4 C 1.08 –, BVerwGE 136, 18, juris Rdnr. 13) lässt sich daher auch nicht herleiten, dass ein noch nicht großflächiger Einzelhandelsbetrieb – wie hier – typischerweise noch keine schädlichen Auswirkungen auf zentrale Versorgungsbereiche erwarten ließe (anders wohl OVG NRW, Urteil v. 13.6.2007 – 10 A 2439/06 –, BauR 2007, 2012; Urteil v. 1.7.2009 – 10 A 2350/07 –, BauR 2009, 1701, juris Rdnr. 57).

Der (außerhalb eines zentralen Versorgungsbereichs) geplante Getränkemarkt dürfte – ohne dass es hierauf entscheidend ankäme – nicht deshalb zusammen mit dem bestehenden Verbrauchermarkt der Klägerin zu betrachten sein, weil dieser durch den Getränkemarkt erweitert würde, sodass maßgebliches Vorhaben i. S. d. § 29 BauGB das geänderte Gesamtvorhaben wäre (vgl. dazu OVG NRW, Urteil v. 6.11.2008 – 10 A 1417/07 –, BauR 2009, 220). Allein deshalb, weil das Parkhaus seinerzeit gemeinsam mit dem Verbrauchermarkt zur Genehmigung gestellt wurde, dürfte der Einbau eines Getränkemarkts noch nicht als Änderung des Verbrauchermarkts anzusehen sein, nachdem das gesonderte Parkierungsgebäude objektiv nicht als Bestandteil des Verbrauchermarkts erscheint, sodass es an dem erforderlichen funktionalen und baulichen Zusammenhang fehlen dürfte (vgl. BVerwG, Beschluss v. 17.9.1991 – 4 B 161.91 –, Buchholz 406.11 § 35 BauGB Nr.275, juris Rdnr. 9; Beschluss v. 21.8.1991 – 4 B 20.91 –, Buchholz 406.11 § 21 BauGB Nr. 23, juris Rdnr. 4; Urteil v. 15.5.1997 – 4 C 23.95 –, Buchholz 406.11 § 35 BauGB Nr. 329, juris Rdnr. 15; Beschluss v. 4.2.2000 – 4 B 106.99 –, Buchholz 406.11 § 29 BauGB Nr. 64, juris Rdnr. 2).

Dass der Getränkemarkt Teil eines aus ihm und dem Verbrauchermarkt und ggf. weiteren gewerblichen Nutzungen in dessen Obergeschoss gebildeten

Einkaufszentrums wäre, liegt fern. Insoweit fehlte es im Hinblick auf den hinzukommenden Getränkemarkt jedenfalls an den Voraussetzungen für ein »zusammenwachsendes« Einkaufszentrum (vgl. BVerwG, Beschluss v. 16.10.2013 – 4 B 29.13 –, BRS 81 Nr. 93, juris Rdnr. 6 f.).

Dies bedeutet freilich nicht, dass bei der anzustellenden, die Gesamtumstände einbeziehenden Prognose vorhandene (selbständige) Einzelhandelsbetriebe im Einzugsbereich der zentralen Versorgungsbereiche bzw. solche, deren Einzugsbereiche sich mit denen der zentralen Versorgungsbereiche überschneiden – wie insbesondere der Verbrauchermarkt »xxx« – nicht zu berücksichtigen wären. Das für § 11 Abs. 3 BauNVO geltende »Summierungsverbot« gilt im Anwendungsbereich des § 34 Abs. 3 BauGB gerade nicht (vgl. BVerwG, Urteil v. 17.12.2009 – 4 C 2.08 –, a. a. O., Rdnr. 16). Nicht als Maßstab herangezogen werden können dagegen Zielvorgaben im Landesentwicklungsprogramm und im Regionalplan (vgl. BVerwG, Urteil v. 17.12.2009, a. a. O., juris Rdnr. 21 f.).

Zur Prüfung, ob schädliche Auswirkungen auf zentrale Versorgungsbereiche zu erwarten sind, ist eine Gesamtbetrachtung aller städtebaulich relevanten Umstände erforderlich. Zu berücksichtigen sind insbesondere die Verkaufsfläche des Vorhabens im Vergleich zu den im zentralen Versorgungsbereich vorhandenen Verkaufsflächen derselben Branche, die voraussichtliche Umsatzumverteilung, die Entfernung zwischen dem Vorhaben und dem zentralen Versorgungsbereich oder die Gefährdung eines vorhandenen »Magnetbetriebs«, der maßgebliche Bedeutung für die Funktionsfähigkeit des zentralen Versorgungsbereichs hat. Auch können – wie ausgeführt – bereits vorhandene Einzelhandelsbetriebe an anderer Stelle als der des geplanten Vorhabens Berücksichtigung finden (vgl. BVerwG, Urteil v. 12.1.2012 – 4 B 39.11 –, BauR 2012, 760, juris Rdnr. 12; Beschluss v. 12.1.2017 – 4 B 43.16 –, Buchholz 406.11 § 34 BauGB Nr. 222 juris Rdnr. 4; Urteil v. 17.12.2009 – 4 C 2.08 –, a. a. O., Rdnr. 16).

Vorliegend ist allerdings zu berücksichtigen – dies gälte gleichermaßen bei Annahme eines Gesamtvorhabens oder eines Einkaufzentrums –, dass sich die bereits vorhandenen, bestandskräftig genehmigten Einzelhandelsbetriebe (insbesondere der Verbrauchermarkt »xxx« und verschiedene, bereits vorhandene Getränkemärkte auf dem Markt längst etabliert haben, dieser sich darauf eingestellt hat und sich gleichwohl die hier in Rede stehenden zentralen Versorgungsbereiche herausgebildet haben und noch immer bestehen, sodass schädliche Auswirkungen allenfalls mit dem Hinzutreten des Getränkemarkts der Klägerin verbunden sein können (vgl. OVG NRW, Urteil v. 6.11.2008 – 10 A 1417/07 –, BauR 2009, 220, juris Rdnr. 84). Anhaltspunkte für eine (immer noch) – auf den Verbrauchermarkt »xxx« oder andere Einzelhandelsbetriebe, insbesondere die beiden Getränkemärkte in Hofen und Freiberg – rückführbare Vorschädigung, die nun in schädliche Auswirkungen umschlagen könnten, vermag der Senat nicht zu erkennen. Die Beklagte hat dies zwar nun in der mündlichen Verhandlung behauptet, jedoch zur Begründung nichts vorgetragen.

Zwar überschreitet die Verkaufsfläche des geplanten Getränkemarkts bei weitem die jeweilige für Getränke vorgesehene Verkaufsfläche in den beiden zentralen Versorgungsbereichen der Beklagten. Insofern ist jedoch zu berücksichtigen, dass dort – wie im Übrigen auch im »E-Zentrum (Wallensteinstraße)« – möglicherweise vor dem Hintergrund der seit langem bestehenden Marktlage Getränke ohnehin nur (noch) auf untergeordneter Fläche als Randsortimente angeboten werden (vgl. die Auswirkungsanalyse der xxx v. 4.9.2023), mithin gar nicht oder nur sehr eingeschränkt das für Getränkemärkte typische Angebot (Kistenware) vorgehalten wird, sodass ein hinzutretender Getränkemarkt, der auf die »Kofferraum«-Kunden abzielt, für die bisherigen Getränkeangebote im zentralen Versorgungsbereich – zumal bei einer Entfernung von ca. 2,8 km bzw. 3,8 km – von geringer Bedeutung sein wird. Dies gilt insbesondere vor dem Hintergrund eines im jeweiligen Einzugsbereich bereits vorhandenen, deutlich näher gelegenen (160 m bzw. 1,1 km) Getränkefachmarkts (»xxx Wein- und Getränkemarkt« bzw. »Getränke xxx«), der schon bisher »Kofferraum«-Kunden gebunden haben wird.

Für das »D-Zentrum Ladenzentrum xxxweg« gilt nicht deshalb anderes, weil für dieses Zentrum im Einzelhandels- und Zentrenkonzept von 2008 noch ein »Getränkemarkt« aufgeführt worden war (a. a. O., S. 326). Denn, wie die Beklagte mit ihrem Schriftsatz vom 21.12.2023 klargestellt hat (S. 3), befinden sich in ihren zentralen Versorgungsbereichen keine Getränkemärkte (mehr) und auch keine Lebensmittelmärkte mit einer großen Getränkeabteilung. Insofern dürfte es sich bei dem aufgeführten »Getränkemarkt« nur um die Getränkeabteilung von »xxx« gehandelt haben. Zwar bietet diese auch »Kistenware« an, jedoch nur auf untergeordneter Fläche. Auch liegt der bereits vorhandene Getränkemarkt (»Getränke xxx«) in Hxxx in deutlich geringerer Entfernung, sodass nicht angenommen werden kann, dass sich der jenseits des Neckars geplante Getränkemarkt noch maßgeblich auf das noch im Ladenzentrum xxxweg vorgehaltene Getränkeangebot auswirkte.

Zwar mögen sich, worauf die Beklagte in der mündlichen Verhandlung hingewiesen hat, einzelne Kunden erstmals bei einem umfassenden Getränkeangebot, wie es die Klägerin nun anzubieten beabsichtigt, bei einem Getränkemarkt mit Getränken versorgen und dabei dann auch gleich den Verbrauchermarkt »xxx« aufsuchen. Allein mit der Möglichkeit einzelner Kundenverlagerungen mit gelegentlich auch stattfindenden Kaufkraftabflüssen in den übrigen Sortimenten können jedoch noch keine schädlichen Auswirkungen begründet werden (vgl. BVerwG, Urteil v. 17.12.2009, a. a. O., juris Rdnr. 12), nachdem sich für den typischen »Kofferraum«-Kunden, auf die der Getränkemarkt abzielt, gegenüber der bisherigen Situation (»xxx« mit einer schon bisher größeren, in den Verbrauchermarkt integrierten Getränkeabteilung) nichts ändert.

Soweit die Beklagte geltend macht, dass nach »Auszug« der Getränkeabteilung aus dem Verbrauchermarkt die freiwerdende Verkaufsfläche anders belegt würde, ist zwar auch diese, durchaus naheliegende Folge bei der Gesamtbetrachtung zu berücksichtigen, jedoch ist nicht zu erkennen, inwiefern solche überschaubaren Sortimentsverschiebungen, die zu keiner qualitativen Veränderung des Angebots führen, nunmehr zur Folge hätten, dass die Funktionsfähigkeit der zentralen Versorgungsbereiche erheblich, insbesondere so nachhaltig gestört würde, dass sie ihren jeweiligen Versorgungsauftrag generell oder hinsichtlich einzelner Branchen nicht mehr substantiell wahrnehmen könnten.

Dass mit Blick auf die (von der Beklagten auch gar nicht angesprochenen) zentralen Versorgungsbereiche in den Nachbargemeinden (insbesondere in der Ortsmitte von Aldingen) eine andere Beurteilung angezeigt sein könnte, ist nicht zuletzt vor dem Hintergrund der in der Auswirkungsanalyse enthaltenen Feststellungen, wonach dort bereits näher gelegene Getränkemärkte ansässig sind, nicht zu erkennen. An der Richtigkeit dieser Feststellungen zu zweifeln, besteht kein Anlass.

Die Einschätzung des Senats, dass keine schädlichen Auswirkungen auf zentrale Versorgungsbereiche zu erwarten sind, wird letztlich durch die von der Klägerin vorgelegte Auswirkungsanalyse der xxx bestätigt (vgl. zur Berücksichtigung eines Marktgutachtens BVerwG, Urteil v. 17.12.2009 – 4 V 2.08 –), in der aufgrund des Fehlens eines »Wettbewerbers« in den zentralen Versorgungsbereichen selbst bei einer an der oberen Grenze angenommenen Flächenproduktivität des Getränkemarkts von einem Kaufkraftabfluss von lediglich unter 2 % auszugehen sei. Dieser Einschätzung ist die Beklagte nicht substantiiert entgegengetreten. Selbst wenn es sich hier, wie die Beklagte meint, nur um einen bloßen Durchschnittswert handeln sollte, der nicht ausschlösse, dass in einem der zentralen Versorgungsbereiche auch ein höherer Kaufkraftabfluss stattfinden könnte, läge es bei einem Wert von unter 2 % gänzlich fern, dass in einem der zentralen Versorgungbereiche ein erheblicher Kaufkraftabfluss – von ca. 10 % oder mehr – zu erwarten sein könnte (vgl. dazu BVerwG, Beschluss v. 3.8.2011 – 4 BN 15.11 –, BauR 2012, 204; Beschluss v. v. 14.4.2010 – 4 B 78.09 –, Buchholz 406.11 § 2 BauGB Nr. 43, juris Rdnr. 31 f.). Vor diesem Hintergrund bestand auch kein Anlass, noch ein weiteres Marktgutachten einzuholen (vgl. dazu BVerwG, Urteil v. 11.10.2007 – 4 C 7.07 –, a. a. O., Rdnr. 25).

Nach alldem war der Berufung bereits mit ihrem Hauptantrag stattzugeben und das angegriffene Urteil wie aus dem Tenor ersichtlich zu ändern. …

Nr. 7

Bei einem auf § 9 Abs. 2a BauGB gestützten sektoralen Bebauungsplan wird die an die planerischen Vorstellungen der Gemeinde anknüpfende städtebauliche Erforderlichkeit nach § 1 Abs. 3 Satz 1 BauGB durch § 9 Abs. 2a Satz 1 BauGB konkretisiert und inhaltlich ausgeformt.

BauGB § 1 Abs. 3 Satz 1, Abs. 7, § 9 Abs. 2a Satz 1, § 34 Abs. 1 und 2, § 245c Abs. 3; BauNVO § 1 Abs. 5 und 9, § 6a.

Bundesverwaltungsgericht, Urteil vom 22. Oktober 2024 – 4 CN 1.24 –.

Aus den Gründen:

Die Antragstellerin wendet sich als Eigentümerin eines überplanten Grundstücks, auf dem ein Lebensmittel-Discount-Markt betrieben wird, gegen den auf § 9 Abs. 2a BauGB gestützten sektoralen Bebauungsplan ... der Antragsgegnerin. Nach den textlichen Festsetzungen sind im Geltungsbereich Einzelhandelsbetriebe allgemein unzulässig (Nr. 1); Einzelhandelsbetriebe mit näher bestimmten Sortimenten, die nach dem im Januar 2011 beschlossenen Gesamtstädtischen Einzelhandelskonzept K. als zentren- und nahversorgungsrelevant eingestuft sind, können bis zu einer Größe von maximal 400 m^2 Verkaufsfläche ausnahmsweise zugelassen werden (Nr. 2).

Das Oberverwaltungsgericht hat den Normenkontrollantrag abgelehnt. Die Planung diene laut ihrer Begründung dem Schutz der zentralen Versorgungsbereiche im Sinne des städtischen Einzelhandelskonzepts, insbesondere des Stadtteilzentrums W. Die Plankonzeption sei daher von städtebaulich legitimen Zielen nach § 9 Abs. 2a Satz 1 BauGB getragen. Diese Norm eröffne grundsätzlich die Möglichkeit eines vollständigen Ausschlusses von Einzelhandelsbetrieben. Die Auswahl und die Art der konkret erforderlichen und geeigneten Maßnahmen zur Erhaltung oder Entwicklung des zentralen Versorgungsbereichs seien indes keine Frage der einschlägigen Rechtsgrundlage, sondern der planerischen Abwägung. Insofern könne offenbleiben, ob auch der Ausschluss nicht-zentrenrelevanten Einzelhandels abwägungsfehlerfrei festgesetzt worden sei. Ein Mangel im Abwägungsvorgang sei jedenfalls mangels rechtzeitiger Rüge unbeachtlich geworden. Sonstige Abwägungsmängel lägen nicht vor.

Die Antragstellerin macht mit der Revision geltend, der Bebauungsplan leide an »Ewigkeitsmängeln«. Der Ausschluss nicht-zentrenrelevanten Einzelhandels gehe über die Zweckbindung in § 9 Abs. 2a Satz 1 BauGB hinaus, erfülle deshalb nicht die Anforderungen eines hierauf gestützten Bebauungsplans und sei städtebaulich nicht erforderlich. Der Verweis der Vorinstanz auf das in der Planbegründung formulierte Planungsziel genüge nicht. Die Antragsgegnerin habe die Eignung eines sortimentsunabhängigen Einzelhandelsausschlusses nicht hinreichend belegt. Zudem ergebe sich aus den Planungsunterlagen nicht, dass es sich bei den von Nr. 2 der textlichen Festsetzungen erfassten Einzelhandelsbetrieben um eine generell oder vor Ort real existierende Anlagenart handele. Der Bebauungsplan sei insgesamt für unwirksam zu erklären. …

Die Revision ist zulässig und begründet. Das angegriffene Urteil beruht auf einer Verletzung revisiblen Rechts (§ 137 Abs. 1 Nr. 1 VwGO). Es erweist sich nicht aus anderen Gründen als richtig (§ 144 Abs. 4 VwGO). Da die Tatsachenfeststellungen der Vorinstanz eine stattgebende Entscheidung nicht tragen, ist die Sache zur anderweitigen Verhandlung und Entscheidung an das Oberverwaltungsgericht zurückzuverweisen (§ 144 Abs. 3 Satz 1 Nr. 2 VwGO).

Mit Bundesrecht nicht in jeder Hinsicht vereinbar ist die Annahme des Oberverwaltungsgerichts, der vollständige (sortimentsunabhängige) Einzelhandelsausschluss unter Nr. 1 der textlichen Festsetzungen des Bebauungsplans stehe mit § 1 Abs. 3 Satz 1 und § 9 Abs. 2a Satz 1 BauGB in Einklang.

Gegen die Würdigung der Vorinstanz, dass das Plangebiet in einem im Zusammenhang bebauten Ortsteil liegt, dort bei Einstufung als faktisches allgemeines Wohngebiet bzw. Mischgebiet oder Gemengelage bestimmte Einzelhandelsbetriebe nach § 34 Abs. 1 oder 2 BauGB allgemein oder ausnahmsweise zulässig sind, das Stadtteilzentrum W. ein schützenswerter Versorgungsbereich ist und der Plan aus subjektiver Sicht des Plangebers auf dessen Schutz zielt, sind rechtliche Bedenken weder geltend gemacht noch ersichtlich. Allerdings verstößt die angesichts der vorstehend wiedergegebenen Erwägungen nicht entscheidungstragende Annahme, dass sich die bisherige bauplanungsrechtliche Zulässigkeit eines Einzelhandelsbetriebs ggf. auch aus einer Einstufung des Plangebiets als faktisches urbanes Gebiet über § 34 Abs. 2 BauGB i. V. m. § 6a BauNVO ergeben könne (vgl. UA S. 28), gegen § 245c Abs. 3 BauGB.

Mit revisiblem Recht unvereinbar sind die Ausführungen der Vorinstanz zur Abgrenzung von § 1 Abs. 3 Satz 1, § 9 Abs. 2a Satz 1 BauGB einerseits und § 1 Abs. 7 BauGB andererseits. Die Auffassung, eine Festsetzung genüge schon dann den Anforderungen des § 9 Abs. 2a Satz 1 BauGB, wenn die Möglichkeit der Förderung der Erhaltung oder Entwicklung zentraler Versorgungsbereiche nicht von vornherein ausgeschlossen werden könne, während die konkrete Eignung einer Festsetzung zur Förderung des Planziels nur eine Frage des Abwägungsgebots nach § 1 Abs. 7 BauGB (UA S. 30) sei, verstößt gegen § 1 Abs. 3 Satz 1 i. V. m. § 9 Abs. 2a Satz 1 BauGB.

Gemäß § 1 Abs. 3 Satz 1 BauGB dürfen Bauleitpläne nur aufgestellt werden, sobald und soweit dies für die städtebauliche Entwicklung und Ordnung erforderlich ist. Was im Sinne von § 1 Abs. 3 Satz 1 BauGB erforderlich ist, bestimmt sich nach der planerischen Konzeption der Gemeinde. Der Gesetzgeber ermächtigt die Gemeinden, diejenige Städtebaupolitik zu betreiben, die im Rahmen der gesetzlich zulässigen Planungsziele ihren städtebaulichen Entwicklungs- und Ordnungsvorstellungen entspricht. Nicht erforderlich sind hiernach u. a. Pläne, die einer positiven städtebaulichen Planungskonzeption entbehren und ersichtlich der Förderung von Zielen dienen, für deren Verwirklichung die Planungsinstrumente des Baugesetzbuches nicht bestimmt sind. Den Anforderungen der Erforderlichkeit muss nicht allein die Planung als Ganzes genügen; vielmehr muss jede ihrer Festsetzungen angesichts der von ihr verfolgten Ziele städtebaulich gerechtfertigt sein (BVerwG, Urteil v. 26.3.2009 – 4 C 21.07 – BVerwGE 133, 310 Rdnr. 17). § 1 Abs. 3 Satz 1 BauGB setzt der Bauleitplanung eine erste, wenn auch strikt bindende Schranke, die lediglich grobe und einigermaßen offensichtliche Missgriffe ausschließt. Für die Einzelheiten einer konkreten planerischen Lösung, insbesondere ihrer Angemessenheit und Verhältnismäßigkeit, ist demgegenüber das Abwägungsgebot maßgeblich, das gemäß § 1 Abs. 7 BauGB darauf gerichtet ist, die von der Planung berührten öffentlichen und privaten Belange gegeneinander und untereinander gerecht abzuwägen und unverhältnismäßige oder gleichheitswidrige Belastungen zu vermeiden (st. Rspr., vgl. BVerwG, Urteil v. 10.9.2015 – 4 CN 8.14 – BVerwGE 153, 16 Rdnr. 11 f. m. w. N.).

Bei einem auf § 9 Abs. 2a BauGB gestützten sektoralen Bebauungsplan wird die an die planerischen Vorstellungen der Gemeinde anknüpfende städtebauliche Erforderlichkeit nach § 1 Abs. 3 Satz 1 BauGB durch § 9 Abs. 2a Satz 1 BauGB konkretisiert und inhaltlich ausgeformt. Entscheidet sich eine Gemeinde im Rahmen ihrer planerischen Gestaltungsfreiheit für dieses Planungsinstrument, macht sie sich das in § 9 Abs. 2a Satz 1 BauGB vorgegebene städtebauliche Ziel zu eigen. Festsetzungen eines solchen Bebauungsplans haben daher nur dann Bestand, wenn sie dem Zweck der Erhaltung oder Entwicklung zentraler Versorgungsbereiche dienen (vgl. BVerwG, Beschluss v. 6.8.2013 – 4 BN 8.13 – ZfBR 2013, 781 Rdnr. 10).

Entgegen der Auffassung des Oberverwaltungsgerichts ist eine durch die städtebauliche Zielsetzung nach § 9 Abs. 2a Satz 1 BauGB gedeckte und nach § 1 Abs. 3 Satz 1 BauGB erforderliche Festsetzung nicht bereits dann zu bejahen, wenn aufgrund einer generalisierenden und typisierenden Betrachtung eine Möglichkeit der Förderung des mit der Planung verfolgten Zwecks nicht von vornherein ausgeschlossen ist. Vielmehr entscheidet sich die städtebauliche Erforderlichkeit nach § 1 Abs. 3 Satz 1 i. V. m. § 9 Abs. 2a Satz 1 BauGB danach, ob die auf § 9 Abs. 2a BauGB gestützte Festsetzung nach einer konkreten Betrachtung einen Beitrag zur Erhaltung oder Entwicklung zentraler Versorgungsbereiche leisten kann.

In der Rechtsprechung des Senats zu Festsetzungen nach § 1 Abs. 5 und 9 BauNVO ist geklärt, dass die Gemeinde für hierauf gestützte Einzelhandelsausschlüsse eine städtebauliche Begründung anzuführen hat, die sich aus der jeweiligen konkreten Planungssituation ergeben muss und die den Ausschluss durch hinreichend gewichtige städtebauliche Allgemeinwohlbelange in nachvollziehbarer Weise rechtfertigt (BVerwG, Urteil v. 26.3.2009 – 4 C 21.07 –

BVerwGE 133, 310 Rdnr. 18; Beschluss v. 6.8.2013 – 4 BN 8.13 – ZfBR 2013, 781 Rdnr. 6). Soweit Festsetzungen der Realisierung der mit der Planung verfolgten städtebaulichen Zielsetzung nicht dienen, weil sie in der konkreten Planungssituation bei Würdigung von Regelungsinhalt und Auswirkungen von vornherein nicht geeignet sind, einen Beitrag zur Zielförderung zu leisten, fehlt ihnen die städtebauliche Rechtfertigung nach § 1 Abs. 3 Satz 1 BauGB (vgl. BVerwG, Urteile v. 26.3.2009 a. a. O. Rdnr. 20, vom 27.3.2013 – 4 C 13.11 – BVerwGE 146, 137 Rdnr. 12, 19 und vom 10.9.2015 – 4 CN 8.14 – BVerwGE 153, 16 Rdnr. 17, 19). Durch Festsetzungen nach § 9 Abs. 2a BauGB lässt sich die Einzelhandelsnutzung im unbeplanten Innenbereich in vergleichbarer Weise wie mit den für Baugebiete geltenden Regelungen in § 1 Abs. 5 und 9 BauNVO steuern (vgl. BT-Drs. 16/2496 S. 11); die hierzu ergangene Rechtsprechung kann auf Festsetzungen nach § 9 Abs. 2a BauGB übertragen werden (vgl. BVerwG, Beschluss v. 14.10.2022 – 4 BN 12.22 -Buchholz 406.11 § 14 BauGB Nr. 32 Rdnr. 14 m. w. N.). Einer auf § 9 Abs. 2a BauGB gestützten einzelhandelsbeschränkenden Festsetzung muss daher nach den konkreten Gegebenheiten im Plangebiet und den hiernach realistischerweise zu erwartenden Entwicklungen (vgl. BVerwG, Urteil v. 27.3.2013 a. a. O. Rdnr. 21) ein Förderpotenzial hinsichtlich des normativ vorgegebenen Ziels der Erhaltung oder Entwicklung zentraler Versorgungsbereiche zukommen (BVerwG, Urteil v. 10.9.2015 – 4 CN 8.14 – BVerwGE 153, 16 Rdnr. 18). Dies muss in der Begründung des Bebauungsplans dargelegt werden. Das Oberverwaltungsgericht hätte daher ermitteln müssen, ob und in welcher Weise die Festsetzung die Erhaltung oder Entwicklung zumindest eines zentralen Versorgungsbereichs – hier etwa des Stadtteilzentrums W. – fördert und ob die Antragsgegnerin dies mit ihrer Planbegründung hinreichend dargelegt hat.

Revisibles Recht ist ferner verletzt, weil das Oberverwaltungsgericht nicht geprüft hat, ob die Ausnahmeregelung in Nr. 2 der textlichen Festsetzungen von § 9 Abs. 2a Satz 1 BauGB gedeckt ist, § 137 Abs. 1 Nr. 1, § 173 Satz 1 VwGO i. V. m. § 546 ZPO (vgl. BVerwG, Urteil v. 28.9.2023 - 4 C 6.21 - NVwZ 2024, 343 Rdnr. 22).

Wie sich aus der Ablehnung des Normenkontrollantrags ergibt, begegnet diese Ausnahmeregelung nach Auffassung des Oberverwaltungsgerichts keinen rechtlichen Bedenken. Ob die Festsetzung die Tatbestandsvoraussetzungen des § 9 Abs. 2a Satz 1 BauGB als gesetzlicher Grundlage im Sinne von Art. 14 Abs. 1 Satz 2 GG erfüllt (vgl. BVerwG, Urteil v. 27.10.2011 - 4 CN 7.10 - Buchholz 406.11 § 9 BauGB Nr. 105 Rdnr. 10 m. w. N.), hat es nicht geprüft, obwohl der Sachverhalt hierfür Anlass gab.

§ 9 Abs. 2a Satz 1 BauGB ermächtigt lediglich zu Festsetzungen mit dem Inhalt, dass »bestimmte Arten« der nach § 34 Abs. 1 und 2 BauGB zulässigen baulichen Nutzungen zulässig oder nicht zulässig sind oder nur ausnahmsweise zugelassen werden können. Wie bei § 1 Abs. 5 und 9 BauNVO dürfen sich Nutzungsdifferenzierungen auch bei § 9 Abs. 2a Satz 1 BauGB als Festsetzungsermächtigung nur auf bestimmte, in der sozialen und ökonomischen Realität bereits vorhandene Anlagentypen beziehen. Eine Befugnis, neue Anlagenarten zu erfinden, steht der Gemeinde nicht zu. Dass eine Festsetzung einen bestimmten Anlagentyp betrifft, muss aus dem Bebauungsplan bzw. dessen Begründung oder aus den zu seiner Begründung beigefügten Unterlagen hervorgehen. Wählt eine Gemeinde – wie im vorliegenden Fall – die Verkaufs- oder Geschossfläche als Differenzierungskriterium, muss sie darlegen, dass und warum Betriebe unter bzw. über den von ihr festgesetzten Größen generell oder doch jedenfalls unter Berücksichtigung der besonderen örtlichen Verhältnisse einem bestimmten, tatsächlich existenten Anlagentyp entsprechen (st. Rspr., vgl. BVerwG, Beschlüsse v. 26.7.2011 – 4 BN 9.11 – ZfBR 2011, 683 und vom 7.5.2020 – 4 BN 44.19 – ZfBR 2020, 675 Rdnr. 6 f.). Das angegriffene Normenkontrollurteil verhält sich hierzu indes nicht.

Das Urteil beruht auf diesen Bundesrechtsverstößen. Es erweist sich nicht aus anderen Gründen als im Ergebnis richtig (§ 144 Abs. 4 VwGO).

Die in Betracht kommenden Mängel .. unterfallen nicht den Planerhaltungsvorschriften (§§ 214, 215 BauGB), sodass sie nicht wegen Präklusion nach § 215 Abs. 1 Satz 1 BauGB unbeachtlich geworden sein können (vgl. BVerwG, Beschluss v. 11.5.1999 – 4 BN 15.99 – NVwZ 1999, 1338 <1339>). Die Tatsachenfeststellungen der Vorinstanz lassen nicht den Schluss zu, dass das Urteil ganz oder zumindest teilweise aus anderen Gründen im Ergebnis richtig ist.

Auf der Grundlage der Feststellungen des Oberverwaltungsgerichts kann der Senat die städtebauliche Erforderlichkeit der Festsetzung in Nr. 1 nicht beurteilen. Dies gilt auch dann, wenn der einheitliche und vollständige Einzelhandelsausschluss, wie vom Oberverwaltungsgericht zugrunde gelegt, in zwei Teilregelungen aufgespalten wird (siehe dazu BVerwG, Beschluss v. 18.2.2009 – 4 B 54.08 – ZfBR 2009, 364 <365>). Eine solche Betrachtungsweise, die zwischen zentrenrelevantem und nicht-zentrenrelevantem Einzelhandel unterscheidet, wird von der Zwecksetzung des Zentrenschutzes in § 9 Abs. 2a BauGB jedenfalls nahegelegt. Sie erfordert zunächst die Feststellung, dass die im städtischen Einzelhandelskonzept vorgenommene Differenzierung nach zentren- und nicht-zentrenrelevanten Hauptsortimenten nach marktüblichen Gegebenheiten getroffen wurde und deshalb eine Zuordnung jeweils zu bestimmten Einzelhandelsbranchen mit Innenstadt- bzw. Zentrentypik ermöglicht (vgl. VGH Mannheim, Urteil v. 21.5.2001 – 5 S 901/99 – juris Rdnr. 83).

Für den Ausschluss des nach diesen Vorgaben als zentrenrelevant identifizierten Einzelhandels ist die städtebauliche Erforderlichkeit nicht ohne Weiteres zu bejahen. Auch wenn ein Einzelhandelsausschluss mit zentrenrelevanten oder zentrenbildenden Sortimenten im Regelfall eine positive Lenkungswirkung des Einzelhandels zugunsten zentraler Versorgungsbereiche zur Folge haben mag, sind indes nicht von vornherein Ausnahmefälle von der Hand zu weisen, in denen selbst der Ausschluss dieser Sortimente nach den Umständen des jeweiligen Einzelfalls keinen Beitrag zum Zentrenerhalt oder zur Zentrenentwicklung leisten kann (vgl. BVerwG, Beschluss v. 28.6.2021 – 4 BN 67.20 – BRS 89 Nr. 30 <166>). Vor diesem Hintergrund ist zur städtebaulichen Rechtfertigung eines Einzelhandelsausschlusses mit zentrenrelevantem Sortiment zu verlangen, dass die Gemeinde hinreichend darlegt, dass und warum ein solcher zur Förderung des Planziels geeignet ist. Das Oberverwaltungsgericht hat insoweit keine Tatsachenfeststellungen getroffen, auf die der Senat für die revisionsrechtliche Prüfung zurückgreifen kann.

Das gilt ebenso und im Besonderen für den darüber hinausgehenden Ausschluss von Einzelhandel mit nicht-zentrenrelevantem Sortiment. Soweit abhängig von der konkreten Planungssituation ein umfassender Einzelhandelsausschluss der Erhaltung oder Entwicklung zentraler Versorgungsbereiche dienlich sein kann (vgl. z. B. VGH Mannheim, Urteil v. 28.10.2014 – 5 S 1970/12 – ZfBR 2015, 386 <387 f.>), darf eine solche Festsetzung, die mit der Förderung der Konzentration von Einzelhandelsansiedlungen in Zentren begründet wird, nicht weiter gehen, als eine Ansiedlung von Einzelhandelsbetrieben dort überhaupt in Betracht kommt (vgl. BVerwG, Urteil v. 26.3.2009 – 4 C 21.07 – BVerwGE 133, 310 Rdnr. 20). Vor diesem Hintergrund bedarf die städtebauliche Rechtfertigung eines Ausschlusses von Einzelhandel mit nicht-zentrenrelevantem Sortiment einer eingehenderen Begründung des Plangebers. Hierzu enthält das Urteil keine Tatsachenfeststellungen.

Ebenso wenig finden sich im angegriffenen Urteil Feststellungen dazu, ob die Antragsgegnerin in den Planungsunterlagen dargelegt hat, dass und warum ein Einzelhandelsbetrieb nach Nr. 2 der textlichen Festsetzungen einen – generell oder in K. – real existenten Anlagentyp darstellt. Soweit die Antragsgegnerin im Revisionsverfahren vorgebracht hat, dass sich Nachbarschaftsläden bzw. »Convenience-Stores« mit einer Flächenbegrenzung von bis zu 400 m^2 bundesweit und in K. als Anlagentypus etabliert hätten, und dass dies in der Planbegründung und in dem der Planung zugrunde liegenden städtischen Einzelhandelskonzept einen hinreichenden Niederschlag finde, bleibt die erforderliche Auswertung der Planungsunterlagen dem Oberverwaltungsgericht vorbehalten (vgl. BVerwG, Urteil v. 20.6.2023 – 4 CN 7.21 – BVerwGE 179, 160 Rdnr. 21).

Schon aufgrund der vorstehenden Erwägungen scheidet eine Teilrückverweisung an die Vorinstanz unter Zurückweisung der Revision im Übrigen aus. Darüber hinaus fehlte es für die Annahme einer Teilwirksamkeit des Bebauungsplans ausgehend von dessen Teilbarkeit an Feststellungen zum mutmaßlichen Willen des Satzungsgebers.

Mangels tatsächlicher Feststellungen des Oberverwaltungsgerichts kann zudem nicht im Sinne der Revision nach § 144 Abs. 3 Satz 1 Nr. 1 VwGO durchentschieden werden. Dies führt zur Zurückverweisung an die Vorinstanz, § 144 Abs. 3 Satz 1 Nr. 2 VwGO. …

Nr. 8

1. **Ob eine Freifläche dem Siedlungsbereich zuzuordnen ist und folglich im Wege des beschleunigten Verfahrens nach § 13a BauGB überplant werden kann, ist aufgrund einer wertenden Betrachtung nach der Verkehrsauffassung unter Beachtung siedlungsstruktureller Gegebenheiten zu entscheiden. Hierbei können geographische Besonderheiten wie ein Waldweg als natürliche Begrenzung fungieren.**

2. **§ 13a BauGB umfasst über eine quantitative Vermehrung baulicher Nutzungsmöglichkeiten hinaus auch eine qualitative Entwicklung des Siedlungsbereichs, etwa durch die Einbeziehung und Bewahrung von Grünflächen.**

3. **Bebauungspläne stehen dann nicht in einem engen sachlichen Zusammenhang i. S. d. § 13a Abs. 1 Satz 2 Nr. 1 BauGB, wenn die unterschiedlichen Baubestände der jeweiligen Plangebiete nachvollziehbar zu unterschiedlichen planerischen Zielsetzungen und damit zu jeweils eigenständigen Planverfahren und Festsetzungen führen.**

4. **Einer Bekanntmachung mit geographischer Bezeichnung und Kartenausschnitt kommt im Regelfall die erforderliche Anstoßfunktion zu.**

5. **Eine Gemeinde, die vorhandene Baurechte mit den Mitteln der Bauleitplanung einschränkt, muss ein auf einer zutreffenden überschlägigen Ermittlung beruhendes Bild von deren Umfang haben. Nur unter dieser Voraussetzung kann sie das private Interesse am Erhalt dieser Rechte mit dem öffentlichen Interesse an einer Neuordnung des Plangebiets sachgerecht abwägen.**

6. **Durch die allgemeine Zulassung sonstiger nicht störender Gewerbebetriebe i. S. d. § 4 Abs. 3 Nr. 2 BauNVO wird ein Allgemeines Wohngebiet nicht zwangsläufig zu einem Mischgebiet (vgl. § 1 Abs. 6 Nr. 2 BauNVO).**

7. **Um dem Bestimmtheitsgebot bei Festsetzungen zur Gebäudehöhe in einem Bebauungsplan zu genügen, kann eine Höhenfestsetzung nach § 18 Abs. 1 BauNVO auf Bezugspunkte im Geltungsbereich des Bebauungsplans abstellen, die bestimmt oder bestimmbar sind. So entspricht etwa die Festsetzung der Höhenlage eines bestimmten Punkts einer vorhandenen Verkehrsfläche als unterer Bezugspunkt dem Bestimmtheitsgebot, wenn eine erhebliche Veränderung dieses Punkts nicht zu erwarten ist.**

BauGB § 1 Abs. 3 und 7, § 2 Abs. 3, § 3 Abs. 2 § 13a.

OVG Saarland, Beschluss vom 25. Januar 2024 – 2 C 186/22 –.

Aus den Gründen:

Der Antragsteller wendet sich mit seinem Normenkontrollantrag gegen den im beschleunigten Verfahren nach § 13a BauGB im Ortsteil Perl erlassenen Bebauungsplan »Hammelsberg I« der Antragsgegnerin, mit dem die planungsrechtliche Grundlage für eine geordnete städtebauliche Entwicklung des weitgehend bereits bebauten Plangebiets geschaffen werden soll.

Der gemäß § 47 Abs. 1 Nr. 1 VwGO statthafte sowie unter Einhaltung der Frist des § 47 Abs. 2 Satz 1 VwGO gestellte Normenkontrollantrag des Antragstellers ist zulässig, aber unbegründet. ... Der Bebauungsplan »Hammelsberg I« leidet nicht an einem den Ausspruch seiner Unwirksamkeit (§ 47 Abs. 5 Satz 2 VwGO) rechtfertigenden Mangel. Dabei gehört es ungeachtet der gesetzlichen Ausgestaltung des Normenkontrollverfahrens als umfassende Gültigkeitskontrolle der jeweils in Rede stehenden Norm und des im Verwaltungsprozessrecht geltenden Amtsermittlungsgrundsatzes (§ 86 Abs. 1 VwGO) nicht zu den Aufgaben der Oberverwaltungsgerichte, in diesem Rahmen – hier konkret über den umfangreichen Vortrag des Antragstellers hinaus – »gleichsam ungefragt« in die Suche nach Fehlern eines Bebauungsplans einzutreten (vgl. etwa BVerwG, Urteil v. 3.12.1998 – 4 CN 3/97 –, BRS 60 Nr. 43, dort zur sog. Funktionslosigkeit von Festsetzungen eines Bebauungsplans; grundlegend Urteile v. 7.9.1979 – 4 C 7/77 –, BRS 35 Nr. 15, und vom 17.4.2002 – 9 CN 1/01 –, BVerwGE 116, 188, 196 f., Beschlüsse v. 4.10.2006 – 4 BN 26/06 –, BauR 2007, 335, und 4 BN 27/06 –, wonach es sich um eine »Maxime richterlichen Handelns« handelt, die die Geltung des Amtsermittlungsgrundsatzes nicht in Frage stellt, OVG des Saarlandes, Urteile v. 14.4.2004 – 1 N 7/03 –, vom 26.2.2002 – 2 R 3/01 –, SKZ 2002, 297, Leitsatz Nr. 45, und vom 20.9.2007 – 2 N 9/06 –, SKZ 2008, 78 Leitsatz Nr. 28).

Eine nach den §§ 214 Abs. 1, 215 Abs. 1 BauGB beachtliche Verletzung von Verfahrens- oder Formvorschriften liegt nicht vor.

Entgegen der Ansicht des Antragstellers durfte der Bebauungsplan – als Bebauungsplan der Innenentwicklung – im beschleunigten Verfahren nach § 13a BauGB aufgestellt werden.

Die Voraussetzungen des § 13a Abs. 1 Satz 1 BauGB sind erfüllt. Danach kann ein Bebauungsplan für die Wiedernutzbarmachung von Flächen, die Nachverdichtung oder andere Maßnahmen der Innenentwicklung (Bebauungsplan der Innenentwicklung) im beschleunigten Verfahren aufgestellt werden.

Zur Auslegung des Begriffs der »Innenentwicklung« hat das Bundesverwaltungsgericht in einer ersten Grundsatzentscheidung (BVerwG, Urteil v. 4.11.2015 – 4 CN 9/14 –, juris, Rdnr. 22 ff. m. w. N.; vgl. OVG Berlin-Brandenburg, Urteil v. 21.9.2023 – OVG 10 A 13.19 –, juris, Rdnr. 32) ausgeführt, dieser sei nicht legaldefiniert, sondern werde vom Gesetzgeber als städtebaufachlicher Begriff vorausgesetzt; seine Interpretation durch die Gemeinde unterliege der uneingeschränkten gerichtlichen Kontrolle, ein gemeindlicher

Beurteilungsspielraum bestehe nicht. Aus der Gesetzessystematik, dem Sinn und Zweck des § 13a BauGB sowie der Gesetzesbegründung folge, dass nur solche Flächen überplant werden dürften, die von einem Siedlungsbereich mit dem Gewicht eines im Zusammenhang bebauten Ortsteils umschlossen würden, und dass die äußeren Grenzen des Siedlungsbereichs durch den Bebauungsplan nicht in den Außenbereich hinein erweitert werden dürften. Mit § 13a Abs. 1 Satz 1 BauGB knüpfe der Gesetzgeber an die ältere Bodenschutzklausel des § 1a Abs. 2 Satz 1 BauGB an, wonach mit Grund und Boden sparsam und schonend umgegangen werden solle und zur Verringerung zusätzlicher Flächeninanspruchnahme insbesondere Möglichkeiten der gemeindlichen Innenentwicklung zu nutzen sowie Bodenversiegelungen auf das notwendige Maß zu begrenzen seien. Er grenze Bebauungspläne der Innenentwicklung von Bebauungsplänen ab, die gezielt Flächen außerhalb der Ortslagen einer Bebauung zuführten, und wolle mit § 13a Abs. 1 BauGB Planungen fördern, die der Erhaltung, Erneuerung, Fortentwicklung, Anpassung und dem Umbau vorhandener Ortsteile (§ 1 Abs. 6 Nr. 4 BauGB) dienten. Als Gebiete, die für Bebauungspläne der Innenentwicklung in Betracht kämen, nenne er beispielhaft die im Zusammenhang bebauten Ortsteile i. S. d. § 34 Abs. 1 BauGB, innerhalb des Siedlungsbereichs befindliche brachgefallene Flächen sowie innerhalb des Siedlungsbereichs befindliche Gebiete mit einem Bebauungsplan, der infolge notwendiger Anpassungsmaßnahmen geändert oder durch einen neuen Bebauungsplan abgelöst werden solle. Mit dem beschleunigten Verfahren und den damit verbundenen Verfahrenserleichterungen, u. a. dem Verzicht auf die Durchführung einer Umweltprüfung (§ 13a Abs. 2 Nr. 1 i. V. m. § 13 Abs. 3 Satz 1 BauGB), wolle er einen Anreiz dafür setzen, dass die Gemeinden von einer Neuinanspruchnahme von Flächen durch Überplanung und Zersiedlung des Außenbereichs absähen und darauf verzichteten, den äußeren Umgriff vorhandener Siedlungsbereiche zu erweitern. Mit dem Ziel, eine Flächeninanspruchnahme im bisherigen Außenbereich zu vermeiden, leiste der Bebauungsplan der Innenentwicklung zugleich einen Beitrag zur Förderung der nachhaltigen Entwicklung i. S. d. Anhangs II Nr. 1 3. Spiegelstrich der Richtlinie 2001/42/EG des Europäischen Parlaments und des Rates vom 27.6.2001 über die Prüfung der Umweltauswirkungen bestimmter Pläne und Programme – Richtlinie über die Strategische Umweltprüfung (ABl. L 197 S. 30, im Folgenden: SUP-RL). Dem Bebauungsplan der Innenentwicklung sei nach alledem die Inanspruchnahme von Außenbereichsgrundstücken versagt. Dies gelte jedenfalls im Grundsatz auch dann, wenn die Außenbereichsfläche so stark von der angrenzenden Bebauung geprägt sei, dass sie sich als deren organische Fortsetzung darstelle und damit für eine Einbeziehungssatzung nach § 34 Abs. 4 Satz 1 Nr. 3 BauGB in Betracht komme. Eine »Innenentwicklung nach außen« ermögliche § 13a BauGB nicht.

In einer zweiten Grundsatzentscheidung (BVerwG, Urteil v. 25.4.2023 – 4 CN 5/21 –, juris, Rdnr. 15 ff. m. w. N.; vgl. OVG Berlin-Brandenburg, Urteil v.

21.9.2023 – OVG 10 A 13.19 –, juris, Rdnr. 33) hat das Bundesverwaltungsgericht die Frage beantwortet, ob die Vorschrift erlaubt, eine sog. Außenbereichsinsel im Innenbereich zu überplanen, und dabei eine weitergehende Systematisierung des Prüfungsmaßstabs vorgenommen. Der Gesetzgeber greife mit § 13a BauGB nicht auf bauplanungsrechtliche Kriterien zurück, sondern knüpfe an einen städtebaulichen Terminus an und mache die Abgrenzung von Innen- und Außenentwicklung an der Belegenheit des betreffenden Gebiets in der Ortslage und dem Siedlungsbereich fest, wobei die tatsächlichen Verhältnisse im Vordergrund stünden. Der Siedlungsbereich werde grundsätzlich durch eine Bebauung gekennzeichnet, die nicht nur vereinzelt sei, sondern den Eindruck einer jedenfalls lockeren Zusammengehörigkeit erwecke; er werde zur Ortslage, wenn er ein gewisses Gewicht erreiche. Gebiete, die nach den tatsächlichen Verhältnissen einen im Zusammenhang bebauten Ortsteil i. S. v. § 34 Abs. 1 BauGB bildeten, erfüllten diese Voraussetzungen ohne weiteres, der Siedlungsbereich reiche jedoch über diesen Kern hinaus. Gehe es um den äußeren Umgriff der von der Bebauung geprägten Ortslage, kämen Erweiterungen bei der Fortwirkung aufgegebener baulicher Nutzungen in Betracht und sei eine Einbeziehung des näheren Umfeldes der vorhandenen Bebauung zu erwägen, die sich allerdings nicht an den Voraussetzungen einer Satzung nach § 34 Abs. 4 Satz 1 Nr. 3 BauGB orientieren dürfe. Jenseits der so bestimmten Linie liegende Flächen seien im Regelverfahren zu überplanen. Diesseits der äußeren Grenze der Ortslage liegende, bebaute oder unbebaute Flächen seien hingegen, unabhängig von der Abgrenzung von Innen- und Außenbereich, typischerweise Teil des Siedlungsbereichs. Geboten sei eine wertende Betrachtung nach der Verkehrsauffassung unter Beachtung siedlungsstruktureller Gegebenheiten, für die abhängig vom Einzelfall verschiedene Kriterien heranzuziehen seien. Maßgeblich sei dabei u. a., ob infolge der Größe der Freifläche, absolut und relativ zum umgebenden Siedlungsbereich, der Eindruck der Zugehörigkeit zum Siedlungsbereich fehle bzw. unterbrochen werde, weil die Überplanung nicht mehr als zwanglose Fortsetzung der Nutzung der umliegenden Bereiche erscheine und sich nicht mehr aufdränge. Von Bedeutung könne auch sein, ob die einbezogene Freifläche in einem besonderen funktionalen Zusammenhang zum sonstigen Plangebiet stehe oder ob dessen Zuschnitt, gerade in Bezug auf die Einbeziehung der Freifläche, als nicht nachvollziehbar oder gar willkürlich erscheine. Einer Einbeziehung in den Siedlungsbereich stehe (inhaltlich) auch nicht entgegen, dass auf der betreffenden Fläche kein Baurecht geschaffen würde, sondern diese als private Grünfläche festgesetzt werde. § 13a BauGB solle in einem weiten Sinn eine Planung fördern, die der Erhaltung, Erneuerung, Fortentwicklung, Anpassung und dem Umbau vorhandener Ortsteile diene (§ 1 Abs. 6 Nr. 4 BauGB). Damit umfasse er auch eine qualitative Entwicklung des Siedlungsbereichs, etwa durch Einbeziehung und Bewahrung von Grünflächen, nicht zuletzt aus stadtklimatischen Gründen.

Indem das Bundesverwaltungsgericht den Vorrang der tatsächlichen Verhältnisse betont, nimmt es eine europarechtlich gebotene Einengung des Begriffs »Siedlungsbereich« vor (so schon OVG Berlin-Brandenburg, Urteil v. 21.9.2023 – OVG 10 A 13.19 –, juris, Rdnr. 34 ff. m. w. N.).

Um dem Anliegen der Bodenschutzklausel des § 1a Abs. 2 Satz 1 BauGB und den Vorgaben der SUP-RL Rechnung zu tragen, bedarf es einer restriktiven Anwendung von § 13a BauGB, die sicherstellt, dass Pläne i. S. d. Art. 3 Abs. 3 SUP-RL nur dann vom Regelerfordernis einer Umweltprüfung ausgenommen sind, wenn ihre Verwirklichung auch tatsächlich keine zusätzlichen erheblichen Umweltauswirkungen erwarten lässt. Nach Art. 3 Abs. 5 SUP-RL obliegt es den Mitgliedsstaaten, die von der Vereinfachung erfassten Pläne durch (konkrete) Einzelfallprüfung ihrer Auswirkungen, (abstrakte) Festlegung ihrer Art oder Kombination beider Ansätze zu bestimmen. Die Grenzen dieser Befugnis der Mitgliedstaaten hat das Bundesverwaltungsgericht nunmehr wie folgt beschrieben (BVerwG, Urteil v. 18.7.2023 – 4 CN 3.22 –, juris, Rdnr. 12 m. w. N., zu § 13b BauGB): Sicherzustellen sei, dass sämtliche Pläne und Programme, die voraussichtlich erhebliche Umweltauswirkungen haben, einer Umweltprüfung unterzogen würden. Wenn durch die in Art. 3 Abs. 5 SUP-RL genannten Mechanismen gewährleistet sein solle, dass kein Plan, der voraussichtlich erhebliche Umweltauswirkungen habe, der Umweltprüfung entzogen sei, seien für die Artfestlegung strenge Maßstäbe zu beachten, die nur gewahrt seien, wenn angesichts der nach Maßgabe der einschlägigen Kriterien nach Art. 3 Abs. 5 Satz 2 i. V. m. Anhang II SUP-RL für die Art des Plans geltenden qualitativen Voraussetzungen davon auszugehen sei, dass erhebliche Umweltauswirkungen von vornherein nicht eintreten würden. Bei der Artfestlegung müsse daher gewährleistet sein, dass für jeden möglichen Einzelfall erhebliche Umweltauswirkungen durch den Plan ausgeschlossen seien. Eine Artfestlegung, mit der das Ziel des Art. 3 Abs. 1 SUP-RL lediglich im Wege einer typisierenden bzw. pauschalierenden Betrachtungsweise, d. h. im Allgemeinen und regelhaft, aber zugleich verbunden mit der Hinnahme von Ausnahmen, erreicht werde, sei hingegen unzulänglich.

Gemessen an diesen Grundsätzen ist die Antragsgegnerin vorliegend zu Recht davon ausgegangen, dass der streitbefangene Bebauungsplan eine Innenentwicklung i. S. d. § 13a Abs. 1 Satz 1 BauGB zum Gegenstand hat, einschließlich der gemäß § 9 Abs. 1 Nr. 15 BauGB festgesetzten öffentlichen Grünfläche (mit Zweckbestimmung: Parkanlage) sowie der Flächen, die südlich an die auf den Grundstücken »Zum Hammelsberg 5«, »Tulpenweg 9« und »Tulpenweg 12« gelegenen Baukörper angrenzen – inklusive des südlichen Teils des zwischen den beiden letztgenannten befindlichen Fußwegs –, die der Antragsteller insgesamt als »unbebaute Außenbereichsfläche von 4 000 m²« bezeichnet hat.

Zwar ist dieses Areal (anders als eine Außenbereichsinsel) nicht von allen Seiten von Bebauung umgeben, dennoch handelt es sich hierbei nicht um eine

Außenbereichsfläche jenseits der äußeren Grenze des Siedlungsbereichs – wie sich aus den im Rahmen der Ortsbesichtigung vom 22.1.2024 getroffenen tatsächlichen Feststellungen des Senats ergibt.

Das gilt zunächst hinsichtlich derjenigen Flächen der Grundstücke »Zum Hammelsberg 5«, »Tulpenweg 9« und »Tulpenweg 12«, die südlich an die auf diesen gelegenen Baukörper angrenzen. So entspricht es bereits der zu § 34 Abs. 1 BauGB ergangenen Rechtsprechung des Senats, dass der Trennungsstrich zwischen Innen- und Außenbereich zwar grundsätzlich hinter dem letzten zur zusammenhängenden Bebauung gehörenden Haus zu ziehen ist. Wie die Regelung über nichtbebaubare Grundstücksflächen (§ 23 BauNVO) zeigt, zwingen die planungsrechtlichen Ordnungsvorstellungen indes keineswegs dazu, jede auf eine Ortsrandbebauung in Richtung Außenbereich folgende Fläche allein wegen ihrer Freiheit von baulichen Anlagen nicht mehr dem Bebauungszusammenhang zuzurechnen. Das ist in den Fällen unangebracht, in denen sich das Anschlussgelände bei natürlicher Betrachtung noch als Teil der bebauten Ortslage darbietet, wie es etwa dann zutrifft, wenn die Fläche (tatsächlich) »bebauungsakzessorisch«, d. h. als Hof, (üblicher) Hausgarten oder als der Bebauung zugeordneter Erholungsraum genutzt wird (vgl. Urteile des Senats vom 27.5.1988 – 2 R 513/85 –, juris, Rdnr. 40, und vom 18.8.1992 – 2 R 30/90 –, juris, Rdnr. 22) – was nach den Feststellungen im Rahmen der Ortsbesichtigung jedenfalls auf den weit überwiegenden Teil der benannten, mit Wiese und Sträuchern bewachsenen und offensichtlich als »Ruhezone« genutzten Grundstücksflächen zutrifft. Diese Zone reicht teilweise bis an den vor Ort festgestellten Waldweg heran.

Aber auch darüber hinaus werden keine »Außenbereichsflächen« überplant; aufgrund einer – nach der dargestellten Rechtsprechung des Bundesverwaltungsgerichts gebotenen – wertenden Betrachtung nach der Verkehrsauffassung unter Beachtung siedlungsstruktureller Gegebenheiten ist das umschriebene Areal vielmehr in Gänze dem Siedlungsbereich zuzuordnen – einschließlich der erwähnten öffentlichen Grünfläche.

Hinsichtlich der Frage der Abgrenzung des Bebauungszusammenhangs i. S. v. § 34 Abs. 1 BauGB zum Außenbereich (§ 35 BauGB) ist anerkannt, dass auch topographische Verhältnisse oder geographische Umstände – wie Dämme, Böschungen, Gräben, Flüsse oder Waldränder – zu berücksichtigen sind und sich je nach den Umständen des Einzelfalls als eine natürliche Begrenzung des Bebauungszusammenhangs darstellen können. Die Berücksichtigung solch äußerlich erkennbarer Umstände kann dazu führen, dass der Bebauungszusammenhang im Einzelfall nicht – wie regelmäßig – am letzten Baukörper endet, sondern dass ihm noch ein oder auch mehrere unbebaute Grundstücke bzw. Grundstücksteile zuzuordnen sind. Das Gleiche gilt für Straßen und Wege, die je nach den konkreten örtlichen Verhältnissen einen Bebauungszusammenhang herstellen oder trennende Funktion zwischen Innen- und Außenbereich haben können (vgl. Schrödter/Rieger, BauGB,

9. Aufl. 2019, § 34 Rdnr. 19 m. w. N., und BVerwG, Urteil v. 8.10.2015 – 4 B 28/15 –, juris, Rdnr. 5 ff.).

Solche natürlichen bzw. tatsächlichen Grenzen können erst recht herangezogen werden, um die äußeren Grenzen eines Siedlungsbereichs zu bestimmen – wie vorliegend der benannte Waldweg. Dieser zieht sich – nach den tatsächlichen und von den Beteiligten nicht in Abrede gestellten Feststellungen des Senats – nach seinem zur Straße »Zum Hammelsberg« hin gelegenen trichterförmigen Einmündungsbereich südlich der öffentlichen Grünfläche und den Grundstücken »Zum Hammelsberg 5«, »Tulpenweg 9« und »Tulpenweg 12« in einer – in östlicher Richtung verlaufenden – Linie entlang. Damit grenzt er das Plangebiet klar vom südlich davon gelegenen Wald(rand) ab. Insofern erscheint die Einbeziehung des streitgegenständlichen Areals gerade nicht willkürlich, sondern ist angesichts der örtlichen, geographischen Gegebenheiten ohne weiteres nachvollziehbar. Hinzu kommt, dass der öffentlichen Grünfläche (mit 800 m^2) einschließlich des südlichen Teils des benannten Fußwegs und derjenigen Grundstücksflächen, die nicht ohnehin aufgrund ihrer – dargestellten – bebauungsakzessorischen Nutzung dem Siedlungsbereich zuzuordnen sind, sowohl im Verhältnis zur Gesamtgröße des Plangebiets (mit rd. 4,79 ha) als auch absolut eine nur geringe, untergeordnete räumliche Ausdehnung zukommt. Da sowohl westlich als auch nördlich der öffentlichen Grünfläche – entlang der Straße »Zum Hammelsberg« – im Rahmen der Ortsbesichtigung Wohnbebauung festgestellt werden konnte und die Grünfläche im Übrigen zur Straße »Zum Hammelsberg« hin frei zugänglich ist, stellt sich die Überplanung gesamtbetrachtend als zwanglose Fortsetzung der Nutzung dieser (auch) zum Siedlungsbereich gehörigen Bereiche dar.

Hierbei ist es – wie dargestellt – (inhaltlich) unschädlich, dass der streitbefangene Bebauungsplan auf der betreffenden Grünfläche kein Baurecht schafft, sondern eine qualitative Entwicklung des Siedlungsbereichs – i. S. d. Bewahrung von Grünflächen – anstrebt. So war im Rahmen der Ortsbesichtigung festzustellen, dass diese Fläche überwiegend bewachsen ist, zum Teil mit einem etwa 2 bis 3 m breiten Wiesenstreifen, zum Teil mit Bäumen und Sträuchern. Da sie als öffentliche Grünfläche mit der Zweckbestimmung »Parkanlage« in dieser Form erhalten bleiben soll, sind durch den Bebauungsplan von vorne herein [sic!] gerade keine (zusätzlichen erheblichen) Umweltauswirkungen zu erwarten, die nach der Rechtsprechung des Bundesverwaltungsgerichts und dem Sinn und Zweck der SUP-RL einer Anwendung des § 13a BauGB entgegenstehen könnten.

Auch die im Hinblick auf das Flächenmaß bestehende quantitative Grenze des § 13a Abs. 1 Satz 2 Nr. 1 BauGB ist hier nicht überschritten.

Die durch den Bebauungsplan festgesetzte zulässige Grundfläche liegt unterhalb des in der Vorschrift vorgesehenen Schwellenwerts von 20 000 m^2. Diesbezüglich ergibt sich – ausgehend von der Plangebietsgröße von 4,79 ha, abzüglich der benannten öffentlichen Grünfläche von 800 m^2 und unter

Zugrundelegung der festgesetzten GRZ von 0,4 – eine Grundfläche von weniger als 18 840 m² (wobei darin auch nicht zu berücksichtigende Erschließungsflächen enthalten sind, vgl. Schrödter/Rieger, BauGB, 9. Aufl. 2019, § 13a Rdnr. 12, und BVerwG, Urteil v. 8.12.2016 – 4 CN 4/16 –, juris, Rdnr. 17). Entgegen der Ansicht des Antragstellers ist die Grundfläche des (ebenfalls im beschleunigten Verfahren) in Aufstellung befindlichen Bebauungsplans »Entlang der Apacher Straße« hierbei nicht mitzurechnen, da jedenfalls kein enger sachlicher und räumlicher Zusammenhang der beiden Pläne besteht.

Die Bestimmung des § 13 Abs. 1 Satz 2 Nr. 1 BauGB dient dem Zweck zu verhindern, dass ein Bebauungsplanverfahren rechtsmissbräuchlich in mehrere Verfahren zerlegt wird, um so die Umweltprüfung zu umgehen (vgl. VGH Baden-Württemberg, Urteil v. 18.11.2021 – 8 S 2831/19 –, juris, Rdnr. 31 m. w. N.). Ein enger räumlicher Zusammenhang ist danach zwar denkbar, wenn Fälle eines »Nebeneinander« vorliegen, also ein Angrenzen, wobei eine trennende Straße oder ein Flusslauf unbeachtlich sein können (vgl. Ernst/Zinkahn/Bielenberg/Krautzberger/Krautzberger/Kerkmann, BauGB [151. EL August 2023], § 13a Rdnr. 44 m. w. N.). Vorliegend hat die Antragsgegnerin jedoch zutreffend darauf hingewiesen, dass die beiden Bebauungspläne »Hammelsberg I« und »Entlang der Apacher Straße« weitgehend durch den bereits bestehenden Bebauungsplan »Auf Siercker Gewännchen« – mit bereits bebauten Flächen – getrennt werden und nur in einem kleinen, nordwestlich gelegenen Bereich unmittelbar aneinandergrenzen. Dies genügt nicht, um den vorausgesetzten engen räumlichen Zusammenhang zu begründen.

Darüber hinaus liegt auch kein enger sachlicher Zusammenhang vor. Ein solcher kommt in Betracht, wenn eine Planung in mehrere Teilplanungen aufgeteilt wurde, die letztlich aber auf ein Vorhaben zielen (vgl. Ernst/Zinkahn/Bielenberg/Krautzberger/Krautzberger/Kerkmann, BauGB [151. EL August 2023], § 13a Rdnr. 44 m. w. N.). Ein solch planerisches Gesamtkonzept ist vorliegend nicht ersichtlich. Vielmehr führten der unterschiedliche Baubestand der beiden Plangebiete und die darauf aufbauenden unterschiedlichen planerischen Zielsetzungen nachvollziehbar zu jeweils eigenständigen Planverfahren mit unterschiedlichen Festsetzungen: So befinden sich im Geltungsbereich des Bebauungsplans »Entlang der Apacher Straße« neben der Wohnbebauung auch zwei Winzerbetriebe, die als landwirtschaftliche Betriebe überplant werden und für die der betreffende Bebauungsplan ein Dorfgebiet (MD) vorsieht. In (nord-)westlicher Richtung schließen sich große Freiflächen an, die teilweise mit Weinreben bestanden sind. Der Bestand des – überwiegend innerorts gelegenen – Gebiets des streitbefangenen Bebauungsplans beinhaltet demgegenüber überwiegend Wohnnutzung. Vor diesem Hintergrund ist ohne weiteres nachvollziehbar, dass die Antragsgegnerin im Rahmen der Planbegründung angegeben hat, für die (übrige) »Apacher Straße« ein eigenständiges Planverfahren durchführen zu wollen, »da hier andere städtebauliche Maßstäbe gelten sollen« (Planbegründung S.5) Darüber hinaus sieht der Entwurf des Bebauungsplans »Entlang der Apacher Straße« eine GRZ von bis zu 0,6 und keine Geschossflächenzahl (GFZ) vor, während der streitbefangene Bebauungsplan (grundsätzlich) eine GRZ von 0,4 und eine GFZ festsetzt. Im streitbefangenen Bebauungsplan wird die Zahl der Wohnungen auf 2, 4 und 6 und die Höhe der Gebäude auf max. 2 Vollgeschosse begrenzt, während der Entwurf »Entlang der Apacher Straße« für Gebäude in bestimmten Bereichen bis zu 12 und 14 Wohnungen und keine entsprechende Höhenbegrenzung vorsieht. Im Übrigen ist auch der räumliche Geltungsbereich der beiden Pläne mit der Dimension der Plangebiete der angrenzenden, bereits bestehenden Bebauungsplangebiete »Hammelsberg II«, »Auf Horngarten« und »Auf Siercker Gewännchen« vergleichbar. Vor diesem Hintergrund kann nicht angenommen werden, die Antragsgegnerin habe ein einheitliches Planverfahren rechtsmissbräuchlich aufgespalten.

Soweit der Antragsteller im Rahmen der mündlichen Verhandlung vorgetragen hat, vorliegend sei mit § 13a BauGB ohnehin nicht die richtige Verfahrensart gewählt worden, da der Bebauungsplan nicht der »Entwicklung« eines Gebiets diene, sondern allein beabsichtige, den vorhandenen Bestand zu sichern und einzuschränken, kann er damit ebenfalls nicht durchdringen. Sinn und Zweck des § 13a BauGB und mögliche Anwendungsbereiche eines Bebauungsplans der Innenentwicklung wurden bereits dargestellt: So will der Gesetzgeber mit § 13a BauGB gerade Planungen fördern, die der Erhaltung, Erneuerung, Fortentwicklung, Anpassung und dem Umbau vorhandener Ortsteile dienen (§ 1 Abs. 6 Nr. 4 BauGB). Diese Intention hat in der Nennung der »Wiedernutzbarmachung von Flächen« und der »Nachverdichtung« als spezielle Maßnahmen der Innenentwicklung beispielhaft ihren Niederschlag gefunden. Darüber hinaus werden aber auch »andere Maßnahmen der Innenentwicklung« genannt. »Innenentwicklung« ist deshalb der Oberbegriff (vgl. BVerwG, Urteil v. 20.6.2017 – 4 BN 30/16 –, juris, Rdnr. 4). Als Gebiete, die für Bebauungspläne der Innenentwicklung in Betracht kommen, werden insbesondere die im Zusammenhang bebauten Ortsteile i. S. d. § 34 Abs. 1 BauGB ausdrücklich aufgeführt (vgl. BT-Drs. 16/2496, S. 12)

Vor diesem Hintergrund ist schon nicht nachvollziehbar, warum im Rahmen des § 13a BauGB – als ungeschriebene Tatbestandsvoraussetzung – zu fordern sein sollte, dass die bauliche Nutzbarkeit im Plangebiet erweitert wird. Denn es werden letztlich auch dann der Innenentwicklung dienende städtebauliche Ziele innerhalb des Plangebiets verfolgt, wenn eine Gemeinde einem drohenden Strukturwandel entgegenwirken und die eher unklaren, aus dem Rahmen des tatsächlichen Bestands abzuleitenden Maßgaben in einem unbeplanten Innenbereich im Wege planerischer Festsetzungen durch eindeutige Regeln ablösen will. Auch rein qualitative städtebauliche Maßnahmen können daher eine Innenentwicklung darstellen, die – etwa durch den Erhalt oder die Aufwertung des Charakters vorhandener Quartiere oder durch die Erhöhung der Rechtsklarheit in den vorhandenen Siedlungsbereichen als Mittel zur Erleichterung von Vorhaben – dazu beitragen, die Inanspruchnahme von Flächen außerhalb des Siedlungsbereichs zu vermeiden (vgl. nur VGH Baden-Württemberg, Urteil v. 12.10.2021 – 8 S 48/19 –, juris, Rdnr. 62 ff., und OVG Rheinland-Pfalz, Urteil v. 29.7.2020 – 8 C 11423/19.OVG –, juris, Rdnr. 32 f., jeweils m. w. N., zum Begriff »andere Maßnahme der Innenentwicklung« i. S. d. § 13a BauGB). Dies gilt erst Recht in denjenigen Fällen, in denen – wie vorliegend – die Gemeinde (jedenfalls auch) eine »Nachverdichtung« anstrebt, indem die Bebauungsdichte in einem schon bestehenden und besiedelten Bereich erhöht werden soll (vgl. Ernst/Zinkahn/Bielenberg/Krautzberger/Krautzberger/Kerkmann, BauGB [151. EL August 2023], § 13a BauGB Rdnr. 29). Aufgrund der von der Antragsgegnerin beabsichtigten und sich in den Festsetzungen des Bebauungsplans – etwa zur möglichen Baufeldtiefe, zur Gebäudehöhe bzw. zur Zahl der Vollgeschosse und zur Zahl der Wohnungen – widerspiegelnden geordneten städtebaulichen Nachverdichtung hat der Bebauungsplan (auch verfahrensrechtlich) zweifellos eine »Innenentwicklung« zum Gegenstand.

Auch soweit der Antragsteller geltend macht, die (ortsübliche) Auslegungsbekanntmachung gemäß § 3 Abs. 2 BauGB im Amtlichen Bekanntmachungsblatt der Antragsgegnerin vom 24.3.2021 erfülle nicht die erforderliche Anstoßfunktion, ist dem nicht zu folgen. Ein erheblicher Bekanntmachungsfehler (§ 214 Abs.1 Satz 1 Nr. 2 BauGB) liegt nicht vor.

Nach § 3 Abs. 2 Satz 4 BauGB sind u. a. Ort und Dauer der Planoffenlegung vor Beginn der Veröffentlichungsfrist ortsüblich bekannt zu machen. Nach der Rechtsprechung des Bundesverwaltungsgerichts hat diese Bekanntmachung in einer Weise zu erfolgen, die geeignet ist, dem an der beabsichtigten Bauleitplanung interessierten Bürger sein Interesse an Information und Beteiligung bewusst zu machen und dadurch eine »gemeindliche« Öffentlichkeit herzustellen. Das bedeutet, dass der Bekanntmachungsinhalt auch das von der Planung erfasste Gebiet hinreichend deutlich bestimmen muss, damit diese Anstoßfunktion erfüllt werden kann. Wann diese Voraussetzung erfüllt ist, richtet sich nach den jeweiligen Fallumständen. Hat das Gebiet bereits einen geläufigen (geographischen) Namen, so genügt es in der Regel, das Planvorhaben durch Verweis auf diesen Namen zu kennzeichnen. Das gilt auch dann, wenn eine Kongruenz von Namensbezug und Plangebiet nicht vollständig besteht, da sich der interessierte Bürger im Allgemeinen bewusst sein wird, dass der genauere Umfang des von der Bauleitplanung umfassten Gebiets ohnehin nur durch Einsicht in die Planunterlagen feststellbar ist. Auf der anderen Seite muss der von der Bauleitplanung erfasste Bereich mit dem vorhandenen Gebietsnamen hinreichend übereinstimmen, so dass dessen Verwendung nicht irreführend wirkt (vgl. BVerwG, Urteil v. 6.7.1984 – 4 C 22/80 –, juris, Rdnr. 15 ff.; siehe auch Urteil des Senats vom 25.11.1997 – 2 N 3/97 –, juris, Rdnr. 21, und OVG Berlin-Brandenburg, Urteil v. 27.1.2023 – OVG

10 A 9.19 –, juris, Rn 70). Einer Bekanntmachung mit geographischer Bezeichnung und Kartenausschnitt kommt im Regelfall die erforderliche Anstoßfunktion zu (vgl. Bay. VGH, Urteil v. 17.12.2019 – 2 N 18.1804 –, juris, Rdnr. 21).

Im vorliegenden Fall genügt die Auslegungsbekanntmachung diesen Anforderungen. Auch wenn der dieser beigefügte Lageplan (ohne Maßstab) recht klein und die dazugehörigen Straßennamen unleserlich gewesen sein mögen, so war das Plangebiet und die davon betroffenen Grundstücke jedenfalls in Verbindung mit der (schlagwortartigen) Bezeichnung »Hammelsberg I« dennoch hinreichend deutlich zu erkennen. Daran ändert auch der Umstand nichts, dass sich der Begriff »Hammelsberg« nach dem Vortrag des Antragstellers auf unterschiedliche topographische oder geographische Gegebenheiten beziehen soll (natürliche Erhebung östlich der Ortslage, Landschaftsschutzgebiet, Straße und bereits bestehende Bebauungspläne »Hammelsberg I« und »Hammelsberg II«). Denn zum einen befindet sich im Gemeindegebiet der Antragsgegnerin nur ein »Hammelsberg«, zum anderen liegen alle diese Gegebenheiten in unmittelbarem räumlichen Umfeld zum streitbefangenen Bebauungsplan. In Anbetracht dessen bestand für interessierte Bürger – und insbesondere für Eigentümer von im Plangebiet befindlichen Grundstücken (wie dem Antragsteller) – ein hinreichender Anlass, dessen genauen Geltungsbereich durch Einsicht in die Planunterlagen festzustellen. Hinzu kommt, dass die Planoffenlegung vorliegend nicht nur im Amtlichen Bekanntmachungsblatt der Antragsgegnerin vom 24.3.2021 ortsüblich bekannt gemacht wurde, sondern diese Bekanntmachung zusätzlich (nachrichtlich und fast zeitgleich) – unter Beifügung eines größeren, fast eine gesamte Seite ausfüllenden Lageplans – im Amtlichen Mitteilungsblatt »Mosella« der Antragsgegnerin vom 25.3.2021 veröffentlicht wurde. Auch war bereits der Amtlichen Bekanntmachung des Aufstellungsbeschlusses des ursprünglich vorgesehenen Bebauungsplans »Zum Hammelsberg« in der »Mosella« vom 13.2.2020 ein solcher, die Flurstücke des Antragstellers umfassender einseitiger Lageplan beigefügt. In beiden Lageplänen ist jedenfalls die Bezeichnung »Unter dem Hammelsberg« deutlich zu erkennen. Insofern wurde gleich mehrfach und über einen längeren Zeitraum auf eine »gemeindliche« Öffentlichkeit hingewirkt.

Im Übrigen lässt sich der Verwaltungsakte entnehmen, dass sich der Antragsteller jedenfalls im Zuge der Aufstellung des ursprünglich vorgesehenen Bebauungsplans mit einem offenen Brief an den Gemeinderat der Antragsgegnerin gewandt hat, um »als Eigentümer von zwei unbebauten Grundstücken im Bereich des vorgesehenen Bebauungsplans« (vgl. Protokoll der 11. Sitzung des Gemeinderats der Antragsgegnerin vom 28.5.2020) seine Bedenken an der Planung vorzubringen. Vor diesem Hintergrund hätte ihm bewusst sein müssen, dass seine Flurstücke von dem nachfolgenden Bebauungsplan »Hammelsberg I« betroffen sind.

Darüber hinaus hat die Antragsgegnerin auch die abwägungsbeachtlichen Belange fehlerfrei ermittelt und bewertet (§ 2 Abs. 3 BauGB).

Seit dem Inkrafttreten des Europarechtsanpassungsgesetzes Bau18 – EAG Bau 2004 – sind Fehler einer planenden Gemeinde bei der Ermittlung und Bewertung des Abwägungsmaterials, die bis dahin dem materiellen Abwägungsgebot zugeordnet wurden, nach dieser Vorschrift wie Verfahrensfehler zu behandeln. Die Beachtlichkeit ist beschränkt auf Belange, die der planenden Gemeinde entweder bekannt waren oder hätten bekannt sein müssen, d. h. die sich nach Sachlage aufdrängten. Diese bis zur Gesetzesänderung als Aspekt unvollständiger Abwägung begriffenen Fehler unterliegen nach dem Gesetzeswortlaut seither einer gesonderten Beurteilung hinsichtlich ihrer Beachtlichkeit (§ 214 Abs. 1 Satz 1 Nr. 1 BauGB) und können insbesondere nicht mehr als Mängel der Abwägung im herkömmlichen Verständnis geltend gemacht werden (§ 214 Abs. 3 Satz 2 Halbsatz 1 BauGB 2004), (vgl. Urteil des Senats vom 27.1.2022 – 2 C 289/20 –, juris, Rdnr. 25). Vorliegend liegt kein solcher Fehler bei der Ermittlung und Bewertung des Abwägungsmaterials vor.

Soweit der Antragsteller einwendet, die Antragsgegnerin habe die im Plangebiet bestehenden Baurechte nicht hinreichend ermittelt, kann er hiermit nicht durchdringen. Ein solches Ermittlungsdefizit liegt nicht vor. …

Vorliegend hat sich die Antragsgegnerin ein ausreichend genaues Bild über die bislang in dem unbeplanten Gebiet gemäß § 34 BauGB vorhandenen Baurechte verschafft. So hat sie sich hinsichtlich Art und Maß der baulichen Nutzung, hinsichtlich der Bauweise sowie hinsichtlich der überbaubaren Grundstücksfläche an dem vorhandenen Bestand orientiert, was an mehreren Stellen der Bebauungsplanbegründung dokumentiert ist (so etwa auf S. 8 f. unter Nr. »3.2 Charakteristiken des Plangebiets«, auf S. 9 ff. unter Nr. »5 Ziele der Planung im Einzelnen«, auf S. 12 ff. unter Nr. »6 Begründung der Planinhalte« und auf S. 19 ff. unter Nr. »7.6 Städtebauliche Auswirkungen«). Festgestellt wurde u. a., dass das Plangebiet vorwiegend für Wohnzwecke genutzt wird; auch wurden die Maßfaktoren der zulässigen Grundfläche, der zulässigen Geschossfläche und der Höhe der baulichen Anlagen ermittelt und ausgewertet. Verdeutlicht wird dies auch im Zuge der dezidierten Überlegungen der Antragsgegnerin zu den sich aufgrund des vorhandenen Baubestands bietenden Steuerungsmöglichkeiten einer Nachverdichtung (hinsichtlich der Baufeldtiefe, der Gebäudehöhe bzw. der Zahl der Vollgeschosse, der Zahl der Wohnungen und einer möglichen Bebauung in zweiter Reihe). Dabei hat sie nicht – wie der Antragsteller meint – »lediglich den städtebaulich erwünschten Zustand heraus[destilliert], um allein diesen als Bezugsmaßstab verwenden zu können« oder sich lediglich »an irgendeinem beliebigen kleinen Gebäude im Plangebiet« orientiert. Vielmehr hat sie erkannt, dass sich der Baubestand innerhalb des Plangebiets unterschiedlich darstellt und entsprechend vier Teilbereiche definiert (A, B, C und D). Eine Verpflichtung, sich jeweils am

Höchstmaß der vorhandenen Bebauung zu orientieren, besteht insofern nicht. Es war vielmehr ausreichend, dass sich die Antragsgegnerin an dem vorhandenen Bestand orientiert hat, ohne ihn für jedes Haus exakt zu ermitteln, und dass sie aufgrund dessen das aus ihrer Sicht für die zukünftige Nutzung wünschenswerte Maß festgesetzt hat (vgl. OVG Rheinland-Pfalz, Urteil v. 24.6.2020 – 8 C 11632/19 –, juris, Rdnr. 53).

Dies gilt auch für die – vom Antragsteller vornehmlich bemängelte – Festsetzung zur höchstzulässigen Zahl der Wohnungen je Wohngebäude (§ 9 Abs. 1 Nr. 6 BauGB), (die Begrenzung der Wohneinheitenzahl nicht zu den Kriterien des Einfügens i. S. d. § 34 Abs. 1 BauGB gehört, vgl. hierzu Schrödter/Rieger, BauGB, 9. Aufl. 2019, § 34 Rdnr. 38 m. w. N., und BVerwG, Urteil v. 13.6.1980 – 4 C 98/77 –, juris, Rdnr. 18 ff.).

So begegnet es insbesondere keinen Bedenken, dass sich die Antragsgegnerin hinsichtlich der Festsetzungen im Teilbereich D, in dem sich die Grundstücke des Antragstellers befinden, ausweislich der Planbegründung nicht nur am (im Plangebiet liegenden) Eckgrundstück »Zum Hammelsberg 2« und an der (außerhalb des Plangebiets liegenden) Bebauung in der »Apacher Straße 27«/»Am Wanningers Garten 7« – die der Antragsteller nach Grundfläche, Höhe, Geschossigkeit und auch der Zahl der Wohneinheiten als Referenzobjekte heranziehen möchte –, sondern auch an der weiteren Bebauung entlang der (außerhalb des Plangebiets liegenden) »Apacher Straße« orientiert hat. Auch dieser Bereich wurde zutreffend bei der Ermittlung der vorhandenen Nutzungsmöglichkeiten und des bestehenden Baurechts nach § 34 Abs. 1 Satz 1 BauGB berücksichtigt. Nähere Umgebung i. S. dieser Vorschrift ist der Bereich, innerhalb dessen sich einerseits das Vorhaben auf die benachbarte Bebauung und andererseits diese Bebauung auf das Baugrundstück prägend auswirkt. Die Grenzen sind nicht schematisch, sondern nach der jeweiligen städtebaulichen Situation zu bestimmen. Dabei ist die nähere Umgebung für jedes der Merkmale des § 34 Abs. 1 Satz 1 BauGB gesondert zu ermitteln, weil die wechselseitige Prägung unterschiedlich weit reichen kann. Bei dem Nutzungsmaß und der überbaubaren Grundstücksfläche ist der maßgebliche Bereich in der Regel enger zu begrenzen als bei der Nutzungsart. Bei der für die Prüfung erforderlichen Bestandsaufnahme ist grundsätzlich alles tatsächlich Vorhandene in den Blick zu nehmen. Außer Betracht bleibt aber, was die vorhandene Bebauung nicht prägt oder in ihr gar als Fremdkörper erscheint (vgl. Bay. VGH, Urteil v. 27.10.2014 – 1 N 13.586, 1 N 13.604 –, juris, Rdnr. 33 m. w. N.). Angesichts der ganz überwiegenden 1- bis 2-geschossigen Ein- und Zweifamilienhausbebauung sowohl im Plangebiet als auch in der »Apacher Straße« sind die Anwesen »Zum Hammelsberg 2« (2 ½-geschossig mit 6 Wohneinheiten und einem Notariat), »Apacher Straße 27« (3-geschossig mit etwa 8 bis 10 Wohneinheiten) und »Am Wanningers Garten 7« (2 ½-geschossig mit 8 Wohneinheiten) – das Gebiet nicht prägende – Ausreißer anzusehen.

Soweit Bauherrn aufgrund gültiger Baugenehmigungen weitergehende Nutzungsmöglichkeiten zustanden, hat die Antragsgegnerin im Übrigen anerkannt, dass die hieraus erwachsenden Baurechte von der Bauleitplanung unberührt bleiben. So wird auf S. 19 der Planbegründung festgestellt, dass die getroffenen Regelungen nicht für bestehende bauliche und sonstige Anlagen im Plangebiet gelten: »Diese sind nach § 1 Abs. 10 BauNVO bis zum vollständigen Abgang zulässig und damit bestandsgeschützt. Nutzungsänderungen und Erneuerungen dieser Anlagen sind allgemein zulässig. Erst nach vollständigem Abgang der Gebäudeteile und baulichen Anlagen sowie bei einer Neubebauung sind die neu getroffenen Festsetzungen bindend.«30 Darüber hinaus gab die Beteiligung der Öffentlichkeit und der Träger öffentlicher Belange zusätzliche und hinreichende Gelegenheit, die beabsichtigten Festsetzungen zu Art und Maß der baulichen Nutzung und auch zur Wohnungszahl zu hinterfragen (vgl. OVG Rheinland-Pfalz, Urteil v. 24.6.2020 – 8 C 11632/19 –, juris, Rdnr. 53 f.) – auch wenn der Antragsteller selbst hiervon keinen Gebrauch gemacht hat. Insgesamt hat die Antragsgegnerin damit jedenfalls keine Baurechte mangels unzureichender Aufklärung verkannt.

Ein Ermittlungsdefizit ergibt sich auch nicht daraus, dass die Antragsgegnerin eine Planungsalternative rechtswidrigerweise unberücksichtigt gelassen hätte.

Die Verpflichtung einer Gemeinde, die von ihrer Planung berührten öffentlichen und privaten Belange in einer Weise zum Ausgleich zu bringen, die zu ihrer objektiven Gewichtigkeit in einem angemessenen Verhältnis steht, kann auch die Prüfung ernsthaft in Betracht kommender Standort- und Ausführungsalternativen erforderlich machen. Der Verzicht auf eine (eingehendere) Ermittlung von Alternativen ist aber nur dann fehlerhaft, wenn die Gemeinde Alternativen außer Betracht lässt, die sich nach Lage der konkreten Verhältnisse aufdrängen oder nahe liegen (vgl. BVerwG, Beschluss v. 20.12.1988 – 4 B 211/88 –, juris, Rdnr. 8, VGH Baden-Württemberg, Urteil v. 9.12.2014 – 3 S 1227/12 –, juris, Rdnr. 82 m. w. N., und auch Gierke/Schmidt-Eichstaedt, Die Abwägung in der Bauleitplanung, 1. Aufl. 2019, Rdnr. 2454 ff.). Unabhängig davon, dass der Antragsteller die von ihm favorisierte Alternative einer Einbeziehung seiner Flurstücke in den Bebauungsplan »Entlang der Apacher Straße« nicht bereits im Rahmen des Planaufstellungsverfahrens vorgebracht hat, ist vorliegend gerade nicht ersichtlich, warum sich dies für die Antragsgegnerin hätte aufdrängen sollen oder nahe gelegen hätte. Im Gegenteil: Nach den tatsächlichen Feststellungen des Senats im Rahmen der Ortsbesichtigung schließen die sowohl in nördlicher Richtung zur »Z-Straße« als auch in westlicher Richtung zum Anwesen »Z-Straße …« hin von einer Hecke begrenzten und mit Wiese bewachsenen Grundstücke des Antragstellers nahtlos an den hinteren Gartenbereich des (im Plangebiet gelegenen) Anwesens »H.« an und vermitteln so den Eindruck einer tatsächlichen Einheit. Im Übrigen hat die Antragsgegnerin zutreffend darauf hingewiesen, dass auch eine Einbeziehung der Flurstücke des Antragstellers in das Plangebiet des Bebauungsplans »Entlang der Apacher Straße« nicht zwingend zu einer anderen Bebaubarkeit bzw.

höheren baulichen Ausnutzbarkeit seiner Grundstücke und zu diesbezüglich anderen städtebaulichen Erwägungen geführt hätte. In der Planbegründung ist hierzu ausgeführt: »Eine Besonderheit stellt der vorgenannte Grundstücksbereich an der Apacher Straße unterhalb (westlich) des Eckgrundstücks Zum Hammelsberg Haus Nr. 2 dar. Dieser Bereich liegt nicht an der Straße Zum Hammelsberg, wurde aber dennoch in das Plangebiet mit einbezogen, weil ansonsten ein kleines unbeplantes Gebiet zwischen diesem Bebauungsplan und dem zur Aufstellung vorgesehenen Bebauungsplan ›Apacher Straße‹ verbliebe. Das Grundstück ist noch unbebaut. Eine Bebauung soll in Anlehnung an die unterschiedlichen Bautypen aus Ein- bis Zweifamiliengebäuden entlang des weiteren südwestlichen Verlaufes der Apacher Straße zwar als Mehrfamilienhaus ermöglicht werden, jedoch soll die Zahl der Wohnungen auf maximal 4 begrenzt werden, um vom Eckgrundstück Zum Hammelsberg Haus Nr. 2 mit 6 Wohnungen auf die vorstehend beschriebene Mischstruktur der weiteren Apacher Straße überzuleiten.« Aufgrund der gleichbleibenden tatsächlichen Standortfaktoren wären diese Überlegungen auch dann gerechtfertigt, hätte die Antragsgegnerin den benannten, die Flurstücke des Antragstellers umfassenden Bereich in den Geltungsbereich eines anderen Bebauungsplans mit einbezogen.

In materieller Hinsicht ist der Bebauungsplan ebenfalls nicht zu beanstanden.

Er erfüllt die Anforderungen an die städtebauliche Erforderlichkeit.

Nach § 1 Abs. 3 BauGB dürfen Bebauungspläne nur aufgestellt werden, soweit dies für die städtebauliche Entwicklung und Ordnung erforderlich ist. Das ist dann der Fall, wenn die Pläne nach der planerischen Konzeption der Gemeinde als erforderlich angesehen werden können, weil sie »objektiv vernünftigerweise geboten sind«. Ein Bebauungsplan bedarf somit einer Rechtfertigung durch städtebauliche Gründe. Welche städtebaulichen Ziele die Gemeinde sich setzt, liegt in ihrem planerischen Ermessen (vgl. BVerwG, Beschlüsse v. 25.2.2015 – 4 VR 5/14 –, BauR 2015, 268, und vom 11.5.1999 – 4 BN 15/99 –, NVwZ 1999, 1338). § 1 Abs. 3 Satz 1 BauGB setzt der Bauleitplanung lediglich eine erste, wenn auch strikt bindende Schranke, die nur grobe und einigermaßen offensichtliche Missgriffe ausschließt. Sie betrifft die generelle Erforderlichkeit der Planung, nicht hingegen die Einzelheiten einer konkreten planerischen Lösung. Dafür ist das Abwägungsgebot maßgeblich, das im Hinblick auf gerichtliche Kontrolldichte, Fehlerunbeachtlichkeit und heranzuziehende Erkenntnisquellen abweichenden Maßstäben unterliegt. Deswegen kann die Abgewogenheit einer Bauleitplanung und ihrer Festsetzungen nicht bereits zum Maßstab für deren städtebauliche Erforderlichkeit gemacht werden (vgl. OVG Münster, Urteil v. 29.1.2020 – 7 D 4/17.NE –, juris [unter Hinweis auf BVerwG, Urteil v. 27.3.2013 – 4 C 13.11 –, BauR 2013, 1399]). Bauleitpläne sind (nur) dann nicht erforderlich i. S. d. § 1 Abs. 3 Satz 1 BauGB, wenn ihnen keine positive Planungskonzeption deswegen zugrunde liegt, weil sie ersichtlich der Förderung von Zielen dienen, für deren Verwirklichung die Planungsinstrumente des Baugesetzbuchs nicht bestimmt sind (vgl. hierzu etwa BVerwG, Beschluss v. 30.12.2009 – 4 BN 13/09 –, juris).

Hiervon ausgehend ist dem Bebauungsplan »Hammelsberg I« die städtebauliche Erforderlichkeit i. S. d. § 1 Abs. 3 BauGB nicht abzusprechen. Ausweislich der Planbegründung liegt ihm eine von städtebaulich legitimen Zielen getragene positive Planungskonzeption zugrunde: Die Festsetzung eines »allgemeinen Wohngebiets« entspricht dem bisherigen Gebietscharakter und ist erfolgt, um die planungsrechtliche Grundlage für eine geordnete städtebauliche Entwicklung des weitgehend bereits bebauten Gebiets zu schaffen.

Dass die diesbezügliche Begründung nur vorgeschoben ist, ist nicht ersichtlich. Insbesondere ist darin entgegen der Annahme des Antragstellers kein sog. »Etikettenschwindel« zu sehen. Seiner Ansicht, tatsächlich habe die Antragsgegnerin kein allgemeines Wohngebiet, sondern ein »eingeschränktes Mischgebiet« festgesetzt, und insofern rechtsfehlerhaft von § 1 Abs. 6 Nr. 2 BauNVO Gebrauch gemacht, kann nicht gefolgt werden.

Unter einem »Etikettenschwindel« versteht man einen Sonderfall der mangelnden Planungserforderlichkeit wegen nicht ernsthaft verfolgter Planungsziele, wenn ein Bebauungsplan Festsetzungen enthält, die nicht dem entsprechen, was von der Gemeinde tatsächlich gewollt ist, sondern die von ihr nur vorgeschoben werden, um das eigentliche (im Regelfall unzulässige) Planungsziel zu verdecken. Das mit einem erlassenen Bebauungsplan Festgesetzte wird in diesem Fall von der planenden Gemeinde also inhaltlich gar nicht angestrebt und/oder es ist – etwa aufgrund sonstiger Festsetzungen im Bebauungsplan – von vornherein faktisch gar nicht zu erreichen (vgl. Bay. VGH, Urteil v. 9.6.2021 – 15 N 20.1412 –, juris, Rdnr. 61 m. w. N.) Davon kann vorliegend nicht ausgegangen werden.

Vielmehr entspricht die Ausweisung eines allgemeinen Wohngebiets dem tatsächlichen Planungswillen der Antragsgegnerin. Ein solches dient nach § 4 Abs. 1 BauNVO vorwiegend dem Wohnen; Mischgebiete hingegen dienen gemäß § 6 Abs. 1 BauNVO dem Wohnen und der Unterbringung von Gewerbebetrieben, die das Wohnen nicht wesentlich stören. In einem Mischgebiet soll den Belangen der gewerblichen Wirtschaft in gleicher Weise Rechnung getragen werden wie den Wohnbedürfnissen der Bevölkerung. Wohnen und gewerbliche Nutzung stehen gleichrangig und gleichwertig nebeneinander. Keine der Nutzungsarten soll ein deutliches Übergewicht über die andere gewinnen (vgl. BVerwG, Beschluss v. 11.4.1996 – 4 B 51/96 –, juris, Rdnr. 5 f., und Urteil v. 4.5.1988 – 4 C 34/86 –, juris, Rdnr. 18 ff.; Bay. VGH, Urteil v. 28.7.2022 – 1 N 19.801 –, juris, Rdnr. 23).

Vorliegend ist zunächst zu beachten, dass das Plangebiet überwiegend bereits bebaut ist. Ausweislich der Planbegründung und durch die tatsächlichen Feststellungen im Rahmen der Ortsbesichtigung vom 22.1.2024 bestätigt befindet sich dort vorwiegend Wohnbebauung – außer dem Grundstück »Zum

Hammelsberg 2«, das ein Notariat beherbergt –; es sind nur wenige Baulücken vorhanden. Die bauliche Entwicklung hat damit faktisch bereits einen Zustand erreicht, der die Verwirklichung eines Mischgebiets auf unabsehbare Zeit ausschließt.

Darüber hinaus bestehen auch keine Zweifel daran, dass die Beibehaltung eines allgemeinen Wohngebiets dem wahren – aus dem Planungsvorgang und dem Planungsergebnis zu ermittelnden (vgl. OVG Rheinland-Pfalz, Urteil v. 21.10.2009 – 1 C 10150/09 –, juris, Rdnr. 25 m. w. N.) – Planungswillen und dem tatsächlich verfolgten Ziel der Antragsgegnerin entspricht.

So wurde bereits im Rahmen der Bekanntmachung des Aufstellungsbeschlusses des ursprünglich vorgesehenen Bebauungsplans »Zum Hammelsberg« in der »Mosella« vom 13.2.2020 darauf hingewiesen, dass das Plangebiet ein Wohngebiet sei und es auch künftig bleiben solle. In der vorliegenden Planbegründung heißt es hierzu etwa: »Die Festsetzungen entsprechen denen eines typischen Wohngebiets, in dem das Wohnen vorherrscht, aber auch andere verträgliche und ergänzende Nutzungen möglich sind. Dies soll auch in Zukunft so weitergeführt werden.« Um der Gefahr des planlosen Wandels und des Verlusts der bisherigen städtebaulichen Prägung und Identität eines über Jahrzehnte gewachsenen Quartiers zu begegnen, seien – im Rahmen der weiteren Wohnbauentwicklung – (allein) städtebaulich verträgliche Nachverdichtungspotentiale zu ermöglichen. So dominiere in der Planung der Charakter eines Einfamilienhausgebiets. Daraus ergibt sich bereits, dass die Antragsgegnerin das für ein Mischgebiet vorausgesetzte gleichberechtigte Miteinander von Wohnen und Gewerbe von vorne herein gerade nicht angestrebt hat. Dem entsprechen die tatsächlichen Festsetzungen des streitbefangenen Bebauungsplans zur Art der baulichen Nutzung. Zwar werden – neben den in einem allgemeinen Wohngebiet gemäß § 4 Abs. 2 BauNVO bereits allgemein zulässigen Wohngebäuden (Nr. 1), neben den der Versorgung des Gebiets dienenden Läden, Schank- und Speisewirtschaften sowie nicht störenden Handwerksbetrieben (Nr. 2) und neben Anlagen für kirchliche, kulturelle, soziale, gesundheitliche und sportliche Zwecke (Nr. 3) – auch (gemäß § 4 Abs. 3 Nr. 2 BauNVO nur ausnahmsweise zulässige) sonstige nicht störende Gewerbebetriebe für allgemein zulässig erklärt. Dies führt jedoch – abgesehen von der aufgrund der bereits vorhandenen Bebauung eingeschränkten Realisierbarkeit – zu keiner Änderung des Gebietscharakters; vielmehr wird die allgemeine Zweckbestimmung eines allgemeinen Wohngebiets i. S. d. § 1 Abs. 6 Nr. 2 BauNVO gewahrt.

Die Frage, wann die allgemeine Zweckbestimmung eines Baugebiets in diesem Sinne nicht mehr gewahrt ist, kann grundsätzlich nicht einheitlich, sondern nur einzelfallbezogen beantwortet werden. Nicht möglich ist dies jedenfalls, wenn durch die Umwandlung praktisch ein neues Baugebiet entsteht; so ist etwa denkbar, dass ein allgemeines Wohngebiet durch die Umwandlung aller Ausnahmen des § 4 Abs. 3 BauNVO praktisch zu einem Mischgebiet wird (vgl. Ernst/Zinkahn/Bielenberg/Krautzberger/Söfker,

BauGB [151. EL August 2023], § 1 BauNVO Rdnr. 82). Vorliegend werden lediglich die in einem allgemeinen Wohngebiet grundsätzlich nur ausnahmsweise zulässigen sonstigen, nicht störenden Gewerbegebiete für allgemein zulässig erklärt. Auch im Übrigen bestehen erhebliche Unterschiede zwischen einem Mischgebiet und den Festsetzungen im Plangebiet. Die in einem Mischgebiet allgemein zulässigen Betriebe des Beherbergungsgewerbes (§ 6 Abs. 2 Nr. 3 BauNVO) und Anlagen für Verwaltungen (§ 6 Abs. 2 Nr. 5 BauNVO) sind im Plangebiet weiterhin nur ausnahmsweise zulässig (vgl. § 4 Abs. 3 Nr. 1 und Nr. 3 BauNVO). Darüber hinaus werden Nutzungen, die in einem allgemeinen Wohngebiet nur ausnahmsweise, in einem Mischgebiet jedoch allgemein zulässig sind – so Gartenbaubetriebe (vgl. § 4 Abs. 3 Nr. 4 und § 6 Abs. 2 Nr. 6 BauNVO) und Tankstellen (vgl. § 4 Abs. 3 Nr. 5 und § 6 Abs. 2 Nr. 7 BauNVO) wegen »ihres Flächenbedarfs und der von ihnen ausgehenden Unruhe auf Grund der Kunden- und Verkehrsfrequenz« – generell für unzulässig erklärt. Zudem sind Schank- und Speisewirtschaften sowie Läden vorliegend – wie in einem allgemeinen Wohngebiet üblich (vgl. § 4 Abs. 2 Nr. 2 BauNVO) – nur (allgemein) zulässig, wenn sie der Versorgung des Gebiets dienen, wohingegen diese in einem Mischgebiet bereits dann allgemein zulässig sind, wenn sie dieses Erfordernis nicht erfüllen (vgl. § 6 Abs. 2 Nr. 3 BauNVO für Schank- und Speisewirtschaften sowie Einzelhandelsbetriebe) – wobei die in einem Mischgebiet zulässigen Einzelhandelsbetriebe im Plangebiet ohnehin nur in Ladenform zulässig sind. Schließlich sind nach dem Bebauungsplan sonstige Gewerbebetriebe nur dann allgemein zulässig, wenn sie »nicht störend[...]« sind, wohingegen in einem Mischgebiet gemäß § 6 Abs. 1 BauNVO Gewerbebetriebe schon dann zulässig sind, wenn sie das Wohnen »nicht wesentlich stören«. Aus einer Gesamtschau ergibt sich folglich, dass Planungswille und Inhalt der Festsetzung (»allgemeines Wohngebiet«) übereinstimmen, so dass ein Etikettenschwindel ausscheidet.

Aufgrund dieser Übereinstimmung ist – entgegen der Ansicht des Antragstellers – zudem von vorne herein kein Raum für ein unbewusstes Auseinanderfallen von Planungsabsicht und Planungsergebnis, etwa infolge eines Irrtums über den Inhalt der Festsetzungen (vgl. hierzu Bay. VGH, Urteil v. 27.4.2010 – 1 N 08.2703 –, juris, Rdnr. 30 m. w. N.). ...

Der Bebauungsplan lässt auch keine Abwägungsfehler erkennen (§ 1 Abs. 7 BauGB).

Die mit dem Satzungsbeschluss des Gemeinderats der Antragsgegnerin am 25.10.2021 für diesen getroffene Abwägungsentscheidung entspricht den von der Rechtsprechung (vgl. BVerwG, Beschlüsse v. 22.4.2021 – 4 BN 59/20 –, vom 30.6.2014 – 4 BN 38/13 –, und vom 20.6.2018 – 4 BN 71/17 –; Urteile des Senats vom 6.9.2018 – 2 C 623/16 –, vom 17.12.2020 – 2 C 309/19 –, und vom 24.6.2021 – 2 C 215/19 –, zitiert nach juris) unter rechtsstaatlichen Gesichtspunkten (Art. 20 Abs. 3 GG) entwickelten Anforderungen an eine »gerechte Abwägung« (§ 1 Abs. 7 BauGB).

§ 2 Abs. 3 BauGB und § 1 Abs. 7 BauGB verpflichten die Gemeinden, die von ihrer Planung berührten öffentlichen und privaten Belange vollständig zu ermitteln und sie gerecht gegeneinander und untereinander abzuwägen. Das Abwägungsgebot ist verletzt, wenn in die Abwägung nicht die Belange eingestellt worden sind, die nach Lage der Dinge berücksichtigt werden mussten, wenn die Bedeutung der betroffenen Belange verkannt worden ist oder wenn der Ausgleich zwischen diesen Belangen in einer Weise vorgenommen worden ist, die nicht in einem angemessenen Verhältnis zu deren objektivem Gewicht steht. Innerhalb des vorstehend beschriebenen Rahmens wird das Abwägungsgebot jedoch nicht verletzt, wenn sich die zur Planung berufene Gemeinde bei einer Kollision zwischen verschiedenen Belangen für die Bevorzugung des einen und damit notwendigerweise für die Zurückstellung eines anderen entscheidet (vgl. BVerwG, Urteil v. 12.12.1969 – BVerwG IV C 105.66 –, BVerwGE 34, 301, sowie VGH Hessen, Urteil v. 8.12.2011 – 4 C 2108/10.N –, juris, Rdnr. 38).

Die von der Planungsentscheidung betroffenen öffentlichen und privaten Belange wurden vom Gemeinderat der Antragsgegnerin ihrer Bedeutung nach angemessen berücksichtigt. Bei der gerichtlichen Überprüfung der Einhaltung der Anforderungen des Abwägungsgebots ist grundsätzlich der den Gemeinden zustehende planerische Gestaltungsspielraum (§ 2 Abs. 1 Satz 1 BauGB) zu respektieren. Die Gerichte sind nicht befugt, eigene städtebauliche Vorstellungen hinsichtlich der Festsetzungen in einem Bebauungsplan an die Stelle der von der Gemeinde getroffenen Entscheidungen zu setzen oder deren Abwägung nur deshalb zu beanstanden, weil sie andere Lösungen für besser oder sachdienlicher halten. Die gerichtliche Kontrolle muss sich vielmehr auf die Frage beschränken, ob bei der Abwägung selbst und bei dem auf ihr basierenden Ergebnis vom kommunalen Entscheidungsträger, hier dem Gemeinderat der Antragsgegnerin, die Grenzen planerischer Gestaltungsfreiheit beachtet wurden (vgl. zuletzt Urteile des Senates vom 10.10.2023 – 2 C 145/22 –, und vom 1.6.2023 – 2 C 121/22 –, juris, Rdnr. 39). Das ist hier der Fall.

Soweit der Antragsteller rügt, die Antragsgegnerin habe sich von vorne herein (lediglich) am gerichtlichen Kontrollmaßstab orientiert anstatt selbst eine fehlerfreie Abwägung durchzuführen, kann dieser Einwand nicht überzeugen. Vielmehr ist an mehreren Stellen der Planbegründung dokumentiert, dass sie sich mit den abwägungsbeachtlichen Belangen hinreichend auseinandergesetzt hat. Dies ergibt sich im Übrigen aus der ausführlichen Abwägungstabelle, die dem Gemeinderat bei seinem Beschluss vorlag.

Auch die Situation des Antragstellers wurde im Rahmen der Abwägung ausdrücklich und in ausreichendem Maße berücksichtigt. Insofern kann – entgegen der Ansicht des Antragstellers – insbesondere nicht davon ausgegangen werden, seine Flurstücke seien willkürlich in den Geltungsbereich des streitbefangenen Bebauungsplans einbezogen worden. Dass der Antragsgegnerin im Hinblick auf die vom Antragsteller favorisierte (alternative) Einbeziehung seiner Flurstücke in den Geltungsbereich des Bebauungsplans »Entlang der Apacher Straße« kein Ermittlungsdefizit vorzuwerfen ist, wurde bereits dargestellt. Mangels ernsthaft in Betracht kommender Planungsalternative ist insofern von vorne herein auch kein materieller Abwägungsfehler denkbar. Dass die Antragsgegnerin im Übrigen davon abgesehen hat, diesen Bereich unbeplant zu belassen, ist angesichts ihrer planerischen Zielsetzung einer geordneten städtebaulichen Nachverdichtung ebenso wenig zu beanstanden. So weist die Planbegründung – wie ausgeführt – an mehreren Stellen auf Folgendes hin: »Eine Besonderheit stellt der vorgenannte Grundstücksbereich an der Apacher Straße unterhalb (westlich) des Eckgrundstücks Zum Hammelsberg Haus Nr. 2 dar. Dieser Bereich liegt nicht an der Straße Zum Hammelsberg, wurde aber dennoch in das Plangebiet mit einbezogen, weil ansonsten ein kleines unbeplantes Gebiet zwischen diesem Bebauungsplan und dem zur Aufstellung vorgesehenen Bebauungsplan ›Apacher Straße‹ verbliebe.« Dass die Antragsgegnerin auch insofern eine (schnelle) Überplanung angestrebt hat, stellt ein legitimes städtebauliches Ziel dar.

Auch der Umstand, dass für denjenigen Bereich, in dem sich die Grundstücke des Antragstellers befinden, die höchstzulässige Zahl der Wohnungen in Wohngebäuden gemäß I. lit. D) Nr. 3 der textlichen Festsetzungen des Bebauungsplans auf max. 4 festgesetzt wurde (= Teilbereich D), begegnet vor dem Hintergrund der dargestellten differenzierten städtebaulichen Erwägungen der Antragsgegnerin keinen Bedenken: »Das Grundstück ist noch unbebaut. Eine Bebauung soll in Anlehnung an die unterschiedlichen Bautypen aus Ein- bis Zweifamiliengebäuden entlang des weiteren südwestlichen Verlaufes der Apacher Straße zwar als Mehrfamilienhaus ermöglicht werden, jedoch soll die Zahl der Wohnungen auf maximal 4 begrenzt werden, um vom Eckgrundstück Zum Hammelsberg Haus Nr. 2 mit 6 Wohnungen auf die vorstehend beschriebene Mischstruktur der weiteren Apacher Straße überzuleiten.« Angesichts dieser nachvollziehbaren städtebaulichen Begründung, eine Überleitung zu der weiteren (max. 1 bis 2 Wohneinheiten umfassenden) Bebauung entlang der »Apacher Straße« schaffen zu wollen, ist es nicht zu beanstanden, dass die Antragsgegnerin (mit max. 4 Wohnungen) auf den Flurstücken des Antragstellers weniger Wohnungen als auf den benannten – insofern (wie dargestellt) als Ausreißer anzusehenden – Grundstücken »Zum Hammelsberg 2«, »Apacher Straße 27« und »Am Wanningers Garten 7« zugelassen hat. Diese Entscheidung unterfällt ihrer planerischen Gestaltungsfreiheit.

Entgegen dem Vorbringen des Antragstellers war sich die Antragsgegnerin im Rahmen der Abwägung auch sehr wohl darüber bewusst, dass der Bebauungsplan seine baulichen Nutzungsmöglichkeiten einschränkt. So hat sie die (von ihr hinreichend erfasste) bauliche Situation des Antragstellers zweifellos in die Abwägungsentscheidung miteinbezogen und angemessen gewürdigt: Hätte sie nicht erkannt, dass seine privaten Interessen durch die Festsetzungen des Bebauungsplans – etwa hinsichtlich der Zahl der Vollgeschosse oder der Zahl der Wohneinheiten – beeinträchtigt werden, hätte überhaupt keine Veranlassung für die benannten differenzierten Überlegungen (zu einer städtebaulich harmonischen Überleitung) bestanden, worauf die Antragsgegnerin in der mündlichen Verhandlung zu Recht hingewiesen hat. Ihrem Anliegen, einen insofern angemessenen Ausgleich zu schaffen, ist vielmehr immanent, dass sie sich der Auswirkungen auf die Nutzungsmöglichkeiten des Antragstellers bewusst war. Für noch tiefergehende Erwägungen ihrerseits bestand im Übrigen kein Anlass, da er seine Belange nicht bereits im Zuge des konkreten Planaufstellungsverfahrens eigenständig vorgetragen hat.

Entgegen seiner im Rahmen der mündlichen Verhandlung geäußerten Ansicht erweist sich der Bebauungsplan auch nicht deshalb als abwägungsfehlerhaft, weil die Antragsgegnerin eventuell bestehende Planentschädigungsansprüche verkannt hätte. Denn nach § 42 Abs. 2 BauGB kommt eine Verpflichtung zur Entschädigung bei Änderung oder Aufhebung einer zulässigen Nutzung nur dann in Betracht, wenn die zulässige Nutzung eines Grundstücks innerhalb einer Frist von »sieben Jahren ab Zulässigkeit« aufgehoben oder geändert wird. Das Vorliegen dieser Voraussetzungen ist aber weder dargetan noch sonst ersichtlich (vgl. OVG Rheinland-Pfalz, Urteil v. 24.6.2020 – 8 C 11632/19 –, juris, Rdnr. 62).

Auch die Begrenzung der Wohnungszahl im Übrigen lässt keine Abwägungsfehler erkennen. Der Gemeinderat der Antragsgegnerin hat sich bei seiner Entscheidung vielmehr hinreichend mit den damit zusammenhängenden Auswirkungen auf die vorhandene und künftige Wohnbebauung auseinandergesetzt. Die an der in den verschiedenen Teilbereichen A, B, C und D bereits vorhandenen Bebauung ausgerichtete und differenzierte Festsetzung der höchstzulässigen Zahl der Wohnungen (auf 2, 4 und 6) entspricht dabei abermals dem planerischen Ziel der Antragsgegnerin, unter Berücksichtigung der bisherigen städtebaulichen Prägung eine geordnete Nachverdichtung zu ermöglichen. Dasselbe gilt hinsichtlich der weiteren planerischen Festsetzungen. Entgegen der Ansicht des Antragstellers kann der Antragsgegnerin auch insofern nicht vorgeworfen werden, sie habe unberücksichtigt gelassen, dass sie im überplanten (westlichen) Bestandsgebiet die Bebaubarkeit erheblich einschränke. Dass sie sich diesbezüglich ein hinreichendes Bild verschafft hat, wurde bereits dargelegt. Im Übrigen hat sie die zu erwartenden Auswirkungen ihrer Bauleitplanung (auch materiell-rechtlich) ausführlich überdacht und einen angemessenen Ausgleich gefunden, was wiederum an mehreren Stellen der Bebauungsplanbegründung dokumentiert ist (etwa auf S. 8 f. unter Nr. »3.2 Charakteristiken des Plangebiets«, auf S. 9 ff. unter Nr. »5 Ziele der Planung im Einzelnen«, auf S. 12 ff. unter Nr. »6 Begründung der Planinhalte« und auf S. 19 ff. unter Nr. »7.6 Städtebauliche Auswirkungen«). So war es gerade Sinn und Zweck der Aufstellung des streitbefangenen Bebauungsplans, städtebaulich verträgliche Nachverdichtungspotentiale zu finden, d. h.

solche, die – unter Berücksichtigung des vorhandenen Bestands – »die städtebauliche Harmonie nicht beeinträchtigen«.

Der Antragsteller kann sich auch nicht mit Erfolg darauf berufen, die Abwägung sei durch sachwidrige Erwägungen geprägt worden.

Hinsichtlich des im Zuge der Überlegungen zur Begrenzung der Wohnungszahl von der Antragsgegnerin angeführten Stellplatzbedarfs gemäß § 47 LBO heißt es in der Planbegründung wörtlich: »Weitere Beweggründe für die planerische Entscheidung der Gemeinde beziehen sich auf den durch Wohnungen ausgelösten Stellplatzbedarf: Öffentliche Parkplätze bestehen im gesamten Planbereich nicht. Eine Vielzahl parkender Fahrzeuge am Straßenrand beeinträchtigt maßgeblich den fließenden Verkehr, stellt aber auch eine Gefahr für Fußgänger bei Straßenüberquerungen insbesondere im Anschluss an Einmündungen und Kurven etc. dar. Öffentlicher Parkraum kann durch die Gemeinde im Planungsbereich nicht geschaffen werden, da sie hierfür über keine Flächen in ihrem Eigentum verfügt und auch nicht ersichtlich ist, wie solche Flächen in absehbarer Zeit in ihr Eigentum gelangen können. In der Folge müssen die erforderlichen Stellplätze und Garagen auf den privaten Grundstücksflächen untergebracht werden, wodurch sich das reale Maß der baulichen Nutzung und die Überbauung der Grundstücksflächen erheblich erhöhen würde. Das Ziel einer Harmonisierung zwischen baulicher Nutzbarkeit der Grundstücke einerseits sowie festgesetztem Erschließungssystem und verfügbaren Freiflächen andererseits, dient einer sinnvollen Ordnung der städtebaulichen Entwicklung.« Inwiefern diese differenzierten Erwägungen illegitim oder widersprüchlich sein sollen, ist vom Antragsteller weder substantiiert vorgetragen worden noch sonst ersichtlich.

Auch mit dem Einwand, ein Abwägungsfehler ergebe sich daraus, dass die Antragsgegnerin im Rahmen der Festsetzungen zur Art der baulichen Nutzung keine bewusste Planentscheidung getroffen habe, vom Regelfall des § 4 BauNVO abzuweichen, kann der Antragsteller nicht durchdringen. Er ist der Ansicht, ihr sei nicht bewusst gewesen, eine in einem allgemeinen Wohngebiet nur ausnahmsweise zulässige Nutzung – namentlich Gewerbebetriebe und Handwerksbetriebe – als allgemein zulässig hochgestuft zu haben. So habe sie in diesem Zusammenhang auf die Nennung des § 1 Abs. 6 BauNVO verzichtet und stattdessen angegeben, die Festsetzungen entsprächen denjenigen eines »typischen allgemeinen Wohngebiets«.

Von einem solch fehlenden Planungsbewusstsein kann vorliegend jedoch nicht ausgegangen werden. So ergibt sich bereits – wie dargelegt – aus § 4 Abs. 2 Nr. 2 BauNVO, dass die von der Antragsgegnerin gemäß I. lit. A) der textlichen Festsetzungen im Plangebiet allgemein zugelassenen nicht störenden Handwerksbetriebe auch grundsätzlich in einem allgemeinen Wohngebiet allgemein zulässig sind. Auch in der allgemeinen Zulassung sonstiger nicht störender Gewerbebetriebe (vgl. wiederum I. lit. A) der textlichen Festsetzungen) liegt kein Abwägungsfehler. Da die Festsetzungen der Antragsgegnerin

– wie unter II. 2. a) ausgeführt – die allgemeine Zweckbestimmung eines (von ihr tatsächlich beabsichtigten) allgemeinen Wohngebiets nicht in Frage stellen, ist auch insofern nicht anzunehmen, sie sei sich der Tragweite dessen nicht bewusst gewesen.

Entgegen der Ansicht des Antragstellers ist die allgemeine Zulassung sonstiger nicht störender Gewerbebetriebe – im Hinblick auf die Erwägungen der Antragsgegnerin zum im Plangebiet bestehenden Stellplatzbedarf gemäß § 47 LBO – auch nicht (derart) widersprüchlich, dass sie zur Unwirksamkeit des streitbefangenen Bebauungsplans führen könnte (vgl. zu dieser Überlegung Hess. VGH, Urteil v. 24.11.2020 – 3 C 2071/18.N –, juris, Rdnr. 24). Zwar meint der Antragsteller, es sei in höchstem Maße widersprüchlich, die zulässigen Wohneinheiten in weiten Teilen des Plangebiets wegen des benannten Stellplatzbedarfs auf zwei zu beschränken, zugleich aber Gewerbebetriebe, die einen ungleich höheren, nicht gleichermaßen berechenbaren Publikumsverkehr auslösten und öffentlichen Parkraum in Anspruch nähmen, allgemein zuzulassen. Dabei ist jedoch zu berücksichtigen, dass nach den textlichen Festsetzungen des Bebauungsplans (sonstige) Gewerbebetriebe nicht einschränkungslos zugelassen werden, sondern nur solche, die »nicht stören[…]«. Diese Voraussetzung ist nur dann erfüllt, wenn der sonstige Gewerbebetrieb die Hauptnutzungsart Wohnen nicht stört, d. h. wenn er nach seiner typischen Nutzungsweise gebietsverträglich ist, wobei insbesondere der damit verbundene An- und Abfahrtsverkehr zu berücksichtigen ist (vgl. BeckOK BauNVO/Hornmann, 35. Ed. [Stand: 15.10.2023], § 4 Rdnr. 121 m. w. N.). Diese Einschränkung kann – im Bedarfsfall – ohne weiteres mit dem Ziel einer geordneten städtebaulichen Nachverdichtung und der damit zusammenhängenden Überlegung der Antragsgegnerin, ein »Überhandnehmen von Wohnungen« (auf einem Grundstück) im Hinblick auf den dadurch ausgelösten, durch (im Plangebiet nicht vorhandene) öffentliche Parkplätze nicht zu kompensierenden Stellplatzbedarf zu vermeiden, in Einklang gebracht werden. Dies gilt wiederum umso mehr, als dass die vorliegend faktisch vorherrschende Wohnbebauung und die wenigen Baulücken auf unabsehbare Zeit ohnehin keine weitreichende Ansiedelung solcher Gewerbebetriebe erwarten lassen.

Auch das Vorbringen des Antragstellers, die Antragsgegnerin habe nicht (hinreichend) berücksichtigt, dass durch die Festsetzung einer GRZ von 0,4 die zulässige Bebauung um nahezu die Hälfte beschnitten worden sei, kann nicht überzeugen. Unabhängig davon, dass eine GRZ von 0,4 dem in § 17 Satz 1 BauNVO bestimmten Orientierungswert für allgemeine Wohngebiete entspricht, hat die Antragsgegnerin die damit verbundenen Auswirkungen sehr wohl erkannt, sich damit auseinandergesetzt und ordnungsgemäß abgewogen. So wird in der Planbegründung ausdrücklich darauf hingewiesen, dass die GRZ auf der einen Seite den Regelanforderungen des BauGB entspreche, mit Grund und Boden sparsam umzugehen, auf der anderen Seite sei die

Festsetzung aber auch sozialgerecht, da auf größeren Grundstücken folgerichtig ein Mehr an Bebauung möglich sei. Die Ausgewogenheit der Regelung wird durch die zusätzlich benannte Möglichkeit, die grundsätzlich festgesetzte GRZ durch Flächen von Garagen und Stellplätzen samt Zufahrten sowie untergeordneter Nebenanlagen bis zu einer GRZ von 0,6 zu überschreiten, unterstrichen. Nachvollziehbar ist auch die Annahme der Antragsgegnerin, die benannte Festsetzung der überbaubaren Grundstücksflächen sorge »für die gebotene städtebauliche Ordnung und Verteilung der Bebauung auf die hierfür geeigneten Grundstücksteile.«

Der Antragsteller kann sich auch nicht mit Erfolg darauf berufen, der Bebauungsplan sei unwirksam, weil die in ihm getroffene textliche Festsetzung zur Höhe baulicher Anlagen unter I. lit. B) Nr. 3.3 nicht hinreichend bestimmt sei. Vielmehr genügt diese dem sich aus § 18 Abs. 1 BauNVO ergebenden Erfordernis, bei der Festsetzung der Höhe baulicher Anlagen die erforderlichen Bezugspunkte zu bestimmen. Das Gebot hinreichender Bestimmtheit von Rechtsnormen, das auch für die zeichnerischen und textlichen Festsetzungen in Bebauungsplänen gilt, ergibt sich aus dem Rechtsstaatsprinzip in Art. 20 Abs. 3 GG. Nach der Rechtsprechung des Bundesverwaltungsgerichts richtet sich das erforderliche Maß der Konkretisierung von Festsetzungen eines Bebauungsplans danach, was nach den Verhältnissen des Einzelfalls (Planungsziele, örtliche Verhältnisse) für die städtebauliche Entwicklung und Ordnung erforderlich ist und dem Gebot gerechter Abwägung der konkret berührten privaten und öffentlichen Belange entspricht. Ob dagegen eine einzelne Formulierung eines Bebauungsplans dem Bestimmtheitserfordernis genügt, ist eine Frage der Auslegung des Plans im Einzelfall (vgl. BVerwG, Beschluss v. 24.1.1995 – 4 NB 3/95 –, juris, Rdnr. 3; Urteil des Senats vom 27.1.2022 – 2 C 289/20 –, juris, Rdnr. 37). Um diesem Bestimmtheitsgebot zu genügen, kann eine Höhenfestsetzung nach § 18 Abs. 1 BauNVO auf Bezugspunkte im Geltungsbereich des Bebauungsplans abstellen, die bestimmt oder bestimmbar sind. So entspricht etwa insbesondere die Festsetzung der Höhenlage eines bestimmten Punkts einer vorhandenen Verkehrsfläche als unterer Bezugspunkt dem Bestimmtheitsgebot, wenn eine erhebliche Veränderung nicht zu erwarten ist (vgl. OVG Nordrhein-Westfalen, Urteil v. 15.11.2017 – 7 D 8/16.NE –, juris, Rdnr. 21 f. m. w. N.; Bay. VGH, Urteil v. 15.6.2021 – 15 N 20.1650 –, juris, Rdnr. 36 f.).

Dies ist hier der Fall. Als Bezugspunkt für die Höhenfestsetzungen ist unter I. lit. B) Nr. 3.3 des Bebauungsplans festgehalten, dass dieser in der Planurkunde für jedes Baufeld einzeln vor dem Grundstück bestimmt sei – was auch erfolgt ist – und dass die Höhe der Straße am Höhenbezugspunkt die Oberkante Deckschicht der Straßenverkehrsfläche zum Zeitpunkt der Baugenehmigung sei. Da sich die Höhenfestsetzungen damit an den im gesamten Plangebiet bereits vorhandenen Verkehrsflächen als unterem Bezugspunkt orientieren und im Zuge der Realisierung des Bebauungsplans eine Veränderung dieses Bezugspunkts nicht zu erwarten ist, sind die Bestimmtheitsanforderungen des § 18 Abs. 1 BauNVO erfüllt.

Schließlich kann sich der Antragsteller auch nicht mit Erfolg darauf berufen, den textlichen Festsetzungen unter I. lit. »E) Maßnahmen zum Schutz, zur Pflege und zur Entwicklung von Natur und Landschaft« fehle (teilweise) eine taugliche Ermächtigungsgrundlage. Insbesondere sind danach die nicht überbauten Flächen der bebauten Grundstücke als unversiegelte Vegetationsfläche anzulegen, zu begrünen und zu bepflanzen sowie dauerhaft zu pflegen, soweit diese Flächen nicht als Terrassen, Wege und Plätze verwendet werden, wobei die Anlage von flächigen Schotter- oder Steinschüttungen auf diesen Flächen unzulässig.

Diese Festsetzungen finden ihre rechtliche Grundlage in § 9 Abs. 1 Nr. 20 Alt. 2 BauGB, wonach aus städtebaulichen Gründen Maßnahmen zum Schutz, zur Pflege und zur Entwicklung von – wie hier – Boden, Natur und Landschaft festgesetzt werden können. Ausweislich der Planbegründung dienen die Festsetzungen »zur Gestaltung der unbebauten Flächen bebauter Grundstücke der Durchgrünung und der Verbesserung des Kleinklimas im Plangebiet« und damit offensichtlich städtebaulichen Belangen – worauf die Antragsgegnerin bereits zutreffend hingewiesen hat (vgl. § 1 Abs. 5 Sätze 1 und 2, Abs. 6 Nr. 7a BauGB und § 1a Abs. 2 BauGB, vgl. hierzu auch Ernst/Zinkahn/Bielenberg/Krautzberger/Söfker, BauGB [151. EL August 2023], § 9 Rdnr. 155). Im Übrigen werden durch solch bauplanerische Festsetzungen – entgegen der Ansicht des Antragstellers – noch keine unmittelbaren Verpflichtungen der jeweiligen Grundstückseigentümer ausgelöst, die entsprechenden Flächen anzulegen und in einem bestimmten Zustand zu erhalten oder die festgesetzten Maßnahmen durchzuführen, vielmehr bilden sie (nur) die Grundlage für weitere Umsetzungsmaßnahmen (vgl. BVerwG, Urteil v. 30.8.2001 – 4 CN 9/00 –, juris, Rdnr. 25; Brügelmann/Gierke, BauGB, Band 2 [Stand: Oktober 2020], § 9 Rdnr. 815, 818; Ernst/Zinkahn/Bielenberg/Krautzberger/Söfker, BauGB [151. EL August 2023], § 9 Rdnr. 161).

Dass die Antragsgegnerin in den benannten textlichen Festsetzungen neben § 9 Abs. 1 Nr. 20 BauGB weitere – nicht einschlägige oder erforderliche – Festsetzungsgrundlagen benannt hat (so § 9 Abs. 1 Nr. 15 BauGB und § 9 Abs. 1 Nr. 25 a) und b) BauGB) ist unschädlich (vgl. Battis/Krautzberger/Löhr/Mitschang/Reidt, BauGB, 15. Aufl. 2022, § 9 Rdnr. 2 f. m. w. N. [auch zu Kombinationsmöglichkeiten]). Unabhängig davon, dass die Festsetzungen ohnehin im Wesentlichen den Anforderungen entsprechen, die § 10 Abs. 1 LBO für nicht überbaute Flächen der bebauten Grundstücke festschreibt, sind die Formulierungen im Übrigen weder bedingt noch zu unbestimmt. Insbesondere ist – entgegen der Ansicht des Antragstellers – nicht zu beanstanden, dass »unversiegelte Vegetationsflächen […] zu begrünen und zu bepflanzen« sein sollen, da eine Bepflanzung, namentlich mit Bäumen oder Sträuchern, ohnehin einen Unterfall der Begrünung darstellt (vgl. VG Minden, Urteil v. 27.7.2023 – 1 K 6952/21 –, juris, Rdnr. 34 f., zur BauO NRW). …

Nr. 9

1. Ein vollständiger Verzicht auf den Eingriffsausgleich im Rahmen der Bebauungsplanaufstellung begründet in der Regel einen Fehler im Abwägungsergebnis.

2. Anderes gilt, wenn der Verzicht auf einer unzulässigen Anwendung des § 13b BauGB a. F. i. V. m. § 13 Abs. 2 Nr. 4 BauGB beruhte, jedoch die Voraussetzungen für eine unmittelbare Anwendung des § 13a BauGB vorlagen und die Gemeinde der Sache nach eine Innenentwicklung betreiben wollte.

3. Möchte die Gemeinde ein Wohngebiet auf einer mit einer Jahresgeruchsstundenhäufigkeit von über 10 % belasteten Fläche ausweisen, so muss erkennbar sein, dass sie in der Abwägung von einer eingeschränkten Eignung der Fläche ausgegangen ist, dieses Defizit jedoch hinter überwiegende städtebauliche Belange zurückgestellt hat. Der bloße Verweis, es werde »in eine Gemengelage hinein« geplant, genügt insoweit nicht.

BauGB a. F. § 13b; BauGB § 1 Abs. 7, § 13a, § 215.

Niedersächsisches OVG, Urteil vom 7. März 2024 – 1 KN 171/21 –.

Aus den Gründen:

Der Antragsteller wendet sich gegen den Bebauungsplan Nr. 281 »Zwischen Ziegeleistraße und Fiesteler Straße« der Antragsgegnerin, da er Beschränkungen seines landwirtschaftlichen Betriebes durch Abwehransprüche aus dem planfestgesetzten Wohngebiet fürchtet. …

Der Normenkontrollantrag ist unbegründet. Der angegriffene Bebauungsplan leidet nicht unter Fehlern, die zu seiner Unwirksamkeit führen.

Eine Unwirksamkeit des Bebauungsplans ergibt sich nicht daraus, dass die Antragsgegnerin unter Berufung auf den vom Bundesverwaltungsgericht (Urteil v. 18.7.2023 – 4 CN 3.22 –, NVwZ 2023, 1652 = BauR 2023, 2034 = juris Rdnr. 8 ff.) für mit Art. 3 Abs. 1 und 5 der SUP-RL (RL 2001/42/EG) unvereinbar und daher unanwendbar gehaltenen § 13b BauGB von den Planungserleichterungen des § 13a BauGB Gebrauch gemacht hat. Soweit aus der Anwendung dieser Norm Verfahrensmängel und Mängel im Abwägungsvorgang folgen, ergibt sich das bereits daraus, dass weder der Antragsteller noch Dritte diese Mängel in der Frist des § 215 BauGB gegenüber der Antragsgegnerin geltend gemacht haben. Ein danach allein beachtlicher Mangel im Abwägungsergebnis ergibt sich aus dem Vorgehen der Antragsgegnerin nicht.

Ein solcher Mangel hätte allenfalls darin bestehen können, dass die Antragsgegnerin von der in § 13a Abs. 2 Nr. 4 BauGB eingeräumten Möglichkeit Gebrauch gemacht hat, planbedingte Eingriffe in Natur und Landschaft als vor dem planerischen Eingriff erfolgt zu betrachten und daher gemäß § 1a Abs. 3 Satz 6 BauGB auf Ausgleichsmaßnahmen zu verzichten; denn ein völliger Verzicht auf den Eingriffsausgleich kann nur in Ausnahmefällen Ergebnis einer sachgerechten Abwägung sein (ebenso Kerkmann/Saame, BauR 2024, 20, 28 f.; zu einem solchen Fall etwa Senatsurt. v. 2.3.2023 – 1 KN 55/20 –, juris Rdnr. 71).

Der Senat lässt dahinstehen, ob die vom Bundesverwaltungsgericht (Urteil v. 18.7.2023 – 4 CN 3.22 –, NVwZ 2023, 1652 = BauR 2023, 2034 = juris Rdnr. 18) vertretene Rechtsauffassung, der Verstoß des § 13b BauGB gegen Art. 3 Abs. 1 und 5 der SUP-RL (RL 2001/42/EG) führe auch zur Unanwendbarkeit derjenigen in § 13b i. V. m. § 13a Abs. 2 BauGB vorgesehenen verfahrens- und materiell-rechtlichen Modifikationen, denen die SUP-Richtlinie gar nicht entgegensteht, angesichts der Wirkweise des bloßen Anwendungsvorrangs des Unionsrechts überzeugt (skeptisch insoweit Lüttgau, jurisPR 9/2023 Anm. 3 m. w. N.). Denn der vorliegende Fall weist die Besonderheit auf, dass auch die Voraussetzungen einer unmittelbaren Anwendung des § 13a BauGB, ohne Rückgriff auf § 13b BauGB, vorlagen.

§ 13a BauGB erlaubt die Aufstellung eines Bebauungsplans im beschleunigten Verfahren, wenn dieser der Innenentwicklung dient. Eine solche setzt in räumlicher Hinsicht – das Vorliegen einer Innenentwicklung im inhaltlichen Sinn ist hier unproblematisch – eine Zugehörigkeit des Plangebiets zum Siedlungsbereich voraus. Der Begriff des Siedlungsbereichs ist nicht identisch mit dem Begriff des im Zusammenhang bebauten Ortsteils i. S. d. § 34 BauGB, sondern eigenständig auszulegen. Angesichts dessen kann auch eine Fläche, die, wie hier das Plangebiet, ihrer Größe nach als Außenbereich zu bewerten ist, einer Innenentwicklung offenstehen. Mindestvoraussetzung hierfür ist die Belegenheit innerhalb der Grenzen der Ortslage; die Fläche muss mithin von Bebauung (von einzelnen Baulücken ggf. abgesehen) umgeben sein. Hinzukommen muss, dass sich die Fläche bei wertender Betrachtung nach der Verkehrsauffassung unter Beachtung siedlungsstruktureller Gegebenheiten zur Überplanung im beschleunigten Verfahren anbietet. Kriterien sind insoweit etwa die Größe der Fläche, absolut oder im Verhältnis zu den umgebenden Siedlungsbereichen, ein etwaiger funktionaler Bezug zu diesen sowie der Zuschnitt der Fläche (vgl. zum Ganzen BVerwG, Urteil v. 25.4.2023 – 4 CN 5.21 –, NVwZ 2023, 1498 = juris Rdnr. 15 ff.).

Gemessen hieran ergibt eine wertende Betrachtung unter Berücksichtigung des Eindrucks der Fläche, der sich aus den bei google maps abrufbaren, in der mündlichen Verhandlung eingesehenen Luftbildern und Street-View-Ansichten ergibt, dass das Plangebiet Teil des Siedlungsbereichs ist. Das Gebiet ist auf allen Seiten von zusammenhängender Bebauung umgeben. Das gilt auch für seine Nordseite, an der die Hofstelle des Antragstellers mit den beiden jeweils östlich und westlich gelegenen Gehöften sowie dem südlich der A-Straße gelegenen Anwesen A-Straße 23 eine durchgängige Kette zwischen der blockartigen Bebauung westlich und östlich des Plangebiets bilden. Die Freiflächen, die diese unterbrechen – etwa der Reitplatz südlich des Anwesens Ziegeleistraße 23 oder der Auffahrtbereich des Anwesens A-Straße 12 stellen sich ihrer Größe und Einbindung in die Bebauung nach als Baulücken dar. Die von dieser Bebauung eingerahmte Freifläche ist mit ca. 2,2 ha absolut gesehen, insbesondere aber im Verhältnis zu der deutlich weitläufigeren anschließenden Bebauung so klein, dass nach der Verkehrsauffassung hier mittelfristig mit einem Zusammenwachsen der umliegenden Bebauung gerechnet werden muss. Daran ändert auch die bei Planaufstellung noch ausgeübte landwirtschaftliche Nutzung der Fläche nichts. Namentlich die Grenze zur westlich anschließenden Bebauung wirkt eher willkürlich denn als endgültiger Rand der Ortslage. Die Baum-/Strauchhecke südlich der Fiesteler Straße mag als Abschluss der Ortslage konzipiert gewesen sein, stellt sich angesichts der bei google Street-View erkennbaren Ausstattung der angrenzenden Fiesteler Straße mit gepflastertem Fuß-/Radweg und Straßenbeleuchtung jedoch eher als eine auch in Ortsinnenlagen anzutreffende Siedlungsbegrünung dar, wie sie beispielsweise die weiter südlich gelegene Hollager Straße streckenweise einrahmt.

Liegen die tatbestandlichen Voraussetzungen des § 13a BauGB vor, so kann die planende Gemeinde – auch wenn sie ihre Verfahrenswahl vordergründig auf § 13b BauGB gestützt hat – jedenfalls dann von den in dessen Absatz 2 vorgesehenen Verfahrens- und materiell-rechtlichen Erleichterungen Gebrauch machen, wenn sie deutlich gemacht hat, dass sie die in Rede stehende Fläche gerade wegen ihres stark siedlungsgeprägten Charakters für eine Bebauung ausgewählt hat. Jedenfalls in diesen Fällen steht der Anwendung nicht das eine »Umdeutung« von nach § 13 BauGB behandelten Änderungsbebauungsplänen in Bebauungspläne nach § 13a BauGB hindernde Erfordernis eines auf eine Innenentwicklung gerichteten Willensaktes der Gemeinde (vgl. BVerwG, Beschluss v. 21.12.2016 – 4 BN 14.16 –, BRS 84 Nr. 32 = juris Rdnr. 13) entgegen. Ein solcher Fall liegt hier vor. Die Antragsgegnerin hat, insbesondere auf S. 5 der Planbegründung, aber auch etwa durch Bezeichnung des Plans als »Bebauungsplan der Innenentwicklung« auf S. 17 sowie durch Verweis auf die das Plangebiet »überwiegend« umgebenden weiteren Wohnnutzungen auf S. 19 der Planbegründung deutlich gemacht, dass sie mit dem Plan der Sache nach Innenentwicklung betreiben möchte. Dass sie dieses Ziel in Unkenntnis der nach Satzungsbeschluss ergangenen Rechtsprechung des Bundesverwaltungsgerichts (Urteil v. 18.7.2023 – 4 CN 3.22 –, NVwZ 2023, 1652 = BauR 2023, 2034 = juris einerseits, Urteil v. 25.4.2023 – 4 CN 5.21 –, NVwZ 2023, 1498 = juris andererseits) der falschen Rechtsnorm zugeordnet hat, ist unschädlich.

Hinzu kommt: Selbst wenn man annähme, die Antragsgegnerin habe hier explizit § 13a BauGB in seinem unmittelbaren Anwendungsbereich als (ggf. weitere) Rechtsgrundlage für die Anwendung des § 13a Abs. 2 Nr. 4 BauGB benennen müssen, läge im Versäumnis, dies zu tun, allenfalls – je nach Betrachtungsweise – entweder ein Fehler im Abwägungsvorgang oder ein Verfahrensfehler, jedoch kein Fehler im Abwägungsergebnis. Der Wertung des § 13a Abs. 2 Nr. 4 BauGB ist zu entnehmen, dass der Verzicht auf Ausgleichsmaßnahmen bei Bebauungsplänen, die räumlich und inhaltlich eine Nachverdichtungsmaßnahme zum Gegenstand haben, grundsätzlich Ergebnis einer gerechten Abwägung sein kann. Es liegt mithin ein Ausnahmefall im oben bezeichneten Sinne vor.

Weitere Verfahrensmängel sind weder innerhalb der Frist des § 215 Abs. 1 BauGB geltend gemacht, noch ersichtlich.

Die Behandlung der auf das Plangebiet einwirkenden Geruchsimmissionen in der Abwägung begründet gleichfalls keinen nach §§ 214, 215 BauGB beachtlichen Mangel.

Die Kritik des Antragstellers, die Antragsgegnerin sei von zu niedrigen Geruchsimmissionen im Plangebiet ausgegangen, weil das der Abwägung zugrundeliegende Geruchsgutachten gegenüber den im Plangebiet herrschenden Windverhältnissen zu wenig Nordwinde berücksichtigt habe, ist unbegründet. Behördliche Prognoseentscheidungen sind gerichtlich lediglich daraufhin zu überprüfen, ob die Prognose nach einer geeigneten Methode durchgeführt wurde, ob der zugrunde gelegte Sachverhalt zutreffend ermittelt wurde und ob das Ergebnis einleuchtend begründet ist (BVerwG, Urteil v. 13.10.2011 – 4 A 4001.10 –, BVerwGE 141, 1 = juris Rdnr. 59 m. w. N.). Ihre Verwertbarkeit wird nicht dadurch in Frage gestellt, dass es möglich ist, mit einer anderen, ebenfalls geeigneten Methodik zu abweichenden Ergebnissen zu gelangen (Senatsbeschl. v. 12.9.2022 – 1 ME 48/22 –, BauR 2022, 1753 = juris Rdnr. 18; Senatsurt. v. 16.11.2023 – 1 KN 139/21 –, juris Rdnr. 45).

Die zur Prognose der für die Geruchsausbreitung relevanten Windverhältnisse im unmittelbaren Umfeld des Plangebiets gewählte Methode – Anwendung der Windrose der Messstelle Belm des Deutschen Wetterdienstes in den Jahren 2011-2020 – ist nicht zu beanstanden. Die Gründe, die für die Wahl dieses Verfahrens sprachen – insbesondere geringe Entfernung, Lage in der gleichen naturräumlichen Haupteinheit, Verfügbarkeit aktueller Langzeitmessdaten – sind unter Punkt 3.2.3 des der Planung zugrundeliegenden Gutachtens der Landwirtschaftskammer vom 4.5.2021 ausführlich und plausibel dargelegt. Keine der vom Antragsteller im Laufe des Planaufstellungs- und Normenkontrollverfahrens vorgeschlagenen alternativen Prognosemethoden lässt gegenüber der gewählten Methode derart eindeutige Vorzüge erkennen, dass diese als ungeeignet angesehen werden müsste. Auf die vom Antragsteller favorisierte Vornahme von Messungen im Plangebiet musste sich die Antragsgegnerin schon deshalb nicht verweisen lassen, weil solche Messungen entweder einen unverhältnismäßigen Aufwand – Vornahme über mehrere Jahre – erfordert hätten oder als bloße Stichproben eine hinreichende Aussagekraft hätten vermissen lassen. Die bloße nicht quantifizierte Behauptung des Antragstellers, nach seiner Wahrnehmung bzw. der seines verstorbenen Vaters kämen Nordwindlagen häufiger vor als in der Belmer Windrose abgebildet, bietet keinen Anhaltspunkt dafür, dass selbst solche Stichproben aussagekräftiger hätten sein können als die kontinuierliche Langzeitmessung an einem nahegelegenen Messort. Auch der nicht weiter ausgeführte Verweis darauf, dass in der Umgebung von B-Stadt durch Wiehengebirge und Teutoburger Wald besondere Luftabströmungen, insbesondere Kaltluftströmungen entstünden, die die zugrunde gelegten Windhäufigkeiten überprüfungsbedürftig machten, stellt die grundsätzliche Repräsentativität der Belmer Daten nicht in Frage. Im Gutachten der Landwirtschaftskammer ist ausgeführt, dass gerade in Belm Kaltluftströmungen u. a. aus nordöstlichen Richtungen vorkämen, während – dies bestätigt das vom Antragsteller selbst vorgelegte Gutachten vom 12.6.2023 (Punkt 3.2.4) – in Hollage Kaltluft, wenn überhaupt aus südlicher Richtung kommen, also vom höhergelegenen Plangebiet zum Betrieb des Antragstellers hin strömen würde.

Ebenso stellt weder die von dem Antragsteller mit seinem Einwendungsschreiben vom 14.7.2021 vorgelegte, google earth entnommene synthetische Windrose noch die im Gutachten vom 12.6.2023 verwendete Windrose des rd. 50 km vom Plangebiet entfernten Lingen die Vertretbarkeit der Entscheidung, die Windverhältnisse in Hollage anhand der Belmer Daten zu prognostizieren, in Frage. Zum einen sind keine Gründe dafür vorgetragen oder ersichtlich, weshalb entweder Lingen oder die für die synthetische Windrose verwendeten sonstigen Wetterstationen den für die Windverteilung maßgeblichen geographischen Verhältnissen in Hollage näherkommen sollten als das nahegelegene Belm. Zum anderen weichen die für die Geruchsprognose maßgeblichen Windverhältnisse, die diese Windrosen zeigen, nicht so gravierend von der Belmer Windrose ab, dass sie deren Verwertbarkeit in Frage stellen würden; in allen dominieren klar die Südwestwinde, während die von der Hofstelle zum Plangebiet wehenden Nord- und Nordnordwestwinde mit den geringsten Anteil ausmachen. Gerade der im Anhang des Gutachtens vom 12.6.2023 vorgenommene Vergleich der Lingener mit der Belmer Windrose zeigt, dass die Gesamtbelastung im Plangebiet in beiden Szenarien nicht entscheidend voneinander abweicht.

Dass das im Auftrag des Antragstellers erstellte Gutachten vom 12.6.2023 insgesamt zu höheren Geruchsbelastungen des Plangebiets kommt als das der Planung zugrundeliegende Gutachten der Landwirtschaftskammer, dürfte demgemäß weniger auf die abweichende Windrose zurückzuführen sein als auf weitere – nicht innerhalb der Frist des § 215 Abs. 1 BauGB dargelegte – Unterschiede in Prämissen oder Methodik der Gutachten. Maßgeblich könnte insoweit namentlich sein, dass das Gutachten vom 12.6.2023 abweichend von dem der Landwirtschaftskammer auch solche Emittenten in die Geruchsberechnung einbezogen hat, die das Plangebiet nur mit einem Geruchsbeitrag unter der Irrelevanzgrenze von 2 % der Jahresgeruchsstunden beaufschlagen.

Die Landwirtschaftskammer hat aber mit Stellungnahme vom 5.4.2024 überzeugend dargelegt, weshalb sie diesem Ansatz in dem der Planung zugrundeliegenden Gutachten nicht folgen musste.

Zur Unwirksamkeit des Plans führt auch nicht der Umstand, dass die Antragsgegnerin das Plangebiet ungeachtet der Tatsache als Wohngebiet ausgewiesen hat, dass die Orientierungswerte der GIRL für solche Gebiete von maximal 10 % der Jahresgeruchsstunden auch nach den Prognosen der Landwirtschaftskammer lediglich in etwa 60 % des Plangebiets eingehalten werden, während die Geruchsbelastung in dessen Nordwesten bei 11 bis 13 % der Jahresgeruchsstunden liegt.

Die hierfür in der Planbegründung ausgeführte Begründung begegnet zwar Bedenken. Die Antragsgegnerin hat die Belastung gesehen, jedoch mit dem Argument hinter das Planungsinteresse zurückgestellt, die Orientierungswerte der GIRL seien in der Bauleitplanung nicht streng zu beachten. Die GIRL sehe selbst vor, dass im Übergangsbereich zum Außenbereich höhere Geruchsfrachten bis zu 15 % der Jahresgeruchsstunden hinzunehmen seien. Dies müsse denjenigen, die ins Plangebiet zögen, bewusst sein. Das dürfte zu kurz greifen. Die erhöhten Orientierungswerte der GIRL für Wohngebiete in Grenzlage zum Außenbereich sind auf das Vorhabenzulassungsverfahren zugeschnitten. Sie tragen dem Umstand Rechnung, dass eine bestehende Gemengelage von emittierenden wie immissionsempfindlichen Nutzungen Abstriche vom eigentlich wünschenswerten Schutzniveau erfordert. Für das vorliegende Planaufstellungsverfahren ergibt sich aus der hier nicht zu leugnenden Ortsüblichkeit der im Plangebiet zu erwartenden Geruchsfrachten – die vorhandene Nachbarbebauung ist mindestens gleich hohen Belastungen ausgesetzt – zwar, dass die Planausnutzung durch Wohnbauvorhaben nicht an § 15 Abs. 1 Satz 2 BauNVO scheitert (vgl. BVerwG, Urteil v. 15.9.2022 – 4 C 3.21 –, NVwZ 2023, 928 = DVBl. 2023, 276 = juris Rdnr. 14), die Planung mithin erforderlich ist. Auf die im Rahmen der Abwägung zu berücksichtigende Problematik ist das aber nicht ohne weiteres übertragbar. Hier hat die Gemeinde im Ausgangspunkt das wünschenswerte Schutzniveau anzustreben (Senatsurt. v. 16.11.2017 – 1 KN 54/16 –, BauR 2018, 476 = juris Rdnr. 42). Dem kann auch nicht entgegengehalten werden, dass in Dorfgebieten, in denen ja auch gewohnt werde, Geruchsstundenhäufigkeiten von bis zu 15 % der Jahresgeruchsstunden als zumutbar gälten. Das planerische Ziel bei Ausweisung eines Dorfgebietes ist gerade, ein in bestimmten Lagen als erstrebenswert angesehenes Nebeneinander aus Wohnen und Landwirtschaft zu ermöglichen; dies rechtfertigt dann Abstriche beim Geruchsschutz.

Auch bei Ausweisung eines Wohngebiets ist es der planenden Gemeinde nicht von vornherein versagt, eine über den Orientierungswerten der GIRL liegende Geruchsbelastung in Kauf zu nehmen. Dies damit zu begründen, dass nun einmal in eine gegenwärtige oder (Außenbereichsnähe) potentielle Gemengelage hineingeplant werde, ist jedoch zirkulär. Erforderlich ist vielmehr – ähnlich wie bei der Planung in lärmvorbelasteten Gebieten (vgl. BVerwG, Urteil v. 22.3.2007 – 4 CN 2.06 –, BVerwGE 128, 238 = NVwZ 2007, 831 = juris Rdnr. 14 f.; bestätigt durch Beschluss v. 7.6.2012 – 4 BN 6.12 –, ZfBR 2012, 578 = BauR 2012, 1611 = juris Rdnr. 7) – ein besonderes städtebauliches Interesse, gerade an vorbelasteter Stelle zu planen – etwa den Bedarf an Wohnungen bei gleichzeitigem Fehlen ähnlich geeigneter, aber weniger geruchsbelasteter Alternativflächen. Dieses Interesse muss die planende Gemeinde im Zusammenhang mit der Feststellung der erhöhten Geruchsbelastung zumindest sinngemäß benennen, um zu erkennen zu geben, dass sie die eingeschränkte geruchstechnische Eignung der Fläche als zu überwindenden Belang erkannt hat.

Ob die Planbegründung, auch in Verbindung mit den weiteren den Abwägungsvorgang des Rats dokumentierenden Unterlagen, derartige Überlegungen erkennen lassen, ist zweifelhaft. Ein daraus ggf. resultierender Abwägungsfehler wäre aber nach § 215 Abs. 1 BauGB unbeachtlich geworden. Das die Geruchsproblematik betreffende Vorbringen des Antragstellers im gerichtlichen Verfahren – auch, soweit es Bezug auf Einwendungen im Planaufstellungsverfahren nimmt – verhält sich ausschließlich zur Ermittlung der Geruchsstundenhäufigkeiten und zur Frage, inwieweit die Geruchsbelastung des Plangebiets die Entfaltungsmöglichkeiten des Antragstellerbetriebes beschränken könnte. Anlass zu einer erneuten Überprüfung der Frage, ob nicht selbst eine korrekt ermittelte und keine Abwehransprüche der anzusiedelnden Wohnbevölkerung auslösende Geruchsbelastung hier die Ausweisung eines Wohngebiets rechtfertigungsbedürftig machen würde, gaben diese Ausführungen der Antragsgegnerin nicht.

Die gegen die Behandlung der auf das Plangebiet einwirkenden Lärmimmissionen erhobenen Rügen greifen ebenfalls nicht durch.

Ohne Erfolg macht der Antragsteller geltend, auch hier habe die Antragsgegnerin der besonderen Häufigkeit von Nordwindlagen nicht hinreichend Rechnung getragen. Die Verteilung der Windrichtungen und -geschwindigkeiten ist nach DIN ISO 9613-2 über den meteorologischen Korrekturfaktor Cmet, der seinerseits aus einer Konstante C0 errechnet wird, in die Lärmberechnung eingeflossen. Cmet wird vom Lärmwert bei Mitwindbedingungen abgezogen (vgl. S. 15 f. des Schallgutachtens vom 26.5.2021). Der Wert C0 wurde hier für die kritischen Nachtwerte mit 1,9 dB(A) angesetzt. Nach der unbestrittenen Einlassung der Antragsgegnerin folgt dies einer Empfehlung des ehemaligen Niedersächsischen Landesamtes für Ökologie. Angesichts der Tatsache, dass die Antragsgegnerin entgegen der Auffassung des Antragstellers nicht von einer für Norddeutschland untypisch hohen Häufigkeit von Nordwindlagen ausgehen musste, sind Anhaltspunkte für eine methodische Fehlerhaftigkeit dieser Vorgehensweise nicht erkennbar.

Letztlich nicht zum Erfolg führt auch der Einwand des Antragstellers, die Vorgabe nicht zu öffnender Fenster in TF Nr. 5 sei unverhältnismäßig und führe auch nicht zu einem effektiven Schallschutz. Letzteres trifft nicht zu. Die Lärmbelastung im Plangebiet beträgt nachts maximal 48 dB(A). Der Immissionsrichtwert von 45 dB(A) in der TA Lärm ist auf die Ermöglichung von Nachtschlaf bei einem Innenpegel von 30 dB(A) bei gekipptem Fenster ausgerichtet; die Pegeldifferenz innen-außen bei gekipptem Fenster wird üblicherweise mit 15 dB(A) angenommen. Bei geschlossenem, modernem Fenster liegt sie bei mindestens 30 dB(A), so dass die Sicherstellung geschlossener Fenster in den Schlafräumen geeignet ist, die lärmtechnischen Schutzziele der TA Lärm zu erreichen.

Auch die Verhältnismäßigkeit der Festsetzung ist im Ergebnis zu bejahen. Eine allein an ihrem Wortlaut orientierte Auslegung würde zwar zu einem anderen Ergebnis führen: Die textliche Festsetzung Nr. 5 schreibt nicht zu öffnende Fenster für »schützenswerte Wohn- und Aufenthaltsräume« vor. Für nur tags genutzte Wohnräume wie Wohn- und Arbeitszimmer ist der Schallschutz jedoch unnötig, da die Taglärmwerte mit maximal 50 dB(A) deutlich unter den Orientierungswerten für Allgemeine Wohngebiete liegen. Hinzu kommt, dass auch zum Schlafen genutzte Räume nur des Schutzes bedürfen, wenn sie Fenster zur Hofstelle des Antragstellers hin aufweisen; für anderweitig ausgerichtete Räume generell einen Nachweis der Unbedenklichkeit durch Vorlage eines entsprechenden Gutachtens zu verlangen, würde den Bauherren ungerechtfertigte Kosten auferlegen. Für die Auslegung des Plans ist indes auch dessen Begründung heranzuziehen.

Auf deren S. 15 heißt es: »Aufgrund der festgestellten Überschreitungen in der Nachtzeit ist die Festlegung eines passiven Schallschutzes erforderlich. Daher sind zum Schlafen geeignete Räume auf der zur Hofstelle abgewandten südlichen Fassadenseite der geplanten Wohnbebauung anzuordnen. Alternativ ist die Ausrüstung derartiger Räumlichkeiten bei einer Ausrichtung nach Norden mit nicht zu öffnenden Fenstern und einer mechanischen Be-/Entlüftungsanlage denkbar.«

Angesichts dessen wird ein verständiger Leser des Plans unter »schützenswerten« Wohn- und Aufenthaltsräumen nur diejenigen verstehen, die zumindest auch zum nächtlichen Schlafen genutzt werden. Ferner wird er davon ausgehen, dass der in der textlichen Festsetzung geforderte Nachweis ausreichenden Schallschutzes bei einer Ausrichtung der Fenster nach Süden/Südosten nicht durch ein entsprechendes Fachgutachten erbracht werden muss bzw. bereits durch das dem Bebauungsplan zugrundeliegende Schallgutachten erbracht ist.

Schließlich weist die Behandlung der Niederschlagswasserabführungsproblematik in der Abwägung keine Mängel auf.

In technischer Hinsicht stellt der Antragsteller zum einen ohne weitere Einordnung in den Raum, dass das Gelände einen »Wanneneffekt« aufweisen könnte, zum anderen macht er geltend, das bestehende Grabensystem sei zur Aufnahme zusätzlichen Niederschlagswassers nicht in der Lage. Zu dem ersten, bereits in der dritten Öffentlichkeitsbeteiligung formulierten Einwand hatte die Antragsgegnerin in der Abwägungstabelle ausgeführt: »Durch eine leichte Erhöhung des Ursprungsgeländes im westlichen Teil kann eine Nivellierung mit den bebauten Nachbargrundstücken erfolgen und damit ein »Wanneneffekt« bei unveränderter Geländeoberfläche vermieden werden. Einer erhöhten Bedrohungslage im Siedlungsgebiet wird damit vorgebeugt.«

Dem tritt der Antragsteller nicht substantiiert entgegen. Auch die Dimensionierung des – mit erheblichen Reserven versehenen – Rückhaltebeckens wird nicht substantiiert in Frage gestellt.

Die Rüge, das bestehende Grabensystem sei zur Aufnahme zusätzlichen Niederschlagswassers aus dem Plangebiet nicht geeignet, greift ebenfalls nicht durch. Für den wesentlichen Teil des Plangebiets ist sie schon deshalb unerheblich, weil das auf den Grundstücken anfallende Oberflächenwasser dort nach der textlichen Festsetzung Nr. 4 versickern muss; sollte eine Versickerung punktuell nicht möglich sein, wäre das Wasser auch bisher in das bestehende Vorflutersystem oder auf die tieferliegenden Flächen des Antragstellers geflossen. Die Haupterschließungsstraße in der Mitte des Plangebiets soll in das geplante Regenrückhaltebecken entwässern. Das Regenrückhaltebecken soll Wasser nur verzögert im Umfang der bisherigen Gebietsabflussspende von 2,5 l/(s*ha) in den Vorfluter abgeben (vgl. die Wasserwirtschaftliche Bedarfsermittlung Niederschlagswasser vom 31.5.2021). Insoweit ist die Planung »neutral«. Direkt in das Kanalsystem eingeleitet wird lediglich das Oberflächenwasser von dem kurzen Stichweg im Westen des Plangebiets; die dadurch bewirkte Zusatzbelastung bewegt sich aber im Verhältnis zu der Gesamtfläche, die in das Kanalsystem in der Fiesteler Straße und Ziegeleistraße entwässert, im absoluten Bagatellbereich. Im Übrigen legt der Antragsteller eine planbedingte Überlastung des bestehenden Kanal- und Grabensystems nicht schlüssig dar. Er behauptet, der zu diesem System gehörende Graben, der an seinen Flächen vorbeilaufe, sei regelmäßig verstopft, laufe bei Starkregenfällen über und überschwemme dann eine (entfernte) von ihm bewirtschaftete Ackerfläche. Die Kritik des Antragstellers zielt damit nicht auf unzureichende Dimensionierung, sondern auf unzureichende Wartung des Kanalsystems. Dieses Problem muss die Antragsgegnerin nicht auf Planebene lösen. Schließlich kommt hinzu, dass das anlässlich der Planung vorgesehene Rückhaltebecken mit einem Volumen von 800 m^3 neben dem Niederschlagswasser aus dem Plangebiet (nötiges Volumen 69 m^3, mit Sicherheitszuschlägen für evtl. nicht vor Ort versickerungsfähiges Grundstücksoberflächenwasser 92 m^3) auch dasjenige von Bestandsflächen aufnehmen und so das bestehende Regenwasserkanalsystem erheblich entlasten soll; das würde etwaige durch den westlichen Stichweg bedingte Mehrbelastungen mehr als ausgleichen.

Unbegründet ist auch die Rüge, das Konfliktbewältigungsgebot hätte eine Einbeziehung des Regenrückhaltebeckens in das Plangebiet, jedenfalls aber die gleichzeitige Durchführung eines wasserrechtlichen Verfahrens erfordert. Das Konfliktbewältigungsgebot setzt die Einbeziehung in das Plangebiet nicht voraus; die Antragsgegnerin musste sich lediglich die Gewissheit verschaffen, dass die Anlage des Rückhaltebeckens außerhalb des Plangebiets rechtlich zulässig und tatsächlich zu erwarten war. In tatsächlicher bzw. zivilrechtlicher Hinsicht sind insoweit Schwierigkeiten weder vorgetragen noch ersichtlich, da der vorgesehene Standort – der Ackerteil zwischen nördlicher Plangebietsgrenze und Ziegeleistraße – im Eigentum der Antragsgegnerin stand. Die Berechtigung der Annahme, das Becken sei realisierbar, wird ferner dadurch erhärtet, dass auf den Street-View-Bildern von google maps erkennbar ist, dass das Retentionsbecken inzwischen hergestellt ist. Auch in öffentlich-rechtlicher Hinsicht durfte die Antragsgegnerin von der Realisierbarkeit des Rückhaltebeckens ausgehen. Bauplanungsrechtlich war das Becken nach § 35 Abs. 1 Nr. 3 BauGB als der Abwasserwirtschaft dienendes Vorhaben – Abwasser ist gemäß § 54 Abs. 1 Nr. 2 WHG auch Niederschlagswasser – privilegiert zulässig. Öffentliche Belange, die seiner Herstellung auf einer bisherigen Ackerfläche entgegenstehen könnten, oder materielle wasserrechtliche Bedenken gegen die Anlage sind nicht vorgetragen oder sonst erkennbar. …

Nr. 10

1. **Verfolgt die Gemeinde das Ziel, den baulichen Bestand einschließlich der Freiflächen und des Bewuchses sowie die Parkplatzsituation zu sichern, verfolgt sie eine Maßnahme der Innenentwicklung, insbesondere wenn sie dabei für einzelne Bereiche im Plangebiet die Voraussetzungen für Dachgeschossausbauten bzw. Staffelgeschosse schafft und die Parkmöglichkeiten regelt.**
2. **Biotopschutz unterfällt nicht den in § 1 Abs. 6 Nr. 7 Buchst. b BauGB genannten Schutzgütern und ist diesen auch nicht gleichzusetzen.**
3. **Bei der Ermittlung der Grundfläche zur Berechnung des Schwellenwertes nach § 13a BauGB sind Grundstücke ohne Baulandqualität nicht mitzurechnen, § 19 Abs. 4 BauNVO findet im Kontext von § 13a Abs. 1 BauGB keine Anwendung.**

(Leitsätze der Redaktion)

BauGB § 1 Abs. 3 und 7, § 13a.

Schleswig-Holsteinisches OVG, Urteil vom 18. März 2024 – 1 KN 14/18 –.

Aus den Gründen:

Die Antragsteller wenden sich gegen den Bebauungsplan Nr. 151 »Dr.-Theodor-Haubach-Straße« der Antragsgegnerin. …

Die Antragstellerin zu 1. ist eine Gemeinschaft von 160 Wohnungs- und 30 Garageneigentümern der im Plangebiet belegenen Flurstücke…. Die Antragsteller zu 2. sind Mitglieder der Wohnungseigentümergemeinschaft, die ihre vier in ihrem Sondereigentum stehenden Eigentumswohnungen in den Gebäuden Oberst-von-Stauffenberg-Straße …, … und … vermietet haben. Die Antragsteller zu 3. und zu 4. sind ebenfalls Mitglieder der Wohnungseigentümergemeinschaft; sie nutzen ihre jeweils in ihrem Sondereigentum stehende Eigentumswohnung in der Oberst-von-Stauffenberg-Straße … selbst. …

Die Normenkontrollanträge der Antragsteller sind zulässig, aber unbegründet.

Die Normenkontrollanträge sind zulässig.

Die gemäß § 47 Abs. 1 Nr. 1 VwGO statthaften Normenkontrollanträge sind am 13.8.2018 und damit innerhalb der Antragsfrist des § 47 Abs. 2 VwGO, d. h. innerhalb eines Jahres nach Bekanntmachung des Bebauungsplans durch Abdruck im Pinneberger Tageblatt und in der Pinneberger Zeitung – Hamburger Abendblatt – jeweils am 14.8.2017 gestellt worden.

Auch die übrigen Prozess- bzw. Sachurteilsvoraussetzungen liegen vor.

Die Antragsteller sind insbesondere beteiligtenfähig. Für die Antragsteller zu 2. bis 4., die das Verfahren als Sondereigentümer anhängig gemacht haben, folgt dies aus § 61 Nr. 1 VwGO. Die Beteiligtenfähigkeit der Antragstellerin zu 1. als Wohnungseigentümergemeinschaft ist nach § 9a Abs. 1 Satz 1 WEG gegeben. Nach dieser Vorschrift, die durch Art. 1 Nr. 10 des zum 1.12.2020 in Kraft getretenen Gesetzes zur Förderung der Elektromobilität und zur Modernisierung des Wohnungseigentumsgesetzes und zur Änderung von kosten- und grundbuchrechtlichen Vorschriften (Wohnungseigentumsmodernisierungsgesetz – WEMoG) vom 16.10.2020 (BGBl I S. 2187) eingefügt worden ist, kann die Gemeinschaft der Wohnungseigentümer Rechte erwerben und Verbindlichkeiten eingehen, vor Gericht klagen und verklagt werden. Diese Vorschrift ist nach den Grundsätzen des intertemporalen Prozessrechts auf den vorliegenden Fall anwendbar, da das WEMoG – von dem hier nicht einschlägigen § 48 Abs. 5 WEG abgesehen – keine Übergangsvorschrift für rechtshängige Verfahren enthält und seine Rechtsanwendung mit den rechtsstaatlichen Grundsätzen der Rechtssicherheit und des Vertrauensschutzes vereinbar ist (vgl. BayVGH, Urteil v. 10.3.2022 – 22 B 19.196 –, juris Rdnr. 38 m. w. N.). Letzteres ist hier der Fall, ganz abgesehen davon, dass die Antragstellerin zu 1. auch bereits nach der Rechtslage bei Antragstellung am 13.8.2018 gemäß § 10 Abs. 6 Satz 5 WEG (a. F.) beteiligtenfähig war. Denn die darin für die wirksame Vornahme von Prozesshandlungen geregelte Voraussetzung, vor Gericht klagen und verklagt werden zu können, war insoweit als spezielle Regelung gegenüber § 61 Nr. 1 und Nr. 2 VwGO angesehen worden (vgl. BVerwG, Urteil v. 10.4.2019 – 9 A 24.18 –, juris Rdnr. 12; Urteil des Senats vom 27.8.2020 – 1 KN 10/17 –, juris Rdnr. 38).

Die Prozessführungsbefugnis, d. h. die Befugnis, Rechte im eigenen Namen geltend zu machen, ist für die Antragsteller zu 2. bis 4. mit ihrer jeweiligen Stellung als Sondereigentümer nicht fraglich. Der Umstand, dass die einzelnen Wohnungseigentümer bei der Verwaltung des gemeinschaftlichen Eigentums Beschränkungen durch die Rechte des Verwalters und der Gemeinschaft der Wohnungseigentümer unterliegen, lässt ihre Befugnis unberührt, (eigene) baurechtliche Ansprüche gerichtlich geltend zu machen (vgl. Urteil des Senats vom 27.8.2020 – 1 KN 10/17 –, juris Rdnr. 38 m. w. N.). Auch die Antragstellerin zu 1. ist prozessführungsbefugt. Das folgt aus dem ebenfalls durch das WEMoG eingefügten § 9a Abs. 2 WEG. Danach übt die Gemeinschaft der Wohnungseigentümer die sich aus dem gemeinschaftlichen Eigentum ergebenden Rechte sowie solche Rechte der Wohnungseigentümer aus, die eine einheitliche Rechtsverfolgung erfordern, und nimmt die entsprechenden Pflichten der Wohnungseigentümer wahr. Mit § 9a Abs. 2 WEG wurde die in § 10 Abs. 6 Satz 3 Alt. 1 und Alt. 2 WEG a. F. angelegte Unterscheidung zwischen »geborener« und gekorener« Ausübungsbefugnis der Wohnungseigentümergemeinschaft aufgegeben, welche im letztgenannten Fall einen Beschluss der Wohnungseigentümer voraussetze (BGH, Urteil v. 7.5.2021 – V ZR 299/19 –, juris Rdnr. 6). Eine solche Beschlusslage war indes auch bereits vor Inkrafttreten des § 9a Abs. 2 WEG gegeben, denn sowohl die Wohnungseigentümergemeinschaft als auch die Teileigentümergemeinschaft der Garagen hatte unter Anwendung von § 10 Abs. 6 Satz 3 Alt. 2 WEG a. F. die gemeinschaftsbezogenen Abwehransprüche gegen den Bebauungsplan Nr. 151 und auf dessen Grundlage ermöglichter Vorhaben mit Beschlüssen vom 13.7.2018 an sich gezogen. Auch Insofern ist nicht zweifelhaft, dass die Antragstellerin zu 1. öffentlich-rechtliche Abwehransprüche gegen den von ihr angefochtenen Bebauungsplan im Hinblick auf das Gemeinschaftseigentum verfolgt.

Die Antragstellerin zu 1. wird durch ihre Verwalterin ordnungsgemäß gerichtlich vertreten. Das ergibt sich aus dem ebenfalls durch das WEMoG eingefügten § 9b Abs. 1 Satz 1 WEG bzw. aus der vor seiner Inkraftsetzung durch die vorgenannten Beschlüsse v. 13.7.2018 herbeigeführten Beauftragung der Verwalterin, bezüglich der Geltendmachung der an die Gemeinschaft gezogenen Rechte (auch) Prozessauftrag zu erteilen.

Die Antragsteller sind überdies gemäß § 47 Abs. 2 VwGO antragsbefugt. Danach ist jede natürliche oder juristische Person antragsbefugt, die geltend macht, durch die zur gerichtlichen Überprüfung gestellte Rechtsvorschrift oder deren Anwendung in ihren Rechten verletzt zu sein oder in absehbarer Zeit verletzt zu werden. An die Geltendmachung der Rechtsverletzung sind keine höheren Anforderungen zu stellen als an die Klagebefugnis nach § 42

Abs. 2 VwGO; ausreichend ist, wenn der Antragsteller hinreichend substanziiert Tatsachen vorträgt, die es zumindest als möglich erscheinen lassen, dass er durch den zur Prüfung gestellten Rechtssatz in einem subjektiven Recht verletzt wird. An dieser Möglichkeit fehlt es, wenn Rechte des Antragstellers unter Zugrundelegung seines Vorbringens nach keiner Betrachtungsweise verletzt sein können (vgl. zum Ganzen: BVerwG, Urteil v. 16.6.2011 – 4 CN 1.10 –, juris Rdnr. 12 m. w. N.).

Gemessen an diesen Grundsätzen steht die Antragsbefugnis der Antragstellerin zu 1. als Eigentümerin zweier bebauter Flurstücke im Plangebiet außer Frage. Nach der Rechtsprechung des Bundesverwaltungsgerichts ist die Antragsbefugnis nach § 47 Abs. 2 Satz 1 VwGO wegen einer möglichen Eigentumsverletzung grundsätzlich zu bejahen, wenn sich ein Eigentümer eines im Plangebiet gelegenen Grundstücks gegen bauplanerische Festsetzungen wendet, die unmittelbar sein Grundstück betreffen – vorliegend die (erstmalige) Festsetzung von Baugrenzen, einer privaten Grünfläche mit zu erhaltendem Baumbestand sowie von Gemeinschaftsstellplatzanlagen –. In diesem Fall kann der Eigentümer die Festsetzungen gerichtlich überprüfen lassen, weil eine planerische Festsetzung Inhalt und Schranken seines Grundeigentums bestimmt (Art. 14 Abs. 1 Satz 2 GG); die (potenzielle) Rechtswidrigkeit eines derartigen normativen Eingriffs braucht der Antragsteller nicht ungeprüft hinzunehmen. Wird folglich eine von Art. 14 Abs. 1 GG geschützte Rechtsposition durch die Festsetzungen eines Bebauungsplans unmittelbar betroffen, dann kommt es für die Antragsbefugnis nach § 47 Abs. 2 Satz 1 VwGO nicht darauf an, dass diese Betroffenheit mehr als geringfügig, schutzwürdig oder für die Gemeinde erkennbar ist. Es genügt die Eigentumsbetroffenheit als solche (BVerwG, Urteil v. 31.1.2018 – 4 BN 17.17 –, juris Rdnr. 5).

Auch die Antragsbefugnis der Sondereigentümer, der Antragsteller zu 2. bis 4. als Miteigentümer ist gegeben, jedenfalls, soweit sie unmittelbare Beeinträchtigungen ihres Sondereigentums infolge der (erstmaligen) Ausweisung von Gemeinschaftsstellplätzen in unmittelbarer Nähe ihrer Wohnungen geltend machen. Insofern berufen sie sich auf eigene eigentumskräftige Belange, ohne dass es auch für ihre Antragsbefugnis darauf ankommt, dass ihre Betroffenheit mehr als geringfügig, schutzwürdig oder für die Gemeinde erkennbar ist. …

Die Antragsteller sind auch nicht etwa mit ihren geltend gemachten Einwendungen präkludiert. Insbesondere eine zur Unzulässigkeit des Normenkontrollantrags führende Einwendungspräklusion nach § 47 Abs. 2a a. F. VwGO, der Regelungen zur fristgerechten Geltendmachung von Einwendungen traf, scheidet aus, da diese Vorschrift mit Wirkung vom 2.6.2017 durch Art. 5 des Gesetzes zur Anpassung des Umwelt-Rechtsbehelfsgesetzes und anderer Vorschriften an europa- und völkerrechtliche Vorgaben vom 29.5.2017 (BGBl. I S. 1298) ohne jegliche Übergangsregelung aufgehoben worden ist. Insofern ist ohne Belang, dass sich die Antragstellerin zu 1. ausschließlich im August 2015 im Rahmen der frühzeitigen Öffentlichkeitsbeteiligung geäußert hatte und die Antragstellerin zu 3. im Rahmen des Planaufstellungsverfahrens überhaupt keine Stellungnahme abgegeben haben.

Die Normenkontrollanträge sind aber unbegründet. …

Es liegen keine beachtlichen, die Unwirksamkeit des Bebauungsplans nach §§ 214, 215 BauGB begründenden formellen Mängel vor.

Aus der Wahl des beschleunigten Verfahrens gemäß § 13a BauGB folgt kein beachtlicher, die Unwirksamkeit des Bebauungsplans nach §§ 214, 215 BauGB begründender Mangel. Die Voraussetzungen für die Aufstellung eines Bebauungsplans im beschleunigten Verfahren nach § 13a BauGB haben vorgelegen.

Gemäß § 13a Abs. 1 Satz 1 BauGB kann ein Bebauungsplan für die Wiedernutzbarmachung von Flächen, die Nachverdichtung oder andere Maßnahmen der Innenentwicklung (Bebauungsplan der Innenentwicklung) im beschleunigten Verfahren aufgestellt werden. Mit dem nicht legal definierten, sondern vom Gesetzgeber als städtebaulicher Terminus vorausgesetzten Begriff der Innenentwicklung, der der vollen gerichtlichen Nachprüfung unterliegt, knüpft der Gesetzgeber an die ältere Bodenschutzklausel des § 1a Abs. 2 Satz 1 BauGB an, wonach mit Grund und Boden sparsam und schonend umgegangen werden soll und dabei zur Verringerung der zusätzlichen Inanspruchnahme von Flächen für bauliche Nutzungen die Möglichkeiten der Entwicklung der Gemeinde insbesondere durch Maßnahmen der Innenentwicklung genutzt sowie Bodenversiegelungen auf das notwendige Maß begrenzt werden sollen (BVerwG, Urteil v. 4.11.2015 – 4 CN 9.14 –, juris Rdnr. 22, 24). Der Gesetzgeber will mit § 13a Abs. 1 BauGB Planungen fördern, die der Erhaltung, Erneuerung, Fortentwicklung, Anpassung und dem Umbau vorhandener Ortsteile dienen (vgl. § 1 Abs. 6 Nr. 4 BauGB). Als Gebiete, die für Bebauungspläne der Innenentwicklung in Betracht kommen, nennt er beispielhaft die im Zusammenhang bebauten Ortsteile im Sinne des § 34 Abs. 1 BauGB, innerhalb des Siedlungsbereichs befindliche brachgefallene Flächen sowie innerhalb des Siedlungsbereichs befindliche Gebiete mit einem Bebauungsplan, der infolge notwendiger Anpassungsmaßnahmen geändert oder durch einen neuen Bebauungsplan abgelöst werden soll (BVerwG, Urteil v. 4.11.2015 – 4 CN 9.14 –, juris Rdnr. 24 mit Verweis auf BT-Drs. 16/2496 S. 12 zu Nummer 8 und Absatz 1). In § 13a Abs. 1 Satz 1 BauGB hat diese gesetzgeberische Intention durch die Nennung der Wiedernutzbarmachung von Flächen und der Nachverdichtung als spezielle Maßnahmen der Innenentwicklung beispielhaft ihren Niederschlag gefunden. Darüber hinaus werden aber auch »andere Maßnahmen der Innenentwicklung« genannt. »Innenentwicklung« ist deshalb der Oberbegriff, der die Anwendung des beschleunigten Verfahrens eröffnet (BVerwG, Beschluss v. 20.6.2017 – 4 BN 30.16 –, juris Rdnr. 4; vgl. zum Ganzen auch Urteile des Senats vom 16.6.2020 – 1 KN 18/15 – juris Rdnr. 34 und vom 9.6.2022 – 1 KN 22/17 –, juris Rdnr. 52, jeweils m. w. N.).

Letztlich verfolgt der Gesetzgeber das Ziel, dass die Gemeinden von einer Neuinanspruchnahme von Flächen außerhalb der Ortslagen absehen und darauf verzichten, den äußeren Umgriff vorhandener Siedlungsbereiche zu erweitern. Die auf vorhandene Ortsteile bezogene Innenentwicklung ist daher nur innerhalb des Siedlungsbereichs zulässig. Aus der Anknüpfung an die Belegenheit des betreffenden Gebiets in der Ortslage und dem Siedlungsbereich ergibt sich, dass der planungsrechtliche Status der Flächen, also ihre Zugehörigkeit zum Innen- oder Außenbereich, nicht ausschlaggebend für die Anwendbarkeit des § 13a Abs. 1 Satz 1 BauGB sein soll. Vielmehr ist der Siedlungsbereich nach eigenständigen Kriterien festzulegen. Zunächst ist Voraussetzung, dass bereits Bebauung vorhanden ist, die nicht nur vereinzelt ist, sondern den Eindruck einer jedenfalls lockeren Zusammengehörigkeit erweckt. Ab einem gewissen Gewicht handelt es sich um eine Ortslage. Gebiete, die nach den tatsächlichen Verhältnissen einen im Zusammenhang bebauten Ortsteil im Sinne von § 34 Abs. 1 BauGB bilden, erfüllen diese Voraussetzungen ohne weiteres (vgl. BT-Drs. 16/2496 S. 12). Der Siedlungsbereich kann sich indes auch über einen im Zusammenhang bebauten Ortsteil hinaus erstrecken. Bei dem äußeren Umgriff der von Bebauung geprägten Ortslage ist auch eine Einbeziehung des näheren Umfelds der vorhandenen Bebauung zu erwägen (vgl. etwa auch § 246 Abs. 9 BauGB). Dementsprechend sind sog. Außenbereichsinseln, die innerhalb der äußeren Grenze der Ortslage liegen, typischerweise Teil des Siedlungsbereichs und können in der Regel im beschleunigten Verfahren überplant werden. Jedoch bedarf es – auch bei Belegenheit einer Fläche innerhalb der Ortslage – stets der wertenden Betrachtung nach der Verkehrsauffassung unter Beachtung siedlungsstruktureller Gegebenheiten, ob die Fläche im Einzelfall nicht dem Siedlungsbereich zuzuordnen ist. Dabei können verschiedene Kriterien wie die Größe der Fläche absolut und relativ zum umgebenden Siedlungsbereich, der Eindruck der Zugehörigkeit zum Siedlungsbereich durch dessen zwanglose Fortsetzung, ein funktionaler Zusammenhang mit dem sonstigen Plangebiet oder ggf. eine frühere und nachwirkende bauliche Nutzung herangezogen werden (vgl. zum Ganzen: BVerwG, Urteil v. 25.4.2023 – 4 C 5.21 –, juris Rdnr. 15 ff.).

Gemessen an diesen Maßstäben ist der räumliche Anwendungsbereich des § 13a Abs. 1 Satz 1 BauGB im Hinblick auf die mit dem streitgegenständlichen Bebauungsplan überplante Fläche von ca. 7,88 ha Größe eröffnet. Der Geltungsbereich des Bebauungsplans Nr. 151 »Dr.-Theodor-Haubach-Straße« befindet sich im Stadtgebiet der Antragsgegnerin und umfasst die bebauten Grundstücke … nebst großzügig dimensionierten Frei- bzw. Grünflächen und erhaltenswertem Baumbestand. Im Norden grenzen an das erstmals überplante Gebiet, das mit Ausnahme eines Teilbereichs am Kirchhofsweg im Wesentlichen durch mehrgeschossige Wohngebäude aus den 1950er/1960er Jahren geprägt ist, der Schulkomplex des Förderzentrums Pinneberg und die Helene-Lange-Schule nebst angeschlossener Sporthalle (Jupp-Becker-Halle).

Nordöstlich des Plangebiets befindet sich beidseits des von der Saarlandstraße nach Westen abzweigenden Teils der Oberst-von-Stauffenberg-Straße Reihenhausbebauung aus den 1960er Jahren; im Übrigen grenzen an das Plangebiet Mehrfamilienhäuser in Zeilenbauweise. Die vorhandene Bebauung im Plangebiet und innerhalb der beschriebenen Umgebungsbebauung ist derart gewichtig, dass ihre Eigenschaft als Ortslage außer Frage steht, welche auch die zwischen den Baukörpern liegenden Frei- bzw. Grünflächen selbst in Ansehung deren Größe schon aufgrund ihres funktionalen Zusammenhangs zur Wohnbebauung mit umfasst. Auch wenn die Antragsgegnerin keine Nachverdichtung durch Erhöhung der Bebauungsdichte im Plangebiet mittels Ausweisung neuer bzw. weiterer Bauflächen neben der Bestandsbebauung verfolgt, sondern das Planungsziel im Wesentlichen »nur« in der Sicherung des baulichen Bestandes einschließlich der Freiflächen und des Bewuchses sowie der Verbesserung der Parkplatzsituation besteht, nimmt dies der Bauleitplanung nicht den Charakter einer solchen der Innenentwicklung. Die gilt aber auch deshalb, weil für einzelne Bereiche im Plangebiet die planungsrechtlichen Voraussetzungen für Dachgeschossausbauten bzw. Staffelgeschosse geschaffen, bauliche Ergänzungen der vorhandenen Bebauung durch erweiterte Umgriffe der die Baubestände umgebenden Baufenster ermöglicht und für die Unterbringung des ruhenden Verkehrs einerseits öffentliche Parkflächen vorgesehen sind sowie zum anderen eine Vielzahl bestehender kleinerer Gemeinschaftsstellplätze in der bestehenden Form planerisch gesichert und um weitere Flächen für Gemeinschaftsstellplätze ergänzt werden.

Der Bebauungsplan Nr. 151 »Dr.-Theodor-Haubach-Straße« überschreitet auch nicht die in § 13a Abs. 1 Satz 2 Nr. 1 BauGB vorgegebene Flächenbegrenzung. Die hier festgesetzte zulässige Grundfläche im Sinne von § 19 Abs. 2 BauNVO, d. h. der Anteil der Baugrundstücke, der von baulichen Anlagen überdeckt sein darf, beträgt nämlich weniger als 20 000 m^2, sodass die besonderen Voraussetzungen des § 13a Abs. 1 Satz 2 Nr. 2 BauGB, die erst dann zu beachten sind, wenn in dem Bebauungsplan eine zulässige Grundfläche im Sinne des § 19 Abs. 2 BauNVO oder eine Größe der Grundfläche von insgesamt 20 000 m^2 bis weniger als 70 000 m^2 festgesetzt wird, nicht zu berücksichtigen sind.

Ausweislich der unter Ziffer 9 der Planbegründung dargestellten Planstatistik umfassen die neun im Plan festgesetzten Teilgebiete, in denen Bebauung zulässig ist, eine Fläche von insgesamt 54 196 m^2. Unter Zugrundelegung der für die einzelnen Teilgebiete jeweils festgesetzten Grundflächenzahl als relative Größe (vgl. § 16 Abs. 3 Nr. 1 BauNVO) ergibt sich danach im Plangebiet eine zulässige Grundfläche im Sinne des § 19 Abs. 2 BauNVO von insgesamt 17 637 m^2 und damit weniger als 20 000 m^2. Die Planstatistik weist insoweit die Flächenanteile für die einzelnen Teilgebiete gesondert aus, die sich rechnerisch anhand der zur Grundlage der Planung gemachten Datenlage des Amtlichen Liegenschaftskataster-Informationssystems – ALKIS 2017 – (siehe den entsprechenden Hinweis auf der Planurkunde) nachvollziehen lassen. Mit dieser Übersicht wird damit zugleich auch belegt, dass auf die gesamte im Bebauungsplan festgesetzte zulässige Grundfläche im Sinne des § 19 Abs. 2 BauNVO abgestellt wurde, und zwar unabhängig von der bereits vorhandenen Bebauung (vgl. zu diesem Erfordernis nur Wolfgang Rieger, in: Schrödter, Baugesetzbuch, 9. Aufl. 2019, § 13a Rdnr. 10; Gierke/Schamer, in: Brügelmann, Baugesetzbuch, Stand Juli 2023, § 13a BauGB Rdnr. 64). Zu einer Überschreitung der Schwellengrenze von 20 000 m^2 gelangte man im Übrigen selbst dann nicht, wenn man die für Versorgungsanlagen ausgewiesene Fläche von 167 m^2 zu den 17 637 m^2 hinzurechnete.

Soweit die Planstatistik daneben die im Plangebiet vorhandenen Verkehrsflächen (Straßenverkehrsflächen und Verkehrsflächen mit besonderer Zweckbestimmung – Fußgängerbereich und öffentliche Parkfläche –) mit insgesamt 16 025 m^2 Fläche ausweist, sind diese Flächen bei der geforderten Ermittlung der zulässigen Grundfläche im Sinne des § 19 Abs. 2 BauGB entgegen der Annahme der Antragsteller nicht zu berücksichtigen; insoweit nämlich steht keine Errichtung baulicher Anlagen auf einem Baugrundstück in Rede (BVerwG, Urteil v. 8.12.2016 – 4 CN 4.16 –, juris Rdnr. 17; Urteil des Senats vom 9.6.2022 – 1 KN 22/17 –, juris Rdnr. 51). Gleiches gilt aus derselben Erwägung heraus im Ergebnis auch für die drei im Plan festgesetzten privaten Grünflächen, die in der Planstatistik mit 8 441 m^2 Fläche angegeben und bei der Schwellenwertermittlung infolge fehlender Baugrundstücksqualität ebenfalls nicht mitzurechnen sind (vgl. Jaeger, in: Spannowsky/Uechtritz, BeckOK BauGB, Stand 1.10.2023, § 13a Rdnr. 9.1; Holger Kröninger, in: Kröninger/Aschke/Jeromin, Baugesetzbuch, 4. Aufl. 2018, § 13a Rdnr. 15).

Wenngleich § 19 Abs. 4 Satz 1 BauNVO bestimmt, dass bei der Ermittlung von Grundflächen die Grundflächen von Garagen und Stellplätzen mit ihren Zufahrten (Nr. 1), Nebenanlagen im Sinne des § 14 BauNVO (Nr. 2) sowie bauliche Anlagen unterhalb der Geländeoberfläche, durch die das Baugrundstück lediglich unterbaut wird (Nr. 3), mitzurechnen sind, findet diese Regelung im vorliegenden Kontext des § 13a Abs. 1 BauGB bei der Schwellenwertermittlung keine Anwendung (so im Ergebnis auch Urteil des Senats vom 9.6.2022 – 1 KN 22/17 –, juris Rdnr. 51; s. a. Krautzberger/Kerkmann, in: Ernst/Zinkahn/Bielenberg/Krautzberger, Baugesetzbuch, Stand August 2023, § 13a BauGB Rdnr. 41; Jaeger, in Spannowsky/Uechtritz, BeckOK BauGB, Stand 1.10.2023, § 13a Rdnr. 9.1; kritisch Gierke/Schamer, in: Brügelmann, Baugesetzbuch, Stand Juli 2023, § 13a BauGB Rdnr. 70). Dies folgt bereits aus dem Wortlaut des § 13a Abs. 1 Satz 2 BauGB, der ausschließlich auf § 19 Abs. 2 BauNVO verweist mit der Folge, dass allein die festgesetzte Grundfläche der Hauptanlagen maßgeblich ist. Die gleiche Formulierung wie in § 13a Abs. 1 Satz 2 BauGB ist im Übrigen auch im UVPG 2001 für die Anlage 1 Nr. 18 gewählt worden, in der bereits für die UVP-Pflicht von Bebauungsplänen auf die Grundflächenbegrenzung abgestellt worden war; Krautzberger/

Kerkmann verweisen in ihrer Kommentierung (in: Ernst/Zinkahn/Bielenberg/Krautzberger, Baugesetzbuch, Stand August 2023, § 13a BauGB Rdnr. 41) insoweit auch auf die Begründung des entsprechenden Regierungsentwurfs zum UVPG 2001 in der Bundesratsdrucksache 674/00/Bundestagsdrucksache 14/4599 Seite 121 und zitieren daraus wie folgt: »Bei der Ermittlung der Grundfläche ist ausschließlich § 19 Abs. 2 BauNVO zugrunde zu legen, d. h. der sich aus der festgesetzten Grundflächenzahl ergebende rechnerische Anteil der überbaubaren Flächen. Die Überschreitungsmöglichkeiten nach § 19 Abs. 4 BauNVO bleiben dabei unberücksichtigt.«

Der Aufstellung des Bebauungsplans im beschleunigten Verfahren steht nicht die Regelung in § 13a Abs. 1 Satz 4 BauGB entgegen. Danach ist das beschleunigte Verfahren ausgeschlossen, wenn durch den Bebauungsplan die Zulässigkeit von Vorhaben begründet wird, die einer Pflicht zur Durchführung einer Umweltverträglichkeitsprüfung nach dem Gesetz über die Umweltverträglichkeitsprüfung oder nach Landesrecht unterliegen. Eine solche Verpflichtung greift hier nicht. Der Bebauungsplan Nr. 151 der Antragsgegnerin setzt hinsichtlich der Art der baulichen Nutzung reine (WR) sowie – sogar unter teilweisem Ausschluss ausnahmsweise gemäß § 4 Abs. 3 BauNVO zulässiger Nutzungen (sonstige nicht störende Gewerbebetriebe, Gartenbaubetriebe und Tankstellen) – allgemeine Wohngebiete (WA) fest und schafft damit nicht die planungsrechtlichen Grundlagen für ein UVP-pflichtiges Vorhaben gemäß Anlage 1 zum UVPG bzw. LUVPG.

Die Anwendbarkeit des beschleunigten Verfahrens ist auch nicht gemäß § 13a Abs. 1 Satz 5 BauGB ausgeschlossen. Insbesondere liegen Anhaltspunkte für eine Beeinträchtigung der in § 1 Abs. 6 Nr. 7 Buchst. b BauGB genannten Schutzgüter, d. h. der Erhaltungsziele und Schutzzwecke der Natura 2000-Gebiete im Sinne des BNatSchG, mithin der Gebiete von gemeinschaftlicher Bedeutung sowie der Europäischen Vogelschutzgebiete nicht vor.

Die im Norden des Stadtgebiets der Antragsgegnerin entlang der Pinnau, einem Nebenfluss der Elbe, befindlichen Teile der beiden FFH-Gebiete »Schleswig-Holsteinisches Elbästuar und angrenzende Flächen« sowie »Pinnau/Gronau« sind vom bereits bebauten Plangebiet räumlich mit ca. 600 m deutlich entfernt und durch ebenso dichten baulichen Bestand, wie er im Plangebiet vorzufinden ist, von diesen Gebieten getrennt. Auch das Ziel der Bauleitplanung, das im Wesentlichen in der Sicherung des baulichen Bestandes bei Erhalt der vorhandenen Grünflächen besteht und lediglich als »Angebot« weitere Optionen für die Einrichtung von Flächen zur Unterbringung des ruhenden Verkehrs vorsieht, ist nicht geeignet, auf eine etwaige Beeinträchtigung der Schutzziele jener FFH-Gebiete hinzudeuten. Denn übergreifendes Schutzziel des erstgenannten Gebiets ist die Erhaltung des Elbästuars mit seinen Salz-, Brack- und Süßwasserzonen und angrenzender Flächen als möglichst naturnahes Großökosystem. Insbesondere sollen möglichst ungestörte Übergänge von den Flusswatten bis zu den tidebeeinflussten Hartholzauenwäldern und den von Prielen durchzogenen Grünlandflächen erhalten werden. Das Schutzziel im Gebiet »Pinnau/Gronau« liegt in der Erhaltung der Wasserläufe und der diese säumenden Wälder.

Soweit die Antragsteller einen Ausschluss des beschleunigten Verfahrens nach § 13a Abs. 1 Satz 5 BauGB deshalb annehmen, weil mit dem zwischen Leuschnerstraße und Dr.-Theodor-Haubach-Straße befindlichen Knick im Plangebiet ein gesetzlich geschütztes Biotop (§ 30 Abs. 2 Satz 2 BNatSchG i. V. m. § 21 Abs. 1 Satz 1 Nr. 4 LNatSchG) existiert, ist dem nicht zu folgen. Der insoweit von ihnen angesprochene Biotopschutz unterfällt nicht den in § 1 Abs. 6 Nr. 7 Buchst. b BauGB genannten Schutzgütern und ist diesen auch nicht etwa gleichzusetzen. Ebenso wenig führt das Vorhandensein zahlreicher als erhaltenswert eingestufter Bäume im Plangebiet sowie die an einigen Gebäuden und einzelnen Gehölzen festgestellten Strukturen, wo im Jahresverlauf zumindest zeitlich begrenzt Vorkommen streng geschützter Arten nicht auszuschließen sind dazu, dass das beschleunigte Verfahren ausgeschlossen wäre. Denn auch insoweit sind die in § 1 Abs. 6 Nr. 7 Buchst. b BauGB aufgeführten Schutzziele nicht tangiert.

Die zulässige Aufstellung des Bebauungsplans Nr. 151 der Antragsgegnerin als Bebauungsplan der Innenentwicklung hat zur Folge, dass nach § 13a Abs. 2 Nr. 1, § 13 Abs. 3 Satz 1 BauGB von der Umweltprüfung nach § 2 Abs. 4 BauGB und von dem Umweltbericht nach § 2a BauGB abgesehen werden durfte. Daher liegt entgegen der Rüge der Antragsteller auch insoweit kein Verfahrensfehler vor.

Der Antragsgegnerin ist entgegen der Auffassung der Antragsteller ferner kein Fehler bei der Ermittlung und Bewertung der von der Bauleitplanung berührten privaten und öffentlichen Belange gemäß § 2 Abs. 3 BauGB unterlaufen.

Nach der als Verfahrensnorm ausgestalteten Bestimmung des § 2 Abs. 3 BauGB sind bei der Aufstellung der Bauleitpläne die Belange, die für die Abwägung nach § 1 Abs. 7 BauGB von Bedeutung sind (Abwägungsmaterial), zu ermitteln und zu bewerten. Denn die Berücksichtigung aller bedeutsamen Belange in der Abwägung nach § 1 Abs. 7 BauGB setzt deren ordnungsgemäße Ermittlung und zutreffende Bewertung voraus. Das notwendige Abwägungsmaterial im Sinne von § 2 Abs. 3 BauGB umfasst dabei solche Belange, die in der konkreten Planungssituation nach Lage der Dinge in die Abwägung eingestellt werden müssen. Nicht abwägungserheblich sind geringwertige oder mit einem Makel behaftete Interessen sowie solche, auf deren Fortbestand kein schutzwürdiges Vertrauen besteht (BVerwG, Beschluss v. 12.6.2018 – 4 B 71.17 –, juris Rdnr. 5 m. w. N.). Die Abwägungsbeachtlichkeit beschränkt sich ferner auf solche Betroffenheiten, die in ihrem Eintritt zumindest wahrscheinlich sind und für die planende Stelle bei der Entscheidung über den Plan als abwägungsbeachtlich erkennbar waren (BVerwG, Urteil v. 9.4.2008 – 4 CN 1.07 –, juris Rdnr. 20 f.).

Maßgeblicher Zeitpunkt für die gerichtliche Beurteilung ist dabei der des Satzungsbeschlusses (§ 214 Abs. 3 Satz 1 BauGB). Bei der gerichtlichen Prüfung ist in diesem Zusammenhang überdies § 214 BauGB in seiner Funktion als Planerhaltungsvorschrift in den Blick zu nehmen, der in seiner Nummer 1 des Absatzes 1 Satz 1 regelt, unter welchen Voraussetzungen eine Verletzung des Gebots, die Belange, die für die Abwägung von Bedeutung sind, zu ermitteln und zu bewerten (§ 2 Abs. 3 BauGB), für die Rechtswirksamkeit des Bebauungsplans beachtlich ist, namentlich dann, wenn der Mangel offensichtlich und auf das Ergebnis des Verfahrens von Einfluss gewesen ist. Auch spielt insoweit § 215 Abs. 1 Satz 1 Nr. 1 BauGB eine zentrale Rolle, wonach eine nach § 214 Abs. 1 Satz 1 Nr. 1 bis 3 BauGB beachtliche Verletzung der dort bezeichneten Verfahrens- und Formvorschriften unbeachtlich wird, wenn sie nicht innerhalb eines Jahres seit Bekanntmachung der Satzung schriftlich gegenüber der Gemeinde unter Darlegung des die Verletzung begründenden Sachverhalts geltend gemacht worden ist. Dabei gilt es zu berücksichtigen, dass eine ausreichend erhobene Rüge zu Gunsten von jedermann (»inter omnes«) gilt (BVerwG, Beschluss v. 16.12.2019 – 4 BN 16.19 –, juris Rdnr. 9), sodass hinsichtlich der Frage, ob ein Verstoß gegen das Ermittlungs- und Bewertungserfordernis des § 2 Abs. 3 BauGB vorliegt, auch diesbezügliche, rechtzeitig geltend gemachte Rügen Dritter zu berücksichtigen sind.

Gemessen hieran berufen sich die Antragsteller ohne Erfolg gemäß § 214 Abs. 1 Satz 1 BauGB auf Ermittlungs- und Bewertungsfehler (§ 2 Abs. 3 BauGB), die sie rechtzeitig in noch offener Jahresfrist des § 215 Abs. 1 Satz 1 Nr. 1 BauGB mit ihrer der Antragsgegnerin am 13.8.2018 unmittelbar übermittelten Antragsschrift vom selben Tag gerügt haben.

Die Antragsgegnerin hat entgegen der Rüge der Antragsteller insbesondere die Planungsgrundlagen, soweit es den von ihnen monierten Geltungsbereich des Plangebiets und den Umfang des insoweit betroffenen Baubestandes bzw. den möglichen Umfang erweiterter Bebauung anbelangt, zutreffend ermittelt und bewertet. Die Antragsgegnerin hat, worauf auch auf der Planurkunde ausdrücklich hingewiesen wird, das Plangebiet der Datenlage des Allgemeinen Liegenschaftskatastersystems – ALKIS 2017 – des Landesamtes für Vermessung und Geoinformation Schleswig-Holstein entsprechend dargestellt und auf dieser Grundlage Lage sowie Größe der einzelnen baulichen Anlagen abgebildet und bewertet. Insoweit ist die Größe der einzelnen Flurstücke im Plangebiet in einer Bestandsübersicht im Verwaltungsvorgang wiedergegeben und auf einen nicht amtlichen Kartenauszug (Stand: 6.5.2015) übertragen worden; die darin jeweils ausgewiesenen Flurstücksgrößen entsprechen nachweislich den digital abrufbaren Detailangaben des amtlichen Katasters. Die Grundflächen der Bestandsgebäude sind ebenfalls in besagter Bestandsübersicht angeführt und in den nicht amtlichen Kartenauszug übernommen worden. Auch insoweit lassen sich die ausgewiesenen Größenangaben anhand online möglicher Messverfahren etwa bei Google Maps oder

Microsoft Bing nachvollziehen. Hinweise auf unzutreffende Messergebnisse zeigen die Antragsteller nicht auf; sie sind auch sonst nicht erkennbar und lassen, wie dargestellt, auch insoweit daher keine Zweifel an den Grundlagen für die Anwendung des beschleunigten Verfahrens nach § 13a Abs. 1 Satz 2 Nr. 1 BauGB erkennen. Auch die Übernahme des Datenbestandes nach ALKIS 2017 in die Planurkunde im Maßstab 1:1 000 weist mithin auf keinerlei Ermittlungs- oder Bewertungsdefizit. Dass die Antragsgegnerin Teile ihrer vorbereitenden Arbeitsunterlagen wie etwa den um Angaben zu Flurstückgrößen und Grundflächen vorhandener Gebäude ergänzten nicht amtlichen Kartenauszug erst nachträglich dem Verwaltungsvorgang zugefügt hat, steht deren Aussagekraft nicht entgegen; Hinweise auf manipulative Angaben sind angesichts ihres verifizierbaren Inhalts nicht auszumachen.

Auch hinsichtlich des Zuschnitts des Plangebiets sind Ermittlungs- und Bewertungsdefizite nicht gegeben. Ausgangspunkt des Planverfahrens bildete eine Bauvoranfrage zu einer angestrebten Nachverdichtung im Bereich der Dr.-Theodor-Haubach-Straße in Gestalt einer Erweiterung dreier Bestandsgebäude um drei weitere viergeschossige Neubauten mit 32 bis 40 Wohneinheiten und zugehörigen Stellplätzen. Insoweit hat die Antragsgegnerin den unmittelbaren Umgebungsbereich jenes Vorhabenstandortes mit vergleichbarer Bebauungsstruktur und prägenden Freiflächen als »ein Wohnquartier« ausgemacht, dessen städtebauliche Entwicklung durch Bauleitplanung zu regeln sei; dies stellt die Drucksache-Nr.: 14/327 vom 11.12.2014 zum Aufstellungsbeschluss ausdrücklich dar. Das ist auf der Ebene der formellen Rechtmäßigkeit der Bauleitplanung nicht zu beanstanden. Die Rüge der Antragsteller, dass über den gewählten Geltungsbereich des Plangebiets hinaus weitere Nachbargrundstücke ebenfalls ähnliche Strukturen aufwiesen, etwa im Bereich der östlichen Saarlandstraße sowie im Westen und Süden, d. h. im Bereich zwischen Feldstraße und Heinrich-Christiansen-Straße, und daher ebenso in den Geltungsbereich des Bebauungsplans hätten einbezogen werden müssen, betrifft demgegenüber eine Frage der materiellen Rechtmäßigkeit, namentlich diejenige nach der Erforderlichkeit der Bauleitplanung im Sinne des § 1 Abs. 3 BauGB bzw. diejenige einer gerechten Abwägung nach § 1 Abs. 7 BauGB.

Die Antragsgegnerin hat zudem die Eigentumslage auch der Antragsteller, insbesondere diejenige der Antragstellerin zu 1. zutreffend ermittelt und als abwägungsrelevant bewertet. Das gesamte Plangebiet besteht mit Ausnahme der Straßenverkehrsflächen aus Grundstücksflächen privater Eigentümer. Eine von der Antragsgegnerin hierzu gefertigte Übersicht weist farblich markiert die entsprechenden Flächenanteile einzelnen oder mehreren Eigentümern zugeordneter Grundstücke aus. Zu letztgenannten Flächenanteilen zählen danach auch die mit insgesamt sechs Gebäudekomplexen und einer Garagenanlage im Bereich Oberst-von-Stauffenberg-Straße und mit zwei Wohnzeilen an der Saarlandstraße bebauten Flurstücke … und … der antragstellenden Wohnungseigentümergemeinschaft.

Der Überplanung eines solchen Gebiets ist die Betroffenheit von Eigentümerinteressen in unterschiedlichster Ausprägung immanent; hier ist sie bereits im Rahmen der frühzeitigen Beteiligung der Öffentlichkeit deutlich geworden, bei der sich zu den beiden von der Antragsgegnerin in diesem Stadium des Planaufstellungsverfahrens erarbeiteten Konzeptvarianten sowohl Befürworter einer »Nachverdichtung des Wohnquartiers« durch Neubauten geäußert hatten als auch solche Eigentümer, die selbst eine Aufstockung des vorhandenen Gebäudebestandes einschließlich der Ausweisung zusätzlicher Stellflächen für den ruhenden Verkehr gänzlich oder zumindest teilweise abgelehnt haben. Auch die Antragstellerin zu 1. hat aus ihrer Eigentümerstellung heraus ihre ablehnende, zumindest kritische Haltung bereits im August 2015 formuliert. Dass vor diesem Hintergrund bei Planerlass eine Abwägungsentscheidung zwischen dem öffentlichen Interesse an einer städtebaulichen Strukturierung des Plangebiets, am Erhalt der die Qualität des Quartiers prägenden großzügigen Grünflächen mit ihrem Baumbestand sowie an der Bewältigung der sich bei beiden Varianten stellenden Probleme des fließenden, insbesondere aber des ruhenden Verkehrs und den (ggf.) wiederstreitenden privaten Eigentümerinteressen erforderlich werden würde, war der Antragsgegnerin von Beginn der Bauleitplanung an bewusst. Dies hatte sie bereits beim Erlass des Planaufstellungsbeschlusses vor Augen; die Sachverhaltsdarstellung zur entsprechenden Beschlussvorlage führt dies ausdrücklich an.

Ermittlungs- und Bewertungsfehler sind ebenfalls nicht zu erkennen, soweit es den Aspekt der Erhaltung von Grün- und Biotopflächen sowie des im Plangebiet vorhandenen Baumbestandes anbelangt. Die Begründung zum Bebauungsplan Nr. 151 der Antragsgegnerin stellt als eines der Planungsziele des Bebauungsplans die weitgehende Sicherung sowie den Schutz der Qualität der vorhandenen Freiflächen mit dem Gehölzbestand heraus. Hierzu sind bereits zu Beginn der Planung die das Plangebiet prägenden Grünstrukturen erfasst worden. Die Antragsgegnerin hat im Sommer 2015 den Baumbestand aufgenommen und ihn hinsichtlich Qualität bzw. Vitalität überprüft. Eine 134 Eintragungen umfassende, die jeweilige Baumart benennende Liste nebst entsprechender Standortkennzeichnung aus November 2015 ist im Laufe des Planverfahrens aktuell gehalten und insbesondere um Angaben zu jeweiligem Stamm- und Kronendurchmesser der als erhaltenswert erfassten Einzelbäume ergänzt worden. Drei der in dieser Liste aufgeführten sowie drei weitere Einzelbäume wurden zudem als für Vögel und Fledermäuse potenziell relevante »Biotopbäume« erfasst und sind mit entsprechender Standortkennung versehen worden. Neben Einzelbäumen nennt besagte Liste zum erhaltenswerten Baumbestand auch vornehmlich aus Ahornbäumen bestehende Baumgruppen, die sich im Wesentlichen im nördlichen Bereich des Plangebietes befinden; in dem zwischen Leuschnerstraße und Dr.-Theodor-Haubach-Straße befindlichen und als Knick definierten Biotop ist die Baumgruppe als Ahornreihe ausgebildet und von der Antragsgegnerin als entsprechend schützenswertes Knickgehölz erfasst. Eine weitere, aus Ahorn, Eiche und Esche bestehende Baumgruppe befindet sich am südlichen Rand des Plangebiets, eine u. a. aus Buchen und Linden bestehende Baugruppe steht auf einer ausgedehnten Grünfläche an der Saarlandstraße, südlich der Hauszeile Saarlandstraße 32/34. Von den nicht bebauten Bereichen des Plangebiets hat die Antragsgegnerin drei mit Baumgruppen bestandene weitläufig ausgedehnte Grünflächen als schützenswert ausgemacht, namentlich den langgestreckten Bereich um das Biotop (Knick) herum im Westen, die rechteckige ausgedehnte Grünfläche an der Saarlandstraße im Osten sowie am nördlichen Rand des Plangebiets zwischen Dr.-Theodor-Haubach-Straße und Oberst-von-Stauffenberg-Straße denjenigen Bereich, der mit Baumgruppen aus Ahorn und einem in der Liste ebenfalls erwähnten erhaltenswerten Grüngürtel einen »Puffer« zwischen der Wohnbebauung im Plangebiet und einer nördlich an das Plangebiet anschließenden schulisch genutzten Sportplatzanlage bildet. Ansatzpunkte für eine unzureichende Datenerfassung oder eine naturschutzfachliche Fehlbewertung der Daten sind nicht erkennbar.

Auch hinsichtlich der »(Neu-)Ordnung des ruhenden Verkehrs« im Plangebiet ist entgegen der Rüge der Antragsteller ein Ermittlungs- und Bewertungsdefizit nicht festzustellen. Diese Thematik einschließlich der planungsrechtlichen Ermöglichung neuen Parkraums ist ausweislich der Planbegründung zentrales Planungsanliegen der streitgegenständlichen Bauleitplanung der Antragsgegnerin, und zwar vor dem Hintergrund deren ausgemachter angespannter Parkplatzsituation im Ist-Zustand als auch mit Blick auf zusätzlich ermöglichte Optionen für einen Ausbau bzw. eine Aufstockung von Bestandsgebäuden. Ihre Abwägungsrelevanz steht und stand für die Antragsgegnerin dabei außer Frage, wie die bereits zitierte Sachverhaltsdarstellung zur Beschlussvorlage für den Planaufstellungsbeschluss erweist.

Den Parkraumdruck bzw. die auch von privater Seite angesprochene Parkplatznot im Plangebiet hat die Antragsgegnerin dabei dergestalt verifiziert, dass sie einer überschlägig mit 438 Einheiten ermittelten Bestandsdichte an Wohnungen im Plangebiet die dort vorhandenen und zulässigerweise genutzten 113 öffentlichen und 163 privaten Stellplätze gegenübergestellt und darüber hinaus eine Vielzahl unzulässig genutzter Flächen zum Abstellen von Pkws im Straßenraum von Leuschnerstraße und Dr.-Carl-Goerdeler-Straße sowie der Dr.-Theodor-Haubach-Straße und der Oberst-von-Stauffenberg-Straße erfasst hat, in den beiden letztgenannten Straßen dabei im Besonderen im Bereich von Wendeanlagen. Zudem hat sie die Anzahl potenziell möglicher neuer Stellplätze im Plangebiet an den von ihr ausgemachten neuen Standorten mit 145 errechnet. Dass die Antragsgegnerin insoweit ihre entsprechenden Arbeitsunterlagen (ebenfalls) erst nachträglich dem bei Gericht eingereichten Verwaltungsvorgang beigefügt hat, nimmt diesen nicht ihre Aussagekraft weder in Bezug auf das Zahlenmaterial (438 Wohneinheiten in

Relation zu 276 zulässig und ca. 92 unzulässig genutzten Parkflächen) noch hinsichtlich der daraus abgeleiteten Schlussfolgerung für einen – weiteren – (legalen) Stellplatzbedarf im Plangebiet, den sie mit der Festsetzung entsprechender Flächen im Umfang von 145 neuen Stellplätzen erfüllen könnte.

Der Bebauungsplan Nr. 151 »Dr.-Theodor-Haubach-Straße« der Antragsgegnerin ist auch nicht mit materiellen Mängeln behaftet.

Dem Bebauungsplan fehlt entgegen der Annahme der Antragsteller nicht die städtebauliche Erforderlichkeit im Sinne des § 1 Abs. 3 BauGB. Nach dieser Vorschrift haben die Gemeinden die Bauleitpläne aufzustellen, sobald und soweit es für die städtebauliche Entwicklung und Ordnung erforderlich ist. Was im Sinne des § 1 Abs. 3 Satz 1 BauGB städtebaulich erforderlich ist, bestimmt sich maßgeblich nach der jeweiligen Konzeption der Gemeinde. Welche städtebaulichen Ziele die Gemeinde sich setzt, liegt in ihrem planerischen Ermessen. Der Gesetzgeber ermächtigt sie, die »Städtebaupolitik« zu betreiben, die ihren städtebaulichen Ordnungsvorstellungen entspricht. Nicht erforderlich im Sinne des § 1 Abs. 3 Satz 1 BauGB sind demgegenüber in aller Regel nur solche Bauleitpläne, die einer positiven Planungskonzeption entbehren und ersichtlich der Förderung von Zielen dienen, für deren Verwirklichung die Planungsinstrumente des Baugesetzbuchs nicht bestimmt sind. § 1 Abs. 3 Satz 1 BauGB ist ferner verletzt, wenn ein Bebauungsplan, der aus tatsächlichen oder Rechtsgründen auf Dauer oder auf unabsehbare Zeit der Vollzugsfähigkeit entbehrt, die Aufgabe der verbindlichen Bauleitplanung nicht zu erfüllen vermag. In dieser Auslegung setzt § 1 Abs. 3 Satz 1 BauGB der Bauleitplanung lediglich eine erste, wenn auch strikt bindende Schranke, die lediglich grobe und einigermaßen offensichtliche Missgriffe ausschließt. Sie betrifft die generelle Erforderlichkeit der Planung, nicht hingegen die Einzelheiten einer konkreten planerischen Lösung. Dafür ist das Abwägungsgebot maßgeblich, das im Hinblick auf gerichtliche Kontrolldichte, Fehlerunbeachtlichkeit und heranzuziehende Erkenntnisquellen abweichenden Maßstäben unterliegt. Deswegen kann die Abgewogenheit einer Bauleitplanung und ihrer Festsetzungen nicht bereits zum Maßstab für deren städtebauliche Erforderlichkeit gemacht werden (vgl. BVerwG, Urteil v. 27.3.2013 – 4 CN 7.11 –, juris Rdnr. 10; st. Rspr.. des Senats, vgl. Urteil v. 15.3.2018 – 1 KN 4/15 –, juris Rdnr. 45).

Von diesem Maßstab ausgehend liegt dem Bebauungsplan ausweislich der Planbegründung eine von städtebaulich legitimen Zielen getragene Planungskonzeption zugrunde. Danach ist übergreifendes Planungsziel, den Wohnungsbaubestand im Plangebiet in seiner Struktur und seinem städtebaulichen Erscheinungsbild zu erhalten und die Qualität der vorhandenen Freiflächen mit dem Gehölzbestand weitgehend zu sichern und zu schützen. Zudem sollen Bereiche für den ruhenden Verkehr geordnet und es soll neuer Parkraum planungsrechtlich ermöglicht werden. Mit der intendierten Sicherung des Wohnungsbaubestandes, die eine moderate Aufstockung desselben in Teilbereichen zulässt und durch die Festsetzung von Baugrenzen eine geringfügig höhere Nutzung der Baugrundstücke im Vergleich zum Bestand erlaubt, verfolgt die Antragsgegnerin ebenso wie mit der (Neu-)Ordnung des ruhenden Verkehrs in städtebaulich legitimer Weise die öffentlichen Belange aus § 1 Abs. 6 Nr. 1, Nr. 2 und Nr. 4 BauGB (allgemeine Anforderungen an gesunde Wohn- und Arbeitsverhältnisse; Wohnbedürfnisse der Bevölkerung; Erhaltung, Erneuerung und Fortentwicklung vorhandener Ortsteile). Sicherung und Schutz der Qualität der vorhandenen Freiflächen mit ihrem Gehölzbestand beschreiben ferner ein Planungsziel, mit dem öffentlichen Belangen im Sinne von § 1 Abs. 6 Nr. 7 und Nr. 14 BauGB (Belange des Umweltschutzes einschließlich des Naturschutzes und der Landschaftspflege; ausreichende Versorgung mit Grün- und Freiflächen) Rechnung getragen werden soll. Soweit die Antragstellerin zu 1. demgegenüber der Festsetzung einer »privaten Grünfläche« auf ihrer Grundstücksfläche zwischen den Wohnblöcken Saarlandstraße ... und ... deshalb die Erforderlichkeit abspricht, weil eine Versiegelung der Fläche durch anderweitige Festsetzungen (Baugrenzen, Festsetzung zu erhaltender Bäume, auch aus artenschutzrechtlichen Gründen sowie textliche Vorgaben in Teil B, Ziffer 1.3 und 1.4 bezüglich der Anordnung von Stellplätzen, Carports und Garagen sowie von Nebenanlagen) hinreichend sichergestellt werden könne bzw. sichergestellt sei, betrifft ihr Einwand indessen nicht die Erforderlichkeit der Planung im Sinne des § 1 Abs. 3 BauGB als solche, sondern die Einzelheiten der planerischen Lösung im Sinne der oben dargelegten Rechtsprechung.

Auch die fehlende Einbeziehung weiterer Nachbargrundstücke in den Plangeltungsbereich, namentlich der Bereich der östlichen Saarlandstraße sowie der westlich und südlich anschließende Bereich zwischen Feldstraße und Heinrich-Christiansen-Straße mit ähnlichen Baustrukturen – längliche Mehrfamilienhausblöcke in offener Bauweise mit Freiräumen zwischen den einzelnen Baukörpern – begründet keinen Verstoß gegen § 1 Abs. 3 BauGB. Es ist in erster Linie Sache des Plangebers, den Planumriss zu bestimmen. Ob eine Gemeinde überhaupt plant und in welchem räumlichen Umfang sie dies tut, ist Teil ihres Planungsermessens (BVerwG, Beschluss v. 20.11.1995 – 4 NB 23.94 –, juris Rdnr. 10 ff.). Der Umriss eines Plans wird durch die städtebaulichen Absichten bestimmt, die sich eine Gemeinde in freier Entscheidung zum Ziel setzen darf. Das richtet sich nach objektiven städtebaulichen Gesichtspunkten unabhängig von privaten Eigentümerinteressen. Nur ausnahmsweise kann das Planungsermessen hinsichtlich des Zuschnitts des Plangebiets unter dem Gesichtspunkt des § 1 Abs. 3 BauGB eingeschränkt sein. Danach kann eine Pflicht, zunächst nicht in das Plangebiet aufgenommene Flächen einzubeziehen, in Betracht kommen, wenn der Bebauungsplan ohne diese Einbeziehung seine Aufgabe, die städtebauliche Ordnung zu sichern und zu fördern, nicht erfüllen kann. (Nds. OVG, Urteil v. 27.4.2011 – 1 KN 19/09 –, juris Rdnr. 32). Dafür ist hier indessen nichts ersichtlich. Das Plangebiet ist ausreichend groß dimensioniert, um die mit der Bauleitplanung angesprochenen Themen (Erhaltung und Sicherung des Wohnungsbaubestandes in seiner Struktur und seinem Erscheinungsbild mit prägenden Grünstrukturen sowie <Neu->Ordnung des ruhenden Verkehrs und Schaffung neuer Parkraumoptionen) im betreffenden Wohnquartier zu bearbeiten und zu lösen. Einer Einbeziehung weiterer Gebiete, deren städtebauliche Situation ggf. abweichende Zielsetzungen geboten erscheinen lassen mag, bedarf es danach nicht.

Es ist auch nichts dafür ersichtlich, dass der Bebauungsplan aus tatsächlichen oder Rechtsgründen auf Dauer oder auf unabsehbare Zeit der Vollzugsfähigkeit entbehrte.

Insbesondere hindern naturschutzrechtliche Verbote den Planvollzug nicht. Die Verwirklichung des Bebauungsplans scheitert im Besonderen nicht an artenschutzrechtlichen Zugriffsverboten gemäß § 44 Abs. 1 BNatSchG. Das ergibt sich aus der »Überschlägigen Vorabschätzung Artenschutz« des Dipl.-Biol. ..., ..., aus September 2016 (Band 2, Bl. 678 ff.) in Verbindung mit den Ausführungen in der Begründung zum Bebauungsplan Nr. 151, dort Abschnitt 3.5. Jene überschlägige Potenzialanalyse hatte zu beurteilen, ob von baulichen oder nutzungsbezogenen Veränderungen im Plangebiet eine Beeinträchtigung oder Gefährdung für streng geschützte Arten ausgehen könnte. Sie ist zu dem Ergebnis gelangt, dass zum einen an Gebäuden, namentlich an den vier Wohnzeilen westlich der Dr.-Theodor-Haubach-Straße, am Gebäudekomplex an der Nordspitze dieser Straße und am Gebäude Dr.-Theodor-Haubach-Straße 10-14 sowie im Giebelbereich der Häuser Dr.-Carl-Goerdeler-Straße 10 und Saarlandstraße 42 geeignete Strukturen vorhanden seien, wo im Jahresverlauf zumindest zeitlich begrenzt Vorkommen streng geschützter Arten (Vögel und Fledermäuse) nicht ausgeschlossen werden können. Das gelte zum anderen aber auch – so die Potenzialanalyse – für Gehölze im Bereich des als Biotop geschützten Knicks sowie auf der Grünfläche im Kreuzungsbereich Dr.-Theodor-Haubach-Straße/Dr.-Carl-Goerdeler-Straße und auf Teilen der Grünfläche zwischen der Häusern Saarlandstraße 32/34 und 42/44. Die Analyse sieht bei baulichen Maßnahmen oder Rodungen von Gehölzen in diesen Bereichen daher eine vertiefende Prüfung artenschutzrechtlicher Belange nach den einschlägigen Vorgaben auf den jeweiligen Einzelfall bezogen als erforderlich an. Für die anderen Bereiche des Plangebiets könne davon ausgegangen werden, dass im Hinblick auf den besonderen und strengen Artenschutz allenfalls geringe Risiken bestünden. Diesem Befund trägt der entsprechende Hinweis auf der Planurkunde im textlichen Teil (B) unter Ziffer 8.4 Rechnung, wonach – allgemein – im Vorfeld von Abrissmaßnahmen und Baumfällungen die Prüfung möglicher Verbote nach § 44 BNatschG (potenzielle Lebensräume von Vögeln und Fledermäusen auf und in Gebäuden und Bäumen) als erforderlich bezeichnet wird. Zudem weist die Planurkunde ebenfalls im Textteil (B) unter Ziffer 8.2 auf die bei Bautätigkeiten geltende DIN 18920 »Schutz von Bäumen, Pflanzenbeständen und Vegetationsflächen bei Baumaßnahmen« und die Richtlinie RAS-LP 4 hin, die sich speziell mit dem Schutz von Bäumen, Vegetationsbeständen und Tieren bei Baumaßnahmen (bei der Anlage von Straßen) befasst. Anhaltspunkte dafür, dass bei Beachtung dieser Hinweise und bei Berücksichtigung ggf. sodann erforderlicher Vermeidungsmaßnahmen etwa in Form von Bauzeitenregelungen artenschutzrechtliche Verbotstatbestände nach § 44 BNatSchG gleichwohl erfüllt werden, sind nicht ersichtlich.

Ein unüberwindbares tatsächliches Vollzugshindernis ist ebenso wenig ersichtlich, soweit die Antragstellerin zu 1. darauf verweist, dass sich an derjenigen Stelle zwischen den Gebäudeblöcken Oberst-von-Stauffenberg-Straße 44/46/48 und 50/52, an der eine »neue Stellplatzfläche« ausgewiesen sei, mindestens ein im Eigentum Dritter stehender Öltank befinde. Dieser singuläre Umstand ist nicht geeignet, die Vollzugsfähigkeit des Plans für die angesprochene Teilfestsetzung oder gar insgesamt infrage zu stellen. Bauliche Maßnahmen behindernde oder einschränkende Verhältnisse bedürfen der Begutachtung im Einzelfall und erfordern ggf. Anpassungen bei der baulichen oder technischen Gestaltung eines Vorhabens oder wären ggf. auch zivilrechtlich zu lösen. Dies indes lässt nicht auf eine grundsätzliche Nichteignung der Fläche für die getroffene Festsetzung schließen.

Der Bebauungsplan leidet auch nicht an beachtlichen Abwägungsmängeln im Sinne des § 1 Abs. 7 BauGB.

Die verfahrensrechtlichen Anforderungen an den Abwägungsvorgang ergeben sich aus den Vorgaben des § 2 Abs. 3 BauGB, wonach bei der Aufstellung der Bauleitpläne die Belange, die für die Abwägung von Bedeutung sind (Abwägungsmaterial), ermittelt und bewertet werden müssen. Sie decken sich mit denen, die die Rechtsprechung bezogen auf die Zusammenstellung des Abwägungsmaterials aus dem Abwägungsgebot des § 1 Abs. 7 BauGB entwickelt hat (vgl. BVerwG, Urteil v. 9.4.2008 – 4 CN 1.07 –, juris Rdnr. 18 ff.) und sind vorliegend bereits im Rahmen der gerügten formellen Fehler behandelt und im Ergebnis verneint worden. Das Abwägungsgebot des § 1 Abs. 7 BauGB, nach dem bei der Aufstellung der Bauleitpläne die öffentlichen und privaten Belange gegeneinander und untereinander gerecht abzuwägen sind, stellt inhaltliche Anforderungen an den Abwägungsvorgang und an das Abwägungsergebnis und unterliegt dabei insgesamt allerdings nur einer eingeschränkten gerichtlichen Kontrolle. Gegen das rechtsstaatlich fundierte Gebot gerechter Abwägung wird verstoßen, wenn eine Abwägung überhaupt nicht stattfindet (Abwägungsausfall), in die Abwägung an Belangen nicht eingestellt wird, was nach Lage der Dinge in sie eingestellt werden muss (Abwägungsdefizit), wenn die Bedeutung dieser Belange verkannt wird (Abwägungsfehleinschätzung) oder wenn der Ausgleich zwischen den von der Planung berührten Belangen in einer Weise vorgenommen wird, die zur objektiven Gewichtigkeit einzelner Belange außer Verhältnis steht (Abwägungsdisproportionalität). Innerhalb des so gezogenen Rahmens ist dem

Abwägungserfordernis genügt, wenn sich die zur Planung berufene Gemeinde in der Kollision zwischen verschiedenen Belangen für die Bevorzugung des einen und damit notwendig für die Zurückstellung des anderen entscheidet. Das Vorziehen und Zurücksetzen bestimmter Belange innerhalb des vorgegebenen Rahmens ist die elementare planerische Entschließung der Gemeinde über die städtebauliche Entwicklung und Ordnung und kein aufsichtlich oder gerichtlich nachvollziehbarer Vorgang (Urteile des Senats vom 3.2.2022 – 1 KN 19/20 –, juris Rdnr. 43, vom 6.5.2021 – 1 KN 21/16 –, juris Rdnr. 60 m. w. N. und vom 15.3.2018 – 1 KN 4/15 –, juris Rdnr. 67; Beschluss des Senats vom 18.6.2019 – 1 MR 1/19 –, juris Rdnr. 29). Gemäß § 214 Abs. 3 Satz 1 BauGB ist für die Abwägung die Sach- und Rechtslage im Zeitpunkt der Beschlussfassung über die Satzung maßgebend.

Gemessen an diesem eingeschränkten Kontrollumfang ist ein Abwägungsmangel nicht festzustellen, soweit es den von den Antragstellern monierten Zuschnitt des Plangebiets anbelangt, namentlich die Nichteinbeziehung angrenzender Grundstücksflächen in den Plangeltungsbereich im Bereich der östlichen Saarlandstraße sowie im Bereich zwischen Feldstraße und Heinrich-Christiansen-Straße. Die Antragsgegnerin ist – wie bereits ausgeführt – durch eine konkrete Bauvoranfrage auf die Notwendigkeit einer bauleitplanerischen Sicherung der Wohn- und Grünstrukturen im Umfeld des insoweit nachgefragten Vorhabenstandorts der Dr.-Theodor-Haubach-Straße aufmerksam geworden sowie auf die Notwendigkeit, auch die damit im Zusammenhang stehende aktuell unbefriedigende Parkraumsituation in diesem Bereich einer planerischen Lösung zuzuführen. Die Begrenzung auf den Plangeltungsbereich ist mithin dem konkret erkannten Planungsbedarf geschuldet sowie der Möglichkeit, dort bestehende Stellplatzflächen zu sichern und (auch) auf freien – privaten – Flächen die planungsrechtlichen Voraussetzungen für neuen, notwendigen Parkraum zu schaffen. Das ergibt sich hinreichend deutlich aus der Abwägungsentscheidung der Antragsgegnerin, die diesen Aspekt gegenüber dem Einwand, dass auch andere Straßenzüge in einem verkehrlichen Zusammenhang mit dem Plangebiet stünden und daher ein gemeinsames Konzept entwickelt werden sollte, ausdrücklich hervorhebt und damit den räumlichen Umgriff bedarfsorientiert rechtfertigt. Das lässt Abwägungsdefizite, insbesondere eine Abwägungsdisproportionalität nicht erkennen, zumal für die angesprochenen angrenzenden Gebiete – angelehnt an das für das hier betroffene Wohnquartier entwickelte Konzept – jeweils bedarfsorientiert eigene bauleitplanerische Regelungen getroffen werden könnten.

Abwägungsfehlerhaft erweist sich auch nicht die bewusst als Sicherungsmaßnahme für den baulichen Bestand gewählte Festsetzung von Baugrenzen, welche die Bestandsgebäude rahmen. Sie trägt ausweislich der Planbegründung dem Planungsziel Rechnung, den vorhandenen Gebietscharakter – und damit auch das äußere Erscheinungsbild der Baustruktur – im Wesentlichen zu sichern und zu erhalten. Insofern erhält die Bebauung durch die Festsetzung von Baugrenzen, welche – insoweit gemäß Planzeichnung jeweils am äußeren Rand gemessen und nicht, wie offenbar durch die Antragsteller erfolgt, innerhalb des Baufensters – die Bestandsbreite im Bereich der Wohnblockbebauung grundsätzlich von 10 m auf einmal 12 m, im Übrigen aber auf 15 m erhöhen, am Kirchhofswegs in einem Fall sogar auf 18 m erweitern, nach dem Planungswillen der Antragsgegnerin einen flexiblen Rahmen, um Anbauten und dergleichen verwirklichen zu können. Auch beim Abbruch von Gebäuden lässt dieser Rahmen eine flexible Neuerrichtung zu, ohne indes die bauliche Gesamtstruktur des Quartiers zu verändern. Soweit gerügt wird, die Baugrenzenfestsetzung als solche, insbesondere aber dergestalt, dass bei Neubauten lediglich schmale längliche Baukörper möglich seien, führe zu einer ungerechtfertigten Eigentumsbeschränkung, rechtfertigt dies nicht die Annahme eines relevanten Abwägungsmangels. Fraglos zählen die durch Art. 14 Abs. 1 GG unter den besonderen Schutz des Staates gestellten Eigentumsrechte zu den bei der Bauleitplanung abzuwägenden Belangen. Dies hat die Antragsgegnerin zutreffend erkannt und bewertet und dabei auch berücksichtigt, dass festgesetzte Baugrenzen die Bebauungsmöglichkeiten eines Grundstücks sowohl erweitern können als auch zu begrenzen vermögen. Insoweit hat sich die Antragsgegnerin ausweislich der Planbegründung für die Festsetzung von Baugrenzen in Kombination mit der Festsetzung von Grundflächenzahlen entschieden, die eine geringfügig höhere Nutzung der Baugrundstücke im Vergleich zum Bestand erlauben, den Gebietscharakter in seiner Struktur und seinem Erscheinungsbild indes nicht grundsätzlich ändern, sondern sichern. Dass sie dabei die Rechte (auch) der Antragstellerin zu 1. auf bauliche Ausnutzung ihrer Grundstücksflächen übergangen bzw. Belangen der Ortsgestaltung einseitig und ohne hinreichende städtebauliche Rechtfertigung abwägungsfehlerhaft den Vorzug eingeräumt hätte, ist ersichtlich nicht der Fall.

In diesen sachlichen Kontext gehört auch die planungsrechtlich ermöglichte Aufstockung von Gebäuden bzw. der ebenso zugelassene Ausbau von Dachgeschossen durch eine »Anhebung« der zulässigen Vollgeschosszahl gegenüber dem bei Planerlass festgestellten Ist-Zustand. Diese Festsetzung zum Maß der baulichen Nutzung gemäß § 16 Abs. 2 Nr. 3 BauNVO – Anzahl der Vollgeschosse als Höchstmaß –, die sich auf wenige Wohnblöcke im Plangebiet beschränkt (Saarlandstraße 22/24, 26 bis 30 und 32/34 sowie die vier östlich der Dr.-Theodor-Haubach-Straße gelegenen Gebäude) und die jeweils mit einer als maximal zulässig festgesetzten Gebäudehöhe einhergeht, erweist sich in gleicher Weise nicht als abwägungsfehlerhaft. Sie ermöglicht eine moderate Erweiterung der baulichen Ausnutzung vorhandener Baukörper »in die Höhe«, indes begrenzt durch maximale Gebäudehöhen, die sich ausweislich der Planbegründung am Bestand und am Planungsziel der Wahrung des städtebaulichen Gesamtbildes orientieren. Auch insoweit ist eine abwägungsfehlerhafte Bevorzugung ortsgestalterischer Belange gegenüber den Interessen der Grundstückseigentümer nicht auszumachen. Die Rüge der Antragsteller, die ermöglichte Gebäudeaufstockung bzw. der zulässige Dachgeschossausbau werde nicht hinnehmbare Verschattungen verursachen und unangemessene Einsichtnahmemöglichkeiten in Wohnungen bzw. Gebäude eröffnen, führt ebenfalls auf keinen Abwägungsmangel; insoweit nämlich fehlt es beiden Aspekten in der konkreten Planungssituation an der notwendigen Abwägungsrelevanz. Alle von der monierten Festsetzung betroffenen Gebäudekörper sind durch groß dimensionierte Freiflächen von den jeweiligen Nachbargebäuden getrennt bzw. wahren – mit anderen Worten – zum jeweiligen Nachbargebäude derart große Abstände, dass mit Rücksicht auf maximale Gebäudehöhen von 12 bzw. 15 m sowie unter Berücksichtigung der bauordnungsrechtlichen Abstandsflächenanforderungen des § 6 LBO (0,4 H), die insoweit betroffenen Schutzgüter der ausreichenden Belichtung, Besonnung sowie Brandschutz für benachbarte Grundstücke ebenso wenig unzumutbar betroffen werden wie der hier ferner angesprochene und ebenfalls durch das Abstandsflächenrecht gewährleistete Schutz vor Beeinträchtigungen des Wohnfriedens durch die Sicherung eines ausreichenden Sozialabstands (vgl. Urteil des Senats vom 23.3.1994 – 1 L 45/93 –, juris Rdnr. 46).

Ein Abwägungsmangel liegt auch nicht vor, soweit es die Festsetzungen einerseits öffentlicher Parkflächen und andererseits von Flächen für Stellplätze und Garagen auf privaten Grundstücksflächen anbelangt. Der Planbegründung lassen sich insoweit unter Ziffer 4.2 die maßgeblichen Aspekte der Abwägungsentscheidung zur Unterbringung des ruhenden Verkehrs entnehmen, die vor dem Hintergrund der festgestellten angespannten Parkraumsituation im Plangebiet und des Planungsziels, diese Situation bauleitplanerisch einer Lösung zuzuführen, erfolgt ist. Danach sind die öffentlichen Stellplätze als Parkbuchten entlang der Straßen angeordnet, ohne gegenüber dem Ist-Zustand weitere Stellplätze dieser Art auszuweisen. Die im Plangebiet auf Privatflächen bereits vorhandenen Gemeinschaftsstellplatzflächen übernimmt der Bebauungsplan in seinen Grundzügen ebenso wie die Gemeinschaftsgaragenanlage der Antragstellerin zu 1. und setzt beide mit den entsprechenden Kennzeichnungen »GSt« bzw. »GGa« fest. Darüber hinaus weist der Plan weitere Flächen auf Privatgrundstücken aus, auf denen Gemeinschaftsstellplätze entstehen können. Diese sind teils zwischen den öffentlichen Parkbuchten bzw. an diese anschließend und ebenfalls straßenparallel festgesetzt; im nördlichen Bereich der Dr.-Theodor-Haubach-Straße sowie auf beiden Seiten der Oberst-von-Stauffenberg-Straße ist die Festsetzung demgegenüber straßennah zwischen den einzelnen Wohnblöcken erfolgt. Dies sei, so die Planbegründung, unter Wahrung der schützenswerten Grünflächen und des qualitativen Gehölzbestandes geschehen. Insbesondere Grundstücksflächen an den Giebelseiten zwischen den Gebäuden eigneten sich für neue Gemeinschaftsstellplatzflächen, da in diesen Bereichen keine Balkone, oft Versiegelungen für Müllbehälter und Erschließungswege zu rückwärtigen Grundstücksteilen vorhanden seien. Diese Erwägungen erweisen sich entgegen der Annahme der Antragsteller nicht als abwägungsdefizitär. Die Antragsgegnerin hat das Spannungsverhältnis ihrer Planfestsetzungen gegenüber den bereits im Aufstellungsverfahren geltend gemachten Eigentümerinteressen erkannt, sich aber zur Umsetzung ihres Planungsziels, eine bauleitplanerische Lösung für die im Plangebiet unstreitig vorherrschende angespannte Parkraumsituation zu treffen, für das vorbeschriebene Konzept entschieden, das ausweislich der Planbegründung mit Blick auf die vorhandene Bebauungssituation lediglich für das Teilgebiet WR 5 mit der textlichen Festsetzung in Ziffer 1.3 des Teils B des Bebauungsplans Stellplätze ausnahmsweise auch außerhalb der gekennzeichneten Flächen zulässt. Dabei hat die Antragsgegnerin im Besonderen berücksichtigt, dass »neu« ausgewiesene Stellplatzflächen im Rahmen ihrer Angebotsplanung lediglich eine langfristige Option darstellen, nicht hingegen verpflichtend sind; allein neu entstehender Stellplatzbedarf etwa im Falle der Aufstockung von Gebäuden wäre auf dem jeweils eigenen Grundstück, d. h., gegebenenfalls auch auf den neu ausgewiesenen Stellplatzflächen zu bewältigen. Letzteres ist systemimmanent und liefert keinen Anhalt dafür, dass Grundstückseigentümer, ohne dass dies bei der Abwägungsentscheidung besonders berücksichtigt worden wäre, darüber hinaus zur Unterbringung des ruhenden Verkehrs in Anspruch genommen werden könnten.

Auch die Anordnung der Stellplatzflächen als solche ist nicht abwägungsdisproportional. Die öffentlichen Stellplätze werden dem Ist-Bestand folgend als Parkbuchten entlang der Erschließungsstraßen ausgewiesen. Vorhandene Privat-Anlagen werden durch entsprechende Festsetzung in ihrem Bestand gesichert bzw. in ihrer Anordnung ggf. modifiziert und »neue« Stellplatzflächen auf privaten Grundstücksflächen finden sich entweder straßenparallel zwischen den öffentlichen Parkbuchten oder im Anschluss an diese und im Übrigen straßennah zwischen einzelnen Wohnblöcken. Dieses Anordnungskonzept ist plausibel und berücksichtigt sehr wohl auch Anregungen aus dem Beteiligungsverfahren, namentlich die straßenparallele Ausweisung auch privater Stellplätze etwa im Bereich der Oberst-von-Stauffenberg-Straße; weitere dort vorgeschlagene Alternativen hat die Antragsgegnerin demgegenüber nachvollziehbar, nämlich aus Gründen des Erhalts schützenswerten Baumbestandes, nicht umgesetzt. Auch ist nicht erkennbar, welche sonstigen naheliegenden bzw. sich aufdrängenden Alternativstandorte für die Ausweisung von Parkraum hätten abgewogen werden können (vgl. dazu: OVG Rh.-Pf., Urteil v. 6.10.2011 – 1 C 11322/10 –, juris Rdnr. 58 ff.), zumal weiteres erklärtes Planungsziel der Erhalt der die Qualität des Plangebiets prägenden Grünstrukturen ist. Die Inanspruchnahme auch nur von Teilen der großflächigen Grünbereiche, welche als private Grünflächen festgesetzt wurden, erwiese sich bei dieser Sachlage als nicht zielführend. Dabei war der Antragsgegnerin sehr wohl bewusst, dass die Realisierung von Stellplätzen auf den zwischen Wohnblöcken ausgewiesenen Flächen das derzeitige Erscheinungsbild des Quartiers verändern kann; gleichwohl hat sie sich für diese Bereiche entschieden, da sie – wie auch in der Planbegründung hervorgehoben – ohnehin als fußläufige Erschließung für dahinterliegende Gartennutzungen und/oder Müllplätze dienen und eine mögliche Störung der Anwohner daher auf ein Minimum reduziert wird. Hinzu kommt, dass Giebelseiten regelmäßig weniger Fenster als Frontseiten aufweisen und an Giebelseiten in der Regel auch keine Balkone angebracht sind. Um die optische Veränderung in diesen Bereichen gebietsadäquat abzufangen, hat die Antragsgegnerin überdies mit der Textfestsetzung im Teil B unter Ziffer 4.4 des Bebauungsplans bestimmt, dass bei der Neuanlage von Stellplätzen auf Privatflächen je sechs Stellplätze ein kleinkroniger, heimischer Laubbaum zu pflanzen ist.

In Bezug auf die geltend gemachte besondere Situation der Antragsteller zu 2. bis 4. als Sondereigentümer einzelner Wohnungen ergibt sich diesbezüglich keine abweichende Einschätzung. Von den vier Wohnungen der Antragsteller zu 2. befindet sich diejenige im Gebäude Oberst-von-Stauffenberg-Straße 52 in einem von der Erschließungsstraße wie auch von den straßenseitig festgesetzten Flächen für Gemeinschaftsstellplätze abgewandten Gebäudeteil, ohne dass beispielsweise eine merkliche Lärmzunahme durch deren mögliche Nutzung gegenüber dem Ist-Zustand, der durch eine bislang straßenparallele Parkraumnutzung geprägt ist, überhaupt erkennbar wäre. Die beiden Wohnungen im zweiten Obergeschoss des Wohnblocks Oberst-von-Stauffenberg-Straße 39 (rechts und Mitte) mit jeweiliger Balkon-Ausrichtung nach Süd-West haben ihre maßgebliche räumliche Orientierung mithin zur Erschließungsstraße hin und werden durch die Anordnung einer Gemeinschaftsstellplatzanlage zwischen den Giebelseiten der Gebäude Oberst-von-Stauffenberg-Straße 37 und 39 nicht unmittelbar berührt. Insbesondere ist auch insoweit nicht erkennbar, dass eine faktische Verlagerung des ruhenden Verkehrs von der Straße auf diesen »Zwischenraum« eine Lärm- und Geruchszunahme bewirkte, welche angesichts der Größenordnung der Fläche, die etwa 10 Pkw wird aufnehmen können, eine Geringfügigkeitsschwelle überschreitet. Hinsichtlich der vierten, rechts im ersten Obergeschoss des Gebäudes Oberst-von-Stauffenberg-Straße … befindlichen Wohnung der Antragsteller zu 2. gilt letztlich nichts Anderes. Auch sie ist mit ihrem Süd-West-Balkon zur Erschließungsstraße hin ausgerichtet und hätte bei einer Umsetzung des Plans jene »neue« Stellplatzanlage zwischen den Giebelseiten der Gebäude 37 und 39 sozusagen »in ihrem Rücken«. Eine spürbare Zunahme an Verkehrs- und Geruchslärm durch Verlagerung des ruhenden Verkehrs von der Straße dorthin steht – wie ausgeführt – ersichtlich nicht zu erwarten. Für die Antragstellerin zu 3. ist Ähnliches anzunehmen. Ihre Wohnung befindet sich im Erdgeschoss des Gebäudes … links und ist ebenfalls mit ihrem Balkon auf der Süd-West-Seite zur Oberst-von-Stauffenberg-Straße hin ausgerichtet. Damit grenzt die Wohnung bereits nicht unmittelbar an die zwischen … und 35 ausgewiesene Gemeinschaftsstellplatzanlage für etwa zehn

Pkw an, sondern hat sie ihrerseits »im Rücken«. Die Wohnung des Antragstellers zu 4. im Erdgeschoss rechts des Gebäudes ..., deren Fenster Richtung Norden und Süden weisen und deren Balkon Richtung Süden ausgerichtet ist, wird zwar durch die Festsetzung von Gemeinschaftsstellplatzanlagen sowohl nördlich als auch südlich der Längsseiten des Wohngebäudes »betroffen« und sieht sich weiteren ausgewiesenen Gemeinschaftsstellplätzen entlang der Erschließungsstraße – unmittelbar vor der Giebelseite des Wohnhauses – ausgesetzt. Gleichwohl ist auch hier der Umfang neu ausgewiesener Stellplatzflächen – etwa 16 bzw. 18 Plätze bei Wohnblöcken mit jeweils 28 bzw. 29 Wohneinheiten – im Vergleich zur Ist-Situation des straßenparallelen Parkens nicht derart gravierend, dass von relevantem, abwägungserheblichem Zuwachs an Lärm und Geruch bei entsprechender Nutzung ausgegangen werden müsste.

Soweit die Antragsteller zu 2. bis 4. in diesem Kontext weiter rügen, der Ausblick aus ihren Wohnungen bzw. von ihren Balkonen würde planbedingt verschlechtert, handelt es insoweit schon vom Grundsatz her um keinen abwägungsrelevanten privaten Belang. Die bloße Änderung des Ausblicks auf eine bisher unbebaute bzw. vorrangig als freie Grünfläche zwischen zwei Wohnblöcken genutzte Fläche begründet für sich gesehen kein privates Interesse von solchem Gewicht, dass es im Rahmen planerischer Abwägung berücksichtigt werden müsste (vgl. OVG NRW, Urteil v. 25.1.2010 – 7 D 97/09.NE –, juris Rdnr. 109 m. w. N.). Auch die Möglichkeit, dass bei Ausbau- oder Umbaumaßnahmen im Rahmen neu festgesetzter Baufelder bisherige private Anpflanzungen vor dem eigenen Balkon betroffen sein oder sogar entfallen könnten, ist kein Belang von solchem Gewicht, dass die Antragsgegnerin ihn in ihre Abwägungsentscheidung einstellen müsste.

Die Rüge, es fehle der Festlegung der Stellplatzflächen und ihrer jeweiligen Größe an einer entsprechenden Ermittlung der Anzahl bereits vorhandener und angesichts möglicher Aufstockungs- oder Dachgeschossausbauten zukünftig erforderlicher Stellplätze, ist schon angesichts der der Planakte zugefügten Arbeitsmaterialien der Antragsgegnerin in dieser Pauschalität nicht zutreffend. Die Antragsgegnerin hat den im Plangebiet vorhandenen Wohnungsbestand überschlägig mit 438 Einheiten ermittelt und dem insgesamt 276 vorhandene, zulässigerweise genutzte Stellplätze gegenübergestellt. Deren Erhalt sichert der Bebauungsplan durch entsprechende Ausweisung und schafft auf (weiteren) Privatflächen Optionen für die Herstellung von insgesamt 145 zusätzlichen Stellplätzen. Dabei schöpft die Antragsgegnerin die prägenden Grünstrukturen und den schützenswerten Gehölzbestand berücksichtigend alle sich »straßennah« anbietenden Flächen für jene letztgenannten Festsetzungen aus, die, da sie optional sind, sowohl den aktuellen Bedarf als auch zukünftig entstehenden Bedarf für etwaig hinzukommende Wohneinheiten zu decken vermögen; abwägungsfehlerhaft ist das nicht.

Mit der Festsetzung privater Grünflächen, u. a. auch auf dem Grundstück der Antragstellerin zu 1. westlich der Saarlandstraße, hat die Antragsgegnerin keine abwägungsfehlerhafte, die Interessen der jeweils betroffenen Grundstückseigentümer nicht hinreichend berücksichtigende bauplanerische Entscheidung getroffen. Festsetzungsermächtigung hierfür bildet § 9 Abs. 1 Nr. 15 BauGB, wonach – wie vorliegend – private Grünflächen festgesetzt werden können, sofern hierfür städtebauliche Gründe vorliegen. Letzteres ist der Fall, und zwar mit Blick auf das wiederholt zitierte Planungsziel, den Wohnungsbaubestand in seiner Struktur und seinem städtebaulichen Erscheinungsbild zu erhalten und zugleich die Qualität der das Wohnquartier prägenden Freiflächen mit dem Gehölzbestand weitgehend zu sichern und zu schützen. Insofern hat die Antragsgegnerin drei zentrale, großzügig angelegte Grünflächen auf Privatgrundstücken ausgemacht, deren städtebauliche Qualität sie für den Bereich zwischen Leuschnerstraße und Dr.-Theodor-Haubach-Straße in der Planbegründung um die naturschutzfachliche Erwägung des dort notwendigen Knickschutzes und des Vorhandenseins zahlreicher schützenswerter Gehölze ergänzt hat. Für die das Plangebiet ebenso charakteristische Grünfläche an der Saarlandstraße führt die Planbegründung an gleicher Stelle die darauf befindliche Vielzahl an Gehölzen an, was deren städtebauliche Qualität für den »Erhalt eines Wohnens im Grünen« ebenso unterstreicht. Der dritten Grünfläche im nördlichen Plangeltungsbereich zwischen Dr.-Theodor-Haubach-Straße und Oberst-von-Stauffenberg-Straße misst die Antragsgegnerin ausweislich der Planbegründung darüber hinaus die städtebauliche Funktion zu, das aus der Nutzung des nördlich dieser Fläche liegenden Bolzplatzes einer Grundschule resultierende Konfliktpotenzial gegenüber der angrenzenden Wohnnutzung zu reduzieren. Die (private) Grünfläche bilde – so die Planbegründung – einen Übergang von der intensiv genutzten Spiel- und Sportfläche zur Wohnnutzung innerhalb des Plangebiets.

Zudem erweist sich, dass die Antragsgegnerin bei der Festsetzung der privaten Grünflächen die Eigentümerinteressen auch der Antragstellerin zu 1. im gebotenen Umfang beachtet und abgewogen hat. So war ihr bereits aus der frühzeitigen Öffentlichkeitsbeteiligung bekannt, dass insbesondere auch die Antragstellerin zu 1. eine bauliche Nachverdichtung ihrer Grundstücksflächen in Form zusätzlicher Neubauten, wie sie mit der Konzeptvariante 1 »Neubauten« vorgestellt worden war, nicht wünschte. Diese Variante sah auf den Grundstücken der Antragstellerin zu 1. neben zwei möglichen Neubauten auf der Fläche der Gemeinschaftsgaragenanlage an der Ecke Dr.-Carl-Goerdeler-Straße/Oberst-von-Stauffenberg-Straße und einem dreigeschossigen Baukörper mit Staffelgeschoss zwischen den Wohnblöcken Oberst-von-Stauffenberg-Straße 44/46/48 und 50/52 ein ebensolches Gebäude innerhalb deren Grünfläche parallel zur Saarlandstraße vor. Ihre diesbezügliche Ablehnung hatte die Antragstellerin zu 1. mit Schreiben vom 7.8.2015 geltend gemacht und darauf hingewiesen, dass das gesamte Plangebiet durch eine relativ aufgelockerte Bebauung, zahlreiche Bäume und Grünflächen geprägt sei, welche ihm die Charakteristik des »Wohnens im Grünen« vermittle. Bei einer Umsetzung der Variante 1 ginge die bisherige aufgelockerte Bebauung verloren; es entstünde eine erhebliche Verdichtung, die nicht nur das Gefühl des »städtischen Wohnens im Grünen« entfallen ließe, sondern auch zu einer erheblichen Wertminderung der Immobilien führte. In Ansehung auch dieser Einwände hat sich die Antragsgegnerin in ihrer weiteren Planung gegen eine wesentliche Nachverdichtung im Plangebiet insgesamt und damit auch auf der »Grünfläche« der Antragstellerin zu 1. entschieden und die Bauleitplanung auf eine Sicherung des Wohnbestandes und der die Wohnqualität des Quartiers prägenden großzügigen Grünflächen mit dem Baumbestand gerichtet. Die Sicherung auch der prägenden großzügigen Grünfläche der Antragstellerin zu 1. an der Saarlandstraße als eine solche im Sinne des § 9 Abs. 1 Nr. 15 BauGB, auf der nach ihrem Willen ohnedies keine bauliche Nutzung, insbesondere keine solche in Gestalt von Wohngebäuden erfolgen sollte, ist daher eine nachvollziehbare und konsequente Festsetzung, die den Anwohnern die gewünschte – gebäudefreie – Grün- und Erholungsfläche sichert. Hinsichtlich der Grünfläche zwischen Leuschnerstraße und Dr.-Theodor-Haubach-Straße gilt im Übrigen, dass bereits der notwendige Knickschutz eine bauliche Nutzung der ausgewiesenen Fläche in angemessenem Umfang hinderte und insofern diesbezügliche Eigentumsinteressen nicht beschränkt werden. Gleiches gilt in Bezug auf die dritte, als »Grün-Puffer« festgesetzte Fläche, die ausweislich der Liste zum erhaltenswerten Baumbestand eine Vielzahl von Bäumen dieser Qualität aufweist und daher für eine sinnvolle bauliche Nutzung ebenfalls ausscheidet.

Soweit die Antragsteller einen Abwägungsfehler darin sehen, dass der Immobilienwert der betroffenen Grundstücke bzw. einzelner Wohnungen durch die Planfestsetzungen insgesamt, d. h. durch die Festsetzung privater Grünflächen und von Baugrenzen, die Ausweisung von Stellplatzflächen und die zugelassene Möglichkeit, Gebäude aufzustocken bzw. Dachgeschosse auszubauen, erheblich gemindert werde, folgt der Senat dieser Einschätzung nicht. Die Rüge ist bereits nicht hinreichend substanziiert und bezieht sich auf Festsetzungen im gesamten Plangebiet. Im Übrigen sind in die planerische Abwägung potenzielle Wertänderungen von Grundstücken/Wohnungen grundsätzlich nicht einzustellen, sondern nur Auswirkungen, die von der geplanten baulichen Nutzung konkret (»in Natura«) ausgehen. Abwägungsrelevant sind nicht potenzielle Wertveränderungen, sondern bei Erreichen eines abwägungserheblichen Grades die faktischen und unmittelbaren Beeinträchtigungen der Grundstücksnutzung (Urteil des Senats vom 2.12.2015 – 1 KN 6/15 –, juris Rdnr. 55 ff.). Beeinträchtigungen dieses Ausmaßes sind indessen ersichtlich nicht gegeben. Die Abwägungsentscheidungen der Antragsgegnerin, wie sie vorstehend abgehandelt wurden, lassen darauf nicht schließen. Vielmehr wird im Plangebiet, worauf die Antragsgegnerin zutreffend hinweist, anstelle einer großflächigen Nachverdichtung lediglich eine geringfügige bauliche Erweiterung im Bestand zugelassen und es werden im Besonderen die prägenden großen zusammenhängenden Grünflächen gesichert, die zusammen mit dem Erhalt des Baum- und Gehölzbestandes sowie der Sicherung des umfangreichen Knickbewuchses die Qualität des Wohnquartiers im bisherigen Sinn des »Wohnens im Grünen« wahren. Die Ausweisung von Stellplätzen in einem der Wohnungsdichte angemessenen, moderaten Umfang stellt den Wert der Immobilien nicht infrage, sondern trägt der Notwendigkeit, den ruhenden Verkehr unterzubringen, Rechnung und wertet deren Wert daher eher auf. …

Nr. 11

1. **Auch im Anwendungsbereich des § 13a Abs. 1 Satz 2 Nr. 2 BauGB sind die Grundflächen mehrerer Bebauungspläne, die in einem engen sachlichen, räumlichen und zeitlichen Zusammenhang aufgestellt werden, mitzurechnen.**
2. **Auch mit Bebauungsplänen, die im Normalverfahren aufgestellt werden, kann ein Zusammenhang mit der Folge bestehen, dass die zulässigen Grundflächen zu addieren sind und das beschleunigte Verfahren nicht anwendbar ist.**

BauGB § 13a Abs. 1 Satz 2 Nr. 2.

Niedersächsisches OVG, Urteil vom 7. August 2024 – 1 KN 161/21 –.

Aus den Gründen:

Der Antragsteller wendet sich gegen den Bebauungsplan Nr. 5 »Altdorf« der Antragsgegnerin. … Die Antragsgegnerin verfolgt seit Jahren das Ziel, die bäuerliche Landwirtschaft in der Ortslage und damit ihren dörflichen Charakter sowie ihr Ortsbild zu sichern. Nutzungskonflikte im Gemeindegebiet aufgrund einer grundsätzlich gewünschten Nutzungsmischung vor allem zwischen Landwirtschaft und Wohnen sollen ausgeschlossen, Umnutzungen ehemals landwirtschaftlicher Gebäude sowie die Nachverdichtung gesteuert und ortsbildverträglich begrenzt werden. Außerdem möchte die Antragsgegnerin einer unterschiedlichen und als ungerecht empfundenen Behandlung vom Bauanträgen einen rechtlichen Rahmen geben. Zu diesem Zweck führte sie im Jahr 2013 eine Bürgerbeteiligung durch und befragte im selben Jahr die ansässigen Landwirte im Hinblick darauf, welche landwirtschaftlichen Aktivitäten diese entfalteten und welche Erweiterungsabsichten sie hegten. Daraus resultierte die Aufstellung sowohl des hier streitgegenständlichen Plans Nr. 5 »Altdorf«, dessen Aufstellung der Verwaltungsausschuss der Antragsgegnerin bereits am 13.11.2003 beschlossen hatte, sowie die Aufstellung des Bebauungsplans Nr. 8 »Altdorf-Süd«, dessen ca. 23 ha großes Plangebiet unmittelbar südlich an das Plangebiet des Bebauungsplans Nr. 5 angrenzt. Aus der Begründung zum in diesem Verfahren zur Prüfung gestellten Plan Nr. 5 geht hervor, dass die beiden Bebauungspläne von Beginn an aufeinander abgestimmt und einheitlich angelegt worden sind. Beide Pläne wurden zunächst im Normalverfahren aufgestellt. Im vorgesehenen Geltungsbereich des hier streitgegenständlichen Plans Nr. 5 stellte die Antragsgegnerin im Planaufstellungsverfahren Abweichungen vom geltenden Flächennutzungsplan der Samtgemeinde Bardowick fest. Daraufhin beschloss die Antragsgegnerin, den Plan mit einer zulässigen Grundfläche von rund 46 800 m^2 auf der Basis von § 13a Abs. 1 Satz 2 Nr. 2 BauGB als einen Bebauungsplan der Innenentwicklung aufzustellen, um von der Möglichkeit einer Berichtigung des Flächennutzungsplans Gebrauch machen zu können. Einen Umweltbericht erstellte die Antragsgegnerin demzufolge nicht. ...

Der Bebauungsplan leidet an formellen Fehlern, die zu seiner Unwirksamkeit führen. Er durfte nicht im beschleunigten Verfahren aufgestellt werden; die Voraussetzungen des § 13a Abs. 1 BauGB lagen nicht vor.

Nach § 13a Abs. 1 Satz 1 BauGB kann ein Bebauungsplan für die Wiedernutzbarmachung von Flächen, die Nachverdichtung oder andere Maßnahmen der Innenentwicklung (Bebauungsplan der Innenentwicklung) im beschleunigten Verfahren aufgestellt werden. Gemäß Satz 2 darf ein Bebauungsplan aber nur dann im beschleunigten Verfahren aufgestellt werden, wenn in ihm eine zulässige Grundfläche im Sinne des § 19 Abs. 2 BauNVO von weniger als 20 000 m^2 (Satz 2 Nr. 1) oder die zulässige Grundfläche 20 000 m^2 bis weniger als 70 000 m^2 beträgt, wenn auf Grund einer überschlägigen Prüfung unter Berücksichtigung der in Anlage 2 des BauGB genannten Kriterien die Einschätzung erlangt wird, dass der Bebauungsplan voraussichtlich keine erheblichen Umweltauswirkungen hat, die nach § 2 Abs. 4 Satz 4 in der Abwägung zu berücksichtigen wären (Vorprüfung des Einzelfalls).

Die zu betrachtende zulässige Grundfläche im Sinne des § 19 Abs. 2 BauNVO überschreitet im vorliegenden Fall den Höchstwert von 70 000 m^2. Zur zulässigen Grundfläche im Plangebiet des Bebauungsplans Nr. 5 »Altdorf« im Umfang von 46 809 m^2 ist die zulässige Grundfläche im Plangebiet Nr. 8 »Altdorf-Süd« hinzuzurechnen. Letztere beträgt nach überschlägiger, nur auf die mittleren und südlichen Dorf- und Wohngebiete beschränkten Rechnung bei Zugrundelegung einer Grundflächenzahl von mindestens 0,5 bereits 35 000 m^2, sodass in Summe die Grenze von 70 000 m^2 bei weitem überschritten wird.

Die Zusammenrechnung der zulässigen Grundflächen beider Pläne beruht auf der Regelung des § 13a Abs. 1 Satz 2 Nr. 1 Hs. 2 BauGB, die auch für Bebauungspläne zwischen 20 000 m^2 und 70 000 m^2 gilt und deren Anwendung auch nicht entgegensteht, dass der Plan Nr. 8 im Normalverfahren aufgestellt werden soll. Die Voraussetzungen für eine Zusammenrechnung liegen im konkreten Fall auch vor, weil die Pläne in einem engen sachlichen, räumlichen und zeitlichen Zusammenhang aufgestellt wurden bzw. werden sollen. Die aus der fehlerhaften Verfahrenswahl resultierenden Fehler führen zur Unwirksamkeit des Plans. Im Einzelnen:

Gemäß § 13a Abs. 1 Satz 2 Nr. 1 Hs. 2 BauGB sind die Grundflächen mehrerer Bebauungspläne, die in einem engen sachlichen, räumlichen und zeitlichen Zusammenhang aufgestellt werden, mitzurechnen. Diese Kumulationsregelung gilt nach allgemeiner Meinung, der sich auch der Senat anschließt, entgegen der systematischen Stellung bei allen Bebauungsplänen im Sinne des § 13a BauGB mit einer durch sie festgesetzten zulässigen Grundfläche unterhalb von 70 000 m^2 (Kment, in: Jarass/Kment, BauGB, 3. Aufl. 2022, § 13a Rdnr. 3; Battis, in: Battis/Krautzberger/Löhr, BauGB, 15. Aufl. 2022, § 13a Rdnr. 6; Rieger, in: Schrödter, BauGB, 9. Aufl. 2019, § 13a Rdnr. 15; Gierke/Scharmer, in: Brügelmann, BauGB, § 13a Rdnr. 78, Stand: Oktober 2018; i.E. wohl auch Krautzberger/Kerkmann, in: Ernst/Zinkahn/Bielenberg/Krautzberger, BauGB, § 13a Rdnr. 42, Stand: Februar 2019). Dabei kann offenbleiben, ob § 13a Abs. 1 Satz 2 Nr. 1 Hs. 2 BauGB auf die Fälle des § 13a Abs. 1 Satz 2 Nr. 2 BauGB analoge Anwendung findet oder sich das Gebot der Zusammenschau mehrerer im Zusammenhang aufzustellender Pläne mit der Folge der Unanwendbarkeit des beschleunigten Verfahrens unmittelbar aus Nr. 1.2 und 2.2 der Anlage 2 zu § 13a Abs. 1 Satz 2 Nr. 2 BauGB ergibt. Im Ergebnis steht fest, dass zusammenhängende Pläne gemeinsam zu betrachten sind.

Dies gilt auch dann, wenn der in Betracht zu ziehende andere Bebauungsplan im Normalverfahren aufgestellt wird (so auch Gierke/Scharmer, in: Brügelmann, BauGB, § 13a Rdnr. 85, Stand: Oktober 2018). Der Gegenansicht, die eine Addition der Grundflächen in einem solchen Fall auf Missbrauchsfälle beschränken will (VGH BW, Urteil v. 29.10.2013 – 3 S 198/12 –, BRS 81 Nr. 43 = NVwZ-RR 2014, 171 = juris Rdnr. 30; so auch Kröninger, in: Kröninger/Aschke/Jeromin, BauGB, 5. Aufl. 2024, § 13a Rdnr. 15; Krautzberger/Kerkmann, in: Ernst/Zinkahn/Bielenberg/Krautzberger, BauGB, § 13a Rdnr. 44, Stand: Februar 2019; Rieger, in: Schrödter, BauGB, 9. Aufl. 2019, § 13a Rdnr. 14), vermag sich der Senat nicht anzuschließen. Vielmehr ist die Einbeziehung schon europarechtlich geboten.

Gemäß Art. 3 Abs. 3 der Richtlinie 2001/42/EG des Europäischen Parlaments und des Rates vom 17.6.2001 über die Prüfung der Umweltauswirkungen bestimmter Pläne und Programme – Plan-UP-RL – bedürfen Pläne, die die Nutzung kleiner Gebiete auf lokaler Ebene festlegen, nur dann einer Umweltprüfung, wenn die Mitgliedstaaten bestimmen, dass sie voraussichtlich erhebliche Umweltauswirkungen haben. Gemäß Art. 3 Abs. 5 Plan-UP-RL bestimmen die Mitgliedstaaten entweder durch Einzelfallprüfung oder durch Festlegung von Arten von Plänen und Programmen oder durch eine Kombination dieser beiden Ansätze, ob die unter anderem in Abs. 3 genannten Pläne voraussichtlich erhebliche Umweltauswirkungen haben. Zu diesem

Zweck berücksichtigen die Mitgliedstaaten näher genannte Kriterien, um sicherzustellen, dass Pläne und Programme, die voraussichtlich erhebliche Umweltauswirkungen haben, von der Richtlinie erfasst werden. Eine gesetzliche Regelung hat aber sicherzustellen, dass das Regelungsziel nicht durch die Aufsplitterung von Projekten umgangen werden kann. Erforderlich ist demnach eine Gesamtbeurteilung (vgl. EuGH, Urteil v. 21.9.1999 – C-392/96 –, ZUR 2000, 284 = juris Rdnr. 76 zu einer vergleichbaren Regelung im Recht der UVP). Diese Gesamtbeurteilung erfordert die Einbeziehung eines Bebauungsplans unabhängig davon, in welchem Verfahren er aufgestellt wird. Ansonsten hätte es der Satzungsgeber in der Hand, durch einen geeigneten Zuschnitt seiner Plangebiete und entsprechender Verfahrenswahl zu bewirken, dass etwa ein problematischer Teil des Plangebiets aus einem Bebauungsplan ausgegliedert und eigens durch einen Plan gemäß § 13a BauGB ohne Umweltverträglichkeitsprüfung beplant werden könnte. Dass bei Aufstellung eines Bebauungsplans im Normalverfahren für das restliche Plangebiet eine Umweltverträglichkeitsprüfung durchgeführt werden müsste und in deren Rahmen nach Nr. 2 Buchst. b Unterbuchst. ff. der Anlage 1 zum BauGB die kumulierenden Auswirkungen von Vorhaben benachbarter Plangebiete in Betracht gezogen werden würde, würde einen Missbrauch nicht verhindern. Diese Prüfung könnte nämlich nicht verhindern, dass im gemäß § 13a BauGB geplanten Gebiet die eigentlich umweltunverträglichen Vorhaben realisiert würden.

Der für die Zusammenrechnung erforderliche sachliche Zusammenhang i. S. v. § 13a Abs. 1 Satz 2 Nr. 1 BauGB wird dadurch begründet, dass beiden Plänen ein einheitliches städtebauliches Konzept zugrunde liegt. Wörtlich heißt es in der Planbegründung des Bebauungsplans Nr. 5 »Altdorf«:

> »Im Süden grenzt das Plangebiet an Flächen mit wohnbaulicher und mit landwirtschaftlicher Nutzung. Es handelt sich dabei um eine Satzung und den im Aufstellungsverfahren befindlichen Bebauungsplan Nr. 8 ›Altdorf-Süd‹ der Gemeinde Wittorf. B-Plan Nr. 5 und B-Plan Nr. 8 wurden von Beginn an einheitlich angelegt. Die Planungen sind aufeinander abgestimmt, so dass in dieser Hinsicht keine Konflikte zu erwarten sind. Der B-Plan Nr. 8 wird mit paralleler Änderung des FNP im Normalverfahren aufgestellt und befindet sich zum Zeitpunkt des Satzungsbeschlusses für vorliegenden Bebauungsplan in der Erarbeitung des Vorentwurfs.«

In der Entwurfsbegründung des Bebauungsplans Nr. 8 führt die Antragsgegnerin aus: »Die städtebaulichen Ziele decken sich mit denen des Bebauungsplans Nr. 5 für das angrenzende Altdorf, das als Einheit mit dem Plangebiet betrachtet werden kann.« und ebenfalls »Die B-Pläne Nr. 5 und Nr. 8 sind inhaltlich aufeinander abgestimmt.«

Der enge räumliche Zusammenhang ergibt sich ohne Weiteres daraus, dass die Plangebiete direkt aneinandergrenzen und jeweils das Altdorf, also ein zusammenhängendes Gebiet, der Antragsgegnerin betreffen.

Der notwendige zeitliche Zusammenhang bestand bereits zu Beginn beider Planaufstellungsverfahren. In beiden Fällen ist im März 2013 eine Bürgerbeteiligung durchgeführt worden. Beiden Verfahren ist auch gemein, dass die Antragsgegnerin im Mai 2013 eine Befragung der ortsansässigen Landwirte durchgeführt hat, um unter anderem deren Ausbauabsichten zu ermitteln. Der Zusammenhang ist auch im weiteren Verfahren nicht dadurch aufgehoben worden, dass das Planaufstellungsverfahren bezüglich des Plans Nr. 8 gestoppt wurde. Die Antragsgegnerin hat das Verfahren lediglich angehalten, um den Ausgang des hier zu entscheidenden Normenkontrollverfahrens abzuwarten. Sie hat ihre Planungsabsichten daher nicht – was eine andere Betrachtung rechtfertigen könnte – auf unbestimmte Zeit ausgesetzt, sodass etwa fraglich wäre, ob sie diese Planung noch einmal aufnimmt und zu Ende führen wird. Vielmehr waren auf der Internet-Homepage der Samtgemeinde unter der Rubrik »Beteiligungsverfahren« auch am Tag der mündlichen Verhandlung noch die Unterlagen zum weiteren Planaufstellungsverfahren bezüglich des Bebauungsplans Nr. 8 abrufbar. In der mündlichen Verhandlung haben die Vertreter der Antragsgegnerin bekräftigt, dass sie das Ergebnis dieses Verfahrens lediglich abwarten wollten, um daraus eventuelle Folgerungen für das Parallelverfahren zu ziehen.

Der Bebauungsplan leidet aufgrund der Wahl des beschleunigten Verfahrens an beachtlichen Mängeln, weil die Antragsgegnerin – insoweit folgerichtig – weder eine Umweltprüfung vorgenommen (§ 2 Abs. 4 BauGB) noch einen Umweltbericht (§ 2a Satz 2 Nr. 2 BauGB) erstellt hat. Der Fehler ist nach § 214 Abs. 1 Satz 1 Nr. 3 BauGB beachtlich, innerhalb der Frist des § 215 Abs. 1 Satz 1 BauGB geltend gemacht worden und führt zur Gesamtunwirksamkeit des Bebauungsplans. …

Nr. 12

Sieht der Bebauungsplan ein Heranrücken einer schutzbedürftigen Nutzung (hier der Wohnnutzung dienende Gebiete) an eine außerhalb des Plangebiets liegende Emissionsquelle (hier eine Hauptverkehrsstraße) vor und werden die Orientierungswerte der DIN 18005 deutlich überschritten, handelt es sich um eine erhebliche Umweltauswirkung des Bebauungsplans i. S. v. § 13a Abs. 1 Satz 2 Nr. 2 BauGB.

BauGB § 13a Abs. 1 Satz 2 Nr. 2.

Niedersächsisches OVG, Urteil vom 5. September 2024 – 1 KN 62/22 –.

Aus den Gründen:

Die Antragstellerin wendet sich gegen den Bebauungsplan 07/22 »Bäckkamp-Schmiedestraße«, weil sie der Auffassung ist, die Antragsgegnerin habe es zu Unrecht unterlassen, für ihr in zweiter Reihe gelegenes Grundstück eine eigenständige Erschließung festsetzen. ...

Der Normenkontrollantrag ist begründet.

Die Antragsgegnerin hat den Bebauungsplan zu Unrecht im beschleunigten Verfahren nach § 13a BauGB aufgestellt.

Da der Plan ausweislich der tabellarischen Darstellung in der Planbegründung Wohn- und Mischgebiete im Umfang von 93 506 m^2 festsetzt und diese bei einer Grundflächenzahl von 0,3–0,4 zu rund einem Drittel mit baulichen Anlagen überdeckt werden dürfen, liegt die zulässige Grundfläche bei mehr als 20 000 m^2 (§ 13a Abs. 1 Satz 2 Nr. 2 BauGB i. V. m. § 19 Abs. 2 BauNVO). In einem solchen Fall ist die Anwendung des beschleunigten Verfahrens nur zulässig, wenn auf Grund einer überschlägigen Prüfung unter Berücksichtigung der in Anlage 2 zu § 13a Abs. 1 Satz 2 Nr. 2 BauGB genannten Kriterien die Einschätzung erlangt wird, dass der Bebauungsplan voraussichtlich keine erheblichen Umweltauswirkungen hat, die nach § 2 Abs. 4 Satz 4 BauGB in der Abwägung zu berücksichtigen wären (Vorprüfung des Einzelfalls); die Behörden und sonstigen Träger öffentlicher Belange, deren Aufgabenbereiche durch die Planung berührt werden können, sind an der Vorprüfung des Einzelfalls zu beteiligen. Eine solche Vorprüfung hat die Antragsgegnerin mit Stand vom 4.4.2017 zwar durchgeführt. Ihr Ergebnis ist jedoch weder nachvollziehbar, noch ist die erforderliche Behörden- und Trägerbeteiligung überhaupt erfolgt, sodass gemäß § 214 Abs. 2a Nr. 3 BauGB beachtliche Mängel vorliegen.

Der Bebauungsplan hat entgegen der Auffassung der Antragsgegnerin erhebliche Umweltauswirkungen zur Folge. Wann Umweltauswirkungen erheblich sind, ist – dies folgt unmittelbar aus § 7 Abs. 1 Satz 3 UVPG und dem dortigen Verweis auf § 25 Abs. 2 UVPG – dem materiellen Zulassungsrecht zu entnehmen (vgl. nur BVerwG, Urteil v. 17.12.2013 – 4 A 1.13 –, BVerwGE 148, 353 = BRS 80 Nr. 79 = juris Rdnr. 37 m. w. N.). Dieses »Zulassungsrecht« sieht auf Ebene des Bebauungsplans eine Abwägung vor. Umweltauswirkungen sind daher relevant, wenn sie auf das Ergebnis der Abwägung Einfluss haben können (vgl. BVerwG, Urteil v. 25.6.2014 – 9 A 1.13 –, BVerwGE 150, 92 = NVwZ 2015,85 = juris Rdnr. 22 f.; Senatsbeschl. v. 11.10.2021 – 1 ME 110/21 –, BauR 2022, 48 = juris Rdnr. 23). Solche Umweltauswirkungen sind mit dem angegriffenen Bebauungsplan verbunden; die gegenteilige Annahme der Antragsgegnerin ist – wie die Antragstellerin binnen Jahresfrist zu Recht gerügt hat – nicht nachvollziehbar i. S. v. § 214 Abs. 2a Nr. 3 BauGB.

Erhebliche Umweltauswirkungen folgen daraus, dass der Bebauungsplan schutzbedürftige (Wohn)Nutzungen in Bereichen zulässt, die in erheblicher Weise durch Straßenverkehrslärm belastet sind. Das betrifft alle Grundstücke entlang der Walsroder Straße bis zu einer Tiefe von etwa 90 m, ferner in geringerer Tiefe auch die Grundstücke entlang der übrigen umgebenden Straßen. Die Immissionen liegen – wie die Antragsgegnerin zutreffend erkannt hat – teils deutlich oberhalb der Orientierungswerte der DIN 18005, sodass sie nach Maßgabe des Trennungsgebots des § 50 Satz 1 BImSchG gehalten war, erstens im Rahmen der Abwägung gewichtige städtebauliche Gründe für ihr Planvorhaben zu benennen und zweitens durch kompensatorische Maßnahmen für gesunde Wohnverhältnisse zu sorgen (vgl. Senatsurt. v. 7.10.2021 – 1 KN 3/20 –, BauR 2022, 197 = juris Rdnr. 43 ff. unter Verweis auf die Dortmund-Entscheidung des BVerwG).

Daraus folgt zugleich, dass die Antragsgegnerin die Umweltauswirkungen ihrer Planung auf das Schutzgut Mensch in ihre Abwägung einstellen musste, und zwar in einer das Planungsergebnis beeinflussenden Weise. Dies hat die Antragsgegnerin im Rahmen der Vorprüfung nicht ausreichend bedacht. Sie stellt zwar fest, dass es eine Vorbelastung durch Lärmimmissionen gebe, sodass ggf. Festsetzungen zu treffen seien, um die für eine Wohnbebauung gültigen Richtwerte und Normen einzuhalten. Schon das weist auf das Erfordernis einer Abwägung hin; die Ermittlung der Abwägungsgrundlagen wäre im Rahmen der Umweltprüfung zu leisten gewesen. Die weitere Feststellung, Umweltqualitätsnormen und Richtwerte würden nicht überschritten, ist angesichts der Lärmproblematik falsch.

Eine andere Betrachtung ist nicht deshalb geboten, weil es sich um Lärmimmissionen handelt, die von außerhalb auf das Plangebiet einwirken und die als solche keine unmittelbare oder mittelbare Folge des Plans darstellen. Denn der Plan bewirkt, dass in lärmbelasteten Bereichen zukünftig (mehr) Menschen wohnen werden. Auch ein solches Heranrücken einer schutzbedürftigen Nutzung an eine Emissionsquelle stellt unter Berücksichtigung des Sinns und Zwecks der Umweltprüfung eine erhebliche Umweltauswirkung des Bebauungsplans dar. Denn die Umweltprüfung dient dazu, diejenigen Umweltbelange zu ermitteln, die für die Abwägung Bedeutung haben (vgl. § 2 Abs. 4 Satz 4 BauGB). Darunter fallen insbesondere die für den Bebauungsplan relevanten umweltbezogenen, einschließlich gesundheitsbezogener Probleme (vgl. Nr. 1.4 der Anlage 2 zu § 13a Abs. 1 Satz 2 Nr. 2 BauGB). Angesichts dieses weiten Blickwinkels spielt es keine Rolle, ob die Immissionen durch die planerisch gewünschte Nutzung hervorgerufen werden oder sich die Nutzung selbst derartigen Immissionen aussetzt.

Als erhebliche Umweltauswirkungen sind auch die mit der Planrealisierung verbundenen Eingriffe in Natur und Landschaft – und zwar auch unter Berücksichtigung der vorgesehenen Ausgleichs- und Ersatzmaßnahmen – einzustufen. Die im Rahmen der Vorprüfung erfolgte oberflächliche Beschreibung des Plangebiets als Grünbrache bzw. Grünland sowie der Hinweis darauf, dass die Umwandlung von Flächen auf das Gebiet beschränkt bleibe, ist nicht geeignet, die Abwägungserheblichkeit auszuschließen. Der Verlust von Biotopen der Wertstufen 3 und 4, darunter von mesophilem Grünland im Umfang von mehr als 9 000 m^2, belegt vielmehr das Gegenteil. Werden vergleichsweise hochwertige Biotope vernichtet, muss das in der Abwägung bedacht werden. Hinzu kommt in diesem Fall der Verlust der Bodenfunktionen auf erheblicher Fläche; auch das war in die Abwägung mit Ergebnisrelevanz – hier einem angemessenen Eingriffsausgleich – einzustellen.

Fehlerhaft ist die Vorprüfung auch deshalb, weil es die Antragsgegnerin entgegen § 13 Abs. 1 Satz 2 Nr. 2 BauGB unterlassen hat, die Behörden und sonstigen Träger öffentlicher Belange, deren Aufgabenbereiche durch die Planung berührt werden können, an der Vorprüfung des Einzelfalls zu beteiligen. Die Vorprüfung erfolgte vor der frühzeitigen Behördenbeteiligung und enthält keinen Hinweis, dass überhaupt Behörden und Träger öffentlicher Belange beteiligt wurden. Dem Angebot des Planungsbüros zu deren Durchführung ist lediglich zu entnehmen, dass eine Abstimmung mit der Unteren Naturschutzbehörde der Region Hannover erfolgen sollte. Auch eine solche Abstimmung entspräche – wenn sie überhaupt durchgeführt worden sein sollte – nicht den auf eine umfangreiche Beteiligung ausgerichteten Anforderungen des § 13a Abs. 1 Satz 2 Nr. 2 BauGB. Der darin liegende, von der Antragstellerin binnen Jahresfrist gerügte Fehler ist gemäß § 214 Abs. 2a Nr. 3 BauGB beachtlich, weil nicht nur einzelne Behörden oder sonstige Träger öffentlicher Belange nicht beteiligt worden sind.

Aufgrund der fehlerhaften Wahl des beschleunigten Verfahrens nach § 13a BauGB hat die Antragsgegnerin – konsequenterweise – auf die Durchführung einer Umweltprüfung und das Verfassen eines Umweltberichts als Teil der Begründung (§ 9 Abs. 8 i. V. m. § 2a BauGB) verzichtet. Dessen Fehlen ist gemäß § 214 Abs. 1 Satz 1 Nr. 3 BauGB ein beachtlicher Mangel, der die Unwirksamkeit des Bebauungsplans zur Folge hat.

Der Bebauungsplan leidet unter weiteren Mängeln, die ebenfalls zu seiner Unwirksamkeit führen.

Die textliche Festsetzung (TF) § 5 Abs. 2 und 4 ist nicht hinreichend bestimmt. Diese enthält Vorgaben zu Schlafräumen (Erfordernis einer fensterunabhängigen Belüftung) und Außenwohnbereichen (Erfordernis baulichen Schallschutzes), die nur in den Teilen des Plangebiets greifen, in denen die straßenverkehrsbedingten Schallimmissionen nachts oberhalb von 45 dB(A) bzw. tags oberhalb von 60 dB(A) liegen. Sie lautet:

»(2) In dem Bereich, in dem der Immissionsrichtwert von 45 dB(A) in der Nacht wird, ist bei schutzbedürftigen Räumen, die zum Schlafen vorgesehenen sind (Kinder-, Schlaf- und Gästezimmer) aufgrund des Verkehrslärms eine fensterunabhängige Belüftung vorzusehen (s. Anhang B und D im Schalltechnischen Gutachten in der Anlage der Planbegründung). (...)
(4) Außenwohnbereiche sind in den gekennzeichneten Bereichen nur dann zulässig, wenn sie durch bauliche Schallschutzmaßnahmen (verglaste Loggien, Wintergärten) geschützt werden. Der in die Planzeichnung aufzunehmende Bereich, in dem der Orientierungswert von 60 dB(A) am Tag über-

schritten wird (s. Anhänge A und C im Schalltechnischen Gutachten in der Anlage der Planbegründung).«

Der Planurkunde sind die betroffenen Teile des Plangebiets nicht zu entnehmen; die Festsetzung verweist stattdessen auf Anhänge des der Begründung beigefügten schalltechnischen Gutachtens. Der Senat lässt offen, ob ein solcher Verweis anstelle einer ohne weiteres möglichen, vom Schallgutachter ausdrücklich nahegelegten Kennzeichnung in der Planurkunde überhaupt ausreichend ist, um dem Gebot der Normklarheit zu genügen. Denn die zeichnerischen Darstellungen in den Anlagen A–D des schalltechnischen Gutachtens sind mit einem Maßstab von 1:2 000 und ohne Flurstücksgrenzen zu unpräzise, um die erforderliche punktgenaue Abgrenzung in der Örtlichkeit vornehmen zu können. Sie entsprechen auch nicht den in der Planurkunde eingezeichneten Abgrenzungen der Lärmpegelbereiche, sodass auch diese keine hinreichende Orientierung bieten können.

Die in TF § 5 Abs. 3 enthaltene Emissionskontingentierung ist ebenfalls nicht hinreichend bestimmt. Die Festsetzung lautet:

»(3) Auf den befindlichen Mischgebietsflächen sind nur Vorhaben (Betriebe und Anlagen) zulässig, deren Geräusche die in der Tabelle auf Seite 22 im Schalltechnischen Gutachten in der Anlage der Planbegründung angegebenen flächenbezogenen Schallleistungspegel weder tags (06:00 bis 22:00 Uhr) noch nachts (22:00 bis 06:00 Uhr) überschreiten. Ein Vorhaben erfüllt die vorgegebenen flächenbezogenen Schalleistungspegel, wenn das Immissionskontingent an den umliegenden schutzbedürftigen Nutzungen nicht überschritten wird.«

Ungeachtet der unklaren Formulierung ist der Vorschrift durch Auslegung (noch) zu entnehmen, dass es sich um eine Emissionskontingentierung und nicht um die Bestimmung eines einfachen flächenbezogenen Schallleistungspegels handelt (vgl. Senatsurt. v. 2.6.2022 – 1 LB 109/20 –, NuR 2022, 654 = juris Rdnr. 32 ff.). Für diese Annahme spricht Satz 2, der ausdrücklich von einem Immissionskontingent in Bezug auf die umliegenden schutzbedürftigen Nutzungen spricht. Auf diese kommt es bei einem einfachen flächenbezogenen Schallleistungspegel, der lediglich ein »Windhundrennen« um die möglichen Emissionen verhindern will, nicht an. Hinzu kommt, dass die planerische Zielsetzung gerade auf den Schutz der umliegenden Bebauung abzielt.

Eine Emissionskontingentierung, deren Anwendung im Rahmen der Vorhabenzulassung die Bestimmung von Immissionskontingenten an einzelnen Immissionsorten erfordert, setzt voraus, dass ein konkretes Berechnungsverfahren vorgegeben wird. Das fehlt entgegen der anderslautenden ausdrücklichen Vorgabe des Schallgutachters; die notwendigen Vorgaben zur Berechnung (hier nach DIN ISO 9613-2) lassen sich lediglich dem schalltechnischen Gutachten entnehmen. Ob ein solcher »Kettenverweis« ausreicht, ist äußerst fraglich, kann aber ebenso offenbleiben wie die voraussichtlich zu Lasten der

Antragsgegnerin zu entscheidende Frage, ob bei der Bekanntmachung gemäß § 10 Abs. 3 BauGB nicht auf die Möglichkeit, in die DIN ISO 9613-2 Einsicht zu nehmen, hätte hingewiesen werden müssen (vgl. BVerwG, Urteil v. 25.6.2020 – 4 CN 5.18 –, BVerwGE 169, 29 = BRS 88 Nr. 34 = juris Rdnr. 38; Senatsbeschl. v. 4.4.2022 – 1 MN 156/20 –, BauR 2022, 128 = NVwZ-RR 2022, 472 = juris Rdnr. 21, jeweils m. w. N.).

Unbestimmt ist die Emissionskontingentierung jedenfalls deshalb, weil sie ausweislich ihres eindeutigen Wortlauts für alle Mischgebietsflächen gilt; das Nähere soll sich aus einer Tabelle auf Seite 22 des schalltechnischen Gutachtens ergeben. Textliche Festsetzung und Tabelle sind jedoch nicht kongruent, weil es in der Tabelle an einer Vorgabe für das südwestliche Mischgebiet fehlt. Das überschreitet die Grenze zur Unbestimmtheit, weil es für den Normanwender nicht mit zumutbarem Aufwand und der gebotenen Klarheit möglich ist zu ermitteln, was für das südwestliche Mischgebiet gelten soll.

Die Unwirksamkeit der Emissionskontingentierung hat die Unwirksamkeit des gesamten Bebauungsplans zur Folge. Der Senat vermag angesichts der Zielsetzung der Kontingentierung, die benachbarten Wohnbauflächen vor übermäßigem Gewerbelärm zu schützen, nicht die Überzeugung zu gewinnen, dass der Rat der Antragsgegnerin den Plan auch ohne die Kontingentierung beschlossen hätte. Das gilt auch angesichts des in der mündlichen Verhandlung vorgebrachten Einwands der Antragsgegnerin, die Emissionskontingentierung sei nur vorsorglich mit Blick auf mögliche Veränderungen erfolgt; die gegenwärtige Nutzung der Mischgebiete verursache keinen Immissionskonflikt. Das ist zwar richtig; für den Senat ist jedoch entscheidend, dass sich der Rat der Antragsgegnerin im Interesse eines dauerhaft konfliktfreien Miteinanders entschieden hat, die Mischgebiete in ihrer Ausnutzbarkeit zu beschränken. Ob er darauf verzichtet oder aber die Emissionskontingentierung rechtskonform formuliert hätte, vermag der Senat nicht mit der gebotenen Gewissheit zu sagen. …

Mit Blick auf das zu erwartende Heilungsverfahren merkt der Senat nur ergänzend an, dass die weiteren Einwände der Antragstellerin voraussichtlich nicht durchgegriffen hätten.

Jedenfalls im Rahmen dieses insgesamt überschaubaren Bebauungsplans noch innerhalb der rechtlichen Grenzen dürfte sich die Höhenfestsetzung halten, die hier nach § 16 Abs. 2 Nr. 4 BauNVO als Festsetzung des Maßes baulicher Anlagen (und nicht nach § 84 Abs. 3 NBauO als gestalterische Vorgabe) erfolgt ist. Dennoch findet sich die gemäß § 18 Abs. 1 BauNVO erforderliche Bestimmung der erforderlichen Bezugspunkte nicht in den textlichen Festsetzungen, sondern allein in § 4 der ebenfalls auf der Planurkunde abgedruckten örtlichen Bauvorschrift. Eine Korrektur ist zur Vermeidung von Missverständnissen ungeachtet der wohl noch gegebenen Bestimmtheit dringend anzuraten.

Der Plan leidet nicht an erheblichen Abwägungsfehlern.

Ein Abwägungsfehler folgt insbesondere nicht daraus, dass der Bebauungsplan auf eine öffentliche Erschließung des Grundstücks der Antragstellerin verzichtet. Die Antragsgegnerin hat dieses Interesse fehlerfrei berücksichtigt, es aber mit Blick darauf zurückgestellt, dass eine solche Erschließung Nachteile für zahlreiche weitere Eigentümer und eine zwangsweise Inanspruchnahme privaten Grundeigentums u. a. der Beigeladenen zur Folge hätte. Das ist schon für sich genommen in jeder Hinsicht tragfähig. Die Antragsgegnerin war unter keinem rechtlichen Gesichtspunkt auch nur ansatzweise verpflichtet, dem Partikularinteresse der Antragstellerin den Vorrang vor den Interessen der übrigen Grundeigentümer im Norden des Plangebiets zu geben. Dass mit der von der Antragstellerin gewünschten Lösung weitere Nachteile – Verlust von Bauland, längere Erschließungsstraßen – einhergegangen wären, trägt zusätzlich zur Rechtfertigung des Abwägungsergebnisses bei.

Rechtsfehlerfrei hat die Antragsgegnerin dabei das Interesse der Antragstellerin als vergleichsweise geringwertig eingeschätzt. Sie durfte berücksichtigen, dass die Antragstellerin die gegenwärtige Grundstückssituation aufgrund ihrer Versäumnisse bei Grundstücksteilung und -verkauf selbst zu vertreten hat. Einen Vertrauenstatbestand, der die Antragstellerin zu der Annahme berechtigt haben könnte, die Antragsgegnerin werde den Verlust der privaten Erschließung durch eine öffentliche Erschließung ausgleichen, hat diese nach Lage der Akten nicht gesetzt. Selbst wenn es – wie die Antragstellerin in der mündlichen Verhandlung kaum substantiiert und gänzlich unbelegt vorgetragen hat – dahingehende Gespräche mit einzelnen Mitarbeitern der Antragsgegnerin gegeben haben sollte, wären diese aufgrund der Ratszuständigkeit für die planerische Abwägung schon im Ausgangspunkt nicht geeignet gewesen, eine Bindung der Antragsgegnerin herbeizuführen.

Der Verweis auf eine privatrechtliche Erschließung der rückwärtigen Bereiche der Grundstücke entlang der Mittelstraße stellt auch weder einen städtebaulichen Missstand dar, noch konterkariert er die Festsetzung dieser Bereiche als Allgemeines Wohngebiet. Die Antragsgegnerin hat sich – in der Sache zutreffend – davon überzeugt, dass eine solche Erschließung aufgrund der offenen Bauweise und der nicht allzu tiefen Grundstücke im Grundsatz tatsächlich möglich ist. § 4 Abs. 2 Satz 1 NBauO bildet hierfür die bauordnungsrechtliche Grundlage. Dass für das Hinterliegergrundstück der Antragstellerin eine Erschließungsmöglichkeit zurzeit ggf. nicht besteht, ändert daran nichts. Eine Bauleitplanung muss nicht für jedes Grundstück eine ideale und sofort verfügbare Erschließung bereitstellen.

Das Vorbringen der Antragstellerin, die veraltete Kartengrundlage führe zur Unwirksamkeit des Plans bzw. begründe einen Abwägungsfehler, überzeugt ebenfalls nicht. Gemäß § 1 Abs. 1 Satz 1 PlanZV sind als Unterlagen für Bauleitpläne Karten zu verwenden, die in Genauigkeit und Vollständigkeit den Zustand des Plangebiets in einem für den Planinhalt ausreichenden Grade erkennen lassen (Planunterlagen). Aus den Planunterlagen für Bebauungspläne sollen sich gemäß § 1 Abs. 2 PlanZV die Flurstücke mit ihren Grenzen und Bezeichnungen in Übereinstimmung mit dem Liegenschaftskataster, die vorhandenen baulichen Anlagen, die Straßen, Wege und Plätze sowie die Geländehöhe ergeben. Von diesen Angaben kann insoweit abgesehen werden, als sie für die Festsetzungen nicht erforderlich sind. Ein solcher Fall liegt hier hinsichtlich der auf dem Grundstück W. straße X. vorhandenen baulichen Anlagen sowie der konkreten Gestalt der Flurstücke T. und V. vor. Mit Blick auf die getroffenen Festsetzungen sind der Gebäudebestand und die Flurstücksgrenzen unerheblich; die Festsetzungen orientieren sich in keiner Weise daran. Ein Abwägungsfehler folgt aus der nicht aktualisierten Planunterlage ebenfalls nicht, denn aufgrund der zahlreichen Äußerungen der Antragstellerin standen dem Rat der Antragsgegnerin der Sachverhalt und die Problemlage gerade an dieser Stelle sehr klar vor Augen. Die gegenteiligen Behauptungen der Antragstellerin, mit denen diese suggerieren möchte, der Rat habe vor der Erschließungsproblematik die Augen verschlossen bzw. sei einer Fehlvorstellung unterlegen, ist aktenwidrig und offenkundig unzutreffend.

Für eine ungerechtfertigte Bevorzugung benachbarter Grundeigentümer, darunter die Beigeladene, und damit einen Verstoß gegen den allgemeinen Gleichheitssatz des Art. 3 Abs. 1 GG spricht nichts. Die gewählte Erschließungsvariante entspricht städtebaulichen Anforderungen, weil sie kürzer ist als die von der Antragstellerin gewünschte, und zugleich gut nutzbare Grundstückszuschnitte ermöglicht. Zudem hat die Antragsgegnerin Zugriff auf die benötigten Flächen. Für sie sprechen mithin Sachgründe, die sich mit den Interessen der Beigeladenen und anderer Eigentümer decken mögen, aber unabhängig davon überzeugen. …

Nr. 13

Eine einzelfallbezogene Prüfung im Rahmen des § 15 Abs. 1 Satz 1 BauNVO wird auch durch die gesetzgeberische Wertung in § 246 Abs. 11 BauGB nicht obsolet: Eine Gemeinschaftsunterkunft für 96 Bewohner in Form eines größeren, langgestreckten Gebäudes in Modulbauweise (hier: ein 49 m langer Baukörper), bei der die Unterbringung einer möglichst großen Zahl von Flüchtlingen im Vordergrund steht, ist im allgemeinen Wohngebiet unzulässig, wenn das Baugebiet sehr klein ist. Der Gebietscharakter würde durch ein solches Vorhaben gefährdet.
(Leitsatz der Redaktion)

BauGB § 13a, § 246 Abs. 11; BauNVO § 4, § 15.

Bayerischer VGH, Beschluss vom 1. Oktober 2024 – 1 CS 24.1449 –.

Aus den Gründen:

Die Antragsteller wenden sich im vorläufigen Rechtsschutzverfahren gegen die erteilte Baugenehmigung für eine Gemeinschaftsunterkunft für Asylbegehrende/Flüchtlinge auf dem Nachbargrundstück.

Die Gemeinschaftsunterkunft soll auf den Grundstücken der Beigeladenen zu 1 FlNr. ... und ...3, Gemarkung B. ..., errichtet werden. Als Bestand befindet sich dort ein größeres Wohngebäude, das nach Angaben der Stadt und des Landratsamts bereits als Gemeinschaftsunterkunft für Flüchtlinge genutzt wird. Diese soll mit dem Bauvorhaben in Modulbauweise für 96 Bewohner erweitert werden. Der etwa 49 m lange Baukörper ist entlang der südlichen Grundstücksgrenze situiert. Die Antragsteller sind Miteigentümer des unmittelbar daran angrenzenden Grundstückes, das mit einem Einfamilienhaus bebaut ist.

Der Vorhabenstandort liegt im Geltungsbereich des Bebauungsplans mit integriertem Grünordnungsplan »I.weg«, der für das Plangebiet ein allgemeines Wohngebiet festsetzt, die nach § 4 Abs. 3 BauNVO ausnahmsweise zulässigen Nutzungen sind ausgeschlossen. ...

Die Aufstellung des Bebauungsplans erfolgte für die südwestlich im Plangebiet gelegenen Neubauflächen im beschleunigten Verfahren nach § 13b i. V. m. § 13a BauGB, für die Flächen mit Bestandsbebauung im beschleunigten Verfahren nach § 13a BauGB. ...

Der Bauantrag der Beigeladenen zu 1 war Anlass für die Stadt die Art der Nutzung für den Bestandsbereich im Plangebiet im Hinblick auf die kleinteilige Bebauung mit Ein- und Zweifamilienhäusern sowie Doppelhäusern mit einer erneuten Planung einzugrenzen und lärmintensivere Nutzungen, u. a. Anlagen für soziale Zwecke, auszuschließen. Für die am 25.9.2023 beschlossene Aufstellung des einfachen Bebauungsplans »An der Isarleite« wurde eine Veränderungssperre erlassen, die am 30.9.2023 bekannt gemacht wurde. Das gemeindliche Einvernehmen zu dem Bauantrag wurde im Hinblick auf die Veränderungssperre und die Überschreitung der zulässigen Grundfläche auf den Grundstücken abgelehnt.

Das Landratsamt genehmigte das Bauvorhaben mit Bescheid vom 9.2.2024 befristet auf 12 Jahre ab Nutzungsaufnahme des Vorhabens; das gemeindliche Einvernehmen wurde ersetzt und die von der Beigeladenen zu 1 beantragte Ausnahme von der Veränderungssperre wurde auf der Grundlage von § 246 Abs. 14 Satz 1 BauGB erteilt.

Dagegen erhoben sowohl die Antragsteller als auch die Stadt Anfechtungsklage, über die noch nicht entschieden ist. Die Antragsteller stellten zudem einen Antrag im vorläufigen Rechtsschutzverfahren, den das Verwaltungsgericht mit Beschluss v. 6.8.2024 abgelehnt hat. ...

Mit der Beschwerde verfolgen die Antragsteller ihr Rechtsschutzbegehren weiter. ...

Die Beschwerde der Antragsteller hat Erfolg, soweit sie die Anordnung der aufschiebenden Wirkung ihrer Klage gegen die erteilte Baugenehmigung für eine Gemeinschaftsunterkunft für Asylbegehrende/Flüchtlinge begehren. Im Hinblick auf den weiterhin verfolgten Antrag auf (vorläufiges) bauaufsichtliches Einschreiten war ihr Rechtsschutzbegehren zurückzuweisen.

Die Gemeinschaftsunterkunft ist nach den Angaben des Antragsgegners und den vorgelegten Bildaufnahmen mittlerweile im Wesentlichen fertiggestellt. Eine Belegung mit zunächst wenigen Personen soll aktuell bereits erfolgen. Für Einwendungen gegen die Errichtung des Baukörpers (Ausmaße und Standort der baulichen Anlage, keine offene Bauweise) fehlt den Antragstellern daher zum Zeitpunkt der gerichtlichen Entscheidung das Rechtsschutzbedürfnis, das als Prozessvoraussetzung von Amts wegen in jeder Lage des Prozesses zu prüfen ist. Das mit einem Antrag auf Anordnung der aufschiebenden Wirkung verfolgte Ziel, die Schaffung vollendeter Tatsachen in Bezug auf den Baukörper und seine Auswirkungen zu verhindern, kann hier nicht mehr erreicht werden (vgl. BayVGH, Beschluss v. 1.6.2022 – 1 CS 22.851 – juris Rdnr. 8 m. w. N.). Der Antrag, den Antragsgegner zu verpflichten, der Beigeladenen zu 1 einstweilen aufzugeben, die Bauarbeiten sofort einzustellen und fortan alle Maßnahmen zur Ausführung des genehmigten Vorhabens zu unterlassen, ist daher unzulässig; insoweit war die Beschwerde zurückzuweisen. Eine abschließende Prüfung der errichtungsbezogenen Einwendungen bleibt dem anhängigen Klageverfahren vorbehalten.

Mit der Baugenehmigung wird aber nicht nur die Errichtung des Baukörpers gestattet, sondern auch die beantragte Nutzung. Nutzungsbezogene Einwendungen können weiterhin geltend gemacht werden, mit der Aufnahme der Nutzung wurde nach den Angaben des Antragsgegners zudem erst vereinzelt begonnen. Die Einwendungen der Antragsteller gegen den vom Verwaltungsgericht abgelehnten Gebietserhaltungsanspruch bzw. Gebietsprägungserhaltungsanspruch sind daher Prüfungsgegenstand im vorliegenden Verfahren und führen zu der Anordnung der aufschiebenden Wirkung der Klage der Antragsteller gegen die Baugenehmigung für die Gemeinschaftsunterkunft. Die Klage der Antragsteller wird nach der im Beschwerdeverfahren gebotenen summarischen Prüfung insoweit erfolgreich sein.

Auszugehen ist dabei von dem Bebauungsplan mit integriertem Grünordnungsplan »I.weg«, der für den Bereich der östlichen Bestandsbebauung (Baufeld C) nach Überprüfung im Verfahren nach § 47 Abs. 6 VwGO (Beschluss v. 20.12.2022 – 1 NE 22.2132 – juris) wirksam ist. Zwar ist für die Neubaubereiche im südwestlichen Teil des Plangebiets zwischenzeitlich die neuere Rechtsprechung des Bundesverwaltungsgerichts zu berücksichtigen, nach der der Bebauungsplan in diesem Bereich nicht im beschleunigten Verfahren nach § 13b Satz 1 i. V. m. § 13a BauGB hätte erlassen werden dürfen, da die Vorschrift nicht im Einklang mit Europarecht steht (vgl. BVerwG, Urteil v. 18.7.2023 – 4 CN 3.22 – BVerwGE 179, 348). Dieser Teil des Bebauungsplans, mit dem das Wohnungsangebot im Gemeindegebiet durch eine verdichtete Bauweise verbessert werden sollte, ist bis zu einer ergänzenden oder neuen Planung durch die Gemeinde unwirksam und kann bei der Gebietsabgrenzung nicht berücksichtigt werden. Der Senat geht dabei vorläufig davon aus, dass die Antragsteller im Normenkontrollverfahren insoweit eine fristgerechte Rüge erhoben haben.

Die Unwirksamkeit des Teilbereichs Neubebauung (Baufelder A und B) führt aber nicht zur Unwirksamkeit der Gesamtplanung, da die Planbereiche klar abgegrenzt sind, der Bebauungsplan insoweit teilbar ist (vgl. Beschluss v. 20.12.2022 a. a. O. Rdnr. 20) und auch von einem Willen der Gemeinde ggf. nur den Bestandsbereich zu überplanen, auszugehen ist (vgl. BVerwG, Beschluss v. 6.11.2007 – 4 BN 44.07 – juris Rdnr. 3). Dies wird auch durch die derzeitigen Planungen der Gemeinde unterstrichen, die aktuell eine Änderungsplanung für die Bestandsbebauung erstellen (Aufstellungsbeschluss für den Bebauungsplan »An der Isarleite«) und den Teilbereich Neubebauung in einem gesonderten Verfahren neu überplanen wollen (geplanter Aufstellungsbeschluss für einen Bebauungsplan »I.weg Südwest«).

Für die Frage, ob die Gemeinschaftsunterkunft für Flüchtlinge nach der Art der baulichen Nutzung zulässig ist, ist daher nur auf den Bereich der Bestandsbebauung abzustellen. Es handelt sich hier nach den Darstellungen im Bebauungsplan um 8 Grundstücke, die im Bestand eine lockere Bebauung mit Einfamilienhäusern und Doppelhäusern aufweisen; das auf dem Grundstück des Beigeladenen befindliche Gebäude, das bereits als Unterkunft für Flüchtlinge genutzt wird, stellt dabei das größte Gebäude dar. Das Verwaltungsgericht ist mit der Annahme eines zumindest faktischen allgemeinen Wohngebiets, für das es den Blick auch über das Plangebiet hinaus nach Norden genommen hat, von einem unrichtigen Bezugsrahmen ausgegangen. …

Nach § 15 Abs. 1 Satz 1 BauNVO sind (soziale) Anlagen im Einzelfall unzulässig, wenn sie nach Anzahl, Lage, Umfang oder Zweckbestimmung der Eigenart des Baugebiets widersprechen. Die Vorschrift ermöglicht es, solche Vorhaben zu versagen, die zwar nach Art, Größe und störenden Auswirkungen (typischerweise) den Gebietscharakter nicht gefährden, jedoch nach Anzahl, Lage, Umfang oder Zweckbestimmung angesichts der konkreten Verhältnisse an Ort und Stelle der Eigenart des Baugebiets widersprechen (vgl. BVerwG, Beschluss v. 28.2.2008 – 4 B 60.07 – NVwZ 2008, 786); sie dient der einzelfallbezogenen »Feinabstimmung« (vgl. BVerwG, Urteil v. 24.9.1992 – 7 C 7.92 – NVwZ 1993, 987). Soweit § 15 Abs. 1 Satz 1 BauNVO bestimmt, dass ein Vorhaben im Einzelfall auch unzulässig ist, wenn es wegen seines Umfangs der Eigenart eines bestimmten Baugebiets widerspricht, so geht die Vorschrift davon aus, dass im Einzelfall Quantität in Qualität umschlagen kann, dass also die Größe einer baulichen Anlage die Art der baulichen Nutzung erfassen kann (vgl. BVerwG, Urteil v. 16.3.1995 – 4 C 3.94 – NVwZ 1995, 899).

Das bejaht der Senat im vorliegenden Fall. Die genehmigte Gemeinschaftsunterkunft für Flüchtlinge für 96 Personen übt eine dominierende, den Charakter des Gebietes verändernde Wirkung aus (vgl. BVerwG, Beschluss v.

29.7.1991 – 4 B 40.91 – NVwZ 1991, 1078). Das kleine Baugebiet weist neben den Grundstücken der Beigeladenen zu 1 eine aufgelockerte Bebauung mit Einfamilienhäusern und Doppelhäusern auf, auch im Hinblick auf das festgesetzte zulässige Maß der baulichen Nutzung sind hier größere Veränderungen auf den Wohngrundstücken nicht zu erwarten, ggf. kann auf dem Grundstück FlNr. ...2 ein zusätzliches Gebäude errichtet werden. Bei der genehmigten Gemeinschaftsunterkunft handelt es sich hingegen sowohl nach der Kubatur als auch nach der Belegungszahl um eine größere Anlage. Zudem dürfte das nach den Angaben der Beteiligten bereits als Gemeinschaftsunterkunft genutzte Gebäude auf dem Grundstück FlNr. ...2 mit zu berücksichtigen sein, gegen eine Mitberücksichtigung werden im Beschwerdeverfahren keine Einwände geltend gemacht. Konkretere Angaben hierzu werden im Klageverfahren zu ermitteln sein. Mit der Größe der Unterkunft bzw. deren Belegungszahl erhöhen sich erfahrungsgemäß die Lärmimmissionen. So wird auch in der immissionsschutzfachlichen Stellungnahme zum Bauvorhaben darauf hingewiesen, dass es bei Bauvorhaben dieser Größenordnung zu Lärmkonflikten mit der Nachbarschaft kommen kann. Die bestehende räumliche Enge in der Flüchtlingsunterkunft (sehr kleine Zimmer und begrenzte Aufenthaltsmöglichkeiten in den Gemeinschaftsräumen) wird dazu führen, dass sich die Bewohner in größerer Zahl im Freien vor der Unterkunft aufhalten, sei es noch auf den Vorhabengrundstücken, die bereits relativ dicht bebaut sind oder den benachbarten Straßen- oder Grünflächen im Plangebiet. Dies ist ebenfalls geeignet, eine Unruhe in das Gebiet zu bringen (vgl. OVG Hamburg, Beschluss v. 28.5.2015 – 2 Bs 23/15 – ZfBR 2016, 61), die mit dem Wohncharakter in dem kleinen Gebiet nicht mehr vereinbar ist. Da es auf das Maß der baulichen Nutzung nicht ankommt (vgl. BVerwG, Urteil v. 16.3.1995 – 4 C 3.94 – NVwZ 1995, 899), weist der Senat hier nur darauf hin, dass das Landratsamt bei der Genehmigung der Gemeinschaftsunterkunft zu Unrecht von einem zulässigen Maß der baulichen Nutzung ausgegangen ist. Die auf dem Grundstück FlNr. ...2 festgesetzte private Grünfläche stellt kein Bauland dar und kann bei der Ermittlung der zulässigen Grundfläche nicht berücksichtigt werden, weiter kann nur die innerhalb des Plangebiets liegende Grundstücksfläche berücksichtigt werden. Soweit der Antragsgegner geltend macht, dass die Unterbringung von Asylbewerbern zu den Nutzungen gehört, die dem Wohnen ähnlich sind, ist dies zwar grundsätzlich richtig, es gibt aber auch hier unterschiedliche Unterbringungsformen (vgl. BVerwG, Urteil v. 17.12.1998 – 4 C 16.97 – BVerwGE 108, 190). Es handelt sich bei der genehmigten Gemeinschaftsunterkunft nicht um eine Unterbringung in einem bestehenden Wohngebäude oder in einzelnen, kleineren Wohncontainern, sondern um eine Unterbringung in einem größeren, lang gestreckten Gebäude in Modulbauweise, bei der die Unterbringung einer möglichst großen Zahl von Flüchtlingen im Vordergrund steht. Eine einzelfallbezogene Prüfung im Rahmen des § 15 Abs. 1 Satz 1 BauGB wird auch durch die gesetzgeberische Wertung in § 246 Abs. 11 BauGB, auf die sich der Antragsgegner bezogen hat, nicht obsolet. Ob eine Befristung der Nutzung im Rahmen des Art. 15 Abs. 1 Satz 1 BauGB berücksichtigt werden kann, kann vorliegend dahingestellt bleiben, da jedenfalls eine Befristung auf 12 Jahre nicht geeignet ist, die Schutzwürdigkeit des Wohngebiets zu relativieren.

Soweit die Antragsteller geltend machen, dass sie eine Rechtswidrigkeit der erteilten Ausnahme von der Veränderungssperre rügen können, hat der Antragsgegner zurecht darauf hingewiesen, dass die Veränderungssperre nur die Planungshoheit der Gemeinde schützt und keine nachbarschützende Funktion hat. Dies gilt auch dann, wenn der spätere Bebauungsplan zugunsten der Antragsteller nachbarschützende Festsetzungen enthalten soll (vgl. BVerwG, Beschluss v. 5.12.1988 – 4 B 182.88 – NVwZ 1989, 453). Die Rechtmäßigkeit der erteilten Ausnahme von der Veränderungssperre wird daher nur im Klageverfahren der Beigeladenen zu 2 zu prüfen sein. Der Senat weist allerdings darauf hin, dass hier erhebliche rechtliche Bedenken im Hinblick auf die genehmigte Befristung der baulichen Anlage bestehen (vgl. für eine auf 3 Jahre befristete Baugenehmigung BayVGH, Beschluss v. 24.6.2024 – 9 CS 24.458 – juris). …

Nr. 14

Hat der Plangeber auf Grund von § 13b BauGB a. F. von einem Umweltbericht abgesehen und wird ein darauf beruhender Mangel der Planbegründung (§ 2a Satz 2 Nr. 2, Satz 3; § 9 Abs. 8 i. V. m. § 214 Abs. 1 Satz 1 Nr. 3 Hs. 1 und 3 BauGB) nicht innerhalb der Jahresfrist des § 215 Abs. 1 Satz 1 Nr. 1 BauGB gerügt, so wird der Fehler unbeachtlich. Unionsrecht steht dem jedenfalls dann nicht entgegen, wenn es sich nicht um einen UVP- oder UVP-vorprüfungspflichtigen Bebauungsplan handelt.

BauGB a. F. § 13b; BauGB § 214, § 215.

VGH Baden-Württemberg, Urteil vom 17. Dezember 2024 – 3 S 1074/22 –.

Aus den Gründen:

Die Antragsteller wenden sich gegen den Bebauungsplan »Ehgasse« der Antragsgegnerin. …

Die Normenkontrollanträge sind zulässig.

Die Anträge sind nach § 47 Abs. 1 Nr. 1 VwGO statthaft. …

Die Antragstellerin zu 1) macht geltend, durch die im Plangebiet zugelassene wohnähnliche Nutzung Gefahr zu laufen, dass ihr rechtmäßig betriebenes Gewerbe immissionsschutzrechtlichen Abwehransprüchen ausgesetzt werde. Dies ist jedenfalls nicht von vornherein auszuschließen. Damit wird ein abwägungserheblicher Belang aufgezeigt (vgl. BVerwG, Beschluss v.

12.12.2018 – 4 BN 22.18 –, juris Rdnr. 7). Die Antragsbefugnis der Antragstellerin zu 1) ist auch nicht deshalb entfallen, weil sie sich in Liquidation befindet. Zwar ist eine in Liquidation befindliche Gesellschaft regelmäßig (nur) noch auf Abwicklung gerichtet. Hier führt die Antragstellerin zu 1) den Betrieb jedoch im maßgeblichen Zeitpunkt der mündlichen Verhandlung vor dem Senat noch fort.

Führt die Änderung eines Bebauungsplans dazu, dass Nachbargrundstücke in anderer Weise als bisher genutzt werden dürfen, so gehören die Interessen der Nachbarn an der Beibehaltung der geltenden Festsetzungen grundsätzlich zum notwendigen Abwägungsmaterial. Zwar gewährt das Baugesetzbuch keinen Anspruch auf Fortbestand eines Bebauungsplans und schließt auch Änderungen des Plans nicht aus. Die ortsrechtlichen Festsetzungen begründen aber regelmäßig ein schutzwürdiges Vertrauen darauf, dass Veränderungen, die sich für die Nachbarn nachteilig auswirken können, nur unter Berücksichtigung ihrer Interessen vorgenommen werden (vgl. zu alledem BVerwG, Beschluss v. 15.6.2020 – 4 BN 51.19 –, juris Rdnr. 7).

Ausgehend hiervon ist der Antragsteller zu 2) schon deshalb antragsbefugt, weil das Plangebiet des Bebauungsplans »Ehgasse« vor der Überplanung ebenso wie das Grundstück des Antragstellers zu 2) zum Plangebiet des Bebauungsplans »Ehgasse-Scharretenacker« gehörte. Ungeachtet dessen steht der Schutz des Eigentümers eines nicht im Plangebiet belegenen Grundstücks nicht hinter dem des Betriebsinhabers zurück. …

Die Normenkontrollanträge sind auch begründet, weil der Bebauungsplan an (beachtlich gebliebenen) formellen Mängeln sowie an materiellen Mängeln leidet, die zu seiner Gesamtunwirksamkeit führen.

Der Bebauungsplan »Ehgasse« leidet bereits an beachtlich gebliebenen formellen Fehlern.

Ein Gemeinderatsbeschluss über die Verabschiedung des Bebauungsplans liegt vor. Fehler hierbei sind weder vorgetragen noch ersichtlich. Der Bebauungsplan wurde auch ordnungsgemäß ausgefertigt und verkündet. Insbesondere liegt kein Verkündungsmangel vor, weil im Bebauungsplan die DIN 4109 in Bezug genommen wurde. Die Anforderungen des Rechtsstaatsprinzips an die Verkündung von Normen stehen einer Verweisung auf nicht öffentlich zugängliche technische Vorschriften in den textlichen Festsetzungen eines Bebauungsplans nicht von vornherein entgegen. Verweist eine Festsetzung auf eine solche Vorschrift und ergibt sich erst aus dieser Vorschrift, unter welchen Voraussetzungen ein Vorhaben planungsrechtlich zulässig ist, muss der Plangeber aber sicherstellen, dass die Planbetroffenen sich auch vom Inhalt der jeweiligen technischen Vorschrift verlässlich und in zumutbarer Weise Kenntnis verschaffen können. Den rechtsstaatlichen Anforderungen genügt die Gemeinde, wenn sie die in Bezug genommene Vorschrift bei der Verwaltungsstelle, bei der auch der Bebauungsplan eingesehen werden kann, zur Einsicht bereithält und hierauf in der Bebauungsplanurkunde hinweist (vgl. BVerwG,

Urteil v. 25.6.2020 – 4 CN 5.18 –, BVerwGE 169, 29 <juris Rdnr. 38>). Dem genügt der Hinweis am Ende der textlichen Festsetzung 1.10.4.

Der Bebauungsplan leidet auch nicht an einem beachtlich gebliebenen Fehler wegen einer unterbliebenen Umweltprüfung bzw. einem fehlenden Umweltbericht (§ 214 Abs. 1 Satz 1 Nr. 3 Hs. 1 und 3 i. V. m. § 2a Satz 2 Nr. 2; § 9 Abs. 8 BauGB).

Ausweislich der Begründung des Bebauungsplans hat die Antragsgegnerin auf eine Umweltprüfung und einen Umweltbericht verzichtet, weil sie den Bebauungsplan nach § 13a, § 13b BauGB a. F. aufgestellt hat.

Die Antragsgegnerin durfte nicht auf eine Umweltprüfung und einen Umweltbericht verzichten. Ungeachtet der Frage, ob die tatbestandlichen Voraussetzungen des § 13b BauGB a. F. hinsichtlich der Sondergebietsfläche erfüllt waren – was angesichts dessen, dass eine Flüchtlingsunterkunft möglicherweise nicht ohne Weiteres als »Wohnnutzung« i. S. d. § 13b BauGB a. F. angesehen werden kann, zweifelhaft ist –, ist § 13b BauGB a. F. jedenfalls unionsrechtswidrig und damit unanwendbar (vgl. BVerwG, Urteil v. 18.7.2023 – 4 CN 3.22 –, BVerwGE 179, 348 <juris Rdnr. 10>). Eine »Umdeutung« in ein Verfahren nach § 13a BauGB (vgl. hierzu Nds. OVG, Urteil v. 7.3.2024 – 1 KN 171/21 –, juris Rdnr. 19) kommt insoweit schon deshalb nicht in Betracht, weil dessen Tatbestandsvoraussetzungen nicht vorliegen. Zwar ist die Sondergebietsfläche bereits im Bebauungsplan »Ehgasse-Scharretenacker« überplant. Maßgeblich für die Anwendbarkeit des § 13a BauGB ist jedoch nicht die Überplanung, sondern ob die Fläche tatsächlich in Anspruch genommen worden ist (vgl. BVerwG, Urteil v. 25.6.2020 – 4 CN 5.18 –, BVerwGE 169, 29 <juris Rdnr. 24 ff.>). Eine »Umdeutung« in ein Verfahren nach § 13 Abs. 1 BauGB kommt schon auf Grund der unterschiedlichen Verfahrensanforderungen und -zwecke nicht in Betracht (vgl. BVerwG, Beschluss v. 21.12.2016 – 4 BN 14.16 –, juris Rdnr. 10 [zu § 13a BauGB]), ungeachtet dessen liegen auch die Tatbestandsvoraussetzungen des § 13 BauGB nicht vor. …

Dieser Mangel ist jedoch nach § 215 Abs. 1 Satz 1 Nr. 1 BauGB unbeachtlich geworden, da er nicht binnen eines Jahres seit Bekanntmachung des Bebauungsplans gegenüber der Antragstellerin gerügt wurde.

Der Beschluss über den Bebauungsplan wurde am 7.5.2021 ortsüblich bekanntgemacht, das Fehlen eines Umweltberichts wurde erstmalig im Schriftsatz der Antragsteller vom 31.7.2023 gerügt. Die Rügefrist des § 215 BauGB wurde auch ordnungsgemäß in Gang gesetzt, da der in der amtlichen Bekanntmachung abgedruckte Hinweis zutreffend über die Rechtslage informiert hat. Der Anwendbarkeit von § 215 Abs. 1 BauGB steht in der vorliegenden Konstellation auch Unionsrecht nicht entgegen (ebenso: VG Stuttgart, Beschluss v. 12.10.2023 – 2 K 4527/23 –, juris Rdnr. 49; § 215 anwendend, ohne die Frage der Unionskonformität aufzuwerfen etwa: VGH Bad.-Württ., Urteil v. 10.7.2024 – 8 S 1490/22 –, n.v.; Nds. OVG, Urteil v. 7.3.2024 – 1 KN 171/21-, juris Rdnr. 15; ebenfalls auf das Vorliegen einer Rüge abstellend auch

BVerwG, Urteil v. 18.7.2023 – 4 CN 3.22 –, BVerwGE 179, 348 <juris Rdnr. 20>; zweifelnd hingegen: Meixner, DVBl 2023, 1497 <1502 f.>; Fuchs/Siehr, DVBl 2024, 674 <679>). Zwar könnte erwogen werden, dass Bebauungsplänen nach § 13b BauGB a. F. der »Schein der Legalität« anhaftete und sie und deshalb seltener kontrolliert wurden (so Fuchs/Siehr, a. a. O.), bzw. für Betroffene kein Anlass bestand, das Fehlen des Umweltberichts zu rügen (so Meixner, a. a. O.) und hierdurch die Wirksamkeit des Unionsrechts beeinträchtigt wird. Indes erscheint es fernliegend, dass jemand gerade auf Grund der Norm des § 13b BauGB a. F. von einer Rüge Abstand nimmt. Letztlich macht es keinen Unterschied, ob die Gemeinde die Erstellung des Umweltberichts auf Grund einer unionsrechtswidrigen Norm oder auf Grund eines sonstigen Rechtsanwendungsfehlers unterlässt. Auch Rechtsanwendungsfehler sind mitunter nur schwer zu erkennen. Insoweit liegt auch keine »Überforderung« des Bürgers vor. Diesem ist zuzumuten, gegenüber der Gemeinde zu rügen, was aus seiner Sicht zu beanstanden ist. Der Verweis der Antragsteller auf das Urteil des Gerichtshofs der Europäischen Union vom 15.10.2015 (– C-137/14 [Europäische Kommission/Bundesrepublik Deutschland] –, NVwZ 2015, 1665) ist insoweit unbehelflich, da sich dieses mit der Frage befasst, ob eine Beschränkung der gerichtlichen Kontrolle auf bereits im Verwaltungsverfahren erhobene Einwendungen zulässig ist, hier aber die Frage in Rede steht, inwieweit Fehler durch Zeitablauf unbeachtlich werden können.

Ob anderes gelten kann, wenn ein UVP- oder UVP-vorprüfungspflichtiger Bebauungsplan in Rede steht (vgl. hierzu BVerwG, Beschluss v. 14.3.2017 – 4 CN 3.16 –, juris), kann dahinstehen, da ein solcher nicht vorliegt. …

Es liegt jedoch ein Ermittlungs- und Bewertungsfehler hinsichtlich der Umweltschutzbelange vor.

Vor der Überplanung war auf der Sondergebietsfläche eine öffentliche Grünfläche vorgesehen. Hierbei handelt es sich ausweislich des Umweltbeitrags um eine Streuobstfläche. Diese entfällt durch die Überplanung (teilweise). Damit ist grundsätzlich auch ein naturschutzrechtlicher Ausgleich erforderlich.

Zwar hat die Antragsgegnerin erkannt, dass die 1992 festgesetzte Grünfläche teilweise entfällt. Da die Antragsgegnerin jedoch – auf Grund der Unionsrechtswidrigkeit des § 13b BauGB a. F. zu Unrecht – davon ausgegangen ist, ein Ausgleich sei nach § 13b BauGB a. F. von vornherein entbehrlich, hat sie den naturschutzrechtlichen Belang schon im Ausgangspunkt nicht zutreffend erfasst. Denn geht der Plangeber davon aus, ein naturschutzrechtlicher Ausgleich sei nicht erforderlich, besteht für ihn auch kein Anlass, insoweit entsprechende Ermittlungen und Bewertungen vorzunehmen. Eine andere Einschätzung ist vorliegend auch in Ansehung der Ausführungen der Abwägungstabelle und der Begründung des Bebauungsplans nicht angezeigt. Die dortigen Ausführungen ändern nämlich nichts daran, dass die Antragsgegnerin davon ausgegangen ist, zu einem Ausgleich nicht verpflichtet zu sein, und somit den (vollständigen) Erhalt der Streuobstfläche als eigenständigen naturschutzrechtlichen Belang schon nicht hinreichend erkannt hat. Denn ungeachtet der Frage, weshalb im Bebauungsplan »Ehgasse – Scharretenacker« die Grünfläche festgesetzt wurde, führt ihr (teilweiser) Wegfall jedenfalls zum Entfall unbebauter Fläche und der Streuobstfläche.

Der Fehler ist auch offensichtlich und auf das Abwägungsergebnis von Einfluss i. S. d. § 214 Abs. 1 Satz 1 Nr. 1 BauGB gewesen. Ein Fehler ist offensichtlich, wenn er sich ohne Weiteres aus dem äußeren Ablauf des Bauleitplanverfahrens ergibt; er ist von Einfluss auf das Abwägungsergebnis, wenn nicht ausgeschlossen werden kann, dass nach den Umständen des Falls die konkrete Möglichkeit besteht, dass die Planung ohne den Mangel anders ausgefallen wäre (st. Rspr., vgl. nur Senatsurt. v. 25.4.2022 – 3 S 2115/10 –, juris Rdnr. 117; VGH Bad.-Württ., Urteil v. 7.2.2024 – 5 S 869/22 –, juris Rdnr. 82). Vorliegend ergibt sich der Fehler ohne Weiteres aus der Planakte; es ist auch nicht auszuschließen, dass die Antragsgegnerin anders geplant hätte, wenn sie die Bedeutung der Streuobstfläche erkannt hätte. Hält sich der Plangeber – wie hier – nicht zum Ausgleich verpflichtet, lässt sich – soweit er nicht ausdrücklich im Planungsverfahren erklärt hat, dass und aus welchen Gründen er einen Ausgleich selbst für den Fall, dass er erforderlich wäre, unterlassen würde – nicht ausschließen, dass er bei richtiger Einschätzung anders geplant hätte.

Der Fehler ist auch nicht nach § 215 Abs. 1 Satz 1 Nr. 1 BauGB unbeachtlich geworden.

Nachdem der Beschluss über den Bebauungsplan am 7.5.2021 ortsüblich bekanntgemacht wurde und der 7.5.2022 ein Samstag war, lief die Jahresfrist des § 215 BauGB nach § 188 Abs. 2 i. V. m. § 193 BGB (vgl. zur Anwendbarkeit Senatsurt. v. 9.12.2020 – 3 S 1749/16 –, juris Rdnr. 97; VGH Bad.-Württ., Beschluss v. 19.11.2007 – 8 S 1820/07 –, juris Rdnr. 3; Uechtritz, in: BeckOK BauGB, 64. Edition 1.11.2024, § 215 Rdnr. 25) am 9.5.2022 um 24.00 Uhr ab. Ausweislich der Planungsakte ging jedenfalls am 9.5.2022 bei der Antragsgegnerin ein Einwendungsschreiben der Antragstellerin vom 6.5.2022 ein. Auf die von den Beteiligten diskutierte Frage, ob dieses bereits vorab per Fax eingegangen ist, kommt es daher nicht an.

Das Rügeschreiben der Antragsteller bezeichnet auch (noch) hinreichend den »die Verletzung begründenden Sachverhalt« i. S. d. § 215 Abs. 1 Satz 1 BauGB. Der Gemeinde soll durch die Darlegung die Prüfung ermöglicht werden, ob Anlass besteht, in eine Fehlerbehebung einzutreten. Darüber hinaus wird durch die schriftliche Darlegung der Kreis der präkludierten Rügen bestimmt. Erforderlich ist, dass die Belange, die nach Ansicht des Rügenden nicht oder nicht ausreichend ermittelt bzw. nicht oder nicht zutreffend bewertet worden sind, mit ihrem Tatsachengehalt konkret und substantiiert dargelegt werden. Das erfordert einen Bezug zur Abwägungsentscheidung der Gemeinde. Damit wahrt eine Rüge, die lediglich pauschal auf die im Bebauungsplanverfahren erhobenen Einwendungen verweist, etwa dahingehend, dass alle Rügen aufrechterhalten werden, nicht die Frist des § 215 Abs. 1 Satz 1 BauGB. Wird im Rügeschreiben ein konkreter Ermittlungs- und Bewertungsmangel dagegen angesprochen, kann zur (weiteren) Substantiierung des Tatsachenvortrages auf die in einem Einwendungsschreiben insofern bereits gemachten Ausführungen verwiesen werden; deren Wiederholung im Rügeschreiben bedarf es nicht (vgl. zu alledem BVerwG, Beschluss v. 25.9.2019 – 4 BN 13.19 –, juris Rdnr. 5 f.). Wird verwiesen, ist aber eine hinreichend genaue Verweisung erforderlich (vgl. Uechtritz, in: BeckOK BauGB, 64. Edition 1.11.2024, § 215 Rdnr. 31).

Dem genügt das Rügeschreiben der Antragsteller vom 6.5.2022, in dem »der ungenügende naturschutzrechtliche Ausgleich« gerügt und des Weiteren das Einwendungsschreiben vom 5.2.2018 in Bezug genommen wird. Die Antragsteller haben damit den Belang des fehlenden naturschutzrechtlichen Ausgleichs für den teilweisen Entfall der Grünfläche hinreichend identifiziert (vgl. zu diesem Erfordernis OVG R.-Pf., Urteil v. 17.5.2023 – 1 C 10592/22.OVG –, juris Rdnr. 36). Weitere Ausführungen waren insoweit nicht erforderlich. Die Antragsgegnerin hat ausdrücklich erklärt, ein naturschutzrechtlicher Ausgleich sei nicht erforderlich. Die Antragsteller lassen klar erkennen, dass sie das nicht für richtig halten. Dieser Hinweis war auch ausreichend, denn auf Grund dessen wäre es der Antragsgegnerin ohne Weiteres möglich gewesen, ein ergänzendes Verfahren einzuleiten. Dagegen kann nicht von den Antragstellern verlangt werden, aufzuzeigen, dass (und weshalb) § 13b BauGB a. F. unionsrechtswidrig und deshalb die Annahme, ein Ausgleich sei nicht erforderlich, unzutreffend ist. Es ist nicht Aufgabe des Bürgers, dem Plangeber unionsrechtliche Bedenken aufzuzeigen, es obliegt dem Plangeber, (nur) unionsrechtskonforme Normen anzuwenden. …

Allerdings sind die Festsetzungen zum Lärmschutz teilweise unbestimmt.

Bebauungspläne unterliegen als Rechtsnormen dem verfassungsrechtlich im Rechtsstaatsprinzip verankerten Bestimmtheitsgebot (vgl. nur BVerwG, Beschluss v. 23.8.2017 – 4 BN 14.17 –, juris Rdnr. 6 und v. 4.1.1994 – 4 NB 30.93 –, juris Rdnr. 6; Mitschang/Reidt, in: Battis/Krautzberger/Löhr, BauGB, 15. Aufl. 2022, § 9 Rdnr. 6).

Diesen Anforderungen wird die Festsetzung in Ziff. 1.10.1 nicht gerecht. Wörtlich heißt es dort:

> »Ausschluss von schutzbedürftigen Räumen
> Im Sondergebiet »Gemeindeunterkunft« sind öffenbare Fenster von schutzbedürftigen Räumen im Sinne der DIN 4109 (Ausgabe Januar 2018) unzulässig. Festverglasungen und nicht-öffenbare Fensterelemente sind uneingeschränkt zulässig. Ausnahmen hierzu sind zulässig, wenn im Baugenehmigungsverfahren der Nachweis erbracht wird, dass auch unter Berücksichtigung der Geräusche, die von den Flächen für den Gemeinbedarf ausgehen, an diesen Fassaden geringere Lärmbelastungen bestehen,

als dies in der schalltechnischen Untersuchung für den Bebauungsplan ermittelt wurde und die gesetzlichen Vorgaben für Gewerbelärm eingehalten werden.«

Der Verweis auf »die gesetzlichen Vorgaben für Gewebelärm« ist zu unbestimmt, weil es allgemeingültige »gesetzliche Vorgaben für Gewerbelärm« nicht gibt. Es kann auch nicht im Weg der Auslegung angenommen werden, dass die Antragsgegnerin insoweit den Wert nach Nr. 6.1 Buchst. f TA Lärm meint. Hiergegen spricht bereits, dass die TA Lärm als normkonkretisierende Verwaltungsvorschrift keine »gesetzliche Vorgabe« ist. Auch bliebe insoweit unklar, ob es sich um eine statische oder dynamische Verweisung handeln soll. Auch wie ein entsprechender Nachweis geführt werden soll, bleibt offen.

Dagegen ist – entgegen der Auffassung der Antragsteller – nicht unbestimmt, wenn davon die Rede ist, dass »an diesen Fassaden geringere Lärmbelastungen bestehen«. Denn aus der in Bezug genommenen schalltechnischen Untersuchung ist ohne Weiteres erkennbar, welche Lärmwerte insoweit gemeint sind. Ob insoweit die Emissionen der Antragstellerin berücksichtigt werden und ob so gesunde Wohnverhältnisse hergestellt werden können, ist keine Frage der Bestimmtheit der Festsetzung.

Der Bebauungsplan »Ehgasse« leidet des Weiteren an Festsetzungsfehlern.

In Ziff. 1.6.1 wird festgesetzt, dass oberirdische Parkplätze im Sondergebiet auch außerhalb der überbaubaren Grundstücksfläche zulässig sind. Dies entbehrt einer Rechtsgrundlage. Nach § 9 Abs. 1 Nr. 4 BauGB können Flächen für Garagen und Stellplätze festgesetzt werden, die Norm gestattet jedoch nicht die Zulassung solcher außerhalb der überbaubaren Grundstücksfläche im Bebauungsplan. Zwar können Parkplätze ggf. nach § 23 Abs. 5 Satz 2 BauNVO außerhalb der überbaubaren Grundstücksfläche durch die Baurechtsbehörde zugelassen werden, sofern im Bebauungsplan nichts Abweichendes bestimmt ist. Dies ermächtigt jedoch nur zur Einschränkung, nicht zur positiven Zulassung (vgl. etwa VGH Bad.-Württ., Urteil v. 24.2.2021 – 5 S 2159/18 –, juris Rdnr. 68; OVG R.-Pf., Urteil v. 17.6.2021 – 8 A 11487/20 –, juris Rdnr. 47; Hornmann, in: BeckOK BauNVO, 39. Edition 15.10.2024, § 23 Rdnr. 77; a. A. noch VGH Bad.-Württ., Urteil v. 24.2.1992 – 5 S 2408/91 –, juris Rdnr. 23).

In Ziff. 1.6.3 wird festgesetzt, dass auf der Gemeinbedarfsfläche oberirdische Stellplätze, Fahrradstellplätze, oberirdische Garagen und Carports auch außerhalb der überbaubaren Grundstücksfläche zulässig sind. Hierfür fehlt es aus den soeben ausgeführten Gründen an einer Rechtsgrundlage.

In Ziff. 1.7.3 wird festgesetzt, dass im Sondergebiet Nebenanlagen i. S. d. § 14 Abs. 2 BauNVO auch außerhalb der überbaubaren Grundstücksfläche zulässig sind. Hierfür fehlt es aus den soeben ausgeführten Gründen an einer Rechtsgrundlage.

In Ziff. 1.7.4 wird festgesetzt, dass auf der Gemeinbedarfsfläche Nebenanlagen i. S. d. § 14 Abs. 1 und 2 BauNVO auch außerhalb der überbaubaren

Grundstücksfläche zulässig sind. Hierfür fehlt es aus den soeben ausgeführten Gründen an einer Rechtsgrundlage.

In Ziff. 1.7.2 wird festgesetzt, dass Nebenanlagen i. S. d. § 14 Abs. 1 BauNVO, die hochbaulich nicht in Erscheinung treten, auch außerhalb der überbaubaren Grundstücksfläche zulässig sind. Hierfür fehlt es aus den soeben ausgeführten Gründen an einer Rechtsgrundlage.

Der Bebauungsplan »Ehgasse« leidet ferner an einem Fehler im Abwägungsergebnis.

Das Abwägungsergebnis ist rechtlich zu beanstanden, wenn eine fehlerfreie Nachholung der erforderlichen Abwägung schlechterdings nicht zum selben Ergebnis führen könnte, weil anderenfalls der Ausgleich zwischen den von der Planung berührten öffentlichen Belangen in einer Weise vorgenommen würde, der zur objektiven Gewichtigkeit einzelner Belange außer Verhältnis steht (vgl. BVerwG, Urteil v. 1.9.2016 – 4 C 2.15 –, juris Rdnr. 16; Senatsurt. v. 9.12.2020 – 3 S 1746/16 –, juris Rdnr. 95; VGH Bad.-Württ., Urteil v. 12.12.2023 – 5 S 3497/21 –, juris Rdnr. 67 und Urteil v. 10.6.2021 – 8 S 949/19 –, juris Rdnr. 139).

Dies ist hier der Fall.

Es liegt schon deshalb ein Abwägungsergebnisfehler vor, weil es an einem naturschutzrechtlichen Ausgleich fehlt. …

Durch die (teilweise) Überplanung der Grünfläche und dem damit verbundenen Entfall des Streuobstbestands ist ein naturschutzrechtlicher Ausgleich grundsätzlich erforderlich. Die Antragsgegnerin ging auf Grund der Anwendung des inzwischen als unionsrechtswidrig erkannten § 13b BauGB a. F. irrig davon aus, dass ein naturschutzrechtlicher Ausgleich nicht erforderlich sei. Dementsprechend hat die Antragsgegnerin keinerlei Ausgleichsmaßnahmen getroffen. Es ist jedoch nicht erkennbar, wie ein Plan mit einem solchen Ergebnis abwägungsgerecht hätte erlassen werden können (vgl. insoweit auch VGH Bad.-Württ., Urteil v. 11.9.2024 – 8 S 2152/22 –, n.v. UA S. 24 f.; Kerkmann/Saame, BauR 2024, 20 <28> und BauR 2024, 217 <218>). Dies gilt umso mehr, als der entfallende Teil der Grünfläche einschließlich der Obstbäume im Bebauungsplan »Ehgasse – Scharretenacker« ausdrücklich als Grünfläche festgesetzt wurde und als »Ausgleich« vorgesehen war.

Leidet der Bebauungsplan schon deshalb an einem Abwägungsergebnisfehler, kann dahinstehen, ob ein solcher auch deshalb vorliegt, weil durch den Bebauungsplan ein ungelöster Nutzungskonflikt heraufbeschworen würde.

Jeder Bebauungsplan hat grundsätzlich die von ihm selbst geschaffenen oder ihm sonst zurechenbaren Konflikte zu lösen, indem die von der Planung berührten Belange zu einem gerechten Ausgleich gebracht werden. Die Planung darf nicht dazu führen, dass Konflikte, die durch sie hervorgerufen werden, zu Lasten Betroffener letztlich ungelöst bleiben. Dies schließt eine Verlagerung von Problemlösungen aus dem Bebauungsplanverfahren auf nachfolgendes Verwaltungshandeln indes nicht aus; Festsetzungen eines

Bebauungsplans können auch Ausdruck einer »planerischen Zurückhaltung« sein. Die Grenzen zulässiger Konfliktverlagerung auf die Ebene des Planvollzugs sind allerdings überschritten, wenn bereits im Planungsstadium absehbar ist, dass sich der offengelassene Interessenkonflikt in einem nachfolgenden Verfahren nicht sachgerecht wird lösen lassen (vgl. zu alledem BVerwG, Beschluss v. 18.1.2023 – 4 BN 36.22 –, juris Rdnr. 9 f. und Urteil v. 5.5.2015 – 4 CN 4.14 –, juris Rdnr. 14; VGH Bad.-Württ., Urteil v. 7.4.2022 – 8 S 847/21 –, juris Rdnr. 88). Die Gemeinde darf insoweit nicht auf das »Prinzip Hoffnung« setzen (vgl. Külpmann, in: Bischopink/Külpmann/Wahlhäuser, Der sachgerechte Bebauungsplan, 5. Aufl. 2021, Rdnr. 786).

Der Senat hat vorliegend Bedenken, ob die Antragsgegnerin – wie sie meint – tatsächlich nur zulässige »planerische Zurückhaltung« geübt hat und nicht sehenden Auges den auf der Hand liegenden Lärmkonflikt ins Baugenehmigungsverfahren verschoben hat, ohne dass erkennbar wäre, wie er dort gelöst werden sollte.

Nach § 1 Abs. 6 Nr. 1 BauGB sind bei der Aufstellung der Bauleitpläne insbesondere die allgemeinen Anforderungen an gesunde Wohn- und Arbeitsverhältnisse und die Sicherheit der Wohn- und Arbeitsbevölkerung zu berücksichtigen. Vorliegend stehen nach der schalltechnischen Untersuchung Lärmimmissionen sowohl durch den Verkehrslärm als auch durch den Gewerbelärm in Rede, die sich in einem Bereich bewegen, in dem – wie ausgeführt – typischerweise angenommen wird, dass die Schwelle zur Gesundheitsgefahr überschritten wird. Ob dem in jeder Hinsicht ausreichend Rechnung getragen wurde, ist offen.

Dagegen liegt kein (weiterer) Fehler im Abwägungsergebnis vor, weil eine eindeutig vorzugswürdige Alternative zur Verfügung gestanden hätte. Dies behaupten die Antragsteller zwar pauschal. Sie zeigen jedoch nicht ansatzweise nachvollziehbar auf, weshalb dies der Fall sein sollte. Die bloß subjektive Auffassung, die Bauvorhaben wären wo anders »besser aufgehoben«, genügt nicht.

Die vorliegenden Fehler führen zur Gesamtunwirksamkeit des Bebauungsplans.

Ein Mangel, der einzelnen Festsetzungen eines Bebauungsplans anhaftet, führt nur dann nicht zu dessen Gesamtnichtigkeit, wenn – erstens – die übrigen Regelungen, Maßnahmen oder Festsetzungen für sich betrachtet noch eine sinnvolle städtebauliche Ordnung i. S. d. § 1 Abs. 3 Satz 1 BauGB bewirken können und – zweitens – die Gemeinde nach ihrem im Planungsverfahren zum Ausdruck gekommenen Willen im Zweifel auch eine Satzung dieses eingeschränkten Inhalts beschlossen hätte (st.Rspr., vgl. nur BVerwG, Urteil v. 25.1.2022 – 4 CN 5.20 –, juris Rdnr. 16; Senatsurt. v. 16.1.2024 – 3 S 184/22 –, juris Rdnr. 33). Dass der Plangeber der Teilwirksamkeit des Plans im Zweifel den Vorzug vor dessen Gesamtunwirksamkeit gegeben hätte, genügt nicht, um von einer bloßen Teilunwirksamkeit auszugehen (vgl. Senatsbeschl. v.

22.6.2024 – 3 S 1067/23 –, n.v. und Senatsurt. v. 5.6.2024 – 3 S 499/22 –, n.v.; Nds. OVG, Urteil v. 12.2.2024 – 1 KN 191/21 –, juris Rdnr. 26).

Ausgehend hiervon kommt vorliegend eine auf die Festsetzung des Sondergebiets beschränkte Teilunwirksamkeitserklärung nicht in Betracht. Zwar ist der Bebauungsplan »Ehgasse« insoweit objektiv teilbar, auch vermag die Festsetzung der Gemeinbedarfsfläche für sich genommen eine sinnvolle städtebauliche Ordnung zu bewirken. Es kann jedoch nicht davon ausgegangen werden, dass die Antragsgegnerin den Bebauungsplan »Ehgasse« im Zweifel auch allein beschränkt auf die Festsetzung der Gemeinbedarfsfläche beschlossen hätte. Hierfür bietet das Planungsverfahren keine Anhaltspunkte. Im Gegenteil sind die Planung der Gemeinbedarfsfläche einerseits und der Sondergebietsfläche andererseits miteinander verzahnt. Dies zeigt etwa die von der Antragsgegnerin angesprochene Abhängigkeit der konkreten baulichen Ausgestaltung der Gemeindeunterkunft von der Errichtung des Feuerwehrhauses und der Bauhoffläche. …

Nr. 15

1. **Sollen die Flächen eines Solarparks unterhalb der Module zu einem vergleichsweise hochwertigen Biotop entwickelt werden und handelt es sich insofern um ein identitätsbestimmendes Merkmal des Vorhabens (vgl. § 12 Abs. 1 Satz 1 BauGB), muss der Vorhaben- und Erschließungsplan die dafür erforderlichen Mindestabstände und -höhen der Module verbindlich festsetzen.**

2. **Bei der nach Nr. 18.7 der Anlage 1 zum UVPG erforderlichen Bestimmung der zulässigen Grundfläche des Städtebauprojekts im Außenbereich sind bei einem Solarpark auch die Flächen mitzurechnen, die von den einzelnen Modulen ohne Bodenkontakt lediglich überdeckt werden.**

3. **Ein Solarpark im Außenbereich, der in einer flachen, offenen Landschaft weithin sichtbar ist, bewirkt grundsätzlich eine erhebliche Beeinträchtigung des Landschaftsbilds i. S. v. § 1a Abs. 3 Satz 1 BauGB, § 14 Abs. 1 BNatSchG. Diese Beeinträchtigung ist nach Maßgabe des § 1a Abs. 3 BauGB i. V. m. § 15 Abs. 2 BNatSchG auszugleichen. Der notwendige Ausgleich kann insbesondere durch eine randliche Eingrünung in ausreichender Höhe erfolgen.**

4. **Wird ein Solarpark auf Flächen errichtet, die ein – wenngleich weniger geeignetes – Brut- und Rastgebiet für vom Aussterben bedrohte Vogelarten darstellen, ist die damit verbundene Veränderung des Naturhaushalts auszugleichen oder zu ersetzen (§ 15 Abs. 2 BNatSchG). Ersatzmaßnah-**

men erfordern die Herstellung ähnlicher, wenngleich mit der beeinträchtigten Funktion nicht identischer Funktionen. Erforderlich ist mindestens die Herstellung oder Aufwertung eines Lebensraums für artenschutzrechtlich vergleichbar bedeutende Tierarten.

BauGB § 1 Abs. 7, § 1a Abs. 3, § 12; UmwRG § 1.

Niedersächsisches OVG, Beschluss vom 30. April 2024 – 1 MN 161.23 –.

Aus den Gründen:

Der Antragsteller, ein eingetragener Verein, der nach § 3 Abs. 1 Satz 1 UmwRG anerkannt ist, wendet sich gegen den vorhabenbezogenen Bebauungsplan Nr. 10 »Solarpark Tiste« der Antragsgegnerin, auf dessen Grundlage die Beigeladene eine knapp 48 ha große Freiflächen-Photovoltaikanlage der Multimegawatt-Klasse errichten will. …

Der Antragsteller beantragt, den vorhabenbezogenen Bebauungsplan Nr. 10 »Solarpark Tiste« der Antragsgegnerin … außer Vollzug zu setzen.

Der zulässige Antrag hat Erfolg. …

Die Erfolgsaussichten eines – vom Antragsteller noch zu stellenden – Normenkontrollantrags sind hoch. Der streitgegenständliche Bebauungsplan leidet nach der im Eilverfahren gebotenen summarischen Prüfung unter beachtlichen Fehlern, die zu seiner Unwirksamkeit führen. Die hohen Erfolgsaussichten des Normenkontrollantrags rechtfertigen die Außervollzugsetzung des Plans, da ein öffentliches Interesse am weiteren Vollzug eines offenkundig unwirksamen Plans nicht besteht, während der Antragsteller ein gewichtiges Interesse an dem jedenfalls vorläufigen Erhalt der Brut- und Rastflächen geltend machen kann.

Der Vorhaben- und Erschließungsplan (VEP) ist nicht hinreichend bestimmt. Im VEP, der Gegenstand des Durchführungsvertrags ist, wird nicht allgemein irgendeine Bebauung des Plangebiets, sondern die Errichtung eines oder mehrerer konkreter Vorhaben im Sinne von § 29 Abs. 1 BauGB geregelt (vgl. § 12 Abs. 1 Satz 1 BauGB). Zu konkretisieren ist nicht nur die Art der baulichen Nutzung, wobei das festgelegte Vorhaben von vornherein eine gewisse Bandbreite an Nutzungsmöglichkeiten umfasst, sondern, ebenfalls mit (begrenzten) Spielräumen, auch das Maß der baulichen Nutzung. Dabei genügt es jedenfalls nicht stets, nur Höchstmaße festzusetzen. Auch eine Unterschreitung von festgesetzten Maßfaktoren ist in den Blick zu nehmen. Ist sie in einem Umfang möglich, der die Identität des vereinbarten Vorhabens in Frage stellt und die durch den Vorhabenbegriff begrenzte Variationsbreite verlässt, bedarf es daher zusätzlich der Festsetzung von Mindestmaßen, denn es gilt zu vermeiden, dass der vorhabenbezogene Bebauungsplan ein anderes Vorhaben zulässt, als es im Durchführungsvertrag in Verbindung mit dem VEP vereinbart worden ist (BVerwG, Beschluss v. 5.3.2019 – 4 BN 18.18 –, ZfBR 2019, 480 = BRS 87, Nr. 11 = juris Rdnr. 9 m. w. N.).

Diesen Vorgaben genügt der VEP nicht, da er so unbestimmt ist, dass auch ein vom Durchführungsvertrag abweichendes Vorhaben entstehen kann. In diesem verpflichtet sich die Beigeladene eine Freiflächen-Photovoltaikanlage (PVA) einschließlich der erforderlichen Nebenanlagen zu errichten. Die hierdurch entstehenden, im Rahmen des Aufstellungsverfahrens ermittelten Beeinträchtigungen der Schutzgüter Fläche, Pflanzen und Tiere sowie Boden sind durch Ausgleichs- und Ersatzmaßnahmen entsprechend der Eingriffs- und Ausgleichsbilanz im Plangebiet zu kompensieren. Hierfür ist neben den Maßnahmenflächen I und II vorgesehen, dass im Sondergebiet SO 2 die gesamte nichtversiegelte Fläche zu dem Biotoptyp Sonstiges feuchtes Extensivgrünland (auf einem – laut Begründung – naturnahen Boden entwickelt und damit die bisher vorhandene Ackerfläche aufgewertet wird. Dies wird auch an anderer Stelle vorausgesetzt. In der Gesamtschau lässt sich das Vorhaben als »grüner Solarpark« charakterisieren, der die Nutzung solarer Strahlungsenergie mit einer ökologisch vergleichsweise hochwertigen Bodennutzung unterhalb der Photovoltaikmodule verbindet; diese Verbindung ist für das Vorhaben identitätsprägend.

Der VEP stellt jedoch nicht hinreichend sicher, dass nur ein derartiges Vorhaben auch entsteht. In ihm werden eindeutig lediglich die maximale Höhe der Modultische (»4 m über gewachsenem Grund«), deren Unterkonstruktion (»Ramm- oder Schraubfundamente«), die Südausrichtung der Module und das Verbot von Nachführanlagen oder sog. Ost-West-Anlagen festgeschrieben. Hinsichtlich sämtlicher weiterer Parameter, wie der Ausführung der Modultische, die in einer Skizze dargestellt wird, des Abstands der Modulreihen und der Anordnung der Modultische, eröffnet der VEP durch die Verwendung von Zusätzen wie »beispielhaft«, »indikativ«, »oder vergleichbar« sowie »ca.« Spielräume. Diese sollen offenbar – wie etwa die Differenz zwischen der in der Skizze abgebildeten Höhe von 2,736 m und der textlich angegebenen Maximalhöhe von 4 m zeigt – zumindest teilweise den Bagatellbereich deutlich überschreiten. Bei einem Projekt wie dem vorliegenden sind »weiche« Vorgaben in einem gewissen Umfang unvermeidlich, da auf diese Weise der Vorhabenträger nicht von vornherein auf ein bestimmtes Modulmodell eines bestimmten Herstellers festgelegt wird, was etwaigen Änderungen des Angebots im Laufe der Planungsphase sowie etwaigen technischen Weiterentwicklungen Rechnung trägt. Die daraus folgenden Spielräume sind unschädlich, solange die maßgeblichen städtebaulichen Parameter des Vorhabens unberührt bleiben. Die Grenze des Zulässigen ist allerdings dann überschritten, wenn der VEP ermöglicht, dass ein aliud zu dem in Aussicht genommenen Vorhaben entstehen kann. So liegt es hier.

Unter den Modultischen soll der Biotoptyp »Sonstiges feuchtes Extensivgrünland« entstehen. Dies stellt bestimmte Anforderungen an Belichtung, Befeuchtung sowie die Pflege der Fläche. Hierzu macht die Arbeitshilfe »Hinweise für einen naturverträglichen Ausbau von Freiflächen-Photovoltaikanlagen« (Herausgeber NLT, MU und NLWKN, Stand 11.10.2023) auf der Grundlage bereits zuvor, mithin auch bei Planaufstellung vorhandener Erkenntnisse bestimmte Vorgaben. Danach ist dieser Biotoptyp mit Blick auf die erforderliche Belichtung und Befeuchtung »erreichbar«, wenn der Mindestabstand der Modulunterkante zum Boden 0,8 m, die maximal überspannte Tiefe der Modultische nicht mehr als 5 m und der Abstand zwischen den Modultischen (mindestens) 3,5 m, besser 5 m, betragen (Arbeitshilfe S. 17). Die Arbeitshilfe stellt zwar keine verbindliche Regelung dar, die von Antragsgegnerin zwingend zentimetergenau zu befolgen wäre. Es handelt sich jedoch um zusammengeführten naturwissenschaftlichen Sachverstand, der den aktuellen Stand der Erkenntnis widerspiegelt. Lässt die Antragsgegnerin jedoch relevante Abweichungen von den Vorgaben der Arbeitshilfe zu, muss sie sich unter Zuhilfenahme naturwissenschaftlichen Sachverstands vergewissern, dass ihr Planungsziel, ein »grüner Solarpark«, dennoch erreicht wird; andernfalls droht das Entstehen eines »aliud« im obigen Sinne.

Eine eigenständige, wissenschaftlich fundierte Begründung oder Herleitung, welche Abstände die Solarmodule zum Boden und die Modulreihen zueinander mindestens aufweisen müssen, um das Entstehen von Sonstigem feuchtem Extensivgrünland zu gewährleisten, ist in den Planaufstellungsvorgängen nicht dokumentiert. Demzufolge ist das Entstehen des vereinbarten »grünen Solarparks« nur dann gewährleistet, wenn den im Sinne einer Erkenntnisquelle heranzuziehenden Vorgaben der Arbeitshilfe im Wesentlichen genügt wird. Das gewährleistet der VEP nicht.

Einen Mindestabstand zum Boden setzt der VEP nicht fest. In der skizzierten Ansicht beträgt der Abstand zum Boden 0,726 m, liegt mithin bereits 10 % unter der Vorgabe der Arbeitshilfe. Das mag noch im Rahmen hinzunehmender Toleranzen liegen. Da der VEP aber auch eine »vergleichbare« Ausführung zulässt, sind Abweichungen nach oben, aber auch nach unten denkbar. Verringert sich der Abstand indes noch weiter, ist die prognostizierte Entwicklung der unter den Modulen befindlichen Fläche zu Sonstigem feuchten Extensivgrünland nicht mehr gewährleistet.

Vergleichbares gilt für den Abstand zwischen den Modulreihen, den der VEP auf »ca. 3 m« festlegt; dieser Zahlenwert liegt bereits mehr als 10 % unter der Mindestvorgabe der Arbeitshilfe. Ob das mit Blick auf das Planungsziel ausreichend ist, bedarf an dieser Stelle keiner Entscheidung. Jedenfalls lässt der VEP angesichts der Voranstellung des Wortes »ca.« noch eine weitere Verringerung des Abstands zu. Selbst wenn der durch das Wort »ca.« eingeräumte Spielraum seinerseits begrenzt sein dürfte, ist damit endgültig nicht mehr sichergestellt, dass sich die Fläche unterhalb der Modultische wie gewünscht entwickeln wird.

Der Mangel ist auch im Rahmen der Prüfung des Normenkontrolleilantrags des Antragstellers berücksichtigungsfähig. Nach § 2 Abs. 4 Satz 1 Nr. 1 UmwRG sind Rechtsbehelfe nach Abs.1 begründet, soweit die Entscheidung nach § 1 Abs. 1 Satz 1 Nr. 1 UmwRG gegen Rechtsvorschriften verstößt, die für diese Entscheidung von Bedeutung sind, und der Verstoß Belange berührt, die zu den Zielen gehören, die die Vereinigung nach ihrer Satzung fördert. Ein solcher Fall einer Entscheidung nach § 1 Abs. 1 Satz 1 Nr. 1 UmwRG liegt mit dem vorhabenbezogenen Bebauungsplan vor.

Bei diesem handelt es sich um eine Zulassungsentscheidung nach § 2 Abs. 6 Nr. 3 UVPG i. V. m. Nr. 18.7.1 der Anlage 1 zum UVPG, weil er die Zulässigkeit eines Städtebauprojekts im Außenbereich mit einer zulässigen Grundfläche von mehr als 100 000 m^2 begründet. Maßgeblich ist insofern nicht bloß die Grundfläche von 10 000 m^2, die die Fundamente in Anspruch nehmen dürfen, sondern die gesamte Fläche, die von Photovoltaikanlagen überdeckt werden darf, hier also 0,6 × 475 000 m^2, zzgl. der Verkehrsflächen. Dies folgt daraus, dass Nr. 18.7 der Anlage 1 zum UVPG auf § 19 Abs. 2 BauNVO Bezug nimmt. Danach handelt es sich bei der zulässigen Grundfläche um den ausgehend von der Grundflächenzahl zu errechnenden Anteil des Baugrundstücks, der von baulichen Anlagen überdeckt werden darf. Der Begriff der Überdeckung setzt schon dem Wortsinn nach nicht voraus, dass alle in Betracht kommenden Teile der baulichen Anlage eine unmittelbare Verbindung mit Grund und Boden haben müssen. Auch in den Luftraum hineinragende Teile können die Grundstücksfläche im Sinne von § 19 Abs. 2 BauNVO überdecken. Dabei muss es sich aber um »wesentliche« Teile handeln (BVerwG, Urteil v. 21.10.2004 – 4 C 3.04 –, BRS 67 Nr. 82 = NVwZ 2005, 208 = juris Rdnr. 32). Vor diesem Hintergrund sind die von Photovoltaikanlagen überdeckten Flächen ungeachtet der – mit Blick auf das Erfordernis einer Ermächtigungsgrundlage möglicherweise ihrerseits rechtlichen Bedenken begegnenden Regelungstechnik – bei der Bestimmung der überdeckten Grundfläche mitzurechnen.

Der Prüfungsumfang wird auch nicht dadurch beschränkt, dass der Verstoß Belange berühren muss, die zu den Zielen gehören, die die Vereinigung nach ihrer Satzung fördert. Der Erfolg der Verbandsklage hängt allein davon ab, ob die vom Rechtsverstoß betroffene, d. h. rechtswidrige, Entscheidung vom satzungsmäßigen Aufgabenbereich des Verbands (vgl. § 2 Abs. 1 Satz 1 Nr. 2 UmwRG) erfasst wird. Das ist hier der Fall. Ein spezifischer und unmittelbarer Bezug des jeweiligen Rechtsverstoßes zu Umweltbelangen ist nicht gefordert (BVerwG, Urteil v. 30.3.2017 – 7 C 17.15 –, NVwZ-RR 2017, 685 = ZfB 2017, 107 = juris Rdnr. 26 f.; Senatsurt. v. 11.12.2018 – 1 KN 185/16 –, BauR 2019, 613 = BRS 86 Nr. 12 = juris Rdnr. 29 f.).

Die Planung leidet zudem an beachtlichen Abwägungsfehlern.

Das in § 1 Abs. 7 BauGB verankerte Abwägungsgebot ist verletzt, wenn eine (sachgerechte) Abwägung überhaupt nicht stattfindet, wenn in die Abwägung Belange nicht eingestellt werden, die nach Lage der Dinge hätten eingestellt werden müssen, wenn die Bedeutung der betroffenen privaten Belange verkannt wird oder wenn der Ausgleich zwischen den von der Planung berührten öffentlichen Belangen in einer Weise vorgenommen wird, der zur objektiven Gewichtigkeit einzelner Belange außer Verhältnis steht. Innerhalb des so gezogenen Rahmens ist das Abwägungsgebot nicht verletzt, wenn sich die Gemeinde in der Kollision zwischen verschiedenen Belangen für die Bevorzugung des einen und damit notwendig für die Zurückstellung eines anderen entscheidet (BVerwG, Urteil v. 12.12.1969 – IV C 105.66 –, BVerwGE 34, 301 = juris Rdnr. 29). Zur Unwirksamkeit des Plans führen Mängel im Abwägungsvorgang nur, wenn sie offensichtlich und auf das Abwägungsergebnis von Einfluss gewesen sind (§ 214 Abs. 3 Satz 2 Halbs. 2 BauGB).

Gemessen daran hat die Antragsgegnerin die Belange des Natur- und Landschaftsschutzes nicht fehlerfrei abgewogen. Gemäß § 1a Abs. 3 Satz 1 BauGB sind die Vermeidung und der Ausgleich voraussichtlich erheblicher Beeinträchtigungen des Landschaftsbildes sowie der Leistungs- und Funktionsfähigkeit des Naturhaushalts in seinen in § 1 Abs. 6 Nr. 7 Buchstabe a BauGB bezeichneten Bestandteilen (Eingriffsregelung nach dem Bundesnaturschutzgesetz) in der Abwägung nach § 1 Abs. 7 BauGB zu berücksichtigen. Im Hinblick auf das Landschaftsbild ist die Antragsgegnerin zu Unrecht davon ausgegangen, dass der durch das Vorhaben bewirkte Eingriff nicht ausgleichsbedürftig sei. Bei dem Ausgleich der Beeinträchtigung des Schutzguts Boden hat sie die Funktion des bisherigen Plangebiets als Brutgebiet für Offenbrüter unzureichend berücksichtigt. Diese Fehler haben sich auch auf das Abwägungsergebnis ausgewirkt.

Die Antragsgegnerin hat sich im Umweltbericht mit dem Schutzgut Landschaftsbild auseinandergesetzt. Den Ausgangspunkt bildet der Landschaftsrahmenplan für den Landkreis Rotenburg (Wümme) (LRP aus dem Jahr 2003, fortgeschrieben im Jahr 2015). Danach befinden sich das Plangebiet und seine angrenzenden Bereiche innerhalb einer Landschaftsbildeinheit mittlerer Bedeutung. Der Landschaftsraum sei durch Grünland, sowohl struktur- und gehölzreich, als auch strukturarm, dominiert. Unter Berücksichtigung der wertbestimmenden Faktoren Natürlichkeit, Vielfalt, historische Kontinuität sowie Freiheit von Beeinträchtigungen stellt die Antragsgegnerin fest, dass der weitaus größte Teil des Plangebiets landwirtschaftlich genutzt werde. Infolge der damit einhergehenden Störungen könnten sich keine naturnahen Populationen wildlebender Tiere dauerhaft etablieren und der Auswuchs von Sukzessionsvegetation werde aktiv unterbunden. Die Landschaftsbildeinheit wirke harmonisch, ohne abrupte und untypische Kontraste in Farbe und Form, und füge sich gut in die großräumige Kulturlandschaft ein. Innerhalb des Plangebiets seien weder überdimensionierte Gebäude oder Bauwerke noch überirdische Stromleitungen vorhanden. Zusammenfassend komme dem Schutzgut Landschaftsbild eine allgemeine Bedeutung (= Wertstufe 2) zu.

Dies führt nach der von der Antragsgegnerin im Abschnitt zu den rechtlichen Grundlagen der Eingriffsbilanz formulierten »Regel« dazu, dass das Schutzgut Landschaftsbild erheblichen Beeinträchtigungen i. S. d. Eingriffsregelung des § 14 BNatSchG nicht zugänglich sei; dies sei erst ab der Wertstufe 3 (= besondere Bedeutung) möglich. Es bleibt unklar, woraus sich diese – aus Sicht des Senats unzutreffende – Regel ergeben soll. In § 14 Abs. 1 BNatSchG findet sie keine Stütze. Danach sind Eingriffe in Natur und Landschaft im Sinne dieses Gesetzes Veränderungen der Gestalt oder Nutzung von Grundflächen, die die Leistungs- und Funktionsfähigkeit des Naturhaushalts oder das Landschaftsbild erheblich beeinträchtigen können. Das Merkmal »erheblich« verweist auf die Intensität der Einwirkung auf die maßgeblichen Schutzgüter. Das Landschaftsbild erfährt eine erhebliche Beeinträchtigung, wenn es sich bei großflächiger Betrachtungsweise infolge einer Gestalt- oder Nutzungsänderung vom Standpunkt eines »aufgeschlossenen Durchschnittsbetrachters« aus als gestört darstellt (Gellermann, in: Landmann/Rohmer, UmweltR, 102. EL September 2023, BNatSchG § 14 Rdnr. 18). Dass diese Schwelle bei einem anhand der oben benannten Kriterien als besonders hochwertig eingestuften Landschaftsbild möglicherweise leichter zu überschreiten ist als bei einem geringerwertigen Landschaftsbild, mag sein. Dies rechtfertigt jedoch nicht die von Antragsgegnerin in ihrer Eingriffsbilanz zugrunde gelegte »Regel«, nach der die beiden unteren Wertstufen in der für das Schutzgut Landschaftsbild entwickelten dreistufigen Skala jegliche Beeinträchtigungen im Rahmen der Bauleitplanung kompensationslos hinzunehmen hätten. Denn auch ein solches Landschaftsbild ist weiterhin ernsthaften Störungen zugänglich.

Abgesehen davon, dass nicht auszuschließen ist, dass sich die Antragsgegnerin von der in der genannten »Regel« zum Ausdruck kommende Fehlvorstellung bereits bei der Bewertung der Auswirkungen der Errichtung des Solarparks hat leiten lassen, indem sie trotz der eingangs festgestellten »Eingriffe« in den SO 1–5 am Ende einen Wertigkeitsverlust verneint, sind ihre Ausführungen zu den Auswirkungen des Solarparks auf das Landschaftsbild auch im Übrigen nicht vertretbar. Neben der für sie bereits vorhandenen deutlichen anthropogenen Prägung stellt sie u. a. darauf ab, dass »die bisherige Landschaftsbildeinheit [strukturreiches bzw. strukturarmes Grünland, s. o.] durch die Nutzung als Grünland unterhalb der Photovoltaikmodule bestehen bleibe« und lediglich um diese ergänzt würde. Dies ist vor dem Hintergrund, dass sich der visuelle Eindruck der knapp 54 ha großen Fläche insgesamt erheblich verändert, auch unter Zugrundelegung des der Antragsgegnerin zuzubilligenden Bewertungsspielraums rechtsfehlerhaft. Die in ihren maximalen Ausdehnungen etwa 2,5 × 0,3 km messende Fläche, die in der flachen, offenen Landschaft grundsätzlich weithin sichtbar ist, wird zukünftig von bis zu 4 m hoch aufragenden Solarmodulen geprägt und damit technisch überformt. Optisch verliert die Flächen ihren bisherigen Charakter als Grün- bzw. Ackerland vollständig. Darin liegt eine gravierende Störung des Landschaftsbildes, die die Erheblichkeitsschwelle des § 14 Abs. 1 BNatSchG bei Weitem überschreitet.

Die Erheblichkeit der Veränderung des Landschaftsbildes kann auch nicht mit dem Argument verneint werden, diese füge sich aufgrund begrenzender Festsetzungen und vorhandener Sichthindernisse harmonisch in das Landschaftsbild ein. Hierfür ist die von der Antragsgegnerin in diesem Zusammenhang herangezogene Festsetzung zur maximalen Höhe baulicher Anlagen allein nicht ausreichend. Auch unter Berücksichtigung der Erwägungen auf Ebene des Flächennutzungsplans im Rahmen der Standortbewertung ist die harmonische Einbindung der PVA nicht gesichert. Dort wird das Plangebiet als »natürlich eingebettet« zwischen aufgeschüttetem Bahndamm (ohne Höhenangabe) im Norden und einer Baumreihe im Süden beschrieben, sodass mit einer optischen Fernwirkung der Solaranlagen nicht zu rechnen sei. Abgesehen davon, dass Höhenangaben zu dem Bahndamm im Norden fehlen und vor diesem Hintergrund offen ist, ob bis zu 4 m hohe Solarmodule den Damm überragen, ist der Bestand der Baumreihe südlich des Herwigskanals, die kein gesetzlich geschütztes Biotop ist, durch den Plan nicht gesichert.

Ob die in der Abwägung erfolgte Aussage der Antragsgegnerin, die Bäume unterlägen als Bestandteil der Straßenflurstücke unmittelbar ihrem Zugriff und ihre Beseitigung sei weder vorgesehen noch würde sie ersatzlos zugelassen, zur Sicherung des Bestands der Baumreihe ausreicht, kann offenbleiben, da die Baumreihe allein die Einbindung der PVA in den Landschaftsraum nicht hinreichend sicherstellt.

Zum einen weist sie ausweislich der bei google maps zu findenden Luftbilder im Nordosten etliche Lücken auf, zum anderen ist eine Baumreihe aus hochstämmigen Laubbäumen (vorwiegend Schwarz-Erlen und Weiden) ohne Unterwuchs nicht geeignet, die sich in ihrer Großflächigkeit und Ausgestaltung deutlich von der natürlichen Landschaft abhebende PVA ganzjährig zu verdecken.

Zu beanstanden ist die Abwägung auch hinsichtlich des Ausgleichs der Lebensraumfunktion des Plangebiets für die Avifauna. Insofern hat die Antragsgegnerin keinen Kompensationsbedarf erkannt, weil sie aufgrund der Entwicklung des Biotoptyps Sonstiges feuchtes Extensivgrünland auf den unversiegelten Flächen von keiner Verschlechterung ausgegangen ist. Das trifft nicht zu. Die Grünland- und Ackerflächen des Plangebiets nutzen bislang verschiedene gefährdete Brutvogelarten des Offenlandes wie beispielsweise die Feldlerche und der Wiesenpieper, aber auch der vom Aussterben bedrohte Große Brachvogel als Bruthabitat. Zudem hat das Gebiet eine – wenn auch untergeordnete – Bedeutung als Ruhe- und Nahrungsraum für Gastvögel sowie als Nahrungshabitat für Schwarzstorch und Rotmilan. Dass diese Funktionen durch die Umsetzung der Planung beeinträchtigt werden, erkennt auch die Antragsgegnerin. Offenbrüter und gegenüber Vertikalstrukturen empfindliche Rastvögel werden die großflächig verstellten Flächen zukünftig aller Voraussicht nach ganz meiden; Greifvögel werden die Fläche ganz überwiegend nicht mehr zur Jagd nutzen können. Auch im Übrigen wird die Fläche für die Avifauna allenfalls noch einen geringen Nutzen entfalten.

Nach § 1a Abs. 3 Satz 2 und 4 BauGB erfolgt der demnach erforderliche Ausgleich durch geeignete Darstellungen und Festsetzungen nach den §§ 5 und 9 BauGB als Flächen oder Maßnahmen zum Ausgleich, durch vertragliche Vereinbarungen nach § 11 BauGB oder sonstige geeignete Maßnahmen zum Ausgleich auf von der Gemeinde bereitgestellten Flächen. Welche Anforderungen der Ausgleich erfüllen muss, ist durch einen Rückgriff auf die Vorschriften des BNatSchG zu ermitteln. Danach sind unvermeidbare Beeinträchtigungen auszugleichen oder zu ersetzen (vgl. § 15 Abs. 2 Satz 1 BNatSchG). Während der Ausgleich eine gleichartige Wiederherstellung der beeinträchtigten Funktionen des Naturhaushalts erfordert (vgl. § 15 Abs. 2 Satz 2 BNatSchG), lässt § 15 Abs. 2 Satz 3 BNatSchG für den Ersatz die gleichwertige Herstellung der beeinträchtigen Funktionen des Naturhaushalts in dem betroffenen Naturraum genügen. Ersatzmaßnahmen zeichnen sich durch eine Lockerung des Zusammenhangs mit dem Eingriff sowohl in funktionaler (»gleichwertig« statt »gleichartig«) als auch in räumlicher (»betroffener Naturraum« statt unmittelbar räumlicher Bezug zum Eingriffsort) Hinsicht aus. Diese Lockerung bedeutet aber nicht, dass jede Maßnahme als Ersatz anerkannt werden kann, die sich in irgendeiner Weise auf die Belange des Naturschutzes positiv auswirkt (vgl. Gellermann, in: Landmann/Rohmer, UmweltR, 102. EL September 2023, BNatSchG § 15 Rdnr. 24). Vielmehr erfordern Ersatzmaßnahmen die Herstellung ähnlicher, wenngleich mit der beeinträchtigen nicht identischer Funktionen (vgl. BVerwG, Urteil v. 15.1.2004 – 4 A 11.02 –, BVerwGE 120, 1 = BRS 67 Nr. 214 = juris Rdnr. 67). Dem werden die Erwägungen der Antragsgegnerin nicht gerecht.

Soweit in der Natura2000-Verträglichkeitsprüfung die Erwartung formuliert wird, störungstoleranten Offenbrütern werde das unter den Photovoltaikmodulen zu entwickelnde Extensivgrünland voraussichtlich ein geeignetes Habitat bieten, erscheint dies vor dem Hintergrund, dass es hierzu keine (geeigneten) Untersuchungen gibt und die Mutmaßung allenfalls für die Randbereiche sowie auch nur in ihrer Funktion als Nahrungshabitat gelten dürfte, mindestens gewagt; als Grundlage einer gerechten Abwägung kann diese bestenfalls vage Hoffnung nicht dienen. Auch hinsichtlich der künftigen Eignung des Plangebiets als Nahrungshabitat für störungstolerante Vogelarten bleibt es bei nicht fundierten Prognosen.

Zusammenfassend ist festzustellen, dass der Bedeutungsverlust der Fläche für die Avifauna, jedenfalls der Verlust von Bruthabitaten störungsempfindlicher Offenbrüter sowie eines Nahrungshabitats für störungsempfindliche Rastvögel, durch die bloße Entwicklung von Extensivgrünland unterhalb der Modultische nicht gleichwertig ausgeglichen wird. Hierfür wäre mindestens die Herstellung eines Lebensraums für artenschutzrechtlich vergleichbar bedeutende Tierarten erforderlich.

Die vorgenannten Mängel sind offensichtlich, weil sie sich aus den Planaufstellungsvorgängen ergeben. Sie waren auf das Abwägungsergebnis von Einfluss, weil nicht auszuschließen ist, dass die Antragsgegnerin bei sachgerechter Ermittlung und Bewertung des Abwägungsmaterials den Plan geändert hätte (§ 214 Abs. 3 Satz 2 Halbs. 2 BauGB). …

Dass das Vorhaben ungeachtet der Frage einer ordnungsgemäßen Verträglichkeitsprüfung im Ergebnis an § 34 Abs. 2 BNatSchG scheitern muss, ist aus Sicht des Senats gegenwärtig allerdings wenig wahrscheinlich. Da das Plangebiet nicht im Natura2000-Gebiet liegt, sondern nur an dieses angrenzt, müsste sich die Möglichkeit einer erheblichen Beeinträchtigung der für die Erhaltungsziele oder den Schutzzweck maßgeblichen Bestandteile durch die Planung daraus ergeben, dass das Vorhaben in das Schutzgebiet hineinwirkt. Das im Nordosten angrenzende EU-Vogelschutzgebiet V22 »Moore bei Sittensen« ist im Grenzbereich zum Plangebiet bewaldet, sodass die Vertikalstrukturen der Solarmodule eher keine relevante Störwirkung in das Gebiet hinein entfalten dürften. Dafür, dass es sich bei dem Plangebiet im Ergebnis um eine für das Vogelschutzgebiet zentrale Nahrungs- und Rastfläche handeln könnte, spricht angesichts der vorhandenen Restriktionen ebenfalls eher wenig.

Abgesehen von möglichen Bedenken gegen die Natura2000-Verträglichkeitsprüfung ist die 61. Änderung des Flächennutzungsplans voraussichtlich nicht zu beanstanden. Dies gilt insbesondere für die Wahl des Standorts der in Aussicht genommenen Freiflächen-Photovoltaikanlage der Multimegawatt-Klasse. Eine Standortauswahl ist erst dann rechtswidrig, wenn sich eine verworfene Alternative entweder als die eindeutig vorzugswürdige Lösung hätte aufdrängen müssen oder wenn der Planungsbehörde infolge einer fehlerhaften Ermittlung, Bewertung oder Gewichtung einzelner Belange ein rechtserheblicher Fehler unterlaufen ist. Von einer Alternative kann nicht mehr gesprochen werden, wenn eine Variante auf ein anderes Projekt hinausläuft (BVerwG, Beschluss v. 16.7.2007 – 4 B 71.06 –, juris Rdnr. 42). Nach diesen Maßstäben ist der aufgrund einer anhand nachvollziehbarer Kriterien vorgenommenen Alternativenprüfung ermittelte Standort für die Sonderbaufläche voraussichtlich nicht zu beanstanden.

Der Senat sieht schließlich keine belastbaren Anhaltspunkte dafür, dass die Planausführung an artenschutzrechtlichen Verbotstatbeständen des § 44 BNatSchG scheitern muss und der Plan deshalb nicht erforderlich sein könnte. Insbesondere dürfte die Annahme der Antragsgegnerin, die ökologische Funktion der von dem Eingriff oder Vorhaben betroffenen Fortpflanzungs- und Ruhestätten werde im räumlichen Zusammenhang weiterhin erfüllt werden, zutreffen. Ein generelles Verschlechterungsgebot, wie es dem Antragsteller offenbar vorschwebt, kennt das Artenschutzrecht auch mit Blick auf besonders bedrohte Arten nicht. …

Nr. 16

1. **Die Vorschrift des § 44 Abs. 1 VwVfG NRW ist trotz der geringfügigen Abweichung gegenüber dem Wortlaut des § 44 Abs. 1 VwVfG (»offenkundig« statt »offensichtlich«) revisibel.**

2. **Ein »bestimmtes Vorhaben« i. S. d. § 2 Abs. 6 Nr. 3 UVPG ist bei einem Bauvorhaben nach Nr. 18.7 der Anlage 1 zum UVPG schon dann gegeben, wenn dessen tatbestandliche Voraussetzungen vorliegen. In einem solchen Fall wird ein Angebotsbebauungsplan UVP-pflichtig, ohne dass es auf den Grad der Konkretisierung des Vorhabens ankommt.**

3. **Vorprüfungspflichtige Bebauungspläne gelten wegen § 50 Abs. 1 UVPG stets auch als UVP-pflichtig (vgl. BVerwG, Beschluss v. 14.3.2017 – 4 CN 3.16 – Buchholz 406.11 § 215 BauGB Nr. 20 Rdnr. 13).**

BauGB § 9 Abs. 1 Nr. 15; UVPG § 2 Abs. 6 Nr. 3, § 50 Abs. 1 Satz 1, 2; UmwRG §§ 1, 2 und 3; VwVfG NRW § 44 Abs. 1.

Bundesverwaltungsgericht, Urteil vom 24. April 2024 – 4 CN 2.23 –.

Aus den Gründen:

Die Antragstellerin wendet sich gegen den im Juni 2020 beschlossenen Bebauungsplan Nr. 63419/02 »Erweiterung RheinEnergieSportpark in Köln-Sülz« der Antragsgegnerin, mit dem das im Kölner Äußeren Grüngürtel gelegene Trainingszentrum des Beigeladenen zu 1 planungsrechtlich abgesichert und erweitert werden soll.

Die Antragstellerin ist eine Bürgerinitiative, die im Januar 2016 gegründet wurde. Mit Bescheid vom 18.12.2019 erteilte ihr das Ministerium für Umwelt, Landwirtschaft, Natur- und Verbraucherschutz des Landes Nordrhein-Westfalen die Anerkennung zur Beteiligung an behördlichen Entscheidungsverfahren und zur Einlegung von Rechtsbehelfen nach dem Umwelt-Rechtsbehelfsgesetz für ihren satzungsgemäßen Aufgabenbereich. Der Beigeladene zu 1 ist ein in Köln ansässiger Fußballverein, dessen Lizenzmannschaft in der Bundesliga spielt. Die Beigeladene zu 2 ist eine Kapitalgesellschaft, die den wirtschaftlichen Betrieb des Beigeladenen zu 1 führt.

Das etwa 24 ha große Plangebiet, für das bislang kein Bebauungsplan existierte, liegt vollständig im südwestlichen Bereich des linksrheinischen Äußeren Grüngürtels im Stadtteil Sülz und befindet sich im Eigentum der Antragsgegnerin. Im Plangebiet liegen zwei Parkplätze, das Franz-Kremer-Stadion sowie – südöstlich und südwestlich davon – Trainingsplätze, die der Beigeladene zu 1 nutzt. Der Bebauungsplan setzt für das Gebiet u. a. mehrere Flächen für Sportanlagen, ein Sondergebiet »Leistungszentrum Fußball« sowie öffentliche Grünflächen mit der Zweckbestimmung »Parkanlage« und »Kleinspielfelder« fest. Drei Trainingsplätze nebst Funktionsgebäude sowie vier

Kleinspielfelder liegen im nordwestlichen, bislang unbebauten Teil des Plangebiets im Bereich der sogenannten Gleueler Wiese. Nach der Begründung des Bebauungsplans verfolgt die Antragsgegnerin mit den Festsetzungen eine städtebauliche Konzeption, die an den sogenannten »Masterplan« der Beigeladenen anknüpft.

Auf den Normenkontrollantrag der Antragstellerin hat das Oberverwaltungsgericht den Bebauungsplan für unwirksam erklärt. Die Antragstellerin sei antragsbefugt. Ihre Anerkennung nach § 3 UmwRG sei zwar rechtswidrig, aber nicht nichtig und deshalb für den Senat aufgrund der Tatbestandswirkung bindend. Der Antrag sei auch begründet. Der Plan leide in Bezug auf die Festsetzung von vier öffentlichen Grünflächen mit der Zweckbestimmung »Kleinspielfeld« an einem beachtlichen Abwägungsmangel (§ 214 Abs. 1 Satz 1 Nr. 1 bzw. Abs. 3 Satz 2 BauGB). Die Kleinspielfelder seien nicht Teil der sie umgebenden Grünfläche mit der Zweckbestimmung »Parkanlage«, sondern jeweils selbständig festgesetzte Grünflächen. Dies ergebe sich aus der Abgrenzung der Flächen mittels einer Perlschnur, die nach der Legende der Planurkunde die Funktion habe, unterschiedliche Nutzungen voneinander abzugrenzen. Die Festsetzung sei abwägungsfehlerhaft, weil eine Divergenz zwischen dem festgesetzten Planinhalt und den städtebaulichen Zielen der Antragsgegnerin bestehe. Bauliche Anlagen und sonstige Einrichtungen dürften auf einer festgesetzten Grünfläche bei einer Gesamtbetrachtung nur von untergeordneter Bedeutung sein. Nach dem städtebaulichen Konzept der Antragsgegnerin sei aber mit einer Vollversiegelung der Kleinspielfelder zu rechnen.

Dieser Mangel sei nach § 2 Abs. 4 Satz 1 Nr. 1 UmwRG Gegenstand der Begründetheitsprüfung, weil eine Entscheidung nach § 1 Abs. 1 Satz 1 Nr. 1 Buchst. a UmwRG vorliege. Der Plan sei eine Zulassungsentscheidung im Sinne von § 2 Abs. 6 Nr. 3 UVPG über die Zulässigkeit eines Vorhabens, für das nach dem Gesetz über die Umweltverträglichkeitsprüfung eine Pflicht zur Durchführung einer Umweltverträglichkeitsprüfung bestehen könne. Er betreffe ein Städtebauprojekt für sonstige bauliche Anlagen im Sinne von Nr. 18.7.2 der Anlage 1 zum UVPG. Der erforderliche Schwellenwert von mindestens 20 000 m^2 werde schon durch die drei neuen Sportplätze A 1 bis A 3 erreicht. § 2 Abs. 6 Nr. 3 UVPG erfasse auch Angebotsbebauungspläne, soweit diese für ein bestimmtes Vorhaben maßgeschneidert seien. Dies sei hier der Fall. Die Festsetzungen orientierten sich ausweislich der Planbegründung im Wesentlichen an dem von den Beigeladenen aufgestellten »Masterplan« für den Sportpark. Der Abwägungsmangel führe zur Gesamtnichtigkeit des Plans. Ein mutmaßlicher Wille des Rats der Antragsgegnerin, den Plan auch ohne die vier öffentlichen Grünflächen mit der Zweckbestimmung »Kleinspielfeld« zu erlassen, könne nicht festgestellt werden.

Mit ihren Revisionen machen die Beigeladenen geltend: Die Antragstellerin sei schon nicht antragsbefugt. Der Anerkennungsbescheid leide an schwerwiegenden und offensichtlichen Mängeln und sei daher nichtig. Im Übrigen habe das Oberverwaltungsgericht nur Verstöße gegen entscheidungserhebliche umweltbezogene Rechtsvorschriften prüfen dürfen (§ 2 Abs. 4 Satz 1 Nr. 2 UmwRG), weil der Plan allein § 1 Abs. 1 Satz 1 Nr. 4 UmwRG unterfalle.

Ungeachtet dessen sei die Festsetzung der Öffentlichen Grünfläche mit der Zweckbestimmung »Kleinspielfelder« rechtmäßig. Die Abgrenzung der Flächen mit der Zweckbestimmung »Kleinspielfeld« mittels Perlschnur diene lediglich zu deren Verortung innerhalb der Grünfläche. Ausgehend davon liege der von der Vorinstanz angenommene Abwägungsfehler selbst dann nicht vor, wenn man von einer Vollversiegelung der Flächen ausgehe. Diese machten lediglich 3,99 % der gesamten Grünfläche aus. …

Die Revisionen sind zulässig und begründet. Das angegriffene Urteil des Oberverwaltungsgerichts beruht auf einer Verletzung revisiblen Rechts (§ 137 Abs. 1 Nr. 1 VwGO). Es stellt sich nicht aus anderen Gründen als im Ergebnis richtig dar (§ 144 Abs. 4 VwGO). Der Senat kann nicht selbst in der Sache entscheiden; das erfordert die Zurückverweisung (§ 144 Abs. 3 Satz 1 Nr. 2 VwGO).

Die Annahme des Oberverwaltungsgerichts, die Antragstellerin sei gemäß § 2 Abs. 1 UmwRG antragsbefugt, steht mit Bundesrecht in Einklang.

Neben der Zulässigkeit der Revision prüft das Revisionsgericht von Amts wegen auch das Vorliegen der vom Vordergericht bejahten Sachurteilsvoraussetzungen des Rechtsschutzbegehrens sowie der Prozessfortsetzungsbedingungen. Es ist dabei nicht an die tatsächlichen Feststellungen im angegriffenen Urteil gebunden (BVerwG, Urteil v. 7.12.2023 – 4 CN 6.22 – juris Rdnr. 13 m. w. N.).

Gemäß § 2 Abs. 1 Satz 1 UmwRG kann eine nach § 3 anerkannte inländische oder ausländische Vereinigung, ohne eine Verletzung in eigenen Rechten geltend machen zu müssen, unter bestimmten Voraussetzungen Rechtsbehelfe nach Maßgabe der Verwaltungsgerichtsordnung gegen eine Entscheidung nach § 1 Abs. 1 Satz 1 UmwRG oder deren Unterlassen einlegen.

Der bestandskräftige Anerkennungsbescheid vom 18.12.2019 ist jedenfalls wirksam und entfaltet daher Tatbestandswirkung, weil keine Nichtigkeitsgründe vorliegen (vgl. BVerwG, Beschluss v. 29.3.2022 – 4 C 4.20 – BVerwGE 175, 184 Rdnr. 14 m. w. N.). Nach dem hier allein näher in Betracht kommenden § 44 Abs. 1 VwVfG NRW ist ein Verwaltungsakt nichtig, soweit er an einem besonders schwerwiegenden Fehler leidet und dies bei verständiger Würdigung aller in Betracht kommenden Umstände offenkundig ist. Dies hat das Berufungsgericht zutreffend verneint.

Die Vorschrift des § 44 Abs. 1 VwVfG NRW ist gemäß § 137 Abs. 1 Nr. 2 VwGO revisibel. Dem steht die geringfügige Abweichung im Wortlaut von § 44 Abs. 1 VwVfG und § 44 Abs. 1 VwVfG NRW (»offenkundig« statt »offensichtlich«) ausnahmsweise nicht entgegen, weil kein Zweifel an der inhaltlichen Übereinstimmung der verwendeten Begrifflichkeiten besteht (siehe dazu BT-Drs. 13/8884 S. 5; vgl. ferner OVG Münster, Urteile v. 30.5.2022 – 10 A 262/20 – BauR 2022, 1488 <1489> und vom 30.8.2023 – 11 A 3130/20 – juris Rdnr. 108 ff.). Im Übrigen deckt sich die Vorschrift des Verwaltungsverfahrensgesetzes des Landes mit derjenigen des Bundes jedenfalls insoweit wörtlich (vgl. BVerwG, Beschluss v. 12.8.1981 – 8 B 81.81 – Buchholz 316 § 1 VwVfG Nr. 1 S. 2), als beide einen besonders schwerwiegenden Fehler verlangen. Allein auf dieses Tatbestandsmerkmal hat das Oberverwaltungsgericht entscheidungserheblich abgestellt.

Es bedarf keiner Entscheidung, ob der Anerkennungsbescheid rechtswidrig ist. Das Oberverwaltungsgericht ist jedenfalls zu Recht davon ausgegangen, dass er nicht an einem besonders schwerwiegenden Fehler im Sinne des § 44 Abs. 1 VwVfG NRW leidet. Diese Voraussetzung ist nur erfüllt, wenn der Fehler den Verwaltungsakt als schlechterdings unerträglich erscheinen, d. h. mit tragenden Verfassungsprinzipien oder der Rechtsordnung immanenten wesentlichen Wertvorstellungen unvereinbar sein lässt (BVerwG, Urteil v. 22.2.1985 – 8 C 107.83 – Buchholz 406.11 § 134 BBauGB Nr. 6 S. 5 <7>; Beschlüsse v. 11.5.2000 – 11 B 26.00 – Buchholz 316 § 44 VwVfG Nr. 12 S. 5 und vom 21.1.2016 – 4 BN 36.15 – BRS 84 Nr. 17). Die Nichtigkeit eines Verwaltungsaktes ist insbesondere nicht schon deswegen anzunehmen, weil er einer gesetzlichen Grundlage entbehrt oder die in Frage kommenden Rechtsvorschriften unrichtig angewendet worden sind (BVerwG, Urteil v. 17.10.1997 – 8 C 1.96 – Buchholz 401.0 § 125 AO Nr. 1 S. 3 f. m. w. N.). Daran gemessen liegen besonders schwerwiegende Fehler nicht vor.

Der Anerkennungsbescheid leidet – soweit hier von Bedeutung – entgegen der Auffassung der Beigeladenen nicht an einem Bestimmtheitsmangel. Gemäß § 3 Abs. 1 Satz 3 Halbs. 2 Alt. 2 UmwRG ist der räumliche Bereich, auf den sich die Anerkennung bezieht, im Bescheid anzugeben. Nach dem Bescheidtenor, der den satzungsgemäßen Aufgabenbereich der Antragstellerin wiedergibt, liegt deren »Fokus« auf dem »Gebiet der Stadt Köln«. Die Anerkennung bezieht sich damit zweifelsfrei auf das Gebiet der Stadt Köln. Ob sie darüber noch hinausreicht und sich auf den gesamten Zuständigkeitsbereich der Anerkennungsbehörde erstreckt, kann dahinstehen. Der angegriffene Bebauungsplan betrifft nur das Stadtgebiet von Köln.

Offenbleiben kann auch, ob – was das Oberverwaltungsgericht verneint hat – die Antragstellerin nach ihrer Satzung nicht nur vorübergehend vorwiegend die Ziele des Umweltschutzes fördert (§ 3 Abs. 1 Satz 2 Nr. 1 UmwRG). Die Bestimmung verlangt nach dem gesetzgeberischen Willen, dass die Vereinigung sich auf Dauer für die Ziele des Umweltschutzes nicht nur in Bezug auf ein einzelnes Vorhaben einsetzt (BT-Drs. 16/2495 S. 13). Daran fehlt es in der Regel bei einer »vorhabenbezogenen« Bürgerinitiative. Das stand auch der Anerkennungsbehörde vor Augen, die sich mit dieser Voraussetzung intensiv befasst und sie im Ergebnis bejaht hat (Anerkennungsbescheid, S. 3 ff.). Dass die Beigeladenen diese Würdigung für unzutreffend halten, führt allenfalls auf eine fehlerhafte Rechtsanwendung, nicht aber auf einen besonders schwerwiegenden Fehler im oben beschriebenen Sinne.

Im Ergebnis zu Recht ist das Oberverwaltungsgericht davon ausgegangen, dass der Bebauungsplan § 1 Abs. 1 Satz 1 Nr. 1 Buchst. a UmwRG unterfällt. Er ist eine Zulassungsentscheidung im Sinne von § 2 Abs. 6 UVPG über die Zulässigkeit eines Vorhabens, für das nach dem Gesetz über die Umweltverträglichkeitsprüfung eine Pflicht zur Durchführung einer Umweltverträglichkeitsprüfung bestehen kann.

Zu den Entscheidungen nach § 2 Abs. 6 Nr. 3 UVPG gehören neben den in der Variante 2 genannten Bebauungsplänen, die bestimmte Planfeststellungsbeschlüsse ersetzen können und somit selbst zur Zulassungsentscheidung werden, in der hier einschlägigen Variante 1 Beschlüsse nach § 10 BauGB über die Aufstellung, Änderung oder Ergänzung von Bebauungsplänen, durch die die Zulässigkeit von bestimmten Vorhaben im Sinne der Anlage 1 des UVPG begründet werden soll. Damit sind Pläne gemeint, deren Festsetzungen in einem nachfolgenden Zulassungsverfahren zu beachten sind und eine bestimmte Zulassungsentscheidung durch die Schaffung von Baurecht im Sinne von § 30 BauGB unmittelbar vorbereiten. Die Pläne beziehen sich auf die in Anlage 1 zum UVPG aufgeführten Vorhaben, insbesondere die immissionsschutzrechtlich relevanten technischen Anlagen (§ 2 Abs. 4 Nr. 1 Buchst. a UVPG) nach Nr. 1 bis 10 sowie die – in § 50 Abs. 1 Satz 1 UVPG ausdrücklich erwähnten – bestimmten Bauvorhaben nach Nr. 18.1 bis 18.9 .

Der Bezug auf das »bestimmte Vorhaben« ist für die beiden Gruppen von Bebauungsplänen getrennt zu betrachten. In der erstgenannten Kategorie von Bebauungsplänen kann der Bezug auf das »bestimmte Vorhaben« durch einen vorhabenbezogenen Bebauungsplan (§ 12 BauGB) verdeutlicht werden. Darauf sind die Bebauungspläne im Sinne des § 2 Abs. 6 Nr. 3 Alt. 1 UVPG aber nicht beschränkt, auch wenn der Gesetzgeber beim Erlass der Vorgängerregelung nur solche Pläne im Blick hatte (BT-Drs. 12/4340 S. 28; siehe dazu Bunge, UmwRG, 2. Aufl. 2019, § 1 Rdnr. 62). Vielmehr erfüllen auch »vorhabenorientierte« bzw. »projektbezogene« Angebotsbebauungspläne, die im Blick auf ein hinreichend konkretes UVP-pflichtiges Vorhaben erlassen werden, die tatbestandlichen Voraussetzungen. In diesen Fällen kommt es immer zu einer zweistufigen Umweltverträglichkeitsprüfung im Bebauungsplanverfahren – insoweit nach § 50 Abs. 1 Satz 1 UVPG als Umweltprüfung nach den Vorschriften des Baugesetzbuchs – und im nachfolgenden Zulassungsverfahren, die nach Maßgabe des § 50 Abs. 3 UVPG – insbesondere nach der Standortentscheidung und weiteren anlage-/betriebsbezogenen Auswirkungen – aufzuteilen ist (vgl. BVerwG, Beschluss v. 14.3.2017 – 4 CN 3.16 – Buchholz 406.11 § 215 BauGB Nr. 20 Rdnr. 13; Krautzberger/Kment, in: Ernst/Zinkahn/Bielenberg/Krautzberger, BauGB, Stand Oktober 2023, § 2 Rdnr. 280 f.).

Von diesen »maßnahmenbezogenen« Bebauungsplänen, die auf die Umsetzung eines als solchen UVP-pflichtigen Vorhabens ausgerichtet sind,

sind die Bebauungspläne zu unterscheiden, die auf Vorhaben nach Nr. 18 der Anlage 1 bezogen sind. Diese Vorhaben sind – jedenfalls im Grundsatz – dadurch gekennzeichnet, dass eine UVP- oder Vorprüfungspflicht nur unter der Voraussetzung besteht, dass für die Projekte ein Bebauungsplan aufgestellt wird, während eine solche Pflicht ansonsten nicht besteht (vgl. Battis/Krautzberger/Löhr, NVwZ 2001, 961 <962 f.>; Bunzel, ZfBR 2002, 124). Zwar geht die Regelung im Anschluss an inhaltsgleiche Vorgängervorschriften seit dem Gesetz zur Anpassung des Baugesetzbuchs an EU-Richtlinien – Europarechtsanpassungsgesetz Bau – vom 24.6.2004 (BGBl. I S. 1359) im Unterschied zur ursprünglichen Regelung durch das Gesetz zur Umsetzung der UVPG-Änderungsrichtlinie, der IVU-Richtlinie und weiterer EG-Richtlinien zum Umweltschutz vom 27.7.2001 (BGBl. I S. 1950; Bekanntmachung der Neufassung des UVPG vom 19.9.2001, BGBl. I S. 2350) nicht mehr davon aus, dass bei den anfänglich als »bauplanerische« bezeichneten Vorhaben eine weitere Umweltverträglichkeitsprüfung auf der Zulassungsebene von vornherein entbehrlich ist (siehe dazu Runkel, DVBl 2001, 1377 <1378>; zur Änderung BT-Drs. 15/2250 S. 73 f. sowie Wulfhorst, in: Landmann/Rohmer, Umweltrecht, § 17 UVPG Rdnr. 8, Bearbeitungsstand April 2005; Wagner, in: Beckmann/Kment, UVPG, 6. Aufl. 2023, § 50 Rdnr. 211 ff.) und folglich nur eine einstufige Prüfung im Planaufstellungsverfahren erfolgt. Auch wenn bei den »städtebaulichen« Vorhaben im Rahmen eines nachfolgenden Baugenehmigungsverfahrens über die bereits im Bauplanungsverfahren insbesondere standortbezogen geprüften Umweltauswirkungen hinaus weitere solche Auswirkungen zu untersuchen sind und auch insoweit eine zweistufige Prüfung erfolgt (vgl. Wagner/Paßlick, in: Hoppe/Beckmann, UVPG, 4. Aufl. 2012, § 17 Rdnr. 30), bleibt im Sinne des § 2 Abs. 6 Nr. 3 UVPG der Bebauungsplan der alleinige Gegenstand der UVP-Pflicht. Dies zeigt sich besonders deutlich bei den Bauvorhaben in Nr. 18.5 (Industriezonen) und Nr. 18.7 (Städtebauprojekte) der Anlage 1. In dieser Hinsicht fehlt es, weil diese Vorhaben typischerweise mehrere Bauten umfassen, an einem unmittelbar korrespondierenden Zulassungsverfahren. Soll auf der Grundlage des Bebauungsplans ein UVP-pflichtiges Vorhaben zugelassen werden, sind die Vorhaben der UVP-Pflicht nicht identisch (Runkel, DVBl 2001, 1377 <1378 f.>; Bunge, UmwRG, 2. Aufl. 2019, § 1 Rdnr. 62). Mit dem Verweis auf Nr. 18.7 der Anlage 1 wird daher nach der gesetzlichen Regelung ein Angebotsbebauungsplan UVP-pflichtig (vgl. Bunzel, ZfBR 2002, 124 <127>; siehe auch Mitschang, in: Schink/Reidt/Mitschang, UVPG/UmwRG, 2. Aufl. 2023, § 50 UVPG Rdnr. 24; Fellenberg/Schiller, in: Landmann/Rohmer, Umweltrecht, Stand September 2023, § 1 UmwRG Rdnr. 31; Schrödter, LKV 2008, 391 <392>). Auf den Grad der Konkretisierung des auf dieser Grundlage ins Auge gefassten Vorhabens kommt es insoweit entgegen der Auffassung des Oberverwaltungsgerichts, das maßgeblich darauf abgestellt hat (UA S. 29 f.), im Unterschied zu den maßnahmenbezogenen Bebauungsplänen nicht an. Ein »bestimmtes Vorhaben« ist bei einem Bauvorhaben nach Nr. 18.7 der Anlage 1 vielmehr schon dann gegeben, wenn dessen tatbestandliche Voraussetzungen vorliegen. Dieses Verständnis entspricht dem ausdrücklichen Willen des Gesetzgebers, nach dem insbesondere der Regelung zu den Städtebauprojekten in Nr. 18.7 der Anlage 1 die Funktion eines Auffangtatbestandes für solche Projekte zukommen soll, die angesichts ihrer Lage im Außenbereich und des Umfangs der Flächeninanspruchnahme regelmäßig Umweltrelevanz haben (vgl. BT-Drs. 14/4599 S. 121 f.).

Die Voraussetzungen von Nr. 18.7.2 der Anlage 1 zum UVPG liegen vor. Der Bebauungsplan überplant eine Außenbereichsfläche für ein Städtebauprojekt, das wegen der Überschreitung des Schwellenwerts von 20 000 m^2 jedenfalls einer Vorprüfungspflicht unterliegt, so dass im Sinne des § 2 Abs. 6 Nr. 3 UVPG die Pflicht zur Durchführung einer Umweltverträglichkeitsprüfung bestehen kann (vgl. BVerwG, Urteile v. 17.12.2013 – 4 A 1.13 – BVerwGE 148, 353 Rdnr. 33, vom 14.12.2017 – 4 C 6.16 – BVerwGE 161, 99 Rdnr. 9 und vom 26.9.2019 – 7 C 5.18 – BVerwGE 166, 321 Rdnr. 19).

Der Begriff des »Städtebauprojekts«, mit dem sich das Oberverwaltungsgericht nicht näher befasst hat, ist entsprechend der Funktion von Nr. 18.7 der Anlage 1 zum UVPG als Auffangtatbestand weit auszulegen und beschränkt sich insbesondere nicht auf Infrastrukturprojekte im engeren Sinne. Er umfasst die Errichtung von baulichen Anlagen, die eine gewisse räumliche Dimension erreichen und ihrem Wesen nach städtisch sind (vgl. BT-Drs. 14/4599 S. 121 f.; EU-Kommission, Die Auslegung der Definitionen der in den Anhängen I und II der UVP-Richtlinie aufgeführten Projektkategorien, 2015, S. 57). In dem – in der Gesetzesbegründung (BT-Drs. 14/4599 S. 122) in Bezug genommenen – Beschluss v. 18.5.1994 – 4 NB 15.94 – (Buchholz 406.11 § 1 BauGB Nr. 73 S. 5 f.) hat der Senat angenommen, dass Städtebauprojekte im Sinne von Ziffer 10 Buchst. b des Anhangs II der Richtlinie 85/337/EWG des Rates vom 27.6.1985 über die Umweltverträglichkeitsprüfung bei bestimmten öffentlichen und privaten Projekten (ABl. L 175 S. 40) solche Projekte einer Gesamtplanung sind, die auf eine Vielheit baulicher Maßnahmen abzielen. Durch die Richtlinie 97/11/EG des Rates vom 3.3.1997 zur Änderung der Richtlinie 85/337/EWG über die Umweltverträglichkeitsprüfung bei bestimmten öffentlichen und privaten Projekten (ABl. L 73 S. 5) ist Ziffer 10 Buchst. b des Anhangs II inzwischen um den Passus »einschließlich der Errichtung von Einkaufszentren und Parkplätzen« ergänzt worden; die aktuelle Fassung der UVP-Richtlinie (Richtlinie 2011/92/EU des Europäischen Parlaments und des Rates vom 13.12.2011 über die Umweltverträglichkeitsprüfung bei bestimmten öffentlichen und privaten Projekten, ABl. 2012 L 26/1) ist insoweit unverändert. Der nationale Gesetzgeber hat diese Ergänzung in der Anlage 1 zum UVPG in Nr. 18.4 (Parkplätze) und in Nr. 18.6 (Einkaufszentren) umgesetzt. Es kann dahinstehen, ob die Annahme eines Städtebauprojekts vor diesem Hintergrund stets eine »Vielheit baulicher Maßnahmen« voraussetzt. Dieses

Merkmal wird hier bereits durch das Leistungszentrum, die neuen Trainingsflächen (A 1 bis A 3) nebst Funktionsgebäude und die Kleinspielfelder auf der Gleueler Wiese erfüllt. Ob insoweit auf das Gesamtprojekt einschließlich Bestandsanlagen abzustellen ist, kann daher offenbleiben. Dass die Erweiterung eines Sportparks bzw. Trainingszentrums eines ortsansässigen Bundesligisten und überregional tätigen Wirtschaftsunternehmens überdies einen städtischen Bezug hat, steht außer Zweifel. Der Begriff »städtisch« verlangt weder, dass es sich um eine kommunale Einrichtung handelt, noch, dass das Vorhaben ausschließlich oder überwiegend von der Allgemeinheit genutzt wird.

Im Ergebnis zutreffend ist das Oberverwaltungsgericht davon ausgegangen, dass der grundflächenbezogene Schwellenwert von 20 000 m^2 bereits durch die neu zu errichtenden Trainingsflächen A 1 bis A 3 mit einer Gesamtfläche von 25 875 m^2 überschritten wird. Maßgeblich ist nach Nr. 18.7 der Anlage 1 zum UVPG die zulässige Grundfläche im Sinne des § 19 Abs. 2 BauNVO oder eine festgesetzte Größe der Grundfläche. Die erste Variante ist hier nicht einschlägig, weil eine zulässige, aus einer Grundflächenzahl nach § 19 Abs. 1 BauNVO abzuleitende Grundfläche im Sinne des § 19 Abs. 2 BauNVO nicht festgesetzt worden ist. Auf die Ausführungen der Beigeladenen und der Antragsgegnerin zur zulässigen Grundfläche im Sinne von § 19 Abs. 2 und 3 BauNVO kommt es daher nicht an. Die zweite Variante ist auf Empfehlung des Umweltausschusses eingefügt worden. Sie soll sicherstellen, dass sich die Pflicht zu einer Vorprüfung oder einer Umweltverträglichkeitsprüfung auch in den Fällen, in denen auf eine Festsetzung der Grundflächenzahl verzichtet und ausschließlich die Größe der Grundflächen festgesetzt wird (»Baufenster«), eindeutig aus dem Gesetz ergibt (vgl. BT-Drs. 14/5750 S. 131).

Die Größe der Grundfläche ist im Bebauungsplan entgegen der Auffassung der Beigeladenen nicht nur für das Leistungszentrum (GR max. 4 500 m^2), sondern der Sache nach auch für die gemäß § 9 Abs. 1 Nr. 5 BauGB für Sportanlagen ausgewiesenen Flächen A 1 bis A 3 festgesetzt. Nach Nr. 1.1 der textlichen Festsetzungen ist innerhalb dieser Flächen die Errichtung von jeweils einem Sportplatz als Großspielfeld (max. Größe 75,0 m × 115,0 m) mit Kunst-, Hybrid- oder Sportplatzrasenbelag inklusive Rasenheizung zulässig. Dass der Plangeber sich insoweit nicht des Planzeichens Ziffer 2.6. der Anlage zur Planzeichenverordnung bedient hat, ist unerheblich (§ 2 Abs. 5 PlanZV). Die festgesetzte Grundfläche ist durch die textliche Festsetzung in Nr. 1.1, ergänzt durch die zeichnerische Festsetzung von – ein Baufenster bildenden – Baugrenzen nach Ziffer 3.5. der Planzeichenverordnung hinreichend deutlich erkennbar. In der Zusammenschau dieser Festsetzungen liegt keine unzulässige ›Substituierung‹ von nach ihrer Zielsetzung verschiedenen Festsetzungsweisen (siehe hierzu BVerwG, Beschluss v. 18.12.1995 – 4 NB 36.95 – Buchholz 406.12 § 16 BauNVO Nr. 4 S. 2 und VGH Mannheim, Urteil v. 9.5.2019

– 5 S 2015/17 – ZfBR 2019, 587 <591>). Der Hinweis auf § 13a Abs. 1 Satz 3 BauGB geht ins Leere.

Mit den Bestimmungen über die Maximalgröße der Sportplätze in Nr. 1.1 der textlichen Festsetzungen nebst Baufenstern sind Grundflächen für bauliche Anlagen festgesetzt. Sportplätze sind als funktionale Einheit in ihrer Gesamtheit bauliche Anlagen im planungsrechtlichen Sinn, soweit sie über ortsfeste Einrichtungen wie Tore, Ballfangnetze, Lichtmasten o. ä. verfügen (vgl. OVG Münster, Urteil v. 2.3.1999 – 10 A 6491/96 – BauR 2000, 81; VGH Mannheim, Urteil v. 16.11.1984 – 8 S 3029/83 – BRS 42 Nr. 39 S. 101). Dies ist hier der Fall, denn der Bebauungsplan lässt für die Sportanlagen A 1, A 2 und A 3 ausweislich Ziffer 1.1 der textlichen Festsetzungen ortsfeste Elemente in Form von Zaun- und Toranlagen sowie Lichtmasten und Rasenheizung zu.

Eine Berücksichtigung der Grundfläche der Sportplätze scheidet nicht deshalb aus, weil es sich dabei nicht um hochbauliche Anlagen handelt. Die Schwellenwerte der Nummern 18.1 bis 18.7 der Anlage 1 zum UVPG sind im Wesentlichen auf den Versiegelungsgrad bezogen (BT-Drs. 14/4599 S. 121). Für eine Differenzierung nach hochbaulichen und sonstigen baulichen Anlagen finden sich keine Anhaltspunkte. Gegen die Annahme des Oberverwaltungsgerichts, dass für die Flächen A 1 bis A 3 angesichts der nach den textlichen Festsetzungen unter Nr. 1.1 zugelassenen Kunst- und Hybridrasenbeläge eine Vollversiegelung in Rechnung zu stellen ist, sind substantiierte Einwände nicht erhoben worden.

Das Oberverwaltungsgericht hat ohne Verstoß gegen Bundesrecht auch die sonstigen Zulässigkeitsvoraussetzungen des Normenkontrollantrags bejaht. Im Hinblick auf die Vorschrift des § 2 Abs. 1 Satz 1 Nr. 3 Buchst. b UmwRG, nach der die Vereinigung im Verfahren zur Beteiligung berechtigt gewesen sein muss, weist der Senat darauf hin, dass das Recht zur Beteiligung sich nicht aus dem Umweltrechtsbehelfsgesetz selbst, sondern aus dem jeweiligen Fachrecht ergibt (vgl. BT-Drs. 16/2495 S. 12). Nach diesem ist auch die Frage zu beantworten, ob die Vereinigung schon während des Beteiligungsverfahrens über eine Anerkennung gemäß § 3 Abs. 1 UmwRG verfügt haben muss. Für die Beteiligung nach den §§ 3, 4a BauGB, die – anders als etwa § 73 Abs. 4 Satz 5 VwVfG – ein Beteiligungsrecht der »Öffentlichkeit« vorsehen, ist das zu verneinen. Folglich ist unerheblich, dass die Antragstellerin im Zeitraum der Offenlage nach § 3 Abs. 2 BauGB von Juli bis August 2019 noch nicht anerkannt war.

Das Oberverwaltungsgericht hat dem Normenkontrollantrag aber mit bundesrechtlich nicht tragfähigen Erwägungen stattgegeben. Es ist zwar – anknüpfend an das Vorliegen einer Entscheidung nach § 1 Abs. 1 Satz 1 Nr. 1 Buchst. a UmwRG – zutreffend von einer umfassenden Rechtskontrolle nach § 2 Abs. 4 Satz 1 Nr. 1 UmwRG ausgegangen. Dagegen verstößt die Annahme eines Abwägungsmangels gegen revisibles Recht.

Das Oberverwaltungsgericht hat die Unwirksamkeit des angegriffenen Bebauungsplans allein mit einem Abwägungsfehler bei der Ausweisung der vier Kleinspielfelder als öffentliche Grünflächen begründet. Aufgrund der Verwendung der Perlschnur zur Abgrenzung dieser Flächen seien vier eigenständige öffentliche Grünflächen mit der Zweckbestimmung Kleinspielfeld festgesetzt worden. Insoweit bestehe eine Divergenz zwischen dem festgesetzten Planinhalt und den städtebaulichen Zielen der Antragsgegnerin. Nach der Planbegründung sei mit einer Vollversiegelung der Flächen zu rechnen, was mit ihrem Charakter als Grünflächen nicht vereinbar sei.

Der Bebauungsplan gehört als ortsrechtliche Satzung dem irrevisiblen Landesrecht an mit der Folge, dass seine Auslegung grundsätzlich dem Oberverwaltungsgericht vorbehalten und dessen Auslegungsergebnis für das Revisionsgericht nach § 173 Satz 1 VwGO i. V. m. § 560 ZPO bindend ist. Der Senat hat aber zu prüfen, ob das Berufungsgericht die für seine Interpretation maßgeblichen bundesrechtlichen Maßstäbe zutreffend erkannt und zugrunde gelegt hat. Ist das nicht der Fall, weil die Bestimmung des Inhalts des Landesrechts durch eine Verletzung von Bundesrecht beeinflusst worden ist, so hat das Revisionsgericht korrigierend einzugreifen und der landesrechtlichen Bestimmung einen Inhalt zu geben, der mit Bundesrecht im Einklang steht (BVerwG, Urteil v. 9.2.2017 – 4 C 4.16 – BVerwGE 157, 315 Rdnr. 14 m. w. N.).

Die Auslegung des Bebauungsplans durch das Oberverwaltungsgericht verstößt gegen die Planzeichenverordnung und verfehlt zugleich das Gebot geltungserhaltender Auslegung (vgl. dazu BVerwG, Beschluss v. 23.11.2022 – 4 BN 4.22 – Rdnr. 7 m. w. N.).

Die Antragsgegnerin hat die »Perlschnur« ausweislich der Legende der Planurkunde im Sinne von Ziffer 15.14. der Anlage zur Planzeichenverordnung verwendet. Danach dient die Perlschnur u. a. der »Abgrenzung unterschiedlicher Nutzung«. Die Annahme des Oberverwaltungsgerichts, mit der Perlschnur seien daher vier selbständige öffentliche Grünflächen – (Kleinspielfeld) festgesetzt worden, beruht auf einer Fehlvorstellung des Begriffs »Nutzung«.

Die Planzeichenverordnung bestimmt u. a. die Planzeichen, die in den Bauleitplänen verwendet werden sollen (vgl. § 9a Abs. 1 Nr. 4 BauGB, § 2 Abs. 1 PlanZV); ihre Begrifflichkeiten haben daher einen unmittelbaren Bezug zu den Vorschriften des Baugesetzbuchs, insbesondere zu den in § 9 Abs. 1 BauGB geregelten Festsetzungsmöglichkeiten eines Bebauungsplans. Der Begriff »Nutzung« im Sinne der Ziffer 15.14. der Anlage zur Planzeichenverordnung erfasst nicht nur unterschiedliche »Hauptnutzungen«, etwa nach § 9 Abs. 1 Nr. 5 oder Nr. 15 BauGB. Vielmehr unterfallen ihm auch die sehr verschiedenartigen Nutzungen, die § 9 Abs. 1 Nr. 15 BauGB für eine Grünfläche vorsieht (vgl. BVerwG, Urteil v. 16.2.1973 – 4 C 66.69 – BVerwGE 42, 5 <6>). Eine Perlschnur kann daher auch dazu dienen, Bereiche mit unterschiedlichen Zweckbestimmungen innerhalb einer einheitlichen Grünfläche voneinander abzugrenzen. Es ist auch nicht ersichtlich, dass die Antragsgegnerin die Perlschnur im Bebauungsplan ausschließlich zur Abgrenzung unterschiedlicher »Hauptnutzungen« im Sinne des § 9 Abs. 1 BauGB verwendet hätte. So wird zwar, worauf das Oberverwaltungsgericht hinweist, die Grünfläche von den Flächen für Sportanlagen mittels Perlschnur abgegrenzt; Gleiches gilt aber auch für die Abgrenzung der Teilbereiche der Sportflächen untereinander (etwa A 2 und A 3 sowie C 1, C 2 und C 3).

Bei bundesrechtskonformer, geltungserhaltender Auslegung – die der Senat mangels Bindung an die Auslegung des Oberverwaltungsgerichts selbst vornehmen kann – erweist sich die beanstandete Festsetzung als rechtmäßig.

Die zeichnerische Darstellung im Bebauungsplan ist als Festsetzung einer einheitlichen Grünfläche mit unterschiedlichen Zweckbestimmungen zu verstehen. Der maßgebliche Bereich ist durch einheitliche Farbgebung insgesamt als Grünfläche ausgewiesen. Vollständig innerhalb dieser Fläche befinden sich vier mittels Perlschnur abgegrenzte Rechtecke mit der Zweckbestimmung »Kleinspielfeld«, während die Grünfläche im Übrigen mit der Zweckbestimmung »Parkanlage« versehen ist. Schon das legt die Festsetzung einer einheitlichen Grünfläche nahe. Für ein solches Verständnis spricht auch die Planbegründung. Dort heißt es in Bezug auf die Grünflächen: »Darüber hinaus plant die Stadt Köln die Errichtung von vier öffentlichen Kleinspielfeldern, welche ausschließlich der Öffentlichkeit zur freien Verfügung stehen und nicht durch den 1. FC Köln genutzt werden. Diese vier Kleinspielfelder dienen der freizeitorientierten Erholung. Um eine Verortung der Flächen sicherzustellen, erfolgt für die geplanten Kleinspielfelder die Festsetzung von vier Öffentlichen Grünflächen mit der Zweckbestimmung ›Kleinspielfeld‹«.

Es ging der Antragsgegnerin also nicht darum, jeweils eigenständige Grünflächen festzusetzen, sondern die zeichnerische Darstellung der Kleinspielfelder diente lediglich der Festlegung ihres Standorts, was angesichts ihrer im Vergleich zur sie umgebenden Parkanlage größeren Konfliktträchtigkeit nachvollziehbar und vom planerischen Ermessen der Antragsgegnerin gedeckt ist (vgl. BVerwG, Beschluss v. 23.4.1998 – 4 B 40.98 – Buchholz 406.11 § 9 BauGB Nr. 87 S. 44).

Mit diesem Inhalt ist die Ausweisung der Kleinspielfelder von § 9 Abs. 1 Nr. 15 BauGB gedeckt. Mit einer Festsetzung nach dieser Vorschrift wird – wie der Begriff »Grünfläche« nahelegt – im Grundsatz die sonstige, durch Bewuchs geprägte nichtbauliche Nutzung geregelt. Im Rahmen der jeweiligen Zweckbestimmung der Grünfläche sind indessen bauliche Anlagen nicht ausgeschlossen, wenn sie eine nur untergeordnete Bedeutung haben (BVerwG, Beschluss v. 25.7.2017 – 4 BN 2.17 – BRS 85 Nr. 2 S. 9 m. w. N.). Das ist hier der Fall. Nach dem städtebaulichen Konzept der Antragsgegnerin soll die konkrete Gestaltung der Kleinspielfelder dem Sportamt überlassen werden und insbesondere auch eine Vollversiegelung zulässig sein. Die Flächen mit der Zweckbestimmung »Kleinspielfeld« umfassen indessen nur 4 896 m^2, während die gesamte Grünfläche sich über 122 482 m^2 erstreckt. Der Anteil der

»Kleinspielfelder« an der gesamten öffentlichen Grünfläche beträgt damit knapp 4 %; deren Versiegelung kommt nur untergeordnete Bedeutung zu.

Gegen die Annahme des Oberverwaltungsgerichts, dass – wie § 2 Abs. 4 Satz 2 UmwRG für die Begründetheit des Rechtsbehelfs voraussetzt – eine Pflicht zur Durchführung einer Umweltprüfung im Sinne von § 2 Abs. 10 UVPG besteht, ist im Ergebnis nichts zu erinnern.

Allerdings hat das Oberverwaltungsgericht insoweit zu Unrecht auf § 35 Abs. 1 Nr. 1 i. V. m. Nr. 1.8 der Anlage 5 zum UVPG abgestellt, die für Bauleitplanungen nach den §§ 6, 10 BauGB eine Pflicht zur Strategischen Umweltprüfung vorsehen. Umweltprüfungen im Sinne von § 2 Abs. 10 UVPG sind Umweltverträglichkeitsprüfungen und Strategische Umweltprüfungen. § 2 Abs. 4 Satz 2 UmwRG betrifft Entscheidungen nach § 1 Abs. 1 Satz 1 Nr. 1 oder 4 UmwRG und unterscheidet damit in der Sache zwischen UVP-pflichtigen (Nr. 1) und SUP-pflichtigen (Nr. 4) Vorhaben. Für – wie hier – Entscheidungen nach Nr. 1 muss daher eine Pflicht zur Durchführung einer Umweltverträglichkeitsprüfung bestehen.

Bei Bebauungsplänen, die § 1 Abs. 1 Satz 1 Nr. 1 UmwRG unterfallen, kommt dieser Differenzierung aber keine eigenständige Bedeutung zu. Vorprüfungspflichtige Bebauungspläne gelten wegen § 50 Abs. 1 UVPG stets auch als UVP-pflichtig (vgl. BVerwG, Beschluss v. 14.3.2017 – 4 CN 3.16 – Buchholz 406.11 § 215 BauGB Nr. 20 Rdnr. 13). Nach § 50 Abs. 1 Satz 1 UVPG wird die Umweltverträglichkeitsprüfung einschließlich der Vorprüfung des Einzelfalls bei Bebauungsplänen im Sinne von § 2 Abs. 6 Nr. 3 UVPG als Umweltprüfung nach den Vorschriften des Baugesetzbuchs durchgeführt. Gemäß § 50 Abs. 1 Satz 2 UVPG entfällt eine nach dem Umweltverträglichkeitsprüfungsgesetz eigentlich vorgeschriebene Vorprüfung des Einzelfalls, wenn für den aufzustellenden Bebauungsplan eine Umweltprüfung nach dem Baugesetzbuch durchgeführt wird. Das Gesetz differenziert damit nicht zwischen vorprüfungspflichtigen und UVP-pflichtigen Bebauungsplänen (vgl. Külpmann, in: Ernst/Zinkahn/Bielenberg/Krautzberger, BauGB, Stand Januar 2024, § 10 BauGB Rdnr. 329).

Das Urteil stellt sich nicht aus anderen Gründen als im Ergebnis richtig dar (§ 144 Abs. 4 VwGO). Mangels tatsächlicher Feststellungen zu den von der Antragstellerin im Übrigen geltend gemachten Mängeln ist die Sache zur anderweitigen Verhandlung und Entscheidung an das Oberverwaltungsgericht zurückzuverweisen. …

Nr. 17

Das Vorliegen eines ordnungsgemäßen Planaufstellungsbeschlusses ist keine Wirksamkeitsvoraussetzung für den späteren Bebauungsplan. Die

Anstoßfunktion einer Bebauungsplanbekanntmachung wird erfüllt, wenn der Bürger in die Lage versetzt wird, das Plangebiet einem bestimmten Raum zuzuordnen.
(Leitsatz der Redaktion)

BauGB § 3.

Bundesverwaltungsgericht, Beschluss vom 25. November 2024 – 4 BN 26.24 –.

Aus den Gründen:

... Die Beschwerde wirft als rechtsgrundsätzlich bedeutsam sinngemäß die Fragen auf,

ob bei einem (auch) mit einer Nummer bezeichneten Bebauungsplan, der u. a. Gebiete überplant, die ganz oder teilweise von bestehenden Bebauungsplänen erfasst werden, in der Bekanntmachung des Aufstellungsbeschlusses, in der Bekanntmachung der Auslegung des Planentwurfs und der Planunterlagen sowie in der Bekanntmachung des Satzungsbeschlusses auf die ganz oder teilweise von der Abänderung betroffenen Bebauungspläne an hervorgehobener Stelle unter Nennung von deren Nummer hinzuweisen ist, und

ob es in einer solchen Situation der Bekanntmachung von Aufstellungsbeschlüssen mit der erklärten Zielsetzung der Änderung der bereits bestehenden und von der neuen Planung erfassten Bebauungspläne bedarf.

Soweit die Fragen auf den Aufstellungsbeschluss und dessen Bekanntmachung bezogen sind, fehlt es schon an der Darlegung der Entscheidungserheblichkeit. Denn nach der gefestigten Rechtsprechung des Bundesverwaltungsgerichts, auf die das Oberverwaltungsgericht zutreffend hingewiesen hat, ist das Vorliegen eines ordnungsgemäßen Planaufstellungsbeschlusses nach Bundesrecht keine Wirksamkeitsvoraussetzung für den späteren Bebauungsplan (BVerwG, Beschlüsse v. 15.4.1988 – 4 N 4.87 – BVerwGE 79, 200 <204 f.> und vom 15.5.2013 – 4 BN 1.13 – ZfBR 2013, 573 <juris Rdnr. 7>). Einen weiteren Klärungsbedarf zeigt die Beschwerde in dieser Hinsicht nicht auf. Insbesondere gilt die Erwägung, dass die Öffentlichkeit und die betroffenen Bürger durch das Verfahren nach § 3 BauGB, nicht aber bereits durch den Aufstellungsbeschluss frühzeitig über Planungsabsichten der Gemeinde informiert werden sollen (vgl. Beschlüsse v. 15.4.1988 – 4 N 4.87 – BVerwGE 79, 200 <205 f.> und vom 23.10.2002 – 4 BN 53.02 – Buchholz 406.11 § 3 BauGB Nr. 8 <juris Rdnr. 3>), unabhängig davon, wie die bauplanungsrechtliche Situation sich im Zeitpunkt der Planung in dem ins Auge gefassten Plangebiet darstellt. Im Übrigen geht die Frage nach der Erforderlichkeit eines Aufstellungsbeschlusses mit einer auf die bestehenden Bebauungspläne formulierten Zielsetzung an den Feststellungen des Oberverwaltungsgerichts vorbei, wenn die Beschwerde damit ausschließlich die Konstellation im Blick haben sollte, in der der spätere Bebauungsplan frühere Bebauungspläne ausdrücklich (ggf. teilweise) aufhebt. Das Oberverwaltungsgericht ist vom Vorliegen eines solchen das Verfahren beendenden Beschlusses nicht ausgegangen. Es hat im Einklang mit der Rechtsprechung des Bundesverwaltungsgerichts festgehalten, dass ein alter Bebauungsplan bereits dann – nach dem Grundsatz, dass die spätere Norm die frühere verdrängt – seine rechtliche Wirkung verliert, wenn die Gemeinde diese Bauleitplanung ändert, insbesondere einen Bebauungsplan durch einen neuen ersetzt. Eines ausdrücklichen Aufhebungsbeschlusses bedarf es nur dann, wenn die Gemeinde hierdurch vermeiden möchte, dass im Falle der Unwirksamkeit der späteren Norm die frühere unverändert fortgilt (BVerwG, Urteil v. 10.8.1990 – 4 C 3.90 – BVerwGE 85, 289 <292>; Beschluss v. 27.3.2019 – BN 28.18 – BRS 87 Nr. 28 <juris Rdnr. 5>).

Die Anforderungen an die Auslegungsbekanntmachung und an die Bekanntmachung des Satzungsbeschlusses sind, soweit einer fallübergreifenden Umschreibung zugänglich, in der Rechtsprechung geklärt.

Die Auslegungsbekanntmachung entfaltet die gebotene Anstoßwirkung, wenn sie geeignet ist, dem an der beabsichtigten Bauleitplanung interessierten Bürger sein Interesse an Information und Beteiligung durch Abgabe einer Stellungnahme bewusst zu machen und dadurch eine gemeindliche Öffentlichkeit herzustellen. Hierzu muss die Bekanntmachung erkennen lassen, welches Planungsvorhaben die Gemeinde betreiben will. Diesem Erfordernis ist genügt, wenn der Bürger in die Lage versetzt wird, das Vorhaben einem bestimmten Raum zuzuordnen (vgl. zuletzt BVerwG, Urteil v. 20.1.2021 – 4 CN 7.19 – Buchholz 406.11 § 3 BauGB Nr. 25 Rdnr. 26 m. w. N.).

An die Bekanntmachung des Bebauungsplans im Wege der Ersatzverkündung sind zwar geringere Anforderungen zu stellen als an die Bekanntmachung im Auslegungsverfahren, von der eine Anstoßwirkung ausgehen muss. Es muss jedoch der mit der Bekanntmachung verfolgte Hinweiszweck erreicht werden. Die Bekanntmachung muss sich auf einen bestimmten Bebauungsplan beziehen; zu fordern ist, dass sie mittels einer schlagwortartigen Kennzeichnung einen Hinweis auf den räumlichen Geltungsbereich des Plans gibt und dieser Hinweis den Plan identifiziert (vgl. BVerwG, Urteil v. 10.8.2000 – 4 CN 2.99 – 406.11 § 215a BauGB Nr. 7 <juris Rdnr. 14> und Beschluss v. 3.6.2010 – BN 55.09 – ZfBR 2010, 581 <juris Rdnr. 13>, jeweils m. w. N.).

Es ist nicht dargetan, dass diese rechtlichen Maßstäbe einer weiteren verallgemeinerungsfähigen Konkretisierung bedürften. Die Bekanntmachung soll – sowohl zur Erzielung einer Anstoßwirkung als auch zur Erreichung des Hinweiszwecks – jeweils eine hinreichend deutliche Verortung des Plangebiets ermöglichen. Dazu trägt jedenfalls für den allgemeinen und typischen Adressatenkreis die Nennung der Nummer eines bestehenden Bebauungsplans nichts bei (siehe dazu BVerwG, Urteil v. 10.8.2000 – 4 CN 2.99 – a. a. O.). Im Übrigen ist auch nicht ersichtlich, warum es untauglich sein sollte, denjenigen Adressaten, der bestehende Bebauungspläne nach ihrer Nummer im Stadtgebiet zu verorten weiß, gerade durch die Angabe von geläufigen geographischen Bezeichnungen für das Plangebiet oder dessen Eingrenzung durch markante Einrichtungen wie Straßen, Schienenwege oder auch gebietsprägende Bauwerke auf eine ihn betreffende Planung im Gebiet der ihm bekannten Bebauungspläne aufmerksam zu machen. …

Nr. 18

1. **Die Antragsbefugnis von Eigentümern eines außerhalb des Plangebietes liegenden Grundstücks kann sich aus einer Nutzungsintensivierung des Plangrundstücks ergeben, wenn sich die Nutzungsintensivierung aufgrund der besonderen Verhältnisse vor Ort nicht nur geringfügig auswirken kann.**
2. **Im Rahmen des beschleunigten Verfahrens nach § 13a BauGB kommt die Zuordnung einer Freifläche zum Siedlungsbereich in Betracht, wenn das Plangebiet eine bauliche Vorprägung aufweist und aufgrund der bisherigen Bebauung ein funktionaler besteht.**
3. **Zur hinreichenden Ermittlung verkehrsbezogener Auswirkungen und zur Richtigkeit einer Verkehrsprognose.**

BauGB § 4a, § 13a.

OVG Bremen, Urteil vom 10. September 2024 – 1 D 326/22 –.

Aus den Gründen:

… Die Antragsteller wenden sich mit einem Normenkontrollantrag gegen den vorhabenbezogenen Bebauungsplan 109 »Park Richardson« (mit Vorhaben- und Erschließungsplan) für ein Gebiet in Bremen-Burglesum zwischen Heriwardstraße Nr. 15 (rückwärtig), Richthofenstraße, An Rauchs Gut und Chaukenhügel (im Folgenden: vorhabenbezogener Bebauungsplan 109). …

Die Antragstellerin zu 1. ist eine Gemeinschaft von Wohnungseigentümern nach dem Wohnungseigentumsgesetz. Diese sind Miteigentümer des Grundstücks Chaukenhügel …, das mit Reihenhäusern bzw. mehrgeschossigen Mehrfamilienhäusern bebaut und an denen jeweils Sondereigentum begründet worden ist. Der Antragsteller zu 2. ist Sondereigentümer des Wohnhauses Chaukenhügel … Das Grundstück der Antragsteller liegt außerhalb des Plangebiets im südlichen Teilbereich der Straße Chaukenhügel und grenzt westlich – durch die Straße getrennt – an das Plangebiet und das Bauvorhaben an. …

Der Normenkontrollantrag hat keinen Erfolg. Er ist zulässig, aber unbegründet.

Der Normenkontrollantrag ist zulässig.

Die Antragsteller sind auch antragsbefugt im Sinne des § 47 Abs. 2 Satz 1 VwGO.

Gemäß § 47 Abs. 2 Satz 1 VwGO ist im Normenkontrollverfahren jede natürliche oder juristische Person antragsbefugt, die geltend macht, durch die Rechtsvorschrift oder deren Anwendung in ihren Rechten verletzt zu sein oder in absehbarer Zeit verletzt zu werden. Ist ein Antragsteller – wie hier – Eigentümer oder Nutzer von Grundstücken außerhalb des Plangebiets, kann die Antragsbefugnis aus § 1 Abs. 7 BauGB folgen. Das dort normierte bauplanungsrechtliche Abwägungsgebot gewährt ein subjektives Recht. Der Betroffene kann verlangen, dass seine eigenen Belange in der Abwägung entsprechend ihrem Gewicht »abgearbeitet« werden. Ein Antragsteller kann sich daher im Normenkontrollverfahren darauf berufen, dass seine abwägungserheblichen privaten Belange möglicherweise fehlerhaft abgewogen wurden. In diesem Fall obliegt es ihm, einen eigenen Belang als verletzt zu bezeichnen, der für die Abwägung beachtlich war. Nicht abwägungsbeachtlich sind insbesondere geringwertige oder mit einem Makel behaftete Interessen sowie solche, auf deren Fortbestand kein schutzwürdiges Vertrauen besteht, oder solche, die für die Gemeinde bei der Entscheidung über den Plan nicht erkennbar waren (BVerwG, Beschluss v. 12.12.2018 – 4 BN 22.18, juris Rdnr. 6).

Führt die Änderung eines Bebauungsplans dazu, dass teilweise Flächen eines alten Bebauungsplanes überplant und Nachbargrundstücke in anderer Weise als bisher genutzt werden dürfen, so gehören nach der Rechtsprechung des Bundesverwaltungsgerichts die Interessen der Nachbarn an der Beibehaltung der geltenden Festsetzungen grundsätzlich zum notwendigen Abwägungsmaterial. Zwar gewährt das Baugesetzbuch keinen Anspruch auf Fortbestand eines Bebauungsplans und schließt auch Änderungen des Plans nicht aus. Die ortsrechtlichen Festsetzungen begründen aber regelmäßig ein schutzwürdiges Vertrauen darauf, dass Veränderungen, die sich für die Nachbarn nachteilig auswirken können, nur unter Berücksichtigung ihrer Interessen vorgenommen werden. Ein solches Interesse ist nicht nur dann gegeben, wenn der Bebauungsplan in seiner ursprünglichen Fassung ein subjektives öffentliches Recht begründet hat. Abwägungsrelevant ist vielmehr jedes mehr als geringfügige private Interesse am Fortbestehen des Bebauungsplans in seiner früheren Fassung, auch wenn es auf einer einen Nachbarn nur tatsächlich begünstigenden Festsetzung beruht. Ob diese Interessen Gegenstand der Abwägung waren und dabei hinreichend berücksichtigt worden sind, kann der Betroffene im Wege der Normenkontrolle überprüfen. Abweichendes ergibt sich sowohl bei nur (objektiv) geringfügigen Änderungen als auch bei solchen Änderungen, die sich – z. B. wegen größerer Entfernung zum Nachbargrundstück – nur unwesentlich auf dieses auswirken können (BVerwG, Beschluss v. 28.5.2019 – 4 BN 44.18, juris Rdnr. 8; und Beschluss v. 27.9.2021 – 4 BN 17.21, juris Rdnr. 9 – 10 m. w. N.).

Ausgehend von diesen Grundsätzen ist die Antragsbefugnis für die Antragsteller hinreichend substantiiert dargelegt. Sie berufen sich der Sache nach erfolgreich darauf, dass der vorhabenbezogene Bebauungsplan 109 – gemessen an den Festsetzungen des zuvor für das Vorhabengrundstück geltenden Bebauungsplans 361 B – zu einer Intensivierung der Nutzung führt. Der Bebauungsplan 361 B setzte für das Gebiet ein reines Wohngebiet mit überwiegend nicht überbaubarer Grundstücksfläche fest. Der vorhabenbezogene Bebauungsplan 109 erlaubt demgegenüber nunmehr die Errichtung einer Anlage für soziale und gesundheitliche Zwecke mit einer Grundfläche von 600 m^2 vor. Zudem sollen beide Tagesstätten sowie das Wohnheim künftig über die an das Grundstück der Antragsteller angrenzende Straße Chaukenhügel (südlicher Teil) erschlossen werden.

Auch wenn das Grundstück der Antragsteller nicht unmittelbar an das Bauvorhaben angrenzt, sondern auf der gegenüberliegenden Straßenseite liegt, wirkt sich die Intensivierung der Nutzung aufgrund der besonderen Verhältnisse vor Ort auch nicht nur geringfügig aus. Der vorhabenbezogene Bebauungsplan 109 sieht die Erschließung aller auf dem Plangrundstück gelegenen Einrichtungen nunmehr über die das Grundstück der Antragsteller erschließende Straße Chaukenhügel (südlicher Teil) vor. Diese schmale, teils einseitig beparkte Wohnstraße in Sackgassenlage bedingt eine besondere verkehrliche Gemengelage, die sich bei Realisierung der vorgesehenen Erschließung möglichweise auf das Antragstellergrundstück auswirken könnte. Abwägungsrelevante Belange erscheinen aufgrund dieser spezifischen Gegebenheiten daher zumindest nicht offensichtlich und eindeutig nach jeder Betrachtungsweise ausgeschlossen. …

Der Normenkontrollantrag ist aber unbegründet. Der vorhabenbezogene Bebauungsplan 109 leidet weder an formellen noch an materiellen Fehlern, die zu dessen Unwirksamkeit führen.

Der angegriffene vorhabenbezogene Bebauungsplan 109 ist in formeller Hinsicht keinen durchgreifenden rechtlichen Bedenken ausgesetzt.

Eine Unwirksamkeit des vorhabenbezogenen Bebauungsplans 109 ergibt sich zunächst nicht daraus, dass dieser im beschleunigten Verfahren nach § 13a Abs. 1 Satz 1 BauGB aufgestellt worden ist.

Nach dieser Vorschrift kann ein Bebauungsplan für die Wiedernutzbarmachung von Flächen, die Nachverdichtung oder andere Maßnahmen der Innenentwicklung (Bebauungsplan der Innenentwicklung) im beschleunigten Verfahren aufgestellt werden. Die Vorschrift bezweckt die Verringerung der Flächeninanspruchnahme durch eine verstärkte Innenentwicklung mittels vereinfachter Bebauungsplanverfahren. Nach dem Willen des Gesetzgebers sind Bebauungspläne der Innenentwicklung solche, die der Erhaltung, Erneuerung, Fortentwicklung, Anpassung oder dem Umbau vorhandener Ortsteile dienen. In Betracht kommen soll insbesondere die Überplanung im Zusammenhang bebauter Ortsteile im Sinne des § 34 BauGB und innerhalb des Siedlungsbereichs gelegener brachgefallener Flächen oder die erneute Überplanung bereits überplanter Gebiete, wo die alten Bebauungspläne wegen notwendiger Anpassungsmaßnahmen geändert oder durch neue Bebauungspläne abgelöst werden sollen (BT-Drs. 16/2496, S. 9, 12).

Der Begriff der Innenentwicklung ist nicht legal definiert, sondern wird nach ständiger Rechtsprechung des Bundesverwaltungsgerichts vom Gesetzgeber als städtebaufachlicher Terminus vorausgesetzt. Seine Interpretation durch die Gemeinde unterliegt der uneingeschränkten gerichtlichen Kontrolle. Einen Beurteilungsspielraum hat die Gemeinde nicht. Denn der Begriff der Innenentwicklung ist nicht wegen hoher Komplexität oder besonderer Dynamik der geregelten Materie so vage und seine Konkretisierung so schwierig, dass die richterliche Kontrolle an die Funktionsgrenzen der Rechtsprechung stößt und deshalb der Gemeinde ein begrenzter Entscheidungsfreiraum zuzubilligen wäre. Vielmehr gilt auch hier der Grundsatz, dass die Konkretisierung auslegungsbedürftiger Rechtsbegriffe Sache der Gerichte ist, welche die Rechtsanwendung der Verwaltung uneingeschränkt nachzuprüfen haben.

Mit dem Tatbestandsmerkmal der Innenentwicklung beschränkt § 13a Abs. 1 Satz 1 BauGB seinen räumlichen Anwendungsbereich. Überplant werden dürfen Flächen, die von einem Siedlungsbereich mit dem Gewicht eines im Zusammenhang bebauten Ortsteils umschlossen werden. Die äußeren Grenzen des Siedlungsbereichs dürfen durch den Bebauungsplan nicht in den Außenbereich hinein erweitert werden. Dies folgt aus der Gesetzessystematik, dem Sinn und Zweck des § 13a BauGB sowie aus der Gesetzesbegründung (BT-Drs. 16/2496, S.12). Der Gesetzgeber knüpft mit § 13a Abs. 1 Satz 1 BauGB an die ältere Bodenschutzklausel des § 1a Abs. 2 Satz 1 BauGB an, wonach mit Grund und Boden sparsam und schonend umgegangen werden soll und dabei zur Verringerung der zusätzlichen Inanspruchnahme von Flächen für bauliche Nutzungen die Möglichkeiten der Entwicklung der Gemeinde insbesondere durch Maßnahmen der Innenentwicklung zu nutzen sowie Bodenversiegelungen auf das notwendige Maß zu begrenzen sind. Er grenzt Bebauungspläne der Innenentwicklung von Bebauungsplänen ab, die gezielt Flächen außerhalb der Ortslagen einer Bebauung zuführen, und will mit § 13a Abs. 1 BauGB Planungen fördern, die der Erhaltung, Erneuerung, Fortentwicklung, Anpassung und dem Umbau vorhandener Ortsteile dienen (vgl. § 1 Abs. 6 Nr. 4 BauGB). Mit dem beschleunigten Verfahren und den damit verbundenen Verfahrenserleichterungen, u. a. dem Verzicht auf die Durchführung einer Umweltprüfung (§ 13a Abs. 2 Nr. 1 i. V. m. § 13 Abs. 3 Satz 1 BauGB), will er einen Anreiz dafür setzen, dass die Gemeinden von einer Neuinanspruchnahme von Flächen durch Überplanung und Zersiedlung des Außenbereichs absehen und darauf verzichten, den äußeren Umgriff vorhandener Siedlungsbereiche zu erweitern. Dem Bebauungsplan der Innenentwicklung ist daher die Inanspruchnahme von Außenbereichsgrundstücken versagt. Eine »Innenentwicklung nach außen« ermöglicht § 13a BauGB nicht (BVerwG, Urteil v. 4.11.2015 – 4 CN 9.14, juris Rdnr. 22–25).

Anknüpfend an diese gesetzgeberische Intention geht das Bundesverwaltungsgericht davon aus, dass § 13a BauGB auch die Überplanung eines Außenbereichs im Innenbereich (sog. Außenbereichsinsel) ermöglicht (BVerwG, Urteil v. 25.4.2023 – 4 CN 5.21, juris). Danach greift § 13a BauGB nicht auf bauplanungsrechtliche Kriterien zurück, sondern macht die Abgrenzung von Innen- und Außenentwicklung an der Belegenheit des betreffenden Gebiets in der Ortslage und dem Siedlungsbereich fest, wobei die tatsächlichen Verhältnisse im Vordergrund stehen. Der Siedlungsbereich wird grundsätzlich durch eine Bebauung gekennzeichnet, die nicht nur vereinzelt ist, sondern den Eindruck einer jedenfalls lockeren Zusammengehörigkeit erweckt; er wird zur Ortslage, wenn er ein gewisses Gewicht erreicht. Gebiete, die nach den tatsächlichen Verhältnissen einen im Zusammenhang bebauten Ortsteil im Sinne von § 34 Abs. 1 BauGB bilden, erfüllen diese Voraussetzungen ohne weiteres. Der Siedlungsbereich reicht jedoch über diesen Kern hinaus. Geht es um den äußeren Umgriff der von der Bebauung geprägten Ortslage, kommen Erweiterungen bei der Fortwirkung aufgegebener baulicher Nutzungen in Betracht (BVerwG, Urteil v. 25.4.2023 – 4 CN 5.21, juris Rdnr. 17, 18; OVG NRW, Beschluss v. 23.11.2023 – 2 B 677/23.NE, juris Rdnr. 28; OVG Weimar, Urteil v. 12.12.2023 – 1 N 511/20, juris Rdnr. 60; OVG Koblenz, Urteil v. 26.4.2023 – 8 C 10462/22.OVG, juris Rdnr. 28).

Die Belegenheit einer Freifläche innerhalb der Ortslage rechtfertigt aber nicht immer deren Zuordnung zum Siedlungsbereich. Vielmehr ist eine wertende Betrachtung nach der Verkehrsauffassung unter Beachtung siedlungsstruktureller Gegebenheiten geboten, um festzustellen, ob sich eine solche Freifläche zur Überplanung im beschleunigten Verfahren anbietet. Dabei sind je nach den Gegebenheiten des Einzelfalles verschiedene Kriterien heranzuziehen. So kann schon wegen der Größe der Freifläche, sei sie absolut, sei sie relativ zum umgebenden Siedlungsbereich, der Eindruck der Zugehörigkeit zum Siedlungsbereich fehlen und dieser unterbrochen werden, weil die Überplanung und die grundsätzliche Eröffnung der Bebaubarkeit nicht mehr als zwanglose Fortsetzung der Nutzung der umliegenden Bereiche erscheint. Von Bedeutung kann darüber hinaus sein, ob die einbezogene Freifläche in einem besonderen funktionalen Zusammenhang mit dem sonstigen Plangebiet steht, oder ob dessen Zuschnitt, gerade in Bezug auf die Einbeziehung der Freifläche, als nicht nachvollziehbar oder gar willkürlich erscheint. Eine frühere und nachwirkende bauliche Nutzung kann eine besondere inhaltliche Nähe zum Siedlungsbereich indizieren. Das Fehlen einer solchen Nutzung, mit der wegen der Versiegelung des Bodens eine geringere Schutzwürdigkeit der Flächen einhergeht, steht der Zugehörigkeit zum Siedlungsbereich allerdings nicht entgegen. Denn anderenfalls wäre die Einbeziehung von sogenannten Außenbereichsinseln, die der Gesetzgeber grundsätzlich dem Siedlungsbereich zugeordnet wissen wollte, nur in einem eher beschränkten Maße möglich (BVerwG, Urteil v. 25.4.2023 – 4 CN 5.21, juris Rdnr. 19–22).

Der Senat kann offenlassen, ob es sich bei der in den Geltungsbereich des vorhabenbezogenen Bebauungsplans 109 einbezogenen Freifläche – wie von den Antragstellern angenommen – um Flächen einer Außenbereichsinsel im Sinne der Rechtsprechung des Bundesverwaltungsgerichts handelt. Denn dies schließt auch vorliegend die Anwendung des § 13a BauGB nicht aus, da das Plangebiet nach wertender Betrachtung unter Beachtung der siedlungsstrukturellen Gegebenheiten dem Siedlungsbereich zuzuordnen ist. Die im Verhältnis zum umgebenden Siedlungsbereich relativ geringe Größe der Freifläche und der Umstand, dass das Gebiet von allen Seiten von zusammenhängender Bebauung umgeben ist, rechtfertigen es, die Eröffnung der Bebaubarkeit als zwanglose Fortsetzung der Nutzung der umliegenden Bereiche anzusehen. Hinzu kommen eine bauliche Vorprägung des künftigen Plangebietes sowie ein funktionaler Zusammenhang, da Teilbereiche innerhalb des Gebietes bereits jetzt mit einer Tagesstätte und einem Wohnheim bebaut sind. Aufgrund dieser inhaltlichen Nähe zum Siedlungsbereich bietet sich die streitgegenständliche Freifläche – unabhängig von der Einordnung als Außenbereich im Innenbereich – zur Überplanung im beschleunigten Verfahren an.

Unschädlich für die Annahme einer Maßnahme der Innenentwicklung ist, dass nach den planerischen Festsetzungen lediglich ein kleiner Teil des Plangebietes mit der Tagesstätte bebaut werden soll und im Übrigen kein Baurecht geschaffen, sondern die Parkanlage erhalten werden soll. Bezugspunkt für die Maßnahme der Innenentwicklung ist nicht das einzelne Grundstück, sondern das gesamte Plangebiet. Solange der Bebauungsplan in verschiedenen Teilbereichen eine maßvolle Nachverdichtung vorsieht, verwirklicht er eine in § 13a BauGB ausdrücklich genannte Maßnahme der Innenentwicklung. Im Übrigen beschränkt sich der Begriff der Innenentwicklung nicht auf eine quantitative Vermehrung baulicher Nutzungsmöglichkeiten; er hat nicht nur die Beseitigung von »Baulücken« jeglicher Art im Blick. Vielmehr umfasst § 13a BauGB – in Einklang mit dem städtebaulichen Begriff der »doppelten Innenentwicklung« – auch eine qualitative Entwicklung des Siedlungsbereichs, etwa durch Einbeziehung und Bewahrung von Grünflächen (BVerwG, Urteil v. 25.4.2023 – 4 CN 5.21, juris Rdnr. 27–28). Zu einer modernen Innenentwicklung kann auch die Sicherung von Grünflächen gehören, die der umliegenden Bebauung und ihren Bewohnern dienen (Külpmann, jurisPR-BVerwG 17/2023, Anm. 4).

Auch die im Hinblick auf das Flächenmaß nach § 13a Abs. 1 Satz 2 Nr. 2 BauGB bestehende quantitative Grenze wurde eingehalten. Hiernach darf der Bebauungsplan im beschleunigten Verfahren nur aufgestellt werden, wenn in ihm eine zulässige Grundfläche im Sinne des § 19 Abs. 2 BauNVO oder eine Größe der Grundfläche festgesetzt von insgesamt weniger als 20 000 Quadratmetern wird, wobei die Grundflächen mehrerer Bebauungspläne, die in einem engen sachlichen, räumlichen und zeitlichen Zusammenhang aufgestellt werden, mitzurechnen sind. Maßgeblich für die Bestimmung des Schwellenwertes ist die festgesetzte Grundfläche, unabhängig davon, ob es sich hierbei um eine durch die Planung erstmalig überbaubare Grundfläche handelt oder ob die Fläche oder Teile hiervon bereits bebaut sind.

Hieran gemessen liegt die durch den vorhabenbezogenen Bebauungsplan 109 festgesetzte Grundfläche deutlich unter dem vorgesehenen Schwellenwert von 20 000 m^2. Zwar beträgt das gesamte Plangebiet ca. 25 000 m^2. Die für die jeweiligen Bauten der bestehenden und neu zu errichtenden Tagesstätten und des Wohnheims festgesetzte Gesamtgrundfläche umfasst jedoch nur 2 115 m^2 (600 m^2 + 600 m^2 +275 m^2 + 640 m^2).

Die Öffentlichkeit sowie Behörden und andere Träger öffentlicher Belange wurden ordnungsgemäß gemäß § 3 Abs. 1 und 2 und § 4 BauGB beteiligt.

Nach den Änderungen des Planentwurfs und der Planbegründung war keine erneute öffentliche Auslegung und Behördenbeteiligung erforderlich. Gemäß § 4a Abs. 3 Satz 4 BauGB kann die erneute Einholung der Stellungnahmen auf die von der Änderung oder Ergänzung des Planentwurfs betroffene Öffentlichkeit sowie die berührten Behörden und sonstigen Träger öffentlicher Belange beschränkt werden, wenn durch die Änderung oder Ergänzung des Entwurfs des Bauleitplans die Grundzüge der Planung nicht berührt werden. Dies ist der Fall, wenn die dem Bebauungsplan zugrundeliegenden Leitgedanken sowie die Konzeption der städtebaulichen Ordnung und Entwicklung in ihrem grundsätzlichen Charakter unangetastet bleiben. Da das Beteiligungsverfahren nicht um seiner selbst Willen zu betreiben ist, besteht kein Anlass zu einer Öffentlichkeits- und Behördenbeteiligung, wenn eine nach öffentlicher Auslegung vorgenommene Ergänzung einer Festsetzung lediglich klarstellende Bedeutung hat oder wenn der Entwurf nach der Auslegung in Punkten geändert wird, zu denen die betroffenen Bürger, Behörden und sonstigen Träger öffentlicher Belange bereits zuvor Gelegenheit zur Stellungnahme hatten, die Änderungen auf einem ausdrücklichen Vorschlag eines Betroffenen beruhen und Dritte hierdurch nicht abwägungsrelevant berührt werden (BVerwG, Beschluss v. 3.1.2020 – 4 BN 25.19, juris Rdnr. 4).

Eine erneute Beteiligung der Öffentlichkeit und der Behörden sowie anderer Träger öffentlicher Belange konnte danach unterbleiben. Die Aufnahme der Beteiligung der Bodenschutzbehörde im Rahmen des nachgeordneten Bauantragsverfahrens für die Abbrucharbeiten im Bereich der neu zu errichtenden Stellplätze unter dem Punkt »Altlasten« erfolgte auf die ausdrückliche Bitte der Bodenschutzbehörde und berührt Dritte nicht in abwägungsrelevanter Weise. Bei der Änderung der Jahreszahl unter dem Punkt »Finanzielle Auswirkungen/Genderprüfung« handelte es sich ersichtlich lediglich um eine redaktionelle Korrektur. Die Ergänzungen und Aktualisierungen der Pflanzvorschlagsliste sowie der Baumliste stellen angesichts ihres marginalen Umfangs nur geringfügige Änderungen dar, die die Grundzüge der Planung ebenfalls nicht berühren.

Entgegen der Auffassung der Antragsteller wurde auch der Rettungsdienst als Träger öffentlicher Belange ordnungsgemäß beteiligt. Nach § 4 Abs. 2 Satz 1 BauGB holt die Gemeinde die Stellungnahmen der Behörden und sonstigen Träger öffentlicher Belange, deren Aufgabenbereich durch die Planung berührt werden kann, zum Planentwurf und zur Begründung ein. Dies ist ausweislich der Behördenakte geschehen. Hierbei genügte es, dass allein die Feuerwehr Bremen und nicht auch die weiteren (privaten) Rettungsdienste beteiligt wurden. Der Rettungsdienst wird als Aufgabe der Gefahrenabwehr hoheitlich ausgeführt. Die Fachaufsichtsbehörde ist nach § 25 Abs. 2 BremHilfeG der Senator für Inneres, der in der Stadtgemeinde Bremen den bodengebundenen Rettungsdienst organisiert. Nach § 27 Abs. 1 BremHilfeG wird der bodengebundene Rettungsdienst von den Berufsfeuerwehren betrieben. Diese können daneben als Leistungserbringer Hilfsorganisationen wie den Arbeiter-Samariter-Bund, das Deutsche Rote Kreuz, die Johanniter-Unfall-Hilfe und den Malteser-Hilfsdienst oder private Unternehmer in die Wahrnehmung dieser Aufgaben einbeziehen. Nach § 27 Abs. 2 BremHilfeG handelt es sich bei diesen mitwirkenden Leistungserbringern um Verwaltungshelfer, die nach den Anweisungen der Aufgabenträger handeln. Aufgrund ihrer Stellung als bloße Verwaltungshelfer, die die Aufgaben des Rettungsdienstes als »verlängerter Arm« der Feuerwehr wahrnehmen, ohne dabei dienstrechtlich in die Organisation des Hoheitsträgers eingebunden zu sein, war es nicht erforderlich, auch die weiteren Leistungserbringer des Rettungsdienstes zu beteiligen.

Die Stadtbürgerschaft hat den vorhabenbezogenen Bebauungsplan 109 ordnungsgemäß gemäß § 10 Abs. 1 BauGB als Satzung beschlossen und ortsüblich bekanntgemacht.

Ein Ausfertigungsmangel ergibt sich vorliegend nicht daraus, dass der Direktor der Bremischen Bürgerschaft und nicht der Bürgermeister als Vertreter des Senats der Antragsgegnerin den streitgegenständlichen Bebauungsplan ausgefertigt hat. Ausdrückliche Regelungen für die Ausfertigung von Satzungen der Stadtgemeinde Bremen, die als Ortsgesetze bezeichnet werden, bestehen nicht. Fehlt es an einer kommunalrechtlichen Regelung zur Bestimmung des zuständigen Ausfertigungsorgans, ist die ständige Praxis der Antragsgegnerin, Bebauungspläne durch einen Vertreter des gemeindlichen Beschlussorgans – der Stadtbürgerschaft – ausfertigen zu lassen, nicht zu beanstanden. Dass so die ausfertigende mit der erlassenden Stelle zusammenfällt, begegnet keinen Bedenken; diese ist (auch) befugt, die rechtsstaatlich gebotene Authentizitätsprüfung vorzunehmen (OVG Bremen, Urteil v. 16.11.2021 – 1 D 305/20, juris Rdnr. 64 m. w. N.).

Die Bekanntmachung des Bebauungsplans erfolgte ortsüblich gemäß § 2 Abs. 1 Bremisches Verkündungsgesetz am 20.12.2021 im Amtsblatt der Freien Hansestadt Bremen Nr. 285 (S. 1281).

Der vorhabenbezogene Bebauungsplan 109 leidet auch nicht an gemäß § 214 Abs. 1 Satz 1 Nr. 1, § 215 Abs. 1 Satz 1 Nr. 1 BauGB beachtlichen Ermittlungs- und Bewertungsdefiziten.

Gemäß § 2 Abs. 3 BauGB sind bei der Aufstellung der Bauleitpläne die Belange, die für die Abwägung von Bedeutung sind (Abwägungsmaterial) zu ermitteln und zu bewerten. Dieses als Verfahrensnorm ausgestaltete Gebot tritt selbstständig vor die (inhaltlichen) Anforderungen an die verhältnismäßige Gewichtung und den gerechten Ausgleich der konkurrierenden Belange gemäß § 1 Abs. 7 BauGB. Die für die konkrete Planungsentscheidung bedeutsamen Belange müssen in einem ordnungsgemäßen Verfahren ermittelt und bewertet werden, bevor sie gemäß § 1 Abs. 7 BauGB rechtmäßig abgewogen werden können (vgl. Battis, in: Battis/Krautzberger/Löhr, BauGB, 15. Aufl. 2022, § 2 Rdnr. 5 m. w. N.; OVG Bremen, Urteil v. 16.6.2022 – 1 D 88/21, juris Rdnr. 55). Das notwendige Abwägungsmaterial umfasst solche Belange, die in der konkreten Planungssituation »nach Lage der Dinge« in die Abwägung eingestellt werden müssen (BVerwG, Urteil v. 5.7.1974 – IV C 50.72, juris Rdnr. 45; OVG Bremen, Urteil v. 1.12.2022 – 1 D 187/22, juris Rdnr. 39).

Ein Ermittlungsdefizit, das einen Verfahrensfehler im Sinne des § 214 Abs. 1 Satz 1 Nr. 1 BauGB begründet, liegt vor, wenn abwägungserhebliche Belange in wesentlichen Punkten unzutreffend ermittelt worden sind und das Beschlussorgan deshalb seiner Abwägungsentscheidung einen falschen Sachverhalt zu Grunde gelegt hat. Denn eine sachgerechte Einschätzung des Gewichts der berührten Belange – als Bewertung im Sinne des § 2 Abs. 3 BauGB – setzt ein vollständiges und zutreffendes Bild von den voraussichtlichen Auswirkungen der Planung voraus (VGH BW, Urteil v. 22.3.2018 – 5 S 1873/15, juris Rdnr. 56; BayVGH, Urteil v. 18.1.2017 – 15 N 14.2033, juris Rdnr. 50). Erst wenn die Kommune klare Vorstellungen von den Auswirkungen ihrer Planung hat, kann sie abschätzen, ob eine Abwägungsrelevanz der betroffenen Interessen erreicht bzw. mit welchem Gewicht eine zu prognostizierende Beeinträchtigung etwaiger Interessen in die Abwägung einzustellen ist. Ein Verfahrensfehler im Sinne des § 214 Abs. 1 Satz 1 Nr. 1 BauGB liegt auch dann vor, wenn die Bedeutung der berührten Belange verkannt worden ist (OVG Bremen, Urteil v. 1.12.2022 – 1 D 187/22, juris Rdnr. 40 m. w. N.).

Die Antragsgegnerin hat im Planaufstellungsverfahren den durch die Planung zu erwartenden zusätzlichen Verkehr und dessen Auswirkungen auf die Bestandssituation auf der Grundlage eines Verkehrsgutachtens der ... GmbH hinreichend ermittelt und bewertet.

Die Gutachterin ist im Rahmen der Verkehrsuntersuchung im Nahbereich des Bauvorhabens zu dem Ergebnis gekommen, dass die vorhandenen Straßennetze sowie die Anbindungen des Vorhabens durch die Zu- und Ausfahrten hinreichend leistungsfähig seien. Die Aufnahmekapazität des Straßennetzes werde nicht annähernd erreicht. Die vorhandenen Straßen könnten den sehr geringen Mehrverkehr aufnehmen. Auch die Kapazität der Knotenpunkte mit einer Rechts-vor-Links-Regelung werde nicht erreicht. Hier sei noch eine erhebliche Leistungsreserve von ca. 90 % und mehr zu verzeichnen. Ergänzend hat sie die Ergebnisse der Verkehrsuntersuchung in der mündlichen Verhandlung erläutert.

Die gerichtliche Kontrolle fachplanerischer Prognosen ist auf die Prüfung beschränkt, ob die Prognose auf der Grundlage fachwissenschaftlicher Maßstäbe methodengerecht erstellt wurde. Die Prognose ist fehlerhaft, wenn sie auf willkürlichen Annahmen oder offensichtlichen Unsicherheiten beruht, in sich widersprüchlich oder aus sonstigen Gründen nicht nachvollziehbar ist (BVerwG, Urteil v. 23.6.2021 – 7 A 10.20, juris Rdnr. 28; Beschluss v. 17.12.2019 – 4 B 53.17, juris Rdnr. 36 und Beschluss v. 22.6.2015 – 4 B 61.14, juris Rdnr. 21; OVG Bremen, Urteil v. 16.6.2022 – 1 D 88/21, juris Rdnr. 57; BayVGH, Urteil v. 27.3.2024 – 8 B 21.298, juris Rdnr. 90). Solche Fehler lassen sich den gutachterlichen Prognosen nicht entnehmen.

Die Rüge der Antragsteller, die Aufnahmekapazität der Straßen sei nicht hinreichend ermittelt worden, da die zu diesem Zweck veranlasste Verkehrsuntersuchung während der Corona-Pandemie stattgefunden habe, lässt keinen methodischen Fehler bei der Erstellung der Verkehrsprognose erkennen.

Weil im Rahmen der Abwägung darauf abzustellen ist, was nach Lage der Dinge – d. h. bei Berücksichtigung der konkreten Situation des Plangebiets – realistischerweise zu erwarten ist, muss ein Verkehrsgutachten hinsichtlich der verkehrlichen Auswirkungen ein realistisches Bild abbilden. Um die durch den Mehrverkehr bedingte Belastung einer Straße beurteilen zu können, ist daher in einem ersten Schritt die bestehende Vorbelastung in einer den methodischen Ansprüchen an eine Verkehrsprogose entsprechenden Weise zu ermitteln und in einem zweiten Schritt die zu erwartende Zusatzbelastung durch das Vorhaben in den Blick zu nehmen. Denn um ausmachen zu können, ob der – möglicherweise auch nur geringfügige Mehrverkehr – die Straßenkapazität an ihre Grenze bringt, muss die Ausgangsbelastung fehlerfrei ermittelt werden. Wenn der bestehende Zustand bereits eine erhebliche Vorbelastung aufzeigt, können auch nur geringfügige Mehrverkehre die Leistungsfähigkeit einer Straße in Frage stellen.

Vorliegend wurde die Verkehrszählung am 03./4.3.2021 durchgeführt und somit in einem Zeitraum, in dem die Schulen in Bremen wieder geöffnet waren, aber verschiedene Maßnahmen zur Eindämmung der Corona-Pandemie noch in Kraft waren. Es lässt sich jedoch nicht feststellen, dass die seinerzeitigen Maßnahmen, wie etwa Kontaktbeschränkungen, Abstandsregelungen, Einzelhandelsschließungen sowie Homeoffice-Regelungen zu einer derart erheblichen Verkehrsreduzierung geführt hätte, dass in diesem Zeitraum vorgenommene Verkehrsuntersuchungen grundsätzlich nicht aussagekräftig und damit nicht verwertbar wären. Die Gutachterin hat hierzu auf Nachfrage der Antragsgegnerin anlässlich der Stellungnahmen der Öffentlichkeit erläutert, dass die Maßnahmen zur Eindämmung der Corona-Pandemie in Wohnquartieren nur zu sehr geringen Veränderungen von ± 10 % geführt hätten. In der mündlichen Verhandlung hat sie diesen Punkt näher erläutert und ausgeführt, dass von ihr durchgeführte Vergleichszählungen in Wohnstraßen in Bremen-Nord während und nach der Corona-Pandemie keine signifikanten Veränderungen aufgezeigt hätten. Die Verkehrsströme hätten während der Corona-Pandemie nicht deutlich abgenommen, da es durch die Vermeidung öffentlicher Verkehrsmittel eine gewisse Gegenbewegung zu den Auswirkungen von Homeoffice-Regelungen und Kontaktbeschränkungen gegeben habe. Diese Einschätzung deckt sich auch mit den Ergebnissen der Straßenverkehrszählung der Bundesanstalt für Straßenwesen (BASt), wonach die allgemeine Verkehrsbelastung durch Kfz im Zeitraum von 2015 bis Jahr 2021 coronabedingt auf Bundesstraßen (lediglich) um 0 % bis 12 % zurückgegangen ist (vgl. Ergebnisse der Straßenverkehrszählung der Bundesanstalt für Straßenwesen, abrufbar unter https://www.bast.de/DE/Statistik/Verkehrsdaten/2021/Ergebnisbericht-SVZ-2021.pdf?__blob=publicationFile&v=2). Für die Annahme, dass gerade in der Wohnstraße Chaukenhügel nach dem Ende der Pandemie eine erhebliche Verkehrszunahme zu erwarten war, bestehen keinerlei Anhaltspunkte. Insbesondere aus dem pauschalen Verweis auf einen Artikel in der Tageszeitung »Weser-Kurier« vom 23.6.2021, wonach das Verkehrsressort dem Ortsamt Schwachhausen mitgeteilt habe, dass eine Verkehrszählung erst nach der Pandemie erfolgen könne, können die Antragsteller keinen methodischen Fehler bei der Erstellung der Verkehrsprognose herleiten. Es ist schon nicht ersichtlich, auf welche konkrete Verkehrszählung sich die Mitteilung bezieht und ob überhaupt eine vergleichbare Sachlage besteht.

Auch der weitere Einwand der Antragsteller, das durch das Bauvorhaben generierte Verkehrsaufkommen und deren Auswirkungen auf die bestehende verkehrliche Lage werde nicht hinreichend abgebildet, weil die Verkehrszählung nicht zu den morgendlichen Stoßzeiten der prognostizierten An- und Abfahrten der Kleinbusse und Mitarbeiter erfolgt sei, vermag keine methodischen Fehler der Verkehrsbegutachtung zu begründen.

Den Antragstellern ist zuzugeben, dass der morgendliche Berufsverkehr – auf den der durch das Vorhaben generierte Mehrverkehr (insbesondere Kleinbusse und Mitarbeiter) treffen würde – nicht Gegenstand der Verkehrsuntersuchung war. Die Verkehrszählung beschränkte sich auf die Nachmittags- und frühen Abendstunden im Zeitraum von 15:00 bis 19:00 Uhr.

Ein methodischer Mangel des Gutachtens lässt sich hieraus dennoch nicht ableiten. In der verkehrlichen Spitzenstunde (nachmittags, 16:00 bis 17:00 Uhr) wurden in dem südlichen Teil der Straße Chaukenhügel 29 Kfz ermittelt, von denen 17 in die Straße hinein- und zwölf hinausfuhren. Die Gutachterin hat in der mündlichen Verhandlung nachvollziehbar erläutert, dass die Nachmittagsstunden verkehrlich stärker belastet seien als die Vormittagsstunden, da in diesem Zeitraum Berufsverkehr, Freizeitverkehr und Verkehre zum Einkaufen aufeinanderträfen. Der morgendliche (Berufs-)Verkehr liege im Schnitt 5 bis 10 % niedriger. Die Auswahl der Untersuchungszeiten ist daher methodisch nicht zu beanstanden.

Der von den Antragstellern in diesem Zusammenhang gerügte Aspekt, dass gerade in der morgendlichen Spitzenstunde die Müllabfuhr regelmäßig die Straße blockiere, stellt die Plausibilität des Verkehrsgutachtens ebenfalls nicht durchgreifend in Frage. Es ist schon nicht ersichtlich, weshalb der durch das Vorhaben bedingte Mehrverkehr die durch die Müllabfuhr verursachte Vorbelastung mehr als nur geringfügig verschärfen sollte, zumal die Zufahrt zu der Tagesstätte rund 30 m südlich des Wendeplatzes liegt, an dem die Müllabfuhr die Müllentleerungen vornimmt.

Es ist auch nicht ersichtlich, dass die Verkehrsuntersuchung die bestehende Sonderlage durch den Verkehrsfluss hemmendes Parken in der Sackgassenlage (Chaukenhügel südlicher Teil) nicht hinreichend im Blick hatte. Auf den von der Gutachterin angefertigten Lichtbildaufnahmen (S. 4 des Verkehrsgutachtens) ist der teilweise einseitig zugeparkte Straßenschnitt deutlich zu erkennen. Auf Nachfrage in der mündlichen Verhandlung hat die Gutachterin angegeben, keine auffälligen Situationen im Zusammenhang mit Begegnungsverkehr beobachtet zu haben. Die Straße Chaukenhügel sei nur locker beparkt gewesen, sodass einem Begegnungsverkehr durch Warten und Vorbeilassen begegnet werden könne. Ergänzend ist aus Sicht des Senats in diesem Zusammenhang zu berücksichtigen, dass nach der Vorhabenbeschreibung nicht alle Kleinbusse zur gleichen Zeit die Tagesstätte anfahren. Nach § 6 Abs. 2 des Durchführungsvertrages hat sich die Beigeladene verpflichtet, zur Entzerrung des Verkehrsaufkommens im Bring- und Holdienst in Kooperation mit den Fahrdienstleistern eine App einsetzen, mit der die An- und Abfahrtszeiten – abhängig von der herrschenden Verkehrssituation – so exakt wie möglich getaktet werden.

In diesem Zusammenhang ist auch nicht zu beanstanden, dass die Verkehrsprognose bei der Beurteilung der Leistungsfähigkeit der Straßen die gesamte Straßenbreite von 5,50 m für den südlichen Teil der Straße Chaukenhügel zugrunde gelegt hat und nicht nur die verbleibende Restbreite der nicht beparkten Straßenseite. Den Lichtbildaufnahmen lässt sich ohne Weiteres entnehmen, dass der betreffende Straßenabschnitt nicht durchgängig einseitig mit Fahrzeugen beparkt ist. Vielmehr sind – auch nach der Einschätzung der Gutachterin – Parklücken vorhanden, die ein Ausweichen bei Begegnungsverkehr erlauben. In der mündlichen Verhandlung hat die Gutachterin die Grundlagen und Einzelschritte ihres Vorgehens zudem näher erläutert. Danach wurde die Aufnahmekapazität anhand der Richtlinien für die Anlage von Stadtstraßen (RASt 06) beurteilt. Da es sich um eine Wohnstraße handele, sei der typischerweise bestehende hohe Anteil an ruhendem Verkehr bei der Berechnung der Leistungsfähigkeit berücksichtigt worden und in die Prognose mit eingeflossen. Die teilweise bestehenden Engstellen mussten daher in der Verkehrsuntersuchung keine darüber hinausgehende Berücksichtigung finden.

Auch die Berechnung der Auswirkungen des durch das Vorhaben verursachten Mehrverkehrs begegnet keinen durchgreifenden methodischen Bedenken. Insbesondere ist nicht erkennbar, dass der zu erwartende Mehrverkehr die Leistungsfähigkeit der betroffenen Straßen – insbesondere des südlichen Teils der Straße Chaukenhügel – an ihre Grenzen bringen könnte.

Die Verkehrsprognose geht davon aus, dass die an das Plangebiet angrenzenden Straßen zwischen 150 Kfz/h und 1800 Kfz/h aufnehmen können. Für die direkte Erschließungsstraße Chaukenhügel sei auf Basis einer nach der RASt 06 durchgeführten Berechnung von einer maximalen Kapazität von 150 Kfz/h auszugehen. Die zu erwartende Verkehrsbelastung sei so gering, dass die Straßennetze den Mehrverkehr aufnehmen könnten.

Zweifeln begegnet das Gutachten zwar insoweit, als sich der tabellarisch dargestellte Mehrverkehr (vgl. S. 11 des Verkehrsgutachtens) nicht vollständig mit den Angaben in der Vorhabenbeschreibung deckt. Insbesondere die genaue Aufschlüsselung der konkreten An- und Abfahrten der Kleinbusse, Mitarbeiter und Lieferanten lässt sich nicht ohne Weiteres nachvollziehen und konnte auch von der Gutachterin in der mündlichen Verhandlung nicht erläutert werden. Gleichwohl lässt sich hieraus kein methodischer Fehler des Gutachtens herleiten. Maßgeblich für die Beurteilung der maximalen Leistungsfähigkeit der Straßen waren neben der Straßenbreite und dem gezählten Bestandsverkehr der zu erwartende Mehrverkehr, der sich unmittelbar aus der Vorhabenbeschreibung der Beigeladenen ergibt. Hiernach sollen die Besucher beider Tagesstätten in der Zeit von 8:00 bis 9:00 Uhr mit insgesamt 16 Kleinbussen in die Einrichtung gebracht und in der Zeit von 15:00 bis 16:00 Uhr aus dieser wieder abgeholt werden. Zudem sind nach dem Ergebnis der durchgeführten Mitarbeiterbefragung in der stärksten Schicht von 9:00 bis 12:00 Uhr ca. 34 Beschäftigte vor Ort in den beiden Tageseinrichtungen, von denen ca. 24 bis 26 Mitarbeiter mit dem Pkw kommen. Die Gutachterin hat in der mündlichen Verhandlung nachvollziehbar klargestellt, dass angesichts der hohen Aufnahmefähigkeit der Straßen der sich aus der Vorhabenbeschreibung ergebende Mehrverkehr auch dann keine Auswirkungen auf die Verkehrsprognose habe, wenn die Anzahl der hinzuzurechnenden Kfz höher wäre, da die Grenze der Leistungsfähigkeit in der Straße Chaukenhügel erst bei 150 Kfz/h erreicht werde. Die verkehrliche Belastung der Straße Chaukenhügel könne mehr als verdoppelt werden, ohne die Grenze der Leistungsfähigkeit zu tangieren. Insgesamt bleibt nach diesen Ausführungen festzuhalten, dass auch ein nach der Vorhabenbeschreibung höher anzusetzender Mehrverkehr aufgrund der Leistungsfähigkeit der Straße und in Anbetracht der ermittelten geringen bisherigen Auslastung zu keiner anderen gutachterlichen Bewertung geführt hätte.

Auch die weiteren verkehrsbezogenen Belange – die nicht Gegenstand der gutachterlichen Verkehrsuntersuchung waren – hat die Antragsgegnerin hinreichend ermittelt und bewertet.

Soweit die Antragsteller zunächst darauf verweisen, dass der südliche Teil des Chaukenhügel auch als Fußweg für Schulkinder zu der Grundschule ... genutzt werde, lässt sich kein Ermittlungs- oder Bewertungsfehler feststellen. Der Plangeber hat die Sicherheit der Schulkinder in den Blick genommen und darauf hingewiesen, dass der Bring- und Holverkehr jeweils außerhalb der Schulwegzeiten stattfinde. Darüber hinaus ist weder nachvollziehbar vorgetragen noch ersichtlich, weshalb der zusätzliche – von der Gutachterin als geringfügig eingestufte – Mehrverkehr die Sicherheit der Schulkinder beinträchtigen sollte.

Entgegen der Auffassung der Antragsteller wurden seitens der Antragsgegnerin auch die genaue Anzahl der Kleinbusse sowie die Fahrzeuge der Mitarbeiter hinreichend ermittelt.

Ausweislich der Vorhabenbeschreibung der Beigeladenen sollen die Besucher beider Tagesstätten mit insgesamt 16 Kleinbussen in die Einrichtung gebracht und wieder abgeholt werden. Zusätzlich sollen zwischen 9:00 und 12:00 Uhr ca. 34 Beschäftigte vor Ort in den beiden Tageseinrichtungen sein, von denen ca. 24 bis 26 Mitarbeiter mit dem Pkw kommen. Diese Werte hat auch die Antragsgegnerin ihrer Planbegründung zugrundgelegt. Ein Ermittlungs- und Bewertungsfehler lässt sich insoweit nicht feststellen.

Soweit die Antragsteller in diesem Zusammenhang anzweifeln, dass die angegebene Anzahl der Kleinbusse ausreiche, vermag dieser pauschale und nicht näher substantiierte Einwand ein Ermittlungsdefizit nicht zu begründen. Ausgehend von einer Gesamtzahl von 87 Besuchern beider Tagesstätten ist nicht ersichtlich, aus welchen Gründen 16 Kleinbusse den tatsächlichen Bedarf nicht hinreichend abdecken können sollten. Dass im Schnitt zwischen fünf und sechs Besucher pro Kleinbus transportiert werden können, ist jedenfalls nicht fernliegend, zumal die Kleinbusse nach Angaben der Beigeladenen bis zu neun Personen transportieren könnten.

Der Senat vermag entgegen der Auffassung der Antragsteller auch eine unzureichende Ermittlung und Bewertung des Stellplatzbedarfs nicht zu erkennen. Im Plangebiet werden insgesamt 27 Stellplätze vorgehalten (drei davon als Stellplätze für Menschen mit Behinderungen). In der Begründung zum Bebauungsplan wird ausgeführt, dass Grundlage für die Abschätzung des Stellplatzbedarfs eine Mitarbeiterbefragung gewesen sei. Hiernach seien in der stärksten Schicht von 9:00 bis 12:00 Uhr insgesamt ca. 34 Beschäftigte vor Ort, von denen im Bestand derzeit 20 Beschäftigte und für den Neubau voraussichtlich vier bis sechs Beschäftigte mit dem Pkw kämen. Daher würden ca. 24 bis 26 Stellplätze in der stärksten Schicht benötigt werden. Die neuen Stellplätze seien als Ergänzung der vorhandenen Stellplätze nördlich des Verwaltungsgebäudes und der bereits bestehenden Tagesstätte geplant. Weitere acht Stellplätze seien in der Parkspitze auf der bereits versiegelten Abbruchfläche geplant. Es liegen keine Anhaltspunkte dafür vor, dass die Angaben der Mitarbeitenden hinsichtlich der Kfz-Nutzung nicht der Realität entsprechen und tatsächlich mehr als 26 Mitarbeitende mit dem Pkw das Gelände der Tagesstätte aufsuchen werden. Die diesbezüglichen nicht näher substantiierten Vermutungen der Antragsteller entbehren jeglicher Grundlage. Auch die Beigeladene hat angegeben, dass ein Großteil der Mitarbeitenden mit dem Fahrrad oder den öffentlichen Verkehrsmitteln die Tagesstätte aufsuchen werde.

Entgegen der Auffassung der Antragteller ist auch nicht davon auszugehen, dass die Stellplätze den Mitarbeitenden nicht zur Verfügung stehen. In der Planbegründung wurde hierzu ausgeführt, dass sich alle neuen benötigten Stellplätze auf dem Grundstück der Beigeladenen befänden und daher von Fremdnutzung ausgeschlossen seien. Dies entspricht auch der Baubeschreibung des Vorhabens, wonach das Grundstück mittels Beschilderung vom öffentlichen Straßenraum abgetrennt werde.

Schließlich ist die Ermittlung und Bewertung des Stellplatzbedarfs auch nicht deshalb fehlerhaft, weil sich ein Teil der Stellplätze an der Parkspitze befindet und über die Zuwegung »An Rauchs Gut« erschlossen wird. Die Antragsteller monieren in diesem Zusammenhang, die Mitarbeitenden würden die acht Stellplätze nicht in Anspruch nehmen, da sich diese in erheblicher Entfernung zu der Einrichtung befänden und ein langer Weg durch den unbeleuchteten Park in Kauf genommen werden müsste. Ein formeller Ermittlungs- und Bewertungsfehler lässt sich hieraus indes nicht ableiten. Die Antragsgegnerin hat sich im Rahmen der Abwägung mit den stellplatzbezogenen Einwänden hinreichend auseinandergesetzt und in ihrer Stellungnahme darauf verwiesen, dass die Parkplätze in zumutbarer Entfernung lägen. Selbst wenn man zugunsten der Antragsteller davon ausginge, dass der offizielle Weg durch den Park jedenfalls mehr als 200 m der angegebenen Luftlinie betrage, würde dies noch keinen Ermittlungs- oder Bewertungsfehler der Antragsgegnerin begründen. Es sind keine Anhaltspunkte dafür ersichtlich, dass die Wegstrecke für die Mitarbeiter unzumutbar wäre und die Antragsgegnerin die Wahrscheinlichkeit der Nutzung der Stellplätze in wesentlichen Punkten unzutreffend ermittelt oder einen falschen Sachverhalt zu Grunde gelegt hätte. Auch die Beigeladene selbst hat diese Stellplatzvariante aufgrund des fußläufigen Weges vorgeschlagen. Es ist daher davon auszugehen, dass sie ihre Beschäftigten auch zur Nutzung dieser Stellplätze anhalten wird.

Hinsichtlich der verkehrlichen Erschließung bezweifeln die Antragsteller weiter, dass die Ein- und Ausfahrten tatsächlich als solche genutzt werden. Ein Ermittlungs- und Bewertungsfehler seitens der Antragsgegnerin lässt sich in Bezug hierauf indes nicht feststellen. Die Planzeichnung sieht entgegen dem Vorbringen der Antragsteller eine Zufahrt über den südlichen Teil der Straße Chaukenhügel und eine Abfahrt über den nördlichen Teil vor, indem

Ein- und Ausfahrt deutlich erkennbar eingezeichnet sind. Dies entspricht auch den Ausführungen in der Planbegründung unter C 4 sowie der vertraglichen Verpflichtung in § 6 Abs. 1 des Durchführungsvertrages, wonach sich die Vorhabenträgerin verpflichtet, durch eine entsprechende Beschilderung an der Ein- und Ausfahrt auf ihrem Grundstück für die Kfz-Verkehre ein Ein-Richtungs-System umzusetzen. Angesichts dessen ist unerheblich, dass die zeichnerischen Festsetzungen als Verkehrsflächen lediglich einen »Ein- und/oder Ausfahrtsbereich« festlegen.

Es sind auch keine Anhaltspunkte dafür erkennbar, dass die Fahrer der Kleinbusse die Fahrgäste lediglich – wie von den Antragstellern angenommen – auf der Straße vor der Tagesstätte aussteigen lassen und die vorgesehene Zuwegung nicht nutzen würden. Ausweislich der Planbegründung sind an der neuen Zufahrt zwei Haltebuchten für die Kleinbusse vorgesehen. Allein aus dem Umstand, dass der Eingang der Tagesstätte nach den Zeichnungen der Bauvorlage der Straßenseite im Bereich des südlichen Teils des Chaukenhügel zugewandt ist, folgt nichts anderes. Der Plangeber hat hierzu im Rahmen der Öffentlichkeitsbeteiligung nachvollziehbar ausgeführt, dass ein Aussteigen der Menschen mit Beeinträchtigungen im öffentlichen Raum zu unsicher sei. Ein Ermittlungs- und Bewertungsdefizit lässt diese Einschätzung nicht erkennen.

Soweit die Antragsteller weiter einwenden, die geplante Verkehrsführung ermögliche einen Durchgangsverkehr über das Vorhabengrundstück, wodurch eine dem bestehenden Verkehrskonzept widersprechende Verbindung zwischen dem nördlichen und dem südlichen Teil der Straße Chaukenhügel geschaffen werde, begründet dieses Vorbringen ebenfalls keinen beachtlichen formellen Fehler. In der Planbegründung wurde dieser Punkt berücksichtigt und bewertet. Es wurde herausgestellt, dass dem ungewollten Überfahren durch fremde Fahrzeuge von der Straße Chaukenhügel Süd zur Straße Chaukenhügel Nord durch eine entsprechende Beschilderung der Grundstückszufahrt (z. B. als Privatweg) begegnet werden könne. Dies entspricht auch den Empfehlungen der Verkehrsgutachterin.

In Übereinstimmung hiermit sieht auch § 6 Abs. 1 des Durchführungsvertrages vor, dass sich die Vorhabenträgerin verpflichtet, durch eine entsprechende Beschilderung an der Ein- und Ausfahrt auf Ihrem Grundstück für die Kfz-Verkehre ein Ein-Richtungs-System umzusetzen. Die Beschilderung gewährleiste, dass der Weg auf dem Grundstück der Vorhabenträgerin nicht von Unbefugten und nur in einer Richtung genutzt werde. Auch in der dem Bauvorhaben zugrundeliegenden Vorhabenbeschreibung wird ausgeführt, dass das Grundstück mittels Beschilderung zum öffentlichen Raum getrennt und eine Fremdnutzung ausgeschlossen werde. Einer entsprechenden Festsetzung der Beschilderung im Bebauungsplan bedurfte es entgegen dem Vorbringen der Antragsteller nicht. Für verkehrsrechtliche Regelungen ist nicht der Plangeber zuständig, sondern – im öffentlichen Straßenraum – die Straßenverkehrsbehörde oder – auf Privatgrundstücken – der jeweilige Grundstückseigentümer. Insgesamt erscheinen die vorgeschlagenen Maßnahmen schlüssig und geeignet, um einen ungewollten Durchgangsverkehr zu verhindern und lassen keine Ermittlungs- und Bewertungsfehler erkennen. Die von den Antragstellern vorgetragene Befürchtung, es werde zu »chaotischen Zuständen« kommen, ist vor diesem Hintergrund haltlos.

Ist ein Durchgangsverkehr nach dem planerischen Konzept demnach ausgeschlossen, kommt es auf den Einwand der faktischen Aufhebung des bestehenden Verkehrskonzeptes nicht mehr an.

Die weitere Rüge der Antragsteller, dass die Anwohner zu den geplanten Bring- und Abholzeiten ihre Wohnungen nicht mehr erreichen bzw. verlassen können und die Zufahrt zu ihrer Tiefgarage durch den Verkehr blockiert sei, lässt ebenfalls keinen Ermittlungs- und Bewertungsfehler erkennen. Der Plangeber hat diesen Punkt berücksichtigt und nachvollziehbar herausgestellt, dass die Zufahrt zu der Tagesstätte südlicher als die Tiefgaragenzufahrt angeordnet werde, sodass Konflikte mit der Nutzung der Tiefgarage der Antragsteller nicht zu erwarten seien.

Soweit die Antragsteller meinen, ein Ermittlungsdefizit sei darin zu sehen, dass der Plangeber keine Alternativstandorte für das Vorhaben – namentlich den bisherigen Standort »A« – oder alternative Zuwegungen in seine Überlegungen einbezogen habe, ist dem nicht zu folgen.

Es entspricht ständiger Rechtsprechung des Bundesverwaltungsgerichts im Fachplanungsrecht, dass sich die Anforderungen des Abwägungsgebots auch und gerade an das Berücksichtigen von planerischen Alternativen richten. Ernsthaft sich anbietende Alternativlösungen müssen bei der Zusammenstellung des abwägungserheblichen Materials berücksichtigt werden und mit der ihnen objektiv zukommenden Bedeutung in die vergleichende Prüfung der von den möglichen Alternativen jeweils berührten öffentlichen und privaten Belange Eingang finden. Zu diesen in das Verfahren einzubeziehenden und zu untersuchenden Alternativen gehören neben den von Amts wegen ermittelten auch solche, die von dritter Seite im Laufe des Verfahrens vorgeschlagen werden. Die Planfeststellungsbehörde ist indes nicht verpflichtet, die Variantenprüfung bis zuletzt offen zu halten und alle von ihr zu einem bestimmten Zeitpunkt erwogenen oder von dritter Seite vorgeschlagenen Alternativen gleichermaßen detailliert und umfassend zu untersuchen. Auch im Bereich der Planungsalternativen braucht sie den Sachverhalt nur so zu klären, wie dies für eine sachgerechte Entscheidung und eine zweckmäßige Gestaltung des Verfahrens erforderlich ist. Sie ist befugt, Alternativen, die sich aufgrund einer Grobanalyse als weniger geeignet erweisen, schon in einem frühen Verfahrensstadium auszuscheiden. Stellt sich im Rahmen einer solchen Vorprüfung heraus, dass das mit der Planung zulässigerweise verfolgte Konzept bei Verwirklichung der Alternativtrasse nicht erreicht werden kann und daher die Variante in Wirklichkeit auf ein anderes Projekt hinausliefe, so kann die Planfeststellungsbehörde diese Variante ohne weitere Untersuchungen als ungeeignet ausscheiden (BVerwG, Beschluss v. 24.4.2009 – 9 B 10.09, juris Rdnr. 5).

Ausgehend hiervon ist nicht erkennbar, dass die Antragsgegnerin sich aufdrängende oder naheliegende Planalternativen fehlerhaft nicht in ihre Abwägung einbezogen hätte. In der Begründung zum vorhabenbezogenen Bebauungsplan 109 heißt es, der Neubau solle als Ersatzbau für die Tagesförderstätte »A«, die den notwendigen Standards nicht mehr entspreche, dienen. Dabei erfolge die Koordination der neuen Tagesstätte durch die vorhandene Verwaltung der Bestandstagesstätte. Zudem werde sich vorbehalten, die Tagesstätten künftig auch teils zusammenzuführen, sodass je nach pädagogischem Bedarf zwischen den beiden Tagesstätten variiert werden könne. Die 60 Betreuungsplätze in der bestehenden Tagesstätte und die 27 Betreuungsplätze in der neuen Tagesstätte würden sich im täglichen Ablauf mischen, sodass beide Gebäude ähnlich ausgelastet sein würden.

Diesen Erwägungen setzen die Antragsteller keine substantiierten Einwendungen entgegen, die eine andere Beurteilung rechtfertigen könnten. Insbesondere der naheliegenden Möglichkeit von sich ergebenden Synergieeffekten im Falle eines Neubaus auf der nunmehr beplanten Vorhabenfläche aufgrund der bereits bestehenden Tagesförderstätte, treten die Antragsteller nicht argumentativ entgegen. Sie beschränken ihren Vortrag vielmehr darauf, dass die Beigeladene beabsichtige, das Grundstück A gewinnbringend an Dritte zu veräußern. Dass ein nicht mehr benötigtes Grundstück vom Vorhabenträger veräußert wird, führt nicht zu einer Überschreitung des gemeindlichen Planungsermessens. Auch für die Vermutung der Antragsteller, die Antragsgegnerin habe ein eigenes Interesse an der Nutzung des Grundstücks A, findet sich keine Grundlage. Davon, dass es sich bei dem Standort »A« – selbst wenn dieser eine bessere verkehrliche Erschließung ermöglichte – um eine naheliegende und ernsthaft in Erwägung zu ziehende Alternative handelt, kann daher unter Berücksichtigung aller abwägungserheblichen Belange jedenfalls keine Rede sein.

Gleiches gilt, soweit die Antragsteller auf eine alternative Zuwegung zu dem Vorhabengrundstück über die Richthofenstraße verweisen.

Ausweislich der Planbegründung sollte die bereits bestehende Ein- und Ausfahrt der Bestandstagesstätte weiter als Ausfahrt genutzt werden, um den Verkehr auf beide Straßenabschnitte zu verteilen. Die ursprüngliche Zuwegung zu einigen Stellplätzen und einem Nebengebäude der »Villa Rauch« über die Richthofenstraße wurde bereits mit der Errichtung der alten Tagesstätte und des Wohnheims nicht weiterverfolgt. Erkennbares Ziel der Planung war es, eine weitere Flächenversiegelung zu vermeiden und den Park zu erhalten. Hierzu sollte das Grundstück durch die nächste erreichbare Straße erschlossen werden. Eine Erschließung der Tagesstätten über die Richthofenstraße wäre mit einer erheblichen neuen Versiegelung des Parks einhergegangen. Dass die Schaffung einer neuen Zuwegung – anstelle der Nutzung einer bestehenden Zuwegung – eine ernsthaft in Betracht zu ziehende Alternative dargestellt hätte, ist demnach nicht ersichtlich.

Auch die Befürchtung der Antragsteller, während der Bauphase würden erhebliche Bauverkehre den südlichen Bereich der Straße Chaukenhügel nutzen und hierdurch die Wohn- und Anliegerstraßen beschädigen, begründet kein Ermittlungs- und Bewertungsdefizit. Während der Bauphase entstehende Beeinträchtigungen zählen zu typischen zeitlich begrenzten Realisierungsmaßnahmen des Bebauungsplans, deren Umsetzung und Ausführung einem späteren Genehmigungsverfahren überlassen werden kann (BVerwG, Beschluss v. 16.9.2015 – 4 VR 2.15, juris Rdnr. 12; vgl. auch BVerwG, Beschluss v. 12.3.1999 – 4 BN 6.99, juris Rdnr. 6 zu Belastungen durch eine Baustelleneinrichtung; OVG Bremen, Urteil v. 16.6.2022 – 1 D 88/21, juris Rdnr. 118). Dies hat auch der Plangeber erkannt und im Rahmen der Abwägungsentscheidung hierauf verwiesen.

Auch in materieller Hinsicht begegnet der vorhabenbezogene Bebauungsplan 109 keinen durchgreifenden Bedenken.

Die Voraussetzungen für den Erlass eines vorhabenbezogenen Bebauungsplanes lagen vor.

Gemäß § 12 Abs. 1 Satz 1 BauGB kann die Gemeinde durch einen vorhabenbezogenen Bebauungsplan die Zulässigkeit von Vorhaben bestimmen, wenn der Vorhabenträger auf der Grundlage eines mit der Gemeinde abgestimmten Plans zur Durchführung der Vorhaben und der Erschließungsmaßnahmen (Vorhaben- und Erschließungsplan) bereit und in der Lage ist und sich zur Durchführung innerhalb einer bestimmten Frist und zur Tragung der Planungs- und Erschließungskosten ganz oder teilweise vor dem Beschluss nach § 10 Abs. 1 BauGB verpflichtet (Durchführungsvertrag).

Gegenstand eines Vorhaben- und Erschließungsplans müssen ein oder mehrere Vorhaben sein. Das Vorhaben ist mit allen seinen städtebaulich relevanten Parametern textlich und zeichnerisch so konkret zu beschreiben, dass eine Umsetzung der Durchführungsverpflichtung des Vorhabenträgers eindeutig feststellbar ist. Der Vorhaben- und Erschließungsplan, der Bebauungsplan und der Durchführungsvertrag müssen aufeinander abgestimmt sein und dürfen sich nicht widersprechen. Das schließt nicht aus, dass das vereinbarte und im Vorhaben- und Erschließungsplan festgelegte Vorhaben von vornherein eine gewisse Bandbreite an Nutzungsmöglichkeiten umfasst und damit einem Bedürfnis des Vorhabenträgers oder der Gemeinde nach einem nicht allzu starren planerischen Rahmen Rechnung trägt (BVerwG, Urteil v. 18.9.2003 – 4 CN 3.02, juris Rdnr. 23). Zu konkretisieren ist dabei nach der Rechtsprechung des Bundesverwaltungsgerichts nicht nur die Art, sondern auch das Maß der baulichen Nutzung. Es gilt zu vermeiden, dass der vorhabenbezogene Bebauungsplan ein anderes Vorhaben zulässt, als es im Durchführungsvertrag in Verbindung mit dem Vorhaben- und Erschließungsplan vereinbart worden ist (BVerwG, Beschluss v. 2.5.2018 – 4 BN 7.18, juris Rdnr. 7).

Diesen Anforderungen wird die vorliegende Planung gerecht. Der Antragsgegnerin hat einen Vorhaben- und Erschließungsplan und die Planzeichnung des vorhabenbezogenen Bebauungsplans 109 in demselben Maßstab nebeneinander in einer einheitlichen Planurkunde dargestellt. In dieser sind zudem die textlichen Festsetzungen enthalten. Dem Vorhaben- und Erschließungsplan lässt sich die Lage der Gebäude, der Stellplätze und der Wegeführung entnehmen. Zwar lassen sich dem Vorhaben- und Erschließungsplan selbst weder die Anzahl der Vollgeschosse noch Angaben zur Art der Nutzung entnehmen. Allerdings kann nach dem erkennbaren Willen der Satzungsgeberin zur weiteren Konkretisierung auf die in der einheitlichen Planurkunde enthaltene Planzeichnung des vorhabenbezogenen Bebauungsplans und dessen textliche Festsetzungen zurückgegriffen werden. Bereits aus der gemeinsamen Darstellung in einer Planurkunde wird deutlich, dass der Vorhaben- und Erschließungsplan und der vorhabenbezogene Bebauungsplan inhaltlich aufeinander bezogen sind (OVG Bremen, Urteil v. 15.3.2023 – 1 D 24/22, juris Rdnr. 69). Der Rückgriff auf den weiteren Inhalt der Planurkunde zur Konkretisierung des Vorhaben- und Erschließungsplans berührt auch keine Interessen der Vorhabenträgerin (vgl. auch BVerwG, Urteil v. 9.2.2017 – 4 C 4.16, juris Rdnr. 28), sondern entspricht diesen sogar. Bei der hiernach erforderlichen Gesamtschau von Bebauungsplan, Vorhaben- und Erschließungsplan und Durchführungsvertrag wird das Vorhaben hinreichend bestimmt. Die Planzeichnung enthält konkrete Festsetzungen hinsichtlich der Anzahl der zu errichtenden Geschosse und in den textlichen Festsetzungen ist vorgesehen, dass im Geltungsbereich des vorhabenbezogenen Bebauungsplanes 109 nur Anlagen für soziale und gesundheitliche Zwecke und Wohngebäude zulässig sind. Auch die Beschreibung des Vorhabens in dem Durchführungsvertrag und die diesem beigefügten Gebäudeansichten stehen inhaltlich in Einklang mit den Festsetzungen des Bebauungsplanes. Eine – wie von den Antragstellern befürchtete – über das konkrete Vorhaben hinausgehende, weitere Bebauung des Parks oder die Errichtung eines Aliuds ermöglicht der vorhabenbezogene Bebauungsplan 109 damit nicht.

Die Beigeladene ist zur Durchführung des Vorhabens auch wirtschaftlich in der Lage.

Nach der Rechtsprechung des Bundesverwaltungsgerichts erfordert dies eine Prognoseentscheidung. Sie soll der Gemeinde eine gewisse Sicherheit verschaffen, dass der Vorhabenträger die im Durchführungsvertrag übernommenen Verpflichtungen erfüllen und das geplante Vorhaben zu Ende führen kann. Diese Prognose betrifft unter anderem die finanziellen Mittel, die erforderlich sind, damit der Vorhabenträger die übernommenen Verpflichtungen umsetzen kann. Zum Nachweis der finanziellen Leistungsfähigkeit grundsätzlich geeignet sind wirtschaftlich belastbare Finanzierungs- und Fördermittelzusagen, die aber durch gewichtige andere Indizien ersetzt werden können. Ob diesen Anforderungen genügt wird, ist eine Frage des Einzelfalls

(BVerwG, Beschluss v. 5.3.2019 – 4 BN 18.18, juris Rdnr. 6; und Beschluss v. 6.3.2018 – 4 BN 13.17, juris Rdnr. 22; OVG Bremen, Urteil v. 15.3.2023 – 1 D 24/22, juris Rdnr. 71 und Urteil v. 16.6.2022 – 1 D 88/21, juris Rdnr. 87).

Zwar befinden sich in der Behördenakte keine Nachweise, die die wirtschaftliche Leistungsfähigkeit der Vorhabenträgerin belegen, aus den in der Behördenakte enthaltenen Unterlagen ergibt sich jedoch, dass die Antragsgegnerin diese geprüft hat. So heißt es in der Präambel des Durchführungsvertrages, die Vorhabenträgerin sei in der Lage, das Vorhabengrundstück entsprechend den Festsetzungen des Vorhaben- und Erschließungsplans zu bebauen. Sie habe hierzu einen Grundstückskaufvertrag unterschrieben und diesen der Stadt vorgelegt. Zudem habe sie auch eine Finanzierungsbestätigung einer der deutschen Bankaufsicht unterliegenden Bank vorgelegt und glaubhaft erklärt, dass das Vorhaben mittels Eigenkapital durchgeführt werden solle.

Die angegriffene Planung ist auch städtebaulich erforderlich im Sinne des § 1 Abs. 3 BauGB.

Nach § 1 Abs. 3 S. 1 BauGB haben die Gemeinden Bebauungspläne aufzustellen, sobald und soweit es für die städtebauliche Entwicklung und Ordnung erforderlich ist. Dabei besitzen die Gemeinden bei der Entscheidung, ob, in welchem Umfang und mit welchem Inhalt eine Planung betrieben wird, grundsätzlich ein weites planerisches Ermessen (BVerwG, Urteil v.19.9.2002 – 4 CN 1.02, juris Rdnr. 33). Der Gesetzgeber ermächtigt sie, die »Städtebaupolitik« zu betreiben, die ihren städtebaulichen Ordnungsvorstellungen entspricht. Dem Kriterium der städtebaulichen Rechtfertigung kommt nach der Rechtsprechung des Bundesverwaltungsgerichts dieselbe Funktion zu wie demjenigen der Planrechtfertigung im Planfeststellungsrecht, nämlich die Planung, die ihre Rechtfertigung nicht in sich selbst trägt, im Hinblick auf die damit verbundenen Rechtseinwirkungen in Einklang mit den gesetzlich zulässigen Planungszielen zu bringen und auf diese Weise grundsätzlich zu rechtfertigen. Nicht erforderlich im Sinne des § 1 Abs. 3 Satz 1 BauGB sind danach Pläne, die nicht dem wahren Willen der Gemeinde entsprechen, bei denen also zwischen Planungswillen und Planungsinhalt eine Diskrepanz besteht, sowie Pläne, die einer positiven Planungskonzeption entbehren und ersichtlich der Förderung von Zielen dienen, für deren Verwirklichung die Planungsinstrumente des Baugesetzbuches nicht bestimmt sind. § 1 Abs. 3 Satz 1 BauGB ist ferner verletzt, wenn ein Bebauungsplan aus tatsächlichen oder Rechtsgründen auf Dauer oder auf unabsehbare Zeit der Vollzugsfähigkeit entbehrt. In dieser Auslegung setzt § 1 Abs. 3 Satz 1 BauGB der Bauleitplanung eine erste, wenn auch strikt bindende Schranke, die lediglich grobe und einigermaßen offensichtliche Missgriffe ausschließt (BVerwG, Urteil v. 5.5.2015 – 4 CN 4.14, juris Rdnr. 10 m. w. N.).

Dem vorhabenbezogene Bebauungsplan 109 liegt ausweislich der Planbegründung eine von städtebaulich legitimen Zielen getragene positive Planungskonzeption zugrunde. Die Antragsgegnerin verfolgt mit dem Plan das Ziel der Schaffung einer Baufläche für die Errichtung einer Tagesstätte für Menschen mit Behinderungen unter gleichzeitiger Sicherung der privaten Parkanlage. Mit dieser Zielsetzung trägt die Planung den sozialen Bedürfnissen behinderter Menschen Rechnung (§ 1 Abs. 5 Satz 1, Abs. 6 Nr. 3 BauGB) und sorgt für die ausreichende Versorgung mit Grün- und Freiflächen (§ 1 Abs. 5 Satz 1, Abs. 6 Nr. 14 BauGB).

Der Erforderlichkeit steht hier auch nicht entgegen, dass das Vorhaben auf der zuvor bestehenden planungsrechtlichen Grundlage hätte genehmigt werden können. Eine Genehmigungserteilung nach § 34 BauGB kam hier schon deshalb nicht in Betracht, weil das Bauvorhaben im Geltungsbereich des Bebauungsplanes 361 B lag, der für den fraglichen Bereich ausdrücklich eine nicht überbaubare Grundstücksfläche vorgesehen hat. Auch eine Befreiung von dieser Festsetzung kam nicht in Betracht, weil die Voraussetzungen nach § 31 Abs. 2 BauGB hierfür nicht vorgelegen hätten.

Auch die von den Antragstellern angeführte Möglichkeit einer Änderung der Festsetzungen des Bebauungsplans 361 B schließt die Erforderlichkeit des vorhabenbezogenen Bebauungsplans 109 nicht aus. Der Bebauungsplan 361 B erstreckte sich lediglich auf den Bereich der neu zu errichtenden Tagesstätte. Die Parkplätze wurden hingegen schon nicht von dem Geltungsbereich des Bebauungsplanes erfasst. Zudem dient der vorhabenbezogene Bebauungsplan 109 ausweislich der in der Planbegründung angegebenen Ziele auch der Erhaltung und Sicherung der gesamten Parkanlage, die ebenfalls außerhalb des Plangebietes des Bebauungsplans 361 B lag. Im Übrigen bleibt es der Einschätzung der Gemeinde überlassen, ob sie einen Bebauungsplan aufstellt, ändert oder aufhebt. Maßgebend sind ihre eigenen städtebaulichen Vorstellungen (BVerwG, Urteil v. 17.9.2003 – 4 C 14.01, juris Rdnr. 9).

Es ist auch nicht erkennbar, dass zugunsten der Beigeladenen eine reine Gefälligkeitsplanung verwirklicht worden wäre. Die gegenständliche Planung verfolgt eindeutig städtebauliche Ziele und Belange, weil es der Antragsgegnerin darauf ankommt, den Bau einer Tagesstätte zur Betreuung von Menschen mit Beeinträchtigungen zu ermöglichen und gleichzeitig eine historische Parkanlage zu sichern und zu erhalten (§ 1 Abs. 5 Satz 1, Abs. 6 Nr. 3, 14 BauGB). Es geht bei der Planung ersichtlich nicht um die privaten Belange des Vorhabenträgers.

Der städtebaulichen Erforderlichkeit steht letztlich auch nicht entgegen, dass für den Vorhabenbereich bereits ein Planaufstellungsbeschluss zum Bebauungsplan 1276 für ein Gebiet in Bremen Burglesum südlich der Heriwardstraße, Richthofenstraße, An Rauchs Gut und Chaukenhügel vom 5.5.2011 existierte und dieser erst am 13.1.2022 und damit nach der Bekanntmachung des streitgegenständlichen Bebauungsplans aufgehoben wurde. Ein Planaufstellungsbeschluss ist weder bundesrechtlich (BVerwG, Beschluss v. 23.10.2002 – 4 BN 53.02, juris Rdnr. 2) noch landesrechtlich zwingend für eine wirksame Bauleitplanung (OVG Bremen, Urteil v. 16.6.2022 – 1 D 88/21, juris Rdnr. 37) und zwingt erst Recht nicht zur Fortführung einer einmal begonnenen Bauleitplanung.

Soweit die Antragsteller in materieller Hinsicht weiter rügen, eine Anpassung an die Ziele der Raumordnung sei nicht gegeben, da im Zeitpunkt der Bekanntmachung des Bebauungsplanes das Bremische Raumordnungsgesetz noch nicht erlassen war, zeigen sie damit keinen beachtlichen Fehler auf.

Gemäß § 1 Abs. 4 BauGB sind die Bauleitpläne den Zielen der Raumordnung anzupassen. § 1 Abs. 4 BauGB verbietet der Gemeinde Festsetzungen in Bebauungsplänen, die die Verwirklichung der Ziele der Raumordnung innerhalb ihres räumlichen oder sachlichen Wirkungsbereichs vereiteln, wesentlich erschweren oder ihr zuwiderlaufen könnten. Fehlt eine steuernde Zielvorgabe der Raumordnung, kann die in § 1 Abs. 4 BauGB normierte Anpassungspflicht der Gemeinde von vornherein nicht zum Zuge kommen. In einem solchen Fall stellt sich die Frage nach der Zielkonformität des Bebauungsplans nicht (BVerwG, Beschluss v. 25.6.2007 – 4 BN 17.07, juris Rdnr. 9, juris). Bei der bauleitplanerischen Abwägung müssen aber die Grundsätze und sonstigen Erfordernisse der Raumordnung berücksichtigt werden (BVerwG, Urteil v. 29.4.2010 – 4 CN 3.08, juris Rdnr. 20).

Im Zeitpunkt der Bekanntmachung des vorhabenbezogenen Bebauungsplanes 109 bestand in Bremen weder ein Gesetz, das eine Rechtsgrundlage für die Landesplanung enthält (§ 6 ROG), noch ein verbindliches Landes-Raumordnungsprogramm im Sinne des § 8 Abs. 1 Satz 1 ROG. Das Landes-Raumordnungsprogramm aus dem Jahre 1981 war nach einer Entscheidung des Bremischen Staatsgerichtshofs vom 22.8.1983 (BremStGHE 4, 57) rechtlich nicht verbindlich (OVG Bremen, Urteil v. 31.10.2007 – 1 D 147/07, juris Rdnr. 103). Das Anpassungsgebot beurteilt sich daher nach dem Raumordnungsgesetz des Bundes (ROG) vom 22.12.2008 (BGBl. I S. 2986) in der damals gültigen Fassung.

Es ist weder vorgetragen noch ersichtlich, gegen welche Grundsätze und sonstigen Erfordernisse der Raumordnung der Bebauungsplan in Widerspruch stehen sollte. Die Antragsteller verweisen pauschal darauf, dass die Fläche allein durch die Größe des Parks und seiner bisherigen rechtlichen Einordnung durch die Antragsgegnerin als Außenbereich – unter Berücksichtigung der Größe der Stadtgemeinde Bremen und der Lage im Stadtgebiet – im Rahmen der Raumordnung zu berücksichtigen sei. Konkrete Ziele der Raumordnung, die hierzu in Widerspruch stehen, benennen sie indes nicht.

Ein Verstoß gegen das in § 8 Abs. 2 Satz 1 BauGB normierte Entwicklungsgebot lässt sich ebenfalls nicht feststellen.

Nach § 8 Abs. 2 Satz 1 sind Bebauungspläne aus dem Flächennutzungsplan zu entwickeln. Das Entwicklungsgebot ermöglicht der Gemeinde, die im Flächennutzungsplan zum Ausdruck kommende planerische Grundkonzeption weiter zu entwickeln. Der Gemeinde wird eine gestalterische Freiheit eingeräumt, über ein bloßes Ausfüllen des Vorgegebenen hinaus eigenständig zu planen. Allerdings muss sich der Bebauungsplan innerhalb der wesentlichen Grundentscheidungen des Flächennutzungsplanes bewegen und damit die im Flächennutzungsplan zum Ausdruck kommenden Grundzüge beachten (BVerwG, Urteil v. 24.11.2010 – 9 A 13.09, juris Rdnr. 39; Beschluss v. 30.6.2003 – 4 BN 31.03, juris Rdnr. 16; Urteil v. 28.2.1975 – IV C 74.72, juris Rdnr. 19).

Ein denkbarer Verstoß gegen das Entwicklungsgebot des § 8 Abs. 2 Satz 1 BauGB scheidet hier schon deshalb aus, weil es sich bei dem vorhabenbezogenen Bebauungsplan 109 um einen im beschleunigten Verfahren aufgestellten Bebauungsplan der Innenentwicklung handelt (s. o.), der gem. § 13a Abs. 2 Nr. 2 BauGB keiner strikten Bindung an das Entwicklungsgebot unterliegt. In diesem Fall kann ein Bebauungsplan, der von den Darstellungen des Flächennutzungsplans abweicht, auch aufgestellt werden, bevor der Flächennutzungsplan geändert oder ergänzt wird; die geordnete städtebauliche Entwicklung des Gemeindegebiets darf jedoch nicht beeinträchtigt werden. Der Flächennutzungsplan ist in dem Fall im Wege der Berichtigung anzupassen (OVG Bremen, Urteil v. 16.6.2022 – 1 D 88/21, juris Rdnr. 97).

Ungeachtet dessen lässt sich ein Verstoß gegen das Entwicklungsgebot auch nicht feststellen. Der Flächennutzungsplan sieht für das Plangebiet für den westlichen und nördlichen Bereich des Plangebietes Wohnbaufläche mit »zu sichernder Grünfunktion/besonderes Planungserfordernis bei Innenentwicklungsvorhaben« (sog. »Grünschraffur«) vor. Der übrige Bereich ist als Grünfläche mit der Zweckbestimmung »Parkanlange« dargestellt. Die im Plangebiet vorhandene Grünfunktion wird durch die mit der Planung beabsichtigte Innenentwicklung nicht wesentlich vermindert. Die Planung hat ihr in ausreichendem Maße Rechnung getragen. In der Planbegründung heißt es, mit der Grünschraffur sei im Rahmen der Bauleitplanung ein besonderes Augenmerk auf den Umgang mit den bestehenden Grünelementen, wie z. B. Altbaumbeständen, zu legen. In Umsetzung dieser Begründung weisen die zeichnerischen Festsetzungen einen Großteil des Plangebiets als Flächen für Maßnahmen zum Schutz, zur Pflege und zur Entwicklung von Boden, Natur und Landschaft aus. Auch die von der textlichen Festsetzung 6.1 und 6.2 vorgesehenen Pflanzungen heimischer und standortgerechter Bäume bzw. Pflanzen berücksichtigen die »Grünschraffur« hinreichend. Dass die Grünfunktion durch die Anordnung der Stellplätze wesentlich vermindert wird, ist nicht ersichtlich. Insofern war die Antragsgegnerin – entgegen der Auffassung der Antragsteller – auch nicht gehalten, die Stellplätze etwa in einer Tiefgarage unterhalb der Tagesstätte zu planen.

Der Senat vermag schließlich auch eine Verletzung des Abwägungsgebotes nicht zu erkennen.

§ 1 Abs. 7 und § 2 Abs. 3 BauGB verpflichten die Gemeinde, die von ihrer Planung berührten öffentlichen und privaten Belange vollständig zu ermitteln und sie gerecht gegeneinander und untereinander abzuwägen. Das Abwägungsgebot ist verletzt, wenn in die Abwägung nicht die Belange eingestellt worden sind, die nach Lage der Dinge berücksichtigt werden mussten, wenn die Bedeutung der betroffenen Belange verkannt worden ist oder wenn der Ausgleich zwischen diesen Belangen in einer Weise vorgenommen worden ist, die nicht in einem angemessenen Verhältnis zu deren objektiven Gewicht steht. Innerhalb des vorstehenden Rahmens wird das Abwägungsgebot jedoch nicht verletzt, wenn sich die zur Planung berufene Gemeinde bei der Kollision zwischen verschiedenen Belangen für die Bevorzugung des einen und damit notwendigerweise für die Zurückstellung des anderen entscheidet (OVG Bremen, Urteil v. 17.4.2018 – D 280/16, juris Rdnr. 47). Hat die Gemeinde demnach auf formeller Ebene die Belange erkannt und nach ihrer konkreten Betroffenheit gewichtet, muss sie sich in materieller Hinsicht in dem Interessengeflecht dafür entscheiden, bestimmte Belange mehr oder weniger zurückzusetzen und hierbei insbesondere den Grundsatz der Verhältnismäßigkeit zu wahren. Die Gemeinde darf dabei eigene städtebauliche Ziele befolgen, für deren Umsetzung sie eine kommunalpolitische Entscheidungsprärogative genießt (BVerwG, Beschluss v. 5.4.1993 – 4 NB 3.91, juris Rdnr. 37).

In der Zurückstellung der von der Planung beeinträchtigten Belangen gegenüber dem städtebaulich verfolgten Zweck, der Schaffung einer weiteren Tageseinrichtung für Menschen mit Beeinträchtigungen und der Sicherung einer Parkanlage, liegt kein unverhältnismäßiges Abwägungsergebnis oder eine unzulässige Konfliktverlagerung.

Dies gilt zunächst für die ermittelten und bewerteten verkehrlichen Auswirkungen. Der Plangeber hat die Interessen der außerhalb des Plangebiets ansässigen Anlieger, von nachteiligen Auswirkungen infolge einer planbedingten Verkehrszunahme auf den umliegenden Straßen – insbesondere im Bereich des südlichen Teils des Chaukenhügel –, verschont zu bleiben, fehlerfrei abgewogen.

Die Gutachterin ist im Rahmen der Verkehrsuntersuchung zu dem Ergebnis gelangt, dass die Straßen leistungsfähig sind und den zu erwartenden Mehrverkehr ohne Weiteres aufnehmen können. Das von den Anwohnern befürchtete Verkehrschaos entbehrt vor diesem Hintergrund einer tatsächlichen Grundlage. Auch hat der Plangeber bei seiner Abwägung erkannt und berücksichtigt, dass ein störungsfreier Begegnungsverkehr in dem südlichen Teil des Chaukenhügel durch teilweise parkende Fahrzeuge nicht immer ungehindert möglich ist. Um dieses Problem zu entschärfen, wurde die Führung der Kleinbusse über die private Erschließung auf das Grundstück der Beigeladenen geleitet. Hierdurch soll der gesamte Chaukenhügel entlastet werden. Ferner konnte die Antragsgegnerin fehlerfrei berücksichtigen, dass sich die bestehende Verkehrssituation absehbar auch dadurch verbessern wird, dass auf dem Vorhabengrundstück eine größere Anzahl an Stellplätzen vorgesehen ist, um den ruhenden Verkehr im öffentlichen Raum (insbesondere in der

Straße Chaukenhügel) zu entlasten. Ferner ist die Antragsgegnerin auf der Grundlage des Verkehrsgutachtens in nicht zu beanstandender Weise zu dem Ergebnis gelangt, dass eine leistungsgerechte Abwicklung des durch das Vorhaben verursachten Verkehrs ohne bauliche Maßnahmen möglich ist und besondere Maßnahmen für Fuß- oder Radfahrer nicht erforderlich sind. Auch die Annahme, der Rettungsdienst könne die umliegenden Wohnhäuser aufgrund der durch den Mehrverkehr entstehenden »Pulkbildungen« und Stausituationen nicht zeitnah erreichen, ist von der Antragsgegnerin ohne Abwägungsfehler verneint worden. Dass sich die Bestandssituation planbedingt wesentlich verschlechtert, hat der Plangeber angesichts des geringen Mehrverkehrs nachvollziehbar verneint.

Die Antragsgegnerin hat sich im Rahmen der Abwägung auch mit den stellplatzbezogenen Einwänden hinreichend auseinandergesetzt. Die Annahme, die vorgesehen[en] 27 Stellplätz[e] seien ausreichend, ist angesichts des Ergebnisses der Mitarbeiterbefragung nicht zu beanstanden. Ungeachtet dessen liegt ein abwägungserheblicher Belang hinsichtlich der Schaffung von ausreichend Parkraum ohnehin nur dann vor, wenn die bestimmungsgemäße Nutzung der Nachbargrundstücke beeinträchtigt würde (OVG Bremen, Beschluss v. 18.10.2002 – 1 B 315/02, juris Rdnr. 11 ff.). Solange der freie Zugang zum Grundstück der Nachbarn möglich ist, ist eine abwägungserhebliche Position nicht schon darin zu sehen, dass die angrenzenden Straßen durch Fahrzeuge von Nutzern des Vorhabengrundstücks frequentiert und gegebenenfalls zum Parken in Anspruch genommen werden. Probleme, die sich aus der Verteilung knappen öffentlichen Straßenraums auf verschiedene Verkehrsteilnehmer ergeben, sind mit den Mitteln des Straßenverkehrsrechts zu lösen.

Ist der Plangeber danach in nicht zu beanstandender Weise davon ausgegangen, dass die planbedingten Auswirkungen auf die Verkehrsbelastung der umliegenden Straßen nur gering sein werden, konnte er dem öffentlichen Interesse an der Schaffung einer Einrichtung für Menschen mit Behinderungen fehlerfrei den Vorrang vor den betroffenen privaten Interessen an der Beibehaltung auch des verkehrlichen Status quo einräumen. …

Nr. 19

Der Verzicht auf eine Wendeanlage bei der Herstellung einer befahrbaren Sackgasse ist nicht von der planerischen Gestaltungshoheit gedeckt, wenn sich die Annahme aufdrängt, dass die Belange des Verkehrs in unvertretbarer Weise zu kurz kommen. Sind dagegen nur wenige Wohngrundstücke betroffen, können die Pkw im Bedarfsfall auf der privaten Fläche, die sie aufsuchen

wollen, wenden, und ist die Nutzung der Sackgasse durch schwere Lastwagen die seltene Ausnahme, liegt kein Abwägungsfehler vor.
(Leitsatz der Redaktion)

BauGB § 1 Abs. 6 und 7.

Bundesverwaltungsgericht, Beschluss vom 6. August 2024 – 4 BN 2.24 –.

Aus den Gründen:

… Die Gemeinden haben die Bauleitpläne aufzustellen, sobald und soweit es für die städtebauliche Entwicklung und Ordnung erforderlich ist (§ 1 Abs. 3 Satz 1 Halbs. 1 BauGB). Die mit der Befugnis zur Planung einhergehende Gestaltungsfreiheit wird durch das in § 1 Abs. 7 BauGB normierte Gebot begrenzt, alle von der Planung berührten öffentlichen und privaten Belange gegeneinander und untereinander gerecht abzuwägen. Zu den im Rahmen der Abwägung zu berücksichtigenden Belangen gehören auch die des Verkehrs, wie sie in § 1 Abs. 6 Nr. 9 BauGB bezeichnet sind. Diese umfassen insbesondere eine ordnungsgemäße Erschließung des Plangebiets durch die Festsetzung ausreichender Zufahrtsmöglichkeiten und den Anschluss an die Verkehrsflächen (Söfker, in: Ernst/Zinkahn/Bielenberg/Krautzberger, BauGB, Stand Januar 2024, § 1 Rdnr. 167; Battis, in: Battis/Krautzberger/Löhr, BauGB, 15. Aufl. 2022, § 1 Rdnr. 75).

Zum Verzicht auf eine Wendeanlage bei der Herstellung einer befahrbaren Sackgasse hat das Bundesverwaltungsgericht entschieden (BVerwG, Urteil v. 27.4.1990 – 8 C 77.88 – Buchholz 406.11 § 125 BBauG/BauGB Nr. 28), dass ein solcher in Ausnahmesituationen nicht von der planerischen Gestaltungsfreiheit der Gemeinde gedeckt und damit einen Mangel im Abwägungsergebnis begründen kann. Davon wäre etwa auszugehen, wenn die Straße eine nicht völlig unbedeutende Anzahl von Grundstücken erschließt und der regelmäßig von diesen Grundstücken ausgehende Kraftwagenverkehr mangels hinreichender Breite der Straße und einer Möglichkeit, Gehwegüberfahrten, Garagenflächen oder sonstige Flächen auf Anliegergrundstücken mitzubenutzen, faktisch gezwungen ist, entweder rückwärts in die Sackgasse ein- oder rückwärts aus ihr auszufahren, sofern nicht der übrige Verkehr auf der Sackgasse und der Straße, in die diese einmündet, von lediglich unbeachtlichem Umfang ist. Die konkreten Umstände des Einzelfalles müssen folglich derart sein, dass sich die Annahme aufdrängt, bei dem gemeindlichen Verzicht auf eine Wendeanlage kämen die Belange des Verkehrs in unvertretbarer Weise zu kurz, diese Lösung sei im Hinblick auf die Anforderungen des Verkehrs schlechthin nicht akzeptabel (BVerwG, Urteil v. 27.4.1990 a. a. O. S. 25; siehe auch BVerwG, Urteil v. 3.7.1992 – 8 C 34.90 – Buchholz 406.11 § 125 BBauG/BauGB Nr. 30 S. 34 ff.).

Ein weiterer Klärungsbedarf folgt – entgegen der Annahme der Beschwerde – nicht daraus, dass die genannte Rechtsprechung zu älteren Fassungen der erschließungsrechtlichen Bestimmung des § 125 Abs. 2 Satz 3

BBauG/BauGB ergangen ist. Denn aufgrund des darin u. a. in Bezug genommenen § 1 Abs. 7 BBauG/§ 1 Abs. 6 BauGB a. F. muss die Herstellung von Erschließungsanlagen, wenn ein Bebauungsplan nicht vorliegt, den sich aus dem Abwägungsgebot ergebenden Anforderungen genügen. Entscheidend ist, ob ein Bebauungsplan, setzte er die in Rede stehende Erschließungsanlage fest, nicht wegen Überschreitung der planerischen Gestaltungsfreiheit unwirksam wäre. Die materiell-rechtliche Prüfung entspricht danach derjenigen bei der – wie hier – Aufstellung eines Bebauungsplans, beschränkt auf die Erschließungsanlage (BVerwG, Urteile v. 27.4.1990 – 8 C 77.88 – Buchholz 406.11 § 125 BBauG/BauGB Nr. 28 S. 23 und vom 3.7.1992 – 8 C 34.90 – Buchholz 406.11 § 125 BBauG/BauGB Nr. 30 S. 34 f.). Daran hat sich durch die Neufassung des § 125 Abs. 2 BauGB durch das Bau- und Raumordnungsgesetz 1998 (BauROG) vom 18.8.1997 (BGBl. I S. 2081) nichts geändert (vgl. BVerwG, Urteil v. 26.11.2003 – 9 C 2.03 – Buchholz 406.11 § 125 BauGB Nr. 38 S. 6 f.).

Ob bei einem gemeindlichen Verzicht auf eine Wendeanlage die Belange des Verkehrs entsprechend den vorstehenden Ausführungen in unvertretbarer Weise zu kurz kämen, beurteilt sich nach den konkreten Umständen in der jeweiligen Planungssituation und ist einer verallgemeinerungsfähigen Klärung nicht zugänglich. Das gilt insbesondere für die der Fragestellung unterlegte Konstellation »der Planung einer engen Sackgasse als Erschließungsanlage für acht Wohngrundstücke«. Insofern ist zu berücksichtigen, dass kein Abwägungsfehler vorliegt, wenn etwa in einem Wohngebiet der Begegnungsverkehr von Personenkraftwagen aufgrund einer geringeren Anzahl betroffener Wohngrundstücke überschaubar ist, Personenkraftwagen im Bedarfsfall auf der privaten Fläche, die sie aufsuchen wollen, wenden können und die Benutzung der Sackgasse durch schwere Lastwagen, die entweder auf dem Hin- oder dem Rückweg rückwärtsfahren müssten, seltene Ausnahme bleibt (BVerwG, Urteil v. 27.4.1990 – 8 C 77.88 – Buchholz 406.11 § 125 BBauG/BauGB Nr. 28 S. 26 f.). Mehr ist verallgemeinernd nicht auszuführen. Dass vorstehende Rechtssätze einer Überprüfung oder Fortentwicklung bedürften, legt die Beschwerde nicht dar. …

Nr. 20

Privatrechtliche Baubeschränkungen und Grunddienstbarkeiten schränken die Überplanung von Grundstücken nicht ein und sind nicht abwägungsrele-

vant, wenn sie im Beteiligungsverfahren von keiner Seite angesprochen worden sind.
(Leitsatz der Redaktion)

BauGB § 1 Abs. 7; VwGO § 132 Abs. 2.

Bundesverwaltungsgericht, Beschluss vom 18. November 2024 – 4 BN 17.24 –.

Aus den Gründen:

Das Oberverwaltungsgericht ist davon ausgegangen, dass der angegriffene Bebauungsplan Nr. 88 »Bethelquartier« nicht an einem Abwägungsfehler i. S. v. § 1 Abs. 7 BauGB leidet, obwohl der Rat der Antragsgegnerin die zugunsten der Grundstücke der Antragstellerinnen bestehenden privatrechtlichen Beschränkungen in Gestalt von Grunddienstbarkeiten und Baubeschränkungen an dem benachbarten, früher für das Krankenhaus Bethel genutzten Grundstück in der Abwägungsentscheidung nicht berücksichtigt hat. Der Bebauungsplan wirke sich nicht auf diese Rechte aus und sei auch bei Beachtung der privatrechtlichen Grenzen in seinen städtebaulichen Zielsetzungen realisierbar; infolgedessen handele es sich bei den Grunddienstbarkeiten und Baubeschränkungen um keine Belange, die von der Antragsgegnerin im Rahmen der Abwägung hätten berücksichtigt werden müssen. Abwägungserheblich seien die Grunddienstbarkeiten und Baubeschränkungen zudem deshalb nicht gewesen, weil – die generelle Abwägungserheblichkeit entgegen der vorigen Ausführungen unterstellt – ihr Bestehen und ihre Bedeutung für den Rat der Antragsgegnerin bei der Entscheidung über den Bebauungsplan nicht erkennbar gewesen seien; vielmehr habe es den Antragstellerinnen oblegen, ihre individuellen abweichenden Interessen der planenden Gemeinde im Rahmen der Öffentlichkeitsbeteiligung zur Kenntnis zu geben, was nicht geschehen sei.

Ist die vorinstanzliche Entscheidung – wie hier – auf mehrere selbständig tragende Begründungen gestützt, so kann die Revision nur zugelassen werden, wenn hinsichtlich jeder dieser Begründungen ein Revisionszulassungsgrund geltend gemacht wird und vorliegt. Denn ist nur bezüglich einer Begründung ein Zulassungsgrund gegeben, dann kann diese hinweggedacht werden, ohne dass sich der Ausgang des Verfahrens ändert (st. Rspr., vgl. BVerwG, Beschluss v. 30.4.2024 – 4 B 19.23 – juris Rdnr. 3 m. w. N.). Jedenfalls in Bezug auf die Annahme des Oberverwaltungsgerichts, die Grunddienstbarkeiten und Baubeschränkungen seien nicht abwägungserheblich gewesen, weil ihr Bestehen und ihre Bedeutung für den Rat der Antragsgegnerin bei der Entscheidung über den Bebauungsplan nicht erkennbar waren, ist ein Revisionszulassungsgrund gemäß § 132 Abs. 2 VwGO nicht dargelegt worden. Entgegen der Auffassung der Beschwerde handelt es sich bei diesen Ausführungen nicht um ein obiter dictum, sondern um eine zusätzliche Begründung für die Annahme des Oberverwaltungsgerichts, dass die Antragsgegnerin die

Grunddienstbarkeiten und Baubeschränkungen im Rahmen der Abwägung nach § 1 Abs. 7 BauGB nicht berücksichtigen musste. Das folgt ohne weiteres aus dem Einleitungssatz für die anschließende Prüfung der Erkennbarkeit von Grunddienstbarkeiten und Baubeschränkungen durch die Verwendung des Wortes »zudem«.

Versteht der Senat die Beschwerde insoweit wohlwollend dahin, dass mit dem Verweis auf den Beschluss des Senats vom 1.9.1999 – 4 BN 25.99 – (NVwZ-RR 2000, 146 <148>) eine Divergenz gerügt werden soll, ist diese nicht den o. g. Anforderungen entsprechend dargelegt. Die Beschwerde entnimmt diesem Beschluss den Rechtssatz, dass im Rahmen der Abwägung auch eine Auseinandersetzung mit Fragen geboten sein kann, die im Beteiligungsverfahren von keiner Seite angesprochen worden sind (BVerwG, Beschluss v. 1.9.1999 a. a. O. S. 148). Sie zeigt aber nicht auf, mit welchem Rechtssatz das Oberverwaltungsgericht dem widersprochen hat. Die tragende Annahme des Oberverwaltungsgerichts, dass Belange, die für die Gemeinde bei der Entscheidung über einen Bauleitplan nicht erkennbar waren, nicht abwägungserheblich sind, entspricht der ständigen Rechtsprechung des Bundesverwaltungsgerichts (vgl. BVerwG, Beschluss v. 16.9.2022 – 4 BN 30.22 – juris Rdnr. 4 m. w. N.). Dieser Grundsatz findet sich der Sache nach auch in dem Beschluss v. 1.9.1999 (a. a. O. S. 147). Ungeachtet dessen ist der von der Beschwerde zitierte Rechtssatz offenkundig nicht dahingehend zu verstehen, dass die Gemeinde auch solche Belange einstellen muss, die für sie nicht erkennbar waren. Der Beschluss geht vielmehr davon aus, dass der dort in Rede stehende sog. Lautheitseffekt als Geräuschphänomen bei Schienenwegen allgemein bekannt ist oder bekannt sein musste und deshalb auch ohne ausdrückliche Benennung im Beteiligungsverfahren in der Abwägung berücksichtigt werden musste. …

Nr. 21

1. Allein die fehlende Umsetzungsbereitschaft des Eigentümers an den getroffenen Festsetzungen vermag die Erforderlichkeit eines Bebauungsplans für sich genommen regelmäßig nicht in Frage zu stellen. Dies bedeutet jedoch nicht, dass die Absichten und Planungen der Grundstückseigentümer stets irrelevant wären, vielmehr kommt es maßgeblich auf die Umstände des Einzelfalls an.

2. Ein Bebauungsplan bietet nicht erst dann auf unabsehbare Zeit keine Aussicht auf Verwirklichung, wenn objektive Anhaltspunkte dafür bestehen, dass der Eigentümer dauerhaft an einer plankonformen Bebauung gehin-

dert ist (a. A. OVG R.-P., Urteil v. 11.5.2022 – 8 C 10646/21 – juris Rdnr. 56 und v. 23.11.2016 – 8 C 10662/16 – juris Rdnr. 39)

BauGB § 1 Abs. 3; BauNVO § 6a.

VGH Baden-Württemberg, Urteil vom 28. November 2024 – 3 S 231/23 –.

Aus den Gründen:

Die (Berufungs-)Klägerin begehrt (noch) die Erteilung eines Bauvorbescheids, hilfsweise die Feststellung, dass die Versagung desselben bis zum Inkrafttreten des Bebauungsplans »Areal Heim West« der Beklagten rechtswidrig gewesen ist.

Die Klägerin ist Eigentümerin der Grundstücke mit den Flst.-Nrn. … und … im Gemeindegebiet der Beklagten. Sie betreibt dort einen Lebensmitteldiscounter (…). Für diesen wurde am 21.7.2003 eine Baugenehmigung erteilt. Für die Erweiterung dieses Lebensmitteldiscounters wurden der Klägerin am 1.9.2005 und am 9.2.2011 weitere Baugenehmigungen erteilt. Er verfügt (zuletzt) über eine Verkaufsfläche von ca. 822 m^2 und eine Geschossfläche von 1 352 m^2. Im Südwesten des Grundstücks Flst.-Nr. … befindet sich ein als Kulturdenkmal eingetragenes, seit mehr als 20 Jahren leerstehendes Gebäude (…).

Unter dem 8.6.2016 beantragte die Klägerin unter Beifügung ergänzender Bauvorlagen die Erteilung eines Bauvorbescheids zu folgender Frage: Ist die Nutzungsänderung des Non-Food-Lagers in Verkaufsfläche planungsrechtlich zulässig?

Nach den eingereichten Unterlagen ist eine Erweiterung des Discounters auf eine Verkaufsfläche von insgesamt 1 022,58 m^2 geplant.

Die Vorhabengrundstücke lagen ursprünglich nicht im Geltungsbereich eines Bebauungsplans. Am 18.8.2016 beschloss der Gemeinderat der Beklagten die Aufstellung des Bebauungsplans »Areal Heim, 1. Änderung und Erweiterung« sowie eine Veränderungssperre für den Bereich des aufzustellenden Bebauungsplans.

Mit Bescheid vom 5.4.2017 lehnte die Beklagte die Bauvoranfrage der Klägerin unter Verweis auf die Veränderungssperre ab. Hiergegen erhob die Klägerin am 24.4.2017 Widerspruch.

Am 23.7.2018 beschloss der Gemeinderat der Beklagten eine Verlängerung der Geltungsdauer der Veränderungssperre für den aufzustellenden Bebauungsplan »Areal Heim, 1. Änderung und Erweiterung« um ein Jahr. In der Sitzungsvorlage wurde unter anderem ausgeführt, die Inhalte des Bebauungsplans seien abhängig vom Ausgang einer gerichtlichen Auseinandersetzung vor dem erkennenden Senat über die Erweiterung eines nahegelegenen Discounters; ein Verhandlungstermin sei noch nicht absehbar. Die Satzung über die Verlängerung der Veränderungssperre wurde am 11.8.2018 ortsüblich bekanntgemacht.

Mit Widerspruchsbescheid vom 4.2.2019 wies das Regierungspräsidium Freiburg den Widerspruch der Klägerin zurück.

Am 22.7.2019 beschloss der Gemeinderat der Beklagten, das als »Areal Heim, 1. Änderung und Erweiterung« begonnene Bebauungsplanverfahren unter der Bezeichnung »Areal Heim West« fortzuführen, dessen Geltungsbereich auf die beiden Grundstücke der Klägerin zu beschränken und für diese ein urbanes Gebiet (§ 6a BauNVO) festzusetzen; ebenso beschloss er die Offenlegung des neuen Planentwurfs. ...

Neben der Festsetzung eines urbanen Gebiets sah der neue Planentwurf einen Ausschluss großflächiger Lebensmitteleinzelhandelsbetriebe sowie Sortimentsbeschränkungen vor. Gleichzeitig beschloss der Gemeinderat die zweite Verlängerung der Geltungsdauer der Veränderungssperre zum Bebauungsplan »Areal Heim West« um ein weiteres Jahr und reduzierte auch den räumlichen Geltungsbereich der Veränderungssperre auf die beiden Grundstücke der Klägerin (Gesamtfläche etwa 6 300 m^2).

Streitgegenstand des Berufungsverfahren ist nur noch der Antrag auf Erteilung eines Bauvorbescheids sowie der erste Hilfsantrag (Feststellung, dass die Beklagte bis zur Bekanntmachung des Satzungsbeschlusses über den Bebauungsplan »Areal Heim West« am 5.10.2019 zur Erteilung des beantragten Bauvorbescheids verpflichtet war). Denn nur insoweit hat der Senat die Berufung zugelassen und nur insoweit wurde sie von der Klägerin weiterverfolgt und begründet. Diese Beschränkung des Streitgegenstands ist auch wirksam. Auch die Abweisung eines Hilfsantrags durch das Verwaltungsgericht kann isoliert rechtskräftig werden (vgl. BVerwG, Beschluss v. 30.11.1993 – 7 B 91.93 – juris Rdnr. 5; VGH Bad.-Württ., Urteil v. 23.11.2021 – A 13 S 2301/19 – juris Rdnr. 29; Wöckel in Eyermann, VwGO, 16. Aufl. 2022, § 121 Rdnr. 2). ...

Die Berufung ist bereits im Hauptantrag begründet. Denn das Verwaltungsgericht hat die Klage insoweit zu Unrecht abgewiesen. Die zulässige, insbesondere fristgerecht (§ 74 Abs. 2, Abs. 1 Satz 1 VwGO) erhobene Klage ist im Hauptantrag begründet. Die Klägerin hat einen Anspruch auf Erteilung des beantragen Bauvorbescheids; dessen Ablehnung ist rechtswidrig und verletzt sie in ihren Rechten (§ 113 Abs. 5 Satz 1 VwGO). ...

Das geplante Bauvorhaben entspricht in den zur Entscheidung gestellten Fragen den von der Baurechtsbehörde zu prüfenden öffentlich-rechtlichen Vorschriften. Dabei richtet sich die Zulässigkeit nicht nach § 30 Abs. 1 und Abs. 3 i. V. m. § 34 BauGB, sondern allein nach § 34 BauGB.

Zwar liegt das Vorhabengrundstück im Geltungsbereich des (einfachen) Bebauungsplans »Areal Heim West« vom 30.9.2019. Dieser ist jedoch unwirksam. Dabei kann dahinstehen, ob dieser an beachtlich (gebliebenen) formellen Fehlern leidet, da er jedenfalls materiell rechtswidrig ist, weil ihm die städtebauliche Erforderlichkeit (§ 1 Abs. 3 Satz 1 BauGB) fehlt.

Nach § 1 Abs. 3 Satz 1 BauGB haben die Gemeinden Bauleitpläne aufzustellen, sobald und soweit es für die städtebauliche Entwicklung und Ordnung erforderlich ist. Dies gilt für die Planung insgesamt und für jede ihrer Festsetzungen. Was i. S. d. § 1 Abs. 3 Satz 1 BauGB erforderlich ist, bestimmt sich maßgeblich nach der jeweiligen planerischen Konzeption. Welche städtebaulichen Ziele sich eine Gemeinde hierbei setzt, liegt grundsätzlich in ihrem planerischen Ermessen. Der Gesetzgeber ermächtigt sie, diejenige »Städtebaupolitik« zu betreiben, die ihren städtebaulichen Ordnungsvorstellungen entspricht. Eine Planung ist dann gerechtfertigt, wenn sie nach dem städtebaulichen Konzept »vernünftigerweise« geboten erscheint. Die Gemeinde besitzt insoweit ein sehr weites planerisches Ermessen. Nicht erforderlich sind daher nur solche Bebauungspläne, deren Verwirklichung auf unabsehbare Zeit rechtliche oder tatsächliche Hindernisse im Weg stehen und die daher die Aufgabe einer verbindlichen Bauleitplanung nicht erfüllen können oder die einer positiven Planungskonzeption entbehren und ersichtlich der Förderung von Zielen dienen, für deren Verwirklichung die Planungsinstrumente des Baugesetzbuchs nicht bestimmt sind. In dieser Auslegung setzt § 1 Abs. 3 Satz 1 BauGB der Bauleitplanung eine erste, wenn auch strikt bindende Schranke, die lediglich grobe und einigermaßen offensichtliche Missgriffe ausschließt (vgl. zu alledem: BVerwG, Urteil v. 10.9.2015 – 4 CN 8.14 – BVerwGE 153, 16 <juris Rdnr. 11> und v. 5.5.2015 – 4 CN 4.14 – <juris Rdnr. 10>; Senatsurt. v. 7.5.2024 – 3 S 189/22 – juris Rdnr. 38 und v. 23.3.2021 – 3 S 2972/18 – juris Rdnr. 38; VGH Bad.-Württ., Urteil v. 7.2.2024 – 5 S 869/22 – juris Rdnr. 55 und v. 7.4.2022 – 8 S 847/21 – juris Rdnr. 61 f.).

Nach ständiger Rechtsprechung ist ein Bebauungsplan unter anderem dann nicht erforderlich und damit unzulässig, wenn er im Zeitpunkt seines Inkrafttretens aus zwingenden (dauerhaften) tatsächlichen oder rechtlichen Gründen vollzugsunfähig ist oder er auf unabsehbare Zeit keine Aussicht auf Verwirklichung bietet (vgl. BVerwG, Beschluss v. 11.5.1999 – 4 BN 15.99 – juris Rdnr. 5; Senatsurt. v. 30.6.2017 – 3 S 2428/15 – juris Rdnr. 50; VGH Bad.-Württ., Urteil v. 17.5.2013 – 8 S 313/11 – juris Rdnr. 32 und v. 23.9.2002 – 5 S 2687/00 – juris Rdnr. 21; OVG NRW, Urteil v. 16.5.2024 – 10 D 236/21.NE – juris Rdnr. 87; Nds. OVG, Urteil v. 29.4.2004 – 1 KN 194/02 – juris Rdnr. 16).

Wann hiervon auszugehen ist, ist eine Frage des Einzelfalls (vgl. BVerwG, Beschl. 13.6.2023 – 4 BN 33.22 – juris Rdnr. 6 und v. 14.6.2007 – 4 BN 21.07 – juris Rdnr. 5).

Ausgehend hiervon fehlt dem Bebauungsplan »Areal Heim West« die städtebauliche Erforderlichkeit. Die Beklagte hat in diesem ein urbanes Gebiet festgesetzt. Urbane Gebiete dienen dem Wohnen sowie der Unterbringung von Gewerbebetrieben und sozialen, kulturellen und anderen Einrichtungen, die die Wohnnutzung nicht wesentlich stören (§ 6a Abs. 1 Satz 1 BauNVO). Zentrales Merkmal des urbanen Gebiets ist die gewünschte Nutzungsmischung (vgl. Bönker in Bönker/Bischopink, BauNVO, 3. Aufl. 2024, § 6a Rdnr. 54). Diese muss zwar nach § 6a Abs. 1 Satz 2 BauNVO nicht gleichwertig, aber doch vorhanden sein. Nach den konkreten Gesamtumständen des

Einzelfalls besteht auf unabsehbare Zeit keine Aussicht auf Verwirklichung der von der Beklagten getroffenen Festsetzung eines urbanen Gebiets.

Die bloß fehlende Bereitschaft der Klägerin, die Planungen der Beklagten umzusetzen, führt indes für sich genommen allein noch nicht zu dieser Annahme. Denn allein die fehlende Umsetzungsbereitschaft des Eigentümers an den getroffenen Festsetzungen vermag die Erforderlichkeit eines Bebauungsplans regelmäßig nicht in Frage zu stellen. Da es sich bei der Bauleitplanung um eine langfristig angelegte Angebotsplanung handelt, durch die die planerischen Voraussetzungen für die bauliche und sonstige Nutzung regelmäßig für mehrere Jahrzehnte geschaffen werden, setzt die Aufstellung eines Bebauungsplanes nicht voraus, dass die einzelnen Festsetzungen sofort oder zeitnah umsetzbar sein müssen. Die Mitwirkungsbereitschaft der aktuellen Grundeigentümer an der Umsetzung der planerischen Vorgaben kann zudem deshalb nicht zum Maßstab der Erforderlichkeit einer Planung gemacht werden, weil dadurch die kommunale Planungshoheit in weiten Bereichen ins Leere laufen würde (vgl. zu alledem BVerwG, Beschl. 13.6.2023 – 4 BN 33.22 – juris Rdnr. 6 und Urteil v. 23.11.2016 – 4 CN 2.16 – juris Rdnr. 10; VGH Bad.-Württ., Urteil v. 3.9.2019 – 8 S 2056/17 – juris Rdnr. 95 f.; Bay. VGH, Urteil v. 13.11.2013 – 1 N 11.2263 – juris Rdnr. 26; vgl. auch Nds. OVG, Urteil v. 20.4.2009 – 1 KN 9/06 – juris Rdnr. 51 ff.). Dies bedeutet jedoch nicht, dass Absichten und Planungen der Grundstückseigentümer stets irrelevant wären, vielmehr kommt es maßgeblich auf die Umstände des Einzelfalls an (im Ergebnis ebenso: Bay. VGH, Urteil v. 11.3.2024 – 15 N 23.83 – juris Rdnr. 23 f.).

Im Streitfall ist in den Blick zu nehmen, dass das Plangebiet mit ca. 6 300 m^2 nicht nur überschaubar ist, sondern auch nahezu vollständig bebaut. Allein der aktuell genehmigte Discounter der Klägerin nimmt mit einer (der Geschossfläche entsprechenden) Grundfläche von 1 352 m^2 bereits 21,46 % des Plangebiets ein; hinzu kommen die insgesamt 91 dem Discounter zugeordneten Stellplätze. Des Weiteren stehen nicht nur einzelne, sondern sämtliche Plangrundstücke im Eigentum der Klägerin. Die Klägerin ist auch nicht nur abstrakt nicht gewillt, die Planungen der Beklagten umzusetzen, sie übt vielmehr genehmigt eine Nutzung aus, die im urbanen Gebiet unzulässig wäre. Beim Discounter der Klägerin handelt es sich um einen großflächigen Einzelhandelsbetrieb i. S. d. § 11 Abs. 3 BauNVO. Er verfügt über eine 800 m^2 übersteigende Verkaufsfläche (vgl. zu diesem Maßstab: BVerwG, Beschluss v. 16.5.2023 – 4 B 20.22 – juris Rdnr. 9 und Urteil v. 24.11.2005 – 4 C 10.04 – BVerwGE 124, 364 <juris Rdnr. 15 ff.>) und eine 1 200 m^2 übersteigende Geschossfläche (vgl. § 11 Abs. 3 Satz 3 BauNVO), die Vermutung des § 11 Abs. 3 Satz 3 BauNVO ist nicht widerlegt (vgl. zu möglichen Sonderkonstellationen etwa Senatsurt. v. 27.3.2019 – 3 S 201/17 – juris Rdnr. 39 f.). Dass die Schwelle von 800 m^2 (nur) geringfügig überschritten ist, ist entgegen der Auffassung der Beklagten für die Einordnung als großflächig i. S. d. § 11 Abs. 3

Satz 1 Nr. 2 BauNVO unerheblich (vgl. BVerwG, Urteil v. 24.11.2005 a. a. O. Rdnr. 15). Auch ändert weder, dass Einzelhandelsbetriebe im Ausgangspunkt Gewerbebetriebe sind (vgl. Senatsurt. v. 22.7.2024 – 3 S 667/22 – juris Rdnr. 38), noch dass Einzelhandelsbetriebe nach § 6a Abs. 2 Nr. 3 BauNVO im urbanen Gebiet zulässig sind, etwas daran, dass großflächige Einzelhandelsbetriebe wie der Discounter der Klägerin ausweislich § 11 Abs. 3 Nr. 2 BauNVO gerade eigenständig typisiert und in urbanen Gebieten unzulässig sind.

Hieraus folgt zweierlei: Zum einen steht der Verwirklichung eines urbanen Gebiets im Streitfall schon entgegen, dass das gesamte Plangebiet von einer im urbanen Gebiet unzulässigen Nutzung – dem Discounter der Klägerin – geprägt wird. Unabhängig davon ist auch nicht ersichtlich, wie die erforderliche Nutzungsmischung entstehen könnte. Der Senat lässt dabei offen, ob im urbanen Gebiet neben der Wohnnutzung auch gewerbliche und andere das Wohnen nicht wesentlich störende Nutzungen verwirklicht werden können müssen (vgl. etwa Bönker in Bönker/Bischopink, BauNVO, 3. Aufl. 2024 § 6a Rdnr. 73, wohl auch OVG R.-P., Urteil v. 11.5.2022 – 8 C 10646/21 – juris Rdnr. 51; Fischer in Brügelmann, BauGB, 130. Lfg. April 2024, BauNVO § 6a Rdnr. 5), oder ob es ausreicht, wenn dort neben der Wohnnutzung diese nicht wesentlich störende andere Nutzungen möglich sind (vgl. etwa Blechschmidt in Ernst/Zinkahn/Bielenberg/Krautzberger, BauGB 154. EL April 2024, BauNVO § 6a Rdnr. 13). Denn einerlei, ob man drei oder nur zwei Nutzungsarten verlangt, ist nicht ersichtlich, wie diese im Plangebiet erreicht werden könnten. Zunächst ist festzuhalten, dass entgegen der Auffassung der Beklagten der Lebensmitteldiscounter der Klägerin nichts zur gewerblichen Nutzung beisteuern kann, da es sich bei ihm – wie ausgeführt – um eine im urbanen Gebiet unzulässige Nutzung handelt. Eine im jeweiligen Baugebiet unzulässige Nutzung kann aber nicht zur dort erforderlichen Durchmischung beitragen. Eine Aufstockung des Discounters mit Wohnbebauung ist nicht zu erwarten. Denn es spricht alles dafür, dass eine solche nur dann verwirklicht werden könnte, wenn das Bestandsgebäude erheblich umgebaut wird. Nach dem – von der Beklagten nicht in Abrede gestellten – Vorbringen der Klägerin gibt die aktuelle Statik eine solche Aufstockung nicht her. Ein entsprechender Umbau führte aber – angesichts der Unzulässigkeit großflächigen Einzelhandels im Plangebiet – zum Wegfall des Bestandsschutzes des Discounters der Klägerin (vgl. BVerwG, Beschluss v. 21.3.2001 – 4 B 18.01 – juris Rdnr. 11).

Damit verbleibt für eine mögliche Nutzungsmischung allein das Kulturdenkmal. Zu Recht weist indes die Klägerin darauf hin, dass dieses auf Grund der Bestimmungen des Denkmalschutzes nicht ohne Weiteres umgebaut werden kann. Insofern hat die Denkmalschutzbehörde im Rahmen des Planaufstellungsverfahrens unter anderem ausgeführt: »Die Erhaltung des Kulturdenkmals in seinem überlieferten Erscheinungsbild liegt im öffentlichen Interesse. Wir regen an, die Festsetzungen im Bereich des o. g. Objekts, eng am Bestand zu orientieren bzw. im Textteil darauf hinzuweisen, dass vor baulichen Eingriffen, wie auch vor einer Veränderung des Erscheinungsbildes dieses Kulturdenkmals, nach der vorherigen Abstimmung mit dem Landesamt für Denkmalpflege eine denkmalschutzrechtliche Genehmigung erforderlich ist.«

Der Bebauungsplan hat – aus Lärmschutzgründen – Festsetzungen zur Grundrissorientierung, zu Außenbauteilen, zur Belüftung und zu Außenwohnbereichen (Textliche Festsetzungen Ziff. 2.1 – 2.4) getroffen. Unstreitig steht das Kulturdenkmal darüber hinaus seit mehr als 20 Jahren leer. Zur Umsetzung einer entsprechenden »Nutzungsmischung« hat die Klägerin in der Planbegründung lediglich vage ausgeführt, die Festsetzung als urbanes Gebiet diene dem Ziel, »innenstadtnah Wohnen, soziale, kulturelle und andere Einrichtungen sowie Gewerbe entwickeln zu können, verbunden mit einer deutlich höheren Ausnutzung des Geländes«, damit könne »das Denkmal unterschiedlichen geeigneten Nutzungen zugeführt werden [...]«. Angesichts dieser Gesamtumstände kann nicht angenommen werden kann, dass dort eine entsprechende Nutzungsmischung verwirklicht werden kann.

Eine abweichende Einschätzung rechtfertigt sich nicht deshalb, weil – worauf die Beklagte dem Grunde nach zu Recht hinweist – keineswegs ausgeschlossen ist, dass die Klägerin ihren Standort aufgeben wird. Denn auch wenn zutrifft, dass es gerade bei gewerblich genutzten Immobilien stets zu Standortverlagerungen und -aufgaben kommen kann, sind im Streitfall keine Anhaltspunkte dafür vorhanden, dass die Klägerin beabsichtigt, den Standort des Discounters aufzugeben. Im Gegenteil hat sie vielmehr wiederholt betont, am Standort festhalten zu wollen. Soweit die Beklagte insoweit wiederholt geltend gemacht hat, im Fall einer fehlenden Erweiterungsperspektive sei die Klägerin gewissermaßen »gezwungen«, den Standort aufzugeben, handelt es sich um eine reine Spekulation. Rein spekulative Vermutungen, es könne sich doch noch der gewünschte Baugebietstyp einstellen, sind jedoch nicht geeignet, eine entsprechende Festsetzung zu rechtfertigen (vgl. VGH Bad.-Württ., Urteil v. 17.5.2013 – 8 S 313/11 – juris Rdnr. 32).

Soweit das Oberverwaltungsgericht Rheinland-Pfalz – mit unzutreffendem Verweis auf das Urteil des erkennenden Senats vom 14.11.2001 (– 3 S 605/01 – juris Rdnr. 25 f.) – verlangt, dass »objektive Anhaltspunkte, dass der Eigentümer dauerhaft an einer plankonformen Bebauung gehindert ist«, bestehen (vgl. Urteil v. 11.5.2022 – 8 C 10646/21 – juris Rdnr. 56 und v. 23.11.2016 – 8 C 10662/16 – juris Rdnr. 39), vermag der Senat dem nicht zu folgen. Denn Fälle, in denen ein Grundstückseigentümer (objektiv) dauerhaft an einer plankonformen Bebauung gehindert ist, werden kaum je vorkommen. Der Grundstückseigentümer ist – von besonderen Ausnahmekonstellationen abgesehen – grundsätzlich frei darin, eine vorhandene Nutzung aufzugeben und neu bauen. Das ist aber in Fällen, wie dem vorliegenden, reine Spekulation (vgl. insoweit auch Nds. OVG, Urteil v. 20.4.2009 – 1 KN 9/06 – juris

Rdnr. 51 ff.). So richtig es ist, dass die Planungshoheit bei der Gemeinde und nicht beim Grundstückseigentümer liegt, so spekulativ ist ein Bebauungsplan, der genutzten Bestand überplant, ohne dass es irgendeinen Anhaltspunkt für »Bewegung« im Plangebiet gibt (vgl. auch Bay. VGH, Urteil v. 11.3.2024 – 15 N 23.83 – juris Rdnr. 23 f.). Dementsprechend vermögen auch die – rein hypothetischen – Erwägungen des Verwaltungsgerichts, das Kulturdenkmal könne verfallen oder durch Brandstiftung zerstört werden und so Platz für eine im urbanen Gebiet erforderliche Nutzungsmischung entstehen, der Annahme, der Bebauungsplan »Areal Heim West« biete keine Aussicht auf Verwirklichung, nicht zu entkräften.

Ist aber auf unabsehbare Zeit nicht mit einer Verwirklichung des Bebauungsplans »Areal Heim West« zu rechnen, stellt dieser eine unzulässige »Vorratsplanung« dar, die nicht nach § 1 Abs. 3 BauGB erforderlich ist. Angesichts dessen kann offenbleiben, ob der Bebauungsplan »Areal Heim West« überdies gegen das Anpassungsgebot (§ 1 Abs. 4 BauGB) verstößt und ob sich die Klägerin auf einen eventuellen Verstoß berufen könnte.

Ist der Bebauungsplan »Areal Heim West« unwirksam, richtet sich die bauplanungsrechtliche Zulässigkeit des streitbefangenen Vorhabens nach § 34 BauGB.

Nach der genannten Norm ist ein Vorhaben bauplanungsrechtlich zulässig, wenn es sich nach Art und Maß der baulichen Nutzung, der Bauweise und der Grundstücksfläche, die überbaut werden soll, in die Eigenart der näheren Umgebung einfügt (§ 34 Abs. 1 BauGB). Entspricht die Eigenart der näheren Umgebung einem der Baugebiete der Baunutzungsverordnung, richtet sich die Zulässigkeit des Vorhabens seiner Art nach allein danach, ob es nach dieser im Baugebiet allgemein zulässig wäre (§ 34 Abs. 2 BauGB).

Nach ständiger Rechtsprechung reicht die nähere Umgebung so weit, wie sich die Ausführung des zur Genehmigung gestellten Vorhabens auswirken kann und wie die Umgebung ihrerseits die bodenrechtliche Situation des Baugrundstücks prägt oder doch beeinflusst (vgl. BVerwG, Beschluss v. 22.10.2020 – 4 B 18.20 – juris Rdnr. 4; Senatsurt. v. 27.3.2019 – 3 S 201/17 – juris Rdnr. 36; VGH Bad.-Württ., Urteil v. 13.11.2023 – 14 S 1161/23 – juris Rdnr. 29; jeweils m. w. N.). Dazu gehört auch die auf dem Baugrundstück selbst vorhandene Bebauung (vgl. BVerwG Urteil v. 17.6.1993 – 4 C 17.91 – juris Rdnr. 7; Senatsurt. v. 27.3.2019 a. a. O.; VGH Bad.-Württ., Urteil v. 1.2.2016 – 5 S 1389/14 – juris Rdnr. 69; Bay. VGH, Beschluss v. 13.3.2001 – 26 ZS 99.2464 – juris Rdnr. 18).

Insoweit ist jedenfalls der bislang von der Klägerin auf dem Vorhabengrundstück betriebene Lebensmittelmarkt in den Blick zu nehmen. Bei ihm handelt es sich – wie ausgeführt – um einen großflächigen Einzelhandelsbetrieb i. S. d. § 11 Abs. 3 Satz 1 Nr. 2 BauNVO. Einer weiteren Bestimmung der näheren Umgebung bedarf es insoweit nicht. Als faktisches Baugebiet i. S. d. § 34 Abs. 2 BauGB kommt vorliegend – angesichts des Vorhandenseins des großflächigen Einzelhandelsbetriebs, bei dem für eine Atypik nichts ersichtlich ist (vgl. zu einer solchen Konstellation Senatsurt. v. 27.3.2019 – 3 S 201/17 – juris Rdnr. 39) – allenfalls ein Kerngebiet in Betracht. In einem solchen wäre das Vorhaben seiner Art nach ohne Weiteres nach § 34 Abs. 2 BauGB i. V. m. § 11 Abs. 3 Satz 1 BauNVO zulässig. Nimmt man dagegen – was näherliegt – eine Gemengelage an, so fügte sich das Vorhaben nach § 34 Abs. 1 BauGB seiner Art nach in die nähere Umgebung ein, da bereits ein großflächiger Einzelhandelsbetrieb vorhanden ist (vgl. BVerwG, Beschluss v. 20.4.2000 – 4 B 25.00 – juris Rdnr. 11; Senatsurt. v. 5.6.2024 – 3 S 499/22 – n.v.; OVG NRW, Urteil v. 27.2.2023 – 10 A 1136/22 – juris Rdnr. 136; Thür. OVG, Urteil v. 5.8.2021 – 1 KO 274/18 – juris Rdnr. 34 f. m. w. N.; siehe auch Senatsurt. v. 27.3.2019 a. a. O. [Leitsatz 1]). Auf die in § 11 Abs. 3 BauNVO bezeichneten Fernwirkungen – und damit das Vorliegen einer Atypik i. S. d. § 11 Abs. 3 Satz 4 Alt. 2 BauNVO – kommt es insoweit nicht an (vgl. BVerwG, Beschluss v. 20.4.2000 a. a. O. Rdnr. 8). Dass der maßstabbildende bereits vorhandene großflächige Einzelhandelsbetrieb gerade derjenige ist, der hier erweitert werden soll, ist unerheblich (vgl. OVG NRW, Urteil v. 6.11.2008 – 10 A 1512/07 – juris Rdnr. 43; offenlassend BVerwG, Urteil v. 24.11.2005 – 4 C 14.04 – BVerwGE 124, 376 <juris Rdnr. 24 >).

Dass die geplante Erweiterung das vorhandene Maß der baulichen Nutzung überschreiten könnte, ist weder vorgetragen noch ersichtlich; Bauweise und überbaubare Grundstücksfläche bleiben vom Änderungsvorhaben unberührt bzw. wären jedenfalls nicht geeignet, bodenrechtliche Spannungen zu begründen. Auch für eine Verletzung des Gebots der Rücksichtnahme ist nichts erkennbar.

Dem geplanten Vorhaben steht auch nicht § 34 Abs. 3 BauGB entgegen. Nach der genannten Norm ist ein Vorhaben unzulässig, wenn von ihm schädliche Auswirkungen auf zentrale Versorgungsbereiche in der Standortgemeinde, aber auch in »anderen Gemeinden«, insbesondere Nachbargemeinden, zu erwarten sind. »Zentrale Versorgungsbereiche« sind dabei räumlich abgrenzbare Gebietsteile einer Gemeinde, denen aufgrund vorhandener Einzelhandelsnutzungen – häufig ergänzt durch diverse Dienstleistungen und gastronomische Angebote – eine Versorgungsfunktion über den unmittelbaren Nahbereich hinaus zukommt. Solche zentralen Versorgungsbereiche können sich sowohl aus planerischen Festlegungen als auch aus den tatsächlichen Verhältnissen ergeben. Der Begriff »zentrale Versorgungsbereiche« ist dabei nicht geografisch im Sinne einer Innenstadtlage oder Ortsmitte, sondern funktional zu verstehen. Von ihm werden, entsprechend dem Schutzzweck des § 34 Abs. 3 BauGB, die verbrauchernahe Versorgung der Bevölkerung sicherzustellen, auch Grund- und Nahversorgungszentren erfasst (vgl. BVerwG, Urteil v. 17.12.2009 – 4 C 1.08 – BVerwGE 136, 18 <juris Rdnr. 27 f.> und – 4 C 2.08 – BVerwGE 136, 10 <juris Rdnr. 8 f.>; Senatsbeschl. v. 9.12.2010 – 3 S 2190/10 – juris Rdnr. 6; VGH Bad.-Württ., Urteil v. 7.11.2017 – 5 S 1003/16 – juris

Rdnr. 59). Ein Vorhaben lässt schädliche Auswirkungen auf zentrale Versorgungsbereiche einer Standortgemeinde dann erwarten, wenn es deren Funktionsfähigkeit so nachhaltig stört, dass sie ihren Versorgungsauftrag generell oder hinsichtlich einzelner Branchen nicht mehr substantiell wahrnehmen kann (vgl. BVerwG, Urteil v. 11.10.2007 – 4 C 7.07 – BVerwGE 129, 307, <juris Rdnr. 14>; VGH Bad.-Württ. Urteil v. 29.8.2024 – 8 S 2499/22 – juris Rdnr. 81 und v. 7.11.2017 a. a. O. Rdnr. 60) oder wenn schon vorhandene Einzelhandelsbetriebe den zentralen Versorgungsbereich schädigen, also nicht mehr gerade noch unbedenklich sind, und die Schädigung durch den neu hinzutretenden Einzelhandelsbetrieb verstärkt wird (vgl. BVerwG, Beschluss v. 12.1.2017 – 4 B 43.16 – juris Rdnr. 4). Zur Ermittlung von Art und Intensität der Auswirkungen ist eine Prognose unter Berücksichtigung aller Umstände des jeweiligen Einzelfalls anzustellen (vgl. BVerwG, Beschluss v. 17.2.2009 – 4 B 4.09 – juris Rdnr. 9; Senatsbeschl. v. 9.12.2010 a. a. O. Rdnr. 6; OVG NRW, Urteil v. 19.8.2022 – 10 A 1242/20 – juris Rdnr. 49). Voraussetzung ist, dass eine hinreichend gesicherte Tatsachenbasis besteht, mit der sich die Erwartung schädlicher Auswirkungen begründen lässt (vgl. BVerwG, Urteil v. 17.12.2009 – 4 C 1.08 – a. a. O. Rdnr. 12; Senatsbeschl. v. 9.12.2010 a. a. O. Rdnr. 6).

Vorliegend steht eine Erweiterung des bereits großflächigen Discounters in Rede, keine erstmalige Errichtung. Zwar ist Gegenstand der Prognose, ob schädliche Auswirkungen zu erwarten sind, das Gesamtvorhaben in seiner geänderten Gestalt (vgl. BVerwG, Beschluss v. 12.2.2009 – 4 B 3.09 – juris Rdnr. 5; OVG R.-P., Urteil v. 13.12.2023 – 8 A 10011/23.OVG – juris Rdnr. 97). Dies darf aber nicht den Blick darauf verstellen, dass bei der Prognose der Umstand zu berücksichtigen ist, dass der zu erweiternde Betrieb mit seiner bisherigen Größe bereits vorhanden ist und die städtebauliche Situation mitprägt (vgl. BVerwG, Beschluss v. 12.2.2009 a. a. O. Rdnr. 6; OVG R.-P., Urteil v. 13.12.2023 a. a. O. Rdnr. 97; OVG NRW, Urteil v. 17.3.2021 – 7 A 4950/18 – juris Rdnr. 86).

Gemessen hieran kann nicht davon ausgegangen werden, dass der (zu erweiternde) Discounter der Klägerin schädliche Auswirkungen auf zentrale Versorgungsbereiche hervorruft.

Einzig vorliegend vorhandener zentraler Versorgungsbereich ist die Innenstadt der Beklagten, die durch die Tiergartenstraße, Gärtnerstraße, Turmstraße und Goethestraße begrenzt wird.

Das Verwaltungsgericht hat insoweit ausgeführt, es handle sich nicht um eine geringfügige Flächenerweiterung, es sei davon auszugehen, dass andere Einzelhandelsmärkte verdrängt würden. Diese Einschätzung werde nicht dadurch widerlegt, dass der Anteil von Lebensmittelgeschäften am gesamten Einzelhandel im Gemeindegebiet der Beklagten ohnehin nur 4–5 % betrage und im zentralen Versorgungsbereich ohnehin nur etwa 122 Einzelhandelsbetriebe mit ca. 25 625 m^2 Verkaufsfläche existierten. Dieses Verhältnis zeige vielmehr, dass hier eine besonders sensible und gegenüber zusätzlichem Kaufkraftabfluss verursachenden Faktoren besonders »störanfällige« Situation gegeben sei, in der auch schon vergleichsweise geringe Einflüsse die wenigen in der Innenstadt vorhandenen Lebensmittelgeschäfte in ihrer Wirtschaftlichkeit gefährdeten. Die von der Klägerin vorgelegte Auswirkungsanalyse zur Erweiterung des Standorts in der xxx … sei insoweit nicht erheblich, weil ihr ein anderer Sachverhalt zu Grunde liege. Die Beklagte beruft sich insoweit darauf, dass auch nach dem Vorbringen der Klägerin die Erweiterung etwa 25 % der Lebensmitteleinzelhandelsfläche in der Innenstadt ausmache. Dies dürfe man nicht isoliert sehen, es liege auf der Hand, dass jede Erweiterung der Fläche den zentralen Versorgungsbereich Innenstadt damit gefährden könne.

Dies vermag nicht zu überzeugen. Nach der von der Klägerin vorgelegten Auswirkungsanalyse zur Erweiterung ihres Discounters in der xxx… (dort S. 39) finden sich im zentralen Versorgungsbereich »Innenstadt« lediglich kleinteilige (Spezial-)Betriebe. Dies wird letztendlich auch durch das Einzelhandelskonzept der Beklagten selbst bestätigt (vgl. Einzelhandelskonzept der Stadt Lahr vom 9.3.2017 – https://www.lahr.de/einzelhandelskonzept.11714.htm –, dort S. 66: »Innerhalb des zentralen Versorgungsbereiches Innenstadt werden kaum Nahrungs-/Genussmittel […] angeboten«). Eine schädliche Auswirkung auf den zentralen Versorgungsgebereich setzt aber voraus, dass das Warenangebot des Vorhabens gerade auch solche Sortimente umfasst, die zu den für die gegebene Versorgungsfunktion des betreffenden zentralen Versorgungsbereichs typischen Sortimenten gehören (vgl. OVG S.-H., Urteil v. 29.6.2016 – 1 LB 7/14 – juris Rdnr. 34; OVG NRW, Urteil v. 11.12.2006 – 7 A 964/05 – juris Rdnr. 151; Dürr in Brügelmann, BauGB, 130. Lfg. April 2024, § 34 Rdnr. 151; vgl. auch BVerwG, Urteil v. 11.10.2007 – 4 C 7.07 – BVerwGE 129, 307 <juris Rdnr. 6>). Davon kann angesichts der kaum vorhandenen Lebensmittelgeschäfte in der Innenstadt gerade nicht ausgegangen werden. Hinzu kommt, dass es sich bei den Lebensmittelgeschäften in der Innenstadt um kleinere Läden mit speziellem Kundenkreis handelt (vgl. Einzelhandelskonzept, S. 49: »In der Innenstadt sind nur einzelne kleine Betriebe vorhanden«; siehe auch Auswirkungsanalyse S. 39: »Neben einem Biofrischemarkt und Reformhaus [beide xxx] und dem Feinkostgeschäft x … [zentral in der xxx] ist das Lebensmittelhandwerk [Metzgerei, zahlreiche Bäckereien] und Spezialanbieter [z. B. Zigarrenmanufaktur xxx] […] vertreten), der sich vom Kundenkreis der Klägerin unterscheidet. Soweit die Beklagte – abweichend von ihrem Vorbringen im Berufungszulassungsverfahren – in der mündlichen Verhandlung vor dem Senat in den Raum gestellt hat, die Erweiterung könne auch auf die – nicht der Lebensmittelbranche angehörenden – Magnetbetriebe des zentralen Versorgungsbereichs schädliche Auswirkungen haben, ist hierfür nichts ersichtlich. …

Nr. 22

Die Festsetzung eines urbanen Gebiets ist nicht erforderlich, wenn die Planung nicht auf die Realisierung der für dieses Gebiet kennzeichnenden städtisch gemischten Nutzung abzielt, sondern in einem von zwei Teilbereichen entsprechend dem Charakter eines allgemeinen Wohngebiets überwiegend Wohnbebauung entstehen soll und im anderen Teilbereich ein gewerblich genutztes Parkhaus geplant ist. Die Zusammenfassung dieser Nutzungen zu einem urbanen Gebiet stellt sich als Etikettenschwindel dar.

BauGB § 1 Abs. 3; BauNVO § 1 Abs. 4, § 6a Abs. 1.

OVG Mecklenburg-Vorpommern, Urteil vom 27. Februar 2024 – 3 K 543/21 OVG –.

Aus den Gründen:

Mit ihrem Normenkontrollantrag wendet sich die Antragstellerin gegen die Satzung über die 3. Änderung des Bebauungsplans Nr. 9 »Alte Gärtnerei/MZO« der Gemeinde Binz, mit der der noch unbebaute nördliche Teil des ursprünglichen Plangebiets mit einer Größe von etwa 4,9 ha neu überplant wird. Dieses liegt am nördlichen Rand des bebauten Bereichs der Gemeinde Binz in Richtung Prora. Es handelt sich um den Standort eines früheren Ferienlagers der Armee. Der Geltungsbereich der 3. Änderung wurde zuletzt als unbefestigter Parkplatz und Zirkusplatz genutzt. …

Der Normenkontrollantrag hat Erfolg; er ist zulässig und begründet. Die Festsetzung eines urbanen Gebiets ist städtebaulich nicht erforderlich; dies führt zur Unwirksamkeit der Planung insgesamt. Der Bebauungsplan ist daher für unwirksam zu erklären, § 47 Abs. 5 Satz 2 VwGO.

Der Normenkontrollantrag ist zulässig.

Die Antragstellerin ist als Wohnungseigentümergemeinschaft gemäß § 61 Nr. 2 VwGO i. V. m. § 9a Abs. 1 WEG beteiligungsfähig und gemäß § 9a Abs. 2 WEG befugt, die Rechte der Gemeinschaft aus dem gemeinschaftlichen Eigentum gerichtlich geltend zu machen.

Die Antragstellerin ist antragsbefugt. Sie kann gemäß § 47 Abs. 2 Satz 1 VwGO geltend machen, durch den angegriffenen Bebauungsplan in ihren Rechten verletzt zu sein. Sie trägt hinreichend substantiiert Tatsachen vor, die es zumindest als möglich erscheinen lassen, dass sie durch die Planung in ihrem subjektiven Recht auf gerechte Abwägung ihrer Belange aus § 1 Abs. 7, § 2 Abs. 3 BauGB verletzt wird (zu diesem Maßstab vgl. BVerwG, Urteil v. 30.4.2004 – 4 CN 1.03 – juris Rdnr. 9; st. Rspr.).

Dies gilt insbesondere im Hinblick auf das Interesse, von einer erhöhten Immissionsbelastung verschont zu bleiben, die durch den Betriebslärm eines Parkhauses und ggf. auch durch zusätzlichen Verkehrslärm aufgrund der Änderung der Straßenführung der E Straße sowie des von den neuen Baugebieten ausgelösten Zu- und Abfahrtsverkehrs verursacht werden kann. Die Antragstellerin ist Plannachbarin; sie ist Eigentümerin eines benachbarten Grundstücks, auf dem sich Ferienwohnungen befinden. Dass das Grundstück die Grenzen des Plangebiets lediglich in einem Punkt berührt, ändert daran nichts. Das nächstgelegene Baufeld auf ihrem Grundstück befindet sich in einer Entfernung von nur etwa 50 m zu dem Baufeld MU2 im Änderungsplangebiet, auf dem ein Parkhaus entstehen soll. Die Änderung der Straßenführung betrifft den Bereich unmittelbar nordwestlich ihres Grundstücks; sie beginnt in einer Entfernung von weniger als 40 m vom nächstgelegenen Baufeld. In den schalltechnischen Immissionsprognosen werden die Lärmeinwirkungen des Parkhauses ebenso wie der geänderten Straßenführung der E Straße gerade auch bezogen auf Immissionsorte an dem nächstgelegenen Gebäude auf dem Grundstück der Antragstellerin untersucht. Im Abwägungsprotokoll heißt es daher zu Recht das Gebiet A liege benachbart zum Plangebiet; Auswirkungen auf die Grundstücke im Gebiet A seien nicht von vornherein ausgeschlossen und würden daher gutachterlich untersucht und in der Abwägung berücksichtigt.

Dass es, wie die Antragsgegnerin im Normenkontrollverfahren vorträgt, um einen Fall der lediglich geringfügigen und damit nicht abwägungserheblichen Betroffenheit gehen würde, trifft offenkundig nicht zu. Die maßgeblichen Beurteilungspegel für den Betriebslärm des Parkhauses überschreiten die Immissionsrichtwerte der TA Lärm für reine Wohngebiete, über deren Anwendbarkeit auf das Ferienhausgebiet auf dem Grundstück der Antragstellerin mit relevanten Argumenten gestritten wird. Die ermittelten Beurteilungspegel für den Verkehrslärm liegen nur knapp unterhalb der Grenzwerte der Verkehrslärmschutzverordnung (16. BImSchV); dabei ist streitig, ob der Prognose zutreffende Annahmen zu den Verkehrsmengen zu Grunde liegen.

Im Übrigen gehören, wenn die Änderung eines Bebauungsplans dazu führt, dass Nachbargrundstücke in anderer Weise als bisher genutzt werden dürfen, die Interessen der Nachbarn an der Beibehaltung der geltenden Festsetzungen grundsätzlich zum notwendigen Abwägungsmaterial. Die Nachbarn können sich auf ein mehr als geringfügiges privates Interesse am Fortbestand des Bebauungsplans in seiner bisherigen Fassung berufen, auch wenn es auf einer sie nur tatsächlich begünstigenden Festsetzung beruht. Die Festsetzungen eines Bebauungsplans begründen auch dann, wenn sie nicht drittschützend sind, regelmäßig ein schutzwürdiges Vertrauen darauf, dass Veränderungen, die sich für die Nachbarn nachteilig auswirken, nur unter Berücksichtigung ihrer Interessen vorgenommen werden (vgl. BVerwG, Beschluss v. 15.6.2020 – 4 BN 51.19 –, juris Rdnr. 7; Beschluss v. 20.8.1992 – 4 NB 3.92 –, juris Rdnr. 14).

Handelt es sich um einen abwägungserheblichen privaten Belang der Antragstellerin, so besteht auch – was zur Begründung der Antragsbefugnis und damit für die Zulässigkeit des Normenkontrollantrags ausreicht – grundsätzlich die Möglichkeit, dass die Antragsgegnerin diesen Belang bei der Abwägung nicht korrekt berücksichtigt hat (vgl. BVerwG, Beschluss v. 8.6.2011 – 4 BN 42.10 –, juris Rdnr. 3). Die Bewertung des Vorbringens der Antragstellerin im Einzelnen und die Frage, ob die Lärmproblematik im Rahmen der Bauleitplanung ordnungsgemäß abgehandelt wurde, bleibt der Prüfung der Begründetheit des Antrags vorbehalten.

Der Antrag ist auch begründet. Der Bebauungsplan ist aufgrund eines materiell-rechtlichen Fehlers insgesamt unwirksam.

Die Festsetzung eines urbanen Gebiets ist städtebaulich nicht erforderlich, § 1 Abs. 3 Satz 1 BauGB.

Nach dieser Vorschrift haben die Gemeinden Bebauungspläne aufzustellen, sobald und soweit es für die städtebauliche Entwicklung und Ordnung erforderlich ist. Dies gilt für die Planung insgesamt und für jede ihrer Festsetzungen. Was im Sinne des § 1 Abs. 3 Satz 1 BauGB erforderlich ist, bestimmt sich nach der planerischen Konzeption der Gemeinde. Ausgefüllt wird der Begriff der Erforderlichkeit insbesondere durch vorausgehende planerische Entscheidungen der Gemeinde über die örtlich anzustrebenden städtebaulichen Ziele. Welche städtebaulichen Ziele sich eine Gemeinde setzt, liegt grundsätzlich in ihrem planerischen Ermessen. Der Gesetzgeber ermächtigt sie, diejenige »Städtebaupolitik« zu betreiben, die ihren städtebaulichen Ordnungsvorstellungen entspricht (vgl. BVerwG, Urteil v. 26.3.2009 – BVerwG 4 C 21.07 –, juris Rdnr. 17). § 1 Abs. 3 setzt der Planungsbefugnis eine erste, wenn auch strikt bindende Schranke, die lediglich grobe und einigermaßen offensichtliche Missgriffe ausschließt. Sie betrifft die generelle städtebauliche Erforderlichkeit der Planung, nicht hingegen schon die Einzelheiten einer konkreten planerischen Lösung, für die das Abwägungsgebot maßgeblich ist (vgl. BVerwG, Urteil v. 27.3.2013 – 4 C 13.11 –, juris Rdnr. 9).

Nicht erforderlich im Sinne des § 1 Abs. 3 Satz 1 BauGB und daher unzulässig ist ein Bebauungsplan, der aus zwingenden rechtlichen Gründen vollzugsunfähig ist oder der auf unabsehbare Zeit aus tatsächlichen Gründen keine Aussicht auf Verwirklichung bietet (BVerwG, Beschluss v. 11.5.1999 – 4 BN 15.99 –, juris Rdnr. 5).

Nicht erforderlich ist auch ein Bebauungsplan, der einer positiven Planungskonzeption entbehrt und ersichtlich der Förderung von Zielen dient, für deren Verwirklichung die Planungsinstrumente des Baugesetzbuches nicht bestimmt sind. Davon ist auszugehen, wenn eine planerische Festsetzung lediglich dazu dient, private Interessen zu befriedigen, oder eine positive Zielsetzung nur vorgeschoben wird, um eine in Wahrheit auf bloße Verhinderung gerichtete Planung zu verdecken (vgl. BVerwG, Beschluss v. 11.5.1999 – 4 BN 15.99 –, juris Rdnr. 5; vgl. auch BVerwG, Beschluss v. 30.12.2009 – 4 BN 13.09 – juris Rdnr. 11; OVG Greifswald, Urteil v. 29.5.2019 – 3 K 296/15 –, juris Rdnr. 59).

Eine Planung ist ferner dann nicht erforderlich, wenn das Planungsergebnis nicht der Planungsabsicht entspricht, wie sie sich insbesondere aus den Planungsvorgängen ergibt (vgl. Söfker, in: Ernst/Zinkahn/Bielenberg/Krautzberger, BauGB, Stand: Okt. 2023, § 1 Rdnr. 38 m. w. N.). Dies gilt auch für einzelne Festsetzungen, die nicht oder nicht vollständig der Realisierung der mit der Planung verfolgten städtebaulichen Zielsetzung dienen. § 1 Abs. 3 Satz 1 BauGB gebietet es insofern, dass sich die Gemeinde im Hinblick auf die von ihr selbst formulierten städtebaulichen Zielsetzungen konsistent verhält (vgl. OVG Greifswald, Urteil v. 26.4.2023 – 3 K 149/15 –, juris Rdnr. 70; OVG B-Stadt-Brandenburg, Urteil v. 18.5.2021 – OVG 10 A 19.17 –, juris Rdnr. 55 m. w. N.; OVG Münster, Urteil v. 28.3.2012 – 7 A 40/10 –, juris Rdnr. 56; Urteil v. 24.4.2013 – 7 D 24/12.NE –, juris Rdnr. 48). Hierher gehören die Fälle des sogenannten Etikettenschwindels. Ein solcher Fall liegt vor, wenn Veränderungen der baulichen Struktur vorgesehen werden, die nicht ernsthaft beabsichtigt sind, wobei die Gebietsfestsetzung nur vorgeschoben wird, um ein auf dem Papier stimmiges Konzept einzuhalten und in der Sache Abwägungsmaßstäbe zu verschieben. Dies ist z. B. der Fall, wenn die Verwirklichung eines mischgebietstypischen Nebeneinanders von Wohnen und Gewerbe tatsächlich nicht gewollt, sondern nur vorgeschoben ist, um aus Gründen des Immissionsschutzes eine »Pufferzone« zwischen gewerblicher und Wohnnutzung einzurichten (vgl. BVerwG, Urteil v. 28.2.2002 – 4 CN 5.01 –, juris Rdnr. 32; OVG Koblenz, Urteil v. 11.5.2022 – 8 C 10646/21 –, juris Rdnr. 46 m. w. N.). Ob dies der Fall ist oder nicht, richtet sich nach dem wahren Willen der Gemeinde, so wie er aus dem Planungsvorgang und dem Planungsergebnis zu Tage tritt (vgl. OVG Koblenz, Urteil v. 21.6.2017 – 8 C 10068/17 –, juris Rdnr. 49).

Urbane Gebiete dienen nach § 6a Abs. 1 BauNVO dem Wohnen sowie der Unterbringung von Gewerbebetrieben und sozialen, kulturellen und anderen Einrichtungen, die die Wohnnutzung nicht wesentlich stören; dabei muss die Nutzungsmischung nicht gleichgewichtig sein.

Mit dieser Baugebietskategorie, die mit der BauGB-Novelle 2017 (Gesetz zur Umsetzung der Richtlinie 2014/52/EU im Städtebaurecht und zur Stärkung des neuen Zusammenlebens in der Stadt vom 4.5.2017, BGBl. I S. 1057) in die Baunutzungsverordnung aufgenommen wurde, soll zur Schaffung benötigten Wohnraums die Innenentwicklung gefördert werden. Dem Siedlungsdruck auf den Außenbereich soll entgegengewirkt werden; die Flächenneuinanspruchnahme soll eingegrenzt und Verkehr vermieden werden. Zu diesem Zweck wird auch eine höhere Bebauungsdichte ermöglicht (vgl. § 17 Abs. 1 BauNVO). Es soll berücksichtigt werden, dass eine zunehmende Verdichtung in Innenstadtlagen Nutzungskonflikte auch im Hinblick auf den Lärmschutz mit sich bringen kann, insbesondere bei heranrückender Wohnbebauung. Der Handlungsspielraum der Kommunen bei der Entwicklung gemischter Gebiete soll erweitert werden. Der obergerichtlichen Rechtsprechung zur Durchmischung von Mischgebieten und dem bei Fehlen einer gleichgewichtigen Verteilung von Wohnen und Gewerbe erhobenen Vorwurf des »Etikettenschwindels« soll Rechnung getragen werden. Die mit der Gebietskategorie verfolgte

Zielsetzung wird auch unter dem Schlagwort der nutzungsgemischten »Stadt der kurzen Wege« zusammengefasst. Es soll ein lebendiger öffentlicher Raum gefördert werden, in dem – insoweit in Abkehr vom Planungsleitbild der Nutzungstrennung – eine räumliche Konzentration von wichtigen Funktionen wie Wohnen, Arbeiten, Versorgung, Bildung, Kultur und Erholung organisiert wird (vgl. die Begründung des Gesetzentwurfs vom 23.1.2017, BT-Drs. 18/10942, S. 32; ausführlich Fickert/Fieseler, BauNVO, 14. Aufl. 2023, § 6a Rdnr. 1; s. a. OVG Koblenz, Urteil v. 11.5.2022 – 8 C 10646/21 –, juris Rdnr. 48).

Zur Wahrung des Gebietscharakters müssen die Hauptnutzungsarten das Gebiet prägen (vgl. Fickert/Fieseler a. a. O. Rdnr. 12 f.). Dabei ist streitig, ob es sich bei den sozialen, kulturellen und anderen Einrichtungen um eine eigenständige Hauptnutzungsart handelt. Eine Auffassung sieht diese Einrichtungen zusammen mit den Gewerbebetrieben als Teil einer typisierten Nutzungsart an, die neben dem Wohnen die zweite Hauptnutzungsart darstellt (Blechschmidt a. a. O. § 6a BauNVO Rdnr. 13; Hornmann, in: BeckOK BauNVO, Stand: 15.1.2024, § 6a Rdnr. 16, 20; s. a. Einführungserlass zum Gesetz zur Umsetzung der Richtlinie 2014/52/EU im Städtebaurecht und zur Stärkung des neuen Zusammenlebens in der Stadt und zu weiteren Änderungen des Baugesetzbuchs vom 28.9.2017 – im Folgenden: Mustererlass 2017 – Nr. 2.6.2). Die gegenteilige Auffassung geht davon aus, dass die drei Hauptnutzungsarten Wohnen, gewerbliche Nutzungen und soziale, kulturelle und andere Einrichtungen das urbane Gebiet konstituieren (vgl. OVG Koblenz, Urteil v. 11.5.2022 – 8 C 10646/21 –, juris Rdnr. 51; wohl auch VGH Mannheim, Urteil v. 4.5.2022 – 5 S 1864/19 –, juris Rdnr. 70; ausführlich Fickert/Fieseler a. a. O. § 6a Rdnr. 12; Decker, in: Jäde/Dirnberger, BauGB/BauNVO, 10. Aufl. 2022, § 6a Rdnr. 4; Fischer, in: Brügelmann, BauGB, Stand: Okt. 2023, § 6a BauNVO Rdnr. 5; unklar Bönker, in: Bönker/Bischopink, BauNVO, 3. Aufl. 2024, § 6a Rdnr. 45, 73 f.). Einigkeit besteht aber darin, dass mit der Ergänzung der Nutzungsarten um soziale, kulturelle und andere Einrichtungen die Offenheit des Gebietstyps betont und zugleich eine größere Bandbreite an Nutzungsmischungen zum wesensbestimmenden Merkmal wird (vgl. Blechschmidt a. a. O. Rdnr. 13; Mustererlass 2017 Nr. 2.6.2).

Elementares Charakteristikum des urbanen Gebiets ist die Nutzungsmischung (vgl. Fischer a. a. O. § 6a Rdnr. 6; Hornmann a. a. O. Rdnr. 24). Keine der Hauptnutzungsarten darf völlig verdrängt werden (vgl. Fickert/Fieseler a. a. O. Rdnr. 12). Der Gebietscharakter ist bei Überwiegen einer der Hauptnutzungsarten noch gewahrt, wenn die andere noch eine das Gebiet städtebaulich mitprägende Funktion hat. Der gemischte Charakter des Gebiets insgesamt muss erhalten bleiben (vgl. Blechschmidt, in: Ernst/Zinkahn/Bielenberg/Krautzberger, BauGB, Stand: Okt. 2023, § 6a BauNVO Rdnr. 14 f. m. w. N.).

Die Frage, wie weit der im Baugebiet »zurückgesetzte Typ« in den Hintergrund treten darf, d. h. unter welchen Umständen trotz des Übergewichts einer Nutzung noch von einer Nutzungsmischung auszugehen ist, ist eine Frage des Einzelfalls, die sich der fallübergreifenden Beantwortung entzieht (vgl. BVerwG, Beschluss v. 13.6.2023 – 4 BN 33.22 –, juris Rdnr. 12). Im Hinblick auf den gemischten Charakter der Baufläche unterscheidet sich auch ein urbanes Gebiet mit überwiegender Wohnnutzung von einem allgemeinen Wohngebiet (anders Fischer a. a. O. § 6a Rdnr. 34; Franßen ZUR 2017, 532, 538).

Die Anwendung des § 6a BauNVO ist nicht bereits aufgrund der Lage des Gebiets am Rand der Ortslage bzw. im Hinblick darauf ausgeschlossen, dass es sich um einen bislang keine Hochbauten aufweisenden Bereich handelt. Auch wenn die Zielsetzung des § 6a BauNVO auf die städtische Innenentwicklung ausgerichtet sein und Hauptanwendungsfall derjenige der Bestandssicherung sein mag, ist der Anwendungsbereich der Vorschrift nicht auf die Überplanung bereits bebauter Bereiche beschränkt, sondern erfasst auch die erstmalige Ausweisung eines Baugebiets und die Festsetzung eines solchen Gebiets am Stadtrand (vgl. OVG Koblenz, Urteil v. 11.5.2022 – 8 C 10646/21 –, juris Rdnr. 53; zustimmend wohl BVerwG, Beschluss v. 13.6.2023 – 4 BN 33.22 –, juris Rdnr. 15 ff.; Blechschmidt a. a. O. § 6a BauNVO Rdnr. 18; Fickert/Fieseler a. a. O. § 6a Rdnr. 7 f.). Der Gesetzeswortlaut enthält keine begrenzenden Merkmale, wie sie sich etwa in § 4a Abs. 1 Satz 1 BauNVO finden (vgl. Fischer a. a. O. § 6a BauNVO Rdnr. 2). Auch den Gesetzesmaterialien sind keine Anhaltspunkte dafür zu entnehmen, dass nach dem Willen des Gesetzgebers der räumliche Anwendungsbereich von § 6a BauNVO auf innerstädtische Lagen mit einer bestimmten vorgefundenen (Misch-)Struktur, Gemengelage oder Nutzungsgeschichte beschränkt sein sollte (vgl. BVerwG, Beschluss v. 13.6.2023 – 4 BN 33.22 –, juris Rdnr. 17; Blechschmidt a. a. O. § 6a BauNVO Rdnr. 18; Roeser, in: König/Roeser/Stock, BauNVO, 5. Aufl. 2022, § 6a Rdnr. 2 a. E.; Hornmann a. a. O. 6a Rdnr. 45b, 47; Bönker a. a. O. § 6a Rdnr. 2).

Die Anwendung des § 6a BauNVO ist auch nicht im Hinblick auf die vergleichsweise geringe Größe der Gemeinde ausgeschlossen, die zwar einen Tourismusschwerpunkt darstellt, aber nur wenige Tausend Einwohner hat. Dass ein urbanes Gebiet nur in größeren Kommunen festgesetzt werden dürfte, trifft nicht zu. Eine entsprechende Ausschussempfehlung (BR-Drs. 806/1/16 S. 28) ist gerade nicht Gesetz geworden. Eine bestimmte Mindestgröße der Gemeinde ist daher nicht Voraussetzung für die Zulässigkeit der Festsetzung eines urbanen Gebiets (ausführlich VGH München, Beschluss v. 28.10.2019 – 1 CS 19.1882 –, juris Rdnr. 6; Blechschmidt a. a. O. § 6a BauNVO Rdnr. 18; Fickert/Fieseler a. a. O. § 6a Rdnr. 7; ebenso Mustererlass 2017 Nr. 2.6.1). Allerdings dürfte die Festsetzung aus tatsächlichen Gründen in kleinen und mittleren Kommunen nur ausnahmsweise in Betracht kommen (vgl. Blechschmidt a. a. O. § 6a BauNVO Rdnr. 18; Bönker a. a. O. § 6a Rdnr. 39; Schink NVwZ 2017, 1641, 1646; offen gelassen von VGH München,

Beschluss v. 11.5.2020 – 1 NE 20.333 –, juris Rdnr. 11; vgl. auch VGH München, Beschluss v. 28.10.2019 – 1 CS 19.1882 –, juris Rdnr. 6).

Für die Frage der städtebaulichen Erforderlichkeit der Festsetzung kommt es auf das Baugebiet an. Bei räumlichem Zusammenhang und identischer Nutzungsart ist grundsätzlich von einem Baugebiet auszugehen. Dass für einen Teilbereich im Einzelnen abweichende Festsetzungen zur Art der baulichen Nutzung gelten, steht der Annahme eines einheitlichen Baugebiets nicht von vornherein entgegen. § 1 Abs. 4 BauNVO erlaubt gerade eine Gliederung nach der Art der baulichen Nutzung. Dabei muss nicht jeder Teilbereich des gegliederten Baugebiets die Anforderungen der allgemeinen Zweckbestimmung erfüllen, sondern nur das gegliederte Baugebiet als Ganzes (vgl. BVerwG, Beschluss v. 22.12.1989 – 4 NB 32.89 –, juris Rdnr. 3; Fickert/Fieseler a. a. O. § 1 Rdnr. 181). Die Gemeinde ist nicht verpflichtet, den für das jeweilige Baugebiet typischen Nutzungsmix auf allen Teilflächen anzustreben (vgl. OVG Lüneburg, Urteil v. 7.10.2021 – 1 KN 3/20 –, juris Rdnr. 25).

Dem entsprechend mag es zulässig sein, auf der Grundlage von § 1 Abs. 4 BauNVO in einem – vergleichsweise kleinen – Teil eines urbanen Gebiets lediglich ausnahmsweise Wohnbauten zuzulassen, um einer höheren Lärmexposition der Teilbereiche Rechnung zu tragen, solange das Gebiet insgesamt der durch die Baunutzungsverordnung vorgegebenen Zweckbestimmung mit den dortigen Hauptnutzungsarten entspricht (OVG Koblenz, Urteil v. 11.5.2022 – 8 C 10646/21 –, juris Rdnr. 51). Andererseits darf die Gliederung nicht so weit gehen, dass sie einer Umgehung der Vorschriften der Baunutzungsverordnung gleichkommt. So ist es im Falle eines Mischgebiets unzulässig, dieses derart zu gliedern, dass in einem Teilbereich nur Wohnungen, in dem anderen Teilbereich nur Gewerbebetriebe vorgesehen sind, weil dies der Zweckbestimmung des Mischgebiets, nämlich der Mischung von Wohnen und (verträglichem) Gewerbe, widersprechen würde (vgl. Fickert/Fieseler a. a. O. § 1 Rdnr. 181; VGH München, Urteil v. 3.8.2000 – 1 B 98.3122 –, juris Rdnr. 19 f.; offen gelassen betr. ein kleineres Mischgebiet von OVG Lüneburg, Urteil v. 25.3.1994 – 1 K 6147/92 –, juris Rdnr. 6).

Unterschiedliche Festsetzungen zum Maß der baulichen Nutzung, die gemäß § 16 Abs. 5 BauNVO nicht nur für Teile des Baugebiets, sondern auch für einzelne Grundstücke, Grundstücksteile und Teile baulicher Anlagen getroffen werden können, stehen der Annahme eines einheitlichen Baugebiets erst recht nicht entgegen.

Im vorliegenden Fall sprechen allerdings erhebliche Gründe dafür, die MU1 und das MU2 trotz ihrer räumlich benachbarten Lage nicht zusammen als ein einheitliches Baugebiet anzusehen. Dies gilt weniger deshalb, weil im MU2 die Hauptnutzungsart »Wohnen« ausgeschlossen ist und die Nutzungsschablonen für die MU1 einerseits und das MU2 andererseits sich deutlich unterscheiden, als vielmehr deshalb, weil sich die Vorstellungen des Plangebers hinsichtlich der zukünftigen Nutzung der beiden Bereiche ganz grundsätzlich unterscheiden. So soll nach der Planbegründung in den MU1 der Nutzungsschwerpunkt auf der Wohnnutzung liegen, »wobei auch gewerbliche Versorgungsangebote sowie Einrichtungen der sozialen Infrastruktur integriert werden sollen«, während die gewerbliche Nutzung sich im MU2 konzentrieren soll, wo die Errichtung eines gewerblich bewirtschafteten mehrgeschossigen Parkhauses geplant ist. Letztlich kommt es jedoch auf die Frage nicht an, ob die MU1 einerseits und das MU2 andererseits getrennt oder zusammen zu betrachten sind, weil es sowohl bei getrennter als auch bei zusammengefasster Betrachtung an der Erforderlichkeit der Festsetzung eines urbanen Gebiets fehlt.

Betrachtet man die Baufelder MU1 für sich genommen, so ist gemessen an den Planungszielen der Antragsgegnerin die Festsetzung eines urbanen Gebiets nicht erforderlich im Sinne des § 1 Abs. 3 Satz 1 BauGB. Ziel der Planung war nicht die Realisierung einer städtisch gemischten Nutzung, wie sie das urbane Gebiet kennzeichnet, sondern lediglich eines Teils der dort zulässigen Nutzungen in einer Kombination, wie sie auch in einem allgemeinen Wohngebiet – dann allerdings bei geringerer baulicher Ausnutzung der Grundstücke – zulässig ist.

Der Plangeber hat für diesen Bereich das Ziel formuliert, bei sparsamem Umgang mit Grund und Boden durch Innenentwicklung die Wohnungsversorgung der örtlichen Bevölkerung zu sichern. Der Nutzungsschwerpunkt soll auf der Wohnnutzung liegen. Dabei betont die Planbegründung, dass verschiedene Wohnformen angeboten werden sollen, um unterschiedliche Bewohnergruppen ansprechen und eine sozial gemischte Bewohnerschaft erreichen zu können. Damit wird die gesetzliche Vorgabe einer Nutzungsmischung gemäß § 6a Abs. 1 BauNVO jedoch nicht erfüllt.

Was eine gewerbliche Nutzung angeht, sollen allerdings »auch gewerbliche Versorgungsangebote sowie Einrichtungen der sozialen Infrastruktur integriert werden«. Nach der textlichen Festsetzung Ziff. I.1.1) ist straßenseitig entlang der festgesetzten Baulinien eine Wohnnutzung im Erdgeschoss nur ausnahmsweise zulässig. In diesem Bereich strebt die Gemeinde eine gewerbliche Nutzung an. Das betrifft jedoch nur den als Fußgängerbereich vorgesehenen »Platz« im westlichen Teil der Planstraße S; die entsprechende Breite der Baufelder nördlich und südlich des Platzes ist mit jeweils knapp 35 m gering. Hinzu kommt, dass die textliche Festsetzung Ziff. I.1.1) für Einzelhandelsbetriebe eine Verkaufsflächenbegrenzung auf 200 m^2 vorsieht, was nur sehr kleine Läden erlaubt. In der Planbegründung heißt es dazu:

> »Um dem neuen Stadtquartier ein eigenständiges Quartierszentrum zu geben, wird an zentraler Stelle ein kleiner Platz ausgebildet, an dem kleinere gebietsbezogene Versorgungseinrichtungen angeordnet werden sollen. Dabei wird es sich vor allem um die Versorgung des Gebiets dienende Läden sowie Schank- und Speisewirtschaften handeln, die jedoch am Fußgängerbereich (Quartiersplatz) konzentriert bleiben sollen und hier auch

ausdrücklich gefordert werden. Die Verkaufsfläche einzelner Läden bleibt insgesamt im Gebiet auf 200 m^2 beschränkt, um die Ansiedlung größerer Nahversorgungseinrichtungen mit entsprechend größerem Einzugsbereich auszuschließen und den bestehenden Nahversorgungsstandort an der Dünenstraße nicht zu gefährden.«

In der Erläuterung des Nutzungskonzepts ist von »ergänzenden Versorgungseinrichtungen« die Rede, die an dem kleinen Platz konzentriert werden sollen, z. B. Nahversorgung, Bäcker, Gaststätte. Die Gemeinde geht danach davon aus, dass sich an dem »zentralen Platz« im Wesentlichen Läden sowie Schank- und Speisewirtschaften ansiedeln, die Gebietsversorgungscharakter haben, wie sie nach § 4 Abs. 2 Nr. 2 BauNVO auch im allgemeinen Wohngebiet allgemein zulässig sind. Dass die Verkaufsfläche einzelner Läden lediglich 200 m^2 betragen darf, stellt sich darüber hinaus als weitgehende Beschränkung dar. Ob sie eine Nahversorgung überhaupt ermöglicht, erscheint fraglich.

Die Läden sowie Schank- und Speisewirtschaften »sollen« nach der Planbegründung auf den genannten Bereich konzentriert bleiben, also gerade nicht an anderer Stelle angeordnet werden. Soweit es in der Abwägung auch heißt, Geschäfte würden »entlang der B Allee sowie am Fußgängerbereich« entstehen, handelt es sich um eine Entgegnung auf den Einwand, eine Bebauung mit Geschäften stehe der Errichtung eines verkehrsberuhigten Bereichs (nämlich im Bereich der Planstraßen V und S) entgegen, die darauf abzielt deutlich zu machen, dass dort jedenfalls keine Geschäfte entstehen sollen.

Die Aussage in der Planbegründung bezogen auf das Gebiet im Übrigen, Geschäfts- und Büronutzung (einschließlich sonstiger nicht wesentlich störender Gewerbebetriebe) »können vor allem für die Erdgeschosse eine sinnvolle Ergänzung darstellen«, lässt auf einen Umfang gewünschter gewerblicher Nutzung schließen, wie er auch in einem allgemeinen Wohngebiet möglich wäre, wo nicht störende Handwerksbetriebe (§ 4 Abs. 2 Nr. 2 BauNVO) sowie ausnahmsweise auch sonstige nicht störende Gewerbebetriebe zulässig sind (§ 4 Abs. 3 Nr. 1 BauNVO); ebenso sind dort nach § 13 BauNVO Räume für die Berufsausübung freiberuflich Tätiger und solcher Gewerbetreibender, die ihren Beruf in ähnlicher Art ausüben ohne Weiteres zulässig. Sollen aber lediglich Gewerbebetriebe nach Maßgabe des § 4 BauNVO entstehen, so ist dies zur Begründung eines urbanen Gebietscharakters nicht ausreichend. Dass der Planungswille für die MU1 darüber hinaus auf eine wenn auch nicht gleichgewichtige (§ 6a Abs. 1 Satz 2 BauNVO), so doch gebietsprägende Realisierung gewerblicher Nutzungen gerichtet wäre, kommt in den Festsetzungen und in der Planbegründung mit den formulierten Planungszielen nicht zum Ausdruck.

Soziale, kulturelle und andere Einrichtungen sind nach dem Willen des Plangebers ebenfalls nur in einem Umfang vorgesehen, wie sie auch im allgemeinen Wohngebiet zulässig sind. In der Planbegründung ist von solchen nur insoweit die Rede, als »Einrichtungen der sozialen Infrastruktur (Pflegeeinrichtung) integriert werden sollen«. Nach den Erläuterungen in der Planbegründung, die allerdings offenbar noch auf dem Entwurfsstand der 1. Beteiligungsrunde beruhen – dieser sah nur zwei Baufelder MU1 nördlich der zum Platz aufgeweiteten Planstraße S und unmittelbar südlich des Platzes das Baufeld MU2 vor –, soll »das nördliche« Baufeld MU1 für altersgerechtes Wohnen (mit Pflegeeinrichtung) und »das südliche« für erschwingliche Mietwohnungen auch für Familien vorgesehen werden (S. 12, 14). Die Planbegründung selbst weist aber zu Recht darauf hin, dass es sich bei Gebäuden, die ganz oder teilweise der Betreuung und Pflege ihrer Bewohner dienen, um Wohngebäude handelt (vgl. § 3 Abs. 4 BauNVO), und erst bei Pflegeheimen, die nach Sinn und Zweck einem Langzeitkrankenhaus gleichkommen, die Schwelle zu den Anlagen für gesundheitliche und soziale Zwecke überschritten ist. Maßgeblich ist das Nutzungskonzept der Einrichtung: Ist dieses von vornherein nur oder überwiegend auf solche pflegebedürftigen Menschen ausgerichtet, die nicht wenigstens zu einem Mindestmaß »wohnen« können, in dem Sinne, dass ihnen eine auf gewisse Dauer angelegten, eigenständigen Gestaltung des häuslichen Lebens möglich ist, so liegen die Voraussetzungen des § 3 Abs. 4 BauNVO nicht vor (vgl. Stock, in: Ernst/Zinkahn/Bielenberg/Krautzberger, BauGB, Stand: Okt. 2023, § 3 BauNVO Rdnr. 65a; vgl. auch VGH München, Beschluss v. 3.6.2016 – 15 BV 15.2441 –, juris Rdnr. 30). Auch die typischen Mischformen, insbesondere Altenheime mit angegliederter Pflegestation, sind dem Wohnen zuzuordnen (vgl. Stock, in: König/Roeser/Stock, BauNVO, 5. Aufl. 2022, § 3 Rdnr. 23 m. w. N.). Soweit es in der Planbegründung heißt, die regelmäßig in Wohneinrichtungen für betreutes Wohnen integrierten Gewerbeflächen (Tagespflege, Pflegedienst, evtl. Speisesaal mit Küche) qualifizierten die Einrichtung als Anlage für gesundheitliche und soziale Zwecke, trifft dies nicht zu. Dass nach den Planungsvorstellungen der Gemeinde eine eigenständige krankenhausartige Pflegeeinrichtung entstehen soll, ist nicht ersichtlich. Lediglich eine eigenständige Tagespflegestation dient sozialen Zwecken (zur Station eines ambulanten Pflegedienstes mit Ruhe- und Therapieräumen vgl. BVerwG, Beschluss v. 13.7.2009 – 4 B 44.09 –, juris Rdnr. 5). Diese ist aber auch im allgemeinen Wohngebiet allgemein zulässig, § 4 Abs. 2 Nr. 3 BauNVO. Sie ist allein nicht geeignet, einem Gebiet gemäß § 6a Abs. 1 BauNVO den Charakter eines urbanen Gebiets zu vermitteln. Weitere »soziale, kulturelle und andere Einrichtungen« sind im Plangebiet nicht vorgesehen. Deren Bestehen in der Umgebung in Gestalt der Grundschule und der Sporthalle ist nicht maßgeblich, weil es für die Erforderlichkeit der Gebietsfestsetzung auf die Nutzungen innerhalb der im Plan festgelegten Gebietsgrenzen ankommt.

Was das Maß der Bebauung angeht, ergibt sich aus der Festsetzung einer Grundflächenzahl von 0,8 und einer dreigeschossigen Bebauung zuzüglich Staffelgeschoss auf maximal 66 % des darunterliegenden Geschosses eine faktische Geschossflächenzahl von 2,2. Diese bleibt hinter der gemäß § 17 Abs. 1 BauNVO in der zum Zeitpunkt der Beschlussfassung der Gemeindevertretung geltenden Fassung der Bekanntmachung vom 21.11.2017 (BGBl. S. 3786; im Folgenden: BauNVO a. F.) für urbane Gebiete geltenden Obergrenze von 3,0 deutlich zurück. Andererseits überschreitet sie die seinerzeitige Obergrenze von 1,2 für allgemeine Wohngebiete deutlich. Allerdings reicht die Festsetzung eines verdichtet-städtischen Maßes der Bebauung nicht aus, um einen auf die Verwirklichung urbaner Strukturen im Sinne des § 6a BauNVO abzielenden Planungswillen der Gemeinde anzunehmen. Die Festsetzungen zum Maß der Bebauung folgen der Festlegung der Nutzungsart, nicht aber umgekehrt.

Bei isolierter Betrachtung der Baugebiete MU1 ist nach Auffassung des Senats angesichts der grundsätzlich angestrebten vorwiegenden Wohnnutzung, wie sie gemäß § 4 Abs. 1 BauNVO dem Charakter eines allgemeinen Wohngebiets entspricht, nicht ersichtlich, weshalb für diesen Bereich nicht ein solches ausgewiesen worden ist. Dass die vorgesehenen Nutzungen auch in einem urbanen Gebiet zulässig sind, reicht nicht aus, um die entsprechende Festsetzung städtebaulich zu rechtfertigen. Eine solche Rechtfertigung ergibt sich auch nicht daraus, dass weitere, darüber hinausgehende Nutzungen nicht ausgeschlossen werden. Planungsziel wie Realisierungserwartung der planenden Gemeinde waren lediglich auf Ausschnitte aus dem Katalog der im urbanen Gebiet zulässigen Nutzungen gerichtet, mit denen der Gebietscharakter insgesamt nicht verwirklicht wird.

Dem entspricht, dass der Vorentwurf für diesen Bereich noch ein allgemeines Wohngebiet vorgesehen hatte. Der Landkreis hatte dagegen Einwände erhoben, insbesondere im Hinblick darauf, dass angesichts der Lage »in erster Reihe« entlang der mit starken Immissionsbelastungen verbundenen Verkehrswege (L 29 und Bahnstrecke) der immissionsschutzrechtliche Schutzstandard für ein allgemeines Wohngebiet nicht gewährleistet werden könne und es Maßnahmen des aktiven Schallschutzes bedürfe. Dass der nachfolgenden Änderung des Planentwurfs dahingehend, dass nunmehr ein urbanes Gebiet vorgesehen wurde, eine entsprechende inhaltliche Änderung des Plankonzepts zu Grunde lag, ist nicht ersichtlich. Im Gegenteil ist die Planbegründung – insbesondere bei der Formulierung der Planziele – in wesentlichen Passagen wortlautidentisch geblieben. Vor diesem Hintergrund geht der Senat davon aus, dass ein urbanes Gebiet festgesetzt wurde, um eine Wohnnutzung bei herabgesetzten immissionsschutzrechtlichen Schutzstandards zu ermöglichen, und die Kosten und Flächenverluste zu vermeiden, die mit etwa erforderlichen aktiven Schallschutzmaßnahmen verbunden wären.

Ebenso ist bei isolierter Betrachtung des Baufelds MU2 mangels Übereinstimmung mit der formulierten Planungsabsicht die Festsetzung eines urbanen Gebiets nicht erforderlich.

Nach der Planbegründung ist für das MU2 als zentrales Planungsziel die Errichtung eines gewerblich bewirtschafteten Parkhauses vorgesehen. Nach der textlichen Festsetzung Ziff. I.1.1) ist eine Wohnnutzung dort unzulässig. Die Festsetzungen zum Maß der baulichen Nutzung sind auf ein Parkhaus zugeschnitten. So sieht die Nutzungsschablone keine maximale Geschosszahl, sondern eine Gebäudehöhe von 17 m vor. Soweit es in der Planbegründung heißt, »im Sinne eines zeitgemäßen Mobility-Hubs« sollten »den ankommenden Tagesgästen im Großparkhaus auch ergänzende Dienstleistungen« angeboten werden, wobei »am Fußgängerbereich (nördlicher Kopf) ... Ladengeschäfte für die Kurverwaltung (Info-Punkt) und ergänzende Dienstleistungsbetriebe (z. B. Vermietstation für Fahrräder, E-Roller und andere emissionsfreie Fortbewegungsmittel) vorgesehen« werden sollten, geht der Senat davon aus, dass es sich um überholte Ausführungen aus der Entwurfsfassung der 1. Beteiligungsrunde handelt, nach der das Parkhaus noch unmittelbar an dem als Fußgängerbereich ausgestalteten kleinen Platz liegen sollte, und dass diese auf die letztlich als Satzung beschlossene Planfassung nicht mehr zutreffen.

Dass die Gemeinde die Verwirklichung eines konkreten Vorhabens anstrebt, aber gleichwohl insoweit keinen vorhabenbezogenen Bebauungsplan (§ 12 BauGB) erlassen, sondern eine projektbezogene Angebotsbebauungsplanung vorgenommen hat (vgl. OVG Münster, Urteil v. 13.9.2012 – 2 D 38/11.NE –, juris Rdnr. 52, 55; OVG Lüneburg, Urteil v. 4.1.2011 – 1 MN 130/10 –, juris Rdnr. 77; vgl. auch BVerwG, Beschluss v. 25.2.2015 – 4 VR 5.14 –, juris), ist im Hinblick auf die ihr zustehende Freiheit bei der Wahl des Planungsinstruments nicht zu beanstanden (vgl. OVG Koblenz, Urteil v. 6.5.2015 – 8 C 10974/14.OVG –, juris, Rdnr. 23; Urteil v. 13.2.2019 – 8 C 11387/18 –, juris Rdnr. 38). Allerdings darf der Plangeber sich bei der Ausgestaltung eines Angebotsbebauungsplans zur Ansiedlung eines konkreten gewerblichen Vorhabens nicht auf eine Art »Rosinentheorie« zurückziehen und sich in konzeptionell widersprüchlicher Weise selektiv einmal auf den offenen Angebotscharakter des Bebauungsplans, ein anderes Mal auf dessen Projektbezug berufen, um die Rechtmäßigkeit von Festsetzungen zu begründen (vgl. OVG Münster, Urteil v. 27.5.2013 – 2 D 37/12.NE –, juris Rdnr. 35 und Urteil v. 13.9.2012 – 2 D 38/11.NE –, juris Rdnr. 64; Söfker/Runkel, in: Ernst/Zinkahn/Bielenberg/Krautzberger, BauGB, Stand: Okt. 2023, § 1 Rdnr. 38).

Ein gewerblich bewirtschaftetes Parkhaus ist im urbanen Gebiet ohne Weiteres zulässig. Dies ergibt sich allerdings nicht aus einer Einordnung als Gewerbebetrieb gemäß § 6a Abs. 1, Abs. 2 Nr. 4 BauNVO. Vielmehr sind gewerblich betriebene Parkhäuser nach § 12 BauNVO zu beurteilen (vgl. BVerwG, Urteil v. 16.9.2010 – 4 C 7.10 –, juris Rdnr. 20; Stock, in: König/Roeser/Stock, BauNVO, 5. Aufl. 2022, § 12 Rdnr. 14 m. w. N.). Unabhängig davon, ob diese Einordnung dazu führen kann, ein Parkhaus als nicht geeignet anzusehen, ein Gebiet wie von § 6a BauNVO vorausgesetzt als zumindest auch gewerblich genutzt zu prägen, fehlt es an der städtebaulichen Erforderlichkeit der Festsetzung eines urbanen Gebiets. Denn die vorgenommene Angebotsplanung ist auch für das MU2 über die mit der Planung verfolgte

Absicht hinaus »zu breit« angelegt. Die angestrebte Nutzung eines Gebiets durch einen einzigen Gewerbebetrieb rechtfertigt die Festsetzung eines urbanen Gebiets nicht. Andere urbane Nutzungen oder auch nur andere gewerbliche Nutzungen als ein Parkhaus sind vom Plangeber nicht gewollt. Auch dass die Planung für das MU2 gewissermaßen hilfsweise realisierungsoffen wäre, in dem Sinne, dass die Gemeinde auch die Möglichkeit der Verwirklichung (anderer) gewerblicher Nutzungen in ihren Willen aufgenommen hätte, vermag der Senat nicht zu erkennen. Dies ergibt sich nicht nur aus den allgemeinen Zielformulierungen in der Planbegründung. Vielmehr wird an mehreren Stellen in der Planbegründung bzw. der Abwägung der Bau eines Parkhauses als »sicher« unterstellt. So rechtfertigt die Planbegründung eine rechnerische Geschossflächenzahl von »3,6« (auf der Grundlage der Annahme, dass das Parkhaus viergeschossig realisiert wird, würde sich bei der festgesetzten Grundflächenzahl von 0,8 eine rechnerische Geschossflächenzahl von 3,2 ergeben) damit, dass die Voraussetzungen des § 17 Abs. 2 BauNVO a. F. (zum maßgeblichen Zeitpunkt des Beschlusses über den Bebauungsplan galt die BauNVO in der Fassung der Bekanntmachung vom 21.11.2017, BGBl. I S. 3786) »angesichts der spezifischen Nutzung als Parkhaus« sichergestellt seien. Auch wurde bei der Untersuchung des Verkehrslärms kein Zu- und Abfahrtsverkehr zu (anderen) gewerblichen Vorhaben über die E Straße betrachtet. Die schalltechnische Untersuchung zum Verkehrslärm (S.4) geht davon aus, dass schutzbedürftige Nutzungen – also auch z. B. Büroarbeitsplätze – im MU2 nicht geplant sind. Dass an anderen Stellen in der Planbegründung allgemein auf den Angebotscharakter der Planung hingewiesen wird, führt nicht zu einer anderen Bewertung. Positive Anhaltspunkte für eine Offenheit des Plans für andere Nutzungsarten bzw. andere Arten von Gewerbebetrieben ergeben sich daraus nicht.

Vor diesem Hintergrund ist nicht ersichtlich, weshalb die Gemeinde zur Verwirklichung ihres Planungsziels für das MU2 nicht ein Sondergebiet Parkhaus festgesetzt hat. So hatte es der Vorentwurf vorgesehen; ebenso wie bei den MU1 wurde dann im weiteren Verlauf des Planaufstellungsverfahrens die Gebietsausweisung geändert, ohne dass dem ein geändertes Planungskonzept zu Grunde gelegt worden wäre. Der Senat geht deshalb davon aus, dass der Sinn der Festsetzung des MU2 sich nur mit Blick auf die Planung insgesamt erschließt, nämlich dahingehend, dass der Plangeber zur Rechtfertigung der »wohnlastigen« MU1 als Teil eines urbanen Gebiets die Darstellung einer beabsichtigten gewerblichen Nutzung von Gewicht an anderer Stelle im urbanen Gebiet für erforderlich hielt.

Auch bei einer Gesamtbetrachtung der MU1 und des MU2 ist die Erforderlichkeit der Festsetzung angesichts der formulierten Planungsabsicht zu verneinen. Der Senat kann nicht erkennen, dass die Planung darauf abzielt, ein Gebiet mit dem Charakter eines urbanen Gebiets zu schaffen. Vorgesehen werden einerseits im Norden Gebietsteile, die nach der angestrebten Nutzung einem allgemeinen Wohngebiet entsprechen, und auf der anderen Seite im Süden ein gewerblich genutztes Parkhaus, das vornehmlich touristischen Zwecken dienen soll. Die für das urbane Gebiet kennzeichnende Nutzungsmischung ergibt sich daraus nicht. Die genannte Zweiteilung kommt in der Formulierung der Planziele in der Planbegründung zum Ausdruck. Auch unter dem Punkt »Abwägungsrelevante Belange/Zusammenfassung« in der Planbegründung sind die Wohnbedürfnisse der Bevölkerung genannt und wird zur Entwicklung des Wohnstandorts als sozial gemischtes Quartier ausgeführt; ferner werden die Belange des Fremdenverkehrs genannt, denen der Ausbau der Parkmöglichkeiten als Element der touristischen Infrastruktur diene. Für eine angestrebte maßgebliche Mitprägung des gesamten Gebiets durch die Unterbringung von Gewerbebetrieben sowie soziale, kulturelle und andere Einrichtungen fehlt es an Anhaltspunkten. Die Belange der örtlichen Wirtschaft werden bei den abwägungsrelevanten Belangen in der Planbegründung nur unter dem Gesichtspunkt genannt, dass diese indirekt durch die Wohnungsversorgung der örtlichen Bevölkerung beeinflusst würden, weil insbesondere Hotellerie und Dienstleistungsgewerbe auf Arbeitskräftezuzug angewiesen und örtliche Wohnungsangebote weiche Standortfaktoren bei der Anwerbung qualifizierter Arbeitskräfte seien. Insoweit ist die Begründung seit dem Vorentwurf – der im nunmehr als urbanes Gebiet festgesetzten Bereich ein allgemeines Wohngebiet und ein Sondergebiet Parkhaus vorgesehen hatte – unverändert geblieben. Danach sind nach wie vor im Wesentlichen Wohnbebauung und ein Parkhaus vorgesehen, ohne dass darüber hinaus gewerbliche Nutzung in dem Gebiet eine prägende Rolle spielen soll.

Insgesamt ist nicht erkennbar, dass in dem fraglichen Bereich ein lebendiger öffentlicher Raum geschaffen werden soll, in dem eine räumliche Konzentration von Wohnen, Arbeiten, Versorgung, Bildung, Kultur und Erholung organisiert werden soll bzw. eine nutzungsgemischte »Stadt der kurzen Wege« entstehen soll, wie es dem Leitbild des urbanen Gebiets entspricht. Soweit die Antragsgegnerin auf entsprechende Einwände im Aufstellungsverfahren lediglich darauf hingewiesen hat, die Nutzungsmischung im urbanen Gebiet müsse nicht gleichgewichtig sein und nicht in allen Baufeldern erreicht werden, und es sei »nicht zu erkennen, dass die Gebietscharakteristik des urbanen Gebiets im vorliegenden Fall nicht erreicht werden wird bzw. nicht gewollt wäre« ergibt sich daraus nicht, dass der Planungswille der Gemeinde gerade auf die Realisierung dieser Gebietscharakteristik abzielte.

Hinzu kommt, dass Binz als Gemeinde mit etwa 5500 Einwohnern für die Schaffung eines urbanen Gebiets von vornherein schwerlich geeignet sein dürfte. Noch schwieriger wird dies in einem Plangebiet, das am Rand der Gemeinde liegt. Mit einer Reihe von Fällen, in denen in der Rechtsprechung bislang ein urbanes Gebiet für zulässig gehalten und ein Etikettenschwindel verneint wurde, ist die Situation des hiesigen Plangebiets nicht vergleichbar (vgl. insbesondere OVG Saarlouis, Urteil v. 24.6.2021 – 2 C 215/19 –, juris

Rdnr. 49 betr. das Gelände der ehemaligen Citroen-Niederlassung in Saarbrücken Innenstadt; OVG Lüneburg, Urteil v. 7.10.2021 – 1 KN 3/20 –, juris Rdnr. 25 betr. den Bebauungsplan »Alter Stadthafen/südlich der Hunte« in Oldenburg; OVG Koblenz, Urteil v. 11.5.2022 – 8 C 10646/21 –, juris Rdnr. 45 ff., 51 f. betr. den Bebauungsplan »Luitpoldhafen« in Ludwigshafen; vgl. auch VGH Kassel, Urteil v. 17.1.2023 – 3 C 1855/20.N –, juris Rdnr. 58 f. betr. den Bebauungsplan »Bahnhofstraße« in Wetzlar).

Insgesamt handelt es sich bei der Festsetzung eines urbanen Gebiets für die Baufelder MU1 und MU2 nach Auffassung des Senats um einen Etikettenschwindel. Der Senat geht davon aus, dass – was in der Formulierung der allgemeinen Planziele klar zum Ausdruck kommt – einerseits an verkehrsgünstig gelegener und ohnehin bereits stark immissionsbelasteter Stelle am Ortseingang ein Parkhaus errichtet werden soll und im Übrigen auf den durch eine bauliche Nutzung bereits vorgeprägten Flächen, die ebenfalls durch den Verkehrslärm der L 29 und der Bahntrasse stark immissionsbelastet sind, Wohnbebauung entstehen soll. Diese Ziele sind seit der Vorentwurfsfassung des Bebauungsplans, die in dem fraglichen Bereich ein allgemeines Wohngebiet und ein Sondergebiet Parkhaus vorsah, unverändert geblieben; dies zeigt auch die passagenweise wortlautidentisch gebliebene Begründung. Die Festsetzung eines urbanen Gebiets stellt sich demgegenüber als »überschießend« und von den Planungszielen der Gemeinde nicht gedeckt dar. Sie dient lediglich dazu, die gewünschte Wohnbebauung unter Absenkung der immissionsschutzrechtlichen Zulässigkeitsschwelle und damit ohne aktive Schallschutzmaßnahmen verwirklichen zu können. Das ist unzulässig.

Die Unwirksamkeit der Festsetzung eines urbanen Gebiets führt zur Gesamtunwirksamkeit des Bebauungsplans.

Nach ständiger Rechtsprechung führen Mängel, die einzelnen Festsetzungen eines Bebauungsplans anhaften, nicht zu dessen Gesamtnichtigkeit, wenn die übrigen Regelungen, Maßnahmen oder Festsetzungen für sich betrachtet noch eine sinnvolle städtebauliche Regelung im Sinn von § 1 Abs. 3 Satz 1 BauGB bewirken können und die Gemeinde nach ihrem im Planungsverfahren zum Ausdruck gekommenen Willen im Zweifel auch eine Satzung dieses eingeschränkten Inhalts beschlossen hätte (vgl. BVerwG, Urteil v. 6.12.2000 – 4 BN 59.00 –, juris; Urteil v. 11.9.2014 – 4 CN 3.14 –, juris). Dies ist hier nicht der Fall.

Die mangels Erforderlichkeit rechtswidrige und unwirksame Festsetzung eines urbanen Gebiets ist nach der Planungskonzeption der Gemeinde Grundlage für die rückwärtige Anordnung eines allgemeinen Wohngebiets und eines Ferienhausgebiets. Insoweit ist die immissionsschutzrechtliche Zulässigkeit unter der Voraussetzung untersucht und bejaht worden, dass diese Gebiete durch das vorgelagerte urbane Gebiet vom Verkehrslärm abgeschirmt werden. Die entsprechenden Gebietsfestsetzungen können daher nicht isoliert Bestand haben.

Daher kann offen bleiben, ob der Bebauungsplan mit der Vorgabe für das urbane Gebiet in Ziff. I.1.1) der textlichen Festsetzungen, dass Einzelhandelsbetriebe nur als Läden mit einer Verkaufsfläche von bis zu 200 m^2 zulässig sind, eine unzulässige Festsetzung enthält, weil damit kein in der sozialen und ökonomischen Realität bereits vorhandener Anlagentyp beschrieben wird, und damit keine Unterart der Nutzung, für die allein § 1 Abs. 9 BauNVO eine Differenzierung erlaubt (vgl. BVerwG, Beschluss v. 23.10.2006 – 4 BN 1.06 –, juris Rdnr. 4; Beschluss v. 7.5.2020 – 4 BN 44.19 –, juris Rdnr. 6 f.; OVG Greifswald, Urteil v. 21.8.2007 – 3 K 17/04 –, juris Rdnr. 42 f.).

Soweit die Planbegründung hierzu ausführt, die Verkaufsfläche einzelner Läden bleibe insgesamt im Gebiet auf 200 m^2 beschränkt, um die Ansiedlung größerer Nahversorgungseinrichtungen mit entsprechend größerem Einzugsbereich auszuschließen und den bestehenden Nahversorgungsstandort an der G-straße nicht zu gefährden, ergibt sich daraus jedenfalls nicht, dass es sich bei Einzelhandelsbetrieben mit einer Verkaufsfläche bis zu 200 m^2 um einen bestimmten Typus handeln würde. Allein die genannte Größe der Verkaufsfläche begründet eine solche Rechtfertigung nicht (vgl. OVG Münster, Urteil v. 9.10.2003 – 10a D 55/01.NE –, juris Rdnr. 63; zum Begriff des Ladens vgl. BVerwG, Urteil v. 24.11.2005 – 4 C 10.04 –, juris; Stock, in: Ernst/Zinkahn/Bielenberg/Krautzberger, BauGB, Stand: Okt. 2023, § 4 BauNVO Rdnr. 52 m. w. N.). Ob etwas Anderes im Hinblick darauf gelten kann, dass die Antragsgegnerin erstmals in der mündlichen Verhandlung angegeben hat, konkret in ihrem Gemeindegebiet liege die typische Größe von Einzelhandelsbetrieben bei (bis zu) 200 m^2, was auch in das Einzelhandelskonzept einfließen werde, bedarf keiner weiteren Klärung.

Ebenso bedarf letztlich keiner Entscheidung mehr, ob die Planung an beachtlichen Abwägungsmängeln leidet, § 1 Abs. 7, § 2 Abs. 3 BauGB. Im Hinblick auf eine etwaige Neuplanung weist der Senat jedoch auf die nachfolgenden Überlegungen hin.

Die Rüge der Antragstellerin, es bestehe kein Bedarf für ein Parkhaus dieser Größe, dürfte unbegründet sein. Der planerische Spielraum der Gemeinde umfasst auch die Befugnis zu einer Planung für einen künftigen Bedarf. Diese darf im Vorgriff auf künftige Entwicklungen auch einer Bedarfslage gerecht werden, die sich zwar noch nicht konkret abzeichnet, aber bei vorausschauender Betrachtung in einem absehbaren Zeitraum erwartet werden kann (vgl. BVerwG, Beschluss v. 8.9.1999 – 4 BN 14.99 –, juris Rdnr. 5; OVG Koblenz, Urteil v. 21.6.2017 – 8 C 10068/17 –, juris Rdnr. 49). Der Senat hat bereits entschieden, dass die Gemeinde bei der Planung eines Parkhauses nicht gehalten ist, eine konkrete Bedarfsanalyse vorzunehmen (vgl. Urteil v. 28.2.2023 – 3 K 489/20 –, juris Rdnr. 80). Dass der bisherige Parkplatz mit 520 Stellplätzen nach den Angaben der Antragsgegnerin nicht ausgelastet war, steht der Rechtfertigung der Planung nicht entgegen. Im Übrigen ist das von der Antragsgegnerin verfolgte Konzept, Parkhäuser am Ortsrand zu errichten, um den Parksuchverkehr aus dem Ort herauszuhalten und eine Verkehrsberuhigung des Ortszentrums zu erreichen, schlüssig und rechtfertigt im Grundsatz die Annahme eines steigenden Bedarfs, zumal am nördlichen Ortseingang.

Die Standortauswahl für das Parkhaus dürfte ebenfalls keinen Abwägungsfehler erkennen lassen. Diese berücksichtigt insbesondere den direkten Anschluss an die Landesstraße, um Störungen umliegender Nutzungen durch eine möglichst direkte Verkehrsführung auszuschließen. Ferner wird dem Umstand Rechnung getragen, dass im Bereich des Anschlusses der E Straße an die L 29 die Immissionsbelastung durch Verkehrslärm bereits jetzt am höchsten ist. Nach der Abwägungsdokumentation ist eine Wohnnutzung dort nicht möglich.

Eine Alternativenprüfung dürfte nicht erforderlich gewesen sein. Allerdings kann eine Planungsentscheidung defizitär sein, wenn sich ernsthaft anbietende Alternativlösungen nicht erwogen worden sind (vgl. BVerwG, Beschluss v. 19.8.2015 – 4 BN 24.15 –, juris Rdnr. 5; Hoppe/Bönker/Grotefels, Öffentliches Baurecht, 4. Aufl. 2010, § 7 Rdnr. 71; s. a. OVG Koblenz, Urteil v. 11.5.2022 – 8 C 10646/21 –, juris Rdnr. 80, Urteil v. 26.4.2023 – 8 C 10462/22 –, juris Rdnr. 65). Dies ist hier jedoch nicht der Fall. Die Anordnung des Parkhauses weiter nördlich würde – sowohl was den Gewerbelärm als auch was den Zufahrtsverkehr angeht – zu einem Konflikt mit der rückwärtig anschließend vorgesehenen Anordnung eines allgemeinen Wohngebiets führen, während der gewählte Standort lediglich einer – nicht schutzbedürftigen – Sporthalle gegenüber liegt und von der nächstgelegenen schutzbedürftigen Bebauung, nämlich den Ferienhäusern auf dem Grundstück der Antragstellerin, mit etwa 50 m mehr als doppelt so weit entfernt ist. Sie würde ferner unberücksichtigt lassen, dass der gewählte Standort bereits jetzt am stärksten durch Verkehrsimmissionen belastet ist und sich deshalb für eine Nutzung, die auch Wohnungen einschließt, am wenigsten eignet. Gleichzeitig kann das – seinerseits nicht schutzbedürftige – Parkhaus aufgrund der Änderung der Straßenführung der E Straße mit dem jetzigen Standort näher an die L 29 heranrücken als dies weiter nördlich möglich wäre. Soweit die Antragstellerin auf den direkteren Zugang zur Promenade und zum Strand hinweist, der für eine Anordnung des Parkhauses weiter nördlich sprechen würde, fällt dieser demgegenüber nicht maßgeblich ins Gewicht.

Die mit den Festsetzungen zum Maß der Bebauung und zur überbaubaren Grundstücksfläche im Baufeld MU2 ermöglichte Bebauung dürfte keine erdrückende Wirkung für die Bebauung auf dem Grundstück der Antragstellerin haben und sich nicht als rücksichtslos erweisen. Dass das vorgesehene Parkhaus das Nachbargrundstück der Antragstellerin regelrecht abriegeln, d. h. dort ein Gefühl des Eingemauertseins oder eine Gefängnishofsituation hervorrufen würde, erscheint fernliegend. Dies gilt bereits deshalb, weil das Grundstück der Antragstellerin dem Parkhaus nicht direkt gegenüber liegt, sondern lediglich »schräg gegenüber«. Das Parkhaus löst bezogen auf das

Grundstück der Antragstellerin daher auch keine Abstandsflächen aus. In dem dem MU2 am nächsten gelegenen Bereich des Grundstücks der Antragstellerin befindet sich zudem ein Parkplatz; das nächstgelegene Baufeld liegt etwa 50 m entfernt. Orientiert man sich bei der Frage, welche Gebäudeabstände als »verträglich« anzusehen sind, an den Regelungen des Abstandsflächenrechts, so ergibt sich, dass die Entfernung des Parkhauses vom nächstgelegenen Baufeld auf dem Grundstück der Antragstellerin mit etwa 50 m ein Mehrfaches der doppelten Abstandsfläche beträgt. Denn das Parkhaus würde bei einer zulässigen Höhe von 17 m lediglich eine Abstandsfläche von 6,8 m auslösen. Bereits die »einfache Einhaltung« der Abstandsflächen schließt aber die Annahme einer erdrückenden Wirkung in der Regel aus (vgl. OVG Lüneburg, Beschluss v. 24.3.2022 – 1 MN 131/21 –, juris Rdnr. 42).

Dass die Umgebungssituation zum Nachteil der Antragstellerin verändert wird, begründet keinen Abwägungsfehler. Allerdings ist das Interesse der Eigentümer der dem Plangebiet benachbarten Grundstücke, dass die Bebauung im Plangebiet gegenüber der Bestandsbebauung verträglich gestaltet wird, abwägungserheblich. Diesem ist jedoch mit der Planung Rechnung getragen worden.

Dies gilt auch dann, wenn man in Rechnung stellt, dass es um die Änderung eines Bebauungsplans geht, in deren Rahmen die Gemeinde verpflichtet ist, das Interesse der Planbetroffenen an der Beibehaltung der vorgegebenen rechtlichen Situation der überplanten Grundstücke zu berücksichtigen. Diese Anforderung dürfte die Antragsgegnerin in hinreichendem Umfang erfüllt haben. Dass sich ein schutzwürdiges Vertrauen ihrerseits auf den Fortbestand der Festsetzungen des Ursprungsplans in der Fassung der 2. Änderung in der Abwägung hätte durchsetzen müssen, hat die Antragstellerin nicht geltend gemacht.

Abwägungsfehler bei der Bewältigung der Immissionskonflikte, die mit dem Betriebslärm des geplanten Parkhauses verbunden sind, dürften ebenfalls nicht ersichtlich sein.

Dass die Antragsgegnerin die planbedingte Zunahme von Gewerbelärm durch das Parkhaus nicht ermittelt hätte, trifft nicht zu. Die Antragsgegnerin hat mit der Schalltechnischen Immissionsprognose Parkhaus vom 4.9.2020 geklärt, dass die Planung vollzugsfähig ist. Das Ziel der Planung kann insoweit erreicht werden, weil der Errichtung eines Parkhauses an dem fraglichen Standort keine unausräumbaren Hindernisse immissionschutzrechtlicher Art entgegenstehen. Im Hinblick auf diese Fragestellung ist zu Recht die TA Lärm als Maßstab herangezogen worden, nicht die DIN 18005.

Der von der Antragstellerin gerügte Ermittlungsfehler der mangelnden Berücksichtigung einer Vorbelastung (vgl. TA Lärm Ziff. 3.2.1, letzter Abs.) liegt ebenfalls nicht vor. Die Immissionsbelastung durch den bestehenden Großparkplatz wird mit der Errichtung des Parkhauses entfallen; zu einer Summierung von Belastungen kann es deshalb nicht kommen. Die Vorstellung, eine bestehende Vorbelastung begründe eine erhöhte Zumutbarkeitsschwelle, liegt der Planung nicht zu Grunde.

Die Antragsgegnerin hat die Schutzwürdigkeit des Sondergebiets Ferienhäuser auf dem Grundstück der Antragstellerin zutreffend beurteilt, indem sie die Maßstäbe für ein allgemeines Wohngebiet angewendet hat. Die für dieses nach Ziff. 6.1 Abs. 1 lit. e TA Lärm geltenden Immissionsrichtwerte von 55 dB(A) tags und 40 dB(A) nachts werden nach dem Inhalt der Schalltechnischen Immissionsprognose Parkhaus vom 4.9.2020 mit Beurteilungspegeln von 52 dB(A) tags und 37 dB(A) nachts eingehalten.

Das Grundstück der Antragsteller liegt nicht in einem Kurgebiet, für das gemäß Ziff. 6.1 Abs. 1 lit. g TA Lärm die Immissionsrichtwerte von 45 dB(A) tags und 35 dB(A) nachts gelten würden.

Auf den Umstand, dass es sich bei der Gemeinde Binz insgesamt um ein anerkanntes Seebad i. S. v. § 3 Nr. 3 Kurortgesetz M-V handelt, kommt es nicht an. Die Werte nach Ziff. 6.1 Abs. 1 lit. g TA Lärm sind nur maßgeblich für mit einer entsprechenden Zweckbestimmung durch Bebauungsplan festgesetzte Gebiete (vgl. OVG Münster, Urteil v. 8.9.2022 – 7 D 38/21.AK –, juris Rdnr. 51; Feldhaus/Tegeder, in: Feldhaus, Bundesimmissionsschutzrecht, Stand: Nov. 2023, Nr. 6 TA Lärm Rdnr. 22). Eine solche Festsetzung enthält der Bebauungsplan für das Grundstück der Antragstellerin nicht. Vielmehr ist der Bereich als Sondergebiet Ferienhäuser ausgewiesen.

Eine Festlegung für Ferienhausgebiete enthält die TA Lärm nicht. Die DIN 18005 in der zum Zeitpunkt des Planerlasses geltenden Fassung stufte allerdings Ferienhausgebiete wie reine Wohngebiete ein und sah für Industrie-, Gewerbe- und Freizeitlärm Orientierungswerte von 50 dB tags und 35 dB nachts vor. Es sprechen aber erhebliche Gründe dafür, dass eine Abweichung hiervon bereits gerechtfertigt war, seit mit dem Inkrafttreten des § 13a BauNVO im Jahr 2017 (vgl. Art. 2 des Gesetzes zur Umsetzung der Richtlinie 2014/52/EU im Städtebaurecht und zur Stärkung des neuen Zusammenlebens in der Stadt vom 4.5.2017, BGBl. I S. 1057) Ferienwohnungen als Gewerbebetriebe eingeordnet wurden. Dem entspricht, dass in der Neufassung der DIN 18005 von 2023 Ferienhausgebiete wie allgemeine Wohngebiete eingestuft und für Industrie-, Gewerbe- und Freizeitlärm Orientierungswerte von 55 dB tags und 40 dB nachts vorgesehen werden.

Jedenfalls aber ist im vorliegenden Fall dem betroffenen Ferienhausgebiet auf dem Grundstück der Antragstellerin deshalb nicht die Schutzwürdigkeit eines reinen Wohngebiets zuzuerkennen, weil der zu Grunde liegende Bebauungsplan für diesen Bereich nicht etwa ausschließlich Ferienhäuser vorsieht. Vielmehr dürfen nach der textlichen Festsetzung Ziff. 1.2.1 des Ursprungs-Bebauungsplans in dem Sondergebiet Ferienhäuser zusätzlich die Beherbergungsnutzung ergänzende Dienstleistungs- und Verkaufseinrichtungen, Fitness- und Gesundheitseinrichtungen, Restaurants und Betriebswohnungen im Sinne des § 8 Abs. 3 BauNVO errichtet werden. Für das betroffene Gebiet sind danach in nicht unerheblichem Maß auch »echte« gewerbliche Nutzungen als allgemein zulässig vorgesehen. Damit entspricht der Charakter des konkreten Gebiets eher einem allgemeinen Wohngebiet, in dem nach § 4 Abs. 2 BauNVO neben Wohngebäuden ebenfalls ergänzend weitere, auch gewerbliche Nutzungen allgemein zulässig sind. Die Heranziehung der Maßstäbe für ein reines Wohngebiet, das die allgemein zulässige Nutzung auf eine Wohnnutzung zuzüglich Anlagen zur Kinderbetreuung beschränkt (§ 3 Abs. 2 BauNVO), erscheint demgegenüber nicht begründet.

Der Vorwurf der Antragstellerin, die Planung missachte den immissionsschutzrechtlichen Trennungsgrundsatz des § 50 Satz 1 BImSchG, dürfte unbegründet sein. Nach dieser Vorschrift sind bei raumbedeutsamen Planungen und Maßnahmen die für eine bestimmte Nutzung vorgesehenen Flächen einander so zuzuordnen, dass schädliche Umwelteinwirkungen auf die ausschließlich und überwiegend dem Wohnen dienenden Gebiete sowie auf sonstige schutzbedürftige Gebiete, u. a. Freizeitgebiete so weit wie möglich vermieden werden. Der in dieser Vorschrift zum Ausdruck kommende Trennungsgrundsatz stellt kein zwingendes Gebot dar, sondern eine Abwägungsdirektive. Er kann im Rahmen der Abwägung durch andere Belange von hohem Gewicht überwunden werden (vgl. BVerwG, Urteil v. 19.4.2012 – 4 CN 3.11 –, juris Rdnr. 29; Schoen, in: Landmann/Rohmer, Umweltrecht, Stand: Sept. 2023, § 50 BImSchG Rdnr. 30). Bezogen auf ein benachbartes allgemeines Wohngebiet oder ein Gebiet mit entsprechendem Schutzanspruch stellt die Ausweisung eines urbanen Gebiets grundsätzlich hinreichend sicher, dass die zulässigen Nutzungen mit den vorhandenen umgebenden schutzbedürftigen Nutzungen verträglich sind, weil nach § 6a Abs. 1 Satz 1 BauNVO die Unterbringung von Gewerbebetrieben und sozialen, kulturellen und anderen Einrichtungen nur insoweit zulässig ist, als diese die Wohnnutzung nicht wesentlich stören (vgl. OVG Lüneburg, Urteil v. 24.3.2022 – 1 MN 131/21 –, juris Rdnr. 34). Weshalb für die Grundschule ein höheres Schutzniveau gelten sollte, erläutert die Antragstellerin nicht und ist auch nicht ersichtlich. Diese liegt zudem mit 80 m weiter entfernt als die nächstgelegene Bebauung auf dem Grundstück der Antragstellerin und ist vom Betriebslärm des Parkhauses weniger betroffen (maximale Beurteilungspegel an der Schule: 46 dB(A) tags und 31 dB(A) nachts). Auch der Umstand, dass im MU2 eine Wohnnutzung unzulässig und eine rein gewerbliche Nutzung zu erwarten ist, führt nicht auf einen Abwägungsfehler. Die Antragsgegnerin hat die Lärmauswirkungen des Parkhauses geprüft und die Ergebnisse der Schallimmissionsprognose in die Abwägung eingestellt. Da die Immissionsrichtwerte für ein allgemeines Wohngebiet eingehalten werden können, bestehen insoweit keine Bedenken.

Offen bleiben kann, ob ein Abwägungsfehler hinsichtlich der Behandlung des Verkehrslärms vorliegt.

Soweit die Antragsgegnerin geltend macht, die 16. BImSchV sei nicht anwendbar, sprechen erhebliche Gründe dafür, dass dies nicht zutrifft. Nach

§ 1 Abs. 1 gilt die 16. BImSchV u. a. für den Bau oder die wesentliche Änderung von öffentlichen Straßen. Dabei liegt der Bau einer öffentlichen Straße vor, wenn eine bestehende Trasse auf einer längeren Strecke verlassen wird. Ist dies der Fall, weil es sich nicht um eine bloße Änderung wie z. B. im Fall einer »Kurvenstreckung« handelt, so kommt es auf die Kriterien für die Wesentlichkeit einer Änderung nicht an.

Ob bei der Behandlung der Verkehrslärmproblematik zu Unrecht der durch die Wohnbebauung im Änderungsplangebiet entstehende zusätzliche Verkehr unberücksichtigt geblieben ist, oder ob die entsprechende Passage in der Schalltechnischen Untersuchung Verkehrslärm, nach der die Beurteilung der Belastung außerhalb des Plangebiets durch die Änderung der Straßenführung der E Straße auf der Grundlage der bisherigen Verkehrsmengen, fortgeschrieben auf das Jahr 2030, erfolgt ist, lediglich versehentlich unerwähnt lässt, dass auch der nach Realisierung der Bebauung im Plangebiet zu erwartende zusätzliche Verkehr berücksichtigt wurde, wie die Antragsgegnerin erstmals in der mündlichen Verhandlung vorgetragen hat, bedarf keiner Klärung mehr.

Was eine Berücksichtigung des Zu- und Abfahrtsverkehrs über die E Straße angeht, der durch das Gebiet des benachbarten Bebauungsplans Nr. 9a verursacht wird, gilt zunächst, dass es bei der Zusammenstellung und Bewertung des Abwägungsmaterials maßgeblich auf die von diesem konkreten Bebauungsplan hervorgerufenen Auswirkungen ankommt. Die von künftigen, mit erheblichen Unsicherheiten behafteten weiteren Planungen eventuell ausgehenden Verkehrssituationen müssen dagegen noch nicht berücksichtigt werden (vgl. OVG Saarlouis, Urteil v. 24.6.2021 – 2 C 215/19 –, juris Rdnr. 47 m. w. N.). Allerdings muss bei der Prognose einer Verkehrsbelastung der im Hinblick auf einen bereits in Kraft getretenen Bebauungsplan konkret zu erwartende Verkehr in die Bewertung einbezogen werden. Dies ist nach den Angaben der Antragstellerin im Hinblick auf den Bebauungsplan Nr. 9a dadurch erfolgt, dass die zwischenzeitliche Stellplatznutzung der Fläche in die Verkehrsanalyse eingeflossen ist, die der Schalltechnischen Untersuchung Verkehrslärm zu Grunde gelegt wurde; die Realisierung der Museumsnutzung lasse keinen weiteren Zufahrtsverkehr erwarten. Auch insoweit bedarf es keiner abschließenden Beurteilung mehr.

Schließlich kann auch die Frage, ob ein Abwägungsfehler im Hinblick auf die verkehrsmäßige Erschließung des Parkhauses vorliegt – insbesondere der Landkreis hatte wegen der kurzen Entfernung der Einfahrt des Parkhauses zum Abzweig von der Landesstraße und zum nahen Bahnübergang Bedenken hinsichtlich der Bewältigung der Verkehrsmengen und hinsichtlich der Verkehrssicherheit geltend gemacht, während die Antragsgegnerin die Änderung des Verlaufs der E Straße und deren Aufweitung für ausreichend gehalten und im Übrigen auf eine Konfliktbewältigung im Rahmen des Baugenehmigungsverfahrens verwiesen hatte – offen bleiben. …

Nr. 23

1. **Selbst eine ausschließliche Wohnbebauung auf einer Teilfläche eines einheitlichen Baugebiets i. S. d. § 1 Abs. 2 Nr. 5 bzw. 7 BauNVO führt nicht dazu, dass dort die Lärmgrenzwerte eines allgemeinen Wohngebiets gelten, solange das für die jeweilige Gebietsart erforderliche Nebeneinander verschiedener Nutzungsarten und damit der Gebietscharakter insgesamt erhalten bleibt.**
2. **An der städtebaulichen Erforderlichkeit eines Bebauungsplans gemäß § 1 Abs. 3 Satz 1 BauGB fehlt es nicht deshalb, weil ein privates Bauvorhaben aufgegeben wird, das den Anstoß für die Planung gegeben hat, wenn gleichwohl eine von städtebaulich legitimen Zielen getragene Planungskonzeption vorliegt.**

BauGB § 1 Abs. 6, § 1a Abs. 3, § 2 Abs. 3; BauNVO § 1 Abs. 4, § 5 Abs. 1, § 6 Abs. 1.

OVG Rheinland-Pfalz, Urteil vom 7. März 2024 – 1 C 10416/22.OVG –.

Aus den Gründen:

Die Antragsteller wenden sich gegen den Bebauungsplan »H.straße« der Antragsgegnerin. … Die Antragsteller sind Inhaber eines mittig im Plangebiet gelegenen Weinguts ….

Nachdem der Rat der Antragsgegnerin die Aufstellung des Bebauungsplans erstmals am 25.1.2001 und mit einem reduzierten Geltungsbereich am 9.2.2017 im vereinfachten Verfahren erneut beschlossen hatte, wurde im Jahr 2020 die bis dahin planerisch verfolgte Renaturierung des durch das Plangebiet verrohrt verlaufenden Entenbachs zugunsten einer Realisierung von Wohnbebauung aufgegeben. Der zu diesem Zweck angestrebte Abschluss eines städtebaulichen Vertrags zwischen der Antragsgegnerin und der C… W… GmbH kam indes nicht zustande. Mit Schreiben vom 27.10.2020 teilte die C… W… GmbH der Antragsgegnerin mit, dass es wegen der zwischen den Parteien bestehenden Diskrepanzen hinsichtlich der Umsetzung der Ziele des sozial geförderten Wohnungsbaus nicht zum Abschluss des Vertrags kommen könne.

Am 29.10.2020 fasste der Rat der Antragsgegnerin den Beschluss zur Aufstellung des streitgegenständlichen Bebauungsplans »H.straße« als Bebauungsplan der Innenentwicklung im beschleunigten Verfahren nach § 13a Baugesetzbuch (BauGB). Im Bereich entlang der H.straße wurden Mischgebiete (MI1, MI2) und im restlichen Plangebiet Dorfgebiete (MD1 – MD3) festgesetzt. Zwischen dem MI1 und dem MI2 wurde dabei zunächst eine Verkehrsfläche ausgewiesen, die als Zufahrt für das Weingut von der H.straße aus dienen sollte. Die öffentliche Bekanntmachung erfolgte am 5.11.2020, die Öffentlichkeitsbeteiligung wurde im Zeitraum vom 16.11. bis 15.12.2020 durchgeführt. Nach Abwägung der Stellungnahmen wurde der Bebauungsplan durch Beschluss des Planungsausschusses der Antragsgegnerin vom 2.2.2021 u. a. dahingehend geändert, dass anstelle des Fahrweges von 5 m Breite nur ein Fußweg von 3 m Breite ausgewiesen wurde. Nach erneuter Öffentlichkeitsbeteiligung beschloss der Rat der Antragsgegnerin am 29.4.2021 den Bebauungsplan als Satzung. Die öffentliche Bekanntmachung erfolgte am 6.5.2021.

Der Antrag auf gerichtliche Normenkontrolle hat keinen Erfolg. …

Der streitgegenständliche Bebauungsplan leidet weder an formellen noch an materiellen Fehlern, die zu seiner Unwirksamkeit führen.

Der Bebauungsplan »H.straße« ist formell rechtmäßig.

Er ist verfahrensfehlerfrei zustande gekommen und durfte als Bebauungsplan der Innenentwicklung im beschleunigten Verfahren nach § 13a Baugesetzbuch (BauGB) aufgestellt werden.

Es liegt auch keine Verletzung des § 2 Abs. 3 BauGB in Bezug auf die Ermittlung der Lärmsituation vor.

Die planende Gemeinde unterliegt dem – als Verfahrensnorm ausgestalteten – Gebot der Ermittlung und zutreffenden Bewertung der abwägungsbeachtlichen Belange. Das notwendige Abwägungsmaterial umfasst dabei solche Belange, die in der konkreten Planungssituation nach Lage der Dinge in die Abwägung eingestellt werden müssen (vgl. BVerwG, Urteil v. 12.12.1969 – IV C 105.66 –, juris Rdnr. 29). Dabei ist auch das Interesse des Inhabers eines rechtmäßig emittierenden Betriebs, vor dem Heranrücken einer schutzbedürftigen Bebauung verschont zu bleiben, die die derzeitige oder die zukünftige Betriebsführung gefährden könnte, zu berücksichtigen. Etwaige Konflikte hat die planende Gemeinde im Vorfeld der eigentlichen Abwägung zu ermitteln. Der Satzungsgeber muss sich als Grundlage seiner Abwägungsentscheidung in einer Weise mit den zu erwartenden Lärmbeeinträchtigungen vertraut machen, die es ihm ermöglicht, hieraus entstehende Konflikte umfassend in ihrer Tragweite zu erkennen. Die Pflicht zur Ermittlung abwägungsrelevanter Belange ist dabei vor dem Hintergrund des planungsrechtlichen Konfliktbewältigungsgebotes zu sehen. Der Bebauungsplan braucht indes nicht alle Probleme, die sich aus der in ihm enthaltenen grundsätzlichen Zulassung bestimmter Nutzungen im Plangebiet im Einzelfall für andere, insbesondere für nachbarliche Belange ergeben können, schon selbst abschließend zu bewältigen (vgl. BVerwG, Urteil v. 11.3.1988 – 4 C 56/84 –, juris Rdnr. 19). Die Grenzen zulässiger Konfliktverlagerung sind jedoch überschritten, wenn bereits im Planungsstadium absehbar ist, dass sich der offen gelassene Interessenkonflikt auch in einem nachfolgenden Verfahren nicht sachgerecht lösen lassen wird (vgl. OVG RP, Urteil v. 4.12.2014 – 1 C 11164/13.OVG –, juris Rdnr. 50). Sofern aber eine planerische Zurückhaltung möglich ist und genutzt werden soll, reduziert dies den Planinhalt des Bebauungsplans und damit die nach § 2 Abs. 3 BauGB zu ermittelnden Belange (vgl. Ernst/Zinkahn/Bielenberg/Krautzberger, BauGB, 151. EL August 2023, § 2 Rdnr. 147). Nach Maßgabe dieser Grundsätze hat die Antragsgegnerin die abwägungsbeachtlichen Belange bezogen auf die Lärmsituation zutreffend ermittelt und bewertet, ohne dass es hierzu der Einholung eines Schallschutzgutachtens bedurfte.

Dies gilt zum einen für die Belange der Antragsteller und ihr Interesse daran, nicht durch eine heranrückende Wohnbebauung in ihrer Betriebsführung eingeschränkt zu werden. Denn durch den Bebauungsplan wird kein Lärmkonflikt verursacht und ungeachtet dessen erschiene eine Konfliktbewältigung auf Planungsebene nicht geboten.

Weder die planungsrechtliche Festsetzung der Gebietstypen noch die der Baugrenzen verursacht oder verschärft einen Lärmkonflikt zwischen dem Betrieb der Antragsteller und einer (heranrückenden) Wohnbebauung, so dass sich die immissionsschutzrechtliche Situation für das Weingut nicht verschlechtert.

Die auf Grund der festgesetzten Gebietstypen geltenden Lärmgrenzwerte waren schon vor Erlass des streitgegenständlichen Bebauungsplans einzuhalten. Das mittig in dem Dreieck zwischen M…weg, B…weg und H.straße gelegene Weingut verleiht seiner Umgebung aufgrund seiner Größe (dreigeschossiges Haupthaus mit Lagerhalle und Hoffläche) ein dörfliches Gepräge. Mit der Wohnbebauung entlang des M…- und B.wegs und dem an der H.straße gelegenen Betriebsgelände des Werkzeughandels K…, auf dem sich zum Zeitpunkt der Beschlussfassung über den Bebauungsplan ein Fitness-Studio, Wohneinheiten und eine Postfiliale befanden, sind in der näheren Umgebung des Weinbaubetriebs die nach § 5 Abs. 1 Baunutzungsverordnung (BauNVO) maßgeblichen Hauptnutzungen – Landwirtschaft, Wohnen und Gewerbe – vorhanden. Folglich stellt sich das Gebiet zum maßgeblichen Zeitpunkt als faktisches Dorfgebiet dar bzw. sind – ungeachtet der Einordnung des vorhandenen Gewerbes als störend oder nicht störend – hinsichtlich seiner Schutzbedürftigkeit die Immissionsrichtwerte eines Dorf- bzw. Mischgebietes heranzuziehen, da diese dem Gebietscharakter am ehesten entsprechen (OVG RP, Urteil v. 16.3.2023 – 1 A 10112/22 –, juris LS; VGH Baden-Württemberg, Urteil v. 15.10.2015 – 5 S 2020/13 –, juris Rdnr. 67; Landmann/Rohmer UmweltR/Hansmann, 99. EL September 2022, TA Lärm Nr. 6 Rdnr. 15).

Durch die Gebietstypenfestsetzungen im streitgegenständlichen Bebauungsplan haben die Antragsteller auch künftig (nur) die nach Nr. 6.1 d) Technische Anleitung zum Schutz gegen Lärm (TA Lärm) geltenden Lärmgrenzwerte für Dorf- bzw. Mischgebiete von 60 dB(A) tags und 45 dB(A) nachts einzuhalten. Dies gilt entgegen ihrer Befürchtung auch dann, wenn in Teilbereichen wie etwa dem MD3 ausschließlich Wohnbebauung entsteht.

Bei den als MD1, MD2 und MD3 überplanten Flächen handelt es sich erkennbar um ein einheitliches Dorfgebiet i. S. v. § 1 Abs. 2 Nr. 5 BauNVO und bei den als MI1 und MI2 überplanten Flächen um ein Mischgebiet i. S. v.

§ 1 Abs. 2 Nr. 7 BauNVO. Insoweit hätte die Antragsgegnerin die einzelnen Bereiche auch als Teilflächen bezeichnen können. In der Sache legt schon die Ausweisung der jeweils gleichen Gebietstypen und ihr räumlicher Zusammenhang eine Gesamtbetrachtung nahe (vgl. dazu auch OVG Lüneburg, Urteil v. 7.10.2021 – 1 KN 3/20 –, juris Rdnr. 25). Zudem ist davon auszugehen, dass die Untergliederung auch mit Blick darauf erfolgt ist, dass die Teilflächen MI1 und MI2 bzw. MD2 und MD3 durch einen erstmals ausgewiesenen Fußweg voneinander getrennt sind. Weder der Planbegründung noch den textlichen Planfestsetzungen lässt sich eine Differenzierung hinsichtlich der Nutzungsart der Teilflächen entnehmen, was ebenfalls dafür spricht, diese nicht isoliert, sondern übergreifend jeweils als einheitliches Baugebiet zu betrachten. Dies ergibt sich auch aus der Abwägungsentscheidung der Antragsgegnerin, wonach etwa die ausgewiesenen Dorfgebiete ausdrücklich im Zusammenhang zu sehen sind.

Handelt es sich aber um zwei einheitliche Baugebiete nach § 1 Abs. 2 BauNVO, so führt eine (überwiegende oder ausschließliche) Wohnnutzung auf einzelnen Teilflächen nicht dazu, dass dort die Lärmschutzwerte eines allgemeinen Wohngebiets einzuhalten sind. Insoweit geht die TA Lärm von den Gebietstypen der BauNVO aus und differenziert nicht danach, wo im Gebiet einzelne Nutzungen verwirklicht werden. Auch der Gebietscharakter nach der BauNVO ändert sich nicht etwa deshalb, weil in Teilen des Gebiets verstärkt Wohnnutzung stattfindet. Vielmehr stellt Wohnen sowohl im Dorfgebiet (§ 5 Abs. 1 Satz 1 BauNVO) als auch im Mischgebiet (§ 6 Abs. 1 BauNVO) eine Hauptnutzungsart dar. Nach der Regelung des § 1 Abs. 4 BauNVO, die eine Gliederung des Baugebietes nach Zonen erlaubt, kann der jeweiligen Nutzungsart sogar ausdrücklich ein bestimmter Standort im Gebiet zugewiesen werden, ohne dass sich der Gebietstyp und damit die anzuwendenden Lärmgrenzwerte ändern. Aber auch ohne eine solche Zonierung schlagen Dorf- und Mischgebiet nicht in einen anderen Gebietstyp um, solange das für die jeweilige Gebietsart erforderliche Nebeneinander verschiedener Nutzungen weiterhin vorhanden ist oder noch entstehen kann (zum sog. Etikettenschwindel s. unten). Die Mischgebiets- bzw. Dorfgebietsausweisung im streitgegenständlichen Bebauungsplan führt daher insgesamt nicht zu einer Verschlechterung der Situation des Weinguts, da dieses lediglich diejenigen Werte nach der TA Lärm einhalten muss, die es bisher bereits zu beachten hatte.

Auch die Festsetzung der Baugrenzen führt – jedenfalls bezogen auf das MI2 – nicht zu einer Veränderung der Situation. Soweit die Antragsteller vortragen, dass durch die Planung eine etwaige neue Wohnbebauung näher an ihren Betrieb heranrücken und es insbesondere wegen der nach Süden hin offenen Fläche zu Lärmkonflikten kommen könne, ist dem entgegenzuhalten, dass auch ohne den streitgegenständlichen Bebauungsplan eine mehrgeschossige Wohnbebauung bis zu den festgesetzten Baugrenzen im Bereich des MI2 planungsrechtlich zulässig wäre, da sie sich mit Blick auf den insbesondere entlang der H...straße vorhandenen Bestand nach Maßgabe des § 34 Abs. 1 BauGB in die nähere Umgebung einfügen würde. Ob dies auch für eine die festgesetzten Baugrenzen vollständig ausschöpfende Bebauung im MD3 gelten würde, kann hier im Ergebnis offenbleiben.

Denn ungeachtet dessen erscheint eine Bewältigung etwaiger Lärmkonflikte im Planungsverfahren auch nicht geboten. Ein Heranrücken neuer Wohnbebauung an den Betrieb der Antragsteller ist wegen des vorhandenen Bestands nur auf den als MI2 und MD3 überplanten Flächen überhaupt möglich. Soweit das von den Antragstellern eingeholte Schalltechnische Prognosegutachten vom 10.3.2022 eine Überschreitung der nachts einzuhaltenden Lärmgrenzwerte während der Weinlese insbesondere an den neuen, unmittelbar auf der Baugrenze liegenden Immissionsorten des MI2 und MD3 ergeben hat, bleibt abzuwarten, ob ein zur Genehmigung gestelltes Bauvorhaben diese Baugrenzen vollständig ausnutzen würde. Auch hat die Antragsgegnerin im festgesetzten Mischgebiet für die erforderliche Nutzungsmischung von Wohnen und Gewerbe zu sorgen, so dass es im Grenzbereich zwischen dem Weinbaubetrieb (und hier insbesondere der Hoffläche) und dem MI2 womöglich ohnehin nicht zu einem unmittelbaren Aufeinandertreffen von landwirtschaftlicher Nutzung und Wohnnutzung kommen wird.

Auch die nach § 1 Abs. 6 Nr. 1 BauGB zu berücksichtigenden Belange erforderten keine umfassende schalltechnische Untersuchung. Die Anforderungen an gesunde Wohnverhältnisse sind im Regelfall gewahrt, wenn die Orientierungswerte der DIN 18005 für Dorf- und Mischgebiete (60 dB(A) tags und 50 dB(A) nachts) unterschritten werden (OVG NRW, Beschluss v. 21.9.2005 – 10 B 9/05 –, juris LS). Hiervon durfte die Antragsgegnerin im Rahmen der Ermittlung und Bewertung der abwägungsrelevanten Belange nach dem zuvor Gesagten ausgehen, da die einzig wesentlichen Lärmemissionen nach Aufgabe des Gewerbebetriebs K... vom Weinbaubetrieb der Antragsteller verursacht wurden, dieser die Grenzwerte der TA Lärm für Dorf- und Mischgebiete, die nachts mit 45 db(A) noch unter den genannten Grenzwerten der DIN 18005 liegen, ohnehin bereits zu beachten hatte und keine Anhaltspunkte für eine relevante Überschreitung dieser Werte vorlagen.

Der Bebauungsplan ist im maßgeblichen Zeitpunkt des Satzungsbeschlusses vom 29.4.2021 auch materiell rechtmäßig. Er ist städtebaulich erforderlich und weist keine beachtlichen Abwägungsfehler auf.

Ob ein Bauleitplan im Sinne von § 1 Abs. 3 BauGB erforderlich ist, richtet sich nach der planerischen Konzeption der Gemeinde, der insoweit ein weites Planungsermessen zukommt, innerhalb dessen sie ermächtigt ist, eine »Städtebaupolitik« entsprechend ihren städtebaulichen Vorstellungen zu betreiben. Die Gemeinde ist demnach planungsbefugt, wenn sie hierfür hinreichend gewichtige städtebauliche allgemeine Belange ins Feld führen kann. Eine städtische Planung darf dabei auch Wünsche Privater aufnehmen und diese als Anstoß für die Planung nehmen, solange sie zugleich städtebauliche Interessen verfolgt (vgl. OVG RP, Urteil v. 6.5.2015 – 8 C 10974/14 –, juris Rdnr. 21).

Nach Maßgabe dieser Grundsätze ist der Bebauungsplan »H.straße« erforderlich. In der Begründung heißt es unter »Veranlassung sowie Ziele und Zwecke der Planaufstellung«, durch die Aufstellung des Bebauungsplanes sollten die Steuerungsmöglichkeit für die städtebauliche Entwicklung gestärkt und die städtebaulichen Ziele gesichert werden. Die Aufstellung des Plans sei erforderlich, um einen Rahmen für die bauliche Entwicklung zu geben, der einerseits die Eigenart und den Charakter der städtebaulichen und nutzungsstrukturellen Strukturen im Gebiet erhalte und schütze, andererseits gleichzeitig Möglichkeiten für die zukünftige Entwicklung, auch im Rahmen einer baulichen Nachverdichtung, biete.

Dem Bebauungsplan liegt ausweislich dieser Planbegründung eine von städtebaulich legitimen Zielen getragene positive Planungskonzeption zugrunde. Dies gilt sowohl bezogen auf die beabsichtigte Nachverdichtung, die erkennbar dem Ziel dient, Wohnbebauung zu schaffen (§ 1 Abs. 6 Nr. 2 BauGB), wie auch hinsichtlich der Erhaltung der Gebietsstrukturen (§ 1 Abs. 6 Nr. 4 BauGB). Dass die Planziele in der Planbegründung dabei zunächst nur allgemein formuliert werden, ist entgegen der Auffassung der Antragsteller nicht zu beanstanden, da durch die weiteren planungsrechtlichen Festsetzungen hinreichende Konkretisierungen erfolgt sind.

An der städtebaulichen Erforderlichkeit des Plans fehlt es auch nicht etwa deshalb, weil der Vertrag mit der C… W… GmbH, die auf den Teilflächen MI2 und MD3 Mehrfamilienhäuser errichten wollte, nicht zustande gekommen ist. Die Antragsgegnerin hat zwar das Vorhaben der C… W… GmbH zum Anlass genommen, von der ursprünglich geplanten Renaturierung des Entenbachs Abstand zu nehmen und stattdessen eine Nachverdichtung anzustreben. Diese war indes nicht das einzige Planungsziel, vielmehr sollte auch der Charakter der städtebaulichen Strukturen erhalten und geschützt werden. Auch deutet der räumliche Geltungsbereich des Bebauungsplans in keiner Weise darauf hin, dass die Planung auf das MI2 und das MD3 beschränkt sein sollte, was sich auch aus weiteren inhaltlichen Planfestsetzungen ergibt, die mit diesen Flächen nicht in Zusammenhang stehen (etwa die Ausweisung des Fußgängerwegs als Schulwegverbindung zwischen M.weg und H.straße oder von Geh-, Fahr- und Leitungsrechten zur Sicherung der Unterhaltung der Kanalbauwerke des Entenbaches). Unabhängig davon hat die Antragsgegnerin nach dem Scheitern des Vertragsschlusses auch weiterhin am Ziel einer geordneten Nachverdichtung festgehalten. Der Beschlussvorlage für die Ratssitzung am 29.10.2020 lässt sich entnehmen, dass wegen des Nichtzustandekommens des Vertrags lediglich eine Änderung der – den Wünschen der C… W… GmbH angepassten – Höhenfestsetzungen im MI2 und im MD3 erfolgt ist, diese Flächen im Übrigen aber noch immer für eine Nachverdichtung zur Verfügung stehen sollten. Die für die genannten Bereiche getroffenen Festsetzungen zum Maß der baulichen Nutzung erlauben ungeachtet der vorgenommenen Änderung eine effektive Ausnutzung der Flächen und tragen damit erkennbar dem Ziel der Wohnraumschaffung durch Nachverdichtung Rechnung. Damit bestand zum maßgeblichen Zeitpunkt der Beschlussfassung auch ohne den städtebaulichen Vertrag ein schlüssiges Plankonzept, auf dessen Grundlage die städtebaulichen Ziele der Antragsgegnerin verwirklicht werden konnten.

Soweit die Antragsteller geltend machen, die festgesetzten Gebietstypen seien von der Antragsgegnerin lediglich zur Abwendung von Lärmkonflikten festgesetzt worden, liegt der damit in der Sache gerügte »Etikettenschwindel« ebenfalls nicht vor.

Ein solcher würde voraussetzen, dass der Plangeber das für Misch- und Dorfgebiete gesetzlich vorgesehene Miteinander verschiedener Nutzungen in Wirklichkeit gar nicht gewollt, sondern lediglich als die wahren Planungsabsichten verdeckendes »Etikett« vorgeschoben hätte, oder aber, dass eine Entwicklung des Plangebietes zum Misch- bzw. Dorfgebiet aufgrund der vorhandenen Bebauung oder sonstiger Umstände faktisch gar nicht zu erreichen wäre (vgl. zum Ganzen etwa die Urteile des Senats vom 29.1.2015 – 1 C 10442/14 –, 8.6.2011 – 1 C 11239/10 – und vom 21.10.2009 – 1 C 10150/09 –, alle juris, jeweils m. w. N.). Dafür fehlt es hier indes an hinreichenden Anhaltspunkten.

Dies gilt zunächst hinsichtlich der Dorfgebietsausweisung, die nach der Planbegründung bestandsorientiert und insbesondere mit Blick auf die Lage des Betriebs der Antragsteller erfolgt ist und auch für die Zukunft den nach § 5 BauNVO zulässigen Nutzungen dienen soll. Dass die Antragsgegnerin entgegen dieser Planungsabsichten eigentlich ein anderes Ziel verfolgt oder ein Dorfgebiet in dem überplanten Bereich perspektivisch nicht verwirklicht werden kann, ist nicht erkennbar.

Die drei Hauptfunktionen Land- und Forstwirtschaft, Wohnen und Gewerbe müssen im Dorfgebiet nicht in einem bestimmten prozentualen Mischungsverhältnis stehen; ihre Anteile können sich insbesondere bei der Überplanung von historisch gewachsenen Dorfgebieten sehr unterschiedlich darstellen. Die Festsetzung eines Dorfgebiets ist dabei auch möglich, wenn die land- und forstwirtschaftliche Nutzung stark zurückgegangen ist und der Anteil der Wohnbebauung zugenommen hat. Zu einer bauplanungsrechtlich relevanten Änderung des Gebietscharakters führt dies erst dann, wenn die landwirtschaftliche Nutzung aus dem Gebiet völlig verschwunden ist, mithin im maßgeblichen Bereich keine aktiven Wirtschaftsstellen land- oder forstwirtschaftlicher Betriebe mehr vorhanden sind und auch mit der Wiederaufnahme solcher Nutzungen in absehbarer Zeit nicht mehr gerechnet werden kann (vgl. BVerwG, Urteil v. 23.4.2009 – 4 CN 5.07 –, juris Rdnr. 10 f. m. w. N.; BayVGH; Urteil v. 27.9.2021 – 15 B 20.828 –, juris Rdnr. 31).

Nach Maßgabe dieser Grundsätze reicht der – die nähere Umgebung schon auf Grund seiner Größe prägende – Betrieb der Antragsteller für die Ausweisung eines Dorfgebietes aus, so dass es entgegen deren Auffassung nicht darauf ankommt, ob sich hier zukünftig noch weitere landwirtschaftliche Betriebe ansiedeln können oder ausschließlich Wohnbebauung (die im Übrigen auch eine gewerbliche oder handwerkliche Nutzung ermöglichen würde) vorhanden ist. Der Ausweisung als Dorfgebiet steht damit insbesondere nicht entgegen, dass auf der als MD3 überplanten Fläche ein Mehrfamilienhaus errichtet werden soll, da die Antragsgegnerin die erforderliche Mischung der notwendigerweise vorhandenen Nutzungen nur im Dorfgebiet insgesamt, nicht aber auf einzelnen Teilflächen anstreben muss. Auch handelt es sich bei einem Mehrfamilienhaus entgegen der Ansicht der Antragsteller nicht um eine dorfgebietsuntypische Bebauung, zumal die Nutzungsart »Wohnen« nicht auf bestimmte Wohnformen beschränkt ist (vgl. OVG Lüneburg, Beschluss v. 12.9.2022 – 1 ME 48/22 –, juris Rdnr. 10).

Auch hinsichtlich der erfolgten Mischgebietsausweisung ist nicht erkennbar, dass die Antragsgegnerin entgegen dieser Festsetzung ein Wohngebiet beabsichtigt hätte oder dass sich ein Mischgebiet nicht entwickeln könnte. Voraussetzung für ein Mischgebiet ist ein gleichwertiges und gleichgewichtiges Nebeneinander von Wohnen und nicht störendem Gewerbe, was sowohl eine qualitative als auch eine quantitative Durchmischung der genannten Nutzungsarten voraussetzt (vgl. BVerwG, Urteil v. 5.5.1988 – 4 C 34/86 –, juris Rdnr. 18).

Die Absicht des Plangebers ist nach der Begründung des Bebauungsplans auf den Erhalt eines gleichrangigen Nebeneinanders von Wohnen und Gewerbe gerichtet. In der Planbegründung heißt es weiter, die H.straße als Hauptverkehrsstraße sei unter anderem aufgrund ihrer Erschließungsfunktion und Größenbemessung auch in Zukunft prädestiniert für die Andienung gewerblicher Einheiten.

Dass im MI2 auf dem Gelände des ehemaligen Gewerbebetriebs K… nach dem Willen der Antragsgegnerin perspektivisch Wohnbebauung entstehen soll, steht dem nicht entgegen. Auch bei einer Ersatzbebauung durch Wohngebäude erscheint die Aufrechterhaltung des Mischgebietscharakters in dem kleinräumigen Gebiet (noch) möglich. Die erforderliche Durchmischung könnte dabei durch annähernd gleiche Anteile von gewerblicher Nutzung und Wohnnutzung in den zu errichtenden Wohngebäuden (etwa im Sinne einer vertikalen Gliederung, vgl. § 1 Abs. 7 BauNVO) hergestellt werden. Insoweit hat es die Antragsgegnerin in der Hand, durch eine entsprechende Genehmigungspraxis für ein – auch weiterhin bestehendes – Nebeneinander von Wohnen und Gewerbe zu sorgen, um der Gefahr einer Funktionslosigkeit der getroffenen Mischgebietsfestsetzung, wie sie etwa eine reine oder stark überwiegende Wohnnutzung zur Folge hätte, entgegenzuwirken.

Der Bebauungsplan weist zuletzt auch keine Abwägungsfehler auf.

Das in § 1 Abs. 7 BauGB normierte Gebot, die öffentlichen und privaten Belange gegeneinander und untereinander gerecht abzuwägen, setzt neben einer sachgerechten Entscheidung voraus, dass in die Abwägung all das an Belangen eingestellt wird, was nach Lage der Dinge in sie eingestellt werden muss (vgl. etwa BVerwG, Urteil v. 9.4.2008 – 4 CN 1.07 –, juris Rdnr. 22). Die Bedeutung der Belange darf nicht verkannt und der Ausgleich zwischen den von der Planung berührten Belangen nicht in einer Weise vorgenommen werden, die zur objektiven Gewichtigkeit einzelner Belange außer Verhältnis steht. Innerhalb des so gezogenen Rahmens ist dem Abwägungserfordernis schon dann genügt, wenn sich die zur Planung berufene Gemeinde im Widerstreit verschiedener Belange für die Bevorzugung des einen und damit notwendigerweise für die Zurückstellung des anderen Belangs entscheidet.

Nach diesem Maßstab ist die Abwägung hier fehlerfrei erfolgt.

Dies gilt zunächst in Bezug auf die Festsetzung der Gebietstypen. Soweit im Planungsverfahren insbesondere seitens der Kreisverwaltung M-B beanstandet wurde, dass in Bereichen, in denen verstärkt Wohnen stattfinden solle, kein Wohngebiet festgesetzt worden sei, kann auf die obigen Ausführungen verwiesen werden, wonach eine Nutzungsmischung nur übergreifend für das jeweilige Gebiet und nicht auch für dessen einzelne Teilflächen angestrebt werden musste. Vor diesem Hintergrund war die Entscheidung der Antragsgegnerin, ein Misch- bzw. Dorfgebiet auszuweisen, durch das Planungsziel der Erhaltung des Gebietscharakters gerechtfertigt und wurde entsprechend abgewogen.

Auch in Bezug auf etwaige Lärmkonflikte sind keine Abwägungsfehler erkennbar. Die Antragsgegnerin hat sowohl die privaten Belange der Antragsteller hinsichtlich der Lärmimmissionen des Weingutes als auch die Belange hinsichtlich der Verträglichkeit von Wohnnutzung und landwirtschaftlicher Nutzung fehlerfrei gewichtet.

Dabei ist sie zutreffend davon ausgegangen, dass sich die betriebliche Situation des Weinguts bei Einhaltung der schon im Zeitpunkt der Abwägung zu beachtenden Lärmwerte nicht verschlechtere bzw. eine Konfliktlösung auf Planungsebene nicht geboten sei. Insoweit kann auf die obigen Ausführungen zu § 2 Abs. 3 BauGB Bezug genommen werden, die hier gleichermaßen gelten, denn die Antragsteller machen auch im Rahmen der Abwägung geltend, dass ihre Belange durch die heranrückende Wohnbebauung beeinträchtigt würden, auf den für Wohnbebauung vorgesehenen Flächen die Immissionsrichtwerte eines allgemeinen Wohngebietes einzuhalten seien und der hierdurch entstehende Lärmkonflikt auf Planungsebene zu lösen gewesen sei.

Die Antragsteller beanstanden zuletzt ohne Erfolg, es lägen Abwägungsfehler hinsichtlich der Verkehrssituation vor, weil der Bebauungsplan einen Verkehrskonflikt schaffe, von dem das Weingut unverhältnismäßig betroffen sei.

Im Planungsverfahren war seitens der Antragsteller und verschiedener Träger öffentlicher Belange (vgl. etwa die Stellungnahme der Landwirtschaftskammer vom 15.12.2020 sowie der Antragsteller vom 15.12.2020 und vom 2.3.2021) im Wesentlichen vorgetragen worden, der M…weg sei bereits gegenwärtig völlig überlastet und werde entgegen der Verkehrsregelung auch von Nichtanliegern beparkt. Durch eine unbegrenzte Anzahl neuer Wohneinheiten im Bereich des MD3 nehme der Begegnungsverkehr im S.straßenbereich zu und ein Verkehrschaos sei absehbar. Daher sei die Ausweisung von öffentlichen Parkplätzen erforderlich. Der M…weg sei wegen der hohen Verkehrsbelastung insbesondere für die ausreichende Erschließung des Weinguts nicht ausreichend. Hinzu komme, dass die Antragsteller nach Aufgabe des ehemaligen Gewerbebetriebs K… die bisher mögliche Zufahrt über dieses Gelände nicht mehr nutzen könnten, so dass eine zusätzliche Zufahrt von der H.straße zum Weingut nötig sei, die aber mindestens 6 m betragen müsse, da sie ansonsten für Lkw nicht ausreiche. Von dieser Planung habe man indes Abstand genommen. Eine Ersatzzufahrt über die H.straße sei im Sinne aller Bewohner des M.wegs erforderlich. Einzige Alternative sei eine sinnvolle und ausreichende Parkverbotsregelung im M…weg, die entsprechend überwacht werde.

Aus den Unterlagen zur Auswertung der Stellungnahmen geht hervor, dass die Antragsgegnerin die Auswirkung der Planung auf die Verkehrssituation erkannt und fehlerfrei abgewogen hat.

Dabei ist zunächst darauf hinzuweisen, dass sich lediglich der S.straßenbereich des M.wegs im Plangebiet befindet. Hinsichtlich des nicht vom Geltungsbereich des Bebauungsplans umfassten Teils des M.wegs stellt sich daher die Frage, inwieweit hier auftretende Verkehrskonflikte überhaupt planerisch gelöst werden müssen. Jedenfalls ist dies nicht der Fall – und dies betrifft in gleicher Weise den Bereich der S.straße –, wenn sie durch das rechtswidrige Verhalten Dritter verursacht werden. Hiervon ist etwa auszugehen bei dem – der Antragsgegnerin nicht zurechenbaren – verkehrswidrigen Abstellen von Fahrzeugen durch Nichtanlieger. Soweit die Abwägungsentscheidung darauf verweist, dass die Parkproblematik im Straßenbereich M…weg kein Belang der Bauleitplanung sei und nicht alle Nutzungskonflikte aus anderen Rechtsbereichen (etwa durch nicht regelkonformes Parken) im Rahmen eines Bebauungsplanverfahrens gelöst werden könnten, ist dies daher nicht zu beanstanden. Dasselbe gilt auch hinsichtlich ihrer Feststellung, die Festlegung der erforderlichen Anzahl von Stellplätze auf Privatgrundstücken erfolge gemäß den Vorgaben der Landesbauordnung (LBauO) im Zuge späterer Baugenehmigungsverfahren, zumal der nach § 47 Abs. 1 Satz 1 LBauO erforderliche Stellplatznachweis bezweckt, den öffentlichen Verkehrsraum von parkenden Kraftfahrzeugen zu entlasten, indem er für die Errichtung von Anlagen, bei denen ein Zu- oder Abfahrtsverkehr zu erwarten ist, die Herstellung von Stellplätzen in ausreichender Zahl und Größe und in geeigneter Beschaffenheit fordert. Auch das Abwägungsergebnis als solches, wonach dem Belang der Wohnraumschaffung zu Lasten der Herstellung öffentlicher

Verkehrsflächen der Vorzug eingeräumt wurde, ist nicht zuletzt mit Blick auf die nur kurze Strecke zwischen der Einmündung zum M…weg und dem MD3, auf der es planungsbedingt zu einer Zunahme des Begegnungsverkehrs kommen kann, nicht zu beanstanden. Ein hierdurch etwa entstehender Verkehrskonflikt könnte – wie die Antragsteller im Planungsverfahren im Übrigen selbst vorgetragen haben – durch die Anordnung eines Parkverbots im S.straßenbereich (und die Überwachung seiner Einhaltung) wesentlich entschärft werden und musste insoweit nicht durch den Bebauungsplan selbst gelöst werden.

Entsprechende straßenverkehrsbehördliche Maßnahmen würden insbesondere auch die Zufahrt zum Weingut der Antragsteller erleichtern, deren Belange die Antragsgegnerin im Übrigen hinreichend berücksichtigt hat. Dazu heißt es in der Abwägungsentscheidung, weder die bisherige noch die geänderte Planung stelle eine unverhältnismäßige Einschränkung (der Erreichbarkeit des Betriebsgeländes) dar, da eine Erschließung über den M.weg gegeben und die gemeindliche Erschließungsaufgabe somit erfüllt sei, so dass die Schaffung eines Fahrwegs von der H.straße zum Weingut lediglich eine Zweiterschließungsfunktion gehabt hätte. Es sei unverhältnismäßig, der Eigentümerin des Grundstücks H.straße 11 ohne eine zwischen ihr und den Antragstellern erfolgte Einigung über einen Wertausgleich durch die Festsetzung einer entsprechend breiten Verkehrsfläche Einschränkungen aufzuerlegen. Das Weingut sei in Kenntnis über die örtliche Situation errichtet worden und werde auch im Bestand nicht über private Flächen erschlossen.

Die Ausführungen der Antragsgegnerin sind rechtlich nicht zu beanstanden. Sie ist zutreffend davon ausgegangen, dass eine ausreichende Erschließung über den M.weg gegeben ist. Das Recht auf Erschließung gewährt dem Grundstückseigentümer keinen Anspruch auf Leichtigkeit des Zugangs zum Grundstück bzw. auf dessen uneingeschränkte Erreichbarkeit. Insoweit können die Antragsteller nicht verlangen, durch den Bebauungsplan so gestellt zu werden, wie sie auf Grund der (privatrechtlichen) Absprache mit dem ehemaligen Eigentümer des K…-Geländes standen, dessen private Flächen sie für die Zufahrt zum Weingut nutzen durften. Hinzu kommt, dass die Antragsteller den Betrieb im Jahr 2005 in Kenntnis der durch die Umgebungsbebauung vorgegebenen Einschränkungen errichtet haben und sich insoweit auch der beschränkten räumlichen Entwicklungsperspektiven bewusst sein mussten. Dass eine Zufahrt zum Betriebsgrundstück unmöglich bzw. auf eine Weise erschwert ist, die den Betrieb in seiner Existenz gefährden würde, haben die Antragsteller im Planungsverfahren indes nicht substantiiert vorgetragen. Kam der Ausweisung einer zusätzlichen Zufahrt über den M…weg danach lediglich Zweiterschließungsfunktion zu, ist es angesichts der erheblichen Beeinträchtigung, die die Festsetzung eines 5 m breiten öffentlichen Fahrwegs für die Eigentümerin der betroffenen Grundstücke bedeutet hätte, jedenfalls vertretbar, dass die Antragsgegnerin hiervon mit Blick auf eine fehlende privatrechtliche Einigung über einen Wertausgleich abgesehen hat. …

Nr. 24

1. **Bei Fehlen einer ausdrücklichen landesgesetzlichen Regelung besteht eine sog. Ausfertigungsreife von kommunalen Satzungen erst dann, wenn eine für den Satzungserlass gesetzlich erforderliche Genehmigung erteilt wurde. Vor Erteilung einer nach § 10 Abs. 2 Satz 1 BauGB erforderlichen Genehmigung darf ein Bebauungsplan also auch nicht ausgefertigt werden.**

2. **Ein schwerer Nachteil i. S. v. § 47 Abs. 6 VwGO, der eine Außervollzugsetzung eines Bebauungsplans im einstweiligen Rechtsschutzverfahrens rechtfertigt, liegt nicht erst dann vor, wenn die Verwirklichung des angegriffenen Bebauungsplans in tatsächlicher und rechtlicher Hinsicht eine schwerwiegende Beeinträchtigung rechtlich geschützter Positionen des Antragstellers konkret erwarten lässt (wie das OVG NRW etwa im Beschluss v. 30.4.2018 – 2 B 247/18.NE fordert). Der Erlass einer einstweiligen Anordnung nach § 47 Abs. 6 VwGO ist aus »anderen wichtigen Gründen« auch dann geboten, wenn der Normenkontrollantrag mit großer Wahrscheinlichkeit Erfolg haben wird und es im öffentlichen Interesse nicht hinnehmbar ist, dass durch einen weiteren Vollzug der voraussichtlich für ungültig zu erklärenden Rechtsvorschrift vollendete, nicht rückgängig zu machende Tatsachen geschaffen würden.**

(Leitsätze der Redaktion)

BauGB § 10, § 214; VwGO § 47 Abs. 6.

Sächsisches OVG, Beschluss vom 29. Januar 2024 – 1 B 243/33 –.

Aus den Gründen:

Der Antragsteller wendet sich gegen den vom Gemeinderat der Antragsgegnerin am 19.7.2021 beschlossenen Bebauungsplan »XXX« mit einer Größe von etwa 7,8 ha. …

Der Antrag auf Erlass einer einstweiligen Anordnung nach § 47 Abs. 6 VwGO hat Erfolg. …

Nach § 47 Abs. 6 VwGO kann das Gericht auf Antrag eine einstweilige Anordnung erlassen, wenn dies zur Abwehr schwerer Nachteile oder aus anderen wichtigen Gründen dringend geboten ist. Prüfungsmaßstab sind jedenfalls bei Bebauungsplänen nach Rechtsprechung des Bundesverwaltungsgerichts (vgl. BVerwG, Beschluss v. 25.2.2015 – 4 VR 5.14 –, juris Rdnr. 12), der der Senat folgt (Senatsbeschl. v. 2.5.2022 – 1 B 437/21 –, juris Rdnr. 57; Senatsbeschl. v. 25.1.2022 – 1 B 276/21 –, juris Rdnr. 41; Senatsbeschl. v. 23.3.2021 – 1 B 406/20 –, juris Rdnr. 64; Senatsbeschl. v. 5.5.2015 – 1 B 84/15 –, juris Rdnr. 16), zunächst die Erfolgsaussichten des in der Hauptsache anhängigen Normenkontrollantrags.

Ist der Normenkontrollantrag voraussichtlich unzulässig oder unbegründet, ist der Erlass einer einstweiligen Anordnung nicht im Sinne des § 47 Abs. 6

VwGO geboten. Erweist sich dagegen, dass der Antrag nach § 47 Abs. 1 Nr. 1 VwGO zulässig und (voraussichtlich) begründet sein wird, so ist dies ein wesentliches Indiz dafür, dass der Vollzug der angegriffenen Vorschrift bis zu einer Entscheidung in der Hauptsache suspendiert werden muss. In diesem Fall kann eine einstweilige Anordnung ergehen, wenn und soweit der (weitere) Vollzug vor einer Entscheidung im Hauptsacheverfahren Nachteile befürchten lässt, die unter Berücksichtigung der Belange des Antragstellers, betroffener Dritter oder der Allgemeinheit so gewichtig sind, dass eine vorläufige Regelung mit Blick auf die Wirksamkeit und Umsetzbarkeit einer für den Antragsteller günstigen Hauptsacheentscheidung unaufschiebbar ist (BVerwG, Beschluss v. 25.2.2015, a. a. O.; Senatsbeschl. v. 2.5.2022, a. a. O.; Senatsbeschl. v. 25.1.2022, a. a. O.; Senatsbeschl. v. 23.3.2021, a. a. O.). Lassen sich die Erfolgsaussichten des Normenkontrollverfahrens nicht abschätzen, ist über den Erlass einer beantragten einstweiligen Anordnung im Wege einer Folgenabwägung zu entscheiden: Gegenüberzustellen sind die Folgen, die eintreten würden, wenn eine einstweilige Anordnung nicht erginge, der Normenkontrollantrag aber Erfolg hätte, und die Nachteile, die entstünden, wenn die begehrte einstweilige Anordnung erlassen würde, der Antrag nach § 47 Abs. 1 Nr. 1 VwGO aber erfolglos bliebe. Die für den Erlass der einstweiligen Anordnung sprechenden Erwägungen müssen die gegenläufigen Interessen dabei deutlich überwiegen, mithin so schwer wiegen, dass der Erlass der einstweiligen Anordnung – trotz offener Erfolgsaussichten der Hauptsache – dringend geboten ist (BVerwG, Beschluss v. 25.2.2015, a. a. O.; Senatsbeschl. v. 2.5.2022, a. a. O.; Senatsbeschl. v. 23.3.2021, a. a. O.).

Soweit die Gegenauffassung (vgl. etwa OVG NRW, Beschluss v. 30.4.2018 – 2 B 247/18.NE –, juris Rdnr. 15 ff.; Beschluss v. 9.4.2019 – 7 B 1489/18.NE –, juris Rdnr. 4, 9; Beschluss v. 8.12.2020 – 10 B 1122/20.NE –, juris Rdnr. 3 ff.) abweichend hiervon einen »schweren Nachteil« nur bejaht, wenn die Verwirklichung des angegriffenen Bebauungsplans in tatsächlicher und rechtlicher Hinsicht eine schwerwiegende Beeinträchtigung rechtlich geschützter Positionen des Antragstellers konkret erwarten lässt, und für eine Außervollzugsetzung eines offensichtlich unwirksamen Bebauungsplans »aus anderen wichtigen Gründen« voraussetzt, dass die Umsetzung des Plans den jeweiligen Antragsteller konkret so beeinträchtigt, dass die einstweilige Anordnung jedenfalls deshalb in seinem individuellen Interesse dringend geboten ist, folgt der Senat dem nicht.

Das Kriterium der Antragsbefugnis nach § 47 Abs. 6 i. V. m. Abs. 2 VwGO regelt auf Ebene der Zulässigkeit den Zugang zur Normenkontrolle. Auf Ebene der Begründetheit stellt sich die Normenkontrolle jedoch als objektives Rechtsbeanstandungsverfahren dar (vgl. BVerwG, Urteil v. 29.10.2020 – 4 CN 9.19 –, juris 12; Beschluss v. 31.1.2022 – 4 BN 42.21 –, juris Rdnr. 5).

Der Erlass einer einstweiligen Anordnung nach § 47 Abs. 6 VwGO ist aus »anderen wichtigen Gründen« auch dann geboten, wenn der Normenkontrollantrag mit großer Wahrscheinlichkeit Erfolg haben wird und es im öffentlichen Interesse nicht hinnehmbar ist, dass durch einen weiteren Vollzug der voraussichtlich für ungültig zu erklärenden Rechtsvorschrift vollendete, nicht rückgängig zu machende Tatsachen geschaffen würden (Dombert, in: Finkelnburg/Dombert/Külpmann, Vorläufiger Rechtsschutz im Verwaltungsstreitverfahren, 7. Auflage 2017, Rdnr. 604).

Der Anordnungsgrund »aus anderen wichtigen Gründen« dient als Auffangtatbestand – anders als der der »Abwehr schwerer Nachteile« – nicht in erster Linie dem Individualrechtsschutz, sondern vor allem dem öffentlichen Interesse an der Wirksamkeit der Normenkontrolle, die nicht durch die zwischenzeitliche Schaffung vollendeter Tatsachen ihrer rechtsstaatlichen Funktion beraubt werden soll (Senatsbeschl. v. 23.3.2021 – 1 B 406/20 –, juris Rdnr. 170). Der vorläufige Vollzug eines offensichtlich unwirksamen Bebauungsplans liegt in aller Regel nicht im öffentlichen Interesse.

Im Übrigen hat der Gesetzgeber mit den Bestimmungen der §§ 214, 215 BauGB bereits ein wirksames Instrumentarium zur Planerhaltung geschaffen. Erweist sich der angegriffene Plan hiernach als – offensichtlich – unwirksam, verbleibt der planenden Gemeinde die Möglichkeit, gemäß § 214 Abs. 4 BauGB ein ergänzendes Verfahren durchzuführen. Ob, wann und wie ein solches ergänzendes Verfahren durchgeführt wird, liegt in der Disposition der Gemeinde als Satzungsgeberin und ist einer Einflussnahme des mit einem – offensichtlich – unwirksamen Bebauungsplan konfrontierten Antragstellers entzogen. Dann aber erscheint es auch nicht gerechtfertigt, für die Außervollzugsetzung allein auf dessen individuelle konkrete Beeinträchtigung abzustellen. Da eine gerichtliche Außervollzugsetzung gegenstandslos wird, wenn eine im Verfahren nach § 47 Abs. 6 VwGO außer Vollzug gesetzte Satzung nach § 214 Abs. 4 BauGB geheilt wird (Senatsbeschl. v. 13.4.2022 – 1 B 395/21 –, juris Rdnr. 41 ff. m. w. N.), hat es die planende Gemeinde im Übrigen selbst in der Hand, offensichtliche Unwirksamkeitsmängel zu beheben, ohne dass es ihrerseits eines Abänderungsantrags nach § 47 Abs. 6 VwGO i. V. m. § 80 Abs. 7 VwGO analog bedarf.

Aus den soeben genannten Gründen steht es der Dringlichkeit einer Anordnung ebenso wenig entgegen, wenn die Gemeinde bei einem offensichtlich rechtswidrigen Bebauungsplan nachträglich eine Fehlerbehebung vornehmen kann; zudem lässt sich das Gelingen des Heilungsakts nicht mit Gewissheit antizipieren (Schoch, in: Schoch/Schneider, Verwaltungsrecht, Werkstand: 44. EL, März 2023, VwGO, § 47 Rdnr. 168a m. w. N.; a. A. Nds. OVG, Beschluss v. 15.11.2000 – 1 M 3238/00 –, juris Rdnr. 47 ff.; Ziekow, in: Sodan/Ziekow, VwGO, 5. Aufl. 2018, § 47 Rdnr. 397, 398).

Nach dem eingangs dargestellten Prüfungsmaßstab ist der Erlass der beantragten einstweiligen Anordnung geboten.

Der in der Hauptsache gestellte Normenkontrollantrag – 1 C 9/22 –, dessen Zulässigkeit auch von der Antragsgegnerin nicht in Abrede gestellt wird, wird nach derzeitiger Sachlage offensichtlich auch in der Sache Erfolg haben.

Nach derzeitigem Sachstand verstößt der Bebauungsplan wegen eines offensichtlichen Ausfertigungsmangels gegen höherrangige Vorschriften des Landesrechts.

Nach der landesrechtlichen Regelung des § 4 Abs. 3 Satz 1 SächsGemO sind Satzungen durch den Bürgermeister auszufertigen und bekanntzumachen.

Das Ausfertigungserfordernis als grundlegendes Element jeglichen Rechtssetzungsverfahrens folgt unmittelbar aus dem bundes- wie landesrechtlich gewährleisteten Rechtsstaatsprinzip (Art. 20 Abs. 3 GG, Art. 1 Satz 2 SächsVerf). Es ist in § 4 Abs. 3 Satz 1 SächsGemO für gemeindliche Satzungen landesgesetzlich ausgestaltet und vom Normenkontrollsenat von Amts wegen zu prüfen; einer entsprechenden Rüge bedarf es im Hinblick auf die Beachtlichkeit eines Ausfertigungsmangels nach sächsischem Landesrecht (§ 4 Abs. 4 Satz 2 SächsGemO) deshalb nicht (vgl. bereits SächsOVG, NK-Urteil v. 23.10.2000, SächsVBl. 2001, 79, 80).

Im Anwendungsbereich von § 4 Abs. 3 Satz 1 SächsGemO sind vom Gemeinderat beschlossene Satzungen (wie etwa Bebauungspläne) vom Bürgermeister zunächst auszufertigen. Erst anschließend darf eine Bekanntmachung veranlasst werden; dies gilt auch für die Ersatzbekanntmachung von Bebauungsplänen (§ 10 Abs. 3 Satz 1 BauGB) im Amtsblatt einer Gemeinde. Soweit eine aufsichtsbehördliche Genehmigung der Satzung erforderlich ist, muss diese nach sächsischem Landesrecht bereits vor deren Ausfertigung vorliegen (SächsOVG, NK- Urteil v. 1.7.2011 – 1 C 25/08 –, juris Leitsatz 2, Rdnr. 36 ff.; SächsOVG, NK-Urteil v. 28.12.2018 – 1 C 16/17 –, juris Rdnr. 41; Senatsbeschl. v. 23.3.2021 – 1 B 406/20 –, juris Rdnr. 124).

Beim Fehlen einer ausdrücklichen landesgesetzlichen Regelung besteht eine sog. Ausfertigungsreife von kommunalen Satzungen erst dann, wenn eine für den Satzungserlass gesetzlich erforderliche Genehmigung erteilt wurde. In seinem vorgenannten Normenkontroll-Urteil v. 1.7.2011 hat der Senat hierzu Folgendes ausgeführt (SächsOVG, NK- Urteil v. 1.7.2011 – 1 C 25/08 –, juris Rdnr. 37, 38):

> »Entscheidend für das Vorliegen der Ausfertigungsreife einer Satzung erst nach erfolgter Genehmigungserteilung spricht vielmehr bereits die Beurkundungs- und Gewährleistungsfunktion. Durch die Ausfertigung wird die Originalurkunde der Satzung geschaffen, also der Wille des Normgebers wahrnehmbar gemacht und bezeugt, dass der Inhalt der Urkunde mit dem Beschluss des zuständigen Organs übereinstimmt (BayVGH, NK-Urteil v. 18.11.1991 a. a. O.). Entspricht die aufsichtsbehördliche Genehmigung nicht uneingeschränkt der zur Genehmigung vorgelegten Satzung, bedarf es einer Prüfung, ob die Abweichung des Genehmigungsbescheids vom Satzungsbeschluss eine neuerliche Befassung des zuständigen kommunalen Gremiums erfordert (etwa in Form eines sog. Beitrittbeschlusses, vgl. Spannowsky, in: Spannowsky/Runkel/Goppel, ROG, § 12 Rdnr. 68; Löhr,

> in: Battis/Krautzberger/Löhr, BauGB, 11. Aufl., § 6 Rdnr. 19) oder ob eine Fortsetzung des Normsetzungsverfahrens auch ohne eine erneute abwägende Entscheidung des zuständigen kommunalen Gremiums (so BVerwG, Urteil v. 10.8.1990 – 4 C 3/90 –, juris Rdnr. 25 für »Klarstellungen und andere redaktionelle Änderungen«) vom Willen des Satzungsgebers gedeckt ist. Eine solche Prüfung der Frage, ob die genehmigte Fassung der Satzung mit der vom Normgeber beschlossenen Fassung inhaltlich übereinstimmt, kann erst nach erfolgter Genehmigung durchgeführt werden. Die vom kommunalen Satzungsgeber zu wahrende Abfolge von Genehmigung, Ausfertigung und Bekanntgabe trägt damit zur Vermeidung von Unklarheiten bei, wie sie sich insbesondere im Zusammenhang mit Beschlussfassungen des zuständigen kommunalen Gremiums bis zum Abschluss eines Genehmigungsverfahrens ergeben können.«

Hieran hält der Senat fest. Soweit die Antragsgegnerin dagegen einwendet, für die vom Senat vorgegebene Reihenfolge Genehmigung – Ausfertigung – Bekanntmachung bestehe »keine ausdrückliche gesetzliche Grundlage«, steht dies der vom Senat vorgenommenen Auslegung der landesrechtlichen Vorgaben des § 4 Abs. 3 Satz 1 SächsGemO nicht entgegen. Da diese Regelung seit dem vorgenannten Senatsurteil vom 1.7.2011 trotz der mehrfachen Änderung der Sächsischen Gemeindeordnung unangetastet geblieben ist, bestehen auch keine Anhaltspunkte dafür, dass die Auslegung der Norm dem gesetzgeberischen Willen widersprechen würde. Anders als die Antragsgegnerin meint, bedarf es mit Blick auf die »grundgesetzlich verbürgte Satzungsautonomie« auch keiner ausdrücklichen gesetzlichen Regelung. Denn die durch Art. 28 Abs. 2 Satz 1 GG und durch Art. 82 Abs. 2 Satz 2 SächsVerf gewährleistete kommunale Selbstverwaltung besteht ausweislich des Wortlautes der Normen ohnehin lediglich »im Rahmen der Gesetze«. Als Regelung eines Gesetzesvorbehalts bezieht sich dies sowohl auf Art und Umfang der gemeindlichen Aufgaben wie auch ihre eigenverantwortliche Wahrnehmung (Mehde, in: Dürig/Herzog/Scholz, Grundgesetz-Kommentar, Werkstand: 102. EL August 2023, Art. 28 Rdnr. 249). Dabei ist die Ausübung der kommunalen Selbstverwaltungsgarantie nicht denkbar ohne gesetzliche Ausgestaltungen (Mehde, a. a. O.). Auch das ausdrücklich auf Grundrechte bezogene Zitiergebot aus Art. 19 Abs. 1 Satz 2 GG und Art. 37 Abs. 1 Satz 2 SächsVerf findet keine Anwendung, weil die kommunale Selbstverwaltung bereits aufgrund ihrer systematischen Stellung kein Grundrecht darstellt. Dem von der Antragsgegnerin angeführten Argument, kein Bebauungsplan sei vor nachträglicher Verfälschung sicher (OVG Schl.-H., Urteil v. 27.11.1996 – 1 K 13/93 –, juris Rdnr. 38), ist entgegenzuhalten, dass mögliches strafbares Handeln Dritter kein Kriterium dafür sein kann, Abstriche bei den aus dem Rechtsstaatsprinzip abgeleiteten Anforderungen an die Ausfertigung (vgl. Senatsbeschl. v. 19.1.2023 – 1 B 216/22 –, juris Rdnr. 31 m. w. N.) zu rechtfertigen. Zudem ist bei einer Divergenz zwischen aufsichtsbehördlicher Genehmigung und der zur Genehmigung vorgelegten Satzung für die Ausfertigung zu prüfen, ob die Abweichung des Genehmigungsbescheids vom Satzungsbeschluss eine neuerliche Befassung des zuständigen kommunalen Gremiums erfordert (SächsOVG, NK- Urteil v. 1.7.2011 – 1 C 25/08 –, juris Rdnr. 37). Erfolgt eine Ausfertigung dagegen wissentlich ohne eine hiernach erforderliche neuerliche Befassung des zuständigen kommunalen Gremiums, würde sich der ausfertigende Bürgermeister der Gefahr einer Strafverfolgung wegen Falschbeurkundung im Amt (§ 348 Abs. 1 StGB) aussetzen. Soweit die Antragsgegnerin schließlich meint, auch für die Genehmigungsbehörde sei die Authentizität des Textes von entscheidender Bedeutung, was sich bestmöglich durch eine bereits ausgefertigte Satzung garantieren lasse (VG Hannover, Urteil v. 17.11.2011 – 12 A 1397/11 –, juris Rdnr. 63), lässt sie außer Acht, dass sich die bekanntzumachende Satzung in erster Linie an die Normadressaten richtet und mit der vorherigen Ausfertigung sichergestellt werden soll, dass – wie oben ausgeführt – auch etwaige Maßgaben einer aufsichtsbehördlichen Genehmigung zuvor umgesetzt wurden.

Hieran gemessen genügt der angegriffene Bebauungsplan nicht dem Ausfertigungserfordernis. Im Zeitpunkt der Ausfertigung am 3.9.2021 bestand noch keine Ausfertigungsreife der hier vermeintlich als vorzeitiger Bebauungsplan (§ 8 Abs. 4 Satz 1 BauGB) erlassenen Satzung, welche erst später mit der Genehmigung des Bebauungsplans nach § 10 Abs. 2 Satz 1 BauGB durch den Landkreis L. am 21.1.2022 eingetreten ist. Dabei handelt es sich um einen der sog. Ewigkeitsfehler nach sächsischem Landesrecht (Sitzungsöffentlichkeit, Genehmigungspflicht, Ausfertigung und Bekanntmachung der Satzung, vgl. Meng, SächsVBl. 2018, 81 ff.), für den nach § 4 Abs. 4 Satz 2 Nr. 1 SächsGemO die Jahresfrist des § 4 Abs. 4 Satz 1 SächsGemO nicht greift.

Soweit die Antragsgegnerin nunmehr ein ergänzendes Verfahren nach § 214 Abs. 4 BauGB eingeleitet hat, ist dem schon deswegen nicht weiter nachzugehen, weil es bislang noch nicht abgeschlossen ist.

In Anbetracht des Ausfertigungsmangels bedarf es keiner Entscheidung, ob der angegriffene Bebauungsplan auch aus anderen Gründen gegen höherrangiges Recht verstößt. Insbesondere kann vorliegend offenbleiben, ob das Entwicklungsgebot des § 8 Abs. 2 BauGB in beachtlicher Weise (§ 214 Abs. 2 BauGB, vgl. hierzu etwa BVerwG, Beschluss v. 14.4.2010 – 4 B 78.09 –, juris Rdnr. 25; OVG NRW, Urteil v. 30.9.2009 – 10 D 8/08.NE –, juris Rdnr. 55; BayVGH, Urteil v. 5.7.2009 – 15 N 96.89 –, juris Rdnr. 23; Stock, in: Ernst/Zinkahn/Bielenberg/Krautzberger, BauGB, Werkstand: 151. EL August 2023, § 214 Rdnr. 109, 112 m. w. N.; Battis, in: Battis/Krautzberger/Löhr, BauGB, 15. Aufl. 2022, § 214 Rdnr. 12) verletzt ist sowie ob eine fehlerhafte Abwägung (§ 1 Abs. 7 BauGB) vorliegt. Dabei erscheint es nach – vorläufiger – Auffassung des Senats bezüglich der denkmalschutzrechtlichen Belange nach § 1 Abs. 6 Nr. 5 BauGB insbesondere zweifelhaft, ob in Anbetracht der Stellungnahmen des Landesamtes für Denkmalpflege vom 12.6.2020 und vom 18.3.2021 die Festsetzung einer Traufhöhe von maximal 7,00 m für das Sondergebiet Ferienhausgebiet (SO 1) der zum Schloss führenden Allee frei von Abwägungsfehlern erfolgte, indem die Antragsgegnerin stattdessen einen avisierten städtebaulichen Vertrag über eine – einvernehmliche – Begrenzung der Traufhöhe auf die vom Landesamt für Denkmalpflege geforderten 6,50 m in den Blick genommen hatte (vgl. S. 32 der Abwägung, S. 34, 36 der Begründung zum Bebauungsplan). Die zwischen den Beteiligten streitige Frage, ob die dem Antragsteller erteilte Baugenehmigung vom 28.6.2010 weiterhin eine Nutzung des Schlosses als Gaststätte mit Freisitz umfasst oder selbige durch Zeitablauf erloschen ist (§ 73 Abs. 1 SächsBO), die vorgreiflich ist für die geltend gemachte Verletzung des Abwägungsgebots in Bezug auf den lärmimmissionsschutzrechtlichen Konflikt zwischen dem Schlossbetrieb und der heranrückenden Wohnbebauung, bedarf vorliegend ebenfalls keiner Entscheidung.

Dass nach dem Vorstehenden der Antrag in der Hauptsache – 1 C 9/22 – nach derzeitigem Sachstand offensichtlich zulässig und begründet sein wird, bildet bereits ein wesentliches Indiz dafür, den Bebauungsplan im Verfahren nach § 47 Abs. 6 VwGO vorläufig außer Vollzug zu setzen. Der (weitere) Vollzug des Bebauungsplans vor einer Entscheidung in der Hauptsache lässt darüber hinaus Nachteile befürchten, die mit Blick auf Belange des Antragstellers, betroffener Dritter wie auch der Allgemeinheit so gewichtig sind, dass eine vorläufige Regelung mit Blick auf die Wirksamkeit und Umsetzbarkeit einer für den Antragsteller günstigen Hauptsacheentscheidung unaufschiebbar ist.

Mit dem im November 2023 erfolgten Baubeginn für drei Einfamilienhäuser (im Wohngebiet WA 1.2) und der Vorbereitungen für das Gießen der Bodenplatten für zehn Doppelhaushälften (im Wohngebiet WA 1.3, WA 1.4) werden nunmehr schon jetzt im Plangebiet vollendete Tatsachen in größerem Umfang geschaffen, wobei die Bauherrin, die Fa. B. nach Mitteilung der Antragsgegnerin von einer Genehmigungsfreistellung für Bauvorhaben im Geltungsbereich eines Bebauungsplans im Sinne von § 30 Abs. 1 BauGB nach § 62 Abs. 2 SächsBO Gebrauch ausgeht. In der weiteren Vollziehung des angegriffenen Bebauungsplans hat der Antragsteller jedenfalls eine Beeinträchtigung seines Denkmaleigentums (Art. 14 Abs. 1 GG, Art. 31 Abs. 1 SächsVerf) am Schloss zu gewärtigen. So führt der angegriffene Bebauungsplan etwa die Blickbeziehungen innerhalb des Plangebiets zum Schloss durch Festsetzungen zu Trauf- und Firsthöhe sowie Baulinien und Baugrenzen etc. für die das denkmalgeschützte Schloss als Einzeldenkmal gegenwärtig noch umgebenden brachliegenden ehemaligen LPG-Flächen einer grundlegenden städtebaulichen Neuordnung zu. Dies betrifft insbesondere die Blickachse entlang der geplanten Schlossallee durch das vorgesehene Sondergebiet Ferienhaussiedlung (SO1). Bauvorhaben im Geltungsbereich des angegriffenen

Plans sind nach sächsischem Landesrecht unter den in § 62 Abs. 2 SächsBO genannten Voraussetzungen (bau-)genehmigungsfreigestellt; sie werden – wie oben ausgeführt – im Plangebiet teilweise schon errichtet. Dadurch ist der Antragsteller vor einer Entscheidung in der Hauptsache – 1 C 9/22 – unter Umständen mit einer Vielzahl von Bauvorhaben konfrontiert, die die Blickbeziehungen zu dem von ihm mit hohem finanziellen Aufwand sanierten denkmalgeschützten Schloss beeinträchtigen. Nicht nur wegen des Eigentumsrechts des Antragstellers als (Denkmal-)Eigentümer des Schlosses, sondern auch im öffentlichen Interesse (vgl. § 1 Abs. 3 SächsDSchG) ist es indes aufgrund der im Plangebiet vorhandenen Denkmäler – insbesondere das Schloss des Antragstellers sowie auch die weiteren Einzeldenkmäler V. und A. – nicht hinnehmbar, dass durch einen weiteren Vollzug des voraussichtlich für unwirksam zu erklärenden Bebauungsplans bereits vollendete, kaum rückgängig zu machende Tatsachen in der Denkmalumgebung geschaffen würden. Substantiierte Anhaltspunkte dafür, dass die im Plangebiet avisierten Wohnbauvorhaben einer dringenden Nachfrage nach Wohnraum im Hoheitsgebiet der Antragsgegnerin dienen und eine vorläufige Außervollzugsetzung insofern zu unzumutbaren Folgen für Dritte oder die Allgemeinheit führen würde, bestehen nicht. Der allgemeine Hinweis der Antragsgegnerin auf eine »aktuell angespannte Lage auf dem Wohnungs- und Mietmarkt im Großraum ...« lässt keine auf das Hoheitsgebiet der Antragsgegnerin bezogene Dringlichkeit erkennen, die einen spezifischen Bezug zum Plangebiet – etwa im Kontext mit der Ansiedelung eines größeren Arbeitgebers im Gemeindegebiet – aufweist. Soweit die Antragsgegnerin im Übrigen auf die Konsequenzen für den beteiligten Projektträger Fa. B. verweist, erfolgten die bisherigen Bauarbeiten auf eigenes Risiko des jeweiligen Bauherrn (vgl. Senatsbeschl. v. 23.3.2016 – 1 B 84/16 –, juris Rdnr. 4; Senatsbeschl. v. 23.3.2021 – 1 B 406/20 –, juris Rdnr. 59). Schließlich hat der Senat das Hauptsacheverfahren – 1 C 9/22 – nunmehr für den 29.2.2024 terminiert, so dass die Auswirkungen einer vorläufigen Außervollzugsetzung in zeitlicher Hinsicht überschaubar sind. Zu dem Aspekt, dass der Antragsteller am 21.11.2022 selbst eine weitere Baugenehmigung unter Berufung auf den von ihm angegriffenen Bebauungsplan beantragt hat, ist anzumerken, dass die hier erfolgte vorläufige Außervollzugsetzung des Bebauungsplans zur Folge hat, dass auch ihm eine Berufung auf die durch den Plan zugelassenen Nutzungen im dortigen Bauantragsverfahren verwehrt ist. Da sein vorliegender Antrag nach § 47 Abs. 6 VwGO wie auch sein Antrag im Hauptsacheverfahren – 1 C 9/22 – jedoch seiner eigenen Disposition entspringt, kann dies dem Erlass der begehrten einstweiligen Anordnung nicht entgegenstehen, was der Antragsteller im Übrigen auch nicht geltend macht.

Der Umstand, dass sich der offensichtlich bestehende Ausfertigungsmangel im ergänzenden Verfahren für sich genommen ohne Weiteres beheben lässt (vgl. hierzu Külpmann, in: Ernst/Zinkahn/Bielenberg/Krautzberger, Baugesetzbuch, Werkstand: 151. EL August 2023, § 10 Rdnr. 341 m. w. N.), steht einer vorläufigen Außervollzugsetzung nach dem eingangs ausgeführten Prüfungsmaßstab nicht entgegen. Zwar hat die Antragsgegnerin mit Gemeinderatsbeschluss vom 26.6.2023 zwischenzeitlich ein ergänzendes Verfahren nach § 214 Abs. 4 BauGB eingeleitet. Es ist jedoch noch nicht abgeschlossen. Dessen Abschluss lässt sich im Übrigen nicht mit hinreichender Gewissheit verlässlich prognostizieren. Insbesondere soll dem von der Antragsgegnerin eingeleiteten ergänzenden Verfahren nach den Ausführungen der Antragsgegnerin im Schriftsatz vom 16.1.2024 eine Teilflächenänderung ihres Flächennutzungsplans vorangehen. Wenngleich hierzu bereits eine Öffentlichkeitsbeteiligung erfolgt ist, stehen indes ein Gemeinderatsbeschluss über die Änderung des Flächennutzungsplans, die diesbezüglich erforderliche Genehmigung nach § 6 Abs. 1 BauGB und deren Bekanntmachung (§ 6 Abs. 5 BauGB) noch aus. Auch für ein von der Antragsgegnerin angesprochenes Parallelverfahren (§ 8 Abs. 3 BauGB) bedarf der Bebauungsplan einer Genehmigung nach § 10 Abs. 2 BauGB, die bislang nicht vorliegt und im Übrigen noch der Bekanntmachung bedarf (§ 10 Abs. 3 Satz 1 BauGB). …

Nr. 25

1. **Mit der Beschlussfassung über einen Vorhaben- und Erschließungsplan nehmen die Ratsmitglieder den Regelungsgehalt des Plans sowie die zu den jeweiligen Regelungen führende Abwägung in ihren Willen auf. Vor diesem Hintergrund ist es unverzichtbar, dass alle Ratsmitglieder Kenntnis von dem vollständigen Vorhaben- und Erschließungsplan haben. Das setzt bei einem komplexen Plan voraus, dass er den Ratsmitgliedern als Sitzungsunterlage zugänglich gemacht wird**

2. **Hängt der Planvollzug von der Erteilung einer weiteren fachrechtlichen Genehmigung – beispielsweise naturschutzrechtlicher Art – ab, muss die planende Gemeinde im Planaufstellungsverfahren prognostisch beurteilen, ob und wenn ja unter welchen Voraussetzungen die Genehmigung erteilt werden kann. Führt diese prognostische Beurteilung zu dem Ergebnis, dass die Genehmigung nicht erteilt werden kann, darf der Plan nicht erlassen werden; er wäre nicht erforderlich i. S. v. § 1 Abs. 3 BauGB. Ist hingegen auf Grundlage einer Prognose im Zeitpunkt der Beschlussfassung hinreichend sicher abschätzbar, dass die Genehmigung (wahrscheinlich) erteilt werden kann, muss die Gemeinde den voraussichtlichen Aufwand zur Her-**

stellung der Genehmigungsfähigkeit in ihre Abwägung gemäß § 1 Abs. 7 BauGB einstellen.

BauGB § 1 Abs. 3, Abs. 7, § 10, § 12.

Niedersächsisches OVG, Urteil vom 12. Februar 2024 – 1 KN 81/21 –.

Aus den Gründen:

Der Antragsteller wendet sich gegen den vorhabenbezogenen Bebauungsplan Nr. 21 »BHZP Ellringen« des Antragsgegners, der der Beigeladenen die erhebliche Vergrößerung ihrer Sauenzuchtanlage im bisherigen Außenbereich ermöglicht. …

Der zulässige Normenkontrollantrag hat Erfolg. Der Bebauungsplan leidet unter formellen und materiellen Fehlern, die zu seiner Unwirksamkeit führen.

Der Vorhaben- und Erschließungsplan als Bestandteil des vorhabenbezogenen Bebauungsplans ist nicht ordnungsgemäß beschlossen worden; damit fehlt es an einem wirksamen Satzungsbeschluss insgesamt.

Gemäß § 12 Abs. 1 Satz 1 BauGB kann eine Gemeinde durch einen vorhabenbezogenen Bebauungsplan die Zulässigkeit von Vorhaben bestimmen, wenn der Vorhabenträger auf der Grundlage eines mit der Gemeinde abgestimmten Plans zur Durchführung der Vorhaben und der Erschließungsmaßnahmen (Vorhaben- und Erschließungsplan) bereit und in der Lage ist und sich zu Durchführung innerhalb einer bestimmten Frist und zur Tragung der Planungs- und Erschließungskosten ganz oder teilweise vor dem Beschluss nach § 10 Abs. 1 BauGB verpflichtet (Durchführungsvertrag). Gemäß § 12 Abs. 3 Satz 1 BauGB wird der Vorhaben- und Erschließungsplan Bestandteil des vorhabenbezogenen Bebauungsplans. Somit muss der Vorhaben- und Erschließungsplan auch zusammen mit dem vorhabenbezogenen Bebauungsplan gemäß § 10 Abs. 1 BauGB als Satzung beschlossen werden.

Zuständig für die Beschlussfassung ist die Vertretung, hier der Rat, gemäß § 58 Abs. 1 Nr. 5 NKomVG. Mit der Beschlussfassung nehmen die Ratsmitglieder den Regelungsgehalt des Plans sowie die zu den jeweiligen Regelungen führende Abwägung in ihren Willen auf. Daher müssen den Ratsmitgliedern bei der Beschlussfassung der Bebauungsplan samt Begründung sowie – soweit vorhanden – Abwägungstabelle und erforderlichen Anlagen zur Begründung vollständig bekannt sein (vgl. zu einer Landschaftsschutzgebietsverordnung NdsOVG, Urteil v. 19.7.2017 – 4 KN 29/15 –, NordÖR 2017, 543 = juris Rdnr. 44; ebenso Blum, in: ders. u. a., Kommunalverfassungsrecht Niedersachsen, Stand: Dezember 2023, § 58 NKomVG Rdnr. 34a). Das ist jedenfalls dann gewährleistet, wenn die vorgenannten Unterlagen den Ratsmitgliedern als Anlage zur Beschlussvorlage zugänglich gemacht wurden oder in der Sitzung zur Einsichtnahme ausliegen (vgl. zur Abwägung OVG Bremen, Urteil v. 15.3.2023 – 1 D 24/22 –, BauR 2023, 1341 = juris Rdnr. 44). Ob es in einfach gelagerten Fällen – etwa bei der Änderung nur einzelner Festsetzungen eines bestehenden Bebauungsplans ohne komplexe Abwägung – auch genügen kann, dass der Bebauungsplan präsentiert und mündlich erläutert wird, bedarf hier keiner Entscheidung. Entscheidend ist, dass alle Ratsmitglieder vollständige Kenntnis vom Inhalt ihres Beschlusses haben müssen. Das war bei der Fassung des Satzungsbeschlusses am 16.12.2020 nicht der Fall.

Aus dem Ratsinformationssystem des Antragsgegners ergibt sich, dass den Ratsmitgliedern bei der Beschlussfassung die Planzeichnung des vorhabenbezogenen Bebauungsplans, die Begründung samt Umweltbericht, Abwägungstabellen zu Einwänden und Hinweisen der Träger öffentlicher Belange sowie der Öffentlichkeit sowie ein Feststellungsbescheid des Landkreises Lüneburg zur Vereinbarkeit des Vorhabens mit Raumordnungsrecht vorlagen. Der Vorhaben- und Erschließungsplan lag hingegen nicht vor. Zwar hat ein Vertreter des Planungsbüros ausweislich der Sitzungsniederschrift vor der Beschlussfassung erklärt, dass der Plan vorhabenbezogen sei und der dazugehörige Vorhaben- und Erschließungsplan, der das Vorhaben darstelle, Teil der Satzung sei und mit beschlossen werde. Laut Protokoll ist ein Ausschnitt des Vorhaben- und Erschließungsplans in der Sitzung auch präsentiert worden. Das reicht jedoch nicht aus. Der Vorhaben- und Erschließungsplan ist gemäß § 12 Abs. 3 Satz 1 BauGB selbst Teil des Satzungsrechts; ihm kommt Regelungswirkung zu. Vor diesem Hintergrund ist es unverzichtbar, dass alle Ratsmitglieder Kenntnis von dem vollständigen Vorhaben- und Erschließungsplan hatten. Das setzt bei einem – wie hier – komplexen Plan voraus, dass er den Ratsmitgliedern als Sitzungsunterlage zugänglich gemacht wird. Die Präsentation eines Ausschnitts gewährleistet die erforderliche Kenntnis nicht.

Eine andere Betrachtung ergibt sich auch dann nicht, wenn den Ratsmitgliedern – wie die Beigeladene in der mündlichen Verhandlung vorgetragen hat – bei einer zeitlich vorangegangenen Beschlussfassung über die 3. Änderung des Durchführungsvertrags im Februar 2020 der vollständige Vorhaben- und Erschließungsplan vorgelegen haben sollte. Ein wirksamer Satzungsbeschluss erfordert, dass die Ratsmitglieder im Zeitpunkt der Beschlussfassung Kenntnis vom Inhalt ihres Beschlusses haben (vgl. zur Abwägung und den zugrundeliegenden Unterlagen OVG NRW, Urteil v. 14.8.2008 – 7 D 120/07.NE –, BauR 2008, 2014 = BRS 73 Nr. 46 = juris Rdnr. 92). Das ist jedenfalls nicht dadurch ausreichend sichergestellt, dass die Ratsmitglieder Teile des beabsichtigten Beschlussinhalts zuvor als Vorlage erhalten haben, ohne dass eine eindeutige Verbindung – etwa durch Verweis auf die vorangegangene Vorlage – hergestellt worden ist.

Der Fehler führt zur Unwirksamkeit des Ratsbeschlusses. Insbesondere ist er nicht gemäß § 10 Abs. 2 Satz 1 des Niedersächsischen Kommunalverfassungsgesetzes (NKomVG) unbeachtlich. Nach dieser Vorschrift ist die Verletzung von Verfahrens- oder Formvorschriften, die im NKomVG enthalten oder aufgrund dieses Gesetzes erlassenen worden sind, und unter der eine Satzung zustande gekommen ist, unbeachtlich, wenn sie nicht schriftlich innerhalb eines Jahres seit Verkündung der Satzung gegenüber der Kommune geltend gemacht worden ist. Nicht unter diese Vorschrift fallen Fälle, in denen ein wirksamer Satzungsbeschluss insgesamt fehlt. Zudem hat der Antragsteller die Rüge der fehlerhaften Beschlussfassung binnen Jahresfrist gegenüber dem Antragsgegner erhoben. ...

Der Bebauungsplan ist zudem abwägungsfehlerhaft, weil er den biotopschutzrechtlichen Bestimmungen nicht hinreichend Rechnung trägt.

Nach § 1 Abs. 7 BauGB sind bei der Aufstellung von Bebauungsplänen die öffentlichen und privaten Belange gegeneinander und untereinander gerecht abzuwägen. Das Abwägungsgebot ist verletzt, wenn eine Abwägung überhaupt nicht stattfindet oder in die Abwägung an Belangen nicht eingestellt wird, was nach Lage der Dinge in sie eingestellt werden muss, oder wenn der Ausgleich zwischen den von der Planung berührten Belangen in einer Weise vorgenommen wird, der zur objektiven Gewichtigkeit einzelner Belange außer Verhältnis steht. In der Rechtsprechung ist ferner geklärt, dass jeder Bebauungsplan grundsätzlich die von ihm selbst geschaffenen oder ihm sonst zurechenbaren Konflikte zu lösen hat, indem die von der Planung berührten Belange zu einem gerechten Ausgleich gebracht werden. Die Planung darf nicht dazu führen, dass Konflikte, die durch sie hervorgerufen werden, zu Lasten Betroffener letztlich ungelöst bleiben. Dies schließt eine Verlagerung von Problemlösungen aus dem Bebauungsplanverfahren auf nachfolgendes Verwaltungshandeln indes nicht aus; Festsetzungen eines Bebauungsplans können auch Ausdruck einer »planerischen Zurückhaltung« sein. Die Grenzen zulässiger Konfliktverlagerung auf die Ebene des Planvollzugs sind allerdings überschritten, wenn bereits im Planungsstadium absehbar ist, dass sich der offengelassene Interessenkonflikt in einem nachfolgenden Verfahren nicht sachgerecht wird lösen lassen. Ein Konflikttransfer ist mithin nur zulässig, wenn die Durchführung der Maßnahmen zur Konfliktbewältigung auf einer nachfolgenden Stufe möglich und sichergestellt ist. Ob eine Konfliktbewältigung durch späteres Verwaltungshandeln gesichert oder wenigstens wahrscheinlich ist, hat die Gemeinde prognostisch zu beurteilen, da es um den Eintritt zukünftiger Ereignisse geht. Ist insoweit bereits im Zeitpunkt der Beschlussfassung die künftige Entwicklung hinreichend sicher abschätzbar, so darf sie dem bei ihrer Abwägung Rechnung tragen (vgl. zum Ganzen BVerwG, Urteil v. 5.5.2015 – 4 CN 4.14 –, NVwZ 2015, 1537 = juris Rdnr. 14 m. w. N.; Senatsbeschl. v. 15.10.2023 – 1 KN 66/20 –, BauR 2024, 234 = juris Rdnr. 55; v. 16.11.2023 – 1 KN 91/21 –, juris Rdnr. 30).

Bezogen auf den Biotopschutz erfordert dies von der Gemeinde, zu ermitteln, welche Konflikte im biotopschutzrechtlicher Hinsicht durch den Plan hervorgerufen werden können. Zwar ist die planende Gemeinde selbst nicht Adressatin des biotopschutzrechtlichen Verbotstatbestands des § 30 Abs. 2 Satz 1 BNatSchG, wonach Handlungen, die zu einer Zerstörung oder einer sonstigen erheblichen Beeinträchtigung eines gesetzlich geschützten Biotops führen können, verboten sind; dieser Tatbestand kann nicht durch den bloßen

Planungsakt, sondern erst durch die auf seiner Grundlage verwirklichten Vorhaben verletzt werden (vgl. § 30 Abs. 4 BNatSchG). Dem Plangeber obliegt es aber, im Verfahren der Planaufstellung in der Abwägung zu ermitteln, welche Biotope beim Planvollzug betroffen sein werden. Ferner ist zu ermitteln, ob die auf Grundlage des Bebauungsplans zu erwartenden Verletzungshandlungen durch im Plan gemäß § 30 Abs. 3 und 4 Satz 1 BNatSchG selbst vorgesehene Maßnahmen oder anderweitig auf Vollzugsebene zwecks Erteilung einer Ausnahme ausgeglichen werden können oder ob von dem Verbot des § 30 Abs. 2 BNatSchG gemäß § 67 BNatSchG befreit werden kann. Führt diese prognostische Beurteilung zum Ergebnis, dass weder eine Ausnahme noch eine Befreiung in Betracht kommt, darf der Plan nicht erlassen werden, weil er den biotopschutzrechtlichen Konflikt unzulässig auf die Vollzugsebene verlagert. Ein solcher Plan wäre absehbar nicht vollziehbar und deshalb nicht erforderlich im Sinne des § 1 Abs. 3 Satz 1 BauGB (vgl. BVerwG, Urteil v. 5.5.2015 – 4 CN 4.14 –, ZfBR 2015, 689 = BauR 2015, 1620 = BRS 83 Nr. 8 = juris Rdnr. 10). Ist hingegen auf Grundlage einer Prognose der Gemeinde im Zeitpunkt der Beschlussfassung hinreichend sicher abschätzbar, dass der biotopschutzrechtliche Konflikt durch späteres Verwaltungshandeln gesichert oder wenigstens wahrscheinlich bewältigt werden kann, muss die Gemeinde den voraussichtlichen Aufwand für etwaig erforderliche Ausgleichsmaßnahmen, also deren Kosten und gegebenenfalls anderweitigen Nachteile, in ihre Abwägung gemäß § 1 Abs. 7 BauGB einstellen.

Daran gemessen ist die Abwägung hier fehlerhaft. Sie leidet bereits an einem Ermittlungsdefizit, weil der Antragsgegner die Betroffenheit der im Geoportal des Landkreises Lüneburg gegenwärtig unter den Nrn. 4997, 22514 und 22628 erfassten, bereits im Jahr 2016 kartierten Biotope durch die Errichtung der Erschließungsstraße und die Verlegung der Gülleleitung nicht erkannt hat. Bei den so gekennzeichneten Flächen handelt es sich jeweils um mesophiles Grünland und damit um gesetzlich geschützte Biotope gemäß § 24 Abs. 2 Nr. 3 NNatSchG. Diese Eigenschaft ergibt sich bereits aus dem von der Beigeladenen in Auftrag gegebenen Landschaftspflegerischen Begleitplan aus dem Jahr 2016, der die Flächen ausdrücklich als mesophiles Grünland bezeichnet.

Dem steht nicht entgegen, dass die Flächen zum für die Abwägung gemäß § 214 Abs. 3 Satz 1 BauGB maßgeblichen Zeitpunkt des Satzungsbeschlusses am 16.12.2020 noch nicht zu den gesetzlich geschützten Biotopen zählten. Die Vorschrift des § 24 Abs. 2 Nr. 3 NNatSchG stellt mesophiles Grünland erst in seiner ab 1.1.2021 geltenden Fassung unter Schutz. Diese Änderung erfolgte durch Art. 1 Nr. 6 des Gesetzes zur Umsetzung des »Niedersächsischen Weges« im Naturschutz-, Gewässerschutz- und Waldrecht vom 11.11.2020 (Nds. GVBl. Nr. 43/2020, S. 451). Die Verkündung dieses Gesetzes erfolgte allerdings bereits am 3.12.2020 im Niedersächsischen Gesetz- und Verordnungsblatt. Somit war für die Gemeinde zum späteren Zeitpunkt des Satzungsbeschlusses am 16.12.2020 bereits sicher erkennbar, dass das Vorhaben bei seiner Realisierung die künftigen Biotope verletzen und – das ist für die Abwägung maßgeblich – die Genehmigungs- und Ausgleichspflicht des § 30 Abs. 3 BNatSchG auslösen würde. Da die Gemeinde – wie ausgeführt – zu einer prognostischen Beurteilung verpflichtet war, musste sie dies auch schon zum Zeitpunkt der Beschlussfassung rund 14 Tage vor Inkrafttreten des Änderungsgesetzes berücksichtigen.

Dass die Biotope erst im Jahr 2023 in das entsprechende Register eingetragen und der Antragsgegner und die Beigeladene nach ihrer Darstellung in der mündlichen Verhandlung erst im selben Jahr von der Biotop-Eigenschaft Kenntnis erlangt haben, kommt ihnen nicht zugute. Die Registrierung gemäß §§ 30 Abs. 7 BNatSchG, 14 Abs. 9 NNatSchG und anschließende Bekanntmachung gemäß § 24 Abs. 3 Satz 1 NNatSchG gegenüber den Eigentümern und Nutzungsberechtigten der Flächen hat nur deklaratorischen Charakter (vgl. BVerfG, Beschluss v. 7.5.2001 – 2 BvK 1/00 –, BVerfGE 103, 332 = NVwZ-RR 2002, 81 = juris Rdnr. 166; OVG NRW, Urteil v. 1.4.2022 – 10 D 3/20.NE –, juris Rdnr. 54; Gellermann, in: Landmann/Rohmer, Umweltrecht, Stand: September 2023, BNatSchG § 30 Rdnr. 34). Das Gesetz geht davon aus, dass die genannten Biotope ohne weitere Konkretisierung erkennbar sind. Davon ist auch hier auszugehen, da die Flächen – wie ausgeführt – bereits im Jahr 2016 als »Mesophiles Grünland mäßig feuchter Standorte« kartiert wurden.

Dieser Mangel im Abwägungsvorgang ist auch erheblich. Gemäß § 214 Abs. 3 Satz 2 Halbsatz 2 BauGB sind Mängel im Abwägungsvorgang nur erheblich, wenn sie offensichtlich und auf das Abwägungsergebnis von Einfluss gewesen sind. Das ist hier der Fall. Der Fehler ergibt sich aus den Aufstellungsvorgängen. Ein Einfluss auf das Abwägungsergebnis ist möglich, weil der planerische Eingriffsausgleich bei Kenntnis des Fehlers voraussichtlich anders ausgefallen wäre. Der im Plan vorgesehene Ausgleich für die planbedingten Beeinträchtigungen im Sinne des § 1a Abs. 3 BauGB in Form einer Extensivierung eines Ackers und der Herstellung eines sonstigen mesophilen Grünlands auf der Ausgleichsfläche A8 genügt nicht den biotopschutzrechtlichen Anforderungen an einen Ausgleich im Sinne des § 30 Abs. 3 BNatSchG.

Gemäß § 30 Abs. 3 BNatSchG kann von den Verboten des Abs. 2 auf Antrag eine Ausnahme zugelassen werden, wenn die Beeinträchtigungen ausgeglichen werden können. Der Begriff des Ausgleichs ist im Sinne des § 15 Abs. 2 Satz 2 BNatSchG zu verstehen (BR-Drs. 278/09, S 199). Ausgeglichen ist eine Beeinträchtigung dann, wenn und sobald die beeinträchtigten Funktionen des Naturhaushalts in gleichartiger Weise wiederhergestellt sind. Eine lediglich gleichwertige Kompensation durch Ersatzmaßnahmen genügt nicht (NdsOVG, Urteil v. 4.7.2017 – 7 KS 7/15 –, DVBl. 2017, 1440 = juris Rdnr. 153; HambOVG, Urteil v. 1.4.2020 – 2 Es 1/20.N –, UPR 2020, 352 = juris Rdnr. 67). Es ist ein Biotop desselben Typs zu schaffen, der in den standörtlichen Gegebenheiten und der Flächenausdehnung mit dem beeinträchtigten

Biotop im Wesentlichen übereinstimmt (Heugel, in: Lütkes/Ewer/Heugel, 2. Aufl. 2018, BNatSchG § 30 Rdnr. 10).

Der Antragsgegner hat, wie aus dem Umweltbericht zum Bebauungsplan hervorgeht, die Fläche des Grünlands, das durch die Errichtung der Erschließungsstraße verloren geht, mit einer Wertstufe bewertet und den Ausgleich dementsprechend dadurch zu kompensieren versucht, dass er im Plan Ausgleichsmaßnahmen gleicher Wertigkeit vorsieht. Das genügt nicht den dargestellten Anforderungen. Die Ausgleichsfläche A8 bietet aufgrund ihrer Hängigkeit und der damit verbundenen guten Entwässerung nicht die Voraussetzungen für die Entstehung von mesophilem Grünland auf mäßig feuchtem Standort wie die ursprüngliche Fläche der Biotope. Ein Biotop auf dieser Ausgleichsfläche würde überdies aufgrund ihrer weiten Entfernung zur Neetze und zu den Standorten der beschädigten Biotope in den standörtlichen Gegebenheiten nicht mehr mit diesen übereinstimmen.

Ob die Erteilung einer Befreiung gemäß § 67 Abs. 1 BNatSchG vom Verbot des § 30 Abs. 2 Satz 1 BNatSchG in Betracht kommt, hat der Antragsgegner naturgemäß ebenfalls nicht geprüft. Sollte eine Befreiung in Frage kommen, wäre sie aber nach Lage der Dinge mit einer Ausgleichspflicht gemäß § 67 Abs. 3 BNatSchG verbunden.

Für den Fall, dass der Antragsgegner erneut beabsichtigt, den Plan zu heilen, weist der Senat auf folgende Punkte hin:

Der Geltungsbereich des Vorhaben- und Erschließungsplans geht über den Geltungsbereich des vorhabenbezogenen Bebauungsplans hinaus. Das ist mindestens unüblich. Ob diese Differenz der Geltungsbereiche allein schon die Unwirksamkeit des Bebauungsplans nach sich zieht (so VGH BW, Urteil v. 26.10.2011 – 5 S 920/10 –, RdL 2013, 332 = juris Rdnr. 108; OVG NRW, Urteil v. 24.2.2023 – 7 D 33/21.NE –, BauR 2023, 880 = juris Rdnr. 65), wofür mindestens im Regelfall vieles spricht, lässt der Senat offen. Etwas anderes könnte allenfalls dann gelten, wenn der Vorhaben- und Erschließungsplan in dem über den Bebauungsplan hinausgehenden Teil keine bauplanungsrechtlichen Rechtsfolgen entfalten soll und dies auch eindeutig kenntlich gemacht ist. In diesem Fall käme dem Vorhaben- und Erschließungsplan in Verbindung mit dem Durchführungsvertrag nur eine das Vorhaben konkretisierende Wirkung zu. Ob eine solche Ausnahme überhaupt anzuerkennen ist und hier vorliegt, ist fraglich. Jedenfalls ist darauf hinzuweisen, dass der Bestimmtheitsgrundsatz fordert, dass in einem solchen Fall sowohl im vorhabenbezogenen Bebauungsplan als auch im Vorhaben- und Erschließungsplan deutlich erkennbar sein muss, wo mit dem Plan neues Baurecht geschaffen werden soll und wo dies in der Annahme bereits bestehenden Baurechts (so hier möglicherweise nördlich der K 26, allerdings entgegen der Annahme des Antragsgegners und der Beigeladenen nicht gemäß § 34 BauGB, sondern allenfalls nach § 35 BauGB) nicht erfolgen soll. Während dies hier aus dem vorhabenbezogenen Bebauungsplan und dessen Begründung möglicherweise noch hinreichend hervorgeht, enthält der Vorhaben- und Erschließungsplan keine entsprechende Klarstellung. …

Das Anpassungsgebot gemäß § 1 Abs. 4 BauGB, wonach Bauleitpläne den Zielen der Raumordnung anzupassen sind, ist nicht verletzt. Durch den Zielabweichungsbescheid vom 24.8.2016 und den Feststellungsbescheid vom 8.10.2020 steht bestandskräftig fest, dass die Zielabweichung zulässig ist bzw. eine Zielabweichung gar nicht vorliegt, sodass ein Zielabweichungsbescheid entbehrlich ist. Einer inzidenten Überprüfung im Normenkontrollverfahren sind diese Bescheide entzogen (vgl. zur Rechtsnatur des Feststellungsbescheids BVerwG, Urteil v. 16.8.1977 – I C 23.69 –, BVerwGE 54, 264 = NJW 1978, 234 = juris Rdnr. 37; U. Stelkens, in: Stelkens/Bonk/Sachs, 10. Aufl., 2023, VwVfG, § 35 Rdnr. 83a m. w. N.). Ebenso ist dem Antragsteller der Rückgriff auf das materielle Raumordnungsrecht abgeschnitten. …

II. Sicherung der Bauleitplanung

Nr. 26

Bei temporären Bauvorhaben in einem durch eine Veränderungssperre gesicherten Gebiet ist nicht davon auszugehen, dass sie wegen Widerspruchs zur beabsichtigten Planung unzulässig sind. Sie können daher als Zwischennutzung im Wege der Ausnahme zugelassen werden, denn es bei solchen Vorhaben darauf an, ob sie die beabsichtigte Planung und deren Verwirklichung wesentlich erschweren. Dies ist nicht der Fall, wenn die Gemeinde auf die befristet genehmigte Zwischennutzung bei ihrer Planung keine Rücksicht nehmen muss, da das Vorhaben nach Ablauf der Frist rückgebaut werden muss und danach gerade keinen Bestandsschutz genießt.
(Leitsatz der Redaktion)

BauGB § 14 Abs. 2 Satz 1.

Bayerischer VGH, Beschluss vom 24. Juni 2024 – 9 CS 24.458 –.

Aus den Gründen:

Die Antragstellerin wendet sich als Standortgemeinde im Wege des einstweiligen Rechtsschutzes gegen die dem Beigeladenen erteilte Baugenehmigung für eine auf drei Jahre befristete Errichtung einer Asylbewerberunterkunft für 100 Personen in Containerbauweise ….

Die Grundstücke sind Teil einer ehemaligen ca. 10 ha umfassenden Möbelfabrik, gelegen zwischen einer Bundesstraße und einer Bahnstrecke (sog. …-Gelände). Es handelt sich gegenwärtig um ein faktisches Gewerbegebiet. …

Nachdem das Landratsamt die Antragstellerin im September 2023 über die Absicht, dass auf dem Grundstück FlNr. … eine Asylbewerberunterkunft errichtet werden soll, unterrichtet hatte, fasste die Antragstellerin am 25.10.2023 einen Aufstellungsbeschluss für einen Bebauungsplan Nr. 24 »Gewerbegebiet …-Gelände« und beschloss am 26.10.2023 den Erlass einer Veränderungssperre. Der Aufstellungsbeschluss sieht die Ausweisung eines reinen Gewerbegebiets vor, in dem ausnahmsweise zulässige Nutzungen i. S. v. § 8 Abs. 3 Nr. 1 bis 3 BauNVO ausgeschlossen sein sollen. Das Baugrundstück liegt im beabsichtigten Plangebiet.

Nach Anhörung der Antragstellerin, die das Einvernehmen zum Bauvorhaben und zu der Erteilung von Ausnahmen und Abweichungen verweigert hatte, erteilte der Antragsgegner dem Beigeladenen mit Bescheid vom 3.1.2024 die Baugenehmigung für das eingangs genannte Vorhaben – befristet für drei Jahre – auf den Grundstücken …. Der Bescheid enthält in Nr. 2 Satz 2 eine Rückbauverpflichtung des Beigeladenen nach Fristablauf. Von der von der Antragstellerin am 2.11.2023 bekannt gemachten Veränderungssperre Nr. 3 für den Bereich des in Aufstellung befindlichen Bebauungsplans Nr. 24 erteilte der Antragsgegner nach Maßgabe der Befristung gemäß § 14 Abs. 2 BauGB eine Ausnahme. Hilfsweise wurde von der Veränderungssperre gemäß § 246 Abs. 14 BauGB eine Abweichung erteilt. Das Bauvorhaben wurde im faktischen Gewerbegebiet gemäß § 31 Abs. 1 BauGB i. V. m. § 246 Abs. 11 BauGB ausnahmsweise zugelassen. Das Einvernehmen der Antragstellerin zu Nr. 1, Nr. 3 und Nr. 5 wurde ersetzt.

Das Verwaltungsgericht hat den Antrag auf Anordnung der aufschiebenden Wirkung der erhobenen Anfechtungsklage zu Recht als unbegründet abgelehnt. Die von der Antragstellerin dargelegten Gründe, auf die die Prüfung im Beschwerdeverfahren beschränkt ist (§ 146 Abs. 4 Satz 6 VwGO), rechtfertigen keine Abänderung des verwaltungsgerichtlichen Beschlusses.

Die Klage der Antragstellerin gegen den Bescheid vom 3.1.2024 wird voraussichtlich keinen Erfolg haben. Dieser Bescheid erweist sich nach der im einstweiligen Rechtsschutzverfahren erforderlichen, aber auch ausreichenden summarischen Prüfung als rechtmäßig. …

Die in Nr. 3 des Bescheids erteilte Ausnahme gemäß § 14 Abs. 2 Satz 1 BauGB von der Veränderungssperre Nr. 3 der Antragstellerin für den Bereich des in Aufstellung befindlichen Bebauungsplans Nr. 24 erscheint rechtmäßig.

Nach § 14 Abs. 2 Satz 1 BauGB kann, wenn überwiegende öffentliche Belange nicht entgegenstehen, von der Veränderungssperre eine Ausnahme zugelassen werden. Die Zulassung einer Ausnahme nach § 14 Abs. 2 BauGB ist hier für die Genehmigung der Asylbewerberunterkunft notwendig, da sie als Anlage für soziale Zwecke gemäß § 8 Abs. 3 Nr. 2 BauNVO (vgl. BayVGH, Beschluss v. 5.3.2015 – 1 ZB 14.2373 – juris Rdnr. 3 m. w. N.) der beabsichtigten Planung der Antragstellerin widerspricht. Überwiegende öffentliche Belange stehen hier in der Gesamtschau nicht entgegen. Zwar weist die Antragstellerin in ihrer Beschwerde zu Recht darauf hin, dass grundsätzlich nach der Rechtsprechung ein Vorhaben, das der beabsichtigten Planung widerspricht oder sie wesentlich erschweren würde (vgl. § 15 Abs. 1 Satz 1 BauGB zur Zurückstellung von Baugesuchen) nicht im Wege einer Ausnahme von der Veränderungssperre zugelassen werden kann und dass das zugelassene Vorhaben nicht mit der beabsichtigten Planung der Antragstellerin vereinbar ist. Jedoch ist dieser Grundsatz für lediglich befristet genehmigte Bauvorhaben mit Rückbauverpflichtung, die über die festgelegte Frist hinaus keinen Bestandsschutz haben, unter Berücksichtigung der Vorschrift des § 246 Abs. 12 BauGB differenziert zu sehen. Die Veränderungssperre dient der Sicherung der Bauleitplanung. Die Aufstellung eines Bebauungsplans ist nicht ohne Aufwand an Zeit denkbar. Die Veränderungssperre soll verhindern, dass die Planung durch tatsächliche Veränderungen baulicher oder sonstiger Art während der von der Verwaltung benötigten Bearbeitungszeit durch Schaffung vollendeter Tatsachen vereitelt oder wesentlich erschwert wird (vgl. BVerwG, Beschluss v. 30.9.1992 – 4 NB 35/92 Rdnr. 6). Das kann grundsätzlich auch bei einer befristeten Baugenehmigung anzunehmen sein. Bei der hier auf drei Jahre befristeten Baugenehmigung für eine Containeranlage mit Rückbauverpflichtung ist das nicht der Fall.

Bei temporären Bauvorhaben, die lediglich als »Zwischennutzung« im Wege der Ausnahme zugelassen werden, ist nicht davon auszugehen, dass sie wegen Widerspruchs zur beabsichtigten Planung unzulässig sind; es kommt bei solchen Vorhaben vielmehr darauf an, ob sie die beabsichtigte Planung und deren Verwirklichung wesentlich erschweren. Die beabsichtigte Planung wird nicht erschwert, da die Gemeinde auf die befristet genehmigte Zwischennutzung bei ihrer Planung keine Rücksicht nehmen muss, da das Vorhaben nach Ablauf der Frist rückgebaut werden muss und danach gerade keinen Bestandsschutz genießt. Davon, dass auch die Verwirklichung der Planung, die kurzfristig gegen den Willen des Grundstückseigentümers ohnehin nicht möglich ist, nicht wesentlich erschwert wird, gehen der Antragsgegner und das Verwaltungsgericht zutreffend aus.

Zu Recht weist das Verwaltungsgericht in seinem Beschluss darauf hin, dass die Aufstellung eines Bebauungsplans bis zum endgültigen Satzungsbeschluss erhebliche Zeit in Anspruch nehmen dürfte. Bebauungspläne sind gemäß § 3 Abs. 2 BauGB auszulegen, etwaige Einwendungen der Eigentümer der im Plangebiet gelegenen Grundstücke und etwaig auch der Plangebietsnachbarn sind abzuwägen (§ 1 Abs. 7 BauGB) und die Stellungnahmen von Behörden und sonstiger Träger öffentlicher Belange (vgl. § 4 BauGB) zu berücksichtigen. Schließlich hat die Antragstellerin schon einmal versucht, einen Bebauungsplan für das maßgebliche Gebiet aufzustellen, ist aber daran mangels Investoren gescheitert. Da eine Bauleitplanung Inhalts- und Schrankenbestimmung des Eigentums gemäß Art. 14 Abs. 1 Satz 2 GG darstellt, sind insbesondere die Rechte der Eigentümer und gemäß Art. 12 GG auch der Gewerbetreibenden auf den maßgeblichen Grundstücken zu beachten.

Zutreffend hat das Verwaltungsgericht auch auf die fehlenden Umsetzungsperspektiven hingewiesen. Die Antragstellerin hat nicht vorgetragen, dass bereits Planungen von Grundstückseigentümern vorliegen oder Investoren bereitstehen. Aber selbst wenn dem so wäre, würde auch diese Planung und deren Umsetzung erhebliche Zeit in Anspruch nehmen. Zumindest der Grundstückseigentümer, der dem Beigeladenen seine Grundstücke befristet für die Errichtung einer Asylbewerberunterkunft zur Verfügung stellt, hat offenbar nicht die Absicht, Vorhaben, wie sie gemäß § 8 Abs. 1 und 2 BauNVO zulässig sind, zu errichten. Soweit die Antragstellerin darauf verweist, dass dieser seine Absicht jederzeit ändern könne, steht dem schon seine vertragliche Bindung entgegen. Insgesamt kann daher nicht davon ausgegangen werden, dass innerhalb eines Zeitraums von drei Jahren, für den die Baugenehmigung erteilt wurde, die gemeindliche Planung und deren Umsetzung wesentlich erschwert werden würden. Entgegen der Beschwerdebegründung ist die Möglichkeit einer Verlängerung der Baugenehmigung um weitere drei Jahre schon deswegen nicht zu berücksichtigen, weil das einer erneuten – anfechtbaren – Baugenehmigung bedarf, bei der diese Frage wiederum zu prüfen sein wird.

Die im streitgegenständlichen Bescheid sowie im verwaltungsgerichtlichen Beschluss genannte Vorschrift des § 246 Abs. 12 BauGB kann im Wege des »Erstrechtschlusses« zur Begründung für die Erteilung einer Ausnahme nach § 14 Abs. 2 BauGB herangezogen werden. Nach dieser Vorschrift kann bis zum Ablauf des 31.12.2024 für die auf längstens drei Jahre zu befristende Errichtung mobiler Unterkünfte für Flüchtlinge oder Asylbegehrende von den Festsetzungen eines Bebauungsplans befreit werden, wenn die Befreiung auch unter Würdigung nachbarlicher Interessen mit den öffentlichen Belangen vereinbar ist. Eine Befreiung darf auch erteilt werden, wenn die Grundzüge der Planung berührt werden (vgl. BT-Drs. 18/6185 S. 54; OVG Hamburg, Beschluss v. 14.4.2016 – 2 Bs 29.16 – BeckRS 2016, 44948 Rdnr. 35). Vor dem Hintergrund der generell geltenden Befristung auf längstens drei Jahre ist dies gerechtfertigt (vgl. Mitschang/Reidt in Battis/Krautzberger/Löhr, BauGB, 15. Aufl. 2022, § 246 Rdnr. 36). Wenn aber selbst eine Befreiung von den Festsetzungen eines Bebauungsplans möglich ist, kann auch eine Ausnahme von einer Veränderungssperre für eine künftige Planung erteilt werden. Davon dürfte auch der Gesetzgeber des § 246 BauGB ausgegangen sein; sonst hätte er sicherlich auch eine Übergangsregelung zur Erteilung einer Ausnahme von einer Veränderungssperre in der Vorschrift normiert. Es wäre widersinnig anzunehmen, man könne zwar eine befristete Befreiung von der Festsetzung eines Bebauungsplans erteilen, obwohl die Grundzüge der Planung berührt sind, aber während des Aufstellungsverfahrens dieses Bebauungsplans keine Ausnahme von der Veränderungssperre zulassen.

Ein Rückgriff auf § 246 Abs. 14 BauGB ist daher für die Erteilung einer Ausnahme von der Veränderungssperre nicht nötig, wenn die Voraussetzungen für eine Befreiung von den Festsetzungen des (künftigen) Bebauungsplans vorliegen.

Die in § 246 Abs. 12 Satz 1 BauGB genannte Voraussetzung, wonach die Befreiung mit den öffentlichen Belangen vereinbar sein muss, ist nach dem oben Dargelegten erfüllt, da nicht ersichtlich ist, dass die gemeindliche Planung und deren Umsetzung durch die temporäre Zulassung einer Asylbewerberunterkunft wesentlich erschwert würde. Insbesondere wird auch die Verwirklichung eines etwaigen gewerblichen Vorhabens auf anderen Grundstücken des Plangebiets während des Bestehens der Asylbewerberunterkunft nicht behindert, da Anlagen für soziale Zwecke nach § 8 Abs. 3 Nr. 2 BauNVO im Gewerbegebiet zulässig sind und der Verwirklichung gewerblicher Vorhaben nach § 8 Abs. 1 und 2 BauNVO nicht entgegenstehen, zumal Gewerbebetriebe im Plangebiet Rücksicht auf die dem Plangebiet benachbarte Wohnbebauung nehmen müssen. Dass es ein dringendes Bedürfnis gibt, Anlagen für soziale Zwecke im Plangebiet auch für eine Übergangszeit auszuschließen, ist weder vorgetragen noch ersichtlich.

Die Tatbestandsvoraussetzungen des § 246 Abs. 13a BauGB liegen entgegen der Beschwerdebegründung vor. Nach dieser Vorschrift darf von den Absätzen 8 bis 13 des § 246 BauGB nur Gebrauch gemacht werden, soweit dringend benötigte Unterkünfte im Gebiet der Gemeinde, in der sie entstehen sollen, nicht oder nicht rechtzeitig bereitgestellt werden können. Die Dringlichkeit der benötigten Unterkünfte ist im streitgegenständlichen Bescheid und im verwaltungsgerichtlichen Beschluss ausreichend und zutreffend begründet. Sie ergibt sich schon daraus, dass die Notunterkunft des Beigeladenen in Scheinfeld für eine dauerhafte Unterbringung ungeeignet ist. Es handelt sich dabei um einen ehemaligen Supermarkt, in dem die Asylbewerber auf engstem Raum leben und die Parzellen dort nur durch Bauzäune und Plastikfolien getrennt sind. Das stellt auf Dauer keine menschenwürdige Unterbringung dar. Auch muss davon ausgegangen werden, dass die Unterbringung für einen längeren Zeitraum notwendig ist, da der allgemeine Wohnungsmarkt gerade für diesen Personenkreis kaum aufnahmefähig ist. Es kommt daher nicht darauf an, ob die Belegungszahl in der Notunterkunft in Scheinfeld zum – maßgeblichen – Zeitpunkt des Bescheiderlasses von 280 auf 180 Personen zurückgegangen ist und im Jahr 2024 weniger Asylbewerber als früher zugewiesen wurden. Darüber hinaus ist entgegen der Beschwerdebegründung nicht nur auf die akute Unterbringungsmöglichkeit abzustellen, da auch die Errichtung mobiler Asylbewerberunterkünfte – wie hier – einen zeitlichen Vorlauf hat. Daher ist eine Prognose anzustellen, um eine menschenwürdige Unterbringung von Flüchtlingen auch in Zukunft sicherzustellen. Schon deshalb besteht entgegen der Beschwerdebegründung auch kein Anspruch auf Aufhebung der Baugenehmigung, wenn Flüchtlingszahlen zwischenzeitlich sinken.

Auch die zu erwartenden Lärmimmissionen stehen dem streitgegenständlichen Bauvorhaben nicht entgegen. Das ergibt sich dem Grunde nach schon aus der Vorschrift des § 246 Abs. 11 Satz 1 BauGB. Nach dieser Vorschrift gilt, soweit in den Baugebieten nach den §§ 2 bis 7 BauNVO (auch in Verbindung mit § 34 Abs. 2 BauGB) Anlagen für soziale Zwecke als Ausnahme zugelassen werden können, § 31 Abs. 1 BauGB mit der Maßgabe, dass dort bis zum Ablauf des 31.12.2024 Unterkünfte für Flüchtlinge und Asylbegehrende in der Regel zugelassen werden sollen. Wenn das Gesetz bestimmt, dass auch in Gewerbegebieten solche Unterkünfte zugelassen werden sollen, ergibt sich daraus, dass Unterkünften für Flüchtlinge und Asylbegehrende ebenso wie betrieblichen Wohnungen nach § 8 Abs. 3 Nr. 1 BauNVO im Hinblick auf den ihnen zumutbaren Lärm nur das Schutzniveau eines Gewerbegebiets zukommt.

Zwar hat die Antragstellerin in der Beschwerdebegründung zutreffend darauf hingewiesen, dass nach der aktuellen Rechtsprechung des Bayerischen Verwaltungsgerichtshofs (vgl. BayVGH, Beschluss v. 9.1.2024 – 2 CS 23.2010 – juris Rdnr. 15) § 15 Abs. 1 Satz 2 BauNVO auch in den Fällen des § 246 Abs. 11 BauGB anwendbar bleibt, und daher die Zumutbarkeit der Lärmimmissionen anhand des Rücksichtnahmegebots zu prüfen ist. Jedoch hat der Antragsgegner in seiner Erwiderung überzeugend dargelegt, dass die genehmigte Asylbewerberunterkunft gemäß der derzeit vorhandenen gewerblichen Tätigkeit im faktischen Gewerbegebiet lediglich Lärm ausgesetzt ist, die den Immissionsrichtwerten für ein Mischgebiet entsprechen. Danach werden die ehemaligen Produktionshallen der Möbelfabrik seit Jahren ausschließlich für Lagerhaltung vermietet, und findet der Betrieb – überwiegend An- und Abfahrtsverkehr – ausschließlich in der Tagzeit statt. Auch die Baugenehmigung für die gewerbliche Lagerhalle auf dem Grundstück Flur Nr. …, auf die die Beschwerdebegründung abstellt, enthält Lärmschutzauflagen zugunsten von Wohnbebauung außerhalb des faktischen Gewerbegebiets, die nach der Rückrechnung des Umweltingenieurs des Landratsamts zu Lärmwerten an der geplanten Asylbewerberunterkunft führen, wie sie in etwa einem Mischgebiet entsprechen. Auch künftige Gewerbebetriebe im Plangebiet müssen auf die dem Plangebiet benachbarte Wohnbebauung Rücksicht nehmen.

Die streitgegenständliche Baugenehmigung dürfte auch nicht mangels ausreichender straßenmäßiger Erschließung rechtswidrig sein. Die Antragstellerin macht insoweit geltend, das Baugrundstück sei durch die Privatstraße auf Grundstück FlNr. … nicht erschlossen, weil diese nicht in der erforderlichen Breite, sondern nur mit seinem spitzen Ende an die Bundesstraße angrenze und die Zufahrt zur Bundesstraße im Übrigen über das als Feld- und Waldweg gewidmete gemeindliche Grundstück FlNr. … führe, was für eine Erschließung nicht ausreiche. Der Antragsgegner weist in seiner Beschwerdeerwiderung darauf hin, dass die Zufahrt zum Gewerbegebiet mit einer straßenrechtlich nach § 8 FStrG gestatteten und ordnungsgemäß ausgebauten Abbiegespur von der Bundesstraße 470 gesichert ist. Damit dürfte die im Bereich der Zufahrt liegende Teilfläche des (gemeindlichen) Grundstücks FlNr. … – unabhängig von dessen Widmung – Erschließungsfunktion auch für den gewerblichen Anliegerverkehr haben. Diese Zufahrt diene bereits der Erschließung aller anderen Gewerbebetriebe auf dem ehemaligen Möbelfabriksgelände.

Dass die Antragstellerin nunmehr die Berechtigung aller Gewerbetreibenden im faktischen Gewerbegebiet, diese Zufahrt zu nutzen, bestreitet, ist nicht nachvollziehbar. Es ist aufgrund des Zuschnitts des gemeindlichen Grundstücks FlNr. … schon nicht davon auszugehen, dass das gesamte Grundstück als Feld- und Waldweg gewidmet ist. Aber selbst, wenn das der Fall wäre, dürfte es sich bei der seit vielen Jahren bestehenden Zufahrt von der Bundesstraße in das Gewerbegebiet um eine tatsächlich öffentliche Verkehrsfläche handeln, die entsprechend für die Erschließung des Gewerbegebiets genutzt werden darf, z. B. für das Grundstück FlNr. …, bei dem nach dem Vortrag der Antragstellerin ein erheblicher Zu- und Abfahrtsverkehr stattfindet. Ein Verkehrsraum ist dann öffentlich, wenn er entweder ausdrücklich oder mit stillschweigender Duldung des Verfügungsberechtigten für jedermann oder aber zumindest für eine allgemein bestimmte größere Personengruppe zur Benutzung zugelassen ist und auch so benutzt wird (BayVGH, Beschluss v. 8.1.2024 – 8 CS 23.1629 – juris). Die Widmung als Feld- und Waldweg dürfte mit der Anlegung einer Bundestraßenzufahrt zum Gewerbegebiet obsolet geworden sein.

Zutreffend weist der Antragsgegner auch darauf hin, dass die Antragstellerin die Zufahrt zu dem Grundstück, auf dem die Asylbewerberunterkunft errichtet werden soll, aus Gleichbehandlungsgründen nicht untersagen kann. Entgegen der Beschwerdebegründung ist nicht davon auszugehen, dass die gewerblich genutzten östlichen Nachbargrundstücke zum Bauvorhaben, FlNrn. …, … und …, durch die nördlich vorhandene Privatstraße entlang der Bundesstraße erschlossen sind. Denn nach der Neuaufteilung des ehemaligen Fabrikgeländes erstreckt sich ausweislich des Bayern-Atlas das Eigentum der jeweiligen Anlieger auch auf diese Straße. Unabhängig von der Frage, ob das Grundstück FlNr. … und das Zufahrtsgrundstück FlNr. … verschiedene Buchgrundstücke sind, wird im streitgegenständlichen Bescheid ausreichend begründet, dass die Erschließung in bauplanungsrechtlicher Hinsicht gesichert ist. Im Übrigen kann eine etwaige bauordnungsrechtlich erforderliche Grunddienstbarkeit bis zur Entscheidung im Hauptsacheverfahren noch erteilt werden. Ferner erfolgt die Zufahrt zum Baugrundstück über das sich ebenfalls im Eigentum des Grundstückseigentümers des Baugrundstücks befindlichen bebauten Grundstücks FlNr. …, zu dem eine weitere Straße von Süden her hinführt.

Auch der Vortrag der Antragstellerin, dass eine am 23.1.2024 anberaumte Feuerbeschau ergeben habe, dass die beiden vorhandenen Hydranten nicht funktionsfähig seien und deshalb der im Brandschutznachweis zum Bauantrag nachzuweisende Löschwasserbedarf nicht gewährleistet werden könne, dürfte im Hauptsacheverfahren nicht zur Aufhebung der Baugenehmigung führen.

Die Antragstellerin trägt selbst vor, dass der Antragsgegner den Bauherrn aufgefordert hat, die nicht funktionsfähigen Hydranten auszutauschen. Das dürfte bis zur Benutzungsfähigkeit der Asylbewerberunterkunft zu bewerkstelligen sein. …

Nr. 27

Die Veränderungssperre unterliegt – anders als Flächennutzungspläne und Bebauungspläne – als bloßes Mittel der Sicherung der Bauleitplanung nicht dem allgemeinen Abwägungsgebot des § 1 Abs. 6 BauGB. Maßgebend für ihre Rechtmäßigkeit ist, dass sie zur Erreichung des mit ihr verfolgten Sicherungszwecks erforderlich ist. Der Wille eines betroffenen Grundstückseigentümers, die Realisierung einer bestimmten Festsetzung zu verhindern, ist regelmäßig nicht geeignet, diese Festsetzung außer Kraft treten zu lassen.
(Leitsatz der Redaktion)

BauGB § 1, § 14 Abs. 1.

Bayerischer VGH, Beschluss vom 10. Juli 2024 – 2 ZB 22.1742 –.

Aus den Gründen:

Es bestehen keine ernstlichen Zweifel an der Richtigkeit des Urteils gem. § 124 Abs. 2 Nr. 1 VwGO.

Für die Frage, ob ernstliche Zweifel an der Richtigkeit des angefochtenen Urteils bestehen, ist vorliegend zu prüfen, ob das Verwaltungsgericht zu Recht davon ausgegangen ist, dass dem klägerischen Bauantrag die von der Beklagten beschlossene Veränderungssperre entgegensteht. … Das Verwaltungsgericht ist in zulassungsrechtlich nicht zu beanstandender Weise davon ausgegangen, dass dem klägerischen Bauantrag die Veränderungssperre der Beklagten entgegensteht.

Soweit der Kläger einwendet, die mit der Veränderungssperre gesicherte Planung sei nicht verwirklichungsfähig, da der Kläger als Grundstückseigentümer der überplanten Fläche seine Zustimmung zur Planung einer Grünfläche verweigert habe und die Gemeinde folglich kein Zugriffsrecht auf die überplanten Flächen habe, dringt er nicht durch. Zwar ist dem Kläger insoweit zu folgen, als eine Veränderungssperre, für die kein Sicherungsbedürfnis besteht, mangels Erforderlichkeit keinen Bestand haben kann. Als Sicherungsmittel ungeeignet ist daher eine Veränderungssperre insbesondere dann, wenn die im Aufstellungsbeschluss manifestierte Planung offensichtlich rechtswidrig und der rechtliche Mangel schlechterdings nicht behebbar ist (vgl. BVerwG, Beschluss v. 21.12.1993 – 4 NB 40.93 – juris Rdnr. 3; Beschluss v. 16.12.1988 – 4 C 48.86 – NVwZ 1989, 655; Stock in Ernst/Zinkahn/Bielenberg, BauGB, 153. Aufl. 2024, § 14 Rdnr. 55). Ein solcher Fall liegt hier aber nicht vor. Allein der Umstand, dass die Gemeinde das im Eigentum des Klägers stehende Grundstück überplant, obwohl dieser hierzu sein Einverständnis nicht erteilt hat, führt nicht zu einem schlechterdings nicht behebbaren Mangel.

Grundsätzlich gilt, dass das Eigentumsrecht Privater (wozu auch die Baufreiheit im Sinne der baulichen Nutzung eines Grundstückes gehört) bei der Bauleitplanung i. S. d. § 1 Abs. 2 BauGB, also der Aufstellung von Flächennutzungs- und Bebauungsplänen, im Rahmen der Abwägung nach § 1 Abs. 7 BauGB als abwägungserheblicher privater Belang berücksichtigt und mit den öffentlichen Belangen gegeneinander und untereinander gerecht abgewogen werden muss. Bei der im Rahmen der Bauleitplanung erforderlichen Abwägung nach § 1 Abs. 7 BauGB muss folglich berücksichtigt werden, welche Folgen sich aus einer bestimmten planerischen Festsetzung für das Grundeigentum und seinen Nutzungsmöglichkeiten ergeben. Die Beklagte hat im Rahmen der Abwägung das notwendige Abwägungsmaterial zu ermitteln und die betroffenen Interessen und Belange mit der ihnen objektiv zukommenden Bedeutung, hier insbesondere Art, Ausmaß und Gewicht der Beeinträchtigung des Grundeigentums und die Folgen der planerischen Ausweisung für das Grundeigentum und seine Nutzungsmöglichkeiten, in die Abwägung einzustellen (vgl. BVerwG, Beschluss v. 21.2.1991 – 4 NB 16.90 – juris Rdnr. 3; BayVGH, Urteil v. 30.7.2021 – 9 N 18.1995 – juris Rdnr. 30). Die vom Verwaltungsgericht inzident geprüfte Veränderungssperre gehört jedoch gerade nicht zu den in § 1 Abs. 2 BauGB genannten Instrumenten der Bauleitplanung. Ihre Aufgabe ist es nicht, die bauliche und sonstige Nutzung der Grundstücke in der Gemeinde i. S. d. § 1 Abs. 1 BauGB vorzubereiten und zu leiten. Sie dient vielmehr, wie aus § 14 Abs. 1 BauGB zu ersehen ist, der Sicherung der Bauleitplanung. Die als Satzung von der Gemeinde zu beschließende Veränderungssperre soll verhindern, dass die Planung durch tatsächliche Veränderungen baulicher oder sonstiger Art während der von der Verwaltung benötigten Erarbeitungszeit durch Schaffung vollendeter Tatsachen vereitelt oder wesentlich erschwert wird. Welchen sachlichen Inhalt eine Veränderungssperre haben kann, ist in § 14 Abs. 1 BauGB abschließend geregelt. Das zeitlich befristete Verbot, Vorhaben i. S. d. § 29 BauGB durchzuführen, ist dabei als Ausdruck zulässiger Inhalts- und Schrankenbestimmung des Grundeigentums verfassungsrechtlich unbedenklich (vgl. BVerwG, Urteil v. 10.9.1976 – IV C 39.74 – juris 41 = NJW 1977, 400). Demzufolge unterliegt die Veränderungssperre anders als Flächennutzungspläne und Bebauungspläne als bloßes Mittel der Sicherung der Bauleitplanung aber auch nicht dem allgemeinen Abwägungsgebot des § 1 Abs. 6 BauGB, sondern nur der Prüfung, ob sie zur Erreichung des mit ihr verfolgten Sicherungszwecks erforderlich ist (vgl. BVerwG, Beschluss v. 30.9.1992 – 4 NB 35.92 – NVwZ 1993, 473). Den privaten Belangen der betroffenen Eigentümer trägt hierbei § 14 Abs. 2 und 3 BauGB in einer Weise Rechnung, die den Anforderungen des Art. 14 Abs. 1 GG gerecht wird. Die Frage, ob eine gerechte Abwägung der öffentlichen und privaten Belange im anschließenden Bebauungsplanverfahren stattgefunden hat, lässt sich abschließend erst nach und aufgrund des Satzungsbeschlusses beurteilen (vgl. BVerwG, Beschluss v. 21.12.1993 – 4 NB 40.93 – NVwZ 1994, 685; OVG RhPf, Urteil v. 17.10.2012 – 1 C 10493/12 – NVwZ-RR 2013, 258; NdsOVG, Beschluss v. 24.11.2003 – 1 MN 256/03 – NVwZ-RR 2004, 173); erst in dem Bebauungsplanverfahren, zu deren Sicherung der Planung die Veränderungssperre erlassen worden ist, muss also eine Abwägung mit den privaten, eigentumsbezogenen Belangen des Klägers stattfinden, wobei die Gemeinde durch ihre Bauleitplanung die bauliche Nutzbarkeit von Grundstücken ändern und dabei auch die privaten Nutzungsmöglichkeiten einschränken oder gar aufheben darf. Denn die Bauleitplanung ist in ihren Gestaltungsmöglichkeiten und dem Inhalt der planerischen Festsetzungen grundsätzlich nicht an die bestehenden Eigentumsverhältnisse gebunden. Einen Grundsatz des Inhalts, es dürfe stets nur das geplant werden, was der jeweilige Eigentümer selbst realisieren kann oder was ihm selbst nützt, gibt es nicht (vgl. BVerwG, Beschluss v. 24.4.1991 – 4 NB 24.90 – juris Rdnr. 12; Beschluss v. 8.8.1989 – 4 NB 2.89 – juris Rdnr. 9; BayVGH, Urteil v. 17.3.2000 – 2 N 93.3028 – juris Rdnr. 31).

Diese Grundsätze zugrunde gelegt, ist das Verwaltungsgericht in zulassungsrechtlich nicht zu beanstandender Weise davon ausgegangen, dass im Rahmen der Überprüfung der Veränderungssperre eine antizipierte Normenkontrolle der Rechtmäßigkeit der Planung nicht in Betracht kommt und auch kein Fall einer eindeutig nicht verwirklichungsfähigen Planungskonzeption gegeben sei. Denn die Planungsziele der Bauleitplanung können im Wege planerischer Festsetzungen erreicht werden, auch wenn ein Großteil der Grundstücke nicht im Eigentum der Beklagten steht, da die Wirksamkeit einer Veränderungssperre nicht davon abhängt, ob der – noch nicht beschlossene – Bebauungsplan in seinen einzelnen Festsetzungen von einer ordnungsgemäßen und gerechten Abwägung aller betroffenen Belange gem. § 1 Abs. 6 BauGB getragen sein wird. Denn insoweit kommt es nur darauf an, ob die beabsichtigte Planung überhaupt auf ein Ziel gerichtet ist, das im konkreten Fall mit den Mitteln der Bauleitplanung zulässigerweise erreicht werden kann (vgl. BVerwG, Beschluss v. 21.12.1993 – 4 NB 40.93 – juris Rdnr. 2; BVerwG, Urteil v. 10.9.1976 – IV C 39.74 – NJW 1977, 400; Beschluss v. 27.7.1990 – 4 B 156.89 – juris Rdnr. 4). Dass dies der Fall ist, hat das Verwaltungsgericht überzeugend dargelegt (UA Rdnr. 22 ff.) und wurde vom Kläger auch nicht infrage gestellt. Im Übrigen hat das Verwaltungsgericht zutreffend auf die Rechtsprechung des Bundesverwaltungsgerichts Bezug genommen, wonach auch im Rahmen der Bauleitplanung allein der Wille eines Grundstückseigentümers, die Realisierung einer bestimmten Festsetzung zu verhindern, regelmäßig nicht geeignet ist, diese Festsetzung außer Kraft treten zu lassen (vgl. BVerwG, Beschluss v. 5.11.2002 – 4 BN 8.02 – juris Rdnr. 8; BVerwG, Urteil v. 23.11.2016 – 4 CN 2.16 – juris Rdnr. 10).

Soweit der Kläger in der Zulassungsbegründung kritisiert, dass das Verwaltungsgericht die Entscheidung des Bayerischen Verwaltungsgerichtshofs vom 26.6.2017 (Az. 1 NE 17.716) für nicht maßgeblich erachtet habe, geht sein Einwand ebenso fehl. Das Verwaltungsgericht hat hierzu ausgeführt, dass diese Entscheidung einen Normenkontrollantrag gegen einen Bebauungsplan und nicht gegen eine Veränderungssperre zum Gegenstand habe und damit eine andere Sachverhaltskonstellation betreffe (UA Rdnr. 26). Dies ist zulassungsrechtlich nicht zu beanstanden. Im Rahmen eines Normenkontrollantrages bzw. einer Inzidenzkontrolle eines Bebauungsplans ist zu prüfen, ob die privaten Interessen, also auch das Eigentumsrecht Privater, gerecht mit den öffentlichen Interessen abgewogen worden ist (§ 1 Abs. 7 BauGB). Eine solche Prüfung findet – wie oben dargelegt – bei der Rechtmäßigkeitsprüfung einer Veränderungssperre aber gerade nicht statt. ...

Der Berufungszulassungsgrund der Divergenz gemäß § 124 Abs. 2 Nr. 4 VwGO liegt nicht vor. ...

Der Kläger führt aus, das Verwaltungsgericht sei in seiner Entscheidung von dem im Beschluss des Bundesverwaltungsgerichts vom 21.12.2005 (Az. 4 BN 61.05 – juris Rdnr. 3) aufgestellten Rechtssatz abgewichen, wonach eine Veränderungssperre nach § 14 BauGB als Sicherungsmittel ausscheidet, wenn das angestrebte Planungsziel im Wege planerischer Festsetzung nicht erreichbar ist, wenn der beabsichtigte Bebauungsplan einer positiven Planungskonzeption entbehrt oder wenn rechtliche Mängel schlechterdings nicht behebbar sind (vgl. BVerwG, Beschluss v. 21.12.1993 – 4 NB 40.93), wobei ein nicht heilbarer Mangel namentlich vorliegt, wenn eindeutig ist, dass sich die Planungskonzeption nicht verwirklichen lässt. Das Verwaltungsgericht sei im Widerspruch hierzu davon ausgegangen, dass die Verwirklichungsfähigkeit der Planung für die Veränderungssperre selbst zunächst keine Rolle spiele, sondern dies erst eine Frage der Abwägung im Rahmen des Bebauungsplanes sei.

Tatsächlich aber liegt keine Abweichung vor. Vielmehr beruft sich das Verwaltungsgericht zunächst selbst auf diese Rechtsprechung des Bundesverwaltungsgerichts vom 21.12.1993 (4 NB 40.93 – juris Rdnr. 3), soweit es ausführt, der Erlass einer Veränderungssperre sei dann nicht durch öffentliche Interessen gedeckt, wenn die im Aufstellungsbeschluss manifestierte Planung offensichtlich rechtswidrig und der Mangel schlechterdings nicht behebbar sei (UA Rdnr. 23). Im Anschluss hieran prüft das Verwaltungsgericht dann ausdrücklich, ob die Planung deswegen Bedenken begegnet, weil die Beklagte eine Planungskonzeption verfolgt, die möglicherweise eindeutig nicht verwirklichungsfähig ist. Hierbei kommt das Gericht jedoch, anders als der Kläger, zu dem Ergebnis, dass es unerheblich sei, dass der Großteil der Grundstücke nicht im Eigentum der Beklagten selbst stehe, da die Bauleitplanung in ihren Gestaltungsmöglichkeiten und im Inhalt der planerischen Festsetzungen grundsätzlich nicht an die bestehenden Eigentumsverhältnisse gebunden sei und es keinen Grundsatz gebe, wonach stets nur das geplant werden dürfe, was der jeweilige Eigentümer selbst realisieren kann oder was ihm selbst nutzt. …

Nr. 28

1. **Weder die Anforderungen an die Bekanntgabe noch das Bestimmtheitsgebot gebieten, im Beschluss über die Verlängerung einer Veränderungssperre Beschlussdatum oder Fundort der ursprünglichen Veränderungssperre anzugeben.**
2. **Die Befugnis des Rats, sich eine Entscheidung, für die originär der Verwaltungsausschuss zuständig wäre, im Einzelfall nach § 58 Abs. 3 Satz 1 NKomVG vorzubehalten kann auch konkludent durch Entscheidung in der Sache ausgeübt werden (Bestätigung der Senatsrspr., vgl. Urteil v. 15.3.2001 – 1 K 2440/00 –, NVwZ-RR 2002, 417 = BauR 2001, 1552 = juris Rdnr. 11).**

BauGB § 17.

Niedersächsisches OVG, Beschluss vom 23. August 2024 – 1 MN 39/24 –.

Aus den Gründen:

Die Antragsteller begehren die vorläufige Außervollzugsetzung der ersten Verlängerung einer Veränderungssperre, die sie aus formellen Gründen für unwirksam halten. …

Die Rügen der Antragsteller werden voraussichtlich nicht durchgreifen. …

Aus dem Umstand, dass der Bekanntmachung der Verlängerungssatzung im Amtsblatt – auf diese, und nicht auf die lediglich ergänzend informatorischen Bekanntgaben im Aushangkasten sowie auf der Internetseite kommt es nach § 7 Abs. 1 der Hauptsatzung der Antragsgegnerin i. d. F. vom 25.11.2016 an – keine Karte des Satzungsgebiets und auch kein Hinweis darauf beigefügt war, wann die ursprüngliche Veränderungssperre beschlossen und in welcher Ausgabe des Amtsblatts sie bekannt gemacht worden war, folgt weder ein Bekanntmachungs-, noch ein Bestimmtheitsmangel der Satzung.

Den Anforderungen an eine ordnungsgemäße Bekanntgabe von Rechtsnormen wird regelmäßig dadurch genügt, dass diese Rechtsnormen in ihrem Volltext im dafür vorgesehenen Bekanntmachungsorgan wiedergegeben werden. Das ist hier geschehen. Eine Modifikation des beschlossenen Satzungstextes durch weitere Angaben ist in einem solchen Fall nicht nur unnötig, sondern sogar unzulässig, da der bekanntgemachte dann nicht mit dem beschlossenen Satzungstext übereinstimmte. Die Beifügung einer groben Karte oder sonstiger Informationen, die den Geltungsbereich identifizierbar machen, ist lediglich im hier nicht vorliegenden Fall der Ersatzverkündung (für Bauleitpläne nach § 10 Abs. 3 BauGB, im Übrigen § 11 Abs. 5 NKomVG) erforderlich.

Ob die Verlängerungssatzung ihren Geltungsbereich oder die Ausgangssatzung näher als geschehen beschreiben muss, ist vielmehr eine Frage ihrer Bestimmtheit. Auch insoweit ist die angegriffene Satzung jedoch nicht zu beanstanden. Der Anknüpfungspunkt der Verlängerungssatzung – die Satzung über die Veränderungssperre zum in Aufstellung befindlichen Bebauungsplan Nr. 22 vom 14.10.2021, bekannt gemacht im Amtsblatt des Landkreises Wittmund vom 29.10.2021 ist bereits deshalb hinreichend bestimmt, weil es für den Geltungsbereich des Bebauungsplans Nr. 22 der Antragsgegnerin nur eine Veränderungssperre gab. Nähere Angaben zu ihrem Fundort im Amtsblatt wären als »Kundendienst« vielleicht zu begrüßen gewesen. Rechtlich ist der Verzicht auf eine solche Angabe jedoch nicht zu beanstanden, wenn die verlängerte Satzung schon anhand ihrer Bezeichnung eindeutig identifiziert werden kann. Mit der wirksamen Bekanntgabe gilt eine Rechtsnorm – hier die ursprüngliche Veränderungssperre – als »bekannt«, auch wenn nicht jeder Bürger die für ihn einschlägigen Bekanntmachungsorgane regelmäßig liest und sich ihren Inhalt merkt.

Ohne Erfolg bleibt auch die Rüge der Antragsteller, die Veränderungssperre und deren hier streitgegenständliche Verlängerung seien deshalb unwirksam, weil der Aufstellungsbeschluss für den Bebauungsplan Nr. 22 vom Rat und nicht vom Verwaltungsausschuss der Antragsgegnerin gefasst wurde. Zutreffend ist, dass die Entscheidung nach § 2 Abs. 1 Satz 2 BauGB, einen Bebauungsplan aufzustellen, keine »abschließende Entscheidung über die Aufstellung von Bauleitplänen« i. S. d. § 58 Abs. 2 Satz 1 Nr. 2 BauGB, die von vornherein in die Ratszuständigkeit fiele, ist; zuständig ist vielmehr nach § 76 Abs. 2 Satz 1 NKomVG der Hauptausschuss. Nach § 58 Abs. 3 Satz 1 NKomVG ist der Rat jedoch befugt, sich im Einzelfall die Beschlussfassung vorzubehalten.

Der Senat hat bereits entschieden, dass dies auch konkludent durch Beschlussfassung in der Sache geschehen kann (Urteil v. 15.3.2001 – 1 K 2440/00 –, NVwZ-RR 2002, 417 = BauR 2001, 1552 = juris Rdnr. 11 zum inhaltsgleichen § 40 Abs. 2 Satz 1 NGO a. F.; ebenso Thiele, NKomVG, 2. Aufl. 2017, § 58 Rdnr. 41). Daran ist festzuhalten.

Der Wortlaut des § 58 Abs. 3 Satz 1 NKomVG, der die Zuständigkeit der Vertretung daran knüpft, dass diese »sich im Einzelfall die Beschlussfassung vorbehalten hat« (darauf abstellend Bartels, NdsVBl. 2012, 319, 320; Blum, in: Blum/Meyer, NKomVG, 6. Aufl. 2022, § 58 Rdnr. 56), schließt einen konkludenten Vorbehalt in einem Akt mit der Sachentscheidung nicht aus; auch in einem solchen Fall geht der Vorbehalt der Sachentscheidung logisch vor. Soweit eingewandt wird (Mehde, in: BeckOK Kommunalrecht Niedersachsen, Stand 1.7.2024, § 58 Rdnr. 46 m. w. N.;), räume man dem Rat die Möglichkeit eines konkludenten »Ansichziehens« ein, so werde entgegen § 76 Abs. 2

Satz 1 NKomVG eine Art Auffangzuständigkeit der Vertretung geschaffen, die Bedeutung von § 58 Abs. 3 Satz 2 NKomVG in Frage gestellt, und es werde übergangen, dass »Kompetenzvorschriften ihre normative Bedeutung vor allem im Konfliktfall entfalteten« (Ipsen, NdsVBl. 1996, 97, 101), überzeugt nicht. Eine »gewillkürte Auffangzuständigkeit« der Vertretung wird durch § 58 Abs. 3 Satz 1 und 2 NKomVG in jedem Fall begründet, ob man nun für den Vorbehalt nach Satz 1 einen förmlichen Beschluss fordert oder nicht. Die Bedeutung des Satzes 2 liegt darin, der Vertretung neben der einzelfallbezogenen eine weitere, abstrakte Möglichkeit an die Hand gibt, die Zuständigkeit des Hauptausschusses zu beschränken. Diese Möglichkeit bleibt in jedem Fall unberührt. Die Auffassung, ein förmlicher Beschluss sei erforderlich, um der Kompetenzverteilung des NKomVG »im Konfliktfall« [zwischen Hauptausschuss und Rat] Geltung zu verschaffen, setzt voraus, dass die Aufgabenverteilung in §§ 58, 76 NKomVG Ausdruck eines gewaltenteilungsähnlichen Konkurrenzverhältnisses zwischen Rat und Hauptausschuss wäre. Der Umstand, dass das Eintrittsrecht des Rates nach § 58 Abs. 3 Satz 1 und 2 NKomVG an keinerlei inhaltliche Voraussetzungen geknüpft ist, zeigt aber, dass eine solche Konkurrenz nicht vorgesehen ist und dem Hauptausschuss im Verhältnis zum Rat im Geltungsbereich des Eintrittsrechts keine diesem gegenüber eigenständige Rechtsposition zuerkannt wird. Vielmehr deutet der Umstand, dass gerade die »wichtigen« Entscheidungen nach § 58 Abs. 1, 2 NKomVG dem Rat als dem »Hauptorgan« der Gemeinde (§ 45 Abs. 1 Satz 1 NKomVG) vorbehalten sind, darauf hin, dass die Zuständigkeit des Verwaltungsausschusses für die übrigen Entscheidungen eher der Entlastung des Rats, mithin der Opportunität dient. Ist das aber so, dann ist kein Grund ersichtlich, eine selbstgewollte Mehrbelastung des Rats an besondere formelle Bedingungen zu knüpfen.

Die Zuständigkeit des Rats ergibt sich – wollte man den vorstehenden Ausführungen nicht folgen – jedenfalls aus § 58 Abs. 3 Satz 3 NKomVG, da der Verwaltungsausschuss ausweislich des Sitzungsprotokolls vom 14.10.2021 eine Beschlussfassung des Rats über die Planaufstellung durch ausdrücklichen Beschluss veranlasst hat. Soweit die Antragsteller demgegenüber einen »vorangehenden ausdrücklichen Vorlagebeschluss« – dies dürfte als Forderung verstanden werden, dass der Verwaltungsausschuss zunächst seine Zuständigkeit unter Hinweis auf § 58 Abs. 3 Satz 3 NKomVG auf den Rat delegiert und sodann durch weiteren Beschluss die inhaltliche Vorlage an den Rat weiterleitet – gilt das vorstehend Ausgeführte erst recht, zumal ein positiver Kompetenzkonflikt zwischen Verwaltungsausschuss und Rat in Fällen der Vorlage nach § 58 Abs. 3 Satz 3 NKomVG nicht entstehen kann. …

Nr. 29

1. Zur Frage der amtspflichtwidrigen Verzögerung der Entscheidung über einen Bauantrag, die nach § 32 Abs. 2 Satz 1 der Gemeindeordnung für den Freistaat Bayern in Verbindung mit kommunalem Ortsrecht einem beschließenden Ausschuss übertragen ist.

2. Die Gemeinde ist nicht unmittelbar im Zeitpunkt der Entscheidungsreife verpflichtet, über den Bauantrag zu entscheiden. Eine solche Entscheidungspflicht ergibt sich vielmehr erst nach Ablauf eines ihr zuzubilligenden Bearbeitungs- und Prüfungszeitraums, innerhalb dessen die ordnungsgemäße, ermessensfehlerfreie und zügige Bearbeitung des (entscheidungsreifen) Baugesuchs abgeschlossen sein muss. Innerhalb eines solchen Zeitraums ist die Gemeinde nicht gehindert, gemäß § 2 Abs. 1 Satz 2 BauGB einen Aufstellungsbeschluss für eine dem Vorhaben entgegenstehende geänderte Planung zu fassen und etwa eine Veränderungssperre zu beschließen (Fortführung von Senat, Beschluss v. 23.1.1992 – III ZR 191/90, NVwZ 1993, 299).

GG Art. 34; BGB § 839 Abs. 1.

Bundesgerichtshof, Urteil vom 24. Oktober 2024 – III ZR 48/23 –.

Aus den Gründen:

Die Klägerin nimmt die beklagte Stadt unter dem Vorwurf der amtspflichtwidrigen Behandlung eines Bauantrags auf Schadensersatz in Anspruch.

Entgegen der Meinung des Berufungsgerichts stellt es keine Amtspflichtverletzung dar, dass die Beklagte den Bauantrag der Klägerin in der Sitzung des Bau- und Werksenats am 9.11.2016 nicht positiv beschieden hat.

Nach Art. 68 Abs. 1 Satz 1 Halbsatz 1 BayBO ist die – gemäß Art. 55 Abs. 1 BayBO unter anderem für die Änderung und Nutzungsänderung von baulichen Anlagen regelmäßig erforderliche – Baugenehmigung zu erteilen, wenn dem Vorhaben keine öffentlich-rechtlichen Vorschriften entgegenstehen, die im bauaufsichtlichen Genehmigungsverfahren zu prüfen sind. Ungeachtet der Sonderregelung in Art. 68 Abs. 1 Satz 1 Halbsatz 2 BayBO, der der Behörde aus verfahrensökonomischen Gründen ein Versagungsermessen einräumt, wenn das Vorhaben gegen sonstige, nicht zum Prüfungsprogramm des Genehmigungsverfahrens gehörende öffentlich-rechtliche Vorschriften verstößt (Decker in: Busse/Kraus, Bayerische Bauordnung, Kommentar, Stand Januar 2024, Art. 68 Rdnr. 187), wird damit ein auf Art. 2 Abs. 1 und Art. 14 Abs. 1 GG fußender öffentlich-rechtlicher Rechtsanspruch des Antragstellers auf Erteilung der Genehmigung beziehungsweise – soweit es auf von der Genehmigungsbehörde zu prüfende Ermessensvorschriften ankommt – auf pflichtgemäße Ermessensausübung begründet, der auch einen Anspruch auf Entscheidung über den Bauantrag innerhalb angemessener Frist umfasst (Decker, a. a. O. Rdnr. 213 ff).

Die Verzögerung der Entscheidung über ein Baugesuch kann dementsprechend eine Amtspflichtverletzung darstellen (z. B. Senat, Urteil v. 12.7.2001 – III ZR 282/00, NVwZ 2002, 124; Beschlüsse v. 23.1.1992 – III ZR 191/90, NVwZ 1993, 299 und vom 21.9.1989 – III ZR 41/88, BeckRS 1989, 31069286). Allerdings ist es im Hinblick auf die kommunale Planungshoheit nicht grundsätzlich unzulässig, dass eine Gemeinde einen Bauantrag, der nach der bestehenden Rechtslage positiv beschieden werden müsste, zum Anlass nimmt, ändernde Planungsmaßnahmen einzuleiten und diese nach den §§ 14 ff BauGB zu sichern. So kann sie – was vom Antragsteller hingenommen werden muss – den für eine ordnungsgemäße und zügige Bearbeitung des Baugesuchs ohnehin (noch) erforderlichen Zeitraum zugleich dazu nutzen, gemäß § 2 Abs. 1 Satz 2 BauGB einen Aufstellungsbeschluss für eine dem Vorhaben entgegenstehende geänderte Planung zu fassen und etwa eine Veränderungssperre zu beschließen (vgl. Senat, Urteile v. 30.11.2006 – III ZR 352/04, BGHZ 170, 99 Rdnr. 12 und vom 12.7.2001, a. a. O.; Beschluss v. 23.1.1992, a. a. O. S. 300). Dagegen ist die Gemeinde im Hinblick auf die bis zur Sicherung ihrer Planungsabsichten zu beachtende Rechtsposition des Antragstellers nicht berechtigt, die Bearbeitung eines (schon) entscheidungsreifen Bauantrags bewusst hinauszuschieben, um die gesetzlichen Voraussetzungen für Maßnahmen nach den §§ 14 ff BauGB überhaupt erst zu schaffen (vgl. Senat, Urteile v. 12.7.2001, a. a. O. S. 125 und vom 23.9.1993 – III ZR 54/92, NVwZ 1994, 405, 406; Beschluss v. 23.1.1992, a. a. O.). Dies bedeutet indes nicht, dass die Gemeinde unmittelbar im Zeitpunkt der Entscheidungsreife verpflichtet ist, über den Bauantrag zu entscheiden. Eine solche Entscheidungspflicht ergibt sich vielmehr erst nach Ablauf eines ihr zuzubilligenden Bearbeitungs- und Prüfungszeitraums, innerhalb dessen die ordnungsgemäße, ermessensfehlerfreie und zügige Bearbeitung des (entscheidungsreifen) Gesuchs abgeschlossen sein muss (vgl. Senat, Beschluss v. 23.1.1992, a. a. O.). Innerhalb eines solchen Zeitraums ist die Gemeinde nicht gehindert, gemäß § 2 Abs. 1 Satz 2 BauGB einen Aufstellungsbeschluss für eine dem Vorhaben entgegenstehende geänderte Planung zu fassen und etwa eine Veränderungssperre zu beschließen. Es kommt daher in erster Linie darauf an, bis zu welchem Zeitpunkt das Baugesuch bei angemessen zügigem Vorgehen ordnungsgemäß hätte beschieden werden müssen. Dagegen ist nicht entscheidend, ob die Gemeinde ihre infolge der Antragstellung geänderten Planungsabsichten auch schon früher durch einen wirksamen Planaufstellungsbeschluss zum Ausdruck hätte bringen und nach den §§ 14 ff BauGB hätte sichern können.

Der für die Bearbeitung eines Baugesuchs (noch) als angemessen anzusehende Zeitraum ist einer generellen und allgemeingültigen Festlegung nicht zugänglich. Insbesondere lässt sich aus § 75 Satz 2 VwGO, der die für eine verwaltungsgerichtliche Untätigkeitsklage erforderliche Dreimonatsfrist lediglich als besondere Prozessvoraussetzung normiert, nicht ableiten, dass erst nach Ablauf von mindestens drei Monaten eine amtspflichtwidrige Verzögerung der Bearbeitung anzunehmen ist. Vielmehr kann eine Amtspflichtverletzung nach den konkreten Umständen des Einzelfalls auch schon bei einem kürzeren Verzögerungszeitraum vorliegen (vgl. Senat, Beschlüsse v. 23.1.1992, a. a. O. und vom 21.9.1989, a. a. O.; OLG Koblenz, NVwZ-RR 2017, 19 Rdnr. 30 ff). Dabei kommt es vor allem auf die Komplexität des vorgeschriebenen Verfahrensablaufs und der in der Sache zu treffenden Entscheidung an.

Davon ist auch das Berufungsgericht im Ansatz zutreffend ausgegangen. Seine Schlussfolgerung, dass danach der Bauantrag der Klägerin spätestens in der Sitzung des Bau- und Werksenats am 9.11.2016 hätte genehmigt werden müssen, ist jedoch von Rechtsfehlern beeinflusst.

Rechtsfehlerhaft, zumindest aber missverständlich hat die Vorinstanz angenommen, dass die der Beklagten zuzubilligende Bearbeitungszeit nicht erst am 19.10.2016, sondern bereits früher, nämlich am 4.5.2016, begonnen habe. Insoweit ist klarzustellen, dass – was im Übrigen durch Art. 65 Abs. 2 und Abs. 3 Nr. 4 und 5 BayBO bestätigt wird – Voraussetzung für die ordnungsgemäße Bearbeitung eines Baugesuchs durch die zuständige Behörde das Vorliegen vollständiger und prüffähiger Antragsunterlagen ist, weshalb – auch aus Gründen der Rechtssicherheit – für den Beginn der angemessenen Bearbeitungsfrist auf diesen Zeitpunkt abzustellen ist (Shirvani in: Busse/Kraus, a. a. O. Art. 65 Rdnr. 33 m. w. N.). Allenfalls kann erwogen werden, ob und in welchem Maße sich die mit Eingang der vollständigen Antragsunterlagen begonnene Bearbeitungszeit im Einzelfall dadurch verkürzt hat, dass die Behörde schon zuvor mit der Sache befasst gewesen ist und dabei ihr Prüfungsprogramm teilweise bereits abgearbeitet hat. Anders ist auch die vom Berufungsgericht zitierte Senatsrechtsprechung nicht zu verstehen, nach der es zu einer wesentlichen Abkürzung der Bearbeitungsdauer führen kann, wenn bei der Entscheidung über einen Antrag, der lediglich eine Modifikation eines früheren Antrags ist, die Ergebnisse der früheren Prüfung unverändert übernommen und genutzt werden können (vgl. Senat, Beschluss v. 23.1.1992, a. a. O.).

Vorliegend hat sich der angemessene Bearbeitungszeitraum, der danach erst begonnen hat, als – wie vom Berufungsgericht festgestellt (S. 13 des angefochtenen Urteils) – die vollständigen Antragsunterlagen am 19.10.2016 eingegangen waren, nicht so weit verkürzt, dass er bereits am 9.11.2016 und damit nach nur drei Wochen abgelaufen gewesen wäre. Davon ist aber das Berufungsgericht im Ergebnis zu Unrecht ausgegangen, was wesentlich darauf zurückzuführen ist, dass es die Vorgaben der bayerischen Gemeindeordnung und des Satzungsrechts der Beklagten zum Ablauf des Baugenehmigungsverfahrens unter Beteiligung des Bau- und Werksenats nicht hinreichend beachtet hat.

Nach Art. 29 BayGO obliegt die Verwaltung der Gemeinde dem Gemeinderat, soweit nicht – was eine Zuständigkeitsvermutung für den Gemeinderat begründet – der erste Bürgermeister selbständig entscheidet (vgl. Glaser in: Widtmann/Grasser/Glaser, Bayerische Gemeindeordnung, Stand Januar 2024, Art. 29 Rdnr. 17). Letzteres ist vor allem bei laufenden Angelegenheiten der Fall, die für die Kommune keine grundsätzliche Bedeutung haben und keine erheblichen Verpflichtungen erwarten lassen (Art. 37 Abs. 1 Satz 1 Nr. 1 BayGO). Im Rahmen seiner umfassenden Verwaltungsbefugnis entscheidet der Gemeinderat in seiner Gesamtheit als Verwaltungsorgan (nicht als Parlament) gemäß Art. 30 Abs. 2 BayGO über alle Angelegenheiten, die er nicht nach Art. 32 Abs. 2 Satz 1 BayGO zu seiner Entlastung auf beschließende Ausschüsse (Gemeindesenate) übertragen hat (vgl. Glaser a. a. O. Art. 29 Rdnr. 5, 11 und Art. 32 Rdnr. 2), wobei, wie sich aus Art. 32 Abs. 2 Satz 2 Nr. 2 BayGO ergibt, zu den übertragbaren Aufgaben auch der Erlass von Bebauungsplänen und Veränderungssperren gehört. Die Gemeindesenate, die ein verkleinertes Abbild des Gemeinderatsplenums sind (vgl. Art. 33 Abs. 1 und 2 BayGO), erledigen die ihnen übertragenen Aufgaben selbständig an dessen Stelle (vgl. BayVGH, BeckRS 1983, 107334; Glaser a. a. O. Art. 32 Rdnr. 2), wenn nicht ihr Vorsitzender oder jeweils ein Quorum der Ausschuss- oder der Gemeinderatsmitglieder binnen einer Woche die Nachprüfung durch den gesamten Gemeinderat beantragt, Art. 32 Abs. 3 Satz 1 BayGO. Ein solcher Nachprüfungsantrag hat zur Folge, dass der Ausschussbeschluss nicht wirksam wird und die Entscheidungszuständigkeit auf das Plenum übergeht, das die Angelegenheit auch wieder in den Ausschuss zurückverweisen kann (Glaser a. a. O. Art. 32 Rdnr. 35). Zusammensetzung und Geschäftsgang der beschließenden Ausschüsse ergeben sich aus dem kommunalen Ortsrecht, insbesondere aus der Geschäftsordnung des jeweiligen Gemeinderats, und den entsprechend anzuwendenden Vorschriften der Art. 46 bis 54 BayGO (vgl. Art. 33 Abs. 1 Satz 1 und Art. 45 Abs. 2 Satz 2 BayGO). Ausweislich der 2016 geltenden Geschäftsordnung für den Stadtrat der Beklagten und ihrer Satzung zur Regelung von Fragen des örtlichen Gemeindeverfassungsrechts (Ortssatzung) sollte der aus dem Oberbürgermeister und zwölf Stadtratsmitgliedern bestehende Bau- und Werksenat mit der analog Art. 51 Abs. 1 BayGO erforderlichen Mehrheit unter anderem über die Behandlung von außerhalb des Bereichs eines qualifizierten Bebauungsplans liegenden Bauvorhaben mit besonderen Auswirkungen auf öffentliche Belange oder besonderer infrastruktureller, wirtschaftlicher, sozialer, städtebaulicher oder denkmalpflegerischer Bedeutung entscheiden (vgl. § 2 Abs. 3 Nr. 2 der Ortssatzung und § 12 Abs. 3 Nr. 2 B) 3. a) und b) der Geschäftsordnung für den Stadtrat).

Entscheidet danach über die Genehmigung eines in dieser Weise bedeutsamen, nicht mehr als laufende Angelegenheit anzusehenden Bauvorhabens der Stadtrat als Verwaltungsorgan oder an Stelle des Stadtratsplenums der beschließende Ausschuss, sind diese Gremien dadurch, dass Bedienstete der Stadtverwaltung sich schon früher mit dem (unvollständig oder vollständig vorliegenden) Bauantrag beschäftigt haben, nicht vorbefasst in dem Sinne, dass bereits gewonnene eigene Prüfungsergebnisse unbesehen übernommen und genutzt werden könnten. Dies wäre nur dann anders zu beurteilen, wenn der das Gesuch prüfende Sachbearbeiter der Bauaufsichtsbehörde dieses schließlich namens des an der Verwaltungsspitze stehenden Oberbürgermeisters auch bescheidet (vgl. Senat, Beschluss v. 23.1.1992, a. a. O.). Der Bau- und Werksenat war daher nicht gehalten, den Beschlussvorschlag in der durch das federführende Bauordnungsamt erstellten Sitzungsvorlage vom 27.10.2016, in der unter anderem die bauordnungsrechtliche Beurteilung mitsamt den (zahlreichen) Nachbareinwendungen und dem von der Klägerin nachgereichten Schallschutzgutachten zusammengefasst sind, einfach »durchzuwinken«. Ihm oblag es vielmehr, den Baugenehmigungsantrag unter Verwendung dieser vorbereitenden Unterlagen eigenständig zu prüfen und zu bescheiden. Dies hat das Berufungsgericht verkannt, indem es die bauplanungsrechtliche Zulässigkeitsprüfung mit der Stellungnahme des Stadtplanungsamts am 4.5.2016 als »abgeschlossen« und den Umstand, dass der Bau- und Werksenat am 9.11.2016 erstmals mit der Sache befasst war, als bedeutungslos angesehen hat.

Für diese eigenständig und mit der gebotenen Gründlichkeit vorzunehmende Prüfung und Beschlussfassung ist dem Bau- und Werksenat als kollegialem Verwaltungsorgan – anders als unter Umständen einem mit der Sache vorbefasst gewesenen Beamten (vgl. Senat, Beschluss v. 21.9.1989, a. a. O.) – grundsätzlich Bedenkzeit zuzubilligen. Insbesondere war er nicht verpflichtet, schon am 9.11.2016 über den Baugenehmigungsantrag zu entscheiden, weil er zu diesem Zeitpunkt entscheidungsreif war. Zwar implizieren die analog anzuwendenden Vorschriften der Art. 46 bis 54 BayGO, dass ein beschließender Ausschuss über eine ihm rechtzeitig zugeleitete Vorlage im Allgemeinen in seiner darauffolgenden Sitzung berät und nach Abstimmung entscheidet. Rechtlich zwingend ist dies aber nicht, insbesondere im Hinblick auf die Redebefugnis und das Antragsrecht der Ausschussmitglieder, das zu ergänzenden Prüfungs- und Berichterstattungsaufträgen an die Verwaltung führen kann (vgl. Gaß in: Widtmann/Grasser/Glaser, a. a. O. Art. 46 Rdnr. 15 a, b und Glaser, a. a. O. Art. 47 Rdnr. 6), und die Möglichkeit einer wegen Beschlussunfähigkeit erforderlichen nochmaligen Einberufung des Ausschusses (vgl. Art. 47 Abs. 3 BayGO sowie Gaß, a. a. O. Art. 45 Rdnr. 13 und 14 b) sowie einer Vertagung einzelner Tagesordnungspunkte wegen zusätzlichen Informationsbedarfs (vgl. Glaser, a. a. O. Art. 47 Rdnr. 2 a), wobei das nach Maßgabe des § 8 Abs. 1, Abs. 3 und Abs. 4b der Geschäftsordnung für den Stadtrat bestehende Recht der Mitglieder des Bau- und Werksenats zur Einsichtnahme in Verwaltungsakten in den Diensträumen des aktenführenden Amtes und zur Einholung von Auskünften bei den zuständigen Amtsleitern zu beachten ist. Ungeachtet dessen spricht auch vorliegend nichts dafür, dass der Bau- und Werksenat spätestens am 9.11.2016 und damit binnen drei Wochen nach Eingang der vollständigen Antragsunterlagen über das Baugesuch hätte befinden müssen. Dabei ist zu berücksichtigen, dass es sich um ein umfangreiches, komplexes, von Planergänzungen, Umplanungen, (gutachterlichen) Stellungnahmen und einer Vielzahl von Nachbareinwendungen begleitetes Vorhaben mit erheblicher Bedeutung für die Beklagte handelte, dessen Genehmigung – aus ihrer vertretbaren Sicht – aufgrund des zu beurteilenden Sachverhalts unter anderem eine Ermessensentscheidung nach § 4 Abs. 3 Nr. 1 in Verbindung mit § 15 BauNVO erfordern konnte. Etwas Anderes folgt entgegen der Meinung des Berufungsgerichts nicht daraus, dass die Mitglieder des Bau- und Werksenats möglicherweise schon seit Juni 2016 das Vorhaben kannten und – wie mit der Revisionserwiderung vorgetragen – (auf damals noch unvollständiger Tatsachengrundlage) bereits »intern« (vor-)beraten hatten, da nicht ersichtlich ist, welche später verwendbaren Erkenntnisse sie dabei gewonnen haben sollen.

Unter Berücksichtigung der Komplexität des vorgegebenen Verwaltungsverfahrens und der zu treffenden Sachentscheidung war die im konkreten Fall als angemessen anzusehende Zeitspanne ab Eingang der vollständigen Antragsunterlagen am 19.10.2016, innerhalb deren das Baugesuch der Klägerin bei amtspflichtgemäßem Vorgehen hätte beschieden werden müssen, noch nicht abgelaufen, als die Aufstellung des Bebauungsplans Nr. 124 F und die Satzung über die Veränderungssperre am 6.12.2016 vom Bau- und Werksenat beschlossen und am 23.12.2016 – also nur wenig mehr als zwei Monate nach Eingang der vollständigen Antragsunterlagen – ortsüblich bekannt gemacht worden sind. Dabei geht der Senat, wie bereits ausgeführt, nicht davon aus, dass eine amtspflichtwidrige behördliche Untätigkeit stets erst nach Ablauf von mindestens drei Monaten vorliegt, wenn auch insoweit die in § 75 Satz 2 VwGO normierte – und hier ungeachtet des aufwendigen Verfahrensablaufs und der schwierigen Sachentscheidung deutlich unterschrittene – Dreimonatsfrist eine gewisse Orientierung bietet. Danach hat es die Beklagte jedenfalls bis zum 23.12.2016 nicht amtspflichtwidrig unterlassen, über die Erteilung der beantragten Baugenehmigung zu entscheiden, wobei es nicht darauf ankommt, dass der Bau- und Werksenat diese Angelegenheit bei seiner erstmaligen Befassung nicht durch förmlichen Beschluss vertagt hat. Auch spielt es keine Rolle, ob mit der vorgenommenen Bekanntmachung nur der Planaufstellungsbeschluss nach § 2 Abs. 1 Satz 2 BauGB wirksam geworden ist und nicht auch die nach dem Beschluss des Bayerischen Verwaltungsgerichtshofs vom 1.10.2019 fehlerhaft ausgefertigte Satzung über die Veränderungssperre (vgl. dazu Senat, Urteile v. 25.3.2004 – III ZR 227/02, NVwZ 2004, 1143 und vom 12.7.2001, a. a. O. S. 125 f).

Selbst wenn man der beklagten Stadt eine objektive Verletzung ihrer Amtspflichten bis zum 23.12.2016 anlasten würde, wäre den dem Bau- und Werksenat angehörenden Stadtratsmitgliedern jedenfalls nach den Grundsätzen der sogenannten Kollegialgerichtsrichtlinie (vgl. nur Senat, Urteile v. 11.3.2021 – III ZR 27/20, NVwZ-RR 2021, 671 Rdnr. 20; vom 9.7.2020 – III

ZR 245/18, NVwZ-RR 2021, 298 [OVG Nordrhein-Westfalen 15.7.2020 – 4 B 885/20] Rdnr. 17; vom 11.11.2004 – III ZR 200/03, NVwZ-RR 2005, 149, 151 und vom 14.3.2002 – III ZR 302/00, BGHZ 150, 172, 184) subjektiv kein Verschulden nach § 839 Abs. 1 BGB vorzuwerfen. Entgegen der Ansicht des Berufungsgerichts greift keine der Ausnahmen von dieser Richtlinie (vgl. dazu nur Senat, Urteile v. 11.3.2021, a. a. O.; vom 9.7.2020, a. a. O. und vom 21.2.2019 – III ZR 115/18, NJW 2019, 1374 Rdnr. 20) ein. Insbesondere hat das Landgericht nicht deshalb den Sachverhalt unsorgfältig und unvollständig gewürdigt, weil es richtigerweise für den Beginn der angemessenen Bearbeitungszeit des Baugesuchs auf den 19.10.2016 abgestellt hat. Zudem hat es nicht rechtsfehlerhaft im Grundsatz außer Acht gelassen, dass der Behörde auch eine weniger als drei Monate betragende Bearbeitungszeit zuzubilligen sein kann. Schließlich kann ihm nicht vorgeworfen werden, nicht beachtet zu haben, dass die Beklagte aufgrund der Sitzungsvorlage vom 27.10.2016 die Prüfung der Baugenehmigung abgeschlossen hatte. Denn insoweit ist – wie ausgeführt – nicht auf das die Sitzungsvorlage erstellende Bauordnungsamt, sondern auf den Bau- und Werksenat der Beklagten abzustellen.

Da die Klägerin schon nach den vorstehenden Erwägungen Schadensersatzansprüche bereits dem Grunde nach nicht auf eine objektiv und subjektiv amtspflichtwidrige Nichtbescheidung ihres Baugesuchs durch die Beklagte am 9.11.2016 – und nachfolgend bis zum 23.12.2016 – stützen kann, hat der Senat keine Veranlassung, auf die übrigen Ausführungen des Berufungsgerichts zur Genehmigungsfähigkeit des Vorhabens, zum Einwand rechtmäßigen Alternativverhaltens und zur haftungsausfüllenden Kausalität sowie auf die dagegen geführten Revisionsangriffe und das weitere Revisionsvorbringen einzugehen.

Soweit es um das Vorliegen einer schuldhaft begangenen Amtspflichtverletzung geht, ist das angefochtene Grund- und Teilurteil des Berufungsgerichts auch nicht gemäß § 561 ZPO deshalb richtig, weil es – was die Klägerin erst mit ihrer Berufungsbegründung (vgl. GA IV 713) als einen weiteren Streitgegenstand geltend gemacht hat – der beklagten Stadt als amtspflichtwidrig vorgeworfen werden könnte, auch nach dem 23.12.2016 den Bauantrag (weiterhin) nicht positiv beschieden zu haben, obgleich die Veränderungssperre unwirksam war.

Ein rechtswidriger Eingriff in eine durch Art. 14 GG geschützte Rechtsposition kann auch in der verzögerten Bearbeitung eines nach geltendem Recht positiv zu bescheidenden, entscheidungsreifen Bauantrags oder in dem Erlass einer unwirksamen Veränderungssperre zu sehen sein (vgl. Senat, Urteile v. 12.7.2001, a. a. O. S. 125 und vom 10.2.1972 – III ZR 188/69, BGHZ 58, 124, 127 zum enteignungsgleichen Eingriff). Ist allerdings der Eingriff nur deswegen rechtswidrig, weil er an einem formellen und nicht an einem sachlichrechtlichen Fehler leidet, so führt dieser Mangel nicht notwendig zu einer Schadensersatz- oder Entschädigungspflicht (vgl. Senat, Urteil v. 10.2.1972, a. a. O.). Das gilt vorliegend auch für die Nichtbescheidung des Bauantrags nach dem 23.12.2016 infolge der (formell fehlerhaften) Veränderungssperre. Dies beruht auf dem Gedanken des rechtmäßigen Alternativverhaltens, wonach der Eingriff auch bei formeller Rechtmäßigkeit ohne Ausgleich hingenommen werden müsste (vgl. Papier/Shirvani, MüKo-BGB, 9. Aufl., § 839 Rdnr. 61 ebenfalls zum enteignungsgleichen Eingriff). Diese Kontrollüberlegung greift insbesondere, wenn ein Eingriff formelle Mängel aufweist, die nachträglich heilbar sind, was bei einer fehlerhaften Bekanntmachung einer Veränderungssperre der Fall ist (vgl. Senat, Urteil v. 25.3.2004, a. a. O. S. 1144).

So liegt es hier. Denn die Veränderungssperre ist nach dem Beschluss des Bayerischen Verwaltungsgerichtshofs vom 1.10.2019 (nur) deshalb rechtswidrig gewesen, weil sie am 23.12.2016 mit einer nicht ordnungsgemäß ausgefertigten Planurkunde bekanntgemacht worden ist, was durch eine ordnungsgemäße Neubekanntmachung geheilt werden könnte. Damit ist die Satzung über die Veränderungssperre lediglich formell, aber nicht materiell rechtswidrig. Etwas Anderes folgt auch nicht daraus, dass der Bebauungsplan Nr. 124 F nach dem Urteil des Bayerischen Verwaltungsgerichtshofs vom 11.10.2021 zulässigerweise allein eine Hotelnutzung ausgeschlossen hat, nicht aber eine Wohnnutzung in Gestalt von »Stadtappartements«. Insoweit ist nämlich zu berücksichtigen, dass nach § 14 Abs. 1 Nr. 1 BauGB eine Veränderungssperre, die lediglich einen Planaufstellungsbeschluss voraussetzt, im Interesse der Sicherung der kommunalen Planungshoheit inhaltlich die Durchführung von Vorhaben im Sinne von § 29 BauGB schlechthin und nicht nur dann verbieten kann, soweit sie den künftigen Festsetzungen des Bebauungsplans voraussichtlich widersprechen (vgl. VGH Baden-Württemberg, NJW 1986, 149). Sie ist daher nicht schon deshalb von Anfang an materiell rechtswidrig, weil der später erlassene Bebauungsplan sich als ganz oder teilweise materiell rechtswidrig erweist. Dies ist vielmehr nur der Fall, wenn bereits die im Planaufstellungsbeschluss manifestierte Planung offensichtlich rechtswidrig und der Mangel schlechterdings nicht behebbar ist (vgl. BVerwG, NVwZ 1994, 685, 686 [BVerwG 21.12.1993 – BVerwG 4 NB 40.93]; Stock in: Ernst-Zinkahn-Bielenberg, BauGB, Stand 1.4.2024, § 14 Rdnr. 53 ff m. w. N.). Auch leidet die Veränderungssperre dann an einem sachlich-rechtlichen Mangel, wenn ihr als Grundlage ein Beschluss zur Aufstellung eines Bebauungsplans fehlt (vgl. Senat, Urteil v. 10.2.1972, a. a. O. S. 128). Eine dieser Konstellationen liegt hier jedoch nicht vor.

Entgegen der Ansicht der Klägerin scheidet die Anwendung der Grundsätze des rechtmäßigen Alternativverhaltens auch nicht im Hinblick auf ein vorsätzliches Verhalten der Mitglieder des Bau- und Werksenats aus. Auch wenn die Veränderungssperre durch den Beschluss des Bayerischen Verwaltungsgerichtshofs vom 1.10.2019 wegen eines Ausfertigungsmangels für formell unwirksam erklärt wurde, hatte das mit drei Berufsrichtern besetzte Verwaltungsgericht sie in seinem vorhergehenden Urteil v. 28.9.2017 ausdrücklich für wirksam gehalten. Dass die Mitglieder des Bau- und Werksenats sich aufgrund der erlassenen Veränderungssperre zu weiterer Untätigkeit berechtigt (und verpflichtet) fühlten, ist daher jedenfalls nicht als schuldhaftes, geschweige denn vorsätzliches Fehlverhalten anzusehen. Ungeachtet dessen würde auch hier die Kollegialgerichtsrichtlinie eingreifen.

Die erst mit der ergänzenden Revisionserwiderung als eine weitere Amtspflichtverletzung geltend gemachte Nichtbescheidung des Antrags der Klägerin vom 15.12.2016 auf Gewährung einer Ausnahme von der Veränderungssperre durch die Beklagte ist vorinstanzlich nicht streitgegenständlich gewesen und unterliegt nicht der Beurteilung durch den Senat (§ 559 Abs. 1 Satz 1 ZPO). Es handelt sich zudem um eine in der Revisionsinstanz unzulässige Klageerweiterung (vgl. BGH, Urteil v. 9.4.2024 – VI ZR 660/20, WM 2024, 1137 Rdnr. 8).

Weil es aus den vorstehenden Gründen an der objektiven Rechtswidrigkeit des Vorgehens der Beklagten fehlt, beziehungsweise der Rechtsgedanke des rechtmäßigen Alternativverhaltens eingreift, scheiden auch Ansprüche der Klägerin auf der (verschuldensunabhängigen) Grundlage des enteignungsgleichen Eingriffs aus. …

Nr. 30

1. **Die Anstoßfunktion der öffentlichen Bekanntmachung eines Aufstellungsbeschlusses kann regelmäßig nicht durch die ausschließliche Bezugnahme auf die betroffenen Flurstücknummern erfüllt werden (Anschluss an VGH Bad.-Württ., Urteil v. 14.12.2001 – 8 S 375/01 –, juris Rdnr. 22). Der (ergänzende) Abdruck eines Kartenauszugs, der nicht mit dem im Aufstellungsbeschluss in Bezug genommenen Lageplan identisch ist, kann die Anstoßfunktion jedenfalls dann nicht erfüllen, wenn die vorhandenen Eintragungen ein widersprüchliches Bild von der Ausdehnung der in die Planung einbezogenen Flächen vermitteln.**

2. **Unter den in § 1 Abs. 9 BauNVO genannten Voraussetzungen ermöglicht dieser auch bauplanungsrechtliche Festsetzungen über die Zulässigkeit bzw. den Ausschluss des besonderen Anlagetyps der Fremdwerbeanlagen (vgl. Senatsurt. v. 16.4.2008 – 3 S 3005/06 –, juris Rdnr. 49; VGH Bad.-Württ., Beschluss v. 24.1.2017 – 8 S 2081/16 –, juris Rdnr. 10 ff.).**

3. **Der Verhältnismäßigkeitsgrundsatz verlangt nicht, dass eine zum Zweck der Sicherung geplanter Beschränkungen der Zulässigkeit von Fremdwerbeanlagen erlassene Veränderungssperre stets schon tatbestandlich auf ein**

vorläufiges Verbot von Werbeanlagen beschränkt wird (entgegen BayVGH, Beschluss v. 29.6.2015 – 1 ZB 13.1903 –, juris Rdnr. 8).

BauGB § 14 Abs. 1 Nr. 1; BauNVO § 1 Abs. 9; VwGO § 47 Abs. 6.

VGH Baden-Württemberg, Beschluss vom 8. November 2024 – 3 S 827/24 –.

Aus den Gründen:

Die Antragstellerin, ein u. a. im Bereich der Plakatwerbung tätiges Marketingunternehmen, begehrt einstweiligen Rechtsschutz gegen eine von der Antragsgegnerin erlassene Veränderungssperre. …

Der Antrag ist statthaft und auch im Übrigen zulässig.

Die Antragstellerin ist insbesondere antragsbefugt. Denn auch obligatorisch Berechtigte sind antragsbefugt, wenn sie zur Vornahme von Veränderungen auf Grund ihrer privatrechtlichen Stellung berechtigt sind und durch das Verbot ihr Nutzungsrecht nicht ausüben können (vgl. BVerwG, Beschluss v. 14.12.2022 – 4 BN 24.22 –, juris Rdnr. 9 [für Beeinträchtigungen durch baurechtliche Festsetzungen]; Bay. VGH, Beschluss v. 8.1.2007 – 25 N 06.2110 –, juris Rdnr. 3). Dies ist hier der Fall, da die Antragstellerin auf Grundlage der (im Baugenehmigungsverfahren vorgelegten) Einverständniserklärung der Grundstückseigentümerin bzw. Pächterin vom 8.9.2021 schuldrechtlich berechtigt ist, eine Werbetafel auf dem von ihr bezeichneten Grundstück zu errichten. Der von der Antragsgegnerin geforderten Vorlage eines Pachtvertrags bedarf es insoweit nicht, weil sich Bestand und Umfang der Berechtigung in ausreichender Deutlichkeit aus der vorgelegten Erklärung ergeben. Dass die Antragstellerin durch die streitgegenständliche Veränderungssperre an der Ausübung des sich hieraus ergebenden Nutzungsrechts gehindert wird, steht außer Zweifel, zumal die Antragsgegnerin einen entsprechenden Bauantrag allein unter Bezugnahme auf die Veränderungssperre abgelehnt hat. Die Befugnis des in der Erklärung bezeichneten Unternehmens, entsprechende Nutzungsrechte einzuräumen, zieht auch die Antragsgegnerin nicht in Zweifel.

Der Antragstellerin fehlt auch nicht das Rechtsschutzinteresse, weil sie auf die vorrangige Durchsetzung ihrer Interessen im Rahmen des Baugenehmigungsverfahrens verwiesen werden könnte. Denn ungeachtet dessen, dass die Zulässigkeit einer (vorläufigen) Erteilung einer Baugenehmigung im Verfahren des vorläufigen Rechtsschutzes angesichts des Verbots der Vorwegnahme der Hauptsache mit einer einstweiligen Anordnung wohl nicht erstritten werden können dürfte (vgl. Senatsbeschl. v. 8.10.2018 – 3 S 1799/18 –, Umdruck S. 4), lässt die Möglichkeit einer inzidenten Prüfung einer Rechtsvorschrift in einem anderen Prozess das Rechtsschutzbedürfnis auf Grund des unterschiedlichen Streitgegenstands und der unterschiedlichen Wirkung einer Entscheidung das Rechtsschutzinteresse im Normenkontrollverfahren nicht entfallen (vgl. BVerwG, Beschluss v. 29.1.1992 – 4 NB 22.90 –, juris Rdnr. 9; Panzer/

Schoch, in: Schoch/Schneider, VwGO, 45. EL Januar 2024, § 47 Rdnr. 77; Hoppe, in: Eyermann, VwGO, 16. Aufl. 2022, § 47 Rdnr. 58; jeweils m. w. N.). Für das Verfahren des vorläufigen Rechtsschutzes gilt insoweit grundsätzlich nichts anderes (vgl. Senatsbeschl v. 25.9.2024 – 3 S 985/24 –, n.v. sowie; Bay. VGH, Beschluss v. 7.2.2024 – 9 NE 23.1618 –, juris Rdnr. 26).

Der Antrag auf vorläufige Außervollzugsetzung der Veränderungssperre vom 21.3.2024 ist auch begründet.

Nach § 47 Abs. 6 VwGO kann das Gericht auf Antrag eine einstweilige Anordnung erlassen, wenn dies zur Abwehr schwerer Nachteile oder aus anderen wichtigen Gründen geboten ist. Prüfungsmaßstab im Verfahren nach § 47 Abs. 6 VwGO sind – jedenfalls bei Bebauungsplänen – zunächst die Erfolgsaussichten des in der Sache anhängigen Normenkontrollantrages, soweit sich diese im Verfahren des einstweiligen Rechtsschutzes bereits absehen lassen. Ergibt diese Prüfung, dass der Normenkontrollantrag voraussichtlich unzulässig oder unbegründet sein wird, ist der Erlass einer einstweiligen Anordnung nicht i. S. v. § 47 Abs. 6 VwGO zur Abwehr schwerer Nachteile oder aus anderen wichtigen Gründen dringend geboten. Erweist sich dagegen, dass der Antrag nach § 47 Abs. 1 Nr. 1 VwGO zulässig und (voraussichtlich) begründet sein wird, so ist dies ein wesentliches Indiz dafür, dass der Vollzug des Bebauungsplans bis zu einer Entscheidung in der Hauptsache suspendiert werden muss. In diesem Fall kann eine einstweilige Anordnung ergehen, wenn dessen (weiterer) Vollzug vor einer Entscheidung im Hauptsacheverfahren Nachteile befürchten lässt, die unter Berücksichtigung der Belange des Antragstellers, betroffener Dritter und/oder der Allgemeinheit so gewichtig sind, dass eine vorläufige Regelung mit Blick auf die Wirksamkeit und Umsetzbarkeit einer für den Antragsteller günstigen Hauptsacheentscheidung unaufschiebbar ist. Lassen sich die Erfolgsaussichten des Normenkontrollverfahrens hingegen nicht abschätzen, ist über den Erlass einer beantragten einstweiligen Anordnung im Weg einer Folgenabwägung zu entscheiden, bei der die Folgen, die eintreten würden, wenn eine einstweilige Anordnung nicht erginge, der Normenkontrollantrag aber Erfolg hätte, und die Nachteile, die entstünden, wenn die begehrte einstweilige Anordnung erlassen würde, der Antrag nach § 47 Abs. 1 VwGO aber erfolglos bliebe, gegenüber zu stellen sind. Die für den Erlass der einstweiligen Anordnung sprechenden Erwägungen müssen die gegenläufigen Interessen dabei deutlich überwiegen, mithin so schwer wiegen, dass der Erlass der einstweiligen Anordnung – trotz offener Erfolgsaussichten der Hauptsache – dringend geboten ist (vgl. zu alledem BVerwG, Beschluss v. 30.4.2019 – 4 VR 3.19 –, juris Rdnr. 4; Senatsbeschl. v. 24.4.2024 – 3 S 1792/23 –, n. v. und v. 13.5.2020 – 3 S 3137/19 –, juris Rdnr. 33; VGH Bad.-Württ., Beschluss v. 19.12.2023 – 1 S 1365/23 –, juris Rdnr. 88 [nicht auf Bebauungspläne beschränkt]; Bay. VGH, Beschluss v. 15.7.2024 – 2 NE 24.821 – juris Rdnr. 16; Nds. OVG, Beschluss v. 3.6.2024 – 10 MN 52/24 –, juris Rdnr. 29; möglicherweise enger: OVG NRW, Beschluss v. 17.6.2024 – 22 B

286/24.NE – juris Rdnr. 17 ff.). Dieser Prüfungsmaßstab findet (jedenfalls) auch auf Satzungen über Veränderungssperren Anwendung (vgl. Senatsbeschl. v. 25.9.2024 – 3 S 985/24 –, n.v.; v. 8.2.2023 – 3 S 1833/22 –, n. v.; OVG SH, Beschluss v. 12.6.2023 – 1 MR 3/23 –, juris Rdnr. 29; Sächs. OVG, Beschluss v. 17.6.2021 – 1 B 118/21 –, juris Rdnr. 39; Bay. VGH, Beschluss v. 11.5.2020 – 1 NE 20.333 –, juris Rdnr. 8).

Gemessen hieran ist die Veränderungssperre vom 21.3.2024 vorläufig außer Vollzug zu setzen. Der von der Antragstellerin erhobene Normenkontrollantrag erweist sich bei der im Verfahren des vorläufigen Rechtsschutzes allein möglich und gebotenen summarischen Prüfung als voraussichtlich zulässig und begründet, sodass ein Anordnungsanspruch gegeben ist. Es liegt auch ein Anordnungsgrund vor, weil mit Blick auf die Wirksamkeit und Umsetzbarkeit einer für die Antragstellerin günstigen Hauptsacheentscheidung eine vorläufige Regelung unaufschiebbar ist.

Der bereits gestellte Normenkontrollantrag der Antragstellerin (3 S 822/24) ist voraussichtlich zulässig und begründet.

Die Zulässigkeit des innerhalb der Antragsfrist des § 47 Abs. 2 Satz 1 VwGO gestellten Normenkontrollantrags begegnet auch im Übrigen keinen Bedenken.

Der Normenkontrollantrag ist voraussichtlich auch begründet.

Vorliegend kann offen bleiben, ob die Bekanntmachung der Veränderungssperre an Mängeln leidet, die nach Maßgabe des § 214 Abs. 1 Satz 1 Nr. 4 Var. 3 BauGB zu deren Unwirksamkeit führen, da sie voraussichtlich jedenfalls an einem materiell-rechtlichen Mangel leidet.

In formeller Hinsicht spricht allerdings manches dafür, dass die Satzung über die Veränderungssperre den gesetzlichen Bekanntmachungsanforderungen nicht genügt. Denn die Beklagte hat sich ersichtlich dagegen entschieden, die Tatsache, dass eine Veränderungssperre beschlossen worden ist, ortsüblich bekannt zu machen (§ 16 Abs. 2 Satz 2 BauGB), sondern sich für eine ortsübliche Bekanntmachung der Veränderungssperre als solche entschieden (§ 16 Abs. 2 Satz 1 BauGB). Insoweit ergibt sich jedoch aus § 1 Abs. 1 Satz 1 Nr. 1 DVO GemO i. V. m. § 1 Abs. 1 Satz 1 der Bekanntmachungssatzung der Antragsgegnerin, dass die öffentliche Bekanntmachung durch Einrücken in das Amtsblatt der Gemeinde erfolgen muss, wobei Satzungen nach § 1 Abs. 3 Satz 1 DVO GemO »mit ihrem vollen Wortlaut bekannt zu machen« sind, d. h. unter vollständiger Abbildung von Plänen oder zeichnerischen Darstellungen wiederzugeben sind (vgl. zu den insoweit geltenden Anforderungen VGH Bad.-Württ., Urteil v. 23.7.2020 – 1 S 1584/18 –, juris Rdnr. 55). Diesen Anforderungen genügt die gewählte Bekanntmachungsform ersichtlich nicht, da der nach § 1 Satz 3 der Veränderungssperre maßgebende Lageplan vom 9.2.2024 nicht mit eingerückt wurde.

Die Bekanntmachung dürfte auch den Anforderungen an die nach § 1 Abs. 4 DVO GemO zulässige Ersatzbekanntmachung von Plänen oder zeichnerischen Darstellungen nicht genügen. Denn sie enthält schon nicht den nach § 1 Abs. 4 Nr. 2 DVO GemO erforderlichen Hinweis, dass die ersatzbekanntgemachten Pläne oder zeichnerische Darstellung an einer bestimmten Verwaltungsstelle der Gemeinde zur kostenlosen Einsicht durch jedermann während der Sprechzeiten niedergelegt werden. Der in der öffentlichen Bekanntmachung enthaltene Hinweis, dass »die Satzung [...] bei der Stadt Heilbronn, Planungs- und Baurechtsamt, Cäcilienstraße 45, 1. Obergeschoss, Zimmer C 1.49, zu jedermanns Einsicht bereit [liegt]«, genügt den rechtlichen Anforderungen wohl schon deswegen nicht, weil er in der Satzung selbst nicht enthalten ist (vgl. § 1 Abs. 4 Nr. 2 DVO GemO, der verlangt, »dass [...] hierauf in der Satzung hingewiesen wird« [Hervorhebung durch den Senat]; vgl. hierzu auch VGH Bad.-Württ., Urteil v. 10.9.2019 – 8 S 2050/17 –, juris Rdnr. 32).

Entsprechende Mängel sind nach § 214 Abs. 1 Satz 1 Nr. 4 Var. 3 BauGB für die Rechtswirksamkeit von Satzungen nach dem BauGB jedoch nur beachtlich, wenn der mit der Bekanntmachung verfolgte Hinweiszweck nicht erreicht worden ist. Insoweit ist zu berücksichtigen, dass die Bekanntmachung einer Satzung nach dem BauGB – anders als die Bekanntmachung des Aufstellungsbeschlusses – nach der Rechtsprechung des BVerwG keine Anstoßfunktion entfalten soll, sondern lediglich dem Zweck dient, den Abschluss des Rechtssetzungsverfahrens zu dokumentieren und eine verlässliche Kenntnisnahme vom geltenden Recht zu ermöglichen (vgl. BVerwG, Beschluss v. 25.2.1993 – 4 NB 18.92 –, Rdnr. 17, 19). Dies bedarf vorliegend jedoch keiner Vertiefung, weil die Veränderungssperre voraussichtlich jedenfalls an materiell-rechtlichen Mängeln leidet.

In materiell-rechtlicher Hinsicht rügt die Antragstellerin zwar voraussichtlich zu Unrecht eine unzureichende Konkretisierung der Planungsziele bzw. das Vorliegen einer unzulässigen Negativplanung sowie die Unverhältnismäßigkeit der Veränderungssperre. Es bestehen jedoch voraussichtlich durchgreifende Bedenken im Hinblick auf den der Veränderungssperre zugrundeliegenden Aufstellungsbeschluss .

Nach § 14 Abs. 1 BauGB setzt der Erlass einer Veränderungssperre in materieller Hinsicht voraus, dass ein Beschluss über die Aufstellung eines Bebauungsplans gefasst wurde. Nach der Rechtsprechung des Bundesverwaltungsgerichts liegt ein Aufstellungsbeschluss im Rechtssinne jedoch dann nicht vor, wenn er zwar gefasst, aber entgegen § 2 Abs. 1 Satz 2 BauGB nicht ortsüblich bekanntgemacht wurde. Die ortsübliche Bekanntmachung des Aufstellungsbeschlusses ist demnach als materielle Rechtmäßigkeitsvoraussetzung der als Satzung zu beschließenden Veränderungssperre zu bewerten, so dass die nur Verletzungen von Verfahrens- oder Formvorschriften erfassenden Planerhaltungsvorschriften der §§ 214 f. BauGB keine Anwendung finden (vgl. BVerwG, Beschluss v. 6.8.1992 – 4 N 1.92 –, juris Rdnr. 15 f.).

In der Rechtsprechung ist zwar ebenfalls geklärt, dass der Aufstellungsbeschluss und die Veränderungssperre gleichzeitig öffentlich bekannt gemacht werden können. Die Reihenfolge der Abdrucke im Amtsblatt ist für den Zeitpunkt der öffentlichen Bekanntmachungen somit ohne Bedeutung, weil es für deren Wirksamkeit nicht darauf ankommt, ob und wann sie von Betroffenen gelesen werden, sondern allein auf die Tatsache des »Einrückens« in das Amtsblatt selbst (vgl. BVerwG, Urteil v. 7.12.2000 – 4 A 22.00 –, juris, Senatsurt. v. 17.8.1990 – 3 S 1139/90 –, VGH Bad.-Württ., Urteil v. 24.11.2005 – 8 S 794/05 –, juris Rdnr. 20). Das ist hier geschehen, da sowohl der Aufstellungsbeschluss als auch die Veränderungssperre in derselben Ausgabe des Amtsblatts der Antragsgegnerin vom 3.4.2024 gemäß § 1 Abs. 1 Satz 1 Nr. 1 DVO GemO i. V. m. § 1 Abs. 1 Satz 1 der Satzung der Antragsgegnerin über die Form der öffentlichen Bekanntmachungen vom 28.3.1974 (Bekanntmachungssatzung) »eingerückt« und damit am selben Tag öffentlich bekannt gemacht worden.

Art und Weise der Bekanntmachung dürften den gesetzlichen Anforderungen jedoch voraussichtlich nicht genügen. Zwar sind nach § 1 Abs. 3 Satz 1 DVO GemO nur Satzungen mit ihrem vollen Wortlaut bekanntzumachen, ohne dass eine Anwendbarkeit der Bestimmung für die öffentliche Bekanntmachung sonstiger Gemeinderatsbeschlüsse gesetzlich ausdrücklich angeordnet wäre (vgl. OVG Berl.-Brbg., Beschluss v. 13.4.2011 – OVG 2 S 20.11 –, juris Rdnr. 7, SächsOVG, Urteil v. 9.3.2023 – 1 C 22/22 –, juris Rdnr. 74 und OVG NRW, Beschluss v. 8.2.2013 – 10 B 1239/12 –, juris Rdnr. 7 zur Rechtslage in Brandenburg, Sachsen und Nordrhein-Westfalen); auch die Bekanntmachungssatzung der Antragsgegnerin enthält eine solche Verweisung nicht. Eine solche Anordnung ergibt sich insbesondere auch nicht unmittelbar aus § 14 Abs. 1 BauGB, da dieser hinsichtlich der Form der öffentlichen Bekanntmachung auf das jeweilige Landesrecht verweist (vgl. OVG Berl.-Brbg., Beschluss v. 13.4.2011 – OVG 2 S 20.11 –, juris Rdnr. 7). Dementsprechend könnte die Antragsgegnerin aber auch von den nur für Satzungen unmittelbar geltenden Bestimmungen über die Ersatzbekanntmachung von Plänen oder zeichnerischen Darstellungen (§ 1 Abs. 4 DVO GemO) allenfalls im Fall einer entsprechenden Anwendung Gebrauch machen, deren Voraussetzungen vorliegend aber schon in Ermangelung der nach § 1 Abs. 4 Nr. 1 und 2 DVO GemO erforderlichen Hinweise nicht erfüllt wären.

Jedenfalls aber dürfte die konkret gewählte Form der Bekanntmachung nicht geeignet gewesen sein, die erforderliche Anstoßwirkung zu bewirken (vgl. insoweit Sächs. OVG, Urteil v. 9.3.2023 – 1 C 22/22 –, juris Rdnr. 73 sowie allgemein BVerwG, Urteil v. 6.7.1984 – 4 C 22.80 –, BVerwGE 69, 344, juris Rdnr. 15). Denn eine Bestimmung des (ins Auge gefassten) Plangebiets durch ausschließliche Bezugnahme auf die betroffenen Flurstücknummern ist insoweit nicht ausreichend, da die angeführten Flurnummern selbst den betroffenen Eigentümern regelmäßig unbekannt oder doch jedenfalls nicht ausreichend präsent sein werden (vgl. BVerwG, Urteil v. 6.7.1984 – 4 C 22.80 –, BVerwGE 69, 344 juris Rdnr. 17; VGH Bad.-Württ., Urteil v. 14.12.2001 – 8

S 375/01 –, juris Rdnr. 22). Der in Satz 2 des Aufstellungsbeschlusses bezeichnete Lageplan vom 9.2.2024 ist in der Bekanntmachung jedoch nicht – auch nicht in verkleinerter Form – abgedruckt. Vielmehr enthält die öffentliche Bekanntmachung lediglich einen – mit dem im Aufstellungsbeschluss bezeichneten Lageplan nicht identischen – Kartenauszug des Kataster- und Vermessungsamts, in dem der vom Aufstellungsbeschluss betroffene Bereich mit einem gestrichelten Kreis gekennzeichnet ist. Dieser geht über das das vorgesehene Plangebiet allerdings in nördlicher und südlicher Ausdehnung wesentlich hinaus. Vor allem enthält der abgedruckte Kartenauszug noch eine in grau gehaltene, in etwa mit dem Geltungsbereich der Veränderungssperre identischen Einzeichnung ohne Legende, die ausschließlich Grundstücke südöstlich der Theodor-Heuss-Straße umfasst und gegenüber dem vorgesehenen Geltungsbereich des aufzustellenden Bebauungsplans in erheblichem Umfang zurückbleibt. Die Gesamtdarstellung legt so ein Verständnis nahe, dass die grau eingezeichnete Fläche, für deren Vorhandensein es keine sonstige sich aufdrängende Erklärung gibt, als planungsbetroffene Fläche kennzeichnet und dem Kreis lediglich eine Funktion als Fokussierungshilfe bzw. Eyecatcher zuweist. Insbesondere hat die Antragsgegnerin eine abweichende Funktion der Einzeichnung auch auf den gerichtlichen Hinweis vom 14.10.2024 nicht plausibel zu erklären vermocht. Jedenfalls vermitteln beide Angaben ein widersprüchliches Bild von der Ausdehnung der in die Planung einbezogenen Flächen und lassen die Lage und Abgrenzung des Plangebiets somit nicht zweifelsfrei erkennen (vgl. zu diesem Erfordernis OVG Rh.-Pf., Urteil v. 15.11.2023 – 8 C 11093/22.OVG –, juris Rdnr. 38; VGH Bad.-Württ., Urteil v. 9. 9.2020 – 5 S 734/18 –, juris Rdnr. 66).

Dieser augenscheinliche Widerspruch wird voraussichtlich auch durch die weitere Angabe, dass das einzuleitende Planungsverfahren den »Bereich Theodor-Heuss-Straße 1–30« bezeichne, nicht ausreichend aufgelöst, da alleine die Erwähnung der Hausnummer 30, die einem unmittelbar gegenüber dem Grundstück mit der Hausnummer 29 gelegenen Grundstück nördlich der Theodor-Heuss-Straße zugeordnet ist, wohl – jedenfalls unter Berücksichtigung der hierzu im Widerspruch stehenden Einzeichnung – nicht mit hinreichender Klarheit erkennen lässt, dass eine Überplanung beidseitig der Straße ins Auge gefasst wurde. Insbesondere müssten die tatsächlich planungsbetroffenen Eigentümer der Grundstücke mit den geraden Hausnummern von 2–28 aus der ausdrücklichen Erwähnung der Hausnummer 30 wohl nicht folgern, dass auch ihre Grundstücke – entgegen dem durch die Einzeichnung erweckten Eindruck – von der Planung betroffen sein sollen. Auch die weitere, erst unter der Rubrik »Planungsziel« aufgeführte Angabe, dass für den nördlichen Teilbereich des Plangebiets ein allgemeines Wohngebiet und für den südlichen Teilbereich ein Mischgebiet vorgesehen sei, bewirkt insoweit keine Klarheit, da ausweislich des Aufstellungsbeschlusses auch die tatsächliche Bebauung des Bereichs südlich der Theodor-Heuss-Straße eine entsprechende Gliederung aufweist (und sich der Hinweis daher ebenso auf eine Untergliederung nur der in grau eingezeichneten Flächen beziehen könnte). Entsprechende Unklarheiten gehen vorliegend jedoch voraussichtlich zu Lasten der Antragsgegnerin, da sie durch den Abdruck des – ggf. verkleinerten – Lageplans ohne weiteres hätten vermieden werden können. Ausgehend hiervon wurde der Aufstellungsbeschluss voraussichtlich nicht ordnungsgemäß bekanntgegeben, so dass auch die Veränderungssperre an einem nicht an § 214 f. BauGB zu messenden, materiell-rechtlichen Fehler leidet.

Voraussichtlich zu Unrecht rügt die Antragstellerin demgegenüber eine unzureichende Konkretisierung der Planungsziele bzw. das Vorliegen einer unzulässigen Negativplanung.

Nach § 14 Abs. 1 Nr. 1 BauGB kann die Gemeinde, wenn ein Beschluss über die Aufstellung eines Bebauungsplans gefasst ist, zur Sicherung der Planung für den künftigen Planbereich eine Veränderungssperre mit dem Inhalt erlassen, dass Vorhaben im Sinne des § 29 BauGB nicht durchgeführt werden dürfen. Eine Veränderungssperre darf erst erlassen werden, wenn die Planung, die sie sichern soll, ein Mindestmaß dessen erkennen lässt, was Inhalt des zu erwartenden Bebauungsplans sein soll. Wesentlich ist dabei, dass die Gemeinde im Zeitpunkt des Erlasses einer Veränderungssperre bereits positive Vorstellungen über den Inhalt des Bebauungsplans entwickelt hat. Eine Negativplanung, die sich darin erschöpft, einzelne Vorhaben auszuschließen, reicht nicht aus. Die Veränderungssperre schützt die künftige Planung, nicht aber lediglich die abstrakte Planungshoheit. Insofern ist es grundsätzlich erforderlich, aber auch ausreichend, dass die Gemeinde im Zeitpunkt des Erlasses einer Veränderungssperre zumindest Vorstellungen über die Art der baulichen Nutzung besitzt, sei es, dass sie einen bestimmten Baugebietstyp, sei es, dass sie nach den Vorschriften des § 9 Abs. 1 bis 2a BauGB festsetzbare Nutzungen ins Auge gefasst hat. Nicht erforderlich ist, dass die Planung bereits einen Stand erreicht hat, der nahezu den Abschluss des Verfahrens ermöglicht. Es genügt vielmehr, dass sich aus dem Planaufstellungsbeschluss oder weiteren Verfahrensschritten wenigstens ansatzweise ersehen lässt, was Inhalt des zukünftigen Bebauungsplans sein soll. Ein detailliertes und abgewogenes Planungskonzept muss daher noch nicht vorliegen. Unzulässig ist eine Veränderungssperre daher nur dann, wenn sich der Inhalt der beabsichtigten Planung noch in keiner Weise absehen lässt (BVerwG, Urteil v. 9.8.2016 – 4 C 5.15 –, juris Rdnr. 19 m. w. N.; VGH Bad.-Württ., Urteil v. 5.12.2019 – 8 S 909/18 –, juris Rdnr. 30).

Nach diesem Maßstab lässt die Begründung des zugrundeliegenden Aufstellungsbeschlusses für den Bebauungsplan »Bereich Theodor-Heuss-Straße 1–30« der Antragsgegnerin hinreichend konkretisierte Planungsabsichten erkennen. Denn unabhängig davon, dass möglicherweise bereits die geplante Ausweisung eines Mischgebiets südlich der Theodor-Heuss-Straße, die zum Schutz der vorhandenen Nutzungsmischung mit gewerblichen Nutzungen erfolgen soll, den Erlass einer Veränderungssperre rechtfertigen könnte (die dann aber ggf. der Erteilung einer Ausnahme für das Vorhaben der Antragstellerin im Einzelfall nicht entgegengehalten werden könnte), ergibt sich aus der Beschlussvorlage mit hinreichender Deutlichkeit, dass die Antragsgegnerin zur Verhinderung des Eintretens städtebaulicher Missstände Regelungen über die Zulässigkeit bzw. den Ausschluss von Werbeanlagen treffen will. Die Veränderungssperre ist auch nicht deshalb unwirksam, weil sie eine offensichtlich unzulässige oder vollzugsunfähige Bebauungsplanung sicherstellen soll. Eine Veränderungssperre ist nur dann ungeeignet, wenn sich das aus dem Aufstellungsbeschluss ersichtliche Planungsziel im Wege planerischer Festsetzung nicht erreichen lässt, wenn der beabsichtigte Bebauungsplan einer positiven Planungskonzeption entbehrt oder der Förderung von Zielen dient, für deren Verwirklichung die Planungsinstrumente des Baugesetzbuchs nicht bestimmt sind, oder wenn rechtliche Mängel schlechterdings nicht behebbar sind (BVerwG, Beschluss v. 21.12.1993 – 4 NB 40.93 –, juris Rdnr. 3; BVerwG, Beschluss v. 8.9.2016 – 4 BN 22/16 –, juris Rdnr. 5; OVG NRW, Beschluss v. 12.10.2020 – 2 B 1137/20.NE –, juris Rdnr. 34 ff., jeweils m. w. N.).

Insoweit kann offen bleiben, ob die Verweisungsnorm des § 74 Abs. 7 LBO auch den Erlass einer Veränderungssperre zur Sicherung des Erlasses örtlicher Bauvorschriften ermöglichen würde. Denn unter den in § 1 Abs. 9 BauNVO genannten Voraussetzungen ermöglicht dieser auch bauplanungsrechtliche Festsetzungen über die Zulässigkeit bzw. den Ausschluss des besonderen Anlagetyps der Fremdwerbeanlagen (vgl. Senatsurt. v. 16.4.2008 – 3 S 3005/06 –, juris Rdnr. 49; VGH Bad.-Württ., Beschluss v. 24.1.2017 – 8 S 2081/16 –, juris Rdnr. 10 ff.; Nds. OVG, Beschluss v. 23.5.2024 – 1 LA 154/23 –, juris Rdnr. 9). Ob diese Voraussetzungen hier vorliegen bzw. ein Ausschluss bzw. eine Beschränkung von Fremdwerbeanlagen abwägungsfehlerfrei festgesetzt werden könnte, muss im Zeitpunkt des Erlasses der Veränderungssperre noch nicht feststehen; es ist jedenfalls nicht ersichtlich, dass derartige Festsetzungen von vorneherein nicht in Betracht kommen würden.

Insbesondere fehlt dem Bebauungsplan auch nicht die städtebauliche Erforderlichkeit im Sinne des § 1 Abs. 3 BauGB, weil es sich um eine reine Verhinderungsplanung handeln würde. Denn eine Verhinderungsplanung liegt nicht schon dann vor, wenn der Hauptzweck der Festsetzungen in der Verhinderung bestimmter städtebaulich relevanter Nutzungen besteht (vgl. BVerwG, Beschluss v. 5.3.2021 – 4 BN 66.20 –, juris Rdnr. 6; Bay. VGH, Urteil v. 12.12.2022 – 15 N 22.1064 – juris, Rdnr. 19). Eine Gemeinde darf mit der Bauleitplanung grundsätzlich auch städtebauliche Ziele verfolgen, die mehr auf Bewahrung als auf Veränderung der vorhandenen Situation zielen. Festsetzungen in einem Bebauungsplan sind nur dann als »Negativplanung« unzulässig, wenn sie nicht dem planerischen Willen der Gemeinde entsprechen, sondern nur vorgeschoben sind, um eine andere Nutzung zu verhindern (vgl. BVerwG, Beschluss v. 15.3.2012 – 4 BN 9.12 –, juris Rdnr. 3; Senatsbeschl. v.

25.9.2024 – 3 S 985/24 – n.v.). Aus dem Vorstehenden ergibt sich, dass die Antragsgegnerin eine positive Planungskonzeption verfolgt, die auf eine Bewahrung der vorhandenen Nutzungsmischung unter Vermeidung einer ortsbildbeeinträchtigenden Häufung von Werbeanlagen abzielt. Greifbare Anhaltspunkte dafür, dass diese positive Zielsetzung nur vorgeschoben ist, ergeben sich aus den Aufstellungsvorgängen nicht. Zwar verfolgt die Bauleitplanung ausdrücklich auch das Ziel, die Errichtung einer Fremdwerbeanlage auf dem Vorhabengrundstück zu verhindern. Es ist der Gemeinde indes nicht verwehrt, auf einen konkreten Bauantrag mit der Aufstellung bzw. Änderung eines Bebauungsplans zu reagieren, um ihm die materielle Rechtsgrundlage zu entziehen. Entscheidend ist, ob eine bestimmte Planung – auch dann, wenn sie durch den Wunsch, ein konkretes Vorhaben zu verhindern, ausgelöst worden ist – für die städtebauliche Entwicklung und Ordnung erforderlich ist. § 1 Abs. 3 BauGB erkennt die gemeindliche Planungshoheit an und räumt der Gemeinde ein Planungsermessen ein. Ein Bebauungsplan ist deshalb in diesem Sinne erforderlich, soweit er nach der planerischen Konzeption der Gemeinde städtebaulich gerechtfertigt ist. Dabei ist entscheidend, ob die getroffene Festsetzung in ihrer eigentlichen, gleichsam positiven Zielsetzung gewollt und erforderlich ist. Sie darf nicht nur das vorgeschobene Mittel sein, um einen Bauwunsch zu durchkreuzen. Auch eine zunächst nur auf die Verhinderung einer – aus der Sicht der Gemeinde – Fehlentwicklung gerichteten Planung kann aber einen Inhalt haben, der rechtlich nicht zu beanstanden ist. Die Gemeinde darf das Sicherungsmittel der Veränderungssperre gezielt dazu benutzen, die rechtlichen Voraussetzungen der Zulässigkeit des Vorhabens zu verändern (BVerwG, Beschluss v. 21.12.1993 – 4 NB 40/93 – juris Rdnr. 4; Senatsurt. v. 9.9.2015 – 3 S 276/15 –, juris Rdnr. 46; Senatsbeschl. v. 8.2.2023 – 3 S 1833/22 –, n.v.; VGH Bad-Württ., Urteil v. 15.6.2016 – 5 S 1375/14 –, juris Rdnr. 71; jeweils m. w. N.). Ausgehend von den vorliegenden Planungsunterlagen spricht alles dafür, dass die Antragsgegnerin tatsächlich die vorhandene Nutzungsmischung aus gewerblicher und wohnlicher Nutzung bewahren und einer Entstehung städtebaulicher Missstände durch eine übermäßige Häufung von Werbeanlagen vorbeugen will.

Die Veränderungssperre genügt voraussichtlich auch den Anforderungen des Verhältnismäßigkeitsgrundsatzes. Denn der im Anschluss an eine Entscheidung des Bayerischen Verwaltungsgerichtshofs erhobene Forderung der Antragstellerin, die Wirkungen der Veränderungssperre schon tatbestandlich auf ein vorläufiges Verbot von Werbeanlagen zu beschränken (vgl. BayVGH, Beschluss v. 29.6.2015 – 1 ZB 13.1903 –, juris Rdnr. 8), steht voraussichtlich bereits entgegen, dass die Antragsgegnerin auf den hier betroffenen Flächen auch – abweichend von der bisherigen Festsetzung eines »Geländes für gewerbliche Zwecke« – ein Mischgebiet festsetzen will. Darüber hinaus trägt § 14 Abs. 2 und 3 BauGB den privaten Belangen der betroffenen Eigentümer grundsätzlich in einer Weise Rechnung, die den Anforderungen des Art. 14

Abs. 1 GG gerecht wird (vgl. BVerwG, Beschluss v. 30.9.1992 – 4 NB 35.92 –, juris Rdnr. 6). Der Grundsatz der Verhältnismäßigkeit wird dabei insbesondere durch die Möglichkeit einer Ausnahme nach § 14 Abs. 2 BauGB gewahrt, wenn überwiegende öffentliche Belange nicht entgegenstehen (vgl. Senatsurt. v. 8.8.1990 – 3 S 2948/89 –, juris Rdnr. 51; VGH Bad.-Württ., Urteil v. 30.4.1984 – 5 S 2079/83 –, NJW 1986, 149 f.). Dass diese Möglichkeit hier ausnahmsweise nicht ausreichen sollte, um die Verhältnismäßigkeit der Veränderungssperre sicherzustellen (vgl. zu dieser Möglichkeit Stock, in: Ernst/Zinkahn/Bielenberg/Krautzberger, BauGB, § 14 Rdnr. 70), ist für den Senat nicht ersichtlich, zumal die Antragsgegnerin den räumlichen Geltungsbereich der Veränderungssperre ausdrücklich auf einen Bruchteil der planungsbetroffenen Grundstücke beschränkt und eine Ausnahme nach Maßgabe des § 14 Abs. 2 BauGB bereits dann zulassen will, wenn die Maßnahmen nach § 14 Abs. 1 Nr. 1 und 2 BauGB den Zielen des künftigen Bebauungsplans nicht entgegenstehen (vgl. § 2 der Veränderungssperre).

Auch der erforderliche Anordnungsgrund liegt vor. Der Umstand, dass der Normenkontrollantrag in der Hauptsache voraussichtlich Erfolg haben wird, ist bereits ein wesentliches Indiz dafür, dass der Vollzug des Bebauungsplans bis zur Hauptsachenentscheidung suspendiert werden muss. Der weitere Vollzug der Veränderungssperre ist zudem mit gewichtigen Nachteilen für die Antragstellerin verbunden. Denn diese steht der Erteilung der von der Antragstellerin begehrten Baugenehmigung entgegen und zielt geradezu darauf ab, das geplante Vorhaben endgültig zu verhindern. Zwar könnte vorliegend gegen die Annahme eines gewichtigen Nachteils sprechen, dass die Antragsgegnerin mit Schriftsatz vom 7.11.2024 eine erneute Bekanntmachung von Aufstellungsbeschluss und eine rückwirkende Inkraftsetzung der Veränderungssperre angekündigt hat, wenn der Senat an der mit Hinweisschreiben vom 14.10.2024 geäußerten Rechtsauffassung festhalten sollte. Aufgrund der besonderen Umstände des Einzelfalls erscheint es jedoch gerechtfertigt, die Verfahrenslast insoweit auf die Antragsgegnerin zu verlagern, zumal Bekanntgabemängel des Aufstellungsbeschlusses die materielle Rechtmäßigkeit der Veränderungssperre betreffen und die Antragsgegnerin zur Art und Weise der – augenscheinlich bereits vorbereiteten – Neubekanntmachung des Aufstellungsbeschlusses und zur rückwirkenden Inkraftsetzung der Veränderungssperre keinerlei Angaben gemacht hat. …

III. Zulässigkeit von Bauvorhaben

1. Im Bereich eines Bebauungsplanes

Nr. 31

1. **§ 11 Abs. 3 BauNVO ist nicht drittschützend.**
2. **Die Rechtsprechung, wonach ein nachbargemeindlicher Abwehranspruch gegen die Zulassung von Einzelvorhaben dann gegeben sein kann, wenn die Gemeinde dem Bauinteressenten unter Missachtung des § 2 Abs. 2 BauGB einen Zulassungsanspruch verschafft hat, ist mit Blick auf § 34 Abs. 3 BauGB für den beplanten (§ 30 BauGB) und den unbeplanten Innenbereich (§ 34 BauGB) überholt.**
3. **Beurteilt sich die planungsrechtliche Zulässigkeit eines unter § 11 Abs. 3 Satz 1 BauNVO fallenden Vorhabens nach einem früheren Bebauungsplan (§ 30 BauGB), folgt bei einem Verstoß gegen dessen Festsetzungen ein Abwehrrecht der Nachbargemeinde aus Art. 28 Abs. 2 Satz 1 GG, dessen Inhalt sich nach dem Maßstab des § 34 Abs. 3 BauGB bestimmt.**

GG Art. 28 Abs. 2; BauGB § 30 Abs. 1, § 31 Abs. 2, § 34 Abs. 1–3; BauNVO § 11 Abs. 3.

Bundesverwaltungsgericht, Urteil vom 24. April 2024 – 4 C 1.23 –.

Aus den Gründen:

Die Klägerin, eine kreisfreie Stadt mit etwa 78 000 Einwohnern, wendet sich gegen eine der Beigeladenen erteilte Genehmigung für den Neubau eines Sportfachmarkts mit einer Verkaufsfläche von mehr als 3 500 m^2.

Das Baugrundstück liegt im Geltungsbereich des im Februar 2020 beschlossenen Bebauungsplans Nr. 23/220 »B.-Nord Sportfachmarkt« (im Folgenden Bebauungsplan Sportfachmarkt). Dieser überplant ein Gebiet, das bisher in den Geltungsbereich der Bebauungspläne Nr. 23 (15/13-3) »B.-Nord-Teil Ost, 3. Änderung« von 2007 (Sondergebiet »Teppichmarkt« – im Folgenden Bebauungsplan Teppichmarkt) und Nr. 23/191-N »Sondergebiete B. Nord – Neuaufstellung« von 2014 (u. a. Sondergebiet »Baumarkt mit Gartencenter« – im Folgenden Bebauungsplan Baumarkt) fiel. Den Bebauungsplan Sportfachmarkt hat das Oberverwaltungsgericht auf den Normenkontrollantrag der Klägerin für unwirksam erklärt; die Entscheidung ist rechtskräftig. Der Markt ist inzwischen errichtet und in Betrieb.

Widerspruch und Klage blieben erfolglos. Mit dem angefochtenen Urteil hat das Oberverwaltungsgericht das verwaltungsgerichtliche Urteil geändert und die Baugenehmigung sowie den Widerspruchsbescheid aufgehoben. Die zulässige Klage sei begründet. Die angefochtene Baugenehmigung sei rechtswidrig. Der Bebauungsplan Sportfachmarkt sei nach dem Normenkontrollurteil vom gleichen Tag unwirksam. Ob die unmittelbaren Vorgängerbebauungspläne wirksam seien, könne offenbleiben. Seien sie wirksam, sei das Vorhaben mit den Festsetzungen dieser Bebauungspläne unvereinbar. Seien sie unwirksam, beurteile sich die Zulässigkeit des Vorhabens nach dem Ursprungsplan Nr. 23 (15/13) »B.-Nord Teil Ost« vom 22.9.1978, der nicht funktionslos geworden sei. Dieser setze für das Baugrundstück ein Gewerbegebiet nach § 8 BauNVO 1968 fest. Dort seien Verbrauchermärkte im Sinne von § 11 Abs. 3 BauNVO 1968 unzulässig.

Die rechtswidrige Baugenehmigung verletze die Klägerin in ihren Rechten. Das folge zwar nicht aus § 2 Abs. 2 BauGB, denn die Unwirksamkeit des Bebauungsplans Sportfachmarkt beruhe nicht auf einem Verstoß gegen diese Vorschrift oder die Klägerin schützende Zielfestlegungen im Landesraumordnungsprogramm 2017 (LROP 2017). Die Rechtsverletzung ergebe sich aber – je nachdem, welcher Bebauungsplan anzuwenden sei – aus § 11 Abs. 3 BauNVO 1990 bzw. 1968. Diese Vorschrift begründe für die dort genannten Vorhaben auch mit Blick auf die Nachbargemeinden die unwiderlegliche Vermutung eines Planungsbedürfnisses und -erfordernisses, sofern nicht ausnahmsweise eine Zulassung nach § 34 BauGB in Frage komme. Solange dem Planungserfordernis nicht durch einen wirksamen Plan genügt sei, sei eine Vorhabenzulassung unzulässig und könne von der Klägerin als Nachbargemeinde nach § 11 Abs. 3 BauNVO (in allen Fassungen) abgewehrt werden.

Mit ihren Revisionen streben die Beklagte und die Beigeladene die Wiederherstellung der erstinstanzlichen Entscheidung an.

Die Beklagte ist der Auffassung, dass das Oberverwaltungsgericht die Bebauungspläne »Teppichmarkt« und »Baumarkt« inzident für unwirksam hätte erklären müssen; diese litten unter dem gleichen Mangel wie der Bebauungsplan Sportfachmarkt. Der dann maßgebliche Ursprungsplan sei funktionslos geworden. Das habe das Oberverwaltungsgericht verkannt, denn es habe jedenfalls den Baumarkt auf dem Nachbargrundstück der Beigeladenen übersehen. Das Berufungsgericht hätte § 34 Abs. 3 BauGB anwenden müssen. Schädliche Auswirkungen im Sinne dieser Vorschrift gingen von dem Vorhaben der Beigeladenen für die Klägerin nach den Feststellungen im Normenkontrollurteil nicht aus. Eine Rechtsverletzung der Klägerin folge auch nicht aus § 11 Abs. 3 BauNVO 1990/1968. Bundesrechtswidrig sei ferner, dass das Oberverwaltungsgericht die Möglichkeit einer Befreiung nicht geprüft habe. Die Voraussetzungen nach § 31 Abs. 2 Nr. 2 BauGB lägen vor.

Auch nach Auffassung der Beigeladenen fehlt es an einer Nachbarrechtsverletzung. Aus § 11 Abs. 3 Satz 2 BauNVO folge kein universeller kommunaler Drittschutz. Im Außenbereich bestehe keine Veranlassung, Drittschutz unmittelbar aus § 11 Abs. 3 BauNVO herzuleiten, weil § 35 Abs. 3 Satz 1 BauGB offen für die Berücksichtigung öffentlicher Belange sei, zu denen auch ein etwaiges Planungsbedürfnis gehöre. Im unbeplanten Innenbereich bestehe die Möglichkeit eines Rückgriffs auf öffentliche Belange nicht. Schädliche Auswirkungen eines Vorhabens auf zentrale Versorgungsbereiche einer Nachbargemeinde könnten aber nach § 34 Abs. 3 BauGB Berücksichtigung finden. Diese Regelung sei für den gesamten Innenbereich – beplant oder unbeplant – als Maßstab heranzuziehen. …

Die zulässigen Revisionen sind begründet. Das angegriffene Urteil verstößt gegen Bundesrecht (§ 137 Abs. 1 Nr. 1 VwGO) und erweist sich auch nicht aus anderen Gründen im Ergebnis als richtig (§ 144 Abs. 4 VwGO). Die Baugenehmigung für den Sportfachmarkt ist zwar rechtswidrig. Sie verletzt die Klägerin aber nicht in eigenen Rechten im Sinne von § 113 Abs. 1 Satz 1 VwGO. Ihre Berufung gegen das klageabweisende Urteil des Verwaltungsgerichts ist daher zurückzuweisen.

Das Oberverwaltungsgericht ist zu Recht von der (objektiven) Rechtswidrigkeit der angefochtenen Baugenehmigung ausgegangen. Der Sportfachmarkt widerspricht den Festsetzungen der hierfür maßgeblichen Bebauungspläne.

Das Berufungsgericht hat offen gelassen, ob das Vorhaben der Beigeladenen – infolge der Unwirksamkeit des Bebauungsplans Sportfachmarkt – an den Bebauungsplänen »Teppichmarkt« und »Baumarkt« zu messen ist oder an der Ursprungsfassung des Bebauungsplans vom 22.9.1978. Auch im Revisionsverfahren muss diese Frage nicht geklärt werden. Das Normenkontrollurteil vom 9.2.2023 – 1 KN 63/20 – ist rechtskräftig und das Vorhaben nach jedem der danach in Betracht kommenden Bebauungspläne bauplanungsrechtlich unzulässig.

Das Oberverwaltungsgericht ist zutreffend davon ausgegangen, dass der Sportfachmarkt auf der Grundlage der Bebauungspläne »Teppichmarkt« und »Baumarkt« bauplanungsrechtlich unzulässig ist. Es handelt sich bei diesem um einen großflächigen Einzelhandelsbetrieb im Sinne von § 11 Abs. 3 Satz 1 Nr. 2, Satz 2 BauNVO in der Fassung der Neubekanntmachung vom 23.1.1990 (BGBl. I S. 132; im Folgenden BauNVO), der auch nicht im Wege der Befreiung (§ 31 Abs. 2 BauGB) zugelassen werden kann.

Nach § 30 Abs. 1 BauGB ist im Geltungsbereich von – wie hier – qualifizierten Bebauungsplänen ein Vorhaben nur zulässig, wenn es dessen Festsetzungen nicht widerspricht und die Erschließung gesichert ist. Gemäß § 11 Abs. 2 Satz 1 BauNVO 1990 sind für Sondergebiete die Zweckbestimmung und die Art der Nutzung festzusetzen. Ein großflächiger Sportfachmarkt ist mit der Festsetzung eines Sondergebiets »Teppichmarkt« bzw. »Baumarkt« grundsätzlich unvereinbar.

Auch eine Zulassung des Sportfachmarkts als sonstiger Gewerbebetrieb gemäß Nr. 1.1.5 der textlichen Festsetzungen des Bebauungsplans Teppichmarkt scheidet aus. Sie käme nur in Betracht, wenn der Sportfachmarkt trotz seiner unzweifelhaften Großflächigkeit (vgl. dazu zuletzt BVerwG, Beschluss v. 16.5.2023 – 4 B 20.22 – juris Rdnr. 9 m. w. N.) die weitere Tatbestandsvoraussetzung des § 11 Abs. 3 Satz 1 Nr. 2 BauNVO 1990 nicht erfüllt. Danach setzt die Sonder- bzw. Kerngebietspflichtigkeit neben der Großflächigkeit voraus, dass der Einzelhandelsbetrieb sich nach Art, Lage oder Umfang auf die Verwirklichung der Ziele der Raumordnung und Landesplanung oder auf die städtebauliche Entwicklung und Ordnung nicht nur unwesentlich auswirken kann (vgl. BVerwG, Beschluss v. 14.10.2019 – 4 B 27.19 – Buchholz 406.11 § 34 BauGB Nr. 225 Rdnr. 11). Das ist hier der Fall. Ausweislich des rechtskräftigen Normenkontrollurteils vom 9.2.2023 – 1 KN 63/20 – UA S. 12 ff. – verstößt der Bebauungsplan Sportfachmarkt gegen das raumordnerische Integrationsgebot (Plansatz Nr. 2.3 (05) Satz 1 LROP 2017 i. V. m. § 1 Abs. 4 BauGB). Nach den nicht mit Verfahrensrügen angegriffenen und daher bindenden Feststellungen der Vorinstanz im angefochtenen Urteil kann der Sportfachmarkt bei einer Gesamtbetrachtung der städtebaulichen Wirkfaktoren zudem unmittelbare Auswirkungen gewichtiger Art auf das zentrale Versorgungszentrum Innenstadt der Klägerin haben.

Der Sportfachmarkt kann nicht, wie Beklagte und Beigeladene meinen, im Wege einer Befreiung zugelassen werden. Gemäß § 31 Abs. 2 BauGB kann nur von Festsetzungen eines Bebauungsplans befreit werden. § 11 Abs. 3 Satz 1 BauNVO 1990 bestimmt unabhängig davon, welche Festsetzungen der Bebauungsplan trifft, dass die dort bezeichneten großflächigen Betriebe nur in Kerngebieten oder in für sie festgesetzten Sondergebieten zulässig sind. Eine Befreiung von den Festsetzungen des Bebauungsplans kann die Geltung des § 11 Abs. 3 BauNVO somit nicht suspendieren (BVerwG, Beschluss v. 29.11.2005 – 4 B 72.05 – NVwZ 2006, 340 Rdnr. 6).

Soweit das Berufungsgericht für den Fall der Unwirksamkeit der Bebauungspläne »Teppichmarkt« und »Baumarkt« alternativ auf den Ursprungsplan aus dem Jahr 1978, der für das Vorhabengrundstück ein Gewerbegebiet festsetzt, abgestellt hat, ist es ohne Bundesrechtsverstoß davon ausgegangen, dass der Sportfachmarkt auch hiermit unvereinbar ist.

Das Oberverwaltungsgericht hat angenommen, dass der Ursprungsplan nicht funktionslos geworden ist. Dagegen wendet sich die Beklagte ohne Erfolg.

Eine Festsetzung eines Bebauungsplans tritt wegen Funktionslosigkeit außer Kraft, soweit die Verhältnisse, auf die sich die Planung bezieht, in der tatsächlichen Entwicklung einen Zustand erreicht haben, der eine Verwirklichung der Festsetzung auf unabsehbare Zeit ausschließt und die Erkennbarkeit dieser Tatsache einen Grad erreicht hat, der einem etwa dennoch in die Fortgeltung der Festsetzung gesetzten Vertrauen die Schutzwürdigkeit nimmt (grundlegend BVerwG, Urteil v. 29.4.1977 – 4 C 39.75 – BVerwGE 54, 5 <11>). Ob diese Voraussetzungen erfüllt sind, ist für jede Festsetzung gesondert zu prüfen. Dabei kommt es nicht auf die Verhältnisse auf einzelnen Grundstücken an. Entscheidend ist vielmehr, ob die jeweilige Festsetzung geeignet ist, zur städtebaulichen Ordnung im Sinne des § 1 Abs. 3 Satz 1

BauGB im Geltungsbereich des Bebauungsplans einen wirksamen Beitrag zu leisten. Die Planungskonzeption, die einer Festsetzung zugrunde liegt, wird nicht schon dann sinnlos, wenn sie nicht mehr überall im Plangebiet umgesetzt werden kann. Erst wenn die tatsächlichen Verhältnisse vom Planinhalt so massiv und so offenkundig abweichen, dass der Bebauungsplan insoweit seine städtebauliche Gestaltungsfunktion unmöglich zu erfüllen vermag, kann von einer Funktionslosigkeit die Rede sein. Das setzt voraus, dass die Festsetzung unabhängig davon, ob sie punktuell durchsetzbar ist, bei einer Gesamtbetrachtung die Fähigkeit verloren hat, die städtebauliche Entwicklung noch in einer bestimmten Richtung zu steuern (st. Rspr., vgl. BVerwG, Urteil v. 21.3.2023 – 4 A 9.21 – juris Rdnr. 39 m. w. N.).

Das Berufungsgericht ist von diesen Rechtssätzen ausgegangen. Es hat angenommen, dass die Festsetzung eines Gewerbegebietes trotz des dort vorhandenen Baumarktes sowie eines – möglicherweise als Einkaufszentrum einzustufenden – Fachmarktzentrums mit verschiedenen, wohl jedenfalls teilweise großflächigen Ladengeschäften, nicht funktionslos geworden ist. Die Rüge der Beklagten, das Oberverwaltungsgericht habe bei seiner Prüfung den Baumarkt übersehen, ist damit jedenfalls in der Sache unbegründet.

Die Vorinstanz hat zudem hilfsweise entlang der D.-Straße und der B.-Straße eine räumliche Zäsur vorgenommen und ist zu dem Ergebnis gelangt, dass jedenfalls der östlich dieser Straßen liegende Teil des Ursprungsplans, in dem auch das Baugrundstück liegt, immer noch durch klassische Gewerbebetriebe geprägt wird und dort allenfalls vereinzelt (Teppichmarkt) Verbrauchermärkte im Sinne von § 11 BauNVO 1968 zu finden seien. Die tatsächliche Bebauung entspreche daher im Wesentlichen der planerischen Artfestsetzung. An diese Feststellungen ist der Senat gebunden (§ 137 Abs. 2 VwGO). Dem setzt die Beklagte nur ihre davon abweichende Auffassung entgegen.

Mit der Festsetzung eines Gewerbegebiets ist der Sportfachmarkt nicht vereinbar; das hat das Oberverwaltungsgericht zutreffend erkannt.

Nach § 11 Abs. 3 BauNVO 1968, der hier gemäß § 25a Abs. 1 BauNVO anzuwenden ist, sind Einkaufszentren und Verbrauchermärkte, die außerhalb von Kerngebieten errichtet werden und die nach Lage, Umfang und Zweckbestimmung vorwiegend der übergemeindlichen Versorgung dienen sollen, als Sondergebiete darzustellen und festzusetzen.

Das Oberverwaltungsgericht hat den Sportfachmarkt als im Gewerbegebiet planungsrechtlich unzulässigen Verbrauchermarkt im Sinne von § 11 Abs. 3 BauNVO 1968 betrachtet. Dagegen ist revisionsrechtlich nichts zu erinnern (vgl. zum Begriff Verbrauchermarkt BVerwG, Urteil v. 18.6.2003 – 4 C 5.02 – Buchholz 406.12 § 11 BauNVO Nr. 27 S. 19 f.). Eine Befreiung nach § 31 Abs. 2 BauGB scheidet auch hier aus.

Das Oberverwaltungsgericht hat der Berufung der Klägerin aber unter Verstoß gegen revisibles Recht stattgegeben und die rechtswidrige Baugenehmigung zu Unrecht aufgehoben. Denn diese verletzt die Klägerin nicht in eigenen Rechten (§ 113 Abs. 1 Satz 1 VwGO).

Nach Auffassung des Oberverwaltungsgerichts kann die Klägerin ihr Abwehrrecht aus § 11 Abs. 3 BauNVO 1968/1990 herleiten. Die Vorschrift vermittele einer Nachbargemeinde wegen des darin zum Ausdruck kommenden Planungsbedürfnisses einen Abwehranspruch gegen die Zulassung eines großflächigen Einzelhandelsbetriebs bis eine wirksame förmliche – auch dem Abstimmungsgebot nach § 2 Abs. 2 BauGB gerecht werdende – Planung vorliege. Ob die Vorhabenzulassung auf einem unwirksamen, einem das Vorhaben nicht gestattenden Bebauungsplan oder der fehlerhaften Annahme der planungsrechtlichen Zulässigkeit nach den §§ 33 bis 35 BauGB beruhe, sei unerheblich. Voraussetzung sei nur, dass die Nachbargemeinde – wie hier die Klägerin – im Einwirkungsbereich des Vorhabens liege und mit unmittelbaren Auswirkungen gewichtiger Art auf ihre Versorgungsinfrastruktur, ihre zentralen Versorgungsbereiche oder die ihr durch Ziele der Raumordnung zugewiesenen Funktionen rechnen müsse. Das sei für die unmittelbaren Nachbargemeinden aufgrund der unwiderleglichen Vermutungswirkung des § 11 Abs. 3 BauNVO stets anzunehmen. Dem ist nicht zu folgen.

Die Annahme, § 11 Abs. 3 BauNVO 1968/1990 begründe ein nachbargemeindliches Abwehrrecht gegen die Genehmigung eines großflächigen Einzelhandelsbetriebes im beplanten Innenbereich, ist mit revisiblem Recht nicht vereinbar.

Nach § 11 Abs. 3 Satz 1 Nr. 2 BauNVO – in der insoweit seit 1977 unverändert geltenden Fassung – sind großflächige Einzelhandelsbetriebe, die sich nach Art, Lage oder Umfang auf die Verwirklichung der Ziele der Raumordnung und Landesplanung oder auf die städtebauliche Entwicklung und Ordnung nicht nur unwesentlich auswirken können, außer in Kerngebieten nur in für sie festgesetzten Sondergebieten zulässig. Auswirkungen im Sinne des Satzes 1 Nr. 2 sind u. a. Auswirkungen auf die Entwicklung zentraler Versorgungsbereiche in der Gemeinde oder in anderen Gemeinden (§ 11 Abs. 3 Satz 2 BauNVO).

Der Zweck des § 11 Abs. 3 BauNVO besteht darin, die aufgeführten Nutzungsarten (Einkaufszentren, großflächige Einzelhandelsbetriebe und sonstige großflächige Handelsbetriebe) im Sinne einer guten Stadt- und Raumplanung in zentrale Versorgungsbereiche der Gemeinden zu lenken oder auf städtebaulich geeignete und vom Planungsträger ausgewählte Standorte zu verweisen, die eine Beeinträchtigung der verbrauchernahen Versorgung der Bevölkerung und zentraler Versorgungsbereiche nicht befürchten lassen (vgl. Stock, in: König/Roeser/Stock, BauNVO, 5. Aufl. 2022, § 11 Rdnr. 31a). Die Regelung soll den Einzelhandel an den Standorten sichern, die in das städtebauliche Ordnungssystem funktionsgerecht eingebunden sind, und verhindern, dass durch die Ansiedlung von Einzelhandelsbetrieben an peripheren Standorten die wirtschaftliche Existenz derjenigen Betriebe bedroht oder gar vernichtet wird, die eine verbrauchernahe Versorgung gewährleisten (vgl. BVerwG, Urteil v. 1.8.2002 – 4 C 5.01 – BVerwGE 117, 25 <36 m. w. N.>).

§ 11 Abs. 3 Satz 1 BauNVO ist – in der Fassung seit 1977 – durch eine übergemeindliche Sichtweise geprägt und lässt es auch unter dem Blickwinkel der Entwicklung zentraler Versorgungsbereiche unabhängig davon, ob insoweit landesplanerische Festlegungen oder gemeindliche Entwicklungskonzepte die Grundlage bilden, nicht mit einer auf ein bestimmtes Gemeindegebiet bezogenen Betrachtung bewenden. Rechtliche Relevanz kommt daher nicht nur den Auswirkungen in der Standortgemeinde, sondern auch »in anderen Gemeinden« zu. Ein Anspruch der Nachbargemeinde, von den Auswirkungen eines einer wirksamen Planungsgrundlage entbehrenden Vorhabens im Sinne des § 11 Abs. 3 BauNVO verschont zu bleiben, folgt daraus aber nicht. Die Vorschrift richtet sich an die Standortgemeinde und gibt ihr auf, bei der Planung auch solche Auswirkungen in den Blick zu nehmen, die über das eigene Gemeindegebiet hinausreichen. Die Nachbargemeinden werden dadurch bei der Vorhabenzulassung nur reflexhaft begünstigt.

Aus der Entstehungsgeschichte ergibt sich nichts Anderes. In den Materialien (vgl. BR-Drs. 402/68 S. 5 f. zur Einfügung von Absatz 3 in § 11 BauNVO durch die Änderungsverordnung vom 26.11.1968 <BGBl. I S. 1233>, BR-Drs. 261/77 S. 38 zur Änderungsverordnung vom 15.9.1977 <BGBl. I S. 1757> und BR-Drs. 541/86 S. 1 und 4 zur Änderungsverordnung vom 19.11.1986 <BGBl. I S. 2665>) finden sich keine Anhaltspunkte dafür, dass der Verordnungsgeber § 11 Abs. 3 BauNVO als Abwehrrecht der Nachbargemeinde gegen Einzelvorhaben versteht. Sie ergeben sich auch nicht aus der Gesetzesbegründung zur Einfügung von § 34 Abs. 3 BauGB durch das Gesetz zur Anpassung des Baugesetzbuchs an EU-Richtlinien (Europarechtsanpassungsgesetz Bau – EAG Bau) vom 24.6.2004 (BGBl. I S. 1359). Dort wird zwar ausgeführt, dass § 11 Abs. 3 BauNVO die Möglichkeit der Gemeinden, die Ansiedlung von großflächigen Einzelhandelsbetrieben an nicht integrierten Standorten planerisch zu verhindern, entscheidend verbessert habe (BT-Drs. 15/2250 S. 54). Diese Formulierung bezieht sich aber ebenfalls nur auf die Standortgemeinde.

Soweit der Senat nachbargemeindliche Abwehrrechte gegen die Zulassung von Vorhaben im Sinne von § 11 Abs. 3 BauNVO bejaht hat, hat er sie – ungeachtet einer Reihe offengebliebener Fragen – jedenfalls nicht auf § 11 Abs. 3 BauNVO gestützt. Er hat zunächst angenommen, dass das interkommunale Abstimmungsgebot nach § 2 Abs. 2 BauGB für den Fall nicht abgestimmter Bauleitpläne ein Abwehrrecht gegen Einzelvorhaben begründet, sofern davon unmittelbare Auswirkungen gewichtiger Art auf die Nachbargemeinde ausgehen können (vgl. BVerwG, Urteil v. 15.12.1989 – 4 C 36.86 – BVerwGE 84, 209 S. 216 ff.). Nachfolgend hat er allerdings hervorgehoben, dass die Frage, ob das Gebot interkommunaler Abstimmung auf die Rechtmäßigkeit einer Baugenehmigung durchschlägt, nicht losgelöst von den Zulassungsregelungen der §§ 29 ff. BauGB beurteilt werden kann (BVerwG, Urteil v. 11.2.1993 – 4 C 15.92 – Buchholz 406.11 § 34 BauGB Nr. 156 S. 95 f.; siehe auch Uechtritz, in: Spannowsky/Uechtritz, BeckOK BauGB, Stand 1.5.2024, § 2 Rdnr. 53; Söfker/Edenharter, in: Ernst/Zinkahn/Bielenberg/Krautzberger, BauGB, Stand Januar 2024, § 2 Rdnr. 103; Kment, NVwZ 2007, 996 <1001 f.>).

Für Vorhaben im Außenbereich ist der danach erforderliche normative Anknüpfungspunkt § 35 Abs. 3 BauGB, der als ungeschriebenen öffentlichen Belang auch ein durch einen qualifizierten Abstimmungsbedarf im Sinne von § 2 Abs. 2 BauGB indiziertes Planungsbedürfnis erfasst. Ein qualifizierter Abstimmungsbedarf liegt vor, wenn das Vorhaben die in § 11 Abs. 3 Satz 1 BauNVO bezeichneten Merkmale aufweist (BVerwG, Urteil v. 1.8.2002 – 4 C 5.01 – BVerwGE 117, 25 S. 30 f., 35 f.). Abwehrrechte einer Nachbargemeinde gegen eine auf § 34 Abs. 1 BauGB gestützte Baugenehmigung hat der Senat dagegen verneint, weil diese Vorschrift keine Zulassungsschranke in Gestalt »öffentlicher Belange« enthält, die durch einen qualifizierten interkommunalen Abstimmungsbedarf (subjektiv-rechtlich) angereichert werden kann. Für planerische Erwägungen, die im Tatbestand der Norm keinen Niederschlag gefunden haben, ist daher kein Raum. Dazu gehören auch die in § 11 Abs. 3 BauNVO bezeichneten Fernwirkungen (vgl. BVerwG, Urteil v. 11.2.1993 – 4 C 15.92 – Buchholz 406.11 § 34 BauGB Nr. 156 S. 93 f.; Beschluss v. 20.4.2000 – 4 B 25.00 – Buchholz 406.11 § 34 BauGB Nr. 199 S. 19).

Ein Abwehrrecht der Klägerin in entsprechender Anwendung von § 2 Abs. 2 BauGB hat das Oberverwaltungsgericht im Ergebnis zu Recht verneint.

Das Oberverwaltungsgericht verweist auf die Rechtsprechung des erkennenden Senats zur »Missbrauchsabwehr«. Danach setze ein Abwehrrecht der Nachbargemeinde aus § 2 Abs. 2 BauGB voraus, dass die Standortgemeinde dem Bauinteressenten unter Missachtung des § 2 Abs. 2 Satz 1 BauGB einen Zulassungsanspruch verschafft hat (vgl. BVerwG, Urteil v. 11.2.1993 – 4 C 15.92 – Buchholz 406.11 § 34 BauGB Nr. 156 S. 95 f.). Daran fehle es hier. Der das Vorhaben zulassende Bebauungsplan sei nicht wegen einer unzulänglichen formellen oder materiellen Abstimmung unwirksam. Die Gründe für die Unwirksamkeit hätten keinen Bezug zu schutzwürdigen Belangen der Klägerin. Es kann dahinstehen, ob diese Erwägungen tragfähig sind. Ein Rückgriff auf die oben genannte Rechtsprechung scheidet schon deshalb aus, weil sie angesichts der Einfügung von § 34 Abs. 3 BauGB durch das EAG Bau für Vorhaben nach § 11 Abs. 3 BauNVO im beplanten und unbeplanten Innenbereich überholt ist.

Gemäß § 34 Abs. 3 BauGB dürfen von Vorhaben nach Absatz 1 und 2 keine schädlichen Auswirkungen auf zentrale Versorgungsbereiche in der Gemeinde oder in anderen Gemeinden zu erwarten sein. Die Vorschrift soll die in der Rechtsprechung des Senats erkannte Rechtsschutzlücke im Anwendungsbereich des § 34 BauGB schließen. Sie dient auch dem Schutz der Nachbargemeinde (BT-Drs. 15/2250 S. 33 und 54; vgl. Mitschang/Reidt, in: Battis/

Krautzberger/Löhr, BauGB, 15. Aufl. 2022, § 34 Rdnr. 68; Spannowsky, in: Spannowsky/Uechtritz, BeckOK BauGB, Stand 1.5.2024, § 34 Rdnr. 52; Söfker/Hellriegel, in: Ernst/Zinkahn/Bielenberg/Krautzberger, BauGB, Stand Januar 2024, § 34 Rdnr. 86m). Zugleich ist die Regelung zum Gebot interkommunaler Abstimmung in § 2 Abs. 2 BauGB um Satz 2 ergänzt worden. Danach können sich Gemeinden (bei der Abstimmung) auch auf die ihnen durch Ziele der Raumordnung zugewiesenen Funktionen sowie auf Auswirkungen auf ihre zentralen Versorgungsbereiche berufen. Damit sollen die Rechtsschutzmöglichkeiten (»Klagebefugnis«) der Nachbargemeinden im Normenkontrollverfahren gestärkt werden (vgl. BT-Drs. 15/2250 S. 33 und 41).

Die Änderungen in § 2 Abs. 2 und § 34 BauGB durch das EAG Bau greifen Empfehlungen der Unabhängigen Expertenkommission (Bericht von August 2002, Rdnr. 220 ff.) auf (BT-Drs. 15/2250, S. 33). Der Gesetzgeber ist den Empfehlungen aber nur hinsichtlich der Ergänzung von § 2 Abs. 2 BauGB uneingeschränkt gefolgt. Bei § 34 BauGB hat er dagegen einen anderen Weg beschritten. Insoweit hatte die Unabhängige Expertenkommission vorgeschlagen, »durch eine Ergänzung des § 34 Abs. 1 BauGB zum Ausdruck zu bringen, dass erhebliche Auswirkungen auf die Ziele der Raumordnung sowie auf die Erhaltung und Entwicklung zentraler Versorgungsbereiche ein öffentlicher Belang ist, der der Zulässigkeit eines Vorhabens innerhalb eines im Zusammenhang bebauten Ortsteils entgegensteht«. Die für die Ergänzung vorgeschlagenen Merkmale lehnten sich an die Formulierungen in § 11 Abs. 3 Satz 2 BauNVO an (Bericht, Rdnr. 221).

Mit der Regelung des § 34 Abs. 3 BauGB hat der Gesetzgeber sich gegen die von der Unabhängigen Expertenkommission der Sache nach vorgeschlagene Parallelisierung des Rechtsschutzes der Nachbargemeinden gegen Bebauungspläne einerseits und gegen Baugenehmigungen in unbeplanten Innenbereich andererseits entschieden und damit auch einem Gleichlauf der Prüfungsmaßstäbe bei den Zulassungstatbeständen der §§ 34 und 35 BauGB eine Absage erteilt. Anstatt § 34 Abs. 1 BauGB insoweit nach dem Vorbild des § 35 Abs. 3 BauGB um den öffentlichen Belang eines Planungsbedürfnisses wegen eines qualifizierten Abstimmungsbedarfs anzureichern, hat er den durch Absatz 3 gewährten Schutz auf zentrale Versorgungsbereiche beschränkt; er greift erst bei der Schwelle »schädlicher Auswirkungen« ein und gilt überdies sowohl für Vorhaben nach Absatz 1 als auch nach Absatz 2. Diese Schwelle ist – wie schon die Verwendung unterschiedlicher Begriffe zeigt – höher als die der »unmittelbaren Auswirkungen gewichtiger Art«, die einen qualifizierten Abstimmungsbedarf im Sinne von § 2 Abs. 2 BauGB begründet und schon dann erreicht ist, wenn die Voraussetzungen des § 11 Abs. 3 BauNVO vorliegen (vgl. BVerwG, Urteil v. 11.10.2007 – 4 C 7.07 – BVerwGE 129, 307 Rdnr. 14 m. w. N.; vgl. BT-Drs. 15/2250 S. 54 »städtebaulich nachhaltige Auswirkungen«).

Entgegen der Auffassung der Klägerin (ebenso ohne nähere Begründung Söfker/Hellriegel, in: Ernst/Zinkahn/Bielenberg/Krautzberger, BauGB, Stand Oktober 2023, § 34 Rdnr. 83b; Spieß, in: Jäde/Dirnberger, BauGB/BauNVO, 10. Aufl. 2022, § 34 Rdnr. 86) ist § 34 Abs. 3 BauGB nicht nur auf Vorhaben anzuwenden, die nach Absatz 1 oder 2 zulässig sind. Dagegen spricht schon der Wortlaut der Regelung, die ohne entsprechenden Zusatz allgemein und umfassend auf Vorhaben nach Absatz 1 oder 2 – d. h. im unbeplanten Innenbereich gelegene Vorhaben – abstellt.

Eine Beschränkung auf Vorhaben, die sich nach Maßgabe von § 34 Abs. 1 oder 2 BauGB einfügen, ergibt sich auch nicht aus der Entstehungsgeschichte und dem Zweck der Vorschrift. Nach der Gesetzesbegründung soll § 34 Abs. 3 BauGB als weitere Zulässigkeitsvoraussetzung die nachteiligen Auswirkungen (Fernwirkungen) auf zentrale Versorgungsbereiche in der Standortgemeinde oder anderen Gemeinden verhindern, die von den Zulässigkeitsvoraussetzungen des § 34 Abs. 1 BauGB nicht erfasst werden (vgl. BT-Drs. 12/2250 S. 33 und 54). Diese Zielsetzung erstreckt sich auch auf Fälle, in denen die sonstigen Zulässigkeitsvoraussetzungen nicht vorliegen. Der Gesetzgeber mag zwar in erster Linie zulässige Vorhaben vor Augen gehabt haben; dies zwingt aber nicht zu dem Schluss, dass er insoweit eine im Anwendungsbereich beschränkte Regelung treffen wollte. Er hat systematisch klar zwischen den Regelungen zur Bauleitplanung und zur Vorhabenzulassung getrennt. Das zeigt sich auch darin, dass die den Gemeinden durch Ziele der Raumordnung zugewiesenen Funktionen nach § 34 Abs. 3 BauGB entgegen dem Vorschlag der Unabhängigen Expertenkommission nicht wehrfähig sind. Diese Unterscheidung würde konterkariert, wenn – wie die Vorinstanz und die Klägerin meinen – eine Nachbargemeinde Vorhaben, die nach § 34 Abs. 1 oder 2 BauGB unzulässig sind, schon auf einer der Schwelle der schädlichen Auswirkungen nach Absatz 3 vorgelagerten Stufe unter Berufung auf ein Planungsbedürfnis abwehren könnte. Die Zulässigkeitskriterien der Absätze 1 und 2 nehmen – ungeachtet der Frage einer Anwendbarkeit des § 11 Abs. 3 BauNVO im Rahmen von Absatz 2 (vgl. BVerwG, Beschluss v. 12.2.2009 – 4 B 3.09 – Buchholz 406.12 § 11 BauNVO Nr. 34 Rdnr. 9; offengelassen im Urteil v. 16.9.2010 – 4 C 7.10 – Buchholz 406.11 § 34 BauGB Nr. 212 Rdnr. 16) – lediglich die nähere Umgebung in den Blick. Liegen sie nicht vor, kann dies ein objektives Planungsbedürfnis begründen. Damit korrespondiert aber kein subjektives Abwehrrecht der Nachbargemeinde, weil es nach dem ausdrücklichen Willen des Gesetzgebers des EAG Bau unverändert an der Zulässigkeitsvoraussetzung eines entsprechenden öffentlichen Belangs in § 34 Abs. 1 BauGB fehlt. Soll sich die Nachbargemeinde nach dem Willen des Gesetzgebers unter den Voraussetzungen des § 34 Abs. 3 BauGB gegen Vorhaben zur Wehr setzen können, die im Übrigen nach den Absätzen 1 und 2 zulässig sind, so muss dies aber erst recht für danach unzulässige Vorhaben gelten.

Ein auf § 2 Abs. 2 BauGB gestütztes Abwehrrecht der Nachbargemeinde kommt auch dann nicht in Betracht, wenn – wie hier – der ein Vorhaben im

Sinne von § 11 Abs. 3 BauNVO zulassende Bebauungsplan unwirksam ist und die bauplanungsrechtliche Zulässigkeit sich – wegen des Zurückfallens auf einen früheren Bebauungsplan – nach § 30 Abs. 1 BauGB richtet. Dieser Zulassungstatbestand bietet keinen Anknüpfungspunkt für die Berücksichtigung eines durch § 2 Abs. 2 BauGB indizierten Planungsbedürfnisses. Aus dem Beschluss des Senats vom 22.12.2009 – 4 B 25.09 – (BauR 2010, 742 Rdnr. 10 f.) folgt nichts Anderes. Dort wird zwar angenommen, die im Urteil v. 1.8.2002 – 4 C 5.01 – (BVerwGE 117, 25) zu einem Außenbereichsvorhaben entwickelten Grundsätze könnten auch dann herangezogen werden, wenn in einem Bebauungsplan nach § 30 Abs. 1 BauGB etwas anderes als das abstimmungsbedürftige Vorhaben geplant worden ist. Wie und auf der Grundlage welcher Vorschrift der angenommene Gleichauf der Zulassungstatbestände des § 30 und des § 35 BauGB herbeigeführt werden kann, zeigt der Beschluss aber nicht auf.

Beurteilt sich die planungsrechtliche Zulässigkeit eines Vorhabens nach einem früheren Bebauungsplan (§ 30 BauGB), folgt ein Abwehrrecht aber aus Art. 28 Abs. 2 Satz 1 GG, dessen Inhalt sich nach dem Maßstab des § 34 Abs. 3 BauGB bestimmt.

Die kommunale Selbstverwaltungsgarantie umfasst u. a. das Recht, im Wege der Bauleitplanung für das Gemeindegebiet die Bodennutzung festzulegen (vgl. BVerfG, Beschlüsse v. 7.10.1980 – 2 BvR 584/76 – BVerfGE 56, 298 <312> und vom 23.6.1987 – 2 BvR 826/83 – BVerfGE 76, 107 <117>; BVerwG, Urteile v. 16.12.1988 – 4 C 40.86 – BVerwGE 81, 95 <291> und vom 15.12.1989 – 4 C 36.86 – BVerwGE 84, 209 <106 f.>). Die Gemeinde kann davon aber nur im Rahmen der Gesetze Gebrauch machen (BVerwG, Urteil v. 14.12.2000 – 4 C 13.99 – BVerwGE 112, 274 <214 f.>). Überdies schließt die gemeindliche Planungshoheit das Recht ein, sich gegen solche Planungen anderer Stellen zur Wehr zu setzen, die die eigene Planungshoheit rechtswidrig verletzen (BVerwG, Urteil v. 15.12.1989 – 4 C 36.86 – BVerwGE 84, 209 <215 m. w. N.>). Soweit der Gesetzgeber den Rechtsschutz der Nachbargemeinde einfachgesetzlich in Übereinstimmung mit den verfassungsrechtlichen Vorgaben aus Art. 28 Abs. 2 Satz 1 GG ausgestaltet hat, kommt ein Drittschutz unmittelbar aus dieser Norm mithin selbst dann nicht in Betracht, wenn das Vorhaben am Maßstab der §§ 29 ff. BauGB (objektiv) rechtswidrig ist. Einfachgesetzlich ausgestaltet ist der Rechtsschutz der Nachbargemeinde – soweit hier von Interesse – für den Bereich der Bauleitplanung in § 2 Abs. 2 BauGB und hinsichtlich der Vorhabenzulassung in § 34 Abs. 3, § 35 Abs. 2 und 3 BauGB. Es ist nicht ersichtlich, dass sich diese Regelungen als insoweit abschließend verstehen und Rechtsschutz im beplanten Bereich ausschließen sollen. Eine solche Annahme verbietet sich schon deswegen, weil auch im beplanten Bereich Fallkonstellationen nicht ausgeschlossen sind, in denen vom Schutzbereich des Art. 28 Abs. 2 Satz 1 GG erfasste Rechtspositionen der Nachbargemeinde betroffen sind, die auch im Wege der Abwägung nicht überwunden werden können. Im Übrigen spricht nichts dafür, dass der Gesetzgeber des EAG Bau auch die Fälle vor Augen hatte, in denen die Unwirksamkeit des das Vorhaben zulassenden Bebauungsplans nicht auf § 34 oder § 35 BauGB führt, sondern – eher zufällig – ein früherer Bebauungsplan maßgeblich wird.

Die für einen hiernach gebotenen Abwehranspruch maßgebliche Schwelle ist nicht in Anlehnung an § 35 Abs. 2 und 3 BauGB, sondern an den Maßstab des § 34 Abs. 3 BauGB zu bestimmen. Der beplante Innenbereich steht nach der Systematik der §§ 30 ff. BauGB dem unbeplanten Innenbereich näher als dem Außenbereich. Das zeigen schon die Zulassungstatbestände der §§ 34, 35 BauGB. Während der Außenbereich grundsätzlich von Bebauung freizuhalten und privilegierten Vorhaben vorbehalten ist, vollzieht sich die eigentliche Siedlungstätigkeit in Bebauungsplangebieten oder im unbeplanten Innenbereich, die hinsichtlich der Art der baulichen Nutzung durch § 34 Abs. 2 BauGB normativ gleichgestellt sind (vgl. BVerwG, Beschluss v. 12.2.2009 – 4 B 3.09 – Buchholz 406.12 § 11 BauNVO Nr. 34 Rdnr. 9). Dieser Unterschied rechtfertigt es, bei einem Außenbereichsvorhaben nach § 11 Abs. 3 BauNVO auf die niedrigere Schwelle der »unmittelbaren Auswirkungen gewichtiger Art« abzustellen.

Nach dem Maßstab des § 34 Abs. 3 BauGB kann das Urteil der Vorinstanz keinen Bestand haben. Von dem Sportfachmarkt sind keine schädlichen Auswirkungen auf die zentralen Versorgungsbereiche der Klägerin zu erwarten.

Auswirkungen auf zentrale Versorgungsbereiche sind nicht erst dann schädlich, wenn sie die Schwelle zur Unzumutbarkeit überschreiten. § 34 Abs. 3 BauGB kann seinen Anspruch, zentrale Versorgungsbereiche vor den unerwünschten Fernwirkungen zu schützen, die insbesondere von großflächigen Einzelhandelsbetrieben ausgehen, adäquat nur erfüllen, wenn er den Schutz graduell vor der Stufe der Abwägungsresistenz einsetzen lässt (BVerwG, Urteil v. 11.10.2007 – 4 C 7.07 – BVerwGE 129, 307 Rdnr. 15). § 34 Abs. 3 BauGB setzt danach nicht voraus, dass das Vorhaben die ökonomischen Bedingungen im fraglichen Bereich so nachhaltig beeinflusst, dass der Verlust der städtebaulichen Funktion als zentraler Versorgungsbereich zu erwarten ist. Vielmehr lässt ein Vorhaben schädliche Auswirkungen auf zentrale Versorgungsbereiche jedenfalls dann erwarten, wenn es deren Funktionsfähigkeit so nachhaltig stört, dass sie ihren Versorgungsauftrag generell oder hinsichtlich einzelner Branchen nicht mehr substantiell wahrnehmen können (BVerwG, Urteil v. 17.12.2009 – 4 C 2.08 – BVerwGE 136, 10 Rdnr. 11 m. w. N.). Dass solche Auswirkungen möglich erscheinen, reicht nicht. Vielmehr muss eine hinreichend gesicherte Tatsachenbasis bestehen, mit der sich die Erwartung schädlicher Auswirkungen begründen lässt; ein Rückgriff auf § 11 Abs. 3 BauNVO scheidet aus (a. a. O. Rdnr. 12 f.).

Diese Maßstäbe hat das Oberverwaltungsgericht in seinem rechtskräftigen Normenkontrollurteil vom 9.2.2023 (1 KN 63/20) bei der Prüfung eines Verstoßes gegen das raumordnungsrechtliche Beeinträchtigungsverbot (Plansatz Nr. 2.3 (08) LROP 2017) zugrunde gelegt. Daran gemessen hat es eine wesentliche Beeinträchtigung des zentralen Versorgungsbereichs Innenstadt der Klägerin oder ihrer Funktion als Zentraler Ort und damit ausgeglichener Versorgungsstrukturen insgesamt verneint. Hierauf hat das Oberverwaltungsgericht im angegriffenen Urteil ausdrücklich verwiesen (§ 117 Abs. 3 Satz 2 VwGO). Die Beklagte und die Beigeladene haben diese Feststellungen zum Gegenstand ihrer Revisionsbegründungen gemacht, die Klägerin ist dem nicht entgegengetreten. Der Senat kann sie folglich seiner Entscheidung zugrunde legen. Die Baugenehmigung verletzt die Klägerin mangels schädlicher Auswirkungen auf ihre zentralen Versorgungsbereiche mithin nicht in eigenen Rechten.

Das angegriffene Urteil war daher aufzuheben und die Berufung der Klägerin gegen das Urteil des Verwaltungsgerichts zurückzuweisen. …

Nr. 32

1. **Die Betrachtung der Funktionslosigkeit einer Festsetzung kann auf ein Teilgebiet des Bebauungsplans begrenzt werden, wenn die betroffene Festsetzung ihre Wirkung nach der Plankonzeption der Gemeinde in diesem Bereich auch ungeachtet benachbarter Bereiche entfalten soll.**

2. **Der Verlust der Steuerungsfähigkeit einer Festsetzung ist offenkundig, wenn auf der Grundlage des ausermittelten Sachverhalts und nach einer durch Fachkenntnisse geprägten Betrachtung der tatsächlichen und rechtlichen Verhältnisse die nachträglich eingetretenen Abweichungen im maßgeblichen Betrachtungsraum nach Quantität und Qualität ein Ausmaß erreicht haben, aufgrund dessen sich der Schluss aufdrängt, dass ein Vertrauen in die Fortgeltung der Festsetzung nicht mehr schutzwürdig ist.**

3. **Das Einzelfallerfordernis in § 31 Abs. 3 BauGB verlangt einen atypischen Sonderfall.**

BauGB § 1 Abs. 3 Satz 1, § 31 Abs. 2 und 3.

Bundesverwaltungsgericht, Urteil vom 24. April 2024 – 4 C 2.23 –.

Aus den Gründen:

Der Kläger begehrt einen Bauvorbescheid für den Ausbau des Dachgeschosses eines fünfgeschossigen, um 1900 errichteten Altbaus. …

Mit Bauvorbescheid vom 9.3.2015 verneinte das Bezirksamt die mit dem Antrag formulierte Frage nach der planungsrechtlichen Zulässigkeit in Bezug auf das durch den Baunutzungsplan festgesetzte Maß der baulichen Nutzung und die Frage, soweit hinsichtlich der Gestaltung die Gebäudehöhe betroffen ist. Widerspruch und Klage auf Erteilung eines bezogen auf die genannten Fragen insgesamt positiven Bauvorbescheids blieben erfolglos. Das Oberverwaltungsgericht hat die Berufung des Klägers zurückgewiesen. …

Die Revision ist zulässig und begründet. Das angegriffene Urteil des Oberverwaltungsgerichts beruht auf einer Verletzung revisiblen Rechts (§ 137 Abs. 1 Nr. 1 VwGO). Es stellt sich nicht aus anderen Gründen als im Ergebnis richtig dar (§ 144 Abs. 4 VwGO). Der Senat kann nicht selbst in der Sache entscheiden; das erfordert die Zurückverweisung der Sache (§ 144 Abs. 3 Satz 1 Nr. 2 VwGO).

Mit bundesrechtlich nicht tragfähigen Erwägungen hat das Oberverwaltungsgericht die Funktionslosigkeit der in dem für Westberlin erlassenen Baunutzungsplan vom 11.3.1958 in der Fassung vom 28.12.1960 für die Baustufe V/3 festgesetzten GFZ von 1,5 im maßgeblichen Betrachtungsraum verneint.

Eine Festsetzung eines Bebauungsplans tritt automatisch außer Kraft, wenn und soweit die Verhältnisse, auf die sich die Planung bezieht, in der tatsächlichen Entwicklung einen Zustand erreicht haben, der eine Verwirklichung der Festsetzung auf unabsehbare Zeit ausschließt, und wenn diese Tatsache so offensichtlich ist, dass ein in ihre Fortgeltung gesetztes Vertrauen keinen Schutz verdient (st. Rspr., vgl. BVerwG, Urteile v. 29.4.1977 – 4 C 39.75 – BVerwGE 54, 5 <11>, vom 28.4.2004 – 4 C 10.03 – NVwZ 2004, 1244 <1245>, vom 30.6.2004 – 4 C 3.03 – BVerwGE 121, 205 <207> und vom 21.3.2023 – 4 A 9.21 – juris Rdnr. 39).

Dies gilt auch für nach § 233 Abs. 3 BauGB i. V. m. § 173 Abs. 3 Satz 1 des Bundesbaugesetzes (BBauG) vom 23.6.1960 (BGBl. I S. 341 <382>) übergeleitete Pläne (vgl. BVerwG, Beschlüsse v. 24.4.1998 – 4 B 46.98 – NVwZ-RR 1998, 711 und vom 9.10.2003 – 4 B 85.03 – BauR 2004, 1128 <1128 f.>) und damit auch für die Regelungen des Berliner Baunutzungsplans 1958/1960 zum Maß der baulichen Nutzung, die nach der bindenden Auslegung des nicht revisiblen Landesrechts durch das Oberverwaltungsgericht (§ 7 Nr. 3 und Nr. 13–15 der Bauordnung für Berlin in der Fassung vom 21.11.1958 – GVBl. 1958 S. 1104) noch vor Inkrafttreten des Bundesbaugesetzes für verbindlich erklärt worden sind.

Unter Verstoß gegen Bundesrecht ist das Berufungsgericht davon ausgegangen, dass bei der Prüfung der Funktionslosigkeit einzelner Festsetzungen des Berliner Baunutzungsplans in der Regel – und so auch hier – der jeweilige Baublock zu betrachten sei.

Zwischen den Begriffen der Funktionslosigkeit und der Erforderlichkeit im Sinne des § 1 Abs. 3 Satz 1 BauGB besteht eine innere Wechselbeziehung (vgl. BVerwG, Urteil v. 18.11.2004 – 4 CN 11.03 – BVerwGE 122, 207 <214>). Für die Frage, ob eine Festsetzung eines Bebauungsplans funktionslos geworden ist, kommt es nicht auf die Verhältnisse auf einzelnen Grundstücken an. Entscheidend ist vielmehr, ob die jeweilige Festsetzung geeignet ist, zur städtebaulichen Ordnung im Sinne des § 1 Abs. 3 Satz 1 BauGB im Geltungsbereich des Bebauungsplans einen wirksamen Beitrag zu leisten. Die Planungskonzeption, die einer Festsetzung zugrunde liegt, wird nicht schon dann sinnlos, wenn sie nicht mehr überall im Plangebiet umgesetzt werden kann. Erst wenn die tatsächlichen Verhältnisse vom Planinhalt so massiv und so offenkundig abweichen, dass der Bebauungsplan insoweit seine städtebauliche Gestaltungsfunktion unmöglich zu erfüllen vermag, kann von einer Funktionslosigkeit die Rede sein. Das setzt voraus, dass die Festsetzung unabhängig davon, ob sie punktuell durchsetzbar ist, bei einer Gesamtbetrachtung die Fähigkeit verloren hat, die städtebauliche Entwicklung noch in einer bestimmten Richtung zu steuern (vgl. BVerwG, Urteil v. 21.3.2023 – 4 A 9.21 – juris Rdnr. 39 m. w. N.). Dabei ist auch die Bedeutung zu berücksichtigen, die die einzelne Festsetzung für den Plan in seiner Gesamtheit hat (vgl. BVerwG, Urteile v. 29.4.1977 – 4 C 39.75 – BVerwGE 54, 5 <11> und vom 3.8.1990 – 7 C 41.89 – BVerwGE 85, 273 <281 f.>). Maßgeblicher Betrachtungsraum für die Beurteilung der Funktionslosigkeit einer Festsetzung ist folglich grundsätzlich das Plangebiet, in dem die Gemeinde ihre Planungsbefugnis und Gestaltungsfunktion nach § 1 Abs. 3 Satz 1 BauGB wahrgenommen hat (Degenhart, BayVBl. 1990, 71 <75 f.>).

Dieser Grundsatz wird zum einen in Berlin durch besondere organisationsrechtliche Regelungen eingeschränkt.

Nach Art. 1 Abs. 1 der Verfassung von Berlin (VvB) ist Berlin ein deutsches Land und zugleich eine Stadt. Nach dem damit festgelegten Grundsatz der Einheitsgemeinde ist diese Trägerin der gemeindlichen Selbstverwaltung nach Art. 28 Abs. 2 Satz 1 GG und der davon mitumfassten Planungshoheit. Soweit nach Art. 64 Abs. 2 Satz 1 VvB und dem auch zur Ausfüllung der Ermächtigung in § 246 Abs. 4 BauGB dienenden Gesetz zur Ausführung des Baugesetzbuchs (AGBauGB; i. d. F. vom 7.11.1999, GVBl. S. 578; zuletzt geändert durch Gesetz vom 14.10.2022, GVBl. S. 578) die Bezirke nach §§ 1, 6 in der Regel zum Erlass von Bebauungsplänen ermächtigt werden, nehmen sie als verselbständigte Teile der nachgeordneten Verwaltung der Einheitsgemeinde die Aufgabe der Bauleitplanung aus abgeleitetem Recht auf der Grundlage organisationsrechtlich zugewiesener Kompetenzen wahr (vgl. BVerwG, Urteil v. 10.10.2012 – 9 A 10.11 – Buchholz 11 Art. 28 GG Nr. 163 Rdnr. 11 f.). Aus der Aufgabenzuweisung an die Bezirke ergibt sich eine äußerste Grenze für den Betrachtungsraum, der den Zuständigkeitsbereich eines Bezirks nicht überschreiten darf (vgl. OVG Berlin-Brandenburg, Beschluss v. 15.9.2020 – 2 B 10.17 – BRS 88 Nr. 60 S. 440). Denn in den so voneinander abgegrenzten Teilbereichen des Stadtgebiets kann sich ausgehend von einem für das gesamte Gemeindegebiet – in seinem damaligen territorialen Zuschnitt – erlassenen Bebauungsplan die bauplanungsrechtliche Situation je eigenständig fortentwickeln. Dies erfasst mit Blick auf § 1 Abs. 3 Satz 1 BauGB nicht nur die aktive planerische Gestaltung, sondern auch die Funktionslosigkeit infolge tatsächlicher Entwicklungen.

Der Grundsatz erfährt zum anderen eine Ausnahme mit der Folge, dass die Betrachtung der Funktionslosigkeit auf ein Teilgebiet des Geltungsbereichs des Bebauungsplans zu beschränken ist, wenn die betroffene Festsetzung ihre Wirkung nach der Plankonzeption der Gemeinde in diesem Teilbereich auch ungeachtet benachbarter Bereiche entfalten soll. Für den Berliner Baunutzungsplan folgt daraus, ohne dass es weiterer, dem Tatsachengericht vorbehaltener Ermittlungen bedarf, dass der Betrachtungsraum für die Beurteilung der Funktionslosigkeit einer Festsetzung zum Maß der baulichen Nutzung jedenfalls nicht über den jeweils abmarkierten Geltungsbereich der maßgeblichen Baustufe hinausgeht. Im Übrigen kann bei einer Festsetzung zum Maß der baulichen Nutzung eine kleinräumige Betrachtung z. B. des Straßengevierts geboten sein, wenn sich die Festsetzung nach dem Willen des Plangebers ausschließlich innerhalb des jeweiligen Baublocks – etwa zur Auflockerung des Hinterhofbereichs – auswirken soll und sie nicht, etwa zum Erhalt eines einheitlichen Straßenbilds, auf eine weiträumigere städtebauliche Gestaltung abzielt.

Diesen Maßstäben wird das Berufungsurteil nicht gerecht. Bei der Begründung der Beschränkung des Betrachtungsraums auf das Straßengeviert sind weder im Berufungsurteil selbst noch in den dort in Bezug genommenen gerichtlichen Entscheidungen die Vorstellungen des Plangebers zur Bedeutung der Festsetzung zur GFZ im Planungsraum als maßgeblich angesehen und ermittelt worden. Die Erwägungen, dass Baublöcke in Berlin eine verhältnismäßig große Ausdehnung erreichen, der hier betroffene Baublock aufgrund seiner Größe für sich genommen überplant und daher ohne Weiteres der Prüfung der Funktionslosigkeit zugrunde gelegt werden könnte, tragen eine Begrenzung des Betrachtungsraums nach den vorgenannten Grundsätzen nicht. Soweit das Berufungsgericht den Betrachtungsraum an die »nähere Umgebung« nach den Kriterien des § 34 Abs. 1 BauGB anzupassen sucht, werden die relevanten Maßstäbe verfehlt. Die nähere Umgebung in diesem Sinne reicht so weit, wie sich das Vorhaben auswirken kann und wie die Umgebung ihrerseits den bodenrechtlichen Charakter des Vorhabengrundstücks tatsächlich prägt oder doch beeinflusst (vgl. z. B. BVerwG, Urteil v. 8.12.2016 – 4 C 7.15 – BVerwGE 157, 1 Rdnr. 9 m. w. N.); die Plankonzeption, der für die Beschränkung auf einen Teilbereich ausschlaggebende Bedeutung zukommt, spielt hierbei indes gerade keine Rolle.

Auch bei der Prüfung der sachlichen Voraussetzungen der Funktionslosigkeit der Festsetzung der GFZ hat das Berufungsgericht bundesrechtliche Anforderungen verfehlt.

Mit Bundesrecht steht allerdings im Einklang, dass das Oberverwaltungsgericht isoliert die Festsetzung der GFZ und nicht das Gesamtgefüge der innerhalb der Baustufe V/3 geltenden Vorgaben für das Maß der baulichen Nutzung auf eine mögliche Funktionslosigkeit hin betrachtet und bewertet hat.

Das Berufungsgericht hat die einschlägigen Regelungen im Baunutzungsplan in Verbindung mit den Regelungen der Bauordnung für Berlin 1958 – wie schon in früheren Entscheidungen (vgl. OVG Berlin, Urteil v. 10.3.1989 – 2 B 4.87 – juris Rdnr. 47 ff. sowie OVG Berlin-Brandenburg, Beschluss v. 15.9.2020 – 2 B 10.17 – BRS 88 Nr. 60 S. 438) – dahingehend ausgelegt, dass die hiernach vorgegebene GFZ als eigenständige Festsetzung grundsätzlich strikt einzuhalten und nicht als gegenüber anderen Maßfestsetzungen nachrangiger bzw. untergeordneter Bestandteil eines Festsetzungsverbunds einzustufen ist. An diese Auslegung des Landesrechts ist der Senat nach § 173 Satz 1 VwGO i. V. m. § 560 ZPO gebunden. Bundesrechtsverstöße bei der Anwendung des irrevisiblen Rechts durch die Vorinstanz sind insoweit nicht ersichtlich. Denn grundsätzlich ist für jede Festsetzung gesondert zu prüfen, ob die Voraussetzungen der Funktionslosigkeit erfüllt sind (vgl. BVerwG, Urteile v. 28.4.2004 – 4 C 10.03 – NVwZ 2004, 1244 <1245> und vom 21.3.2023 – 4 A 9.21 – juris Rdnr. 39). Dies gilt auch für die Festsetzung der GFZ. Insbesondere sehen sämtliche Fassungen der Baunutzungsverordnung seit 1962 in ihrem jeweiligen § 16 vor, dass das Maß der baulichen Nutzung durch verschiedene, voneinander unabhängige Festsetzungen bestimmt werden kann.

Die Ausführungen des Berufungsgerichts zum Verlust der Steuerungsfähigkeit der GFZ-Festsetzung stehen im Einklang mit den bundesrechtlichen Maßstäben. Die – auf einer umfassenden tatsächlichen und rechtlichen Prüfung beruhende – Erwägung, dass die Verhältnisse, auf die sich die Festsetzung der GFZ bezieht, in der tatsächlichen Entwicklung einen Zustand erreicht hätten, der eine Verwirklichung der Festsetzung auf unabsehbare Zeit ausschließe, entspricht den allgemeinen Anforderungen. Soweit das Berufungsgericht dabei zugrunde gelegt hat, dass es für die Beurteilung der Funktionslosigkeit auf die Verhältnisse seit dem Inkrafttreten des Bebauungsplans ankommt, bei einem planwidrigen Altbestand sowie bei Fortführung der dem neuen Plan widersprechenden Bebauung – und damit bei entsprechend weiterer planwidriger Entwicklung – allerdings schneller ein Verlust der Steuerungsfähigkeit eintreten kann, folgt es der Rechtsprechung des Senats (vgl. BVerwG, Beschluss v. 11.12.2000 – 4 BN 58.00 – BRS 63 Nr. 54 S. 285). Das Berufungsgericht durfte ferner Planabweichungen, die auf Befreiungen unter Anwendung von Regelungen des BauGB-Maßnahmengesetzes beruhen, bei der Beurteilung der Funktionslosigkeit berücksichtigen; auch auf Rechtsänderungen beruhende Entwicklungen können der Verwirklichung eines Bebauungsplans nachträglich als objektives Hindernis im Wege stehen (vgl. BVerwG, Urteil v. 18.11.2004 – 4 CN 11.03 – BVerwGE 122, 207 <214>).

Zu Unrecht hat das Berufungsgericht hingegen die Offenkundigkeit des Verlusts der Steuerungswirkung verneint.

Mit dem Erfordernis der Offenkundigkeit als Voraussetzung des Obsoletwerdens einer bauplanungsrechtlichen Festsetzung wird der »positiven«, also der vertrauenserweckenden Wirkung planerischer Festsetzungen zugunsten desjenigen, der aus ihr Rechte herzuleiten sucht, Rechnung getragen (BVerwG, Urteil v. 29.4.1977 – 4 C 39.75 – BVerwGE 54, 5 <10 f.>). Die zu fordernde Offenkundigkeit bezieht sich auf den bereits eingetretenen Zustand einer fehlenden Realisierungsmöglichkeit der Festsetzung auf unabsehbare Zeit, also darauf, ob die Festsetzung als Instrument für die Steuerung der städtebaulichen Entwicklung auf Dauer nicht mehr tauglich ist (BVerwG, Urteil v. 18.11.2004 – 4 CN 11.03 – BVerwGE 122, 207 <214>). Die Offenkundigkeitsprüfung verlangt im Sinne eines Evidenzurteils eine rechtliche Wertung, ob die Abweichungen von der bauplanungsrechtlichen Festsetzung im maßgeblichen Betrachtungsraum ein Ausmaß erreicht haben, das aufgrund der hieraus zu schließenden Unumkehrbarkeit einem in die Fortgeltung der Festsetzung gesetzten Vertrauen die Schutzwürdigkeit nimmt (vgl. BVerwG, Urteile v. 29.4.1977 – 4 C 39.75 – BVerwGE 54, 5 <11> und zuletzt vom 21.3.2023 – 4 A 9.21 – juris Rdnr. 39).

Die Bewertung als offenkundig baut mithin auf der Feststellung der von der planerischen Festsetzung objektiv abweichenden tatsächlichen Entwicklung auf und setzt eine umfassende, auch rechtliche Würdigung einbeziehende Prüfung der Irreversibilität der tatsächlichen Verhältnisse voraus. Es kommt weder – entgegen der Auffassung des Berufungsgerichts – darauf an, ob die zur Funktionslosigkeit führenden tatsächlichen Entwicklungen für einen beliebigen externen Betrachter ohne Weiteres aus der baulichen Substanz oder ihrer nach außen erkennbaren Nutzung ablesbar sind, noch – wie der Kläger meint – darauf, ob diese aus allgemein zugänglichen Unterlagen bzw. sonstigen Informationsquellen (z. B. aus Lageplänen, Luftbildern oder elektronisch abrufbaren Geoinformationssystemen) ersichtlich sind. Entscheidend ist vielmehr, ob auf der Grundlage des ausermittelten Sachverhalts und nach einer durch Fachkenntnisse geprägten Betrachtung der tatsächlichen und rechtlichen Verhältnisse – und damit nicht nach dem Erkenntnishorizont eines wie auch immer gearteten »Durchschnittsbetrachters« – die nachträglich eingetretenen Abweichungen im maßgeblichen Betrachtungsraum nach Quantität und Qualität ein Ausmaß erreicht haben, aufgrund dessen sich der Schluss aufdrängt, dass ein Vertrauen in die Fortgeltung der Festsetzung nicht mehr schutzwürdig ist. Auch der Umstand, dass bei der Ermittlung der für die Bestimmung der GFZ maßgeblichen Geschossfläche im Einzelfall schwierige rechtliche Maßstäbe zugrundezulegen sind und unterschiedliche Parameter zur Anwendung kommen können, steht der Offenkundigkeit des – ohnehin erhebliche Abweichungen erfordernden – Verlusts der Steuerungsfähigkeit einer solchen Festsetzung nicht entgegen. Soweit eine Festsetzung den rechtsstaatlichen Anforderungen der Normenklarheit genügt (vgl. BVerwG, Beschluss v. 25.11.2021 – 4 BN 13.21 – ZfBR 2022, 259 Rdnr. 12 m. w. N.), ist unter dem Gesichtspunkt des Vertrauensschutzes des Normunterworfenen kein Grund ersichtlich, für den Eintritt der Funktionslosigkeit besondere

Anforderungen an die rechtliche Erkennbarkeit der den Steuerungsverlust begründenden Umstände zu stellen.

Ausgehend von der Fortgeltung der GFZ-Festsetzung hat das Berufungsgericht einen Anspruch des Klägers auf Befreiung von dieser Festsetzung ohne Verstoß gegen Bundesrecht verneint.

Nach § 31 Abs. 2 BauGB kann von den Festsetzungen des Bebauungsplans befreit werden, wenn die Grundzüge der Planung nicht berührt werden, einer der in Nr. 1 bis 3 genannten Tatbestände erfüllt ist und wenn die Abweichung auch unter Würdigung nachbarlicher Interessen mit den öffentlichen Belangen vereinbar ist. Die Grundzüge der Planung ergeben sich aus der den Festsetzungen des Bebauungsplans zugrundeliegenden und in ihnen zum Ausdruck kommenden planerischen Konzeption. Ob sie berührt werden, hängt von der jeweiligen Planungssituation ab. Je tiefer die Befreiung in das Interessengeflecht der Planung eingreift, desto näher liegt der Schluss auf eine Änderung der Planungskonzeption, die nur im Wege der (Um-)Planung möglich ist. Die Befreiung kann nicht dazu dienen, die von der Gemeinde getroffene planerische Regelung zu umgehen (BVerwG, Urteil v. 9.8.2018 – 4 C 7.17 – BVerwGE 162, 363 Rdnr. 8 m. w. N.). Die Befreiung muss – soll sie mit den Grundzügen der Planung vereinbar sein – durch das planerische Wollen gedeckt sein; es muss daher angenommen werden können, sie liege noch im Bereich dessen, was der Plangeber gewollt hat oder gewollt hätte, wenn er den Grund für die Abweichung gekannt hätte (vgl. BVerwG, Urteil v. 16.12.2010 – 4 C 8.10 – BVerwGE 138, 301 Rdnr. 26 m. w. N.).

Diese Maßstäbe hat das Berufungsgericht richtig angewandt. An die Auslegung, wonach die Festsetzung zur GFZ als Teil des planerischen Grundkonzepts des Baunutzungsplans einen Grundzug der Planung darstellt, ist der Senat nach § 173 Satz 1 VwGO i. V. m. § 560 ZPO gebunden (vgl. BVerwG, Urteile v. 9.8.2018 – 4 C 7.17 – BVerwGE 162, 363 Rdnr. 10 und vom 25.1.2022 – 4 CN 5.20 – ZfBR 2022, 368 Rdnr. 23). Es ist nicht ersichtlich, dass das Oberverwaltungsgericht bei seiner Bewertung hierfür bedeutsame Umstände außer Acht gelassen hat. Insbesondere spricht nichts dafür, aus einer vormals abweichenden Befreiungspraxis des Beklagten, die sich erst geraume Zeit nach Erlass des Baunutzungsplans entwickelt hat, eine »Indizwirkung« für eine schon bereits bei Erlass gegebene offene Planungskonzeption abzuleiten, die der Annahme eines Grundzugs der Planung entgegenstehen könnte (vgl. hierzu BVerwG, Urteil v. 18.11.2010 – 4 C 10.09 – BVerwGE 138, 166 Rdnr. 38). Nicht zu beanstanden ist die Wertung, dass die planerische Grundkonzeption durch eine Befreiung in einer ins Gewicht fallenden Weise berührt wird und die Zulässigkeit von Abweichungen weiterhin einer Planänderung vorzubehalten ist. Dies gilt insbesondere deswegen, weil die Festsetzung zur GFZ nicht nur auf dem Baugrundstück, sondern auch in seiner Umgebung durch zusätzlich verdichtete Bebauung – z. B. durch Dachgeschossausbauten, deren Vergrößerung oder durch Anbauten – weiter überschritten werden kann.

Nach dem durch Art. 1 Nr. 11 Buchst. b des Gesetzes zur Mobilisierung von Bauland (Baulandmobilisierungsgesetz) vom 14.6.2021 (BGBl. I S. 1802) geschaffenen § 31 Abs. 3 Satz 1 BauGB kann zeitlich befristet nach Maßgabe von § 31 Abs. 3 Satz 2 und 3 i. V. m. § 201a BauGB in einem durch Rechtsverordnung bestimmten Gebiet mit angespanntem Wohnungsmarkt mit Zustimmung der Gemeinde im Einzelfall von den Festsetzungen des Bebauungsplans zugunsten des Wohnungsbaus befreit werden, wenn die Befreiung auch unter Würdigung nachbarlicher Interessen mit den öffentlichen Belangen vereinbar ist. Der Gesetzgeber hat mit dem Einzelfallerfordernis, das sich in den vorangegangenen Empfehlungen auf Grundlage der Beratungen in der Kommission für »Nachhaltige Baulandmobilisierung und Bodenpolitik« (Baulandkommission) vom 2.7.2019 (S. 7) nicht findet, ersichtlich an das entsprechende Tatbestandsmerkmal der früheren Fassung des § 31 Abs. 2 BauGB angeknüpft, das durch das Gesetz zur Änderung des Baugesetzbuchs und zur Neuregelung des Rechts der Raumordnung (Bau- und Raumordnungsgesetz 1998 – BauROG) vom 18.8.1997 (BGBl. I S. 2081) weggefallen ist. Nach der Begründung des Gesetzentwurfs zum Bau- und Raumordnungsgesetz 1998 sollte damit klargestellt werden, dass ein atypischer Sonderfall nicht mehr Befreiungsvoraussetzung nach § 31 Abs. 2 BauGB ist (BT-Drs. 13/6392 S. 56). Daraus folgt, dass der Gesetzgeber mit der weiteren Befreiungsmöglichkeit in § 31 Abs. 3 BauGB und dem dort vorgesehenen Einzelfallerfordernis im Sinne einer »behutsamen Lockerung« der sonst geltenden Tatbestandsvoraussetzungen nach § 31 Abs. 2 BauGB (BT-Drs. 19/24838 S. 28) jene strenge tatbestandliche Grenze wieder eingeführt hat. Der Einzelfall in § 31 Abs. 3 BauGB verlangt daher einen atypischen Sonderfall. Er ist zu verneinen, wenn es an einer grundstücksbezogenen Besonderheit fehlt, wenn also etwa die Gründe, die für eine Befreiung streiten, für jedes oder nahezu für jedes Grundstück im Planbereich gegeben wären (zu § 31 Abs. 2 BauGB a. F. vgl. BVerwG, Urteil v. 14.2.1991 – 4 C 51.87 – BVerwGE 88, 24 <32 f.>) bzw. wenn sich eine vergleichbare Befreiungslage innerhalb des Plangebiets in einer erheblichen Zahl gleichgelagerter Fälle einstellen könnte (vgl. OVG Hamburg, Beschluss v. 16.8.2021 – 2 Bs 182/21 – NVwZ 2021, 1472 Rdnr. 29).

Das Berufungsurteil entspricht diesen Vorgaben. Das Oberverwaltungsgericht hat entscheidungstragend darauf abgestellt, dass ein Dachgeschossausbau wie bei dem Bauvorhaben noch in einer Reihe weiterer Fälle in Betracht komme, zumal die Überschreitung der festgesetzten GFZ nach Inkrafttreten des Baunutzungsplans gerade in einer Vielzahl der Fälle auf entsprechenden Ausbauten beruhte. Soweit der Kläger darauf verweist, dass im betroffenen Baublock bereits eine Vielzahl von Dachgeschossen ausgebaut worden seien, sodass dort nur noch eine überschaubare Anzahl an Gebäuden nicht über ein ausgebautes Dachgeschoss verfüge, ist dem – unabhängig davon, ob dazu hinreichende Feststellungen durch die Vorinstanz getroffen worden sind – entgegenzuhalten, dass auch Gebäude mit bereits ausgebautem Dachgeschoss erneut und mit der Folge einer Erhöhung der GFZ umgebaut werden können.

Das Urteil erweist sich nicht aus anderen Gründen als im Ergebnis richtig (§ 144 Abs. 4 VwGO). Die Bestimmung des richtigen Betrachtungsraums für die Beurteilung der Funktionslosigkeit der GFZ-Festsetzung erfordert Bewertungen, die weitere, dem Berufungsgericht vorbehaltene tatsächliche Feststellungen notwendig machen. Bei unterstellter Funktionslosigkeit der GFZ-Festsetzung fehlt es an tatsächlichen Feststellungen, die den Schluss erlauben, dass das Bauvorhaben im Übrigen hinsichtlich des Maßes der baulichen Nutzung bauplanungsrechtlich unzulässig ist. Die Sache ist daher zur anderweitigen Verhandlung und Entscheidung an das Oberverwaltungsgericht zurückzuverweisen. ...

Nr. 33

1. **Erweist sich eine Festsetzung der Zahl zulässiger Betriebe in einem Sondergebiet als unwirksam, so kann eine gleichzeitig festgesetzte vorhabenbezogene Verkaufsflächenbeschränkung geltungserhaltend als grundstücksbezogene Verkaufsflächenbeschränkung ausgelegt werden, sofern im Plangebiet nur ein als Betriebsgrundstück geeignetes Grundstück vorhanden ist (BVerwG, Urteil v. 17.10.2019 – 4 CN 8.18 –, BVerwGE 166, 378). Das gilt auch dann, wenn auf dem Betriebsgrundstück mehrere Betriebe errichtet werden könnten, sofern diese Möglichkeit vom mutmaßlichen Willen des Plangebers gedeckt ist.**

2. **Zur Rechtsmissbräuchlichkeit der Berufung auf die Unwirksamkeit eines für das eigene Vorhaben aufgestellten Bebauungsplans.**

BauNVO § 11; BGB § 242.

Niedersächsisches OVG, Beschluss vom 10. Mai 2024 – 1 LA 98/23 –.

Aus den Gründen:

Die Klägerin begehrt einen bauplanungsrechtlichen Bauvorbescheid für die Errichtung eines Lebensmitteldiscountmarktes; die Beteiligten streiten insbesondere darüber, ob die dem entgegenstehenden Bebauungsplanfestsetzungen wirksam sind.

Die Klägerin betreibt einen Lebensmitteldiscountmarkt mit einer Verkaufsfläche von ca. 780 m^2 im Geltungsbereich der 4. Änderung des Bebauungsplans Nr. 50 der Beklagten. Der Vorhabenstandort, Teil eines größeren, im Übrigen anders überplanten Grundstücks, ist in dem Plan als Sondergebiet SO 1 festgesetzt, zu dem die Textliche Festsetzung § 1 regelt: »Im Sondergebiet gemäß § 11 (3) Baunutzungsverordnung (BauNVO) mit der Zweckbestimmung ›Großflächiger Einzelhandel‹ sind zulässig: Ein Lebensmitteleinzelhandel (Discounter) bis 780 m^2 Grundstücksfläche (SO1)«.

Die Bauvoranfrage der Klägerin zur bauplanungsrechtlichen Zulässigkeit eines Ersatzbaus mit 1 280 m^2 Verkaufsfläche beschied die Beklagte negativ. Die hiergegen nach erfolglosem Widerspruchsverfahren erhobene Klage hat das Verwaltungsgericht abgewiesen. …

Der dagegen gerichtete, auf die Zulassungsgründe einer Abweichung von Entscheidungen des Bundesverwaltungsgerichts (§ 124 Abs. 2 Nr. 4 VwGO), ferner ernstlicher Zweifel und besonderer Schwierigkeiten (§ 124 Abs. 2 Nrn. 1 bzw. 2 VwGO) gestützte Antrag auf Zulassung der Berufung hat keinen Erfolg.

Die Divergenzrüge greift nicht durch.

Zur Darlegung einer Abweichung i. S. d. § 124 Abs. 2 Nr. 4 VwGO ist ein inhaltlich bestimmter, die angefochtene Entscheidung tragender abstrakter Rechtssatz zu benennen, mit dem das Verwaltungsgericht einem in der Rechtsprechung eines der in § 124 Abs. 2 Nr. 4 VwGO genannten Gerichte aufgestellten, tragenden Rechtssatz in Anwendung derselben Vorschrift widersprochen hat. Zwischen den Gerichten muss ein prinzipieller Auffassungsunterschied über den Bedeutungsgehalt einer bestimmten Rechtsvorschrift oder eines Rechtssatzes bestehen. Die Behauptung einer fehlerhaften oder unterbliebenen Anwendung von Rechtssätzen, die das Oberverwaltungsgericht, das Bundesverwaltungsgericht oder das Bundesverfassungsgericht in seiner Rechtsprechung aufgestellt hat, genügt den Darlegungsanforderungen nicht (st. Rspr., zuletzt Senatsbeschl. v. 18.4.2024 – 1 LA 1/24 –, juris Rdnr. 15 m. w. N.).

Diesen Anforderungen wird das Zulassungsvorbringen nicht gerecht. Der von der Klägerin unter 1.1.2 des Zulassungsvorbringens angeführte Rechtssatz des Bundesverwaltungsgerichts, dass »eine Beschränkung der Zahl zulässiger Vorhaben in einem sonstigen Sondergebiet mangels Rechtsgrundlage unwirksam ist« (BVerwG, Urteil v. 17.10.2019 – 4 CN 8.18 –, BVerwGE 166, 378 = BRS 87 Nr. 35 = juris Rdnr. 12), wird vom Verwaltungsgericht nicht in Frage gestellt, sondern ausdrücklich anerkannt. In der Sache macht die Klägerin geltend, das Verwaltungsgericht habe die Auswirkungen dieses Rechtssatzes verkannt; das begründet jedoch keine Divergenz, sondern erfüllt allenfalls den – allerdings ebenfalls geltend gemachten – Zulassungsgrund ernstlicher Zweifel an der Richtigkeit der Entscheidung.

Auch das nachfolgende Zulassungsvorbringen läuft auf die Rüge fehlerhafter Anwendung, nicht aber eines grundsätzlichen Infragestellens der vom Bundesverwaltungsgericht aufgestellten Rechtssätze hinaus.

Die Darlegungen der Klägerin begründen auch nicht den Zulassungsgrund ernstlicher Zweifel an der Richtigkeit des Urteils (§ 124 Abs. 2 Nr. 1 VwGO). Derartige Zweifel sind dann dargelegt, wenn es der Rechtsmittelführerin gelingt, wenigstens einen tragenden Rechtssatz oder eine erhebliche Tatsachenfeststellung in dem angefochtenen Urteil mit plausiblen Gegenargumenten derart in Frage zu stellen, dass sich dadurch etwas am Entscheidungsergebnis ändern könnte. Überwiegende Erfolgsaussichten sind nicht erforderlich, es genügt, wenn sich diese auf der Grundlage des Zulassungsvorbringens als offen darstellen. Das ist hier nicht der Fall.

Keinen ernstlichen Zweifeln begegnet zunächst die Auslegung des Verwaltungsgerichts, die Antragsgegnerin habe keine – mangels Bezuges zur Art der baulichen Nutzung und aufgrund der Eröffnung eines »Windhundrennens« unwirksame – baugebietsbezogene, sondern eine vorhabenbezogene Verkaufsflächenbegrenzung festgesetzt. Zu Recht hat es insoweit darauf abgestellt, dass im Gebiet die Zulässigkeit nur eines Betriebs festgesetzt war und die Ansiedlung eines das gesamte Sondergebiet beanspruchenden Betriebes Planungsanlass war. Weder die Unwirksamkeit der Betriebszahlbeschränkung noch die Natur des Plans als Angebotsplan stehen der Heranziehung dieser Gesichtspunkte zur Ermittlung des gemeindlichen Planungswillens entgegen: Die Unwirksamkeit der Betriebszahlbeschränkung war dem Rat ersichtlich nicht bewusst, die Möglichkeit der Ansiedlung mehrerer Betriebe konnte er mit einiger Berechtigung als rein hypothetisch außer Acht lassen.

Das Vorbringen der Klägerin begründet im Übrigen auch deshalb keine ernstlichen Zweifel an der Richtigkeit der Entscheidung, weil das Verwaltungsgericht bei der Annahme einer vorhabenbezogenen Verkaufsflächenbeschränkung nicht stehen geblieben ist. Im Zusammenhang mit der Prüfung der Beschränkung der Betriebszahl hat er die Verkaufsflächenbeschränkung im Ergebnis als grundstücksbezogen verstanden; dies wäre auch ohne den »Zwischenschritt« über eine vorhabenbezogene Festsetzung möglich gewesen.

Auch die Annahme des Verwaltungsgerichts, die Rechtsprechung des Bundesverwaltungsgerichts, wonach eine Beschränkung der Zahl zulässiger Vorhaben in einem sonstigen Sondergebiet unwirksam sei, bringe den Bebauungsplan der Beklagten nicht zu Fall, wird durch das Zulassungsvorbringen nicht ernstlich in Frage gestellt.

Klarstellend ist zwar anzumerken, dass aus dieser Rechtsprechung eine Teilunwirksamkeit des Bebauungsplans, nämlich hinsichtlich der genannten Beschränkung der Betriebszahl, folgt. Das Verwaltungsgericht zielt mit seiner Würdigung jedoch auf die Frage einer Gesamtunwirksamkeit, namentlich die Unwirksamkeit der Verkaufsflächenbeschränkung ab, da nur diese zum Erfolg des Verpflichtungsbegehrens führen könnte. Die gegen die Wirksamkeit der Verkaufsflächenbeschränkung angeführten Rügen greifen nicht durch. Das Verwaltungsgericht hat insoweit in nicht zu beanstandender Weise auf die Rechtsprechung des Bundesverwaltungsgerichts hingewiesen, nach der eine vorhabenbezogene planerhaltend als grundstücksbezogene Verkaufsflächenbeschränkung ausgelegt werden könne, wenn im Plangebiet nur ein für die Vorhabenverwirklichung geeignetes Baugrundstück vorhanden ist, und zutreffend festgestellt, dass das hier der Fall ist.

Dass auf diesem Grundstück theoretisch mehrere Lebensmitteldiscounter errichtet werden könnten, steht entgegen der Klägerin der Auslegung als grundstücksbezogene Verkaufsflächenbeschränkung nicht entgegen. Zunächst ist die Ansiedlung zweier Discounter, die zusammen nur 780 m^2 Verkaufsfläche hätten, angesichts der heutigen, aber auch angesichts der bei Planaufstellung herrschenden wirtschaftlichen Gegebenheiten unrealistisch. Verkaufsflächen von 390 m^2 oder darunter, die mindestens einer der Märkte aufweisen müsste, sind für Lebensmitteldiscounter keine marktgängige Größe, zumal dann nicht, wenn sie der unmittelbaren Konkurrenz eines weiteren Discounters auf demselben Baugrundstück ausgesetzt wären. Selbst wenn eine solche Ansiedlung aber denkbar wäre, spricht nichts dafür, dass diese von der Antragstellerin nicht akzeptiert worden wäre. Dieser kam es ersichtlich nur darauf an, überhaupt Lebensmitteleinzelhandel am Standort zu halten und gleichzeitig der Innenstadt keine Konkurrenz zu schaffen; für diese Zielsetzung ist es unerheblich, ob auf dem Grundstück ein oder zwei Märkte mit zusammen maximal 780 m^2 Verkaufsfläche entstehen.

Ohne Erfolg rügt die Klägerin, der Festsetzung einer grundstücksbezogenen Verkaufsflächenobergrenze fehle hier die nach der Rechtsprechung des Bundesverwaltungsgerichts (Urteil v. 25.1.2022 – 4 CN 5.20 –, juris Rdnr. 31) notwendige Eignung zur Regelung der Art der baulichen Nutzung, diese erfolge ausschließlich durch die Angabe des Handelstypus »Lebensmitteleinzelhandel (Discounter)«. Denn durch die Festsetzung einer Verkaufsfläche von maximal 780 m^2 für das Baugrundstück begrenzt die Beklagte den Nutzungstyp weiter auf kleine Discounter mit einem beschränkten Höchstmaß an wirtschaftlicher Relevanz. Ob gerade die gewählte Beschränkung einem gängigen Anlagentyp entspricht, ist bei Artfestsetzungen nach § 11 BauNVO – anders als bei Festsetzungen nach § 1 Abs. 9 BauNVO – unerheblich (vgl. Senatsurt. v. 7.7.2022 – 1 KN 165/19 –, juris Rdnr. 34 m. w. N.).

Angesichts des Vorstehenden nur ergänzend weist der Senat darauf hin, dass die vom Verwaltungsgericht offen gelassene Frage, ob der Klägerin nach den Grundsätzen von Treu und Glauben die Berufung auf eine Unwirksamkeit der 4. Bebauungsplanänderung verwehrt wäre, zu deren Nachteil zu entscheiden sein dürfte (vgl. zu den rechtlichen Grundlagen näher Senatsurt. v. 2.6.2022 – 1 LB 109/20 –, NuR 2022, 654 = juris Rdnr. 23 ff.). Planungsanlass war unstrittig die Umsiedlung gerade des Betriebs der Klägerin; dass diese in die Definition der Bedürfnisse des neuen Vorhabens – und sei es mittelbar über ihre Vermieterin als Unterhändlerin – nicht einbezogen gewesen sein soll, ist fernliegend. Die weitgehende Beibehaltung der bisherigen Betriebsgröße war erkennbar maßgeblich für die Bewertung der Beklagten, die Planung sei raumordnungsrechtlich verträglich. Das dürfte ausreichen, bei der Beklagten schutzwürdiges Vertrauen darauf entstehen zu lassen, dass die Klägerin den ihre Betriebsumsiedlung ermöglichenden Plan dann auch in seinen Beschränkungen gegen sich gelten lassen würde.

Die Rechtssache weist auch keine besonderen tatsächlichen oder rechtlichen Schwierigkeiten auf. Zu tatsächlichen Schwierigkeiten fehlt jedes Zulassungsvorbringen; sie sind auch nicht erkennbar, da der überschaubare Sachverhalt unstrittig ist. In rechtlicher Hinsicht sind die vom Fall aufgeworfenen Probleme in ihrer Zahl überschaubar und mehrfach höchstrichterlich entschieden. Der Fall weist auch keine Besonderheiten auf, die die Subsumtion unter die zwischen den Beteiligten abstrakt unstreitigen Rechtssätze erschweren würden.

Mit der Ablehnung des Zulassungsantrags wird das angefochtene Urteil rechtskräftig (§ 124a Abs. 5 Satz 4 VwGO). …

Nr. 34

1. **Ein Fortsetzungsfeststellungsinteresse wegen beabsichtigter Führung eines Amtshaftungsprozesses setzt voraus, dass ein solcher nicht offensichtlich aussichtslos ist. Von offensichtlicher Aussichtslosigkeit kann nur gesprochen werden, wenn ohne eine ins einzelne gehende Prüfung erkennbar ist, dass der behauptete Schadensersatz- oder Entschädigungsanspruch unter keinem rechtlichen Gesichtspunkt bestehen kann (vgl. Senatsurt. v. 25.6.2019 – 1 LB 160/17 –, juris Rdnr. 21; im Anschluss an BVerwG, Urteil v. 28.8.1987 – 4 C 31.86 –, NJW 1988, 826 = BRS 53 Nr. 110 = juris Rdnr. 14 m. w. N.).**

2. **Angesichts der verhältnismäßig weitreichenden Rechtsfolge sind die Anforderungen an eine zur Annahme eines Einkaufszentrums erforderliche, äußerlich in Erscheinung tretende gemeinsame Organisation und Kooperation verschiedener Einzelhandelsbetriebe an einem Standort nicht zu gering anzusetzen (wie Senatsurt. v. 9.7.2020 – 1 LB 79/18 –, BauR 2020, 1604 = BRS 88 Nr. 65 = juris Rdnr. 32 f.).**

BauNVO § 11 Abs. 3.

Niedersächsisches OVG, Urteil vom 10. Juni 2024 – 1 LB 150/22 –.

Aus den Gründen:

Die Klägerin begehrt die Erteilung einer Baugenehmigung zur Errichtung eines An- und Aufbaus an das derzeit als Fitnessstudio genutzte Bestandsgebäude und zur teilweisen Nutzungsänderung dieses Gebäudes in einen Sonderpostenmarkt. …

Nachdem der Verwaltungsausschuss der Beigeladenen am 16.3.2023 den Aufstellungsbeschluss für den Bebauungsplans Nr. 69 »Gewerbegebiet Fritz-Lieken-Eck« für das Vorhabengrundstück mit dem Ziel gefasst hatte, den Gewerbestandort zu sichern und zentren- und nahversorgungsrelevante Einzelhandelsnutzungen zugunsten der Innenstadt zu steuern, hat der Rat der Beigeladenen am 20.4.2023 eine Veränderungssperre beschlossen; diese wurde am 21.4.2023 in ihrem Amtsblatt bekannt gemacht.

Die Klägerin beantragt unter Berufung auf ihre erklärte Absicht, eine Amtshaftungsklage wegen näher bezifferter entgangener Mieteinnahmen zu erheben, nunmehr,

das Urteil das Verwaltungsgerichts Stade, Az.: 2 A 3326/17 vom 26.5.2020 aufzuheben und den Beklagten zu verpflichten, der Klägerin unter Aufhebung des Bescheids vom 1.8.2017 in der Fassung des Widerspruchsbescheids vom 15.9.2017 eine Baugenehmigung entsprechend ihrem Antrag vom 7.12.2016 für den Umbau/die Erweiterung eines Fitnessstudios zu einem Einzelhandelsgeschäft mit einer Verkaufsfläche von 770 m² zu erteilen,
hilfsweise das Urteil das Verwaltungsgerichts Stade, Az.: 2 A 3326/17 vom 26.5.2020 aufzuheben und den Beklagten zu verpflichten, über den Antrag der Klägerin vom 7.12.2016 nach Aufhebung des Bescheids vom 1.8.2017 in der Fassung des Widerspruchsbescheids vom 15.9.2017 unter Berücksichtigung der Rechtsauffassung des Gerichts neu zu entscheiden,
weiter hilfsweise festzustellen, dass der Beklagte verpflichtet gewesen ist, der Klägerin eine Baugenehmigung entsprechend ihres Antrags vom 7.12.2016 für den Umbau/die Erweiterung eines Fitnessstudios zu einem Einzelhandelsgeschäft mit einer Verkaufsfläche von 770 m² vor dem Inkrafttreten der Veränderungssperre zum Bebauungsplan Nr. 69 »Gewerbegebiet Fritz-Lieken-Eck« zu erteilen. ...

Die zulässige Berufung, über die der Senat mit Einverständnis aller Beteiligten ohne mündliche Verhandlung entscheidet (§ 101 Abs. 2 VwGO), ist nur mit dem zweiten Hilfsantrag begründet.

Die mit dem Hauptantrag und dem ersten Hilfsantrag weiterverfolgte, auf Erteilung der begehrten Baugenehmigung bzw. Neubescheidung gerichtete Verpflichtungsklage ist unbegründet. Die Klägerin hat zum maßgeblichen Zeitpunkt der Entscheidung des Senats keinen dahingehenden Anspruch, weil dem Vorhaben öffentliches Baurecht in Gestalt der am 21.4.2023 rechtswirksam gewordenen Veränderungssperre der Beigeladenen entgegensteht (§ 70 Abs. 1 Satz 1 NBauO i. V. m. § 14 Abs. 1 Nr. 1 BauGB und § 3 Nr. 1 a) der Veränderungssperre).

Entgegen der Auffassung der Klägerin ist die Veränderungssperre wirksam. Sie wurde nach Fassung des Aufstellungsbeschlusses vom zuständigen Rat beschlossen, ausgefertigt und zeitgleich mit dem Aufstellungsbeschluss im Amtsblatt der Beigeladenen vom 21.4.2023 bekannt gemacht. Den formellen Anforderungen ist damit entsprochen (vgl. dazu insbes. Senatsurt. v. 15.1.2015 – 1 KN 10/14 –, juris Rdnr. 26 m. w. N.).

Der Veränderungssperre liegen hinreichend konkretisierte Planungsabsichten der Beigeladenen zugrunde. Eine Veränderungssperre darf nur erlassen werden, wenn die Planung, die sie sichern soll, ein Mindestmaß dessen erkennen lässt, was Inhalt des zu erwartenden Bebauungsplans sein soll (vgl. BVerwG, Beschluss v. 21.10.2010 – 4 BN 26.10 –, BRS 76 Nr. 108 = juris

Rdnr. 6; v. 1.10.2009 – 4 BN 34.09 –, Buchholz 406.11 § 14 BauGB Nr. 29 = BRS 74 Nr. 121 = juris Rdnr. 9; Urteil v. 19.2.2004 – 4 CN 16.03 –, BVerwGE 120, 138 = BRS 67 Nr. 11 = juris Rdnr. 17). Dabei sind die Anforderungen an die Planungsabsichten freilich nicht zu überspannen. Ein detailliertes und abgewogenes Planungskonzept ist nicht erforderlich. Auch muss die Planung noch keinen Stand erreicht haben, der nahezu den Abschluss des Verfahrens ermöglicht. Daher darf der Erlass einer Veränderungssperre nicht von endgültigen Aussagen zur Lösung von Nutzungskonflikten abhängig gemacht werden, die erst im weiteren Verlauf des Planungsverfahrens im Rahmen einer umfassenden Abwägung aller betroffenen privaten und öffentlichen Belange und unter Berücksichtigung der Erkenntnisse aus der Behörden- und Öffentlichkeitsbeteiligung möglich sind (BVerwG Beschluss v. 14.10.2022 – 4 BN 12.22 –, BauR 2023, 179 = juris Rdnr. 9 m. w. N.). Diesen Anforderungen ist hier entsprochen.

Ihre wesentlichen Planungsabsichten hat die Beigeladene im Aufstellungsbeschluss wie folgt zusammengefasst: »Die wesentlichen Ziele der Planung sind die Sicherung eines Gewerbestandortes in zentraler, verkehrsgünstiger Lage sowie die Steuerung der Zentren- und nahversorgungsrelevanten Einzelhandelsnutzungen zugunsten der Achimer Innenstadt.« In der Begründung der Beschlussvorlage vom 6.2.2023 heißt es weiter, das Vorhabengrundstück habe sich aufgrund fehlender Festsetzungen zu Einzelhandelsnutzungen und der verkehrsgünstigen Lage zu einem Konkurrenzstandort zur Innenstadt entwickelt. Für die beiden bisher nicht zu Einzelhandelszwecken genutzten Gebäude seien Anträge auf entsprechende Nutzungsänderung gestellt. Eine weitere Intensivierung des Einzelhandelsangebotes entspreche jedoch nicht dem Ziel, in verkehrsgünstiger Lage einen Standort für nicht störendes Gewerbe zu etablieren. Darüber hinaus hätten die vorhandenen und geplanten Einzelhandelsnutzungen mit ihren zentren- und nahversorgungsrelevanten Sortimenten negative städtebauliche Auswirkungen auf die Innenstadt. Durch die Aufstellung des Bebauungsplanes Nr. 69 »Gewerbegebiet Fritz-Lieken-Eck« solle daher die gewerbliche Entwicklung dieses Bereiches sichergestellt und gleichzeitig eine Steuerung der zentren- und nahversorgungsrelevanten Einzelhandelsnutzungen zugunsten der Innenstadt vorgenommen werden. Im Grundsatz sollten Einzelhandelsbetriebe mit zentren- und nahversorgungsrelevanten (Haupt-)Sortimenten im Plangebiet auch mit nicht großflächiger Verkaufsfläche ausgeschlossen werden. Inwieweit hiervon Ausnahmen mit Blick auf bereits vorhandene und durch die Überplanung unzulässig werdende Nutzungen zugelassen werden sollten, sei im Rahmen des Planverfahrens abwägend zu entscheiden.

Dieses Maß an Konkretisierung geht deutlich über die skizzierten rechtlichen Mindestanforderungen hinaus. Es handelt sich auch nicht um eine (bloße) Verhinderungsplanung, sondern um eine von der städtebaulichen Absicht der Entwicklung eines Gewerbestandorts und der Innenstadt getragene und in diesem Sinne ein positives Ziel verfolgende Planung. Diese beruht auf der Erkenntnis, dass die Genehmigungspraxis der vergangenen Jahre zu einer aus Sicht der Beigeladenen städtebaulich unerwünschten Entwicklung geführt hat. Es begegnet mit Blick auf die notwendige Konkretisierung eines positiven Planungsziels keinen Bedenken, dass sie dieser Fehlentwicklung nunmehr entgegenzuwirken versucht. Der Senat hat schließlich keine Zweifel, dass die Beigeladene ihr planerisches Ziel mit den Mitteln des Baugesetzbuchs erreichen kann. Dass sie – wie die Klägerin zu Recht vorträgt – das Interesse an dem Fortbestand der bestehenden Nutzungen und deren Fortentwicklung in der Abwägung besonders berücksichtigen muss, hat sie schon mit dem Aufstellungsbeschluss erkannt; von vornherein ausgeschlossen ist eine beschränkende Planung keineswegs.

Eine Ausnahme gemäß § 14 Abs. 2 BauGB kann nicht zugelassen werden. Die Genehmigung eines weiteren zentrenrelevanten Einzelhandelsvorhabens würde dem Planungsziel offenkundig zuwiderlaufen; zudem fehlt es an dem erforderlichen schriftlichen und begründeten Antrag (§ 66 Abs. 2 Satz 1 i. V. m. Abs. 6 NBauO).

Der weitere, auf die Feststellung des Bestehens eines Genehmigungsanspruchs vor Inkrafttreten der Veränderungssperre gerichtete Hilfsantrag ist zulässig und begründet.

Der Antrag ist in analoger Anwendung des § 113 Abs. 1 Satz 4 VwGO statthaft und auch im Übrigen zulässig. Die Klägerin verfügt insbesondere über das erforderliche Feststellungsinteresse aufgrund der Vorgreiflichkeit der Entscheidung für eine spätere Amtshaftungsklage. Das setzt voraus, dass eine Klage auf Schadensersatz oder Entschädigung anhängig oder ihre alsbaldige Erhebung mit hinreichender Sicherheit zu erwarten ist; zudem darf ein Schadensersatzprozess nicht offensichtlich aussichtslos sein (vgl. BVerwG, Urteil v. 3.3.2005 – 2 B 109.04 –, Buchholz 310 § 113 Abs. 1 VwGO Nr. 21 = juris Rdnr. 7 m. w. N.). Diese Voraussetzungen sind erfüllt. Die Klägerin hat eindeutig und unbedingt erklärt, einen Amtshaftungs- oder Entschädigungsprozess führen zu wollen. Ihren Schaden hat sie unter Nennung eines konkreten Mietinteressenten für die umzunutzende Fläche und Bezifferung des monatlichen Mietzinsausfalls in mit Blick auf das im Sinne einer Ernsthaftigkeitskontrolle zu verstehende Feststellungsinteresse ausreichend dargetan. Insbesondere nimmt der Senat keine den ordentlichen Gerichten vorbehaltene nähere Prüfung der Erfolgsaussichten eines Amtshaftungsprozesses vor. Von offensichtlicher Aussichtslosigkeit kann deshalb nur gesprochen werden, wenn ohne eine ins einzelne gehende Prüfung erkennbar ist, dass der behauptete Schadensersatz- oder Entschädigungsanspruch unter keinem rechtlichen Gesichtspunkt bestehen kann (vgl. Senatsurt. v. 25.6.2019 – 1 LB 160/17 –, juris Rdnr. 21; im Anschluss an BVerwG, Urteil v. 28.8.1987 – 4 C 31.86 –, NJW 1988, 826 = BRS 53 Nr. 110 = juris Rdnr. 14 m. w. N.). Das ist nicht der Fall.

Der Fortsetzungsfeststellungsantrag ist auch begründet. Bis zum Inkrafttreten der Veränderungssperre hatte die Klägerin einen Anspruch auf Erteilung einer Baugenehmigung für das mit Bauantrag vom 7.12.2016 bezeichnete, hinsichtlich der Einzelhandelsnutzung auf einen Sonderpostenmarkt mit einem Sortiment entsprechend dem Sortimentsverzeichnis der XXX GmbH & Co KG mit Stand vom 1.9.2021 (Anlage K5 zum Schriftsatz vom 20.1.2023) konkretisierte Vorhaben.

Als hinsichtlich seines Störungsgrades auch in Mischgebieten nach § 6 BauNVO zulässiger Betrieb war ein Sonderpostenmarkt im mit Bebauungsplan Nr. 57 »Gewerbe- und Bürozentrum Preussag« festgesetzten Gewerbegebiet gemäß § 8 Abs. 2 Nr. 1 BauNVO allgemein zulässig. Bedenken gegen die Rechtswirksamkeit des Plans sind nicht ersichtlich; das gilt – zumal angesichts des im Wesentlichen ebenen Plangebiets – auch mit Blick auf die Höhenfestsetzung, deren unterer Bezugspunkt die Geländeoberfläche darstellt. Der Begriff der Geländeoberfläche wird auch in § 5 Abs. 1 Satz 1 NBauO genutzt; er ist im Zweifel ebenso wie dort zu verstehen.

Auch § 11 Abs. 3 Satz 1 Nr. 1 BauNVO steht dem mit einer Verkaufsfläche von 777 m^2 selbst nicht großflächigen Vorhaben nicht entgegen. Es handelt sich auch bei einer gemeinsamen Betrachtung aller auf dem Vorhabengrundstück ansässigen Betriebe nicht um ein Einkaufszentrum im Sinne dieser Vorschrift. Für die hier allein in Betracht zu ziehende Einstufung als »gewachsenes« Einkaufszentrum fehlt es jedenfalls an dem erforderlichen gemeinsamen Konzept und einer Kooperation der Einzelhandelsbetriebe.

Nach der bereits im Zulassungsbeschluss wiedergegebenen und von den Beteiligten nicht in Frage gestellten Rechtsprechung des Bundesverwaltungsgerichts (etwa Beschluss v. 18.12.2012 – 4 B 3.12 –, ZfBR 2013, 277 = juris Rdnr. 3 m. w. N.; Beschluss v. 16.10.2013 – 4 B 29.13 –, BRS 81 Nr. 93 = juris Rdnr. 6) und des Senats (Urteil v. 9.7.2020 – 1 LB 79/18 –, BauR 2020, 1604 = BRS 88 Nr. 65 = juris Rdnr. 32 f.) ist ein Einkaufszentrum im Rechtssinne nur dann anzunehmen, wenn eine räumliche Konzentration von Einzelhandelsbetrieben verschiedener Art und Größe – zumeist in Kombination mit verschiedenartigen Dienstleistungsbetrieben – vorliegt, die entweder einheitlich geplant ist oder sich doch in anderer Weise als ›gewachsen‹ darstellt. Ein ›gewachsenes‹ Einkaufszentrum setzt außer der erforderlichen räumlichen Konzentration weiter voraus, dass die einzelnen Betriebe aus der Sicht der Kunden als aufeinander bezogen, als durch ein gemeinsames Konzept und durch Kooperation miteinander verbunden in Erscheinung treten. Diese Zusammenfassung kann sich in organisatorischen oder betrieblichen Gemeinsamkeiten, wie beispielsweise in gemeinsamer Werbung oder einer verbindenden Sammelbezeichnung, dokumentieren. Diese beiden Merkmale stellen allerdings lediglich Beispiele für die eine äußerlich erkennbare Kooperation begründenden Indizien dar; zwingend erforderlich sind sie nicht, sofern sich diese in anderen Merkmalen äußert. Nicht ausreichend ist allerdings, dass einzelne hinzukommende Betriebe von der »Magnetwirkung« eines oder mehrerer vorhandener Betriebe profitieren.

Die Kriterien der räumlichen Konzentration und des Mindestmaßes an äußerlich in Erscheinung tretender gemeinsamer Organisation und Kooperation stehen dabei nicht völlig selbständig nebeneinander, sondern in einer gewissen Wechselbeziehung. Während keines völlig fehlen darf, sind die Anforderungen an die sichtbare Kooperation umso geringer anzusetzen, je deutlicher die Einzelbetriebe räumlich verzahnt sind. Wenn mehrere Geschäfte unter einem Dach angesiedelt sind, ist weniger sichtbare Kooperation zu verlangen als bei Geschäften, die in separaten Gebäuden wirtschaften. Im letzteren Fall ist weiter danach zu differenzieren, ob die Gebäude z. B. durch gemeinsame Vordächer o. ä. verbunden sind (noch deutlicher etwa im vom OVG A-Stadt, Urteil v. 17.4.2007 – 1 KO 1127/07 –, BauR 2007, 1376 = BRS 71 Nr. 65 = juris Rdnr. 44 geschilderten Fall), ob sie sich zu einem gemeinsamen Flanierbereich öffnen oder ob ihre Hauptfassaden beziehungslos nebeneinanderliegen oder gar verschiedenen Straßen zugewandt sind. Allgemein bleibt zu berücksichtigen, dass die Einstufung als Einkaufszentrum in § 11 Abs. 3 Satz 1 Nr. 1 BauNVO mit weitreichenden Konsequenzen verbunden ist. Bei Einkaufszentren wird, anders als bei großflächigen Einzelhandelsbetrieben und sonstigen großflächigen Handelsbetrieben, die räumliche Beschränkung auf Kern- und Sondergebiete nicht von einer Auswirkungsbetrachtung abhängig gemacht. Das wirkt sich nicht nur auf die Größe der zu fordernden Gesamtverkaufsfläche, die spürbar über der Großflächigkeitsschwelle liegen muss, aus. Die verhältnismäßig weitreichende Rechtsfolge gibt auch Anlass, die Anforderungen an eine äußerlich in Erscheinung tretende gemeinsame Organisation und Kooperation nicht zu gering anzusetzen. Nicht jedes kleinste Indiz für eine Kooperation benachbarter Ladengeschäfte führt dazu, dass diese als Einkaufszentrum wahrgenommen werden. Auch der vom Bundesverwaltungsgericht verwendete Begriff des »Mindestmaßes« (Beschluss v. 16.10.2013 – 4 B 29.13 –, juris Rdnr. 6) ist nicht in diesem Sinne zu verstehen (Senatsurt. v. 9.7.2020 – 1 LB 79/18 –, BauR 2020, 1604 = BRS 88 Nr. 65 = juris Rdnr. 32 f.).

Gemessen an diesen Grundsätzen ist das Vorhaben – wie der Senat bereits im Zulassungsbeschluss angedeutet hat, ohne dass die Beteiligten dem entgegengetreten wären – nicht Teil eines Einkaufszentrums; das Verwaltungsgericht hat seiner gegenteiligen Einschätzung zu geringe rechtliche Anforderungen zugrunde gelegt. Als aus Kundensicht verbindende Elemente erscheinen – trotz der von der Klägerin nicht ganz zu Unrecht beschriebenen gestalterischen Absetzung der Parkplätze vor dem Fitnessstudio – allein der gemeinsam genutzte Parkplatz und der Werbepylon, der die Logos aller ansässigen Betriebe trägt. Das genügt jedoch nicht für die Annahme eines Einkaufszentrums. Ein gemeinsamer Parkplatz kann ebenso Ausdruck einer auf diesen Aspekt beschränkten Zweckgemeinschaft sein. Auch bei öffentlichen Parkplätzen in Innenstädten ist von einer vergleichbaren Mischnutzung durch die

Kundschaft der dort ansässigen Ladengeschäfte auszugehen, ohne dass die Innenstadt zu einem Einkaufszentrum im Rechtssinne würde (vgl. Senatsurt. v. 9.7.2020 – 1 LB 79/18 –, BauR 2020, 1604 = BRS 88 Nr. 65 = juris Rdnr. 37). Auch der vorhandene Werbepylon und die nach Verwirklichung hinzutretenden Werbeflächen reichen für die Annahme einer hinreichenden Kooperation der Einzelhandelsbetriebe nicht aus. Denn es fehlt es an einer verbindenden Überschrift, die in der Lage wäre, die einzelnen Betriebe in einen größeren Zusammenhang zu stellen.

Weitere für den Kunden wahrnehmbare Merkmale einer betrieblichen Kooperation fehlen. Ein gemeinsames Management oder eine Zusammenarbeit zwischen den Betrieben wie beispielsweise in Form gemeinsamer Sonderaktionen existiert nicht. Als ein in der Kundenwahrnehmung insoweit wichtiges Indiz wird dies bereits an den verschiedenen Öffnungszeiten (XXX, XXX: Mo–Fr 9–19 Uhr, Sa 9–18 Uhr; XXX: Mo–Sa 9–20 Uhr; A.T.U.: Mo–Fr 8–17 Uhr, Sa 8–14 Uhr; Penny: Mo–Sa 7–22 Uhr) deutlich. Soweit das Verwaltungsgericht unter Einbeziehung des Penny-Marktes auf das »abgestimmte Sortiment für preisbewusste Kunden« abstellt, überzeugt das – wie die Klägerin zu Recht einwendet – ebenfalls nicht. Gegen das gesamte Gebiet erfassende Verbundeinkäufe spricht die oben bereits angesprochene Unterbrechung des Gebiets durch das von der Firma A.T.U. genutzte Gebäude und das dadurch bedingte Fehlen einer durch entsprechende komfortable Laufwege angelegten Verbindung zwischen dem südlichen und dem nördlichen Bereich des Grundstücks. Allein die Möglichkeit der Klägerin, als Vermieterin sämtlicher Gebäude Einfluss auf die Zusammensetzung der Produktpalette zu nehmen, spricht zwar für eine gewisse Steuerungsmöglichkeit, ist aber nicht mit der für ein Einkaufszentrum im Rechtssinne erforderlichen, nach außen erkennbaren Kooperation zwischen den Einzelhandelsbetrieben, an der es hier wie ausgeführt fehlt, gleichzusetzen. Hinzu kommt, dass derartige Gegebenheiten bei entsprechenden Eigentumsverhältnissen auch in Innenstadtlagen vorhanden sein können, ohne dass diese die Annahme eines Einkaufszentrums i. S. d. § 11 Abs. 3 Satz 1 Nr. 1 BauNVO rechtfertigten.

Vor diesem Hintergrund kann dahinstehen, ob nicht auch die von den Einzelhandelsbetrieben am Vorhabenstandort bewirtschaftete Verkaufsfläche für die Annahme eines Einkaufszentrums zu gering ist.

Weitere Gesichtspunkte, die eine Erteilung der Baugenehmigung vor Inkrafttreten der Veränderungssperre gehindert hätten, sind nicht ersichtlich. Mit der mit Schriftsatz vom 20.1.2023 erfolgten Vorlage des Sortimentsverzeichnisses der XXX GmbH & Co KG mit Stand vom 1.9.2021 (Anlage K5) hat der Bauantrag insbesondere noch vor Inkrafttreten der Veränderungssperre den nötigen Grad an Konkretisierung erlangt. Nur ergänzend merkt der Senat in diesem Zusammenhang an, dass es sowohl gemäß § 69 Abs. 2 Satz 1 NBauO in der bei Bearbeitung des Bauantrags geltenden Fassung vom 3.4.2012 (Nds. GVBl. 2021, 46) als auch gemäß § 69 Abs. 2 Satz 1 und 2

NBauO in der seit dem 1.1.2022 geltenden Fassung Aufgabe des Beklagten gewesen wäre, insoweit auf eine Vervollständigung der Bauvorlagen hinzuwirken. Eine Antragsablehnung vor einem entsprechenden Hinweis an die Klägerin wäre nicht gerechtfertigt gewesen. …

Nr. 35

1. **Wird eine Flüchtlingsunterkunft in einer als Fläche für die Landwirtschaft festgesetzten Fläche unter Erteilung einer Befreiung genehmigt, kann der ebenfalls auf dieser Fläche ansässige Nachbar kein Abwehrrecht aus dem Gebietsgewährleistungsanspruch herleiten. Eine solche Festsetzung ist nicht nachbarschützend.**
2. **Selbst im Falle der Missachtung einer sich aus § 1 Abs. 3 BauGB ergebenden Planungspflicht bedarf es für den Erfolg der Nachbarklage einer konkreten drittschützenden Norm, da es ein subjektives Recht des Einzelnen auf eine (Änderung der) Bauleitplanung nach § 1 Abs. 3 Satz 2 BauGB nicht gibt.**

(Leitsätze der Redaktion)

BauGB § 31 Abs. 2.

OVG Nordrhein-Westfalen, Beschluss vom 11. Juni 2024 – 2 B 178/24 –.

Aus den Gründen:

Die Beschwerde hat keinen Erfolg. Die Beschwerdebegründung, auf deren Prüfung der Senat gemäß § 146 Abs. 4 Satz 6 VwGO beschränkt ist, gibt keine Veranlassung zu einer Änderung des angegriffenen Beschlusses.

Das Verwaltungsgericht hat den mit der Beschwerde weiterverfolgten Antrag, die aufschiebende Wirkung der Klage VG Düsseldorf 28 K 408/24 gegen die der Antragsgegnerin von ihr selbst erteilte Baugenehmigung und Befreiung von den Festsetzungen des Bebauungsplans Nr. 10/19/B »F.« vom 31.10.2023 zur Errichtung einer Flüchtlingsunterkunft auf dem Grundstück Gemarkung V., Flur 2, Flurstück 2472 (A.-straße 112) in L. anzuordnen, im Wesentlichen mit der Begründung abgewiesen, es sei nicht erkennbar, dass die Baugenehmigung vom 31.10.2023 den Antragsteller in seinen (Nachbar-) Rechten verletze. Dabei bedürfe es keiner Prüfung, ob das Bauvorhaben gegen Vorschriften des Denkmalrechts und/oder des Natur-, Landschafts- und Artenschutzrechts verstoße, da diese Bestimmungen dem Antragsteller ganz offenkundig keinen Drittschutz vermittelten. Gleiches gelte hinsichtlich des Verweises des Antragstellers auf Alternativstandorte, da bei Zumutbarkeit des Vorhabens an dem vom Bauherrn gewählten Standort der Nachbar das Bauvorhaben auch dann hinnehmen müsse, wenn es einen besser geeigneten

Alternativstandort gebe. Die angegriffene Baugenehmigung verstoße nicht gegen solche Vorschriften des Bauplanungsrechts, welche dem Schutz der Rechte des Antragstellers zu dienen bestimmt seien, wobei offengelassen werden könne, ob der Bebauungsplan Nr. 10/19/B »F.« wirksam sei oder eine bauplanungsrechtliche Beurteilung anhand des § 35 BauGB vorzunehmen sei. Gehe man von der Wirksamkeit des Bebauungsplans Nr. 10/19/B »F.« aus, sei der Antragsteller weder in seinem Anspruch auf Wahrung der Gebietsart (Gebietsgewährleistungsanspruch) noch durch die nach § 31 Abs. 2 BauGB erteilte Befreiung von den Festsetzungen des Bebauungsplans in seinen Rechten verletzt. Soweit der Antragsteller als Eigentümer des Wohngrundstücks A.-straße 110 (Flurstück 1128) geltend mache, die Errichtung der Flüchtlingsunterkunft sei gebietsfremd, dringe er hiermit nicht durch. Denn das Vorhabengrundstück und das Wohngrundstück des Antragstellers lägen nicht in demselben durch Bebauungsplan festgesetzten Baugebiet. Das Wohngrundstück des Antragstellers liege in einem WR-Gebiet, das Vorhabengrundstück hingegen innerhalb eines Bereiches, der als »Fläche für die Landwirtschaft« festgesetzt sei. Der Anspruch gegen eine gebietsfremde Nutzung sei (regelmäßig) auf Nachbarn innerhalb desselben Baugebietes beschränkt. Auch wenn die verfahrensgegenständlichen Grundstücke in verschiedenen Baugebieten desselben Bebauungsplans lägen, fehle es an dem Vorliegen einer bodenrechtlichen Schicksalsgemeinschaft, welche die Annahme einer nachbarschützenden Wirkung unabhängig von konkreten Beeinträchtigungen rechtfertigen könnte. Der Nachbarschutz eines außerhalb der Grenzen des Plangebiets liegenden Grundstücks bestimme sich bundesrechtlich prinzipiell (nur) nach dem in § 15 Abs. 1 Satz 2 BauNVO enthaltenen Gebot der Rücksichtnahme. Dieser Grundsatz schließe zwar nicht von vornherein aus, dass die Gemeinde mit einer Baugebietsfestsetzung den Zweck verfolgen könne, auch »Gebietsnachbarn« einen Anspruch auf Gebietserhaltung einzuräumen, doch setze dies voraus, dass die näheren Umstände der Aufstellung eines Bebauungsplans erkennen ließen, dass die nachbarschützenden Wirkungen der Festsetzungen über die Art der baulichen Nutzung nicht auf die Grundstücke im Plangebiet/Baugebiet beschränkt sei, sondern auch außerhalb davon gelegenen Grundstücken zugutekommen solle. Dies sei hier ganz offenkundig nicht der Fall. Die Begründung des Bebauungsplans oder die Aufstellungsvorgänge ließen in keiner Weise erkennen, dass die Festsetzung als »Fläche für die Landwirtschaft« den Nachbarn im WR-Gebiet einen Schutz vermitteln solle. Einen Gebietserhaltungsanspruch könne der Antragsteller auch als Miteigentümer des Grundstücks Gemarkung V., Flur 2, Flurstück 13 (im Urteil irrtümlich mit Flurstück 1128 bezeichnet) nicht mit Erfolg geltend machen. Zwar liege dieses Grundstück wie das Vorhabengrundstück innerhalb derselben Festsetzung als »Fläche für die Landwirtschaft«. Es fehle aber insoweit an der vom Gebietsgewährleistungsanspruch vorausgesetzten Festsetzung eines Baugebietes. Zugleich verletze die erteilte Befreiung von der Festsetzung

»Fläche für die Landwirtschaft« des Bebauungsplans Nr. 10/19/B »F.« den Antragsteller nicht in seinen Rechten. Bei einer Befreiung von einer Festsetzung, die nicht (auch) den Zweck habe, die Rechte der Nachbarn zu schützen, sondern nur dem Interesse der Allgemeinheit an einer nachhaltigen städtebaulichen Entwicklung diene, richte sich der Nachbarschutz (lediglich) nach den Grundsätzen des im Tatbestandsmerkmal »unter Würdigung nachbarlicher Interessen« enthaltenen Rücksichtnahmegebots (§ 31 Abs. 2 BauGB i. V. m. § 15 Abs. 1 Satz 2 BauNVO). Ein Abwehranspruch des Nachbarn bestehe nur dann, wenn die Behörde bei ihrer Entscheidung über die von dem Bauherrn beantragte Befreiung nicht die gebotene Rücksichtnahme auf die Interessen des Nachbarn genommen habe. Alle übrigen denkbaren Fehler einer Befreiung führten zwar dazu, dass die auf ihr beruhende Baugenehmigung objektiv rechtswidrig sei, vermittelten dem Nachbarn jedoch keinen Abwehranspruch. Die hier erteilte Befreiung betreffe keine nachbarschützenden Festsetzungen. Sie verstoße auch nicht gegen das (nachbarschützende) Gebot der Rücksichtnahme. Eine Verletzung des Gebotes der Rücksichtnahme durch die Flüchtlingsunterkunft auf Grund einer von dieser ausgehenden unzumutbaren Störung zum Nachteil des Antragstellers sei weder aufgezeigt noch ersichtlich. Der Vortrag des Antragstellers, er werde »zukünftig aus seinem Küchenfenster in dem 1- bis maximal 2-geschossigen Wohngebiet auf die knapp 7 m hohe Wand des 3-geschossigen Flüchtlingsheims blicken«, rechtfertige nicht die Annahme einer erdrückenden Wirkung, zumal die Flüchtlingsunterkunft mehr als 30 m von dem Wohnhaus des Antragstellers entfernt errichtet werden solle.

Ausgehend von der Unwirksamkeit des Bebauungsplans Nr. 10/19/B »F.« sei der Antragsteller ebenso wenig in seinen Nachbarrechten verletzt. Das Vorhabengrundstück sei in jenem Fall bauplanungsrechtlich nach § 35 BauGB zu beurteilen. Maßgeblich sei damit für ihn das u. a. in § 35 Abs. 3 BauGB verankerte Rücksichtnahmegebot. Einen (Gebietserhaltungs-) Anspruch auf Erhaltung der Außenbereichsqualität eines Grundstückes gebe es nicht, weil die Freihaltung des Außenbereichs vor außenbereichsfremden Vorhaben ausschließlich im öffentlichen Interesse erfolge und außerdem der Außenbereich kein Baugebiet sei, sondern tendenziell gerade von Bebauung freigehalten werden solle. In Bezug auf den Außenbereich könne es aus den genannten Gründen auch keinen baugebietsübergreifenden Gebietserhaltungsanspruch geben. Das Gebot, auf schutzwürdige Individualinteressen Rücksicht zu nehmen, habe in § 35 Abs. 3 Satz 1 Nr. 3 BauGB Niederschlag gefunden, doch sei dieser aus den bereits im Zusammenhang mit § 15 Abs. 1 Satz 2 BauNVO dargelegten Gründen nicht verletzt.

Die Beschwerdebegründung gebietet keine andere Interessenbewertung.

Die Beschwerdebegründung meint unter Verweis auf Ziffern 1. und 7. der ersten – seit dem 16.2.1973 Geltung beanspruchenden – Änderung des Bebauungsplans, entgegen der Auffassung des Verwaltungsgerichts lägen das Wohngrundstück des Antragstellers und das Vorhabengrundstück in demselben durch den Bebauungsplan festgesetzten Baugebiet. Die Nutzungsgrenze verlaufe ausweislich der zeichnerischen Festsetzungen »mitten durch das Wohngrundstück 1128«, so dass sich dieses sowohl im WR als auch innerhalb der »Fläche für die Landwirtschaft« befinde, so dass von einer bodenrechtlichen Schicksalsgemeinschaft auszugehen sei. Dieses Vorbringen bleibt ohne Erfolg. Zwar mag nach Aktenlage einiges dafür sprechen, dass der südliche Teil des Grundstücks, der nach eigener Angabe des Antragstellers durch ein Mäuerchen sichtbar abgegrenzt ist, als Fläche für die Landwirtschaft überplant ist. Daraus lässt sich ein Gebietsgewährleistungsanspruch indes voraussichtlich nicht ableiten. Entscheidend bleibt, dass eine gebietsfremde Nutzung mit Bezug auf ein bestimmtes Baugebiet – wie hier das festgesetzte reine Wohngebiet – regelmäßig und so auch hier nur innerhalb desselben Baugebietes abgewehrt werden kann. Soweit also das Flurstück 1128 mit dem Bauvorhaben innerhalb derselben Fläche liegt, gelten die Erwägungen des Verwaltungsgerichts zur fehlenden Anspruchslage in Bezug auf das Flurstück 13, dem das Beschwerdevorbringen – wie im weiteren noch ausgeführt wird – nichts erfolgreich entgegengesetzt hat.

Soweit die Beschwerdebegründung dieser »Nutzungsgrenze« durch das Flurstück 1128 einen auch den Antragsteller schützenden Zweck beimessen will und hierzu auf Auszüge aus den Verwaltungsvorgängen verweist, begründet dies ebenfalls keinen nachbarlichen Abwehranspruch. Bei den in diesem Zusammenhang zitierten Passagen handelt es sich aber nicht etwa um die Begründung des Bebauungsplans in seiner ursprünglichen, am 12.5.1969 beschlossenen (und unter Auflagen genehmigten) Fassung, sondern (lediglich) um einen Vermerk über einen Besprechungstermin zwischen Vertretern des Siedlungsverbandes Ruhrkohlenbezirk und der Antragsgegnerin vom 6.8.1963, der in erster Linie Äußerungen des Verbandes enthält. Unabhängig davon, ob bzw. inwieweit dieser Vermerk aus einem sehr früheren Stadium des erst ca. 6 Jahre später beschlossenen Plans herangezogen werden kann, lässt sich den von der Beschwerdebegründung herangezogenen Passagen ein nachbarschützender Charakter der Ausweisung der landwirtschaftlichen Flächen zugunsten der Wohnbebauung in der ausgewiesenen WR-Fläche nicht entnehmen.

Ohne Erfolg macht sie hierbei geltend, dass danach die Dorflage V. »innerhalb einer wichtigen regionalen Grünzone« liege und eine »Verdichtung der Besiedlung innerhalb dieser Grünzone ein Zusammenwachsen von L. und N. herbeiführen und diese Funktionen des Grünzuges erheblich beeinträchtigen« würde. In diesem Zusammenhang stellt sie auch auf die dabei genannten »sozialhygienische(n) Funktionen« der Grünzone ab (Hervorhebungen jeweils durch die Beschwerdebegründung). Hierbei stellt die Beschwerdebegründung allerdings im Kern einseitig Passagen heraus, die ihren Rechtsstandpunkt vermeintlich stützen: Denn gerade im unmittelbaren Anschluss an die

Erwähnung der sozialhygienischen Funktionen, heißt es, die Grünzone diene »insbesondere auch der Gliederung des größeren Siedlungsraums«, was deren landesplanerische bzw. städtebauliche Funktion verdeutlicht, mit der keine subjektiv-öffentliche Rechtsposition verbunden ist (Hervorhebung nicht im Original). Abgesehen davon zeichnet der Begriff der »Sozialhygiene« eine Entscheidung für einen Drittschutz nicht etwa vor, weil er ebenso allgemeine (rein) städtebauliche oder landesplanerische Aspekte betreffen kann.

Die Beschwerdebegründung will eine Nachbarrechtsverletzung im Weiteren »insbesondere aus der Eigentümerstellung des Antragstellers in Bezug auf das Flurstück 13« herleiten. Sie kritisiert, dass das Verwaltungsgericht einen Gebietsgewährleistungsanspruch mit der Begründung verneint habe, bei der Festsetzung einer »Fläche für die Landwirtschaft« handele es sich nicht um die Festsetzung eines Baugebietes.

Diese Kritik teilt der Senat nicht. Bei einer »Fläche für die Landwirtschaft« handelt es sich nicht um ein »Baugebiet«, dessen Festsetzung aus sich heraus dem Schutz nachbarlicher Interessen dient, wie bereits das Verwaltungsgericht zutreffend herausgestellt hat. Das stellt auch die Beschwerde im Grunde selbst nicht in Abrede.

Die Beschwerdebegründung macht vielmehr geltend, in der vom Verwaltungsgericht herangezogenen Entscheidung des 7. Senats des beschließenden Gerichts vom 19.6.2023 – 7 A 110/22 – (juris) sei klargestellt worden, dass eine Festsetzung, in dem Fall als öffentliche Grünfläche, nicht aus sich heraus nachbarschützend sei, jedoch mit Blick auf die von der Gemeinde bei Planerlass erfolgte städtebauliche Zielsetzung dem Schutz nachbarlicher Interessen dienen sollte. Dies korrespondiere mit ihrem Vortrag zur Zielsetzung, das Baugebiet aus sozialhygienischen Gründen zu begrenzen und zusätzlich die Festsetzung als Verbandsgrünfläche zu sichern. Sie meint, aus den Aufstellungsvorgängen seien Anhaltspunkte dafür zu entnehmen, dass hier auch das Wohngrundstück des Antragstellers vor einer heranrückenden Bebauung habe geschützt werden sollen. In diesem Zusammenhang hebt sie hervor, vielen der Anwohnerinnen und Anwohner, die sich als Interessengemeinschaft organisiert hätten, hätten eben wegen diesem wohnortnahen Freiraum ihre Wohngrundstücke dort erworben, mündlich hätten sie die Auskunft erhalten, dass eine künftige Bebauung wegen des Bestehens der Verbandsgrünflächen nicht erfolgen könne. Die Sicherung der Verbandsgrünfläche als naturbelassene Ausgleichsfläche habe die Anwohner schützen sollen, wie aus deren Funktion zur »Sozialhygiene« hervorgehe.

Dass hieraus aber keine subjektiv-öffentliche Rechtsposition des Antragstellers folgt, wurde bereits oben dargelegt. Der genannte Beschluss des 7. Senats verhält sich allgemein dazu, wann eine Bestimmung nachbarschützend sein kann; da Letzteres hier gerade nicht der Fall ist, kann der Antragsteller hieraus für sich nichts herleiten. Die Aussagen, die den Anwohnern gegenüber getätigt worden sein sollen, konkretisiert die Beschwerdebegründung nicht weiter; im Übrigen ließe sich hieraus jedenfalls ohne Weiteres auch kein individualisierter Anspruch herleiten, dass die Verbandsgrünfläche dauerhaft erhalten bzw. unbebaut bleibt. Weitere Ausführungen sind durch das Beschwerdevorbringen insoweit nicht veranlasst.

Die Beschwerdebegründung meint sodann im Zusammenhang mit § 31 Abs. 2 BauGB, das Gebot der Rücksichtnahme sei verletzt. Hierbei stellt sie darauf ab, dass das Flurstück 13 nunmehr nicht mehr landwirtschaftlich genutzt werden könne und deshalb ein »völlig wertloses Zwischengrundstück« sei; der Umstand, dass der für beide Grundstücke bestehende Pachtvertrag seitens der Antragsgegnerin gekündigt worden sei, wirke sich für den Antragsteller wie eine Enteignung aus.

Hierbei handelt es sich jedoch nicht um einen baurechtlichen Umstand, sondern um einen solchen, der offenbar auf die – von der Stadt genutzte – Kündigungsmöglichkeit des zivilrechtlichen Pachtvertrages für das Vorhabengrundstück zurückgeht, die bei der Wahl des Vorhabenstandortes eine Rolle gespielt hat. Denn ausweislich der für den Rat erstellten »Standortoptionen für Flüchtlingsunterkünfte« vom 6.3.2023 wurde der Umstand, dass der entsprechende Pachtvertrag nicht unkündbar war, ausdrücklich hervorgehoben. Somit wäre eine etwaige fehlende oder eingeschränkte Nutzungsmöglichkeit des Flurstücks 13 für den Antragsteller, einschließlich der geltend gemachten Beeinträchtigung der Erreichbarkeit, nicht auf die Erteilung der Baugenehmigung zurückzuführen, sondern hätte ihre Ursache allein in der – zivilrechtlich offenbar zulässigen – Kündigung des Pachtvertrages durch die Antragsgegnerin und der fehlenden Absicherung eines Wegerechts. Unabhängig davon ist auch nicht konkret erkennbar, dass bzw. warum dem Antragsteller (bzw. den Miteigentümern) durch die erteilte Baugenehmigung die landwirtschaftliche Nutzungsmöglichkeit des Flurstücks 13 entzogen sein sollte. Hierauf hat bereits die Antragsgegnerin in ihrer Beschwerdeerwiderung hingewiesen, und die ergänzende Beschwerdebegründung vom 2.4.2024 gebietet – jedenfalls bei der hier allein möglichen summarischen Prüfung – keine andere Beurteilung, zumal auch bislang offenbar die Zuwegung über eine dinglich nicht gesicherte Zufahrt erfolgte.

Der Antragsteller meint ferner, es stelle für ihn eine erhebliche Benachteiligung dar, dass nicht feststehe, was die Antragsgegnerin langfristig mit der Vorhabenfläche vorhabe; sie habe weder das eigentlich erforderliche Bauleitplanverfahren noch die in § 246 BauGB für Außenbereichsflächen vorgesehene Befristung der Baugenehmigung durchgeführt. Dieses Vorbringen bleibt ebenfalls ohne Erfolg. Selbst im Falle der Missachtung einer sich aus § 1 Abs. 3 BauGB ergebenden Planungspflicht bedarf es für den Erfolg der Nachbarklage einer konkreten drittschützenden Norm, da es ein subjektives Recht des Einzelnen auf eine (Änderung der) Bauleitplanung nach § 1 Abs. 3 Satz 2 BauGB nicht gibt (vgl. hierzu im Einzelnen OVG NRW, Urteil v. 19.6.2020 – 2 A 211/17 –, juris Rdnr. 88 bis 92 m. w. N.).

Auf die von der Beschwerdebegründung im Zusammenhang mit der von dem Antragsteller offenbar für notwendig gehaltenen Befristung (der Befreiung) angeführten Gerichtsentscheidungen kann sich der Antragsteller nicht mit Erfolg berufen:

Der Beschluss des Verwaltungsgerichts Berlin vom 17.9.2020 – 13 L 78.18 – betrifft eine Befreiungsentscheidung auf der Grundlage des § 246 Abs. 12 BauGB (juris Rdnr. 50), bei der es sich um eine eigenständige zusätzliche Befreiungsmöglichkeit handelt (vgl. z. B. Mitschang/Reidt, in: Batis/Krautzberger/ Löhr, BauGB, 15. Auflage 2022; § 246 Rdnr. 33 sowie Reidt, in: ebenda, § 31 Rdnr. 34 i. V. m. Rdnr. 1a m. w. N.), um die es hier angesichts der Regelung in § 31 Abs. 2 Nr. 1 BauGB in der heutigen Fassung nicht geht, und stellt im Übrigen auch nicht selbständig tragend darauf ab, dass dort die Befreiung nur befristet erteilt wurde.

Der Beschluss des Hessischen Verwaltungsgerichtshofs vom 18.9.2015 – 3 B 1518/15 – betrifft einen Anspruch auf bauordnungsrechtliches Einschreiten, der hier nicht in Rede steht (juris Rdnr. 5).

Der Beschluss des Oberverwaltungsgerichts Berlin vom 25.5.1989 – 2 S 8.89 – ist angesichts der zwischenzeitlichen gesetzlichen Änderungen der bauplanungsrechtlichen Zulässigkeit von Flüchtlingsunterkünften z. B. durch § 246 Abs. 12 BauGB, aber auch durch § 31 Abs. 2 Nr. 1 BauGB nicht ohne weitere – und hier fehlende – Begründung auf die hier vorliegende Konstellation übertragbar.

Die von der Beschwerdebegründung weiter angeführten Entscheidungen gebieten ebenfalls keine andere Interessenbewertung.

Dies gilt insbesondere für den Beschluss des Verwaltungsgerichts Köln vom 8.9.2015 – 2 L 2072/15 –, der nicht tragend auf eine Befristung der dort in Rede stehenden Baugenehmigung abstellt, sondern den entsprechenden Eilantrag wegen fehlender Rücksichtslosigkeit des Vorhabens – insbesondere wegen fehlender Unzumutbarkeit der befürchteten Lärmimmissionen – abgelehnt hat (juris Rdnr. 4 und 24 ff.).

Die insoweit auch vom Antragsteller geltend gemachten Lärmbeeinträchtigungen vermögen bei summarischer Prüfung eine Unzumutbarkeit des Vorhabens nicht zu begründen. Die Beschwerdebegründung macht insoweit geltend, V. verfüge nicht über die erforderliche Infrastruktur, um die für die Flüchtlingsunterkunft vorgesehene Anzahl von Menschen aufnehmen zu können, was zu bodenrechtlichen Spannungen führen werde, insbesondere führe die Überdimensionierung zwangläufig zu unzumutbaren Belästigungen und Störungen; »die hohe Anzahl an Menschen, die sich naturgemäß in der Frühlings- und Sommermonaten, auch in den Abendstunden, im Außenbereich aufhalten«, werde zu erheblichen Lärmbelästigungen der unmittelbar angrenzenden Wohngrundstücke führen. Die Beschwerdebegründung geht insoweit allerdings über eine abstrakte Darlegung vermeintlicher Wirkungszusammenhänge nicht hinaus; ihr lässt sich kein konkreter Anhaltspunkt dafür entnehmen, dass mit einer bestimmungsgemäßen Nutzung der Gemeinschaftsunterkünfte unzumutbare (Lärm-)Immissionen einhergingen (vgl. in diesem Zusammenhang auch Senatsbeschluss vom 17.2.2017 – 2 B 1024/16 –, S. 6 m. w. N.).

Dies gilt hier insbesondere auch im Hinblick darauf, dass die beiden Gebäude der Flüchtlingsunterkunft, die in einer Entfernung von ca. 30 m vom Wohnhaus des Antragstellers beginnt und sich weiter nach Südosten »entfernt«, »in erster Linie für die Belegung mit Familien, Alleinerziehenden mit Kindern und alleinstehenden Frauen ausgelegt« sind; alleinstehende Männer sollen hingegen an den bisherigen Standorten untergebracht werden. Auch von daher kann erwartet werden, dass die Bewohner der Flüchtlingsunterkunft trotz der einschränkenden Bedingungen ihrer Wohn- und Lebenssituation die Nachtruhe beachten. Kommt es trotzdem nach Verwirklichung des Vorhabens zu Störungen der Nachtruhe, ist diesen nicht mit Mitteln des Baurechts, sondern – wie in jedem gestörten Nachbarschaftsverhältnis – im Einzelfall mit den Mitteln des Polizei- und Ordnungsrechts oder des zivilen Nachbarrechts zu begegnen (vgl. hierzu z. B. OVG NRW, Beschluss v. 11.9.2023 – 10 B 749/23 –, juris Rdnr. 17 f. m. w. N.).

Das Vorbringen dazu, dass bei Unwirksamkeit des Bebauungsplans das Vorhaben im Außenbereich liege, so dass das insoweit in § 35 Abs. 3 BauGB verankerte Rücksichtnahmegebot verletzt sei, führt für sich betrachtet aus den dargelegten Gründen nicht zu einer Rücksichtslosigkeit des Vorhabens.

Unter 5. der Beschwerdebegründung betont der Antragsteller sein Befremden darüber, dass »Planung und Genehmigung vorliegend in einer Hand liegen und trotz offensichtlicher (Verfahrens-)Fehler und Monierungen während des Verfahrensverlaufs« der Bürger hiergegen nichts unternehmen könne. Dies sei vor allem unverständlich, »als dass der Antragsgegnerin planungsrechtliche Instrumentarien zur Legalisierung ihres Vorhabens zur Verfügung gestanden hätten, von denen sie keinen Gebrach gemacht hat.« In diesem Zusammenhang rügt er insbesondere, dass die Baugenehmigung nicht befristet worden sei. Diese Ausführungen begründen für sich nicht die Verletzung eines subjektiv-öffentlichen Rechts des Antragstellers und können daher der Beschwerde nicht zum Erfolg verhelfen. Ergänzend kann insoweit auf die obigen Ausführungen verwiesen werden.

Ist die Baugenehmigung nicht offensichtlich nachbarrechtswidrig, geht – auch vor dem Hintergrund der gesetzgeberischen Grundentscheidung in § 212a Abs.1 BauGB – die Interessenabwägung zu Lasten des Antragstellers aus. Hierbei kann auch nicht unberücksichtigt bleiben, dass er offenbar selbst davon ausgeht, dass der Antragsgegnerin Möglichkeiten zur »Legalisierung des Vorhabens zur Verfügung gestanden hätten, von denen sie keinen Gebrauch gemacht hat.« Warum in einer solchen Situation es dem Antragsteller nicht zumutbar sein sollte, das genehmigte Vorhaben bis zum Abschluss des Hauptsacheverfahrens hinzunehmen, erschließt sich nicht. …

Nr. 36

Auch das jahrzehntelange Dulden von Dauerwohnnutzungen und die damit einhergehenden Meldungen als Wohnsitz gegenüber der Meldebehörde führen nicht zur Funktionslosigkeit einer entgegenstehenden Festsetzung als Wochenendhausgebiet, solange die zuständige Behörde das Dauerwohnen nicht durch eine Baugenehmigung rechtlich gesichert hat oder in einer Weise duldet, die keinen Zweifel daran lässt, dass die zuständige Behörde sich mit ihrem Vorhandensein abgefunden hat.
(Leitsatz der Redaktion)

VwGO § 132 Abs. 2 Nr. 1 und 2.

Bundesverwaltungsgericht, Beschluss vom 26. Juni 2024 – 4 B 2.24 –.

Aus den Gründen:

Die auf § 132 Abs. 2 Nr. 1 und 2 VwGO gestützte Beschwerde der Kläger hat keinen Erfolg. Sie ist jedenfalls unbegründet.

Die Rechtssache hat nicht die grundsätzliche Bedeutung, die ihr die Beschwerde beimisst.

Grundsätzlich bedeutsam im Sinne von § 132 Abs. 2 Nr. 1 VwGO ist eine Rechtssache, wenn in dem angestrebten Revisionsverfahren die Klärung einer bisher höchstrichterlich ungeklärten, in ihrer Bedeutung über den der Beschwerde zugrunde liegenden Einzelfall hinausgehenden, klärungsbedürftigen und entscheidungserheblichen Rechtsfrage des revisiblen Rechts (§ 137 Abs. 1 VwGO) zu erwarten ist. In der Beschwerdebegründung muss dargelegt (§ 133 Abs. 3 Satz 3 VwGO), also näher ausgeführt werden, dass und inwieweit eine bestimmte Rechtsfrage des revisiblen Rechts im allgemeinen Interesse klärungsbedürftig und warum ihre Klärung in dem beabsichtigten Revisionsverfahren zu erwarten ist (st. Rspr., vgl. BVerwG, Beschlüsse v. 2.10.1961 – 8 B 78.61 – BVerwGE 13, 90 <91> und vom 14.10.2019 – 4 B 27.19 – Buchholz 406.11 § 34 BauGB Nr. 225 Rdnr. 4).

Die Kläger wenden sich gegen Bauordnungsverfügungen. Der Verwaltungsgerichtshof ist davon ausgegangen, dass die Festsetzung eines Sondergebietes »Wochenendhausgebiet mit Freizeitbetrieb« im Bebauungsplan »Freizeitfläche S. Änderung 1« Maßstab für die materielle Rechtmäßigkeit der auf dem klägerischen Grundstück errichteten baulichen Anlagen ist. Die Festsetzung sei nicht funktionslos geworden, weil die bestehenden planwidrigen Verhältnisse weder genehmigt seien noch förmlich oder faktisch geduldet würden und sich auch nicht aus anderen tatsächlichen Gründen verfestigt hätten.

Im Hinblick hierauf hält die Beschwerde für grundsätzlich klärungsbedürftig,

wie sich die zum Teil jahrzehntelange Wohnnutzung in dem Wochenendgebiet und die damit einhergehende Meldung als Wohnsitz gegenüber der Meldebehörde auf die Wirksamkeit des Bebauungsplans auswirkt,

ob das isolierte Einschreiten gegen die baulichen Missstände (auch soweit sie nicht unmittelbar der Durchsetzung des Verbots des Dauerwohnens dienen) geeignet ist, zugleich davon auszugehen, dass der Beklagte auch gegen die stattfindende Dauerwohnnutzung vorgehen wolle,
ob öffentliche Verlautbarungen (örtliche Presse) der Bauaufsichtsbehörde, gegen Dauerwohnnutzung nicht vorzugehen, genügen, um einen Vertrauenstatbestand zu begründen, der einem in die Fortgeltung der Festsetzung gesetzten Vertrauen die Schutzwürdigkeit nimmt und
ob die schriftliche Duldung einzelner baulicher Verstöße durch die Bauaufsichtsbehörde (Amnestien), die dem Verbot des Dauerwohnens dienten, zugleich eine Duldung des Dauerwohnens umfasst.

Die Fragen rechtfertigten die Zulassung der Revision nicht. In der Rechtsprechung des Bundesverwaltungsgerichts ist geklärt, dass eine bauplanerische Festsetzung funktionslos sein kann, wenn und soweit die tatsächlichen Verhältnisse, auf die sie sich bezieht, ihre Verwirklichung auf unabsehbare Zeit ausschließen und diese Tatsache so offensichtlich ist, dass ein in ihre Fortgeltung gesetztes Vertrauen keinen Schutz verdient (vgl. BVerwG, Urteil v. 21.3.2023 – 4 A 9.21 – juris Rdnr. 39 m. w. N.). Dafür genügt es nicht schon, dass über längere Zeit von dem Plan abgewichen worden ist und inzwischen Verhältnisse entstanden sind, die den Festsetzungen des Plans nicht entsprechen (BVerwG, Urteil v. 3.8.1990 – 7 C 41.89 u. a. – BVerwGE 85, 273 <281>). Insbesondere eine derzeitige planwidrige Nutzung – von der der Verwaltungsgerichtshof hier angesichts der durch die Anmeldung von Hauptwohnsitzen belegten Dauerwohnnutzung ausgegangen ist – schließt als solche die in die Zukunft gerichtete städtebauliche Gestaltungs- und Steuerungsfunktion des Bebauungsplans nicht aus. Eine solche Nutzung kann auch im Falle melderechtlicher Hauptwohnsitze mit den Mitteln des Bauordnungsrechts beendet werden, sodass die bloße Passivität der Baurechtsbehörde nicht ausreicht. Eine offenkundige Abweichung vom Planinhalt ist in der Regel nur dann gegeben, wenn die den Festsetzungen entgegenstehende Wohnnutzung durch eine Baugenehmigung rechtlich gesichert ist oder in einer Weise geduldet wird, die keinen Zweifel daran lässt, dass die zuständige Behörde sich mit ihrem Vorhandensein (endgültig) abgefunden hat (vgl. BVerwG, Urteil v. 21.3.2023 – 4 A 9.21 – juris Rdnr. 41 m. w. N.). Weitergehenden grundsätzlichen Klärungsbedarf zeigt die Beschwerde nicht auf. Ihr geht es vielmehr um die Klärung, ob und gegebenenfalls unter welchen Voraussetzungen die in den »Grundsatzfragen« bezeichneten Umstände auf eine funktionslose Festsetzung eines Bebauungsplans schließen lassen. Diese Fragen lassen sich indessen nicht abstrakt beantworten. Sie verlangen eine Würdigung der gesamten Umstände des Einzelfalls, die den Tatsachengerichten vorbehalten ist (vgl. BVerwG, Beschluss v. 17.2.1997 – 4 B 16.97 – Buchholz 406.11 § 10 BauGB Nr. 34 S. 5).

Mit der Divergenzrüge dringt die Beschwerde ebenfalls nicht durch.

Gemäß § 132 Abs. 2 Nr. 2 VwGO ist die Revision zuzulassen, wenn das Urteil von einer Entscheidung (u. a.) des Bundesverwaltungsgerichts abweicht und auf dieser Abweichung beruht. Dies setzt einen Widerspruch in einem abstrakten Rechtssatz voraus, also einen prinzipiellen Auffassungsunterschied über den Bedeutungsgehalt einer bestimmten Rechtsvorschrift oder eines Rechtsgrundsatzes (BVerwG, Beschluss v. 21.12.2017 – 6 B 43.17 – Buchholz 421.2 Hochschulrecht Nr. 198 Rdnr. 4). In der Beschwerdebegründung muss nach § 133 Abs. 3 Satz 3 VwGO die Entscheidung bezeichnet werden, von der das Urteil abweicht. Der Beschwerde obliegt es, einen tragenden, abstrakten Rechtssatz dieser Entscheidung zu einer revisiblen Rechtsvorschrift zu benennen und darzulegen, dass die Entscheidung der Vorinstanz auf einem abweichenden abstrakten Rechtssatz zu derselben Rechtsvorschrift beruht. Für eine Abweichung nach § 132 Abs. 2 Nr. 2 VwGO genügt nicht der Vorwurf, die Vorinstanz habe einen abstrakten Rechtssatz des Bundesverwaltungsgerichts fehlerhaft oder gar nicht angewandt (st. Rspr., vgl. BVerwG, Beschluss v. 23.11.2022 – 4 BN 4.22 – juris Rdnr. 11 m. w. N.). Gemessen daran legt die Beschwerde eine Divergenz nicht dar.

Die Beschwerde entnimmt dem Urteil des Senats vom 28.4.2004 – 4 C 10.03 – (Buchholz 406.12 § 3 BauNVO Nr. 15 S. 5) den Rechtssatz, der bloße Umstand, dass eine Rückkehr zur plankonformen Nutzung rein bautechnisch nicht ausgeschlossen und damit theoretisch durchaus möglich erscheint, reiche nicht aus, um von einer weiteren Wirksamkeit der betreffenden Festsetzung eines Bebauungsplans auszugehen. Eine diesem Rechtssatz widersprechende Aussage kann dem angefochtenen Urteil jedoch nicht entnommen werden und wird von der Beschwerde auch nicht konkret benannt. Der Verwaltungsgerichtshof hat die fortdauernde Wirksamkeit der Festsetzung zur Art der baulichen Nutzung nicht allein aus der theoretischen Möglichkeit der Rückkehr zu plankonformen Verhältnissen abgeleitet. Er ist vielmehr auf der Grundlage einer Gesamtbetrachtung der Umstände des Einzelfalls zu dem Ergebnis gelangt, dass der Bebauungsplan seine Steuerungsfunktion hinsichtlich der Festsetzung eines Wochenendhausgebiets nicht verloren hat. …

Nr. 37

1. **Durch eine Festsetzung nach § 12 Abs. 3a BauGB kann das durch die Baugebietsfestsetzung eröffnete Nutzungsspektrum lediglich eingeengt, nicht aber erweitert werden.**

2. **Eine Tagespflegeeinrichtung für Senioren ist in einem Gewerbegebiet nicht gebietsverträglich.**

BauGB § 12 Abs. 3a; BauNVO § 8.

Niedersächsisches OVG, Urteil vom 7. August 2024 – 1 LB 47/23 –.

Aus den Gründen:

Die Klägerin begehrt einen bauplanungsrechtlichen Bauvorbescheid für eine Seniorentagespflege im Gewerbegebiet. …

Im festgesetzten Gewerbegebiet ist das Vorhaben nicht, auch nicht ausnahmsweise, zulässig. Das ergibt sich entgegen der Auffassung des Verwaltungsgerichts allerdings nicht daraus, dass eine ausnahmsweise Zulässigkeit von Anlagen für soziale Zwecke nicht ausdrücklich im Bebauungsplan vorgesehen ist; eine solche Festsetzung war nicht nötig, da sich die Ausnahmemöglichkeit unmittelbar aus dem durch Festsetzung eines Gewerbegebiets zum Planbestandteil gewordenen § 8 Abs. 3 Nr. 2 BauGB ergibt (§ 1 Abs. 3 Satz 2 BauNVO). Die Unzulässigkeit folgt vielmehr daraus, dass das Vorhaben nicht gebietsverträglich ist.

Die für die Beurteilung der Gebietsverträglichkeit maßgeblichen Grundsätze hat das Verwaltungsgericht – wenn auch im Rahmen der Inzidentprüfung der Abwägungsgerechtigkeit des 8. Änderungsbebauungsplans – zutreffend erkannt: Die Baunutzungsverordnung konkretisiert mit ihrer Baugebietstypologie unter anderem die an gesunde Wohn- und Arbeitsverhältnisse zu stellenden Anforderungen sowie das Interesse an einer verbrauchernahen Versorgung der Bevölkerung. Von maßgeblicher Bedeutung für die Bestimmung des jeweiligen Gebietscharakters sind die Anforderungen des Vorhabens an ein Gebiet, die Auswirkungen des Vorhabens auf ein Gebiet und die Erfüllung des spezifischen Gebietsbedarfs. Der Verordnungsgeber will durch Zuordnungen von Nutzungen zu Baugebieten diese oft gegenläufigen Ziele zu einem schonenden Ausgleich im Sinne überlegter Städtebaupolitik bringen. Dieses Ziel kann nur erreicht werden, wenn die vom Verordnungsgeber dem jeweiligen Baugebiet zugewiesene allgemeine Zweckbestimmung den Charakter des Gebietes eingrenzend bestimmt. Dabei mag es durchaus naheliegend sein, die regelhafte Zulässigkeit mitzubedenken, da in ihr die Vorstellungen des Verordnungsgebers über den Gebietscharakter ebenfalls zum Ausdruck kommen. Maßgebend bleibt die Zweckbestimmung des jeweiligen Baugebietes. Das Erfordernis der Gebietsverträglichkeit bestimmt nicht nur die regelhafte Zulässigkeit, sondern erst recht den vom Verordnungsgeber vorgesehenen Ausnahmebereich. Zwischen der jeweiligen spezifischen Zweckbestimmung des Baugebietstypus und dem jeweils zugeordneten Ausnahmekatalog besteht ein gewollter funktionaler Zusammenhang. Das bedeutet: Die normierte allgemeine Zweckbestimmung ist auch für Auslegung und Anwendung der tatbestandlich normierten Ausnahmen bestimmend (vgl. zum Ganzen BVerwG, Urteil v. 21.3.2002 – 4 C 1.02 –,

BVerwGE 116, 155 = NVwZ 2002, 1118 = juris Rdnr. 12 f. m. w. N.; ferner Urteil v. 2.2.2012 – 4 C 14.10 –, BVerwGE 142, 1 = juris Rdnr. 16).

Gewerbegebiete dienen in erster Linie der Unterbringung von gewerblichen Betrieben. In ihnen soll nicht gewohnt werden. Dies ergibt sich bestätigend aus § 8 Abs. 3 Nr. 1 BauNVO, nach dem nur gleichsam als notwendige Ergänzung der gewerblichen Nutzung Wohnungen für Aufsichts- und Bereitschaftspersonen sowie für Betriebsinhaber und -leiter ausnahmsweise zugelassen werden können. Bauvorhaben, die außerhalb des Anwendungsbereichs des § 8 Abs. 3 Nr. 1 BauNVO einer Wohn- oder wohnähnlichen Nutzung zu dienen bestimmt sind, sind mit dem Charakter eines Gewerbegebiets unvereinbar (BVerwG, Beschluss v. 13.5.2002 – 4 B 86.01 –, NVwZ 2002, 1384 = BRS 65 Nr. 66 = juris Rdnr. 10).

Auf der Grundlage dieser Erwägungen hat das Bundesverwaltungsgericht die Gebietsverträglichkeit für eine dauerhaft, also auch nachts genutzte Einrichtung der Seniorenpflege bereits verneint (Beschluss v. 13.5.2002 – 4 B 86.01 –, NVwZ 2002, 1384 = BRS 65 Nr. 66 = juris Rdnr. 10). Für eine Seniorentagespflege, wie sie hier in Rede steht, gilt nichts Anderes. Nicht nur der Nachtschlaf, auch das »Tageswohnen«, d. h. die Alltagsgestaltung außerhalb der Arbeitsstätte und außerhalb solcher Einrichtungen, die – wie Läden, Gast- und Vergnügungsstätten sowie Hotels – nur gelegentlich und/oder zeitlich befristet aufgesucht werden und ihrer Natur nach ihrerseits von gewerblicher Geschäftigkeit (vgl. zu diesem Merkmal eines Gewerbegebiets BVerwG, Urteil v. 2.2.2012 – 4 C 14.10 –, BVerwGE 142, 1 = juris Rdnr. 18 f.) geprägt sind, ist grundsätzlich vor Störungen zu schützen. Dem entspricht, dass die als Konkretisierung des in den einzelnen Baugebieten zumutbaren Belästigungsgrades anerkannten technischen Regelwerke für dem Wohnen dienende Gebiete nicht nur Nacht-, sondern auch Tagwerte vorsehen, die sich von denen emissionsträchtiger Gebiete unterscheiden.

In Einrichtungen der Seniorentagespflege, wie sie Gegenstand der Bauvoranfrage sind, findet Alltagsgestaltung im vorstehend beschriebenen Sinne statt. Die Beschäftigungen, die den Senioren in der Einrichtung angeboten werden – Spiele, Zeitunglesen, Singen, Basteln S. sowie Unterhaltungen (»Kontakt und Austausch«) –, sind solche, denen nicht betreuungsbedürftige Menschen in ihrer eigenen Wohnung nachgehen würden. Ob die Betreuungszeiten dabei – wie die Klägerin im Berufungsverfahren geltend macht – schwerpunktmäßig zwischen 9.00 und 15.00 Uhr liegen oder ob entsprechend der Betriebsbeschreibung, die das zulässige Nutzungsspektrum für die Ausnutzung des begehrten Bauvorbescheids umschreibt, Betriebszeiten von 8.00 und 17.30 Uhr bzw. – entsprechend der Begründung des Ausnahmeantrags – sogar bis 18.00 Uhr zugrunde zu legen sind, kann dahinstehen. Unerheblich ist ebenfalls, ob einzelne Senioren nur ein, zwei oder drei Tage je Woche in der Einrichtung verbringen. In jedem Fall stellt sich der Aufenthalt nicht als vorübergehender zweckgebundener und damit ggf. in höherem Maße störungstoleranter Besuch dar, sondern als ein der Nutzung der eigenen Wohnung vergleichbarer Teil der Tagesgestaltung. Insoweit ist die Tagespflegeeinrichtung gleichsam ein ausgelagerter Teil der eigenen Wohnung mit dem entsprechenden Schutzbedürfnis. Unabhängig von konkreten Immissionsbelastungen hat sie Anspruch auf ein »wohnangemessenes« Umfeld, das ein von allgemeiner Geschäftigkeit geprägtes Gewerbegebiet, in dem der müßige Mensch gleichsam als Fremdkörper erscheint, typischerweise nicht bietet.

Zu Recht hat das Verwaltungsgericht einen Anspruch auf Erteilung des Bauvorbescheides im Befreiungswege nach § 31 Abs. 2 BauGB abgelehnt. Die Befreiung kommt deshalb nicht in Betracht, weil die Befreiung Grundzüge der Planung berührt.

Ob die Grundzüge der Planung berührt sind, hängt von der jeweiligen Planungssituation ab. Entscheidend ist, ob die Abweichung dem planerischen Grundkonzept zuwiderläuft. Je tiefer die Befreiung in das Interessengeflecht der Planung eingreift, desto eher liegt der Schluss auf eine Änderung in der Planungskonzeption nahe, die nur im Wege der (Um-)Planung möglich ist. Die Beantwortung der Frage, ob Grundzüge der Planung berührt werden, setzt einerseits die Feststellung voraus, was zum planerischen Grundkonzept gehört und andererseits die Feststellung, ob dieses planerische Grundkonzept gerade durch die in Frage stehende Befreiung berührt wird (BVerwG, Urteil v. 18.11.2010 – 4 C 10.09 –, BVerwGE 138, 166 = juris Rdnr. 37 m. w. N.).

Zutreffend hat das Verwaltungsgericht festgestellt, dass das der (angesichts der Unwirksamkeit der 8. Planänderung maßgeblichen ursprünglichen) gemeindlichen Planung zugrundeliegende Grundkonzept das eines unbeschränkten Gewerbegebietes, also eines Gebiets war, in dem bewältigungsbedürftige Immissionskonflikte gar nicht erst aufkommen können. Die Zulassung störempfindlicher wohnähnlicher Nutzungen – ohne die Rechtfertigung eines betrieblichen Bedarfs, wie er bei Betriebsinhaber- und Betriebsleiterwohnungen besteht – stellt dieses Grundkonzept in Frage. Abweichendes könnte allenfalls dann gelten, wenn atypische Besonderheiten des klägerischen Vorhabens dieses in besonderem Maße unempfindlich gegen gewerbliche Betriebsamkeit machten bzw. von dieser abschirmten oder aber einen spezifischen Bedarf an einer Einbettung in Gewerbeflächen begründeten. Solche Besonderheiten sind nicht ersichtlich. Das Vorhabengrundstück liegt zwar eher am Rande des Gewerbegebiets, jedoch in Randlage gerade zum Außenbereich und damit in einem Gebietsteil, der tendenziell attraktiv für stärker emittierende Betriebe ist. In unmittelbarer Nähe sind denn auch ein Lackierfachbetrieb, ein Messebaubetrieb und eine Motorradwerkstatt gelegen. Wie ausgeführt, sind die Tätigkeiten, die den Senioren im Haus selbst angeboten werden, »klassische« häusliche Freizeitaktivitäten. Die in der Betriebsbeschreibung beschworenen Möglichkeiten von Ausflügen in Baumarkt und Autohaus werden den Pflegealltag nicht in einer Weise prägen, die die Nähe zu solchen Einrichtungen unabdingbar oder auch nur städtebaulich sinnvoll machte. Die Vorteile, die das Vorhaben aus der Nähe zu Einkaufsmöglichkeiten ziehen kann, sind kein Ausnahmefall, sondern bestehen in ähnlicher Form für mehr oder weniger jede Wohn- und wohnähnliche Nutzung. Gleiches gilt für die Wahrnehmung von Arztterminen in den im Gebiet liegenden Praxen. …

Nr. 38

1. **Werden in einem Bebauungsplan die überbaubaren Grundstücksflächen durch Baugrenzen festgesetzt und legt der Bebauungsplan demnach für alle Baugrundstücke seines Planbereichs – mit Ausnahme eines einzelnen Baugrundstücks – Baugrenzen fest, folgt hieraus, dass das Grundstück ohne Baugrenzen keine überbaubare Grundstücksfläche aufweist (Anschluss an VGH Bad.-Württ., Urteil v. 15.12.1999 – 3 S 2580/99 – juris).**
2. **Ein Plangeber darf in Verfolgung seiner städtebaulichen Konzeption die überbaubaren Grundstücksflächen eines Plangebiets ausschließlich mittels Festsetzungen nach § 23 BauNVO in Form von Baulinien, Baugrenzen und Bautiefen steuern. Er muss sich bei der Umsetzung der Nichtbebaubarkeit eines Grundstücks nicht vorrangig der Festsetzungsmöglichkeiten nach § 9 Abs. 1 Nr. 10 BauGB oder nach § 9 Abs. 1 Nr. 15 BauGB bedienen.**
3. **Die Festsetzung eines Grundstücks als allgemeines Wohngebiet bei gleichzeitiger Nichtfestsetzung einer überbaubaren Grundstücksfläche auf diesem Grundstück ist nicht von hinreichenden städtebaulichen Gründen getragen, wenn es eigentliches Planungsziel des Plangebers ist, dort bereits vorhandene und in ihrem Bestand geschützte Wohnnutzung zukünftig zu beenden.**

BauGB § 2 Abs. 1, § 9 Abs. 1 Nr. 10 und 15, § 34 Abs. 1 Satz 1; BauNVO § 23.

VGH Baden-Württemberg, Urteil vom 4. Dezember 2024 – 5 S 1082/23 –.

Aus den Gründen:

Die Klägerin begehrt von der Beklagten die Erteilung eines Bauvorbescheides.

Sie ist Eigentümerin des Grundstücks Flst.-Nr. xxx/1 (xxxstraße xxx) auf Gemarkung N. in 76149 Karlsruhe. … Es liegt im Geltungsbereich des Bebauungsplans des zuletzt am 27.3.1973 vom Gemeinderat der damaligen Gemeinde N. beschlossenen Bebauungsplans »B.-weg« (nunmehr Bebauungsplan Nr. 467 »N. Am B.-weg« der Stadt Karlsruhe) der für das Grundstück ein allgemeines Wohngebiet, jedoch keine überbaubare Grundstücksfläche festsetzt.

Zutreffend hat das Verwaltungsgericht die auf Erteilung eines Bauvorbescheids über die planungsrechtliche Zulässigkeit des von der Klägerin geplanten Bauvorhabens gerichtete Verpflichtungsklage als zulässig angesehen. Auch nach Rechtsauffassung des Senats fehlt der Klage nicht mit Blick darauf, dass die Beklagte über die rückwärtige Bebaubarkeit des Grundstücks Flst.-Nr. xxx/1 mit einem Wohnhaus bereits mit Bescheid vom 6.10.2015 ablehnend entschieden hatte, das Rechtsschutzbedürfnis. Dies folgt schon daraus, dass die Beklagte mit Bescheid vom 23.4.2021 zur Sache entschieden und der Klägerin damit den Klageweg (erneut) eröffnet hat. Unabhängig davon ist das Verwaltungsgericht zu Recht davon ausgegangen, dass nur der positive, d. h. den Bauherrn begünstigende Inhalt des Bauvorbescheides Bindungswirkung entfaltet (so auch SächsOVG, Urteil v. 26.4.2018 – 1 S 383/17 – juris Rdnr. 25, Schlotterbeck/Hager/Busch/Gammerl, Landesbauordnung für Baden-Württemberg, 8. Auflage, § 57 Rdnr. 15 i. V. m. Fußnote 27) und selbst die Bindungswirkung eines positiven Bauvorbescheides gem. § 57 Abs. 1 Satz 2 LBO schon nach drei Jahren entfällt. Die ablehnende Entscheidung vom 6.10.2015 hat deshalb weder Auswirkungen auf die Zulässigkeit der Klage noch auf den materiell-rechtlichen Prüfungsumfang im Rahmen des am 3.5.2021 beantragten zweiten Bauvorbescheids.

Zu Unrecht hat das Verwaltungsgericht jedoch die Klage abgewiesen, denn die Klägerin hat im Ergebnis Anspruch auf die Erteilung des begehrten Bauvorbescheides (§ 113 Abs. 5 Satz 1 VwGO). Zwar setzt der Bebauungsplan »B.-weg« keine überbaubare Grundstücksfläche auf dem Vorhabengrundstück fest. Die Festsetzung eines allgemeinen Wohngebiets auf ihrem Grundstück bei gleichzeitigem Ausschluss von dessen Bebaubarkeit ist jedoch nichtig und kann der Klägerin nicht entgegengehalten werden. Gemäß den Kriterien des in dieser Situation anwendbaren § 34 Abs. 1 BauGB fügt sich das Bauvorhaben nach Art, Maß und überbaubarer Grundstücksfläche in die Eigenart der näheren Umgebung ein.

Gemäß § 57 Abs. 1 LBO kann auf schriftlichen Antrag des Bauherrn ein schriftlicher Bescheid zu einzelnen Fragen des Vorhabens erteilt werden. »Einzelne Frage« in diesem Sinne ist hier die planungsrechtliche Zulässigkeit der Errichtung eines zweigeschossigen Einfamilienhauses – bei gleichzeitigem Abbruch eines bestehenden Schuppens – im rückwärtigen Teil des Grundstücks Flst Nr. xxx/1. Nach § 57 Abs. 2 i. V. m. § 58 Abs. 1 LBO ist dem Antragsteller – hier der Klägerin – der beantragte Bauvorbescheid zu erteilen, wenn dem genannten Vorhaben keine von der Baurechtsbehörde zu prüfenden öffentlich-rechtlichen Vorschriften entgegenstehen. Zu prüfende Vorschriften sind hier ausschließlich solche des Planungsrechts.

Das Baugrundstück liegt im Geltungsbereich des zuletzt am 27.3.1973 vom Gemeinderat der damals noch selbständigen Gemeinde N. beschlossenen Bebauungsplans Nr. 467 »B.-weg« der Beklagten (im Folgenden: Bebauungsplan »B.-weg«). Dieser setzt im Bereich südlich des B.-weges (in der Planzeichnung noch als »Erschließungsstraße A« bezeichnet) und damit auch auf dem Baugrundstück ein allgemeines Wohngebiet (WA) mit einer Grundflächenzahl von 0,4, offener Bauweise und maximal 8 Vollgeschossen vor.

Der Plangeber hat seinerzeit zudem – gestützt auf den im Zeitpunkt des Satzungsbeschlusses anwendbaren § 9 Abs. 1 Nr. 1 Buchstabe b) BBauG i. d. F. vom 23.6.1960 in Verbindung mit § 23 Abs. 1 Baunutzungsverordnung i. d. F. vom 26.11.1968 (im Folgenden: BauNVO 1968) – überbaubare Grundstücksflächen festgesetzt in Form von Baugrenzen und Bebauungstiefen. Solche Festsetzungen finden sich sowohl südwestlich des B.-weges im Bereich der geplanten drei maximal achtgeschossigen Gebäude als auch nordöstlich des B.-weges im Bereich der dort vorgesehenen geschlossenen Wohnbebauung. Das Vorhabengrundstück hingegen weist keine überbaubaren Grundstücksflächen i. S. v. § 23 Abs. 1 BauNVO 1968 auf, weder in Form von Baugrenzen noch in Form einer Bebauungstiefe.

Aus dieser Plansituation hat das Verwaltungsgericht zu Recht nicht den von der Klägerin für richtig gehaltenen Schluss gezogen, dass eine Bebauung des Vorhabengrundstücks an jeder beliebigen Stelle planungsrechtlich zulässig sei. Denn dem Bebauungsplan liegt ersichtlich die planerische Konzeption zugrunde, dass die überbaubaren Grundstücksflächen im gesamten Plangebiet – und damit auch auf dem Vorhabengrundstück – mittels Baugrenzen und Bautiefen gesteuert werden sollen. Festsetzungen zur überbaubaren Grundstücksfläche nach § 23 BauNVO (auch in der maßgeblichen Fassung 1968) trennen nämlich die Flächen, auf die sich eine nach dem Bebauungsplan grundsätzlich zulässige Bebauung beschränken soll, von den Flächen, die von baulichen Anlagen frei bleiben sollen (VGH Bad-Württ., Urteil v. 15.12.1999 – 3 S 1580/99 – juris Rdnr. 24; BayVGH, Urteil v. 2.6.2006 – 1 N 03.1546 – juris Rdnr. 25; SächsOVG, Urteil v. 5.12.2013 – 1 C 23.11 – juris Rdnr. 83; Ernst-Zinkahn-Bielenberg/Krautzberger, Onlinekommentar Stand 2024 § 23 BauNVO Rdnr. 1 i. V. m. Rdnr. 3).

Hier hat der Plangeber auf sämtlichen Grundstücken des Plangebietes mit Ausnahme des Vorhabengrundstücks überbaubare Grundstücksflächen festgesetzt, selbst um das im Norden des Plangebiets liegende Betriebsgebäude der früheren Fa. xxx, welches »als Bestand« in den Bebauungsplan übernommen wurde, hat er eine Baugrenze gezogen.

Wenn das Vorhabengrundstück aber das einzige von der Fläche her bebaubare und prinzipiell als Bauland ausgewiesene Grundstück im Plangebiet ist, welches keine Festsetzung i. S. v. § 23 BauNVO 1968 aufweist, kann daraus auch nach Auffassung des Senats nur folgen, dass dieses Grundstück nicht über überbaubare Grundstücksflächen verfügt (ebenso VGH Bad-Württ., OVG Schleswig-Holstein und SächsOVG, a. a. O.). Bestätigt wird dies vorliegend dadurch, dass der Plangeber den auf dem Vorhabengrundstück bereits vorhandenen baulichen Bestand (Wohnhaus und Schuppen) zwar in die Planzeichnung aufgenommen hat, anders als bei dem ebenfalls als Bestand übernommenen Gebäude der Fa. xxx aber keine überbaubare Grundstücksfläche festgesetzt hat.

Entgegen der Rechtsauffassung der Klägerin ist die vorliegende Planungssituation mit der Konstellation, die der Entscheidung des VGH Baden-Württemberg vom 15.12.1999 (3 S 2580/99, juris Rdnr. 24) zugrunde lag, vergleichbar. Denn auch der Bebauungsplan »B.-weg« enthält wie ausgeführt Festsetzungen nach § 23 BauNVO. Da diese Festsetzungen hier Ausdruck einer das gesamte Plangebiet umfassenden Plankonzeption sind (s. o.), ist die Frage, ob gerade das Vorhabengrundstück überbaubar ist oder nicht, konsequenterweise im Wege einer Gesamtbetrachtung des Bebauungsplans zu beantworten. So ist das Verwaltungsgericht zu Recht vorgegangen. Anders als die Klägerin meint, ist für eine rein grundstücksbezogene Betrachtungsweise dergestalt, dass die überbaubare Fläche nur auf jenen Grundstücken beschränkt ist, für die der Bebauungsplan auch Baulinien, Baugrenzen oder Bautiefen (positiv) festsetzt, bei gegebener Sachlage kein Raum.

Für die Klärung der Frage, ob das Vorhabengrundstück eine überbaubare Grundstücksfläche ausweist oder nicht, kommt es – entgegen dem Vortrag der Klägerin – nicht maßgeblich darauf an, dass der Plangeber dort weder von der Bebauung freizuhaltende Flächen (vgl. § 9 Abs. 1 Nr. 2 BBauG) noch Grünflächen (vgl. § 9 Abs. 1 Nr. 8 BBauG) oder Pflanzflächen (vgl. § 9 Abs. 1 Nr. 1 Buchstabe 15 BBauG) festgesetzt hat, die zum Ausdruck bringen, dass das Grundstück aus diesen spezifischen Gründen von der Bebauung freigehalten werden soll. Denn ein Plangeber darf, wie bereits ausgeführt, in Verfolgung seiner städtebaulichen Konzeption die überbaubaren Grundstücksflächen eines Plangebiets ausschließlich mittels Festsetzungen nach § 23 BauNVO in Form von Baulinien, Baugrenzen und Bautiefen steuern. Er kann die Nichtüberbaubarkeit einer Grundstücksfläche zwar auch deshalb vorsehen, weil es hierfür spezielle Freihaltegründe gibt und sich hierbei einer der genannten Festsetzungsmöglichkeiten, vor allem der des § 9 Abs. 1 Nr. 10 BauGB (entspricht § 9 Abs. 1 Nr. 2 BBauG), bedienen. Hierzu verpflichtet ist er jedoch nicht (VGH Bad.-Württ., a. a. O. Rdnr. 24). Deshalb vermag sich der Senat auch nicht der von der Klägerin angeführten Rechtsauffassung des Verwaltungsgerichts Karlsruhe in dem Urteil v. 10.7.2014 (3 K 1917/13) anzuschließen, wonach ein Plangeber ein Bedürfnis nach Nichtüberbaubarkeit ganzer Grundstücke vorrangig durch Festsetzungen nach § 9 Abs. 1 Nr. 10 oder Nr. 15 BauGB umzusetzen habe.

Anders als die Klägerin meint, ist die Planbegründung in Bezug auf die Festsetzungen überbaubarer Grundstücksflächen unergiebig, denn hierzu verhält sich der Begründungstext schlicht nicht. Die von der Klägerin zitierte Passage, wonach der Bebauungsplan »B.-weg« (später) einmal die Verbindung vom alten Ortsteil N. zum geplanten »Neuen Zentrum« und eine weitere Konzentration entlang der HVG-Bahn schaffen solle und der Bebauungsplan in Anlehnung an die bereits vorhandene städtebauliche Konzeption für den

Gesamtbereich aufgestellt worden sei, betrifft die allgemeinen Ziele der Planung im Rahmen der städtebaulichen Erforderlichkeit. In Bezug auf die Einzelfestsetzung überbaubarer Grundstücksflächen lässt sich hieraus kein Argument gewinnen.

Unerheblich ist, welche Regelungen die benachbarten Bebauungspläne Nr. 453 »Schulzentrum«, Nr. 466 »N. V.-straßestraße« und Nr. 608 A/Nr. 608 B »Unterfeldstraße« in Bezug auf nicht überbaubare Grundstücksflächen treffen. Denn maßgeblich ist hier allein, welche Festsetzungen der Plangeber in Bezug auf das im Plangebiet des Bebauungsplans Nr. 467 »B.-weg« gelegene Vorhabengrundstück getroffen hat und auf welchen städtebaulichen Überlegungen dies beruht. Deshalb kann dahingestellt bleiben, aus welchen Gründen er in den anderen Plangebieten nicht überbaubare Flächen ausgewiesen hat. Erst recht ist es – entgegen dem Klägervortrag – unerheblich, weshalb er in den anderen Plangebieten, vor allem dem zeitlich parallel ausgestellten Bebauungsplan Nr. 466 »V.-straßestraße«, spezielle Festsetzungen zur baulichen Freihaltung von »Sichtflächen« getroffen und dort zwei Bestandsflächen überplant hat. Denn beim Bebauungsplan »B.-weg« hat er solche Überlegungen gerade nicht angestellt.

Die Nichtüberbaubarkeit des Vorhabengrundstücks kann dem Vorhaben jedoch nicht entgegengehalten werden. Dies folgt zwar nicht schon daraus, dass der Bebauungsplan »B.-weg« Abwägungsfehler aufweist, denn diese sind zwischenzeitlich unbeachtlich geworden. Jedoch fehlt es an der notwendigen städtebaulichen Erforderlichkeit der Festsetzung eines allgemeinen Wohngebietes (WA) auf dem Grundstück Flst.-Nr. xxx/1 der Klägerin. Dieser Mangel begründet die Teilnichtigkeit des Bebauungsplans in Bezug auf das genannte Grundstück.

Nach dem im Zeitpunkt des Satzungsbeschlusses anwendbaren § 2 Abs. 4 Satz 2 BBauG sind im Rahmen der Bauleitplanung die öffentlichen und privaten Belange gegeneinander und untereinander gerecht abzuwägen. Bereits nach damaliger Rechtslage war das Gebot gerechter Abwägung verletzt, wenn (erstens) eine (sachgerechte) Abwägung überhaupt nicht stattfindet, oder wenn (zweitens) in die Abwägung an Belangen nicht eingestellt wird, was nach Lage der Dinge in sie eingestellt werden muss oder wenn (drittens) die Bedeutung der betroffenen privaten Belange verkannt oder der Ausgleich zwischen den von der Planung berührten öffentlichen Belangen in einer Weise vorgenommen wird, der zur objektiven Gewichtigkeit einzelner Belange außer Verhältnis steht (BVerwG, Urteil v. 12.12.1969 – IV C 105.66 – juris Rdnr. 29).

Diesen Anforderungen genügte der Plangeber im Zeitpunkt des Satzungsbeschlusses vom 27.3.1973 nicht. Er hat nämlich das Vorhabengrundstück in das Plangebiet einbezogen, ohne auf diesem Grundstück eine überbaubare Fläche festzusetzen und damit eine Bebauungsmöglichkeit einzuräumen. Nach Lage der Dinge war deshalb das offensichtliche private Interesse des damaligen Grundstückseigentümers in die Abwägung einzustellen, ebenfalls eine Bebauungsmöglichkeit in dem festgesetzten allgemeinen Wohngebiet zu erhalten und nicht lediglich auf den vorhandenen Bestand gesetzt zu werden. Zwar hängt das Gewicht dieses privaten Eigentumsbelangs entscheidend davon ab, ob dem Grundstück eine zuvor nach § 34 BauGB gegebene Bebauungsmöglichkeit genommen wurde (so die Argumentation des Klägers) oder ob es sich um ein lediglich nach § 35 BauGB nutzbares Außenbereichsgrundstück handelte, wovon das Verwaltungsgericht ausgegangen ist. Denn der Verlust von Bebauungsmöglichkeiten, die § 35 BauGB eröffnet, wiegt als Eigentumseingriff (Art. 14 GG) weit weniger schwer als ein Baulandentzug im Innenbereich (VGH Bad.-Württ., Urteil v. 25.3.2015 – 5 S 1047/14 – juris Rdnr. 41). Dies war im Zeitpunkt der Beschlussfassung über die Satzung nicht anders. Der Plangeber hat sich zur Frage der Innen- bzw. Außenbereichslage des Vorhabengrundstücks – und damit zu einem abwägungsbeachtlichen Belang – aber keinerlei Gedanken gemacht und das Problem des Eigentumseingriffs (selbst in der abgemilderten Form der Einbeziehung eines früheren Außenbereichsgrundstücks) damit bereits im Ansatz verkannt. Nach der Planbegründung war bezweckt, in dem Plangebiet ein allgemeines Wohngebiet zu schaffen, um den Wohnbedürfnissen Rechnung zu tragen. Vor diesem Hintergrund hätte der Plangeber einen nachvollziehbaren Grund dafür erkennen lassen müssen, warum das Vorhabengrundstück zwar in das WA einbezogen wurde, dann aber gleichwohl keine über den Bestandsschutz hinausgehende Bebauungsmöglichkeit auf dem Grundstück eröffnet werden soll.

Der Abwägungsfehler ist hier jedoch geheilt worden. Denn nach dem ab 1.7.1987 geltenden § 244 BauGB i. d. F. vom 8.12.1986 sind Mängel der Abwägung von Satzungen, die – wie hier – vor dem 1.7.1987 bekanntgemacht worden sind, unbeachtlich, wenn sie nicht innerhalb von sieben Jahren nach dem 1.7.1987 schriftlich gegenüber der Gemeinde geltend gemacht worden sind (Satz 1), wobei die Gemeinde innerhalb von sechs Monaten nach dem 1.7.1987 durch ortsübliche Bekanntmachung in der Gemeinde auf die sich aus Satz 1 ergebende Änderung der Rechtslage hinzuweisen und über die in Satz 1 bezeichneten Voraussetzungen für die Geltendmachung von Mängeln der Abwägung und die Rechtsfolgen zu unterrichten hat (Satz 2).

Den vorliegenden Akten – insbesondere denen zum Bebauungsplan »B.-weg« – ist nicht zu entnehmen, dass nach dem 1.7.1987 Abwägungsmängel schriftlich gegenüber der Beklagten gerügt worden sind. Auf gesonderte Nachfrage des Senats hat die Beklagte mit Schreiben vom 9.9.2024 ausgeführt, dass ihr solche Rügen auch ansonsten nicht bekannt sind. Allerdings hat sie zugleich mitgeteilt, dass sie auch eine ortsübliche Bekanntmachung zu den Voraussetzungen für die Geltungsmachung von Mängeln der Abwägung i. S. v. § 244 Abs. 2 Satz 2 BauGB nicht feststellen könne, weil sich eine solche nicht in den archivierten Amtsblättern finde. Die mithin wohl fehlende ortsübliche Bekanntmachung zur Heilungsmöglichkeit hat aber nicht zur Folge, dass deshalb die Heilung insgesamt scheitert. Denn nach der Rechtsprechung des Bundesverwaltungsgerichts (Beschluss v. 8.5.1995 – 4 NB 16.95 – NVwZ 1996, 372; juris Rdnr. 15) bezweckt die Regelung des § 244 BauGB, Alt-Pläne möglichst als rechtswirksam anzusehen. Ihre Heilung hängt deshalb nicht von der lediglich als »Fürsorge des Gesetzgebers« zu verstehenden Bekanntmachung i. S. v. § 244 Abs. 2 Satz 2 BauGB ab. Diese hat vielmehr nur deklaratorische Bedeutung.

Ein – auch nach der genannten Heilungsvorschrift wohl weiterhin beachtlicher – Mangel im Abwägungsergebnis ist nicht festzustellen. Denn der Plangeber hätte dann, wenn hierfür gewichtige und sachlich gerechtfertigte Gründe für eine entsprechende Einschränkung des Eigentumsrechts vorliegen, im Ergebnis selbst ein Innenbereichsgrundstück als nicht überbaubar festsetzen dürfen. Ein gerechtes Abwägungsergebnis setzt nicht voraus, dass jedes Grundstück im Bereich eines Bebauungsplans unabhängig von seinem Zuschnitt für sich allein entsprechend der festgesetzten Nutzungsart wirtschaftlich nutzbar sein muss (OVG Nordrh.-Westf., Urteil v. 11.9.2001 – 10 A 407/98 –, juris Rdnr. 25).

Es liegt jedoch ein Festsetzungsfehler in Bezug auf die Ausweisung eines allgemeinen Wohngebiets auf dem Vorhabengrundstück vor. Denn diese Festsetzung war im Zeitpunkt des Satzungsbeschlusses im März 1973 nicht in der erforderlichen Weise von städtebaulichen Gründen getragen. Gemäß dem im Zeitpunkt des Satzungsbeschlusses geltenden § 2 Abs. 1 BBauG waren die Bebauungspläne von den Gemeinden in eigener Verantwortung aufzustellen, sobald und soweit es erforderlich ist. Bereits nach damaliger Rechtslage bestimmte sich das, was in diesem Sinn erforderlich ist, im Grundsatz nach der planerischen Konzeption der Gemeinde (BVerwG, Urteil v. 7.5.1971 – IV C 76.68 – juris). Denn der Gesetzgeber ermächtigte die Gemeinden, diejenige Städtebaupolitik zu betreiben, die ihren städtebaulichen Entwicklungs- und Ordnungsvorstellungen entspricht. Nicht erforderlich waren danach jedoch Pläne, die nicht dem wahren Willen der Gemeinde entsprechen, bei denen also zwischen Planungswillen und Planungsinhalt eine Diskrepanz besteht (dazu im Einzelnen Gierke in Brügelmann, § 1 Abs. 3 BauGB Stand Januar 2022 Rdnr. 175 ff mit zahlreichen Beispielen aus der Rechtsprechung; speziell zu § 2 Abs. 1 BBauG BVerwG, Urteil v. 14.7.1972 – IV C 8.70 – juris Rdnr. 29).

So liegt der Fall hier. Wie bereits ausgeführt wurde, hat der seinerzeitige Plangeber nach der Planbegründung zu dem Bebauungsplan »B.-weg« bezweckt, in dem Plangebiet ein allgemeines Wohngebiet zu schaffen, um den Wohnbedürfnissen Rechnung zu tragen. Zugleich hat er aber keinen nachvollziehbaren Grund dafür erkennen lassen, warum das Vorhabengrundstück zwar als allgemeines Wohngebiet ausgewiesen wurde, dann aber gleichwohl keine über den Bestandsschutz hinausgehende Bebauungsmöglichkeit auf dem Grundstück eröffnet werden sollte. Bereits der Umstand, dass damit die

Zielsetzung eines allgemeinen Wohngebiets auf dem Vorhabengrundstück tatsächlich auf Dauer nicht erreicht werden konnte, erweckt hier Zweifel an der Erforderlichkeit dieser Festsetzung. In der mündlichen Verhandlung vor dem Senat am 4.12.2024 haben die Vertreter der Beklagten die damalige Planungsabsicht des Plangebers ergänzend damit begründet, dass die vorgesehene Wohnbebauung auf den Grundstücken Flst.-Nr. xxx/1, xxx/3 und xxx/2 einerseits und das auf dem Grundstück Flst.-Nr. xxx geplante bzw. bereits vorhandene Schulzentrum andererseits mittels eines Grünstreifens voneinander getrennt werden sollten. Dieser Grünstreifen sollte sich entlang der Südwestgrenze des Vorhabengrundstücks Flst.-Nr. xxx/1 in gedachter Verlängerung dieser Linie auf dem Flst.-Nr. xxx bis zu deren Schnittpunkt mit der Grundstücksgrenze des Flst.-Nr. xxx im Südosten erstrecken. Die geschilderte Planungsvorstellung macht zwar in städtebaulicher Hinsicht durchaus Sinn und erklärt auch nachvollziehbar, weshalb die auf dem Vorhabengrundstück Flst.-Nr. xxx/1 bereits vorhandenen Gebäude (Wohngebäude und Schuppen) über den Bestandsschutz hinaus kein Baufenster erhielten und auf dem Vorhabengrundstück auch ansonsten keinerlei andere Bebauungsmöglichkeit eröffnet werden sollte. Dann aber wollte der Plangeber auf diesem Grundstück von vornherein kein allgemeines Wohngebiet verwirklichen, sondern ganz im Gegenteil die dort bereits vorhandene – und lediglich in ihrem Bestand geschützte – Wohnnutzung perspektivisch beenden. Die Diskrepanz zwischen dem wahren Planungswillen auf diesem Grundstück und dem dort festgesetzten Planinhalt ist für den Senat nach den Erläuterungen der Beklagten in der mündlichen Verhandlung offensichtlich.

Der aufgezeigte Mangel führt hier zur Teilunwirksamkeit des Bebauungsplans »B.-weg« (nur) in Bezug auf das Grundstück Flst.-Nr. xxx/1. Denn eine vergleichbare Diskrepanz in Bezug auf andere Grundstück des Plangebietes ist nicht zu erkennen. Mängel, die einzelnen Festsetzungen eines Bebauungsplans anhaften, führen aber nur dann zur Gesamtunwirksamkeit, wenn die übrigen Festsetzungen für sich betrachtet keine sinnvolle städtebauliche Ordnung im Sinn von § 2 Abs. 1 BBauG bzw. § 1 Abs. 3 Satz 1 BauGB mehr bewirken können und die Gemeinde nach ihrem im Planungsverfahren zum Ausdruck gekommenen Willen im Zweifel auch eine Satzung dieses eingeschränkten Inhalts nicht beschlossen hätte (vgl. BVerwG, Urteil v. 14.9.2017 – 4 CN 6.16 – BVerwGE 159, 356; Beschluss v. 11.9.2014 – 4 CN 3.14 – BayVBl 2015, 203; Urteil v. 19.9.2002 – 4 CN 1.02 – BVerwGE 117, 58). Diese Voraussetzungen für die Annahme einer Gesamtunwirksamkeit des Plans liegen hier nicht vor.

Gemessen an den Anforderungen des für das Vorhabengrundstück nunmehr geltenden § 34 BauGB ist das Vorhaben der Klägerin in planungsrechtlicher Hinsicht genehmigungsfähig.

Ein Grundstück fällt nicht bereits deshalb unter § 34 Abs. 1 BauGB, weil es von einer zusammenhängenden Bebauung umgeben ist. Erforderlich ist vielmehr, dass das Grundstück selbst einen Bestandteil des Zusammenhangs bildet, selbst also an dem Eindruck der Geschlossenheit und Zusammengehörigkeit teilnimmt. Ausschlaggebend ist, ob und inwieweit eine tatsächlich aufeinanderfolgende Bebauung trotz etwa vorhandener Baulücken nach der Verkehrsauffassung den Eindruck der Geschlossenheit und Zusammengehörigkeit vermittelt und die zur Bebauung vorgesehene Fläche (noch) diesem Zusammenhang angehört. Ortsteil im Sinne von § 34 Abs. 1 Satz 1 BauGB ist jeder Bebauungskomplex im Gebiet einer Gemeinde, der nach der Zahl der vorhandenen Bauten ein gewisses Gewicht besitzt und Ausdruck einer organischen Siedlungsstruktur ist. Für die Frage, ob ein im Zusammenhang bebauter Ortsteil vorliegt, kommt es auf die tatsächlich vorhandene Bebauung an (vgl. BVerwG, Beschluss v. 2.4.2007 – 4 B 7.07 – BauR 2007, 1383, juris Rdnr. 4; Urteil v. 30.6.2015 – 4 C 5.14 – BVerwGE 152, 275).

Nach diesen Maßstäben liegt das Baugrundstück in dem entscheidungserheblichen Zeitpunkt der mündlichen Verhandlung des Senats innerhalb eines im Zusammenhang bebauten Ortsteils. Die Entfernung des Wohnhauses der Klägerin zu dem nordöstlich davon gelegenen Wohnhaus (Hochhaus) beträgt weniger als 25 m, der Abstand zu dem in südwestlicher Richtung gelegenen Interimsgebäude des Schulzentrums beträgt etwa 30 m und zu dem eigentlichen Schulgebäude etwa 60 m. Nach dem vom Senat vor Ort gewonnenen Eindruck ist das Vorhabengrundstück damit jedenfalls Bestandteil der nördlich davon anschließenden Wohnbebauung, an die sich dann im Südwesten unmittelbar die gut sichtbaren und die Bebauung dort prägenden Gebäude des Schulzentrums anschließen. Mit Blick auf die auf dem Grundstück Flst.-Nr. xxx zwischen den (Schul-)Gebäuden bestehenden Abstände besteht auch keinerlei Veranlassung zu der Annahme, bei dem rückwärtigen Teil des Vorhabengrundstücks handele es sich – in Zusammenschau mit den nördlich des Schulzentrums zu den Grundstücken Flst.-Nr. xxx/3 und xxx/2 hin vorhandenen Freiflächen – um den Teil einer Außenbereichsinsel inmitten eines umgebenden Innenbereichs.

Liegt das Vorhabengrundstück mithin im unbeplanten Innenbereich, so ist das geplante rückwärtige Wohngebäude dort nach der Art der baulichen Nutzung ohne Weiteres zulässig. Die insoweit maßgebliche nähere Umgebung des Baugrundstücks erstreckt sich auf das Geviert zwischen der Unterfeldstraße im Nordwesten, dem B.-weg im Nordosten, dem Hauptgebäude des Schulzentrums auf dem Flst.-Nr. xxx im Südosten und dem Seniorenzentrum auf Grundstück Flst.-Nr. xxx/2 im Südwesten. In diese nähere Umgebung fügt sich das Bauvorhaben hinsichtlich der Art der baulichen Nutzung schon deshalb i. S. v. § 34 Abs. 1 BauGB ein, weil unmittelbar nördlich und nordöstlich davon bereits Wohnbebauung auf den Grundstücken Flst.-Nr. xxx/1, xxx/3 und xxx/2 vorhanden ist. Die vorhandene Wohnnutzung in der Umgebung der Schule wird bereits seit Jahrzehnten durch den Schulbetrieb und die von diesem ausgehenden Emissionen geprägt. Deshalb ist nicht erkennbar, inwiefern die Zulassung eines weiteren Wohnbauvorhabens auf dem Baugrundstück gegen das bauplanungsrechtliche Rücksichtnahmegebot verstoßen könnte.

Hinsichtlich seines Maßes, d. h. seiner nach außen hin wahrnehmbaren Erscheinung (vor allem seiner Grundfläche und Höhenentwicklung), fügt sich das zweigeschossige Wohngebäude mit einer geplanten Firsthöhe von 7,98 m angesichts der deutlich größeren und höheren Umgebungsbebauung in die nähere Umgebung offensichtlich ein. Dasselbe gilt hinsichtlich der geplanten offenen Bauweise, denn der Senat konnte im Rahmen des Augenscheinstermins am 4.12.2024 schon nicht feststellen, dass sich in der näheren Umgebung eine hinreichende Einheitlichkeit zur Bauweise entwickelt hätte, die insoweit maßstabsbildend sein könnte.

Schließlich fügt sich das Bauvorhaben auch in Bezug auf die überbaubare Grundstücksfläche in die Eigenart der näheren Umgebung ein.

Der die nähere Umgebung im Sinne von § 34 Abs. 1 Satz 1 BauGB bildende Bereich reicht auch in Bezug auf das Merkmal der überbaubaren Grundstücksfläche so weit, wie sich die Ausführung des zur Genehmigung gestellten Vorhabens auswirken kann und wie die Umgebung ihrerseits den bodenrechtlichen Charakter des Baugrundstücks prägt oder doch beeinflusst (st. Rspr., vgl. BVerwG, Beschluss v. 22.10.2020 – 4 B 18.20 – juris Rdnr. 4; BVerwG, Urteil v. 8.12.2016 – 4 C 7.15 – BVerwGE 157, 1 Rdnr. 9 m. w. N.), wobei auf das abzustellen ist, was in der Umgebung tatsächlich vorhanden ist (BVerwG, Urteil v. 5.12.2013 – 4 C 5.12 – BVerwGE 148, 290 Rdnr. 10; Beschluss v. 13.5.2014 – 4 B 38.13 – ZfBR 2014, 574 Rdnr. 7). Hierzu kann auch eine bereits verwirklichte Bebauung in einem durch (einfachen, vorhabenbezogenen oder qualifizierten) Bebauungsplan überplanten Gebiet gehören (BVerwG, Beschluss v. 27.3.2018 – 4 B 60.17 – ZfBR 2018, 479 Rdnr. 7 m. w. N.).

Für den Begriff der überbaubaren Grundstücksfläche sind die konkrete Größe und räumliche Lage innerhalb der vorhandenen Bebauung und nicht die Grenzen des Baugrundstücks maßgeblich, da es um den Standort im städtebaulichen Gefüge und Zusammenhang geht (BVerwG, Beschluss v. 28.9.1988 – 4 B 175.88 – juris; Beschluss v. 13.5.2014 – 4 B 38.13 – juris Rdnr. 8). Maßgeblich sind die vorhandenen Hauptgebäude (BVerwG, Beschluss v. 11.7.2007 – 4 B 172.97 – juris). Zur näheren Konkretisierung kann dabei auf die Regelungen des § 23 BauNVO zur Einschränkung der überbaubaren Grundstücksfläche durch die Existenz (faktischer) Baulinien und Baugrenzen zurückgegriffen werden.

Nach diesem Maßstab ist die maßgebliche nähere Umgebung nach dem vom Senat vor Ort gewonnenen Eindruck so zu bemessen wie bei der Frage des Einfügens nach der Art der baulichen Nutzung (s. o.).

In dem so umschriebenen Bereich ist allenfalls eine von der Unterfeldstraße aus gesehen vordere Baugrenze erkennbar, gebildet durch das Vordergebäude des Seniorenzentrums auf Flst.-Nr. xxx/2, das nunmehr als Jugendmusikschule genutzte ehemalige Hausmeisterwohngebäude auf Flst.-Nr. xxx und das Vordergebäude auf Flst.-Nr. xxx/1 (dem Vorhabengrundstück), die das streitgegenständliche Vorhaben problemlos einhält. Eine vordere Baulinie zur Unterfeldstraße hin existiert nicht, da die Hauptgebäude auf den Grundstücken Flst.-Nr. xxx/2 (Hochhauswohngebäude) und Flst.-Nr. xxx teilweise bis zu etwa 50 m weit von der Straße abgerückt sind, so etwa auf dem Flst.-Nr. xxx die Sporthalle, das Schulgebäude und das Interimsschulgebäude. Eine – in Bezug auf die Unterfeldstraße – hintere Baugrenze oder gar hintere Baulinie ist nicht feststellbar, ebenso wenig eine von der Unterfeldstraße aus gesehen einheitliche Bautiefe.

Dem Einfügen nach der überbaubaren Grundstücksfläche steht hier auch nicht entgegen, dass das Bauvorhaben von der Unterfeldstraße her gesehen eine zweite Baureihe (rückwärtige Bebauung) darstellt. Denn auch eine solche ist in der maßgeblichen Umgebung nicht ohne Vorbild. So wurde auf dem Grundstück Flst.-Nr. xxx/2 (Seniorenzentrum) das schräg zur Unterfeldstraße stehende hintere Gebäude in zweiter Baureihe errichtet. Auch die Sporthalle und das Schulzentrum auf dem Grundstück Flst.-Nr. xxx befinden sich weit von der Unterfeldstraße abgerückt hinter dem entlang der Unterfeldstraße errichteten ehemaligen Hausmeisterwohngebäude (Jugendmusikschule). …

2. Im nicht beplanten Innenbereich

Nr. 39

1. **Das im (faktischen) Mischgebiet zumutbare Maß an Störungen wird durch eine eingeschränkt typisierende Betrachtungsweise festgelegt. Bei prostitutiven Einrichtungen knüpft die Typisierung an die beeinträchtigenden Auswirkungen der Betriebe an, die dem städtebaulich zu verstehenden Begriff der »milieubedingten« Unruhe zuzuordnen sind.**
2. **»Subjektive Lebenseinstellungen« in dem Sinne, dass etwa moralische Wertungen als solche zum Maßstab der baurechtlichen Beurteilung werden, werden bauplanungsrechtlich nicht berücksichtigt.**

(Leitsätze der Redaktion)

BauGB § 34 Abs. 2; BauNVO § 6.

Bundesverwaltungsgericht, Beschluss vom 19. Februar 2024 – 4 B 21.23 –.

Aus den Gründen:

… Die Klägerin entnimmt dem Urteil des Bundesverwaltungsgerichts vom 9.11.2021 – 4 C 5.20 – (BVerwGE 174, 118) einen Rechtssatz des Inhalts, dass es bei der Frage der Zulässigkeit von Terminwohnungen in einem Mischgebiet ausschließlich auf bauplanungsrechtliche Erwägungen ankomme. Demgegenüber erweitere das Oberverwaltungsgericht in dem angegriffenen Beschluss den Beurteilungskatalog auf sämtliche Störungen im Sinne von die persönliche Lebenssphäre nachteilig berührenden äußeren Einwirkungen.

Diese Gegenüberstellung führt nicht auf eine Rechtssatzdivergenz. Der von der Beschwerde der Rechtsprechung des Bundesverwaltungsgerichts entnommene Rechtssatz bringt lediglich ohne weitere inhaltliche Präzisierung die Selbstverständlichkeit zum Ausdruck, dass über die bauplanerische Zulässigkeit eines Vorhabens nach den Vorgaben des § 34 Abs. 2 BauGB i. V. m. § 6 BauNVO und folglich nach bauplanungsrechtlichen Erwägungen zu entscheiden ist. Die Beschwerde zeigt nicht auf, dass das Oberverwaltungsgericht hiervon abweicht, indem es einen dem widersprechenden Rechtsstandpunkt eingenommen hat. Das Oberverwaltungsgericht hat im Rahmen der einzelfallbezogenen Prüfung, ob die zur Genehmigung gestellte prostitutive Einrichtung als im Sinne des § 6 Abs. 2 Nr. 4 BauNVO das Wohnen wesentlich störender und damit im Mischgebiet unzulässiger Gewerbebetrieb zu bewerten ist, den Begriff der Störung in seinem bauplanungsrechtlichen Gehalt näher umschrieben. Eine Abweichung zum genannten Urteil des Bundesverwaltungsgerichts ist auch dann nicht aufgezeigt, wenn bei wohlwollender Heranziehung auch des Vortrags zur Grundsatzrüge die Ausführungen des Senats zur Störung in den Blick genommen werden. Eine abschließende Engführung des Begriffs im Rahmen des § 6 Abs. 2 Nr. 4 BauNVO beachtlichen Störung wird darin nicht vorgenommen. Vielmehr verhält sich das Urteil zum Störpotenzial prostitutiver Einrichtungen, die – anders als das streitgegenständliche Vorhaben – einer typisierenden Betrachtung zugänglich sind. Abschließende rechtssatzmäßige Ausführungen zu den bei einer Einzelfallprüfung anzulegenden Maßstäben enthält es nicht. …

Der Gebietscharakter des Mischgebiets nach § 6 BauNVO wird gekennzeichnet durch ein gleichwertiges und gleichgewichtiges Nebeneinander von Wohnnutzung und der Unterbringung von Gewerbebetrieben, die das Wohnen nicht wesentlich stören, und deren wechselseitige Verträglichkeit (BVerwG, Urteile v. 4.5.1988 – 4 C 34.86 – BVerwGE 79, 309 <311 f.> und vom 18.10.2017 – 4 C 5.16 – BVerwGE 160, 104 Rdnr. 22). Der zulässige Störgrad im Mischgebiet wird maßgeblich durch den allgemeinen Gebietscharakter bestimmt. Das Nebeneinander zweier Nutzungsarten setzt wechselseitige Rücksicht der einen Nutzung auf die andere und deren Bedürfnisse voraus (BVerwG, Urteil v. 4.5.1988 – 4 C 34.86 – BVerwGE 79, 309 <311>). Die von gebietstypischen Gewerbebetrieben ausgehenden Störungen sind in der Regel hinzunehmen. Eine Wohnruhe wie im allgemeinen oder gar im reinen Wohngebiet kann nicht erwartet werden. Das im Mischgebiet zumutbare Maß an Störungen wird durch eine eingeschränkt typisierende Betrachtungsweise festgelegt. Bei prostitutiven Einrichtungen knüpft die Typisierung an die beeinträchtigenden Auswirkungen der Betriebe an, die dem städtebaulich zu verstehenden Begriff der »milieubedingten« Unruhe zuzuordnen sind. Solche Störungen setzen voraus, dass der Betrieb nach außen – in welcher Form auch immer – in Erscheinung tritt und/oder in den Nachtstunden betrieben wird (BVerwG, Urteil v. 9.11.2021 – 4 C 5.20 – BVerwGE 174, 118 Rdnr. 13 ff.).

Scheidet hiernach eine typisierende Betrachtungsweise aus, bedarf es einer Einzelfallprüfung, ob von einer wesentlichen Störung der Wohnnutzung auszugehen ist. Diese Würdigung zielt nicht etwa, wie in der Fragestellung nahegelegt, auf eine – verglichen mit den bei der Typisierung maßgeblichen Umständen – gänzlich andere Kategorie negativer Auswirkungen auf die Wohnnutzung. Denn die Zulässigkeit von Nutzungen in den einzelnen Baugebieten hängt nicht nur von der Immissionsträchtigkeit oder Immissionsverträglichkeit ab, sondern wird auch von anderen Maßstäben der städtebaulichen Ordnung bestimmt (vgl. BVerwG, Urteile v. 25.11.1983 – 4 C 64.79 – BVerwGE 68, 207 <210 f.> und vom 24.2.2000 – 4 C 23.98 – Buchholz 406.12 § 9 BauNVO Nr. 7 S. 3). Auch bei der Einzelfallprüfung sind allerdings nur äußere Einwirkungen auf die Wohnnutzung von Bedeutung. Die besondere Schutzwürdigkeit und Schutzbedürftigkeit der Wohnung folgt daraus, dass sie die »persönliche Lebenssphäre« der Bewohner in ihrem räumlich-gegenständlichen Bereich – mit der auf Dauer angelegten Häuslichkeit sowie der Eigengestaltung der Haushaltsführung und des häuslichen Wirkungskreises (vgl. BVerwG, Urteil v. 18.10.2017 – 4 C 5.16 – BVerwGE 160, 104 Rdnr. 17) – bildet. Die Beachtlichkeit »subjektiver Lebenseinstellungen« in dem Sinne, dass etwa moralische Wertungen als solche zum Maßstab der baurechtlichen Beurteilung werden, ist damit nicht verbunden. Schließlich kann gegen die bauplanungsrechtliche Bewertung der mit der Nutzung einer sogenannten Terminwohnung für die Bewohner der anderen Wohnungen im gleichen Haus einhergehenden Beeinträchtigungen ihrer Wohnsituation nicht eingewandt werden, dass das allgemeine Bauplanungsrecht keinen »Milieuschutz« gewährleisten kann und soll (vgl. BVerwG, Urteil v. 23.8.1996 – 4 C 13.94 – Buchholz 406.19 Nachbarschutz Nr. 136 S. 43). Denn dies bezieht sich insbesondere auf die Abwehr einer Wohnnutzung wegen der Zusammensetzung der Bewohner und der daraus folgenden Wohnimmissionen, nicht jedoch auf das konkrete Störpotenzial eines Gewerbebetriebs. …

Nr. 40

Sog. Escape-Rooms sind kerngebietstypische Vergnügungsstätten, die in einer Gemengelage nach der gebotenen typisierenden Betrachtungsweise ohne entsprechendes Vorbild unzulässig sind.
(Leitsatz der Redaktion)

BauGB § 34 Abs. 1.

OVG Nordrhein-Westfalen, Urteil vom 12. Juni 2024 – 7 A 741/22 –.

Aus den Gründen:

Der Kläger verfolgt das Ziel der Legalisierung einer Nutzungsänderung von Lagerräumen in sog. »Live-Escape-Rooms«. …

Die Klage ist zwar als Verpflichtungsklage zulässig.

Es fehlt insbesondere nicht an dem erforderlichen Antrag als Voraussetzung für die Zulässigkeit der Verpflichtungsklage. Soweit ursprünglich Mängel der Bauvorlagen in Rede standen (unzureichende Liegenschaftskarte und fehlende Übereinstimmungserklärung) ist jedenfalls durch die Nachreichung einer erweiterten Liegenschaftskarte nebst Übereinstimmungserklärung während des Zulassungsverfahrens ein ordnungsgemäßer Bauantrag gegeben. Die nachgereichten Unterlagen sind auch zu berücksichtigen (vgl. dazu allg. OVG NRW, Urteil v. 22.2.2017 – 7 A 1397/15 –, BRS 85 Nr. 101 = BauR 2017, 1020 = juris, Rdnr. 42). Die Beklagte hat dementsprechend im Berufungsverfahren bestätigt, dass sie von einem ordnungsgemäßen Antrag ausgeht.

Die Klage ist aber in der Sache unbegründet.

Der Hauptantrag auf Verpflichtung der Beklagten zur Erteilung der Baugenehmigung hat keinen Erfolg, weil das an § 34 BauGB zu messende Vorhaben nach der für die Beurteilung maßgeblichen Sach- und Rechtslage im Zeitpunkt der Entscheidung des Senats (vgl. zum maßgeblichen Beurteilungszeitpunkt: Bamberger, in Wysk, VwGO, Kompaktkommentar, 3. Aufl., Rdnr. 103 zu § 113) planungsrechtlich unzulässig ist. Die für die planungsrechtliche Beurteilung nach § 34 BauGB maßgebliche nähere Umgebung ist nach § 34 Abs. 2 BauGB, § 6 BauNVO als faktisches Mischgebiet oder nach § 34 Abs. 1 Satz 1 BauGB als mischgebietsähnliche Gemengelage zu beurteilen, die zur Beurteilung gestellte Anlage ist als kerngebietstypische Vergnügungsstätte im Sinne der Baunutzungsverordnung einzuordnen, in der genannten Umgebung ist sie planungsrechtlich unzulässig.

Nach § 34 Abs. 1 Satz 1 BauGB ist innerhalb der im Zusammenhang bebauten Ortsteile ein Vorhaben zulässig, wenn es sich nach Art und Maß der baulichen Nutzung, der Bauweise und der Grundstücksfläche, die überbaut werden soll, in die Eigenart der näheren Umgebung einfügt und die Erschließung gesichert ist. Entspricht die Eigenart der näheren Umgebung einem der Baugebiete, die in der auf Grund des § 9a BauGB erlassenen Verordnung bezeichnet sind, beurteilt sich die Zulässigkeit des Vorhabens nach seiner Art allein danach, ob es nach der Verordnung in dem Baugebiet allgemein zulässig wäre; auf die nach der Verordnung ausnahmsweise zulässigen Vorhaben ist § 31 Abs. 1 BauGB, im Übrigen § 31 Abs. 2 BauGB entsprechend anzuwenden (§ 34 Abs. 2 BauGB).

Die maßgebliche nähere Umgebung im Sinne von § 34 BauGB ist so abzugrenzen, wie es das Verwaltungsgericht vorgenommen hat. Danach ist hier das Straßengeviert in den Blick zu nehmen, das durch die J.-straße im Norden, die U.-straße im Westen, die R.-straße im Süden und die Z.-straße im Osten begrenzt wird. Das Verwaltungsgericht hat die darüber hinausgehenden Bereiche zutreffend ausgeklammert.

Die nähere Umgebung eines Vorhabens im Sinne des § 34 Abs. 1 Satz 1 BauGB wird dadurch ermittelt, dass sowohl in Richtung vom Vorhaben auf die Umgebung als auch in Richtung von der Umgebung auf das Vorhaben geprüft wird, wie weit die jeweiligen Auswirkungen reichen. Zu berücksichtigen ist die Umgebung einmal insoweit, als sich die Ausführung des Vorhabens auf sie auswirken kann und zweitens insoweit, als die Umgebung ihrerseits den bodenrechtlichen Charakter des Baugrundstücks prägt oder doch beeinflusst (vgl. hierzu grundlegend BVerwG, Urteil v. 26.5.1978 – 4 C 9.77 –, BRS 33 Nr. 36 = BauR 1978, 276 = juris, Rdnr. 33 f).

Die nähere Umgebung ist für jedes der in § 34 Abs. 1 Satz 1 BauGB genannten Merkmale gesondert zu ermitteln, weil diese jeweils eine Prägung ganz unterschiedlicher Reichweite und Gewichtung entfalten können. Bei der Bestimmung des Rahmens der näheren Umgebung ist zunächst die vorhandene Bebauung in den Blick zu nehmen, abzustellen ist auf das, was in der Umgebung des Vorhabens tatsächlich an Bebauung vorhanden ist. Sodann muss alles außer Betracht gelassen werden, was die vorhandene Bebauung nicht prägt und in ihr als Fremdkörper erscheint. Baulichkeiten, die als Fremdkörper erscheinen, sind indes nur dann außer Betracht zu lassen, wenn sie wegen ihrer Andersartigkeit bzw. Einzigartigkeit den Charakter der Umgebung nicht zu beeinflussen vermögen, was dann schließlich bei wertender Betrachtung der Gegebenheiten des Einzelfalles zu ermitteln ist (vgl. OVG NRW, Urteil v. 19.7.2010 – 7 A 44/09 –, BRS 76 Nr. 79 = BauR 2010, 2061 = juris, Rdnr. 27).

Ausgehend von diesen Grundsätzen ist auf der Grundlage des bei den Akten befindlichen Karten- und Bildmaterials, sowie nach dem tatsächlichen Eindruck, den der Berichterstatter bei der Besichtigung der Örtlichkeit gewonnen und dem Senat im Rahmen der Beratung vermittelt hat, im Hinblick auf die Art der baulichen Nutzung das Gebiet in dem vorstehend genannten Sinne abzugrenzen.

Danach endet die Umgebung an den das genannte Straßengeviert umfassenden Straßen. Eine Straße hat bei beidseitig andersartiger Siedlungsstruktur nicht stets eine trennende Funktion. Ob einer Straße im Rahmen der Abgrenzung der näheren Umgebung trennende oder verbindende Wirkung zukommt, richtet sich nach den Umständen des Einzelfalls (vgl. OVG NRW, Urteil v. 28.3.2012 – 7 A 40/10 –, juris, Rdnr. 79.)

Danach hat die R.-straße aufgrund ihres Ausbauzustands und ihrer Verkehrsbedeutung eine trennende Wirkung gegenüber der weiteren Umgebung. Eine städtebauliche Zäsur entlang des Verlaufs der J.-straße und der Z.-straße sowie der U.-straße lässt sich daraus herleiten, dass dort die Grenze zwischen jeweils einheitlich geprägten Bebauungskomplexen mit voneinander verschiedener Bau- und Nutzungsstruktur verläuft (vgl. zu diesem Abgrenzungskriterium BVerwG, Beschluss v. 28.8.2003 – 4 B 74.03 –, juris, Rdnr. 2).

Dies betrifft die aufgelockerte Bebauung mit überwiegend gewerblicher Nutzung nördlich der J.-straße, die Freifläche östlich der Z.-straße sowie die Grünfläche entlang der U.-straße.

Es handelt sich bei diesem Gebiet um ein faktisches Mischgebiet oder um eine mischgebietsähnliche Gemengelage, andere faktische Gebietstypen im Sinne von § 34 Abs. 2 BauGB i. V. m. §§ 2 ff. BauNVO kommen nicht in Betracht.

Bei dieser Beurteilung sind die vom Kläger angesprochenen Nutzungen eines Wettbüros und einer Shisha-Bar an der R.-straße nicht als gebietsprägende Nutzungen zu berücksichtigen. Die Shishabar wird nach dem Ergebnis des Ortstermins vom 15.2.2024 nicht mehr betrieben, Anhaltspunkte für eine alsbaldige Reaktivierung der Nutzung oder eine nachprägende Wirkung konnte der Senat nicht feststellen. Das ehemalige Wettbüro B., R.-straße 167, kommt als prägende Anlage ebenso wenig in Betracht; von der Beklagten wurde es nicht geduldet – das ergibt sich aus dem unwidersprochen gebliebenen Vorbringen der Beklagten zu einem bauaufsichtlichen Einschreiten gegen diese Nutzung; die Nutzung wird im Übrigen auch nach dem Ergebnis des Ortstermins nicht mehr ausgeübt.

Wie das Verwaltungsgericht zutreffend festgestellt hat, sind ungeachtet des quantitativen Überwiegens von Wohnnutzungen im Straßengeviert prägende gewerbliche Nutzungen an der R.-straße, insbesondere im südöstlichen Bereich des Straßengevierts (Autovermietung und Kurierdienst Nr. 175, Restaurant, Nr. 163) sowie auch an der Z.-straße (Küchenmöbelgeschäft) vorhanden. Diese stehen einer Einordnung als allgemeines Wohngebiet nach § 4 BauNVO entgegen.

Anderweitige Gebietskategorien, die hier angenommen werden könnten, kommen nicht in Betracht. Ob die für ein Mischgebiet erforderliche Gleichgewichtigkeit der Wohnnutzungen bzw. gewerblichen Nutzungen gegeben ist (vgl. zu dieser Voraussetzung BVerwG, Beschluss v. 19.2.2024 – 4 B 21.23, juris, Rdnr. 11, m. w. N.), bedarf aus den nachstehenden Gründen keiner abschließenden Beurteilung, weil das Vorhaben in beiden Fällen planungsrechtlich unzulässig ist.

Das Vorhaben ist planungsrechtlich als kerngebietstypische Vergnügungsstätte zu werten.

Vergnügungsstätten sind Gewerbebetriebe besonderer Art, die sich in unterschiedlicher Ausprägung (wie z. B. Amüsierbetriebe, Diskotheken, Spielhallen) unter Ansprache des Geselligkeitsbedürfnisses, des Spiel- oder des Sexualtriebs einer bestimmten auf Gewinnerzielung gerichteten Freizeitunterhaltung widmen. Für den städtebaulichen Bezug ist wesentlich, dass solche Einrichtungen typischerweise mit negativen Folgewirkungen – wie z. B. Lärmbelästigungen, Beeinträchtigungen des Stadt- und Straßenbildes oder Verschlechterung der Gebietsqualität – verbunden sind (vgl. OVG NRW, Urteil v. 13.12.2017 – 7 A 880/16 –, juris, Rdnr. 45 und Beschluss v. 15.4.2011 – 7 B 1263/10 –, juris, Rdnr. 14).

Die Anwendung dieser Grundsätze führt zur Einordnung des Vorhabens als Vergnügungsstätte, die auch kerngebietstypisch ist.

Die Voraussetzungen für eine Einordnung als Vergnügungsstätte liegen bei der gebotenen typisierenden Betrachtung vor.

Nach der Rechtsprechung des Bundesverwaltungsgerichts ist die Typisierung ein die Baunutzungsverordnung tragender Systemgedanke. Sie liegt den Vorschriften der §§ 2–9 BauNVO über Baugebiete und die darin zulässigen Nutzungen allgemein zugrunde. Indem die Verordnung für die verschiedenen Baugebiete jeweils die allgemeine Zweckbestimmung vorgibt und sich sodann ein Katalog von allgemein zulässigen Nutzungen anschließt, geht sie davon aus, dass diese Nutzungen im Regelfall vom Typ her der Zweckbestimmung des Baugebiets entsprechen (vgl. zur typisierenden Betrachtung: BVerwG, Beschluss v. 27.6.2018 – 4 B 10.17 –, BRS 86 Nr. 57 = juris, Rdnr. 7–10).

Es handelt es sich bei dem Konzept der Escape-Rooms um eine Art von kommerzieller Unterhaltung, bei der das Geselligkeitsbedürfnis und der Spieltrieb der Kunden durch die Herausforderung, innerhalb einer begrenzten Zeit in einer gestalteten Räumlichkeit gemeinsam eine Aufgabe zu lösen (Finden eines Fluchtwegs oder Aufklärung eines Kriminalfalls) angesprochen wird.

Bei typisierender Beurteilung ist auch von regelmäßig zu erwartenden nachteiligen Folgewirkungen für die Umgebung auszugehen, die für den städtebaulichen Bezug wesentlich sind. Jedenfalls im zeitlichen Zusammenhang mit der Anfahrt und Abfahrt der Besucher ist von Beeinträchtigungen der Nachbarschaft durch Parksuchverkehr, Türenschlagen, Gespräche wartender Gruppen bzw. sich verabschiedender Besucher auszugehen (vgl. in diesem Sinne auch die Einschätzung des Ministeriums für Heimat, Kommunales, Bau und Gleichstellung (MHKBG) des Landes NRW vom 5.2.2018 – Aktenzeichen: 901.1 – Escape Rooms).

Es handelt sich bei typisierender Betrachtung auch um eine kerngebietstypische Vergnügungsstätte.

Mit den vorgenannten städtebaulich relevanten Beeinträchtigungen ist regelmäßig an sieben Tagen der Woche in einem Zeitraum auch während der besonders geschützten Nachtzeit zu rechnen. Besondere Prägung erfährt das

Störpotenzial dadurch, dass die typischerweise überörtliche Zielgruppe gruppenweise und mit PKWs eintreffen dürfte. Mit einer solchen überörtlichen Zielgruppe ist bei Escape Rooms regelmäßig zu rechnen, da Anreize für einen erneuten Besuch von Besuchern aus einem engeren Einzugsbereich nicht bestehen, wenn die gestellte Aufgabe bekannt und gelöst ist. Bei der typisierenden Beurteilung von Escape Rooms sind auch Veranstaltungsräume mit größerer Kapazität als dem vorliegend zur Genehmigung gestellten Einzelfall zu berücksichtigen. So betraf der Sachverhalt, der vom Verwaltungsgericht Köln im Urteil v. 10.2.2022 – 8 K 98/19 –, juris, beurteilt wurde und der dem Senat ebenso wie der Beklagten und dem Prozessbevollmächtigten des Klägers bekannt ist, ein Veranstaltungskonzept, bei dem jeweils maximal 33 Spieler gleichzeitig teilnehmen konnten.

Das Vorhaben ist als kerngebietstypische Vergnügungsstätte im Sinne des Planungsrechts bei einer Betrachtung der Umgebung als faktisches Mischgebiet unzulässig, das gleiche gilt bei einer Betrachtung als mischgebietsähnliche Gemengelage.

Nach § 6 BauNVO dienen Mischgebiete dem Wohnen und der Unterbringung von Gewerbebetrieben, die das Wohnen nicht wesentlich stören. Regelmäßig zulässig sind neben Wohngebäuden, Geschäftsgebäuden, Bürogebäuden, Einzelhandelsbetrieben, Schankwirtschaften, Speisewirtschaften sowie Betrieben des Beherbergungsgewerbes und Anlagen für Verwaltungen sowie für kirchliche, kulturelle, soziale, gesundheitliche und sportliche Zwecke, Gartenbaubetrieben und Tankstellen auch sonstige Gewerbebetriebe (Nr. 4) sowie Vergnügungsstätten im Sinne des § 4a Abs. 3 Nr. 2 in den Teilen des Gebiets, die überwiegend durch gewerbliche Nutzungen geprägt sind. Nach Abs. 3 können ausnahmsweise Vergnügungsstätten im Sinne des § 4a Abs. 3 Nr. 2 auch außerhalb der in Abs. 2 Nr. 8 bezeichneten Teile des Gebiets zugelassen werden. Danach ist das Vorhaben weder regelmäßig noch ausnahmsweise zulässig.

Das Vorhaben ist ebenso planungsrechtlich unzulässig, wenn die aufgezeigte nähere Umgebung als mischgebietsähnliche Gemengelage nach § 34 Abs. 1 Satz 1 BauGB beurteilt wird.

Maßgeblich ist danach zunächst, ob sich das Vorhaben nach der Art der Nutzung in den Rahmen einfügt, den die aufgezeigte Umgebung vorgibt (vgl. zur Rahmentheorie: BVerwG, Urteil v. 26.5.1978 – IV C 9.77 –, BauR 1078, 276 = juris, Rdnr. 46).

Das ist nicht der Fall. Das Vorhaben fügt sich seiner Art nach nicht in den Rahmen der Umgebung ein, weil dort keine anderen Vergnügungsstätten vorhanden sind.

Das Vorhaben ist auch nicht ausnahmsweise in einer Gemengelage zulässig; eine solche ausnahmsweise Zulässigkeit käme in Betracht, wenn es keine bodenrechtlichen Spannungen begründete. Da es auch zur Nachtzeit betrieben wird und durch Verkehrsgeräusche sowie Gespräche der Kundschaft beim

Verlassen der Anlage mit Störungen für die Wohnnachbarschaft zu rechnen ist, führt es indes auch zu bodenrechtlich relevanten Spannungen (vgl. allg. zum Schutz der Nachtruhe: OVG NRW, Urteile v. 11.7.2017 – 2 A 470/15 –, juris, Rdnr. 78 und vom 17.6.1992 – 11 A 1434/89 –, juris, Rdnr. 81). …

Nr. 41

Selbst das Angebot einer 24-Stunden-Betreuung im Schichtdienst, einer Cafeteria mit Verpflegungsangebot, eines Friseurs und einer Physiotherapiepraxis ändert nichts an dem Wohncharakter eines Intensiv-Pflegezentrums, in dem Bewohnerinnen und Bewohner in Wohngemeinschaften Zimmer anmieten können, die sie selbst möblieren können.
(Leitsatz der Redaktion)

BauGB § 34; BauNVO § 3.

OVG Berlin-Brandenburg, Beschluss vom 17. Juli 2024 – OVG 10 S 18/24 –.

Aus den Gründen:

… Die Antragsteller begehren die Anordnung der aufschiebenden Wirkung des Widerspruchs … gegen eine Baugenehmigung … für die Errichtung eines Neubaus für Intensivpflege-Wohngemeinschaften auf dem südöstlich angrenzenden Nachbargrundstück ….

Mit ihrem Begehren vorläufigen Rechtsschutzes wenden sich die Antragsteller gegen die Nutzung des ihrem Grundstück zugewandten Seitenflügels des Vorhabens. Das Verwaltungsgericht hat den Antrag auf Gewährung vorläufigen Rechtsschutzes als wegen Verlusts des Widerspruchsrechts unzulässig und unabhängig davon auch als unbegründet abgelehnt. Dagegen richtet sich die Beschwerde.

Die Beschwerde hat keinen Erfolg.

Allerdings rügen die Antragsteller zu Recht die Annahme des Verwaltungsgerichts, dass ihr Widerspruch verfristet sei.

Sie erschüttern aber nicht die selbständig tragende Begründung des angefochtenen Beschlusses, dass sich der Antrag unabhängig von seiner Unzulässigkeit als unbegründet erweise, weil der Widerspruch der Antragsteller gegen die der Beigeladenen erteilte Baugenehmigung vom 28.6.2021 insbesondere bezogen auf die Nutzung des sich entlang der Grenze zum Grundstück der Antragsteller erstreckenden rückwärtigen Seitengebäudes, auf die sich der Antrag beschränke, keinen Erfolg haben werde. Denn es sei nach der im vorliegenden Verfahren gebotenen summarischen Prüfung nicht offensichtlich oder überwiegend wahrscheinlich, dass die Baugenehmigung Nachbarrechte der Antragsteller verletze.

Entgegen der Annahme des Verwaltungsgerichts ist der Widerspruch der Antragsteller nicht verfristet. Es ist nichts dafür ersichtlich, dass die Antragsteller die sichere Kenntnis von der Baugenehmigung erlangt haben oder hätten erlangen können, bevor ihnen nach zwei vergeblichen Akteneinsichtsgesuchen beim Antragsgegner schließlich das Verwaltungsgericht am 10.11.2023 die Möglichkeit der Einsichtnahme in die Bauakte verschaffte, indem es die Verwaltungsvorgänge an ihren Verfahrensbevollmächtigten übermittelte. Zuvor hatte der Antragsgegner das am 24.6.2022 bei ihm eingegangene erste Akteneinsichtsgesuch der Antragsteller mit seinem Schreiben vom 25.7.2022 grundsätzlich abgelehnt. Statt der Baugenehmigung hatte er ihnen nur vier Auszüge aus den von der Beigeladenen zur Bauakte gereichten Unterlagen in Kopie übermittelt. Deshalb konnte die Beigeladene am 9.6.2023, als der Widerspruch der Antragsteller gegen die Baugenehmigung beim Antragsgegner einging, nicht darauf vertrauen, dass die Antragsteller die Baugenehmigung nicht anfechten würden, deren Kenntnis der Antragsgegner ihnen weiterhin und nunmehr bewusst vorenthielt.

Ist – wie hier – dem Nachbarn die Baugenehmigung, durch die er sich beschwert fühlt, nicht amtlich bekanntgegeben worden, so läuft für ihn weder in unmittelbarer noch in analoger Anwendung von § 70, § 58 Abs. 2 VwGO eine Widerspruchsfrist.

Hat er jedoch gleichwohl sichere Kenntnis von der Baugenehmigung erlangt oder hätte er sie erlangen müssen, so kann ihm nach Treu und Glauben die Berufung darauf versagt sein, dass sie ihm nicht amtlich mitgeteilt wurde. Dann läuft für ihn die Widerspruchsfrist nach § 70 i. V. m. § 58 Abs. 2 VwGO so, als sei ihm die Baugenehmigung in dem Zeitpunkt amtlich bekannt gegeben, in dem er von ihr sichere Kenntnis erlangt hat oder hätte erlangen können.

Der Zeitpunkt, zu dem der Nachbar von der Baugenehmigung zuverlässige Kenntnis nehmen konnte, tritt ein, wenn sich ihm das Vorliegen der Baugenehmigung aufdrängen musste – beispielsweise aufgrund eines sichtbaren Beginns der Bauausführung – und es ihm möglich und zumutbar war, sich hierüber – etwa durch Anfrage bei dem Bauherrn oder der Baugenehmigungsbehörde – Gewissheit zu verschaffen. Daraus folgt: Ab dem Zeitpunkt, an dem der Nachbar davon ausgehen muss, dass der Bauherr eine Baugenehmigung erhalten hat, hat er sich regelmäßig innerhalb eines Jahres über die Genehmigungslage zu informieren. Tut er dies, so ist die Widerspruchsfrist gewahrt und wird erst dadurch versäumt, dass er nach Erhalt der Information, die ihm die sichere Kenntnis von der Baugenehmigung verschafft, nicht fristgerecht Widerspruch einlegt. Einen »vorsorglichen« Widerspruch, d. h. einen Widerspruch »auf Verdacht« oder »ins Blaue hinein«, kann der Bauherr nicht erwarten (vgl. zum Ganzen BVerwG, Beschluss v. 11.9.2018 – 4 B 34.18 – juris Rdnr. 9 und 11 m. w. N.).

Die Bemühungen der Antragsteller, sich über die Genehmigungslage zu informieren, waren hier mit der Ablehnung der Akteneinsicht durch den Antragsgegner in seinem Schreiben vom 25.7.2022 gescheitert.

Entgegen der Auffassung des Verwaltungsgerichts ist eine darüber hinausgehende Obliegenheit der Antragsteller, trotzdem »auf eine weitergehende Akteneinsicht zu dringen und sich mit der teilweise gegebenen Auskunft nicht abzufinden«, nach der zitierten Rechtsprechung, welcher der erkennende Senat folgt (OVG Berlin-Brandenburg, Urteil v. 24.10.2019 – OVG 10 B 2.15 –, juris Rdnr. 54; Beschluss v. 19.10.2022 – OVG 2 S 44/22 – juris Rdnr. 6), nicht zu fordern. Im Übrigen hatte der Antragsgegner in seinem Schreiben vom 25.7.2022 unter Bezugnahme auf ein in den Akten nicht dokumentiertes Telefongespräch vom selben Tage und unter dem nicht näher begründeten Vorwand des Fehlens einer Vollmacht der Beigeladenen eine weitergehende Akteneinsicht bereits ausdrücklich und unmissverständlich abgelehnt, ohne auf das schon aus der E-Mail vom 3.6.2022 ersichtliche erhebliche rechtliche Interesse der Antragsteller an der Akteneinsicht auch nur ansatzweise einzugehen. Eine Aussicht, dass ein Dringen auf eine weitergehende Akteneinsicht ohne Inanspruchnahme gerichtlichen Rechtsschutzes dennoch Erfolg hätte haben können, bestand danach nicht.

Das bestätigt auch das weitere Verhalten des Antragsgegners, mit dem er auf den zweiten, nunmehr anwaltlich gestellten und mit dem Widerspruch verbundenen Akteneinsichtsantrag vom 9.6.2023 nicht reagiert und damit das Anrufen des Verwaltungsgerichts am 12.10.2023 erst veranlasst hat. Sogar nach der gerichtlichen Aktenanforderung hat er unter Hinhalten des Verwaltungsgerichts zunächst mit Schreiben vom 20.10.2023 die Antragsteller zu seiner Absicht angehört, ihren Widerspruch zurückzuweisen, ohne ihnen zuvor Akteneinsicht gewährt zu haben oder wenigstens nunmehr zu gewähren, um dann die Verwaltungsvorgänge erst mit Schreiben vom 25.10.2023 dem Verwaltungsgericht zuzuleiten.

Nach den oben angeführten Maßstäben hat es hier vor dem Erheben des Widerspruchs am 9.6.2023 keinen Zeitpunkt gegeben, zu dem die Antragsteller von der Baugenehmigung sichere Kenntnis nehmen konnten oder hätten nehmen können. Denn die bloße Kenntnis von der Erteilung des Bescheides und damit vom Abschluss des Verwaltungsverfahrens reicht nicht, um in einer der Bekanntgabe (§ 70 Abs. 1 Satz 1 VwGO) bzw. der »Zustellung, Eröffnung oder Verkündung« (§ 58 Abs. 2 Satz 1 VwGO) der Baugenehmigung gleichwertigen Weise die Jahresfrist für den Widerspruch auszulösen. Erforderlich ist vielmehr die Kenntnis des Bescheidinhaltes. Denn es muss sich um eine Kenntniserlangung handeln, die den Nachbarn mit Rücksicht auf das Nachbarschaftsverhältnis nach Treu und Glauben in aller Regel in gleicher Weise wie eine amtliche Bekanntmachung der Genehmigung zur Geltendmachung seiner Einwendungen in angemessener Frist veranlassen muss (vgl. OVG Berlin-Brandenburg, Urteil v. 24.10.2019, a. a. O., Rdnr. 54).

Hier war aber – möglicherweise erst mit dem Aufstellen des Bauschildes, das die Antragsteller nach eigenen Angaben am 16.6.2022 entdeckten, spätestens mit den vier Anlagen zum Schreiben des Antragsgegners vom 25.7.2022 – nur die erste von der o.a. Rechtsprechung verlangte Voraussetzung gegeben, weil die Antragsteller jedenfalls ab diesem Zeitpunkt sicher wussten, dass eine Baugenehmigung erteilt worden war. Die kumulative zweite Voraussetzung, nämlich die Möglichkeit der sicheren Kenntnisnahme von der Baugenehmigung selbst, fehlte hingegen, weil der Antragsgegner sie ihnen eindeutig verweigert hat.

Selbst wenn, wie es das Verwaltungsgericht annimmt, die Antragsteller bereits zum Zeitpunkt ihrer E-Mail vom 3.6.2022 an den Antragsgegner davon hätten ausgehen müssen, dass die Beigeladene eine Baugenehmigung erhalten habe, zumal sie u. a. den wohl nur aus dem Lageplan zur Baugenehmigung ersichtlichen seitlichen Grenzabstand von 5 m kannten, so hätte es ihnen – wie die Beschwerde zutreffend ausführt – lediglich oblegen, sich innerhalb eines Jahres über die Genehmigungslage zu informieren (vgl. BVerwG, Beschluss v. 11.9.2018, a. a. O., Rdnr. 11). Dies haben sie indessen spätestens mit ihrem ersten Antrag auf Akteneinsicht getan, der in den Verwaltungsvorgängen nicht dokumentiert ist, aber am 24.6.2022 beim Antragsgegner eingegangen ist, wie sich aus seinem grundsätzlich ablehnenden Antwortschreiben vom 25.7.2022 ergibt. Damit haben die Antragsteller die Widerspruchsfrist gewahrt und hätten sie allenfalls versäumen können, wenn sie nach Erhalt der Information, die ihnen »die sichere Kenntnis von der Baugenehmigung verschafft«, nicht fristgerecht Widerspruch eingelegt hätten (vgl. BVerwG, Beschluss v. 11.9.2018, a. a. O., Rdnr. 10).

Eine solche Information haben sie aber vor Erheben ihres Widerspruchs nicht erhalten. Denn der Antragsgegner hat ihnen in seinem Schreiben vom 25.7.2022 nicht etwa im Sinne der zitierten Rechtsprechung »die sichere Kenntnis von der Baugenehmigung verschafft«. Stattdessen hat er ihnen mit den Kopien, die er jenem Schreiben beigefügt hatte, lediglich vier zum Bauantrag eingereichte Unterlagen übermittelt. Bei zwei dieser Unterlagen handelte es sich sogar nur um Auszüge, deren beschränkter Umfang weder in der Bauakte noch in der Widerspruchs- und Akteneinsichtsakte dokumentiert ist. Und den amtlichen Lageplan hat der Antragsgegner den Antragstellern ausweislich der von ihnen eingereichten Kopie offenbar nur mit Schwärzungen – sogar ihrer eigenen Namen – zugeschickt .

Danach hat der Antragsgegner auf den ersten Schritt der Bemühungen der Antragsteller um Informationen über die Genehmigungslage auch mit seinem Schreiben vom 25.7.2022 und dessen Anlagen den Antragstellern keine Information übermittelt, die ihnen – wie von der zitierten Rechtsprechung als zweiter Schritt verlangt – »die sichere Kenntnis von der Baugenehmigung verschafft« und die Widerspruchsfrist nach § 70 i. V. m. § 58 Abs. 2 VwGO ausgelöst hätte.

Sichere Kenntnis von der Baugenehmigung vom 28.6.2021 im Sinne der zitierten Rechtsprechung (vgl. BVerwG, Beschluss v. 11.9.2018, a. a. O., Rdnr. 10) hatten die Antragsteller erst seit der ihnen auf ihren dritten Akteneinsichtsantrag dann vom Verwaltungsgericht verschafften Einsichtnahme in die Bauakte am 10.11.2023 (Empfangsbekenntnis ihres Verfahrensbevollmächtigten).

Im Übrigen würde es selbst dann nicht zu einem anderen Ergebnis führen, wenn man den Zugang des Schreibens des Antragsgegners vom 25.7.2022 bei den Antragstellern am 5.8.2022 als »Erhalt der Information, die [dem Nachbarn] die sichere Kenntnis von der Baugenehmigung verschafft« (BVerwG, Beschluss v. 11.9.2018, a. a. O., Rdnr. 11), ansehen wollte, obwohl er eine sichere Kenntnis der Baugenehmigung nicht bietet. Hätte dies nach den Maßstäben der zitierten Rechtsprechung am 5.8.2022 die Widerspruchsfrist von einem Jahr nach § 70 i. V. m. § 58 Abs. 2 VwGO ausgelöst, so wäre sie erst am 5.8.2023 abgelaufen. Auch dann wäre der bereits zuvor am 9.6.2023 beim Antragsgegner eingegangene Widerspruch nicht verfristet gewesen.

Indessen erweist sich das auf die Nutzung des Seitenflügels beschränkte Begehren der Anordnung der aufschiebenden Wirkung als unbegründet, weil insoweit der Widerspruch der Antragsteller gegen die der Beigeladenen erteilte Baugenehmigung aus den zutreffenden Gründen des angefochtenen Beschlusses auch unter Berücksichtigung des Beschwerdevorbringens aussichtslos ist.

Die Verletzung eines Gebietserhaltungsanspruchs der Antragsteller scheitert schon daran, dass das Vorhaben nach Art der hier allein in Rede stehenden Nutzung des Seitenflügels einem »Wohngebäude« im Sinne von § 3 Abs. 2 Nr. 1, Abs. 4 BauNVO entspricht, ungeachtet dessen aber auch daran, dass die Eigenart der näheren Umgebung des Vorhabens keinem der Baugebiete der §§ 3, 4 oder 6 BauNVO im Sinne von § 34 Abs. 2 BauGB entsprechen dürfte. Eine Beeinträchtigung des bauplanungsrechtlichen Rücksichtnahmegebotes liegt ebenfalls fern.

Die Verletzung eines etwaigen Gebietserhaltungsanspruchs vermag auch das Beschwerdevorbringen nicht im Einzelnen näher darzulegen.

Zutreffend geht das Verwaltungsgericht davon aus, dass das Vorhaben im Schwerpunkt Wohnnutzungen in Form von Pflegewohngemeinschaften betrifft und – ungeachtet des erheblichen Umfangs, den die gewerblichen Nutzungen in Form der Cafeteria und eines Friseurladens sowie die freiberufliche Nutzung in Form einer Physiotherapiepraxis einnehmen – weder im Schwerpunkt als gewerbliche Nutzung noch als medizinischer klinikartiger Betrieb anzusehen ist. Nach der Art der Nutzung stellt der in der Anlage zur Antragsschrift farblich markierte Seitenflügel, auf dessen Nutzung auch die Beschwerde den Antrag räumlich und inhaltlich beschränkt, ohne Weiteres ein »Wohngebäude« im Sinne von § 3 Abs. 2 Nr. 1, Abs. 4 BauNVO dar, weil er ausschließlich zwei Pflegewohngemeinschaften dient und sich andere, im

Übrigen eine deutlich geringere Nutzfläche einnehmende und diesem Hauptzweck untergeordnete Nutzungen (Cafeteria, Friseur und Physiotherapiepraxis) im vorderen Teil des Gebäudes befinden, den der Antrag ausdrücklich nicht erfasst.

Das Verwaltungsgericht hat dazu ausgeführt, die vorgesehene Nutzung als Pflegewohngemeinschaft einschließlich einer auch vorgesehenen Intensivpflege der Bewohner sei noch als Wohnnutzung einzuordnen.

Nach dem erweiterten Wohnbegriff (§ 3 Abs. 4 BauNVO) setze die Wohnnutzung bei einer Betreuung oder Pflege insofern voraus, dass für die Bewohner ungeachtet ihres Pflege- oder Betreuungsbedarfs neben der Freiwilligkeit und der Dauerhaftigkeit des Aufenthaltes ein Mindestmaß an häuslicher, selbstbestimmter Lebens- und Haushaltsführung möglich sei. Diese Maßstäbe entsprechen der Rechtsprechung sowohl des erkennenden Senats (OVG Berlin-Brandenburg, Urteil v. 5.3.2020 – OVG 10 A 8.15 – juris Rdnr. 77 – 80) als auch anderer Oberverwaltungsgerichte (Niedersächsisches OVG, Urteil v. 21.8.2002 – 1 LB 140/02 –, juris Rdnr. 21; OVG Nordrhein-Westfalen, Urteil v. 23.11.2016 – 7 A 775/15 – juris Rdnr. 54 – 66 und Beschluss v. 30.1.2023 – 7 B 1280/22 – juris Rdnr. 5; OVG Schleswig-Holstein, Beschluss v. 7.9.2017 – 1 MB 11/17 – juris Rdnr. 9; OVG Rheinland-Pfalz, Beschluss v. 18.12.2018 – 8 A 11049/18 – juris Rdnr. 11–18) und der Auffassung im Schrifttum (Hornmann, in: Spannowsky/Hornmann/Kämper, BeckOK BauNVO, Stand: 15.4.2024, § 3 Rdnr. 84–87 und 106–108; Stock, in: Ernst/Zinkahn/Bielenberg/Krautzberger, BauGB, Stand: Januar 2024, § 3 BauNVO Rdnr. 60–67 jeweils m. w. N.).

Das Verwaltungsgericht hat diese Maßstäbe als erfüllt angesehen. Dabei ist es ausführlich darauf eingegangen, dass und warum im Einzelnen den Bewohnern in den genehmigten Wohngemeinschaften noch eine hinreichende Möglichkeit verbleibe, ihr häusliches Wohnen zu gestalten. Die Bewohner mieteten nach dem Nutzungskonzept ein eigenes Zimmer. Eine Möblierung werde ihnen nicht zwingend vorgegeben, d. h. könne von ihnen auch selbst gestaltet werden. Daneben stünden ihnen jeweils die Gemeinschaftsküche/-aufenthaltsraum sowie je zwei Bewohnerzimmer ein Bad zur Verfügung. Die Bewohner seien auch nicht ausdrücklich an die Beauftragung der Pflegeleistungen bei der Beigeladenen gebunden, auch wenn sie häufig naheliegen werde. Zu Recht zieht das Verwaltungsgericht für Fälle des erhöhten Pflegebedarfs als Vergleich den auch in seinem eigenen Haus bettlägerig und rund um die Uhr gepflegten Bewohner heran, der nach der Verkehrsanschauung eine Wohnnutzung ausübe. Das entspricht der o.a. Rechtsprechung (OVG Rheinland-Pfalz, Beschluss v. 18.12.2018, a. a. O., Rdnr. 18). …

Entgegen § 146 Abs. 4 Satz 3 VwGO setzt sich die Beschwerde mit diesen Ausführungen nirgends auch nur ansatzweise auseinander. Das Gleiche gilt für die Feststellung des Verwaltungsgerichts zu den beiden weiteren Voraussetzungen des Wohnbegriffs, es bestünden im Übrigen keine Zweifel daran, dass die Bewohner ihren Aufenthalt auf Dauer anstrebten und freiwillig wählten. Auch dazu äußert sich die Beschwerde nicht.

Stattdessen wiederholen die Antragsteller auch im Beschwerdeverfahren ihre bereits vom Verwaltungsgericht zu Recht als »unsubstantiiert und spekulativ« bezeichnete Behauptung eines klinikartigen Betriebes. Davon kann wegen des Vorliegens einer Wohnnutzung im Sinne des erweiterten Wohnbegriffs (§ 3 Abs. 4 BauNVO) keine Rede sein. Für eine stattdessen klinik- oder krankenhausähnliche Unterbringung vermag das Beschwerdevorbringen keine konkreten Anhaltspunkte aus den Bauunterlagen zu benennen. Sie wäre auf die zeitlich begrenzte Behandlung von Krankheiten ausgerichtet (OVG Nordrhein-Westfalen, Urteil v. 23.11.2016, a. a. O., Rdnr. 61). Außerdem würden nicht allein individuelle gesundheitliche Beschränkungen der Bewohner ihre Lebensführung bestimmen und einschränken, sondern sie wären in einen Tagesablauf eingebunden, der auch sonst nicht von ihnen und ihren individuellen Wünschen bzw. Bedürfnissen bestimmt werden würde, sondern durch Dritte oder organisatorische Erfordernisse und Abläufe eines Betriebs vorgegeben wäre (vgl. OVG Schleswig-Holstein, Beschluss v. 7.9.2017, a. a. O., Rdnr. 9). Es müsste eine medizinische Diagnose und Behandlung unter dauerhafter ärztlicher Leitung stattfinden (vgl. Stock, a. a. O., Rdnr. 66). Das Nutzungskonzept müsste ausschließen, dass der pflege- und betreuungsbedürftige Mensch seine nähere Umgebung nicht wenigstens in einem Mindestmaß wohnartig selbst gestalten kann (OVG Nordrhein-Westfalen, Beschluss v. 30.1.2023, a. a. O., Rdnr. 5). Nichts davon zeigen die Antragsteller hier konkret auf.

Sie verkennen, dass die Inanspruchnahme der Leistungen eines Betreuungs- und Pflegedienstes – auch bei Einrichtung einer 24-Stunden-Betreuung im Schichtdienst – das Konzept einer primär auf (gemeinsames) Wohnen ausgerichteten Nutzung nicht in Frage stellt. Denn auch insofern handelt es sich um unterstützende Leistungen, die – ähnlich wie bei dem pflegebedürftig gewordenen Menschen in seiner angestammten Wohnung – einen Verbleib in einem Wohnumfeld erst ermöglichen sollen (OVG Rheinland-Pfalz, Beschluss v. 18.12.2018, a. a. O., Rdnr. 18). Selbst wenn eine Wohngemeinschaft exklusiv auf einen Personenkreis von intensivpflegebedürftigen, wie z. B. vornehmlich von zu beatmenden und überwachungspflichtigen Bewohnern zugeschnitten ist, erlaubt dies nicht notwendig den Schluss auf eine krankenhausähnliche Einrichtung (OVG Schleswig-Holstein, Beschluss v. 7.9.2017, a. a. O., Rdnr. 9). Konkrete Anhaltspunkte dafür, dass sich die Pflegeleistungen im Vorhaben grundlegend von Leistungen unterscheiden, die auch in Privatwohnungen von ambulanten Pflegediensten erbracht werden, bietet das Beschwerdevorbringen nicht.

Die Angaben der Betriebsbeschreibung »Intensivpflege-WG« zur genauen Bezeichnung des Vorhabens (»Pflegewohngemeinschaft«, »Pflege und Unterstützung hilfsbedürftiger Menschen«, bei der »diverse Pflegemittel« verwendet werden, mit der Formulierung der Arbeitsabläufe als »Dienstübergabe, Grundpflegetätigkeiten nach Bedarf«), zur Zahl der Schichten (»3«) und zur Zahl der Beschäftigten »in der stärksten Schicht« (»4«) widerlegt die Beschwerde nicht. Vielmehr beschränken sich die Antragsteller darauf, neunmal die abstrakte Formulierung »medizinisch ganzheitliche Versorgung« aus dem Gebäudekonzept zu wiederholen und darauf hinzuweisen, dass die Bewohner im Text dieser Kurzbeschreibung nicht stets »Bewohner«, sondern auch »Patienten« genannt werden und das Bauschild das Vorhaben als »Pflegezentrum« bezeichnet. Auch diese substanzlosen Ausführungen setzen sich nicht in der von § 146 Abs. 4 Satz 3 VwGO geforderten Weise mit der Begründung der angefochtenen Entscheidung zum erweiterten Wohnbegriff (§ 3 Abs. 4 BauNVO) auseinander, sondern stellen lediglich der Auffassung des Verwaltungsgerichts die eigene abweichende Auffassung der Antragsteller gegenüber.

Von einem »Gewerbebetrieb« oder einem »Gewerbezentrum« kann danach für den hier nur in Rede stehenden und in der Anlage zur Antragsschrift farblich markierten Seitenflügel keine Rede sein. Ebenso fern liegt die Vorstellung, die »vermeintliche ›Wohnnutzung‹« sei nur Mittel der Beigeladenen, um gewerbliche Dienstleistungen zu erbringen. Die von den Antragstellern als »Gewerbeeinheiten« bezeichneten Nutzungen von Räumen für die Cafeteria im Erdgeschoss und für den Friseur und die Physiotherapiepraxis im 1. Obergeschoss befinden sich, wie sie selbst einräumen, im »vorderen Haupthaus« und sind damit schon nicht Gegenstand des vorliegenden Verfahrens. Dessen ungeachtet sind sie entgegen der nicht näher begründeten Auffassung der Beschwerde bei Betrachtung des Gesamtvorhabens einschließlich des hier nicht in Rede stehenden vorderen Gebäudeteils keine das Vorhaben prägenden, sondern gegenüber den drei den Schwerpunkt der Nutzung bildenden Pflegewohngemeinschaften nur untergeordnete und sie ergänzende Nutzungen. Das ergibt sich nach den Bauunterlagen ohne Weiteres schon aus ihrer auf die Bewohner zugeschnittenen und diesen Pflegewohngemeinschaften gegenüber deutlich geringeren räumlichen Inanspruchnahme einer Nutzfläche von insgesamt nur 275,70 m^2 (Raumliste nach Nutzung: Gesamtfläche 1 813,94 m^2, davon u. a. Cafeteria 131,35 m^2, Friseur 40,84 m^2, Physiotherapie 103,51 m^2; Pflege 1 350,54 m^2).

Unabhängig davon dürften sie ohne weiteres sogar im reinen Wohngebiet zulässig sein. Für die Cafeteria und die an sie anschließende Küche ergibt sich aus der Darstellung der Größe und Innenausstattung mit sechs Tischen für jeweils vier Personen, zwei Tischen für zwei Personen und drei Tresenplätzen sowie zwei weiteren Tischen für jeweils vier Personen im an der Straße liegenden und witterungsbedingt nur in einem begrenzten Zeitraum des Jahres nutzbaren Außenbereich, dass sie schwerpunktmäßig dazu dient, in Ergänzung der Gemeinschaftsküche, über die jede Wohngemeinschaft verfügen soll, die Bewohner und ggf. ihre Besucher sowie die Mitarbeiter zu verpflegen. Insoweit dürfte sie im Wesentlichen lediglich die erweiterte Wohnnutzung (§ 3 Abs. 4 BauNVO) ergänzen und unterstützen, die auch bei Pflegeheimen und Pflegewohngemeinschaften nicht verlangt, dass die Pflegebedürftigen in der Lage sind, ihr Essen in der Gemeinschaftsküche selbst zuzubereiten.

Konkrete Anhaltspunkte dafür, dass die Cafeteria stattdessen gerade auf einen allgemeinen Publikumsverkehr in der Art einer Gaststätte ausgerichtet ist, die als »Schank- und Speisewirtschaft« (§ 4 Abs. 2 Nr. 2 BauNVO) nur im allgemeinen, nicht aber im reinen Wohngebiet zulässig wäre, zeigen die Antragsteller nicht auf. Die gleiche Unterordnung der Nutzung unter den Hauptzweck der erweiterten Wohnnutzung dürfte sich für den Friseur und die Physiotherapie im 1. Obergeschoss des vorderen Gebäudeteils ergeben. Im Übrigen dürfte die Physiotherapiepraxis wegen der Inanspruchnahme nur einiger Räume – und nicht des gesamten Gebäudes oder eines überwiegenden Teils – nach § 13 BauNVO auch in einem reinen Wohngebiet zulässig sein (vgl. VGH Baden-Württemberg, vom 25.1.2023 – 5 S 638/21 –, juris Rdnr. 39; Hornmann, in: Spannowsky/Hornmann/Kämper, BeckOK BauNVO, Stand: 15.4.2024, § 13 Rdnr. 21 m. w. N.). Das dürfte auch für den Friseur als Ausnahme und nicht störender Handwerksbetrieb nach § 3 Abs. 3 Nr. 1 BauNVO gelten (vgl. OVG Sachsen-Anhalt, Beschluss v. 23.6.2020 – 2 M 32/20 –, juris Rdnr. 17; Hornmann, in: Spannowsky/Hornmann/Kämper, BeckOK BauNVO, Stand: 15.4.2024, § 3 Rdnr. 168 m. w. N.).

Ungeachtet dessen scheitert die Beschwerde hinsichtlich der vermeintlichen Verletzung des Gebietserhaltungsanspruchs nicht nur daran, dass sie der Bewertung der Nutzung des Seitenflügels, auf die sich der Antrag beschränkt, als Wohnnutzung im Sinne des nach § 3 Abs. 4 BauNVO erweiterten Wohnbegriffs nichts konkret entgegensetzen kann. Unabhängig davon vermag das Beschwerdevorbringen auch nicht die Annahme des Verwaltungsgerichts zu widerlegen, dass die nähere Umgebung des Vorhabens als Gemengelage anzusehen sein dürfte, weil sie sich nicht als eines der Baugebiete im Sinne von §§ 3, 4 und 6 BauNVO einordnen lasse.

Insoweit ist es verfehlt, wenn die Antragsteller zunächst auf ihren erstinstanzlichen Vortrag zur Gestaltungssatzung G… (Amtsblatt für das Amt G… Nr. 12 vom 30.9.2014, S. 4, ber. Nr. 13 vom 28.10.2014 S. 8) verweisen. Es handelt sich um eine örtliche Bauvorschrift im Sinne von § 87 BbgBO (früher: § 81 BbgBO), die – wie schon ihre ausführliche Bezeichnung zeigt – nur besondere bauordnungsrechtliche Anforderungen an die äußere Gestaltung baulicher Anlagen, Werbeanlagen und Warenautomaten aufstellt und für die bauplanungsrechtliche Frage der zulässigen Art der baulichen Nutzung im Sinne von § 34 Abs. 1 Satz 1 BauGB in der dafür relevanten näheren Umgebung keine rechtliche Bedeutung hat.

Ohne Erfolg wenden sich die Antragsteller gegen die Feststellung des Verwaltungsgerichts, dass der rund 130 m vom Vorhaben entfernte Gartenbaubetrieb auf dem rund 3 000 m^2 großen Grundstück Bl…straße 4… in der Bebauung der Bl...straße, die eine der Hauptstraßen der Gemeinde sei, nicht per se als Fremdkörper erscheine, sondern die Umgebung mitpräge und ihrer Einordnung als reines oder allgemeines Wohngebiet entgegenstehe. Diese Feststellung ist nicht zu beanstanden. Die Rüge, das Verwaltungsgericht habe keine Feststellungen zur Ausstrahlungswirkung getroffen und diese liege auch nicht nahe, greift nicht durch. Das Verwaltungsgericht hat sich an den im Geoportal des Landes Brandenburg »BrandenburgViewer« (https://bb-viewer.geobasis-bb.de/) und in »Google Maps« (https://www.google.com/maps/) verfügbaren Karten und Luftbildern orientiert und auf die Größe des Grundstücks, die Lage an einer der Hauptstraßen des Gemeindegebiets, seine Nähe zum Vorhaben und die offensichtliche Nutzung als Betriebsgrundstück mit Fuhrpark und Lagerflächen hingewiesen. Es sei davon auszugehen, dass der Betrieb nicht der Versorgung des Gebietes diene, sondern Aufträge im gesamten Gemeindegebiet und der weiteren Umgebung abarbeite und es sich aufgrund der erheblichen Emissionsquellen durch Ziel- und Quellverkehr, Be- und Entladen der Materialien auch für die Lagerung sowie ggf. Vorarbeiten wie Zuschneiden von Materialien usw. um einen die Wohnnutzung störenden Handwerksbetrieb handele.

Entgegen der Vorstellung der Antragsteller verlangt die Rechtsprechung des Bundesverwaltungsgerichts bei der Einordnung der Eigenart der näheren Umgebung nach der Art der baulichen Nutzung gemäß § 34 Abs. 2 BauGB als eines der Baugebiete im Sinne der Baunutzungsverordnung keineswegs »regelmäßig«, dass »singuläre Anlagen, die in einem auffälligen Kontrast, zu der sie umgebenden, im wesentlichen homogenen Bebauung stehen, ... als Fremdkörper außer Betracht« zu bleiben haben. Auch genügt es für das Ausblenden des Gartenbaubetriebes als »Fremdkörper« nicht, dass es sich »um einen einzigen Gewerbebetrieb« oder »um einen absoluten Einzelfall in dem Villengebiet« handelt.

Vielmehr »können« nach der zitierten Entscheidung solche Anlagen aus der Bestimmung der Eigenart der näheren Umgebung auszusondern sein, die zwar quantitativ die Erheblichkeitsschwelle überschreiten, aber nach ihrer Qualität völlig aus dem Rahmen der sonst in der näheren Umgebung anzutreffenden Bebauung herausfallen. Das wird namentlich dann anzunehmen sein, wenn eine singuläre Anlage in einem auffälligen Kontrast zur übrigen Bebauung steht. In Betracht kommen insbesondere solche baulichen Anlagen, die nach ihrer – auch äußerlich erkennbaren – Zweckbestimmung in der näheren Umgebung einzigartig sind. Sie erlangen die Stellung eines »Unikats« umso eher, je einheitlicher die nähere Umgebung im Übrigen baulich genutzt ist. Trotz ihrer deutlich in Erscheinung tretenden Größe und ihres nicht zu übersehenden Gewichts in der näheren Umgebung bestimmen sie nicht deren Eigenart, weil sie wegen ihrer mehr oder weniger ausgeprägt vom übrigen Charakter der Umgebung abweichenden Struktur gleichsam isoliert dastehen. Grundlage für ein solches Ausklammern ist zwar auch das tatsächlich Festgestellte; als Ergebnis beruht es aber auf einer überwiegend wertenden Betrachtung (BVerwG, Urteil v. 15.2.1990 – BVerwG 4 C 23.86 – juris Rdnr. 15).

Indessen hat das Bundesverwaltungsgericht dieser bloßen Möglichkeit, solche Anlagen aufgrund einer überwiegend wertenden Betrachtung auszusondern, zugleich Grenzen gesetzt. Danach dürfen derartige Anlagen bei der Bestimmung der Eigenart der näheren Umgebung nur dann als »Fremdkörper« ausgeklammert werden, wenn sie wegen ihrer Andersartigkeit und Einzigartigkeit den Charakter ihrer Umgebung letztlich nicht beeinflussen können. Einzelne bauliche Anlagen von stark abweichendem Charakter können nach Ausdehnung, Zahl und anderen Quantitätsmerkmalen ein solches Gewicht enthalten, dass sie trotz ihrer herausstechenden Andersartigkeit in einer abweichend und verhältnismäßig einheitlich strukturierten Umgebung ihrerseits tonangebend wirken. Dafür kommen neben der Größe des Gebäudes auch die Ausstrahlungswirkungen (Immissionen) einer einzelnen baulichen Anlage auf die nähere Umgebung in Betracht. Auf diesem Wege kann sogar ein einzelner Gewerbebetrieb in einem im Übrigen einheitlich strukturierten Wohngebiet die Eigenschaft eines außer Betracht zu lassenden Fremdkörpers verlieren und seinerseits die Eigenart der Umgebung mitbestimmen (BVerwG, Urteil v. 15.2.1990, a. a. O., Rdnr. 16).

Einen solchen Fall hat das Verwaltungsgericht hier u. a. unter dem ausdrücklichen Hinweis auf die »erheblichen Emissionsquellen« angenommen. Das ist nicht zu beanstanden. Der Gartenbaubetrieb liegt zentral in der Mitte der räumlichen Umgrenzung der näheren Umgebung durch das Verwaltungsgericht und an der dieses Gebiet in seiner längsten Ausdehnung durchquerenden Hauptstraße, zudem in dem Abschnitt der BI...straße, der zwischen KR...-Straße und SZ...straße liegt und in dem sich auch das Grundstück der Antragsteller und das Vorhabengrundstück befinden. Die Größe des Unternehmens, sein Fuhrpark, seine Tätigkeitsfelder und seine weit über das Gemeindegebiet hinausgreifende Befassung mit Garten- und Landschaftsbauprojekten werden auch durch die Bilder, Texte und den Werbefilm im Internetportal des Betriebes bestätigt. Angesichts der vom Verwaltungsgericht angenommenen und typischerweise erheblichen wohnnutzungsfremden und -unverträglichen konkreten Auswirkungen der Tätigkeit eines solchen Betriebs sowohl auf das Verkehrsaufkommen durch den Ziel- und Quellverkehr als auch sonst auf die Geräuschimmissionen in der Umgebung durch Be- und Entladen der Materialien auch für die Lagerung, ggf. Vorarbeiten wie Zuschneiden von Materialien usw. kann ihm und seinen Emissionen eine die Nutzung des Gebietes mitprägende Wirkung kaum abgesprochen werden. Das steht einem Ausblenden des Gartenbaubetriebes als den Gebietscharakter nicht prägender »Fremdkörper« entgegen und damit auch der Einordnung der näheren Umgebung des Vorhabens als reines oder allgemeines Wohngebiet.

Darauf, ob der Gartenbaubetrieb darüber hinaus »die Kraft hat, das Villengebiet in ein Mischgebiet oder Gewerbegebiet umzuprägen«, kommt es nicht an. Das hat das Verwaltungsgericht nicht angenommen und wird auch von der zitierten Rechtsprechung nicht verlangt. Eine den Gebietserhaltungsanspruch der Antragsteller ausschließende Gemengelage liegt gerade deshalb vor, weil sich die nähere Umgebung – hier auch mit Blick auf die ganz überwiegende Wohnnutzung – als Folge des das Gebiet mitprägenden Gartenbaubetriebes keinem der Baugebiete der Baunutzungsverordnung zuordnen lässt, hier insbesondere – trotz der vorherrschenden Wohnnutzung – auch keinem reinen oder allgemeinen Wohngebiet (§§ 3, 4 BauNVO).

Im Übrigen steht, wenn man die räumliche Abgrenzung der näheren Umgebung für die Bestimmung der Art der baulichen Nutzung nach § 34 Abs. 1 Satz 1 BauGB in östlicher Richtung bis zur Bahntrasse erstreckt, auch der dann in die Betrachtung einzubeziehende Lebensmitteldiscount-Markt vor dem Bahnübergang einer Einordnung des Gebietes als reines oder allgemeines Wohngebiet entgegen. Ohne dass die Beschwerde dem widerspricht, führt der angefochtene Beschluss dazu aus, die relevante nähere Umgebung erstrecke sich in östlicher Richtung zumindest rund 400 m lang bis zur Einmündung der HO…straße, wobei viel dafür spreche, dass sich der Rahmen der näheren Umgebung aufgrund der durchlaufenden Bebauungsstruktur auf der nördlichen Seite der BI…straße noch bis zu dem weiter östlich gelegenen Bahnübergang am alten Bahnhofsgebäude erstrecke und insoweit die Bahntrasse, welche die Straße quere, eine Zäsur darstelle. Diese von den Antragstellern nicht in Abrede gestellte Erstreckung in östlicher Richtung hat zur Folge, dass auch der Lebensmitteldiscount-Markt auf der Südseite der BI…straße auf den Flurstücken 8… und 8… in die Betrachtung einzubeziehen ist. Nach Auffassung des Verwaltungsgerichts steht auch dieser Lebensmitteldiscount-Markt, der ersichtlich nicht nur der Versorgung des Gebietes diene, der Annahme eines allgemeinen Wohngebietes (§ 4 BauNVO) entgegen. Das gilt erst recht für die Einordnung als reines Wohngebiet (§ 3 BauNVO). Dazu äußert sich die Beschwerde nicht.

Ebenfalls zutreffend hat das Verwaltungsgericht einen Verstoß gegen das in § 34 Abs. 1 BauGB enthaltene bauplanungsrechtliche Gebot der Rücksichtnahme abgelehnt. Auch dazu gibt die Beschwerde nichts anderes her.

Das Vorbringen der Antragsteller zu den angeblichen Lautäußerungen der Bewohner geht ins Leere. Die Lautäußerungen von kranken und behinderten Menschen sind auch dann, wenn sie auf dem benachbarten Grundstück deutlich wahrgenommen werden können, keine gegen das bauplanungsrechtliche Gebot der Rücksichtnahme verstoßenden Belästigungen (OVG Nordrhein-Westfalen, Beschluss v. 30.3.2020 – 10 B 312/20 – juris Rdnr. 11; VGH Baden-Württemberg, Beschluss v. 15.2.2006 – 8 S 2551/05 – juris Leitsatz und Rdnr. 4).

Ebenfalls ohne Erfolg machen die Antragsteller Verstöße gegen das Rücksichtnahmegebot wegen einer erdrückenden Wirkung des Vorhabens und wegen Einsichtnahmemöglichkeiten auf ihr Grundstück geltend.

Insoweit hat das Verwaltungsgericht ausgeführt, die – hier unbestrittene – Einhaltung der nach dem Bauordnungsrecht erforderlichen Abstandsflächen sei in der Regel ein zuverlässiger Indikator dafür, dass für eine Beeinträchtigung der durch das Abstandsflächenrecht geschützten Belange der Belichtung, Besonnung und Belüftung sowie der Begrenzung der Einsichtnahmemöglichkeiten grundsätzlich kein Raum bleibe und eine Rücksichtslosigkeit trotz Wahrung der Abstandsflächen nur in Ausnahmefällen in Betracht komme, die hier nicht gegeben seien.

Diese Maßstäbe stimmen mit der Rechtsprechung des erkennenden Senats überein. Danach genügt es für eine Verletzung des bauplanungsrechtlichen Rücksichtnahmegebots aus § 34 Abs. 1 BauGB nicht, wenn ein Vorhaben die Situation für den Nachbarn nachteilig verändert. Eine Rechtsverletzung ist vielmehr erst dann anzunehmen, wenn dargelegt wird, aufgrund welcher besonderen Umstände im konkreten Einzelfall das Bauvorhaben trotz Beachtung der bauordnungsrechtlichen Abstandsflächenvorschriften – die hier ersichtlich eingehalten sind – in qualifizierter und individualisierter Weise auf schutzwürdige Interessen des Nachbarn keine Rücksicht nimmt. Von solchen besonderen Ausnahmefällen abgesehen kann ein Nachbar nicht beanspruchen, dass ein Grundstück nicht oder nur so bebaut wird, dass er keine dahingehenden Einschränkungen erfährt (OVG Berlin-Brandenburg, Beschluss v. 28.6.2023 – OVG 10 S 17/23 – juris Rdnr. 12 m. w. N.).

Nach diesen Maßstäben liegt hier auch in Ansehung des Beschwerdevorbringens eine Verletzung des Rücksichtnahmegebotes fern, weil das Vorhaben unbestritten die bauordnungsrechtlich vorgeschriebene Abstandsfläche einhält und entgegen dem Vorbringen der Antragsteller weder dennoch eine unzumutbare erdrückende Wirkung ausübt noch trotzdem unzumutbare Einsichtsmöglichkeiten schafft.

Der besondere Ausnahmefall einer – ungeachtet des Einhaltens der bauordnungsrechtlichen Abstandsflächen – rücksichtslos erdrückenden Wirkung des Vorhabens ergibt sich aus dem Beschwerdevorbringen nicht. Das Verwaltungsgericht hat die Annahme einer solchen Wirkung nicht »auf die Höhe des Gebäudes verengt« und keineswegs ausgeschlossen, dass auch ein langes Bauwerk, das sich – wie hier – entlang der gesamten gemeinsamen Grundstücksgrenze erstreckt, eine solche Wirkung entfalten kann. Vielmehr hat es ausdrücklich die Ausmaße, die Baumasse oder die massive Gestaltung als mögliche Umstände für den Ausnahmefall einer erdrückenden Wirkung angesehen und insbesondere als zutreffend anerkannt, dass sich aus der Länge des zweigeschossigen Gebäude-körpers des Vorhabens von der Straße aus bis in eine Tiefe von rund 60 m eine nicht zu verkennende massive Wirkung in der Ansicht von dem Grundstück der Antragsteller aus ergebe. Indessen werde das Grundstück der Antragsteller durch diesen Baukörper weder vollständig dominiert noch erdrückt, weil er gemessen an der umgebenden Bebauung nicht besonders hoch sei und außerdem das Grundstück der Antragsteller im hinteren Bereich nach Westen und Norden weiterhin von grenznaher Bebauung frei sei.

Auch insoweit stimmt das mit der Rechtsprechung des erkennenden Senats überein, nach der nicht nur die Höhe, sondern auch die Länge, die Grundfläche und die Lage des Baukörpers einen solchen Ausnahmefall begründen können (OVG Berlin-Brandenburg, Beschluss v. 19.7.2018 – OVG 10 S 52.17 – juris Rdnr. 22). Das ist hier aber nicht der Fall. Soweit die Antragsteller geltend machen, ihr Grundstück werde »abgeriegelt«, weil sich der Seitenflügel des Vorhabens über die gesamte Grundstückslänge ziehe und damit eine »überbordende Präsenz« verursache und »übermächtig« an ihr Grundstück heranrücke, stellen sie nur ihre eigene abweichende Auffassung der Einschätzung des Verwaltungsgerichts entgegen. Sie widersprechen aber nicht dessen Feststellungen zur Höhe und zum Abstand des ihrem Grundstück zugewandten Seitenflügels und zur Freiheit von grenznaher Bebauung an den beiden anderen nicht der Straße zugewandten Seiten ihres Grundstücks. Indessen entspricht es der Rechtsprechung auch des erkennenden Senats, dass ein – wie hier – entlang der gesamten gartenseitigen Grundstücksgrenze verlaufender Neubau, der damit die Aussicht des Nachbarn von dessen Garten aus dominiert, noch nicht schon als solcher einen rücksichtslos »einmauernden« oder unmittelbar bedrängenden Charakter entfaltet (OVG Berlin-Brandenburg, Beschluss v. 19.7.2018, a. a. O., Rdnr. 22). Ebenso wie in dem entschiedenen Fall, einem dreigeschossigen Neubau für eine Flüchtlingsunterkunft entlang der gesamten Grenze zum Garten des mit einer Doppelhaushälfte bebauten Wohngrundstücks der Antragsteller jenes Beschwerdeverfahrens, wirkt auch hier der Seitenflügel des Vorhabens nur von einer Seite her auf das Grundstück der Antragsteller ein. Zudem hält er mit einer Entfernung von 5 m von der Grundstücksgrenze einen deutlich größeren als den gesetzlich gebotenen Abstand ein, der bei der tiefsten nach § 6 Abs. 5 BbgBO ermittelten Abstandsfläche 4,41 m betragen hätte). Außerdem tritt zu der besonderen Länge des Seitenflügels keine besondere Höhe hinzu, wie bereits das Verwaltungsgericht festgestellt hat, ohne dass die Beschwerde dem konkret entgegentritt.

Der besondere Ausnahmefall von – trotz Einhaltens der Abstandsflächen – rücksichtslosen und unzumutbaren Möglichkeiten der Einsichtnahme auf das Grundstück der Antragsteller, die der Seitenflügel des Vorhabens bieten könnte, ist ebenfalls nicht gegeben. Die Beschwerde verweist insoweit nur pauschal auf »die beschriebenen Einsichtsmöglichkeiten in das gesamte Grundstück«, ohne Näheres auszuführen. Im Übrigen verfügt der Seitenflügel zwar auf der dem Grundstück der Antragsteller zugewandten Seite über eine große Anzahl von Fenstern, die zudem bodentief verglast sein sollen.

Im innerörtlichen Bereich sind jedoch Einsichtsmöglichkeiten infolge einer – zulässigen – baulichen Ausnutzung von Nachbargrundstücken in der Regel hinzunehmen. Dabei ist auch zu berücksichtigen, dass Fenster üblicherweise nur für vorübergehende, gelegentliche Ausblicke genutzt werden und es nicht um eine größere Anzahl höher gelegener Balkone geht, die ggf. anders zu beurteilen wären (vgl. OVG Berlin-Brandenburg, Beschluss v. 19.7.2018, a. a. O., Rdnr. 25, und Beschluss v. 22.12.2020 – OVG 10 S 65/20 – juris Rdnr. 17). …

Nr. 42

Eine Übertragung der Kernaussagen der sog. Wannsee-Entscheidung des Bundesverwaltungsgerichts (Urteil v. 9.8.2018 – 4 C 7.17) zur Anerkennung drittschützender Wirkung nicht nur von (Bebauungsplan-)Festsetzungen über die Art, sondern auch solcher über das Maß der baulichen Nutzung, selbst wenn ein Plangeber die Rechtsfolge der nachbarschützenden Wirkung letztgenannter Festsetzungen zum Zeitpunkt der Planaufstellung nicht in seinen Willen aufgenommen hatte, auf die planungsrechtliche Situation des unbeplanten Innenbereichs im Sinne von § 34 BauGB scheidet aus.

1. **Einen »Anspruch auf Erhaltung der Gebietsprägung« gibt es nicht. Ein Vorhaben, das in einem (faktischen) Wohngebiet allgemein zulässig ist, wahrt gerade die Zweckbestimmung des Baugebiets und kann deshalb in aller Regel auch nicht an einem Gebietsgewährleistungsanspruch scheitern.**

2. **Die Zulassung der Berufung wegen eines Verfahrensmangels ist daher nicht gerechtfertigt, wenn eine Vorentscheidung angegriffen wird, die selbständig anfechtbar ist oder deren Anfechtbarkeit ausdrücklich ausgeschlossen ist.**

BauGB § 34; BauNVO § 15.

Schleswig-Holsteinisches OVG, Beschluss vom 8. August 2024 – 1 LA 47/22 –.

Aus den Gründen:

… Der Kläger wendet sich gegen eine dem Beigeladenen von der Beklagten auf der Grundlage des § 69 LBO 2016/2019 erteilte Baugenehmigung für die Errichtung eines sechs Wohneinheiten umfassenden zweigeschossigen Mehrfamilienhauses mit ausgebautem Dachgeschoss auf dem ca. 678 m^2 großen, nicht überplanten Grundstück … in deren Stadtgebiet. Das Verwaltungsgericht hat die nach erfolglosem gerichtlichen Eilrechtsschutz … und ebenso erfolglosem Widerspruchsverfahren gegen die Baugenehmigung erhobene Klage abgewiesen. …

Die Richtigkeit des erstinstanzlichen Urteils wird durch die Interpretation der sog. Wannsee-Entscheidung des Bundesverwaltungsgerichts (Urteil v. 9.8.2018 – 4 C 7.17) durch den Kläger und eine von ihm für geboten erachtete

Übertragung ihrer Kernaussagen zur Anerkennung drittschützender Wirkung nicht nur von (Bebauungsplan-)Festsetzungen über die Art, sondern auch solcher über das Maß der baulichen Nutzung, selbst wenn ein Plangeber die Rechtsfolge der nachbarschützenden Wirkung letztgenannter Festsetzungen zum Zeitpunkt der Planaufstellung nicht in seinen Willen aufgenommen hatte, auf die planungsrechtliche Situation des unbeplanten Innenbereichs im Sinne von § 34 BauGB, nicht ernstlich in Zweifel gezogen.

Das Bundesverwaltungsgericht hat entgegen der Darstellung des Klägers im Urteil v. 9.8.2018 (4 C 7.17) nicht erstmals – als »Novum« – den baurechtlichen Nachbarschutz als auf dem Gedenken des wechselseitigen Austauschverhältnisses beruhend hergeleitet, in dem der nachbarliche Interessenkonflikt durch Merkmale der Zuordnung, der Verträglichkeit und der Abstimmung benachbarter Nutzungen geregelt und ausgeglichen ist, sondern diesbezüglich als auch hinsichtlich seiner weiteren Feststellung, dass dieser Gedanke nicht nur die Anerkennung der drittschützenden Wirkung von Festsetzungen über die Art der baulichen Nutzung, sondern auch eine nachbarschützende Wirkung von Festsetzungen über das Maß der baulichen Nutzung rechtfertigen könne, auf seine bereits vorliegende Rechtsprechung (BVerwG, Urteil v. 23.8.1996 – 4 C 13.94 –, juris Rn 48 f.; BVerwG, Beschluss v. 23.6.1995 – 4 B 52.95 –, juris Rdnr. 3 f.; BVerwG, Beschluss v. 19.10.1995 – 4 B 215.95 –, juris Rdnr. 3) verwiesen. Stehen danach Festsetzungen zum Maß der baulichen Nutzung nach der Konzeption des Plangebers in einem wechselseitigen, die Planbetroffenen zu einer rechtlichen Schicksalsgemeinschaft verbindenden Austauschverhältnis, kommt ihnen nach ihrem objektiven Gehalt Schutzfunktion zugunsten der an dem Austauschverhältnis beteiligten Grundstückseigentümer zu (BVerwG, Urteil v. 9.8.2018 – 4 C 7.17 –, juris Rdnr. 15).

Das Bundesverwaltungsgericht sieht zwar in dem Umstand, dass ein Plangeber die Rechtsfolge einer nachbarschützenden Wirkung der Festsetzungen über das Maß der baulichen Nutzung zum Zeitpunkt der Planaufstellung nicht in seinen Willen aufgenommen hatte, keinen Hinderungsgrund, die Festsetzungen nachträglich subjektiv-rechtlich aufzuladen, d. h. einer drittschutzbezogenen Auslegung zu unterziehen bzw. zuzuführen (BVerwG, Urteil v. 9.8.2018 – 4 C 7.17 –, juris Rdnr. 16). Damit hat es aber ersichtlich einen aus Bundesrecht abgeleiteten – generellen – Gebietserhaltungsanspruch hinsichtlich des Maßes der baulichen Nutzung nicht anerkannt; es leitet den Drittschutz von Maßfestsetzungen in einem Bebauungsplan vielmehr von einer entsprechenden Zwecksetzung der Gemeinde ab, die ggf. durch Auslegung zu ermitteln ist. Dies sowie die Tatsache, dass eine solche Zwecksetzung der Gemeinde im unbeplanten Innenbereich – wie er hier in Rede steht – naturgemäß fehlt, hat der Senat bereits im vorläufigen Rechtsschutzverfahren dargelegt (Beschluss des Senats vom 12.5.2020 – 1 MB 9/20 –, juris Rdnr. 7; vgl. a. Nds. OVG, Beschluss v. 9.3.2020 – 1 ME 154/19 –, juris Rdnr. 8); das zieht das Zulassungsvorbringen nicht ernstlich in Zweifel.

Der Kläger räumt selbst ein, dass sich – »im Ergebnis wohl auch rechtlich zutreffend« – lediglich aus § 34 BauGB plangebende drittschützende Festsetzungen über das Maß der baulichen Nutzung für den Innenbereich nicht ableiten ließen. Soweit er gleichwohl meint, jedenfalls für den Umgebungsbereich seines Grundstücks und der Vorhabenfläche, der sich im Wesentlichen durch eine kleinteilige Bebauung mit Ein- oder Zweifamilienhäusern mit hohem Grünbezug auszeichne, sei aus der Bestandsbebauung und der daraus abzuleitenden Genehmigungspraxis der Beklagten sowie im Besonderen aus dem Umstand einer zwischenzeitlich eingeleiteten Überplanung des Gebiets ein bereits seit Jahrzehnten bestehender Bindungswille der Beklagten ablesbar, der die betroffenen Grundstückseigentümer hinsichtlich der für die Ausnutzbarkeit ihrer Grundstücke prägenden Kriterien zum Maß der baulichen Nutzung in ein wechselseitiges, Drittschutz vermittelndes Austauschverhältnis stelle, das der Situation entsprechender Festsetzungen in einem Bebauungsplan vergleichbar sei, ist dem nicht zu folgen. Der Senat hat wiederholt entschieden, dass der Verweis auf eine aus der Bestandsbebauung abgeleitete Genehmigungspraxis bei der Zulassung von Bebauung im jeweils zu betrachtenden unbeplanten Gebiet oder gar eine (vermeintliche) Praxis, Vorhaben mit bestimmtem Umfang dort nicht zuzulassen, nicht geeignet ist, eine entsprechende Zwecksetzung der Gemeinde zu unterstellen bzw. die Maßfaktoren subjektiv-rechtlich aufzuladen (Beschluss v. 12.5.2020 – 1 MB 9/20 –, juris Rdnr. 7; Beschluss v. 10.6.2024 – 1 MB 5/24 –, Beschl.-Abdr. S. 9 f.). Bei der Baugenehmigung handelt es sich um einen mitwirkungsbedürftigen Verwaltungsakt. Sie ergeht nur auf Antrag. Der jeweilige Antragsteller bzw. Bauherr bestimmt somit selbst, was Gegenstand des Baugenehmigungsverfahrens ist, sodass sich etwa aus einer antragsgemäßen Genehmigungserteilung ersichtlich kein von der Genehmigungsbehörde intendiertes wechselseitiges Austauschverhältnis »beteiligter Grundstücksnachbarn« ableiten lässt, in dem ein nachbarlicher Interessenkonflikt durch Merkmale der Zuordnung, der Verträglichkeit und der Abstimmung benachbarter Nutzungen geregelt und ausgeglichen werden sollte. Inwiefern sich aus nicht zugelassenen Vorhaben, über die nur spekuliert werden kann, ein solches – Nachbarschutz vermittelndes – Austauschverhältnis ergeben soll, erschließt sich ebenso wenig.

Mit dieser aus dem Beschwerdeverfahren 1 MB 9/20 vom Verwaltungsgericht übernommenen Argumentation des Senats setzt sich das Zulassungsvorbringen nicht auseinander, es setzt ihr mithin auch nichts Substanzielles entgegen.

Aber auch der als (vermeintlich) »neu« bezeichnete Umstand, dass die Stadtverordnetenversammlung der Beklagten am 10.12.2020 den Aufstellungsbeschluss für den Bebauungsplan Nr. 108 »Prahlsdorf« gefasst und zur Sicherung der Planung für den künftigen Planbereich, der u. a. die Vorhabenfläche und das Grundstück des Klägers umfasst, am 13.1.2021 eine Veränderungssperre beschlossen hat, vermag die Rechtsauffassung des Klägers nicht zu stützen, für den künftigen Plangeltungsbereich habe seit jeher ein entsprechender Planungs- bzw. Bindungswille der Beklagten bestanden, der die Eigentümer der im Gebiet liegenden Grundstücke auch hinsichtlich der üblichen Kriterien zum Maß der baulichen Nutzung drittschützend in ein wechselseitiges Austauschverhältnis gestellt habe. Der Kläger argumentiert im vorliegenden Kontext zwar mit den (nur) für Plangebiete einschlägigen Begriffen wie »Plangeber«, Planungs- und Bindungswille« und spricht auch in Bezug auf die Situation des unbeplanten Innenbereichs von »Festsetzungen«; dabei übersieht er indessen, dass die erstmalige Durchführung eines Bauleitplanverfahrens für das in Rede stehende Gebiet allein in die Zukunft gerichtet ist und keinerlei verbindliche Rückschlüsse auf einen bis dahin nicht dokumentierten Planungswillen und auf eben nicht existierende (drittschützende) Festsetzungen zulässt. Eine entsprechende Zwecksetzung, künftigen Festsetzungen zum Maß der baulichen Nutzung über ihre städtebauliche Rechtfertigung hinaus auch eine nachbarschützende Funktion beizumessen, stellt die Beklagte im Übrigen sogar für das aktuell geführte Bauleitplanverfahren – Bebauungsplan Nr. 108 »Prahlsdorf« – in Abrede.

Mit seiner weiteren Rüge, das Verwaltungsgericht habe seinen Gebietsprägungsanspruch im Hinblick auf die vorzufindende Ein- und Zweifamilienhausbebauung geringer Höhe und mit großen durchgrünten Gärten außerhalb der nach § 15 BauNVO vorgenommenen Prüfung nicht gewürdigt, zeigt der Kläger ebenfalls keine ernstlichen Richtigkeitszweifel auf.

Das Verwaltungsgericht hat zutreffend und im Einklang mit der Rechtsprechung des Senats (Beschluss v. 18.9.2017 – 1 MB 15/17 –, juris Rdnr. 24 ff.; Beschluss v. 8.1.2018 – 1 MB 23/17 –, juris Rdnr. 6; Beschluss v. 31.3.2020 – 1 MR 2/20 –, juris Rdnr. 24) entschieden, dass es einen »Anspruch auf Erhaltung der Gebietsprägung« nicht gibt. Eine Gebietsprägung lässt sich allenfalls aus der zulässigen Art der baulichen Nutzung im Sinne der Baunutzungsverordnung ableiten; die vom Kläger für jenen Anspruch bemühten Parameter betreffen demgegenüber das Maß der baulichen Nutzung bzw. die überbaubare Grundstücksfläche, mithin ausschließlich Kriterien, die allein in einem – hier unstreitig nicht vorliegenden – überplanten Gebiet und dort auch nur bei entsprechendem ausdrücklichen Planungswillen der Gemeinde drittschützende Wirkung vermitteln können. Weder die Größe des genehmigten Bauvorhabens noch der Umstand, dass es – anders als es in der vom Kläger (eng) betrachteten näheren Umgebung überwiegend der Fall sein mag (der Senat hatte in der Beschwerdeentscheidung vom 12.5.2020, 1 MB 9/20, juris Rdnr. 8, die rahmenbildende nähere Umgebung demgegenüber ohnedies deutlich weiter gefasst und zwei- bzw. dreigeschossige Wohngebäude mit dem Vorhaben vergleichbarer oder sogar größerer Grundfläche sowie Mehrfamilienhäuser mit fünf bzw. sechs Nutzungseinheiten einbezogen) – nicht nur eine Wohnung oder zwei Wohneinheiten aufweist, begründen einen Widerspruch zur Zweckbestimmung des Baugebiets. Ein Vorhaben, das wie dasjenige des Beigeladenen in dem (faktischen) Wohngebiet allgemein zulässig ist, wahrt gerade die Zweckbestimmung des Baugebiets und kann deshalb in aller Regel auch nicht an einem Gebietsgewährleistungsanspruch scheitern.

Ernstliche Zweifel an der Richtigkeit des erstinstanzlichen Urteils ergeben sich aus dem Zulassungsvorbringen auch nicht, soweit der Kläger die Verneinung eines Verstoßes des dem Beigeladenen genehmigten Wohnbauvorhabens gegen das aus § 15 Abs. 1 Satz 2 BauNVO abgeleitete nachbarschützende Gebot der Rücksichtnahme angreift.

Es trifft bereits nicht zu, dass das Verwaltungsgericht seiner Beurteilung des gerügten Verstoßes des Bauvorhabens gegen das Gebot der Rücksichtnahme einen zu engen Prüfungs- bzw. Betrachtungsrahmen zugrunde gelegt hat.

Der Kläger behauptet, das Vorhabengrundstück sei während der Ausführung des Bauvorhabens aufgeschüttet worden, sodass die dadurch geänderten Maße, d. h. die tatsächliche Höhe des Gebäudes und nicht bloß der genehmigte Umfang vom Verwaltungsgericht hätte berücksichtigt werden müssen. Dem ist nicht zu folgen. Dabei kann dahinstehen, ob und ggf. in welchem Umfang abweichend von der Genehmigungslage tatsächlich eine Auffüllung des Vorhabengrundstücks erfolgt ist, denn das Verwaltungsgericht weist in seiner Entscheidung zutreffend darauf hin, dass es auf diesen Umstand im Rahmen des vorliegenden Anfechtungsrechtsstreits nicht ankommt. Es entspricht einhelliger Rechtsprechung auch des Senats, dass Beurteilungsgegenstand des Anfechtungsstreits, in dem der Nachbar die Aufhebung einer Baugenehmigung begehrt, allein das genehmigte Bauvorhaben ist. Eine abweichende Ausführung des Bauvorhabens führt nicht zur Rechtswidrigkeit der Genehmigung, sondern kann allenfalls Grundlage für ein bauaufsichtsbehördliches Einschreiten sein, beziehungsweise – aus Sicht des Nachbarn – im Falle der Verletzung nachbarschützender Vorschriften einen Anspruch seinerseits auf ein entsprechendes Tätigwerden begründen (Beschluss des Senats vom 6.8.2019 – 1 MB 17/19 –, Beschl.-Abdr. S. 2; OVG Saarl., Beschluss v. 23.9.2010 – 2 A 196/10 –, juris Rdnr. 14; BayVGH, Beschluss v. 21.7.2020 – 2 ZB 17.1309 –, juris Rdnr. 9).

Das Verwaltungsgericht hat entgegen der Rüge des Klägers das genehmigte Vorhaben auch im Hinblick auf seine Ausmaße und seine Lage nachvollziehbar als nicht rücksichtslos beurteilt, d. h. ihm im Besonderen eine bedrängende oder gar erdrückende Wirkung abgesprochen. Hierzu hat es die maßgeblichen Kriterien zur Beurteilung einer solchen Wirkung im Einzelnen aufgezeigt und hervorgehoben, dass dabei stets eine wertende Berücksichtigung aller konkreten Umstände des Einzelfalls entscheidend sei. Neben den Ausmaßen der betreffenden Baukörper in ihrem Verhältnis zueinander könne auch deren jeweilige Lage eine maßgebliche Rolle spielen. Im Rahmen dieser Bewertung sei regelmäßig auch die Entfernung zwischen den betroffenen Baukörpern bzw. die Entfernung des angefochtenen Vorhabens zu den Grenzen des Grundstücks des den Anfechtungsstreit führenden Nachbarn von Bedeutung. Auf dieser Grundlage ist das Verwaltungsgericht zu der Überzeugung gelangt, dass das genehmigte Vorhaben ungeachtet des eingeschränkten Prüfungsumfangs im gewählten vereinfachten Genehmigungsverfahrens nach § 69 LBO 2016/2019 mit seiner Giebelseite zur nördlichen Grundstücksgrenze des Klägers den erforderlichen Grenzabstand von 4,03 m zwar um etwa einen halben Meter unterschreitet, aus diesem Umstand indessen deshalb keine erdrückende Wirkung abzuleiten sei, weil der Landesgesetzgeber in der Vergangenheit Giebelwände privilegiert und einen Mindestgrenzabstand von 3 m für ausreichend erachtet habe.

Zudem betrage der Abstand zwischen dem angefochtenen Vorhaben und dem Gebäude des Klägers, das über ausreichende Freiflächen verfüge, ca. 12 m, sodass trotz der deutlichen Unterschiede zwischen beiden Gebäuden bezüglich Höhen- und Breitenausdehnung bei wertender Betrachtung eine bedrängende oder gar erdrückende Wirkung im Sinne der in diesem Zusammenhang regelmäßig verwendeten Ausdrücke bzw. bemühten Bilder wie »Gefängnishofsituation«, »Eingemauertsein«, »erdrücken«, »erschlagen«, »Luft zum Atmen nehmen«, nicht gegeben sei. Mit diesen beiden Argumentationsansätzen setzt sich der Zulassungsvortrag nicht auseinander; substanzielle, das Entscheidungsergebnis infrage stellende Gegenargumente fehlen insoweit.

Soweit der Kläger lediglich pauschal behauptet, das Vorhaben halte »unstreitig« zu den unmittelbaren Grenznachbarn die Mindestgrenzabstände nicht ein und er überdies in Bezug auf sein Grundstück eine Abstandsflächenverletzung (nur) aufgrund der behaupteten Aufschüttung der Vorhabenfläche annimmt, stellt dies keine inhaltliche Auseinandersetzung mit den aufgezeigten entscheidungstragenden Ausführungen des Verwaltungsgerichts dar, ganz abgesehen davon, dass sich Abstandsflächenverstöße zu den Grenznachbarn im Westen und Osten aus den Genehmigungsunterlagen insbesondere in Gestalt des ersten und zweiten Nachtrags zur Baugenehmigung vom 23.1.2020, die u. a. eine Reduzierung der Balkontiefe auf der westlichen Gebäudeseite auf 1,08 m bzw. 1,25 m zum Inhalt haben, nicht ablesen lassen.

Das Verwaltungsgericht hat sich anlässlich der mündlichen Verhandlung vor Ort ein Bild von der vorhandenen Situation gemacht und – ergänzend – auch auf dieser Grundlage seine Einschätzung hinsichtlich der Wirkungen des Vorhabens gegenüber dem Wohnhaus des Klägers gewonnen und begründet. Dass der Kläger das Vorhaben entgegen der Wertung des Verwaltungsgerichts als »sehr störend, massiv, beklemmend und wuchtig« beschreibt, entspricht seiner subjektiven Empfindung, ebenso wie sein Gefühl, sich aufgrund der mit dem Vorhaben geschaffenen Ausblicks- und Einsichtsmöglichkeiten auf die Südseite seines Grundstücks »wie auf einem Präsentierteller« zu befinden. Auch diese Ausführungen stellen indes keine inhaltliche Auseinandersetzung mit der vorstehend wiedergegeben erstinstanzlichen Argumentation dar und sind als solche allein nicht geeignet, die für den Kläger durch das Vorhaben bedingte Änderung der Bebauungssituation als »erdrückend« anzunehmen bzw. Möglichkeiten der Einsichtnahme in sein in bebauter Ortslage liegendes Grundstück als rücksichtslos zu beurteilen.

Auch soweit das Verwaltungsgericht die vom Kläger geltend gemachte annähernd ganzjährige Verschattung seines Grundstücks und des Gartens verneint, tritt dem das Zulassungsvorbringen nicht mit ernstliche Zweifel begründenden Ausführungen entgegen. Dass durch das Bauvorhaben des Beigeladenen im Vergleich zur bisherigen baulichen Situation eine zusätzliche Verschattung eingetreten ist, ist unstreitig, macht das Vorhaben indes nicht per se unzumutbar. Der Kläger vermag nicht zu beanspruchen, dass das Nachbargrundstück nicht oder nur in der Weise bebaut wird, dass keine – weitere – Verschattung eintritt. Dies berücksichtigend hat das Verwaltungsgericht festgestellt, dass keine vollständige Verschattung vorliegt, die der Kläger im Übrigen für den Sommer selbst nicht angenommen hatte, und dass zumindest in Richtung Osten und Westen das Grundstück weiterhin Sonneneinstrahlung erfährt. Dass diese Feststellung unzutreffend sein soll, zeigt der Kläger nicht auf. Sein Verweis auf die im Widerspruchsverfahren eingereichten Sonnenverlaufsberechnungen, die das Verwaltungsgericht im angefochtenen Urteil nicht gesondert bewertet hat, ersetzt eine entsprechende Darlegung nicht.

Die Berufung ist auch nicht nach § 124 Abs. 2 Nr. 2 VwGO wegen besonderer tatsächlicher oder rechtlicher Schwierigkeiten der Rechtssache zuzulassen. Der Zulassungsgrund besonderer tatsächlicher oder rechtlicher Schwierigkeiten setzt eine solche qualifizierte Schwierigkeit der Rechtssache mit Auswirkung auf die Einschätzung der Richtigkeit der erstinstanzlichen Entscheidung voraus, dass sie sich in tatsächlicher oder rechtlicher Hinsicht signifikant von dem Spektrum der in verwaltungsgerichtlichen Verfahren zu entscheidenden Streitfälle unterscheidet (Beschluss des Senats vom 19.3.2019 – 1 LA 25/18 –, Beschl.-Abdr. S. 11; Beschluss v. 28.1.2021 – 1 LA 43/19 –, juris Rdnr. 11).

Diese Anforderungen sind erfüllt, wenn aufgrund des Zulassungsvorbringens keine Prognose über den Erfolg des Rechtsmittels getroffen werden kann, dieser vielmehr als offen bezeichnet werden muss. Dass dies in dem vorliegenden »klassischen« Nachbarrechtsstreit, in dem sich der Eigentümer eines Wohngrundstücks gegen die seinem Nachbarn erteilte Baugenehmigung für ein größer als sein Wohnhaus dimensioniertes Wohnbauvorhaben wendet, nicht der Fall ist, ergibt sich bereits aus den vorstehenden Ausführungen. Dort sind die auch hier vom Kläger nochmals angesprochenen Aspekte allesamt bereits mit eindeutigem Ergebnis entschieden:

Namentlich wird aufgezeigt, dass Prüfgegenstand des Anfechtungsstreits allein die angefochtene Baugenehmigung sein kann, sodass weder geltend gemachte Aufschüttungen bei der Errichtung des Vorhabens noch behauptete, indes nach (modifizierter) Genehmigungslage durch entsprechende Nachträge nicht belegte Abstandsflächenunterschreitungen an seiner Ost- und Westseite auf eine Verletzung des Gebots der Rücksichtnahme führen.

Ferner ist dargestellt, dass sich im unbeplanten Innenbereich aus der Bestandsbebauung und einer daraus abgeleiteten vermeintlichen Genehmigungspraxis keine subjektiven Nachbarrechte in Bezug auf das Maß der baulichen Nutzung ableiten lassen und dass dies auch die erstmalige Einleitung eines Bauleitplanverfahrens für ein bislang unbeplantes Gebiet nicht zu leisten vermag.

Eine vom Kläger hier ergänzend angesprochene »Befreiungspraxis« ist, soweit sie ausgehend von der Begrifflichkeit nach Maßgabe des § 31 Abs. 2 BauGB gemeint sein sollte, im Regelungskontext des § 34 BauGB bereits nicht einschlägig. Aber auch für etwaige Abweichungsentscheidungen im Sinne des § 34 Abs. 3a BauGB gelten die Ausführungen zur vermeintlichen Genehmigungspraxis entsprechend.

Das gilt auch, soweit das Zulassungsvorbringen überdies die »Eigen-Darstellung« der Beklagten auf ihrer Internetpräsenz bemüht, mit der sie sich als »Vorort« der Metropolregion Hamburg mit großzügig durchgrünten Ein- und Zweifamilienhaussiedlungen beschreibt; auch hieraus lässt sich weder allgemein noch im Besonderen hinsichtlich des konkret zu betrachtenden Gebiets ein nachbarschützender Charakter bestimmter, das Maß der baulichen Nutzung betreffender Faktoren entnehmen. Das hat der Senat bereits im Beschluss v. 12.5.2020 des vorausgegangenen Eilrechtsschutzverfahrens (1 MB 9/20, juris Rdnr. 7) ebenso eindeutig entschieden. Tatsächliche oder rechtliche Schwierigkeiten sind auch insoweit daher nicht ersichtlich, geschweige denn dargelegt.

Soweit der Kläger meint, in der Nachsicht hätte eine Übertragung des Rechtsstreits auf die Einzelrichterin gemäß § 6 Abs. 1 Satz 1 Nr. 1 VwGO nicht erfolgen dürfen, da die tatbestandlichen Voraussetzungen dieser Vorschrift, wonach die Sache keine besonderen Schwierigkeiten tatsächlicher oder rechtlicher Art aufweisen darf, nicht erfüllt gewesen seien, rechtfertigt dies eine Berufungszulassung nicht.

Für eine Zulassung nach § 124 Abs. 2 Nr. 2 VwGO ist dieser Vortrag bereits der Sache nach ungeeignet. Aber auch bei einem allenfalls in Betracht kommenden Verständnis dieses Vorbringens als Geltendmachung eines Verfahrensmangels gemäß § 124 Abs. 2 Nr. 5 VwGO kommt eine Berufungszulassung nicht in Betracht. Mit einer so verstandenen Rüge machte der Kläger nämlich keinen der Beurteilung des Berufungsgerichts unterliegenden Verfahrensmangel geltend, wie es nach § 124 Abs. 2 Nr. 5 VwGO erforderlich ist. Nach der gemäß § 173 VwGO entsprechend anwendbaren Regelung des § 512 ZPO unterliegen der Beurteilung des Berufungsgerichts »diejenigen Entscheidungen, die dem Endurteil vorausgegangen sind, sofern sie nicht nach den Vorschriften dieses Gesetzes unanfechtbar oder mit der sofortigen Beschwerde anfechtbar sind«.

Die Zulassung der Berufung wegen eines Verfahrensmangels ist daher nicht gerechtfertigt, wenn eine Vorentscheidung angegriffen wird, die selbständig anfechtbar ist oder deren Anfechtbarkeit ausdrücklich ausgeschlossen ist (Schl.-Holst. OVG, Beschluss v. 15.10.2001 – 2 L 33/01 –, juris Rdnr. 5; OVG Sachs.-Anh., Beschluss v. 3.2.2010 – 1 L 95/09 –, juris Rdnr. 4; OVG Berlin-Bbg., Beschluss v. 12.5.2021 – OVG 11 N 103.19 –, juris Rdnr. 6).

So liegt der Fall jedoch hier. Der Beschluss, mit dem der Rechtsstreit dem Berichterstatter als Einzelrichter zur Entscheidung übertragen wird, ist nach § 6 Abs. 4 Satz 1 VwGO unanfechtbar, sodass ein damit in Zusammenhang stehender Verfahrensfehler nicht der Beurteilung des Berufungsgerichts unterliegt und ein Antrag auf Zulassung der Berufung hierauf grundsätzlich nicht gestützt werden kann. Greifbare Ansatzpunkte dafür, dass der Rügeausschluss nach § 512 ZPO ausnahmsweise nicht greift, weil die Folgen der beanstandeten, an sich unanfechtbaren Vorentscheidung weiterwirkend der angefochtenen Sachentscheidung anhaften, sind nicht ersichtlich und auch nicht dargelegt. Abgesehen davon, dass nach den obigen Ausführungen keine Zweifel am Vorliegen der Übertragungsvoraussetzungen gemäß § 6 Abs. 1 Satz 1 Nr. 1 VwGO vorliegen, folgt dies auch nicht daraus, dass die Einzelrichterin im Rahmen des Rechtsgesprächs in der mündlichen Verhandlung Vorerörterungen der Streitsache mit der Kammer und deren Sichtweise erwähnt hat. Da eine Übertragung des Rechtsstreits auf den Einzelrichter nur unter den Voraussetzungen des § 6 Abs. 1 Satz 1 Nr. 1 und 2 VwGO zulässig ist, setzt der Übertragungsbeschluss eine Sichtung und Bewertung des Prozessstoffes durch die Kammer voraus. Die aus diesem Verfahrensschritt resultierenden Erkenntnisse in der mündlichen Verhandlung zu präsentieren, ist mitnichten zu beanstanden.

Die Berufung ist auch nicht wegen grundsätzlicher Bedeutung der Rechtssache zuzulassen.

Grundsätzliche Bedeutung im Sinne des § 124 Abs. 2 Nr. 3 VwGO hat eine Rechtssache dann, wenn sie eine grundsätzliche, bisher höchstrichterlich oder obergerichtlich noch nicht geklärte Rechtsfrage oder eine im Bereich der Tatsachenfeststellung bisher obergerichtlich noch nicht beantwortete Tatsachenfrage von allgemeiner Bedeutung aufwirft, die für die Entscheidung der Vorinstanz von Relevanz war und sich auch im Berufungsverfahren entscheidungserheblich stellte, einer abstrakten Klärung zugänglich ist, im Interesse der Einheitlichkeit der Rechtsprechung oder der Weiterentwicklung des Rechts einer fallübergreifenden berufungsgerichtlichen Klärung bedarf und im Falle einer Rechtsfrage nicht bereits anhand des Gesetzeswortlauts und der üblichen Regeln sachgerechter Auslegung sowie auf der Grundlage der einschlägigen Rechtsprechung ohne Durchführung eines Berufungsverfahrens beantwortet werden kann. Ob eine als grundsätzlich klärungsbedürftig bezeichnete Frage entscheidungserheblich ist, ist anhand der Tatsachenfeststellungen des Verwaltungsgerichts zu prüfen, soweit gegen diese keine begründeten Verfahrensrügen erhoben worden sind. Im Antrag auf Berufungszulassung sind die Entscheidungserheblichkeit und Klärungsbedürftigkeit der Frage sowie Gründe, warum sie im Berufungsverfahren anders als im angefochtenen Urteil zu entscheiden sein könnte, substanziiert darzulegen. Dabei ist erforderlich, dass in Auseinandersetzung mit den Argumenten des Verwaltungsgerichts dargetan wird, aus welchen Gründen dessen Auffassung im Berufungsverfahren nicht zu folgen sein wird; nicht ausreichend ist es, wenn der Zulassungsantragsteller sich lediglich gegen die Würdigung seines Vorbringens durch das Verwaltungsgericht wendet und eine Neubewertung verlangt (st. Rspr.. des Senats, Beschluss v. 7.5.2021 – 1 LA 195/20 –, juris Rdnr. 17 m. w. N. zu § 78 Abs. 3 Nr. 1 AsylG).

Gemessen daran kommt der vom Kläger aufgeworfenen Frage, »ob – in Abgrenzung und Fortentwicklung der Rechtsprechung im Hinblick auf die Ergebnisse der Wannsee-Entscheidung (BVerwG, Urteil v. 9.8.2018 – 4 C 7.17) – nur in einem Bauplanverfahren erfolgte Festsetzungen oder Verwaltungshandlungen maßgeblich sind oder sich die Intention des Plangebers gegenüber dem Nachbarn und den Eigentümern von Grundstücken in dem Plangebiet auch durch sonstiges Verwaltungshandeln, welches einen Rechtsbindungswillen aufweist, herleiten lässt«, nicht die ihr beigemessene grundsätzliche Bedeutung zu.

Die Frage, die trotz der gewählten Formulierung »in dem Plangebiet« ersichtlich auf den unbeplanten Innenbereich im Sinne des § 34 BauGB abhebt, ist bereits nicht klärungsbedürftig.

Das Bundesverwaltungsgericht erkennt in der genannten Entscheidung keinen aus Bundesrecht abgeleiteten Gebietserhaltungsanspruch hinsichtlich des Maßes der baulichen Nutzung an, sondern leitet den Drittschutz von Maßfestsetzungen in einem Bebauungsplan von einer entsprechenden Zwecksetzung der Gemeinde ab (BVerwG, Urteil v. 9.8.2018 – 4 C 7.17 –, juris Rdnr. 13 ff.). Dass im unbeplanten Innenbereich eine solche Zwecksetzung fehlt, ergibt sich bereits aus der Natur der Sache (Nds. OVG, Beschluss v. 9.3.2020 – 1 ME 154/19 –, juris Rdnr. 8). Es ist in der Rechtsprechung des Senats zudem geklärt, dass sich eine solche Zwecksetzung in Bezug auf Kriterien, welche das Maß der baulichen Nutzung betreffen, insbesondere nicht aus einer im Gebiet vorzufindenden Bestandsbebauung abgeleiteten Genehmigungs- oder mutmaßlichen Nicht-Genehmigungspraxis der Bauaufsicht ableiten bzw. fingieren lässt (Beschluss v. 12.5.2020 – 1 MB 9/20 –, juris Rdnr. 7; Beschluss v. 10.6.2024 – 1 MB 5/24 –, Beschl.-Abdr. S. 9 f.). …

Nr. 43

Der Anwendungsbereich von § 34 Abs. 3 BauGB erstreckt sich auf alle Vorhaben, die im unbeplanten Innenbereich verwirklicht werden sollen. Es

kommt nicht darauf an, ob sich die Vorhaben nach § 34 Abs. 1 oder 2 BauGB in die Eigenart der näheren Umgebung einfügen und insoweit zulässig sind.

Die Vorschrift des § 34 Abs. 3 BauGB ist abschließend. § 2 BauGB ist nicht als Abwehrgrundlage bei der Zulassung von Einzelvorhaben im unbeplanten Innenbereich maßgebend.

(Leitsätze der Redaktion)

BauGB § 34 Abs. 3.

Bundesverwaltungsgericht, Urteil vom 26. September 2024 – 4 C 3.23 –.

Aus den Gründen:

Die Klägerin, eine Stadt im Ruhrgebiet, wendet sich gegen einen der Beigeladenen erteilten bauplanungsrechtlichen Vorbescheid für einen Sportfachmarkt in der beklagten Nachbarstadt.

Das Vorhabengrundstück ist nahezu identisch mit dem etwa 2,5 ha großen Plangebiet des im Februar 2019 beschlossenen vorhabenbezogenen Bebauungsplans Nr. 27 – B. – der Beklagten, der ein sonstiges Sondergebiet mit der Zweckbestimmung »Großflächiger Einzelhandelsbetrieb – Sportfachmarkt« festsetzt. …

Auf die Klage der wie die Beklagte als Mittelzentrum ausgewiesenen Klägerin hob das Verwaltungsgericht den Vorbescheid auf: Er sei, was die festgelegte Verkaufsfläche von 800 m^2 für zentrenrelevante Sortimente angehe, zu deren Lasten unbestimmt. Die Beklagte konkretisierte daraufhin den Vorbescheid hinsichtlich der Verkaufsfläche.

Auf die Berufung der Beigeladenen hat das Oberverwaltungsgericht die Klage abgewiesen und zur Begründung im Wesentlichen ausgeführt: Ein Abwehrrecht der Klägerin ergebe sich weder aus Festsetzungen des vorhabenbezogenen Bebauungsplans, dessen Unwirksamkeit im parallel geführten Normenkontrollverfahren festgestellt worden sei, noch aus solchen der Vorgängerbebauungspläne, die jeweils unwirksame und zur Gesamtunwirksamkeit führende textliche Festsetzungen enthielten.

Auch § 34 Abs. 3 BauGB verhelfe der Klage nicht zum Erfolg. Die Vorschrift sei anwendbar. Das Vorhabengrundstück liege, wie bereits vom Verwaltungsgericht ausgeführt, jedenfalls im für die Beurteilung insoweit maßgeblichen Zeitpunkt der gerichtlichen Entscheidung innerhalb eines im Zusammenhang bebauten Ortsteils. § 34 Abs. 3 BauGB stehe dem Vorhaben aber nicht entgegen. Schädliche Auswirkungen auf zentrale Versorgungsbereiche seien nicht zu erwarten. Das Vorhaben mit der aufgrund der Klarstellung verbindlichen Verkaufsflächenobergrenze für zentrenrelevante Sortimente bewirke voraussichtlich keine so nachhaltige Störung der Funktionsfähigkeit der zentralen Versorgungsbereiche im Stadtgebiet der Klägerin, dass diese ihren Versorgungsauftrag generell oder hinsichtlich einzelner Branchen nicht mehr substantiell wahrnehmen könnten. Nach dem Ergebnis der Auswirkungsanalyse lägen die Umsatzumverteilungen im gesamten Sportsegment, das in der Innenstadt der Klägerin noch von einem Sport- und einem Waffengeschäft bedient werde, unterhalb einer rechnerischen Nachweisgrenze. Vor diesem Hintergrund könne dem Vorhaben auch eine Verstärkung einer durch andere Einzelhandelsvorhaben verursachten (Vor-)Schädigung nicht zugerechnet werden. Es sei ferner weder dargetan noch erkennbar, dass durch die Zulassung des Vorhabens – eine Vorschädigung unterstellt – eine »Erholung« des zentralen Versorgungsbereichs Innenstadt erschwert oder unmöglich gemacht würde. Ein weitergehendes Abwehrrecht der Klägerin folge schließlich nicht aus § 2 Abs. 2 BauGB. Denn mit der Einfügung von § 34 Abs. 3 BauGB habe der Gesetzgeber eine von ihm identifizierte Lücke im Prüfungsprogramm der Zulässigkeitsvoraussetzungen nach § 34 BauGB geschlossen. Deswegen sei § 2 Abs. 2 BauGB bei der Zulassung von Einzelvorhaben im unbeplanten Innenbereich nicht mehr zu beachten. Überdies habe die Beklagte hier der Beigeladenen nicht – wie von der früheren Rechtsprechung vorausgesetzt – einen Zulassungsanspruch unter Missachtung des interkommunalen Abstimmungsgebots verschafft. ...

Die Revision ist nicht begründet. Das angegriffene Urteil beruht nicht auf einer Verletzung von Bundesrecht (§ 137 Abs. 1 Nr. 1, § 144 Abs. 2 VwGO). Zutreffend hat das Berufungsgericht den von der Klägerin geltend gemachten Abwehranspruch tragend an der für Nachbargemeinden drittschützenden Norm des § 34 Abs. 3 BauGB gemessen und einen Verstoß gegen diese Bestimmung zu Recht verneint.

Nach § 34 Abs. 3 BauGB dürfen von Vorhaben nach Absatz 1 oder 2 keine schädlichen Auswirkungen auf zentrale Versorgungsbereiche in der Gemeinde oder in anderen Gemeinden zu erwarten sein. Der Anwendungsbereich dieser Vorschrift erstreckt sich auf alle Vorhaben, die im unbeplanten Innenbereich verwirklicht werden sollen; es kommt nicht darauf an, ob sie sich nach § 34 Abs. 1 oder 2 BauGB in die Eigenart der näheren Umgebung einfügen und insoweit zulässig sind (BVerwG, Urteil vom 24.4.2024 – 4 C 1.23 – juris Rdnr. 38 f.). Die Vorschrift versteht sich als abschließende Regelung; für einen Abwehranspruch der Nachbargemeinde nach Maßgabe der »Weichenstellungsrechtsprechung« ist bei Vorhaben im unbeplanten Innenbereich kein Raum mehr (BVerwG, Urteil vom 24.4.2024 – 4 C 1.23 – juris Rdnr. 34).

Die Annahme des Berufungsgerichts, § 34 Abs. 3 BauGB sei hier einschlägig, steht mit Bundesrecht in Einklang.

Das Berufungsgericht hat ausgeführt, dass das Vorhabengrundstück nicht im Geltungsbereich eines wirksamen Bebauungsplans liegt. Gegen die näher begründete Rechtsauffassung, dass die Vorgängerbebauungspläne des im parallelen Normenkontrollverfahren rechtskräftig für unwirksam erklärten vorhabenbezogenen Bebauungsplans wegen einer unzulässigen Festsetzung ebenfalls unwirksam sind, bringen die Beteiligten nichts vor. Es ist auch nicht ersichtlich, dass diese Ansicht unzutreffend sein könnte.

Des Weiteren ist das Berufungsgericht davon ausgegangen, dass das Vorhaben innerhalb eines im Zusammenhang bebauten Ortsteils im Sinne von § 34

Abs. 1 Satz 1 BauGB verwirklicht werden soll. Diese tatrichterliche Würdigung der örtlichen Verhältnisse ist für den Senat bindend (§ 137 Abs. 2 VwGO). Entgegen der Auffassung der Klägerin liegt dieser nicht irriger Weise ein unzutreffender Rechtsmaßstab zugrunde mit der Folge, dass die Bindungswirkung entfiele (vgl. BVerwG, Urteil vom 30.6.2015 – 4 C 5.14 – BVerwGE 152, 275 Rdnr. 16). Das Berufungsgericht hat die Tatbestandsmerkmale des »Ortsteils« und »im Zusammenhang bebaut« nicht in unzulässiger Weise vermengt. Das ergibt sich mit hinreichender Deutlichkeit aus der Bezugnahme auf die Ausführungen des Verwaltungsgerichts, welche vom Berufungsgericht bezogen auf den Bebauungszusammenhang ergänzt werden. Im erstinstanzlichen Urteil wird nämlich festgestellt, dass das Vorhabengrundstück »nunmehr ... an dem Bebauungszusammenhang des Ortsteils teil(nimmt), welcher sich schon in den letzten Jahren jenseits der Fahrbahn des B. erstreckte«.

Ohne Verstoß gegen Bundesrecht hat das Berufungsgericht festgestellt, dass vom angefochtenen Vorhaben schädliche Auswirkungen auf zentrale Versorgungsbereiche der Klägerin nicht zu erwarten sind. Schädliche Auswirkungen im Sinne von § 34 Abs. 3 BauGB sind dann zu erwarten, wenn das Vorhaben die Funktionsfähigkeit zentraler Versorgungsbereiche der Standortgemeinde so nachhaltig stört, dass sie ihren Versorgungsauftrag generell oder hinsichtlich einzelner Branchen nicht mehr substantiell wahrnehmen können (BVerwG, Urteil vom 11.10.2007 – 4 C 7.07 – BVerwGE 129, 307 Rdnr. 14 f.). Bei der gebotenen prognostischen Bewertung sind diejenigen Auswirkungen zugrunde zu legen, die typischerweise von einem Betrieb der Art, wie er zur Genehmigung gestellt wird, an der betreffenden Stelle zu erwarten sind. Als taugliche Kriterien können insbesondere eine Umsatzumverteilung bzw. ein Kaufkraftabfluss herangezogen werden (BVerwG, Urteil vom 17.12.2009 – 4 C 1.08 – BVerwGE 136, 18 Rdnr. 14, 16). Bei der Ermittlung der Schädlichkeitsschwelle sind die Auswirkungen bereits vorhandener Einzelhandelsbetriebe und insoweit »Vorschädigungen« zu berücksichtigen, um zu verhindern, dass ein bereits beeinträchtigter, vom Funktionsverlust bedrohter Versorgungsbereich sich weiter funktionell verschlechtert. Auch soll ihm eine »Erholung« nicht durch die Zulassung von Vorhaben erschwert oder unmöglich gemacht werden, welche die Schädigung verstärken (BVerwG, Beschluss vom 12.1.2017 – 4 B 43.16 – Buchholz 406.11 § 34 BauGB Nr. 222 Rdnr. 4). Bei der Prüfung des Vorliegens schädlicher Auswirkungen ist grundsätzlich zu beachten, dass sie einem Vorhaben nicht schon dann entgegengehalten werden können, wenn sie lediglich möglich erscheinen. Voraussetzung ist vielmehr, dass eine hinreichend gesicherte Tatsachenbasis besteht, mit der sich die Erwartung schädlicher Auswirkungen begründen lässt (BVerwG, Urteil vom 17.12.2009 – 4 C 1.08 – BVerwGE 136, 18 Rdnr. 12).

An diesen rechtlichen Vorgaben hat das Berufungsgericht seine Prüfung ausgerichtet. Entgegen der Rüge der Klägerin hat es bei einer unterstellten

Vorschädigung ihres zentralen Versorgungsbereichs Innenstadt durch das auf dem Gebiet der Beklagten betriebene Einkaufszentrum »C.« (weitere) schädliche Auswirkungen nicht unter Anwendung unzutreffender rechtlicher Maßstäbe verneint.

In ihrem Vorbringen zu einer behaupteten Fehlgewichtung ihrer städtebaulichen Belange im Rahmen der planerischen Abwägungsentscheidung beim vorhabenbezogenen Bebauungsplan, der Sache nach aber auch für die Frage der schädlichen Auswirkungen von Belang, nimmt die Klägerin Bezug auf den Beschluss des Senats vom 12.1.2017 – 4 B 43.16 – (Buchholz 406.11 § 34 BauGB Nr. 222) und hebt die vom Senat »mit dem Oberverwaltungsgericht« bejahte Frage hervor. Danach sind im Falle einer Vorschädigung eines zentralen Versorgungsbereichs durch vorhandene, außerhalb dieses Versorgungsbereichs gelegene Einzelhandelsbetriebe generell schon dann schädliche Auswirkungen durch einen neu hinzutretenden Einzelhandelsbetrieb zu erwarten, wenn dieser, ohne dass es auf den von ihm zu erwartenden konkreten Kaufkraftabfluss oder andere Einzelfallumstände ankommt, die Vorschädigung lediglich verstärkt. Wollte man diese Passage so verstehen, dass auch ohne Kaufkraftabfluss eine weitere im Rahmen des § 34 Abs. 3 BauGB beachtliche Verstärkung schädlicher Auswirkungen möglich wäre, hätte die Argumentation des Berufungsgerichts keinen Bestand. Denn es hat die Vorschädigung unterstellt, weitere schädliche Auswirkungen im Sinne einer Verstärkung aber deswegen verneint, weil ausweislich eines Gutachtens die Umsatzumverteilung sich unterhalb der Nachweisgrenze bewege.

Dem von der Klägerin vertretenen Verständnis der Ausführungen des Senats ist aber nicht zu folgen. Eine entsprechende Rechtsansicht, die vom Senat bestätigt werden könnte, findet sich nicht in dem in jenem Verfahren angegriffenen Urteil des Oberverwaltungsgerichts für das Land Schleswig-Holstein vom 29.6.2016 – 1 LB 7/14 – (juris Rdnr. 33 ff.). Vielmehr wird darin – insoweit in Einklang mit der Rechtsprechung des Senats (Urteil vom 11.10.2007 – 4 C 7.07 – BVerwGE 129, 307 Rdnr. 16) – auf die Umsatzumverteilung und den Kaufkraftabfluss als Voraussetzung einer nicht nur unwesentlichen Steigerung bereits gegebener Störungen abgestellt. Auch den weiteren Ausführungen im betreffenden Beschluss, der letztlich entscheidend auf »eine Intensivierung einer bereits gegenwärtigen Gefährdung der Funktionsfähigkeit eines zentralen Versorgungsbereichs als schädliche Auswirkungen« abstellt, ist für eine positive Antwort auf die wiedergegebene Frage nichts zu entnehmen.

Im Übrigen ist nicht plausibel, dass eine Verstärkung der Schädigung zentraler Versorgungsbereiche ohne Umsatzumverteilung und Kaufkraftabfluss zu deren Lasten angenommen werden könnte. Zentrale Versorgungsbereiche setzen rentable und damit lebensfähige Einzelhandelsbetriebe voraus. Der Umsatz ist hierfür ein bedeutender und in der Regel der ausschlaggebende Parameter. Umsatzeinbußen durch den Eintritt neuer Marktteilnehmer können nach verschiedenen Methoden – unter anderem, wie hier geschehen, durch Marktgutachten – prognostiziert werden.

Mit der für sich genommen missverständlichen Erwähnung der Entbehrlichkeit eines »konkreten Kaufkraftabflusses« soll demnach zum Ausdruck gebracht werden, dass allgemeine Orientierungswerte oder »Richtgrößen«, bei deren Erreichen nach in der obergerichtlichen Rechtsprechung vertretener Auffassung bei isolierter Betrachtung von schädlichen Auswirkungen auszugehen ist – hier wird etwa auf einen Schwellenwert von 10 % abgestellt (vgl. die Rechtsprechungsbeispiele bei Söfker/Hellriegel, in: Ernst/Zinkahn/Bielenberg/Krautzberger, BauGB, Stand April 2024, § 34 Rdnr. 86l) –, in dieser Situation nicht maßgeblich sind (Spannowsky, in: Spannowsky/Uechtritz, BeckOK BauGB, Stand August 2024, § 34 Rdnr. 59.3). Vielmehr ist bei der gebotenen summierenden/kumulierenden Betrachtungsweise, die eine sukzessive Vorgehensweise – im Sinne einer »Salamitaktik«- erfasst, jede nicht nur unwesentliche Steigerung der Störungen zu berücksichtigen.

Ohne Erfolg wendet die Klägerin sich schließlich gegen die Annahme des Berufungsgerichts, eine Erschwerung der Erholung des zentralen Versorgungsbereichs erfordere die konkrete Perspektive einer (erneuten) Ansiedlung eines Einzelhandelsbetriebs, die durch das Vorhaben infrage gestellt werde. Ihre abweichende Auffassung stützt die Klägerin auf die Vermutungswirkung des § 11 Abs. 3 Satz 1, 3 BauNVO. Diese Vermutung ist im Rahmen des § 34 Abs. 1 und 3 BauGB aber weder unmittelbar noch kraft gesetzlicher Verweisung anwendbar (BVerwG, Beschluss vom 12.2.2009 – 4 B 3.09 – Buchholz 406.12 § 11 BauNVO Nr. 34 Rdnr. 9). Vielmehr gilt – wie bereits ausgeführt – auch insoweit, dass allein die Möglichkeit schädlicher Auswirkungen für den Versagungsgrund nach § 34 Abs. 3 BauGB nicht ausreicht. Die Erwartung schädlicher Auswirkungen oder deren Verstärkung kann nur dann bejaht werden, wenn es hierfür eine gesicherte Grundlage in den tatsächlichen Umständen gibt. Hiernach ist gegen die Rechtsauffassung des Oberverwaltungsgerichts nichts zu erinnern. …

Nr. 44

Der mit dem Bringen und Holen der in einer Einrichtung betreuten Kinder verbundene Verkehrslärm ist von den Nachbarn regelmäßig hinzunehmen. Dies gilt sowohl in Baugebieten nach der BauNVO, in denen Kindertageseinrichtungen allgemein oder ausnahmsweise zulässig sind, als auch in Gemenge-

lagen, in denen Wohnnutzung vorhanden ist. Gleiches gilt für den dem Vorhaben zuzurechnenden Park- oder Parksuchverkehr.
(Leitsatz der Redaktion)

BauGB § 34 Abs. 1, Abs. 2; BauNVO § 4 Abs. 2 Nr. 3; BImSchG § 22 Abs. 1a.

Bundesverwaltungsgericht, Beschluss vom 30. September 2024 – 4 B 22.24 –.

Aus den Gründen:

Die ausdrücklich als rechtsgrundsätzlich bedeutsam aufgeworfene Frage, ob trotz des Grundsatzes, dass der mit dem Betrieb eines Kindergartens einhergehende Lärm in Gebieten, in denen eine solche Einrichtung nach den Regelungen der BauNVO zur Art der baulichen Nutzung regelmäßig oder ausnahmsweise zulässig ist, grundsätzlich von den Nachbarn hinzunehmen ist, in Ausnahmefällen aber dennoch ein Verstoß gegen das bauplanungsrechtliche Rücksichtnahmegebot gegeben sein kann, rechtfertigt die Zulassung der Revision nicht. Die Beschwerde legt in keiner Weise in substantiierter Auseinandersetzung mit der Begründung des angegriffenen Beschlusses dar, dass es zweifelhaft und folglich klärungsbedürftig sein könnte, dass bei der Prüfung eines Verstoßes gegen das bauplanungsrechtliche Rücksichtnahmegebot (§ 15 Abs. 1 Satz 2 BauNVO) von dem in der Fragestellung bezeichneten Verhältnis von Regel und Ausnahme auszugehen ist. Soweit bei der Beurteilung des genehmigten Kindergartens hinsichtlich der von den Kindern hervorgerufenen Geräuscheinwirkungen die Wertung des § 22 Abs. 1a Satz 1 BImSchG heranzuziehen ist, wird darin ausdrücklich normiert, dass solche Einwirkungen im Regelfall keine schädlichen Umwelteinwirkungen sind und sie somit nur in Ausnahmefällen bei der Abwägung zugunsten der betroffenen Nachbarn einzustellen sind. Was die mit der Nutzung des Kindergartens durch das Bringen und Holen der dort betreuten Kinder verbundenen Verkehrsgeräusche angeht, gilt – unabhängig davon, ob auch in dieser Hinsicht auf § 22 Abs. 1a Satz 1 BImSchG zurückgegriffen werden kann – jedenfalls der allgemeine Grundsatz, dass die mit einer rechtlich zulässigen Bebauung verbundenen Beeinträchtigungen und Unannehmlichkeiten durch den dadurch verursachten An- und Abfahrtsverkehr im Regelfall hinzunehmen sind, und zwar auch dann, wenn die verkehrliche Situation sich gegenüber dem bisherigen Zustand merklich verschlechtert (vgl. zu Stellplätzen BVerwG, Urteil v. 7.12.2006 – 4 C 11.05 – BVerwGE 127, 231 Rdnr. 16). Von der Unzumutbarkeit der damit einhergehenden Störungen ist nur aufgrund besonderer örtlicher Verhältnisse und demnach nur ausnahmsweise auszugehen. …

Nr. 45

1. **Wird durch die Hauptgebäude einer straßenbegleitenden Bebauung eine faktische vordere Baugrenze gebildet, deren vorgelagerte Bereiche als Vorgärten angelegt und ausgestaltet sind, verstößt die dortige Errichtung von Stellplätzen zwar nicht allein deshalb gegen das Einfügungsgebot des § 34 Abs. 1 Satz 1 BauGB, weil diese außerhalb der überbaubaren Grundstücksfläche liegen.**
2. **Der Verstoß kann sich aber in Anwendung der hierbei zu beachtenden materiellen Maßstäbe des § 23 Abs. 5 BauNVO ergeben.**

BauGB § 34 Abs. 1; BauNVO § 23 Abs. 5.

OVG Sachsen-Anhalt, Beschluss vom 28. Februar 2024 – 2 L 89/23.Z –.

Aus den Gründen:

... Der Kläger wehrt sich gegen eine bauordnungsrechtliche Verfügung, mit der ihm die Beklagte die Beseitigung eines PKW-Stellplatzes aufgab, den er im Vorgarten seines Wohngrundstücks mit der Straßenbezeichnung A-Straße im Stadtgebiet der Beklagten errichtet hatte. ...

Der Kläger macht geltend, geprägt werde die Eigenart der näheren Umgebung seines Wohngrundstücks nicht nur durch unbefestigte Vorgartenbereiche, sondern auch durch dort vorhandene Stellplätze und befestigte Flächen. Als Beispiele verweist er auf die Umgebungsgrundstücke An der A-Straße ... und A-Straße Nr. ..., ..., ..., ..., ... und .... Dieses Vorbringen bleibt ohne Erfolg.

Innerhalb der im Zusammenhang bebauten Ortsteile ist ein Vorhaben nur dann zulässig, wenn es sich unter anderem hinsichtlich der Grundstücksfläche, die überbaut werden soll, in die Eigenart der näheren Umgebung einfügt (§ 34 Abs. 1 Satz 1 BauGB). Wird durch die Hauptgebäude einer straßenbegleitenden Bebauung – wie hier auf beiden Seiten der Straße »A-Straße« – eine faktische vordere Baugrenze gebildet, deren vorgelagerte Bereiche als Vorgärten angelegt und ausgestaltet sind, verstößt die dortige Errichtung von Stellplätzen zwar nicht allein deshalb gegen das Einfügungsgebot des § 34 Abs. 1 Satz 1 BauGB, weil diese außerhalb der überbaubaren Grundstücksfläche liegen; der Verstoß kann sich aber in Anwendung der hierbei zu beachtenden materiellen Maßstäbe des § 23 Abs. 5 BauNVO ergeben, nach denen bei der Ermessensentscheidung vor allem die städtebaulichen Folgen einer Zulassung von Nebenanlagen nach Satz 1 sowie von (sonstigen) baulichen Anlagen nach Satz 2 außerhalb der überbaubaren Grundstücksflächen zu beachten sind (vgl. ThürOVG, Urteil v. 26.4.2017 – 1 KO 347/14 – juris Rdnr. 42–45 mit weiteren Nachweisen). Diesen Maßstab haben das Landesverwaltungsamt in seinem Widerspruchsbescheid vom 16.2.2021 wie auch die Vorinstanz beachtet.

Sie haben zutreffend darauf abgestellt, dass sich der streitgegenständliche Stellplatz nicht in seine nähere Umgebung einfügt, weil er außerhalb der überbaubaren Grundstücksfläche liegt und dort städtebaulich unerwünscht ist.

Auf den umliegenden Grundstücken in der Straße »A-Straße« sind in den Vorgärten zwar ebenfalls versiegelte Flächen vorhanden. Diese führen aber im Gegensatz zu dem klägerischen Grundstück nicht zu einer Komplettversiegelung des Vorgartens und dienen ganz überwiegend auch nicht als Stellplatz, sondern als Zufahrt zu Garagen. Dies gilt auch für die von dem Kläger angeführten Grundstücke. Aus den von ihm vorgelegten Lichtbildern wird deutlich, dass auch bei diesen Grundstücken begrünte Vorgärten erkennbar sind. Die versiegelten Flächen dienen in der Straße A-Straße auf den Grundstücken ... und ... als Zufahrt zu Garagen zwischen den Häusern. Gleiches gilt für das Grundstück An der A-Straße .... Auf den Grundstücken »A-Straße« ..., ... und ... sind die versiegelten Flächen seitlich neben dem Gebäude oder in der Flucht der im Übrigen noch vorhandenen Vorgärten angeordnet. Nicht anders verhält es sich bei dem Grundstück A-Straße .... Soweit die Beklagte zu diesem Grundstück angemerkt hat, dass der über der Versiegelungsfläche errichtete Carport ihrem V+E-Plan Nr. ... widerspricht und sie sich deswegen weitere Schritte vorbehält, ändert dies nichts daran, dass dieses Grundstück auch zum jetzigen Zeitpunkt, das heißt vor einem etwaigen Einschreiten, im Gegensatz zu dem klägerischen Grundstück noch über einen Vorgarten verfügt. In diesem Umfeld löst ein Stellplatz wie der von dem Kläger errichtete bodenrechtliche Spannungen aus, weil er auch für andere Grundstückseigentümer einen Anreiz schafft, ihren Vorgarten in ähnlicher Weise wie der Kläger zu versiegeln und als Stellplatz zu nutzen.

Als unrichtig erachtet der Kläger die erstinstanzliche Entscheidung auch deshalb, weil das Verwaltungsgericht bei der Betrachtung der näheren Umgebung die angrenzende Dessauer Straße, den Anemonenweg und den Veilchenweg nicht berücksichtigt habe. Diese Straßen seien gekennzeichnet durch eine kleinzellige Bebauung und eine von Parkraumknappheit geprägte Siedlungsstruktur. Dieses Vorbringen rechtfertigt die Zulassung der Berufung ebenfalls nicht. In der angefochtenen Beseitigungsanordnung wurde als maßgebliche nähere Umgebung zurecht nur auf die beidseitige Bebauung in der Straße »A-Straße« (Nr. ... bis ... bzw. ... bis ...) abgestellt. Bei der überbaubaren Grundstücksfläche ist der maßgebliche Bereich der näheren Umgebung in der Regel deutlich enger zu begrenzen als bei der Art der baulichen Nutzung, weil die Prägung, die von der für die Bestimmung der überbaubaren Grundstücksflächen maßgeblichen Stellung der Gebäude auf den Grundstücken ausgeht, im Allgemeinen weniger weit reicht als die Wirkungen der Art der baulichen Nutzung (vgl. Beschluss des Senats vom 4.7.2012 – 2 L 94/11 – juris Rdnr. 10). Die Antragsschrift hat nicht deutlich gemacht, weshalb der Rahmen der näheren Umgebung hier abweichend von diesem Grundsatz nicht auf die Straße »A-Straße« zu beschränken, sondern um die genannten

Straßen zu erweitern sei. Im Übrigen hat der Kläger auch nicht aufgezeigt, weshalb sich aus dem Umstand, dass die genannten Straßen eine kleinzellige Bebauung und eine Parkraumknappheit aufweisen, die Unrichtigkeit des angegriffenen Urteils ergeben soll. Das Verwaltungsgericht hat seine Entscheidung darauf gestützt, dass sich der streitgegenständliche Stellplatz hinsichtlich der überbaubaren Grundstücksfläche nicht in die Eigenart der näheren Umgebung einfügt. Diese Begründung wird durch die von dem Kläger angeführten Umstände der kleinzelligen Bebauung und der Parkraumknappheit nicht in Frage gestellt. Etwas Anderes ergibt sich auch nicht aus den von ihm vorgelegten Lichtbildern der Grundstücke D-Straße ..., ..., ... bis ... und ..., A-Straße .... und 6... M-Straße ..., ... und ... und V-Straße .... Vermutlich möchte er auch bei diesen Lichtbildern aufzeigen, dass in der näheren Umgebung seines Grundstücks vergleichbare Stellplätze wie der streitgegenständliche anzutreffen sind. Insoweit fehlt es aber wiederum an einer Darlegung, weshalb diese Straßen in die nähere Umgebung des klägerischen Grundstücks einzubeziehen sind.

Keine ernstlichen Zweifel an der Richtigkeit der erstinstanzlichen Entscheidung begründet auch der klägerische Einwand, nach dem Protokoll der mündlichen Verhandlung habe das Verwaltungsgericht bei dem Ortstermin festgestellt, aufgrund der beengten Straßenverhältnisse sei ein Begegnungsverkehr mit Bus nicht möglich und es müsse auf den unbefestigten Seitenstreifen ausgewichen werden. Dies mag zwar zutreffen. Für die hier maßgebliche Frage, ob sich der streitgegenständliche Stellplatz nach der überbauten Grundstücksfläche in die Eigenart der näheren Umgebung einfügt, kommt es aber auf diesen Umstand nicht an.

Nicht durchzudringen vermag der Kläger auch mit seinem Hinweis, das Bild einer Vorgartenidylle und eines einheitlichen, schützenswerten Bildes werde auch durch den 80 m langen Seitenstreifen in der Straße »A-Straße« widerlegt, der in verkehrsrechtlich unzulässiger Weise zum Parken benutzt werde. Die Beklagte hat darauf hingewiesen, dass es sich hierbei um den als Schotterfläche befestigten Seitenstreifen handelt, der in der Straße »A-Straße« den südlichen Gehweg östlich der Hausnummer ... fortführt. Auch dieser Seitenstreifen ändert allerdings nichts daran, dass sich der streitgegenständliche Stellplatz nicht in die nähere Umgebung einfügt. Auch im Bereich dieses Seitenstreifens sind die Vorgärten nicht vollständig versiegelt, sondern als solche vorhanden.

Fehl geht auch der Einwand des Klägers, er habe bei dem Ortstermin darauf hingewiesen, dass auch die Zufahrten der ca. 6 m zurückgesetzten Garagen der Häuser ... (2 Garagen) und .../... (2 Garagen) gepflastert seien und zum Parken genutzt würden. Solche Garagenzufahrten vermitteln, wie bereits dargelegt, ein anderes Erscheinungsbild als der vom Kläger angelegte Stellplatz.

Der Kläger macht darüber hinaus geltend: In der näheren Umgebung wohnten überwiegend Kleinfamilien mit zwei berufstätigen Ehepartnern, die auf zwei Pkw angewiesen seien. In einzelnen Häusern seien Tiefgaragen für jeweils nur ein Fahrzeug vorhanden, sodass das Fahrzeug zwangsläufig vor dem Haus geparkt werden müsse. Die beengte Straße und der planmäßige Busverkehr in der Straße »A-Straße« führten zu einer Sach- und Personengefährdung durch die auf der Straße parkenden Pkw. Die Nutzung von zusätzlichen Stellplätzen vor dem Haus schaffe hier eine deutliche Verringerung der Gefährdung. Auch mit diesem Vorbringen sind die Voraussetzungen des § 124 Abs. 2 Nr. 1 VwGO nicht hinreichend dargelegt. Es wird daraus nicht deutlich, ob sich der Kläger damit auf die Frage des Einfügens im Sinne des 34 Abs. 1 BauGB oder der fehlerfreien Ermessensausübung bezieht. Für die Frage des bauplanungsrechtlichen Einfügens sind verkehrsrechtliche Aspekte nicht entscheidend. Was die Ermessensausübung anbelangt, hat das Verwaltungsgericht zurecht auf das hier bestehende Regelermessen abgestellt, das die Beklagte auch in Ansehung der geltend gemachten Enge der Verkehrsanlage und der Parkplatznot fehlerfrei ausübte.

Der Kläger macht schließlich ohne Erfolg geltend, bei der Beurteilung des Einfügens in die nähere Umgebung müssten auch die sozialen Strukturen der Anwohner berücksichtigt werden, die im Wohnviertel »A-Straße« nicht durch ein Vorgartenidyll, sondern von berufstätigen Kleinfamilien geprägt würden, die trotz des knappen Parkraums auf die Nutzung von zwei Pkw angewiesen seien. Es mag nicht von vornherein auszuschließen sein, dass bei der Frage dessen, was im Sinne des § 23 Abs. 5 BauNVO in Verbindung mit § 34 Abs. 1 Satz 1 BauGB städtebaulich erwünscht ist, auch soziale Aspekte Berücksichtigung finden können. Für die Beurteilung der angefochtenen Anordnung ist der Trend zum Zweitwagen allerdings schon deshalb nicht ausschlaggebend, weil es sich hierbei um ein allgemeines und nicht um ein auf die genannten »berufstätigen Kleinfamilien« beschränktes gesellschaftliches Phänomen handelt. …

Nr. 46

1. **Nebenanlagen im Sinne des § 14 BauNVO können nur solche selbständigen Anlagen sein, die nicht Bestandteil des (Haupt-)Gebäudes sind. Ist eine bauliche Anlage konstruktiv mit einer Hauptanlage verbunden, erfolgt die Abgrenzung danach, ob durch die Bauweise, die Gestaltung des Zugangs oder auf andere Weise die auf eine Nebenanlage beschränkte Funktion deutlich hervortritt.**

2. **Bezüglich des Merkmals der überbaubaren Grundstücksfläche wird die nähere Umgebung im Sinne des § 34 Abs. 1 BauGB im Regelfall enger bemessen als bei dem Merkmal der Art der baulichen Nutzung, weil die**

von den überbaubaren Grundstücksflächen ausgehende Prägung in ihrer Reichweite im Allgemeinen hinter den von der Art der baulichen Nutzung ausgehenden Wirkungen zurückbleibt.

BauGB § 34 Abs. 1; BauNVO § 14.

Hessischer VGH, Beschluss vom 25. Juli 2024 – 5 A 2092/20 –.

Aus den Gründen:

… Entgegen dem Vorbringen der Kläger liegt der Zulassungsgrund der ernstlichen Zweifel an der Richtigkeit des Urteils (§ 124 Abs. 2 Nr. 1 VwGO) nicht vor. …

Der Vorwurf der Kläger, das Verwaltungsgericht sei von einem falschen Sachverhalt ausgegangen, überzeugt nicht.

Den Klägern ist zuzugestehen, dass die Differenzierung des Verwaltungsgerichts zwischen den Bauvorhaben eines »Carports« und eines »Geräteschuppens« nicht eindeutig ist. Entgegen der ursprünglichen Anzeige der Kläger eines baugenehmigungsfreien Vorhabens vom 12.2.2016 war ihr Bauantrag, dessen Ablehnung Gegenstand des Klageverfahrens ist, unstreitig nur auf die Errichtung eines Geräteschuppens samt Hausüberdachung gerichtet.

Letztlich kann dahinstehen, was das Verwaltungsgericht mit dem Begriff »Carport« konkret gemeint hat. Aus den Entscheidungsgründen geht hinreichend hervor, dass das Verwaltungsgericht nicht – wie die Kläger meinen – über die Genehmigungsfähigkeit eines fiktiven Bauvorhabens entschieden hat, sondern über die Genehmigungsfähigkeit des konkret beantragten Bauvorhabens. Insbesondere hat es im Tatbestand dargestellt, dass die Kläger zunächst die Errichtung eines Carports, eines Geräteschuppens und einer Überdachung des Hauseingangsbereichs angezeigt haben. Anschließend stellt es fest, dass »der Schuppen im vorderen Grundstücksbereich vor dem Wohnhaus realisiert [wurde], wobei die Hauseingangsüberdachung eine Verlängerung der Dachlinie des Schuppens darstellt«. Von der Errichtung eines Carports ist an dieser Stelle nicht mehr die Rede.

Den später gestellten Bauantrag spezifiziert das Verwaltungsgericht im Tatbestand zwar nicht mehr, sondern nennt ihn nur den »streitgegenständlichen Bauantrag«. Aus den Entscheidungsgründen geht aber klar hervor, dass das Verwaltungsgericht im Rahmen der erhobenen Verpflichtungsklage den Anspruch auf die Erteilung der konkret beantragten Baugenehmigung geprüft hat. Was Inhalt des Bauantrags war, lässt sich der Behördenakte hinreichend entnehmen. Das Verwaltungsgericht hat auf S. 13 des Entscheidungsabdrucks auch die zutreffenden Maße des beantragten Bauvorhabens angegeben (Vortreten um 2,50 m in einer Breite von 4,70 m).

Außerdem prüft das Verwaltungsgericht ab S. 12 des Entscheidungsabdrucks nur noch das Vorliegen einer untergeordneten Nebenanlage im Sinne des § 14 BauNVO in Abgrenzung eines Anbaus des Hauptgebäudes. Demgegenüber findet der für »Carports« maßgebliche § 12 BauNVO nur kurz Erwähnung, wird aber nicht weiter geprüft, obwohl er als lex specialis § 14 BauNVO verdrängen müsste (vgl. dazu Stock, in: Ernst/Zinkahn/Bielenberg/Krautzberger, BauGB, Stand: August 2023, § 12 BauNVO Rdnr. 3a). Damit ist hinreichend klar, dass das Verwaltungsgericht allein das von den Klägern beantragte Bauvorhaben zum Gegenstand seiner Entscheidung gemacht hat und nicht etwa einen zusätzlichen Carport. Die nicht ganz klare Differenzierung zwischen einem »Carport« und einem »Geräteschuppen« begründet damit für den Senat keine ernstlichen Zweifel an der Tatsachenfeststellung durch das Verwaltungsgericht.

Entgegen dem Vortrag der Kläger geht der Senat in Übereinstimmung mit dem Verwaltungsgericht auch davon aus, dass es sich bei dem beantragten Bauvorhaben nicht um eine untergeordnete Nebenanlage im Sinne des § 14 BauNVO handelt, sondern um einen Teil des Hauptgebäudes.

Nebenanlagen können nur solche selbständigen Anlagen sein, die nicht Bestandteil des (Haupt-)Gebäudes sind (BVerwG, Urteil v. 14.12.2017 – 4 C 9/16 –, juris Rdnr. 8). Zutreffend weisen die Kläger darauf hin, dass der Geräteschuppen und die Hausüberdachung eine gegenüber dem Hauptgebäude dienende Funktion aufweisen. Zur Abgrenzung einer Nebenanlage vom Teil einer Hauptanlage sind aber nicht nur funktionelle, sondern auch räumliche Gesichtspunkte heranzuziehen (BVerwG, Urteil v. 14.12.2017 – 4 C 9/16 –, juris Rdnr. 8). In räumlicher Hinsicht ist maßgeblich, ob das Vorhaben ein eigenständiges Gebäude ist, es in das Hauptgebäude integriert oder mit ihm konstruktiv verbunden ist. Im Regelfall wird eine Nebenanlage baulich selbständig sein. Zwar sind auch Nebenanlagen denkbar, die an die Hauptanlage angebaut sind. In solchen Fällen muss aber durch die Bauweise, die Gestaltung des Zugangs oder auf andere Weise die auf eine Nebenanlage beschränkte Funktion deutlich hervortreten (BVerwG, Urteil v. 14.12.2017 – 4 C 9/16 –, juris Rdnr. 10). Dafür sind auch optische Kriterien relevant.

Das Verwaltungsgericht ist zutreffend davon ausgegangen, dass das von den Klägern beantragte und bereits realisierte Bauvorhaben diese Anforderungen nicht erfüllt. Zwar ist den Klägern darin zuzustimmen, dass der Geräteschuppen und die Hausüberdachung aus Holz errichtet wurden und damit aus einem anderen Material bestehen als das Hauptgebäude. Auch ist ihr Hinweis richtig, dass der Zugang zu dem Geräteschuppen nicht wie in der Konstellation des Urteils des Bundesverwaltungsgerichts vom 14.12.2017 – 4 C 9/16 – durch das Hauptgebäude erfolgt, sondern durch einen separaten Eingang. Gleichwohl tritt mit Blick auf die direkt an das Hauptgebäude angebaute bauliche Anlage die auf eine Nebenanlage beschränkte Funktion nicht deutlich genug hervor. Dies ergibt sich in Ergänzung der vom Verwaltungsgericht angeführten Gründe aus folgender Gesamtschau der optischen Kriterien:

Entgegen dem Vortrag der Kläger ist es für die Annahme eines Anbaus des Hauptgebäudes nicht erforderlich, dass das Bauvorhaben an das Haus

»gemauert« ist. Vielmehr reicht grundsätzlich eine konstruktive Verbindung aus. Diese ergibt sich hier daraus, dass die Überdachung fest in der Außenwand des Hauptgebäudes verankert und der Geräteschuppen direkt an der Außenwand errichtet wurde.

Die bauliche Anlage verläuft parallel zur Außenwand. Anders als bei den übrigen im Wohngebiet errichteten Geräteschuppen, die jeweils in einem Winkel von 90 Grad zum Haus angeordnet sind, fällt der Blick von der Straße hier auf eine 2,44 m breite Front des Schuppens, der insoweit den Blick auf das Hauptgebäude verdeckt. Aus den in der Bauakte befindlichen Lichtbildern geht zudem hervor, dass die Häuser der näheren Umgebung regelmäßig nur über kleine Hausüberdachungen über der Eingangstür verfügen. Demgegenüber tritt die Hausüberdachung des Hauses der Kläger, die neben der Eingangstür auch den Geräteschuppen überdeckt, mit einer Länge von 4,70 m und einer durchgängigen Tiefe von 2,50 m dominant in Erscheinung. Die insgesamt 7,06 m lange Front des Hauses der Kläger wird zu rund zwei Dritteln durch das beantragte Bauvorhaben eingenommen. Damit entsteht für den neutralen Betrachter der Eindruck einer Erweiterung des Hauses zur Straße hin. Zudem stellt die Hausüberdachung eine durchgehende Verbindung zwischen dem Geräteschuppen sowie dem Hauseingang her, wodurch das Hauptgebäude und der Geräteschuppen optisch verbunden werden.

Außerdem ist der Anstrich des aus Holz errichteten Geräteschuppens farblich auf die Außenwand abgestimmt, worauf auch die Bau- und Nutzungsbeschreibung zum Bauantrag der Kläger ausdrücklich hinweist (»Der Außenanstrich wird der Fassade des Wohnhauses angepasst«). Dadurch werden die Unterschiede zwischen den Materialien des Hauses und des Bauvorhabens optisch nivelliert und der Eindruck eines unmittelbaren Zusammenhangs zwischen der Außenwand, der Überdachung und dem Schuppen noch verstärkt.

Entgegen dem Vorbringen der Kläger fügt sich das Bauvorhaben als Anbau des Hauptgebäudes auch nicht nach § 34 Abs. 1 BauGB in Bezug auf die überbaubare Grundstücksfläche in die Eigenart der näheren Umgebung ein.

Das Kriterium der überbaubaren Grundstücksfläche bestimmt sich nach der konkreten Größe der Grundfläche des in Frage stehenden Vorhabens und seiner räumlichen Lage innerhalb der vorhandenen Bebauung (vgl. BVerwG, Beschluss v. 12.8.2019 – 4 B 1.19 –, juris Rdnr. 6). Zur näheren Konkretisierung kann insofern auf die Begriffsbestimmungen in § 23 BauNVO zur »überbaubaren Grundstücksfläche«, die wiederum gemäß § 23 Abs. 2 BauNVO auch durch Festsetzung einer Baulinie bestimmt werden kann, zurückgegriffen werden (BVerwG, Beschluss v. 16.6.2009 – 4 B 50.08 –, juris Rdnr. 4). Insoweit hat das Verwaltungsgericht zutreffend darauf hingewiesen, dass die Front der Reihenhausgruppe, zu der das Haus der Kläger gehört, eine faktische Baulinie im Sinne des § 23 Abs. 2 BauNVO bildet, die das Bauvorhaben der Kläger um ca. 2,50 m deutlich überschreiten würde.

Soweit die Kläger ernstliche Zweifel an der Annahme des Verwaltungsgerichts geltend machen, das Vorhaben füge sich trotz des Vorhandenseins von größeren Anbauten an die Häuser Nr. … und … und von zur Straße ausgerichteten Balkonen der Häuser Nr. … und … nicht in die nähere Umgebung ein, die durch die gesamte Wohnanlage »O.-straße Nr. … bis …« gebildet werde, mögen diese berechtigt sein. Ob dies der Fall ist, kann jedoch dahinstehen, denn die Entscheidung des Verwaltungsgerichts erweist sich jedenfalls im Ergebnis als zutreffend, da die nähere Umgebung im Sinne des § 34 BauGB hier deutlich enger zu fassen ist.

Der die nähere Umgebung bildende Bereich reicht grundsätzlich so weit, wie sich die Ausführung des zur Genehmigung gestellten Vorhabens auswirken kann und wie die Umgebung ihrerseits den bodenrechtlichen Charakter des Baugrundstücks prägt und beeinflusst (BVerwG, Urteil v. 8.12.2016 – 4 C 7/15 –, juris Rdnr. 9 m. w. N.). Im Mittelpunkt dieser Umgebung liegt das Grundstück, auf dem die streitgegenständliche bauliche Anlage errichtet werden soll. Die nähere Umgebung dieses Grundstücks wird im Idealfall durch konzentrische Kreise bestimmt, deren Radien mit den Auswirkungen der fraglichen baulichen Anlage auf seine Umgebung wachsen. Dabei ist zu beachten, dass diese Kreise je nach Merkmal (Art und Maß der baulichen Nutzung, der Bauweise und der Grundstücksfläche) unterschiedlich groß sein können und das Ergebnis einer nicht schematischen, wertenden Betrachtung sind (Hess. VGH, Urteil v. 20.3.2018 – 4 A 2797/16 –, juris Rdnr. 46 m. w. N.).

Bezüglich des Merkmals der überbaubaren Grundstücksfläche wird die nähere Umgebung im Sinne des § 34 Abs. 1 BauGB im Regelfall enger bemessen als bei dem Merkmal der Art der baulichen Nutzung, weil die von den überbaubaren Grundstücksflächen ausgehende Prägung in ihrer Reichweite im Allgemeinen hinter den von der Art der baulichen Nutzung ausgehenden Wirkungen zurückbleibt (Söfker/Hellriegel, in: Ernst/Zinkahn/Bielenberg/Krautzberger, BauGB, Stand: August 2023, § 34 Rdnr. 47 m. w. N.).

Nach Maßgabe dessen ist auf der Grundlage der bei den Akten befindlichen Lichtbilder sowie der unter »google-maps« einsehbaren Luftbilder die nähere Umgebung entgegen der Auffassung des Verwaltungsgerichts nicht durch die Gesamtheit der Wohnanlage »O.-straße« Hausnummern 1 bis 46 zu bestimmen, sondern allein durch die in dem südlichen Teil der Siedlung in einem Carrée einander zugeordneten Hausgruppen. In diesem Carrée sind die Eingänge der westlichen, südlichen – in dem sich das Reihenmittelhaus der Kläger befindet – und östlichen Hausgruppen jeweils zum Innenbereich ausgerichtet, während die Hausgruppen an der Nordseite (Hausnummern …, …, … und …), zwischen denen die Zufahrt hindurchführt, nach außen, nämlich nach Norden ausgerichtet sind. Diese westlichen, südlichen und östlichen Hausgruppen des Carrées bilden zur Straße hin eine faktische Baulinie.

Ausgehend davon können die weiter vom Haus der Kläger entfernten Gebäude »O.-straße Nr. …, … und …« wegen ihrer Lage außerhalb dieses

Gevierts für die faktische Baulinie des klägerischen Grundstücks nicht maßgeblich sein. Auch der Hinweis der Kläger auf den massiven Anbau des Grundstücks »O.-straße Nr. …« ist unbeachtlich, weil die vordere Baulinie des dort errichteten Hauses nach Norden zeigt und damit nicht mehr zum Carrée gehört. Zudem ist der Anbau auf diesem Grundstück seitlich zum Haupthaus angeordnet, wohingegen er die vordere faktische Baulinie der Häuser … bis … einhält.

Das von den Klägern weiterhin als Vorbild benannte Gebäude »O.-straße Nr. …«, das über einen Anbau mit Balkon verfügt, ist ebenfalls nicht maßstabsbildend, denn bei der Ermittlung der Eigenart der näheren Umgebung sind singuläre Anlagen, die in einem auffälligen Kontrast zu der sie umgebenden, im wesentlichen homogenen Bebauung stehen, regelmäßig als Fremdkörper unbeachtlich, soweit sie nicht ausnahmsweise ihre Umgebung beherrschen oder mit ihr eine Einheit bilden (BVerwG, Urteil v. 15.2.1990 – 4 C 23/86 –, juris Rdnr. 15). Die Annahme eines Fremdkörpers ist umso eher gerechtfertigt, je homogener sich die übrige Bebauung darstellt. Bei dem Gebäude »O.-straße Nr. …« handelt es sich ausweislich des Liegenschaftsplans ersichtlich um einen Fremdkörper, der isoliert als »Insel« in dem Carrée steht und damit für die Baulinie vor dem Haus der Kläger nicht maßgeblich sein kann.

Soweit die Kläger Bezug nehmen auf die Vorbildwirkung der baulichen Anlagen in den hinteren Grundstücksbereichen der Häuser »O.-straße Nr. … bis … sowie Nr. … bis …«, ermöglicht dies aufgrund des pauschalen Hinweises auf die dort vorhandenen »diverse[n] Überdachungen, Anbauten etc.« schon keine sinnvolle Überprüfung der erstinstanzlichen Entscheidung, weil nicht klar ist, welche Anlagen die Kläger konkret als maßstabsbildend ansehen. Abgesehen davon kann die rückwärtige Bebauung regelmäßig keinen Einfluss für die Bestimmung einer vorderen Baulinie haben. Allein der Umstand, dass der hintere Teil eines Grundstücks ebenfalls an eine Straße angrenzen kann, ändert an der Unterscheidung zwischen vorderer und rückwärtiger Baulinie nichts, wenn aus der Position und Gestaltung eines Gebäudes die Frontausrichtung klar ersichtlich ist.

Schließlich differenziert der Vortrag der Kläger auch nicht hinreichend zwischen Hauptgebäuden bzw. deren Anbauten einerseits und Nebenanlagen im Sinne des § 14 BauNVO andererseits. Für die räumliche Lage von Nebengebäuden sieht das Bauplanungsrecht gewisse Erleichterungen vor (vgl. § 23 Abs. 5 BauNVO), die im Rahmen des § 34 Abs. 1 BauGB nicht auf die Hauptgebäude übertragen werden können. Dementsprechend bilden den nach § 34 Abs. 1 BauGB maßgeblichen »Rahmen« in Bezug auf die überbaubare Grundstücksfläche nur die in der näheren Umgebung vorhandenen Hauptgebäude, nicht aber die davon zu differenzierenden Nebenanlagen (OVG Thüringen, Urteil v. 26.4.2017 – 1 KO 347/14 –, juris Rdnr. 41; OVG Sachsen-Anhalt, Beschluss v. 4.7.2012 – 2 L 94/11 –, juris Rdnr. 13; OVG Schleswig-Holstein, Urteil v. 19.2.2024 – 1 LB 6/23 –, juris Rdnr. 33; vgl. auch

– allerdings weniger deutlich – BVerwG, Beschluss v. 6.11.1997 – 4 B 172/97 –, juris Rdnr. 6).

Das Verwaltungsgericht ist ferner zutreffend davon ausgegangen, dass kein Ausnahmefall vorliegt, in dem von dem Erfordernis des Einfügens abgesehen werden kann.

Ein Bauvorhaben, das sich nicht in jeder Hinsicht innerhalb des in seiner näheren Umgebung vorhandenen Rahmens hält, kann sich lediglich in einem Ausnahmefall einfügen, wenn es weder selbst noch infolge einer nicht auszuschließenden Vorbildwirkung geeignet ist, bodenrechtlich beachtliche Spannungen zu begründen oder vorhandene Spannungen zu erhöhen (BVerwG, Urteil v. 8.12.2016 – 4 C 7.15 –, juris Rdnr. 17, m. w. N.). Dies gilt auch für das Merkmal der überbaubaren Grundstücksfläche (BVerwG, Beschluss v. 4.10.1995 – 4 B 68.95 –, juris Rdnr. 3).

Ein solcher Ausnahmefall ist nicht gegeben, wenn das Vorhaben die vorhandene Situation in bauplanungsrechtlich relevanter Weise verschlechtert, stört oder belastet. Stiftet es in diesem Sinne Unruhe, so lassen sich die Voraussetzungen für seine Zulassung nur unter Einsatz der Mittel der Bauleitplanung schaffen. Eine solche, nur im Wege der Planung auffangbare Beeinträchtigung kommt unter anderem in Betracht, wenn die zugelassene Bebauung die Gefahr heraufbeschwört, dass der gegebene Zustand in negativer Richtung in Bewegung gebracht wird. Davon ist regelmäßig auszugehen, wenn der von der Bebauung bisher eingehaltene Rahmen überschritten wird, ohne dass dies durch irgendeine Besonderheit begründet wäre, durch die sich das Baugrundstück von den Nachbargrundstücken unterscheidet (vgl. BVerwG, Urteil v. 4.7.1980 – 4 C 99.77 –, juris Rdnr. 23), und demnach von dem Vorhaben eine negative Vorbildwirkung für Nachbargrundstücke ausgehen kann (BVerwG, Beschluss v. 4.10.1995 – 4 B 68.95 –, juris Rdnr. 3).

Eine solche Vorbildwirkung ist hier gegeben. Die deutliche Überschreitung der Baulinie um 2,50 m könnte zur Folge haben, dass sich auch andere Bauwillige auf diese Überschreitung berufen könnten, mit der weiteren Folge, dass die bislang im Wesentlichen einheitliche Baulinie aufgelöst würde. Damit würde das Bauvorhaben der Kläger Wirkungen hervorrufen, die über die Zulassung eines Einzelfalles hinausgehen. Eine Besonderheit des Vorhabengrundstückes, die die Überschreitung des vorgegebenen Rahmens rechtfertigen und eine negative Vorbildwirkung ausschließen würde, ist nicht ersichtlich. Vielmehr ist darauf hinzuweisen, dass ein Großteil der im Carrée angeordneten Reihenhäuser über eine Freifläche gleicher Größe vor der faktischen Baulinie verfügt wie das Grundstück der Kläger (vgl. die Häuser Nr. … bis …, … und … sowie … bis …).

Ausgehend davon können sich die Kläger auch nicht auf die Ausnahmevorschrift des § 34 Abs. 3a Satz 1 BauGB berufen, weil die Abweichung vom Erfordernis des Einfügens in die Eigenart der näheren Umgebung städtebaulich nicht vertretbar ist.

Infolge der materiellen Illegalität der bereits errichteten baulichen Anlage vermag der Senat entgegen der Auffassung der Kläger auch keine ernstlichen Zweifel an der Richtigkeit der erstinstanzlichen Entscheidung mit Blick auf die Rechtmäßigkeit der Beseitigungsverfügung zu erkennen. Insbesondere ergibt sich aus dem Vortrag der Kläger kein Ermessensfehler der Beklagten, den das Verwaltungsgericht übersehen hätte.

Der von den Klägern behauptete Ermessensausfall ist für den Senat nicht erkennbar. Bei einem Einschreiten gegen einen baurechtswidrigen Zustand darf die Behörde im Regelfall ihre Ermessenserwägungen und auch die Begründung der Verfügung darauf beschränken, dass sie zum Ausdruck bringt, ihr gehe es um die Beseitigung dieses rechtswidrigen Zustandes (BVerwG, Urteil v. 30.8.1985 – 4 C 50/82 –, juris Rdnr. 22). Im streitgegenständlichen Bescheid führt die Beklagte zur Begründung der Beseitigungsverfügung aus: »Auf andere Weise als durch Beseitigung der baulichen Anlage kann ein rechtmäßiger Zustand nicht hergestellt werden.« Daraus wird hinreichend deutlich, dass sie ihr Ermessen ausgeübt hat.

In Übereinstimmung mit dem Verwaltungsgericht vermag der Senat auch mit Blick auf das Verhalten der Beklagten vor Erlass der Beseitigungsanordnung keinen Ermessensfehler zu erkennen. Nachdem die Kläger ein vermeintlich baugenehmigungsfreies Bauvorhaben am 12.2.2016 bei der Beklagten angezeigt haben, hat diese sie bereits mit Schreiben vom 19.2.2016 ausdrücklich darauf hingewiesen, dass es sich um eine genehmigungsbedürftige Baumaßnahme handele. Doch erst nach der Errichtung des Geräteschuppens und der Hausüberdachung haben die Kläger am 5.9.2016 einen entsprechenden Bauantrag eingereicht. Es obliegt allein ihrem Verantwortungsbereich, dass sie trotz des expliziten Hinweises der Beklagten mit der Umsetzung eines Teils der von ihnen angezeigten Baumaßnahme begonnen haben. Daran ändert auch der Verweis der Kläger auf vermeintliche andersartige Aussagen von Mitarbeitern der Beklagten nichts. Insoweit fehlt es an einer schriftlich fixierten Zusage oder einem ähnlichen Nachweis, aus dem klar hervorgeht, dass die Beklagte das Bauvorhaben vor dessen Realisierung als baugenehmigungsfrei gewertet habe. Auch aus der Bauakte ergibt sich kein entsprechender Hinweis.

Darüber hinaus ist anzumerken, dass die Kläger nach der Anzeige des ursprünglich geplanten Bauvorhabens bis zur Stellung ihres Bauantrages am 5.9.2016 keine konkreten Unterlagen für das tatsächlich ausgeführte Bauvorhaben mehr bei der Beklagten eingereicht haben. Dies wäre aber notwendig gewesen, denn nach Nr. V 1. der Anlage 2 zur HBO 2011 muss ein Bauherr das beabsichtigte, vermeintlich baugenehmigungsfreie Vorhaben durch Einreichen der erforderlichen Bauvorlagen schriftlich zur Kenntnis zu geben. Mit dem Vorhaben darf erst 14 Tage nach Eingang der erforderlichen Bauvorlagen bei der Gemeinde begonnen werden, wenn die Gemeinde der Bauherrschaft nicht schriftlich erklärt, dass ein Baugenehmigungsverfahren durchgeführt werden soll, oder eine vorläufige Untersagung nach § 15 Abs. 1 Satz 2 BauGB beantragt. Die Anzeige des ursprünglich geplanten Bauvorhabens genügt diesen Anforderungen nicht, weil die Beklagte insoweit ausdrücklich auf die Notwendigkeit der Durchführung eines Baugenehmigungsverfahrens hingewiesen hat. Vielmehr wäre eine erneute schriftliche Anzeige des geänderten Bauvorhabens unter Vorlage der erforderlichen Unterlagen notwendig gewesen. Dieser Verpflichtung sind die Kläger nach Aktenlage offensichtlich nicht nachgekommen. Ihrem Vortrag ist nichts anderes zu entnehmen, vielmehr berufen sie sich nur auf vermeintliche mündliche Zusagen von Mitarbeitern der Beklagten, wonach der Geräteschuppen und die Hausüberdachung keiner Baugenehmigung bedurft hätten. Dies genügt indes nicht.

In Ermangelung eines nachweisbaren Fehlverhaltens der Beklagten bestand entgegen dem Vortrag der Kläger auch keine Notwendigkeit, dass die Beklagte bei der Ausübung ihres Ermessens für den Erlass der Beseitigungsanordnung ihr Vorverhalten berücksichtigen musste. Das von den Klägern geltend gemachte Abwägungsdefizit liegt damit nicht vor.

Aus dem Zulassungsvorbringen der Kläger folgt auch nicht, dass die Beklagte sie willkürlich unter Verstoß gegen den Gleichbehandlungsgrundsatz des Art. 3 Abs. 1 GG in Anspruch genommen hätte.

Der Gleichbehandlungsgrundsatz verpflichtet die Bauaufsichtsbehörde dazu, nicht wahllos, sondern mit System gegen Baurechtsverstöße vorzugehen. Im Zusammenhang mit bauaufsichtsbehördlichem Einschreiten ist der Gleichbehandlungsgrundsatz erst dann verletzt, wenn die Behörde ohne erkennbaren sachlichen Grund, also willkürlich nur bezüglich einzelner baulicher Anlagen eine Bauordnungsverfügung erlässt und gegen andere vergleichbare Vorhaben nicht einschreitet (OVG Nordrhein-Westfalen, Beschluss v. 25.4.2023 – 10 A 1450/22 –, juris Rdnr. 23). Gibt es mehrere illegale bauliche Anlagen in einem bestimmten Gebiet, muss sie planmäßig vorgehen und darf weder in ihrem Plan noch bei der Ausführung willkürliche Ausnahmen machen.

Ausgehend hiervon ist ein zulasten der Kläger gleichheitswidriges Vorgehen nicht erkennbar. Soweit sie darauf verweisen, dass die Beklagte in der Vergangenheit nicht gegen den Doppelcarport auf dem Grundstück »O.-straße …« eingeschritten sei, ist zwischen den Beteiligten streitig, wie lange dieser tatsächlich bestanden hat. Darauf käme es in einem etwaigen Berufungsverfahren aber nicht an, weil die Beklagte die Bauherren dieses Doppelcarports nach eigenen Angaben mit Schreiben vom 27.1.2017 aufgefordert hat, diese bauliche Anlage auf den genehmigten Einzelcarport zurückzubauen. Nach den Angaben der Beklagten wurde dieser Aufforderung gefolgt, ohne dass die Kläger diese Behauptung in Zweifel ziehen. Ausgehend davon, dass insoweit ein baurechtswidriger Zustand unstreitig nicht mehr bestand, können die Kläger keinen Verstoß gegen den Gleichheitsgrundsatz (mehr) geltend machen. Diese Änderung der Sachlage ist auch beachtlich, denn für die Beurteilung der Rechtmäßigkeit einer Beseitigungsanordnung kommt es auf den Zeitpunkt der letzten behördlichen Entscheidung an (BVerwG, Beschluss v. 11.8.1992 – 4 B 161/92 –, juris Rdnr. 6), hier also den Erlass des Widerspruchsbescheides am 8.2.2018.

Schließlich kann die Berufung auch nicht deshalb zugelassen werden, weil dem Verwaltungsgericht ein Verfahrensmangel unterlaufen wäre (Zulassungsgrund nach § 124 Abs. 2 Nr. 5 VwGO).

Wie oben bereits ausgeführt begründet die unklare Zuordnung des Begriffs des »Carports« keine falsche Tatsachenfeststellung durch das Verwaltungsgericht. Damit scheidet auch ein entsprechender Aufklärungsfehler aus.

Weiterhin rügen die Kläger einen Verstoß gegen die Begründungspflicht nach § 108 Abs. 1 Satz 2 VwGO sowie eine Verletzung ihres Anspruchs auf Gewährung rechtlichen Gehörs, da das Verwaltungsgericht sich in seinen Urteilsgründen nicht hinreichend mit den von ihnen geschilderten Vorverhalten der Beklagten auseinandergesetzt habe. Dieser Einwand greift ebenfalls nicht durch.

Der durch Art. 103 Abs. 1 GG verfassungsrechtlich verbürgte Anspruch auf Gewährung rechtlichen Gehörs garantiert den Beteiligten eines gerichtlichen Verfahrens, dass sie sich zu dessen Gegenstand in tatsächlicher wie rechtlicher Hinsicht äußern können. Er verpflichtet das Gericht, seiner Entscheidung nur solche Gesichtspunkte zugrunde zu legen, zu denen sich die Beteiligten äußern konnten und erfolgte Äußerungen der Beteiligten in seiner Entscheidung in Erwägung zu ziehen (BVerfG, Beschluss v. 15.1.1980 – 2 BvR 920/79 –, BVerfGE 53, 109). Hiernach ist das Gericht allerdings nicht verpflichtet, sich mit dem Vorbringen der Beteiligten in allen Einzelheiten zu befassen, sondern lediglich die wesentlichen, für das Verfahren zentralen rechtlichen und tatsächlichen Darlegungen zu verarbeiten. Der Grundsatz des rechtlichen Gehörs schützt die Beteiligten nicht davor, dass Teile ihres Vorbringens aus Gründen des formellen oder materiellen Rechts überhaupt keine Berücksichtigung finden oder nur kurz erwähnt werden (BVerfG, Urteil v. 8.7.1997 – 1 BvR 1621/94 –, BVerfGE 96, 205).

Die Kläger erkennen in ihrer Begründung für den Berufungszulassungsantrag selbst, dass das Verwaltungsgericht die von ihnen geschilderte »Vorgeschichte« der Beseitigungsanordnung sowohl im Tatbestand sowie in den Entscheidungsgründen erwähnt und im Ergebnis die Begründung eines Vertrauenstatbestandes durch das Vorverhalten der Beklagten verneint hat. Hingegen war die von ihnen verlangte »tiefergehende Würdigung« ihres Vortrages ausgehend von den oben genannten Maßstäben nicht erforderlich. Ebenso wenig haben die Kläger einen Anspruch darauf, dass die »gesamten Tatsachen«, die sie vorgetragen haben, Eingang in die Entscheidungsgründe finden.

Aus dem Vorbringen der Kläger geht auch nicht hervor, dass das Verwaltungsgericht ihren Hinweis auf die Möglichkeit des Einfügens im Sinne des

§ 34 Abs. 1 BauGB des als Anbau zu qualifizierenden Bauvorhabens übersehen hätte. Das Verwaltungsgericht hat in seinen Entscheidungsgründen nach der Ablehnung einer Nebenanlage im Sinne des § 14 BauNVO festgestellt, dass das Bauvorhaben zu »bodenrechtlichen Spannungen in Hinblick auf die Umgebungsbebauung« führen würde. Der Terminus »bodenrechtliche Spannungen« ist Teil des Prüfungsprogramms des Tatbestandsmerkmal des Einfügens im Sinne des § 34 Abs. 1 BauGB (vgl. nur BVerwG, Urteil v. 8.12.2016 – 4 C 7/15 –, juris Rdnr. 17). Damit ist klar, dass sich das Verwaltungsgericht mit der Frage des Einfügens des Anbaus beschäftigt hat.

Entgegen dem Vortrag der Kläger war es auch nicht erforderlich, dass das Verwaltungsgericht in Bezug auf die von ihnen in Bezug genommenen maßstabsbildenden baulichen Anlagen in der Nachbarschaft jeweils konkret ausführt, warum diese nicht gegen die Annahme einer faktischen Baulinie sprechen. Vielmehr genügt die Feststellung des entgegenstehenden Ergebnisses, den das Verwaltungsgericht aus einer Betrachtung der näheren Umgebung gezogen hat (S. 12 des Entscheidungsabdrucks).

Aus den genannten Gründen weist die erstinstanzliche Entscheidung entgegen dem Vortrag der Kläger auch keine im Sinne des § 108 Abs. 1 Satz 2 VwGO erhebliche Lücke bei der Begründung auf. …

Nr. 47

Ein Vorbescheidungsantrag für einen großflächigen Einzelhandelsbetrieb ist nicht bescheidungsfähig, wenn die erforderlichen Bauvorlagen für eine allgemeine Vorprüfung zur Umweltverträglichkeitsprüfung nach dem UVPG nicht vorgelegt werden. Eine Ausklammerung der Vorprüfung oder Beschränkung der Vorprüfung auf ausgewählte Rechtsfragen ist nicht möglich.
(Leitsatz der Redaktion)

BauGB § 34; UVPG § 29.

OVG Nordrhein-Westfalen, Urteil vom 5. Dezember 2024 – 7 A 828/22 –.

Aus den Gründen:

Die Klägerin begehrt die Erteilung eines bauplanungsrechtlichen Vorbescheids für die Errichtung eines Lebensmitteldiscounters mit einer Verkaufsfläche von 1 300 m². …

Unter dem 4.3.2016 beantragte die Klägerin die Erteilung eines Bauvorbescheids. In dem Antragsformular war in dem Feld »Genaue Fragestellung zum Vorbescheid« eingetragen »siehe Anlage 01 Fragestellung zum Vorbescheid«. In dem mit »Anlage 02 – Fragestellung zum Antrag auf Vorbescheid Nr. 1 Neubau eines Lebensmitteldiscountmarktes sowie 153 Stellplätzen J., G.-straße« bezeichneten Schreiben vom gleichen Tag wurde als Fragestellung formuliert: »Ist die Errichtung des Lebensmitteldiscountmarktes mit 1 300,00 m² Verkaufsfläche nebst 153 Stellplätzen bauplanungsrechtlich (hilfsweise unter Ausklammerung der Erschließung, äußerst hilfsweise beschränkt auf die Prüfung der Nutzungsart) zulässig?«.

Die Antragsunterlagen wurden mit einem auf den 4.3.2016 datierenden Schreiben übersandt, das mit »Anlage 01 – Begleitschreiben zum Antrag auf Vorbescheid Nr. 1 Neubau eines Lebensmitteldiscountmarktes sowie 153 Stellplätzen J., G.-straße« überschrieben war und in dem es u. a. hieß: »Ein etwaiger Immissionskonflikt soll dem Baugenehmigungsverfahren vorbehalten bleiben.«

Die Klage auf Erteilung eines bauplanungsrechtlichen Bauvorbescheids hat insgesamt keinen Erfolg, weil der auf den Abriss und die Neuerrichtung eines Lebensmitteldiscounters mit einer Verkaufsfläche von 1 300 m² gerichtete Vorbescheidsantrag der Klägerin in allen Varianten nicht bescheidungsfähig ist.

Die Klägerin hat dem Antrag nicht alle Bauvorlagen beigefügt, die zur Beurteilung der durch den Vorbescheid zu entscheidenden Fragen des Bauvorhabens erforderlich sind (vgl. § 16 Satz 1 BauPrüfVO NRW).

Es fehlen die zur Durchführung einer notwendigen allgemeinen Vorprüfung des Einzelfalls nach § 7 Abs. 1 UVPG gemäß § 7 Abs. 4 UVPG erforderlichen Angaben. Das Vorhaben der Klägerin erfordert eine solche allgemeine Vorprüfung, dies gilt auch vor dem Erlass eines Bauvorbescheids, die allgemeine Vorprüfung ist weder mit Blick auf eine vorhergegangene Bauleitplanung noch auf die Bestandsschutzregelung in § 9 Abs. 5 UVPG entbehrlich, die Umweltverträglichkeitsvorprüfung konnte nicht aus dem Vorbescheidsverfahren »ausgeklammert« werden, nichts anderes ergibt sich im Hinblick darauf, dass die Klägerin das Gebot der Rücksichtnahme von ihren Vorbescheidsfragen ausgenommen hatte.

Das von der Klägerin zum Gegenstand ihres Vorbescheids gemachte Vorhaben erfordert die Durchführung einer allgemeinen Vorprüfung des Einzelfalls nach Nr. 12 der Anlage 1 zum UVPG NRW.

Nach Nr. 12 der Anlage 1 zum UVPG NRW unterliegen u. a. Vorhaben eines großflächigen Einzelhandelsbetriebes im Sinne des § 11 Abs. 3 Satz 1 BauNVO dieser Pflicht.

Der Vorbescheidsantrag der Klägerin betrifft den Bau eines großflächigen Einzelhandelsbetriebs in diesem Sinne. Die Klägerin plant die Neuerrichtung eines Lebensmitteldiscounters mit einer Verkaufsfläche von 1 300 m² und damit auch mit mehr als 1 200 m² Geschossfläche.

Die danach erforderliche allgemeine Vorprüfung ist auch vor dem Erlass eines Vorbescheids durchzuführen.

Eine Einschränkung der Nr. 12 der Anlage 1 zum UVPG NRW, dass die Pflicht zur Durchführung einer allgemeinen Vorprüfung des Einzelfalls nur dann in Betracht käme, wenn die behördliche Entscheidung zum »Bau« eines der dort genannten Vorhaben berechtigte, so dass Vorbescheide nicht darunter fielen, kommt entgegen dem Vorbringen der Klägerin nicht in Betracht. Eine solche Einschränkung ist weder dem Wortlaut noch dem Zweck der maßgeblichen Regelungen zu entnehmen.

Nach dem gemäß § 1 Abs. 1 Satz 1 UVPG NRW anzuwendenden § 29 Abs. 1 Satz 1 UVPG hat sich die Umweltverträglichkeitsprüfung u. a. in Verfahren zur Vorbereitung eines Vorbescheids vorläufig auf die nach dem jeweiligen Planungsstand erkennbaren Umweltauswirkungen des Gesamtvorhabens zu erstrecken. Dies gilt nicht nur für die Umweltverträglichkeitsprüfung im Sinne der §§ 4 ff. UVPG, sondern auch für die Durchführung einer (allgemeinen oder standortbezogenen) Vorprüfung im Sinne des § 7 UVPG, denn erst nach deren Durchführung steht fest, ob für das Vorhaben eine Umweltverträglichkeitsprüfung durchzuführen ist, vgl. auch OVG Lüneburg, Urteil vom 18.10.2021 – 12 LB 110/19 –, NuR 2022, 66 = juris, Rdnr. 65 f., OVG NRW, Urteil vom 9.8.2006 – 8 A 1359/05 –, DVBl. 2007, 129 = juris, Rdnr. 59, und OVG Lüneburg, Urteil vom 12.11.2008 – 12 LC 72/07 –, juris, Rdnr. 46 f. (jeweils zu immissionsschutzrechtlichen Vorbescheiden); VG Minden, Urteil vom 1.9.2023 – 1 K 4856/18 –, juris, Rdnr. 59 f.; Dix, in: Landmann/Rohmer, Umweltrecht, Stand: Juni 2024, § 29 UVPG, Rdnr. 30.

Dem steht auch nicht der Vortrag der Klägerin entgegen, dass die Durchführung der Umweltverträglichkeitsvorprüfung im Vorbescheidsverfahren unter Umständen praktische Schwierigkeiten aufwerfe, weil das Vorhaben je nach Fragestellung noch nicht so konkretisiert sei, dass beurteilt werden könne, ob es im Sinne des § 7 Abs. 1 Satz 3 UVPG erhebliche nachteilige Umweltauswirkungen nach sich ziehe. Insoweit sieht § 29 Abs. 1 Satz 1 UVPG vor, dass sich die Umweltverträglichkeitsprüfung vorläufig auf die nach dem jeweiligen Planungsstand erkennbaren Umweltauswirkungen des Gesamtvorhabens und abschließend auf die Umweltauswirkungen, die Gegenstand der Teilzulassung sind, zu erstrecken hat. Dies gilt auch für die allgemeine oder standortbezogene Vorprüfung des Einzelfalls; sie ist auf den jeweiligen Planungsstand begrenzt, erhebliche nachteilige Umweltauswirkungen, die erst auf der Grundlage späterer Detailplanungen sachgerecht beurteilt werden können, können auf der vorhergehenden Stufe des Vorbescheidsverfahrens außer Betracht bleiben.

Nichts anderes ergibt sich aus dem Hinweis der Klägerin darauf, dass die Feststellung, ob eine Umweltverträglichkeitsprüfungspflicht bestehe, gemäß § 7 Abs. 6 Satz 1 UVPG spätestens nach sechs Wochen zu treffen und gemäß § 5 Abs. 2 Satz 1 UVPG öffentlich bekannt zu machen sei, eine solche Feststellung könne aber nicht getroffen werden, wenn lediglich ein Ausschnitt von Umweltauswirkungen geprüft werden könne, Zweck der Vorprüfung sei die Feststellung der Pflicht zur Durchführung einer Umweltverträglichkeitsprüfung auf Grundlage der gesamten Umweltauswirkungen eines Vorhabens, nicht die etappenweise Darstellung einzelner Auswirkungen. Wie dargelegt, gibt § 29 Abs. 1 UVPG insoweit vor, auch die Vorprüfung auf den jeweiligen Planungsstand bzw. Konkretisierungsgrad und die sich daraus ergebenden erheblichen nachteiligen Umweltauswirkungen zu begrenzen.

Das Entfallen der Vorprüfungspflicht mit Blick auf eine im Rahmen eines Verfahrens der Bauleitplanung durchgeführte Umweltprüfung kommt vorliegend nicht in Betracht. Nach § 50 Abs. 1 UVPG wird die Umweltverträglichkeitsprüfung einschließlich der Vorprüfung nach den §§ 1 und 2 Abs. 1 und 2 sowie nach den §§ 3 bis 13 UVPG im Aufstellungsverfahren als Umweltprüfung sowie die Überwachung nach den Vorschriften des Baugesetzbuchs durchgeführt, wenn Bebauungspläne im Sinne des § 2 Abs. 6 Nr. 3 UVPG, insbesondere bei Vorhaben nach Anlage 1 Nummer 18.1 bis 18.9, aufgestellt, geändert oder ergänzt werden, eine nach dem UVPG vorgeschriebene Vorprüfung entfällt, wenn für den aufzustellenden Bebauungsplan eine Umweltprüfung nach den Vorschriften des Baugesetzbuchs durchgeführt wird. Es fehlt vorliegend zum einen an einem ein Vorhaben der vorgenannten Art zulassenden Bebauungsplan. Der Bebauungsplan Nr. N02 enthält keine einen großflächigen Einzelhandelsbetrieb ermöglichenden Festsetzungen. Zum anderen erfordert § 50 UVPG nach dem systematischen Zusammenhang eine Bebauungsplanung, die zu einem wirksamen Bebauungsplan geführt hat, vgl. OVG NRW, Beschluss vom 27.8.2019 – 2 A 3300/18 –, BauR 2020, 472 = juris, Rdnr. 27.

Auch daran fehlt es vorliegend. Der Bebauungsplan Nr. N02 ist aus den im Urteil des Senats vom heutigen Tag im Verfahren 7 A 794/22 ausgeführten Gründen unwirksam.

Die Pflicht zur Durchführung einer allgemeinen Vorprüfung entfällt auch nicht deshalb, weil die Geschossfläche des bestehenden Lebensmitteldiscounters der Klägerin bei der Prüfung, ob ein großflächiger Einzelhandelsbetrieb im Sinne von Nr. 12 der Anlage 1 zum UVPG NRW vorliegt, nach der Bestandsschutzregel des § 9 Abs. 5 UVPG außer Acht zu lassen wäre.

Nach dieser Norm bleibt der in den jeweiligen Anwendungsbereich der Richtlinien 85/337/EWG und 97/11/EG fallende, aber vor Ablauf der jeweiligen Umsetzungsfristen erreichte Bestand hinsichtlich des Erreichens oder Überschreitens der Größen- oder Leistungswerte und der Prüfwerte unberücksichtigt.

Die Regelung des § 9 Abs. 5 UVPG findet auch auf solche Vorhaben Anwendung, bei denen sich die Pflicht zur Durchführung einer allgemeinen Vorprüfung aus den Regelungen des Anhangs 1 zum UVPG NRW ergibt. Nach § 1 Abs. 1 Satz 1 UVPG NRW sind für Vorhaben, für die nach Anlage 1 die Durchführung einer Umweltverträglichkeitsprüfung oder eine allgemeine oder standortbezogene Vorprüfung des Einzelfalles vorgesehen ist, die Vorschriften des Gesetzes über die Umweltverträglichkeitsprüfung in der Fassung der Bekanntmachung vom 24.2.2010 (BGBI. I S. 94) in der jeweils geltenden Fassung anzuwenden, soweit nachfolgend nicht anders bestimmt ist. Hierbei handelt es sich schon dem Wortlaut nach um eine dynamische Verweisung auf das jeweils geltende Umweltverträglichkeitsprüfungsgesetz des Bundes und nicht – wie von der Beklagten in der mündlichen Verhandlung geltend gemacht – um eine statische Verweisung auf das Gesetz in der Fassung der Bekanntmachung vom 24.2.2010.

Die Voraussetzungen des § 9 Abs. 5 UVPG sind jedoch vorliegend nicht erfüllt. Es fehlt an einem erreichten Bestand im Sinne dieser Norm, denn die Klägerin plant ausweislich ihres Vorbescheidsantrags ausdrücklich den Abriss – und damit die Beseitigung des bisherigen Bestands – und die anschließende Neuerrichtung eines (größeren) Lebensmitteldiscounters.

Nichts anderes ergibt sich aus dem Vorbringen der Klägerin in der mündlichen Verhandlung, § 9 Abs. 5 UVPG sei auch im Falle einer Neuerrichtung eines gleichartigen Vorhabens an gleicher Stelle anwendbar, in Anlehnung an die Rechtsprechung auch des erkennenden Gerichts zu § 34 Abs. 3 BauGB, – vgl. etwa OVG NRW, Urteil vom 17.3.2021 – 7 A 4950/18 –, juris Rdnr. 86 ff. m. w. N. –, nach der bei der Prognose über schädliche Auswirkungen einer beabsichtigten Erweiterung eines Einzelhandelsbetriebs im Sinne dieser Norm der Umstand zu berücksichtigen sei, dass der zu erweiternde Betrieb mit seiner bisherigen (genehmigten) Größe am Erweiterungsstandort bereits vorhanden sei, sei auch ein Bestand, dessen Beseitigung geplant sei, bei der Feststellung der Pflicht zur Durchführung einer allgemeinen Vorprüfung nicht zu berücksichtigen, da er bereits Umweltauswirkungen nach sich ziehe. § 9 Abs. 5 UVPG knüpft schon dem Wortlaut nach ausdrücklich an den »erreichten Bestand« an; an einem solchen Bestand fehlt es in der vorliegenden Fallgestaltung.

Die allgemeine Vorprüfung des Einzelfalls kann durch den Antragsteller eines Vorbescheidsverfahrens – und damit auch vorliegend durch die Klägerin – nicht ausgeschlossen werden. § 29 Abs. 1 Satz 1 UVPG verdeutlicht mit der ausdrücklichen Nennung des Vorbescheids, dass die Umweltverträglichkeitsprüfung bzw. die ihr vorgeschaltete Vorprüfung Bestandteil des Vorbescheidsverfahrens ist (vgl. auch § 4 UVPG) und damit nicht der Disposition des Antragstellers unterliegt.

Nichts anderes ergibt sich schließlich daraus, dass die Klägerin das Gebot der Rücksichtnahme, vorliegend insbesondere im Hinblick auf Lärmimmissionen, von der Vorbescheidsfrage ausgenommen hat.

Die Klägerin hat in dem Formblatt »Antrag auf Vorbescheid« zum Antrag vom 4.3.2016 in der Zeile »Genaue Fragestellung zum Vorbescheid« eingetragen »siehe Anlage 01 ›Fragestellung zum Vorbescheid‹«. In dem Dokument »Anlage 02 – Fragestellung zum Antrag auf Vorbescheid Nr. 1 Neubau eines Lebensmitteldiscountmarktes sowie 153 Stellplätzen J., G.-straße« hat sie als Frage formuliert: »Ist die Errichtung des Lebensmitteldiscountmarktes mit 1 300,00 m^2 Verkaufsfläche nebst 153 Stellplätzen bauplanungsrechtlich (hilfsweise unter Ausklammerung der Erschließung, äußerst hilfsweise beschränkt auf die Prüfung der Nutzungsart) zulässig?«. In dem als »Anlage 01« bezeichneten Dokument »Begleitschreiben zum Antrag auf Vorbescheid Nr. 1 Neubau eines Lebensmitteldiscountmarktes sowie 153 Stellplätzen J., G.-straße« hat sie ausgeführt, ein etwaiger Immissionskonflikt solle dem Baugenehmigungsverfahren vorbehalten bleiben.

Daraus ergab sich hinreichend deutlich, dass das Gebot der Rücksichtnahme, vorliegend insbesondere im Hinblick auf Lärmimmissionen, von der Vorbescheidsfrage ausgenommen sein sollte.

Daraus folgt jedoch nicht, dass das Vorhaben in seiner zur Entscheidung gestellten Form keine erheblichen nachteiligen Umweltauswirkungen im Sinne des § 7 Abs. 1 UVPG haben könnte. Die Umweltverträglichkeitsprüfung und damit auch die allgemeine oder standortbezogene Vorprüfung sind insoweit nicht auf die im Vorbescheidsantrag gestellten Rechtsfragen beschränkt, sondern setzen bei den tatsächlichen Merkmalen an, die hinter den gestellten Rechtsfragen stehen, vgl. allg. Schieferdecker, in: Beckmann/Kment, UVPG, 6. Aufl., § 29 Rdnr. 44.

Vorliegend war danach etwa ein Lärmimmissionsgutachten zwar nicht mit Blick auf das im Bauplanungsrecht verwurzelte Gebot der Rücksichtnahme erforderlich, es war aber zur Beurteilung möglicher erheblicher Auswirkungen des Vorhabens auf das Schutzgut der menschlichen Gesundheit im Sinne des § 2 Abs. 1 Nr. 1, Abs. 2 UVPG i. V. m. Nr. 1 der Anlage 2 zum UVPG nötig. Des Weiteren hätte es mit Blick auf die vom Vorhaben umfasste Stellplatzanlage mit 153 Stellplätzen auch der Beschreibung möglicher erheblicher Auswirkungen auf das Schutzgut Boden bedurft (vgl. § 2 Abs. 1 Nr. 3 UVPG i. V. m. Nr. 1 der Anlage 2 zum UVPG). …

3. Im Außenbereich

Nr. 48

Wird ein Bestandsbau erweitert, begründet diese Auffüllung eines bisher in Anspruch genommenen räumlichen Bereiches im Außenbereich eine unerwünschte Verfestigung einer Splittersiedlung
(Leitsatz der Redaktion)

BauGB § 35.

Bundesverwaltungsgericht, Beschluss vom 26. März 2024 – 4 B 1.24 –.

Aus den Gründen:
Die auf die Zulassungsgründe nach § 132 Abs. 2 Nr. 1 und 2 VwGO gestützte Beschwerde hat keinen Erfolg. Sie ist jedenfalls unbegründet.

Mit der Divergenzrüge dringt die Beschwerde nicht durch. …

Der Kläger benennt zwei Entscheidungen des Bundesverwaltungsgerichts (Urteil vom 19.4.2012 – 4 C 10.11 – Buchholz 406.11 § 35 BauGB Nr. 386 Rdnr. 21 f. und – hierauf Bezug nehmend – Beschluss vom 6.11.2019 – 4 B 52.18 – juris Rdnr. 4), wonach die Entstehung, Verfestigung oder Erweiterung einer Splittersiedlung nur dann im Sinne von § 35 Abs. 3 Satz 1 Nr. 7 BauGB zu befürchten ist, wenn das Vorhaben zur Entstehung, Verfestigung oder Erweiterung einer »unerwünschten« Splittersiedlung führt. Er meint, das Oberverwaltungsgericht lege einen abweichenden »abstrakteren« Prüfungsmaßstab an die Auslegung des § 35 Abs. 3 Satz 1 Nr. 7 BauGB an, wenn es ausführe, die Verfestigung einer Splittersiedlung sei nur dann zu befürchten, wenn mit einzelnen Bauvorhaben ein Vorgang der Zersiedlung eingeleitet oder schon vollzogen wird. Damit werde auf das einschränkende Merkmal des »Unerwünschtseins der Splittersiedlung« verzichtet. Diese Annahme ist verfehlt. Bereits aus dem vom Oberverwaltungsgericht in Bezug genommenen Beschluss des Senats vom 12.12.1972 – 4 B 150.72 – (Buchholz 406.11 § 35 BBauG Nr. 103) und dem dort zitierten Urteil vom 26.5.1967 – 4 C 25.66 – (BVerwGE 27, 137 <139 ff.>) folgt, dass auch nach der Auffassung des Oberverwaltungsgerichts das Gesetz mit der tatbestandlichen Voraussetzung der »Befürchtung« des Entstehens, der Verfestigung oder der Erweiterung einer Splittersiedlung zum Ausdruck bringt, dass diese – wegen einer damit verbundenen und nicht ausnahmsweise hinzunehmenden Zersiedlung der Landschaft – zu missbilligen und demnach unerwünscht ist. Das hat der Senat in nachfolgenden Entscheidungen, darunter in den benannten Divergenzentscheidungen, immer wieder deutlich herausgestellt und wiederholt (vgl. etwa Urteil vom 3.6.1977 – 4 C 37.75 – BVerwGE 54, 73 <76 f.>; Beschluss vom 24.6.2004 – 4 B 23.04 – ZfBR 2004, 702; Urteil vom 19.4.2012 – 4 C 10.11 – Buchholz 406.11 § 35 BauGB Nr. 386 Rdnr. 21 f.). Folglich verbietet sich die Annahme, mit dem Merkmal »unerwünscht« werde eine ungeschriebene Voraussetzung des § 35 Abs. 3 Satz 1 Nr. 7 BauGB benannt, die einen gegenüber dem »Befürchten« eigenständigen – einschränkenden – Gehalt habe.

Mit den Ausführungen in der Beschwerdebegründung, wonach das Oberverwaltungsgericht die in der Rechtsprechung des Bundesverwaltungsgerichts entwickelten rechtlichen Maßstäbe, insbesondere zur negativen Vorbildwirkung, nicht zutreffend angewandt habe, kann eine Rechtssatzdivergenz nicht dargelegt werden.

Die Grundsatzrüge rechtfertigt ebenso wenig die Zulassung der Revision. …

Die von der Beschwerde als rechtsgrundsätzlich bedeutsam aufgeworfene Frage, ob die Verfestigung einer Splittersiedlung auch dann noch im Sinne des § 35 Abs. 3 Satz 1 Nr. 7 BauGB zu befürchten ist, wenn der Kläger sein Bauvorhaben mittels Anbau an Wochenendhaus realisiert, wenn gleich die Baubehörde die Verfestigung der Splittersiedlung durch Genehmigung von

Ersatzneubauten nach Abriss vorhandener Bauten zur Wochenendhausnutzung selbst fördert, führt nicht zur Zulassung der Revision. Sie ist, soweit nach den tatsächlichen Feststellungen des Oberverwaltungsgerichts überhaupt entscheidungserheblich und einer verallgemeinerungsfähigen Beantwortung zugänglich, in der Rechtsprechung des Senats geklärt.

Die Verfestigung einer Splittersiedlung meint die Auffüllung eines schon bisher in Anspruch genommenen räumlichen Bereichs (BVerwG, Beschluss vom 30.8.2019 – 4 B 8.19 – ZfBR 2019, 796 Rdnr. 16 m. w. N.), was bei einer Erweiterung eines Bestandsbaues gegeben ist. Sie ist – wie bereits vorstehend ausgeführt – dann zu befürchten, wenn sie im Sinne eines Vorgangs der Zersiedlung unerwünscht ist. Davon ist unter anderem dann auszugehen, wenn das Vorhaben eine weitreichende oder doch nicht genau übersehbare Vorbildwirkung besitzt. Hierfür reicht es aus, dass bei einer Zulassung des Vorhabens weitere ähnliche Vorhaben in der Splittersiedlung nicht verhindert werden könnten und dadurch der Außenbereich weiter zersiedelt würde (BVerwG, Beschluss vom 7.6.2016 – 4 B 47.14 – ZfBR 2016, 799 Rdnr. 17 m. w. N.).

Es bedarf keiner Klärung in einem Revisionsverfahren, dass nach diesen allgemeinen Vorgaben die negative Vorbildwirkung sich nach den Umständen des Einzelfalles auch allein auf die Frage der überbauten Grundstücksfläche und somit auf die Abwehr von Erweiterungen der Bestandsbauten beziehen kann, während flächengleiche Ersatzbauten hiervon unberührt bleiben. Auf diesen Unterschied hat das Oberverwaltungsgericht im Rahmen der Prüfung der Ermessenserwägungen der Beseitigungsanordnung zutreffend abgestellt.

…

Nr. 49

Angemessen ist eine Wohnhauserweiterung nur dann, wenn sie der angemessenen Wohnraumversorgung der Familienangehörigen zu dienen bestimmt ist. Lebensgefährten von Kindern der Eigentümer gehören nicht zum Haushalt.

(Leitsatz der Redaktion)

BauGB § 35 Abs. 4 Satz 1 Nr. 5 Buchst. b.

Bayerischer VGH, Beschluss vom 27. März 2024 – 1 ZB 23.1548 –.

Aus den Gründen:

Das Verwaltungsgericht hat die bauplanungsrechtliche Zulässigkeit des nach § 35 Abs. 2 BauGB zu behandelnden Wohnbauvorhabens zu Recht verneint, weil es nicht nach § 35 Abs. 4 Satz 1 Nr. 5 BauGB teilprivilegiert ist und die Verfestigung einer Splittersiedlung befürchten lässt.

Durch § 35 Abs. 4 Satz 1 Nr. 5 BauGB sollen Härten und Schwierigkeiten beseitigt werden, um dem Eigentümer und seiner Familie eine angemessene Wohnraumversorgung zu erleichtern (vgl. BVerwG, Beschluss v. 31.1.2019 – 4 B 26.18 – ZfBR 2019, 385; Beschluss v. 6.10.1994 – 4 B 178.94 – NVwZ 1995, 700). Die Vorschrift kommt Vorhaben zugute, die der Erweiterung eines Wohngebäudes auf bis zu höchstens zwei Wohnungen dienen. »Erweiterung« bedeutet in diesem Zusammenhang die bloße Vergrößerung des eigengenutzten Wohngebäudes, ohne dass dadurch dessen bisheriger Charakter verloren ginge.

Gemessen an diesen Maßstäben fehlt es an der Angemessenheit der Erweiterung im Sinn von § 35 Abs. 4 Satz 1 Nr. 5 Buchst. b BauGB. Denn angemessen ist eine solche Wohnhauserweiterung nur dann, wenn sie ausgehend von den objektiven Verhältnissen des Eigentümers und seiner Familie der angemessenen Wohnraumversorgung der Familienangehörigen zu dienen bestimmt ist (vgl. BVerwG, Urteil v. 23.1.1981 – IV C 82.77 – BVerwGE 61, 285). Dabei kommt es nicht auf die selbst bestimmten Bedürfnisse der Bewohner an, weil dies mit dem Grundsatz einer größtmöglichen Schonung des Außenbereichs offensichtlich nicht vereinbar wäre (vgl. BVerwG, Beschluss v. 31.5.1988 – 4 B 88.88 – NVwZ 1989, 355).

Im Übrigen ist zwar das bis zum BauGB 1986 geltende Erfordernis, dass der Eigentümer das Wohnhaus »längere Zeit selbst genutzt hat und die Erweiterung der angemessenen Versorgung des Eigentümers und seiner zum Haushalt gehörenden Familienangehörigen mit Wohnraum dient« entfallen.

Die Regelung des § 35 Abs. 4 Satz 1 Nr. 5 BauGB ist wegen ihres Ausnahmecharakters jedoch grundsätzlich eng auszulegen. Die Frage der Selbstnutzung und der Wohnbedürfnisse der Familienangehörigen hat daher noch im Zusammenhang mit der Angemessenheit der Wohnraumerweiterung Bedeutung. Die Erweiterung ist von der Regelung weiterhin nur erfasst, wenn das Wohnhaus vom bisherigen Eigentümer und seiner Familie bewohnt wurde bzw. wird (vgl. BVerwG, Beschluss v. 31.5.1988 a. a. O.; Söfker in Ernst/Zinkahn/ Bielenberg/Krautzberger, BauGB, § 35 Rdnr. 150, 159 ff.). Die Erleichterung soll denjenigen zugutekommen, die sich »längere Zeit« mit den beengten Wohnverhältnissen abgefunden und damit unter Beweis gestellt haben, dass dieses Wohnhaus für sie im Familienleben eine bedeutende Rolle spielt (vgl. BVerwG, Beschluss v. 22.2.1996 – 4 B 25.96 – juris Rdnr. 11; Urteil v. 12.3.1982 – 4 C 59.78 – BayVBl 1982, 538 zur angemessenen Dauer der Eigennutzung).

Hiervon ausgehend kann nicht auf die Wohnbedürfnisse der Tochter des Beigeladenen und deren Lebensgefährten abgestellt werden. Der Lebensgefährte der Tochter des Beigeladenen gehört nicht zur Familie und ist dem Haushalt des Beigeladenen nicht zuzurechnen. Die Wohnraumförderungsregelungen geben Anhaltspunkte dafür, wer als Angehöriger in Betracht zu ziehen ist. Hierbei kann dahinstehen, ob zur Orientierung auf das Zweite

Wohnungsbaugesetz in der Fassung vom 19.8.1994 (BGBl I S. 2137) oder auf die derzeit geltende Bestimmung in Art. 4 des Gesetzes über die Wohnraumförderung in Bayern (Bayerisches Wohnraumförderungsgesetz – BayWoFG) vom 10.4.2007 (GVBl S. 260) zurückzugreifen ist. Gemäß § 8 des zum 1.1.2002 außer Kraft getretenen Zweiten Wohnungsbaugesetzes zählen danach – ebenso wie in Art. 4 Abs. 1 BayWoFG – die darin bezeichneten Personen, die miteinander eine Wohn- und Wirtschaftsgemeinschaft führen, zu den Haushaltsangehörigen. Lebensgefährten von Kindern der Eigentümer fallen – unabhängig davon, ob ein im Jahresverlauf »überwiegendes« Wohnen der Betroffenen im Vorhabengebäude als ausreichend angesehen werden kann – nicht darunter. Auch die im Zulassungsvorbringen vorgetragene »eheähnlichen Gemeinschaft« oder gar die unterstellte Absicht einer künftigen Eheschließung, das Bestreben der Tochter des Beigeladenen nach häuslicher Nähe oder die Beliebtheit von Mehrgenerationenhäusern vermögen daran nichts zu ändern, da insoweit nur die künftige Erfüllung der Vorgaben erreicht werden kann. Die fehlende Zugehörigkeit des Lebensgefährten zum Haushalt ist, da nach den vorliegenden Unterlagen die Erweiterung für einen Zweipersonenhaushalt zwecks Familiengründung beantragt wurde, auch nicht unbeachtlich. Die Feststellung des Verwaltungsgerichts, dass es an einer hinreichend konkreten und verfestigten Prognose für eine auf Dauer angelegte Wohn- und Wirtschaftsgemeinschaft fehlt, ist daher nicht zu beanstanden.

Da maßgeblicher Zeitpunkt für das Verfahren bei Ersetzung des gemeindlichen Einvernehmens die Sach- und Rechtslage im Zeitpunkt der Erteilung der Baugenehmigung ist, ist der nachträgliche Auszug der Tochter und ihres Lebensgefährten in eine eigene Wohnung ohne Belang. Das gleiche gilt, soweit zuletzt geltend gemacht wird, dass der Beigeladene für seine Tochter weiteren Wohnraum schaffen möchte. Im Übrigen fehlt es insoweit an einer substantiierten Darlegung, dass die geplante Erweiterung allein für die Tochter des Beigeladenen angemessen und erforderlich ist.

Auf die weiteren Ausführungen in der Zulassungsbegründung zu den sonstigen Voraussetzungen der Angemessenheit der Wohnraumerweiterung kommt es daher nicht mehr an. Es kann daher offen bleiben, ob der genehmigte Aufenthaltsraum im Untergeschoss der Doppelgarage – wofür einiges spricht – zu berücksichtigen ist.

Ernstliche Zweifel an der Richtigkeit des Urteils bestehen auch nicht im Hinblick auf die Annahme des Verwaltungsgerichts, dass das Vorhaben öffentliche Belange im Sinn des § 35 Abs. 2 BauGB beeinträchtigt, da es die Verfestigung einer Splittersiedlung befürchten lasse (§ 35 Abs. 3 Satz 1 Nr. 7 BauGB).

Eine solche Verfestigung der vorhandenen Splittersiedlung ist schon deshalb »zu befürchten«, weil sich das Vorhaben des Beigeladenen dem vorhandenen Bestand nicht deutlich unterordnet. Die Aufstockung des bestehenden Wohnhauses und die damit verbundene Nutzungsintensivierung verstärkt das

Gewicht der vorhandenen Splittersiedlung erheblich und trägt dadurch zur weiteren Zersiedelung dieses Teils des Außenbereichs bei (vgl. BVerwG, Beschluss v. 10.11.2010 – 4 B 45.10 – ZfBR 2011, 163; Urteil v. 18.5.2001 – 4 C 13.00 – NVwZ 2001, 1282; BayVGH, Beschluss v. 17.10.2007 – 1 ZB 06.3059 – juris Rdnr. 12). Zu dem im Zulassungsvorbringen pauschal vorgetragenen Einwand der »typischen Siedlungsstruktur« (vgl. BVerwG, Beschluss v. 25.3.1986 – 4 B 41.86 – NVwZ 1986, 1014) fehlt es an der erforderlichen Darlegung der Siedlungsstruktur der Gemeinde. Im Übrigen hat der Senat bereits im Verfahren 1 B 16.2375 einen Augenschein genommen und keinen Zweifel an der Außenbereichsqualität des Grundstücks gehabt. Dem Vorhaben des Beigeladenen kommt angesichts der besonders attraktiven Umgebung in Seenähe eine weitreichende und letztlich nicht genau übersehbare Vorbildwirkung zu (vgl. BVerwG, Urteil v. 27.8.1998 – 4 C 13.97 – BauR 1999, 373). Der weitere Einwand des Beigeladenen, dass umliegende Gebäude überwiegend bereits mehrstöckig seien und die Gebäude bereits jetzt über mehr Quadratmeter (Wohnraum) verfügten als die von ihm begehrte Wohnfläche, kann deshalb zu keiner anderen Beurteilung führen. ...

Nr. 50

Eine Terrasse mit einer Länge von 19 m und einer Breite bis zu 10 m im Außenbereich ist kein untergeordnetes Vorhaben, sondern eine zu missbilligende Splittersiedlung, die eine Ausuferung in den Außenbereich befürchten lässt.

BauGB § 35 Abs. 2 und 3.

Bayerischer VGH, Beschluss vom 17. Juni 2024 – 9 ZB 23.1836 –.

Aus den Gründen:

Der Kläger begehrt die Erteilung einer Baugenehmigung für eine Auffüllung und Errichtung einer Terrasse mit einer Länge von 19 m und einer Breite von 10 m bzw. 6,25 m an der Ostseite des Wohnhauses auf dem Grundstück Fl.Nr. ... Gemarkung ..., die bereits vorhanden sind.

Die Berufung ist nicht wegen ernstlicher Zweifel (§ 124 Abs. 2 Nr. 1 VwGO) zuzulassen. ...

Das Vorhaben liegt entgegen dem klägerischen Vorbringen im bauplanungsrechtlichen Außenbereich nach § 35 BauGB. Ein Vorhaben liegt im Außenbereich, wenn es nicht Bestandteil eines im Zusammenhang bebauten Ortsteils im Sinne des § 34 Abs. 1 BauGB ist. Ausschlaggebend für das Bestehen eines Bebauungszusammenhangs ist, inwieweit die aufeinanderfolgende Bebauung trotz etwa vorhandener Baulücken nach der Verkehrsauffassung den Eindruck der Geschlossenheit und Zusammengehörigkeit vermittelt und die zur Bebauung vorgesehene Fläche (noch) diesem Zusammenhang angehört. Der Bebauungszusammenhang endet regelmäßig am letzten Baukörper. Örtliche Besonderheiten können es im Einzelfall aber ausnahmsweise rechtfertigen, ihm noch bis zu einem Geländehindernis, einer Erhebung oder einem Einschnitt ein oder mehrere Grundstücke zuzuordnen, die unbebaut sind oder trotz des Vorhandenseins von Baulichkeiten sonst nicht zur Prägung der Siedlungsstruktur beitragen. Maßgeblich dabei ist, ob diese besonderen topografischen oder geografischen Umstände den Eindruck der Geschlossenheit bzw. Zugehörigkeit einer Fläche zum Bebauungszusammenhang vermitteln. Ebenso wie ein Bebauungszusammenhang nicht unmittelbar mit dem letzten Baukörper zu enden braucht, verbietet sich umgekehrt die Annahme, dass notwendigerweise das letzte Grundstück in seinem gesamten Umfang vom Zusammenhang erfasst wird. Wie weit der Bebauungszusammenhang im Einzelfall reicht, kann stets nur das Ergebnis einer Bewertung des konkreten Sachverhalts sein (vgl. BVerwG, Beschluss v. 8.12.2015 – 4 B 28.15 – ZfBR 2016, 67 m. w. N.). Für die Beurteilung ausschlaggebend ist grundsätzlich die tatsächlich vorhandene Bebauung. »Bebauung« im Sinn von § 34 Abs. 1 BauGB ist indes nicht jede beliebige Anlage. Den Bebauungszusammenhang selbst herstellen oder zu seiner Entwicklung beitragen können nur Bauwerke, die optisch wahrnehmbar sind und ein gewisses Gewicht haben, so dass sie geeignet sind, ein Gebiet als einen Ortsteil mit einem bestimmten Charakter zu prägen. Hierzu zählen grundsätzlich nur Bauwerke, die dem ständigen Aufenthalt von Menschen dienen. Baulichkeiten, die nur vorübergehend genutzt werden oder in einem weiteren Sinn »Nebenanlagen« zu einer landwirtschaftlichen, (klein-)gärtnerischen oder sonstigen Hauptnutzung sind, sind in aller Regel keine Bauten, die für sich genommen ein für die Siedlungsstruktur prägendes Element darstellen (vgl. BVerwG, Beschluss v. 5.4.2017 – 4 B 46.16 – ZfBR 2017, 471; Urteil v. 30.6.2015 – 4 C 5.14 – BVerwGE 152, 275).

An diese Vorgaben hat sich das Verwaltungsgericht gehalten. Es hat aufgrund eines Augenscheins anhand der vorstehend angeführten Maßstäbe die vorhandenen Örtlichkeiten beurteilt. Es ist im Rahmen einer umfassenden Bewertung des Sachverhalts zu dem rechtsfehlerfreien Ergebnis gekommen, dass das Bauvorhaben dem Außenbereich zuzuordnen ist.

Die vom Verwaltungsgericht umfassend begründete Annahme, das streitgegenständliche Bauvorhaben liege im Außenbereich, da es sich am Ortsrand befinde, sich von drei Seiten unbebaute Fläche anschließe und es keine örtlichen Besonderheiten gebe, die es rechtfertigen würden, das Grundstück und insbesondere die bereits errichtete Terrasse noch dem Innenbereich zuzuordnen, wird durch die Einwände des Klägers, nicht erschüttert. Unerheblich ist dabei das Vorbringen des Klägers, dass das Gericht nicht nur das Bauvorhaben, sondern das gesamte Grundstück, auf dem es platziert werden soll, dem Außenbereich zugeordnet habe. Entscheidungserheblich ist ausschließlich die Lage des Bauvorhabens, das nach den überzeugenden Ausführungen des

Gerichts jedenfalls – und unabhängig von der sonstigen Einordnung des Grundstücks – dem Außenbereich zuzuordnen ist, weil der Bebauungszusammenhang spätestens an der östlichen Außenwand des Wohngebäudes ende.

Den klägerischen Vortrag, dass der Grundsatz, dass der im Zusammenhang bebaute Ortsteil nicht ausnahmslos mit der letzten Bebauung ende, sondern eine Zurechnung des Grundstücks zum Bebauungszusammenhang möglich sei, wenn das Grundstück durch eine Zäsur jenem noch zuzuordnen sei und der östlich an das Baugrundstück angrenzende Weg eine solche Zäsurwirkung habe, weshalb auch das Bauvorhaben dem Innenbereich zuzuordnen sei, hat das Verwaltungsgericht gewürdigt. Zu einer möglichen Zäsurwirkung des Weges hat es ausgeführt, dass er unbedeutend und untergeordnet und als Zäsur damit nicht wahrnehmbar sei. Allein die vom Kläger davon abweichende Rechtsauffassung genügt nicht, um ernstliche Zweifel an der Richtigkeit der angefochtenen Entscheidung darzulegen.

Soweit der Kläger auf die Rechtsprechung verweist, dass der Innenbereich nicht zwingend mit der letzten Wohnbebauung ende, sondern noch ein sich an das letzte Hauptgebäude anschließender kleinerer Bereich, der Nebenanlagen aufweist oder gärtnerisch genutzt wird, zum Innenbereich gehören kann, führt dies ebenfalls nicht zu ernstlichen Zweifeln an der getroffenen Entscheidung, da das vom Verwaltungsgericht gefundene Ergebnis richtig ist, die beantragte Terrasse nicht mehr dem Innenbereich zuzuordnen.

Zwar kann in Ausnahme von dem Grundsatz, dass der Bebauungszusammenhang am letzten Baukörper endet, ein gewisser Umgriff um das am Ortsrand stehende Wohnhaus im Einzelfall noch dem Innenbereich zuzurechnen sein. Dies soll es dem Bauherrn ermöglichen, unmittelbar angrenzend an das Hauptgebäude in angemessenem Umfang untergeordnete Nebenanlagen im Sinne von § 14 Abs. 1 BauNVO unterzubringen (vgl. BayVGH, Urteil v. 13.1.2021 – 15 N 20-1018 – juris Rdnr. 19; Urteil v. 13.4.2015 – 1 B 14.2319 – juris Rdnr. 20). Diese Ausnahme gilt jedoch nur in besonders begründeten Einzelfällen, denn mit einem angemessenen Umgriff könnte eine ungebremste Besiedelung des Außenbereichs herbeigeführt werden, indem jeweils Baugrundstücke mit einem dahinterliegenden »angemessenen« Umgriff gebildet würden (vgl. BayVGH, Urteil v. 13.12.2018 – 2 B 18.1797 – juris Rdnr. 26). Die im Rahmen des Ortsaugenscheins gemachten Aufnahmen sowie die Luftbilder zeigen, dass vergleichbare bauakzessorische Nutzungen auf Höhe des Bauvorhabens in der näheren Umgebung bisher nicht vorhanden sind und damit die Annahme eines Umgriffs als Innenbereich zu einer Ausweitung dieses in den derzeitigen Außenbereich führen würde.

Zudem steht dem Antragsteller im Norden eine große, im Westen sowie im Süden eine kleinere Fläche für eine Terrassennutzung zur Verfügung, so dass der Kläger eine bauakzessorische Nutzung anderweitig verwirklichen kann und für eine Ausweitung des Innenbereichs über die östliche Außenwand des Wohngebäudes hinaus kein Bedürfnis besteht.

Schließlich schließt auch der Umfang der notwendigen Versiegelung für das beantragte Vorhaben mit einer Länge von 19 m und einer Breite von 10 m bzw. 6,25 m sowie die hinzutretende Aufschüttung die »Angemessenheit« des Umgriffs aus.

Der klägerische Vortrag, in der Vergangenheit seien im Bereich des Grundstücks, auf dem das Bauvorhaben situiert werden soll, verschiedene Garagen und gewerblich bzw. privat genutzte Hallen vorhanden gewesen, die bereits dem Baubauungszusammenhang zuzuordnen gewesen seien, weshalb das Bauvorhaben dem Innenbereich zuzuordnen sei, verhilft seinem Zulassungsbegehren nicht zum Erfolg. Für die Beurteilung der Frage, ob ein Grundstück im Innenbereich liegt, kommt es zuvorderst auf die Bebauung an, die im Zeitpunkt der Entscheidung vorhanden ist. Dass die Bebauung zu diesem Zeitpunkt nicht mehr existierte, ist unstreitig. Zwar kann auch früher vorhanden gewesene Bebauung oder vorhandene Nutzung noch fortwirken (vgl. BVerwG, Urteil v. 19.9.1986 – 4 C 15/84 – juris Rdnr. 10 m. w. N.). Wenn das letzte zum Bebauungszusammenhang gehörende Gebäude zum Zwecke seiner alsbaldigen Wiedererrichtung eines Ersatzbauwerks beseitigt wird, gehen der bis dahin vorhandene Bebauungszusammenhang und damit die Innenbereichsqualität nicht unmittelbar verloren. Es sind jedoch weder Tatsachen vorgetragen, noch ist ersichtlich, dass die von der Klägerseite genannten und seit geraumer Zeit entfernten Gebäude, wiedererrichtet werden sollen. Darüber hinaus handelt es sich bei den vom Kläger angeführten Gebäuden auch nicht um Bauwerke, die dem ständigen Aufenthalt von Menschen zu dienen bestimmt sind und daher grundsätzlich auch nicht als Bauten zählen, die für sich genommen ein für die Siedlungsstruktur prägendes Element darstellen.

Das Urteil des Verwaltungsgerichts begegnet auch nicht insoweit ernstlichen Zweifeln an seiner Richtigkeit, als es das Bauvorhaben als sonstiges Vorhaben im Sinne des § 35 Abs. 2 BauGB als unzulässig beurteilt, da es öffentliche Belange beeinträchtige. Das streitgegenständliche Vorhaben lässt im Hinblick auf die damit einhergehende zusätzliche räumliche Beanspruchung des Außenbereichs die Entstehung einer Splittersiedlung im Sinn von § 35 Abs. 3 Satz 1 Nr. 7 BauGB befürchten. Es liegt nicht lediglich die Auffüllung eines schon bisher in Anspruch genommenen räumlichen Bereichs vor, sondern das Bauvorhaben soll einen unbebauten Bereich erstmals in Anspruch nehmen.

Zwar sind Splittersiedlungen nicht schon um ihrer selbst willen zu missbilligen, vielmehr ist eine Beeinträchtigung öffentlicher Belange erst dann gegeben, wenn das Entstehen, die Erweiterung oder die Verfestigung zu befürchten ist. Derart zu befürchten ist das Entstehen einer Splittersiedlung nur dann, wenn das Vorhaben zum Bestehen einer »unerwünschten Splittersiedlung« führt (BVerwG, Urteil v. 6.11.1968 – 4 C 31.66 – juris Rdnr. 23 m. w. N.).

Unerwünscht in diesem Sinne ist eine Splittersiedlung, wenn mit ihr ein Vorgang der Zersiedlung eingeleitet oder gar schon vollzogen wird (BVerwG,

Urteil v. 3.6.1977 – 4 C 37.75 – juris Rdnr. 24.). Für das Vorliegen einer Zersiedlung streitet gewissermaßen eine starke Vermutung, die Missbilligung eines solchen Vorhabens rechtfertigt sich in derartigen Fällen in der Regel ohne weiteres (BVerwG, Urteil v. 28.10.1983 – 4 C 70/78 – juris Rdnr. 7). Aufgrund der Länge der Terrasse von 19 m und einer Breite von bis zu zehn Metern sowie der für deren Errichtung notwendigen Aufschüttung, kann entgegen der Auffassung des Klägers nicht mehr von einem untergeordneten Vorhaben gesprochen werden, das eine Ausuferung in den Außenbereich nicht befürchten lässt.

Da bei der Frage, ob ein Vorhaben nach § 35 Abs. 2 und 3 BauGB planungsrechtlich unzulässig ist, schon der Verstoß gegen einen der in § 35 Abs. 3 Satz 1 BauGB beispielhaft genannten öffentlichen Belange ausreicht (vgl. BVerwG, Beschluss v. 8.11.1999 – 4 B 85.99 – BauR 2000, 1171), kommt es nicht darauf an, ob das Vorhaben auch noch die natürliche Eigenart der Landschaft beeinträchtigt (§ 35 Abs. 3 Satz 1 Nr. 5 Alt. 4 BauGB). …

Die Berufung ist auch nicht wegen Divergenz (§ 124 Abs. 2 Nr. 4 VwGO) zuzulassen. Der Kläger verweist auf die Rechtsprechung des Bayerischen Verwaltungsgerichtshofs (Urteil v. 8.5.2022 – 20 B 99.2179 – juris) sowie des darin zitierten Urteils des Oberverwaltungsgerichts Saarland (Urteil v. 27.5.1988 – 2 R 513/85 – juris), wonach »ein sich an das letzte Gebäude, das noch zur zusammenhängenden Bebauung gehört, geringfügig anschließender Umgriff noch dem Innenbereich zuzuordnen sein kann, wenn es eine dem Innenbereich noch zuzuordnende bebauungsakzessorische Nutzung aufweist, die typischerweise mit der jeweiligen Hauptnutzung verbunden ist«. In der zitierten Entscheidung hat der Bayerische Verwaltungsgerichtshof ausgeführt, dass in der Rechtsprechung geklärt sei, »dass der Bebauungszusammenhang im Regelfall unmittelbar hinter dem letzten Gebäude, das noch zur zusammenhängenden Bebauung gehört, endet. Ausnahmsweise mag im Einzelfall ein geringfügig an das letzte Gebäude sich anschließender Umgriff noch dem Innenbereich zuzuordnen sein«. Das Verwaltungsgericht hat keinen diesem Rechtssatz entgegenstehenden Rechtssatz aufgestellt. Wie oben ausgeführt wurde liegt ein derartiger Einzelfall hier nicht vor, so dass eine ausnahmsweise Innenbereichszuordnung des Bauvorhabens als geringfügig anschließender Umgriff ausscheidet.

Die vom Kläger behauptete vom Verwaltungsgericht nicht nachvollziehbar begründete Einordnung des Vorhabens in den Außenbereich und Übergehung gewichtiger Tatsachen in den Entscheidungsgründen, die einen Umgriff um das Wohnhaus rechtfertigten, stellen keinen der Beurteilung des Berufungsgerichts unterliegenden Verfahrensmangel gegen die Begründungspflicht dar, auf dem die angefochtene Entscheidung beruhen kann (§ 124 Abs. 2 Nr. 5 VwGO).

Die Begründungspflicht des § 108 Abs. 1 Satz 2 VwGO verlangt in Erfüllung des Gebots der Gewährung rechtlichen Gehörs, dass in den Entscheidungsgründen die wesentlichen tatsächlichen Umstände und rechtlichen Erwägungen wiedergegeben werden, die das Gericht bestimmt haben, die Voraussetzungen für seine Entscheidung als erfüllt anzusehen (vgl. BVerwG, Beschluss v. 5.1.2007 – 1 B 63.06 – juris Rdnr. 3 m. w. N.). Für die Frage, ob sie verletzt ist, kommt es darauf an, ob für die Beteiligten erkennbar ist, welche Gründe für die Entscheidung wesentlich waren. Nicht mit Gründen versehen ist eine Entscheidung jedoch nur dann, wenn die Entscheidungsgründe keine Kenntnis darüber vermitteln, welche tatsächlichen und rechtlichen Gesichtspunkte für die Entscheidung maßgebend waren und wenn den Beteiligten und dem Rechtsmittelgericht deshalb die Möglichkeit entzogen ist, die Entscheidung zu überprüfen. Das ist nur der Fall, wenn die Entscheidungsgründe vollständig oder zu wesentlichen Teilen des Streitgegenstands fehlen oder sich als derart verworren oder unverständlich darstellen, dass sie unbrauchbar sind (st. Rspr., BVerwG, Beschluss v. 25.9.2013 – 1 B 8.13 – juris Rdnr. 16; Urteil v. 28.11.2002 – 2 C 25.01 – juris Rdnr. 12). Dabei ist nicht aus jedem Schweigen der Urteilsgründe zu Einzelheiten des Prozessstoffs der Schluss zu ziehen, das Gericht habe den Vortrag der Beteiligten nicht zur Kenntnis genommen und nicht in Erwägung gezogen. Wenn also lediglich einzelne Tatumstände oder Anspruchselemente unerwähnt geblieben sind oder wenn sich eine hinreichende Begründung aus dem Gesamtzusammenhang der Entscheidungsgründe erschließen lässt, ist die Begründungspflicht nicht verletzt (Kraft in Eyermann, VwGO, 16. Aufl. 2022, § 138 Rdnr. 56).

Nach diesem Maßstab lässt sich eine Verletzung der Begründungspflicht aus § 108 Abs. 1 Satz 2 VwGO im vorliegenden Fall nicht feststellen. Denn das Verwaltungsgericht hat ausgeführt, dass es nach Inaugenscheinnahme des Grundstücks zu dem Ergebnis gelangt sei, dass das Grundstück und damit in jedem Fall auch das streitgegenständliche Vorhaben im Außenbereich liege. Es hat darüber hinaus ausdrücklich festgestellt, dass keine örtlichen Besonderheiten existierten, die es rechtfertigen würden, insbesondere die Terrasse noch im Innenbereich zuzuordnen. Einen etwaigen Umgriff, der noch dem Innenbereich zuzuordnen sei, schließt das Verwaltungsgericht damit implizit aus. …

Nr. 51

Fehlt es bei einer nachträglich durchzuführenden UVP-Vorprüfung mit Bezug auf den insoweit maßgeblichen, in der Vergangenheit liegenden Zeitpunkt an einer hinreichenden Bestandserfassung, können die Umweltauswir-

kungen eines Vorhabens weder ordnungsgemäß prognostiziert noch im Wege einer tragfähigen worst-case-Betrachtung eingeschätzt werden.

UVPG § 3a Abs. 4; UmwRG § 4.

OVG Sachsen-Anhalt, Beschluss vom 4. Juli 2024 – 2 L 94/23.Z –.

Aus den Gründen:

Der Antrag auf Zulassung der Berufung … hat keinen Erfolg. …

Die Klagebefugnis der Klägerin (§ 42 Abs. 2 VwGO) hat das Verwaltungsgericht zurecht mit der Begründung bejaht, das Ersetzen ihres Einvernehmens (§ 36 BauGB) impliziere die Möglichkeit einer Verletzung in eigenen Rechten.

Die Beigeladene kann dem nicht mit Erfolg entgegenhalten, eine Gemeinde könne sich im Rahmen des § 36 BauGB nicht auf eine fehlerhafte Durchführung einer Umweltverträglichkeitsprüfung (§ 4 Abs. 1 i. V. m. Abs. 3 Satz 1 UmwRG) berufen. Eine Gemeinde darf die Versagung ihres Einvernehmens zwar nicht allein auf das Fehlen oder die fehlerhafte Durchführung einer Umweltverträglichkeitsprüfung stützen; es ist ihr aber unbenommen, auch nach Erteilung einer Fiktion des Einvernehmens einen Verstoß gegen § 4 Abs. 1 i. V. m. Abs. 3 Satz 1 UmwRG gerichtlich geltend zu machen, wenn sie klagebefugt ist (vgl. BVerwG, Urteil v. 27.8.2020 – 4 C 1.19 – juris Rdnr. 31). Diese Klagebefugnis hat das Verwaltungsgericht nicht mit einem möglichen Verstoß gegen das UmwRG, sondern gegen die auch dem Schutz der von dem Vorhaben betroffenen Gemeinde dienenden Zulassungsvoraussetzungen des § 35 BauGB begründet. Zu diesen Voraussetzungen zählt auch der öffentliche Belang der schädlichen Umwelteinwirkungen (§ 35 Abs. 3 Nr. 3 BauGB).

Das Ausbleiben schädlicher Umweltauswirkungen kann entgegen dem Vorbringen der Beigeladenen auch nicht bereits auf der Zulässigkeitsebene damit begründet werden, dass dieses Ergebnis aus einer von ihr vorgelegten Immissionsprognose der I. GmbH vom 11.7.2005, aus einem Freistellungsbescheid des Beklagten vom 17.12.2008 und aus einer ergänzenden Unterlage der S. GmbH vom 15.5.2021 hervorgeht. Ihrem Inhalt nach mag diesen Unterlagen dieses Ergebnis zu entnehmen sein. Sie sind aber als solche nicht geeignet, das Merkmal der schädlichen Umweltauswirkungen bereits in einer zur Verneinung der Klagebefugnis führenden Weise auszuschließen. Ob vorhandene Umweltauswirkungen schädlich sind, ist eine Wertungsfrage, die nicht bereits auf der Ebene der Zulässigkeit beantwortet werden kann. Dies gilt umso mehr bei einem Vorhaben, das – wie hier – in baulichen Änderungen einer von Natur aus immissionsträchtigen Anlage wie einer Schweinezuchtanlage besteht.

Das Verwaltungsgericht hat auch zu Recht angenommen, dass die im Jahre 2012 durchgeführte UVP-Vorprüfung den Anforderungen des § 3a Satz 4 UVPG in der hier anzuwendenden, bis zum 28.7.2017 geltenden Fassung

(UVPG a. F.) nicht gerecht wird. Nach dieser Vorschrift ist die Einschätzung der zuständigen Behörde in einem gerichtlichen Verfahren betreffend die Entscheidung über die Zulässigkeit des Vorhabens in den Fällen, in denen die Feststellung, dass eine UVP unterbleiben soll, auf einer Vorprüfung des Einzelfalls nach § 3c UVPG a. F. beruht, darauf zu überprüfen, ob die Vorprüfung entsprechend den Vorgaben von § 3c durchgeführt worden ist und ob das Ergebnis nachvollziehbar ist. Nach der erstinstanzlichen Entscheidung wird die streitgegenständliche Vorprüfung keiner dieser beiden Anforderungen gerecht.

Zum einen fehle es an der Nachvollziehbarkeit des Ergebnisses. Dies gelte namentlich für die Ausführungen auf Seite 18 der Ergänzung der S. GmbH vom 5.12.2012. Nicht nachvollziehbar seien die dortigen Feststellungen, dass durch die berechnete Vergrößerung des Mindestabstands um ca. 12 m (als Folge steigender Ammoniakemissionen um 0,7 t/a jährlich) keine zusätzlichen Biotope betroffen sein könnten. Ausweislich Seite 3 der Ergänzung vom 5.12.2012 sei nämlich lediglich eine Betrachtung der Biotope im Untersuchungsradius von 1 km um die Anlage erfolgt, was nur bedeuten könne, dass eine Begehung des Bereichs außerhalb dieses Untersuchungsradius nicht erfolgt sei.

Bemängelt hat das Verwaltungsgericht zum anderen, dass die Ergänzung der S. GmbH vom 5.12.2012 auch nicht den Vorgaben von § 3c Satz 1 UVPG a. F. entspreche. Entgegen Nr. 2.3.7 der Anlage 2 zum UVPG a. F. fehle es an einer Betrachtung der Auswirkungen der steigenden Ammoniakemissionen um 0,7 t/a jährlich auf die innerhalb des Radius von 1 128,0 m gelegenen Biotope.

Die von der Beigeladenen hiergegen erhobenen Einwände begründen keine ernstlichen Zweifel an der Richtigkeit der erstinstanzlichen Entscheidung.

Soweit das Verwaltungsgericht die fehlende Nachvollziehbarkeit beanstandet hat, kann die Beigeladene diesen Mangel nicht mit dem Argument entkräften, das Verwaltungsgericht sei von einem falschen Prüfungsmaßstab ausgegangen. Die Beigeladene hat insoweit ausgeführt: Das Verwaltungsgericht habe nicht gewürdigt, dass es sich bei dem Vorhaben nach § 35 Abs. 1 Nr. 4 BauGB in der hier noch anzuwendenden, bis zum 20.9.2013 geltenden Fassung um ein privilegiertes Vorhaben handle, das sich aufgrund dieser Privilegierung gegenüber öffentlichen Belangen wie der Vermeidung schädlicher Umweltauswirkungen in stärkerem Maße durchsetzen müsse als ein nicht privilegiertes Vorhaben im Sinne des § 35 Abs. 2 BauGB. Dieser Einwand greift schon deshalb nicht durch, weil die von der Vorinstanz festgestellten Mängel der UVP-Vorprüfung unabhängig davon bestehen, ob man die Schwelle der Schädlichkeit von Umweltauswirkungen, die von einem privilegierten Vorhaben im Sinne des § 35 Abs. 1 BauGB hervorgerufen werden, höher ansetzt als bei nicht privilegierten Vorhaben.

Ohne Erfolg bleibt auch der ebenfalls auf die fehlende Nachvollziehbarkeit bezogene Einwand der Beigeladenen, es treffe nicht zu, dass das Gutachten vom 5.12.2012 die Biotope außerhalb des 1-km-Radius nicht untersucht habe.

Die Beigeladene hat hierzu geltend gemacht: Aus der Tabelle 2 auf Seite 11 werde deutlich, dass die Biotope Nr. 11, 13a und 13b den Radius von 1 km überschritten. Wenn im Übrigen keine weiteren Biotope außerhalb eines Radius von 1 km angegeben seien, sei dies darauf zurückzuführen, dass im Jahr 2012 solche Biotope nicht vorhanden gewesen seien.

Dem ist folgendes entgegenzuhalten: Es ist zwar richtig, dass die Biotope Nr. 11, 13a und 13b den Radius von 1 km überschreiten. Daraus kann aber nicht der Schluss gezogen werden, dass der Gutachter den Bereich des vergrößerten Radius, der sich bis auf 1 140,6 m erstreckt, auf das Vorhandensein von Biotopen hin überprüft hat. Mit Bezug auf die genannten Biotope ist die Überschreitung im Verhältnis zu dem vergrößerten Radius beim Biotop Nr. 11 so geringfügig (1 020 m) und betrifft bei den Biotopen Nr. 13a und b zudem nur einen Überlappungsbereich (990 bis 1 060 m), dass dadurch die auf Seite 3 angegebene Beschränkung des Prüfungsumfangs auf einen Radius von 1 km nicht in Frage gestellt, sondern bestätigt wird. Bleibt es mithin hinsichtlich der Biotope jenseits des 1-km-Radius bei einem biotopbezogenen Ermittlungsdefizit, ist auch die auf Seite 18 des Gutachtens vom 5.12.2012 getroffene Einschätzung einer Irrelevanz des vergrößerten Mindestabstands nicht plausibel.

Nicht begründet sind auch die Einwände, welche die Beigeladene gegen die vom Verwaltungsgericht erkannte Nichteinhaltung der Vorgaben des § 3c Satz 1 UVPG a. F. i. V. m. Nr. 2.3.7 der Anlage 2 zum UVPG a. F. erhoben hat.

Die Beigeladene hat insoweit ausgeführt: Das Verwaltungsgericht habe übersehen, dass es deutliche Unsicherheiten bei den Anforderungen zur Ermittlung und Bewertung von Biotopen und den möglichen zusätzlichen Stickstoffeinträgen infolge der Ammoniakemissionen gebe. Es sei weder geklärt, welche Biotope innerhalb des Beurteilungsgebiets wegen einer Stickstoffempfindlichkeit besonderem Schutz vor entsprechenden Einträgen unterlägen, noch bestehe Einigkeit über die jeweiligen Grenzwerte bzw. Effektschwellen. Anhang 9 der TA Luft-E gebe lediglich pauschal vor, dass bei Vorhandensein empfindlicher Pflanzen und Ökosysteme im Beurteilungsgebiet geeignete Immissionswerte heranzuziehen seien, deren Überschreitung das Vorliegen erheblicher Nachteile durch Schädigung empfindlicher Pflanzen und Ökosysteme wegen Stickstoffdeposition liefere. Daran habe sich das Gutachten der S. GmbH vom 5.12.2012 auf Seite 18 auch orientiert. Es habe sich insbesondere mit dem FFH-Gebiet »Weideflächen bei K.« beschäftigt. Alle anderen streitgegenständlichen Biotope lägen außerhalb des Habitatschutzrechts, da sie weder FFH-Gebiete noch Natura 2000-Gebiete darstellten. Bei Biotopen sei der Maßstab des Vorliegens einer erheblichen Beeinträchtigung aber viel geringer als bei FFH-Gebieten. Im Gegensatz zu FFH-Gebieten sei bei Biotopen keine Gewissheit darüber erforderlich, dass sich das Vorhaben nicht nachteilig auf das Gebiet als solches auswirke.

Dieses Vorbringen weckt keine Zweifel an der Richtigkeit der erstinstanzlichen Entscheidung. Bemängelt hat das Verwaltungsgericht, dass es an einer Betrachtung der Auswirkungen der steigenden Ammoniakemissionen um 0,7 t/a jährlich auf die innerhalb des Radius von 1 128,0 m gelegenen Biotope fehle. Gegenstand dieses Mangels ist damit ein Ermittlungsdefizit in Gestalt eines Ermittlungsausfalls des Inhalts, dass eine mit Bezug auf Ammoniakemissionen überhaupt gebotene Betrachtung von Biotopen im Bereich des erweiterten Radius vollständig unterblieben sei. Ein solcher Ermittlungsausfall kann nicht mit dem Argument eines gegenüber FFH-Gebieten reduzierten Prüfungsmaßstabs entkräftet werden. Die beschriebenen Unklarheiten ändern nichts daran, dass gemäß Nr. 2.3.7 der Anlage 2 zum UVPG a. F. mit Bezug auf die hier streitgegenständlichen Ammoniakemissionen Biotope nicht unberücksichtigt bleiben dürfen, sondern überhaupt in den Blick zu nehmen sind.

Ebenfalls keine Richtigkeitszweifel geweckt hat die Beigeladene mit ihrem ergänzenden Einwand, dass die Ammoniakemissionen wegen der errichteten Abluftreinigungseinrichtungen in Wirklichkeit noch deutlich niedriger ausfielen als in dem Gutachten vom 5.12.2012 angenommen. Selbst wenn dies zutreffen sollte, wird dadurch nicht die Richtigkeit der Rüge des Verwaltungsgerichts in Frage gestellt, dass es entgegen Nr. 2.3.7 der Anlage 2 zum UVPG a. F. im Bereich des erweiterten Radius überhaupt an einer Betrachtung von Biotopen fehlt.

Rechtlich zu beanstanden ist die erstinstanzliche Entscheidung auch nicht deshalb, weil das Verwaltungsgericht in dem angefochtenen Urteil darauf hingewiesen hat, dass sich in der Biotopkartierung der S. GmbH vom 15.2.2021 zumindest ein Biotop, nämlich das Biotop 34, mit seiner Entfernung von 1 129 m zur Anlage innerhalb des erweiterten Radius befinde. Der Beigeladenen ist zwar darin beizupflichten, dass es für die Plausibilitätskontrolle der UVP-Vorprüfung maßgeblich auf den Zeitpunkt dieser Vorprüfung im Jahre 2012 und nicht auf das Gutachten vom 15.2.2021 ankommt. Der Hinweis auf das Biotop 34 ist aber für die erstinstanzliche Entscheidung nicht tragend gewesen, sondern hat dem Verwaltungsgericht nur dazu gedient, die Richtigkeit seiner Einschätzung zu unterstreichen, dass die Vorprüfung die Biotope im erweiterten Radius nicht habe unberücksichtigt lassen dürfen.

Das Verwaltungsgericht hat auch zu Recht entschieden, dass die angefochtene Baugenehmigung aufgrund der festgestellten Mängel nicht nur für rechtswidrig zu erklären, sondern aufzuheben ist.

Nach § 4 Abs. 1b Satz 1 UmwRG führt eine Verletzung von Verfahrensvorschriften zwar nur dann zur Aufhebung der Entscheidung, wenn sie nicht durch Entscheidungsergänzung oder ein ergänzendes Verfahren behoben werden kann. Eine solche Behebung ist aber nach der erstinstanzlichen Entscheidung im vorliegenden Fall nicht möglich, weil eine ordnungsgemäße UVP-Vorprüfung und eine gegebenenfalls nachfolgende UVP von vornherein ausgeschlossen sind (vgl. BVerwG, Urteil v. 27.9.2018 – 7 C 24.16 – juris Rdnr. 40; Urteil des Senats vom 24.3.2021 – 2 L 79/17 – juris Rdnr. 222).

Zur Begründung hat das Verwaltungsgericht insoweit ausgeführt: Um die in den Jahren 2006/2007 ausgeführten baulichen Änderungen durch eine nachträgliche Genehmigung legalisieren zu können, bedürfe es einer UVP-Vorprüfung, aus der die vorhabenbedingten Umweltauswirkungen seit damals hervorgingen. Eine solche Prüfung sei aber nicht mehr möglich. Die vorgelegten Biotopkartierungen aus den Jahren 2005 und 2008 bildeten die Biotopsituation zum Ausführungszeitpunkt nicht hinreichend genau ab. Aus einer weiteren Biotopkartierung aus dem Jahre 2010 könnten keine verlässlichen Rückschlüsse auf die Zustände im Zeitpunkt 2006/2007 gezogen werden. Fehle es mithin an der Möglichkeit, den damaligen Zustand abzubilden, könne auch nicht geklärt werden, inwieweit sich der Zustand durch das Vorhaben verändert habe. Dies sei entgegen der Meinung des Beklagten und der Beigeladenen auch nicht dadurch möglich, dass man im Wege einer worstcase-Betrachtung dasjenige Biotop zugrunde lege, das ausweislich der »Berner Liste« am empfindlichsten auf Stickstoffeinträge reagiere. Im Ergebnis könnten erhebliche nachteilige Umweltauswirkungen des Vorhabens auf schützenswerte Biotope im Umfeld der Anlage nicht nur nicht ausgeschlossen werden, sondern es sei vielmehr davon auszugehen, dass es tatsächlich bereits zu Umweltauswirkungen gekommen sei, die auch geeignet seien, das Ergebnis einer positiven UVP in Frage zu stellen. Die hiergegen von der Beigeladenen erhobenen Einwände greifen nicht durch.

Die Beigeladene macht geltend: Seit der Errichtung der streitgegenständlichen Anlagen im Zeitraum 2006/2007 seien 16 bis 17 Jahre vergangen. Laut einer von ihr eingeholten Stellungnahme des Ingenieurbüros Dr. E. GmbH vom 14.9.2023 sei es sehr unwahrscheinlich, dass sich Biotope aufgrund eines vermeintlichen Mehreintrags von 2 % Ammoniak über 10 bis 20 Jahre so weit verändern würden, dass das ursprüngliche Biotop nicht mehr erkennbar oder sogar komplett nicht mehr vorhanden wäre. Wenn ein Biotopverlust noch nicht stattgefunden haben könne, könnten auch heute noch alle Biotope kartiert werden, die es damals schon gegeben habe.

Diese Argumentation ist nicht geeignet, die Richtigkeit der erstinstanzlichen Entscheidung in Frage zu stellen. Eine nachträgliche UVP-Vorprüfung würde nach der Auffassung des Verwaltungsgerichts unter dem Mangel leiden, dass es aktuell keine hinreichend zuverlässigen Kenntnisse mehr über die umliegenden Biotope im Zeitraum 2006/2007 gibt. Dies betrifft nicht nur die Frage, welche Biotope überhaupt vorhanden waren, sondern auch, welche Ausdehnung sie hatten und in welchem Zustand sie sich befanden. Um den damaligen quantitativen und qualitativen Zustand zu ermitteln, müssten hinreichende Daten aus dieser Zeit zur Verfügung stehen. Daran fehlt es unabhängig davon, ob ein zwischenzeitlicher Verlust von Biotopen sehr unwahrscheinlich ist. Mit der Formulierung »sehr unwahrscheinlich« hat die Beigeladene im Übrigen selbst eingeräumt, dass ein solcher Verlust, etwa bei kleinen Biotopen, die bereits 2006/2007 in einem schlechten Zustand waren, auch nicht ausgeschlossen ist.

Eine ordnungsgemäße UVP-Vorprüfung, die auf die Errichtung in den Jahren 2006/2007 zurückbezogen wird, kann auch nicht im Wege einer worst-case-Betrachtung durchgeführt werden. Der Beigeladene hat hiergegen eingewandt, eine solche worst-case-Betrachtung könne entgegen der Vorinstanz nicht bereits aus grundsätzlichen methodischen Gründen ausgeschlossen werden, sondern sei nach der höchstrichterlichen Rechtsprechung sogar im Habitatschutzrecht zulässig (vgl. BVerwG, Urteil v. 17.1.2007 – 9 A 20/09 – juris Rdnr. 64, und [zum Artenschutzrecht]: Urteil v. 12.8.2009 – BVerwG 9 A 64/07 – juris Rdnr. 38).

Diesem Einwand ist entgegenzuhalten, dass der vorliegende Fall nicht die Frage betrifft, ob eine worst-case-Betrachtung im Habitat- und Artenschutzrecht, sondern im UVP-Recht zulässig ist. Dies hat die Vorinstanz wegen einer von ihr angenommenen Unvereinbarkeit mit § 3c Satz 1 UVPG a. F. angenommen, weil im Nachhinein nicht mehr alle insoweit maßgeblichen Kriterien der Anlage 2 UVPG a. F. geprüft werden könnten. Dem ist jedenfalls in den Fällen zuzustimmen, in denen es bei einer nachträglich durchzuführenden UVP-Vorprüfung mit Bezug auf den insoweit maßgeblichen, in der Vergangenheit liegenden Zeitpunkt – wie hier – an einer hinreichenden Bestandserfassung fehlt. Ohne eine solche hinreichende Bestandserfassung können die Umweltauswirkungen eines Vorhabens weder ordnungsgemäß prognostiziert noch im Wege einer tragfähigen worst-case-Betrachtung eingeschätzt werden. Gegenstand der Prognose und auch einer worst-case-Betrachtung sind die Auswirkungen eines Vorhabens auf einen Ist-Zustand. Der Ist-Zustand selbst kann nur im Wege einer hinreichenden Bestandsaufnahme erfasst werden.

Für unrichtig hält die Beigeladene auch die Annahme des Verwaltungsgerichts, erhebliche nachteilige Umweltauswirkungen des Vorhabens auf schützenswerte Biotope seien nicht nur nicht ausgeschlossen, sondern es sei aufgrund der entstandenen Nachfolgebiotope vielmehr davon auszugehen, dass solche Umweltauswirkungen bereits eingetreten sein. Die Beigeladene hat hiergegen eingewandt: Gegenstand des vorliegenden Baugenehmigungsverfahrens und der UVP-Vorprüfung sei nicht die Schweinezuchtanlage als solche, sondern allein die Bauausführung der in der Baugenehmigung bezeichneten Anlagenteile. Laut der Stellungnahme des Ingenieurbüros Dr. E. GmbH vom 14.9.2023 seien die tatsächlich feststellbaren Biotopveränderungen aber nicht durch diese baulichen Änderungen, sondern durch ackerbauliche Maßnahmen auf den umliegenden landwirtschaftlichen Flächen verursacht worden. Das Verwaltungsgericht hätte ermitteln müssen, welchen Anteil an den im Gelände gefundenen Verschlechterungen die umliegende ackerbauliche Nutzung und welchen Anteil die vergleichsweise geringen Stickstoffemissionen der streitgegenständlichen Änderung der Schweinemastanlage hätten.

Dieses Vorbringen rechtfertigt die Zulassung der Berufung schon deshalb nicht, weil das Verwaltungsgericht seine Auffassung, dass eine UVP-Prüfung nicht mehr in einem ergänzenden Verfahren nachgeholt werden könne, selbständig tragend auf den Umstand gestützt hat, dass es bezogen auf den Zeitpunkt 2006/2007 an einer hinreichenden Bestandserfassung fehlt. Für das Vorliegen dieses entscheidungserheblichen Defizits ist es unerheblich, ob Umweltauswirkungen für die Zeit ab 2006 nicht auszuschließen oder tatsächlich anzunehmen sind. …

Nr. 52

1. **Zur (fehlenden) ortsbildprägenden Wirkung von Windenergieanlagen in einiger Entfernung zur Ortslage.**
2. **Zum i. d. R. fehlenden Planungsbedürfnis als öffentlicher Belang bei Windenergieanlagen im Außenbereich.**
3. **Da planungsrechtliche Festlegungen in Lärmaktionsplänen von den zuständigen Planungsträgern bei ihren Planungen zu berücksichtigen sind (§ 47 Abs. 6 Satz 2 BImSchG i. V. m. § 47d Abs. 6 BImSchG), müssen sie auch unter Beachtung aller rechtlich relevanten abwägungserheblichen Umstände zustande gekommen sein.**
4. **Infraschall durch Windenergieanlagen liegt im Allgemeinen unterhalb der Wahrnehmungsschwelle des menschlichen Gehörs und führt nach dem bisherigen Stand wissenschaftlicher Erkenntnisse grundsätzlich nicht zu Gesundheitsgefahren.**
5. **Zur (zulässigen) Anwendung des Interimsverfahrens bei Schallemissionsprognosen im Zusammenhang mit Windenergieanlagen.**

BauGB § 35 Abs. 1 und 3, § 36; BImSchG § 47d Abs. 2.

OVG Mecklenburg-Vorpommern, Beschluss vom 12. September 2024 – 5 KM 20/22 OVG –.

Aus den Gründen:

Die Antragstellerin wendet sich im Verfahren des vorläufigen Rechtsschutzes als Standortgemeinde gegen einen zu Gunsten der Rechtsvorgängerin der Beigeladenen ergangenen und für sofort vollziehbar erklärten immissionsschutzrechtlichen Genehmigungsbescheid des Antragsgegners für die Errichtung und den Betrieb von acht Windenergieanlagen (WEA) am Standort ….

Nach Stellung des Genehmigungsantrags durch die Rechtsvorgängerin der Beigeladenen im Dezember 2017 verweigerte die Antragstellerin im April 2018 ihr Einvernehmen nach § 36 BauGB. …

Im Januar 2019 gab die Antragstellerin im Rahmen der Umweltverträglichkeitsprüfung eine umfangreiche Stellungnahme zu dem beabsichtigten Vorhaben ab. Am 3.12.2019 beschloss sie einen Lärmaktionsplan (LAP) nach § 47d Abs. 2 Satz 2 BImSchG, der erhebliche Teile des Gemeindegebietes und damit auch des Vorhabenstandortes als »ruhige Gebiete« »pRG35« bzw. »pRG45« festsetzte.

Der Antragsgegner genehmigte mit Bescheid vom 20.3.2020 Errichtung und Betrieb der Windenergieanlagen, ersetzte darin das Einvernehmen der Antragstellerin und ordnete die sofortige Vollziehung an.

Die Antragstellerin erhob dagegen Widerspruch und ersuchte bei dem Verwaltungsgericht Schwerin am 19.6.2020 um vorläufigen Rechtsschutz (Az: 7 B 1061/20 SN). Das Verwaltungsgericht verwies das Eilverfahren mit Beschluss v. 20.12.2021 vor dem Hintergrund der zwischenzeitlich von der Antragstellerin gegen den Genehmigungsbescheid bei dem Oberverwaltungsgericht am 6.10.2021 erhobenen Klage (Az: 5 K 622/21 OVG) an das Oberverwaltungsgericht. …

Der Antrag auf Wiederherstellung der aufschiebenden Wirkung des Widerspruchs der Antragstellerin gegen die Genehmigung des Antragsgegners vom 20.3.2020 für die Errichtung und den Betrieb von acht Windenergieanlagen hat keinen Erfolg. Er ist zulässig, aber unbegründet.

Die gerichtliche Entscheidung über den Antrag auf vorläufigen Rechtsschutz ergeht auf der Grundlage einer Interessenabwägung. Gegenstand der Abwägung sind auf der einen Seite das (private) Interesse der Antragstellerin, vorläufig vom Vollzug des Verwaltungsaktes verschont zu bleiben bzw. die Aussetzung der Vollziehung zu erreichen (Aussetzungsinteresse), und auf der anderen Seite das öffentliche Interesse an der Vollziehung des Verwaltungsaktes (Vollziehungsinteresse) bzw. – im Falle des § 80a VwGO – das entsprechende private Vollziehungsinteresse. Im Rahmen der Interessenabwägung ist der Gesichtspunkt der Rechtmäßigkeit des Verwaltungsaktes bzw. der Erfolgsaussichten des Rechtsbehelfs in der Hauptsache zu berücksichtigen. In der Regel überwiegt das Vollziehungsinteresse, wenn sich der angegriffene Verwaltungsakt nach dem Prüfungsmaßstab des – summarischen – vorläufigen Rechtsschutzverfahrens als rechtmäßig erweist und der Rechtsbehelf in der Hauptsache ohne Aussicht auf Erfolg sein dürfte. Demgegenüber überwiegt grundsätzlich das private Aussetzungsinteresse, wenn sich der Verwaltungsakt nach diesem Maßstab als rechtswidrig erweist und der Rechtsbehelf in der Hauptsache voraussichtlich Erfolg haben wird; an der Vollziehung eines rechtswidrigen Bescheides besteht regelmäßig kein schutzwürdiges öffentliches Interesse. Lässt sich die Rechtmäßigkeit des angegriffenen Verwaltungsaktes im vorläufigen Rechtsschutzverfahren – wegen der besonderen Dringlichkeit einer alsbaldigen Entscheidung oder wegen der Komplexität der Sach- und Rechtsfragen – nicht in diesem Sinne klären bzw. ist der Ausgang der Hauptsache offen, bedarf es einer Abwägung der (sonstigen) wechselseitigen Interessen (vgl. zum Ganzen OVG Greifswald, Beschluss v. 16.1.2024 – 5 KM 590/23 OVG –, juris Rdnr. 73; Beschluss v. 31.5.2018 – 5 KM 213/18 OVG –, juris Rdnr. 12; BVerwG, Beschluss v. 19.12.2014 – 7 VR 5.14 – zitiert nach juris Rdnr. 9; Beschluss v. 16.10.2012 – 7 VR 7.12 –, juris).

Nach diesem Maßstab rechtfertigt der Antrag nicht die Wiederherstellung der aufschiebenden Wirkung der Klage. Die gegen den Genehmigungsbescheid vom 20.3.2020 erhobene Klage (Az. 5 K 622/21 OVG) der Antragstellerin bleibt voraussichtlich ohne Erfolg. …Die von der Antragstellerin vorgetragenen Einwendungen ziehen die Rechtmäßigkeit des angefochtenen Bescheides nicht in Zweifel. Eine Verletzung der Antragstellerin in eigenen Rechten (§ 113 Abs. 1 Satz 1 VwGO) zeigen sie nicht auf.

Ein Verstoß gegen die dem Schutz der gemeindlichen Planungshoheit dienende Vorschrift des § 36 Abs. 1 und 2 BauGB ist nicht erkennbar. Nach § 36 Abs. 2 Satz 3 BauGB kann die nach Landesrecht zuständige Behörde ein rechtswidrig versagtes Einvernehmen der Gemeinde ersetzen. Dies ist hier, anders als die Antragstellerin meint, aller Voraussicht nach mit Genehmigungsbescheid vom 20.3.2020 zu Recht (§ 71 Abs. 1 Satz 2 LBauO M-V) geschehen.

Die Antragstellerin kann sich für ihre Verweigerung des Einvernehmens nicht auf Gründe des § 35 BauGB stützen. Die Voraussetzungen des § 35 BauGB für die Zulässigkeit einer Windenergieanlage im Außenbereich, die auf das Rechtsmittel der Gemeinde hin in vollem Umfang nachzuprüfen sind (BVerwG, Urteil v. 20.5.2010 – 4 C 7.09 –, juris Rdnr. 34), liegen im Falle der hier beabsichtigten Windenergieanlagen vielmehr voraussichtlich vor.

Maßgeblicher Zeitpunkt für die Beurteilung der Rechtmäßigkeit einer immissionsschutzrechtlichen Genehmigung ist die Sach- und Rechtslage im Zeitpunkt der Behördenentscheidung, wenn sich aus dem materiellen Recht nichts Abweichendes ergibt. Nur nachträgliche Änderungen zugunsten des Bauherrn sind zu berücksichtigen, nachträgliche Änderungen zu seinen Lasten haben außer Betracht zu bleiben (OVG Greifswald, Urteil v. 10.4.2018 – 3 LB 133/08 –, juris, Rdnr. 70 m. w. N.).

Die Antragstellerin wird durch die Errichtung und den Betrieb des Windenergievorhabens der Beigeladenen voraussichtlich – anders als sie meint – nicht in ihrem gemeindlichen Selbstgestaltungsrecht, das als ungeschriebener öffentlicher Belang i. S. d. § 35 Abs. 3 Satz 1 BauGB zu prüfen ist (OVG Magdeburg, Beschluss v. 3.5.2021 – 2 R 9/21 –, juris Rdnr. 35 m. w. N.), verletzt. Die für die Annahme eines solchen Verstoßes bestehenden Voraussetzungen liegen nicht vor.

Abwehransprüche erwachsen aus diesem in den Schutzbereich des Art. 28 Abs. 2 Satz 1 GG fallenden Recht allenfalls dann, wenn die Gemeinde durch

Maßnahmen betroffen wird, die das Ortsbild entscheidend prägen und hierdurch nachhaltig auf das Gemeindegebiet und die Entwicklung der Gemeinde einwirken. Die bloße Sichtbarkeit der Anlagen führt zu keiner ortsbildprägenden Wirkung, ebenfalls nicht der Umstand, dass Windenergieanlagen typischerweise markant in Erscheinung treten. Gewisse ästhetische Einbußen für das Ortsbild als Folge zulässiger Vorhaben hat die Gemeinde hinzunehmen (BVerwG, Beschluss v. 6.6.2024 – 7 VR 4.24 –, juris Rdnr. 8; Urteil v. 23.6.2022 – 7 C 1.21 –, juris Rdnr. 11 m. w. N.; VGH Mannheim, Urteil v. 30.9.2021 – 10 S 1956/20 –, juris Rdnr. 54; OVG Magdeburg, Beschluss v. 3.5.2021 – 2 R 9/21 –, juris Rdnr. 35; OVG Greifswald, Urteil v. 24.11.2021 – 3 K 82/17 –, juris, Rdnr. 31).

Den hier geplanten Windenergieanlagen kommt eine ortsbildprägende Wirkung nicht zu.

Die Antragstellerin meint, eine Prägung des Ortsbildes und nachhaltige Einwirkung auf das Gemeindegebiet ergebe sich aus den baulichen Ausmaßen des Vorhabens in Form von acht Windenergieanlagen mit Gesamthöhen von jeweils 236 m und maximalen Schalleistungspegeln von jeweils 109,1 db (A).

Das reicht für eine Prägung des Ortsbildes jedoch nicht aus. Die geplanten Windenergieanlagen haben nicht die Wirkung, die vorhandene städtebauliche Struktur der Ortsteile G.,F., H. und I. von Grund auf zu verändern. Das vorhandene bauliche Gefüge dieser Ortsteile wird nicht um ein Element angereichert, das dem Ortsteil im Vergleich zu seinem vorherigen Zustand ein neuartiges Gepräge verleihen würde. Die Ortslagen selbst werden durch die Errichtung der Anlagen hinsichtlich ihres Ortsbildes nicht berührt oder sogar geprägt, denn diese werden nicht im Ort, sondern erst außerhalb der Ortslagen im Außenbereich in Entfernungen von ca. 1,25 km bis 3,5 bzw. 4 km errichtet (vgl. BVerwG, Beschluss v. 15.4.1999 – 4 VR 18/98 –, juris Rdnr. 9; Urteil v. 30.9.1993 – 7 A 14/93 –, juris Rdnr. 38; vgl. zu dem Gedanken der Notwendigkeit auch von in einem gewissen Kontrast zur Landschaft stehenden technischen Anlagen vor dem Hintergrund der gesellschaftlichen Entwicklung: Senatsurteil vom 7.2.2023 – 5 K 171/22 –, juris Rdnr. 130). Entscheidend ist die Wirkung des Vorhabens auf das Ortsbild, nicht die ästhetische Wirkung des beabsichtigten Vorhabens selbst (Mitschang/Reidt in Battis/Krautzberger/Löhr, BauGB, VwGO, 15. Aufl., Rdnr. 89).

Der Erteilung der Genehmigung vom 20.3.2020 steht auch kein – nicht benannter (vgl. BVerwG, Beschluss v. 11.8.2004 – 4 B 55.04 –, juris Rdnr. 4) – öffentlicher Belang eines Planungsbedürfnisses i. S. v. § 35 Abs. 3 BauGB entgegen.

Ein solches Planungsbedürfnis wird angenommen, wenn das zu errichtende Vorhaben aufgrund seines Umfangs ohne eine verbindliche Bauleitplanung öffentliche Belange beeinträchtigt. Ob das Vorhaben planerischer Steuerung bedarf, hängt davon ab, welche Probleme die Einordnung des Vorhabens in seine Umgebung aufwirft. Lässt sich die Koordination der betroffenen

Belange sachgerecht nur im Wege einer Abwägung sicherstellen, so ist dies ein hinreichendes Anzeichen für bodenrechtlich relevante Auswirkungen, die geeignet sind, ein Planungsbedürfnis auszulösen (BVerwG, Beschluss v. 11.8.2004 – 4 B 55.04 –, juris Rdnr. 5). Ein solches Koordinierungsbedürfnis wird nur bei Vorhaben mit komplexen und schwer zu beherrschenden Umweltauswirkungen bejaht, weil anderenfalls § 35 BauGB als Zulassungsnorm weithin entwertet wäre. Daher besitzt die Bejahung eines Planungserfordernisses absoluten Ausnahmecharakter (OVG Münster, Urteil v. 12.6.2012 – 8 D 38/08 –, juris Rdnr. 152; vgl. auch OVG Magdeburg, Beschluss v. 5.7.2004 – 2 M 867/03 –, juris Rdnr. 16).

Gegen die Annahme eines Planungserfordernisses als öffentlicher Belang im Falle von privilegierten Vorhaben nach § 35 Abs. 1 BauGB wird weiter eingewandt, dass sich die Rechtsprechung des Bundesverwaltungsgerichts auf Anlagen beziehe, die nach § 35 Abs. 2 und 3 BauGB zu beurteilen seien und diese auf im Außenbereich privilegiert zulässige Vorhaben, wie Windenergieanlagen, nicht übertragbar sei. Dafür spreche § 35 Abs. 3 Satz 3 BauGB, wonach die Errichtung von Windenergieanlagen im gemeindlichen Außenbereich unter einem Planungsvorbehalt stehe, der sich an die Gemeinden als Träger der Flächennutzungsplanung richte. Der Planungsvorbehalt setze gebietsbezogene Festlegungen des Plangebers über die Konzentration von Windenergieanlagen an bestimmten Standorten voraus, durch die zugleich ein Ausschluss der Anlagen an anderer Stelle im Plangebiet angestrebt und festgeschrieben werde. Im Ergebnis sei den Gemeinden damit ein die Privilegierung von Windenergieanlagen flankierendes Instrument zur Verfügung gestellt worden, mit dem sie in die Lage versetzt würden, die bauliche Entwicklung im Außenbereich planerisch zu steuern. Könnte jedoch jeder raumbedeutsamen Windenergieanlage das Erfordernis einer Planungsbedürftigkeit gemäß § 35 Abs. 3 Satz 1 BauGB entgegenhalten werden, liefe das gesetzgeberische Modell in § 35 Abs. 3 Satz 3 BauGB, mit dem die Gemeinde die Möglichkeit erhalte, die städtebauliche Entwicklung in ihrem Gemeindegebiet in geordnete Bahnen zu lenken, leer (OVG Lüneburg, Urteil v. 21.4.2010 – 12 LC 9/07 –, juris Rdnr. 77; vgl. auch VGH Mannheim, Beschluss v. 13.4.2016 – 3 S 337/16 –, juris Rdnr. 13; VGH München, Beschluss v. 3.2.2009 – 22 CS 08.3194 –, juris Rdnr. 7).

Der Senat schließt sich dieser Rechtsprechung an. Ein Planungsbedürfnis ist danach für das vorliegende Vorhaben der Errichtung von acht Windenergieanlagen nicht anzunehmen. Der Gesetzgeber hat Vorhaben zur Nutzung der Windenergie als privilegierte Vorhaben dem Außenbereich zugewiesen (§ 35 Abs. 1 Nr. 5 BauGB). Ein Ausnahmefall wie er in der Errichtung des seinerzeit europaweit größten Monoblockkraftwerks Datteln IV mit komplexen und schwer zu beherrschenden Umweltauswirkungen aufgrund seiner Emissionen und Umgangs mit Stoffen mit erhöhtem Gefährdungspotential gesehen worden ist (OVG Münster a. a. O.), liegt hier nicht vor. Der Antragstellerin zur Verfügung stehende Planungsinstrumente, die seitens der Beigeladenen sowie oben zu § 35 Abs. 3 Satz 3 BauGB näher angesprochen worden sind, sind nicht angewandt worden.

Auch der in § 35 Abs. 3 BauGB nicht benannte öffentliche Belang der in Aufstellung befindlichen Ziele der Raumordnung steht der Genehmigungserteilung für das streitige Windenergievorhaben nicht entgegen.

Der Antragstellerin ist zunächst zu folgen, wenn sie ausführt, dass in Aufstellung befindliche Ziele der Raumordnung (§ 3 Nr. 4a ROG) als nicht benannter öffentlicher Belang im Sinne des § 35 Abs. 3 Satz 1 BauGB auch im Rahmen des § 35 Abs. 1 BauGB von rechtlicher Bedeutung sein können, wonach ein Vorhaben, das im Außenbereich an sich privilegiert zulässig ist, nicht zugelassen werden darf, wenn öffentliche Belange entgegenstehen (BVerwG, Urteil v. 1.7.2010 – 4 C 4.08 –, juris Rdnr. 10). Ihr ist aber nicht beizupflichten, wenn sie den Standpunkt vertritt, dass dem hiesigen Vorhaben in Aufstellung befindliche Ziele konkret entgegenständen, weil der Vorstand des Planungsverbandes Westmecklenburg in seiner Sitzung vom 26.2.2020 die Streichung des Windeignungsgebietes »28/18F.« beschlossen und einen Untersagungsantrag nach § 12 ROG gestellt habe. Zwar hat der Regionale Planungsverband Westmecklenburg aufgrund der Hinweise, die Gegenstand der 2. Beteiligungsstufe gewesen waren, u. a. als Abwägungsergebnis festgestellt, dass das geplante »Eignungsgebiet 28/18F.« entfalle, da es vollständig von dem weichen Ausschlusskriterium »unzerschnittener landschaftlicher Freiraum« überlagert werde. Die Kreisstraße »48. – Neu J.« sei unversiegelt und zerschneide den landschaftlichen Freiraum nicht (vgl. Dossier zur 2. Stufe der Beteiligung zur Teilfortschreibung des Kapitels 6.5 Energie des Regionalen Raumentwicklungsprogramms Westmecklenburg, Stand Mai 2021). Das Windeignungsgebiet »28/18F.« ist damit übereinstimmend im Entwurf Teilfortschreibung des Kapitel 6.5 Energie zur 3. Stufe des Beteiligungsverfahrens nicht mehr enthalten gewesen. Die Teilfortschreibung des RREP WM zur 4. Stufe des Beteiligungsverfahrens berücksichtigt jedoch den zwischenzeitlichen Ausbau der Kreisstraße 48 (vgl. dazu den Beschluss des Senates vom 14.7.2021 – 1 M 428/21 –, n.v.) und den damit zusammenhängenden Wegfall des unzerschnittenen landschaftlichen Freiraums mit der Folge, dass das Windeignungsgebiet »F« wieder in den Entwurf der 4. Stufe des Beteiligungsverfahrens zur Teilfortschreibung Kapitel 6.5 Energie als »VR Wind 48/24F.« (Stand: April 2024) aufgenommen worden ist. Der Entwurf enthält zu dem Schutzgut »Landschaftsbild« die Feststellung »Zerschneidung durch K 48…« (vgl. dort S. 301).

Diese Entwicklung der raumordnungsrechtlichen Umstände ist bei der Beurteilung der Rechtmäßigkeit der angefochtenen Genehmigung nach dem eingangs dargestellten Maßstab als nachträgliche Änderung zu Gunsten des Vorhabenträgers zu berücksichtigen. Dahinter steht die Erwägung, dass es mit der nach Maßgabe des einschlägigen Rechts gewährleisteten Baufreiheit nicht vereinbar wäre, eine zur Zeit des Erlasses etwa rechtswidrige Genehmigung aufzuheben, die sogleich nach der Aufhebung wieder erteilt werden müsste (BVerwG, Beschluss v. 22.4.1996 – 4 B 54.96 – juris Rdnr. 4).

Dem Vorhaben steht auch nicht der in § 35 Abs. 3 Nr. 2 BauGB geregelte Belang von Darstellungen eines Plans des Immissionsschutzrechts entgegen.

Zu diesen Plänen kann ein Lärmaktionsplan nach § 47d Abs. 2 BImSchG gehören (Söfker/Runkel in: Ernst/Zinkahn/Bielenberg/Krautzberger, BauGB, Stand: Januar 2024, § 35, Rdnr. 154), wie ihn die Antragstellerin mit Beschluss v. 3.12.2019 zur »Festsetzung eines ruhigen Gebietes« i. S. v. § 47d Abs. 2 Satz 2 BImSchG aufgestellt hat. Die Rechtswirkungen eines solchen Plans bestehen dann, wenn in den Plänen planungsrechtliche Festlegungen vorgesehen sind, darin, dass die zuständigen Planungsträger diese bei ihren Planungen zu berücksichtigen haben (§ 47 Abs. 6 Satz 2 BImSchG i. V. m. § 47d Abs. 6 BImSchG). Der Lärmaktionsplan der Antragstellerin sieht für das nahezu gesamte Gemeindegebiet Ruhezonen »RG35« und »RG45« vor. Zur näheren Darstellung der geographischen Lage der Zonen kann auf die von der Internet-Seite des Amtes A-Stadt herunterladbare Karte verwiesen werden (dort Anlage-1-Karte-RG-Gorlosen; »https://www.grabow.de/oeffentliche-bekanntmachung-der-oeffentlichen-auslegung-des-entwurfes-eines-laermaktionsplanes«). Der Lärmaktionsplan spricht davon, dass für den gesamten Gemeindebereich einschließlich aller bebauten und bewohnten Flächen abzüglich eines Lärmkorridors von 1 910 m zur BAB 145 ein geschlossenes »Ruhiges Gebiet F.« mit Pufferzonen RG45 und vier Kernzonen RG35 (Schallpegel nicht höher als 45 dB(A) bzw. 35 45 dB(A)) ausgewiesen wird.

Die Antragstellerin meint, diese planungsrechtlichen Festlegungen bewirkten, dass das Ziel des Schutzes ruhiger Gebiete als Optimierungsgebot einzustufen sei mit der Folge, dass der Schutzanspruch zwar in einer nachfolgenden Abwägung überwunden werden könne, dafür aber vorrangige Belange vorliegen müssten, was nicht der Fall sei. Der LAP litte nicht unter formellen Mängeln oder Abwägungsfehlern. Eine Notwendigkeit, sich mit dem gegnerischen Bauvorhaben im Zusammenhang mit der Aufstellung des Lärmaktionsplans auseinanderzusetzen, habe nicht bestanden, da der Vorhabenträger keinen Vertrauensschutz hinsichtlich des Fortbestandes des planerischen status quo genieße und der Planungsträger aufgrund anhängiger Genehmigungsanträge nicht an einer widerstreitenden Planung gehindert sei. Allein die Grundsätze einer sachgerechten Abwägung im Hinblick auf die bauliche Ausnutzbarkeit der von der Planung betroffenen Grundstücke müssten gewahrt bleiben. Dies sei vorliegend der Fall, weil dem Schutz des Gebiets als Rückzugs-, Erholungs- und Freiraum aufgrund seiner Seltenheit ein hohes öffentliches Gewicht beizumessen sei. Trotz der Ausweisung als ruhiges Gebiet verblieben noch ausreichend Möglichkeiten der wirtschaftlichen Betätigung unter Berücksichtigung der festgesetzten Lärmgrenzen, z. B. land- und forstwirtschaftlicher Art. Im Hinblick auf das streitige Windenergievorhaben sei festzustellen, dass dieses aufgrund der entgegenstehenden Ziele der Raumordnung ohnehin nicht am Vorhabenstandort habe errichtet werden können, weil auch die Raumplanung unzerschnittene landschaftliche Gebiete mit sehr hoher Schutzwürdigkeit von einer Windenergienutzung ausschließe.

Dem ist nicht zu folgen. Der Lärmaktionsplan der A. ist nicht verbindlich. Er leidet an Abwägungsfehlern.

Die Gemeinde hat bei der Erstellung des Lärmaktionsplans ein planerisches Abwägungsermessen. In die Abwägung sind sämtliche berührten Belange einzustellen (Jarass, BImSchG, 14. Aufl., § 47d, Rdnr. 10; Berkemann, Rechtsgutachten zur Frage des rechtlichen Rahmens eines Lärmaktionsplans, seiner verfahrensmäßigen Aufstellung, der festgelegten Maßnahmen und seiner Umsetzung unter Beachtung des unionsrechtlichen Richtlinienrechts, S. 49). Da planungsrechtliche Festlegungen von den zuständigen Planungsträgern bei ihren Planungen zu berücksichtigen sind (§ 47 Abs. 6 Satz 2 BImSchG i. V. m. § 47d Abs. 6 BImSchG), müssen sie auch unter Beachtung aller rechtlich relevanten abwägungserheblichen Umstände zustande gekommen sein. Dies ist hier nicht geschehen.

Die Antragstellerin hat bei der Festsetzung des »Ruhigen Gebietes F.« den Stand des das Windeignungsgebiet »28/18 F.« betreffenden Teilfortschreibungsverfahrens des Regionalen Raumentwicklungsprogramms Westmecklenburg nicht mit dem zutreffenden Gewicht in ihre Erwägungen eingestellt. Zum Zeitpunkt des Beschlusses der Gemeinde über den Lärmaktionsplan am 3.12.2019 war im Entwurf Teilfortschreibung der 2. Stufe des Beteiligungsverfahrens des Regionalen Planungsverbandes Westmecklenburg vom 5.11.2018 unter Punkt 2.2.28 das Windeignungsgebiet WEG 28/18 F. enthalten. Mit der Teilfortschreibung sollte nach den Erläuterungen des Regionalen Planungsverbandes Westmecklenburg die vollständige Überplanung der Planungsregion Westmecklenburg bezüglich der Ausweisung von Eignungsgebieten für Windenergieanlagen unter Zugrundelegung eines schlüssigen gesamträumlichen Planungskonzeptes erfolgen. Damit enthielt der Entwurf mit den Windeignungsgebieten beabsichtigte Festlegungen mit rechtlichen Auswirkungen auf die Zulässigkeit von Windenergieanlagen innerhalb sowie außerhalb der Gebiete. Die Gemeinden hätten – wäre die oben erwähnte Regelung unter Punkt 2.2.28 verbindlich geworden – den Zusammenhang der negativen und positiven Komponente der Konzentrationszonen mit ihrer Bauleitplanung grundsätzlich nicht mehr in Frage stellen dürfen (vgl. ausführlich: OVG Greifswald, Urteil v. 20.5.2015 – 3 K 18/12 –, juris Rdnr. 32).

Die geplante Ausweisung des Windeignungsgebietes »28/18 F.« war der Antragstellerin bekannt. Dies ergibt sich bereits aus ihrer Stellungnahme vom 9.1.2019 im Zusammenhang mit der Umweltverträglichkeitsprüfung des hier durchgeführten Genehmigungsverfahrens. Dort erhebt sie ausdrücklich Einwendungen bezüglich der Errichtung und des Betriebes von acht Windkraftanlagen im »potentiellen Windeignungsgebiet F.«. Im Gegensatz dazu heißt es im Lärmaktionsplan der Gemeinde zu der das Gemeindegebiet betreffenden raumordnungsrechtlichen Situation nur, dass die regionale Raumplanung bislang auf dem Gemeindegebiet zwei »Suchräume« für Windenergieanlagen ausgewiesen habe. Von dem im Entwurf Teilfortschreibung der 2. Stufe des Beteiligungsverfahrens vorgesehenen Windeignungsgebiet als raumordnungsrechtliche Festlegung mit den oben dargestellten rechtlichen Folgerungen für die Zulässigkeit von Windenergieanlagen ist an keiner Stelle des Lärmaktionsplans die Rede. Damit ist bei Schaffung des Lärmaktionsplans außer Acht gelassen worden, dass die Festlegung eines das nahezu gesamte Gemeindegebiet umfassenden »Ruhigen Gebietes« mit der Raumordnungsplanung kollidierte, wie sie zum Zeitpunkt der Entscheidung über den Lärmaktionsplan mit der im Beteiligungsverfahren geplanten Ausweisung eines Windeignungsgebietes – über bloße Suchräume erheblich hinausgehend – bestand und nach dem Planungsentwurf zur 4. Stufe des Beteiligungsverfahrens des Regionalen Planungsverbandes Westmecklenburg mit dem »VR Wind 48/24 F.« weiter beabsichtigt ist.

Darüber hinaus enthält der Lärmaktionsplan keine Hinweise darauf, dass die Belange der Beigeladenen als Vorhabenträgerin in die erforderliche Abwägung eingeflossen wären. Das wäre erforderlich gewesen, weil die in dem Plan vorgesehenen Pufferzonen RG45 und vier Kernzonen RG35 dem Betrieb des Windenergievorhabens der Beigeladenen ganz oder teilweise entgegenstehen könnten und der Antragstellerin ausweislich ihrer o. g. Stellungnahme vom 9.1.2019 die beabsichtigte Errichtung der Windenergieanlagen bekannt war. Auch hierin ist ein Abwägungsfehler der Lärmaktionsplanung der Antragstellerin zu erkennen.

Der in § 35 Abs. 3 Nr. 3 BauGB geregelte Belang, dass das Vorhaben keine schädlichen Umwelteinwirkungen hervorrufen darf, steht der Zulässigkeit des Windenergievorhabens der Beigeladenen ebenfalls nicht entgegen.

Den Einwendungen der Antragstellerin gegen die Ordnungsgemäßheit der Lärmausbreitungsberechnung, die keine Untersuchung der Amplitudenmodulation vorgenommen habe, sondern sich nur zu Ton- und Impulshaltigkeit verhalte, treffen nicht zu.

Die Antragstellerin meint, dem vorliegenden Gutachten fehle es an einer objektiven und konkreten Bewertung der tatsächlichen Störanfälligkeit der von den hier streitgegenständlichen Windenergieanlagen ausgehenden Lärmimmissionen, weil Amplitudenmodulationen nicht untersucht worden seien. Dem folgt der Senat nicht.

Nach der Rechtsprechung Bundesverwaltungsgerichts kommt der TA-Lärm, soweit sie für Geräusche den unbestimmten Rechtsbegriff der schädlichen Umwelteinwirkungen konkretisiert, eine im gerichtlichen Verfahren zu beachtende Bindungswirkung zu. Sie hat die Funktion, bundeseinheitlich einen gleichmäßigen und berechenbaren Gesetzesvollzug sicherzustellen. Die normative Konkretisierung des gesetzlichen Maßstabs für die Schädlichkeit von Geräuschen ist jedenfalls insoweit abschließend, als sie bestimmte Gebietsarten und Tageszeiten entsprechend ihrer Schutzbedürftigkeit bestimmten Immissionsrichtwerten zuordnet und das Verfahren der Ermittlung und Beurteilung der Geräuschimmissionen vorschreibt. Für eine einzelfallbezogene Beurteilung der Schädlichkeitsgrenze aufgrund tatrichterlicher Würdigung lässt das normkonkretisierende Regelungskonzept nur insoweit Raum, als die TA Lärm insbesondere durch Kann-Vorschriften (z. B. Nr. 6.5 Satz 3 und 7.2) und Bewertungsspannen (z. B. A 2.5.3) Spielräume eröffnet (BVerwG, Urteil v. 29.7.2007 – 4 C 2.07 –, juris Rdnr. 12).

Die TA-Lärm (Punkt 2.10) sieht für das Verfahren der Berechnung des Beurteilungspegels unter A.2.5.2 sowie A.2.5.3 Zuschläge nur für Ton- und Informationshaltigkeit (KT) bzw. Impulshaltigkeit (KI) vor. Zuschläge für eine Amplitudenmodulation sind nicht geregelt. Die durch die Drehbewegung der Rotorblätter erzeugte windkraft-anlagentypische Geräuschcharakteristik (Amplitudenmodulation) ist in der Regel weder als ton- noch als impulshaltig einzustufen (Hinweise zum Schallimmissionsschutz bei Windkraftanlagen Bund-/Länder – Arbeitsgemeinschaft Immissionsschutz (LAI), S. 4). Die Prüfung einer Amplitudenmodulation der geplanten Anlagen ist daher in der TA-Lärm nicht vorgesehen. Einen »allgemeinen Lästigkeitszuschlag« enthält die TA Lärm nicht (vgl. BVerwG, Urteil v. 29.7.2007 – 4 C 2.07 –, juris Rdnr. 29; Agatz, Windenergie Handbuch, S. 117 m. w. N. auf die Rechtsprechung). Eine ergänzende Prüfung im Sonderfall nach Punkt 3.2.2 der TA-Lärm war nicht veranlasst. Danach wäre ergänzend zu prüfen gewesen, ob sich unter Berücksichtigung der Umstände des Einzelfalls eine vom Ergebnis der Regelfallprüfung abweichende Beurteilung ergibt, wenn im Einzelfall besondere Umstände vorliegen, die bei der Regelfallprüfung keine Berücksichtigung finden, nach Art und Gewicht jedoch wesentlichen Einfluss auf die Beurteilung haben können, ob die Anlage zum Entstehen schädlicher Umwelteinwirkungen relevant beiträgt. Solche besonderen Einzelfallumstände sind hier nicht ersichtlich. Die Antragstellerin trägt solche auch nicht vor.

Soweit die Antragstellerin im Übrigen umfangreich Untersuchungsergebnisse und Stellungnahmen zur Frage der Amplitudenmodulation vorträgt, sind diese als einzelne Beiträge in einem nicht abgeschlossenen fachlichen Diskussionsprozess zu verstehen, zu dem es weitere fachliche – hier nicht vorgetragene – Äußerungen zur Thematik gibt (vgl. ausführlich Umweltbundesamt, Geräuschwirkungen bei der Nutzung von Windenergie an Land, Abschlussbericht, S. 146), und die die bindenden Regelungen der TA-Lärm nicht beiseitedrängen können.

Soweit die Antragstellerin gesundheitliche Beeinträchtigungen ihrer Einwohner durch von den Windenergieanlagen ausgehenden Infraschall befürchtet, ist davon auszugehen, dass Infraschall – wie auch tieffrequenter Schall – durch Windenergieanlagen im Allgemeinen bei den hier vorliegenden Entfernungen unterhalb der Wahrnehmungsschwelle des menschlichen Gehörs liegt und nach dem bisherigen Stand wissenschaftlicher Erkenntnisse grundsätzlich nicht zu Gesundheitsgefahren führt (ausführlich dazu: Senatsbeschluss vom 12.4.2023 – 5 KM 559/22 OVG –, juris Rdnr. 67; vgl. auch OVG Münster, Urteil v. 17.3.2022 – 7 D 303/20.AK –, juris Rdnr. 83; OVG Schleswig, Beschluss v. 23.2.2022 – 6 B 47/21 –, juris Rdnr. 20; Agatz, Windenergie Handbuch, S. 512 m.z.N. auf die obergerichtliche Rechtsprechung).

Auch soweit die Antragstellerin den Standpunkt einnimmt, ausschlaggebend für das Vorliegen schädlicher Emissionen der Anlagen sei letztlich die Gesamtheit der vielfältigen, von den Anlagen ausgehenden optischen und akustischen Auswirkungen, die Stresssymptome und psychosomatische Abwehrreaktionen mit Krankheitswert hervorriefen, führt das nicht weiter.

Die Gesamtbelastung aller optischen und akustischen Störwirkungen, die bei Anwohnern zu empfundenem Stress führen können, war nicht gesondert zu ermitteln und zu bewerten. Eine summierende Gesamtbetrachtung der einzelnen von einem Vorhaben verursachten Immissionen ist rechtlich nicht geboten. Die Erheblichkeitsschwelle ist vielmehr grundsätzlich für jede Immissionsart gesondert zu bewerten (OVG Münster, Urteil v. 17.3.2022 – 7 D 303/20.AK –, juris Rdnr. 97).

Auch dem Einwand einer fehlenden Berücksichtigung von sog. Inversionswetterlagen und gefrorenen Bodens ist nicht zu folgen.

Der Senat versteht die Ausführungen der Antragstellerin an dieser Stelle ihres Vorbringens so, dass sie die der Lärmausbreitungsprognose zugrundeliegende Berechnung nach dem Interimsverfahren kritisiert, weil sie ausgeprägte Inversionswetterlagen und die Auswirkungen eines gefrorenen Bodens nicht hinreichend berücksichtige und stattdessen das in der TA-Lärm vorgesehene Alternative Verfahren angewendet sehen will. Eine nähere Begründung für diese Ansicht trägt die Antragstellerin nicht vor. Ohne eine Auseinandersetzung mit den dazu vertretenen Auffassungen erscheint das als unsubstantiiertes Vorbringen ins Blaue hinein, mit dem sich der Senat von Rechtswegen nicht weiter auseinandersetzen muss. Die Anwendung des Interimsverfahrens ist nach dem Erlass des Ministeriums für Landwirtschaft und Umwelt Mecklenburg-Vorpommern vom 10.1.2018 allen Genehmigungsentscheidungen bei Windkraftanlagen zugrunde zu legen. Die Anwendung dieses Verfahrens, das auch in anderen Bundesländern nach entsprechenden Erlassen vorgeschrieben ist, ist nach herrschender Auffassung in der obergerichtlichen Rechtsprechung auch nicht zu beanstanden (OVG Berlin-Brandenburg, Urteile v. 22.5.2024 – OVG 7 A 19/24 –, juris, Rdnr. 25 und 11.5.2023 – 3a A 31/23 –, juris, Rdnr. 25ff; OVG Münster, Urteil v. 20.4.2022 – 8 A 1575/19 –, juris Rdnr. 111).

Die angefochtene Genehmigung ist voraussichtlich auch nicht deshalb rechtswidrig, weil der Zulassung des Vorhabens § 35 Abs. 3 Nr. 5 BauGB entgegenstehen würde, wonach zu den öffentlichen Belangen die Belange des

Naturschutzes und der Landschaftspflege gehören. Die öffentlichen Belange nach § 35 Abs. 3 Satz 1 Nr. 5 BauGB werden durch das Naturschutzrecht konkretisiert (BVerwG, Urteil v. 27.6.2013 – 4 C 1.12 –, juris Rdnr. 6). § 35 Abs. 3 Satz 1 Nr. 5 BauGB greift u. a. ein, wenn die Ziele und Grundsätze des Naturschutzes und der Landschaftspflege i. S. d. §§ 1 und 2 BNatSchG negativ betroffen werden (Bracher in: Bracher/Reidt/Schiller, Bauplanungsrecht, 9. Aufl., Rz. 20.82). Dazu gehört die Bestimmung, wonach großflächige, weitgehend unzerschnittene Landschaftsräume vor weiterer Zerschneidung zu bewahren sind (§ 1 Abs. 5 Satz 1 BNatSchG). Dagegen verstößt das Vorhaben der Beigeladenen jedoch entgegen der Auffassung der Antragstellerin voraussichtlich nicht.

Der Landschaftsraum westlich von F., in dem sich der Vorhabenstandort befindet, ist voraussichtlich nicht weitgehend unzerschnitten, denn er wird von der Kreisstraße 48 durchquert. Dieser Umstand findet Ausdruck im RREP WM, Teilfortschreibung Kapitel 6.5 Energie, Entwurf – Anlage 1 zum Umweltbericht zur 4. Stufe des Beteiligungsverfahrens (S. 301), wo es heißt, dass das »VRW« eine »Zerschneidung durch K48 und ländliche Wege« aufweise. Damit stimmen die Erläuterungen des Gutachtlichen Landschaftsprogramms Mecklenburg-Vorpommern 2003 (S. 93) überein. Danach führen anthropogene Bautätigkeiten mit Versiegelungswirkungen (vollversiegelte Straßen und Wege, Aus- und Neubau von Verkehrswegen) im Ergebnis zur Segmentierung von Freiräumen. Die K48 ist entsprechend des Schreibens der Beigeladenen an den Landkreis vom 20.12.2019 mit einer 50 cm starken Naturschottertragschicht in einer Breite von 5 m und beidseitigen Banketten von 50 cm Breite aus Steinerde ausgebaut worden.

Sollte man die K48 als nur mit einer Schottertragschicht ausgebaute und damit »nicht-vollversiegelte« Straße ansehen, die ihre hauptsächliche Verkehrsbedeutung in der Anbindung an die Windenergieanlagenstandorte hätte, und das Gebiet um den Vorhabenstandort als unzerschnittenen Freiraum, dann wäre im Wege der nachvollziehbaren Abwägung (BVerwG, Urteil v. 22.9.2016 – 4 C 2.16 –, juris Rdnr. 38) nach § 35 Abs. 1 BauGB zu prüfen, ob der öffentliche Belang des Naturschutzes und der Landschaftspflege in der Ausprägung des § 1 Abs. 5 Satz 1 BNatSchG dem Vorhaben entgegenstünde. Bei dieser Abwägung wäre die Gewichtungsvorgabe nach § 2 EEG zu beachten.

Nach dieser Bestimmung liegen die Errichtung und der Betrieb von Anlagen sowie den dazugehörigen Nebenanlagen der Erneuerbaren Energien im überragenden öffentlichen Interesse und dienen der öffentlichen Gesundheit und Sicherheit. Bis die Stromerzeugung im Bundesgebiet nahezu treibhausgasneutral ist, sollen die erneuerbaren Energien als vorrangiger Belang in die jeweils durchzuführenden Schutzgüterabwägungen eingebracht werden.

Zu der rechtlichen Bedeutung von § 2 EEG hat der Senat in seiner Grundsatzentscheidung vom 7.2.2023 (Az.: 5 K 171/22 OVG, juris Rdnr. 160) den

Standpunkt eingenommen, dass der Gesetzgeber in Satz 1 der Bestimmung das Interesse u. a. an Errichtung und Betrieb von Windenergieanlagen als »überragendes« und damit höchstrangiges öffentliches Interesse definiert und dem zusätzlich das ebenfalls hochrangige Interesse der öffentlichen Sicherheit zur Seite gestellt habe. Zum anderen bestimme Satz 2 der Norm, dass aktuell die erneuerbaren Energien in Schutzgüterabwägungen Vorrang haben sollen (Soll-Bestimmung), weil deren Bewertung als im überragenden öffentlichen Interesse liegend und der öffentlichen Sicherheit dienend im Fall einer Abwägung dazu führten, dass das besonders hohe Gewicht der erneuerbaren Energien berücksichtigt werden müsse. § 2 Satz 2 EEG sei als sog. Sollbestimmung dahingehend zu verstehen, dass sich in den einzelnen Schutzgüterabwägungen ein regelmäßiges Übergewicht der Erneuerbaren Energien in dem Sinne ergebe, dass das überragende öffentliche Interesse an der Errichtung von Windenergieanlagen sowie das öffentliche Sicherheitsinteresse nur in atypischen Ausnahmefällen überwunden werden könne, die fachlich anhand der besonderen Umstände der jeweiligen Situation zu begründen wären.

Danach ginge die Abwägung zwischen dem Interesse an der Verwirklichung des Vorhabens und dem Schutz eines unzerschnittenen Landschaftsraums hier zugunsten des Windenergievorhabens aus. Ein atypischer Ausnahmefall ist bei jetzigem Erkenntnisstand nicht zu erkennen. Dabei ist zu berücksichtigen, dass selbst dann, wenn die Umgebung des Vorhabenstandortes als ein solcher Raum zu verstehen sein sollte, dieser auch ohne das Vorhaben nicht frei von Zerschneidungen wäre. Immerhin wird er durchquert von einer dem öffentlichen Straßenverkehr gewidmeten Kreisstraße mit einer 50 cm starken Schotterbefestigung, der es lediglich an einer wasserundurchlässigen Versiegelung mangelt. …

Nr. 53

1. **Der Einwirkungsbereich eines Vorhabens mit Blick auf Geruchsemissionen ist anhand von Anhang 7 Nr. 3.3 TA Luft als das Gebiet zu bestimmen, in dem eine Geruchsstundenhäufigkeit von mehr als 2 % der Jahresstunden auftreten kann.**

2. **Gebiete ohne eine gegenüber Gerüchen schutzbedürftige Nutzung gehören nicht zum Einwirkungsbereich (Bestätigung der Senatsrspr., vgl. Urteil v. 30.6.2021 – 1 LC 120/17 –, BauR 2022, 56 = juris Rdnr. 70; Beschluss v. 23.11.2021 – 1 LA 160/19 –, juris Rdnr. 10; v. 12.9.2023 –, AUR 2023, 381 = juris Rdnr. 18).**

3. **Die Prüfdichte zur Bestimmung des Einwirkungsbereichs entspricht derjenigen, die im Rahmen einer Vorprüfung des Einzelfalls nach § 7 UVPG**

zulässig und geboten ist. In diesem Rahmen hat die Genehmigungsbehörde auch vom Vorhabenträger vorgelegte Ausbreitungsberechnungen zu berücksichtigen, sofern diese hinreichend eindeutig »auf der sicheren Seite« liegen und keine Komplexität aufweisen, die eine überschlägige Beurteilung ihrer Validität ausschließt.

4. **Mit Blick auf das Schutzgut Landschaft kann der Einwirkungsbereich eines Vorhabens, wirkt es nicht in eine unter Schutz gestellte Landschaft hinein, lediglich der Bereich sein, in dem es im Zusammenwirken mit anderen baulichen Anlagen die Verunstaltungsschwelle überschreiten könnte.**

BauGB § 35 Abs. 1 Nr. 4 und Abs. 3 Satz 1 Nr. 5; TA Luft Anhang 7 Nr. 3.3; UVPG § 2 Abs. 11, § 10 Abs. 4 Nr. 1.

Niedersächsisches OVG, Urteil vom 5. September 2024 – 1 LC 31/23 –.

Aus den Gründen:

Der Kläger begehrt eine Baugenehmigung für einen gewerblichen Geflügelstall im Außenbereich; Kläger und Beklagter streiten darüber, ob deren Erteilung die UVP-(Vorprüfungs-)pflichtigkeit des Vorhabens nach Maßgabe einer kumulierenden Betrachtung mit einem nahegelegenen Schweinestall entgegensteht, und in diesem Zusammenhang insbesondere, ob sich die Einwirkungsbereiche beider Ställe überschneiden. …

Nach Zurückweisung seines Widerspruchs hat der Kläger fristgerecht Klage auf Erteilung der beantragten Baugenehmigung erhoben. Nachdem der Beklagte in der mündlichen Verhandlung erklärt hatte, die bauordnungsrechtliche und die brandschutzrechtliche Prüfung des Bauantrags stünden noch aus, hat er seinen Klageantrag auf die Verpflichtung zur Neubescheidung unter Beachtung der Rechtsauffassung des Gerichts umgestellt. Der so modifizierten Klage hat das Verwaltungsgericht stattgegeben und zur Begründung ausgeführt, es liege ein Fall des steckengebliebenen Genehmigungsverfahrens vor, in dem sich das Gericht auf die Prüfung beschränken dürfe, ob die Genehmigung nach dem bis zum Schluss der mündlichen Verhandlung gewonnenen Erkenntnisstand erkennbar zu versagen sei. Das sei hier nicht der Fall. …

Die zulässige Berufung ist unbegründet. Das Urteil des Verwaltungsgerichts ist nicht zu beanstanden.

Zu Recht hat das Verwaltungsgericht den Urteilsausspruch auf die Verpflichtung des Beklagten zur Neubescheidung unter Beachtung der Rechtsauffassung des Gerichts beschränkt. Dies war schon deshalb erforderlich, weil der Kläger seinen Antrag diesbezüglich beschränkt hat. Die Beschränkung war aber auch in der Sache zulässig. Insoweit wird auf die zutreffenden Ausführungen im angegriffenen Urteil Bezug genommen.

Einen Anspruch auf Neubescheidung hat das Verwaltungsgericht zutreffend bejaht; seine Auffassung, dass das Vorhaben bauplanungsrechtlich zulässig ist, da es im Außenbereich privilegiert ist und ihm keine öffentlichen Belange entgegenstehen, teilt der Senat.

Das Vorhaben ist im Außenbereich privilegiert. Als – unstreitig – gewerbliche Tierhaltungsanlage wäre es dies nach § 35 Abs. 1 Nr. 4 BauGB nur dann nicht, wenn es zumindest einer Pflicht zur standortbezogenen Vorprüfung des Einzelfalls nach § 7 Abs. 2 UVPG unterläge. Als Einzelvorhaben unterliegt es dieser Pflicht nicht, da es mit einer Tierplatzzahl von 29 995 Junghennenaufzuchtplätzen den maßgeblichen Schwellenwert von 30 000 Plätzen nach § 7 Abs. 2 i. V. m. Anlage 1 Nr. 7.2.3 UVPG nicht erreicht.

Aber auch eine Vorprüfungspflicht nach Maßgabe einer kumulierenden Betrachtung mit den Schweineställen auf der Hofstelle am M. gemäß § 11 Abs. 3 Satz 1 Nr. 3 UVPG i. V. m. Anlage 1 Nrn. 7.2.3, 7.7.3, 7.9.3, 7.11.3 UVPG besteht nicht, da das Vorhaben und die dortigen Ställe keine kumulierenden Vorhaben sind. Der Senat teilt die Auffassung des Verwaltungsgerichts, dass zur Bestimmung des Begriffs des kumulierenden Vorhabens i. S. d. § 35 Abs. 1 Nr. 4 BauGB ungeachtet des dortigen, anderslautenden Wortlauts auf die Legaldefinition in § 10 Abs. 4 UVPG zurückgegriffen werden kann; denn die Definition in § 35 Abs. 1 Nr. 4 BauGB entspricht der in § 3b Abs. 2 Satz 1, 2 UVPG a. F. verwendeten Definition, die das Bundesverwaltungsgericht bereits vor Neufassung des UVPG im Jahr 2017 im Sinne der heute geltenden Definition ausgelegt hatte (vgl. BVerwG, Urteil v. 18.6.2015 – 4 C 4.14 –, BVerwGE 152, 219 = NVwZ 2015, 1458 = juris Rdnr. 22). Voraussetzung für eine kumulierende Betrachtung ist mithin – neben der Gleichartigkeit und der Verbindung mit gemeinsamen baulichen oder betrieblichen Einrichtungen – nicht die Lage der betrachteten Vorhaben auf demselben Betriebsgrundstück, sondern lediglich ein wechselseitiger wirtschaftlicher und funktionaler Bezug sowie sich überschneidende Einwirkungsbereiche. Jedenfalls an letzterem fehlt es hier allerdings.

Das gilt zunächst mit Blick auf die von den Vorhaben verursachten Geruchsemissionen. Der Einwirkungsbereich ist nach § 2 Abs. 11 UVPG das geographische Gebiet, in dem Umweltauswirkungen auftreten, die für die Zulassung eines Vorhabens relevant sind. Welche Umweltauswirkungen für die Zulassung eines Vorhabens relevant sind, bestimmt sich nach dem maßgeblichen Fachrecht, hier nach § 35 Abs. 3 Satz 1 Nr. 3 BauGB, nach dem ein Vorhaben im Außenbereich öffentliche Belange beeinträchtigt, wenn es schädliche Umwelteinwirkungen hervorrufen kann. Zur Beurteilung, wann Geruchsimmissionen schädlich in diesem Sinne sind, kann die Geruchsimmissionsrichtlinie als Orientierungshilfe (vgl. BVerwG, Urteil v. 27.6.2017 – 4 C 3.16 –, BVerwGE 159, 187 = NVwZ 2018, 509 = juris Rdnr. 12 m. w. N.) bzw. nunmehr die sie ersetzende TA Luft i. d. F. vom 18.8.2021 (GMBl. S. 1049) herangezogen werden. Nach deren Anhang 7 Nr. 3.3 Satz 1 soll die Genehmigung selbst bei Überschreitung der für den Immissionsort geltenden Immissionswerte nicht wegen der Geruchsimmissionen versagt werden, wenn der von dem zu beurteilenden Vorhaben zu erwartende Immissionsbeitrag auf keiner Beurteilungsfläche, auf der sich Personen nicht nur vorübergehend aufhalten, den Wert 0,02 (d. h. 2 % der Jahresgeruchsstunden) überschreitet; bei Einhaltung dieses Wertes ist davon auszugehen, dass das Vorhaben die belästigende Wirkung der Vorbelastung nicht relevant erhöht (Irrelevanzkriterium). Hält auch die Gesamtzusatzbelastung – die bei Neuvorhaben der Zusatzbelastung entspricht – die 2 %-Grenze ein, so gilt das nach Anhang 7 Nr. 3.3 Satz 5 TA Luft auch für den Fall der sog. übermäßigen Kumulation durch eine Vielzahl vorhandener Anlagen. (Für die Begrenzung des Einwirkungsbereichs durch die 2 %-Isoplethe auch OVG NRW, Urteil v. 8.12.2023 – 7 A 742/22 –, juris Rdnr. 109-111 und wohl auch Beschluss v. 4.1.2024 – 2 B 994/23 –, BauR 2024, 755 = juris Rdnr. 48 ff.).

Von der mithin nach Auffassung des Senats eindeutig zu beantwortenden Frage, in welchem Bereich genehmigungsrelevante Geruchsauswirkungen des Vorhabens nach Maßgabe des einschlägigen Fachrechts tatsächlich maximal vorliegen können, ist die verfahrensrechtliche Frage zu unterscheiden, mit welcher Prüfdichte dieser Bereich zu ermitteln ist, namentlich, ob hierfür vorliegende Gutachten heranzuziehen sind oder ob von der Genehmigungsbehörde das Beurteilungsgebiet nach Nr. 4.4.2 Abs. 1 Anhang 7 TA Luft im Sinne einer Grobschätzung des Einwirkungsbereichs zugrunde gelegt werden darf. Bei dieser Frage sind auch die Argumente des Beklagten im Wesentlichen zu verorten.

Zutreffend ist insoweit, dass die Ermittlung des Einwirkungsbereichs nicht in einer Tiefe geführt werden darf, die der eigentlichen Umweltverträglichkeitsprüfung vorbehalten ist. Denn die als Reaktion auf das »Irland-Urteil« des EuGH (Urteil v. 21.9.1999 – Rs. C-392/96 –, Rdnr. 73, 76) eingeführte Kumulationsprüfung ist – wie die standortbezogene und die allgemeine Vorprüfung des Einzelfalls – Bestandteil des Regelungsgeflechts, mit dem Deutschland seiner Pflicht aus Art. 2 Abs. 1, Art. 4 Abs. 2 UVP-Richtlinie (RL 2011/92/EU i. d. F. der RL 2014/52/EU) genügt, sicherzustellen, dass aus der Menge der Anhang-II-Vorhaben der UVP-Richtlinie alle Vorhaben, bei denen mit erheblichen Umweltauswirkungen zu rechnen ist, einer Umweltverträglichkeitsprüfung unterzogen werden (vgl. auch EuGH, Beschluss v. 28.2.2023 – Rs. C-596/22 –, Rdnr. 35 ff., insbes. 41). Sie ist der Umweltverträglichkeitsprüfung mithin vorgelagert und darf nicht dazu verwendet werden, deren besondere Anforderungen – etwa an die Öffentlichkeitsbeteiligung – zu umgehen (vgl. zu den entsprechenden Anforderungen an die Vorprüfung des Einzelfalls BVerwG, Urteil v. 20.8.2008 – 4 C 11.07 –, BVerwGE 131, 352 = juris Rdnr. 35; v. 20.12.2011 – 9 A 31.10 –, BVerwGE 141, 282 = juris Rdnr. 25).

Andererseits besteht auch kein Anlass, eine geringere Prüfdichte zu verlangen, als sie im Rahmen der Vorprüfung des Einzelfalls geboten bzw. zulässig ist. Aus Sicht des Unionsrechts, auf dessen Konkretisierung das nationale

UVP-Recht zugeschnitten ist, dienen Kumulationsprüfung und Vorprüfung demselben, vorstehend dargestellten Zweck. Beide müssen einen Ausgleich zwischen dem öffentlichen Interesse an der Durchführung einer Umweltverträglichkeitsprüfung als einem besonders gründlichen Verfahren zur Ermittlung von Umweltauswirkungen und dem privaten (bzw. bisweilen ebenfalls öffentlichen) Interesse an einer zügigen und kostengünstigen Durchführung von Verfahren, in denen die Überflüssigkeit der Umweltverträglichkeitsprüfung absehbar ist, erreichen. Die gleiche Funktion indiziert eine gleiche Prüfdichte. Dass mitunter – nicht immer – der Kumulationsprüfung noch eine Vorprüfung nachfolgt, indiziert nicht, dass die erstere mit einer geringeren Prüfdichte vorgenommen werden müsste; die Vorprüfung ist auch in diesen Fällen als zweiter Prüfungsschritt noch sinnvoll, da in ihr auch die Vorbelastung und konkrete Schutzwürdigkeit der im gemeinsamen Einwirkungsbereich liegenden Immissionsorte einer überschlägigen Prüfung unterzogen werden.

Für die Vorprüfung des Einzelfalls nach § 7 UVPG ist anerkannt, dass auch Erkenntnisse aus zum maßgeblichen Zeitpunkt der Behördenentscheidung über die UVP-Pflicht vorliegenden Gutachten grundsätzlich verwertet werden können, sofern diese nicht eine Komplexität und Tiefe erreichen, die eine Erfassung im Rahmen einer »überschlägigen Prüfung« – für die § 7 Abs. 6 UVPG eine Frist von bis zu zwölf Wochen vorsieht – ausschließt; namentlich die Berücksichtigung von Emissionsausbreitungsberechnungen ist danach möglich (vgl. BVerwG, Urteil v. 20.8.2008 – 4 C 11.07 –, BVerwGE 131, 352 = juris Rdnr. 35).

Unbedenklich ist es in diesem Zusammenhang auch, Gutachten zu verwerten, die der Vorhabenträger selbst beigebracht hat. Nach § 7 Abs. 4 UVPG i. V. m. dessen Anlage 2 Nr. 1 c) obliegt es gerade ihm, eine Beschreibung der möglichen erheblichen Auswirkungen des Vorhabens auf betroffene Schutzgüter infolge der erwarteten Emissionen vorzulegen. Zwar kommt der Genehmigungsbehörde ein Verfahrensermessen zu, welche Erkenntnisse sie in die Vorprüfung einbezieht (BVerwG, Urteil v. 20.8.2008 – 4 C 11.07 –, BVerwGE 131, 352 = juris Rdnr. 35). Dieses Ermessen wird aber überschritten, wenn die Behörde die Augen vor vorgelegten Gutachten verschließt. Unberücksichtigt kann sie Gutachten lassen, wenn diese sich nicht hinreichend eindeutig »auf der sicheren Seite« bewegen oder – insbesondere hinsichtlich der Eingangsdaten oder der Methodik – eine Komplexität aufweisen, die eine »überschlägige« Beurteilung ihrer Validität ausschließt. Denn dann verbleiben hinsichtlich der Erheblichkeit möglicher Umwelteinwirkungen ernsthafte Restzweifel, die in der Umweltverträglichkeitsprüfung zu klären sind. Solche Zweifel, die sich etwa daraus ergeben können, dass der Gutachter allzu vorhabenfreundliche Prämissen verwendet, offene wissenschaftliche Streitfragen einseitig zugunsten des Vorhabens beantwortet, relevante Eingangsdaten, Annahmen oder gedankliche Zwischenschritte nicht offenlegt oder die Vermeidung erheblicher Umweltauswirkungen nur sehr knapp nachweisen kann, muss die Behörde – will sie ihr vorliegende Gutachten unberücksichtigt lassen – jedoch konkret benennen.

Liegt eine gutachterliche Ausbreitungsberechnung nicht vor oder ist diese nach den vorstehenden Kriterien nicht geeignet, mit der nötigen Sicherheit einen genehmigungsrelevanten Geruchsbeitrag des Vorhabens im Einwirkungsbereich einer potentiell kumulierenden Anlage im Rahmen einer überschlägigen Prüfung auszuschließen, so liegt es im Verfahrensermessen der Genehmigungsbehörde, vom Bauherrn eine Ausbreitungsberechnung gemäß § 69 Abs. 2 Satz 4 NBauO nachzufordern oder anhand von Erfahrungswerten selbst abzuschätzen, ob eine Überschneidung der 2-%-Isoplethen benachbarter Tierhaltungsanlagen an relevanten Schutzobjekten ernsthaft in Betracht kommt. Fehlen ausreichende Erfahrungswerte, kann die Abschätzung durchaus in einem Rückgriff auf das Beurteilungsgebiet i. S. d. Nr. 4.4.2 Abs. 1 Anhang 7 TA Luft als Einwirkungsbereich bestehen.

Der in der mündlichen Verhandlung geäußerte Einwand, dass der Bauherr es damit in der Hand habe, durch den Detaillierungsgrad seiner Bauvorlagen die Zulässigkeit seines Vorhabens zu steuern und dass dasselbe Vorhaben sich je nach Ausgestaltung der Bauvorlagen als privilegiert und damit baurechtskonform oder nicht privilegiert und damit baurechtswidrig darstellen könne, trifft in gewissem Umfang zu.

Dies liegt aber in der Entscheidung des Gesetzgebers begründet, die materiell-rechtliche Privilegierung gewerblicher Tierhaltungsanlagen an eine dem UVP-Recht als Verfahrensrecht entnommene Voraussetzung zu knüpfen, und ist vom Rechtsanwender daher hinzunehmen. Die Auslegung des § 10 Abs. 4 UVPG und des § 2 Abs. 11 UVPG muss sich an den oben beschriebenen Zielen des UVP-Rechts und seiner europarechtlichen Grundlagen orientieren; die von dem Beklagten favorisierte, spezifisch auf § 35 Abs. 1 Nr. 4 BauGB bezogene Betrachtung ist daher nicht statthaft.

Gleiches gilt für den Einwand, der Bauherr könne durch Filtertechnik u. ä. den Einwirkungsbereich seines Vorhabens verringern. Dass ein Vorhaben, das von vornherein emissionsarm ausgestaltet wird, weniger Anlass zur Durchführung einer Umweltverträglichkeits(vor)prüfung gibt als ein stark emittierendes, ist sachgerecht; dass die emissionsarme Ausgestaltung unter Umständen zur Privilegierung führen kann, liegt wiederum in der logischen Konsequenz der Anknüpfung des Privilegierungstatbestands an die verfahrensrechtliche Einordnung. Der im gleichzeitig verhandelten Verfahren 1 LC 50/23 vorgebrachte Einwand, angesichts der Möglichkeit, durch Filtertechnik den Einwirkungsbereich von Betrieben eng zu begrenzen, drohe eine vom Gesetzgeber nicht gewollte Überfrachtung des ländlichen Raums mit privilegierten Tierhaltungsanlagen, überzeugt nicht. Bei der erstmaligen Begrenzung der Privilegierung gewerblicher Tierhaltungsanlagen auf nicht vorprüfungspflichtige Vorhaben durch die Innenentwicklungsnovelle 2013 musste der Gesetzgeber noch davon ausgehen, dass nur auf demselben Betriebsgelände gelegene Vorhaben kumulieren, also auch recht eng benachbarte Anlagen privilegiert sein könnten. Dass das Bundesverwaltungsgericht mit Urteil v. 18.6.2015 (– 4 C 4.14 –, BVerwGE 152, 219) die Kumulationsregelung auf Vorhaben mit überschneidenden Einwirkungsbereichen erweitern würde, konnte er nicht wissen. Wo schädliche Einwirkungen der Anlagen sich nicht überschneiden, ist die Häufung von Tierhaltungsanlagen im Übrigen nicht per se zu missbilligen. Möchte eine Gemeinde sie aus städtebaulichen Gründen gleichwohl weiter beschränken, steht ihr der Weg einer Konzentrationsplanung nach § 35 Abs. 3 Satz 3 BauGB offen.

Aus der eingangs betonten Maßgeblichkeit des einschlägigen Fachrechts für die Bestimmung des Einwirkungsbereichs ergibt sich ferner, dass der Einwirkungsbereich eines Vorhabens mit Blick auf Geruchsimmissionen nur Flächen erfasst, die gegenüber Geruchsimmissionen grundsätzlich schutzbedürftig und schutzwürdig sind. Geruchsimmissionen auf Flächen ohne jede schutzwürdige Nutzung können in Orientierung an den Schutzzwecken des Immissionsschutzrechts von vornherein nicht zur Versagung der Baugenehmigung führen, sind also nicht im Sinne des § 2 Abs. 11 UVPG »für die Zulassung eines Vorhabens relevant«; eine weitere Klärung der Gesamtbelastung und des konkreten Maßes der Schutzwürdigkeit im Rahmen einer Vorprüfung oder UVP erübrigt sich. Angesichts dessen hält der Senat ungeachtet der Kritik des Beklagten an seiner Rechtsprechung (Senatsurt. v. 30.6.2021 – 1 LC 120/17 –, BauR 2022, 56 = juris Rdnr. 70; Beschluss v. 23.11.2021 – 1 LA 160/19 –, juris Rdnr. 10; v. 12.9.2023 –, AUR 2023, 381 = juris Rdnr. 18) fest, dass nicht jede Überschneidung abstrakter Geruchsisoplethen, sondern erst die Überschneidung der maßgeblichen Isoplethen an einem gegenüber Gerüchen grundsätzlich schutzwürdigen Immissionsort die Annahme überschneidender Einwirkungsbereiche i. S. d. § 10 Abs. 4 Satz 2 Nr. 1 UVPG rechtfertigt (ebenso OVG NRW, Urteil v. Urteil v. 8.12.2023 – 7 A 742/22 –, juris Rdnr. 109–111; Beschluss v. 4.1.2024 – 2 B 994/23 –, BauR 2024, 755 = juris Rdnr. 48 ff.; VG Stuttgart, Urteil v. 21.5.2024 – 6 K 3247/23 –, juris Rdnr. 51; VG Münster, Urteil v. 9.11.2023 – 2 K 2242/22 –, juris Rdnr. 49 f.; a. A. dagegen noch VG Münster, Urteil v. 11.4.2019 – 2 K 6781/17 –, juris Rdnr. 45 und VG Bayreuth, Urteil v. 14.5.2020 – B 2 K 17.803 –, juris Rdnr. 45).

Gemessen hieran können überschneidende Einwirkungsbereiche des Vorhabens einerseits und der Schweineställe auf der Hofstelle am M. schon deshalb nicht vorliegen, weil innerhalb der 2 %-Isoplethe um das Vorhaben ausweislich des immissionsschutztechnischen Berichts vom 17.1.2020, dessen Prognosegerechtigkeit der Beklagte nicht in Zweifel gezogen hat, keine schutzwürdige Nutzung ausgeübt wird. Das nächstgelegene Wohnhaus liegt von der 2 %-Isoplethe mehrere hundert Meter entfernt.

Nach Maßgabe des Vorstehenden liegen auch mit Blick auf sonstige Immissionen wie Ammoniakkonzentration, Stickstoffdeposition und Staubpartikel keine überschneidenden Einwirkungsbereiche vor, da keine Schutzobjekte innerhalb der nach den einschlägigen fachrechtlichen Regelwerken maßgeblichen Irrelevanzschwellen liegen. Dies ergibt sich aus den auf S. 24 f. und in den Anlagen 5 und 6 des vorgenannten immissionsschutztechnischen Berichts und ist zwischen den Beteiligten auch nicht umstritten.

Hinsichtlich des Schutzguts »Landschaft« überschneiden sich die Einwirkungsbereiche des Vorhabens und der Ställe auf der Hofstelle am M. ebenfalls nicht. Auch insoweit ist die Reichweite des Einwirkungsbereichs der potentiell kumulierenden Vorhaben anhand des einschlägigen Fachrechts zu beurteilen.

Maßgeblich ist hier § 35 Abs. 3 Satz 1 Nr. 5 BauGB, wonach eine Beeinträchtigung öffentlicher Belange, die einem nicht privilegierten und ggf. auch einem privilegierten Vorhaben entgegengehalten werden kann, auch in einer Beeinträchtigung von Belangen des Naturschutzes und der Landschaftspflege sowie des Erholungswerts der Landschaft oder einer Verunstaltung des Landschaftsbildes liegen kann. Insoweit ist allerdings danach zu differenzieren, ob Schutzobjekt (nur) eine aus natur- und landschaftsschutzrechtlichen Gründen nicht besonders geschützte und deshalb auch nicht besonders schutzwürdige Landschaft ist oder eine unter förmlichen Landschaftsschutz gestellte und deshalb besonders schutzwürdige Landschaft. Nur die zweite Gruppe genießt im gesteigerten Maße den Schutz gegen jede Beeinträchtigung der Landschaft; im Übrigen werden öffentliche Belange erst durch eine qualifizierte Beeinträchtigung, nämlich durch eine Verunstaltung des Orts- oder Landschaftsbildes, in relevanter Weise berührt. Indem das Gesetz den Schutz des Landschaftsbildes und des Ortsbildes gegenüber Verunstaltungen nebeneinander aufführt, verdeutlicht es zugleich, dass der allgemeine Schutz der Landschaft gegenüber ästhetischen Beeinträchtigungen generell nur besteht, wenn sie den Grad der Verunstaltung erreichen. Denn andere Möglichkeiten der Beeinträchtigung einer Landschaft allein in ästhetischer Hinsicht bestehen nicht (BVerwG, Urteil v. 15.5.1997 – 4 C 23.95 –, NVwZ 1998, 58 = juris Rdnr. 20). Eine Verunstaltung setzt voraus, dass das Bauvorhaben dem Orts- oder Landschaftsbild in ästhetischer Hinsicht grob unangemessen ist und auch von einem für ästhetische Eindrücke offenen Betrachter als belastend empfunden wird (BVerwG, Urteil v. 15.5.1997 – 4 C 23.95 –, NVwZ 1998, 58 = juris Rdnr.19 m. w. N.). Wirkt ein Vorhaben – wie hier – nicht in eine unter Schutz gestellte Landschaft hinein, so kann sein Einwirkungsbereich daher lediglich der Bereich sein, in dem es im Zusammenwirken mit anderen baulichen Anlagen die Verunstaltungsschwelle überschreiten könnte. In einer durch Landwirtschaft und landwirtschaftliche Bauten mitgeprägten Kulturlandschaft kommt dies für einigermaßen der Umgebung angepasste, also nicht extrem dimensionierte, etwa auf einer Kuppe besonders prominent platzierte oder farblich auffällig gestaltete Tierhaltungsanlagen ernsthaft allenfalls dann in Betracht, wenn mit dem hinzutretenden Vorhaben die Landschaft aufgrund einer Häufung von Vorhaben regelrecht verstellt wurde, also den Charakter der freien Landschaft einbüßen und das Erscheinungsbild einer gewerblichen Ansiedlung annehmen würde. Ein solcher Ausnahmefall liegt hier nach dem in der mündlichen Verhandlung gewonnenen gemeinsamen Eindruck aller Beteiligten offenkundig nicht vor. …

Nr. 54

1. **Bei Betrieben, deren Ausstattung mit Flächen und Betriebsmitteln grundsätzlich eine wirtschaftliche Betriebsweise – und sei es auch nur knapp – zulässt, indiziert der lange Bestand die für einen weiteren Fortbestand erforderliche Anpassungsfähigkeit. Anders verhält es sich, wenn der Wandel der landwirtschaftlichen Betriebsformen und Rahmenbedingungen eine Bewirtschaftung dauerhaft nur noch um den Preis der Selbstausbeutung und/oder des Substanzverzehrs der überkommenen Betriebsmittel zulässt.**

2. **Splittersiedlungen i. S. d. § 35 Abs. 3 Satz 1 Nr. 7 BauGB sind dann nicht unerwünscht, wenn es sich bei ihnen um die herkömmliche Siedlungsform in der Gegend handelt. Hierfür muss zum gehäuften, das Landschaftsbild zumindest mitdominierenden Vorkommen eine längere Tradition der in Rede stehenden Siedlungsform hinzutreten, die sie zum konstituierenden Element der örtlichen Kulturlandschaft macht und in der sich eine allgemeine örtliche Überzeugung, sie sei eine ortsangemessene städtebauliche Struktur, widerspiegelt.**

BauGB § 34 Abs. 1 Satz 1, § 35 Abs. 1 Nr. 1, Abs. 3 Satz 1 Nr. 7.

Niedersächsisches OVG, Beschluss v. 23. Januar 2024 – 1 LA 57/23 –.

Aus den Gründen:

Der Kläger begehrt einen bauplanungsrechtlichen Vorbescheid für die Erweiterung eines Komplexes von Nebengebäuden.

Der Kläger ist Eigentümer des mit einem Wohnhaus und Nebengebäuden bebauten Grundstücks A-Straße im Gemeindegebiet der Beigeladenen. Mehrere der Nebengebäude – eine Mehrfachgarage, eine Remise, beide eingeschossig mit Flachdach, eine Scheune mit Satteldach, ein eingeschossiger, flachgedeckter Geräteraum und ein Stallgebäude mit Satteldach sowie eine an diese angebaute offene Lagerfläche – mit einer Grundfläche von zusammen ca. 350 m^2 sind unmittelbar aneinandergebaut. Die Bebauung auf dem Klägergrundstück liegt im Norden eines Bebauungszusammenhangs von 20–25 Hauptgebäuden sowie einer größeren Zahl zugeordneter Nebengebäude, der sich im Norden beidseits, im Süden hauptsächlich östlich der von Nord nach Süd verlaufenden A-Straße erstreckt. Zum Klägergrundstück gehören ca. 1,5 ha landwirtschaftlicher Fläche, auf der der Kläger Ackerbau betreibt und sechs Ziegen hält.

Am 11.9.2019 stellte der Kläger eine Bauvoranfrage zur Umgestaltung des erwähnten Komplexes von Nebengebäuden; die Remise sollte erhöht, Scheune und der nach hinten zu erweiternde Geräteraum unter einem erhöhten Satteldach mit Bodenraum zusammengefasst werden, die Lagerfläche ein Schleppdach erhalten. Diese Bauvoranfrage beschied der Beklagte negativ.

Die dagegen nach erfolglosem Widerspruchsverfahren erhobene Klage hat das Verwaltungsgericht nach Inaugenscheinnahme der Örtlichkeit abgelehnt. …

Der dagegen gerichtete, sinngemäß auf den Zulassungsgrund ernstlicher Richtigkeitszweifel (§ 124 Abs. 2 Nr. 1 VwGO) gestützte Antrag auf Zulassung der Berufung hat keinen Erfolg.

Weder das fristgerechte, noch das nach Ablauf der Zulassungsbegründungsfrist ergänzte Vorbringen stellt die Würdigung des Verwaltungsgerichts in Frage, das Vorhaben des Klägers diene keinem landwirtschaftlichen Betrieb, da der Betätigung des Klägers die dauerhafte Lebensfähigkeit fehle. Die diesbezüglichen Maßstäbe hat das Verwaltungsgericht zutreffend dargestellt; hierauf kann zur Vermeidung von Wiederholungen verwiesen werden.

Der Kläger macht, letztlich unter Rückgriff auf dieselben Grundsätze, geltend, dem Umfang seiner Gewinnerzielungsmöglichkeit komme keine Bedeutung zu, da es sich bei seiner Betätigung – erstens – um eine seit Generationen betriebene, genehmigte und mit ausreichenden Betriebsmitteln ausgestattete Landwirtschaft handele und – zweitens – kein Verdacht im Raum stehe, es solle lediglich unter dem Deckmantel der Landwirtschaft ein Wohnen im Außenbereich ermöglicht werden. Beides genügt indes nicht, um die vom Verwaltungsgericht gegen eine Dauerhaftigkeit des Betriebes angeführten Argumente zu entkräften.

Es trifft zu, dass das Bestehen eines Betriebes über lange Zeit ein Faktor bei der Beurteilung der Dauerhaftigkeit sein kann. Bei Betrieben, deren Ausstattung mit Flächen und Betriebsmitteln grundsätzlich eine wirtschaftliche Betriebsweise – und sei es auch nur knapp – zulassen, indiziert der lange Bestand die Fähigkeit, diese Betriebsmittel sachgerecht einzusetzen, den Betrieb gewinnorientiert zu führen und auch Krisen, die vorübergehend zu einer prekären Ertragslage führen, zu überwinden. Gerade bei kleinerem Betriebsumfang kann aber der Wandel der landwirtschaftlichen Betriebsformen und Rahmenbedingungen dazu führen, dass ein Betrieb, der in der Vergangenheit wirtschaftlich geführt werden konnte, perspektivisch dauerhaft nur noch um den Preis der Selbstausbeutung und/oder des Substanzverzehrs der überkommenen Betriebsmittel aufrechtzuerhalten ist und daher in seinem Bestand von der intrinsischen Motivation des Inhabers abhängt, weiter eine landwirtschaftsförmige Tätigkeit auszuüben. Die Nachhaltigkeit des Betriebes muss aber unabhängig von der Motivationslage des gegenwärtigen Inhabers erkennbar sein. Ohne Erfolg beruft sich der Kläger in diesem Zusammenhang auf eine Genehmigung bzw. einen Bestandsschutz seines Betriebes. Genehmigt oder bestandsgeschützt können einzelne bauliche Anlagen eines Betriebes sein. Für künftige Genehmigungen folgt daraus jedoch nichts.

Nichts anderes folgt aus der Art des zur Genehmigung gestellten Vorhabens. Bei Zulassung des Wohnens im Außenbereich besteht ein besonderer Anreiz für eine missbräuchliche Berufung auf eine Privilegierung; dies erhöht die Darlegungsanforderungen hinsichtlich der Ernsthaftigkeit der landwirtschaftlichen Betätigung. Das bedeutet allerdings nicht, dass das Erfordernis der langfristigen Perspektive des Betriebes in anderen Fällen in der Sache entfiele – § 35 BauGB dient nicht nur der Verhinderung des Wohnens im Außenbereich. Bestehen gewichtige Indizien, die gegen die dauerhafte Lebensfähigkeit des Betriebes sprechen, so sind diese vom Vorhabenträger deshalb auch dann zu entkräften, wenn sein Vorhaben keine Missbrauchsabsicht nahelegt.

Vor diesem Hintergrund hat das Verwaltungsgericht zu Recht der fachkundigen Stellungnahme der Landwirtschaftskammer, dass bei Unterstellung einer ortsüblichen Fruchtfolge ausgehend vom gegebenen Flächenbestand nicht mit positiven Einkünften aus der landwirtschaftlichen Tätigkeit zu rechnen sei, entscheidende Bedeutung beigemessen. Letztlich wird dies durch das Zulassungsvorbringen bestätigt. Die – weiterhin nur pauschal behaupteten – Einnahmen in Höhe »niederschwelliger vierstelliger Beträge«; also wohl zwischen 1 000 und 5 000 EUR jährlich aus einer Tätigkeit, die auch bei geringer Flächenausstattung alle mit dem Ackerbau (Weizen und Mais) und der Tier- (hier: Ziegen-)haltung verbundenen Arbeitsschritte erfordert, lassen einen Stundenlohn oberhalb des Mindestlohnes (zu diesem Erfordernis Senatsbeschl. v. 31.5.2022 – 1 LA 129/21 –, AUR 2022, 266 = juris Rdnr. 8) nicht erwarten. Inwieweit diese Einnahmen durch die vorgetragene Anschaffung eines Mähdreschers unter Berücksichtigung von dessen Unterhaltskosten und Abschreibungen erhöht werden könnten, ist nicht dargelegt und auch nicht ansatzweise ersichtlich. Auf die letztlich wohl dem Tatbestandsmerkmal des »Dienens« des Vorhabens zuzuordnende Frage, ob der Kläger aus der vorhabenbedingten Steigerung der Betriebseinnahmen die Baumaßnahme würde finanzieren können, kommt es nach alldem nicht mehr an.

Das Zulassungsvorbringen ist nicht geeignet, den Schluss des Verwaltungsgerichts, das Vorhaben sei nicht nach § 35 Abs. 4 Satz 1 Nr. 1 BauGB teilprivilegiert, in Frage zu stellen. Das Verwaltungsgericht hat dies je selbständig tragend darauf gestützt, dass jedenfalls die – kumulativ zu den übrigen Tatbestandsmerkmalen zu erfüllenden – Voraussetzungen einer anderweitigen, d. h. nicht landwirtschaftlichen Nachnutzungsform, einer Wahrung der wesentlichen Gestalt der Bestandsgebäude und der zulässigen Errichtung dieses Bestands nicht erfüllt seien.

Mit der Zulassungsbegründung greift der Kläger nicht – wie erforderlich – alle diese Gründe an, sondern macht nur geltend, das Vorhaben diene der zweckmäßigen Verwendung bestehender Bausubstanz, die äußere Gestalt der Nebengebäude bleibe gewahrt und die Nebengebäude stünden im räumlich funktionalen Zusammenhang mit einer Hofstelle. Damit wird allenfalls die zweite Begründung des Verwaltungsgerichts in Frage gestellt; ob mit Blick auf diese das Zulassungsvorbringen die Substantiierungsanforderungen erfüllt, kann dahinstehen.

Nicht mit plausiblen Gegenargumenten in Frage gestellt hat der Kläger ferner die Würdigung des Verwaltungsgerichts, das Vorhaben lasse die Verfestigung einer Splittersiedlung befürchten. Dies gilt zunächst, soweit er den Obersatz des Verwaltungsgerichts aufgreift, die Verfestigung einer Splittersiedlung sei dann städtebaulich nicht zu missbilligen und mithin nicht zu »befürchten«, wenn es sich bei ihr um die in der Gegend herkömmliche Siedlungsform handele. Hinreichende Anhaltspunkte dafür, dass es sich bei Gebäudeansammlungen wie derjenigen entlang der A-Straße um die in A-Stadt herkömmliche Siedlungsform handeln könnte, ergeben sich aus dem Zulassungsvorbringen nicht.

Zu Recht hat das Verwaltungsgericht herausgestellt, dass das mehrfache Vorkommen einer bestimmten Siedlungsform noch nicht ihre Herkömmlichkeit begründet – es können in einer Gegend auch mehrere städtebauliche Fehlentwicklungen auftreten. Hinzutreten zum gehäuften, das Landschaftsbild zumindest mitdominierenden Vorkommen muss vielmehr eine längere Tradition der in Rede stehenden Siedlungsform, die sie zum konstituierenden Element der örtlichen Kulturlandschaft macht und in der sich eine allgemeine örtliche Überzeugung, sie sei eine ortsangemessene städtebauliche Struktur, widerspiegelt (vgl. Weyreuther, Bauen im Außenbereich, 1979, S. 92).

Für eine solche Tradition ist hier nichts vorgetragen und auch nichts ersichtlich. Der Siedlungssplitter, in dem das Vorhaben verwirklicht werden soll, ist in seiner heutigen Dimension erkennbar neueren Datums. Das Vorhandensein von Einzelgehöften und sehr kleinen Gebäudeansammlungen in der Umgebung vermag die Ortsüblichkeit der Gebäudeansammlung A-Straße ebenso wenig zu begründen wie das Vorhandensein von Bebauungszusammenhängen, denen – wie den Ortslagen Icker und Vehrte mit offenbar geplanten Neubaugebieten – bereits eindeutig Ortsteilsqualität zukommt. Die der Größe nach wohl vergleichbaren (10 bis 30 Hauptgebäude) Siedlungsstrukturen an der Dorfstraße, in den Kreuzungsbereichen Venner Straße/Lechtinger Straße sowie Osterberg/Ellerkamp und In den Kämpen in der Nachbargemeinde Wallenhorst, die auch der Kläger benannt hat, sowie die von ihm nicht benannten Beispiele am Talkamp (östlich von Icker) und am Wellinger Berg (im Südosten von A-Stadt) sind nicht so zahlreich, dass sie als herkömmliche Siedlungsform in A-Stadt angesehen werden könnten; es dominieren klar Siedlungscluster mit Ortsteilsqualität und teils erheblichem städtebaulichem Gewicht (Kernort A-Stadt, Rulle, Vehrte, nordöstliche Stadtteile von Osnabrück) auf der einen und Einzelgehöfte auf der anderen Seite. Die Entstehungsgeschichte der einzelnen »mittleren« Gebäudeansammlungen musste das Verwaltungsgericht daher nicht weiter ergründen.

Die Rüge des Klägers, eine unerwünschte Verfestigung einer Splittersiedlung sei deshalb nicht zu erwarten, weil die Grundfläche seiner Gebäude nicht erweitert und lediglich eine Veränderung der Dachlandschaft vorgenommen werde, greift ebenfalls nicht durch. Abgesehen davon, dass die Grundfläche – nicht nur durch die Überdachung des Lagerplatzes, sondern auch im rückwärtigen Bereich des Nebengebäudes durchaus erweitert wird, ist die »Veränderung der Dachlandschaft« effektiv eine teilweise Aufstockung, die eine durchaus berücksichtigungsfähige Veränderung der Gebäudekubatur darstellt. Aus welchen Gründen weitere nichtprivilegierte Wohnhäuser in der Umgebung genehmigt wurden, kann dahinstehen; die »Unerwünschtheit« der Erweiterung einer Splittersiedlung ist objektiv und nicht anhand einer aus der Genehmigungspraxis etwa ersichtlichen subjektiven Einschätzung der Bauaufsichtsbehörde zu beurteilen. Einen Anspruch auf »Gleichbehandlung im Unrecht« gibt es insoweit nicht.

Das Zulassungsvorbringen stellt auch nicht plausibel die Annahme des Verwaltungsgerichts in Frage, das Vorhaben sei bei Unterstellung einer Lage im unbeplanten Innenbereich unzulässig, da es sich nach dem Maß der baulichen Nutzung nicht in die Eigenart der näheren Umgebung einfüge. Das Verwaltungsgericht hat dies damit begründet, dass es auf keinem in der näheren Umgebung gelegenen Grundstück Nebengebäude mit einer dem Vorhaben vergleichbaren (Gesamt-)Grundfläche bzw. einem vergleichbaren Bauvolumen gebe und insoweit eine Vorbildwirkung bestehe. Dem kann der Kläger nicht entgegenhalten, dass »unstreitig« das Flächenmaß seiner Nebengebäude nicht verändert werde. Dies ist bereits unzutreffend; bei der Vereinigung der Nebengebäude 3 und 4 soll der rückwärtige Bereich des bisherigen Nebengebäudes 4 erweitert werden. Hinzu kommt, dass sich jedenfalls die Baumasse des Nebengebäudekomplexes auf dem Klägergrundstück durch die verschiedenen Dacherhöhungen spürbar vergrößert. Ob Baulinien verschoben werden, ist für die Beurteilung des Einfügens nach dem Maß der baulichen Nutzung unerheblich – es handelt sich um eine Frage des Einfügens nach der überbaubaren Grundstücksfläche, mit der sich das Verwaltungsgericht nicht befasst hat und bei fehlendem Einfügen nach dem Maß der baulichen Nutzung auch nicht befassen musste.

Die vom Kläger ins Feld geführten Vergleichsbauten stellen die Sichtweise des Verwaltungsgerichts, das Vorhaben sei in der näheren Umgebung seiner Größe nach ohne Vorbild, nicht in Frage. Das Objekt A-Straße 56 liegt am äußersten Südende des hier in Rede stehenden Bebauungszusammenhangs, mehr als 300 m vom Vorhaben entfernt, und kann daher nicht mehr dessen näherer Umgebung zugerechnet werden. Ob es überhaupt noch dem Bebauungszusammenhang angehört, kann dahinstehen. Die Gebäude A-Straße 22 und 26 liegen eindeutig außerhalb des in Rede stehenden Bebauungszusammenhangs und können daher nicht maßstabbildend sein. Noch stärker gilt dies für die Bebauung weiter nördlich an der Straße »F-Straße«. Der Nebengebäudekomplex auf dem Grundstück G-Straße 33/35 bleibt seiner Gesamtgrundfläche und auch seiner Kubatur nach deutlich hinter dem Vorhaben zurück.

Ohne Erfolg wendet sich der Kläger gegen die Würdigung des Verwaltungsgerichts, auf den Grundstücken A-Straße Nr. 37a, Nr. 41 und Nr. 43 seien zwar ebenfalls größere Nebengebäude vorhanden, jedoch nicht in einer solchen Vielzahl wie auf seinem Grundstück.

Soweit er dem entgegenhält, es könne keinen Unterschied machen, ob mehrere Nebengebäude direkt aneinandergebaut seien oder ob ein einheitliches großes Nebengebäude vorliege, macht er sich letztlich nur die Sichtweise des Verwaltungsgerichts zu eigen. Das Verwaltungsgericht hat aber gerade aus der Gesamtgröße der auf seinem Grundstück aneinandergebauten Gebäude auf deren Vorbildlosigkeit geschlossen. Das ist mit Blick auf die auf den Grundstücken A-Straße 41 und 43 vorhandenen Komplexe aneinandergebauter Nebengebäude zutreffend. Selbst auf dem Grundstück A-Straße 43 ist erkennbar kein vergleichbarer Komplex aneinandergebauter Nebenanlagen vorhanden.

Die Vorbildwirkung seines Vorhabens wird nicht durch den Umstand in Frage gestellt, dass sein Vorhaben als einziges in der näheren Umgebung einem landwirtschaftlichen Nebenerwerbsbetrieb dient. Abgesehen davon, dass das Verwaltungsgericht das Vorliegen eines landwirtschaftlichen Nebenerwerbsbetriebs abgelehnt und der Kläger dies nicht mit durchgreifenden Zulassungsgründen angegriffen hat (s. o.), sind Art und Maß der baulichen Nutzung als Kategorien des Einfügens i. S. d. § 34 BauGB strikt zu trennen (vgl. BVerwG, Urteil v. 8.12.2016 – 4 C 7.15 –, BVerwGE 157, 1 = BRS 84 Nr. 75 = juris Rdnr. 18 m. w. N.); einer Berufung auf das Vorhaben des Klägers stünde dessen von etwaigen Nachahmervorhaben abweichende Nutzungsweise mithin nicht entgegen. Aus beiden Gründen ist auch der Vortrag des Klägers unerheblich, dass größere Nebengebäude bei landwirtschaftlichen Betrieben üblich seien. …

Nr. 55

1. **Es bleibt offen, ob und ggf. unter welchen Voraussetzungen das Gebot der Rücksichtnahme aus § 35 Abs. 3 Satz 1 Nr. 3 BauGB bei der Vorhabenzulassung die Berücksichtigung von Erweiterungsabsichten eines benachbarten Betriebs erfordert oder ob insoweit das Prioritätsprinzip gilt.**

2. **Die Regelungen der TA Lärm können zur Beurteilung landwirtschaftlicher Immissionen nicht in direkter Anwendung, sondern nur orientierungshal-**

ber herangezogen werden. Insbesondere im Außenbereich können deshalb abhängig von den Umständen des Einzelfalls landwirtschaftstypische Immissionen zumutbar sein, selbst wenn sie Immissionsrichtwerte überschreiten.

BauGB § 35 Abs. 2 und Abs. 3 Satz 1 Nr. 3.

Niedersächsisches OVG, Beschluss vom 7. Februar 2024 – 1 ME 134/23 –.

Aus den Gründen:

Der Antragsteller wendet sich gegen eine den Beigeladenen erteilte Baugenehmigung für ein Wohnhaus im Außenbereich; er befürchtet Beschränkungen bei zukünftiger Tierhaltung auf dem eigenen Grundstück. … Der Antragsteller legte Widerspruch ein und stellte einen Antrag auf gerichtliche Anordnung von dessen aufschiebender Wirkung. Diesem Antrag hat das Verwaltungsgericht mit dem angegriffenen Beschluss v. 13.10.2023 entsprochen. …

Die nach Maßgabe des § 146 Abs. 4 Satz 6 VwGO zu behandelnde Beschwerde der Antragsgegnerin und der Beigeladenen hat Erfolg.

Einen Abwehranspruch gegen ein im Außenbereich unzulässiges Nachbarvorhaben hat der Inhaber eines im Außenbereich privilegierten Betriebes, wenn das in einzelnen Tatbestandsvarianten des § 35 Abs. 3 Satz 1 BauGB enthaltene drittschützende Gebot der Rücksichtnahme verletzt ist. Gemessen hieran kann sich ein Landwirt, von dessen vorhandenem Betrieb Immissionen ausgehen, auf die Unzulässigkeit eines Vorhabens im Außenbereich, das dadurch schädlichen Umwelteinwirkungen ausgesetzt würde (§ 35 Abs. 3 Satz 1 Nr. 3 BauGB), berufen. Heranrückende Wohnbebauung verletzt – insofern ist dem Verwaltungsgericht zuzustimmen – einem bestehenden emittierenden Betrieb gegenüber das Gebot der Rücksichtnahme dann, wenn ihr Hinzutreten die rechtlichen Rahmenbedingungen, unter denen der Betrieb arbeiten muss, gegenüber der vorher gegebenen Lage verschlechtert. Das ist dann der Fall, wenn der Betrieb durch die hinzutretende Bebauung mit nachträglichen Auflagen rechnen muss (vgl. Senatsurt. v. 12.6.2018 – 1 LB 141/16 –, RdL 2018, 318 = juris Rdnr. 23). Maßgeblich ist mit anderen Worten, ob die neuen Nachbarn mit Erfolg Nachbarrechte für sich reklamieren könnten. Die bloße Besorgnis, die Nachbarn könnten sich ohne rechtlichen Grund gegen die bestehende landwirtschaftliche Nutzung wenden und die Lage des landwirtschaftlichen Betriebs faktisch erschweren, ist dagegen rechtlich unbeachtlich (vgl. Senatsbeschl. v. 12.9.2022 – 1 ME 48/22 –, BauR 2022, 1753 = juris Rdnr. 12).

Zu Unrecht ist das Verwaltungsgericht davon ausgegangen, dass die vorgenannten Voraussetzungen erfüllt sind.

Dabei kann offenbleiben, ob und ggf. unter welchen Voraussetzungen bei der Vorhabenzulassung – anders als bei der Bauleitplanung, in deren Rahmen die hinreichend konkretisierte Absicht zur Erweiterung eines bestehenden

Betriebs anerkanntermaßen einen abwägungserheblichen Belang darstellt – überhaupt auf Erweiterungsabsichten eines benachbarten Betriebs Rücksicht zu nehmen ist. Alternativ in Betracht kommt eine Geltung des Prioritätsprinzips, nach dem derjenige den Vorrang genießt, dessen Genehmigungsantrag früher gestellt bzw. zur Entscheidungsreife gelangt ist (vgl. Senatsurt. v. 10.2.2022 – 1 KN 11/20 –, BauR 2022, 1021 = juris Rdnr. 28 m. w. N.). Weder der Senat noch das Bundesverwaltungsgericht haben sich bislang dahingehend festgelegt, dass hinreichend konkretisierte Erweiterungsabsichten bei der Vorhabenzulassung stets zu berücksichtigen sind (ausdrücklich offengelassen von BVerwG, Beschluss v. 5.9.2000 – 4 B 56.00 –, BauR 2001, 83 = juris Rdnr. 7 f.; darauf bezugnehmend Senatsurt. v. 16.8.2018 – 1 LC 180/16 –, BauR 2019, 483 = BRS 86 Nr. 130 = juris Rdnr. 17; bejahend aber BayVGH, Beschluss v. 11.10.2022 – 15 ZB 22.867 –, juris Rdnr. 67 m. w. N. und Söfker, in: EZBK, BauGB, § 35 Rdnr. 89, Stand der Bearbeitung: Oktober 2019; ablehnend Dürr, in: Brügelmann, BauGB, § 35 Rdnr. 176, Stand der Bearbeitung: Juli 2020). Auch dieser Fall gibt keinen Anlass für eine solche Festlegung, weil die Anforderungen an hinreichend konkretisierte Erweiterungsabsichten bei der Vorhabenzulassung jedenfalls nicht geringer ausfallen können als bei der Bauleitplanung. Gemessen daran reicht der Grad der Konkretisierung der geplanten Hühnerhaltung – wie Antragsgegnerin und Beigeladene zu Recht einwenden – nicht aus.

Das Bedürfnis nach einer künftigen Betriebsausweitung kann im Rahmen der bauplanerischen Abwägungsentscheidung von Belang sein, wenn eine dahingehende Entwicklung bereits konkret ins Auge gefasst ist oder bei realistischer Betrachtung der vom Betriebsinhaber aufzuzeigenden betrieblichen Entwicklungsmöglichkeiten naheliegt. Eine Erweiterungsabsicht kann nicht losgelöst vom vorhandenen Baubestand und der bestehenden Betriebsgröße Beachtung verlangen. Das Interesse des Landwirts, sich alle Entwicklungsmöglichkeiten offen zu halten, reicht ebenso wenig aus wie unklare oder unverbindliche Absichtserklärungen. Erweiterungsinteressen sind zudem grundsätzlich nur berücksichtigungsfähig, soweit sie keine qualitative Neuordnung des Betriebs, sondern sich als Fortsetzung des bisherigen Betriebsschemas darstellen (vgl. zusammenfassend Senatsurt. v. 27.11.2019 – 1 KN 33/18 –, BauR 2020, 589 = BRS 87 Nr. 4 = juris Rdnr. 50 m. w. N.).

Gemessen daran sind die vom Verwaltungsgericht der Sache nach zutreffend wiedergegebenen Vorstellungen des Antragstellers aus mehreren Gründen nicht ausreichend, um eine Pflicht der Beigeladenen zur baurechtlichen Rücksichtnahme auf die angestrebte Hühnerhaltung zu begründen.

Erstens fehlt es bereits an einem bestehenden landwirtschaftlichen Betrieb auf der Hofstelle des Antragstellers, um dessen Erweiterung es gehen könnte. Tatsächlich findet dort seit etwa fünf Jahren keine landwirtschaftliche Tätigkeit mehr statt, sodass der Sache nach eine Neugründung – wenngleich unter Nutzung vorhandener Gebäude, Betriebsmittel und Flächen – erforderlich wäre. Von einer Fortsetzung des bestehenden Betriebsschemas eines in seinem Bestand geschützten aktiven Betriebs kann demzufolge keine Rede sein. Das gilt in gesteigertem Maße für die geplante Hühnerhaltung, mit der nicht nur gegenüber dem Zustand bei Erteilung der Baugenehmigung, sondern auch gegenüber dem Zustand bis 2018 eine Neuausrichtung des Betriebs verbunden wäre. Ein schutzwürdiger Bestand, aus dem sich eine Hühnerhaltung entwickeln könnte, fehlt.

Zweitens sind Ort, Art und Umfang der beabsichtigten Nutzung – anders als das Verwaltungsgericht meint – nicht in einer eine Pflicht zur Rücksichtnahme begründenden Weise klar. Vielmehr handelt es sich bei dem Vorbringen des Antragstellers lediglich um allgemein gehaltene vage Absichtserklärungen, die über das Bekunden, auf dem Hofgelände und im bestehenden Stall etwa 200 Hühner halten zu wollen, nicht hinausgehen. Undeutlich bleibt bereits, ob die Hühnerhaltung ein Hobby oder echte Landwirtschaft im Sinne von § 201 BauGB darstellen soll. Ein Betriebskonzept und eine Wirtschaftlichkeitsberechnung fehlen. Dies wäre aber mit Blick darauf, dass ein landwirtschaftlicher Betrieb gegenwärtig nicht vorhanden ist, sondern neu aufgebaut werden müsste, zwingend erforderlich, um Ernsthaftigkeit und Tragfähigkeit der Vorstellungen zu belegen. Insofern gilt, dass umso höhere Anforderungen an den erforderlichen Grad der Konkretisierung zu stellen sind, je weniger sich die Erweiterungsabsicht als organische Fortentwicklung eines bestehenden Betriebs darstellt. Ebenso weckt die vergleichsweise geringe Zahl der Tiere Zweifel, ob insofern tatsächlich Landwirtschaft mit der Absicht nachhaltiger Gewinnerzielung betrieben werden soll. Zur erforderlichen Konkretisierung fehlt ferner eine belastbare Planung der erforderlichen baulichen Veränderungen. Der bestehende Stall verfügt – der Senat nimmt insoweit gemäß § 122 Abs. 2 Satz 3 VwGO zur Vermeidung von Wiederholungen auf die zutreffenden Erwägungen des Verwaltungsgerichts Bezug – über keine Genehmigung zur Hühnerhaltung, sondern bedürfte einer Neugenehmigung unter Einhaltung aktueller Tierschutzstandards. Eine Umbauplanung, anhand derer die Realitätsnähe und Tragfähigkeit des Vorhabens beurteilt werden könnte, fehlt.

Die Entscheidung des Verwaltungsgerichts erweist sich auch nicht mit Blick auf die vormals genehmigte Haltung von Schweinen und Kühen in dem bestehenden Stallgebäude als richtig. Dabei kann offenbleiben, ob die geringe Tierzahl, die der Stall aufnehmen kann, überhaupt unzumutbare Geruchs- und Staubimmissionen auf dem Grundstück der Beigeladenen verursachen könnte. Denn die für den Stall erteilte Baugenehmigung ist – auch darin ist Antragsgegnerin und Beigeladenen Recht zu geben – mit der Aufgabe der Tierhaltung vor mehr als 20 Jahren erloschen. Die insofern maßgeblichen rechtlichen Grundsätze hat der Senat wie folgt zusammengefasst (Senatsurt. v. 7.10.2021 – 1 KN 17/20 –, UPR 2022, 112 = juris Rdnr. 47 ff.):

»Nach ständiger Rechtsprechung des Senats richtet sich die Geltungsdauer einer ausgenutzten Baugenehmigung mangels spezialgesetzlicher Vor-

schriften in der Niedersächsischen Bauordnung und aufgrund der fehlenden Übertragbarkeit des zu § 35 Abs. 4 Satz 1 Nr. 3 BauGB entwickelten Zeitmodells nach § 1 Abs. 1 Nds. VwVfG i. V. mit § 43 Abs. 2 VwVfG (vgl. grundlegend Senatsbeschl. v. 3.1.2011 – 1 ME 209/10 –, BauR 2011, 1154 = BRS 78 Nr. 159 = juris Rdnr. 28 ff.). Insbesondere § 71 NBauO betrifft allein die Geltungsdauer der erteilten, aber (noch) nicht ausgenutzten Baugenehmigung. Auf Fallgestaltungen, in denen die genehmigte bauliche Anlage tatsächlich realisiert worden ist, findet die Vorschrift weder direkte noch analoge Anwendung.
Ist demzufolge auf die allgemeine Bestimmung des § 43 Abs. 2 VwVfG zurückzugreifen, bleibt die Baugenehmigung wie jeder andere Verwaltungsakt wirksam, solange und soweit er nicht zurückgenommen, widerrufen, anderweitig aufgehoben oder durch Zeitablauf oder – diese Variante ist hier maßgeblich – auf andere Weise erledigt ist. Die Annahme einer Erledigung auf sonstige Weise ist allerdings nur in eng begrenzten Ausnahmefällen gerechtfertigt, da das Gesetz den Wirksamkeitsverlust des Verwaltungsakts bei den übrigen in § 43 Abs. 2 VwVfG genannten Varianten entweder – wie in den Fällen der Rücknahme, des Widerrufs oder der anderweitigen Aufhebung – an ein formalisiertes Handeln der Behörde oder – wie im Fall des Zeitablaufs – an einen eindeutig bestimmbaren Sachverhalt knüpft. Vor diesem Hintergrund ist bei der Annahme einer Erledigung auf sonstige Weise Zurückhaltung geboten. Anerkannte Fallgruppen sind insbesondere der Wegfall des Regelungsobjekts und der Verzicht des Berechtigten auf die sich aus dem Verwaltungsakt ergebende Rechtsposition (vgl. BVerwG, Urteil v. 9.5.2012 – 6 C 3.11 –, BVerwGE 143, 87 = juris Rdnr. 19). Eine Baugenehmigung erledigt sich nach diesen Maßgaben auf andere Weise, wenn die genehmigte Nutzung endgültig aufgegeben und nicht nur vorübergehend unterbrochen wird.
Besteht die bauliche Anlage – wie hier – in weiterhin nutzbarer Weise fort, ist von einer endgültigen Nutzungsaufgabe mit der Folge des Erlöschens der Baugenehmigung nur dann auszugehen, wenn sich der (tatsächliche) Verzicht auf die weitere Nutzung der baulichen Anlage zugleich als (rechtlicher) Verzicht auf die Baugenehmigung darstellt. Ob das der Fall ist, ist im Wege einer Gesamtbetrachtung aus der Sicht eines objektiven Dritten unter Berücksichtigung aller Umstände des Einzelfalls zu beurteilen. In dem Verhalten des Eigentümers muss sein dauerhafter und endgültiger Verzichtswille hinreichend eindeutig zum Ausdruck kommen (vgl. bereits Senatsbeschl. v. 3.1.2011 – 1 ME 209/10 –, BauR 2011, 1154 = BRS 78 Nr. 159 = juris Rdnr. 36 ff.; vergleichbar die Rspr. der übrigen Obergerichte, vgl. exemplarisch OVG NRW, Beschluss v. 18.4.2017 – 2 A 916/15 –, juris Rdnr. 12 ff.; VGH BW, Beschluss v. 22.7.2016 – 8 S 969/16 –, juris Rdnr. 13 ff.; OVG Berl-Bbg, Urteil v. 8.11.2018 – OVG 2 B 4.17 –, NVwZ-RR 2019, 355 = juris Rdnr. 25 ff.; SächsOVG, Beschluss v. 28.10.2019 – 1 B 7/19 –, NVwZ-RR 2020, 469 = juris Rdnr. 34 ff., alle m. w. N.).

In die Gesamtbetrachtung einzustellen sind zunächst alle nach außen getretenen Umstände, die Rückschlüsse auf den Willen des Eigentümers zulassen. Zu berücksichtigen sind beispielsweise der Zustand der baulichen Anlage und das gegebenenfalls erforderliche Maß notwendiger Investitionen vor einer Wiederaufnahme der Nutzung, die tatsächlichen, insbesondere wirtschaftlichen, und – über das öffentliche Baurecht hinaus – rechtlichen Rahmenbedingungen und Anforderungen einer erneuten Nutzung, die nach außen getretenen Gründe für die Beendigung der Nutzung, sonstige Veränderungen des Baugrundstücks und der darauf bestehenden baulichen Anlagen, etwaige vertragliche Bindungen, gegebenenfalls auch das Vorliegen eines langfristigen Nutzungskonzepts. Maßgeblich ist, wie ein objektiver Dritter die Umstände des Einzelfalls unter Beachtung der Verkehrsauffassung verstehen muss.
In die Betrachtung einzubeziehen ist neben diesen Umstandsmomenten zudem das Zeitmoment. Dieses hat aus sich heraus zwar keinen eindeutigen Erklärungswert (OVG NRW, Beschluss v. 18.4.2017 – 2 A 916/15 –, juris Rdnr. 16); dem öffentlichen Baurecht ist eine Verpflichtung zur Nutzung einer baulichen Anlage grundsätzlich fremd. Schon aufgrund des wirtschaftlichen Wertes ist ihre Nutzung indes die Regel, ein nutzungsloser Zustand die Ausnahme. Je länger eine bauliche Anlage ungenutzt bleibt, umso drängender stellt sich daher aus der maßgeblichen Sicht eines objektiven Dritten unter Beachtung der Verkehrsauffassung die Frage, ob noch von einer bloßen Nutzungsunterbrechung und nicht schon von einer endgültigen Nutzungsaufgabe auszugehen ist. Anders gewendet: Je länger keine Nutzung stattfindet, umso eher ist bei einem Hinzutreten weiterer Umstände die Annahme begründet, die Nutzung solle auch in Zukunft nicht wiederaufgenommen werden. Auch wenn das Zeitmoment allein grundsätzlich nicht dazu führen kann, dass eine Baugenehmigung erlischt, ist die nutzungslos verstrichene Zeitspanne unter diesen Prämissen aussagekräftig.«

Die Anwendung dieser Grundsätze führt dazu, dass die Baugenehmigung vom 12.4.1962 durch Verzicht erledigt ist. Zwar besteht das Stallgebäude in grundsätzlich weiterhin nutzbarer Weise fort, wenngleich die Beigeladenen in Übereinstimmung mit den in der Akte befindlichen Lichtbildern vorgetragen haben, die zur Tierhaltung erforderlichen Einbauten seien entfernt und der Stall sei in einen Lagerraum umgenutzt worden. Jedenfalls seit dem Jahr 2002 findet nach Aktenlage keine genehmigte Tierhaltung mehr statt. Die insofern verstrichene Zeit ist ein sehr starkes Indiz für eine endgültige Nutzungsaufgabe. Bei einer derart langen Zeitspanne rechnet die Verkehrsauffassung jedenfalls bei gewerblich/landwirtschaftlich genutzten Bauten grundsätzlich nicht mehr mit einer Wiederaufnahme der Nutzung, weil sich die wirtschaftlichen Rahmenbedingungen einer Nutzung während einer derart langen nutzungslosen Zeit typischerweise grundlegend verändert haben.

Soweit der Antragsteller ohne nähere Substantiierung einwendet, tatsächlich sei in dem Stallgebäude auch nach 2002 Großvieh gehalten worden, die vom Kreisveterinäramt übermittelten Zahlen träfen nicht zu, haben die umfangreichen Ermittlungen der Antragsgegnerin dies nicht bestätigen können. Die Landwirtschaftskammer konnte zu Tierbeständen keine Auskunft erteilen. Das Kreisveterinäramt konnte dagegen konkrete Zahlen zur Tierhaltung nennen, die ein Ende der Großviehhaltung bis Jahresende 2001 und eine förmliche Aufgabe im Januar 2004 zeigen. Angesichts der Tatsache, dass für die Folgejahre ab 2013 detaillierte Zahlen zur Haltung einzelner Hühner vorliegen, besteht kein Anlass, an der Richtigkeit der vom Kreisveterinäramt übermittelten Zahlen zu zweifeln. Es wäre nunmehr Sache des Antragstellers, seine gegenteilige, weder zeitlich noch zahlenmäßig näher konkretisierte Behauptung im Einzelnen zu belegen. Das fehlt.

Hinzu kommen in diesem Fall die Umstände der Nutzungsaufgabe, die für den Strukturwandel in der Landwirtschaft weg von kleinbäuerlichen Betrieben mit Ackerbau und Viehzucht typisch sind. Nachdem die Eltern des Antragstellers, die den Betrieb bis 1985 im Vollerwerb geführt hatten, gestorben waren, wurde dieser zunächst als Nebenerwerbsbetrieb weitergeführt. Dabei wurde die arbeitsintensive, aber in der allein möglichen Größenordnung kaum wirtschaftliche Tierhaltung zunächst reduziert und bis 2002 gänzlich aufgegeben. Angesichts dieser Umstände geht ein objektiver Dritter davon aus, dass die mit geringem wirtschaftlichem Ertrag und (unverhältnismäßig) hohem Arbeitseinsatz verbundene landwirtschaftliche Nutzung, die einmal eingestellt ist, auf Dauer nicht wiederaufgenommen wird. Dabei bedarf es auch in diesem Fall keiner Entscheidung, nach Ablauf welcher Zeitspanne in diesem Fall eine endgültige Nutzungsaufgabe vorliegt. Nach mehr als 20 Jahren ist unter den vorgenannten Umständen eine mögliche Karenzzeit jedenfalls weit und offenkundig überschritten.

Auch der vom Antragsteller geäußerte Wunsch, auf der Hofstelle einige Großvieheinheiten zu halten, könnte damit nicht auf einem genehmigten Bestand aufbauen. Eine dahingehende Pflicht zur Rücksichtnahme trifft die Beigeladenen nicht.

Unzumutbaren Lärmimmissionen setzt sich das Vorhaben der Beigeladenen im Fall einer Wiederaufnahme des landwirtschaftlichen Betriebs, der – bei Verzicht auf eine (mehr als geringfügige) Tierhaltung – von fortbestehenden Genehmigungen gedeckt sein dürfte, nicht aus; den entsprechenden Ausführungen des Verwaltungsgerichts folgt der Senat. Aus der im Baugenehmigungsverfahren vorgelegten schalltechnische Untersuchung vom 27.10.2022 ergibt sich, dass die nach Nr. 1 c) TA Lärm ohnehin nicht in direkter Anwendung, sondern nur orientierungshalber heranzuziehenden Immissionsrichtwerte der Nr. 6.1 TA Lärm für gemischt genutzte Gebiete von 60 dB(A) tags/ 45 dB(A) nachts eingehalten werden. Dabei beruht die Untersuchung auf konservativen Annahmen (Fahrweg des Traktors entlang der Westgrenze,

3,5 stündiger Dauerbetrieb des Traktors auf dem Betriebsgrundstück); ihre Plausibilität wird auch von der vom Antragsteller vorgelegten Untersuchung vom 14.2.2023 nicht in Frage gestellt. Lediglich dann, wenn in der Nachtzeit mit einem Anhänger gearbeitet wird, können einzelne kurzfristige Geräuschspitzen den Immissionsrichtwert überschreiten. Eine solche nach Lage der Dinge ohnehin allenfalls sehr selten – etwa während der Erntezeit – vorkommende Überschreitung begründet mit Blick auf Nr. 1 c) TA Lärm keine unzumutbare Lärmimmission, sondern ist im Außenbereich als landwirtschaftstypische Immission hinzunehmen.

Unzutreffend ist die Annahme des Antragstellers, das Vorhaben der Beigeladenen sei rücksichtslos, weil es den rückwärtigen Ruhebereich seines eigenen Grundstücks beeinträchtige. Denn nach ständiger Rechtsprechung des Senats ist die Erwartung, der straßenabgewandte Bereich bleibe auf Dauer von emittierenden Nutzungen verschont, in gemischt genutzten Gebieten nicht berechtigt (vgl. Senatsbeschl. v. 18.7.2014 – 1 LA 168/13 –, BRS 82 Nr. 182 = juris Rdnr. 19; v. 19.1.2021 – 1 ME 161/20 –, BauR 2021, 804 juris Rdnr. 10). Das gilt entsprechend im Außenbereich, dessen Schutzanspruch einem gemischt genutzten Gebiet entspricht.

Dass die Baugenehmigung schließlich objektiv rechtswidrig sein dürfte, weil das Vorhaben der Beigeladenen wenigstens den öffentlichen Belang des § 35 Abs. 3 Satz 1 Nr. 7 BauGB beeinträchtigt, führt schließlich ebenfalls nicht zum Erfolg des Aussetzungsantrags. Der Antragsteller hat lediglich einen Anspruch auf Einhaltung derjenigen Rechtsnormen, die (auch) seinem Schutz zu dienen bestimmt sind; § 35 Abs. 3 Satz 1 Nr. 7 BauGB zählt dazu ebensowenig wie der möglicherweise ebenfalls berührte § 35 Abs. 3 Satz 1 Nr. 5 BauGB. Einen allgemeinen Anspruch, dass der Außenbereich lediglich in rechtmäßiger Weise genutzt wird, hat auch ein privilegierter Nutzer nicht. …

Nr. 56

Auch für die Eigentümerin eines »Naturhotels« ist – im Einklang mit der Rechtsprechung des Gerichts (vgl. OVG NRW, Urteile v. 26.7.2024 – 8 D 169/22.AK –, und vom 27.4.2023 – 8 D 368/21.AK –) – die bloße Hoffnung, dass im Umkreis ihres Grundstücks dauerhaft keine Windenergieanlagen errichtet werden, die im Außenbereich gemäß § 35 Abs. 1 BauGB privilegiert zulässig sind und hier konkret zudem planerisch Vorrang genießen, und die dortige Landschaft insoweit künftig unverändert bleibt, rechtlich nicht geschützt.

BauGB § 35 Abs.1 Nr. 5, Abs. 3 Satz 1 Nr. 3, § 249 Abs. 10; BauNVO §§ 3 und 4.

OVG Nordrhein-Westfalen, Urteil vom 15. November 2024 – 22 D 227/23 –.

Aus den Gründen:

Die Klägerin ist Eigentümerin mehrerer Flurstücke … Auf diesem Grundstück stehen verschiedene Gebäude des Hotels »A. G01«, das von der R. G01 GmbH betrieben wird. Der Hotelbetrieb mit den genannten Flurstücken befindet sich am östlichen Rand von G01. Er liegt außerhalb des Geltungsbereichs eines Bebauungsplans.

Darüber hinaus ist die Klägerin seit der Übereignung im Jahr 2020 nach vorhergehendem Abschluss eines Kaufvertrages Eigentümerin des bisher nicht im Geltungsbereich eines Bebauungsplans liegenden Grundstücks Gemarkung G01, Flur 4, Flurstück 227 mit der Anschrift G01 10 am westlichen Rand von G01. Dort befindet sich das Gebäude des ehemaligen Hotels »H.«. Die Klägerin plant hier den Neubau eines Hotels, für den sie ein Investitionsvolumen von circa 20 Millionen Euro veranschlagt. Der Hotelneubau soll durch einen vorhabenbezogenen Bebauungsplan der Stadt T. planungsrechtlich abgesichert werden. Der vorhabenbezogene Bebauungsplan Nr. 18 »Hotelneubau G01« befindet sich im Aufstellungsverfahren. Der Aufstellungsbeschluss datiert vom 8.12.2022. Die frühzeitige Beteiligung der Öffentlichkeit und der Träger öffentlicher Belange fand im März und April 2024 statt.

Unter dem 24.7.2020 beantragte die F. als Rechtsvorgängerin der Beigeladenen bei dem Beklagten die Erteilung einer immissionsschutzrechtlichen Genehmigung zur Errichtung und zum Betrieb zweier Windenergieanlagen (WEA J. W2 und J. W3) jeweils des Typs Vestas V-162 mit einer Nabenhöhe von 166 m, einer Gesamthöhe von 247 m und einer Nennleistung von 5 600 kW auf den Grundstücken Gemarkung G02, Flur 6, Flurstücke 12 und 22. Die Vorhabenstandorte liegen nördlich bzw. nordwestlich der genannten Grundstücke der Klägerin und sind vom Hotel »A. G01« circa 1 400 m (WEA J. W2) bzw. 990 m (WEA J. W3) sowie vom ehemaligen Hotel »H.« circa 1 340 m (WEA J. W2) bzw. 950 m (WEA J. W3) entfernt. Sie befinden sich innerhalb der Konzentrationszone Nr. 7.2 »Südliche Waldflächen Süd« des sachlichen Teilflächennutzungsplans »Windenergie« der Stadt T., dessen Genehmigung am 8.5.2017 bekanntgemacht worden ist, sowie in einem durch den Landschaftsplan »T.« des Beklagten festgesetzten Landschaftsschutzgebiet. Ein Normenkontrollantrag unter anderem des Herrn E. gegen den sachlichen Teilflächennutzungsplan »Windenergie« der Stadt T. blieb vor dem 2. Senat des erkennenden Gerichts mangels Antragsbefugnis ohne Erfolg (Aktenzeichen: 2 D 6/18.NE). …

Mit Bescheid vom 23.10.2023, dem Geschäftsführer der Komplementär-GmbH der Klägerin als Privatperson zugestellt am 2.12.2023, erteilte der Beklagte der Beigeladenen die beantragte immissionsschutzrechtliche Genehmigung zur Errichtung und zum Betrieb zweier Windenergieanlagen mit den genannten technischen Daten. …

Die Klägerin hat am 27.12.2023 Klage erhoben. …

Die Klage hat keinen Erfolg. …

Die Klägerin hat keinen Anspruch auf Aufhebung des der Beigeladenen erteilten immissionsschutzrechtlichen Genehmigungsbescheids des Beklagten vom 27.10.2023. …

Der Genehmigungsbescheid vom 27.10.2023 verletzt die Klägerin auch nicht gemäß § 113 Abs. 1 Satz 1 VwGO in ihren (materiellen) Rechten. Eine solche Rechtsverletzung ergibt sich weder auf der Grundlage von Nachbarbelangen nach § 5 Abs. 1 Nr. 1 BImSchG noch aus dem bauplanungsrechtlichen Gebot der Rücksichtnahme oder sonstigen Vorschriften.

Es besteht keine Beeinträchtigung nachbarschützender Belange der Klägerin im Sinne von § 5 Abs. 1 Nr. 1 BImSchG. Nach dieser Vorschrift sind genehmigungsbedürftige Anlagen so zu errichten und zu betreiben, dass schädliche Umwelteinwirkungen und sonstige Gefahren, erhebliche Nachteile und erhebliche Belästigungen für die Allgemeinheit und die Nachbarschaft nicht hervorgerufen werden können.

Der Anlagenbetrieb ruft für die Klägerin keine schädlichen Umwelteinwirkungen in Form von Lärmimmissionen, Immissionen durch Infraschall, tieffrequenten Schall oder Körperschall, Schattenwurf, Lichtimmissionen durch Blinklichter oder Luftverunreinigungen durch den Abrieb von Mikropartikeln hervor. Gleiches gilt für die Klägerin mit Blick auf sonstige Gefahren im Sinne von § 5 Abs. 1 Nr. 1 Var. 2 BImSchG).

Hinsichtlich der von der Klägerin weiter angeführten Vorsorgepflicht nach § 5 Abs. 1 Nr. 2 BImSchG ist demgegenüber in der Rechtsprechung des Bundesverwaltungsgerichts geklärt, dass ein Nachbar schon grundsätzlich keinen Anspruch auf die Einhaltung der in dieser Vorschrift normierten Vorsorgeanforderungen hat, vgl. BVerwG, Urteil v. 11.12.2003 – 7 C 19.02 –, BVerwGE 119, 329 = juris Rdnr. 11, Beschlüsse v. 27.10.2023 – 7 B 10.23 –, juris Rdnr. 9 ff., und vom 16.1.2009 – 7 B 47.08 –, juris Rdnr. 11; OVG NRW, Urteile v. 19.1.2024 – 22 D 29/23.AK –, DVBl. 2024, 1296 = juris Rdnr. 29 f., und vom 22.11.2021 – 8 A 973/15 –, juris Rdnr. 212 f., m. w. N., Beschluss v. 7.9.2023 – 8 A 1576/22 –, juris Rdnr. 33.

Ferner besteht im Rahmen eines Verwaltungsprozesses weder Raum noch Veranlassung, auf die vom Prozessbevollmächtigten der Klägerin in den Klagebegründungen vom 6.3.2024 und 12.11.2024 aufgeführten – allenfalls – rechtspolitischen Erwägungen zur Sinnhaftigkeit der sog. Energiewende, die er als »vertiefende Ausführungen« bzw. im Rahmen einer »Gesamtsystembetrachtung« zu § 2 EEG zusammengefasst hat, näher einzugehen. Gleiches gilt angesichts der eindeutigen gesetzlichen Regelungen des Windenergieflächenbedarfsgesetzes – einschließlich § 5 WindBG (Feststellung und Bekanntmachung des Erreichens der Flächenbeitragswerte) – für den Vortrag, dass die Flächenbeitragswerte – insbesondere mit Blick auf aktuelle Anlagengrößen – »bereits jetzt de facto übererfüllt« seien. Unbeschadet dessen hat dies weder Auswirkungen auf die Rechtmäßigkeit der bereits vor mehr als einem Jahr erteilten Genehmigung noch führte eine – hier einmal fingierte – Rechtswidrigkeit auf subjektive Rechte der Klägerin.

Entgegen der Auffassung der Klägerin ist § 2 EEG – worauf es hier indes aber ohnehin nicht ankäme – auch nicht verfassungswidrig, sondern wird gerade durch das Bundesverfassungsgericht als Vorschrift anerkannt, die das Gewicht der Windenergienutzung in der Abwägung weiter verstärkt. Der Ausbau der Nutzung der Windkraft leistet danach einen faktisch unverzichtbaren Beitrag zu der verfassungsrechtlich durch Art. 20a GG und durch grundrechtliche Schutzpflichten gebotenen Begrenzung des Klimawandels. Um das verfassungsrechtlich maßgebliche Klimaschutzziel zu wahren, die Erderwärmung bei deutlich unter 2,0 °C, möglichst 1,5 °C anzuhalten, müssen erhebliche weitere Anstrengungen der Treibhausgasreduktion unternommen werden, wozu insbesondere der Ausbau der Windkraftnutzung beitragen soll. Zugleich unterstützt dieser Ausbau die Sicherung der Energieversorgung. Er trägt zur Deckung des infolge des Klimaschutzziels entstehenden Bedarfs an emissionsfrei erzeugtem Strom bei und verringert überdies die Abhängigkeit von Energieimporten, vgl. BVerfG, Beschlüsse v. 27.9.2022 – 1 BvR 2661/21 –, BVerfGE 163, 1 = juris Leitsatz 3 und Rdnr. 79, und vom 23.3.2022 – 1 BvR 1187/17 –, BVerfGE 161, 63 = juris Leitsatz 3 und Rdnr. 103 ff.; ebenso OVG NRW, Urteil v. 29.11.2022 – 22 A 1184/18 –, ZNER 2023, 53 = juris Rdnr. 361 f., Beschluss v. 19.8.2022 – 22 B 705/22.AK –, ZNER 2022, 517 = juris Rdnr. 46 f.

Nichts anderes gilt für Art. 3 Abs. 1 Satz 1 der Verordnung (EU) 2022/2577 als Entsprechung und Verstärkung zu § 2 EEG auf unionsrechtlicher Ebene, vgl. OVG NRW, Beschlüsse v. 17.6.2024 – 22 B 286/24.NE –, DVBl. 2024, 1242 = juris Rdnr. 64, und vom 29.3.2023 – 22 B 176/23.AK –, KlimR 2023, 153 = juris Rdnr. 66.

Die Klägerin ist nicht durch Lärmimmissionen, die von dem genehmigten Vorhaben ausgehen, unzumutbar beeinträchtigt (§ 6 Abs. 1 Nr. 1 i. V. m. § 5 Abs. 1 Nr. 1 BImSchG).

Soweit es die Schallimmissionen betrifft, kommt den in der TA Lärm normierten Richtwerten eine den unbestimmten Rechtsbegriff der schädlichen Umwelteinwirkung konkretisierende Wirkung zu, die im gerichtlichen Verfahren grundsätzlich zu beachten ist. Eine für den Nachbarn unzumutbare Lärmbelastung liegt in aller Regel nicht vor, wenn die Einhaltung der nach der TA Lärm maßgeblichen Richtwerte sichergestellt ist. Die Klägerin muss Schallimmissionen von 60 dB(A) tags und 45 dB(A) nachts hinnehmen.

Dabei kann offen bleiben, ob ihre Grundstücke innerhalb eines im Zusammenhang bebauten Ortsteils liegen, da – im Einklang mit den im Rahmen des Ortstermins vom 5.11.2024 gewonnenen Eindrücken, die der Berichterstatter den übrigen Senatsmitgliedern vermittelt hat – angesichts zahlreicher Wirtschaftsstellen gewerblicher bzw. landwirtschaftlicher Nutzungen in der näheren Umgebung allenfalls eine Einstufung als faktisches Dorf- bzw. Mischgebiet in Betracht käme, für welches sich vorbezeichnete Werte aus Nr. 6.1 Buchst. d TA Lärm ergeben. Die von der Klägerin im Nachgang zu dem durchgeführten Ortstermin noch einmal betonte Annahme, es handele sich um ein reines Wohngebiet, geht schon deshalb offensichtlich fehl, weil insbesondere der auf den eigenen Grundstücken der Klägerin ausgeübte Hotelbetrieb mit Restaurant (»A. Restaurant«) und Festsaal für Ritteressen, Tagungen und Hochzeitsfeiern (»A. Alm«) nach §§ 3, 4 BauNVO weder in einem solchen reinen noch auch nur in einem allgemeinen Wohngebiet zulässig wäre. Für im Außenbereich gelegene Immissionsorte werden dieselben Richtwerte Nr. 6.1 Buchst. d TA Lärm entlehnt, vgl. BVerwG, Beschluss v. 14.9.2017 – 4 B 26.17 –, ZfBR 2018, 73 = juris Rdnr. 7; OVG NRW, Urteile v. 11.12.2023 – 22 D 65/23.AK –, NWVBl. 2024, 264 = juris Rdnr. 51 ff., vom 4.5.2022 – 8 D 297/21.AK –, ZNER 2022, 424 = juris Rdnr. 76, und vom 4.5.2016 – 7 A 615/14 –, juris Rdnr. 64; Beschluss v. 30.1.2018 – 8 B 1060/17 –, AUR 2018, 356 = juris Rdnr. 21.

Die Richtwerte werden auf dem Grundstück der Klägerin hinreichend sicher eingehalten. Nach der Schallimmissionsprognose des Herrn P. vom 30.9.2019 – aktualisiert durch die Nachträge vom 28.9.2020 und vom 28.2.2023 – wird am circa 40 m nordwestlich des Gebäudes des Hotels »A. G01« mit der Anschrift G01 1 gelegenen Immissionsort IO I (G01 2) sowie am Immissionsort IO J (G01 10, ehemaliges Hotel »H.«) der Immissionsrichtwert von 45 dB(A) nachts mit einer gerundeten Gesamtbelastung von jeweils 38 dB(A) sehr deutlich unterschritten. Dabei liegt der Immissionsort IO I jeweils näher an den WEA J. W2 und J. W3 als die Gebäude des Hotels »A. G01«.

Die Schallimmissionsprognose liegt auch »auf der sicheren Seite«. Dem kann die Klägerin nicht mit Erfolg entgegenhalten, dass der Standort des Hotels »A. G01« mit seinen üblicherweise den Schall signifikant erhöhenden Reflexionen zwischen den Gebäuden nicht berücksichtigt worden sei. Denn zum einen hat sich bereits der 2. Nachtrag zur Schallimmissionsprognose des Herrn P. vom 28.2.2023 mit der Thematik der Schallreflexionen noch einmal eingehend befasst, auch einen zusätzlichen Immissionsort einbezogen und insoweit kein Potenzial für eine Überschreitung der Immissionsrichtwerte aufgrund von Schallreflexionen festgestellt. Damit hat sich die Klägerin auch nicht weiter auseinandergesetzt, jedenfalls nicht in substanziierter Form. Zum anderen stimmt dies auch mit der gerichtlichen Bewertung der räumlichen Anordnung der Gebäude in G01 nach den Feststellungen im Ortstermin und anhand des Programms TIM-online überein. Im Übrigen kann es durch Schallreflexionen ohnehin theoretisch nur zu einer Verdoppelung der Schallpegel und damit maximal zu einer Summenpegelerhöhung von 3 dB(A) kommen, so dass der Immissionsrichtwert von 45 dB(A) nach wie vor ohne Weiteres eingehalten wäre.

Soweit die Klägerin einwendet, dass der »Worst Case« nächtlicher Lärmbelastung bei Temperaturen unter null Grad nicht berücksichtigt worden sei, ist dies für die Einhaltung der Richtwerte ohne Relevanz. Für die geplante Anlage lag bei Bescheiderlass noch keine Vermessung vor, so dass die Schallprognose auf den Herstellerangaben (zuzüglich eines im Vergleich zu einem bereits vermessenen Anlagentyp erhöhten Sicherheitszuschlags) beruht. Es ist nicht davon auszugehen, dass jahreszeitlich verschiedene Witterungsbedingungen im Prognoseverfahren nicht hinreichend berücksichtigt worden wären. Beim Interimsverfahren wird keine meteorologische Korrektur berücksichtigt, indem die meteorologische Korrektur Cmet auf null gesetzt wird. Dem folgt vorliegend auch die Schallimmissionsprognose (dort Anlage A4). Ohne eine meteorologische Korrektur können unterschiedliche Witterungsbedingungen nicht zu einer Erhöhung des Schallpegels führen; eine Wetterlage, bei der Cmet = 0 die Ausbreitung unterschätzt, ist nicht denkbar. Dies hat das erkennende Gericht mehrfach und auf Grundlage der Aussagen von Schallgutachtern in den mündlichen Verhandlungen entschieden, wie dem Prozessbevollmächtigten der Klägerin bekannt ist, vgl. insbesondere OVG NRW, Urteil v. 27.4.2023 – 8 D 368/21.AK –, juris Rdnr. 169 ff., und vom 22.11.2021 – 8 A 973/15 –, juris Rdnr. 133 ff. (an diesen Verfahren war der Prozessbevollmächtigte der Klägerin beteiligt); ferner OVG NRW, Urteile v. 4.5.2022 – 8 D 346/21.AK –, BauR 2023, 440 = juris Rdnr. 108, vom 4.5.2022 – 8 D 297/21.AK –, ZNER 2022, 424 = juris Rdnr. 104, und vom 5.10.2020 – 8 A 894/17 –, ZNER 2020, 558 = juris Rdnr. 207 ff., sowie Beschluss v. 22.3.2021 – 8 A 3518/19 –, juris Rdnr. 23 ff.

Auch der in der mündlichen Verhandlung anwesende Gutachter (Ersteller der genehmigten Schallprognose) hat dort noch einmal bestätigt und für den Senat ohne Weiteres nachvollziehbar begründet, dass die Temperatur keinen Einfluss auf die Validität der gutachterlichen Lärmprognose hat.

Vor dem Hintergrund der Ermittlung des Schalls anhand einer Prognose (mit dem in solchen Fällen erforderlichen – und ausreichenden – Sicherheitszuschlag von 2,1 dB(A)) geht der Einwand der Klägerin, es fehlten Messberichte zu den Immissionen bzw. Emissionen, hier ersichtlich an der Sache vorbei. Dessen ungeachtet ist nach der Nebenbestimmung unter Ziffer III.3.3 der Genehmigung ohnehin eine Aufschiebung des Nachtbetriebs vorgesehen, bis das Schallverhalten des Anlagentyps Vestas V-162 durch eine FGW-konforme Vermessung an den Anlagen selbst oder einer anderen Anlage desselben Typs belegt wird.

Auch die grundsätzlichen Bedenken der Klägerin gegen Vermessungen von Windenergieanlagen nach Maßgabe der FGW-Richtlinie – Fördergesellschaft Windenergie e. V.: Technische Richtlinie zur Bestimmung der Leistungskurve, des Schallleistungspegels und der elektrischen Eigenschaften von Windenergieanlagen – Teil 1: Bestimmung der Schallemissionswerte, aktueller Stand: 1.3.2021 – greifen nicht durch. Soweit sie ausführt, es handle sich um eine Einrichtung der Windindustrie im Eigeninteresse, legt sie keine konkret zu befürchtenden Mängel des Messverfahrens dar. Ihrer Beanstandung, das Verfahren berücksichtige die Temperatur und Luftdichte vor Ort nicht ausreichend, ist nicht zu folgen. Das Gericht hat bereits in der Vergangenheit nach Befragung eines Sachverständigen in der mündlichen Verhandlung entschieden, dass Temperatur und Luftdruck lediglich die Leistungskurve einer pitchgesteuerten Windenergieanlage (wie vorliegend) verändern, also den Betriebszustand, bei dem die Nennleistung erreicht wird. Der Schallleistungspegel bleibt hiervon aber unberührt, denn nach Erreichen der Nennleistung wird die Anlage nicht mehr lauter. Weil sich die Leistungskurve verändert, wird gewissermaßen der Punkt, an dem der lauteste Betriebszustand erreicht wird, lediglich auf der Skala nach rechts oder links verschoben, vgl. OVG NRW, Urteile v. 27.4.2023 – 8 D 368/21.AK –, juris Rdnr. 176 ff., und vom 22.11.2021 – 8 A 973/15 –, juris Rdnr. 134, siehe außerdem Urteil v. 24.2.2023 – 7 D 316/21.AK –, BauR 2023, 1093 = juris Rdnr. 135, Beschluss v. 8.3.2024 – 8 B 1203/23.AK –, Beschlussausfertigung, S. 20 (dem Prozessbevollmächtigten der Klägerin jeweils bekannt). Auch das hat der in der mündlichen Verhandlung anwesende Gutachter (Ersteller der genehmigten Schallprognose) dort in der Sache noch einmal bestätigt.

Die Forderung der Klägerin nach einer Überwachung des Schallverhaltens mittels einer Schall-Dauermessstation bzw. ihres Zugangs zu den »data-logs« ist schon nach dem Vorstehenden nicht gerechtfertigt. Im Übrigen betreffen die genannten Maßnahmen – wie auch die von ihr angegriffene Nebenbestimmung zur Abnahmemessung nach Ziffer III.3.5 Abs. 2 – die der Genehmigungserteilung nachgelagerte Ebene der behördlichen Kontrolle bzw. Überwachung. Sie geben dagegen keinen Aufschluss darüber, ob die Voraussetzungen für eine Genehmigungserteilung vorliegen, vgl. OVG NRW, Urteil v. 19.3.2024 – 22 D 147/23.AK –, UWP 2024, 145 = juris Rdnr. 64, Beschlüsse v. 13.7.2021 – 8 A 500/20 –, juris Rdnr. 11 ff., und vom 17.1.2012 – 8 A 1710/10 –, juris Rdnr. 21; Bay. VGH, Beschluss v. 10.8.2015 – 22 ZB 15.1113 –, BauR 2015, 1823 = juris Rdnr. 31.

Dessen ungeachtet ist es nicht zu beanstanden, wenn eine Genehmigungsbehörde – wie hier der Beklagte nach Ziffer III.3.5 Abs. 2 der Genehmigung – bei Vorliegen einer Dreifachvermessung auf eine Abnahmemessung verzichtet. Die Entscheidung zugunsten einer Abnahmemessung ist in diesem Fall fachlich nicht geboten. Dies entspricht insbesondere den Hinweisen zum »Schallimmissionsschutz bei Windkraftanlagen (WKA)« der Bund/Länder-Arbeitsgemeinschaft Immissionsschutz (Stand 30.6.2016, dort: Ziffer 4.4). Im Übrigen ist die Genehmigungsbehörde auch bei Verzicht auf die Forderung einer anlasslosen Messung unmittelbar in der Genehmigung nicht gehindert, Nachbarbeschwerden, die erfahrungsgemäß gehäuft in der ersten Betriebsphase von Windenergieanlagen auftreten, als Anlass für eine Überwachungsmessung zu nehmen, vgl. Agatz, Windenergie-Handbuch, 19. Aufl. 2023, S. 350 f., unter der Überschrift »immissionsschutzrechtliche Überwachung«.

Angesichts dessen konnte der in der mündlichen Verhandlung gestellte Beweisantrag zu 1. der Klägerin, der sich auf die Besonderheit der Temperatur vor Ort (»Situation G01 als einen insbesondere nachts sehr kalten Standort«) bezieht, als »ins Blaue hinein« gestellter Ausforschungsantrag sowie aufgrund eigener Sachkenntnis des Gerichts abgelehnt werden. Da die Klägerin nicht einmal ein Beweismittel benannt hat, genügt der Beweisantrag zu 1. auch nicht den an ihn zustellenden (Mindest-)Anforderungen. Ferner betrifft die Abnahmemessung wie festgestellt ohnehin nicht die Rechtmäßigkeit der Genehmigungserteilung, sondern die nachgelagerte Ebene der behördlichen Überwachung, so dass die Beweisfrage unerheblich ist.

Schließlich beschränkt sich die Klägerin mit ihrem Vortrag, dass der Schall bei Windenergieanlagen im Wesentlichen im Bereich der Rotorblattspitzen und damit hier um 81 m näher an ihren Grundstücken entstehe, was die Schallimmissionsprognose des Herrn P. zu ihren Lasten nicht berücksichtigt habe, auf die thesenartige Behauptung eines Widerspruchs zu den »physikalisch-gesetzmäßigen Ausbreitungen von Schallwellen«, ohne dass dieser nachvollziehbar erläutert wird. Die Hypothesen ihres Prozessbevollmächtigten sind nicht geeignet, das fachwissenschaftlich anerkannte und erst in jüngerer Zeit durch die höchstrichterliche Rechtsprechung bestätigte Berechnungsmodell des Interimsverfahrens durchgreifend in Zweifel zu ziehen, vgl. BVerwG, Beschlüsse v. 15.7.2024 – 7 B 32.23 –, juris Rdnr. 5 ff., und vom 30.12.2022 – 7 B 15.22 –, ZNER 2023, 38 = juris Rdnr. 6 ff.; siehe auch OVG NRW, Urteile v. 24.5.2024 – 22 D 77/23.AK –, juris Rdnr. 122 ff., vom 19.1.2024 – 22 D 29/23.AK –, DVBl. 2024, 1296 = juris Rdnr. 50 f., vom 12.1.2024 – 22 D 102/23.AK –, juris Rdnr. 47 f., und vom 20.4.2022 – 8 A 1575/19 –, BauR 2023, 197 = juris Rdnr. 111 ff., Beschluss v. 8.3.2024 – 8 B 1203/23.AK –, Beschlussausfertigung S. 19 (dem Prozessbevollmächtigten der Klägerin bekannt); OVG Berlin-Bbg., Urteil v. 11.5.2023 – 3a A 31.23 –, juris Rdnr. 26 ff., mit umfangreichen weiteren Nachweisen in Rdnr. 28.

Ungeachtet dessen ist nach den gegebenen Verhältnissen ohnehin nicht erkennbar, dass das von der Klägerin postulierte Heranrücken der Schallquelle an ihre Grundstücke um 81 m zu einer Überschreitung der genannten Immissionsrichtwerte führen könnte, die nach der – wie ausgeführt – belastbaren Prognose um mindestens 7 dB(A) unterschritten werden.

Inwieweit schließlich die weiter angesprochene Untersuchung eines Herrn Kühner (Akustik Journal 01/19, S. 16 ff.) die Annahme einer Rechtsverletzung der Klägerin begründen soll, vermag der Senat nicht ansatzweise zu erkennen. Danach soll das Interimsverfahren allein im hier selbst nach Annahmen der Klägerin nicht vorliegenden Nahbereich (bis max. 600 m) zu einer Unterschätzung der tatsächlichen Lärmbelastung führen, im hier auch nach ihrem Vortrag gegebenen Abstand von mehr als 800–1 500 m aber zu einer Überschätzung von 4–6 dB(A), vgl. dazu bereits OVG NRW, Urteil v. 24.5.2024 – 22 D 77/23.AK –, juris Rdnr. 126.

Auch ist die Klägerin nicht aufgrund von Infraschall, tieffrequentem Schall oder Körperschall durch die Genehmigung in ihren Rechten verletzt.

In der Rechtsprechung des erkennenden Gerichts und – soweit ersichtlich – aller anderen Obergerichte ist geklärt, dass Infraschall – wie auch tieffrequenter Schall – durch Windenergieanlagen im Allgemeinen unterhalb der Wahrnehmungsschwelle des menschlichen Gehörs liegt und nach dem bisherigen Stand wissenschaftlicher Erkenntnisse grundsätzlich nicht zu Gesundheitsgefahren führt, vgl. etwa BVerwG, Beschluss v. 30.9.2024 – 7 B 7.24 –, juris Rdnr. 7; OVG NRW, Urteile v. 23.8.2024 – 8 D 15/23.AK –, juris Rdnr. 94 ff., vom 19.1.2024 – 22 D 29/23.AK –, DVBl. 2024, 1296 = juris Rdnr. 55 f., vom 27.7.2023 – 22 D 100/22.AK –, juris Rdnr. 49 ff., vom 27.4.2023 – 8 D 368/21.AK –, juris Rdnr. 187 ff., vom 24.2.2023 – 7 D 316/21.AK –, BauR 2023, 1093 = juris Rdnr. 139 ff., vom 27.10.2022 – 22 D 363/21.AK –, BauR 2023, 614 = juris Rdnr. 86 ff., vom 4.5.2022 – 8 D 297/21.AK –, ZNER 2022, 424 = juris Rdnr. 113 f., vom 17.3.2022 – 7 D 303/20.AK –, BauR 2022, 906 = juris Rdnr. 83 f., und vom 5.10.2020 – 8 A 894/17 –, ZNER 2020, 558 = juris Rdnr. 238 f., Beschluss v. 22.3.2021 – 8 A 3518/19 –, juris Rdnr. 49 f., jeweils m. w. N., auch zur Rechtsprechung anderer Obergerichte.

Sämtliche Studien, die die Klägerin aufgeführt hat oder die dem Senat anderweitig bekannt sind, sind allenfalls Teil des wissenschaftlichen Diskurses, ergeben allerdings bisher keinen begründeten Ansatz für relevante tieffrequente Immissionen oder Infraschall durch Windenergieanlagen oder nachweisbare gesundheitsschädliche Auswirkungen, vgl. nur OVG NRW, Urteile v. 27.7.2023 – 22 D 100/22.AK –, juris Rdnr. 51 ff., vom 27.4.2023 – 8 D 368/21.AK –, juris Rdnr. 187 ff., vom 27.10.2022 – 22 D 363/21.AK –, BauR 2023, 614 = juris Rdnr. 86 ff., vom 4.5.2022 – 8 D 297/21.AK –, ZNER 2022, 424 = juris Rdnr. 113 f., vom 17.3.2022 – 7 D 303/20.AK –, BauR 2022, 906 = juris Rdnr. 85 f., und vom 5.10.2020 – 8 A 894/17 –, ZNER 2020, 558 = juris Rdnr. 240 f., Beschluss v. 22.3.2021 – 8 A 3518/19 –, juris Rdnr. 51 f., jeweils m. w. N.; siehe auch OLG Schleswig, Urteil v. 4.12.2019 – 9 U 152/18 –, NVwZ 2020, 1211 = juris Rdnr. 45; jüngst noch einmal ausführlich OVG NRW, Urteil v. 23.8.2024 – 8 D 15/23.AK –, juris.

Neuere Erkenntnisse, die eine andere Bewertung rechtfertigen könnten, enthält der Vortrag der Klägerin nicht, vgl. in diesem Zusammenhang vielmehr Asendorpf, »Den gefürchteten Infraschall von Windrädern gibt es gar nicht«, Die ZEIT Nr. 34 vom 18.8.2022.

Sie zeigt auch nicht auf, dass schädliche Umweltauswirkungen auf ihre Grundstücke durch Körperschall zu erwarten wären. Ihre diesbezüglichen umfangreichen Ausführungen bleiben im Wesentlichen abstrakt, zum Körperschall durch Windenergieanlagen siehe z. B. OVG NRW, Urteile v. 19.3.2024 – 22 D 147/23.AK –, UWP 2024, 145 = juris Rdnr. 82, vom 19.1.2024 – 22 D 29/23.AK –, DVBl. 2024, 1296 = juris Rdnr. 61 ff., vom 27.4.2023 – 8 D 368/21.AK –, juris Rdnr. 193 ff., und vom 22.11.2021 – 8 A 973/15 –, juris Rdnr. 171 ff., Beschluss v. 18.10.2021 – 8 A 2790/18 –, juris Rdnr. 43 f., und gehen nicht über die bereits in früheren Verfahren vom Prozessbevollmächtigten der Klägerin vorgetragenen und nicht zuletzt vom erkennenden Gericht erschöpfend behandelten Vermutungen hinaus, vgl. BVerwG, Beschluss v. 15.7.2024 – 7 B 32.23 –, juris Rdnr. 8 f.; OVG Schl.-H., Urteil v. 28.6.2023 – 5 KS 26/21 –, juris Rdnr. 75 ff.

Es ist auch nichts dafür ersichtlich, dass die Auswirkungen von Infraschall, der in Gebäuden durch bodengeleiteten Körperschall erzeugt wird, anders zu bewerten sein könnten als diejenigen von luftgeleitetem Infraschall. vgl. OVG NRW, Urteile v. 19.3.2024 – 22 D 147/23.AK –, UWP 2024, 145 = juris Rdnr. 86, vom 12.1.2024 – 22 D 102/23.AK –, juris Rdnr. 59 ff., Beschlüsse v. 8.3.2024 – 8 B 1203/23.AK –, Beschlussausfertigung, S. 20, und vom 7.9.2023 – 8 A 1576/22 –, juris Rdnr. 22. (dem Prozessbevollmächtigten der Klägerin jeweils bekannt).

Dass es selbst bei länger andauernden Starkwindphasen zu gesundheitsbeeinträchtigenden Infraschallimmissionen durch den auf die Hauswände treffenden Körperschall kommen könnte, liegt mindestens fern und wird durch die wortreichen Erläuterungen des Prozessbevollmächtigten der Klägerin auch nicht plausibel gemacht. Allein der Umstand, dass solche Folgen mess- oder berechenbar sein mögen, reicht in diesem Zusammenhang für eine auch nur mögliche Beeinträchtigung der Klägerin gerade nicht aus, vgl. OVG NRW, Urteile v. 24.5.2024 – 22 D 68/23.AK –, juris Rdnr. 82 f., und vom 22.11.2021 – 8 A 973/15 –, juris Rdnr. 170 ff., m. w. N.

Aus den vorstehenden Gründen musste die Schallimmissionsprognose auch nicht entgegen den Vorgaben der DIN ISO 9613-2 (dort Tabelle 2) Frequenzen unter 63 Hz berücksichtigen oder war der Beklagte von Amts wegen gehalten, Körperschallmessungen zu veranlassen oder den hiervon in den Gebäuden der Klägerin ggf. induzierten Infraschall zu ermitteln, vgl. ausführlich zum Ganzen nunmehr auch OVG NRW, Urteil v. 23.8.2024 – 8 D 15/23.AK –, juris Leitsatz 3 und Rdnr. 38 ff. (»keine deutlich wahrnehmbaren tieffrequenten Geräusche durch die Windenergieanlagen in Innenräumen in mehr als 700 m Entfernung zu erwarten«). …

Eine unzumutbare Beeinträchtigung der Klägerin durch Schattenwurfimmissionen aufgrund des Betriebs der beiden genehmigten Windenergieanlagen ist ausgeschlossen. Nach gefestigter Rechtsprechung sind entsprechende Immissionen – von hier nicht erkennbaren Sondersituationen abgesehen – regelmäßig zumutbar, wenn die astronomisch maximal mögliche Einwirkungsdauer am jeweiligen Immissionsort unter kumulativer Berücksichtigung aller Beiträge sonst auf diesen einwirkender Windenergieanlagen nicht mehr als 30 Stunden pro Kalenderjahr und darüber hinaus nicht mehr als 30 Minuten pro Tag beträgt, vgl. OVG NRW, Urteile v. 27.7.2023 – 22 D 100/22.AK –, juris Rdnr. 46 ff., vom 27.4.2023 – 8 D 368/21.AK –, juris Rdnr. 196 ff., vom 27.10.2022 – 22 D 64/21.AK –, juris Rdnr. 58 ff., vom 22.11.2021 – 8 A 973/15 –, juris Rdnr. 226, und vom 18.11.2002 – 7 A 2140/00 –, juris Rdnr. 145 ff., Beschlüsse v. 6.5.2016 – 8 B 866/15 –, UPR 2017, 35 = juris Rdnr. 35, vom

23.1.2008 – 8 B 237/07 –, juris Rdnr. 61, und vom 14.6.2004 – 10 B 2151/03 –, NWVBl. 2005, 194 = juris Rdnr. 13 ff.

Die Einhaltung dieser Werte ist durch die Nebenbestimmungen unter Ziffer III.3.10 ff. sichergestellt. Im Übrigen liegt eine Beeinträchtigung der Klägerin durch Schattenwurfimmissionen der nördlich bzw. nordwestlich gelegenen WEA J. W2 und J. W3 schon nach den Ausführungen der von ihr nicht in Zweifel gezogenen Schattenwurfanalyse des Herrn P. vom 30.9.2019 (dort insbesondere Seite 5 der Anlage: »SHADOW-Karte« mit »Berechnung: Zusatzbelastung«) fern. Danach ist auf den Grundstücken der Klägerin mit keinerlei von den genehmigten Windenergieanlagen ausgehendem Schattenschlag zu rechnen, was angesichts der Nordlage aus astronomischen Gründen für den Senat ohne Weiteres plausibel ist. Insofern kann auch dahinstehen, dass die Klägerin der Auffassung ist, sie habe einen Anspruch auf die hier schon tatsächlich gegebene Nullverschattung. Eine rechtliche Begründung hierfür liefert sie mit ihrem Verweis auf die »Besonderheit des Betriebs« allerdings ohnehin nicht, sie ist auch sonst nicht ansatzweise ersichtlich.

Das genehmigte Vorhaben der Beigeladenen führt gegenüber der Klägerin auch nicht zu unzumutbaren Lichtimmissionen.

Die zur Flugsicherung notwendige Befeuerung von Windenergieanlagen in Form von weißem und rotem Blitz- bzw. Blinklicht ist zwar als Lichtimmission zu werten. Die rechtlich allerdings nicht verbindliche Licht-Richtlinie (»Hinweise zur Messung, Beurteilung und Minderung von Lichtimmissionen« der Bund/Länder-Arbeitsgemeinschaft für Immissionsschutz vom 13.9.2012, vgl. Gemeinsamer Runderlass »Lichtimmissionen, Messung, Beurteilung und Verminderung« des Ministeriums für Klimaschutz, Umwelt, Landwirtschaft, Natur- und Verbraucherschutz vom 11.12.2014 [MBl. NRW. 2015 Seite 26], geändert durch Runderlass vom 20.6.2018 [MBl. NRW. 2018 Seite 390]) kennt die Effekte der Aufhellung und der psychologischen Blendung. Aufhellung tritt nur in der unmittelbaren Nähe von Lichtquellen auf und kann daher wegen der großen Abstände von Windenergieanlagen zu den nächstgelegenen Wohnhäusern ausgeschlossen werden (meist < 1 % des Richtwertes der Licht-Richtlinie). Aufgrund der vergleichsweise geringen Lichtstärke und geringen Leuchtfläche der Nachtbefeuerung sowie der großen Horizontal- und Vertikalabstände zu den Immissionsaufpunkten ist die Blendwirkung ebenfalls als unerheblich einzustufen, vgl. OVG NRW, Urteile v. 11.12.2023 – 22 D 65/23.AK –, NWVBl. 2024, 264 = juris Rdnr. 69, vom 27.10.2022 – 22 D 64/21.AK –, juris Rdnr. 62; Agatz, Windenergie-Handbuch, 19. Ausg. 2023, S. 188 ff.

Dass diese sich aus den genannten Regelungen ergebenden Bewertungen mit Blick auf den objektivierten Maßstab des § 3 Abs. 1 BImSchG nicht sachgerecht sein könnten, ist nicht ersichtlich, vgl. OVG NRW, Urteil v. 23.8.2024 – 8 D 15/23.AK –, juris Rdnr. 149.

Dies gilt, zumal nach den Nebenbestimmungen unter den Ziffern III.3.17 und III.3.18 der Genehmigung die Abstrahlung der für die Tag- und Nachtkennzeichnung eingesetzten Feuer so weit nach unten zu begrenzen ist, wie es unter Einhaltung der technischen Spezifikationen in der Allgemeinen Verwaltungsvorschrift zur Kennzeichnung von Luftfahrthindernissen zulässig ist.

Es besteht auch keine Rechtsverletzung der Klägerin wegen einer unzumutbaren Beeinträchtigung durch Mikroplastikpartikel, die aufgrund der Erosion der Oberflächen von Rotorblättern entstehen können.

Soweit es Luftverunreinigungen betrifft, konkretisiert die TA Luft den Begriff der schädlichen Umwelteinwirkung. In Tabelle 1 zu Nr. 4.2.1 TA Luft sind Immissionswerte für Partikel PM10 und PM2.5 festgelegt. Auch wenn Mikroplastikpartikel – wenn sie entsprechende Größen aufweisen – hierunter fallen mögen, lässt sich dem Vortrag der Klägerin nichts Substanziiertes dazu entnehmen, dass der Betrieb der streitgegenständlichen Windenergieanlagen auf ihren Grundstücken zu einer Überschreitung ebendieser Richtwerte führen könnte. Ihre Ausführungen beziehen sich lediglich allgemein auf mögliche Erosionen der Oberflächen von Rotorblättern und hierdurch freigesetzte Mikroplastikpartikel. Solche geben dem Senat keine hinreichend tragfähigen Anhaltspunkte für eine Richtwertüberschreitung im konkreten Fall zulasten der Klägerin. Dies gilt namentlich in Anbetracht der Volatilität von Windgeschwindigkeit bzw. -richtung und damit einhergehend der Nichtvorhersehbarkeit der Verteilung der Mikroplastikpartikel und der Vielzahl weiterer in Betracht kommender Emittenten, vgl. OVG NRW, Urteil v. 27.4.2023 – 8 D 368/21.AK –, juris Rdnr. 203.

Auch die im Rahmen der Klagebegründung vom 6.3.2024 durchgeführten Hochrechnungen der Belastungen mit Mikropartikeln entbehren einer fachlichen Fundierung. Dies gilt nicht zuletzt deshalb, weil die als Ausgangspunkt der Berechnungen herangezogene Kurzinformation der wissenschaftlichen Dienste des Bundestages vom 8.12.2020 »Zu einem Einzelaspekt der Erosion von Rotorblättern von Windenergieanlagen« (WD – 3000 – 077/20) selbst davon ausgeht, dass Beschichtungsmaterialien aus Folien und Lacken in verschiedenen Forschungsprojekten optimiert werden, um witterungsbedingte Erosionen zu minimieren. Zudem sind danach die jährlichen Abriebwerte von Reifen und Schuhsohlen um ein Vielfaches (für Reifen circa 73-fach, für Schuhsohlen circa sechsfach) höher, auch wenn dieser Betrachtung für Windenergieanlagen eine »obere Abschätzung« zugrunde gelegt wird, bei der der tatsächliche Wert mit hoher Wahrscheinlichkeit deutlich unterschritten wird. Die Prozessbevollmächtigten der Beigeladenen haben in diesem Zusammenhang im Rahmen ihrer Klageerwiderung vom 29.5.2024 ausführlich dargestellt, dass der von der Klägerin angenommene Umfang der Erosion von 62 kg Material pro Jahr und Windenergieanlage nicht wissenschaftlich fundiert und damit nicht haltbar sei. Die angenommene Erosionsrate beruhe auf einer Hochrechnung von Werten, die auf einen Beitrag zurückgehe, der aber überhaupt nicht das Ziel gehabt habe, die absolute Materialmenge, die durch Erosion abgetragen werde, zu ermitteln. Vielmehr sei es allein Ziel des zugrunde liegenden Beitrags gewesen, Unterschiede der Erosionsrate bei verschiedenen Regenmengen zu ermitteln. Dem hat auch die Klägerin nichts Substanzielles entgegengehalten.

Soweit die Klägerin daneben eine Bodenkontamination durch die Belastung mit Mikroplastikpartikeln fürchtet, sind Mikroplastikpartikel, die durch Abrieb an den Rotorblättern von Windenergieanlagen freigesetzt werden und in den Boden gelangen können, keine Bewertungsparameter für den Bodenzustand. Insbesondere ist das – ohnehin nicht drittschützende – Emissionsminimierungsgebot gemäß § 10 Abs. 2 Satz 1 BBodSchV nicht einschlägig, weil keine Erkenntnisse zu im Sinne des § 9 Abs. 1 Satz 1 Nr. 2 BBodSchV krebserzeugenden, erbgutverändernden, fortpflanzungsgefährdenden oder toxischen Eigenschaften von Mikroplastikpartikeln, die in besonderem Maße geeignet wären, schädliche Bodenveränderungen herbeizuführen, vorliegen, vgl. OVG NRW, Urteile v. 27.4.2023 – 8 D 368/21.AK –, juris Rdnr. 200 ff., vom 24.2.2023 – 7 D 316/21.AK –, juris Rdnr. 177 ff., und vom 22.11.2021 – 8 A 973/15 –, juris Rdnr. 203 ff.

Belastbare Anhaltspunkte, die eine andere Bewertung rechtfertigen könnten, hat die Klägerin durch die von ihr vorgelegten bzw. verlinkten Dokumente und sonstigen Quellen nicht – auch nicht mit ihrer weiteren Klagebegründung – vorgetragen. Soweit sie teilweise gänzlich pauschal eine Vielzahl von Quellen benennt, genügt dies nicht den Vorgaben des § 67 Abs. 4 Satz 1 VwGO. Es ist nicht Aufgabe des Gerichts, Sachvortrag aus pauschal in Bezug genommenem Vorbringen zu konkretisieren, vgl. dazu bereits OVG NRW, Urteil v. 27.4.2023 – 8 D 368/21.AK –, juris Rdnr. 206, m. w. N.

Insbesondere besteht nach der Rechtsprechung des Gerichts auch hinsichtlich der von der Klägerin thematisierten und in einen Zusammenhang mit Windenergieanlagen gebrachten PFAS (per- und polyfluorierte Alkylsubstanzen) und der chemischen Verbindung BPA keine wissenschaftliche Erkenntnislage, die auf Gesundheitsgefahren oder eine Beeinträchtigung des klägerischen Eigentums durch Kontamination als schädliche Umwelteinwirkungen im Sinne von § 3 Abs. 1 BImSchG schließen ließe, unabhängig von der Frage, ob bzw. in welchem Umfang diese Stoffe in der genehmigten Anlage und insbesondere in den – nach dem Vortrag der Klägerin – erosionsgefährdeten Teilen überhaupt enthalten sein werden, vgl. im Einzelnen OVG NRW, Urteil v. 27.4.2023 – 8 D 368/21.AK –, juris Rdnr. 208 ff., ferner Beschlüsse v. 8.3.2024 – 8 B 1203/23.AK –, Beschlussausfertigung, S. 20, und vom 7.9.2023 – 8 A 1576/22 –, juris Rdnr. 29 f.

Dass BPA selbst, das in einer Vielzahl von Kunststoffen enthalten ist, wie auch einige PFAS auf Ebene der Europäischen Union als »besonders besorgniserregender Stoff« betrachtet werden und ihre Verwendung deshalb möglicherweise zukünftig eingeschränkt oder verboten werden wird, lässt keinen Rückschluss darauf zu, dass die Klägerin individuell gerade durch den Betrieb der hier in Rede stehenden Anlagen konkreten Gesundheitsgefahren ausgesetzt sein könnte. Dies gilt erst recht angesichts des Umstandes, dass die Erosion an den Rotorblättern nach dem von der Klägerin nicht in Frage gestellten Vortrag der Beigeladenen ohnehin in erster Linie die äußere Schutzschicht betrifft, die in der Regel ungiftig ist und kein BPA enthält. Die Anlagen entsprechen soweit ersichtlich vollständig den derzeit bestehenden rechtlichen und technischen Anforderungen, so dass eine Versagung der immissionsschutzrechtlichen Genehmigung jedenfalls aus diesem Grund von vornherein ausscheidet.

Diese Einschätzung wird auch durch das von der Klägerin angeführte Urteil des Gerichtshofs der Europäischen Union vom 9.3.2023 – C-119/21 – bestätigt, wonach dieser die Frage der Aufnahme von BPA in die Kandidatenliste der REACH-Verordnung der im hiesigen Kontext von vornherein nicht relevanten Vorsorge zuordnet (etwa Rdnr. 115 ff.). ...

Von dem genehmigten Vorhaben sind auch keine der Klägerin unzumutbaren sonstigen Gefahren im Sinne des § 5 Abs. 1 Nr. 1 Var. 2 BImSchG zu erwarten. Dies gilt zunächst für die von ihr geltend gemachten unzureichenden Brandschutzvorkehrungen. Auch konkrete Gefahren durch Unfälle lassen sich nicht feststellen.

Die Klägerin wird nicht durch unzureichende Brandschutzvorkehrungen in ihren Rechten verletzt. Ein Verstoß gegen drittschützende Vorschriften in Bezug auf brandschutzrechtliche Anforderungen scheidet jedenfalls schon deshalb aus, weil die von der zum Zeitpunkt der Genehmigungserteilung geltenden Vorschrift des § 6 Abs. 13 BauO NRW 2018 in der Fassung des Gesetzes vom 21.7.2018 (GV. NRW. Seite 411) geforderte Abstandsfläche von 123,5 m hinsichtlich der Grundstücke der Klägerin um ein Vielfaches überschritten wird. Diese liegen deutlich mehr als 900 m von dem nächstgelegenen Vorhabenstandort entfernt. Eine noch größere Überschreitung ergibt sich nunmehr nach § 6 Abs. 4 Satz 8 BauO NRW 2018 in der Fassung des Gesetzes vom 31.10.2023 (GV. NRW. Seite 1172) mit einer Abstandsfläche von nur 74,1 m.

Unabhängig davon trägt die Klägerin aber auch nicht vor, welche konkreten, in den brandschutzrechtlichen Vorschriften enthaltenen Vorgaben verletzt sein sollten, die die kaum zu erwartende Ausbreitung von Feuer durch Funkenflug auf Grundstücke in solcher Entfernung zu verhindern bestimmt wären. Insbesondere erfolgt keine inhaltliche Auseinandersetzung mit dem zum Genehmigungsbestandteil erklärten Brandschutzkonzept der C. Beratende Ingenieure G. PartG mbH vom 2.4.2020, die über die pauschale Bewertung des Konzepts als für die durch Blitzeinschlag und Rotorblattbrand bedingten Gefahren »überhaupt nicht ausgelegt« hinausginge. Soweit die Klägerin in diesem Zusammenhang ausführt, bei einem Brand der Rotoren bzw. der Gondel könnten die in den eingesetzten Kunststoffen verarbeiteten Carbonfasern freigesetzt werden und aufgrund ihrer asbestähnlichen Eigenschaften namentlich als lungengängige Partikel krebserregend wirken, führt das nicht weiter. Denn die Klägerin weist selbst darauf hin, dass nach einer Studie des Umweltbundesamtes aus dem Jahr 2019 eine solche Bildung von lungengängigen Teilchen erst ab einer Temperatur von 650 °C anzunehmen ist. Bei einem Rotor- oder Gondelbrand sind aber gerade keine zusätzlichen Brandlasten ersichtlich, die zu derart hohen Temperaturen führen könnten. Gerade auch vor diesem Hintergrund verfängt der Vergleich mit dem Katastrophenszenario eines Flugzeugabsturzes nicht, bei dem insbesondere der Treibstoff als Brandverstärker wirkt. Die klägerische Argumentation ist damit schon in ihrem Ausgangspunkt nicht fundiert. Sie ist von Voraussetzungen abhängig, die im Falle eines Brandes an einer Windenergieanlage im Regelfall nicht vorliegen.

Im Übrigen ist eine konkrete, über das allgemeine Lebensrisiko hinausgehende Gefahr insoweit auch mit Blick auf die Entfernung des Grundstücks der Klägerin zum Vorhaben nicht ersichtlich, vgl. auch BVerwG, Beschluss v. 15.7.2024 – 7 B 32.23 –, juris Rdnr. 10; OVG NRW, Urteile v. 19.3.2024 – 22 D 147/23.AK –, UWP 2024, 145 = juris Rdnr. 113, und vom 27.7.2023 – 22 D 100/22.AK –, juris Rdnr. 70 ff.

Ebenso wenig ist die Klägerin durch sonstige mögliche – nicht nur infolge eines Brandes eintretende – Unfälle einer unzumutbaren, weil über das allgemeine Lebensrisiko hinausgehenden, Gefahr ausgesetzt. Sie kann nicht die Abwehr jeder theoretisch denkbaren Gefahr, namentlich kein Nullrisiko, beanspruchen, sondern nur den Schutz vor einer konkreten Gefahr, vgl. BVerwG, Beschlüsse v. 30.9.2024 – 7 B 7.24 –, juris Rdnr. 7, und vom 27.10.2023 – 7 B 10.23 –, juris Rdnr. 10 f.; OVG NRW, Urteile v. 27.7.2023 – 22 D 100/22.AK –, juris Rdnr. 70 f., und vom 4.5.2022 – 8 D 317/21.AK –, juris Rdnr. 178 f., m. w. N.; VGH Bad.-Württ., Beschluss v. 11.12.2014 – 10 S 473/14 –, NuR 2015, 418 = juris Rdnr. 16.

Eine solche, über das allgemeine Lebensrisiko hinausgehende Gefahr ist hier nicht erkennbar. Soweit die Klägerin vorgetragen hat, durch die besondere Nähe der Anlage zur Wohnbebauung entwickle ein Unfall unvorhersehbare Folgen, da ihr Hotel im Bereich etwa des Trümmereinschlags von Rotorenteilen liege, stellt sich eine Gefährdung von Personen und Sachen angesichts der Entfernung der geplanten Anlagen zum Hotel »A. G01« von etwa 990 m zur WEA J. W3 und etwa 1 400 m zur WEA J. W2 und zum ehemaligen Hotel »H.« von etwa 950 m bzw. 1 350 m auch unter Berücksichtigung dynamischer Bewegungen der Rotorblätter als fernliegend dar. Gleiches gilt für die von der Klägerin lediglich pauschal in den Raum gestellte Gefahr des Eiswurfs im Winter.

Eine konkrete Gefahr ergibt sich auch nicht aus der Unterschreitung des in dem Gutachten »Windenergieanlagen in Nähe von Schutzobjekten – Bestimmung von Mindestabständen« vom 15.12.2020 der Dr.-Ing. Veenker Ingenieurgesellschaft mbH genannten Mindestabstandes von 995 m. Die in dem Gutachten dargestellten Unbedenklichkeitsgrenzen beruhen auf der maximalen praktischen Wurfweite einschließlich eines Zuschlags, wobei ein Aufprall von abgeworfenen Teilen in größeren Entfernungen probabilistisch irrelevant sei. Die – zumindest hinsichtlich der tatsächlich genutzten Gebäude ohnehin minimalste – Unterschreitung dieser Unbedenklichkeitsgrenzen vermag für sich genommen allenfalls eine abstrakte, nicht aber eine konkrete Gefahr zu begründen, vgl. bereits OVG NRW, Urteile v. 19.3.2024 – 22 D 147/23.AK –, UWP 2024, 145 = juris Rdnr. 118, und vom 19.1.2024 – 22 D 29/23.AK –, DVBl. 2024, 1296 = juris Rdnr. 99 f., Beschlüsse v. 13.9.2017 – 8 B 1373/16 –, ZNER 2017, 448 = juris Rdnr. 25 f., 49 f., und vom 29.6.2017 – 8 B 1233/16 –, juris Rdnr. 57.

Nichts anderes gilt mit Blick auf die Einwände der Klägerin, dass die Antragsunterlagen unvollständig seien und die Abstände der Anlagen untereinander unterschritten würden. Der von der Klägerin angeführte Standsicherheitsnachweis in Form eines Baugrundgutachtens und einer Typenprüfung ist ausweislich der Nebenbestimmungen der Genehmigung unter den Ziffern III.4.2, III.4.5 und III.4.6 vor Baubeginn vorzulegen. Die an den Nachweis zu stellenden Anforderungen werden in den genannten Nebenbestimmungen weiter konkretisiert. Ferner ist auch das bereits vorliegende Gutachten zur Standorteignung der X. GmbH & Co. KG vom 2.12.2019 nicht zu beanstanden. Es kommt zu dem Ergebnis, dass keine nennenswerten Turbulenzintensitäten zu verzeichnen seien. Soweit in diesem Rahmen darauf hingewiesen wird, dass das eingesetzte Berechnungsprogramm von Vestas (»Vestas Site Check Software«) für den eigenen Anlagentyp Vestas V-162 noch nicht durch »Det Norske Veritas« (im Folgenden: DNV) zertifiziert sei, stellt dies die Berechnung, die für eine Vielzahl von vorangegangenen Anlagentypen von Vestas erprobt und zertifiziert ist und im eigenen Interesse des Herstellers belastbare Ergebnisse liefern muss, nicht allgemein in Frage. Die X. GmbH & Co. KG führt diesbezüglich aus, dass laut DNV die »Vestas Site Check Software« geeignet sei, den Nachweis der Konstruktion durch Lastberechnungen mit Bezug auf standortspezifische Bedingungen einschließlich der Standardfundamente zu erbringen. Im Übrigen ist auch hier eine konkrete Gefahrenlage – und damit eine auch nur denkbare Rechtsverletzung – zulasten der Klägerin ohnehin nicht ersichtlich.

Schließlich liegen die in diesem Zusammenhang gemachten Ausführungen der Klägerin zu Verstößen gegen verschiedene Grundrechte (Art. 2 Abs. 2 Satz 1, Art. 3 Abs. 1 und Art. 14 Abs. 1 GG) infolge der durch § 249 Abs. 10 BauGB ihrer Auffassung nach gebilligten Unfallgefahren neben der Sache. Gegenstand der baurechtlichen Norm ist lediglich die Gewichtung des Gesichtspunkts einer optisch bedrängenden Wirkung als Teilaspekt einer möglichen Verletzung des bauplanungsrechtlichen Gebots der Rücksichtnahme. Liegt eine nach § 5 Abs. 1 Nr. 1 Var. 2 BImSchG – anders als im hiesigen Fall – beachtliche konkrete Unfallgefahr vor, änderte an der daraus folgenden Unzulässigkeit des Vorhabens auch § 249 Abs. 10 BauGB nichts.

Ferner verletzt das genehmigte Vorhaben auch keine Rechte der Klägerin unter dem Aspekt des baurechtlichen Gebots der Rücksichtnahme.

Zu den nach § 35 Abs. 1 BauGB zu berücksichtigenden öffentlichen Belangen zählen gemäß § 35 Abs. 3 Satz 1 Nr. 3 BauGB auch schädliche Umwelteinwirkungen. Die Vorschrift ist insofern als ausdrückliche Regelung des Gebots der Rücksichtnahme zu begreifen. Welche Anforderungen das Gebot der Rücksichtnahme stellt, hängt wesentlich von den jeweiligen Umständen des Einzelfalls ab. Je empfindlicher und schutzwürdiger die Stellung dessen ist, dem die Rücksichtnahme im gegebenen Zusammenhang zugutekommt, umso mehr kann an Rücksichtnahme verlangt werden. Je verständlicher und unabweisbarer die mit dem Vorhaben verfolgten Interessen sind, umso weniger braucht derjenige, der das Vorhaben verwirklichen will, Rücksicht zu nehmen, vgl. grundlegend BVerwG, Urteile v. 25.2.1977 – IV C 22.75 –, BVerwGE 52, 122 = juris Rdnr. 22, und vom 27.6.2017 – 4 C 3.16 –, BVerwGE 159, 187 = juris Rdnr. 11, m. w. N.

Eine unzumutbare optisch bedrängende Wirkung der – in nördliche Richtung – deutlich mehr als das Dreifache ihrer Gesamthöhe von den Gebäuden der Klägerin entfernt liegenden Windenergieanlagen scheidet nach § 249 Abs. 10 BauGB hier ersichtlich aus. Nach dieser Vorschrift ist das Gebot der Rücksichtnahme insofern regelmäßig dann gewahrt, wenn der Abstand zwischen der Windenergieanlage und dem betroffenen Wohngebäude mehr als das Zweifache der Anlagenhöhe beträgt, vgl. dazu nur OVG NRW, Urteile v. 1.10.2024 – 8 D 2/22.AK –, juris Leitsatz 3 und Rdnr. 65 ff., vom 26.7.2024 – 8 D 169/22.AK –, juris Leitsatz 2 und Rdnr. 65 ff., vom 12.1.2024 – 8 D 92/22.AK –, BauR 2024, 911 = juris Rdnr. 137 ff., vom 11.12.2023 – 22 D 65/23.AK –, NWVBl. 2024, 264 = juris Rdnr. 85 f., vom 27.7.2023 – 22 D 100/22 –, juris Rdnr. 75 ff., vom 27.4.2023 – 8 D 368/21.AK –, juris Rdnr. 230 ff., und vom 24.2.2023 – 7 D 316/21.AK –, BauR 2023, 1093 = juris Rdnr. 154 ff.; Beschluss v. 9.6.2023 – 8 B 230/23.AK –, juris Rdnr. 27 ff.; allgemein schon Urteil v. 27.10.2022 – 22 D 363/21.AK –, BauR 2023, 614 = juris Rdnr. 117 ff.

Anhaltspunkte für einen Sonderfall sind nicht ersichtlich und werden auch von der Klägerin nicht substanziiert vorgetragen.

Gründe für die von der Klägerin postulierte Verfassungswidrigkeit des § 249 Abs. 10 BauGB sieht der Senat im Einklang mit der Rechtsprechung des 7. und 8. Senats des erkennenden Gerichts weiterhin nicht, vgl. OVG NRW, Urteile v. 19.3.2024 – 22 D 147/23.AK –, UWP 2024, 145 = juris Rdnr. 128, und vom 12.1.2024 – 22 D 102/23. AK –, juris Rdnr. 166.

Lediglich ergänzend sei angemerkt, dass mit Blick auf die bestehenden Abstände von jedenfalls mehr als dem Dreifachen der Anlagenhöhe auch auf der Grundlage der bisherigen Rechtsprechung eine optisch bedrängende Wirkung ausgeschieden wäre, vgl. dazu zusammenfassend OVG NRW, Urteil v. 27.10.2022 – 22 D 363/21.AK –, BauR 2023, 614 = juris Rdnr. 111 ff.

Ferner ergibt sich eine Rücksichtlosigkeit des genehmigten Vorhabens gegenüber der Klägerin auch nicht insoweit, als diese immer wieder hervorhebt, dass ihr Standort in der ungestörten Natur »Geschäftsgrundlage des Hotels« sei, und sie in diesem Zusammenhang schlagwortartig Schutzgüter wie etwa »Tourismus«, »Schutz des Eigentums und des eingerichteten und ausgeübten Gewerbebetriebs« sowie »Berufsausübungsfreiheit« aufführt.

Diesbezüglich ist zunächst herauszustellen, dass die Klägerin nicht Betreiberin des Hotels ist, sondern sich ihre wirtschaftliche Betätigung auf die Überlassung ihrer Grundstücke als Hotelbetrieb an die R. G01 GmbH konzentriert. Ihr Geschäftsmodell knüpft damit lediglich mittelbar an den von ihr primär in den Blick genommenen »Erfolg des Betriebes« an.

Die Klägerin beschränkt sich in ihrer Darstellung im Übrigen darauf, ein Bild des geschäftlichen Niedergangs nach dem Bau der Windenergieanlagen zu zeichnen, das aber – wie sie selbst an verschiedenen Stellen einräumt – bloße Spekulation ist und objektiv für das Naturhotel keine Grundlage findet. So folgt nach ihrer Auffassung aus der »derzeit nicht ausschliessbaren, drohenden Schliessung ein faktisches Berufsverbot«. Ferner mutmaßt die Klägerin, dass das Vorhaben »potenzielle Gäste abschrecken und somit unsere Geschäftsgrundlage erheblich schwächen könnte«. Dabei zieht sich die Klägerin in ihrer Argumentation auf Allgemeinplätze zurück, indem sie etwa ausführt, dass die genehmigten Anlagen »für ein Hotel in der Natur keine gute Adresse und keine Empfehlung« seien. Rechtliche Kategorien lassen sich hierfür kaum finden, zumal sich die Klägerin auch nicht dazu verhält, warum die Eigentümer der Flächen in der näheren Umgebung an einer von ihnen gewünschten und aus ihrer Sicht sinnvollen, rechtlich grundsätzlich zulässigen Nutzung gehindert sein sollten, nur damit die Klägerin ihrerseits die von ihr gewünschte Nutzung ungestört fortsetzen kann. Dies gilt umso mehr, als zwar das Vorhaben der Beigeladenen im Außenbereich allgemein – und hier aufgrund der Lage in einer ausgewiesenen Vorrangfläche auch konkret – privilegiert ist, nicht aber die von der Klägerin betriebene Hotellerie.

Unbeschadet dessen grenzt tatsächlich der Gebäudebestand des Naturhotels »A. G01« auch nicht nach Norden in Richtung der Windenergieanlagen, sondern nach Osten und Süden unmittelbar an ausgedehnte Offenlandbereiche mit einer hügeligen Geländestruktur an. Diese östlichen und südlichen Bereiche können auch von der Dachterrasse des Eingangsgebäudes mit der Rezeption sowie des südlichen Anbaus unmittelbar wahrgenommen werden. Die diesbezüglich im Ortstermin vom 5.11.2024 gewonnenen Eindrücke hat der Berichterstatter dem Senat – auch anhand der gefertigten Fotos – vermittelt. Das Offenland ist selbst hier allerdings durch den weithin sichtbaren Schombergturm als Funkturm auf dem Schomberg sowie durch in Richtung dieser Erhebung verlaufende Liftanlagen vorbelastet, während sich die genehmigten Anlagen insoweit überhaupt nicht und schon gar nicht negativ auswirken. Im Norden der Hotelanlage befindet sich hingegen zunächst der hauseigene großflächige Parkplatz. Auch die Balkone der Gästezimmer im Eingangsgebäude mit der Rezeption eröffnen einen Blick auf diese Parkplatzflächen. Weiter nördlich schließt sich ein weitläufiger Gebäudekomplex mit landwirtschaftlichem Nebenerwerbsbetrieb an. Die im Norden geplanten Windenergieanlagen befinden sich damit in einer Umgebung, die – anders als es die Klägerin darstellt – aus der Blickrichtung des Naturhotels »A. G01« bereits anthropogen überformt ist. Von einer Lage des Hotels in der unberührten Natur kann demnach – gerade in der hiesigen Konstellation – keine Rede sein.

Im Übrigen ist die bloße Hoffnung der Klägerin, dass im Umkreis ihrer Grundstücke dauerhaft keine Anlagen errichtet werden, die im Außenbereich gemäß § 35 Abs. 1 BauGB privilegiert zulässig sind und planerisch seit 2017 hier Vorrang genießen, und die dortige Landschaft insoweit künftig unverändert bleibt, rechtlich nicht geschützt, vgl. OVG NRW, Urteile v. 26.7.2024 – 8 D 169/22.AK –, juris Rdnr. 72, und vom 27.4.2023 – 8 D 368/21.AK –, juris Rdnr. 249; siehe zudem zur Lagegunst BVerwG, Urteil v. 3.11.2020 – 9 A 12.19 –, BVerwGE 170, 33 = juris Rdnr. 781, und vom 28.10.1993 – 4 C 5.93 –, BauR 1994, 354 = juris Rdnr. 24.

Hinsichtlich des ehemaligen Hotels »H.« ist festzuhalten, dass diese Nutzung mangels aktuellen Hotelbetriebs schon keinen Bestandsschutz genießt. Sie wurde nach den Eindrücken des Ortstermins vom 5.11.2024, die der Berichterstatter den übrigen Senatsmitgliedern vermittelt hat, offenkundig schon vor längerer Zeit eingestellt. Herr E. erklärte im Rahmen des genannten Ortstermins für die Klägerin, dass der Hotelbetrieb »H.« schon zum Zeitpunkt ihres Eigentumserwerbs eingestellt gewesen sei. In diesem Sinne heißt es in der Klagebegründung vom 6.3.2024, dass seit »dem Kauf der ehemaligen Liegenschaft ›Hotel H.‹ im Jahr 2020« »am Standort G01 der Bau eines neuen Hotels geplant« gewesen sei. Dass die Klägerin in der Klagebegründung vom 12.11.2024 im Widerspruch dazu nunmehr vortragen lässt, das Hotel sei bei Ankauf noch in Betrieb gewesen und jederzeit betriebsbereit, wertet der Senat als prozessangepasste Schutzbehauptung, zumal der Widerspruch zum bisherigen Vortrag mit keinem Wort erläutert wurde. Entscheidungserheblich ist dies aber ohnehin auch nicht. Denn jedenfalls kann nicht von einem fortdauernden Hotelbetrieb nach dem Eigentumserwerb durch die Klägerin 2020 ausgegangen werden.

Der Klägerin war ferner beim Erwerb des Grundeigentums nach dem Wissensstand ihrer Vertreter bekannt, dass sich weiter nördlich die Konzentrationszone Nr. 7.2 »Südliche Waldflächen Süd« der Stadt T. befindet, vgl. dazu auch OVG NRW, Urteil v. 4.9.2019 – 2 D 6/18.NE –, juris. In diesem Verfahren war der Vertreter der Klägerin als einer der Antragsteller beteiligt.

Die Positivausweisung einer solchen Planung bleibt selbst von einer etwaig fehlenden Ausschlusswirkung nach § 35 Abs. 3 Satz 3 BauGB unberührt, vgl. BVerwG, Urteil v. 13.12.2018 – 4 CN 3.18 –, BVerwGE 164, 74 = juris Leitsatz 2 und Rdnr. 28 ff.; hierauf hinweisend bereits OVG NRW, Urteil v. 21.4.2020 – 8 A 311/19 –, NWVBl. 2020, 383 = juris Rdnr. 113 f.

Warum das bereits genehmigte und hier in Rede stehende Vorhaben zur Rücksichtnahme gegenüber einem sich bloß im – entgegen der Behauptung der Klägerin auch nicht »finalen«, sondern sogar noch vor der förmlichen Beteiligung liegenden – Planungsstadium befindlichen Hotelneubau der Klägerin an dem Standort des ehemaligen Hotels »H.« verpflichtet sein sollte, erschließt sich vor diesem Hintergrund nicht ansatzweise.

Soweit die Vertreter der Klägerin im Rahmen der mündlichen Verhandlung ausgeführt haben, dass man zum Zeitpunkt des Eigentumserwerbs im Jahr 2020 auf die Wahrung eines 1 000 m-Abstands des Hotels »H.« zu heranrückenden Windenergieanlagen vertraut habe, ist auch dies nicht nachvollziehbar.

Denn zum einen trat die Vorschrift des § 2 Abs. 1 BauGB-AG a. F., wonach § 35 Abs. 1 Nr. 5 BauGB auf Vorhaben, die der Erforschung, Entwicklung oder Nutzung der Windenergie dienen, nur Anwendung findet, wenn diese Vorhaben einen Mindestabstand von 1 000 m zu Wohngebäuden in Gebieten mit Bebauungsplänen (§ 30 BauGB) und innerhalb der im Zusammenhang bebauten Ortsteile (§ 34 BauGB), sofern dort Wohngebäude nicht nur ausnahmsweise zulässig sind, oder im Geltungsbereich von Satzungen nach § 35 Absatz 6 BauGB einhalten, erst – ungeachtet der Frage, ob sie hier einschlägig ist – am 15.7.2021 in Kraft (GV. NRW. Seite 891); zum 12.9.2023 ist sie wieder außer Kraft getreten (GV. NRW. Seite 1112).

Zum anderen machte auch der Grundsatz 10.2-3 LEP NRW a. F. (in der Fassung vom 12.7.2019, GV. NRW. Seite 346) – im Einklang mit der einschlägigen Rechtsprechung des Gerichts – keine bindende Vorgabe eines im Übrigen nicht 1 000 m-, sondern 1 500 m-Mindestabstandes und galt allein gegenüber hier nicht vorliegenden reinen und allgemeinen Wohngebieten und für (zukünftige) Planungen, nicht aber in Genehmigungsverfahren, vgl. OVG NRW, Urteil v. 20.1.2020 – 2 D 100/17.NE –, BauR 2020, 1120 = juris Rdnr. 203 f.

Auch der von der Klägerin befürchtete Wertverlust ihrer Grundstücke begründet keine unzumutbaren Auswirkungen. Nach der Rechtsprechung des Bundesverwaltungsgerichts und des erkennenden Gerichts bilden Wertminderungen als Folge der Ausnutzung der einem Dritten erteilten Genehmigung für sich genommen keinen Maßstab für die Beurteilung der Zumutbarkeit von Beeinträchtigungen im Sinne des Rücksichtnahmegebots. Der Einzelne hat keinen Anspruch darauf, generell von jeglicher Wertminderung verschont zu bleiben. Eine Wertminderung ist lediglich dann beachtlich, wenn sie Folge einer dem Betroffenen unzumutbaren Beeinträchtigung der Nutzungsmöglichkeiten des Grundstücks ist, vgl. BVerwG, Urteil v. 23.8.1996 – 4 C 13.94 –, BVerwGE 101, 364 = juris Rdnr. 73; OVG NRW, Urteile v. 27.4.2023 – 8 D 368/21.AK –, juris Rdnr. 240 ff., und vom 22.11.2021 – 8 A 973/15 –, juris Rdnr. 230, jeweils m. w. N.

Ist vorstehenden Ausführungen folgend indes keine unzumutbare Beeinträchtigung der Klägerin mit der Errichtung und dem Betrieb der streitgegenständlichen Windenergieanlagen verbunden, kann eine etwaige Wertminderung eine solche für sich genommen nicht begründen.

Keine Bedeutung kommt insofern auch der Umlage für Elektrizitätsversorgungsunternehmen zu, und zwar schon deshalb, weil die ihr zugrunde liegenden Regelungen mit der Neufassung des EEG 2023 aufgehoben worden waren.

Schließlich kommt es entgegen den kaum mehr nachvollziehbaren Erwägungen der Klägerin auch nicht darauf an, inwiefern angesichts der Zahlungsansprüche von Anlagenbetreibern gemäß § 19 Abs. 1 EEG 2023 und demgegenüber nicht gesetzlich vorgesehener Kompensation eines etwaigen Wertverlustes von Grundstücken im Einwirkungsbereich von Windenergieanlagen eine Ungleichbehandlung im Sinne des Art. 3 Abs. 1 GG vorliegt. Eine solche begründete, selbst wenn sie vorläge, keine von den streitgegenständlichen Windenergieanlagen verursachte und über eine bloße Wertminderung des klägerischen Grundstücks hinausgehende Beeinträchtigung seiner Nutzungsmöglichkeit. Ein Verstoß gegen Art. 14 Abs. 1 GG scheidet danach ebenso aus, vgl. OVG NRW, Urteile v. 19.3.2024 – 22 D 147/23.AK –, UWP 2024, 145 = juris Rdnr. 140, vom 27.4.2023 – 8 D 368/21.AK –, juris Rdnr. 246 f., und vom 22.11.2021 – 8 A 973/15 –, juris Rdnr. 234.

Schließlich kann die Klägerin eine Verletzung in ihren eigenen Rechten nicht aus sonstigen Vorschriften (vgl. § 6 Abs. 1 Nr. 2 BImSchG) herleiten.

Die Belange des Arten-, Gewässer- und Landschaftsschutzes sowie die Herstellungsprobleme im Rahmen der Produktionskette einschließlich der Verwendung von Balsaholz, Carbon, Erzen oder seltenen Erden wie Neodym berühren keine subjektiven Rechte der Klägerin, vgl. zu Einzelheiten der Begründung OVG NRW, Urteile v. 27.4.2023 – 8 D 368/21.AK –, juris Rdnr. 263 ff., vom 22.11.2021 – 8 A 973/15 –, juris Rdnr. 235 ff., vom 5.10.2020 – 8 A 894/17 –, ZNER 2020, 558 = juris Rdnr. 281 f., und vom 4.7.2018 – 8 A 47/17 –, NuR 2019, 348 = juris Rdnr. 49 ff., Beschluss v. 18.10.2021 – 8 A 2790/18 –, juris Rdnr. 14 ff., jeweils m. w. N.

Die weiteren immissionsschutzrechtlichen Pflichten nach § 5 Abs. 1 Nr. 4 und Abs. 3 BImSchG ergeben ebenfalls keine Rechtsverletzung der Klägerin durch die genehmigten Anlagen.

Die immissionsschutzrechtliche Pflicht zur sparsamen und effizienten Energieverwendung nach § 5 Abs. 1 Nr. 4 BImSchG ist als Regelung der Vorsorge schon nicht drittschützend, vgl. OVG NRW, Urteile v. 19.3.2024 – 22 D 147/23.AK –, UWP 2024, 145 = juris Rdnr. 146, und vom 18.11.1997 – 21 D 10/95.AK –, juris Rdnr. 24; Dietlein, in: Landmann/Rohmer, Umweltrecht, Stand: Juni 2024, § 5 BImSchG Rdnr. 205; Jarass, BImSchG, 15. Aufl. 2024, § 5 Rdnr. 138; Schmidt-Kötters, in: BeckOK Umweltrecht, 72. Edition, § 5 BImSchG Rdnr. 156.

Mit Blick auf die weiter aufgeführte Pflicht zur Nachsorge nach § 5 Abs. 3 BImSchG hat die Klägerin einen Verstoß gegen ihrem Schutz dienende Nachbarrechte nicht einmal ansatzweise aufgezeigt. Ein solcher Verstoß ist auch nicht ersichtlich. …

IV. Vorkaufsrechte

Nr. 57

1. **Bei einem Umlegungsvorkaufsrecht (§ 24 Abs. 1 Satz 1 Nr. 2 BauGB) erscheint zweifelhaft, ob das Bestreben, Flächen (unmittelbar) zum Zwecke der Verwirklichung von sozialem Wohnungsbau beschaffen zu wollen, noch von der Gemeinwohlklausel des § 24 Abs. 3 Satz 1 BauGB gedeckt wäre.**
2. **Die Abwendung des Umlegungsvorkaufsrechts kommt nach § 27 Abs. 1 Satz 1 BauGB nicht in Betracht, wenn noch nicht bestimmt oder hinreichend bestimmbar ist, wie die neu zuzuteilenden Grundstücke im Einzelnen verwendet werden sollen.**

BauGB § 24 Abs. 1 Satz 1, Abs. 3 Satz 1, § 27 Abs. 1 Satz 1, § 28 Abs. 2.

VGH Baden-Württemberg, Urteil vom 29. Februar 2024 – 8 S 58/23 –.

Aus den Gründen:

Die Klägerin, ein Wohnbauunternehmen, wendet sich gegen die Ausübung des Vorkaufsrechts durch die Beklagte anlässlich des Verkaufs zweier landwirtschaftlicher Grundstücke in einem Umlegungsgebiet sowie gegen die Ablehnung ihrer Abwendungserklärung. …

Am 17.12.2019 hat die Klägerin beim Verwaltungsgericht Stuttgart Klage erhoben und beantragt, die beiden Verfügungen der Beklagten vom 15.5.2019 über die Ausübung von Vorkaufsrechten sowie deren weiteren Bescheid vom 17.6.2019 und deren beide Widerspruchsbescheide vom 2.12.2020 aufzuheben.

Mit Urteil v. 28.1.2022 – 2 K 6153/20 – hat das Verwaltungsgericht der Klage stattgegeben und zur Begründung ausgeführt, die angegriffenen Bescheide seien rechtswidrig und verletzten die Klägerin in ihren Rechten. …

Die Berufung ist nach Zulassung durch den Senat statthaft und auch sonst zulässig. …

Die Berufung ist auch begründet, da das Verwaltungsgericht die Klage in vollem Umfang hätte abweisen müssen. Das verwaltungsgerichtliche Urteil ist daher entsprechend zu ändern. Die Klage ist als Anfechtungsklage zulässig, aber unbegründet.

Die Klage ist zulässig. Sie ist als Anfechtungsklage gemäß § 42 Abs. 1 Alt. 1 VwGO statthaft. Die Klägerin ist nach § 42 Abs. 2 VwGO klagebefugt. Die Ausübung des Vorkaufsrechts durch eine Gemeinde ist ein privatrechtsgestaltender Verwaltungsakt, der sich gegenüber dem Käufer – unabhängig davon, ob er (materieller) Adressat ist (vgl. dazu BayVGH, Beschluss v. 26.7.2019 – 15 CS 19.1050 –, DVBl 2020, 370, juris Rdnr. 24 ff. m. w. N.) – als belastender Verwaltungsakt darstellt (vgl. VGH Baden-Württemberg, Urteile v. 20.7.2022 – 3 S 3915/21 –, VBlBW 2023, 107, juris Rdnr. 30, und vom 23.6.2015 – 8 S 1386/14 –, VBlBW 2016, 34, juris Rdnr. 36; Niggemeyer, DVBl. 2023, 717, 723). Die Klägerin ist zudem Adressatin des sie belastenden Verwaltungsakts vom 17.6.2019, mit dem ihre Abwendungserklärung abgelehnt wurde. Sie hat auch jeweils ein ordnungsgemäßes Widerspruchsverfahren erfolglos durchgeführt. Der Klägerin fehlt es ferner nicht am erforderlichen Rechtsschutzbedürfnis für ihre Klage. Einer Beiladung der Grundstücksverkäufer bedurfte es jedenfalls deshalb nicht, weil sie die Vorkaufsrechtsausübungsbescheide bestandskräftig werden ließen.

Die Klage hat aber in der Sache keinen Erfolg. Die Bescheide der Beklagten vom 15.5. und vom 17.6.2019 sind rechtmäßig und verletzen die Klägerin daher auch nicht in ihren Rechten (vgl. § 113 Abs. 1 Satz 1 VwGO).

Die Bescheide vom 15.5.2019 finden ihre Rechtsgrundlage in § 28 Abs. 2 Satz 1 (a. F.) in Verbindung mit § 24 Abs. 1 Satz 1 Nr. 2 BauGB. Die danach geforderten Voraussetzungen für das Bestehen eines Vorkaufsrechts waren gegeben.

Nach § 24 Abs. 1 Satz 1 Nr. 2 BauGB steht der Gemeinde ein Vorkaufsrecht zu beim Kauf von Grundstücken in einem Umlegungsgebiet. Diese Voraussetzungen waren bezogen auf die Grundstücke Flst. Nrn. xxx und xxx zum Zeitpunkt der Vorkaufsrechtsausübung erfüllt. Mit den notariellen Verträgen vom 5.11.2018 fand jeweils ein schuldrechtlicher Kauf der Grundstücke statt, die sich in dem Umlegungsgebiet zur Erschließung und Neugestaltung des Gebiets »Schafhaus« (»Umlegung Mühlhausen 5 – Schafhaus –«) befanden. Den Umlegungsbeschluss hatte der Ausschuss für Umwelt und Technik am 8.4.2008 gefasst; er war am 17.4.2008 öffentlich bekannt gemacht worden (vgl. § 50 Abs. 1 BauGB). Anhaltspunkte für eine Unwirksamkeit sind weder geltend gemacht noch sonst ersichtlich.

Das Vorkaufsrecht wurde mit den Bescheiden vom 15.5.2019 auch rechtmäßig ausgeübt.

Formelle Bedenken bestehen nicht. Das Vorkaufsrecht konnte nur binnen zwei Monaten nach Mitteilung des Kaufvertrags durch Verwaltungsakt gegenüber dem Verkäufer ausgeübt werden (§ 28 Abs. 2 Satz 1 BauGB a. F.). Die § 463, § 464 Abs. 2, §§ 465 bis 468 und 471 BGB sind anzuwenden (§ 28 Abs. 2 Satz 2 BauGB). Weder im Hinblick auf diese Vorgaben noch in sonstiger Hinsicht ist die Vorkaufsrechtsausübung formal zu beanstanden.

Die Ausübung der beiden Vorkaufsrechte erfolgte insbesondere durch das zuständige Organ der Beklagten. Nach § 24 Abs. 1 Satz 2 GemO entscheidet der Gemeinderat über alle Angelegenheiten der Gemeinde, soweit nicht der Bürgermeister kraft Gesetzes zuständig ist oder ihm der Gemeinderat bestimmte Angelegenheiten überträgt. Letzteres war hier der Fall. Nach § 18 Satz 2 Nr. 7.1 der Hauptsatzung der Beklagten in ihrer im Mai 2019 geltenden Fassung vom 21.2.2019 war der Oberbürgermeister zuständig für die Ausübung von vertraglichen und gesetzlichen Vorkaufs- und Wiederkaufsrechten, wobei keine Wertgrenze geregelt war. Nach § 19 Abs. 1 Satz 2 der Hauptsatzung der Beklagten wird der somit zuständige Oberbürgermeister (§ 44 Abs. 2 GemO) durch die sieben hauptamtlichen Beigeordneten in deren Aufgabenkreis vertreten. Der Beigeordnete für Wirtschaft, Finanzen und Beteiligungen war somit zuständig.

Darauf, ob sich die Klägerin überhaupt auf eine Verletzung der internen Zuständigkeitsregeln der Beklagten berufen könnte, kommt es danach nicht an (dies offenlassend auch Senatsurteil vom 30.3.2009 – 8 S 31/08 –, VBlBW 2009, 344, juris Rdnr. 49; OVG Nordrhein-Westfalen, Urteile v. 27.1.2022 – 7 A 2644/20 –, BauR 2022, 612, juris Rdnr. 48, und vom 19.4.2010 – 7 A 1041/08 –, BRS 76 Nr. 117, juris Rdnr. 58; einen rügbaren Verstoß gegen die sachliche Zuständigkeit bejahend: VGH Baden-Württemberg, Urteil v. 12.9.1997 – 5 S 2498/95 –, NJW-RR 1998, 877, juris Rdnr. 29; BayVGH, Urteil v. 31.3.2003 – 4 B 00.2823 –, NVwZ-RR 2003, 771 [VGH Bayern 31.3.2003 – 4 B 2823/00], juris Rdnr. 34 ff.; OVG Mecklenburg-Vorpommern, Urteil v. 21.3.2007 – 3 L 159/03 –, juris Rdnr. 23 ff.; OVG Rheinland-Pfalz, Urteil v. 13.4.2006 – 1 A 11596/05 –, BRS 70 Nr. 118, juris Rdnr. 31 f.; siehe auch VGH Baden-Württemberg, Urteil v. 20.7.2022, a. a. O., juris Rdnr. 53: Ermessensfehler, wenn nicht der gemeindeintern zuständige Gemeinderat das Ermessen ausübt; hierzu auch VGH Baden-Württemberg, Urteil v. 15.1.2024 – 2 S 1301/23 –, juris Rdnr. 76).

Das Vorkaufsrecht wurde in der nach § 28 Abs. 2 Satz 1 BauGB gebotenen Form eines Verwaltungsakts – nach Anhörung der Klägerin mit Schreiben vom 29.3.2019 (vgl. dazu VGH Baden-Württemberg, Urteil v. 20.7.2022, a. a. O., juris Rdnr. 36 ff.) – gegenüber den Verkäufern als zutreffenden Adressaten ausgeübt.

Die Frist des § 28 Abs. 2 Satz 1 BauGB a. F. von zwei Monaten nach Mitteilung des Kaufvertrags hielt die Beklagte ein. Zwar teilte der Notar die Verträge erstmals bereits mit Schreiben vom 8.11.2018 und die späteren Nachträge zu den Kaufverträgen mit Schreiben vom 8.2.2019 der Beklagten mit. Die Frist begann jedoch erst (frühestens) mit der Genehmigung der Kaufverträge durch die Umlegungsstelle vom 19.3.2019 (§ 51 Abs. 1 Satz 1 Nr. 1 BauGB) beziehungsweise mit deren Mitteilung an die zuständige Stelle (27.3.2019) zu laufen, so dass die Bescheide vom 15.5.2019, die am 17./18.5.2019 zugestellt wurden, fristwahrend ergingen. Denn der Lauf der Frist des § 28 Abs. 2 Satz 1 BauGB setzt (jedenfalls) voraus, dass keine erforderlichen Genehmigungen mehr ausstehen (vgl. VGH Baden-Württemberg, Urteil v. 30.9.2021 – 3 S 2595/20 –, VBlBW 2022, 288, juris Rdnr. 27; Birk, Bauplanungsrecht in der Praxis, 6. Aufl. 2015, Rdnr. 793; Stock, in: Ernst/Zinkahn/

Bielenberg/Krautzberger, BauGB, Stand: August 2023, § 28 Rdnr. 27 m. w. N.).

Die angefochtenen Bescheide genügen den Anforderungen an die Begründung, insbesondere durch hinreichende Angabe des Verwendungszwecks im Sinne von § 24 Abs. 3 Satz 2 BauGB a. F.

Auch in materieller Hinsicht sind die angegriffenen Bescheide nicht zu beanstanden.

Nach § 24 Abs. 3 Satz 1 BauGB darf das Vorkaufsrecht nur ausgeübt werden, wenn das Wohl der Allgemeinheit dies rechtfertigt. Auch diese (Ausübungs-)Voraussetzung war erfüllt.

Maßgebliche Sach- und Rechtslage ist insoweit der Zeitpunkt des Erlasses des Ausübungsbescheids. Nach § 28 Abs. 2 Satz 1 BauGB ist die Ausübung des Vorkaufsrechtes fristgebunden. Es handelt sich um eine materielle Ausschlussfrist, das heißt eine vom materiellen Recht gesetzte Frist, deren Nichteinhaltung den Verlust einer materiell-rechtlichen Rechtsposition zur Folge hat. Materiell-rechtliche Ausschlussfristen sind für Behörden und Beteiligte gleichermaßen verbindlich und stehen nicht zur Disposition der Verwaltung oder der Gerichte. Nach Ablauf der Frist kann der Anspruch nicht mehr geltend gemacht werden, so dass innerhalb der Frist des § 28 Abs. 2 Satz 1 BauGB sämtliche für die Ausübung des Vorkaufsrechts erforderlichen rechtlichen Voraussetzungen gegeben sein müssen (vgl. Senatsurteil vom 23.6.2015, a. a. O., juris Rdnr. 38 m. w. N.; OVG Rheinland-Pfalz, Urteil v. 22.3.2023 – 1 A 10150/22.OVG –, BauR 2023, 1630, juris Rdnr. 25; zur Ermessensausübung demgegenüber BVerwG, Beschluss v. 26.4.1993 – 4 B 31.93 –, NVwZ 1994, 282, juris Rn 38; BayVGH, Beschluss v. 12.10.2017 – 14 ZB 16.280 –, NuR 2018, 353, juris Rdnr. 6) .

Der Begriff des Wohls der Allgemeinheit ist ähnlich wie im Bereich des verfassungsrechtlichen Eigentumsschutzes (Art. 14 Abs. 2 und 3 GG) und den speziellen Enteignungsvorschriften (§ 87 Abs. 1 BauGB) nicht mit dem Begriff des öffentlichen Interesses gleichzusetzen. Erst ein qualifiziertes, sachlich objektiv öffentliches Interesse als Ergebnis einer Abwägung der im Einzelfall miteinander in Widerstreit stehenden privaten und öffentlichen Interessen kann mit dem Wohl der Allgemeinheit identifiziert werden. An die Ausübung des Vorkaufsrechts werden jedoch gegenüber einer Enteignung, die nur zulässig ist, wenn das Wohl der Allgemeinheit diese erfordert, qualitativ geringere Anforderungen gestellt. Es genügt, wenn der Erwerb des Grundstücks im Rahmen der tatbestandlichen Voraussetzungen zu den vom Gesetzgeber gebilligten bodenpolitischen, eigentumspolitischen und städtebaulichen Zwecken erfolgt und dabei überwiegende Vorteile für die Allgemeinheit angestrebt werden. Das Vorliegen dieser Voraussetzung unterliegt im vollen Umfang der gerichtlichen Nachprüfung und richtet sich nach den Umständen des Einzelfalls (vgl. Senatsurteil vom 30.3.2009, a. a. O., juris Rdnr. 61; VGH Baden-Württemberg, Urteil v. 30.9.2021, a. a. O., juris Rdnr. 32; siehe auch

BVerwG, Beschluss v. 15.2.1990 – 4 B 245.89 –, Buchholz 406.11 § 24 BauGB Nr. 3, juris Rdnr. 9; OVG Berlin-Brandenburg, Urteil v. 22.10.2019 – 10 B 9.18 –, ZfBR 2020, 269, juris Rdnr. 45 ff.).

Dagegen steht das Vorkaufsrecht der Gemeinde nicht als Instrument einer allgemeinen Bodenbevorratung (»zur Vergrößerung ihres Eigentumsanteils«) oder zum Erwerb von Grundstücken zur Verfügung, die später möglicherweise als Tauschgrundstücke im Rahmen der Verfolgung gänzlich anderer Zwecke verwendet werden sollen (vgl. BVerwG, Beschluss v. 25.1.2010 – 4 B 53.09 –, NVwZ 2010, 593, juris Rdnr. 5; BayVGH, Beschluss v. 24.4.2020- 15 ZB 19.1987 –, juris Rdnr. 18; jeweils zu § 24 Abs. 1 Satz 1 Nr. 5 BauGB; Bunzel/Niemeyer, ZfBR 2018, 743, 748; Kronisch, NordÖR 2018, 366; May/Rixner in: Rixner/Biedermann/Charlier, Systematischer Praxiskommentar BauGB/BauNVO, 4. Aufl. 2022, § 24 BauGB Rdnr. 24). Die Gemeinde darf Grundstücke auch nicht lediglich aus privatwirtschaftlichem Gewinnstreben erwerben (vgl. BGH, Urteil v. 22.3.1965 – III ZR 211/63 –, WM 1965, 718).

Ob das Wohl der Allgemeinheit die Ausübung des Vorkaufsrechts rechtfertigt, hat sich jeweils an den Zielen zu orientieren, die mit den einzelnen Tatbeständen in § 24 Abs. 1 Satz 1 Nrn. 1 bis 8 BauGB verfolgt werden (vgl. BVerwG, Beschluss v. 25.1.2010, a. a. O., juris Rdnr. 5; Grziwotz, in: Spannowsky/Uechtritz, BeckOK BauGB, Stand: 1.10.2023, § 24 Rdnr. 21; Kronisch, in: Brügelmann, BauGB, § 24 Rdnr. 143, und ders., NordÖR 2018, 366, 367: »Kongruenz von Bestehenstatbestand und beabsichtigtem Verwendungszweck«; Stock, in: Ernst/Zinkahn/Bielenberg/Krautzberger, BauGB, Stand: August 2023, § 24 Rdnr.63). Die Ausübung des Vorkaufsrechts ist nur dann vom Wohl der Allgemeinheit gerechtfertigt im Sinne von § 24 Abs. 3 Satz 1 BauGB, wenn damit im Einzelfall dem jeweils angegebenen, sich im gesetzlichen Zulässigkeitsrahmen bewegenden Verwendungszweck entsprochen wird (vgl. BVerwG, Beschluss v. 15.2.1990, a. a. O., juris Rdnr. 3). Es ist daher nach Zweck und Zielrichtung des jeweiligen Vorkaufsrechts zu differenzieren (OVG Berlin-Brandenburg, Urteil v. 22.10.2019, a. a. O., juris Rdnr. 51). Das Wohl der Allgemeinheit rechtfertigt den Vorkauf schon dann, wenn der gemeindliche Grunderwerb diese Ziele und Zwecke fördert, also ihre Durchführung erleichtert oder unterstützt (vgl. Stock, a. a. O., § 24 Rdnr. 65a).

Das Umlegungsgebietsvorkaufsrecht nach § 24 Abs. 1 Satz 1 Nr. 2 BauGB nimmt Bezug auf die Baulandumlegung nach §§ 45 ff. BauGB. Deren Zweck besteht nach § 45 Satz 1 BauGB darin, zur Erschließung oder Neugestaltung von Gebieten bebaute und unbebaute Grundstücke in der Weise neu zu ordnen, dass nach Lage, Form und Größe für die bauliche oder sonstige Nutzung zweckmäßig gestaltete Grundstücke entstehen. Die Umlegung ist hingegen grundsätzlich kein Instrument, um einer Gemeinde die Möglichkeit des Erwerbs des Eigentums an weiteren Grundstücken – gar eines bestimmten Anteils der Grundstücke – in einem Baugebiet zu verschaffen, sondern führt lediglich zu einer Verteilung der Umlegungsmasse nach den §§ 55 ff. BauGB (vgl. VGH Baden-Württemberg, Urteil v. 24.9.2019 – 5 S 1733/17 –, VBlBW 2020, 158, juris Rdnr. 68).

Ausgehend von diesen Grundsätzen rechtfertigte das Wohl der Allgemeinheit die Ausübung des Vorkaufsrechts in mehrfacher Hinsicht. Die Verwendungszwecke wurden von der Beklagten auch jeweils (noch) hinreichend konkret genannt, so dass nicht entschieden werden muss, ob es sich bei der entsprechenden gesetzlichen Vorgabe (in § 24 Abs. 3 Satz 2 BauGB a. F.) um eine bloße Ordnungsvorschrift handelt (vgl. etwa VG Freiburg, Urteil v. 14.7.2022 – 4 K 284/22 –, juris Rdnr. 25 m. w. N.; Göhner, Das gemeindliche Vorkaufsrecht, 2006, S. 72 ff.) und welche Konsequenzen unterlassene Angaben – auch mit Blick auf die Berücksichtigungsfähigkeit auf Tatbestands- und Ermessensebene – hätten.

Eine Rechtfertigung durch das Wohl der Allgemeinheit war zunächst insoweit gegeben, als damit die erforderlichen Erschließungsmaßnahmen (vgl. § 55 Abs. 2 BauGB) erleichtert werden sollten (vgl. auch die Regelung zum Ausschluss des Abwendungsrechts in § 27 Abs. 2 Nr. 2 BauGB, wo auf das Benötigtwerden für Zwecke der Umlegung abgestellt wird). Die Beklagte erlangt mit dem Zukauf weiterer Flächen zusätzliche Spielräume für Erschließungsmaßnahmen.

Der Umstand, dass die Beklagte – wie bei jeder Umlegung – einen die Vorteile abschöpfenden Flächenbeitrag von bis zu 30 % erwarten kann (vgl. neben der vertraglichen Vereinbarung aus dem Jahre 2007 auch § 58 Abs. 1 Satz 2 BauGB), auf den der Flächenabzug nach § 55 Abs. 2 BauGB anzurechnen ist (vgl. Stich, in: Berliner Kommentar zum Baugesetzbuch, Stand: Februar 2024/1.8.2002, § 58 Rdnr. 4), führt nicht dazu, dass durch das Umlegungsgebietsvorkaufsrecht insoweit kein Land mehr beschafft werden dürfte. Dies gilt umso mehr, als der Bedarf – zumal bei der vorgesehenen verdichteten Bebauung – auch den Umfang des Flächenbeitrags überschreiten kann.

Eine Rechtfertigung durch das Wohl der Allgemeinheit ergibt sich auch aus dem Flächenbedarf für sonstige Flächen für öffentliche Zwecke, die nach § 55 Abs. 5 BauGB nur dann vorab ausgeschieden werden können, wenn geeignetes Ersatzland eingebracht wird. Es versteht sich von selbst, dass es hierfür nicht genügt, wenn die Gemeinde erst im Zuge der späteren Verteilung aus der Verteilungsmasse Land zu erwarten hat. Insofern führt auch der im Jahre 2007 vertraglich vereinbarte »Sozialbeitrag« zu keiner anderen Beurteilung. Dies gilt umso mehr vor dem Hintergrund, dass eine zeitnahe Verteilung aufgrund der zu erwartenden Dauer des Umlegungsverfahrens keineswegs gesichert ist. Die Umlegung wird wesentlich erleichtert, wenn auch für die weiteren Bedarfe nach § 55 Abs. 5 BauGB Land vorab ausgeschieden werden kann. Dies gilt umso mehr vor dem Hintergrund der §§ 76 f. BauGB, die eine teilweise Vorwegnahme der Umlegungsentscheidung und eine vorzeitige Besitzweinweisung in diese Flächen ermöglichen.

Hinzu kommt, dass die Beklagte auch Ersatzland benötigt, um denjenigen Eigentümern hinreichend große Flächen zuteilen zu können, denen sonst nur eine Geldentschädigung gewährt werden könnte. Die Umlegung wird gefördert, wenn die Gemeinde durch die Ausübung des Vorkaufsrechts sonst auftretende Mehr- oder Minderzuteilungen, die in Geld ausgeglichen werden müssten, vermeiden kann (vgl. OVG Lüneburg, Beschluss v. 30.1.1975 – VI B 99/74 –, NJW 1976, 159, 160 [BVerwG 14.2.1975 – BVerwG IV C 21.74]; Bracher, in: ders./Reidt/Schiller, Bauplanungsrecht, 9. Aufl. 2022, Kap. 23 Rdnr. 23.53).

Von einer übermäßigen Landbeschaffung kann keine Rede sein, nachdem die Beklagte lediglich über 6,9 % der Flächen im Umlegungsgebiet verfügte.

Das ihr damit aus mehreren Gründen eröffnete Ermessen hat die Beklagte fehlerfrei ausgeübt. Soweit die Verwaltungsbehörde ermächtigt ist, nach ihrem Ermessen zu handeln, prüft das Gericht auch, ob der Verwaltungsakt oder die Ablehnung oder Unterlassung des Verwaltungsakts rechtswidrig ist, weil die gesetzlichen Grenzen des Ermessens überschritten sind oder von dem Ermessen in einer dem Zweck der Ermächtigung nicht entsprechenden Weise Gebrauch gemacht ist (§ 114 Satz 1 VwGO). Dabei kommt es im Hinblick auf § 24 Abs. 3 Satz 1 BauGB nur auf die konkreten Erwägungen an, die im Zeitpunkt der Ausübung des Vorkaufsrechts tatsächlich zugrunde gelegt wurden (vgl. BVerwG, Beschluss v. 26.4.1993, a. a. O., juris Rdnr. 38), was freilich einer Konkretisierung und Ergänzung im Übrigen nicht entgegensteht (vgl. BVerwG, Beschluss v. 26.4.1993, a. a. O.; BayVGH, Urteil v. 12.10.2017, a. a. O., Rdnr. 6).

Die Beklagte stützte sich in nicht zu beanstandender Weise auf die unter oben genannten Erwägungen.

Sie gab in ihren Bescheiden vom 15.5.2019, mit denen sie ihr Vorkaufsrecht ausübte, an, der Beschlussantrag (GR-Drucks. 622/2018, Entwicklung des Baugebietes »Schafhaus« im Stadtbezirk Stuttgart-Mühlhausen, Ziffer 4) fordere, dass sie so viele Flächen wie möglich von den Grundstückseigentümern erwerbe und somit eine rasche Realisierung auch von hohen Anteilen geförderten Wohnungsbaus auf städtischen Flächen auf Grundlage der GR-Drucksache 906/2015 ermöglicht werde. Bei der künftigen Neuentwicklung des Umlegungsgebiets werde die Planung neue Dichten aufweisen. In diesem Zuge müsse sie das daraus resultierende Erfordernis an öffentlichen Nutzungen räumlich und programmatisch absichern. Aktuell gehe die Stadt von rund 520 neuen Wohneinheiten aus. Dies bedinge im Weiteren eine entsprechende Erschließung sowie eine angemessene soziale Infrastruktur und Grünflächenversorgung des Gebiets. Nach ersten Bedarfseinschätzungen würden unter anderem drei Standorte für Kitas sowie ein Standort für eine zweizügige Grundschule in dem Gebiet »Schafhaus« benötigt. Weiter sollten ein Pflegeheim und eine Sozialstation, jeweils in externer Trägerschaft, umgesetzt werden. Nach ersten Berechnungen würden 35 % der Gesamtfläche für die vorstehend benannten Nutzungen und Freiräume sowie die Erschließung veranschlagt. Die Stadt habe im Gebiet Schafhaus nur einen sehr geringen

Anteil von eigenen Grundstücken. Zur Sicherung der genannten Nutzungen und städtischen Bedarfe müsse die Stadt daher möglichst viele Flächen erwerben. Der Erwerb der streitgegenständlichen Grundstücke erleichtere und unterstütze daher die Umlegung einerseits im Hinblick auf die geplante Wohnbebauung und die Umsetzung des dringend benötigten geförderten Wohnungsbaus und im Weiteren bezüglich der Realisierung der begleitenden Bedarfe.

In ihren Widerspruchsbescheiden vom 2.12.2020 betreffend die Ausübung des Vorkaufsrechts und – weiter bestätigend – betreffend die Ablehnung der Abwendungserklärung – stellte die Beklagte hierzu noch klarstellende Erwägungen an. Sie gab zur Ausübung des Vorkaufsrechts unter anderem an, der Flächenerwerbs solle das Erfordernis an öffentlichen Nutzungen räumlich und programmatisch absichern. Aktuell gehe die Stadt von rund 520 neuen Wohneinheiten aus. Dies bedinge im Weiteren eine entsprechende Erschließung sowie eine angemessene soziale Infrastruktur und Grünflächenversorgung des Gebiets. Nach ersten Bedarfseinschätzungen würden unter anderem drei Standorte für Kitas sowie ein Standort für eine zweizügige Grundschule in dem Gebiet »Schafhaus« benötigt. Weiter sollten ein Pflegeheim und eine Sozialstation, jeweils in externer Trägerschaft, umgesetzt werden. Nach ersten Berechnungen würden 35 % der Gesamtfläche für die vorstehend benannten Nutzungen und Freiräume sowie die Erschließung veranschlagt. Zur Ablehnung der Abwendungserklärung führte sie aus, für Zwecke der Umlegung benötigt würden regelmäßig solche Grundstücke, die nach § 55 Abs. 2 und Abs. 5 BauGB erforderlich seien; zum Beispiel Flächen für eine öffentliche Nutzung oder Ausgleichs- und Ersatzflächen. Die Stadt Stuttgart gehe von rund 520 neuen Wohneinheiten aus. Daraus resultiere ein gestiegener Bedarf an Grundstücken für eine entsprechende Erschließung sowie eine angemessene soziale Infrastruktur und Grünflächenversorgung des Gebiets. Nach ersten Einschätzungen würden 35 % der Gesamtfläche dafür sowie für die Erschließungsanlagen veranschlagt. Zur Abdeckung dieser Bedarfe stünden der Stadt keine eigenen Grundstücke im ausreichenden Maße im Umlegungsgebiet zur Verfügung, was auch ausschlaggebend für die Vorkaufsrechtsausübungen gewesen sei und in den Bescheiden entsprechend begründet worden sei.

Mit diesen Ausführungen wahrte die Beklagte die oben bezeichneten Grenzen des Ermessens. Sie traf eine Ermessensentscheidung, wenngleich sie diesen Begriff nicht verwendete. Sie führte aus, dass die Belange der Vertragschließenden hinreichend berücksichtigt worden seien. Das Interesse der Allgemeinheit an der Durchführung der Umlegung übersteige das Einzelinteresse der Vertragsparteien am Fortbestand des Erstvertrags. Sie brachte damit deutlich zum Ausdruck, dass sie sich über ihren Entscheidungsspielraum, bei dem auch gegenläufige Interessen zu berücksichtigen waren, im Klaren war. Die von der Beklagten für die Vorkaufsrechtsausübung herangezogenen Gesichtspunkte entsprachen auch dem gesetzlichen Normzweck.

An einem Ermessensfehler leiden die angegriffenen Bescheide auch nicht deshalb, weil die Beklagte neben den bezeichneten Aspekten einleitend noch ins Feld führte, der Beschlussantrag (GR-Drucks. 622/2018) fordere, dass sie so viele Flächen wie möglich von den Grundstückseigentümern erwerbe und somit eine rasche Realisierung auch von hohen Anteilen geförderten Wohnungsbaus auf städtischen Flächen auf Grundlage der GR-Drucksache 906/2015 ermöglicht werde. Es erscheint zwar zweifelhaft, ob das Bestreben, Flächen (unmittelbar) zum Zwecke der Verwirklichung von sozialem Wohnungsbau beschaffen zu wollen, bei einem Umlegungsvorkaufsrecht noch von der Gemeinwohlklausel des § 24 Abs. 3 Satz 1 BauGB gedeckt wäre. Einerseits kann nach dem inzwischen geltenden § 24 Abs. 3 Satz 2 BauGB, der im Zuge des Baulandmobilisierungsgesetzes eingefügt wurde und bei dem es sich um eine bloße Klarstellung handeln soll (vgl. BT-Drucks. 19/24838, S. 18 u. 26; BT-Drucks. 19/29396, S. 60; Kment, ZRP 2020, 179, 181; Uechtritz, BauR 2021, 1227, 1237; Wunderle, VBlBW 2021, 353, 358; Zimmermann, DVBl. 2023, 443, 446 f.), dem Wohl der Allgemeinheit »insbesondere die Deckung eines Wohnbedarfs« dienen (vgl. auch § 1 Abs. 6 Nr. 2 BauGB). Andererseits darf eine Umlegung nur begrenzten Zwecken dienen. Die Umlegung erfolgt im Rahmen eines auch öffentlichen Interesses dienenden städtebaulichen Konzepts. Die Exekutive wird aber durch die §§ 45 ff. BauGB nicht ermächtigt, den Eigentümern ihre Grundstücke zu entziehen, um sie für ein konkretes, dem Wohl der Allgemeinheit dienendes Vorhaben einzusetzen. Das Instrument der Baulandumlegung ist in erster Linie auf den Ausgleich der privaten Interessen der Eigentümer gerichtet und soll diesen die bauliche Nutzung ihrer Grundstücke auch in den Fällen ermöglichen, in denen sie sich nicht selbst auf die notwendige Neuordnung ihrer Eigentumsrechte einigen (vgl. BVerfG, Beschluss v. 22.5.2001 – 1 BvR 1512/97 –, BVerfGE 104, 1, juris Rdnr. 31). Darüber hinaus erlaubt das Baugesetzbuch ein steuerndes Tätigwerden zur Deckung von Wohnbedarfen ohnehin nur im Rahmen der eingeräumten städtebaulichen Möglichkeiten und nicht nach weitergehenden allgemeinpolitischen Vorstellungen (vgl. BVerwG, Urteil v. 11.2.1993 – 4 C 18.91 –, BVerwGE 92, 56, juris Rdnr. 30). Die Beklagte hat die Ausübung ihres Vorkaufsrechts jedoch nicht tragend darauf gestützt, die erworbenen Flächen (selbst) mit Sozialwohnungen bebauen zu wollen. Vielmehr handelt es sich bei ihren Erklärungen zu der Verwendungsabsicht »sozialer Wohnungsbau« nur um Erwägungen, die verdeutlichen, welches Gebietskonzept im Ganzen den Erschließungs- und Infrastrukturbedarf auslöst. Dementsprechend stellte die Beklagte in dem Widerspruchsbescheid vom 2.12.2020 betreffend die Ablehnung der Abwendungserklärung auch klar, die Gemeinderats-Drucksache 622/2018 sei nur »sekundär« als Begründung für die Vorkaufsrechtsausübung heranzuziehen. Die darin enthaltenen Beschlüsse dienten »als Basis« für die Umlegung »Schafhaus« und definierten die Ziele derselben. Daraus folge in der Umsetzung der vorstehend (mit Blick auf die Erschließung, eine angemessene soziale Infrastruktur sowie die Grünflächenversorgung) beschriebene gestiegene Flächenbedarf der Stadt. Dies sei primärer Grund für die Vorkaufsrechtsausübung und erfülle die Voraussetzungen des § 27 Abs. 2 Nr. 2 in Verbindung mit § 55 Abs. 2 und 5 BauGB. Gegenteiliges lässt sich im Übrigen keinem der Bescheide der Beklagten entnehmen.

Auch wenn man demgegenüber davon ausginge, es sei eine eigenständig zu verstehende, zusätzlich tragende Begründung der Vorkaufsrechtsausübung gewesen, dass der Beschlussantrag (GR-Drucks. 622/2018) fordere, so viele Flächen wie möglich zu erwerben und somit eine rasche Realisierung auch von hohen Anteilen geförderten Wohnungsbaus auf städtischen Flächen auf Grundlage der GR-Drucksache 906/2015 zu ermöglichen, ergäbe sich daraus kein Ermessensfehler. Denn bei mehreren die Ermessensentscheidung selbstständig tragenden Gründen reicht die rechtliche Fehlerfreiheit auch nur eines Grundes für die Rechtmäßigkeit der Entscheidung aus (vgl. BVerwG, Urteile v. 26.11.1987 – 2 C 53.86 –, NJW 1988, 783, juris Rdnr. 33, und vom 19.5.1981 – 1 C 169.79 –, BVerwGE 62, 215, juris Rdnr. 22). Wie gezeigt, gab es mehrere, jedenfalls nicht zu beanstandende Erwägungen für die Vorkaufsrechtsausübung. Die weitere Überlegung, den sozialen Wohnungsbau bereits frühzeitig (indirekt) voranbringen zu wollen, war für die Vorkaufsrechtsausübung auch erkennbar nicht in dem Sinne maßgebend, dass diese letzten Endes nur deshalb erfolgt wäre. Die verbleibenden Erwägungen vermögen die Ermessensausübung vielmehr selbstständig zu tragen.

Bei der Ausübung des Vorkaufsrechts in den Fällen des § 24 Abs. 1 Satz 1 Nr. 2 BauGB handelt es sich schließlich um eine intendierte Entscheidung, die im Regelfall keine vertieften Ermessenserwägungen mehr erfordert, sofern kein besonderer Ausnahmefall vorliegt (vgl. BayVGH, Beschluss v. 3.4.2018 – 15 ZB 17.318 –, juris Rdnr. 31, zu § 24 Abs. 1 Satz 1 Nr. 1 BauGB). Die von der Beklagten getroffene Ermessensentscheidung ist deshalb jedenfalls auch nicht defizitär, soweit die Klägerin erklärt hat, auf den Kaufgrundstücken selbst Wohnungen errichten und die Verpflichtungen der Verkäufer aus den städtebaulichen Verträgen aus dem Jahre 2007 einhalten zu wollen. Denn diese Gesichtspunkte minderten allenfalls die für die Vorkaufsrechtsausübung etwa sprechenden weiteren Gemeinwohlgründe, ließen die übrigen Gründe jedoch nicht entfallen.

Eine Aufhebung der Ausübungsbescheide wäre gleichwohl geboten, wenn die Klägerin wirksam ein Abwendungsrecht ausgeübt hätte. Unabhängig von der Rechtmäßigkeit der Ausübungsbescheide führte die Abwendung dazu, dass diese keine Rechtswirkungen mehr entfalten könnten und die Klägerin die Beseitigung des von ihnen ausgehenden Rechtsscheins begehren könnte (vgl. – mit im Einzelnen teils unterschiedlichen Begründungen – Jarass/Kment, BauGB, 2. Aufl. 2017, § 27 Rdnr. 6; Kronisch, in: Brügelmann, BauGB, Stand: Oktober 2022, § 27 Rdnr. 55 und 57; Reidt, in: Battis/Krautzberger/Löhr, BauGB, 15. Aufl. 2022, § 27 Rdnr. 1; Stock, a. a. O., § 27 Rdnr. 52).

Der Beklagten stand jedoch kein Abwendungsrecht zu. Nach § 27 Abs. 1 Satz 1 BauGB kann der Käufer die Ausübung des Vorkaufsrechts abwenden, wenn die Verwendung des Grundstücks nach den baurechtlichen Vorschriften oder den Zielen und Zwecken der städtebaulichen Maßnahme bestimmt oder mit ausreichender Sicherheit bestimmbar ist, der Käufer in der Lage ist, das Grundstück binnen angemessener Frist dementsprechend zu nutzen, und er sich vor Ablauf der Frist nach § 28 Abs. 2 Satz 1 BauGB hierzu verpflichtet. Ein Abwendungsrecht besteht nicht in einem Umlegungsgebiet, wenn das Grundstück für Zwecke der Umlegung (§ 45 BauGB) benötigt wird (§ 27 Abs. 2 Nr. 2 BauGB).

Gemessen daran schied ein Abwendungsrecht der Klägerin jedenfalls aus. Denn ein solches setzt voraus, dass bereits bestimmt oder hinreichend bestimmbar sein muss, wie die einzelnen Grundstücke verwendet werden sollten (vgl. Paetow, in: Berliner Kommentar zum Baugesetzbuch, Stand: Februar 2024/1.1.2014, § 27 Rdnr. 2; Reidt, a. a. O., § 27 Rdnr. 2; Grziwotz, a. a. O., § 27 Rdnr. 2 f.; Bracher, a. a. O., Kap. 23 Rdnr. 23.61 f.; Stock, a. a. O., § 27 Rdnr. 18 ff. und 25; Kronisch, a. a. O., § 27 Rdnr. 18 ff. und 23). Das war jedoch in dem Umlegungsverfahren, nachdem noch kein Umlegungsplan aufgestellt war, noch nicht absehbar. Im maßgeblichen Zeitpunkt der Abwendungserklärung zeichnete sich aufgrund des frühen Verfahrensstands noch nicht ab, welchem der (zulässigen) Verwendungszwecke die Grundstücke zugeführt werden sollten. Das Umlegungsverfahren war zu einem Zeitpunkt eingeleitet worden, in dem der Bebauungsplan noch nicht aufgestellt war (vgl. § 47 Abs. 2 Satz 1 BauGB). Aus den Darstellungen des Flächennutzungsplans oder sonstigen Planungen/Konzepten ging die spätere Flächenverwendung ebenfalls noch nicht hinreichend konkret hervor. Soweit das Verwaltungsgericht im Tatbestand seines Urteils auf einen »Strukturplan« als Anlage zum Aufstellungsbeschluss für den Bebauungsplan aus dem Jahre 2003 sowie auf ein Grobkonzept für die angestrebte Umlegung aus dem Jahre 2006 Bezug nimmt, handelt es sich um lediglich vorläufige und unverbindliche Planungen, die insoweit nicht ausreichend sind. Da es somit an einer (bestimmten/bestimmbaren) Verwendung der im Streit stehenden Grundstücke für privatnützige Vorhaben (noch) fehlte, konnte sich die Klägerin auch nicht zu einer solchen verpflichten (vgl. etwa auch VG Freiburg, Urteil v. 14.7.2022 – 4 K 2423/21 –, juris Rdnr. 39).

Insofern stellt sich auch nicht die Frage, inwieweit die Grundstücke gerade für Umlegungszwecke »benötigt« werden (vgl. § 27 Abs. 2 Nr. 2 BauGB; siehe dazu BT-Drucks. 10/5111, S. 5 sowie Reidt, a. a. O., § 27 Rdnr. 9; Grziwotz, a. a. O., § 27 Rdnr. 13; Bracher, a. a. O., Rdnr. 23.59; Stock, a. a. O., § 27 Rdnr. 11 f.; Kronisch, a. a. O., § 27 Rdnr. 67 ff.).

Die Abwendungserklärung hätte allenfalls dann erfolgreich sein können, wenn – anders als hier – absehbar gewesen wäre, dass die anstelle der eingeworfenen Grundstücke zuzuteilenden neuen Grundstücke nicht für öffentliche Zwecke, sondern gerade für den Geschosswohnungsbau vorgesehen wären, wofür hier jedoch nichts spricht.

Ob noch weitere Gründe einer wirksamen Abwendung entgegenstanden, muss nicht entschieden werden.

Damit ist auch der Bescheid vom 17.6.2019, mit dem die Abwendungserklärung der Beklagten abgelehnt wurde, nicht zu beanstanden. ...

Nr. 58

1. **Maßgeblicher Zeitpunkt für die Beurteilung, ob ein Vorkaufsrecht auf der Grundlage einer Vorkaufsrechtsverordnung nach § 25 Abs. 1 Satz 1 Nr. 2 BauGB wirksam begründet worden ist, ist gemäß § 234 Abs. 1 BauGB der Zeitpunkt des notariellen Kaufvertragsabschlusses.**

2. **Beim Verkauf eines Grundstücks durch eine Einpersonen-GmbH & Co. KG an eine andere Einpersonen-GmbH Co. KG mit demselben Alleingesellschafter liegt kein Kaufvertrag mit einem Dritten i. S. v. § 28 Abs. 2 Satz 2 BauGB i. V. m. § 463 BGB vor.**

3. **Denn bei wirtschaftlicher Betrachtung stellt sich dieses Geschäft lediglich als Vermögensverschiebung innerhalb der Vermögenssphäre ein und derselben natürlichen Person als wirtschaftlicher Inhaber beider Gesellschaften dar.**

4. **Aus dem Ausschlusstatbestand für gemeindliche Vorkaufsrechte in § 26 Nr. 1 BauGB kann nicht geschlossen werden, dass nach Willen des Gesetzgebers allein die dort benannten Näheverhältnisse aus dem Anwendungsbereich des Vorkaufsrechts ausscheiden sollten.**

BauGB § 25 Abs. 1, §§ 26, 28, 234; BGB § 463.

Hamburgisches OVG, Urteil vom 21. März 2024 – 2 Bf 61/23 –.

Aus den Gründen:

Die Beklagte begehrt mit ihrer Berufung die Abweisung der in erster Instanz erfolgreichen Klage der Klägerinnen gegen einen Bescheid zur Ausübung eines sogenannten Satzungsvorkaufsrechts.

Die Klägerin zu 1) ist eine GmbH & Co. KG mit zwei Gesellschaftern: Herr A ist ihr alleiniger Kommanditist und die X-Verwaltungsgesellschaft mbH ist ihre alleinige Komplementärin. Deren alleiniger Gesellschafter und zugleich alleinvertretungsbefugter Geschäftsführer ist Herr A.

Die Klägerin zu 2) ist ebenfalls eine GmbH & Co. KG, die unter derselben Anschrift wie die Klägerin zu 1) geschäftsansässig ist. Ihre zwei Gesellschafter sind ebenfalls Herr A als alleiniger Kommanditist sowie die X-Verwaltungsgesellschaft mbH als alleinige Komplementärin, deren alleiniger Gesellschafter und zugleich alleinvertretungsberechtigter Geschäftsführer Herr A ist. Der Komplementärin der Klägerinnen und deren Geschäftsführer sind jeweils von den Beschränkungen des § 181 BGB befreit. …

Die zulässige Berufung der Beklagten gegen das Urteil des Verwaltungsgerichts ist unbegründet, da das Verwaltungsgericht zu Recht gemäß § 113 Abs. 1 Satz 1 VwGO den von den Klägerinnen angefochtenen Bescheid vom 9.7.2021 hinsichtlich des in Ziffer (ii) ausgeübten Vorkaufsrechts aufgehoben hat. Die Anfechtungsklage der Klägerinnen ist zulässig und begründet.

Die Anfechtungsklage der Klägerinnen ist zulässig, insbesondere sind beide Klägerinnen klagebefugt gemäß § 42 Abs. 2 VwGO. Denn die Klägerin zu 1) ist als Verkäuferin des streitgegenständlichen Grundstücks Adressatin des Vorkaufsrechtsausübungsbescheids, vgl. § 28 Abs. 2 Satz 1 BauGB. Die Klägerin zu 2) als Käuferin ist ebenfalls klagebefugt, da es sich bei der Ausübung eines Vorkaufsrechts um einen privatrechtsgestaltenden Verwaltungsakt handelt, der sich auch gegenüber der Käuferin als belastender Verwaltungsakt auswirkt (st. Rspr. des BVerwG, Beschluss v. 30.11.2009, 4 B 52.09, BRS 74 Nr. 130, juris Rdnr. 5; Beschluss v. 15.2.2000, 4 B 10.100, NVwZ 2000, 1044, juris Rdnr. 5; Beschluss v. 25.5.1982, 4 B 98.82, BRS 39 Nr. 96 juris Rdnr. 3). Denn das vertragliche Recht der Käuferin auf Eigentumsverschaffung aus dem Erstkaufvertrag wird durch die Ausübung des Vorkaufsrechts entzogen (BVerwG, Beschluss v. 30.11.2009, a. a. O., juris Rdnr. 5; Beschluss v. 25.5.1982, a. a. O., juris Rdnr. 3; ebenso OVG Hamburg, Beschluss v. 29.1.2021, 2 Bs 242/00, n.v.; Beschluss v. 16.11.2020, 2 So 91/20, n.v.; Urteil v. 18.8.2010, 5 Bf 337/09, DVBl 2011, 173, juris Rdnr. 33; Köster, in: Schrödter, BauGB, 9. Auf. 2019, § 28 Rdnr. 58).

Die Klage ist auch begründet. Der Bescheid vom 9.7.2021 und die Widerspruchsbescheide vom 2.6.2022 sind hinsichtlich des in Ziffer (ii) ausgeübten Vorkaufsrechts gemäß § 25 Abs. 1 Satz 1 Nr. 2 BauGB rechtswidrig und verletzen die Klägerinnen in ihren Rechten, vgl. § 113 Abs. 1 Satz 1 VwGO.

Rechtsgrundlage für den Bescheid sind §§ 25 Abs. 1 Satz 1 Nr. 2 und Abs. 2, 28 Abs. 2 Satz 1, 2 BauGB. Gemäß § 25 Abs. 1 Satz 1 Nr. 2 BauGB kann die Gemeinde, beziehungsweise in Hamburg gemäß § 246 Abs. 5 BauGB die Beklagte, in Gebieten, in denen sie städtebauliche Maßnahmen in Betracht zieht, zur Sicherung einer geordneten städtebaulichen Entwicklung durch Satzung Flächen bezeichnen, an denen ihr ein Vorkaufsrecht an den Grundstücken zusteht. In Hamburg tritt gemäß § 246 Abs. 2 Satz 1 BauGB i. V. m. § 4 Satz 1 Bauleitplanfeststellungsgesetz (i. d. F. v. 30.11.1999, HmbGVBl. S. 271, zuletzt geändert durch G. v. 9.2.2022, HmbGVBl. S. 104) an die Stelle der in § 25 Abs. 1 BauGB vorgesehenen Satzung die Form der Rechtsverordnung des Senats. Gemäß § 28 Abs. 2 Satz 2 BauGB i. V. m. § 463 BGB kann die Gemeinde das Vorkaufsrecht ausüben, sobald der Verpflichtete mit einem Dritten einen Kaufvertrag über den Gegenstand geschlossen hat. Dabei kann das Vorkaufsrecht gemäß § 28 Abs. 2 Satz 1 BauGB a. F. (in der gemäß § 234 Abs. 1 BauGB anwendbaren, bis zum 22.6.2021 geltenden Fassung) nur binnen zwei Monaten nach Mitteilung des Kaufvertrags durch Verwaltungsakt gegenüber dem Verkäufer ausgeübt werden.

Der Bescheid vom 9.7.2021 ist hinsichtlich des in Ziffer (ii) ausgeübten Vorkaufsrechts gemäß § 25 Abs. 1 Satz 1 Nr. 2 BauGB zwar formell rechtmäßig, entspricht jedoch in materieller Hinsicht nicht den sich aus der genannten Rechtsgrundlage ergebenden Vorgaben.

Der Bescheid vom 9.7.2021 ist formell rechtmäßig.

Die Beklagte hörte die Klägerinnen mit Schreiben vom 3.6.2021 gemäß § 28 HmbVwVfG ordnungsgemäß an.

Die Beklagte übte das Vorkaufsrecht fristgerecht binnen zwei Monaten nach Mitteilung des Kaufvertrags gemäß § 28 Abs. 2 Satz 1 BauGB a. F. (i.d. bis zum 22.6.2021 geltenden Fassung) aus, da die Mitteilung des Kaufvertrags durch den Notar am 19.5.2021 erfolgte und das Vorkaufsrecht mit Bescheid vom 9.7.2021, den Klägerinnen zugestellt am 9. bzw. 14.7.2021, ausgeübt wurde. Hier ist gemäß § 234 Abs. 1 BauGB die zur Zeit des Verkaufsfalls geltende Fassung der Vorschrift in § 28 Abs. 2 Satz 1 BauGB zugrundezulegen, die eine Frist von zwei Monaten nach Mitteilung des Kaufvertrags vorsah.

Weiter enthielt der Bescheid vom 9.7.2021 eine hinreichend konkrete Angabe des Verwendungszwecks. Gemäß § 25 Abs. 2 Satz 2 BauGB ist der Verwendungszweck des Grundstücks anzugeben, soweit das bereits zum Zeitpunkt der Ausübung des Vorkaufsrechts möglich ist.

Welche Anforderungen an die Angabe des Verwendungszwecks im Bescheid zu stellen sind, richtet sich nach den besonderen Verhältnissen des Einzelfalls und lässt sich nicht nach generellen Maßstäben vorab bestimmen (so BVerwG, Beschluss v. 15.2.1990, 4 B 245.89, NJW 1990, 2703, juris Rdnr. 3 zur Angabe des Verwendungszwecks gemäß § 24 Abs. 3 Satz 3 BauGB). Denn die Angabe des Verwendungszwecks hat zum einen Bedeutung für eine Abwendung des Vorkaufsrechts durch den Käufer gemäß § 27 Abs. 1 BauGB und zum anderen für die in vollem Umfang gerichtlich nachprüfbare Frage, ob das Vorkaufsrecht im Einzelfall dem angegebenen Verwendungszweck entspricht und die Ausübung des Vorkaufsrechts somit gemäß § 25 Abs. 2 Satz 1 i. V. m. § 24 Abs. 3 Satz 1, 2 BauGB vom Wohl der Allgemeinheit gerechtfertigt ist (vgl. BVerwG, Beschluss v. 15.2.1990, a. a. O., juris Rdnr. 3). Vor diesem Hintergrund ist aus formeller Sicht eine hinreichend konkrete und eindeutige Bezeichnung des Verwendungszwecks zu fordern, die eine (gerichtliche) Überprüfung ermöglicht und einen nachträglichen Austausch des Verwendungszwecks verhindert (vgl. zur entsprechenden Vorschrift in § 69 Abs. 2 Satz 2 BbgNatSchG OVG Berlin-Brandenburg, Urteil v. 12.12.2013, OVG 11 B 18.12, juris Rdnr. 50). Dabei kann hier dahinstehen, ob die Angabe des Verwendungszwecks generell nur die Bedeutung einer Ordnungsvorschrift hat und die unvollständige oder gar völlig fehlende

Angabe des Verwendungszwecks die Ausübung des Vorkaufsrechts für sich genommen nicht rechtsfehlerhaft machen kann (offengelassen zu § 24 Abs. 3 Satz 2 BauGB bei BVerwG, Beschluss v. 15.2.1990, a. a. O., juris Rdnr. 4; ebenso zur entsprechenden Vorschrift in § 69 Abs. 2 Satz 2 BbgNatSchG OVG Berlin-Brandenburg, Urteil v. 12.12.2013, juris Rdnr. 52).

Denn der Bescheid vom 9.7.2021 wird den genannten Anforderungen gerecht. Darin formuliert die Beklagte hinreichend deutlich einen im Rahmen des städtebaulichen Vorkaufsrechts gemäß § 25 Abs. 1 Satz 1 Nr. 2 BauGB zulässigen Verwendungszweck, der auch eine Überprüfung im Rahmen der Rechtfertigung zum Wohle der Allgemeinheit gemäß § 25 Abs. 2 Satz 1 i. V. m. § 24 Abs. 3 Satz 1, 2 BauGB ermöglicht. Die Beklagte gab in dem Bescheid vom 9.7.2021 unter der Überschrift »1.2.7 Verwendung des Grundstücks« an, dass sie das streitgegenständliche Grundstück entsprechend der Ziele im Rahmenplan Diebsteich verwenden werde. Die Ziele des Rahmenplans Diebsteich werden in dem Bescheid an anderer Stelle, im Abschnitt »1.2 Bestehen eines gesetzlichen Vorkaufsrechts, 1.2.3 städtebauliche Begründung«, ausführlich beschrieben. Demnach sieht der Rahmenplan Diebsteich für das streitgegenständliche Grundstück eine Verdichtung und Weiterentwicklung im Bestand vor. Eine höhere bauliche Dichte, die der Zentralität entspreche, sowie baulich klar gefasste Raumkanten entlang der Straßenräume stünden dabei im Vordergrund. Der Rahmenplan Diebsteich formuliere zudem, so die Beklagte, konkret die Option einer Feuer- und Rettungswache auf dem Grundstück, welche zur Versorgung der neuen Quartiere Mitte Altona, Holsten-Quartier und Diebsteich benötigt werde.

Schließlich genügt der Bescheid vom 9.7.2021 dem allgemeinen verwaltungsverfahrensrechtlichen Begründungserfordernis aus § 39 HmbVwVfG, das neben die Angabe des Verwendungszwecks tritt und die Darlegung der wesentlichen tatsächlichen und rechtlichen Gründe für die Entscheidung voraussetzt. Dies ist hier in dem ausführlich begründeten Bescheid erfolgt, aus dem sich insbesondere auch die berücksichtigten relevanten Ermessensbelange ergeben.

Der Bescheid vom 9.7.2021 ist jedoch hinsichtlich des in Ziffer (ii) ausgeübten Vorkaufsrechts gemäß § 25 Abs. 1 Satz 1 Nr. 2 BauGB materiell rechtswidrig. Zwar bestand zum hier relevanten Zeitpunkt des Abschlusses des Kaufvertrags vom 17.5.2021 ein Vorkaufsrecht der Beklagten an dem streitgegenständlichen Grundstück, das sich aus der formell und materiell rechtmäßigen Verordnung über die Begründung eines Vorkaufsrechts im Bereich des Gebiets »Mitte Altona« vom 19.2.2008 (HmbGVBl. S. 108, im Folgenden: Vorkaufsrechtsverordnung Mitte Altona 2008) ergibt. Es ist jedoch kein Vorkaufsfall eingetreten, da die Klägerin zu 1) als Vorkaufsverpflichtete keinen Kaufvertrag »mit einem Dritten« gemäß § 28 Abs. 2 Satz 2 BauGB i. V. m. § 463 BGB abgeschlossen hat.

Der Beklagten stand zum hier maßgeblichen Zeitpunkt des Abschlusses des notariellen Kaufvertrags vom 17.5.2021 ein Vorkaufsrecht an dem streitgegenständlichen Grundstück zu.

Maßgeblicher Zeitpunkt für die Beurteilung, ob ein Vorkaufsrecht wirksam begründet wurde, ist gemäß § 234 Abs. 1 BauGB der Zeitpunkt des notariellen Kaufvertragsabschlusses, hier am 17.5.2021. Nach § 234 Abs. 1 BauGB sind für das Vorkaufsrecht die jeweils zur Zeit des Verkaufsfalls geltenden städtebaurechtlichen Vorschriften anzuwenden. Bei der Vorkaufsrechtsverordnung handelt es sich um eine städtebauliche Vorschrift in diesem Sinne, da sie auf § 25 Abs. 1 Satz 1 Nr. 2 BauGB beruht, wonach die Gemeinde ein Vorkaufsrecht in städtebaulichen Maßnahmengebieten begründen kann. Der Verkaufsfall setzt den Abschluss eines Kaufvertrags über ein Grundstück voraus, der hier am 17.5.2021 erfolgte, ohne dass es im vorliegenden Fall auf die Frage ankäme, inwiefern sich bei Vertragsschluss noch ausstehende behördliche Genehmigungen auf die Bestimmung des Zeitpunkts auswirken (vgl. hierzu nur Stock, in: Ernst/Zinkahn/Bielenberg/Krautzberger, BauGB, Stand: Okt. 2023, § 234 Rdnr. 4 m. w. N.).

Bei Abschluss des Kaufvertrags am 17.5.2021 bestand ein Vorkaufsrecht der Beklagten an dem Grundstück auf Grundlage der Vorkaufsrechtsverordnung Mitte Altona 2008, nach deren § 1 der Beklagten ein Vorkaufsrecht an den in der Verordnung benannten und zeichnerisch dargestellten Grundstücken, darunter dem streitgegenständlichen Grundstück, zusteht.

Dass die Vorkaufsrechtsverordnung Mitte Altona 2008 nach Abschluss des notariellen Kaufvertrags und nach Ausübung des Vorkaufsrechts im Bescheid vom 17.5.2021 durch § 2 Abs. 2 der Verordnung über die Begründung eines Vorkaufsrechts im Bereich des Gebietes »Mitte Altona« vom 21.9.2021 (HmbGVBl. S. 683; im Folgenden: Vorkaufsrechtsverordnung Mitte Altona 2021) aufgehoben wurde, wirkt sich vor diesem Hintergrund nicht aus, da für das Entstehen des Vorkaufsrechts allein auf den Zeitpunkt des Abschlusses des Kaufvertrags abzustellen ist. Denn das Vorkaufsrecht muss jedenfalls durch die Satzung bzw. Verordnung entstanden sein, bevor der Kaufvertrag abgeschlossen wird (vgl. BVerwG, Beschluss v. 14.4.1994, 4 B 70.94, NJW 1994, 3178, juris Rdnr. 3). Dies ergibt sich auch daraus, dass das Vorkaufsrecht gemäß § 25 Abs. 1 Satz 1 Nr. 2 BauGB nicht bereits kraft Gesetzes besteht. Die Gemeinde schafft erst mit der Satzung bzw. Rechtsverordnung die Voraussetzungen für die Ausübung des Vorkaufsrechts in künftigen Verkaufsfällen (vgl. zum Vorstehenden BVerwG, Beschluss v. 14.4.1994, a. a. O., juris Rdnr. 3).

Im Übrigen ergäbe sich auch dann nichts Anderes, wenn es auf den Zeitpunkt der letzten Behördenentscheidung und damit den Erlass der beiden Widerspruchsbescheide am 2.6.2022 ankäme. Denn zu diesem Zeitpunkt war das streitgegenständliche Grundstück von dem Geltungsbereich der Verordnung über die Begründung eines Vorkaufsrechts im Bereich des Gebietes

»Diebsteich« vom 21.9.2021 (HmbGVBl. 2021, S. 681; im Folgenden: Vorkaufsrechtsverordnung Diebsteich 2021) umfasst, nach deren § 1 Satz 1 der Beklagten in dem in der Anlage rot umgrenzten Bereich ein Vorkaufsrecht zusteht, und die zeitlich unmittelbar an die Vorkaufsrechtsverordnung Mitte Altona 2008 anschloss.

Die Vorkaufsrechtsverordnung Mitte Altona 2008 war rechtmäßig. Sie beruht auf § 25 Abs. 1 Satz 1 Nr. 2 BauGB. Danach kann die Gemeinde, beziehungsweise in Hamburg gemäß § 246 Abs. 5 BauGB die Beklagte, in Gebieten, in denen sie städtebauliche Maßnahmen in Betracht zieht, zur Sicherung einer geordneten städtebaulichen Entwicklung durch Satzung beziehungsweise in Hamburg gemäß § 246 Abs. 2 Satz 1 BauGB i. V. m. § 4 Abs. 1 Satz 1 Bauleitplanfeststellungsgesetz durch Rechtsverordnung des Senats Flächen bezeichnen, an denen ihr ein Vorkaufsrecht an den Grundstücken zusteht. Diese Voraussetzungen liegen in formeller und materieller Hinsicht vor.

Die Vorkaufsrechtsverordnung Mitte Altona 2008 ist formell rechtmäßig zustande gekommen.

Der zuständige Senat hat die Vorkaufsrechtsverordnung formell ordnungsgemäß durch Beschluss v. 19.2.2008 und unter Wahrung des Zitiergebots aus Art. 53 Abs. 2 Satz 1 der Verfassung der Freien und Hansestadt Hamburg vom 6.6.1952 (HmbBl. I 100-a, 100-1, zuletzt geändert durch G. v. 20.4.2023, HmbGVBl. S. 169; im Folgenden: HV) erlassen (siehe die von der Beklagten mit Schriftsatz vom 22.12.2023 übersandte Niederschrift über die Senatssitzung vom 19.2.2008, nebst Senatsdrucksache Nr. 2008/00256 v. 5.2.2008).

Die Vorkaufsrechtsverordnung wurde entsprechend § 25 Abs. 1 Satz 4 i. V. m. § 16 Abs. 2 BauGB ortsüblich bekannt gemacht (HmbGVBl., S. 108) und trat gemäß Art. 54 Satz 1 HV mit dem auf die Ausgabe des Hamburgischen Gesetz- und Verwaltungsblattes folgenden Tag in Kraft, mithin hier am 8.3.2008. Eine Öffentlichkeitsbeteiligung ist gesetzlich nicht vorgesehen.

Eine förmliche Begründung der Verordnung war nicht erforderlich. Eine formelle Begründungspflicht für die Vorkaufsrechtsverordnung ist weder der Ermächtigungsgrundlage in § 25 Abs. 1 Satz 1 Nr. 2 BauGB zu entnehmen (ebenso VGH Mannheim, Urteil v. 10.9.2019, 8 S 2050/17, NVwZ-RR 2020, 549, juris Rdnr. 47; Stock, in: Ernst/Zinkahn/Bielenberg/Krautzberger, BauGB, Stand: August 2023, § 25 Rdnr. 22), noch der Verfassung der Freien und Hansestadt Hamburg oder dem Grundgesetz (vgl. BVerfG, Beschluss v. 26.1.1987, 1 BvR 969/83, DVBl. 1987, 879 zu Erhaltungssatzungen; ebenso BVerwG, Beschluss v. 3.7.1987, 4 C 26.85, DVBl 1987, 1013, juris Rdnr. 10 zu Erhaltungssatzungen; vgl. auch Stock, a. a. O., § 25 Rdnr. 22; Kment, in: Jarass/Kment, BauGB, 3. Aufl. 2022, § 25 Rdnr. 5).

Jedenfalls gehen die dem Erlass der Verordnung zugrundeliegenden Erwägungen des Senats hinreichend deutlich aus der umfangreichen Beschlussvorlage des Senats (Senatsdrucksache Nr. 2008/00256 v. 5.2.2008) hervor.

Die Vorkaufsrechtsverordnung Mitte Altona 2008 ist auch materiell rechtmäßig, da die beiden Tatbestandsvoraussetzungen der Ermächtigungsgrundlage in § 25 Abs. 1 Satz 1 Nr. 2 BauGB vorliegen. Danach muss die Gemeinde zum einen städtebauliche Maßnahmen in Betracht ziehen, zum anderen muss die Begründung des Vorkaufsrechts zur Sicherung einer geordneten städtebaulichen Entwicklung erforderlich sein. Die Vorkaufsrechtsverordnung Mitte Altona 2008 war zum Zeitpunkt des Kaufvertragsabschlusses am 17.5.2021 auch nicht obsolet geworden.

Die Beklagte zog bei Erlass der Vorkaufsrechtsverordnung Mitte Altona 2008 städtebauliche Maßnahmen in Betracht.

Nach der Rechtsprechung des Bundesverwaltungsgerichts zählen zu den städtebaulichen Maßnahmen im Sinne dieser Vorschrift alle Maßnahmen, die einen städtebaulichen Bezug aufweisen und der Gemeinde dazu dienen, ihre Planungsvorstellungen zu verwirklichen. Die Gemeinde erhält durch diese Regelung die Möglichkeit, bereits im Frühstadium der Vorbereitung städtebaulicher Maßnahmen Grundstücke zu erwerben (BVerwG, Beschluss v. 8.9.2009, 4 BN 38.09, BauR 2010, 81, juris Rdnr. 4; BVerwG, Beschluss v. 14.4.1994, 4 B 70.94, NJW 1994, 3178, juris Rdnr. 5). Förmlich konkretisierter Planungsabsichten bedarf es nicht (BVerwG, Beschluss v. 8.9.2009, a. a. O., juris Rdnr. 4; Beschluss v. 14.4.1994, a. a. O., juris Rdnr. 5; vgl. auch BVerwG, Beschluss v. 30.9.2020, 4 B 45.19, ZfBR 2021, 66, juris Rdnr. 4). Wie konkret die in Betracht zu ziehenden städtebaulichen Maßnahmen bezeichnet werden müssen, hängt maßgebend von den Umständen des jeweiligen Einzelfalles ab (BVerwG, Beschluss v. 8.9.2009, a. a. O., juris Rdnr. 4). Dabei können die Planungsvorstellungen der Gemeinde neben dem Text der Verordnung und einer etwaigen Begründung auch anderen Verlautbarungen der Gemeinde entnommen werden, aus denen sich ihre städtebaulichen Ziele ergeben (VGH Mannheim, Urteil v. 10.9.2019, 8 S 2050/17, NVwZ-RR 2020, 549, juris Rdnr. 47). Denn eine förmliche Begründung der Vorkaufsrechtsverordnung ist nicht vorgeschrieben.

Nach diesen Maßgaben zog die Beklagte bei Erlass der Vorkaufsrechtsverordnung Mitte Altona 2008 städtebauliche Maßnahmen in Betracht. Aus der Beschlussvorlage des Senats zum Erlass der Vorkaufsrechtsverordnung Mitte Altona 2008 (Senatsdrucks. Nr. 2008/00256 v. 5.2.2008,) ergibt sich, dass die Beklagte im rechtlich maßgeblichen Zeitpunkt des Verordnungserlasses eine städtebauliche Entwicklungsmaßnahme gemäß § 165 Abs. 1 und 2 BauGB im Bereich »Mitte Altona« erwog. Hierzu hatte der Senat mit Beschluss v. 18.12.2007 die Durchführung vorbereitender Untersuchungen gemäß § 165 Abs. 4 BauGB für den Bereich des Altonaer Bahnhofes und angrenzender Flächen eingeleitet, in deren Zusammenhang die Vorkaufsrechtsverordnung Mitte Altona 2008 der »Steuerung des Grundstücksverkehrs bei der städtebaulichen Entwicklung im Bereich Mitte Altona« dienen sollte.

Bei städtebaulichen Entwicklungsmaßnahmen gemäß § 165 ff. BauGB einschließlich der vorbereitenden Untersuchungen gemäß § 165 Abs. 4 BauGB handelt es sich um Maßnahmen mit städtebaulichem Bezug (ebenso OVG Berlin, Beschluss v. 18.5.2022, OVG 10 N 4/21, juris Rdnr. 11). Die vorbereitenden Untersuchungen gemäß § 165 Abs. 4 BauGB dienen gerade der Vorbereitung einer städtebaulichen Gesamtmaßnahme im Sinne eines koordinierten Maßnahmenbündels, das durch eine flächendeckende und zeitlich geschlossene Planungskonzeption für ein exakt umgrenztes Gebiet verwirklicht werden soll (BVerwG, Urteil v. 3.7.1998, 4 CN 2.97, NVwZ 1998, 1297, juris Rdnr. 11).

Angesichts des bereits gefassten Beschlusses des Senats vom 18.12.2007 zur Durchführung vorbereitender Untersuchungen gemäß § 165 Abs. 4 BauGB im Bereich Mitte Altona (Amt. Anz. 2008, S. 162) hatte die Beklagte diese städtebaulichen Maßnahmen auch hinreichend konkret in Betracht gezogen (vgl. zum erforderlichen Minimum an Konkretisierung OVG Münster, Urteil v. 28.7.1997, NVwZ 1999, 432, juris Rdnr. 15; VGH München, Urteil v. 26.1.2009, 2 N 08.124, BayVBl 2009, 344, juris Rdnr. 10). Hintergrund der Planungen waren die Überlegungen der Deutschen Bahn, den Fernbahnhof Altona an den Standort des S-Bahnhofs Diebsteich zu verlegen, was zu einer umfassenden Neuordnung sowohl der nicht mehr genutzten Gleisbereiche, als auch des bisherigen Bahnhofs Altona nebst Umgebung und des neu entstehenden Bahnhofs Diebsteich nebst Umgebung führen sollte. Zu den im Betrachtungsraum geplanten Maßnahmen zählten laut der Beschlussvorlage des Senats die Entwicklung der Bahnflächen sowie der bisher von der Post genutzten Fläche, der Neubau von Wohnungen und gewerblichen Bauten sowie die Schaffung von Gemeinbedarfseinrichtungen unterschiedlichen Charakters (vgl. Senatsdrucks. Nr. 2008/00256 v. 5.2.2008).

Die Begründung des Vorkaufsrechts war zur Sicherung einer geordneten städtebaulichen Entwicklung erforderlich. Nach der Rechtsprechung des Bundesverwaltungsgerichts muss die Satzung objektiv geeignet sein, zur Sicherung der städtebaulichen Entwicklung und Ordnung (siehe § 1 Abs. 3 BauGB) beizutragen. Nur wenn hiervon nach Maßgabe der konkreten Umstände – etwa im Hinblick auf die räumliche Ausdehnung der Satzung und auf ein Sicherungsbedürfnis wegen gegebenenfalls abweichender Entwicklungen – auszugehen ist, kann die Gemeinde sich der Vorkaufssatzung bedienen (BVerwG, Beschluss v. 30.9.2020, 4 B 45.19, ZfBR 2021, 66, juris Rdnr. 5). Das Instrument des Vorkaufsrechts steht der Gemeinde nicht als Mittel einer allgemeinen Bodenbevorratung oder zum Erwerb von Grundstücken zur Verfügung, die zur Umsetzung der von ihr betriebenen Bauleitplanung ersichtlich nicht benötigt werden. Es soll sie vielmehr in die Lage versetzen, die von ihr in Betracht gezogenen städtebaulichen Maßnahmen zu gegebener Zeit leichter durchführen zu können. In eine auf § 25 Abs. 1 Satz 1 Nr. 2 BauGB gestützte Vorkaufssatzung können nur Flächen einbezogen werden, deren Erwerb der Verwirklichung der beabsichtigten städtebaulichen Maßnahmen dienlich ist (BVerwG, Beschluss v. 15.2.2000, 4 B 10.00, NVwZ 2000, 1044, juris Rdnr. 7).

Diese Voraussetzungen liegen hier vor. Die Vorkaufsrechtsverordnung Mitte Altona 2008 sollte laut der Beschlussvorlage des Senats (Senatsdrucks. Nr. 2008/00256 v. 5.2.2008,) zum Zeitpunkt ihres Erlasses die Planung während der vorbereitenden Untersuchungen Mitte Altona gemäß § 165 Abs. 4 BauGB und bis zu einer etwaigen förmlichen Festlegung eines städtebaulichen Entwicklungsbereichs sichern. Dem entspricht es, dass der räumliche Geltungsbereich der Vorkaufsrechtsverordnung Mitte Altona 2008 deckungsgleich mit dem Bereich der vorbereitenden Untersuchung Mitte Altona war (Senatsdrucks. Nr. 2008/00256 v. 5.2.2008).

Die von der Beklagten angestrebte Steuerung von Grundstücksverkäufen im Gebiet der vorbereitenden Untersuchungen ist objektiv nachvollziehbar, da durch die umfassende städtebauliche Neuordnung mit einem gestiegenen Interesse von Investoren an den Flächen im Untersuchungsgebiet zu rechnen und zu befürchten war, dass deren Nutzungsinteressen den Planungsvorstellungen der Beklagten zuwiderlaufen könnten. Auch wäre es der Beklagten angesichts der Größe des Untersuchungsgebiets nicht möglich gewesen, sämtliche benötigte Flächen auf anderem Weg, etwa durch einen freihändigen Ankauf, zu sichern (vgl. auch Senatsdrucks. Nr. 2008/00256 v. 5.2.2008).

Die Vorkaufsrechtsverordnung Mitte Altona 2008 war zu dem für das Entstehen des Vorkaufsrechts maßgeblichen Zeitpunkt des Kaufvertragsabschlusses am 17.5.2021 nicht obsolet geworden.

Soweit die Klägerinnen der Sache nach einwenden, die Vorkaufsrechtsverordnung Mitte Altona 2008 sei obsolet geworden, da sie bereits im Oktober 2021 und somit kurz nach Erlass des streitgegenständlichen Bescheids vom 9.7.2021 durch § 2 Abs. 2 der Vorkaufsrechtsverordnung Mitte Altona 2021 aufgehoben worden sei, und sich die Beklagte von den städtebaulichen Maßnahmen im Bereich der Verordnung Mitte Altona 2008 distanziert habe, folgt der Senat dem nicht.

Anhaltspunkte für eine Funktionslosigkeit der Verordnung im Zeitpunkt des Kaufvertragsabschlusses liegen nicht vor, insbesondere waren die durch die Verordnung gesicherten städtebaulichen Maßnahmen zu diesem Zeitpunkt nicht wirksam umgesetzt worden (vgl. zur Funktionslosigkeit in diesen Fällen OVG Münster, Urteil v. 19.4.2010, 7 A 1041/08, DVBl 2010, 1121, juris Rdnr. 102 ff.; Kronisch, in: Brügelmann, BauGB, Stand: Juli 2019, § 25 Rdnr. 21). Vielmehr verfolgte die Beklagte sowohl zum Zeitpunkt der Ausübung des streitgegenständlichen Vorkaufsrechts mit Bescheid vom 9.7.2021, als auch nach Aufhebung der Vorkaufsrechtsverordnung Mitte Altona 2008 das Ziel einer städtebaulichen Neuordnung der durch die Verlegung des Fernbahnhofs Altona zum Standort Diebsteich betroffenen Gebiete weiter. Die Aufhebung der Vorkaufsrechtsverordnung Mitte Altona 2008 im Oktober 2021 und der zeitlich nahtlos anschließende Erlass der Vorkaufsrechtsverordnung Diebsteich 2021 für den Bereich des streitgegenständlichen Grundstücks ist Ausdruck der fortschreitenden Planung und Weiterentwicklung der städtebaulichen Ziele in diesem Bereich. Denn im Zuge der mehrjährigen Planung wurden erkennbar örtliche Schwerpunkte gesetzt, die zu einer weiteren Differenzierung der Planung geführt haben und wiederum von entsprechenden Vorkaufsrechtsverordnungen begleitet wurden. Nachdem die Deutsche Bahn AG im Jahr 2014 förmlich beschlossen hatte, den Fern- und Regionalbahnhof Altona an den Standort Diebsteich zu verlegen, stellte der Senat fest, dass die Voraussetzungen des § 165 Abs. 3 BauGB für eine förmliche Festlegung eines städtebaulichen Entwicklungsbereichs im Bereich der Vorbereitenden Untersuchung Mitte Altona nicht vorlägen (Bü-Drs. 22/5822 »Stadtentwicklung Diebsteich/Mitte Altona« v. 21.9.2021, S. 14). Zur kontinuierlichen Sicherung der angestrebten städtebaulichen Neuordnung erließ der Senat die zeitlich unmittelbar an die Vorkaufsrechtsverordnung Mitte Altona 2008 anschließende Vorkaufsrechtsverordnung Altona 2021 für den Bereich um den bisherigen Fernbahnhof Altona und das Gleisdreieck Ottensen sowie die Vorkaufsrechtsverordnung Diebsteich 2021 für den Bereich um den neuen Standort des Fernbahnhofs Diebsteich (vgl. Bü-Drs. 22/5822 »Stadtentwicklung Diebsteich/Mitte Altona« v. 21.9.2021, S. 14). Die auch das streitgegenständliche Grundstück umfassende Vorkaufsrechtsverordnung Diebsteich 2021 flankierte den Rahmenplan Diebsteich, in dessen Gebiet die nördlich der … liegenden Teilflächen der Vorbereitenden Untersuchung Mitte Altona einbezogen wurden (vgl. Bü-Drs. 22/5822 »Stadtentwicklung Diebsteich/Mitte Altona« v. 21.9.2021, S. 2). Der Rahmenplan Diebsteich bezweckt die städtebauliche Entwicklung des künftigen Bahnhofsumfelds und soll durch die Aufstellung von Bebauungsplänen, den Abschluss städtebaulicher Verträge sowie die Anpassung von Grundstückszuschnitten umgesetzt werden (S. 194 ff. der Anlage 4 zu Bü-Drs. 22/5822 »Stadtentwicklung Diebsteich/Mitte Altona« v. 21.9.2021).

Der Bescheid vom 9.7.2021 ist jedoch materiell rechtswidrig, da kein Vorkaufsfall eingetreten ist. Denn die Klägerin zu 1) als Vorkaufsverpflichtete hat keinen Kaufvertrag »mit einem Dritten« gemäß § 28 Abs. 2 Satz 2 BauGB i. V. m. § 463 BGB abgeschlossen.

Gemäß § 28 Abs. 2 Satz 2 BauGB i. V. m. § 463 BGB kann die Gemeinde das Vorkaufsrecht ausüben, sobald der Verpflichtete mit einem Dritten einen Kaufvertrag über den Gegenstand geschlossen hat. Zwar ist die Klägerin zu 1) als Eigentümerin und Verkäuferin des Grundstücks Verpflichtete im Sinne der Vorschrift. Es liegt auch ein Kaufvertrag vor. Die Klägerin zu 2) als Käuferin ist jedoch nicht Dritte im Sinne von § 463 BGB.

Bei dem zwischen den Klägerinnen geschlossenen notariellen Vertrag vom 17.5.2021 handelt es sich um einen Kaufvertrag im Sinne von §§ 463 i. V. m. 433 BGB. Zwar kommt es bei der Einordnung als Kaufvertrag nicht allein auf die Bezeichnung des Vertrags an (vgl. Faust, in: BeckOK BGB, 67. Aufl., Stand: 1.8.2023, § 463 Rdnr. 21; Ernst/Zinkahn/Bielenberg/Krautzberger, BauGB, Stand: Mai 2023, § 24 Rdnr. 50). Hier liegt jedoch sowohl angesichts der ausdrücklichen Bezeichnung als »Kaufvertrag« als auch der typischen formalen und materiellen Vertragsbestandteile eines Kaufvertrags wie der Bezeichnungen als Verkäuferin und Käuferin (siehe Präambel des Kaufvertrags), der Verpflichtung zur Kaufpreiszahlung (§ 2 des Kaufvertrags) und zur Abnahme der Sache (§ 1 des Kaufvertrags) sowie der Übergabe des Grundstücks und der Eigentumsverschaffung (§ 9 des Kaufvertrags) ein Kaufvertrag vor (vgl. ebenso LG Hamburg, Urteil v. 20.1.2023, 351 O 6/21, n.v. für denselben Kaufvertrag).

Soweit die Klägerinnen vortragen, dass der Vertrag nur rein formal als Kaufvertrag bezeichnet worden sei, die Vertragsparteien materiell jedoch allein die Separierung des Grundstücks und seine Übertragung in eine getrennte Gesellschaft zur Regelung der Unternehmensnachfolge angestrebt hätten, kann dem nicht gefolgt werden. Nach der äußeren Form und dem Inhalt des Vertrags handelt es sich, wie soeben ausgeführt, um einen Kaufvertrag. Es liegt auch kein Scheingeschäft im Sinne von § 117 Abs. 1 BGB vor. Danach ist eine Willenserklärung, die einem anderen gegenüber abzugeben ist und mit dessen Einverständnis nur zum Schein abgegeben wird, nichtig. Diese Voraussetzungen liegen hier nicht vor, da die Abgabe der auf den Kauf gerichteten Willenserklärungen ernstlich gewollt war. Denn es kam den Klägerinnen gerade darauf an, einen Kaufvertrag abzuschließen, um eine gewinnneutrale Übertragung des Grundstücks auf Grundlage der Vorschrift in § 6b EStG im Einklang mit den Richtlinien der Finanzverwaltung (R6b.2 Abs. 7 Nr. 4 der Einkommenssteuer-Richtlinien; EStR) vornehmen zu können, welche ausdrücklich eine »Veräußerung« vorsehen.

Es liegt jedoch kein Kaufvertrag »mit einem Dritten« im Sinne von § 28 Abs. 2 Satz 2 BauGB i. V. m. § 463 BGB vor, da die Klägerin zu 2) nicht Dritte im Sinne der Vorschrift ist.

Nach der hier vorzunehmenden, einschränkenden Auslegung des Begriffs des Dritten handelt es sich im vorliegenden Einzelfall nicht um einen Kaufvertrag mit einem Dritten, da sich der Verkauf des streitgegenständlichen Grundstücks durch eine Einpersonen-GmbH & Co. KG an eine andere Einpersonen-GmbH & Co. KG mit demselben Alleingesellschafter bei wirtschaftlicher Betrachtung als Vermögensverschiebung innerhalb der Vermögenssphäre ein und derselben natürlichen Person als wirtschaftlicher Inhaber darstellt, sodass es an einem Verkehrsgeschäft mit einem Dritten fehlt.

Die ältere Rechtsprechung des Bundesgerichtshofs zum Begriff des Dritten gemäß § 463 BGB im Falle von Gemeinschaftsverhältnissen kann entgegen der Ansicht der Klägerinnen nicht maßgeblich für die Auslegung dieses Begriffs in der vorliegenden Konstellation herangezogen werden (a. A. LG Hamburg, Urteil v. 18.11.2022, Az. 351 O 6/21, n.v.).

Nach der Rechtsprechung des Bundesgerichtshofs liegt bei einem Verkauf durch eine Bruchteilsgemeinschaft oder eine Erbengemeinschaft an ein Mitglied der jeweiligen Gemeinschaft kein Verkauf an einen Dritten im Sinne von § 463 BGB vor, da Dritter nur sein könne, wer an der Gemeinschaft der Berechtigten nicht beteiligt sei (BGH, Urteil v. 23.4.1954, V ZR 145/52, BGHZ 13, 133, NJW 1954, 1035; Urteil v. 15.6.1957, V ZR 198/55, WM 1957, 1162, juris Rdnr. 30 f.; Urteil v. 28.4.1967, V ZR 163/65, WM 1967, 529, juris Rdnr. 8; ebenso OLG Köln, Beschluss v. 6.3.2015, I–2 Wx 387/14, JurBüro 2015, 377, juris Rdnr. 11; BayObLG, Beschluss v. 8.10.1980, BReg 2 Z 72/79, JurBüro 1981, 752, juris Rdnr. 30; vgl. hierzu Stock, in: Ernst/Zinkahn/Bielenberg/Krautzberger, BauGB, Stand Mai 2023, § 24 Rdnr. 54). Denn aus der Verwendung des Begriffs »Dritter« in den Vorschriften zu Gemeinschaftsverhältnissen im Bürgerlichen Gesetzbuch ergebe sich eine Abgrenzung des Dritten von den Mitberechtigten innerhalb der Gemeinschaft. Der Gesetzgeber gehe von einer engen Verbundenheit der einzelnen gemeinschaftlich Berechtigten aus und wolle den Kreis der Mitberechtigten gegen das Eintreten einer fremden Person möglichst schützen (zum Vorstehenden BGH, Urteil v. 23.4.1954, a. a. O., BGHZ 13, 133). Dies gelte erst recht im Rahmen von Gesamthandsgemeinschaften wie der Erbengemeinschaft, weil hier die gegenseitige Verbundenheit noch enger sei als bei Miteigentümern (BGH, Urteil v. 15.6.1957, a. a. O., juris Rdnr. 30 f.; Urteil v. 14.11.1969, V ZR 115/66, BB 1970, 1073, juris Rdnr. 12).

Die Klägerinnen führen unter Übertragung dieser Grundsätze auf das vorliegende Verfahren aus, dass hier kein Verkauf an einen Dritten vorliege, da an der Verkäuferin wie an der Käuferin dieselben Gesellschafter beteiligt seien und kein Verkauf an einen nicht an der Gesamthand beteiligten Dritten vorliege (vgl. auch LG Hamburg, Urteil v. 18.11.2022, Az. 351 O 6/21, n.v., VG Saarland, Beschluss v. 12.2.2009, 5 L 69/09, RNotZ 2009, 332, juris Rdnr. 31 f.; ebenso OVG Lüneburg, Urteil v. 28.2.1983, 6 OVG A 108/81, BlGBW 1984, 79, für den Verkauf von einer Kommanditgesellschaft an eine Gesellschaft bürgerlichen Rechts mit identischen Gesellschaftern, wenn auch vor Anerkennung der Rechtsfähigkeit der Gesellschaft bürgerlichen Rechts; Stock, a. a. O., § 24 Rdnr. 54; Daum, in: BeckOGK BGB, Stand: 1.4.2024, § 463 Rdnr. 64.1; anders VGH Mannheim, Beschluss v. 30.3.2009, 8 S 31/08, BuR 2010, 74, juris Rdnr. 58 für den Verkauf durch eine Aktiengesellschaft an eine Kommanditgesellschaft, deren Komplementär-GmbH nur zu rund 49 % der Verkäuferin gehörte, da es sich nicht um ein von der Verkäuferin beherrschtes Konzernunternehmen handle).

Dem folgt der Senat nicht. Zum einen stammt die in Bezug genommene ältere Rechtsprechung des Bundesgerichtshofs aus der Zeit vor der Anerkennung der Rechtsfähigkeit der Gesellschaft bürgerlichen Rechts durch die Grundsatzentscheidung des Bundesgerichtshofs im Jahr 2001 (BGH, Urteil v. 29.1.2001, II ZR 331/00, NJW 2001, 1056, juris Rdnr. 5 ff.). Der Bundesgerichtshof hat die vorgenannte Rechtsprechung weder auf rechtsfähige Kommanditgesellschaften übertragen, noch hat er sich, soweit ersichtlich, seither mit der hier aufgeworfenen Rechtsfrage befasst (vgl. nur BGH, Beschluss v.

21.1.2016, V ZB 43/15, NJW 2016, 3242, juris Rdnr. 14 ff., zu einer Sonderkonstellation bei Miteigentum im Rahmen einer Teilungsversteigerung). Zudem betrafen die Entscheidungen des Bundesgerichtshofs jeweils einen Verkauf durch die Gemeinschaft an ein Mitglied der Gemeinschaft bzw. der Gesamthand, während vorliegend formal eine Veräußerung zwischen zwei Gesamthandsverbünden erfolgt. Schließlich spricht gegen eine Übertragung der genannten Rechtsprechung auf die vorliegende Konstellation, dass der Gesetzgeber laut der Begründung des Regierungsentwurfs zu dem am 1.1.2024 in Kraft getretenen Gesetz zur Modernisierung des Personengesellschaftsrechts (BGBl. 2021, 3436) das Gesamthandsprinzip für historisch überholt ansieht und es seit Anerkennung der Rechtsfähigkeit der Gesellschaft bürgerlichen Rechts unter dem Gesichtspunkt der Vermögenstrennung für entbehrlich hält (Gesetzentwurf der Bundesregierung vom 17.3.2021, BT-Drucks. 19/27635, S. 148).

Wer »Dritter« im Sinne des § 463 BGB ist, ist vielmehr durch Auslegung anhand der üblichen Auslegungsmethoden zu ermitteln. Bei der Auslegung ist die Funktion des Begriffs des Dritten zu berücksichtigen, die erkennbar in der Abgrenzung von den am Vorkaufsverhältnis rechtlich beteiligten Parteien liegt (vgl. Westermann, MüKo BGB, 8. Aufl. 2019, § 463 Rdnr. 26). Denn nach dem Wortlaut und der Systematik der Vorschrift erschließt sich der Begriff des »Dritten« aus der (negativen) Abgrenzung zu Vorkaufsverpflichtetem und Vorkaufsberechtigtem. Wer weder »zum Vorkauf berechtigt«, noch »Verpflichteter« ist, ist »Dritter« im Sinne der Norm. Für die Abgrenzung zum Verkäufer als Vorkaufsverpflichteten bedeutet dies: Der Kaufvertrag ist dann mit einem Dritten geschlossen, wenn Verkäufer und Käufer nicht identisch sind (OVG Saarlouis, Beschluss v. 3.6.2009, 2 B 254/09, BRS 74 Nr. 131 [2009], juris Rdnr. 26; Kronisch, in: Brügelmann, BauGB, Stand: Juli 2016, Vor §§ 24–28, Rdnr. 36).

Allein nach dem Wortlaut des § 463 BGB könnte die vorliegende Konstellation einen Kaufvertrag mit einem Dritten darstellen. Denn die Klägerin zu 2) als Käuferin ist eine von der Klägerin zu 1) verschiedene, rechtsfähige GmbH & Co. KG. Sie kann gemäß §§ 161 Abs. 2, 124 Abs. 1 HGB, 14 BGB unter ihrer Firma Rechte, insbesondere Eigentum, erwerben. Unabhängig von der im Einzelnen bis heute umstrittenen Rechtsnatur der Kommanditgesellschaften (vgl. zum Streitsand nur K. Schmidt/Drescher, MüKo, HGB, 5. Aufl. 2022, § 124 Rdnr. 1 m. w. N. sowie Hillmann, in: Ebenroth/Boujong/Joost/Strohn, HGB, 4. Aufl. 2020, § 124 Rdnr. 1 m. w. N.) hat sich die Kommanditgesellschaft jedenfalls in ihren praktischen Auswirkungen weitgehend gegenüber den Gesellschaftern verselbständigt (Hillmann, in: Ebenroth/Boujong/Joost/Strohn, HGB, 4. Aufl. 2020, § 124 Rdnr. 1). Denn bei einem Grundstückserwerb wie hier tritt die Klägerin zu 2) eigenständig und unabhängig von ihren Gesellschaftern im Rechtsverkehr auf, da sie grundbuchfähig ist (vgl. zur Gesellschaft bürgerlichen Rechts BGH, Urteil v. 25.1.2008, V ZR 63/07, NJW

2008, 1378, juris Rdnr. 7) und sie allein unter ihrer Firma in das Grundbuch eingetragen wird (vgl. § 15 Abs. 1 b) der Verordnung zur Durchführung der Grundbuchverordnung i. d. F. v. 24.1.1995, BGBl I 114, zuletzt geändert durch Gesetz v. 19.12.2022, BGBl. I S. 2606, GBV).

Der Wortlaut einer Vorschrift stellt zwar die äußerste Grenze einer weiten Auslegung dar, er ist jedoch einer mit Hilfe der üblichen Methoden vorgenommenen einschränkenden Auslegung zugänglich (vgl. BGH, Urteil v. 17.11.1992, 1 StR 534/92, NJW 1993, 1145, juris Rdnr. 9). Die Auslegung nach dem Sinn und Zweck der Vorschrift ergibt hier, dass bei einem Verkauf durch eine Einpersonen-GmbH & Co. KG an eine andere Einpersonen-GmbH & Co. KG mit demselben Alleingesellschafter kein Verkauf an einen Dritten vorliegt.

Das Vorkaufsrecht dient nach seinem Sinn und Zweck zwei möglichen Interessen des Rechtsinhabers. So kann der Vorkaufsberechtigte ein Erwerbsinteresse an der Kaufsache haben. Er kann aber auch ein Abwehrinteresse verfolgen, das dahingeht, den Erwerb der Sache durch einen Dritten zu verhindern (Daum, in: BeckOGK BGB, Stand: 1.4.2024, § 463 Rdnr. 4). Für die Interessenlage des Vorkaufsverpflichteten ist nach dem Sinn und Zweck des Vorkaufsrechts wesentlich, dass er dem Vorkaufsrecht des Berechtigten erst dann unterliegt, wenn er sich ohnehin von dem Vorkaufsgegenstand trennen will. Diesen unterschiedlichen Interessenlagen entsprechend ist der Kaufvertrag nur dann mit einem Dritten im Sinne von § 463 BGB geschlossen, wenn Verkäufer und Käufer nicht identisch sind; es muss also für das Entstehen des Vorkaufsrechts ein sogenanntes Verkehrsgeschäft vorliegen, bei dem auf Käuferseite mindestens eine Person steht, die bei wirtschaftlicher Betrachtung nicht auch gleichzeitig als Verkäufer anzusehen ist (vgl. zum Begriff des Verkehrsgeschäfts: BGH, Urteil v. 29.6.2007, V ZR 5/07, NJW 2007, 3204, juris Rdnr. 22). Die Rechtfertigung für den Zugriff des Vorkaufsberechtigten durch einseitige Willenserklärung einen Kaufvertrag zustande zu bringen, ergibt sich (erst) daraus, dass der Vorkaufsverpflichtete den Vorkaufsgegenstand im Rahmen eines Verkehrsgeschäfts zur Verfügung stellt (vgl. Wertenbruch, in: Soergel, BGB, Band 6/2, 13. Aufl. 2009, § 463 Rdnr. 55; Daum, in: BeckOGK BGB, Stand: 1.4.2024, § 463 Rdnr. 64). Beim Verkauf durch eine Einpersonen-GmbH & Co. KG an eine andere Einpersonen-GmbH & Co. KG mit demselben Alleingesellschafter wie im vorliegenden Fall fehlt es an dieser Voraussetzung, da es sich um eine bloße Vermögensverschiebung innerhalb der Vermögenssphäre ein und derselben natürlichen Person als wirtschaftlicher Inhaber handelt.

Zwar wollte sich die Klägerin zu 1) formal von dem Eigentum an dem streitgegenständlichen Grundstück trennen und dieses sollte laut dem Kaufvertrag vom 17.5.2021 aus ihrem Vermögen in das der Klägerin zu 2), einer rechtsfähigen GmbH & Co. KG, übergehen. Ein Verkehrsgeschäft liegt jedoch nicht vor, da die Veräußerung bei wirtschaftlicher Betrachtung lediglich eine Vermögensverschiebung innerhalb der Vermögenssphäre des Alleinkommanditisten der Klägerin zu 1) bedeutet, der zugleich Alleinkommanditist auch der Klägerin zu 2) und Alleingesellschafter der einzigen Komplementärin beider Klägerinnen ist. Dieser »wirtschaftliche Inhaber« bediente sich zweier gemäß §§ 1, 35 Abs. 3 Satz 1 GmbHG zulässiger Einpersonengesellschaften, um das streitgegenständliche Grundstück von anderen Vermögenswerten zu separieren und von der einen auf die andere, ebenfalls vollständig von ihm kontrollierte Gesellschaft zu übertragen. Eine dem Zweck von § 463 BGB entsprechende Eigentumsaufgabe im Sinne einer Beendigung des Zugriffs auf das Grundstück war von vornherein nicht angestrebt, da dieser »wirtschaftliche Inhaber« beider Gesellschaften erkennbar bestrebt und angesichts der gesellschaftsrechtlichen Strukturen auch in der Lage war, den Zugriff auf das Grundstück vor und nach dem Verkauf vollständig zu kontrollieren.

Dass im vorliegenden Einzelfall kein Verkehrsgeschäft vorliegt, zeigt sich im Übrigen daran, dass der der Beklagten am 19.5.2021 übersandte notarielle Kaufvertrag Vereinbarungen enthält, welche allein der besonderen Konstellation der hier erfolgten Vermögensverschiebung innerhalb des Vermögens des »wirtschaftlichen Inhabers« sind, da sie bei einem Verkauf an einen Dritten gänzlich unüblich wären. So verzichteten die Klägerinnen gemäß § 2 des Kaufvertrags vom 17.5.2021 trotz Belehrung des Notars über die damit verbundenen Gefahren auf eine Sicherstellung der Kaufpreiszahlung durch z. B. die Eintragung einer Auflassungsvormerkung oder die Zahlung auf ein Notaranderkonto. Auch vereinbarten sie gemäß § 5 des Kaufvertrags, dass die Übergabe des Grundstücks zum 1.6.2021, 00:00 Uhr, als erfolgt gelte, obwohl der Notar darauf hinwies, dass die Übergabe damit unter Umständen vor Zahlung des Kaufpreises erfolge und damit Risiken einhergingen. Zudem erschien bei Abschluss des notariellen Kaufvertrags vom 17.5.2021 allein der wirtschaftliche Inhaber beider Gesellschaften als von den Beschränkungen des § 181 BGB befreiter Geschäftsführer der Komplementärin beider Gesellschaften zum Notartermin.

Das Erfordernis des Verkehrsgeschäfts gilt umso mehr im Rahmen des gesetzlichen Vorkaufsrechts nach §§ 24 ff. BauGB, da die Verhältnismäßigkeit des staatlichen Eingriffs in die Eigentumsfreiheit des Verkäufers gemäß Art. 14 Abs. 1 GG auch dadurch gerechtfertigt wird, dass dieser sich im Rahmen eines Verkehrsgeschäfts von dem Vorkaufsgegenstand trennen will, so dass der Eingriff weniger schwer wiegt. Es handelt sich bei dem gemeindlichen Vorkaufsrecht um eine Inhalts- und Schrankenbestimmung im Sinne des Art. 14 Abs. 1 Satz 2 GG, durch welche die Sozialbindung des Grundeigentums näher ausgestaltet wird (vgl. BVerwG, Beschluss v. 7.11.2000, 6 B 19.00, Buchholz 406.48 Art. 34 BayNatSchG Nr. 1, juris Rdnr. 4 m. w. N.). Der Eingriff in die Eigentumsfreiheit des Verkäufers und Vorkaufsverpflichteten ist als gering zu bewerten, wenn sich der Vorkaufsverpflichtete dazu entschlossen hat, das Grundstück zu veräußern, und ihm nach Ausübung des Vorkaufsrechts lediglich ein anderer Vertragspartner in Form der solventen Gemeinde zu den vereinbarten Vertragsbedingungen, vgl. § 28 Abs. 2 Satz 2 BauGB i. V. m. § 464 Abs. 2 BGB, aufgezwungen wird (vgl. OVG Berlin, Urteil v. 22.10.2019, OVG 10 B 9.18, ZfBR 2020, 269, juris Rdnr. 47). Kein geringfügiger und ohne Weiteres gerechtfertigter Eingriff liegt jedoch dann vor, wenn es wie hier an einem Entschluss des Verpflichteten zur Aufgabe des Grundeigentums fehlt, da das Vorkaufsrecht der Gemeinde keinen Zugriff auf unternehmensinterne Vermögensverschiebungen erlauben soll, die bei wirtschaftlicher Betrachtung auf Verkäufer- und Käuferseite dieselbe Person betreffen.

Der hier vorgenommenen Auslegung des Begriffs des Dritten in § 463 BGB stehen weder der Ausschlusstatbestand für gemeindliche Vorkaufsrechte in § 26 Nr. 1 BauGB noch die diesem zugrundeliegende gesetzgeberische Wertung entgegen. Gemäß § 26 Nr. 1 BauGB ist die Ausübung des Vorkaufsrechts ausgeschlossen, wenn der Eigentümer das Grundstück an seinen Ehegatten oder eine Person verkauft, die mit ihm in gerader Linie verwandt oder verschwägert oder in der Seitenlinie bis zum dritten Grad verwandt ist.

Diese Vorschrift findet nach ihrem Wortlaut hier keine unmittelbare Anwendung. Es kann aus der Vorschrift auch nicht geschlossen werden, dass nach dem Willen des Gesetzgebers allein die dort bezeichneten Näheverhältnisse aus dem Anwendungsbereich des Vorkaufsrechts ausscheiden sollten. Zum einen trifft die Vorschrift keine Aussage zu dem hier streitigen Begriff des Dritten; vielmehr setzt sie das Vorliegen eines Kaufvertrags mit einem Dritten voraus. Während der Begriff des Dritten die Ebene des Eintritts eines Vorkaufsfalls betrifft, greift der Ausschlusstatbestand des § 26 Nr. 1 BauGB erst auf der nachfolgenden Ebene der Ausübung des Vorkaufsrechts und begrenzt als negative Tatbestandsvoraussetzung den unbestimmten Rechtsbegriff aus § 24 Abs. 3 Satz 1 BauGB, wonach das Vorkaufsrecht nur ausgeübt werden darf, wenn das Wohl der Allgemeinheit dies rechtfertigt (vgl. BVerwG, Urteil v. 9.11.2021, 4 C 1.20, NJW 2022, 341, juris Rdnr. 13). Zum anderen liegt der Regelung für besondere Näheverhältnisse in § 26 Nr. 1 BauGB auch keine mit der vorliegenden Konstellation vergleichbare Wertung zugrunde. Sinn und Zweck des Ausschlussgrundes in § 26 Nr. 1 BauGB ist es, dass der Eintritt der Gemeinde in Kaufverträge zwischen nahen Verwandten in der Regel nicht angemessen ist, da in diesen Fällen typischerweise ein unter dem Verkehrswert liegender Kaufpreis vereinbart wird (so die Begründung zum Gesetzentwurf der Bundesregierung zum BauGB in BT-Drucks. 10/4630, S. 83; ebenso Reidt, in: Battis/Krautzberger/Löhr, BauGB, 15. Aufl. 2022, § 26 Rdnr. 2; Stock, in: Ernst/Zinkahn/Bielenberg/Krautzberger, BauGB, Stand: Mai 2021, § 26 Rdnr. 2 f.). Es liegt jedoch bei einem Verkauf an nahe Verwandte, anders als in dem hier zu entscheidenden Fall, typischerweise auch nach wirtschaftlicher Betrachtung weder eine Personenidentität noch ein identisches wirtschaftliches Interesse auf Veräußerer- und Erwerberseite vor, da das wirtschaftliche Interesse bei einem Verkauf an nahe Verwandte unterschiedlich ausfallen kann.

Die zwischen den Beteiligten streitige Frage, ob die Vorschrift in § 26 BauGB eine abschließende Aufzählung der Ausschlussgründe enthält, wirkt sich vor diesem Hintergrund im vorliegenden Verfahren nicht aus (dafür Kronisch, in: Brügelmann, BauGB, Stand: Sept. 2017, § 26 Rdnr. 3 m. w. N.; Schrödter, BauGB, 9. Aufl. 2019, § 26 Rdnr. 1; a. A. Reidt, in: Battis/Krautzberger/Löhr, BauGB, 15. Aufl. 2022, § 26 Rdnr. 1). Im Übrigen bestünde, selbst wenn man angesichts des Wortlauts der Vorschrift in § 26 BauGB von einer abschließenden Aufzählung ausgeht, daneben weiterhin Raum für eine Berücksichtigung besonderer Umstände im Rahmen der Prüfung einer Rechtfertigung durch das Allgemeinwohl im Einzelfall, da es sich bei der Aufzählung in § 26 BauGB lediglich um die Konkretisierung von Beispielsfällen handelt, in denen das Allgemeinwohl die Ausübung des Vorkaufsrechts typischerweise nicht rechtfertigt (BVerwG, Urteil v. 9.11.2021, 4 C 1.20, NJW 2022, 341, juris Rdnr. 13; vgl. auch BVerwG, Beschluss v. 29.6.1993, 4 B 100.93, NVwZ 1994, 284, juris Rdnr. 5).

Der hier vorgenommenen Auslegung kann nicht das von der Beklagten geltend gemachte Folgeargument entgegengehalten werden, wonach bei diesem Verständnis des § 463 BGB auch bei konzerninternen Grundstückskaufverträgen kein Kaufvertrag mit einem Dritten vorläge, was zu einer weitreichenden Beschränkung der Anwendungsfälle für das Vorkaufsrecht führe.

Zum einen kann dahinstehen, ob ein Vorkaufsrecht generell bei allen konzerninternen Verkäufen ausgeschlossen ist (so Faust, in: BeckOK BGB, 67. Aufl., Stand: 1.8.2023, § 463 Rdnr. 25; Daum, in: BeckGOK, BGB, Stand: 1.10.2023, § 463 Rdnr. 64.1; wohl auch Schermaier, in: Staudinger, BGB, 2013, § 463 Rdnr. 46; bejahend im Regelfall Westermann, in: MüKo, BGB, 8. Aufl. 2019, § 463 Rdnr. 27; bejahend für Beteiligung von mindestens 90 % Grunewald, in: Erman, BGB, 17. Aufl. 2023, § 463 Rdnr. 10). Zur Beantwortung dieser Frage bietet das vorliegende Verfahren bereits keinen Anlass, da es sich hier mangels herrschendem Unternehmen nicht um einen Konzern im eigentlichen Sinne handeln dürfte.

Zum anderen käme es nach der hier vorgenommenen Auslegung auch bei konzerninternen Übertragungen auf die Umstände des jeweiligen Einzelfalls an, wobei stets zu prüfen wäre, ob ein Umgehungsgeschäft vorliegt. Denn nach der Rechtsprechung des Bundesgerichtshofs findet das Vorkaufsrecht gemäß § 463 BGB bei interessengerechter Auslegung nicht nur auf formelle Kaufverträge Anwendung, sondern auch auf solche Vertragsgestaltungen zwischen dem Verpflichteten und dem Dritten, die bei materieller Betrachtung einem Kauf im Sinne des Vorkaufsrechts so nahe kommen, dass sie ihm gleichgestellt werden können, und in die der Vorkaufsberechtigte zur Wahrung seines Erwerbs- und Abwehrinteresses »eintreten« kann, ohne die vom Verpflichteten ausgehandelten Konditionen zu beeinträchtigen (BGH, Urteil

v. 27.1.2012, V ZR 272/10, NJW 2012, 1354, juris Rdnr. 8 m. w. N.; ebenso Reidt, a. a. O., Vorbem. §§ 24 bis 28 Rdnr. 5; Stock, a. a. O., § 24 Rdnr. 53; Spieß, in: Jäde/Dirnberger, 10. Aufl. 2022, BauGB, § 24 Rdnr. 3). Derartige kaufähnliche Vertragsgestaltungen werden zum Beispiel angenommen, wenn der Vorkaufsverpflichtete die mit einem Vorkaufsrecht belastete Sache in eine von ihm beherrschte Gesellschaft einbringt und anschließend die Gesellschaftsanteile entgeltlich an einen Dritten überträgt (BGH, Urteil v. 27.1.2012, V ZR 272/10, NJW 2012, 1354, juris Rdnr. 9).

Im Übrigen handelt es sich bei der Frage nach der Weite des verbleibenden Anwendungsbereichs für das Vorkaufsrecht um rechtspolitische Erwägungen, die im vorliegenden Verfahren keinen Platz haben. Dass in Folge der hier vertretenen einschränkenden Auslegung des Begriffs des Dritten für das Vorkaufsrecht kein relevanter Anwendungsbereich mehr verbliebe, lässt sich nicht feststellen.

Schließlich sind keine Anhaltspunkte für eine beabsichtigte Umgehung des Vorkaufsrechts durch den Abschluss des Kaufvertrags ersichtlich, zumal die Klägerinnen in §§ 7 und 11 des Kaufvertrags Bezug auf das Vorkaufsrecht genommen haben. Der Einwand der Beklagten, die Klägerinnen könnten sich nicht einerseits zu ihrem steuerrechtlichen und wirtschaftlichen Vorteil auf die Selbständigkeit der Gesellschaften berufen und sich andererseits den damit verbundenen Rechtsfolgen hinsichtlich des gemeindlichen Vorkaufsrechts entziehen, wenn diese für sie nachteilig seien, führt zu keinem anderen Ergebnis. Die Besonderheit des vorliegenden Falls liegt im Kern in der gemäß §§ 1, 35 Abs. 3 Satz 1 GmbHG zulässigen Gesellschaftsform der Einpersonengesellschaft begründet (vgl. Liebscher, in: Reichert, GmbH & Co. KG, 8. Aufl. 2021, § 3 Rdnr. 6; Fleischer, MüKo GmbHG, 4. Aufl. 2022, § 1 Rdnr. 66). Allein hieraus kann sich ohne weitere Anhaltspunkte kein missbräuchliches Verhalten der Klägerinnen ergeben. …

Nr. 59

Der Bau von Straßen und Infrastruktureinrichtungen kann zwar als städtebauliche Maßnahme gelten. Ist die Gemeinde jedoch nicht Trägerin der Straßenbaulast für die betroffenen Landes- und Kreisstraßen und fehlt es an einer konkreten Planung für die Verbreiterung der Geh- und Radwege, beinhaltet die Vorkaufssatzung nach § 25 BauGB eine unzulässige Bodenbevorratung.

BauGB § 25.

Schleswig-Holsteinisches OVG, Urteil vom 22. Mai 2024 – 1 KN 7/19 –.

Aus den Gründen:

... Gegenstand des Normenkontrollverfahrens ist die ursprüngliche Satzung der Antragsgegnerin über das besondere Vorkaufsrecht gemäß § 25 Abs. 1 Nr. 2 BauGB für die Grundstücke »Hauptstraße 55 bis 73« und »Hauptstraße 80/Tangstedter Chaussee 1–3« vom 22.3.2018 zusammen mit der im ergänzenden Verfahren nach § 214 Abs. 4 BauGB am 30.6.2022 rückwirkend zum 14.4.2018 erlassenen Satzung. Die ursprüngliche Satzung erlangt zusammen mit der letztgenannten Satzung insgesamt als eine Satzung Wirksamkeit (Urteil des Senats vom 5.5.2022 – 1 KN 3/18 –, juris Rdnr. 26; BVerwG, Urteil vom 24.3.2010 – 4 CN 3.09 –, juris Rdnr. 15).

Der Normenkontrollantrag ist .. begründet. Die angegriffene Satzung der Antragsgegnerin über das besondere Vorkaufsrecht gemäß § 25 Abs. 1 Nr. 2 BauGB für die Grundstücke »Hauptstraße 55 bis 73« und »Hauptstraße 80/ Tangstedter Chaussee 1–3« vom 22.3.2018/30.6.2022 weist zwar keine formellen Mängel auf, leidet aber an durchgreifenden materiellen Mängeln, die zu ihrer (Gesamt-)Unwirksamkeit führen.

Die Vorkaufssatzung .. verfehlt .. die inhaltlichen Anforderungen der maßgeblichen Ermächtigungsnorm des § 25 Abs. 1 Satz 1 Nr. 2 BauGB, da die Antragsgegnerin für das Satzungsgebiet keine in ihre Zuständigkeit fallende städtebauliche Maßnahme im Sinne dieser Norm ernsthaft in Betracht gezogen hat bzw. es im Rahmen ihrer Zuständigkeit an der notwendigen Konkretisierung der beabsichtigten Maßnahme fehlt.

Nach dem Grundsatz der Planbestimmtheit müssen die mit einem Vorkaufsrecht belasteten Flächen so genau durch Text und/oder Zeichnung dargestellt werden, dass keine Zweifel über den Geltungsbereich der Satzung und der erfassten Grundstücke bestehen (OVG NRW, Urteil vom 10.5.2001 – 2 D 112/19.Ne –, juris Rdnr. 29). Diese Voraussetzungen sind hier erfüllt. Zwar gibt es Diskrepanzen zwischen der textlichen Beschreibung des Satzungsgebiets und der zeichnerischen Darstellung der vom Geltungsbereich der Satzung umfassten Grundstücke in der § 2 der Satzung beigefügten Planskizze. Denn während sowohl der Satzungstitel als auch der der Planskizze in § 2 vorangestellte Text den Geltungsbereich der Satzung für die Grundstücke »Hauptstraße 55 bis 73« und »Hauptstraße 80/Tangstedter Chaussee 1–3« anführt, erstreckt sich die zeichnerische Darstellung im Westen des Plangebiets über die dort erwähnten Grundstücke Hauptstraße 53 bis 73 hinaus auch auf die beiden rückwärtig zur Hauptstraße belegenen Grundstücke bzw. Grundstücksteile mit der postalischen Anschrift Friedenstraße 1 (Teil des Flurstücks 175/17 der Flur 5, Gemarkung Rellingen) und Friedenstraße 2 (Flurstück 178/5 der Flur 5, Gemarkung Rellingen). Gleichwohl führt dies nicht zu einer mangelnden Bestimmtheit des räumlichen Umgriffs der Satzung. Die zeichnerische Darstellung ist klar und eindeutig und umschließt mit einer roten Linie alle ferner in § 2 der Satzung mitgeteilten Flurstücke mit ihren jeweiligen Nummern, mithin auch diejenigen im gesamten westlichen

Geltungsbereich. Die Nennung der Grundstücke entlang der Westseite der Hauptstraße mit den dort vergebenen Hausnummern beschreibt plakativ den hier von der Satzung erfassten Bereich am Knoten Hauptstraße/Tangstedter Chaussee, schließt aber rückwärtige Bebauungen mit abweichender Erschließung und dementsprechend abweichender postalischer Benennung bei verständiger Lesart von Text – Grundstücksbezeichnung mit Hausnummer und Flurstücksangabe – und Zeichnung ersichtlich nicht aus.

Die Vorkaufssatzung genügt nicht den Anforderungen des § 25 Abs. 1 Satz 1 Nr. 2 BauGB. Nach dieser Vorschrift kann die Gemeinde in Gebieten, in denen sie städtebauliche Maßnahmen in Betracht zieht, zur Sicherung einer geordneten städtebaulichen Entwicklung durch Satzung Flächen bezeichnen, an denen ihr ein Vorkaufsrecht an den Grundstücken zusteht. Maßgeblich hierfür ist der Zeitpunkt des Satzungsbeschlusses (BayVGH, Urteil vom 5.7.2011 – 1 N08.1692 –, juris Rdnr. 21 m. w. N.). Der Begriff der städtebaulichen Maßnahme ist dabei nach der Rechtsprechung des Bundesverwaltungsgerichts weit zu verstehen. Es sind davon alle Maßnahmen erfasst, die einen städtebaulichen Bezug aufweisen und der Gemeinde dazu dienen, ihre Planungsvorstellungen zu verwirklichen (BVerwG, Beschlüsse v. 14.4.1994 – 4 B 70.94 –, juris Rdnr. 5, und vom 30.9.2020 – 4 B 45.19 –, juris Rdnr. 4), ohne dass es insoweit jedoch förmlich konkretisierter Planungsabsichten bedürfte. Die Gemeinde erhält dadurch die Möglichkeit, sich bereits in einer Frühphase der Vorbereitung städtebaulicher Maßnahmen des Sicherungsinstruments des Vorkaufsrechts zu bedienen. Ausgeschlossen ist indes eine reine Bodenbevorratung ohne eine tatsächliche Planungsvorstellung. Die Gemeinde darf sich des Sicherungsmittels des § 25 Abs. 1 Satz 1 Nr. 2 BauGB nur dann bedienen, wenn hierfür ein wirkliches Bedürfnis besteht. Ein Erwerb der von der Vorkaufssatzung betroffenen Grundstücke muss nicht nur für die Verwirklichung eines übergeordneten städtebaulichen Ziels, sondern konkret zur Verwirklichung der von der Gemeinde beabsichtigten städtebaulichen Maßnahme etwas beitragen (OVG NRW, Urteil vom 10.5.2021 – 2 D 112/19.NE –, juris Rdnr. 37; BayVGH, Urteil vom 17.9.2018 – 15 N 17.698 –, juris Rdnr. 21; Nds. OVG, Urteil vom 9.6.2015 – 1 KN 69/14 –, juris Rdnr. 22). Die beabsichtigte Maßnahme kann sich dabei aus der Satzung selbst oder auch aus sonstigen Umständen ergeben, die durch eine entsprechende Beschlusslage der Gemeindevertretung dokumentiert ist (OVG NRW, Urteil vom 10.5.2021 – 2 D 112/19.NE –, juris Rdnr. 41). Träger der Maßnahme muss allerdings in jedem Fall die Gemeinde sein (vgl. Grziwotz, in: Spannowsky/Uechtritz, BauGB, Kommentar, 2. Aufl. 2014, § 25 Rdnr. 7).

Gemessen an diesen Vorgaben ist es auf der Grundlage des weit zu verstehenden Tatbestands der Vorschrift entgegen der Annahme der Antragstellerin nicht zweifelhaft, dass städtebauliche Maßnahme im o. g. Sinne grundsätzlich auch der Bau von Straßen und sonstigen Infrastruktureinrichtungen ebenso wie kommunale Verkehrspolitik sein kann (vgl. Stock, in: Ernst/Zinkahn/Bielenberg/Krautzberger, Baugesetzbuch, 152. EL Oktober 2023, § 25 Rdnr. 17; Reidt, in: Battis/Krautzberger/Löhr, Baugesetzbuch, 15. Aufl. 2022, § 25 Rdnr. 5 und 7; Paetow, in: Berliner Kommentar zum Baugesetzbuch, Bd. II, 3. Überarbeitete Aufl. 2022, § 25 Rdnr. 4). Insofern beschreibt § 1 Satz 2 der Vorkaufssatzung die planerische Zielsetzung der Antragsgegnerin dahingehend, dass die Straßen und Wege am nicht leistungsfähigen Knotenpunkt Hauptstraße/Tangstedter Chaussee verbreitert und zusätzliche Abbiegespuren geschaffen werden sollen, um insbesondere mit letztgenannter Maßnahme den dortigen Verkehrsfluss zu verbessern. Die entsprechende Notwendigkeit leitet die Antragsgegnerin dabei aus zwei Gutachten des Wasser- und Verkehrs-Kontor (WVK) aus den Jahren 2014 und 2016 zur Erschließung des Gewerbegebietes »Tangstedter Chaussee« (B-Plan Nr. 70) bzw. ergänzend zum Neubau eines Linksabbiegestreifens an jenem Knotenpunkt ab. Sowohl das Ausgangsgutachten aus 2014 als auch die ergänzende verkehrliche Stellungnahme aus 2016 kamen – zusammengefasst – zu der Einschätzung, dass der bereits signalisierte Knotenpunkt deutliche Defizite in der Leistungsfähigkeit aufweist (Qualitätsstufe »F«), welche in den Spitzenstunden auftreten und sich bei steigenden Verkehrsstärken mit primärer Orientierung von und nach Westen weiter verschärfen werden (Gutachten des WVK vom 17.7.2014, S. 21 f., 26). Insofern wurde aus verkehrlicher Sicht eine reine Anpassung des Signalprogramms am Knotenpunkt Hauptstraße (L 99)/Tangstedter Chaussee (K 6) bereits für den damaligen Analysefall als nicht ausreichend erachtet, um die Leistungsfähigkeit sicherzustellen, weil die bestehenden kurzen Aufstellbereiche in den Zufahrten und innerhalb des Knotenpunkts ihre Wirksamkeit nicht erreichen könnten und die verkehrlichen Defizite nicht beseitigten (verkehrliche Stellungnahme des WVK vom 11.3.2016, S. 8). Vielmehr wurde als »Maßnahme« die Anlage eines vollständigen Linksabbiegestreifens im westlichen Knotenpunktarm der Hauptstraße (L 99) vorgeschlagen, der im günstigsten Fall eine Länge von 36 m erreichen und im Einmündungsbereich der Straße Lohe enden sollte. Es wurde ausgeführt, dass unter Einsatz von Minimalmaßnahmen bei Einbeziehung eines Längsparkstreifens ein Linksabbiegestreifen angelegt werden könne, wobei für die Führung des Gehwegs Grunderwerb auf dem Bereich vor dem Gebäude Hauptstraße 80 erforderlich sei. Zudem wurde eine kompaktere Gestaltung des Knotenpunkts durch die Verlegung der Fußgängerfurten und Haltelinien empfohlen, um Einfahrt- und Räumwege zu verkürzen und damit die erforderlichen Zeiten zwischen den Signalphasen zu reduzieren (Gutachten des WVK vom 17.7.2014, S. 26; verkehrliche Stellungnahme des WVK vom 11.3.2016, S. 8).

Diese im Zeitpunkt des ursprünglichen Satzungsbeschlusses am 22.3.2018 intendierte und zwischenzeitlich im Jahr 2021 durch die Schaffung einer Linksabbiegespur von der Hauptstraße in die Tangstedter Chaussee zumindest teilweise bereits umgesetzte – verbesserte – Verkehrsführung fällt indessen nicht in der Trägerschaft der Antragsgegnerin. Sie ist insoweit nicht Trägerin der Straßenbaulast, die gemäß § 10 Abs. 1 Satz 1 StrWG alle mit dem Bau und der Unterhaltung der Straßen zusammenhängenden Aufgaben umfasst, namentlich – je nach Leistungsfähigkeit des Straßenbaulastträgers – die Anlage der Straßen in einem dem regelmäßigen Verkehrsbedürfnis genügenden Zustand ebenso erfordert wie deren Unterhaltung, Erweiterung oder sonstige Verbesserung (§ 10 Abs. 1 Satz 2 StrWG). Bei der Hauptstraße handelt es sich zumindest im fraglichen Bereich des Satzungsgebiets um eine Landesstraße, die L 99, und die Tangstedter Chaussee ist hier als Kreisstraße – K 6 – ausgewiesen. Träger der Straßenbaulast sind gemäß § 11 Abs. 1 StrWG für die Landesstraßen das Land und für die Kreisstraßen die Kreise und die kreisfreien Städte.

Zwar gilt gemäß § 11 Abs. 2 StrWG eine Ausnahme für Ortsdurchfahrten in Gemeinden mit einer Einwohnerstärke von mehr als 20 000 Personen (§ 12 Abs. 1 StrWG); hier obliegt die Straßenbaulast für die Ortsdurchfahrten originär der betreffenden Gemeinde. Die Zahl der Einwohnerinnen und Einwohner im Gemeindegebiet der Antragsgegnerin beträgt ausweislich der Angaben auf ihrer eigenen Internetseite (www.rellingen.de – Zahlen Daten Fakten) mit Stand April 2024 indessen (nur) 15 265 und liegt damit aktuell, aber auch in der Vergangenheit (laut Wikipedia: 14 725 Einwohnerinnen und Einwohner <Stand 31.12.2022>; 13 694 Einwohnerinnen und Einwohner <Stand 31.12.2008>) deutlich unter der Marge, die ihre Zuständigkeit als Straßenbaulastträgerin begründen würde.

Einen entsprechenden Beleg für die Nichtzuständigkeit der Antragsgegnerin liefern insoweit im Übrigen auch die auf der Internetseite des Landes Schleswig-Holstein (www.schleswig-holstein.de) abrufbaren Informationen über die vom Landesbetrieb Straßenbau und Verkehr Schleswig-Holstein im Jahr 2021 im Gebiet des Kreises Pinneberg umgesetzten Straßenbaumaßnahmen, die u. a. besagten »Umbau des Knotenpunkts Rellingen L 99/K 6« benennen und insoweit unter den Nummern LBV.SH Nr. 002.618 (Kreisstraße) und LBV.SH Nr. 002.618 (Landesstraße) jeweils das Land als Kostenträger ausweisen. Dass mit dem mittels der Vorkaufssatzung beabsichtigten Erwerb von Grundstücken durch die Antragsgegnerin im Bereich des Knotenpunkts Maßnahmen zur Verbesserung des Verkehrsflusses begünstigt werden können, insbesondere Abbiegespuren auf gemeindlichen Flächen sich leichter realisieren lassen werden als auf Flächen privater Dritter, steht außer Frage und hat sich nach Darstellung der Antragsgegnerin in der mündlichen Verhandlung letztlich auch bereits bei der im Jahr 2021 geschaffenen Linksabbiegespur von der Hauptstraße in die Tangstedter Chaussee gezeigt; gleichwohl ändert dies an der maßgeblichen Trägerschaft der Maßnahme nichts.

Im Übrigen streitet auch die spezialgesetzliche Regelung für das straßenrechtliche Planfeststellungsverfahren für die hier vertretene Sichtweise, namentlich der in § 40 Abs. 1 StrWG enthaltene Planfeststellungsvorbehalt für Landesstraßen.

Soweit § 40b Abs. 2 Satz 1 StrWG regelt, dass Bebauungspläne nach § 9 BauGB die Planfeststellung nach § 40 StrWG ersetzen, unterliegt dies kompetenzrechtlich indessen dem Vorbehalt des Art. 28 Abs. 2 Satz 1 GG, wonach Gemeinden (nur) die Angelegenheiten der örtlichen Gemeinschaft im Rahmen der Gesetze in eigener Verantwortung regeln dürfen. Auch wenn gemäß § 9 Abs. 1 Nr. 11 BauGB Verkehrsflächen Inhalt der Festsetzung in einem Bebauungsplan sein können, bedeutet das nicht, dass das Mittel des Bebauungsplans für die Planung jedweder Art von Straße unbeschränkt zur Verfügung steht. Eine gemeindliche Straßenplanung kann an rechtlichen oder tatsächlichen Hindernissen scheitern, nämlich etwa dann, wenn die Gemeinde zwar Planungsträgerin ist, nicht aber Trägerin der Straßenbaulast sein wird (vgl. BVerwG, Urteil vom 28.1.1999 – 4 CN 5.98 –, juris Rdnr. 16; s. a. Urteil des Senats vom 5.5.2022 – 1 KN 3/18 –, juris Rdnr. 38).

Anders verhält es sich hingegen hinsichtlich der Ertüchtigung des Geh- und Radwegenetzes entlang der beiden Straßen des genannten Knotens. Hierfür ist die Antragsgegnerin gemäß § 12 Abs. 4 i. V. m. § 12 Abs. 2 StrWG Trägerin der Straßenbaulast, da sich die entsprechende Straßenbaulast von Land und Kreis für Ortsdurchfahrten nicht auf Gehwege, Parkplätze, Standspuren und Straßenentwässerungseinrichtungen erstreckt. Abweichendes gilt nur für Radwege und gemeinsame (kombinierte) Geh- und Radwege, soweit sie auch auf den anschließenden freien Strecken vorhanden oder vorgesehen sind. Dieser Ausnahmetatbestand ist vorliegend indessen nicht gegeben. Allerdings fehlt es der insoweit intendierten Maßnahme an der notwendigen Konkretisierung. Zwar ist der Begriff der städtebaulichen Maßnahme – wie dargelegt – ebenso weit zu verstehen wie das weitere Tatbestandsmerkmal des »In-Betracht-Ziehens« (Hess. VGH, Urteil vom 26.1.2017 – 4 A 2586/16 –, juris Rdnr. 68). Auch müssen förmlich konkretisierte Planungsabsichten noch nicht vorliegen. Voraussetzung ist allerdings, dass wenigstens ein Minimum an Konkretisierung der Maßnahme für ein bestimmtes Gebiet gegeben ist (BayVGH, Urteil vom 26.1.2009 – 2 N 08.124 –, juris Rdnr. 10 m. w. N.) und ernsthafte Anhaltspunkte für die Absicht der Gemeinde vorliegen, dass sie konkret in Betracht gezogene städtebauliche Maßnahmen ergreifen wird (Hess. VGH, Urteil vom 26.1.2017 – 4 A 2586/16 –, juris Rdnr. 68). Letztgenanntes Tatbestandsmerkmal ist nicht erfüllt, solange die Gemeinde städtebauliche Maßnahmen unverbindlich erwägt. Die Absicht der Gemeinde zur Durchführung einer städtebaulichen Maßnahme muss sich also im Zeitpunkt des Satzungsbeschlusses soweit verdichtet haben, dass bei vernünftiger Betrachtung der Grunderwerb zur Sicherung der für die Entwicklung benötigten Flächen sinnvollerweise eingeleitet werden darf (Reidt, in: Battis/Krautzberger/Löhr, BauGB, 15. Aufl. 2022, § 25 Rd. 6). Hierzu ist es erforderlich, dass die Gemeinde zumindest eine ungefähre Vorstellung entwickelt hat, in welchem Umfang sie voraussichtlich Flächen für die gewünschte städtebauliche Maßnahme benötigen wird. Denn die Vorverlegung der Zugriffsmöglichkeit mit dem Sicherungsmittel des Vorkaufsrechts lässt sich nur in den Fällen rechtfertigen, in denen schon in einem frühen Stadium die Sicherung eines Flächenerwerbs notwendig erscheint. Auch wenn die Vorkaufssatzung als Mittel der Bodenvorratspolitik keiner zeitlichen Grenze unterliegt (vgl. BVerwG, Beschluss vom 26.1.2010 – 4 B 43.09 –, juris Rdnr. 12), kann für die rechtliche Bewertung der Frage, ob die in Betracht gezogene städtebauliche Maßnahme sich bereits hinreichend verdichtet hat, auch der voraussichtliche zeitliche Ablauf berücksichtigt werden, wobei die im Fachplanungsrecht geltenden Fristen von etwa zehn Jahren einen Anhalt bieten mögen, indes – je nach Einzelfall – keineswegs starr zu verstehen sind.

Dies zugrunde gelegt, hat die Antragsgegnerin zwar für den Umbau des Knotenpunkts Hauptstraße/Tangstedter Chaussee auf der Grundlage der WVK-Gutachten vom 17.7.2014 und vom 11.3.2016 konkrete Vorstellungen über entsprechende Straßenbaumaßnahmen entwickelt gehabt. In Bezug auf die Verbreiterung der Gehwege und die etwaige Anlage von Radwegen gilt dies hingegen nicht. So ist ausweislich der beigezogenen Verwaltungsunterlagen erstmals in der Beschlussvorlage für die Sitzung des Ausschusses für Bauwesen und Umwelt am 21.11.2017 eine »Erweiterung des Gehwegs bzw. Straßenbereichs« im Bereich der Grundstücke Hauptstraße 55 bis 59 verwaltungsseitig angesprochen bzw. angeregt und in besagter Ausschusssitzung am 21.11.2017 diese Option auf die Grundstücke Hauptstraße 71 und 73 sowie Tangstedter Chaussee 1 und 3 ausgedehnt worden. In der Sitzung der Gemeindevertretung vom 22.3.2018, in welcher der Satzungsbeschluss (erstmals) gefasst wurde, hat sich die Diskussion der Gemeindevertreter im Kern auf den Kreuzungsausbau als solchen bezogen; die Notwendigkeit einer Überplanung des gesamten Verkehrsraumes einschließlich Fuß- und Radwege ist thematisch zwar ebenfalls »gestreift« worden. Insoweit wurde angemerkt, dass man sich »noch ganz am Anfang [befinde]«. Insofern ist offensichtlich, dass die Antragsgegnerin in Bezug auf die Maßnahme einer »Wegeverbreiterung« noch keinerlei eigene konkrete Vorstellungen entwickelt hatte und es insofern auch an einer ungefähren überschlägigen Abschätzung fehlt, in welchem Umfang sie voraussichtlich Flächen dafür benötigen wird. Das wird auch insofern deutlich, als sich die Antragsgegnerin hinsichtlich des angestrebten Kreuzungsumbaus bewusst war, dass die entsprechende Inanspruchnahme von Grundstücksflächen westlich der Hauptstraße, die im Geltungsbereich des Bebauungsplans Nr. 57 gemäß § 172 Abs. 1 BauGB als Erhaltungsbereich festgesetzt sind – Gebäudeensemble Hauptstraße 61 bis 67 – eine (teilweise) Änderung jenes Bebauungsplans hinsichtlich besagter Festsetzung erfordern wird. Dass aber bei einer etwaigen Erweiterung von Gehwegen beispielsweise im südlichen Bereich des Satzungsgebiets – Geltungsbereich des Bebauungsplans Nr. 35, 2. Änderung – ebenso Planänderungen erforderlich werden können, weil dort Gehwege planerisch in einer konkreten Breite festgesetzt sind, ist während des gesamten Verfahrens der Satzungsaufstellung weder konkret angesprochen noch sonst erkennbar in Erwägung gezogen worden. Zwar können Planänderungen zu gegebener Zeit im Zuge der konkreten Umsetzung einer Maßnahme noch erfolgen, ohne dass aus einem noch nicht angestoßenen Bebauungsplan-Änderungsverfahren Schlüsse auf mangelndes »Inangriffnehmen« einer intendierten städtebaulichen Maßnahme gerechtfertigt wären. Hier indes fehlt es an jeglicher Konkretisierung, sodass bereits das Stadium des bloßen eher unverbindlichen Erwägens nicht überschritten wurde.

Hinzu kommt im Übrigen, dass es insoweit auch in zeitlicher Hinsicht an der notwendigen Umsetzungsperspektive fehlt. Während es für die Schaffung einer Linksabbiegespur von der Hauptstraße in die Tangstedter Chaussee ausweislich des Protokolls über die nichtöffentliche Sitzung des Ausschusses für Bauwesen und Umwelt vom 21.11.2017 bereits im Vorwege nicht gänzlich aussichtslose Verhandlungen mit dem betreffenden Eigentümer des Grundstücks Hauptstraße 80 gegeben hatte, ist die Umsetzung vager Vorstellungen zur Verbreiterung von Gehwegen und zur Schaffung von Radwegen völlig offen geblieben und von der Antragsgegnerin selbst als »Projekt für Generationen« beurteilt worden. Der Satzungserlass erweist sich insofern als bloße Bodenbevorratung ohne eine realistisch absehbare bzw. umsetzbare tatsächliche Planvorstellung; die Inanspruchnahme des Sicherungsinstruments des Vorkaufsrechts ist auch insofern daher nicht gerechtfertigt.

Da die tatbestandlichen Voraussetzungen des § 25 Abs. 1 Satz 1 Nr. 2 BauGB nicht vorliegen, ist die Satzung unwirksam. Eine Unbeachtlichkeit gemäß §§ 214, 215 BauGB kommt nicht in Betracht, weil ein Mangel in der Anwendung der Rechtsgrundlage einer Satzung in § 214 BauGB nicht als möglicher Unbeachtlichkeitsfall aufgeführt ist (BayVGH, Urteil vom 17.9.2018 – 15 N 17.698 –, juris Rdnr. 31; Hess. VGH, Urteil vom 26.1.2017 – 4 A 2586/16 –, juris Rdnr. 87). …

Nr. 60

1. **Die Ausschlussfrist des § 28 Abs. 2 BauGB beginnt erst mit Übersendung des Kaufvertrags mit der Mitteilung, dass alle Wirksamkeitsvoraussetzungen erfüllt sind. Eine unzutreffende Mitteilung, dass noch eine Genehmigung erforderlich ist, führt dazu, dass die Frist nicht ausgelöst wird. Die Informationspflicht liegt insoweit allein im Verantwortungsbereich der Parteien des Kaufvertrags, die für die Ausübung des Vorkaufsrechts zuständige Dienststelle hat dazu keine Prüfpflicht.**

2. **§ 25 Abs. 1 Satz 1 Nr. 2 BauGB verfolgt den Zweck, durch eine an städtebaulichen Interessen orientierte Bodenvorratspolitik die Sicherung einer langfristig orientierten Planung und Entwicklung zu ermöglichen. Anders**

als in den Fällen des § 25 Abs. 1 Satz 1 Nr. 1 und Nr. 3 BauGB reicht zur Bejahung des Allgemeinwohls die Annahme, dass die spätere Verwirklichung der in Erwägung gezogenen Maßnahme durch vermehrten Grundbesitz der Gemeinde erleichtert wird.

(Leitsätze der Redaktion)

BauGB § 25 Abs. 1 Satz 1 Nr. 2, § 28 Abs. 2 Satz 1.

OVG Berlin-Brandenburg, Beschluss vom 27. Mai 2024 – OVG 10 N 97/21 –.

Aus den Gründen:

... Die Kläger wenden sich gegen die Ausübung eines besonderen Vorkaufsrechts durch den Beklagten an Flächen der Wohn- und Erholungsanlage »...« an der ... Berlin. ...

Mit notariellem Kaufvertrag vom ... 2019 kauften die Kläger – überwiegend bisherige Pächter der Anlage – von der Voreigentümerin ... Flurstücke und damit ... der insgesamt aus ... Parzellen bestehenden Anlage »K...« zum Kaufpreis von ... Euro. Mit Bescheid vom ... 2019 übte der Beklagte das Vorkaufsrecht aus und setzte den als Entgelt zu zahlenden Betrag in Höhe des Kaufpreises fest. Den dagegen erhobenen Widerspruch wies der Beklagte mit Widerspruchsbescheid vom ... 2020 zurück, nachdem die Kläger bereits am ... 2020 Untätigkeitsklage erhoben hatten. Das Verwaltungsgericht hat die Klage mit Urteil vom ... 2021 abgewiesen. Dagegen richtet sich der Zulassungsantrag der Kläger. ...

Ohne Erfolg wenden sich die Kläger gegen die Annahme des Verwaltungsgerichts, der Beklagte habe das Vorkaufsrecht innerhalb der Zweimonatsfrist des § 28 Abs. 2 Satz 1 BauGB in der bis zum 22.6.2021 geltenden Fassung der Bekanntmachung der Neufassung des Baugesetzbuchs vom 3.11.2017 (BGBl. I, S. 3634 – im Folgenden BauGB a. F.) ausgeübt. Das Verwaltungsgericht hat dabei auf die per E-Mail erfolgte Mitteilung des Notars an den Beklagten vom ... 2019, die Rechtswirksamkeit des Kaufvertrages sei mit Beurkundung am 2019 eingetreten, als fristauslösendes Ereignis abgestellt. Die Kläger vertreten demgegenüber die Auffassung, dass auf die E-Mail des Notars vom ... 2019 abzustellen sei, mit welcher eine vollständige Kaufvertragsurkunde nebst aller Anlagen übersandt worden sei. Zu diesem Zeitpunkt sei der Grundstückskaufvertrag bereits rechtswirksam gewesen. Der Hinweis in der E-Mail vom 2019, wonach die Wirksamkeit des Kaufvertrages erst mit Vorlage der Genehmigung nach dem Grundstücksverkehrsgesetz eintreten würde, sei insoweit unerheblich, weil eine solche Genehmigung für den Beklagten offensichtlich erkennbar von vornherein nicht erforderlich gewesen sei, da es sich nicht um land- oder forstwirtschaftliche Flächen gehandelt habe.

Mit diesem Vorbringen wird die Entscheidung des Verwaltungsgerichts nicht durchgreifend in Frage gestellt. Es hat zu Recht auf den Zeitpunkt derjenigen Mitteilung abgestellt, nach der der Kaufvertrag für das Bezirksamt erkennbar rechtswirksam war. Die Rechtswirksamkeit ist Grundvoraussetzung dafür, dass die Ausschlussfrist des § 28 Abs. 2 Satz 1 BauGB a. F. überhaupt in Gang gesetzt werden kann (vgl. BVerwG, Beschluss v. 28.8.2020 – BVerwG 4 B 3.20 –, juris Rdnr. 5). Fristauslösendes Ereignis ist erst die Mitteilung des Kaufvertrags, wobei der Gemeinde der Inhalt des Vertrags unter Hinweis auf das Vorkaufsrecht und den Zweck der Vorlage sowie alle Wirksamkeitsvoraussetzungen mitzuteilen sind. Dazu zählt insbesondere die Erteilung ggf. für die Wirksamkeit des Kaufvertrages noch erforderlicher Genehmigungen. Wird ein noch genehmigungsbedürftiger Kaufvertrag übersandt, muss zu gegebener Zeit die Erteilung der Genehmigung oder der Eintritt der Genehmigungsfiktion (etwa nach § 145 Abs. 1 Satz 1 BauGB i. V. m. § 22 Abs. 5 Satz 4 BauGB) mitgeteilt werden. Erst dann beginnt die Frist zu laufen. Dies gilt auch dann, wenn die für die Erteilung der Genehmigung zuständige Behörde eine Dienststelle der vorkaufsberechtigten Gemeinde ist, da diese insoweit keine eigenen Ermittlungen anzustellen braucht (vgl. VGH Baden-Württemberg, Urteil v. 30.9.2021 – 3 S 2595/20 –, juris Rdnr. 27; Urteil v. 1.3.1996 – 3 S 13/94 –, juris Rdnr. 34; OVG Niedersachsen, Beschluss v. 27.5.2008 – 1 ME 77/08 –, juris Rdnr. 5). Da durch die Mitteilung des Inhalts des Kaufvertrags eine Ausschlussfrist in Gang gesetzt wird, sind insoweit aus Gründen der Rechtssicherheit und Rechtsklarheit strenge Anforderungen zu stellen. Damit wäre es nicht vereinbar, wenn von der für die Bearbeitung der Vorkaufsrechtsfälle zuständigen Stelle verlangt würde, dass sie den Vorgang aktenmäßig unter Kontrolle hält und von sich aus Erhebungen darüber anstellt, ob die – ggf. von anderen Dienststellen zu erteilenden – Genehmigungen ausgesprochen oder fingiert worden sind. Vielmehr hat das Gesetz dem Verkäufer bzw. Käufer die Verantwortung für die Mitteilung der für die Ausübung des Vorkaufsrechts erforderlichen Voraussetzungen auferlegt, wozu auch die Mitteilung der zur Wirksamkeit des Vertrags erforderlichen Genehmigungen gehört (vgl. VGH Baden-Württemberg, Urteil v. 30.9.2021 – 3 S 2595/20 –, juris Rdnr. 28; Urteil v. 1.3.1996 – 3 S 13/94 –, juris Rdnr. 36).

Das muss auch dann gelten, wenn – wie vorliegend – der beurkundende Notar zunächst mitteilt, dass für den Eintritt der Rechtswirksamkeit noch eine Genehmigung nach dem Grundstücksverkehrsgesetz erforderlich sei und diese offenbar irrtümliche Annahme später durch die Mitteilung korrigiert, er habe den entsprechenden Antrag zurückgenommen, weil es sich nicht um land- oder forstwirtschaftliche Flächen handele. Die Ausschlussfrist für die Ausübung des Vorkaufsrechts nach § 28 Abs. 2 Satz 1 BauGB a. F. dient der Rechtssicherheit für die Kaufvertragsparteien, die nur während eines eng begrenzten Zeitraums im Ungewissen bleiben sollen, ob der von ihnen geschlossene Vertrag Bestand hat. Die Ausschlussfrist war mit zwei Monaten angesichts der Dauer kommunaler Entscheidungsprozesse eher kurz bemessen und wurde durch das Baulandmobilisierungsgesetz vom 14.6.2021 (BGBl. I, S. 1802) auf drei Monate verlängert. Damit wäre es unvereinbar, wenn die Frist bereits durch eine unzutreffende Mitteilung in Gang gesetzt würde, wonach noch eine Genehmigung nach dem Grundstücksverkehrsgesetz erforderlich sei. Dies würde der für die Bearbeitung der Vorkaufsrechtsfälle zuständigen Stelle eine Pflicht zur Prüfung der Genehmigungsbedürftigkeit und ggf. auch Genehmigungsfähigkeit des Grundstückskaufvertrages parallel zu der dafür zuständigen Stelle aufbürden und die Entscheidungsfrist im Ergebnis verkürzen. Dies widerspräche der durch § 28 Abs. 1 Satz 1 BauGB a. F. zum Ausdruck gebrachten und durch die vorstehend zitierte Rechtsprechung des Verwaltungsgerichtshofs Baden-Württemberg weiter akzentuierten Verteilung von Rechten und Pflichten zwischen Verkäufer bzw. Käufer einerseits und vorkaufsberechtigter Gemeinde andererseits. Die Informationen zur Notwendigkeit und zum Stand eines Verfahrens zur Genehmigung des Grundstückskaufvertrages liegen im Verhältnis zu der für die Ausübung des Vorkaufsrechts zuständigen Stelle der Gemeinde im Verantwortungsbereich der Parteien des Kaufvertrages. Es liegt im Übrigen auch in ihrem eigenen Interesse an Rechtssicherheit und -klarheit, den Fristbeginn durch zügige und vollständige Mitteilung des Vertragsinhalts und aller weiteren für die Kenntnis von der Rechtswirksamkeit des Vertrages erforderlichen Informationen selbst auszulösen. Darauf, ob die Mitarbeiter der für die Ausübung des Vorkaufsrechts zuständigen Stelle die Rechtswirksamkeit des Kaufvertrages vor der vollständigen Mitteilung kannten oder erkennen konnten, kommt es demgegenüber nicht an.

Soweit die Kläger beanstanden, dass das Verwaltungsgericht den Sachverhalt unzutreffend darstelle, wenn es davon ausgehe, der Notar habe die Erteilung einer Grundstücksverkehrsgenehmigung wegen möglicherweise bestehende Restitutionsanträge beantragt, ist ihnen zwar in tatsächlicher Hinsicht zu folgen, da der Notar am … 2019 beim Landwirtschaftsamt der Senatsverwaltung für Wirtschaft eine Genehmigung nach § 2 GrdstVG beantragt hat und das Grundstücksverkehrsgesetz nur für landwirtschaftliche und forstwirtschaftliche Grundstücke gilt (vgl. dessen § 1). Für die rechtliche Beurteilung ändert es jedoch nichts, aus welchem Grund der Notar zunächst von einer Genehmigungspflicht ausging und entsprechendes auch dem Beklagten mitteilte.

Die Annahme des Verwaltungsgerichts, die Vorkaufsverordnung sei materiell rechtmäßig, wird nicht durchgreifend von den Klägern mit dem Vorbringen erschüttert, die Verordnung verfolge hinsichtlich der streitgegenständlichen Flächen der Erholungsanlage nicht das Ziel, Austausch- und Ersatzflächen zu gewinnen, sondern eine Wohnnutzung, mithin eine Fortsetzung der bereits ausgeübten Nutzung. Zutreffend und von den Klägern unbeanstandet legt das Verwaltungsgericht zugrunde, dass eine Verordnung nach § 25 Abs. 1 Satz 1 Nr. 2 BauGB i. V. m. § 16 Satz 1 AGBauGB Bln in einem städtebaulichen Maßnahmegebiet zulässig ist, wenn sie im insoweit maßgeblichen Zeitpunkt des Verordnungsbeschlusses eine städtebauliche Maßnahme sichern soll, die der Beklagte in Betracht zieht, und die Verordnung geeignet ist, zur Sicherung des Planungsziels beizutragen (vgl. bereits Beschluss des Senats vom 18.5.2022 – OVG 10 N 4.21 –, juris Rdnr. 7 ff. zu der auch hier streitgegenständlichen Vorkaufsrechtsverordnung). Weiter ist das Verwaltungsgericht davon ausgegangen, bei dem betroffenen Gebiet handele es sich ausweislich der Verordnungsbegründung (abrufbar unter https://www.parlament-berlin.de/ados/18/IIIPlen/vorgang/verordnungen/vo18-056.pdf) um ein künftiges städtebauliches Maßnahmegebiet nach § 165 BauGB mit dem zulässigen Ziel der Schaffung von für alle Teile der Bevölkerung bezahlbaren Wohnraum. Dafür sollten vorsorglich Flächen erworben werden können, um »die Umsetzung der für die Errichtung der Stadtquartiers erforderlichen Infrastrukturmaßnahmen (zu) erleichtern« und zur »Erleichterung von städtebaulichen Neuordnungsmaßnahmen in Teilbereichen des späteren Entwicklungsgebietes«. Die zu erwerbenden Flächen sollten den absehbaren »Bedarf- an Austausch und Ersatzflächen, um beispielsweise Einrichtungen der sozialen Infrastruktur, öffentliche Erschließungsmaßnahmen oder Ausgleichs- und Ersatzmaßnahmen leichter umsetzen zu können«, decken können. Der Beklagte habe den Erlass dieser städtebaulichen Entwicklungsmaßnahme zum Zeitpunkt des Verordnungserlasses »in Betracht« gezogen, weil er in der Verordnungsbegründung die beabsichtigte Verwendung als Ersatz- und Ausgleichflächen konkret festgelegt, für das Gebiet recht konkrete städtebauliche Vorstellungen entwickelt und mit der Zuweisung unterschiedlicher Funktionen an sieben Teilgebiete klargemacht habe, in welchem räumlichen Umfang voraussichtlich Flächen benötigt würden.

Die Kläger meinen, dass zwar im allgemeinen Teil der Verordnungsbegründung davon gesprochen werde, dass der vorsorgliche Flächenerwerb der Erleichterung von städtebaulichen Neuordnungsmaßnahmen in Teilbereichen des späteren Entwicklungsgebietes dienen solle und sich grundsätzlich ein Bedarf an Austausch- und Ersatzflächen ergebe. Der Einzelbegründung zu § 1 lasse sich jedoch entnehmen, dass neben der für die Entwicklung als neues Stadtquartier vorgesehenen Kernfläche auch die Flächen der angrenzenden Klein- und Erholungsanlagen in dem Untersuchungsgebiet für eine Wohnnutzung vorgesehen seien. Demnach sei die Vorkaufsrechtsverordnung im Hinblick auf die streitgegenständlichen Flächen auch nicht geeignet, zur Sicherung des Planungsziels beizutragen, da es weder um die Erleichterung einer beabsichtigten Entwicklung noch um die Vermeidung einer gegenläufigen Entwicklung durch spekulativen Erwerb gehe.

Das greift nicht. Das Verwaltungsgericht hat unter Zitierung der einschlägigen Passagen aus der Begründung der Vorkaufsrechtsverordnung maßgeblich darauf abgestellt, dass im Zentrum der in Aussicht genommenen städtebaulichen Entwicklungsmaßnahme die Entwicklung der etwa 70 Hektar umfassenden landeseigenen, derzeit landwirtschaftlich genutzten Flächen als Wohnquartier stehe und die angrenzenden, unterschiedlich genutzten Teilräume vornehmlich für daraus abgeleitete Zielsetzungen wie Infrastrukturmaßnahmen zur verkehrlichen Erschließung, städtebauliche Neuordnungsmaßnahmen oder zur Deckung des Bedarfs an Austausch- und Ersatzflächen zur Verfügung stehen sollten. Zu Recht hat das Verwaltungsgericht dies für ein »in Betracht ziehen« städtebaulicher Maßnahmen genügen lassen. Auf der Grundlage der jeweils weit zu verstehenden tatbestandlichen Merkmale verfolgt die Vorschrift des § 25 Abs. 1 Satz 1 Nr. 2 BauGB den Zweck, durch eine an städtebaulichen Interessen orientierte Bodenvorratspolitik die Sicherung einer langfristig orientierten Planung und Entwicklung zu ermöglichen. Zum anderen setzt der Erlass der Satzung bzw. hier der Verordnung voraus, dass sich der Einsatz dieses Sicherungsmittels aus städtebaulichen Gründen als notwendig erweist; die Satzung muss objektiv geeignet sein, zur Sicherung der städtebaulichen Entwicklung und Ordnung (§ 1 Abs. 3 BauGB) beizutragen. Nur wenn hiervon nach Maßgabe der konkreten Umstände – etwa im Hinblick auf die räumliche Ausdehnung der Satzung und auf ein Sicherungsbedürfnis wegen gegebenenfalls abweichender Entwicklungen – auszugehen ist, kann die Gemeinde sich der Vorkaufssatzung bedienen (BVerwG, Beschluss v. 30.9.2020 – BVerwG 4 B 45.19 –, juris Rdnr. 4 f.; OVG Berlin-Brandenburg, Beschluss v. 18.5.2022 – OVG 10 N 4.21 –, juris Rdnr. 8).

Demgegenüber wird die Entscheidung des Verwaltungsgerichts nicht dadurch in Zweifel gezogen, dass die Kläger eine kurze Passage der Begründung der Vorkaufsrechtsverordnung herausgreifen, die eine andere, vom Verordnungsgeber für möglich gehaltene Nutzung der Nebenflächen – in Abgrenzung zu der landeseigenen, unbebauten Kernfläche – betrifft. Dass die Nebenflächen gegebenenfalls auch »in Richtung Wohnen« umstrukturiert werden könnten, beseitigt nicht deren Eignung für die Zwecke der Infrastrukturmaßnahmen bzw. als Austausch- oder Ersatzflächen, welche nach der Gesamtschau der Begründung im Vordergrund stehen. Der Beklagte weist zu Recht darauf hin, dass die von den Klägern zitierte Passage lediglich klarstelle, dass zum Zeitpunkt des Erlasses der Vorkaufsrechtsverordnung die Umstrukturierung nicht trennscharf auf den Kernbereich habe beschränkt werden können und der unmittelbar anschließende Satz deutlich mache, dass daneben vor allem die Lösung »tiefgreifender infrastruktureller Problemlagen« angestrebt werde. Das ist zutreffend. Die Verordnungsbegründung weist im direkten Anschluss darauf hin, dass das bestehende Straßennetz an vielen Stellen bereits überlastet sei. Die Teilfläche sei nicht ausreichend erschlossen, eine Verbindung zum ÖPNV (Straßenbahn und S-Bahn) fehle. Um eine Entwicklung der Kernfläche durchzuführen, seien weitreichende Eingriffe im Umfeld erforderlich. Schon aus dem bereits erwähnten Zweck der Vorkaufsverordnung, durch eine an städtebaulichen Interessen orientierte Bodenvorratspolitik die Sicherung einer langfristig orientierten Planung und Entwicklung zu ermöglichen, folgt, dass konkretisierte Planungsvorstellungen noch nicht erforderlich sind und es genügt, dass die Satzung objektiv geeignet ist, zur Sicherung der städtebaulichen Entwicklung und Ordnung beizutragen (vgl. BVerwG, Beschluss v. 30.9.2020 – BVerwG 4 B 45.19 –, juris Rdnr. 4 f.;

OVG Berlin-Brandenburg, Beschluss v. 18.5.2022 – OVG 10 N 4.21 –, juris Rdnr. 8).

Auch die Annahme des Verwaltungsgerichts, die Ausübung des Vorkaufsrechts sei gemäß § 24 Abs. 3 Satz 1 i. V. m. § 25 Abs. 2 Satz 1 BauGB im maßgeblichen Zeitpunkt der angefochtenen Bescheide durch das Wohl der Allgemeinheit gerechtfertigt, wird durch das Zulassungsvorbringen der Kläger nicht erschüttert. Das Verwaltungsgericht ist von dem rechtlichen Maßstab ausgegangen, dass der Erwerb durch das Allgemeinwohl gerechtfertigt ist, wenn er zu den vom Gesetzgeber gebilligten bodenpolitischen, eigentumspolitischen und städtebaulichen Zwecken erfolgt und dabei überwiegende Vorteile für die Allgemeinheit angestrebt werden, wobei die vertretbare Annahme genüge, dass die spätere Verwirklichung der in Erwägung gezogenen Maßnahme durch vermehrten Grundbesitz der Gemeinde erleichtert werde. Zweck des besonderen Vorkaufsrechts nach § 25 Abs. 1 Satz 1 Nr. 2 BauGB sei es, der Gemeinde die Sicherung einer langfristig orientierten Planung und Entwicklung durch eine an städtebaulichen Interessen orientierte Bodenvorratspolitik zu ermöglichen, denn die Gemeinde erhalte durch die Vorkaufssatzung die Möglichkeit, bereits im frühen Stadium der Vorbereitung städtebaulicher Maßnahmen Grundstücke zu erwerben (vgl. BVerwG, Beschluss v. 30.9.2020 – BVerwG 4 B 45.19 –, juris Rdnr. 4; Beschluss v. 19.12.2018 – BVerwG 4 BN 42.18 –, juris Rdnr. 5).

Dieser – von den Klägern nicht beanstandete – rechtliche Maßstab begegnet keinen Bedenken. Nach der Rechtsprechung des Bundesverwaltungsgerichts (vgl. Beschluss v. 25.1.2010 – BVerwG 4 B 53.09 –, juris Rdnr. 5; Beschluss v. 15.2.1990 – BVerwG 4 B 245.89 –, juris Rdnr. 3) und des Senats (OVG Berlin-Brandenburg, Urteil v. 22.10.2019 – OVG 10 B 9.18 –, juris Rdnr. 51) hat sich die Beantwortung der Frage, ob das Wohl der Allgemeinheit die Ausübung des Vorkaufsrechts rechtfertigt, im Einzelnen an den Zielen zu orientieren, die mit den einzelnen Tatbeständen der Vorkaufsrechte in §§ 24, 25 BauGB verfolgt werden. Die Ausübung des Vorkaufsrechts ist nur dann vom Wohl der Allgemeinheit gerechtfertigt i. S. v. § 24 Abs. 3 Satz 1 BauGB, wenn damit im Einzelfall dem jeweils angegebenen, sich im gesetzlichen Zulässigkeitsrahmen bewegenden Verwendungszweck entsprochen wird. Es ist daher nach Zweck und Zielrichtung des jeweiligen Vorkaufsrechts zu differenzieren. Im Fall eines auf eine Vorkaufsrechtsverordnung nach § 25 Abs. 1 Satz 1 Nr. 2 BauGB gestützten Vorkaufsrechts ist zu berücksichtigen, dass der Nutzungszweck des Kaufgrundstücks – anders als in den Fällen des § 25 Abs. 1 Satz 1 Nr. 1 und Nr. 3 BauGB – noch nicht konkret festzustehen braucht (vgl. § 25 Abs. 2 Satz 2 BauGB sowie Stock, in: Ernst/Zinkahn, Bearbeitungsstand Oktober 2021, BauGB § 25 Rdnr. 34 f.), weil das Vorkaufsrecht der Gemeinde – wie ausgeführt – gerade den frühzeitigen Grundstückserwerb zur Vorbereitung städtebaulicher Maßnahmen ermöglichen will. Regelmäßig reicht zur Bejahung des Wohls der Allgemeinheit daher die Annahme, dass die spätere Verwirklichung der in Erwägung gezogenen Maßnahme durch vermehrten Grundbesitz der Gemeinde erleichtert wird (vgl. Stock, in: Ernst/Zinkahn u. a., Bearbeitungsstand Oktober 2021, BauGB § 25 Rdnr. 31), wobei die Gründe für die Ausübung des Vorkaufsrechts sich in dem durch die städtebaulichen Ziele gebildeten Rahmen halten müssen, die mit der Vorkaufssatzung verfolgt werden (vgl. OVG Nordrhein-Westfalen, Urteil v. 15.3.2016 – 10 A 1066/14 –, juris Rdnr. 41 ff.).

Auf der Grundlage dieses Maßstabs hat das Verwaltungsgericht den Vorkauf der Erholungsanlagen »« zum Zweck der Verwendung als Tausch- oder Ersatzgrundstück durch das Wohl der Allgemeinheit für gerechtfertigt gehalten. Parzellen der Anlage würden nach Angaben des Beklagten als Austauschgrundstücke für von städtebaulichen Maßnahmen betroffene Parzellen und Grundstücke in der benachbarten Kolonie benötigt. Tausch- und Ersatzland könne zur zügigen Verwirklichung der Maßnahme beitragen, weil Parzellenbesitzer und Grundstückseigentümer eher zur Verständigung bereit seien, wenn ihnen für ihr Grundstück ein Ersatzgrundstück in der näheren Umgebung angeboten werde. Demgegenüber greift das Zulassungsvorbringen der Kläger, die Verwendung von Flächen der Erholungsanlage als Tausch- oder Ersatzgrundstücke sei nicht von dem von dem Beklagten verfolgten städtebaulichen Ziel gedeckt, nicht durch.

Nach Auffassung der Kläger sei die Fläche der Erholungsanlage »« ursprünglich – wie sich aus der Einzelbegründung zu § 1 der Vorkaufsrechtsverordnung ergebe – für eine Nutzungsänderung in Richtung Wohnen sowie eine bauliche Verdichtung vorgesehen gewesen. Dieser im Rahmen der vorbereitenden Untersuchung im Sommer 2018 in den sogenannten Entwicklungsalternativen A bis C weiter ausformulierte Ansatz sei später aufgegeben worden. Nachdem zwischenzeitlich noch eine Betroffenheit der Erholungsanlage infolge von Maßnahmen verkehrlicher Erschließung in Rede gestanden habe, ergebe sich aus dem von den Klägern auszugsweise als Anlage K 31 vorgelegten Bericht über die ÖPNV-Anbindung und -Erschließung des Wohnungsbaustandortes Blankenburger Süden vom November 2019, dass die geplanten Trassenverläufe des ÖPNV außerhalb der Anlage lägen. Von einer Verwendung als Tausch- oder Ersatzgrundstücke werde nicht gesprochen.

Die Kläger verkennen dabei, dass die Ausübung des Vorkaufsrechts nach der zutreffenden Ansicht des Verwaltungsgerichtes nicht von einem bereits eingetretenen konkreten Bedarf, sondern lediglich von der potentiellen Möglichkeit abhängt, dass ein solcher im Zuge der in Betracht gezogene Maßnahme eintreten wird und er ggf. noch nicht anderweitig gedeckt ist. Das Verwaltungsgericht ist dementsprechend von den in dem Bescheid zur Ausübung des Vorkaufsrechts vom 21.8.2019 und in dem Widerspruchsbescheid vom 16.10.2020 angegebenen Gründen für die Ausübung des Vorkaufsrechts ausgegangen, wonach Parzellen der streitgegenständlichen Erholungsanlage als Austauschgrundstücke für von städtebaulichen Maßnahmen betroffene

Parzellen und Grundstücke in der benachbarten Kolonie benötigt würden. Dass dieser angegebene Verwendungszweck zum maßgeblichen Zeitpunkt des Erlasses der Bescheide nicht den konkreten Vorstellungen des Beklagten zur zukünftigen Nutzung des Kaufgrundstücks entsprach bzw. objektiv für diesen Zweck förderlich war, haben die Kläger mit dem Hinweis auf die von ihnen zitierten Unterlagen nicht dargelegt. Vorstehend unter b. ist bereits ausgeführt worden, dass sich die von den Klägern dort verortete beabsichtigte Nutzungsänderung der Flächen der Erholungsanlage »« in Richtung Wohnen in der Begründung der Vorkaufsrechtsverordnung allenfalls als Prüfoption wiederfindet, die primären planerischen Erwägungen für die Fläche aber Auswirkungen bzw. Eingriffe infolge der infrastrukturellen Erschließung des zum Wohnquartier zu entwickelnden sogenannten Kerngebiets betreffen. Innerhalb dieses Rahmens hält sich auch die in den angefochtenen Bescheiden gegebene Begründung für die Ausübung des Vorkaufsrechts. In dem Ausgangsbescheid vom … 2019 wird insoweit ausgeführt, dass zur Erschließung des zukünftigen Stadtquartiers und zur Behebung verkehrlicher Problemlagen ein umfangreicher Ausbau der Verkehrsinfrastruktur erforderlich sei. Hierfür sollten die Grundstücke des Kaufgegenstandes teilweise genutzt werden. So könnten etwa Flächen benötigt werden, um an der … Straße einen verkehrsgerechten Querschnitt mit ausreichend breiten Fuß- und Fahrradwegen zu realisieren. Außerdem könnten z. B. im Kontext einer Trassenlegung Ersatzgrundstücke für Bedarfe innerhalb der Erholungsanlage benötigt werden. In beiden Bescheiden (Ausgangsbescheid, Widerspruchsbescheid) wird das öffentliche Interesse dahingehend zusammengefasst, dass es in der Bereitstellung einer bedeutsamen Fläche mit Schlüsselfunktion für Verkehr- und Wohnnutzung, gegebenenfalls auch als Nutzung für eine Tausch-, Ersatz- oder Ausgleichsfläche bestehe. Daran hat auch das Verwaltungsgericht ersichtlich angeknüpft (»wie schon in den angefochtenen Bescheiden erwähnt«,) und ergänzend auf die Ausführungen der Vertreter des Beklagten in der mündlichen Verhandlung abgestellt, wonach sich die in den Bescheiden in Aussicht genommene Verwendung von Teilen der streitgegenständlichen Flächen bis zum Zeitpunkt der mündlichen Verhandlung dahingehend konkretisiert hätten, dass Bedarf für Austauschgrundstücke für etwa 100 Parzellen der Kolonie … bestehe, die wiederum für zwei Erschließungsstraßen für das neue Stadtviertel benötigt würden.

Die auf dieser Grundlage von dem Verwaltungsgericht bejahte Förderlichkeit der Ausübung des Vorkaufsrechts für die von dem Beklagten verfolgten städtebaulichen Zielsetzungen wird nicht dadurch in Frage gestellt, dass die in den Bescheiden beschriebenen, teilweise mangels konkreterer Planungen noch vage beschriebenen Verwendungszwecke sich in den von den Klägern vorgelegten Unterlagen nicht widerspiegeln.

Ernstliche Zweifel an der Entscheidung des Verwaltungsgerichts legen die Kläger auch nicht durch ihr Vorbringen dar, das Verwaltungsgericht habe die

Darlegungen der Vertreter des Beklagten in der mündlichen Verhandlung auf der Grundlage des städtebaulichen Rahmenplans des Senates vom 19.4.2021 und dessen Struktur- und Nutzungskonzepts vom 20.7.2021 seiner Entscheidung nicht zugrunde legen dürfen, weil den Klägern zuvor Gelegenheit zur Äußerung hätte gegeben werden müssen und zudem allein auf den Zeitpunkt des Ausgangsbescheides vom … 2019 bzw. des Widerspruchsbescheides vom … 2020, nicht hingegen auf die zu einem späteren Zeitpunkt erstellten vorgenannten Dokumente abzustellen sei. Das Verwaltungsgericht hat in seinem Obersatz der Prüfung von § 24 Abs. 3 Satz 1 i. V. m. § 25 Abs. 2 Satz 1 BauGB als maßgeblichen Zeitpunkt die Ausübung des Vorkaufsrechts und den Erlass des Widerspruchsbescheids definiert. Davon weicht es nicht ab, wenn es im Folgenden auf die Darlegungen der Vertreter des Beklagten im Termin zur mündlichen Verhandlung abstellt, wonach »nach derzeitigem Planungsstand« die Parzellen der Anlage »…« als Austauschgrundstücke benötigt würden. Das Verwaltungsgericht zieht die Ausführungen zum Stand der Planungen im späteren Zeitpunkt der mündlichen Verhandlung vielmehr als Beleg dafür heran, dass der ursprünglich angedachte Verwendungszweck (»wie schon in den angefochtenen Bescheiden erwähnt«), Parzellen der Anlage »…« als Austauschgrundstücke für Flächen einer anderen Erholungsanlagen anbieten zu können, welche ihrerseits für verkehrliche Zwecke benötigt werden, weiterhin den von dem Beklagten im Gebiet der vorbereitenden Untersuchung verfolgten städtebaulichen Zielen dient und somit weiterhin die Ausübung des Vorkaufsrechts durch das Wohl der Allgemeinheit gerechtfertigt ist. Die Anknüpfung an zeitlich nach Erlass der angefochtenen Bescheide liegende Planungsstände dient der nachvollziehbaren und naheliegenden gedanklichen Ableitung, dass die zum früheren Zeitpunkt erfolgte Ausübung des Vorkaufsrechts tatsächlich einer zu diesem Zeitpunkt angegebenen Zwecksetzung erfolgte, wenn diese Zwecke im späteren Verlauf der Planungen konkret weiterverfolgt werden. Dies hat das Verwaltungsgericht durch die zitierte Bezugnahme auf die Bescheide sowie auf den vor Erlass des Ausgangsbescheides vom … 2019 verfassten Vermerk der Senatsverwaltung vom … 2019 kenntlich gemacht. Eine Verschiebung des maßgeblichen Zeitpunkts liegt darin nicht.

Die Kläger wenden ferner ein, dass ein Großteil der Flächen im Untersuchungsgebiet bereits im Eigentum des Beklagten stehe und er deshalb über ausreichend Tausch- oder Ersatzgrundstücke verfüge. Dies ergebe sich aus der Übersichtskarte »Eigentumsverhältnisse im VU-Gebiet« in dem von den Klägern als Anlage K 10 vorgelegten »Exposé Neue Stadtquartiere«. Im Einzelnen verfüge der Beklagte über circa 70 Hektar unbebaute Fläche im sogenannten Kerngebiet, 1 130 von 1 448 Parzellen in der Erholungsanlage, größere Flächen der ehemaligen Rieselfelder sowie eines Golfplatzes außerhalb des Untersuchungsbereichs und die landeseigenen Kleingartenanlagen »…«, »…« sowie »…«. Soweit der Beklagte etwa 100 Parzellen der Erholungsanlagen … für zwei Erschließungsstraßen benötige, habe er selbst ausreichend eigenen Grundbesitz, um Austausch bzw. Ersatzgrundstücke anbieten zu können. Ein Zugriff auf die 172 Parzellen der Wohn- und Erholungsanlagen K… sei nicht erforderlich und würde eine unzulässige allgemeine Bodenbevorratung bedeuten.

Dies erschüttert die Annahmen des Verwaltungsgerichts nicht. Es hat im Rahmen seiner Obersätze zutreffend ausgeführt, dass es die Ausübung des Vorkaufsrechts hindern kann, wenn die Gemeinde in dem Gebiet bereits über ausreichend eigenen Grundbesitz verfügt, um die voraussichtlich zu Tauschzwecken erforderlichen Flächen bereitstellen und dem Bedarf für öffentliche Zwecke befriedigen zu können (zu dieser Begrenzung des Vorkaufsrechts vgl. BVerwG, Beschluss v. 19.12.2018 – BVerwG 4 BN 42.18 –, juris Rdnr. 8; Beschluss v. 25.1.2010 – BVerwG 4 B 53.09 –, juris Rdnr. 5 f.; Stock, in: Ernst/Zinkahn/Bielenberg/Krautzberger, Bearbeitungsstand Oktober 2021, BauGB § 25 Rdnr. 28). Das Verwaltungsgericht hat das Vorliegen einer derartigen Situation anschließend verneint, weil für die Bejahung des Wohls der Allgemeinheit bereits die vertretbare Annahme genüge, dass die spätere Verwirklichung der in Erwägung gezogenen Maßnahme durch vermehrten Grundbesitz der Gemeinde erleichtert werde. Auf die Parzellen der Erholungsanlage »…« müsse Zugriff genommen werden, um den erforderlichen Grundstücksaustausch sozialverträglich vornehmen zu können. Schließlich könnten die Parzellen der Anlage »…« auch für die Verbreiterung der … Straße oder die Anlage eines Regenrückhaltebeckens herangezogen werden. Demgegenüber verengen die Kläger die Betrachtung in unzulässiger Weise allein auf die etwa 100 Parzellen, die benötigt werden, um den Eigentümern bzw. Nutzern derjenigen Parzellen der Kolonie, die für die zwei Erschließungsstraßen benötigt werden, Ersatzflächen anbieten zu können. Zum allein maßgeblichen Zeitpunkt des Erlasses der angefochtenen Bescheide waren die Planungen des Beklagten noch nicht so weit konkretisiert. Dies war auch nicht erforderlich. Die Ausübung des Vorkaufsrechts hängt nicht von einem bereits eingetretenen konkreten Bedarf ab, sondern lediglich von der potentiellen Möglichkeit, dass ein solcher im Zuge der in Betracht gezogene Maßnahme eintreten wird und er ggf. noch nicht anderweitig gedeckt ist (OVG Berlin-Brandenburg, Beschluss v. 18.5.2022 – OVG 10 N 4.21 –, juris Rdnr. 25).

In den angefochtenen Bescheiden gibt der Beklagte als möglichen Verwendungszweck nicht nur die Bereitstellung von Tauschgrundstücken für Nutzer der Erholungsanlage Blankenburg an, sondern auch – wie auch bereits wiedergegeben – die Realisierung breiterer Fuß- und Fahrradwege entlang der … Straße sowie sozialer (z. B. Kitas) oder technischer (z. B. Regenwasserrückhaltung) Infrastruktur auf dem Gelände der Anlage »…« selbst. Auf der Grundlage der Begründung des Bescheides vom … 2019 dürfte zum damaligen Zeitpunkt auch eine jedenfalls teilweise Nutzung der Flächen der »…« für das zu entwickelnde Wohnquartier nicht völlig ausgeschlossen gewesen sein. So wird auf Seite 5 des Bescheides ausgeführt, dass die Grundstücke des Kaufgegenstandes eine Scharnierfunktion zwischen dem Gewerbegebiet Heinersdorf und der Kernfläche innehätten und aufgrund des Charakters der möglichen Entwicklungsmaßnahme Verschiebungen denkbar seien, so dass sich geplante Nutzungen auf die jetzige Fläche der Anlage »...« ausdehnen könnten (ähnlich auch Seite 9 des Widerspruchsbescheides). Ebenso hat der Senat in seinem Beschluss v. 18.5.2022 (OVG 10 N 4.21, juris Rdnr. 25) zu den Planungen im Geltungsbereich der auch hier gegenständlichen Vorkaufsrechtsverordnung festgestellt, dass die für dieses Großvorhaben erforderliche Umfelderschließung bereits für sich genommen einen erheblichen potentiellen Bedarf begründe. Verfehlt ist zudem die Auffassung der Kläger, die 70 Hektar landeseigener Flächen auf den ehemaligen Rieselfeldern seien als potenzielle Austausch- oder Ersatzflächen zu betrachten. Dieses Gebiet sollte von Beginn an als Wohnquartier entwickelt werden, wie sich bereits aus der Begründung der Vorkaufsrechtsverordnung vom 27.6.2017 ergibt. Dass die städtebaulichen Planungsabsichten des Beklagten zum maßgeblichen Zeitpunkt des Erlasses der streitgegenständlichen Bescheide sich in diesem (zentralen) Gesichtspunkt geändert hätten, haben die Kläger nicht dargelegt.

Dass solche frühzeitigen städtebaulichen Planungsabsichten i. S. d. § 25 Abs. 1 Satz 1 Nr. 2 BauGB sich im Nachgang der Ausübung des Vorkaufsrechts konkretisieren und infolgedessen einige der ursprünglich noch in Betracht gezogenen Verwendungsmöglichkeiten des Kaufgegenstands nicht weiterverfolgt werden, liegt in der Natur der Sache. Maßgeblich ist indes der Zeitpunkt des Bescheiderlasses, sodass sich die Ausübung des Vorkaufsrechts schon dann rechtmäßig erweist, wenn zu diesem Zeitpunkt aus der ex ante-Perspektive ein potentieller Verwendungsbedarf für die Flächen des Kaufgegenstandes gegeben war, und diese auch dann nicht nachträglich rechtswidrig wird, wenn die Gemeinde den Bedarf an Austausch- und Ersatzgrundstücken aus der ex post-Perspektive auch ohne Rückgriff auf den Kaufgegenstand aus ihrem eigenen Flächenbestand befriedigen können sollte.

Im Übrigen ist der Umstand, dass die von den Klägern aufgezählten Alternativflächen bereits im Landeseigentum stehen, nicht gleichbedeutend damit, dass sie für die mit der Vorkaufsrechtsausübung verfolgten Zwecke tatsächlich zur Verfügung stehen, denn auch insoweit können rechtliche Bindungen bestehen oder kann deren Inanspruchnahme unverhältnismäßig sein. Das diesbezügliche Zulassungsvorbringen lässt insbesondere die für die Darlegung rechtlicher Zweifel erforderliche Begründung vermissen, warum eine Beschaffung von Ersatzgrundstücken innerhalb der Anlage Blankenburg im »dargestellten sozialverträglichen Sinne« – d. h. aufgrund natürlicher Fluktuation – entgegen der Annahme des Verwaltungsgerichts »völlig ausreichend und erfolgversprechender« wäre.

Ohne Erfolg wenden sich die Kläger gegen die Annahme des Verwaltungsgerichts, der Ausschlussgrund des § 26 Nr. 4 BauGB stehe der Ausübung des Vorkaufsrechts nicht entgegen. Den Klägern ist zwar zuzugeben, dass die Formulierung des Verwaltungsgerichts auf Seite 16 des Entscheidungsabdrucks zum Ausschlussgrund des § 26 Nr. 4 BauGB isoliert betrachtet so verstanden werden könnte, dass das Verwaltungsgericht die Vorschrift des § 26 Nr. 4 BauGB nicht anwende, weil die Fläche als Tausch- oder Ersatzgrundstück verwendet werden soll, obwohl die tatbestandlichen Voraussetzungen der Norm gegeben sind. Dem ist vorliegend allerdings nicht weiter nachzugehen, weil das Verwaltungsgericht in den zwei unmittelbar nachfolgenden Sätzen das Vorliegen des Ausschlussgrundes des § 26 Abs. 4 BauGB selbständig tragend (»es ist auch überdies möglich«) mit dem Hinweis auf weitere denkbare Verwendungsmöglichkeiten der streitgegenständlichen Flächen für eine Verbreiterung der … Straße oder die Anlage eines Regenrückhaltebeckens ablehnt. Das Zulassungsvorbringen der Kläger wendet gegen diesen Hinweis zwar ein, dass die Flächen der Anlage »…« für diese Zwecke nicht benötigt würden. Auch das greift in der Sache nicht durch, insbesondere aber übersehen die Kläger die damit implizit getroffene Feststellung weiterer möglicher Verwendungszwecke durch das Verwaltungsgericht, denen die Nutzung der Parzellen der Anlage »…« im Zeitpunkt des Erlasses der streitgegenständlichen Bescheide nicht entspricht. § 124 Abs. 2 Nr. 1 VwGO eröffnet den Zugang zur Rechtsmittelinstanz im Hinblick auf das prognostizierte Ergebnis des Rechtsmittels. Die maßgebliche Frage geht also dahin, ob die Rechtssache richtig entschieden wurde. Ist die Entscheidung der Vorinstanz selbständig tragend auf mehrere Gründe gestützt, bedarf es der Darlegung eines Zulassungsgrundes für jede Begründung. Wenn nur bezüglich einer Begründung ein Zulassungsgrund dargelegt wird und ggf. gegeben ist, kann diese Begründung hinweggedacht werden, ohne dass sich der Ausgang des Verfahrens ändert. Die Darlegungsanforderungen des § 124a Abs. 4 Satz 4 VwGO müssen also hinsichtlich jedes einzelnen tragenden Entscheidungsgrundes erfüllt sein (OVG Berlin-Brandenburg, Beschluss v. 11.9.2017 – OVG 10 N 29.17 –, juris Rdnr. 3).

Die Ablehnung des Ausschlussgrundes des § 26 Nr. 4 BauGB durch das Verwaltungsgericht begegnet im Ergebnis auch deshalb keinen rechtlichen Bedenken, weil – worauf der Beklagte zutreffend hinweist – bei der Ausübung des Vorkaufsrechts auf der Grundlage einer nach § 25 Abs. 1 Satz 1 Nr. 2 BauGB erlassenen Satzung (hier: Verordnung) der Ausschlussgrund des § 26 Abs. 4 Alt. 2 BauGB nur dann eingreifen kann, wenn nach dem Stand der Planung der Verwendungszweck mit ausreichender Sicherheit bestimmbar ist und die mit den in Betracht gezogenen städtebaulichen Maßnahmen verfolgten Ziele eine so weitgehende Konkretisierung erfahren haben, dass eine Übereinstimmung der vorhandenen Bebauung mit diesen Zielen festgestellt werden kann (vgl. für das Vorkaufsrecht im Geltungsbereich einer Sanierungssatzung VGH Baden-Württemberg, Urteil v. 1.3.1996 – 3 S 13/94 –, juris Rdnr. 46; Reidt, in: Battis/Krautzberger/Löhr, 15. Aufl. 2022, BauGB § 26 Rdnr. 8). In der Regelung des § 26 Nr. 4 BauGB bringt der Gesetzgeber zum

Ausdruck, dass es des Sicherungsinstruments des Vorkaufsrechts nicht bedarf, wenn ein Grundstück in Einklang mit den städtebaulichen Zielvorstellungen der Gemeinde bebaut ist und genutzt wird (vgl. BVerwG, Beschluss v. 25.1.2010 – BVerwG 4 B 53.09 –, juris Rdnr. 7; Beschluss v. 29.6.1993 – BVerwG 4 B 100.93 –, juris Rdnr. 5). Sind diese Zielvorstellungen – wie vorliegend – im Zeitpunkt der Ausübung des Vorkaufsrechts bzw. des Widerspruchsbescheids jedoch noch gar nicht konkret genug feststellbar, um diesen die Bebauung und Nutzung der Kaufgrundstücke im gleichen Zeitpunkt vergleichend gegenüberstellen zu können, kann diese Wertung des Gesetzgebers von vornherein nicht zum Tragen kommen. Zu den Zeitpunkten des Ausgangsbescheides (2019) und des Widerspruchsbescheides (2020) stand eine Verwendung des Kaufgegenstandes (ausschließlich) als Austauschgrundstücke für Parzellen der Anlage … jedoch – wie bereits mehrfach ausgeführt – noch nicht fest.

Soweit die Kläger vortragen, es sei nicht möglich, dass die Parzellen der Anlage »…« für die Verbreiterung der Straße herangezogen würden, vermag der Senat dem nicht zu folgen. Anders als die Darlegungen der Kläger es nahelegen, sind weder der Beklagte noch das Verwaltungsgericht davon ausgegangen, dass die gesamte Fläche der kaufgegenständlichen Grundstücke für Zwecke der verkehrlichen Erschließung benötigt würden. Der Beklagte hat in den angefochtenen Bescheiden in Übereinstimmung mit der Begründung der Vorkaufsrechtsverordnung verschiedene in Betracht kommende Verwendungszwecke angegeben (z. B. Wohnquartier als Prüfoption, verkehrliche Erschließung, Austausch bzw. Ersatzgrundstücke, Flächengewinn für die Realisierung sozialer und technischer Infrastruktur) und gleichzeitig auf die noch am Beginn stehenden Planungsprozesse sowie die aufgrund der Größe des zu entwickelnden Stadtquartiers entsprechend großen Suchräume verwiesen. Daher können die Kläger vorliegend auch nicht das Urteil des Bundesgerichtshofs vom 5.7.1990 (III ZR 229/89, juris Rdnr. 24) in Anspruch nehmen, das hinsichtlich des Planungsstandes eine andere Fallgestaltung betrifft: In dem vom Bundesgerichtshof entschiedenen Sachverhalt hatte eine Gemeinde das Vorkaufsrecht i.S.d § 24 BauGB für ein Grundstück insgesamt ausgeübt, obwohl nach den Festsetzungen des Bebauungsplans nur ein Teil des Grundstücks als öffentliche Verkehrsfläche benötigt wurde. Eine vergleichbar konkrete, rechtsverbindliche Festsetzung als öffentliche Verkehrsfläche oder für einen anderen Zweck gab es zum Zeitpunkt der hier streitgegenständlichen Bescheide nicht. Wie bereits ausgeführt, ist dies angesichts des Zwecks der Vorkaufsrechtsverordnung i. S. d. § 25 Abs. 1 Satz 1 Nr. 2 BauGB, der Gemeinde bereits am Beginn ihrer planerischen Überlegungen das Vorkaufsrecht als Sicherungsmittel an in die Hand zu geben, auch nicht erforderlich.

Davon ist auch das Verwaltungsgericht bei der Annahme ausgegangen, es sei »überdies« – also neben den genannten anderen Zwecken – möglich, dass Parzellen der Anlage »…« für die Verbreiterung der … Straße herangezogen würden. Es hat damit den von ihm (zutreffend) für erforderlich gehaltenen konkreten Bezug zu städtebaulichen Zwecken des Beklagten für gegeben angesehen und hatte daher auch keine (zwingende) Veranlassung, sich mit dem erstinstanzlichen Vorbringen der Kläger ausdrücklich auseinanderzusetzen, wonach die Parzellen nach einzelnen planerischen Unterlagen bzw. Erwägungen möglicherweise nicht für die verkehrliche Erschließung benötigt würden. Das von den Klägern gerügte »Übergehen« von klägerischem Sachvortrag stellt daher keine – ausdrücklich ohnehin nicht geltend gemachte – Verletzung des rechtlichen Gehörs der Kläger dar. Denn grundsätzlich ist davon auszugehen, dass die Gerichte das von ihnen entgegengenommene Parteivorbringen zur Kenntnis genommen und in Erwägung gezogen haben. Sie sind dabei nicht verpflichtet, sich mit jedem Vorbringen in den Entscheidungsgründen ausdrücklich zu befassen (OVG Berlin-Brandenburg, Beschluss v. 20.9.2017 – OVG 10 N 64.17 –, juris Rdnr. 8 m. w. N.).

Soweit die Kläger im Übrigen unter Hinweis etwa auf Ausführungen zur sogenannten Entwicklungsalternative D in dem Exposé »Neue Stadtquartiere 1 – Blankenburger Süden Pankow-Blankenburg/Heinersdorf« der Senatsverwaltung vom Januar 2019 bzw. dem Bericht über die »ÖPNV-Anbindung und -Erschließung des Wohnbaustandortes Blankenburger Süden« vom November 2019 darlegen, dass die Parzellen der Erholungsanlage »…« für die Verbreiterung der … Straße nicht benötigt würden, sind auch damit nur planerische Überlegungen und Szenarien, nicht aber rechtsverbindliche Festlegungen in Bezug genommen. Dass die streitgegenständlichen Flächen im Sinne des vom Verwaltungsgericht – unbeanstandet – zugrunde gelegten rechtlichen Maßstabs ersichtlich nicht benötigt werden, haben die Kläger damit nicht darzulegen vermocht. In dem von ihnen angeführten Bericht zur ÖPNV-Anbindung ist zwar von der »planerisch zu bevorzugenden Variante« die Rede, was eine Vorfestlegung nahelegt, Änderungen in der weiteren Planung jedoch keineswegs ausschließt.

Das Gleiche gilt im Ergebnis hinsichtlich des klägerischen Vorbringens, es sei nicht möglich, dass die Parzellen aus der Anlage »…« für die Anlage eines Regenrückhaltebeckens herangezogen würden. Die Kläger nehmen insoweit maßgeblich Bezug auf den städtebaulichen Rahmenplan des Beklagten vom 19.4.2021, der zum maßgeblichen Zeitpunkt, d. h. spätestens zum Zeitpunkt des Widerspruchsbescheids vom … 2020 noch nicht vorlag und im Übrigen ohnehin nur ein informelles, rechtlich nicht geregeltes Planungsinstrument darstellt. Sie nehmen mit ihren Erwägungen die Ergebnisse planerischer Entscheidungen vorweg, die zum Zeitpunkt der Ausübung des Vorkaufsrechts und des Widerspruchsbescheids weder feststanden noch in einer Weise durch anderweitige Vorgaben derart eingeengt gewesen wären, dass jedenfalls ausgeschlossen werden konnte, dass Teile der streitgegenständlichen Flächen für Zwecke der technischen Infrastruktur benötigt werden würden. Letzteres ergibt sich auch nicht aus dem von den Klägern angeführten Bebauungsplan

XVIII-39 a, dem Entwurf des Bebauungsplans 365 oder der wasserbehördlichen Plangenehmigung für die Instandsetzung und naturnahe Ausgestaltung des. Die Kläger setzen sich auch nicht mit der Begründung des Verwaltungsgerichts auseinander, die Anlage eines Regenrückhaltebeckens komme den Erläuterungen der Senatsverwaltung im Termin auf dem Gebiet der »K…« in der Nähe des als Vorflut dienenden … in Betracht. Wie bereits ausgeführt, hängt die Ausübung des Vorkaufsrechts nicht von einem bereits eingetretenen konkreten Bedarf, sondern lediglich von der potentiellen Möglichkeit ab, dass ein solcher im Zuge der in Betracht gezogene Maßnahme eintreten wird und er ggf. noch nicht anderweitig gedeckt ist.

Ebenfalls ohne Erfolg wenden sich die Kläger gegen die Annahme des Verwaltungsgerichts, der Beklagte habe sein ihm durch § 25 Abs. 1 Satz 1 und § 28 Abs. 2 Satz 1 BauGB eröffnetes Ermessen fehlerfrei betätigt. Soweit sie der Sache nach bemängeln, der Beklagte habe es bereits unterlassen, für jedes einzelne der Grundstücke des Kaufgegenstands sein Ermessen gesondert auszuüben bzw. zu begründen, legen sie selbst nicht substantiiert dar, inwieweit ein derartiges Vorgehen hinsichtlich welcher konkreten Flurstücke zu einem anderen Ergebnis der Ermessensausübung hätte führen müssen. Der von den Klägern an dieser Stelle erneut gegebene Hinweis darauf, dass für die von dem Beklagten angeführte Verbreiterung der … Straße nicht alle verkauften Grundstücke mit einer Gesamtfläche von … m^2 benötigt würden, zeigt lediglich auf, dass dieser angegebene mögliche Verwendungszweck nicht für die gesamte Fläche des Kaufgegenstandes zum Tragen kommen kann, nicht aber, dass die Ermessensausübung unter Berücksichtigung der weiteren von dem Beklagten in den angefochtenen Bescheiden angeführten möglichen Verwendungszwecken, die mangels konkreterer Planungen noch nicht auf bestimmte Teilflächen des Kaufgegenstandes bezogen werden konnten, und der einzustellenden privaten Interessen für alle … verkauften Grundstücke oder einen konkret bezeichneten Teil davon zu einem anderen Ergebnis hätte führen müssen.

Entgegen der Darstellung der Kläger begründet es keinen vom Verwaltungsgericht nicht erkannten Ermessensfehler, dass es sich bei einem Großteil der Käufer um Selbstnutzer der unselbständigen Teilflächen der Grundstücke handelt, die auch Eigentümer der aufstehenden Häuser sind und dort eine teils jahrzehntelange Wohnnutzung ausüben, welche sie mit Hilfe des Grundstückserwerbs absichern möchten. Das Verwaltungsgericht ist zutreffend davon ausgegangen, dass der Beklagte die Abwägungsdirektiven des § 25 Abs. 1 Satz 2 und des § 24 Abs. 3 Satz 1 BauGB vollständig und ihrem rechtlichen Gehalt nach richtig erkannt und das öffentliche Interesse daran, das Gebiet mittels städtebaulicher Instrumente zügig als Wohnungsbaustandort zu entwickeln und andererseits das private Interesse der Kläger an dem Kauf des Grundstücks ermessensfehlerfrei gegeneinander abgewogen hat. Sowohl der Bescheid als auch der Widerspruchsbescheid stellen klar, dass grundsätzlich soweit und solange wie möglich eine Fortsetzung der Pachtverhältnisse beabsichtigt sei, und nehmen ausdrücklich auf die von den Klägern dargelegte »diffizile« sachenrechtliche Lage in der Anlage »…« Bezug. Wie die Kläger zudem selbst an anderer Stelle betonen, plant der Beklagte nach den in Bezug genommenen zwischenzeitlichen Planungsständen auch längerfristig den Erhalt der Erholungsanlage und soll die Beschaffung von Ersatzgrundstücken in der Anlage sozialverträglich, d. h. nach Möglichkeit im Rahmen der natürlichen Fluktuation, erfolge. Es kann daher keine Rede davon sein, dass der Beklagte die Kläger als Nutzer aus der Anlage »…« entfernen wolle.

Unzutreffend ist die Rüge der Kläger, der Beklagte habe bei der Ausübung seines Ermessens sachfremde Erwägungen und Unterstellungen dahingehend zugrunde gelegt, dass die Kläger spekulative Absichten verfolgten. Die Kläger beziehen sich insoweit auf das Schreiben der damaligen Senatorin Lompscher an einen der Nutzer der Erholungsanlage »…« vom 14.8.2019 und den sogenannten Zweit-Entscheidungsvermerk vom 24.7.2019 aus der Senatsverwaltung für Stadtentwicklung. Die dort angesprochene Zielsetzung einer Ausübung des Vorkaufsrechts, Planungssicherheit für Kleingärtner oder anderweitige Pächter der Anlage zu schaffen, und die dort getätigten Mutmaßungen zu möglicherweise spekulativen Absichten der Kläger haben in den streitgegenständlichen Bescheiden jedoch keinen Niederschlag gefunden. Das Vorkaufsrecht und das damit verbundene Ermessen hat hier das Bezirksamt ausgeübt, nicht die Senatsverwaltung. Viel mehr wird in der Begründung des Widerspruchsbescheids ausdrücklich ausgeführt, dass eine mögliche spekulative Betätigung kein Aspekt gewesen sei, der die Abwägung der Verhältnismäßigkeitsprüfung getragen habe. Dass der Beklagte – hier das Bezirksamt als handelnde Behörde – sich gleichwohl von den Überlegungen der Senatsverwaltung hat leiten lassen, haben die Kläger substantiiert nicht dargelegt.
…

Nr. 61

1. **Zwischenbescheide, die den Eintritt der Fiktionswirkung des § 22 Abs. 5 Satz 4 BauGB herausschieben, sind als behördliche Verfahrenshandlungen im Sinne des § 44a Satz 1 VwGO keiner selbstständigen Anfechtung zugänglich.**

2. **Formelle Mängel eines Zwischenbescheids im Sinne des § 22 Abs. 5 Satz 3 BauGB führen zur Unwirksamkeit der ausgesprochenen Fristverlängerung. Insbesondere tritt im Fall einer den Anforderungen des § 22 Abs. 5 Satz 3 BauGB schon formell nicht genügenden Fristverlängerung keine automatische Verlängerung auf eine »angemessene« Frist ein.**

3. **Die in § 24 Abs. 3 Satz 3 BauGB normierte Pflicht zur Angabe des Verwendungszwecks des Grundstücks bei Ausübung eines allgemeinen Vorkaufsrechts setzt eine hinreichend konkrete und eindeutige Bezeichnung des Verwendungszwecks voraus, die eine (gerichtliche) Überprüfung ermöglicht und einen nachträglichen Austausch des Verwendungszwecks verhindert.**

4. **Der im Ausübungsbescheid angegebene Verwendungszweck bildet die Grundlage für die materiell-rechtliche Prüfung der Voraussetzungen für die Ausübung eines allgemeinen Vorkaufsrechts. Angesichts dessen spricht nichts dafür, § 24 Abs. 3 Satz 3 BauGB als formale Ordnungsvorschrift zu begreifen, deren Verletzung die Rechtmäßigkeit des Ausübungsbescheids unberührt ließe.**

5. **Jedenfalls mit zunehmender Dauer des Sanierungsverfahrens muss die Konkretisierung der Sanierungsziele ein Maß erreichen, das eine Ausübung der Abwendungsbefugnis nach § 27 Abs. 1 Satz 1 BauGB ermöglicht (Fortschreibung des Senatsurt. v. 30.9.2021 – 3 S 2595/20 –, juris Rdnr. 44).**

6. **Die schwebende Unwirksamkeit eines Kaufvertrags bis zur Erteilung der erforderlichen sanierungsrechtlichen Genehmigung steht der Ausübung eines Vorkaufsrechts nicht entgegen, auch wenn die in § 464 Abs. 2 BGB bezeichneten Wirkungen ggf. erst mit Eintritt der Wirksamkeit der sanierungsrechtlichen Genehmigung bzw. Genehmigungsfiktion eintreten (im Anschluss an BGH, Urteil v. 15.5.1998 – V ZR 89/97 –, BGHZ 139, 29, juris Rdnr. 8 zu § 463 BGB; unter Aufgabe der früheren, im Nachgang nicht fortgeschriebenen Senatsrechtsprechung [vgl. Senatsurt. v. 1.3.1996 – 3 S 13/94 –, juris Rdnr. 24 sowie zuletzt Senatsurt. v. 30.9.2021 – 3 S 2595/20 –, juris Rdnr. 30 [offen gelassen]).**

7. **Die Ausübung eines durch eine fortwirkende Sanierungssatzung begründeten Vorkaufsrechts kann gegen das Verbot widersprüchlichen Verhaltens verstoßen, wenn die Ausübungsberechtigte aufgrund des Ablaufs der Sanierungsfrist zur Aufhebung der Sanierungssatzung verpflichtet ist. Ob und ggf. unter welchen Voraussetzungen eine nachträgliche Verlängerung der Sanierungsfrist dem auf den Fristablauf gestützten Einwand der Treuwidrigkeit der Ausübung eines Vorkaufsrechts nachträglich den Boden entziehen kann, bleibt offen.**

8. **Bei der Bestimmung des für Rechtmäßigkeit der Ausübung eines sanierungsrechtlichen Vorkaufsrechts maßgeblichen Beurteilungszeitpunkts kann nicht unberücksichtigt bleiben, dass § 28 Abs. 2 Satz 1 BauGB eine materiell-rechtliche Ausschlussfrist enthält, nach deren Ablauf die hier normierte Rechtsposition nicht mehr ausgeübt werden kann (Abgrenzung zu BVerwG, Urteil v. 9.11.2021 – 4 C 1.20 –, BVerwGE 174, 109, juris Rdnr. 21; Beschluss v. 30.9.2020 – 4 B 45.19 –, juris Rdnr. 19; Annäherung**

an VGH Bad.-Württ., Urteil v. 29.2.2024 – 8 S 58/23 –, juris Rdnr. 64; VGH Bad.-Württ., Urteil v. 23.6.2015 – 8 S 1386/14 –, juris Rdnr. 38; OVG Rh.-Pf., Urteil v. 22.3.2023 – 1 A 10150/22.OVG –, juris Rdnr. 25).

BauGB § 22, § 24 Abs. 1 Satz 1 Nr. 3, § 142.

VGH Baden-Württemberg, Urteil vom 17. September 2024 – 3 S 865/23 –.

Aus den Gründen:

Die Beklagte (zugleich Berufungsklägerin) wendet sich gegen die verwaltungsgerichtliche Aufhebung ihrer Erklärung über die Ausübung eines allgemeinen Vorkaufsrechts für zwei in ihrem Stadtgebiet gelegene Grundstücke.

Die betroffenen Grundstücke liegen im Geltungsbereich der am 1.6.2007 bekanntgemachten Satzung der Beklagten zur förmlichen Festlegung des Sanierungsgebiets »Innenstadt« vom 25.5.2007. …

Nach § 2 Satz 3 der Sanierungssatzung sollte die Sanierung bis zum 31.12.2017 abgeschlossen sein.

Mit notariellem Kaufvertrag vom 7.10.2020, der am 5.11.2020 um einen notariell beurkundeten Nachtrag zur Übernahme der Maklerkosten durch die Klägerin ergänzt wurde, verkauften die Beigeladenen beide Grundstücke für einen Gesamtpreis in Höhe von xxx € (inkl. Maklerkosten) an die Klägerin. …

Mit Schreiben vom 16.10.2020 übermittelte Notar B. der Sanierungsbehörde (Bauamt) der Beklagten eine Kopie des Kaufvertrages und beantragte die Erteilung einer sanierungsrechtlichen Genehmigung. …

Mit am 22.10.2020 bei der Stadtverwaltung eingegangenem Schreiben vom 16.10.2020 forderte Notar B. die Beklagte zur Erklärung über die Ausübung etwaiger Vorkaufsrechte auf. Mit am Folgetag eingegangenen Schreiben vom 9.11.2020 übermittelte er der Stadtverwaltung und der Sanierungsbehörde der Beklagten auch den Nachtrag zum Kaufvertrag und forderte diese auch insoweit zur Erklärung über die Ausübung etwaiger Vorkaufsrechte bzw. zur Genehmigung des Rechtsgeschäfts auf. Mit weiterem, ebenfalls an den Notar B. adressierten Zwischenbescheid vom 1.12.2020 teilte die Beklagte (Bauamt) mit, dass auch der Nachtrag zum Kaufvertrag »nicht fristgerecht und endgültig geprüft werden [könne], so dass sich der Prüfungszeitraum um höchstens drei Monate verlängert.«

Bereits mit Schreiben vom 16.11.2020 hatte die Beklagte die Vertragsparteien zur beabsichtigten Ausübung des Vorkaufsrechts angehört. Am 20.11.2020 fand daraufhin ein Gespräch statt, in der die Klägerin die Beklagte um Mitteilung ihrer Planungsvorstellungen bat. Mit E-Mails vom 30.11.2020 und vom 2.12.2020 zeigten die Klägerin und ein von ihr beauftragtes Architekturbüro (erneut) ihre Kooperationsbereitschaft an, um die Ausübung des Vorkaufsrechts abzuwenden. Nachdem diese Schreiben unbeantwortet blieben, zeigte der Bevollmächtigte der Klägerin mit Schriftsatz vom 9.12.2020 deren Vertretung an, machte Einwände gegen die beabsichtigte Ausübung des Vorkaufsrechts geltend und zeigte die Bereitschaft der Klägerin an, die Ausübung des Vorkaufsrechts nach § 27 Abs. 1 BauGB abzuwenden. Ebenfalls mit anwaltlichem Schreiben vom 9.12.2020 stellte die Klägerin den Stadträten der Beklagten ein von ihr entwickeltes Nutzungskonzept »Bärentor-Arcaden« vor.

Im Rahmen einer am 10.12.2020 von 18:30 Uhr bis 19:10 Uhr durchgeführten öffentlichen Sondersitzung beriet der Gemeinderat der Beklagten über die Erteilung der sanierungsrechtlichen Genehmigung und die Ausübung des Vorkaufsrechts (vgl. TOP 3: »Grundstücksverkehr, Ausübung Vorkaufsrecht für Grundstücke Flurstück 2549/1 und Flurstück 5187/1 […]«). …

Der Bescheid der Beklagten vom 17.12.2020 über die Ausübung des Vorkaufsrechts wurde der Klägerin sowie den Beigeladenen jeweils am 18.12.2020 gegen Empfangsbekenntnis im Wege der persönlichen Übergabe sowie dem Notar B. am 23.12.2023 gegen Einschreiben mit Rückschein zugestellt. Die sanierungsrechtliche Genehmigung vom 18.12.2020 wurde am gleichen Tag zur Post gegeben. …

Mit Fax vom 12.1.2021 legte der Bevollmächtigte der Klägerin Widerspruch gegen die Ausübung des Vorkaufsrechts ein. Mit Satzungsbeschluss der Beklagten vom 25.2.2021 wurde die Sanierungsfrist bis zum Ablauf des 31.12.2030 verlängert. Mit am 26.5.2021 zugestelltem Widerspruchsbescheid vom 19.5.2021 wies die Beklagte den Widerspruch zurück. …

Mit hier angegriffenem Urteil vom 11.1.2022 hat das Verwaltungsgericht Karlsruhe den Bescheid vom 17.12.2020 in Gestalt des Widerspruchsbescheids vom 19.5.2021 aufgehoben ….

Die Berufung ist nach Zulassung durch den Senat statthaft (§ 124 Abs. 1 Var. 2 VwGO) und auch im Übrigen zulässig. Sie wurde insbesondere form- und fristgerecht begründet (§ 124a Abs. 6 VwGO).

Die zulässige Berufung ist nicht begründet, da das Verwaltungsgericht den Bescheid der Beklagten über die Ausübung eines Vorkaufsrechts vom 17.12.2020 in Gestalt ihres Widerspruchsbescheids vom 19.5.2021 im Ergebnis zu Recht aufgehoben hat. …

Die … zulässige Anfechtungsklage hat nach § 113 Abs. 1 Satz 1 VwGO Erfolg, da der Ausübungsbescheid vom 17.12.2020 in Gestalt des Widerspruchsbescheids vom 21.6.2021 rechtswidrig ist und die Klägerin in eigenen Rechten verletzt (§ 113 Abs. 1 VwGO).

Zwar stand der Beklagten vorliegend ein allgemeines Vorkaufsrecht nach Maßgabe des § 24 Abs. 1 Satz 1 Nr. 3 BauGB dem Grunde nach zu, da deren Satzung zur förmlichen Festlegung des Sanierungsgebiets »Innenstadt« vom 25.5.2007 wirksam erlassen wurde und im für die Entscheidung maßgeblichen Zeitpunkt weder unwirksam noch außer Kraft getreten oder – ganz oder teilweise – funktionslos geworden war. Auch Einwendungen gegen die formelle Rechtmäßigkeit des Ausübungsbescheids, die Wirksamkeit der Ausübung des Vorkaufsrechts und die Wahrung der Zuständigkeits- und Verfahrensvorschriften der Gemeindeordnung im Hinblick auf die für die Ausübung des Vorkaufsrechts erforderliche Beschlussfassung des Gemeinderats greifen nicht durch. Aufgrund der mangelnden Konkretisierung der verfolgten Sanierungsziele war die Beklagte aber weder im Zeitpunkt der Ausübung des Vorkaufsrechts noch im darauffolgenden Zeitraum bis zur Bekanntgabe des Widerspruchsbescheids (vgl. zum maßgeblichen Beurteilungszeitpunkt unten) jedoch nicht mehr berechtigt, das ihr dem Grunde nach zustehende Vorkaufsrecht im Hinblick auf die in Streit stehenden Grundstücke auszuüben. Ob sich die Ausübung des Vorkaufsrechts darüber hinaus auch noch im für die Beurteilung maßgeblichen Zeitpunkt als treuwidrig darstellte, kann demnach vorliegend offen bleiben.

Die anfängliche Wirksamkeit der Satzung zur förmlichen Festlegung des Sanierungsgebiets »Innenstadt« der Beklagten vom 25.5.2007 begegnet keinen durchgreifenden rechtlichen Zweifeln. Die Satzung ist auch bis zum spätesten hier in Betracht kommenden Beurteilungszeitpunkt des Erlasses des Widerspruchsbescheids nicht – auch nicht teilweise – funktionslos geworden.

Im Hinblick auf die anfängliche Wirksamkeit der am 1.6.2007 ortsüblich bekanntgemachten (§ 143 Abs. 1 Satz 1 BauGB) Sanierungssatzung sind rechtliche Bedenken weder geltend gemacht noch ersichtlich. Nach dem übereinstimmenden Vortrag der Beteiligten ist vom Vorliegen städtebaulicher Missstände i. S. v. § 136 Abs. 2 BauGB im betroffenen Gebiet auszugehen. Für nach § 214 Abs. 1 Satz 1 Nrn. 1–3 BauGB beachtliche Verletzungen der dort bezeichneten Verfahrens- oder Formvorschriften oder das Vorliegen nach § 214 Abs. 3 Satz 2 BauGB beachtlicher Mängel des Abwägungsvorgangs, die nicht nach Maßgabe des § 215 Abs. 1 Satz 1 unbeachtlich geworden sind, bestehen keine Anhaltspunkte. Das Sanierungsgebiet ist durch Bezugnahme auf den als Bestandteil der Satzung bekanntgemachten Abgrenzungsplan (§ 1 Satz 2 und 3 der Satzung) in ausreichender Weise bezeichnet (§ 142 Abs. 3 Satz 2 BauGB); die Satzung enthielt in § 2 Satz 3 zudem die nach § 142 Abs. 2 Satz 3 BauGB in seiner am 1.1.2007 in Kraft getretenen Fassung vom 21.12.2006 (BGBl. I, 3316) erforderliche Festlegung, dass die Sanierung bis (ursprünglich) zum 31.12.2017 durchgeführt werden sollte.

In der Rechtsprechung ist weiterhin anerkannt, dass die Sanierungsziele nicht in der Sanierungssatzung selbst festgelegt sein müssen, sondern sich auch aus ihrer Begründung oder den Ergebnissen der vorbereitenden Untersuchungen ergeben können, wobei an den Grad der Konkretisierung dieser Ziele bei Erlass der Sanierungssatzung nur relativ geringe Anforderungen zu stellen sind (vgl. Senatsurt. v. 30.9.2021 – 3 S 2595/20 –, juris Rdnr. 33). Es muss insbesondere nicht bereits unmittelbar nach Inkrafttreten der Sanierungssatzung erkennbar sein, wie das Sanierungsgebiet im Einzelnen genutzt werden soll (vgl. BVerwG, Urteil v. 4.3.1999 – 4 C 8.98 –, juris Rdnr. 13). Ausgehend hiervon haben die Beteiligten zu Recht keine Rügen im Hinblick auf die anfängliche Wirksamkeit der Sanierungssatzung erhoben; vielmehr beziehen sich die im Hinblick auf die mangelnde Konkretisierung der Sanierungsziele erhobenen Rügen auf die im Zeitpunkt der Ausübung des Vorkaufsrechts bestehenden – strengeren – Konkretisierungsanforderungen.

Die Satzung ist auch nicht im Nachgang außer Kraft getreten oder funktionslos geworden.

Allerdings war die in bei Erlass der Sanierungssatzung in Umsetzung von § 142 Abs. 3 Satz 3 BauGB festgelegte Frist, binnen derer die Sanierung durchgeführt werden soll, im Zeitpunkt der Ausübung des Vorkaufsrechts bereits verstrichen (vgl. § 2 Satz 3 der ursprünglichen Satzung: 31.12.2017), ohne dass die Beklagte von der Verlängerungsmöglichkeit des § 142 Abs. 3 Satz 4 BauGB Gebrauch gemacht hatte. Schon nach dem Wortlaut des § 162 Abs. 1 Satz 1 Nr. 4 BauGB führt dies jedoch nicht zum automatischen Außerkrafttreten der Sanierungssatzung, da diese nach Ablauf der für die Durchführung der Sanierung festgelegten Frist lediglich aufzuheben ist. Auch in der Rechtsprechung ist daher – wenn auch in erster Linie unter dem Gesichtspunkt des für die Verjährung der Festsetzung sanierungsrechtlicher Ausgleichsbeträge maßgeblichen Gesichtspunkt des förmlichen Abschlusses der Sanierung – geklärt, dass weder Zeitablauf noch eine unzureichend zügige Förderung der Sanierung für sich genommen zur Folge haben, dass die Sanierungssatzung automatisch außer Kraft tritt (vgl. BVerwG, Urteil v. 20.3.2014 – 4 C 11.13 –, BVerwGE 149, 211, juris Rdnr. 14 sowie – vor Inkrafttreten des § 142 Abs. 3 Satz 2 BauGB – BVerwG, Urteil v. 20.10.1978 – 4 C 48.76 – Buchholz 406.15 § 50 StBauFG Nr. 1). Die Frage einer möglichen Treuwidrigkeit der Ausübung eines trotz Ablaufs der festgesetzten Sanierungsfrist formal fortbestehenden Vorkaufsrechts in Ansehung der nach § 162 Abs. 1 Satz Nr. 4 BauGB – vorbehaltlich einer möglichen Verlängerung nach § 142 Abs. 3 Satz 4 BauGB – zwingenden Pflicht zur Aufhebung der Sanierungssatzung betrifft nicht die Wirksamkeit der Satzung, sondern die Rechtmäßigkeit der hierauf gestützten Ausübungsentscheidung im Einzelfall.

Entgegen der insbesondere erstinstanzlich geäußerten Auffassung der Klägerin ist die Sanierungssatzung im Nachgang auch nicht auf sonstige Weise ganz oder teilweise funktionslos geworden. Zwar ließe sich die Möglichkeit des Außerkrafttretens einer Sanierungssatzung wegen Funktionslosigkeit auf einen anerkannten allgemeinen Rechtsgrund zurückführen (vgl. BVerwG, Urteil v. 20.10.1978 – IV C 48.76 –, juris Rdnr. 21). Indes könnte der Umstand, dass der Gesetzgeber die denkbaren Fallgruppen der erfolgreichen Durchführung, des nachträglichen Eintritts oder Bekanntwerdens der Undurchführbarkeit der Sanierung (vgl. VGH Bad.-Württ., Urteil v. 8.7.2010 – 5 S 3092/08 –, juris Rdnr. 59; Sächs. OVG, Urteil v. 16.11.2015 – 1 C 16.14 –, juris Rdnr. 51; OVG Berlin, Urteil v. 13.7.2000 – 2 A 5.95 –, juris Rdnr. 49; Hess. VGH, Urteil v. 28.10.1993 – 4 UE 884/90 –, juris Rdnr. 28) oder der endgültigen Aufgabe der Sanierungsziele (vgl. VGH Bad.-Württ., Urteil v. 8.7.2010 – 5 S 3092/08 –, juris Rdnr. 59; Saarl. OVG, Urteil v. 9.12.2009 – 1 A 387/08 –, juris Rdnr. 55;

VG Düsseldorf, Urteil v. 3.12.2010 – 25 K 4618/10 –, juris Rdnr. 69 f.) jeweils in § 162 Abs. 1 Satz 1 Nrn. 1–3 BauGB aufgegriffen hat, dafür sprechen, auch in diesen Fällen im Interesse der Rechtssicherheit lediglich von einem Anspruch auf Aufhebung der Satzung auszugehen (vgl. VGH Bad.-Württ., Urteil v. 8.7.2010 – 5 S 3092/08 –, juris Rdnr. 59; ähnlich OVG Berlin, Urteil v. 13.7.2000 – 2 A 5.95 –, juris Rdnr. 50; a. A. VG Düsseldorf, Urteil v. 3.12.2010 – 25 K 4618/10 –, juris Rdnr. 77). Jedenfalls aber wären die sachlichen Voraussetzungen eines Eintritts der Funktionslosigkeit vorliegend nicht gegeben, da die Sanierungsziele im hier in Rede stehenden Bereich des Sanierungsgebiets weder erreicht wurden, undurchführbar sind noch aus anderen Gründen aufgegeben wurden. Gegen die Undurchführbarkeit der Sanierungsziele spricht schon entscheidend, dass sowohl das von der Klägerin beauftragte Architekturbüro im Dezember 2020 (vgl. den dem Gemeinderat der Beklagten unterbreiteten Entwurf »Bärentor Arcaden«) als auch das für die Beklagte tätig gewordenen Planungsbüro im Zeitraum von 2004 bis 2020 mehrere sich im Einzelnen widersprechende bzw. teilweise ergänzende Entwicklungs-, Neuordnungs- und Zentren- bzw. Innenstadt- und Nahversorgungskonzepte sowie Potentialstudien für das Areal südlich bzw. südwestlich des Bärentorplatzes vorgelegt haben, die zum Teil sogar ohne die Inanspruchnahme weiterer Grundstücke realisiert werden könnten. Dass der Gemeinderat der Beklagten sich mit dem Entwurf der Klägerin nicht erkennbar befasst und auch die ihm unterbreiteten weiteren Entwürfe lediglich »zur Kenntnis genommen« hat, ohne sich hierzu in der Sache zu äußern, kann zwar nicht als stillschweigende Billigung einzelner Planentwürfe verstanden werden; es lässt aber auch nicht den Schluss auf eine ausdrückliche oder zumindest konkludente Aufgabe der Sanierungsziele zu, zumal das Areal betreffende Maßnahmen in den auf das Landessanierungsprogramm (LSP) bezogenen Sachstandsberichten bzw. Aufstockungsanträgen der Beklagten der Jahre 2015, 2019 und 2020 wiederholt erwähnt werden. (Jedenfalls) angesichts dieser Umstände entfaltet auch die mehrjährige Untätigkeit der Beklagten in Ansehung der schon mit Ablauf des 31.12.2017 verstrichenen Sanierungsfrist keine Indizwirkung für einen entsprechenden Aufgabewillen des Gemeinderats.

Der Ausübungsbescheid vom 17.12.2020 in Gestalt des Widerspruchsbescheids vom 19.5.2021 leidet auch nicht an formellen Mängeln. Insbesondere ist der ihm zugrundeliegende Beschluss des Gemeinderats der Beklagten über die Ausübung des Vorkaufsrechts vom 10.12.2020 nicht unter Verletzung des Anhörungsrechts beider Vertragspartner ergangen und verstößt nicht gegen die Pflicht zur Angabe des Verwendungszwecks des Grundstücks.

Die nach § 28 Abs. 1 LVwVfG i. V. m. § 27 BauGB erforderliche Anhörung der Klägerin als nach § 27 Abs. 1 BauGB kraft Bundesrechts zu beteiligende Inhaberin möglicher Abwendungsrechte (vgl. BVerwG, Beschluss v. 5.1.2023 – 4 B 26.22 –, juris Rdnr. 4; Senatsurt. v. 20.7.2022 – 3 S 3915/21 –, juris Rdnr. 39) wurde ordnungsgemäß durchgeführt. Zwar enthält die an den

Gemeinderat gerichtete Sitzungsvorlage vom 1.12.2020 die – überdies schon bei Erstellung der Sitzungsvorlage – objektiv unzutreffende Angabe, dass auf die Anhörung keine schriftlichen oder textlichen Rückäußerungen eingegangen seien; nach den auch von der Klägerin nicht in Zweifel gezogenen Angaben im Ausübungsbescheid vom 17.12.2020 lagen sowohl die an die Beklagte als auch die unmittelbar an die jeweiligen Gemeinderäte gerichteten Stellungnahmen der Klägerin dem Gemeinderat jedoch jedenfalls im Zeitpunkt der Beschlussfassung am 10.12.2020 vor und konnten so im Rahmen der Beschlussfassung berücksichtigt werden.

Auch der behauptete Verstoß gegen § 24 Abs. 3 Satz 3 BauGB liegt nicht vor.

Nach § 24 Abs. 3 Satz 3 BauGB hat die Gemeinde bei der Ausübung des Vorkaufsrechts den Verwendungszweck des Grundstücks anzugeben. Diese Angabe des Verwendungszwecks hat zum einen Bedeutung für eine Abwendung des Vorkaufsrechts durch den Käufer gemäß § 27 Abs. 1 BauGB und zum anderen für die in vollem Umfang gerichtlich nachprüfbare Frage, ob das Vorkaufsrecht im Einzelfall dem angegebenen Verwendungszweck entspricht und gemäß § 24 Abs. 3 Satz 1, 2 BauGB das Wohl der Allgemeinheit seine Ausübung rechtfertigt (vgl. BVerwG, Beschluss v. 15.2.1990 – 4 B 245.89 –, juris Rdnr. 3; Hamb. OVG, Urteil v. 21.3.2024 – 2 Bf 61/23 –, juris Rdnr. 73). Vor diesem Hintergrund ist aus formeller Sicht eine hinreichend konkrete und eindeutige Bezeichnung des Verwendungszwecks zu fordern, die eine (gerichtliche) Überprüfung ermöglicht und einen nachträglichen Austausch des Verwendungszwecks verhindert (vgl. Hamb. OVG, Urteil v. 21.3.2024 – 2 Bf 61/23 –, juris Rdnr. 73; OVG Bln.-Bbg., Urteil v. 12.12.2013 – 11 B 18.12 –, juris Rdnr. 49 f.). Welche Anforderungen hiervon ausgehend an die Angaben der Gemeinde über den Verwendungszweck im Bescheid zu stellen sind, lässt sich nach der Rechtsprechung des Bundesverwaltungsgerichts nicht nach generellen Maßstäben vorab bestimmen und richtet sich nach den besonderen Verhältnissen des Einzelfalles (vgl. BVerwG, Beschluss v. 15.2.1990 – 4 B 245.89 –, juris Rdnr. 3). Die sachliche Tragfähigkeit der angegebenen Verwendungszwecke ist demgegenüber nicht im Rahmen der formellen Anforderungen des § 24 Abs. 3 Satz 3 zu überprüfen, sondern betrifft alleine das Vorliegen der jeweiligen materiellen Ausübungsvoraussetzungen (vgl. OVG Bln.-Bbg., Urteil v. 12.12.2013 – 11 B 18.12 –, juris Rdnr. 49 f.).

Allerdings bildet der im Ausübungsbescheid angegebene Verwendungszweck die Grundlage für die materiell-rechtliche Prüfung der Ausübungsvoraussetzungen, da die Ausübung des Vorkaufsrechts nur dann vom Wohl der Allgemeinheit gerechtfertigt wird (§ 24 Abs. 3 Satz 1 BauGB), wenn damit im Einzelfall *dem jeweils angegebenen,* sich im gesetzlichen Zulässigkeitsrahmen bewegenden Verwendungszweck entsprochen wird (vgl. BVerwG, Beschluss v. 15.2.1990 – 4 B 245.89 –, juris Rdnr. 3; Hervorhebung durch den Senat). An diesen Angaben muss die Vorkaufsberechtigte sich im Rahmen der materiellen Prüfung, ob das Wohl der Allgemeinheit die Ausübung des Vorkaufsrechts im Einzelfall rechtfertigt (§ 24 Abs. 3 Satz 1 BauGB), festhalten lassen.

Angesichts dieser Umstände spricht nach Auffassung des Senats nichts dafür, die sowohl für die Anfechtung des gemeindlichen Ausübungsbescheids als auch für die Ausübung einer ggf. nach § 27 Abs. 1 Satz 1 BauGB bestehenden Abwendungsbefugnis zentrale Formvorschrift des § 24 Abs. 3 Satz 3 BauGB als formale Ordnungsvorschrift zu begreifen, deren Verletzung die Rechtmäßigkeit des Ausübungsbescheids unberührt ließe (so aber Hess. VGH, Beschluss v. 17.2.2011 – 4 A 2397/10.Z –, juris Rdnr. 13; Stock, in: Ernst/Zinkahn/Bielenberg, BauGB, § 24 Rdnr. 81; dagegen zutreffend VG Karlsruhe, Urteil v. 21.11.2007 – 4 K 1429/07 –, juris Rdnr. 25 ff.; offen gelassen in BVerwG, Beschluss v. 15.2.1990 – 4 B 245.89 –, juris Rdnr. 4). Denn die auch von der Gegenauffassung geforderte sachliche Prüfung, ob das Wohl der Allgemeinheit die Ausübung des Vorkaufsrechts für den von der Gemeinde beabsichtigten Verwendungszweck rechtfertigt (so ausdrücklich Hess. VGH, Beschluss v. 17.2.2011 – 4 A 2397/10.Z –, juris Rdnr. 13), könnte jedenfalls bei vollständigem Fehlen der nach § 24 Abs. 3 Satz 3 BauGB erforderlichen Begründung regelmäßig nicht erfolgen, da der »beabsichtigte Verwendungszweck« im Dunkeln bliebe. Allenfalls in Betracht käme eine Anwendung der Unbeachtlichkeitsvorschrift des § 46 LVwVfG, wenn der von der Gemeinde zugrundegelegte Verwendungszweck anderweitig – z. B. im Protokoll der Gemeinderatssitzung, in dem die Ausübung des Vorkaufsrechts beschlossen wurde – fixiert wurde und so eine nachträgliche gerichtliche Überprüfung ermöglicht; angesichts der Fristbindung des Abwendungsrechts nach § 27 Abs. 1 Satz 1 i. V. m. § 28 Abs. 2 Satz 1 BauGB erscheint jedoch auch dies fraglich.

In der Sache genügt die Ausübung des Vorkaufsrechts jedoch den Anforderungen des § 24 Abs. 3 Satz 3 BauGB.

Denn die Beklagte hat die Ausübung des ihr durch § 24 Abs. 1 Nr. 3 BauGB eingeräumten Vorkaufsrechts im Bescheid vom 17.12.2020 unter Bezugnahme und umfassender Wiedergabe der Sanierungsziele begründet, wie diese sich – bezogen auf die hier betroffenen Bereiche – aus den Vorbereitenden Untersuchungen aus dem Mai 2007 ergeben. Sie hat dabei ausdrücklich ausgeführt, dass weitere – insbesondere konkretere – Planungsvorstellungen im Zeitpunkt der Ausübung des Vorkaufsrechts nicht existieren. Von dieser Zweckangabe ist die Beklagte auch nachträglich nicht abgedrückt (vgl. zur Frage des maßgeblichen Zeitpunkts unten). An den hier bezeichneten Verwendungszwecken muss die Beklagte sich zwar im Hinblick auf die materielle Prüfung festhalten lassen, ob die genannten Gründe die Ausübung des Vorkaufsrechts rechtfertigen. Sie war aus Gründen des formellen Rechts aber nicht gezwungen, ihre tatsächlich zugrundegelegten Planungsvorstellungen weiter zu konkretisieren. Die Anforderungen an die Konkretisierung der Planungsvorstellungen betreffen vielmehr grundsätzlich alleine Fragen der Vereinbarkeit der Ausübung des Vorkaufsrechts mit dem materiellen Recht. Anderes könnte allenfalls dann gelten, wenn die bei Ausübung des Vorkaufsrechts angegebenen Verwendungszwecke hinter den tatsächlich verfolgten, bereits konkreter gefassten oder aus anderen Gründen abweichenden Planungsvorstellungen zurückbleiben und so die Ausübung einer in Ansehung des tatsächlich erreichten Planungsfortschritts an sich bestehenden Abwendungsbefugnis nach § 27 Abs. 1 Satz 1 BauGB erschwert wird; hierfür ist vorliegend aber nichts ersichtlich.

Der Wirksamkeit der Ausübung des Vorkaufsrechts steht auch nicht entgegen, dass das Vorkaufsrecht vor Eintritt der Wirksamkeit der sanierungsrechtlichen Genehmigung des Kaufvertrags ausgeübt worden wäre. Die Beklagte hat das ihr dem Grunde nach zustehende Vorkaufsrecht auch innerhalb der gesetzlichen Ausübungsfrist des § 28 Abs. 2 Satz 1 BauGB a. F. ausgeübt.

Der Wirksamkeit der Ausübung des Vorkaufsrechts steht nicht entgegen, dass die Beklagte ihr Vorkaufsrecht vor Eintritt der Wirksamkeit der sanierungsrechtlichen Genehmigung des Kaufvertrags ausgeübt hätte. Zwar ist die sanierungsrechtliche Genehmigung vom 18.12.2020 erst nach Zustellung des Ausübungsbescheids vom 17.12.2020 wirksam geworden. Auf den Zeitpunkt der Wirksamkeit der tatsächlich erteilten sanierungsrechtlichen Genehmigung kommt es vorliegend aber nicht an, da bereits vor Zustellung des Ausübungsbescheids vom 17.12.2020 eine Genehmigungsfiktion nach Maßgabe des § 145 Abs. 1 Satz 1 Hs. 1 i. V. m. § 22 Abs. 5 Satz 4 BauGB eingetreten war. Unabhängig hiervon stünde auch eine Ausübung des Vorkaufsrechts schon vor Wirksamwerden der sanierungsrechtlichen Genehmigung des Kaufvertrags einem späteren Wirksamwerden des Ausübungsbescheids nicht entgegen.

Allerdings weist die Klägerin zu Recht darauf hin, dass die Erklärung über die Ausübung des Vorkaufsrechts ihre Wirksamkeit im Sinne des § 43 Abs. 1 Satz 1 LVwVfG bereits vor Bekanntgabe der nach § 144 Abs. 2 Nr. 1 BauGB erforderlichen sanierungsrechtlichen Genehmigung des Kaufvertrags erlangt hatte bzw. hätte. Denn der Bescheid über die Ausübung des Vorkaufsrechts war den hierfür empfangszuständigen Beigeladenen bereits am 18.12.2020 wirksam zugestellt worden, ohne dass es auf die spätere Zustellung an den Notar B. oder den Zeitpunkt der Bekanntgabe gegenüber der Klägerin ankäme. Demgegenüber wurde der Bescheid über die Erteilung der sanierungsrechtlichen Genehmigung vom 18.12.2020 nicht vor dem 21.12.2020 bekanntgegeben bzw. wirksam.

Nach 28 Abs. 2 Satz 1 BauGB ist das Vorkaufsrecht durch Verwaltungsakt gegenüber dem Verkäufer auszuüben. Ausgehend hiervon hat der Bescheid der Beklagten über die Ausübung des Vorkaufsrechts vom 17.12.2020 seine Wirksamkeit im Sinne des § 43 Abs. 1 Satz 1 LVwVfG am 18.12.2020 erlangt, da der Bescheid den Beigeladenen jeweils an diesem Tag im Wege der Aushändigung durch den Zustellungsbeamten gegen Empfangsbekenntnis zugestellt wurde (§ 5 Abs. 1 Satz 1 LVwZG; vgl. S. 197 und 209 der Behördenakte).

Als öffentliche Urkunde erbringt das Empfangsbekenntnis gemäß § 5 Abs. 2 LVwZG im Sinne des § 418 ZPO vollen, nur durch den Nachweis der Unrichtigkeit zu entkräftenden Beweis dafür, dass der darin angegebene Zustellungszeitpunkt der Wirklichkeit entspricht (vgl. BVerwG, Beschluss v. 15.2.2001 – 6 BN 1.01 –, juris Rdnr. 11 zu § 5 Abs. 2 VwZG). Auf die möglicherweise spätere Mitteilung an die Käuferin, der in § 28 Abs. 2 Satz 1 BauGB nicht als Adressat des Ausübungsbescheids genannt ist, kommt es daher ebenso wenig an wie auf die erst am 23.12.2020 erfolgte Zustellung (auch) gegenüber dem Notar B. (als möglichem Vertreter der Beigeladenen) gegen Empfangsbekenntnis. Zwar sind Zustellungen nach § 7 Abs. 1 Satz 2 LVwZG (nur) an einen allgemein oder für bestimmte Angelegenheiten bestellten Bevollmächtigten zu richten, wenn dieser – wie hier – schriftliche Vollmacht vorgelegt hat (vgl. BVerwG, Urteil v. 21.9.2022 – 8 C 12.21 –, BVerwGE 176, 290, juris Rdnr. 13; BVerwG, Beschluss v. 5.9.2013 – 10 B 16.13 –, juris Rdnr. 4; BFH, Urteil v. 11.4.2017 – IX R 50/15 –, juris Rdnr. 34); diese erstreckte sich nach § 8 Abs. 3 des notariellen Kaufvertrags vom 7.10.2020 jedoch ausdrücklich nicht auf die Entgegennahme anfechtbarer Bescheide.

Die Ausübung des Vorkaufsrechts wurde daher am 18.12.2020 wirksam (§ 43 Abs. 1 Satz 1, § 41 Abs. 5 LVwVfG).

Demgegenüber wurde der Bescheid der Beklagten vom 18.12.2024 über die Erteilung der sanierungsrechtlichen Genehmigung nicht vor dem 21.12.2020 bekanntgegeben bzw. wirksam. Denn dieser wurde dem nach § 8 Abs. 1 Satz 1 des notariellen Kaufvertrags vom 7.10.2020 zur Entgegennahme entsprechender Genehmigungen ermächtigten Notar B. im Inland durch einfache Post übermittelt. Er gilt daher nach § 41 Abs. 2 Satz 1 LVwVfG als am dritten Tag nach der Aufgabe zur Post – d. h. nicht vor dem 21.12.2020 – als bekannt gegeben, ohne dass der Nachweis einer tatsächlich früheren Bekanntgabe geführt werden könnte (vgl. BVerwG, Urteil v. 29.11.2023 – 6 C 3.22 –, juris Rdnr. 21 m. w. N.). Aus dem nach § 41 Abs. 1 Satz 3 LVwVfG allein möglichen Nachweis eines noch späteren oder gänzlich unterbliebenen Zugangs könnte die Beklagte keine für sich günstigen Rechtsfolgen herleiten, da die Erklärung über die Ausübung des Vorkaufsrechts in jedem Fall wirksam geworden wäre, bevor der Kaufvertrag sanierungsrechtlich genehmigt war.

Allerdings war der sanierungsrechtlich genehmigungsbedürftige Kaufvertrag dessen ungeachtet schon vor dem 18.12.2020 wirksam geworden, weil spätestens mit Ablauf des 21.11.2020 eine gesetzliche Genehmigungsfiktion im Sinne des § 145 Abs. 1 Satz 1 Hs. 2 i. V. m. § 22 Abs. 5 Satz 4 BauGB eingetreten war. Dies wirkt im vorliegenden Fall auch (faktisch) zugunsten der Beklagten, obwohl sie sich insoweit mittelbar auf eigenes Fehlverhalten beruft.

Nach § 144 Abs. 2 Nr. 1 Alt. 1 BauGB bedarf die rechtsgeschäftliche Veräußerung eines in einem förmlich festgelegten Sanierungsgebiet gelegenen Grundstücks der schriftlichen Genehmigung, die nur unter den in § 145

Abs. 2–4 BauGB im Einzelnen geregelten Voraussetzungen versagt werden kann. In den in § 145 Abs. 1 Satz 1 BauGB geregelten Fällen wird die Genehmigung durch die Gemeinde erteilt, wobei die Bestimmungen des § 22 Abs. 5 Satz 2–5 BauGB entsprechende Anwendung finden. Nach § 145 Abs. 1 Satz 1 BauGB i. V. m. § 22 Abs. 5 Satz 2 BauGB ist dabei innerhalb eines Monats nach Eingang des Antrags bei der Gemeinde über die Genehmigung zu entscheiden, wobei diese Frist nach § 22 Abs. 5 Satz 3 BauGB in einem dem Antragsteller mitzuteilenden Zwischenbescheid um den für die Prüfung notwendigen Zeitraum – höchstens jedoch drei Monate – verlängert werden kann. Nach § 22 Abs. 5 Satz 4 BauGB gilt die Genehmigung als erteilt, wenn sie nicht innerhalb der in § 22 Abs. 5 Satz 2 BauGB bestimmten oder nach § 22 Abs. 5 Satz 3 BauGB verlängerten Frist versagt wird. Ausgehend hiervon ist die Genehmigungsfiktion schon vor Wirksamwerden der Ausübung des Vorkaufsrechts am 18.12.2020 eingetreten, da die Beklagte nicht innerhalb der in § 22 Abs. 5 Satz 2 BauGB bezeichneten Monatsfrist entschieden und diese auch nicht wirksam verlängert hatte.

Nach § 22 Abs. 5 Satz 2 BauGB ist innerhalb eines Monats nach Eingang des Antrags bei der Baugenehmigungsbehörde über die Genehmigung zu entscheiden. Dabei kann offenbleiben, ob diese Frist erst mit Vollständigkeit des Antrags (vgl. § 42a Abs. 2 Satz 2 LVwVfG) oder bereits dann beginnt, wenn der Antrag einen genehmigungsfähigen Inhalt hat, d. h. inhaltlich hinreichend bestimmt ist (so VG Sigmaringen, Urteil v. 12.6.2023 – 4 K 4862/20 –, juris Rdnr. 42 sowie VG Berlin, Urteil v. 1.7.2020 – 19 K 3.18 –, juris Rdnr. 35 ff. unter Verweis auf den von § 42a Abs. 2 Satz 2 [L]LwVfG abweichenden Wortlaut des § 22 Abs. 5 Satz 2 BauGB und die zu § 19 Abs. 4 Satz 3 BauGB ergangene Entscheidung BVerwG, Urteil v. 6.5.1970 – IV C 28.68 –, BVerwGE 35, 187, juris Rdnr. 15; ebenso Reidt, in: Battis/Krautzberger/Löhr, BauGB § 22 Rdnr. 33; ähnlich Grziwotz, in: BeckOK BauGB, § 22 BauGB Rdnr. 36, 38; Söfker/Meurers, in: Ernst/Zinkahn/Bielenberg/Krautzberger, BauGB § 22 Rdnr. 54a; Kment, in: Jarass/Kment, BauGB § 22 Rdnr. 14-16). Denn der Nachtrag zum Kaufvertrag vom 5.11.2020, der der Baubehörde der Beklagten erst am 10.11.2020 zuging, enthielt lediglich Angaben über die Verpflichtung des Käufers auch zur Zahlung der angefallenen Maklercourtage, die für die Genehmigungspflichtigkeit nach § 144 Abs. 1 oder 2 BauGB ebenso wie für die Prüfung der in § 145 Abs. 2 BauGB abschließend bezeichneten Versagungsgründe ohne Bedeutung sind. Auch wenn der genaue Zeitpunkt des Eingangs des Antragsschreibens des Notars B. vom 16.10.2020 bei der Bau- bzw. Sanierungsbehörde nach Aktenlage nicht feststellbar ist, war dieses hier jedenfalls am 21.10.2020 – dem Tag der Erstellung des ersten Zwischenbescheids (BA 52) – eingegangen, so dass die Genehmigungsfrist des § 22 Abs. 5 Satz 2 BauGB spätestens am 21.10.2020 zu laufen begonnen hatte.

Diese Frist hat die Beklagte nicht mit Zwischenbescheid vom 21.10.2020 wirksam verlängert, so dass die Genehmigungsfiktion des § 22 Abs. 5 Satz 4

BauGB spätestens mit Ablauf des 21.11.2020 eingetreten war. Hieran vermag auch der weitere Zwischenbescheid der Beklagten vom 1.12.2020 nichts zu ändern, da dieser nach Ablauf der nicht wirksam verlängerten gesetzlichen Genehmigungsfrist einging (vgl. § 22 Abs. 5 Satz 3 BauGB: Verlängerung der Frist »vor ihrem Ablauf«) und im Übrigen an denselben sachlichen Mängeln leidet wie der Zwischenbescheid vom 21.10.2020.

Allerdings scheitert die Wirksamkeit des Zwischenbescheids vom 21.10.2020 nicht schon daran, dass die Beklagte diesen alleine an Notar B. als (vermeintlichen) Bevollmächtigten der Vertragsparteien adressiert hat. Denn die Beklagte hat den Notar B. in der Sache zu Recht auch insoweit als Empfangsbevollmächtigten beider Antragsteller (vgl. zum Erfordernis der Bekanntgabe des Zwischenbescheids gegenüber allen Antragsstellern Reidt, in: Battis/Krautzberger/Löhr/Reidt, 15. Aufl. 2022, BauGB § 22 Rdnr. 33, Söfker/Meurers, in: Ernst/Zinkahn/Bielenberg/Krautzberger, 153. EL Januar 2024, BauGB § 22 Rdnr. 54b sowie allgemein BVerwG, Urteil v. 19.9.1969 – IV C 16.68 –, juris Rdnr. 16 [zur fristgerechten Versagung einer Bodenverkehrsgenehmigung]) angesehen.

Zwar findet das – für die Vertragspartner jeweils nicht rechtlich vorteilhafte – Rechtsinstitut des Zwischenbescheids (vgl. § 22 Abs. 5 Satz 3 BauGB) in der Bestimmung des § 8 Abs. 1 Satz 1 des notariellen Kaufvertrags vom 7.10.2020, der den Notar beauftragt und ermächtigt, die erforderlichen Genehmigungen, Zeugnisse und Bescheinigung zu erwirken und für alle Beteiligten entgegenzunehmen, keine ausdrückliche Erwähnung. Insoweit handelt es sich jedoch auch nicht um »anfechtbare Bescheide« im Sinne des § 8 Abs. 3 des notariellen Kaufvertrags, die den Beteiligten selbst zuzustellen sind. Denn auch wenn die in § 22 Abs. 5 Satz 3 BauGB vorgesehenen »Zwischenbescheide« nach allgemeinem Begriffsverständnis als belastende Verwaltungsakte verstanden werden können, die den Eintritt der Fiktionswirkung des § 22 Abs. 5 Satz 4 BauGB herausschieben, sind sie als behördliche Verfahrenshandlungen im Sinne des § 44a Satz 1 VwGO keiner selbstständigen Anfechtung zugänglich (vgl. VG Berlin, Beschluss v. 5.3.2021 – 19 L 507/20 –, juris Rdnr. 21; Grziwotz, in: BeckOK BauGB, § 22 BauGB Rdnr. 38; Söfker/Meurers, in: Ernst/Zinkahn/Bielenberg/Krautzberger, BauGB § 22 Rdnr. 54b sowie BGH, Beschluss v. 12.2.1963 – V BLw 29/62 –, BeckRS 1963, 31187343 zu § 6 Abs. 1 Satz 2 GrdstVG und VG Karlsruhe, Beschluss v. 14. 5.2018 – 3 K 471/18 –, juris Rdnr. 57 zu § 15 Abs. 1 Satz 3 PBefG). Denn eine isolierte Anfechtbarkeit von Zwischenbescheiden, die nach § 80 Abs. 1 VwGO ggf. die aufschiebende Wirkung von Widerspruch und Klage zur Folge hätte (und damit notwendigerweise zu Rechtsstreitigkeiten über die behördliche Anordnung bzw. Aussetzung des Sofortvollzugs bzw. die gerichtliche Wiederherstellung der aufschiebenden Wirkungen führen müsste), wäre mit der Beschleunigungsfunktion der gesetzlichen Frist- und Fiktionsregelungen nicht vereinbar.

Eine Ermächtigung zur Entgegennahme entsprechender Bescheide ergibt sich damit jedenfalls im Wege der ergänzenden Vertragsauslegung des § 8

Abs. 1 des notariellen Kaufvertrags (bzw. der Auslegung der hierin enthaltenen Vollmachtserklärungen anhand des objektiven Empfängerhorizonts), da es sich bei Zwischenbescheiden nach § 22 Abs. 5 Satz 3 BauGB um Zwischenentscheidungen bzw. Verfahrenshandlungen im Rahmen des auf Erteilung der sanierungsrechtlichen Genehmigung gerichteten Verwaltungsverfahrens handelt, zu deren »Erwirkung und Entgegennahme« der Notar nach § 8 Abs. 1 Satz 1 des notariellen Kaufvertrags ermächtigt ist (vgl. auch insoweit BGH, Urteil v. 3.6.1993 – III ZR 104/92 –, BGHZ 123, 1 Rdnr. 8, Beschluss v. 12.2.1963 – V BLw 29/62 –, BeckRS 1963, 31187343 und OLG Köln, Beschluss v. 30.4.2020 – 23 WLw 5/19 –, juris Rdnr. 10 jeweils zu § 6 Abs. 1 i. V. m. § 3 Abs. 2 Satz 2 GrdstVG). Lediglich die Versagung der sanierungsrechtlichen Erklärung wäre daher – als im Sinne des § 8 Abs. 3 des notariellen Kaufvertrags anfechtbarer Bescheid – unmittelbar gegenüber den Antragstellern auszusprechen gewesen. Ausgehend hiervon war die Bekanntgabe des Zwischenbescheides vom 21.10.2020 auch gegenüber den Beigeladenen und der Klägerin wirksam, ohne dass es auf eine mögliche Weiterleitung an diese ankäme.

Allerdings ist die Praxis der Beklagten, die gesetzliche Monatsfrist – wie hier geschehen – unmittelbar nach Eingang des Antrags pauschal und ohne Angabe von Gründen »um höchstens drei Monate« zu verlängern, nicht mit § 22 Abs. 5 Satz 3 BauGB vereinbar. Dieser sieht vor, die Entscheidungsfrist in einem dem Antragsteller vor ihrem Ablauf mitzuteilenden Zwischenbescheid um den Zeitraum zu verlängern, der notwendig ist, um die Prüfung abschließen zu können, wenn die Prüfung des Antrags nicht innerhalb eines Monats nach Eingang des Antrags abgeschlossen werden kann; höchstens jedoch um drei Monate.

Eine vorsorgliche Verlängerung der Frist bereits wenige Tage nach Eingang des Genehmigungsantrags quasi »ins Blaue hinein« entspricht dem jedoch ebenso wenig (vgl. VG Frankfurt/Oder Urteil v. 1.3.2011 – 7 K 1008/08 –, juris Rdnr. 44; VG Köln, Beschluss v. 30.3.2014 – 2 K 5848/14 –, juris Rdnr. 3; Söfker/Meurers, in: Ernst/Zinkahn/Bielenberg/Krautzberger, BauGB, § 22 Rdnr. 54b) wie eine Verlängerung um einen nicht eindeutig bestimmten Zeitraum (»höchstens«, vgl. VG Berlin, Urteil v. 1.7.2020 – 19 K 3.18 –, juris Rdnr. 43; Söfker/Meurers, in: Ernst/Zinkahn/Bielenberg/Krautzberger, BauGB, § 22 Rdnr. 54b). Dies gilt um so mehr, als die pauschale Bezugnahme auf den in § 22 Abs. 5 Satz 3 Hs. 2 BauGB bezeichneten Maximalzeitraum in Verbindung mit der (Zwischen)bescheidung des von der zuständigen Stelle bei realitätsnaher Betrachtung jedenfalls nicht vor dem 19.10.2020 – einem Montag – zur Kenntnis genommenen Antragsschreibens vom 16.10.2020 bereits mit Zwischenbescheid vom 21.10.2020 keine Bemühungen der Beklagten erkennen lässt, den für den Abschluss der Prüfung notwendigen Zeitraum individuell zu bestimmen. Die Beklagte wäre jedoch gehalten gewesen, den erforderlichen Verlängerungszeitraum bezogen auf den Einzelfall zu ermitteln und unter Angabe eines neuen Fristendes oder eines konkreten Verlängerungszeitraums zu bezeichnen (vgl. BGH, Urteil v. 20.4.2017 – III ZR 470/16 BGHZ 214, 360, juris Rdnr. 40 zu § 42a Abs. 3 Satz 3 VwVfG). Dass eine solche individuelle Bestimmung des notwendigen Zeitraums hier in der Sache stattgefunden hätte, lassen schon die äußeren Abläufe nicht vermuten und ist auch in der Sache von keinem der Beteiligten geltend gemacht oder ersichtlich. Unabhängig davon fehlt es jedenfalls an der Bestimmung eines konkreten Verlängerungszeitraums bzw. neuen, eindeutig zu ermittelnden Fristendes.

Dies führt zur Unwirksamkeit der mit Zwischenbescheid ausgesprochenen Fristverlängerung, da der Betroffene nicht auf eine Anfechtung der unzureichenden Fristsetzung mit einem eigenständigen Rechtsbehelf verwiesen werden kann und eine fehlerhafte Fristsetzung sonst strukturell folgenlos bliebe (vgl. VG Berlin, Urteil v. 18.12.2020 – 19 K 33/20 –, juris Rdnr. 34; VG Berlin, Urteil v. 14.8.2020 – 19 K 492.19 –, juris Rdnr. 33; VG Frankfurt (Oder), Urteil v. 1.3.2011 – 7 K 1008/08 –, juris Rdnr. 45, VG Köln, Beschluss v. 30.3.2014 – 2 K 5848/14 –, juris Rdnr. 3 [jedenfalls in Offensichtlichkeitsfällen]. Vgl. auch BGH, Urteil v. 20.4.2017 – III ZR 470/16 –, BGHZ 214, 360, juris Rdnr. 40 und Dürig, in: Obermayer/Funke-Kaiser, VwVfG, § 42a Rdnr. 22 jeweils zu § 42a Abs. 3 Satz 3 VwVfG und VGH Bad.-Württ., Beschluss v. 30.7.2018 – 9 S 1272/18 –, juris Rdnr. 29 sowie VG Karlsruhe, Beschluss v. 14. 5.2018 – 3 K 471/18 –, juris Rdnr. 57 zu § 15 Abs. 1 Satz 3 PBefG; a. A. Kment, in: Jarass/Kment, BauGB § 22 Rdnr. 16). Insbesondere tritt im Fall einer den Anforderungen des § 22 Abs. 5 Satz 3 BauGB schon formell nicht genügenden Fristverlängerung keine automatische Verlängerung auf eine »angemessene« Frist ein (vgl. VG Berlin, Urteil v. 14.8.2020 – 19 K 492.19 –, juris Rdnr. 33; VG Köln, Beschluss v. 30.3.2014 – 2 K 5848/14 –, juris Rdnr. 3 f. Vgl. auch BGH, Urteil v. 20.4.2017 – III ZR 470/16 –, BGHZ 214, 360, juris Rdnr. 40 zu § 42a Abs. 3 Satz 3 VwVfG und VGH Bad.-Württ., Beschluss v. 30.7.2018 – 9 S 1272/18 –, juris Rdnr. 29 zu § 15 Abs. 1 Satz 3 PBefG. A. A. aber VG München, Urteil v. 30.1.2023 – M 8 K 21.2725 –, juris Rdnr. 22; in diese Richtung auch Grziwotz, in: BeckOK BauGB, § 22 Rdnr. 37). Denn ein solcher Automatismus nähme der Beklagten jeglichen Anreiz für eine gesetzeskonforme, die gesetzliche Monatsfrist nicht stets pauschal verlängernde Fristsetzung und belastete die Beteiligten (und so letztlich auch die zur Bestimmung der »angemessenen« Frist von Amts wegen berufenen Verwaltungsgerichte) mit der Notwendigkeit, die im Einzelfall angemessene Frist rückblickend – und regelmäßig ohne Anhaltspunkte in den jeweiligen Verlängerungsentscheidungen oder den diese begleitenden Verwaltungsvorgängen – zu bestimmen (vgl. zu diesem Aspekt OVG NRW, Urteil v. 16.2.2024 – 22 D 150/22.AK –, juris Rdnr. 48). Es widerspräche zudem den Anforderungen der Rechtssicherheit, weil regelmäßig nicht eindeutig ermittelbar wäre, zu welchem Zeitpunkt die Fiktionswirkung des § 22 Abs. 5 Satz 4 BauGB eintritt. Ob dies auch dann gilt, wenn lediglich Streit über die Angemessenheit einer formell ordnungsgemäß und unter Berücksichtigung der Umstände des Einzelfalls verlängerten Frist besteht, kann vorliegend offen bleiben, da ein solcher Fall ersichtlich nicht gegeben ist.

Spätestens am 21.11.2020 war daher die Fiktionswirkung des § 22 Abs. 5 Satz 4 BauGB eingetreten, so dass – trotz Wirksamwerdens der ausdrücklichen Genehmigungserklärung nicht vor dem 21.12.2020 – die Ausübung des Vorkaufsrechts mit Bescheid vom 17.12.2020 erst nach Eintritt der Wirksamkeit des Kaufvertrags vom 7.10.2020 erfolgte.

Der Eintritt der gesetzlichen Genehmigungsfiktion wirkt bzw. wirkte – soweit es für die Wirksamkeit der Ausübung des Vorkaufsrechts darauf ankäme – im vorliegenden Fall auch zugunsten der Beklagten. Zwar kann einer Berufung auf eigenes Fehlverhalten ggf. der Einwand der unzulässigen Rechtsausübung bzw. der Treuwidrigkeit entgegengehalten werden. Die Zulassung eines solchen Einwands im Hinblick auf die Genehmigungsfiktion des § 22 Abs. 5 Satz 4 BauGB hätte jedoch zur Folge, dass die Wirksamkeit des zwischen der Klägerin und den Beigeladenen geschlossenen Kaufvertrags abhängig davon unterschiedlich zu beurteilen wäre, ob diese im Ergebnis im Interesse der vorliegend sowohl als Genehmigungsbehörde als auch als Vorkaufsberechtigte tätigen Beklagten liegt. Dies wäre mit der Funktion des § 22 Abs. 5 Satz 4 BauGB, der gerade den an der genehmigungspflichtigen Rechtshandlung bzw. dem genehmigungspflichtigen Rechtsgeschäft unmittelbar Beteiligten zeitnah Rechtsklarheit über die Wirksamkeit der Rechtshandlung bzw. des Rechtsgeschäfts vermitteln soll, jedoch nicht vereinbar.

Unabhängig davon stünde auch eine Ausübung des Vorkaufsrechts schon vor Eintritt der Wirksamkeit der sanierungsrechtlichen Genehmigung der Wirksamkeit der Ausübung des Vorkaufsrechts nicht entgegen. Denn nach § 28 Abs. 2 Satz 1 BauGB in seiner hier maßgeblichen, bis zum Inkrafttreten des Art. 1 Nr. 10 lit. a) des Gesetzes zur Mobilisierung von Bauland vom 22.6.2021 (BGBl. I, 1802) am 15.6.2021 gültigen Fassung der Bekanntmachung der Neufassung des Baugesetzbuchs vom 3.11.2017 (BGBl. I, 3634) kann das Vorkaufsrecht nur binnen zwei Monaten nach Mitteilung »des Kaufvertrags« ausgeübt werden. Ein Erfordernis der Ausübung des Vorkaufsrechts erst nach Eintritt der Wirksamkeit des Kaufvertrags (bzw. der Mitteilung der Wirksamkeit) ergibt sich aus dem Wortlaut dieser Bestimmung indes nicht, da die Mitteilungspflicht weder auf die Wirksamkeit des Kaufvertrags noch auf den Eintritt der Wirksamkeitsvoraussetzungen Bezug nimmt (vgl. OVG S.-Anh., Beschluss v. 23.7.2001 – A 2 S 671/99 –, juris Rdnr. 7 sowie BGH, Urteil v. 15.5.1998 – V ZR 89/97 –, BGHZ 139, 29, juris Rdnr. 8 zur insoweit gleichlautenden Bestimmung des § 504 BGB a. F.).

Zwar liegt auf der Hand, dass die Ausübung eines Vorkaufsrechts voraussetzt, dass die Bedingungen, unter denen mit Ausübung des Vorkaufsrechts ein Vertrag zwischen dem Berechtigten und dem Verpflichteten zustande kommt (vgl. § 28 Abs. 2 Satz 2 BauGB i. V. m. § 464 Abs. 2 BGB), im Zeitpunkt der Ausübung des Vorkaufsrechts bestimmbar sein müssen.

Darüber hinaus besteht jedoch kein anerkennenswertes rechtliches Interesse daran, dem Berechtigten eine Möglichkeit zur Ausübung des Vorkaufsrechts erst zu einem Zeitpunkt einzuräumen, in dem der Kaufvertrag für die ursprünglichen Vertragspartner rechtliche Verbindlichkeit erlangt hat, und ihm eine Wiederholung der bereits abgegebenen Ausübungserklärung nach Eintritt der Wirksamkeit der Genehmigung abzuverlangen. Dies gilt unabhängig davon, ob – wie in der Rechtsprechung zum Teil angenommen wird – den Beteiligten aus der schwebenden Unwirksamkeit des Vertrages die Möglichkeit erwächst, den Kaufvertrag auch nach Ausübung des Vorkaufsrechts mit Wirkung (auch) gegenüber den Vorkaufsberechtigten nachträglich abzuändern oder aufzuheben (so aber BGH, Urteil v. 1.10.2010 – V ZR 173/09 –, juris Rdnr. 20 f.; BGH, Urteil v. 15.5.1998 – V ZR 89/97 –, BGHZ 139, 29, juris Rdnr. 8; OVG S.-Anh., Beschluss v. 23.7.2001 – A 2 S 671/99 –, juris Rdnr. 8). Denn jedenfalls erlangen die Vertragspartner mit der Ausübung des Vorkaufsrechts die Gewissheit, dass bei Eintritt der Wirksamkeit des Kaufvertrages vertragliche Rechte und Pflichten (auch) im Verhältnis zum Vorkaufsberechtigten entstehen (können).

Ein anerkennenswertes Interesse daran, die Ausübung des Vorkaufsrechts erst nach Eintritt der Wirksamkeit des Kaufvertrags zuzulassen, ist demgegenüber nicht ersichtlich. Vielmehr genügt es insoweit, die sich unmittelbar aus § 28 Abs. 2 Satz 2 BauGB i. V. m. § 464 Abs. 2 BGB ergebenden Rechte und Pflichten erst mit Eintritt der Wirksamkeit des Kaufvertrags wirksam werden zu lassen. Insoweit ist daher zwischen der Wirksamkeit der Ausübung des Vorkaufsrechts als öffentlich-rechtliches Gestaltungsrecht und dem Eintritt der Wirkungen der Ausübung des Vorkaufsrechts zu differenzieren. Soweit der Senat in einer älteren Entscheidung aus der wiederum älteren Rechtsprechung des Bundesgerichtshofs abweichende Schlussfolgerungen gezogen hat (vgl. Senatsurt. v. 1.3.1996 – 3 S 13/94 –, juris Rdnr. 24, unter Verweis auf BGH, Urteil v. 4.6.1954 – V ZR 18/53 –, BGHZ 14, 1, v. 20.2.1957 – V ZR 125/55 –, BGHZ 23, 342, v. 15.6.1960 – V ZR 105/59 –, BGHZ 32, 383, v. 29.9.1972 – V ZR 3/17 –, WM 1972, 1279, v. 11.2.1977 – V ZR 40/75 –, BGHZ 67, 395 sowie v. 9.2.1990 – V ZR 274/88 –, BGHZ 110, 230), hat er in einer jüngeren Entscheidung ausdrücklich offen gelassen, ob an dieser Senatsrechtsprechung festzuhalten ist (vgl. Senatsurt. v. 30.9.2021 – 3 S 2595/20 –, juris Rdnr. 29). Der Senat hält hieran nunmehr ausdrücklich nicht mehr fest, zumal auch der Bundesgerichtshof diese Rechtsprechungslinie aufgegeben bzw. deren Aussagegehalt auf Fälle beschränkt hat, in denen die im Zeitpunkt der Ausübung des Vorkaufsrechts noch erforderliche Genehmigung auch nachträglich nicht erteilt wurde (vgl. BGH, Urteil v. 15.5.1998 – V ZR 89/97 –, BGHZ 139, 29, juris Rdnr. 8). Entgegen der Auffassung des Bevollmächtigten der Klägerin kommt es hierbei auch nicht darauf an, ob die Ausübung – wie im vorstehend zitierten Fall – ein dingliches Vorkaufsrecht betrifft, da § 1098 Abs. 1 Satz 1 BGB ebenso wie § 28 Abs. 2 Satz 2 BauGB auf die Bestimmungen der § 463 ff. BGB (mit Ausnahme des durch § 28 Abs. 2 Satz 1 BauGB funktional ersetzten § 464 Abs. 1 BGB) verweisen. Die schwebende Unwirksamkeit des Kaufvertrags bis zur Erteilung der erforderlichen sanierungsrechtlichen Genehmigung steht der Ausübung des Vorkaufsrechts daher nicht entgegen, auch wenn die in § 464 Abs. 2 BGB bezeichneten Wirkungen ggf. erst mit Eintritt der Wirksamkeit der sanierungsrechtlichen Genehmigung bzw. Genehmigungsfiktion eintreten (so auch Sächs. OVG, Urteil v. 14.11.2019 – 1 A 1281/17 –, juris Rdnr. 20; OVG S.-Anh., Beschluss v. 23.7.2001 – A 2 S 671/99 –, juris Rdnr. 5 ff. jeweils zu § 28 Abs. 2 Satz 1 BauGB sowie BGH, Urteil v. 15.5.1998 – V ZR 89/97 –, BGHZ 139, 29, juris Rdnr. 8 zu zivilrechtlichen Vorkaufsrechten). Dass die Vorkaufsberechtigte so in Ausnahmefällen – etwa in Fällen von Rechtsstreitigkeiten über die Erteilung der sanierungsrechtlichen Genehmigung – ggf. schon zu einem sehr frühen Zeitpunkt an ihre Entscheidung über die Ausübung des Vorkaufsrechts gebunden wird, entspricht der Funktion der in § 28 Abs. 1 Satz 1 BauGB normierten Ausübungsfrist, die den Vertragspartnern – soweit möglich – Rechtssicherheit vermitteln soll. Nichts anderes ergibt sich aus dem – allerdings möglicherweise missverständlich formulierten – Beschluss des Bundesverwaltungsgerichts vom 28.8.2020 – 4 B 3/20 – (juris Rdnr. 5), da dieser in der Sache nicht den frühestmöglichen Zeitpunkt der Ausübung des Vorkaufsrechts betrifft und in seiner Begründung zudem von einem zivilrechtlichen Vorverständnis des Vorkaufsrechts ausgeht, dass – bezogen auf die hier maßgebliche Frage der Wirksamkeit einer Ausübung des Vorkaufsrechts vor Eintritt der Wirksamkeit des Kaufvertrags – von der zivilgerichtlichen Rechtsprechung gerade nicht geteilt wird (vgl. BGH, Urteil v. 15.5.1998 – V ZR 89/97 –, BGHZ 139, 29, juris Rdnr. 8). Ob die Ausübungsberechtigte durch das vom Senat zugrundegelegte Verständnis des § 28 Abs. 2 Satz 1 BauGB bzw. der Vorbildnorm des § 463 BauGB auch gezwungen wird, das Vorkaufsrecht innerhalb einer Frist von zwei bzw. nunmehr drei Monaten nach Mitteilung des Kaufvertrags auszuüben oder ob insoweit eine gespaltene Auslegung des § 28 Abs. 2 Satz 1 BauGB in Betracht kommt, bedarf vorliegend keiner Entscheidung.

Die Ausübung des gesetzlichen Vorkaufsrechts erfolgte vorliegend auch innerhalb der in § 28 Abs. 2 Satz 1 BauGB a. F. bezeichneten Zweimonatsfrist. Zwar könnte angesichts des Wortlauts dieser Bestimmung, der – wie zuvor dargestellt – nicht an die Mitteilung der Genehmigung des Kaufvertrags oder die Mitteilung des Eintritts der Wirksamkeit des Kaufvertrags, sondern an die Mitteilung »des Kaufvertrags« anknüpft, zweifelhaft sein, ob an der bisher auch vom Senat geteilten Auffassung festgehalten werden kann, dass die gesetzliche Ausübungsfrist erst mit der Mitteilung der Genehmigung eines genehmigungspflichtigen Kaufvertrags beginnt (so noch Senatsurt. v. 30.9.2021 – 3 S 2595/20 –, juris Rdnr. 28 f. sowie BVerwG, Beschluss v. 28.8.2020 – 4 B 3.20 –, Rdnr. 5 m. w. N.). Denn die hier zugrundegelegte Rechtsauffassung, nach der in der Rechtsprechung zu § 463 BGB geklärt sei, dass das Entstehen des Rechts zur Ausübung des Vorkaufsrechts an das

Zustandekommen eines rechtswirksamen Kaufvertrages anknüpfe, trifft ersichtlich nicht zu (vgl. im Gegenteil die oben zitierte Entscheidung BGH, Urteil v. 15.5.1998 – V ZR 89/97 –, BGHZ 139, 29, juris Rdnr. 8). Spezifisch im Hinblick auf die Ausübung eines Vorkaufsrechts nach § 28 BauGB könnte hiergegen zudem der Umstand sprechen, dass der Erlass einer Sanierungssatzung regelmäßig sowohl Genehmigungspflichten nach Maßgabe des § 144 Abs. 1 und 2 BauGB als auch Vorkaufsrechte nach § 24 Abs. 1 Satz 1 Nr. 3 BauGB auslöst, so dass sich die vom Gesetzgeber in § 28 Abs. 2 Satz 1 BauGB ausdrücklich als nicht verlängerbare Ausschlussfrist normierte Zwei- bzw. Dreimonatsfrist faktisch um bis zu vier Monate (zuzüglich der für die Stellung der jeweiligen Anträge und die Mitteilung der Erteilung der Genehmigung erforderlichen Zeiträume) verlängerte (vgl. § 145 Abs. 1 Satz 1 Hs. 2 i. V. m. § 22 Abs. 5 Satz 2 und 3 BauGB). Letztlich kann jedoch offen bleiben, ob eine in dieser Weise »gespaltene« Normauslegung und eine – speziell in Fällen des § 24 Abs. 1 Satz 1 Nr. 3 BauGB – gleichsam automatische Verlängerung des Zeitraums der Ungewissheit über die Ausübung des Vorkaufsrechts durch vorrangige Interessen der Vorkaufsberechtigten gerechtfertigt werden könnte (so wohl im Ergebnis Sächs. OVG, Urteil v. 14.11.2019 – 1 A 1281/17 –, juris Rdnr. 20). Denn auch wenn als fristauslösendes Ereignis hier bereits die Mitteilung des Kaufvertrags vom 7.10.2020 am 22.10.2020 oder – aufgrund seiner Auswirkungen auf den Inhalt der Vertragsbeziehungen zwischen Berechtigter und Verpflichteter naheliegender (vgl. Senatsurt. v. 20.7.2022 – 3 S 3915/21 –, juris Rdnr. 59) – die Mitteilung auch des Nachtrags zum Kaufvertrag vom 5.11.2020 am 10.11.2020 anzusehen sein sollten, wäre die gesetzliche Zweimonatsfrist im Zeitpunkt der Bekanntgabe der Ausübungsbescheide am 18.12.2020 noch nicht verstrichen gewesen.

Die Ausübung des Vorkaufsrechts durch den Bürgermeister der Beklagten (§ 42 Abs. 2 GemO) beruht auch nicht auf Verstößen gegen die Organzuständigkeit innerhalb der Gemeinde oder einer Verletzung des für Entscheidungen des Gemeinderats geltenden Öffentlichkeitsgrundsatzes des § 35 Abs. 1 Satz 1 GemO.

Nach § 24 Abs. 1 Satz 1 und 2 GemO fällt die Entscheidung über die Ausübung eines gemeindlichen Vorkaufsrechts im Rahmen der Wahrnehmung der Planungshoheit als Selbstverwaltungsaufgabe grundsätzlich in die gemeindeinterne Zuständigkeit des Gemeinderats (vgl. Senatsurt. v. 20.7.2022 – 3 S 3915/21 –, juris Rdnr. 50), wobei Verstöße gegen die gemeindeinterne Organzuständigkeit ebenso wie Verstöße gegen für die Rechtmäßigkeit des Gemeinderatsbeschlusses bedeutsame Verfahrensvorschriften ggf. auch zur Rechtswidrigkeit der auf ihnen beruhenden Vollzugsakte des Bürgermeisters führen (vgl. Senatsurt. v. 8.8.1990 – 3 S 132/90 –, juris Rdnr. 31 und v. 18.6.1980 – III 503/79 –, juris Rdnr. 18, 27 sowie VGH Bad.-Württ., Urteil v. 23.6.2015 – 8 S 1386/14 –, juris Rdnr. 58). Im Hinblick auf die Wahrung der innergemeindlichen Organzuständigkeit des Gemeinderats sind vorliegend jedoch keine Rechtsfehler erkennbar, da der Gemeinderat im Rahmen der am 10.12.2020 durchgeführten Sondersitzung über die Ausübung des Vorkaufsrechts beschlossen hat.

Der hier gefasste Gemeinderatsbeschluss ist auch nicht unter Verstoß gegen den Öffentlichkeitsgrundsatz des § 35 Abs. 1 GemO ergangen.

Dieser verlangt bei der Ausübung des Vorkaufsrechtes allerdings nicht nur, dass der Beschluss über die Ausübung des Vorkaufsrechtes in öffentlicher Sitzung gefasst wird, sondern dass über die Frage auch öffentlich beraten wird (vgl. Senatsurt. v. 8.8.1990 – 3 S 132/90 –, NVwZ 1991, 284, v. 16.6.1981 – 3 S 271/81 –, v. 18.6.1980 – III 503/79 –, VBlBW 1980, 33 sowie VGH Bad.-Württ., Urteil v. 23.6.2015 – 8 S 1386/14 –, juris Rdnr. 45 m. w. N.). Denn das Vorkaufsrecht darf nur dann ausgeübt werden, wenn das Wohl der Allgemeinheit im Sinne der § 24 Abs. 3 Satz 1 BauGB den kommunalen Grundstückserwerb erfordert. Angesichts des städtebaulichen Einschätzungsspielraums, ob und in welcher Weise das jeweilige Grundstück für die kommunale Planung von Relevanz ist, kommt danach gerade bereits der öffentlichen Debatte im politischen Willensbildungsorgan eine besondere Bedeutung zu. Dabei wird im Regelfall die der Beschlussfassung vorausgehende Beratung in ein- und derselben öffentlichen Sitzung des Gemeinderats erfolgen. Fallen im Einzelfall die beiden Schritte auseinander, gilt der Grundsatz der Öffentlichkeit für beide Einzelschritte (vgl. VGH Bad.-Württ., Urteil v. 23.6.2015 – 8 S 1386/14 –, juris Rdnr. 45 sowie ähnlich Senatsurt. v. 8.8.1990 – 3 S 132/90 –, juris Rdnr. 26). Der Grundsatz der Öffentlichkeit schließt es daher auch aus, die eigentliche Sachberatung und -diskussion in eine nichtöffentliche Vorberatung vorzuverlagern und sodann in öffentlicher Sitzung zu beschließen, ohne den der Entscheidung zugrundeliegenden eigentliche Willensbildungsprozess des Gemeinderats aus der oder den vorangegangenen nichtöffentlichen Sitzungen zumindest in seinen Grundzügen offenzulegen (vgl. VGH Bad.-Württ., Urteil v. 23.7.2020 – 5 S 824/18 –, juris Rdnr. 71; Urteil v. 23.6.2015 – 8 S 1386/14 –, juris Rdnr. 47, 56; ähnlich VGH Bad.-Württ., Urteil v. 24.3.2011 – 5 S 746/10 –, juris Rdnr. 24).

Vorliegend kann der Senat jedoch auch unter Berücksichtigung dieser Maßstäbe nicht feststellen, dass der Gemeinderat bei seiner Entscheidung über die Ausübung des Vorkaufsrechts am 10.12.2020 gegen den Öffentlichkeitsgrundsatz verstoßen hätte. Soweit die Klägerin und die Beigeladenen vorgetragen haben, dass ihnen die Durchführung von Vorgesprächen innerhalb oder zwischen den einzelnen Gemeinderatsfraktionen bekannt sei, haben sie dieses Vorbringen (auch) im Rahmen ihres zweitinstanzlichen Vorbringens nicht näher substantiiert. Auch dem Gemeinderatsprotokoll der Sitzung vom 10.12.2020 lassen sich keine belastbaren Anhaltspunkte für eine Vorverlagerung der eigentlichen Entscheidungsfindung – etwa in Form von ausdrücklichen oder impliziten Bezugnahmen auf frühere Vorberatungen – entnehmen. Auch die mit ca. 40 Minuten recht kurze Dauer der Gemeinderatssitzung, in der neben der Ausübung des Vorkaufsrechts vier weitere Tagesordnungspunkte behandelt wurden, entfaltet im vorliegenden Fall keine entsprechende Indizwirkung, zumal – zusätzlich zur Einführung durch den Bürgermeister – kurze Redebeiträge von immerhin 6 Gemeinderäten protokolliert sind und jedenfalls Hintergründe und bisheriger Verlauf des Sanierungsverfahrens dem Gemeinderat seit längerem bekannt waren (vgl. die Sitzungsvorlage zu TOP 3 der Gemeinderatssitzung am 10.12.2020, S. 3). Im Übrigen könnte selbst der Umstand, dass keine streitige Diskussion mit Rede und Gegenrede stattgefunden hat, allein keinen Verstoß gegen § 35 Abs. 1 Satz 1 GemO begründen, da auf eine Beratung im Einzelfall auch ganz verzichtet werden kann (vgl. VGH Bad.-Württ., Urteil v. 23.6.2015 – 8 S 1386/14 –, juris Rdnr. 48). Dafür, dass ein (wesentlicher) Beratungsbedarf nur deshalb nicht mehr bestanden haben könnte, weil über die Ausübung des Vorkaufsrechtes zuvor bereits nichtöffentlich beraten worden war (vgl. zu einer entsprechenden Fallkonstellation VGH-Bad.-Württ., Urteil v. 23.6.2015 – 8 S 1386/14 –, juris Rdnr. 49), fehlt es vorliegend jedoch an tragfähigen Anhaltspunkten. Im Übrigen könnte eine bloße Vorsondierung oder -erörterung zwischen einzelnen Gemeinderäten – etwa im Rahmen der üblichen, von § 32a Abs. 2 Satz 1 GemO vorausgesetzten Fraktionsarbeit – einen Verstoß gegen den Öffentlichkeitsgrundsatz nicht aus sich heraus begründen (vgl. § 39 Abs. 5 Satz 2 Hs. 1 GemO), solange die eigentliche Sachberatung und -diskussion nicht der Öffentlichkeit entzogen wird (vgl. VGH Bad.-Württ., Urteil v. 24.3.2011 – 5 S 746/10 –, juris Rdnr. 24). Hierfür bestehen vorliegend aber keine belastbaren Anhaltspunkte.

Die Beklagte war aber nicht nach § 24 Abs. 3 Satz 1 BauGB zur Ausübung des Vorkaufsrechts berechtigt. Nach dieser Regelung darf das Vorkaufsrecht nur ausgeübt werden, wenn das Wohl der Allgemeinheit dies rechtfertigt.

Der Begriff des Wohls der Allgemeinheit ist ähnlich wie im Bereich des verfassungsrechtlichen Eigentumsschutzes (Art. 14 Abs. 2 und 3 GG) und der speziellen Enteignungsvorschriften (§ 87 Abs. 1 BauGB) nicht mit dem Begriff des öffentlichen Interesses gleichzusetzen. Erst ein qualifiziertes, sachlich objektiv öffentliches Interesse als Ergebnis einer Abwägung der im Einzelfall miteinander in Widerstreit stehenden privaten und öffentlichen Interessen kann mit dem Wohl der Allgemeinheit identifiziert werden. An die Ausübung des Vorkaufsrechts werden jedoch gegenüber einer Enteignung, die nur zulässig ist, wenn das Wohl der Allgemeinheit diese erfordert, qualitativ geringere Anforderungen gestellt. Es genügt, wenn der Erwerb des Grundstücks im Rahmen der tatbestandlichen Voraussetzungen zu den vom Gesetzgeber gebilligten bodenpolitischen, eigentumspolitischen und städtebaulichen Zwecken erfolgt und dabei überwiegende Vorteile für die Allgemeinheit angestrebt werden. Das Vorliegen dieser Voraussetzung unterliegt im vollen Umfang der gerichtlichen Nachprüfung und richtet sich nach den Umständen des Einzelfalls.

In förmlich festgesetzten Sanierungsgebieten muss sich die Ausübung des Vorkaufsrechts grundsätzlich an den konkreten Erfordernissen der Sanierung orientieren. Die Sanierungsziele müssen dabei nicht in der Sanierungssatzung selbst festgelegt sein. Sie können sich auch aus ihrer Begründung, aber auch aus den Ergebnissen der vorbereitenden Untersuchungen ergeben. An die Konkretisierung dieser Ziele dürfen dabei bei Erlass der Sanierungssatzung nur relativ geringe Anforderungen gestellt werden, doch werden die Anforderungen mit fortschreitendem Sanierungsverfahren höher. Die erforderliche Konkretisierung kann insbesondere in einem Sanierungsbebauungsplan, einem sonstigen Bebauungsplan oder sogar durch eine informelle städtebauliche Planung erfolgen. Ist dies geschehen, können die Sanierungsziele auch nach einem längeren Zeitraum die Ausübung des Vorkaufsrechts rechtfertigen (vgl. BVerwG, Beschluss v. 15.2.1990 – 4 B 245.89 –, NJW 1990, 2703; BVerwG, Beschluss v. 15.3.1995 – 4 B 33.95 –, NVwZ 1995, 897; BVerwG, Urteil v. 4.3.1999 – 4 C 8.98 –, NVwZ 1999, 1336 sowie Senatsurt. v. 30.9.2021 – 3 S 2595/20 –, juris Rdnr. 32 f. m. w. N.). Die Gemeinde darf und muss die Sanierungsziele dabei im Verlauf des Sanierungsverfahrens ggf. präzisieren und fortentwickeln; sie darf auch auf eventuell neu eingetretene städtebauliche Missstände reagieren und neue Sanierungsziele entwickeln. Dies beinhaltet, dass für einzelne Grundstücke auch von der ursprünglichen Zielvorstellung abweichende Nutzungszwecke verfolgt werden dürfen (vgl. Senatsurt. v. 30.9.2021 – 3 S 2595/20 –, juris Rdnr. 37).

Das in der Rechtsprechung entwickelte Erfordernis der nachträglichen Konkretisierung der anfänglichen Sanierungsziele stellt dabei keinen Selbstzweck dar. Insbesondere stellt sich die Frage nach einer hinreichenden Konkretisierung des Sanierungszieles (auch) nach einem längeren Zeitablauf dann nicht, wenn für das im Einzelfall betroffene Grundstück bereits bei der Aufstellung der Sanierungssatzung ein auch auf lange Sicht hinreichend konkretes Sanierungsziel vorhanden war. Denn auch ein langer Zeitraum seit der Inkraftsetzung der Sanierungssatzung stellt für sich genommen nicht in Frage, dass die Ausübung des Vorkaufsrechts nach § 34 Abs. 1 Nr. 3 BauGB dem Wohl der Allgemeinheit dienen kann (vgl. jeweils BVerwG, Beschluss v. 15.3.1995 – 4 B 33.95 –, juris Rdnr. 4).

Bei der Bestimmung der Anforderungen an die erforderliche Konkretisierung der Sanierungsziele im Einzelfall ist jedoch zu beachten, dass es sich bei den mit dem Erlass einer Sanierungssatzung verbundenen Beschränkungen (vgl. § 24 Abs. 1 Nr. 3, § 144 Abs. 1 und 2 BauGB) um Eingriffe in das Eigentumsgrundrecht des Verkäufers (Art. 14 GG) und die Privatautonomie des Käufers (Art. 2 Abs. 1 GG) handelt, die der verfassungsrechtlichen Rechtfertigung bedürfen (vgl. Senatsurt. v. 30.9.2021 – 3 S 2595/20 –, juris Rdnr. 33). Den Anforderungen des Verhältnismäßigkeitsgrundsatzes trägt der Gesetzgeber dabei u. a. durch Bestimmungen Rechnung, die im Fall einer den Zielen und Zwecken der städtebaulichen Maßnahme entsprechenden Bebauung und Nutzung die Ausübung des Vorkaufsrechts ausschließen (§ 26 Nr. 4 BauGB), deren Abwendung ermöglichen (§ 27 Abs. 1 Satz 1 BauGB) oder die sanierungsrechtliche Genehmigungspflicht ganz oder für einzelne Grundstücke entfallen lassen (§ 163 Abs. 1 BauGB). In vergleichbarer Weise darf die sanierungsrechtliche Genehmigung nach § 145 Abs. 2 BauGB nur versagt werden, wenn Grund zur Annahme besteht, dass das Vorhaben, der Rechtsvorgang einschließlich der Teilung eines Grundstücks oder die damit erkennbar bezweckte Nutzung die Durchführung der Sanierung unmöglich machen oder wesentlich erschweren oder den Zielen und Zwecken der Sanierung zuwiderlaufen würde. Auch im Übrigen bleibt die Durchführung von Baumaßnahmen nach § 148 Abs. 1 Satz 1 Hs. 1 BauGB grundsätzlich den Eigentümern überlassen, soweit die zügige und zweckmäßige Durchführung der Sanierung gewährleistet ist. Ebenso dient der in § 164 Abs. 1 Satz 1 BauGB normierte Rückübertragungsanspruch nach endgültiger Aufgabe der Sanierungsabsicht dem Zweck, den Eingriff in die Eigentümerposition auf das zur Erreichung der Sanierungszwecke erforderliche Maß zu beschränken.

Insbesondere die Ausübung der Abwendungsbefugnis nach § 27 Abs. 1 Satz 1 BauGB setzt aber voraus, dass die Verwendung des Grundstücks nach den baurechtlichen Vorschriften oder den Zielen und Zwecken der städtebaulichen Maßnahme bestimmt oder mit ausreichender Sicherheit bestimmbar ist. Dies wird insbesondere zu Beginn des jeweiligen Sanierungszeitraums jedoch regelmäßig nicht der Fall sein, da – wie bereits ausgeführt – zu Beginn des Sanierungsverfahrens keine zu hohen Anforderungen an die Konkretisierung der Sanierungsziele gestellt werden dürfen (vgl. BVerwG, Urteil v. 7.9.1984 – 4 C 20.81 –, BVerwGE 70, 83, juris Rdnr. 31). Insoweit will der Gesetzgeber den Gemeinden für die Verwirklichung ihrer Sanierungsziele bis hin zur Aufstellung eines Sanierungsbebauungsplans hinreichende Zeit zur Verfügung stellen, so dass von den zur Sicherung der Sanierungsziele zur Verfügung gestellten Rechtsinstituten anfänglich auch auf Grundlage vergleichsweise vager Sanierungsvorstellungen Gebrauch gemacht werden darf (vgl. BVerwG, Urteil v. 7.9.1984 – 4 C 20.81 –, BVerwGE 70, 83, juris Rdnr. 31 [zur Versagung der sanierungsrechtlichen Genehmigung]). Dessen ungeachtet unterliegt die Sanierungsplanung – wie dies nicht zuletzt auch in § 142 Abs. 3 Satz 3 und 4 i. V. m. § 162 Abs. 1 Satz 1 Nr. 4 BauGB zum Ausdruck kommt (vgl. BT-Drs. 16/2496, S. 15 f.) – jedoch dem sog. Zügigkeitsgebot (vgl. BVerwG, Urteil v. 10.7.2003 – 4 CN 2.02 –, juris Rdnr. 19). Mit diesem will der Gesetzgeber die von einem förmlich festgelegten Sanierungsgebiet ausgehenden grundrechtsbeschränkenden Wirkungen von vorneherein auf einen gewissen zeitlichen Rahmen beschränken und zugleich sicherstellen, dass diese Beschränkungen nicht über das notwendige Maß hinweg aufrechterhalten werden, indem die Sanierung ohne schlüssiges Konzept oder sonst unsachgemäß betrieben wird (vgl. BVerwG, Urteil v. 10.4.2018 – 4 CN 2.17 –, BVerwGE 161, 345, juris Rdnr. 10; BVerwG, Urteil v. 10.7.2003 – 4 CN 2.02 –, juris Rdnr. 19). Zum Genehmigungserfordernis des § 15 StBauFG (§ 144 BauGB) hat das Bundesverwaltungsgericht daher darauf hingewiesen, dass dieses zwar zunächst – zu Beginn der Sanierungsplanung – eine umfassende Sperrwirkung vergleichbar mit einer Veränderungssperre entfalten kann, mit zunehmender Konkretisierung aber nur noch solche Rechtsvorgänge und Vorhaben abgewehrt werden können, die den nunmehr detaillierten Planungsvorstellungen widersprechen. Im Fall einer über einen längeren Zeitraum unterbliebenen Konkretisierung der Planungsziele kann es demgegenüber aus Verhältnismäßigkeitsgründen geboten sein, die erforderliche sanierungsrechtliche Genehmigung zu erteilen, obwohl an den ursprünglichen Sanierungszielen ggf. weiter festgehalten werden soll (vgl. BVerwG, Urteil v. 7.9.1984 – 4 C 20.81 –, BVerwGE 70, 83, juris Rdnr. 31 sowie BVerwG, Urteil v. 4.3.1999 – 4 C 8.98 –, juris Rdnr. 13). Denn ein Verstoß gegen das Zügigkeitsgebot kann ggf. dazu führen, dass die mit der förmlichen Festlegung eines Sanierungsgebiets für betroffenen Grundstückseigentümer verbundenen verfahrensrechtlichen und inhaltlichen Beschränkungen die Grenze der Sozialbindung des Eigentums übersteigen (vgl. OVG Rh.-Pf., Urteil v. 10.4.2000 – 1 C 10293/99 –, juris, LS 2).

Gleichermaßen entfällt daher mit zunehmender Dauer des Sanierungsverfahrens die Rechtfertigung dafür, etwaigen Käufern die Abwendungsbefugnis nach § 27 Abs. 1 Satz 1 BauGB vorzuenthalten. Insbesondere liefe es der grundrechtssichernden Funktion des § 27 Abs. 1 Satz 1 BauGB zuwider, der Gemeinde die Möglichkeit zu eröffnen, die Ausübung der gesetzlichen Abwendungsbefugnis durch eine schleppende Planung bzw. einen dauerhaften Verzicht auf Festlegungen zur Verwendung spezifischer Grundstücke dauerhaft zu vereiteln. Insoweit ist in der Rechtsprechung vielmehr geklärt, dass zwischen der Regelung des § 24 Abs. 3 Satz 1 BauGB, wonach das Vorkaufsrecht nur ausgeübt werden darf, wenn das Wohl der Allgemeinheit dies rechtfertigt, und den in § 26 BauGB genannten Ausschlussgründen ein enger sachlicher Zusammenhang besteht. Der Katalog der in § 26 BauGB ausdrücklich aufgeführten Ausschlusstatbestände konkretisiert Beispielsfälle, in denen das Allgemeinwohl die Ausübung des Vorkaufsrechts typischerweise nicht rechtfertigt. Er bietet für die Anwendung des § 24 Abs. 3 Satz 1 BauGB ebenfalls einen gewichtigen Orientierungspunkt (vgl. BVerwG, Beschluss v. 29.6.1993 – 4 B 100.93 –, juris Rdnr. 5; Senatsurt. v. 30.9.2021 – 3 S 2595/20 –, juris Rdnr. 34; Senatsurt. v. 1.3.1996 – 3 S 13/94 –, juris Rdnr. 43 f., m. w. N.). Nichts anderes gilt für die in § 27 Abs. 1 Satz 1 und 2 BauGB kodifizierten Abwendungsbefugnisse des Käufers (vgl. BVerwG, Beschluss v. 25.1.2010 – 4 B 53.09 –, juris Rdnr. 7). Der Senat hat daher schon in früheren Entscheidungen darauf hingewiesen, dass das Erfordernis einer fortschreitenden Konkretisierung der Sanierungsziele gerade im Hinblick auf die in einem förmlich festgelegten Sanierungsgebiet erforderlichen grundstücksbezogenen Einzelentscheidungen besteht (vgl. Senatsurt. v. 30.9.2021 – 3 S 2595/20 –, juris Rdnr. 44).

Jedenfalls mit zunehmender Dauer des Sanierungsverfahrens muss die Konkretisierung der Sanierungsziele daher ein Maß erreichen, das eine Ausübung der Abwendungsbefugnis nach § 27 Abs. 1 Satz 1 BauGB ermöglicht. Denn eine hiervon abweichende Normauslegung würde Anreize dafür schaffen, von einer (hinreichenden) Konkretisierung der Planung möglichst lange Abstand zu nehmen und sich so quasi durch die Hintertür die Möglichkeit zu schaffen, Grundstückseigentümer durch die dauerhafte Verweigerung sanierungsrechtlicher Genehmigungen für eine wirtschaftlich sinnvolle Grundstücksnutzung zur Veräußerung von Grundstücken zu veranlassen, ohne dass Erwerbern die Möglichkeit einer Abwendung des Vorkaufsrechts nach Maßgabe des § 27 Abs. 1 Satz 1 BauGB eröffnet würde. Ein hinreichendes Maß an Konkretisierung ist daher erst dann erreicht, wenn die Sanierungsziele ausnahmsweise bereits im Erlass der Sanierungssatzung den vorgenannten Anforderungen genügten oder von der planenden Gemeinde im für die Beurteilung der grundstücksbezogenen Einzelentscheidung maßgeblichen Zeitpunkt auch unter Berücksichtigung des Zügigkeitsgebots nicht erwartet werden konnte, ein höheres als das bereits erreichte Maß an Konkretisierung zu erreichen. Insbesondere im Fall einer sehr langen Sanierungsdauer kann die Ausübung eines Vorkaufsrechts daher erfordern, dass die Sanierungsplanung das für die Ausübung einer Abwendungsbefugnis im Sinne des § 27 Abs. 1 Satz 1 BauGB erforderliche Maß erreicht hat. Im Fall einer (im Zeitpunkt der Ausübung des Vorkaufsrechts) unzureichenden Konkretisierung der Sanierungsziele, an deren Verwirklichung die Gemeinde dessen ungeachtet festhält, steht mithin zwar nicht in Zweifel, dass die Verwirklichung der Sanierungsziele auch weiterhin dem Wohl der Allgemeinheit dienen kann. Sie sind vor dem Hintergrund der Grenzen der Sozialbindung des Eigentums und der Anforderungen des Verhältnismäßigkeitsgrundsatzes an die schonende Ausgestaltung von Grundrechtsbeschränkungen ggf. aber nicht mehr geeignet, die Ausübung des Vorkaufsrechts im Sinne des § 24 Abs. 3 Satz 1 BauGB zu rechtfertigen. Vielmehr muss sich die Gemeinde ggf. auf den freihändigen Grundstückserwerb oder Kooperationsvereinbarungen mit den jeweiligen Eigentümern verweisen lassen, wenn sie den Anforderungen des Zügigkeitsgebots nicht entsprochen hat.

Ausgehend hiervon waren die dem Ausübungsbescheid zugrundeliegenden Sanierungsziele nicht mehr geeignet, die Ausübung des Vorkaufsrechts im Sinne des § 24 Abs. 3 Satz 1 BauGB zu rechtfertigen. Zwar kann vorliegend nicht davon ausgegangen werden, dass die Beklagte sich bei Ausübung des Vorkaufsrechts von den dem Erlass der Sanierungssatzung im Jahr 2007 zugrundeliegenden Sanierungszielen distanziert hat. Die Beklagte hat die in der Vorbereitenden Untersuchung aus dem Mai 2007 bezeichneten Sanierungsziele aber auch im Nachgang nicht konkretisiert. Das mithin unverändert zugrundezulegende Sanierungs- bzw. Neuordnungskonzept der »Vorbereitenden Untersuchungen« aus dem Mai 2007 genügte den rechtlichen Konkretisierungsanforderungen jedoch im Zeitpunkt der Ausübung des Vorkaufsrechts – ebenso wie allen in Betracht kommenden späteren Beurteilungszeitpunkten – jedoch nicht bzw. nicht mehr.

Nicht tragfähig erscheint allerdings die Annahme des Verwaltungsgerichts, dass die Beklagte bei Ausübung des Vorkaufsrechts zum Teil nicht an den der Sanierungssatzung zugrundeliegenden Planungsvorstellungen festgehalten habe. Denn die entsprechenden Ausführungen im Bescheid vom 17.12.2020, denen zufolge die Beklagte keine »konkretere« Verwendung des südlichen Grundstücks bzw. der südlicheren Grundstücksteile angeben könne, da die konkrete Lage und Gestaltung des geplanten Einzelhandelsmagneten noch nicht bekannt sei, bezieht sich ersichtlich auf die (von der Beklagten hier ausdrücklich thematisierte) Frage einer möglichen Ausübung des Vorkaufsrechts nur im Hinblick auf Teile der veräußerten Grundstücke und verneint eine über die ursprüngliche Planungskonzeption hinausgehende Konkretisierung, ohne sich von dieser jedoch zu distanzieren. Hierzu wäre der nach § 43 Abs. 1 GemO mit dem Vollzug des Gemeinderatsbeschlusses vom 10.12.2020 betraute Bürgermeister im Übrigen auch nicht befugt gewesen, da der Gemeinderatsbeschluss keine entsprechende Distanzierung erkennen lässt und keine Anhaltspunkte dafür ersichtlich sind, dass Gemeinderat der Beklagten zu einem anderen Zeitpunkt über mögliche Abweichungen von der bereits im Jahr 2007 entwickelten Sanierungskonzeption beschlossen haben könnte. Die bei Ausübung des Vorkaufsrechts ausdrücklich in Bezug genommenen Sanierungszwecke des Sanierungs- bzw. Neuordnungskonzepts der »Vorbereitenden Untersuchungen« aus dem Mai 2007 sind daher auch der Prüfung zugrundezulegen, ob die Ausübung des Vorkaufsrechts durch das Wohl der Allgemeinheit gerechtfertigt ist.

Zu Recht hat das Verwaltungsgericht seiner Prüfung nicht auch die in der (seitens der Klägerin erstmals im Rahmen der Klageerwiderung angeführten) Übersicht »Sanierungsgebiet ›Innenstadt‹ – Ziele der Neuordnung, Einzelhandelsmagnet Rohrbacher Straße 2004 – 2020« dargestellten weiteren Sanierungsüberlegungen zugrundegelegt. Denn schon aus Gründen der Rechtssicherheit bildet allein der im Ausübungsbescheid angegebene Verwendungszweck (§ 24 Abs. 3 Satz 3 BauGB) die Grundlage für die materiell-rechtliche Prüfung, ob das Wohl der Allgemeinheit die Ausübung des Vorkaufsrechts rechtfertigt. Die Beklagte hat im hier angegriffenen Ausübungsbescheid vom 17.12.2020 jedoch ausschließlich auf die in der Sanierungssatzung zugrundeliegenden vorbereitenden Untersuchungen der Kommunalentwicklung GmbH (KE) von Mai 2007 verwiesen und hierzu ausdrücklich ausgeführt, dass eine verbindliche Willensbildung durch den Gemeinderat über eine »verfeinerte« Sanierungskonzeption bzw. »konkretere« Verwendungszwecke noch nicht erfolgt sei. Hieran muss sie sich festhalten lassen.

Unabhängig davon hat die Beklagte die erstmals im erstinstanzlichen Klageverfahren angesprochenen weiteren Sanierungsüberlegungen ihrem Ausübungsbescheid vom 17.12.2020 auch in der Sache zu Recht nicht zugrundegelegt. Denn auch wenn die Festlegung bzw. Konkretisierung der Sanierungsziele ggf. auch im Rahmen einer informellen städtebaulichen Planung erfolgen kann, muss diese jedenfalls von einer sachgerechten Abwägung durch den Gemeinderat getragen sein, der nach § 24 Abs. 1 Satz 2 GemO für grundlegende Planungsentscheidung zuständig ist (vgl. Senatsurt. v. 30.9.2021 – 3 S 2595/20 –, juris Rdnr. 39, 42 sowie BVerwG, Urteil v. 15.1.1982 – 4 C 94.79 –, juris Rdnr. 35 [zu § 15 StBauFG]). Damit genügt die bloße Vorstellung geplanter oder möglicher Maßnahmen oder die bloße Information des Gemeinderats nicht für eine Festlegung, Änderung oder hinreichende Konkretisierung der Sanierungsziele (vgl. Senatsurt. v. 30.9.2021 – 3 S 2595/20 –, juris Rdnr. 42; BayVGH, Beschluss v. 30.7.2018 – 9 ZB 16.1068 –, juris Rdnr. 11, 20). Da der Gemeinderat die in der Übersicht »Sanierungsgebiet ›Innenstadt‹ – Ziele der Neuordnung, Einzelhandelsmagnet Rohrbacher Straße 2004 – 2020« dargestellten Sanierungskonzepte nach den Angaben der Beklagten lediglich »zur Kenntnis genommen« hatte, konnte sich hieraus keine Konkretisierung der Planungsziele ergeben. Gleiches gilt für den von der Beklagten im Rahmen der erstinstanzlichen Klageerwiderung (als Teil eines »Aufstockungsantrags für die Städtebauförderung 2020«) vorgelegten »Übersichtsplan zur Wohnraumschaffung«, der nach Angaben der Beklagten in der mündlichen Verhandlung nicht von einer ausdrücklichen Zustimmung des Gemeinderats getragen war. Ein bloßes Gewährenlassen durch den Gemeinderat genügt den Anforderungen an die Konkretisierung der Sanierungsziele schon aufgrund des Erfordernisses einer Abwägung nicht, die nicht der Gemeindeverwaltung oder externen Planungsbüros überlassen werden kann.

Auch im Zusammenhang mit der Ausübung des Vorkaufsrechts hat der Gemeinderat keine entsprechende Konkretisierung beschlossen (vgl. zu dieser Möglichkeit Senatsurt. v. 30.9.2021 – 3 S 2595/20 –, juris Rdnr. 42), wie sich aus der Niederschrift über die Gemeinderatssitzung vom 10.12.2020 ergibt. Vielmehr sollte die auch nach Auffassung der Gemeindeverwaltung und des Gemeinderats notwendige Konkretisierung erst zu einem späteren Zeitpunkt erfolgen (vgl. Beschlussvorlage vom 1.12.2020 zu TOP 3 der Gemeinderatssitzung am 10.12.2020 sowie Niederschrift über die Gemeinderatssitzung vom 10.12.2020, TOP 3, Wortmeldung Stadtrat Dr. S.).

Das mithin allein zugrundezulegende Sanierungs- bzw. Neuordnungskonzept der »Vorbereitenden Untersuchungen« vom Mai 2007 genügt den rechtlichen Konkretisierungsanforderungen im Zeitpunkt der Ausübung des Vorkaufsrechts bzw. in allen in Betracht kommenden späteren Beurteilungszeitpunkten jedoch nicht bzw. nicht mehr.

Diesbezüglich weist die Beklagte selbst darauf hin, dass die hier formulierten Ziele und Zwecke der städtebaulichen Maßnahme es nicht erlauben, die Verwendung des Grundstücks in einer den Anforderungen des § 27 Abs. 1 Satz 1 BauGB genügenden Art und Weise zu bestimmen. Dies trifft zu. Denn soweit der Bericht über die Ergebnisse der Vorbereitenden Untersuchung für das Gebiet »Innenstadt« vom Mai 2007 im Rahmen der »Sanierungskonzeption« (3.) städtebauliche Einzelziele der Sanierung (3.1) formuliert, wird – abgesehen von der Gliederung des Sanierungsgebiets in sehr weit gefasste »Funktionsbereiche« und einzelnen, andere Grundstücke betreffenden Ortsangaben wie »Brauereiareal« oder »Rathaus« – nicht ersichtlich, auf welchen Grundstücken (und in welcher Art und Weise) die städtebaulichen Ziele verwirklicht werden sollen. Die unter Nr. 3.2 des Berichts formulierten »Ziele und Maßnahmen für den Einzelhandel«, die u. a. die Maßnahmen »Neugestaltung des Bärentorplatzes als Drehscheibe und Auftakt für die Innenstadt« und »Entwicklungsschwerpunkt Tankstelle/Pxxx als Ergänzungs- und Magnetfunktion Einzelhandelsmanagement mit zusätzlichen Parkierungsangebot« umfassen, werden demgegenüber ausdrücklich nur als »mögliche« Maßnahmen bezeichnet, ohne dass die Beklagte dies seit Beginn der Sanierung näher konkretisiert hätte.

Auch das unter 3.3 des Berichts formulierte »Neuordnungskonzept« lässt eine hinreichende Konkretisierung nicht erkennen. Dieses sieht für den Bereich »Quartier St. Ilgener Straße/Rohrbacher Straße«, in dem die hier in Rede stehenden Grundstücke weit überwiegend gelegen sind, lediglich eine »Neuordnung der Grundstückszuschnitte«, die »allgemeine Aufwertung der Funktion und des Erscheinungsbildes der Randbebauung« sowie eine »Aufwertung rückwärtiger Bereiche durch Entkernung und durch eine Neuordnung der Grundstückszuschnitte« vor, ohne dies näher zu konkretisieren; die – in Ziffer 8 des Ausübungsbescheids aber dennoch angeführte – Ergänzung des Umfelds des Bärentorplatzes z. B. um gastronomische Angebote wird hier nicht erwähnt. Ob auch in diesem Quartier »Innenstadtergänzende Einzelhandels- und Dienstleistungsfunktionen« gefördert werden sollen, ist dem Neuordnungskonzept nicht eindeutig zu entnehmen, da diese zwar in der Präsentation »Neuordnungskonzept Rahmenplan (Zielplanung)« als Stichpunkt erwähnt werden, im Bericht über das Rahmenkonzept aber nicht bzw. hier nur bezogen auf das weiter südlich gelegene Quartier »Bürgermeister-Weidenmaier-Straße/Rohrbacher Straße« aufscheinen. Für dieses Quartier, dessen nördliche Ausläufer sich in die unbebauten Bereiche der hier betroffenen Grundstücke hineinschieben, sieht das Neuordnungskonzept eine »innenstadtergänzende Einzelhandels- und Dienstleistungsfunktion« mit einem Schwerpunkt auf dem »Ausbau der Parkierung« sowie eine Verbesserung der Verflechtung mit dem Kurzpfalzzentrum, dem Altstadtkern und den westlich angrenzenden Wohnquartieren vor, ohne aber Art und Umfang der Inanspruchnahme der hier betroffenen Grundstücke erkennen zu lassen.

Soweit das Neuordnungskonzept für das »Quartier Bärentorplatz/Kurzpfalzzentrum« diesen als »zentralen Versorgungs- und Mobilitätsmittelpunkt« bezeichnet und »Verbesserungen der Aufenthaltsqualität und Querungssituation [sowie der] Verflechtungen mit angrenzenden Quartieren« vorsieht, wird aus dem mit abgedruckten Lageplan nicht ersichtlich, dass das südwestlich des gelb schraffierten »Bärentorplatzes« gelegene Areal hiervon unmittelbar berührt wird; die Angabe, dass »mit den Planungen [...] die Aktivierung platzbezogener Gebäudenutzungen begünstigt werden« soll, lässt Ziele und Zwecke der städtebaulichen Maßnahme im Hinblick auf die im Streit stehenden Grundstücke ebenfalls nicht mit ausreichender Sicherheit erkennen. Gleiches gilt für die weitere Angabe, dass »die Herausbildung der städtebaulichen Torsituation [...] im Rahmen der Konzeption [stehe]«. Die Verwendung der hier in Rede stehenden Grundstücke ist daher weder nach den baurechtlichen Vorschriften noch nach den Zielen und Zwecken der städtebaulichen Maßnahme bestimmt oder mit ausreichender Sicherheit bestimmbar im Sinne des § 27 Abs. 1 Satz 1 BauGB.

Eine derartige Konkretisierung wäre vorliegend zwar nicht im Zeitpunkt des Erlasses der Sanierungssatzung im Jahr 2007, aber doch spätestens im Zeitpunkt der Ausübung des Vorkaufsrechts im Jahr 2020 – d. h. über 13 Jahre nach erstmaliger Fixierung der Sanierungsziele – geboten gewesen. Denn auch unter Anlegung eines großzügigen, die Planungsautonomie der Gemeinde berücksichtigenden Maßstabs sind keine Gründe dafür ersichtlich, die einen dauerhaften Verzicht auf die gebotene Konkretisierung – und die damit verbundene dauerhafte Intensivierung und Verstetigung der Belastung für Grundstückseigentümer und potentielle Käufer – rechtfertigen könnten, zumal die ursprüngliche Sanierungsfrist im Zeitpunkt der Ausübung des Vorkaufsrechts um mehr als drei Jahre überschritten war. Vielmehr konnte von der Beklagten in diesem Zeitpunkt erwartet werden, ein höheres als das ursprüngliche Maß an Konkretisierung zu erreichen.

Ohne Erfolg beruft sich die Beklagte in diesem Zusammenhang darauf, dass sie die Sanierung zumindest in anderen Teilen des Sanierungsgebiets gefördert habe. Dies folgt bereits aus dem Umstand, dass sie sich seit Erlass der Sanierungssatzung – soweit ersichtlich – auf eine Umsetzung von städtebaulichen Einzelmaßnahmen im Sanierungsgebiet beschränkt hat, ohne diese in ein vom Gemeinderat beschlossenes Gesamtkonzept einzugliedern und die Sanierungsziele insoweit auch über die Verwirklichung individueller Einzelprojekte hinaus fortzuschreiben. Unabhängig davon ist das Sanierungsgebiet nach § 142 Abs. 1 Satz 2 BauGB so zu begrenzen, dass sich die Sanierung zweckmäßig durchführen lässt. Im vorliegenden Fall ist auch nicht ersichtlich, dass eine Sanierung des Gesamtbereichs nur – wie von der Beklagten allerdings behauptet – »aus einem Guss« in Angriff genommen werden könnte. Denn die Beklagte hat die Planung für den hier betroffenen Sanierungsbereich gerade nicht parallel zur Sanierung des übrigen Sanierungsgebiets vorangetrieben, sondern die Konkretisierung der Sanierungsziele im hier maßgeblichen Bereich allein von der Verfügbarkeit der nunmehr in Rede stehenden »Schlüsselgrundstücke« abhängig gemacht. Sie hat die Sanierung des Sanierungsgebiets im Übrigen auch nicht von der Konkretisierung der Planungsziele für den hier betroffenen Bereich abhängig gemacht, sondern diese durchaus vorangetrieben, obwohl dem Gemeinderat z. B. für den Bereich südwestlich des Bärentorplatz sehr unterschiedliche – und sich zum Teil gegenseitig ausschließende – Entwürfe zur Kenntnis gebracht wurden. Im Gegenteil wird die behauptete Notwendigkeit einer Konkretisierung der Planungsziele »aus einem Guss« gerade durch den Umstand widerlegt, dass die Beklagte die Sanierung im Übrigen durch die Durchführung von Einzelprojekten – wie z. B. das »neue Rathaus« – vorangetrieben hat, ohne diese in eine gemeinsame Rahmenplanung einzubinden oder die vorhandene Planung zu konkretisieren.

Ohne Erfolg beruft sich die Beklagte weiterhin darauf, dass eine Konkretisierung der Planungsziele im Wege der Bauleitplanung vor der verbindlichen Klärung, ob die hierfür in Anspruch genommen Grundstücke jedenfalls mittelfristig – sei es im Wege der Kooperation mit dem Eigentümer oder im Wege der Ausübung eines Vorkaufsrechts – zur Verfügung stehen werden, mit dem Erforderlichkeitsgebot des § 1 Abs. 3 BauGB in Konflikt geraten könnte. Denn nach der Rechtsprechung kann die erforderliche Konkretisierung der Planungsziele – nicht anders als deren ursprüngliche Festlegung – nicht nur durch Erlass verbindlicher Bebauungspläne, sondern auch durch eine informelle, vom Willen des Gemeinderats getragene städtebauliche Planung erfolgen (vgl. Senatsurt. v. 30.9.2021 – 3 S 2595/20 –, juris Rdnr. 33, 43). In einer solchen Konkretisierung der Planungsziele bereits im Vorfeld der bauplanungsrechtlichen Abwägung nach § 1 Abs. 7 BauGB liegt auch nicht notwendigerweise eine bauplanungsrechtlich unzulässige Vorabbindung, wenn die Beklagte die in der Rechtsprechung entwickelten Anforderungen an zulässige Vorabfestlegungen beachtet (vgl. BVerwG, Urteil v. 5.7.1974 – IV C 50.72 –, BVerwGE 45, 309 juris Rdnr. 49). Dies gilt umso mehr, als auch die Festlegung und Konkretisierung der Planungsziele dem Abwägungsgebot unterliegt (vgl. BVerwG, Urteil v. 24.5.2006 – 4 C 9.04 –, BVerwGE 126, 104, juris Rdnr. 25; Senatsurt. v. 30.9.2021 – 3 S 2595/20 –, juris Rdnr. 39, 42) und § 1 Abs. 6 i. V. m. § 1 Abs. 3 Satz 1 BauGB die Gemeinden gerade darauf verpflichtet, die Ergebnisse eines von ihnen beschlossenen städtebaulichen Entwicklungskonzeptes oder einer von ihnen beschlossenen sonstigen städtebaulichen Planung bei der Aufstellung der Bauleitpläne zu berücksichtigen. Unabhängig davon wäre der Planungsträger nach der Senatsrechtsprechung durch eine Konkretisierung der zunächst verfolgten Sanierungsziele nicht daran gehindert, von den ursprünglichen Planungen abweichende Zielvorstellungen zu formulieren oder diese ganz oder teilweise aufzugeben (vgl. Senatsurt. v. 30.9.2021 – 3 S 2595/20 –, juris Rdnr. 37).

Dass eine solche informelle (Eventual)Planung der Beklagten auch ohne die konkrete Aussicht auf einen Grundstückserwerb möglich gewesen wäre, zeigen die in der Übersicht »Sanierungsgebiet ›Innenstadt‹ – Ziele der Neuordnung, Einzelhandelsmagnet Rohrbacher Straße 2004 – 2020« skizzierten Sanierungskonzepte ebenso wie die Darstellungen im »Übersichtsplan zur Wohnraumschaffung«, der für das hier in Rede stehende Gesamtareal den Neubau von 31 Wohneinheiten vorsieht. Eine solche Planung war der Beklagten in den mehr als 13 Jahren seit erstmaligen Festlegung der grundlegenden Sanierungsziele im Jahr 2007 auch zumutbar, zumal sich einzelne der festgestellten Missstände spezifisch auf die auf den Grundstücken vorhandene Bausubstanz beziehen (und daher nur dort behoben werden können) und es sich bei den betroffenen Grundstücken nach Angaben der Gemeindeverwaltung um Schlüsselgrundstücke für die Erreichung der Sanierungsziele handelt, die somit jedenfalls in eine entsprechende Planung einbezogen werden mussten. Jedenfalls entspräche es nicht dem u. a. in 142 Abs. 3 Satz 3 und 4 i. V. m. § 162 Abs. 1 Satz 1 Nr. 4 BauGB zum Ausdruck gekommenen Zügigkeitsgebot, mit der (weiteren) Planung so lange zuzuwarten, bis die Beklagte Eigentümerin mehr oder weniger sämtlicher Flächen im betroffenen (Teil)Plangebiet ist (vgl. Hess. VGH, Urteil v. 24.11.2020 – 3 A 828/20 –, juris Rdnr. 23 [zu Vorkaufsrechten nach § 24 Abs. 1 Satz 1 Nr. 5 BauGB]). Im Übrigen ist weder dargetan noch ersichtlich, dass sich der Beklagte in diesem Zeitraum ernstlich um eine Einbeziehung der Grundstückseigentümer bemüht hätte.

Der Senat berücksichtigt weiterhin, dass die in der Satzung nach § 142 Abs. 3 Satz 3 BauGB ursprünglich festgelegte Sanierungsfrist im Zeitpunkt der Ausübung des Vorkaufsrechts seit mehr als drei Jahren verstrichen war. Denn auch wenn weder das Verstreichen eines langen Zeitraums seit der Inkraftsetzung der Sanierungssatzung noch ein Verstreichen der in der Satzung festgelegten – zudem verlängerbaren – Sanierungsfrist zu einem Außerkrafttreten der Sanierungssatzung führt, kann nicht unberücksichtigt bleiben, dass eine Konkretisierung der Sanierungsziele im von dem Beklagten ursprünglich für die Durchführung der Sanierung als ausreichend angesehenen Zeitraum nicht erfolgt ist (vgl. Grziwotz, in: BeckOK BauGB, 63. Ed. 1.8.2024, § 24 Rdnr. 26). Dass sich der politische Willensbildungsprozess in der Gemeinde über die Fortsetzung der Sanierungsmaßnahmen in einer Weise schwierig gestaltete, die – innerhalb der hier betroffenen Bereiche – einen vollständigen Verzicht auf eine Konkretisierung der Sanierungsziele seit Beginn des Sanierungszeitraums zumindest erklärbar machen würde (vgl. hierzu im Kontext eines möglichen Treuwidrigkeitseinwands BVerwG, Urteil v. 20.3.2014 – 4 C 11.13 –, BVerwGE 149, 211, Rdnr. 32), hat die Beklagte zwar – zumindest sinngemäß – behauptet, aber auch in der mündlichen Verhandlung nicht in einer für den Senat greif- oder gar nachprüfbaren Art und Weise dargelegt.

Im Zeitpunkt der Ausübung des Vorkaufsrechts (sowie in allen als maßgeblich in Betracht kommenden späteren Zeitpunkten) war dessen Ausübung daher nicht durch das Wohl der Allgemeinheit gerechtfertigt. Das Verwaltungsgericht hat den Bescheid der Beklagten vom 17.12.2020 in Gestalt des Widerspruchsbescheids vom 19.5.2021 daher zu Recht aufgehoben.

Unabhängig davon geht der Senat davon aus, dass die Ausübung des Vorkaufsrechts jedenfalls im Zeitpunkt der Entscheidung des Gemeinderats vom 10.12.2020 bzw. im Zeitpunkt der Bekanntgabe des Ausübungsbescheids am

18.12.2020 gegen das Verbot widersprüchlichen Verhaltens verstieß, da die Beklagte in diesem Zeitpunkt – bedingt durch den Ablauf der Sanierungsfrist mit Verstreichen des 31.12.2017 – zur Aufhebung der Sanierungssatzung verpflichtet war. Der Senat lässt jedoch offen, ob die Klägerin hieraus im konkreten Fall einen Aufhebungsanspruch herleiten könnte, obwohl die Beklagte die Sanierungsfrist im Nachgang rückwirkend verlängert hat.

Nach § 162 Abs. 1 Satz 1 Nr. 4 BauGB ist eine Sanierungssatzung aufzuheben, wenn – wie hier mit Ablauf des 31.12.2017 – die nach § 142 Abs. 3 Satz 3 oder 4 BauGB für die Durchführung der Sanierung festgelegte Frist abgelaufen ist. Zwar ist in der Rechtsprechung geklärt – und entspricht es dem Wortlaut des § 162 Abs. 1 BauGB –, dass das Verstreichen der Sanierungsfrist schon im Interesse der Rechtssicherheit – z. B. im Hinblick auf die Entstehung sanierungsrechtlicher Ausgleichsabgaben nach § 154 BauGB – nicht aus sich hieraus zu einem Außerkrafttreten der Sanierungssatzung führt (vgl. BVerwG, Urteil v. 20.3.2014 – 4 C 11.13 –, BVerwGE 149, 211, Rdnr. 14). Zugleich ist in der Rechtsprechung jedoch geklärt, dass einer Ausübung einzelner sanierungsrechtlicher Befugnisse und Rechte der aus dem auch im öffentlichen Recht geltenden Grundsatz von Treu und Glauben abgeleitete Einwand der unzulässigen Rechtsausübung entgegenstehen kann, auch wenn diese Rechte und Befugnisse aufgrund der rechtswidrig unterbliebenen Aufhebung der Sanierungssatzung formal fortbestehen (vgl. BVerwG, Urteil v. 20.3.2014 – 4 C 11.13 –, BVerwGE 149, 211, Rdnr. 14, 28 ff. zur Erhebung sanierungsrechtlicher Ausgleichsabgaben). Anders als die Festsetzung sanierungsrechtlicher Ausgleichsabgaben ist die Ausübung eines Vorkaufsrechts jedoch nicht erst dann als treuwidrig anzusehen, wenn diese dem Betroffenen aufgrund der Pflichtverletzung der Gemeinde unter Berücksichtigung der gesamten Umstände des Einzelfalls nicht mehr zumutbar erscheint. Denn im Hinblick auf Ausgleichsbeträge, die regelmäßig erst nach förmlichem Abschluss der Sanierung festzusetzen sind, liegt auf der Hand, dass der Einwand der unzulässigen Rechtsausübung nicht durchgreifen kann, bevor – bei pflichtgemäßem Verhalten der Gemeinde – die jeweils einschlägigen Verjährungszeiträume abgelaufen wären (vgl. BVerwG, Urteil v. 20.3.2014 – 4 C 11.13 –, BVerwGE 149, 211, Rdnr. 32 f.). Entsprechendes kann für die Ausübung eines durch die aufzuhebende Sanierungssatzung begründeten Vorkaufsrechts jedoch nicht gelten. Denn mit der Ausübung eines durch Erlass einer Sanierungssatzung begründeten Vorkaufsrechts, zu deren Aufhebung die (formal) Berechtigte im Zeitpunkt der Ausübung verpflichtet wäre, nimmt diese eine Rechtsposition in Anspruch, die bei einem den Vorgaben der Rechtsordnung entsprechenden Verhalten nicht mehr bestünde. Sie verhält sich damit treuwidrig, ohne dass es über den Ablauf der Sanierungsfrist hinausgehender Umstände bedarf. Ausgehend hiervon verstieß die Ausübung des Vorkaufsrechts im Zeitpunkt der Beschlussfassung des Gemeinderats bzw. im Zeitpunkt der Zustellung des Ausübungsbescheids gegen den Grundsatz von Treu und Glauben und war daher rechtswidrig, da die Beklagte in diesen Zeitpunkten zu einer Aufhebung der das Vorkaufsrecht begründenden Satzung verpflichtet war und auch von der durch § 162 Abs. 3 Satz 4 BauGB eingeräumten Möglichkeit, die Sanierungsfrist durch Beschluss zu verlängern, keinen Gebrauch gemacht hatte.

Aufgrund des Nichtvorliegens der gesetzlichen Ausübungsvoraussetzungen des § 24 Abs. 3 Satz 1 BauGB im Zeitpunkt der Ausübung des Vorkaufsrechts sowie allen als maßgeblich in Betracht kommenden, späteren Beurteilungszeitpunkten kann der Senat jedoch offen lassen, ob diesem Treuwidrigkeitsvorwurf im Nachgang der Boden entzogen wurde, weil die Beklagte die Sanierungsfrist mit Beschluss vom 25.2.2021 bis zum Ablauf des 31.12.2030 verlängert hat.

Zwar findet sich in mehreren Entscheidungen des Bundesverwaltungsgerichts der Hinweis, dass für die Beurteilung der Rechtmäßigkeit eines Bescheids über die Ausübung eines Vorkaufsrechts der Zeitpunkt der letzten Behördenentscheidung – d. h. im vorliegenden Fall der Zeitpunkt des Erlasses des Widerspruchsbescheids vom 19.5.2021 – maßgeblich sein könnte (vgl. BVerwG, Urteil v. 9.11.2021 – 4 C 1.20 –, BVerwGE 174, 109, juris Rdnr. 21; Beschluss v. 30.9.2020 – 4 B 45.19 –, juris Rdnr. 19). Nach Überzeugung des Senats kann dies jedoch nur den spätestmöglichen maßgeblichen Beurteilungszeitpunkt bezeichnen, weil das Prozessrecht einen Grundsatz, wonach im Rahmen einer Anfechtungsklage die Rechtmäßigkeit des Verwaltungsaktes stets nach der Sach- und Rechtslage im Zeitpunkt der letzten Verwaltungsentscheidung zu beurteilen ist, nicht kennt. Vielmehr sind dem materiellen Recht letztlich nicht nur die tatbestandlichen Voraussetzungen für die Rechtmäßigkeit eines Verwaltungsaktes, sondern auch die Antwort auf die Frage zu entnehmen, zu welchem Zeitpunkt diese Voraussetzungen erfüllt sein müssen (vgl. BVerwG, Urteil v. 15.11.2007 – 1 C 45.06 –, BVerwGE 130, 20, Rdnr. 13 m. w. N.; st. Rspr..). Im vorliegenden Kontext kann jedoch nicht unberücksichtigt bleiben, dass § 28 Abs. 2 Satz 1 BauGB eine materiell-rechtliche Ausschlussfrist enthält, nach deren Ablauf die hier normierte Rechtsposition nicht mehr ausgeübt werden kann. In der Rechtsprechung ist daher anerkannt, dass innerhalb der Frist des § 28 Abs. 2 Satz 1 BauGB sämtliche für die Ausübung des Vorkaufsrechts erforderlichen rechtlichen Voraussetzungen gegeben sein müssen (vgl. VGH Bad.-Württ., Urteil v. 29.2.2024 – 8 S 58/23 –, juris Rdnr. 64; VGH Bad.-Württ., Urteil v. 23.6.2015 – 8 S 1386/14 –, juris Rdnr. 38; OVG Rh.-Pf., Urteil v. 22.3.2023 – 1 A 10150/22.OVG –, juris Rdnr. 25; vgl. zum Charakter als Ausschlussfrist auch Senatsurt. v. 30.9.2021 – 3 S 2595/20 –, juris Rdnr. 28; Nds. OVG, Beschluss v. 27.5.2008 – 1 ME 77/08 –, juris Rdnr. 5). Ausgehend hiervon spricht nach Auffassung des Senats jedoch alles dafür, den Zeitpunkt der Ausübung des Vorkaufsrechts (so ausdrücklich VGH Bad.-Württ., Urteil v. 29.2.2024 – 8 S 58/23 –, juris Rdnr. 64; VGH Bad.-Württ., Urteil v. 23.6.2015 – 8 S 1386/14 –, juris Rdnr. 38; OVG Rh.-Pf., Urteil v. 22.3.2023 – 1 A 10150/22.OVG –, juris Rdnr. 25) oder doch jedenfalls den Zeitpunkt des Ablaufs der in § 28 Abs. 2 Satz 1 BauGB a. F. geregelten Zweimonatsfrist als maßgeblichen Beurteilungszeitpunkt anzusehen. Soweit der Senat in früheren Entscheidungen – jeweils nicht entscheidungstragend – auf die oben wiedergegebene Rechtsprechung des Bundesverwaltungsgerichts bzw. einen Beschluss des Oberverwaltungsgerichts Schleswig-Holstein (Beschluss v. 29.1.2009 – 1 LA 117/08 –, Rdnr. 16) Bezug genommen und hieran anknüpfend den Zeitpunkt der letzten Behördenentscheidung für maßgeblich erklärt hat, betrifft dies – ebenso wie die zitierte Rechtsprechung – lediglich die Unbeachtlichkeit nach diesem Zeitpunkt eintretender Veränderungen, trifft aber keine Aussage dazu, dass die Voraussetzungen für eine Ausübung des Vorkaufsrechts auch nach Ablauf der gesetzlichen Ausschlussfrist geschaffen werden können. Eine solche Aussage ist – wie dargelegt – auch der Rechtsprechung des Bundesverwaltungsgerichts nicht zu entnehmen.

Die gesetzliche Zweimonatsfrist des § 28 Abs. 2 Satz 1 BauGB wäre im Zeitpunkt der Verlängerung der Sanierungsfrist jedoch jedenfalls dann verstrichen gewesen, wenn man diese entsprechend dem Wortlaut des § 28 Abs. 2 Satz 1 BauGB bereits mit der Mitteilung des Inhalts des Kaufvertrags beginnen ließe oder man sie – unabhängig vom Zeitpunkt der Mitteilung über die Erteilung der sanierungsrechtlichen Genehmigung durch die Beklagte an die Beklagte – jedenfalls im Zeitpunkt der tatsächlichen Ausübung des Vorkaufsrechts beginnen ließe. Keinesfalls kann die von der weit überwiegenden Rechtsprechung – übereinstimmend mit der bisherigen Senatsrechtsprechung (vgl. Senatsurt. v. 30.9.2021 – 3 S 2595/20 –, juris Rdnr. 27 m. w. N.) – für sachgerecht gehaltene Anknüpfung des Fristbeginns erst an die Mitteilung der Erteilung der sanierungsrechtlichen Genehmigung jedoch dazu führen, dass sich der maßgebliche Beurteilungszeitpunkt bis ins Unendliche verschiebt, wenn – wie hier – die Mitteilung der sanierungsrechtlichen Genehmigung bzw. des vorherigen Eintritts der Genehmigungsfiktion vollständig unterbleibt. Letztlich können diese Fragen jedoch ebenso offen bleiben wie die Frage, ob eine rückwirkende Verlängerung der Sanierungsfrist überhaupt in Betracht kommt, ob eine Heilung des im Zeitpunkt der Ausübung des Vorkaufsrechts begründeten Treuwidrigkeitseinwands bereits durch eine nachträgliche Verlängerung der Sanierungsfrist bewirkt werden könnte oder es hierzu einer erneuten Entscheidung des Gemeinderates – ggf. unter erneuter Ausübung des der Gemeinde eingeräumten Entscheidungsermessens (vgl. zum maßgeblichen Zeitpunkt insoweit BVerwG, Beschluss v. 26.4.1993 – 4 B 31.93 –, juris Rdnr. 38 sowie BayVGH, Urteil v. 3.5.2016 – 14 B 15.205 –, juris Rdnr. 43) – in Ansehung der verlängerten Sanierungsfrist bedürfte, die vorliegend auch im Zeitraum bis zur Zurückweisung des Widerspruchs nicht getroffen wurde. Denn die gesetzlichen Ausübungsvoraussetzungen des § 24 Abs. 3 Satz 1 BauGB lagen weder im Zeitpunkt der Ausübung des Vorkaufsrechts, im Zeitpunkt der Zurückweisung des Widerspruchs noch im Zeitpunkt der letzten mündlichen Verhandlung vor dem Senat vor. …

Nr. 62

1. **Der Bescheid der Gemeinde über die Ausübung des Vorkaufsrechts gem. §§ 24, 28 BauGB stellt einen privatrechtsgestaltenden Verwaltungsakt dar. Dieser führt dazu, dass unmittelbar ein neuer Kaufvertrag zwischen der ausübenden Gemeinde und dem Verkäufer begründet wird (im Anschluss an BGH, Urteil v. 5.5.1988 – III ZR 105/87 –, juris).**

2. **Macht der Verkäufer geltend, dass ein Vorkaufsrecht der Gemeinde nicht bestehe, weil in Abweichung vom Inhalt der notariellen Urkunde eine gemischte Schenkung vereinbart worden sei, muss er den Bescheid über die Ausübung des Vorkaufsrechts anfechten. Denn in einem gerichtlichen Verfahren, das Ansprüche aus dem aufgrund der Ausübung des Vorkaufsrechts entstandenen Kaufvertrag zwischen Gemeinde und Verkäufer zum Gegenstand hat, gehen von dem Bescheid über die Ausübung des Vorkaufsrechts Bindungswirkungen aus; es unterliegt danach nicht mehr der Prüfungskompetenz des Zivilgerichts, ob die Ausübung des Vorkaufsrechts einen (reinen) Kaufvertrag gem. § 433 BGB zum Gegenstand hat. Dies gilt nur dann ausnahmsweise nicht, wenn der Bescheid über die Ausübung des Vorkaufsrechts gem. § 44 VwVfG NRW nichtig ist, weil er an einem besonders schwerwiegenden Fehler leidet und dies bei verständiger Würdigung aller in Betracht kommenden Umstände offenkundig ist.**

BauGB § 24 Abs. 1 Satz 1 Nr. 3; BGB § 433 Abs. 1.

OLG Hamm, Hinweisbeschluss vom 1. Oktober 2024 – 22 U 83/24 –.

Aus den Gründen:

Die Klägerin begehrt vom Beklagten die Übereignung des nachfolgend bezeichneten Grundstücks auf der Grundlage eines von ihr ausgeübten gemeindlichen Vorkaufsrechts. Das Grundstück ... stand und steht im Eigentum des Beklagten. Es liegt im Bereich des Bebauungsplans der Klägerin mit der .... Mit Beschluss v. 2.4.2020 hat der Rat der Klägerin den Beginn der vorbereitenden Untersuchungen zur Prüfung der Sanierungsbedürftigkeit im Bereich der S.-straße in D. Süd gemäß § 141 Abs. 3 BauGB festgesetzt. Am selben Tag hat der Rat der Klägerin für den Bereich der S.-straße in D. Süd eine Vorkaufssatzung im Sinne von § 25 Abs. 1 S. 1 Nr. 2 BauGB erlassen, um eine geordnete städtebauliche Entwicklung zu sichern. Hiervon ist auch der Kreuzungsbereich S.-straße/W.-straße erfasst.

Das streitgegenständliche Grundstück liegt im Bereich der Vorkaufssatzung. Mit notariell beurkundetem Vertrag vom 6.12.2022 ... verkaufte der Beklagte an seinen Cousin, den Zeugen R., das streitgegenständliche Grundstück. Der von dem Zeugen R. für das Grundstück zu zahlende Kaufpreis betrug 40 000.00 €. Der Vertrag wurde zunächst von der Ehefrau des Beklagten, Frau Q., abgeschlossen. Der Beklagte genehmigte das Geschäft am

9.12.2022.Für die weiteren Einzelheiten wird auf den notariellen Vertrag .. Bezug genommen. Mit an den Beklagten gerichteten und förmlich zugestellten und mit einer Rechtsmittelbelehrung versehenen Bescheid vom 6.3.2023 erklärte die Klägerin die Ausübung des Vorkaufsrechts bezüglich des streitgegenständlichen Grundstücks .... Rechtsmittel gegen den Bescheid legte der Beklagte nicht ein. Der Beklagte lehnte mit E-Mail vom 15.8.2023 ... das vorgerichtliche Begehren der Klägerin auf Übereignung des streitgegenständlichen Grundstücks ab. Unter Berufung auf das ausgeübte Vorkaufsrecht hat die Klägerin die Übereignung des Grundstücks Zug-um-Zug gegen Zahlung von 40 000 € und die Feststellung des Annahmeverzugs beantragt. Der Beklagte hat Klageabweisung mit der Behauptung beantragt, es sei eine gemischte Schenkung vereinbart worden, weshalb – so hat er gemeint – das Vorkaufsrecht der Klägerin nicht bestehe. Der Bescheid der Klägerin über die Ausübung des Vorkaufsrechts sei gem. § 44 VwVfG nichtig.

Das Landgericht hat nach Durchführung einer Beweisaufnahme der Klage vollumfänglich mit der Begründung stattgegeben, zur Überzeugung der Kammer sei ein Kaufvertrag ohne Schenkungsanteil vereinbart worden. ...

Mit der Berufung begehrt der Beklagte die Abweisung der Klage.

Die zulässige Berufung des Beklagten ist offensichtlich unbegründet. Die angefochtene Entscheidung beruht weder auf einer Rechtsverletzung im Sinne von § 546 ZPO noch rechtfertigen die nach § 529 ZPO zugrunde zu legenden Tatsachen eine andere, dem Beklagten günstigere Entscheidung, § 513 ZPO.

Das Landgericht hat im Ergebnis zu Recht die Klage als begründet erachtet.

Der Klägerin steht ein Anspruch auf Übereignung des streitgegenständlichen Grundstücks zu. Der Beklagte ist – wie vom Landgericht ausgeurteilt – gem. § 433 Abs. 1 BGB verpflichtet, die Auflassung und die Bewilligung zur Eintragung ins Grundbuch zur erklären.

Zwischen den Parteien ist ein Kaufvertrag über das streitgegenständliche Grundstück aufgrund der wirksamen Ausübung des gemeindlichen Vorkaufsrechts gem. §§ 24 Abs. 1 S. 1 Nr. 3, 25 Abs. 1 S. 1 Nr. 2 BauGB in Verbindung mit den erlassenen Satzungen vom 2.4.2020 zustande gekommen. Entgegen der Ansicht des Beklagten steht in Übereinstimmung mit der Auffassung des Landgerichts fest, dass der Beklagte einen Kaufvertrag (ohne einen schenkungsrechtlichen Anteil) über das streitgegenständliche Grundstück zum Kaufpreis von 40 000 € abgeschlossen hat. Hiervon ist aufgrund des bestandskräftigen und nicht gem. § 44 VwVfG NRW nichtigen Bescheids der Klägerin über die Ausübung des Vorkaufsrechts vom 6.3.2023 auszugehen.

Der Bescheid der Klägerin vom 6.3.2023 über die Ausübung des Vorkaufsrechts führt dazu, dass ein Kaufvertrag zwischen der Klägerin und dem Beklagten zu den Bedingungen des notariellen Kaufvertrages vom 6.12.2022 entstanden ist. Die Klägerin hat auf der Grundlage der Vorkaufsrechtssatzung vom 2.4.2020 und dem Beschluss des Rates der Klägerin vom 2.4.2020 zur Prüfung der Sanierungsbedürftigkeit das Vorkaufsrecht ausgeübt. Die §§ 24 Abs. 1 Nr. 3, 25 Abs. 1 Nr. 2 BauGB sind hierfür die gesetzliche Ermächtigungsgrundlage.

Die Ausübung des Vorkaufsrechts gemäß § 28 Abs. 2 BauGB stellt einen privatrechtsgestaltenden Verwaltungsakt dar (BVerwG, Beschluss v. 30.11.2009 – 4B 52/09 –, Rdnr. 5 juris). Der bestandskräftige Verwaltungsakt führt dazu, dass unmittelbar ein neuer Kaufvertrag zwischen der ausübenden Gemeinde und dem Verkäufer begründet wird, mit dem Inhalt, wie er zwischen dem Verpflichteten und dem Käufer besteht (BGH, Urteil v. 5.5.1988 – III ZR 105/87 –, Rdnr. 13 juris; Ernst/Zinkahn/Bielenberg/Krautzberger/Stock, 154. EL April 2024, BauGB § 28 Rdnr. 35, 36 m. w. N., beck-online).

Der Bescheid über die Ausübung des Vorkaufsrechts ist bestandskräftig geworden. Denn der Beklagte hat trotz Rechtsbehelfsbelehrung keine Rechtsbehelfe gegen den Verwaltungsakt eingelegt.

Der bestandskräftige Verwaltungsakt umfasst rechtlich bindend die Feststellung, dass über das streitgegenständliche Grundstück ein Kaufvertrag (ohne schenkungsrechtliche Anteile) abgeschlossen worden ist. Die Ausübung des Vorkaufsrechts nach dem BauGB (§§ 24 ff. BauGB) setzt unter anderem voraus, dass im Sinne § 463 BGB, auf den in § 28 Abs. 2 S. 2 BauGB unter anderem verwiesen wird, ein das Vorkaufsrecht auslösender wirksamer Kaufvertrag geschlossen wurde.

Dementsprechend hat die Gemeinde bei der Prüfung, ob ein Bescheid über die Ausübung des Vorkaufsrechts erlassen werden darf, die privatrechtliche Vorfrage des Bestehens eines Kaufvertrages einzubeziehen (Schrödter, Baugesetzbuch, BauGB § 28 Rdnr. 59, beck-online). Daher gehört es unter anderem zur gerichtlichen Überprüfung eines Bescheides gemäß § 28 BauGB, ob ein (reiner) Kaufvertrag vorliegt oder die Existenz eines gemischten Schenkungsvertrages der Ausübung des Vorkaufsrechts entgegensteht (vgl. OVG Lüneburg, Beschluss v. 14.1.2013 – 4 LA 173/12 –, Rdnr. 5–6, juris; Hessischer Verwaltungsgerichtshof, Beschluss v. 20.6.2003 – 3 UE 371/03 –, Rdnr. 25, juris).

Aus dem vorbeschriebenen Umfang der Prüfung der Voraussetzungen für den Erlass des privatrechtsgestaltenden Verwaltungsaktes folgt die entsprechende Bindungswirkung für das hier gegenständliche zivilgerichtliche Verfahren. Im allgemeinen zivilgerichtlichen Verfahren wird dementsprechend nur über die inhaltlichen Rechtsfolgen der vorausgesetzten wirksamen Ausübung des gemeindlichen Vorkaufsrechts befunden (vgl. z. B. BGH, Urteil v. 14.7.1995 – V ZR 31/94 –, beck-online).

Entgegen der Auffassung des Beklagten ist der Bescheid vom 6.3.2023 nicht gem. § 44 Abs. 1 VwVfG NRW unwirksam, weshalb der Senat aufgrund der von ihm ausgehenden Bindungswirkung von dem Bestehen eines Kaufvertrages auszugehen hat.

Ein Verwaltungsakt ist gem. § 44 Abs. 1 VwVfG NRW ausnahmsweise nur dann nichtig, wenn er an einem besonders schwerwiegenden Fehler leidet und dies bei verständiger Würdigung aller in Betracht kommenden Umstände offenkundig ist. Offenkundigkeit bedeutet, dass die schwere Fehlerhaftigkeit des Verwaltungsakts für einen unvoreingenommenen, mit den in Betracht kommenden Umständen vertrauten, verständigen Beobachter ohne Weiteres ersichtlich sein, sich geradezu aufdrängen muss (OVG Münster Beschluss v. 21.2.2020 – 8 A 3269/18 – m. w. N., BeckRS 2020, 10186 Rdnr. 7, beck-online).

Der gegenständliche Bescheid vom 6.3.2023 leidet nicht an einem besonders schwerwiegenden Fehler. Die Klägerin konnte und durfte nach Maßgabe der ihr vorgelegten notariellen Urkunde vom 6.12.2022 davon ausgehen, dass ein Kaufvertrag über das streitgegenständliche Grundstück abgeschlossen wurde. Hierfür sprechen sowohl die Bezeichnung (»Kaufvertrag«) des beurkundeten Rechtsgeschäfts als auch der Inhalt der Urkunde. Denn diese enthielt bezüglich der dort getroffenen rechtsrelevanten Regelungen allein die Elemente eines Kaufvertrages. Die Vermutung der Vollständigkeit und Richtigkeit der Vertragsurkunde (vgl. hierzu etwa BGH, Urteil v. 6.3.2020 – V ZR 2/19 –; Beschluss v. 31.10.2002 – V ZR 100/02 –, jeweils juris) streitet dafür, dass neben den niedergelegten kaufvertraglichen Bestimmungen keine weitere Vereinbarung zwischen den Parteien dahingehend getroffen wurde, dass ergänzend hinsichtlich eines den vereinbarten Kaufpreis übersteigenden objektiven Verkehrswertes des Grundstücks eine unentgeltliche Zuwendung gem. § 516 Abs. 1 BGB vorliegt.

Die von dem Beklagten behauptete Divergenz zwischen Kaufpreis und Verkehrswert des Grundstücks sowie der im Notarvertrag enthaltene Hinweis der beurkundenden Notarin, dass eine Schenkungssteuerpflicht bestehen könne, begründet jedenfalls nicht einen besonders schweren Fehler im oben genannten Sinne. Denn wie das Landgericht zutreffend im angefochtenen Urteil ausgeführt hat, bedeutet vor dem Hintergrund der für eine Schenkung erforderlichen Einigung über die Unentgeltlichkeit der Zuwendung eine Abweichung zwischen objektivem Verkehrswert und Kaufpreis nicht zwangsläufig, dass eine Schenkung im Rechtssinne vorliegt. Es geht nach alledem zu Lasten des Beklagten, dass er im Verwaltungsverfahren keine Gründe vorgetragen hat, die zu einer von der Urkunde abweichenden Einschätzung der Rechtsnatur des Vertrages hätte führen können, und er auch keinen Rechtsbehelf gegen den Bescheid vom 6.3.2023 eingelegt hat. Im Übrigen merkt der Senat an, dass der vom Beklagten behauptete Verkehrswert des Grundstücks nicht dem objektiven Verkehrswert des Grundstücks entsprechen dürfte (§ 194 BauGB). Denn die Behauptung des Klägers gründet allein auf dem Vergleichswert der einschlägigen Bodenrichtwertzone laut der Datenerhebung des Gutachterausschusses für die Ermittlung von Grundstückwerten (§ 193 BauGB). Dabei wird außer Acht gelassen, dass nach den eigenen Angaben des Beklagten das aufstehende Gebäude keinen jedenfalls relevanten Wert zum Wertermittlungsstichtag (Datum des Kaufvertrages) aufwies, weshalb er allein auf den Grundstückswert abstellt. Der von ihm vorgetragene Zustand des aufstehenden Gebäudes hat zur Folge, dass § 8 Abs. 3 Nr. 3 ImmowertV relevant wird, wonach bauliche Anlagen, die nicht mehr wirtschaftlich nutzbar sind und zur alsbaldigen Freilegung anstehen, zu einer Verminderung des Wertes des Grundstücks führen, weil der Wirtschaftsverkehr die zur Beseitigung des Gebäudes entstehenden Kosten vom Wert des Grundstücks absetzt.

Der nach Auffassung des Beklagten gegebene Fehler ist zudem nicht im Sinne des § 44 Abs. 1 VwVfG offensichtlich.

Denn in Anbetracht der ... angeführten Entscheidungsgrundlage in der Form der notariellen Kaufvertragsurkunde und der aus seinem Inhalt folgenden Rechtswirkungen musste es sich einem verständigen Beobachter nicht aufdrängen, dass die Einschätzung der Klägerin bezüglich des Vorliegens eines Kaufvertrages schwerwiegend fehlerhaft war.

Da der Beklagte sich trotz des angebotenen Betrages von 40 000 € weigerte, das streitgegenständliche Grundstück zu übereignen, hat das Landgericht nach Maßgabe der §§ 293, 298 BGB zu Recht den Annahmeverzug des Beklagten festgestellt. ...

B. Rechtsprechung zum Bauordnungsrecht

I. Abstandsflächenrecht

Nr. 63

Die Verletzung von Abstandsflächenvorschriften, die gerade die Nachbarn schützen sollen, führt regelmäßig zum Vorliegen eines Rechtsschutzinteresses.

Moralische Wertungen, die nicht Einfluss in geltendes Recht gefunden haben, müssen im Gerichtsverfahren außen vor bleiben.

(Leitsätze der Redaktion)

VwGO § 124 Abs. 2 Nr. 5; BayBO Art. 6 Abs. 9.

Bayerischer VGH, Beschluss v. 9. Januar 2024 – 2 ZB 22.1708 –.

Aus den Gründen:

Der Antrag des Beigeladenen auf Zulassung der Berufung nach §§ 124, 124a Abs. 4 VwGO hat keinen Erfolg, weil die geltend gemachten Zulassungsgründe nicht vorliegen.

Das Urteil des Verwaltungsgerichts begegnet im Rahmen der dargelegten Zulassungsgründe keinem ernstlichen Zweifel an seiner Richtigkeit (§ 124 Abs. 2 Nr. 1 VwGO). Der Beigeladene wendet sich gegen die Verpflichtung des Beklagten, über den Antrag auf bauaufsichtliches Einschreiten der Klägerin gegen die errichtete Grenzgarage des Beigeladenen unter Beachtung der Rechtsauffassung des Gerichts erneut zu entscheiden. Infrage gestellt wird dabei in erster Linie der Ausgangspunkt des Erstgerichts, die mittlere Wandhöhe der streitgegenständlichen Grenzgarage betrage auch unter Berücksichtigung des später erfolgten Anbaus an die Grenzgarage mehr als 3 m. Nach Ansicht des Beigeladenen ist demgegenüber durch die Realisierung des Anbaus eine Vergrößerung der außer Betracht bleibenden Giebelfläche eingetreten und dadurch die mittlere Wandhöhe auf unter 3 m reduziert worden, sodass es sich um eine zulässige Grenzgarage im Sinne von Art. 6 Abs. 9 Satz 1 Nr. 1 BayBO in der Fassung bis zum 31.1.2021 handle (vgl. die Skizze auf S. 18 der erstinstanzlichen Entscheidung). Die Zulassungsbegründung führt hierfür verschiedene, angeblich nach anerkannten architektonischen Grundsätzen zulässige Berechnungsweisen der Giebelfläche an, verweist auf moralische Kriterien des offenbar seit geraumer Zeit schwelenden Nachbarschaftsstreits und deutet nebulös eine möglicherweise fehlende Unparteilichkeit des Erstgerichts an.

Zwar mag ein »architektonischer Kunstgriff«, mit dem die Berechnung der für die Frage der Abstandsflächenfreiheit entscheidenden Wandhöhe zugunsten des Bauherrn beeinflusst werden kann, nicht grundsätzlich unzulässig sein. Im hier zu entscheidenden Fall ist jedoch mit dem Erstgericht davon auszugehen, dass eine Umgehung der abstandsflächenrechtlichen Vorschriften vorliegt, die letztlich zulasten des Bauherrn berücksichtigt werden muss. Der fragliche Anbau, mit dem eine möglicherweise insgesamt schräg verlaufende Giebelfläche entstand, wurde ebenfalls direkt auf der Grundstücksgrenze zur Klägerin realisiert und verstärkt damit die Massivität der Grenzbebauung insgesamt, was dem Zweck der durch Art. 6 Abs. 9 BayBO a. F. nur eingeschränkten Zulässigkeit einer Grenzbebauung zuwiderläuft. Es wäre sinnwidrig, eine solche Verschlechterung der Grenzbebauung insgesamt zulasten der Klägerin letztlich zugunsten des Beigeladenen durchschlagen zu lassen. Diese Wertung des Erstgerichts, die der Senat teilt, vermag die Zulassungsbegründung nicht substantiiert infrage zu stellen. Moralische Wertungen, die – wie hier – nicht Einfluss in geltendes Recht gefunden haben, müssen im Gerichtsverfahren außen vor bleiben. Andeutungen in Richtung einer fehlenden Unparteilichkeit des Gerichts müssen entweder in der prozessrechtlich einschlägigen Form – was hier unterblieben ist – erfolgen oder sind zu unterlassen.

Der geltend gemachte Zulassungsgrund einer grundsätzlichen Bedeutung der Rechtssache (§ 124 Abs. 2 Nr. 3 VwGO) liegt nicht vor. Der Begriff der grundsätzlichen Bedeutung erfordert, dass die im Zulassungsantrag dargelegte Rechts- oder Tatsachenfrage für die Entscheidung der Vorinstanz von Bedeutung war, auch für die Entscheidung im Berufungsverfahren erheblich wäre, diese höchstrichterlich oder – bei tatsächlichen Fragen oder nicht revisiblen Rechtsfragen – durch die Rechtsprechung des Berufungsgerichts nicht geklärt und über den Einzelfall hinaus bedeutsam ist (vgl. BayVGH, Beschluss v.12.10.2010 – 14 ZB 09.1289 – juris). Zur Darlegung dieses Zulassungsgrundes ist eine Frage auszuformulieren und substantiiert anzuführen, warum sie für klärungsbedürftig sowie entscheidungserheblich gehalten und aus welchen Gründen ihr eine allgemeine, über den Einzelfall hinausreichende Bedeutung zugemessen wird (vgl. BayVGH, Beschluss v. 20.11.2018 – 9 ZB 16.2323 – juris). Hier fehlt es bereits an der Ausformulierung einer für grundsätzlich bedeutsam gehaltenen Frage.

Der geltend gemachte Verfahrensmangel (§ 124 Abs. 2 Nr. 5 VwGO) liegt nicht vor. Die Zulassungsbegründung erblickt ihn darin, dass das Erstgericht keinen Beweis zu der Frage erhoben habe, ob ein Rechtsschutzinteresse der Klägerin vor dem Hintergrund bestehe, dass mögliche Verletzungen von Abstandsflächenvorschriften aufgrund der konkreten Grundstückssituation ohne Auswirkungen blieben. Unabhängig von der Frage, ob der Beigeladene erstinstanzlich entsprechende prozessual ordnungsgemäße Beweisanträge gestellt hat, ist darauf hinzuweisen, dass das Erstgericht im Wege eines gerichtlichen Augenscheins als Mittel der Wahl die konkrete Grundstückssituation vor Ort beurteilt hat. Im Übrigen führt die Verletzung von Abstandsflächenvorschriften, die gerade die Nachbarn schützen sollen, regelmäßig zum Vorliegen eines Rechtsschutzinteresses. Warum hier eine Ausnahme von diesem Regelfall vorliegen soll, wird nicht substantiiert, sondern allenfalls moralisierend dargelegt. Die behauptete Verletzung des rechtlichen Gehörs unter dem Gesichtspunkt, das Gericht habe nicht darauf hingewiesen, dass eine Giebellinie Öffnungen und Nutzflächen nicht durchschneiden dürfe, liegt ebenfalls nicht vor. Auf diese Frage kam es jedenfalls nicht entscheidungserheblich an, nachdem von einer Umgehung der abstandsflächenrechtlichen Vorschriften auszugehen ist.

Nr. 64

1. **Balkone müssen nach § 6 Abs. 1 HBauO grundsätzlich Abstandsflächen wahren. Dies ergibt sich aus einer entsprechenden Anwendung des § 6 Abs. 1 Satz 1 HBauO, wonach vor den Außenwänden von Gebäuden Abstandsflächen freizuhalten sind.**
2. **Die Privilegierung des § 6 Abs. 1 Satz 3 HBauO, wonach unter bestimmten Voraussetzungen vor Außenwänden, die an Grundstücksgrenzen errichtet werden, keine Abstandsflächen zu wahren sind, ist auf Balkone weder unmittelbar noch entsprechend anwendbar. Im Hinblick auf die Schutzziele des Abstandsflächenrechts – insbesondere der Wahrung eines gewissen Sozialabstands – besteht ein entscheidender Unterschied zwischen Balkonen und gebäudeabschließenden Außenwänden.**
3. **Eine Baugenehmigung ist auch dann, wenn lediglich ein Teil des Bauvorhabens den klagenden Nachbarn in seinen Rechten verletzt, insgesamt aufzuheben, wenn der in Rede stehende Teil nicht hinweggedacht werden kann, ohne dass der Rest des Bauvorhabens angepasst werden müsste.**

BauO HA § 6 Abs. 1, Abs. 6.

Verwaltungsgericht Hamburg, Urteil v. 6. März 2024 – 12 K 2215/19 –.

Aus den Gründen:

Die Klage hat Erfolg. Sie ist zulässig (hierzu unter 1.) und begründet (hierzu unter 2.).

1. Die Klage ist als Anfechtungsklage nach § 42 Abs. 1 Var. 1 VwGO statthaft und auch im Übrigen zulässig. Insbesondere fehlt es nicht an der Sachurteilsvoraussetzung eines ordnungsgemäß durchgeführten Widerspruchsverfahrens (hierzu unter a)). Es liegt auch keine Klageänderung vor, deren Zulässigkeit gesondert zu beurteilen wäre (hierzu unter b).

a) Das erforderliche Widerspruchsverfahren wurde ordnungsgemäß durchgeführt. Die Klägerin hat den Widerspruch insbesondere rechtzeitig erhoben. Die Klägerin hat weder die Widerspruchsfrist versäumt (hierzu unter aa)) noch ist das prozessuale Recht der Klägerin, Widerspruch und Klage gegen die Baugenehmigung einzulegen, durch Verwirkung entfallen (hierzu unter bb)).

aa) Die Klägerin hat zunächst nicht die gesetzliche Widerspruchsfrist versäumt.

Nach der Rechtsprechung des Bundesverwaltungsgerichts gilt für einen Nachbarn – hier die Klägerin – in Fällen, in denen er sich durch eine einem Dritten erteilte Baugenehmigung beschwert fühlt und diese ihm nicht amtlich bekanntgegeben worden ist, weder in unmittelbarer noch in analoger Anwendung die Jahresfrist für die Erhebung des Widerspruches aus §§ 70 Abs. 1, 58 Abs. 2 VwGO (grundlegend BVerwG, Urteil v. 25.1.1974, IV C 2.72, juris Rdnr. 20 ff.). Hat der Nachbar allerdings sichere (»zuverlässige«) Kenntnis von der Baugenehmigung erlangt oder hätte er sie erlangen müssen, so kann ihm in aller Regel nach Treu und Glauben vor dem Hintergrund des nachbarlichen Gemeinschaftsverhältnisses die Berufung darauf versagt sein, dass ihm die Baugenehmigung nicht amtlich bekanntgegeben worden ist. Dies hat zur Folge, dass für den Nachbarn die Widerspruchsfrist nach §§ 70 Abs. 1, 58 Abs. 2 VwGO so zu laufen beginnt, als sei ihm die Baugenehmigung in dem Zeitpunkt amtlich bekanntgegeben worden, in dem er von ihr sichere Kenntnis erlangt hat oder hätte erlangen müssen (BVerwG, Urteil v. 25.1.1974, IV C 2.72, juris Rdnr. 25; Beschluss v. 28.8.1987, 4 N 3.86, juris Rdnr. 13 ff.; OVG Hamburg, Beschluss v. 14.7.2015, 2 Bs 131/15, juris Rdnr. 8). Dabei sind für die Beantwortung der Frage, ab wann der jeweils betroffene Nachbar die Rechtsverletzung hätte erkennen bzw. ab wann er hinreichend zuverlässige Kenntnis über einen (möglichen) Eingriff in seine geschützte Rechtsstellung erlangt hat, die jeweiligen Umstände des Einzelfalles maßgeblich (BVerwG, Beschluss v. 28.8.1987, a. a. O., Rdnr. 16). Die Kenntnis bzw. Möglichkeit der Kenntnis muss sich dabei nicht lediglich auf die Erteilung einer Baugenehmigung beziehen; es kommt vielmehr auf die Erkennbarkeit der spezifischen Risiken und Beeinträchtigungen für den Nachbarn an (vgl. BVerwG, Urteil v. 25.1.1974, IV C 2.72, juris Rdnr. 24; VGH Mannheim, Urteil v. 14.5.2012, 10 S 2693/09, juris Rdnr. 37 f.; OVG Lüneburg, Urteil v. 17.1.1997, 1 L 6347/95, juris Rdnr. 10; OVG Münster, Beschluss v. 19.10.2016, 8 B 594/16, juris Rdnr. 17 f.). Der Nachbar muss keinen »vorsorglichen Widerspruch, d. h. einen Widerspruch »auf Verdacht« oder »ins Blaue hinein« erheben (BVerwG, Beschluss v. 11.9.2018, 4 B 34.18, juris Rdnr. 11); dies gilt umso mehr, als ein Nachbar – unabhängig davon, ob er vom Vorliegen einer Baugenehmigung ausgehen kann oder muss – grundsätzlich unterstellen darf, dass die zuständigen Behörden rechtmäßig handeln, und ihm nicht angesonnen werden kann, gleichsam auf Verdacht eine Bautätigkeit auf dem Nachbargrundstück zum Anlass zu nehmen, sich über den Inhalt einer Baugenehmigung kundig zu machen (OVG Saarlouis, Beschluss v. 19.9.1997, 2 V 10/97, juris Rdnr. 7).

Unter Zugrundelegung der dargestellten Maßstäbe war der Widerspruch der Klägerin nicht verspätet.

Die Kammer vermag nicht zu erkennen, dass der vormalige Eigentümer des Grundstücks XXX, Herr XXX, – dessen Kenntnis oder Kennenmüssen sich die Klägerin möglicherweise zurechnen lassen müsste – bereits vor Baubeginn zuverlässige Kenntnis von denjenigen Aspekten des streitgegenständlichen Vorhabens gehabt hätte, durch die sich die Klägerin in ihren Rechten verletzt sieht, nämlich die Bebauungstiefe sowie die geplanten Balkone an der Grundstücksgrenze zum Grundstück der Klägerin. In dem Protokoll der »Besprechung nachbarschaftlicher Belange« am 21.4.2015, bei der Herr XXX und einer seiner Söhne anwesend waren, ist lediglich festgehalten, dass das Bauvorhaben »vorgestellt« worden sei. Daraus ergibt sich jedoch nicht, inwieweit die angegriffenen Bestandteile der Baugenehmigung Gegenstand dieser Besprechung waren. Eine Kenntnis des konkreten Bauvorhabens nach dem oben genannten Maßstab ergibt sich auch nicht aus der am 1.7.2015 unterzeichneten »Nachbarschaftszustimmung«. Zwar ist auch hierin festgehalten, dass »der Nachbar W« am 21.4.2015 sowie mit Schreiben vom 26.5.2015 über das Vorhaben informiert worden sei. Allerdings bleibt auch insoweit offen, inwieweit sich diese »Information« auf die konkrete Ausgestaltung des Bauvorhabens bezog. In der Nachbarzustimmung selbst wurden lediglich Betretungsregelungen, Regelungen zum Baugrubenkonzept sowie zur Beweissicherung vereinbart, die keinen Hinweis auf die beanstandeten Aspekte des streitgegenständlichen Vorhabens geben.

Die Widerspruchsfrist begann damit frühestens mit Baubeginn im Frühjahr 2017. Die Klägerin hat bereits im März 2017 Widerspruch eingelegt.

bb) Die Klägerin hat ihr Widerspruchsrecht auch nicht verwirkt.

Das Recht, Widerspruch zu erheben, kann außer durch eine nach den unter a) dargestellten Grundsätzen verspätete Widerspruchseinlegung auch durch Verwirkung verloren gehen (BVerwG, Urteil v. 25.1.1974, IV C 2.72, juris Rdnr. 28). Die Verwirkung kann je nach den besonderen Verhältnissen im Einzelfall auch schon vor Ablauf der Jahresfrist eintreten (BVerwG, Beschluss v. 11.9.2018, 4 B 34.18, juris Rdnr. 14; Urteil v. 16.5.1991, 4 C 4/89, juris Rdnr. 23). Dies setzt außer der Untätigkeit des Berechtigten während eines längeren Zeitraums voraus, dass besondere Umstände hinzutreten, welche die verspätete Geltendmachung als Verstoß gegen Treu und Glauben erscheinen lassen. Das ist insbesondere der Fall, wenn der Verpflichtete infolge eines bestimmten Verhaltens des Berechtigten darauf vertrauen durfte, dass dieser das Recht nach so langer Zeit nicht mehr geltend machen würde (Vertrauensgrundlage), der Verpflichtete ferner darauf vertraut hat, dass das Recht nicht mehr ausgeübt werde (Vertrauenstatbestand) und sich infolgedessen in seinen Vorkehrungen und Maßnahmen so eingerichtet hat, dass ihm durch die verspätete Durchsetzung des Rechts ein unzumutbarer Nachteil entstünde (BVerwG, Beschluss v. 11.9.2018, 4 B 34.18, juris Rdnr. 15).

Nach diesem Maßstab kommt eine Verwirkung hier nicht in Betracht, da die Klägerin bereits kurze Zeit nach Baubeginn bzw. Kenntniserlangung Widerspruch erhoben hat.

b) Im Übrigen liegt keine nach § 91 Abs. 1 und 2 VwGO zu beurteilende Klageänderung darin, dass die Klägerin bei Klageerhebung die Aufhebung der Baugenehmigung nur insoweit beantragt hat, als diese die Errichtung von vier Balkonen an der nach Westen gerichteten Rückseite des Bauvorhabens mit einem Abstand von 0,20 m zur klägerischen Grundstücksgrenze sowie eine Bebauungstiefe von 16,50 m an der gemeinsamen Grundstücksgrenze zulässt, in der mündlichen Verhandlung jedoch die (vollständige) Aufhebung der Baugenehmigung und des Widerspruchsbescheids beantragt hat. Bereits der ursprüngliche Klageantrag war nach § 88 VwGO dahingehend auszulegen, dass er jedenfalls hilfsweise auch einen auf vollständige Aufhebung gerichteten Antrag enthielt. Die ausdrückliche Beschränkung des Klageantrags in der genannten Weise beruhte ersichtlich nicht darauf, dass die Klägerin eine vollständige Aufhebung der Baugenehmigung abgelehnt hätte. Vielmehr ist darin ein »Entgegenkommen« der Klägerin gegenüber der Beigeladenen zu sehen. Dies ist aber dann nicht mehr im Interesse der Klägerin, wenn sie – wie hier – die Durchsetzung ihrer Rechte mangels Teilbarkeit der Baugenehmigung nur durch deren vollständige Aufhebung erreichen kann. Der beschränkte Klageantrag enthält daher zugleich hilfsweise ein hierauf gerichtetes Begehren (vgl. auch BVerwG, Beschluss v. 20.8.1992, 4 B 92.92, juris Rdnr. 3; Eyermann, 16. Aufl. 2022, VwGO, § 88 Rdnr.11).

2. Die Klage ist auch begründet. Die angefochtene Baugenehmigung, bestehend aus dem Baugenehmigungsbescheid vom 20.11.2014 und den hierzu erteilten Änderungs- und Ergänzungsbescheiden, und der Widerspruchsbescheid vom 8.4.2019 sind rechtswidrig und verletzen die Klägerin in ihren Rechten (§ 113 Abs. 1 Satz 1 VwGO).

Die Anfechtungsklage eines Grundstückseigentümers gegen eine Baugenehmigung für ein Bauvorhaben auf einem Nachbargrundstück hat (nur) dann Erfolg, wenn dem Vorhaben öffentlich-rechtliche Vorschriften entgegenstehen, die für die Genehmigungsfähigkeit maßgeblich sind und die nach dem erkennbaren Willen des Normgebers ein subjektiv-öffentliches (eigenes) Abwehrrecht des betroffenen Nachbarn begründen (vgl. BVerwG, Urteil v. 19.9.1986, 4 C 8.84, juris Rdnr. 11; OVG Hamburg, Beschluss v. 7.5.1990, Bs II 65/90, juris Rdnr. 6). Demgegenüber kann durch den Drittbetroffenen keine umfassende Kontrolle der Rechtmäßigkeit der angegriffenen Baugenehmigung erreicht werden. Insofern kommt es nicht darauf an, ob das Bauvorhaben objektiv genehmigungsfähig war oder ist. Entscheidungserheblich ist vielmehr allein, ob die Baugenehmigung solche öffentlich-rechtlichen Vorschriften verletzt, die (auch) dem Schutz des Nachbarn dienen.

Eine Verletzung der Rechte der Klägerin liegt hier darin, dass mit der angefochtenen Baugenehmigung die Errichtung von vier Balkonen an der westlich ausgerichteten Rückseite des Bauvorhabens mit einem seitlichen Grenzabstand von 0,20 m zur Grenze des klägerischen Grundstücks genehmigt wurde (hierzu unter a)). Die Baugenehmigung ist bereits aus diesem

Grunde insgesamt aufzuheben, da das Bauvorhaben insoweit nicht teilbar ist (hierzu unter b)). Ob die Baugenehmigung die Rechte der Klägerin auch unter weiteren Gesichtspunkten verletzt, bedarf daher keiner Entscheidung (hierzu unter c)).

a) Die angefochtene Baugenehmigung verletzt die Klägerin in ihren Rechten, soweit mit ihr die Errichtung von vier Balkonen an der nach Westen ausgerichteten Rückseite des Bauvorhabens mit einem seitlichen Grenzabstand von 0,20 m zur Grenze des klägerischen Grundstücks genehmigt wurde. Denn die Balkone verstoßen gegen das Mindestabstandsflächengebot nach § 6 Abs. 5 Satz 1 Halbs. 2 HBauO, dass gemäß § 71 Abs. 2 Nr. 1 HBauO Nachbarschutz vermittelt (vgl. OVG Hamburg, Beschluss v. 7.6.2023, 2 Bs 38/23, juris Rdnr. 18). Die streitgegenständlichen Balkone lösen die Abstandsflächenpflicht gemäß § 6 Abs. 1 HBauO aus (hierzu unter aa)). Sie halten den sich aus § 6 Abs. 5 Satz 1 Halbs. 2 HBauO ergebenden Mindestabstand von 2,50 m zur Grundstücksgrenze der Klägerin nicht ein (hierzu unter bb). Darüber hinaus greift weder der Privilegierungstatbestand des § 6 Abs. 1 Satz 3 HBauO noch derjenige des § 6 Abs. 6 Nr. 2 HBauO zugunsten der streitgegenständlichen Balkone ein (hierzu unter cc) und dd)). Schließlich ist auch eine nachbarliche Zustimmung nicht erteilt worden (hierzu unter ee)).

aa) Die streitgegenständlichen Balkone lösen die Abstandsflächenpflicht gemäß § 6 Abs. 1 HBauO aus. Nach § 6 Abs. 1 Satz 1 HBauO sind vor den Außenwänden von Gebäuden Flächen von oberirdischen Gebäuden freizuhalten (Abstandsflächen). Dies gilt nach Satz 2 der Vorschrift entsprechend für andere Anlagen, von denen Wirkungen wie von Gebäuden ausgehen, gegenüber Gebäuden und Grundstücksgrenzen.

Nach Auffassung der Kammer ergibt sich eine grundsätzliche Abstandsflächenpflicht von Balkonen aus einer entsprechenden Anwendung des § 6 Abs. 1 Satz 1 HBauO.

Eine Anwendbarkeit von § 6 Abs. 1 Satz 2 HBauO auf Balkone scheidet bereits deshalb aus, weil diese Bestandteile des Gebäudes sind, an das sie angebaut sind (vgl. OVG Koblenz, Urteil v. 24.6.2010, 1 A 11265/09, juris, Rdnr. 22), und somit keine »andere Anlage« i. S. d. Vorschrift darstellen können (gleichwohl eine Anwendbarkeit von § 6 Abs. 1 Satz 2 HBauO annehmend, ohne diesen Gesichtspunkt zu problematisieren: VG Hamburg, Urteil v. 28.11.2022, 6 K 4686/19, n.v., UA S. 8 f.; Urteil v. 10.5.2017, 9 K 1813/16, n.v., UA S. 17; vgl. auch Urteil v. 18.5.2018, 7 K 1072/16, n.v., UA S. 9 [gebäudegleiche Wirkung i. S. v. § 6 Abs. 1 Satz 2 HBauO annehmend bei einer aus eigenen Kraft stehenden vorgesetzten Balkonstahlrahmenkonstruktion in Höhe von fünf Geschossen]).

Auch § 6 Abs. 1 Satz 1 HBauO ist auf Balkone nicht unmittelbar anwendbar, da diese keine Außenwände haben. Außenwände sind Bauteile, die die Räume eines Gebäudes gegenüber dem Freien nach außen abschließen (vgl. Niere, in: Alexejew, HBauO, 26. Lfg. August 2010, § 6 Rdnr. 3; Kraus, in:

Busse/Kraus, BayBO, 152. EL Oktober 2023, Art. 6 Rdnr. 19). Dies trifft auf die äußeren Begrenzungen eines Balkons, der definitionsgemäß gegenüber dem Freien nicht räumlich abgeschlossen ist, nicht zu.

§ 6 Abs. 1 Satz 1 HBauO ist auf Balkone jedoch entsprechend anwendbar. Für eine grundsätzliche Abstandsflächenpflicht von Balkonen spricht nicht nur die Existenz der Privilegierungsvorschrift des § 6 Abs. 6 Nr. 2 HBauO, die eine Abstandsflächenpflicht ersichtlich voraussetzt, sondern sprechen insbesondere auch die Schutzziele des Abstandsflächenrechts. Dieses dient nicht nur der Besonnung, Belichtung und Belüftung der Grundstücke sowie der Räume der dort vorhandenen Gebäude, sondern auch dem Brandschutz und der Wahrung eines gewissen »Sozialabstands«, also von Freiräumen zugunsten der Bewohner und sonstigen Benutzer der Gebäude im Interesse gesunder Wohn- und Arbeitsverhältnisse und des nachbarlichen Wohnfriedens einschließlich eines gewissen Schutzes vor Einsichtnahme und Immissionen aller Art (vgl. die Gesetzesbegründung, Bü-Drs. 18/2549, S. 42 [»Die nunmehr geltenden Abstandsflächen stellen den bauordnungsrechtlich vertretbaren Mindeststandard dar, mit dem die durch das Bauordnungsrecht zu sichernden Ziele [Zugang von Licht, Luft und Sonne; Brandschutz; ›Sozialabstand‹] gesichert werden«]; eingehend auch VG Hamburg, Urteil v. 18.5.2018, 7 K 1072/16, n.v., UA S. 12 f.; zusammenfassend Niere, in: Alexejew, HBauO, 26. Lfg. August 2010, § 6 Rdnr. 3 m. w. N.). Vor diesem Hintergrund sind Balkone richtigerweise dem Abstandsflächenrecht zu unterwerfen. Dafür sprechen zunächst die durch sie in aller Regel geschaffenen (zusätzlichen) Einsichtnahmemöglichkeiten sowie ihre teils erhebliche Relevanz für den Sozialabstand im Übrigen, insbesondere im Hinblick auf Emissionen. Balkone mit massiven Brüstungen können zudem auch Besonnung und Belichtung erheblich beeinträchtigen. Im Rahmen der demnach vorzunehmenden entsprechenden Anwendung des § 6 Abs. 1 Satz 1 HBauO sind aus-gehend von den seitlichen Begrenzungen des jeweiligen Balkons »fiktive Außenwände« zu bilden (VGH München, Beschluss v. 29.11.2006, 1 CS 06.2717, juris, Rdnr. 27: »Hat ein vortretender Bauteil bzw. Vorbau, der nicht außer Betracht bleiben darf, selbst keine »realen« Außenwände, dann sind der Abstandsflächenberechnung – in der Flucht der Außenkanten des Bauteils/Vorbaus – anzuordnende »fiktive« (vordere und seiner Seite offenen Gebäude eine »fiktive« Wand mit den Maßen, die eine »reale« Wand an dieser Stelle hätte, zugrunde gelegt wird (…).«; so im Ergebnis auch VGH Mannheim, Beschluss v. 4.2.2019, 3 S 2963/18, juris, Rdnr. 14 f.; OVG Berlin-Brandenburg, Beschluss v. 24.11.2016, OVG 10 S 5.16, juris, Rdnr. 8).

bb) Die streitgegenständlichen Balkone halten die gemäß § 6 Abs. 5 Satz 1 Halbs. 2 HBauO erforderliche Mindesttiefe der Abstandsflächen von mindestens 2,50 m nicht ein. Die Balkonanlage weist lediglich einen Abstand von 0,20 m zur Grenze zum klägerischen Grundstück auf.

cc) Die streitgegenständlichen Balkone sind auch nicht nach § 6 Abs. 1 Satz 3 HBauO von der Abstandsflächenpflicht ausgenommen.

Nach dieser Vorschrift ist eine Abstandsfläche nicht erforderlich vor Außenwänden, die an Grundstücksgrenzen errichtet werden, wenn nach planungsrechtlichen oder bauordnungsrechtlichen Vorschriften an die Grenze gebaut werden muss oder gebaut werden darf.

Es kann offenbleiben, ob hier nach planungsrechtlichen Vorschriften an die Grenze gebaut werden muss oder darf. Ebenso kann dahinstehen, ob die streitgegenständlichen Balkone überhaupt als »grenzständig« im Sinne dieser Vorschrift anzusehen sind, da sie 0,20 m von der Grenze entfernt bleiben (vgl. hierzu Niere, in: Alexejew, HBauO, 26. Lfg. August 2010, § 6 Rdnr. 29 m. w. N.).

Die Privilegierung des § 6 Abs. 1 Satz 3 HBauO ist auf die in Rede stehenden Balkone nämlich bereits dem Grunde nach nicht anwendbar. Eine unmittelbare Anwendung der Vorschrift scheidet bereits deswegen aus, weil die Balkone keine Außenwände aufweisen (s. o. unter aa). Auch eine entsprechende Anwendung des § 6 Abs. 1 Satz 3 HBauO auf die Balkone unter Bezugnahme auf »fiktive Außenwände« kommt nicht in Betracht. Denn für eine entsprechende Anwendung dieser Vorschrift auf die seitlichen Begrenzungen von Balkonen gibt es – anders als bei § 6 Abs. 1 Satz 1 HBauO – keine Rechtfertigung. In ihrem Urteil v. 18.5.2018 (7 K 1072/16, n.v., UA S. 10 ff.) hat die Kammer 7 des erkennenden Verwaltungsgerichts diesbezüglich ausgeführt (wobei es insoweit unerheblich ist, dass die Kammer 7 die Abstandsflächenpflicht von Balkonen aus § 6 Abs. 1 Satz 2 HBauO und nicht – wie die erkennende Kammer [s. o. unter aa] – aus § 6 Abs. 1 Satz 1 HBauO herleitet):

»Im Übrigen fehlt es bei Balkonen in Bezug auf die Abstandsflächen an einer mit dem Fall einer Außenwand eines Gebäudes vergleichbaren Interessenlage. Balkonbauten i. S. v. § 6 Abs. 1 Satz 2 HBauO können zwar (…) ähnlich negative Wirkungen auf die mit der Einhaltung von Abstandsflächen verfolgten Regelungsziele wie Gebäude haben, unterscheiden sich mit Blick auf diese und den in ihnen zum Ausdruck kommenden Interessenausgleich aber maßgeblich von Außenwänden i. S. v. § 6 Abs. 1 Satz 1 HBauO. Die wesentliche Rechtfertigung der auf Außenwände bezogenen Ausnahme des § 6 Abs. 1 Satz 3 HBauO liegt darin, dass ein an der Grenze errichtetes Vorhaben dem angrenzenden Nachbarn die Möglichkeit eröffnet, sein Vorhaben ebenfalls grenzständig zu errichten und anzubauen (vgl. OVG Hamburg, Beschluss v. 19.5.2015, 2 Bs 255/14, juris Rdnr. 22; Beschluss v. 4.3.2014, 2 Bs 14/14, n.v.; Beschluss v. 1.10.2010, 2 Bs 178/10, n.v.). Dies ist zwar bei Außenwänden möglich, regelhaft nicht jedoch bei Balkonen. (…) Eine grenzständige Außenwand ist zudem im Gegensatz zu einem offenen Balkon bei Festsetzung einer geschlossenen Bebauung nach bauplanungsrechtlichen Vorgaben – schon um dem Nachbarn den erwähnten Anbau zu ermöglichen – grundsätzlich ohne Öffnungen zu errichten (OVG Hamburg, Beschluss v. 16.8.2011, 2 Bs 132/11, juris Rdnr. 19; Blechschmidt, in: Ernst/Zinkahn/Bielenberg/Krautzberger,

BauGB, Lfg. 107 Januar 2013, § 22, Rdnr. 35). Dies sichert zugleich, dass die mit den Abstandsflächenregelungen verfolgten Ziele, wie z. B. Belichtung und Belüftung, bereits bei der Gebäudeplanung auf anderem Wege als über die Eröffnung der grenzständigen Außenwand umgesetzt werden, auch wenn zu diesem Zeitpunkt nachbarseitig noch nicht grenzständig gebaut wurde.
Ähnliche Vorgaben hinsichtlich der Geschlossenheit solcher Außenwände resultieren im Ergebnis auch aus bauordnungsrechtlichen Vorschriften, nämlich daraus, dass grundständige oder grenznahe Wände als Gebäudeabschlusswände in der Regel gemäß § 28 Abs. 2 Satz 1 Nr. 1 HBauO als Brandwände im Sinne des § 28 Abs. 1 HBauO auszuführen sind. In diesen sind Öffnungen wiederum gemäß § 28 Abs. 8 HBauO grundsätzlich unzulässig. Des Weiteren ist auch das abstandsflächenrechtliche Regelungsziel der Sicherung eines Sozialabstands zumindest in visueller und in verringertem Maße auch in akustischer Hinsicht bei einer geschlossenen Außenwand nicht beeinträchtigt. Gegenteiliges gilt jedoch grundsätzlich für Balkone und ähnliche Vorbauten aufgrund deren gesteigerten Relevanz insbesondere hinsichtlich gegenseitiger Einsichtnahmemöglichkeiten sowie akustischer Einwirkungen (...). Vor diesem Hintergrund erschiene es mit dem abstandsflächenrechtlichen Zweck des Sozialabstands nicht vereinbar, die grenzständige Errichtung von Balkonen in Gebieten mit geschlossener Bauweise durch eine entsprechende Anwendung von § 6 Abs. 1 Satz 3 HBauO abstandsflächenrechtlich zu privilegieren. Es würde durch die Anwendung der Privilegierung ein erheblicher Anreiz bestehen, Balkonkonstruktionen zur Vermeidung ihrer Abstandsflächenpflichtigkeit an die seitlichen Grundstücksgrenzen zu planen, wo sie wie »Aussichtskanzeln« – gegebenenfalls baulich verbunden mit ebenfalls grenzständig errichteten Balkonen des Nachbargebäudes – im Konflikt mit dem Rücksichtnahmegebot gesteigerte Einsichtnahmemöglichkeiten böten und Sozialabstände auf ein Minimum reduzierten. Diese Option wäre vor allem für solche Balkonbauten attraktiv, die aufgrund ihrer erheblichen Größe die Anforderungen des § 6 Abs. 6 Nr. 2 HBauO nicht erfüllen, was wiederum die darin normierten engen Privilegierungsvoraussetzungen sowie die hinter diesen stehenden gesetzgeberischen Intentionen konterkarieren würde.
Entsprechendes ergibt sich schließlich aus Erwägungen des Brandschutzes. Von einer regelmäßig als Brandwand zu errichtenden grenzständigen Außenwand geht eine deutlich geringere Brandgefahr für das ebenfalls grenzständig errichtete Nachbargebäude aus als von grenzständig oder nahezu grenzständig errichteten Balkonen. Mit der Balkonnutzung sind auch brandgefahrgeneigte Aktivitäten wie beispielsweise das Grillen, die Entsorgung von Zigarettenresten oder das Aufstellen von Laternen oder Kerzen verbunden.«

Diesen Ausführungen schließt sich die erkennende Kammer an. Soweit sich aus der ständigen Rechtsprechung des Hamburgischen Oberverwaltungsgerichts etwas anderes ergibt (vgl. OVG Hamburg, Beschluss v. 13.7. 2012, 2 Bs 142/12, juris Rdnr. 33; Beschluss v. 15.4.2011, 2 Bs 34/11, n.v.; Beschluss v. 29.3.2010, 2 Bs 30/10, n.v.; Beschluss v. 8.12.2009, 2 Bs 216/09, n.v.; siehe zuletzt auch Beschluss v. 13.9.2023, 2 Bf 148/23.Z, n.v., BA S. 21 [»Im Übrigen entspricht es der ständigen Rechtsprechung des Berufungsgerichts, dass Balkone in Baugebieten mit geschlossener Bauweise nach § 6 Abs. 1 Satz 3 HBauO mit ihrer seitlichen Front keine Abstandsflächen einhalten müssen.«]; ebenso VGH Mannheim, Beschluss v. 29.4.2009, 3 S 569/09, juris Rdnr. 10; OVG Bautzen, Beschluss v. 12.10.2010, 1 B 249/10, juris, Rdnr. 5; entsprechend auch für Terrassen OVG Münster, Beschluss v. 30.1.2024, 10 A 875/21, juris Rdnr. 78 ff.; Beschluss v. 25.9.2020, 10 A 4545/19, juris Rdnr. 6; VGH München, Beschluss v. 5.1.2016, 1 ZB 15.606, juris Rdnr. 9 f.), folgt die Kammer dem aus den dargelegten Gründen nicht. Weder Wortlaut noch Zielrichtung des § 6 Abs. 1 Satz 3 HBauO lassen eine Auslegung dieser Vorschrift zu, wonach bei geschlossener Bauweise ungeachtet des Vorhandenseins von Außenwänden das Erfordernis von Abstandsflächen entfällt. Im Übrigen steht diese Rechtsprechung des Hamburgischen Oberverwaltungsgerichts zur Überzeugung der Kammer in einem offensichtlichen Widerspruch zu derjenigen Rechtsprechung des Hamburgischen Oberverwaltungsgerichts, die eine Anwendbarkeit des § 6 Abs. 1 Satz 3 HBauO auf Dachterrassen verneint (vgl. OVG Hamburg, Beschluss v. 9.5.2023, 2 Bs 41/23, juris Rdnr. 31; Beschluss v. 16.4.2018, 2 Bs 32/18, n.v., BA S. 8; Beschluss v. 19.5.2015, 2 Bs 255/14, juris Rdnr. 22). Es gibt nach Auffassung der Kammer keinen sachlich nachvollziehbaren Grund, Balkone und Dachterrassen hinsichtlich ihrer Abstandsflächenpflicht gänzlich unterschiedlich zu behandeln.

dd) Die Einhaltung der erforderlichen Abstandsflächen durch die streitgegenständlichen Balkone ist auch nicht nach § 6 Abs. 6 Nr. 2 HBauO entbehrlich. Danach bleiben bei der Bemessung der Abstandsflächen Vorbauten einschließlich Balkone außer Betracht, wenn sie insgesamt nicht mehr als ein Drittel der Breite der jeweiligen Außenwand in Anspruch nehmen (lit. a), nicht mehr als 1,50 m vor die Außenwand vortreten (lit. b) und mindestens 2,50 m von der gegenüberliegenden Nachbargrenze entfernt bleiben (lit. c).

Diese Privilegierung greift im vorliegenden Fall schon deshalb nicht ein, weil die durch das streitgegenständliche Vorhaben an der rückwärtigen Außenwand des Bauvorhabens vorgesehenen Balkone entgegen § 6 Abs. 6 Nr. 2 lit. b HBauO insgesamt mehr als ein Drittel der Breite der jeweiligen Außenwand in Anspruch nehmen. Dabei kann offenbleiben, ob sich das Kriterium der Breite der Vorbauten im Verhältnis zur »jeweiligen Außenwand« auf die Außenwand des gesamten tatsächlich vorhandenen Baukörpers, des auf dem jeweiligen Grundstück vorhandenen Baukörpers, oder des jeweiligen Gebäudes im bauordnungsrechtlichen Sinne oder aber – im, hier vorliegenden, Fall einer aufgrund von Vor- und Rücksprüngen aus mehreren Wänden bestehenden Gebäudewand – sogar nur auf diejenige Wand bezieht, an die

die Balkone angebaut sind (so OVG Berlin-Brandenburg, Beschluss v. 25.8.2020, OVG 10 N 15/20, juris Rdnr. 49). Denn nach allen Betrachtungsweisen überschreiten die durch das streitgegenständliche Vorhaben vorgesehenen Balkone – zu denen neben den hier in Rede stehenden Balkonen an der Grenze zum Grundstück der Klägerin noch weitere Balkone an der vor- und zurückspringenden Rückwand des Gebäudes gehören – insgesamt das nach § 6 Abs. 6 Nr. 2 lit. b HBauO zulässige Maß (vgl. Bauvorlagen 4/14 und 4/21).

Es kommt daher nicht mehr auf die Frage an, ob die Privilegierung dem Grunde nach überhaupt auf die Abstände von Vorbauten zu seitlich von diesen gelegenen Nachbargrenzen anwendbar ist (dies mit eingehender Begründung verneinend: VG Hamburg, Urteil v. 6.3.2024, 12 K 6406/18, juris).

ee) Eine nachbarliche Zustimmung im Sinne von § 71 Abs. 2 Nr. 1 HBauO ist nicht erteilt worden. Eine solche kann insbesondere nicht in der Vereinbarung vom 1.7.2015 gesehen werden, die – wie bereits ausgeführt – lediglich Betretungsregelungen, Regelungen zum Baugrubenkonzept sowie zur Beweissicherung betrifft.

b) Die Baugenehmigung ist aufgrund der unter a) dargestellten Verletzung der Rechte der Klägerin insgesamt aufzuheben, da das streitgegenständliche Vorhaben nicht in der Weise teilbar ist, dass es in seiner im Übrigen genehmigten Gestalt, d. h. auch ohne die hier in Rede stehenden Balkone, bestehen bleiben könnte.

Von einer Teilbarkeit einer Baugenehmigung ist auszugehen, wenn der abzutrennende Teil des Vorhabens räumlich-gegenständlich klar abgrenzbar ist und ohne diesen Teil ein sinnvoll nutzbares Vorhaben zurückbleibt, das keine größeren Umplanungen notwendig macht (vgl. OVG Hamburg, Urteil v. 14.7.2008, 2 Bf 277/03, juris Rdnr. 35). So kann eine Baugenehmigung dann nicht teilweise aufgehoben werden, wenn die Teile, auf die sich die Aufhebung bezieht, nicht hinweggedacht werden können, ohne dass die übrigen Teile des Bauvorhabens diesem Zustand angepasst werden müssen (vgl. OVG Hamburg, Urteil v. 11.3.2008, 4 Bf 106/05, juris Rdnr. 32).

Nach diesem Maßstab ist das streitgegenständliche Vorhaben nicht teilbar. Die in Rede stehenden, die Rechte der Klägerin verletzenden Balkone können nicht hinweggedacht werden, ohne dass das verbleibende Vorhaben angepasst werden müsste. Bei Entfernung der Balkone würden die auf diese hinausführenden Türen aus dem 1. bis 4. Obergeschoss ins Leere führen. In dieser Gestalt wären das verbleibende Vorhaben und die ihm zugrundeliegende Baugenehmigung offensichtlich rechtswidrig. Sollte das Vorhaben danach nicht bereits gegen § 36 Abs. 1 Nr. 1 HBauO – wonach Flächen, die im Allgemeinen zum Begehen bestimmt sind und unmittelbar an mehr als 1 m tiefer liegende Flächen angrenzen, zu umwehren oder mit Brüstungen zu versehen sind – verstoßen, wäre es jedenfalls mit § 3 Satz 1 HBauO – wonach Anlagen so zu errichten sind, dass die öffentliche Sicherheit und Ordnung, insbesondere Leben und Gesundheit nicht gefährdet werden – unvereinbar.

c) Ob die Baugenehmigung die Rechte der Klägerin auch unter weiteren Gesichtspunkten verletzt, bedarf vor dem Hintergrund der vorstehenden Ausführungen keiner Entscheidung.

aa) Dies gilt zunächst hinsichtlich der Frage, ob die streitgegenständlichen Balkone eine sich aus § 28 Abs. 2 Satz 2 Nr. 3 HBauO ergebende brandschutzrechtliche Abstandspflicht verletzen. Ein solcher Verstoß, auf den die Klägerin sich mangels drittschützender Wirkung der brandschutzrechtlichen Regelungen der Hamburgischen Bauordnung ohnehin nicht berufen können dürfte (vgl. OVG Hamburg, Beschluss v. 24.1.2023, 2 Bf 194/22.Z, n.v., BA S. 6 ff.), dürfte jedoch bereits deswegen zu verneinen sein, weil die Vorschrift nur auf Gebäudeabschlusswände und somit nicht auf Balkone anwendbar sein dürfte (hierzu eingehend OVG Hamburg, Beschluss v. 13.9.2023, 2 Bs 148/23.Z, n.v., BA S. 21 f.).

bb) Offenbleiben kann auch, ob das Vorhaben der Beigeladenen der Vorschrift des § 7 Abs. 2 Satz 2 HBauO zuwiderläuft, wonach für den Fall, dass nach planungsrechtlichen Vorschriften an die Nachbargrenze gebaut werden darf oder muss, auf dem Nachbargrundstück aber ein Gebäude mit Abstand zu dieser Grenze vorhanden ist, zugelassen oder verlangt werden kann, dass ein Abstand eingehalten wird. Auf einen solchen Verstoß könnte die Klägerin sich mangels drittschützender Wirkung dieser Vorschrift jedoch ohnehin nicht berufen (vgl. OVG Hamburg, Beschluss v. 18.6.2015, 2 Bs 99/15, juris Rdnr. 32; VG Hamburg, Beschluss v. 8.6.2018, 7 E 2558/18, juris Rdnr. 7).

cc) Offenbleiben kann schließlich, ob die Klägerin auch dadurch in ihren Rechten verletzt ist, dass die angefochtene Baugenehmigung der Beigeladenen gestattet, das Vorhaben an der gemeinsamen Grundstücksgrenze mit einer um 5,70 m größeren Tiefe zu errichten als das auf dem Grundstück der Klägerin vorhandene Wohnhaus. Eine Verletzung des sich aus dem Gebot des Einfügens in § 34 Abs. 1 Satz 1 BauGB bzw. aus § 15 Abs. 1 Satz 2 BauNVO ergebenden Gebots der Rücksichtnahme dürfte insoweit jedoch nicht zu besorgen sein.

Das Gebot der Rücksichtnahme beinhaltet nicht, jede Beeinträchtigung eines Nachbarn zu vermeiden. Als rücksichtslos ist ein Vorhaben vielmehr erst dann zu werten, wenn die mit ihm verbundenen Beeinträchtigungen bei der Nutzung des Nachbargrundstücks nach einer Abwägung, in der die Schutzwürdigkeit der Betroffenen, die Intensität der Beeinträchtigungen und die Interessen des Bauherrn einzustellen sind, für den Nachbarn billigerweise unzumutbar erscheinen (vgl. nur OVG Hamburg, Beschluss v. 7.6.2023, 2 Bs 38/23, juris Rdnr. 37 m. w. N.).

Dies dürfte hier nicht der Fall sein. Von dem Vorhaben dürfte weder eine erdrückende oder abriegelnde Wirkung ausgehen (hierzu unter (1)) noch dürfte es zu einer unzumutbaren Verschattung des Grundstücks der Klägerin führen (hierzu unter (2)).

(1) Eine erdrückende oder abriegelnde Wirkung gegenüber dem Grundstück der Klägerin und insbesondere dem dort vorhandenen Wohngebäude dürfte von dem streitgegenständlichen Vorhaben nicht ausgehen.

Ob einem Baukörper eine erdrückende oder abriegelnde Wirkung zukommt, ist danach zu beurteilen, welche optisch vermittelten Auswirkungen er auf das Nachbargrundstück in dessen schützenswerten Bereichen hat (vgl. OVG Münster, Beschluss v. 13.9.1999, 7 B 1457/99, juris Rdnr. 8). Eine erdrückende Wirkung wird angenommen, wenn eine bauliche Anlage wegen ihrer Ausmaße, ihrer Baumasse oder ihrer massiven Gestaltung ein benachbartes Grundstück unangemessen benachteiligt, indem es diesem förmlich »die Luft nimmt«, wenn für den Nachbarn das Gefühl des »Eingemauertseins« entsteht oder wenn die Größe des erdrückenden Gebäudes aufgrund der Besonderheiten des Einzelfalls derartig übermächtig ist, dass das »erdrückte« Gebäude oder Grundstück nur noch oder überwiegend wie eine von einem herrschenden Gebäude dominierte Fläche ohne eigene Charakteristik wahrgenommen wird (OVG Münster, Beschluss v. 30.8.2013, 7 B 252/13, juris Rdnr. 15; Urteil v. 19.7.2010, 7 A 3199/08, juris Rdnr. 58). Während die erdrückende Wirkung sich dabei vor allem aus einer Höhendifferenz der zu betrachtenden Baukörper ergibt, folgt eine abriegelnde Wirkung vor allem aus einer Breitendifferenz (vgl. VG Hamburg, Beschluss v. 21.9.2017, 6 E 7363/17, n.v., UA S. 20). Ein Vorhaben kann insbesondere dann eine erdrückende bzw. einmauernde Wirkung gegenüber dem Nachbargrundstück ausüben, wenn es in Höhe und Volumen ein Übermaß besitzt und auch nicht annähernd den vorhandenen Gebäuden gleichartig ist (vgl. VGH München, Beschluss v. 12.9.2013, 2 CS 13.1351, juris Rdnr. 5; vgl. auch BVerwG, Urteil v. 13.3.1981, 4 C 1.78, juris [Rücksichtnahmegebot verletzt bei Errichtung eines 12-geschossigen Hochhauses in einem Abstand von nur 15 m zu einem zweieinhalbgeschossigen Gebäude]).

Eine erdrückende Wirkung scheidet hier schon mangels hinreichender Höhendifferenz der betroffenen Gebäude aus. Zwar dürfte das streitgegenständliche Vorhaben insgesamt mehr Vollgeschosse aufweisen als das der Klägerin. In ihrer absoluten Höhe unterscheiden sich die beiden Gebäude jedoch kaum, sodass ein Ansatzpunkt für eine erdrückende Wirkung nicht auszumachen ist.

Nach dem dargestellten Maßstab dürfte auch keine unzumutbare abriegelnde Wirkung bestehen. Denn auch insoweit weist das Vorhabengebäude gegenüber demjenigen der Klägerin kein erhebliches Übermaß auf. Zwar überschreitet das Vorhabengebäude das Gebäude der Klägerin an der gemeinsamen, südlichen Grundstücksgrenze in der Tiefe um 5,70 m. Das Gebäude der Klägerin verspringt jedoch in seiner nördlichen Hälfte auf eine noch größere Tiefe. Diese baulichen Verhältnisse lassen nicht den Schluss zu, dass das streitgegenständliche Vorhaben dem Gebäude der Klägerin förmlich »die Luft nimmt«, weil es derart übermächtig wäre, dass das Nachbargebäude der Klägerin nur noch oder überwiegend wie von einem »herrschenden« Gebäude dominiert und ohne eigene Charakteristik wahrgenommen würde. Dabei ist nach Auffassung der Kammer auch zu berücksichtigen, dass sich das Grundstück der Klägerin im dicht besiedelten Innenstadtbereich befindet, wo im Hinblick auf eine heranrückende Bebauung andere Maßstäbe gelten als in dünn besiedelten Gebieten am Stadtrand.

(2) Das genehmigte Vorhaben dürfte zudem auch keine unzumutbare Beeinträchtigung der Belichtung oder Besonnung des Grundstücks bzw. des Gebäudes der Klägerin im Sinne einer übermäßigen Verschattung erzeugen. Die Beeinträchtigung der Belichtung mag für die Klägerin zwar nachteilig sein, dürfte die Schwelle der Rücksichtlosigkeit jedoch nicht erreichen.

Das Rücksichtnahmegebot gewährleistet weder eine bestimmte Dauer oder »Qualität« der natürlichen Belichtung und Besonnung noch die unveränderte Beibehaltung einer insoweit zuvor gegebenen vorteilhaften Situation (OVG Hamburg, Beschluss v. 15.4.2009, 2 Bs 40/09, juris Rdnr. 8). Grundsätzlich müssen Nachbarn es in einem bebauten innerstädtischen Wohngebiet hinnehmen, dass Grundstücke innerhalb des durch das Bauplanungs- und das Bauordnungsrecht vorgegebenen Rahmens baulich ausgenutzt werden und es dadurch zu einer gewissen Verschattung des eigenen Grundstücks bzw. von Wohnräumen kommt (vgl. OVG Hamburg, Beschluss v. 7.9.2012, 2 Bs 165/12, juris Rdnr. 31; Beschluss v. 13.7.2012, 2 Bs 142/12, juris Rdnr. 33; OVG Münster, Beschluss v. 18.9.2014, 7 B 1037/14, juris Rdnr. 10).

Vor diesem Hintergrund erscheint das Ausmaß der Verschattung durch das Bauvorhaben in einem innerstädtischen bebauten Gebiet – wie hier – nicht unzumutbar. Zwar handelt es sich bei den betroffenen, zum Lichthof gerichteten Fenstern des Gebäudes der Klägerin nach dem Ergebnis der Inaugenscheinnahme überwiegend um solche, die der Belichtung von Aufenthaltsräumen – Küche, Schlafzimmer, Wohnzimmer – dienen. Auch werden diese Räume überwiegend nicht durch andere Fenster belichtet. Nach dem Eindruck, den die Kammer durch die Ortsbesichtigung im Termin zur mündlichen Verhandlung gewonnen hat, ist die Belichtung jedoch nicht in unzumutbarer Weise eingeschränkt. Wie auf den in diesem Rahmen gefertigten Lichtbildern ersichtlich, dringt noch ausreichend Licht durch die Fenster ein. Dabei ist auch zu berücksichtigen, dass die Inaugenscheinnahme Anfang März um ca. 15:00 Uhr stattfand. Es ist davon auszugehen, dass sich die Belichtungssituation in den späteren Frühjahrs- und Sommermonaten noch besser darstellt. Zudem dürfte der Umstand, dass ein in einem eng bebauten Innenstadtbereich gelegenes und zudem schmales Grundstück wie das der Klägerin durch eine Verschattung relativ stark betroffen sein kann, in die Risikosphäre der Klägerin fallen (vgl. OVG Münster, Beschluss v. 16.1.2014, 7 A 1776/13, juris Rdnr. 10). …

Nr. 65

Bei Anbauten an Hausgruppen ist zunächst zu beachten, dass sich unter Anwendung der auch auf Reihenhausgruppen übertragbaren Grundsätze der sog. Doppelhaus-Rechtsprechung zusätzliche bauplanungsrechtliche Anforderungen unter dem Gesichtspunkt der wechselseitigen Verträglichkeit der Anbauten ergeben können.

Das Abstandsflächenrecht dient verschiedenen, insbesondere auch nachbarrelevanten Schutzzielen. Neben einer ausreichenden Belichtung und Belüftung wird insbesondere auch der Schutz des sozialen Wohnfriedens (sog. Sozialabstand) und die Sicherung von Freiflächen für notwendige Nebenanlagen bezweckt. Daneben haben die einzuhaltenden Abstandsflächen Bedeutung für den Brandschutz.

Untergeordnete Vorbauten, welche die in Art. 6 Abs. 6 Satz 1 Nr. 2 BayBO genannten Maßkriterien erfüllen, brauchen bereits nach dieser Ausnahmeregelung nach allen Seiten keine Abstandsflächen einzuhalten.

Die »Unterordnung« eines Vorbaus stellt dem Wort nach eine übergreifende, den Ausnahmetatbeständen des Art. 6 Abs. 8 BayBO a. F. (= Art. 6 Abs. 6 Satz 1 Nr. 2 BayBO) quasi immanente Tatbestandsvoraussetzung dar.
(Leitsätze der Redaktion)

BayBO Art. 6.

Verwaltungsgericht München, Urteil v. 21. März 2024 – M 11 K 20.4955 –.

Aus den Gründen:

I. Die zulässige Klage hat keinen Erfolg.

Die Klägerin hat keinen Anspruch auf Erteilung der begehrten Baugenehmigung und auch nicht darauf, dass der Beklagte – wie hilfsweise beantragt – erneut unter Beachtung der Rechtsauffassung des Gerichts über ihren Antrag entscheidet. Die Ablehnung des Antrags ist rechtmäßig und verletzt die Klägerin nicht in ihren Rechten (§ 113 Abs. 1 und Abs. 5 Satz 1 VwGO). Maßgeblich ist die Sach- und Rechtslage zum Zeitpunkt der gerichtlichen Entscheidung (vgl. Schübel-Pfister in Eyermann, 16. Aufl. 2022, VwGO § 113 Rdnr. 57).

Dahinstehen kann, ob der Bebauungsplan wirksam ist und die Klägerin Anspruch auf Erteilung einer Befreiung von den Festsetzungen des Bebauungsplans hätte. Denn das Vorhaben kann bereits wegen Nichteinhaltung der erforderlichen Abstandsflächen nicht zugelassen werden.

Das Vorhaben hält die gemäß Art. 6 Abs. 1 Satz 1, Abs. 2 Satz 1 und Abs. 5 Satz 1 BayBO erforderliche Mindestabstandsfläche von 3 m zum südlich angrenzenden Grundstück Fl.Nr. .../19 nicht ein. Dahinstehen kann daher, ob ein Abstandsflächenverstoß (auch) in Bezug auf das nördlich angrenzende Grundstück Fl.Nr. .../17 vorliegt, wo sich vor der Ostfassade des Gebäudes eine – in der Größe mit dem streitgegenständlichen Wintergarten durchaus vergleichbare – Terrassenüberdachung befindet.

1. Ausweislich der eingereichten Eingabepläne beträgt der Grenzabstand des Wintergartens zur gemeinsamen Grundstücksgrenze mit der Fl.Nr. .../19 lediglich 63 cm, sodass die gesetzliche Mindestabstandsfläche von 3 m deutlich nicht eingehalten wird.

2. Die Einhaltung von Abstandsflächen ist vorliegend auch nicht nach Art. 6 Abs. 1 Satz 3 BayBO entbehrlich, wonach Abstandsflächen nicht erforderlich sind vor Außenwänden, die an der Grundstücksgrenze errichtet werden, wenn nach planungsrechtlichen Vorschriften an die Grenze gebaut werden muss oder darf.

2.1 Die Wirksamkeit des Bebauungsplans unterstellt, entspricht der streitgegenständliche Wintergarten zunächst nicht dessen Festsetzungen, da er in seiner Gestaltung und seinen Abmessungen deutlich von den Vorgaben der Ziff. 4.3.2 der textlichen Festsetzungen des Bebauungsplans i. V. m. der zeichnerischen Festsetzung der gartenseitigen Baugrenze abweicht. Ziff. 4.3.2 des Bebauungsplans lässt dabei den Anbau von Wintergärten unter Überschreitung der festgesetzten Baugrenzen ausweislich der Überschrift des Abschnitts 4.3 gerade auch in Hinblick auf das Abstandsflächenrecht nur unter den dort genannten Voraussetzungen zu.

2.2 Ebenso ist im Falle einer Unwirksamkeit des Bebauungsplans nicht erkennbar, dass aufgrund der tatsächlichen Gegebenheiten an die Grenze gebaut werden müsste oder dürfte.

2.2.1 Nach seinem Wortlaut gilt Art. 6 Abs. 1 Satz 3 BayBO nur für Außenwände, die unmittelbar an der Grundstücksgrenze stehen. Ein Errichten von Außenwänden mit nur vermindertem Grenzabstand – wie bei dem streitgegenständlichen Wintergarten– ist von dieser Regelung damit bereits nicht umfasst (vgl. BayVGH, Urteil v. 23.5.2023 – 1 B 21.2139 – juris Rdnr. 23; Kraus in Busse/Kraus, BayBO, 153. EL Januar 2024, BayBO Art. 6 Rdnr. 70 und 436).

2.2.2 Nichts anderes ergibt sich – auch in Zusammenschau mit dem neugefassten Art. 6 Abs. 6 Satz 1 Nr. 3 BayBO (dazu ausführlich unter Ziff. 3.2) – daraus, dass es sich um einen Anbau an ein Hauptgebäude handelt, das als solches bauplanungsrechtlich grenzständig zu errichten war und damit der Regelung des Art. 6 Abs. 1 Satz 3 BayBO unterfällt.

Bei Anbauten an Hausgruppen ist zunächst zu beachten, dass sich unter Anwendung der auch auf Reihenhausgruppen übertragbaren Grundsätze der sog. Doppelhaus-Rechtsprechung (vgl. dazu etwa: BVerwG, Urteil v. 24.2.2000 – 4 C 12.98; Beschluss v. 14.9.2015 – 4 B 16/15; Urteil v. 19.3.2015 – 4 C 12.14 – jeweils juris) zusätzliche bauplanungsrechtliche Anforderungen unter dem Gesichtspunkt der wechselseitigen Verträglichkeit der Anbauten ergeben können. Ein Doppelhaus bzw. eine Hausgruppe im Sinne dieser Rechtsprechung liegt nur vor, wenn die jeweiligen Doppel-/Reihenhaus-

Anwesen in wechselseitig verträglicher und abgestimmter Weise aneinandergebaut werden. Ob ein Anbau dabei die bisherige bauliche Einheit zweier Doppelhaushälften bzw. einer Haugruppe aufhebt, hängt von den Umständen des jeweiligen Einzelfalls ab.

Entgegen der Auffassung des Landratsamts konnte die Kammer allerdings nach dem Eindruck des Augenscheins nicht feststellen, dass die gegenständliche Reihenhausanlage durch den Anbau des Wintergartens in ihrem Grundcharakter verändert bzw. das nachbarschaftliche Austauschverhältnis im Sinne der o. g. Doppelhaus-Rechtsprechung in Frage gestellt würde. Ungeachtet des Umstands, dass die vorliegende Hausgruppe der Kubatur E + I + D nicht durchgehend profilgleich angelegt ist, sondern im südlichen Bereich einen deutlichen Versatz aufweist, verfügen alle drei Reihenhäuser bereits über (überdeckte) Balkonanbauten auf der Ostseite. Der erdgeschossige Wintergarten befindet sich dabei zu einem wesentlichen Teil unterhalb des bestehenden Balkons.

Obwohl sich der streitgegenständliche Wintergarten demnach als durchaus »verträglich« im Sinne der o. g. Doppelhaus-Rechtsprechung darstellt, folgt hieraus allerdings nicht automatisch, dass solche Anbauten bauordnungsrechtlich keine seitlichen Abstandsflächen einzuhalten bräuchten. Letztlich ergibt sich dies auch im Umkehrschluss zur Regelung des Art. 6 Abs. 6 Satz 1 Nr. 3 BayBO, deren Wortlaut einschränkend auszulegen ist (dazu ausführlich nachfolgend: Ziff. 3.2).

Der für die Kammer zuständige 1. Senat des Bayerischen Verwaltungsgerichtshofs (Urteil v. 27.6.1995 – 1 B 93.991 – BeckRS 1995, 13713) hat in Bezug auf eine nahezu identische Fallkonstellation (Wintergartenanbau an ein Reihenmittelhaus unterhalb eines gartenseitigen Balkons) bereits ausdrücklich bestätigt, dass ein solcher Anbau die erforderlichen Abstandsflächen zu den seitlichen Grundstücksgrenzen einzuhalten hat, weil die Voraussetzungen des Art. 6 Abs. 1 Satz 2 BayBO a. F. (= Art. 6 Abs. 1 Satz 3 BayBO n. F.) insofern nicht gegeben seien. In diese Richtung lässt sich auch die zu Art. 6 Abs. 5 Satz 3 BayBO a. F. ergangene Entscheidung des Großen Senats des Bayerischen Verwaltungsgerichtshofs (Beschluss v. 21.5.1990 – Gr S 2/1989 – juris Rdnr. 25) interpretieren: *»[…] Folglich sind im Inneren eines nach [Art. 6 Abs. 5 Satz 3 BayBO a. F.] als Einheit zu behandelnden Gebäudekomplexes keine Außenwände im Sinne des Satzes 2 vorhanden. Deshalb stellen z. B. die seitlichen Abschlusswände eines Reihenmittelhauses insoweit keine Außenwände im Sinne dieser Vorschrift dar, als sie profilgleich aneinandergefügt sind. Dagegen gilt Satz 2 für solche Teile der Abschlusswände zwischen aneinandergebauten Gebäuden, die horizontal oder vertikal versetzt sind und dadurch nach außen in Erscheinung treten. Schon für diese Fälle behält Satz 2 einen hinlänglichen Anwendungsbereich.«*

3. Die Klägerin kann sich ferner nicht auf die Ausnahmevorschriften des Art. 6 Abs. 6 Satz 1 Nr. 2 und 3 BayBO berufen. Denn der streitgegenständli-

che Wintergarten stellt insoweit keinen untergeordneten Vorbau im Sinne der Vorschrift dar.

3.1 Art. 6 Abs. 6 Satz 1 Nr. 2 BayBO, wonach untergeordnete Vorbauten wie Balkone und eingeschossige Erker bei der Bemessung der Abstandsflächen unter den in den Buchst. a) bis c) genannten Voraussetzungen kraft Gesetzes außer Betracht bleiben, scheidet vorliegend schon deshalb aus, weil der streitgegenständliche Wintergarten mit einer Breite von knapp 8 m und einer Tiefe von 2,78 m bzw. 1,57 m (sofern lediglich der über den Balkon hinausragende Teil berücksichtigt wird) die dort genannten Maßvorgaben überschreitet.

3.2 Ebenso ist der durch die BayBO-Novelle 2021 mit Wirkung zum 1.2.2021 neugefasste Art. 6 Abs. 6 Satz 1 Nr. 3 BayBO nicht einschlägig, wonach bei Gebäuden an der Grundstücksgrenze die Seitenwände von Vorbauten und Dachaufbauten, auch wenn sie nicht an der Grundstücksgrenze errichtet werden, bei der Bemessung der Abstandsflächen außer Betracht bleiben.

Denn eine systematische und am Gesetzeszweck orientierte Auslegung unter Berücksichtigung der Gesetzeshistorie ergibt, dass die Vorschrift nicht dahingehend zu verstehen ist, dass damit sämtliche Vorbauten an Hausgruppen kraft Gesetzes keine seitlichen Abstandsflächen mehr einzuhalten bräuchten.

Bereits der Gesetzesbegründung (LT-Drs. 18/8547, S. 15) zur Neuregelung des Art. 6 Abs. 6 Satz 1 Nr. 3 BayBO lässt sich entnehmen, dass die Vorschrift lediglich auf solche Vorbauten und Dachaufbauten abzielt, die *»für sich genommen an der Grundstückgrenze zulässig wären«*, mit anderen Worten im Falle eines Grenzanbaus dem Art. 6 Abs. 1 Satz 3 BayBO unterfallen würden. Eine grundlegende inhaltliche Neuausrichtung der gesetzlichen Ausnahmetatbestände des Art. 6 Abs. 6 BayBO lässt sich der Gesetzesbegründung damit nicht entnehmen, was auch eine systematische und am Gesetzeszweck orientierte Auslegung unter Berücksichtigung der Gesetzeshistorie bestätigt:

(1) Das Abstandsflächenrecht dient verschiedenen, insbesondere auch nachbarrelevanten Schutzzielen. Neben einer ausreichenden Belichtung und Belüftung wird insbesondere auch der Schutz des sozialen Wohnfriedens (sog. Sozialabstand) und die Sicherung von Freiflächen für notwendige Nebenanlagen bezweckt. Daneben haben die einzuhaltenden Abstandsflächen Bedeutung für den Brandschutz (vgl. dazu insgesamt Kühner/Kraus in Busse/Kraus, Art. 6, Rdnr. 4). Die Festlegung der einzuhaltenden Abstandsflächen beruht dabei auf einer gesetzgeberischen Interessenbewertung und nicht auf naturwissenschaftlichen Grundsätzen (vgl. Dhom/Simon in Busse/Kraus, Art. 63, Rdnr. 43).

(2) Gesetzessystematisch enthält Art. 6 Abs. 6 BayBO einen Katalog von Ausnahmetatbeständen von der grundsätzlich bestehenden Abstandsflächenpflicht (vgl. Kraus, in Busse/Kraus, Art. 6, Rdnr. 31 und 406). Der Begriff des

»Vorbaus« wird in Art. 6 Abs. 6 Satz 1 Nr. 3 BayBO nicht definiert, kann jedoch bereits aufgrund des engen Sachzusammenhangs und des systematischen Regelungskontextes nicht anders zu verstehen sein als in Art. 6 Abs. 6 Satz 1 Nr. 2 BayBO. Die Formulierung des Art. 6 Abs. 6 Satz 1 Nr. 2 BayBO (»Vorbauten wie …«) macht dabei deutlich, dass es sich bei Erkern und Balkonen lediglich um eine beispielhafte Aufzählung handelt. Der streitgegenständliche Wintergarten stellt dabei weder einen »Balkon« noch einen »Erker« dar, da Balkone oder Erker nicht im Erdgeschoss vom Boden aufsteigen (vgl. zu den Begrifflichkeiten etwa Kraus in Busse/Kraus, Art. 6, Rdnr. 416 f.).

Alle von Art. 6 Abs. 6 BayBO erfassten Bauteile und Vorbauten sind dabei bereits *kraft Gesetzes* nicht abstandsflächenrelevant. Trotz Nichteinhaltung der regulären Abstandflächen bedarf es in den dort genannten (Ausnahme-)Fällen insoweit von vornherein keiner Einzelfallprüfung im Wege einer Abweichungsentscheidung nach Art. 63 BayBO. Gerade auch vor diesem Hintergrund erscheint es nachvollziehbar, dass alle von Art. 6 Abs. 6 BayBO erfassten Bauteile, Vorbauten und Dachaufbauten nach h. M. »untergeordnet« sein müssen, auch wenn dies in der aktuellen Gesetzesfassung ausdrücklich nur noch in Art. 6 Abs. 6 Satz 1 Nr. 2 BayBO angesprochen wird (vgl. Kraus, a. a. O., Rdnr. 407; Laser in Schwarzer/König, 5. Aufl. 2022, BayBO, Art. 6 Rdnr. 80). Für die Beurteilung der Unterordnung gilt, dass der jeweilige Vorbau quantitativ und funktional in Bezug auf die zugehörige Außenwand untergeordnet sein muss (vgl. Kraus, a. a. O., Rdnr. 419 m. w. N. zur Rspr).

(3) Auch die Gesetzeshistorie zeigt, dass der Gesetzgeber bei der Schaffung des Ausnahmetatbestands bzw. seiner Vorgängerregelungen davon ausging, dass nur »untergeordnete« Bauteile und Vorbauten kraft Gesetzes privilegiert sein sollen.

(aa) Die Vorgängerregelung des Art. 6 Abs. 3 Satz 7 BayBO in der bis zum 31.12.2007 geltenden Fassung enthielt insoweit folgende Formulierung:

»Vor die Außenwand vortretende Bauteile und Vorbauten wie Pfeiler, Gesimse, Dachvorsprünge, Blumenfenster, Hauseingangstreppen und deren Überdachungen, Erker und Balkone bleiben außer Betracht, wenn sie im Verhältnis zu der ihnen zugehörigen Außenwand untergeordnet sind, nicht mehr als 1,5 m hervortreten und von den Grundstücksgrenzen mindestens 2 m entfernt bleiben.«

(bb) Die zum 1.1.2008 in Kraft getretene Novellierung der Bayerischen Bauordnung (BayBO-Novelle 2008) verfolgte das Ziel, diese Regelung präziser und rechtssicherer zu fassen (vgl. LT-Drs. 15/7161, S. 44). Mit der damaligen Neuregelung in Art. 6 Abs. 8 BayBO Nrn. 1 und 2 (a. F.) erhielt der Ausnahmetatbestand folgende, im Wesentlichen auch dem aktuellen Recht entsprechende Fassung in Bezug auf Bauteile und Vorbauten:

»Bei der Bemessung der Abstandsflächen bleiben außer Betracht
1. vor die Außenwand vortretende Bauteile wie Gesimse und Dachüberstände,
2. Vorbauten wie Balkone und eingeschossige Erker, wenn sie
a) insgesamt nicht mehr als ein Drittel der Breite der jeweiligen Außenwand, höchstens jedoch 5 m, in Anspruch nehmen,
b) nicht mehr als 1,50 m vor diese Außenwand vortreten und
c) mindestens 2 m von der gegenüberliegenden Nachbargrenze entfernt bleiben.«

Anstelle des zuvor enthaltenen unbestimmten Rechtsbegriffs »untergeordnet« wurden demnach im Interesse eines rechtssicheren Vollzugs (weitere) konkrete Maßangaben in den Ausnahmetatbestand aufgenommen (vgl. Jäde, Aktuelle Fragen des bayerischen Bauordnungsrechts, BayVBl. 2009, S. 709 ff., 716). Eine weitergehende inhaltliche Rechtsänderung war hiermit nicht bezweckt (vgl. LT-Drs. 15/7161, S. 43). In Bezug auf die Regelung unter Buchst. c) wurde in der Gesetzesbegründung dabei klargestellt, dass deshalb auf die dem jeweiligen Vorbau gegenüberliegenden Nachbargrenzen abgestellt worden sei, weil die seitlichen Nachbargrenzen – unter Einhaltung der festgelegten Maßangaben – mit Blick auf die o. g. abstandsflächenrechtlichen Schutzziele vernachlässigbar seien (vgl. LT-Drs. 15/7161, S. 44).

(cc) Durch das (erneute) Einfügen des Wortes »untergeordnet« in Art. 6 Abs. 8 Nr. 2 BayBO a. F. (= Art. 6 Abs. 6 Satz 1 Nr. 2 BayBO) wollte der Gesetzgeber im Zuge der BayBO-Novelle 2009 lediglich klarstellen, dass auch Vorbauten, die die genannten Grenzen überschreiten in dem Sinne »untergeordnet« sein können, dass sie ggf. im Rahmen einer Abweichung nach Art. 63 BayBO zugelassen werden können (vgl. LR-Drs.16/375, S. 11; Laser in Schwarzer/König, BayBO, 5. Aufl. 2022, Art. 6, Rdnr. 80; Jäde, a. a. O., S. 709 ff., 716 f.). Jäde (a. a. O., S. 717) fasste die gesetzgeberische Intention wie folgt zusammen: *»[…] Das bedeutet, dass untergeordnete Vorbauten abstandsflächenrechtlich nicht relevant sind, aus der Menge dieser untergeordneten Vorbauten die in den nachfolgenden Buchst. a bis c beschriebene Teilmenge unmittelbar gesetzesabhängig, im Übrigen auf Grund einer im Einzelfall zu treffenden Abweichungsentscheidung nach Art. 63 Abs. 1 Satz 1 BayBO.«*

Die »Unterordnung« eines Vorbaus stellt mit anderen Worten eine übergreifende, den Ausnahmetatbeständen des Art. 6 Abs. 8 BayBO a. F. (= Art. 6 Abs. 6 Satz 1 Nr. 2 BayBO) quasi immanente Tatbestandsvoraussetzung dar, wobei der Gesetzgeber im Sinne einer besseren Vollziehbarkeit der Norm einen Interessenausgleich dahingehend vornahm, dass eine Unterordnung bei Einhaltung der in Art. 6 Abs. 6 Satz 1 Nr. 2 BayBO genannten Kriterien unterstellt werden kann, während es in Fällen »größerer« Vorbauten einer Einzelfallentscheidung nach Art. 63 BayBO bedarf.

(dd) Im Zuge der zum 1.2.2021 in Kraft getretenen BayBO-Novelle 2021 wurde Art. 6 Abs. 8 Nr. 2 BayBO a. F. (= Art. 6 Abs. 6 Satz 1 Nr. 2 BayBO) inhaltlich nicht verändert. Lediglich Art. 6 Abs. 8 Nr. 3 BayBO a. F. (= Art. 6 Abs. 6 Satz 1 Nr. 3 BayBO) wurde neugefasst. In der Gesetzesbegründung (LT-Drs. 18/8547, S. 15) heißt es hierzu:

»[...] Die allerwenigsten Gauben werden aber nach vorne wie zur Seite abstandsflächenrelevant sein, weil die jeweilige Abstandsfläche der davorstehenden Außenwand tiefer sein wird, als die von der Gaube aufgeworfene Abstandsfläche. Ist das nicht der Fall, ist die Abstandsflächenrelevanz aber auch wegen der Schutzgüter des Art. 6 gerechtfertigt. Nach der neu gefassten Nr. 3 bleiben künftig bei der Bemessung der Abstandsflächen bei Gebäuden an der Grundstücksgrenze die Seitenwände von Vorbauten und Dachaufbauten, die für sich genommen an der Grundstückgrenze zulässig wären, auch dann außer Betracht, wenn sie nicht an der Grundstücksgrenze errichtet werden. Die Aufnahme dieser Regelung ist Teil der Anpassung des Abstandsflächenrechts an die Musterbauordnung (MBO).«

Auch die BayBO-Novelle bezweckte damit in Bezug auf Vorbauten ersichtlich keine grundlegende Änderung des seit der BayBO-Novelle 2008 gut austarierten Verhältnisses des Ausnahmetatbestands des Art. 6 Abs. 8 BayBO a. F. (= Art. 6 Abs. 6 BayBO) und der Einzelfallzulassung nach Art. 63 BayBO. Vielmehr bestätigen die, wenn auch auf Dachgauben bezogenen Ausführungen der Gesetzesbegründung, dass der Gesetzgeber bei entsprechender Dimensionierung eine Abstandsflächenrelevanz gerade auch wegen der Schutzgüter des Abstandsflächenrechts angenommen hat. Zudem wird in der Gesetzesbegründung klargestellt, dass es sich bei der Neuregelung in Bezug auf Vorbauten lediglich um eine Ausweitung des Anwendungsbereichs des Art. 6 Abs. 1 Satz 3 BayBO handelt.

Zusammenfassend lässt sich feststellen, dass bis zum Inkrafttreten der BayBO-Novelle 2021 solche Vorbauten, welche die Kriterien des Art. 6 Abs. 8 Nr. 2 BayBO a. F. (= Art. 6 Abs. 6 Satz 1 Nr. 2 BayBO) erfüllen, diesem Ausnahmetatbestand unterfallen und damit kraft Gesetzes nach allen Seiten keine Abstandsflächen einzuhalten haben. In Fällen größerer, aber im Rahmen einer Gesamtbetrachtung der Umstände des Einzelfalls dennoch »untergeordnet« erscheinender Vorbauten bedurfte es dagegen einer Einzelfallzulassung nach Art. 63 BayBO. Dass sich an diesem Regel-Ausnahme-Verhältnis bzw. dem Zusammenspiel zwischen den kraft Gesetzes geltenden Ausnahmetatbeständen des Art. 6 BayBO und der Einzelfallzulassung gem. Art. 63 BayBO Grundlegendes ändern sollte, lässt sich weder den Gesetzesmaterialien der BayBO-Novelle 2021 noch den hierzu ergangenen Vollzugshinweisen entnehmen.

(4) Nach teleologischer, systematischer und historischer Auslegung können unter den Begriff des (untergeordneten) »Vorbaus« i. S. d. Art. 6 Abs. 6 BayBO nach Auffassung der Kammer demnach nur »kleinere« (Kalt-)Wintergärten fallen, welche die Art. 6 Abs. 6 Satz 1 Nr. 2 Buchst. a) und b) BayBO genannten Maßangaben nicht überschreiten. Für eine Erfassung »kleinerer«

Wintergärten spricht sich auch Kraus (a. a. O., Rdnr. 418 a. E.) aus. Denn nur in solchen Fällen erscheint es in Anbetracht der Schutzziele des Abstandsflächenrechts gerechtfertigt, wenn gleichsam kraft Gesetzes unwiderleglich vermutet wird, dass in Bezug auf die seitlichen Abstandsflächen keine Abstandsflächenrelevanz bestehe.

Unbillige Härten drohen bei dieser Auslegung nicht, da größere Wintergärten unter Berücksichtigung der Umstände des jeweiligen Einzelfalls im Wege einer Abweichung nach Art. 63 BayBO zugelassen werden können. Auf diesem Wege wird ein angemessener Interessenausgleich im Einzelfall sichergestellt und durch die Orientierung an den Maßangaben des Art. 6 Abs. 6 Satz 1 Nr. 2 BayBO zugleich ein hinreichendes Maß an Rechtssicherheit gewährleistet, so wie dies der gesetzgeberischen Intention und Regelungssystematik seit der BayBO-Novelle 2008 entspricht.

Letztlich kommt der Neuregelung des Art. 6 Abs. 6 Satz 1 Nr. 3 BayBO in Bezug auf Vorbauten damit kein wesentlicher, eigenständiger Regelungsgehalt zu. Denn untergeordnete Vorbauten, welche die in Art. 6 Abs. 6 Satz 1 Nr. 2 BayBO genannten Maßkriterien erfüllen, brauchen bereits nach dieser Ausnahmeregelung nach allen Seiten keine Abstandsflächen einzuhalten – womit sich ein Rückgriff auf Art. 6 Abs. 6 Satz 1 Nr. 3 BayBO erübrigt. Eine rein am Wortlaut orientierte Auslegung des Abs. 6 Satz 1 Nr. 3 BayBO dahingehend, dass gerade die von der Nr. 2 nicht erfassten »größeren« Vorbauten bei Gebäuden an der Grundstücksgrenze kraft Gesetzes (also ohne Einzelfallentscheidung) keine seitlichen Abstandsflächen einzuhalten bräuchten, würde indes den Schutzzwecken des Abstandsflächenrechts erkennbar zuwiderlaufen und war vom Gesetzgeber so auch nicht so beabsichtigt (s. o.). Bei den beengten, häufig »handtuchartigen« Grundstücksverhältnissen in modernen Doppel- und Reihenhausanlagen, welche die Vorschrift offenbar im Blick hat, bedarf die Zulassung gerade solcher »größeren« Vorbauten vielmehr weiterhin eines angemessenen Interessenausgleichs unter Berücksichtigung der Gesamtumstände des Einzelfalls, so wie dies im Rahmen einer Zulassung nach Art. 63 BayBO gewährleistet wird.

Art. 6 Abs. 6 Satz 1 Nr. 3 BayBO beinhaltet damit im Wesentlichen nur eine gesetzgeberische Klarstellung, wonach seitliche Abstandsflächen bei untergeordneten Vorbauten i. S. d. Art. 6 Abs. 6 Satz 1 Nr. 2 BayBO nicht relevant sind – so wie dies bereits der geltenden Rechtslage entspricht und im Rahmen der Gesetzesbegründung der BayBO-Novelle 2008 explizit angesprochen wurde.

(5) Eine Zulassung des streitgegenständlichen Wintergartens ohne Einhaltung seitlicher Abstandsflächen auf Grundlage des Art. 6 Abs. 6 Satz 1 Nr. 3 BayBO kommt demnach nicht in Betracht, weil der Anbau die Abmessungen des Art. 6 Abs. 6 Satz 1 Nr. 2 BayBO überschreitet (s. o.).

Lediglich ergänzend wird zu dem von Klägerseite angesprochenen Verfahren M 11 K 17.5349 angemerkt, dass die dortige, ein Eckgrundstück betreffende Fallkonstellation mit der vorliegenden nicht vergleichbar ist, worauf auch das Landratsamt in seiner Klageerwiderung zutreffend hingewiesen hat. Fragen des Abstandsflächenrechts waren zum Zeitpunkt der damaligen Entscheidung nicht Gegenstand des vereinfachten Baugenehmigungsverfahrens.

4. Die Erteilung einer Abweichung von den seitlichen Abstandsflächen gem. Art. 63 BayBO wurde von Klägerseite nicht beantragt.

Ein solcher Abweichungsantrag ist zwingende Voraussetzung für einen entsprechenden Verpflichtungs- oder auch Neuverbescheidungsanspruch der Klägerin (vgl. Dhom, in Busse/Kraus, a. a. O., Rdnr. 48; VG München Urteil v. 16.7.2013 – M 1 K 13.1040 – juris).

Für den Fall der Nachholung eines solchen Antrags durch die Klägerin weist die Kammer allerdings darauf hin, dass eine Einzelfallzulassung vorliegend zumindest nicht von vornherein ausgeschlossen erscheint. Die vorliegende Konstellation eines Kalt-Wintergartens unterscheidet sich insbesondere auch von der dem BayVGH-Urteil v. 27.6.1995 (Az. 1 B 93.991) zugrundeliegenden Fallkonstellation eines Wintergartens mit einer Wohnraumerweiterung. Wie oben ausgeführt, kann sich ein (Kalt-)Wintergarten, auch wenn die Maßkriterien des Art. 6 Abs. 6 Satz 1 Nr. 2 BayBO überschritten werden, nach der gesetzgeberischen Intention dennoch als »untergeordnet« darstellen. Nach dem Eindruck des gerichtlichen Augenscheins dürfte sich der streitgegenständliche, insgesamt durchaus maßvolle Wintergarten ferner auch in Hinblick auf die Anforderungen der sog. Doppelhaus-Rechtsprechung als noch »verträglich« darstellen (s. o.). Der für das Landratsamt primär maßgebliche Umstand, dass das südlich angrenzende Reiheneckhaus entsprechend der Festsetzungen des Bebauungsplans deutlich nach Westen versetzt errichtet wurde, muss nach Einschätzung der Kammer nicht zwingend zu Lasten der Klägerin gewichtet werden, sondern könnte auch bedeuten, dass gerade bei dieser Hausgruppe im gegenseitigen Nachbarschaftsverhältnis kein »Übermaß« an Einheitlichkeit oder gar Profilgleichheit gefordert werden kann. Möglicherweise hat der Versprung des südlichen Reiheneckhauses im Übrigen sogar positive Auswirkungen auf den Wohnfrieden, weil sich damit die erfahrungsgemäß besonders intensiv genutzten Terrassenbereiche nicht unmittelbar nebeneinander befinden. …

Nr. 66

Die Zulassung einer Abweichung vom Abstandsflächenrecht verlangt entsprechend der bisherigen Rechtsprechung eine sogenannte Atypik, um dem Schutzzweck der Abstandsflächenvorschriften des Art. 6 BayBO entsprechen zu können.

Eine solche Atypik kann sich z. B. aus einem besonderen Grundstückszuschnitt, einer aus dem Rahmen fallenden Bebauung auf dem Bau- oder Nach-

bargrundstück oder einer besonderen städtebaulichen Situation wie der Lage des Baugrundstücks in einem historischen Ortskern ergeben.
(Leitsätze der Redaktion)

BayBO Art. 6, Art. 28, Art. 60, Art. 68 Abs. 1 Satz 1 Hs. 1.

Verwaltungsgericht Würzburg, Beschluss v. 12. Juni 2024 – W 5 S 24.502 –.

Aus den Gründen:

1. Der Antrag ist zulässig.

1.1. Der Antrag ist als Antrag auf Anordnung der aufschiebenden Wirkung gem. § 80a Abs. 3 i. V. m. § 80 Abs. 5 Satz 1 VwGO statthaft.

Die aufschiebende Wirkung der Klage der Antragstellerin ist gem. § 80 Abs. 2 Satz 1 Nr. 3 VwGO entfallen, weil sie sich gegen die bauaufsichtliche Zulassung eines Vorhabens wendet (§ 212a BauGB). Bei der Entscheidung nach § 246 Abs. 14 BauGB hat das Landratsamt H. abschließend darüber befunden, ob die Errichtung einer dringend benötigten Unterkunftsmöglichkeit für Flüchtlinge oder Asylbegehrende es erforderlich macht, von bauplanungsrechtlichen Vorschriften abzuweichen. Die Abweichungsentscheidung ist ein vorbereitender Verfahrensakt für die vom Landratsamt H. erteilte Baugenehmigung und damit unselbständige Verfahrenshandlung i. S. v. § 44a Satz 1 VwGO im Vorfeld der abschließenden Sachentscheidung. Dass die Abweichungsentscheidung in materielle Rechtspositionen der Antragstellerin in Gestalt ihrer Planungshoheit eingreift, führt nicht dazu, dass sie deshalb selbstständig anfechtbar ist, da sie keine selbstständige, im Verhältnis zur abschließenden Sachentscheidung andersartige Beschwer enthält (vgl. BVerwG, Urteil v. 16.2.2023 – 1 C 19.21 – juris Rdnr. 13). Im vorliegenden Fall kann das Gericht der Hauptsache daher auf Antrag die aufschiebende Wirkung des Rechtsbehelfs gegen die bauaufsichtliche Zulassung ganz oder teilweise anordnen.

1.2. Die Antragstellerin ist auch antragsbefugt (§ 42 Abs. 2 VwGO analog).

Der Gemeinde, deren Beteiligungsrecht nach § 246 Abs. 14 BauGB auf eine bloße Anhörung beschränkt ist, steht ein Anfechtungsrecht zu. Der mit der Abweichungsentscheidung verbundene Eingriff in die Planungshoheit wird mit der Vorhabenzulassung durch die Baugenehmigung im Außenverhältnis zum Bauherrn umgesetzt. Davon ausgehend kann vorliegend nicht von vornherein ausgeschlossen werden, dass die Antragstellerin – wie geltend gemacht – durch die behördliche Entscheidung in ihrem Recht auf kommunale Planungshoheit (Art. 28 Abs. 2 Satz 1 GG) verletzt wird. Hinzu kommt, dass die Antragstellerin möglicherweise als benachbarte Grundstückseigentümerin infolge einer Abstandsflächenrechtsverletzung (Art. 6 BayBO) oder eines Verstoßes gegen brandschutzrechtliche Bestimmungen (Art. 28 BayBO) in ihren Rechten verletzt wird.

1.3. Der Antrag musste entgegen der Auffassung der Beigeladenseite nicht elektronisch erhoben werden.

Nach § 55a Abs. 1 VwGO können vorbereitende Schriftsätze und deren Anlagen, schriftlich einzureichende Anträge und Erklärungen der Beteiligten sowie schriftlich einzureichende Auskünfte, Aussagen, Gutachten, Übersetzungen und Erklärungen Dritter als elektronische Dokumente bei Gericht eingereicht werden. Dabei sind gem. § 55d Satz 1 VwGO vorbereitende Schriftsätze und deren Anlagen sowie schriftlich einzureichende Anträge und Erklärungen, die durch einen Rechtsanwalt, durch eine Behörde oder durch eine juristische Person des öffentlichen Rechts einschließlich der von ihr zur Erfüllung ihrer öffentlichen Aufgaben gebildeten Zusammenschlüsse eingereicht werden, als elektronisches Dokument zu übermitteln. Gleiches gilt gem. § 55d Satz 2 VwGO für die nach diesem Gesetz vertretungsberechtigten Personen, für die ein sicherer Übermittlungsweg nach § 55a Abs. 4 Satz 1 Nr. 2 VwGO zur Verfügung steht. Bei Nichteinhaltung dieser Anforderung ist die Prozesserklärung formunwirksam und der Antrag als unzulässig abzulehnen (Gädeke in: Ory/Weth, jurisPK-ERV Band 3, 2. Aufl., Stand: 7.9.2023, § 55d VwGO Rdnr. 41).

Im vorliegenden Fall ist der Antrag durch den Bevollmächtigten der Antragstellerin eingereicht worden, bei dem es sich um einen vertretungsberechtigten Rechtslehrer an einer staatlichen Hochschule (vgl. § 67 Abs. 2 Satz 1 VwGO) handelt. Dieser wird von dem in § 55d Satz 1 VwGO aufgeführten Personenkreis (Rechtsanwalt, Behörde, juristische Person des öffentlichen Rechts einschließlich der von ihr zur Erfüllung ihrer öffentlichen Aufgaben gebildeten Zusammenschlüsse) nicht erfasst. Auch in der höchstrichterlichen Rechtsprechung ist anerkannt, dass ein Rechtslehrer an einer staatlichen Hochschule nicht dem Personenkreis unterfällt, der nach § 55d Satz 1 VwGO vorbereitende Schriftsätze und deren Anlagen sowie schriftlich einzureichende Anträge und Erklärungen als elektronische Dokumente übermitteln muss (BVerwG, Beschluss v. 27.10.2023 – 7 B 10/23 – juris Rdnr. 5). Die Antragstellerseite verweist zutreffend darauf, dass der persönliche Anwendungsbereich des § 55d Satz 1 VwGO – wie der Wortlaut zeigt – enumerativ ist. Nicht aufgeführte Einreicher werden demgemäß auch dann nicht umfasst, wenn es sich bei diesen, was im Fall des Antragstellerbevollmächtigten offenbleiben kann, ebenfalls um sogenannte professionelle Einreicher handeln sollte (vgl. hierzu Ulrich in: Schoch/Schneider, Verwaltungsrecht, Werkstand: 44. EL März 2023, § 55d Rdnr. 13; ablehnend gegenüber der Einordnung eines Hochschullehrers als professionellen Einreicher: Dehoust in: Brandt/Domgörgen, Handbuch Verwaltungsverfahren und Verwaltungsprozess, 5. Aufl. 2023, §§ 124, 124a Abs. 1 VwGO Rdnr. 22).

Die Pflicht zur elektronischen Einreichung erstreckt sich auf den Antragstellerbevollmächtigten auch nicht nach Maßgabe von § 55d Satz 2 VwGO. Diese Vorschrift erweitert die Einreichungspflicht auf die anderen nach § 67 Abs. 2 VwGO Vertretungsberechtigten, wenn für sie ein sicherer Übermittlungsweg i. S. v. § 55a Abs. 4 Satz 1 Nr. 2 VwGO zur Verfügung steht. Dies ist jedoch nicht der Fall, weil ein dem besonderen elektronischen Anwaltspostfächern entsprechendes, auf gesetzlicher Grundlage errichtetes elektronisches Postfach im Sinne der vorgenannten Vorschrift für Rechtslehrer an einer staatlichen oder staatlich anerkannten Hochschule nicht vorhanden ist. Dementsprechend erkennt das Bundesverwaltungsgericht im Fall eines Rechtslehrers an einer staatlichen Hochschule auch keine Pflicht zur Nutzung elektronischer Übermittlungswege aus § 55d Satz 2 VwGO (BVerwG, Beschluss v. 27.10.2023 – 7 B 10/23 – juris Rdnr. 5). Ob der Antragstellerbevollmächtigte – wie die Beigeladenbevollmächtigte argumentiert – auf das elektronische Behördenpostfach der Antragstellerin, welches seine Grundlage nicht in § 55a Abs. 4 Satz 1 Nr. 2 VwGO, sondern in § 55a Abs. 4 Satz 1 Nr. 3 VwGO findet, zurückgreifen konnte oder nicht, ist dementsprechend schon unter Berücksichtigung von Wortlaut und Gesetzessystematik ohne Belang. Bestätigt wird dies durch die Gesetzesbegründung, in der zu § 55c VwGO a. F. (heute: § 55d VwGO) ausgeführt wird, dass dessen Einfügung die Nutzungspflicht für Rechtsanwälte und Behörden aus § 130d ZPO übernimmt und sie – lediglich – um die vertretungsberechtigten Personen erweitert, die sich eines speziellen Übermittlungswegs auf der Grundlage des § 55a Abs. 4 Nr. 2 VwGO bedienen können (BT-Drs. 17/12634, S. 37). Demgegenüber fehlt jede normative Anknüpfung dafür, dass die von § 55d VwGO inhaltlich konstituierte Pflicht zum elektronischen Rechtsverkehr, derer die Antragstellerin allein im Rahmen des von ihr in eigener Person betriebenen elektronischen Rechtsverkehrs unterliegt, auf ihren Bevollmächtigten zu übertragen bzw. diesem zuzurechnen wäre. In Anbetracht dieser vom Gesetzgeber ausdifferenzierten Grenzen innerhalb des Rechtsregimes zu den Pflichten im elektronischen Rechtsverkehr – welches stufenweise (nächstmalig zum 1.1.2026) erweitert werden soll – lässt sich nicht unter der zu kurz greifenden Berufung auf den Sinn und Zweck der Regelung begegnen, wonach die gesetzliche Nutzungsverpflichtung dazu diene, den elektronischen Rechtsverkehr für sog. professionelle Einreicher zu etablieren (vgl. BT-Drs. 17/12634, S. 27 zu § 130d ZPO). Da der Antragstellerbevollmächtigter somit vom persönlichen Anwendungsbereich des § 55d VwGO nicht erfasst wird, unterfällt er auch nicht den hierdurch konstituierten Pflichten.

1.4. Der Antrag erweist sich – nachdem insoweit keine weiteren rechtlichen Bedenken bestehen – als zulässig.

2. Der Antrag auf Anordnung der aufschiebenden Wirkung der Klage ist unbegründet.

Im Rahmen des § 80 Abs. 5 VwGO trifft das Gericht eine eigene Ermessensentscheidung anhand der in § 80 Abs. 2 Satz 1 Nr. 4 VwGO normierten Kriterien. Hierbei ist das öffentliche Interesse an der sofortigen Vollziehung gegen das Interesse der Antragstellerin an der aufschiebenden Wirkung ihrer Klage abzuwägen. Bei dieser Abwägung sind die Erfolgsaussichten in der Hauptsache dann von maßgeblicher Bedeutung, wenn nach summarischer

Prüfung von der offensichtlichen Rechtmäßigkeit oder Rechtswidrigkeit des streitgegenständlichen Verwaltungsakts und der Rechtsverletzung der Antragstellerin auszugehen ist. Jedenfalls hat das Gericht die Erfolgsaussichten des Rechtsbehelfs bei seiner Entscheidung mit zu berücksichtigen, soweit diese sich bereits übersehen lassen (vgl. BVerfG, Beschluss v. 24.2.2009 – 1 BvR 165/09 – NVwZ 2009, 581; BayVGH, Beschluss v. 17.9.1987 – 26 CS 87.01144 – BayVBl. 1988, 369; Eyermann, VwGO, 16. Aufl. 2022, § 80 Rdnr. 89 ff.). Sind diese im Zeitpunkt der gerichtlichen Entscheidung vollkommen offen, ist eine reine Interessenabwägung vorzunehmen.

Vorliegend lässt sich nach der im Verfahren des vorläufigen Rechtsschutzes gebotenen, aber auch ausreichenden summarischen Prüfung anhand der Akten feststellen, dass die Anfechtungsklage der Antragstellerin gegen die Baugenehmigung des Landratsamts H. vom 28.2.2024 voraussichtlich keinen Erfolg haben wird, da der angefochtene Bescheid die Antragstellerin nicht in ihren Rechten verletzt (§ 113 Abs. 1 Satz 1 VwGO).

Nach Art. 68 Abs. 1 Satz 1 Halbs. 1 BayBO ist die Baugenehmigung zu erteilen, wenn dem Vorhaben keine öffentlich-rechtlichen Vorschriften entgegenstehen, die im bauaufsichtlichen Genehmigungsverfahren zu prüfen sind. Die Baugenehmigung ist aber nur dann aufzuheben, wenn sie rechtswidrig und der Kläger dadurch in seinen Rechten verletzt ist (§ 113 Abs. 1 Satz 1 VwGO).

Die Antragstellerin kann hiernach als Standortgemeinde gegen die Baugenehmigung nur dann erfolgreich vorgehen, wenn sie in ihren durch Art. 28 Abs. 2 Satz 1 GG bzw. Art. 11 Abs. 2 Satz 2 BV verfassungsrechtlich geschützten kommunalen Planungshoheit verletzt wäre. Als Nachbarin des Vorhabens kann sie eine Baugenehmigung nur dann mit Erfolg anfechten, wenn öffentlich-rechtliche Vorschriften verletzt sind, die auch ihrem Schutz dienen, oder wenn es das Vorhaben an der gebotenen Rücksichtnahme auf seine Umgebung fehlen lässt und dieses Gebot im Einzelfall Nachbarschutz vermittelt. Nur daraufhin ist das genehmigte Vorhaben in einem nachbarrechtlichen Anfechtungsprozess zu prüfen (vgl. BayVGH, Beschluss v. 24.7.2020 – 15 CS 20.1332; Beschluss v. 26.5.2020 – 15 ZB 19.2231; BVerwG, Beschluss v. 28.7.1994 – 4 B 94/94; Urteil v. 19.9.1986 – 4 C 8.84; Urteil v. 13.6.1980 – IV C 31.77; alle juris).

Im vorliegenden Fall ist nach summarischer Prüfung ein Verstoß gegen das Selbstverwaltungsrecht der Antragstellerin genauso wenig wie ein Verstoß gegen drittschützende Vorschriften feststellbar. Im Einzelnen:

2.1. Der verfahrensgegenständliche Baugenehmigungsbescheid begegnet zunächst keinen Bedenken hinsichtlich der formellen Rechtmäßigkeit.

Nach § 246 Abs. 14 Satz 2 BauGB ist für die getroffene Abweichungsentscheidung die höhere Verwaltungsbehörde zuständig. Die Regelung des § 203 Abs. 3 BauGB ermächtigt die Landesregierungen, durch Rechtsverordnung die nach diesem Gesetzbuch der höheren Verwaltungsbehörde zugewiesenen

Aufgaben auf andere staatliche Behörden, Landkreise oder kreisfreie Gemeinden zu übertragen. Eine solche Übertragung ist mit § 2 Abs. 5 Satz 1 ZustVBau erfolgt. Danach sind die Landratsämter die zuständigen Behörden für die Erteilung der Abweichungsentscheidung nach § 246 Abs. 14 BauGB. Dass dieses Ergebnis – wie der Antragstellerbevollmächtigte meint – im Widerspruch zur Intention des Bundesgesetzgebers an der Schaffung einer zusätzlichen Entscheidungsinstanz stehen könnte, vermag die Kammer angesichts der klar definierten Reichweite der Ermächtigungsregelung des § 203 Abs. 3 BauGB nicht zu erkennen. An der Zuständigkeit des Landratsamts H. bestehen daher keine Zweifel. Nachdem die formelle Rechtmäßigkeit des angegriffenen Bescheids objektiv-rechtlich keinen Bedenken unterliegt, bedarf es keines Eingehens auf die Frage, ob aus einem entsprechenden Mangel überhaupt eine subjektive Rechtsverletzung der Antragstellerin resultieren kann.

2.2. Die Einwendungen der Antragstellerin als Standortgemeinde zur Verletzung ihrer in Art. 28 Abs. 2 Satz 1 GG, Art. 11 Abs. 2 Satz 2 BV verankerten Planungshoheit greifen nicht durch.

2.2.1. Die Antragstellerin trägt im Wesentlichen vor, ihr werde als Gemeinde die Möglichkeit genommen, über das Recht der Bauleitplanung die Entwicklung des Gemeindegebiets im hier maßgeblichen Bereich zu steuern. Sie habe insoweit keinerlei Planungshoheit mehr inne. Die Regelung des § 246 Abs. 14 BauGB sei verfassungswidrig oder zumindest verfassungskonform dahin auszulegen, dass die Abweichungsentscheidung nicht das exakte Gegenteil der gemeindlichen Planungsabsicht zulassen dürfe. Dem schließt sich die Kammer in Übereinstimmung mit der verwaltungsgerichtlichen Rechtsprechung (ausführlich: OVG für das Land Mecklenburg-Vorpommern, Beschluss v. 13.11.2023 – 3 M 459/23 OVG – juris; vgl. auch VG Schwerin, Urteil v. 23.2.2024 – 2 A 1669/23 SN – juris; für eine verfassungskonforme Auslegung: VG Hamburg, Beschluss v. 28.10.2015 – 7 E 5333/15), die teils die Rechtsvorschrift bedenkenlos anwendet (OVG Hamburg, Beschluss v. 9.5.2016 – 2 Bs 38/16; Beschluss v. 11.3.2016 – 2 Bs 33/16; VGH Mannheim, Beschluss v. 23.6.2016 – 5 S 634/16; OVG Bautzen, Beschluss v. 17.2.2016 – 1 B 10/16 – alle juris), und der vorherrschenden Kommentarliteratur (vgl. etwa Blechschmidt, in: Ernst/Zinkahn/Bielenberg/Krautzberger, BauGB, 152. EL Oktober 2023, § 246 Rdnr. 52d; Kment/Wirth, BauGB-Novelle 2015: Die privilegierte Genehmigung von Flüchtlingsunterkünften und ihre Beschränkung durch die kommunale Planungshoheit und den verfassungsrechtlich geforderten Nachbarschutz, ZfBR 2016, 748) nicht an.

Gem. Art. 28 Abs. 2 Satz 1 GG muss den Gemeinden das Recht gewährleistet sein, alle Angelegenheiten der örtlichen Gemeinschaft im Rahmen der Gesetze in eigener Verantwortung zu regeln. Diese Gewährleistung sichert den Gemeinden einen grundsätzlich alle Angelegenheiten der örtlichen Gemeinschaft umfassenden Aufgabenbereich (»Allzuständigkeit«) sowie die Befugnis zu eigenverantwortlicher Führung der Geschäfte in diesem Bereich. Der Vorbehalt des »Rahmens der Gesetze« erlaubt es dem Gesetzgeber nicht, die kommunale Selbstverwaltung völlig zu beseitigen oder derart auszuhöhlen, dass den Gemeinden kein ausreichender Spielraum zu ihrer Ausübung mehr bleibt. Dagegen verbürgt Art. 28 Abs. 2 Satz 1 GG als institutionelle Garantie den Gemeinden nicht die Selbstverwaltungsrechte in allen Einzelheiten. Gesetzliche Beschränkungen der Selbstverwaltung sind vielmehr mit Art. 28 Abs. 2 Satz 1 GG vereinbar, wenn und soweit sie deren Kernbereich unangetastet lassen (BVerfG, Beschluss v. 7.10.1980 – 2 BvR 584/76 – juris Rdnr. 43). Ob und inwieweit die Planungshoheit überhaupt zum unantastbaren Kernbereich kommunaler Selbstverwaltung gehört, hat das Bundesverfassungsgericht bislang offengelassen (BVerfG, Beschluss v. 23.6.1987 – 2 BvR 826/83 – juris Rdnr. 38; Beschluss v. 7.10.1980 – 2 BvR 584/76 – juris Rdnr. 44). Geklärt ist jedoch, dass selbst wenn der Kernbereich der Selbstverwaltung die Planungshoheit umfassen sollte, der Kernbereichsschutz nur den Wesensgehalt der Planungshoheit umfasst (BVerfG, Beschluss v. 7.5.2001 – 2 BvK 1/00 – juris Rdnr. 123). Da Art. 28 Abs. 2 Satz 1 GG den Wirkungskreis der Gemeinden in ihrem Kernbereich nur institutionell sichert, ist zudem eine gesetzliche Einwirkung auf die Selbstverwaltung lediglich einzelner Gemeinden, die diesen bestimmte Selbstverwaltungsrechte teilweise entzieht, verfassungsrechtlich zulässig. Ein allgemeiner Eingriff in die kommunale Planungshoheit liegt nicht vor, wenn ein Gesetz nur ausnahmsweise zu Einschränkungen der Planungshoheit einzelner Gemeinden in räumlich klar abgegrenzten Gebieten ermächtigt (vgl. BVerfG, Beschluss v. 23.6.1987 – 2 BvR 826/83 – juris Rdnr. 38; Beschluss v. 7.10.1980 – 2 BvR 584/76 – juris Rdnr. 44; Beschluss v. 7.5.2001 – 2 BvK 1/00 – juris Rdnr. 123; zum Ganzen: OVG für das Land Mecklenburg-Vorpommern, Beschluss v. 13.11.2023 – 3 M 459/23 OVG – juris).

In Anwendung dieser Grundsätze ist eine Unvereinbarkeit des § 246 Abs. 14 BauGB mit der Planungshoheit der Gemeinden nicht zu erkennen. Da die Vorschrift es erlaubt, dass unter bestimmten Voraussetzungen von den bauplanungsrechtlichen Zulassungsvoraussetzungen der §§ 30 bis 36 BauGB für Unterkünfte für Flüchtlinge und Asylbegehrende abgewichen werden kann, wovon auch Abweichungen von Bauleitplänen der Gemeinden umfasst sind, ist in diesen Fällen von einem Eingriff in die kommunale Planungshoheit auszugehen. Der Eingriff lässt jedoch den Kernbereich der kommunalen Selbstverwaltung nach dem Dafürhalten der Kammer unangetastet. Die gesetzliche Regelung führt nach ihrer Konzeption nur ausnahmsweise zu Einschränkungen der Planungshoheit. Die Regelungswirkung des § 246 Abs. 14 BauGB ist sachlich stark eingeschränkt. Sie beschränkt sich auf ein konkretes Vorhaben und enthält keine darüberhinausgehende Steuerungswirkung für das restliche Gemeindegebiet. Die Regelung gilt nur für eine bestimmte Art von Vorhaben, nämlich der Schaffung von Unterkünften für Flüchtlinge und Asylbegehrende. Darüber hinaus muss die Zulassung des Vorhabens nach

§ 246 Abs. 14 BauGB – wie tatbestandlich gefordert – erforderlich sein. Insofern gelten die Anforderungen des § 37 BauGB entsprechend. Dies bedeutet, dass die Abweichung zur Deckung des Unterbringungsbedarfs vernünftigerweise geboten sein muss, wobei die widerstreitenden öffentlichen Belange auch unter Würdigung nachbarlicher Interessen im Einzelfall zu gewichten sind. Die Vorschrift kann folglich nur – subsidiär – angewendet werden, wenn trotz akuten Bedarfs eine ausreichende Schaffung von Unterbringungsmöglichkeiten nach den allgemeinen Zulassungsregeln und den Sonderregeln der Absätze 8 bis 13 des § 246 BauGB nicht möglich ist. Die Erforderlichkeit bezieht sich schließlich auch auf den Umfang des Vorhabens. Im Weiteren ist zu beachten, dass die Eingriffsintensität des § 246 Abs. 14 BauGB durch ein verfahrensrechtliches Beteiligungsrecht der Gemeinden abgemildert wird. Zudem enthält § 246 Abs. 14 Satz 5 BauGB über die Verweisung auf § 35 Abs. 5 Satz 2 Halbs. 1 und Satz 3 BauGB eine Rückbauverpflichtung. Durch diese wird sichergestellt, dass nach Aufgabe der Nutzung als Unterkunft für Flüchtlinge und Asylbegehrende der vorherige bauplanungsrechtliche Zustand wiederhergestellt wird. Eine Anschlussnutzung wird zwar hiervon nicht ausgeschlossen, diese muss jedoch nach den allgemeinen planungsrechtlichen Voraussetzungen – und damit im Einklang mit der planungsrechtlichen Vorstellung der Gemeinde – zulässig sein. Schließlich verweist § 246 Abs. 14 Satz 9 BauGB auf die Entschädigungsregelung des § 37 Abs. 3 BauGB. Danach ist der Gemeinde eine Entschädigung zu zahlen, wenn ihr infolge der Durchführung von Vorhaben nach § 246 Abs. 14 BauGB Kosten entstehen. Finanzielle Lasten haben die Gemeinden also nicht zu befürchten. Der Gemeinde entstehen folglich nach Wegfall des Unterbringungsbedarfs für Flüchtlinge und Asylbegehrende keine dauerhaften Nachteile (zum Ganzen: Kment/Wirth, BauGB-Novelle 2015: Die privilegierte Genehmigung von Flüchtlingsunterkünften und ihre Beschränkung durch die kommunale Planungshoheit und den verfassungsrechtlich geforderten Nachbarschutz, ZfBR 2016, 748). Die somit außerhalb des Kernbereichs liegende Beschränkung der kommunalen Planungshoheit durch § 246 Abs. 14 BauGB vermag nicht unverhältnismäßig in die Garantie der kommunalen Selbstverwaltung der Antragstellerin einzugreifen. Vielmehr stellt sie sich als geeignete, erforderliche und angemessene formell-gesetzgeberische Maßnahme dar. Dabei ist im Rahmen der Angemessenheit – neben den vorbezeichneten Umständen – zu berücksichtigen, dass der mit der Regelung verfolgte öffentliche Belang der Ermöglichung der Unterbringung von Asylbewerbern und Flüchtlingen ganz erhebliches Gewicht aufweist. Die Sicherstellung der Unterbringung dient der Erfüllung der Befriedigung elementarer Lebensbedürfnisse (vgl. BVerfG, Beschluss v. 26.5.1993 – 1 BvR 208/93 – juris Rdnr. 21). Die verfassungsrechtliche Gewährleistung eines menschenwürdigen Existenzminimums aus Art. 1 Abs. 1 GG i. V. m. dem Sozialstaatsprinzip umfasst im Hinblick auf das physische Existenzminimum u. a. die Möglichkeit der Unterkunft (vgl. BVerfG,

Urteil v. 18.7.2012 – 1 BvL 10/10 – juris Rdnr. 64). Die Norm des § 246 Abs. 14 BauGB trägt in einer die Planungshoheit der Gemeinden berücksichtigenden, die widerstreitenden Interessen ausgleichenden Weise dem Umstand Rechnung, dass in den tatbestandlich umrissenen, engen Bedarfssituationen Unterkünfte vielfach nicht oder nicht rechtzeitig bereitgestellt werden könnten. Nach alledem erkennt die Kammer nicht ansatzweise Umstände, die die Regelung des § 246 Abs. 14 BauGB als verfassungswidrig erscheinen lassen.

2.2.2. Es ist auch nicht ersichtlich, dass infolge der konkreten Rechtsanwendung im vorliegenden Einzelfall von einer Verletzung der kommunalen Planungshoheit der Antragstellerin gem. Art. 28 Abs. 2 Satz 1 GG ausgegangen werden müsste.

Nach § 246 Abs. 14 Satz 1 BauGB kann bei Aufnahmeeinrichtungen, Gemeinschaftsunterkünften oder sonstigen Unterkünften für Flüchtlinge und Asylbewerber von den Vorschriften des BauGB und den aufgrund des BauGB erlassenen Vorschriften abgewichen werden, wenn auch bei Anwendung der Absätze 8 bis 13 des § 246 BauGB dringend benötigte Unterkunftsmöglichkeiten im Gebiet der Gemeinde, in der sie entstehen sollen, nicht oder nicht rechtzeitig bereitgestellt werden können. Diese befristet – nunmehr bis zum 31.12.2027 (vgl. Art. 1 Nr. 18 Buchst. e) des Gesetzes zur Stärkung der Digitalisierung im Bauleitplanverfahren und zur Änderung weiterer Vorschriften vom 6.7.2023, BGBl. 2023 I Nr. 176, berichtigt in BGBl. 2023 I Nr. 214) – geltende Sondervorschrift ermöglicht es, von allen bauplanungsrechtlichen Vorschriften zu befreien, soweit die Befreiung zur Bewältigung eines dringenden Bedarfs an Flüchtlingsunterkünften erforderlich ist (VG Schwerin, Beschluss v. 29.8.2023 – 2 B 1269/23 SN – juris). Die tatbestandlichen Voraussetzungen dieser Norm sind nach dem gegenwärtigen Erkenntnisstand des Gerichts und im Hinblick auf die im vorläufigen Rechtsschutzverfahren allein mögliche summarische Prüfung erfüllt. Ebenso wenig liegen Ermessensfehler vor. Im Einzelnen:

2.2.2.1. Das vom Beigeladenen im Gemeindegebiet der Antragstellerin geplante Vorhaben – gleich ob es entsprechend seiner Bezeichnung als Gemeinschaftsunterkunft oder als sonstige Unterkunft für Geflüchtete oder Asylbegehrende einzuordnen ist – kann weder nach den allgemein geltenden bauplanungsrechtlichen Vorschriften noch nach dem Sonderrecht der Absätze 8 bis 13 von § 246 BauGB zugelassen werden; eine Baugenehmigung müsste vielmehr zwingend versagt werden. Bei Anwendung der genannten Bestimmungen könnte mithin die hier geplante Unterkunft nicht oder nicht rechtzeitig bereitgestellt werden.

Eine Genehmigung ohne Abweichungsentscheidung nach § 246 BauGB scheidet wegen bauplanungsrechtlicher Unzulässigkeit des Vorhabens nach § 30 Abs. 1 BauGB aus, da es mit den Festsetzungen des seit dem 15.3.1978 rechtsverbindlichen Bebauungsplans »S.«, der für den Bereich des Baugrundstücks u. a. die Ausweisung als »Grundstück für Gemeinbedarf Parkanlage

Freizeitzentrum mit Gaststättenbetrieb Kinderspielplatz« trifft, nicht zu vereinbaren ist. Weder ist im Bebauungsplan eine Ausnahme nach Art und Umfang ausdrücklich zugelassen (§ 31 Abs. 1 BauGB) noch kommt eine Befreiung (§ 31 Abs. 2 BauGB) in Betracht, da infolge der stark abweichenden Nutzungsform unzweifelhaft Grundzüge der Planung berührt werden. Es ist auch weder vorgetragen noch zu ersehen, dass der Bebauungsplan an offensichtlichen Mängeln leidet, die es gerechtfertigt erscheinen ließen, im hiesigen Verfahren des einstweiligen Rechtschutzes von einer (Teil-)Unwirksamkeit des Bebauungsplans auszugehen.

Das Sonderrecht der Absätze 8 bis 13 von § 246 BauGB ist nach summarischer Prüfung ebenfalls nicht einschlägig. Die Regelung des § 246 Abs. 8 BauGB ist nicht anwendbar, weil sie den Zulässigkeitstatbestand des § 34 Abs. 3a Satz 1 BauGB zur Erleichterung der Unterbringung von Flüchtlingen und Asylbewerbern für die geltende Übergangszeit bis zum 31.12.2027 erweitert, der den – hier nicht gegebenen – unbeplanten Innenbereich betrifft. Die Regelungen des § 246 Abs. 9 und Abs. 13 BauGB setzen eine hier ebenfalls nicht vorhandene Außenbereichslage voraus. Für die Anwendung von § 246 Abs. 10 BauGB fehlt es an der Grundvoraussetzung eines Gewerbegebiets. § 246 Abs. 11 BauGB ist ebenso wenig in Betracht zu ziehen, da es an der Festsetzung eines Baugebiets nach §§ 2 bis 8 BauNVO fehlt, in welchem Anlagen für soziale Zwecke als Ausnahme zugelassen werden können; entsprechendes scheidet aufgrund der für das Grundstück getroffenen Festsetzung für »Gemeinbedarf Parkanlage Freizeitzentrum mit Gaststättenbetrieb Kinderspielplatz« aus. Schließlich geht es auch weder um die Errichtung mobiler Unterkünfte für Flüchtlinge oder Asylbegehrende (§ 246 Abs. 12 Satz 1 Nr. 1 BauGB) noch um eine Nutzungsänderung einer zulässigerweise errichteten baulichen Anlage in Gewerbe- und Industriegebieten sowie in Sondergebieten nach den §§ 8 bis 11 der Baunutzungsverordnung (§ 246 Abs. 12 Satz 1 Nr. 2 BauGB). Infolgedessen stellt sich die Anwendbarkeit des § 214 Abs. 14 BauGB nicht als subsidiär gegenüber den Absätzen 8 bis 13 von § 246 BauGB dar.

2.2.2.2. Das Vorhaben erfüllt auch die Voraussetzung »im Gebiet der Gemeinde«, in der die Unterkunftsmöglichkeiten »entstehen sollen« (§ 246 Abs. 14 BauGB). Denn Betrachtungsgebiet ist insoweit die Gemeinde, unabhängig davon, wer der Träger der Unterkunft ist. Eine besondere Ortsgebundenheit wird nicht verlangt (vgl. BT-Drs. 18/6185 S. 55). Im Gebiet der Gemeinde entstehen sollen die Unterkünfte nicht nur dann, wenn die Gemeinde, sondern auch, wenn etwa der Bund oder das Land Träger der Einrichtung sind.

2.2.2.3. Nach dem gegenwärtigen Erkenntnisstand des Gerichts spricht alles dafür, dass die Unterkunftsmöglichkeit für Asylsuchende »dringend benötigt« wird.

An die Erforderlichkeitsprüfung in diesem Sinne sind vor dem Hintergrund der Dringlichkeit der Unterbringung keine übersteigerten Anforderungen zu stellen (vgl. Blechschmidt in: Ernst/Zinkahn/Bielenberg/Krautzberger, BauGB, 157. EL Oktober 2023, § 246 Rdnr. 98; Scheidler, ZfBR 2016, 756 [757]). Eine sich aus der örtlichen Situation ergebende Plausibilität der Erforderlichkeit des Vorhabens ist zur Vermeidung eines ausufernden Gebrauchs dieser Abweichungsbefugnis ausreichend, aus Gründen des Verhältnismäßigkeitsprinzips im Hinblick auf den Eingriff in Art. 28 Abs. 2 GG aber auch erforderlich. Der Bedarfsdeckung kommt ein höheres Gewicht zu als einer erschöpfenden Subsidiaritätsprüfung, die den durch die angestrebte Bedarfsdeckung gezogenen Zeithorizont und die Möglichkeiten der Verwaltung zu ihrer Durchführung zu berücksichtigen hat (OVG Hamburg, Beschluss v. 9.5.2017 – 2 Bs 38/16 – juris).

Den dargestellten Anforderungen werden – gerade bezogen auf den Prüfungsmaßstab im vorläufigen Rechtsschutzverfahren – die angefochtene Baugenehmigung und die ihr zugrundeliegende Abweichungsentscheidung gerecht. Die Ausführungen des Landratsamts H. unter Bezugnahme auf die Stellungnahmen der Regierung von Unterfranken vom 28.11.2023 und vom 2.5.2024 haben die Dringlichkeit der Unterbringungsnotwendigkeit ausführlich, nachvollziehbar und plausibel begründet. Aus der Stellungnahme der Regierung von Unterfranken vom 28.11.2023 geht hervor, dass der Landkreis H. die Quote nach DVAsyl lediglich zu 89,63 % erfüllt habe. Um die Quote vollständig zu erfüllen, müsse der Landkreis noch 204 Personen aufnehmen. Mit Schreiben der Regierung von Unterfranken vom 7.11.2023 sei der Landkreis H. aufgefordert worden, wöchentlich 30 Personen aufzunehmen. Entsprechende Kapazitäten seien jedoch nicht verfügbar; das Landratsamt H. plane deshalb die Errichtung einer Notunterkunft in der Stadt Ha., da weder ausreichend Plätze in den vorhandenen Gemeinschaftsunterkünften oder dezentralen Unterkünften zur Verfügung stünden; die bestehenden Gemeinschaftsunterkünfte im Landkreis H. seien ausgelastet. Für die Errichtung weiterer benötigter Gemeinschaftsunterkünfte sei die Regierung von Unterfranken auf Angebote des Immobilienmarkts angewiesen. Die Immobilie S.weg … sei das einzige Mietangebot, das aus der Gemeinde Theres vorliege. Mangels anderer Alternativen sei dieses Angebot angenommen worden. Mit von der Beklagtenseite eingereichten, aktualisierten Stellungnahme der Regierung von Unterfranken vom 2.5.2024 hat diese die Dringlichkeit der Platzakquise und die Notwendigkeit weiterer Unterkunftsplätze näher erläutert. Darin wird u. a. ausgeführt, dass die ANKER-Einrichtung am 2.5.2024 mit 1 157 Personen belegt sei. Die Durchschnittsbelegung habe in den letzten fünf Jahren 1 005 Personen, in den letzten drei Jahren 1 220 Personen, im letzten Jahr 1 363 Personen und in den letzten drei Monaten 1 388 Personen betragen. Im Jahr 2024 seien bis zum 1.5.2024 bereits 3 705 Personen in die ANKER-Einrichtung aufgenommen worden. Januar, Februar und März 2024 gehörten zu den zehn zugangsstärksten Monaten seit März 2016. Trotz eines gewissen Rückgangs im April 2024 auf »nur« noch insgesamt 606 Zugänge sei es im

Asylbereich der stärkste Aprilzugang seit Gründung der Aufnahmeeinrichtung Mitte 2015 gewesen. Der Landkreis H. habe in den vergangenen Wochen kontinuierlich Geflüchtete aufgenommen, sei nach der aktuellen Berechnung jedoch noch immer in Quotenuntererfüllung (Stand 29.4.2024: 92,90 %, 147 Personen). Um die nicht gewünschte Unterbringung in Sporthallen zu vermeiden, sei die Akquise von Unterkünften weiterhin unabdingbar und dringlich.

Das Gericht hat keinen Zweifel daran, dass die vom Antragsgegner unter Bezugnahme auf die Stellungnahmen der Regierung von Unterfranken geschilderte Situation zutreffend ist. Aus den – auch von Antragstellerseite nicht substantiell in Zweifel gestellten – Angaben wird ersichtlich, dass über einen längeren Zeitraum hinweg und auch zum maßgeblichen Zeitpunkt des Bescheiderlasses von einem dringenden Bedarf an der Neuschaffung von Unterkunftsmöglichkeiten auszugehen ist. Selbst der von der Genehmigung erfasste Umfang – bei Zugrundelegung der vollständigen Belegungskapazität – reicht bei Weitem noch nicht aus, um den von der Regierung von Unterfranken aufgezeigten Bedarf an Unterkunftsplätzen im Landkreis H. zu decken. Der Landkreis muss nicht nur seiner laufenden Aufnahme- und Unterbringungsverpflichtung nachkommen, sondern auch den inzwischen infolge der Quotenuntererfüllung aufgelaufenen »Negativsaldo« ausgleichen. Ebenso ist aufgezeigt worden, dass der Regierung von Unterfranken bei Bescheiderlass keine Standortalternativen zur Verfügung standen, um für eine ausreichende Bedarfsdeckung zu sorgen. Es ist im Rahmen der summarischen Überprüfung im einstweiligen Rechtschutzverfahren nicht zu ersehen, dass anderweitige geeignete Grundstücke und Gebäude für die Unterbringung in ausreichendem Umfang zur Verfügung gestanden hätten. Vielmehr dürfte es sich nach den Darlegungen der Regierung von Unterfranken um die alleinige Option gehandelt haben, auf dem sofort verfügbaren Vorhabengrundstück im Gemeindegebiet der Antragstellerin Unterkunftskapazitäten zu schaffen. In Anbetracht dessen kann nicht davon ausgegangen werden, dass eine (geplante) Unterbringungskapazität existiert, die insgesamt mit dem tatsächlichen oder prognostizierten Zustrom von Flüchtlingen und Asylbegehrenden Schritt halten kann. Vielmehr verhält es sich sogar so, dass ein zeitlicher Vorlauf in dem Sinne, dass rechtzeitig vor der Bedarfsentstehung die Unterbringungseinrichtungen zur Verfügung stehen sollen, im vorliegenden Fall überhaupt nicht mehr gegeben ist, sondern der Bedarf bereits entstanden ist und Vorbereitungen für die Errichtung einer Notunterkunft in der Stadt Ha. getroffen wurden.

2.2.2.4. Die Abweichungsentscheidung leidet schließlich nicht an Ermessensfehlern. Im Fall einer auf § 246 Abs. 14 BauGB gestützten Baugenehmigung handelt es sich um einen auf einer gebundenen Entscheidung basierenden Verwaltungsakt, in welchen eine Ermessensentscheidung (»kann«) über die Abweichung von planungsrechtlichen Vorgaben integriert ist. Der Ermächtigung zu einer nur eingeschränkten gerichtlichen Kontrolle unterworfenen Gestaltungsentscheidung korrespondiert die Pflicht der für die Entscheidung nach § 246 Abs. 14 BauGB zuständigen Behörde, alle für ihre Ermessensausübung relevanten Belange und die diesen zugrunde liegenden Tatsachen ordnungsgemäß und vollständig zu ermitteln (Scheidler, ZfBR 2016, 756).

Vorliegend liegt zunächst kein Ermessensfehler in Form eines Ermessensnichtgebrauchs vor, obwohl das Landratsamt H. die Erwägungen, die sie zur Abweichungsentscheidung veranlasst haben, nicht explizit als Ermessensausübung gekennzeichnet hat. Auch wenn die Behörde in ihrer Begründung keine Ermessenserwägungen mitgeteilt oder sogar angegeben hat, die getroffene Entscheidung habe ergehen »müssen«, so kann sich aus dem Gesamtzusammenhang dennoch ergeben, dass sie eine Ermessensentscheidung getroffen und welche Ermessenserwägungen sie angestellt hat (Schübel-Pfister in Eyermann, Verwaltungsgerichtsordnung, 16. Aufl. 2022, § 114 Rdnr. 18). So verhält es sich vorliegend, weil das Landratsamt H. unter Ziffer 2.4 der Begründung des Bescheids – im Anschluss an die Prüfung der tatbestandlichen Voraussetzungen des § 246 Abs. 14 BauGB (Ziffer 2.3. der Begründung) – eine Prüfung der »Erforderlichkeit« und »Verhältnismäßigkeit« vorgenommen und dabei eine umfangreiche Abwägung der widerstreitenden Belange vorgenommen hat. Dadurch hat das Landratsamt ungeachtet der fehlenden Verwendung der Wortwendung »Ermessen« hinreichend deutlich zum Ausdruck gebracht, dass ihr ungeachtet des Vorliegens der tatbestandlichen Voraussetzungen des § 246 Abs. 14 BauGB ein als Ermessen ausgestalteter Gestaltungsspielraum hinsichtlich der Abweichungsentscheidung zur Verfügung steht.

Es ist nach summarischer Prüfung auch nicht zu erkennen, dass die Abweichungsentscheidung des Landratsamts H., die es nach Anhörung der Antragstellerin und Ermittlung der wesentlichen Entscheidungsgrundlagen vorgenommen hat, anderweitige Ermessensfehler aufweist. Unter Ziffer 2.4. der Begründung des Bescheids erfolgt eine ausführliche Darlegung der Erwägungen, die das Landratsamt zur Zulassung der Abweichung bewogen haben. Dabei wird im Wesentlichen darauf verwiesen, dass die Zweckbestimmung der konkreten Fläche für den Gemeinbedarf zwar nicht der von der Antragstellerin beabsichtigten und festgesetzten Nutzung als Speisewirtschaft entspreche, sie aber ebenfalls einem Gemeinbedarf – in Form einer Unterkunft für Flüchtlinge und Asylbegehrende – nachkomme. Zudem würden nachbarliche Interessen nicht derart beeinträchtigt, dass eine Anwendung des § 246 Abs. 14 BauGB ausgeschlossen wäre. Weiterhin sei zu beachten, dass die für die Grundstücke festgesetzte Gemeinbedarfsfläche u. a. mit Gaststättenbetrieb zumindest in den letzten Jahren nicht (vollständig) dem Bebauungsplan entsprechend genutzt worden sei. Durch die ausgesprochene Befristung sei ferner gesichert, dass die Gemeinde die Flächen in Zukunft durchaus wieder einem anderen Zweck zuführen könne. Dem Bauherrn sei nicht auf Dauer das Recht gewährt, das Grundstück zur Unterbringung für Flüchtlinge zu nutzen.

Es bestehen keine durchgreifenden Bedenken daran, dass das Landratsamt H. mit diesen Erwägungen die gesetzlichen Grenzen des Ermessens nicht überschritten und von dem Ermessen in einer dem Zweck der Ermessenseinräumung entsprechenden Weise Gebrauch gemacht hat. Insbesondere stellt sich die Abweichungsentscheidung, die nach umfassender Anhörung der Antragstellerin getroffen wurde, nach summarischer Prüfung als verhältnismäßig dar. Die Abwägungsentscheidung ist geeignet, um das legitime Ziel zur Neuanschaffung von Unterkunftsplätzen für Flüchtlinge und Asylsuchende zu erreichen bzw. zumindest zu fördern. Die Maßnahme ist auch erforderlich, da – wie sich anhand der Ausführungen unter 2.2.2.2. ergibt – keine milderen Mittel vorhanden sind, um das angestrebte Ziel zu erreichen. An der Angemessenheit der Maßnahme bestehen ebenfalls keine Zweifel. Das öffentliche Interesse an staatlicher Aufgabenerfüllung zur Unterbringung von Flüchtlingen und Asylsuchenden überwiegt die Belange der Antragstellerin, von einem Eingriff in ihre Planungshoheit verschont zu bleiben. Der mit der Abweichungsentscheidung des Landratsamts H. vollzogene, punktuelle Eingriff in die Planungshoheit stellt sich unter den Gegebenheiten des Einzelfalls und unter Berücksichtigung der durch die in Ziffer VII.2. des Bescheids vom 28.2.2024 aufgenommenen Rückbauverpflichtung (§ 246 Abs. 14 Satz 5 i. V. m. § 35 Abs. 5 Satz 3 BauGB) sowie insbesondere aufgrund der unter Ziffer II. des Bescheids vom 28.2.2024 vorgenommenen Befristung der Baugenehmigung auf einen Zeitraum von drei Jahren ab Bestandskraft des Bescheids als für die Antragstellerin verträglich dar. Das Landratsamt H. hat im Rahmen der vollzogenen Abwägung den die Planungshoheit der Antragstellerin betreffenden Belang, dass durch die Baugenehmigung eine Gemeinbedarfsfläche mit Gaststättenbetrieb in den nächsten drei Jahren nicht verwirklicht werden kann, sowie die nachbarlichen Belange der Antragstellerin in sachgerechter Weise berücksichtigt, dem Interesse an der Unterbringung von Asylbewerbern und damit dem öffentlichen Interesse gegenübergestellt und im Ergebnis als weniger gewichtig eingestuft. Dies ist – nachdem die Ausführungen keine Zweifel daran aufkommen lassen, dass das Landratsamt die Rechtsposition der Antragstellerin mit gebührendem Gewicht in die Abwägung hat einfließen lassen – nicht zu beanstanden. Durchgreifenden Bedenken unterliegt auch nicht die Berücksichtigung der Umstände, dass auf den zwischenzeitlich geteilten Grundstücken (wohl) Nutzungsweisen realisiert worden sind, die dem Festsetzungsgehalt des Bebauungsplans jedenfalls nicht vollumfänglich entsprochen haben, und dass die geplante Unterkunft, wenngleich in abweichender Form, einem vom Bebauungsplan vorgesehenen Gemeinbedarf diene.

2.3. Soweit die Antragstellerin als Eigentümerin des benachbarten Grundstücks Fl.Nr. …0 der Gemarkung O. reklamiert, das Vorhaben verstoße gegen das Abstandsflächenrecht, führt dies nicht zum Erfolg des Antrags. Es liegt infolge der unter Ziffer IV. des Bescheids vom 28.2.2024 rechtmäßig erteilten Abweichung nach Art. 63 BayBO keine Verletzung der nach Art. 60 i. V. m. Art. 6 BayBO zu prüfenden abstandsflächenrechtlicher Vorschriften zulasten der Antragstellerin vor.

Gemäß Art. 6 Abs. 1 Satz 1 BayBO sind vor den Außenwänden von Gebäuden Abstandsflächen von oberirdischen Gebäuden freizuhalten. Diese Abstandsflächen müssen auf dem Grundstück selbst liegen, Art. 6 Abs. 2 Satz 1 BayBO. Die Tiefe der Abstandsfläche bemisst sich gemäß Art. 6 Abs. 4 Satz 1 BayBO nach der Wandhöhe und beträgt gemäß Art. 6 Abs. 5 Satz 1 BayBO (in der seit dem 1.2.2021 geltenden Fassung – G.v. 23.12.2020, GVBl. S. 663) grundsätzlich 0,4 H, mindestens 3 m. Gemäß Art. 6 Abs. 1 Satz 4 BayBO bleibt Art. 63 BayBO unberührt.

Der Antragstellerin ist beizupflichten, wenn sie ausführt, dass im vorliegenden Fall angesichts der geänderten Nutzung eine abstandsflächenrechtliche Neubewertung durchzuführen ist. Die Frage der (Neu-)Beurteilung von Abstandsflächen ergibt sich nicht nur bei Neubauten oder baulichen Veränderungen, sondern kann auch bei bloßen Nutzungsänderungen neu aufgeworfen werden. Eine abstandsflächenrechtliche Neubetrachtung ist bei der Änderung eines Gebäudes immer dann veranlasst, wenn sich entweder die für die Ermittlung der Abstandsflächentiefe relevanten Merkmale ändern oder wenn die Änderung für sich betrachtet zwar keine abstandsflächenrelevanten Merkmale betrifft, das bestehende Gebäude aber die nach dem geltenden Recht maßgeblichen Abstandsflächen nicht einhält und die Änderung möglicherweise zu nicht nur unerheblichen nachteiligen Auswirkungen auf die durch das Abstandsflächenrecht geschützten Belange wie Belichtung, Belüftung, Besonnung und Wohnfrieden führen kann (vgl. BayVGH, Beschluss v. 27.2.2015 – 15 ZB 13.2384 – juris). Davon ist vorliegend trotz des Umstands, dass sich die Belichtung, die Belüftung und die Besonnung des Grundstücks durch die Nutzungsänderung nicht verändern können, auszugehen. Infolge der geänderten Nutzung dürfte nämlich von einer intensiveren Nutzungsweise auszugehen sein, welche zumindest den durch das Abstandsflächenrecht geschützten Belang des nachbarlichen Wohnfriedens berühren kann; zumindest ist die Möglichkeit einer solchen Beeinträchtigung nicht auszuschließen, da in Richtung des Grundstücks der Antragstellerin im Erdgeschoss mehrere Mehrpersonenzimmer und ein Gemeinschaftsraum sowie im Dachgeschoss mehrere Mehrpersonenzimmer und eine Küche aufgeplant sind (vgl. Bl. 246 der elektronischen Behördenakte). Im Weiteren lässt sich den genehmigten Planunterlagen entnehmen, dass das Gebäude die Abstandsflächen zum Grundstück der Antragstellerin von mindestens 3,00 m nicht einhält, sondern um maximal 0,35 m bzw. 0,46 m überschreitet. Dies wird auch von Antragsgegner- und Beigeladenenseite nicht in Abrede gestellt. Damit wird der von Art. 6 Abs. 5 Satz 1 BayBO vorgegebene Mindestabstand nicht eingehalten.

Allerdings liegen die Voraussetzungen für die erteilte Abweichung von den Abstandsflächenvorschriften nach Art. 6 Abs. 1 Satz 1 und 4 BayBO i. V. m. Art. 63 BayBO vor, weshalb das Vorhaben die Antragstellerin nicht in ihrem Recht aus Art. 6 BayBO verletzt.

Nach Art. 63 Abs. 1 Satz 1 BayBO soll die Bauaufsichtsbehörde Abweichungen von Anforderungen dieses Gesetzes und auf Grund dieses Gesetzes erlassener Vorschriften zulassen, wenn sie unter Berücksichtigung des Zwecks der jeweiligen Anforderung und unter Würdigung der öffentlich-rechtlich geschützten nachbarlichen Belange mit den öffentlichen Belangen, insbesondere den Anforderungen des Art. 3 Satz 1 BayBO vereinbar sind.

Die Frage, ob die Erteilung einer Abweichung von der Einhaltung der erforderlichen Abstandstiefe nach Art. 6 Abs. 5 BayBO nach Art. 63 BayBO in der seit dem 1.9.2018 geltenden Fassung und nach Einfügung des heutigen Art. 6 Abs. 1 Satz 4 BayBO noch eine atypische Situation voraussetzt, ist streitig (z. B. befürwortend: BayVGH, Urteil v. 23.5.2023 – 1 B 21.2139 – juris; offen gelassen: BayVGH, Beschluss v. 10.2.2022 – 15 ZB 21.2428 – juris Rdnr. 36; Beschluss v. 7.6.2021 – 9 CS 21.953 – juris Rdnr. 22; ablehnend: BayVGH, Beschluss v. 2.5.2023 – 2 ZB 22.2484 – juris Rdnr. 10 in einem Zulassungsverfahren, in dem die Rechtmäßigkeit der Abweichungserteilung nicht entscheidungserheblich war). Nach Auffassung der Kammer erfordert die Zulassung einer Abweichung vom Abstandsflächenrecht entsprechend der bisherigen Rechtsprechung eine sogenannte Atypik, um dem Schutzzweck der Abstandsflächenvorschriften des Art. 6 BayBO entsprechen zu können. Danach sind Gründe erforderlich, durch die sich das Vorhaben vom Regelfall unterscheidet und die etwa bewirkten Einbußen an geschützten Nachbarrechtspositionen vertretbar erscheinen lassen. Es muss sich um eine atypische, von der gesetzlichen Regel nicht zureichend erfasste oder bedachte Fallgestaltung handeln (BayVGH, Urteil v. 23.5.2023 – 1 B 21.2139 – juris Rdnr. 26 m. w. N.). Eine solche Atypik kann sich etwa aus einem besonderen Grundstückszuschnitt, einer aus dem Rahmen fallenden Bebauung auf dem Bau- oder Nachbargrundstück oder einer besonderen städtebaulichen Situation, wie der Lage des Baugrundstücks in einem historischen Ortskern ergeben; auch das Interesse des Grundstückseigentümers, vorhandene Bausubstanz zu erhalten und sinnvoll zu nutzen oder bestehenden Wohnraum zu modernisieren kann zu einer Verkürzung der Abstandsflächen durch Zulassung einer Abweichung führen (vgl. BayVGH, Beschluss v. 16.7.2007 – 1 CS 07.1340 – BauR 2007, 1858). In dem zum 1.9.2018 eingefügten Art. 6 Abs. 1 Satz 4 BayBO, wonach Art. 63 BayBO unberührt bleiben soll (§ 1 Nr. 5 des Gesetzes zur Änderung der Bayerischen Bauordnung und weiterer Rechtsvorschriften vom 10.7.2018, GVBl S. 523), findet ein etwa vorhandener Wille des Gesetzgebers, dass eine Atypik bei der Erteilung einer Abweichung von den Abstandsflächen generell nicht mehr zu prüfen sein soll, keinen hinreichenden Niederschlag.

Mit Gesetz zur Vereinfachung baurechtlicher Regelungen und zur Beschleunigung sowie Förderung des Wohnungsbaus im Jahr 2021 hat der Gesetzgeber allerdings ausdrücklich geregelt, unter welchen Voraussetzungen eine Abweichung erteilt werden soll. Nach Art. 63 Abs. 1 Satz 2 BayBO in der seit dem Gesetz zur Änderung des Baukammerngesetzes und weiterer Rechtsvorschriften (ÄndG 2023) geltenden Fassung soll für den Fall, dass wenn ein rechtmäßig errichtetes Gebäude durch ein Gebäude höchstens gleicher Abmessung und Gestalt ersetzt wird, eine Abweichung von den Anforderungen des Art. 6 BayBO erteilt werden. Mit dieser Regelung hat der Gesetzgeber namentlich Fallgestaltungen im Blick, in denen eine Änderung oder Nutzungsänderung – wie hier – eine abstandsflächenrechtliche Beurteilung des gesamten Objekts verlangt. In diesen Fällen müsste das Vorhaben auch dann abgelehnt werden, wenn die Änderung weder die Belange des Nachbarn noch sonstige öffentliche Belange nennenswert beeinträchtigt. Vielmehr bleibt der unbefriedigende Zustand der mangelnden Belichtung und Belüftung auch dann erhalten, wenn der Bauherr auf sein Vorhaben verzichtet. Mit der Aufnahme des in der Entscheidungspraxis sehr häufig vorkommenden Anwendungsfall für die Erteilung von Abweichungen als Regelbeispiel soll den durch Art. 14 GG geschützten Interessen des Bauherrn an einer sinnvollen Verwertung der vorhandenen Bausubstanz Rechnung getragen werden. Vorhandene Wohnpotentiale sollen besser reaktiviert und genutzt werden, um dringend benötigten Wohnraum zu schaffen. Der Landesgesetzgeber hat – wie sich aus dem gegenüber der Vorgängerfassung abweichenden Wortlaut und der Gesetzesbegründung (LT-Drs. 18/28882, S. 34) eindeutig ergibt – nunmehr den Anwendungsbereich der Regelung erweitert, indem die bisher nur für Wohngebäude geltende Regelung nun alle Gebäude höchstens gleicher Abmessung und Gestalt umfasst, die ein rechtmäßig errichtetes Gebäude ersetzen. Mit diesem Regelbeispiel hat der Gesetzgeber demnach eine atypische Situation konkret festgelegt, unter der eine Abweichung von den Abstandsflächenvorschriften zugelassen werden soll (vgl. zu der vergleichbaren Problematik in § 31 Abs. 2 BauGB Söfker in: Ernst/Zinkahn/Bielenberg/Krautzberger, BauGB, 152. EL Oktober 2023, § 31 Rdnr. 29).

Die Voraussetzungen für die Erteilung einer Abweichung nach Art. 63 Abs. 1 Satz 2 Nr. 2 BayBO sind gegeben.

Bei dem Bestandsgebäude handelt es sich um ein rechtmäßig errichtetes Gebäude. Ein solches liegt vor, wenn ein vorhandenes Gebäude zu irgendeinem früheren Zeitpunkt formell aufgrund einer bauaufsichtlichen Genehmigung oder sonst im Einklang mit materiellem Recht legal errichtet wurde und deshalb Bestandsschutz genießt (BayVGH, Urteil v. 23.5.2023 – 1 B 21.2139 – juris; OVG Berlin-Bbg, Beschluss v. 27.11.2020 – OVG 10 N 68.20 – juris Rdnr. 12 zur abstandsflächenrechtlichen Privilegierung in § 6 Abs. 9 Satz 1 Nr. 1 und 2 BauO Bln). Für das Baugrundstück – damals noch Teil des ungeteilten Grundstücks Fl.Nr. ...0 der Gemarkung O. – wurde mit Bescheid des

Landratsamts H. vom 3.2.1978 ein Mehrzweckgebäude für Freizeitgestaltung, mit Bescheid vom 26.8.1983 ein Dachgeschossausbau mit zehn Fremdenzimmern und einer Wohneinheit, mit Bescheid vom 25.5.1988 ein Biergarten und mit Bescheid vom 27.11.2002 eine Nutzungsänderung zur Umnutzung der Kellerräume als Seminar- bzw. Aufenthaltsräume genehmigt. Zudem wurden in den Jahren 2010 und 2011 Erlaubnisse für einen Gaststätten- und Beherbergungsbetrieb erteilt. Es ist nicht zu ersehen und auch antragstellerseits nicht aufgezeigt worden, dass der bauliche Ist-Zustand des Gebäudes der aufgezeigten Genehmigungslage widerspricht. Weiterhin sind bei dem geplanten Vorhaben weder bauliche Änderungen an der Gebäudehülle noch an der Kubatur noch in Bezug auf prägende Elemente des äußeren Erscheinungsbildes zu erkennen. Mangels entgegenstehender Anhaltspunkte ist das errichtete Bestandsgebäude damit als legal geschaffener Altbestand zu werten und fällt hinsichtlich seiner bestehenden baulichen Substanz unter die Regelungsvorschrift des Art. 63 Abs. 1 Satz 2 Nr. 2 BayBO. Ob das Vorhaben ein Wohngebäude darstellt (vgl. BVerwG, Beschluss v. 25.3.1996 – 4 B 302.95 – BauR 1996, 676; BayVGH, Urteil v. 23.5.2023 – 1 B 21.2139: Wohnheim für unbegleitete minderjährige Flüchtlinge; BayVGH, Urteil v. 16.2.2015 – 1 B 13.648 – juris Rdnr. 26: Arbeitnehmerwohnheim), kann angesichts der Neufassung des Art. 63 Abs. 1 Satz 2 Nr. 2 BayBO dahinstehen.

Der Anwendbarkeit des Art. 63 Abs. 1 Satz 2 Nr. 2 BayBO steht auch nicht entgegen, dass es sich nicht um einen Ersatzbau handelt, da das Bauvorhaben nicht den Abriss und Neubau des Bestandsgebäudes vorsieht, sondern die Nutzungsänderung eines Bestandsgebäudes in ein Wohnheim. Denn auch insoweit ist der nach der Gesetzesbegründung zugrunde liegende Zweck der Regelung zu berücksichtigen, dringend benötigten Wohnraum zu schaffen und vorhandene Anlagen wieder nutzbar zu machen. Durch die Nutzungsänderung werden die Maße des bestehenden Baukörpers nicht verändert. Sind die Voraussetzungen bei Abbruch des Gebäudes erfüllt, so gilt nichts anderes für eine (bloße) Nutzungsänderung des Bestandsgebäudes. Das Bauvorhaben kann dem von der Regelung bezweckten gleichwertigen Ersatzbau gleichgestellt werden (BayVGH, Urteil v. 23.5.2023 – 1 B 21.2139 – juris).

Die erteilte Abweichung von den Abstandsflächenvorschriften ist auch unter Berücksichtigung des Zwecks der Abstandsflächenvorschriften und unter Würdigung der öffentlich-rechtlich geschützten nachbarlichen Belange mit den öffentlichen Belangen erfolgt (Art. 63 Abs. 1 Satz 1 BayBO). Sie ist nach dem Zweck des Abstandsflächenrechts für die Antragstellerin als Nachbarin insbesondere nicht mit unzumutbaren, rücksichtslosen Auswirkungen verbunden. Die verstärkte oder auch erstmalige Einsichtsmöglichkeit führt nur in Ausnahmefällen zu einer Verletzung von Nachbarrechten. Solche über die herkömmlichen Einsichtsnahmemöglichkeiten in Innerortslagen hinausgehende Belastungen sind weder ersichtlich noch vorgetragen. Eine wesentliche Beeinträchtigung der nachbarlichen Rechte der Antragstellerin stellt auch nicht die Änderung der Nutzungsweise des Bestandsgebäudes in eine Gemeinschaftsunterkunft für Asylsuchende dar. Das mit einer Scheune bebaute Grundstück der Antragstellerin wird nicht zu Wohnzwecken genutzt; inwieweit es zu einer Beeinträchtigung der genehmigten Nutzungsformen kommen kann, ist nicht ersichtlich und auch nicht vorgetragen worden. Die mit der Schaffung von zusätzlichen Aufenthaltsräumen einhergehende Erhöhung oder ein häufigerer Wechsel der Bewohner vermag daran nichts zu ändern. Selbst wenn man von einer Zunahme von Geräuschemissionen durch die Bewohner der Gemeinschaftsunterkunft infolge von Gesprächen, Zurufen, Abspielen von Musik oder Kochvorgängen bei offenem Fenster ausgeht, handelt es sich dabei um grundsätzlich hinzunehmende Wohngeräusche. Ein Anspruch auf die Bewahrung einer bisher günstigeren Situation besteht nicht, insbesondere bietet das öffentliche Baurecht keinen »Milieuschutz« (vgl. BayVGH, Urteil v. 23.5.2023 – 1 B 21.2139 – juris; Nds. OVG, Beschluss v. 18.1.2023 – 1 LA 89/22 – juris Rdnr. 14; BayVGH, Beschluss v. 14.2.2019 – 15 CS 18.2487 – DVBl 2019, 932).

Die der gerichtlichen Kontrolle nach Maßgabe von § 114 Satz 1 VwGO unterliegende Ermessensentscheidung des Landratsamts H. ist ebenfalls nicht zu beanstanden. Bei der Erteilung einer Abweichung nach Art. 63 Abs. 1 Satz 2 BayBO handelt es sich um einen Fall des sogenanntes intendierten Ermessens (vgl. LT-Drs. 18/8547), mit der Folge, dass das Ermessen bei der hier gegebenen Erfüllung der Voraussetzungen des Regelbeispiels des Art. 63 Abs. 1 Satz 2 Nr. 2 BayBO in der Regel nur durch die Erteilung der Abweichung fehlerfrei ausgeübt werden kann. So verhält es sich auch vorliegend, da nicht ansatzweise zu ersehen ist, dass im Rahmen der Ermessensentscheidung nachbarliche Belange der Antragstellerin nicht oder in nicht sachgerechter Weise gewürdigt worden wären. Unzweifelhaft hat das Landratsamt H. das durch Art. 63 BayBO eröffnete Ermessen erkannt. Es hat zudem – nachdem es die Tatbestandsvoraussetzungen der Abweichungsvorschrift als erfüllt angesehen hat – die nachbarlichen Belange der reduzierten Abstandsflächentiefe und des Brandschutzes (vgl. hierzu nachstehende Ausführungen unter 2.4.) gewürdigt, aber in einer für die Kammer nachvollziehbaren Weise nicht für derart gewichtig gehalten, dass eine gegenüber der gesetzgeberischen Intention und der Regelhaftigkeit abweichenden Ermessensentscheidung gerechtfertigt wäre. In der Gesamtschau ist das Landratsamt H. – gerade auch mit Blick darauf, dass angesichts der historischen räumlichen Situation eine Einhaltung der Abstandsflächen auf dem Grundstück des Beigeladenen nicht möglich ist – in nicht zu beanstandender Weise zu dem Ergebnis gekommen, dass insofern dem Interesse des Beigeladenen an der Nutzungsänderung und dem öffentlichen Interesse an der Erhaltung des Bestandsgebäudes und der Schaffung von Unterkunftsplätzen Vorrang gegenüber den nachbarlichen Interessen an Beibehaltung der bisherigen Situation einzuräumen ist.

Infolge der somit rechtmäßig erteilten Abweichung kommt es nicht auf die zwischen den Beteiligten umstrittene Frage an, ob es der Antragstellerin zudem nach dem Grundsatz von Treu und Glauben (§ 242 BGB analog) aufgrund der vollzogenen Grundstücksteilung verwehrt gewesen wäre, sich auf einen Verstoß gegen das Abstandsflächenrecht zu wenden.

2.4. Durch die Baugenehmigung werden auch keine nachbarschützenden Brandschutzvorschriften zulasten der Antragstellerin verletzt.

Hinsichtlich des Rechtsschutzes des Nachbarn ist zu beachten, dass Art. 62 bis 62b BayBO grundsätzlich keine drittschützende Wirkung haben. Die Vorschriften dienen grundsätzlich nur dem Schutz der Allgemeinheit. Damit können sich Dritte insbesondere nicht darauf berufen, dass dem Nachweisersteller oder dem Prüfsachverständigen die erforderliche Qualifikation fehlt oder ein geforderter Nachweis nicht erstellt wurde. Ebenfalls begründen inhaltliche Mängel eines erforderlichen Nachweises für sich alleine daher keine Abwehrrechte des Nachbarn. Aus dem bautechnischen Nachweis kann allenfalls mittelbar auf eine etwaige Nachbarrechtsverletzung geschlossen werden, soweit darin eine mit dem Vorhaben genehmigte Bauausführung beschrieben wird, die im Widerspruch zu drittschützenden bauordnungsrechtlichen Anforderungen steht oder diese nicht hinreichend berücksichtigt (VG Würzburg, Beschluss v. 11.4.2014 – W 5 S 14.301 – juris; Weinmann in BeckOK Bauordnungsrecht Bayern, Spannowsky/Manssen, 29. Ed., Stand: 1.4.2024, Art. 62 Rdnr. 47).

Soweit die Antragstellerin im Verwaltungsverfahren inhaltliche Mängel an dem gemäß Art. 62b Abs. 2 Satz 1 Nr. 1 BayBO erforderlichen, vorgelegten Brandschutzkonzept (Stand: 02/2024, Bl. 228 der elektronischen Behördenakte) geltend gemacht hat, vermag dies daher – unabhängig davon, ob das Vorbringen zutrifft oder nicht – für sich alleine keine nachbarlichen Abwehrrechte zu begründen. Es ist auch nicht ersichtlich, dass sich aus dem Vorbringen mittelbar eine Verletzung von drittschützenden, brandschutzrechtlichen Anforderungen zulasten der Antragstellerin ergibt. Nach der insoweit in Betracht zu ziehenden Regelung des Art. 28 Abs. 1 BayBO müssen Brandwände als Gebäudeabschlusswände ausreichend lang die Brandausbreitung auf andere Gebäude verhindern. Brandwände sind grundsätzlich durchgehend (vgl. Art. 28 Abs. 4 Satz 1 BayBO), öffnungslos (Art. 28 Abs. 6 Halbs. 2, Abs. 8 BayBO) und aus einheitlichen Materialien (Art. 28 Abs. 9 BayBO arg. e contrario) zu errichten. Gem. Art. 28 Abs. 2 Satz 1 Nr. 1 BayBO sind Brandwände erforderlich als Gebäudeabschlusswand, ausgenommen von Gebäuden ohne Aufenthaltsräume und ohne Feuerstätten mit nicht mehr als 50 m^3 Brutto-Rauminhalt, wenn diese Abschlusswände an oder mit einem Abstand von weniger als 2,50 m gegenüber der Grundstücksgrenze errichtet werden, es sei denn, dass ein Abstand von mindestens 5 m zu bestehenden oder nach den baurechtlichen Vorschriften zulässigen künftigen Gebäuden gesichert ist. Brandwände müssen gem. Art. 28 Abs. 3 Satz 1 BayBO auch unter zusätzlicher mechanischer Beanspruchung feuerbeständig sein und aus nichtbrennbaren Baustoffen bestehen. An Stelle von Brandwänden sind in den Fällen von

Abs. 2 Nr. 1 bis 3 für Gebäude der Gebäudeklassen 1 bis 3 auch hochfeuerhemmende Wände zulässig.

Ausgehend davon ist vorliegend allein die nördliche Gebäudeabschlusswand als Brandwand auszuführen, da diese nicht durchgängig einen Abstand zur Grenze der Antragstellerin von mindestens 2,50 m einhält und insofern auch kein Abstand von mindestens 5 m zu bestehenden oder nach den baurechtlichen Vorschriften zulässigen künftigen Gebäuden gesichert ist. Der kürzeste Abstand zwischen der Abschlusswand des südwestlichen Gebäudevorsprungs und der Grenze zum Grundstück der Antragstellerin beträgt hingegen – wie in allen weiteren Bereichen – über 2,50 m, weshalb es insoweit nicht der Ausgestaltung einer Brandwand bedarf. An Stelle der notwendigen Brandwand kann die nördliche Gebäudeabschlusswand – da es hier um ein Gebäude der Gebäudeklasse 3 geht – auch als hochfeuerhemmende Wand zulässig sein. Hochfeuerhemmend ist ein Bauteil grundsätzlich, wenn es 60 Minuten lang der Brandprüfung standhält (vgl. BayVGH, Urteil v. 9.3.2016 – 15 B 13.2435 – juris Rdnr. 26 m. w. N.).

Nach der mit der Antragserwiderung des Landratsamts H. vom 17.4.2024 vorgelegten Stellungnahme des Dipl.Ing. (FH) E., Beratender I., Bayerische I.kammer Bau, vom 12.4.2024 ist die auf der nördlichen Gebäudeseite vorhandene Wand 30 cm dick und beidseitig verputzt (Material: Hlz A, Rohdichteklasse: 1, 2; Lagerung: 4-seitig gehalten, horizontal durch Außen- und tragende Innenwand im Abstand von 4,30 m – beide Wände erfüllen die Feuerwiderstandsklasse REI 90, vertikal durch Geschossdecken im Abstand von 3,00 m – beide REI 90). Sie stelle sich, so wird unter Darstellung eines Auszugs der DIN EN 1996-1-2/NA 2013-06 weiter ausgeführt, aufgrund ihrer Lagerung auch unter zusätzlicher mechanischer Beanspruchung als »feuerbeständig« dar und bestehe aus »nichtbrennbaren Baustoffen«. Damit seien die Anforderungen gem. Art. 28 Abs. 3 BayBO erfüllt. Dieser Einschätzung ist die Antragstellerseite nicht substantiell entgegengetreten, so dass im Ergebnis keine durchgreifenden Bedenken an der Erfüllung der Anforderungen an eine Brandwand bestehen. Im Ergebnis ist damit eine Verletzung brandschutzrechtlichen Vorschriften, die dem Schutz der Antragstellerin dienen, nach summarischer Prüfung nicht zu erkennen.

3. Nachdem die Klage der Antragstellerin nach allem voraussichtlich erfolglos bleiben wird, überwiegt das Interesse des Beigeladenen an einer baldigen Ausnutzung der Baugenehmigung das Interesse der Antragstellerin an der aufschiebenden Wirkung ihrer Klage. Somit konnte der Antrag keinen Erfolg haben und war mit der Kostenfolge aus § 154 Abs. 1 VwGO abzulehnen. …

Nr. 67

Eine »erdrückende« Wirkung kommt bei nach Höhe, Breite und Volumen »übergroßen« Baukörpern, die in geringem Abstand zu benachbarten Wohngebäuden errichtet werden, in Betracht.

Eine erdrückende Wirkung ist nur dann anzunehmen, wenn der geplante Baukörper nach seinen Ausmaßen, seiner Baumasse oder seiner massiven Gestaltung das benachbarte Grundstück unangemessen benachteiligt, indem eine Situation entsteht, die ein Gefühl des »Eingemauertseins« auslöst, einer »Gefängnishofsituation« gleicht oder dem »erdrückten« Gebäude »die Luft genommen« wird.

Die gebäudegleiche Wirkung von Zäunen ist abstandsrechtlich regelmäßig zu verneinen.

Gebäudegleiche Wirkung kann eine Anlage im Grundsatz erst dann haben, wenn sie mindestens so groß ist, wie ein Gebäude es sein müsste, um von Menschen betreten werden zu können. Außerdem muss sich die Anlage auf Schutzgüter des Abstandsflächenrechts, also insbesondere Belichtung, Belüftung und – nach umstrittener Ansicht – ein dem nachbarlichen »Wohnfrieden« dienender Sozialabstand, ähnlich wie ein Gebäude negativ auswirken.

(Leitsätze der Redaktion)

VwGO § 80a Abs. 3 Satz 2 i. V. m. § 80 Abs. 5; BauGB § 34 Abs. 1; BayBO Art. 6.

Verwaltungsgericht München, Beschluss v. 16. Juli 2024 – M 8 SN 24.672 –.

Aus den Gründen:

Der Antrag wird abgelehnt.

Die Beigeladene ist der Ansicht, dass die Vorschriften des Abstandsflächenrechts nicht verletzt seien. Das Vorhaben sei schon nicht abstandsflächenpflichtig, da es zulässigerweise unmittelbar auf der Grenze errichtet werde und daher Art. 6 Abs. 1 Satz 3 BayBO anzuwenden sei. Auch die Abweichung von der Einfriedungssatzung begegne keinen Bedenken, da die Antragsgegnerin in pflichtgemäßem Ermessen gehandelt habe und die Einfriedungssatzung überdies keinen Drittschutz vermittle. Hinsichtlich der Vorschriften über den Denkmalschutz sei keine Verletzung nachbarschützender Vorschriften gegeben. Eine Verletzung von Art. 6 BayDSchG liege nicht vor. Insbesondere habe die Antragsgegnerin diesbezüglich zweckmäßige Auflagen in die Baugenehmigung aufgenommen. Auf eine Verletzung der Baumschutzverordnung könne sich die Antragstellerin nicht berufen, da diese nicht nachbarschützend sei. Auch das Rücksichtnahmegebot sei nicht verletzt, da das Vorhaben keine eingrenzende oder erdrückende Wirkung aufweise. Ferner sei das streitgegenständliche Vorhaben in Abstimmung mit der Polizei auf Basis einer Risikobewertung für jüdische Einrichtungen geplant worden. Auch sei die größere

Höhe des Zaunes in der Südwestecke notwendig, um ein unbefugtes Betreten des Vorhabengrundstücks durch Überklettern des Zaunes von der Tiefgarageneinhausung auf dem Nachbargrundstück aus zu verhindern.

Wegen der weiteren Einzelheiten zum Sachverhalt und zum Vorbringen der Beteiligten wird im Übrigen auf die vorgelegten Behördenakten sowie die Gerichtsakte in diesem und im Hauptsacheverfahren (M 8 K 23.2847) Bezug genommen.

Der Antrag der Antragstellerin auf Anordnung der aufschiebenden Wirkung gemäß § 80a Abs. 3 VwGO i. V. m. § 80 Abs. 5 VwGO i. V. m. § 212a Abs. 1 BauGB ist zulässig, aber unbegründet und hat daher keine Aussicht auf Erfolg.

1. Gemäß § 212a Abs. 1 BauGB hat eine Anfechtungsklage eines Dritten gegen die einem anderen erteilte Baugenehmigung keine aufschiebende Wirkung. Das Gericht kann auf Antrag gemäß § 80a Abs. 3 Satz 2 VwGO in entsprechender Anwendung von § 80 Abs. 5 Satz 1 VwGO die aufschiebende Wirkung der Anfechtungsklage ganz oder teilweise anordnen. Dabei nimmt das Gericht eine eigene, umfassende Abwägung zwischen dem Interesse des Antragstellers auf Anordnung der aufschiebenden Wirkung einerseits und dem Interesse des Bauherrn an der Ausnutzung seiner Baugenehmigung andererseits vor. Die Interessen des Nachbarn und diejenigen des Bauherrn stehen sich dabei grundsätzlich gleichwertig gegenüber. Im Rahmen dieser Abwägung sind die Erfolgsaussichten der Klage in der Hauptsache als wesentliches, aber nicht einziges Indiz zu berücksichtigen (vgl. Hoppe, in: Eyermann, Verwaltungsgerichtsordnung, 16. Auflage 2022 Rdnr. 85 ff.). Fällt die Erfolgsprognose der Klage in der Hauptsache nach summarischer Prüfung mit hoher Wahrscheinlichkeit zugunsten des Antragstellers aus, erweist sich die angefochtene Baugenehmigung also als rechtswidrig, so überwiegen in der Regel die Interessen des Antragstellers an der Anordnung der aufschiebenden Wirkung. Erweist sich die Baugenehmigung hingegen als mit hoher Wahrscheinlichkeit rechtmäßig und die Klage in der Hauptsache damit als nicht erfolgversprechend, so überwiegen in der Regel die Interessen des Bauherrn an der Ausnutzung der Baugenehmigung (vgl. BayVGH, Beschluss v. 26.7.2011 – 14 CS 11.535 – juris Rdnr. 18). Sind die Erfolgsaussichten offen, so findet eine reine Abwägung aller für und gegen den Sofortvollzug sprechenden Interessen statt (vgl. BayVGH, Beschluss v. 26.7.2011, a. a. O.).

Ein Dritter kann eine Baugenehmigung, die einem anderen erteilt wurde, nur dann erfolgreich anfechten, wenn öffentlich-rechtliche Vorschriften verletzt sind, die im bauaufsichtlichen Genehmigungsverfahren zu prüfen sind und diese auch dem Schutz des Nachbarn dienen, weil dieser in qualifizierter und zugleich individualisierter Weise in schutzwürdigen Rechten betroffen ist (§ 113 Abs. 1 Satz 1 VwGO; vgl. BVerwG, Urteil v. 26.9.1991 – 4 C 5/87 – juris; BayVGH, Beschluss v. 24.3.2009 – 14 CS 08.3017 – juris).

2. Dies zugrunde gelegt, wird die Klage in der Hauptsache nach gebotener, aber auch ausreichender summarischer Prüfung keinen Erfolg haben. Die

Klage erweist sich als voraussichtlich zulässig, aber unbegründet. Die angefochtene Baugenehmigung vom 5.Mai 2023 ist voraussichtlich rechtmäßig, weil sie keine nachbarschützenden Vorschriften verletzt, die im bauaufsichtlichen Genehmigungsverfahren zu prüfen sind (§ 113 Abs. 1 Satz 1 VwGO, Art. 59 Satz 1 BayBO).

2.1 Der von der Antragstellerin vorgetragene Verstoß gegen die Baumschutzverordnung begründet keine Verletzung drittschützender Normen. Die Baumschutzverordnung der Antragsgegnerin vermittelt schon keinen Drittschutz. Sie dient lediglich öffentlichen Zwecken, was insbesondere aus ihrer naturschutzrechtlichen Rechtsgrundlage folgt (vgl. BayVGH, Beschluss v. 9.11.2000 – 9 ZB 00.1635 – juris Rdnr. 7 ff; VG Ansbach, Urteil v. 14.12.2021 – AN 9 K 21.477 – BeckRS 2021, 40601 Rdnr. 23).

2.2 Das geplante Vorhaben verstößt nicht gegen drittschützende Normen des Bauplanungsrechts, die im bauaufsichtlichen Verfahren zu prüfen sind. Der Umfang der Prüfung im bauaufsichtlichen Genehmigungsverfahren richtet sich für die angefochtene Baugenehmigung nach Art. 59 Satz 1 BayBO. Bei dem geplanten Vorhaben handelt es sich nämlich nicht um einen Sonderbau gemäß Art. 2 Abs. 4 BayBO.

Gemäß Art. 59 Satz 1 Nr. 1 Buchst. a BayBO ist die bauplanungsrechtliche Zulässigkeit eines Vorhabens Teil des Prüfprogramms des vereinfachten Genehmigungsverfahrens. Eine Verletzung von Bauplanungsrecht, insbesondere eine Verletzung des Rücksichtnahmegebots, welches im Begriff des Einfügens in § 34 Abs. 1 BauGB zum Ausdruck kommt, liegt nach summarischer Prüfung nicht vor.

2.2.1 Das Rücksichtnahmegebot ist ein objektiv-rechtliches Gebot, welches daher grundsätzlich keine subjektiv-öffentlichen Rechte verleiht. Das Rücksichtnahmegebot kommt in verschiedenen Normen zum Ausdruck und kann jedoch ausnahmsweise dann Drittschutz vermitteln, wenn in qualifizierter und individualisierbarer Weise auf besondere Rechtspositionen Dritter Rücksicht zu nehmen ist. Inhaltlich zielt das Gebot der Rücksichtnahme darauf ab, solche Spannungen und Störungen möglichst zu vermeiden, die durch eine unverträgliche Grundstücksnutzung entstehen können. Welche Anforderungen das Gebot der Rücksichtnahme begründet, hängt wesentlich von den jeweiligen Umständen des Einzelfalls ab. Je empfindlicher und schutzwürdiger die Stellung derer ist, auf die Rücksicht zu nehmen ist, umso mehr kann Rücksichtnahme verlangt werden. Je verständlicher und unabweisbarer die Interessen desjenigen sind, der das Vorhaben verwirklichen will, umso weniger ist Rücksicht zu nehmen (vgl. BVerwG, Urteil v. 25. 2. 1977 – 4 C 22/75 – juris Rdnr. 22). Für eine sachgerechte Beurteilung des Einzelfalls kommt es wesentlich auf eine Abwägung zwischen dem, was dem Rücksichtnahmebegünstigten einerseits und dem Rücksichtnahmeverpflichteten andererseits nach Lage der Dinge zuzumuten ist. Das Gebot der Rücksichtnahme ist verletzt, wenn unter Berücksichtigung der Schutzwürdigkeit des Betroffenen, der

Intensität der Beeinträchtigung und der wechselseitigen Interessen das Maß dessen, was billigerweise noch zumutbar ist, überschritten wird (vgl. BVerwG, Urteil v. 25. 2. 1977 a. a. O.; BVerwG, Urteil v. 18.11.2004 – 4 C 1/04 – juris Rdnr. 22).

Gegen die im Gebot des Sich-Einfügens in § 34 Abs. 1 Satz 1 BauGB verankerte Rücksichtnahme wird nicht bereits dann verstoßen, wenn das Vorhaben sich nach dem Maß der baulichen Nutzung nicht in die nähere Umgebung einfügt. Das Maß der baulichen Nutzung als solches entfaltet keinen Drittschutz. Das Gebot der Rücksichtnahme ist aber jedenfalls dann verletzt, wenn die Bebauung eine »erdrückende« Wirkung auslöst (vgl. VG München, Beschluss v. 23.7.2014 – M 11 SN 14.2037 – juris Rdnr. 34 ff.).

2.2.2 Eine solche erdrückende Wirkung wird von dem geplanten Stabmattenzaun nicht ausgelöst. Eine »erdrückende« Wirkung kommt bei nach Höhe, Breite und Volumen »übergroßen« Baukörpern, die in geringem Abstand zu benachbarten Wohngebäuden errichtet werden, in Betracht (vgl. BayVGH, Beschluss v. 5.9.2016 – 15 CS 16.1536 – juris Rdnr. 28). Dabei ist eine erdrückende Wirkung nur anzunehmen, wenn der geplante Baukörper nach seinen Ausmaßen, seiner Baumasse oder seiner massiven Gestaltung das benachbarte Grundstück unangemessen benachteiligt, indem eine Situation entsteht, die ein Gefühl des »Eingemauertseins« auslöst, einer »Gefängnishofsituation« gleicht oder dem »erdrückten« Gebäude »die Luft genommen« wird (vgl. BayVGH, Beschluss v. 22.6.2020 – 2 ZB 18.1193 – juris Rdnr. 8).

Durch die Errichtung des Stabmattenzauns wird das Grundstück der Antragstellerin nicht in dem beschriebenen Sinne »erdrückt«. Der Stabmattenzaun ist mit 3,40 m bzw. 5,20 m zwar überdurchschnittlich hoch und mag für die Antragstellerin optisch störend wirken. Jedoch ist der Stabmattenzaun aufgrund der Lücken zwischen den einzelnen Stäben licht- und luftdurchlässig, sodass er gerade nicht dem Nachbargrundstück »die Luft nimmt«. Auch die relativ filigrane Gestaltung vermittelt gerade nicht das Gefühl des »Eingemauertseins« oder einer besonders dominierenden Gestaltung.

2.3 Ein Verstoß gegen drittschützende Normen des Bauordnungsrechts ist ebenfalls nicht gegeben.

2.3.1 Es liegt kein Verstoß gegen Art. 6 BayBO vor, welcher grundsätzlich nachbarschützende Wirkung hat. Der geplante Stabmattenzaun ist nicht abstandsflächenpflichtig. Abstandsflächenpflichtig sind nur Gebäude gemäß Art. 6 Abs. 1 Satz 1 BayBO und sonstige Anlagen, soweit von ihnen Wirkungen wie von einem Gebäude ausgehen gemäß Art. 6 Abs. 1 Satz 2 BayBO. Bei dem Stabmattenzaun handelt es sich erkennbar nicht um ein Gebäude (vgl. Art. 2 Abs. 2 BayBO). Auch eine gebäudegleiche Wirkung im Sinne von Art. 6 Abs. 1 Satz 2 BayBO kommt ihm nicht zu.

2.3.1.1 Ob eine Anlage gebäudegleiche Wirkung hat, lässt sich nicht allgemein, sondern nur im Einzelfall unter Berücksichtigung der Zielsetzungen des Abstandsflächenrechts bestimmen (BayVGH, Beschluss v. 12.11.2001 – 2 ZB

99.3484 – juris Rdnr. 11). Gebäudegleiche Wirkung kann eine Anlage im Grundsatz aber erst dann haben, wenn sie mindestens so groß ist, wie ein Gebäude es sein müsste, um von Menschen betreten werden zu können. Außerdem muss sich die Anlage auf Schutzgüter des Abstandsflächenrechts, also insbesondere Belichtung, Belüftung und – nach umstrittener Ansicht (vgl. zum Streitstand: BayVGH, Urteil v. 31.7.2020 – 15 B 19.832 – juris Rdnr. 22) – ein dem nachbarlichen »Wohnfrieden« dienender Sozialabstand, ähnlich wie ein Gebäude negativ auswirken. (BayVGH, Urteil v. 9.8.2007 – 25 ZB 05.1341 – juris Rdnr. 41; BayVGH, Beschluss v. 23.8.2016 – 15 ZB 15.2668 – juris Rdnr. 16).

Die Höhe des streitgegenständlichen Stabmattenzauns allein vermag noch keine gebäudegleiche Wirkung zu begründen. Etwas Anderes folgt auch nicht aus Art. 6 Abs. 7 Satz 1 Nr. 3 BayBO. Dieser ist auf offene Einfriedungen wie den streitgegenständlichen Stabmattenzaun schon gar nicht anwendbar. Es kann daher aus dieser Vorschrift nicht geschlossen werden, dass offene Einfriedungen, die über eine Höhe von 2 m hinausgehen, generell gebäudegleiche Wirkung haben.

Der Zaun wirkt sich im Übrigen nicht in ähnlicher Weise wie ein Gebäude negativ auf die Schutzgüter des Abstandsflächenrechts aus. Weder Belichtung noch Belüftung werden durch ihn erheblich beeinträchtigt. Der Stabmattenzaun ist aufgrund der Abstände zwischen den einzelnen Stäben licht- und luftdurchlässig. In der Gestaltung ist der Zaun relativ filigran. Er tritt, anders als etwa Mauern oder geschlossene Einfriedungen, nicht wandartig in Erscheinung. Auch der Sozialabstand wird durch ihn nicht beeinträchtigt. Der Zaun führt nicht zu einem vermehrten Aufenthalt von Menschen unmittelbar an der Grenze am Zaun, so dass keine erhöhten Beeinträchtigungen zum Beispiel in Form von Geräuschbelastungen zu erwarten sind. Aufgrund vergleichbarer Erwägungen wird in der Rechtsprechung eine gebäudegleiche Wirkung von Zäunen verneint (so für einen 4,50 m hohen Ballfangzaun: BayVGH, Beschluss v. 16.4.2009 – 2 ZB 08.3026 – juris).

2.3.1.2 Selbst wenn man eine gebäudegleiche Wirkung annehmen wollte, wäre es der Antragsgegnerin ermessensfehlerfrei möglich, eine Abweichung von den Abstandsflächenvorschriften zu erteilen. Dies hat zur Folge, dass die Anordnung der aufschiebenden Wirkung der Klage nicht geboten ist, nachdem mit einer Heilung des Abstandsflächenverstoßes durch die Erteilung einer Abweichung zu rechnen ist.

Die nach Art. 63 BayBO für eine Abweichung erforderliche Atypik liegt vor. Diese ergibt sich aus der besonderen Gestaltung des geplanten Vorhabens. Der geplante Stabmattenzaun hat wegen seiner licht- und luftdurchlässigen Gestaltung gerade keine wandartige Wirkung und löst daher auch nicht in gleicher Weise einen Konflikt mit den vom Abstandsflächenrecht geschützten Belangen aus, wie das bei Gebäuden der Fall ist.

Das Vorhaben ist auch mit den öffentlichen Belangen, die durch diejenige Vorschrift von der abgewichen werden soll (hier Art. 6 BayBO), vereinbar.

Durch das Vorhaben werden die von Art. 6 BayBO geschützten Belange nur geringfügig tangiert. Wie bereits ausgeführt, wird die Belichtungs- und Belüftungssituation wegen der offenen und relativ filigranen Gestaltung des Zaunes auf dem Nachbargrundstück nicht wesentlich beeinträchtigt. Auch auf den Sozialabstand – soweit dieser vom Schutzzweck des Abstandsflächenrechts erfasst sein sollte (siehe oben) – hat der Zaun kaum Auswirkungen. Gleiches gilt auch hinsichtlich der nachbarlichen Interessen.

2.3.2 Auch ein nachbarschutzrelevanter Verstoß gegen Art. 6 BayDSchG ist nicht gegeben. Art. 6 BayDSchG kann grundsätzlich nachbarschützende Wirkung entfalten, jedoch nur, soweit sich die Errichtung des Vorhabens erheblich auf den Bestand oder das Erscheinungsbild eines Baudenkmals oder Ensembles auswirkt (VG München, Beschluss v. 3.8.2016 – M 1 SN 16.3090 – juris). Eine erhebliche Auswirkung auf den Bestand oder das Erscheinungsbild des Baudenkmals der Antragstellerin ist nicht zu erwarten. Der Bestand des Baudenkmals auf dem Nachbargebäude wird durch das Vorhaben nicht berührt. Ebenso wird das Erscheinungsbild des Baudenkmals nicht erheblich berührt. Zur Vermeidung von Beeinträchtigungen wurden zweckdienliche Auflagen zum Denkmalschutz in die Baugenehmigung aufgenommen. Insbesondere das geforderte Farbkonzept trägt dazu bei, dass der denkmalgeschützte Baukörper auf dem Nachbargrundstück optisch nicht durch den Stabmattenzaun beeinträchtigt wird. Wegen seiner filigranen Gestaltung und der Ausführung als offene, licht- und luftdurchlässige Einfriedung ist der Stabmattenzaun darüber hinaus nicht geeignet weitere, erhebliche Auswirkungen auf das benachbarte Baudenkmal zu entfalten.

2.3.3 Auch hinsichtlich der erteilten Abweichung von der Einfriedungssatzung der Antragsgegnerin ist keine drittschützende Norm verletzt. Grundsätzlich zählen beantragte Abweichungen zum Prüfprogramm im Baugenehmigungsverfahren und können auch nachbarschützende Wirkung entfalten. Dies ist jedoch nur dann der Fall, wenn die Norm von der die Abweichung erteilt wird ihrerseits nachbarschützende Wirkung hat oder die Interessen des Nachbarn nicht ausreichend gewürdigt wurden (vgl. König in Schwarzer/König, Bayerische Bauordnung, 5. Auflage 2022 Rdnr. 43).

Ersteres ist bei der Einfriedungssatzung nicht der Fall. Einfriedungssatzungen sind Satzungen nach Art. 81 BayBO und verfolgen als solche rein ortsgestalterische Ziele, sofern nicht der Satzungsgeber sie drittschützend ausgestalten wollte (vgl. VG München, Urteil v. 6.6.2018 – M 9 K 17.5750 – juris Rdnr. 25). Anhaltspunkte, dass die Antragsgegnerin die Satzung vorliegend drittschützend ausgestalten wollte, liegen nicht vor. Insbesondere sieht die Einfriedungssatzung in § 2 Abs. 3 Ausnahmen nur dann vor, wenn das Straßen- und Ortsbild gewahrt bleibt. Eine Berücksichtigung nachbarlicher Interessen hingegen hat die Antragsgegnerin gerade nicht geregelt. …

Nr. 68

Eine Dachterrasse löst bei geschlossener Bauweise keine Abstandsflächen aus.

BremLBO § 6 Abs. 7 Nr. 2.

Verwaltungsgericht Bremen, Urteil v. 15. November 2024 – 1 K 411/22 –.

Aus den Gründen:

Die zulässige Klage bleibt ohne Erfolg; die für das Grundstück der Beigeladenen erteilte Genehmigung zur seitlichen Erweiterung der Terrasse auf dem Flachdach des Erdgeschosses begegnet keinen rechtlichen Bedenken.

Der Kläger wendet sich mit seinem Klageantrag gegen die 2. Nachtrags-Baugenehmigung vom 23.6.2020. Für die Beurteilung der Rechtmäßigkeit dieser Genehmigung ist entgegen dem klägerischen Vortrag nicht das von der ursprünglichen Baugenehmigung erfasste Gesamtvorhaben in den Blick zu nehmen. Denn die Genehmigung vom 13.8.2015 ist bestandskräftig; der Kläger wurde nach Aktenlage über den Erlass der Baugenehmigung zeitnah informiert. Der insoweit vom Kläger zitierte Grundsatz der Unteilbarkeit einer Baugenehmigung gilt nach der Rechtsprechung nur dann, wenn es sich um nicht klar abgrenzbare Teile eines Bauvorhabens handelt und der verbleibende Teil für sich nicht als sinnvolles Vorhaben zurückbleibt (bspw. ein Haus ohne Dach oder Seitenwand; vgl. OVG Berlin-Brandenburg, Beschluss v. 25.8.2020, OVG 10 N 15/20; OVG Hamburg, Urteil v. 14.7.2008, 2 Bf 277/03, jeweils juris). Bei einer Nachtrags-Genehmigung handelt es sich jedoch in der Regel um einen abgrenzbaren Teil des Bauvorhabens. Denn in der Baupraxis der Länder und der dazu ergangenen Rechtsprechung versteht man darunter die Zulassung kleinerer Änderungen eines bereits genehmigten, aber noch nicht vollständig ausgeführten Vorhabens, die das Gesamtvorhaben in seinen Grundzügen nur unwesentlich berühren (Hoppenberg/de Witt BauR-HdB, 9. Teil: Das Einvernehmen der Gemeinde im öffentlichen Baurecht Rdnr. 142, beck-online; vgl. auch VGH Ba-Wü, 19.10.1995, 3 S 2295/94, juris). Dieser Definition entspricht auch die in der 2. Nachtrags-Genehmigung erlaubte seitliche Erweiterung der Terrassenfläche; hierauf ist die Rechtsprüfung im vorliegenden Verfahren daher beschränkt (vgl. VG Münster, Urteil v. 3.3.2016, 2 K 1072/14, juris; VG Hannover, Beschluss v. 23.9.2020, 12 B 2730/20, juris m. w. N.). Soweit die erkennende Kammer in einer Entscheidung vom 8.6.2022, (1 K 1634/20, juris) ausgeführt hat, dass Baugenehmigung und Nachtragsgenehmigung einen einheitlichen Streitgegenstand bilden, handelte es sich um einen nicht vergleichbaren Sachverhalt, da dort die Ursprungsgenehmigung noch nicht bestandskräftig war.

Der Kläger kann sich nicht mit Erfolg auf einen Verstoß gegen bauplanungsrechtliche Vorschriften berufen. Zwar hält die streitgegenständliche seitliche Erweiterung der Terrassenfläche – ebenso wie die bereits in der Ursprungsgenehmigung von 2015 genehmigte Terrasse für das 1. Obergeschoss – die Festsetzungen des Bebauungsplans 1406 hinsichtlich der hinteren Baugrenze nicht ein; die entsprechende Festsetzung erweist sich jedoch nicht als drittschützend (a). Der Kläger kann sich auch nicht mit Erfolg auf einen Gebietserhaltungsanspruch stützen (b). Der Umfang des Rechtsschutzes eines Nachbarn bei Befreiungen von den Festsetzungen eines Bebauungsplans im Rahmen des § 31 Abs. 2 BauGB hängt davon ab, ob die jeweiligen Festsetzungen dem Nachbarschutz dienen oder nicht. Bei der Befreiung von nicht nachbarschützenden Festsetzungen des Bebauungsplans kann der Nachbar nur verlangen, dass die in § 31 Abs. 2 BauGB enthaltene Verpflichtung beachtet wird, bei der Befreiung die nachbarlichen Interessen zu würdigen. Diese Verpflichtung konkretisiert das Gebot der Rücksichtnahme. Ein Abwehranspruch besteht nur insoweit, als das Bauvorhaben aufgrund der erteilten Befreiung rücksichtslos ist. Dieser Maßstab gilt auch dann, wenn, ohne dass ausdrücklich eine Befreiung erteilt worden ist, die Baugenehmigung von nicht nachbarschützenden Festsetzungen des Bebauungsplans abweicht (sog. stillschweigender Dispens, vgl. OVG Bremen, Urteil v. 8.5.2018, 1 B 18/18, juris m. w. N.). Vorliegend wurde die Abweichung von der Festsetzung der hinteren Baugrenze in der streitgegenständlichen Nachtrags-Baugenehmigung – im Unterschied zu der Ursprungsbaugenehmigung von 2015 – nicht ausdrücklich als Befreiung gemäß § 31 Abs. 2 BauGB erteilt. Dass die Beklagte das Erfordernis einer Befreiung gesehen hat, ergibt sich jedoch aus dem Widerspruchsbescheid vom 8.2.2022, wo ausgeführt wird, für die mit Bescheid vom 23.6.2020 genehmigte Terrassenfläche sei eine Befreiung von den Festsetzungen des Bebauungsplans nach § 31 Abs. 2 BauGB erforderlich, welche rechtmäßig erteilt worden sei. Es handelt sich mithin um einen sog. stillschweigenden Dispens.

Festsetzungen über das Maß der baulichen Nutzung und die überbaubaren Grundstücksflächen sind nur dann nachbarschützend, wenn sich ihr nachbarschützender Charakter im Einzelfall aus dem Bebauungsplan, d. h. etwa seiner Begründung, ergibt (st. Rspr., vgl. BVerwG, Beschluss v. 19.10.1995, 4 B 215/95, NVwZ 1996, 888; OVG Bremen, Urteil v. 8.5.2018, 1 B 18/18, juris). Aus der Begründung des Bebauungsplans 1406 … lässt sich ein ausnahmsweise anzunehmender Drittschutz der hinteren Baugrenze nicht ableiten. Zum Planinhalt wird unter »Bauweise, Baulinien, Baugrenzen« ausgeführt: »Zur Erhaltung der städtebaulichen Situation werden straßenseitig Baulinien festgesetzt. Auf der Gartenseite orientieren sich die Baugrenzen vorwiegend am Bestand.« Eine drittschützende Motivation des Plangebers lässt sich dem nicht entnehmen.

Die Terrasse auf dem Flachdach des Erdgeschosses verstößt auch nicht gegen die Festsetzung »Flachdach« im Bebauungsplan. Zudem ist ein Drittschutz der entsprechenden Festsetzung nicht ersichtlich. Die Planbegründung enthält insoweit keine Erläuterung. Die Festsetzung einer Baugrenze mit hinten liegender eingeschossiger Bauweise mit Flachdach findet sich an mehreren Stellen im Plangebiet. Hintergrund dürfte das städtebauliche Ziel gewesen sein, die Bestandsbauten im Innenbereich auf eine geringere Höhe zu begrenzen. So wird zum Maß der baulichen Nutzung in der Planbegründung ausgeführt: »Das Maß der baulichen Nutzung wird bestimmt durch die vorhandene Bebauungsdichte. [...] In den Quartiersinnenbereichen des besonderen Wohngebiets (WB) er fordert die beengte städtebauliche Situation eine auf ein Vollgeschoss begrenzte Bebauung.« Den Nachbarschutz betreffende Erwägungen gerade der Festsetzung »Flachdach« sind nicht ersichtlich.

Der Gebietserhaltungsanspruch des Klägers ist nicht verletzt. Der Gebietserhaltungsanspruch beruht darauf, dass die Festsetzungen über die Art der baulichen Nutzung (§ 1 Abs. 2 Baunutzungsverordnung – BauNVO) innerhalb eines Baugebiets nachbarschützend sind. Der Anspruch trägt dem Umstand Rechnung, dass die Planbetroffenen im Hinblick auf die Nutzung ihrer Grundstücke zu einer rechtlichen Schicksalsgemeinschaft verbunden sind. Die Beschränkung der Nutzungsmöglichkeit des eigenen Grundstücks wird dadurch ausgeglichen, dass auch die anderen dinglich Berechtigten diesen Beschränkungen unterworfen sind. Im Rahmen dieses nachbarlichen Gemeinschaftsverhältnisses soll daher jeder Planbetroffene im Baugebiet das Eindringen einer gebietsfremden Nutzung und damit die schleichende Umwandlung des Baugebiets unabhängig von einer konkreten Beeinträchtigung – verhindern können (vgl. BVerwG, Beschluss v. 2.2.2000 – 4 B 87/99; Urteil v. 16.9.1993 – 4 C 28/91, beide juris).

Die Kammer vermag nicht zu erkennen, inwiefern eine Wohnnutzung als Terrasse der Festsetzung als besonderes Wohngebiet widersprechen könnte. Auch aus der Begründung des Bebauungsplans ergeben sich keine Anhaltspunkte für die Argumentation des Klägers, der Plangeber habe im Innenbereich das nicht störende Gewerbe schützen wollen. Vielmehr wird unter »Planungsziele« der Vorrang der Wohnnutzung hervorgehoben, indem ausgeführt wird: »Die vorhandene städtebauliche Struktur, in der die Wohnnutzung überwiegt, soll planungsrechtlich gesichert werden. Demgegenüber sollen auch die gewerblichen Nutzungen in den Gemengelagen, soweit sie mit der Wohnnutzung verträglich sind, auch in Zukunft zulässig sein. Dabei soll eine Verdrängung der Wohnnutzung ausgeschlossen werden (Erhaltung des Wohngebietscharakters).

Die seitliche Erweiterung der Terrassenfläche bis 0,30 m an die Grenze des klägerischen Grundstücks löst keine Abstandsflächen aus und verstößt daher nicht gegen bauordnungsrechtliche Vorschriften. Der Bebauungsplan 1406 setzt für den Bereich, in dem die Grundstücke des Klägers und der Beigeladenen liegen, eine geschlossene Bauweise fest. Gemäß § 6 Abs. 1 Nr. 1 BremLBO sind Abstandsflächen daher nicht erforderlich. Diese Privilegierung erstreckt sich auch auf die streitgegenständliche Terrasse auf dem Flachdach des Erdgeschosses. Nach der weit überwiegenden obergerichtlichen Rechtsprechung bilden Dachterrassen mit dem gesamten Bauvorhaben eine bauliche Einheit, dies gilt auch hinsichtlich der Festsetzung einer geschlossenen Bauweise (vgl. Bay VGH, Beschluss v. 7.6.2021, 9 CS 21.953, juris; OVG Rheinland-Pfalz. Beschluss v. 28.7.2020, 8 B 10739/20, juris; für eine Hochterrasse: OVG Münster, 30.1.2024, 10 A 875/21, juris; für Balkone: OVG Hamburg, Beschluss v. 13.9.2023, 2 Bf 148/23.Z, n.v.; a. A.: OVG Hamburg, Beschluss v. 19.5.2015, 2 Bs 255/14, juris; für Balkone: VG Hamburg, Urteil v. 6.3.2024, 12 K 2215/19, juris). Die vom Kläger in der mündlichen Verhandlung in Bezug genommen Entscheidungen stehen dem nicht entgegen, da sie nicht vergleichbare Sachverhalte betreffen. Im Urteil des Verwaltungsgerichtshofs Mannheim vom 20.9.2016 (11 S 2070/14, juris) war eine Terrasse auf einer bei offener Bauweise privilegierten Grenzgarage errichtet worden. Der Beschluss des Bayerischen Verwaltungsgerichtshofs vom 10.5.2012 (2 CS 12.795, juris) betraf einen Sachverhalt, in dem zwar eine geschlossene Bauweise festgesetzt war, die Privilegierung hinsichtlich der Abstandsflächen jedoch für das geplante Bauvorhaben entfiel, da durch eine Aufstockung der Vollgeschosse das festgesetzte Maß der baulichen Nutzung überschritten wurde. Da für das streitgegenständliche Vorhaben keine Abstandsflächen erforderlich sind, ist die Bemessungsregelung für Abstandsflächen bei Vorbauten in § 6 Abs. 7 Nr. 2 BremLBO ohne Belang. Dies gilt damit auch für die vom Kläger in Bezug genommene Dienstanweisung Nr. 431 vom 1.2.2016, da dort nur Sachverhalte bei offener Bauweise geregelt werden.

Schließlich erweist sich das streitgegenständliche Vorhaben nicht als gegenüber dem Grundstück des Klägers rücksichtslos. Nach der Rechtsprechung der bremischen Verwaltungsgerichte ist davon auszugehen, dass Einsichtsmöglichkeiten im innerstädtischen Bereich grundsätzlich als ortsüblich hinzunehmen sind. In einem bebauten innerstädtischen Gebiet muss immer damit gerechnet werden, dass Nachbargrundstücke innerhalb des vorgegebenen Rahmens baulich ausgenutzt werden und es zu Einsichtsmöglichkeiten in Wohnraum bzw. Nachbargrund stücke kommt. Nur unter besonders gravierenden Umständen können Einsichtsmöglichkeiten in das Nachbargrundstück, die durch ein neues Bauvorhaben geschaffen werden, als Verletzung des bauplanungsrechtlichen Gebots der Rücksichtnahme angesehen werden. Einsichten, die sich von einer Terrasse des Hochparterres oder einem Balkon in den Garten und auf die Rückseite des Hauses der Nachbarn ergeben, liegen im Rahmen des im innerstädtischen Bereich Üblichen (VG Bremen, Beschluss v. 5.4.2022 – 1 V 678/21 –, Rdnr. 49, juris).

Dass die Einsichtsmöglichkeiten von der streitgegenständlichen Terrasse in ihrem genehmigten Umfang in den Garten und die rückwärtigen Wohnräume des Klägers die Schwelle der Rücksichtslosigkeit erreichen, ist nicht ersichtlich und ergibt sich auch nicht aus dem klägerischen Vortrag. Gerade weil das Erdgeschoss des Gebäudes weit über den Bereich der genehmigten Terrassennutzung herausragt, dürfte ein Einblick in den Garten des Klägers nur eingeschränkt möglich sein. Bei Berücksichtigung des durch eine enge Bebauung bestimmten Wohnumfeldes liegt auch in der Möglichkeit, an der Grenze der Terrasse stehend Einblick in die Wohnung des Klägers zu nehmen, kein Verstoß gegen das Rücksichtnahmegebot. (...)

II. Rechtsprechung zu sonstigen materiellen Fragen

Nr. 69

Ob der unbeplante Innenbereich in offener Bauweise bebaut ist oder ob eine Gemengelage verschiedener Bauweisen vorliegt, kann offenbleiben, wenn das Gesamtgebäude nach Fertigstellung des Vorhabens (weiterhin) ein Doppelhaus ist.

Ist eine Doppelhausbebauung planungsrechtlich zulässig, darf wegen des Vorrangs des (bundesrechtlichen) Planungsrechts ohne Grenzabstand gebaut werden.

Ebenerdige Terrassen bilden mit dem Gebäude, an das sie angrenzen, eine bauliche Einheit.

Gewähren Fenster, Balkone oder Terrassen eines neuen Gebäudes beziehungsweise Gebäudeteils den Blick auf ein Nachbargrundstück, ist deren Ausrichtung, auch wenn der Blick von dort in einen Ruhebereich des Nachbargrundstücks fällt, nicht aus sich heraus rücksichtslos. Es ist in bebauten Gebieten üblich, dass infolge einer solchen Bebauung erstmals oder zusätzlich Einsichtsmöglichkeiten entstehen.

Ein Anspruch des Nachbarn auf bauaufsichtliches Einschreiten mit dem Ziel der Beseitigung einer baulichen Anlage ist gegeben, wenn diese nicht durch eine bestandskräftige Baugenehmigung gedeckt wird, die Anlage rechtswidrig ist und den klagenden Nachbarn in seinen Rechten verletzt, wenn der Nachbar seine Abwehrrechte nicht verwirkt hat und das behördliche Ermessen im Sinne eines Einschreitens reduziert ist.
(Leitsätze der Redaktion)

BauNVO § 22; BauO NRW § 6, § 82 Abs. 1 Satz 1.

OVG Nordrhein-Westfalen, Urteil v. 30. Januar 2024 – 10 A 875/21 –.

Aus den Gründen:

Die zulässige Berufung hat keinen Erfolg. Weder der Hauptantrag (dazu A.) noch der Hilfsantrag (dazu B.) sind begründet.

A. Die Klage ist mit dem zulässigen Hauptantrag unbegründet. Die Klägerin hat keinen Anspruch auf das begehrte bauaufsichtliche Einschreiten, gerichtet auf die Anordnung der Beseitigung der Hochterrasse gegenüber dem Beigeladenen, § 113 Abs. 5 Satz 1 VwGO.

Gemäß § 82 Abs. 1 Satz 1 BauO NRW 2018 kann die Bauaufsichtsbehörde dann, wenn Anlagen im Widerspruch zu öffentlich-rechtlichen Vorschriften errichtet oder geändert werden, die teilweise oder vollständige Beseitigung der Anlagen anordnen, wenn nicht auf andere Weise rechtmäßige Zustände hergestellt werden können.

In der hier gegebenen Verpflichtungssituation auf bauaufsichtliches Einschreiten ist die Sach- und Rechtslage im Zeitpunkt der letzten mündlichen Verhandlung maßgeblich. Damit findet die BauO NRW 2018 i. d. F. des zweiten Gesetzes zur Änderung der Landesbauordnung 2018 vom 31.10.2023 Anwendung. Gegenteiliges ergibt sich nicht aus § 90 Abs. 4 BauO NRW 2018. Danach sind die vor dem Inkrafttreten dieses Gesetzes eingeleiteten Verfahren nach den zum Zeitpunkt der Antragstellung geltenden Verfahrensvorschriften fortzuführen und abzuschließen (Satz 1). Abweichend von Satz 1 kann die Bauherrschaft die Anwendung dieses Gesetzes anstelle des zur Zeit der Antragstellung geltenden Rechts beantragen (Satz 2). Zwar hat die Klägerin den Antrag auf bauaufsichtliches Einschreiten bereits im Jahr 2016 gestellt, indes meint »Antragstellung« i. S. v. § 90 Abs. 4 Satz 1 BauO NRW 2018 den Antrag auf Erteilung einer Baugenehmigung, eines Vorbescheids o. Ä. und nicht den Antrag auf bauaufsichtliches Einschreiten. Dies ergibt sich aus dem systematischen Zusammenhang mit Satz 2, in dem von der Möglichkeit allein der Bauherrschaft die Rede ist, die Anwendung einer bestimmten Gesetzesfassung zu beantragen.

Ein Anspruch des Nachbarn auf bauaufsichtliches Einschreiten mit dem Ziel der Beseitigung einer baulichen Anlage ist gegeben, wenn diese nicht durch eine bestandskräftige Baugenehmigung gedeckt wird, die Anlage rechtswidrig ist und den klagenden Nachbarn in seinen Rechten verletzt, wenn der Nachbar seine Abwehrrechte nicht verwirkt hat und das behördliche Ermessen im Sinne eines Einschreitens reduziert ist. Vgl. OVG NRW, Urteile v. 27.10.2023 – 7 A 1354/21 –, juris Rdnr. 30, vom 4.12.2020 – 2 A 560/17 –, juris Rdnr. 40, vom 5.9.2017 – 7 A 1069/14 –, juris Rdnr. 30, und vom 8.3.2012 – 10 A 214/10 –, juris Rdnr. 35.

Diese Voraussetzungen liegen hier nicht vor. Die Hochterrasse verletzt die Klägerin nicht in ihren Rechten.

I. Die Hochterrasse verstößt nicht zu Lasten der Klägerin gegen das planungsrechtliche Gebot der Rücksichtnahme.

1. Das gilt zunächst im Hinblick auf die auch im – wie hier – unbeplanten Innenbereich anwendbare Doppelhausrechtsprechung des Bundesverwaltungsgerichts.

Ist ein unbeplanter Innenbereich in offener Bauweise bebaut, weil dort nur Einzelhäuser, Doppelhäuser und Hausgruppen im Sinne von § 22 Abs. 2 BauNVO den maßgeblichen Rahmen bilden, so fügt sich ein grenzständiges

Vorhaben im Sinne des § 34 Abs. 1 BauGB grundsätzlich nicht nach der Bauweise ein, das unter Beseitigung eines bestehenden Doppelhauses grenzständig errichtet wird, ohne mit dem verbleibenden Gebäude ein Doppelhaus zu bilden. Ein solches Vorhaben verstößt gegenüber dem Eigentümer der bisher bestehenden Doppelhaushälfte grundsätzlich gegen das drittschützende Gebot der Rücksichtnahme. Vgl. BVerwG, Urteil v. 19.3.2015 – 4 C 12.14 –, juris Rdnr. 11.

Ob der unbeplante Innenbereich in offener Bauweise bebaut ist oder ob eine Gemengelage verschiedener Bauweisen vorliegt, kann offenbleiben, wenn das Gesamtgebäude nach Fertigstellung des Vorhabens (weiterhin) ein Doppelhaus ist. Vgl. BVerwG, Urteil v. 19.3.2015 – 4 C 12.14 –, juris Rdnr. 11; OVG NRW, Urteil v. 3.9.2015 – 7 A 1276/13 –, juris Rdnr. 37.

Das ist hier der Fall. Denn das Haus der Klägerin und das Haus des Beigeladenen bilden einen Gesamtbaukörper, der ein Doppelhaus im Sinne des Bauplanungsrechts darstellt (dazu a.). Daran hat sich durch die Errichtung der Hochterrasse nichts geändert, weshalb unter diesem Gesichtspunkt ein Verstoß gegen das Rücksichtnahmegebot ausscheidet (b.).

a. Ein Doppelhaus ist eine bauliche Anlage, die dadurch entsteht, dass zwei Gebäude auf benachbarten Grundstücken durch Aneinanderbauen an der gemeinsamen Grundstücksgrenze zu einer Einheit zusammengefügt werden. Kein Doppelhaus bilden dagegen zwei Gebäude, die sich zwar an der gemeinsamen Grundstücksgrenze noch berühren, aber als zwei selbständige Baukörper erscheinen. Ein Doppelhaus verlangt ferner, dass die beiden Haushälften in wechselseitig verträglicher und abgestimmter Weise aneinandergebaut werden. Vgl. BVerwG, Urteile v. 5.12.2013 – 4 C 5.12 –, juris Rdnr. 13, und vom 24.2.2000 – 4 C 12.98 –, juris Rdnr. 18 ff., sowie Beschluss v. 19.3.2015 – 4 B 65.14 –, juris Rdnr. 6.

Mithin lässt sich weder abstrakt-generell noch mathematisch-prozentual bestimmen, ob zwei grenzständig errichtete Baukörper ein Doppelhaus bilden. Es bedarf vielmehr einer Würdigung des Einzelfalls unter Betrachtung quantitativer und qualitativer Gesichtspunkte. Vgl. BVerwG, Beschluss v. 14.9.2015 – 4 B 16.15 –, juris Rdnr. 5; OVG NRW, Beschluss v. 19.9.2023 – 10 B 591/23 –, juris Rdnr. 7. Vor Errichtung der Hochterrasse durch den Beigeladenen handelte es sich bei dem Gebäude der Klägerin und dem des Beigeladenen um ein Doppelhaus. Denn diese sind deckungsgleich (spiegelbildlich) errichtet worden. Daran hat die spätere Errichtung der Altane auf dem Grundstück der Klägerin nichts geändert. Das ist zwischen den Beteiligten auch unstreitig.

b. Die Errichtung der Hochterrasse samt Geländer durch den Beigeladenen im rückwärtigen Bereich seines Wohngebäudes hat den Doppelhauscharakter nicht aufgehoben.

Die Hochterrasse und das Wohngebäude des Beigeladenen bilden eine bauliche Einheit. Für (ebenerdige) Terrassen ist in der Senatsrechtsprechung geklärt, dass diese mit dem Gebäude, an das sie angrenzen, eine bauliche Einheit bilden. Vgl. OVG NRW, Beschlüsse v. 25.9.2020 – 10 A 4545/19 –, juris Rdnr. 6, und vom 7.6.2011 – 10 A 2004/09 –, n. v. (BA Bl. 3 f.).

Nichts anderes gilt für eine an das Wohngebäude angebaute Hochterrasse wie hier. Der massive Unterbau der Terrasse, der eine Höhe von ca. 1,00 m aufweist, sowie das auf ihr angebrachte Geländer führen nicht dazu, dass der räumlich-funktionale Zusammenhang zwischen der Terrasse und dem Gebäude des Beigeladenen aufgehoben wird. Dieser wird eher noch verstärkt, da die Terrasse wegen des massiven Unterbaus aus dem Gebäude des Beigeladenen ohne Höhenversatz betreten werden kann. Vgl. für eine Hochterrasse Bay. VGH, Beschluss v. 5.1.2016 – 1 ZB 15.606 –, juris Rdnr. 9.

Dass die rückwärtige Hochterrasse auf dem Grundstück der Klägerin keine spiegelbildliche Entsprechung findet, ist unerheblich. Auch nach der Errichtung der Terrasse samt Geländer erscheinen die beiden Haushälften als »ein Gebäude«. Ihr kommt nicht das städtebauliche Gewicht zu, das erforderlich wäre, um den Doppelhauscharakter aufzuheben.

Die beiden Haushälften weisen im Bereich der Hauptbaukörper die gleiche Gebäudehöhe auf. Die Straßenansicht der beiden Haushälften ist unverändert geblieben. Beide Haushälften haben zur Straßenseite hin weiterhin eine einheitliche Hausfront sowie identische Dachformen und -neigungen. Die Geschossigkeit der Haushälften wurde nicht verändert. Die rückwärtige Hochterrasse mit Geländer erweckt auch nicht den Eindruck eines einseitigen Grenzanbaus. Sie dominiert nicht die rückwärtige Gebäudefront, sondern ordnet sich insgesamt in ihren Dimensionen (ca. 5,00 m × 3,40 m) dem Gesamtbaukörper (ca. 14,80 m × 9,95 m) unter. Die Bautiefe der Hochterrasse reicht ungefähr so weit in den Bereich des Gartens wie die ebenerdige Terrasse der Klägerin. Zudem hat die Hochterrasse samt Geländer im Verhältnis zu den beiden Haushälften nur eine geringe Höhe und ein geringes Bauvolumen.

2. Auch ansonsten verstößt die Hochterrasse samt Geländer nicht zu Lasten der Klägerin gegen das Gebot der Rücksichtnahme.

a. Die Hochterrasse schafft keine der Klägerin unzumutbare Möglichkeit, von dem Grundstück des Beigeladenen auf ihr Grundstück zu blicken.

Gewähren Fenster, Balkone oder Terrassen eines neuen Gebäudes beziehungsweise Gebäudeteils den Blick auf ein Nachbargrundstück, ist deren Ausrichtung, auch wenn der Blick von dort in einen Ruhebereich des Nachbargrundstücks fällt, nicht aus sich heraus rücksichtslos. Es ist in bebauten Gebieten üblich, dass infolge einer solchen Bebauung erstmals oder zusätzlich Einsichtsmöglichkeiten entstehen. Nach ständiger Rechtsprechung der Bausenate des Oberverwaltungsgerichts ist dies regelmäßig hinzunehmen. Vgl. OVG NRW, Beschlüsse v. 23.2.2023 – 10 B 1148/22 –, juris Rdnr. 12, vom 7.12.2020 – 10 A 179/20 –, juris Rdnr. 14, vom 26.3.2019 – 7 D 65/17.NE –, juris Rdnr. 30, vom 22.2.2019 – 7 B 1783/18 –, juris Rdnr. 15, vom 11.9.2018 – 7 B 918/18 –, juris Rdnr. 5, und vom 10.9.2018 – 10 B 1114/18 –, juris Rdnr. 8.

Soweit das Wort »regelmäßig« im Ausnahmefall eine andere Bewertung zulassen mag, ist hier ein solcher zu verneinen.

Auch wenn in früheren Entscheidungen der Bausenate des Oberverwaltungsgerichts teilweise formuliert worden ist, Einsichtsmöglichkeiten seien (erst) dann ausnahmsweise nicht mehr tolerabel, wenn sie auf dem betroffenen Grundstück keine Rückzugsmöglichkeit mehr ließen, vgl. OVG NRW, Urteil v. 29.10.2012- 2 A 723/11 –, juris Rdnr. 65, m. w. N., oder eine Rücksichtlosigkeit auch mit dem (Hilfs-)Argument verneint wurde, es verbleibe auf dem betroffenen Grundstück ein Rückzugsraum, vgl. OVG NRW, Beschlüsse v. 10.9.2014 – 2 B 918/14 –, juris Rdnr. 43, und vom 9.2.2009 – 10 B 1713/08 –, juris Rdnr. 31, heißt dies nicht, dass der Eigentümer oder Nutzer eines Grundstücks beanspruchen kann, dass ihm auf den Freiflächen seines Grundstücks ein den Blicken Dritter entzogener Bereich verbleibt, vgl. OVG NRW, Urteil v. 8.4.2020 – 10 A 352/19 –, juris Rdnr. 37 ff., und Beschluss v. 9.8.2018 – 10 B 994/18 –, juris Rdnr. 7.

Eine auf fehlende Rückzugsmöglichkeiten in diesem Sinne auf dem betroffenen Grundstück bezogene Bewertung von Einsichtsmöglichkeiten als rücksichtslos ließe sich in dieser Allgemeinheit nicht praktikabel handhaben. Wäre jeder Bauherr unter dem Gesichtspunkt der Rücksichtnahme verpflichtet, dafür Sorge zu tragen, dass die Öffnungen, Balkone, Terrassen und Freisitze des geplanten Gebäudes keine Blicke auf die umliegenden bebauten Grundstücke eröffnen, die die dort möglicherweise gegebenen »Rückzugsmöglichkeiten« zunichtemachen, würde dies die Bautätigkeit in nicht wenigen Fällen erheblich erschweren, wenn nicht gar zum Erliegen bringen. Ein im Bauplanungsrecht wurzelnder Anspruch, zumindest auf einem Teil der Freiflächen des eigenen Grundstücks vor fremden Blicken geschützt zu sein, lässt sich auch nicht aus einem Recht auf Privatsphäre herleiten. Dass derjenige, der die eigenen vier Wände verlässt, dabei gesehen und sogar beobachtet werden kann, liegt in der Natur der Sache. Auf die Frage, inwieweit durch Anpflanzungen oder sonstige Sichtschutzmaßnahmen Einsichtnahmen verhindert werden könnten, kommt es danach ebenfalls nicht entscheidend an. Vgl. OVG NRW, Urteil v. 8.4.2020 – 10 A 352/19 –, juris Rdnr. 43, sowie Beschlüsse v. 16.12.2020 – 10 A 361/20 –, juris Rdnr. 33, vom 7.12.2020 – 10 A 179/20 –, juris Rdnr. 18, und vom 11.9.2018 – 7 B 918/18 –, juris Rdnr. 5.

Ausgehend hiervon muss die Klägerin es hinnehmen, dass von der Hochterrasse des Beigeladenen auf ihr (etwas) niedriger gelegenes Grundstück einschließlich der dort befindlichen ebenerdigen Terrasse heruntergeblickt werden kann. Ob auf dem Grundstück der Klägerin nicht einsehbare Rückzugsmöglichkeiten verbleiben, ist nach dem Vorstehenden unerheblich. Im Übrigen sei darauf hingewiesen, dass man im Gegenzug auch von den Balkonen der klägerischen Haushälfte auf das Grundstück des Beigeladenen samt Hochterrasse herabblicken kann, wie die zahlreichen von der Klägerin angefertigten und zur Gerichtsakte gereichten Fotos eindrucksvoll belegen.

b. Die Hochterrasse ist auch nicht deshalb der Klägerin gegenüber rücksichtslos, weil sie ermöglicht, von dem Grundstück des Beigeladenen in das Badezimmer ihrer Erdgeschosswohnung zu blicken.

Nach der Rechtsprechung der Bausenate des Oberverwaltungsgerichts ist es zumutbar, sich gegen Einsichtsmöglichkeiten in Wohnräume – insbesondere auch in Schlafzimmerbereiche oder Badezimmer – im Wege »architektonischer Selbsthilfe« durch entsprechende Vorkehrungen wie Gardinen, Vorhänge, Rollläden oder Ähnlichem zu schützen. Vgl. OVG NRW, Urteile v. 21.6.2022 – 2 A 1226/19 –, juris Rdnr. 160 ff., vom 8.4.2020 – 10 A 352/19 –, juris Rdnr. 45, und vom 29.10.2012 – 2 A 723/11 –, juris Rdnr. 67, sowie Beschlüsse v. 17.12.2021 – 7 A 2480/20 –, juris Rdnr. 11, und vom 30.8.2013 – 7 B 252/13 –, juris Rdnr. 20.

Die Klägerin ist mithin gehalten, ebenso zu verfahren, will sie unerwünschte Einblicke in das Badezimmer vermeiden. Nach Aktenlage hat sie dies auch bereits getan.

Der Umstand, dass die Hochterrasse unmittelbar neben dem Badezimmerfenster der klägerischen Erdgeschosswohnung liegt, ist dem Doppelhauscharakter des Gebäudes geschuldet und rechtfertigt keine andere Betrachtung.

c. Ebenso ist es dem Doppelhauscharakter des Gebäudes geschuldet und damit von der Klägerin hinzunehmen, dass Personen, die sich auf der Hochterrasse des Beigeladenen befinden, im Badezimmer der klägerischen Erdgeschosswohnung entstehende Geräusche akustisch wahrnehmen können. Unabhängig davon hat sich die Wahrnehmbarkeit durch die Errichtung der Hochterrasse nicht verändert. Angesichts der konkreten räumlichen Verhältnisse und bei lebensnaher Betrachtung ist es für die Wahrnehmbarkeit unerheblich, ob sich die Personen auf einer ca. 1,00 m hohen oder einer ebenerdigen Terrasse befinden.

d. Auch aus dem übrigen Vortrag der Klägerin, etwa zum von der Markise des Beigeladenen abfließenden Regenwasser sowie zur (vermeintlich) eingeschränkten Möglichkeit, das Badezimmer im Erdgeschoss zu lüften, ergibt sich kein Verstoß gegen das planungsrechtliche Gebot der Rücksichtnahme.

II. Die Hochterrasse verstößt nicht gegen bauordnungsrechtliche Vorschriften, die Nachbarrechte der Klägerin schützen.

Allein in Betracht zu ziehende Verstöße gegen Abstandsrecht liegen nicht vor. Gemäß § 6 Abs. 1 Satz 1 BauO NRW 2018 sind vor den Außenwänden von Gebäuden Abstandsflächen von oberirdischen Gebäuden freizuhalten. Nach § 6 Abs. 2 Satz 1 BauO NRW 2018 müssen Abstandsflächen auf dem Grundstück selbst liegen.

Auf die Frage, ob die Hochterrasse im Sinne von § 6 Abs. 1 Satz 2 BauO NRW 2018 nicht höher als 1,00 m über der Geländeoberfläche liegt und deshalb Abstandsflächen nicht erforderlich sind, kommt es nicht an. Denn es bedarf hier nach § 6 Abs. 1 Satz 4 BauO NRW 2018 nicht der Freihaltung einer Abstandsfläche. Nach dieser Vorschrift ist eine Abstandsfläche nicht erforderlich vor Außenwänden, die an Grundstücksgrenzen errichtet werden, wenn nach planungsrechtlichen Vorschriften an die Grenze gebaut werden muss (Nr. 1), oder an die Grenze gebaut werden darf, wenn gesichert ist, dass auf dem Nachbargrundstück ohne Grenzabstand gebaut wird (Nr. 2).

Diese Voraussetzungen sind hier jedenfalls hinsichtlich der Nummer 2 erfüllt. Die Hochterrasse samt Geländer darf grenzständig errichtet werden. Es liegt aus den vorstehenden Gründen eine planungsrechtliche Konstellation vor, in der eine grenzständige Bebauung im Sinne eines Doppelhauses planungsrechtlich zulässig ist. In einem solchen Fall darf im Sinne der genannten Bestimmung wegen des Vorrangs des (bundesrechtlichen) Planungsrechts (vgl. OVG NRW, Beschlüsse v. 18.6.2020 – 7 A 1510/18 –, juris Rdnr. 27, und vom 18.12.2019 – 7 A 4584/18 –, juris Rdnr. 5; LT-Drs. 17/2166 vom 13.3.2018, S. 101) ohne Grenzabstand gebaut werden (vgl. OVG NRW, Urteile v. 3.9.2015 – 7 A 1276/13 –, juris Rdnr. 50, und vom 26.6.2014 – 7 A 1276/13 –, juris Rdnr. 67, sowie Beschluss v. 6.5.2011 – 10 B 29/11 –, juris Rdnr. 28).

Es ist auch im Sinne des Gesetzes gesichert, dass auf dem Nachbargrundstück ohne Grenzabstand gebaut wird. Zwar ist für eine öffentlich-rechtliche oder privatrechtliche Sicherung im Sinne dieser Vorschrift hier nichts ersichtlich. Indes kann nach der ständigen Rechtsprechung der Bausenate des Oberverwaltungsgerichts eine bereits vorhandene, hinreichend gewichtige Bebauung auf dem Nachbargrundstück als sogenannte faktische Anbausicherung die rechtliche Sicherung ersetzen, wenn sich diese Bebauung an der gemeinsamen Grenze auf einer nennenswerten Länge mit dem Vorhaben deckt und von ihrem Fortbestand ausgegangen werden kann. Vgl. OVG NRW, Urteil v. 29.10.2012 – 2 A 723/11 –, juris Rdnr. 77, sowie Beschlüsse v. 26.10.2023 – 7 B 819/23 –, juris Rdnr. 7, und vom 30.4.2019 – 10 A 1693/17 –, juris Rdnr. 8.

Diese Voraussetzungen liegen hier vor. Die beiden Haushälften decken sich – bis auf die Hochterrasse des Beigeladenen – auf der gemeinsamen Grenze mit der gesamten jeweiligen Länge. Vom Fortbestand der Haushälfte der Klägerin kann auch ausgegangen werden.

Schließlich steht eine an der Grundstücksgrenze errichtete Außenwand in Rede. Hierfür reicht es aus, dass die Hochterrasse mit der grenzständigen Außenwand des Unterbaus die Verlängerung der Außenwand der Haushälfte des Beigeladenen darstellt. Dass diese nicht die Außenwand eines Gebäudes ist, ist unschädlich. Dies ergibt sich schon daraus, dass die Hochterrasse mit dem Wohnhaus eine bauliche Einheit bildet, die in Ansehung des vorrangigen Bauplanungsrechts insgesamt § 6 Abs. 1 Satz 4 BauO NRW 2018 unterfällt und an der gemeinsamen Grundstücksgrenze ohne Grenzabstand errichtet werden darf. Vgl. OVG NRW, Beschlüsse v. 25.9.2020 – 10 A 4545/19 –, juris Rdnr. 6, und vom 7.6.2011 – 10 A 2004/09 –, n. v. (BA Bl. 3 f.); Bay. VGH, Beschluss v. 5.1.2016 – 1 ZB 15.606 –, juris Rdnr. 10.

Der Begriff der Außenwand ist auch nicht auf Gebäude beschränkt. Schon der Wortlaut von § 6 Abs. 1 Satz 1 BauO NRW 2018 (Außenwände von

Gebäuden) legt nahe, dass der Begriff der Außenwand in § 6 Abs. 1 Satz 4 BauO NRW 2018 sich nicht allein auf Gebäude bezieht. Sinn und Zweck der Norm bestätigen diesen Befund. § 6 Abs. 1 Satz 4 BauO NRW 2018 ist, wie ausgeführt, Ausdruck des Vorrangs des bundesrechtlich geprägten Planungsrechts. Wenn danach grenzständig gebaut werden darf oder sogar muss, dann vollzieht das Bauordnungsrecht dies lediglich nach, indem es auf Abstandsflächen verzichtet, ungeachtet der Frage, ob sich hinter der Außenwand ein Gebäude befindet.

III. Nicht entscheidungserheblich ist, ob der Beigeladene für die Hochterrasse eine Baugenehmigung hätte einholen müssen. Aus einer etwaigen formellen Illegalität allein kann der Nachbar Abwehrrechte nicht herleiten. Vgl. OVG NRW, Urteil v. 4.12.2020 – 2 A 560/17 –, juris Rdnr. 40.

B. Angesichts der vorstehenden Erwägungen hat auch der Hilfsantrag keinen Erfolg. …

Nr. 70

Bei einem sich auf mehrere Grundstücke erstreckenden Gebäude können bauordnungsrechtswidrige Zustände drohen, da zahlreiche Vorschriften der Bauordnung grundstücksbezogen sind, ein Auseinanderfallen von Grundstücken und Bebauung also nicht kennen.

§ 4 Abs. 2 Satz 1 BauO NRW 2018 knüpft das Erfordernis einer öffentlich-rechtlichen Sicherung seinem Wortlaut nach allein an den Umstand an, dass sich ein Gebäude auf mehreren Grundstücken befindet. Diese Voraussetzung ist auch dann erfüllt, wenn bei einem Gebäude nur die Nachbarwand i. S. v. § 7 NachbG NRW – wie in § 10 NachbG NRW vorgesehen – die Grundstücksgrenze überschreitet.
(Leitsätze der Redaktion)

BauO NRW 2018 § 4 Abs. 2 Satz 1.

OVG Nordrhein-Westfalen, Beschluss v. 15. März 2024 – 10 A 688/22 –.

Aus den Gründen:

Der Antrag auf Zulassung der Berufung, der mit Schriftsatz vom 17.3.2022 nicht nur hinsichtlich des erstinstanzlichen Hauptantrags, sondern unbeschränkt gegen das Urteil des Verwaltungsgerichts gestellt worden ist, hat keinen Erfolg. In Bezug auf die erstinstanzlich gestellten Hilfsanträge fehlt es schon an jeglicher Darlegung von Zulassungsgründen nach § 124a Abs. 4 Satz 4 VwGO. Hinsichtlich des Hauptantrags ergeben sich aus den innerhalb der Frist des § 124a Abs. 4 Satz 4 VwGO dargelegten Gründen weder ernstliche Zweifel an der Richtigkeit des angefochtenen Urteils (Zulassungsgrund gemäß § 124 Abs. 2 Nr. 1 VwGO) noch besondere tatsächliche oder rechtliche

Schwierigkeiten der Rechtssache (Zulassungsgrund gemäß § 124 Abs. 2 Nr. 2 VwGO) oder deren grundsätzliche Bedeutung (Zulassungsgrund gemäß § 124 Abs. 2 Nr. 3 VwGO).

1. Die Berufung ist nicht wegen ernstlicher Zweifel an der Richtigkeit des angefochtenen Urteils im Sinne des § 124 Abs. 2 Nr. 1 VwGO zuzulassen. Stützt der Rechtsmittelführer seinen Zulassungsantrag auf den Zulassungsgrund der ernstlichen Zweifel, muss er sich mit den entscheidungstragenden Annahmen des Verwaltungsgerichts auseinandersetzen. Dabei muss er den tragenden Rechtssatz oder die Feststellungen tatsächlicher Art bezeichnen, die er mit seinem Antrag angreifen will, und mit schlüssigen Gegenargumenten in Frage stellen. Daran fehlt es hier.

Das Verwaltungsgericht hat die Klage mit dem Hauptantrag auf Erteilung einer Baugenehmigung für ein Wohn- und Geschäftshaus auf dem Grundstück Gemarkung E., G01 (im Folgenden: Vorhaben) abgewiesen. Der Kläger habe keinen Anspruch auf Erteilung der beantragten Baugenehmigung, weil dem Vorhaben öffentlich-rechtliche Vorschriften entgegenstünden. Es widerspreche § 4 Abs. 2 Satz 1 BauO NRW 2018. Das Vorhaben umfasse ein Gebäude, das sich über mehrere Grundstücke, namentlich die Flurstücke 657 und 645, erstrecken solle. Die vom Bauantrag umfasste Errichtung der 24 cm breiten westlichen Gebäudeabschlusswand sei mittig auf der Grundstücksgrenze und dadurch mit einer Stärke von 12 cm auch auf dem Flurstück 645 vorgesehen. Diese planmäßige Inanspruchnahme eines weiteren Grundstücks betreffe den Kerngehalt der Regelung in § 4 Abs. 2 Satz 1 BauO NRW 2018, die nicht nach dem Ausmaß der Überbauung unterscheide und von zivilrechtlichen Eigentumsregelungen, wie den §§ 921 f. BGB, §§ 7 ff. NachbG NRW, nicht beeinflusst werde. An der von § 4 Abs. 2 Satz 1 BauO NRW 2018 geforderten öffentlich-rechtlichen Sicherung fehle es. Die am 25.1.2016 in das Baulastenverzeichnis von E. zu Lasten des Flurstücks 645 und zu Gunsten des Flurstücks 657 eingetragene (Vereinigungs-)Baulast (Baulastenblatt-Nr. 835) sei ausdrücklich für das ursprüngliche Gesamtvorhaben der Bauherrengemeinschaft eingetragen worden und umfasse nicht auch das (Einzel-)Vorhaben des Klägers.

Die Richtigkeit dieser Erwägungen stellt der Kläger nicht schlüssig in Frage.

a. Ohne Erfolg macht er geltend, § 4 Abs. 2 Satz 1 BauO NRW 2018 finde keine Anwendung bzw. es sei nicht von einem Gebäude auf mehreren Grundstücken i. S. d. vorgenannten Vorschrift auszugehen, weil hier lediglich eine Nachbarwand i. S. v. § 7 NachbG NRW (teilweise) die Grundstücksgrenze überschreite.

§ 4 Abs. 2 Satz 1 BauO NRW 2018 knüpft das Erfordernis einer öffentlich-rechtlichen Sicherung seinem Wortlaut nach allein an den Umstand an, dass sich ein Gebäude auf mehreren Grundstücken befindet. Diese Voraussetzung ist auch dann erfüllt, wenn bei einem Gebäude nur die Nachbarwand i. S. v.

§ 7 NachbG NRW – wie in § 10 NachbG NRW vorgesehen – die Grundstücksgrenze überschreitet. Auf das Ausmaß der Inanspruchnahme des weiteren Grundstücks kommt es nicht an. Vgl. in diesem Zusammenhang OVG NRW, Beschluss v. 17.1.2017 – 2 A 917/15 –, juris Rdnr. 13.

Auch aus dem Sinn und Zweck des § 4 Abs. 2 Satz 1 BauO NRW 2018 ergibt sich entgegen der Auffassung des Klägers nicht, dass es bei einer (nur) durch eine Nachbarwand i. S. v. § 7 NachbG NRW erfolgenden Grundstücksüberschreitung keiner öffentlich-rechtlichen Sicherung bedarf.

Bei einem sich auf mehrere Grundstücke erstreckenden Gebäude können bauordnungsrechtswidrige Zustände drohen, da zahlreiche Vorschriften der Bauordnung grundstücksbezogen sind, ein Auseinanderfallen von Grundstücken und Bebauung also nicht kennen. Dieser Gefahr soll mit der dann in § 4 Abs. 2 Satz 1 BauO NRW 2018 geforderten öffentlich-rechtlichen Sicherung, dass dadurch keine Verhältnisse eintreten können, die Vorschriften dieses Gesetzes oder den aufgrund dieses Gesetzes erlassenen Vorschriften zuwiderlaufen, begegnet werden. Damit soll unbeschadet besonderer zivilrechtlicher Eigentumsregelungen eine gewisse Stabilität der einmal geschaffenen Verhältnisse in öffentlich-rechtlicher Hinsicht erreicht werden. Vgl. OVG NRW, Beschluss v. 17.1.2017 – 2 A 917/15 –, juris Rdnr. 9 f., m. w. N.

Dieses Sicherungsbedürfnis besteht auch dann, wenn lediglich eine Nachbarwand i. S. v. § 7 NachbG NRW die Grenze überschreitet. Insoweit geht der Einwand des Klägers, eine Wand auf der Grundstücksgrenze sei nicht gleichbedeutend mit einem Gebäude über Grundstücksgrenzen hinweg, fehl. Die planmäßige Inanspruchnahme eines – aus grundbuchrechtlicher Sicht – weiteren Grundstücks betrifft den Kerngehalt des § 4 Abs. 2 Satz 1 BauO NRW 2018. Vgl. OVG NRW, Beschluss v. 17.1.2017 – 2 A 917/15 –, juris Rdnr. 9.

Daran ändert auch das Vorbringen des Klägers nichts, es handele sich um eine die Grenz- und Eigentumsverhältnisse unberührt lassende Grenzeinrichtung bzw. -anlage, für die Sonderregelungen gälten. Die von ihm genannten zivilrechtlichen Vorschriften in den §§ 7 ff. NachbG NRW und §§ 921 f. BGB regeln lediglich die die Nachbarwand bzw. Grenzanlage betreffenden (zivilrechtlichen) Rechte und Pflichten der Eigentümer der Grundstücke, auf denen diese errichtet werden sollen bzw. worden sind. Das Bedürfnis einer von den zivilrechtlichen Eigentumsverhältnissen unabhängigen öffentlich-rechtlichen Absicherung bei einem die Grundstücksgrenze überschreitenden Gebäude lassen sie hingegen unberührt.

Diesem Regelungsverständnis folgt im Übrigen auch die in § 4 Abs. 2 Satz 2 BauO NRW 2018 vorgesehene Ausnahme für eine Außenwand- und Dachdämmung bei bestehenden Gebäuden. Der Gesetzgeber hat die Regelung nachträglich mit Wirkung zum 4.6.2011 (GV. NRW. 2011, S. 272) in der Annahme in das Gesetz aufgenommen, dass sonst auch bei einer Grenzüberbauung (nur) durch eine nachträgliche Wärmedämmung die Eintragung einer

Vereinigungsbaulast nach § 4 Abs. 2 Satz 1 BauO NRW 2018 erforderlich ist (LT-Drucks. 15/853, S. 6, 9 f.). Die zum 2.7.2021 in Kraft getretene (GV. NRW. 2021, S. 822) geänderte Formulierung, die lediglich der Straffung der Vorschrift ohne deren inhaltliche Veränderung diente (LT-Drucks. 17/12033, S. 92), hat daran im Übrigen nichts geändert.

Der Einwand des Klägers, die öffentlich-rechtliche Verklammerung der Grundstücke liefe der Interessenlage der Eigentümer im Falle einer Nachbarwand i. S. v. § 7 NachbG NRW zuwider, trägt nicht. Den jeweiligen Eigentümern bleibt es unbenommen, eine mit ihrer Grundstücksgrenze abschließende Außenwand zu errichten und auf die (wirtschaftlichen) Vorteile einer Nachbarwand zu verzichten, wenn sie die öffentlich-rechtlichen Folgen von deren Errichtung vermeiden wollen.

b. Die von dem Kläger geltend gemachte analoge Anwendung des § 4 Abs. 2 Satz 2 BauO NRW 2018 auf die Fälle, in denen lediglich eine Nachbarwand i. S. v. § 7 NachbG NRW (teilweise) die Grundstücksgrenze überschreitet, scheidet aus.

aa. Es fehlt schon an einer vergleichbaren Interessenlage.

Wie der Kläger (noch) zutreffend vorbringt, zielt die Ausnahmeregelung in § 4 Abs. 2 Satz 2 BauO NRW 2018 darauf ab, eine Wärmedämmung ohne Zustimmung des Nachbarn vornehmen zu können. Dazu soll die zivilrechtliche Duldungspflicht des Nachbarn nach § 23a NachbG NRW dadurch flankiert werden, dass es öffentlich-rechtlich keiner von der Zustimmung des Nachbarn abhängigen Vereinigungsbaulast für den Überbau bedarf. In Bezug auf eine Nachbarwand i. S. v. § 7 NachbG NRW trifft den Grundstücksnachbarn indes keine Duldungspflicht. Vielmehr bedarf bereits deren Errichtung nach § 8 Nr. 2 NachbG NRW der schriftlichen Einwilligung des Eigentümers des Nachbargrundstücks. Die Errichtung einer Nachbarwand scheidet damit ohne Zustimmung des Nachbarn – anders als die Anbringung einer Wärmedämmung nach § 23a NachbG NRW – schon aus zivilrechtlichen Gründen von vornherein aus.

Der Einwand des Klägers, die sich aus den §§ 7 ff. NachbG NRW ergebenden zivilrechtlichen Befugnisse gingen – wie auch bei § 23a NachbG NRW – ins Leere, wenn öffentlich-rechtlich für jede Änderung die Mitwirkung des anderen Teils zur Bestellung einer (neuen) Vereinigungsbaulast notwendig wäre, greift nicht durch. Einer solchen bedarf es für den Anbau an die Nachbarwand i. S. v. § 12 NachbG NRW und deren Erhöhung nach § 15 NachbG NRW sowie Verstärkung nach § 18 NachbG NRW bei einer grundstücksbezogenen Vereinigungsbaulast schon nicht. Im Übrigen zeigen bereits die zivilrechtlichen Regelungen in §§ 15 Abs. 2, 18 Satz 2 NachbG NRW, dass die zivilrechtlichen Befugnisse im Nachbarschaftsrecht von der öffentlich-rechtlichen Zulässigkeit abhängen können.

Darüber hinaus verfolgt der Gesetzgeber mit der Regelung in § 4 Abs. 2 Satz 2 BauO NRW 2018 die Erleichterung einer energetischen Nachrüstung vorhandener Bausubstanz, mithin (auch) spezifische öffentliche Belange. Diese Interessenlage ist mit Fällen der vorliegenden Art, in denen mit der Inanspruchnahme eines fremden Grundstücks (ausschließlich) private Interessen, nämlich die wirtschaftlichen Vorteile einer Nachbarwand wie Kosten- und Platzersparnisse, verfolgt werden, nicht vergleichbar. Vgl. zu einer 1 m^2 umfassenden Inanspruchnahme des Nachbargrundstücks: OVG NRW, Beschluss v. 17.1.2017 – 2 A 917/15 –, juris Rdnr. 16.

bb. Zudem fehlt es an einer planwidrigen Regelungslücke. Der Gesetzgeber hat bewusst nur den speziellen Fall der von dem Nachbarn zu duldenden, auf dessen Grundstück hinübertretenden Wärmedämmung regeln wollen.

Dies wird durch § 23a Abs. 6 NachbG NRW bekräftigt, nach dem eine die Wärmedämmung an bestehenden Gebäuden betreffende Duldungspflicht auch bei einer Nachbarwand i. S. v. §§ 7, 8 NachbG NRW besteht. Die Regelung zeigt, dass der Gesetzgeber bei der Duldungspflicht für eine Wärmedämmung die Nachbarwand im Blick hatte, eine Ausnahme vom Erfordernis einer Vereinigungsbaulast aber nur für die Wärmedämmung an der Nachbarwand, nicht hingegen für die Nachbarwand selbst machen wollte.

c. Das Zulassungsvorbringen ist nicht geeignet, die Annahme des Verwaltungsgerichts, die am 25.1.2016 in das Baulastenverzeichnis von E. zu Lasten des Flurstücks 645 und zu Gunsten des Flurstücks 657 eingetragene (Vereinigungs-)Baulast (Baulastenblatt-Nr. 835) umfasse nur das ursprüngliche Gesamtvorhaben der Bauherrengemeinschaft, nicht aber das (Einzel-)Vorhaben des Klägers, schlüssig in Frage zu stellen.

Das Verwaltungsgericht ist im Einklang mit der Rechtsprechung der Bausenate des Oberverwaltungsgerichts davon ausgegangen, dass durch Auslegung zu ermitteln ist, ob die Baulast grundstücksbezogen oder vorhabenbezogen in dem Sinne erteilt worden ist, dass sie nur ein konkretes Vorhaben absichern soll. Vgl. OVG NRW Beschlüsse v. 5.8.2021 – 2 B 1039/21 –, juris Rdnr. 7 ff., vom 7.12.2009 – 7 A 3150/08 –, juris Rdnr. 5 f., und vom 27.3.2005 – 10 B 1825/05 –, juris Rdnr. 4 f., jeweils m. w. N. Bei der gebotenen Auslegung ist nach den §§ 133, 157 BGB und § 242 BGB auf den sog. objektiven Empfängerhorizont abzustellen. Maßgeblich ist mithin, wie derjenige, für den die Erklärung bestimmt ist, nämlich der Adressat der Baulast, also die Baubehörde, diese nach Treu und Glauben unter Berücksichtigung aller Umstände verstehen durfte. Vgl. OVG NRW, Urteil v. 21.11.2017 – 2 A 1393/16 –, juris Rdnr. 67 f., m. w. N.

Gemessen daran, kommt – anders als der Kläger meint – dem (objektiv erkennbaren) Motiv des die Erklärung abgebenden Eigentümers des Flurstücks 645 Bedeutung zu. Mit den diesbezüglichen Erwägungen des Verwaltungsgerichts, der Eigentümer des Flurstücks 645 habe ein objektiv erkennbares Interesse an einer Beschränkung auf das in der Erklärung ausdrücklich genannte (gemeinsame) Vorhaben gehabt, setzt sich der Kläger nicht im Ansatz auseinander.

Es fehlt auch an einer hinreichenden Auseinandersetzung mit der tragenden Erwägung des Verwaltungsgerichts, die Baulast sei ausdrücklich nur für das Vorhaben »4. Nachtrag zur Errichtung eines Wohn- und Geschäftshauses mit 3 Ladenlokalen (Textil, Optiker, Hörgeräte Optiker), Café und 16 Wohneinheiten; Baugenehmigung vom 23.4.2013 Az. 00-00000/2012 (Az. 0000-00000/2015-8)«, das sich dem zur Baulast gehörenden Lageplan entnehmen lasse, übernommen worden. Der Einwand des Klägers, es fehle an Eingrenzungen, die es verbieten würden, die bestehende Baulast auch für das isolierte Vorhaben des Klägers heranzuziehen, ist vor diesem Hintergrund nicht nachvollziehbar. Auch sein Vorbringen zu den Gemeinsamkeiten des vorgenannten Vorhabens mit seinem nunmehr zur Genehmigung gestellten (Einzel-)Vorhaben auf seinem Grundstück lässt eine substantiierte Auseinandersetzung mit der vorstehenden Erwägung des Verwaltungsgerichts vermissen.

d. Der Vortrag des Klägers, das Urteil des Verwaltungsgerichts werde auch deswegen unrichtig sein, weil im Zeitpunkt der Entscheidung des Senats über den Zulassungsantrag eine Zustimmung des Eigentümers des Flurstücks 645 zu einer neuen Vereinigungsbaulast vorliegen werde, greift nicht durch. Die Berücksichtigung einer Änderung tatsächlicher oder rechtlicher Umstände nach Ablauf der Zulassungsbegründungsfrist des § 124a Abs. 4 Satz 4 VwGO kommt nur dann in Betracht, wenn diese innerhalb der Frist substantiiert dargelegt worden ist. Vgl. zum Ganzen: OVG NRW, Beschlüsse v. 2.2.2024 – 10 A 2833/21 und 10 A 2834/21 –, juris Rdnr. 14 ff., m. w. N.

Dem genügt die schlichte Behauptung des Klägers, er nehme den Eigentümer des Flurstücks 645 zivilrechtlich auf Mitwirkung an der Bestellung einer neuen Vereinigungsbaulast in Anspruch, nicht.

2. Die Rechtssache weist auch keine besonderen tatsächlichen oder rechtlichen Schwierigkeiten im Sinne von § 124 Abs. 2 Nr. 2 VwGO auf. Das wäre nur dann der Fall, wenn die Angriffe des Klägers gegen die Tatsachenfeststellungen oder die rechtlichen Würdigungen, auf denen das angefochtene Urteil beruht, begründeten Anlass zu Zweifeln an der Richtigkeit der angefochtenen Entscheidung gäben, die sich nicht ohne Weiteres im Zulassungsverfahren klären ließen, sondern die Durchführung eines Berufungsverfahrens erfordern würden. Wie sich aus den vorstehenden Ausführungen ergibt, ist der Ausgang des Rechtstreits nicht in diesem Sinne offen.

3. Die Rechtssache hat auch nicht die geltend gemachte grundsätzliche Bedeutung im Sinne von § 124 Abs. 2 Nr. 3 VwGO.

Eine Rechtssache hat grundsätzliche Bedeutung, wenn sie eine im betreffenden Berufungsverfahren klärungsbedürftige und für die Entscheidung dieses Verfahrens erhebliche Rechts- oder Tatsachenfrage aufwirft, deren Beantwortung über den konkreten Fall hinaus wesentliche Bedeutung für die einheitliche Anwendung oder Weiterentwicklung des Rechts hat. Dabei ist zur Darlegung dieses Zulassungsgrundes die Frage auszuformulieren und substantiiert auszuführen, warum sie für klärungsbedürftig und entscheidungserheblich gehalten und aus welchen Gründen ihr Bedeutung über den Einzelfall hinaus zugemessen wird.

Ein derartiger Klärungsbedarf besteht nicht, wenn die Rechtsfrage bereits geklärt ist oder auf der Grundlage der bestehenden Rechtsprechung mit Hilfe der anerkannten Auslegungsregeln auch ohne Durchführung eines Berufungsverfahrens beantwortet werden kann. OVG NRW, Beschluss v. 22.2.2022 – 1 A 1628/19 –, juris Rdnr. 34; Bay. VGH, Beschluss v. 22.2.2024 – 19 ZB 23.2309 –, juris Rdnr. 8, OVG M.-V., Beschluss v. 14.12.2023 – 1 LZ 413/21 OVG –, juris Rdnr. 24, Schl.-H. OVG, Beschluss v. 21.12.2021 – 5 LA 76/21 –, juris Rdnr. 8, OVG Rh.-Pf., Beschluss v. 3.6.2020 – 7 A 10214/20 –, juris Rdnr. 22; für das Revisionsverfahren BVerwG, Beschluss v. 23.1.2024 – 2 B 25.23 –, juris Rdnr. 8, m. w. N.

Der Kläger hält für grundsätzlich klärungsbedürftig:

»Ist die Errichtung einer Nachbarwand gemäß § 7 NachbG NRW ein Fall eines Gebäudes auf mehreren Grundstücken i. S. d. § 4 Abs. 2 Satz 1 BauO NRW?« Diese Frage lässt sich nach dem Vorstehenden jedoch ohne Weiteres (bejahend) beantworten, ohne dass es der Durchführung eines Berufungsverfahrens bedarf.

Nr. 71

1. **Zu den unzulässigen Öffnungen in Brandwänden (§ 29 Abs. 8 S. 1 BauO LSA) gehören neben Fenstern, auch andere Öffnungen, wie Abluftrohre.**
2. **Der Begriff der Sicherung i. S. d. § 29 Abs. 2 Nr. 1 BauO LSA ist als Oberbegriff zu verstehen und erfasst neben der rechtlichen Sicherung auch die tatsächliche Sicherung, die aber nur in Fallkonstellationen zu bejahen ist, in denen eine Bebauung des benachbarten Grundstücks tatsächlich nicht möglich ist (so zur vergleichbaren Regelung im sächsischen Landesrecht: Sächs. OVG, Beschluss v. 24.1.2023 – 1 A 462/22).**

BauO LSA § 29 Abs. 2, Abs. 8 Satz 1.

Verwaltungsgericht Magdeburg, Beschluss v. 3. April 2024 – 4 B 128/23 MD –.

Aus den Gründen:

Der sinngemäße Antrag des Antragstellers, die aufschiebende Wirkung seines Widerspruchs vom 17.10.2022 gegen die bauordnungsrechtliche Verfügung in Ziffer 1 des Bescheides vom 9.9.2022 wiederherzustellen und hinsichtlich der Androhung des Zwangsgeldes in Ziffer 3 des Bescheides anzuordnen, hat keinen Erfolg.

Der in der Antragsschrift vom 7.8.2023 gestellte Antrag ist im wohlverstandenen Interesse des Antragstellers im vorgenannten Sinne auszulegen, §§ 88,

122 VwGO. Ein Antrag auf Wiederherstellung der aufschiebenden Wirkung gemäß § 80 Abs. 5 Satz 1 Alt. 2 VwGO ist nur hinsichtlich der Ziffer 1 des angefochtenen Bescheids statthaft, weil der Antragsgegner unter Ziffer 2 insoweit gemäß § 80 Abs. 2 Satz 1 Nr. 4 VwGO die sofortige Vollziehung angeordnet hat. Hinsichtlich der gemäß § 80 Abs. 2 Satz 1 Nr. 3 VwGO i. V. m. § 9 AG VwGO LSA kraft Gesetzes sofort vollziehbaren Androhung eines Zwangsgeldes ist hingegen ein Antrag auf Anordnung der aufschiebenden Wirkung gemäß § 80 Abs. 5 Satz 1 Alt. 1 VwGO statthaft.

Der so verstandene Antrag ist zulässig, aber unbegründet.

Mit seinem Antrag wendet sich der Antragsteller gegen einen Bescheid des Antragsgegners vom 9.9.2022, mit dem dieser gegenüber dem Antragsteller anordnet, zwei Fensteröffnungen sowie die Öffnung eines Abgasrohrs in der östlichen Grenzwand seines Gebäudes auf dem Grundstück in B-Stadt, K. 10 a, Gemarkung B-Stadt, Flur 37, Flurstück 2502, auszubauen und mit Mauerwerk in der Stärke der Außenwand zu verschließen. Zur Begründung der Ordnungsverfügung wurde im Wesentlichen ausgeführt, dass es sich bei den genannten Öffnungen um Öffnungen in einer Brandwand handele, denen § 29 Abs. 8 BauO LSA entgegenstehe. Da es sich um eine grenzständige Bebauung handele, müsse somit durch eine Baulast gesichert sein, dass ein Abstand von mindestens 5 m zu bestehenden oder nach den baurechtlichen Vorschriften zulässigen künftigen Gebäuden gesichert sei. Dies sei mit dem Gebäude des Antragstellers vorliegend nicht der Fall. Der Antragsteller trägt dahingehend vor, von dem Gebäude gehe keine Gefahr, schon gar keine Brandgefahr, aus, da der Hofraum nicht überbaut sei und dies nach Kenntnis des Antragstellers in Zukunft auch nicht geplant sei. Zudem weise das Nachbargebäude (K. 11) mehr als 5 m Abstand zum Gebäude des Antragstellers auf. Eine Überdachung, welche ursprünglich an der Grenzwand des Gebäudes des Antragstellers angebracht gewesen sei, sei inzwischen von der Nachbarin entfernt worden. Die Beseitigung des Abgasrohres sei zudem nicht möglich, da der Weg, das Abgasrohr über die Dachkante zu führen, die Funktion der Heizungsanlage technisch beeinträchtigen würde. Das im zweiten Obergeschoss befindliche Fenster sei ein bauzeitliches Fenster, welches bei Errichtung des Gebäudes bereits eingefügt worden sei. Mit diesen Einwänden dringt der Antragsteller im Verfahren des vorläufigen Rechtschutzes nicht durch.

1. Die Voraussetzungen für eine Wiederherstellung der aufschiebenden Wirkung des Widerspruchs gegen die Anordnung in Ziffer 1 der Verfügung sind nicht erfüllt.

Gemäß § 80 Abs. 5 Satz 1 Alt. 2 VwGO kann das Gericht die aufschiebende Wirkung eines Widerspruchs gegen einen behördlicherseits für sofort vollziehbar erklärten Verwaltungsakt wiederherstellen. Ein solcher Antrag ist begründet, wenn die Anordnung der sofortigen Vollziehung formell rechtswidrig ist oder wenn nach der im vorläufigen Rechtsschutz allein vorzunehmenden summarischen Prüfung das Interesse des Antragstellers am einstweiligen Nichtvollzug der streitigen Verfügung (Suspensivinteresse) gegenüber dem öffentlichen Interesse an der sofortigen Vollziehung vorrangig ist. Das Gericht trifft dabei unter Abwägung aller Umstände eine eigene Ermessensentscheidung. Ein überwiegendes Suspensivinteresse ist grundsätzlich zu bejahen, wenn der angefochtene Verwaltungsakt offensichtlich rechtswidrig ist und der Antragsteller deshalb im Hauptsacheverfahren aller Voraussicht nach Erfolg haben kann. Umgekehrt überwiegt das besondere öffentliche Interesse, wenn sich der angefochtene Verwaltungsakt als offensichtlich rechtmäßig herausstellt und ein besonderes Vollzugsinteresse in der Sache besteht. Maßgeblich hierfür sind auch die Erfolgsaussichten des Rechtsbehelfs in der Hauptsache, die das Gericht summarisch prüft.

a) Die Anordnung der sofortigen Vollziehung genügt zunächst den formellen Anforderungen des § 80 Abs. 3 Satz 1 VwGO. Danach ist das besondere Interesse an der sofortigen Vollziehung des Verwaltungsakts schriftlich zu begründen. Eine dieser Vorschrift entsprechende, auf den konkreten Einzelfall abgestellte, substantiierte und nicht bloß formelhafte Begründung des besonderen Vollzugsinteresses liegt vor. Insbesondere hat der Antragsgegner die Anordnung einzelfallbezogen mit dem besonderen öffentlichen Interesse am Schutz von Leben und Gesundheit begründet. Die Darstellung der Gefahren für Gesundheit, körperliche Unversehrtheit und sogar Leben Dritter durch die Gefahr eines Brandes zeigt hinreichend deutlich, dass sich der Antragsgegner des Ausnahmecharakters der Anordnung der sofortigen Vollziehung bewusst gewesen ist. Insoweit stellt er insbesondere darauf ab, dass ohne Schließung der Öffnungen nicht ausgeschlossen werden könne, dass es im Falle eines Brandes zu Gebäude- bzw. Personenschäden komme und das Gewicht der im Brandfall gefährdeten Rechtsgüter die Anordnung der sofortigen Vollziehung gebiete.

b) Die sich daher anschließende Abwägung des öffentlichen Interesses an der sofortigen Vollziehung der Anordnung und dem Interesse des Antragstellers, einstweilen von solchen Maßnahmen verschont zu werden, fällt zuungunsten des Antragstellers aus. Der angefochtene Bescheid erweist sich bei summarischer Überprüfung als voraussichtlich rechtmäßig und verletzt den Antragsteller nicht in seinen Rechten (vgl. § 113 Abs. 1 Satz 1 VwGO).

Eingriffsgrundlage für die streitgegenständliche Ordnungsverfügung ist § 57 Abs. 2 i. V. m. § 79 BauO LSA. Danach haben die Bauaufsichtsbehörden bei der Errichtung, der Änderung, der Nutzung, der Nutzungsänderung, der Instandhaltung und der Beseitigung von Anlagen darüber zu wachen, dass die öffentlich-rechtlichen Vorschriften und die aufgrund dieser Vorschriften erlassenen Anordnungen eingehalten werden, soweit nicht andere Behörden zuständig sind. Sie können in Wahrnehmung dieser Aufgaben die erforderlichen Maßnahmen treffen. Werden Anlagen im Widerspruch zu öffentlich-rechtlichen Vorschriften errichtet oder geändert, kann die Bauaufsichtsbehörde die vollständige oder teilweise Beseitigung der Anlage anordnen, wenn nicht auf andere Weise rechtmäßige Zustände wiederhergestellt werden können, § 79 Satz 1 BauO LSA.

Rechtmäßige Zustände erfordern es gemäß § 3 Satz 1 BauO LSA, dass Gebäude so instandgehalten werden, dass die öffentliche Sicherheit und Ordnung, insbesondere Leben, Gesundheit und die natürlichen Lebensgrundlagen, nicht gefährdet werden.

Ein bauaufsichtliches Einschreiten nach § 57 Abs. 2 Satz 2 BauO LSA kommt insbesondere bei Vorliegen einer konkreten Gefahr im Sinne der Regelungen des allgemeinen Polizei- und Ordnungsrechts in Betracht (vgl. OVG LSA, Beschlüsse v. 22.7.2013 – 2 M 82/13 –, juris Rdnr. 8; vom 2.9.2014 – 2 M 31/14 –, juris Rdnr. 7; vom 30.11.2023 – 2 L 115/21 –, juris Rdnr. 26, jeweils m. w. N.). Von dem Gebäude auf dem Grundstück des Antragstellers geht eine konkrete erhebliche Gefahr für die öffentliche Sicherheit und Ordnung i. S. d. § 3 Satz 1 BauO LSA, § 3 Nr. 3 a) und c) SOG LSA aus. Danach besteht eine konkrete Gefahr, wenn eine Sachlage vorliegt, bei der im einzelnen Falle die hinreichende Wahrscheinlichkeit besteht, dass in absehbarere Zeit ein Schaden für die öffentliche Sicherheit und Ordnung eintreten wird. Der Eintritt des Schadens braucht weder gewiss zu sein noch unmittelbar bevorzustehen (OVG LSA, Beschluss v. 15.1.2021 – 2 M 114/20 –, juris Rdnr. 7). Vielmehr ist der Eintritt eines Schadens schon hinreichend wahrscheinlich bei einer nach der Lebenserfahrung begründeten Befürchtung der Gefahrenverwirklichung. Je größer und folgenschwerer der möglicherweise eintretende Schaden ist, desto geringer sind die Anforderungen, die an die Wahrscheinlichkeit gestellt werden können. Insoweit geht in die Prognose eine wertende Abwägung ein (vgl. VG Magdeburg, Beschluss v. 17.12.2020 – 4 B 376/20 –, juris Rdnr. 23). Erheblich ist die Gefahr, wenn eine Gefahr für ein bedeutsames Rechtsgut wie Leben, Gesundheit, Freiheit, wesentliche Vermögenswerte besteht. Die ordnungsbehördliche Eingriffsschwelle ist bei Brandgefahren tendenziell niedrig. Dem liegt die Erkenntnis zugrunde, dass mit der Entstehung eines Brandes praktisch jederzeit gerechnet werden muss. Ein fehlendes Brandereignis stellt nicht aus sich heraus einen Dauerzustand dar (vgl. OVG LSA, Beschluss v. 30.11.2023 – 2 L 115/21 –, juris Rdnr. 26 m. w. N.). Dabei ist, jedenfalls wenn das Verwaltungsverfahren noch läuft, also eine Widerspruchsentscheidung noch nicht ergangen ist, auf den Zeitpunkt der Entscheidung des Gerichts abzustellen.

aa) Nach diesen Maßgaben stellen die beiden Fensteröffnungen und die Öffnung des Abgasrohres in der östlichen Grenzwand des Gebäudes des Antragstellers eine konkrete Gefahr dar. Denn sie entsprechen nicht den Vorgaben des § 29 Abs. 1, Abs. 2 Nr. 1, Abs. 3 BauO LSA, sodass bereits dadurch eine Gefahr für den Brandschutz und damit für Leib und Leben angenommen werden kann (vgl. OVG LSA, Beschluss v. 30.11.2023 – 2 L 115/21 –, juris Rdnr. 27).

Brandwände müssen als raumabschließende Bauteile zum Abschluss von Gebäuden (Gebäudeabschlusswand) oder zur Unterteilung von Gebäuden in

Brandabschnitte (innere Brandwand) ausreichend lang die Brandausbreitung auf andere Gebäude oder Brandabschnitte verhindern, § 29 Abs. 1 BauO LSA. Brandwände sind erforderlich als Gebäudeabschlusswand, wenn diese Abschlusswände an oder mit einem Abstand von weniger als 2,50 m gegenüber der Grundstücksgrenze errichtet werden, es sei denn, dass ein Abstand von mindestens 5 m zu bestehenden oder nach den baurechtlichen Vorschriften zulässigen künftigen Gebäuden gesichert ist, § 29 Abs. 2 Nr. 1 BauO LSA. Öffnungen in Brandwänden sind unzulässig, § 29 Abs. 8 Satz 1 BauO LSA. Das gilt auch – ohne dass es hierauf derzeit ankommt – wenn Öffnungen mit feuerbeständiger Festverglasung verschlossen sind (vgl. OVG LSA, Beschluss v. 10.12.2015 – 2 L 154/14 –, juris Rdnr. 13).

Diesen gesetzlichen Vorgaben entspricht die grenzständige östliche Grenzwand des Gebäudes des Antragstellers nach summarischer Prüfung nicht. Zwar wird derzeit ein Mindestabstand von über 5 m zwischen den Gebäuden des Antragstellers und des Nachbargebäudes (K. 11) nach übereinstimmenden Angaben der Beteiligten eingehalten. Jedoch hat der Antragsteller den erforderlichen Abstand zum Gebäude des Nachbargrundstückes (K. 11) im 5 m Brandüberschlagsbereich nicht gemäß § 29 Abs. 2 Nr. 1 BauO LSA gesichert.

Der Begriff der Sicherung i. S. d. § 29 Abs. 2 Nr. 1 BauO LSA ist dabei als Oberbegriff und nicht als Einschränkung zu verstehen, denn er erfasst neben der rechtlichen Sicherung auch die tatsächliche Sicherung, die aber nur in Fallkonstellationen zu bejahen ist, in denen eine Bebauung des benachbarten Grundstücks tatsächlich nicht möglich ist (so zur vergleichbaren Regelung im sächsischen Landesrecht: Sächs. OVG, Beschluss v. 24.1.2023 – 1 A 462/22 –, juris Rdnr. 12). Der Antragsteller hat den erforderlichen Grenzabstand vorliegend jedoch weder durch die Eintragung einer Baulast oder durch Übernahme einer Grunddienstbarkeit rechtlich gesichert, noch hat er dargelegt, dass eine Bebauung innerhalb des 5-Meter-Abstands tatsächlich ausgeschlossen ist. Soweit der Antragsteller geltend macht, es sei ihm nicht bekannt, dass die Nachbarin eine Baugenehmigung beantragt hätte oder in Zukunft eine Bebauung geplant sei, kann er damit nicht durchdringen. Denn im Hinblick auf die Annahme der Sicherung des 5-Meter-Abstands genügt es grundsätzlich nicht, dass ein Neubau oder Abriss der Gebäude nicht wahrscheinlich ist. Eine »Sicherung« i. S. d. Vorschrift erfordert vielmehr, dass auch dauerhaft ausgeschlossen wird, dass Gebäude und Anbauten innerhalb des 5-Meter-Abstands nicht errichtet werden können (vgl. BayVGH, Urteil v. 23.5.2023 – 1 B 21.2139 –, juris Rdnr. 33; Sächs. OVG, Beschluss v. 24.1.2023 – 1 A 462/22 –, juris Rdnr. 13). Es ist vorliegend weder ersichtlich noch dargelegt worden, dass eine Bebauung des Nachbargrundstückes innerhalb des Abstands von 5 m tatsächlich ausgeschlossen ist. Dass die vorhandene Hoffläche des Nachbargrundstückes – wie der Antragsteller meint – für eine weitere Bebauung zu klein sei, ist weder ersichtlich noch substantiiert dargelegt. Vielmehr sei nach Angaben des Antragsgegners eine Bebauung des Nachbargrundstückes in einem Abstand von weniger als 5 m grundsätzlich baurechtlich zulässig. Dies hat der Antragsteller nicht in Abrede gestellt. Insoweit ist im Hinblick auf den Brandschutz – entgegen der Auffassung des Antragstellers – gerade nicht allein auf den Ist-Zustand abzustellen, d. h. auf die jetzige Einhaltung der konkreten Abstandsflächen, sondern auf die nach den baurechtlichen Vorschriften zulässige und tatsächlich mögliche künftige Bebauung. Es kommt daher für die Annahme einer konkreten Brandgefahr auch nicht darauf an, ob die Eigentümerin des Nachbargrundstücks zwischenzeitlich die an der Grenzwand errichtete Überdachung entfernt hat.

Eine Bebauung des Nachbargrundstückes kann damit nach summarischer Prüfung nur durch die Eintragung einer Baulast oder Dienstbarkeit, die die jetzige Grundstückssituation dauerhaft sichert, verhindert werden. Daran fehlt es hier, sodass die streitgegenständliche Außenwand des Gebäudes des Antragstellers eine Brandwand sein muss, in der weder Fenster noch andere Öffnungen (Abluftrohr) zulässig sind (vgl. auch BayVGH, Beschluss v. 14.6.2016 – 9 ZB 14.1409 –, juris; Sächs. OVG, Beschluss v. 24.1.2023 – 1 A 462/22 –, juris Rdnr. 14).

bb) Der Antragsteller kann sich hinsichtlich der in der östlichen Grenzwand befindlichen Fenster – insbesondere hinsichtlich des Fensters im zweiten Obergeschoss – nach summarischer Prüfung auch nicht auf Bestandsschutz berufen.

Ein Bestandsschutz der Fenster in der Grenzwand greift ein, wenn die Fenster entweder formell – durch Erteilung einer Baugenehmigung – genehmigt worden sind (formeller Bestandsschutz) oder zu irgendeinem Zeitpunkt materiell baurechtmäßig waren (materieller Bestandsschutz) (OVG LSA, Beschlüsse v. 6.4.2023 – 2 L 62/21.Z –, juris Rdnr. 14 f. und vom 30.11.2023 – 2 L 115/21 –, juris Rdnr. 28 m. w. N.). Materieller Bestandsschutz besteht für solche Bauvorhaben, die zwar nicht formell legalisiert (genehmigt) worden sind, aber entweder im Zeitpunkt ihrer Errichtung oder zumindest später über einen hinreichend langen Zeitraum dem materiellen Recht entsprachen (BVerwG, Urteil v. 23.2.1979 – IV C 86.76 –, juris Rdnr. 12). Hierfür ist der Antragsteller als derjenige, der sich auf den Bestandsschutz beruft, materiell beweispflichtig. Er trägt die Beweislast im Fall der Unaufklärbarkeit ungeachtet des Alters seines Hauses. Es besteht keine Vermutung dahin, dass ein seit langen Jahren vorhandener Baubestand bei seiner Errichtung oder während irgendeiner Zeitspanne seines Bestehens einmal materiell legal war (vgl. zum Ganzen: OVG LSA, Beschluss v. 30.11.2023 – 2 L 115/21 –, juris Rdnr. 28 m. w. N.).

Gemessen daran hat der Antragsteller den Bestandsschutz der in der Grenzwand befindlichen Fenster nicht nachgewiesen. Baugenehmigungen für die beiden Fenster, aus denen sich ein formeller Bestandsschutz ergeben würde, legt er nicht vor. Insoweit ist der Antragsteller für die Behauptung, es handele sich bei dem Fenster im zweiten Obergeschoss um ein bauzeitliches Fenster, ebenso beweisfällig geblieben, wie für die Aussage zur Bauzeit des Gebäudes an sich.

Abgesehen davon vermochte der Antragsteller auch die materielle Legalität der Fenster in der Brandwand nicht hinreichend darzulegen. Er hat weder substantiiert geltend gemacht, noch ist es sonst ersichtlich, dass zum jeweiligen Zeitpunkt des Einbaus der Fenster – welchen der Antragsteller nicht benennt – noch kein grundsätzliches Verbot von Öffnungen in Brandwänden bestand. Dabei ist mit dem Antragsgegner für das von dem Antragsteller bezeichnete »bauzeitliche« Fenster im zweiten Obergeschoss darauf zu verweisen, dass bereits die Bauordnung der DDR (DBO) in § 354 Abs. 1 eine entsprechende Regelung enthielt, wonach bei einseitiger Grenzbebauung ausnahmsweise die Anordnung von Fensteröffnungen zum Nachbargrundstück hin befristet gestattet werden kann, wenn keine unzumutbaren Beeinträchtigungen für den Nachbarn entstehen und aus Gründen des Brandschutzes keine Bedenken bestehen. Nach § 354 Abs. 2 DBO war die Staatliche Bauaufsicht insoweit berechtigt, bei einer späteren Grenzbebauung auf dem Nachbargrundstück oder bei sonstigen Beeinträchtigungen für das Nachbargrundstück für dessen Sicherheit, die sofortige Schließung dieser Öffnungen anzuordnen. Darüber hinaus bleibt anzumerken, dass bereits die mit Erlass vom 25.4.1919 eingeführte Preußische Einheitsbauordnung (EBO) in § 14 EBO vorsah, dass Brandmauern von Grund auf massiv ohne Öffnungen und Hohlräume in der Stärke von mindestens einem Stein hergestellt und in ganzer Gebäudetiefe bis 30 cm über die feuersichere Bedachung geführt werden müssen. Es spricht zudem viel dafür, dass in der Zeit nach 1919 und noch vor Erlass der Deutschen Bauordnung vom 2.10.1958 derartige Regelungen in die einzelnen Bauordnungen aufgenommen wurden (vgl. OVG LSA, Beschluss v. 30.11.2023 – 2 L 115/21 –, juris Rdnr. 30).

cc) Die Maßnahme konnte auch gemäß § 8 Abs. 2 SOG LSA gegen den Antragsteller als Eigentümer gerichtet werden. Der Antragsteller ist zu Recht als Störer zur Beseitigung der von seinem Gebäude ausgehenden Gefahr herangezogen worden. Denn er ist zur Errichtung bzw. Erhaltung einer Brandwand verpflichtet und kann nicht darauf vertrauen, dass die Nachbarin auf eine Bebauung ihres Grundstückes verzichtet. Eine entsprechende Baulast ist zu deren Lasten nicht eingetragen worden. Es kommt insoweit auch nicht darauf an, ob die Nachbarin des Antragstellers durch die Errichtung der mittlerweile beseitigten Überdachung etwaige nachbarliche Abwehrrechte verwirkt hat. Denn selbst, wenn dies der Fall sein sollte, erging die angefochtene bauaufsichtliche Verfügung nicht, um den nachbarlichen Abwehrrechten zu entsprechen, sondern weil der Brandschutz, d. h. die Gefahrenabwehr für die Allgemeinheit, ein Einschreiten gebietet.

dd) Die angefochtene bauaufsichtliche Verfügung erweist sich auch im Hinblick auf die angeordneten Maßnahmen nicht als ermessensfehlerhaft

(§ 114 VwGO). Der Antragsgegner hat sein Ermessen erkannt und ordnungsgemäß ausgeübt. Die Ermessenserwägungen des Antragsgegners, der sich wegen des Schutzes von Leib und Leben zum Einschreiten veranlasst gesehen hat, sind nicht zu beanstanden. Es entspricht der ständigen obergerichtlichen Rechtsprechung (vgl. zuletzt: OVG LSA, Beschluss v. 30.11.2023 – 2 L 115/21 –, juris Rdnr. 36 f., m. w. N.), dass bei Vorliegen der tatbestandlichen Voraussetzungen für ein Einschreiten wegen Baurechtswidrigkeit die daran anknüpfende Rechtsfolge indiziert ist, es sich also um einen Fall des so genannten intendierten Ermessens handelt. Die Behörde macht deshalb im Regelfall von ihrem Ermessen in einer dem Zweck des Gesetzes entsprechenden Weise Gebrauch, wenn sie die Beseitigung des baurechtswidrigen Zustands verlangt. Ein »Für und Wider« braucht nur dann abgewogen zu werden, wenn der Fall so geartet ist, dass ganz bestimmte Anhaltspunkte für die Angemessenheit einer Ausnahme vorliegen. Das ist hier nicht der Fall. Insbesondere muss sich die Bauaufsichtsbehörde nicht darauf verweisen lassen, von ihrer Befugnis zur Anordnung baurechtmäßiger Zustände erst dann Gebrauch zu machen, wenn durch eine Bebauung auf dem Nachbargrundstück die Gefahr des Übergreifens eines Brandes von einem Gebäude auf das andere begründet wird (OVG LSA, Beschluss v. 10.12.2015 – 2 L 154/14 –, juris Rdnr. 16).

ee) Die angeordneten Maßnahmen sind auch verhältnismäßig. Das Verschließen der beiden Fenster und des Abgasrohrs ist die geeignete Maßnahme, ein milderes, gleich wirksames Mittel ist nicht erkennbar. Der Antragsteller hat auch keine Überlegungen oder Vorschläge unterbreitet, auf welche andere Weise er den baurechtswidrigen Zustand beheben und einen die brandschutztechnischen Anforderungen entsprechenden Zustand herstellen will.

Soweit der Antragsteller in diesem Zusammenhang vorbringt, die bauaufsichtliche Anordnung sei deshalb nicht erforderlich, da schon keine konkrete Gefahrenlage bestünde, kann er damit in Anbetracht der obigen Ausführungen nicht durchdringen. Daran ändert auch die von dem Antragsteller zitierte Entscheidung des Verwaltungsgerichts Münster (Urteil v. 20.5.2019 – 10 K 1832/18 –, juris Rdnr. 22 ff.) nichts. Die von dem Verwaltungsgericht angestellten Überlegungen betrafen die Klage eines Nachbarn auf bauaufsichtliches Einschreiten und sind im Übrigen schon deshalb nicht auf den vorliegenden Fall übertragbar, als es darin um eine von einer Scheune mutmaßlich ausgehende Brandgefahr ging, welche nicht zum Aufenthalt von Menschen bestimmt war. Da es hier jedoch um eine Wohnbebauung und damit vordergründig um den Schutz von Leben und Gesundheit von Menschen geht, dürfen – wie bereits festgestellt – an die Wahrscheinlichkeit eines möglichen Schadenseintritts und damit an die Erforderlichkeit bauaufsichtlicher Maßnahmen keine zu hohen Anforderungen aufgestellt werden (vgl. OVG LSA, Beschluss v. 15.1.2021 – 2 M 114/20 –, juris Rdnr. 8). Insbesondere kommt es im Rahmen des vorbeugenden Brandschutzes nicht allein darauf an, dass durch eine bereits bestehende Bebauung eine Brandgefahr begründet, sondern, dass eine Gefahr für schützenswerte Rechtsgüter durch die Entstehung eines Brandes dauerhaft verhindert wird.

Der Einwand des Antragstellers, die Beseitigung des Abgasrohres sei nicht möglich, da der Weg, das Abgasrohr über die Dachkante zu führen, die Funktion der Heizungsanlage technisch beeinträchtigen würde, greift ebenfalls nicht durch. Diese nicht weiter belegte Behauptung genügt bereits nicht den Darlegungsanforderungen. Darüber hinaus erfolgte die Öffnung der Brandwand zum Einbau der Fenster und zur Anbringung des Abluftrohrs jedenfalls im Widerspruch zur materiellen Rechtslage. Außerdem befindet sich das Rohr bereits über einem nicht dem Antragsteller gehörenden Grundstück, sodass dieser die Heizungsabgase seiner Heizungsanlage auf ein fremdes Grundstück ableitet. Soweit der Antragsteller nunmehr geltend macht, dass sich hinter einem der Fenster das Kinderzimmer befinde und die Funktion der Heizungsanlage durch einen Verschluss der Öffnungen in der Brandwand beeinträchtigt würde, so wirkt dieser Einwand befremdlich. Denn danach scheint es derzeit so zu sein, dass die Abgase bei geöffnetem Fenster in das Kinderzimmer gelangen können. Hieran kann der Antragsteller kein Interesse haben. Im Übrigen liegt dieser Umstand in der Risikosphäre des Bauherrn und kann nicht dazu führen, dass zu Lasten des Brandschutzes ein rechtswidriges Handeln geduldet wird. Insofern gilt im Hinblick auf die Zumutbarkeit der von dem Antragsteller geforderten Maßnahmen nichts anderes als bei der Durchführung von Baumaßnahmen ohne die erforderliche Genehmigung. Denn eine etwaige Genehmigungsfreiheit entbindet nicht von der Einhaltung der Anforderungen, die durch öffentlich-rechtliche Vorschriften an Anlagen gestellt werden, hier also der Bestimmungen über den Brandschutz; für die Einhaltung der für das Bauvorhaben geltenden baurechtlichen Vorschriften ist demnach auch ohne Genehmigungserfordernis allein der Bauherr verantwortlich. Ob das Abgasrohr im Übrigen mit den Vorgaben der Feuerungsverordnung (insbesondere § 8 FeuVO) vereinbar ist, kann dahinstehen.

c) Schließlich besteht auch ein besonderes öffentliches Vollzugsinteresse, welches das Aussetzungsinteresse des Antragstellers überwiegt. Denn der Schutz wichtiger Rechtsgüter Dritter, namentlich Leben und Gesundheit, stellt ein gewichtiges öffentliches Interesse dar, das auch mit erheblicher Dringlichkeit zu verfolgen ist. Es ist daher grundsätzlich nicht zu beanstanden, die sofortige Vollziehung einer Ordnungsverfügung anzuordnen, wenn sie der Brandsicherheit einer baulichen Anlage dient (OVG NRW, Beschluss v. 21.2.2008 – 7 B 107/08 –, juris Rdnr. 29; OVG Berlin, Beschluss v. 22.5.2002 – 2 S 10.02 –, juris Rdnr. 5). Dabei sind bei Gefährdungen von Leben oder Gesundheit als geschützte Rechtsgüter an die Feststellung der Wahrscheinlichkeit des Schadenseintritts grundsätzlich keine übermäßig hohen Anforderungen zu stellen sind; soweit es um den baulichen (vorbeugenden) Brandschutz geht, ist zu berücksichtigen, dass mit der Entstehung eines Brandes praktisch jederzeit gerechnet werden muss (vgl. OVG LSA, Beschluss v. 8.3.2017 – 2 L 78/16 –, juris Rdnr. 8 m. w. N.). Dies hat der Antragsgegner in seine Erwägungen einbezogen. Ein Zuwarten bis zu einer Entscheidung im Hauptsacheverfahren wäre mit nicht hinnehmbaren Nachteilen für öffentliche Schutzgüter verbunden. Daher müssen in einer Abwägung die Interessen des Antragstellers an einer aufschiebenden Wirkung zurücktreten. Die von dem Antragsteller dagegen vorgebrachten Einwände rechtfertigen keine andere Bewertung. Darüber hinaus ist vorliegend zu berücksichtigen, dass die bestehenden Öffnungen in der Brandwand ohne Substanzverlust des Gebäudes des Antragstellers beseitigt werden können und keine erheblichen Aufwendungen für die Verschließung entstehen. Mit der Ordnungsverfügung gehen daher im Vergleich zu den durch eine Brandgefahr betroffenen Rechtsgütern verhältnismäßig geringfügige Auswirkungen für den Antragsteller einher (vgl. OVG NRW, Beschluss v. 4.3.2013 – 2 B 30.13 –, juris Rdnr. 7).

2. Die aufschiebende Wirkung des Widerspruchs des Antragstellers ist auch nicht hinsichtlich der Ziffer 3 des angefochtenen Bescheides anzuordnen. Nach § 80 Abs. 5 Satz 1 1. Alt. VwGO kann das Gericht in den Fällen des § 80 Abs. 2 Satz 1 Nr. 3 VwGO die kraft Gesetzes entfallene aufschiebende Wirkung des Rechtsbehelfes ganz oder teilweise anordnen. Dem Antrag ist stattzugeben, wenn das Suspensivinteresse des Antragstellers gegenüber dem öffentlichen Interesse am Vollzug der getroffenen Regelung Vorrang genießt. Dies wäre der Fall, wenn die Rechtmäßigkeit der angefochtenen Verfügung ernstlichen Zweifeln begegnet oder die Vollziehung eine nicht durch überwiegende öffentliche Interessen gebotene Härte zur Folge hätte. Ernstliche Zweifel bestehen, wenn aufgrund einer summarischen Prüfung der Sach- und Rechtslage ein Erfolg des Antragstellers im Hauptsacheverfahren wahrscheinlicher ist als ein Unterliegen.

In Anwendung dieses Maßstabes fällt auch diese Interessenabwägung zuungunsten des Antragstellers aus. Denn die in dem Bescheid erfolgte Androhung eines Zwangsgeldes, die ihre Grundlage in den §§ 71 Abs. 1 VwVG LSA, 53, 54 Abs. 1 Nr. 2, 56 und 59 SOG LSA findet, erweist sich bei summarischer Überprüfung ebenfalls als voraussichtlich rechtmäßig. Die Höhe des Zwangsgeldes von insgesamt 500,00 € steht in einem angemessenen Verhältnis zu seinem Zweck, den Antragsteller zur Einhaltung der Anordnung zu bewegen und ist daher nicht zu beanstanden. Auch gegen die gesetzte Frist für die Ausführung der Anordnung von 6 Wochen nach Erhalt des Bescheides bestehen unter Berücksichtigung der bestehenden Gefahrenlage keine rechtlichen Bedenken (vgl. zum Zweck der Fristsetzung ausführlich VG Magdeburg, Beschluss v. 7.10.2020 – 4 B 331/20 –, juris Rdnr. 27). Substantiierte Einwände wurden durch den Antragsteller hiergegen nicht erhoben. …

Nr. 72

Beim zeitlich unbegrenzten beabsichtigten Lagern der Containerelemente entsteht ein genehmigungsbedürftiger Lagerplatz.

Bei den Containerelementen handelt sich jeweils um eine bauliche Anlage i. S. v. § 2 Abs. 1 Satz 1 und 2 BauO NRW.

Beim Lagerplatz handelt es sich um eine bauliche Anlage i. S. v. § 2 Abs. 1 Satz 3 Nr. 2 BauO NRW.

(Leitsätze der Redaktion)

BauO NRW § 2.

OVG Nordrhein-Westfalen, Beschluss v. 9. April 2024 – 10 B 103/24 –.

Aus den Gründen:

Die zulässige Beschwerde ist unbegründet.

Das Verwaltungsgericht hat den Antrag der Antragstellerin, der Antragsgegnerin im Wege der einstweiligen Anordnung aufzugeben, das Lagern von vier Containerelementen mit den Maßen von jeweils 6,39 m Länge, 3,00 m Breite und 2,60 m Höhe auf dem Grundstück V., B. Straße, Gemarkung V., Flur 00, Flurstück 101, eingetragen im Grundbuch von V. Blatt 0000 zu Nr. 1 des Bestandsverzeichnisses, zu dulden, solange diese nicht auf Grundlage einer zu erteilenden Baugenehmigung miteinander zu einem Gebäude verbunden werden und es bei Vermeidung eines Ordnungsgeldes bis zu 250 000 Euro zu unterlassen, das Abstellen der Containerelemente zur Lagerung auf dem genannten Grundstück zu behindern, abgelehnt. Die Antragstellerin habe in Bezug auf den ersten Antrag einen Anordnungsgrund nicht glaubhaft gemacht. Es sei dem auf präventive Kontrolle angelegten Baugenehmigungsverfahren eigen, dass die Nutzung von Grundstücken oder Gebäuden erst nach Abschluss der behördlichen Prüfung zulässig sei. Die Antragstellerin habe weder glaubhaft gemacht, dass die Lagerung der Containerelemente keiner Baugenehmigung bedürfe, noch, dass das Abwarten der Erteilung einer Baugenehmigung für das Lagern der Containerelemente oder deren Aufstellung zu Wohnzwecken mit wesentlichen Nachteilen i. S. v. § 123 Abs. 1 Satz 2 VwGO verbunden sei. Die geltend gemachten Mehrkosten infolge einer verzögerten Aufstellung der Containerelemente habe die Antragstellerin selbst zu vertreten, da sie auf eigenes Risiko mit der Ausführung des Bauvorhabens vor Genehmigungserteilung begonnen habe. Ungeachtet dessen sei es ihr zuzumuten, nachträglich Schadensersatz geltend zu machen. Hinsichtlich des zweiten Antrags fehle es an der Glaubhaftmachung eines Anordnungsanspruchs.

Die fristgerecht dargelegten Gründe, auf deren Prüfung der Senat gemäß § 146 Abs. 4 Satz 6 VwGO beschränkt ist, geben keine Veranlassung, den angefochtenen Beschluss abzuändern.

1. Aus dem Beschwerdevorbringen ergibt sich nicht, dass die Lagerung der Containerelemente auf dem vorbezeichneten Grundstück entgegen der Auffassung des Verwaltungsgerichts genehmigungsfrei ist.

Das Verwaltungsgericht hat ausgeführt, es handele sich um die Errichtung entweder einer baulichen Anlage i. S. v. § 2 Abs. 1 Satz 1 und 2 BauO NRW, nämlich der Containerelemente selbst, oder einer baulichen Anlage i. S. v. § 2 Abs. 1 Satz 3 Nr. 2 BauO NRW, nämlich eines Lagerplatzes. Keines dieser Vorhaben sei genehmigungsfrei.

a. Die Antragstellerin wendet dagegen ohne Erfolg ein, für die Errichtung eines Lagerplatzes genüge es nicht, dass die Fläche nur gelegentlich oder von Zeit zu Zeit zu diesen Zwecken genutzt werde. Die Nutzung als Lagerplatz müsse in zeitlicher Hinsicht eine solche Dimension haben, dass sich nach der Verkehrsauffassung die Zweckbestimmung erkennbar verfestigt habe.

Zwar kann eine (unbefestigte) Freifläche die Qualität eines Lagerplatzes nach der Senatsrechtsprechung nur dann haben, wenn auf ihr Gegenstände abgestellt oder abgelegt werden, um sie dort für einen gewissen Zeitraum aufzubewahren. Vgl. OVG NRW, Beschluss vom 11.7.2005 – 10 B 497/05 –, juris Rdnr. 5.

Dem Vorbringen der Antragstellerin lässt sich aber nicht entnehmen, dass diese zeitliche Komponente hier nicht erfüllt wäre. Der Einwand, die Containerelemente sollten nur zwischenzeitlich verwahrt und bei einer rechtskräftigen Ablehnung der beantragten Baugenehmigung (für die Wohnnutzung) wieder entfernt werden, steht schon nicht im Einklang mit ihrem Antrag, der die Duldungspflicht nicht entsprechend beschränkt. Unabhängig davon lässt sich einer entsprechenden zeitlichen Begrenzung des beabsichtigten Lagerns der Containerelemente, die derzeit nicht absehbar ist, nicht entnehmen, dass die für die Annahme eines Lagerplatzes erforderliche Dauer des Abstellens nicht erreicht wäre. Anders als die Antragstellerin meint, ergibt sich dies auch nicht daraus, dass die Containerelemente antragsgemäß nur bis zu einer auf Grundlage einer Baugenehmigung erfolgenden Verbindung zu einem (Wohn-) Gebäude auf dem Grundstück verwahrt werden sollen, weil damit eine zeitliche Begrenzung schon nicht sicher einhergeht.

Gegen die Annahme des Verwaltungsgerichts, die Errichtung des Lagerplatzes sei nicht genehmigungsfrei, wendet sich die Antragstellerin nicht.

b. Damit kommt es auf die Einwände der Antragstellerin gegen die Ansicht des Verwaltungsgerichts, die Containerelemente stellten jeweils eine bauliche Anlage i. S. v. § 2 Abs. 1 Satz 1 und 2 BauO NRW dar, nicht mehr an.

Die Antragstellerin zeigt mit dem Beschwerdevorbringen auch nicht auf, dass das Abwarten der Erteilung einer Baugenehmigung entgegen der Annahme des Verwaltungsgerichts mit einem wesentlichen Nachteil i. S. v. § 123 Abs. 1 Satz 2 VwGO verbunden ist. Ohne Erfolg macht sie erneut geltend, ein Anordnungsgrund ergebe sich aus dem ihr drohenden (finanziellen)

Schaden. Es fehlt bereits an einer Auseinandersetzung mit der selbstständig tragenden Erwägung des Verwaltungsgerichts, die Mehrkosten infolge einer verzögerten Aufstellung der bereits angeschafften Containerelemente habe die Antragstellerin selbst zu vertreten, da derjenige, der mit der Ausführung eines Bauvorhabens beginne, bevor die erforderliche Baugenehmigung erteilt worden sei, regelmäßig und auch hier auf eigenes Risiko handele.

Vor diesem Hintergrund führt auch ihr Hinweis zum Anordnungsgrund, ein Verbringen der Container zur Verwahrung auf dem betroffenen Grundstück könne nur mit einer rechtssichernden Regelung erlangt werden, da Unternehmen den Auftrag sonst nicht annehmen würden, nicht weiter. Im Übrigen hat das Verwaltungsgericht den das Abstellen der Container betreffenden Antrag zu 2. nicht mangels Glaubhaftmachung eines Anordnungsgrunds, sondern eines Anordnungsanspruchs abgelehnt.

3. Der pauschale Verweis der Antragstellerin auf ihr erstinstanzliches Vorbringen genügt nicht den Darlegungsanforderungen des § 146 Abs. 4 Satz 3 VwGO.

Nr. 73

1. »Ortsrand« im Sinne des § 52 Abs. 3 Satz 2 LBauO ist in der Regel der Übergang vom Innen- in den Außenbereich.

2. Eine am Ortsrand liegende Werbeanlage entfaltet nur dann »Wirkung in die freie Landschaft« im Sinne des § 52 Abs. 3 Satz 2 LBauO, wenn sie Unruhe in die geschützte Außenbereichszone bringt.

3. Die reine Sichtbarkeit oder Erkennbarkeit reicht hierfür nicht aus.

BauGB § 34; BauNVO § 4; BauO RP § 52 Abs. 3, Abs. 4, § 81 Satz 1 Alt. 1.

OVG Rheinland-Pfalz, Urteil v. 24. April 2024 – 8 A 10815/23.OVG –.

Aus den Gründen:

Die zulässige Berufung hat in der Sache Erfolg.

Das Verwaltungsgericht hätte der Klage der Klägerin stattgeben müssen, da die Beseitigungsverfügung des Beklagten vom 16.10.2019 in der Gestalt des Widerspruchsbescheids vom 11.1.2022 rechtswidrig ist und die Klägerin in ihren Rechten verletzt (§ 113 Abs. 1 Satz 1 Verwaltungsgerichtsordnung – VwGO –).

I. Rechtsgrundlage für die von der Klägerin mit zulässiger Anfechtungsklage angegriffene Beseitigungsverfügung des Beklagten ist § 81 Satz 1 1. Alt. LBauO. Nach dieser Vorschrift kann die Bauaufsichtsbehörde unter anderem die teilweise oder vollständige Beseitigung baulicher Anlagen anordnen, wenn diese gegen baurechtliche oder sonstige öffentlich-rechtliche Vorschriften über die Errichtung, die Änderung, die Instandhaltung oder die Nutzungsänderung dieser Anlagen verstoßen und nicht auf andere Weise rechtmäßige Zustände hergestellt werden können. Die Anwendbarkeit der Vorschrift ist vorliegend eröffnet, weil es sich bei dem streitgegenständlichen Fahnenmast um eine bauliche Anlage im Sinne des § 2 Abs. 1 Satz 1 LBauO handelt. Bedenken hinsichtlich der formellen Rechtsmäßigkeit der Beseitigungsanordnung wurden nicht geltend gemacht und sind für den Senat auch nicht ersichtlich.

Die Beseitigungsanordnung ist jedoch materiell rechtswidrig, da die streitgegenständliche Werbeanlage zwar formell illegal ist (1.), aber genehmigungsfähig, so dass es an der materiellen Illegalität fehlt (2.)

1. Der streitgegenständliche Fahnenmast wurde ohne Baugenehmigung errichtet und ist daher formell illegal. Dies reicht im vorliegenden Fall jedoch nicht aus, um die Beseitigungsverfügung zu rechtfertigen. Zwar kann ausnahmsweise auf das gleichzeitige Vorliegen formeller und materieller Rechtswidrigkeit als Voraussetzung für die Beseitigung baulicher Anlagen verzichtet werden, wenn die dem formellen Recht widersprechenden Anlagen ohne wesentlichen Substanzverlust beseitigt werden können, was regelmäßig bei der Beseitigung von Werbeanlagen der Fall ist (Kerkmann, in: Jeromin, LBauO Rh-Pf, 5. Auflage 2022, § 81, Rdnr. 40; OVG NRW, Beschluss v. 24.7.2006 – 10 B 785/06 –, juris Rdnr. 11; OVG Berlin-Brandenburg, Beschluss v. 20.6.2012 – OVG 10 S 3.12 –, juris Rdnr. 18). Dies dient der Sicherung des Systems der präventiven Bau- und Nutzungskontrolle für genehmigungsbedürftige Werbeanlagen (vgl. HessVGH, Beschluss v. 6.6.2002 – 3 TG 1056/02 –, juris Rdnr. 9). Hinzukommen muss in diesem Fall aber eine von der Anlage ausgehende negative Vorbildwirkung, die für den Zeitraum bis zur Entscheidung über die Genehmigungsfähigkeit nicht hingenommen werden kann (vgl. OVG NRW, Beschluss v. 13.9.1996 – 11 B 1083/96 –, juris Rdnr. 10). Zudem sollen dem formell illegal handelnden Bauherrn die wirtschaftlichen Vorteile aus ungenehmigten Nutzungen nicht länger als unbedingt nötig verbleiben; im Zeitpunkt der endgültigen Entscheidung über die materielle Rechtmäßigkeit kann sich nämlich die Aufstellung einer Werbeanlage wirtschaftlich bereits amortisiert haben.

Der Beklagte hat seine Beseitigungsanordnung jedoch nicht nur auf die formelle, sondern auch die materielle Illegalität der Anlage gestützt, so dass auch diese zu überprüfen ist (ThürOVG, Beschluss v. 7.7.1994 – 1 EO 182/93 –, juris Rdnr. 25; in Bezug auf eine Nutzungsuntersagung OVG RP, Beschluss v. 1.9.2003 – 8 B 11389/03.OVG –, n.v. und VG Neustadt a. d.W., Beschluss v. 4.7.2012 – 3 L 571/12.NW –, juris Rdnr. 9). Außerdem ist er offensichtlich bereit, die Anlage bis zur Feststellung der Genehmigungsfähigkeit hinzunehmen, da er auf eine Anordnung der sofortigen Vollziehung seiner Verfügung verzichtet und die Entscheidung im Widerspruchsverfahren hinsichtlich des zwischenzeitlich gestellten Bauantrags bis zur hiesigen Entscheidung zurückgestellt hat.

2. Der Fahnenmast ist als Werbeanlage an seinem jetzigen Standort, der im Innenbereich der Ortsgemeinde H. liegt, genehmigungsfähig, da die Anlage nicht gegen baurechtliche Vorschriften verstößt.

a. Insbesondere liegt kein Verstoß gegen § 52 Abs. 3 Satz 2 LBauO vor. Nach dieser Vorschrift ist eine Werbeanlage am Ortsrand unzulässig, wenn sie in die freie Landschaft wirkt.

aa. Der streitgegenständliche Fahnenmast befindet sich nach Ansicht des Senats allerdings am Ortsrand der Ortschaft H.. Ortsrand im Sinne des § 52 Abs. 3 Satz 2 LBauO ist der Übergang von der zusammenhängenden Bebauung zur freien Natur (Karst, in: Stich/ Gabelmann/Porger, PdK RhPf, Kommentar LBauO, 13. Fassung 2023, § 52, Rdnr. 16). Dies kann regelmäßig mit der Abgrenzung von Innen- zu Außenbereich gleichgesetzt werden, da in beiden Fällen das Ende der zusammenhängenden Bebauung das entscheidende Kriterium darstellt. Der Fahnenmast befindet sich auf dem letzten Grundstück des Bebauungszusammenhangs auf dieser Straßenseite. Östlich und südlich des Grundstücks ist keine weitere Bebauung vorhanden. Entgegen der Ansicht der Klägerin ist die Bebauung nördlich auf der anderen Straßenseite nicht mehr Teil des Bebauungszusammenhangs. Der Ortsrand im Sinne des § 52 Abs. 3 Satz 2 LBauO kann nicht mit der Ortsgrenze gleichgesetzt werden. Als Gemarkungsgrenze des Ortes befindet diese sich häufig bereits im Außenbereich. Der rheinland-pfälzische Gesetzgeber hat mit § 52 Abs. 3 LBauO jedoch den besonderen Schutz des Außenbereichs vor Werbeanlagen erheblich erweitert. Einen Teil des Außenbereichs grundsätzlich als nicht schützenswert anzusehen, würde der Intention des Gesetzgebers nicht gerecht. Auch wird der Ortsrand nicht vom Ortsschild bestimmt, da diesem lediglich verkehrsregelnde Funktion zukommt. Der Begriff »Ortschaft« aus der Straßenverkehrsordnung ist für die baurechtliche Abgrenzung zwischen Innen- und Außenbereich ohne Bedeutung (OVG NRW, Beschluss v. 12.6.2006 – 7 A 141/06 –, juris Rdnr. 11; BayVGH, Beschluss v. 10.9.2009 – 14 ZB 09.425 –, juris Rdnr. 6). Mit Blick auf die Schutzrichtung der Vorschrift ist der Ortsrand im Sinne des § 52 Abs. 3 Satz 2 LBauO daher in diesem Fall mit dem Übergang vom Innen- in den Außenbereich gleichzusetzen, also mit dem Ende der Bebauung auf dem klägerischen Grundstück. Der Fahnenmast befindet sich daher am Ortsrand.

bb. Eine Werbeanlage am Ortsrand ist nach § 52 Abs. 3 Satz 2 LBauO dann unzulässig, wenn sie in die freie Landschaft »wirkt«. Eine gesetzliche Definition dieses Begriffs existiert in der Landesbauordnung nicht, auch die Gesetzesmaterialien geben keinen Aufschluss über die Bedeutung des Begriffs. Nach allgemeinem Sprachverständnis hat »wirken« eine aktive Konnotation. Der Duden listet als Synonyme unter anderem die Begriffe »arbeiten«, »handeln«, »tun«, »leisten«, »schaffen« und ähnliche Begriffe auf (s. https://www.duden.de/synonyme/wirken). Im Gegensatz zur Ansicht des Beklagten und des Verwaltungsgerichts reicht nach Ansicht des Senats daher eine bloße Sichtbarkeit der Werbeanlage von der freien Landschaft aus nicht aus, um die Voraussetzungen des § 52 Abs. 3 Satz 2 LBauO zu erfüllen Für diese Sichtweise spricht auch die systematische Auslegung der Norm.

§ 52 Abs. 1 Satz 1 LBauO legt Sichtbarkeit bereits als Definitionsmerkmal der Werbeanlage fest, so dass mangelnde Sichtbarkeit bereits das Vorliegen einer Werbeanlage ausschließt. Auf der anderen Seite macht § 52 Abs. 3 Satz 3 Nr. 5 LBauO in Bezug auf Flugplätze, Sportstätten u. ä. eine Ausnahme für Werbeanlagen, die nicht »störend in die freie Landschaft wirken«. Daraus lässt sich der Schluss ziehen, dass die Wirkung im Sinne des § 52 Abs. 3 Satz 2 LBauO über die reine Sichtbarkeit hinausgeht, jedoch nicht die Qualität einer »Störung« erreichen muss (und erst recht nicht die einer Verunstaltung, arg. ex § 5 Abs. 1 LBauO). Maßstab für die Auslegung muss jedoch sein, dass der Gesetzgeber mit der Norm einen gesteigerten Außenbereichsschutz bezwecken wollte, der weder in der Musterbauordnung noch in anderen Landesbauordnungen außer der niedersächsischen in dieser Form vorgesehen ist. Der graduelle Unterschied zwischen »sichtbar sein«, »wirken« und »störend wirken« lässt sich letztlich nicht trennscharf und mit genereller Geltung bestimmen. Daher kann die Frage nur im Einzelfall – regelmäßig unter Inaugenscheinnahme der entsprechenden Anlage – entschieden werden. Als erste Maßgabe geht der Senat von »wirken« im Sinne des § 52 Abs. 3 Satz 2 LBauO aus, wenn die Anlage aus der freien Landschaft deutlich erkennbar und wahrnehmbar ist (so Jeromin, in: Jeromin, LBauO Rh-Pf, a. a. O., § 52 Rdnr. 33 und VG Neustadt a. d.W., Urteil v. 4.7.2002 – 4 K 646/02.NW –, juris Rdnr. 19). Dabei ist zu beachten, dass die Vorschrift den Schutz des Landschaftsbildes bezweckt, das durch derartige künstliche und – ihrem Zweck entsprechend – meist auffällig gestaltete Anlagen nicht beeinträchtigt werden soll. Durch das Verbot soll darüber hinaus eine »Ruhezone« geschaffen werden, in der die Bevölkerung nicht oder nur wenig durch Werbung in Anspruch genommen wird (s. Jeromin, in: Jeromin, LBauO, a. a. O., § 52 Rdnr. 32). Die Werbeanlage muss daher durch ihre Gestaltung, Größe und Stellung auf dem jeweiligen Grundstück in den Außenbereich hineinwirken und die Erwartung an Ruhe und Erholung in Natur und freier Landschaft spürbar beeinträchtigen (so Kemper, in: Spannowsky/Otto, Bauordnungsrecht Niedersachsen, 29. Edition 1.12.2019, NBauO § 50, Rdnr. 42). Neben der Erkennbarkeit der Anlage muss diese daher mindestens Unruhe in die geschützte Ruhezone bringen.

Nach diesen Maßgaben ist der Senat aufgrund der Ortsbesichtigung zu der Überzeugung gelangt, dass der Fahnenmast im konkreten Fall trotz seiner Lage am Ortsrand nicht in die freie Landschaft wirkt, da er aufgrund seines Standorts und seiner äußeren Gestalt nicht geeignet ist, die Ruhe und Erholung in der freien Landschaft zu beeinträchtigen. Begibt man sich vom Fahnenmast aus in den Außenbereich, so führt der Weg zunächst auf seiner Straßenseite an der Straße entlang. Dort befindet sich zwar keine Bebauung, aber hinter dem Fußweg fällt das Gelände steil ab zum Klingbach, der auf beiden Seiten von dichtem Bewuchs gesäumt ist und keine Übergangsmöglichkeit bietet. »Freie Landschaft«, die zugänglich ist und der Erholung dienen könnte, ist auf dieser Seite abgesehen von dem Fußweg entlang der Straße gar nicht vorhanden. Erreicht man die zugängliche freie Landschaft auf der anderen Straßenseite am Ende der dortigen Bebauung, ist der Fahnenmast zwar immer noch sichtbar, aber nicht geeignet, eine eventuelle Ruhezone im Außenbereich zu beeinträchtigen. Der Blick wird hier wesentlich mehr durch die durchgängige und kompakte Bebauung auf der anderen Straßenseite gefangen genommen. Eine zusätzliche, die Ruhe und Erholungsfunktion der freien Landschaft beeinträchtigende Wirkung kommt dem farblich unauffällig gestalteten und in der Höhe den First des dahinter befindlichen Mehrfamilienhauses nicht überschreitende Fahnenmast nach Einschätzung des Senats in der Örtlichkeit nicht zu. Da eine Wirkung in die freie Landschaft nicht gegeben ist, ist auch kein Verstoß gegen § 52 Abs. 3 Satz 2 LBauO gegeben.

b. Eine materielle Illegalität des Fahnenmastes ergibt sich auch nicht aus § 52 Abs. 4 Satz 1 LBauO. Diese Vorschrift schränkt die Zulässigkeit von Werbeanlagen im Innenbereich in bestimmten Baugebietstypen, unter anderem dem allgemeinen Wohngebiet, ein. Die Vorschrift ist auf den unbeplanten Innenbereich analog anwendbar, solange sich die Umgebung einem Baugebiet im Sinne der Baunutzungsverordnung – BauNVO – zuordnen lässt (Jeromin, in: Jeromin, LBauO Rh-Pf, a. a. O., § 52 Rdnr. 42).

Die Eigenart der näheren Umgebung um das Vorhabengrundstück lässt sich aber nicht einem solchen Baugebiet zuordnen. Der die nähere Umgebung bildende Bereich reicht grundsätzlich so weit, wie sich die Ausführung des betroffenen Vorhabens auswirken kann und wie die Umgebung ihrerseits den bodenrechtlichen Charakter des Baugrundstücks prägt oder doch beeinflusst (vgl. BVerwG, Urteil v. 8.12.2016 – 4 C 7.15 –, juris, Rdnr. 9). Maßgeblich für die Beurteilung ist dabei, was auf dem Grundstück und in der näheren Umgebung vorhanden ist oder nach außen wahrnehmbar in Erscheinung tritt (vgl. OVG RP, Urteil v. 10.4.2019 – 8 A 11799/17.OVG –, juris, Rdnr. 56 m. w. N.).

Der vom Senat mit Urteil v. 26.8.2020 – 8 A 11749/19.OVG –, juris, für unwirksam erklärte Bebauungsplan »W.straße ...«, in dem ein allgemeines Wohngebiet festgesetzt war, umfasste lediglich das klägerische Grundstück und drei südwestlich gelegene Grundstücke, von denen zwei mittlerweile bebaut sind. In Bezug auf die damals streitgegenständliche Frage des Maßes der baulichen Nutzung hat der Senat für die Bestimmung des Umkreises der zu beachtenden vorhandenen Bebauung auf die Bebauung beiderseits der W.straße bis zur P.straße und die angrenzende Bebauung auf der Ostseite der G.straße abgestellt. Allerdings diente der Umkreis der zu beachtenden vorhandenen Bebauung der Bestimmung des Maßes der baulichen Nutzung und war daher enger zu fassen als bei der Ermittlung des Gebietscharakters (s. Urteil v. 26.8.2020, a. a. O., juris Rdnr. 58).

Im Rahmen der Ortsbesichtigung bestand unter den Beteiligten Einigkeit, dass der hier maßgebliche Umkreis die beiderseitige Bebauung der W.straße vom Ortsausgang bis zur Einmündung der M.straße beinhaltet. Die so bestimmte nähere Umgebung kann nach Ansicht des Senats keinem der in der BauNVO definierten Baugebiete zugeordnet werden, insbesondere nicht einem allgemeinen Wohngebiet. In dem Gebiet befindet sich sowohl reine Wohnbebauung, als auch ein größeres Autohaus und einige kleinere gewerbliche Nutzungen (s. Niederschrift S. 3 f.). Gegen eine Einordnung der näheren Umgebung als allgemeines Wohngebiet spricht bereits das Autohaus, das nicht unter § 4 Abs. 1 Nr. 2 BauNVO und als in der Regel störender Gewerbebetrieb auch nicht unter § 4 Abs. 3 Nr. 2 BauNVO fällt. Angesichts der Größe dieses Geländes und der weiteren gewerblichen Nutzungen ist nach Ansicht des Senats nicht davon auszugehen, dass der Gebietsausschnitt noch so primär durch Wohnbebauung geprägt ist, dass man von einem allgemeinen Wohngebiet ausgehen könnte. Es handelt sich um eine typische Gemengelage, die entsteht, wenn eine dörfliche und durch landwirtschaftliche Nutzung geprägte Struktur den Wandel zu Wohnnutzung und (klein)gewerblicher Nutzung vollzieht.

Da die Einschränkungen des § 52 Abs. 4 Satz 1 LBauO mangels Vorliegen eines allgemeinen Wohngebiets nicht gelten, setzt die baurechtliche Zulässigkeit des Fahnenmastes lediglich noch voraus, dass sich dieser im Sinne des § 34 Abs. 1 BauGB in die vorhandene Bebauung einfügt. Daran hegt der Senat jedoch angesichts seiner Unauffälligkeit und im Vergleich zum Gebäudefirst niedrigeren Höhe keinen Zweifel.

Nach alledem stellt sich der streitgegenständliche Fahnenmast nicht als materiell rechtswidrig dar, so dass die Beseitigungsverfügung des Beklagten rechtswidrig war und daher aufzuheben ist. …

Nr. 74

Zusätzliche Öffnungen in einer Brandwand können die Frage der bauordnungsrechtlichen Zulässigkeit dieses Gebäudeteils neu aufwerfen.

Für die Erforderlichkeit einer Brandwand ist es in Anwendung der landesrechtlichen Regelung des § 30 Abs. 2 Nr. 1 SächsBO unerheblich, ob ein Nachbar dem Einbau von Fenstern zugestimmt oder er Abwehrrechte verwirkt hat.

Betreffen sowohl die Nachbarzustimmung als auch die Verwirkung etwaiger Abwehrrechte ein konkretes Vorhaben und stehen im zeitlichen Zusammenhang mit dessen Durchführung, beinhalten sie nicht den Verzicht des Nachbarn auf jegliche ansonsten zulässige Bebauung seines Grundstücks oder die Verwirkung von »Bauansprüchen«, die weder jemals konkretisiert noch innerhalb einer bestimmten Frist geltend gemacht worden sind.

Denkmalrechtliche Genehmigungen beschränken sich in ihrem Regelungsgehalt auf die Vereinbarkeit der jeweiligen Vorhaben mit den jeweils zu prüfenden denkmalpflegerischen Belangen, ohne die materiellen bauordnungsrechtlichen Anforderungen des vorbeugenden Brandschutzes oder die verfahrensrechtlichen Anforderungen an »isolierte« Abweichungen für genehmigungsfreie Vorhaben zu regeln.
(Leitsätze der Redaktion)

SächsBO § 30 Abs. 2, § 70 Abs. 2.

Sächsisches OVG, Beschluss v. 19. Juni 2024 – 1 A 638/21 –.

Aus den Gründen:

Der Antrag der Klägerin auf Zulassung der Berufung, der sich bei verständiger Würdigung des Rechtsschutzbegehrens (§ 122 Abs. 1 i. V. m. § 88 VwGO) gegen das angefochtene Urteil nur insoweit wendet, als das Verwaltungsgericht die Klage abgewiesen hat, ist unbegründet. Die Darlegungen der Klägerin im Zulassungsverfahren, die den Prüfungsumfang des Senats begrenzen (§ 124a Abs. 4 Satz 4, Abs. 5 Satz 2 VwGO), lassen das Vorliegen der von ihr geltend gemachten Zulassungsgründe nach § 124 Abs. 2 Nr. 1 VwGO (ernstliche Zweifel an der Richtigkeit des Urteils), § 124 Abs. 2 Nr. 2 VwGO (besondere tatsächliche oder rechtliche Schwierigkeiten) und § 124 Abs. 2 Nr. 3 VwGO (grundsätzliche Bedeutung der Rechtssache) nicht erkennen. Das Darlegungserfordernis verlangt, dass der jeweilige Antragsteller innerhalb der gesetzlichen Antragsbegründungsfrist einen Zulassungsgrund nach § 124 Abs. 2 VwGO benennt und herausarbeitet, aus welchen Gründen die Voraussetzungen des Zulassungsgrunds vorliegen. Das Oberverwaltungsgericht ist bei seiner Entscheidung über den Zulassungsantrag darauf beschränkt, das Vorliegen der vom Antragsteller bezeichneten Zulassungsgründe anhand er von ihm fristwahrend vorgetragenen Gesichtspunkte zu prüfen. Nach Ablauf der gesetzlichen Antragsbegründungsfrist ist ein Antragsteller darauf beschränkt, fristgerecht vorgebrachte Zulassungsgründe zu erläutern oder zu verdeutlichen; neues Zulassungsvorbringen, auf das sich die Klägerin mit ihrem Schriftsatz vom 11.3.2022 im Ergebnis einer nachträglichen Akteneinsicht beim Denkmalschutzamt der Beklagten und unter erstmaliger Bezugnahme auf die Erhaltungssatzung stützt, ist hingegen ausgeschlossen (vgl. W.-R. Schenke, in: Kopp/Schenke, VwGO, 29. Aufl., § 124a Rdnr. 50 m. w. N.).

1. Soweit das Verwaltungsgericht die Anfechtungsklage gegen die bauaufsichtliche Anordnung zur Schließung oder Ertüchtigung von 22 Fensteröffnungen der südlichen Außenwand des Wohngebäudes der Klägerin und zur Beseitigung von sieben Sonnenkollektoren sowie zur Bekanntgabe von »Angaben« zu ihren Mietern und Pächtern für den Erlass nachfolgender Duldungsanordnungen abgewiesen hat, hat es die Klage als zulässig, aber unbegründet angesehen.

Die Anordnung zur Verschließung oder Ertüchtigung der Fensteröffnungen in hochfeuerhemmender Bauart (F60) finde ihre Rechtsgrundlage in § 58 Abs. 2 i. V. m. § 30 Abs. 2 Nr. 1 und Abs. 8 SächsBO. Die entlang der Grenze zu den Nachbarflurstücken gelegene südliche Außenwand des denkmalgeschützten Wohngebäudes der Klägerin befinde sich unstreitig in weniger als 2,50 m Entfernung von der Grundstücksgrenze, wobei nicht (etwa durch eine Baulast oder Grunddienstbarkeiten) gesichert sei, dass ein Abstand von mindestens 5 m zu bestehenden oder nach baurechtlichen Vorschriften zulässigen künftigen Gebäuden eingehalten werde. Der gesetzliche Mindestbrandabstand zur südlich gelegenen Doppelhaushälfte auf dem Flurstück G1...... werde auf einer Länge von 5 m unterschritten, wobei das Gebäude der Klägerin an der engsten Stelle nur einen Abstand von 4,52 m einhalte; zu der Doppelhaushälfte auf dem Flurstück G2. werde der erforderliche Brandabstand mit 4,22 m unterschritten. Für mögliche künftige (Nachbar-)Bebauungen, die nach Maßgabe von § 34 Abs. 1 Satz 1 BauGB und § 6 Abs. 1 Satz 3 SächsBO auch grenzständig zulässig wären, fehle jegliche Sicherung zur Wahrung des Brandabstands. Eine solche Nachbarbebauung verstieße für sich genommen nicht mit der Erwägung der Klägerin gegen das Rücksichtnahmegebot, dass Rechtsvorgänger ihre Zustimmung zum Einbau oder zur Änderung von Fenstern erteilt hätten. Dass eine grenzständige oder -nahe Bebauung aus denkmalschutzrechtlichen Gründen unzulässig sein könnte, sei weder vorgetragen noch anhand der Stellungnahme der unteren Denkmalschutzbehörde ersichtlich. Auch der »Schutzstreifen« über die auf einzelnen Flurstücken verlegte Fernwärmeleitung verhindere eine solche Bebauung nicht insgesamt.

Die Möglichkeit einer grenzständige oder den Abstand von 3 m zur nördlichen Grundstücksgrenzen einhaltenden Nachbarbebauung auf den Flurstücken G2...., G1. und G3. werde schließlich nicht aufgrund der Zustimmung des früheren Eigentümers dieser Flurstücke zu den in der südlichen Außenwand des klägerischen Gebäudes eingebauten durch die Verwirkung von Abwehrrechten oder aus sonstigen Gründen nach Treu und Glauben dauerhaft ausgeschlossen. Für die vor dem Jahr 1990 vorgenommenen Änderungen an der südlichen Außenwand sei eine solche Zustimmung nicht dargetan. Inwieweit sie für spätere Änderungen vorliege, könne dahinstehen, weil weder eine nachbarliche Zustimmung noch die Verwirkung von Abwehrrechten dazu führe, dass eine ansonsten zulässige Bebauung innerhalb des Brandschutzabstands von 5 m auf Dauer ausgeschlossen sei.

Sowohl die Nachbarzustimmung als auch die Verwirkung etwaiger Abwehrrechte beträfen ein konkretes Vorhaben und stünden im zeitlichen Zusammenhang mit dessen Durchführung. Sie beinhalteten nicht den Verzicht des Nachbarn auf jegliche ansonsten zulässige Bebauung seines Grundstücks oder die Verwirkung von »Bauansprüchen«, die weder jemals konkretisiert noch innerhalb einer bestimmten Frist geltend gemacht worden seien. Auf die Nichtausübung des von Art. 14 Abs. 1 Satz 1 GG geschützten Bebauungsrechts könne weder ein Bauherr noch ein Nachbar vertrauen, was einer Verwirkung regelmäßig entgegenstehe. Dies gelte auch hier; besondere Umstände, aus denen sich ein Verzichtswille des früheren Grundeigentümers für eine grenzständige oder zumindest grenznahe Bebauung der Flurstücke G2. und G3. ergeben sollte, seien weder vorgetragen noch sonst ersichtlich. Ein entsprechender Wille sei weder ausdrücklich geäußert worden noch könne er unterstellt werden.

Die teilweise grenzständig und teilweise grenznah verlaufende südliche Gebäudeabschlusswand des Gebäudes der Klägerin müsse gemäß § 80 Abs. 2 Nr. 1 SächsBO als Brandwand ausgeführt sein, wobei eine Ausführung als hochfeuerhemmende Wand genüge (§ 30 Abs. 3 Satz 2 Nr. 2 SächsBO), Öffnungen in der Brandwand – wie sie mit den 22 Fenstern vorlägen – seien gemäß § 80 Abs. 8 Satz 1 SächsBO jedoch unzulässig. An der Erforderlichkeit einer Brandwand ändere es nichts, dass das Gebäude zu einer Zeit errichtet worden sei, als die Grundstücksgrenzen anders verliefen und vergleichbare Brandschutzanforderungen nicht zu wahren gewesen seien. Eine wirksame Baugenehmigung für die 22 Fenster liege anders als für die Dachgauben nicht vor, wobei die Klägerin auch nicht nachgewiesen habe, dass die Fenster über einen längeren Zeitraum dem materiellen Recht entsprochen hätten. Welche Fenster möglicherweise als bestandsgeschützt angesehen werden könnten, könne letztlich aber dahinstehen, weil die von ihr umfangreich vorgenommenen Änderungen (Einbau von fünf neuen Fenstern, Umbau eines Fensters zur Balkontür, Vergrößerung elf weiterer Fenster, Versetzung eines Fensters) einen etwaigen Bestandsschutz für sämtliche Fenster der südlichen Außenfassade habe entfallen lassen, wie es der – auf Brandwände übertragbaren – Rechtsprechung des Sächsischen Oberverwaltungsgerichts zum Abstandsflächenrecht bei baulichen Änderungen an Gebäudeteilen entspreche. Die Voraussetzungen für ein bauaufsichtliches Einschreiten lägen damit vor. Die von der Klägerin vorgelegte gutachterliche Stellungnahme vom 28.4.2012, die eine »besondere« Gefahr oder »akute Gefährdung« verneine, stehe dem nicht entgegen, zumal diese Stellungnahme nur den vorhandenen baulichen Bestand in den Blick nehme, der jedoch an keiner Stelle dauerhaft gesichert sei; Bedeutung könne ihr lediglich für einen – hier nicht angeordnete – sofortige Vollziehung oder für die Ermessensausübung zukommen.

Nach § 114 Satz 1 VwGO zu beanstandende Fehler des Entschließungs- oder Auswahlermessens lägen nicht vor. Von einer Verpflichtung zum Einschreiten sei die Beklagte nicht ausgegangen. Die der bauaufsichtlichen Anordnung zugrundeliegenden Verstöße gegen das Brandwanderfordernis seien angesichts möglicher künftiger Änderungen der baulichen Verhältnisse und der Bauwünsche von Nachbarn nicht etwa unerheblich. Bei der Bewertung der Brandüberschlagsgefahr habe die Beklagte die gesetzlich geregelten Mindestsicherheitsanforderungen des § 30 SächsBO zugrunde gelegt und dabei insbesondere Bebauungsmöglichkeiten der Nachbargrundstücke berücksichtigt, die die von der Klägerin vorgelegte gutachterliche Stellungnahme vom 28.4.2012 ausgeklammert habe. Den Bestandsschutz sowie die Verwirkung von Abwehrrechten habe die Beklagte geprüft, wobei sie zu dem rechtlich zutreffenden Ergebnis gelangt sei, dass ein etwaiger Bestandsschutz erloschen sei und sich eine Verwirkung von Abwehrrechten nicht auf künftige, ansonsten zulässige Nachbarbauvorhaben beziehe, weshalb die Gefahrenlage, der der Gesetzgeber mit § 30 SächsBO begegnen wolle, weder entfallen noch sonst entschärft worden sei. Als milderes Mittel gegenüber einer Schließung der Fensteröffnungen habe die Beklagte der Klägerin die Möglichkeit eingeräumt, die Fenster im Wege des Abweichungsverfahrens (§ 67 SächsBO) in hochfeuerhemmender Bauart (F60) zu ertüchtigen. Die Anordnung sei auch im Übrigen weder ungeeignet (etwa mit Blick auf erforderliche Genehmigungen nach § 12 SächsDSchG oder § 173 BauGB oder nötige Duldungsanordnungen gegenüber Mietern und Pächtern) noch unverhältnismäßig. Den erheblichen wirtschaftlichen Aufwand für die Verschließung oder Ertüchtigung der Fenster habe die Beklagte durchaus berücksichtigt, wobei sich die von der Klägerin hervorgehobene Stellungnahme des Denkmalmalschutzamts der Beklagten nur auf die Verschließung der Fensteröffnungen beziehe, nicht auf eine Ertüchtigung der Fenster oder auf Änderungen von Grundrissen innerhalb des Gebäudes. Dass insbesondere eine weitere Nutzung der Räume des Gebäudeteils 3 nicht mehr möglich sein solle, sei nicht ersichtlich. Ein Verstoß gegen den allgemeinen Gleichheitssatz des Art. 3 Abs. 1 GG liege nicht vor. Die Bauaufsichtsbehörde sei nicht verpflichtet, sämtliche vergleichbaren Nutzungen auf ihre Baurechtswidrigkeit zu überprüfen und festgestellte Verstöße stets flächendeckend zu bekämpfen, vielmehr könne sie in systemgerechter Weise einen geeigneten Musterfall auswählen, um gleichartig gelagerte Fälle nach einer gerichtlichen Bestätigung ihrer Rechtsauffassung aufzugreifen. Daran gemessen sei das Handeln der Beklagten unter Gleichbehandlungsgesichtspunkten nicht zu beanstanden. Die Beklagte sei vor einem Einschreiten nicht verpflichtet gewesen, die von der Klägerin in einer Dokumentation aufgeführten Fälle »bis ins Detail« darauf zu überprüfen, ob überhaupt eine Vergleichbarkeit bestehe. Im Übrigen belege die von der Klägerin vorgelegte Recherche nicht, dass es sich um tatsächlich und rechtlich vergleichbare Sachverhalte handle, in den die Beklagte trotz vorhandener Kenntnis nicht einschreite.

Auch die Anordnung zur Beseitigung der ungenehmigten Sonnenkollektoren im Bereich der Brandwand sei rechtmäßig. Insbesondere habe die Klägerin nicht nachgewiesen, dass die 2008 angebrachten Sonnenkollektoren hochfeuerhemmend ausgeführt seien.

2. Auf der Grundlage des fristwahrenden klägerischen Zulassungsvorbringens bestehen keine ernstlichen Zweifel an der Richtigkeit dieses Urteils (§ 124 Abs. 2 VwGO).

2.1 Zur Darlegung dieses Zulassungsgrunds führt die Klägerin mit ihrem fristwahrenden Zulassungsvorbringen im Einzelnen aus, ihr 1815/16 errichtetes Gebäude genieße nach Maßgabe der recherchierten Genehmigungen sowie der Verjährung von Eingriffsrechten gemäß § 11 der Verordnung über Bevölkerungsbauwerke vom 8.11.1984 Bestandsschutz, der (auch) für die Südfassade nicht durch die geringfügigen Änderungen im Bereich der Fenster entfallen sei. Angesichts der stets vorhanden gewesenen Wandöffnungen habe es sich bei den südlichen Gebäudeabschlusswänden der drei Gebäudeteile historisch nie um Brandwände zu den benachbarten Gebäuden gehandelt, wie sie in der vermessungstechnischen Urkarte von 1860 eingezeichnet und auf einem alten Kupferstich dargestellt seien. Die Bauvorlagen zu den Baugenehmigungsverfahren von 1955, 1956 und 1960 belegten das Vorhandensein von Fenstern in der Südfassade. Die (auf Seite 4 der Antragsbegründung) beschriebenen Änderungen im Bereich der Fenster zur Gewährleistung einer hinreichenden Belichtung und Belüftung in den bereits vorhandenen Wohnräumen hätten die Bestandsschutz nicht insgesamt – also auch für unverändert gebliebene Fenster – entfallen lassen, wie es das Verwaltungsgericht angenommen habe. Angesichts der von der Klägerin vorgelegten gutachterlichen Stellungnahme vom 28.4.2012, die belege, dass mit einer Brandüberschlagsgefahr nicht vor Ablauf von 60 Minuten zu rechnen sei, werde der von der Beklagten geforderte Brandschutz mit Fenstern der Feuerwiderstandsklasse F60 schon jetzt gewährleistet, was zur Ermessensfehlerhaftigkeit der bauaufsichtlichen Anordnung führe. Das darauf bezogene Klagevorbringen hätte das Verwaltungsgericht nicht mit der bloßen Formulierung abtun dürfen, es »erschließe sich nicht«, vielmehr hätte es einer Beweiserhebung oder zumindest eines richterlichen Hinweises bedurft. Ernstliche Zweifel an der Richtigkeit des Urteils bestünden – wie im Einzelnen ausgeführt – auch hinsichtlich der Würdigung der Nachbarzustimmungen zu den nach 1990 vorgenommenen Änderungen an den drei Gebäudeteilen, die zur Ermessensfehlerhaftigkeit der Anordnung führten, zumal sie bewirkten, dass den jeweiligen Nachbarn und deren Rechtsnachfolgern ein »Hineinbauen« in den Brandabstand verwehrt werde. Darüber hinaus habe das Verwaltungsgericht verkannt, dass die von der Beklagten geforderte Schließung der Wandöffnungen eine weitere Wohnnutzung der vermieteten Räume mangels Belichtung und Belüftung verhindere. Dies hätte einen Ausfall der Mieteinnahmen zur Folge, der nach der Stellungnahme des Denkmalschutzamts der Beklagten vom 23.11.2011 einen »Totalverlust des gesamten Kulturdenkmals« bewirken könne, weil es der Klägerin aus wirtschaftlichen nicht mehr möglich wäre, das Denkmal zu erhalten. Dies hätte bei der Ermessensausübung berücksichtigt werden müssen. Schließlich verstoße das angefochtene Urteil auch gegen Art. 3 GG, weil es das Vorbringen der Klägerin zur fehlenden Gleichbehandlung mit vergleichbaren Fällen im historischen Dorfkern »hinweggewägt« habe, obwohl sich die Beklagte zu der umfangreichen Dokumentation der Klägerin nicht »mit Substanz« geäußert habe.

2.2 Mit diesen Darlegungen hat der Kläger weder einen tragenden Rechtssatz noch eine erhebliche Tatsachenfeststellung des Verwaltungsgerichts mit schlüssigen Gegenargumenten so in Frage gestellt, dass der Ausgang eines zugelassenen Berufungsverfahrens ungewiss erscheint (zu diesen Anforderungen BVerfG, Kammerbeschl. v. 18.3.2022 – 2 BvR 1232/20 –, juris Rdnr. 23 m. w. N.). Ausführungen zur angeordneten Beseitigung der 2008 angebrachten Sonnenkollektoren enthält das fristwahrende Zulassungsvorbringen nicht.

Der von der Klägerin vorrangig beanspruchte Bestandsschutz für die 22 Fensteröffnungen der südlichen Außenwand ihres Gebäudes setzt voraus, dass diese Fenster entweder durch eine Baugenehmigung formell legalisiert (vgl. Senatsurt. v. 5.7.2023 – 1 A 418/20 –, juris Rdnr. 51) wurden oder dass sie zumindest über einen beachtlichen Zeitraum dem materiellen Baurecht entsprachen (vgl. BVerfG, Beschluss v. 24.7.2000 – 1 BvR 151/99 –, juris Rdnr. 8; Decker, BayVBl. 2011, 517, 520 m. w. N.). Dafür trägt die Klägerin, die sich auf ein Gegenrecht zu der bauaufsichtlichen Anordnung beruft, ungeachtet des Alters ihres Gebäudes und dessen langjähriger Nutzung die materielle Beweislast (vgl. BVerwG, Beschluss v. 17.7.2003 – 4 B 55.03 –, juris Rdnr. 4; Senatsbeschl. v. 18.4.2023 – 1 A 333/22 –, juris Rdnr. 9 jeweils m. w. N.). Denkmalrechtliche Genehmigungen, wie sie der Klägerin für die nach 1993 durchgeführten Gebäudesanierungen erteilt wurden, beschränken sich in ihrem Regelungsgehalt auf die Vereinbarkeit der jeweiligen Vorhaben mit den jeweils zu prüfenden denkmalpflegerischen Belangen, ohne die materiellen bauordnungsrechtlichen Anforderungen des vorbeugenden Brandschutzes oder die verfahrensrechtlichen Anforderungen an »isolierte« Abweichungen für genehmigungsfreie Vorhaben (vgl. § 67 Abs. 2 Satz 2 SächsBO) zu regeln.

Das Verwaltungsgericht hat nach Auswertung der umfangreichen Bauunterlagen für das nach seiner Errichtung in den Jahren 1815/16 mehrfach umgebaute »Wohnstallhaus mit Neorenaissancegiebel und Scheune (heute Wohnhaus)« – so die Eintragung im Denkmalverzeichnis – entschieden, dass eine »Baugenehmigung (…) lediglich für die Dachgauben, aber für keines der anderen 22 Fenster« vor(liegt)« (Urteilsabdruck S. 25 f.). Die für die Baugenehmigungen von 1956 und 1960 eingereichten Bauvorlagen ließen einzelne Fensteröffnungen in der südlichen Außenwand erkennen, die jedoch nicht vom Regelungsgehalt der erteilten Genehmigung umfasst seien. Die Baugenehmigung von 1956 habe sich nur zu den grenzständig nach Westen eingebauten Fernstern verhalten; nur darauf habe sich eine Zustimmung des betroffenen Grundeigentümers bezogen. Die Bauunterlagen zur nachfolgenden Genehmigung von 1960 zeigten einzelne, unterschiedliche große Fensteröffnungen, die Unterlagen seien in ihren Darstellungen aber teilweise widersprüchlich und ließen für keines der drei Gebäudeteile erkennen, »wann welche Fensteröffnungen in welcher Größe (…) errichtet worden sein könnten«, wie u. a. ein Vergleich mit den jeweils in der östlichen Wand eingezeichneten Fenstern belege.

Dieser Sachverhalts- und Beweiswürdigung des Verwaltungsgerichts zum Regelungsgehalt der seinerzeit erteilten Baugenehmigungen, deren Legalisierungswirkung sich nicht auf die 22 streitbefangenen Fenster beziehe, tritt die Klägerin mit ihrem fristwahrenden Zulassungsvorbringen nicht entgegen. Substantiierte Darlegungen zu einer materiellen Baurechtmäßigkeit (für Öffnungen in äußeren Brandwände: BayVGH, Beschluss v. 14.6.2016 – 9 ZB 14.1409 –, juris Rdnr. 8; OVG LSA, Beschluss v. 30.11.2023 – 2 L 115/21 –, juris Rdnr. 30; OVG Rh.-Pf., Urteil v. 12.12.2012 – 8 A 10 875/12 – juris Rdnr. 36 jeweils m. w. N.) der 22 Fenster in der südlichen Außenwand enthält ihr fristwahrendes Zulassungsvorbringen nicht, vielmehr verweist die Klägerin in diesem Zusammenhang auf das Fehlen einer Bauordnung bei Errichtung des Gebäudes zwischen 1815 und 1816 und auf historische Gebäudedarstellungen aus dem vorvergangenen Jahrhundert, ohne auf die Umnutzung des Gebäudes und den durch die Stellungnahme des Denkmalschutzamts vom 23.11.2011 belegten wesentlichen Umbau des ursprünglichen Wohnstallhauses durch die Anbringung des Ziergiebels im Stil der Neorenaissance zum Ende des 19. Jahrhunderts einzugehen.

Nach Auffassung der Klägerin ist es im Hinblick auf die Verjährung der behördlichen Eingriffsbefugnisse in Anwendung von § 11 Abs. 3 der Verordnung über Bevölkerungsbauwerke vom 8.11.1984 (DDR GBl. I S. 433) rechtlich unerheblich, ob die damalige Bauaufsicht nur diejenigen Umbauten genehmigt habe, die seinerzeit beantragt worden seien (etwa die Errichtung von Dachgauben), vielmehr reiche es für einen der bauaufsichtlichen Anordnung entgegenstehenden »Bestandsschutz« aus, dass durch die bei den Akten befindlichen Unterlagen (Kopien von Stichen, Grundrisse und Ansichten aus Baugenehmigungsverfahren, Fotografien) der Beweis dafür erbracht sei, an welcher Stelle Fenster in welcher Größe bereits vorhanden gewesen seien und lediglich hätten ergänzt werden sollten. Der aktenkundige Zustand der Südwand habe sich mindestens bis 1994 erhalten, wie es durch die von der Klägerin im Verwaltungsverfahren vorgelegten Fotos belegt werde.

Ernstliche Zweifel an der Richtigkeit des Urteils ergeben sich daraus – auch unter Berücksichtigung der von der Klägerin zitierten obergerichtlichen Rechtsprechung (ThürOVG, Urteil v. 18.12.2002 – 1 KO 639/01 –, OVG Berlin-Brandenburg, Urteil v. 23.9.2014 – OVG 10 B 5.12 –, jeweils m. w. N.) jedoch nicht. Aus § 11 Abs. 3 der Verordnung über Bevölkerungsbauwerke, nach dem der Erlass einer Beseitigungsanordnung für ein widerrechtlich errichtetes oder verändertes Bauwerk oder Bauwerksteil durch den Vorsitzenden des Rats nicht mehr ergehen durfte, wenn seit der Fertigstellung fünf Jahre vergangen waren, lässt sich eine geschützte Rechtsposition gegenüber bauaufsichtlichen Maßnahmen dann nicht herleiten, wenn das Bauwerk durch nachträgliche bauliche Maßnahmen erheblich verändert wurde (so OVG Berlin-Brandenburg Urteil v. 23.9.2014 a. a. O. Rdnr. 46) oder die Bauaufsichtsbehörde nach den heutigen baurechtlichen Vorschriften zu einem Einschreiten zum Schutz vor Gefahren für Leben und Gesundheit gehalten ist (ThürOVG, Urteil v. 18.12.2002 a. a. O. Rdnr. 48; OVG LSA, Beschluss v. 30.11.2023 – 2

L 115/21 –, juris Rdnr. 33). Die durch § 11 Abs. 3 der Verordnung über Bevölkerungsbauwerke vermittelte verfahrensrechtliche Rechtsposition des Gebäudeeigentümers (»Verjährung« von Eingriffsbefugnissen, nicht Legalisierung von Gebäuden) ist nicht stärker als ein aus dem Eigentumsrecht (Art. 14 Abs. 1 GG, Art. 31 Abs. 1 SächsVerf) abgeleiteter Bestandsschutz; zudem war der Staatlichen Bauaufsicht der DDR ein Einschreiten auch unter der Geltung von § 11 Abs. 3 der genannten Verordnung nicht verwehrt, wenn die Bausicherheit nicht gewährleistet war und eine Gefahr für das Leben oder die Gesundheit von Menschen bestand (vgl. OVG LSA, Beschluss v. 30.11.2023 – 2 L 115/21 –, juris Rdnr. 32 f.).

Das Verwaltungsgericht hat unter Hinweis auf die langjährige Senatsrechtsprechung (u. a. Beschluss v. 25.2.1999, SächsVBl. 1999, 139) zur Erforderlichkeit der Neuberechnung von Abstandsflächen (§ 6 SächsBO), die schon bei Umnutzungen oder Umbauten, die rechtlich geschützte nachbarliche Belange (insbesondere Belichtung, Besonnung und Brandschutz) stärker berühren als das ursprünglich genehmigte Gebäude, geboten sein kann (Senatsbeschl. v. 18.10.1994 – 1 S 133/94 –, n. v.; v. 16.2.1999, SächsVBl. 1999, 137, 138 jeweils unter Hinweis auf BayVGH, Urteil v. 20.2.1990 – 14 B 88. 02464 –, juris Rdnr. 20; vgl. auch VGH BW, Beschluss v. 12.6.1991 – 3 S 1499/91 –, juris Rdnr. 4), einen »etwaigen« Bestandsschutz für sämtliche 22 Fenster der südlichen Außenwand ausschließende erhebliche Veränderung darin gesehen, dass die Klägerin fünf neue Fenster eingebaut, ein Fenster zu einer Balkontür umgebaut, elf weitere Fenster vergrößert und ein Fenster versetzt hat (Urteilsabdruck S. 29, zweiter Absatz). Dies begegnet im Hinblick auf den von § 30 SächsBO im öffentlichen Interesse bezweckten vorbeugenden Brandschutz insbesondere deshalb keinen ernstlichen Zweifeln, weil (jedenfalls) zusätzliche Öffnungen in einer Brandwand die Frage der bauordnungsrechtlichen Zulässigkeit dieses Gebäudeteils neu aufwerfen (strenger BayVGH, Beschluss v. 12.2.2001 – 25 ZB 01.184 –, juris Rdnr. 4: schon der Umbau eines Fensters kann Zulässigkeitsfrage neu aufwerfen), was eine bloße Instandsetzungsmaßnahme ausschließt, von der die Klägerin ausgeht. Unabhängig davon lässt ihr Zulassungsvorbringen auch nicht hinreichend deutlich erkennen, welche der 22 Fenster der südlichen Gebäudeabschlusswand unverändert geblieben sein sollen.

Ausgehend vom fehlenden Bestandsschutz und dem Nichtvorliegen einer »Verjährung« nach § 11 Abs. 3 der Verordnung über Bevölkerungsbauwerke war der Beklagten nach den – im Zulassungsverfahren nicht angegriffenen erstinstanzlichen Feststellungen – zur Lage des Gebäudes und der benachbarten Bauwerke – ein bauaufsichtliches Einschreiten gegen die Klägerin zur Durchsetzung der bei Erlass der Anordnung geltenden Anforderungen an die südliche Gebäudewand als Brandwand (§ 30 SächsBO) auch dann nicht verwehrt, wenn die südliche Außenwand stets Öffnungen aufgewiesen haben sollte, um eine ausreichende Belichtung und Belüftung des etwa 8 m tiefen

Gebäudes zu ermöglichen. Insbesondere bestehen keine ernstlichen Zweifel daran, dass die Ausführung der südlichen Wand als äußere Brandschutzwand gemäß § 30 Abs. 2 Nr. 1 SächsBO deshalb geboten ist, weil ein Abstand von weniger als 2,50 m zur Grundstücksgrenze besteht und nicht gesichert ist, dass ein Abstand von mindestens 5 m zu bestehenden oder nach den baurechtlichen Vorschriften zulässigen künftigen Gebäude gesichert ist. Der Begriff der Sicherung erfasst als Oberbegriff die rechtliche Sicherung gemäß § 2 Abs. 12 SächsBO (Eintragung von Grunddienstbarkeiten nach § 1018 und § 1090 BGB oder Übernahme einer Baulast) und die tatsächliche Sicherung, die nach der Rechtsprechung des Senats (Beschluss v. 24.1.2023 – 1 A 462/22 –, juris Rdnr. 12 m. w. N.) aber nur in Fällen zu bejahen ist, in denen eine Bebauung mit Gebäuden (§ 2 Abs. 2 SächsBO) aus tatsächlichen Gründen unmöglich ist (etwa wegen eines Steilhangs). Das Fehlen einer Sicherung i. S. v. § 30 Abs. 2 Nr. 1 SächsBO hat das Verwaltungsgericht ebenso zutreffend verneint wie die Einhaltung der dort genannten Mindestabstände von 2,5 m zur Grundstücksgrenze und 5 m zu bestehenden und baurechtlich zulässigen künftigen Gebäuden (Urteilsabdruck S. 19 f.) im planungsrechtlichen Innenbereich der Beklagten, auch wenn eine lediglich grenznahe Bebauung nicht in den Anwendungsbereich von § 6 Abs. 1 Satz 3 SächsBO fällt (Senatsbeschl. v. 23.12.2019 – 1 B 287/19 –, juris Rdnr. 14) und die Errichtung oder Änderung baulicher Anlagen im Gebiet der Erhaltungssatzung einer Genehmigung nach § 173 BauGB bedarf.

Hinsichtlich der vom Verwaltungsgericht verneinten Ermessensfehlerhaftigkeit der bauaufsichtlichen Anordnung zeigt das fristwahrende klägerischen Zulassungsvorbringens ernstliche Richtigkeitszweifel ebenso wenig auf. Bei der Würdigung der im Verwaltungsverfahren vorgelegten »Brandschutztechnischen Einschätzung zu Gebäudeabständen« der B… GmbH vom 28.4.2012 ist zu berücksichtigen, dass ausweislich der »Aufgabenstellung« dieser gutachterlichen Einschätzung nur der im Jahr 2012 vorhandene Baubestand war, wobei »Gegenstand dieser Begutachtung (…) nicht die gesetzliche Zulässigkeit dieser Öffnungen, entsprechend Abstandsfestlegungen des Baurechtes« war. Zusammenfassend kam der von der Klägerin beauftragte Gutachter zu dem Ergebnis, dass »aus der bestehenden baulichen Situation keine akute Gefährdung abzuleiten« sei, die ein bauordnungsrechtliches Einschreiten erfordere. Ausführungen zur Wahrung der – von der Beklagten zutreffend zugrunde gelegten gesetzlichen Anforderungen des § 30 SächsBO (vgl. HessVGH, Beschluss v. 1.9.2020 – 3 A 1007/19.Z –, juris Rdnr. 6 zum dortigen Landesrecht) – enthält die gutachterliche Stellungnahme nur insoweit, als sie eine als geringfügig angesehene Unterschreitung des Mindestbrandabstands von 5 m bestätigt, Ausführungen zu »nach den baurechtlichen Vorschriften zulässigen künftigen Gebäuden« i. S. v. § 30 Abs. 2 Nr. 1 SächsBO« lässt die gutachterliche Stellungnahme dagegen insgesamt vermissen. Dies hat das Verwaltungsgericht seiner Sachverhalts- und Beweiswürdigung (Urteilsabdruck S. 31) fehlerfrei zugrunde gelegt. Ausgehend von seiner – zutreffenden – Rechtsauffassung, dass sich die »Frage nach dem einzuhaltenden Sicherheitsabstand zwischen Gebäuden (…) allein aus den Anforderungen (beantwortet), die das Gesetz« in § 30 SächsBO trifft, musste sich dem Gericht eine – in der mündlichen Verhandlung nicht beantragte – Beweiserhebung zur konkreten Brandüberschlagsgefahr auch nicht aufdrängen (zum Prüfungsmaßstab: BVerwG, Beschluss v. 16.12.2019 – 4 BN 16.19 –, juris Rdnr. 9 m. w. N.), wie es die Klägerin zur Darlegung von Richtigkeitszweifeln ausführt.

Aus dem Vorbringen der Klägerin zum Vorliegen von Nachbarzustimmungen zu den Fenstern in ihrer südlichen Gebäudeabschlusswand ergeben sich solche Zweifel für den Senat ebenfalls nicht. Auf eine Unterschreitung der in § 30 SächsBO geregelten Mindestbrandabstände können Nachbarn nicht wirksam verzichten, weil die Einhaltung öffentlich-rechtlicher Brandschutzbestimmungen, die dem Schutz von Leben und Gesundheit dienen, nicht zur Disposition von Privatpersonen steht. Dies macht auch die Klägerin nicht geltend; sie leitet aus der Erteilung von Nachbarzustimmungen (etwa durch Unterschriften auf Bauzeichnungen (vgl. § 70 Abs. 2 SächsBO [»Nachbar G…«]) oder aus der Verwirkung von nachbarlichen Abwehrrechten (»Nachbar H.«) zum Einbau von Fenstern in eine Gebäudeabschlusswand vielmehr ein Bauverbot des Inhalts ab, dass dem jeweiligen Nachbarn sowie seinen Rechtsnachfolgern ein »Hineinbauen« in die von § 30 SächsBO bezeichneten Mindestbrandabstände rechtlich verwehrt ist, ohne dass dies durch eine Baulast oder eine Grunddienstbarkeit unter Wahrung der von § 2 Abs. 12 SächsBO dafür in Bezug genommenen Formvorschriften rechtlich gesichert ist. Dies überzeugt nicht. Unabhängig davon hat das Verwaltungsgericht einen – über den bloßen Verzicht auf nachbarliche Abwehrrechte für ein konkretes Vorhaben hinausgehenden – Verzicht auf ansonsten zulässige Bebauungsmöglichkeiten des Nachbargrundstücks im Rahmen seiner Sachverhalts- und Beweiswürdigung mit der Begründung verneint, dass ein derart weitgehender Verzicht »weder ausdrücklich geäußert worden (sei) noch (…) unterstellt werden« könne (Urteilsabdruck S. 24). Diese letztlich entscheidungstragende Erwägung des Verwaltungsgerichts zur Auslegung des Erklärungsgehalts einer konkret erteilten Nachbarzustimmung für Fenster im Gebäude der Klägerin zieht das Zulassungsvorbringen zu einer fehlenden Übertragbarkeit von Rechtsprechung des Oberverwaltungsgerichts für das Land Nordrhein-Westfalen auf das vorliegende Verfahren nicht ernstlich in Zweifel. Dass aus der Verwirkung nachbarlicher Abwehrrechte (»Nachbar H…«) gegen Fensteröffnungen zugleich ein ungeschriebenes öffentlich-rechtliches Bauverbot für das Nachbargrundstück folgen soll, erscheint fernliegend.

Anders als die Klägerin, die dem Verwaltungsgericht ein »wahrheitswidriges Dahintrimmen (des) selbst festgestellten Sachverhaltes« vorwirft, hält der Senat die Würdigung der Stellungnahme des Denkmalschutzamts der Beklagten vom 23.11.2011 hinsichtlich eines drohenden »Totalverlusts des Denkmals« wegen einer fehlenden Vermietbarkeit des Gebäudes zu Wohnzwecken für zutreffend. Die von der Klägerin in Bezug genommene Stellungnahme bezieht sich nach ihrem objektiven Erklärungsgehalt ausdrücklich auf einen »Verschluss« der für die Belichtung und Belüftung von Aufenthaltsräumen (§ 47 SächsBO) erforderlichen Gebäudeöffnungen, wie es u. a. durch den Verweis auf das Fehlen anderer Möglichkeiten der natürlichen Belichtung deutlich wird. Zu den Auswirkungen einer Ertüchtigung der Fenster auf mögliche Mieteinnahme der Klägerin und den Erhalt des Denkmals verhält sich die Stellungnahme des Denkmalschutzamts der Beklagten insgesamt nicht, mag der von der Klägerin nach Ablauf der Antragsbegründungsfrist als Zeuge benannte Verfasser der Stellungnahme auch der Auffassung sein, das Verwaltungsgericht habe einen entscheidenden Passus »ergebnisorientiert hinweggewürdigt«, wie es klägerseitig zuletzt vorgetragen wurde.

Hinsichtlich des von der Klägerin gerügten Verstoßes gegen den allgemeinen Gleichbehandlungsgrundsatz des Art. 3 Abs. 1 Satz 1 GG bestehen ebenfalls keine ernstlichen Zweifel an der Richtigkeit des Urteils. Das Verwaltungsgericht hat die auch vom Senat geteilte Rechtsprechung des Bundesverwaltungsgerichts (Beschluss v. 11. Mär 1991 – 4 B 26.91 –, juris Rdnr. 5) zugrunde gelegt, nach der eine Bauaufsichtsbehörde zur Wahrung des Gleichbehandlungsgebots nicht »flächendeckend« gegen festgestellte Missstände vorgehen muss, aber gehalten ist, innerhalb ihres Zuständigkeitsbereichs auf der Grundlage sachlicher Erwägungen vorzugehen. Eine solche Erwägung hat das Verwaltungsgericht im Vorliegen eines sog. »Musterfalls« gesehen, von dessen gerichtlicher Bestätigung das Aufgreifen weiterer Fälle durch die Bauaufsicht abhängen soll (Urteilsabdruck S. 35). Dies entspricht den Maßstäben des Bundesverwaltungsgerichts (a. a. O.), wobei es ausgehend von dieser Rechtsauffassung keiner weiteren Sachaufklärung zur Vergleichbarkeit der von der Klägerin erstinstanzlich angeführten baulichen Verhältnisse in der Umgebung bedurfte.

3. Eine Zulassung der Berufung wegen besonderer rechtlicher oder tatsächlicher Schwierigkeiten (§ 124 Abs. 2 Nr. 2 VwGO) oder grundsätzlicher Bedeutung der Rechtssache (§ 124 Abs. 2 Nr. 3 VwGO) scheidet ebenfalls aus.

Zur Darlegung des Zulassungsgrunds des § 124 Abs. 2 Nr. 2 VwGO reicht es nicht, auf zuvor geltend gemachte ernstliche Zweifel an der Richtigkeit des Urteils zu verweisen, ohne auszuführen, woraus sich überdurchschnittliche Schwierigkeiten bei der Beurteilung der Sach- oder Rechtslage ergeben sollen.

Eine Rechts- oder Tatsachenfrage von allgemeiner, fallübergreifender Bedeutung, die sich im Berufungsverfahren in entscheidungserheblicher Weise stellen würde und die im Rahmen der Einheitlichkeit der Rechtsprechung oder der Fortbildung des Rechts einer berufungsgerichtlichen Klärung bedarf (zu diesen Anforderungen vgl. SächsOVG, Beschluss v. 16.3.2015 – 2

A 673/13 –, juris Rdnr. 10 m. w. N.), ist anhand des klägerischen Zulassungsvorbringens ebenfalls nicht ersichtlich. Für die Erforderlichkeit einer Brandwand ist es in Anwendung der landesrechtlichen Regelung des § 30 Abs. 2 Nr. 1 SächsBO unerheblich, ob ein Nachbar dem Einbau von Fenstern zugestimmt oder er Abwehrrechte verwirkt hat. Für die »Sicherung« der Wahrung eines Brandschutzabstands von 5 m reicht die Erteilung einer Zustimmung zu Baumaßnahmen oder die Verwirkung von Abwehrrechten gegen ein Vorhaben nicht aus, vielmehr muss ein »Bauverbot« in diesem Bereich nach der Rechtsprechung des Senats (Beschluss v. 24.1.2023 – 1 A 462/22 – juris Rdnr. 12 m. w. N.) rechtlich gemäß § 2 Abs. 12 SächsBO (Grunddienstbarkeiten oder Baulast) gesichert oder eine Bebauung aus tatsächlichen Gründen ausgeschlossen sein. Soweit die Klägerin ergänzend auf das gutachterlich bestätigte Fehlen einer Brandüberschlagsgefahr verweist, legt sie eine vom Urteil abweichende Würdigung der gutachterlichen Stellungnahme und damit einen Sachverhalt zugrunde, auf den es nach der – zutreffenden – Rechtsauffassung des Verwaltungsgerichts (Maßgeblichkeit der gesetzlichen Abstände, Berücksichtigung künftiger Bebauungsmöglichkeiten) auch im Berufungsverfahren nicht ankommen würde. Aus dem von der Klägerin genannten Urteil des Oberverwaltungsgerichts für das Land Nordrhein-Westfalen vom 29.3.2012 – 2 A 83/11 – erschließt sich eine Rechtsfrage von grundsätzlicher Bedeutung für das vorliegende Verfahren nicht, zumal es für die Wahrung der erforderlichen Brandabstände nicht auf eine Verwirkung ankommt. Auch der Hinweis auf den Senatsbeschluss vom 21.8.2013 – 1 B 353/13 –, juris genügt den Darlegungsanforderungen nicht. …

Nr. 75

§ 27 Abs. 4 Alt. 1 LBO und § 7 Abs. 1 Nr. 1 LBOAVO verlangen Brandwände nur, soweit Abschlusswände überhaupt errichtet werden. Sie schreiben daher – etwa für einen offenen Carport – nicht die Herstellung einer, dann als Brandwand auszugestaltender, Wand als solcher vor.

BauO BW § 2 Abs. 8, § 5 Abs. 4, § 6 Abs. 1, § 27 Abs. 4 Alt. 1.

Verwaltungsgericht Karlsruhe, Urteil v. 19. Juni 2024 – 2 K 3115/23 –.

Aus den Gründen:

Die Klage hat keinen Erfolg. Sie ist zulässig, aber unbegründet.

Die als Verpflichtungsklage nach § 42 Abs. 1 Alt. 2 VwGO statthafte Klage ist auch im Übrigen zulässig.

Die Klage ist jedoch unbegründet.

Der Bescheid der Beklagten vom 22.4.2022 in Gestalt des Widerspruchsbescheids des Regierungspräsidiums Karlsruhe vom 5.7.2023 ist rechtmäßig und verletzt die Kläger nicht in ihren Rechten (vgl. § 113 Abs. 5 Satz 1 VwGO). Die Kläger haben keinen Anspruch auf das begehrte bauaufsichtliche Einschreiten. Sie können weder die Anordnung der Beseitigung des auf dem Grundstück der Beigeladenen errichteten Carports (s. unter I.) noch – hilfsweise – eine Untersagung bestimmter nicht genehmigter Nutzungen des Carports (s. unter II.) noch die Anordnung der Beseitigung der errichteten Außentreppe nebst Holzlager verlangen (s. unter III.).

I. Die Kläger können nicht verlangen, dass die Beklagte gegenüber den Beigeladenen den Abbruch des errichteten Carports anordnet.

Ermächtigungsgrundlage hierfür ist § 65 Abs. 1 Satz 1 LBO. Danach kann der teilweise oder vollständige Abbruch einer Anlage, die im Widerspruch zu öffentlich-rechtlichen Vorschriften errichtet wurde, angeordnet werden, wenn nicht auf andere Weise rechtmäßige Zustände hergestellt werden können. Maßgeblicher Zeitpunkt für die Beurteilung ist grundsätzlich der Abschluss ihrer wesentlichen Fertigstellung bzw. der Abschluss der Bauarbeiten. Für die Beurteilung, ob auf andere Weise rechtmäßige Zustände hergestellt werden können, kommt es demgegenüber auf den Zeitpunkt der gerichtlichen Entscheidung an (vgl. VGH Baden-Württemberg, Urteil v. 11.7.2017 – 5 S 2067/15 –, BauR 2017, 2148 – juris Rdnr. 31; Urteil v. 3.4.2023 – 8 S 3878/21 –, VBlBW 2023, 517 – juris Rdnr. 36; Sauter, LBO, Stand Dezember 2023, § 65 Rdnr. 23).

§ 65 Abs. 1 Satz 1 LBO vermittelt nur ausnahmsweise Drittschutz, wenn und soweit ei ne vom Anwendungsbereich der Landesbauordnung erfasste Anlage gegen eine auch dem Schutz eines Dritten (Nachbarn) dienende öffentlich-rechtliche Vorschrift verstößt (st. Rspr, vgl. VGH Baden-Württemberg, Urteil v. 24.3.2014 – 8 S 1938/12 –, VBlBW 2015, 31 – juris Rdnr. 22 m. w. N.; Urteil v. 3.4.2023 – 8 S 3878/21 –, VBlBW 2023, 517 – juris Rdnr. 37; Sauter, LBO, Stand Dezember 2023, § 65 Rdnr. 125). Ein Anspruch der Kläger auf bauaufsichtliches Einschreiten oder Neubescheidung ihres Antrags kommt demgemäß nur in Betracht, wenn der errichtete Carport gegen für sie nachbarschützende Vorschriften verstößt.

Es liegen bereits die Tatbestandsvoraussetzungen der Vorschrift nicht vor (s. unter 1.), sodass für eine Ermessensreduzierung auf Null oder für eine Ermessensentscheidung der Beklagten kein Raum ist (s. unter 2.).

1. Der Carport auf dem Grundstück der Beigeladenen wurde nicht im Widerspruch zu öffentlich-rechtlichen Vorschriften errichtet, die auch dem Schutz der Kläger dienen.

Die Übereinstimmung mit den öffentlich-rechtlichen Regelungen ergibt sich zwar, soweit das Vorhaben planabweichend ausgeführt wurde, noch nicht aus der erteilten Baugenehmigung (s. unter a)). Die erfolgte Errichtung des Carports verstößt aber weder gegen die Vorgaben über die nötigen Abstandsflächen (s. unter b)) noch gegen brandschutzrechtliche Vorgaben (s. unter c)).

a) Einem Anspruch der Kläger auf bauaufsichtliches Einschreiten bzw. Neubescheidung ihres behördlichen Antrags steht nicht von vornherein entgegen, dass den Beigeladenen am 17.5.2019 eine Baugenehmigung für die Errichtung eines Einfamilienhauses mit – grenzständig zum klägerischen Grundstück geplantem – Carport für zwei Kraftfahrzeuge erteilt wurde, gegen die die Kläger nicht im Wege eines Widerspruchs vorgegangen sind.

Die Kläger müssen grundsätzlich die feststellende Wirkung der bestandskräftigen Baugenehmigung gegen sich gelten lassen, die auch gegenüber ihnen als Dritten die Legalisierung einer im Einklang hiermit errichteten baulichen Anlage bewirkt (vgl. BVerwG, Beschluss v. 15.8.1988 – 4 B 89.88 –, NVwZ 1989, 48 – juris Rdnr. 7 f.; VGH Baden-Württemberg, Urteil v. 29.9.2015 – 3 S 741/15 –, VBlBW 2016, 115 – juris Rdnr. 30; VG Karlsruhe, Urteil v. 12.7.2023 – 2 K 1712/22 –, n.v.).

Daran ändert es nichts, dass die Kläger meinen, sie seien im Baugenehmigungsverfahren unzureichend beteiligt worden. Sie wurden mit Schreiben vom 30.1.2019 und 27.3.2019 gemäß § 55 Abs. 1 Satz 1 LBO in der bis zum 24.11.2023 geltenden Fassung (vgl. § 77 Abs. 1 Satz 1 LBO) als Angrenzer beteiligt. Die Baugenehmigung wurde den Klägern zwar entgegen § 58 Abs. 1 Satz 5 LBO nicht zugestellt. Gleichwohl müssen sie sich nach Treu und Glauben jedenfalls nach Ablauf eines Jahres, nachdem sie aufgrund der Umstände von der Baugenehmigung sichere Kenntnis hatten oder haben mussten, so behandeln lassen, als sei diese ihnen gegenüber gemäß § 41 Abs. 1 Satz 1, § 43 Abs. 1 LVwVfG bekannt gegeben und wirksam geworden (vgl. BVerwG, Urteil v. 25.1.1974 – 4 C 2.72 –, BVerwGE 44, 294 – juris Rdnr. 23; Beschluss v. 17.2.1989 – 4 B 28.89 –, Buchholz 406.19 Nachbarschutz Nr. 87 – juris Rdnr. 2). Davon war spätestens mit Baubeginn auf dem Nachbargrundstück auszugehen, der ausweislich der von den Klägern im behördlichen Verfahren vorgelegten Lichtbilddokumentation zwischen dem 30.4.2019 (»vor Beginn der Bauarbeiten«, Abbildung 8, S. 5) und dem 29.6.2020 (»Ansicht Häuser XXX und XXX«, Abbildung 9, S. 6) lag. Die mangels Rechtsbehelfsbelehrung geltende Jahresfrist für die Einlegung eines Widerspruchs (vgl. § 70 Abs. 1 Satz 1, Abs. 2 i. V. m. § 58 Abs. 2 Satz 1 VwGO) endete damit spätestens mit Ablauf des 29.6.2021. Ihr erst am 21.1.2022 – zumal mit anwaltlicher Vertretung – gestellter Antrag auf bauaufsichtliches Einschreiten kann damit auch nicht sachdienlich als Widerspruch gegen die Baugenehmigung ausgelegt werden.

Die Legalisierungswirkung der Baugenehmigung vom 17.5.2019 reicht dabei allerdings nur so weit, wie sie Vorgaben trifft und die Beigeladenen den Carport im Einklang mit deren Vorgaben verwirklicht haben. Sofern sie bezüglich der Maße des Carports gegebenenfalls von den Vorgaben der Baugenehmigung abgewichen sind, kann diese den Klägern nicht entgegengehalten werden. Umgekehrt können die Kläger angenommene Fehler aber nicht geltend machen, soweit diese vom Regelungsgehalt der Baugenehmigung erfasst sind und sich das Bauvorhaben in ihrem Rahmen hält.

b) Der Carport verletzt nicht dadurch die nachbarschützenden (vgl. VGH Baden-Württemberg, Urt. v 20.9.2016 – 11 S 2070/14 –, VBlBW 2017, 284 –

juris Rdnr. 39; Urteil v. 3.4.2023 – 8 S 3878/21 –, VBlBW 2023, 517 – juris Rdnr. 50, 72) Vorgaben des Abstandsflächenrechts nach §§ 5 f. LBO, dass er in gewissem Umfang planabweichend verwirklicht wurde.

aa) Gemäß § 5 Abs. 1 Satz 1 LBO müssen vor den Außenwänden von baulichen Anlagen Abstandsflächen liegen, die von oberirdischen baulichen Anlagen freizuhalten sind. Dies gilt auch für bauliche Anlagen oder deren Teile, die als sogenannte fiktive Außenwände, etwa mit einem aus Stützen, Pfeilern oder Gitterstrukturen gebildeten Raumabschluss eine mit Außenwänden vergleichbare Wirkung erzielen (vgl. VGH Baden-Württemberg, Beschluss v. 15.1.2013 – 3 S 2259/12 –, juris Rdnr. 5; Busch, in: Schlotterbeck/ Hager/Busch/ Gammerl, LBO, 8. Aufl. 2020, § 5 Rdnr. 27 f. m. w. N.), und damit auch hier für die durch ihre Pfosten definierte grenzständige Carportwand. Die Einschränkungen des § 5 Abs. 1 Satz 2 LBO, wenn nach planungsrechtlichen Vorschriften an die Grenze gebaut werden muss oder darf, sind nicht einschlägig.

Das Vorhaben wahrt keine Abstandsflächen. Der Carport auf dem Grundstück der Beigeladenen (Flst.-Nr. XXX) wurde – insoweit entsprechend der Baugenehmigung vom 17.5.2019 – unmittelbar an der Grenze zum Nachbargrundstück der Kläger (Flst.-Nr. XXX) errichtet. Auf die genaue Tiefe der einzuhaltenden Abstandsflächen nach § 5 Abs. 4 und 7 LBO kommt es demgemäß nicht an.

41 bb) Der grenzständig zum Grundstück Flst.-Nr. XXX errichtete Carport ist nicht nach den für Sonderfälle vorgesehenen Privilegierungen gemäß § 6 Abs. 1 Satz 1 LBO zulässig.

Gemäß § 6 Abs. 1 Satz 1 Nr. 2 LBO sind in den Abstandsflächen baulicher Anlagen sowie ohne eigene Abstandsflächen unter anderem Garagen mit einer Wandhöhe bis 3 m und einer Wandfläche bis 25 m^2 zulässig.

Garagen sind gemäß der Definition in § 2 Abs. 8 Satz 2 LBO Gebäude oder Gebäudeteile zum Abstellen von Kraftfahrzeugen. Auch Carports, d. h. überdachte Stellplätze, die dem Abstellen von Kraftfahrzeugen dienen, sind als Garagen in diesem Sinne einzustufen (VGH Baden-Württemberg, Urteil v. 29.7.2021 – 5 S 1214/18 –, juris Rdnr. 67; Sauter, LBO, Stand Dezember 2023, § 2 Rdnr. 97; Spannowsky, in: Spannowsky/Uechtritz, BeckOK BauordnungsR BW, § 2 Rdnr. 72).

(1) Zwar sind nach den mit einem Genehmigungsvermerk versehenen Bauvorlagen der Baugenehmigung vom 17.5.2019 die vorgenannten zur Privilegierung führenden Maße eingezeichnet. Der tatsächlich errichtete Carport hält die Privilegierungsmaße des § 6 Abs. 1 Satz 2 LBO indessen nicht ein.

Die maßgebliche Carportwand überschreitet mit 3,07 m die zur Auslösung einer Privilegierung maximale Höhe von 3 m. Da die Privilegierungsmaße kumulativ erfüllt sein müssten, bedarf es keiner genaueren Erörterung, ob daneben auch die zulässige Wandfläche überschritten wird.

(a) § 6 Abs. 1 Satz 2 LBO bestimmt, dass für die Ermittlung der Wandhöhe nach § 6 Abs. 1 Satz 1 Nr. 2 LBO der höchste Punkt der Geländeoberfläche zugrunde zu legen ist.

Als unterer Bezugspunkt ist demnach gemäß § 6 Abs. 1 Satz 2 LBO der höchste Punkt der tatsächlichen Geländeoberfläche – und nicht die mittlere Wandhöhe wie nach § 5 Abs. 4 Satz 3 LBO –, dies grundsätzlich und auch hier nach Ausführung des Bauvorhabens (vgl. § 5 Abs. 4 Satz 5 LBO), zugrunde zu legen. Das Gesetz lässt keinen Raum für die Berücksichtigung früherer Geländeverhältnisse auf dem Baugrundstück oder die Wand verdeckender Bauwerke auf dem Nachbargrundstück (vgl. VGH Baden-Württemberg, Urteil v. 24.3.2014 – 8 S 1938/12 –, VBlBW 2015, 31 – juris Rdnr. 28; Urteil v. 21.7.2020 – 8 S 702/19 –, VBlBW 2021, 159 – juris Rdnr. 41; VG Karlsruhe, Urteil v. 20.4.2023 – 2 K 3554/22 –, n.v.; Urteil v. 6.5.2024 – 2 K 4206/23 –, juris Rdnr. 37).

Maßgeblich ist somit das vordere Ende des Carports an dessen südlicher Seite. Die östliche Wand des Carports hat nach den übereinstimmenden Ergebnissen der von Mitarbeitern der Beklagten und den Klägern vorgenommenen Messungen, die auch die Beigeladenen nicht in Frage stellen, von der Oberkante des Pflasters bis zur Oberkante des Metallrands der Überdachung eine Höhe von 3,07 m. Der Beigeladene zu 1 hat hierzu im Termin zur mündlichen Verhandlung erläutert, dass die Carporthöhe von 3,07 m statt 3 m durch eine versehentlich leicht abfallende Verlegung des Pflasters vom Hauseingang zur Grundstücksgrenze bedingt sei.

Dem umfangreichen Vorbringen der Kläger zur Frage vergangener Geländeverläufe und der Richtigkeit der Bestimmung der in den Bauvorlagen verzeichneten Höhenpunkte war nicht weiter nachzugehen, weil nach § 5 Abs. 4 Satz 5 LBO die tatsächliche Geländeoberfläche nach Ausführung des Bauvorhabens maßgebend ist. Dafür, dass etwaige Veränderungen der Geländeoberfläche gerade zur Verringerung von Abstandsflächen angelegt worden wären (vgl. § 5 Abs. 4 Satz 5 a. E. LBO), bestehen keine konkreten Anhaltspunkte. Unabhängig davon ist die Frage, ob bereits die Baugenehmigung insoweit Fehler aufweist, schon wegen deren Bestandskraft nicht von Bedeutung. Maßgeblich ist danach allein die tatsächliche Höhe des Carports von unstreitig 3,07 m an der maßgeblichen Südseite. Mit einer solchen Höhe ist der Carport nicht genehmigt; sie soll nach der Baugenehmigung vielmehr nur 3 m betragen.

Da nur die Höhenverhältnisse auf dem Baugrundstück der Beigeladenen – d. h. nicht vom (klägerischen) Nachbargrundstück aus betrachtet – maßgeblich sind (vgl. auch VGH Baden-Württemberg, Urteil v. 24.3.2014 – 8 S 1938/12 –, VBlBW 2015, 31 – juris Rdnr. 28; Busch, in: Schlotterbeck/Hager/Busch/Gammerl, LBO, 8. Aufl. 2020, § 6 Rdnr. 24), spielt die auf dem klägerischen Grundstück vorgenommene Aufschüttung mit Errichtung einer Stützwand auf 0,67 m keine Rolle. Hierdurch verringert sich die maßgebliche Höhe – wie bereits das Regierungspräsidium Karlsruhe im Widerspruchsbescheid festgehalten hat – nicht auf 2,31 m.

(b) Da bereits die Wandhöhe überschritten und damit die Privilegierungsmaße nicht eingehalten sind, kommt es auf die genaue Ermittlung der Wandfläche (vgl. hierzu VG Karlsruhe, Urteil v. 28.7.2021 – 4 K 1623/20 –, n.v.; Urteil v. 6.5.2024 – 2 K 4206/23 –, juris Rdnr. 49 ff.; Busch, in: Schlotterbeck/Hager/Busch/Gammerl, LBO, 8. Aufl. 2020, § 6 Rdnr. 28; Sauter, LBO, Stand Dezember 2023, § 6 Rdnr. 14, 16; für das frühere Recht VGH Baden-Württemberg, Urteil v. 2.4.1992 – 3 S 2431/91 –, juris Rdnr. 24; Beschluss v. 30.6.2016 – 3 S 968/16 –, juris Rdnr. 22) und insbesondere auf die Frage, ob bei ihr auch die Seitenfläche der unterhalb des Carports befindlichen, als Kellergeschoss bezeichneten baulichen Anlage einzubeziehen ist, nicht an.

(2) Die Überschreitung der Privilegierungsmaße jedenfalls durch die Wandhöhe kann auch nicht von vornherein als geringfügig und deshalb unbeachtlich angesehen werden.

Zunächst sind vorliegend nicht die einzuhaltenden Abstandsflächen um einige Zentimeter überschritten, sondern es geht um die Frage, ob die für eine Privilegierung gesetzlich festgelegten Maße, die überhaupt erst ein Absehen von Abstandsflächen rechtfertigen können, nach § 6 Abs. 1 Satz 1 Nr. 2, Satz 2 LBO erfüllt sind. Insoweit genügt bereits eine zahlenmäßig gering erscheinende Überschreitung der vorgesehenen Schwellenwerte für eine Auswirkung auf die Frage, ob oder in welchem Umfang Abstandsflächen einzuhalten sind (vgl. insoweit für die strikte Einhaltung von Schwellenwerten bei der verwandten Frage, ob ein Dachgeschoss mit der Folge der Geltung größerer Abstandsflächen als Vollgeschoss zu werten war, VGH Baden-Württemberg, Beschluss v. 25.7.2023 – 5 S 590/23 –, n. v.; für eine der vorliegenden vergleichbare Konstellation s. VG Karlsruhe, Urteil v. 6.5.2024 – 2 K 4206/23 –, juris Rdnr. 54).

Unabhängig davon könnte selbst eine als geringfügig angesehene Überschreitung von Abstandsflächen – um die es hier gerade nicht geht –, allenfalls im Rahmen des Entschließungsermessens der Baurechtsbehörde betreffend das bauordnungsrechtliche Einschreiten aus Gründen der Verhältnismäßigkeit oder des Schikaneverbots – und nicht schon auf Tatbestandsebene – ausnahmsweise eine andere Bewertung gebieten (vgl. VGH Baden-Württemberg, Urteil v. 24.3.2014 – 8 S 1938/12 –, VBlBW 2015, 31 – juris Rdnr. 52).

(3) Vorliegend ist jedoch nach § 6 Abs. 3 Satz 1 LBO eine geringere Tiefe – hier von 0 m – der Abstandsflächen zuzulassen.

Gemäß § 6 Abs. 3 Satz 1 LBO sind geringere Tiefen der Abstandsflächen zuzulassen, wenn in überwiegend bebauten Gebieten die Gestaltung des Straßenbildes oder besondere örtliche Verhältnisse dies erfordern (Nr. 1) oder die Beleuchtung mit Tageslicht sowie Belüftung in ausreichendem Maße gewährleistet bleiben, Gründe des Brandschutzes nicht entgegenstehen und nachbarliche Belange nicht erheblich beeinträchtigt werden (Nr. 2). Die Vorschrift ist grundsätzlich auch dann anwendbar, wenn die Abstandsflächentiefe wegen eines Grenzbaus auf Null reduziert wird (ausdrücklich VG Karlsruhe, Urteil v. 3.7.2023 – 12 K 4455/22 –, n. v.; Urteil v. 6.5.2024 – 2 K 4206/23 –, juris Rdnr. 55; in der Sache etwa VGH Baden-Württemberg, Urteil v. 21.7.2020 – 8 S 702/19 –, VBlBW 2021, 159 – juris Rdnr. 46; Beschluss v. 26.5.2015 – 3 S 733/15 –, juris Rdnr. 19).

Auch wenn – wie hier – noch keine Entscheidung der Baurechtsbehörde über die Frage der Zulassung einer Ausnahme vorliegt, ist ein entsprechender Anspruch des Bauherrn vom Gericht zu berücksichtigen (vgl. für eine Nachbarklage gegen eine Baugenehmigung VGH Baden-Württemberg, Urteil v. 2.6.2015 – 8 S 1914/14 –, NVwZ-RR 2016, 19 – juris Rdnr. 57). Dies ist auch im Rahmen des hier zu prüfenden Anspruchs auf baurechtliches Einschreiten gegenüber dem Grundstücksnachbarn anzunehmen, weil bei Bejahung eines entsprechenden Anspruchs im Sinne des § 65 Abs. 1 Satz 1 a. E. LBO auf andere Weise rechtmäßige Zustände hergestellt werden können (vgl. allgemein Sauter, LBO, Stand Dezember 2023, § 65 Rdnr. 45). Zudem stünde dem Anspruch eines Nachbarn auf Einschreiten unmittelbar der Anspruch des Bauherrn auf Zulassung nach § 6 Abs. 3 LBO gegenüber.

Dass eine geringere Tiefe der Abstandsflächen im Sinne von § 6 Abs. 3 Satz 1 Nr. 1 LBO aus den dort genannten Gründen erforderlich wäre, machen die Beigeladenen und die Beklagte weder geltend noch ist dies sonst ersichtlich.

Es sind jedoch die Voraussetzungen des § 6 Abs. 3 Satz 1 Nr. 2 LBO erfüllt.

(a) Mangels gegenteiligen Vorbringens und anderweitiger Anhaltspunkte ist zunächst nicht davon auszugehen, dass eine Beleuchtung mit Tageslicht und eine Belüftung nicht in ausreichendem Maße gewährleistet bleiben.

Auch die Kläger haben hierzu nichts Konkretes vorgebracht. Sofern der Kläger zu 1 in der mündlichen Verhandlung auf eine gewisse Verschattung im Sommer in den Abendstunden verwiesen hat, erreicht diese aufgrund des beschränkten zeitlichen und wohl auch räumlichen Umfangs bei Weitem nicht den Grad einer Unzumutbarkeit und wird unter Berücksichtigung der örtlichen Gegebenheiten nicht zuletzt wesentlich auch durch die von den Klägern errichtete Sichtschutzwand nebst Rankhilfe bedingt sein.

(b) Des Weiteren stehen auch Gründe des Brandschutzes der Zulassung einer Ausnahme nicht entgegen.

Entgegen der Auffassung der Kläger war der Carport nicht unter Errichtung einer Brandwand auszuführen.

(aa) Gemäß § 27 Abs. 4 Alt. 1 LBO müssen Brandwände als raumabschließende Bauteile zum Abschluss von Gebäuden (Gebäudeabschlusswand) ausreichend lang die Brandausbreitung auf andere Gebäude oder Brandabschnitte verhindern. Nähere Vorgaben zur Notwendigkeit und Ausgestaltung von Brandwänden sehen § 73 Abs. 1 Nr. 1 LBO i. V. m. § 7 LBOAVO vor (Sauter, LBO, Stand Dezember 2023, § 27 Rdnr. 1; Busch, in: Schlotterbeck/Hager/Busch/Gammerl, LBO, 8. Aufl. 2020, § 27 Rdnr. 2).

Die Vorschriften dienen dem Brandschutz, indem sie die Ausbreitung eines ausgebrochenen Brandes auf benachbarte Gebäude verhindern sollen. Damit entfalten sie zugunsten der angrenzenden Grundstücksnachbarn – hier den Klägern – drittschützende Wirkung (vgl. VGH Baden-Württemberg, Urteil v. 3.4.2023 – 8 S 3878/21 –, VBlBW 2023, 517 – juris Rdnr. 52 f.; Beschluss v. 1.8.2016 – 3 S 1082/16 –, BauR 2016, 1888 – juris Rdnr. 32; VG Sigmaringen, Beschluss v. 9.12.2020 – 3 K 2190/20 –, juris Rdnr. 10; Busch, in: Schlotterbeck/Hager/Busch/Gammerl, LBO, 8. Aufl. 2020, § 27 Rdnr. 80; Zehfuß/Paliga/Otto/Schulz, Spannowsky, in: Spannowsky/Uechtritz, BeckOK BauordnungsR BW, § 27 Rdnr. 60.1).

(bb) Einer Brandwand bedurfte es vorliegend schon deshalb nicht, weil die bestandskräftige Baugenehmigung einen Carport genehmigt (vgl. insofern den Lageplan). Dieser soll gerade als Gebäude ohne Wand ausgestaltet sein, wie sich dem »Deckblatt Ansicht Ost« der Bauvorlagen mit allein erkennbaren Stützpfeilern und Sichtbarkeit des Wohngebäudes hinter dem Carport entnehmen lässt.

(cc) Etwas anderes ergibt sich auch nicht aus der hinsichtlich der Maße leicht abweichenden (und damit nicht mehr von vornherein nach § 6 Abs. 1 Satz 1 Nr. 2 LBO privilegierten) Bauausführung.

Gemäß § 7 Abs. 1 Nr. 1 Halbs. 1 Alt. 1 LBOAVO sind Brandwände grundsätzlich als Gebäudeabschlusswand (vgl. § 27 Abs. 4 Alt. 1 LBO) erforderlich, wenn diese Abschlusswände an oder mit einem Abstand von weniger als 2,50 m gegenüber der Nachbargrenze errichtet werden. Unter einer Brandwand ist eine öffnungslose Wand zu verstehen, die bis zur Bedachung durchgeht (vgl. § 7 Abs. 4 Satz 1, Abs. 8 Satz 1 LBOAVO; Busch, in: Schlotterbeck/Hager/Busch/Gammerl, LBO, 8. Aufl. 2020, § 27 Rdnr. 43).

Der Carport wurde hier zwar unmittelbar an der Grenze zum klägerischen Grundstück hergestellt. § 7 Abs. 1 Nr. 1 LBOAVO verlangt ausweislich seines Wortlauts eine Brandwand jedoch nur, wenn überhaupt »Abschlusswände [...] errichtet werden«. Die Herstellung einer Wand als solcher, die dann als Brandwand auszugestalten ist, schreibt § 7 Abs. 1 Nr. 1 LBOAVO indessen nicht vor (vgl. demgegenüber für eine andere Fallkonstellation nach Berliner Landesrecht BGH, Urteil v. 13.12.2019 – V ZR 152/18 –, juris Rdnr. 20, 23; VG Berlin, Urteil v. 18.12.2018 – 19 K 224.16 –, juris Rdnr. 61 ff.; für das baden-württembergische Recht Busch, in: Schlotterbeck/Hager/Busch/Gammerl, LBO, 8. Aufl. 2020, § 7 LBOAVO Rdnr. 24, 27, der Carports ohne Seitenwände im Ausgangspunkt unter § 7 Abs. 1 LBOAVO fasst; offen Sauter, LBO, Stand Dezember 2023, § 27 Rdnr. 67 f.). Dass § 7 Abs. 1 Nr. 1 LBOAVO Brandwände nur bei tatsächlich beabsichtigter oder erfolgter Wand und nicht auch die Errichtung einer Wand überhaupt vorschreibt, zeigt auch ein systematischer Vergleich mit den weiteren Nummern des § 7 Abs. 1 LBOAVO, die diese Einschränkung nicht vorsehen.

(dd) Bei gegenteiliger Ansicht ergäbe sich im Ergebnis nichts anderes.

Zwar ist die Ausnahme des § 7 Abs. 1 Nr. 1 Halbs. 2 LBOAVO, wenn ein Abstand von mindestens 5 m zu bestehenden oder nach den baurechtlichen Vorschriften zulässigen künftigen Gebäuden – öffentlich-rechtlich (vgl. Sauter, LBO, Stand Dezember 2023, § 27 Rdnr. 72) – gesichert ist, nicht einschlägig.

Nach § 7 Abs. 2 LBOAVO gilt die Notwendigkeit einer Brandwand jedoch nicht für die dort geregelten Fälle, von denen hier die Nr. 5 einschlägig ist.

§ 7 Abs. 2 Nr. 2 LBOAVO ist nicht erfüllt, weil die – fiktive – Wand mit 6 m zuzüglich dem Dachvorbau mehr als 5 m breit ist. Ebenfalls ist § 7 Abs. 2 Nr. 3 LBOAVO nicht erfüllt, weil dies voraussetzt, dass das betreffende Gebäude nach § 6 Abs. 1 LBO in den Abstandsflächen sowie ohne eigene Abstandsflächen zulässig ist (und zu Nachbargrenzen Wände ohne Öffnungen hat).

§ 7 Abs. 2 Nr. 5 LBOAVO entbindet allerdings Wände von der Notwendigkeit einer Brandwand, die gemäß § 6 Abs. 3 Satz 1 Nr. 2 LBO die Abstände nicht einhalten, wenn ohne Brandwand keine Bedenken wegen des Brandschutzes bestehen. Dies ist hier anzunehmen. Die Beklagte hat auf der Grundlage einer Besichtigung des Carports am 11.6.2024 unter Heranziehung ihrer Bauverständigen nachvollziehbar dargelegt, dass gegen die offene Ausführung des Carports an der Grenze zum klägerischen Grundstück auch bei der vorliegenden Überschreitung der Privilegierungsmaße keine brandschutzrechtlichen Bedenken bestehen und namentlich keine höhere Brandgefährdung gegeben ist. Danach bestehe die Konstruktion des Carports – gegebenenfalls bis auf die Dachabdichtung und Dachbegrünung – aus nicht brennbaren Baustoffen. Aufgrund der um im Mittel ca. 8 cm höheren Ausführung des Carports würden nicht mehr oder andere Brandlasten unter dem Carportdach untergebracht als bei einer Höhe von 3 m. Auch der Nutzungsschwerpunkt des Carports werde hierdurch nicht verändert.

Der Kläger hat hiergegen nichts Substantiiertes eingewendet. Er hat lediglich auf die regelmäßige Lagerung von brennbaren Gegenständen wie Holz und Müll unter dem Carportdach verwiesen, die nach § 14 Abs. 2 GaVO nicht zulässig seien. Der hiermit in den Blick genommene § 14 Abs. 2 Satz 2 Halbs. 2 GaVO (Verordnung des Ministeriums für Landesentwicklung und Wohnen über Garagen und Stellplätze – Garagenverordnung vom 7.7.1997, GBl. 1997 S. 332) schreibt jedoch nur für Mittel- und Großgaragen vor, dass andere brennbare Stoffe als Kraftstoffe in diesen nur aufbewahrt werden dürfen, wenn sie zum Fahrzeugzubehör zählen oder der Unterbringung von Fahrzeugzubehör dienen. Bei dem Carport handelt es sich aber aufgrund seiner Nutzfläche von nicht mehr als 100 m^2 nur um eine Kleingarage (vgl. § 1 Abs. 8 GaVO).

(c) Schließlich werden auch nachbarliche Belange der Kläger durch die Zulassung einer geringeren Tiefe der Abstandsfläche von – hier – 0 m aufgrund der Besonderheiten der Fallgestaltung nicht erheblich beeinträchtigt.

Bei der Prüfung der Frage, ob nachbarliche Belange nicht erheblich beeinträchtigt werden (vgl. zum Ganzen auch VG Karlsruhe, Urteil v. 20.4.2023 – 2 K 3554/22 –, n. v.), ist von der normativen Wertung auszugehen, dass eine Tiefe der Abstandsfläche, die jene nach § 5 Abs. 7 LBO unterschreitet, regelmäßig zu einer erheblichen und damit nicht mehr hinnehmbaren Beeinträchtigung des betreffenden Nachbarn führt, gleichgültig, ob die Unterschreitung gravierend oder nur geringfügig ist. Nachbarliche Belange sind in einem solchen Fall nur dann nicht erheblich beeinträchtigt, wenn auf dem Nachbargrundstück besondere Umstände vorliegen, die eine vom Regelfall abweichende Beurteilung rechtfertigen, weil die vorhandene Situation durch Besonderheiten gekennzeichnet ist, die das Interesse des Nachbarn an der Einhaltung der – nach aktuellem Recht generell – nachbarschützenden Abstandsfläche deutlich mindern oder als weniger schutzwürdig erscheinen lassen (st. Rspr., vgl. nur VGH Baden-Württemberg, Urteil v. 10.10.1996 -3 S 2205/94 –, VBlBW 1997, 266 – juris Rdnr. 28; Urteil v. 10.10.2002 – 5 S 1655/01 –, BauR 2003, 1201 – juris Rdnr. 27; Urteil v. 18.12.2007 – 3 S 2107/07 –, VBlBW 2008, 190 – juris Rdnr.18; Urteil v. 6.6.2008 – 8 S 18/07 –, VBlBW 2008, 483 – juris Rdnr. 41; Urteil v. 24.3.2014 – 8 S 1938/12 –, VBlBW 2015, 31 – juris Rdnr. 42; Urteil v. 21.7.2020 – 8 S 702/19 –, VBlBW 2021, 159 – juris Rdnr. 41; VG Karlsruhe, Urteil v. 6.5.2024 – 2 K 4206/23 –, juris Rdnr. 60; Busch, in: Schlotterbeck/Hager/Busch/Gammerl, LBO, 8. Aufl. 2020, § 6 Rdnr. 70; Sauter, LBO, Stand Dezember 2023, § 6 Rdnr. 42 ff.).

Solche Besonderheiten können sich namentlich aus den tatsächlichen Verhältnissen auf dem Nachbargrundstück, etwa aufgrund unterschiedlicher Höhenlagen oder sonstiger signifikanter topografischer Unterschiede ergeben. Ferner kann ein ungewöhnlicher Zuschnitt des Nachbargrundstücks oder die Tatsache ausschlaggebend sein, dass die vorhandene oder die planungsrechtlich zulässige Bebauung auf dem Nachbargrundstück durch das in Rede stehende grenznahe Vorhaben nur unerheblich tangiert wird. Daneben können aber auch rechtliche Besonderheiten vorliegen, welche die Schutzwürdigkeit und Schutzbedürftigkeit des Nachbarn in abstandsflächenrechtlicher Hinsicht deutlich mindern und deshalb eine »erhebliche« Beeinträchtigung nachbarlicher Interessen im Sinne des § 6 Abs. 3 Satz 1 Nr. 2 LBO ausschließen. Dies ist unter anderem der Fall, wenn sich dem Regelungsregime der Abstandsflächenvorschriften eindeutig entnehmen lässt, dass der Gesetzgeber die von einer baulichen Anlage ausgehende konkrete Beeinträchtigung des angrenzenden Nachbargrundstücks für zumutbar hält (vgl. zur wortgleichen Vorgängerregelung des § 6 Abs. 4 Satz 1 Nr. 2 LBO a. F. VGH Baden-Württemberg, Urteil v. 13.8.2008 – 3 S 1668/07 –, VBlBW 2009, 65 – juris Rdnr. 27; Beschluss v. 29.4.2009 – 3 S 569/09 –, ESVGH 60, 63 – juris Rdnr. 15). Sind die Voraussetzungen des § 6 Abs. 3 Satz 1 Nr. 2 LBO erfüllt, hat die Baurechtsbehörde die Abweichung zuzulassen; anders als bei einer Ausnahmeregelung bleibt kein Raum für die Ausübung von Ermessen (vgl. VGH Baden-

Württemberg, Urteil v. 6.6.2008 – 8 S 18/07 –, VBlBW 2008, 483 – juris Rdnr. 40 f.; Busch, in: Schlotterbeck/Hager/Busch/Gammerl, LBO, § 6 Rdnr. 61; Sauter, LBO, Stand Dezember 2023, § 6 Rdnr. 32, 38).

Derartige Besonderheiten sind hier ausnahmsweise nach den Umständen des Einzelfalls gegeben, auch wenn es – wie bereits dargelegt – nicht nur um eine geringfügige Unterschreitung der Abstandsflächentiefe geht.

Denn die erfolgte Aufschüttung des im Grenzbereich zunächst tiefer liegenden Grundstücks der Kläger und die dortige Errichtung einer 0,76 m hohen Stützmauer hatte bereits zur Folge, dass der Carport vom klägerischen Grundstück aus betrachtet am südlichen Ende nur mit einer Höhe von 2,31 m in Erscheinung tritt. Ebenfalls verkleinert sich die Ansichtsfläche der (fiktiven) Wandfläche des Carports deutlich. Darüber hinaus haben die Kläger auf der Stützwand eine Sichtschutzwand und darauf ein – zwischenzeitlich bepflanztes – Rankgerüst errichtet, die eine Gesamthöhe von 3,30 m erreichen. Hierdurch haben die Kläger eine weitestgehende Abschirmung gegenüber dem Carport und dessen Auswirkungen erreicht. Soweit ausweislich ihrer im behördlichen Verfahren eingereichten Lichtbilder zunächst oberhalb ein Schlitz verblieb, durch den die Beleuchtung des Carports noch zu erkennen war, ist davon auszugehen, dass die Lichteinwirkungen durch die vorhandene Bepflanzung, wie sie auf den Lichtbildern vom 11.6.2024 in diesem Bereich zu erkennen ist, noch weiter eingeschränkt werden. Soweit die Kläger schriftsätzlich eingewendet haben, die baulichen Anlagen seien nur behelfsmäßig errichtet worden, um sich gegen den unzulässigen Carport zu wenden, überzeugt dies angesichts der Massivität der Stützwand und der auch im Übrigen dauerhaft anmutenden Konstruktion nicht. Dies gilt umso mehr, als sich die zahlreichen Einwendungen der Kläger gegen die sich im Rahmen des Üblichen haltenden Nutzungen und die genehmigte Errichtung des Carports richten, sodass davon auszugehen ist, dass die Kläger den Carport auch bei einer Wahrung der Privilegierungsmaße als subjektiv störend empfunden hätten. Dies gilt umso mehr, als der Kläger zu 1 in der mündlichen Verhandlung auch die angeblich mögliche Einsichtnahme durch das im Obergeschoss gelegene Badfenster des Wohnhauses der Beigeladenen beanstandet hat. Selbst wenn dies anders zu sehen wäre, würde ein in der Zukunft beabsichtigter Abbau des Carports nichts daran ändern, dass im maßgeblichen Zeitpunkt der mündlichen Verhandlung eine Abschirmwirkung bestanden hat.

Die verbleibenden in gewissem Umfang wahrnehmbaren Lichteinwirkungen durch die Nutzung des Carports sind den Klägern im Rahmen des nachbarlichen Zusammenlebens ohne Weiteres zumutbar. Eine Carportbeleuchtung ist nicht lebensfremd, sondern entspricht der sozialadäquat gelebten Wirklichkeit; ebenso wenig ist erkennbar, dass die von den Klägern als sehr hell empfundene Deckenlampe einen völlig unüblichen Helligkeitsgrad aufwiese. Dass die Beleuchtung des Carports bisweilen auch zu anderen Nutzungen als dem Abstellen oder Aufsuchen der Kraftfahrzeuge eingeschaltet wird, betrifft schließlich nicht die Bauausführung des Carports als solchem, sondern dessen Nutzung (zur Zulässigkeit der Nutzungen s. unten).

Auf die Frage, ob die nicht genehmigten baulichen Anlagen der Sichtschutzwand und des Rankgerüsts bauordnungsrechtlich zulässig sind und ob sich die Kläger möglicherweise schon deshalb nicht auf einen etwaigen – im Ergebnis nicht gegebenen – Verstoß gegen Abstandsflächenvorgaben durch die Beigeladenen berufen können, kommt es nach alledem nicht an.

c) Aus den vorstehenden Ausführungen ergibt sich zugleich, dass der Carport nicht unter Verstoß gegen § 27 Abs. 4 Alt. 1, § 73 Abs. 1 Nr. 1 LBO i. V. m. § 7 Abs. 1 Nr. 1 LBOAVO zu Unrecht ohne eine Brandwand errichtet wurde.

Auch unabhängig davon konnten – wie dargestellt – brandschutzrechtliche Bedenken bezüglich der erfolgten Bauausführung des Carports nicht festgestellt werden.

2. Da bereits die Tatbestandsvoraussetzungen des § 65 Abs. 1 Satz 1 LBO nicht eröffnet sind, scheidet ein Anspruch auf baurechtliches Einschreiten schon aus diesem Grund aus. Auf die Frage, ob das Ermessen auf Null reduziert ist, kommt es demgemäß nicht an.

II. Die Kläger haben – unabhängig von der dargestellten Frage einer erneuten Entscheidung über den Abbruch des Carports – auch keinen Anspruch auf eine Untersagung der von ihnen beanstandeten Nutzungen des Carports oder eine diesbezügliche ermessensfehlerfreie Neubescheidung.

1. Ermächtigungsgrundlage wäre insoweit § 65 Abs. 1 Satz 2 LBO. Danach kann, wenn (bauliche) Anlagen im Widerspruch zu öffentlich-rechtlichen Vorschriften genutzt werden, diese Nutzung untersagt werden.

Eine Nutzungsänderung einer genehmigten baulichen Anlage bedarf nach § 49 i. V. m.§ 2 Abs. 13 Nr. 1 LBO grundsätzlich einer Baugenehmigung; sie ist gemäß § 50 Abs. 2 Nr. 1 LBO nur dann verfahrensfrei, wenn für die neue Nutzung keine anderen oder weitergehenden Anforderungen gelten als für die bisherige Nutzung. Dabei genügt nach der neueren Rechtsprechung des Verwaltungsgerichtshofs Baden-Württemberg, der das Gericht folgt, für das Vorliegen eines Widerspruchs zu öffentlich-rechtlichen Vorschriften bereits die ungenehmigte Nutzung einer baulichen Anlage, für die nach § 49 LBO eine Genehmigungspflicht besteht. Es kommt dann nicht zusätzlich auf weitere Verstöße gegen materiell-rechtliche Vorschriften an (hierzu eingehend VGH Baden-Württemberg, Urteil v. 9.11.2020 – 3 S 2590/18 –, VBlBW 2021, 326 – juris Rdnr. 61 ff. m. w. N.; vgl. auch VG Karlsruhe, Urteil v. 12.7.2023 – 2 K 1712/22 –, n. v.).

Macht allerdings – wie hier – ein Grundstücksnachbar ein baurechtliches Einschreiten wegen einer angenommenen – formell unzulässigen – Nutzungsänderung geltend, so setzt ein Anspruch voraus, dass zugleich gegen eine (materiell-rechtliche) Vorschrift, die auch seinem Schutz als Nachbarn zu dienen bestimmt ist, verstoßen wird (vgl. VG Karlsruhe, Urteil v. 12.7.2023 – 2 K 1712/22 –, n.v.).

2. Eine formell unzulässige Nutzungsänderung hinsichtlich des Carports, die zugleich materielle Rechte der Kläger verletzt, ist jedoch nicht zu erkennen.

Die Errichtung des Carports steht auf der Grundlage der Baugenehmigung vom 17.5.2019 grundsätzlich im Einklang mit bauordnungsrechtlichen Vorgaben. Soweit sie – wie dargestellt – in geringfügiger Weise abweichend von den Vorgaben der Baugenehmigung erfolgt ist, ändert dies schon deshalb nichts an der grundsätzlichen Zulässigkeit ihrer Nutzung als Carport, d. h. zum Unterstellen von Kraftfahrzeugen, weil der Carport – wie oben ausgeführt – im Ergebnis nach § 6 Abs. 3 Satz 1 Nr. 2 LBO keinen rechtlichen Bedenken begegnet. Die von den Klägern beanstandeten sonstigen Nutzungen des Carports haben keine unzulässige Nutzungsänderung zur Folge, die sie in Nachbarrechten verletzen würde.

a) Sollte die Auffassung der Kläger zutreffen, wonach die Beigeladenen den Carport durch eine Vielzahl von Einzelnutzungen im Wesentlichen einer Wohnnutzung im engeren Sinn zugeführt hätten, so wären sie hierdurch in Nachbarrechten aus § 5 Abs. 1 Satz 1 LBO beeinträchtigt. Denn unabhängig von der – zuvor erörterten – Frage der Privilegierung des grenzständig errichteten Carports als solchem wäre jedenfalls eine Nutzung des Carports als »erweitertes« Wohngebäude nicht mehr privilegiert.

b) Der Fortbestand der Privilegierung und zugleich der Legalisierungswirkung setzt voraus, dass es sich bei dem Carport auch weiterhin um eine Garage im Sinne des § 6 Abs. 1 Satz 1 Nr. 2 i. V. m. § 2 Abs. 8 Satz 2 LBO handelt. Dies ist weiterhin der Fall; der Carport hat seine Funktion als solcher offensichtlich nicht verloren.

aa) Eine Nutzungsänderung hin zu einer eigentlichen Wohnnutzung ist zunächst nicht darin zu sehen, dass das Carportdach in seinem vorderen Bereich als Überdachung des Eingangsbereichs des Wohnhauses der Beigeladenen dient.

Zunächst sehen bereits die genehmigten Bauvorlagen (vgl. die Deckblätter »Erdgeschoss« und »Ansicht Ost«) vor, dass die Überdachung auch die Hauseingangstür abdeckt, sodass die dementsprechende Errichtung des Carports einschließlich dessen Nutzung zu diesem (Neben-)Zweck legalisiert ist. Darüber hinaus führt allein die Tatsache, dass das Haus über eine innerhalb des Carports (oder einer sonstigen Garage) befindliche Tür betreten werden kann, nicht dazu, dass dieser deshalb dem Wohnhaus zuzurechnen wäre. Dies ergibt sich auch aus der Systematik des § 6 Abs. 1 Satz 1 Nr. 2 LBO. Während neben Garagen hiernach nur »Gebäude« ohne Aufenthaltsräume, d. h. selbstständig benutzbare, überdeckte bauliche Anlagen mit einem bestimmten Zweck (s. im Einzelnen § 2 Abs. 2 LBO), privilegiert sind, können Garagen nach der in § 2 Abs. 8 Satz 2 LBO enthaltenen Definition Gebäude, aber auch Gebäudeteile sein. Nur hinsichtlich ersteren stellt sich daher gegebenenfalls die Abgrenzungsfrage, ob es sich wirklich um ein selbstständiges »Gebäude«

und nicht um einen in das Wohngebäude integrierten »Gebäudeteil« handelt (vgl. insoweit VGH Baden-Württemberg, Urteil v. 9.4.2019 – 8 S 1527/17 –, NVwZ-RR 2019, 935 – juris Rdnr. 74; VG Karlsruhe, Urteil v. 6.5.2024 – 2 K 1167/23 –, n. v.; Beschluss v. 21.3.2022 – 12 K 599/22 –, n. v.; anders für das nordrhein-westfälische Recht OVG Nordrhein-Westfalen, Urteil v. 8.5.2009 – 7 A 423/08 –, BauR 2009, 1578 – juris Rdnr. 39).

Eine andere Betrachtung ist auch nicht deshalb geboten, weil der Carport in Verbindung mit der nachträglich errichteten Außentreppe mit darunter liegendem Holzlager (s. hierzu unter 3.) zugleich als Verbindung vom Garten zum Wohnhaus genutzt werden kann. Auch hierdurch geht nicht seine schwerpunktmäßige Funktion als Carport bzw. Garage, also als Unterstand für Kraftfahrzeuge, verloren. Der Carport als Durchgang zu anderen Grundstücksteilen nimmt ihm nicht seine Kernnutzung.

bb) Soweit sich vorübergehend Personen auch unabhängig von dem Vorgang der Nutzung der Kraftfahrzeuge zum Erreichen und Verlassen des Grundstücks der Beigeladenen im Bereich des Carports aufhalten, bewirkt dies gleichfalls noch keine unzulässige und ungenehmigte Wohnnutzung.

Die Kläger haben nicht in Abrede gestellt, dass der Carport auch weiterhin zum Unterstellen von zwei Kraftfahrzeugen der Beigeladenen genutzt wird. Die Tatsache, dass die Beigeladenen, ihre Kinder und ihre Gäste oder möglicherweise auch Handwerker sich dort gelegentlich unterstellen, ändert nichts an dessen schwerpunktmäßiger Funktion als Garage. Das Gleiche gilt für das dortige gelegentliche Spielen durch die Kinder der Beigeladenen. Der von den Klägern über zweieinhalb Jahre erstellten Protokollierung ist im Übrigen zu entnehmen, dass die dargelegten Nutzungen jeweils nur gelegentlich stattfinden (etwa das Spielen der Kinder im Carportbereich alle ein- bis zwei Monate, dabei höchstens wenige Male pro Monat), sodass von einer überwiegenden Nutzung zu anderen Zwecken nicht die Rede sein kann. Dass Kinder in dem – weitgehend offen gestalteten – Carport spielen, entspricht entgegen der Auffassung der Kläger der Lebenswirklichkeit – genauso wie das Spielen auf Stellplätzen. Ein dem Wohnhaus zuzuordnendes »Kinderspielzimmer« entsteht dadurch nicht.

Nur ergänzend ist anzumerken, dass die mit den dargestellten Nutzungen ebenso wie mit der Kernnutzung des Carports zum Unterstellen der Kraftfahrzeuge einhergehenden Geräusch- und Lichtimmissionen im festgesetzten allgemeinen Wohngebiet (§ 4 BauNVO) ohne Weiteres zumutbar sind und daher keine schädlichen Umwelteinwirkungen im Sinne von § 3 Abs. 1 und 2 BImSchG begründen (vgl. zum Maßstab nur BVerwG, Urteil v. 30.4.1992 – 7 C 25.91 –, BVerwGE 90, 163 – juris Rdnr. 11; VGH Baden-Württemberg, Urteil v. 23.10.2001 – 10 S 141/01 –, VBlBW 2002, 197 – juris Rdnr. 41; Urteil v. 23.5.2014 – 10 S 249/14 –, VBlBW 2015, 81 – juris Rdnr. 24; VG Karlsruhe, Urteil v. 7.11.2022 – 2 K 5124/20 –, juris Rdnr. 105; Urteil v. 21.2.2024 – 2 K 1263/23 –, juris Rdnr. 23; Jarass, BImSchG, 14. Aufl. 2022, § 3 Rdnr. 62 ff.). Sie sind demzufolge auch nicht nach § 15 Abs. 1 Satz 2 BauNVO unzulässig, weil sie der Eigenart des Baugebiets widersprechen würden. Ein entsprechender Anspruch auf Einschreiten der Beklagten nach § 47 Abs. 1 Satz 1 und 2 LBO scheidet demzufolge gleichermaßen aus.

cc) Hinsichtlich des gelegentlichen Unterstellens von Gegenständen unter dem Carport gilt nichts anderes; auch hierdurch wird nicht der hauptsächliche Zweck der Nutzung als Carport in Frage gestellt.

Soweit die Kläger das dauerhafte Abstellen der Mülltonnen innerhalb des Carports bemängeln, wäre ein solches im Übrigen schon nicht der Wohnnutzung im engeren Sinn – wie sie üblicherweise innerhalb des Wohngebäudes stattfindet – zugeordnet. Ob die Mülltonnen nach anderen öffentlich-rechtlichen Vorgaben dort rechtmäßigerweise untergestellt werden dürfen, ist für vorliegend ohne Belang, weil insoweit keine nachbarschützenden Rechte der Kläger geltend gemacht oder ersichtlich sind.

III. Ebenfalls können die Kläger nicht verlangen, dass die Beklagte auf der Grundlage von § 65 Abs. 1 Satz 1 LBO den Abbruch der von den Beigeladenen errichteten Außentreppe nebst darunter liegendem Holzlager anordnet oder hierüber erneut entscheidet.

Die Außentreppe mit dem darunter liegenden Holzlager wurde nicht im Widerspruch zu öffentlich-rechtlichen Vorschriften errichtet.

1. Insoweit verfügen die Beigeladenen zwar nicht über eine Baugenehmigung, sodass die Errichtung nicht schon deshalb legalisiert ist. Die Beklagte geht insofern davon aus, dass die Außentreppe als Vorbau ohne Aufenthaltsraum im – hier beplanten – Innenbereich bis 40 m^3 Brutto-Rauminhalt nach § 50 Abs. 1 LBO i. V. m. Nr. 1 Buchst. k des Anhangs zu § 50 Abs. 1 LBO verfahrensfrei, also ohne Baugenehmigung, errichtet werden konnte.

Ob dies zutrifft (für Treppenhäuser bejahend Busch, in: Schlotterbeck/Hager/Busch/Gammerl, LBO, 8. Aufl. 2020, Anhang zu § 50 Abs. 1 Rdnr. 12; vgl. zur Einordnung der Außentreppe als Vorbau im Sinne des § 5 Abs. 6 Satz 1 Nr. 2 LBO s. unten), bedarf hier keiner Entscheidung, weil es für die Frage eines baurechtlichen Einschreitens – bei Fehlen einer Baugenehmigung – nur auf die materiell-rechtliche Zulässigkeit ankommt.

2. Die Außentreppe nebst Holzlager verletzt nicht zulasten der Kläger § 5 Abs. 1 Satz 1 LBO, wonach vor den Außenwänden von baulichen Anlagen grundsätzlich freizuhaltende Abstandsflächen liegen müssen.

Bei der Außentreppe handelt es sich nicht um einen Vorbau, der nach § 5 Abs. 6 Satz 1 Nr. 2 LBO bei der Bemessung der Abstandsfläche außer Betracht bliebe, sodass nötige Abstandsflächen entfielen (vgl. Sauter, LBO, Stand Dezember 2023, § 5 Rdnr. 95). Dies ergibt sich abgesehen von ihrer eigenständigen Funktion schon daraus, dass sie um mehr als 1,5 m – nämlich 2,65 m – vor die Außenwand des Kellergeschosses bzw. Carports hervortritt.

Die Außentreppe mit Holzlager ist jedoch nach § 6 Abs. 1 Satz 1 Nr. 3 LBO abstandsflächenrechtlich privilegiert. Hiernach sind bauliche Anlagen, die keine Gebäude sind, in den Abstandsflächen des Wohngebäudes und ohne eigene Abstandsflächen zulässig, soweit sie nicht höher als 2,5 m sind oder – also alternativ – ihre Wandfläche nicht mehr als 25 m² beträgt.

Die Maßvorgaben für die Privilegierung sind erfüllt. Die Treppe ist zwar nach den Messungen der Kläger und der Beklagten von der Oberkante des Geländes neben der Treppe bis zur Oberkante des Geländers 3,46 m oder 3,47 m hoch. Ihre dem klägerischen Grundstück zugewandte Grenze beträgt jedoch nur 4,072 m² und damit (deutlich) weniger als 25 m². …

Nr. 76

Wenn eine fehlende (rechtliche) Erschließung nicht auf ein behördliches Handeln zurückzuführen ist, verdichtet sich die Erschließungslast der Gemeinde nicht zu einer zu schaffenden Erschließung.

Eine Baugenehmigung trägt zum Entstehen eines materiell-rechtswidrigen Zustandes nicht bei, wenn die Verwirklichung des Bauvorhabens der Genehmigungserteilung vorangeht.

Die Baulasterklärung des Eigentümers zur wegemäßigen Erschließung eines Vorhabens auf einem Nachbargrundstück ist stets freiwillig. Die Bauaufsichtsbehörde kann von einem Grundstückseigentümer die Übernahme einer Baulast nicht verlangen oder erzwingen.

(Leitsätze der Redaktion)

BauGB § 30, § 34; BauO NRW § 4.

OVG Nordrhein-Westfalen, Beschluss v. 25. Juni 2024 – 2 A 1352/22 –.

Aus den Gründen:

Der Antrag auf Zulassung der Berufung hat keinen Erfolg. Aus dem gemäß § 124a Abs. 4 Satz 4 VwGO maßgeblichen Zulassungsvorbringen ergeben sich weder ernstliche Zweifel an der Richtigkeit des angegriffenen Urteils (Zulassungsgrund gemäß § 124 Abs. 2 Nr. 1 VwGO [I.]) noch besondere tatsächliche oder rechtliche Schwierigkeiten der Rechtssache (Zulassungsgrund gemäß § 124 Abs. 2 Nr. 2 VwGO [II.]) oder eine grundsätzliche Bedeutung der Rechtssache (Zulassungsgrund gemäß § 124 Abs. 2 Nr. 3 VwGO [III.]).

I. Zur Darlegung des Zulassungsgrundes der ernstlichen Zweifel i. S. d. § 124 Abs. 2 Nr. 1 VwGO bedarf es einer hinreichenden Auseinandersetzung mit den entscheidungstragenden Erwägungen des Verwaltungsgerichts. Dabei ist in substantiierter Weise an der Gedankenführung des Gerichts orientiert aufzuzeigen, dass und warum das vom Verwaltungsgericht gefundene Ergebnis ernstlich zweifelhaft sein soll. In der Sache liegen ernstliche Zweifel vor, wenn erhebliche Gründe dafür sprechen, dass die verwaltungsgerichtliche Entscheidung einer rechtlichen Prüfung wahrscheinlich nicht standhalten wird. Sie sind (nur) begründet, wenn zumindest ein einzelner tragender Rechtssatz der angefochtenen Entscheidung oder eine erhebliche Tatsachenfeststellung mit schlüssigen Gegenargumenten in Frage gestellt wird und sich die Frage, ob die Entscheidung etwa aus anderen Gründen im Ergebnis richtig ist, nicht ohne weitergehende Prüfung der Sach- und Rechtslage beantworten lässt. Vgl. OVG NRW, Beschluss v. 20.7.2023 – 2 A 2535/21 –, juris Rdnr. 2 f. m. w. N. Derartige Zweifel ruft das Antragsvorbringen nicht hervor.

Das Verwaltungsgericht hat die Klage mit dem Antrag, festzustellen, dass die Beklagte zur Erschließung des Grundstücks Gemarkung D., Flur 159, Flurstück 12 (P.-straße 22) in I. verpflichtet ist, im Wesentlichen mit der Begründung abgewiesen, die (geänderte) Klage sei zulässig, aber unbegründet. Die Klägerin habe gegen die Beklagte keinen Anspruch auf Erschließung des Grundstücks. Ein – eine Erschließung vorsehender – qualifizierter Bebauungsplan existiere nicht, da der Fluchtlinienplan 210, der ohnehin nur als einfacher Bebauungsplan weitergegolten habe (§ 233 Abs. 3 BauGB i. V. m. § 173 Abs. 3 BBauG), im Jahre 2009 aufgehoben worden sei. Ob und in welcher Weise eine Baugenehmigung erteilt worden sei, sei ungeklärt. Insoweit liege die Beweislast bei der Klägerin als Eigentümerin, auch wenn die Beklagte zugunsten der Klägerin von einer Baugenehmigung ausgegangen sei. Zudem sei zu berücksichtigen, dass sich die »Insellage« des Grundstücks der Klägerin nicht aus einem Handeln der Beklagten ergeben habe, so dass auch keine Folgenbeseitigungslast der Beklagten bestehe. Das Grundstück der Klägerin grenze nach wie vor nicht an eine öffentliche Verkehrsfläche an. Insbesondere habe die Einziehung des Teilstücks [der K.-straße] nicht dazu geführt, dass das Grundstück nicht mehr erschlossen sei. Stets habe auch das Flurstück 161 gequert werden müssen, um von der K.-straße aus auf dem Fußweg das Grundstück der Klägerin zu erreichen. Für das Flurstück habe jedoch weder eine Grunddienstbarkeit geschweige denn eine Baulast bestanden und bestehe auch heute nicht. Unabhängig davon habe der Fußweg in keiner Weise den Anforderungen des § 4 Abs. 1 BauO NRW an eine Erschließung genügt. Zudem sei ein Erschließungsanspruch wegen Unmöglichkeit ausgeschlossen, denn die Erschließung des Grundstücks könne nur im Wege der Inanspruchnahme der Grundstücke Privater erfolgen. Eine Erschließung von der K.-straße erfordere zumindest die Querung der Flurstücke 24, 100 und 161. Hiervon stehe nur das Flurstück 24 im Eigentum der Beklagten. Eine Zuwegung nur über das Flurstück 24 scheitere jedoch ersichtlich an der Bebauung des Grundstücks. Eine Erschließung von der M.-straße würde zwingend auf den Flurstücken 23, 161 und/oder 98 verlaufen, die ihrerseits wiederum in Privateigentum stünden. Auf diese Privatgrundstücke habe die Beklagte keinen Zugriff. Die Erschließung könne ohne die Mitwirkung der Grundstückseigentümer mithin weder im Wege einer Enteignung noch durch die Eintragung einer Baulast durchgesetzt werden. Die Baulasterklärung des Eigentümers sei stets freiwillig. Die Bauaufsichtsbehörde könne von einem

Grundstückseigentümer die Übernahme einer Baulast nicht verlangen oder erzwingen. Eine Enteignung nach Maßgabe der in § 85 Abs. 1 BauGB aufgeführten Enteignungszwecke sei hier ersichtlich ausgeschlossen.

Aus der Zulassungsbegründung ergeben sich keine ernstlichen Zweifel an der Richtigkeit dieser Einschätzung im dargelegten Sinne.

Die Klägerin trägt unter 1.a.) der Zulassungsbegründung unter Bezugnahme auf das Urteil des Bundesverwaltungsgerichts vom 4.10.1974 (IV C 59/72) vor, es habe bei Errichtung des Gebäudes unstreitig einen Fluchtlinienplan gegeben, der jedenfalls Regelungen hinsichtlich des Straßenverlaufs und damit auch der Erschließungsanlagen beinhaltete. Damit habe dieser Fluchtlinienplan insoweit der heutigen Regelung des § 30 BauGB entsprochen, als auch er zumindest Regelungen über die örtlichen Verkehrsflächen enthalten habe., mit dem Ergebnis dass auch durch ihn bereits sowohl die positiven wie auch die negativen Konsequenzen eines qualifizierten Bebauungsplanes insoweit entstanden seien, als nicht auf den Fluchtlinienplan ausgerichtete Bauvorhaben unzulässig geworden seien. Damit habe bereits der Erlass des Fluchtlinienplans die Erschließungslast der Gemeinde so verdichtet, dass ein entsprechender Anspruch der Anlieger entstanden sei. Mit diesem Vortrag werden ernstliche Zweifel im Sinne des § 124 Abs. 2 Nr. 1 VwGO jedenfalls deshalb nicht aufgezeigt, weil sich daraus nicht ergibt, dass es sich bei dem Fluchtlinienplan um einen qualifizierten Bebauungsplan i. S. d. § 30 Abs. 1 BauGB handelt. Denn ein Bebauungsplan ist nur dann ein qualifizierter Bebauungsplan im Sinne dieser Vorschrift, wenn er »allein oder gemeinsam mit sonstigen baurechtlichen Vorschriften mindestens Festsetzungen über die Art und das Maß der baulichen Nutzung, die überbaubaren Grundstücksflächen und die örtlichen Verkehrsflächen« trifft. Dass der Fluchtlinienplan diese Voraussetzungen erfüllte, ist weder vortragen – die von der Zulassungsbegründung genannten Festsetzungen zu öffentlichen Verkehrsflächen oder Straßen reichen insoweit nicht aus – noch sonst ersichtlich. Das von der Zulassungsbegründung genannte Urteil des Bundesverwaltungsgerichts vom 4.10.1974, das auch vom Verwaltungsgericht herangezogen worden ist, verhält sich aber zu einem qualifizierten Bebauungsplan, der hier gerade nicht in Rede steht. Vgl. BVerwG, Urteil v. 4.10.1974 – IV C 59.72 –, NJW 1975, 402 = juris Rdnr. 34; Hofmann-Hoeppel, Die Verdichtung der gemeindlichen Erschließungslast zur Erschließungspflicht, BauR 1993, 520 (522).

Die Klägerin trägt weiter vor (1. b) der Zulassungsbegründung), die Zweifel des Gerichts an der Erteilung einer Baugenehmigung könnten nicht zu ihren Lasten gehen. Das Gericht hätte im Rahmen der Sachverhaltsaufklärung berücksichtigen müssen, dass die Beklagte früher selbst Eigentümerin des Baugrundstücks gewesen sei, und zwar sowohl bereits bei Errichtung des ursprünglichen Gebäudes als auch im Zeitpunkt der Nutzungsänderung zu einem Wohnhaus. Die Beklagte treffe daher im Hinblick auf die Rechtmäßigkeit der Wohnbebauung eine zumindest sekundäre Darlegungslast. Der

Umstand, dass das Wohngebäude rechtmäßig errichtet worden sei, sei seitens der Beklagten gerade nicht streitig gestellt worden, und diese habe gerade nicht vorgetragen, dass sich in der Bauakte nur deshalb keine Baugenehmigung befinde, weil nie eine erteilt worden sei; es sei davon auszugehen, dass die vorhandenen Bauunterlagen kriegsbedingt verloren gegangen seien.

Die Baugenehmigung muss allerdings zum Entstehen eines materiell-rechtswidrigen Zustandes beigetragen haben. Daran fehlt es z. B., wenn die Verwirklichung des Bauvorhabens der Genehmigungserteilung vorangeht. Vgl. BVerwG, Urteil v. 3.5.1991 – 8 C 77.89 –, BVerwGE 88, 166 = Leitsatz 1. und juris Rdnr. 28; Hofmann-Hoeppel, Die Verdichtung der gemeindlichen Erschließungslast zur Erschließungspflicht, BauR 1993, 520 (536).

Dass die Erteilung der Baugenehmigung der Errichtung des Gebäudes vorausgegangen wäre, trägt die Klägerin nicht vor. Im Übrigen ergibt sich aus den Akten, dass es im Jahre 1934 einen Teilabriss des offenbar 1923 errichteten Wohngebäudes gegeben hat. Welche Auswirkungen es hat, dass in der Folgezeit weitere – von einer etwaigen früheren Baugenehmigung nicht gedeckten – baulichen Veränderungen vorgenommen worden sind (wie z B. der Anbau eines Wintergartens, dessen nachträgliche Legalisierung die Klägerin mit dem später zurückgenommenen Bauantrag im Jahre 2016 zu erreichen versucht hat), mag hier offenbleiben. Jedenfalls rechtfertigt die Zulassungsbegründung bei dieser Sach- und Rechtslage nicht die Annahme, es sei von einer Erteilung einer Baugenehmigung bzw. Nutzungsänderungsgenehmigung für das Wohnhaus auszugehen, die wiederum die Erschließungslast der Gemeinde so verdichte, dass ein entsprechender Anspruch der Klägerin entstanden sei.

Die Klägerin trägt weiter vor, das Verwaltungsgericht habe übersehen, dass das Gebäude ursprünglich als Pumpen-, Wasser- oder Kesselhaus errichtet worden sei und einen unmittelbaren funktionalen Zusammenhang mit dem daneben befindlichen und zuvor bzw. gleichzeitig errichteten Straßenbahn-Depot der Beklagten nebst vorgelagerter Gleisfläche und entsprechenden Erschließungsanlagen für Versorgung und Personal aufgewiesen habe. Daher sei zumindest davon auszugehen, dass das Gebäude faktisch durch die Erschließungsanlagen des Straßenbahn-Depots mit erschlossen worden sei.

Hierbei übersieht die Zulassungsbegründung, dass das Verwaltungsgericht auf Seite 9 des Urteils ausgeführt hat, dass kein Handeln der Beklagten ersichtlich sei, welches eine solche (Folgenbeseitigungs-)Last auslösen könne. Das Grundstück der Klägerin habe zu keiner Zeit an eine öffentliche Verkehrsfläche – hierzu gehören nicht ohne Weiteres die Erschließungsanlagen des Straßenbahndepots – angegrenzt mit der Folge, dass insbesondere die Einziehung des Teilstücks nicht dazu geführt habe, dass das Grundstück der Klägerin nicht mehr erschlossen sei. Es habe zu jeder Zeit auch das Flurstück 161 gequert werden müssen, zu dessen Lasten jedoch weder eine Grunddienstbarkeit noch eine Baulast bestanden habe. Auch der vorhandene Fußweg habe in keiner Weise den Anforderungen des § 4 Abs. 1 BauO NRW an eine Erschließung genügt. Vor diesem Hintergrund ist aus den genannten Gründen davon auszugehen, dass es an der erforderlichen Kausalität fehlt.

Angesichts der fehlenden Kausalität zeigt die Zulassungsbegründung (unter 3.) ernstliche Zweifel nicht auf, wenn sie die Nichtbeantwortung der Rechtsfrage, ob die Verdichtung der Erschließungslast auch nachträglich entstehen kann, nämlich dann, wenn zunächst eine ausreichende Erschließung vorhanden ist, diese aber später durch behördliche Maßnahmen wieder beseitigt wird, kritisiert.

Ohne Erfolg trägt die Zulassungsbegründung (unter 4. a) vor, die Beklagte könne sich nicht auf die Unmöglichkeit der Erschließung berufen. Soweit die Klägerin in diesem Zusammenhang geltend macht, die Unmöglichkeit tatsächlicher Lösungen führe angesichts ihres berechtigten Interesses an der Feststellung (z. B. um Amtshaftungsprozesse führen zu können) nicht zur Unbegründetheit ihrer Feststellungsklage, verwischt sie die Unterschiede zwischen der (vom Verwaltungsgericht bejahten) Zulässigkeit und der (verneinten) Begründetheit dieses Rechtsmittels. Etwas Anderes ergibt sich auch nicht aus der insoweit von ihr zitierten Entscheidung des Senats vom 9.9.2010 – 2 A 3182/08 –, BRS 76 Nr. 83 = juris. Warum die anwaltlich vertretene Klägerin im vorliegenden Zusammenhang die Möglichkeit ins Spiel bringt, »dass der klägerische Feststellungsantrag ebenfalls insoweit klarzustellen sein werde dahingehend, festzustellen, dass die Beklagte verpflichtet ist, geeignete Maßnahmen zu ergreifen, um die Erschließung des Grundstücks Gemarkung D., Flur 159, Flurstück 12 (P.-straße 22) in I., entsprechend den Vorgaben des § 34 BauGB herbeizuführen«, erschließt sich nicht.

Der Vortrag der Klägerin (unter 4 b. der Zulassungsbegründung), das Verwaltungsgericht berücksichtige nicht, dass die Beklagte inzwischen Eigentümerin des Grundstücks Gemarkung D., Flur 159, Flurstück 24 sei oder zumindest in unmittelbarer Zukunft sein werde, über das eine Erschließung des klägerischen Grundstücks ohne Schwierigkeiten möglich sei, begründet ebenfalls keine ernstlichen Zweifel im genannten Sinne. Denn das Verwaltungsgericht hat auf Seite 10 des Urteils ausdrücklich gesehen, dass die Beklagte Eigentümerin des genannten Flurstücks 24 ist, aber weiter ausgeführt, dass die Erschließung über die K.-straße mindestens die Querung der Flurstücke 24, 100 und 61 erfordere, eine Erschließung von der M.-straße verlaufe zwingend über die Flurstücke 23, 161 und/oder 98, die – mit Ausnahme von 24 – alle in Privateigentum stünden, auf das die Beklagte keinen Zugriff habe. Darauf, dass die Beklagte Eigentümerin des Flurstücks 24 ist, kommt es daher nicht an.

II. Aus dem Zulassungsvorbringen ergibt sich auch nicht, dass die Rechtssache besondere tatsächliche oder rechtliche Schwierigkeiten i. S. d. § 124 Abs. 2 Nr. 2 VwGO aufweist. Die insoweit unter Nr. 1 bis 4 aufgezeigten Aspekte wiederholen in der Sache im Kern die Fragestellungen, die bereits unter I. behandelt worden sind.

III. Eine grundsätzliche Bedeutung der Rechtssache i. S. d. § 124 Abs. 2 Nr. 3 VwGO lässt die Zulassungsbegründung ebenfalls nicht hervortreten. Eine Rechtssache hat grundsätzliche Bedeutung, wenn sie eine im betreffenden Berufungsverfahren klärungsbedürftige und für die Entscheidung dieses Verfahrens erhebliche Rechts- oder Tatsachenfrage aufwirft, deren Beantwortung über den konkreten Fall hinaus wesentliche Bedeutung für die einheitliche Anwendung oder Weiterentwicklung des Rechts hat. Dabei ist zur Darlegung dieses Zulassungsgrundes die Frage auszuformulieren und substantiiert auszuführen, warum sie für klärungsbedürftig und entscheidungserheblich gehalten und aus welchen Gründen ihr Bedeutung über den Einzelfall hinaus zugemessen wird. Vgl. OVG NRW, Beschluss v. 20.7.2023 – 2 A 2535/21 –, juris Rdnr. 57 f. m. w. N. Diese Voraussetzungen sind nicht erfüllt.

Die Frage, ob sich die gemeindliche Erschließungspflicht auch dann verdichtet, wenn ein ursprünglich zumindest faktisch erschlossenes Vorhaben durch behördliche Maßnahmen auch von dieser faktischen Erschließung abgeschnitten wird oder ob der betroffene Eigentümer dann ausschließlich auf Folgenbeseitigungs- oder Schadensersatzansprüche verwiesen werden kann, hat jedenfalls deshalb keine grundsätzliche Bedeutung, weil sie sich so in einem Berufungsverfahren nicht stellen würde. Denn aus den genannten Gründen ist davon auszugehen, dass die fehlende (rechtliche) Erschließung hier nicht auf ein behördliches Handeln (der Beklagten) zurückzuführen ist.

Die Rechtsfrage, unter welchen Voraussetzungen eine Feststellungsklage wegen Unmöglichkeit als unbegründet abgewiesen werden kann, ist in dieser Form einer allgemeingültigen Klärung nicht zugänglich. Sie würde sich hier im Übrigen auch nicht stellen, da die Klägerin nicht bestreitet, dass – außer dem Flurstück 24 – die Flurstücke, die für eine gesicherte Erschließung jedenfalls erforderlich wären, in Privateigentum stehen und die Zulassungsbegründung der – im Übrigen jedenfalls gut nachvollziehbaren – Annahme des Verwaltungsgerichts, die Voraussetzungen einer Enteignung lägen nicht vor, nicht ansatzweise entgegengetreten ist. Insoweit unterscheidet sich der vorliegende Fall in tatsächlicher und rechtlicher Hinsicht auch von dem, der der genannten Senatsentscheidung vom 9.9.2010 zugrunde lag. Vgl. Senatsurteil vom 9.9.2010 – 2 A 3182/08 –, BRS 76 Nr. 83 = juris Rdnr. 113 ff. [dort ließ sich »mit guten Gründen vertreten, dass das Wohl der Allgemeinheit die Enteignung im Sinne von § 87 Abs. 1 BauGB erfordert.«].

Unabhängig von Vorstehendem ist auch geklärt, dass die Unmöglichkeit, von der hier aus den genannten Gründen auszugehen ist, einen Feststellungsanspruch in gleicher Weise wie eine Verpflichtung- oder Leistungsklage ausschließt. Vgl. OVG NRW, Urteil v. 9.9.2010 – 2 A 3182/08 –, juris Rdnr. 93. Ob etwas Anderes dann gelten kann, wenn sich »mit guten Gründen vertreten [lässt], dass das Wohl der Allgemeinheit die Enteignung im Sinne von § 87 Abs. 1 BauGB erfordert«, kann dahinstehen, da weder vorgetragen noch sonst ersichtlich ist, dass bzw. warum dies hier der Fall sein sollte. …

Nr. 77

Ein Vorhaben im Geltungsbereich eines Bebauungsplans bzw. im unbeplanten Innenbereich ist nur zulässig, wenn die Erschließung gesichert ist. Die Erschließung umfasst neben einer wegemäßigen Erschließung des Baugrundstücks auch eine Versorgung mit Wasser samt Abwasserbeseitigung.

Eine ausreichende Erschließung bedarf einer Zuwegung mit einer dauerhaft rechtlich gesicherten Wegbreite von mindestens 3 m.

(Leitsätze der Redaktion)

BauGB § 30 Abs. 1, § 34 Abs. 1; BayBO Art. 71.

Verwaltungsgericht München, Urteil v. 23. Juli 2024 – M 1 K 20.4757 –.

Aus den Gründen:

Die zulässige Klage hat in der Sache keinen Erfolg. Der Kläger ist durch die Ablehnung des Vorbescheids durch den Beklagten nicht in seinen Rechten verletzt, weil ihm ein Anspruch auf dessen Erteilung nicht zusteht, § 113 Abs. 5 Satz 1 VwGO.

1. Der Kläger hat schon deswegen keinen Anspruch auf Erteilung des beantragten Vorbescheids, weil dem Vorhaben öffentlich-rechtliche Vorschriften, namentlich das Erfordernis einer gesicherten Erschließung, entgegensteht, Art. 71 BayBO i. V. m. Art. 68 Abs. 1 und Art. 59 Satz 1 Nr. 1 a), § 30 Abs. 1 bzw. § 34 Abs. 1 Satz 1 BauGB. Danach ist ein Vorhaben im Geltungsbereich eines Bebauungsplans bzw. im unbeplanten Innenbereich nur zulässig, wenn die Erschließung gesichert ist. Die Erschließung umfasst neben einer wegemäßigen Erschließung des Baugrundstücks auch eine Versorgung mit Wasser samt Abwasserbeseitigung. Vorliegend fehlt es sowohl an einer gesicherten Ver- und Entsorgung als auch einer wegemäßigen Erschließung.

Eine wegemäßige Erschließung über den südlich-südwestlich verlaufenden Fuß- und Fahrradweg scheitert an einer Widmung der Flächen als öffentlicher Weg bzw. Straße, überdies erstreckt sich dieser auch auf das im Eigentum der Deutschen Bahn stehende Grundstück FlNr. 4224/106 Gem. B., und ist nach dem unbestritten gebliebenen Vortrag des Beigeladenen als Bahnanlage gewidmet. Die vom Kläger wohl beabsichtigte wegemäßige Erschließung über das nördlich des Vorhabengrundstücks gelegene Grundstück FlNr. 3156/5 Gem. B., das ausweislich des Grundbuchs weder im Eigentum des Klägers noch im Eigentum der Grundstückseigentümerin des Vorhabengrundstücks steht, ist ausweislich des Grundbuches nicht grundbuchrechtlich gesichert. Soweit der Kläger insofern auch vorgetragen hat, dass die Erschließung über ein Notwegerecht erfolge, so ist weder erkennbar noch nachgewiesen, dass ein solches Notwegerecht, § 917 BGB, also die Duldungspflicht des Eigentümers des Grundstücks FlNr. 3156/6 Gem. B., hinsichtlich der Benutzung des genannten Grundstücks zur Herstellung der erforderlichen Verbindung des

Vorhabengrundstücks mit einem öffentlichen Wege im benötigten Umfang (Nutzung eines Einfamilienhauses) besteht.

Nr. 78

Im vereinfachten Genehmigungsverfahren gemäß § 68 Abs. 1 BauO NRW 2000 wird die Vereinbarkeit mit den Vorgaben an das Vorhandensein eines zweiten Rettungswegs nicht geprüft.

Ein nicht bestandgeschützter Carport, welcher den zweiten Rettungsweg eines Wohngebäudes hindert, kann Gegenstand eines bauaufsichtlichen Beseitigungsverlangens sein.

§ 82 Abs. 1 Satz 1 BauO NRW kennt keine Beschränkung auf Anlagen, welche nach seinem Inkrafttreten errichtet wurden.

(Leitsätze der Redaktion)

BauO NRW 2018 §§ 33, 82.

OVG Nordrhein-Westfalen, Beschluss v. 29. Juli 2024 – 10 B 437/24 –.

Aus den Gründen:

(...) Die zulässige Beschwerde ist unbegründet.

Das Verwaltungsgericht hat den sinngemäßen Antrag, die aufschiebende Wirkung der Klage 8 K 7285/23 gegen die Ordnungsverfügung der Antragsgegnerin vom 28.11.2023 wiederherzustellen bzw. anzuordnen, abgelehnt. Zur Begründung hat es im Wesentlichen ausgeführt, die Begründung für die Anordnung der sofortigen Vollziehung hinsichtlich der Beseitigungsverfügung für den Carport vor dem Wohnhaus der Antragsteller erfülle die Anforderungen aus § 80 Abs. 3 Satz 1 VwGO. Die auf § 82 Abs. 1 Satz 1 BauO NRW gestützte Beseitigungsverfügung sei voraussichtlich rechtmäßig. Der Carport führe dazu, dass es auf dem Grundstück zu einem brandschutzwidrigen Zustand komme. Es fehle für die Wohnräume im ersten Obergeschoss an einem zweiten Rettungsweg. Diese seien nicht mit Rettungsgeräten der Feuerwehr erreichbar. Etwas anderes gelte auch nicht aufgrund der für die Errichtung des Carports erteilten Baugenehmigung vom 10.12.2003. Diese sei im vereinfachten Genehmigungsverfahren gemäß § 68 Abs. 1 BauO NRW 2000 ergangen, in dem die Vereinbarkeit mit den Vorgaben an das Vorhandensein eines zweiten Rettungswegs nicht Prüfungsgegenstand gewesen sei. Folglich komme jener Baugenehmigung keine dahingehende Feststellungswirkung zu, dass die gegenständliche Rettungswegsituation den Vorgaben zum zweiten Rettungsweg entspreche. Die Verfügung sei frei von Ermessensfehlern getroffen worden. Eine konkrete, umsetzbare Alternative zur Beseitigung sei nicht vorgetragen worden. Das besondere öffentliche Interesse an der sofortigen

Vollziehung der Beseitigungsverfügung folge aus der konkreten Gefahr für Leib und Leben der sich in dem Wohnhaus aufhaltenden Personen.

Die fristgerecht dargelegten Gründe, auf deren Prüfung der Senat gemäß § 146 Abs. 4 Satz 6 VwGO beschränkt ist, rechtfertigen keine andere Entscheidung.

1. Das Vorbringen zu § 80 Abs. 3 Satz 1 VwGO verhilft der Beschwerde nicht zum Erfolg. Die Rüge, die »Ausführungen (des Verwaltungsgerichts) im Hinblick auf die angebliche Einzelfallbezogenheit der Ausführungen der Antragsgegnerin« wirkten »ihrerseits formelhaft und deshalb gerade nicht einzelfallbezogen«, fehlt jegliche konkrete Auseinandersetzung mit diesen.

Ob die Erwägungen der Antragsgegnerin inhaltlich zutreffen und das Interesse an der sofortigen Vollziehung der angeordneten Maßnahmen tragfähig begründen können, ist für die Beantwortung der Frage, ob die Anordnung der sofortigen Vollziehung den Vorgaben des § 80 Abs. 3 Satz 1 VwGO genügt, unerheblich. Vgl. OVG NRW, Beschluss vom 1.3.2022 – 10 B 1212/21 –, juris Rdnr. 18.

2. Mit dem umfassend begründeten Einwand, der Beseitigungsverfügung stehe die Baugenehmigung vom 10.12.2003 entgegen, hat die Beschwerde keinen Erfolg. Sie erkennt nicht, dass das Bestehen eines zweiten Rettungsweges im seinerzeitigen Baugenehmigungsverfahren nach § 68 Abs. 1 Satz 4 Nr. 2 BauO NRW (2000) nicht zu prüfen war, und setzt sich mit den diesbezüglichen Erwägungen des Verwaltungsgerichts nicht auseinander.

3. Die weitere Überlegung der Antragsteller, § 82 BauO NRW (n. F.) könne – wie auch § 33 BauO NRW (n. F.) – nicht angewandt werden, weil die Normen bei Errichtung des Carports noch nicht existierten, geht fehl. Die Antragsgegnerin hat das geltende Recht anzuwenden. § 82 Abs. 1 Satz 1 BauO NRW kennt keine Beschränkung auf Anlagen, welche nach seinem Inkrafttreten errichtet wurden. Mangels – sowohl formellen als auch materiellen – Bestandsschutzes kann dem Vorhaben auch entgegengehalten werden, dass es den zweiten Rettungsweg für das Wohnhaus hindert.

4. Die Antragsteller legen auch nicht entsprechend den Vorgaben des § 146 Abs. 4 Satz 3 VwGO dar, dass ein milderes, gleich geeignetes Mittel anstelle der Anordnung der Beseitigung des Carports zur Verfügung gestanden hätte.

a. Mit dem Einwand, dass es im Verwaltungsverfahren Erwägungen gegeben habe, das Dach ihres Carports sowie desjenigen der Nachbarn zu verstärken oder Klappen in die jeweiligen Dächer einzubauen, um ein Anstellen von Leitern oder sonstigem Rettungsgerät zu ermöglichen, dringen sie nicht durch, denn sie setzen sich mit den diesbezüglichen Wertungen des Verwaltungsgerichts nicht auseinander. Das Verwaltungsgericht hat darauf abgestellt, dass der im Parallelverfahren der Nachbarn vorgelegte Vorschlag (Herstellung einer Öffnung in der Decke des Carports über eine Breite von 125 cm und eine Länge von 250-300 cm) keinen zulässigen zweiten Rettungsweg ermögliche. Die Feuerwehr habe aufgrund des höheren Zeitaufwands Bedenken geäußert. Zudem sei der Vorschlag nicht mehr umsetzbar, sobald ein Fahrzeug unter dem Carport abgestellt sei. Auch durch ein Anleitern an den Carport werde den Anforderungen nicht genüge getan, die Antragsteller hätten nicht darlegen können, dass das Carport-Dach zum Begehen, insbesondere von Mitgliedern der Feuerwehr in voller Einsatzausrüstung und ggf. unter Berücksichtigung zu rettender Personen, gewährleistet sei.

b. Dass die Schaffung eines Sicherheitstreppenraumes im Gebäude oder die Errichtung einer zweiten rückwärtigen Feuertreppe ein milderes, gleich geeignetes Mittel darstellte, zeigen die Antragsteller ebenso wenig auf wie die tatsächliche Umsetzbarkeit eines solchen Vorgehens. Wie sie sich eine »anderweitige Modifikation des Carports« vorstellen, legen die Antragsteller auch nicht dar.

c. Dass der Carport, wie die Antragsteller erstinstanzlich vorgetragen haben, im Brandfall in kürzester Zeit von der Feuerwehr selbst abgerissen werden könnte, weil er vollständig aus Holz bestehe, ändert ungeachtet der durch einen solchen Abriss eintretenden Zeitverzögerung für die Rettungs- und Brandbekämpfungsmaßnahmen schon nichts daran, dass der erforderliche zweite Rettungsweg fehlt.

5. Der nur wiederholte Einwand, im Rahmen der Ermessensentscheidung sei rechtsfehlerhaft nicht erwogen worden, dass die Antragsgegnerin durch die Schaffung von Hindernissen bzw. das Anpflanzen von Bäumen selbst die Ursachen dafür gesetzt habe, dass insbesondere der neu angeschaffte große Leiterwagen der Feuerwehr nicht mehr in die Straße einfahren könne, an der das Gebäude der Antragsteller liege, verhilft der Beschwerde ebenfalls nicht zum Erfolg. Denn hierdurch setzen sie sich schon nicht mit der angefochtenen Entscheidung des Verwaltungsgerichts auseinander, die ausführt, dass die Antragsteller keinen Anspruch auf eine Fällung des Baumes bzw. auf eine Rettung mittels Hubwagens haben.

6. Mit den Erwägungen des Verwaltungsgerichts auch zum angenommenen besonderen öffentlichen Interesse an der sofortigen Vollziehung setzen sich die Antragsteller nicht substantiiert auseinander. Vielmehr wiederholen sie lediglich bereits erstinstanzlich vorgetragene Argumente, die das Verwaltungsgericht indes jeweils in seine Bewertung einbezogen hat, und setzen dem nicht substantiiert etwas entgegen. Das genügt nicht den Darlegungsanforderungen. …

Nr. 79

Nach ständiger Rechtsprechung ist eine Festsetzung nur dann funktionslos, wenn die Verhältnisse, auf die sie sich bezieht, in ihrer tatsächlichen Entwicklung einen Zustand erreicht haben, der die Verwirklichung der Festsetzung

auf unabsehbare Zeit ausschließt, und dies in einem Grad erkennbar ist, der einem etwa dennoch in die Fortgeltung der Festsetzungen gesetzten Vertrauen die Schutzwürdigkeit nimmt.

Innerhalb einer auf Grundlage von § 9 Abs. 1 Nr. 12 BauGB festgesetzten »Versorgungsfläche – Wasserwerk/Umspannwerk« ist eine Fremdwerbeanlage als gewerbliche Hauptnutzung planungsrechtlich nicht zulässig.
(Leitsätze der Redaktion)

BauGB § 9 Abs. 1; BauO NRW § 10, § 74; StrWG NRW § 28 Abs. 1.

OVG Nordrhein-Westfalen, Beschluss v. 30. Juli 2024 – 10 A 1145/22 –.

Aus den Gründen:

Der Senat entscheidet im Einverständnis der Beteiligten ohne mündliche Verhandlung (§§ 125 Abs. 1 Satz 1, 101 Abs. 2 VwGO) durch die Berichterstatterin (§§ 125 Abs. 1 Satz 1, 87a Abs. 2 und 3 VwGO).

Die zulässige Berufung hat Erfolg. Das Verwaltungsgericht hat der Klage zu Unrecht stattgegeben. Die Verpflichtungsklage ist unbegründet. Die Klägerin hat keinen Anspruch auf Erteilung der begehrten Baugenehmigung (§ 113 Abs. 5 Satz 1 VwGO). Denn dem Vorhaben steht jedenfalls die das Vorhabengrundstück betreffende – erstmals in der Berufungszulassungsbegründung thematisierte – Festsetzung »Versorgungsflächen – Wasserwerk/Umspannwerk« entgegen.

Anhaltspunkte dafür, dass diese Festsetzung unwirksam wäre, sind nicht erkennbar. Insbesondere ist nicht ersichtlich, dass sie funktionslos geworden wäre.

Nach ständiger Rechtsprechung ist eine Festsetzung nur dann funktionslos, wenn die Verhältnisse, auf die sie sich bezieht, in ihrer tatsächlichen Entwicklung einen Zustand erreicht haben, der die Verwirklichung der Festsetzung auf unabsehbare Zeit ausschließt, und dies in einem Grad erkennbar ist, der einem etwa dennoch in die Fortgeltung der Festsetzungen gesetzten Vertrauen die Schutzwürdigkeit nimmt. Bloße Zweifel an der Verwirklichungsfähigkeit einer Festsetzung reichen dafür nicht aus. Sie tritt wegen nachträglicher Funktionslosigkeit nur dann außer Kraft, wenn offenkundig ist, dass sie als Instrument für die Steuerung der städtebaulichen Entwicklung nicht mehr tauglich ist. Vgl. OVG NRW, Beschluss vom 2.8.2023 – 10 A 2918/21 –, juris Rdnr. 6 ff., m. w. N.

Für die Frage, ob eine Festsetzung eines Bebauungsplans funktionslos geworden ist, kommt es nicht auf die Verhältnisse auf einzelnen Grundstücken an. Entscheidend ist vielmehr, ob die jeweilige Festsetzung geeignet ist, zur städtebaulichen Ordnung im Sinne des § 1 Abs. 3 Satz 1 BauGB im Geltungsbereich des Bebauungsplans einen wirksamen Beitrag zu leisten. Vgl. BVerwG, Urteil vom 24.4.2024 – 4 C 2.23 –, juris Rdnr. 12.

Ausgehend von diesen Grundsätzen ist die Festsetzung »Versorgungsflächen – Wasserwerk/Umspannwerk« nicht funktionslos geworden. Zwar befindet sich auf dem Vorhabengrundstück ein Gebrauchtwagenhandel und mithin eine gewerbliche Nutzung; jedoch wird die »Versorgungsfläche – Wasserwerk/ Umspannwerk« nördlich des Vorhabengrundstücks nach Aktenlage und ausweislich allgemein verfügbarer Luftbildaufnahmen überwiegend als solche, also entsprechend der Festsetzung, genutzt.

Innerhalb einer auf Grundlage von § 9 Abs. 1 Nr. 12 BauGB festgesetzten »Versorgungsfläche – Wasserwerk/Umspannwerk« ist eine Fremdwerbeanlage als gewerbliche Hauptnutzung planungsrechtlich nicht zulässig.

Die Erteilung einer Befreiung für eine – neue – gewerbliche Nutzung in dem vom Plangeber in dem Gewerbebereich »G.« als Versorgungsfläche vorbehaltenen, gegenüber den Gewerbeflächen sehr kleinen Teilbereich kommt nicht in Betracht. …

Nr. 80

Die erforderliche Vollständigkeit von Bauvorlagen bezieht sich (nur) darauf, ob alle erforderlichen Unterlagen in der rechtlich vorgegebenen Zahl vorliegen.

Auch bauplanungsrechtlich als selbständige Hauptnutzung einzustufende Werbeanlagen zum Zwecke der Fremdwerbung können nach § 23 Abs. 5 Satz 2 BauNVO auf den nicht überbaubaren Grundstücksflächen zugelassen werden, wenn sie nach Landesrecht in den Abstandsflächen zulässig sind.

Eine Werbeanlage gefährdet die Sicherheit und Leichtigkeit des Verkehrs nur, wenn in der konkreten Situation nach allgemeiner Erfahrung in überschaubarer Zukunft der Eintritt eines Schadens hinreichend wahrscheinlich ist, wenn also ein Verkehrsunfall oder doch eine Verkehrsbehinderung zu erwarten ist. Eine solche Gefährdung kann nur unter engen Voraussetzungen angenommen werden.
(Leitsätze der Redaktion)

BauNVO § 23 Abs. 5; BauO BW § 6 Abs. 1 Satz 1 Nr. 3, § 16.

VGH Baden-Württemberg, Urteil v. 18. Oktober 2024 – 5 S 154/23 –.

Aus den Gründen:

I. Die Berufung der Beklagten ist nach Zulassung durch den Senat gemäß § 124 Abs. 2 VwGO statthaft und auch sonst zulässig. Insbesondere hat die Beklagte die Berufung fristgerecht und gegenüber dem richtigen Adressaten begründet (§ 124a Abs. 5 Satz 1 und 2 VwGO). Der Beschluss über die Zulassung der Berufung ist der Beklagten am 3.2.2023 zugestellt worden. Am 20.2.2023 ist die den Anforderungen gemäß § 124a Abs. 6 Satz 3, Abs. 3 Satz 4 VwGO genügende Berufungsbegründung beim erkennenden Gerichtshof eingegangen.

II. Die Berufung hat nur in dem aus dem Tenor ersichtlichen Umfang Erfolg. Die Beklagte ist zwar nicht zur Erteilung der begehrten Baugenehmigung für die Plakatanschlagtafel zu verpflichten. Sie muss indessen über den vom Kläger gestellten Bauantrag unter Beachtung der Rechtsauffassung des Gerichts neu entscheiden. Insoweit ist die Klage zulässig und begründet.

1. Die als Untätigkeitsklage gemäß § 75 VwGO zulässige Klage ist unbegründet, soweit der Kläger die Verpflichtung der Beklagten zur Erteilung der Baugenehmigung begehrt (§ 113 Abs. 5 Satz 1 VwGO). Ein dahingehender Anspruch steht dem Kläger nicht zu.

a) Formelle Gründe stehen dem Erfolg der Klage aber nicht entgegen.

Zutreffend ist das Verwaltungsgericht davon ausgegangen, dass der Bauantrag des Klägers – die Errichtung der Werbetafel ist baugenehmigungspflichtig (§ 49 LBO i. V.m Nr. 9 des Anhangs zu § 50 LBO) – nicht aus formellen Gründen abgelehnt und die Klage deshalb nicht aus diesem Grund abzuweisen ist.

aa) Allerdings weisen die vom Kläger vorgelegten Bauvorlagen Mängel auf. Das Verwaltungsgericht hat dazu angenommen, sie seien unvollständig. Das trifft jedoch nicht zu. Die Vollständigkeit bezieht sich darauf, ob alle erforderlichen Unterlagen in der rechtlich vorgegebenen Zahl vorliegen (vgl. Sauer, LBO für Bad.-Württ., Komm., § 54 Rdnr. 4, Stand: Dez. 2021). Zweifel daran wurden von keinem der Beteiligten geäußert. Im Gegenteil hat die Beklagte dem Kläger in ihrem Schreiben zur Anhörung über die beabsichtigte Ablehnung des Bauantrags vom 28.8.2019 sogar bestätigt, dass die Bauvorlagen vollständig vorgelegt wurden.

bb) Die Bauvorlagen müssen indessen nicht nur vollständig sein, sondern auch inhaltlich gewissen Anforderungen genügen. In § 54 Abs. 1 Satz 2 LBO wird zwischen beiden Anforderungen differenziert. Es heißt dort: »sind die Bauvorlagen unvollständig oder entsprechen sie nicht den Formanforderungen«. Welche Formanforderungen zu beachten sind, ergibt sich aus der Verfahrensverordnung zur Landesbauordnung (LBOVVO), einer auf § 73 LBO gestützten Rechtsverordnung.

aaa) Gemäß § 2 Abs. 1 LBOVVO hat der Bauherr dem Bauantrag als Bauvorlage u. a. einen Lageplan nach Maßgabe der §§ 4 und 5 LBOVVO beizufügen. Nach § 4 Abs. 6 Nr. 4 LBOVVO sind im schriftlichen Teil des Lageplans die Festsetzungen des Bebauungsplans anzugeben, soweit sie das Grundstück betreffen und im zeichnerischen Teil des Lageplans nicht enthalten sind. Diesen Voraussetzungen genügen die vom Kläger vorgelegten Bauvorlagen nicht.

Unter Punkt Nr. 6.3 »Beurteilungsgrundlagen für die bauplanerische Zulässigkeit des Vorhabens« ist im schriftlichen Teil des Lageplans anzugeben, welche Bestimmung der §§ 30, 33, 34 oder 35 BauGB nach der Gebietsqualität einschlägig ist. Der schriftliche Teil des vom Kläger vorgelegten Lageplans enthält dazu keine Angaben. Auch nennt er unter Punkt Nr. 7 »Festsetzungen des Bebauungsplans und/oder örtliche Bauvorschriften (Satzungen gemäß § 74 LBO)« weder den einschlägigen Bebauungsplan noch die zugehörigen örtlichen Bauvorschriften. Mit anderen Worten ist aus den Bauvorlagen nicht ersichtlich, dass das Vorhabengrundstück im Geltungsbereich eines Bebauungsplans liegt und die bauplanungsrechtliche Zulässigkeit hinsichtlich der überbaubaren Grundstücksfläche insbesondere vom genauen Verlauf der am westlichen Rand des Vorhabengrundstücks festgesetzten Baugrenze abhängig ist.

bbb) Nachteilige Folgen hat das für den Kläger jedoch nicht. Nach § 54 Abs. 1 Satz 2 LBO hätte die Beklagte als Baurechtsbehörde dem Kläger unverzüglich mitteilen müssen, dass insbesondere die Angaben unter Punkt Nr. 6.3 zur Gebietsqualität fehlen, ihm zur Beseitigung des Mangels eine Frist setzen müssen und gleichzeitig mitteilen können, dass sie den Bauantrag zurückweisen kann, falls er die Mängel nicht in der gesetzten Frist beseitigt. So ist die Beklagte indessen nicht verfahren. Stattdessen hat sie eine Sachentscheidung getroffen und den Bauantrag gestützt auf die Regelung zu Werbeanlagen in den örtlichen Bauvorschriften abgelehnt.

Schon die Beklagte hätte den Bauantrag nach dem Vorstehenden nicht wegen des formellen Mangels zurückweisen dürfen, weil sie keine Frist zur Mängelbeseitigung gesetzt hat. Auch im gerichtlichen Verfahren kann mithin die Klage nicht aus diesem Grund abgewiesen werden. Ohnehin wäre eine Klagabweisung aus diesem Grund eine bloße Förmelei, nachdem die maßgeblichen Entscheidungsgrundlagen bekannt sind.

b) In der Sache hat der Kläger jedoch keinen Anspruch auf Verpflichtung der Beklagten zur Erteilung der Baugenehmigung. Der Plakatanschlagtafel stehen von der Baurechtsbehörde zu prüfende öffentlich-rechtliche Normen entgegen (§ 58 Abs. 1 LBO).

aa) Bauplanungsrechtlich ist die Plakatanschlagtafel zur Fremdwerbung allerdings als gewerbliche Nutzung im Mischgebiet gemäß § 6 Abs. 2 Nr. 4 BauNVO nach der Art der baulichen Nutzung zulässig. Das ist zwischen den Beteiligten auch nicht streitig.

bb) Die Plakatanschlagtafel überschreitet aber die im westlichen Teil des Vorhabengrundstücks festgesetzte Baugrenze. Das steht einem Anspruch des Klägers auf Erteilung der Baugenehmigung entgegen (§ 23 Abs. 3 Satz 1 BauNVO). Die Norm bezieht sich nach ihrem Wortlaut zwar nur auf Gebäude und Gebäudeteile. In der Rechtsprechung ist jedoch anerkannt, dass auch alle anderen baulichen Anlagen und insbesondere auch Werbeanlagen diese nicht überschreiten dürfen. Das ergibt sich aus der Entstehungsgeschichte der Norm und aus ihrer Zielsetzung, es der Gemeinde zu ermöglichen, eine »offene Bauweise« festzusetzen. Dieses Ziel würde unterlaufen, wenn andere bauliche Anlagen die Baugrenzen jeweils ohne weiteres überschreiten dürften (vgl. BVerwG, Urteil v. 7.6.2001 – 4 C 1.01 – Buchholz 406.12 § 23 BauNVO Nr. 4).

aaa) Die Baugrenze im westlichen Teil des Vorhabengrundstücks verläuft entlang des äußeren Randes der westlichen Außenmauer des Wohnhauses und nicht unmittelbar auf der westlichen Grundstücksgrenze, wie das Verwaltungsgericht angenommen hat. Die an der westlichen Außenmauer angebrachte Plakatanschlagtafel würde daher die Baugrenze überschreiten, was nach § 23 Abs. 3 Satz 1 BauNVO grundsätzlich unzulässig ist.

bbb) Die Eintragungen im zeichnerischen Teil des Bebauungsplans lassen den Verlauf der Baugrenze erkennen. In der Planunterlage für den Bebauungsplan sind u. a. die Flurstücke mit ihren Grenzen und die vorhandenen baulichen Anlagen eingetragen (vgl. dazu § 1 Abs. 2 PlanZV). In der Auflistung unter der Rubrik »Sonstige Planzeichen« werden die Grenzen der Flurstücke durch eine dünne, durchgezogene, graue Linie angegeben. An den Ecken, wo sich die aus unterschiedlichen Richtungen kommenden grauen Linien treffen, sind zusätzlich kleine Kreise eingetragen, die ebenfalls durch eine dünne, durchgezogene, graue Linie gebildet werden. Die vorhandenen Gebäude sind grau schraffiert; der äußere Rand der Gebäude wird ebenfalls durch eine durchgezogene, dünne, graue Linie bezeichnet. Am westlichen Rand des Vorhabengrundstücks verlaufen zwei durchgezogene, dünne, graue Linien in sehr geringem Abstand (max. 1 mm) etwa parallel zueinander. Die innere (weiter östlich gelegene) Linie, an der auch die graue Schraffur endet, bezeichnet den äußeren Rand der westlichen Außenmauer des Wohnhauses. Die geringfügig weiter westlich gelegene Linie stellt die westliche Grenze des Flurstücks dar. Zwischen diesen beiden Linien verläuft eine etwas dickere schwarze Linie, die nach sich wiederholendem Schema durch jeweils zwei aufeinanderfolgende Striche und einen schwarzen Punkt gebildet wird. Auf der dem Wohnhaus zugewandten Seite dieser schwarzen Linie folgt nahtlos eine etwas dickere und durchgezogene blaue Linie. Sowohl nach der Zeichenerklärung zum Bebauungsplan als auch nach Nr. 3.5 der Anlage zur Planzeichenverordnung handelt es sich dabei um das Zeichen für eine Baugrenze. Die Schraffur zur Kennzeichnung des vorhandenen Wohnhauses quert die blaue Linie und erstreckt sich bis zur schwarzen, durch Striche und Punkte gebildeten schwarzen Linie. In der Konsequenz verläuft die schwarze Linie ohne Abstand entlang der inneren durchgezogenen, dünnen, grauen Linie. Das heißt, die am westlichen Rand des Vorhabengrundstücks festgesetzte Baugrenze verläuft somit nicht auf der Grundstücksgrenze, sondern unmittelbar an der westlichen Außenwand des Wohnhauses. Das wird auch daran deutlich, dass zwischen der aus Strichen und Punkten gebildeten schwarzen Linie und der äußeren (weiter westlich gelegenen) durchgezogenen, dünnen, grauen Linie zur Bezeichnung der Flurstückgrenze eine sehr schmale (Bruchteil eines Millimeters), aber doch noch deutlich zu erkennende freie Fläche vorhanden ist. Die Plakatanschlagtafel, die mit einer Tiefe von 0,137 m an der westlichen Außenwand des Wohnhauses angebracht werden soll, überschreitet daher zwangsläufig die Baugrenze, die der Bebauung eine äußerste Grenze setzt (Fickert/Fieseler, BauNVO, Kommentar, 14. Aufl., 2023, § 23 Rdnr. 32).

ccc) Der Kläger wendet ein, die Baugrenze werde auch »in dem Bestandsgebäude Hauptstraße 5 zeichnerisch dargestellt«. Deshalb sei ihr genauer Verlauf letztlich nicht zu erkennen und der Bebauungsplan nicht hinreichend bestimmt. Damit kann er nicht durchdringen.

(1) Wie die Ausführungen des Klägers zeigen, versteht er die Baugrenze als Fläche, die aus der dickeren blauen Linie und der aus Strichen und Punkten gebildeten, schwarzen Linie besteht. Die Baugrenze würde danach nur überschritten, wenn die Plakatanschlagtafel über die eben beschriebene Fläche hinausragte, d. h. nicht nur über die etwas dickere blaue Linie, sondern auch über die aus Strichen und Punkten gebildete schwarze Linie. Da auch diese schwarze Linie zwangsläufig eine gewisse Dicke aufweist, die jedoch schwer zu bestimmen ist, könnte dann zweifelhaft sein, ob die Plakatanschlagtafel die Baugrenze überschreitet. Dieser Argumentation liegt ein unzutreffendes Verständnis von der geometrischen Bedeutung einer Baugrenze zu Grunde.

(2) Die Baugrenze ist – ebenso wie die Baulinie – keine Fläche, sondern im mathematischen Sinne eine Linie, d. h. ein eindimensionales Objekt ohne Querausdehnung. Sie hat mit anderen Worten eine Länge, aber keine Breite. Dem Kläger ist zuzugeben, dass die Einzeichnung einer Baugrenze oder auch einer Baulinie im Bebauungsplan zwangsläufig eine gewisse Breite hat, denn ein eindimensionales Objekt ist zeichnerisch nicht darstellbar. Jeder Strich, und sei er noch so dünn, hat zwangsläufig eine gewisse Querausdehnung. Der daraus resultierende Widerspruch zwischen der mathematischen Bedeutung einerseits und den Möglichkeiten der zeichnerischen Darstellung andererseits ist derart aufzulösen, dass das eindimensionale Objekt Baugrenze, das unmittelbar an der Außenwand des Wohnhauses eingezeichnet ist, eben auch genau dort verläuft. Wollte man das anders sehen, verliefe die Baugrenze nicht unmittelbar an der Außenwand, aber auch nicht an der westlichen Grundstücksgrenze, sondern parallel zur westlichen Außenwand in einem Abstand, der durch die schwer zu ermittelnde Dicke der aus Strichen und Punkten bestehenden schwarzen Linie vorgegeben wäre. Dies kann nicht richtig sein.

(3) Die im konkreten Fall eingezeichnete dickere blaue Linie führt nicht zu einem anderen Ergebnis. Sie dient nur zur Verdeutlichung der Baugrenze, bestimmt aber nicht ihren genauen Verlauf. Dieser ergibt sich aus der aus Strichen und Punkten bestehenden Linie. Denn nach Nr. 3.5 der Anlage zur Planzeichenverordnung kann die Baugrenze – ebenso wie nach Nr. 3.4 der Anlage zur Planzeichenverordnung auch eine Baulinie – mit und ohne das farbige Band dargestellt werden. Wird dieses nicht eingezeichnet, kann überhaupt nur die aus Strichen und Punkten bestehenden Linie maßgeblich sein. Es ist nicht erkennbar, warum die etwas dickere blaue Linie zu einem anderen Ergebnis führen soll.

ddd) Wie sich aus dem Vorstehenden ergibt, ist der Bebauungsplan auch nicht wegen Unbestimmtheit unwirksam. Er ist hinreichend klar und unmissverständlich (vgl. BVerwG, Beschluss v. 25.11.2021 – 4 BN 13.21 – BauR 2022, 603). Dem Kläger ist allerdings einzuräumen, dass ein etwas größerer Maßstab die Auslegung des Bebauungsplans leichter machen würde.

2. Die Beklagte ist indessen zu verpflichten, über den Antrag des Klägers auf Erteilung der Baugenehmigung unter Beachtung der Rechtsauffassung des Gerichts neu zu entscheiden (§ 113 Abs. 5 Satz 2 VwGO).

a) Aus § 23 Abs. 3 Satz 2 BauNVO, wonach das Vortreten von Gebäudeteilen in geringfügigem Ausmaß zugelassen werden kann, ergibt sich ein Anspruch des Klägers auf Neubescheidung allerdings nicht. Die tatbestandlichen Voraussetzungen der Norm liegen nicht vor. Werbetafeln für die Fremdwerbung und damit auch die konkrete Plakatanschlagtafel sind eine eigenständige gewerbliche Hauptnutzung (vgl. BVerwG, Urteil v. 3.12.1992 – 4 C 27.91 – BVerwGE 91, 234) und damit kein Gebäudeteil i. S. d. genannten Norm (vgl. auch Hornmann, in Spannowsky/Hornmann/Kämper, BauNVO, Komm., 2. Aufl., 2021, § 23 Rdnr. 55).

b) Dass die Plakatanschlagtafel die Baugrenze nur geringfügig – genau um 0,137 m – überschreitet, führt entgegen der Auffassung des Klägers nicht zu einem anderen Ergebnis. Denn § 23 Abs. 3 Satz 2 BauNVO ist nicht in diesem Sinne erweiternd auszulegen.

§ 23 Abs. 3 Satz 2 BauNVO ist eine in das Ermessen der Genehmigungsbehörde gestellte (»quasi-gesetzliche«) Ausnahme, die als zwingende Folge mit der Festsetzung einer Baugrenze verbunden ist (BVerwG, Beschluss v. 27.2.1992 – 4 C 43.87 – BVerwGE 90, 57). Es handelt sich indessen nicht um eine Ausnahme i. S. d. § 31 Abs. 1 BauGB, weshalb auch das Einvernehmen der Gemeinde nicht erforderlich ist. Dieser Ausnahmecharakter der Norm gebietet eine einschränkende Auslegung (vgl. auch Hornmann in Spannowsky/Hornmann/Kämper, BauNVO, Komm., 2. Aufl., 2021, § 23 Rdnr. 55). So darf die Überschreitung der Baugrenze mit einem wesentlichen Gebäudeteil nicht zugelassen werden, weil dann die Baugrenze gewissermaßen mit dem Gebäude selbst überschritten würde (vgl. VGH Bad.-Württ., Beschluss v. 12.11.2014 – 3 S 1419/14 – BRS 82 Nr. 94 mit weiteren Nachweisen). Vor diesem Hintergrund besteht kein Anlass, die Norm erweiternd auszulegen und über den Wortlaut hinaus auch selbständige Hauptnutzungen nach § 23 Abs. 3 Satz 2 BauNVO außerhalb der Baugrenze zuzulassen, weil sie diese lediglich geringfügig überschreiten. Die Beschränkung, dass nur das Vortreten von Gebäudeteilen und nicht von baulichen Anlagen generell zugelassen werden kann, würde anderenfalls umgangen. Anhaltspunkte für eine ungewollte Regelungslücke, die Anlass zu einer erweiternden Auslegung geben könnte, sind nicht erkennbar.

c) Auch auf § 23 Abs. 5 Satz 1 BauNVO kann sich der Kläger nicht mit Erfolg berufen. Es fehlt bereits an den tatbestandlichen Voraussetzungen. Nach der genannten Bestimmung können, wenn wie hier im Bebauungsplan nichts anderes festgesetzt ist, auf den nicht überbaubaren Grundstücksflächen Nebenanlagen im Sinne des § 14 BauNVO zugelassen werden. Wie ausgeführt, ist die der Fremdwerbung dienende Plakatanschlagtafel jedoch eine gewerbliche Hauptnutzung und keine Nebenanlage zum Wohnhaus auf dem Vorhabengrundstück.

d) Der Anspruch des Klägers auf Neubescheidung ergibt sich aber aus § 23 Abs. 5 Satz 2 BauNVO. Die Norm sieht vor, dass nach Landesrecht in den Abstandsflächen zulässige bauliche Anlagen auf den nicht überbaubaren Grundstücksflächen zugelassen werden können. Eine abweichende Regelung wurde dazu im Bebauungsplan nicht getroffen. Entgegen der Auffassung der Beklagten gilt diese Bestimmung nicht nur für untergeordnete (Neben-) Anlagen.

aa) Zwischen den Beteiligten ist nicht streitig, dass die Plakatanschlagtafel nach § 6 Abs. 1 Satz 1 Nr. 3 LBO in der Abstandsfläche zulässig ist. Sie ist kein Gebäude i. S. d. § 2 Abs. 2 LBO. Die Wandfläche beträgt weniger als 25 m^2, und zwar auch dann, wenn man die Fläche der Hauswand zwischen dem Erdboden und der Unterkante der Plakatanschlagtafel mitrechnet ((0,80 m + 2,937 m) × 3,861 m = 14,43 m^2). Dass eines der in § 6 Abs. 1 Satz 1 Nr. 3 LBO genannten Maße eingehalten wird, genügt für die abstandsflächenrechtliche Privilegierung (Senatsbeschluss vom 26.1.2012 – 5 S 2233/11 – NVwZ- RR 2012, 500).

bb) Die Beklagte vertritt unter Berufung auf Stimmen in der Rechtsprechung die Auffassung, § 23 Abs. 5 BauNVO und damit auch Satz 2 dieser Bestimmung gelte nur für solche Anlagen, die keine Hauptanlagen seien. Bei eigenständigen Hauptanlagen, wie z. B. bei Fremdwerbeanlagen, finde daher auch § 23 Abs. 5 Satz 2 BauNVO keine Anwendung (vgl. OVG NRW, Beschluss v. 17.9.2003 – 10 A 1540/03 – juris und VG Gießen, Urteil v. 29.5.2006 – 1 E 857/06 – NVwZ-RR 2007, 237). Das sieht der Senat anders.

aaa) Der erkennende Gerichtshof hat diese Frage – soweit ersichtlich – bislang noch nicht ausdrücklich entschieden. Er ist aber, ohne das zu problematisieren, davon ausgegangen, dass § 23 Abs. 5 Satz 2 BauNVO auch auf Werbeanlagen als Hauptnutzung Anwendung findet, sofern diese nach der Landesbauordnung in den Abstandsflächen zulässig sind (vgl. Urteile v. 13.3.2008 – 8 S 15/07 – NVwZ-RR 2008, 762 und vom 26.1.2012 – 5 S 2233/11 – NVwZ-RR 2012, 500, hier in einem obiter dictum).

bbb) An der bisherigen Rechtsprechung des Senats ist festzuhalten. Die Auffassung, § 23 Abs. 5 Satz 2 BauNVO sei nicht auf Hauptanlagen anwendbar, stützt sich auf systematische und kompetenzrechtliche Überlegungen (so insbesondere VG Gießen, Urteil v. 29.5.2006 – 1 E 857/06 – NVwZ-RR 2007, 237). Das OVG Nordrhein-Westfalen zieht in seiner Entscheidung auch die Rechtsprechung des Bundesverwaltungsgerichts heran. Beides ist nicht tragfähig.

(1) Die systematische Argumentation geht dahin, Ausnahmen von dem Grundsatz des § 23 Abs. 3 Satz 1 BauNVO, wonach bauliche Anlagen (nicht nur Gebäude, dazu bereits oben) die Baugrenze nicht überschreiten dürfen, seien in § 23 Abs. 3 Satz 2 BauNVO, in § 23 Abs. 5 Satz 1 BauNVO und in § 23 Abs. 3 Satz 3 BauNVO i. V. m. § 23 Abs. 2 Satz 3 BauNVO normiert. Allen drei Ausnahmetatbeständen sei gemein, dass Ausnahmen von der

Nichtüberbaubarkeit von Grundstücksflächen nur in ganz untergeordnetem Umfang – wie durch in geringfügigem Ausmaß hervortretende Gebäudeteile oder durch untergeordnete bauliche Anlagen wie Nebenanlagen – zugelassen würden. Der Gesetzgeber sehe in diesen Fällen grundsätzlich keine Planungsbedürftigkeit und damit keine bodenrechtliche Relevanz. Das müsse dann auch für den Ausnahmetatbestand des § 23 Abs. 5 Satz 2 BauNVO gelten. Anderenfalls würde die mit § 23 BauNVO verfolgte Zielsetzung des § 9 Abs. 1 Nr. 2 BauGB, eine offene Bauweise zuzulassen (s. o.), unterlaufen.

Dieser Argumentation steht entgegen, dass Nebenanlagen bereits nach § 23 Abs. 5 Satz 1 BauNVO in den nicht überbaubaren Grundstücksflächen zugelassen werden können, und zwar auch dann, wenn sie nach dem landesrechtlichen Bauordnungsrecht in den Abstandsflächen nicht zulässig sind. Eine eigenständige Bedeutung hat § 23 Abs. 5 Satz 2 LBO mithin vor allem für Hauptanlagen, die zwar nicht nach § 23 Abs. 5 Satz 1 BauNVO in den nicht überbaubaren Grundstücksflächen zugelassen werden können, aber nach Landesrecht in den Abstandsflächen zulässig sind. Nach der von der Beklagten vertretenen Auffassung hätte § 23 Abs. 5 Satz 2 BauNVO letztlich keinen (substanziellen) eigenen Anwendungsbereich. Er könnte sich – wenn es so etwas überhaupt gibt – nur auf Nebenanlagen beziehen, die keine solchen i. S. d. § 14 BauNVO sind.

(2) Das kompetenzrechtliche Argument lautet, der Landesgesetzgeber sei nur für das der Gefahrenabwehr dienende Bauordnungsrecht und nicht für das Bauplanungsrecht zuständig (vgl. dazu BVerfG, Gutachten vom 16.6.1954 – 1 PBW 2.52 – BVerfGE, 3, 407). Er habe deshalb nicht die Kompetenz, den Anwendungsbereich der bauplanungsrechtlichen Regelung des § 23 Abs. 5 BauNVO zu erweitern, indem er bestimme, dass auch Hauptanlagen in den Abstandsflächen zulässig seien mit der Folge, dass sie auch auf den nicht überbaubaren Grundstücksflächen zugelassen werden könnten. Zu folgen ist dem nicht. Zwar ist § 23 Abs. 5 Satz 2 BauNVO als dynamische Verweisung auf das jeweils geltende landesrechtliche Bauordnungsrecht zu verstehen mit der Folge, dass der Inhalt des Bundesrechts durch den Landesgesetzgeber mitbestimmt wird. In der Sache ändert das jedoch nichts daran, dass es sich um eine gemäß der Kompetenz des Bundes für das Bauplanungsrecht getroffene bundesrechtliche Regelung handelt. Dem (Bundes) Normgeber steht es jederzeit frei, den Verweis auf das Landesrecht aufzuheben oder einzuschränken. Er bleibt »Herr des Verfahrens«.

(3) In der vom OVG Nordrhein-Westfalen herangezogenen Entscheidung des Bundesverwaltungsgerichts vom 7.6.2001 (– 4 C 1.01 – Buchholz 406.12 § 23 BauNVO Nr. 4) befasst sich das Bundesverwaltungsgericht im Wesentlichen mit der Frage, dass § 23 Abs. 3 Satz 1 BauNVO über den Wortlaut hinaus nicht nur für Gebäude, sondern für alle baulichen Anlagen gilt. Allerdings heißt es in dem Urteil auch, die nach Landesrecht in den Abstandsflächen zulässigen baulichen Anlagen, die nach § 23 Abs. 5 Satz 2 BauNVO

außerhalb einer Baugrenze zugelassen werden könnten, seien »regelhaft von untergeordneter Bedeutung«. Hätte das Bundesverwaltungsgericht damit zum Ausdruck bringen wollen, § 23 Abs. 5 Satz 2 BauNVO gelte nur für Nebenanlagen, so wäre eine deutlichere Aussage zu erwarten gewesen. An einer solchen fehlt es. Die vom Bundesverwaltungsgericht gewählte Formulierung hat eher deskriptive Bedeutung. Schon die in § 6 Abs. 1 LBO genannten Maße verdeutlichen, dass die in den Abstandsflächen anderer baulicher Anlagen bzw. ohne eigene Abstandsflächen zulässigen baulichen Anlagen von vornherein untergeordnete Bedeutung haben. Das ist gerade vor dem Hintergrund der Hauptaussage im Urteil des Bundesverwaltungsgerichts von Relevanz. § 23 BauNVO ist danach aus der Zielsetzung des § 9 Abs. 1 Nr. 2 BauGB auszulegen. Die Festsetzung von Baugrenzen soll eine von der Gemeinde gewünschte »offene Bauweise« unterstreichen. Im Hinblick darauf kommt es aber nicht darauf an, ob es sich nach der Art der baulichen Nutzung um eine Hauptnutzung oder eine Nebenanlage handelt. Entscheidend sind die Maße der baulichen Anlagen, die auf den nicht überbaubaren Grundstücksflächen zugelassen werden können.

cc) Die Beklagte wird als Baurechtsbehörde in die Ermessensentscheidung die Interessen des Klägers einerseits und entgegenstehende öffentliche Belange wie etwa eine negative Vorbildwirkung einzustellen haben. Die Interessen der Beigeladenen sind, soweit sie baurechtlicher Natur sind, gleichfalls zu berücksichtigen. Auch der bisherigen Genehmigungspraxis kann Bedeutung zukommen (vgl. Schilder in Bönker/Bischopink, BauNVO, Komm., 3. Aufl., § 23 BauNVO Rdnr. 33). Im Hinblick darauf, dass die Beklagte bislang noch kein Ermessen ausgeübt hat, sieht der Senat von weitergehenden Vorgaben ab. Er merkt jedoch an, dass das Ermessen weder im einen noch im anderen Sinne auf Null reduziert sein dürfte.

e) Das verwaltungsgerichtliche Urteil ist nach alledem dahin zu ändern, dass die Beklagte nicht zur Erteilung der Baugenehmigung, sondern unter Aufhebung der ablehnenden Entscheidung lediglich zur Neubescheidung gemäß § 113 Abs. 5 Satz 2 VwGO verpflichtet wird. Denn bauordnungsrechtliche und straßenverkehrsrechtliche Gründe, die noch zu einer vollumfänglichen Klageabweisung führen könnten, stehen der Erteilung der Baugenehmigung nicht entgegen.

aa) § 16 Abs. 2 LBO steht der Erteilung der beantragten Baugenehmigung entgegen, wenn die Sicherheit und Leichtigkeit des öffentlichen Verkehrs durch die Werbeanlage beeinträchtigt wird. Das ist nicht der Fall.

aaa) In der Rechtsprechung ist geklärt, dass nur unter engen Voraussetzungen angenommen werden kann, eine Werbeanlage verstoße gegen § 16 Abs. 2 LBO. Eine Werbeanlage gefährdet danach Sicherheit und Leichtigkeit des Verkehrs nur, wenn in der konkreten Situation nach allgemeiner Erfahrung in überschaubarer Zukunft der Eintritt eines Schadens hinreichend wahrscheinlich ist, wenn also ein Verkehrsunfall oder doch eine Verkehrsbehinderung zu erwarten ist (vgl. VGH Bad.-Württ., Urteil v. 17.2.1986 – 8 S 2328/85 – und vom 12.4.1983 – 3 S 24/83 –, BRS 40, Nr. 126). Abzustellen ist auf den Horizont eines geeigneten Kraftfahrers, der sein Verhalten im Straßenverkehr nach den geltenden Vorschriften ausrichtet (vgl. VGH Bad.-Württ., Urteil vom. 21.7.1993 – 3 S 660/93 –). Grundsätzlich gehören Werbeanlagen in städtischen Innenbereichen zu den üblichen Erscheinungsformen, mit denen ein Verkehrsteilnehmer rechnet und auf die er sich einstellt. Deshalb können Werbeanlagen dort nur ausnahmsweise zu einer Gefährdung des öffentlichen Verkehrs führen, wenn die jeweilige Anlage in ihrer konkreten Gestaltung oder von ihrem Anbringungsort her besonders auffällig ist und insoweit vom Üblichen stark abweicht (vgl. VGH Bad.-Württ., Urteil v. 17.2.1986 – a. a. O., v. 25.11.1986 – 8 S 2563/86 –, v. 22.1.1986 – 8 S 3307/85 – und v. 16.6.2003 – 3 S 2324/02 –, VBlBW 2003, 1527). Dabei ist maßgeblich auf die Verhältnisse des Einzelfalls abzustellen, d. h. zum einen auf die konkrete Werbeanlage und zum anderen auf die verkehrliche Situation in ihrer jeweiligen Umgebung. Wichtig ist u. a., ob die Werbeanlage eine besondere Ablenkungswirkung hat und ihr deshalb eine Verkehrsgefährdung in dem oben beschriebenen Sinne beigemessen werden kann, etwa weil die jeweilige Anlage in ihrer konkreten Gestaltung oder von ihrem Anbringungsort her besonders auffällig ist und insoweit vom Üblichen stark abweicht (OVG Saarland, Urteil v. 23.5.2016 – 2 A 5/16 –, BauR 2017, 1352).

bbb) Nach diesem Maßstab ist eine Beeinträchtigung der Sicherheit und Leichtigkeit des Verkehrs nicht anzunehmen. Bei der zur Genehmigung gestellten Plakatanschlagtafel handelt es sich um eine übliche Werbetafel für wechselnde Anschläge, wie sie in Mischgebieten gerade an stark befahrenen Straßen häufig anzutreffen ist und auf die sich Verkehrsteilnehmer eingestellt haben. Effekte, die geeignet sind, die Aufmerksamkeit der Verkehrsteilnehmer in besonderem Maße auf die Werbung zu lenken und damit vom Geschehen auf der Straße abzulenken, sind damit nicht verbunden. Wie der Augenschein gezeigt hat, sind die Straßenverhältnisse übersichtlich. Die Plakatanschlagtafel zielt auf von Westen heranfahrende Kraftfahrer ab. Diese können den Verlauf der Straße bereits aus größerer Entfernung problemlos überblicken. Sie sehen die von Norden her in Höhe des Vorhabengrundstücks einmündende Bergstraße. Auch die Einmündung der Schillerstraße ist deutlich zu erkennen. Die Lichtzeichenanlage und das Vorfahrtszeichen sind von weitem zu sehen. Die Verkehrssituation ist auch nicht besonders komplex. Die von Westen heranfahrenden Kraftfahrer sind vorfahrtsberechtigt. Sie müssen sich lediglich darauf einstellen, anhalten zu müssen, wenn die Lichtzeichenanlage rot zeigt, etwa um Fußgängern und insbesondere den Schülern auf dem Schulweg die Überquerung der Straße zu ermöglichen. Die Plakatanschlagtafel wird nicht zu einer relevanten Einschränkung führen.

bb) Nach § 33 Abs. 2 Satz 1 StVO dürfen Einrichtungen, die Zeichen oder Verkehrseinrichtungen gleichen, mit ihnen verwechselt werden können oder deren Wirkung beeinträchtigen können, dort nicht angebracht werden, wo sie sich auf den Verkehr auswirken. Diese Norm ist im Baugenehmigungsverfahren zu prüfen (vgl. VGH Bad.-Württ., Urteil v. 22.1.1986 – 8 S 3307/85 – BRS 46 Nr. 129 und Sauter, LBO für Bad.-Württ., Komm., § 58 Rdnr. 56, Stand: Dez. 2012). Wie sich aus den Ausführungen zu § 16 Abs. 2 LBO ergibt, ist indessen auch ein Verstoß gegen diese Norm nicht gegeben.

cc) Anhaltspunkte für einen Verstoß gegen das Verunstaltungsverbot aus § 11 LBO wurden weder von der Beklagten noch von der Beigeladenen geltend gemacht und sind auch sonst nicht zu erkennen.

dd) Die Regelungen zu Werbeanlagen in den örtlichen Bauvorschriften stehen der Plakatanschlagtafel ebenfalls nicht entgegen. Das Verwaltungsgericht ist unter Heranziehung der Rechtsprechung des erkennenden Gerichtshofs (vgl. VGH Bad.-Württ., Urteil v. 21.2.2017 – 3 S 1748/14 – VBlBW 2017, 388, Rdnr. 55 ff.) zu dem zutreffenden Ergebnis gekommen, dass die örtlichen Bauvorschriften insoweit unwirksam sind. Die Beklagte und die Beigeladene haben dem im Berufungsverfahren nichts entgegengehalten. Der Senat nimmt zur Vermeidung von Wiederholungen auf das verwaltungsgerichtliche Urteil Bezug. …

Nr. 81

Dass der Landesgesetzgeber in Niedersachsen die bauordnungsrechtliche Stellplatzpflicht für Wohnraum in § 47 Abs. 1 Satz 3 NBauO aufgehoben hat, führt nicht dazu, dass nunmehr Stellplätze, insbesondere im rückwärtigen Grundstücksbereichen, von vornherein rücksichtslos sind. Aus § 12 Abs. 2 BauNVO folgt – nach wie vor – das bauplanungsrechtlich begründete Recht, einen sich aus dem Nutzen der baulichen Anlage ergebenen Bedarf an Stellplätzen zu decken (angemessene Stellplätze).

Die zu § 47 NBauO erlassenen Richtzahlen für den Einstellplatzbedarf können bis auf Weiteres auch nach Wegfall der Stellplatzpflicht für Wohnungen als Anhaltspunkt dienen, um einen angemessenen Stellplatzbedarf zu ermitteln. Dem liegt die Annahme zugrunde, dass Stellplätze, die zuvor sogar bauordnungsrechtlich notwendig waren, weil sie den durch die Nutzung verursachten Parkverkehr abfangen sollten, regelmäßig auch bedarfsgerecht und damit bauplanungsrechtlich angemessen sind.

NBauO § 47.

Verwaltungsgericht Hannover, Beschluss v. 18. November 2024 – 4 B 4492/24 –.

Aus den Gründen:

Der Eilantrag ist jedoch nicht begründet.

Nach §§ 80a Abs. 3 Satz 2, 80 Abs. 5 Satz 1 VwGO kann das Gericht der Hauptsache die aufschiebende Wirkung des Widerspruchs des Antragstellers ganz oder teilweise anordnen, wenn sein Interesse, von der Vollziehung der angegriffenen Baugenehmigung verschont zu bleiben, das Interesse des Bauherrn an ihrer Ausnutzung überwiegt. Im Rahmen der vorzunehmenden Interessenabwägung ist das Risiko der Nachbarn, die Folgen der Verwirklichung der angegriffenen Maßnahme trotz möglichen späteren Erfolges in der Hauptsache dulden zu müssen, mit dem Risiko des Bauherrn abzuwägen, die Verwirklichung des Vorhabens trotz möglicher späterer Klageabweisung aufschieben zu müssen. Bei der zwischen beiden Folgeabschätzungen vorzunehmenden Abwägung spielt die Erfolgsaussicht des eingelegten Rechtsbehelfs in der Regel eine entscheidende Rolle.

Bei der im vorläufigen Rechtsschutzverfahren gebotenen summarischen Prüfung lässt sich absehen, dass der von dem Antragsteller eingelegte Rechtsbehelf keinen Erfolg haben wird.

Einen Anspruch auf die Aufhebung einer Baugenehmigung hat ein Nachbar nur, wenn die Genehmigung gegen eine im Rahmen des Baugenehmigungsverfahrens zu prüfende Vorschrift verstößt und der Nachbar dadurch in seinen Rechten verletzt wird (§ 113 Abs. 1 VwGO). Dieser Maßstab gilt auch im Drittwiderspruchsverfahren (Porsch in: Schoch/Schneider, VwGO, 45. EL Januar 2024, § 68 Rdnr. 41). Nachbarn können eine Baugenehmigung deshalb nur mit Erfolg angreifen, wenn sie durch diese in einem ihnen zustehenden subjektiv-öffentlichen Recht verletzt werden. Es genügt nicht, wenn die Baugenehmigung gegen Rechtsvorschriften des öffentlichen Rechts verstößt, die nicht zumindest auch teilweise dem Schutz der Eigentümer benachbarter Grundstücke dienen. Hinzu muss kommen, dass die Baugenehmigung gerade deshalb rechtswidrig ist, weil Rechte, die dem individuellen Schutz Dritter, also gerade dem Schutz des widerspruchsführenden Nachbarn dienen, verletzt sind.

Nach dieser Maßgabe kann der Antragsteller voraussichtlich die Aufhebung der angefochtenen Baugenehmigung nicht verlangen, weil diese nicht gegen nachbarschützende Rechtsvorschriften verstößt, welche seinem Schutz dienen.

Die Anzahl der zulässigen Vollgeschosse ist hier nicht nachbarschützend. In beplanten Baugebieten kommt der Geschossanzahl als Kriterium des Maßes der baulichen Nutzung regelmäßig nur dann unmittelbar drittschützende Wirkung zu, wenn erkennbar ist, dass die entsprechenden planerischen Festlegungen zum Schutze der Nachbarn erfolgt sind (VG Hannover, Beschluss v. 5.12.2022 – 4 B 3652/22 –, Rdnr. 39, juris). Diese Voraussetzung ist hier schon nicht erfüllt. Der Bebauungsplan setzt für den Bereich des Vorhabengrundstücks zwei Vollgeschosse als Höchstmaß fest. Weitere Ausführungen, die darauf hindeuten, dass dieser Festsetzung eine nachbarschützende Intention zugrunde liegt, beinhaltet der Plan nicht.

Unabhängig davon bezieht sich die Baugenehmigung nicht auf ein Gebäude mit drei Vollgeschossen. Ein Vollgeschoss ist gemäß § 2 Abs. 7 Satz 1 der Niedersächsischen Bauordnung (NBauO) ein oberirdisches Geschoss, das – wie hier – über mindestens der Hälfte seiner Grundfläche eine lichte Höhe von 2,20 m oder mehr hat. Ein oberstes Geschoss ist jedoch nach Satz 2 der genannten Vorschrift nur dann ein Vollgeschoss, wenn es die in Satz 1 genannte lichte Höhe über mehr als zwei Dritteln der Grundfläche des darunterliegenden Geschosses hat. Dies ist hier nicht der Fall. Bei der Bestimmung, ob ein Vollgeschoss gemäß § 2 Abs. 7 Satz 1 und 2 NBauO vorliegt, sind die Innenmaße des Gebäudes und nicht dessen Außenmaße maßgeblich. Die dazu in Bezug zu setzende Gesamtgrundfläche des darunterliegenden Geschosses bemisst sich demgegenüber nach den Außenmaßen (OVG Lüneburg, Beschluss v. 3.2.2021 – 1 LA 65/19 –, Leitsätze und Rdnr. 10 f., juris). Die Flächen von (überdachten) Loggien und von überdachten Vorbauten wie Erkern, Wintergärten, Veranden oder Windfängen, auch von überdachten Balkonen, sind einzurechnen, da sie Teile des Geschosses sind, nicht dagegen die Flächen von (nach oben offenen) Terrassen und Balkonen sowie von nur konstruktiv oder gestalterisch bedingten Gesimsen oder Dachvorsprüngen (Mann in: Große-Suchsdorf, NBauO, 10. Aufl. 2020, § 2 Rdnr. 103, m. w. N.).

Ausgehend hiervon bemisst die Grundfläche des Staffelgeschosses weniger als zwei Drittel des darunterliegenden Geschosses. Das (darunterliegende) Obergeschoss hat eine Gesamtgrundfläche von 277,76 m^2. Nach den Bauvorlagen hat es im Außenmaß eine Grundfläche von 264,54 m^2 (19,10 m × 13,85 m). Die beiden maßgleichen überdachten Balkone sind darin nur mit ihrer halben Grundfläche enthalten. Hinzuzurechnen ist also insgesamt eine Balkonfläche von 13,22 m^2. Zwei Drittel von 277,76 m^2 sind 184,99 m^2. Das Staffelgeschoss hat nach den in den Bauvorlagen angegebenen Raumgrößen Innenmaße von 148,96 m^2. Die beiden Balkone dieses Geschosses sind, da nach oben offen, nicht einzuberechnen. Selbst wenn beide Balkonflächen (insgesamt 26,44 m^2) einbezögen würden, wäre die maßgebliche Fläche mit 175,40 m^2 kleiner als zwei Drittel des Obergeschosses.

Der Antragsteller kann sich im Rahmen seines Eilantrages nicht mit Erfolg auf die Verletzung brandschutzrechtlicher Bestimmungen berufen. Brandschutzbestimmungen haben nur insoweit nachbarschützende Funktion, wie sie dazu dienen, im Brandfall einer Brandausbreitung auf Nachbargebäude entgegenzuwirken. Ein nachbarschützender Charakter scheidet aber bei solchen brandschutzrechtlichen Vorschriften aus, die nur die Bewohner beziehungsweise Benutzer des jeweiligen Gebäudes schützen sollen (OVG Lüneburg, Beschluss v. 17.11.2021 – 1 ME 34/21 –, Rdnr. 9, juris). Letzteres trifft auf die seitens des Antragstellers angeführten Brandschutzbestimmungen zu. Sowohl die gemäß § 4 Abs. 3 Satz 2 NBauO zu gewährleistende Bewegungsfreiheit und Sicherheit der Einsatzgeräte als auch die nach § 1 Abs. 2 Satz 2 DVO-NBauO erforderliche Durchfahrt für Feuerwehreinsätze bei Gebäuden, die mehr als 50 m von öffentlichen Verkehrsflächen entfernt liegen, dienen dem Schutz des jeweils betroffenen Grundstücks. Eine gezielte Schutzrichtung dahingehend, die Brandausbreitung auf Nachbargebäude zu verhindern, wie sie etwa den Anforderungen an die Ausgestaltung von Wänden und Decken in den §§ 27 ff. NBauO zukommt (Hoppenberg/Paar/Schäfer in: Hoppenberg/de Witt, BauR-HdB, 61. EL Dezember 2023, Rdnr. 409), enthalten die Vorschriften nicht.

Das nach § 30 Abs. 1 BauGB in Verbindung mit § 15 Abs. 1 Satz 2 BauNVO zu beachtende Gebot der Rücksichtnahme ist durch die erteilte Baugenehmigung nicht verletzt. Allgemein soll das Gebot einen angemessenen Ausgleich sich widerstreitender Interessen gewährleisten, wobei sich die vorzunehmende Interessenabwägung daran zu orientieren hat, was dem durch das Rücksichtnahmegebot Begünstigten und dem zur Rücksichtnahme Verpflichteten jeweils nach Lage der Dinge zuzumuten ist. Dies beurteilt sich nach der jeweiligen Situation der benachbarten Grundstücke. Je empfindlicher und schutzwürdiger die Stellung des Betroffenen ist, desto mehr kann er an Rücksichtnahme verlangen. Je verständlicher und unabweisbarer die Interessen des Bauherrn sind, die er mit dem Vorhaben verfolgt, desto weniger muss er Rücksicht nehmen. Das Gebot der Rücksichtnahme ist demnach erst dann verletzt, wenn die aus der Verwirklichung des geplanten Vorhabens resultierenden Nachteile das Maß dessen übersteigen, was den Nachbarn billigerweise noch zumutbar ist. Die an das Gebot der Rücksichtnahme zu stellenden Anforderungen hängen im Wesentlichen von den konkreten Umständen des Einzelfalls ab (VG Hannover, Urteil v. 8.5.2023 – 4 A 5390/19 –, n. v.; Urteil v. 13.12.2023 – 4 A 3117/20 –, n. V.).

Die genehmigten acht Stellplätze südlich des Baukörpers sind unter Berücksichtigung dieser Vorgaben nicht rücksichtslos.

Zur Anordnung von Stellplätzen und Garagen abseits von öffentlichen Verkehrsflächen gelten nach ständiger Rechtsprechung des Oberverwaltungsgerichts Lüneburg die folgenden Grundsätze: Stellplätze und Garagen sollen grundsätzlich möglichst nah an öffentliche Verkehrsflächen herangebaut werden, um kein Störpotenzial in Ruhezonen hineinzutragen, in denen bislang keine Fahrzeugbewegungen stattfanden. Das gilt jedoch nur, wenn dieses Karree durch Grünflächen beziehungsweise durch relative Wohnruhe gekennzeichnet ist. Was danach bei Abwägung der konkurrierenden Nutzungsinteressen dem Bauherrn gestattet beziehungsweise seinem Nachbarn zugemutet werden kann, richtet sich zum einen nach der Vorbelastung des geplanten Aufstellungsortes durch vergleichbare Anlagen, daneben und vor allem aber nach den Festsetzungen eines für diesen Bereich geltenden Bebauungsplans (OVG Lüneburg, Beschluss v. 30.11.2022 – 1 ME 84/22 –, Rdnr. 6–7, juris;

Beschluss v. 19.1.2021 – 1 ME 161/20 –, Rdnr. 9, juris; Beschluss v. 20.9.2017 – 1 ME 111/17 –, Rdnr. 6, juris). Den Festsetzungen eines für diesen Bereich geltenden Bebauungsplans kommt also bei dieser Frage eine vorrangige Bedeutung zu (OVG Lüneburg, Beschluss v. 30.11.2022 – 1 ME 84/22 –, Leitsatz, juris). Erlaubt der Plan eine Bebauung bis an die rückwärtige Grundstücksgrenze heran, ist damit ohne anderweitige Regelungen für den ruhenden Verkehr auch die Entstehung der notwendigen Stellplätze gerade im rückwärtigen Bereich angelegt (OVG Lüneburg, Beschluss v. 30.11.2022 – 1 ME 84/22 –, Rdnr. 8, juris).

So ist es hier. Der maßgebliche Bebauungsplan der Antragsgegnerin sieht vor, dass die Grundstücke – bis auf einen 5 m breiten straßenseitigen Streifen – komplett und folglich auch in ihrem rückwärtigen Bereich bebaut werden können. Nach Ziffer 3 der textlichen Festsetzungen und Ziffer 5.2 der Planbegründung zum Maß der baulichen Nutzung sind Nebenanlagen und Garagen gemäß § 23 Abs. 5 BauNVO (in der ab dem 27.1.1990 gültigen Fassung, folgend: BauNVO 1990) nur innerhalb der überbaubaren Grundstücksfläche zulässig. Nach dem sich in diesen Festsetzungen dokumentierten Willen des Plangebers können Stellplätze grundsätzlich auch im rückwärtigen Bereich der Grundstücke gebaut werden. Direkt an der Straße sind sie hingegen aufgrund der im Bebauungsplan angelegten baufreien »Vorgartenzone« ausgeschlossen.

Ausgehend hiervon trägt die Baugenehmigung auch dem von der Rechtsprechung aufgestellten Grundsatz, wonach Stellplätze soweit straßenseitig wie möglich angelegt werden sollen, Rechnung. Die Stellplätze befinden sich auf der südlichen und damit auf der zu der Erschließungsanlage zugewandten Seite des geplanten Wohnhauses. Eine noch weitere Verlagerung an die Straße erscheint kaum möglich. Die Lage des vorhandenen Wohnhauses und die straßenseitig verlaufende Baugrenze engen insoweit die Möglichkeiten ein. Ein Stellplatz ist direkt an der Baugrenze vorgesehen.

Auch die weiteren Umstände des Einzelfalls sprechen gegen eine Verletzung des Rücksichtnahmegebots. Die Stellplätze befinden sich nicht in der gleichen Bautiefe wie das Wohnhaus des Antragstellers. Sie liegen vielmehr im Bereich seines eigenen Stellplatzes beziehungsweise der von dort verlaufenden Zuwegung zu seinem Haus. Eine direkte Schalleinwirkung auf zum Beispiel Wohn- und Schlafräume ist damit ausgeschlossen. Die geplante Zufahrt liegt auf der von dem Antragsteller abgewandten östlichen Grundstücksseite. Zu Lärmschutzzwecken sieht die Baugenehmigung eine 2 m hohe Einfriedung an der westlichen Grundstücksgrenze vor. Das geplante Fahrradhaus dürfte jedenfalls die von den Stellplätzen 1 bis 5 ausgehenden Geräusche zusätzlich in Richtung des Antragstellers abschirmen.

Dass der Landesgesetzgeber in Niedersachsen die bauordnungsrechtliche Stellplatzpflicht für Wohnraum in § 47 Abs. 1 Satz 3 NBauO aufgehoben hat (m. W. v. 1.7.2024 durch Gesetz v. 18.6.2024, Nds. GVBl. 2024, Nr. 51), führt zu keiner anderen rechtlichen Beurteilung. Der damit einhergehende Wegfall der – insbesondere zur Steuerung des Parkverkehrs begründeten – bauordnungsrechtlichen Pflicht, Stellplätze anlegen zu müssen (notwendige Stellplätze), bedeutet nicht, dass nunmehr Stellplätze, insbesondere im rückwärtigen Grundstücksbereichen, von vornherein rücksichtslos sind. Das nach wie vor bestehende Recht, Stellplätze anzulegen, ergibt sich aus bauplanungsrechtlichen Erwägungen, welche es gleichzeitig auf ein angemessenes Maß begrenzen. § 12 Abs. 2 BauNVO bestimmt, dass unter anderem in Wohngebieten Stellplätze und Garagen nur für den durch die zugelassene Nutzung verursachten Bedarf zulässig sind. Nach dieser bedarfsorientierten Betrachtung sind die von Stellplätzen ausgehenden Immissionen als mit einer Wohnnutzung typischerweise verbunden grundsätzlich hinzunehmen. Dies betrifft auch die mit der Nutzung von Parkplätzen typischerweise verbundenen Geräusche, wie das Schlagen von Autotüren, Radiomusik oder Gespräche vor dem Auto. Dass die Geräusche – insbesondere in der Nachtzeit – ein unerträgliches Ausmaß annehmen könnten, ist im Rahmen einer Wohnnutzung ebenfalls nicht zu erwarten (OVG Lüneburg, Beschluss v. 30.11.2022 – 1 ME 84/22 –, Rdnr. 12, juris). Die konkrete Anzahl der hier genehmigten (rückwärtig gelegenen) Stellplätze erscheint nicht unangemessen. Sie liegt mit neun Plätzen (davon acht im rückwärtigen Bereich) für sechs Wohnungen innerhalb des Rahmens der zu § 47 NBauO erlassenen Richtzahlen für den Einstellplatzbedarf (Ausführungsbestimmungen zu § 47 NBauO, RdErl. des MS vom 6.7.2016, Nds. MBl. S. 714, geänd. d. RdErl. v. 28.7.2016, Nds. MBl. S. 806). Nach Nr. 1.2 der in den Ausführungsbestimmungen enthaltenen Tabelle gilt für Mehrfamilienhäuser ein Bedarf von 1 bis 1,5 Stellplätzen je Wohnung. Diese Richtzahlen können auch nach Wegfall der Stellplatzpflicht für Wohnungen (s. o.) jedenfalls als Anhaltspunkt dienen, um einen angemessenen Stellplatzbedarf zu ermitteln. Dem liegt die Annahme zugrunde, dass Stellplätze, die zuvor sogar bauordnungsrechtlich notwendig waren, weil sie den durch die Nutzung verursachten Parkverkehr abfangen sollten, regelmäßig auch bedarfsgerecht und damit bauplanungsrechtlich angemessen sind.

Gegen eine Verletzung des Rücksichtnahmegebotes durch die geplanten Stellplätze spricht zudem, dass der maßgebliche Blockinnenbereich nicht frei von entsprechenden Vorbelastungen ist. Der Antragsteller, welcher selbst im rückwärtigen Bereich wohnt, hat seinen Stellplatz ebenfalls südlich seines Wohnhauses. Er befindet sich von seiner Bautiefe genau zwischen den in der Baugenehmigung vorgesehenen beiden Stellplatzreihen. Auch auf den vom Grundstück des Antragstellers aus östlich angrenzenden Grundstücken befinden sich nach Ansicht in dem Programm »google maps« Stellplätze. Zudem gibt es weitere Garagen/Stellplätze im rückwärtigen Bereich auf den Grundstücken E. 33 und 35. Von der parallel verlaufenden O. ragt ein Garagenhof in den Blockinnenbereich hinein.

Das Gebot der Rücksichtnahme ist nach derzeitigem Sachstand auch nicht aus anderen Gründen verletzt.

Das Vorhaben führt nicht zu einer unzumutbaren Verschattung des Grundstücks des Antragstellers. Grundsätzlich handelt es beim Zugang zu Tages- und Sonnenlicht um einen schützenswerten Belang, der auch im Rahmen des Rücksichtnahmegebotes Berücksichtigung finden muss. Nicht ausreichend ist jedoch, dass ein Vorhaben zu einer Verschattung des Nachbargrundstückes zu einer bestimmten Tageszeit führt. Eine bestimmte Dauer oder Qualität der Tagesbelichtung eines Grundstücks wird im Baurecht nicht gewährleistet. In einem bebauten Gebiet muss regelmäßig damit gerechnet werden, dass zur Verwirklichung des in § 1a Abs. 2 BauGB normierten Gebots zur Nachverdichtung Grundstücke innerhalb des durch das Bauplanungs- und das Bauordnungsrecht vorgegebenen Rahmens baulich ausgenutzt werden und es durch eine Bebauung zu einer Verschattung des eigenen Grundstücks zu bestimmten Tageszeiten kommt (OVG Magdeburg, Beschluss v. 20.6.2012 – 2 M 38/12 –, Rdnr. 23, juris; OVG Münster, Urteil v. 19.7.2010 – 7 A 3199/08 –, Rdnr. 66, juris). Das Rücksichtnahmegebot vermittelt keinen Anspruch auf die unveränderte Beibehaltung der einmal gegebenen Besonnung eines Grundstücks (OVG Schleswig, Beschluss v. 20.5.2020 – 2 B 21/20 –, Rdnr. 20 m. w. N.). Verschattungseffekte sind regelmäßig hinzunehmen, wenn die landesrechtlichen Abstandsflächenbestimmungen eingehalten werden (OVG Münster, Beschluss v. 10.4.2015 – 2 B 177/15.NE –, Rdnr. 44, juris).

Eine diese Kriterien erfüllende, über die bloße Lästigkeit hinausgehende qualifizierte Betroffenheit des Antragstellers kann die Kammer nicht feststellen. Ausweislich der auf der Internetseite »www.sonnenverlauf.de« möglichen Simulation des Schattenwurfes eines dem Vorhaben entsprechenden Gebäudes trifft dieser das Grundstück des Antragstellers allenfalls in den frühen Morgenstunden der Monate April und Mai.

Die Baugenehmigung verletzt das Gebot der Rücksichtnahme nicht, weil der geplante Baukörper zu massiv ist. Dies wird nur dann angenommen, wenn die baulichen Dimensionen des »erdrückenden« Gebäudes aufgrund der Besonderheiten des Einzelfalles derart übermächtig sind, dass das »erdrückte« Gebäude oder Grundstück nur noch überwiegend wie eine von dem herrschenden Gebäude dominierte Fläche ohne eigene baurechtliche Charakteristik wahrgenommen wird, oder das Bauvorhaben das Nachbargrundstück regelrecht abriegelt. Dies anzunehmen kommt nur in Ausnahmefällen, und zwar dann erst in Betracht, wenn die genehmigte Anlage auf dem Nachbargrundstück ein Gefühl des »Eingemauertseins« oder eine »Gefängnishofsituation« hervorruft. Dem Grundstück muss gleichsam die Luft zum Atmen genommen werden. Dass das Vorhaben die bislang vorhandene Situation lediglich verändert, reicht nicht aus. Die in diesen Ausdrücken liegende »Dramatik« ist ernst zu nehmen (st. Rspr. d. OVG Lüneburg, Beschluss v. 24.1.2023 – 1 ME 133/22 –, Rdnr. 28, juris; Beschluss v. 15.1.2007 – 1 ME 80/07 –, Rdnr. 13, juris). Anhaltspunkte für eine solche Situation vermag die Kammer nach der im Eilverfahren gebotenen summarischen Prüfung durch

Auswertung der Bauvorlagen und Sichtung der örtlichen Begebenheiten über »google maps« nicht zu erkennen. Aufgrund des gültigen Bebauungsplans kommt es auf die Frage, ob sich das Vorhaben im Sinne des § 34 Abs. 1 Satz 1 BauGB seiner Bauweise nach in die Eigenart der näheren Umgebung einfügt, nicht an. ...

C. Rechtsprechung zu bauaufsichtlichen Maßnahmen

Nr. 82

Für den Erlass einer Verfügung nach § 79 Abs. 1 Satz 1 BremLBO bedarf es einer formellen und materiellen Illegalität der entsprechenden baulichen Anlage.

Derjenige, der sich auf Bestandsschutz beruft, ist auch beweispflichtig für das von ihm behauptete Vorliegen einer Baugenehmigung, abgesehen davon, dass eine Behörde, gerade wenn sie über keinerlei Bauakten für ein bestimmtes Bauvorhaben verfügt, in der Regel nicht in der Lage ist, positiv das Nichtvorliegen einer Baugenehmigung nachzuweisen.

Die Identität einer baulichen Anlage ist nicht mehr gegeben, wenn der mit einer Instandsetzung verbundene Eingriff in den vorhandenen Bestand so intensiv ist, dass er die Standfestigkeit des gesamten Bauwerks berührt und eine statische Nachberechnung des gesamten Gebäudes erforderlich macht, oder wenn die für die Instandsetzung notwendigen Arbeiten den Aufwand für einen Neubau erreichen oder gar übersteigen, oder wenn die Bausubstanz ausgetauscht oder das Bauvolumen wesentlich erweitert wird.

(Leitsätze der Redaktion)

BremLBO § 58 Abs. 2, § 64, § 79 Abs. 1 Satz 1.

Verwaltungsgericht Bremen, Urteil v. 17. Januar 2024 – 1 K 2518/21 –.

Aus den Gründen:

Die zulässige Klage ist unbegründet.

Der Bescheid des Bauordnungsamtes der Beklagten vom 6.9.2019 in Gestalt des Widerspruchsbescheids der Senatorin für Klimaschutz, Umwelt, Mobilität, Stadtentwicklung und Wohnungsbau vom 30.11.2021 ist rechtmäßig und verletzt den Kläger nicht in seinen Rechten, § 113 Abs. 1 Satz 1 VwGO.

I. Rechtsgrundlage für den Erlass der Beseitigungsanordnung ist § 58 Abs. 2 i. V. m. § 79 Abs. 1 Satz 1 der Bremischen Landesbauordnung (BremLBO). Nach § 58 Abs. 2 Satz 1 BremLBO haben die Bauaufsichtsbehörden bei der Errichtung, Änderung, Nutzungsänderung und Beseitigung sowie bei der Nutzung und Instandhaltung von Anlagen darüber zu wachen, dass die öffentlich-rechtlichen Vorschriften eingehalten werden. Gemäß § 58 Abs. 2 Satz 2 BremLBO können die Bauaufsichtsbehörden in Wahrnehmung dieser Aufgaben die erforderlichen Maßnahmen treffen. Nach § 79 Abs. 1 Satz 1 BremLBO kann, wenn bauliche Anlagen im Widerspruch zu öffentlich-rechtlichen Vorschriften errichtet oder geändert werden, die Bauordnungsbehörde die teilweise oder vollständige Beseitigung der baulichen Anlagen anordnen, wenn nicht auf andere Weise rechtmäßige Zustände hergestellt werden können.

Die für den Erlass einer Verfügung nach § 79 Abs. 1 Satz 1 BremLBO erforderliche formelle und materielle Illegalität der baulichen Anlagen ist gegeben (zu diesen Voraussetzungen: OVG Bremen, Urteil v. 6.6.1997 – 1 BA 50/96, juris Rdnr. 24).

1. Das auf dem Grundstück des Klägers vorhandene Wohnhaus und die weiteren baulichen Anlagen sind nach dem Stand des Verfahrens formell illegal, denn sie sind ohne die nach § 64 BremLBO erforderliche Genehmigung errichtet worden. Die Genehmigungspflicht der vorhandenen baulichen Anlagen ergibt sich aus den §§ 64 ff. i. V. m. § 2 BremLBO bzw. vor Inkrafttreten der bremischen Landesbauordnung zum Zeitpunkt der Errichtung aus § 3 der preußischen Einheitsbauordnung für Städte und stadtähnliche Landgemeinden von 1919, die von den Städten als Polizeiverordnungen i. d. R. ohne Abweichungen umzusetzen war. Hiernach wurde über die Baugenehmigung von der Ortspolizeibehörde ein Bauschein ausgestellt. Wie der Kläger selber ausführt, gehörte das Grundstück damals zum Gebiet der Stadt Wesermünde. Diese zählte seinerzeit zum Regierungsbezirk Stade in der preußischen Provinz Hannover. Wesermünde wurde erst 1947 in Bremerhaven umbenannt und in das Land Bremen eingegliedert. Die preußische Einheitsbauordnung fand somit zum Zeitpunkt der Errichtung des Gebäudes – der genaue Zeitpunkt 1932 oder 1937 ist zwischen den Beteiligten streitig – auf das Grundstück des Klägers Anwendung. Dies lässt sich auch daran erkennen, dass für die vom Kläger in Bezug genommene »...« im ... nach Angaben der Beklagten ein Bauschein vom 9.3.1925 vorliegt. Sofern der Kläger vorträgt, seine Großeltern hätten seinerzeit bei der Stadt Wesermünde einen Bauantrag für das Wohnhaus gestellt, welcher nicht ablehnend beschieden worden sei, kann er zum einen über einen etwaigen Bauantrag keine Unterlagen vorlegen und zudem lässt diese Tatsache noch nicht den Schluss zu, der Bauantrag sei genehmigt worden bzw. das geplante Bauvorhaben habe ohne Genehmigung errichtet werden dürfen. Eine derartige Genehmigungsfiktion für Baugenehmigungen kannte die preußische Einheitsbauordnung nicht. Sowohl dem Kläger als auch der Beklagten liegen keine Genehmigungsunterlagen über das errichtete Wohnhaus vor. Die ursprüngliche Annahme, die Anlage K 3 (»Skizze der bebauten Fläche«) stamme nicht von privater Hand, sondern von einer Behörde, wurde nach den Ausführungen des Klägers in der mündlichen Verhandlung nicht bestätigt. Der Grundriss ist vielmehr von ... unterzeichnet, dem Großvater des Klägers, der auf dem streitgegenständlichen Grundstück einen Fuhrbetrieb und eine Reparaturwerkstatt betrieb. Es spricht demnach viel dafür, dass auch die Erklärung in Anlage K 8 (»Erklärung zur Gebäude Skizze«) vom Großvater des Klägers verfasst wurde. Jedenfalls ersetzen diese Unterlagen keine Baugenehmigung.

Auch lässt sich aus den Eintragungen im Grundbuch bzw. katasteramtlichen Eintragungen keine Genehmigung ableiten, da diese lediglich den vorhandenen baulichen Zustand des Grundstückes darstellen bzw. tatsächliche

Angaben im Grundbuch – wie etwa die Nutzung – nicht vom öffentlichen Glauben des Grundbuches im Sinne von § 892 BGB erfasst werden (vgl. VG Bremen, Urteil v. 27.3.2012 – 1 K 2061/09, n.v.). Auch die im Grundbuch zugunsten der Stadt Bremerhaven eingetragene (Datum 2.11.1940) beschränkte persönliche Dienstbarkeit mit dem Inhalt, dass Um-, An- und Ausbauten an den auf dem belasteten Grundstück befindlichen Gebäuden nicht vorgenommen werden dürfen, lässt vermuten, dass die Anlagen ohne Erlaubnis errichtet wurden. Bis in die 1970er Jahre sind nach Angaben der Beklagten aufgrund der Wohnungsknappheit Duldungen für illegal errichtete Gebäude ausgesprochen worden, in denen genau derartige Baubeschränkungen angeordnet worden seien. Dies deckt sich mit den gerichtlichen Erkenntnissen aus dem Verfahren 1 K 2061/09, wo eine derartige Beschränkung Bestandteil eines entsprechenden Duldungsbescheides der Beklagten war.

Letztlich liegt die Beweislast für das Vorliegen einer Baugenehmigung – ungeachtet des Alters des Hauses – auf Seiten des Klägers (vgl. OVG Magdeburg, Beschluss v. 30.11.2023 – 2 L 115/21, juris Rdnr. 28). Beruft sich ein Bürger gegenüber einer Beseitigungsanordnung auf Bestandsschutz – sei es, weil er behauptet, das Bauwerk sei genehmigt und deswegen formell baurechtmäßig, sei es, dass er sich (nur) auf die materielle Baurechtsmäßigkeit beruft –, so macht er im Wege einer Einwendung ein Gegenrecht geltend. Er leitet nämlich aus der Vergangenheit ein Recht ab, das es ihm ermöglicht, sich gegen ein Beseitigungsverlangen durchzusetzen, obgleich die beanstandete Nutzung (derzeit) materiell rechtswidrig ist und dies an sich für eine Untersagung ausreicht. Deswegen ist er auch beweispflichtig für das von ihm behauptete Vorliegen einer Baugenehmigung, abgesehen davon, dass eine Behörde, gerade wenn sie über keinerlei Bauakten für ein bestimmtes Bauvorhaben verfügt, in der Regel nicht in der Lage ist, positiv das Nichtvorliegen einer Baugenehmigung nachzuweisen (vgl. BVerwG, Urteil v. 23.2.1979 – IV C 86.76, juris Rdnr. 14 f.; Beschluss v. 19.2.1988 – 4 B 33.88, juris Rdnr. 3).

2. Weiterhin sind die baulichen Anlagen auf dem Grundstück des Klägers auch materiell illegal, da sie weder nach der geltenden Rechtslage genehmigungsfähig sind, noch zu irgendeinem namhaften vorherigen Zeitpunkt hätten genehmigt werden können (vgl. hierzu BVerwG, Urteil v. 13.6.1980, IV C 98.77, juris Rdnr. 13 m. w. N.).

Das Grundstück unter der Adresse … lag zu keinem Zeitpunkt im Geltungsbereich eines Bebauungsplanes mit Festsetzungen nach § 30 Abs. 1 Baugesetzbuch (BauGB) und liegt darüber hinaus außerhalb von im Zusammenhang bebauten Ortsteilen im Sinne von § 34 BauGB. Das Grundstück liegt somit im Außenbereich nach § 35 BauGB. Gemäß § 35 Abs. 1 BauGB ist ein Vorhaben Im Außenbereich nur zulässig, wenn öffentliche Belange nicht entgegenstehen, die ausreichende Erschließung gesichert ist und es sich um ein privilegiertes Vorhaben handelt. Die baulichen Anlagen auf dem Grundstück (Wohnhaus nebst Carport und Schuppen) zählen offensichtlich nicht zu den privilegierten Vorhaben i. S. d. § 35 Abs. 1 Nr. 1–9 BauGB.

Darüber hinaus konnten bzw. können sonstige Vorhaben im Einzelfall gemäß § 35 Abs. 2 BauGB zugelassen werden, wenn ihre Ausführung öffentliche Belange nicht beeinträchtigt und die Erschließung gesichert ist. Öffentliche Belange werden gemäß § 35 Abs. 3 Nr. 1 BauGB insbesondere dann beeinträchtigt, wenn ein Vorhaben den Darstellungen des Flächennutzungsplanes widerspricht.

Das ist hier der Fall, da die Bebauung mit den Darstellungen des Flächennutzungsplanes von 1977, welcher für diesen Bereich »Grünfläche« vorsieht sowie dem Flächennutzungsplan von 2006, der »Wald« vorsieht, nicht vereinbar ist bzw. war. Die vorgesehenen Flächen sind grundsätzlich nicht für die Bebauung bestimmt. Die Rückausnahmen des § 35 Abs. 4 BauGB sind nicht einschlägig.

Vor Inkrafttreten des BauGB ergab sich diese Rechtsfolge aus den §§ 35 Abs. 1, Abs. 2 und Abs. 3 Bundesbaugesetz (BBauG).

Zur Rechtslage vor 1960 (Inkrafttreten des BBauG) hat die Beklagte zutreffend ausgeführt, dass sich die planungsrechtliche Zulässigkeit nach § 3 der Verordnung über die Regelung der Bebauung vom 15.2.1936 (RGBl. I S. 104) – Bauregelungsverordnung – richtete. § 3 der Bauregelungsverordnung galt bis zum Inkrafttreten des Bundesbaugesetzes im Jahre 1960 als Bundesrecht fort (BVerwG, Urteil v. 7.10.1954 – I C 16.53). Die Vorschrift bezog sich – dem heutigen § 35 BauGB entsprechend – auf den Außenbereich, nämlich die Flächen außerhalb der ausgewiesenen Baugebiete und der im Zusammenhang bebauten Ortsteile der jeweiligen Gemeinde. Nach der Bauordnung für die Stadt Wesermünde vom 1.12.1938 lagen die Gebäude nicht in den bezeichneten Gebieten für Kleinsiedlung, für reine Wohngebiete oder für gemischte Wohngebiete. Für bauliche Anlagen im Außenbereich sollte nach § 3 Bauregelungsverordnung die baupolizeiliche Genehmigung versagt werden, wenn ihre Ausführung der geordneten Entwicklung des Gemeindegebiets oder einer ordnungsgemäßen Bebauung zuwiderlaufen würde. Der zuständigen Behörde stand bei der Auslegung der Tatbestandsmerkmale »geordnete Entwicklung des Gemeindegebiets« und »ordnungsgemäße Bebauung« kein Ermessensspielraum zu. Zudem ist die Auslegung am Zweck der Vorschrift auszurichten, der darin bestand, den Charakter des Außenbereichs nach Möglichkeit zu erhalten und ihn vor wesensfremder Bebauung zu schützen. Insoweit war vor Inkrafttreten des Bundesbaugesetzes anerkannt, dass im Außenbereich nur solche baulichen Anlagen zulässig waren, die durch das Wesen der Landschaft erfordert waren oder sich doch deren Eigenart anpassten. Gemeint war eine Bebauung, die der land- oder forstwirtschaftlichen Nutzung oder einer sonstigen Nutzung der naturgegebenen Ressourcen des Bodens diente und in der Regel nicht untersagt werden konnte (vgl. hierzu BVerwG, Beschluss v. 27.11.1980 – 4 B 214.80, juris Rdnr. 9, Urteil v. 25.10.1956 – I C 119.56, juris Rdnr. 9; Söfker, in: Ernst/Zinkahn/Bielenberg/Krautzberger, Baugesetzbuch Werkstand: 151. EL August 2023, § 35 BauGB Rdnr. 1 f.).

Dass hier die zu Wohnzwecken genutzten baulichen Anlagen nach den vorstehenden Maßgaben genehmigungsfähig gewesen sein könnten, ergibt sich aus dem klägerischen Vorbringen nicht. Sie dienten auch nach seinen Ausführungen weder einer land- oder forstwirtschaftlichen noch einer sonstigen damals privilegierten Nutzung. Dass ihre Errichtung aus anderen Gründen im Außenbereich notwendig gewesen sein könnte und deshalb eine Ausnahme in Betracht gekommen wäre, ist ebenso wenig ersichtlich. Als eine Wohnbebauung, die nicht durch eine zulässige Außenbereichsnutzung veranlasst war, waren die baulichen Anlagen eine dem Außenbereich wesensfremde und damit nach § 3 Bauregelungsverordnung unzulässige Bebauung (vgl. auch OVG Münster, Beschluss v. 18.3.2019 – 10 A 685/18, juris).

Inhaltlich ist der Kläger diesen Ausführungen auch nicht substantiiert entgegengetreten, sondern hat vielmehr angeführt, dass die Rechtslage aus dem Jahr 1932, als dem Zeitpunkt der Errichtung des Gebäudes, maßgeblich sei.

Im Jahr 1932 gehörte die Stadt Wesermünde, wie dargelegt, zur preußischen Provinz Hannover. In Preußen war unter dem Einfluss des aufkommenden Liberalismus zu Beginn des 19. Jahrhunderts der Grundsatz der Baufreiheit abgeleitet worden, der in den folgenden Jahrzehnten das Bodenrecht beherrschte. Da nach den geltenden Wegeordnungen jedoch grundsätzlich die Gemeinden die Kosten der Straßenherstellung und Straßenunterhaltung zu tragen hatten und die rechtliche Möglichkeit, die Anlieger zu Beiträgen heranzuziehen, örtlich verschieden und nur in unzureichendem Maße gegeben war, wurde den daraus erwachsenden kommunalen Finanzproblemen mit dem Gesetz betr. die Anlegung und Veränderung von Straßen und Plätzen in Städten und ländlichen Ortschaften vom 02.07.1875 und dem Wohnungsgesetz vom 28.3.1918 Rechnung getragen. Auch das Recht zur Festsetzung von Fluchtlinien wurde auf die Gemeinden übertragen (vgl. hierzu Krautzberger, in: Ernst/Zinkahn/Bielenberg/Krautzberger, Baugesetzbuch Werkstand: 151. EL August 2023, Einleitung zu § 35 BauGB Rdnr. 3 ff.). Die Stadt Wesermünde erließ auf dieser Grundlage das Ortsgesetz betreffend die Anlegung, Veränderung und Bebauung von Straßen und Plätzen in der Stadtgemeinde Wesermünde vom 19.5.1926. Nach § 9 dieses Ortsgesetzes durften an Straßen oder Straßenteilen, die noch nicht gemäß den baupolizeilichen Bestimmungen für den öffentlichen Verkehr und den Anbau fertig gestellt waren, Wohnbauten, die nach dieser Straße einen Ausgang haben, nicht errichtet werden.

Hinsichtlich dieser tatbestandlichen Voraussetzungen gehen die Auffassungen der Beteiligten nunmehr auseinander. Die Beklagte trägt vor, dass der … bis heute nicht ausgebaut sei und auch der …, der zur damaligen Zeit noch … hieß, noch nicht endgültig hergestellt gewesen sei. Der Kläger macht dagegen geltend, dass die Straße … seinerzeit bereits für den öffentlichen Verkehr fertiggestellt gewesen sei. Die damalige Zuwegung zum streitgegenständlichen Haus des Klägers habe direkt vom … über das Flurstück … auf das Grundstück geführt. Die damalige Zufahrt lasse sich auch heute noch erkennen.

Letztlich kommt es nach Auffassung der Kammer jedoch nicht entscheidungserheblich darauf an, ob die tatbestandlichen Voraussetzungen des § 9 des zitierten Ortgesetzes vorlagen oder nicht, weil sich der Kläger durch die umfangreichen Anbauten auf eine etwaige Genehmigungsfähigkeit der baulichen Anlage im Jahr 1932 jedenfalls nicht mehr berufen kann. Die Kammer geht – wie schon in der mündlichen Verhandlung dargelegt – angesichts der Erklärungen des Klägers sowie insbesondere den Anlagen K1, K3 und K8 davon aus, dass ein Teil des Gebäudes, nämlich das in Anlage K3 eingezeichnete Wohn- und Schlafzimmer unter dem Spitzdach und möglicherweise auch noch die daneben liegende Veranda, das Badezimmer und die Küche, bereits im Jahr 1932 errichtet wurde. Soweit ersichtlich, wurde dieses Gebäude dann nach dem Jahr 1945 (und damit entgegen der 1940 vorgenommenen Eintragung im Grundbuch – Anlage K 5 –) um den auf der Anlage K3 darüber liegenden und etwa ebenso großen Gebäudeteil erweitert. Durch diese Anbauten ist ein etwaiger Bestandsschutz der möglicherweise im Jahr 1932 genehmigungsfähigen baulichen Anlage erloschen. Die Identität einer baulichen Anlage ist nicht mehr gegeben, wenn der mit einer Instandsetzung verbundene Eingriff in den vorhandenen Bestand so intensiv ist, dass er die Standfestigkeit des gesamten Bauwerks berührt und eine statische Nachberechnung des gesamten Gebäudes erforderlich macht, oder wenn die für die Instandsetzung notwendigen Arbeiten den Aufwand für einen Neubau erreichen oder gar übersteigen, oder wenn die Bausubstanz ausgetauscht oder das Bauvolumen wesentlich erweitert wird (vgl. BVerwG, Urteil v. 17.1.1986 – 4 C 80/82 –, BVerwGE 72, 362-365, Rdnr. 12; Beschluss v. 21.3.2001 – 4 B 18.01). Vor diesem Hintergrund kann durch die Erweiterung des Bauvolumens nach 1945 um einen etwa ebenso großen Gebäudeteil im Vergleich zum Bestand die Frage nach einer möglicherweise bestehenden Genehmigungsfähigkeit im Jahr 1932 dahingestellt bleiben. Das Gebäude im Umfang seines heutigen vorhandenen Bestands war zu keinem Zeitpunkt während seiner Existenz baurechtlich genehmigungsfähig.

3. Sind danach die tatbestandlichen Voraussetzungen des § 79 Abs. 1 Satz 1 BremLBO gegeben, so trifft die Behörde die Pflicht, dass ihr nach dieser Vorschrift eingeräumte Ermessen fehlerfrei zu betätigen. Ermessensfehler i. S. d. § 114 Satz 1 VwGO sind nicht erkennbar. Als Ermessenskonkretisierende Verwaltungsvorschrift zieht das Bauordnungsamt der Beklagten das Städtebauliche Konzept zur Bereinigung von baurechtlich illegaler Bebauung im Außenbereich und auf innerörtlichen Grabelandflächen im Stadtgebiet Bremerhaven (Stand: 01/2010) heran. Hiergegen ist rechtlich nichts zu erinnern. Das Konzept war bereits Gegenstand vorheriger Gerichtsverfahren (1 K 2061/09; nachgehend OVG Bremen, Beschluss v. 19.3.2015 – 1 A 250/12) und ist dort rechtlich nicht beanstandet worden. Das Bauordnungsamt hat im Falle des Klägers auch zu Recht die Voraussetzungen, unter denen das Bereinigungskonzept ein Einschreiten gegen illegale Bebauung im Außenbe-

reich zulässt bzw. sogar fordert, als erfüllt angesehen. Ziff. 2 des Konzepts benennt als Ziel des Projekts, die Beseitigung der illegalen baulichen Anlagen herbeizuführen, um die unter Ziff. 1 aufgeführten Probleme zu beheben. Vorliegend ist der Problemschwerpunkt 1.1.3 – Planungsrechtliche Vorgaben – betroffen. Denn die baulichen Anlagen auf dem Grundstück des Klägers stehen, wie oben dargelegt, im Widerspruch zum Planungsrecht. Eine Duldung in Form einer Auswohnberechtigung nach Ziff. 6.1 war gegenüber dem Kläger nicht auszusprechen. Unter die Auswohnregelung zu Ziffer 6.1 des Städtebaulichen Konzeptes fallen nur die Bewohner, die das 65. Lebensjahr vollendet haben oder schwer krank bzw. pflegebedürftig oder schwerbehindert im Sinne des städtebaulichen Konzeptes und nicht in bereits bewohnte Gebäude zugezogen sind. Keine dieser Alternativen kommt in Betracht. Darüber hinaus besteht auch kein Anspruch auf eine Auswohnberechtigung nach Ziffer 6.2 des Städtebaulichen Konzeptes. Danach sind Personen auswohnberechtigt, wenn sie am Stichtag (31.10.2009) nachweislich sowohl Grundstückseigentümer als auch polizeilich gemeldete Bewohner seit mindestens einem Jahr waren. Der Eigentumsübergang wurde am 15.5.2017 im Grundbuch eingetragen und somit weit nach dem vorgenannten Stichtag. Nachweislich bewohnt wurde das Objekt von dem Kläger zum Stichtag ebenfalls nicht. Somit sind auch die Voraussetzungen für eine Auswohnberechtigung nach Ziffer 6.2. des Städtebaulichen Konzeptes nicht erfüllt.

Entgegen der Auffassung des Klägers hat die Beklagte ihre Eingriffsbefugnisse auch nicht verwirkt. Besondere Umstände, die das erstmals im Jahr 2005 geltend gemachte Beseitigungsverlangen als Verstoß gegen Treu und Glauben erscheinen ließen, sind nicht zu erkennen. Dies wäre insbesondere nur der Fall, wenn der Verpflichtete infolge eines bestimmten Verhaltens des Berechtigten darauf vertrauen durfte, dass dieser das Recht nach so langer Zeit nicht mehr geltend machen werde (sog. Vertrauensgrundlage), der Verpflichtete ferner tatsächlich darauf vertraut hat, dass das Recht nicht mehr ausgeübt werde (sog. Vertrauenstatbestand) und sich infolgedessen in seinen Vorkehrungen und Maßnahmen so eingerichtet hat, dass ihm durch die verspätete Durchsetzung des Rechts ein unzumutbarer Nachteil entstehen würde (vgl. BVerwG, Beschluss v. 12.1.2004 – 3 B 101.13, juris Rdnr. 3 m. w. N.). Besondere Umstände, die beim Kläger einen Vertrauenstatbestand hätten schaffen können, sind nicht gegeben. Aus der für die Mutter des Klägers erteilten Auswohnberechtigung kann der Kläger keine eigenen Rechte herleiten. Sie legte vielmehr nahe, dass spätere Eigentümer mit Maßnahmen zu rechnen hätten.

Der vom Kläger in Bezug genommene Gleichheitsgrundsatz, der ebenfalls im Rahmen der Ermessensausübung zu berücksichtigen ist, ist ebenfalls nicht verletzt. Anders als für seine errichteten Gebäude liegt für die … im … mit dem Bauschein vom 9.3.1925 eine baurechtliche Genehmigung vor.

Schließlich ist nicht zu erkennen, dass die Beseitigungsanordnung unverhältnismäßig ist. Für den Kläger treten keine unzumutbaren Folgen ein. Zwar werden durch einen Abriss sämtlicher Gebäudeteile vollendete Tatsachen geschaffen, die nicht mehr rückgängig zu machen sind. Eine baurechtlich ordnungsgemäße Bebauung kann auf andere Weise aber nicht hergestellt werden. Zudem ist der Kläger nach wie vor polizeilich nicht auf dem betroffenen Grundstück gemeldet und wohnt an der .... Er ist zu eigenen Wohnzwecken daher nicht auf die streitgegenständlichen baulichen Anlagen angewiesen. …

Nr. 83

Für ein Nutzungsverbot nach § 79 Abs. 1 Satz 2 BremLBO reicht es tatbestandlich aus, dass die aufgenommene Nutzung formell illegal ist – das Vorhaben also ohne die gesetzlich erforderliche Baugenehmigung oder abweichend von einer erteilten Genehmigung errichtet oder genutzt wird.

Anders als bei der auf § 79 Abs. 1 Satz 1 BremLBO gestützten Beseitigungsverfügung, die zur Voraussetzung hat, dass eine formelle und materielle Illegalität der baulichen Anlage gegeben ist, bedarf es bei der Nutzungsuntersagung grundsätzlich keiner Feststellung der materiellen Illegalität. Die Genehmigungsfrage ist in dem hierfür vorgesehenen Genehmigungsverfahren zu klären.

Bei Vorliegen der tatbestandlichen Voraussetzungen für den Erlass einer Nutzungsuntersagung ist der Ausspruch eines Nutzungsverbots grundsätzlich eine ermessensgerechte Entscheidung.
(Leitsätze der Redaktion)

BremLBO § 79 Abs. 1 Satz 2.

Verwaltungsgericht Bremen, Beschluss v. 23. Januar 2024 – 1 V 2730/23 –.

Aus den Gründen:

Der Eilantrag hat keinen Erfolg.

1. Der Antrag ist zulässig und insbesondere gemäß § 80 Abs. 5 Satz 1 der Verwaltungsgerichtsordnung (VwGO) hinsichtlich der Anordnungspunkte Ziff. 1 und 2 sowie der Androhung des Zwangsgeldes i. H. v. 1 000,00 Euro aus Ziff. 3 des Bescheides vom 9.11.2023 statthaft. Hiernach kann die Wiederherstellung der aufschiebenden Wirkung eines Widerspruchs oder einer Klage beantragt werden, wenn diese keine aufschiebende Wirkung besitzen. Der gegen die Verfügung vom 9.11.2023 erhobene Widerspruch vom 28.11.2023 besitzt keine aufschiebende Wirkung. Die Antragsgegnerin hat in Ziff. 4 des Bescheides insoweit die sofortige Vollziehung der Verfügung angeordnet, vgl. § 80 Abs. 2 Satz 1 Nr. 4 VwGO.

2. Der Antrag ist jedoch unbegründet.

a. Die Anordnung der sofortigen Vollziehung begegnet in formeller Hinsicht keinen Bedenken. Nach § 80 Abs. 3 Satz 1 VwGO ist in den Fällen des

Abs. 2 Satz 1 Nr. 4 das besondere Interesse an der sofortigen Vollziehung des Verwaltungsaktes schriftlich zu begründen. Die Vorschrift erfordert eine auf den konkreten Einzelfall abstellende Darlegung, worin das besondere öffentliche Interesse an einer ausnahmsweisen sofortigen Vollziehbarkeit besteht und weshalb das Interesse des Betroffenen, zunächst nicht von dem angefochtenen Verwaltungsakt betroffen zu werden, hinter dieses erhebliche öffentliche Interesse zurücktreten muss. Eine maßgebliche Funktion der Begründungspflicht besteht darin, den Betroffenen über die Gründe, die für die behördliche Entscheidung maßgeblich gewesen sind, zu unterrichten (vgl. Schoch in: Schoch/Schneider/Bier, VwGO, 24. EL 2012, § 80 Rdnr. 245). Der Begründungspflicht ist daher nur dann genügt, wenn die Gründe für das öffentliche Vollzugsinteresse für den Betroffenen hinreichend erkennbar sind.

Eine solche, den Anforderungen des § 80 Abs. 3 VwGO entsprechende Begründung für den angeordneten Sofortvollzug enthält der Bescheid vom 9.11.2023. Die Bauaufsichtsbehörde hat darin auf den konkreten Einzelfall abgestellt. Sie hat zudem zutreffend vorgetragen, dass die formell rechtswidrige Nutzung und die sich daraus ergebenden wirtschaftlichen Vorteile nur durch die Anordnung des Sofortvollzugs verhindern ließen. Ein Abwarten bis zum Ende eines Widerspruchsverfahrens sei auch nicht vertretbar gegenüber sich rechtstreu verhaltenden Bürgern. Bei dieser Begründung handelt es sich entgegen des Vorbringens der Antragsteller nicht lediglich um eine formelhafte, also für beliebige Fallgestaltungen passende Wendung. Zwar ist das Argument des Ausnutzens einer formell rechtswidrigen Nutzung und dem Aspekt der Gleichbehandlung i. S. v. Art. 3 Abs. 1 des Grundgesetzes für die Bundesrepublik Deutschland (GG) grundsätzlich auf eine Vielzahl von Fallkonstellationen denkbar. Hier wurde die Begründung aber auf den konkreten Einzelfall und die vorgenommene Vermietung eines Wohnhauses als Monteurs-Unterkunft bezogen. Hierdurch wird deutlich, dass die Behörde sich des rechtlichen Ausnahmecharakters der Anordnung bewusst war (vgl. hierzu: Schoch/Schneider, 44. EL März 2023, VwGO § 80 Rdnr. 247). Zudem lassen diese Ausführungen insbesondere erkennen, welche Erwägungen die sofortige Vollziehung über das Erlassinteresse am Verwaltungsakt hinaustragen (vgl. OVG Schleswig-Holstein, Beschluss v. 2.3.2005 – 2 MB 1/05 –, juris Rdnr. 42).

b. In der Sache geht die im Rahmen des § 80 Abs. 5 Satz 1 VwGO vom Gericht vorzunehmende Interessenabwägung zu Lasten der Antragsteller aus. Unter Berücksichtigung der Erfolgsaussichten im Widerspruchsverfahren überwiegt das öffentliche Interesse an der sofortigen Vollziehung des angefochtenen Bescheides das Interesse der Antragsteller an der aufschiebenden Wirkung ihres Rechtsbehelfs. Der Widerspruch der Antragsteller gegen die Verfügung wird nach summarischer Prüfung aller Voraussicht nach in der Sache erfolglos bleiben, denn die Nutzungsuntersagung (aa.), das Räumungsgebot (bb.) und die Zwangsgeldandrohung (cc.) stellen sich als rechtmäßig dar und verletzten die Antragsteller nicht in ihren Rechten, § 113 Abs. 1 Satz 1 VwGO. Zudem besteht ein besonderes Vollzugsinteresse (dd.).

aa. Das von der Antragsgegnerin verfügte Verbot, die gewerbliche Nutzung auf dem oben genannten Grundstück, im Hinblick auf das Betreiben eines kleinen Beherbergungsbetriebes, weiterzuführen bzw. weiterführen zu lassen, stellt sich nach gegenwärtiger Erkenntnis als offensichtlich rechtmäßig dar. Es findet seine Rechtsgrundlage in den §§ 79 Abs. 1 Satz 2, 58 Abs. 2 Bremische Landesbauordnung vom 4.11.2022 (BremLBO). Nach § 58 Abs. 2 Satz 1 und 2 BremLBO haben die Bauaufsichtsbehörden bei der Errichtung, Änderung, Nutzungsänderung und Beseitigung sowie bei der Nutzung und Instandhaltung von Anlagen darüber zu wachen, dass die öffentlich-rechtlichen Vorschriften eingehalten werden, soweit nicht andere Behörden zuständig sind. Sie können in Wahrnehmung dieser Aufgaben die erforderlichen Maßnahmen treffen. Werden Anlagen im Widerspruch zu öffentlich-rechtlichen Vorschriften genutzt, kann diese Nutzung nach § 79 Abs. 1 Satz 2 BremLBO untersagt werden.

Das Nutzungsverbot ist formell rechtmäßig, der Antragsteller ist mit Schreiben der Antragsgegnerin vom 2.8.2023 insbesondere ordnungsgemäß gemäß § 28 Bremisches Verwaltungsverfahrensgesetz (BremVwVfG) angehört worden.

Daneben ist das Nutzungsverbot auch in materiell-rechtlicher Hinsicht nicht zu beanstanden. Für ein Nutzungsverbot nach § 79 Abs. 1 Satz 2 BremLBO reicht es tatbestandlich aus, dass die aufgenommene Nutzung formell illegal ist – das Vorhaben also ohne die gesetzlich erforderliche Baugenehmigung oder abweichend von einer erteilten Genehmigung errichtet oder genutzt wird. Anders als bei der auf § 79 Abs. 1 Satz 1 BremLBO gestützten Beseitigungsverfügung, die zur Voraussetzung hat, dass eine formelle und materielle Illegalität der baulichen Anlage gegeben ist, bedarf es bei der Nutzungsuntersagung grundsätzlich keiner Feststellung der materiellen Illegalität. Die Genehmigungsfrage ist in dem hierfür vorgesehenen Genehmigungsverfahren zu klären. Der Bauantragsteller hat hierfür die für die Beurteilung des Vorhabens und die Bearbeitung des Bauantrags erforderlichen Unterlagen einzureichen. Dieser vom Gesetz vorgezeichnete Verfahrensablauf, der der präventiven Kontrolle des Baugeschehens dient, würde beeinträchtigt, verlagerte man die Prüfung der Genehmigungsfähigkeit in das Nutzungsuntersagungsverfahren (vgl. OVG Bremen, Beschluss v. 20.2.2014 – 1 B 4/14 –, juris Rdnr. 8). Lediglich dann, wenn ein Genehmigungsanspruch offenkundig gegeben ist, kann dies im Untersagungsverfahren nicht unberücksichtigt bleiben. Ein Nutzungsverbot wäre unter diesen Umständen unverhältnismäßig. In den übrigen Fällen ist es dem Betroffenen jedoch zumutbar, die formell illegal aufgenommene Nutzung zunächst zu beenden und ein reguläres Genehmigungsverfahren einzuleiten (vgl. OVG Bremen, Beschluss v. 7.4.1999 – 1 B 25/99 –, juris; VG Bremen, Beschluss v. 12.6.2015 – 1 V 197/15 –, juris Rdnr. 29).

Da es sich bei der Nutzungsuntersagung um einen Verwaltungsakt mit Dauerwirkung handelt, ist für die Beurteilung der Sach- und Rechtslage maßgebend auf den Zeitpunkt der gerichtlichen Entscheidung abzustellen, soweit es um die tatbestandsmäßigen Voraussetzungen des § 79 Abs. 1 Satz 2 BremLBO geht (vgl. VG Karlsruhe, Beschluss v. 24.7.2015 – 3 K 3496/15 –, juris Rdnr. 27; OVG NRW, Urteil v. 19.12.1995 – 11 A 2734/93 –, juris Rdnr. 13).

Die Nutzung des streitgegenständlichen Wohnhauses als Monteurs-Unterkunft ist in diesem Sinne formell baurechtswidrig. Das streitgegenständliche Bauvorhaben wird abweichend von den Vorgaben der bestandskräftigen Baugenehmigung für ein Wohnhaus genutzt.

Bei der Vermietung der streitgegenständlichen Reihenhäuser handelt es sich nach Auffassung der Kammer um keine Wohnnutzung, sondern um das Betreiben eines kleinen Beherbergungsgewerbes.

Nach allgemeiner Auffassung gehören hierzu alle Betriebe, die einen ständig wechselnden Kreis von Gästen zu gewerblichen Zwecken gegen Entgelt vorübergehend Übernachtungsmöglichkeiten zur Verfügung stellen, ohne dass die Gäste in den Räumen unabhängig eine eigene Häuslichkeit begründen können (vgl. BVerwG, Beschluss v. 7.9.1984 – 4 N 3.84 –, juris).

In Abgrenzung dazu ist der Begriff des Wohnens durch eine auf Dauer angelegte Häuslichkeit, Eigengestaltung der Haushaltsführung und des häuslichen Wirkungskreises sowie Freiwilligkeit des Aufenthalts gekennzeichnet. Erfasst wird damit ein Wohnen als Bestandteil der privaten Lebensgestaltung im Sinne eines selbstbestimmt geführten privaten Lebens »in den eigenen vier Wänden«, die auf Dauer angelegt ist und keinem anderen Nutzungszweck verschrieben ist, insbesondere keinem Erwerbszweck dient (vgl. BVerwG, Beschluss v. 17.12.2007 – 4 B 54/07–, juris; OVG Niedersachsen, Beschluss v. 18.7.2008 – 1 LA 203/07 –, juris).

Mit der erforderlichen Dauerhaftigkeit des Wohnens verbindet sich nicht der Gegensatz von längerer oder kürzerer oder von unbestimmter Dauer der Nutzung. Vielmehr kann das Kriterium der Dauerhaftigkeit flexibel gehandhabt werden (vgl. BVerwG, Beschluss v. 25.3.1996 – 4 B 302.95 –, juris). Auch das Wohnen auf kurze und absehbare Zeit ist Wohnen. Der Sinn des Merkmals ist darin zu erblicken, ein Wohngebäude als die Heimstatt im Alltag zu unterscheiden von anderen Nutzungsarten, die sich durch ein übergangsweises (nicht alltägliches) Wohnen oder ein provisorisches, einem begrenzten Zweck dienendes Unterkommen auszeichnen (VGH Bayern, Beschluss v. 26.11.2015 – 12 CS 15.2269 –, juris Rdnr. 13 m. w. N.).

Ob eine Nutzung in diesem Sinn auf Dauer angelegt ist, bestimmt sich maßgeblich nach dem Nutzungskonzept unter Berücksichtigung der objektiven Ausgestaltung und Ausstattung des Gebäudes. Nicht maßgeblich ist das individuelle und mehr oder weniger spontane Verhalten einzelner Bewohner (vgl. BVerwG, Beschluss v. 25.3.1996 – 4 B 302/95). Ermöglicht das Gebäude nach Ausstattung und Bestimmung das dauerhafte Wohnen, kann es grundsätzlich nicht darauf ankommen, ob die Wohnraummietverträge auf kurze oder lange Dauer, befristet oder auf unbestimmte Zeit geschlossen werden. Eine bestimmte Mindestaufenthaltsdauer, durch die das Wohnen von anderen Nutzungsarten zu unterscheiden wäre, lässt sich freilich nicht festlegen. Demgegenüber bieten Beherbergungsbetriebe vom Nutzungskonzept her den von Tag zu Tag bzw. von Woche zu Woche reichenden kurzen Aufenthalt zum Zwecke der Übernachtung. Ein Beherbergungsbetrieb liegt allerdings nur dann vor, wenn die Räume regelmäßig wechselnden Gästen zum vorübergehenden Aufenthalt zur Verfügung gestellt werden, ohne dass diese dort ihren häuslichen Wirkungskreis unabhängig gestalten könnten (vgl. BVerwG, Beschluss v. 8.5.1989 – 4 B 78.89 –, juris Rdnr. 3; BayVGH, Beschluss v. 26.11.2015 – 12 CS 15.2269 –, juris Rdnr. 14 m. w. N.). Die Vermietung des Reihenhauses ist unter Berücksichtigung der dargelegten Maßstäbe nicht von der Genehmigung als Wohnhaus umfasst, sondern stellt einen kleinen Beherbergungsbetrieb dar.

Nach dem ursprünglichen Inserat auf der Website »Monteurszimmer.de« handelte es sich bereits aufgrund der angebotenen Tagesvermietung mit »hoteltypischen« Leistungen wie der wöchentlichen Reinigung und des Wechsels der Bettwäsche sowie der Raumbelegung (fünf Zimmer für acht Personen) um keine Wohnnutzung (vgl. zu vergleichbarer Vermietung: VG Karlsruhe, Beschluss v. 13.6.2016 – 4 K 817/16 –, juris Rdnr. 31).

Aber auch die aktuelle Vermietung seit September 2023 stellt keine Wohnnutzung, sondern vielmehr das Betreiben eines kleinen Beherbergungsbetriebes dar. Das Nutzungskonzept, welches maßgeblich durch den Mietvertrag vom 1.9.2023 und die dort geregelten Konditionen geprägt ist, lässt gerade keine Dauerhaftigkeit des Wohnens erkennen.

Zwar ist in § 2 Ziff. 2.1 des Mietvertrages geregelt, dass maximal sechs Mitarbeiter des Mieters dauerhaft in das Haus einziehen können. Es besteht aber keine Pflicht des Mieters, seine Mitarbeiter namentlich bei den Antragstellern anzumelden, sodass ein dauerhafter Wechsel der Personen möglich ist. Zudem ist der Mietvertrag nicht mit den Monteuren selbst geschlossen worden, sondern mit dem Mieter als deren Arbeitgeber. Bereits diese Gestaltung spricht dagegen, dass die Mitarbeiter des Mieters selbst die Möglichkeit hätten, ihren häuslichen Wirkungskreis unabhängig zu gestalten. Die Antragsteller räumen den Mitarbeitern des Mieters keinen entsprechenden Rechtsanspruch ein, vielmehr hängt deren rechtliche Position von deren Arbeitsverhältnis mit dem Mieter ab. Die Antragsteller selbst gewährleistet weder, dass die Bewohner sich ihre Mitbewohner aussuchen können, noch garantieren sie ihnen eine bestimmte Nutzungszeit. Die Möglichkeit der Mitarbeiter des Mieters, ihr Zimmer zu nutzen, hängt in vollem Umfang vom Bestand ihres Arbeitsverhältnisses ab (vgl. VG Bremen, Beschluss v. 8.10.2019 – 1 V 1741/19).

Die Möblierung des Hauses spricht nicht grundsätzlich gegen den Wohncharakter, da dies eine durchaus gängige Praxis ist. Dies gilt insbesondere für

Mietverhältnisse wie das vorliegende, in dem die Personen hauptsächlich für ihre Arbeit eine Unterkunft benötigen und ihren privaten Lebensmittelpunkt möglicherweise woanders haben. Auch eine solche »Zweitwohnung« würde einer Wohnnutzung nicht widersprechen.

Allerdings spricht die im Mietvertrag vorgesehene Ausstattung aus Sicht der Kammer gegen die Annahme, dass die Mitarbeiter des Mieters in dem Haus ein selbstbestimmt geführtes privates Leben »in den eigenen vier Wänden« führen. Denn unter § 3 Ziff. 3.1 des Mietvertrages ist vorgesehen, dass es insgesamt nur 2 Generalschlüssel für die Außentüren und das Gartentor sowie jeweils drei Zimmerschlüssel pro Zimmer gibt. Hieraus ergibt sich, dass von den sechs Mitarbeitern des Mieters nur zwei Personen einen autonomen Zugang zum Haus und somit zu ihrer Wohnung erlangen können. Die anderen vier Mitarbeiter verfügen lediglich über einen Schlüssel zu ihrem Zimmer. Die sechs Personen müssen sich mithin ständig absprechen und organisieren, um einen Zugang zum Haus und somit ihrem Zimmer zu haben. Somit können die Mitarbeiter des Mieters gerade nicht selbstbestimmt ihr privates Leben »in den eigenen vier Wänden« führen, sondern sind in ihrer jeweiligen Alltagsplanung voneinander abhängig. Dies spricht nach lebensnaher Betrachtung dafür, dass die Mitarbeiter des Mieters wohl gemeinschaftlich nach der Arbeit in das Haus zurückkehren und dieses lediglich als »Schlafunterkunft« während der Montage und Arbeit in Bremen dient.

Ein diesem Ergebnis entgegenstehendes Nutzungskonzept haben die Antragsteller jedenfalls nicht hinreichend substantiiert vorgetragen. Insbesondere der Vortrag, dass die Mitarbeiter des Mieters mehrere persönliche Gegenstände in ihren Zimmern hätten, wurde nicht durch Vorlage entsprechender Lichtbildaufnahmen belegt.

Die untersagte Nutzung ist bei der im Eilverfahren gebotenen summarischen Prüfung aus bauplanungs- und bauordnungsrechtlichen Gründen auch nicht offenkundig genehmigungsfähig. Von einer solchen offenkundigen Genehmigungsfähigkeit kann nur dann ausgegangen werden, wenn die Übereinstimmung der Nutzung mit den materiellrechtlichen Vorschriften sich ohne weitere Ermittlungen derart aufdrängt, dass jegliche nähere Prüfung im Genehmigungsverfahren entbehrlich erscheint (OVG Bremen, Beschluss v. 1.9.2022 – 1 B 156/22 –, juris Rdnr. 25).

Das Wohnhaus befindet sich in einem faktischen reinen Wohngebiet gemäß § 34 Abs. 2 BauGB i. V. m. § 3 BauNVO. Die nähere Umgebung ist fast ausschließlich durch zweigeschossige Wohnhäuser geprägt. Auch die Beteiligten gehen von einer solchen Art der baulichen Nutzung aus.

In einem reinen Wohngebiet sind kleine Betriebe des Beherbergungsgewerbes gemäß § 3 Abs. 3 BauNVO nur ausnahmsweise zulässig. Obwohl die Einschränkung »nicht störend« in § 3 Abs. 3 Nr. 1 bei Beherbergungsbetrieben fehlt, sind kleine Betriebe, welche die Wohnruhe stören, im reinen Wohngebiet nicht gebietsverträglich und können dort nicht zugelassen werden

(BVerwG, Beschluss v. 29.1.1982 – 4 B 204.81 –, BeckRS 1982, 31317786). Vor dem Hintergrund der Beschwerden der Nachbarn ist jedenfalls nicht offensichtlich, dass die Vermietung des Reihenhauses als Monteurs-Unterkunft nicht die Wohnruhe stört. Hieran ändert auch der neue Mietvertrag aus September 2023 nichts. Denn es ist wie oben aufgezeigt mit einem ständigen Wechsel der dort übernachtenden Mitarbeiter des Mieters und dementsprechenden Lärmimmissionen zu rechnen. Entgegen dem Vorbringen der Antragsteller geht auch die Antragsgegnerin nicht von einer offensichtlichen Genehmigungsfähigkeit aus (vgl. hierzu: BeckOK BauordnungsR NRW/Keller, 16. Ed. 1.12.2022, BauO NRW 2018 § 82 Rdnr. 33, 34). In der von den Antragstellern erwähnten Aktennotiz (Bl. 56–57 d. Gerichtsakte) geht die Mitarbeiterin der Antragsgegnerin lediglich davon aus, dass ein kleiner Beherbergungsbetrieb auf dem streitgegenständlichen Grundstück zulässig sein dürfte und mit sieben Personen auch grundsätzlich nicht von einer übermäßigen Lärmbelästigung auszugehen sein dürfte. Aufgrund der erwähnten Beschwerden der Nachbarn sei im konkreten Einzelfall aber gerade von einer störenden Nutzung auszugehen. Vor diesem Hintergrund ist eine entsprechende Prüfung dem Bauantragsverfahren vorzubehalten.

Auch im Übrigen ist die Ermessensausübung der Antragsgegnerin in Bezug auf die im Bescheid getroffenen Anordnungen im Rahmen des gemäß § 114 VwGO beschränkten gerichtlichen Prüfungsumfangs nicht zu beanstanden. Bei Vorliegen der tatbestandlichen Voraussetzungen für den Erlass einer Nutzungsuntersagung ist der Ausspruch eines Nutzungsverbots grundsätzlich eine ermessensgerechte Entscheidung (VGH München, Urteil v. 13.3.2012 – 9 ZB 11.769 –, juris Rn 12).

bb. Auch die Räumungsverfügung unter Ziff. 2 des Bescheides begegnet keinen rechtlichen Bedenken.

Es handelt sich hierbei jedenfalls um eine i. S. v. § 58 Abs. 2 Satz 1 und 2 BremLBO erforderliche Maßnahme, um die Ordnungsfunktion des formellen Bauaufsichtsrechts zu garantieren. Ob sich eine Ermächtigung zum Erlass einer solchen Räumungsverfügung bereits auf Grundlage von § 79 Abs. 1 Satz 2 BremLBO ergibt, kann dahinstehen (vgl. zu entsprechender Landesnorm aus Baden-Württemberg: BeckOK, BauordnungsR BW/Weiblen, 26. Ed. 1.10.2023, BWLBO § 65 Rdnr. 96, 82 und 25).

cc. Auch die Zwangsgeldandrohung als Androhung einer Maßnahme der Verwaltungsvollstreckung ist rechtlich nicht zu beanstanden. Sie findet ihre Rechtsgrundlage in den §§ 11, 13 Abs. 1 Nr. 1, 14, 17 Bremisches Verwaltungsvollstreckungsgesetz (BremVwVG). Das Zwangsgeld ist das richtige Zwangsmittel, vgl. § 14 Abs. 1 BremVwVG. Mit der Höhe des Zwangsgeldes ist das Interesse der Antragsteller an der Nichtbefolgung des Nutzungsverbots in angemessener Weise berücksichtigt worden. Einwände hiergegen haben die Antragsteller auch nicht erhoben. § 17 Abs. 6 Satz 2 BremVwVG sieht vor, dass das Zwangsgeld bei Verwaltungsakten, die ein wiederholtes Handeln oder ein Dulden oder Unterlassen verlangen, für jeden Fall der Zuwiderhandlung angedroht werden kann, so dass die Zwangsgeldandrohung auch insoweit rechtlich nicht zu beanstanden ist.

dd. An der sofortigen Vollziehung der nach alledem rechtmäßigen Grundverfügung sowie der Androhung des Zwangsgeldes besteht mit Blick auf die Ordnungsfunktion des formellen Baurechts auch ein besonderes öffentliches Interesse. Bereits der Ordnungsfunktion des formellen Bauaufsichtsrechts ist ein besonderes Gewicht beizumessen. Andernfalls würde der gesetzestreue Bürger, der die Aufnahme einer genehmigungspflichtigen, aber bislang nicht genehmigten Nutzung nur auf der Grundlage einer vollziehbaren Baugenehmigung verwirklicht, gegenüber dem – bewusst oder unbewusst – rechtswidrig Handelnden in bedenklicher, das Rechtsbewusstsein der Allgemeinheit erschütternder Weise bevorzugt. Die sich aus der Nutzungsuntersagung ergebenden Folgen sind dem Betroffenen danach regelmäßig zuzumuten. Wer formell illegal eine Nutzung auf- oder übernimmt, muss zunächst jederzeit damit rechnen, mit einem Nutzungsverbot und dessen Vollstreckung belegt zu werden. Das gilt im Übrigen unabhängig davon, ob die Nutzung genehmigungsfähig ist (vgl. OVG Münster, Beschluss v. 1.7.2014 – 2 A 690/14 –, juris Rdnr. 17; VG Bremen, Beschluss v. 6.5.2021 – 1 V 1927/20 –, juris Rdnr. 28). …

Nr. 84

Rechtsgrundlage einer Beseitigungsanordnung ist Art. 76 Satz 1 BayBO. Tatbestandlich ist daher Voraussetzung, dass die Anlage formell und materiell illegal ist.

Eine baurechtliche Beseitigungsanordnung ist in aller Regel eine schwerwiegende Maßnahme, deren Vollzug dem Betroffenen hohe Kosten verursacht und nur mehr schwer rückgängig zu machende Zustände schafft.

Ihr Gewicht wird durch die Anordnung der sofortigen Vollziehung verstärkt, weil dadurch die Entscheidung in der Hauptsache im Kern vorweggenommen wird. Erforderlich ist deshalb ein besonderes Vollzugsinteresse, das im Falle der Baubeseitigung grundsätzlich nicht mit dem Interesse am Erlass des Bescheids identisch ist und regelmäßig im Hinblick auf das Regel-Ausnahme-Verhältnis des § 80 Abs. 1 und 2 VwGO nur ausnahmsweise vorliegen wird

(Leitsätze der Redaktion)

VwGO § 80 Abs. 2, Abs. 5; BayBO Art. 6, Art. 76.

Verwaltungsgericht Ansbach, Beschluss v. 14. Februar 2024 – AN 3 S 23.2673 –.

Aus den Gründen:

Der zulässige Antrag ist begründet.

1. Der Antrag ist zulässig.

Der Antrag, die aufschiebende Wirkung der Klage vom 8.12.2023 gegen den Bescheid vom 7.11.2023 wiederherzustellen, ist dahingehend auszulegen, dass er sich gegen die Ziffern 1 und 3 des streitgegenständlichen Bescheids richtet. Der Antrag ist insbesondere statthaft, da die Klage der Antragsteller gegen den sie belastenden streitgegenständlichen Bescheid eine Anfechtungsklage gemäß § 42 Abs. 1 Alt. 1 VwGO darstellt, die im Hinblick auf Ziffer 1 des Bescheides gemäß § 80 Abs. 2 Satz 1 Nr. 4 VwGO und in Bezug auf Ziffer 3 des Bescheids gemäß § 80 Abs. 2 Satz 1 Nr. 3 VwGO i. V. m. Art. 21a BayVwZVG keine aufschiebende Wirkung entfaltet. Folglich ist ein Antrag nach § 80 Abs. 5 Satz 1 VwGO erforderlich, um die aufschiebende Wirkung der Klage wiederherzustellen bzw. anzuordnen.

2. Der Antrag ist begründet.

Nach § 80 Abs. 5 Satz 1 VwGO kann das Gericht der Hauptsache auf Antrag die aufschiebende Wirkung der Klage anordnen bzw. wiederherstellen. Hierbei hat das Gericht selbst abzuwägen, ob diejenigen Interessen, die für einen sofortigen Vollzug des angefochtenen Verwaltungsakts streiten, oder diejenigen, die für die aufschiebende Wirkung sprechen, höher zu bewerten sind. Neben den formellen Anforderungen an die Anordnung des Sofortvollzugs im Fall des § 80 Abs. 2 Satz 1 Nr. 4 VwGO sind im Rahmen der Interessenabwägung die Erfolgsaussichten des Rechtsbehelfs in der Hauptsache als wesentliches Indiz zu berücksichtigen. Wird der in der Hauptsache erhobene Rechtsbehelf bei der im vorläufigen Rechtsschutzverfahren summarischen Prüfung voraussichtlich erfolgreich sein, so wird im Regelfall nur die Anordnung bzw. die Wiederherstellung der aufschiebenden Wirkung in Betracht kommen. Erweist sich dagegen der angefochtene Bescheid bei summarischer Prüfung als offensichtlich rechtmäßig, besteht ein öffentliches Interesse an seiner sofortigen Vollziehung und der Antrag bleibt voraussichtlich erfolglos.

Der Antrag hat Erfolg. Die Anordnung der sofortigen Vollziehbarkeit genügt zwar dem Begründungserfordernis des § 80 Abs. 3 Satz 1 VwGO (2.1) und die Beseitigungsanordnung vom 7.11.2023 erweist sich bei summarischer Prüfung der Sach- und Rechtslage im Hauptsacheverfahren voraussichtlich als rechtmäßig (2.2). Allerdings beruht die Anordnung der sofortigen Vollziehung nach § 80 Abs. 2 Satz 1 Nr. 4 VwGO hier nicht auf einem besonderen Vollzugsinteresse (2.3). Entsprechend ist auch der Antrag auf Anordnung der aufschiebenden Wirkung der Klage gegen die Zwangsgeldandrohung in Ziffer 3 des Bescheids erfolgreich (2.4).

2.1 Die Anordnung der sofortigen Vollziehbarkeit trägt dem Begründungserfordernis ausreichend Rechnung.

Nach § 80 Abs. 3 Satz 1 VwGO ist in den Fällen des § 80 Abs. 2 Satz 1 Nr. 4 VwGO das besondere Interesse an der sofortigen Vollziehung des Verwaltungsakts schriftlich zu begründen. Dabei sind regelmäßig die besonderen, auf den konkreten Fall bezogenen Gründe anzugeben, die die Behörde dazu bewogen haben, den Suspensiveffekt auszuschließen (BayVGH, Beschluss v. 30.1.2019 – 9 CS 18.2533 – juris Rdnr. 16 unter Verweis auf BayVGH, Beschluss v. 2.8.2018 – 9 CS 18.996 – juris Rdnr. 14). An dieses Begründungserfordernis sind jedoch inhaltlich keine allzu hohen Anforderungen zu stellen; es genügt vielmehr jede schriftliche Begründung, die zu erkennen gibt, dass die Behörde eine Anordnung des Sofortvollzugs im konkreten Fall für geboten erachtet.

Der Antragsgegner hat hier auf die geschützten Belange der Nachbarn und die Gefahr von Bezugnahmen abgestellt und ist damit auf die Besonderheiten des konkreten Falles eingegangen. Den gesetzlichen Anforderungen des § 80 Abs. 3 Satz 1 VwGO ist damit Genüge geleistet. Ob diese Aspekte das besondere Vollzugsinteresse nach § 80 Abs. 2 Satz 1 Nr. 4 VwGO tragen, spielt für die Frage der formellen Rechtmäßigkeit der Anordnung des Sofortvollzugs keine Rolle (BayVGH, Beschluss v. 30.1.2019 – 9 CS 18.2533 – juris Rdnr. 16 unter Verweis auf BayVGH, Beschluss v. 3.5.2018 – 20 CS 17.1797 – juris Rdnr. 2).

2.2 Die von dem Antragsgegner verfügte Beseitigungsanordnung wird sich im Hauptsacheverfahren aller Wahrscheinlichkeit nach als rechtmäßig erweisen.

2.2.1 Es bestehen keine Bedenken hinsichtlich der formellen Rechtmäßigkeit der Anordnung, insbesondere wurden die Antragsteller mit verschiedenen Schreiben – vom 30.3.2023, 1.6.2023 und 25.9.2023 – gemäß Art. 28 Abs. 1 BayVwVfG angehört.

2.2.2 Rechtsgrundlage der Beseitigungsanordnung ist Art. 76 Satz 1 BayBO. Danach kann die Bauaufsichtsbehörde die teilweise oder vollständige Beseitigung der Anlagen anordnen, wenn diese im Widerspruch zu öffentlich-rechtlichen Vorschriften errichtet oder geändert werden und nicht auf andere Weise rechtmäßige Zustände hergestellt werden können. Tatbestandlich ist daher Voraussetzung, dass die Anlage formell und materiell illegal ist. Bei genehmigungsfreien Vorhaben – wie hier nach Art. 57 Abs. 1 Nr. 1 Buchst. b BayBO – kommt es allein auf die materielle Rechtslage an (BayVGH, Beschluss v. 29.7.2020 – 1 CS 20.1334 – juris Rdnr. 8; Beschluss v. 20.1.2003 – 20 ZB 99.3616 – juris Rdnr. 3; Decker in: Busse/Kraus, BayBO Art. 76 Rdnr. 89).

2.2.3 Bei der Stellplatz- und Eingangsüberdachung handelt es sich unproblematisch um eine Anlage i. S. v. Art. 76 Satz 1 und Art. 2 Abs. 1 Satz 4 BayBO, welche wegen Nichteinhaltung der Abstandsflächen zum nördlich gelegenen Grundstück FlNr. … nicht die erforderlichen Abstandsflächen einhält und daher materiell illegal ist.

2.2.3.1 Entgegen der Auffassung der Antragsteller muss die streitgegenständliche Stellplatz- und Eingangsüberdachung auch Abstandsflächen, insbesondere zur nördlichen Grundstücksgrenze, einhalten.

Gemäß Art. 6 Abs. 1 Satz 1 und 2 BayBO müssen Gebäude und Anlagen gleicher Wirkung Abstandsflächen einhalten. Diese müssen grundsätzlich auf dem Vorhabengrundstück liegen, Art. 6 Abs. 2 Satz 1 BayBO, und 0,4 H, mindestens 3 m, betragen, Art. 6 Abs. 5 Satz 1 BayBO.

Insoweit ist nicht von Bedeutung, ob die Überdachung bereits als Gebäude im Sinne des Art. 6 Abs. 1 Satz 1 BayBO – denn auch ein wandloser Carport kann als Gebäude im Sinne des Art. 2 Abs. 2 BayBO angesehen werden (Kraus in Busse/Kraus, BayBO Art. 6 Rdnr. 22) – oder als Anlage mit gebäudegleicher Wirkung im Sinne des Art. 6 Abs. 1 Satz 2 BayBO anzusehen ist, denn allein durch die Überdachung mit einer Höhe von etwa 3 m auf ihrer nördlichen Seite ohne das Vorhandensein von Außenwänden und an den Ecken angebrachten Pfosten werden die Schutzgüter des Abstandsflächenrechts – ausreichende Belichtung, Belüftung und Wohnfrieden – offensichtlich berührt (Kraus in Busse/Kraus, BayBO Art. 6 Rdnr. 36; zur Einstufung als Gebäude oder Vorhaben mit gebäudegleicher Wirkung z. B. VG Würzburg, Urteil v. 8.1.2008 – W 4 K 07.1077 – juris Rdnr. 28).

Beim Fehlen von Außenwänden, die in der Regel für die Berechnung der Abstandsflächen maßgeblich sind, sind die Außenwände zu fingieren, unabhängig davon ob es sich um ein Gebäude oder um vortretende Bauteile handelt, die nicht nach Art. 6 Abs. 6 BayBO unbeachtlich sind (OVG BB, Beschluss v. 25.1.2013 – OVG 2 N 47.10 – juris Rdnr. 3; Kraus in Busse/Kraus, BayBO Art. 6 Rdnr. 22; Schönfeld in BeckOK BauordnungsR Bayern, BayBO Art. 6 Rdnr. 17). Unter Berücksichtigung des Zwecks der Überdachung, einen möglichst großen, nicht durch Pfosten bzw. Wände eingeschränkten, überdachten Raum zu erhalten, geht die Kammer bei summarischer Prüfung davon aus, dass diese fingierte Wand jeweils die an den Ecken angenommenen Stützpfeiler verbindet.

Die Stellplatz- und Eingangsüberdachung wird nicht durch Art. 6 Abs. 6 Satz 1 Nr. 1 BayBO von der Einhaltung von Abstandsflächen befreit, da es sich bei der Überdachung nicht um ein Bauteil in diesem Sinne handelt. Die von Art. 6 Abs. 6 BayBO erfassten Bauteile (Nr. 1), Vorbauten (Nrn. 2 und 3) und Dachaufbauten (Nr. 3) sind kraft Gesetzes unselbständiger Teil der Außenwand bzw. im Fall der Nr. 4 generell unbeachtlich. Sie stehen in unmittelbarer gestalterischer und funktionaler Beziehung zu Gebäude und/oder Außenwand und müssen deshalb untergeordnet sein. Die in Art. 6 Abs. 6 Satz 1 Nr. 1 BayBO geregelten, vor die Außenwand tretenden, Bauteile sind schon vom Begriff her untergeordnet, woraus sich ergibt, dass neben die gestalterische Wirkung eines Dachüberstandes kein weiterer Zweck, wie die objektive Schaffung eines nutzbaren Raumes, z. B. zum Abstellen eines Fahrzeuges, hinzutreten darf (Kraus in Busse/Kraus, BayBO Art. 6 Rdnr. 407; Schönfeld in BeckOK BauordnungsR Bayern, BayBO Art. 6 Rdnr. 187). Insoweit ist es für das Gericht nach summarischer Prüfung ausgeschlossen, dass es sich bei der streitgegenständlichen Überdachung um einen untergeordneten

Dachüberstand handeln könnte. Unabhängig davon, dass die Überdachung nicht nur eine rein gestalterische Wirkung hat, sondern – was schon die Bezeichnung im Befreiungsantrag nahelegt – auch der Überdachung eines Stellplatzes dient, ist die Überdachung das wesentliche Element der Anlage, die ohnehin nur aus einer Mauer und einem Dach besteht.

Dabei kommt bei summarischer Prüfung auch eine Aufteilung des Daches in den Gründachbereich, der wohl im Wesentlichen mit der Unterkonstruktion übereinstimmt, und einen über die Dachkonstruktion hinausreichenden Dachüberstand nicht in Betracht, denn die Funktion, einen überdachten Stellplatz zu schaffen, umfasst gerade das gesamte Dach. Letztlich würde aber auch eine entsprechende Aufteilung nicht dazu führen, dass bei Außerachtlassung der nördlichen über die Unterkonstruktion hinausreichenden Dachfläche von 0,40 m die gemäß Art. 6 Abs. 5 Satz 1 BayBO erforderliche Abstandsfläche von mindestens 3 m zur nördlichen Grundstücksgrenze eingehalten würde, da sich bei den Ortsbesichtigungen durch den Beklagten am 21.3.2023 und am 11.9.2023 ergeben hat, dass der Grenzabstand des Carports zur nördlichen Grundstücksgrenze abweichend von den eingereichten Plänen tatsächlich nur ca. 2,50 m beträgt und auch ein Teil der Unterkonstruktion noch innerhalb der einzuhaltenden Abstandsflächen liegt (vgl. Bl. 10, 12 und 85 der Behördenakte).

Die Stellplatz- und Eingangsüberdachung ist auch nicht gemäß Art. 6 Abs. 7 Satz 1 Nr. 1 BayBO in den Abstandsflächen sowie ohne eigene Abstandsflächen zulässig. Zwar kann dieses Privileg grundsätzlich auch einem Carport zugutekommen, da ein Carport als offene Garage gilt (§ 1 Abs. 2 Satz 3 GaV; Kühner in Busse/Kraus, BayBO Art. 6 Rdnr. 481), jedoch hält die grenznah errichtete Stellplatz- und Eingangsüberdachung zusammen mit der sich anschließenden Garage die zulässige Gesamtlänge von 9 m je Grundstücksgrenze nicht ein. Die Längen aller Außenwände gegenüber derselben Grundstücksgrenze sind zusammenzuzählen (Kühner in Busse/Kraus, BayBO Art. 6 Rdnr. 523).

2.2.3.2 Das daneben das Vorhaben auch wegen Nichteinhaltung des erforderlichen Abstandes nach § 4 Abs. 6 Satz 5 StS zur … hin und wegen diesbezüglich bestandskräftig abgelehnter Abweichung nach Art. 63 Abs. 1 Satz 1, Abs. 3 BayBO i. V. m. Art. 81 Abs. 1 Nr. 1 und 4 BayBO materiell illegal ist, ist vorliegend nicht von Bedeutung, da Gegenstand der Beseitigungsanordnung ausschließlich der Abstand der Überdachung zur nördlichen Grundstücksgrenze ist.

2.2.4 Die Antragsteller wurden auch in rechtmäßiger Weise als Handlungsstörer in Anspruch genommen.

2.2.5 Die von der Antragsgegnerin erlassene Beseitigungsanordnung ist weder hinsichtlich der Ermessensausübung noch hinsichtlich der Verhältnismäßigkeit zu beanstanden.

2.2.5.1 Nach Art. 40 BayVwVfG hat eine Behörde ihr Ermessen entsprechend dem Zweck der Ermächtigung auszuüben und die gesetzlichen Grenzen des Ermessens einzuhalten. Ein gem. § 114 VwGO seitens des Gerichts zu berücksichtigender Ermessensfehler ist nicht gegeben. Die Ermessenserwägungen im streitgegenständlichen Bescheid sind zwar knapp, aber ausreichend. Bei der Ermessensentscheidung über das Einschreiten gegen baurechtswidrige Zustände genügt es regelmäßig, dass die Behörde – so wie hier – zum Ausdruck bringt, der beanstandete Zustand müsse wegen seiner Rechtswidrigkeit beseitigt werden (vgl. BayVGH, Beschluss v. 17.8.2022 – 15 ZB 22.1402 – juris Rdnr. 13 m. w. N.; Urteil v. 13.4.2015 – 1 B 14.2319 – juris Rdnr. 31 unter Bezug auf BVerwG, Urteil v. 18.4.1996 – 4 C 22.94 – BVerwGE 110, 64;). Insbesondere geht aus dem Bescheid hervor, dass dem Antragsgegner bewusst war, dass ihm im Rahmen der Entscheidung nach Art. 76 Satz 1 BayBO ein Ermessen zusteht. Ein Ermessensausfall scheidet daher aus. Der Antragsgegner hat die nachbarschützende Wirkung der Abstandsflächenregelung berücksichtigt und die Interessen der Antragsteller demgegenüber und gegenüber den öffentlichen Interessen, rechtskonforme Zustände zu schaffen, als geringwertiger erachtet. Die Antragsteller haben ein von den der Befreiung vom 5.5.2022 zugrundeliegenden Plänen, wonach die Abstandsflächen eingehalten gewesen wären, abweichendes Vorhaben errichtet. Selbst die Pläne, die dem zweiten Befreiungsantrag vom 24.5.2023 beigefügt waren, geben nicht zutreffend die tatsächliche Situierung der Stellplatz- und Eingangsüberdachung wieder. Im Falle einer baurechtswidrigen Bauausführung ist aber das Risiko vom Bauherrn selbst zu tragen und der Einwand eines Substanzverlustes nicht tragfähig (vgl. BVerwG, Beschluss v. 30.8.1996 – 4 B 117.96 – juris Rdnr. 7; BayVGH, Beschluss v. 30.1.2019 – 9 CS 18.2533 – juris Rdnr. 21; Urteil v. 12.5.2005 – 26 B 03.2454 – juris Rdnr. 31).

2.2.5.2 Auch wurde seitens des Antragsgegners bei der Ausübung des Ermessens der Grundsatz der Verhältnismäßigkeit gewahrt. Nach Auffassung der Kammer scheidet ein milderes Mittel – namentlich die nachträgliche Legalisierung der Stellplatz- und Eingangsüberdachung hinsichtlich der Abstandsflächen nach Norden – mangels Genehmigungsfähigkeit aus, insbesondere da die Antragsteller die im bauaufsichtlichen Verwaltungsverfahren (z. B. Schreiben vom 30.3.2023, Bl. 38 der Behördenakte) aufgezeigte Möglichkeit, durch Vorlage einer Abstandsflächenübernahmeerklärung der nördlich angrenzenden Grundstückseigentümer die Einhaltung der Abstandsflächen nachzuweisen, nicht wahrgenommen haben.

Trotzdem hat der Antragsgegner diese – zumindest theoretisch – bestehende Lösungsmöglichkeit im Rahmen der aufgegebenen Maßnahme berücksichtigt, indem gerade nicht nur der (Teil-) Rückbau angeordnet worden ist, sondern die Antragsteller verpflichtet worden sind, sicherzustellen, dass der erforderliche Abstand von mindestens 3 m zur nördlichen Grundstücksgrenze eingehalten wird, was einerseits durch den Rückbau, andererseits aber auch durch die Vorlage einer Abstandsflächenübernahmeerklärung erfolgen kann.

Insoweit geht das Gericht davon aus, dass die angeordnete Maßnahme ausreichend bestimmt im Sinne des Art. 37 Abs. 1 BayVwVfG ist.

Der Grundsatz der hinreichenden Bestimmtheit einer Einzelfallregelung bedeutet zum einen, dass deren Adressat in der Lage sein muss zu erkennen, was von ihm gefordert wird, und zwar in dem Sinne, dass der behördliche Wille keiner unterschiedlichen subjektiven Bewertung zugänglich ist; zum anderen folgt daraus, dass der Verwaltungsakt Grundlage für Maßnahmen zu seiner zwangsweisen Durchsetzung sein kann. Der Regelungsgehalt muss sich dabei nicht unmittelbar und ausschließlich aus dem Entscheidungssatz ergeben. Es reicht, wenn sich die Regelung aus dem gesamten Inhalt des Bescheids, insbesondere seiner Begründung sowie den weiteren, den Beteiligten bekannten oder ohne weiteres erkennbaren Umständen unzweifelhaft erkennen lässt. Entscheidend sind die konkreten Umstände des Einzelfalles (vgl. BVerwG, Urteil v. 2.7.2008 – 7 C 38/07 – BVerwGE 131, 259; Urteil v. 25.4.2001 – 6 C 6/00 – BVerwGE 114, 160; BVerwG, Urteil v. 15.2.1990 – 4 C 41/87 – BVerwGE 84, 335; BayVGH, Urteil v. 28.6.2012 – 9 B 10.2532 – juris Rdnr. 21; Urteil v. 15.12.1992 – 2 B 92.88 – BayVBl 1993, 274; VG München, Urteil v. 23.6.2020 – M 1 K 17.3953 – juris Rdnr. 31 ff.). Entsprechend wird die allgemeine Forderung, »den ordnungsmäßigen Zustand herzustellen«, regelmäßig den Bestimmtheitsanforderungen nicht genügen (Decker in Busse/Kraus, BayBO Art. 76 Rdnr. 187 ff.).

Auch wenn der Bescheid vom 7.11.2023 in seinem Tenor nicht festlegt, welche Maßnahmen die Antragsteller zu ergreifen haben bzw. in welchem Umfang ein Rückbau der Stellplatz- und Eingangsüberdachung erfolgen soll, so sind den Antragstellern mit dem Tenor in Zusammenschau mit der Bescheidsbegründung ausreichend konkrete Handlungsanweisungen gegeben. Denn dem Bescheidstenor lässt sich entnehmen, dass sich die bauaufsichtliche Maßnahme ausschließlich auf die Einhaltung des Abstandes zur nördlichen Grundstücksgrenze, bezieht. Welcher Abstand insoweit maßgeblich ist, ergibt sich aus Ziffer II. 6 der Bescheidsbegründung, ebenso wie die Antwort auf die Frage, welche Maßnahmen, nämlich Rückbau oder Abstandsflächenübernahme, zur Erfüllung der Verpflichtung in Betracht kommen, wobei es grundsätzlich nicht Aufgabe der Bauaufsichtsbehörde ist, nach Möglichkeiten zu suchen, wie der Bauherr rechtmäßige Zustände herstellen kann (Manssen in BeckOK BauordnungsR Bayern, BayBO Art. 76 Rdnr. 60; im Ergebnis so auch VG München, Urteil v. 23.6.2020 – M 1 K 17.3953 – juris Rdnr. 36).

Die Anordnung erscheint nach summarischer Prüfung auch nicht als unangemessen. Der Grundsatz der Verhältnismäßigkeit wurde gewahrt. Dieser Grundsatz beinhaltet, dass der durch die behördliche Maßnahme zu erwartende Schaden nicht erkennbar außer Verhältnis zu dem beabsichtigten Erfolg stehen darf. Zwischen Erfolg und Schaden muss ein angemessenes Verhältnis bestehen. Abzuwägen ist dabei zwischen dem Schaden des Betroffenen und dem Vorteil, welcher der Allgemeinheit durch die behördliche Maßnahme erwächst, und umgekehrt. So müsste gegebenenfalls von einer rechtlich zulässigen und vielleicht sogar gebotenen Maßnahme Abstand genommen werden, wenn ihre Wirkung einen materiellen oder ideellen Schaden hervorrufen würde, der, gemessen an dem Gesamtvorgang, unverhältnismäßig ist. Haben jedoch Gebote oder Verbote Eingang in öffentlich-rechtliche Vorschriften gefunden, so besteht damit ein hinreichend öffentliches Interesse an ihrer Einhaltung (vgl. Decker in Busse/Kraus, BayBO Art. 76 Rdnr. 243 m. w. N.).

Im Rahmen der Abwägung kommt den Gemeinwohlbelangen vorliegend ein größeres Gewicht zu und das Interesses der Antragsteller am Erhalt ihrer Stellplatz- und Eingangsüberdachung in unveränderter Form muss zurücktreten. Es ist weder von den Antragstellern vorgetragen noch anderweitig ersichtlich, weshalb die Belange der Antragsteller ausnahmsweise das öffentliche Interesse an der Einhaltung der Baugesetze überwiegen sollten.

2.3 Obwohl demnach nach summarischer Prüfung die Klage in der Hauptsache voraussichtlich keinen Erfolg haben wird, ist vorliegend trotzdem die aufschiebende Wirkung der Klage bzgl. Ziffer 1 des streitgegenständlichen Bescheides wiederherzustellen, da ein besonderes öffentliches Interesse an der sofortigen Vollziehung der Beseitigungsanordnung hier nicht gegeben ist.

Nach § 80 Abs. 2 Satz 1 Nr. 4 VwGO ist für die Anordnung des Sofortvollzugs ein besonderes Vollzugsinteresse erforderlich. Die Vollziehung des Verwaltungsakts muss wegen öffentlicher oder überwiegender privater Interessen besonders dringlich sein und keinen Aufschub bis zum rechtskräftigen Abschluss des Hauptsacheverfahrens dulden (BayVGH, Beschluss v. 23.8.2012 – 15 CS 12.130 – juris Rdnr. 12). Eine baurechtliche Beseitigungsanordnung ist in aller Regel eine schwerwiegende Maßnahme, deren Vollzug dem Betroffenen hohe Kosten verursacht und nur mehr schwer rückgängig zu machende Zustände schafft. Ihr Gewicht wird durch die Anordnung der sofortigen Vollziehung verstärkt, weil dadurch die Entscheidung in der Hauptsache im Kern vorweggenommen wird (BayVGH, Beschluss v. 6.10.2000 – 2 CS 98.2373 – juris Rdnr. 16). Erforderlich ist deshalb ein besonderes Vollzugsinteresse, das im Falle der Baubeseitigung grundsätzlich nicht mit dem Interesse am Erlass des Bescheids identisch ist und regelmäßig im Hinblick auf das Regel-Ausnahme-Verhältnis des § 80 Abs. 1 und 2 VwGO nur ausnahmsweise vorliegen wird (Decker in Simon/Busse, BayBO, Art. 76 Rdnr. 332 ff.). Bei Beseitigungsanordnungen ist deshalb regelmäßig ein strenger Maßstab anzulegen (BayVGH, Beschluss v. 28.3.2007 – 1 CS 06.3006 – juris Rdnr. 27). Selbst die offensichtliche Rechtmäßigkeit einer Beseitigungsanordnung genügt in der Regel nicht, um deren sofortige Vollziehung zu begründen (BayVGH, Beschluss v. 30.1.2019 – 9 CS 18.2533 – juris Rdnr. 25).

Von dem Grundsatz, dass der Sofortvollzug einer Beseitigungsanordnung die Hauptsache in unangemessener Weise vorwegnimmt, hat die Rechtsprechung Ausnahmen zugelassen und Fallgruppen gebildet (Decker in Busse/Kraus, BayBO, Art. 76 Rdnr. 334 ff.). Ein besonderes öffentliches Interesse für die sofortige Beseitigung wird z. B. bei einfachen Anlagen (wie z. B. Feldstadel, Werbeanlagen etc.), die problemlos und ohne großen Aufwand, vor allem ohne Substanzverlust, ab- und ggf. später, sollte sich die Beseitigungsanordnung als rechtswidrig erweisen, wiederaufgebaut werden können, zu bejahen sein, weil durch die Beseitigung keine endgültigen, nicht wieder umkehrbaren Verhältnisse geschaffen werden. Damit läuft auch der effektive Rechtsschutz nicht leer. Außerdem wurde die Anordnung des Sofortvollzugs bei Bauwerken, die in besonders schützenswerten Landschaften, in einem Landschaftsschutz- oder Naturschutzgebiet liegen und deshalb besonders störend wirken, anerkannt (vgl. bspw. BayVGH, Beschluss v. 15.3.2006 – 25 CS 05.2410 – juris Rdnr. 5).

Beide Fallgruppen liegen hier nicht vor. Es handelt sich um eine durchaus aufwendig und hochwertig hergestellte Stellplatz- und Eingangsüberdachung in einem reinen Wohngebiet. Soweit sich die Antragserwiderung vom 10.1.2024 erstmals mit einem besonderen öffentlichen Interesse u. a. durch ausführliche Wiedergabe der Kommentierung bei Schoch/Schneider, VwGO, § 80 Rdnr. 211b, auseinandersetzt und feststellt, dass nicht die komplette Beseitigung gefordert wird und die Kürzungen ohne unverhältnismäßigen Kostenaufwand und ohne Verlust des Funktionszwecks möglich ist, wird übersehen, dass diese Argumentation letztlich auf das bloße Vorliegen der Tatbestandsvoraussetzungen der Beseitigungsanordnung nach Art. 76 Satz 1 BayBO abzielt, die deren sofortige Vollziehung nicht per se zu rechtfertigen vermögen (BayVGH, Beschluss v. 30.1.2019 – 9 CS 18.2533 – juris Rdnr. 27). Auch teilt das Gericht die in den Ausführungen des Antragsgegners angedeutete Auffassung, dass eine Kürzung um etwa 0,5 m keinen wesentlichen Substanzverlust darstelle, zumindest im vorläufigen Rechtsschutz nicht. Zwar handelt es sich insgesamt lediglich um 3 m^2, die beseitigt werden müssten, jedoch gehen damit weitgehend die gestalterischen Erwägungen verloren, die nachträglich nur schwer wiederhergestellt werden könnten. Eine Rückgängigmachung der Kürzung dürfte ohne Austausch der Unterkonstruktion nur schwer möglich sein.

Soweit auch eine negative Vorbildwirkung ausnahmsweise ein besonderes öffentliches Interesse begründen kann, so liegen hier diese Voraussetzungen nicht vor. Im Hinblick auf die anzulegenden strengen Maßstäbe genügt nämlich eine lediglich abstrakte Bezugsfallwirkung nicht. Es müssen vielmehr konkrete Anhaltspunkte, z. B. konkrete Bezugsfälle oder sonst konkrete Folgeerscheinungen vorliegen, die sich allerdings nicht auf die engere Umgebung beziehen müssen. Eine allgemeine Befürchtung, dass ein Schwarzbau weitere Schwarzbauten zur Folge haben könnte, was sich wohl immer sagen lässt, reicht nicht aus (BayVGH, Beschluss v. 30.1.2019 – 9 CS 18.2533 – juris Rdnr. 27; Decker in Busse/Kraus, BayBO, Art. 76 Rdnr. 335; Molodovsky/Famers/Waldmann, BayBO, Art. 76 Rdnr. 131).

Diesen Anforderungen genügt die vorliegende Begründung nicht, denn der Antragsgegner hat sich gerade nicht mit konkreten Bezugsfällen und konkreten Folgeerscheinungen auseinandergesetzt. Für das Gericht ist nicht ersichtlich, dass in dem weitgehend vollständig bebauten Baugebiet auf Grundlage des Bebauungsplanes Nr. ... »...« eine konkrete Nachahmungsgefahr bestehen sollte.

Entsprechend fällt die Interessensabwägung trotz aller Wahrscheinlichkeit nach fehlender Erfolgsaussichten in der Hauptsache zugunsten der Antragsteller aus. Es sind keine Gründe ersichtlich, dass die Stellplatz- und Eingangsüberdachung nicht bis zu einer Entscheidung in der Hauptsache in unveränderter Form bestehen kann.

2.4 Der Antrag auf Anordnung der aufschiebenden Wirkung der Klage hinsichtlich der Zwangsgeldandrohung ist ebenfalls erfolgreich.

Bezüglich der nach Art. 21a Satz 1 des Bayerischen Verwaltungszustellungs- und Vollstreckungsgesetzes (VwZVG) sofort vollziehbaren Zwangsgeldandrohung in Nr. 5 des Bescheids fehlt es aufgrund der Wiederherstellung der aufschiebenden Wirkung der Klage gegen Nr. 1 des Bescheids an einem vollstreckungsfähigen Grundverwaltungsakt i. S. d. Art. 19 Abs. 1 Nr. 3 VwZVG, so dass die Anordnung der aufschiebenden Wirkung geboten ist. Denn der Antragsgegner hat gerade nicht die Erfüllungsfrist im Falle der Wiederherstellung der aufschiebenden Wirkung vom Eintritt der Unanfechtbarkeit des streitgegenständlichen Bescheides abhängig gemacht, sondern ausschließlich ein festes Datum, bis zu dem ein Rückbau hätte erfolgen müssen, festgesetzt (Umkehrschluss aus BayVGH, Beschluss v. 30.1.2019 – 9 CS 18.2533 – juris Rdnr. 30).

Auf die Frage, ob die übrigen Voraussetzungen der Art. 18 ff., 29 ff. VwZVG gegeben sind, kommt es damit nicht mehr an (VG München, Beschluss vom 15.12.2015 – M 1 S 15.4318 – juris Rn 34). ...

Nr. 85

Für ein Nutzungsverbot nach § 79 Abs. 1 Satz 2 BremLBO reicht es tatbestandlich aus, dass die aufgenommene Nutzung formell illegal ist – das Vorhaben also ohne die gesetzlich erforderliche Baugenehmigung oder abweichend von einer erteilten Genehmigung errichtet oder genutzt wird.

Nur wenn ein Genehmigungsanspruch offenkundig gegeben ist, kann dies im Untersagungsverfahren nicht unberücksichtigt bleiben. Ein Nutzungsverbot wäre unter diesen Umständen unverhältnismäßig.

Der Einschätzung der Feuerwehr als fachkundige Behörde für den Brandschutz ist jedenfalls im Rahmen einer summarischen Prüfung grundsätzlich

zu folgen. Ihrer Einschätzung kommt im Baurecht hinsichtlich des Brandschutzes und der Personenrettung eine besondere Stellung zu.
(Leitsätze der Redaktion)

BremLBO §§ 5, 3 33, 79.

Verwaltungsgericht Bremen, Beschluss v. 30. April 2024 – 1 V 562/24 –.

Aus den Gründen:

Der Eilantrag hat keinen Erfolg.

Der Eilantrag ist zulässig und insbesondere statthaft. Der Antrag ist gemäß § 80 Abs. 5 Satz 1 Alt. 2 Verwaltungsgerichtsordnung (VwGO) hinsichtlich des Nutzungsverbots aus Ziff. 1 sowie der Androhung des Zwangsgeldes aus Ziff. 2 des Bescheides statthaft. Hiernach kann die Wiederherstellung der aufschiebenden Wirkung eines Widerspruchs oder einer Klage beantragt werden, wenn diese keine aufschiebende Wirkung besitzen. Der gegen die Verfügung vom 27.2.2024 erhobene Widerspruch vom 7.3.2024 besitzt keine aufschiebende Wirkung. Die Antragsgegnerin hat in Ziffer 3 ihrer Ordnungsverfügung insoweit die sofortige Vollziehung der Verfügung angeordnet, vgl. § 80 Abs. 2 Satz 1 Nr. 4 VwGO.

Der Antrag ist aber unbegründet.

Die Anordnung der sofortigen Vollziehung begegnet in formeller Hinsicht keinen Bedenken. Nach § 80 Abs. 3 Satz 1 VwGO ist in den Fällen des Abs. 2 Satz 1 Nr. 4 das besondere Interesse an der sofortigen Vollziehung des Verwaltungsaktes schriftlich zu begründen. Die Vorschrift erfordert eine auf den konkreten Einzelfall abstellende Darlegung, worin das besondere öffentliche Interesse an einer ausnahmsweisen sofortigen Vollziehbarkeit besteht und weshalb das Interesse des Betroffenen, zunächst nicht von dem angefochtenen Verwaltungsakt betroffen zu werden, hinter dieses erhebliche öffentliche Interesse zurücktreten muss. Eine maßgebliche Funktion der Begründungspflicht besteht darin, den Betroffenen über die Gründe, die für die behördliche Entscheidung maßgeblich gewesen sind, zu unterrichten (vgl. Schoch in: Schoch/Schneider/Bier, VwGO, 24. EL 2012, § 80 Rdnr. 245). Der Begründungspflicht ist daher nur dann genügt, wenn die Gründe für das öffentliche Vollzugsinteresse für den Betroffenen hinreichend erkennbar sind.

Eine solche, den Anforderungen des § 80 Abs. 3 VwGO entsprechende Begründung für den angeordneten Sofortvollzug enthält die Verfügung vom 27.2.2024. Die Senatorin für Bau hat darin auf den konkreten Einzelfall und maßgeblich auf die Gefahrenabwehr abgestellt. Eine Aufschiebbarkeit sei vor diesem Hintergrund nicht hinnehmbar. Durch diese Erklärung hat die Behörde ihr öffentliches Vollzugsinteresse für den Betroffenen hinreichend erkennbar gemacht. Insbesondere wurde deutlich, dass sich die Behörde des Ausnahmecharakters der Anordnung des Sofortvollzugs bewusst war.

b. In der Sache geht die im Rahmen des § 80 Abs. 5 Satz 1 VwGO vom Gericht vorzunehmende Interessenabwägung zu Lasten des Antragstellers aus. Unter Berücksichtigung der Erfolgsaussichten im Widerspruchsverfahren überwiegt vorliegend das öffentliche Interesse an der sofortigen Vollziehung des Bescheides das Interesse des Antragstellers an der aufschiebenden Wirkung seines Rechtsbehelfs. Der Widerspruch des Antragstellers gegen die Verfügung der Antragsgegnerin vom 27.2.2024 wird voraussichtlich erfolglos sein. Die Nutzungsuntersagung (aa.) und die Zwangsgeldandrohung (bb.) erscheinen nach summarischer Prüfung rechtmäßig und verletzten den Antragsteller daher nicht in seinen Rechten, § 113 Abs. 1 Satz 1 VwGO. Zudem besteht ein besonderes Vollzugsinteresse (c.).

aa. Das Nutzungsverbot aus Ziff. 1 des Bescheides vom 27.2.2024 hinsichtlich der Nutzung der Flächen im Dachgeschoss des streitgegenständlichen Gebäudes zu Wohnzwecken ist rechtlich nicht zu beanstanden.

Es findet seine Rechtsgrundlage in den §§ 79 Abs. 1 Satz 2, 58 Abs. 2 Bremische Landesbauordnung vom 4.11.2022 (BremLBO). Nach § 58 Abs. 2 Satz 1 und 2 BremLBO haben die Bauaufsichtsbehörden bei der Errichtung, Änderung, Nutzungsänderung und Beseitigung sowie bei der Nutzung und Instandhaltung von Anlagen darüber zu wachen, dass die öffentlich-rechtlichen Vorschriften eingehalten werden, soweit nicht andere Behörden zuständig sind. Sie können in Wahrnehmung dieser Aufgaben die erforderlichen Maßnahmen treffen. Werden Anlagen im Widerspruch zu öffentlich-rechtlichen Vorschriften genutzt, kann diese Nutzung nach § 79 Abs. 1 Satz 2 BremLBO untersagt werden.

Das Nutzungsverbot ist formell rechtmäßig. Maßgeblich hierfür ist nach den Grundsätzen des intertemporalen Verfahrensrechts das am 6.4.2024 und somit vor Abschluss des Verwaltungsverfahrens in Kraft getretene Bremische Verwaltungsverfahrensgesetz (BremVwVfG) vom 13.3.2024 (Brem.GBl. 2024, S. 127) (vgl. hierzu § 5 Abs. 1 BremVwVfG und BVerwG, Urteil v. 21.11.2006 – 1 C 10.06 –, juris Rdnr. 32).

Unabhängig von der Frage, ob auf die Anhörung wegen Gefahr im Verzug gemäß § 1 Abs. 1 Satz 1 BremVwVfG i. V. m. § 28 Abs. 2 Nr. 1 Verwaltungsverfahrensgesetz (VwVfG) verzichtet werden konnte, wurde ein etwaiger Anhörungsmangel jedenfalls durch den gemeinsamen Ortstermin der Beteiligten am 12.3.2024 gemäß § 1 Abs. 1 Satz 1 BremVwVfG i. V. m. § 45 Abs. 1 Nr. 3 VwVfG geheilt. Der Sachverhalt wurde durch die Behörde auch ausreichend ermittelt gemäß § 1 Abs. 1 Satz 1 BremVwVfG i. V. m. § 24 Abs. 2 VwVfG. Vor dem Hintergrund des Hinweises auf brandschutzrechtliche Mängel eines Mieters (Bl. 4 d. Behördenakte), der Ortskontrolle am 9.1.2024 und der hierbei von außen augenscheinlich festgestellten zu geringen Größe der Dachgeschossfenster, der nicht vorhandenen Baugenehmigung und einer effektiven Gefahrenabwehr durfte der Bescheid auch vor der Begehung der Dachgeschosswohnungen am 12.3.2024 erlassen werden. Die Behörde durfte zu diesem Zeitpunkt bereits vom Vorliegen der maßgeblichen Tatbestandsvoraussetzungen einer baurechtlichen Verbotsverfügung ausgehen (vgl. hierzu die Ausführungen im Folgenden).

Daneben ist das Nutzungsverbot auch in materiell-rechtlicher Hinsicht nicht zu beanstanden. Für ein Nutzungsverbot nach § 79 Abs. 1 Satz 2 BremLBO reicht es tatbestandlich aus, dass die aufgenommene Nutzung formell illegal ist – das Vorhaben also ohne die gesetzlich erforderliche Baugenehmigung oder abweichend von einer erteilten Genehmigung errichtet oder genutzt wird. Anders als bei der auf § 79 Abs. 1 Satz 1 BremLBO gestützten Beseitigungsverfügung, die zur Voraussetzung hat, dass eine formelle und materielle Illegalität der baulichen Anlage gegeben ist, bedarf es bei der Nutzungsuntersagung grundsätzlich keiner Feststellung der materiellen Illegalität. Die Genehmigungsfrage ist in dem hierfür vorgesehenen Genehmigungsverfahren zu klären. Der Bauantragsteller hat hierfür die für die Beurteilung des Vorhabens und die Bearbeitung des Bauantrags erforderlichen Unterlagen einzureichen. Dieser vom Gesetz vorgezeichnete Verfahrensablauf, der der präventiven Kontrolle des Baugeschehens dient, würde beeinträchtigt, verlagerte man die Prüfung der Genehmigungsfähigkeit in das Nutzungsuntersagungsverfahren (vgl. OVG Bremen, Beschluss v. 20.2.2014 – 1 B 4/14 –, juris Rdnr. 8). Lediglich dann, wenn ein Genehmigungsanspruch offenkundig gegeben ist, kann dies im Untersagungsverfahren nicht unberücksichtigt bleiben. Ein Nutzungsverbot wäre unter diesen Umständen unverhältnismäßig. In den übrigen Fällen ist es dem Betroffenen jedoch zumutbar, die formell illegal aufgenommene Nutzung zunächst zu beenden und ein reguläres Genehmigungsverfahren einzuleiten (vgl. OVG Bremen, Beschluss v. 7.4.1999 – 1 B 25/99 –, juris; VG Bremen, Beschluss v. 12.6.2015 – 1 V 197/15 –, juris Rdnr. 29).

Da es sich bei der Nutzungsuntersagung um einen Verwaltungsakt mit Dauerwirkung handelt, ist für die Beurteilung der Sach- und Rechtslage maßgebend auf den Zeitpunkt der gerichtlichen Entscheidung abzustellen (vgl. VG Karlsruhe, Beschluss v. 24.7.2015 – 3 K 3496/15 –, juris Rdnr. 27; OVG NRW, Urteil v. 19.12.1995 – 11 A 2734/93 –, juris Rdnr. 13).

i. Der Antragsteller ist richtiger Adressat des Bescheides, da er als Miteigentümer des streitgegenständlichen Wohnhauses gemäß § 52 Abs. 2 BremLBO dafür verantwortlich ist, dass dessen Nutzung dem öffentlichen Baurecht entspricht. Gegenüber der Miteigentümerin des Gebäudes wurde ein identischer Bescheid erlassen.

ii. Die Nutzung der Flächen im Dachgeschoss des streitgegenständlichen Wohnhauses ist in diesem Sinne formell baurechtswidrig. Die Vermietung der Dachgeschosswohnungen erfolgte ohne entsprechende Baugenehmigung.

Nach höchstrichterlicher und obergerichtlicher Rechtsprechung (vgl. BVerwG, Beschluss v. 19.2.1988 – 4 B 33/88 –, juris; OVG NRW, Beschluss v. 18.1.2001 – 10 B 1898/00 –, juris) ist der Bürger und nicht die Bauaufsichtsbehörde für das Vorliegen einer Baugenehmigung beweispflichtig, wenn er sich gegenüber einer Verbotsverfügung darauf beruft, dass eine Baugenehmigung vorliege und daher eine bauliche Anlage formell baurechtsmäßig sei.

Der beweisbelastete Antragsteller konnte keine entsprechende Baugenehmigung vorlegen. Sein Vorbringen hinsichtlich einer vermeintlichen Beweispflicht der Antragsgegnerin überzeugt vor dem Hintergrund der aufgezeigten Rechtsprechung nicht.

iii. Die untersagte Nutzung ist bei der im Eilverfahren gebotenen summarischen Prüfung aus bauplanungs- und bauordnungsrechtlichen Gründen auch nicht offenkundig genehmigungsfähig. Von einer solchen offenkundigen Genehmigungsfähigkeit kann nur dann ausgegangen werden, wenn die Übereinstimmung der Nutzung mit den materiellrechtlichen Vorschriften sich ohne weitere Ermittlungen derart aufdrängt, dass jegliche nähere Prüfung im Genehmigungsverfahren entbehrlich erscheint (OVG Bremen, Beschluss v. 1.9.2022 – 1 B 156/22 –, juris Rdnr. 25).

Vorliegend bestehen Zweifel an der Genehmigungsfähigkeit der Wohnnutzung des Dachgeschosses in Hinblick auf den hierfür nach § 33 Abs. 1 BremLBO notwendigen zweiten Rettungsweg.

Gemäß § 33 Abs. 2 Satz 2 BremLBO kann der zweite Rettungsweg eine weitere notwendige Treppe oder eine mit Rettungsgeräten der Feuerwehr erreichbare Stelle der Nutzungseinheit sein. Für die Wohnungen im Dachgeschoss kommt nur die zweite Alternative in Betracht. Es ist allerdings nicht offenkundig, dass die vom Antragsteller genannten Stellen im Dachgeschoss für die Feuerwehr mit Rettungsgeräten erreichbar sind.

Laut der Stellungnahme der Feuerwehr Bremen vom 12.4.2024 (Bl. 44 und 45 der Gerichtsakte) wurden bei der Begehung des Gebäudes am 12.3.2024 erhebliche Mängel bezüglich der Personenrettung aus dem Dachgeschoss des streitgegenständlichen Gebäudes festgestellt. Demnach entsprächen die Dachfenster aufgrund ihrer Bauart und Größe nicht den Anforderungen, um als Rettungsfenster betrachtet zu werden. Auch betrage die Höhe des Fenstersimses mehr als die erlaubten 1,2 m. Zudem betrage die Höhe des Fußbodens des höchstgelegenen Aufenthaltsraumes mehr als 7,0 m und sei somit mit tragbaren Leitern der Feuerwehr nicht zu erreichen. Zudem wurde bekräftigt, dass entgegen dem Vorbringen des Antragstellers keine Aussage getroffen worden sei, dass die Rettung von Menschen aus dem Dachgeschoss »jederzeit unproblematisch möglich sei.«

Der Einschätzung der Feuerwehr als fachkundige Behörde für den Brandschutz ist jedenfalls im Rahmen einer summarischen Prüfung grundsätzlich zu folgen. Ihrer Einschätzung kommt im Baurecht hinsichtlich des Brandschutzes und der Personenrettung eine besondere Stellung zu. Denn die Berufsfeuerwehr muss gemäß § 66 Abs. 4 Satz 3 BremLBO grundsätzlich vor Einreichung eines Bauantrages in Textform bestätigt haben, dass hinsichtlich der Personenrettung keine Bedenken bestehen. Nichts anderes kann demnach im gerichtlichen Eilverfahren gelten.

Der Antragsteller konnte durch seinen Vortrag auch keine Zweifel an der Einschätzung der Feuerwehr Bremen begründen. So entsprechen bereits die vom Antragsteller selbst genannten Fenstergrößen der Dachgeschosswohnungen Nr. 8 und 9 nicht den gesetzlichen Anforderungen.

Nach § 37 Abs. 4 BremLBO müssen Fenster, die als Rettungswege nach § 33 Absatz 2 Satz 2 BremLBO dienen, im Lichten mindestens 0,90 m × 1,20 m groß und nicht höher als 1,20 m über der Fußbodenoberkante angeordnet sein. Liegen diese Fenster in Dachschrägen oder Dachaufbauten, so darf ihre Unterkante oder ein davor liegender Austritt von der Traufkante horizontal gemessen nicht mehr als 1 m entfernt sein.

Laut Vortrag des Antragstellers befindet sich in Wohnung Nr. 8 im Dachgeschoss ein Dachschrägen-Fenster mit einer Breite von 1,05 m und einer Länge von 1,10 m, wobei die Höhe vom Fußboden 1,185 m beträgt. Das Fenster erfüllt demnach nicht die Anforderungen an die notwendige Breite von 1,20 m. Auch die vier Fenster in der Wohnung Nr. 9 nach vorne hinaus mit einer Breite von 0,58 m und einer Länge von 1,1 m entsprechen nicht den gesetzlichen Anforderungen.

Hinsichtlich der Dachgeschosswohnung Nr. 10 entsprechen die vom Antragsteller genannten Maße (Dachschrägen-Fenster: 1,40 m × 1,27 m × 1,17 m; Fenster seitlich rechts: 1,0 m × 1,21 m × 0,80 m) zwar den genannten Anforderungen. Mangels Vorlage von entsprechenden Bauzeichnungen oder Lichtbildern sind diese Angaben aber nicht hinreichend substantiiert und können keine offensichtliche Genehmigungsfähigkeit begründen. Dies gilt umso mehr vor dem anderslautenden Vortrag der Feuerwehr Bremen.

Der Vortrag des Antragstellers in Hinblick auf die zum Anleitern alternative Rettungsmöglichkeit durch Hubrettungsfahrzeuge überzeugt ebenfalls nicht. Gemäß § 5 Abs. 1 Satz 3 BremLBO ist für die Personenrettung durch Hubrettungsfahrzeugen eine dafür erforderliche Aufstell- und Bewegungsfläche erforderlich. Diese muss nach § 5 Abs. 2 BremLBO für Feuerwehrfahrzeuge ausreichend befestigt und tragfähig sein, als solche gekennzeichnet und ständig freigehalten werden.

Ob eine solche Aufstell- und Bewegungsfläche vorliegend eingehalten werden kann, erscheint zweifelhaft. Die vom Antragsteller erwähnte Zuwegung des Nachbargrundstücks ... ist laut der Aktennotiz zum Ortstermin vom 18.3.2024 (Bl. 42–43 der Gerichtsakte) mit einem Tor gesichert. Die Tatsache, dass der Antragsteller laut eigenem Vortrag über einen Schlüssel zum Tor verfügt, gewährleistet noch keinen dauerhaften Zugang zu dieser Fläche. Eine entsprechende Baulast ist ebenfalls nicht eingetragen, sodass gerade keine Gewährleistung für eine dauerhafte Befahrbarkeit durch ein Feuerwehrfahrzeug im Brandfall besteht. Darüber hinaus ist noch nicht geklärt, ob die Zuwegung und die vorhandenen Flächen in Bezug auf ihre Größe für ein Hubrettungsfahrzeug ausreichend sind. All diese Fragen können nur in einem ordnungsgemäßen Bauantragsverfahren und nicht im hiesigen gerichtlichen Eilverfahren geklärt werden. Dies gilt ebenfalls für die vom Antragsteller zusätzlich vorgetragenen Fluchtmöglichkeiten über die Bodenluke in der Dachbodentreppe zum Schornstein und einer Flucht über das Dach.

iv. Auch im Übrigen ist die Ermessensausübung der Antragsgegnerin in Bezug auf die im Bescheid getroffenen Anordnungen im Rahmen des gemäß

§ 114 VwGO beschränkten gerichtlichen Prüfungsumfangs nicht zu beanstanden. Bei Vorliegen der tatbestandlichen Voraussetzungen für den Erlass einer Nutzungsuntersagung ist der Ausspruch eines Nutzungsverbots grundsätzlich eine ermessensgerechte Entscheidung (VGH München, Urteil v. 13.3.2012 – 9 ZB 11.769 –, juris Rn 12). Dies gilt umso mehr vor dem konkreten Einzelfall und der Ermessenserwägung der Antragsgegnerin, dass aufgrund der festgestellten Brandschutzmängel eine Gefahrenlage für die Bewohner der Dachgeschosswohnungen besteht.

Ob die knapp bemessene Frist des Nutzungsverbots von sieben Tag nach Zustellung verhältnismäßig war, kann aufgrund des inzwischen stattgefundenen Auszugs der Mieter dahinstehen.

bb. Auch die Zwangsgeldandrohung als Androhung einer Maßnahme der Verwaltungsvollstreckung ist rechtlich nicht zu beanstanden. Sie findet ihre Rechtsgrundlage in den §§ 11, 13 Abs. 1 Nr. 1, 14, 17 Bremisches Verwaltungsvollstreckungsgesetz (BremVwVG). Das Zwangsgeld ist das richtige Zwangsmittel, vgl. § 14 Abs. 1 BremVwVG. Mit der Höhe des Zwangsgeldes ist das Interesse des Antragstellers an der Nichtbefolgung des Nutzungsverbots in angemessener Weise berücksichtigt worden. Einwände hiergegen hat der Antragsteller auch nicht erhoben. § 17 Abs. 6 Satz 2 BremVwVG sieht vor, dass das Zwangsgeld bei Verwaltungsakten, die ein wiederholtes Handeln oder ein Dulden oder Unterlassen verlangen, für jeden Fall der Zuwiderhandlung angedroht werden kann, so dass die Zwangsgeldandrohung auch insoweit rechtlich nicht zu beanstanden ist.

c. An der sofortigen Vollziehung der nach alledem rechtmäßigen Grundverfügung sowie der Androhung des Zwangsgeldes besteht mit Blick auf die Ordnungsfunktion des formellen Baurechts auch ein besonderes öffentliches Interesse. Bereits der Ordnungsfunktion des formellen Bauaufsichtsrechts ist ein besonderes Gewicht beizumessen. Andernfalls würde der gesetzestreue Bürger, der die Aufnahme einer genehmigungspflichtigen, aber bislang nicht genehmigten Nutzung nur auf der Grundlage einer vollziehbaren Baugenehmigung verwirklicht, gegenüber dem – bewusst oder unbewusst – rechtswidrig Handelnden in bedenklicher, das Rechtsbewusstsein der Allgemeinheit erschütternder Weise bevorzugt. Die sich aus der Nutzungsuntersagung ergebenden Folgen sind dem Betroffenen danach regelmäßig zuzumuten. Wer formell illegal eine Nutzung auf- oder übernimmt, muss zunächst jederzeit damit rechnen, mit einem Nutzungsverbot und dessen Vollstreckung belegt zu werden. Das gilt im Übrigen unabhängig davon, ob die Nutzung genehmigungsfähig ist (vgl. OVG Münster, Beschluss v. 1.7.2014 – 2 A 690/14 –, juris Rdnr. 17; VG Bremen, Beschluss v. 6.5.2021 – 1 V 1927/20 –, juris Rdnr. 28). Zudem besteht aufgrund der brandschutzrechtlichen Mängel sowie der jederzeitigen Möglichkeit eines Brandes und der sich hieraus ergebenden Gefahr für Leib und Leben der Bewohner (Art. 2 Abs. 2 Satz 1 GG) ein besonderes öffentliches Interesse an der Vollziehung.

Nr. 86

Von der offensichtlichen Genehmigungsfähigkeit kann nur dann gesprochen werden, wenn die Bauaufsichtsbehörde ohne weitere Ermittlungen erkennen kann, dass die bauliche Anlage und ihre Nutzung dem öffentlichen Baurecht entsprechen.

Der baurechtliche Bestandsschutz gewährt das Recht, ein im Einklang mit dem nach (seinerzeit) geltendem Recht ausgeführten Vorhaben so, wie es ausgeführt worden ist, auch dann weiter zu nutzen, wenn neue Vorschriften nunmehr diesem Vorhaben, sollte es jetzt errichtet werden, entgegenstünden

Eine durchgängig rechtswidrige Nutzung kann keinen Bestandsschutz begründen.

(Leitsätze der Redaktion)

LBO § 58 Abs. 2.

Verwaltungsgericht Schleswig-Holstein, Urteil v. 30. April 2024 – 8 A 194/21 –.

Aus den Gründen:

Die Klage wird abgewiesen. …

Im Rahmen der Internetrecherche sei festgestellt worden, dass das Grundstück der Klägerin als Parkplatz für PKW und Wohnmobile genutzt werde. Die Nutzung des Grundstücks sei fotografisch festgehalten worden. Für die Nutzung des Grundstücks als Parkplatz für PKW und Wohnmobile liege keine Baugenehmigung vor. Die formelle Baurechtswidrigkeit rechtfertige in aller Regel den Erlass einer Bauordnungsverfügung.

Die Nutzungsuntersagung sei das geeignete, erforderliche und angemessene Mittel zur Beseitigung des baurechtswidrigen Zustandes. Die Klägerin sei Zustandsstörerin.

Das Interesse an der Wiederherstellung baurechtsmäßiger Zustände überwiege das Interesse an der Erzielung von Gewinnen aus der Vermietung der Stellplätze, so dass die sofortige Vollziehung anzuordnen gewesen sei. …

Die zulässige Anfechtungsklage ist unbegründet. Der Bescheid der Beklagten vom 25.8.2021 in Gestalt des Widerspruchsbescheides vom 23.9.2021 ist rechtmäßig und verletzt die Klägerin nicht in ihren Rechten (§ 113 Abs. 1 Satz 1 VwGO).

Maßgeblicher Zeitpunkt für die rechtliche Überprüfung einer bauordnungsrechtlichen Nutzungsuntersagung als Verwaltungsakt mit Dauerwirkung ist die letzte mündliche Verhandlung (vgl. OVG Schleswig-Holstein, Beschluss v. 25.6.2020 – 1 MB 31/19 – juris Rdnr. 26).

Seine Rechtsgrundlage findet der Verwaltungsakt in §§ 58 Abs. 2, 80 Satz 2 LBO. Nach § 58 Abs. 2 LBO hat die Bauaufsichtsbehörde bei der Errichtung, Änderung, Nutzungsänderung und Beseitigung sowie bei der Nutzung und

Instandhaltung von Anlagen darüber zu wachen, dass die öffentlich-rechtlichen Vorschriften eingehalten werden. Sie können in Wahrnehmung dieser Aufgaben die erforderlichen Maßnahmen treffen. Werden Anlagen im Widerspruch zu öffentlich-rechtlichen Vorschriften genutzt, kann die Nutzung untersagt werden (§ 80 Satz 2 LBO).

Da die Nutzungsuntersagung in erster Linie die Funktion hat, den Bauherrn auf das Genehmigungsverfahren zu verweisen, muss grundsätzlich nicht geprüft werden, ob das Vorhaben auch gegen materielles Recht verstößt (OVG Schleswig-Holstein, Beschluss v. 25.6.2020 – 1 MB 31/19 – juris Rdnr. 15).

Das Gericht ist davon überzeugt, dass die Klägerin das Grundstück als Stellplatz genutzt hat. Dies ergibt sich insbesondere aus den in der beigezogenen Beiakte B zum Verfahren 8 A 209/21 vorhandenen Fotos, auf denen zahlreiche Kraftfahrzeuge auf dem Grundstück parkend ersichtlich sind. Auf einem Foto ist weiter zu erkennen, dass an einer kleinen Hütte auf dem Grundstück ein Schild mit der Aufschrift »WOMOSTELLPLATZ« angebracht war.

Die Nutzung des Grundstücks als Stellplatz für Kraftfahrzeuge ist nicht verfahrensfrei. Auch Stellplätze für Kraftfahrzeuge und deren Zufahrten sind gemäß § 2 Abs. 1 Satz 2 Nr. 6 LBO bauliche Anlagen. Die Nutzung ist nicht verfahrensfrei, weil sie keinem der in § 61 LBO genannten Tatbestände unterfällt. Die Nutzung ist unstreitig nicht von einer Baugenehmigung gedeckt. Die verfahrensgegenständliche bauliche Anlage wird damit im Widerspruch zu öffentlich-rechtlichen Vorschriften genutzt.

Allerdings darf eine formell rechtswidrige Nutzung aus Gründen der Verhältnismäßigkeit regelmäßig dann nicht untersagt werden, wenn sie offensichtlich genehmigungsfähig bzw. bei verfahrensfreien Vorhaben offensichtlich zulässig ist (st.Rspr. der Kammer, vgl. Beschluss v. 18.5.2020 – 8 B 9/20 – juris Rdnr. 46; vgl. auch OVG Schleswig-Holstein, Beschluss v. 16.1.2018 – 1 MB 22/17 – juris Rdnr. 8). Die Beschränkung auf eine Offensichtlichkeitsprüfung nimmt der Bauaufsichtsbehörde dabei eine vollständige Vorausprüfung der Genehmigungsfähigkeit ab. Nach Sinn und Zweck ist es nämlich nicht Aufgabe der Bauaufsichtsbehörde in einem Verfahren, in dem durch die Ausübung baurechtlicher Eingriffsbefugnisse die ungenehmigte Nutzung unterbunden werden soll, gleichsam insoweit die Prüfung in einem künftigen Genehmigungsverfahren vorweg zu nehmen (OVG Schleswig-Holstein, Beschluss v. 8.5.2020 – 1 LA 52/17 – n. v.). Von der offensichtlichen Genehmigungsfähigkeit kann jedoch nur dann gesprochen werden, wenn die Bauaufsichtsbehörde ohne weitere Ermittlungen erkennen kann, dass die bauliche Anlage und ihre Nutzung dem öffentlichen Baurecht entsprechen. Es muss mit anderen Worten geradezu handgreiflich sein und keiner näheren Prüfung bedürfen, dass der vom Bauherrn gewünschte Zustand dem öffentlichen Baurecht vollständig entspricht (OVG Schleswig-Holstein, Beschluss v. 23.3.2023

– 1 MB 18/22 – juris Rdnr. 35; Beschluss v. 25.6.2020 – 1 MB 31/19 – juris Rdnr. 24 m. w. N.).

Die Nutzung des Grundstücks als Stellplatz für Kraftfahrzeuge ist ausgehend von diesen Maßstäben nicht offensichtlich genehmigungsfähig. So ist es schon nicht handgreiflich, ob das Grundstück im Innenbereich oder Außenbereich liegt. In nordwestlicher Richtung grenzt das Grundstück an eine Reihe mit Wohnhäusern an. Nördlich und südlich des Vorhabens befinden sich mit dem X-Park und dem Kurpark X Grünflächen, die als Außenbereichsinseln einzustufen sein dürften. In westlicher Richtung grenzt das Grundstück an ein Gebiet mit Wohnhäusern und einigen Gewerbebetrieben an. Ob das Grundstück in die Außenbereichsinseln fällt oder zum Innenbereich zählt ist angesichts dieser Verhältnisse nicht offenkundig. Die Frage, ob die Stellplatzüberlassung auf dem streitgegenständlichen Grundstück genehmigungsfähig ist, muss vor diesem Hintergrund dem Baugenehmigungsverfahren vorbehalten bleiben.

Die Ordnungsverfügung erweist sich auch nicht unter dem Gesichtspunkt des Bestandsschutzes als rechtswidrig, weil für die Nutzung des Grundstücks als Stellplatz kein Bestandsschutz eingetreten ist.

Der baurechtliche Bestandsschutz gewährt das Recht, ein im Einklang mit dem nach (seinerzeit) geltendem Recht ausgeführten Vorhaben so, wie es ausgeführt worden ist, auch dann weiter zu nutzen, wenn neue Vorschriften nunmehr diesem Vorhaben, sollte es jetzt errichtet werden, entgegenstünden (OVG Schleswig-Holstein, Beschluss v. 25.6.2020 – 1 MB 31/19 – juris Rdnr. 29; Beschluss v. 8.10.2018 – 1 MB 11/18 – juris Rdnr. 13). Dabei entsteht ein im Rahmen der Nutzungsuntersagung beachtlicher – offensichtlicher – baurechtlicher Bestandsschutz zwar auch bereits dann, wenn die bauliche Anlage über einen relevanten Zeitraum in Einklang mit dem materiellen Baurecht stand (OVG Schleswig-Holstein, Beschluss v. 25.6.2020 – 1 MB 31/19 – juris Rdnr. 29 m. w. N.). Eine durchgängig rechtswidrige Nutzung kann hingegen keinen Bestandsschutz begründen (Sächsisches OVG, Beschluss v. 2.5.2011 – 1 B 30/11 – juris Rdnr. 15). Ein materieller Bestandsschutz setzt damit voraus, dass die bauliche Anlage im Zeitpunkt ihrer Errichtung oder irgendwann danach – für einen namhaften oder beachtlichen Zeitraum – materiell rechtlich genehmigungsfähig war. Die Beweislast für das Vorliegen des Bestandsschutzes trägt dabei die Person, die sich darauf beruft. Denn sie leitet aus der Vergangenheit ein Recht ab, das es ihr ermöglicht, eine mittlerweile baurechtswidrige Anlage gegen eine bauaufsichtsrechtliche Maßnahme, namentlich gegen eine Nutzungsuntersagung, zu verteidigen. Damit macht der Betroffene ein Gegenrecht geltend, das der Abwehr dient und daher wie eine Einwendung zu beweisen ist. Eine Nichterweislichkeit der Einwendung geht zu Lasten des Betroffenen (vgl. BVerwG, Urteil v. 23.2.1979 – 4 C 86.76 – juris Rdnr. 14). …

Nr. 87

Mit dem Gesichtspunkt des Bestandschutzes verteidigt sich ein Betroffener gegen eine (mittlerweile) materiell rechtswidrige Nutzung, so dass die Unaufklärbarkeit dieses »Gegenrechts« zulasten desjenigen geht, der sich darauf beruft.

In aller Regel rechtfertigt bereits die sich aus dem Fehlen einer im Einzelfall notwendigen Baugenehmigung für die konkrete Nutzung einer baulichen Anlage ergebende formelle Illegalität den Erlass einer Nutzungsuntersagung.

Bei Nutzungsuntersagungsverfügungen sind die Voraussetzungen für eine offensichtliche Genehmigungsfähigkeit bei einer notwendigen inzidenten Überprüfung der Unwirksamkeit von Bebauungsplanfestsetzungen nicht gegeben. Hierfür bietet das Baugenehmigungsverfahren Raum
(Leitsätze der Redaktion)

BauNVO § 4; LBO § 58 Abs. 2.

Verwaltungsgericht Schleswig-Holstein, Beschluss v. 31. Mai 2024 – 8 B 12/24 – (siehe auch die Folgeentscheidung: OVG Schleswig-Holstein, Beschluss v. 10.07.2024 – 1 MB 14/24 –).

Aus den Gründen:

Der Antrag wird abgelehnt. …

Die Antragsteller wenden sich gegen eine Nutzungsuntersagungsverfügung betreffend eine Ferienwohnungsnutzung, für die die sofortige Vollziehung angeordnet wurde. …

Der Antrag, die aufschiebende Wirkung des Widerspruchs vom 12.3.2024 gegen die Nutzungsuntersagungsverfügung der Antragsgegnerin vom 21.2.2024 wiederherzustellen ist in entsprechender Anwendung von § 122 Abs. 1, § 88 VwGO dahingehend auszulegen, dass sich dieser entsprechend dem unbeschränkten Widerspruch nicht nur gegen die angeordnete Nutzungsuntersagung unter Ziffer 1 richtet, sondern auch gegen die in Ziffer 3 angedrohte Zwangsgeldfestsetzung. Der so verstandene Antrag ist gemäß § 80 Abs. 2 Satz 1 Nr. 4 (sofort vollziehbar erklärte Nutzungsuntersagung, Ziffern 1, 2) und § 80 Abs. 2 Satz 1 Nr. 3 i. V. m. § 248 Abs. 1 Satz 2 LVwG (Zwangsgeldandrohung, Ziffer 3) i. V. m. § 80 Abs. 5 Satz 1 VwGO statthaft. Nach § 80 Abs. 5 Satz 1 VwGO kann das Gericht der Hauptsache die aufschiebende Wirkung in den Fällen des Abs. 2 Satz 1 Nr. 1 bis 3a ganz oder teilweise anordnen (hier Ziffer 3), im Falle des Abs. 2 Satz 1 Nr. 4 (hier Ziffer 1) ganz oder teilweise wiederherstellen. Der Antrag ist auch im Übrigen zulässig, da die Antragsteller gegen die Ordnungsverfügung vom 21.2.2024 fristgerecht am 12.3.2024 Widerspruch erhoben haben.

Zudem haben die Antragsteller ihren Antrag ausdrücklich auch auf den Gebührenbescheid in der Nutzungsuntersagungsverfügung bezogen. Hierbei handelt es sich um eine Anforderung von öffentlichen Abgaben, so dass der – unbeschränkte – Widerspruch hiergegen gemäß § 80 Abs. 2 Satz 1 Nr. 1 VwGO keine aufschiebende Wirkung hat und insofern der gestellte Antrag, die aufschiebende Wirkung des Widerspruchs anzuordnen, gem. § 80 Abs. 5 Satz 1 1. Var. VwGO statthaft ist.

Dieser Antrag ist jedoch unzulässig, da weder vorgetragen noch aus dem Verwaltungsvorgang ersichtlich ist, dass zuvor ein Aussetzungsantrag nach § 80 Abs. 6 Satz 1 VwGO bei der Antragsgegnerin gestellt wurde.

§ 80 Abs. 6 Satz 1 VwGO schreibt in den Fällen des § 80 Abs. 2 Satz 1 Nr. 1 VwGO vor, dass ein Antrag nach Absatz 5 nur zulässig ist, wenn die Behörde einen Antrag auf Aussetzung der Vollziehung ganz oder zum Teil abgelehnt hat. Die behördliche Entscheidung zur Ablehnung der Aussetzung der Vollziehung muss klar und eindeutig sein; Mutmaßungen reichen nicht (vgl. Schoch, in: Schoch/Schneider, 44. EL März 2023, VwGO § 80 Rdnr. 511). Die verwaltungsbehördliche Prüfung der Vollziehungsaussetzung ist vor dem Hintergrund des damit bezweckten Vorrangs der verwaltungsinternen Kontrolle einerseits und der Entlastungsfunktion der Verwaltungsgerichte andererseits nicht nachholbar. Bei dem Erfordernis der vorherigen Durchführung eines (teilweise) erfolglosen behördlichen Aussetzungsverfahrens handelt es sich nicht um eine bloße Sachentscheidungsvoraussetzung, die noch im Laufe des gerichtlichen Eilverfahrens verwirklicht werden könnte. § 80 Abs. 6 Satz 1 VwGO normiert vielmehr eine Zugangsvoraussetzung, die im Zeitpunkt der Stellung des Eilantrags bei Gericht erfüllt sein muss (so auch OVG Lüneburg, Beschluss v. 3.11.2011 – 1 ME 146/10 –, NVwZ-RR 2011, 185; OVG Münster, Beschluss v. 13.7.2012 – 9 B 818/12 –, NVwZ-RR 2012, 748; Schoch, in: Schoch/ Schneider, a. a. O., Rdnr. 506; Puttler, in: Sodan/Ziekow, VwGO, 5. Aufl. 2018, § 80 Rdnr. 180; Kopp/Schenke, VwGO, 29. Aufl. 2023, § 80 Rdnr. 185).

Ein solcher Antrag wurde von den Antragstellern bei der Antragsgegnerin nicht gestellt. Dies wurde von ihnen weder vorgetragen, noch hat die Antragsgegnerin hierauf hingewiesen bzw. enthalten deren übersandte Verwaltungsvorgänge einen solchen Antrag. Der Widerspruch vom 12.3.2024 selbst enthält ebenfalls keinen Aussetzungsantrag nach § 80 Abs. 6 VwGO. Im Gegenteil: hierin führt der Prozessbevollmächtigte aus, dass er den Antragstellern (und Mitstreitern) empfohlen habe, den Gebührenbescheid auszugleichen. Im Falle des Obsiegens in der Hauptsache werde dieser Betrag selbstverständlich zurückgefordert. Die Zahlung erfolge unter Vorbehalt der Rückforderung.

Es liegt damit ersichtlich mangels Antragstellung auch kein Fall behördlicher Untätigkeit im Sinne von § 80 Abs. 6 Satz 2 Nr. 1 VwGO vor, ebenso wenig wie ein Fall der drohenden – nämlich bereits eingeleiteter oder zumindest behördlich angekündigter – Vollstreckung (§ 80 Abs. 6 Satz 2 Nr. 2 VwGO), die jeweils eine Ausnahme zuließen.

Soweit der Antrag zulässig ist, ist er jedoch unbegründet.

Zunächst sind die formellen Anforderungen an die Sofortvollzugsanordnung, insbesondere das Begründungserfordernis gem. § 80 Abs. 3 Satz 1 VwGO, erfüllt. Diese ist bei Anordnungen auf baurechtlichem Gebiet, namentlich einer auf § 58 Abs. 2, § 80 Satz 2 LBO gestützten Maßnahme, regelmäßig schon dann gerechtfertigt, wenn die Voraussetzungen einer Nutzungsuntersagung vorliegen. Es besteht ein öffentliches Interesse daran, dass die Genehmigungspflicht beachtet wird. Im Hinblick auf die negative Vorbildwirkung formell rechtswidriger Nutzungen sowie auf die Kontrollfunktion des Bauordnungsrechts sind nur geringe Anforderungen an die Begründung der Vollziehungsanordnung zu stellen (st. Rspr. der Kammer, Beschluss v. 18.5.2020 – 8 B 8/20 – juris Rdnr. 38; vgl. auch OVG Schleswig, Beschluss v. 20.12.2017 – 1 MB 18/17 – juris Rdnr. 9). Insofern ist die Begründung der Antragsgegnerin nicht zu beanstanden, indem sie darauf abgestellt hat, dass es im Hinblick auf den vorliegenden Verstoß gegen das formelle und materielle Baurecht nicht hingenommen werden könne, dass die zur Verfügung stehenden Rechtsbehelfe aufschiebende Wirkung hätten und somit der bestehende Zustand bis zu einer endgültigen Entscheidung in der Sache bestehen bleibe, dass das Baurecht jedem Bürger das Opfer auferlege, bis zur Erteilung der Genehmigung sein Vorhaben zurückzustellen und dass es mit dieser Ordnungsfunktion des formellen Baurechts unvereinbar wäre, diejenigen durch Freistellung von Beschränkungen des Genehmigungsverfahrens zu bevorzugen, die ein rechtswidrig ausgeführtes Vorhaben nutzten und als Rechtsnachfolger ihren Nutzen daraus zögen.

In materieller Hinsicht gilt Folgendes:

Die gerichtliche Entscheidung nach § 80 Abs. 5 Satz 1 VwGO ergeht auf der Grundlage einer umfassenden Interessenabwägung, deren Gegenstand das private Aufschubinteresse und das öffentliche Interesse an der Vollziehung des Verwaltungsakts sind. Die Entscheidung des Gerichts nach § 80 Abs. 5 Satz 1 VwGO beruht gleichermaßen auf einer Interessenabwägung. Hat die Behörde die sofortige Vollziehung angeordnet, kommt es darauf an, ob die Behörde zu Recht das öffentliche Interesse an der sofortigen Vollziehung höher gewichtet hat als das private Interesse, bis zum rechtskräftigen Abschluss des Hauptsacheverfahrens den Verwaltungsakt nicht befolgen zu müssen. Im Rahmen dieser Interessenabwägung können auch Erkenntnisse über die Rechtmäßigkeit und die Rechtswidrigkeit des Verwaltungsakts, der vollzogen werden soll, Bedeutung erlangen, allerdings nicht als unmittelbare Entscheidungsgrundlage, sondern als in die Abwägung einzustellende Gesichtspunkte, wenn aufgrund der gebotenen summarischen Prüfung Erfolg oder Misserfolg des Rechtsbehelfs offensichtlich erscheinen. Lässt sich bei der summarischen Überprüfung die Rechtswidrigkeit des angefochtenen Bescheides ohne weiteres feststellen, ist sie also offensichtlich, so ist die aufschiebende Wirkung des Rechtsbehelfs wiederherzustellen oder anzuordnen, weil an der sofortigen Vollziehung eines offensichtlich rechtswidrigen Bescheides kein öffentliches Interesse bestehen kann. Erweist sich nach der genannten Überprüfung der angefochtene Bescheid als offensichtlich rechtmäßig, bedarf es neben der Rechtmäßigkeit des angefochtenen Bescheides noch eines besonderen öffentlichen Vollziehungsinteresses, das mit dem Interesse am Erlass des Verwaltungsakts nicht identisch, sondern vielmehr ein qualitativ anderes Interesse ist. Dieses besondere öffentliche Vollziehungsinteresse ist von der Behörde gemäß § 80 Abs. 3 VwGO gesondert zu begründen (st. Rpr. seit OVG Schleswig, Beschluss v. 6.8.1991 – 4 M 109/91 – juris Rdnr. 3).

Nach diesem Maßstab ist das öffentliche Interesse an der sofortigen Vollziehung der Nutzungsuntersagung vom 21.2.2024 höher zu bewerten als das Interesse der Antragsteller an der vorläufig weiteren Nutzung der Ferienwohnung. Die Nutzungsuntersagung erweist sich nach den erkennbaren Umständen nach der summarischen Prüfung als offensichtlich rechtmäßig.

Maßgeblicher Zeitpunkt für die rechtliche Überprüfung einer bauordnungsrechtlichen Nutzungsuntersagung als Verwaltungsakt mit Dauerwirkung ist die letzte mündliche Verhandlung – bzw. im Eilverfahren der Entscheidung des Gerichts – (vgl. OVG Schleswig, Beschluss v. 8.5.2020 – n. V. BA S. 6 m. w. N.; Beschluss v. 25.6.2020 – 1 MB 31/19 – juris Rdnr. 26).

Seine Rechtsgrundlage findet der Verwaltungsakt in §§ 58 Abs. 2, 80 Satz 2 LBO. Nach § 58 Abs. 2 LBO hat die Bauaufsichtsbehörde bei der Errichtung, Änderung, Nutzungsänderung und Beseitigung sowie bei der Nutzung und Instandhaltung von Anlagen darüber zu wachen, dass die öffentlich-rechtlichen Vorschriften eingehalten werden. Sie können in Wahrnehmung dieser Aufgaben die erforderlichen Maßnahmen treffen. Werden Anlagen im Widerspruch zu öffentlich-rechtlichen Vorschriften genutzt, kann die Nutzung untersagt werden (§ 80 Satz 2 LBO).

Diese tatbestandlichen Voraussetzungen der vorgenannten Normen liegen vor. In aller Regel rechtfertigt bereits die sich aus dem Fehlen einer im Einzelfall notwendigen Baugenehmigung für die konkrete Nutzung einer baulichen Anlage ergebende formelle Illegalität den Erlass einer Nutzungsuntersagung. Da die Nutzungsuntersagung in erster Linie die Funktion hat, den Bauherrn auf das Genehmigungsverfahren zu verweisen, muss grundsätzlich nicht geprüft werden, ob das Vorhaben auch gegen materielles Recht verstößt (st. Rspr. OVG Schleswig, Beschluss v. 16.9.2020 – 1 MB 12/20 – juris Rdnr. 11 m. w. N.). Vorliegend verfügen die Antragsteller unstreitig nicht über eine – hier für die von der Wohnnutzung zu unterscheidende eigenständige Nutzungsart »Ferienwohnnutzung« (vgl. ausführlich OVG Schleswig, a. a. O., Rdnr. 13, 24) notwendige – Baugenehmigung, so dass die – ebenfalls unstreitige – tatsächliche Nutzung einer Wohnung im X-Gang X als Ferienwohnung formell illegal und damit im Widerspruch zu öffentlichrechtlichen Vorschriften erfolgt.

Allerdings darf eine formell rechtswidrige Nutzung aus Gründen der Verhältnismäßigkeit regelmäßig dann nicht untersagt werden, wenn sie offensichtlich genehmigungsfähig bzw. bei verfahrensfreien Vorhaben offensichtlich zulässig ist (st. Rspr. der Kammer, vgl. Beschluss v. 18.5.2020 – 8 B 9/20 – juris Rdnr. 46; vgl. auch OVG Schleswig, Beschluss v. 16.1.2018 – 1 MB 22/17 – juris Rdnr. 8). Die Beschränkung auf eine Offensichtlichkeitsprüfung nimmt der Bauaufsichtsbehörde dabei eine vollständige Vorausprüfung der Genehmigungsfähigkeit ab. Nach Sinn und Zweck ist es nämlich nicht Aufgabe der Bauaufsichtsbehörde in einem Verfahren, in dem durch die Ausübung baurechtlicher Eingriffsbefugnisse die ungenehmigte Nutzung unterbunden werden soll, gleichsam insoweit die Prüfung in einem künftigen Genehmigungsverfahren vorweg zu nehmen (OVG Schleswig, Beschluss v. 8.5.2020 – 1 LA 52/17 – n. V. BA S. 10 f. m. w. N.). Von der offensichtlichen Genehmigungsfähigkeit kann jedoch nur dann gesprochen werden, wenn die Bauaufsichtsbehörde ohne weitere Ermittlungen erkennen kann, dass die bauliche Anlage und ihre Nutzung dem öffentlichen Baurecht entsprechen. Es muss mit anderen Worten geradezu handgreiflich sein und keiner näheren Prüfung bedürfen, dass der vom Bauherrn gewünschte Zustand dem öffentlichen Baurecht vollständig entspricht (OVG Schleswig, Beschluss v. 23.3.2023 – 1 MB 18/22 – juris Rdnr. 35; Beschluss v. 25.6.2020 – 1 MB 31/19 – juris Rdnr. 24 m. w. N.). Zur Verhinderung einer Umgehung des bauaufsichtlichen Genehmigungsverfahrens neigt der für das öffentliche Baurecht zuständige 1. Senat des Schleswig-Holsteinischen Oberverwaltungsgerichts zudem der Auffassung zu, dass bei einem Streit um die materielle Rechtmäßigkeit einer Nutzung eine offensichtliche Genehmigungsfähigkeit von vornherein nur in Betracht kommen kann, wenn bereits ein entsprechender Antrag gestellt worden ist (vgl. OVG Schleswig, Beschluss v. 23.3.2023 – 1 MB 18/22 – juris Rdnr. 15).

Es handelt sich bei der Nutzungsänderung von einer Wohnung in eine Ferienwohnung zunächst nicht um ein verfahrensfreies Vorhaben i. S. v. § 61 Abs. 2 LBO, da sie keinem der in § 61 LBO genannten Tatbestände unterfällt.

Es liegt auch keine offensichtliche Genehmigungsfähigkeit vor, weil die Voraussetzungen für eine materiell rechtmäßige Ferienwohnungsnutzung nach den Festsetzungen des Bebauungsplans Nr. A 1 »X« und den Vorgaben der BauNVO 2017 nicht handgreiflich vorliegen. Substantiierte Einwendungen gegen die Wirksamkeit des Bebauungsplans sind weder geltend gemacht worden noch sind Gründe für die Annahme einer Unwirksamkeit dieses Bebauungsplans im Rahmen der hier nur gebotenen summarischen Überprüfung der Sach- und Rechtslage für die Kammer ersichtlich. Im Übrigen sind bei Nutzungsuntersagungsverfügungen die Voraussetzungen für eine offensichtliche Genehmigungsfähigkeit bei einer notwendigen inzidenten Überprüfung der Unwirksamkeit von Bebauungsplanfestsetzungen nicht gegeben; hierfür bietet das Baugenehmigungsverfahren Raum (OVG Schleswig, Beschluss v. 23.2.2023 – 1 MB 18/22 – juris Rdnr. 35; Beschluss v. 24.8.2022 – 1 MB 9/22 – n.v. BA S. 12).

Maßgeblich für die zulässige Art der baulichen Nutzung ist danach § 9 Abs. 1, § 30 Abs. 1BauGB i. V. m. § 4 BauNVO in der Fassung vom 21.11.2017. Das Grundstück liegt in einem durch den Bebauungsplan Nr. A 1 ausgewiesenen allgemeinen Wohngebiet. Allgemeinde Wohngebiete dienen gemäß § 4 Abs. 1 BauNVO vorwiegend dem Wohnen. Zulässig sind nach Absatz 2 der Vorschrift 1. Wohngebäude, 2. die der Versorgung des Gebiets dienenden Läden, Schank- und Speisewirtschaften sowie nicht störenden Handwerksbetriebe und 3. Anlagen für kirchliche, kulturelle, soziale, gesundheitliche und sportliche Zwecke. Unstreitig fallen Ferienwohnungen nicht hierunter. In § 4 Abs. 3 BauNVO sind diejenigen Arten der baulichen Nutzung aufgeführt, die ausnahmsweise zugelassen werden können: 1. Betriebe des Beherbergungsgewerbes, 2. sonstige nicht störende Gewerbebetriebe, 3. Anlagen für Verwaltungen, 4. Gartenbaubetriebe und 5. Tankstellen. Allerdings sieht der Bebauungsplan Nr. A 1 in seiner textlichen Festsetzung, Teil B, unter Ziffer 4 vor, dass gemäß § 1 Abs. 6 BauNVO (in der damals geltenden Fassung von 1977) im allgemeinen Wohngebiet (WA) die Nutzungen nach § 4 Abs. 3 Ziff. 1, 3 bis 6 BauNVO nicht Bestandteil des Planes, d. h. auch nicht ausnahmsweise zulässig sind. § 4 Abs. 3 Ziff. 6 BauNVO (1977) befasste sich mit hier nicht relevanten Ställen für Kleintierhaltung.

Daraus folgt, dass nach den bauplanungsrechtlichen Vorgaben lediglich sonstige nicht störende Gewerbebetriebe ausnahmsweise zulässig sind, nicht hingegen Beherbergungsbetriebe. In der Rechtsprechung des Schleswig-Holsteinischen Oberverwaltungsgericht ist mittlerweile geklärt, dass es sich bei Ferienwohnungen – die wie vorliegend typischerweise auf Selbstversorgung der Feriengäste ausgerichtet sind – nicht um kleine Beherbergungsbetriebe handelt (vgl. OVG Schleswig, Beschluss v. 23.3.2023 – 1 MB 18/22 – juris Rdnr. 19), sondern um sonstige nicht störende Gewerbebetriebe (vgl. OVG Schleswig, Beschluss v. 16.9.2020 – 1 MB 12/20 – juris Rdnr. 26). Dieses Verständnis findet mittlerweile ergänzend auch seine Stütze in § 13a BauNVO – nicht direkt, sondern als Auslegungshilfe, da diese Vorschrift erst 2017 im Zuge des Gesetzes zur Umsetzung der Richtlinie 2014/52/EU im Städtebaurecht und zur Stärkung des neuen Zusammenlebens in der Stadt vom 4.5.2017 ohne Rückwirkung in die Baunutzungsverordnung eingefügt wurde und damit nach Erlass des Bebauungsplans Nr. A 1 (vgl. OVG Schleswig, Beschluss v. 16.9.2020 – 1 MB 12/20 – juris Rdnr. 23, 27; offengelassen: BVerwG, Urteil v. 18.10.2017 – 4 C 5.16 – juris Rdnr. 21) –, der nunmehr Ferienwohnungen im dort definierten Sinne zu den Gewerbebetrieben u. a. nach§ 4 Abs. 3 Nr. 2 BauNVO zählt.

Danach ist der zwischen den Beteiligten diskutierte Punkt, welche Zuordnung die Antragsgegnerin bei erstmaligem Satzungserlass 1988 den Ferienwohnungen aufgrund der Uneinigkeit in der Rechtsprechung betreffend die rechtliche Einordnung der Ferienwohnungen zu den Beherbergungsbetrieben einerseits (vgl. frühere Auffassung OVG Schleswig, Urteil v. 31.5.2005 – 1 LB

4/05 – juris Rdnr. 43; OVG Lüneburg, Urteil v. 20.5.1987 – 1 A 124/86 – juris Leitsatz; siehe zum Streitstand: Blechschmidt in: Ernst/Zinkahn/Bielenberg/Krautzberger, 152. EL Oktober 2023, BauNVO § 13a Rdnr. 1 ff.; vgl. auch BVerwG, Beschluss v. 8.5.1989 – 4 B 78.89 – juris Rdnr. 3) oder zu den sonstigen nicht störenden Gewerbebetrieben andererseits (vgl. heutige Auffassung OVG Schleswig, Beschluss v. 16.9.2020 – 1 MB 12/20 – juris Rdnr. 26) beigemessen hat, keine Relevanz. Denn in beiden Fällen würde dies nicht zur offensichtlichen – also handgreiflichen – Genehmigungsfähigkeit führen. Kleine Beherbergungsbetriebe sind schon nach dem Bebauungsplan Nr. A 1 aufgrund der textlichen Festsetzung in Teil B, Ziffer 4 unzulässig, also auch nicht ausnahmsweise zulässig. Sonstige kleine Gewerbebetriebe sind davon ausgenommen und im allgemeinen Wohngebiet wiederum nur als Ausnahme zulässig (§ 4 Abs. 3 Nr. 2 BauNVO), die allerdings in das Ermessen der Baugenehmigungsbehörde gestellt ist. Anhaltspunkte für eine Ermessensreduzierung auf Null sind hier nicht ersichtlich. Im Rahmen der Ermessensbetätigung können vielmehr z. B. Nebenbestimmungen verfügt werden. Insbesondere muss in der Genehmigungspraxis berücksichtigt werden, dass die in § 4 Abs. 3 BauNVO vorgesehenen ausnahmsweise zulässigen Nutzungsformen den Gebietscharakter nicht beeinträchtigen dürfen sowie in welcher Anzahl die Antragsgegnerin Ferienwohnungen im Oluf-Samson-Gang noch für ausnahmsweise zulässig erachten würde und in welcher Reihenfolge ggfs. Genehmigungen erteilt würden. Auch bei Vorliegen der Voraussetzungen der Ausnahme besteht daher kein Rechtsanspruch auf Erteilung der Ausnahme (OVG Schleswig, Beschluss v. 23.3.2023 – 1 MB 18/22 – juris Rdnr. 19; Beschluss v. 25.6.2020 – 1 MB 31/19 – juris Rdnr. 25). Auch unter Berücksichtigung des subjektiven Willens des damaligen Satzungsgebers (vgl. BVerwG, Beschluss v. 20.12.2016 – 4 B 49.16 – juris Rdnr. 9; OVG Schleswig, Beschluss v. 23.3.2023 – 1 MB 18/22 – juris Rdnr. 21) ist unter keinem Gesichtspunkt für das Gericht erkennbar, dass dieser Ferienwohnungen ausdrücklich als zulässiges – und nicht nur ausnahmsweise zulässiges – Vorhaben in dem Bebauungsplangebiet normieren wollte; dies hat keinen offensichtlichen und eindeutigen Niederschlag in den Festsetzungen oder der Planbegründung gefunden. Allein dies könnte den Antragstellern zu einem zwingenden Genehmigungsanspruch verhelfen.

In diesem Zusammenhang können die Antragsteller auch nicht damit gehört werden, dass das seinerzeitige Ziel des Bebauungsplans Nr. A 1 (Verdrängung der Bordellnutzung) seit zehn Jahren (2014) erreicht und der Plan deshalb anzupassen gewesen sei. Zum einen besteht kein Rechtsanspruch auf Planänderung wegen Zielerreichung; diese Entscheidung obliegt allein der Gemeinde im Rahmen ihrer Planungshoheit aus Art. 28 Abs. 2 Satz 1 GG, § 2 Abs. 1 BauGB, die die Antragsgegnerin vorliegend konkret in dem angefochtenen Bescheid (Seite 2) verneint hat. Zum anderen hätte eine solche Planänderung keine Ergebnisrelevanz, da – wie dargelegt – mit und ohne textliche

Festsetzung in Teil B, Ziffer 4 des Bebauungsplans Nr. A 1 die Ferienwohnungsnutzung als nicht störender Gewerbebetrieb in einem allgemeinen Wohngebiet nach der BauNVO nur ausnahmsweise zulässig wäre.

Ob darüber hinaus – wie die Antragsgegnerin in dem angefochtenen Bescheid angegeben hat –, der Nutzungsänderungsantrag vom 4.7.2023 als zurückgenommen gilt und damit auch die offensichtliche Genehmigungsfähigkeit mangels Stellung eines Bauantrages zum maßgeblichen Zeitpunkt der gerichtlichen Entscheidung (siehe oben) ausscheiden könnte, kann daher dahinstehen.

Entgegen der Annahme der Antragsteller besteht zu ihren Gunsten auch kein Bestandsschutz. Mit dem Gesichtspunkt des Bestandschutzes verteidigt sich ein Betroffener gegen eine (mittlerweile) materiell rechtswidrige Nutzung, so dass die Unaufklärbarkeit dieses »Gegenrechts« zu Lasten desjenigen geht, der sich darauf beruft (vgl. BVerwG, Urteil v. 23.2.1979 – IV C 86.76 – juris Rdnr. 14). Der baurechtliche Bestandsschutz gewährt das Recht, ein im Einklang mit dem nach (seinerzeit) geltendem Recht ausgeführten Vorhaben so, wie es ausgeführt worden ist, auch dann weiter zu nutzen, wenn neue Vorschriften nunmehr diesem Vorhaben, sollte es jetzt errichtet werden, entgegenstünden (OVG Schleswig, Beschluss v. 25.6.2020 – 1 MB 31/19 – juris Rdnr. 29; Beschluss v. 8.10.2018 – 1 MB 11/18 – juris Rdnr. 13). Dabei entsteht ein im Rahmen der Nutzungsuntersagung beachtlicher – offensichtlicher – baurechtlicher Bestandsschutz zwar auch bereits dann, wenn die bauliche Anlage über einen relevanten Zeitraum in Einklang mit dem materiellen Baurecht stand (OVG Schleswig, Beschluss v. 25.6.2020 – 1 MB 31/19 – juris Rdnr. 29 m. w. N.). Eine durchgängig rechtswidrige Nutzung kann hingegen keinen Bestandsschutz begründen (OVG Bautzen, Beschluss v. 2.5.2011 – 1 B 30/11 – juris Rdnr. 15). So liegt der Fall hier, weil die seit 2015 durch die Antragsteller vorgenommene Nutzungsänderung nach dem bereits zu jener Zeit existierende Bebauungsplans Nr. A 1 bauplanungsrechtlich zu beurteilen ist und sich seitdem die maßgebliche rechtliche Situation nicht geändert hat. Zu jenem Zeitpunkt war die Ferienwohnungsnutzung im Oluf-Samson-Gang ebenfalls (und allenfalls bei der Einordnung als nicht störender Gewerbebetrieb) nur ausnahmsweise und damit nicht offensichtlich – wie ausgeführt – materiell-rechtlich zulässig. Die Antragsteller haben bislang weder behauptet geschweige denn substantiiert dargelegt, dass das Gebäude im X-Gang X bereits vor Inkrafttreten des Bebauungsplans Nr. A 1 im Jahre 1988 als Ferienhaus genutzt worden ist.

Der angeordneten Nutzungsuntersagung steht zudem nicht die behauptete Kenntnis der Antragsgegnerin von der formellen Illegalität entgegen. Wusste die zuständige Bauaufsichtsbehörde tatsächlich von der formell baurechtswidrigen Nutzung, steht das einer (sofort vollziehbaren) Nutzungsuntersagung nicht entgegen, da allein die Hinnahme eines illegalen Zustandes durch die zuständige Behörde keinen schutzwürdigen Vertrauenstatbestand begründet.

Erforderlich ist vielmehr, dass die Baubehörde in Kenntnis der formellen und ggf. materiellen Illegalität eines Vorhabens zu erkennen gibt, dass sie sich auf Dauer mit dessen Existenz abzufinden gedenkt – sog. aktive Duldung – (OVG Schleswig, Beschluss v. 25.6.2020 – 1 MB 31/19 – juris Rdnr. 32; OVG Münster, Beschluss v. 20.9.2018 – 7 B 1192/18 – juris Rdnr. 5 ff.). Dass die Antragsgegnerin positiv erklärt hat, das Vorhaben in diesem Sinne dauerhaft zu dulden, haben die Antragsteller nicht dargelegt. Sie haben vielmehr lediglich eine stillschweigende Duldung angeführt. Ungeachtet dessen kommt nach ständiger Rechtsprechung des Baurechtssenates des Schleswig-Holsteinischen Oberverwaltungsgerichts eine Verwirkung bauaufsichtlicher Befugnisse grundsätzlich nicht in Betracht. Der Verwirkung unterliegen nur subjektiv verzichtbare Rechte, nicht aber öffentlich-rechtliche Berechtigungen und Verpflichtungen der Bauaufsichtsbehörde (OVG Schleswig, Urteil v. 26.6.1997 – 1 L 233/96 – juris Rdnr. 60). Solche Berechtigungen und Verpflichtungen sind Bestandteile der öffentlich-rechtlichen Zuständigkeit der Bauaufsichtsbehörde, die dieser im öffentlichen Interesse zur Gefahrenabwehr übertragen worden sind. Die mit der Zuständigkeit der Bauaufsichtsbehörde begründete Pflicht zur Aufgabenerfüllung lässt daher schon vom Ansatz her eine Verwirkung derselben nicht zu (OVG Schleswig, Beschluss v. 16.1.2018 – 1 MB 22/17 – juris Rdnr. 12 m. w. N.; Beschluss v. 23.4.2003 – 1 MB 9/03 – n. v. BA S. 6 m. w. N.).

Die Antragsgegnerin hat auch im Übrigen das ihr eingeräumte Ermessen fehlerfrei ausgeübt. Hierzu hat sie auf Seite 2 des angefochtenen Bescheides Ausführungen gemacht und ausgeführt, dass sie von dem in § 58 Abs. 2 LBO eingeräumten Ermessen dahingehend Gebrauch gemacht habe, den baurechtsmäßigen Zustand aufzugreifen, da sie bei formeller Illegalität regelmäßig die Nutzung untersage und es der Grundsatz der Gleichbehandlung aller Bürger grundsätzlich verbiete, sich im hiesigen Fall anders zu verhalten. Hiergegen ist nichts zu erinnern, insbesondere nicht vor dem Hintergrund, dass in den Fällen einer ungenehmigten Nutzung baulicher Anlagen – wie hier – in der Regel der Erlass einer Nutzungsuntersagung ermessensgerecht ist, denn die Auslegung der gesetzlichen Vorschriften ergibt, dass der Bauaufsichtsbehörde insoweit ein intendiertes Ermessen eingeräumt ist (vgl. OVG Schleswig, Beschluss v. 25.6.2020 – 1 MB 31/19 – juris Rdnr. 30 m. w. N.). Sie hat dabei zudem den zu berücksichtigenden und sich aus Art. 3 GG ergebende Grundsatz des systemgerechten Vorgehens beachtet, der willkürliches Verhalten der Bauaufsichtsbehörde verhindert soll und besagt, dass gleichliegende Tatbestände, die bei gerechter Würdigung der Sachverhalte eindeutig eine gleichartige Behandlung erfordern, nicht ohne sachlich hinreichende Gründe unterschiedlich behandelt werden dürfen (vgl. OVG Schleswig, Beschluss v. 25.6.2020 – 1 MB 31/19 – juris Rdnr. 30). Der Gleichbehandlungsgrundsatz (Art. 3 Abs. 1 GG) verpflichtet die Behörde aber grundsätzlich nicht, in einem Bereich, in dem sie baurechtswidrige Zustände beobachtet hat, schlagartig gegen alle vorzugehen; dazu wäre die zuständige Bauaufsichtsbehörde schon in personeller und sachlicher Hinsicht regelmäßig gar nicht in der Lage. Die Behörde darf sich vielmehr auf ein Vorgehen gegen einzelne Störer beschränken, sofern sie hierfür sachliche Gründe hat (OVG Schleswig, Beschluss v. 23.3.2023 – 1 MB 18/22 – juris Rdnr. 37). Gemessen an diesen Vorgaben liegt kein systemwidriges Einschreiten vor, da die Antragsgegnerin unstreitig gegen alle Grundstückseigentümer mit ungenehmigter Ferienwohnungsnutzung im X-Gang gleichzeitig vorgegangen ist.

Auch eine Interessenabwägung führt vorliegend nicht dazu, dass dem Aussetzungsinteresse der Antragsteller trotz der Rechtmäßigkeit der Nutzungsuntersagung gegenüber dem öffentlichen Interesse an einer Umsetzung dieser Verfügung Vorrang gebührt. Wie bereits ausgeführt, überwiegt das öffentliche Vollziehungsinteresse bei Anordnungen auf baurechtlichem Gebiet, namentlich einer auf § 58 Abs. 2, § 80 Satz 2 LBO gestützten Maßnahme, regelmäßig schon dann, wenn die Voraussetzungen einer Nutzungsuntersagung vorliegen. Es besteht ein öffentliches Interesse daran, dass die Genehmigungspflicht beachtet wird, insbesondere im Hinblick auf die negative Vorbildwirkung formell rechtswidriger Nutzungen sowie auf die Kontrollfunktion des Bauordnungsrechts.

Die von den Antragstellern zu ihren Gunsten vorgebrachten Gründe für ein Überwiegen ihres Aussetzungsinteresses tragen nicht. Sie sind aufgrund der bestehenden Genehmigung nicht gehindert, die Wohnung entsprechend dem genehmigten Nutzungszweck zum Dauerwohnen zu vermieten und dadurch die Wohnung wirtschaftlich zu verwerten, auch wenn dies aufgrund konkreter Gegebenheiten in der Wohnung und mietrechtlicher Vorgaben ggf. nur erschwert möglich ist. Bei den von ihnen angeführten und erstrebten Einnahmen durch die Ferienwohnungsvermietung handelt es sich nicht um schützenswerte Belange. Es steht den Antragstellern frei, einen prüffähigen Bauantrag zu stellen und im Rahmen eines sich möglicherweise daran anschließenden gerichtlichen Hauptsacheverfahrens klären zu lassen, ob in ihrem Fall eine Vermietung als Ferienwohnung im X-Gang doch (ausnahmsweise) zulässig ist. Es gibt jedoch keinen Anspruch auf Fortsetzung einer illegalen Nutzung und Sicherung daraus erzielter Vorteile. Die erhoffte und wohl einkalkulierte dauerhafte Generierung höherer Mieten durch eine Nutzung als Ferienwohnung oder günstigere steuerrechtliche Behandlung stellt eine bloße Exspektanz dar, die von Art. 14 Abs. 1 GG nicht erfasst wird. Hierbei handelt es sich nicht um schützenswerte Belange, die in die Abwägung mit eingestellt werden müssten (vgl. VG Schleswig, Beschluss v. 2.6.2022 – 2 B 12/22 – juris Rdnr. 16). Die Antragsteller tragen insoweit das Risiko einer ungenehmigten Nutzungsaufnahme (vgl. OVG Schleswig, Beschluss v. 24.8.2022 – 1 MB 9/22 – n. v. BA S. 13). Soweit sich die Antragsteller darauf berufen, dass sie nach Erwerb der Immobilie 30 000,00 € in eine aufwendige denkmalgerechte Sanierung des maroden Gebäudes investiert hätten, ist dies ein Umstand, der bereits nicht aus der Ferienwohnungsnutzung resultiert. Zur erhofften Refinanzierung dieser Aufwendungen durch erhöhte Mieteinnahmen durch die Ferienwohnungsvermietung wird auf das zuvor Gesagte verwiesen.

Soweit die Antragsteller die Anordnung der aufschiebenden Wirkung des Widerspruchs gegen die von Gesetzes wegen (§ 248 Abs. 1 Satz 2 VwGO) sofort vollziehbare Zwangsgeldandrohung (Ziffer 3. des Bescheides vom 21.2.2024) begehren, ist ihr Antrag ebenfalls unbegründet, da sich die Zwangsgeldandrohung nach summarischer Prüfung als offensichtlich rechtmäßig erweist. Anders als im Falle der behördlichen Anordnung des Sofortvollzuges nach § 80 Abs. 2 Satz 1 Nr. 4 VwGO führt in den Fällen des gesetzlich angeordneten Sofortvollzuges (wie hier gem. § 80 Abs. 2 Satz 1 Nr. 3 i. V. m. § 248 Abs. 1 Satz 2 LVwG) regelmäßig die offensichtliche Rechtmäßigkeit des angefochtenen Bescheides auch dazu, dass der Antrag auf Anordnung der aufschiebenden Wirkung abzulehnen ist (vgl. OVG Schleswig, Beschluss v. 6.8.1991 – 4 M 109/91 – juris Rdnr. 3).

Ihre Rechtsgrundlage findet sie in §§ 228, 229 Abs. 1 Nr. 2, § 235 Abs. 1 Nr. 1, §§ 236, 237 LVwG. Wie ausgeführt, bestehen gegen die Rechtmäßigkeit der zugrundeliegenden sofort vollziehbaren Nutzungsuntersagung keine Bedenken. Es wurde ein bestimmtes Zwangsmittel, nämlich das »Zwangsgeld«, schriftlich angedroht (§ 236 Abs. 4 Satz 1, § 237 Abs. 2 LVwG), welches insbesondere zulässig ist, wenn die Pflichtigen der Verpflichtung zuwiderhandeln, eine Handlung zu unterlassen – hier illegale Ferienwohnungsnutzung (§ 237 Abs. 1 Nr. 2 LVwG). Die nach § 236 Abs. 2 Satz 2 LVwG an sich entbehrliche Bestimmung einer Frist bis zum 1.4.2024 ist nicht zu beanstanden, ebenso wenig die konkrete Höhe des angedrohten Zwangsgeldes (1 000 €; § 236 Abs. 5 LVwG). Sie hält sich im gesetzlichen Rahmen (§ 237 Abs. 3 LVwG) und steht zum öffentlichen Interesse einerseits und der wirtschaftlichen Bedeutung für die Antragsteller andererseits in einem angemessenen Verhältnis. …

Nr. 88

Eine formell rechtswidrige Nutzung darf aus Gründen der Verhältnismäßigkeit regelmäßig dann nicht untersagt werden, wenn sie offensichtlich genehmigungsfähig bzw. bei verfahrensfreien Vorhaben offensichtlich zulässig ist.

Die Beschränkung auf eine Offensichtlichkeitsprüfung nimmt der Bauaufsichtsbehörde dabei eine vollständige Vorausprüfung der Genehmigungsfähigkeit ab. Nach Sinn und Zweck ist es nämlich nicht Aufgabe der Bauaufsichtsbehörde in einem Verfahren, in dem durch die Ausübung baurechtlicher Eingriffsbefugnisse die ungenehmigte Nutzung unterbunden werden soll,

gleichsam insoweit die Prüfung in einem künftigen Genehmigungsverfahren vorweg zu nehmen.
(Leitsätze der Redaktion)

BauGB § 34; BauNVO § 4; LBO § 58 Abs. 2, § 80 Satz 2.

Verwaltungsgericht Schleswig-Holstein, Urteil v. 13. Juni 2024 – 8 A 41/21 –.

Aus den Gründen:

… Das Gericht entscheidet durch den Berichterstatter als Einzelrichter, weil die Kammer ihm den Rechtsstreit durch Beschluss gemäß § 6 Abs. 1 VwGO übertragen hat.

Die zulässige Anfechtungsklage ist begründet. Der Bescheid der Beklagten vom 13.6.2019 in Gestalt des Widerspruchsbescheids vom 15.12.2020 ist rechtswidrig und verletzt die Kläger in ihren Rechten (§ 113 Abs. 1 Satz 1 VwGO).

Maßgeblicher Zeitpunkt für die rechtliche Überprüfung einer bauordnungsrechtlichen Nutzungsuntersagung als Verwaltungsakt mit Dauerwirkung ist die letzte mündliche Verhandlung (vgl. OVG Schleswig-Holstein, Beschluss v. 25.6.2020 – 1 MB 31/19 – juris Rdnr. 26).

Seine Rechtsgrundlage findet der Verwaltungsakt in §§ 58 Abs. 2, 80 Satz 2 LBO. Nach § 58 Abs. 2 LBO hat die Bauaufsichtsbehörde bei der Errichtung, Änderung, Nutzungsänderung und Beseitigung sowie bei der Nutzung und Instandhaltung von Anlagen darüber zu wachen, dass die öffentlich-rechtlichen Vorschriften eingehalten werden. Sie können in Wahrnehmung dieser Aufgaben die erforderlichen Maßnahmen treffen. Werden Anlagen im Widerspruch zu öffentlich-rechtlichen Vorschriften genutzt, kann die Nutzung untersagt werden (§ 80 Satz 2 LBO).

Da die Nutzungsuntersagung in erster Linie die Funktion hat, den Bauherrn auf das Genehmigungsverfahren zu verweisen, muss grundsätzlich nicht geprüft werden, ob das Vorhaben auch gegen materielles Recht verstößt (OVG Schleswig-Holstein, Beschluss v. 25.6.2020 – 1 MB 31/19 –, juris Rdnr. 15).

Die Nutzung als Ferienwohnung ist nicht verfahrensfrei, weil sie keinem der in § 61 LBO genannten Tatbestände unterfällt. Die Nutzung ist unstreitig nicht von einer Baugenehmigung gedeckt. Die verfahrensgegenständliche bauliche Anlage wird damit im Widerspruch zu öffentlich-rechtlichen Vorschriften genutzt.

Allerdings darf eine formell rechtswidrige Nutzung aus Gründen der Verhältnismäßigkeit regelmäßig dann nicht untersagt werden, wenn sie offensichtlich genehmigungsfähig bzw. bei verfahrensfreien Vorhaben offensichtlich zulässig ist (st. Rspr. der Kammer, vgl. Beschluss v. 18.5.2020 – 8 B 9/20 – juris Rdnr. 46; vgl. auch OVG Schleswig-Holstein, Beschluss v. 16.1.2018 – 1 MB 22/17 – juris Rdnr. 8). Die Beschränkung auf eine Offensichtlichkeitsprüfung nimmt der Bauaufsichtsbehörde dabei eine vollständige Vorausprüfung der Genehmigungsfähigkeit ab. Nach Sinn und Zweck ist es nämlich nicht Aufgabe der Bauaufsichtsbehörde in einem Verfahren, in dem durch die Ausübung baurechtlicher Eingriffsbefugnisse die ungenehmigte Nutzung unterbunden werden soll, gleichsam insoweit die Prüfung in einem künftigen Genehmigungsverfahren vorweg zu nehmen (OVG Schleswig-Holstein, Beschluss v. 8.5.2020 – 1 LA 52/17 – n. v.). Von der offensichtlichen Genehmigungsfähigkeit kann jedoch nur dann gesprochen werden, wenn die Bauaufsichtsbehörde ohne weitere Ermittlungen erkennen kann, dass die bauliche Anlage und ihre Nutzung dem öffentlichen Baurecht entsprechen. Es muss mit anderen Worten geradezu handgreiflich sein und keiner näheren Prüfung bedürfen, dass der vom Bauherrn gewünschte Zustand dem öffentlichen Baurecht vollständig entspricht (OVG Schleswig-Holstein, Beschluss v. 23.3.2023 – 1 MB 18/22 – juris Rdnr. 35; Beschluss v. 25.6.2020 – 1 MB 31/19 – juris Rdnr. 24 m. w. N.).

Die Nutzung des Gebäudes als Ferienwohnung ist ausgehend von diesen Maßstäben nicht offensichtlich genehmigungsfähig. Insbesondere ergibt sich die Erfüllung der bauplanungsrechtlichen Genehmigungsvoraussetzungen nicht ohne nähere Prüfung. Die Beteiligten vertreten hinsichtlich der bauplanungsrechtlichen Zulässigkeit der hier in Rede stehenden Nutzung als Ferienwohnung unterschiedliche Auffassungen. Nach Auffassung der Beklagten befindet sich das Vorhaben in einem reinen Wohngebiet, weil nur der Blockinnenhof und nicht die Blockrandbebauung zu dem Baugebiet zähle. Die Kläger gehen hingegen davon aus, es handle sich um ein einheitliches Baugebiet, das als Allgemeines Wohngebiet oder Gemengelage zu qualifizieren sei. Die Frage des Einfügens nach § 34 Abs. 1 BauGB muss vor diesem Hintergrund dem Baugenehmigungsverfahren vorbehalten bleiben.

Die Ordnungsverfügung erweist sich jedoch als rechtswidrig, weil für die Nutzung des Gebäudes als Ferienwohnung Bestandsschutz eingetreten ist.

Der baurechtliche Bestandsschutz gewährt das Recht, ein im Einklang mit dem nach (seinerzeit) geltendem Recht ausgeführten Vorhaben so, wie es ausgeführt worden ist, auch dann weiter zu nutzen, wenn neue Vorschriften nunmehr diesem Vorhaben, sollte es jetzt errichtet werden, entgegenstünden (OVG Schleswig-Holstein, Beschluss v. 25.6.2020 – 1 MB 31/19 – juris Rdnr. 29; Beschluss v. 8.10.2018 – 1 MB 11/18 – juris Rdnr. 13). Dabei entsteht ein im Rahmen der Nutzungsuntersagung beachtlicher – offensichtlicher – baurechtlicher Bestandsschutz zwar auch bereits dann, wenn die bauliche Anlage über einen relevanten Zeitraum in Einklang mit dem materiellen Baurecht stand (OVG Schleswig-Holstein, Beschluss v. 25.6.2020 – 1 MB 31/19 – juris Rdnr. 29 m. w. N.). Eine durchgängig rechtswidrige Nutzung kann hingegen keinen Bestandsschutz begründen (Sächsisches OVG, Beschluss v. 2.5.2011 – 1 B 30/11 – juris Rdnr. 15). Ein materieller Bestandsschutz setzt damit voraus, dass die bauliche Anlage im Zeitpunkt ihrer Errichtung oder irgendwann danach – für einen namhaften oder beachtlichen Zeitraum – materiell rechtlich genehmigungsfähig war. Die Beweislast für das Vorliegen des Bestandsschutzes trägt dabei die Person, die sich darauf beruft. Denn sie leitet aus der Vergangenheit ein Recht ab, das es ihr ermöglicht, eine mittlerweile baurechtswidrige Anlage gegen eine bauaufsichtsrechtliche Maßnahme, namentlich gegen eine Nutzungsuntersagung, zu verteidigen. Damit macht der Betroffene ein Gegenrecht geltend, das der Abwehr dient und daher wie eine Einwendung zu beweisen ist. Eine Nichterweislichkeit der Einwendung geht zu Lasten des Betroffenen (vgl. BVerwG, Urteil v. 23.2.1979 – 4 C 86.76 –, juris Rdnr. 14).

Daran gemessen ist hier von einem Bestandsschutz auszugehen. Gegenwärtig steht der Zulässigkeit des Vorhabens die Satzung der Beklagten zur Erhaltung der Zusammensetzung der Wohnbevölkerung gemäß § 172 Abs. 1 Satz 1 Nr. 2 des Baugesetzbuches für das Gebiet der A-Stadter Altstadt vom 27.2.2020 (im Folgenden Erhaltungssatzung 2020) entgegen. Gemäß § 2 Abs. 1 der Erhaltungssatzung 2020 bedürfen zur Erhaltung der Zusammensetzung der Wohnbevölkerung der Rückbau, die Änderung sowie die Nutzungsänderung in Ferienwohnen (Ferienwohnungen im Sinne der Baunutzungsverordnung sowie Gästezimmer) von baulichen Anlagen im Geltungsbereich dieser Satzung der Genehmigung nach § 172 BauGB, wenn davon Wohnungen betroffen sind.

Eine nach der Erhaltungssatzung erforderliche Genehmigung für die Nutzungsänderung von Dauerwohnen zu Ferienwohnungszwecken liegt nicht vor.

Nach dem klägerischen Vortrag und den Feststellungen bei der Inaugenscheinnahme war die Ferienwohnungsnutzung aber seit Aufnahme der Vermietung bis zum Inkrafttreten der Erhaltungssatzung 2020 am 5.4.2020 bauplanungs- und bauordnungsrechtlich zulässig. Die Beteiligten gehen übereinstimmend davon aus, dass seit Inkrafttreten der Erhaltungssatzung am 5.4.2020 keine wesentlichen Änderungen in dem Straßengeviert aus An der X, X.-straße, X und X.-heide in Bezug auf die Nutzung der Gebäude stattgefunden haben, so dass die Feststellungen bei der Inaugenscheinnahme auch für den Zeitpunkt des Bestandsschutzes noch herangezogen werden können.

Dies zugrunde gelegt standen dem Vorhaben vor Inkrafttreten der Erhaltungssatzung 2020 öffentlich-rechtliche Vorschriften nicht entgegen. Entgegenstehende bauordnungsrechtliche Vorschriften sind weder von der Beklagten vorgetragen noch ersichtlich. Hier ist allein die bauplanungsrechtliche Beurteilung streitig.

Beurteilungsmaßstab ist insoweit § 34 Abs. 2 BauGB in Verbindung mit § 4 BauNVO. Das Vorhabengrundstück liegt nicht im Geltungsbereich eines qualifizierten Bebauungsplans. Der Bereich ist dem bauplanungsrechtlichen Innenbereich zuzuordnen (§ 34 Abs. 1 und 2 BauGB). Die maßgebliche Eigenart der näheren Umgebung entspricht einem faktischen allgemeinen Wohngebiet im Sinne des § 34 Abs. 2 Halbsatz 1 BauGB in Verbindung mit § 4 BauNVO.

Für die Bestimmung der näheren Umgebung im Sinne des § 34 Abs. 1 BauGB kommt es auf die Umgebung zum einen insoweit an, als sich die Ausführung des Vorhabens auf sie auswirken kann und zum anderen insoweit, als die Umgebung ihrerseits den bodenrechtlichen Charakter des Baugrundstücks prägt oder doch beeinflusst. Hinsichtlich des räumlichen Umgriffs der näheren Umgebung im Sinne des § 34 Abs. 1 und 2 BauGB stellt die Rechtsprechung des Bundesverwaltungsgerichts auf den Sinn und Zweck des Einfügungsgebotes ab. Die Grenzen der näheren Umgebung lassen sich nicht schematisch festlegen, sondern sind nach der tatsächlichen städtebaulichen Situation zu bestimmen, in die das für die Bebauung vorgesehene bzw. bebaute Grundstück eingebettet ist. Dabei ist die nähere Umgebung für jedes der Merkmale des § 34 Abs. 1 Satz 1 BauGB gesondert zu ermitteln, weil die wechselseitige Prägung der Grundstücke hinsichtlich dieser Merkmale unterschiedlich weit reichen kann. So bleibt die von den überbauten Grundstücksflächen ausgehende Prägung in ihrer Reichweite im Allgemeinen hinter den von der Art der baulichen Nutzung ausgehenden Wirkungen zurück. Entscheidend ist auch hier, wie weit die wechselseitigen Auswirkungen im Verhältnis von Vorhaben und Umgebung im Einzelfall reichen. Der Grenzverlauf der näheren Umgebung ist im Übrigen nicht davon abhängig, dass die unterschiedliche Bebauung durch eine künstliche oder natürliche Trennlinie (z. B. eine Straße) entkoppelt ist. Eine solche Linie hat bei einer beidseitig andersartigen Siedlungsstruktur nicht stets bereits eine trennende Funktion. Umgekehrt führt ihr Fehlen nicht dazu, dass benachbarte Bebauungen stets als miteinander verzahnt anzusehen sind und insgesamt die nähere Umgebung ausmachen. In die Betrachtung einzubeziehen sind die tatsächlich vorhandenen baulichen Anlagen. Es kommt nicht darauf an, wann und unter welchen, auch baurechtlichen, Voraussetzungen die Bebauung der Umgebung entstanden ist. Für die Beurteilung der Frage, ob nicht genehmigte und nicht genehmigungsfähige bauliche Anlagen zu berücksichtigen sind, ist wesentlich, ob sie von den zuständigen Behörden in einer Weise geduldet werden, die keinen Zweifel daran lässt, dass sie sich mit dem Vorhandensein der Gebäude abgefunden haben. Auszuscheiden sind danach nicht genehmigte und auch nicht genehmigungsfähige Gebäude, deren Beseitigung jederzeit verlangt werden kann und dies nach Lage der Dinge auch zu erwarten ist. Auch auf dem Vorhabengrundstück vorhandene Bebauung und Nutzungen zählen unter den dargelegten Voraussetzungen bei der Bestimmung der »Eigenart der näheren Umgebung« mit. Dabei muss die Betrachtung auf das Wesentliche zurückgeführt werden, und es muss alles außer Acht gelassen werden, was die vorhandene Bebauung nicht prägt oder in ihr gar als Fremdkörper erscheint (OVG Schleswig-Holstein, Urteil v. 19.2.2024 – 1 LB 6/23 –, juris Rdnr. 32 m. w. N.). Eine Straße – zumal auch eine Hauptstraße – kann sowohl trennende als auch verbindende Wirkung haben (BVerwG, Beschluss v. 11.2.2000 – 4 B 1/00 –, juris Rdnr. 10).

Bei der Anwendung des § 34 Abs. 2 BauGB ist die nähere Umgebung dabei der Umgriff, der hinsichtlich der Art der baulichen Nutzung nach § 34 Abs. 1 Satz 1 BauGB maßgeblich ist. Denn für die Beurteilung eines Bereichs als eines faktischen Baugebiets im Sinne von § 34 Abs. 2 BauGB ist gleichfalls die nähere Umgebung im Sinne des § 34 Abs. 1 BauGB maßgebend (BVerwG, Beschluss v. 14.10.2019 – 4 B 27/19 –, juris Rdnr. 7).

Unter Anwendung der vorgenannten Maßstäbe erstreckt sich der Bereich gegenseitiger Prägung nach den Feststellungen bei der Inaugenscheinnahme über das Straßengeviert aus An der X, X.-straße, X und X.-heide.

Die in dem Straßengeviert vorhandene geschlossene Bauweise bildet eine natürliche Einheit mit den umschlossenen Gebäuden im Innenhof, in dem sich auch das Gebäude der Tochter des Klägers des befindet. Den Durchgängen zu den Innenhöfen kommt dabei keine trennende, sondern eine verbindende Wirkung zu. Das Blockinnere ist nicht gegenüber dem Blockäußeren getrennt oder abgeschirmt, sondern vielmehr durch die Gänge mit den umliegenden Straßen verbunden (vgl. OVG Schleswig-Holstein, Beschluss v. 25.6.2020 – 1 MB 31/19 –, juris Rdnr. 21).

Die Auswirkungen, die von der Nutzung des streitgegenständlichen Gebäudes auf die nähere Umgebung ausgehen, sind gering. Es handelt sich um ein sehr kleines Gebäude, das zu dem für die Beurteilung des Bestandsschutzes maßgeblichen Zeitpunkt als Ferienwohnung genutzt und zur Wohnnutzung genehmigt war. Umgekehrt wirken sich jedoch angesichts der räumlichen Nähe die in der Umgebung vorhandenen Nutzungen in den Straßen An der Untertrave und Engelswisch in weit größerem Umfang auf das streitgegenständliche Vorhaben aus.

Dies gilt umso mehr, als die gewerblichen Nutzungen gerade in den Gebäuden in der Straße An der Untertrave weit in den Innenhof hineinragen und auch im Innenhof über Eingänge verfügen. Dies trifft insbesondere auf das Kolumbarium »X X« in der Straße An der X. 34 zu. In diesem Gebäude mit Eingang im Innenhof befindet sich zudem die Fa. X, die X UG und die X Verwaltungs-GmbH. Darüber hinaus ist im Innenhof des Straßengevierts die Geschäftsstelle des X Magazins ansässig (X 20/2).

Das Gebiet in dem Straßengeviert entspricht nach den Feststellungen im Rahmen des gerichtlichen Augenscheins einem allgemeinen Wohngebiet.

Allgemeine Wohngebiete dienen gemäß § 4 Abs. 1 BauNVO vorwiegend dem Wohnen. Zulässig sind nach § 4 Abs. 2 BauNVO Wohngebäude (Nr. 1), die der Versorgung des Gebiets dienenden Läden, Schank- und Speisewirtschaften sowie nicht störenden Handwerksbetriebe (Nr. 2), Anlagen für kirchliche, kulturelle, soziale, gesundheitliche und sportliche Zwecke (Nr. 3). Ausnahmsweise können nach § 4 Abs. 3 BauNVO zugelassen werden Betriebe des Beherbergungsgewerbes (Nr. 1), sonstige nicht störende Gewerbebetriebe (Nr. 2), Anlagen für Verwaltungen (3), Gartenbaubetriebe (Nr. 4) und Tankstellen (Nr. 5).

Nach den Feststellungen im Rahmen des gerichtlichen Augenscheins befinden sich in dem Gebiet ganz überwiegend Wohngebäude. Die Gebäude in den Straßen X-heide und X-straße werden ausschließlich zum Wohnen genutzt. In der Straße X befindet sich neben der weit überwiegenden Wohnnutzung in Nummer 26 ein Architekturbüro. Dieses ist in einem allgemeinen Wohngebiet nach §§ 4, 13 BauNVO zulässig, weil die Tätigkeit nur in einzelnen Räumen des Gebäudes ausgeübt wird. Architekten zähen zu den freien Berufen (vgl. § 1 Abs. 2 PartGG). Das gleiche gilt für das in dem Gebäude An der X 25 befindliche Architektenbüro, das in dem Gebäude An der X 17 befindliche Landschaftsarchitektenbüro, die beiden Rechtsanwaltskanzleien, den Steuerberater, die Wirtschaftsprüferin und die teleradiologische Praxis in dem Gebäude An der X 17. Auch Ärzte, Steuerberater, Wirtschaftsprüfer und Rechtsanwälte zählen zu den freien Berufen (vgl. § 1 Abs. 2 PartGG). Die Tätigkeit wird jeweils nur in einzelnen Räumen des Gebäudes ausgeübt.

In der Straße An der X befinden sich weiterhin mehrere nach § 4 Abs. 2 BauNVO zulässige der Versorgung des Gebiets dienende Schank- und Speisewirtschaften (X & Rice A-Stadt in Nummer X, Pizza X A-Stadt in Nummer 18). Der weiter vorhandene Pflegedienst für Menschen mit Behinderung ist nach § 4 Abs. 2 Nr. 3 BauNVO als Anlage für soziale Zwecke zulässig, die Obdachlosenunterkunft in dem Gebäude An der Untertrave Nummer 21 wiederum nach § 4 Abs. 2 Nr. 3 BauNVO als Anlage für soziale Zwecke.

Der X Betrieb ist als nicht störender Gewerbebetrieb ausnahmsweise zulässig gemäß § 4 Abs. 3 Nr. 2 BauNVO. Die »X«, X AG GmbH sowie die X OG und die X zählen ebenfalls zu den ausnahmsweise zulässigen nicht störenden Gewerbebetrieben nach § 4 Abs. 3 Nr. 2 BauNVO. Das gleiche gilt für das in dem Gebäude An der X befindliche Marketingbüro, das Büro für Mediation, Moderation und Coaching und das Büro für Datenqualität, Datenintegration und Automatisierung.

In Anbetracht der Größe des Straßengevierts und der weit überwiegenden Nutzung der vorhandenen Gebäude zu Wohnzwecken dient das Gebiet auch unter Berücksichtigung der ausnahmsweise zulässigen Nutzungen vorwiegend dem Wohnen.

Aufgrund der Vielzahl an in reinen Wohngebieten nicht zulässigen Nutzungen handelt es sich bei dem Gebiet nicht um ein reines Wohngebiet im Sinne des § 3 BauNVO.

In dem allgemeinen Wohngebiet war die Nutzung als Ferienwohnung angesichts fehlender entgegenstehender städtebaulicher Belange jedenfalls bis zum Inkrafttreten der Erhaltungssatzung 2020 ausnahmsweise zulässig. Das Vorliegen einer »Ausnahme« im Sinne von § 31 Abs. 1 BauGB ist dabei eine weitere tatbestandliche Voraussetzung der Ermessensentscheidung durch die Bauaufsichtsbehörde. Denn ein Vorhaben, dessen Zulassung das Regel-Ausnahme-Verhältnis beseitig, darf die Behörde auch im Ermessenswege nicht zulassen (vgl. BVerwG, Urteil v. 29.3.2022 – 4 C 6.20 – juris Rdnr. 17).

Maßgeblich sind insoweit keine starren prozentualen Höchstwerte, sondern die konkreten Umstände des Einzelfalls. Anhand dieser ist zu beurteilen, ob durch die Zulassung weiterer Ausnahmen der Gebietscharakter derart verändert wird, dass letztendlich eine andere Gebietsstruktur entsteht (Söfker in: Ernst/Zinkahn/Bielenberg/Krautzberger, Baugesetzbuch, Werkstand: 152. EL Oktober 2023, § 31 BauGB Rdnr. 25).

Diese tatbestandliche Voraussetzung ist hier erfüllt, weil bislang keine weitere Nutzung als Ferienwohnung in dem Gebiet genehmigt ist und lediglich für eine weitere Ferienwohnung erstinstanzlich Bestandsschutz ausgeurteilt worden ist. Unter diesen Umständen dient das Baugebiet auch nach der Zulassung des Vorhabens als Ferienwohnungsnutzung weiterhin vorwiegend dem Wohnen (vgl. § 4 Abs. 1 Satz 2 BauNVO).

Die Nutzung des Gebäudes der Kläger ist gebietsverträglich. Das allgemeine Wohngebiet dient gemäß § 4 Abs. 1 BauNVO vorwiegend dem Wohnen. Es soll nach Möglichkeit ein grundsätzlich ungestörtes Wohnen gewährleisten. Die Gebietsunverträglichkeit beurteilt sich für § 4 BauNVO daher in erster Linie nach dem Kriterium der gebietsunüblichen Störung. Ein Vorhaben ist gebietsunverträglich, wenn es aufgrund seiner »typischen Nutzungsweise« störend wirkt. Ausgangspunkt und Gegenstand dieser typisierenden Betrachtungsweise ist das jeweils zur Genehmigung gestellte Vorhaben. Bei dem Kriterium der Gebietsverträglichkeit geht es um die Vermeidung als atypisch angesehener Nutzungen, die den Wohngebietscharakter als solchen stören (BVerwG, Urteil v. 29.3.2022 – 4 C 6/20 –, juris Rdnr. 13).

Ausgehend von diesen Maßstäben ist die Nutzung des streitgegenständlichen Gebäudes als Ferienwohnung in dem allgemeinen Wohngebiet gebietsverträglich. Von dem Vorhaben gehen keine gebietsunüblichen Störungen aus. Über mit der Nutzung als Ferienwohnung typischerweise hinausgehende Störungen wie einem wechselnden Nutzerkreis des Gebäudes sowie der An- und Abreise der wechselnden Bewohner sind hier keine gebietsunüblichen Störungen ersichtlich und auch nicht von der Beklagten vorgetragen. Dabei ist zusätzlich zu berücksichtigen, dass die A-Stadter Ganghäuser regelmäßig – wie auch in diesem Fall – nicht über Balkone, Terrassen oder Ähnliches verfügen, von denen der Wechsel der Bewohner in besonders hohem Maße wahrgenommen und als störend empfunden werden könnte. Zudem entstehen die gleichen potentiellen Störungen auch bei den im Baugebiet vorhandenen gewerblichen Nutzungen.

Das der Beklagten im Rahmen des somit tatbestandlich eingreifenden § 31 Abs. 1 BauGB eingeräumte Ermessen war vorliegend auf Null reduziert.

Auf Rechtsfolgenseite handelt es sich bei der ausnahmsweisen Zulassung eines Vorhabens gemäß § 31 Abs. BauGB (in Verbindung mit den Ausnahmekatalogen der BauNVO) zwar um eine Ermessensentscheidung. Das Ermessen ist aber – wie auch sonst – dem Zweck der Ermächtigung entsprechend auszuüben. Als Ermessenserwägungen kommen nur städtebauliche Gründe in Betracht. Liegen die Voraussetzungen für die Gewährung einer Ausnahme vor, dann erfordern das vom Gesetzgeber mit den Ausnahmeregelungen des § 31 Abs. 1 BauGB (in Verbindung mit den Ausnahmekatalogen der Baunutzungsverordnung) verfolgte Ziel der städtebaulichen Flexibilität und der Grundsatz der Verhältnismäßigkeit in aller Regel, dass die Ausnahme gewährt wird. Erweist sich das Vorhaben auf der Tatbestandsebene als ausnahmefähig, ist die Ablehnung der ausnahmsweisen Zulassung nur dann ermessensfehlerfrei möglich, wenn besondere, nicht bereits von § 15 Abs. 1 BauNVO erfasste städtebauliche Gründe dem Vorhaben entgegenstehen. Andernfalls ist das Ermessen zu Gunsten des Bauherrn auf Null reduziert (OVG Nordrhein-Westfalen, Urteil v. 25.3.2014 – 2 A 2679/12 –, juris Rdnr. 132 bis 136).

Ausgehend von diesen Maßstäben ist von einer Ermessensreduzierung auf Null auszugehen. Es sind keine städtebaulichen Entwicklungen erkennbar, die der beantragten Ferienwohnung entgegenstehen. Insbesondere besteht nicht die Gefahr einer Konzentration von Ferienwohnungen in einem bestimmten Bereich des Baugebiets. Bislang ist in dem Gebiet keine Nutzung als Ferienwohnung genehmigt und nur für eine Ferienwohnung erstinstanzlich Bestandsschutz ausgeurteilt worden. Die von der Beklagten eingewandte nachbarschaftliche Pflege der Vorhöfe und die Erhaltung der Nachbarschaft stellen keine entgegenstehenden städtebaulichen Gründe dar, die bei der Ermessensentscheidung zu berücksichtigen sind. Diese Belange können nur im Rahmen der Bauleitplanung Berücksichtigung finden.

Weitere städtebauliche Belange, die der ausnahmsweisen Zulassung entgegenstehen könnten, sind nicht ersichtlich und von der Beklagten nicht vorgetragen.

Der ausnahmsweisen Zulässigkeit des Vorhabens steht die Satzung der Beklagten über die Erhaltung baulicher Anlagen vom 28.2.1979 (im Folgenden: Erhaltungssatzung 1979) nicht entgegen, weil diese unwirksam ist. Die materiellen Voraussetzungen für den Erlass der Satzung liegen hinsichtlich des einschlägigen Erhaltungsziels nicht vor.

Gemäß des zum Zeitpunkt des Erlasses der Satzung geltenden § 39h Abs. 1 Satz 1 BauGB (im Folgenden: § 39h BauGB a. F.) kann die Gemeinde in einem Bebauungsplan oder durch eine sonstige Satzung Gebiete bezeichnen, in denen die Genehmigung für den Abbruch, den Umbau oder die Änderung von baulichen Anlagen aus den besonderen in den Absätzen 3 und 4 bezeichneten Gründen versagt werden kann. Nach § 39h Abs. 3 BauGB a. F. darf die Genehmigung nur versagt werden, wenn die bauliche Anlage erhalten bleiben soll, weil sie allein oder im Zusammenhang mit anderen baulichen Anlagen das Ortsbild, die Stadtgestalt oder das Landschaftsbild prägt (Nr. 1), weil sie von städtebaulicher, insbesondere geschichtlicher oder künstlerischer Bedeutung ist (Nr. 2) oder um in dem Gebiet die Zusammensetzung der Wohnbevölkerung zu erhalten, wenn dies aus besonderen städtebaulichen Gründen erforderlich ist (Nr. 3).

Ausgehend von diesen Normen hat die Beklagte die Satzung über die Erhaltung baulicher Anlagen vom 28.2.1979 erlassen. In § 2 der Erhaltungssatzung 1979 ist geregelt, dass zur Wahrung und Erneuerung des durch Jahrhunderte geprägten Bildes der Altstadt von A-Stadt Abbrüche, Umbauten oder Änderungen der im Geltungsbereich der Satzung befindlichen baulichen Anlagen der Genehmigung nach § 39h BauGB a. F. bedürfen. Die Genehmigung darf nur versagt werden, wenn die baulichen Anlagen erhalten bleiben soll, weil sie allein oder im Zusammenhang mit anderen baulichen Anlagen die Stadtgestalt der Altstadt A-Stadts prägt, insbesondere auch in ihrer topographischen Situation (Hügelkuppe), ihrer aus der Zeit der Stadtgründung herrührenden Bauweise, ihrer Dachlandschaft sowie in der Anordnung der Baukörper (lit. a), weil sie von städtebaulicher, insbesondere geschichtlicher oder künstlerischer Bedeutung für die A-Stadter Altstadt ist (lit. b) oder um in dem Gebiet die Zusammensetzung der dort wohnenden Bevölkerung zu erhalten, damit die für die A-Stadter Altstadt typische Wohnform des Ein- und Zweifamilienhauses in kleinteiliger Bauweise bewahrt wird.

Einschlägig als Versagungsgrund der Genehmigung für die beantragte Nutzungsänderung von der Wohnnutzung zur Nutzung als Ferienwohnung ist allein lit. c) der Erhaltungssatzung 1979, weil durch die Nutzungsänderung weder das Stadtbild noch die städtebauliche Bedeutung der A-Stadter Altstadt berührt wird.

§ 2 Abs. 1 lit. c) der Erhaltungssatzung 1979 erfüllt die gesetzlichen Voraussetzungen des § 39h BauGB a. F. nicht.

Dies folgt zunächst aus dem Umstand, dass die Erhaltungssatzung in nicht zulässiger Weise von den gesetzlichen Vorgaben abweicht. Die zum Satzungserlass berechtigenden Erhaltungsziele sind in § 39h Abs. 1 Satz 1 BauGB a. F. abschließend geregelt (vgl. zu § 172 Abs. 1 Satz 1 BauGB BVerwG, Urteil v. 4.12.2014 – 4 CN 7.13 –, juris Rdnr. 11). Aus diesem Grund darf der Satzungsgeber die Erhaltungsziele nicht – wie vorliegend – erweitern. So darf nach § 39h Abs. 3 Nr. 3 BauGB a. F. die Genehmigung nur versagt werden, um in dem Gebiet die Zusammensetzung der Wohnbevölkerung zu erhalten, wenn dies aus besonderen städtebaulichen Gründen erforderlich ist. Das Merkmal der Erforderlichkeit aus städtebaulichen Gründen ist in der Erhaltungssatzung 1979 nicht enthalten. Indem auf das Merkmal der Erforderlichkeit aus städtebaulicher Sicht bei dem Erhaltungsziel der Erhaltung der Zusammensetzung der Wohnbevölkerung verzichtet wird und damit die erforderliche Genehmigung nach der Erhaltungssatzung unabhängig von diesem Merkmal versagt werden darf, wird das Erhaltungsziel ganz erheblich erweitert.

Die materiellen Voraussetzungen für den Erlass der Erhaltungssatzung 1979 zur Erhaltung der Zusammensetzung der Wohnbevölkerung, weil dies aus besonderen städtebaulichen Gründen erforderlich ist, liegen zudem deshalb nicht vor, weil den Akten nicht zu entnehmen ist, warum dieses Erhaltungsziel bei Erlass der Erhaltungssatzung 1979 erforderlich gewesen sein soll.

Einer Begründung, wie sie für einen Bebauungsplan vorgeschrieben ist (vgl. § 9 Abs. 8 BauGB), bedarf eine Erhaltungssatzung grundsätzlich nicht. In ihr ist lediglich anzugeben, welche Gründe auf das festgelegte Gebiet zutreffen (vgl. zu § 172 BauGB OVG Berlin-Brandenburg, Beschluss v. 24.7.2020 – OVG 2 A 6.18 –, juris Rdnr. 42).

Bei dem Erlass einer sozialen Erhaltungssatzung nach § 39h Abs. 3 Nr. 3 BauGB a. F. handelt es sich um eine städtebauliche Planungsentscheidung, die einer planerischen Abwägung bedarf. Wegen der Besonderheiten des Erhaltungsrechts ist allerdings nur eine eingeschränkte Abwägung vorzunehmen, die sich hauptsächlich auf die Frage bezieht, ob eine Erhaltungssatzung bzw. -verordnung mit einem bestimmten Erhaltungsziel aufzustellen ist, das heißt ob das öffentliche Interesse an der Erhaltung baulicher Anlagen oder der Eigenart von Gebieten unter Berücksichtigung der Gefahrenprognose und anderer städtebaulicher Belange hinreichend gewichtig ist, und wie das Gebiet abzugrenzen ist. Denn die Erhaltungssatzung beziehungsweise -verordnung unterscheidet sich von der Bauleitplanung mit ihrem weiten Planungsermessen durch relativ eng gefasste materielle Anwendungsvoraussetzungen. Ein wesentlicher Teil des Entscheidungsprogramms besteht bei ihr in der Ermittlung der Tatsachen und Umstände, die vorliegen müssen, um die Festlegung von Erhaltungszielen in dem geplanten Erhaltungsgebiet zu rechtfertigen. Diese vorbereitenden Feststellungen ähneln eher einem Subsumtionsvorgang als einer Abwägung. Auch lassen sich die Regelungsgehalte der beiden Satzungs- bzw. Verordnungstypen nicht gleichsetzen, denn den regelmäßig komplexen und auf Dauer angelegten Festsetzungen des Bebauungsplans steht bei § 39h BauGB a. F. ein zweistufiges Verfahren gegenüber, auf dessen erster Stufe lediglich ein Genehmigungsvorbehalt mit dem Ziel der präventiven Kontrolle erhaltungsrelevanter Vorhaben eingeführt wird. Einzelentscheidungen über die Zulässigkeit von Vorhaben werden in einem gesonderten Genehmigungsverfahren getroffen, das so ausgestaltet ist, dass den Belangen der betroffenen Eigentümer im Einzelfall Rechnung getragen werden kann. Im Rahmen der vorzunehmenden Abwägung geht es danach – außer um das Vorliegen der Voraussetzungen des § 39h Abs. 1 Satz 1 BauGB a. F. – vor allem um die Prüfung der Erforderlichkeit und der Verhältnismäßigkeit der Festlegung (vgl. zu § 172 Abs. 1 Nr. 2 BauGB OVG Berlin-Brandenburg, Urteil v. 26.3.2021 – OVG 2 A 13.19 –, juris Rdnr. 38).

Vor diesem Hintergrund hat die Gemeinde bei Erlass einer Erhaltungssatzung nach § 39h Abs. 3 Nr. 3 BauGB a. F. konkret zu bestimmen, wie sich die Wohnbevölkerung im Erhaltungsgebiet zusammensetzt, die sie vor unerwünschten Veränderungen schützen will. Die Abgrenzung des Erhaltungsgebietes ist so vorzunehmen, dass das Schutzziel in wesentlichen Teilen des Gebietes erreicht werden kann. Außerdem muss die abstrakte Gefahr bestehen, dass ohne den Erlass der Verordnung im Erhaltungsgebiet infolge baulicher Maßnahmen im Sinne des § 39 Abs. 1 Satz 1 BauGB a. F. eine unerwünschte Veränderung der Zusammensetzung der Wohnbevölkerung zu erwarten ist. Schließlich muss die unerwünschte Veränderung in der Zusammensetzung der Wohnbevölkerung negative städtebauliche Folgen befürchten lassen (vgl. zu § 172 Abs. 1 Nr. 2 BauGB Hamburgisches OVG, Urteil v. 9.7.2014 – 2 E 3/13.N –, juris Rdnr. 23).

Diese Voraussetzungen lagen bei Erlass der Erhaltungssatzung nicht vor. Die Beklagte hat keine Informationen zur Zusammensetzung der Wohnbevölkerung im Erhaltungsgebiet und unerwünschte Veränderungen eingeholt. Den Akten sind keine Unterlagen zu entnehmen, aus denen sich ergeben könnte, dass die Beklagte bei Erlass der Erhaltungssatzung überhaupt irgendwelche Informationen eingeholt hat. Die Beklagte hat in dem Verfahren zum Aktenzeichen 8 A 158/20 in der mündlichen Verhandlung zu Protokoll erklärt, dass keine weiteren Unterladen vorhanden sind.

Die Unwirksamkeit der Erhaltungssatzung besteht ungeachtet der Satzung der Beklagten vom 3.6.1988 zur Änderung der Satzung über die Erhaltung baulicher Anlagen vom 28.2.1979 sowie der Satzung der Beklagten vom 27.2.2020 zur zweiten Änderung der Satzung über die Erhaltung baulicher Anlagen im Stadtteil Innenstadt (Gebiet Altstadt) vom 28.2.1979, weil auch nach beiden Änderungssatzungen das Merkmal der Erforderlichkeit aus besonderen städtebaulichen Gründen nach § 39h Abs. Nr. 3 BauGB a. F. weiterhin nicht in § 2 Abs. 1 lit. c) der Erhaltungssatzung 1979 enthalten ist.

Mangels eines vollstreckungsfähigen Verwaltungsaktes erweist sich auch die Zwangsgeldandrohung als rechtswidrig.

Nach alledem war der Klage stattzugeben ....

Nr. 89

Die Nutzung einer genehmigten Anlage darf nach § 82 Abs. 2 Satz 3 LBO erst aufgenommen werden, nachdem eine Bescheinigung über die ordnungsgemäße Bauausführung hinsichtlich der bautechnischen Nachweise (u. a. betreffend die Standsicherheit und den Brandschutz, vgl. § 66 Abs. 1 LBO) vorgelegt wurde.

Bei einem Einschreiten gegen baurechtswidrige Zustände sind die Anforderungen an eine Begründung des Ermessens in der Weise reduziert ist, dass bei der Ermessensentscheidung über das Einschreiten das »Für und Wider« nur dann abgewogen werden muss, wenn der Fall so geartet ist, dass ganz bestimmte, konkrete Anhaltspunkte für eine Ausnahme bestehen.

(Leitsätze der Redaktion)

LBO § 80 Satz 2.

Verwaltungsgericht Schleswig-Holstein, Beschluss v. 14. Juni 2024 – 2 B 16/24 –.

Aus den Gründen:

Der Antrag bleibt ohne Erfolg.

Das hinsichtlich der für sofort vollziehbar erklärten Nutzungsuntersagungs- und Räumungsanordnung vom 3.1.2024 nach § 80 Abs. 5 Satz 1, 2. Alternative VwGO und in Bezug auf die dazu ergangenen Zwangsgeldandrohungen wegen der kraft Gesetzes entfallenen aufschiebenden Wirkung des Widerspruchs vom 22.1.2024 (§§ 80 Abs. 2 Satz 1 Nr. 3 VwGO, 248 Abs. 1 Satz 2 LVwG) nach § 80 Abs. 5 Satz 1, 1. Alternative VwGO zu beurteilende vorläufige Rechtsschutzgesuch ist zulässig. Die Kammer legt den angegriffenen Bescheid vom 3.1.2024 dahingehend aus, dass sich die darin getroffene Anordnung der sofortigen Vollziehung nicht nur auf die eigentliche Untersagung der Nutzung des verfahrensgegenständlichen Gebäudes (Ziffer 1 des Bescheides) bezieht, sondern auch auf die »zu diesem Zweck« getroffene Anordnung, vorhandene Gegenstände und Materialien aus eben diesem Gebäude zu entfernen (Ziffer 2 des Bescheides). Denn aus der Begründung des Bescheides wird deutlich, dass die letztgenannte Anordnung nur als ergänzender Bestandteil der primär auferlegten Pflicht zur Nutzungsaufgabe dienen soll (»gegenstandsbezogene Nutzungsuntersagung«).

Der Antrag ist unbegründet.

Hinsichtlich der Nutzungsuntersagungs- und Räumungsanordnung ist eine Wiederherstellung der aufschiebenden Wirkung des Widerspruchs der Antragstellerin vom 22.1.2024 nicht geboten.

Die vom Antragsgegner gegebene Begründung für die Anordnung der sofortigen Vollziehung entspricht zunächst den formellen Anforderungen des § 80 Abs. 3 Satz 1 VwGO.

Die Anordnung der sofortigen Vollziehung ist auch materiell nicht zu beanstanden. Die gerichtliche Entscheidung nach § 80 Abs. 5 Satz 1 VwGO ergeht in der Sache auf der Grundlage einer umfassenden Interessenabwägung. Gegenstand der Abwägung sind das private Aufschubinteresse des Antragstellers einerseits und das öffentliche Interesse an der Vollziehung des streitbefangenen Verwaltungsaktes andererseits. Im Rahmen dieser Interessenabwägung können auch Erkenntnisse über die Rechtmäßigkeit oder die Rechtswidrigkeit des Verwaltungsaktes, der vollzogen werden soll, Bedeutung erlangen, allerdings nicht als unmittelbare Entscheidungsgrundlage, sondern als in die Abwägung einzustellende Gesichtspunkte. Hat die Behörde die sofortige Vollziehung nach § 80 Abs. 2 Satz 1 Nr. 4 VwGO angeordnet, kommt es im Besonderen darauf an, ob sie zu Recht das öffentliche Interesse an der sofortigen Vollziehung höher gewichtet hat als das private Interesse, bis zum rechtskräftigen Abschluss des Hauptsacheverfahrens den Verwaltungsakt nicht befolgen zu müssen.

Bei Anwendung dieses Maßstabes geht die vorzunehmende Interessenabwägung in Bezug auf die Nutzungsuntersagungs- und Räumungsanordnung zu Lasten der Antragstellerin aus. Nach allen gegenwärtig erkennbaren

Umständen erweisen sich die vorgenannten Anordnungen bei der gebotenen summarischen Prüfung als rechtmäßig.

Die Rechtsgrundlage für die Anordnung zur Untersagung der Nutzung des verfahrensgegenständlichen Gebäudes folgt aus § 80 Satz 2 LBO. Danach kann die Bauaufsichtsbehörde die Nutzung einer baulichen Anlage untersagen, wenn diese im Widerspruch zu öffentlich-rechtlichen Vorschriften genutzt wird. Insoweit rechtfertigt in aller Regel bereits die sich aus dem Fehlen einer im Einzelfall notwendigen Baugenehmigung für die konkrete Nutzung einer baulichen Anlage ergebende formelle Illegalität den Erlass einer Nutzungsuntersagung. Da die Nutzungsuntersagung in erster Linie die Funktion hat, den Bauherrn auf das Genehmigungsverfahren zu verweisen, muss grundsätzlich nicht geprüft werden, ob das Vorhaben auch gegen materielles Recht verstößt (std. Rspr. des OVG Schleswig, vgl. Beschluss v. 16.1.2018 – 1 MB 22/17 – juris Rdnr. 8; Beschluss v. 8.5.2020 – 1 LA 52/17 – n. v.). Eine formell rechtwidrige Nutzung darf allerdings aus Gründen der Verhältnismäßigkeit ganz ausnahmsweise dann nicht untersagt werden, wenn sie offensichtlich genehmigungsfähig ist (std. Rspr. des OVG Schleswig, vgl. Beschluss v. 16.1.2018 – 1 MB 22/17 – juris Rdnr. 8; VG Schleswig, Beschluss v. 4.12.2020 – 2 B 51/20 – juris Rdnr. 11 m. w. N.).

Daran gemessen liegen die tatbestandlichen Voraussetzungen für den Erlass einer Nutzungsuntersagung vor. Denn die Nutzung des verfahrensgegenständlichen Gebäudes auf dem Grundstück unter der Anschrift A-Straße in A-Stadt als Kfz-Werkstatt ist formell rechtswidrig. Die bauliche Anlage wird in ihrer derzeitigen Form und Nutzung nicht von einer Baugenehmigung gedeckt.

Die Antragstellerin kann sich insbesondere nicht mit Erfolg auf die Legalisierungswirkung des Bauscheins vom 28.12.1990 (Bl. 2 ff. der Beiakte) berufen. Die darin genehmigte Nutzung als Boots- und Geräteschuppen umfasst nicht zugleich eine Nutzung als Kfz-Werkstatt (so bereits der Beschluss der 8. Kammer v. 24.3.2022 – 8 B 8/22 – juris Rdnr. 8). Ob eine neue Nutzung von der Baugenehmigung für die bisherige Nutzung noch umfasst wird oder eine genehmigungspflichtige Nutzungsänderung vorliegt, beurteilt sich grundsätzlich danach, ob die Variationsbreite der genehmigten Nutzung überschritten wird und für die geänderte Nutzung andere bauordnungs- oder bauplanungsrechtlichen Anforderungen in Betracht kommen als für die bisherige Nutzung, sodass sich die Frage der Genehmigungsfähigkeit neu stellt (vgl. BVerwG, Urteil v. 18.11.2010 – 4 C 10/09 – juris Rdnr. 12). Voraussetzung für eine genehmigungspflichtige Nutzungsänderung ist nicht, dass tatsächlich andere Anforderungen an die geänderte Nutzung gestellt werden, sondern nur, dass derartige Anforderungen in Betracht kommen können und die Frage, ob dies tatsächlich der Fall ist, in einem Genehmigungsverfahren geprüft werden muss. So liegt es hier. Die baurechtsbezogenen Charakteristika eines Boots- und Geräteschuppens unterscheiden sich maßgeblich von denjenigen einer Kfz-Werkstatt. Zwar ist der Antragstellerin zuzugeben, dass auch von einem Boots- und Geräteschuppen Geräuschemissionen ausgehen können. Diese sind jedoch qualitativ und quantitativ nicht mit denjenigen Geräuschimmissionen vergleichbar, die mit dem Betrieb einer Kfz-Werkstatt verbunden sind (bspw. durch Türenschlagen, Motorenlärm, Einsatz geräuschintensiver Werkzeuge wie Schlagschrauber). Zumindest kommen andere immissionsbezogene Anforderungen in Betracht. Zudem bedingt der Betrieb einer Kfz-Werkstatt – auch im Vergleich zu einem Boots- und Geräteschuppen – einen besonders intensiveren Umgang mit entzündlichen Materialien (Öle, Lack, Benzin, Reifen), woraus sich erhöhte Brandschutzanforderungen ergeben können.

Dem Erlass der Nutzungsuntersagung steht auch nicht die legalisierende Wirkung der unter dem 28.2.2023 (Bl. 122 ff. der Beiakte) durch den Antragsgegner erteilten Baugenehmigung (»Erweiterung einer Bootshalle und Nutzungsänderung in eine Kfz-Werkstatt«) entgegen. Diese Genehmigung gestattet zwar eine Nutzung als Kfz-Werkstatt, jedoch ist der dort genehmigte Baukörper nicht mit dem vorhandenen, hier zu betrachtenden Baukörper identisch. So übersteigt die Grundfläche des Gebäudes (bzw. Gebäudeteils), auf das sich die angegriffene Nutzungsuntersagung bezieht, diejenige des genehmigten Baukörpers um etwa 40 m^2. Zudem bezieht sich die Genehmigung vom 28.2.2023 auf einen abgeschlossenen Baukörper mit zwei Räumen (Fläche 24,3 m^2 und 31,3 m^2, Bl. 169 der Beiakte), wobei im nordwestlichen bzw. südwestlichen Bereich jeweils Türen/Öffnungen für einen zweiten Rettungsweg vorgesehen sind (vgl. § 33 Abs. 1 LBO). Der vorhandene Baukörper weist eine abweichende Kubatur und Raumaufteilung auf; er verfügt nicht über die in den Bauvorlagen vorgesehenen Öffnungen für Rettungswege (vgl. hierzu die Lichtbilder Bl. 120 f. der Beiakte sowie Bl. 14 der Beiakte B in dem Hauptsacheverfahren unter dem Aktenzeichen 2 A 25/24). Unabhängig davon darf auch die Nutzung einer genehmigten Anlage nach § 82 Abs. 2 Satz 3 LBO erst aufgenommen werden, nachdem eine Bescheinigung über die ordnungsgemäße Bauausführung hinsichtlich der bautechnischen Nachweise (u. a. betreffend die Standsicherheit und den Brandschutz, vgl. § 66 Abs. 1 LBO) vorgelegt wurde, vgl. § 82 Abs. 2 Satz 2 Nr. 3 i. V. m. § 66 Abs. 2 Satz 1 LBO sowie Auflage Nr. 2 zur Baugenehmigung vom 28.2.2023. Es ist nicht ersichtlich, dass eine solche Vorlage erfolgt ist. Ohne diese Vorlage kann aber aus der Genehmigung vom 28.2.2023 bezüglich der Nutzungsaufnahme (noch) keine Gestattungswirkung abgeleitet werden.

Im Übrigen bleibt anzumerken, dass die Kammer der Auffassung der Antragstellerin, wonach durch die Baugenehmigung vom 28.2.2023 zumindest eine Nutzung des südöstlichen Teils des verfahrensgegenständlichen Baukörpers (bis zur »12-Meter-Linie«) legalisiert werde, auch aus einem anderen Grund nicht zu folgen vermag. Denn der einheitliche Baukörper ist nicht in dieser Weise teilbar. Er kann daher nicht in einen »formell legalen« und einen

»formell illegalen« Teil aufgespalten werden (vgl. VGH München, Beschluss v. 13.3.2019 – 1 ZB 17.1763 – juris Rdnr. 3). So ist es beim Erlass einer Beseitigungsanordnung grundsätzlich nicht Sache der Bauaufsichtsbehörde, in eingehendere Überlegungen darüber einzutreten, ob dem rechtswidrigen Zustand nicht vielleicht auch durch irgendwelche baulichen Änderungen abgeholfen werden könnte (OVG Schleswig, Urteil v. 18.1.2013 – 1 LB 2/12 – juris Rdnr. 39 f. m. w. N.). Vor diesem Hintergrund darf sich die Bauaufsichtsbehörde erst recht beim Erlass einer weniger eingriffsintensiven Nutzungsuntersagung primär darauf fokussieren, ob ein vorhandener Baukörper, der keine unterscheidbaren Nutzungseinheiten aufweist, in seiner konkreten Ausgestaltung und Nutzung von einer Genehmigung gedeckt wird resp. öffentlich-rechtliche Vorschriften verletzt.

Die Umnutzung eines Boots- und Geräteschuppens in eine Kfz-Werkstatt ist auch nicht nach § 62 Abs. 2 Nr. 1 LBO verfahrensfrei. Denn für die neue Nutzung kommen entsprechend den obigen Ausführungen andere öffentlich-rechtliche Anforderungen als für die bisherige Nutzung in Betracht, die im bauaufsichtlichen Verfahren zu prüfen sind.

Die verfahrensgegenständliche Anlage bzw. deren Nutzung als Kfz-Werkstatt ist auch nicht offensichtlich genehmigungsfähig. Eine solche offensichtliche Genehmigungsfähigkeit liegt nur vor, wenn für die Bauaufsichtsbehörden ohne weitere Ermittlungen erkennbar ist, dass die bauliche Anlage und ihre Nutzung dem öffentlichen Baurecht entsprechen. Es muss mit anderen Worten handgreiflich sein und keiner näheren Prüfung bedürfen, dass der von dem Bauherrn gewünschte Zustand materiell legal ist (OVG Schleswig, Beschluss v. 23.3.2023 – 1 MB 18/22 – juris Rdnr. 35; VG Schleswig, Urteil v. 17.9.2020 – 2 A 45/19 – juris Rdnr. 26; VG Schleswig, Beschluss v. 8.3.2022 – 2 B 2/22 – juris Rdnr. 4; VG Schleswig, Beschluss v. 11.7.2023 – 2 B 15/23 – juris Rdnr. 19). Diese Voraussetzung liegt nicht vor.

Insbesondere ergibt sich die Erfüllung der bauordnungsrechtlichen Anforderungen nicht ohne Weiteres. So bedürfte etwa die Einhaltung der Brandschutzanforderungen (§§ 14, 26 ff. LBO) einer eingehenden Prüfung. Die Antragstellerin hat weder einen Nachweis über die ordnungsgemäße Bauausführung hinsichtlich des Brandschutzes (s. o.) noch einen vollständigen Brandschutznachweis i. S. v. § 11 BauVorlVO beigebracht. Aus dem in der Beiakte vorhandenen Brandschutznachweis (Bl. 38 ff.) ergibt sich nicht, dass eine Bauausführung entsprechend der dortigen Angaben tatsächlich erfolgt ist (vgl. hierzu die Ausführungen des Antragsgegners auf Bl. 48 der Gerichtsakte). Ebenso wenig ist offensichtlich, dass die Vorgaben zur Standsicherheit (§ 12 LBO) beachtet wurden. Ein Nachweis über die ordnungsgemäße Bauausführung hinsichtlich der Standsicherheit liegt nicht vor. Die als Anlage K7 vorgelegte Stellungnahme des Dipl.-Ing. XY, in der ausgeführt wird, dass unter dem Gesichtspunkt der Standsicherheit keine Bedenken gegen eine Weiternutzung des hinteren Gebäudeteils bis zur Mitte des Jahres 2024 bestünden, erfüllt nicht ansatzweise die Anforderungen an einen vollständigen Standsicherheitsnachweis (vgl. § 10 BauVorlVO). Auch die »Bescheinigung über die Prüfung der Standsicherheit« der Dipl.-Ing. XX vom 25.1.2022 (Bl. 34 der Beiakte) steht unter dem Vorbehalt, dass »die Ausführung gemäß der Statik vom 24.1.2022 mit stichprobenartigen Kontrollen erfolgt«. Aus ihr ergibt sich daher nicht, dass der aktuell bestehende Baukörper über die notwendige Standsicherheit verfügt. Zudem trägt der Antragsgegner vor, dass die Gutachterin xxx auf telefonische Nachfrage mitgeteilt habe, der vorstehend zitierte Passus sei dahingehend zu verstehen, dass eine Standsicherheit derzeit nicht vorliege (vgl. Bl. 47 der Gerichtsakte sowie die Ausführungen in dem Beschluss der 8. Kammer v. 24.3.2022 – 8 B 8/22 – juris Rdnr. 12).

Bauplanungsrechtlich erweist sich der vorhandene Baukörper, jedenfalls soweit er sich in nordwestlicher Richtung jenseits des mit dem o. g. Bescheid vom 28.2.2023 genehmigten Baukörpers erstreckt, bei summarischer Prüfung ebenso wenig als offensichtlich genehmigungsfähig (wird ausgeführt).

Die Antragstellerin ist als Zustands- und Handlungsstörerin auch taugliche Adressatin der Nutzungsuntersagung (vgl. §§ 218 Abs. 1, 219 Abs. 1 LVwG).

Die Nutzungsuntersagung leidet nicht an Ermessenfehlern. Insbesondere sind keine hinreichenden Anhaltspunkte für eine Ermessensüberschreitung in Form eines Verstoßes gegen das Übermaßverbot ersichtlich. Denn es ist zu berücksichtigen, dass bei einem Einschreiten gegen baurechtswidrige Zustände die Anforderungen an eine Begründung des Ermessens in der Weise reduziert ist, dass bei der Ermessensentscheidung über das Einschreiten das »Für und Wider« nur dann abgewogen werden muss, wenn der Fall so geartet ist, dass ganz bestimmte, konkrete Anhaltspunkte für eine Ausnahme bestehen (vgl. BVerwG, Beschluss v. 28.8.1980 – 4 B 67.80 – juris Rdnr. 6). Eine solche Ausnahme ist auch vor dem Hintergrund der gewerblichen Interessen der Antragstellerin hier nicht anzunehmen. Zwar kann nicht ausgeschlossen werden, dass die Antragstellerin durch die sofortige Vollziehung der Nutzungsuntersagung finanzielle Einbußen erleidet und auch die Mitarbeiter der Werkstatt betroffen sind. Allerdings betrifft die verfahrensgegenständliche Nutzungsuntersagung nicht den gesamten Betrieb der Antragstellerin, sondern nur ein einzelnes Gebäude bzw. einen einzelnen Gebäudeteil. Zudem trägt derjenige, der das formelle Bauordnungsrecht nicht beachtet, selbst das Risiko dafür, dass sich die Nutzung als illegal erweist. Allein die Existenz einer Baugenehmigung ist in der Regel ein tragfähiger Grund dafür, Investitionen zu tätigen bzw. eine Kfz-Werkstatt zu betreiben.

Auch die in dem Bescheid vom 3.1.2024 getroffene Anordnung, die vorhandenen Gegenstände und Materialien aus dem verfahrensgegenständlichen Gebäude zu entfernen, erweist sich bei summarischer Prüfung als rechtmäßig. Die Anordnung beruht ebenfalls auf § 80 Satz 2 LBO. Hinsichtlich der tatbestandlichen Voraussetzungen dieser Norm wird zur Vermeidung von Wiederholungen auf die obigen Ausführungen Bezug genommen.

Nach Auffassung der Kammer findet die vom Antragsgegner bestimmte Rechtsfolge, vorhandene Gegenstände und Materialien aus der baulichen Anlage zu entfernen, unmittelbar in § 80 Satz 2 LBO eine tragfähige Rechtsgrundlage. Dies gilt jedenfalls dann, wenn bereits das Vorhalten jener Gegenstände Teil der untersagten Nutzung ist. Beginnt die rechtswidrige Nutzung einer baulichen Anlage bereits mit dem zweckgerichteten Vorhalten bestimmter Einrichtungsgegenstände und führt das Belassen dieser Gegenstände am Ort der baulichen Anlage zu einer Perpetuierung der rechtswidrigen Nutzung, kann die illegale Nutzung auf der Grundlage des § 80 Satz 2 LBO nicht nur verhaltensbezogen, sondern auch gegenstandsbezogen untersagt werden, und zwar regelmäßig in der Weise, dass diese Gegenstände zu entfernen sind (vgl. VGH München, Beschluss v. 23.7.2018 – 15 ZB 17.1092 – juris Rdnr. 1 sowie Hornmann, HBO, 4. Aufl. 2022, § 82 Rdnr. 220 m. w. N.). So liegt es auch im vorliegenden Fall. Denn die primär untersagte Nutzung der verfahrensgegenständlichen Anlage als Kfz-Werkstatt wird gerade durch die Lagerung von Reifen und diversen anderen Verbrauchsmaterialien perpetuiert.

Auch hinsichtlich der Räumungsanordnung sind keine Ermessensfehler ersichtlich.

Allein mit Blick auf die notwendige Absicherung einer präventiven Baukontrolle besteht hinsichtlich der Nutzungsuntersagungs- und Räumungsanordnung zudem das notwendige besondere öffentliche Vollzugsinteresse. Die Gefahr, dass während der Ausschöpfung von Rechtsmitteln die illegale Nutzung fortgesetzt wird und damit ein ungerechtfertigter Vorteil gegenüber denjenigen entstehen kann, die sich an die Vorschriften halten und die Nutzung erst dann aufnehmen, nachdem die erforderliche Genehmigung erteilt wurde, ist grundsätzlich ausreichend, um ein besonderes Vollzugsinteresse zu begründen. Das Interesse der Antragstellerin an der Fortsetzung der untersagten Nutzung tritt dahinter zurück. Zudem kann insbesondere mit Blick auf die Standsicherheit und den Brandschutz eine Gefahr für Leib und Leben der Mitarbeiter und Besucher nicht sicher ausgeschlossen werden, weil bislang keine vollständigen Brandschutz- und Standsicherheitsnachweise vorliegen (s. o.).

Weiterhin begegnen auch die erstmaligen Zwangsgeldandrohungen in dem Bescheid vom 3.1.2024 in Höhe von 7 500,– € (hinsichtlich der Nutzungsuntersagung) bzw. 5 000,– € (hinsichtlich der Räumungsanordnung) keinen durchgreifenden Bedenken. Gemäß § 237 Abs. 3 LVwG beträgt das Zwangsgeld mindestens 15,– € und höchstens 50 000,– €. Innerhalb dieses Rahmens bewegen sich die angedrohten Zwangsgelder noch im unteren Bereich. Die für die Umsetzung der Räumungsanordnung gesetzte Frist von einem Monat nach Zustellung des Bescheides (vgl. § 236 Abs. 2 Satz 1 LVwG) ist ebenso wenig zu beanstanden. Hinsichtlich der isolierten Pflicht zur Unterlassung der weiteren Nutzung war eine Fristsetzung entbehrlich (vgl. § 236 Abs. 2 Satz 2 LVwG). …

Nr. 90

Nennt eine Beseitigungsverfügung keine Frist, bis zu deren Ablauf ihr Vollzug erwartet wird, so beschränkt sich ihr Regelungsgehalt zunächst einmal darauf, die Beseitigungspflicht dem Grunde nach festzustellen.

Die Entscheidung über die grundstücksbezogene Beseitigungspflicht von formell und materiell illegalen baulichen Anlagen hat einen dinglichen Charakter und kann regelmäßig ohne Berücksichtigung der persönlichen Verhältnisse des Adressaten festgestellt werden.

(Leitsätze der Redaktion)

LBauO § 54 Abs. 2 Satz 3, § 81.

OVG Rheinland-Pfalz, Urteil v. 26. Juni 2024 – 8 A 10427/23.OVG –.

Aus den Gründen:

Die von dem Kläger in der mündlichen Verhandlung im Berufungsverfahren gestellten Anträge sind unzulässig.

1. Mit dem Hauptantrag verfolgt der Kläger sein vollständiges Berufungs(zulassungs)begehren zur Aufhebung des Bescheides vom 5.3.2021 und des hierzu ergangenen Widerspruchsbescheides vom 21.6.2022 trotz der Beschränkung der Zulassung der Berufung im Beschluss des Senats vom 24.5.2023 – 8 A 11130/22.OVG – auf die in Ziffer I. festgelegte Beseitigungsfrist und die Zwangsgeldandrohung in Ziffer II. des angefochtenen Bescheides weiter. Der Hauptantrag ist im Hinblick auf die Teilzulassung unzulässig, da die Ziffer I. des Bescheides vom 5.3.2021 nicht Streitgegenstand des nach der Teilzulassung fortgesetzten Berufungsverfahrens ist.

a. Die §§ 124 ff. Verwaltungsgerichtsordnung – VwGO – stehen nach der Rechtsprechung des Bundesverwaltungsgerichts einer beschränkten Zulassung der Berufung grundsätzlich nicht entgegen (BVerwG, Beschlüsse v. 28.1.2013 – 2 B 62.12 –, juris Rdnr. 12, vom 30.12.2021 – 3 B 25.21 –, NVwZ 2022, 548 Rdnr. 9 f., und vom 21.3.2024 – 2 B 43.23 –, juris Rdnr. 11 f. zu § 128 VwGO). Die teilweise Zulassung eines Rechtsmittels ist möglich, soweit der Streitgegenstand teilbar ist und sich demzufolge auf einen tatsächlich und rechtlich selbstständigen und abtrennbaren Teil des Gesamtstreitstoffes bezieht, nämlich einen Teil, auf den auch die Partei ihr Rechtsmittel beschränken könnte (vgl. BVerwG, Urteile v. 12.5.2016 – 9 C 11.15 –, BVerwGE 155, 171 Rdnr. 12, und vom 27.11.2019 – 9 C 4.19 –, BVerwGE 167, 137 Rdnr. 31; Beschlüsse v. 24.8.2016 – 9 B 54.15 –, Buchholz 310 § 133 <n. F.> VwGO Nr. 108 Rdnr. 4, vom 30.6.2022 – 5 PB 16.21 –, juris Rdnr. 4, und vom 24.10.2023 – 1 B 15.23 –, juris Rdnr. 1). Diese Voraussetzungen sind erfüllt, wenn dem Verfahren unterschiedliche Streitgegenstände zugrunde liegen, die nicht in einem der Teilzulassung entgegenstehenden Abhängigkeitsverhältnis zueinanderstehen (BVerwG, Beschlüsse v. 29.8.2023 – 1 B 16.23 –, juris

Rdnr. 4, und vom 24.10.2023 – 1 B 15.23 –, juris Rdnr. 1) bzw. wenn der von der Beschränkung betroffene Teil des Streits in tatsächlicher und rechtlicher Hinsicht unabhängig vom übrigen Prozessstoff beurteilt werden und auch nach einer möglichen Zurückverweisung der Sache kein Widerspruch zum unanfechtbaren Teil des Streitstoffs auftreten kann (BGH, Urteile v. 31.10.2018 – I ZR 73/17 – NJW-RR 2019, 610 Rdnr. 14 und vom 16.10.2023 – VIa ZR 37/21 – NJW 2024, 49 Rdnr. 6). Diese im Hinblick auf die Zulassung der Revision höchstrichterlich geklärten Grundsätze gelten für die Zulassung der Berufung in gleicher Weise (vgl. Rudisile, in: Schoch/Schneider, Verwaltungsrecht, 44. EL Stand März 2023, § 124a VwGO Rdnr. 134; Seibert, in: Sodan/Ziekow, VwGO, 5. Aufl. 2018, § 124a Rdnr. 276).

b. Entgegen der Auffassung des Klägers ist die Fristbestimmung in Ziffer I. des Bescheides vom 5.3.2021 nach der ständigen Rechtsprechung des Oberverwaltungsgerichts Rheinland-Pfalz zu § 81 LBauO und den Vorgängervorschriften weder ein integraler noch ein notwendiger Inhalt einer bauaufsichtsrechtlichen Beseitigungsverfügung, sondern kann von dieser – so überhaupt eine (nicht notwendige) Fristbestimmung mit der Beseitigungsverfügung getroffen wurde – rechtlich getrennt betrachtet und (von der Behörde oder dem Gericht) auch getrennt aufgehoben werden (vgl. das gegenüber den Voreigentümern des Klägers ergangene Urteil des Senats vom 21.2.1986 – 8 A 58/85 – betreffend die hier von der Abrissverfügung umfassten Gebäude sowie den zwischen den Beteiligten ergangenen Beschluss des Senats vom 24.5.2023 – 8 A 11130/22.OVG –, m. w. N.; vgl. auch: Urteil des Senats vom 4.12.1996 – 8 A 12302/96.OVG –, ESOVG).

Der Senat hat in dem Urteil v. 12.5.2021 – 8 A 10264/21.OVG – (juris Rdnr. 46 bis 51) zu der fehlenden Erforderlichkeit einer Frist in einer bauaufsichtsrechtlichen Beseitigungsverfügung wie folgt ausgeführt:

b) Der so verstandene Inhalt von Ziffer 1) der Verfügung vom 30.10.2019 in Gestalt des Widerspruchsbescheids vom 14.9.2020 erweist sich auch nicht bereits für die Grundverfügung notwendigen Fristsetzung fehlt.

Eine ausdrückliche gesetzliche Regelung für eine solche Verpflichtung ist in § 81 LBauO nicht enthalten. Im Gegenteil verlangt § 66 Abs. 1 Satz 3 des Landesvollstreckungsgesetzes – LVwVG – eine solche Fristsetzung nur im Rahmen des Vollstreckungsverfahrens. In der Vorschrift heißt es:

»Die Androhung [des Zwangsmittels] hat zur Erfüllung der Verpflichtung eine angemessene Frist zu bestimmen.«

Dies entspricht auch der Rechtsprechung des erkennenden Gerichts. So hat der Senat in seinem Urteil v. 4.12.1996 – 8 A 12302/96.OVG – ausgeführt, dass in der Beseitigungsanordnung noch keine Frist genannt werden müsse. Dies sei vielmehr erst im Rahmen der Androhung des Zwangsmittels der Fall. Damit sei dem Interesse des Pflichtigen, vor der zwangsweisen Durchsetzung der Verfügung eine Frist zur freiwilligen Erfüllung der Beseitigungspflicht eingeräumt zu bekommen, hinreichend Rechnung getragen. Eine doppelte Fristsetzung sowohl in der Beseitigungsverfügung als auch in der Zwangsmittelandrohung sei nicht erforderlich. Auch der 1. Senat des erkennenden Gerichts hat in seinem Urteil v. 11.4.1985 – 1 A 45/84 – (ESOVGRP) festgestellt, dass eine Beseitigungsverfügung trotz Erledigung der für die Beseitigung (materiell-rechtlich) gesetzten Frist weiterhin Bestand habe und nicht rechtswidrig werde. In einem solchen Fall müsse die Behörde lediglich die Zwangsmittelandrohung wiederholen, verbunden mit einer erneuten Beseitigungsfrist (vgl. ebenso: BayVGH, Beschluss v. 2.5.2014 – 20 ZB 13.1972 –, juris Rdnr. 6 m. w. N.; HessVGH, Urteil v. 26.9.1996 – 4 UE 434/95 –, NVwZ-RR 1998, 76 und juris, Leitsatz und Rdnr. 31; auch: VG Neustadt an der Weinstraße, Urteil v. 11.1.2021 – 5 K 609/20.NW –, S. 9 d.U.; ferner: Kerkmann, in: Jeromin, LBauO, 4. Aufl. 2016, § 81 Rdnr. 23; Decker, in: Simon/Busse, BayBO, 139. EL 2020, Art. 76, Rdnr. 194; Finkelnburg/Ortloff/Otto, Öffentliches Baurecht, Band II, 7. Aufl. 2018, § 13, Rdnr. 84).

Der Senat hält auch in Auseinandersetzung mit den Gründen des erstinstanzlichen Urteils an dieser Rechtsauffassung fest. Insbesondere verlangt der Grundsatz der Verhältnismäßigkeit nicht, bereits die Grundverfügung, das heißt die Anordnung der Beseitigungspflicht, mit einer Frist zur deren Befolgung zu verknüpfen.

Nennt die Beseitigungsverfügung keine Frist, bis zu deren Ablauf ihr Vollzug erwartet wird, so beschränkt sich ihr Regelungsgehalt zunächst einmal darauf, die Beseitigungspflicht dem Grunde nach festzustellen. Wegen des Fehlens einer Beseitigungsfrist wird der Adressat der Verfügung dann allerdings nach allgemeinen Rechtsgrundsätzen davon auszugehen haben, die auferlegte Beseitigungspflicht sofort er füllen zu müssen (vgl. § 271 Abs. 1 BGB). Im Falle der aufschiebenden Wirkung von Rechtsbehelfen tritt diese Verpflichtung dann mit Eintritt der Bestandskraft der Verfügung ein. Mit dieser grundsätzlich unmittelbar geltenden Verpflichtung werden dem (rechtstreuen) Bürger indes keine unzumutbaren Lasten auferlegt. Zunächst wird man die Leistungszeit sachgerecht zu modifizieren haben. Im Hinblick darauf, dass die Durchführung von Beseitigungsmaßnahmen in aller Regel eine Vorbereitungsphase verlangt – sei es wegen notwendiger Vorkehrungen für die eigenständige Durchführung von Maßnahmen, sei es wegen der Zeit zur Beauftragung eines hierzu geeigneten Unternehmers –, wird man die Auferlegung einer Beseitigungspflicht ohne Fristsetzung sachgerecht dahin verstehen müssen, dass die Erfüllung der Pflicht binnen einer für die Ausführung der Maßnahme angemessenen Frist – einschließlich Vorbereitungsmaßnahmen – erwartet wird. Die Erfüllung einer ohne Frist angeordneten Beseitigungsverpflichtung wird daher innerhalb des Zeitraums erwartet werden, innerhalb dessen der Vollzug dem Pflichtigen billigerweise zugemutet werden kann (vgl. in diesem Sinne die Formulierung für die Zwangsmittelandrohung in § 13 Abs. 1 Satz 2 des Bundes-VwVG). Der Adressat einer solchen Verfügung wird daher noch nicht unmittelbar nach Bestandskraft der Verfügung dem

Vorwurf ausgesetzt, pflichtwidrig zu handeln. Die darin zweifellos bestehende Unbestimmtheit ist darüber hinaus hinzunehmen. Denn dem Betroffenen drohen wegen der Nichterfüllung der Pflicht nach Bestandskraft der Beseitigungsverfügung keine rechtlich erheblichen Nachteile. Ein zwangsweises Vorgehen der Behörde ist unzulässig. Denn für die Anwendung von Zwangsmitteln bedarf es gemäß § 66 Abs. 1 LVwVG deren Androhung, verbunden mit einer »zur Erfüllung der Verpflichtung angemessenen Frist«. Auch drohen dem Adressaten der Beseitigungsverfügung wegen deren Nichterfüllung keine Sanktionen. Denn die Nichterfüllung der Beseitigungspflicht nach § 81 Satz 1 LBauO ist in dem Katalog der Ordnungswidrigkeiten gemäß § 89 Abs. 3 LBauO nicht enthalten.

An dieser Rechtsprechung hält der Senat auch in Anbetracht der Einwände des Klägers fest. Da dieser mit seinem Berufungsvorbringen sich mit dem Teilzulassungsbeschluss des Senats vom 24.4.2023 – 8 A 10427/23.OVG –, und der oben angeführten Rechtsprechung trotz der Hinweise mündlichen Verhandlung selbst in dem nachgelassenen Schriftsatz vom 27.5.2024 nicht näher auseinandersetzt, sondern nur seine gegenteilige Auffassung bekräftigt, sind insoweit auch keine weiteren Ausführungen angezeigt. Wie dargestellt, kann die Entscheidung über die grundstücksbezogene Beseitigungspflicht von formell und materiell illegalen baulichen Anlagen im Allgemeinen, welche aufgrund des dinglichen Charakters des § 81 LBauO regelmäßig ohne Berücksichtigung der persönlichen Verhältnisse des Adressaten festgestellt werden kann (vgl. OVG Rheinland-Pfalz, Urteil v. 11.10.2007 – 1 A 10555/07.OVG –, NVwZ-RR 2008, 164; Kerkmann, in Jeromin, LBauO, 5. Aufl. 2022, § 81 Rdnr. 45 m. w. N.), von der – in der Regel nicht selten von den persönlichen Verhältnissen des Adressaten (Einkommen und Vermögen, berufliche und persönliche Umstände und vorhandene Ressourcen, ggf. zivilrechtliche Bindungen) beeinflussten – Beseitigungsfrist getrennt werden. Praktische Schwierigkeiten und Abgrenzungsschwierigkeiten, wie vom Kläger behauptet, jedoch nicht näher erläutert wurden, sind damit nicht verbunden, wie in der oben im Wortlaut zitierten Entscheidung des Senats vom 12.5.2021 – 8 A 10264/21.OVG – im Einzelnen ausgeführt.

Es kann hier auch – entgegen den allgemein gehaltenen Ausführungen des Klägers – bei dem Beklagten nicht angenommen werden, dass dieser unter Verkennung der rheinland-pfälzischen Rechtslage (vgl. die Kommentierungen bei Dirnberger/Henneke u. a., Kommentar zum LVwVG Rheinland-Pfalz, in: Praxis der Kommunalverwaltung A19, § 66 zu Abs. 1, und bei Kerkmann, in: Jeromin, Kommentar zur LBauO Rheinland-Pfalz, 5. Auflage 2022, § 81 Rdnr. 23 ff.) gerade in dem vorliegenden Fall von einer untrennbaren Verbindung der Beseitigungspflicht mit der gesetzten Frist von 20 Wochen ab Bestandskraft ausgegangen wäre und ihm nunmehr ein von ihm nicht gewollter Verwaltungsakt aufgedrängt werde. Denn für das konkret betroffene Grundstück ist auf Klage der Voreigentümer gegenüber dem Beklagten bereits das bereits erwähnte Urteil v. 21.2.1986 – 8 A 58/85 – ergangen, mit dem der Senat die damalig gesetzte Beseitigungsfrist – unter Aufrechterhaltung der Verfügung im Übrigen – aufgehoben hat. Diese Entscheidung ist in den vorliegenden Bauakten im Abdruck enthalten und hierauf nehmen der Beklagte und der Kläger im Verfahren auch mehrfach mit unterschiedlicher Zielrichtung Bezug. Danach hat der Beklagte in Kenntnis der Rechtslage seine Entscheidung getroffen und musste von einer Teilbarkeit ausgehen.

Der die Rechtmäßigkeit der Beseitigungsverfügung (ohne die Fristsetzung) bestätigende Teil des angefochtenen Urteils des Verwaltungsgerichts ist im Hinblick auf die diesbezüglich erfolgte Ablehnung des Berufungszulassungsantrags des Klägers mit Beschluss des Senats vom 24.5.2023 – 8 A 11130/22.OVG – rechtskräftig geworden. Die Beseitigungsverfügung vom 5.3.2021 ist hierdurch zur Ziffer I. mit Ausnahme der Fristsetzung bestandskräftig geworden und nicht (mehr) Gegenstand des (im Übrigen fortgesetzten) Berufungsverfahrens. Die weiteren Angriffe in der Berufungsbegründung gegen diesen Teil der Verfügung bleiben danach ohne Erfolg.

Diesem Ergebnis stehen – entgegen der Auffassung des Klägers – auch nicht im vorliegenden Einzelfall die bundesrechtlichen Vorschriften der §§ 124 ff. VwGO entgegen. Was Streitgegenstand einer Anfechtungsklage ist und inwieweit die in einem Bescheid zusammengefassten Regelungen insoweit teilbar sind (in dem vom BVerwG in den Beschlüssen vom 29.8.2023 – 1 B 16.23 –, juris Rdnr. 4, und vom 24.10.2023 – 1 B 15.23 –, juris Rdnr. 1 beschriebenen Sinne), bestimmt sich nicht allein nach dem bundesrechtlichen Prozessrecht. Vielmehr ist im Kern das formelle und materielle (Landes)Recht in der Form der Landesbauordnung, des Landesverwaltungsvollstreckungsgesetzes und des (Landes-)Verwaltungsverfahrensgesetzes maßgeblich, da diese Normen die Form und den Inhalt der hier angefochtenen Verwaltungsakte regeln, die dann prozessrechtlich im Klagefall den Streitgegenstand des Verfahrens bilden (vgl. § 79 VwGO zum Gegenstand der Anfechtungsklage). Wie oben bereits dargelegt, hat das Oberverwaltungsgericht Rheinland-Pfalz für das rheinland-pfälzische Recht in ständiger Rechtsprechung die Teilbarkeit der auf der Grundlage der formellen und materiellen Baurechtswidrigkeit die Abrissverpflichtung feststellenden Beseitigungsverfügung von einer darin – gesetzlich nicht zwingend vorgeschriebenen – Fristsetzung für die Erfüllung der Verpflichtung angenommen. Die Frage, ob Regelungen selbständig angefochten bzw. von einander abgetrennt werden können, ist jedenfalls nicht allein davon abhängig, ob sie von der Behörde auf einem Stück Papier oder gar unter einer Ziffer einer Verfügung zusammengefasst worden sind. Der Verfügung vom 5.3.2021 ist auch in Anbetracht der Vorgeschichte (vgl. das Urteil des Senats vom 21.2.1986 – 8 A 58/85 –) nicht der Wille des Beklagten zu entnehmen, eine untrennbare Zusammenfassung vorzunehmen, wie bereits ausgeführt. Danach hat das Prozessrecht die materiell-rechtliche Vorgabe umzusetzen, dass hier vom Kläger mit seiner Klage ursprünglich drei verschiedene Regelungen angegriffen wurden (Beseitigungsverfügung, Fristsetzung und Zwangsmittelandrohung). Das Prozessrecht steht insoweit einer getrennten Betrachtung nicht entgegen.

Der Antrag zu 1., welcher nach dem Willen des Klägers auch nicht teilbar ist (vgl. die gesondert beantragte Teilanfechtung in dem zu 2. gestellten Hilfsantrag), ist nach alledem insgesamt unzulässig.

c. Darüber hinaus war dem in der mündlichen Verhandlung gestellten Beweisantrag schon aus fachlichen Gründen nicht nachzukommen. Der Beweisantrag lautet:

»Zum Beweis der Tatsache, dass sich auf den im Außenbereich von … R. im O. gelegenen Grundstücken mit den Flurstück-Nrn. … und … besonders geschützte Tier- und Pflanzenarten i. S. v. § 44 BNatSchG befinden, und infolgedessen Umsiedlungsmaßnahmen naturschutzfachlich notwendig sind, wird ein Sachverständigengutachten in Form eines naturschutzfachlichen Gutachtens eingeholt.«

Die gestellte Beweisfrage wäre im ersten Teil zur Feststellung der Tierarten nur dann entscheidungserheblich, wenn der Beklagte fachlich die Feststellungen des Dipl. Biologen K. vom 12.4.2024 substantiiert bestritten hätte. Von Seiten des Senats gab und gibt die fachliche Stellungnahme insbesondere im Hinblick auf den Eindruck der Örtlichkeit, welcher in der mündlichen Verhandlung bei der Ortsbesichtigung vom Senat festgestellt werden konnte, und der Klärung von noch offenen Fragen zum Ort des Auffindens der Spuren seitens des Sachverständigen durch die Antworten der Beteiligten keinen Anlass, an den dortigen Feststellungen auch nur im Ansatz örtlich oder fachlich zu zweifeln.

Der zweite Teil der Beweisfrage, ob infolgedessen Umsiedlungsmaßnahmen erforderlich wären, ist eine doppelte Frage – sowohl mit rechtlicher als auch naturschutzfachlicher Ausrichtung. Insoweit ist für die Beantwortung dieser Fragen letztlich die SGD Süd in Neustadt/Weinstraße die zuständige Behörde (vgl. § 2 Nr. 10 der Landesverordnung über Zuständigkeiten auf dem Gebiet des Naturschutzes und der Landschaftspflege). Damit sind weder der Beklagte noch das Oberverwaltungsgericht in dem vorliegenden Rechtsstreit dazu berufen, diese Frage (abschließend) durch eine Beweisaufnahme zu klären. Eventuell hierzu gefundene (Beweis-)Ergebnisse würden die SGD Süd auch nicht binden (vgl. § 121 VwGO). Für eine danach rein vorsorgliche Beweisaufnahme besteht keine Erforderlichkeit, sie wäre auch nicht entscheidungserheblich.

Im Übrigen würde nach den Angaben des Dipl. Biologen K. in der aktuellen Stellungnahme (Begehung am 12.4.2024) jedenfalls bei den Siebenschläfern schon eine Vergrämung (Abbau Dacheindeckung und Ausbau von Türen und Fenstern) ausreichen, eine aktive Umsiedlung scheint insoweit nicht erforderlich zu sein. Hinsichtlich der Mauereidechsen fehlt es derzeit (noch) an einer positiven Feststellung des Vorhandenseins, es besteht lediglich eine Wahrscheinlichkeit aus den Feststellungen aus 2020, die erst aktuell bei warmer Witterung verbindlich geklärt werden kann. Nach den gutachtlichen Feststellungen in der Stellungnahme erscheint auch insoweit eine Vergrämung (Ausweichen) nicht ausgeschlossen zu sein.

Letztlich ist der gestellte Beweisantrag aus Rechtsgründen insgesamt nicht entscheidungserheblich, da der Hauptantrag – wie oben bereits ausgeführt – insgesamt unzulässig ist (vgl. Störmer, in: Fehling/Kastner/Störmer, Verwaltungsrecht, 5. Aufl. 2021. § 86 VwGO Rdnr. 80).

2. Auch der zu 2. gestellte Hilfsantrag ist, soweit er statthaft ist (nachfolgend a.) zum maßgeblichen Zeitpunkt der mündlichen Verhandlung des Senats unzulässig (geworden, nachfolgend b.).

a. Der dritte Absatz des Hilfsantrags ist im Hinblick auf den hier statthaften und sachgerechten und im Übrigen zulässigen (reinen) Anfechtungsantrag nicht statthaft und auch in der Sache nicht erforderlich. Durch die begehrte Anfechtung und hieraus folgend eine mögliche Aufhebung der Fristsetzung und der Zwangsmittelandrohung (nach § 113 Abs. 1 Satz 1 VwGO) gäbe es im Erfolgsfalle keinen Raum mehr für eine Verpflichtung des Beklagten zur erneuten Setzung einer Frist, da die Frist nicht integraler Bestandteil der Beseitigungsverfügung nach § 81 LBauO ist, wie oben bereits ausgeführt. Nach der Rechtsprechung des Senats erledigt sich die Zwangsmittelandrohung, welche – wie hier – keine eigene Fristsetzung enthält, sondern auf die Befolgungsfrist in der Beseitigungsverfügung verweist, schon mit der Aufhebung der Frist durch das Gericht, die Zwangsgeldandrohung wird gegenstandslos (vgl. das gegenüber den Voreigentümern des Klägers ergangene Urteil des Senats vom 21.2.1986 – 8 A 58/85 –).

Im Falle der (hier mit den Absätzen 1 und 2 des Hilfsantrages begehrten) gerichtlichen Aufhebung der Fristsetzung bliebe der Beklagte kraft Gesetzes (§ 121 VwGO) darauf beschränkt, bei Erlass einer zukünftigen und auf die hier streitige Beseitigungsverfügung bezogenen Zwangsmittelandrohung (bei insoweit unveränderter Sach- und Rechtslage) die in einem evtl. ergehenden Urteil niedergelegte tragende Rechtsauffassung des Gerichts zu beachten und diese nicht erneut mit der gleichen und nach den Feststellungen des Gerichts nicht angemessenen Frist zu versehen (sogenanntes Wiederholungsverbot von rechtskräftig aufgehobenen Verwaltungsakten: vgl. BVerwG, Urteil v. 1.6.2011 – 10 C 25/10 –, BVerwGE 140, 22 ff., und Urteil v. 28.1.2010 – 4 C 6/08 –, juris; Kopp/Schenke, 29. Aufl. 2023, § 121 Rdnr. 11 und 21; Unruh, in: Fehling/Kastner/Störmer, a. a. O., § 121 VwGO Rdnr. 23). Vor diesem Hintergrund besteht kein Rechtschutzbedürfnis für einen (hier im dritten Absatz des Hilfsantrages begehrten) gerichtlichen Ausspruch einer Verpflichtung des Beklagten zur Setzung einer angemessenen Frist. Für den Betroffenen ist ausreichender Rechtschutz im Wege der Anfechtungsklage gewährleistet, mit der er auch bei einer künftigen Fristsetzung die Beachtung der Rechtskraft des früheren durchsetzen könnte. Im Übrigen ist der Hilfsantrag statthaft.

b. Zwischenzeitlich ist jedoch auch der übrige Teil des gestellten Hilfsantrags unzulässig geworden, da kein Rechtschutzbedürfnis für eine Aufhebung der noch angefochtenen Beseitigungsfrist und der Zwangsgeldandrohung mehr besteht. Es ist vorliegend von einer Erledigung der Frist – und damit auch der darauf bezogenen (weil keine eigenständige Frist setzenden) Zwangsgeldandrohung in Ziffer II. der Verfügung vom 5.3.2021 – auszugehen. Eine von der Bauaufsichtsbehörde gesondert gesetzte Beseitigungsfrist – wie auch eine in einer Zwangsmittelandrohung nach § 66 VwGO integrierte Frist – erledigt sich, wenn der Ablauf der gesetzten Frist erfolgen würde, bevor sie durch den Kläger befolgt werden musste (st. Rspr., vgl. schon OVG Rheinland-Pfalz, Urteil v. 11.4.1985 – 1 A 45/84 –, NVwZ 1986, 763; Beschluss v. 15.3.2022 – 1 B 11506/21 –, Beschlussabdruck S. 3).

Hier ist die Sondersituation gegeben, dass die Beseitigungsverfügung ohne die – für ihre Rechtmäßigkeit nicht erforderliche (s. Urteil des Senats vom 12.5.2021 – 8 A 10264/21.OVG –, a. a. O.) – Fristsetzung für die Beseitigung bereits mit Ablauf des Tages der Zustellung des Beschlusses des Senats vom 24.5.2023, mit der die Zulassung der Berufung im Hinblick auf die Anfechtung der Beseitigungsverfügung abgelehnt wurde, an den Kläger (vgl. das Empfangsbekenntnis des Prozessbevollmächtigten des Klägers vom 30.5.2023, einem Dienstag) bestandskräftig geworden ist.

Die in der Ziffer I. der Verfügung vom 5.3.2021 gesetzte Frist zur Beseitigung von 20 Wochen ab Bestandskraft ist im Zeitpunkt der mündlichen Verhandlung vom 24.4.2024 längst abgelaufen. Die Frist begann am 31.5.2023 in der 22. Kalenderwoche und lief am Dienstag, den 17.10.2023 in der 42. Kalenderwoche ab. Der Kläger brauchte die in Ziffer I. der Verfügung vom 5.3.2021 festgesetzte Frist in dem vorgenannten Zeitraum nicht zu befolgen. Der Beklagte hat die Frist nicht im Rahmen der Ziffer II. der Verfügung vom 5.3.2021 und der darin enthaltenen Zwangsmittelandrohung gesetzt. Für diese Zwangsmittelandrohung galt das gesetzlich vorgesehene Entfallen der aufschiebenden Wirkung gemäß § 80 Abs. 2 Satz 2 Nr. 3 VwGO in Verbindung mit § 20 Landesgesetzes zur Ausführung der VwGO. Hinsichtlich der Ziffer I. der Verfügung vom 5.3.2021 hatte der am 6.4.2021 vom Kläger eingelegte Widerspruch aufschiebenden Wirkung. Zudem hat der Beklagte in der Ziffer I. die Befolgungsfrist bewusst erst ab der Bestandskraft angeordnet, so dass auch insoweit die aufschiebende Wirkung nach dem Willen der erlassenden Behörde nach § 80b Abs.1 Satz 2 VwGO bis zum Abschluss des gerichtlichen Verfahrens fortwirkt. Zwar wurde, wie oben ausgeführt, die (reine) Beseitigungsverfügung (ohne Fristsetzung) zwischenzeitlich bestandskräftig. Dies galt jedoch nicht für die festgesetzte Frist von 20 Wochen, hinsichtlich derer der Senat die Berufung zugelassen hat. Die aufschiebende Wirkung wirkt für die in der Ziffer I. der Verfügung vom 5.3.2021 enthaltene Fristsetzung damit auch in der Berufungsinstanz fort. Danach war rechtlich vom Kläger nicht zu erwarten, dass er sich an diese mit dem 31.5.2023 beginnende Frist halten musste. Sie hat sich damit erledigt.

Nach dem rheinland-pfälzischen Verwaltungsvollstreckungsrecht ist – wie oben bereits ausgeführt – für eine zukünftige Vollstreckung der Beseitigungsverfügung in diesem Falle eine neue, mit einer angemessenen Fristsetzung versehene und förmlich zuzustellende (vollständige) Zwangsmittelandrohung erforderlich. Ein bloßes formloses »Festhalten der Verwaltung« an einer früheren Zwangsmittelandrohung (mit dem Setzen einer neuen Frist; vgl. Sadler/Tillmanns, Kommentar zum Verwaltungsvollstreckungsgesetz und Verwaltungszustellungsgesetz [des Bundes], 10. Aufl. 2020, § 13 VwVG Rdnr. 50 f. m. w. N.) genügt nach Auffassung des Senats hier schon aus rechtsstaatlichen Gründen nicht den Anforderungen an die Klarheit, Bestimmtheit und Vorhersehbarkeit der auf Landesrecht beruhenden Zwangsmaßnahmen für den Adressaten. Eine Trennung von Frist und Zwangsmittelandrohung in zwei verschiedene Bescheide entspricht, anders als die Bezugnahme durch die nach § 66 Abs. 2 LVwVG erlassene Zwangsgeldandrohung auf eine in demselben Bescheid gesetzte Beseitigungsfrist, nicht den Anforderungen des § 66 Abs. 1 Satz 2 LVwVG, der ausdrücklich von einer zwingenden Verbindung der Frist mit dem Erlass der Androhung ausgeht.

Der Hilfsantrag ist somit unzulässig geworden, da mit dem folgenlosen Ablaufen der Frist nach der oben zitierten Rechtsprechung des Oberverwaltungsgerichts Rheinland-Pfalz die in der Verfügung vom 5.3.2021 enthaltene Zwangsmittelandrohung gegenstandslos geworden ist. Danach entfällt das Rechtschutzinteresse für eine Aufhebung der hier angefochtenen Zwangsmittelandrohung (vgl. schon OVG Rheinland-Pfalz, Urteil v. 11.4.1985 – 1 A 45/84 –, NVwZ 1986, 763). Nachteilig wirkende rechtliche Folgen für den Kläger sind nicht ersichtlich, insbesondere musste der Kläger hieraus keine Zwangsgeldfestsetzung befürchten.

Der in der mündlichen Verhandlung gestellte Beweisantrag ist auch im Hinblick auf den Hilfsantrag nicht entscheidungserheblich, da die Streitgegenstände des Hilfsantrags (Beseitigungsfrist und Zwangsmittelandrohung) sich, wie ausgeführt, zwischenzeitlich erledigt haben. Danach konnte der Senat diesen Beweisantrag sowohl im Hinblick auf die fachlichen Gründe (s. o. 1.) als auch im Hinblick auf seine Unerheblichkeit ablehnen. …

Nr. 91

Voraussetzung für einen bauaufsichtlichen Eingriff nach § 57 Abs. 2 Satz 2 BauO LSA ist das Vorliegen einer konkreten Gefahr im Sinne der Regelungen des allgemeinen Polizei- und Ordnungsrechts.

Eine konkrete Gefahr im ordnungsrechtlichen Sinne wird in § 3 Nr. 3 Buchst. a SOG LSA definiert als eine Sachlage, bei der im einzelnen Fall die hinreichende Wahrscheinlichkeit besteht, dass in absehbarer Zeit ein Schaden für die öffentliche Sicherheit oder Ordnung eintreten wird. Diese Prognose ist auf der Grundlage der im Zeitpunkt des behördlichen Handelns zur Verfügung stehenden Erkenntnismöglichkeiten zu treffen.

Die Verantwortlichkeit unter dem Gesichtspunkt der Zustandsstörerschaft endet notwendigerweise an den Grenzen der tatsächlichen Verfügungsmacht. (Leitsätze der Redaktion)

BauO LSA § 57 Abs. 2; VwVG LSA § 74a und § 71 Abs. 1 i. V. m. SOG LSA § 55 Abs. 1 Satz 1 und Abs. 3 Satz 1.

Verwaltungsgericht Magdeburg, Urteil v. 27. Juni 2024 – 4 A 25/23 MD –.

Aus den Gründen:

Die zulässige Klage, über die gemäß § 6 Abs. 1 Satz 1 VwGO der Einzelrichter entscheidet, ist unbegründet.

Die bauaufsichtliche Verfügung des Beklagten vom 5.4.2018 in Gestalt des Widerspruchsbescheids des Landesverwaltungsamts Sachsen-Anhalt vom 11.1.2023 ist nicht aufzuheben. Sie ist rechtmäßig und verletzt den Kläger nicht in seinen Rechten (vgl. § 113 Abs. 1 Satz 1 VwGO).

Die im ersten Absatz des verfügenden Teils des Bescheids getroffene Anordnung, mit dem der Beklagte dem Kläger den vollständigen Abbruch des auf dem Grundstück der Gemarkung C-Stadt, Flur 6, Flurstück 673 befindlichen und an die öffentliche Straße angrenzenden Wohnhauses nebst links anschließender Mauer mit Pforte und die Entsorgung des anfallenden Bauschutts aufgab, erweist als rechtmäßig. Dies gilt auch für die getroffene Maßgabe, dass die Standsicherheit des angebauten Nachbargebäudes vor Beginn der Abbruchmaßnahmen durch einen qualifizierten Tragwerksplaner zu beurteilen und nachzuweisen und die Abbrucharbeiten – soweit notwendig – durch ihn zu überwachen waren.

Die Rechtmäßigkeit dieser Anordnung beurteilt sich nach der durch den Beklagten herangezogenen Vorschrift des § 57 Abs. 2 Satz 2 BauO LSA.

Die Bauaufsichtsbehörden haben gemäß § 57 Abs. 2 Satz 1 BauO LSA bei der Errichtung, der Änderung, der Nutzung, der Nutzungsänderung, der Instandhaltung und der Beseitigung von Anlagen darüber zu wachen, dass die öffentlich-rechtlichen Vorschriften und die aufgrund dieser Vorschriften erlassenen Anordnungen eingehalten werden, soweit nicht andere Behörden zuständig sind. Sie können in Wahrnehmung dieser Aufgaben gemäß § 57 Abs. 2 Satz 2 BauO LSA die erforderlichen Maßnahmen treffen. Nach § 3 Satz 1 Halbsatz 1 BauO LSA sind Anlagen so anzuordnen, zu errichten, zu ändern und instand zu halten, dass die öffentliche Sicherheit und Ordnung, insbesondere Leben, Gesundheit und die natürlichen Lebensgrundlagen, nicht gefährdet werden.

Die Voraussetzungen dieser Rechtsgrundlage sind erfüllt.

Voraussetzung für einen bauaufsichtlichen Eingriff nach § 57 Abs. 2 Satz 2 BauO LSA ist das Vorliegen einer konkreten Gefahr im Sinne der Regelungen des allgemeinen Polizei- und Ordnungsrechts (vgl. OVG des Landes Sachsen-Anhalt, Beschluss vom 15.1.2021 – 2 M 114/20 –, juris, Rdnr. 7; Beschluss vom 2.9.2014 – 2 M 31/14 –, juris, Rdnr. 7; Beschluss vom 22.7.2013 – 2 M 82/

13 –, juris, Rdnr. 8). Eine konkrete Gefahr im ordnungsrechtlichen Sinne wird in § 3 Nr. 3 Buchst. a SOG LSA definiert als eine Sachlage, bei der im einzelnen Fall die hinreichende Wahrscheinlichkeit besteht, dass in absehbarer Zeit ein Schaden für die öffentliche Sicherheit oder Ordnung eintreten wird. Dabei lässt sich die Frage, ob bei ungehindertem Geschehensablauf in der Zukunft eine Schädigung hinreichend wahrscheinlich ist, nur aufgrund einer Prognose beurteilen, die die Bauaufsichtsbehörde ihrem Einschreiten zugrunde zu legen hat. Diese Prognose ist auf der Grundlage der im Zeitpunkt des behördlichen Handelns zur Verfügung stehenden Erkenntnismöglichkeiten zu treffen. Die hinreichende Wahrscheinlichkeit verlangt dabei nicht Gewissheit, dass der Schaden eintreten werde. Vielmehr ist der Eintritt eines Schadens schon hinreichend wahrscheinlich bei einer nach der Lebenserfahrung begründeten Befürchtung der Gefahrenverwirklichung. Je größer und folgenschwerer der möglicherweise eintretende Schaden ist, desto geringer sind die Anforderungen, die an die Wahrscheinlichkeit gestellt werden können. Geht es um den Schutz von Leben und Gesundheit, dürfen an die Wahrscheinlichkeit eines möglichen Schadenseintritts keine zu hohen Anforderungen aufgestellt werden (vgl. OVG des Landes Sachsen-Anhalt, Beschluss vom 15.1.2021 – 2 M 114/20 –, juris, Rdnr. 8).

Nach diesem Maßstab waren die Voraussetzungen für ein bauordnungsrechtliches Einschreiten des Beklagten im Zeitpunkt seines Handelns mit der vom vormaligen Wohnhaus ausgehenden konkreten Gefahr für Leben und Gesundheit, die damit zugleich eine erhebliche Gefahr im Sinne des § 3 Nr. 3 Buchst. c SOG LSA darstellte, erfüllt. Denn nach den Einschätzungen des Beklagten war das Gebäude auf dem Grundstück nicht mehr ausreichend standsicher. Mit einem Gebäudeeinsturz war jederzeit zu rechnen, da insbesondere das Wandauflager der Dach- und Deckenkonstruktion hofseitig bereits über große Bereiche nicht mehr vorhanden war sowie Decken und Wandstrukturen im Inneren des Gebäudes bereits so weit entfernt worden waren, dass selbst Notsicherungsmaßnahmen nicht mehr gefahrlos möglich waren. Für seine Einschätzungen stützte sich der Beklagte auf die von ihm eingeholte Schadensanalyse und statische Stellungnahme vom 25.10.2017, die aufgrund der Feststellung nicht ausreichender Standsicherheit den Abriss des Gebäudes anriet. Auf dieser durch den Kläger nicht angegriffenen Sachverhaltsgrundlage, die sich anhand der im Verwaltungsvorgang des Beklagten vorhandenen Fotografien vom 24.3.2016 und vom 2.6.2017 schlüssig nachvollziehen lässt, ist die getroffene Prognose des Beklagten nicht zu beanstanden, dass im Zuge des jederzeit zu erwartenden Gebäudeeinsturzes Teile des Wohnhauses im öffentlichen Verkehrsbereich vor der Front des vormaligen Wohnhauses niedergehen konnten. Damit war eine hinreichende Wahrscheinlichkeit für eine Gefährdung von Leben und Gesundheit gegeben.

Der Kläger zählte zum Kreis der Verantwortlichen, die der Beklagte als Adressat seiner bauaufsichtlichen Verfügung in Anspruch nehmen konnte.

Der Kläger war für den Zu stand des vormaligen Wohnhauses als seinerzeitiger Mitinhaber des Eigentumsrechts und damit für die von diesem Gebäude ausgehende konkrete Gefahr für Leben und Gesundheit verantwortlich.

Die Verantwortlichkeit des Klägers folgt aus § 8 Abs. 2 Satz 1 SOG LSA. Hiernach sind bei Sachen Maßnahmen nicht nur gegen den Inhaber der tatsächlichen Gewalt zu richten, wie es § 8 Abs. 1 Satz 1 SOG LSA bestimmt, sondern können auch gegen den Eigentümer gerichtet werden.

Diese Vorschrift über die Verantwortlichkeit des Sacheigentümers ist anwendbar. Denn die Frage, an wen eine bauaufsichtliche Verfügung nach § 57 Abs. 2 Satz 2 BauO LSA zu richten ist, wird in der Bauordnung des Landes Sachsen-Anhalt nicht ausdrücklich geregelt. Nach § 4 Abs. 1 Satz 2 SOG LSA sind daher die allgemeinen Grundsätze des Sicherheitsrechts über die Polizeipflichtigkeit des Verhaltens- und des Zustandsstörers heranzuziehen. Eine Anordnung gemäß § 57 Abs. 2 Satz 2 BauO LSA kann folglich gegen denjenigen gerichtet werden, den gemäß § 7 bis § 8 SOG LSA die Verantwortung für eine Gefahr trifft (vgl. OVG des Landes Sachsen-Anhalt, Beschluss v. 2.9.2014 – 2 M 31/14 –, juris, Rdnr. 16; Beschluss v. 25.2.2002 – 2 M 363/01 –, juris, Rdnr. 12).

Die Voraussetzungen für eine Verantwortlichkeit des Klägers als Eigentümer waren sowohl bei Erlass der angegriffenen Verfügung vom 5.4.2018 als auch noch bei Abbruch im Wege der Ersatzvornahme durch vom Beklagten beauftragte Dritte Ende August 2018 gegeben. Zu diesen Zeitpunkten war der Kläger Miterbe der beiden Erbengemeinschaften, in deren Eigentum das Grundstück stand, auf dem sich das abzubrechende und später abgebrochene vormalige Wohnhaus befand.

Das abgebrochene Wohnhaus befand sich auf dem heute als Flurstück 673 der Flur 6 der Gemarkung C-Stadt vermessenen Grundstück, das seit dem 28.2.2006 unter der laufenden Nummer 4 des Bestandsverzeichnisses des Grundbuchs des Amtsgerichts Aschersleben von C-Stadt zu Blatt 683 eingetragen ist. Bis dahin war dieses heute vermessene Grundstück unvermessen unter der laufenden Nummer 3 des Bestandsverzeichnisses als »Anteil an ungetrennten Hofräumen B-Straße Gebäudesteuerrollen- Nr. 164« im Wege einer angegebenen Berichtigung vom 15.10.1996 eingetragen.

Jedenfalls seit dieser Berichtigung handelt es sich um ein selbständiges Grundstück, dessen Rechts- und insbesondere Eigentumsverhältnisse unabhängig von anderen Grundstücken zu betrachten und zu prüfen sind.

Grundstück im Sinne des § 903 Satz 1 und § 873 BGB ist ein bestimmter räumlich abgegrenzter Teil der Erdoberfläche, der auf einem eigenen Grundbuchblatt oder unter einer eigenen Nummer eines gemeinsamen Grundbuchblatts geführt wird (vgl. BGH, Urteil v. 14.7.2020 – XIII ZR 12/19 –, juris, Rdnr. 15; Urteil v. 19.12.1967 – V BLw 24/67 –, juris, Rdnr. 20 a. E.).

So ist es hier jedenfalls seit der Berichtigung des Grundbuchsblatts vom 15.10.1996 mit der Erfassung unter einer eigenen Nummer des Bestandsverzeichnisses. Auf den vorausgehenden Zeitraum kommt es nicht entscheidungserheblich an und die dort bestehende und zwischen den Beteiligten unterschiedlich bewertete Eintragungslage ist nicht weiter aufzuklären, weil die hier relevanten Erwerbsvorgänge erst nachgehend – zuerst am 23.10.1996 – beurkundet wurden.

Die Eintragung einer unvermessenen Fläche unter einer eigenen Nummer des Bestandsverzeichnisses und lediglich unter Angabe der Gebäudesteuerrollennummer ist für – wie hier – sogenannte getrennte Hofräume zur Annahme eines selbständigen Grundstücks und dessen selbständiger Verkehrsfähigkeit auch ausreichend (vgl. BGH, Urteil v. 31.1.1997 – V ZR 209/95 –, juris, Rdnr. 9 f.). Die dafür geltende Ausnahme von § 2 Abs. 2 GBO folgt für die vorliegende Eintragung der laufenden Nummer 3 im Wege der Berichtigung vom 15.10.1996 bis zur Umtragung am 28.2.2006 aus einer Anwendung des bis zum 31.12.2015 geltenden und auf § 23 BoSoG beruhenden § 1 Abs. 1 und § 2 Abs. 1 und 2 Satz 2 der Hofraumverordnung vom 24.9.1993 (BGBl. I S. 1658) (vgl. nun § 2 Abs. 1 Satz 1 der vom 20.7.2017 bis zum 31.12.2025 geltenden Hofraumverordnung vom 12.7.2017 [BGBl. I S. 2358]). Mithin sind die Verhältnisse des hier gegenständlichen Grundstücks insbesondere getrennt vom benachbarten und vormals unter der laufenden Nummer 2 des Bestandsverzeichnisses eingetragenen Grundstück Flurstück 257/5, Flur 6, Gemarkung Cochstedt zu betrachten.

Eigentümerin des hier gegenständlichen Grundstücks war ausweislich ihrer als Alleineigentümerin erfolgten Eintragung im Grundbuch zunächst Monika A., geborene J., die am 6.7.1999 verstarb. Das Eigentum am Grundstück war zum Todeszeitpunkt Bestandteil des Nachlasses und ging gemäß § 1922 Abs. 1 BGB auf ihre Erben über. Erst nach Erlass der bauaufsichtlichen Verfügung und nach Abbruch des Wohnhauses verloren die Erben das Eigentum durch die Eintragungen neuer Eigentümer im Grundbuch am 13.5.2022.

Monika A. wurde in der ersten Abteilung von Blatt 683 des Grundbuchs des Amtsgerichts Aschersleben von C-Stadt als Alleineigentümerin dadurch für das hier gegenständliche Grundstück der laufenden Nummer 3 des Bestandsverzeichnisses eingetragen, dass der Miteigentumsanteil von Kurt W. im Zuge der Eintragung am 15.1.1997 gerötelt und zugleich der nach Eheschließung geführte Familienname A. eingetragen wurde und dies jeweils auch zur laufenden Nummer 3 des Bestandsverzeichnisses erfolgte. Andere Eintragungen von Eigentümern gingen nicht voraus. Dies gilt auch für etwaige Eintragungen auf anderen Grundbuchblättern. Denn das hier gegenständliche Grundstück wird im Grundbuch des Amtsgerichts Aschersleben von C-Stadt ausschließlich in Blatt 683 geführt. Insbesondere betraf die Umtragung auf Blatt 1276 am 6.11.1997 nur die laufende Nummer 2 des Bestandsverzeichnisses von Blatt 683, nicht die zu diesem Zeitpunkt bereits eingetragene laufende Nummer 3, für deren Grundstück Monika A. zu diesem Zeitpunkt schon als Eigentümerin eingetragen war.

Entgegen dem Einwand des Klägers war die im Grundbuch eingetragene Eigentumslage nicht durch die beurkundeten Verträge vom 23.10.1996, vom 16.7.1997 und vom 4.9.2000 unrichtig geworden. Denn eine Abweichung des Buchinhalts von der wirklichen materiellen Rechtslage lag nicht vor. Vielmehr kam das eingetragene Eigentum weiterhin der Erblasserin und seit ihrem Tod am 6.7.1999 ihren Erben zu. Ungeachtet der Frage nach einer Auslegung der Verträge dahingehend, dass die Auflassungserklärungen gemäß § 873 Abs. 1 Alt. 1 und § 925 Abs. 1 Satz 1 und 2 BGB auch das Grundstück, auf dem das abzubrechende vormalige Wohnhaus errichtet war, umfassten, genügte eine solche Auflassung nicht zur Änderung der Eigentumslage. Denn für den Erwerb eines Grundstücks bedarf es gemäß § 873 Abs. 1 Alt. 2 BGB über die dingliche Einigung hinaus der Eintragung der Rechtsänderung im Grundbuch. Das dingliche Recht entsteht erst mit der konstitutiven Eintragung im Grundbuch. Ist das eintragungsfähige Eigentumsrecht jedoch eintragungsbedürftig, so ist dieses Recht im Fall fehlender Verlautbarung schon materiellrechtlich nicht entstanden, das Grundbuch somit nicht unrichtig. Zur Eintragung aufgrund der Verträge vom 23.10.1996, vom 16.7.1997 und vom 4.9.2000 ist es jedoch erst im Nachgang zum Erlass der bauaufsichtlichen Verfügung und deren Vollziehung durch Abbruch des Wohnhauses gekommen. Erst am 13.5.2022 wurden im Grundbuch als Alleineigentümer Jürgen S. und Michael W. unter ihrer gleichzeitigen Löschung sowie an ihrer Stelle Yves K. eingetragen. Erst damit und nicht schon mit den beiden Grundstückskaufverträgen und dem Grundstücksschenkungsvertrag wurde das Eigentum übertragen.

Ein anderes folgt entgegen dem Hinweis des Klägers auch nicht aus dem auf die mündliche Verhandlung vom 18.12.2019 ergangenen und am 7.2.2020 verkündeten Urteil des Landgerichts Halle (5 O 197/19). Die Klage in Ansehung einer Feststellung des Eigentums des Yves K. an dem auch hier gegenständlichen Grundstück wies das Landgericht gerade ab. Yves K. wurde lediglich zu einer Zustimmung zur Übertragung des Eigentums auf sich als Eigentümer in Rechtsnachfolge und unter Zwischeneintragung von Jürgen S. und Michael W. verurteilt. Das Landgericht ist mithin ebenfalls nicht von einem Eigentumswechsel, sondern allein von einem Anspruch auf grundbuchlichen Vollzug der drei Verträge, der erst zu einem Eigentumswechsel führen konnte, ausgegangen. Hierauf stellt die Urteilsbegründung ausdrücklich ab.

Auch auf den Kläger ist mit dem Tod der ursprünglichen Eigentümerin gemäß § 1922 Abs. 1 und 2 BGB als Teil der Erbengemeinschaften nach dieser Erblasserin das Eigentumsrecht in gesamthänderischer Verbundenheit übergegangen.

Nach dem gemeinschaftlichen Erbschein des Amtsgerichts Koblenz vom 2.7.2018 (41 VI 343/18) wurde Monika A. zu ein Halb von Wolfgang A. und jeweils zu einem Sechstel von Liane S., Mario A. und dem Kläger beerbt. Wolfgang A., der Miterbe war und am 23.3.2011 verstarb, wurde wiederum nach dem gemeinschaftlichen Erbschein des Amtsgerichts Koblenz vom

23.10.2015 (41 VI 660/15) jeweils zu einem Fünftel von Lutz A., Ines U., M., Mario A. und dem Kläger beerbt. Die Richtigkeit dieser Erbscheine durfte der Beklagte gemäß § 2365 BGB vermuten.

Aus dieser Eigenschaft des Klägers als Miterbe und Teil der Erbengemeinschaft(en) folgt die baurechtliche Zustandsverantwortlichkeit auch des Klägers. Die sich aus der Zustandshaftung ergebende Handlungspflicht des Rechtsnachfolgers entsteht nach dem Erbfall originär und neu und knüpft an die Eigentümerstellung an, die der Erbe mit Eintritt des Erbfalls erwirbt (vgl. OVG des Landes Sachsen-Anhalt, Beschluss v. 29.3.2016 – 2 M 156/15 –, juris, Rdnr. 14). Die gesamthänderische Bindung von Miterben steht dabei der Inanspruchnahme (nur) einzelner Miterben nicht entgegen (vgl. OVG des Landes Sachsen-Anhalt, Beschluss v. 10.6.2004 – 2 M 278/04 –, juris, Rdnr. 9; Niedersächsisches OVG, Urteil v. 26.2.2014 – 1 LB 100/09 –, juris, Rdnr. 53), während es (erst) zur Vollstreckung zumindest Duldungsverfügungen gegenüber nicht einverstandenen Miterben bedarf (vgl. BVerwG, Beschluss v. 25.1.2000 – 3 B 1.00 –, juris, Rdnr. 9; Urteil v. 28.4.1972 – IV C 42.69 –, juris, Rdnr. 32; OVG des Landes Sachsen-Anhalt, Beschluss v. 25.7.2019 – 2 L 44/17 –, juris, Rdnr. 43; Beschluss v. 14.4.2009 – 2 O 26/09 –, juris, Rdnr. 12).

Die Verantwortlichkeit des Klägers als Teil der Erbengemeinschaft(en) war schließlich nicht dadurch gemäß § 8 Abs. 2 Satz 2 SOG LSA ausgeschlossen, dass ein Inhaber der tatsächlichen Gewalt diese ohne den Willen des Eigentümers oder Berechtigten ausübte.

Mit dieser Ausnahmeregelung zur Verantwortlichkeit des Eigentümers soll gewährleistet werden, dass nur derjenige als Zustandsstörer haftet, der gegen den Willen des Eigentümers die tatsächliche Gewalt ausübt. Denn innerer Anknüpfungspunkt für die Zustandshaftung des Eigentümers ist nicht die formale Rechtsposition, sondern die regelmäßig damit verbundene Verfügungsmacht, das heißt die rechtliche und tatsächliche Verfügungsmacht, auf die gefahrenverursachende Sache erfolgversprechend einzuwirken. Die Verantwortlichkeit unter dem Gesichtspunkt der Zustandsstörerschaft endet deshalb notwendigerweise an den Grenzen der tatsächlichen Verfügungsmacht (vgl. OLG Dresden, Urteil v. 19.2.2002 – 6 U 1522/02 –, juris, Rdnr. 20 ff.). Dies beruht nicht auf Erwägungen der Billigkeit, sondern auf der Einsicht, dass die Inpflichtnahme des Eigentümers in aller Regel kein taugliches Mittel für eine rasche und wirksame Gefahrenabwehr darstellt. Deswegen stellt die Sachgewalt des Dritten ein tatsächliches Hindernis nur dar, wenn und solange dieser Dritte gewillt ist, seine Sachherrschaft auch gegenüber dem Eigentümer durchzusetzen (vgl. Hamburgisches OVG, Urteil v. 27.6.1991 – Bf II 38/90 –, juris, Rdnr. 21).

Gemessen hieran kann im Zeitpunkt des Erlasses der bauaufsichtlichen Verfügung vom 5.4.2018 keine die Verfügungsmacht der Erbengemeinschaft ausschließende oder beeinträchtigende tatsächliche Sachherrschaft festgestellt werden. Solche Verhältnisse waren weder den vom beauftragten Gutachter dokumentierten Verhältnissen zum Ergebnis des Ortstermins vom 2.6.2017 zu entnehmen noch gaben die Miterben einen solchen Hinweis. Die Ehefrau des Klägers signalisierte vielmehr in einem Anruf beim Beklagten am 13.3.2018 die Favorisierung eines Eigenabrisses. Der Kläger verwies in seiner Stellungnahme vom 16.3.2018 auch lediglich auf eine offensichtlich steckengebliebene Veräußerung des Grundstücks. Damit war eine fehlende tatsächliche Einwirkungsmöglichkeit der Miterben nicht ersichtlich. Dafür ergaben sich auch nicht während des Widerspruchsverfahrens bis zum erfolgten Abbruch des Gebäudes Ende August 2018 tragfähige Anhaltspunkte. Zwar lagen dem Beklagten bis dahin die Verträge vom 2 3.10.1996, vom 16.7.1997 und vom 4.9.2000 vor. Der Kläger stützt sich hierbei insbesondere auf einen Übergang des Besitzes auch des hier gegenständlichen Grundstücks und eine Übernahme auch der Verkehrssicherungspflicht für das Objekt gemäß dem Grundstücksschenkungsvertrag ab dem 1.9.2000 durch Yves K. Dennoch ist nicht festzustellen, dass dieser eine darauf zurückgehende Sachherrschaft über das Jahr 2005 hinaus und mithin auch zum hier maßgebenden Zeitpunkt gegen die Erbengemeinschaft durchzusetzen suchte. Denn er teilte mit Schreiben seiner Bevollmächtigten an den Beklagten vom 4.6.2018 mit, dass er seit Eingang des Sonderungsbescheides vom 12.8.2005 von der Richtigkeit der Grundbucheintragung – der Monika A. – und der damit bestehenden Eigentümerstellung ausgegangen sei. Damit brachte er jedenfalls zum Ausdruck, sich dem Eigentum der Erbengemeinschaft der noch eingetragenen Eigentümerin und schließlich deren Besitzrecht am Grundstück nicht entgegenstellen zu wollen. Vor diesem Hintergrund kommt es auch auf die weiteren Einwände des Klägers zur Tragung der mit dem hier gegenständlichen Grundstück verbundenen Lasten erst ab dem Jahr 2018 und die vorausgegangene Heranziehung durch die Finanzbehörden nicht entscheidungserheblich an. Sie kann zudem schon nichts zu den tatsächlichen Besitzverhältnissen vor Ort oder zur tatsächlichen Ausschlussabsicht eines Besitzers aussagen.

Der Beklagte hat mit seiner Anordnung des vollständigen Abbruchs des Wohnhauses auch von seinem durch § 57 Abs. 2 Satz 2 BauO LSA eingeräumten Ermessen Gebrauch gemacht, ohne die gesetzlichen Grenzen des Ermessens zu überschreiten oder von dem Ermessen in einer dem Zweck der Ermächtigung nicht entsprechenden Weise Gebrauch zu machen (vgl. § 114 Satz 1 VwGO).

Die Erwägungen des Beklagten genügen insbesondere dem Gebot der Verhältnismäßigkeit des Eingriffs in das dem Kläger als Miterben zukommenden Eigentumsrecht gemäß Art. 14 Abs. 1 GG und Art. 18 Abs. 1 LVerf.

Das Gebot der Verhältnismäßigkeit erfordert, dass das Mittel des angeordneten vollständigen Abbruchs nicht nur geeignet zur Erreichung des mit seiner Anordnung verbundenen legitimen Zwecks der Abwehr der hier konkreten und erheblichen Gefahren für Leben und Gesundheit, sondern hierfür auch erforderlich war und dabei nicht außer Verhältnis zum Ziel stand.

Diese Anforderungen sind im vorliegenden Fall erfüllt. Der wegen der für Passanten im öffentlichen Verkehrsbereich bestehenden Gefahren für Leben und Gesundheit gebotene Abbruch konnte auch nicht durch Maßnahmen des Substanzerhalts als milderes Mittel in gleich effektiver Weise ersetzt werden. Nach den Feststellungen des Beklagten verfügte das Gebäude weder über Innenwände noch Deckenelemente noch ein intaktes Dachtragwerk und die weitgehende äußere Hülle schloss eine sinnvolle wirtschaftliche Nutzung aus. Dem ist der Kläger auch im verwaltungsgerichtlichen Verfahren nicht entgegengetreten.

Ein milderes Mittel zeigte auch der Einwand des Klägers aus seiner Stellungnahme im Rahmen seiner Anhörung vom 16.3.2018 ohne Erfolg dahingehend auf, dass er gemeinsam mit seinen Miterben eventuell die Möglichkeit erhalte, das einsturzgefährdete Gebäude so durch bautechnische Maßnahmen abzustützen, dass die Gefahr für die öffentliche Ordnung dadurch erst einmal beseitigt sei. Zwar ist nach § 6 Abs. 2 Satz 1 SOG LSA der betroffenen Person auf Antrag zu gestatten, ein anderes, ebenso wirksames Mittel anzuwenden, sofern die Allgemeinheit dadurch nicht stärker beeinträchtigt wird. Gerade bei Beseitigungsverfügungen ist es aber nicht Sache der einschreitenden Behörde, in eingehendere Überlegungen darüber einzutreten, ob dem rechtswidrigen Zustand nicht vielleicht auch durch irgendwelche baulichen Änderungen abgeholfen werden könnte (vgl. BVerwG, Beschluss v. 12.6.1973 – IV B 58.72 –, juris, Rdnr. 5). Zur Wahrung der Interessen des Betroffenen reicht es vielmehr aus, dass die Behörde an ihrer Beseitigungsverfügung erst nicht festhalten darf, wenn der Betroffene ein von ihm als milder empfundenes, zur Beseitigung des rechtswidrigen Zustands ebenfalls geeignetes Mittel anbietet (vgl. BVerwG, Beschluss v. 12.6.1973 – IV B 58.72 –, juris, Rdnr. 5). Der Kläger stellte mit seinem erhobenen Einwand aber keinen hinreichenden Antrag im Sinne des § 6 Abs. 2 Satz 1 SOG LSA. Denn für einen solchen Antrag gegenüber der Beseitigungsverfügung einer Behörde muss ein ganz bestimmter Gegenvorschlag für die Abänderung des Bauwerks unterbreitet werden (vgl. BVerwG, Beschluss v. 30.8.1996 – 4 B 117.96 –, juris, Rdnr. 6; Beschluss v. 3.3.1966 – IV B 30.66 –, Beck-RS 1966, 31301604; Beschluss v. 29.9.1965 – IV B 214.65 –, BeckRS 1965, 31302545). Denn dem Eigentümer ist die Prüfung, welche anderen Maßnahmen konkret in Betracht kommen, nicht nur kraft seines Eigentumsrechts zugewiesen, sondern zudem tatsächlich leichter als der Bauaufsichtsbehörde möglich (vgl. Niedersächsisches OVG, Beschluss v. 6.5.2011 – 1 ME 14/11 –, juris, Rdnr. 13). Daher ist der Eigentümer gehalten, die Unterlagen vorzulegen, die für die Annahme eines Rückbaus einer baulichen Anlage auf ein rechtlich zulässiges und deshalb genehmigungsfähiges Maß als Austauschmittel erforderlich sind (vgl. OVG für das Land Nordrhein-Westfalen, Beschluss v. 18.Mai 2015 – 2 A 126/15 –, juris, Rdnr. 19; Beschluss v. 26.1.2015 – 7 A 1070/14 –, juris, Rdnr. 6). Der Kläger legte weder konkrete Unterlagen für eine Alternative vor noch setzte er sich näher mit der gegenteiligen Einschätzung der durch den Beklagten eingeholten Schadensanalyse und statischen Stellungnahme vom 25.10.2017 auseinander, dass selbst Sicherungsmaßnahmen nicht mehr gefahrlos möglich waren.

Die Erwägungen des Beklagten genügen auch in Ansehung der Auswahl des Klägers – gemeinsam mit den übrigen Miterben der Erbengemeinschaft(en) – als zu einem Abbruch zu Verpflichtenden den Erfordernissen des Verhältnismäßigkeitsgrundsatzes.

Ermessenserwägungen zur Auswahl unter Störern finden sich zwar nicht im Bescheid vom 5.4.2018, der sich nur auf die Feststellung der Störereigenschaft des Klägers beschränkt. Allerdings ist die Widerspruchsbehörde zur Änderung und Ersetzung auch der Ermessenserwägungen des Ausgangsbescheids befugt (vgl. BVerwG, Urteil v. 23.8.2011 – 9 C 2.11 –, juris, Rdnr. 20) und unterliegt dabei nicht den von § 114 Satz 2 VwGO gezogenen prozessrechtlichen Beschränkungen (vgl. OVG des Landes Sachsen-Anhalt, Beschluss v. 16.12.2021 – 3 M 169/21 –, juris, Rdnr. 10). Das Landesverwaltungsamt Sachsen-Anhalt hat in seinem Widerspruchsbescheid vom 11.1.2021 schließlich Erwägungen dazu angestellt, dass im Verhältnis zur Heranziehung der gesamtschuldnerisch verantwortlichen Miterben nach der verstorbenen Eigentümerin demgegenüber im Ergebnis Yves K. nicht als Verantwortlicher heranzuziehen ist. Für ihn ist das Landesverwaltungsamt Sachsen-Anhalt – wie bereits ausgeführt – zutreffend von der Annahme ausgegangen, dass er nicht bei Erlass des Bescheids, sondern erst seit seiner Eintragung im Grundbuch am 13.5.2022 und damit erst nach Vollzug des hier angefochtenen Bescheids Eigentümer des Grundstücks geworden ist. Denn zu diesem Zeitpunkt war die Gefahr durch den Zustand des Gebäudes mit seinem Abbruch bereits abgewehrt. Mithin kam er als Verantwortlicher im Sinne des § 8 Abs. 2 Satz 1 SOG LSA nicht in Betracht.

Soweit der Kläger im gerichtlichen Verfahren geltend macht, dass der Besitz am Grundstück wirksam übergegangen sei und Yves K. gemäß dem Grundstücksschenkungsvertrag ab dem 1.9.2000 auch die Verkehrssicherungspflicht für das Objekt übernommen habe, trägt dies nicht die Annahme eines Fehlers der Ermessensausübung des Beklagten und des Landesverwaltungsamts Sachsen-Anhalt. Denn Yves K. war im maßgebenden Zeitpunkt nicht als Verantwortlicher für das Grundstück im Sinne von § 8 Abs. 1 Satz 1 und Abs. 2 Satz 2 SOG LSA zu berücksichtigen.

Bereits die rechtliche Obliegenheit einer fehlerfreien Ermessensausübung wird erst mit der Eröffnung der Auswahlmöglichkeit, gegen welche von mehreren Personen im Sinne von § 7 und § 8 SOG LSA die Gefahrenabwehrmaßnahme gerichtet wird, begründet. Ein Ermessen hinsichtlich dieser Entscheidung wiederum wird erst eröffnet, wenn die Bauaufsichtsbehörde Kenntnisse von der Verantwortlichkeit mehrerer Personen erhält, wofür der Zeitpunkt des Erlasses der Abrissverfügung maßgebend ist (vgl. OVG für das Land Sachsen-Anhalt, Urteil v. 11.2.2008 – 2 M 4/08 –, juris, Rdnr. 4 f.). Im Zeitpunkt des Erlasses des Bescheids vom 5.4.2018 hatte der Beklagte die Miterben der im Grundbuch noch als Eigentümerin eingetragenen Erblasserin ermittelt und angehört. Dass der Besitz am verlassenen und einsturzgefährdeten vormaligen Wohnhaus tatsächlich von einem anderen als den Miterben – insbesondere von dem Eigentümer des benachbarten Grundstücks – ausgeübt wurde, hierfür ergaben sich, wie bereits zu § 8 Abs. 2 Satz 2 SOG LSA ausgeführt, nach der Erkenntnislage zum damaligen Entscheidungszeitpunkt jedoch keine tragfähigen Anknüpfungspunkte.

Zudem war der Beklagte bei dieser Sachlage und seiner Ermittlung der Miterben der im Grundbuch eingetragenen Eigentümerin nicht zu weitergehenden Ermittlungen zur Eigentums- und Besitzlage – auch nicht durch Anfrage zum Bodensonderungsverfahren – gehalten, wie es der Kläger einwendet. Erfordert ein gesetzwidriger Zustand sofortige Gegenmaßnahmen und lässt sich nicht sogleich mit letzter Sicherheit der Verantwortliche unter mehreren in Betracht kommenden Störern feststellen, kann die Behörde einen der möglicherweise Pflichtigen in Anspruch nehmen (vgl. OVG des Landes Sachsen-Anhalt, Beschluss v. 10.6.2004 – 2 M 278/04 –, juris, Rdnr. 10). Zur Aufspürung möglicher Störer ist die Behörde nicht verpflichtet (vgl. VG Dessau, Beschluss v. 30.3.2004 – 1 B 88/04 –, juris, Rdnr. 7). Die Behörde muss auch den Weg über eine sofort vollziehbare Grundverfügung gehen und kann umgekehrt nicht den Eintritt der Voraussetzungen einer unmittelbaren Ausführung abwarten, weil diese nicht dazu bestimmt ist, der Behörde zu ermöglichen, die notwendige – endgültige – Klärung des Adressaten einer Ordnungsverfügung in Kenntnis der Gefahrenlage so lange hinauszuschieben, bis ein Zuwarten nicht mehr möglich ist, weil die Gefahrenlage zu eskalieren droht (vgl. OVG des Landes Sachsen-Anhalt, Beschluss v. 10.6.2004 – 2 M 278/04 –, juris, Rdnr. 10). Hier hätte eine weitergehende Ermittlung, Prüfung und Bewertung der zu diesem Zeitpunkt noch nicht umfänglich bekannten Vertragslage trotz der im Grundbuch eingetragenen Eigentümerin und trotz der schon umfänglich ermittelten Erben einen – weiteren – erheblichen Aufschub der Maßnahmen bedeutet. Dies war im Verhältnis zur fortbestehenden konkreten Gefahr für Leben und Gesundheit nicht angezeigt, vielmehr umgekehrt ein dann endlich zeitnahes bauaufsichtliches Einschreiten durch Erlass einer sofort vollzieh baren Grundverfügung geboten.

Im Hinblick auf die im zweiten Absatz des Bescheids vom 5.4.2018 angeordnete sofortige Vollziehung der bauaufsichtlichen Verfügung ist bei der gemäß § 88 VwGO gebotenen sachgerechten Auslegung des Klageantrags nicht anzunehmen, dass sich das Aufhebungsbegehren des Klägers hierauf erstreckt. Denn es handelt sich nicht um einen Verwaltungsakt, sondern um einen bloßen Annex zur Überwindung eines Vollzugshindernisses (vgl. OVG für das Land Schleswig-Holstein, Beschluss v. 2.9.1992 – 3 M 34/92 –, juris, Rdnr. 6; VGH Baden-Württemberg, Beschluss v. 7.1.1994 – 10 S 1942/93 –, juris, Rdnr. 14) und ein Rechtsschutz nach §§ 68 ff., § 42 Abs. 1 Alt. 1 und

§ 80 Abs. 1 VwGO wäre wegen Zirkularität unstatthaft, andernfalls die aufschiebende Wirkung von Widerspruch und Klage gegen die Anordnung wiederum die von ihr angeordnete Vollziehung außer Kraft setzte. Vielmehr ist der Rechtsschutz, wie er in § 80 Abs. 5 Satz 1 Alt. 2 VwGO vorgesehen und hier nicht verfahrensgegenständlich ist, als vorrangig anzusehen.

Die im dritten Absatz des verfügenden Teils des Bescheids vom 5.4.2018 ausgesprochene Androhung des Zwangsmittels der Ersatzvornahme ist rechtmäßig.

Die Rechtmäßigkeit der Androhung ist an der Rechtsgrundlage des § 1 Abs. 1 Nr. 2 und § 71 Abs. 1 VwVG LSA i. V. m. § 53, § 54 Abs. 1 Nr. 1 und Abs. 2 und § 59 SOG LSA zu messen.

Die formellen Voraussetzungen der Androhung sind erfüllt. Der Beklagte, der aufgrund seiner Zuständigkeit für den Erlass der auf die Handlung des Abbruchs gerichteten Bauordnungsverfügung (§ 56 Abs. 1 Satz 1 Nr. 1 und Satz 2 und § 57 Abs. 2 BauO LSA) auch für deren Durchsetzung zuständig war (§ 71 Abs. 2 Satz 1 VwVG LSA), benannte in der schriftlichen und zugestellten Androhung (§ 71 Abs. 1 VwVG LSA i. V. m. § 59 Abs. 1 Satz 2 und Abs. 6 Satz 1 und 2 SOG LSA) das mit der Ersatzvornahme bestimmte Zwangsmittel (§ 71 Abs. 1 VwVG LSA i. V. m. § 59 Abs. 3 Satz 1 SOG LSA). In der Androhung gab der Beklagte mit den von ihm auf 17 000,00 Euro geschätzten Kosten die voraussichtlichen Kosten an (§ 71 Abs. 1 VwVG LSA i. V. m. § 59 Abs. 4 SOG LSA). Zudem setzte der Beklagte durch seinen Verweis eine Frist von einem Monat zur Erfüllung der dem Kläger aufgegebenen Handlung (§ 71 Abs. 1 VwVG LSA i. V. m. § 59 Abs. 1 Satz 2 SOG LSA), indem die Androhung für den Fall ausgesprochen wurde, dass der Verfügung nicht bis zum Ablauf der im ersten Absatz des verfügenden Teils genannten Frist von einem Monat ab Bekanntgabe der Verfügung nachgekommen werde. Damit ist die kalendarisch bestimmbare Frist eindeutig in Bezug genommen, ohne dass es ihrer erneuten Benennung im dritten Absatz des verfügenden Teils bedurfte. Diese Frist war auch als angemessen anzusehen. Die in der Androhung zu setzende Frist muss so bemessen werden, dass es dem Pflichtigen möglich ist, seine Verpflichtung bis zu ihrem Ablauf zu erfüllen (vgl. OVG des Landes Sachsen-Anhalt, Urteil v. 30.7.2020 – 2 L 108/17 –, juris, Rdnr. 45; Beschluss v. 22.10.2012 – 2 M 22/12 –, juris, Rdnr. 40). Umgekehrt können die zu setzenden Fristen mit dem Grad der Gefahren und der Bedeutung der betroffenen Rechtsgüter bis auf ein Mindestmaß reduziert werden (vgl. OVG des Landes Sachsen-Anhalt, Beschluss v. 25.7.2019 – 2 L 44/17 –, juris, Rdnr. 38). Eine solche Reduzierung war mit der vorliegenden konkreten und erheblichen Gefahr geboten, ohne dass umgekehrt die Beauftragung eines Fachunternehmens zur Durchführung der Abbruchmaßnahmen als unmöglich erschien.

Die Androhung der Ersatzvornahme ist auch materiell rechtmäßig. Der Beklagte entsprach mit der Androhung den für ihn verbindlichen gesetzlichen

Vorgaben. Nach § 71 Abs. 1 VwVG LSA i. V. m. § 59 Abs. 2 Satz 2 SOG LSA soll die Androhung mit dem Verwaltungsakt, der auf eine sonstige Handlung gerichtet ist, verbunden werden, wenn ein Rechtsbehelf keine aufschiebende Wirkung hat. Die Voraussetzung dieser Soll-Vorschrift ist gegeben, weil der Beklagte zugleich die sofortige Vollziehung gemäß § 80 Abs. 2 Satz 1 Nr. 4 VwGO anordnete. Auf Rechtsfolgenseite führte dies zu einer Verpflichtung des Beklagten zur gleichzeitigen Androhung. Denn in dem Fall, dass die Ermessensausübung durch eine Soll-Vorschrift gesteuert wird, hat die zuständige Behörde ohnehin grundsätzlich so zu verfahren, wie es im Gesetz bestimmt ist. Liegen keine Umstände vor, die den Fall als atypisch erscheinen lassen, so bedeutet das »Soll« ein »Muss« (vgl. BVerwG, Urteil v. 26.10.2017 – 8 C 18.16 –, juris, Rdnr. 29; Urteil v. 14.1.1982 – 5 C 70.80 –, juris, Rdnr. 14). Dieser Fall ist hier gegeben. Atypische Umstände lagen nicht vor. Vielmehr hat der Beklagte im Zusammenhang mit der Begründung der Androhung ausgeführt, dass es nicht hinzunehmen sei, die Beseitigung der Gefahr weiter zu verzögern und so die Allgemeinheit länger als nötig diesen Gefahren auszusetzen. Dies sprach gerade auch in der Sache für eine Verbindung der Androhung mit der Begründung der gegebenenfalls und dann zeitnah zu vollstreckenden Handlungsverpflichtung.

Die im vierten Absatz des verfügenden Teils der bauaufsichtlichen Verfügung vom 5.4.2018 entschiedene Kostenlast des Klägers ist rechtmäßig.

Nach § 1 Abs. 1 Satz 1 Nr. 2 VwKostG LSA werden für Amtshandlungen im – wie hier gemäß § 57 Abs. 1 BauO LSA – übertragenen Wirkungskreis der Gebietskörperschaften Kosten (Gebühren und Auslagen) nach dem Verwaltungskostengesetz des Landes Sachsen-Anhalt erhoben. Die einzelnen Amtshandlungen, für die Gebühren erhoben werden sollen, und die Höhe der Gebühren sind gemäß § 3 Abs. 1 Satz 1 VwKostG LSA in Gebührenordnungen zu bestimmen. Eine solche Bestimmung liegt für Amtshandlungen der Bauaufsichtsbehörden gemäß § 1 Abs. 1 BauGVO vor. Diese auf die Ermächtigung des § 3 Abs. 2 Satz 2 VwKostG LSA zurückgehende Vorschrift bestimmt für Amtshandlungen der Bauaufsichtsbehörden die Erhebung von Kosten (Gebühren und Auslagen), die dem Grunde nach in Tarifstelle 11.1 Anlage 1 BauGVO auch den Gebührentatbestand der ordnungsbehördlichen Verfügung durch die Bauaufsichtsbehörden nach § 57 Abs. 2 BauO LSA umfassen.

Der Kläger, der nach der Entscheidung des Beklagten die Kosten für den Erlass der Abbruchanordnung zu tragen hat, ist auch Kostenschuldner gemäß § 5 Abs. 1 Satz 1 VwKostG LSA. Nach dieser Vorschrift ist Kostenschuldner derjenige, der zu der Amtshandlung Anlass gegeben hat. Da der Kläger, wie bereits dargelegt, als Teil der Erbengemeinschaft, die Eigentümerin des Grundstücks mit dem abzubrechenden vormaligen Wohnhaus war, als für die davon ausgehende konkrete Gefahr verantwortlich war, gab er ebenfalls zum bauaufsichtlichen Einschreiten des Beklagten Anlass.

Der mit der Kostengrundentscheidung verbundene Hinweis auf eine gesamtschuldnerische Haftung mit den weiteren Miterben der Erbengemeinschaft(en) entspricht ihrer Kostentragung als Gesamtschuldner gemäß § 5 Abs. 1 Satz 2 VwKostG LSA. Denn auch sie gaben als Verantwortliche gemäß § 8 Abs. 2 Satz 1 SOG LSA Anlass zur bauaufsichtlichen Verfügung.

Der Kostenfestsetzungsbescheid vom 6.11.2020, mit dem der Beklagte gegenüber dem Kläger Kosten für die Ersatzvornahme zur ordnungsrechtlichen Verfügung vom 15.6.2016 in Gestalt der Absperrkosten der Firma … im Zeitraum von Juli 2017 bis August 2018 in Höhe von 3 737,51 Euro festsetzte, ist rechtmäßig.

Eine Pflicht des Klägers zur Tragung dieser Kosten besteht dem Grunde nach.

Rechtsgrundlage für die Anforderung von Kosten der Ersatzvornahme in Gestalt eines Leistungsbescheids ist nach Maßgabe des § 74a VwVG LSA die gemäß § 71 Abs. 1 VwVG LSA anwendbare Vorschrift des § 55 Abs. 1 Satz 1 und Abs. 3 Satz 1 SOG LSA, wonach die Ersatzvornahme auf Kosten des Pflichtigen durchgeführt wird und die Kosten der Ersatzvornahme durch Leistungsbescheid festgesetzt werden. Voraussetzung für die Rechtmäßigkeit des Kostenerstattungsanspruchs ist die Rechtmäßigkeit der Ersatzvornahme (vgl. OVG des Landes Sachsen-Anhalt, Urteil v. 30.7.2020 – 2 L 108/17 –, juris, Rdnr. 35). Eine Ersatzvornahme wiederum ist rechtmäßig, wenn ein unanfechtbarer oder vollziehbarer und auf Vornahme einer Handlung gerichteter Verwaltungsakt sowie eine wirksame Androhung der Ersatzvornahme vorliegen (vgl. OVG des Landes Sachsen-Anhalt, Beschluss v. 19.2.2024 – 2 L 69/23 –, BA S. 2; Urteil v. 30.7.2020 – 2 L 108/17 –, juris, Rdnr. 35; Beschluss v. 22.10.2012 – 2 M 22/12 –, juris, Rdnr. 37).

Diese Voraussetzungen für die Entstehung eines Kostenerstattungsanspruchs waren erfüllt.

Gegenüber dem Kläger erließ der Beklagte mit der an demselben Tag zugestellten bauaufsichtlichen Verfügung vom 15.6.2016 einen Verwaltungsakt, dessen sofortige Vollziehung der Beklagte zugleich anordnete. Regelungsinhalt war die Vornahme einer Handlung in Gestalt der Absperrung vor dem Gebäude des hier gegenständlichen Grundstücks mittels Bauzaunfelder bis zum 17.6.2016. Damit lag ein wirksamer und vollziehbarer Verwaltungsakt vor, der zudem mangels Widerspruchs des Klägers mit Ablauf des 15.7.2016 bestandskräftig wurde.

Gründe für eine Nichtigkeit der sofort vollziehbaren bauaufsichtlichen Verfügung sind nicht ersichtlich. Auf die weitergehende Frage nach der Rechtmäßigkeit des Bescheids – einschließlich der Frage, ob der Kläger zu Recht als Verantwortlicher für die verfügte Handlungspflicht herangezogen wurde – kommt es für die Rechtmäßigkeit der Ersatzvornahme und die Entstehung des Kostenerstattungsanspruchs nicht an.

Mit diesem wirksamen Verwaltungsakt verband der Beklagte zugleich eine mit Zustellung wirksam werdende Androhung der Ersatzvornahme einschließlich Angabe der voraussichtlichen monatlichen Kosten.

Die Durchführung der Ersatzvornahme erweist sich ebenfalls als rechtmäßig. Dies gilt trotz des Umstands, dass allein dem Kläger und nicht den und nicht den erlegt wurde und die weiteren Miterben auch nicht zur Duldung der Vollstreckung verpflichtet wurden.

Zwar kann das Miteigentum an einem Grundstück ein Hindernis für den Vollzug einer bauaufsichtlichen Verfügung sein und setzt Duldungsverfügungen gegenüber anderen Miteigentümern voraus, wenn die anderen Miteigentümer mit den angeordneten Maßnahmen nicht einverstanden sind (vgl. BVerwG, Beschluss v. 25.1.2000 – 3 B 1.00 –, juris, Rdnr. 9; Urteil v. 28.4.1972 – IV C 42.69 –, juris, Rdnr. 32; OVG des Landes Sachsen-Anhalt, Beschluss v. 25.7.2019 – 2 L 44/17 –, juris, Rdnr. 43; Beschluss v. 14.4.2009 – 2 O 26/09 –, juris, Rdnr. 12).

Allerdings war das Grundeigentum der Erbengemeinschaft durch die vom Beklagten angeordneten Bauzaunfelder tatsächlich nicht betroffen. Denn deren Aufstellung hatte auf einer Fläche zu erfolgen, die sich ausschließlich im öffentlichen Verkehrsraum befand und von diesem aus auch erreichbar war. Dies ergibt sich aus der Regelung der Anlage zum Bescheid vom 15.6.2016, die ausschließlich die Aufstellung vor dem Grundstück kartiert.

Der Kostenerstattungsanspruch ist auch gegenüber dem Kläger entstanden.

Der Kläger ist Kostenschuldner gemäß § 74a Abs. 2 Satz 1 VwVG LSA. Die Ersatzvornahme richtete sich aufgrund der ihm auferlegten und vollstreckten Handlungspflicht gegen ihn. Mit der Entscheidung zur Heranziehung allein des Klägers für die Kosten der Ersatzvornahme genügte der Beklagte auch den Anforderungen an die Auswahl eines nach § 7 und § 8 SOG LSA Verantwortlichen als Kostenschuldner auf der sekundären Ebene der Kostenhaftung für Vollstreckungsmaßnahmen.

Anders als auf der primären Ebene der Gefahrenabwehr ist für den Bescheid über die Anforderung von Kosten einer Ersatzvornahme eine Betrachtung im Nachhinein geboten, ohne dass die Störerauswahl auf der primären Gefahrenabwehrebene die Auswahl des Kostenschuldners bei mehreren Kostenpflichtigen präjudiziert (vgl. VGH Baden-Württemberg, Urteil vom 24.1.2012 – 10 S 1476/11 –, juris, Rdnr. 25 ff.). Zur sachgerechten Ausübung zählt die Berücksichtigung der Greifbarkeit und Leistungsfähigkeit (vgl. OVG des Landes Sachsen-Anhalt, Beschluss v. 14.4.2009 – 2 O 26/09 –, juris, Rdnr. 13; VG Magdeburg, Urteil v. 22.12.2023 – 4 A 42/23 MD –, juris, Rdnr. 34), um zur Effektivität der Kostenbeitreibung diejenigen Kostenschuldner heranzuziehen, bei denen regelmäßig nach der Erkenntnislage zum Zeitpunkt des Erlasses des Kostenbescheids die Kosten möglichst rasch und leicht eingetrieben werden können (vgl. OVG Rheinland-Pfalz, Urteil v.

18.2.2010 – 1 A 10973/09 –, juris, Rdnr. 46). Da sich auf Sekundärebene die Kosten leichter aufteilen lassen, richtet sich die Auswahl zwischen den gleich leistungsfähigen Kostenschuldnern nach dem Gebot einer gerechten Lastenverteilung auch unter Berücksichtigung des Maßes der jeweiligen Verantwortlichkeit (vgl. VGH Baden-Württemberg, Urteil vom 24.1.2012 – 10 S 1476/11 –, juris, Rdnr. 27; VG Magdeburg, Urteil v. 22.12.2023 – 4 A 42/23 MD –, juris, Rdnr. 34).

Gemessen hieran hatte der Beklagte entgegen dem Einwand des Klägers nicht Yves K. als – anstelle des Klägers haftenden oder weiteren – Kostenschuldner zu berücksichtigen. Vielmehr hat ihn das Landesverwaltungsamt Sachsen-Anhalt, das gegenüber dem Kostenfestsetzungsbescheid vom 6.11.2020 in seinem Widerspruchsbescheid vom 11.1.2023 erstmals Erwägungen zur Kostentragungspflicht des Klägers gerade im Verhältnis zu Yves K. angestellt hat, zutreffend unberücksichtigt gelassen.

Eine Berücksichtigung von Yves K. als Kostenschuldner scheidet schon aus, weil ihn keine Handlungspflicht zur Absperrung traf, die Gegenstand der Kosten der Ersatzvornahme ist und die nur gegenüber dem Kläger vollstreckbar bestimmt wurde.

Im Gegensatz zur Heranziehung zu den Kosten bei einer unmittelbaren Ausführung ohne vorausgehende Grundverfügung im einaktigen Vollstreckungsverfahren gemäß § 9 Abs. 2 Satz 1 SOG LSA (vgl. dazu VG Magdeburg, Urteil v. 22.12.2023 – 4 A 42/23 MD –, juris, Rdnr. 34; vgl. auch OVG Bremen, Urteil v. 30.11.2004 – 1 A 333/03 –, juris, Rdnr. 49 zu § 19 Abs. 3 BremVwVG) ist die Kostentragungspflicht in der gestreckten Vollstreckung gemäß § 74a Abs. 2 Satz 1 VwVG auf die Person, gegen die sich die Amtshandlung richtet, als die im Sinne des § 71 Abs. 1 VwVG LSA i. V. m. § 55 Abs. 1 Satz 1 SOG LSA betroffene Person begrenzt. Die Kostenschuldnerschaft wird – im Gegensatz zu § 9 Abs. 2 Satz 1 SOG LSA – nicht auf jede der in Betracht kommenden (bau-) polizeipflichtigen Verantwortlichen erstreckt. Die auf der Grundverfügung beruhende Ersatzvornahme richtete sich vielmehr ausschließlich gegen den zur Handlung Verpflichteten, hier dem Kläger. Weitere Kostenschuldner im Sinne des § 74a Abs. 2 Satz 2 VwVG LSA sind damit gerade nicht vorhanden, unter denen der Beklagte eine Auswahl hätte herbeiführen können.

Selbst wenn zugleich parallel zur Grundverfügung des Beklagten aufgrund der Dringlichkeit ein Fall der unmittelbaren Ausführung nach § 9 Abs. 1 SOG LSA vorlag und damit weitere als in der Grundverfügung benannte Vollstreckungsschuldner (vgl. zu dieser grundsätzlichen Möglichkeit einer Heranziehung anderer als im Grundverwaltungsakt Verpflichteter: OVG des Landes Sachsen-Anhalt, Beschluss v. 14.4.2009 – 2 O 26/09 –, juris, Rdnr. 11) auf der Grundlage des § 9 Abs. 2 Satz 1 SOG Kostenschuldner LSA sein konnten, führte dies jedenfalls nicht zur Kostentragungspflicht von Yves K. Er war auch insoweit nicht durch den Beklagten bei der Kostenschuldnerauswahl zu berücksichtigen. Denn es fehlt jedenfalls an der Voraussetzung des § 9 Abs. 2 Satz 1 SOG LSA, dass Yves K. Verantwortlicher nach § 7 oder § 8 SOG LSA war.

Seine Verantwortlichkeit als Eigentümer nach § 8 Abs. 2 Satz 1 SOG LSA für die vom vormaligen Wohnhaus ausgehenden Gefahren scheidet, wie bereits zur bauaufsichtlichen Abbruchverfügung ausgeführt, aus. Er wurde erst mit seiner Eintragung im Grundbuch am 13.5.2022 und damit nach Beendigung des Abbruchs des vormaligen Wohnhauses Eigentümer des Grundstücks. Zum Zeitpunkt seines Eigentumserwerbs am 13.5.2022 war die Gefahr durch den Zustand des Gebäudes mit seinem Abbruch jedoch bereits abgewehrt und Absperrungen der öffentlichen Verkehrsflächen nicht mehr notwendig.

Seine Verantwortlichkeit als Inhaber der tatsächlichen Gewalt über das Grundstück im Sinne von § 8 Abs. 1 Satz 1 und Abs. 2 Satz 2 SOG LSA vom Beginn der Absperrmaßnahmen bis Ende August 2018, als das Wohnhaus abgebrochen war und die Absperrmaßnahmen ausliefen, lässt sich auch unter Bewertung der Verhältnisse aus der rückschauenden Perspektive im Zeitpunkt des Erlasses des Kostenbescheids heraus nicht feststellen.

Die tatsächliche Gewalt über eine Sache umfasst den unmittelbaren Besitz im Sinne des § 854 BGB einschließlich der Gewalthabe als Besitzdiener nach § 855 BGB, ohne dass ein Besitzerwerbswille erforderlich ist, wobei die tatsächliche Gewalt eine gewisse Dauer der Beziehung, eine räumliche Zugänglichkeit und die Möglichkeit voraussetzt, zu jeder Zeit und beliebig auf die Sache einzuwirken. Maßgeblich sind die Verkehrsauffassung und eine zusammenfassende Würdigung aller Umstände (vgl. OVG des Landes Sachsen-Anhalt, Beschluss v. 22.7.2013 – 2 M 82/13 –, juris, Rdnr. 12).

Nach diesem Maßstab und den gegebenen Gesamtumständen war ein unmittelbarer Besitz des Yves K. am gegenständlichen Grundstück mit seinem Wohnhaus jedenfalls schon seit Ende 2005 nicht mehr gegeben. Denn er teilte im Schreiben seiner Bevollmächtigten an den Beklagten vom 4.6.2018 nachvollziehbar mit, dass er seit Eingang des Sonderungsbescheids des Landesamts für Vermessung und Geoinformation vom 12.8.2005 von der Richtigkeit der Grundbucheintragung – der Monika A. – ausgegangen sei. Er wurde nach den Angaben dieses Landesamts aus dessen Schreiben an die Prozessbevollmächtigten des Klägers vom 24.6.2018 auch tatsächlich am Bodensonderungsverfahren beteiligt. Ihm wurde der dort ergangene Bescheid zugestellt. Damit ist er spätestens seitdem vom Besitzrecht der im Grundbuch tatsächlich eingetragenen Eigentümerin und nicht (mehr) von einem eigenen Besitzrecht ausgegangen. Seitdem war von einer Ausübung eines unmittelbaren Besitzes, der sich hier gegebenenfalls im Nachgang zum Grundstücksschenkungsvertrag ab dem 1.9.2000 anschloss, nicht mehr auszugehen. Daher ist der Einwand des Klägers zum Vollzug des Grundstücksschenkungsvertrags hier nicht erheblich. Unerheblich ist auch der Verweis des Klägers darauf, dass er selbst erst seit dem Jahr 2018 von den Finanzbehörden als Grundsteuerschuldner herangezogen werde. Die steuerliche Veranlagung sagt schon nichts über die tatsächliche Ausübung unmittelbaren Besitzes aus. Zudem ist die späte Änderung der Veranlagung im Lichte der Berücksichtigung der Ergebnisse des Bodensonderungsverfahrens zu bewerten. Für eine Ausübung des Besitzes durch Yves K. ergaben sich auch keine Anhaltspunkte im Rahmen des am 2.6.2017 durchgeführten Ortstermins, der Grundlage für die vom Beklagten eingeholte Schadensanalyse und statische Stellungnahme vom 25.10.2017 war. Vielmehr spricht darüber hinaus für die fehlende Ausübung eines Besitzes durch Yves K., dass er sich keiner Rechte am hier gegenständlichen Grundstück mehr berühmte und unter anderem – der Kläger erst auf dem ordentlichen Rechtsweg den Vollzug des Eigentumsverschaffungsanspruchs des Yves K. durchsetzen musste. Damit nahm dieser umgekehrt für sich gerade kein Besitzrecht und keine Ausübung tatsächlicher Gewalt über das Grundstück in Anspruch.

Der Höhe nach ist der Kostenfestsetzungsbescheid ebenfalls nicht zu beanstanden.

Die Kostenfestsetzung beschränkt sich auf einen Teil der im Zuge der Ersatzvornahme getätigten Aufwendungen durch die Beauftragung eines Dritten. Denn für die weiteren Auslagen für den Zeitraum von Mitte Juni 2016 bis Juni 2017 sowie für die Zustellkosten und Gebühren nimmt der Kostenfestsetzungsbescheid lediglich auf den vorausgegangenen Bescheid vom 10.7.2017 Bezug, ohne eine dessen Festsetzung zu wiederholen oder gar wiederholend zu regeln.

Der Umfang der Kostentragung für die durch die mit der Beauftragung eines Dritten entstandenen Auslagen ist in § 74a Abs. 1 VwVG LSA bestimmt. Im Einzelnen hat weder der Kläger Einwände gegen die dabei berücksichtigten Kostenrechnungen des mit der Absicherung beauftragten Dritten erhoben noch ergeben sich Anhaltspunkte für einen unzutreffenden Ansatz der getätigten Aufwendungen, denen weiter nachzugehen wäre.

Der weitere Kostenfestsetzungsbescheid vom 6.11.2020, mit dem der Beklagte gegenüber dem Kläger Gebühren und Auslagen für die bauaufsichtliche Verfügung vom 5.4.2018 sowie die Kosten der Ersatzvornahme der darin begründeten Handlungspflichten des Klägers festsetzte, erweist sich in der nach § 79 Abs. 1 Nr. 1 VwGO zu berücksichtigenden Gestalt des Widerspruchsbescheids vom 11.1.2023 als rechtmäßig.

Die Erstattungspflicht des Klägers als Kostenschuldner dem Grunde nach für die Gebühren und Auslagen zur bauaufsichtlichen Verfügung vom 5.4.2018 folgt aus deren Regelung der Kostengrundentscheidung im vierten Absatz des verfügenden Teils dieses Bescheids. Diese Kostengrundentscheidung erweist sich nach den hierzu bereits gemachten Ausführungen als rechtmäßig.

Auf dieser Grundlage erweist sich der Umfang der in Ansatz gebrachten Kosten als rechtmäßig.

Der Ansatz der Zustellkosten gründet sich auf § 1 Abs. 1 Satz 1 Nr. 2 und § 3 Abs. 1 Satz 2 und § 14 Abs. 2 Nr. 1 VwKostG LSA i. V. m. § 1 Abs. 6 Satz 1 BauGVO. Gegen die konkrete Höhe der Kosten von 20,70 Euro ergeben sich keine Bedenken.

Der Rahmen der festsetzbaren Gebühr von ordnungsbehördlichen Verfügungen durch die Bauaufsichtsbehörden nach § 57 Abs. 2 BauO LSA in § 1 Abs. 1 Satz 1 Nr. 2 und § 3 Abs. 1 Satz 1 und Abs. 2 Satz 2 VwKostG LSA i. V. m. § 1 Abs. 1 BauGVO und Tarifstelle 11.1 Anlage 1 BauGVO beträgt 50,00 Euro bis 1 500,00 Euro. Die vom Beklagten in Ansatz gebrachte Gebühr von 500,00 Euro im ersten Drittel dieses Gebührenrahmens begegnet der Höhe nach keinen Bedenken. Bei der Bestimmung der konkreten Gebühr nach einem vorgegebenen Gebührenrahmen eines minimalen und eines maximalen Gebührenwerts handelt es sich um eine Ermessensentscheidung (vgl. BVerwG, Urteil v. 13.10.2020 – 10 C 23.19 – juris, Rdnr. 14; OVG des Landes Sachsen-Anhalt, Urteil v. 30.1.2024 – 2 L 134/21 –, juris, Rdnr. 26; Beschluss v. 15.1.2018 – 3 L 15/17 –, juris, Rdnr. 7). Hierbei hat die zuständige Behörde die Bemessungsgrundsätze gemäß § 10 VwKostG LSA als gesetzliche Grenze und Zweck, deren Einhaltung durch das Gericht nach § 114 Satz 1 VwGO zu überprüfen ist, zu berücksichtigen (vgl. OVG des Landes Sachsen-Anhalt, Urteil v. 30.1.2024 – 2 L 134/21 –, juris, Rdnr. 26 unter Bezugnahme auf Niedersächsisches OVG, Beschluss v. 16.6.2020 – 11 LC 138/19 –, juris, Rdnr. 44 zu § 9 Abs. 1 NVwKostG). Nach § 10 Abs. 1 VwKostG LSA hat die Behörde, wenn für den Ansatz einer Gebühr durch die Gebührenordnung ein Rahmen bestimmt ist und soweit die Gebührenordnung nichts anderes vorschreibt, bei Festsetzung der Gebühr das Maß des Verwaltungsaufwands, den Wert des Gegenstands der Amtshandlung, den Nutzen oder die Bedeutung der Amtshandlung für den Gebührenschuldner zu berücksichtigen. Der Beklagte hat ausweislich seiner Ermessenerwägungen entscheidend auf das Kriterium des Maßes des Verwaltungsaufwands abgestellt, weil ein positiver Nutzen für den Kläger nicht feststellbar sei. Dieser Ausgangspunkt begegnet keinen rechtlichen Bedenken. Denn bei für den Betroffenen nachteiligen Amtshandlungen wie einem – wie hier – belastenden Verwaltungsakt kommt dem Nutzen und der Bedeutung der Amtshandlung keine Bedeutung zu, so dass bei Eingriffsakten für die Gebührenbemessung allein der Verwaltungsaufwand maßgeblich ist (vgl. OVG des Landes Sachsen-Anhalt, Urteil v. 30.1.2024 – 2 L 134/21 –, juris, Rdnr. 26; Beschluss v. 15.1.2018 – 3 L 15/17 –, juris, Rdnr. 9; Niedersächsisches OVG, Urteil v. 27.9.2017 – 13 LC 218/16 –, juris, Rdnr. 120). Auf dieser Grundlage hat der Beklagte seine Erwägungen weiterhin darauf gestützt, dass der Aufwand durch die Hinzuziehung eines Sachverständigen geprägt wurde und mehrere Ortsbesichtigungen unabdingbar waren. Diese Erwägungen genügen den Anforderungen an die Ermessensausübung. Denn die Behörde muss ihren Verwaltungsaufwand für die konkrete Amtshandlung nicht durch eine bis ins Einzelne gehende betriebswirtschaftliche Kostenberechnung ermitteln und ist vielmehr grundsätzlich berechtigt, von einem durchschnittlichen Verwaltungsaufwand auszugehen (vgl. Niedersächsisches OVG, Beschluss v. 16.6.2020 – 11 LC 138/19 –, juris, Rdnr. 44). Anhaltspunkte für eine Ausnahme sind mit Blick auf die ohnehin im ersten Drittel des Gebührenrahmens festgesetzte Gebühr nicht ersichtlich.

Die Kostenpflicht dem Grunde nach für die Kosten der Ersatzvornahme in Gestalt der Gebühren und Auslagen beim Abbruch des vormaligen Wohnhauses folgt aus § 74a und § 71 Abs. 1 VwVG LSA i. V. m. § 55 Abs. 1 Satz 1 und Abs. 3 Satz 1 SOG LSA. Die dafür erforderliche Rechtmäßigkeit der Ersatzvornahme (vgl. OVG des Landes Sachsen-Anhalt, Urteil v. 30.7.2020 – 2 L 108/17 –, juris, Rdnr. 35), dass ein unanfechtbarer oder vollziehbarer und auf Vornahme einer Handlung gerichteter Verwaltungsakt sowie eine wirksame Androhung der Ersatzvornahme vorliegen (vgl. OVG des Landes Sachsen-Anhalt, Beschluss v. 19.2.2024 – 2 L 69/23 –, BA S. 2; Urteil v. 30.7.2020 – 2 L 108/17 –, juris, Rdnr. 35; Beschluss v. 22.10.2012 – 2 M 22/12 –, juris, Rdnr. 37), ist gegeben. Der dem Kläger zugestellte Bescheid vom 15.6.2016 war wirksam (und nach den vorstehenden Ausführungen überdies rechtmäßig), mit der zugleich getroffenen Anordnung vollziehbar und enthielt eine wirksame Androhung. Die Durchführung der Ersatzvornahme begegnet ebenfalls keinen rechtlichen Bedenken. Denn mit den im Wesentlichen gleich lautenden Verfügungen gegenüber den weiteren Miterben waren auch sie zum Abbruch vollziehbar verpflichtet. Gesonderter Duldungsverfügungen bedurfte es daher nicht.

Den Kläger zieht der Beklagte auch zu Recht als Kostenschuldner heran. Denn er haftet mit den weiteren Miterben der Erbengemeinschaft(en) auf der Grundlage des § 74a Abs. 2 Satz 1 und 2 VwVG LSA als Gesamtschuldner. Die Ersatzvornahme richtete sich aufgrund der ihnen auferlegten und vollstreckten Abbruchpflicht gegen den Kläger und gegen die weiteren Miterben. Mit der Entscheidung zu ihrer Heranziehung genügte der Beklagte auch den Anforderungen an die Auswahl eines nach § 7 und § 8 SOG LSA Verantwortlichen als Kostenschuldner auf der sekundären Ebene der Kostenhaftung für Vollstreckungsmaßnahmen. Denn entgegen dem Einwand des Klägers, dass der Beklagte bezüglich der Kosten ohne Weiteres die Möglichkeit gehabt habe, eine neue eigene Entscheidung über die Kostentragungspflicht unabhängig von der vorangegangenen Beseitigungsaufforderung zu treffen, war auch hierfür Yves K. als – anstelle der Miterben haftender oder weiterer – Kostenschuldner nicht zu berücksichtigen. Yves K. gehörte schon nicht zu den auf der gefahrenabwehrrechtlichen Primärebene zum Abbruch durch Verwaltungsakt Verpflichteten, so dass die Amtshandlung der Ersatzvornahme sich nicht im Sinne des § 74a Abs. 2 Satz 1 VwVG LSA und § 55 Abs. 1 Satz 1 SOG LSA gegen ihn als betroffene Person richtete. Überdies gelten die vorstehenden Ausführungen zur Rechtmäßigkeit des weiteren Kostenbescheids vom 6.11.2020, dass Yves K. kein Verantwortlicher gemäß § 7 oder § 8 SOG

LSA war (vgl. Ziff. 2. a) cc) (2) (a) und (b)), hier in gleicher Weise. Denn der maßgebliche Zeitpunkt für die Beurteilung der Voraussetzungen dieser Vorschriften im Zusammenhang mit einer Störerauswahl als Kostenschuldnerauswahl auf der sekundären Ebene der Kostenentscheidung nach einer Gefahrenabwehrmaßnahme ist für beide zeitgleich ergangenen Kostenfestsetzungsbescheide identisch.

Der Höhe nach sieht der Gebührentatbestand für die hier durchgeführte Ersatzvornahme im Sinne des § 71 VwVG LSA i. V. m. § 55 SOG LSA gemäß § 74a Abs. 1 und § 74b Abs. 1 und 3 VwKostG LSA i. V. m. § 1 Nr. 8 und § 9 VKostO LSA einen Gebührenrahmen von mindestens 10,00 Euro und höchstens 1 000,00 Euro vor. Die vom Beklagten in Ansatz gebrachte Gebühr von 350,00 Euro ist rechtmäßig. Bei der vorzunehmenden Ermessensentscheidung hat die zuständige Behörde bei der Festsetzung der Gebühr die gesetzlich bestimmten Gesichtspunkte des § 74b Abs. 3 VwVG LSA zu berücksichtigen. Nach dieser Vorschrift, die den Rahmen für den in der Kostenordnung zum Verwaltungsvollstreckungsgesetz des Landes Sachsen-Anhalt bestimmten Gebührentatbestand vorzeichnet, sind für die Erzwingung von Handlungen, Duldungen und Unterlassungen die Gebührensätze nach dem Verwaltungsaufwand oder nach dem Wert des Gegenstands der Amtshandlungen zu bemessen. In Anwendung dieses Maßstabs sind Ermessensfehler nicht festzustellen. Der Beklagte hat sein Ermessen ausgeübt. Als Ausgangspunkt seines Ermessens hat der Beklagte zwar auf die Anwendung des § 10 Abs. 1 VwKostG LSA abgestellt, der mangels Verweises des § 74a Abs. 3 VwVG LSA im vorliegenden Fall keine Anwendung findet. Der Maßstab des § 10 Abs. 1 VwKostG LSA ist jedoch in Ansehung des zu berücksichtigenden Verwaltungsaufwands und des Werts des Gegenstands der Amtshandlung mit dem Maßstab des § 74b Abs. 3 VwVG LSA identisch. Der Beklagte hat gerade ermessenleitend auf den Verwaltungsaufwand abgestellt. Für ihn verweist der Beklagte auf Vorbereitungstermine, die Auswertung der Angebote und die Überwachung einschließlich Abnahmetermin, wobei keine Bauüberwachung durch einen Statiker erforderlich gewesen sei. Diese Erwägungen zu einem jedenfalls mittleren Verwaltungsaufwand erscheinen für einen Ansatz im noch unteren Drittel des Gebührenrahmens als ermessensgerecht.

Die Festsetzung der Höhe der Kosten der Durchführung der Ersatzvornahme betrifft mit der Teilaufhebung des Kostenfestsetzungsbescheids vom 6.11.2020 in Höhe von 27,56 Euro durch Ziffer 2 des Widerspruchsbescheids vom 11.1.2023 allein noch einen Betrag von 11 537,35 Euro. Gegen die dafür in Ansatz gebrachten Rechnungen der durch den Beklagten beauftragten Dritten vom 26.10.2017 und vom 31.8.2018 hat der Kläger auch im verwaltungsgerichtlichen Verfahren keine Einwände erhoben. Für die verbleibende Festsetzung ergeben sich auch sonst keine Anhaltspunkte für Bedenken, denen weiter nachzugehen wäre. …

Nr. 92

Die Anordnung des Sofortvollzuges bei Anordnungen auf baurechtlichem Gebiet, namentlich einer auf § 58 Abs. 2, § 80 Satz 2 LBO gestützten Maßnahme, ist regelmäßig schon dann gerechtfertigt, wenn die Voraussetzungen einer Nutzungsuntersagung vorliegen.

Es besteht ein öffentliches Interesse daran, dass die Genehmigungspflicht beachtet wird.

Es gibt keinen Anspruch auf Fortsetzung einer illegalen Nutzung und Sicherung daraus erzielter Vorteile.

(Leitsätze der Redaktion)

BauNVO § 4; LBO § 58 Abs. 2, § 80 Satz 2.

Verwaltungsgericht Schleswig-Holstein, Beschluss v. 18. Juli 2024 – 8 B 16/24 –.

Aus den Gründen:

Der Antrag wird abgelehnt. Soweit der Antrag zulässig ist, ist er jedoch unbegründet.

Zunächst sind die formellen Anforderungen an die Sofortvollzugsanordnung, insbesondere das Begründungserfordernis gem. § 80 Abs. 3 Satz 1 VwGO, erfüllt. Diese ist bei Anordnungen auf baurechtlichem Gebiet, namentlich einer auf § 59 Abs. 1 Satz 2, Abs. 2 Nr. 4 LBO 2019 (§ 58 Abs. 2, § 80 Satz 2 LBO 2022/2024) gestützten Maßnahme, regelmäßig schon dann gerechtfertigt, wenn die Voraussetzungen einer Nutzungsuntersagung vorliegen. Es besteht ein öffentliches Interesse daran, dass die Genehmigungspflicht beachtet wird. Im Hinblick auf die negative Vorbildwirkung formell rechtswidriger Nutzungen sowie auf die Kontrollfunktion des Bauordnungsrechts sind nur geringe Anforderungen an die Begründung der Vollziehungsanordnung zu stellen (st. Rspr. der Kammer, Beschluss v. 31.5.2024 – 8 B 12/24 – juris Rdnr. 41; vgl. auch OVG C-Stadt, Beschluss v. 20.12.2017 – 1 MB 18/17 – juris Rdnr. 9). Insofern ist die Begründung der Antragsgegnerin nicht zu beanstanden, indem sie für die Rechtfertigung der sofortigen Vollziehung im öffentlichen Interesse insbesondere darauf abgestellt hat, dass eine ungenehmigte Nutzungsänderung die vorbeugende Kontrolle von genehmigungsbedürftigen Vorhaben durch die Bauaufsicht verhindert, sie geeignet ist, ungerechtfertigte Vorteile gegenüber denjenigen gesetzestreuen Bürgerinnen und Bürgern herbeizuführen, die zunächst den Ausgang des Genehmigungsverfahrens abwarten und gegen die nicht eingeschritten wird, auch zum Vorbild für andere werden kann, sich ähnlich zu verhalten. Denn seit Erlass der Nutzungsuntersagung seien mittlerweile Beschwerden bei der unteren Bauaufsichtsbehörde eingegangen. Die aktuelle Situation erwecke den Eindruck, die Bauaufsicht toleriere Nutzungen entgegen der erteilten Baugenehmigung.

Der Gleichheitssatz verlange eine Gleichbehandlung der gleichgelagerten Fälle, in denen anderen Eigentümern gegenüber Nutzungsuntersagungen mit Sofortvollzugsanordnungen ausgesprochen worden seien. Ein weiteres Abwarten auf den Ausgang des verwaltungsgerichtlichen Verfahrens sei gegenüber anderen Betroffenen und angrenzenden Bewohnern des Holms nicht zu rechtfertigen.

In materieller Hinsicht gilt Folgendes:

Die gerichtliche Entscheidung nach § 80 Abs. 5 Satz 1 VwGO ergeht auf der Grundlage einer umfassenden Interessenabwägung, deren Gegenstand das private Aufschubinteresse und das öffentliche Interesse an der Vollziehung des Verwaltungsakts sind. Die Entscheidung des Gerichts nach § 80 Abs. 5 Satz 1 VwGO beruht gleichermaßen auf einer Interessenabwägung. Hat die Behörde die sofortige Vollziehung angeordnet, kommt es darauf an, ob die Behörde zu Recht das öffentliche Interesse an der sofortigen Vollziehung höher gewichtet hat als das private Interesse, bis zum rechtskräftigen Abschluss des Hauptsacheverfahrens den Verwaltungsakt nicht befolgen zu müssen. Im Rahmen dieser Interessenabwägung können auch Erkenntnisse über die Rechtmäßigkeit und die Rechtswidrigkeit des Verwaltungsakts, der vollzogen werden soll, Bedeutung erlangen, allerdings nicht als unmittelbare Entscheidungsgrundlage, sondern als in die Abwägung einzustellende Gesichtspunkte, wenn aufgrund der gebotenen summarischen Prüfung Erfolg oder Misserfolg des Rechtsbehelfs offensichtlich erscheinen. Lässt sich bei der summarischen Überprüfung die Rechtswidrigkeit des angefochtenen Bescheides ohne weiteres feststellen, ist sie also offensichtlich, so ist die aufschiebende Wirkung des Rechtsbehelfs wiederherzustellen oder anzuordnen, weil an der sofortigen Vollziehung eines offensichtlich rechtswidrigen Bescheides kein öffentliches Interesse bestehen kann. Erweist sich nach der genannten Überprüfung der angefochtene Bescheid als offensichtlich rechtmäßig, bedarf es neben der Rechtmäßigkeit des angefochtenen Bescheides noch eines besonderen öffentlichen Vollziehungsinteresses, das mit dem Interesse am Erlass des Verwaltungsakts nicht identisch, sondern vielmehr ein qualitativ anderes Interesse ist. Dieses besondere öffentliche Vollziehungsinteresse ist von der Behörde gemäß § 80 Abs. 3 Satz 1 VwGO gesondert zu begründen (st. Rspr. seit OVG C-Stadt, Beschluss v. 6.8.1991 – 4 M 109/91 – juris Rdnr. 3).

Nach diesem Maßstab ist das öffentliche Interesse an der sofortigen Vollziehung der Nutzungsuntersagung vom 25.10.2021 höher zu bewerten als das Interesse des Antragstellers zu 2) an der vorläufig weiteren Nutzung der Ferienwohnung. Die Nutzungsuntersagung erweist sich nach den erkennbaren Umständen nach der summarischen Prüfung als offensichtlich rechtmäßig.

Maßgeblicher Zeitpunkt für die rechtliche Überprüfung einer bauordnungsrechtlichen Nutzungsuntersagung als Verwaltungsakt mit Dauerwirkung ist die letzte mündliche Verhandlung – bzw. im Eilverfahren der Zeitpunkt der Entscheidung des Gerichts – (vgl. OVG C-Stadt, Beschluss v. 8.5.2020 – n. V. BA S. 6 m. w. N.; Beschluss v. 25.6.2020 – 1 MB 31/19 – juris Rdnr. 26).

Seine Rechtsgrundlage findet der Verwaltungsakt in § 59 Abs. 1 Satz 2, Abs. 2 Nr. 4 LBO 2019 bzw. nunmehr in §§ 58 Abs. 2, 80 Satz 2 LBO 2022/2024. Danach haben die Bauaufsichtsbehörden bei der Errichtung, Änderung, Nutzungsänderung und Beseitigung sowie bei der Nutzung und Instandhaltung von Anlagen darüber zu wachen, dass die öffentlich-rechtlichen Vorschriften eingehalten werden, soweit nicht andere Behörden zuständig sind. Sie können in Wahrnehmung dieser Aufgaben die erforderlichen Maßnahmen treffen. Werden Anlagen im Widerspruch zu öffentlich-rechtlichen Vorschriften genutzt, kann die Nutzung untersagt werden.

Diese tatbestandlichen Voraussetzungen der vorgenannten Normen liegen vor. In aller Regel rechtfertigt bereits die sich aus dem Fehlen einer im Einzelfall notwendigen Baugenehmigung für die konkrete Nutzung einer baulichen Anlage ergebende formelle Illegalität den Erlass einer Nutzungsuntersagung. Da die Nutzungsuntersagung in erster Linie die Funktion hat, den Bauherrn auf das Genehmigungsverfahren zu verweisen, muss grundsätzlich nicht geprüft werden, ob das Vorhaben auch gegen materielles Recht verstößt (st. Rspr. OVG Schleswig, Beschluss v. 16.9.2020 – 1 MB 12/20 – juris Rdnr. 11 m. w. N.). Vorliegend verfügt der Antragsteller zu 2) unstreitig nicht über eine – hier für die von der Wohnnutzung zu unterscheidende eigenständige Nutzungsart »Ferienwohnnutzung« (vgl. ausführlich OVG C-Stadt, a. a. O., Rdnr. 13, 24) notwendige – Baugenehmigung. Unbestritten verfügt das Grundstück C-Straße seit 1901 über eine Baugenehmigung als Wohngebäude. Die von den Antragstellern am 25.4.2022 beantragte Nutzungsänderung zur Nutzung einer Wohnung als Ferienwohnung wurde jedoch mit Bescheid der Antragsgegnerin vom 16.5.2022 abgelehnt, der hiergegen eingelegte Widerspruch negativ beschieden (Widerspruchsbescheid vom 5.7.2022) und hiergegen wiederum Klage erhoben (Klagerweiterung vom 8.8.2022 in dem Verfahren 8 A 15/22; hiervon abgetrennt mit dem neuen Aktenzeichen 8 A 54/24). Die – ebenfalls unstreitig – seit 2019 von den Antragstellern praktizierte tatsächliche Nutzung einer Wohnung in der C-Straße als Ferienwohnung ist folglich formell illegal und damit im Widerspruch zu öffentlich-rechtlichen Vorschriften erfolgt.

Allerdings darf eine formell rechtswidrige Nutzung aus Gründen der Verhältnismäßigkeit regelmäßig dann nicht untersagt werden, wenn sie offensichtlich genehmigungsfähig bzw. bei verfahrensfreien Vorhaben offensichtlich zulässig ist (st. Rspr. der Kammer, vgl. Beschluss v. 31.5.2024 – 8 B 12/24 – juris Rdnr. 48; vgl. auch OVG C-Stadt, Beschluss v. 16.1.2018 – 1 MB 22/17 – juris Rdnr. 8) oder materiellen Bestandsschutz genießt (OVG Schleswig, Beschluss v. 4.4.2011 – 1 LA 96/10 – juris Rdnr. 8). Die Beschränkung auf eine Offensichtlichkeitsprüfung nimmt der Bauaufsichtsbehörde dabei eine vollständige Vorausprüfung der Genehmigungsfähigkeit ab. Nach Sinn und Zweck ist es nämlich nicht Aufgabe der Bauaufsichtsbehörde in einem Verfahren, in dem durch die Ausübung baurechtlicher Eingriffsbefugnisse die ungenehmigte Nutzung unterbunden werden soll, gleichsam insoweit die Prüfung in einem künftigen Genehmigungsverfahren vorwegzunehmen (OVG Schleswig, Beschluss v. 8.5.2020 – 1 LA 52/17 – n. V. BA S. 10 f. m. w. N.). Von der offensichtlichen Genehmigungsfähigkeit kann jedoch nur dann gesprochen werden, wenn die Bauaufsichtsbehörde ohne weitere Ermittlungen erkennen kann, dass die bauliche Anlage und ihre Nutzung dem öffentlichen Baurecht entsprechen. Es muss mit anderen Worten geradezu handgreiflich sein und keiner näheren Prüfung bedürfen, dass der vom Bauherrn gewünschte Zustand dem öffentlichen Baurecht vollständig entspricht (OVG Schleswig, Beschluss v. 23.3.2023 – 1 MB 18/22 – juris Rdnr. 35; Beschluss v. 25.6.2020 – 1 MB 31/19 – juris Rdnr. 24 m. w. N.). Vorliegend scheidet eine solche offensichtliche Genehmigungsfähigkeit bereits deshalb aus, weil der gestellte Nutzungsänderungsantrag der Antragsteller vom 25.4.2022 – wie dargestellt – abgelehnt wurde und hierüber ein Klageverfahren (8 A 54/24) anhängig ist.

Diese Ablehnung ist auch nicht offensichtlich rechtswidrig, mithin die Nutzungsänderung offensichtlich genehmigungsfähig. Eine derartige offensichtliche Genehmigungsfähigkeit ist hier nicht ersichtlich (wird ausgeführt).

Das Vorhaben genießt letztlich keinen Bestandsschutz im Sinne der textlichen Festsetzung in Ziffer 2a) des Bebauungsplans Nr. 11 »Holm«, da die Nutzungsänderung unstreitig erst 2019 und damit nach dem Wirksamwerden des Bebauungsplans am 18.12.1966 erfolgt ist.

Die Antragsgegnerin hat auch im Übrigen das ihr eingeräumte Ermessen fehlerfrei ausgeübt. Zwar finden sich in dem Bescheid vom 25.10.2021 und dem Widerspruchsbescheid keine ausdrücklichen Ausführungen zum angestellten Ermessen. Allerdings verweist sie auf eingegangene Beschwerden über Störungen und den Widerspruch der Nutzung zu dem materiellen Baurecht, die nicht genehmigungsfähig sei, so dass die Herstellung rechtmäßiger Nutzungen im Gebiet des Bebauungsplans Nr. 92 als einzig mögliche Maßnahme die Anordnung der Nutzungsuntersagung der Ferienwohnung sei. Auch wenn – wie dargestellt – der Bebauungsplan Nr. 11 weiterhin Gültigkeit besitzt, führt sie diesen in ihren Erwägungen zur materiellen Rechtswidrigkeit der Nutzungsänderung ebenfalls heran, so dass gegen die Ermessensausübung nichts zu erinnern ist. Insbesondere nicht vor dem Hintergrund, dass in den Fällen einer ungenehmigten Nutzung baulicher Anlagen – wie hier – in der Regel der Erlass einer Nutzungsuntersagung ermessensgerecht ist, denn die Auslegung der gesetzlichen Vorschriften ergibt, dass der Bauaufsichtsbehörde insoweit ein intendiertes Ermessen eingeräumt ist (vgl. OVG Schleswig, Beschluss v. 25.6.2020 – 1 MB 31/19 – juris Rdnr. 30 m. w. N.).

Letztlich führt die Interessenabwägung vorliegend nicht dazu, dass dem Aussetzungsinteresse des Antragstellers zu 2) trotz der Rechtmäßigkeit der Nutzungsuntersagung gegenüber dem öffentlichen Interesse an einer Umsetzung dieser Verfügung Vorrang gebührt. Wie bereits ausgeführt, überwiegt das öffentliche Vollziehungsinteresse bei Anordnungen auf baurechtlichem Gebiet, namentlich einer auf § 59 Abs. 1 Satz 2, Abs. 2 Nr. 4 LBO 2019 bzw. §§ 58 Abs. 2, 80 Satz 2 LBO 2022/2024 gestützten Maßnahme, regelmäßig schon dann, wenn die Voraussetzungen einer Nutzungsuntersagung vorliegen. Es besteht ein öffentliches Interesse daran, dass die Genehmigungspflicht beachtet wird, insbesondere im Hinblick auf die negative Vorbildwirkung formell rechtswidriger Nutzungen sowie auf die Kontrollfunktion des Bauordnungsrechts. Der Antragsteller zu 2) hat keine Gründe dazu vorgetragen, weshalb dies in seinem Fall anders sein sollte. Bei den von ihm erwähnten angestrebten Einnahmen durch die Ferienwohnungsvermietung zur Finanzierung der Immobilie handelt es sich nicht um schützenswerte Belange. Es gibt keinen Anspruch auf Fortsetzung einer illegalen Nutzung und Sicherung daraus erzielter Vorteile. Die erhoffte und wohl einkalkulierte dauerhafte Generierung von Mieten durch eine Mischnutzung teilweise als Ferienwohnung stellt eine bloße Exspektanz dar, die von Art. 14 Abs. 1 GG nicht erfasst wird. Hierbei handelt es sich nicht um schützenswerte Belange, die in die Abwägung mit eingestellt werden müssten (vgl. VG C-Stadt, Beschluss v. 31.5.2024 – 8 B 12/24 – juris Rdnr. 60; Beschluss v. 2.6.2022 – 2 B 12/22 – juris Rn 16). Der Antragsteller zu 2) trägt insoweit das Risiko einer ungenehmigten Nutzungsaufnahme (vgl. OVG Schleswig, Beschluss v. 24.8.2022 – 1 MB 9/22 – n. v. BA Seite 13). …

Nr. 93

Rechtmäßigkeit einer auf formeller und materieller Illegalität gestützten Nutzungsuntersagung.

Die Frage der inhaltlichen Richtigkeit einer solchen Ordnungsverfügung ist im Rahmen der Prüfung des § 80 Abs. 3 Satz 1 VwGO ohne Belang.

Im vom Darlegungsgrundsatz geprägten Beschwerdeverfahren obliegt es den Antragstellern, aufzuzeigen, aus welchen Gründen der angegriffene Beschluss unrichtig und deswegen aufzuheben ist.

(Leitsätze der Redaktion)

VwGO § 80 Abs. 3 Satz 1; BauO NRW § 82.

OVG Nordrhein-Westfalen, Beschluss v. 23. Juli 2024 – 10 B 507/24 –.

Aus den Gründen:

Die zulässige Beschwerde hat keinen Erfolg.

Das Verwaltungsgericht hat den Antrag der Antragsteller, die aufschiebende Wirkung der Klage 9 K 5015/23 hinsichtlich der in Ziffer 1 Satz 1 der Ordnungsverfügung der Antragsgegnerin vom 24.10.2023 angeordneten Nutzungsuntersagung wiederherzustellen und hinsichtlich der Zwangsgeldandrohung in Höhe von 2 000 Euro unter Ziffer 3 der Ordnungsverfügung anzuordnen, abgelehnt. Zur Begründung hat es im Wesentlichen ausgeführt: Die von der Antragsgegnerin zur Anordnung der sofortigen Vollziehung der Nutzungsuntersagung gegebene Begründung erfülle die Anforderungen des § 80 Abs. 3 Satz 1 VwGO. Sie stelle auf den Einzelfall ab. Ob die Ausführungen in der Sache zuträfen, sei im Rahmen der Prüfung des § 80 Abs. 3 Satz 1 VwGO ohne Bedeutung. Die sowohl auf die formelle als auch auf die materielle Illegalität gestützte Nutzungsuntersagung sei voraussichtlich rechtmäßig. Denn die Nutzung des Stall- und Garagengebäudes (im Bescheid bezeichnet als Gebäude Nr. 2) zu Wohnzwecken sei nach summarischer Prüfung sowohl formell als auch materiell baurechtswidrig. Die Wohnnutzung in Form der Unterbringung von vier Kindern sei genehmigungsbedürftig. Eine erforderliche, die Nutzung zu Wohnzwecken legalisierende Baugenehmigung liege nicht vor. Dessen ungeachtet sei die Nutzung des Gebäudes Nr. 2 zu Wohnzwecken auch materiell baurechtswidrig. Das Grundstück der Antragsteller liege im städtebaulichen Außenbereich. Die Voraussetzungen der in § 35 BauGB geregelten bauplanungsrechtlichen Zulassungstatbestände seien mit Blick auf das Vorhaben der Antragsteller nicht gegeben. Die Antragsgegnerin habe ihr Ermessen fehlerfrei ausgeübt. Das besondere öffentliche Interesse an der sofortigen Vollziehung sei gegeben. Der gegen die Zwangsgeldandrohung gerichtete Eilantrag habe ebenfalls keinen Erfolg.

Die fristgerecht dargelegten Gründe, auf deren Prüfung der Senat gemäß § 146 Abs. 4 Satz 6 VwGO beschränkt ist, rechtfertigen keine andere Entscheidung.

1. Die Antragsteller setzen den Ausführungen des Verwaltungsgerichts zur formellen Rechtmäßigkeit der Anordnung der sofortigen Vollziehung (§ 80 Abs. 3 Satz 1 VwGO) nichts Tragfähiges entgegen.

Die Begründung der Antragsgegnerin ist weder pauschal noch formelhaft, sondern stellt – wie das Verwaltungsgericht zutreffend angenommen hat – in (noch) ausreichender Weise auf den konkreten Einzelfall (Nutzungsuntersagung betreffend das Gebäude Nr. 2) ab. Der Bescheid verweist auf das öffentliche Interesse an einer geordneten Bebauung sowie auf die Abwehr von Gefahren für Leben und Gesundheit der Bewohner.

Dass die Begründung in einer Vielzahl von vergleichbaren Fällen ebenfalls zutreffen und so oder ähnlich lauten könnte, ändert an diesem Befund nichts. Vgl. OVG NRW, Beschluss v. 27.5.2021 – 2 B 1866/20 –, juris Rdnr. 8.

Inwiefern es dabei notwendig gewesen wäre, auf die »außerordentlichen Besonderheiten für das streitbefangene Baugrundstück« einzugehen, erläutern die Antragsteller nicht näher.

Schließlich greift der weitere Einwand der Antragsteller, die Begründung der Anordnung der sofortigen Vollziehung betreffe einen anderen Fall, wenn dort auf die Untersagung der Nutzung des Einfamilienhauses als Gefahrenabwehrmaßnahme abgestellt werde, obwohl es hier um ein ehemaliges Garagen-

und Stallgebäude gehe, nicht durch. Dies gilt schon deshalb, weil die Antragsbegründung sich nicht mit der Erwägung des Verwaltungsgerichts auseinandersetzt, die Frage der inhaltlichen Richtigkeit sei im Rahmen der Prüfung des § 80 Abs. 3 Satz 1 VwGO ohne Belang.

2. Ebenso verhelfen die Einwände der Antragsteller gegen die Erwägungen des Verwaltungsgerichts zur voraussichtlichen Rechtmäßigkeit der Nutzungsuntersagung der Beschwerde nicht zum Erfolg.

a. Die Antragsteller legen bereits nicht in einer den Anforderungen des § 146 Abs. 4 Satz VwGO genügenden Weise dar, woraus sich trotz der vom Verwaltungsgericht festgestellten formellen und materiellen Illegalität der Nutzung des Stall- und Garagengebäudes zu Wohnzwecken ein Anspruch auf Duldung der derzeitigen Nutzung – u. a. bis zur Klärung unterschiedlicher baurechtlicher Fragen – ergeben soll.

b. Die Behauptung, die Voreigentümer des Grundstücks hätten vor dem Verkauf angegeben, Mitarbeiter der Antragsgegnerin hätten ihnen gegenüber erklärt, sie dürften bis zu einer Neuerrichtung der genehmigten Doppelhaushälfte vorübergehend in dem als Garage bzw. Stall genehmigten Gebäude wohnen bleiben, trägt nicht. Eine hierzu angekündigte eidesstattliche Versicherung der Voreigentümer haben die Antragsteller bis heute nicht nachgereicht. Ungeachtet weiterer Erwägungen ist zudem nicht dargetan, dass eine etwaige mündliche Erklärung eines Mitarbeiters der Antragsgegnerin gegenüber den Voreigentümern des Grundstücks, zu deren Inhalt nichts Näheres vorgetragen wird, zur Rechtswidrigkeit der gegenüber den Antragstellern erlassenen Nutzungsuntersagung führen könnte.

c. Der Hinweis auf eine den Voreigentümern des Grundstücks am 26.7.2010 erteilte Baugenehmigung für ein Doppelhaus und ein Einfamilienhaus samt der daraus von den Antragstellern gezogenen Schlussfolgerung, erst recht dürfe ein familiengerechter Umbau bzw. eine Erweiterung des straßennah gelegenen Einfamilienhauses hinsichtlich seiner vorhandenen Grund- und Geschossfläche baurechtlich nicht problematisch sein, lässt einen unmittelbaren rechtlichen Bezug zur Rechtmäßigkeit der hier streitgegenständlichen Nutzungsuntersagung hinsichtlich des Gebäudes Nr. 2 vermissen.

d. Das Vorbringen der Antragsteller, sie bestritten, sich nicht um adäquaten Wohnraum bemüht zu haben, die von ihnen besichtigten Objekte seien vielmehr für sieben Personen mit Hund nicht in Frage gekommen, geht an der angefochtenen Entscheidung vorbei. Das Verwaltungsgericht hat nämlich ausgeführt, selbst dann, wenn es den Antragstellern nicht möglich gewesen sein sollte, binnen eines Monats eine hinreichend große Wohnung anzumieten, sei eine Unterbringung der Kinder bei den Großeltern unter Beteiligung des Jugendamtes möglich gewesen, die auch keines Vorlaufs von mehreren Wochen bedurft hätte.

3. Der Senat ist schließlich nicht gehalten, der Bitte der Antragsteller um Durchführung eines Ortstermins nachzukommen. Im vom Darlegungsgrund-

satz geprägten Beschwerdeverfahren obliegt es vielmehr den Antragstellern, aufzuzeigen, aus welchen Gründen der angegriffene Beschluss unrichtig und deswegen aufzuheben ist. Überdies ist die von den Antragstellern mit einem solchen Termin verbundene Erwartung, »Klarheit darüber (zu) bekommen, wie sie, und wenn ja, mit welchen Umbaumaßnahmen das straßennah vorhandene »Einfamilienhaus« (…) zu Wohnzwecken nutzen können«, nicht Gegenstand dieses, die Nutzung des Gebäudes Nr. 2 betreffenden Verfahrens. …

Nr. 94

§ 12 Abs. 1 Satz 1 BauO NRW konkretisiert die elementare bauordnungsrechtliche Sicherungsanforderung dahin, dass jede bauliche Anlage im Ganzen und in ihren einzelnen Teilen sowie für sich allein standsicher sein muss.

Mit dieser Forderung hat der Gesetzgeber der Erkenntnis Rechnung getragen, dass Mängel einer baulichen Anlage, die die Standsicherheit betreffen, zu einem vollständigen oder jedenfalls teilweisen Einsturz der baulichen Anlage führen können und damit eine erhebliche Gefahr für Leben und Gesundheit darstellen.

Standsicherheit meint die Fähigkeit einer baulichen Anlage, Belastungen auszuhalten, ohne ganz oder teilweise zusammenzustürzen. Die Standsicherheit einer baulichen Anlage folgt aus dessen Tragwerk.

(Leitsätze der Redaktion)

BauO NRW § 12, § 82 Abs. 1 Satz 2.

Verwaltungsgericht Köln, Urteil v. 24. Juli 2024 – 23 K 6041/21 –.

Aus den Gründen:

Die zulässige Klage ist unbegründet.

Die Ordnungsverfügung der Beklagten vom 29.10.2021, mit der die mündlich am 26.10.2021 verfügte »Räumungsverfügung« schriftlich bestätigt wurde, ist rechtmäßig und verletzt die Kläger nicht in ihren Rechten, § 113 Abs. 1 Satz 1 VwGO.

Bei der als »Räumungsverfügung« bezeichneten Verfügung handelt es sich der Sache nach um eine Nutzungsuntersagung.

Maßgeblicher Zeitpunkt für die rechtliche Überprüfung der angeordneten Nutzungsuntersagung ist die Sach- und Rechtslage im Zeitpunkt der letzten mündlichen Verhandlung. Bei der Nutzungsuntersagung handelt es sich um einen Dauerverwaltungsverwaltungsakt. Sie beinhaltet nicht nur das Gebot, die beanstandete Nutzung (einmalig) einzustellen, sondern auch das Verbot, auf Dauer dieselbe oder eine vergleichbare Nutzung dort wieder aufzunehmen. Somit kommt es in diesen Fällen nicht auf den Zeitpunkt der letzten Behördenentscheidung an, sondern auf den Zeitpunkt der (letzten) mündlichen Verhandlung, um die Rechtmäßigkeit der Verfügung bis zu diesem Zeitpunkt kontrollieren zu können. Vgl. hierzu: BVerwG, Beschluss v. 23.1.1989 – 4 B 132/88 –; OVG NRW, Urteil v. 19.12.1995 – 11 A 2734/93 –; VGH München, Beschluss v. 23.7.2018 – 15 ZB 17.1092 –, jeweils juris.

Der Bescheid ist formell nicht zu beanstanden. Insbesondere konnte die Beklagte wegen Gefahr im Verzug gemäß § 28 Abs. 2 Nr. 1 Alt. 1 VwVfG NRW von der grundsätzlich nach § 28 Abs. 1 VwVfG NRW erforderlichen Anhörung absehen. Aufgrund der zum Zeitpunkt des Erlasses der angefochtenen Ordnungsverfügung bestehenden Zweifel an der Standsicherheit des Wohnhauses der Kläger und der damit einhergehenden Gefahr für Leib und Leben der Kläger wäre bei Gewährung auch kürzester Anhörungsfristen ein Zeitverlust eingetreten, der zur Folge hätte, dass die Räumungsverfügung im Falle eines zwischenzeitlichen Schadenseintritts zu spät käme.

Die Ordnungsverfügung ist auch materiell rechtmäßig.

Rechtsgrundlage für die Nutzungsuntersagungsverfügung ist § 82 Abs. 1 Satz 2 BauO NRW. Nach dieser Vorschrift kann bei Anlagen, die im Widerspruch zu öffentlich-rechtlichen Vorschriften genutzt werden, diese Nutzung untersagt werden.

Die tatbestandlichen Voraussetzungen für den Erlass einer Nutzungsuntersagungsverfügung liegen vor.

Die Nutzung des Wohngebäudes verstößt gegen öffentlich-rechtliche Vorschriften, nämlich gegen die in § 12 Abs. 1 i. V. m. § 3 Abs. 1 BauO NRW enthaltenen Bestimmungen zur Standsicherheit.

Nach § 3 Abs. 1 Satz 1 BauO NRW sind Anlagen so anzuordnen, zu errichten, zu ändern und instand zu halten, dass die öffentliche Sicherheit und Ordnung, insbesondere Leben, Gesundheit und die natürlichen Lebensgrundlagen, nicht gefährdet werden. Ferner müssen Anlagen gemäß § 3 Abs. 1 Satz 3 BauO NRW bei ordnungsgemäßer Instandhaltung die allgemeinen Anforderungen des Satzes 1 ihrem Zweck entsprechend dauerhaft erfüllen und ohne Missstände benutzbar sein.

§ 12 Abs. 1 Satz 1 BauO NRW konkretisiert diese elementare bauordnungsrechtliche Sicherungsanforderung dahin, dass jede bauliche Anlage im Ganzen und in ihren einzelnen Teilen sowie für sich allein standsicher sein muss. Der Gesetzgeber hat damit der Erkenntnis Rechnung getragen, dass Mängel einer baulichen Anlage, die die Standsicherheit betreffen, zu einem vollständigen oder jedenfalls teilweisen Einsturz der baulichen Anlage führen können und damit eine erhebliche Gefahr für Leben und Gesundheit darstellen, vgl. OVG NRW, Beschluss v. 26.10.2000 – 10 A 4113/00 –, juris Rdnr. 2.

Standsicherheit i. S. d. § 12 BauO NRW meint die Fähigkeit einer baulichen Anlage, Belastungen auszuhalten, ohne ganz oder teilweise zusammenzustürzen. Die Standsicherheit einer baulichen Anlage folgt aus dessen Tragwerk. Dies entsteht durch die planmäßige Verbindung tragender Bauteile. Ein Tragwerk ist dann standsicher, wenn es der aus seiner Nutzung resultierenden

Beanspruchung mit ausreichender Sicherheit standhält. Es geht also um Stabilität und Beanspruchbarkeit. Eine bauliche Anlage muss folglich an sich und in ihren sämtlichen Teilen auch ohne besondere Beeinträchtigung die üblichen Belastungen aushalten können. Vgl. VG Düsseldorf, Urteil v. 19.11.2021 – 25 K 2375/19 –, juris Rdnr. 95 m. w. N.

Hieraus folgt, dass bereits die fehlende Standsicherheit nur eines Gebäudeteils dazu führt, dass die in Rede stehende bauliche Anlage grundsätzlich insgesamt nicht mehr als standsicher angesehen werden kann. Genügt eine bauliche Anlage den Anforderungen des § 12 Absatz 1 BauO NRW nicht, kommt es grundsätzlich nicht darauf an, ob mit der fehlenden Standsicherheit zugleich eine konkrete Gefährdung der in § 3 BauO NRW genannten Rechtsgüter einhergeht. § 12 BauO NRW geht über die Abwehr konkreter Gefahren hinaus, indem er die Erhaltung eines baulichen Zustands vorschreibt, der dem Eintritt einer solchen Gefahr gerade vorbeugt, vgl. zur Vorgängernorm des § 12 BauO NRW VG Düsseldorf, Beschluss v. 20.7.2015 – 11 L 2249/15 –, juris Rdnr. 19 m. w. N.

Unter Anlegung dieser Maßstäbe ist das Wohnhaus der Kläger jedenfalls in Teilen nicht mehr standsicher i. S. v. § 12 Abs. 1 Satz 1 BauO NRW.

Die Kammer geht hierbei unter Berücksichtigung der im Verfahren vorgelegten diversen Lichtbilder zum Zustand des Wohngebäudes von folgenden objektiven Gegebenheiten aus:

Von außen betrachtet lassen sich folgende Mängel am Gebäude der Kläger feststellen: In der Vorsatzschale aus Klinker (im Folgenden Klinkerfassade) befinden sich an verschiedenen Positionen mehrere Risse, die auf den Lichtbildern im Terminbericht auf Bl. 15 und 20 des Verwaltungsvorgangs sowie den im Sachverständigengutachten vom 9.1.2024 abgedruckten Lichtbildern 2 und 11 zu erkennen sind. Die Fensterstürze oberhalb der im Erdgeschoss zur Außenterrasse gelegenen Fenster und der straßenseitig gelegenen Giebelfenster sowie eines im Erdgeschoss gelegenen Fensters sind verformt und provisorisch durch sich bereits durchbiegende Kanthölzer gesichert (vgl. Lichtbilder Bl. 6, 12 f. 18 f. d. Verwaltungsvorgangs sowie Lichtbilder 6, 7 und 8 des Gutachtens). An der Brüstung der Außenterrasse sowie an der von der Terrasse in den Garten führenden Treppenbrüstung sind mehrere Rissbildungen zu erkennen, vgl. dazu Lichtbilder 3 und 9 im Gutachten und Lichtbilder auf Bl. 16, 17, 18 des Verwaltungsvorgangs. Weiter ist ein klaffender Riss in der Außenwand zwischen Terrassenanbau und Wohngebäude zu erkennen (vgl. Lichtbild auf Bl. 20 d. Verwaltungsvorgangs). An den Außenwänden des unter der Außenterrasse befindlichen Abstellraums, der unmittelbar an das Kellergeschoss des Wohnhauses grenzt, sowie dessen Decke, welche gleichzeitig die Bodenplatte der Terrasse darstellt, befinden sich klaffende Risse und Abplatzungen, wie die Lichtbilder 3 und 4 des Gutachtens zeigen. Ferner finden sich in den Außenwänden des Kellergeschosses – teilweise klaffende – Risse und Abplatzungen (vgl. Lichtbilder Bl. 20 f. des Verwaltungsvorgangs sowie Lichtbilder 10 und 11 des Gutachtens).

Innerhalb des Gebäudes lassen sich folgende Schäden feststellen: Im Kellergeschoss befinden sich über das gesamte Mauerwerk diagonal verlaufende klaffende Risse sowie ein weiterer Riss in der Außenwand oberhalb des Kelleraustritts (vgl. Bl. 24 und 26 d. Verwaltungsvorgangs). Weitere Rissbildungen – teilweise mit Abplatzungen – existieren im Erdgeschoss an Innen- und Außenwänden, wie im Gutachten auf den Lichtbildern 12, 13, 14 und im Verwaltungsvorgang auf den Lichtbildern auf Bl. 25 f. zu erkennen ist. Im Bereich des Treppenaufgangs befinden sich weitere Risse; zudem ist teilweise ein klaffender Spalt zwischen der Holztreppe und der Wand zu erkennen (vgl. dazu Lichtbilder 15 und 16 des Gutachtens sowie Bl. 22 des Verwaltungsvorgangs). Ferner sind weitere Risse an Wänden des Erdgeschosses vorhanden (vgl. Lichtbild 17 des Gutachtens sowie Lichtbild auf Bl. 23 des Verwaltungsvorgangs).

Das Wohngebäude der Kläger ist aufgrund einer Absenkung des Erdreichs um ca. 4 bis 7,5 cm einseitig abgesenkt und weist daher je nach Geschoss und Räumlichkeit eine Neigung zwischen 3,5 und 5,2 Prozent auf (vgl. Messungen auf Bl. 22 bis 24 des Verwaltungsvorgangs).

Nach dem Ergebnis der Beweisaufnahme steht für die Kammer aufgrund des überzeugenden und nachvollziehbaren Sachverständigengutachtens vom 9.1.2024 des Sachverständigen für Baustatik und Tragwerksplanung F. sowie seiner ergänzenden Ausführungen in der mündlichen Verhandlung fest, dass jedenfalls die Standsicherheit einzelner Teile des Wohnhauses der Kläger, nämlich der Klinkerfassade, der Außenterrasse nebst zugehöriger Treppenanlage, des unter der Außenterrasse befindliche Abstellraums, der Fensterstürze oberhalb der im Erdgeschoss zur Außenterrasse gelegenen Fenster und der Holztreppe im Wohnhaus, nicht gewährleistet ist.

Ausweislich des Gutachtens ist eine Standsicherheit des Wohngebäudes der Kläger nicht gegeben. Zur Begründung nimmt der Sachverständige auf 17 von ihm während eines Ortstermins angefertigte Lichtbilder Bezug, welche die bereits erwähnten Rissbildungen, starken Verformungen und Abplatzungen an unterschiedlichen Positionen des Gebäudes dokumentieren und führt aus, dass es aufgrund dieser starken Schäden zumindest in Teilbereichen des Gebäudes zu einem Tragwerksversagen kommen kann. Zur Konkretisierung dieser Bereiche nennt der Sachverständige beispielhaft den auf Lichtbild 4 erkennbaren Deckenbereich des Abstellraumes, welcher unter der Außenterrasse gelegen ist, den auf Lichtbild 6 ersichtlichen, sich nach unten durchbiegenden Fenstersturz eines zur Außenterrasse gelegenen Fensters und den auf Lichtbild 12 erkennbaren Wandbereich um das Fenster im Esszimmer, bei dem er starke Rissbildungen und Abplatzungen wahrgenommen habe.

Im Rahmen der mündlichen Verhandlung ergänzte der Sachverständige, dass bestimmte Bereiche, wie insbesondere die Holztreppe, welche sich von der Wand teilweise ablöse, die Außenterrasse samt Treppenanlage und der darunterliegende Abstellraum, nicht ohne Sicherheitsrisiko betreten werden könnten. Zur Konkretisierung nahm der Sachverständige auf die Lichtbilder 3, 4, 9 und 16 seines Gutachtens Bezug.

Er erklärte zu den auf den Lichtbildern 6 und 8 erkennbaren Fensterstürzen, dass es bei diesen um tragende Bauteile handele, welche die darüber liegende Decke des Wohnhauses stützten. Die festgestellten Verformungen an den Fensterstürzen könnten dazu führen, dass sowohl der Fenstersturz als auch die darüber liegende Decke nicht mehr tragfähig seien und daher versagten. Als Kettenreaktion könne auch die weitere Wand im Geschoss über dem Fenstersturz ihre Tragfähigkeit verlieren und versagen. Es sei naheliegend, dass die auf Lichtbild 12 links neben dem Fenster erkennbaren Risse im Wohnhaus daraus entstanden seien, dass der Fenstersturz die Last nicht mehr richtig trage.

Hinsichtlich der Klinkerfassade erläuterte der Sachverständige, dass diese als vorgesetzte Wand zwar keine statische Bedeutung für das Wohngebäude habe, da die Last auf der Innenwand liege. Gleichwohl bestehe aufgrund der Risse die Gefahr, dass Feuchtigkeit eindringe und die Befestigungen, mit denen die Klinkerwand an der tragenden Wand verbunden sei, rosten würden und in der Folge die Klinkerwand einstürzen könne.

Soweit die Kläger sinngemäß monieren, dass der Sachverständige nicht überprüft habe, ob die Geschossdecken ihre Tragfähigkeit ganz oder teilweise eingebüßt hätten, er keine Bauteilöffnung und auch keine Berechnung der Statik vorgenommen habe, ist dies unerheblich. Der Gutachter hat für die Kammer anhand der Lichtbilder 2, 3, 4, 6–9, 12, 15 und 16 sowie seiner ergänzenden Ausführungen in der mündlichen Verhandlung nachvollziehbar geschildert, dass die fehlende Standsicherheit von Teilbereichen des Gebäudes, namentlich der Fensterstürze, der Außenterrasse nebst darunter liegenden Abstellraum und Außentreppe, der Klinkerfassade sowie der Holztreppe im Wohnhaus, aufgrund der bei seinem Ortstermin optisch wahrnehmbaren Schäden eindeutig sei, sodass es für die betroffenen Teilbereiche keiner weiteren Nachprüfung anhand von Öffnungen oder Berechnungen bedurft habe.

Bauteilöffnungen seien nur erforderlich, um den Umfang der notwendigen Sanierungsmaßnahmen zu bestimmen, nicht jedoch, um die fehlende Standsicherheit der genannten Teilbereiche zu belegen.

Insoweit ist es nicht von Bedeutung, dass es andere von Rissbildungen betroffene Teilbereiche im Wohnhaus der Kläger geben mag, bei denen eine Bauteilöffnung ergeben könnte, dass die Risse keine statische Bedeutung haben.

Diese fehlende Standsicherheit an Teilen des Gebäudes vermochten die Kläger nicht durch einen Standsicherheitsnachweis zu widerlegen. Die von der qualifizierten Tragwerkplanerin i. S. d. § 54 Abs. 4 BauO NRW Frau Z. und Herrn O. vorgenommene »Statische Berechnung« vom 24.11.2022, wonach das Wohngebäude sanierungsbedürftig, aber keinesfalls standsicherheitsgefährdet sei, ist nicht geeignet die Standsicherheit im »Ist-Zustand«

nachzuweisen. Ausweislich des Gutachtens des Sachverständigen F. wurde im Rahmen der Berechnung ein »Ideal-Zustand« der baulichen Anlage ohne Schäden an der Tragstruktur und den vorhandenen Verformungen zugrunde gelegt. Diese Einschätzung ist für die Kammer insofern nachvollziehbar, als an keiner Stelle der Berechnung – insbesondere nicht in der Baubeschreibung – die Schiefstellung des Gebäudes, die Verformungen und Risse erwähnt wurden. Vielmehr wurden bei der Berechnung die Pläne, die als Bauvorlagen Bestandteil der Baugenehmigung aus 1958 sind, zugrunde gelegt. Im Übrigen führte Frau Z. in ihrer von den Klägern vorgelegten Stellungnahme aus Januar 2023 selbst aus, dass im Standsicherheitsnachweis von einem »ungerissen« Mauerwerk ausgegangen werden könne, da alle Risse verschlossen würden. Dadurch räumt sie selbst ein, dass sie im Rahmen der Berechnung auf einen Zustand abgestellt hat, der – wie die im Gutachten abgedruckten Lichtbilder auf Seiten 5 bis 12 erkennbar zeigen – so derzeit nicht besteht.

Entgegen der Ansicht der Kläger kann aus der Tatsache, dass die Risse an ihrem Wohnhaus seit 1977 sowie seit Anbringung der Rissmarken unverändert sein sollen, nicht gefolgert werden, dass das Gebäude insgesamt standsicher ist. Dass Innenwände, Außenwände und Fensterstürze bisher »durchgehalten« haben, bedeutet nicht, dass sie auch künftigen Belastungen standhalten werden. Angesichts der bedrohten Schutzgüter des Art. 2 Abs. 2 Satz 1 GG (Leib und Leben) kommt es nicht darauf an, wie wahrscheinlich ein infolge fehlender Standsicherheit eintretender Schaden ist, sondern allein auf dessen mögliche Ausmaße. Dem liegt – ähnlich wie im Bereich des Brandschutzes – die Erkenntnis zugrunde, dass die Wahrscheinlichkeit regelmäßig kein sachgerechtes Differenzierungsmerkmal sein kann, da mit einem Einsturz bei fehlender Standsicherheit praktisch jederzeit gerechnet werden muss. Der Umstand, dass hier eine bauliche Anlage jahrzehntelang »durchgehalten« hat, beweist nicht, dass insofern keine Gefahr (oder zumindest keine konkreten Anhaltspunkte für deren Vorliegen) besteht, sondern stellt lediglich einen Glücksfall dar, mit dessen Ende jederzeit gerechnet werden muss. Vgl. OVG NRW, Beschluss v. 15.11.2021 – 2 B 940/21 –, juris Rdnr. 30.

Nicht durchzudringen vermögen die Kläger mit ihrem Einwand, eine fehlende Standsicherheit i. S. d. § 12 BauO NRW sei erst dann gegeben, wenn eine bauliche Anlage nicht mehr saniert, sondern nur abgerissen werden könne. Insoweit verkennen sie den Maßstab des § 12 BauO NRW.

Gegen die Inanspruchnahme der Kläger als verantwortliche Störer bestehen keine Bedenken. Die Kläger sind nicht nur Eigentümer und damit Zustandsstörer i. S. v. § 18 Abs. 1 Satz 1 OBG NRW, sondern zugleich als Nutzer des nicht standsicheren Gebäudes Verhaltensstörer i. S. v. § 17 Abs. 1 OBG NRW. 63 Auf der Rechtsfolgenseite hat die Beklagte ihr Ermessen in nicht zu beanstandender Weise ausgeübt (§ 114 Satz 1 VwGO).

Sie hat das ihr zustehende Ermessen erkannt und die gesetzlichen Ermessensgrenzen, insbesondere den Verhältnismäßigkeitsgrundsatz, gewahrt, indem sie ihre Entscheidung ermessensfehlerfrei auf den Verstoß gegen standsicherheitsrechtlicher Vorgaben und der Gefahr für Leib und Leben der Kläger gestützt hat.

Mildere Mittel zur Gefahrenabwehr sind nicht ersichtlich. Soweit die Kläger als milderes Mittel eine auf bestimmte räumliche Bereiche des Wohngebäudes beschränkte Nutzungsuntersagung, nämlich zum einen betreffend den vor der Klinkermauer gelegenen Gartenbereich und zum anderen betreffend die Außenterrasse nebst darunter befindlichem Abstellraum und Außentreppenanlage anführen, stellt dies kein gegenüber der angeordneten Maßnahme gleich wirksamen Mittel dar.

Vorliegend ist kein objektiv abgrenzbarer Teilbereich des Wohnhauses von Standsicherheitsmängeln betroffen. Bei der Vielzahl an Bereichen des Wohnhauses, die einen solchen Mangel aufweisen, kann die Beseitigung der sich daraus ergebenden Gefahren für Leib und Leben der Kläger als Nutzer und ihrer Besucher nur verlässlich begegnet werden, indem die gesamte Nutzung des Gebäudes untersagt wird. Namentlich wären die Kläger durch die von ihnen vorgeschlagenen Alternativmaßnahmen weiterhin nicht vor möglichen Einstürzen von tragenden Teilen im Wohngebäude geschützt. …

Nr. 95

Der Bestandsschutz sichert bauliche Anlagen gegenüber etwaigen späteren Änderungen des Baurechts und beschränkt sich dabei aus der verfassungsrechtlichen Sicht des Art. 14 Abs. 1 Satz 1 GG auf ihre genehmigte Bausubstanz und ihre genehmigte Funktion.

Bestandsschutz genießt eine bauliche Anlage auch bei formeller Illegalität, wenn sie mit dem materiellen Baurecht für einen nennenswerten Zeitraum übereingestimmt hat.

Soll gegen eine formell illegale Nutzung eingeschritten werden und steht in Frage, ob in der Vergangenheit materieller Bestandsschutz entstanden ist, ist bei der Prüfung des § 34 Abs. 1 Satz 1 BauGB eine Beurteilung der damals vorhandenen baulichen Nutzungen geboten.

Für eine dauerhafte aktive Duldung bedarf es einer schriftlichen Duldung oder Duldungszusage.

Garagen oder Carports gehören nicht zu einem Wochenendhaus.

(Leitsätze der Redaktion)

BauGB § 34; BauO NRW § 82.

OVG Nordrhein-Westfalen, Urteil vom 26. Juli 2024 – 10 A 2100/22 –.

Aus den Gründen:

Die zulässige Berufung hat Erfolg. Das Verwaltungsgericht hat der Klage zu Unrecht stattgegeben. Die zulässige Anfechtungsklage ist unbegründet. Sowohl die Beseitigungsverfügung (hierzu I.) als auch die Anordnung, anfallenden Bauschutt zu entsorgen bzw. zu entfernen (hierzu II.), und die Zwangsgeldandrohungen (hierzu III.) halten einer rechtlichen Überprüfung stand.

I. Die Beseitigungsverfügung der Beklagten vom 26.2.2020 ist rechtmäßig und verletzt die Klägerin nicht in ihren Rechten (§ 113 Abs. 1 Satz 1 VwGO). Sie ist von der Ermächtigungsgrundlage des § 82 Satz 1 BauO NRW in der Fassung vom 21.7.2018 (BauO NRW a. F.) gedeckt. Danach kann die Bauaufsichtsbehörde die teilweise oder vollständige Beseitigung der Anlagen, die im Widerspruch zu öffentlich-rechtlichen Vorschriften errichtet oder geändert werden, anordnen, wenn nicht auf andere Weise rechtmäßige Zustände hergestellt werden können. Diese Anforderungen wahrt die angefochtene Beseitigungsverfügung sowohl hinsichtlich des Hauptgebäudes (hierzu 1.) als auch der von ihr erfassten »Nebenanlagen« (hierzu 2.).

1. Die Entscheidung der Beklagten, die Beseitigung des Hauptgebäudes zu verlangen, ist rechtlich nicht zu beanstanden. Das Hauptgebäude ist formell (dazu a.) und materiell (dazu b.) illegal, die Klägerin kann sich nicht auf Bestandsschutz berufen (dazu c.) und auf andere Weise können rechtmäßige Zustände nicht hergestellt werden (dazu d.); Ermessensfehler liegen nicht vor (dazu e.).

a. Eine wirksame Baugenehmigung für das Hauptgebäude besteht nicht. Die am 16.4.1970 erteilte Baugenehmigung für die Errichtung eines eingeschossigen Wochenendhauses (Bauschein Nr. 000/1969) ist jedenfalls erloschen. Denn von ihr war – von der Klägerin auch unbestritten – lediglich die Nutzung als Wochenendhaus erfasst, welche allerdings (spätestens) nach dem Erwerb durch die Klägerin und ihren Ehemann im Jahr 2000 zugunsten einer – ungenehmigten – Nutzung als Wohnhaus aufgegeben wurde, die die Klägerin bis zum Jahr 2019 fortsetzte. Mit der Aufnahme dieser wesensverschiedenen Nutzung hat die Klägerin die von der Baugenehmigung Nr. 000/1969 gedeckte Nutzung als Wochenendhaus verlassen und eine genehmigungspflichtige Nutzungsänderung vollzogen. Vgl. dazu OVG NRW, Urteile v. 23.10.2006 – 7 A 4947/05 –, juris Rdnr. 40 ff., m. w. N., und vom 26.6.2006 – 7 A 3730/04 –, juris Rdnr. 81.

b. Sowohl die Errichtung eines solchen Wohngebäudes als auch eines Wochenendhauses erweisen sich nunmehr als materiell illegal. Mit der überarbeiteten Festsetzung des Überschwemmungsgebietes durch die Überschwemmungsgebietsverordnung »I.« der Bezirksregierung Köln vom 18.6.2013, in dem das Grundstück der Klägerin nunmehr vollumfänglich liegt, steht einem solchen Vorhaben das Verbot nach § 78 Abs. 4 Satz 1 WHG entgegen, das die Errichtung oder Erweiterung baulicher Anlagen nach den §§ 30, 33, 34 und 35 BauGB in festgesetzten Überschwemmungsgebieten untersagt. Die Erteilung einer Genehmigung im Einzelfall nach § 78 Abs. 5 WHG kommt vorliegend nicht in Betracht. Die Klägerin hat nicht entsprechend der ihr obliegenden Darlegungslast, vgl. OVG NRW, Beschluss v. 7.11.2019 – 10 A 3859/18 –, juris Rdnr. 7, unter Verweis auf OVG NRW, Urteil v. 30.10.2009 – 10 A 1074/08 –, juris Rdnr. 76; siehe auch BVerwG, Urteil v. 22.7.2004 – 7 CN 1.04 –, juris Rdnr. 22, 45 dargetan, dass die Voraussetzungen insbesondere nach § 78 Abs. 5 Satz 1 WHG vorliegen. Vielmehr ist sie gegenteiligen Erwägungen der Beklagten nicht ansatzweise entgegengetreten.

c. Auf formellen Bestandsschutz in Gestalt einer (wirksamen) Baugenehmigung kann sich die Klägerin nicht berufen, da es an einer solchen – wie dargestellt – fehlt. Auch einen zu ihren Gunsten wirkenden materiellen Bestandsschutz kann sie der Beseitigungsanordnung nicht entgegenhalten.

Der Bestandsschutz sichert bauliche Anlagen gegenüber etwaigen späteren Änderungen des Baurechts und beschränkt sich dabei aus der verfassungsrechtlichen Sicht des Art. 14 Abs. 1 Satz 1 GG auf ihre genehmigte Bausubstanz und ihre genehmigte Funktion. Bestandsschutz genießt eine bauliche Anlage auch bei formeller Illegalität, wenn sie mit dem materiellen Baurecht für einen nennenswerten Zeitraum übereingestimmt hat. Eine (nicht nur unwesentliche) Nutzungsänderung führt grundsätzlich zur Beendigung des Bestandsschutzes für die in einem Gebäude ausgeübte frühere Nutzung. Entsprechendes gilt für bauliche Änderungen. Vgl. OVG NRW, Beschluss v. 22.8.2016 – 10 A 601/16 –, juris Rdnr. 8 ff., m. w. N., sowie Urteil v. 16.3.2012 – 2 A 7600 –, juris Rdnr. 39 m. w. N.

Bezugspunkt für den Bestandsschutz gegenüber Rechtsänderungen ist stets eine bauliche Anlage in ihrer jeweiligen Nutzung, nicht aber die Bausubstanz als solche unabhängig von etwaigen Nutzungsänderungen. 50 Vgl. OVG NRW, Beschluss v. 15.4.2009 – 10 B 186/09 –, juris Rdnr. 3.

Ausgehend von diesen Grundsätzen kommt auch materieller Bestandschutz nicht in Betracht.

aa. Als Wochenendhaus wurde das Gebäude zum Zeitpunkt des Inkrafttretens der Überschwemmungsgebietsverordnung »I.« im Jahr 2013 schon seit vielen Jahren nicht mehr genutzt, mithin konnte ein diesbezüglicher materieller Bestandsschutz nicht entstehen bzw. war jedenfalls seit langem erloschen.

bb. Materieller Bestandsschutz für eine Nutzung als Wohnhaus ist nie entstanden. Eine solche Nutzung war zu keinem Zeitpunkt materiell legal, und zwar nach jeglicher bauplanungsrechtlichen Betrachtungsweise. Es kann daher offenbleiben, ob das »Wochenendhausgebiet K.« dem unbeplanten Innen- oder dem Außenbereich zuzuordnen war.

(1) Wäre das »Wochenendhausgebiet K.« dem Außenbereich zuzurechnen gewesen, weil es keinen im Zusammenhang bebauten Ortsteil darstellte, so hätte sich, da es sich bei dem Wohnhaus der Klägerin nicht um ein privilegiertes Vorhaben im Sinne des § 35 Abs. 1 BauGB (in den Fassungen bis zu derjenigen vom 22.7.2011) handelte, seine bauplanungsrechtliche Zulässigkeit nach

§ 35 Abs. 2 und 3 BauGB (a. F.) beurteilt. Dann wäre ihm jedoch der öffentliche Belang nach § 35 Abs. 3 Satz 1 Nr. 1 BauGB (a. F.) entgegenzuhalten gewesen, dass es Darstellungen des Flächennutzungsplans widersprochen hätte. Bis zum Jahr 2013 (und noch bis in das Jahr 2018) stellte der Flächennutzungsplan diesen Bereich als Sondergebiet »Wochenendhausgebiet« dar, in dem die Nutzung der Gebäude auf Freizeiten beschränkt und eine dauerhafte Wohnnutzung ausgeschlossen war.

Der Flächennutzungsplan erwies sich auch nicht als funktionslos. 56 Darstellungen im Sinne des § 5 BauGB entfalten gegenüber einem nichtprivilegierten Vorhaben nur dann keine Sperrwirkung nach § 35 Abs. 3 Satz 1 Nr. 1 BauGB, wenn sie infolge Funktionslosigkeit unwirksam geworden sind. Der Flächennutzungsplan kann dort nicht mehr maßgeblich sein, wo seine Darstellungen den besonderen örtlichen Verhältnissen nicht mehr gerecht werden, diese also etwa durch die zwischenzeitliche Entwicklung überholt sind. Sie vermögen eine Sperrwirkung (nur) dann nicht zu erzeugen, wenn die Entwicklung des Baugeschehens ihnen in einem sowohl qualitativ wie quantitativ so erheblichen Maße zuwiderläuft, dass die Verwirklichung der ihnen zugrundeliegenden Planungsabsichten entscheidend beeinträchtigt ist. Vgl. BVerwG, Beschluss v. 31.10.1997 – 4 B 185.97 –, juris Rdnr. 7; OVG NRW, Beschlüsse v. 14.3.2014 – 2 A 2276/13 –, juris Rdnr. 10, und vom 22.8.2005 – 10 A 4694/03 –, juris Rdnr. 57, jeweils m. w. N.

Für das Vorliegen dieser Voraussetzungen ist hier nichts ersichtlich. Zu Wohnzwecken genehmigt wurde lediglich ein Gebäude auf dem Grundstück B.-straße 1. Dabei kann offenbleiben, ob das bestehende Gebäude (noch) der seinerzeit erteilten Baugenehmigung entspricht bzw. in der Vergangenheit entsprochen hat. Denn dieses einzelne Gebäude auf dem Grundstück B.-straße 1, das sich gegenüber dem eigentlichen »Wochenendhausgebiet« nicht nur abgesetzt in südlicher Randlage befindet, sondern auch deutlich höher – unmittelbar nach der Querung der Bahntrasse – liegt, wäre in seiner Singularität nicht geeignet gewesen, die Wirksamkeit der gesamten Plandarstellung in Zweifel zu ziehen. Dass der Flächennutzungsplan keine Ordnungsfunktion mehr entfaltete, kann auch angesichts der von der Klägerin angeführten (ungenehmigten) Wohnnutzungen nicht angenommen werden. Hierfür spricht schon, dass eine erhebliche Anzahl von Gebäuden jedenfalls in ihrer äußeren Gestaltung den Charakter als Wochenendhaus nicht vollends aufgegeben hat. Auch hat die Beklagte in Baugenehmigungsverfahren stets auf eine Nutzung nur entsprechend der Darstellung im Flächennutzungsplan hingewirkt. Diesbezüglich wird ergänzend auf nachstehende Ausführungen verwiesen. Auf die Privilegierungen nach § 35 Abs. 4 BauGB (a. F.) hätte sich die Klägerin in Ermangelung der entsprechenden Voraussetzungen nicht berufen können. Vgl. im Zusammenhang mit Ferien- oder Wochenendhäusern BVerwG, Beschluss v. 13.9.1988 – 4 B 155.88 –, juris, sowie Urteil v. 12.3.1982 – 4 C 59.78 –, juris.

(2) Bei einer Zuordnung zum unbeplanten Innenbereich nach § 34 Abs. 1 Satz 1 BauGB ergäbe sich ebenfalls nicht, dass ein Wohngebäude auf dem Grundstück der Klägerin für einen nennenswerten Zeitraum genehmigungsfähig gewesen wäre. (a) Dass ein faktisches (reines) Wohngebiet im Sinne des § 34 Abs. 2 BauGB i. V. m. § 3 BauNVO bestand, hat – zu Recht – nicht einmal die Klägerin substantiiert geltend gemacht. 63 (b) In einem faktischen Wochenendhausgebiet im Sinne des § 34 Abs. 2 BauGB i. V. m § 10 Abs. 1 BauNVO wäre ein Wohngebäude materiell illegal gewesen, da in einem Wochenendhausgebiet Wochenendhäuser, nicht aber Wohnhäuser zulässig sind (vgl. § 10 Abs. 3 Satz 1 BauNVO).

(c) Es bestand auch keine Gemengelage aus Wohn- und Wochenendhäusern im Sinne des § 34 Abs. 1 Satz 1 BauGB mit der Folge, dass eine Wohnnutzung auf dem Grundstück der Klägerin materiell legal gewesen wäre. Nach § 34 Abs. 1 Satz 1 BauGB ist ein Vorhaben innerhalb der im Zusammenhang bebauten Ortsteile zulässig, wenn es sich nach Art und Maß der baulichen Nutzung, der Bauweise und der Grundstücksfläche, die überbaut werden soll, in die Eigenart der näheren Umgebung einfügt und die Erschließung gesichert ist.

Die Eigenart der näheren Umgebung wurde nicht durch Wohnnutzungen geprägt.

(aa) Maßgeblich in den Blick zu nehmen ist hierfür nach den Eindrücken der Berichterstatterin aus dem Ortstermin, die sie dem Senat vermittelt hat, lediglich seinerzeit vorhandene Bebauung nördlich der Bahntrasse bis zum Deich. Jene bzw. der deutliche Geländeanstieg (Wall) samt Querung der Bahntrasse trennt den Bereich des »Wochenendhausgebietes« eindrücklich von den südlich gelegenen Grundstücken einschließlich des Ortskerns von K. Nicht zur maßgeblichen näheren Umgebung zu zählen ist das Grundstück Im B.-straße 1, auf dem bis heute ein Wohngebäude existiert und zu dem – allein – eine Baugenehmigung für ein Wohnvorhaben erteilt worden war. Gegen die Annahme einer wechselseitigen Prägung spricht, dass das Gebäude B.-straße 1 selbst gegenüber der Bebauung an der Straße I. nochmals deutlich höher liegt – man passiert es unmittelbar nach Querung der Bahntrasse – und zudem von dieser auch seitlich abgesetzt steht.

In der so bestimmten maßgeblichen näheren Umgebung sind die von der Klägerin angeführten ungenehmigten Wohnnutzungen als solche nicht zu berücksichtigen.

Bei der vergangenheitsbezogenen Prüfung materiellen Bestandsschutzes kann illegale Bebauung in der näheren Umgebung nur dann im Rahmen des § 34 Abs. 1 Satz 1 BauGB berücksichtigt werden, wenn die zuständige Behörde damals zweifelsfrei – im Sinne einer aktiven Duldung – zu erkennen gegeben hatte, sich damit dauerhaft abzufinden. Für die Beurteilung der planungsrechtlichen Zulässigkeit von Vorhaben nach § 34 Abs. 1 oder Abs. 2 BauGB kommt es entscheidend auf die tatsächliche städtebauliche Situation an. Demgemäß sind alle vorhandenen baulichen Nutzungen ungeachtet ihrer materiellen Zulässigkeit zu berücksichtigen, solange die zuständigen Behörden den Zustand dulden oder wegen formeller Legalität dulden müssen. Maßgeblich für die bauplanungsrechtliche Beurteilung nach § 34 BauGB ist mithin nicht zwingend die Legalität des Vorhandenen, sondern sein auf Dauer absehbarer Bestand, von dem auch dann ausgegangen werden kann, wenn die vorhandene bauliche Nutzung in einer Weise von den zuständigen Behörden geduldet wird, die keinen Zweifel daran lässt, dass sie sich damit abgefunden haben. Vgl. BVerwG, Urteil v. 23.11.2016 – 4 CN 2.16 –, juris Rdnr. 8, sowie Beschlüsse v. 11.2.2000 – 4 B 1.00 –, juris Rdnr. 14, und vom 23.11.1998 – 4 B 29.98 –, juris Rdnr. 6, dieser verweisend auf die ständige Rechtsprechung seit dem Urteil v. 6.11.1968 – 4 C 31.66 –, juris Rdnr. 22; OVG NRW, Beschlüsse v. 22.4.2022 – 10 A 676/21 –, juris Rdnr. 8, vom 25.10.2021 – 10 A 3199/20 –, juris Rdnr. 11, und vom 23.11.2020 – 10 A 2316/20 –, juris Rdnr. 21, sowie grundlegend Urteil v. 23.10.2006 – 7 A 4947/05 –, juris Rdnr. 76.

Zugleich hindert die schlichte Hinnahme eines baurechtlich illegalen Geschehens für eine längere Zeit die Bauaufsichtsbehörde nicht, ihre bisherige Praxis zu beenden und auf die Herstellung baurechtmäßiger Zustände hinzuwirken. Von der bloßen faktischen Hinnahme ist die aktive Duldung der baulichen Anlagen zu unterscheiden. Von einer Duldung einer illegalen baulichen Nutzung in diesem Sinne ist im Regelfall erst dann auszugehen, wenn die Bauaufsichtsbehörde in Kenntnis der Umstände zu erkennen gibt, dass sie sich auf Dauer oder für einen zum Zeitpunkt des Einschreitens noch nicht abgelaufenen Zeitraum mit der Existenz dieser Nutzung abzufinden gedenkt. Angesichts des Ausnahmecharakters und der weitreichenden Folgen einer solchen Duldung, als deren Folge die Behörde an der Beseitigung rechtswidriger Zustände gehindert wäre, muss den entsprechenden behördlichen Erklärungen mit hinreichender Deutlichkeit zu entnehmen sein, ob, in welchem Umfang und gegebenenfalls über welchen Zeitraum die illegale bauliche Nutzung geduldet werden soll. Vgl. OVG NRW, Beschlüsse v. 22.4.2022 – 10 A 676/21 –, juris Rdnr. 10, vom 25.10.2021 – 10 A 3199/20 –, juris Rdnr. 13, m. w. N., und vom 30.3.2020 – 10 A 1699/19 –, juris Rdnr. 6, m. w. N., und Urteil v. 24.2.2016 – 7 A 1623/14 –, juris Rdnr. 50.

Soll – wie hier – gegen eine formell illegale Nutzung eingeschritten werden und steht in Frage, ob in der Vergangenheit materieller Bestandsschutz entstanden ist, ist bei der Prüfung des § 34 Abs. 1 Satz 1 BauGB eine Beurteilung der damals vorhandenen baulichen Nutzungen geboten. Dabei kann nur solche tatsächlich vorhandene Bebauung in der näheren Umgebung eines Vorhabens Berücksichtigung finden, von der rückblickend sicher angenommen werden kann, dass die zuständige Behörde nicht gegen sie eingeschritten wäre, wenn sie sich zu ihr verbindlich – insbesondere im Rahmen eines Baugenehmigungsverfahrens – hätte verhalten müssen. Denn (spätestens) dann hätte sie dafür Sorge tragen müssen, dass sie die tatsächlich vorhandene Bebauung

– regelmäßig durch den Erlass von Bauordnungsverfügungen – auf den aus ihrer Sicht legalen Bestand begrenzt. In der vorliegenden Fallkonstellation, die eine vergangenheitsbezogene Betrachtung erfordert, wurden illegale bauliche Nutzungen also nur dann in einer Weise von der zuständigen Behörde geduldet, die keinen Zweifel daran lässt, dass sie sich damit abgefunden hatte, wenn sie diese seinerzeit dauerhaft (aktiv) geduldet hatte.

Dem von der Klägerin angeführten Urteil des Bundesverwaltungsgerichts vom 6.11.1968 – 4 C 31.66 – lag hingegen ein anderer Sachverhalt zugrunde. Dort ging es um einen »Bauwerber«, zu dessen Lasten es im Baugenehmigungsverfahren, so das Bundesverwaltungsgericht, nicht gehen könne, wenn die zuständigen Behörden es pflichtwidrig unterließen, gegen eine formell und materiell baurechtswidrige Bebauung einzuschreiten.

Es widerspräche demgegenüber der Ordnungsfunktion des öffentlichen Baurechts, wenn sich ein Bauherr dadurch einen Vorteil verschaffen könnte, dass er – anstatt eine formellen Bestandsschutz schaffende Baugenehmigung zu beantragen – sein genehmigungsbedürftiges Vorhaben formell und materiell illegal errichtet, und darauf hoffen könnte, möglichst Nachahmer zu finden, um sich später gegenüber einem bauaufsichtlichen Einschreiten auf materiellen Bestandsschutz berufen zu können.

Für eine dauerhafte aktive Duldung von tatsächlich vorhandenen, ungenehmigten Wohnnutzungen im »Wochenendhausgebiet K.« bis zur Neufestsetzung des Überschwemmungsgebietes im Jahr 2013 ist nichts ersichtlich.

Eine schriftliche Duldung oder Duldungszusage haben weder die Klägerin noch andere von ordnungsbehördlichen Maßnahmen der Beklagten betroffene Bewohner vorgelegt. Sie ist auch den beigezogenen Verwaltungsvorgängen nicht zu entnehmen. Vgl. zum Kriterium der Verschriftlichung OVG NRW, Urteile v. 24.2.2016 – 7 A 1623/14 –, juris Rdnr. 61, und vom 16.3.2012 – 2 A 760/10 –, juris Rdnr. 52 m. w. N., sowie Beschluss v. 25.4.2023 – 10 A 1450/22 –, juris Rdnr.

Ungeachtet der Frage, ob eine aktive Duldung jedenfalls regelmäßig schriftlich erfolgen muss, liegen auch keine anderweitigen Erkenntnisse vor, dass die Beklagte tatsächlich vorhandene Wohnnutzungen dauerhaft aktiv geduldet hatte. Im Gegenteil hat sie in den von der Klägerin angeführten Genehmigungsverfahren darauf hingewirkt, dass die seinerzeitige Vorgabe des Flächennutzungsplans – Sondergebiet Wochenendhausgebiet – gewahrt bleibt. Diese Absicht hat sie in dem Vermerk vom 28.10.1991, betreffend ein Vorhaben des seinerzeitigen Eigentümers des Grundstücks B.-straße 11, ausdrücklich formuliert. Sie hatte dementsprechend dem beantragten Vorhaben aufgrund seiner Größe nicht zugestimmt, sondern eine Baugenehmigung lediglich für ein geändertes Vorhaben – bei Absenkung der beantragten Giebelhöhe um 0,98 m auf max. 1,50 m und mithin unter Wegfall eines Dachgeschosses, in dem ein Mensch hätte aufrecht stehen können – erteilt. Diese Anpassung ist in den Schnittzeichnungen eingetragen und als Auflage Nr. 18

(»Gemäß Grüneintragung in den Bauzeichnungen ist die Giebelhöhe um 0,98 m zu reduzieren.«) zur Baugenehmigung Nr. E 001/91 vom 6.1.1992 textlich festgehalten worden. Dass sich (wohl) der Bauherr später über diese Vorgaben hinweggesetzt hat und das Dachgeschoss tatsächlich mit der ursprünglich beantragten Giebelhöhe errichtet wurde, ist ungeachtet der Frage, ob die Beklagte dies zur Kenntnis genommen hat oder hätte zur Kenntnis nehmen können, jedenfalls kein Hinweis auf eine (aktive) Duldung.

Die in dem Vermerk vom 28.10.1991 erwähnten »Fehlentscheidungen« lassen sich ebenfalls nicht in eine (aktive) Duldung von Wohnhäusern ausdeuten. Festgehalten wurde lediglich, dass in der Vergangenheit teils Vorhaben – unstreitig als Wochenendhaus – genehmigt wurden, die über eine solch große Nutzfläche verfügten, dass eine Nutzung als Dauerwohnsitz möglich gewesen wäre. Um solchen – illegalen – Nutzungsänderungen von vornherein entgegen zu wirken, sollten entsprechende Vorhaben nicht (mehr) als Wochenendhäuser genehmigt werden.

Auch aus dem weiter vorgebrachten Umstand, dass Anbauten an Hauptgebäude sowie Garagen oder Carports genehmigt wurden, lässt sich keine verbindliche Aussage der Beklagten herleiten, sie habe sich mit tatsächlich vorhandenen Wohnnutzungen abgefunden und werde dagegen nicht einschreiten. Das Gegenteil verdeutlicht im Übrigen ein Genehmigungsverfahren aus dem Jahr 2005 betreffend das Grundstück B.-straße 22, in dem die Beklagte einem zunächst als »Neubau eines Wohnhausanbaus« beantragten Vorhaben entgegentrat und die Bauherrschaft unter Verweis darauf, dass sich der Architekt in der Bezeichnung des Vorhabens vertan habe, dieses in »Anbau an ein Wochenendhaus« korrigierte.

Eine dauerhafte (aktive) Duldung lässt sich auch nicht daraus entnehmen, dass die Grundstücke von der Müllabfuhr angefahren werden, zwischenzeitlich Gebäude an die Trinkwasserversorgung angeschlossen wurden und eine Abwasserbeseitigung besteht. Vgl. auch OVG NRW, Urteil v. 20.2.2015 – 7 D 29/13.NE –, juris Rdnr. 120.

Abgesehen davon deutet auf das Gegenteil, dass die Wege weiterhin kaum ausgebaut, nämlich lediglich geschottert sind und häufig Breiten von unter oder um 3 m aufweisen und sich mangels ausreichender Niederschlagsentwässerung große Pfützen bilden, wie sich im Ortstermin gezeigt hat.

Auskünfte der Meldebehörde begründen ebenfalls keine Duldungszusage der Bauaufsichtsbehörde und sind überdies nicht geeignet, verbindliche Aussagen zu einer materiellen Baurechtskonformität zu treffen. Vgl. auch OVG NRW, Urteil v. 23.10.2006 – 7 A 4947/05 –, juris Rdnr. 98.

Denn für die Meldebehörde ist unerheblich, ob der Betroffene aus baurechtlichen oder sonstigen Gründen an einem bestimmten Ort wohnen darf oder nicht. Für das Melderecht ist allein das tatsächliche Wohnen maßgeblich. Vgl. OVG NRW, Beschluss v. 23.2.2021 – 18 B 16/21 –, juris Rdnr. 21.

Ebenso wenig lässt sich aus der gemeindlichen Tätigkeit im Zusammenhang mit der Erhebung einer Zweitwohnungssteuer auf eine aktive Duldung schließen. Sie ist überdies baurechtlich nicht von Belang.

(bb) Selbst wenn man mit der Klägerin das Wohngebäude auf dem Grundstück B.-straße 1 zur maßgeblichen näheren Umgebung zählte, so könnte die Klägerin daraus für ihr Wohnhaus bis zum Inkrafttreten der Überschwemmungsgebietsverordnung »I.« nichts zu ihren Gunsten herleiten. Mit dem Vortrag der Beklagten in der Berufungsverhandlung, das vorhandene Gebäude sei von dieser Baugenehmigung nicht (mehr) gedeckt, muss sich der Senat nicht befassen. Selbst ein formell legal errichtetes Wohngebäude auf dem Grundstück B.-straße 1 wäre aus den bereits dargelegten Gründen jedenfalls als sogenannter »Ausreißer« zu qualifizieren gewesen.

(d) Zu ihren Gunsten kann sich die Klägerin auch nicht auf § 34 Abs. 3a BauGB in den bis zum Inkrafttreten der Überschwemmungsgebietsverordnung »I.« geltenden Fassungen berufen, dessen Voraussetzungen ersichtlich nicht gegeben waren.

d. Rechtmäßige Zustände können nicht auf andere Weise hergestellt werden. Wie die Beklagte zutreffend angenommen hat, ist die (nachträgliche) Erteilung einer Baugenehmigung, auch für die Errichtung eines Wochenendhauses, nicht (mehr) möglich, weil dem das Verbot des § 78 Abs. 4 WHG entgegensteht.

e. Die zutreffend gegen die Klägerin als Eigentümerin gerichtete Beseitigungsverfügung ist ermessensfehlerfrei ergangen und erweist sich insbesondere als verhältnismäßig. Das Gericht prüft die der Beklagten obliegende Ermessensausübung nach Maßgabe von § 114 Satz 1 VwGO lediglich darauf, ob diese die angefochtene Ordnungsverfügung ermessensfehlerfrei erlassen hat. Das ist vorliegend der Fall.

Die Ermessensentscheidung, eine Beseitigungs- oder Rückbauverfügung zu erlassen, kann die Bauaufsichtsbehörde im Regelfall ordnungsgemäß damit begründen, dass die zu beseitigende Anlage formell und materiell illegal ist und dass ein öffentliches Interesse daran besteht, keinen Präzedenz- oder Berufungsfall zu schaffen. Eine weitergehende Abwägung des »Für und Wider« einer Beseitigungsverfügung ist nur dann geboten, wenn konkrete Anhaltspunkte ausnahmsweise für die Angemessenheit einer vorübergehenden oder dauerhaften Duldung eines rechtswidrigen oder ordnungswidrigen Zustands sprechen. Vgl. OVG NRW, Urteil v. 24.2.2016 – 7 A 19/14 –, juris Rdnr. 27 ff. m. w. N.

Ausgehend von diesen Grundsätzen ist es nicht zu beanstanden, dass die Beklagte wegen der fehlenden Baurechtskonformität die Beseitigung angeordnet hat.

Es führt auch nicht auf Ermessensfehler, dass sie ergänzend ausgeführt hat, aufgrund der Lage im Überschwemmungsgebiet drohten im Falle des Eintritts eines hundertjährlichen Hochwassers und Wasserständen von ca. 2,00 bis

2,50 m auf dem Grundstück der Klägerin schwerwiegende Gefahren für dessen Bewohner, aber auch für Dritte sowie für Sachwerte durch das Auftreiben und unkontrollierte Abtreiben von Anlagen (oder deren Bestandteile). Diesen plausiblen Annahmen, die sich zudem auf zum Jahr 2013 erhobene wissenschaftliche Erkenntnisse stützen lassen, welche der überarbeiteten Festsetzung des Überschwemmungsgebietes »I.« zugrunde lagen, ist die Klägerin schon nicht substantiiert entgegengetreten.

Mit dem Einwand, das Einschreiten der Beklagten sei nicht geeignet, den Hochwasserschutz zweckmäßig durchzusetzen, weil sich zahlreiche Eigentümer auf (materiellen) Bestandsschutz berufen könnten, zeigt die Klägerin keine Ermessensfehlerhaftigkeit der an sie gerichteten Beseitigungsanordnung auf. Abgesehen davon sind schon mehrere Verfahren bei dem erkennenden Gericht anhängig, in denen ein solcher Bestandsschutz nicht besteht. Ferner hat die Beklagte schon in der erstinstanzlichen mündlichen Verhandlung am 1.9.2022 auf mehrere Ordnungsverfügungen verwiesen, welche teils bestandskräftig geworden seien; teils sei auch schon mit dem Rückbau begonnen worden.

Ebenso ist es nicht zu beanstanden, dass sich die Beklagte für eine Beseitigungsanordnung entschieden hat anstatt lediglich die Nutzung zu (Dauer-) Wohnzwecken zu untersagen. Denn eine – mangels Bestandsschutzes neu zu bewertende – Errichtung eines Wochenendhauses wäre wegen der entgegenstehenden Festsetzung des Überschwemmungsgebietes nicht genehmigungsfähig. Sie widerspräche dem Verbot nach § 78 Abs. 4 Satz 1 WHG.

Konkrete Anhaltspunkte, die ausnahmsweise eine weitergehende Abwägung des »Für und Wider« der Beseitigungsverfügung zugunsten einer vorübergehenden oder dauerhaften Duldung gebieten würden, folgen vorliegend nicht aus (wohl erheblichen) finanziellen Einbußen der Klägerin. Es ist nicht zu beanstanden, dass die Beklagte die Beseitigung des bauordnungswidrigen Zustands und die aufgrund der Lage im Überschwemmungsgebiet bestehenden Hochwassergefahren höher gewichtet hat als die Interessen der Klägerin, nachdem diese durch die Aufnahme der illegalen Wohnnutzung ein Erlöschen der Baugenehmigung bewirkt hat und sich so selbst in einen (bestands-) schutzlosen Zustand versetzt hat.

2. Auch die von der Ordnungsverfügung einbezogenen »Nebenanlagen« – ein »Überdach« im Anschluss an das Hauptgebäude (Dachfläche ca. 3 m × 2,10 m), ein Gartenhaus (Dachfläche ca. 3 m × 3 m) und ein »Abstellraum« (Dachfläche ca. 7,60 m × 3,50 m) – erweisen sich entsprechend vorstehender Erwägungen als materiell illegal und genießen ebenfalls keinen Bestandsschutz. Ob sie auch formell illegal sind, weil sie genehmigungsbedürftig sind, bedarf damit keiner Entscheidung.

Dass die angefochtene Beseitigungsverfügung im Anschluss an die Einordnung des Wohngebäudes als »sowohl formell als auch materiell illegal« ausführt, dies gelte auch für die Nebenanlagen (S. 3 des Bescheids), bzw.

erwähnt, die baulichen Anlagen seien »formell und materiell illegal« (S. 4 des Bescheids), führt nicht auf Ermessensfehler. Die Ordnungsverfügung bietet schon keine Anhaltspunkte dafür, dass die Beklagte – ggf. unzutreffend – von der Genehmigungsbedürftigkeit einzelner Nebenanlagen ausgegangen wäre. Vielmehr legt die Beklagte erkennbar lediglich zugrunde, dass die baulichen Anlagen bauaufsichtlich nicht genehmigt seien und damit keine dem Einschreiten entgegenstehende Baugenehmigung vorliege. Auch im Weiteren wird lediglich das (Wohn-) Gebäude als »genehmigungspflichtige bauliche Anlage« in Bezug genommen (S. 5 des Bescheids).

II. Des Weiteren erweist sich die unter Ziffer I. b. getroffene Anordnung, den aufgrund der Durchführung von Ziffer I. a. des Bescheids anfallenden Bauschutt und die Abbruchmaterialien entsprechend den Abfallgesetzen zu entsorgen bzw. vom Grundstück zu entfernen, ebenfalls als rechtmäßig. Vgl. in diesem Zusammenhang OVG NRW, Urteil v. 3.2.1994 – 10 A 1149/91 – BauR 1994, S. 741, 744; Wenzel, in: Gädtke, BauO NRW, 14. Auflage 2023, § 82, Rdnr. 11.

III. Auch die Zwangsgeldandrohungen in Höhe von jeweils 2 000 Euro begegnen keinen rechtlichen Bedenken. Sie konnten in rechtmäßiger Weise auf die §§ 55 Abs. 1, 57 Abs. 1 Nr. 2 und Abs. 2, 58, 60 und 63 VwVG NRW gestützt werden.

Insbesondere erweist sich die (jeweils) zur Erfüllung der Verpflichtungen bestimmte Frist von acht Monaten nach Eintritt der Bestandskraft als rechtmäßig.

Dass diese Frist sprachlich in die Ordnungsverfügungen zu I. a.) bzw. I. b.), also die zu vollstreckenden Anordnungen, aufgenommen wurde, ist unschädlich. Aus dem Bescheid ergibt sich ohne Weiteres, dass die Beklagte diese Frist auch im Hinblick auf die Androhung von Zwangsgeldern als maßgeblich erachtete.

Die Frist von acht Monaten nach Eintritt der Bestandskraft ist auch der Länge nach angemessen (§ 63 Abs. 1 Satz 2 VwVG NRW).

Es ist mit Blick auf die Größe der vorhandenen Gebäude nichts dafür erkennbar und auch von der Klägerin nicht geltend gemacht, dass die Umsetzung der Anordnungen in tatsächlicher Hinsicht, z. B. vor dem Hintergrund einer erforderlichen Beauftragung Dritter mit der Durchführung von Abrissarbeiten, einer längeren Fristsetzung bedürfte. Mit der Aufgabe des Gebäudes droht auch niemandem eine Wohnungslosigkeit: Die Klägerin selbst hat ihren Wohnsitz schon im Jahr 2019 in H. genommen, ihre Mieter nutzen es nach eigenem Bekunden lediglich in der Freizeit als Wochenendhaus.

Der Vollstreckung, die mit der Androhung des Zwangsmittels beginnt, steht auch kein Vollstreckungshindernis entgegen. Ein solches folgt nicht daraus, dass die Klägerin die streitgegenständlichen baulichen Anlagen vermietet hat, gegen die Mieter bisher aber keine Duldungsverfügung erlassen, sondern eine solche lediglich für den Fall angekündigt wurde, dass die Mieter ihr Einverständnis nicht erklärten.

Stehen Rechte Dritter der Vollstreckung einer Ordnungsverfügung entgegen, muss die Ordnungsbehörde den Erlass einer Duldungsverfügung gegen den Dritten erwägen, um die Ordnungspflicht durchsetzen zu können. Allerdings kann eine Duldungsverfügung unterbleiben, wenn konkrete Anhaltspunkte dafür bestehen, dass der Dritte gegen die Vollstreckung keine Einwände erheben wird. Eine Duldungsverfügung darf nicht rein vorsorglich ausgesprochen werden. Es bedarf ihrer erst dann, wenn das Vollstreckungshindernis in Wahrheit besteht. Vgl. OVG NRW, Beschlüsse v. 26.7.2019 – 7 B 505/19 –, juris Rdnr. 12, und vom 22.11.2013 – 2 A 923/13 –, juris Rdnr. 17 ff., m. w. N., sowie Urteil v. 9.7.1992 – 10 A 1478/89 –, juris Rdnr. 21; OVG Rhld.-Pf., Beschluss v. 8.12.2003 – 8 B 11827/03 –, juris Rdnr. 6; Kuznik, in: Brandt/Domgörgen, Handbuch Verwaltungsverfahren und Verwaltungsprozess, 5. Auflage 2023, Abschnitt E, Rdnr. 58.

Hier steht nicht zu erwarten, dass die Mieter die Durchsetzung insbesondere der Beseitigungsverfügung zu verhindern suchen werden, denn sie haben den zunächst beabsichtigten Erwerb des Grundstücks – angesichts des anhängigen Verfahrens – zurückgestellt und sich lediglich zur Miete entschlossen (vgl. schon Schriftsatz vom 9.10.2019). Dem ist auch die Klägerin in der mündlichen Verhandlung nicht entgegengetreten.

Auch gegen die Höhe der angedrohten Zwangsgelder ist nichts zu erinnern. …

Nr. 96

Rechtsgrundlage für die selbständige Androhung des Zwangsgelds ist Art. 36 i. V. m. Art. 29 Abs. 1, Abs. 2 Nr. 1, Art. 31 VwZVG.

Voraussetzung für die Rechtmäßigkeit einer nachträglich erlassenen, isolierten Zwangsgeldandrohung ist nicht die Klärung der Frage, unter welchen Voraussetzungen gegen eine bestandskräftig festgestellte Verpflichtung verstoßen wird. Vielmehr ist der Nachweis eines entsprechenden Verstoßes erst Voraussetzung für die Fälligstellung eines angedrohten Zwangsgeldes.
(Leitsätze der Redaktion)

VwZVG Art. 36 i. V. m. Art. 29 Abs. 1, Abs. 2 Nr. 1, Art. 31.

Verwaltungsgericht Augsburg, Gerichtsbescheid v. 1. August 2024 – Au 4 K 24.1488 –.

Aus den Gründen:

Die Klage wird abgewiesen. ….

Die Klägerin wendet sich mit ihrer Klage gegen eine Zwangsgeldandrohung.

Mit Bescheid vom 14.7.2020 hat der Beklagte der Klägerin die Baugenehmigung für den Neubau einer Halle auf dem Grundstück Fl.Nr. …, Gemarkung …, verbunden u. a. mit immissionsschutzrechtlichen Auflagen (Nrn. 5 bis 13) erteilt. Nach Nr. 9 sind während des Betriebs Fenster und Tore der Produktionsbereiche geschlossen zu halten. Ein kurzzeitiges Öffnen der Tore zum Ein- und Ausbringen der Ware ist zulässig.

Mit Schreiben vom 13.7.2023 wandte sich ein Nachbar an den Beklagten wegen »Lärmbelästigung« und monierte u. a., dass die Auflage zum Geschlossenhalten der Fenster und Tore nicht eingehalten werde. Eine Baukontrolle am 14.9.2023 ergab ausweislich des hierüber gefertigten Baukontrollberichts, dass alle Tore geöffnet gewesen seien. Hierüber wurde die Klägerin mit Schreiben vom 19.10.2023 verbunden mit der Aufforderung, die Bescheidsauflagen künftig vollumfänglich einzuhalten, unterrichtet. Weiter wurde darauf hingewiesen, dass bei einem erneuten Verstoß gegen die Auflage der Erlass einer Zwangsgeldandrohung beabsichtigt sei.

Aufgrund einer erneuten Lärmbeschwerde von Ende März 2024 erfolgten im April 2024 weitere Baukontrollen, bei denen laut Baukontrollbericht vom 7.5.2024 wiederum Verstöße gegen die Auflage Nr. 9 festzustellen gewesen seien.

Daraufhin drohte der Beklagte mit Bescheid vom 4.6.2024 der Klägerin gegenüber ein Zwangsgeld in Höhe vom 1 500,00 EUR an für den Fall, dass der Verpflichtung aus Nr. 9 des Bescheids vom 14.7.2020 nicht oder nur unvollständig nachgekommen wird. Zur Begründung ist im Wesentlichen ausgeführt, dass bei Baukontrollen im September 2023 und April 2024 Verstöße gegen die Auflage zum Geschlossenhalten der Fenster und Tore festgestellt worden seien. Nachdem die Bauherrin trotz wiederholter Aufforderung zur freiwilligen Erfüllung der Auflage nicht bereit sei, könne mittels Androhung eines Zwangsgelds die ordnungsgemäße Ausführung der Baugenehmigung sichergestellt werden. Die Zwangsgeldandrohung sei geeignet und angemessen und ergehe in Ausübung pflichtgemäßen Ermessens.

Hiergegen erhob die Klägerin durch ihren Geschäftsführer am 20.6.2024 beim Bayerischen Verwaltungsgericht Augsburg Klage. Für sie ist (sinngemäß) beantragt, den Bescheid vom 4.6.2024 aufzuheben.

Zur Begründung ist im Wesentlichen ausgeführt, dass der Bescheid rechtswidrig sei, weil die Baukontrollen keinen Beweis führen könnten, wie lange jeweils das Tor offen gewesen sei. Die Halle sei im Übrigen an einen Dritten vermietet. Die Klägerin sei demnach nicht in der Lage, die Kontrolle darüber auszuüben, inwiefern die Tore geöffnet seien. Laut Mietvertrag sei der Mieter zur Erfüllung der Bescheidsauflagen angehalten. Unabhängig davon seien die Tore an den nämlichen Tagen nur kurzzeitig für Be- und Entladevorgänge geöffnet gewesen.

Mit Schreiben des Gerichts vom 15.7.2024 wurden die Parteien zur beabsichtigten Entscheidung durch Gerichtsbescheid angehört.

Der Beklagte legte unter dem 23.7.2024 die Behördenakten vor. Eine Äußerung zur Klage erfolgte nicht.

Bezüglich der weiteren Einzelheiten des Sachverhalts wird auf die Gerichts- und die vorgelegten Behördenakten verwiesen.

Über die Klage konnte gemäß § 84 Abs. 1 VwGO durch Gerichtsbescheid entschieden werden, weil die Streitsache keine besonderen Schwierigkeiten tatsächlicher oder rechtlicher Art aufweist und der Sachverhalt geklärt ist. Die Parteien wurden hierzu angehört ….

Die zulässige Klage ist unbegründet. Der Bescheid des Beklagten vom 4.6.2024 ist rechtmäßig und verletzt die Klägerin nicht in ihren Rechten (§ 113 Abs. 1 Satz 1 VwGO).

Rechtsgrundlage für die selbständige Androhung des Zwangsgelds ist Art. 36 i. V. m. Art. 29 Abs. 1, Abs. 2 Nr. 1, Art. 31 VwZVG. Wird die Pflicht zu einer Handlung, Duldung oder Unterlassung nicht oder nicht vollständig oder nicht zur gehörigen Zeit erfüllt, kann die Vollstreckungsbehörde einen Pflichtigen zur Erfüllung durch ein Zwangsgeld anhalten. Das Zwangsgeld muss grundsätzlich schriftlich angedroht werden; diese Androhung kann mit dem Grundverwaltungsakt verbunden werden, Art. 36 Abs. 2 Satz 1 VwZVG, zwingend ist dies gleichwohl nicht.

Es liegt eine bestandskräftige Verpflichtung der Klägerin vor, die grundsätzlich Gegenstand von Maßnahmen in der Verwaltungsvollstreckung sein kann, vgl. Art. 18 Abs. 1, Art. 19 VwZVG. Der streitigen Zwangsgeldandrohung liegt ausweislich des Bescheidstenors die Auflage Nr. 9 der Baugenehmigung vom 14.7.2020, nach der die Klägerin verpflichtet ist, Fenster und Tore des Produktionsbereiches während des Betriebes geschlossen zu halten, zugrunde.

Soweit die Klägerin einwendet, dass der Nachweis eines Verstoßes gegen Auflage Nr. 9 aus der Baugenehmigung vom 14.7.2020 nicht erbracht worden sei, verhilft das ihrer Klage nicht zum Erfolg. Denn Voraussetzung für die Rechtmäßigkeit einer – wie hier – nachträglich erlassenen, isolierten Zwangsgeldandrohung ist nicht die Klärung der Frage, unter welchen Voraussetzungen gegen eine bestandskräftig festgestellte Verpflichtung verstoßen wird. Vielmehr ist der Nachweis eines entsprechenden Verstoßes erst Voraussetzung für die Fälligstellung eines angedrohten Zwangsgeldes (vgl. Art. 31 Abs. 3 i. V. m. Abs. 1, Art. 23 Abs. 1 Nr. 2 VwZVG). Die Zwangsgeldforderung wird erst fällig, wenn die Pflicht »nicht erfüllt« wird. Gegen die Fälligkeitsmitteilung und die damit einhergehende Zahlungsaufforderung verbleiben der Klägerin ausreichende Rechtsschutzmöglichkeiten (ausführlich: BayVGH, Beschluss v. 27.9.2010 – 1 CS 10.1389 – juris Rdnr. 14 und 17 f.; VG München, Beschluss v. 24.8.2022 – M 1 S 22.426 – juris Rdnr. 25). Vorliegend haben die in der Behördenakte dokumentierten Nachbarbeschwerden ein ausreichendes Gewicht, um den Beklagten zu veranlassen, die Klägerin im Wege der Androhung eines Zwangsgeldes auf die Einhaltung ihrer immissionsschutzrechtlichen Verpflichtung hinzuweisen. Der Androhung kommt die Funktion einer präventiven Ermahnung, sich an das in der Grundverfügung enthaltene Ge- oder Verbot zu halten, ungeachtet der Tatsache zu, ob bereits eine Zuwiderhandlung festgestellt wurde oder in nächster Zeit zu erwarten sein könnte (BayVGH, Beschluss v. 27.9.2010 – 1 CS 10.1389 – juris Rdnr. 19).

Die Klägerin kann ferner nicht mit ihrem Einwand durchdringen, nicht sie, sondern ihr Mieter habe die Auflage nicht beachtet. Der Umstand, dass die Halle – nach insoweit unbestrittenem Vortrag der Klägerin – vermietet war bzw. ist, hindert die Vollstreckung gegen die Klägerin nicht. Denn Vollstreckungsschuldner ist ausschließlich der Inhaltsadressat des Grundverwaltungsakts, vgl. Art. 19 Abs. 2 VwZVG (vgl. VG München, Urteil v. 19.9.2022 – M 8 K 21.2670 – juris Rdnr. 47 ff. m. w. N.).

Schließlich erweist sich die Androhung des Zwangsgeldes als verhältnismäßig und entspricht pflichtgemäßem Ermessen des Beklagten. Bedenken hinsichtlich der Verhältnismäßigkeit bestehen angesichts des geringen Eingriffs, den die Zwangsgeldandrohung bedeutet, nicht (vgl. VG München, Beschluss v. 24.8.2022 – M 1 S 22.426 – juris Rdnr. 28). Es ist vorliegend auch sachgerecht, die bestandskräftige Grundverfügung gegen die Klägerin mit Verwaltungszwang durchzusetzen, um schnellstmöglich rechtmäßige Zustände herzustellen (vgl. VG München, Urteil v. 19.9.2022 – M 8 K 21.2670 – juris Rdnr. 50 m. w. N.). Weitere durchgreifende Einwände gegen die Rechtmäßigkeit der Zwangsgeldandrohung, insbesondere ihrer Höhe (vgl. hierzu Art. 31 Abs. 2 VwZVG) sind nicht ersichtlich. Ermessensfehler i. S. d. § 114 Satz 1 VwGO sind ebenfalls weder vorgetragen und noch ersichtlich. …

Nr. 97

Gemäß Art. 75 Abs. 1 Satz 1 BayBO kann die Bauaufsichtsbehörde die Einstellung der Arbeiten anordnen, wenn Anlagen im Widerspruch zu öffentlich-rechtlichen Vorschriften errichtet, geändert oder beseitigt werden.

Bei einer Baueinstellung können provisorische Maßnahmen zum Schutz gegen Witterungseinflüsse in der Regel gestattet werden. Zulässig sind jedoch nur unbedingt notwendige, die vorhandene Baumasse sichernde und erhaltene provisorische Maßnahmen. Sicherungsmaßnahmen können keine Maßnahmen sein, die das Bauvorhaben fortführen

(Leitsätze der Redaktion)

BayBO Art. 57 Abs. 6, Art. 75 Abs. 1; VwGO § 146.

Bayerischer VGH, Beschluss v. 1. August 2024 – 2 CS 24.1162 –.

Aus den Gründen:

Die zulässige Beschwerde des Antragstellers (§ 146 Abs. 1 VwGO) hat keinen Erfolg. Die dargelegten Gründe rechtfertigen es nicht, die angefochtene Entscheidung abzuändern oder aufzuheben.

Der Verwaltungsgerichtshof sieht nach einer einem Eilverfahren wie diesem angemessenen summarischen Prüfung (vgl. BVerfG, Beschluss v. 24.2.2009 – 1 BvR 165/09 – NVwZ 2009, 582) im Ergebnis keine Notwendigkeit für die Wiederherstellung der aufschiebenden Wirkung der von dem Antragsteller erhobenen Anfechtungsklage gegen den Baueinstellungsbescheid der Antragsgegnerin vom 29.5.2024 (§ 80 Abs. 5 Satz 1 VwGO).

1. Die mit Bescheid vom 29.5.2024 verfügte Baueinstellung ist voraussichtlich zu Recht erfolgt und verletzt den Antragsteller nicht in seinen Rechten (§ 113 Abs. 1 Satz 1 VwGO). Gemäß Art. 75 Abs. 1 Satz 1 BayBO kann die Bauaufsichtsbehörde die Einstellung der Arbeiten anordnen, wenn Anlagen im Widerspruch zu öffentlich-rechtlichen Vorschriften errichtet, geändert oder beseitigt werden.

Das Verwaltungsgericht führt zutreffend aus, dass Bauarbeiten bereits dann nach Art. 75 Abs. 1 Satz 1 BayBO eingestellt werden dürfen, wenn die Frage der Genehmigungsbedürftigkeit des Vorhabens ernstlich zweifelhaft sei. Vorliegend bestünden ernstliche Zweifel daran, ob die vom Antragsteller im Innenbereich des Hauptgebäudes ausgeführten Arbeiten verfahrensfreie Instandhaltungsarbeiten nach Art. 57 Abs. 6 BayBO seien. Der Abbruch von bestehenden Stahlträgern, das Umsetzen von Wänden und der Durchbruch durch eine möglicherweise tragende Wand könnten vielmehr die Standfestigkeit des Gebäudes berühren und eine statische Nachberechnung erforderlich machen, sodass eine die Genehmigungsfrage neu aufwerfende Änderung einer baulichen Anlage vorliege. Auch sei die im Bescheid erfolgte Ermessensausübung nicht zu beanstanden, nachdem in der Regel bei Vorliegen der tatbestandlichen Voraussetzungen des Art. 75 Abs. 1 BayBO eine Baueinstellungsverfügung ergehen könne und solle. Diese Einschätzung des Verwaltungsgerichts teilt der Senat, der den zutreffenden Gründen des angefochtenen Urteils folgt und gemäß § 122 Abs. 2 Satz 3 VwGO darauf Bezug nimmt.

Die Ausführungen des Antragstellers in der Beschwerdebegründung vermögen die Einschätzung des Verwaltungsgerichts nicht infrage zu stellen. So hat der Antragsteller bereits nicht den Anforderungen des § 146 Abs. 4 Satz 4 VwGO entsprechend die Gründe dargelegt, aus denen die Entscheidung abzuändern oder aufzuheben ist und hat sich auch nicht mit der angefochtenen Entscheidung des Verwaltungsgerichts auseinandergesetzt. Es fehlt an jeglicher Darlegung, in welchen Punkten tatsächlicher oder rechtlicher Art der angefochtene Beschluss nach Ansicht des Antragstellers unrichtig ist und weshalb er die tatsächliche oder rechtliche Würdigung des Verwaltungsgerichts in den angegebenen Punkten für fehlerhaft hält (vgl. Happ, Eyermann, VwGO, 16. Aufl. 2022, § 124a Rdnr. 27).

Der Antragsteller stützt seine Beschwerde vielmehr im Wesentlichen darauf, dass es zur Vermeidung weiterer erheblicher Schäden durch das Eindringen von Niederschlagswasser unumgänglich und dringlich sei, eine Feuchtigkeitsisolierung durch den Einbau von Fenstern in Verbindung mit dem Aufstellen von Bautrocknern herbeizuführen. Daher sei es ihm zu gestatten, die Isolierung an dem verfahrensgegenständlichen Gebäude durch den Einbau bereits eingelagerter Fenster fertigstellen zu lassen, um weitere, noch größere Schäden am Gebäude zu vermeiden.

Soweit damit die Ermessensausübung unter dem Gesichtspunkt, eine umfassende Baueinstellung angeordnet und keine provisorischen Maßnahmen zum Schutz gegen Witterungseinflüsse zugelassen zu haben, angegriffen wird, hat die Beschwerde keinen Erfolg. Zwar können provisorische Maßnahmen zum Schutz gegen Witterungseinflüsse in der Regel gestattet werden (vgl. Molodowsky/Waldmann in Molodowsky/Famers/Waldmann, BayBO, 145. AL, Mai 2022, Art. 75 Rdnr. 45). Zulässig sind jedoch nur unbedingt notwendige, die vorhandene Baumasse sichernde und erhaltene provisorische Maßnahmen. Sicherungsmaßnahmen können keine Maßnahmen sein, die das Bauvorhaben fortführen (vgl. BayVGH, Beschluss v. 2.7.2020 – 1 CS 20.857 – juris; Beschluss v. 17.7.2000 – 2 ZE 00.958 – juris Rdnr. 1). Der vom Antragsteller begehrte Einbau der Fenster geht darüber hinaus, da es sich hierbei um keine provisorische zur Substanzerhaltung unerlässliche Sicherungsmaßnahme handelt (vgl. BayVGH, Beschluss v. 2.11.1995 – 2 CE 95.2851 – n.v.), sondern um Bauarbeiten zur weiteren Fertigstellung des von dem Antragsteller angestrebten Bauwerks. Eine solche Baumaßnahme würde zu einer Verfestigung des bereits vorhandenen widerrechtlichen Zustands führen und somit eine der Baueinstellung widersprechende Fortsetzung der Arbeiten darstellen. Eine substantiierte Darlegung, dass die üblichen provisorischen Sicherungsmaßnahmen wie eine Verbretterung der Öffnungen (vgl. BayVGH, Beschluss v. 30.11.2005 – 1 CE 05.153 – juris Rdnr. 18) und eine fachmännische Folienabdeckung nicht ausreichend sind, lässt die Beschwerdebegründung vermissen. Insoweit wird lediglich vorgetragen, »eine Abdeckung mit Folien habe sich als nicht praktikabel erwiesen«, ohne dies weiter auszuführen.

2. Die Kostenentscheidung beruht auf § 154 Abs. 2 VwGO. Die Streitwertfestsetzung folgt aus §§ 47, 53 Abs. 2 Nr. 2, 52 Abs. 2 VwGO und entspricht der von den Beteiligten nicht infrage gestellten erstinstanzlichen Streitwertfestsetzung.

Nr. 98

Die Bauaufsichtsbehörde kann die Ermessensentscheidung, eine Beseitigungs- oder Rückbauverfügung zu erlassen, im Regelfall ordnungsgemäß

damit begründen, dass die zu beseitigende Anlage formell und materiell illegal ist und dass ein öffentliches Interesse daran besteht, keinen Präzedenz- oder Berufungsfall zu schaffen.

Eine weitergehende Abwägung des »Für und Wider« einer Beseitigungsverfügung ist nur dann geboten, wenn konkrete Anhaltspunkte ausnahmsweise für die Angemessenheit einer vorübergehenden oder dauerhaften Duldung eines rechtswidrigen oder ordnungswidrigen Zustands sprechen.
(Leitsätze der Redaktion)

VwGO § 124; BauO NRW § 82.

OVG Nordrhein-Westfalen, Beschluss v. 2. August 2024 – 10 A 1524/22 –.

Aus den Gründen:

Der zulässige Antrag ist unbegründet.

Aus den innerhalb der Frist des § 124a Abs. 4 Satz 4 VwGO dargelegten Gründen ergeben sich keine ernstlichen Zweifel an der Richtigkeit des angefochtenen Urteils (Zulassungsgrund gemäß § 124 Abs. 2 Nr. 1 VwGO).

Stützt der Rechtsmittelführer seinen Zulassungsantrag auf den Zulassungsgrund der ernstlichen Zweifel, muss er sich mit den entscheidungstragenden Annahmen des Verwaltungsgerichts auseinandersetzen. Dabei muss er den tragenden Rechtssatz oder die Feststellungen tatsächlicher Art bezeichnen, die er mit seinem Antrag angreifen will, und mit schlüssigen Gegenargumenten in Frage stellen und damit zugleich Zweifel an der Richtigkeit des Entscheidungsergebnisses begründen. Diesen Anforderungen genügt das Vorbringen des Klägers im Zulassungsverfahren nicht.

Das Verwaltungsgericht hat die gegen die Beseitigungsverfügung vom 16.7.2020 betreffend ein Gartenhaus, eine Anschüttung mit Stützmauer, einen Fischteich und ein »Brennholzlager« auf dem Grundstück Gemarkung Q., Flur 00, Flurstück 000 (M. 001 in Q.) nebst Zwangsgeldandrohung gerichtete Klage abgewiesen. Zur Begründung hat es im Wesentlichen ausgeführt, die Voraussetzungen für den Erlass der Beseitigungsverfügung seien erfüllt. Zur Vermeidung von Wiederholungen werde auf die zutreffenden und detaillierten Ausführungen in der streitgegenständlichen Ordnungsverfügung verwiesen. Der Vortrag des Klägers gebe keinen Anlass, eine andere rechtliche Bewertung vorzunehmen. Die Beklagte habe zur formellen und materiellen Illegalität der baulichen Anlagen sowie insbesondere zur Frage, ob das streitgegenständliche Flurstück im Außenbereich liege, in der Begründung der streitgegenständlichen Ordnungsverfügung ausführlich Stellung genommen. Die Androhung von Zwangsgeld sei ebenfalls rechtmäßig.

Die Richtigkeit der (in Bezug genommenen) Erwägungen hinsichtlich der Rechtmäßigkeit der Beseitigungsverfügung stellt der Kläger nicht schlüssig in Frage.

Der Annahme, dass die streitgegenständlichen Anlagen im Außenbereich lägen, setzt der Kläger nicht Tragfähiges entgegen.

Es trifft nicht zu, dass das Verwaltungsgericht annimmt, der Außenbereich beginne einheitlich »nach einer gedachten Linie von 32 m ab der Straße«. Von einer Linie in diesem Abstand ist weder im Urteil noch im in Bezug genommenen Bescheid die Rede, sondern davon, dass der Außenbereich ausgehend von der umliegenden Wohnbebauung in einer »Bautiefe« von ca. 32 m ab Straßenbegrenzungslinie beginne. Auf Höhe des Grundstücks des Klägers reicht diese Wohnbebauung jedoch deutlich weniger als 32 m zurück.

Ernstliche Zweifel ergeben sich auch nicht aus dem Vortrag, die Zugehörigkeit zum Innenbereich zu dem vom Kläger als maßgeblich erachteten Zeitpunkt der Errichtung ergebe sich schon aus einer Ortslagenabgrenzungssatzung, die »erst später« abgeschafft worden sei. Das Vorbringen genügt nicht den Darlegungsanforderungen des § 124a Abs. 4 Satz 4 VwGO. Nach den Feststellungen des angefochtenen Urteils ist diese Satzung mit Rundverfügung vom 24.6.1993 aufgehoben worden und sind – wie sich aus dem im Tatbestand geschilderten Gesamtzusammenhang ergibt – die Anlagen erst danach entstanden. Damit setzt sich die Antragsbegründung nicht auseinander. Überdies folgte hieraus jedenfalls nicht, dass die Anlagen »seinerzeit formell ordnungsgemäß errichtet wurden«, wie der Kläger dem angefochtenen Urteil entgegenhalten möchte.

Vor diesem Hintergrund führt auch der Einwand des Klägers, die Anlagen seien nicht genehmigungspflichtig, dies wären sie lediglich dann, wenn das Grundstück dem Außenbereich zuzuordnen wäre, nicht zum Erfolg des Zulassungsantrags.

Mit dem Verweis auf weitere »Schwimmbäder hinter den eigentlichen Wohnhäusern« an der Straße M. und »zahlreiche Gartenhäuser in den Gärten« dringt der Kläger ebenfalls nicht durch; er zeigt schon nicht auf, unter welchem rechtlichen Gesichtspunkt bzw. mit welchen rechtlichen Konsequenzen dies zu berücksichtigen sein soll. Jedenfalls legt er nicht in einer den Darlegungsanforderungen entsprechenden Weise dar, weshalb solche Schwimmbäder (Pools) und Gartenhäuser vorliegend maßgeblich sein sollten.

Mit dem Verweis auf eine (fehlende) »städtebauliche Spannung« knüpft der Kläger schon nicht an Erwägungen des angefochtenen Urteils an.

Mit der Annahme des Verwaltungsgerichts, eine Beeinträchtigung öffentlicher Belange (im Sinne einer Beeinträchtigung der natürlichen Eigenart der Landschaft und ihres Erholungswertes) liege vor, setzt sich der Kläger nicht in einer den Darlegungsanforderungen entsprechenden Weise auseinander.

Angesichts dessen kommt es auf die vorgebrachten Einwände gegen die Annahme, das Grundstück sei auch nicht erschlossen, nicht an.

Mit den gegen die Ermessensausübung gerichteten Einwänden stellt der Kläger das angefochtene Urteil ebenfalls nicht schlüssig in Frage. Dass der in Bezug genommene Bescheid keine Ermessensausübung oder keine Begründung der Ermessensentscheidung enthalte, trifft nicht zu. Im Übrigen verfehlt die weitere, an der Ermessensentscheidung geübte Kritik die Darlegungsanforderungen. Mit den – vom Verwaltungsgericht als fehlerfrei erachteten – Ermessenserwägungen im Bescheid setzt der Kläger sich nicht substantiiert auseinander. Abgesehen davon kann die Bauaufsichtsbehörde nach ständiger Rechtsprechung der Bausenate die Ermessensentscheidung, eine Beseitigungs- oder Rückbauverfügung zu erlassen, im Regelfall ordnungsgemäß damit begründen, dass die zu beseitigende Anlage formell und materiell illegal ist und dass ein öffentliches Interesse daran besteht, keinen Präzedenz- oder Berufungsfall zu schaffen. Eine weitergehende Abwägung des »Für und Wider« einer Beseitigungsverfügung ist nur dann geboten, wenn konkrete Anhaltspunkte ausnahmsweise für die Angemessenheit einer vorübergehenden oder dauerhaften Duldung eines rechtswidrigen oder ordnungswidrigen Zustands sprechen. Vgl. OVG NRW, Urteil vom 24.2.2016 – 7 A 19/14 –, juris Rdnr. 27 ff. m. w. N. Solche Anhaltspunkte ergeben sich aus dem Zulassungsvorbringen nicht. …

Nr. 99

Aus dem Zweck des Art. 75 Abs. 1 Satz 1 BayBO, bereits die Entstehung baurechtswidriger Zustände durch rechtzeitiges und wirksames Einschreiten zu verhindern, folgt, dass bei Vorliegen der tatbestandlichen Voraussetzungen regelmäßig eine Baueinstellung ergehen kann (= intendiertes Ermessen).

Bei einer Baueinstellung handelt es sich um einen Verwaltungsakt mit Dauerwirkung, der fortlaufend der Rechtfertigung bedarf.

Maßgeblicher Zeitpunkt für die Beurteilung der Sach- und Rechtslage ist in einem solchen Fall der Zeitpunkt der letzten mündlichen Verhandlung.
(Leitsätze der Redaktion)

BayBO Art. 2 Abs. 1, Art. 75 Abs. 1, Art. 55 Abs. 1.

Verwaltungsgericht München, Urteil v. 17. September 2024 – M 1 K 21.1278 –.

Aus den Gründen:

Die Klage ist zulässig, aber unbegründet. Der angefochtene Bescheid vom … Februar 2021 ist rechtmäßig und verletzt den Kläger nicht in seinen Rechten, § 113 Abs. 1 Satz 1 VwGO.

I. Ziffer 1 des Bescheids vom … Februar 2021, durch welche die gegenüber dem Kläger mündlich angeordnete Einstellung der Bauarbeiten auf den Grundstücken FlNr. … und … bestätigt und die Einstellung der weiteren Bauarbeiten angeordnet wurde, ist rechtmäßig.

Maßgeblicher Zeitpunkt für die Beurteilung der Sach- und Rechtslage ist dabei der Zeitpunkt der letzten mündlichen Verhandlung, denn bei der hier streitgegenständlichen Baueinstellung handelt es sich um einen Verwaltungsakt mit Dauerwirkung, der fortlaufend der Rechtfertigung bedarf. Die Verlagerung des maßgeblichen Zeitpunktes von der behördlichen zur gerichtlichen Entscheidung soll aus materiellen Gründen sicherstellen, dass das Gericht eine realitätsnahe und möglichst abschließende Entscheidung treffen und damit weitere Verfahren vermeiden kann (st.Rspr., siehe nur BayVGH, Beschluss v. 23.7.2018 – 15 ZB 17.1094 – juris Rdnr. 21 m. w. N.).

1. Rechtsgrundlage der Einstellung der weiteren Bauarbeiten ist Art. 75 Abs. 1 Satz 1 BayBO. Danach kann die Bauaufsichtsbehörde die Einstellung der Arbeiten anordnen, wenn Anlagen im Widerspruch zu öffentlich-rechtlichen Vorschriften errichtet, geändert oder beseitigt werden. Ein Widerspruch zu öffentlich-rechtlichen Vorschriften liegt dabei schon dann vor, wenn ein nach Art. 55 Abs. 1 BayBO genehmigungsbedürftiges Vorhaben ohne die erforderliche Baugenehmigung ausgeführt wird (sog. formelle Illegalität).

a) Die Bauarbeiten auf den Vorhabengrundstücken widersprechen öffentlich-rechtlichen Vorschriften. Sie dienen der Errichtung bzw. Änderung genehmigungsbedürftiger Anlagen (aa). Es handelt sich nicht um verfahrensfreie Instandhaltungsarbeiten (bb). Die demnach erforderliche Baugenehmigung liegt nicht vor (cc).

aa) Die Errichtung oder Änderung eines gewerblich genutzten, befestigten Parkplatzes mit doppelarmiger Schrankenanlage auf dem Grundstück FlNr. … durch den Kläger ist ebenso genehmigungsbedürftig wie die Errichtung eines befestigten Parkplatzes auf dem Grundstück FlNr. ….

(1) Nach Art. 55 Abs. 1 BayBO bedürfen die Errichtung, Änderung oder Nutzungsänderung von baulichen Anlagen einer Genehmigung, soweit in Art. 56 bis 58, 72 und 73 BayBO nichts anderes bestimmt ist. Dabei gilt: Ist ein aus mehreren Baumaßnahmen bestehendes Gesamtvorhaben als Einheit, z. B. planerisch, technisch oder funktionell zu behandeln, unterliegt es insgesamt der Genehmigungspflicht, auch wenn einzelne Teile für sich allein genehmigungsfrei wären. Es ist nicht zulässig, ein einheitliches Vorhaben künstlich in einen genehmigungspflichtigen und einen genehmigungsfreien Teil aufzuspalten (Decker in Busse/Kraus, BayBO, 153. EL Januar 2024, Art. 55 Rdnr. 33). Das gilt nicht nur für das Baugenehmigungsverfahren, sondern auch, soweit sich die Genehmigungsfrage – wie hier – im repressiven bauaufsichtlichen Verfahren stellt (vgl. BayVGH, Beschluss v. 10.11.2021 – 15 ZB 21.1329 – juris Rdnr. 9; Beschluss v. 18.10.2021 – 15 CS 21.1990 – juris Rdnr. 48; Beschluss v. 20.9.2000 – 2 CS 00.808 – juris Rdnr. 17).

(2) Bei den Parkflächen auf den Vorhabengrundstücken handelt es sich jedenfalls um Stellplätze im Sinne des Art. 2 Abs. 8 Satz 1 BayBO, die gem. Art. 2 Abs. 1 Satz 3 Nr. 5 BayBO als bauliche Anlagen gelten und damit grundsätzlich der Genehmigungspflicht nach Art. 55 Abs. 1 BayBO unterfallen. Die Errichtung ist nicht genehmigungsfrei.

Unter Stellplätzen im Sinne des Art. 2 Abs. 8 Satz 1 BayBO sind Flächen zu verstehen, die dem Abstellen von Kraftfahrzeugen außerhalb der öffentlichen Verkehrsfläche dienen. Eine bauliche Verfestigung des Untergrundes ist nicht notwendig (Dirnberger in Busse/Kraus, BayBO, 153. EL Januar 2024, Art. 2 Rdnr. 689; vgl. SaarlOVG Saarland, Beschluss v. 8.12.2010 – 2 B 277/20 – juris Rdnr. 25). Von Art. 2 Abs. 1 Satz 3 Nr. 5 BayBO werden dabei insbesondere unbefestigte Stellplätze wie z. B. Wiesen erfasst, während mit Kies u. ä. befestigte Stellplätze bereits unter den Begriff der baulichen Anlage in Art. 2 Abs. 1 Satz 1 BayBO fallen. Vor diesem Hintergrund spielt es auch keine Rolle, ob als Grünflächen genutzte Abstellflächen Teil der naturgegebenen Landschaft sind oder nicht. Die Vorhabengrundstücke werden nach dem eigenen Vortrag des Klägers bereits seit Jahren als Abstellflächen für Kraftfahrzeuge genutzt, sodass das Vorliegen von Stellplätzen i. S. v. Art. 2 Abs. 8 Satz 1 BayBO zu bejahen ist, die gem. Art. 2 Abs. 1 Satz 3 Nr. 5 BayBO als bauliche Anlage gelten. Soweit diese nach den in der Behördenakte befindlichen Lichtbildern und den eigenen Ausführungen des Klägers mit Teerfräsgut befestigt worden sind, stellen diese Stellplätze sogar bauliche Anlagen i. S. d. Art. 2 Abs. 1 Satz 1 BayBO dar.

(3) Die Errichtung dieser Anlagen ist nicht verfahrensfrei. Art. 57 Abs. 1 Nr. 15 Buchst. b BayBO, wonach Stellplätze mit einer Fläche bis zu 300 m^2 und deren Zufahrten verfahrensfrei sind, sofern sie nicht im Außenbereich liegen, greift nicht. Die Parkflächen auf jedem der beiden Vorhabengrundstücke weisen eine Fläche von deutlich über 300 m^2 auf. Zudem liegen sie im Außenbereich (§ 35 BauGB). Auch Art. 57 Abs. 1 Nr. 8 BayBO ist hier nicht einschlägig, da Art. 57 Abs. 1 Nr. 15 Buchst. b BayBO für nicht überdachte Stellplätze als speziellere Vorschrift vorgeht (Lechner/Busse in Busse/Kraus, BayBO, 153. EL Januar 2024, Art. 57 Rdnr. 243). Schon deshalb, weil die Stellplätze nicht überdacht sind, scheiden Art. 57 Abs. 1 Nr. 1 Buchst. b und Abs. 2 Nr. 1 BayBO ebenfalls aus.

bb) Weder im Hinblick auf das Grundstück FlNr. … noch auf das Grundstück FlNr. … kann sich der Kläger mit Erfolg auf die Verfahrensfreiheit von Instandhaltungsarbeiten nach Art. 57 Abs. 6 BayBO berufen.

(1) Soweit es um die Errichtung der Schrankenanlage auf dem Vorhabengrundstück FlNr. … geht, liegt jedenfalls eine genehmigungspflichtige Änderung i. S. d. Art. 55 Abs. 1 BayBO vor. Eine Änderung in diesem Sinne ist gegeben, wenn eine (vorhandene) bauliche Anlage in ihrer Substanz baulich umgestaltet wird, z. B. in Gestalt von Umbau, Ausbau oder Erweiterung. Abzugrenzen ist die Änderung von bloßen Instandhaltungsarbeiten. Das sind bauliche Maßnahmen, die der Erhaltung der Gebrauchsfähigkeit und der baulichen Substanz einer Anlage dienen, ohne deren Identität zu verändern (siehe nur Decker in Busse/Kraus, BayBO, 153. EL Januar 2024, Art. 55 Rdnr. 27). Die Betonierung einer Bodenplatte mit Sockel sowie die Montage einer doppelarmigen Schrankenanlage stellt eine bauliche Erweiterung des Parkplatzes dar, durch die sich die Identität des Vorhabens ändert. Dadurch wird die Genehmigungsbedürftigkeit des Gesamtvorhabens in seiner geänder-

ten Gestalt (Errichtung eines Parkplatzes mit doppelarmiger Schrankenanlage) ausgelöst (vgl. Decker in Busse/Kraus, BayBO, 153. EL Januar 2024, Art. 55 Rdnr. 26). Dieses Vorhaben ist auch nicht nach Art. 57 BayBO oder Art. 58 BayBO verfahrens- bzw. genehmigungsfrei.

(2) Soweit es um das Grundstück FlNr. ... geht, liegen ebenfalls keine verfahrensfreien Instandhaltungsarbeiten nach Art. 57 Abs. 6 BayBO vor. Instandhaltung sind alle Maßnahmen, die dazu dienen, Gebrauchsfähigkeit und Wert von Anlagen unter Belassung von Konstruktion und äußerer Gestalt zu erhalten (vgl. BayLT-Drs. 12/13482, S. 39). Ob Instandhaltungsarbeiten in diesem Sinne nur dann vorliegen, wenn die Anlage Bestandsschutz genießt, ist in der Rspr. des Bayerischen Verwaltungsgerichtshofs nicht abschließend geklärt. Während dies in der früheren Rechtsprechung ohne Weiteres angenommen wurde (so zu Art. 63 Abs. 5 BayBO a. F. BayVGH, Beschluss v. 18.2.2000 – 2 ZS 00.371 – juris Rdnr. 3), hat der Bayerische Verwaltungsgerichtshof in jüngerer Zeit die Auffassung vertreten, dass die Annahme verfahrensfreier Instandhaltungsarbeiten i. S. d. Art. 57 Abs. 6 BayBO unabhängig von der Frage des Bestandsschutzes zu beantworten sei (BayVGH, Beschluss v. 20.1.2020 – 1 ZB 18.933 – juris Rdnr. 13; Beschluss v. 14.8.2012 – 1 CS 12.1489 – juris Rdnr. 7 ff.). Ob dem zu folgen ist, kann hier offenbleiben, denn wenn ein Bauherr – wie hier der Kläger – Parkflächen zunächst nicht befestigt, sondern als Parkflächen nutzt und die im Gefolge auftretenden Bodenschäden durch Aufschüttungen mit Bauprodukten (hier: Teerfräsgut) ausbessert, überführt er eine fingierte bauliche Anlage i. S. v. Art. 2 Abs. 1 Satz 3 Nr. 5 BayBO in eine (echte) bauliche Anlage i. S. v. Art. 2 Abs. 1 Satz 1 BayBO. Dadurch kommt es nicht nur zu einer baulichen Erweiterung, sondern auch zu einer Änderung der Identität des Vorhabens, sodass sich solche Arbeiten nicht im Rahmen von Instandhaltungsarbeiten halten. Andernfalls könnte ein Bauherr in einem solchen Fall im Sinne einer »Salamitaktik« baurechtswidrige Zustände schaffen, ohne dass die Bauaufsichtsbehörde hiergegen einschreiten könnte. Art. 75 Abs. 1 Satz 1 BayBO würde insoweit leerlaufen.

cc) Die somit erforderliche Baugenehmigung liegt nicht vor.

Soweit der Kläger sich auf Äußerungen des Landratsamts Miesbach und der Regierung von Oberbayern aus den 1980er Jahren beruft, kann er damit nicht durchdringen. Dabei handelt es sich nicht um Baugenehmigungen. Diese Äußerungen bewirken keinen Bestandsschutz, zumal wohl weder die Regierung von Oberbayern noch das Landratsamt Miesbach für die Genehmigung der streitgegenständlichen Parkplätze sachlich bzw. örtlich zuständig wären.

Auch die vom Kläger angeführte Gaststättenerlaubnis gewährt keinen Bestandsschutz. Gaststättenerlaubnisse sind für die baurechtliche Beurteilung belanglos. Zwar hat die Baugenehmigung für eine Gaststätte im gaststättenrechtlichen Erlaubnisverfahren Bindungswirkung (vgl. BVerwG, Urteil v. 4.10.1988 – 1 C 72.86 – juris Rdnr. 31; Beschluss v. 14.6.2011 – 4 B 3/11 – juris

Rdnr. 5). Daraus kann aber nicht gefolgert werden, dass auch umgekehrt eine Bindungswirkung für die Baugenehmigungsbehörde eintritt (vgl. BayVGH, Beschluss v. 28.2.2019 – 9 ZB 17.911 – juris Rdnr. 11; Beschluss v. 29.10.1987 – 20 B 85 A 1481 – NVwZ 1988, 1140; s. a. HessVGH, Beschluss v. 23.12.1988 – 4 TZ 4362/88 – NVwZ 1990, 583; VG Freiburg, Beschluss v. 23.12.1982 – 6 K 324/82 – NVwZ 1983, 697; Metzner/Thiel, GastG, 7. Aufl. 2023, § 2 Rdnr. 14). Denn die Bindungswirkung der erteilten Baugenehmigung für das gaststättenrechtliche Verfahren beruht auf der Überlegung, dass die Gaststättenbehörde bei der Beurteilung der baurechtlichen Zulässigkeit einer Gaststätte nicht von der Entscheidung der sachlich zuständigen Baugenehmigungsbehörde abweichen darf. Dagegen wäre es nicht sachgerecht, wenn die sachnähere Bauaufsichtsbehörde durch die Inzidentbeurteilung der Gaststättenbehörde bei der Prüfung der Versagungsgründe nach § 4 Abs. 1 Satz 1 Nr. 2 und 3 GastG in ihren späteren baurechtlichen Entscheidungen gebunden wäre (VG Freiburg, Beschluss v. 23.12.1982 – 6 K 324/82 – NVwZ 1983, 697).

Eine Baugenehmigung hat der Kläger nicht vorgelegt. Sie ist auch in den vorgelegten Behördenakten nicht enthalten. Auch im Übrigen ist für Bestandsschutz nichts ersichtlich. Dies geht zu Lasten des Klägers. Nach ständiger Rechtsprechung ist für das Vorliegen einer Baugenehmigung der Bürger beweispflichtig, wenn er sich gegenüber einer bauaufsichtlichen Anordnung darauf beruft, dass eine Baugenehmigung vorliege und daher eine bauliche Anlage formell rechtmäßig sei (vgl. BVerwG, Urteil v. 23.2.1979 – IV C 86.76 – juris Rdnr. 14; Beschluss v. 19.2.1988 – 4 B 33/88 – juris Rdnr. 3; BayVGH, Beschluss v. 10.11.2021 – 15 ZB 21.1329 – juris Rdnr. 10; Beschluss v. 11.10.2022 – 15 ZB 22.867 – juris Rdnr. 30 m. w. N.).

b) Ziffer 1 des Bescheids vom … Februar 2021 genügt auch den Bestimmtheitsanforderungen des Art. 37 Abs. 1 BayVwVfG. Danach muss der Adressat zum einen in die Lage versetzt werden, zu erkennen, was von ihm gefordert wird. Zum anderen muss der Verwaltungsakt geeignete Grundlage für Maßnahmen zu seiner zwangsweisen Durchsetzung sein können. Im Einzelnen richten sich die Anforderungen an die notwendige Bestimmtheit eines Verwaltungsakts nach den Besonderheiten des jeweils anzuwendenden und mit dem Verwaltungsakt umzusetzenden materiellen Rechts. (BVerwG, Urteil v. 15.2.1990 – 4 C 41/87 – juris Rdnr. 29). Nach diesen Maßstäben ist Ziffer 1 des streitgegenständlichen Bescheids nicht unbestimmt: Jedenfalls die Anordnung in Ziffer 1 des Bescheids vom … Februar 2021: »Die weiteren Bauarbeiten bleiben eingestellt.«, macht unzweifelhaft deutlich, dass von dem Kläger die Einstellung sämtlicher Bauarbeiten an den Parkplätzen auf den Grundstücken FlNr. … und … gefordert war. Eine Aufzählung sämtlicher Arbeitsschritte war weder erforderlich noch möglich und wäre mit dem hinter Art. 75 Abs. 1 Satz 1 BayBO stehenden öffentlichen Interesse an einem effektiven Einschreiten gegen im Entstehen begriffene, möglicherweise baurechtswidrige

Zustände nicht zu vereinbaren (vgl. insoweit auch die hier in Bezug genommenen Gründe des Beschlusses der Kammer vom 25.11.2021, Az. M 1 E 21.2100).

2. Der Beklagte hat auch das ihm durch Art. 75 Abs. 1 Satz 1 BayBO eingeräumte Ermessen fehlerfrei ausgeübt.

Liegen die tatbestandlichen Voraussetzungen des Art. 75 Abs. 1 Satz 1 BayBO vor, so ist der Bauaufsichtsbehörde auf Rechtsfolgenseite Ermessen eingeräumt, das die Behörde gem. Art. 40 BayVwVfG entsprechend dem Zweck der Ermächtigung und in den gesetzlichen Grenzen des Ermessen auszuüben hat. Aus dem Zweck des Art. 75 Abs. 1 Satz 1 BayBO, bereits die Entstehung baurechtswidriger Zustände durch rechtzeitiges und wirksames Einschreiten zu verhindern, folgt nach ständiger Rechtsprechung (siehe nur BayVGH, Beschluss v. 11.9.2017 – 1 ZB 16.2186 – juris Rdnr. 5; Beschluss v. 2.8.2000 – 1 ZB 97.2669 – juris Rdnr. 5), dass bei Vorliegen der tatbestandlichen Voraussetzungen regelmäßig eine Baueinstellung ergehen kann (sog. intendiertes Ermessen). Etwas anderes gilt nur dann, wenn im Einzelfall besondere Gründe vorliegen, die eine andere Entscheidung rechtfertigen.

Nach diesen Maßstäben liegen keine im verwaltungsgerichtlichen Verfahren nach § 114 Satz 1 VwGO beachtlichen Ermessenfehler vor: Der Beklagte hat das ihm eingeräumte Ermessen ausweislich der Begründung des Bescheids vom … Februar 2021 erkannt und entsprechend dem Zweck der Ermächtigung ausgeübt. Besondere Umstände, die eine Baueinstellung als ermessenfehlerhaft erscheinen lassen, sind nicht ersichtlich. Insbesondere die vom Kläger angeführte »Corona«-Pandemie ist insoweit unbeachtlich: Es ist nicht zu erkennen, weshalb es dem Kläger in Zeiten der »Corona«-Pandemie nicht zumutbar gewesen sein sollte, vor Baubeginn eine Baugenehmigung für das von ihm geplante Vorhaben zu beantragen. Vor diesem Hintergrund erscheint auch die von dem Beklagten gegebene, knapp und allgemein gehaltene Begründung ausreichend (vgl. hierzu grundlegend BVerwG, Urteil v. 16.6.1997 – 3 C 22/96 – juris Rdnr. 14).

3. Nicht zu beanstanden ist schließlich auch die Inanspruchnahme des Klägers, der als Bauherr Verhaltensstörer bzw. als Grundstückseigentümer jedenfalls Zustandsstörer i. S. d. Art. 9 LStVG ist.

4. Schließlich bestehen auch hinsichtlich der Verhältnismäßigkeit der Baueinstellung (Art. 8 Abs. 1 LStVG) keine Bedenken. Die Baueinstellung ist geeignet, die Entstehung baurechtswidriger Zustände zu verhindern. Selbst wenn man die Aufforderung nach Art. 76 Satz 3 BayBO, einen Bauantrag zu stellen, als milderes Mittel ansehen wollte, so wäre dieses jedenfalls nicht gleichermaßen effektiv, denn durch die Aufforderung zur Bauantragstellung könnte die Fortsetzung möglicherweise rechtswidriger Bauarbeiten nicht unterbunden werden.

II. Ziffer 2 des Bescheides vom … Februar 2021 ist ebenfalls formell und materiell rechtmäßig. Rechtsgrundlage für das Verlangen der Bauantragstellung ist Art. 76 Satz 3 BayBO. Diese Aufforderung hat sich noch nicht i. S. v. Art. 43 Abs. 2 BayVwVfG erledigt. Zwar hat der Beklagte in der mündlichen Verhandlung darauf hingewiesen, dass der Kläger inzwischen einen Bauantrag gestellt habe. Dieser sei jedoch noch nicht vollständig, denn es fehle an einer Betriebsbeschreibung. Solange der Pflichtige keinen vollständigen Bauantrag gestellt hat, ist der Regelungsgehalt einer Aufforderung nach Art. 76 Satz 3 BayBO nicht erschöpft, sodass keine Erledigung nach Art. 43 Abs. 2 BayVwVfG eintritt. Im Übrigen gelten hinsichtlich der tatbestandlichen Voraussetzungen, der Ermessensausübung, der Maßnahmenrichtung und der Verhältnismäßigkeit die Ausführungen unter I. entsprechend.

III. Auch Ziffer 3 des Bescheides vom ... Februar 2021, durch die für den Fall der Fortsetzung der Bauarbeiten ein Zwangsgeld in Höhe von 2 000,00 EUR angedroht wurde, ist formell und materiell rechtmäßig

Maßgeblicher Zeitpunkt für die Beurteilung der Sach- und Rechtslage ist auch hier der Zeitpunkt der letzten mündlichen Verhandlung. Denn eine Zwangsmittelandrohung entfaltet – jedenfalls vor dem hier nicht erfolgten Abschluss des Vollstreckungsverfahrens – fortdauernde Rechtswirkung, sodass ihre Rechtmäßigkeit deshalb nicht im Erlasszeitpunkt, sondern im Zeitpunkt des Schlusses der letzten mündlichen Verhandlung zu beurteilen ist (vgl. zur Zwangsgeldandrohung nach § 74 Abs. 2 Satz 1 Nr. 2 AuslG: BVerwG, Urteil v. 16.12.2004 – 1 C 30.03 – juris Rdnr. 23; Urteil v. 14.3.2006 – 1 C 11/05 – juris Rdnr. 8).

Rechtsgrundlage der Zwangsgeldandrohung sind Art. 29 Abs. 2 Nr. 1, 31 Abs. 1 und Abs. 3 Satz 2, 36 VwZVG. Die allgemeinen Vollstreckungsvoraussetzungen nach Art. 18 Abs. 1, 19 Abs. 1 Nr. 3 VwZVG liegen vor: Bei der Baueinstellungsverfügung in Ziffer 1 des Bescheids handelt es sich um einen nach Art. 43 Abs. 1 BayVwVfG wirksamen Verwaltungsakt mit vollstreckungsfähigem, insb. hinreichend bestimmtem (s. o. I.1.b) Inhalt, dessen sofortige Vollziehung in Ziffer 5 des angefochtenen Bescheids vom 9.2.2021 gem. § 80 Abs. 2 Satz 1 Nr. 4, Abs. 3 VwGO behördlich angeordnet worden ist. Auch die besonderen Vollstreckungsvoraussetzungen liegen vor: Durch die Baueinstellungsverfügung wird der Pflichtige zu einem Unterlassen verpflichtet, sodass das Zwangsgeld gem. Art. 29 Abs. 1 und Abs. 2 Nr. 1, Art. 31 Abs. 1 VwZVG ein zulässiges Zwangsmittel ist. Die Zwangsmittelandrohung entspricht auch den Anforderungen der Art. 36, 31 VwZVG: Durch Androhung von Zwangsgeld in Höhe von 2 000,00 EUR wurde Art. 36 Abs. 3 Satz 1 und Abs. 5 VwZVG Genüge getan. Das Zwangsgeld bewegt sich in dem durch Art. 31 Abs. 2 Satz 1 VwZVG festgelegten Rahmen und erscheint nicht zuletzt angesichts des Umstandes, dass der Kläger die streitgegenständlichen Parkplätze gegen Entgelt zur Verfügung stellt bzw. stellen möchte, angemessen. Dass dem Kläger keine Frist i. S. d. Art. 36 Abs. 1 Satz 2 VwZVG gesetzt worden ist, sondern dieser die Bauarbeiten sofort zu unterlassen hatte, ist unschädlich. Denn nach allgemeiner Ansicht bedarf es bei einer Unterlassungsverpflichtung im Regelfall – und so auch hier – keiner Fristsetzung (vgl. etwa BayVGH, Beschluss v. 15.6.2000 – 4 B 98.775 – juris Rdnr. 21). Für Ermessenfehler bei der Entscheidung, ob und ggf. welche Zwangsmittel angedroht werden, ist im Übrigen nichts ersichtlich.

IV. Nicht zu beanstanden ist ferner Ziffer 4 des Bescheids vom ... Februar 2021, durch die für den Fall, dass der nach Ziffer 2 zu stellende Bauantrag nicht rechtzeitig eingereicht werde, ein Zwangsgeld in Höhe von 1 000,00 EUR angedroht wurde. Insbesondere am Vorliegen der allgemeinen Vollstreckungsvoraussetzungen im maßgeblichen Zeitpunkt bestehen keine Zweifel: Wenn die Zwangsmittelandrohung wie hier gemäß Art. 36 Abs. 2 Satz 1 VwZVG mit dem Grundverwaltungsakt verbunden wird, müssen die allgemeinen Vollstreckungsvoraussetzungen zwar nicht im Zeitpunkt des Erlasses der Androhung (vgl. BayVGH, Urteil v. 30.3.1977 – 367 II 74 – juris Rdnr. 17), wohl aber im Zeitpunkt des Beginns der bei Handlungspflichten nach Art. 36 Abs. 1 Satz 2 VwZVG regelmäßig zu bestimmenden Frist vorliegen (BayVGH, Beschluss v. 11.7.2021 – 1 ZB 01.1255 – juris Rdnr. 12). Hinsichtlich Ziffer 2 des Bescheids vom ... Februar 2021 hat der Beklagte die sofortige Vollziehung nicht angeordnet. Für die Einreichung des Bauantrags wurde jedoch eine Frist von vier Wochen ab Unanfechtbarkeit des Bescheids vom ... Februar 2021 gesetzt, sodass der Grundverwaltungsakt während der gesamten Dauer der vierwöchigen Handlungsfrist nach Art. 19 Abs. 1 Nr. 1 VwZVG vollstreckbar ist. Auch die besonderen Vollstreckungsvoraussetzungen sind gegeben. Insbesondere erscheint die Handlungsfrist (Art. 36 Abs. 1 Satz 2 VwZVG) von vier Wochen ab Unanfechtbarkeit angemessen.

V. Gegen Ziffern 6 und 7 bestehen schließlich ebenfalls keine Bedenken. Die Inanspruchnahme des Klägers als Kostenschuldner ist dem Grunde nach rechtmäßig, da er als Bauherr die kostenpflichtige Amtshandlung (hier: Baukontrolle und Erlass des streitgegenständlichen Bescheids) i. S. v. Art. 2 Abs. 1 Satz 1, Art. 1 Abs. 1 Satz 1 VwZVG veranlasst hat. Kostenfreiheit nach Art. 3 oder 4 KG besteht nicht. Auch Art. 16 Abs. 5 KG steht der Kostenerhebung nicht entgegen, da er Bescheid vom ... Februar 2021 rechtmäßig ist. Auch der Höhe nach sind die erhobenen Kosten rechtmäßig. Nach Art. 6 Abs. 1 Satz 1 KG bemisst sich die Höhe der Gebühren nach dem auf Grundlage von Art. 5 KG erlassenen Kostenverzeichnis (Anlage zur Verordnung über den Erlass des Kostenverzeichnisses zum Kostengesetz vom 12.10.2001, GVBl. S. 766), wobei die Gebühr gemäß Art. 7 Abs. 1 KG für jede Amtshandlung erhoben wird, auch wenn sie mit anderen zusammen vorgenommen wird. Die hier erhobenen Gebühren bewegen sich im unteren Bereich des durch die Tarif-Nrn. 2.I.1/1.45 (25 bis 2 500 EUR) und 2.I.1./1.38.2 (25 bis 1 250 EUR) gezogenen Rahmens. Auslagen in Höhe von 3,45 EUR durften gem. Art. 10 Abs. 1 Nr. 2 KG für den Postzustellungsauftrag erhoben werden. ...

Nr. 100

Bei der Androhung eines Zwangsgelds handelt es sich nach Art. 31 Abs. 3 Satz 2 und 3 VwZVG um einen aufschiebend bedingten Leistungsbescheid.

Die Zwangsgeldandrohung dient der Durchsetzung der Baueinstellungsverfügung, durch die die Entstehung und Verfestigung baurechtswidriger Zustände und die Schaffung vollendeter Tatsachen verhindert werden soll.

(Leitsätze der Redaktion)

VwZVG Art. 31 Abs. 3 Satz 2 und 3.

Verwaltungsgericht München, Urteil v. 17. September 2024 – M 1 K 20.5758 –.

Aus den Gründen:

Die Klagen haben keinen Erfolg. Soweit sie zulässig sind, sind sie unbegründet.

I. Bei verständiger Auslegung (§ 88 VwGO) wenden sich die Kläger mit dem Klageantrag zu 1. nicht nur gegen die Zwangsgeldandrohung und die Kostenentscheidung in dem Bescheid vom … November 2020, deren Aufhebung sie begehren, sondern auch gegen die Fälligstellung des in dem Bescheid vom … September 2020 angedrohten Zwangsgeldes. Zwar ist der Klageantrag zu 1. bei buchstäblichem Verständnis allein auf die Aufhebung des Bescheids vom … November 2020 gerichtet und ginge somit in Bezug auf das Zwangsgeld, das mit Bedingungseintritt kraft Gesetzes fällig wird (vgl. BayVerfGH, Beschluss v. 24.1.2007 – Vf. 50-VI-05, Vf. 50-VI/05 – juris Rdnr. 46), ins Leere. In der Zusammenschau mit der Klagebegründung, in welcher die Fortsetzung der Bauarbeiten teils bestritten, teils mit der Notwendigkeit, Schäden von dem Gebäude abzuwenden, gerechtfertigt wird, ergibt sich jedoch, dass die Kläger auch Rechtsschutz gegen die Fälligstellung des Zwangsgeldes begehren.

II. So verstanden ist der Klageantrag zu 1. in Bezug auf die Klägerin zu 1. unzulässig, soweit sie sich gegen Ziffern 2 und 3 des Bescheids vom … November 2020 (Kostenentscheidung) wendet. Im Übrigen ist der Klageantrag zulässig, aber unbegründet (1.). In Bezug auf den Kläger zu 2. ist der Klageantrag zu 1. bereits unzulässig (2.).

1. Die von der Klägerin zu 1. mit dem Klageantrag zu 1. erhobene Klage gegen den Bescheid vom … November 2020 ist teilweise zulässig (a), aber – soweit zulässig – unbegründet (b).

a) Die Klage ist zulässig, soweit sie sich gegen die Fälligstellung des angedrohten Zwangsgeldes (aa) und die erneute Zwangsgeldandrohung (bb) in Ziffer 1 des Bescheids vom … November 2020 richtet. Im Übrigen ist sie unzulässig (cc).

aa) Soweit sich die Klägerin zu 1. gegen die Fälligstellung des Zwangsgeldes wendet, ist die Klage als Feststellungsklage i. S. v. § 43 VwGO statthaft.

Denn bei der Mitteilung der Fälligkeit eines angedrohten Zwangsgelds handelt es sich nicht um einen mittels Anfechtungsklage angreifbaren Verwaltungsakt, sondern um die Mitteilung eines Bedingungseintritts (hierzu und zum Folgenden BayVGH, Beschluss v. 28.10.2021 – 12 BV 20.1243 – juris Rdnr. 36; vgl. ferner grundlegend BayVerfGH, Beschluss v. 24.1.2007 – Vf. 50-VI-05, Vf. 50-VI/05 – juris Rdnr. 46). Nach Art. 31 Abs. 3 Satz 2 VwZVG liegt bereits in der Androhung eines bestimmten Zwangsgeldes ein nach Maßgabe des Art. 23 Abs. 1 VwZVG vollstreckbarer, aber aufschiebend bedingter Leistungsbescheid. Wird die sich aus dem Grundbescheid ergebende Pflicht nicht innerhalb der Handlungsfrist des Art. 36 Abs. 1 Satz 2 VwZVG – soweit eine solche gesetzt worden ist – erfüllt, wird die Zwangsgeldforderung gemäß Art. 31 Abs. 3 Satz 3 VwZVG kraft Gesetzes zur Zahlung fällig. Entsprechendes gilt für den Fall, dass einer sich aus dem Grundbescheid ergebenden Unterlassungspflicht zuwidergehandelt wird und das Zwangsgeld nach der Androhung in diesem Fall fällig werden soll. Gegen die Mitteilung dieses Bedingungseintritts, also die Fälligkeitsmitteilung, kann sich ein Betroffener mit einer Feststellungsklage nach § 43 VwGO zur Wehr setzen und damit gerichtlich klären lassen, ob das Zwangsgeld fällig geworden ist und die Zwangsgeldforderung durchgesetzt werden kann (vgl. BayVGH, Beschluss v. 17.2.2023 – 12 ZB 22.2541 – juris Rdnr. 16).

bb) Soweit sich die Klägerin zu 1. gegen die erneute Zwangsgeldandrohung (Ziffer 1 des Schreibens) wendet, ist die Klage als Anfechtungsklage i. S. v. § 42 Abs. 1 Alt. 1 VwGO zulässig, denn bei der Zwangsgeldandrohung handelt es sich um einen Verwaltungsakt (BVerwG, Urteil v. 2.12.1988 – 4 C 16.85 – juris Rdnr. 10 ff.; Gerichtsbeschl. v. 26.6.1997 – 1 A 10/95 – juris Rdnr. 19).

cc) Soweit sich die Klägerin zu 1. gegen die Kostenentscheidung in Ziffern 2. und 3. wendet, ist die Klage jedenfalls nach Aufhebung der Ziffer 2, durch die zugleich Ziffer 3 die Grundlage entzogen worden ist, unzulässig.

b) Soweit der Klageantrag zu 1. in Bezug auf die Klägerin zu 1. zulässig ist, ist er unbegründet. Das für den Fall der unerlaubten Fortsetzung der Bauarbeiten mit bestandskräftigem Schreiben vom … September 2020 angedrohte Zwangsgeld in Höhe von 8 000,00 EUR ist fällig geworden (aa). Gegen die Rechtmäßigkeit der erneuten Zwangsgeldandrohung bestehen keine Bedenken (bb).

aa) Das in Ziffer 1 des Schreibens vom … September 2020 angedrohte Zwangsgeld in Höhe von 8 000,00 EUR ist jedenfalls in Höhe von 5 000,00 EUR fällig geworden. Die allgemeinen und besonderen Vollstreckungsvoraussetzungen sind gegeben und die Fälligkeitsbedingung ist eingetreten.

Die allgemeinen und besonderen Vollstreckungsvoraussetzungen sind gegeben. Die in Ziffer 1 des Bescheids vom … März 2020 ausgesprochene, bestandskräftige Baueinstellung ist ein nach Art. 43 BayVwVfG wirksamer und gemäß Art. 19 Abs. 1 VwZVG vollziehbarer Verwaltungsakt, durch den die Adressatin – die Klägerin zu 1. – zu einem Unterlassen (hier: weiterer Bauarbeiten auf dem Grundstück FlNr. 74) verpflichtet worden ist. Vollzugshindernisse sind weder vorgetragen noch ersichtlich. Auch die besonderen Vollstreckungsvoraussetzungen sind gegeben: Eine Baueinstellungsverfügung verpflichtet den Adressaten zu einem Unterlassen, sodass das Zwangsgeld gem. Art. 29 Abs. 1 und 2 Nr. 1 VwZVG als Zwangsmittel zulässig ist. In Ziffer 1 des Bescheids vom ... September 2020 wurde erneut ein Zwangsgeld angedroht. Diese Zwangsgeldandrohung ist gem. Art. 43 Abs. 1 BayVwVfG wirksam und rechtmäßig; die hiergegen gerichtete Anfechtungsklage hat die Kammer mit Urteil vom 17.9.2024 abgewiesen. Auch dass gegen diese Zwangsgeldandrohung Klage erhoben worden war (M 1 K 20.4572), ist unschädlich. Denn bei der Zwangsgeldandrohung handelt es sich um eine Vollstreckungsmaßnahme, sodass der Klage gem. § 80 Abs. 2 Satz 1 Nr. 3 VwGO i. V. m. Art. 21a VwZVG keine aufschiebende Wirkung zukommt.

Die Fälligkeitsbedingung ist nach Überzeugung der Kammer eingetreten. Bei der Androhung eines Zwangsgelds handelt es sich nach Art. 31 Abs. 3 Satz 2 und 3 VwZVG um einen aufschiebend bedingten Leistungsbescheid. Als Fälligkeitsbedingung wurde in Ziffer 1 des Bescheids vom ... September 2020 bei verständiger Auslegung die unerlaubte Fortsetzung der Bauarbeiten jedenfalls auf dem Grundstück FlNr. 74 der Gemarkung S. ... bestimmt. Es kann offenbleiben, ob damit das Grundstück FlNr. 74 vor oder nach Zerlegung und Teilung gemeint ist, denn nach Überzeugung der Kammer wurden die Bauarbeiten am Hauptgebäude nach Zustellung des Bescheids vom ... September 2020, die ausweislich der bei den Akten befindlichen Postzustellungsurkunde am ... September 2020 erfolgte (Bl. 35 der Behördenakte – BA), fortgesetzt. Dieses Gebäude befand sich vor der Zerlegung und Teilung auf FlNr. 74 und ist auch seitdem noch auf diesem Flurstück belegen. Die Fortsetzung der Bauarbeiten ergibt sich zur Überzeugung der Kammer aus dem Vergleich der Lichtbilder des Hauptgebäudes (Tenne), die im Rahmen der Baukontrolle am ... August 2020 (Bl. 42 und 43 BA) und vom .. Oktober 2020 (Bl. 73 und 74 BA) angefertigt worden sind. Hierauf ist deutlich zu erkennen, dass in diesem Zeitraum Arbeiten im Außenbereich stattgefunden haben, insb. die Wärmedämmung ergänzt und die Außenwände größtenteils verputzt worden sind. Dabei handelt es sich auch nicht um bloße Reparaturen oder Maßnahmen zur Abwehr von Gebäudeschäden, sondern um die unerlaubte Fortsetzung des Ausbaus des Bestandsgebäudes mit dem Ziel, in der ehemals nicht Wohnzwecken dienenden Tenne Wohneinheiten zu schaffen, mithin um von der Baueinstellungsverfügung vom .. März 2020 umfasste Bauarbeiten.

Dabei spielt es in der Regel – und auch hier – keine Rolle, wer die Bauarbeiten fortgesetzt hat. Der Adressat einer Baueinstellungsverfügung kann sich seiner Verantwortung nicht dadurch entziehen, dass er einen Dritten mit der Fortsetzung der Bauarbeiten beauftragt oder es auch nur hinnimmt, dass ein

Dritter die Bauarbeiten fortsetzt. Vielmehr hatte die Klägerin zu 1. – handelnd durch ihren gesetzlichen Vertreter – als Adressatin der Baueinstellungsverfügung alles in ihrer Macht Liegende zu unternehmen, um eine Fortsetzung der Bauarbeiten zu verhindern (vgl. Decker in Busse/Kraus, BayBO, 153. EL Januar 2024, Art. 75 Rdnr. 113). Als Grundstückseigentümerin hatte die Klägerin zu 1. die Möglichkeit, eine Fortsetzung der Bautätigkeit wirksam zu unterbinden, zumal der Kläger zu 2., der sämtliche Bauarbeiten in eigener Verantwortung durchgeführt haben will, ab dem ... Juni 2020 als ihr Geschäftsführer fungierte. Dieser Verpflichtung ist sie nicht nachgekommen. Es ist weder vorgetragen noch ersichtlich, dass die Klägerin zu 1., daran gehindert war, die Fortsetzung der Bauarbeiten zu unterbinden.

Soweit die Kläger sich darauf berufen, dass das Vorhaben genehmigungsfrei sei, betrifft dieser Einwand allenfalls die Rechtmäßigkeit der Baueinstellungsverfügung vom ... März 2020. Nachdem diese wirksam und bestandskräftig ist, werden die Kläger mit dieser Einwendung nicht mehr gehört.

bb) Die erneute Zwangsmittelandrohung ist rechtmäßig. Sie beruht auf Art. 29 Abs. 1 und 2 Nr. 1, Art. 31, Art. 36 Abs. 1 Satz 1, Abs. 6 Satz 2 VwZVG. Danach kann die Vollstreckungsbehörde denjenigen, der eine Pflicht zu einer Handlung nicht erfüllt, durch ein Zwangsgeld zur Erfüllung anhalten (Art. 31 Abs. 1 VwZVG). Zweifel an der formellen Rechtmäßigkeit bestehen nicht. Die Zwangsmittelandrohung ist auch materiell rechtmäßig: Die allgemeinen und besonderen Vollstreckungsvoraussetzungen sind gegeben (s.o unter a). Dabei ist gemäß Art. 36 Abs. 6 Satz 2 VwZVG auch eine erneute Androhung rechtmäßig, wenn die vorausgegangene Androhung erfolglos geblieben ist, d. h. ihre Beugewirkung verfehlt hat und das angedrohte Zwangsgeld fällig geworden ist; nicht erforderlich ist, dass die Beitreibung erfolgt oder ein Betreibungsversuch stattgefunden hat (BayVGH, Beschluss v. 29.7.2002 – 20 ZB 02.1265 – juris Rdnr. 7 m. w. N.). Diese Voraussetzungen sind hier gegeben, denn die Kammer ist davon überzeugt, dass die Bauarbeiten nach Erlass der vorausgehenden Zwangsgeldandrohung vom ... September fortgesetzt worden sind (s. o.). Gegen die Höhe des hier gemäß Art. 36 Abs. 5 VwZVG in angedrohten Zwangsgeldes in Höhe von 15 000,00 EUR bestehen keine Bedenken. Dieser Betrag erscheint mit Blick darauf, dass zwei vorausgehende Zwangsgeldandrohungen erfolglos geblieben sind, angemessen. Ermessensfehler hinsichtlich der Zwangsgeldandrohung sind nicht ersichtlich. Sie ist insbesondere nicht unverhältnismäßig. Die Zwangsgeldandrohung dient der Durchsetzung der Baueinstellungsverfügung, durch die die Entstehung und Verfestigung baurechtswidriger Zustände und die Schaffung vollendeter Tatsachen verhindert werden soll. Die Klägerin zu 1. hat zudem zu erkennen gegeben, dass sie durch das zunächst angedrohte und fällig gestellte Zwangsgeld in Höhe von 5 000,00 EUR nicht zur Einhaltung ihrer öffentlich-rechtlichen Pflichten bewegt werden kann. Zudem hat es die Klägerin zu 1. in der Hand, ob das weitere, nun erhöhte Zwangsgeld fällig wird.

2. In Bezug auf den Kläger zu 2. ist der Klageantrag zu 1. bereits unzulässig. Im Hinblick auf die Fälligstellung des Zwangsgeldes folgt dies bereits daraus, dass der Kläger die auch bei Feststellungsklagen erforderliche Klagebefugnis analog § 42 Abs. 2 VwGO (BVerwG, Urteil v. 26.1.1996 – 8 C 19/94 – juris Rdnr. 20; Urteil v. 28.11.2007 – 9 C 10/07 – juris Rdnr. 14; BayVGH, Beschluss v. 22.8.2017 – 1 ZB 15.289 – juris Rdnr. 5; Beschluss v. 3.2.2022 – 4 ZB 21.967 – juris Rdnr. 13) nicht geltend gemacht hat. Die Zwangsgeldandrohung vom ... September 2020 richtete sich bei verständiger Auslegung ausschließlich an die im Adressfeld und im Bescheidkopf genannte Klägerin zu 1., sodass das Zwangsgeld auch nur bei ihr beigetrieben werden kann; denn aus einem Leistungsbescheid (vgl. Art. 31 Abs. 3 Satz 2 i. V. m. Art. 23 Abs. 1 VwZVG) kann nur gegen den Leistungspflichtigen vollstreckt werden, nicht gegen einen Dritten. Es ist nicht ersichtlich, wie der Kläger zu 2. hierdurch in eigenen Rechten betroffen sein könnte. Entsprechendes gilt für die erneute Zwangsgeldandrohung in Ziffer 1 des Bescheids vom ... November 2020, die sich ausschließlich an die im Adressfeld und im Kopf des Bescheids genannte Klägerin zu 1. richtet. Der Kläger zu 2. wird hierdurch nicht einmal mittelbar (etwa aufgrund seiner Stellung als gegenwärtiger oder früherer Geschäftsführer) betroffen, da es sich bei den angedrohten bzw. fällig gestellten Zwangsgeldern um Gesellschaftsschulden handelt, für die gem. § 13 Abs. 2 GmbHG (Trennungsprinzip) nur die Gesellschaft (die Klägerin zu 1.) haftet, nicht der Geschäftsführer. Die theoretische Möglichkeit einer »Durchgriffshaftung« bzw. einer Eigenhaftung des Geschäftsführers genügt nicht, denn dabei würde es sich allenfalls um einen bloßen Rechtsreflex handeln. ...

Nr. 101

Die Ordnungspflicht ist von subjektiven Handlungselementen wie Vorsatz, Fahrlässigkeit und Verschulden unabhängig.

Für ein Nutzungsverbot ist eine formelle Illegalität zureichend.

(Leitsätze der Redaktion)

BauO NRW § 82.

OVG Nordrhein-Westfalen, Beschluss v. 30. September 2024 – 10 A 1070/23 –.

Aus den Gründen:

Der zulässige Antrag ist unbegründet.

Der Kläger bezeichnet mit seinem Schriftsatz vom 20.7.2023 keinen der in § 124 Abs. 2 VwGO benannten Zulassungsgründe. Soweit sich sein Vorbringen sinngemäß (allein) dem Zulassungsgrund gemäß § 124 Abs. 2 Nr. 1

VwGO zuordnen lässt, ergeben sich hieraus keine ernstlichen Zweifel an der Richtigkeit des angefochtenen Urteils.

Stützt der Rechtsmittelführer seinen Zulassungsantrag auf den Zulassungsgrund der ernstlichen Zweifel, muss er sich mit den entscheidungstragenden Annahmen des Verwaltungsgerichts auseinandersetzen. Dabei muss er den tragenden Rechtssatz oder die Feststellungen tatsächlicher Art, die er mit seinem Antrag angreifen will, bezeichnen und mit schlüssigen Gegenargumenten infrage stellen. Daran fehlt es hier.

Das Verwaltungsgericht hat die Klage des Klägers gegen die Ordnungsverfügung der Beklagten vom 23.9.2022 abgewiesen. Mit dieser ist dem Kläger unter Anordnung der sofortigen Vollziehung und Androhung eines Zwangsgeldes in Höhe von 10 000 Euro untersagt worden, das Gebäude auf dem Grundstück Gemarkung H., Flur ..., Flurstück ... (I. Straße ...) zu Beherbergungszwecken zu nutzen, was auch die Räumung der derzeit dort untergebrachten Personen umfasse. Zudem ist dem Kläger unter Anordnung der sofortigen Vollziehung und Androhung der Wiederherstellung der Räumung und Versiegelung untersagt worden, das Dachgeschoss des Gebäudes zu Aufenthaltszwecken zu nutzen. Zur Begründung hat das Verwaltungsgericht im Wesentlichen ausgeführt, der Bescheid sei wirksam. Ein Zustellungsmangel liege nicht vor, nicht zuletzt wäre ein solcher geheilt worden. Die Untersagung der Nutzung des Gebäudes zu Beherbergungszwecken sei rechtmäßig. Sie sei hinreichend bestimmt. Für ihren Erlass genüge grundsätzlich die hier gegebene formelle Illegalität. Die Nutzung und damit auch die (Überlassung zur) Vermietung von einzelnen Zimmern in der im Bescheid dargelegten Form sei nicht durch eine Baugenehmigung gedeckt, sondern stelle eine genehmigungspflichtige Nutzungsänderung dar. Der Kläger sei richtiger Adressat, da er als Grundstückseigentümer Zustandsstörer sei. Auch unter Ermessensgesichtspunkten sei es vorliegend nicht zu beanstanden, dass die Beklagte den Kläger und nicht eine eventuelle Hauptmieterin oder die jeweils untergebrachten Personen als Handlungsstörer in Anspruch genommen habe. Die das Dachgeschoss betreffende weitere Nutzungsuntersagung sei ebenfalls rechtmäßig. Dies gelte auch für die Androhung von Zwangsmitteln.

Der Kläger stellt die Richtigkeit dieser Erwägungen nicht schlüssig in Frage.

Aus dem Zulassungsvorbringen ergibt sich nicht, dass die Ordnungsverfügung entgegen der Annahme des Verwaltungsgerichts nicht wirksam geworden ist.

Das Verwaltungsgericht hat selbstständig tragend darauf abgestellt, dass ein (von ihm verneinter) Zustellungsmangel nach § 8 LZG NRW dadurch geheilt worden wäre, dass dem Kläger die Ordnungsverfügung nachweislich zugegangen sei, da er bereits am 7.10.2022 fristgerecht Klage gegen diese erhoben habe. Sein Einwand, die Klage beweise nicht, dass eine ordnungsgemäße Zustellung versucht worden sei, geht an dieser Argumentation vorbei.

Dass ihm die Ordnungsverfügung nicht (tatsächlich) zugegangen ist, macht der Kläger nicht geltend. Auf die Frage, ob ein Zustellungsmangel vorliegt, sowie die vom Kläger dazu vorgebrachten Erwägungen kommt es damit nicht mehr an.

Der Kläger setzt der Annahme des Verwaltungsgerichts, die Nutzung und damit auch die (Überlassung zur) Vermietung von einzelnen Zimmern in der im streitgegenständlichen Bescheid näher dargelegten Form sei formell illegal, da sie nicht von einer nach § 60 Abs. 1 BauO NRW 2018 erforderlichen Baugenehmigung gedeckt sei, nichts Tragfähiges entgegen.

Die Erwägungen des Verwaltungsgerichts zur Nutzungsänderung von der genehmigten Wohnnutzung zu einer Beherbergung stellt der Kläger nicht schlüssig in Frage.

Er hat den Maßstab, den das Verwaltungsgerichts seiner Abgrenzung zwischen Wohnnutzung und Beherbergung zugrunde gelegt hat und der der Senatsrechtsprechung entspricht (vgl. OVG NRW, Beschluss v. 14.8.2007 – 10 A 1219/06 –, juris Rdnr. 9), nicht substantiiert in Zweifel gezogen.

Seine pauschale These, Mietverträge, die hier mit allen Bewohnern geschlossen worden seien, schlössen die Annahme einer Beherbergung (stets) aus, trifft in ihrer Allgemeinheit so nicht zu. Dies lässt sich auch der von ihm genannten Entscheidung des Bundesverwaltungsgerichts (Beschluss v. 8.5.1989 – 4 B 78.89 –, juris = NVwZ 1989, 1060), in der es, anders als hier, um die mietweise Überlassung von selbständigen Wohnungen ging, nicht entnehmen.

bb. Auch die Einwände gegen die Subsumtion des Verwaltungsgerichts bleiben ohne Erfolg.

Das Verwaltungsgericht hat ausführlich die Umstände dargelegt, die gegen eine Wohnnutzung in dem Gebäude sprechen. Dabei ist es auf die konkrete Form der Nutzung des Gebäudes eingegangen, wie sie sich nach den durch die Beklagte u. a. vor Ort getroffenen und im Bescheid genannten Feststellungen dargestellt hat. Der Kläger hat sich in seiner Zulassungsbegründung mit einem großen Teil der vom Verwaltungsgericht zur Begründung herangezogenen Tatsachen, wie die spartanische Einrichtung und den hohen Belegungsgrad der Räume sowie das Fehlen privater Rückzugsräume, nicht (substantiiert) auseinandergesetzt.

Den vom Verwaltungsgericht angeführten Umstand des häufigen Bewohnerwechsels bestätigt der Kläger mit seinem Vorbringen, die aus dem östlichen Balkan stammenden Beschäftigen beabsichtigten zwar länger zum Arbeiten in den Niederlanden zu bleiben, wechselten aber untereinander die Wohnungen. Er legt auch nicht offen, was sich aus seiner Behauptung, die gegen eine Beherbergung sprechenden Tatsachen seien nicht genannt worden, eine Beherbergung sei begrifflich nicht klar umrissen, ergeben soll. Seinem Einwand, die Vermietung eines Wohnhauses an mehrere Mieter und Untermieter stelle keine Nutzungsänderung dar, weil die Baugenehmigung die zulässige Anzahl an Mietvertragsabschlüssen nicht festlege, fehlt es an einer

Auseinandersetzung mit der vom Verwaltungsgericht vorgenommenen Prüfung des Einzelfalls. Die Erwägung des Verwaltungsgerichts, die konkret dargestellten Nutzungsverhältnisse stünden der Annahme einer Wohnnutzung nach hierzulande mittlerweile üblichen Wohnstandards entgegen, stellt der Kläger mit seiner nicht fallbezogenen bloßen Behauptung, »angesichts der heutigen Wohnungsnot wohl nicht«, nicht schlüssig in Frage.

Dem Einwand des Klägers, es liege ein »Mietmischvertrag« vor, der die Annahme einer Beherbergung ausschließe, fehlt es bereits an Substanz. Der Kläger legt nicht näher dar, warum der Umstand, dass die Miete der Untermieter von der S. an die Hauptmieterin gezahlt werde, eine andere rechtliche Bewertung hinsichtlich der Art der baulichen Nutzung rechtfertigen sollte. Im Übrigen fehlt es an einer Auseinandersetzung mit den Erwägungen des Verwaltungsgerichts, dass die Vertragsgestaltung einen der Annahme von Wohnnutzung entgegenstehenden häufigen Wechsel der Nutzung und kurze Nutzungsdauern tatsächlich nicht verhindere.

Der Kritik des Klägers, eine Beherbergung liege nicht vor, weil der Hauptmieter verpflichtet sei, die Wohnungen nur an Beschäftigte der genannten Firma zu vermieten, fehlt es bereits an einer für eine Darlegung erforderlichen Begründung, warum dies der Annahme des Verwaltungsgerichts, die derzeitige Nutzung sei nicht von der Genehmigung zur Wohnnutzung gedeckt, entgegenstehen sollte.

Weshalb der von ihm vorgetragene Umstand, dass die Beschäftigten kostenlos zu ihrer Arbeitsstelle gebracht und von dort wieder abgeholt würden, für seine Annahme, es handele sich um eine Wohnnutzung, sprechen soll, legt der Kläger nicht dar.

Die erneute Bezugnahme des Klägers auf das landesrechtliche Wohnraumstärkungsgesetz führt nicht weiter. Wie bereits im Eilbeschwerdebeschluss des Senats vom 5.10.2021 – 10 B 1230/21 –, juris, ausgeführt, beantwortet dieses die Frage, ob mit der Vermietung bzw. Überlassung von Zimmern an Zeit- oder Leiharbeitern hier noch die genehmigte Wohnnutzung gegeben ist, nicht.

Was aus seinem Einwand, das Verwaltungsgericht gehe zunächst von einer Beherbergung aus, stelle dies dann aber mit der Erklärung wieder in Frage, es sei möglich, dass die Räume nur zur Beherbergung zur Verfügung gestellt würden, folgen soll, legt der Kläger nicht näher dar.

Da der Kläger die Erwägungen des Verwaltungsgerichts zur Nutzungsänderung von der genehmigten Wohnnutzung zu einer Beherbergung nicht schlüssig in Frage gestellt hat, kommt es auf seine Ausführungen zur Zulässigkeit von Einzelzimmervermietungen nicht an.

b. Die Annahme des Verwaltungsgerichts, es bestehe die Möglichkeit, dass die Zulässigkeit der derzeit stattfindenden Nutzung nach den Bauvorschriften anders zu beurteilen sei als die genehmigte Nutzung, greift der Kläger nicht mit Erfolg an.

Es fehlt schon an einer Auseinandersetzung mit der selbständig tragenden Erwägung des Verwaltungsgerichts, es bestehe die Möglichkeit einer anderen

Beurteilung der Genehmigungsfähigkeit in bauplanungsrechtlicher Hinsicht. Die Antragsbegründung verhält sich lediglich zu bauordnungsrechtlichen Fragen.

3. Ohne Erfolg wendet sich der Kläger gegen die Annahme des Verwaltungsgerichts, der Kläger sei als Grundstückseigentümer Zustandsstörer nach § 18 Abs. 1 Satz 1 OBG NRW.

Der auf entsprechendes Vorbringen des Klägers eingehenden Erwägung des Verwaltungsgerichts, die Ordnungspflicht sei von subjektiven Handlungselementen wie Vorsatz, Fahrlässigkeit und Verschulden unabhängig, setzt die Zulassungsbegründung nichts von Substanz entgegen. Seine allgemeinen Ausführungen zu »ungefährlichen« Grundstücken lassen bereits den erforderlichen Fallbezug vermissen. Der Einwand des Klägers, aufgrund der Formulierung »geht … aus« in § 18 Abs. 1 Satz 1 OBG NRW werde überwiegend auf die Verursachung der Gefahr abgestellt, die er nicht gesetzt habe, trifft nicht zu. Anknüpfungspunkt des § 18 Abs. 1 Satz 1 OBG NRW ist das Eigentum an einer Sache. Schließlich hilft seine Bezugnahme auf eine Entscheidung des Bundesgerichtshofs (Urteil v. 18.12.2020 – V ZR 193/19 –, juris Rdnr. 15), nach der der vermietende Eigentümer nicht als Zustandsstörer i. S. v. § 1004 BGB hafte, wenn der Schaden allein auf das fahrlässige oder vorsätzliche Handeln des Mieters zurückzuführen sei, nicht weiter. Diese betrifft eine gänzlich andere (zivilrechtliche) Norm. Der Kläger legt auch nicht ansatzweise dar, dass die Erwägungen des Bundesgerichtshofs zum verschuldensunabhängigen nachbarrechtlichen Ausgleichsanspruch auf die Frage der gefahrenabwehrrechtlichen Zustandsverantwortlichkeit nach § 18 Abs. 1 Satz 1 OBG NRW übertragbar wären. Dafür reicht seine pauschale Behauptung, die Begriffe unterschieden sich nicht, ersichtlich nicht aus.

4. Mit seinem Zulassungsvorbringen zeigt der Kläger auch nicht auf, dass die Störerauswahl, anders als vom Verwaltungsgericht angenommen, ermessensfehlerhaft erfolgt ist.

Hinsichtlich der Inanspruchnahme der W. GmbH bzw. der I. als Hauptmieterin hat das Verwaltungsgericht selbständig tragend angenommen, es sei ungeachtet der vertraglichen Ausgestaltung und der vereinbarten Mindestvertragslaufzeiten der angeblichen Hauptmietverträge letztendlich stets der Kläger, der darüber entscheide, von wem und unter welchen Rahmenbedingungen das Gebäude genutzt werde. Dem setzt das Zulassungsvorbringen nichts Substanzielles entgegen. Auf die – vom Kläger verneinte – Frage, ob er seine Heranziehung als Ordnungspflichtiger vermeiden wollte, kommt es für die vom Verwaltungsgericht angenommene tatsächliche Möglichkeit der Einflussnahme des Klägers nicht an. Damit ist auch nicht entscheidend, ob der Kläger die Untermieter gekannt hat oder sich darüber bei der Hauptmieterin hätte erkundigen müssen.

Schließlich führt die nicht weiter substantiierte Kritik des Klägers, die Beklagte habe »kein Ermessen hinsichtlich der Störerauswahl ausgeübt und insbesondere nicht in der Ordnungsverfügung beschieden«, nicht auf ernstliche Zweifel. Auch insoweit setzt er sich mit den Erwägungen des Verwaltungsgerichts, hier in Bezug auf die Begründung der Störerauswahl im Bescheid, nicht auseinander.

5. Das Vorbringen des Klägers gegen die Zwangsgeldandrohung bleibt ohne Erfolg. Seine Behauptung, es fehle die Angabe der Ermächtigungsgrundlage sowie jede Begründung, trifft nicht zu. Der Einwand des Klägers, es sei kein Ermessen hinsichtlich der Höhe des Zwangsgeldes ausgeübt worden, die Erklärung, dass bei anderen Objekten niedrigere Zwangsgeldandrohungen erfolglos gewesen seien, stelle keine Ermessensausübung dar, greift nicht durch. Das Verwaltungsgericht hat seine Annahme, die angefochtene Ordnungsverfügung enthalte auch Erwägungen zur angedrohten Zwangsgeldhöhe, unter anderem damit begründet, dass die Beklagte diese für erforderlich halte, um ihrer Forderung nach einer Nutzungseinstellung Nachdruck zu verleihen. Damit setzt sich das Zulassungsvorbringen schon nicht auseinander.

…

Nr. 102

Der Bestandsschutz endet, wenn die bislang zulässige Nutzung aufgegeben wird. Das ist unter anderem der Fall, wenn sich die Genehmigungsfrage neu stellt. Die Genehmigungsfrage stellt sich stets (auch) bei einer Nutzungsänderung im Sinne von § 29 BauGB neu.

Eine solche Nutzungsänderung liegt vor, sobald die jeder Nutzung eigene tatsächliche Variationsbreite überschritten wird und der neuen Nutzung unter städtebaulichen Gesichtspunkten eine andere Qualität zukommt.

Eine Nutzungsuntersagung ist aus Gründen der Effektivität grundsätzlich gegenüber demjenigen auszusprechen, der die tatsächliche Verfügungsgewalt über den Teil der baulichen Anlage hat, dessen Nutzung untersagt werden soll.

(Leitsätze der Redaktion)

BauO NRW § 82.

OVG Nordrhein-Westfalen, Beschluss v. 13. November 2024 – 2 A 890/22 –.

Aus den Gründen:

Die Anträge werden abgelehnt.

…

Die Anträge auf Zulassung der Berufung haben keinen Erfolg.

Die Beklagte untersagte dem Kläger mit Ordnungsverfügung vom 6.2.2019 unter Anordnung der sofortigen Vollziehung sowie Androhung der Festsetzung eines Zwangsgeldes in Höhe von 5 000 Euro für den Fall der teilweisen oder vollständigen Nichtbefolgung die Nutzung seines Gebäudes J.-straße 00 in S. »insbesondere zu Zwecken der Beherbergung von Arbeitskräften«.

Das Verwaltungsgericht hat der Klage des Klägers gegen diese Ordnungsverfügung stattgegeben, soweit dem Kläger damit unter Androhung eines Zwangsgeldes aufgegeben worden sei, die Nutzung seines Gebäudes durch seine Mieter zu beenden. Im Übrigen hat es die Klage abgewiesen.

Zur Begründung hat es ausgeführt, die Ordnungsverfügung sei dahin auszulegen, dass sie – neben der Zwangsgeldandrohung – vier Regelungen enthalte: Die Beklagte habe dem Kläger aufgegeben, die Nutzung seines Gebäudes durch seine Mieter zu beenden, sowie ihm untersagt, neue wohnnutzungsfremde Mietverhältnisse zu begründen, neue Mietverhältnisse (hinsichtlich einer Wohnnutzung) zu begründen und das Gebäude selbst zu Wohnzwecken zu nutzen. Von diesen Regelungen sei lediglich die Aufforderung an den Kläger, die Nutzung des Gebäudes durch seine damaligen Mieter zu beenden, wegen der fehlerhaften Ausübung des personalen Auswahlermessens rechtswidrig; im Übrigen seien die Regelungen der Ordnungsverfügung rechtmäßig.

Der Antrag des Klägers auf Zulassung der Berufung ist unbegründet.

Aus seinem Zulassungsvorbringen, auf dessen Prüfung der Senat beschränkt ist, ergeben sich keine ernstlichen Zweifel an der Richtigkeit des verwaltungsgerichtlichen Urteils. Ernstliche Zweifel im Sinne von § 124 Abs. 2 Nr. 1 VwGO sind gegeben, wenn erhebliche Gründe dafürsprechen, dass die verwaltungsgerichtliche Entscheidung einer rechtlichen Prüfung wahrscheinlich nicht standhalten wird. Sie sind (nur) begründet, wenn zumindest ein einzelner tragender Rechtssatz der angefochtenen Entscheidung oder eine erhebliche Tatsachenfeststellung mit schlüssigen Gegenargumenten in Frage gestellt wird und sich die Frage, ob die Entscheidung etwa aus anderen Gründen im Ergebnis richtig ist, nicht ohne weitergehende Prüfung der Sach- und Rechtslage beantworten lässt.

Diese Voraussetzungen liegen nicht vor.

Die Einwände des Klägers gegen die Bestimmtheit der angefochtenen Ordnungsverfügung führen nicht zur Annahme ernstlicher Zweifel an der Richtigkeit der angefochtenen Entscheidung. Er nimmt zur Begründung auf die Hinweisverfügung des Verwaltungsgerichts vom 22.9.2021 Bezug und meint, dass beide der vom Verwaltungsgericht aufgezeigten Auslegungsvarianten, nämlich dass ihm mit der angefochtenen Ordnungsverfügung die Nutzung des Gebäudes insgesamt oder nur eine Nutzung des Gebäudes zur Beherbergung von Arbeitskräften untersagt worden sei, denkbar seien. Dieses Zulassungsvorbringen setzt sich nicht hinreichend mit den Gründen der angefochtenen Entscheidung auseinander. Das Verwaltungsgericht hat ausgeführt, dass der Aspekt der »wohnnutzungsfremden« Unterbringung von Arbeitskräften im Tenor der Ordnungsverfügung nur beispielhaften Charakter habe und die Nutzung des Gebäudes dem Kläger auch wegen Bedenken hinsichtlich der Statik des Gebäudes insgesamt untersagt worden sei. Dieses Verständnis hätten auch die Beteiligten geteilt. Abgesehen davon, dass sich der Kläger hierzu nicht weiter verhält, ist auch sonst nichts ersichtlich, was gegen diese Auslegung nach dem Tenor der Ordnungsverfügung sprechen könnte.

Soweit der Kläger die Ordnungsverfügung für nicht teilbar hält, sodass sie in vollem Umfang hätte aufgehoben werden müssen, behauptet er lediglich pauschal und damit ohne den gesetzlichen Darlegungsanforderungen zu genügen, es bestehe ein untrennbarer innerer Zusammenhang der Regelungen der Ordnungsverfügung. Der bloße Verweis auf den Tenor der Ordnungsverfügung stellt die Auslegung des Verwaltungsgerichts und die Teilbarkeit der Ordnungsverfügung nicht in Frage.

Auch die Kritik, der Tenor der angefochtenen Ordnungsverfügung sei zu weit gefasst, bleibt ohne Substanz. Der Vortrag, es bestehe kein Rechtsgrund zur Untersagung jedweder Nutzung des Gebäudes, lässt wiederum eine hinreichende Auseinandersetzung mit den tragenden Erwägungen des angefochtenen Urteils vermissen, dass durch die Aufnahme einer »wohnnutzungsfremden« Unterbringung der Bestandsschutz erloschen sei. Auch die von dem Kläger in den Raum gestellte Möglichkeit einer Nutzung des Gebäudes zu Unterstellzwecken ist weder von dem Inhalt der Ordnungsverfügung, wie ihn das Verwaltungsgericht ausgelegt hat, erfasst noch wäre diese Nutzung von einer Baugenehmigung gedeckt und deshalb ebenfalls formell illegal. Die Argumentation, die Beklagte habe eine Vermietung an »Arbeitskräfte« zu Unrecht verboten, weil es sich bei weiten Teilen der Bevölkerung um Arbeitskräfte handele, liegt nicht nur neben der Sache, sondern lässt auch außer Acht, dass dem Kläger – wie ausgeführt – jegliche Vermietung untersagt worden ist.

Die weitere Rüge, der vom Verwaltungsgericht festgestellte Ermessensfehler habe bereits zum Zeitpunkt des Erlasses der Ordnungsverfügung bestanden, ist unerheblich. Der Kläger zeigt nicht auf, weshalb die Teile der Ordnungsverfügung, die das Verwaltungsgericht nicht beanstandet hat, insoweit hätten rechtswidrig sein können. Für die pauschale Aussage, es bestehe ein Ermessensausfall hinsichtlich der Störerauswahl, fehlt wiederum eine Auseinandersetzung mit der ausführlichen Würdigung des Verwaltungsgerichts in dem angefochtenen Urteil.

Auch der Einwand, es habe (noch) keine Nutzungsänderung des zum Wohnen genehmigten Gebäudes vorgelegen, ist unbegründet. Das Verwaltungsgericht hat die Umstände des Einzelfalls dahingehend gewürdigt, dass die untersagte Nutzung des Gebäudes nicht auf eine Wohnnutzung im Sinne einer Eigengestaltung der Haushaltsführung unter angemessener Einräumung einer Privatsphäre, sondern auf eine schlichte Schlafstätte für Arbeiter während ihres Aufenthalts ausgelegt gewesen sei. Hierbei hat es unter anderem auf die Zahl der vorgesehenen Nutzer im Erd- und Obergeschoss, eine intensive Nutzung der Schlafräume durch Doppel- und auch Mehrfachbelegung der Räume, fehlende Anhaltspunkte für persönliche Verbindungen der Nutzer, die Abrechnung des Mietzinses nach der jeweiligen Anzahl der Bewohner mit einer Firma aus der Fleischverarbeitungsbranche, die Vereinbarungen zum Zahlungsausfall sowie die Beendigung des Mietverhältnisses im Falle der Beendigung der Beschäftigung abgestellt. Dieser sich nach Aktenlage aufdrängenden Würdigung hält der Kläger nicht Substantiiertes entgegen.

Der Vortrag, dass die Beklagte die verwandtschaftlichen Beziehungen der Nutzer der Schlafräume von Amts wegen hätte aufklären müssen, ist unzutreffend. Es ist nicht Aufgabe der Beklagten, insoweit mangels irgendwelcher Anhaltspunkte ins Blaue hinein, weitere Ermittlungen anzustellen. Soweit der Kläger anmerkt, dass das Gebäude als Drei-Familien-Wohnhaus genehmigt gewesen sei, sagt dies nichts über die tatsächlich ausgeübte und untersagte Nutzung des Gebäudes aus. Die pauschale Aussage, dass die Belegung nicht derart intensiv gewesen sei, dass sie noch mit derjenigen einer Wohngemeinschaft neueren Typs vergleichbar sei, erscheint fernliegend. Weshalb das Verwaltungsgericht den Umstand, dass der Kläger die Abrechnung der Miete mit einer Firma aus der Fleischverarbeitungsbranche nach der jeweiligen Anzahl der Bewohner vereinbart hat, zu Unrecht in seine Bewertung eingestellt haben könnte, erschließt sich aus dem Zulassungsvorbringen nicht. Die Behauptung des Klägers, es sei nicht unüblich, dass sich die Belegungszahl der Mieträume auf die Mietzinshöhe auswirke, geht an der Argumentation des Verwaltungsgerichts vorbei, damit werde der flexiblen Belegungssituation Rechnung getragen. Dass die Vereinbarung zum Zahlungsausfall auffällig ist, stellt der Kläger letztlich nicht in Abrede, zumal er die Regelung selbst bei einer Wohnraumvermietung für unwirksam hält.

Die Kritik, dass die Nutzung der Räume im Erd- und Obergeschoss nicht einheitlich hätten bewertet werden dürfen, überzeugt ebenfalls nicht. Weshalb die Feststellungen des Verwaltungsgerichts hierzu unzutreffend sein könnten, legt der Kläger nicht dar. Dass das Fehlen von Nachbarbeschwerden für die hier relevanten Fragen von Bedeutung sein könnte, erschließt sich ebenfalls nicht. Abgesehen davon geht der Kläger auch nicht auf die weitertragenden Erwägungen des Verwaltungsgerichts ein, dass sich ein anderes Ergebnis auch dann nicht ergeben würde, wenn die Räume im Obergeschoss als eigene Nutzungseinheit zu beurteilen wären. Hierzu hat das Verwaltungsgericht ausgeführt, dass nach den Angaben des Klägers und dem von ihm bereits 2018 vorgelegten Nutzungskonzept das Obergeschoss von sechs Personen einer Trockenbaufirma genutzt worden sei, sodass auch insoweit die Variationsbreite der zu Wohnzwecken erteilten Baugenehmigung überschritten worden sei. Die Ausführungen des Klägers zu den von ihm vorgelegten Bewohnerlisten, aus denen sich die Dauerhaftigkeit des Aufenthalts der Nutzer ergeben soll, führen ebenfalls nicht weiter, zumal das Verwaltungsgericht die entsprechenden Angaben des Klägers letztlich als richtig unterstellt hat.

Schließlich zeigt der Kläger auch keine ernstlichen Zweifel an der Richtigkeit der angefochtenen Entscheidung auf, soweit er vorträgt, der Bestandsschutz sei durch eine wohnnutzungsfremde Unterbringung nicht entfallen. In der Rechtsprechung ist geklärt, dass der Bestandsschutz endet, wenn die bislang zulässige Nutzung aufgegeben wird. Das ist unter anderem der Fall, wenn sich die Genehmigungsfrage neu stellt. Die Genehmigungsfrage stellt sich stets (auch) bei einer Nutzungsänderung im Sinne von § 29 BauGB neu. Eine solche Nutzungsänderung liegt vor, sobald die jeder Nutzung eigene tatsächliche Variationsbreite überschritten wird und der neuen Nutzung unter städtebaulichen Gesichtspunkten eine andere Qualität zukommt. Vgl. BVerwG, Beschluss v. 14.4.2000 – 4 B 28.00 –, juris Rdnr. 6.

Ein derartiger Qualitätsunterschied zwischen einer Wohnnutzung und der untersagten Nutzung besteht, wie sich aus den vorstehenden Ausführungen ergibt. Die Frage, ob die Nutzung zu Beherbergungszwecken planungsrechtlich zulässig ist, stellt sich neu. Die vom Kläger angestrebte Berufung ist auch nicht wegen der grundsätzlichen Bedeutung der Rechtssache gemäß § 124 Abs. 2 Nr. 3 VwGO zuzulassen.

Eine Rechtssache hat grundsätzliche Bedeutung, wenn sie eine im betreffenden Berufungsverfahren klärungsbedürftige und für die Entscheidung dieses Verfahrens erhebliche Rechts- oder Tatsachenfrage aufwirft, deren Beantwortung über den konkreten Fall hinaus wesentliche Bedeutung für die einheitliche Anwendung oder Weiterentwicklung des Rechts hat. Dabei ist zur Darlegung dieses Zulassungsgrundes die Frage auszuformulieren und substantiiert auszuführen, warum sie für klärungsbedürftig und entscheidungserheblich gehalten und aus welchen Gründen ihr Bedeutung über den Einzelfall hinaus zugemessen wird.

Der Kläger zeigt danach nicht auf, dass die Rechtssache wegen der von ihm formulierten Fragen, unter welchen Voraussetzungen ein Bestandsschutz nach erfolgter Nutzungsänderung erlischt, unter welchen Voraussetzungen das Auswahlermessen im Rahmen einer Nutzungsuntersagungsverfügung nach der Bauordnung gebietet, im Falle der Anmietung durch Firmen zum Zwecke der Unterbringung von Mitarbeitern vorrangig oder gleichrangig zum Vermieter (auch) die Mieter oder gar die Nutzer in Anspruch zu nehmen, grundsätzliche Bedeutung haben könnte. Sie sind derart offen gestellt, dass sie nicht abstrakt klärungsfähig sind. Im Übrigen fehlt es insoweit auch an jeglicher Darlegung der Klärungsbedürftigkeit. Auch eine Divergenz gemäß § 124 Abs. 2 Nr. 4 VwGO ergibt sich aus den Darlegungen des Klägers nicht.

Eine die Berufung eröffnende Divergenz im Sinne dieser Vorschrift ist nur dann hinreichend bezeichnet, wenn ein inhaltlich bestimmter, die angefochtene Entscheidung tragender Rechtssatz dargelegt wird, mit dem das Verwaltungsgericht einem in der Rechtsprechung des übergeordneten Oberverwaltungsgerichts oder in der Rechtsprechung eines ansonsten in der Vorschrift aufgeführten Gerichts aufgestellten ebensolchen entscheidungstragenden Rechtssatz in Anwendung derselben Rechtsvorschrift widersprochen hat. Vgl. OVG NRW, Beschlüsse v. 21.4.2010 – 1 A 1326/08 –, juris Rdnr. 34, und vom 25.1.2012 – 1 A 640/10 –, juris Rdnr. 2.

Diese Voraussetzungen erfüllt das Zulassungsvorbringen nicht.

Der Kläger rügt, das Verwaltungsgericht sei mit seiner Feststellung, dass der Bestandsschutz entfalle, wenn durch eine andere (wohnnutzungsfremde) Nutzung, die erkennbar und nicht nur vorübergehend ausgeübt werden solle, der Zusammenhang mit der genehmigten Wohnnutzung unterbrochen werde, von dem Rechtssatz des OVG NRW in seinem Urteil v. 30.10.2009 – 7 A 2658/07 –, juris, Rdnr. 58 abgewichen, dass der Bestandsschutz endet, wenn die Nutzung endgültig aufgegeben wird oder durch eine andersartige oder wesentlich geänderte Nutzung ersetzt wird, d. h. die Nutzung unter städtebaulichen Gesichtspunkten eine andere Qualität aufweist. Es fehlt jedoch insoweit an der Herausarbeitung eines von diesem Urteil abweichenden Rechtssatzes in der angefochtenen Entscheidung des Verwaltungsgerichts. Vielmehr hat es diesen Rechtssatz, der sich bereits aus dem von dem Kläger weiter angeführten Urteil des Bundesverwaltungsgerichts vom 18.5.1995 – 4 C 20.94 –, juris Rdnr. 12 ergibt, seiner Entscheidung zugrunde gelegt. Entsprechendes gilt auch, soweit der Kläger ausführt, nach dem Urteil des Bundesverwaltungsgerichts vom 25.3.1988 – 4 C 21.85 –, juris Rdnr. 26 komme es für die Frage des Bestandsschutzes einer bestimmten Nutzung darauf an, ob und in welchem Maße die bebauungsrechtliche Situation nach der Verkehrsauffassung noch von dieser Nutzung geprägt erscheine. Vom Standpunkt eines objektiven Beobachters aus gesehen müsse die Anlage in ihrer Umgebung für die bisher dort ausgeübte Nutzung noch offen sein. Das Verwaltungsgericht hat auch diese Grundsätze seiner Entscheidung zugrunde gelegt. Der Kläger rügt in der Sache keine Divergenz, sondern bemängelt vielmehr eine unrichtige Anwendung der von ihm zitierten Rechtsprechung des Bundesverwaltungsgerichts. Diese liegt im Übrigen nicht vor. So heißt es in dem zitierten Urteil des Bundesverwaltungsgerichts, dass in einer für die Verkehrsauffassung besonders sinnfälligen Weise die Beendigung einer bestimmten Art von Nutzung dadurch zum Ausdruck komme, dass der Berechtigte in dem Gebäude eine andersartige Nutzung aufnehme und dies nach außen sichtbar werde. Der tatsächliche Beginn einer anderen Nutzung, die außerhalb der Variationsbreite der bisherigen Nutzungsart liege und die erkennbar nicht nur vorübergehend ausgeübt werden solle, unterbreche den Zusammenhang und lasse den Bestandsschutz, der lediglich die Fortsetzung der bisherigen, einmal rechtmäßig ausgeübten Nutzung gewährleisten solle, entfallen.

Der Kläger führt weiter zu Unrecht aus, das Verwaltungsgericht weiche von den Urteilen des Bundesverwaltungsgerichts vom 18.5.1995 – 4 C 20.94 –, juris Rdnr. 15 und vom 5.6.2007 – 4 B 20.07 –, juris Rdnr. 4 ff. ab. Der Bestandsschutz entfalle danach nicht ohne weiteres bei einer Nutzungsaufgabe oder Nutzungsänderung innerhalb von zwei Jahren. Letzteres trifft nicht zu. Das in den herangezogenen Urteilen des Bundesverwaltungsgerichts angesprochene Zeitmodell betrifft die hier nicht einschlägige Frage, ob der Bestandsschutz erlischt, wenn eine zulässige Nutzung zeitweilig nicht ausgeübt wird. Demgegenüber hat das Verwaltungsgericht das Ende des Bestandsschutzes hier – wie ausgeführt – mit einer Nutzungsänderung begründet. Das von dem Kläger auch in diesem Zusammenhang angeführte Urteil des Bundesverwaltungsgerichts vom 25.3.1988 – 4 C 21.85 – verhält sich zu dem Zeitmodell nicht.

Der Antrag der Beklagten, die Berufung gegen das Urteil des Verwaltungsgerichts zuzulassen, soweit es die Ordnungsverfügung aufgehoben hat, ist ebenfalls unbegründet.

Das Zulassungsvorbringen der Beklagten zieht das angegriffene Urteil, soweit der Klage stattgegeben wurde, nicht ernsthaft in Zweifel. Der Einwand, die tragende Erwägung des Urteils, dass die Nutzungsuntersagung vorrangig gegenüber den Zwischenmietern hätte erfolgen müssen, sei zweifelhaft, überzeugt unter Berücksichtigung der hier vom Verwaltungsgericht dargelegten Einzelfallumstände nicht.

Zu Recht weist die Beklagte auf die – auch vom Verwaltungsgericht zugrunde gelegte – Rechtsprechung hin, dass eine Nutzungsuntersagung aus Gründen der Effektivität grundsätzlich gegenüber demjenigen auszusprechen sei, der die tatsächliche Verfügungsgewalt über den Teil der baulichen Anlage habe, dessen Nutzung untersagt werden solle. Die allgemeinen Erwägungen der Beklagten dazu, dass dieser Grundsatz zweifelhaft sei, wenn zwischenmietende Firmen die baulichen Anlagen ihren Mitarbeitern zur Verfügung stellten, rechtfertigen keine andere Bewertung. Die Argumentation, dass die tatsächliche Verfügungsgewalt des Zwischenmieters eher der des Hauptvermieters als jener der im Gebäude wohnenden Mieter ähnele und er wie ein Hauptvermieter erst das zeitintensivere Instrumentarium des Mietvertragsrechts in Gang setzen müsse, um die Nutzung zu unterbinden, überzeugt so nicht. Die Beklagte hatte in Erwägung zu ziehen, ob unter Effektivitätsgesichtspunkten das zwischenmietende Unternehmen, dass in dem Gebäude seine Mitarbeiter unterbringt, in erster Linie als ordnungspflichtig heranzuziehen ist. Der pauschale Hinweis darauf, dass der im Grundbuch eingetragene Eigentümer für die Behörde »greifbarer« sei, überzeugt so nicht. Nach den Ausführungen des Verwaltungsgerichts, die die Beklagte nicht durchgreifend in Zweifel zieht, sind der Beklagten jedenfalls während des laufenden Verfahrens die Daten der vermietenden Unternehmen nebst weiterer Einzelheiten der Vermietung bekannt geworden. Soweit die Beklagte, wie sie geltend macht, auf den Beschluss des Verwaltungsgerichts im zugehörigen Eilverfahren vom 21.6.2019 – 1 L 255/19 – vertraut hat, in dem ihr Vorgehen nicht beanstandet wurde, ist dies für die Beurteilung der Sach- und Rechtslage im Hauptsacheverfahren nicht maßgeblich.

Die Berufung der Beklagten ist nach den oben dargelegten Grundsätzen auch nicht wegen grundsätzlichen Bedeutung der Rechtssache gemäß § 124 Abs. 2 Nr. 3 VwGO zuzulassen.

Die Beklagte zeigt nicht auf, dass die Rechtssache wegen der von ihr formulierten Fragen, ob für eine ermessensfehlerfreie Nutzungsuntersagung einer baulichen Anlage Zwischenmieter vorrangig vor dem Vermieter in Anspruch zu nehmen sind, und ob der Behörde bei Dauerverwaltungsakten eine unzureichende Überprüfung ihres Ermessens auch hinsichtlich solcher Umstände vorgeworfen werden kann, die bereits Gegenstand eines, die fehlerfreie Ermessensausübung attestierenden gerichtlichen Beschlusses im einstweiligen Rechtsschutz waren, grundsätzliche Bedeutung haben könnte. Die Frage, an wen sich unter Effektivitätsgesichtspunkten eine Nutzungsuntersagung zu richten hat, ist, soweit sie in verallgemeinerungsfähiger Weise beantwortet werden kann, in der Rechtsprechung geklärt. Einen weitergehenden Klärungsbedarf zeigt die Zulassungsbegründung nicht auf. Die zweite Frage lässt sich wie ausgeführt beantworten, ohne dass es der Durchführung eines Berufungsverfahrens bedürfte. …

Nr. 103

Eine Wohnnutzung zeichnet sich durch eine auf Dauer angelegte Häuslichkeit, die Eigengestaltung der Haushaltsführung und des häuslichen Wirkungskreises sowie die Freiwilligkeit des Aufenthaltes aus.

Die Nutzungsuntersagung hat in erster Linie die Funktion, den Bauherrn auf das Genehmigungsverfahren zu verweisen. Daher muss grundsätzlich nicht geprüft werden, ob das Vorhaben auch gegen materielles Recht verstößt.

Bei der Durchsetzung einer Nutzungsuntersagungsverfügung sind an die Begründung der Anordnung der sofortigen Vollziehung keine hohen Anforderungen zu stellen, weil es für die Fortsetzung nicht genehmigter Nutzungen, die möglich wären, wenn die sofortige Vollziehung nicht angeordnet würde, regelmäßig keinerlei rechtfertigende Gründe gibt.
(Leitsätze der Redaktion)

LBO § 58 Abs. 1 i. V. m. § 59 Abs. 2 Nr. 4; LVwG § 218 Abs. 1, § 219 Abs. 1.

Verwaltungsgericht Schleswig-Holstein, Beschluss vom 2. Dezember 2024 – 2 B 32/24 –.

Aus den Gründen:

Der wörtliche gestellte Antrag, die aufschiebende Wirkung der Klage wiederherzustellen, ist bei entsprechender Würdigung des Antragsbegehrens gemäß § 88 VwGO i. V. m. § 122 Abs. 1 VwGO dahingehend auszulegen, dass nicht nur die Wiederherstellung der aufschiebenden Wirkung der Klage gegen die Nutzungsuntersagung (Ziffer 1 des Bescheides vom 15.3.2024) begehrt wird, sondern auch die Anordnung der aufschiebenden Wirkung der Klage hinsichtlich der Zwangsgeldandrohung in Ziffer 3 des Widerspruchsbescheids vom 16.9.2024. Mit ihrer gleichzeitig zum Antrag auf Gewährung vorläufigen Rechtsschutzes erhobenen Klage verfolgen die Antragsteller die Aufhebung der Bescheide vom 15.4.2024 und 16.9.2024 in Gänze, wovon auch die Androhung der Zwangsgeldfestsetzung in Ziffer 3 des Widerspruchsbescheids umfasst ist. Demnach erstreckt sich auch das vorläufige Rechtsschutzersuchen sowohl auf die Nutzungsuntersagung als auch auf die Zwangsgeldfestsetzung.

Die so zu verstehenden Anträge sind zulässig. Die Anträge sind insbesondere gemäß § 80 Abs. 5 Satz 1 VwGO statthaft. Hiernach kann das Gericht der Hauptsache die aufschiebende Wirkung in den Fällen des Absatzes 2 Satz 1 Nummern 1 bis 3a ganz oder teilweise anordnen, im Falle des Absatzes 2 Satz 1 Nummer 4 ganz oder teilweise wiederherstellen. Hinsichtlich der Nutzungsuntersagung ist der Antrag gemäß § 80 Abs. 5 Satz 1 Alt. 1 VwGO i. V. m. § 80 Abs. 2 Satz 1 Nr. 4 VwGO statthaft. Die Antragsgegnerin hat unter Ziffer 2 der Ordnungsverfügung vom 15.4.2024 die sofortige Vollziehung der Nutzungsuntersagung angeordnet. Hinsichtlich der Androhung des Zwangsgeldes in Ziffer 3 des Widerspruchsbescheids ist der Antrag nach § 80 Abs. 5 Satz 1 Alt. 2 VwGO i. V. m. § 80 Abs. 2 Satz 1 Nr. 3 VwGO statthaft. Bei der Androhung eines Zwangsgeldes handelt es sich um eine Vollzugsmaßnahme gemäß § 236 LVwG, gegen welche Rechtsmittel und sonstige Rechtsbehelfe nach § 248 Abs. 1 Satz 2 LVwG keine aufschiebende Wirkung entfalten.

Die Anträge sind jedoch unbegründet.

Die von der Antragsgegnerin gegebene Begründung für die Anordnung der sofortigen Vollziehung hinsichtlich der Nutzungsuntersagung entspricht den formellen Anforderungen des § 80 Abs. 3 S. 1 VwGO.

Bei der Durchsetzung einer Nutzungsuntersagungsverfügung sind an die Begründung der Anordnung der sofortigen Vollziehung keine hohen Anforderungen zu stellen, weil es für die Fortsetzung nicht genehmigter Nutzungen, die möglich wären, wenn die sofortige Vollziehung nicht angeordnet würde, regelmäßig keinerlei rechtfertigende Gründe gibt. Daher reicht es in derartigen Fällen für die Begründung des Sofortvollzuges regelmäßig aus, dass auf die formelle Rechtswidrigkeit der untersagten Nutzung hingewiesen wird. Dies gilt vor dem Hintergrund, dass ansonsten – ohne Sofortvollzug – die gesetzestreuen Bürger schlechter gestellt würden (vgl. OVG Schleswig, Beschluss v. 29.8.2003 – 1 MB 27/03 – juris; VG Schleswig, Beschluss v. 18.1.2018 – 2 B 93/16, juris Rdnr. 8; VG Schleswig, Beschluss v. 9.4.2024 – 2 B 5/24, juris Rdnr. 4). Diese Voraussetzungen sind hier erfüllt. Die Antragsgegnerin hat die Anordnung der sofortigen Vollziehung vor allem damit begründet, dass es ohne die Anordnung möglich wäre, ein baurechtswidriges Vorhaben weiter zu betreiben, was eine negative Vorbildfunktion zeitigen könne. Ferner hat sie das besondere Vollzugsinteresse damit begründet, dass nachbarschützende Vorschriften verletzt würden. Damit hat sie der dargestellten Begründungspflicht genüge getan. Auf die inhaltliche Richtigkeit der Begründung kommt es insoweit nicht an.

Die Anordnung der sofortigen Vollziehung ist auch materiell nicht zu beanstanden. Die gerichtliche Entscheidung nach § 80 Abs. 5 S. 1 VwGO ergeht in der Sache auf der Grundlage einer umfassenden Interessenabwägung. Gegenstand der Abwägung sind das private Aufschubinteresse der Antragsteller einerseits und das öffentliche Interesse an der Vollziehung des streitbefangenen Verwaltungsaktes andererseits. Im Rahmen dieser Interessenabwägung können auch Erkenntnisse über die Rechtmäßigkeit oder die Rechtswidrigkeit des Verwaltungsaktes, der vollzogen werden soll, Bedeutung erlangen, allerdings nicht als unmittelbare Entscheidungsgrundlage, sondern als in die Abwägung einzustellende Gesichtspunkte. Hat die Behörde – wie vorliegend hinsichtlich der Nutzungsuntersagung – die sofortige Vollziehung nach § 80 Abs. 2 S. 1 Nr. 4 VwGO angeordnet, kommt es im Besonderen darauf an, ob sie zu Recht das öffentliche Interesse an der sofortigen Vollziehung höher gewichtet hat als das private Interesse, bis zum rechtskräftigen Abschluss des Hauptsacheverfahrens den Verwaltungsakt nicht befolgen zu müssen.

Bei Anwendung dieses Maßstabes geht die vorzunehmende Interessenabwägung zu Lasten der Antragsteller aus. Nach den gegenwärtigen Erkenntnissen erweist sich die von der Antragsgegnerin mit Bescheid vom 15.4.2024 ausgesprochene Nutzungsuntersagung bei der gebotenen summarischen Prüfung als rechtmäßig. Rechtsgrundlage für den Erlass der streitgegenständlichen Nutzungsuntersagung ist § 80 S. 2 LBO. Danach kann die Bauaufsichtsbehörde die Nutzung einer baulichen Anlage untersagen, wenn diese im Widerspruch zu öffentlich-rechtlichen Vorschriften genutzt wird. Insoweit rechtfertigt in aller Regel bereits die sich aus dem Fehlen einer im Einzelfall notwendigen Baugenehmigung für die konkrete Nutzung einer baulichen Anlage ergebende formelle Illegalität den Erlass einer Nutzungsuntersagung. Da die Nutzungsuntersagung in erster Linie die Funktion hat, den Bauherrn auf das Genehmigungsverfahren zu verweisen, muss grundsätzlich nicht geprüft werden, ob das Vorhaben auch gegen materielles Recht verstößt (std. Rspr. des OVG Schleswig, vgl. Beschluss v. 11.7.2024 – 1 MB 12/24 – juris; Beschluss v. 16.1.2018 – 1 MB 22/17 – juris, Rdnr. 8; Beschluss v. 8.5.2020 – 1 LA 52/17 – n. v.).

Die tatbestandlichen Voraussetzungen für den Erlass einer Nutzungsuntersagung liegen vor. Die Nutzung des verfahrensgegenständlichen Gebäudes als Handwerkerunterkunft oder als sonstiges nicht störendes Gewerbe durch die Antragsteller selbst oder das Zulassen einer solchen Nutzung durch Dritte ist nicht von der für das streitbefangene Wohngebäude erteilten Baugenehmigung zu Wohnzwecken gedeckt und somit formell illegal. Eine Verfahrensfreiheit nach § 61 Abs. 2 LBO liegt nicht vor.

Insoweit ist zunächst festzuhalten, dass die erlassene Anordnung, das streitbefangene Gebäude nicht mehr zum Zweck der Unterkunft für Handwerker oder als sonstiges nichtstörendes Gewerbe zu nutzen oder nutzen zu lassen, dahingehend zu verstehen ist, dass jedwede Unterbringung oder Beherbergung von Menschen in dem Gebäude, die nicht als Wohnen i. S. v.

§ 3 Abs. 1 BauNVO einzustufen ist, untersagt wird, unabhängig davon, ob es sich dabei »schon« um einen Beherbergungsbetrieb i. S. v. § 3 Abs. 3 BauNVO handelt. Dieses Verständnis ergibt sich aus der Bezugnahme der Antragsgegnerin auf die durch die Baugenehmigung zugelassene Nutzung »Wohnen« in Abgrenzung zu einer Nutzung als sogenanntes Monteurzimmer, die entweder als Beherbergungsgewerbe oder als sonstiges nichtstörendes Gewerbe zu bewerten ist (siehe Seite der Ordnungsverfügung vom 15.4.2024).

Für die Beantwortung der Frage, ob sich die festgestellte – hier streitgegenständliche – Nutzung (noch) als Wohnnutzung darstellt, ist der Begriff des Wohnens maßgeblich, wie er zum Zeitpunkt der Genehmigung des Gebäudes verstanden wurde und wie ihn die Baunutzungsverordnung bis heute beispielsweise in ihren §§ 3, 4 verwendet.

Das OVG Lüneburg (Beschluss v. 18.9.2015 – 1 ME 126/15 – juris) hat in Übereinstimmung mit der Rechtsprechung des Bundesverwaltungsgerichts (Beschluss v. 25.3.1996 – 4 B 302.95 – juris) dazu nach Auffassung der Kammer zutreffend Folgendes ausgeführt:

> »Eine Wohnnutzung zeichnet sich danach durch eine auf Dauer angelegte Häuslichkeit, die Eigengestaltung der Haushaltsführung und des häuslichen Wirkungskreises sowie die Freiwilligkeit des Aufenthaltes aus. Das setzt bestimmte Ausstattungsmerkmale des Gebäudes voraus. Erforderlich sind insbesondere eine Küche bzw. Kochgelegenheit sowie Toiletten und Waschgelegenheiten, die allerdings auch in Gestalt von Gemeinschaftseinrichtungen zur Verfügung stehen können. Der Begriff des Wohnens verlangt zudem, dass Aufenthalts- und private Rückzugsräume geboten werden, die eine Eigengestaltung des häuslichen Wirkungskreises erst ermöglichen. Auch Wohnheime – etwa Studentenwohnheime – können daher als Wohngebäude einzustufen sein, wenn sie nach ihrer Zweckbestimmung und Ausstattung Wohnbedürfnisse erfüllen können und sollen. Die Grenzen des Wohnens sind allerdings überschritten, wenn das Gebäude – wie im Fall einer Unterkunft für Monteure – aufgrund seiner spartanischen Ausstattung lediglich als Schlafstätte dient und auch einfache Wohnbedürfnisse nicht befriedigt. Dabei spielt auch die Wohndichte eine Rolle. Der Umstand, dass sich zwei Bewohner einen Schlafraum teilen, spricht zwar nicht zwingend gegen eine Wohnnutzung im Rechtssinne; die dadurch bewirkte Einschränkung der Privatsphäre schließt aber unter Berücksichtigung der hierzulande üblichen Wohnstandards die Annahme einer Wohnnutzung jedenfalls dann regelmäßig aus, wenn zwischen den Bewohnern keine persönliche Bindung besteht bzw. sich diese Bindung in dem gemeinsamen Interesse an einer möglichst kostengünstigen Unterbringung erschöpft.
>
> Der Begriff des Wohnens ist nach alledem nicht zu eng zu verstehen. Er dient der Abgrenzung insbesondere zu Formen der Unterbringung bzw. der Nutzung als bloße Schlafstätte. Er schließt es jedoch nicht aus, dass

sich Personen auf freiwilliger Basis und aufgrund persönlicher Beziehungen – enger Freundschaften oder gar verwandtschaftlicher Bande bedarf es nicht – zusammenfinden und gemeinschaftlich zusammenleben. Das gilt auch dann, wenn aufgrund eingeschränkter finanzieller Mittel eine Doppelbelegung von Schlafräumen stattfinden und eine Wohndichte erreicht wird, die hiesigen Wohnstandards nicht voll entspricht. Der Begriff des Wohnens bietet keine Handhabe, finanzschwache ausländische Arbeitnehmer aus Wohnquartieren fernzuhalten; ein dahingehender Milieuschutz ist der Baunutzungsverordnung fremd. Eine Grenze ist freilich dann erreicht, wenn ein Gebäude in einer Weise überbelegt wird, die seinem Nutzungszweck, wie er sich bei objektiver Betrachtung aus den Bauvorlagen ergibt, nicht mehr entspricht.«

Bei der Beurteilung, ob es sich bei einer Nutzung eines Wohngebäudes um Wohnen im Sinne von §§ 3, 4 BauNVO handelt, ist nicht ausschließlich das Nutzungskonzept, wie es sich insbesondere in einem Mietvertrag ausgedrückt, maßgeblich. Auch die tatsächlich festgestellte Nutzung ist für die Beurteilung, ob es sich um »Wohnen« handelt, relevant (vgl. Beschluss der Kammer vom 4.12.2020 – 2 B 51/20 – juris, Rdnr. 27 ff., juris). Das Bundesverwaltungsgericht hat in dem benannten Beschluss v. 25.3.1996 (Az. 4 B 302/95, juris Rdnr. 12) Folgendes ausführt:

> »Maßgeblich für die Erfüllung des Wohnbegriffs ist Übrigens das Nutzungskonzept und seine grundsätzliche Verwirklichung, nicht das individuelle und mehr oder weniger spontane Verhalten einzelner Bewohner.«

Danach kommt es sehr wohl auf die tatsächlich ausgeübte Nutzung, nämlich die grundsätzliche Verwirklichung an. Von einem als unbeachtlich einzustufenden individuellen spontanen Verhalten einzelner Bewohner kann im vorliegenden Fall gerade nicht ausgegangen werden.

Ausgehend von diesen Grundsätzen teilt die Kammer die Einschätzung der Antragsgegnerin, dass es sich bei der im Gebäude(teil) der Antragsteller festgestellten Nutzung der Einliegerwohnung nicht um eine Wohnnutzung im o. g. Sinne handelt. Zwar ist der streitbefangene Teil des Gebäudes der Antragsteller Gegenstand eines am 1.1.2024 geschlossenen Mietvertrags über Wohnraum. Die Nutzung des Gebäudeteils (Einliegerwohnung) durch den Mieter im Rahmen des Mietvertrags würde zwar dem Begriff des Wohnens unterfallen. Allerdings hat die Antragsgegnerin unter Bezugnahme auf diverse Mitteilungen aus der Nachbarschaft und Lichtbilder nachvollziehbar dargelegt, dass das Mietobjekt nicht allein von einer Person, sondern zeitgleich von mehreren Personen genutzt wird. In dieser Wohneinheit werden nach den Angaben der Antragsgegnerin – unter Bezugnahme auf Mitteilungen von mehreren Nachbarn – bis zu acht oder zehn Personen gleichzeitig untergebracht. Die Antragsteller haben mit anwaltlichem Schriftsatz vom 11.11.2024 bestätigt, dass die streitbefangene Wohneinheit jedenfalls von acht

Personen genutzt würde. Die Antragsteller führen insoweit aus, dass die acht namentlich benannten Personen in der vermieteten Haushälfte gemeldet seien, wobei nicht näher erläutert wird, ob die Personen gegenüber den Antragstellern als Vermieter gemeldet wurden oder ob damit die Erfüllung der Meldepflicht nach dem Bundesmeldegesetz gemeint ist. Die Antragsteller haben auch die hinreichend substantiierte Annahme der Antragsgegnerin nicht widerlegt, dass die streitbefangene Haushälfte seit mehreren Monaten von einem wechselnden Personenkreis genutzt wird. Nach den Angaben der Antragsgegnerin kommt es bereits seit mehreren Monaten zu Nachbarbeschwerden über wechselnde Belegungen der Haushälfte und über An- und Abreisen von Personen jeweils rund um das Wochenende. Die Antragsteller haben in diesem Zusammenhang etwa nicht darlegt, seit wann die benannten acht Personen das Mietobjekt nutzen würden. Unter den acht Personen ist auch nicht der Name der im Mietvertrag benannten Person zu finden. Gegen eine feste Belegung des Mietobjekts spricht auch indiziell, dass die Antragsteller nicht dargelegt haben, dass sie ihren Pflichten aus dem Bundesmeldegesetz nachgekommen sind. Die Antragsgegnerin hat insoweit nachvollziehbar dargelegt, dass allein die Antragsteller unter der streitbefangenen Adresse im Melderegister gemeldet sind. Sollte die vermietete Haushälfte dauerhaft von dem im Mietvertrag benannten Mieter oder von den acht benannten Personen bewohnt werden, wären diese gemäß § 17 Abs. 1 Bundesmeldegesetz verpflichtet, den Einzug bei der Meldebehörde anzumelden. Diese Pflicht gilt auch dann, wenn eine Person mehrere Wohnungen bewohnt. Im Übrigen haben die Antragsteller auch nicht dargelegt, dass sie ihren melderechtlichen Mitwirkungspflichten nach § 19 Abs. 1 Satz 2 Bundesmeldegesetz nachgekommen sind. Danach hat der Wohnungsgeber der meldepflichtigen Person den Einzug schriftlich oder gegenüber der Meldebehörde zu bestätigen. Die Antragsteller haben sich nicht dazu erklärt, ob sie gegenüber der ihm Mietvertrag benannten Person oder gegenüber der Meldebehörde den Einzug bestätigt haben. Demnach liegt kein Nachweis dafür, dass die im Mietvertrag benannte Person, die vermieteten Räumlichkeiten überhaupt nutzt. Auch dieser Umstand spricht dafür, dass die benannte Person vielmehr die Räumlichkeit derart nutzt, um dort von ihm bestimmte Personen unterzubringen. Unabhängig davon, ob man darüber hinaus die Antragsteller oder den Mieter als Wohnungsgeber im Sinne von § 19 Abs. 1 Bundesmeldegesetz ansieht, liegen keine Nachweise dafür vor, dass im Hinblick auf die acht genannten Personen die Mitwirkungspflichten des Wohnungsgebers erfüllt wurden.

Das sich aus gegebenen Umständen ersichtliche Nutzungskonzept spricht – vor allem unter Berücksichtigung der Ausgestaltung und Ausstattung des streitbefangenen Gebäudes bzw. Gebäudeteils – aus Sicht der Kammer erheblich gegen die Annahme, dass die Nutzer des Gebäudeteils dort ein hinreichend selbstbestimmt geführtes privates Leben »in den eigenen vier Wänden« führen. Gegenstand des Mietvertrags ist gemäß § 1 die Vermietung einer

Wohnung bestehend aus (nur) einem Zimmer, einer Gemeinschaftsküche, Diele und Bad. Angesichts der vorhandenen Zimmeranzahl in der Wohneinheit, insbesondere des einzigen verfügbaren Raums, der als Aufenthalts- und Schlafort für alle Bewohner dienen muss, ist es selbst bei der angeblichen Mietfläche von 159 m^2 bei lebensnaher Betrachtung mehr als zweifelhaft, dass den dort aufhältigen Personen im Sinne einer eigenständigen Haushaltsführung tatsächlich hinreichend Wohnraum zugeordnet ist und dass dieser Lebensbereich gegen eine unmittelbare Verfügungsgewalt Dritter wirksam als Rückzugsraum für die Entfaltung des privaten Lebens abgeschirmt ist. Vielmehr ist davon auszugehen, dass sich jedenfalls acht Personen ein Zimmer als Lebensraum und Schlafplatz teilen, der für die einzelnen Nutzer schwerlich den zum Lebensmittelpunkt gewordenen Rückzugsort im Sinne einer Wohnung darstellen kann.

Darüber hinaus geht die Kammer angesichts der vorliegenden Baugenehmigungsunterlagen für das Wohngebäude der Antragsteller nicht davon aus, dass die vermietete Wohnung eine Gesamtgröße von 159 m^2 aufweisen kann. Ausweislich der im Verwaltungsvorgang dokumentierten Wohnflächenberechnung weist die sog. Hauptwohnung eine Gesamtwohnfläche von 163,07 m^2 auf. Für die sogenannte Einliegerwohnung, die angesichts der Zimmeraufteilung und der Beschreibung der vermieteten Räume offensichtlich Gegenstand des Mietvertrages ist, wird eine Wohnfläche von 76,18 m^2, aufgeteilt auf Erd- und Dachgeschoss, angegeben. Die Wohnfläche für das Erdgeschoss, u. a. bestehend aus einem Zimmer für Essen/Wohnen, einer Küche und einem WC, wird dabei mit 46,71 m^2 angegeben. Da es vorliegend auf die Nutzung im vermieteten Teil des Gebäudes ankommt, ist nicht die etwaige Grundfläche des gesamten Gebäudes maßgebend, sondern vielmehr der Teil, der Gegenstand des Mietvertrags ist, also ein Zimmer, ein Bad und eine Küche (siehe § 1 des Mietvertrages). Diesen Vorgaben entspricht nur das Erdgeschoss der rechten Haushälfte (sog. Einliegerwohnung) mit einer Wohnfläche von 46,71 m^2.

Angesichts der somit zu erwartenden Platzknappheit bei einer Nutzung der Räume durch (mindestens) acht Personen sowie wegen des Vorhandenseins von nur einer Küche und eines Bades ist davon auszugehen, die Nutzer der Räumlichkeiten in ihrer jeweiligen Alltagsplanung in großem Maße voneinander abhängig sind. Bei lebensnaher Betrachtung kann zudem nicht davon ausgegangen werden, dass allen Nutzern stets ein Schlüssel zu dem Haus vorbehalten ist, da die konkrete Anzahl der Bewohner möglicherweise variiert. Demzufolge dürfte auch der Zugang zu den Räumlichkeiten eine ständige Absprache und Organisation der Bewohner erfordern, die ebenfalls nicht für eine Wohnnutzung im Sinne einer selbstständigen privaten Lebensführung in den »eigenen vier Wänden« spricht. Diese Umstände indizieren erheblich, dass die Bewohner des Hauses (voraussichtlich) gemeinschaftlich nach der Arbeit in das Gebäude zurückkehren und dieses lediglich als »Schlafunterkunft« dient. Gegen das Merkmal der Dauerhaftigkeit und damit auch gegen eine Wohnnutzung spricht zudem, dass der Mietvertrag nicht mit den jeweiligen Nutzern selbst geschlossen wurde, sondern lediglich mit einer dritten Person, die nach den Angaben der Antragsteller nicht zu den (aktuellen) Nutzern gehört. Aus diesem Grund kann das Merkmal der Dauerhaftigkeit auch nicht dadurch begründet werden, dass der Mietvertrag nach dessen § 4 auf unbestimmte Zeit abgeschlossen wurde. Insgesamt spricht jedenfalls das gelebte Nutzungskonzept nicht dafür, dass die Nutzer der Mieteinheit die Möglichkeit hätten, ihren häuslichen Wirkungskreis unabhängig zu gestalten. Denn durch die konkrete Vertragsgestaltung – Mieter ist nur eine namentlich benannte Person – räumen die Antragsteller den Bewohnenden keinen entsprechenden Rechtsanspruch ein. Damit dürfte deren rechtliche Position und Möglichkeit, die Zimmer zu nutzen, in großem Umfang von deren Verbindung mit dem Mieter abhängen. Die Antragsteller selbst gewährleisten weder, dass die Bewohner sich ihre Mitbewohner aussuchen können, noch garantieren sie ihnen eine bestimmte Nutzungszeit (vgl. hierzu VG Bremen, Beschluss v. 8.10.2019 – 1 V 1741/19, juris).

Der Erlass der Nutzungsuntersagung erweist sich nach derzeitigem Kenntnisstand auch nicht als ermessensfehlerhaft bzw. unverhältnismäßig. Die Nutzungsuntersagung hat in erster Linie die Funktion, den Bauherrn auf das Genehmigungsverfahren zu verweisen. Daher muss grundsätzlich nicht geprüft werden, ob das Vorhaben auch gegen materielles Recht verstößt. Zwar darf eine formell rechtswidrige Nutzung aus Gründen der Verhältnismäßigkeit regelmäßig dann nicht untersagt werden, wenn sie offensichtlich genehmigungsfähig bzw. bei verfahrensfreien Vorhaben offensichtlich zulässig ist (st. Rspr. des OVG Schleswig, vgl. Beschluss v. 26.5.2017 – 1 MB 7/17 –; Beschluss v. 16.1.2018 – 1 MB 22/17 –; Beschluss v. 8.5.2020 – 1 LA 52/17 –, und Beschluss v. 25.6.2020 – 1 MB 31/19 –) oder materiellen Bestandsschutz genießt (vgl. OVG Schleswig, Beschluss v. 4.4.2011 – 1 LA 96/10 –juris, Rdnr. 8).

Das Schleswig-Holsteinische Oberverwaltungsgericht hat zudem wiederholt betont, dass das vom Gesetzgeber vorgesehene – präventive – bauaufsichtliche Genehmigungsverfahren durch eine – inzidente – Verlagerung der bauaufsichtlichen Zulassungsprüfung auf die Rechtsfolgenseite einer – repressiven – Nutzungsuntersagungsverfügung nicht umgangen werden darf (vgl. Beschluss des Senats vom 24.8.2022 – 1 MB 9/22 –, S. 6 f., n. v.; Beschluss v. 19.11.2018 – 1 MB 10/18 –, juris Rdnr. 7; Beschluss v. 14.6.2022 – 1 LA 51/19 – n. v.; Beschluss v. 23.3.2023 – 1 MB 18/22 –, juris Rdnr. 15). Eine Unverhältnismäßigkeit kann sich unter dem Gesichtspunkt der offensichtlichen Genehmigungsfähigkeit überhaupt nur in eng begrenzten Ausnahmefällen ergeben. Von der offensichtlichen Genehmigungsfähigkeit kann nämlich nur dann gesprochen werden, wenn die Bauaufsichtsbehörde ohne weitere Ermittlungen erkennen kann, dass die bauliche Anlage und ihre Nutzung dem öffentlichen Baurecht entsprechen. Es muss mit anderen Worten geradezu handgreiflich sein und keiner näheren Prüfung bedürfen, dass der vom Bauherrn gewünschte Zustand dem öffentlichen Baurecht vollständig entspricht (Beschluss des Senats vom 25.6.2020 – 1 MB 31/19 –, juris Rdnr. 24; Beschluss v. 24.8.2023 – 1 MB 15/23 –, juris Rdnr. 28). Zur Verhinderung einer Umgehung des bauaufsichtlichen Genehmigungsverfahrens kann daher bei einem Streit um die materielle Rechtmäßigkeit einer Nutzung eine offensichtliche Genehmigungsfähigkeit von vornherein nur in Betracht kommen, wenn bereits ein entsprechender Bauantrag gestellt worden ist. Anderenfalls wären die Baugenehmigungsbehörden nicht in der Lage, aufgrund von prüffähigen Bauvorlagen überhaupt die Genehmigungsfähigkeit eines Vorhabens zu prüfen. Auch würde ansonsten die Prüfung der Zulassungsfähigkeit eines Bauvorhabens strukturell in das verwaltungsgerichtliche Verfahren verlagert werden. Schließlich würde das Absehen vom Erfordernis des Stellens eines Bauantrags auch diejenigen besserstellen, die eine genehmigungspflichtige Nutzungsänderung ohne Baugenehmigung vornehmen (vgl. hierzu OVG Schleswig, Beschluss v. 11.7.2024 – 1 MB 12/24 – juris, Rdnr. 16 f. m. w. N.).

Die Antragsteller haben bislang keinen Bauantrag für die streitbefangene Nutzung des vermieteten Gebäudeteils in ihrem zu Wohnzwecken genehmigten Gebäude gestellt. Bereits aus diesem Grund ist die Nutzungsuntersagung nicht wegen einer etwaigen offensichtlichen Genehmigungsfähigkeit der Nutzung unverhältnismäßig. Darüber hinaus kann eine offensichtliche Genehmigungsfähigkeit der den Antragstellern untersagten Nutzung auch aus materiellen Gründen nicht angenommen werden. Die streitbefangene Nutzung ist insbesondere bauplanungsrechtlich nicht offensichtlich genehmigungsfähig. Dabei kommt es nicht darauf an, ob der Bebauungsplans Nr. 88 unter dem von den Antragstellern untersagten Nutzung auch aus materiellen Gründen nicht angenommen werden. Die streitbefangene Nutzung ist insbesondere bauplanungsrechtlich nicht offensichtlich genehmigungsfähig. Dabei kommt es nicht darauf an, ob der Bebauungsplans Nr. 88 unter dem von den Antragstellern dargelegten Bekanntmachungsmangel leidet oder ob dieser Mangel jedenfalls durch die wiederholte Bekanntmachung der Satzung am 14.11.1995 geheilt worden ist.

Selbst wenn die Festsetzungen des Bebauungsplans Nr. 88 (weiterhin) unwirksam wären, könnten die Antragsteller im zu prüfenden Kontext daraus keine Vorteile für sich ableiten. In diesem Fall müsste zunächst bestimmt werden, ob die Art der baulichen Nutzung in der insoweit maßgeblichen näheren Umgebung einem Baugebiet im Sinne der BauNVO entspricht und die Zulässigkeit der Nutzung daher nach § 34 Abs. 2 BauGB i. V. m. mit den jeweiligen Vorgaben der Baunutzungsverordnung zu beurteilen wäre oder ob von einer sogenannten Gemengelage auszugehen wäre, die nach § 34 Abs. 1 BauGB zu bewerten wäre. Allein die Notwendigkeit einer solchen Prüfung steht der Annahme einer offensichtlichen Genehmigungsfähigkeit der streitbefangenen Nutzung entgegen.

Ginge man demgegenüber davon aus, dass die Festsetzungen des Bebauungsplans wirksam sind oder sich die Eigenart der näheren Umgebung als faktisches reines Wohngebiet im Sinne von § 34 Abs. 2 BauGB i. V. m. darstellen würde, müsste die Nutzung in einem solchen Gebiet – zumindest ausnahmsweise – zulässig sein. Lediglich ergänzend sei bemerkt, dass die Antragsteller der Annahme der Antragsgegnerin, dass jedenfalls ein faktisches reines Wohngebiet vorliegt, nicht entgegengetreten sind. In einem reinen Wohngebiet sind sonstige nicht störende Gewerbebetriebe weder regelmäßig noch ausnahmsweise zulässig. Die untersagte Nutzung unterfällt auch nicht als »kleiner Betrieb des Beherbergungsgewerbes« dem Ausnahmetatbestand des § 3 Abs. 3 Nr. 1 BauNVO.

Eine offensichtliche Genehmigungsfähigkeit als kleiner Beherbergungsbetrieb liegt schon deshalb nicht vor, weil die Antragsteller selbst nicht darlegen, dass die streitbefangene Nutzung einen Beherbergungsbetrieb darstellen würde. Sie stellen insbesondere darauf ab, dass es an erforderlichen »hotelmäßigen Leistungen« fehlen würde. Selbst wenn die Antragsteller darauf abstellen würden, dass es sich um einen kleinen Beherbergungsbetrieb handeln würde, wäre dieser jedenfalls nicht offensichtlich genehmigungsfähig. Einen Beherbergungsbetrieb im Sinne von § 3 Abs. 2 Nr. 1 BauNVO kennzeichnet zwar, dass die Räume regelmäßig wechselnden Gästen zum vorübergehenden Aufenthalt zur Verfügung gestellt werden, ohne dass diese dort ihren häuslichen Wirkungskreis unabhängig gestalten könnten (vgl. BVerwG, Beschluss v. 8.5.1989 – 4 B 78.89, juris Rdnr. 3; VGH München, Beschluss v. 26.11.2015 – 12 CS 15.2269, juris Rdnr. 14 m. w. N.; VG Bremen, Beschluss v. 23.1.2024 – 1 V 2730/23, juris Rdnr. 38).

Gegen die Einstufung als Beherbergungsbetriebs würde dabei auch nicht grundsätzlich sprechen, dass beherbergungstypische Dienstleistungen fast vollständig fehlen. Betriebsformen, die sich auf das schlichte Bereitstellen eines Gästezimmers beschränken und von der Erbringung weiterer Nebenleistungen absehen, sind seit langem im Billigsektor anzutreffen und rechtfertigen deshalb nicht zwangsläufig den Schluss, es liege kein Beherbergungsbetrieb vor (vgl. OVG Schleswig, Beschluss v. 19.11.2018 – 1 MB 10/18 – juris). Maßgebend für die Annahme einer Beherbergung ist jedoch die nicht personenbezogene Unterbringung, das heißt der Beherbergungsbetrieb ist grundsätzlich jedermann zugänglich, und derjenige, der eine Beherbergung anstrebt, tut dies aus freiem Willen, auch nach einem Auswahlermessen, so wie der Beherbergungsvertrag hierfür konstitutiv ist (vgl. Stock, in: Ernst/ Zinkahn/ Bielenberg/ Krautzberger, Baugesetzbuch, 154. EL April 2024, BauNVO § 4 Rdnr. 113b m. w. N.). Ob dieses Merkmal erfüllt wäre, ist jedenfalls nicht offensichtlich, weil die streitbefangenen Räumlichkeiten offenbar keinem unbegrenzten Personenkreis zur Verfügung gestellt werden, sondern die Einquartierung in den verfahrensgegenständlichen Räumlichkeiten vielmehr auf der Grundlage eines einzigen Mietvertrags stattfindet und es dabei im Ermessen des Mieters zu liegen scheint, wen er in den Räumlichkeiten unterbringt. Somit dürfte nur einem begrenzten Personenkreis der Zugang zu der Wohnung ermöglicht werden, der darüber hinaus im Einzelnen keinen Beherbergungsvertrag mit den Antragstellern abschließt.

Ein Ermessensfehler liegt auch nicht unter dem Gesichtspunkt des von den Antragstellern vorgetragenen systemwidrigen Vorgehens der Antragsgegnerin vor. Der sich aus Art. 3 GG ergebende Grundsatz des systemgerechten Vorgehens soll willkürliches Verhalten der Bauaufsichtsbehörde verhindern und besagt, dass gleichliegende Tatbestände, die bei gerechter Würdigung der Sachverhalte eindeutig eine gleichartige Behandlung erfordern, nicht ohne sachlich hinreichende Gründe unterschiedlich behandelt werden dürfen (OVG Schleswig, Beschluss v. 19.5.2020 – 1 LA 73/17 – n. v.). Vorliegend fehlt es jedoch an Anhaltspunkten dafür, dass hinsichtlich der von den Antragstellern erwähnten Anmietung zur »Unterbringung von Asylbewerbern und Flüchtlingen« Sachverhalte betroffen sind, die eine Gleichbehandlung im Hinblick auf die Nutzung der Antragsteller verlangen würden. Die pauschalen und nicht belegten Verweise auf »Angaben der Presseöffentlichkeit« lassen weder auf den konkreten Vorhabenstandort noch auf anderweitige Umstände seiner Realisierung schließen. Insofern bleibt schon völlig unklar, ob insoweit vergleichbare Sachverhalte vorliegen. Diese Annahme wird dadurch untermauert, dass der Gesetzgeber in § 246 BauGB Sonderregelungen für Flüchtlingsunterkünfte aufgestellt hat, die bei einem Vergleich der Zulässigkeit der jeweiligen Nutzungen berücksichtigt werden müssten. Beispielhaft bestimmt § 246 Abs. 11 Satz 1 BauGB:

Soweit in den Baugebieten nach den §§ 2 bis 8 der Baunutzungsverordnung (auch in Verbindung mit § 34 Absatz 2) Anlagen für soziale Zwecke als Ausnahme zugelassen werden können, gilt § 31 Absatz 1 mit der Maßgabe, dass Anlagen für soziale Zwecke, die der Unterbringung und weiteren Versorgung von Flüchtlingen und Asylbegehrenden dienen, dort bis zum Ablauf des 31.12.2027 in der Regel zugelassen werden sollen.

Selbst wenn im Gebiet der Antragsgegnerin eine Flüchtlingsunterkunft in einem reinen Wohngebiet betrieben würde, müsste die benannte Regelung beachtet werden. Allein dieser Umstand dürfte schon eine Vergleichbarkeit mit der streitbefangenen Nutzung ausschließen.

Auch die im Rahmen der Nutzungsuntersagung vorgenommene Störerauswahl der Antragsgegnerin ist unter Ermessensgesichtspunkten nicht zu beanstanden. Die Antragsteller sind als Zustands- und Handlungsstörer (zur Vermieterstellung der Antragsteller vgl. Bl. 12 Beiakte F) auch taugliche Adressatin der Anordnung (vgl. §§ 218 Abs. 1, 219 Abs. 1 LVwG).

Sind für einen baurechtswidrigen Zustand mehrere Personen verantwortlich, muss die Bauaufsichtsbehörde nach pflichtgemäßen Ermessen darüber entscheiden, gegen welche Person sie vorgehen will. Für die Auswahl unterer mehreren Störern gibt es keine Rangfolge (OVG Schleswig, Urteil v. 26.5.2021

– 1 LB 11/17 – juris, Rdnr. 56 m. w. N.). Im Rahmen der Ausübung des Ermessens bei der Auswahl des für die Umsetzung einer Ordnungsverfügung heranzuziehenden Zustands- oder Verhaltensstörers sind die Effektivität des Einschreitens, die Zumutbarkeit der Inanspruchnahme, das Verursacherprinzip und die wirtschaftliche Leistungsfähigkeit des Pflichtigen zu berücksichtigen. Einen Grundsatz, wonach stets der Verhaltensstörer vor dem Zustandsstörer in Anspruch zu nehmen sei, gibt es nicht (OVG Schleswig, Beschluss v. 8.12.2011 – 1 MB 27/11, juris Rdnr. 2; OVG Münster, Beschluss v. 19.4.2016 – 2 A 1778/15, juris Rdnr. 12). Allerdings kann die Heranziehung des Zustandsstörers unzumutbar sein. Hierbei dürfen auch zivilrechtliche Berechtigungen und Verpflichtungen nicht verkannt werden. Bei der baurechtswidrigen Nutzung einer Wohnung ist der unmittelbare Nutzer jedenfalls dann vorrangig in Anspruch zu nehmen, wenn die gegenwärtige Nutzung unterbunden werden soll und mit dem Vorgehen gegen ihn der baurechtswidrigen Nutzung dauerhaft begegnet werden kann. Die Inanspruchnahme des Eigentümers kommt in diesen Fällen in Betracht, wenn der Nutzer schwer zu fassen ist, weil er unbekannt ist oder die Nutzer ständig wechseln, die Nutzersituation also unübersichtlich ist (OVG Lüneburg, Beschluss v. 11.9.2015 – 1 ME 118/15, juris Rdnr. 10; OVG Münster, Beschluss v. 19.4.2016 – 2 A 1778/15, juris Rdnr. 14; OVG Hamburg, Beschluss v. 10.6.2005 – 2 Bs 144/05, juris Rdnr. 12).

Vorliegend ist zwar zu beachten, dass die Antragsteller nicht mit den einzelnen Nutzern des Gebäudeteils, die möglicherweise schnell wechseln, Mietverträge abgeschlossen haben. Vielmehr liegt es hier so, dass die »Einquartierung« der Personen in dem vermieteten Gebäudeteil in der Verantwortung des im Mietvertrag benannten Mieters liegen dürfte. Sollte dieser die konkrete Nutzung der Mieteinheit verantworten, würde er die Gefährdung der öffentlichen Sicherheit verursachen, da er derjenige wäre, der die Wohnung faktisch derart nutzt, dass sie nicht mehr den Wohnzweck erfüllt. Der Mietvertrag, aus dem sich der Name und zumindest ein Teil der Anschrift des Mieters ergibt, wurde zwar von den Antragstellern vorgelegt. Die Antragsgegnerin hat jedoch erfolglos versucht, sich an den Mieter zu halten, indem sie sowohl beim Einwohnermeldeamt die Adresse gemeldeter Personen ermittelte als auch versuchte, die in dem Mietvertrag angegebene Person ausfindig zu machen. Nachdem dies nicht möglich gewesen ist, war es aus Gründen der Effektivität der Gefahrenabwehr sachgerecht, die Antragsteller heranzuziehen.

An der sofortigen Vollziehung der nach einer summarischen Prüfung als rechtmäßig zu betrachtenden Nutzungsuntersagung besteht mit Blick auf die Ordnungsfunktion des formellen Baurechts auch ein besonderes öffentliches Interesse. Dieser Ordnungsfunktion ist bereits ein besonderes Gewicht beizumessen, da der gesetzestreue Bürger, der die Aufnahme einer genehmigungspflichtigen, aber bislang nicht genehmigten Nutzung nur auf der Grundlage einer vollziehbaren Baugenehmigung verwirklicht, andernfalls gegenüber dem – bewusst oder unbewusst – rechtswidrig Handelnden in bedenklicher, das Rechtsbewusstsein der Allgemeinheit erschütternder Weise bevorzugt werden würde (vgl. OVG Schleswig, Beschluss v. 29.8.2023 – 1 MB 27/03 – juris). Das Interesse der Antragsteller an der Fortsetzung der streitbefangenen Nutzung tritt dahinter zurück. Die sich aus der Nutzungsuntersagung ergebenden Folgen sind dem Betroffenen danach regelmäßig zuzumuten. Den Antragstellern bleibt es unbenommen, die verfahrensgegenständlichen Räumlichkeiten in dem genehmigten Umfang zu nutzen.

Das in Bezug auf die Zwangsgeldandrohung zu beurteilende vorläufige Rechtsschutzgesuch auf Anordnung der aufschiebenden Wirkung ist ebenfalls unbegründet. Die Zwangsgeldandrohung in Höhe von 1 000 € ist nicht zu beanstanden, §§ 235, 236, 237 LVwG. Rechtsbehelfe gegen den zu vollziehenden Grundverwaltungsakt haben aufgrund der Anordnung der sofortigen Vollziehung keine aufschiebende Wirkung, vgl. § 229 Abs. 1 Nr. 2 LVwG. Anhaltspunkte für die Fehlerhaftigkeit der Zwangsgeldandrohung liegen nicht vor und wurden von den Antragstellern auch nicht vorgetragen. Die angedrohte Höhe des Zwangsgeldes mit 1 000 € ist ebenfalls nicht zu beanstanden.

Die Androhung entspricht auch dem Bestimmtheitsgebot des § 108 Abs. 1 LVwG, insbesondere ist die den Antragstellern gesetzte Frist an ein Datum geknüpft, sodass sich trotz der im Widerspruchsbescheid vorgenommenen Modifikation der Zwangsgeldandrohung keine Unsicherheiten für die Antragsteller ergeben. Innerhalb der danach geltenden Frist kann den Antragstellern die Erfüllung ihrer Verpflichtung auch im Sinne von § 236 Abs. 2 Satz 1 LVwG billigerweise zugemutet werden. Dem steht nicht entgegen, dass der auf unbestimmte Zeit abgeschlossene Mietvertrag nur mit der Frist des § 573c Abs. 1 BGB ordentlich gekündigt werden kann, da die Einwirkung auf den Mieter dahingehend, dass dieser die Wohnung keinen Dritten mehr zur Verfügung stellen werde, keine Kündigung des Mietvertrags voraussetzt. Vielmehr ist im Mietvertrag festgelegt, dass die Überlassung der Mietsache an Dritte der Zustimmung der Vermieter bedarf (§ 9 Ziff. 2 des Mietvertrags), sodass die Antragsteller als Vermieter jedenfalls aus dem Mietvertrag einen Anspruch gegen den Mieter auf Nutzung der Mietsache in dem vertraglich zugebilligten Rahmen haben und eine diesbezüglich erteilte Zustimmung widerrufen könnten. Darüber hinaus ist zu berücksichtigen, dass den Antragstellern bereits in der Anhörung im Februar 2024 der Erlass einer entsprechenden Ordnungsverfügung in Aussicht gestellt wurde, sodass der Erlass der angegriffenen Bescheide die Antragsteller keinesfalls unvorbereitet traf. …

Nr. 104

Die Anzahl und Anordnung der Wohnungen in einem Gebäude gehört zu den Parametern, die den Genehmigungsgegenstand definieren. Die Anzahl der Wohnungen ist bauplanungsrechtlich relevant, schon weil sie – unabhängig davon, ob es einen Bebauungsplan gibt – generell Gegenstand von Festsetzungen nach § 9 Abs. 1 Nr. 6 BauGB sein kann.

Eine formell rechtswidrige Nutzung darf aus Gründen der Verhältnismäßigkeit regelmäßig dann nicht untersagt werden, wenn sie offensichtlich genehmigungsfähig bzw. bei verfahrensfreien Vorhaben offensichtlich zulässig ist.

Das Fehlen einer Baugenehmigung begründet auf der Tatbestandsebene die auf der Rechtsfolgenseite mit Ermessen versehene Befugnis des Antragsgegners bauaufsichtlich einzuschreiten.
(Leitsätze der Redaktion)

BauO SH § 33 Abs. 1, § 50, § 58 Abs. 2, § 59 Abs. 1, § 80 Satz 2.

Schleswig-Holsteinisches OVG, Beschluss v. 10. Dezember 2024 – 1 MB 20/24 –.

Aus den Gründen:

Die Beschwerde gegen den Beschluss des Verwaltungsgerichts vom 18.10.2024 ist unbegründet. Die zu ihrer Begründung dargelegten Gründe, die allein Gegenstand der Prüfung durch den Senat sind (§ 146 Abs. 4 Satz 6 VwGO), stellen das Ergebnis des angefochtenen Beschlusses nicht in Frage.

1. Die Voraussetzungen für den Erlass der sofort vollziehbaren Nutzungsuntersagungsverfügung liegen vor. Gemäß § 58 Abs. 2 LBO haben die Bauaufsichtsbehörden bei der Errichtung, Änderung, Nutzungsänderung und Beseitigung sowie bei der Nutzung und Instandhaltung von Anlagen darüber zu wachen, dass die öffentlich-rechtlichen Vorschriften eingehalten werden, soweit nicht andere Behörden zuständig sind. Sie können in Wahrnehmung dieser Aufgaben die erforderlichen Maßnahmen treffen. Werden Anlagen im Widerspruch zu öffentlich-rechtlichen Vorschriften genutzt, kann diese Nutzung gemäß § 80 Satz 2 LBO untersagt werden.

Insoweit rechtfertigt in aller Regel – wovon die erstinstanzliche Entscheidung unter Heranziehung der Rechtsprechung des Senats zutreffend ausgeht – bereits die sich aus dem Fehlen einer im Einzelfall notwendigen Baugenehmigung für die konkrete Nutzung einer baulichen Anlage ergebende formelle Illegalität den Erlass einer Nutzungsuntersagung. Da die Nutzungsuntersagung in erster Linie die Funktion hat, den Bauherrn auf das Genehmigungsverfahren zu verweisen, muss grundsätzlich nicht geprüft werden, ob das Vorhaben auch gegen materielles Recht verstößt. Allerdings darf eine formell rechtswidrige Nutzung aus Gründen der Verhältnismäßigkeit regelmäßig dann nicht untersagt werden, wenn sie offensichtlich genehmigungsfähig bzw. bei verfahrensfreien Vorhaben offensichtlich zulässig ist (st. Rspr. des Senats, vgl. Beschluss v. 24.8.2022 – 1 MB 9/22 –, S. 6 f. des Beschlussabdrucks, n. v.; Beschluss v. 16.1.2018 – 1 MB 22/17 –, juris Rdnr. 10; Beschluss v. 25.6.2020 – 1 MB 31/19 –, juris Rdnr. 16 m. w. N.) oder materiellen Bestandsschutz genießt (vgl. Beschluss des Senats vom 4.4.2011 – 1 LA 96/10 –, juris Rdnr. 8; Beschluss v. 17.7.2024 – 1 MB 15/24 –, juris Rdnr. 2 f.; Beschluss v. 11.11.2024 – 1 MB 19/24 –, juris Rdnr. 8).

Diese Voraussetzungen liegen bei summarischer Prüfung vor. Ausgangspunkt ist dabei, dass die Nutzungsuntersagung vom 29.8.2024 die Nutzung der betreffenden Wohnung nicht allein zu Ferienwohnzwecken, sondern insgesamt untersagt. Das ergibt sich einwandfrei aus dem insoweit maßgeblichen Tenor, auch wenn die Bescheidbegründung schwerpunktmäßig die Ferienwohnungsnutzung in Bezug nimmt.

a) Mit dem Verwaltungsgericht geht auch der Senat im Beschwerdeverfahren davon aus, dass die Nutzung der Wohnung insgesamt formell illegal erfolgt. In Bezug auf eine Ferienwohnungsnutzung ist dies offenkundig; auch die Antragstellerin hat zu keinem Zeitpunkt dargelegt, eine Baugenehmigung für die Nutzung als Ferienwohnung innezuhaben oder jemals innegehabt zu haben. In Bezug auf eine Wohnnutzung ergibt sich die formelle Illegalität daraus, dass die Baugenehmigung von 1989 ausweislich der – unbestrittenen – Darlegungen der Antragstellerin im Eilverfahren eine Nutzungsänderung des Werkstattanbaus in ein Wohngebäude umfasste (Az. BA-00166/89).

Entgegen dem Vorbringen der Antragstellerin im Beschwerdeverfahren umfasst diese Baugenehmigung aber nicht den Umbau und die Nutzung mit drei Wohnungen. Gemäß § 59 Abs. 1 LBO bedürfen die Errichtung, Änderung und Nutzungsänderung von Anlagen der Baugenehmigung, soweit in den §§ 60 bis 62, 76 und 77 LBO nichts anderes bestimmt ist. Eine solche Nutzungsänderung liegt hier nach Kenntnisstand im Eilverfahren vor. Dabei ist unter einer Änderung der Nutzung die spätere Änderung der genehmigten oder anderweitig zugelassenen Nutzungsart von Anlagen zu verstehen. Es ist die zuletzt zulässigerweise ausgeübte Nutzung der Anlage der neu beabsichtigten Nutzung gegenüberzustellen (Doming/Möller/Bebensee, Kommentar zu LBO, Stand: Januar 2023, § 63 Rdnr. 192).

Mit den baulichen Eingriffen, die mit der Aufteilung der ursprünglich genehmigten einen Wohneinheit in drei Wohneinheiten einhergegangen sind, liegt eine Nutzungsänderung vor. Die Anzahl und Anordnung der Wohnungen in einem Gebäude gehört zu den Parametern, die den Genehmigungsgegenstand definieren. Die Anzahl der Wohnungen ist bauplanungsrechtlich relevant, schon weil sie – unabhängig davon, dass es hier keinen Bebauungsplan gibt – generell Gegenstand von Festsetzungen nach § 9 Abs. 1 Nr. 6 BauGB sein kann (vgl. zur Änderung eines Dreifamilien- in ein Fünffamilienhaus: OVG NRW, Beschluss v. 23.11.2010 – 7 A 2535/09 –, juris Rdnr. 12).

Sie ist auch in vielerlei Hinsicht bauordnungsrechtlich erheblich (vgl. OVG Lüneburg, Beschluss v. 1.4.2022 – 1 ME 8/22 –, juris Rdnr. 6), etwa mit Blick auf den Kfz- und Fahrradstellplatz- und den Abstellraumbedarf (§§ 49, 48 LBO). In Gebäuden mit mehr als zwei Wohnungen müssen die Wohnungen mindestens eines Geschosses zudem barrierefrei erreichbar sein, § 50 Abs. 1 Satz 1 1. Halbsatz LBO. Gemäß § 33 Abs. 1 1. Halbsatz LBO müssen für Nutzungseinheiten, wie Wohnungen, in jedem Geschoss mit Aufenthaltsräumen mindestens zwei voneinander unabhängige Rettungswege ins Freie vorhanden sein. Danach stellt die Änderung der Anzahl und Anordnung der Wohnungen in einem Gebäude eine Modifizierung der Zweckbestimmung dar (Molodovsky/Famers/Waldmann, Bayerische Bauordnung, Stand: August 2014, Art. 57 Rdnr. 219a, juris).

Eine solche Nutzungsänderung ist vorliegend auch nicht genehmigungsfrei. Das wäre gemäß § 61 Abs. 2 Nr. 1 LBO nur dann der Fall, wenn für die neue Nutzung keine anderen öffentlich-rechtlichen Anforderungen als für die bisherige Nutzung in Betracht kommen, die im bauaufsichtlichen Verfahren zu prüfen sind. Das ist, wie ausgeführt, nicht der Fall.

b) Entgegen dem Beschwerdevorbringen erweist sich das Vorhaben auch nicht als offensichtlich genehmigungsfähig. Von der offensichtlichen Genehmigungsfähigkeit kann nämlich nur dann gesprochen werden, wenn die Bauaufsichtsbehörde ohne weitere Ermittlungen erkennen kann, dass die bauliche Anlage und ihre Nutzung dem öffentlichen Baurecht entsprechen. Es muss mit anderen Worten geradezu handgreiflich sein und keiner näheren Prüfung bedürfen, dass der vom Bauherrn gewünschte Zustand dem öffentlichen Baurecht vollständig entspricht (Beschluss des Senats vom 25.6.2020 – 1 MB 31/19 –, juris Rdnr. 24; Beschluss v. 23.3.2023 – 1 MB 18/22 –, juris Rdnr. 35). Das ist nach derzeitigem Kenntnisstand nicht der Fall. Der Anspruch auf Erteilung einer entsprechenden Baugenehmigung ist zwischen den Beteiligten streitig und Gegenstand des verwaltungsgerichtlichen Hauptsacheverfahrens 8 A 79/20. Im Rahmen dessen steht insbesondere in Streit, ob die eingetragene Baulast seinerzeit grundstücksbezogen und oder zweckbezogen erfolgt ist. Dies ist jedenfalls nicht offenkundig. Das ergibt sich nicht zuletzt auch daraus, dass im Eilverfahren insoweit diverse Beweisangebote erfolgt sind. Sollte sich im betreffenden Hauptsacheverfahren insoweit zudem herausstellen, dass die Eintragung einer erneuten Baulast tatsächlich erforderlich wäre, so stünde dies der Annahme einer Genehmigungsfähigkeit entgegen.

3. Ausreichende Anhaltspunkte für eine aktive Duldung seitens des Antragsgegners liegen im Eilverfahren ebenfalls nicht vor. Eine qualifizierte Duldung, die ein schutzwürdiges Vertrauen darauf rechtfertigen könnte, der illegale Zustand werde weiterhin hingenommen, würde ein Handeln der zuständigen Behörde voraussetzen (Beschluss des Senats vom 24.8.2023 – 1 MB 15/23 –, juris Rdnr. 40), das hier erkennbar nicht vorliegt.

4. Ermessensfehler sind nicht ausreichend dargelegt bzw. liegen nicht vor. Soweit geltend gemacht wird, es habe keine Abwägung stattgefunden, son-

Die Vorschrift begründet für den Regelfall auch hinsichtlich der durch die Nutzung verursachten Lärmimmissionen eine Vermutung der Nachbarverträglichkeit. Der Grundstücksnachbar hat deshalb die Errichtung notwendiger Garagen und Stellplätze für ein Bauvorhaben und die mit ihrem Betrieb üblicherweise verbundenen Immissionen der zu- und abfahrenden Kraftfahrzeuge des Anwohnerverkehrs grundsätzlich als sozialadäquat hinzunehmen. Vgl. BVerwG, Beschluss v. 20.3.2003 – 4 B 59/02 –, Rdnr. 6 ff., juris.

Diese Grundsätze sind auch auf den unbeplanten Innenbereich nach § 34 Abs. 1 BauGB (Gemengelage) übertragbar. Vgl. BVerwG, Urteil v. 16.9.2010 – 4 C 7/10 –, Rdnr. 18, juris; VG München, Beschluss v. 30.10.2023 – M 8 SN 23.4872 –, juris; Otto, in: BeckOK BauNVO, Spannowsky/Hornmann/Kämper (Hrsg.), 35. Ed., Stand: Oktober 2023, § 12 Rdnr. 8.

Die hier vorgesehenen dreizehn Stellplätze entsprechen dem Stellplatzbedarf nach der Stellplatzsatzung der Antragsgegnerin vom 30.6.2020.

Vorliegend sind auch keine besonderen Umstände erkennbar, die eine Ausnahme von dem Grundsatz der Sozialadäquanz notwendiger Stellplätze begründen könnten. Die Anzahl der Fahrzeugbewegungen wird sich wegen der überwiegenden Wohnnutzung nebst einer gewerblichen Nutzung (Büroeinheit ohne Kundenverkehr) sowohl tagsüber als auch nachts in überschaubaren Grenzen halten. Bei lediglich dreizehn Stellplätzen lässt sich – auch ohne Begutachtung – nur eine vergleichsweise geringe Nutzungsintensität feststellen. Nach den in der Parkplatzlärmstudie des Bayerischen Landesamtes für Umwelt (6. Auflage 2007) ermittelten durchschnittlichen Bewegungen je Stellplatz und Stunde (bezogen auf die maximale Belegung) für oberirdische Stellplätze von 0,22 tagsüber (6–22 Uhr) und 0,03 nachts (22–6 Uhr) (vgl. Parkplatzlärmstudie, S. 28 Tabelle 6) ist bei 13 Stellplätzen eine Häufigkeit von ca. 46 Bewegungen tagsüber und ca. 3 Bewegungen nachts zu erwarten.

Die Parkplatzlärmstudie gilt dabei als anerkannte Orientierungshilfe für die Beurteilung der von Parkplatzanlagen ausgehenden Lärmimmissionen. Vgl. OVG NRW, Urteil v. 1.3.2017 – 2 A 45/16 –, juris, Beschlüsse v. 16.11.2012 – 2 B 1095/12 –, juris, und vom 4.1.2007 – 7 B 2466/06 –, juris.

Vor diesem Hintergrund führen die Stellplätze nur zu bloßen Lästigkeiten, keinesfalls aber zu nicht tolerierbaren Zuständen. Es dürfte keine übermäßige Belastung der Anwohner hervorgerufen werden, zumal es sich lediglich um eine quantitative Zunahme der Nutzung des Innenhofs zum Abstellen von Fahrzeugen handelt. Insoweit besteht nämlich bereits eine entsprechende Vorprägung des rückwärtigen Grundstücksbereiches, vgl. hierzu OVG NRW, Urteil v. 26.4.2019 – 7 A 3284/17 –, Rdnr. 35, juris, und Beschluss v. 30.8.2013 – 7 B 252/13 –, Rdnr. 5, juris; OVG Sachsen-Anhalt, Beschluss v. 20.10.2020 – 2 M 71/20 –, Rdnr. 16, juris m. w. N., der zumindest schon von den Bewohnern des Grundstücks des Antragstellers selbst und des Nachbargrundstücks »x C. x« zur Nutzung von insgesamt acht vorhandenen Garagen befahren werden kann. Aus den der Kammer zur Verfügung stehenden Luftbildern ist zudem ersichtlich, dass auch auf dem Flurstück 143 des Beigeladenen die vorhandenen Stellplätze über die Jahre hinweg genutzt wurden.

Die Stellplätze und Fahrgassen dürften – bei summarischer Prüfung – auch ausreichend breit sein und – jedenfalls hinter der Toreinfahrt – einen Begegnungsverkehr zulassen. Von einer beengten Hoflage, die zu vermehrten Rangiervorgängen führt, kann hier wohl nicht die Rede sein. Vgl. zu einem ähnlich gelagerten Fall OVG Sachsen-Anhalt, Beschluss v. 20.10.2020 – 2 M 71/20 –, juris.

Eine ausnahmsweise unzumutbare Lärmbelastung ergibt sich auch nicht aus der Ausgestaltung der Garagen mit Duplex-Parkern bzw. als Doppelgaragen. Die als sozialadäquat hinzunehmenden Geräusche durch mit der genehmigten Nutzung verbundenen Fahrzeugverkehr beinhalten auch die für das Abstellen der Fahrzeuge regelmäßig vorgehaltenen technischen Einrichtungen. Die befürchteten Geräusche der technischen Einrichtungen lassen sich durch Wartung ausreichend minimieren. Vgl. VG München, Beschluss v. 20.4.2022 – M 8 SN 22.1605 –, Rdnr. 32, juris.

Zudem ist eine dreiseitige Einhausung der Garagen geplant (Überdachung und jeweils seitlich), sodass aufgrund der Ausrichtung der Garagen die Immissionen zum Grundstück des Antragstellers hin eher gering sein dürften. Drei der vier Duplex-Parker-Stellplätze werden zusätzlich durch einen ca. 3,50 m breiten Vorsprung des Daches noch weitergehend abgeschirmt.

Soweit der Antragsteller eine mangelnde verkehrliche Erschließung des Vorhabens rügt, führt dies ebenfalls nicht zu einer nachbarrechtsrelevanten Rechtswidrigkeit der streitgegenständlichen Baugenehmigung. Das Erfordernis der gesicherten Erschließung (vgl. § 34 Abs. 1 Satz 1 BauGB) dient grundsätzlich nur den öffentlichen Interessen und hat folglich keine nachbarschützende Funktion. Vgl. nur BayVGH, Beschlüsse v. 29.8.2014 – 15 CS 14.615 –, juris, sowie vom 6.2.2017 – 15 ZB 16.398 –, juris.

Etwas anderes gilt zugunsten des Nachbarn nur in eng begrenzten Ausnahmefällen, falls die fehlende Erschließung zu besonderen individuellen Beeinträchtigungen gerade dieses Grundstückeigentümers führen könnte. In Fällen, in denen das genehmigte Bauvorhaben eine unmittelbare, gegenständliche Inanspruchnahme des Nachbargrundstückes zur Folge hat, also quasi »enteignend« wirkt, kann Art. 14 GG beim Nachbarrechtsschutz im öffentlichen Baurecht von Bedeutung sein. So kann einem Nachbarn ein Abwehrrecht etwa dann zustehen, wenn eine rechtswidrige Baugenehmigung dadurch in sein durch Art. 14 Abs. 1 GG geschütztes Eigentumsrecht eingreift, dass sie in Folge des Fehlens der wegemäßigen Erschließung zur Begründung oder Ausweitung eines Notwegerechts nach § 917 Abs. 1 BGB am Grundstück des Nachbarn führt. Nach der Rechtsprechung des Bundesverwaltungsgerichts kann eine Grundstücksnutzung, die nach den Vorgaben des öffentlichen Rechts unzulässig ist, weil sie gegen öffentlich-rechtliche Vorschriften verstößt, ohne durch eine Baugenehmigung gedeckt zu sein, auch von der Privatrechtsordnung nicht als ordnungsgemäß im Sinne des § 917 Abs. 1 S. 1 BGB anerkannt werden. Da eine Baugenehmigung aber verbindlich feststellt, dass das Vorhaben mit dem öffentlichen Baurecht übereinstimmt, wirkt sie sich voraussetzungsgemäß gerade dann aus, wenn sie rechtswidrig ist. Auch in diesem Fall schneidet sie dem Nachbarn, der sich in einem etwaigen Zivilprozess gegen die Inanspruchnahme seines Grundstücks auf der Grundlage des § 917 Abs. 1 BGB zur Wehr setzt, den Vortrag ab, die Benutzung des Baugrundstücks sei schon deshalb nicht ordnungsgemäß, weil sie dem öffentlichen Baurecht widerspreche. Obwohl die Baugenehmigung unbeschadet privater Rechte Dritter erteilt wird (vgl. § 74 Abs. 4 der Bauordnung für das Land Nordrhein-Westfalen vom 21.7.2018 – BauO NRW 2018 –), löst sie in Richtung auf die Entstehung eines Notwegerechts gleichsam eine Automatik aus und hat insoweit Eingriffsqualität. Das hat zur Folge, dass der betroffene Nachbar unter Berufung auf Art. 14 Abs. 1 S. 1 GG erfolgreich gegen eine solche Baugenehmigung vorgehen kann. Vgl. BVerwG, Beschluss v. 11.5.1998 – 4 B 45/98 –, Rdnr. 8, juris m. w. N., OVG NRW, Urteil v. 30.10.2009 – 7 A 2548/08 –, Rdnr. 73, juris; BayVGH, Urteil v. 7.12.2010 – 14 B 09.2292 –, Rdnr. 17, juris.

Eine solche unzumutbare Inanspruchnahme des Grundstücks des Antragstellers steht vorliegend allerdings deshalb nicht in Rede, weil eine entsprechende Benutzung seines Grundstücks durch Eintragung entsprechender Baulasten gesichert ist.

Zulasten des im Eigentum des Antragstellers stehenden Flurstücks xxx und zugunsten des Vorhabengrundstücks (Flurstücke xxx bzw. xxx) sind Baulasten mit folgendem Inhalt eingetragen (vgl. Baulastenblatt von F., Baulastenblatt Nr. 4/37, lfd. Nr. 1 und 2):

1. »Verpflichtung, die Gebäudedurchfahrt und eine Teilfläche (s. Lageplan) als Geh- und Fahrweg zugunsten der Grundstücke L. Straße xxx und xxx nutzen zu lassen.«

2. »Verpflichtung, eine Teilfläche zur Größe von ca. 30 m^2 (s. Lageplan) als Fahrweg für Personenkraftwagen und als Gehweg zugunsten des Grundstücks L. Str. xxx nutzen zu lassen.«

Dass die beiden Baulasten jeweils nicht anlässlich des streitgegenständlichen Vorhabens eingetragen worden sind, ist unerheblich, weil sie gerade nicht rein vorhabenbezogen, sondern mangels weitergehender Konkretisierungen auf alle Vorhaben auf dem Vorhabengrundstück zu erstrecken sind. Zwar können Baulasten auch alleine der Sicherung konkreter Vorhaben dienen. Wird eine Baulast aus Anlass der Errichtung eines bestimmten Vorhabens übernommen, folgt daraus noch nicht, dass sie nur der Errichtung eben dieses Vorhabens dient und ihre Wirkung auf dieses beschränkt ist. Eine solche Einschränkung der Baulast auf die Sicherung eines konkreten Vorhabens setzt aber – nicht zuletzt auch mit Blick auf die weitreichenden Auswirkungen der Eintragung einer Baulast – voraus, dass das Vorhaben in der Baulasterklärung unmissverständlich und eindeutig so konkret bezeichnet wird, dass sich die Rechtswirkungen der Baulast hinreichend verlässlich eingrenzen lassen. Vgl. OVG NRW, Beschlüsse v. 11.12.2020 – 2 A 953/20 –, juris; vom 8.3.2018 – 10 A 2582/16 –, juris, vom 27.3.2005 – 10 B 1825/05 –, juris, und vom 17.9.2004 – 7 B 1494/04 –, juris, sowie Urteil v. 15.5.2008 – 7 A 1838/07 –, juris.

Gemessen an diesen Maßstäben ist vorliegend nichts Durchgreifendes dafür ersichtlich, dass die im Jahre 1965 bzw. 1970 vom Rechtsvorgänger des Antragstellers bewilligten Baulasten ausschließlich das jeweils zur Genehmigung gestellte Vorhaben gesichert haben. In den Baulasterklärungen wird kein Zusammenhang zu einem damals zur Genehmigung gestellten Vorhaben hergestellt. Zwar befinden sich in der anliegenden Flurkarte zu der Baulasterklärung vom 16.10.1970 Einzeichnungen zur Anzahl von Stellplätzen (»5 EP«). Darüber allein vermag aber noch lange kein Vorhabenbezug hergestellt zu werden. Denn die Flurkarte wird nach dem ausdrücklichen Baulasterklärungstext ausschließlich zur Darstellung des mit der Baulast betroffenen Grundstücksbereiches und zu keinem anderen Zweck in Bezug genommen. Zudem sind die Einzeichnungen so vage, dass ein genauer Bezug zu einem Vorhaben bereits inhaltlich gar nicht hergestellt werden kann. Die ausdrücklich erklärte Verpflichtung zielt nach Auslegung und Auffassung der Kammer lediglich darauf ab, einen Geh- und Fahrweg zugunsten des Vorhabengrundstücks über den bloßen Anlass der Eintragung hinaus stets und für jedes Vorhaben zu gewähren. Vor diesem Hintergrund führen die beiden Baulasten dazu, dass die Anforderungen an die gesicherte Erschließung (vgl. § 34 Abs. 1 Satz 1 BauGB) eingehalten werden. Nach den maßgeblichen grüngestempelten Bauzeichnungen wird entgegen der Ansicht des Antragstellers zudem nur die Fläche beansprucht, die durch die entsprechende Baulast gesichert ist.

Eine Rechtsverletzung des Antragstellers ergibt sich ebenfalls nicht aus einer fehlenden Regelung einer etwaigen Kostenbeteiligung bzw. Entschädigung wegen der mit der streitgegenständlichen Baugenehmigung zugelassenen Nutzung der Hoffläche des Grundstücks des Antragstellers. Denn nach § 74 Abs. 4 BauO NRW 2018 wird die Baugenehmigung unbeschadet der Rechte Dritter erteilt.

Soweit der Antragsteller ausführt, sein Grundstück werde im Zuge der Baumaßnahmen durch die Anlieferung und Lagerung von Baumaterialien über Gebühr beansprucht, ist dies für das vorliegende Verfahren nicht relevant. Die konkrete Art der Ausführung der Bautätigkeit ist nicht Regelungsgegenstand der Baugenehmigung. Einem subjektivem Fehlverhalten Einzelner ist insoweit nicht mit Mitteln des Baurechts, sondern regelmäßig mit Mitteln des Zivil-, Straf-, und Ordnungswidrigkeitenrechts zu begegnen. …

Nr. 106

Die Zulässigkeit eines Überbaus ist generell kein Gegenstand einer Baugenehmigung, weil diese Frage nicht die mit einer solchen Genehmigung allein festgestellte Einhaltung öffentlich-rechtlicher Vorschriften betrifft, sondern sich nach den zivilrechtlichen Vorschriften der §§ 912 ff. BGB richtet.
(Leitsatz der Redaktion)

BauO LSA § 6; BGB § 912.

OVG Sachsen-Anhalt, Beschluss v. 15. Januar 2024 – 2 M 120/23 –.

Aus den Gründen:

I. Die Antragstellerin ist Eigentümerin des mit einem mehrgeschossigen Wohngebäude bebauten Eckgrundstücks mit den Straßenbezeichnungen Sch-Straße ... und G-Straße ... in M-Stadt. Die Beigeladene ist Eigentümerin des südlich angrenzenden Grundstücks SchStraße ..., das ebenfalls mit einem mehrgeschossigen Wohngebäude und einem Seitengebäude im rückwärtigen Grundstücksbereich bebaut ist. Die Gebäude sind in geschlossener Bauweise errichtet. Das Seitengebäude der Beigeladenen ragt grenzständig über das Hauptgebäude der Antragstellerin hinaus.

Mit Bescheid vom 22.11.2018 erteilte die Antragsgegnerin der Beigeladenen auf deren Antrag eine Baugenehmigung für die Sanierung ihres Gebäudes. Nach den genehmigten Bauvorlagen soll in dem Seitengebäude das Dachgeschoss ausgebaut werden und an seiner grenzständigen Außenwand mit einer Wärmedämmung verkleidet werden. Die Einbringung eines Ringankers und entsprechende Erhöhung des Gebäudes ist nach den vorgelegten Verwaltungsvorgängen nicht Gegenstand der Baugenehmigung.

Die Antragstellerin erhob gegen diese Baugenehmigung Widerspruch und hat beim Verwaltungsgericht Magdeburg um einstweiligen Rechtsschutz nachgesucht. Das Verwaltungsgericht hat den Eilantrag mit Beschluss v. 29.9.2023 abgelehnt.

II. Die hiergegen erhobene Beschwerde der Antragstellerin ist nicht begründet. Die dargelegten Gründe, auf deren Prüfung der Senat gemäß § 146 Abs. 4 Satz 6 VwGO beschränkt ist, rechtfertigen die Änderung der erstinstanzlichen Entscheidung nicht.

Die Antragstellerin kann nicht mit ihrem Einwand gehört werden, das Vorhaben verstoße gegen Bestimmungen des Nachbarschaftsgesetzes (NbG LSA). Auf einen solchen Verstoß kommt es in einem öffentlich-rechtlichen Nachbarstreit – wie hier – nicht an. Gegenstand der Prüfung ist in einem solchen Streit allein die Frage, ob das Bauvorhaben gegen nachbarschützende öffentlich-rechtliche Vorschriften verstößt. Dazu zählen die Vorschriften des NbG LSA nicht. Nach der Rechtsprechung des Senats (Beschluss v. 3.2.2015 – 2 M 152/14 –, juris Rdnr. 18) betrifft das NbG LSA nur das privatrechtliche nachbarschaftliche Verhältnis und nicht die öffentlich-rechtliche Zulässigkeit von baulichen Anlagen. Darauf hat die Vorinstanz in dem angefochtenen Beschluss zurecht hingewiesen (Beschlussabschrift, S. 6). Weshalb sich aus dem von der Antragstellerin in diesem Zusammenhang zitierten Urteil des Bundesverwaltungsgerichts vom 26.3.1976 (IV C 7.74 – juris) etwas Anderes ergeben soll, hat diese nicht begründet und ist für den Senat auch nicht ersichtlich.

Dem Verwaltungsgericht ist auch darin beizupflichten, dass eine Dacherhöhung des Seitengebäudes nicht gegen die Abstandsbestimmungen des § 6 BauO LSA verstieße. Eine Abstandsfläche muss bei der hier bestehenden geschlossenen Bauweise in Anwendung des § 6 Abs. 1 Satz 2 BauO LSA nicht eingehalten werden. Die offenbar geplante Erhöhung des Daches um 25 cm würde an diesem Fehlen einer Pflicht zur Einhaltung einer Abstandsfläche nichts ändern. Die Erhöhung ließe auch nicht die gebotene Rücksicht gegenüber der Antragstellerin vermissen, weil sie angesichts ihres geringen Umfangs nur mit einer entsprechend geringen zusätzlichen Verschattung des Grundstücks der Antragstellerin einherginge.

Die angefochtene Baugenehmigung verletzt die Antragstellerin auch dann nicht in ihren Rechten, wenn die geplante Wärmedämmung des grenzständigen Seitengebäudes in ihren Grundstücksbereich hineinragt. Hierbei kann dahinstehen, ob die Wärmedämmung angesichts des Umstands, dass sie in den Bauvorlagen eingezeichnet ist, von der Baugenehmigung umfasst wird oder dies deshalb nicht der Fall ist, weil Außenwandverkleidungen an Gebäuden, die – wie das der Beigeladenen – keine Hochhäuser sind, gemäß § 60 Abs. 1 Nr. 11 d) BauO LSA einer Genehmigungspflicht nicht unterliegen. Teil der Baugenehmigung kann die Dämmung nur als solche, das heißt in ihrer Eigenschaft als bauliche Ausgestaltung des Vorhabens, aber nicht in Bezug auf die Frage sein, ob der durch sie möglicherweise verursachte Überbau rechtlich zulässig ist. Die Zulässigkeit eines Überbaus ist generell kein Gegenstand einer Baugenehmigung, weil diese Frage nicht die mit einer solchen Genehmigung allein festgestellte Einhaltung öffentlich-rechtlicher Vorschriften betrifft, sondern sich nach den zivilrechtlichen Vorschriften der §§ 912 ff. BGB richtet (vgl. Beschluss des Senats vom 19.10.2012 - 2 L 149/11 - juris Rdnr. 26 mit weiteren Nachweisen). ...

Nr. 107

In Verfahren des vorläufigen Rechtsschutzes nach § 80 Abs. 5 Satz 1 VwGO entscheidet das Gericht auf der Grundlage einer eigenen Abwägung der widerstreitenden Vollzugs- und Suspensivinteressen.

Wesentliches Element dieser Interessenabwägung ist die Beurteilung der Erfolgsaussichten des Rechtsbehelfs in der Hauptsache, die dem Charakter

des Eilverfahrens entsprechend nur aufgrund einer summarischen Prüfung der Sach- und Rechtslage erfolgen kann.
(Leitsätze der Redaktion)

VwGO § 80 Abs. 5 Satz 1.

OVG Nordrhein-Westfalen, Beschluss vom 30. Januar 2024 – 7 B 686/23 –.

Aus den Gründen:

Die zulässige Beschwerde hat keinen Erfolg.

Die Beschwerde rechtfertigt keine Änderung des angegriffenen Beschlusses, mit dem es das Verwaltungsgericht abgelehnt hat, die aufschiebende Wirkung der Klage 4 K 1521/23 gegen die der Beigeladenen erteilte Baugenehmigung der Antragsgegnerin vom 28.3.2023 zur Nutzungsänderung einer Lagerhalle in Holzhandel und Holzbearbeitung anzuordnen.

In Verfahren des vorläufigen Rechtsschutzes nach § 80 Abs. 5 Satz 1 VwGO entscheidet das Gericht auf der Grundlage einer eigenen Abwägung der widerstreitenden Vollzugs- und Suspensivinteressen. Wesentliches Element dieser Interessenabwägung ist die Beurteilung der Erfolgsaussichten des Rechtsbehelfs in der Hauptsache, die dem Charakter des Eilverfahrens entsprechend nur aufgrund einer summarischen Prüfung der Sach- und Rechtslage erfolgen kann. Ist es nicht möglich, die Erfolgsaussichten des Rechtsbehelfs in der Hauptsache wenigstens summarisch zu beurteilen, so sind allein die einander gegenüberstehenden Interessen unter Berücksichtigung der mit der Anordnung oder Wiederherstellung der aufschiebenden Wirkung einerseits und deren Ablehnung andererseits verbundenen Folgen zu gewichten. BVerwG, Beschluss v. 22.3.2010 – 7 VR 1.10 –, juris.

Nach Maßgabe dieser Grundsätze hat das Verwaltungsgericht den Antrag auf Gewährung vorläufigen Rechtsschutzes im Ergebnis zu Recht abgelehnt.

Die Beschwerdebegründung zeigt nicht auf, dass das Verwaltungsgericht zu Unrecht angenommen hätte, es sei nicht offenkundig, dass die der Beigeladenen erteilte Baugenehmigung vom 28.3.2023 betreffend die Nutzungsänderung einer Lagerhalle in Holzhandel und Holzbearbeitung die Antragstellerin in ihren Rechten verletze.

Die Antragstellerin legt nicht dar, dass sie dem genehmigten Vorhaben anders als vom Verwaltungsgericht angenommen offenkundig einen Gebietsgewährleistungsanspruch entgegenhalten könnte, weil die nähere Umgebung ihres Grundstückes eindeutig einem allgemeinen Wohngebiet entspräche. Insoweit bedarf im Hauptsacheverfahren schon der Überprüfung, ob das Grundstück der Antragstellerin überhaupt innerhalb eines im Zusammenhang bebauten Ortsteils liegt, oder ob es nicht dem Außenbereich zuzurechnen ist, so dass ein Gebietsgewährleistungsanspruch von vornherein nicht in Betracht käme. Selbst wenn das Grundstück der Antragstellerin Teil des Bebauungszusammenhangs wäre, rechtfertigte auch dies nicht zwangsläufig einen Gebietsgewährleistungsanspruch zu ihren Gunsten. Dass es sich bei dem Vorhaben nicht um einen atypischen Betrieb handelt, hat die Antragstellerin mit dem Beschwerdevorbringen nicht hinreichend dargelegt. Auch diese Frage wäre im Hauptsacheverfahren zu prüfen.

Auch eine Verletzung des Gebots der Rücksichtnahme erscheint nach dem Beschwerdevorbringen jedenfalls nicht als offenkundig.

Dies gilt zunächst hinsichtlich der von dem Vorhaben auf das Grundstück der Antragstellerin einwirkenden Lärmimmissionen. Das Verwaltungsgericht hat dazu ausgeführt, es liege bereits nicht auf der Hand, dass die Antragsgegnerin zu Unrecht für den allein vorgesehenen Tagbetrieb einen Immissionsrichtwert von 60 dB(A) festgesetzt habe. Soweit die Antragstellerin geltend macht, sie habe vielmehr einen Rechtsanspruch auf Beibehaltung ihrer Wohnruhe in einem faktischen Wohngebiet, verkennt sie die jedenfalls bestehende Außenbereichsrandlage ihres Grundstücks, die zu einer Zwischenwertbildung führen kann. Vgl. OVG NRW, Urteil v. 4.5.2016 – 7 A 615/14 –, juris, Rdnr. 53 ff., m. w. N.

Ihre Einwendung, das Schallgutachten sei schon deshalb unbrauchbar, weil es das benachbarte »Sägewerk« nicht kumulierend berücksichtigt habe, führt zu keinem anderen Ergebnis. In ihrer ergänzenden Stellungnahme vom 16.8.2023 führt die Draeger Akustik aus, dass der Beurteilungspegel der benachbarten Nutzung »Lagerhalle für Holz mit temporär genutzter Bandsäge als Nebenstandort einer Tischlerei« am Grundstück der Antragstellerin 52 dB(A) betrage. Die Zusatzbelastung des streitgegenständlichen Vorhabens betrage 42 dB(A), so dass sie bei einer summarischen Betrachtung beider Anlagen nicht relevant pegelerhöhend wirke. Die Unrichtigkeit dieser Einschätzung hat die Antragstellerin nicht dargelegt und ist auch nicht erkennbar. Soweit die Antragstellerin geltend macht, nach den Bauantragsunterlagen dränge sich die Vermutung auf, dass der Betreiber eine Hobelmaschine zu nutzen beabsichtige, laut des Bauantrags sollten Holzbohlen eingelagert, grob geschliffen und gehobelt werden, führt dies zu keinem anderen Ergebnis. Das Verwaltungsgericht hat dazu ausgeführt, der Einsatz einer Hobelmaschine sei nicht von der Baugenehmigung umfasst und damit illegal. Zudem führe der (illegale) Einsatz der Hobelmaschine keineswegs zwangsläufig zu einer Richtwertüberschreitung. Der maßgebliche Immissionsrichtwert von 60 dB(A) werde nach der schalltechnischen Untersuchung um 18 dB(A) unterschritten. Selbst eine Lärmverdoppelung führe faustformelhaft (nur) zu einer Steigerung des Beurteilungspegels um 3 dB(A). Der Unrichtigkeit dieser Beurteilung hat die Antragstellerin nicht dargelegt.

Das weitere Vorbringen der Antragstellerin zur unzulässigen »Salamitaktik«, einer »maßgeschneiderten Baugenehmigung«, der Unbestimmtheit der Baugenehmigung, einem »Etikettenschwindel« und der fehlenden Isolierung der Decke und des Tores rechtfertigt nach obigen Ausführungen ebenfalls nicht die Annahme eines offensichtlichen Rechtsverstoßes zu ihren Lasten.

Die Antragstellerin hat auch nicht aufgezeigt, dass die angesichts der offenen

Erfolgsaussichten maßgebliche folgenorientierte Interessenabwägung anders als vom Verwaltungsgericht angenommen zu ihren Gunsten hätte ausfallen müssen. Diese Interessenabwägung orientiert sich an der grundsätzlichen Wertung des Gesetzgebers, die in § 212a Abs. 1 BauGB zum Ausdruck kommt. Danach hat die Anfechtungsklage eines Dritten gegen die bauaufsichtliche Zulassung eines Vorhabens keine aufschiebende Wirkung. Gründe, die vorliegend eine gegenteilige Annahme rechtfertigten, hat die Antragstellerin nicht dargelegt und sind auch ansonsten nicht ersichtlich. Hinsichtlich der von der Antragstellerin geltend gemachten Lärmimmissionen ist festzustellen, dass nach den vorliegenden schalltechnischen Stellungnahmen vom 3.3.2023 und vom 16.8.2023 das streitgegenständliche Vorhaben (selbst) die Immissionsrichtwerte für ein allgemeines Wohngebiet deutlich unterschreitet. Dies rechtfertigt die Beurteilung, dass die Antragstellerin die Lärmbelastung ihres Grundstücks durch das streitige Vorhaben bis zur Entscheidung im Hauptsacheverfahren im Hinblick auf § 212a Abs. 1 BauGB zumutbar ist, auch unter Berücksichtigung der weiteren Lärmbelastungen durch die benachbarte »Lagerhalle für Holz mit temporär genutzter Bandsäge als Nebenstandort einer Tischlerei«. …

Nr. 108

Inhalt und Umfang des Anspruchs aus § 1004 BGB im Einzelnen ergeben sich bei derartigen Beeinträchtigungen aus der gesetzlichen Regelung des Nachbarrechts, das durch einen Ausgleich der einander widerstreitenden Interessen der Nachbarn gekennzeichnet ist und sich nicht nur als Bundesrecht im Bürgerlichen Gesetzbuch befindet (§§ 906 ff. BGB), sondern auch in den die allgemeinen nachbarrechtlichen Bestimmungen ändernden und ergänzenden Vorschriften des Bundesrechts (z. B. § 37 WHG) sowie in den Vorschriften des Landesrechts enthalten ist, die nach Art. 1 Abs. 2 und Art. 124 Satz 1 EGBGB dem Landesgesetzgeber vorbehalten sind.
(Leitsatz der Redaktion)

BGB § 909, § 1004 Abs. 1; NachbG NRW § 27 Abs. 1; WHG § 37.

LG Ellwangen, Urteil v. 28. Februar 2024 – 1 S 78/23 –.

Aus den Gründen:

I. Die Parteien streiten über zu treffende Sicherungsmaßnahmen, um einen vorgeblichen Wasserübertritt durch und über eine Grenzmauer sowie darüber, deren vorgebliche Schädigung zu unterbinden. …

II. Beide Berufungen sind zulässig. Die Berufung der Beklagten ist auch begründet und führt zur Aufhebung des amtsgerichtlichen Urteils, soweit eine Verurteilung erfolgte. Die Berufung des Klägers ist unbegründet.

1.) Der Kläger hat gegen die Beklagten aus keinem Rechtsgrund, insbesondere nicht aus § 1004 Abs. 1 BGB i. V. m. § 1 NRG BW, Anspruch auf Ergreifung geeigneter Maßnahmen, um eine »Überflutung« des Grenzbereichs zum Grundstück des Klägers mit abfließendem Oberflächenwasser zu verhindern.

Überflutung ist laut Duden ein Synonym für Hochwasser und Überschwemmung. Gemeint ist damit ein Zustand, bei dem eine normalerweise trocken liegende Fläche vollständig mit Wasser bedeckt wird.

Eine derartige Überflutung im Falle von Regenereignissen konnte von den Sachverständigen W. und Dr. D. nicht festgestellt werden. Deshalb hätte eine entsprechende Verurteilung wegen »Überflutung« nicht erfolgen dürfen.

In dem von keiner Partei diesbezüglich angegriffenen Gutachten W. heißt es auf Seiten 19 und 20: »Auf der dem Kläger zugewandten Seite der U-Steinmauer wurden vorort Wasserspuren festgestellt, die im unteren Teil durch die Fugen der lose aufeinander geschichteten U-Steine hindurchgetreten sind [...]. Es ist davon auszugehen, dass es sich hierbei um bereits versickertes Niederschlagswasser handelt, dass sich auf diesem Bodenhorizont aufstaut (Sickerwasserraum) und im Boden fließt. Es bewegt sich demnach auf dem Urgelände in Richtung des natürlichen Geländes in Richtung Südosten und in Richtung der U-Steinmauer [...] Für die Situation zwischen der Aufstellfläche des Geräteschuppens und der Oberkante der U-Steinmauer bedeutet dies, dass mehr Wasser, der U-Steinmauer schneller zufließt. Bei größeren Niederschlagsereignissen kann dies bei Wassersättigung des Erdbodens, zu einem verstärkten Oberflächenabfluss führen, der die Krone der U-Steinmauer überfließt, und auf die Terrasse des Klägers gelangt.« Im Übrigen verweist das Sachverständigengutachten W. (vgl. Seite 15 seines Gutachtens) auf das Gutachten des Sachverständigen Dr. D.

Letztgenannter Sachverständiger hat mit seinen beiden Sickerversuchen (vgl. Seite 10 seines Gutachtens) lediglich festgestellt, »dass der Oberboden sehr gut sickerfähig ist. Die darunter stehenden Auffüllungen sind demgegenüber geringer wasserdurchlässig. Der unter den Auffüllungen anstehende Verwitterungslehm ist als sehr gering wasserdurchlässig einzustufen. Nach Passage von Sickerwasser durch den Oberboden und die Auffüllungen kann sich auf der Oberfläche des Verwitterlehms ein Sickerwasserraum bilden. Dieser würde unter anderem in Richtung Betonsteinmauer entwässern können.« (Seite 14 seines Gutachtens).

2.) Der Kläger hat gegen die Beklagten auch hilfsweise (als Minus zur Überflutung) aus keinem Rechtsgrund, insbesondere nicht aus § 1004 Abs. 1 BGB i. V. m. § 1 NRG BW, Anspruch auf Ergreifung geeigneter Maßnahmen, um zusätzlichen Wasserübertritt infolge von Versiegelung, Verdichtung und Aufschüttung auf dem Beklagtengrundstück zu verhindern.

a) Der Kläger hat gegen die Beklagten keinen Anspruch auf Ergreifung geeigneter Maßnahmen, um zusätzlichen Wasserübertritt infolge von Versiegelung auf dem Beklagtengrundstück zu verhindern.

Zu Recht ging das Amtsgericht davon aus, dass dem Kläger der Beweis, dass eine Versiegelung auf dem Grundstück der Beklagten zu einer nicht unerheblichen Mehrwasserbelastung auf sein Grundstück führt, nicht gelungen ist.

Ausweislich des von den Parteien diesbezüglich nicht angegriffenen Sachverständigengutachtens W. ist der von den Beklagten errichtete Geräteschuppen ordnungsgemäß an die Kanalisation angeschlossen (Bl. 157 der amtsgerichtlichen Akte), sodass dessen Dachfläche von der versiegelten Gesamtfläche auf dem Grundstück der Beklagten abzuziehen ist.

Offenbleiben kann, was beklagtenseits erst zweitinstanzlich bezweifelt wurde, ob der Sachverständige die von den Beklagten zusätzlich versiegelte Fläche korrekt auf insgesamt 3,5 m^2 berechnet hat, da selbst im Falle der Richtigkeit dieser Berechnung nicht bewiesen wäre, dass dies ursächlich für eine Mehrwasserbelastung auf das klägerische Grundstück ist. Wenn sich nämlich Niederschläge in einem üblichen Rahmen halten, muss dies nach den unangegriffenen Ausführungen des Sachverständigen W. (vgl. Seite 11 seines Gutachtens) nicht zu einer kritischen Veränderung des Abflussverhaltens führen. Bei starken Regenfällen, die in kurzer Zeit niedergehen, kann die zusätzliche Versiegelung zu einer früheren Wassersättigung des Bodens führen, sodass ab diesem Zeitpunkt kein weiteres Wasser aufgenommen werden kann. In diesem Fall würde das Wasser oberflächlich abfließen. Ein kritisches Abflussverhalten in Richtung der Grenzmauer des Klägers wurde vom Sachverständigen W. aber auch in diesem Fall nicht behauptet, zumal der vom Wasser genommene Weg des geringsten Widerstands längs der Grenzmauer entlangführt (Seite 19 seines Gutachtens).

b) Der Kläger hat gegen die Beklagten keinen Anspruch auf Ergreifung geeigneter Maßnahmen, um zusätzlichen Wasserübertritt infolge von Verdichtung auf dem Beklagtengrundstück zu verhindern.

Zutreffend ging das Amtsgericht davon aus, dass dem Kläger der Beweis, dass eine Verdichtung auf dem Grundstück der Beklagten zu einer nicht unerheblichen Mehrwasserbelastung auf sein Grundstück führt, nicht gelungen ist.

Zwar geht der Sachverständige W. in seinem Gutachten davon aus, dass unter der Fläche des von den Beklagten errichteten Geräteschuppens Verdichtungsarbeiten stattgefunden haben müssen, da andernfalls ein baufachlicher Fehler vorliegen würde, der mittlerweile durch deutliche Setzungsspuren im Bodenbelag sichtbar wäre (vgl. Seite 17 seines Gutachtens).

Ein Ursachenzusammenhang zwischen dieser Verdichtung und der vorgeblichen Mehrwasserbelastung wurde jedoch vom Sachverständigen W. nicht festgestellt (vgl. Seiten 19 und 20 seines Gutachtens).

c) Der Kläger hat gegen die Beklagten keinen Anspruch auf Ergreifung geeigneter Maßnahmen, um zusätzlichen Wasserübertritt infolge von »Aufschüttungen« auf dem Beklagtengrundstück zu verhindern.

Zu unterscheiden sind ausweislich der Sachverständigengutachten W. und Dr. D. zwei Auffüllungen im Gartenbereich der Beklagten an der Grenze zum klägerischen Grundstück, nämlich die Erhöhung infolge der Errichtung des Geräteschuppens durch die Beklagten (dazu unter aa.) sowie an anderer Stelle die Überdeckung des wasserundurchlässigen Urgeländes um 0,7–0,9 m (dazu unter bb.).

aa) Richtigerweise ging das Amtsgericht davon aus, dass dem Kläger der Beweis, dass die Erhöhung infolge der Errichtung des Geräteschuppens um ca. 28 cm zu einer nicht unerheblichen Mehrwasserbelastung auf sein Grundstück und damit zu einer Belästigung des Klägers im Sinne von § 1 NRG BW führt, nicht gelungen ist.

Ausweislich des Sachverständigengutachtens W. hat diese Erhöhung zwar dazu geführt, dass die Erdböschung im Bereich zwischen der Aufstellfläche des Geräteschuppens und der klägerischen Grenzmauer etwas steiler geworden ist. Dies soll aber nur bei größeren Niederschlagsereignissen und zugleich Wassersättigung des Erdbodens zu einem verstärkten Oberflächenabfluss über die Krone der Grenzmauer an dieser Stelle führen können (Seite 20 seines Gutachtens). Wasserspuren wurden auf der Krone der Grenzmauer jedoch an dieser Stelle weder vom Sachverständigen W. noch vom Sachverständigen Dr. D. festgestellt, sodass nicht von einer nicht unerheblichen Mehrwasserbelastung und damit auch nicht von einer Belästigung des Klägers im Sinne von § 1 NRG BW auszugehen ist. Dies zumal, da die Krone der Grenzmauer ausweislich der Lichtbilder 3 und 4 aus dem Gutachten des Sachverständigen Dr. D. die Erdoberfläche auf dem Grundstück der Beklagten (ohne die Sträucher) deutlich überragt.

bb) Zu Unrecht hat das Amtsgericht jedoch einen Anspruch aus § 1004 Abs. 1 BGB i. V. m. § 1 NRG BW für die Mehrwasserbelastung infolge der grenznahen Auffüllung auf dem Urgelände auf dem Beklagtengrundstück bejaht.

Zwar hat der Sachverständige Dr. D. im Zuge seiner beiden Rammkernsondierungen auf dem Grundstück der Beklagten festgestellt, dass sich zwischen dem Mutterboden und dem Urgelände eine nicht speziell verdichtete Auffüllung in Höhe von 0,7 bis 0,9 m befindet (vgl. den Querschnitt des Bohrkerns unter Anlage 2.1 des Gutachtens Dr. D.). Nach Passage dieser Auffüllung würde sich nach oben zitierter Ansicht der Sachverständigen W. und Dr. D., die durch die beiden Sickerversuche belegt ist, oberhalb des wasserundurchlässigen Urgeländes aus Verwitterungslehm ein Sickerwasserraum bilden, der aufgrund der durch die Auffüllung bedingten Verlangsamung der Fließgeschwindigkeit nicht nur entlang des natürlichen Gefälles (und damit im Wesentlichen längs der klägerischen Grenzmauer), sondern auch in Richtung der Grenzmauer entwässern würde (vgl. erneut Seite 19 des Gutachtens W. und Seite 14 des Gutachtens Dr. D.). Das Sickerwasser aus dem Sickerwasserraum würde nach den Feststellungen des Sachverständigen W. dann durch die Fugen der lose aufeinander geschichteten U-Steine des Klägers hindurchtreten. Weder der Sachverständige W. noch der Sachverständige

Dr. D. konnten jedoch eine Aussage dazu treffen, wann diese Überdeckung stattgefunden hat.

(1) Ein Abwehranspruch aus § 1004 Abs. 1 BGB i. V. m. § 1 NRG BW hätte bei dieser Sachlage vom Amtsgericht verneint werden müssen.

Der Eigentümer eines Grundstücks kann sich grundsätzlich gegen die von einem Nachbargrundstück ausgehenden Einwirkungen, die sein Eigentum beeinträchtigen, zur Wehr setzen. Inhalt und Umfang des Anspruchs aus § 1004 BGB im Einzelnen ergeben sich bei derartigen Beeinträchtigungen aus der gesetzlichen Regelung des Nachbarrechts, das durch einen Ausgleich der einander widerstreitenden Interessen der Nachbarn gekennzeichnet ist und sich nicht nur als Bundesrecht im Bürgerlichen Gesetzbuch befindet (§§ 906 ff. BGB), sondern auch in den die allgemeinen nachbarrechtlichen Bestimmungen ändernden und ergänzenden Vorschriften des Bundesrechts (z. B. § 37 WHG) sowie in den Vorschriften des Landesrechts enthalten ist, die nach Art. 1 Abs. 2 und Art. 124 S. 1 EGBGB dem Landesgesetzgeber vorbehalten sind. Nur in dem hiernach gegebenen Rahmen kann der Eigentümer Beeinträchtigungen abwehren (BGH, Urteil v. 12.6.2015 – V ZR 168/14, NJW-RR 2016, 24 Rdnr. 7).

Inwieweit der Kläger den Zufluss vermehrten Sickerwassers auf sein Grundstück verhindern kann, richtet sich folglich nach § 1 NRG BW.

Hiernach hat der Eigentümer eines Gebäudes das von seinem Gebäude abfließende Niederschlagswasser sowie Abwasser und andere Flüssigkeiten aus seinem Gebäude auf das eigene Grundstück so abzuleiten, dass der Nachbar nicht belästigt wird.

Unter »Ableiten« ist nach der Rechtsprechung des Bundesgerichtshofs sowohl das ober- als auch das unterirdische gezielte oder unbewusste Ableiten zu verstehen (BGH, a. a. O., Rdnr. 25 zu § 37 Abs. 1 LNRG).

Vom »Ableiten« des Niederschlagswassers ist im Nachbarrecht das »Übertreten« von Niederschlagswasser zu unterscheiden, vgl. § 27 Abs. 1 NachbG NRW, § 37 Abs. 1 ThürNRG und § 37 Abs. 1 LNRG. Unter diesen weiteren Begriff subsumiert der Bundesgerichtshof insbesondere den Fall, dass Niederschlagswasser auf das Grundstück auftrifft, einsickert und aufgrund einer baulichen Anlage des Störers seinen Weg in Richtung des Nachbargrundstücks nimmt (vgl. BGH, a. a. O., Rdnr. 18 ff.).

Einen Abwehranspruch auch im Falle des Übertritts von Sickerwasser sieht der im Vergleich zu den Parallelvorschriften in den Nachbarrechtsgesetzen anderer Bundesländer in mehrfacher Hinsicht enger gefasste § 1 NRG BW allerdings nicht vor (vgl. Bruns/ders., Nachbarrechtsgesetz Baden-Württemberg, 5. Aufl. 2021, NRG BW § 1 Rdnr. 13).

Dementsprechend ist der vorliegende Fall, dass Niederschlagswasser auf das Grundstück der Beklagten auftrifft, durch den Mutterboden in die von den Sachverständigen festgestellte wasserdurchlässige Auffüllung einsickert, hierdurch verlangsamt wird und deshalb seinen Weg nicht nur im Wesentlichen hangabwärts, sondern auch seitlich in Richtung des mittleren und oberen Teils der klägerischen Grenzmauer nimmt, nicht von § 1 NRG BW erfasst, vgl. exemplarisch erneut die weiter gefassten § 27 Abs. 1 NachbG NRW, § 37 Abs. 1 ThürNRG und § 37 Abs. 1 LNRG.

(2) Nach ständiger Rechtsprechung des Oberlandesgerichts Karlsruhe soll § 1 NRG BW aber nach seinem Sinn und Zweck auf alle baulichen Anlagen analog anzuwenden sein, die ein natürliches Abfließen des Wassers verhindern oder erschweren. Diese Auslegung soll gewährleisten, dass jeder Eigentümer, der durch bauliche Maßnahmen in die natürliche Abfluss- und Versickerungsmöglichkeit eingreift, für eine ordnungsgemäße Abflussmöglichkeit zu sorgen hat, die den Nachbarn nicht mehr als der natürliche Abfluss des Wassers belästigt (OLG Karlsruhe, Urteil v. 11.4.2007 – 6 U 141/05, NJOZ 2007, 3416, 3418 unter Verweis auf die unveröffentlichten Urteile v. 27.3.1990 – 6 U 246/89 und vom 27.10.1999 – 6 U 56/98).

Offenbleiben kann, ob dieser Rechtsprechung im Hinblick auf den an sich eindeutig erklärten Willen des Landesgesetzgebers, dem die weiter gefassten Parallelvorschriften in anderen Bundesländern bei Neufassung des Nachbarrechtsgesetzes im Jahr 1996 bekannt waren, und im Hinblick auf die oben zitierte Grundsatzentscheidung des Bundesgerichtshofs aus dem Jahr 2015 (noch) zu folgen ist.

Dies deshalb, weil die Analogie nach dem Oberlandesgericht Karlsruhe eine »bauliche Veränderung« oder eine »bauliche Anlage« auf dem Nachbargrundstück voraussetzt.

Beides hat der Kläger nicht bewiesen, erst recht – wie zunächst vorgetragen – keine baulichen Veränderungen im Jahr 2015.

Das Amtsgericht hätte der Klage unter Ziffer 1.) nicht unter Verweis auf die vom Sachverständigen Dr. D. festgestellte Auffüllung in Höhe von 0,7–0,9 m über dem Urgelände im Hinterfüllungsbereich der Grenzmauer stattgeben dürfen. Das Amtsgericht hat hierbei nicht berücksichtigt, dass der Kläger in seiner Klageschrift selbst vorgetragen hatte, dass er seine Grenzmauer ohne Überlauf zum Höhenniveau des Nachbargrundstücks errichtet hatte, was auch seiner Verpflichtung aus der Baugenehmigung vom 12.8.1975 unter Ziffer 1.5 entsprach (vgl. Bl. 56 der amtsgerichtlichen Akte). Unter Berücksichtigung der Tatsachen, dass sich im Hinterfüllungsbereich hinter der Grenzmauer auf dem Beklagtengrundstück nach den Feststellungen des Sachverständigen W. nicht das Urgelände, sondern diese Auffüllung befindet (Seite 19 des Gutachtens W.), und diese auch heute noch im Wesentlichen nur bis zu Krone klägerischen Grenzmauer reicht, kann die Auffüllung nicht als bauliche Veränderung auf dem Nachbargrundstück angesehen und den Beklagten in der Folge als Störer zugerechnet werden. Der Kläger hat zudem seinen Vortrag den Sachverständigengutachten angepasst. So hatte der Kläger auf Seite 2 seiner Klageschrift noch vorgetragen, dass die Beklagten im Jahr 2015 einen verdichteten Erdwall auf ihrem Grundstück errichtet hätten. Nach

Eingang der schriftlichen Gutachten, wonach kein Wall festgestellt werden konnte (Seite 8 des Gutachtens W.), hat der Kläger seinen Vortrag mit Schriftsatz vom 21.4.2023 dahingehend abgeändert, dass die von den Sachverständigen festgestellte, nicht speziell verdichtete Auffüllung im Hinterfüllungsbereich der Grenzmauer nun doch von den Beklagten stammen würde.

Im Übrigen verlangt das Oberlandesgericht Karlsruhe für das Vorliegen einer »baulichen Anlage« im Sinne seiner Analogie ausdrücklich mehr als – wie hier – eine bloße Auffüllung mit Erdreich, im dortigen Fall ein von Mauern gebildetes Pflanzenbeet auf einer Erdaufschüttung, welches über die Grundstücksoberfläche hinausreicht (vgl. auch OLG Düsseldorf, Urteil v. 7.2.1992 – 22 U 178/91, NJW-RR 1992, 912, wo bezweifelt wurde, ob eine bloße Aufschüttung bis zur Erdoberfläche eine Anlage im Sinne von § 27 Abs. 1 NachbG NRW darstellt).

(3) Ausführungen zur Störereigenschaft der Beklagten erübrigen sich vor diesem Hintergrund.

3.) Der Kläger hat gegen die Beklagten weiterhin aus keinem Rechtsgrund, insbesondere nicht aus § 1004 BGB, Anspruch auf Ergreifung geeigneter Maßnahmen, um eine Schädigung seiner Grenzmauer zu unterbinden.

Nach den von den Parteien nicht angegriffenen Feststellungen des Sachverständigen W. hat der Kläger sein Grundstück entgegen seiner ursprünglichen Behauptung in der Klageerwiderung vom 30.10.2020 abgegraben. Nach den von den Parteien akzeptierten Feststellungen und Berechnungen des Sachverständigen Dr. D. war die vom Kläger errichtete Grenzmauer bereits im Zeitpunkt der Errichtung nicht standsicher (Seite 12 f. des Gutachtens Dr. D.), insbesondere hätte die Grenzmauer bereits üblichen Erschütterungen durch landwirtschaftliche Fahrzeuge auf dem Nachbargrundstück, seinerzeitig ein Wiesengelände, nicht standgehalten. Eine Aufschüttung auf dem Beklagtengrundstück im Hinterfüllungsbereich der Grenzmauer hat der Kläger zudem nach oben Gesagten – mit Ausnahme der Erhöhung für den Geräteschuppen – nicht nachgewiesen.

Bei dieser Sachlage hat das Amtsgericht zu Recht einen Abwehranspruch aus § 1004 BGB verneint und stattdessen den Kläger auf seine Verpflichtung aus § 909 BGB zur genügenden anderweitigen Befestigung seiner Vertiefung hingewiesen.

Nach § 909 BGB hat der vertiefende Eigentümer eine genügende anderweitige Befestigung des Nachbargrundstücks herzustellen und diese auch in ordentlichem Zustand zu halten. Die Befestigungsmaßnahme muss auf dem zu vertiefenden Grundstück liegen und den Stützverlust vollständig ausgleichen. Die Schutzvorkehrungen dürfen dabei nicht nur auf den Zustand zum Zeitpunkt der Vertiefung ausgerichtet werden, vielmehr sind auch weitere Entwicklungen auf dem höherliegenden Grundstück zu berücksichtigen. Die Befestigung muss so geartet sein, dass der Boden des Nachbargrundstücks auch eine Belastung mit solchen weiteren Anlagen verträgt, mit deren Errichtung nach den gesamten Umständen, insbesondere den örtlichen Verhältnissen, vernünftigerweise zu rechnen ist; handelt es sich um ein Baugrundstück, dann ist zugleich die Möglichkeit einer künftigen Bebauung, die über den bisherigen Umfang hinausgeht, in Rechnung zu stellen. Allerdings darf in der Errichtung des neuen Bauwerks keine ganz ungewöhnliche, den Rahmen bestimmungsmäßiger Inanspruchnahme offensichtlich überschreitende Ausnutzung des Grundes und Bodens liegen. Die Darlegungs- und Beweislast dafür, dass der Hang nach der Vertiefung ausreichend befestigt wurde, trägt der Kläger, weil er als Anspruchsteller nach § 1004 Abs. 1 BGB die Beeinträchtigung nachzuweisen hat und auch als vertiefender Eigentümer beweisen muss, zeitgleich mit der Vertiefung für eine genügende anderweitige Stütze gesorgt zu haben (OLG Karlsruhe, Urteil v. 11.8.2022 – 12 U 364/21, BeckRS 2022, 20139 Rdnr. 33 f. m. w. N.).

Nach diesen Maßstäben hatte der Kläger für eine Absicherung zu sorgen, die auf seinem Grundstück liegt, bis zur ursprünglichen Geländeoberfläche an der gemeinsamen Grundstücksgrenze reicht und ausreichend standsicher ist, um nicht nur das Nachbargrundstück abzustützen, sondern auch dem zusätzlichen Druck standzuhalten, der durch eine nach den örtlichen Verhältnissen schon bei Errichtung der Stützmauer erwartende Bebauung hervorgerufen wird.

Diesen Anforderungen entspricht die streitgegenständliche Grenzmauer ausweislich der eingeholten Sachverständigengutachten nicht.

Die Grenzmauer steht zwar vollständig auf dem Grundstück des Klägers, sie hat auch die geschuldete Höhe, weil ihre Krone auch heute noch in etwa dem ursprünglichen Geländeverlauf entspricht (vgl. dazu das Bild unter Anlage K2 der amtsgerichtlichen Akte, welches die Grenzmauer im Jahr 1976 und das benachbarte Wiesengrundstück zeigt).

Allerdings war die Standfestigkeit der Grenzmauer, die entgegen der Behauptung des Klägers zur Überzeugung der Kammer zugleich als Stützmauer errichtet wurde (vgl. die Verpflichtung hierzu aus Ziffer 1.5 der vorgelegten Baugenehmigung vom 12.8.1975), zunächst darauf auszulegen, den Erschütterungen durch vorbeifahrende landwirtschaftliche Maschinen standzuhalten. Im Hinblick darauf, dass das gesamte Gebiet im Stadtteil R. bereits durch Bebauungsplan aus dem Jahr 1967 (vgl. Anlage B6 zur amtsgerichtlichen Akte) als Dorfgebiet und allgemeines Wohngebiet ausgewiesen war, war die Grenzmauer als Stützmauer unter Beachtung der soeben dargestellten Grundsätze zudem darauf auszulegen, der Last eines Wohngebäudes mit üblichen Nebenanlagen standzuhalten. Mit einer derartigen Bebauung, wie sie knapp drei Jahre später dann auch tatsächlich erfolgt ist, war mithin nach den örtlichen Verhältnissen vernünftigerweise bereits im Zeitpunkt der Errichtung der Grenzmauer zu rechnen. In der Errichtung des Wohnhauses, welches mittlerweile im Eigentum der Beklagten steht, einschließlich der dabei vorgenommenen Oberflächengestaltung in Form eines Gartens mit einem gepflasterten

Weg und eines kleinen Geräteschuppens liegt keine ungewöhnliche, den Rahmen bestimmungsmäßiger Inanspruchnahme offensichtlich überschreitende Ausnützung des Grund und Bodens.

Dass die fehlende Standsicherheit der Grenzmauer mittlerweile zu einer deutlichen Schiefstellung, im oberen Bereich gar zu einem Abstützen an die Außentreppe des Hauses des Klägers führt, geht damit im Ergebnis nicht zulasten der Beklagten.

4.) Der Kläger hat gegen die Beklagten bei der unter Ziffer 3.) geschilderten Sach- und Rechtslage auch keinen hilfsweisen Anspruch auf Beseitigung des auf das klägerische Grundstück nachgerückten Erdreichs der Beklagten.

Zu Recht hat das Amtsgericht den Kläger nach oben Gesagtem auf die richtige Reihenfolge von Ursache und Wirkung aufmerksam gemacht, nämlich, dass die unterlassene Hangbefestigung im Laufe der Zeit in absehbarer Weise zu Bodenbewegungen in Richtung seines Grundstücks und damit zur Verschiebung seiner lose aufeinander geschichteten U-Steine geführt hat. Rein begrifflich kann hier im Übrigen auch nicht von einem »Überbau« der Beklagten gesprochen werden. …

Nr. 109

Es kommt für den Erfolg der Nachbarklage auf bauaufsichtliches Einschreiten nicht darauf an, ob eine bauliche Nutzung ungenehmigt betrieben wird, wenn nicht die weiteren Voraussetzungen für den Anspruch erfüllt sind.

Bestimmungen über die Stellplatzpflicht haben nach wie vor keinen drittschützenden Charakter.

(Leitsätze der Redaktion)

BauO NRW § 30 Abs. 8.

OVG Nordrhein-Westfalen, Beschluss v. 19. März 2024 – 7 A 2107/22 –.

Aus den Gründen:

Die Berufung wird zugelassen, soweit der Kläger einen Anspruch auf bauaufsichtliches Einschreiten wegen eines Verstoßes gegen das Verbot von Öffnungen in der zu seinem Grundstück grenzständigen Wand auf dem Grundstück der Beigeladenen zu 1. und 2. (vgl. § 31 Abs. 4 BauO NRW a. F. bzw. § 30 Abs. 8 BauO NRW 2018) verfolgt.

Der weiter gehende Antrag auf Zulassung der Berufung wird abgelehnt.

Gründe

Der Zulassungsantrag hat zum Teil Erfolg.

I. Die Berufung ist in dem aus dem Tenor ersichtlichen Umfang zuzulassen.

Es bedarf der Überprüfung in einem Berufungsverfahren, ob die Annahme des Verwaltungsgerichts zutrifft, einem Anspruch auf bauaufsichtliches Einschreiten wegen eines Verstoßes gegen das Verbot von Öffnungen in der grenzständigen Wand im Hinblick auf die verbauten Glasbausteine (vgl. § 31 Abs. 4 BauO NRW a F., § 30 Abs. 8 BauO NRW 2018) stehe entgegen, dass die Beigeladenen im Ortstermin am 30.3.2022 eine Beseitigung dieses Mangels binnen 6 Monaten zugesagt hätten. Die damit verbundenen besonderen Schwierigkeiten der Rechtssache (vgl. § 124 Abs. 2 Nr. 2 VwGO) hat der Kläger unter dem Aspekt ernstlicher Zweifel an der Urteilsrichtigkeit (vgl. § 124 Abs. 2 Nr. 1 VwGO) hinreichend dargelegt.

II. Der weitergehende Zulassungsantrag des Klägers hat hingegen keinen Erfolg.

Soweit der Kläger den Antrag auf bauaufsichtliches Einschreiten auf verschiedene weitere Gesichtspunkte – eine fehlende Legalisierung des Betriebs durch die Baugenehmigung vom 26.9.1969, Abweichungen des Betriebs von Vorgaben der Baugenehmigung, Verstöße gegen Stellplatzverpflichtungen sowie materielle Verstöße des Betriebs gegen das Gebot der Rücksichtnahme unter den Aspekten Geruchsbeeinträchtigung, Lärmbeeinträchtigung, Explosionsrisiken und Risiken durch das Material der Dachkonstruktion der Werkhalle – gestützt hat, hat das Verwaltungsgericht festgestellt, die Voraussetzungen für einen Anspruch auf bauaufsichtliches Einschreiten seien nicht erfüllt.

Das Zulassungsvorbringen führt im Hinblick darauf nicht zu den geltend gemachten ernstlichen Zweifeln an der Richtigkeit des Urteils (§ 124 Abs. 2 Nr. 1 VwGO).

1. Die Ausführungen der Zulassungsantragsbegründung erschüttern nicht die Feststellungen des Verwaltungsgerichts im Zusammenhang mit dem Inhalt der Baugenehmigung sowie mit geltend gemachten Abweichungen von der Baugenehmigung, insbesondere aufgrund von Durchbrüchen zu Nachbargrundstücken. Es kommt für den Erfolg der Nachbarklage auf bauaufsichtliches Einschreiten nicht darauf an, ob eine bauliche Nutzung ungenehmigt betrieben wird, wenn nicht die weiteren Voraussetzungen für den Anspruch, vgl. dazu näher OVG NRW, Urteil v. 30.1.2024 – 11-10 A 875/21 –, juris, Rdnr. 89 f., m. w. N., erfüllt sind. Dass diese Voraussetzungen hier nicht erfüllt sind, unterliegt aus den nachfolgenden Gründen keinen ernstlichen Zweifeln.

2. Hinsichtlich der geltend gemachten Verstöße gegen Stellplatzverpflichtungen erschüttert das Zulassungsvorbringen nicht die tragende Feststellung des Verwaltungsgerichts, dass die Bestimmungen über die Stellplatzpflicht nach wie vor keinen drittschützenden Charakter haben.

3. Hinsichtlich der geltend gemachten Explosionsrisiken hat das Verwaltungsgericht eingehend begründet, weshalb sich aus der eingereichten Bescheinigung der Dekra vom 9.8.2017 ergebe, dass solche Risiken hinreichend ausgeschlossen seien. Diese Feststellung wird durch die Erwägung des Klägers, dabei sei die Bebauung auf seinem Grundstück ebenso wenig berücksichtigt worden wie der sog. Geräteraum, nicht erschüttert. Die vom Kläger angesprochene Formulierung in der Bescheinigung, im Umfeld vorhandene

überwachungsbedürftige Anlagen seien nicht überprüft worden, rechtfertigt nicht die Annahme, dass die Risiken, die von der Lackieranlage der Beigeladenen ausgehen könnten, unvollständig in den Blick genommen worden wären. Im Übrigen obliegt es ungeachtet dessen der Beklagten, die Anlage der Beigeladenen zu 3. nach den maßgeblichen Bestimmungen des Gefahrstoffrechts fortlaufend zu überwachen.

4. Hinsichtlich der geltend gemachten Beeinträchtigungen durch Gerüche und Geräusche hat das Verwaltungsgericht festgestellt, es fehle an der erforderlichen substantiierten Darlegung solcher Beeinträchtigungen des Klägers. Diese Feststellung wird durch das Zulassungsvorbringe nicht hinreichend erschüttert. Es fehlt nach wie vor nicht nur an näheren Angaben zur Art und Intensität der behaupteten Beeinträchtigungen durch Geräusche bzw. Gerüche, sondern auch an konkreten Angaben zu den jeweiligen Häufigkeiten und Zeitpunkten. Soweit der Kläger in diesem Zusammenhang die Annahme des Verwaltungsgerichts angreift, ein etwaiges Abwehrrecht hinsichtlich der Immissionen der Abluftanlage sei durch die Rechtsvorgänger des Klägers verwirkt, handelt es sich um eine zusätzliche Erwägung, auf deren Belastbarkeit es für die vorgenannte – tragende – Begründung des Verwaltungsgerichts nicht ankommt. …

Nr. 110

Die Aufhebung einer im vereinfachten Verfahren nach § 52 LBO erteilten Baugenehmigung kann ein diese anfechtender Dritter ebenso wie im normalen Baugenehmigungsverfahren nur dann verlangen, wenn sie – in objektiv-rechtlicher Hinsicht – gegen die im eingeschränkten Prüfungsprogramm zu beachtenden öffentlich-rechtlichen Vorschriften verstößt und der Dritte hierdurch – in subjektiv-rechtlicher Hinsicht – in seinen Rechten verletzt wird.

Wertminderungen als Folge der Ausnutzung der einem Dritten erteilten Baugenehmigung sind für sich genommen kein Maßstab dafür, ob Beeinträchtigungen im Sinne des Rücksichtnahmegebots zumutbar sind oder nicht. Einen allgemeinen Rechtssatz des Inhalts, dass der Einzelne einen Anspruch darauf hat, vor jeglicher Wertminderung bewahrt zu werden, gibt es nicht.
(Leitsätze der Redaktion)

BauGB § 34; BauNVO § 22 Abs. 4; LBO § 52.

Verwaltungsgericht Karlsruhe, Urteil v. 20. März 2024 – 4 K 1921/22 –.

Aus den Gründen:

Die zulässigen Klagen sind nicht begründet.

Die angegriffene Baugenehmigung vom 17.9.2021 verletzt die Kläger nicht in ihren Rechten (vgl. § 113 Abs. 1 Satz 1 VwGO).

Die Aufhebung einer im vereinfachten Verfahren nach § 52 LBO erteilten Baugenehmigung – wie hier – kann ein diese anfechtender Dritter ebenso wie im normalen Baugenehmigungsverfahren nur dann verlangen, wenn sie – in objektiv-rechtlicher Hinsicht – gegen die im eingeschränkten Prüfungsprogramm zu beachtenden öffentlich-rechtlichen Vorschriften verstößt und der Dritte hierdurch – in subjektiv-rechtlicher Hinsicht – in seinen Rechten verletzt wird (vgl. VGH Bad.-Württ., Beschluss v. 16.2.2016 – 3 S 2167/15 – juris Rdnr. 19 m. w. N.). Nach § 52 Abs. 2 LBO prüft die Baurechtsbehörde im vereinfachten Baugenehmigungsverfahren die Übereinstimmung mit den Vorschriften über die Zulässigkeit der baulichen Anlagen nach den §§ 14 und 29 bis 38 BauGB (Nr. 1), die Übereinstimmung mit den §§ 5 bis 7 LBO (Nr. 2) und – nach Nr. 3 – andere öffentlich-rechtliche Vorschriften außerhalb dieses Gesetzes und außerhalb von Vorschriften auf Grund dieses Gesetzes, soweit in diesen Anforderungen an eine Baugenehmigung gestellt werden (Buchst. a) oder soweit es sich um Vorhaben im Außenbereich handelt, im Umfang des § 58 Abs. 1 Satz 2 LBO (Buchst. b).

Für die Beurteilung der Frage, ob eine angefochtene Baugenehmigung den Nachbarn in seinen Rechten verletzt, ist grundsätzlich die Sach- und Rechtslage im Zeitpunkt der Genehmigungserteilung maßgeblich. Allerdings sind nachträgliche Änderungen zugunsten des Bauherrn zu berücksichtigen. Dem liegt die Erwägung zugrunde, dass es mit der nach Maßgabe des einschlägigen Rechts gewährleisteten Baufreiheit nicht vereinbar wäre, eine zur Zeit des Erlasses rechtswidrige Baugenehmigung aufzuheben, die sogleich nach der Aufhebung wieder erteilt werden müsste (vgl. BVerwG, Beschluss v. 8.11.2010 – 4 B 43.10 – juris Rdnr. 9; VGH Bad.-Württ., Urteil v. 1.10.2019 – 5 S 963/17 – juris Rdnr. 41).

Nach Maßgabe dessen verstößt die dem Beigeladenen erteilte Baugenehmigung zwar gegen von der Baurechtsbehörde nach § 52 Abs. 2 LBO zu prüfende öffentlich-rechtliche Vorschriften, die dem Schutz der Kläger zu dienen bestimmt sind (1.), allerdings können sich die Kläger hierauf nach Treu und Glauben nicht berufen (2.).

1. Das genehmigte Vorhaben des Beigeladenen verstößt gegen § 5 Abs. 1 Satz 1 LBO. Nach dieser Vorschrift müssen vor den Außenwänden von baulichen Anlagen Abstandsflächen liegen, die von oberirdischen baulichen Anlagen freizuhalten sind. Vor den südwestlichen Außenwänden der genehmigten baulichen Anlage des Beigeladenen liegen keine bzw. keine nach § 5 Abs. 7 Satz 2 LBO ausreichenden Abstandsflächen. Es greift auch keine Ausnahmevorschrift zu § 5 Abs. 1 Satz 1 LBO.

a) Es liegt kein Fall des § 5 Abs. 1 Satz 2 Nr. 1 LBO vor. Nach dieser Bestimmung ist eine Abstandsfläche nicht erforderlich vor Außenwänden an Grundstücksgrenzen, wenn nach planungsrechtlichen Vorschriften an die Grenze gebaut werden muss, es sei denn, die vorhandene Bebauung erfordert eine Abstandsfläche. Vorliegend ist nicht nach planungsrechtlichen Vorschriften an die Grenze zu bauen.

aa) Planungsrechtlich ist § 34 Abs. 1 BauGB einschlägig. Gemäß § 34 Abs. 1 Satz 1 BauGB ist innerhalb der im Zusammenhang bebauten Ortsteile ein Vorhaben zulässig, wenn es sich nach Art und Maß der baulichen Nutzung, der Bauweise und der Grundstücksfläche, die überbaut werden soll, in die Eigenart der näheren Umgebung einfügt.

§ 34 BauGB wird nicht durch § 30 BauGB verdrängt. Das Grundstück des Beigeladenen liegt zwar in einem Bereich, für den hinsichtlich der Bauweise normative Vorgaben eines Bebauungsplans bestehen. Der einschlägige Bebauungsplan »Ortsmitte ...« ist jedoch – auch nach übereinstimmender Auffassung der Beteiligten – im Hinblick auf die Überbaubarkeit der Grundstücksfläche zu den Nachbargrundstücken hin widersprüchlich und damit teilnichtig. Der Bebauungsplan sieht in seinen schriftlichen Festsetzungen vor, dass »ohne Abstandsfläche« auf den mit Baulinien markierten Grundstücksgrenzen zu bauen ist. In seinen zeichnerischen Festsetzungen setzt er hingegen eine offene Bauweise fest. Für das Gebiet, in dem das Vorhabengrundstück gelegen ist, ist auch kein Beschluss über die Aufstellung eines Bebauungsplans gefasst, somit die Anwendung des § 34 BauGB ebenfalls nicht durch § 33 BauGB ausgeschlossen.

Ferner liegt das Vorhabengrundstück innerhalb eines im Zusammenhang bebauten Ortsteils im Sinne von § 34 Abs. 1 Satz 1 BauGB und daher nicht im Außenbereich, für den § 35 BauGB gilt. Die aufeinanderfolgende Bebauung im streitgegenständlichen Bereich vermittelt den Eindruck der Geschlossenheit und Zusammengehörigkeit, so dass ein Bebauungszusammenhang vorliegt, an dem das zu bebauende Grundstück teilnimmt. Auch ist dieser Bebauungszusammenhang Teil eines Bebauungskomplexes, der nach der Zahl der vorhandenen Bauten ein gewisses Gewicht besitzt und Ausdruck einer organischen Siedlungsstruktur ist (zu den Maßstäben BVerwG, Beschluss v. 7.6.2016 – 4 B 47.14 – juris Rdnr. 10 m. w. N.). Dies wird auch von den Beteiligten nicht infrage gestellt.

bb) Maßstabsbildend für das Einfügen im Sinne des § 34 Abs. 1 Satz 1 BauGB ist die Umgebung, insoweit sich die Ausführung eines Vorhabens auf sie auswirken kann und insoweit, als sie ihrerseits den bodenrechtlichen Charakter des Baugrundstücks prägt oder doch beeinflusst (st. Rspr., vgl. BVerwG, Beschluss v. 4.1.2022 – 4 B 35.21 – juris Rdnr. 6 m. w. N.). Welcher räumliche Bereich hiernach die »nähere Umgebung« im Sinne des § 34 Abs. 1 Satz 1 BauGB ist, lässt sich deshalb nicht schematisch, sondern nur nach der jeweiligen tatsächlichen städtebaulichen Situation bestimmen, in die das für die Bebauung vorgesehene Grundstück eingebettet ist. Die Grenze zwischen näherer und fernerer Umgebung kann dabei auch dort zu ziehen sein, wo zwei jeweils einheitlich geprägte Bebauungskomplexe mit voneinander verschiedenen Bau- und Nutzungsstrukturen aneinanderstoßen. Der Grenzverlauf der näheren Umgebung ist nicht davon abhängig, dass die unterschiedliche Bebauung durch eine künstliche oder natürliche Trennlinie (Straße,

Schienenstrang, Gewässerlauf, Geländekante etc.) entkoppelt ist. Eine solche Linie hat bei einer beidseitig andersartigen Siedlungsstruktur nicht stets eine trennende Funktion. Umgekehrt führt ihr Fehlen nicht dazu, dass benachbarte Bebauungen stets als miteinander verzahnt anzusehen sind und insgesamt die nähere Umgebung ausmachen (BVerwG, Beschluss v. 28.8.2003 – 4 B 74.03 – juris Rdnr. 2 m. w. N.; VGH Bad.-Württ., Urteil v. 13.11.2023 – 14 S 1161/23 – juris Rdnr. 29).

Die für die Bauweise maßgebliche Umgebungsbebauung ist die Bebauung des Gevierts … Straße, …, … und … Entgegen der Auffassung der Beklagten beschränkt sich die nähere Umgebung nicht auf die östliche Bebauung entlang der … Straße zwischen der … im Norden und der … im Süden. Der Hausgartenbereich im Inneren des Gevierts bewirkt keine Zäsur, ist das Geviert doch räumlich sowie flächenmäßig überschaubar und besteht von der … eine Sichtbeziehung zum Vorhabengrundstück. Vor diesem Hintergrund ist auch die unterschiedliche Ausrichtung von Gebäuden (trauf- oder giebelständig) des Gevierts nicht geeignet, die nähere Umgebung weiter zu begrenzen. Die auf der anderen (westlichen) Seite der … Straße gelegenen Gebäude (… Straße 7, … Straße 16 bis 20) gehören hingegen nicht zur näheren Umgebung. Insofern erweist sich die … Straße als Zäsur.

cc) Bedeutsam für die Frage des Einfügens hinsichtlich der Bauweise, also die Bebauung des Grundstücks in Beziehung zu seinen Grenzen und zu den Nachbargebäuden, sind die sich aus § 22 BauNVO ergebenden Gesichtspunkte. Denn die Vorschriften der Baunutzungsverordnung können im unbeplanten Innenbereich als Auslegungshilfe herangezogen werden. Sie enthalten definitorische Grundsätze, was etwa die Begriffe der offenen oder geschlossenen Bauweise meinen (vgl. BVerwG Urteil v. 5.12.2013 – 4 C 5.12 – juris Rdnr. 12 m. w. N.). Entspricht die im Gebiet vorhandene Bebauung einer nach § 22 BauNVO vorgegebenen offenen, geschlossenen oder abweichenden Bauweise, so fügt sich ein Vorhaben nur ein, wenn es dieser Bauweise entspricht. Vom Vorliegen einer Bauweise im Sinne des § 22 BauNVO kann dabei nur ausgegangen werden, wenn in der näheren Umgebung die Gebäude derart gebaut sind, dass in ihnen ein ablesbares organisch gewachsenes bauplanerisches Ordnungssystem zum Ausdruck kommt, dass zur Annahme des Vorliegens einer solchen Bauweise berechtigt. Ein Gebäude muss dabei nach planungsrechtlichen Vorschriften allerdings nur dann an die Grenze gebaut werden, wenn die Eigenart der näheren Umgebung eine Bebauung entsprechend einer geschlossenen Bauweise oder einer abweichenden Bauweise im Sinne von § 22 Abs. 3 oder 4 BauNVO zwingend verlangt und daher eine Bebauung mit Abstandsflächen sich nicht einfügen würde. Ist in einem unbeplanten Gebiet teils offene bzw. halboffene und teils geschlossene Bauweise vorzufinden, besteht kein Zwang zu einer Grenzbebauung (vgl. BVerwG, Beschluss v. 11.3.1994 – 4 B 53.94 – juris Rdnr. 4; VGH Bad.-Württ., Urteil v. 13.11.2023 – 14 S 1161/23 – juris Rdnr. 27 m. w. N.). Die »Eigenart« der näheren Umgebung wird grundsätzlich durch die tatsächlich vorhandene Bebauung geprägt, wie sie nach außen wahrnehmbar in Erscheinung tritt (BVerwG, Urteil v. 26.5.1978 – IV C 9.77 – juris Rdnr. 34; Beschluss v. 16.7.2018 – 4 B 51.17 – juris Rdnr. 6). Hinsichtlich der Bauweise sind insoweit allerdings ausschließlich die Hauptnutzungen in den Blick zu nehmen. Entsprechend sind bei der Bestimmung der Eigenart der näheren Umgebung hinsichtlich der Bauweise erkennbar lediglich Nebennutzungen dienende bauliche Anlagen – etwa Garagen, Stallgebäude u. ä. – nicht zu berücksichtigen. Denn die Regelungen zur Bauweise in § 22 BauNVO haben nur die Verortung von Wohngebäuden auf Grundstücken im Blick, während für Nebenanlagen bauplanungs- und bauordnungsrechtlich abweichende Regelungen greifen (§ 23 Abs. 5 BauNVO, § 6 Abs. 1 LBO; vgl. VGH Bad.-Württ., Urteil v. 13.11.2023 – 14 S 1161/23 – juris Rdnr. 32 m. w. N.).

Vorliegend sind die Gebäude des Gevierts … Straße, …, … und … nicht derart gebaut, dass in ihnen ein ablesbares organisch gewachsenes bauplanerisches Ordnungssystem zum Ausdruck kommt, das zur Annahme des Vorliegens einer halboffenen Bauweise, bei der die Gebäude auf der einen Seite mit und auf der anderen Seite ohne seitlichen Grenzabstand errichtet werden (zum Begriff VGH Bad.-Württ., Urteil v. 13.11.2023 – 14 S 1161/23 – juris Rdnr. 35), berechtigt. Da in der näheren Umgebung teils die offene, teils die halboffene und teils die geschlossene Bauweise vorzufinden sind, besteht kein Zwang zu einer einseitigen Grenzbebauung. Während die Gebäude der Grundstücke … Straße 14 und 16 in halboffener Bauweise errichtet sind, gilt dies nach Inaugenscheinnahme der näheren Umgebung durch die Kammer nicht für die Gebäude … Straße 12. Auf diesem Grundstück lässt sich eine Hauptnutzung an der nordöstlichen wie auch der südwestlichen Grundstücksgrenze (Wohnnutzung) feststellen. In offener Bauweise errichtet sind die Gebäude der Grundstücke … 2a und … 11 bis 17. Noch nicht einmal das vormals auf dem Baugrundstück … Straße 18 vorhandene, der Hauptnutzung Wohnen dienende Gebäude war in halboffener Bauweise errichtet. Die beseitigte bauliche Anlage behält im Hinblick auf den für dieses Urteil maßgeblichen Zeitpunkt der Sach- und Rechtslage ihre für die Eigenart der näheren Umgebung prägende Wirkung (hierzu BVerwG, Beschluss v. 2.10.2007 – 4 B 39.07 – juris Rdnr. 2; VGH Bad.-Württ., Beschluss v. 29.3.2017 – 5 S 1389/16 – juris Rdnr. 8). Bei der baulichen Anlage mit dem zur klägerischen Grundstücksgrenze abfallenden Dach, die ursprünglich auf dem Baugrundstück grenzständig errichtet war, handelte es sich um eine Nebenanlage, mithin um eine Anlage, die nicht Teil der Hauptanlage war. Für die Frage, ob eine Anlage keine Nebenanlage ist, weil sie Teil der Hauptanlage ist, ist in räumlicher Hinsicht maßgeblich, ob das Vorhaben ein eigenständiges Gebäude ist, es in das Hauptgebäude integriert oder mit ihm konstruktiv verbunden ist. Jedenfalls im Regelfall wird eine Nebenanlage baulich selbständig sein, während ein an ein Wohnhaus angebauter Raum als Erweiterung der Hauptanlage keine Nebenanlage ist. Zwar sind auch Nebenanlagen denkbar, die an die Hauptanlage angebaut sind. In solchen Fällen muss aber durch die Bauweise, die Gestaltung des Zugangs oder auf andere Weise die auf eine Nebenanlage beschränkte Funktion deutlich hervortreten (vgl. BVerwG, Urteil v. 14.12.2017 – 4 C 9.16 – juris Rdnr. 10 m. w. N.). In räumlicher Hinsicht war der vormalige Anbau nicht Teil der Hauptanlage. Zwar schloss sich der Anbau nach den vorgelegten Lichtbildern über seine lange Seite an das Hauptgebäude an und nutzte eine vorhandene Außenwand als Gegenwand. Allerdings war der Anbau nicht nur im Vergleich zum Gebäude, an das er sich anlehnte, von geringer Höhe und einfacher Bauweise (einfache Platten ohne Isolierung als Dach), sondern sogar auf der straßenabgewandten Seite offen und konnte nur über diese offene Seite betreten werden. Einen Zugang zum Wohngebäude unterhalb des Daches gab es nicht. Auch funktionelle Gesichtspunkte führen nicht zu einer anderen Einordnung. Zwar kann ein Abstellraum je nach gelagerten Gegenständen (etwa: Lebensmittel, Winterkleidung, Spielsachen) funktionell der Wohnnutzung zugeordnet sein (vgl. BVerwG, Urteil v. 14.12.2017 – 4 C 9.16 – juris Rdnr. 11). Anhaltspunkte dafür hat das Gericht vorliegend allerdings nicht. Im Gegenteil lässt gerade die einfache Bauweise und die Offenheit der baulichen Anlage nach lebensnaher Betrachtung darauf schließen, dass in dem Raum unter dem Dach keine Gegenstände gelagert werden sollten bzw. gelagert wurden, die eine Einstufung als Teil der Hauptanlage rechtfertigen. Ob die auf den Eckgrundstücken … Straße 10 und … 2 errichteten Gebäude ihrer Bauweise nach als halbseitig offen zu qualifizieren sind, kann im Hinblick auf die Heterogenität der sonst festzustellenden Bauweisen dahingestellt bleiben.

Selbst wenn die maßgebliche Umgebungsbebauung auf die Gebäude des östlichen Straßenzuges entlang der … Straße zwischen … und … begrenzt wäre, würde sich nichts anderes ergeben. Auch dann wäre ein ablesbares organisch gewachsenes bauplanerisches Ordnungssystem, das zur Annahme des Vorliegens einer halboffenen Bauweise berechtigt, im Hinblick darauf, dass weder die abgerissene Bebauung auf dem Vorhabengrundstückauf dem Grundstück … Straße 12 halbseitig offen ist, nicht zu erkennen.

b) Auch § 5 Abs. 1 Satz 2 Nr. 2 LBO als weitere Ausnahmebestimmung zu § 5 Abs. 1 Satz 1 LBO greift nicht, da nicht öffentlich-rechtlich gesichert ist, dass auf dem Nachbargrundstück der Kläger – … Straße 16 – ebenfalls an die Grenze gebaut wird. Die öffentlich-rechtliche Sicherung ist nicht nach § 5 Abs. 1 Satz 3 LBO entbehrlich, weil nach den Festsetzungen einer abweichenden Bauweise unabhängig von der Bebauung auf dem Nachbargrundstück an die Grenze gebaut werden dürfte.

c) Ferner liegt kein in § 6 Abs. 1 oder 3 LBO geregelter Sonderfall vor. Insbesondere können nicht nach § 6 Abs. 3 Satz 1 Nr. 2 LBO geringere Tiefen der Abstandsflächen zugelassen werden, da vorliegend durch die genehmigte bauliche Anlage des Beigeladenen nachbarliche Belange erheblich beeinträchtigt werden. Dabei ist von der normativen Wertung auszugehen, dass eine erhebliche Beeinträchtigung nachbarlicher Belange regelmäßig vorliegt, wenn die nachbarschützende Abstandsflächentiefe unterschritten wird, gleichgültig, ob die Unterschreitung gravierend oder geringfügig ist. Nachbarliche Belange sind in einem solchen Fall nur dann nicht erheblich beeinträchtigt, wenn die vorhandene Situation in Bezug auf das Nachbargrundstück durch bauordnungsrechtlich relevante Besonderheiten gekennzeichnet ist, die das Interesse des Nachbarn an der Einhaltung der nachbarschützenden Abstandsflächentiefe deutlich mindern oder als weniger schutzwürdig erscheinen lassen (VGH Bad.-Württ., Urteil v. 21.7.2020 – 8 S 702/19 – juris Rdnr. 46 m. w. N.). Besondere Umstände oder eine Sondersituation, aufgrund derer das Nachbargrundstück im Hinblick auf das ihm im Regelfall zustehende Maß an Besonnung, Belüftung und Belichtung trotz Nichteinhaltung der Abstandsflächenvorschriften weniger schutzwürdig wäre, liegen nicht vor.

2. Die Kläger können sich auf den Verstoß der Baugenehmigung gegen § 5 Abs. 1 Satz 1 LBO allerdings nach Treu und Glauben nicht berufen.

Ein Nachbar, der seinerseits den erforderlichen Grenzabstand nicht einhält, ist nach dem Grundsatz von Treu und Glauben daran gehindert, die Verletzung des Grenzabstands beim Bauherrn zu rügen, wenn die Verletzung nachbarschützender Abstandsregelungen durch das angegriffene Vorhaben nicht schwerer wiegt als der eigene Verstoß und in gefahrenrechtlicher Hinsicht keine völlig untragbaren Zustände entstehen (VGH Bad.-Württ., Beschluss v. 29.9.2010 – 3 S 1752/10 – juris Rdnr. 5 m. w. N.). Das Wohnhaus der Kläger auf dem Grundstück … Straße 16 hält seinerseits in südwestlicher Richtung den erforderlichen Grenzabstand nicht ein. Mithin verlangen die Kläger vom Beigeladenen die Einhaltung eines – von der … Straße aus in Bezug auf ihr Grundstück gesehen – linksseitigen Grenzabstands, den sie selbst nicht einhalten. Sie verwehren ihm etwas, was sie für sich selbst beanspruchen. Die Verletzung nachbarschützender Abstandsregelungen durch das angegriffene Vorhaben des Beigeladenen wiegt nicht weniger schwer als der eigene Verstoß. Dafür, dass in gefahrenrechtlicher Hinsicht völlig untragbare Zustände entstehen, ist nichts ersichtlich. Dies gilt auch unter Berücksichtigung der beiden im Grenzbau vorhandenen Fenster in Richtung … Straße.

Der Einwand der Kläger, ihnen könne keine Treuwidrigkeit entgegengehalten werden, da ihr Wohngebäude in südwestlicher Hinsicht und damit nicht zum Grundstück des Beigeladenen grenzständig errichtet sei und es nur treuwidrig sei, wenn ein Nachbar dem Bauherrn eine Bebauungsmöglichkeit verwehren wolle, von der er selbst im Verhältnis zum Vorhabengrundstück Gebrauch gemacht habe, verfängt nicht. Anders als die Kläger meinen, machen diese auch dann im Verhältnis zum Vorhabengrundstück von einer grenzständigen Bebauung Gebrauch, wenn sie ihr Wohnhaus an die gegenüberliegende Grundstücksgrenze gebaut haben. Hierdurch nutzen sie ihr Grundstück hinsichtlich des Maßes der baulichen Nutzung intensiver, als es ihnen unter Einhaltung der Abstandsflächen nach § 5 Abs. 1 Satz 1 LBO möglich ist. Könnten sie verlangen, dass auf dem Vorhabengrundstück in Richtung ihres Grundstücks Abstandsflächen eingehalten werden, würden sie dem Beigeladenen die entsprechende intensive Nutzung seines Grundstücks verwehren und aufgrund der in südwestlicher Richtung grenzständigen Lage ihres Wohnhauses dadurch zusätzlich profitieren, dass in nordöstlicher Richtung die bauliche Verdichtung – mit all ihren Nachteilen – geringer ist. Entgegen der Auffassung der Kläger besteht daher auch dann ein wechselseitiges Austauschverhältnis, wenn die auf den benachbarten Grundstücken vorhandenen baulichen Anlagen nicht aneinandergrenzen.

Dies führt auch nicht zu einer Ausdehnung des Austauschverhältnisses auf alle Grundstücke in der näheren Umgebung. Auch kann keine Rede davon sein, dass mit der Auffassung des Gerichts das Abstandsflächenrecht unterlaufen würde. Dass ein Nachbar nach Treu und Glauben daran gehindert ist, die Verletzung des Grenzabstands beim Bauherrn zu rügen, ändert nichts an der Aufgabe der Baurechtsbehörde, die Wahrung der §§ 5 bis 7 LBO sicherzustellen. Aus der vom Kläger-Vertreter zitierten Rechtsprechung folgt nichts anderes. Der Beschluss des Oberverwaltungsgericht Berlin-Brandenburg vom 19.12.2012 (OVG 2 S 44.12 – juris Rdnr. 11) betraf die vom vorliegenden Fall abweichende Konstellation, dass ein Grundstückseigentümer rechtliche Abwehrmaßnahmen gegen eine durch einen Nachbarn hervorgerufene Beeinträchtigung ergreift, obwohl er diesem Nachbarn spiegelbildlich dieselbe Beeinträchtigung zumutet. Aussagen zu der vorliegenden Konstellation hat das Oberverwaltungsgericht nicht getroffen.

2. Die Baugenehmigung vom 17.9.2021 verstößt ebenfalls nicht gegen drittschützende Vorgaben des Bebauungsplans (§ 30 Abs. 1 BauGB) bzw. – soweit der Bebauungsplan »Ortsmitte ...« unwirksam ist – des § 34 Abs. 1 BauGB, jeweils in Verbindung mit § 52 Abs. 2 Nr. 1 LBO. Insbesondere verstößt sie nicht gegen das Gebot der Rücksichtnahme (hierzu § 15 BauNVO und VGH Bad.-Württ., Beschluss v. 15.5.2023 – 3 S 266/23 – juris Rdnr. 18 m. w. N.), wie vom Kläger-Vertreter in der mündlichen Verhandlung eingeräumt. Das Vorhaben des Beigeladenen beeinträchtigt die Nutzung des klägerischen Grundstücks nicht unzumutbar. Das gilt weder im Hinblick auf die Belange der Belichtung, Belüftung und Besonnung noch im Hinblick auf gesunde Wohn- und Arbeitsverhältnisse. Auch eine unzumutbare Verschattung des Grundstücks der Kläger durch die genehmigte, nordöstlich des Grundstücks der Kläger gelegene bauliche Anlage des Beigeladenen ist nicht festzustellen. Allenfalls in den Morgenstunden und allgemein bei diffusem Licht ist die Besonnung und Belichtung des Grundstücks der Kläger durch die bauliche Anlage des Beigeladenen etwas eingeschränkt. Hinzukommt, dass die Besonnung und Belichtung bereits durch das vormals auf dem Grundstück des Beigeladenen befindliche Gebäude eingeschränkt gewesen waren. Eine unzumutbare weitere Einschränkung lässt sich nicht feststellen. Dem Bauvorhaben

kommt auch keine unzumutbare »erdrückende« Wirkung zu. Die Baukörper stehen nicht frontal zueinander. Außerdem befindet sich das Gebäude des Beigeladenen nicht in der gesamten Gebäudetiefe auf der Grundstücksgrenze, sondern verfügt über einen 2,40 m tiefen Rücksprung, der dazu führt, dass Belastungen des Grundstücks der Kläger reduziert werden.

Soweit die Kläger geltend machen, das genehmigte Bauvorhaben führe zu einer Wertminderung ihres Wohngrundstücks, ist darauf hinzuweisen, dass Wertminderungen als Folge der Ausnutzung der einem Dritten erteilten Baugenehmigung für sich genommen keinen Maßstab dafür bilden, ob Beeinträchtigungen im Sinne des Rücksichtnahmegebots zumutbar sind oder nicht. Einen allgemeinen Rechtssatz des Inhalts, dass der einzelne einen Anspruch darauf hat, vor jeglicher Wertminderung bewahrt zu werden, gibt es nicht (vgl. BVerwG, Beschluss v. 13.11.1997 – 4 B 195.97 – juris Rdnr. 6; VGH Bad.-Württ., Beschluss v. 1.4.2019 – 5 S 2102/18 – juris Rdnr. 15).

3. Soweit die Kläger vorbringen, das Bauvorhaben verstoße gegen den nach § 7 LBOAVO gebotenen Brandschutz, weil an der Schmalseite im Bereich des Stellplatzes eine Fensteröffnung (des Kinderzimmers) vorgesehen sei, dringen sie hiermit deshalb nicht durch, da sich ein eventueller Verstoß gegen § 7 LBOAVO nach dem in § 52 Abs. 2 LBO vorgesehenen reduzierten Prüfprogramm nicht – auch nicht vermittels des Abstandsflächenrechts – auf die Rechtmäßigkeit einer – wie hier – im vereinfachten Baugenehmigungsverfahren erteilten Baugenehmigung auswirkt, jedenfalls soweit – was hier der Fall ist – keine in gefahrenrechtlicher Hinsicht völlig untragbaren Zustände entstehen (s. o.). Das gleiche gilt, soweit die Kläger geltend machen, es fehle eine Zuwegung zu den Müllboxen bzw. an einem für alle Bewohner zugänglichen Kinderspielplatz. Ebenfalls nicht vom Prüfprogramm des § 52 Abs. 2 LBO gedeckt sind Fragen der Stellplätze auf dem Vorhabengrundstück, der Verfügbarkeit öffentlicher Parkplätze oder der Belästigung durch Straßenverkehr.

Die Kostenentscheidung beruht auf § 154 Abs. 1, § 159 Satz 2 VwGO. Die außergerichtlichen Kosten des Beigeladenen waren den Klägern nicht nach § 162 Abs. 3 VwGO aus Billigkeit aufzuerlegen, da der Beigeladene weder einen Antrag gestellt noch das Verfahren wesentlich gefördert hat (vgl. BVerwG, Beschluss v. 13.1.1987 – 6 C 55.83 – juris Rdnr. 4; VGH Bad.-Württ., Beschluss v. 20.1.2011 – 8 S 2567/10 – juris Rdnr. 6).

Nr. 111

Für die Frage der Verwirkung bestehender Abwehrrechte oder sonstiger Verstöße gegen Treu und Glauben ist (auch) das vorherige Verhalten des

Rechtsinhabers bzw. seiner Rechtsnachfolger in der Vergangenheit maßgeblich.
(Leitsatz der Redaktion)

BauNVO § 22 Abs. 2 Satz 1.

VGH Baden-Württemberg, Beschluss v. 30. April 2024 – 3 S 1056/23 –.

Aus den Gründen:

I. Die Kläger wenden sich im Wege einer Baunachbarklage gegen eine Baugenehmigung für die Errichtung eines grenzständigen Mehrfamilienwohnhauses mit vier Wohneinheiten unter (nachträglicher) Befreiung von den bauplanungsrechtlichen Festsetzungen zur Bauweise.

Die Kläger sind Eigentümer des Grundstücks mit der Flurstück-Nr. 2864/1, das über die gesamte Grundstücksbreite mit einem in östlicher und westlicher Richtung grenzständig errichteten Wohnhaus bebaut ist (L-Weg Nr. 7a). Auf dem westlich des Grundstücks gelegenen Grundstück mit der Flurstück-Nr. 2864, von dem das Wohngrundstück der Kläger nach Fertigstellung der Bebauung im Wege der Grundstücksteilung abgespalten wurde, befindet sich ein an das Wohnhaus der Kläger angebautes Wohnhaus (L-Weg Nr. 7); das vorliegend streitgegenständliche Vorhaben soll ebenfalls – in östlicher Richtung – an das Wohnhaus der Kläger angebaut werden (Flurstück-Nr. 2863; L-Weg Nr. 5). Sämtliche Grundstücke liegen im Geltungsbereich des am 6.7.1983 beschlossenen Bebauungsplans »L.-berg 2. Änderung«, der für die Grundstücke eine Bebauung mit Einzel- oder Doppelhäusern in offener Bauweise festsetzt.

Für die ursprünglich auf dem ungeteilten Grundstück mit der Flurstück-Nr. 2864 errichteten Gebäude L-Weg Nr. 7 und 7a hatte der Rechtsvorgänger der Kläger im Jahr 1996 eine Baugenehmigung für den »Neubau eines Doppelhauses« beantragt. In der Bauakte des Beklagten ist als Ergebnis einer behördeninternen Besprechung festgehalten, dass »durch das Vorhaben [...] zusammen mit einer erforderlichen gleichen Bebauung auf dem Nachbargrundstück eine Hausgruppe (4 Häuser) [entstehe]. Die Befreiung von der Festsetzung »Einzel- oder Doppelhaus« kann nur unter folgenden Voraussetzungen erteilt werden: [...] Bauherr und Planverfasser sind einzubestellen« (BA, S. 45). Im Nachgang zu einer am 15.7.1996 durchgeführten Besprechung mit dem Planverfasser und Bauleiter reichte dieser einen in einzelnen, v.a. das Maß der baulichen Nutzung betreffenden Punkten geänderten Bauantrag ein, für den die Beklagte unter dem 11.9.1996 eine Baugenehmigung erteilte. Diese enthielt u. a. eine Befreiung mit der Bezeichnung »Zulassung einer Doppelhausbebauung statt einer Einzelhausbebauung« (BA, S. 143 ff.).

Entsprechend dem Bauantrag ist die östliche Wand des Gebäudes L-Weg Nr. 7a als Brandwand ohne Öffnungen ausgeführt. Nach Errichtung der Gebäude L-Weg Nr. 7 und 7a und erfolgter Grundstücksteilung erwarben die Kläger das Grundstück mit der Flurstück-Nr. 2864/1 (L-Weg Nr. 7a).

Unter dem 8.12.2020 erteilte die Beklagte der Beigeladenen eine Baugenehmigung für den Neubau einer Wohnanlage mit vier Wohneinheiten auf dem Grundstück Flurstück-Nr. 2863; L-Weg Nr. 5, wobei sie Befreiungen für die geringfügige Überschreitung der nordöstlichen und der südwestlichen Baugrenzen sowie die Errichtung von Dachgauben zuließ und die von den Klägern erhobenen Einwendungen zurückwies.

Nach Zurückweisung ihres hiergegen gerichteten Widerspruchs durch das Regierungspräsidium Karlsruhe haben die Kläger am 14.4.2022 Klage zum Verwaltungsgericht Karlsruhe erhoben. Mit Bescheid vom 3.11.2022 hat die Beklagte die Baugenehmigung vom 8.12.2020 um eine Befreiung für die »Zulassung einer Hausgruppe« ergänzt, die in das anhängige Klageverfahren einbezogen wurde.

Mit dem hier angegriffenen Urteil v. 28.4.2023 hat das Verwaltungsgericht die Klage insgesamt abgewiesen (2 K 1313/22). Zur Begründung ist im Wesentlichen ausgeführt, dass weder die angegriffene Baugenehmigung noch die nachgeschobene Befreiung die Kläger in eigenen Rechten verletzten. Deren Vorbringen, dass durch den Anbau an ihr Gebäude unter Verstoß gegen die nachbarschützende Festsetzung des Bebauungsplans »L.-berg, 2. Änderung« eine unzulässige Hausgruppe im Sinne des § 22 Abs. 1 Satz 1 Var. 3 BauNVO entstehe, sei aufgrund der besonderen Umstände des Einzelfalls nicht geeignet, eine Rechtsverletzung zu ihrem Nachteil zu begründen. Insbesondere stehe ihnen kein Recht zu, ein auf der gemeinsamen Grundstücksgrenze grenzständig errichtetes Gebäude abzuwehren oder die Beigeladenen auf die Errichtung eines Einzelhauses mit Grenzabstand zu verweisen. So sei das aus zwei vertikal abgetrennten Wohneinheiten bestehende Wohnhaus auf dem ungeteilten Grundstück Nr. 2864 ursprünglich nicht als Doppelhaus im bauplanungsrechtlichen Sinne, sondern als – bezogen auf das Grundstück der Beigeladenen – grenzständige Doppelhaushälfte errichtet worden, da es vollständig auf einem Grundstück gelegen gewesen sei. Durch die nachträgliche Grundstücksteilung sei der Baukörper der Kläger zum Bestandteil einer Hausgruppe geworden, da er nunmehr beidseitig keinen Grenzabstand aufweise. Das vom Rechtsvorgänger der Kläger somit verwirklichte »Reihenmittelhaus« widerspreche mithin seit der Grundstücksteilung selbst den Festsetzungen des Bebauungsplans, von denen die Baubehörde im Jahr 1996 zu Recht befreit habe. Die unzutreffende Bezeichnung als »Zulassung einer Doppelhausbebauung« ändere an der rechtlichen Einordnung des Baukörpers als Teil einer Hausgruppe nichts. Vielmehr werde die Einordnung als Reihenmittelhaus auch durch die technische Ausführung des Baukörpers bestätigt, der in Richtung des Grundstücks der Beigeladenen eine ohne Öffnungen ausgeführte Brandwand aufweise. Das Grundstück der Kläger sei daher in einer Art und Weise bebaut bzw. zugeschnitten, die der Beigeladenen einen Grenzbau nachgerade aufzwinge, da nur dieser den Vorgaben des § 22 Abs. 2 Satz 1 BauNVO entspreche.

Auch sonst lasse die Forderung der Kläger nach der Einhaltung eines Grenzabstands keine Verletzung in subjektiven Rechten erkennen. Sie sei vielmehr mit dem Normgefüge zur Errichtung von Gebäuden in den Hausformen der Doppelhäuser und Hausgruppen und dessen nachbarschützenden Ausprägungen nicht in Einklang zu bringen, setze sich in Widerspruch zu dem vorhergehenden Verhalten bei der Bebauung ihres eigenen Grundstücks und sei mithin treuwidrig. Ausgangspunkt der städtebaulichen und nachbarschaftlichen Spannungen auf den Grundstücken Flst.-Nr. 2863, 2864 und 2864/1 sei allein die beidseitige Grenzbebauung auf dem klägerischen Grundstück in Verbindung mit der Teilung ihres Grundstücks, nicht aber das nachträgliche Hinzutreten des einseitigen Grenzanbaus der Beigeladenen. Mit der Verwirklichung eines beidseitigen Grenzanbaus habe der Rechtsvorgänger der Kläger zu erkennen gegeben, dass er zum Grundstück der Beigeladenen hin auf die Einhaltung von Grenzabständen verzichte. Ein entsprechender Rügeverlust wirke auch zum Nachteil der Rechtsnachfolger. Insbesondere führe auch die Befreiung von der festgesetzten Bauweise unter diesen Umständen nicht dazu, dass die Bebauung auf dem angrenzenden Grundstück der Beigeladenen die Rechte der Kläger verletze, sofern sich die Bebauung auf dem Nachbargrundstück aufgrund der materiellen Inhalte der erteilten Befreiung nachgerade aufdränge. Vielmehr würde eine hiervon abweichende Sichtweise die Folgen einer Befreiung für die Nachbargrundstücke völlig ausblenden, einen Verstoß der Befreiung gegen nachbarliche Interessen begründen und das wechselseitige Austauschverhältnis, das in der offenen Bauweise nach § 22 Abs. 2 BauNVO zum Ausdruck komme, grundlegend erschüttern. Bei lebensnaher Betrachtung habe es sich den Klägern selbst bei laienhafter Betrachtung aufdrängen müssen, dass das Nachbargrundstück mit einem grenzständigen Hauptgebäude bebaut werden würde. Dass hierfür eine weitere Befreiung erforderlich sei, ändere hieran nichts, da der Ausgangspunkt für diese Notwendigkeit in der bereits für das Grundstück der Kläger erteilten Befreiung liege. Auch ein Verstoß gegen das Gebot der Rücksichtnahme oder gegen sonstige drittschützende Vorschriften des Bauplanungsrechts sei nicht dargelegt. Da eine Verletzung in nachbarschützenden Vorschriften nicht vorliege, sei auch eine Rechtsverletzung durch die nachträglich ausgesprochene Befreiung ausgeschlossen.

Auf etwaige Verstöße gegen nachbarschützende Vorschriften des Abstandsflächenrechts könnten sich die Kläger nach dem Gebot von Treu und Glauben nicht berufen, da ihre die grenzständig errichtete Nachbarbebauung ein in jeder Hinsicht vergleichbares Maß erreiche wie das Vorhaben der Beigeladenen. Ob eine Abstandsfläche nach § 5 Abs. 1 Satz 2 Nr. 1 oder 2 LBO objektiv entbehrlich sei, könne daher dahinstehen.

Auch unter dem Gesichtspunkt des § 155 Abs. 4 VwGO sei nicht angezeigt, die Kosten des Verfahrens ganz oder zum Teil der Beklagten aufzuerlegen, da die Kläger auch in Ansehung der nachträglich erteilten Befreiung an ihrer Klage festgehalten hätten.

Gegen das ihrem Bevollmächtigten am 24.5.2023 zugestellte Urteil haben die Kläger mit am 26.6.2023 beim Verwaltungsgericht eingegangenen Schriftsatz die Zulassung der Berufung beantragt und diesen Antrag am 21.7.2023 gegenüber dem Verwaltungsgerichtshof begründet. Die Beklagte ist dem Antrag mit Schriftsatz vom 9.8.2023 entgegengetreten; die Beigeladene hat sich nicht geäußert und keine Anträge gestellt.

II. Der fristgerecht eingegangene und begründete Antrag auf Zulassung der Berufung bleibt ohne Erfolg. Denn aus dem Vorbringen der Kläger ergibt sich nicht, dass die Berufung wegen ernstlicher Zweifel an der Richtigkeit des angegriffenen Urteils (§ 124 Abs. 2 Nr. 1 VwGO) oder besonderer tatsächlicher oder rechtlicher Schwierigkeiten der Rechtssache (§ 124 Abs. 2 Nr. 2 VwGO) zuzulassen wäre.

1. Die Darlegungen der Kläger lassen keine ernstlichen Zweifel an der Richtigkeit der angegriffenen Entscheidung erkennen.

a) Ernstliche Zweifel an der Richtigkeit einer verwaltungsgerichtlichen Entscheidung im Sinne von § 124 Abs. 2 Nr. 1 VwGO sind gegeben, wenn ein tragender Rechtssatz oder eine erhebliche Tatsachenfeststellung mit schlüssigen Gegenargumenten derart in Frage gestellt wird, dass ein Erfolg der angestrebten Berufung, also eine Korrektur des Ergebnisses der erstinstanzlichen Entscheidung, nach den Erkenntnismöglichkeiten des Zulassungsverfahrens möglich erscheint (vgl. BVerfG, Beschluss v. 10.9.2009 – 1 BvR 814/09 –, NJW 2009, 3642; VGH Bad.-Württ., Beschluss v. 28.2.2012 – 10 S 3390/11 –, NJW 2012, 2744). Dabei ist davon auszugehen, dass das Zulassungsverfahren das Berufungsverfahren nicht vorwegnehmen soll (BVerfG, Beschluss v. 16.7.2013 – 1 BvR 3057/11 –, Rdnr. 40), es sei denn, es lässt sich schon im Zulassungsverfahren zuverlässig sagen, das Verwaltungsgericht habe die Rechtssache im Ergebnis richtig entschieden und die angestrebte Berufung werde deshalb keinen Erfolg haben (vgl. BVerwG, Beschluss v. 10.3.2004 – 7 AV 4.03 –, juris Rdnr. 10). § 124a Abs. 4 Satz 4 VwGO erfordert dabei grundsätzlich eine substantiierte Auseinandersetzung mit der erstinstanzlichen Entscheidung. Ausgehend hier-on begegnet die angegriffene Entscheidung nicht den behaupteten rechtlichen Zweifeln.

b) Soweit die Kläger vortragen, dass mit Verwirklichung des geplanten Vorhabens eine den Festsetzungen des Bebauungsplans widersprechende Hausgruppe entstehe, missverstehen sie die Argumentation des Verwaltungsgerichts. Denn auch das Verwaltungsgericht geht davon aus, dass die entstehende Bebauungssituation einer im Bebauungsplan nicht vorgesehenen Hausgruppe entspreche. Es bezeichnet den auf dem Grundstück der Kläger vorhandenen Baukörper daher ausdrücklich als »Reihenmittelhaus« (UA, S. 12) bzw. als »Mittelteil einer Hausgruppe« (UA, S. 11) und stellt fest, dass das Vorhaben der Beigeladenen auch »die weiteren Anforderungen an den Hausgruppenbegriff« erfüllt (UA, S. 16 f.). Es nimmt weiterhin – insoweit übereinstimmend mit dem Vorbringen der Kläger – an, dass das die Hausgruppe vervollständigende Vorhaben der Beigeladenen seinerseits einer Befreiung von der festgesetzten Bauweise bedurft hätte bzw. bedarf (UA, S. 16). Das Verwaltungsgericht führt jedoch aus, dass diese Situation ihren Ursprung – ungeachtet der hierfür im Jahr 1996 erteilten Befreiung – alleine in der auf dem Grundstück der Kläger vorhandenen beidseitigen Grenzbebauung finde, so dass den Klägern kein Abwehrrecht gegen die (ohne Befreiung objektiv planwidrige) vorgesehene Grenzbebauung auf dem Grundstück der Beigeladenen zukomme. Diese Annahme des Verwaltungsgerichts wird durch das Zulassungsvorbringen indes nicht entkräftet.

c) Ohne Erfolg rügen die Kläger in diesem Zusammenhang die Unvereinbarkeit der vom Verwaltungsgericht vorgenommenen Betrachtung mit der Rechtsprechung zum für die Beurteilung einer Baunachbarklage maßgeblichen Zeitpunkt. Zwar trifft es zu, dass hierfür grundsätzlich die Sach- und Rechtslage im Zeitpunkt der Genehmigungserteilung maßgeblich ist, wobei nachträgliche Änderungen nur zugunsten des Bauherrn zu berücksichtigen sind (vgl. VGH Bad.-Württ., Urteil v. 30.11.2018 – 5 S 854/17 –, juris Rdnr. 45 sowie Senatsurt. v. 17.6.1992 – 3 S 829/92 –, juris Rdnr. 65 m. w. N. zur Rechtsprechung des Bundesverwaltungsgerichts). In der (seitens des Verwaltungsgerichts ausdrücklich zitierten) Rechtsprechung des Bundesverwaltungsgerichts ist jedoch auch geklärt, dass die Berufung auf ein nachbarliches Abwehrrecht dann gegen Treu und Glauben verstoßen kann, wenn sich der Rechtsinhaber treuwidrig zu seinem eigenen vorausgegangenen Verhalten in Widerspruch setzt (vgl. BVerwG, Beschluss v. 11.2.1997 – 4 B 10/97 –, juris Rdnr. 2 m. w. N.). Die Rechtsprechung zum maßgeblichen Zeitpunkt betrifft dabei die Frage, ob ein Bauvorhaben die nachbarschützenden Vorschriften tatsächlich verletzt; die Rechtsprechung zur Treuwidrigkeit aber die (vom Verwaltungsgericht in den Vordergrund gestellte) Frage, ob der Nachbar aus einer objektiven Verletzung grundsätzlich nachbarschützender Vorschriften auch im konkreten Fall Abwehrrechte herleiten kann. Dass für die Frage der Verwirkung bestehender Abwehrrechte oder sonstiger Verstöße gegen Treu und Glauben aber auch bzw. sogar in erster Linie das Vorverhalten des Rechtsinhabers (bzw. seiner Rechtsnachfolger; vgl. hierzu unten f)) in der Vergangenheit maßgeblich sein muss, begegnet keinen ernstlichen Zweifeln. Im Übrigen hat das Verwaltungsgericht maßgeblich darauf abgestellt, dass sich der Baukörper auf dem Grundstück der Kläger seit der Grundstücksteilung – d. h. auch im Zeitpunkt der Erteilung der hier angefochtenen Baugenehmigung – als Reihenmittelhaus bzw. Mittelteil einer Hausgruppe darstellt und so (fortgesetzt) einen Verzicht auf die Einhaltung von Grenzabständen zum Ausdruck bringt (UA, S. 12 f., 15).

d) Ohne Erfolg wendet sich das Zulassungsvorbringen im Ergebnis auch gegen die Rechtsauffassung des Verwaltungsgerichts, dass das klägerische Grundstück in einer Art und Weise bebaut und flurstücksmäßig abgeteilt sei, die der Beigeladenen im Hinblick auf § 22 Abs. 2 Satz 1 BauNVO einen Grenzanbau nachgerade aufzwinge (UA, S. 13).

Dabei kann offenbleiben, ob die vorgenannte Annahme des Verwaltungsgerichts vollumfänglich zutrifft. Zwar ist – wie das Verwaltungsgericht zutreffend ausgeführt hat geklärt, dass eine auf Dauer zu einem erheblichen Teil freistehende Grenzwand der offenen Bauweise grundlegend widerspricht und das Abstandsgebot bei festgesetzter offener Bauweise an der gemeinsamen Grundstücksgrenze ausschließlich auf der Grundlage der Gegenseitigkeit überwunden werden kann (UA, S. 13 mit Nachweisen aus Literatur und Rechtsprechung). Jedoch könnte fraglich sein, ob die offene Bauweise den Inhaber des bislang unbebauten Grundstücks in einer solchen Situation zu einer Behebung der objektiv planwidrigen Bausituation auf dem (grenzständig bebauten) Nachbargrundstück – und damit zu einer Ergänzung der vorhandenen Doppelhaushälfte bzw. des vorhandenen Hausgruppenteils durch eigene Grenzbebauung – zwingt, da die offene Bauweise vorliegend auch Einzelhäuser zulässt (§ 22 Abs. 2 Satz 1 und 3 BauNVO). Denn der in der (zunächst einseitigen) Grenzbebauung zum Ausdruck kommende Verzicht auf seitliche Grenzabstände eröffnet dem Nachbarn zunächst lediglich die Möglichkeit des Grenzanbaus und erhöht so die bauliche Nutzbarkeit der betroffenen Grundstücke, auch wenn diese durch den Verlust seitlicher Grenzabstände erkauft wird (vgl. BVerwG, Urteil v. 24.1.2000 – 4 C 12.98 –, BVerwGE 110, 355, juris Rdnr. 21). Möglicherweise kann eine objektiv plankonforme Grenzbebauung bei nicht gleichzeitiger Bebauung der Grundstücke daher nur gewährleistet werden, wenn die Erstbebauung von einer öffentlich-rechtlichen Sicherung der gegenseitigen Grenzbebauung abhängig gemacht wird (vgl. § 5 Abs. 1 Satz 2 Nr. 2 LBO). Indes können die Kläger aus dem Umstand, dass ihrem Rechtsvorgänger keine öffentlich-rechtliche Sicherung abverlangt wurde, keine für sie günstigere Rechtslage herleiten, da dessen Verzicht auf die Einhaltung von Grenzabständen auch in der (zunächst) einseitigen Grenzbebauung zum Ausdruck kommt. Insbesondere begründet der Einwand der Kläger auch deswegen keine ernstlichen Richtigkeitszweifel, weil die Kläger hieraus lediglich die objektive Planwidrigkeit des neu genehmigten Vorhabens herleiten wollen. Diese hat das Verwaltungsgericht jedoch nicht in Frage gestellt, sondern seinerseits zugrunde gelegt. Die Annahme des Verwaltungsgerichts, dass die auf dem Grundstück der Kläger vorhandene Grenzbebauung zu einem Verlust sonst ggf. bestehender Abwehrrechte führe, zieht der Einwand jedoch nicht in Zweifel.

e) Ohne Erfolg machen die Kläger weiterhin geltend, dass das Verwaltungsgericht die auf ihrem Grundstück vorhandene Bebauung zu Unrecht als »Reihenmittelhaus« bzw. als »Mittelteil einer Hausgruppe« charakterisiert habe, da eine Doppelhaushälfte auch in mehrere Richtungen grenzständig bebaut sein könne. Bei dem auf den Grundstücken 2864 und 2864/1 errichteten Gebäude handele es sich daher um ein Doppelhaus im Rechtssinne, das die Ergänzung um einen weiteren grenzständigen Baukörper nicht zulasse. Hierbei verkennt die Klägerin jedoch, dass Gebäude nach § 22 Abs. 2 Satz 1

BauNVO in der offenen Bauweise mit seitlichem Grenzabstand als Einzelhäuser, Doppelhäuser oder Hausgruppen errichtet werden (Hervorhebung durch den Senat). Dem widerspräche es jedoch, den beidseitig grenzständig errichteten Baukörper auf dem Grundstück der Kläger als Teil eines Doppelhauses anzusehen. Vielmehr setzt die Annahme eines Doppelhauses in offener Bauweise voraus, dass die Gebäudehälften an einer Seite grenzständig zusammengebaut sind, im Übrigen aber – entsprechend der offenen Bauweise – den seitlichen Grenzabstand einhalten (vgl. BVerwG, Urteil v. 24.2.2000 – 4 C 12.98 –, BVerwGE 110, 355, juris Rdnr. 18; VG Gelsenkirchen, Urteil v. 12.7.2012 – 5 K 1351/11 –, juris Rdnr. 29; Hornmann, in: BeckOK BauNVO, § 22 Rdnr. 36).

Daher dürfte es sich im Zeitpunkt der Errichtung des Bestandsgebäudes auf dem ungeteilten Grundstück 2864 insgesamt um eine – auf Ergänzung durch eine weitere Doppelhaushälfte ausgerichtete – Doppelhaushälfte im Rechtssinne gehandelt haben, da die selbständigen Nutzungseinheiten Nr. 7 und Nr. 7a ursprünglich nicht auf unterschiedlichen Grundstücken lagen (vgl. zum Begriff des »unechten Doppelhauses« OVG Meckl.-Vorp., Beschluss v. 16.4.2012 – 3 L 156/08 –, juris Rdnr. 19). Dass das im Falle eines grenzständigen Anbaus auf dem Grundstück Nr. 2863 entstehende Gesamtgebäude aufgrund der zwischenzeitlich erfolgten Grundstücksteilung nunmehr als Hausgruppe anzusehen wäre, hat das Verwaltungsgericht demgegenüber nicht in Frage gestellt, sondern lediglich nachbarrechtliche Abwehransprüche der Kläger hiergegen verneint (vgl. oben d)).

Für die bauplanungsrechtliche Beurteilung ist dabei ohne Bedeutung, dass die Beklagte für die nunmehr auf den Grundstücken Nr. 2864 und Nr. 2864/1 vorhandene Bebauung im Jahr 1996 eine Baugenehmigung unter Befreiung für die »Zulassung einer Doppelhausbebauung statt einer Einzelhausbebauung« erteilt hat. Denn Inhalt und Umfang einer Baugenehmigung werden durch den Bauantrag und die mit ihm einzureichenden Bauvorlagen bestimmt, sofern die Baugenehmigung selbst keine entsprechenden Vorbehalte oder Maßgaben enthält (vgl. Senatsurt. v. 29.9.2015 – 3 S 741/15 –, juris Rdnr. 23 m. w. N.). Hieraus ergibt sich jedoch eindeutig, dass sich die Baugenehmigung und die in ihr enthaltene Befreiungsentscheidung auf den nachfolgend auch tatsächlich errichteten Baukörper bezieht, der sich rechtlich als Doppelhaushälfte bzw. (nunmehr) als Mittelteil einer Hausgruppe darstellt. Eine mögliche Falschbezeichnung ändert an dieser Einordnung ebenso wenig wie der Umstand, dass eine Befreiung von der festgesetzten Bauweise vor erfolgter Grundstücksteilung möglicherweise – bei rechtlicher Einordnung der errichteten Baukörper als einheitliche Doppelhaushälfte – sogar gänzlich entbehrlich gewesen wäre. Ein schutzwürdiges Vertrauen dahingehend, dass ein grenzständiger Anbau an den auf dem Grundstück der Kläger gelegenen Baukörper unterbleiben werde, konnte jedenfalls zu keinem Zeitpunkt entstehen. Auch eine entsprechende Selbstbindung der Verwaltung lässt sich hieraus nicht ableiten, zumal – wie sich aus der Vorgeschichte des im Jahr 1996 genehmigten Bauantrags ebenso ergibt wie aus der fensterlosen Ausführung der Grenzwand – die Fortentwicklung zu einer Hausgruppe von vorneherein beabsichtigt war.

f) Zu Unrecht berufen sich die Kläger auch darauf, dass die ihrem Rechtsvorgänger erteilte Baugenehmigung den Einwand treuwidrigen bzw. widersprüchlichen Verhaltens ausschließe. Denn die Möglichkeit einer Grenzbebauung wird in Gebieten der offenen Bauweise gerade durch den wechselseitigen Verzicht auf seitliche Grenzabstände an der gemeinsamen Grundstücksgrenze eröffnet (vgl. BVerwG, Urteil v. 24.1.2000 – 4 C 12.98 –, BVerwGE 110, 355, juris Rdnr. 21). An diesem Verzicht muss der Grundstückseigentümer sich auch dann festhalten lassen, wenn sein Vorhaben – wie regelmäßig – durch eine Baugenehmigung legalisiert wird. Dies gilt aufgrund der Grundstücksbezogenheit der jeweiligen Abwehrrechte auch gegenüber etwaigen Rechtsnachfolgern (vgl. Senatsurt. v. 25.9.1991 – 3 S 2000/91 –, juris Rdnr. 29, BVerwG, Beschluss v. 14.6. 2016 – 4 B 45.15 –, juris Rdnr. 31, BayVGH, Beschluss v. 14.5. 2020 – 15 ZB 19.2263 –, juris Rdnr. 21 sowie OVG Sachs.Anh., Beschluss v. 4.6.2012 – 2 L 56/11 –, juris Rdnr. 7 jeweils zur Verwirkung von Nachbarrechten).

g) Schließlich dringen die Kläger auch mit ihrem Vorbringen zum Gebot der Rücksichtnahme nicht durch. Soweit sie geltend machen, dass durch die Genehmigung eines grenzständigen Gebäudes ein außerordentlicher großer Gebäudekomplex entstünde, der mit keinem der Gebäude in näherer Umgebung vergleichbar sei, lässt ihr Vorbringen schon nicht erkennen, aus welchen Gründen sich dies gerade zu ihren Lasten als rücksichtslos erweist. Dies gilt auch unter Berücksichtigung des – nicht näher substantiierten – Vorbringens, dass der Gebäudekomplex quer zum Tal stünde und damit eine großflächige Blockade für talabwärts laufende Kaltluftströme bilde. Denn dieses blendet aus, dass der entstehende Gebäudekomplex nahezu hälftig durch die Bestandsgebäude auf den Grundstücken Nr. 2864 und Nr. 2864/1 gebildet würde, und lässt eine spezifische Betroffenheit gerade des Klägergrundstücks durch den behaupteten Abbruch der Kaltluftströme auch im Übrigen nicht erkennen. Die Kläger zeigen auch nicht auf, dass die (bauplanungsrechtlich ohne weiteres zulässige) Errichtung eines Mehrfamilienhauses zu ihren Lasten rücksichtslos wirkt.

h) Vor diesem Hintergrund muss auch die Rüge ohne Erfolg bleiben, dass nach der obergerichtlichen Rechtsprechung jeder Fehler bei der Anwendung des § 31 Abs. 2 BauGB im Hinblick auf nachbarschützende Vorschriften zu einem nachbarrechtlichen Abwehranspruch führe. Denn das Verwaltungsgericht hat ausgeführt, dass eine Rechtsverletzung durch eine nachträglich erteilte Befreiung dann ausscheide, wenn – wie zuvor festgestellt – schon die Bauweise des Vorhabens die Kläger nicht in nachbarschützenden Vorschriften verletze (UA, S. 19). Es nimmt hierbei ersichtlich auf die vorausgegangenen Ausführungen in Bezug, die einen Abwehranspruch auch bei gegebener Verletzung grundsätzlich nachbarschützender Vorschriften dann verneinen, wenn sich der Inhaber eines nachbarlichen Abwehrrechts (bzw. dessen Rechtsnachfolger) treuwidrig in Widerspruch zu seinem vorausgegangenen Verhalten setzt (UA, S. 14 f.). Trotz der missverständlichen Formulierung des Verwaltungsgerichts, die auf das Vorliegen einer Verletzung nachbarschützender Normen Bezug zu nehmen scheint, wird daher deutlich, dass das Verwaltungsgericht auch im Hinblick auf die nachträglich ausgesprochene Befreiung lediglich die Ausübung eines ggf. bestehenden Abwehrrechts als im Einzelfall treuwidrig ansieht. Dies begegnet vor dem Hintergrund der übrigen Ausführungen des Verwaltungsgerichts keinen ernstlichen Zweifeln. Insbesondere kommt es auf mögliche Ermessensfehler der nachträglichen Befreiungsentscheidung somit nicht an.

i) Ohne Erfolg rügen die Kläger weiter einen Verstoß gegen bauordnungsrechtliche Abstandsvorschriften. Insoweit verweist das Verwaltungsgericht zu Recht darauf, dass ein Nachbar, der den erforderlichen Grenzabstand nicht einhält, nach dem Grundsatz von Treu und Glauben daran gehindert ist, die Verletzung des Grenzabstands beim Bauherrn zu rügen, wenn die Verletzung nachbarschützender Abstandsregelungen durch das angegriffene Vorhaben nicht schwerer wiegt als der eigene Verstoß und in gefahrenrechtlicher Hinsicht keine völlig untragbaren Zustände entstehen (vgl. Senatsbeschl. v. 29.9.2010 – 3 S 1752/10 –, juris Rdnr. 4 m. w. N.). Denn aus der vom Verwaltungsgericht zitierten Senatsentscheidung ergibt sich zugleich, dass es für die Frage eines »Verstoßes« im o. g. Sinne nicht darauf ankommt, ob die Abweichung von den jeweiligen Vorschriften genehmigt wurde (vgl. Senatsbeschl. v. 29.9.2010 – 3 S 1752/10 –, juris Rdnr. 5 m. w. N.). Zudem ist in der Rechtsprechung des Bundesverwaltungsgerichts geklärt, dass die grenzständige Bebauung eines Grundstücks mit einer Doppelhaushälfte in Gebieten der offenen Bauweise gerade den Verzicht auf die Einhaltung seitlicher Grenzabstände an der gemeinsamen Grundstücksgrenze voraussetzt (vgl. BVerwG, Urteil v. 24.1.2000 – 4 C 12.98 –, BVerwGE 110, 355, juris Rdnr. 21). Dies ist auf Fälle der Errichtung eines Hausgruppenteils ohne weiteres übertragbar. Dass die Kläger im Hinblick auf die hier vorgesehene Grenzbebauung nicht die Einhaltung seitlicher Grenzabstände einfordern können, obwohl die auf ihrem Grundstück vorhandene, im wesentlichen deckungsgleiche Bebauung selbst keine Grenzabstände einhält, begegnet daher keinen ernstlichen Zweifeln.

j) Auch in der Gesamtschau begegnet die angegriffene Entscheidung keinen ernstlichen Richtigkeitszweifeln. Zwar trifft es zu, dass die Festsetzung der offenen Bauweise im Rahmen des hierdurch begründeten nachbarlichen Austauschverhältnisses in der Regel nachbarschützende Wirkung entfaltet, soweit danach ein seitlicher Grenzabstand einzuhalten ist (vgl. BVerwG, Urteil v. 24.1.2000 – 4 C 12.98 –, BVerwGE 110, 355, juris Rdnr. 27; VGH Bad.-Württ., Beschluss v. 1.3.1999 – 5 S 49/99 –, juris Rdnr. 5). Auch entspräche die nunmehr genehmigte Grenzbebauung in Verbindung mit dem vorhandenen Baubestand nicht den Festsetzungen des Bebauungsplans, der lediglich Einzel- und Doppelhäuser vorsieht. Diese objektive Planwidrigkeit findet ihre Ursache jedoch alleine in der auf dem nunmehr geteilten Grundstück Nr. 2864 vorhandenen Bebauung, da die ursprünglich als Doppelhaushälfte errichteten Baukörper ohne weiteres durch Anbau einer weiteren Doppelhaushälfte zu einem Doppelhaus ergänzt werden konnten und nur in Folge der nachfolgenden Grundstücksteilung zu einem Hausgruppenteil wurden. In einer Situation wie dieser kommt den Klägern kein Abwehrrecht gegenüber der grenzständigen Bebauung des Nachbargrundstücks zu, da der zur Genehmigung gestellte Teil einer Hausgruppe ihrem Baukörper nicht anders gegenübertritt als eine grenzständig errichtete Doppelhaushälfte. Dass sich die auf dem Grundstück der Kläger vorhandene Bestandsbebauung nunmehr einer Grenzbebauung in beide Richtungen ausgesetzt sieht, beruht alleine auf der maximalen Ausnutzung des (nunmehr geteilten) Klägergrundstücks in seitlicher Richtung und kann die Baumöglichkeiten auf dem Nachbargrundstück jedenfalls im Verhältnis zu den Klägern nicht beschränken. Unerheblich ist dabei, dass der vorhandene Baukörper durch den Rechtsvorgänger der Kläger errichtet wurde. Denn als Rechtsnachfolger kann der Grundstückseigentümer bauliche Verhältnisse, die objektiv nicht mit den Festsetzungen eines Bebauungsplans zu vereinbaren sind, nicht unter Berufung auf Umstände abwehren, die ihren Ursprung alleine auf seinem Grundstück finden. Dies hat das Verwaltungsgericht in zutreffender Weise erkannt.

k) Ohne Erfolg machen die Kläger schließlich geltend, dass das Nachschieben der Befreiung erst im gerichtlichen Verfahren jedenfalls im Rahmen der verwaltungsgerichtlichen Kostenentscheidung zu ihren Gunsten zu berücksichtigen gewesen wäre. Denn es trifft schon nicht zu, dass ihre Klage ohne die nachgeschobene Befreiung zwingend hätte Erfolg haben müssen, da das Verwaltungsgericht die Berufung auf einen Abwehranspruch auch unabhängig von der Befreiung als treuwidrig angesehen hat. Auch wird aus dem Vorbringen der Kläger nicht deutlich, dass die ihnen auferlegten Verfahrenskosten im Sinne des § 155 Abs. 4 VwGO ganz oder zum Teil durch Verschulden des Beklagten entstanden wären. Insoweit hat schon das Verwaltungsgericht zutreffend darauf verwiesen, dass die Kläger auch in Ansehung der nachträglich erteilten Befreiung an ihrem Anfechtungsantrag festgehalten (bzw. diesen auf die nachgeschobene Befreiung erweitert) haben (UA, S. 20). Von der Möglichkeit, das Verfahren unter Hinweis auf die nunmehr erteilte Befreiung mit der Kostenfolge des § 161 Abs. 2 Satz 1 VwGO für erledigt zu erklären, haben die Kläger demnach keinen Gebrauch gemacht. …

Nr. 112

Das Gebot der Rücksichtnahme ist zunächst nur ein objektiv-rechtliches Gebot, das lediglich zur allgemeinen Rücksichtnahme verpflichtet. Drittschutz vermag es aber dann aufzuweisen, wenn im Einzelfall klar ist, dass in qualifizierter und zugleich individualisierter Weise auf schutzwürdige Interessen eines erkennbar abgegrenzten Kreises Dritter Rücksicht zu nehmen ist.

Einsichtsmöglichkeiten sind gerade unter den Bedingungen der notwendigerweise verdichteten Bebauung in einem historisch gewachsenen Innenstadtbereich nicht zu vermeiden. In der Regel sind Nachbarn vor unerwünschten Einsichtsmöglichkeiten von benachbarten Häusern aus durch das bauplanungsrechtliche Gebot der Rücksichtnahme deshalb nicht geschützt.

Einer Erhaltungssatzung kommt generell keine nachbarschützende Wirkung zu, weil eine auf § 172 Abs. 1 Satz 1 Nr. 1 BauGB gestützte Erhaltungssatzung allein städtebaulichen und damit öffentlichen Interessen dient.
(Leitsätze der Redaktion)

BauGB § 34; BauNVO § 15.

Verwaltungsgericht Schleswig-Holstein, Urteil v. 30. April 2024 – 8 A 155/20 –.

Aus den Gründen:

Das Gericht entscheidet durch den Berichterstatter als Einzelrichter, weil die Kammer ihm den Rechtsstreit durch Beschluss gemäß § 6 Abs. 1 VwGO übertragen hat.

Die zulässige Klage ist unbegründet, da das mit der streitgegenständlichen Baugenehmigung vom 23.12.2019 in Gestalt des Widerspruchsbescheids vom 18.9.2020 zugelassene Bauvorhaben nicht gegen drittschützende Rechte der Kläger verstößt, § 113 Abs. 1 Satz 1 VwGO.

Eine Baunachbarklage kann ohne Rücksicht auf die etwaige objektive Rechtmäßigkeit oder Rechtswidrigkeit der Baugenehmigung nur dann Erfolg haben, wenn die Baugenehmigung einschließlich erteilter Befreiungen gegen öffentlich-rechtliche Vorschriften verstößt, die gerade auch dem Schutz des Nachbarn zu dienen bestimmt sind. Eine Verletzung von Nachbarrechten kann darüber hinaus wirksam geltend gemacht werden, wenn durch das Vorhaben das objektiv-rechtliche Gebot der Rücksichtnahme verletzt wird, dem drittschützende Wirkung zukommen kann.

Das Gebot der Rücksichtnahme ist zunächst nur ein objektiv-rechtliches Gebot, das lediglich zur allgemeinen Rücksichtnahme verpflichtet. Drittschutz vermag es aber dann aufzuweisen, wenn im Einzelfall klar ist, dass in qualifizierter und zugleich individualisierter Weise auf schutzwürdige Interessen eines erkennbar abgegrenzten Kreises Dritter Rücksicht zu nehmen ist (VG Gelsenkirchen, Beschluss v. 12.1.2024 – 5 L 1852/23 –, juris Rdnr. 12).

Zunächst kann offenbleiben, ob die vom Beigeladenen mittlerweile errichtete Terrasse auf dem Anbau von der Baugenehmigung umfasst ist. Daran bestehen Zweifel, weil kein ausdrücklicher Antrag auf Erteilung einer Baugenehmigung für die Errichtung einer Terrasse auf dem Anbau den Akten zu entnehmen ist. Der Beigeladenenvertreter hat in der mündlichen Verhandlung in Anwesenheit des Beigeladenen vorgetragen, es gebe überhaupt keine Baugenehmigung für die Errichtung einer Terrasse, gegen die sich die Kläger wehren könnten. Ausdrücklich ist weder den vom Kläger eingereichten Zeichnungen noch der Baubeschreibung ein Antrag auf Errichtung einer Terrasse auf dem Flachdach des Anbaus zu entnehmen.

Ein entsprechender Antrag könnte sich jedoch nach Auslegung der eingereichten Unterlagen ergeben, weil verschiedene Indizien in den eingereichten Bauunterlagen auf die Errichtung der Terrasse hindeuten. So ist die Terrasse in den Antragsunterlagen (in der Farbe schwarz als Bestand) eingezeichnet. Zudem ist die Errichtung eines durchgehenden Geländers eingezeichnet.

Dies kann im Ergebnis jedoch offenbleiben, weil ein Genehmigungsabwehranspruch der Kläger aufgrund einer Verletzung des Rücksichtnahmegebots nicht besteht. Ob die Kläger aufgrund des Fehlens einer Baugenehmigung für die Errichtung der Terrasse auf dem Flachdach im Innenhof möglicherweise einen Anspruch etwa auf bauordnungsrechtliches Einschreiten gegen die Beklagte haben, ist nicht Gegenstand dieses Verfahrens, weil sich die Kläger mit ihrem Widerspruch ausdrücklich nur gegen die erteilte Baugenehmigung gewandt haben.

Das Gericht vermag keine Verletzung des Gebots der Rücksichtnahme zu erkennen. Es kann dahinstehen, ob sich das Gebot der Rücksichtnahme im vorliegenden Fall aus dem Begriff des »Einfügens« des § 34 Abs. 1 BauGB oder aus § 34 Abs. 2 BauGB i. V. m. § 15 Abs. 1 BauNVO ableitet, da im Ergebnis dieselbe Prüfung stattzufinden hat (vgl. Bayerischer VGH, Beschluss v. 12.9.2013 – 2 CS 13.1351 –, juris Rdnr. 4).

Welche Anforderungen das Gebot der Rücksichtnahme begründet, hängt wesentlich von den jeweiligen Umständen ab. Je empfindlicher und schutzwürdiger die Stellung desjenigen ist, dem die Rücksichtnahme im gegebenen Zusammenhang zugutekommt, umso mehr kann er an Rücksichtnahme verlangen. Je verständlicher und unabweisbarer die mit dem Vorhaben verfolgten Interessen sind, umso weniger braucht derjenige, der das Vorhaben verwirklichen will, Rücksicht zu nehmen. Bei diesem Ansatz kommt es für die sachgerechte Beurteilung des Einzelfalles wesentlich auf eine Abwägung zwischen dem an, was einerseits dem Rücksichtnahmebegünstigten und andererseits dem Rücksichtnahmeverpflichteten nach Lage der Dinge zuzumuten ist (BVerwG, Urteil v. 18.11.2004 – 4 C 1.04 –, juris Rdnr. 22).

Einsichtsmöglichkeiten sind gerade unter den Bedingungen der notwendigerweise verdichteten Bebauung in einem historisch gewachsenen Innenstadtbereich nicht zu vermeiden. In der Regel sind Nachbarn vor unerwünschten

Einsichtsmöglichkeiten von benachbarten Häusern aus durch das bauplanungsrechtliche Gebot der Rücksichtnahme nicht geschützt. Die im Rahmen der »Rundumsicht« liegenden Einsichtsmöglichkeiten sind von Nachbarn grundsätzlich hinzunehmen. Etwas Anderes kann gelten, wenn der Schutz vor Einsicht in konkreten planerischen Festsetzungen zum Ausdruck kommt oder eine verfestigte Bebauungsstruktur ein diesbezügliches Vertrauen – deutlich – rechtfertigt; dies bleibt (besonders) in innerstädtischen Lagen auf absolute Ausnahmefälle beschränkt (OVG Schleswig-Holstein, Beschluss v. 24.11.2011 – 1 LA 65/11 –, juris Rdnr. 6). Ein solcher Ausnahmefall kann etwa vorliegen, wenn geradezu zielgerichtet durch große Fenster in hervortretenden Gebäudeteilen eine Art »Aussichtskanzel« auf das Grundstück der Nachbarn errichtet wird (vgl. Hamburgisches OVG, Urteil v. 17.1.2002 – 2 Bf 359/98 –, juris Rdnr. 74).

Gemessen an diesen Maßstäben liegt keine Verletzung des Rücksichtnahmegebots vor.

Planerische Festsetzungen bestehen in dem Gebiet ebenso wenig wie eine verfestigte Bebauungsstruktur, die einen besonderen Schutz vor Einsicht auch im innerstädtischen Bereich rechtfertigen könnte. Vielmehr liegt in der nahen Umgebung eine geschlossene Bauweise vor. Auf der Innenhofseite befinden sich auf der gegenüberliegenden Seite weitere Wohngebäude, die teilweise über Eck errichtet sind. Das Gebäude der Kläger reicht zum Teil weiter in den Innenhof als die Nachbargebäude. Dieser vorstehende Teil ist naturgemäß mit erheblichen Einsichtsmöglichkeiten der Nachbarn verbunden. Auch die über Eck errichteten Gebäude ermöglichen erhebliche Einsichtsmöglichkeiten.

Nach den von den Klägern vorgetragenen Einsichtsmöglichkeiten und dem bei der Inaugenscheinnahme gewonnen Gesamteindruck liegt trotz der durchaus erheblichen Einsichtsmöglichkeiten keine Verletzung des Rücksichtnahmegebots vor.

Die Kläger machen geltend, von der Terrasse aus könne nun ungehindert aus unmittelbarer Nähe in ihre Fenster geschaut werden. Dies hat das Gericht bei der Inaugenscheinnahme auch so feststellen können. Es kann von der Terrasse aus in die Fenster des Gebäudes der Kläger hineingesehen werden. Dies betrifft zum einen das Fenster an der Stirnseite des Gebäudes, das sich neben der Terrassentür befindet. Zum anderen betrifft dies die Fenster in dem weiter in den Innenhof ragenden Teil des Gebäudes der Kläger. Diese befinden sich neben der Terrasse. Die knapp einen Meter hohe Grenzmauer bietet insoweit keinen Sichtschutz. Nach dem Vortrag der Kläger in der mündlichen Verhandlung ist ein Sichtschutz an dieser Stelle jedoch auch nicht erwünscht.

Diese Einsichtsmöglichkeiten bestanden jedoch bereits vor dem Umbau – wenngleich in geringerem Maße – von dem damals vorhandenen Balkon aus. Gerade das Fenster in der Stirnseite konnte bereits von dem Balkon aus nahezu genauso eingesehen werden wir nun von der Terrasse aus. Die anderen Fenster konnten in einem spitzeren Winkel eingesehen werden als nun von der Terrasse aus. Die Fenster in dem in den Innenhof ragenden Gebäudeteil können zudem von allen Balkonen des Gebäudes des Beigeladenen eingesehen werden. Auf jeder Etage des Gebäudes befinden sich an der Innenhofseite des Gebäudes zwei Balkone. Weitere Einsichtsmöglichkeiten bestehen von den anderen Nachbargebäuden und den gegenüberliegenden Gebäuden aus.

Dies entspricht auch den in der näheren Umgebung deutlich zu Tage tretenden altstadttypischen wechselseitigen Einsichtsmöglichkeiten. Dieser Umstand ist jedoch im innerstädtischen Bereich hinzunehmen. Besondere Anhaltspunkte etwa für ein zielgerichtetes Vorgehen zum Nachteil der Kläger ist hier nicht ersichtlich. Dabei ist auch zu berücksichtigen, dass die Einsichtsmöglichkeiten wechselseitig sind. Genauso wie in die Fenster hineingesehen werden kann, können die Kläger aus den Fenster heraus auf die Terrasse und in die Wohnung hinter der Terrassentür sehen.

Auch unter denkmalschutzrechtlichen Gesichtspunkten hat die Klage keinen Erfolg.

Grundsätzlich besteht der Denkmalschutz nur im öffentlichen Interesse und vermittelt keinen Nachbarschutz. Soweit der denkmalrechtliche Umgebungsschutz objektiv geboten ist, muss er jedoch auch dem Eigentümer des Kulturdenkmals Schutz vermitteln. Jedenfalls wenn ein Vorhaben in der Umgebung des geschützten Kulturdenkmals dessen Denkmalwürdigkeit möglicherweise erheblich beeinträchtigt, muss der Eigentümer des Kulturdenkmals gemäß § 42 Abs. 2 VwGO befugt sein, die denkmalrechtliche Genehmigung des Vorhabens anzufechten (BVerwG, Urteil v. 21.4.2009 – 4 C 3.08 –, juris Rdnr. 15).

Es besteht damit ein Abwehrrecht gegen eine Baumaßnahme in der Nähe des Baudenkmals, wenn sich diese auf den Bestand oder das Erscheinungsbild des Baudenkmals erheblich auswirkt. Das ist der Fall, wenn von dem Vorhaben eine »erhebliche« Beeinträchtigung des Wesens, des überlieferten Erscheinungsbildes oder der künstlerischen Wirkung des Denkmals ausgeht und gewichtige Gründe des Denkmalschutzes für die unveränderte Beibehaltung des bisherigen Zustands sprechen. Als erhebliche Beeinträchtigung eines Denkmals ist nicht nur eine Situation anzusehen, in der ein hässlicher, das ästhetische Empfinden des Betrachters verletzender Zustand, also ein Unlust erregender Kontrast zwischen der benachbarten Anlage und dem Baudenkmal hervorgerufen wird, sondern auch die Tatsache, dass die Wirkung des Denkmals als Kunstwerk, als Zeuge der Geschichte oder als bestimmendes städtebauliches Element geschmälert wird. Neue Vorhaben müssen sich zwar weder völlig an vorhandene Baudenkmäler anpassen, noch haben sie zu unterbleiben, wenn eine Anpassung nicht möglich ist. Aber sie müssen sich an dem Denkmal messen lassen, dürfen es nicht gleichsam erdrücken, verdrängen oder die gebotene Achtung gegenüber den im Denkmal verkörperten

Werten vermissen lassen. Die genannten Merkmale müssen in schwerwiegender Weise gegeben sein, damit von einer erheblichen Beeinträchtigung gesprochen werden kann (VG Bayreuth, Beschluss v. 15.8.2023 – B 2 S 23.488 –, juris Rdnr. 46; Bayerischer VGH, Urteil v. 25.6.2013 – 22 B 11.701 –, juris Rdnr. 29 ff.).

Hier wurde dem Beigeladenen von der zuständigen Denkmalschutzbehörde (die Beklagte, Abteilung Denkmalpflege, Bereich Archäologie und Denkmalpflege) mit Bescheid vom 16.5.2019 eine denkmalrechtliche Genehmigung nach § 13 in Verbindung mit § 12 Abs. 2 Nr. 2 DSchG erteilt. Gegen diese Genehmigung haben die Kläger keinen Widerspruch erhoben. Die Entscheidung der Denkmalschutzbehörde ist auch nicht zu beanstanden, weil die Errichtung der Terrasse auf dem bereits zuvor vorhandenen Flachdach des Anbaus im Innenhof das geschützte Gebäude der Kläger allenfalls geringfügig durch das neu errichtete Geländer beeinträchtigt. Die Beeinträchtigung ist zum einen nur vom Innenhof aus zu erkennen. Zum anderen handelt es sich um ein nur knapp einen Meter hohes Geländer aus Metallstreben, das die Sicht lediglich geringfügig einschränkt. Nach dem Gesamteindruck des Einzelrichters bei der Inaugenscheinnahme bleibt das Erscheinungsbild des geschützten Gebäudes der Kläger im Wesentlichen unverändert.

Auch die Satzung der Hansestadt Lübeck über die Erhaltung baulicher Anlagen im Stadtteil Innenstadt (Gebiet Altstadt) vom 28.2.1979, zuletzt geändert durch die zweite Änderungsatzung vom 27.2.2020 (Erhaltungssatzung) vermag der Klage nicht zum Erfolg zu verhelfen.

Der Erhaltungssatzung kommt generell keine nachbarschützende Wirkung zu, weil eine auf § 172 Abs. 1 Satz 1 Nr. 1 BauGB gestützte Erhaltungssatzung allein städtebaulichen und damit öffentlichen Interessen dient (Hamburgisches OVG, Beschluss v. 18.6.2015 – 2 Bs 99/15 –, juris Rdnr. 31).

Nach alledem war die Klage abzuweisen. …

Nr. 113

Trotz Einhaltung der konkreten Abstandsflächen zum Grundstück der Antragsteller ist eine Verletzung des Rücksichtnahmegebotes nur dann anzunehmen, wenn von einem Bauvorhaben eine erdrückende Wirkung auszugeht.

Generell ist eine erdrückende Wirkung anzunehmen, wenn eine bauliche Anlage wegen ihrer Ausmaße, ihrer Baumasse oder ihrer massiven Gestaltung ein benachbartes Grundstück unangemessen benachteiligt, indem es diesem förmlich »die Luft nimmt«, wenn für den Nachbarn das Gefühl des »Eingemauertseins« oder eine »Gefängnishofsituation« entsteht, wenn von der baulichen Anlage eine »Riegelwirkung« ausgeht oder wenn die Größe des »erdrückenden« Gebäudes auf Grund der Besonderheiten des Einzelfalls derartig

übermächtig ist, dass das »erdrückte« Gebäude oder Grundstück nur noch oder überwiegend wie eine von einem herrschenden Gebäude dominierte Fläche ohne eigene Charakteristik wahrgenommen wird.

Im Fall einer faktischen Baugrenze oder Baulinie fehlt es an einer drittschützenden Wirkung, weil es an einer entsprechenden Entscheidung der Gemeinde mangelt, die ein solches Austauschverhältnis begründen wollte.

Es gibt in der Regel keinen Schutz vor Einsichtsmöglichkeiten in bestehende Wohn- oder Ruhebereiche.

(Leitsätze der Redaktion)

BauGB § 34; BauO LSA § 6 Abs. 1 Satz 1.

OVG Sachsen-Anhalt, Beschluss v. 21. Mai 2024 – 2 M 34/24 –.

Aus den Gründen:

A. Die Beschwerde der Antragsteller hat keinen Erfolg. Die dargelegten Gründe, auf deren Prüfung der Senat gemäß § 146 Abs. 4 Satz 6 VwGO beschränkt ist, rechtfertigen nicht die Änderung der erstinstanzlichen Entscheidung.

1. Die Antragsteller rügen, das Verwaltungsgericht sei von einem falschen Sachverhalt ausgegangen. In der ursprünglich beantragten Fassung betrage die Höhe für alle drei Häuser 6,24 m (NHL gleich 101,79), was auch genehmigt worden sei. Insofern sei nicht nachzuvollziehen, weshalb die Antragsgegnerin in dem Schriftsatz vom 1.12.2023 an das Verwaltungsgericht von einer Höhe von 6,84 m spreche, die nichts mit der ursprünglichen Fassung des Bauantrages zu tun habe. Der Bauherr habe von vornherein arglistig geplant, höher und größer zu bauen. Dies sei dem Verwaltungsgericht nicht aufgefallen. Dieser Einwand ist nicht stichhaltig.

Nach den mit Datum vom 16.5.2022 grüngestempelten und damit zunächst genehmigten Bauvorlagen (vgl. die Ansichtszeichnungen und Schnitte für die Häuser 1 und 3, Bl. 175 und 183 der Beiakte A) weist die westliche Außenwand des Hauses 1 eine Höhe von 6,24 m und die westliche Außenwand des Hauses 3 eine Höhe von 6,84 m auf. Nach dem mit Datum vom 15.2.2024 grüngestempelten und damit aktuell genehmigten Bauvorlagen zur 1. Änderung der Baugenehmigung (vgl. den Geländeschnitt, Bl. 23, 25 der Beiakte C und den nachgereichten Lage- und Höhenplan Bl. 39 der Beiakte C) beträgt die Höhe der Außenwand des Hauses 1 – gemessen von der nunmehr angegebenen Geländeoberfläche zwischen 95,30 m NHN und 95,23 m NHN bis zur angegebenen Höhe der Gebäudeoberkante von 102,36 m NHN – zwischen 7,06 m und 7,13 m. Die Höhe der westlichen Außenwand des Hauses 3 beträgt – ausgehend von der dort angegebenen Geländeoberfläche zischen 95,19 m NHN und 95,08 m NHN und der angegebenen Höhe der Gebäudeoberkante von 102,10 m – zwischen 6,91 m und 7,02 m. Wie das Verwaltungsgericht zutreffend ausgeführt hat, würde die nach § 6 Abs. 5 Satz 1 BauO LSA erforderliche Mindesttiefe der Abstandsfläche von 3 m, die nach dem Lage- und

Höhenplan eingehalten wird, nur dann nicht ausreichen, wenn die zum Grundstück der Antragsteller zeigende westliche Außenwand des Hauses 1 oder des Hauses 3 höher als 7,5 m wäre, da nach § 6 Abs. 5 Satz 1 BauO LSA die Tiefe der Abstandsfläche 0,4 des sich aus § 6 Abs. 4 BauO LSA ergebenden Maßes der Wandhöhe (H) beträgt. Dass diese Wände höher als 7,5 m sind, machen die Antragsteller auch in der Beschwerde nicht geltend.

2. Unsubstantiiert bleibt die Rüge der Antragsteller, das Verwaltungsgericht habe die vom Bundesverwaltungsgericht aufgestellten Grundsätze zum Gebot der Rücksichtnahme nicht richtig angewandt, soweit es angenommen habe, dass das Rücksichtnahmegebot nur verletzt sein könne, wenn die für den Antragsteller aus der Verwirklichung des geplanten Vorhabens resultierenden Nachteile das Maß dessen überwögen, was ihnen als Nachbarn noch billigerweise zuzumuten sei. Sie legen nicht dar, weshalb dieses Zitat aus der Kommentarliteratur unrichtig bzw. auf den vorliegenden Fall nicht anwendbar sein soll.

3. Die Antragsteller wenden ein, das Verwaltungsgericht habe die Frage des Einfügens nach § 34 Abs. 1 BauGB nur im Hinblick auf die im konkreten Fall gar nicht streitige Frage der Art der baulichen Nutzung geprüft, nicht hingegen bezüglich des Maßes der baulichen Nutzung. Alle drei Häuser seien in einem Bauantrag verbunden und stellten damit die Baumaßnahme dar. Es gebe aber in der näheren Umgebung keine drei Häuser auf einem Grundstück oder ein Einzelgebäude, das der Geschossfläche oder der Gesamtwohnfläche der drei streitigen Gebäude entspreche. Es finde eine vollkommen unnatürliche Ballung von Wohnraum in sehr großen und dominanten, auch im Übrigen die Firsthöhe der Nachbargrundstücke überschreitenden Gebäuden statt. Zutreffend habe die Vorinstanz zwar erkannt, dass ein Verstoß gegen das Rücksichtnahmegebot auch dann vorliegen könne, wenn sich ein Vorhaben nach seinem Maß der baulichen Nutzung, seiner Bauweise oder seiner überbauten Grundstücksfläche nicht in die Eigenart der näheren Umgebung einfüge. Insofern bedürfe es aber nicht immer des Aspektes der erdrückenden Wirkung. Der Aspekt des sogenannten Abgeriegeltseins lasse sich durchaus viel früher bejahen. Bei der Frage der erdrückenden Wirkung müsse auf die Gesamtbaumaßnahme auf dem Nachbargrundstück abgestellt werden. Diese Einwände verfangen nicht.

a) § 34 Abs. 1 BauGB hat nicht generell drittschützende Wirkung. Es reicht nicht aus, dass sich ein Vorhaben gemäß § 34 Abs. 1 BauGB nach dem Maß der baulichen Nutzung, der Bauweise oder der überbauten Grundstücksfläche nicht in die Eigenart der näheren Umgebung einfügt. Der Nachbarschutz richtet sich vielmehr nach dem im Merkmal des Einfügens enthaltenen (eigentlich objektivrechtlichen) Gebot der Rücksichtnahme. Auch das Gebot der Rücksichtnahme hat nichts stets, sondern nur dann nachbarschützenden Charakter, wenn in qualifizierter und individualisierter Weise auf schutzwürdige Interessen eines erkennbar abgegrenzten Kreises Dritter Rücksicht zu nehmen ist.

Im unbeplanten Innenbereich geht das Rücksichtnahmegebot in dem Begriff des Einfügens im Sinne des § 34 Abs. 1 BauGB auf. Bei der Rücksichtnahme geht es um das, was den Nachbarn billigerweise nicht mehr zugemutet werden soll. Es lässt sich nicht einheitlich beantworten, welcher Art eine Beeinträchtigung sein muss, um eine Verletzung des Rücksichtnahmegebotes zu bejahen. Die Anforderungen, die an das in § 34 Abs. 1 BauGB verankerte Gebot der Rücksichtnahme zu stellen sind, hängen von den Umständen des Einzelfalls ab. Gefordert ist eine Interessenabwägung, die am Kriterium der Zumutbarkeit auszurichten ist. Dabei ist entscheidend, ob von einem Bauvorhaben für den Nachbarn, der sich auf eine Verletzung seines subjektiv-öffentlichen Rechts beruft, städtebaulich relevante unzumutbare Beeinträchtigungen ausgehen. Die Schutzwürdigkeit des Betroffenen, die Intensität der Beeinträchtigung, die Interessen des Bauherrn und das, was in der konkreten Grundstückssituation beiden Seiten billigerweise zumutbar oder unzumutbar ist, sind gegeneinander abzuwägen. Nach diesen Grundsätzen reicht ein fehlendes »Einfügen« im Sinne des § 34 Abs. 1 BauGB für die Bejahung eines nachbarrechtlichen Abwehranspruchs unter Berufung auf das Gebot der Rücksichtnahme nicht aus. Vielmehr muss hinzukommen, dass die Veränderung der Grundstückssituation zu Verhältnissen führen würde, die dem Nachbarn billigerweise nicht mehr zumutbar wären (zum Ganzen: Beschluss des Senats vom 15.2.2021 – 2 M 121/20 – juris Rdnr. 18 ff., m. w. N.).

b) Eine solche unzumutbare Veränderung der Grundstückssituation ergibt sich insbesondere nicht allein aus der Anzahl der genehmigten Gebäude. Dies folgt schon daraus, dass das Gebot der Rücksichtnahme Teil des Einfügens im Sinne des § 34 Abs. 1 BauGB ist und das Einfügen im Sinne von § 34 Abs. 1 Satz 1 BauGB nur geprüft wird anhand der vier dort genannten Merkmale der Art der baulichen Nutzung, des Maßes der baulichen Nutzung, der Bauweise und der zu überbauenden Grundstücksfläche. Das Rücksichtnahmegebot ist insofern in seiner inhaltlichen Bestimmung akzessorisch zu den Prüfungsmerkmalen des § 34 Abs. 1 Satz 1 BauGB. Die Rücksichtslosigkeit kann sich also nur aus einer Unvereinbarkeit des Bauvorhabens mit diesen Merkmalen ergeben (OVG SH, Urteil v. 4.9.1997 – 1 L 139/96 – juris Rdnr. 125, m. w. N.). Die Zahl der auf dem Baugrundstück geplanten Gebäude und die Wohndichte sind aber kein Element des Maßes der baulichen Nutzung (vgl. § 16 Abs. 1 BauNVO). Dies gilt auch für die von den Antragstellern an anderer Stelle ins Feld geführte Größe und Anzahl der vorgesehenen Fenster. Da die relativen Maßstäbe der Grundflächen- und Geschoßflächenzahl vielfach nur eine untergeordnete Bedeutung oder, je nach den Umständen des Einzelfalls, auch gar keine Bedeutung für die Frage des Einfügens haben, weil sie in der Örtlichkeit häufig nur schwer ablesbar sind, vielmehr erst errechnet werden müssen (BVerwG, Urteil v. 23.3.1994 – 4 C 18.92 – juris Rdnr. 7), kommt diesem Merkmal auch bei der Verletzung des Rücksichtnahmegebots keine maßgebliche Bedeutung zu.

c) Auch unter dem Gesichtspunkt der »erdrückenden Wirkung« erweist sich das Bauvorhaben des Beigeladenen nicht als gegenüber den Antragstellern rücksichtslos.

Unter dem Gesichtspunkt der erdrückenden Wirkung kann eine Verletzung des Gebots der Rücksichtnahme vorliegen, wenn das Vorhaben infolge seines Nutzungsmaßes den Nachbarn durch eine »abriegelnde« oder »erdrückende Wirkung« unzumutbar beeinträchtigt. Eine solche Wirkung kommt vor allem bei nach Höhe und Volumen »übergroßen« Baukörpern in geringem Abstand zu benachbarten Wohngebäuden in Betracht. Generell ist eine erdrückende Wirkung anzunehmen, wenn eine bauliche Anlage wegen ihrer Ausmaße, ihrer Baumasse oder ihrer massiven Gestaltung ein benachbartes Grundstück unangemessen benachteiligt, indem es diesem förmlich »die Luft nimmt«, wenn für den Nachbarn das Gefühl des »Eingemauertseins« oder eine »Gefängnishofsituation« entsteht, wenn von der baulichen Anlage eine »Riegelwirkung« ausgeht oder wenn die Größe des »erdrückenden« Gebäudes auf Grund der Besonderheiten des Einzelfalls derartig übermächtig ist, dass das »erdrückte« Gebäude oder Grundstück nur noch oder überwiegend wie eine von einem herrschenden Gebäude dominierte Fläche ohne eigene Charakteristik wahrgenommen wird (zum Ganzen: Beschluss des Senats vom 15.2.2021, a. a. O., Rdnr. 25, m. w. N.).

Eine solche Fallgestaltung liegt hier nicht vor. Die drei geplanten Wohngebäude überragen die Firsthöhe des Wohnhauses der Antragsteller, die nach dem in den Bauvorlagen enthaltenen Lageplan (Bl. 172 der Beiakte A) bei 103,2 m NHN liegt, nicht, sondern nur die Traufhöhen, die bei 98,3 m NHN liegen. Die Möglichkeit einer erdrückenden Wirkung ist grundsätzlich zu verneinen, wenn der Baukörper des angegriffenen Gebäudes nicht erheblich höher ist als der des betroffenen Nachbargebäudes (BayVGH, Beschluss v. 15.1.2018 – 15 ZB 16.2508 – juris Rdnr. 18, m. w. N.). Zwar wirken die drei Gebäude aufgrund ihres größeren Volumens deutlich massiver als das Wohnhaus der Antragsteller. Der Unterschied hinsichtlich der Baumasse ist aber nicht so groß, dass dadurch eine erdrückende Wirkung entsteht. Im Übrigen ist, da das Gebot der Rücksichtnahme in dem Tatbestandsmerkmal des »Einfügens« in § 34 Abs. 1 BGB enthalten ist, bei der Ermittlung dessen, was dem Rücksichtnahmepflichtigen zuzumuten ist, auch auf die maßgebende prägende Umgebungsbebauung abzustellen (BayVGH, Beschluss v. 30.11.2023 – 2 ZB 21.2099 – juris Rdnr. 12, m. w. N.). Das Rücksichtnahmegebot kann nur verletzt sein kann, wenn sich das Vorhaben objektiv-rechtlich nach seiner Art oder seinem Maß der baulichen Nutzung, nach seiner Bauweise oder nach seiner überbauten Grundstücksfläche nicht in die Eigenart seiner näheren Umgebung einfügt (BVerwG, Beschluss v. 11.1.1999 – 4 B 128.98 – juris Rdnr. 6). Wie sich aus den in den Verwaltungsvorgängen vorhandenen Lichtbildern (Beiakte A, B. 45 ff.) sowie den Luftbildern von Google Maps und Google Streetview ergibt, befinden sich in der näheren Umgebung des Baugrundstücks weitere Gebäude, die ein ähnliches oder noch größeres Bauvolumen haben als die drei in Rede stehenden Häuser. Der Senat vermag auch nicht der Auffassung der Antragsteller zu folgen, dass von dem Bauvorhaben eine unzumutbare Riegelwirkung ausgeht. Durch die drei Häuser wird zwar der Blick in östliche und nordöstliche Richtung zur D-Straße hin versperrt, der Blick nach Süden und Westen bleibt den Antragstellern aber erhalten. Von einem Gefühl des »Eingemauertseins« kann vor diesem Hintergrund keine Rede sein.

4. Die Antragsteller tragen vor, aus den Bauantragsunterlagen ergebe sich, dass der Mindestabstand von 3 m nicht eingehalten werde. Es sei rücksichtslos, das Gelände anzufüllen und die Vorgaben aus der Baugenehmigung nicht einzuhalten, um so noch höher als zuvor quasi auf ihr Grundstück herunterblicken zu können. Darüber hinaus stelle sich die Frage, welche Höhe dann für die Bemessung des Abstandes zugrunde gelegt werde, da der Höhenbezugspunkt verändert worden sei. Die Abstandsfläche sei mit der entsprechenden Erhöhung neu zu berechnen. Darüber hinaus wären bei einer Überschreitung der Wandhöhe von 7 m aufgrund der Einstufung in eine andere Bauwerksklasse andere Vorschriften zu prüfen gewesen. Auch damit vermögen die Antragsteller nicht durchzudringen.

Wie oben bereits ausgeführt, ergibt sich aus den grüngestempelten nachgereichten Bauvorlagen zur 1. Änderungsgenehmigung vom 15.2.2024, dass die jeweilige westliche Außenwand der Häuser 1 und 3 jedenfalls nicht höher ist als 7,50 m, so dass es genügt, wenn die Mindesttiefe der Abstandfläche nach § 6 Abs. 5 Satz 1 BauO LSA von 3 m eingehalten wird. Nach den eingereichten Lageplänen, insbesondere nach dem grüngestempelten Lage- und Höhenplan vom 4.12.2023 (Beiakte C, Bl. 9) werden die Häuser 1 und 3 in einem Abstand von 3 m zur Grenze zum Grundstück der Antragsteller errichtet. Soweit die Gebäude (weiterhin) abweichend von der Baugenehmigung (in der Fassung der 1. Änderung) errichtet werden sollten, beträfe dies nicht die Rechtmäßigkeit der Baugenehmigung, sondern die Bauausführung, die die Antragsgegnerin im Rahmen der Bauaufsicht zu überwachen hat. Unsubstantiiert ist auch der Einwand der Antragsteller, bei einer Gebäudehöhe von mehr als 7 m seien andere Vorschriften zu prüfen. Insbesondere fallen die Gebäude nicht deshalb in eine andere Bauwerksklasse, weil die Außenwände (teilweise) höher als 7 m sind. Zwar fallen nach § 2 Abs. 3 Satz 1 BauO LSA Gebäude mit einer Höhe von mehr als 7 m nicht mehr in die Gebäudeklassen 1, 2 oder

Gemäß § 2 Abs. 3 Satz 2 BauO LSA ist allerdings Höhe im Sinne des Satzes 1 das Maß der Fußbodenoberkante des höchstgelegenen Geschosses, in dem ein Aufenthaltsraum möglich ist, über der Geländeoberfläche im Mittel. Die Fußbodenoberkanten der Obergechosse der drei streitigen Wohnhäuser liegen indes deutlich weniger als 7 m über der Geländeoberfläche.

5. Die Antragsteller wenden ein, es treffe nicht zu, dass in vergleichbarer Bautiefe auch im rückwärtigen Bereich der D-Straße Wohnhäuser in zweiter

Reihe vorhanden seien. Keines der Wohngebäude, die in der zweiten Reihe errichtet seien, rage so weit in den hinteren Bereich hinein wie das Bauvorhaben des Beigeladenen. Das Abstellen auf den Ausdruck aus Google Maps, den niemand vorher bemüht habe, sei auch eine unzulässige Überraschungsentscheidung. Unabhängig davon sei aus Google Maps überhaupt nichts zu erkennen. Die beiden vom Verwaltungsgericht möglicherweise mit dieser Quelle ermittelten Häuser seien weit entfernt und nähmen nicht mehr am Bebauungszusammenhang teil. Falls dies anders zu beurteilen sei, handele es sich um typische Ausreißer, auf die nicht abgestellt werden könne. Auch damit vermögen die Antragsteller nicht durchzudringen.

Das Verwaltungsgericht ist zu der Auffassung gelangt, dass auch in Bezug auf das Merkmal der überbaubaren Grundstücksfläche das Quartier südlich der D-Straße ab der D- Straße ... (nach der Einmündung K-Erh) bis zur Einmündung der K-Straße den maßgeblichen Rahmen der näheren Umgebung bilde, wo sich Wohnbebauung in zweiter Reihe befinde, die noch weiter in den rückwärtigen Bereich hineinrage als das Vorhaben des Beigeladenen. Die Antragsteller legen schon nicht dar, weshalb diese Gebietsabgrenzung fehlerhaft sein soll. Nach der Rechtsprechung des Senats (vgl. Beschluss vom Beschluss v. 4.7.2012 – 2 L 94/11 – juris Rdnr. 10) und anderer Oberverwaltungsgerichte (vgl. OVG NRW, Urteil v. 14.9.2023 – 2 A 577/21 – juris Rdnr. 53 f.) ist zwar bei der überbaubaren Grundstücksfläche der maßgebliche Bereich in der Regel enger zu begrenzen als bei der Art der baulichen Nutzung, weil die Prägung, die von der für die Bestimmung der überbaubaren Grundstücksflächen maßgeblichen Stellung der Gebäude auf den Grundstücken ausgeht, im Allgemeinen weniger weit reicht als die Wirkungen der Art der baulichen Nutzung. So kann insbesondere die Einheitlichkeit bzw. Unterschiedlichkeit der Bebauung ein Kriterium für die Abgrenzung der näheren Umgebung sein; insoweit kann die Umgebung nach der tatsächlichen städtebaulichen Situation so beschaffen sein, dass die Grenze zwischen näherer und fernerer Umgebung dort zu ziehen ist, wo zwei jeweils in sich einheitlich geprägte Bebauungskomplexe mit voneinander verschiedenen Bau- und Nutzungsstrukturen aneinandergrenzen (vgl. Beschluss des Senats vom 4.7.2012, a. a. O., m. w. N.). Die Antragsteller zeigen aber nicht auf, weshalb die vom Verwaltungsgericht für die Bestimmung des Rahmens herangezogenen Grundstücke D-Straße ... und ... unter Berücksichtigung der dortigen Bebauungsstruktur außer Acht zu bleiben haben. Sie legen auch nicht dar, aus welchen Gründen es sich hierbei um »Ausreißer« handeln soll.

Im Übrigen hat – wie oben bereits ausgeführt – § 34 Abs. 1 BauGB nicht generell drittschützende Wirkung; es reicht nicht aus, dass sich ein Vorhaben gemäß § 34 Abs. 1 BauGB nach dem Maß der baulichen Nutzung, der Bauweise oder der überbauten Grundstücksfläche nicht in die Eigenart der näheren Umgebung einfügt. Ein Nachbar kann im unbeplanten Innenbereich hinsichtlich der überbaubaren Grundstücksfläche vielmehr (allein) geltend machen, es liege eine Verletzung des Gebots der Rücksichtnahme zu seinem Nachteil vor (OVG NRW, Beschluss v. 12.1.2024 – 10 B 1131/23 – juris Rdnr. 7).

6. Die Antragsteller beanstanden, es sei nicht ersichtlich, weshalb die Überschreitung einer durch die Bebauung auf ihrem Grundstück vorgegebenen hinteren Baulinie nicht maßgeblich sein solle. Der gesamte Rückzugsbereich des Gartens, in welchem sich auch ein Pool befinde, den sie zum Nacktbaden nutzten, werde entwertet, weil das Haus 3, insbesondere vom zweiten Vollgeschoss aus, maximale Einsichtnahmemöglichkeiten biete. Auch mit diesem Vorbringen vermögen die Antragsteller eine Verletzung des Rücksichtnahmegebots nicht aufzuzeigen.

Nach ständiger Rechtsprechung der Verwaltungsgerichte gibt es in der Regel keinen Schutz vor Einsichtsmöglichkeiten in bestehende Wohn- oder Ruhebereiche. Zwar kann der Schutz vor Einsichtsmöglichkeiten auch dann bauplanungsrechtlich relevant sein, wenn die landesrechtlichen Abstandsvorschriften eingehalten sind; in diesen Fällen wird jedoch zumindest aus tatsächlichen Gründen das Rücksichtnahmegebot im Regelfall nicht verletzt sein. Insbesondere in bebauten innerörtlichen Bereichen – wie hier – gehört es zur Normalität, dass von benachbarten Grundstücken bzw. Gebäuden aus Einsicht in das eigene Grundstück oder Gebäude genommen werden kann, so dass Einsichtsmöglichkeiten regelmäßig hingenommen werden müssen. Etwas anderes kann dann gelten, wenn die Verhältnisse derart beengt sind, dass dem Nachbarn praktisch keine Privatsphäre mehr verbleibt. Das kann der Fall ein, wenn durch die von dem streitgegenständlichen Bauvorhaben ausgelöste Einsichtnahmemöglichkeit ein letzter intimer, der privaten Lebensgestaltung des Nachbarn zugeordneter Raum zerstört wird, etwa wenn durch die Errichtung eines Balkons qualifizierte Einsichtnahmemöglichkeiten wie von einer »Aussichtsplattform« in ein etwa ein Meter entferntes Schlafzimmerfenster sowie in die benachbarten Terrassenbereiche geschaffen werden, wenn eine Dachterrasse aus kurzer Entfernung Einsichtsmöglichkeiten nicht nur in einen Innenhof, sondern auch in die Fenster eines Nachbargebäudes eröffnet oder wenn eine bauliche Anlage den alleinigen Zweck hat, als Aussichtsplattform für eine Vielzahl wechselnder Besucher aus großer Höhe zu dienen. Gewähren Fenster, Balkone oder Terrassen eines neuen Gebäudes oder Gebäudeteils den Blick auf ein Nachbargrundstück, ist deren Ausrichtung, auch wenn der Blick von dort in einen Ruhebereich des Nachbargrundstücks fällt, nicht aus sich heraus rücksichtslos. Eigentümer oder Nutzer eines Grundstücks können nicht beanspruchen, dass ihnen auf den Freiflächen ihres Grundstücks ein den Blicken Dritter entzogener Bereich verbleibt. Wäre jeder Bauherr unter dem Gesichtspunkt der Rücksichtnahme verpflichtet, dafür Sorge zu tragen, dass die Öffnungen, Balkone und Freisitze des geplanten Gebäudes keine Blicke auf die umliegenden bebauten Grundstücke eröffnen, die die dort möglicherweise gegebenen »Rückzugsmöglichkeiten« zunichtemachen, würde dies die Bautätigkeit in nicht wenigen Fällen erheblich erschweren, wenn nicht gar zum Erliegen bringen. Ein im Bauplanungsrecht wurzelnder Anspruch, zumindest auf einem Teil der Freiflächen des eigenen Grundstücks vor fremden Blicken geschützt zu sein, lässt sich auch nicht aus einem Recht auf Privatsphäre herleiten. Dass derjenige, der die eigenen vier Wände verlässt, dabei gesehen und sogar beobachtet werden kann, liegt in der Natur der Sache (zum Ganzen: Beschluss v. 2.2.2023 – 2 M 97/22 – juris Rdnr. 18, m. w. N.).

Gemessen daran erweist sich auch die Anordnung des Hauses 3 auf dem Baugrundstück nicht als gegenüber den Antragstellern rücksichtslos. Zwar werden dadurch Einsichtsmöglichkeiten auf ihr Grundstück eröffnet. Die Bebauung führt aber nicht zu derart beengten Verhältnissen, dass den Antragstellern praktisch keine Privatsphäre mehr bliebe. Der Umstand, dass sich die Bewohner eines Grundstücks im Garten nicht ungeschützt vor Blicken nackt bewegen können, müssen sie schon deshalb hinnehmen, weil eine solche Situation auf sehr vielen Grundstücken anzutreffen, wenn nicht sogar die Regel ist.

7. Die Antragsteller rügen, entgegen der Auffassung des Verwaltungsgerichts gebe es keine nachvollziehbaren Gründe, die es rechtfertigten, das Haus 3 nicht mittig auf dem ausreichend großen Baugrundstück etwas zurückgesetzt zu errichten. Für den zur Rücksichtnahme verpflichteten Beigeladenen wäre es möglich gewesen, sein Bauvorhaben bei einer derartigen Bebauung trotzdem zu realisieren, ohne sie massiv zu beeinträchtigen. Die insoweit erforderliche Interessenabwägung habe nicht stattgefunden. Auch dieser Einwand greift nicht.

Der Vorinstanz ist darin zu folgen, dass das Rücksichtnahmegebot den Bauherrn nicht verpflichtet, die mit nachbarlichen Belangen verträglichste Variante zu wählen, wenn das Vorhaben, etwa hinsichtlich der Lage eines Baukörpers, unterschiedlich ausgeführt werden kann (vgl. OVG Bln-Bbg, Beschluss v. 9.1.2018 – OVG 2 S 48.17 – juris Rdnr. 18, m. w. N.). Ergibt die Prüfung, dass die Belastungen an dem vom Bauherrn gewählten Standort für den Nachbarn zumutbar sind, so muss er die bauliche Anlage auch dann hinnehmen, wenn es einen seiner Auffassung nach besser geeigneten Alternativstandort gibt (BVerwG, Beschluss v. 13.10.1998 – 4 B 93.98 – juris Rdnr. 5, m. w. N.). …

Nr. 114

Bezugspunkt der hinsichtlich des Rücksichtnahmegebotes anzustellenden Beurteilung ist nicht der beschränkte Ausblick durch Fenster einzelner Räumlichkeiten. Vielmehr ist das gesamte Grundstück, jedenfalls aber derjenige

Grundstücksteil, der planungs- und bauordnungsrechtlich als das Wohngrundstück anzusehen ist, in die Betrachtung einzubeziehen.

Ein Anfechtungsrecht des Denkmaleigentümers gegen die einem Dritten erteilte Baugenehmigung besteht nur dann, wenn die zu schützende Beziehung zwischen dem Denkmal und seiner engeren Umgebung von einigem Gewicht für den dem Denkmal innewohnenden Denkmalwert ist und überdies das umstrittene Vorhaben nach seiner Art und Ausführung zumindest objektiv geeignet ist, den im Erscheinungsbild des Denkmals zum Ausdruck kommenden Denkmalwert erheblich zu beeinträchtigen.

(Leitsätze der Redaktion)

BauO NRW § 6 Abs. 8; DSchG NRW § 9 Abs. 2.

Verwaltungsgericht Düsseldorf, Beschluss v. 22. Mai 2024 – 4 L 528/24 –.

Aus den Gründen:

Der Antrag hat keinen Erfolg. Er ist insgesamt unbegründet. Die nach §§ 80 Abs. 5 Satz 1 Alt. 1, 80a Abs. 3 Satz 2 VwGO i. V. m. § 212a Abs. 1 BauGB durch das Gericht vorzunehmende Interessenabwägung zwischen dem Aufschubinteresse der Antragsteller und dem öffentlichen und privaten Vollziehungsinteresse der Antragsgegnerin und der Beigeladenen geht zu Lasten der Antragsteller aus.

Maßgebliches Kriterium innerhalb dieser Interessenabwägung sind zunächst die Erfolgsaussichten des Rechtsbehelfs in der Hauptsache. Erweist sich der angefochtene Verwaltungsakt bei der im Verfahren des vorläufigen Rechtsschutzes allein möglichen und gebotenen summarischen Prüfung als zu Lasten des Antragstellers offensichtlich rechtswidrig, überwiegt grundsätzlich das private Aussetzungsinteresse die gegenläufigen öffentlichen und/oder privaten Vollzugsinteressen. Stellt der Verwaltungsakt sich als offensichtlich rechtmäßig dar, überwiegt in der Regel das Vollzugsinteresse. Lässt sich hingegen bei summarischer Überprüfung eine Offensichtlichkeitsbeurteilung nicht treffen, kommt es entscheidend auf eine Abwägung zwischen den für eine sofortige Vollziehung sprechenden Interessen einerseits und dem Interesse des Betroffenen an einer Aussetzung der Vollziehung bis zur rechtskräftigen Entscheidung im Hauptsacheverfahren andererseits an. Die Erfolgsaussichten sind dabei auch unabhängig von einer fehlenden Offensichtlichkeit einzubeziehen. Je höher diese sind, umso größer ist das Interesse an der aufschiebenden Wirkung. Sind die Erfolgsaussichten demgegenüber gering, fällt das Interesse an der sofortigen Vollziehung des Verwaltungsakts stärker ins Gewicht. Bei offenem Ergebnis der Prüfung der Erfolgsaussichten oder wenn mit Blick etwa auf die Kürze der dem Gericht zur Verfügung stehenden Zeit eine Abschätzung der Erfolgsaussichten nicht angezeigt erscheint, kann auf der Grundlage einer Interessenabwägung entschieden werden. OVG NRW, Beschluss v. 28.10.2011 – 2 B 1037/11 –, juris Rdnr. 20, m. w. N.

In Anwendung dieser Grundsätze hat das Vollziehungsinteresse der Antragsgegnerin und der Beigeladenen größeres Gewicht als das gegenläufige Interesse der Antragsteller. Die angegriffene Baugenehmigung ist hinsichtlich nachbarrechtsrelevanter Belange aller Voraussicht nach rechtmäßig. Sie verstößt nach summarischer Prüfung nicht gegen öffentlich-rechtliche Bestimmungen, die auch dem Schutz der Antragsteller als Nachbarn dienen.

Aus der fehlenden Angrenzerbeteiligung im Sinne von § 72 BauO NRW können die Antragsteller keine abwehrfähige Rechtsposition herleiten. Ein solcher Verfahrensfehler kann unabhängig von einer materiellen Rechtsverletzung des Nachbarn keinen Anspruch des nichtbeteiligten Nachbarn auf Aufhebung des Verwaltungsaktes begründen. Abgesehen davon ist der Mangel nach den zumindest entsprechend anwendbaren Regelungen des § 45 Abs. 1 Nr. 3 und Abs. 2 VwVfG NRW heilbar bzw. von einer Unbeachtlichkeit gemäß § 46 VwVfG NRW auszugehen. Vgl. OVG NRW, Beschlüsse v. 18.12.2017 – 7 A 2147/16 –, juris Rdnr. 4, und vom 18.2.2014 – 7 B 1416/13 –, juris Rdnr. 17 m. w. N. (zu § 74 BauO NRW 2006); VG Köln, Beschluss v. 25.11.2020 – 23 L 1623/20 –, juris Rdnr. 9; VG Düsseldorf, Beschluss v. 4.12.2018 – 9 L 3222/18 –, juris Rdnr. 7; Kopp/Ramsauer, VwVfG, 23. Aufl. 2022, § 28 Rdnr. 75, 81 m. w. N.

Ein Verstoß gegen nachbarschützende Vorschriften des Bauplanungsrechts ist nicht gegeben.

Das Vorhaben liegt im Geltungsbereich des am 00.12.0000 durch Ratsbeschluss förmlich festgestellten Durchführungsplanes Nr. 0000/00, der mit ortsüblicher Bekanntmachung im Per Amtsblatt Nr. 00 vom 00.6.0000 bis zum 00.7.0000 offengelegen hat. Ob die seinerzeit gemäß § 11 Abs. 2 Satz 6 des Aufbaugesetzes NRW vom 00.4.0000 erforderliche Bekanntmachung der förmlichen Feststellung auch tatsächlich erfolgt ist und der Plan gegebenenfalls über § 233 Abs. 3 BauGB i. V. m. § 173 Abs. 3 BBauG als Bebauungsplan wirksam fort gilt, da er zusätzlich gemäß § 174 Abs. 1 BBauG bei Inkrafttreten des Bundesbaugesetzes am 30.6.1961 bereits ausgelegt war und zudem verbindliche Regelungen im Sinne von § 9 BBauG enthielt, vgl. hierzu OVG NRW, Urteil v. 8.5.1967 – X A 553/65 –, OVG MüLü 23, 183 f., lässt sich der Planurkunde zumindest nicht unmittelbar entnehmen. Auf dieser ist lediglich das Datum der förmlichen Feststellung, nicht jedoch deren Bekanntmachung vermerkt. Hierauf kommt es jedoch vorliegend nicht entscheidend an. Dies gilt auch hinsichtlich der Frage, ob die Festsetzung einer geschlossenen Bauweise in Anbetracht der gegenläufigen Zielsetzung der Denkmalbereichssatzung von C. funktionslos geworden ist. Vgl. Beschluss des erkennenden Gerichts vom 29.8.2014 – 4 L 1286/14 –, juris Rdnr. 9 ff.

Denn das Gebot der Rücksichtnahme, welches vorliegend entweder – bei Zugrundelegung der Wirksamkeit des Durchführungsplanes – über § 30 Abs. 1 BauGB i. V. m. § 15 Abs. 1 BauNVO vgl. BVerwG, Urteil v. 12.9.2013 – 4 C 8.12 –, juris Rdnr. 20 f.; OVG NRW, Beschluss v. 26.9.2016 – 2 B 660/

16 –, juris Rdnr. 27, Urteil v. 1.6.2011 – 2 A 1058/09 –, juris Rdnr. 47 oder – anderenfalls – über das für den unbeplanten Innenbereich in § 34 Abs. 1 BauGB enthaltene Einfügensgebot vgl. BVerwG, Beschluss v. 13.11.1997 – 4 B 195.97 –, juris, Rdnr. 6; OVG NRW, Beschluss v. 18.9.2014 – 7 B 1037/14 –, juris, Rdnr. 5, Eingang in die bauplanungsrechtliche Prüfung findet und das unter baunachbarrechtlichen Aspekten im vorliegenden Fall allein zu prüfen ist, zumal den befreiungsgegenständlichen Festsetzungen zur Baulinie und zur Bauweise und der diesbezüglichen Planbegründung ein drittschützender Gehalt nicht entnommen werden kann, vgl. hierzu BVerwG, Urteil v. 19.9.1986 – 4 C 8.84 –, juris Rdnr. 17, Urteil v. 6.10.1989 – 4 C 14.87 –, juris Rdnr. 15, sowie Beschluss v. 8.7.1998 – 4 B 64.98 –, juris Rdnr. 5 und 7; OVG NRW, Beschluss v. 18.2.2014 – 7 B 1416/13 –, juris Rdnr. 13, und hinsichtlich der Einfügensmerkmale in § 34 Abs. 1 Satz 1 BauGB eine Überschreitung des von der prägenden Umgebungsbebauung vorgegebenen Rahmens nicht ersichtlich ist – dies gilt namentlich in Bezug auf das Maß der baulichen Nutzung des Vorhabens, dessen Höhe unstreitig deutlich hinter derjenigen der W.-straße 00 zurückbleibt –, vgl. BVerwG, Urteil v. 26.5.1978 – 4 C 9.77 –, BVerwGE 55, 369, juris Rdnr. 33; Urteil v. 21.11.1980 – 4 C 30.78 –, BauR 1981, 171, juris, ist vorliegend nicht verletzt.

Das Gebot der Rücksichtnahme soll die bei der Verwirklichung von Bauvorhaben aufeinanderstoßenden Interessen angemessen ausgleichen. Ob ein Vorhaben das Gebot der Rücksichtnahme verletzt, hängt im Wesentlichen von den jeweiligen konkreten Umständen des Einzelfalls ab. Je empfindlicher und schutzwürdiger die Stellung derer ist, denen die Rücksichtnahme im gegebenen Zusammenhang zugutekommt, desto mehr kann an Rücksichtnahme verlangt werden. Umgekehrt braucht derjenige, der ein Vorhaben verwirklichen will, umso weniger Rücksicht zu nehmen, je verständlicher und unabweisbarer die von ihm verfolgten Interessen sind. Für die sachgerechte Beurteilung des Einzelfalls kommt es danach wesentlich auf eine Abwägung an zwischen dem, was einerseits dem Rücksichtnahmeberechtigten und andererseits dem Rücksichtnahmeverpflichteten nach Lage der Dinge zuzumuten ist. Dabei sind die Schutzwürdigkeit und Schutzbedürftigkeit des Betroffenen, die Intensität der Beeinträchtigung, der Interessen des Bauherrn und dessen, was in der konkreten Grundstückssituation beiden Seiten billigerweise zumutbar oder unzumutbar ist, gegeneinander abzuwägen. Vgl. BVerwG, Urteile v. 23.8.1996 – 4 C 13.94 –, juris Rdnr. 66, und vom 6.10.1989 – 4 C 14.87 –, juris Rdnr. 14; OVG NRW, Beschluss v. 16.11.2020 – 2 B 1537/20 –, juris m. w. N.

Eine unzumutbare Beeinträchtigung nachbarlicher Interessen ist im vorliegen Einzelfall nicht erkennbar.

Eine erdrückende Wirkung scheidet entgegen der Auffassung der Antragsteller aus. Nach den in der Rechtsprechung hierzu entwickelten Maßstäben kann eine bauliche Anlage erdrückende Wirkung haben, wenn sie wegen ihrer Ausmaße, ihrer Baumasse oder ihrer massiven Gestaltung ein benachbartes

Grundstück unangemessen benachteiligt, indem sie diesem förmlich »die Luft nimmt«, wenn für den Nachbarn das Gefühl des »Eingemauertseins« oder eine »Gefängnishofsituation« entsteht oder wenn die Größe der »erdrückenden« baulichen Anlage auf Grund der Besonderheiten des Einzelfalls – und gegebenenfalls trotz Freihaltung der erforderlichen Abstandsflächen – derartig übermächtig ist, dass das »erdrückte« Grundstück oder dessen Bebauung nur noch oder überwiegend wie eine von einer »herrschenden« baulichen Anlage dominierte Fläche ohne eigene bauliche Charakteristik wahrgenommen wird. Ob eine solche Wirkung zu erwarten ist oder nicht, kann nur unter Berücksichtigung aller konkreten Umstände des Einzelfalls entschieden werden. Neben den jeweiligen Ausmaßen der beiden Baukörper – zum Beispiel in Bezug auf die Bauhöhe, die Ausdehnung und Gestaltung der Fassaden oder die Baumasse – kann ihre Lage zueinander eine Rolle spielen. Von besonderer Bedeutung im Rahmen dieser Bewertung wird regelmäßig auch die Entfernung zwischen den Baukörpern beziehungsweise zwischen den Baukörpern und den Grundstücksgrenzen sein. Zusammenfassend OVG NRW, Urteile v. 26.10.2023 – 10 A 804/23 –, juris Rdnr. 90 f; und vom 7.3.2024 – 10 A 2791/21 –; Beschluss v. 14.1.2021 – 10 B 1891/20 –, juris Rdnr. 10.

Derart gravierende Auswirkungen gehen von dem Vorhaben der Beigeladenen nicht aus. Dagegen spricht bereits, dass der hier gegebenen Einhaltung der landesrechtlichen Abstandsflächen (s. u.). eine Indizwirkung für die Einhaltung des Rücksichtnahmegebotes zukommt. Vgl. OVG NRW, Urteil v. 30.5.2017 – 2 A 130/16 –, juris Rdnr. 53, 57.

Zudem ist das geplante Gebäude mit einer Firsthöhe von 7,96 m nur um 1,36 m und damit unwesentlich höher als das Haus der Antragstellerin (FH 6,70 m). Überdies rückt das geplante und im Rohbau befindliche Gebäude – nachvollziehbar anhand der von den Beteiligten übersandten Lichtbilder – zwar aufgrund der Inanspruchnahme der früheren straßenseitigen Stellplatzfläche nunmehr auch im vorderen Grundstücksbereich dicht an das Haus der Antragsteller heran; es wirkt jedoch in Anbetracht des zur Grenze des Nachbargrundstücks Nr. 00 vom Hauptgebäude eingehaltenen Abstands von 3,00 m, dessen Traufhöhe von 4,08 m, welche diejenige der W.-straße 00 (3,75 m) nur unwesentlich übersteigt – die Höhe der grenzständigen Fahrradgarage (2,90 m) liegt noch darunter –, sowie aufgrund der Dachneigung des Satteldachs insgesamt nicht übermächtig.

Ungeachtet dessen ist Bezugspunkt der hinsichtlich des Rücksichtnahmegebotes anzustellenden Beurteilung nicht der beschränkte Ausblick durch Fenster einzelner Räumlichkeiten. Vielmehr ist das gesamte Grundstück, jedenfalls aber derjenige Grundstücksteil, der planungs- und bauordnungsrechtlich als das Wohngrundstück anzusehen ist, in die Betrachtung einzubeziehen. Vgl. OVG NRW, Beschluss v. 15.5.2002 – 7 B 558/02 –, juris Rdnr. 12 m. w. N.; Urteil v. 30.5.2017 – 2 A 130/16 –, juris Rdnr. 51; Urteile v. 3.5.1994 – 11 A 2540/92 –, S. 12, und vom 17.8.2001 – 7 A 2533/99 –, S. 15; VG Düsseldorf, Urteil v. 28.11.2007 – 11 K 6454/06 –, juris Rdnr. 75.

Gegenüber dem gesamten Wohngrundstück der Antragsteller kommt dem Vorhaben keine erdrückende Wirkung zu. Das Hausensemble W.-straße 00–00 grenzt weder im Süden noch im Osten oder Norden unmittelbar an Baulichkeiten an. Insbesondere wird die Möglichkeit des Ausblicks aus dem besonderes schutzbedürftigen Wohnzimmer nach Süden nicht beeinträchtigt. Dementsprechend vermögen das Wohnhaus und der Garagenanbau der Beigeladenen bezogen auf die Wohngrundstücke der Antragsteller nicht das Gefühl zu vermitteln, »eingemauert« oder »gefangen« zu sein.

Bedenken gegen das Bauvorhaben ergeben sich auch nicht unter dem Gesichtspunkt einer unzumutbaren Einschränkung von Belichtung und Belüftung. Das Gebot der Rücksichtnahme fordert nicht, dass alle Fenster eines Hauses das ganze Jahr über optimal durch Sonneneinstrahlung belichtet werden. Doch selbst wenn man im vorliegenden Einzelfall die Betrachtung nicht auf das gesamten Grundstücke W.-straße 00–00 erstreckt, sondern lediglich das Fenster vor dem – laut grüngestempelten Grundriss als solchem genehmigten – Behandlungsraum in den Blick nimmt, ist trotz der dort anzunehmenden Reduzierung von Belichtung und Belüftung eine unzumutbare Beeinträchtigung zu verneinen. Auch in diesem Zusammenhang schließt die hier gegebene Einhaltung der Abstandsflächen (s. u.), die gerade der Gewährleistung ausreichender Besonnung und Belüftung dienen, im Regelfall – so auch hier – einen Verstoß gegen das Rücksichtnahmegebot aus. OVG NRW, Urteil v. 30.5.2017 – 2 A 130/16 –, juris Rdnr. 53 ff.

Sofern die Antragsteller einwenden, ausreichende Belichtung und Fenster seien unabdingbare Voraussetzung für eine erfolgreiche Behandlung, so dass durch den Neubau und einen »zugeparkten« Pkw-Stellplatz vor dem Fenster jeglicher Therapieerfolg gefährdet werde, findet diese Behauptung in der von Antragstellerseite zitierten Fachliteratur keine zureichende Stütze. Daraus geht lediglich hervor, dass Tageslicht durch Fenster von Klienten »geschätzt« bzw. als angenehmer empfunden werde als künstliches Licht. Von einer Gefährdung des Therapieerfolges durch künstliches Licht ist indes dort keine Rede. Ohnehin sollte laut der Betriebsbeschreibung vom 0.6.0000 (Beiakte 3) Psychotherapie in dem Behandlungsraum nur überwiegend in den Abendstunden (18 bis 21 Uhr) stattfinden. Dass es sich bei dem Fenster um ein nicht öffenbares Fenster handele, welches nach der zitierten Literaturstelle wegen schlechterer Luftqualität zu einer »geringeren Zufriedenheit« der Klienten führen könne, ist weder vorgetragen noch sonst ersichtlich.

Ungeachtet dessen haben die Interessen der Antragsteller an einer Beibehaltung der baulichen Situation vor dem Fenster keinen Vorrang vor den Interessen der Beigeladenen an einer angemessenen baulichen Ausnutzung ihres Grundstücks. Vielmehr spricht Überwiegendes dafür, dass sie geringer zu bewerten sind.

Grundsätzlich ist demjenigen, der sein eigenes Grundstück in zulässiger Weise nutzen will, insofern ein Vorrang zuzugestehen, als er seine berechtigten Interessen nicht deshalb zurückzustellen braucht, um gleichwertige fremde Interessen zu schonen. Vgl. BVerwG, Urteil v. 25.2.1977 – IV C 22.75 –, juris Rdnr. 22; OVG NRW, Beschlüsse v. 11.11.2003 – 7 B 1575/03 – juris Rdnr. 15 und 15.5.2002 – 7 B 558/02 –, juris Rdnr. 19.

Insoweit ist zu berücksichtigen, dass die Antragsteller das betreffende Fenster in die westliche Gebäudeabschlusswand eingesetzt haben, obwohl sie damit hätten rechnen müssen, dass das Vorhabengrundstück auch in diesem straßennahen Bereich durch eine zumindest in den Abstandsflächen nach § 6 BauO NRW zulässige Bebauung baulich ausgenutzt wird. Denn der Eigentümer eines Grundstücks muss mit Veränderungen in der Umgebung von vornherein rechnen. Vgl. BVerwG, Urteil v. 28.10.1993 – 4 C 5.93 –, juris Rdnr. 24.

Anhaltspunkte, die ein schützenswertes Vertrauen auf die Beibehaltung der zurückgesetzten Bebauung begründen könnten, sind vorliegend nicht ersichtlich. Sollte dem mit der »vollständigen und endgültigen Bebauung« auf dem Nachbargrundstück Nr. 00 begründeten Befreiungsantrag des Architekten I. vom 00.5.0000 die Erwartung zugrunde gelegen haben, die seinerzeit zurückgesetzte Nachbarbebauung werde sich künftig nicht mehr verändern, wäre ein solches Vertrauen jedenfalls nicht schutzwürdig. Der Umstand, dass gerade im innerstädtischen Bereich freie oder nur sporadisch bebaute Grundstücksflächen für eine Nachverdichtung mit einer der Umgebung entsprechenden Bebauung prädestiniert sind, bietet keinerlei Anhalt für etwaiges Vertrauen auf eine dauerhaft zu erhaltende von Bebauung freie Fläche. Es ist vielmehr Sache des Bauherrn, sein Gebäude grundsätzlich so anzuordnen, dass die für die Belichtung und Belüftung notwendige freie Fläche auf seinem eigenen Grundstück vorgehalten wird oder er jedenfalls die Inanspruchnahme des Nachbargrundstücks durch Baulasten oder Grunddienstbarkeiten sichert. Vgl. OVG Schleswig-Holstein, Beschluss v. 26.3.2021 – 1 MB 7/21 –, juris Rdnr. 47; Bay. VGH, Urteil v. 20.5.1985 – Nr. 14 B 84 A.593 –, BRS 44 Nr. 104; Saarl. OVG, Urteil v. 23.6.1992 – 2 R 50/91 –, juris, Rn 37.

Letzteres haben die Antragsteller versäumt. Dieses Versäumnis führt allerdings – wie dargelegt – nicht dazu, dass die Beigeladenen unter Verzicht auf eigene Bebauungsmöglichkeiten die Belichtung des Gebäudes zu gewährleisten hätten. Wer sich durch die Bebauung auf dem eigenen Grundstück gegen die bauliche Ausnutzung des Nachbargrundstücks selbst empfindlich gemacht hat, kann daraus grundsätzlich keine zusätzliche Rücksichtnahme des Nachbarn auf die eigenen Interessen herleiten. Vgl. OVG NRW, Beschluss v. 9.3.2020 – 10 B 150/20 –, juris Rdnr. 5; OVG NRW, Beschluss v. 15.5.2002 – 7 B 558/02 –, juris, Rdnr. 21 f.

Auch die Legalisierung des betreffenden Fensters durch Bauschein vom 0.9.0000 (0-0000/00) fällt insoweit nicht ins Gewicht. Eine behördlich gebilligte Bebauung auf dem eigenen Grundstück schafft keine Grundlage dafür, unmittelbar Einfluss auf die Art und Weise der Bebaubarkeit auf dem Nachbargrundstück zu nehmen. Vgl. BVerwG, Urteil v. 28.10.1993 – 4 C 5.93 –, juris

Rdnr. 23; vgl. auch Beschluss v. 6.12.1996 – 4 B 215.96 –, juris. OVG NRW, Beschluss v. 9.3.2020 – 10 B 150/20 –, juris Rdnr. 5; Beschluss v. 15.5.2002 – 7 B 558/02 –, juris Rdnr. 21.

Nichts anderes folgt hier daraus, dass der Rechtsvorgänger der Beigeladenen am 00.5.0000 der Errichtung des Fensters auf der zu den Bauvorlagen gehörenden Schnittzeichnung schriftlich zugestimmt hat (»Mit der vorgelegten Planung in dieser Form bin ich einverstanden«, Beiakte 3). Aus dieser Zustimmung lässt sich ohne weitere, hier fehlende Anhaltspunkte kein Verzicht darauf herleiten, das eigene Grundstück im Rahmen des Möglichen – dazu gehört hier die Errichtung baulicher Anlagen zumindest bis an die zulässigen Abstandsflächen – baulich auszunutzen. Vgl. OVG NRW, Beschluss v. 9.3.2020 – 10 B 150/20 –, juris; Saarl. OVG, Urteil v. 23.6.1992 – 2 R 50/91 –, juris, Rdnr. 38.

Sind die Antragsteller damit für die bauliche Situation an der gemeinsamen Grundstücksgrenze selbst verantwortlich, kommt es letztlich nicht darauf an, ob sich die Belichtung für den Behandlungsraum verschlechtert. Vielmehr sind die Antragsteller gehalten, eine Verschattung etwa durch eine Anpassung des Innengrundrisses, durch den »Tausch« der Nutzungen einzelner Räume oder durch nachträgliche Schaffung von Belichtungsquellen wie z. B. den Einbau lichtdurchlässiger Elemente in Türen und Wänden auszugleichen. Vgl. OVG Schleswig-Holstein, Beschluss v. 26.3.2021 – 1 MB 7/21 –, juris Rdnr. 47.

Dass die Antragsteller hierzu tatsächlich und wirtschaftlich nicht in der Lage wären, ist vorliegend nicht ersichtlich.

Es sind auch keine sonstigen Gründe ersichtlich, die infolge des Vorhabens eine mit den Grundanforderungen an gesunde Wohn- und Arbeitsverhältnisse unvereinbare Beeinträchtigungen des Wohnens oder der sonstigen Nutzung befürchten lassen, so dass im konkreten Fall die Grenzbebauung zu einer »unzumutbaren Härte« führen würde. Denn die landesrechtlichen Abstandsflächenvorschriften zielen auch nach einer Reduzierung der gesetzlichen Abstandsflächentiefe auf 0,4 H im Interesse der Wahrung sozial verträglicher Verhältnisse darauf ab, jedenfalls eine ausreichende Belichtung, Besonnung und Belüftung von Gebäude- und von sonstigen Teilen des Nachbargrundstücks sicherzustellen. Sie konkretisieren damit den in § 1 Abs. 6 Nr. 1 BauGB genannten Belang der allgemeinen Anforderungen an gesunde Wohn- und Arbeitsverhältnisse. Vgl. BVerwG, Beschluss v. 23.10.1990 – 4 B 130/90 –, juris Rdnr. 10; OVG Berlin-Brandenb., Urteil v. 18.12.2007 – OVG 2 A 3.07 –, juris Rdnr. 94; VG Frankfurt (Oder), Urteil v. 22.1.2007 – 7 K 231/03 –, juris.

Schließlich haben die Antragsteller ihren Vortrag, das Vorhaben lasse wegen der Belüftungseinschränkung für ihr Grundstück mit erheblicher Wahrscheinlichkeit Feuchtigkeits- bzw. Moos- und Schimmelbildung sowie Porösität der Backsteinmauer befürchten, nicht weiter belegt. Hierfür ist auch sonst nichts ersichtlich.

Eine Verletzung nachbarschützender bauordnungsrechtlicher Vorschriften liegt ebenfalls nicht vor.

Ein Nachbarrechtsverstoß folgt zunächst nicht daraus, dass infolge des Bauvorhabens ein Stellplatz für sie auf dem Grundstück W.-straße 00 wegfalle, dessen Nachweis zwingende Voraussetzung für die Erteilung der Baugenehmigung vom 0.9.0000 (0- 0000/00) gewesen sei. Dies wäre allenfalls dann zu erörtern, wenn es sich um einen notwendigen Stellplatz i. S. d. § 51 BauO NRW a. F. gehandelt hätte oder zugunsten der Antragsteller eine öffentlich-rechtliche Sicherung wie z. B. durch Eintragung einer Stellplatzbaulast erfolgt wäre. Beides ist jedoch nicht der Fall. Ziffer 7 der Baugenehmigung ist klar zu entnehmen, dass für das seinerzeit beantragte Vorhaben (»Sanierung und Nutzungsänderung in Praxis«) lediglich ein notwendiger Stellplatz nachzuweisen war. Dieser Nachweis wurde auf dem grüngestempelten Lageplan vom 00.5.0000 auf dem Baugrundstück selbst erbracht. Folglich war der auf dem Grundstück W.-straße 00 angemietete Stellplatz nicht notwendig. Eine öffentlich-rechtliche Sicherung des Stellplatzes lag ebenfalls nicht vor. Einer schuldrechtlichen Vereinbarung über die Anmietung des Stellplatzes kommt insoweit schon mit Blick auf § 74 Abs. 4 BauO NRW keine rechtliche Bedeutung zu.

Soweit die Antragsteller behaupten, eine Genehmigung zur Entfernung der Gaslaterne liege nicht vor, so dass die Beigeladenen ihre eigene Stellplatzpflicht nach § 48 BauO NRW nicht erfüllen könnten, greift dieser Vortrag ebenfalls nicht durch. Abgesehen davon, dass nach dem insoweit unbestrittenen Vortrag der Antragsgegnerin seit dem 7.2.2024 eine denkmalrechtliche Erlaubnis zur Demontage der betreffenden Gaslaterne vorliegt und damit ein Hindernis zur genehmigten Errichtung des Stellplatzes nicht (mehr) besteht, sind die Bestimmungen über die Stellplatzpflicht nicht drittschützend. Zur Vermeidung von Wiederholungen nimmt das Gericht entsprechend § 117 Abs. 5 Satz 1 VwGO auf die diesbezüglichen – zutreffenden – Ausführungen der Antragsgegnerin und der Beigeladenen Bezug.

Ein Abstandsflächenverstoß liegt ebenfalls nicht vor.

Die durch die östlichen Außenwände des Vorhabens ausgelösten Abstandsflächen von 3,00 m (§ 6 Abs. 5 Satz 1 BauO NRW) liegen allesamt auf dem Grundstück W.-straße 00. Dies ist zwischen den Beteiligten auch unstreitig.

Die Fahrradgarage ist gemäß § 6 Abs. 8 Nr. 1 BauO NRW als Grenzgarage privilegiert. Demnach sind in den Abstandsflächen eines Gebäudes sowie ohne eigene Abstandsflächen Gebäude bis zu 30 m^2 Brutto-Rauminhalt ohne Aufenthaltsräume sowie Garagen einschließlich Abstellräumen, jeweils mit einer mittleren Wandhöhe von bis zu 3 m zulässig, auch wenn sie über einen Zugang zu einem anderen Gebäude verfügen, dies gilt auch für Garagen die keine selbstständigen Gebäude sind. Da Garagen dem Abstellen von Kraftfahrzeugen »und/oder Fahrrädern« dienen (§ 2 Abs. 8 Satz 2 BauO NRW), gilt die Vorschrift auch für reine Fahrradgaragen. Vgl. auch Johlen, in: Gädtkte u. a., BauO NRW, 14. Aufl. 2023, § 6 Rdnr. 522.

Nicht nachvollziehbar ist in dem Zusammenhang die Behauptung, aufgrund des vorgelagerten Pkw-Stellplatzes und der direkten Verbindung zum Küchen-/Essbereich sei nur eine zweckwidrige Nutzung der Garage zu Aufenthaltszwecken möglich. Abgesehen davon, dass sich die allein zulässige Garagennutzung eindeutig aus den grüngestempelten Bauvorlagen (»Fahrradgarage, 12,4 m^2«, Bl. 23 Beiakte 1) ergibt, gilt die Vorschrift ausdrücklich auch dann, wenn die Garage über einen direkten Zugang zu einem (Haupt-)Gebäude verfügt, Johlen, in: Gädtkte u. a., BauO NRW, 14. Aufl. 2023, § 6 Rdnr. 531.

Eine Unvereinbarkeit von Garagen- und Stellplatznutzung ist auch in tatsächlicher Hinsicht nicht ansatzweise greifbar. Eine ordnungsgemäße Nutzung der Fahrradgarage lässt sich bei Bedarf ohne weiteres durch Wegfahren eines davor abgestellten Pkw bewerkstelligen. Im Übrigen lassen § 3 Abs. 4 Satz 2 der Stellplatzverordnung NRW vom 14.3.2022 – in Kraft getreten am 1.7.2022 – sowie § 4 Abs. 3 Satz 2 der Stellplatzsatzung der Beklagten vom 28.8.2019 – in Kraft getreten am 15.9.2019 – gefangene Stellplätze bei Wohngebäuden der Gebäudeklassen 1 und 2 (Verordnung) bzw. bei Einfamilienhäusern (Satzung) ausdrücklich zu.

Ausgeschlossen sind die Antragsteller auch mit dem Einwand, das Bauvorhaben stehe im Widerspruch zu der Erhaltungssatzung. Der Per Satzung zur Erhaltung baulicher Anlagen gemäß § 39h Bundesbaugesetz für Grundstücke an der N.-straße, der Straße »W.- straße«, der U.-straße, der F.-straße, der E.-straße und der O.-straße (öffentlich bekanntgemacht am 00.10.0000) in der Fassung vom 00.11.0000 (öffentlich bekanntgemacht am 0.12.0000), die als Satzung nach § 172 Abs. 1 BauGB fort gilt, vgl. VG Düsseldorf, Urteil v. 2.12.2004 – 4 K 2843/04 –, juris Rdnr. 19, nachgehend: OVG NRW, Beschluss v. 10.4.2007 – 10 A 305/05 –, juris, kommt keine nachbarschützende Wirkung zu, denn sie dient allein städtebaulichen und damit öffentlichen Interessen. Dies hat in § 2 Abs. 2 der Satzung, wonach eine Baugenehmigung zur Errichtung von baulichen Anlagen von der Vereinbarkeit des Vorhabens mit der städtebaulichen Gestalt des Gebietes abhängig gemacht werden kann, entsprechenden Niederschlag gefunden. Es bestehen keinerlei Anhaltspunkte dafür, dass die Erhaltungssatzung über die rein städtebauliche Zielsetzung des § 172 BauGB hinaus Eigentümern von im Geltungsbereich gelegenen Grundstücken Abwehrrechte gegen benachbarte Vorhaben gewährt. Vgl. etwa OVG Hamburg, Beschluss v. 18.6.2015 – 2 Bs 99/15 – juris Rdnr. 31; Bay. VGH, Beschluss v. 7.2.2017 – 9 CS 16.2522 –, juris Rdnr. 13 f.; VG Schleswig-Holstein, Beschluss v. 22.2.2023 – 8 B 1/23 –, juris Rdnr. 14; VG Ansbach, Beschluss v. 15.5.2019 – AN 3 S 19.00816 –, juris Rdnr. 38; Stock, in: Ernst/Zinkahn/Bielenberg/Krautzberger, BauGB, Stand Mai 2020, § 172 Rdnr. 213 m. w. N.

Nichts anderes gilt, soweit die Antragsteller in dem Zusammenhang auf den mit der Satzung bezweckten Erhalt »der Kleinmaßstäblichkeit der Baukörper selbst wie auch ihrer Stellung zum Straßenraum mit vielfachen Vor- und Rücksprüngen und deren ortsbildprägende Wirkung« verweisen. Hieraus erwächst für die im Satzungsgebiet ansässigen Grundstückseigentümer keine eigenständige Rechtsposition, sondern allenfalls ein tatsächlicher Vorteil, welcher rechtlich nicht geschützt ist. Vgl. OVG Meckl.-Vorp., Urteil v. 14.12.2000 – 3 K 25/99 –, juris Rdnr. 19; OVG Sachsen-Anhalt, Beschluss v. 5.9.2016 – 2 M 49/16 –, juris Rdnr. 10.

Die Baugenehmigung verletzt nach summarischer Prüfung auch nicht deshalb Rechte der Antragsteller, weil sie gegen den denkmalrechtlichen Umgebungsschutz der W.-straße 00 verstößt.

Gemäß § 9 Abs. 2 DSchG NRW bedarf die Errichtung baulicher Anlagen in der engeren Umgebung eines Baudenkmals der Erlaubnis, wenn diese sich auf denkmalwerte Substanz oder das Erscheinungsbild des Baudenkmals auswirken kann. Die Erlaubnis ist zu erteilen, wenn Belange des Denkmalschutzes nicht entgegenstehen oder ein überwiegendes öffentliches Interesse die Maßnahme verlangt. Bei der Entscheidung sind insbesondere auch die Belange des Wohnungsbaus, des Klimas, des Einsatzes erneuerbarer Energien sowie der Barrierefreiheit angemessen zu berücksichtigen (§ 9 Abs. 3 DSchG NRW). Ein Anfechtungsrecht des Denkmaleigentümers aus § 9 Abs. 2 DSchG NRW i. V. m. Art. 14 Abs. 1 GG, vgl. allgemein zur Klagebefugnis des Eigentümers eines Kulturdenkmals: BVerwG, Urteil v. 21.4.2009 – 4 C 3.08 –, juris Rdnr. 6 ff., gegen die einem Dritten erteilte Baugenehmigung besteht nur dann, wenn die zu schützende Beziehung zwischen dem Denkmal und seiner engeren Umgebung von einigem Gewicht für den dem Denkmal innewohnenden Denkmalwert ist und überdies das umstrittene Vorhaben nach seiner Art und Ausführung zumindest objektiv geeignet ist, den der im Erscheinungsbild des Denkmals zum Ausdruck kommenden Denkmalwert erheblich zu beeinträchtigen. Vgl. OVG NRW, Beschlüsse v. Dezember 2023 – 10 B 645/23 –, juris Rdnr. 80 und vom 10.4.2024 – 7 A 1248/22 –, juris Rdnr. 13; zur im wesentlichen gleichlautenden Vorschrift des § 9 Abs. 1b DSchG NRW a. F.: OVG NRW, Beschlüsse v. 14.4.2022 – 10 B 368/22 –, juris Rdnr. 6, vom 30.3.2021 – 10 B 13/21 –, juris Rdnr. 14, vom 24.5.2019 – 2 B 162/19 –, juris Rdnr. 9, und vom 17.5.2019 – 7 B 1263/18 –, juris Rdnr. 4, sowie Urteil v. 8.3.2012 – 10 A 2037/11 –, juris Rdnr. 42 ff.

Eine solche erhebliche Beeinträchtigung liegt vor, wenn die Inpflichtnahme des Denkmaleigentümers zur Pflege und Erhaltung des Denkmals nicht mehr gerechtfertigt werden kann, weil diese Ziele von dritter Seite vereitelt werden. Der Denkmaleigentümer hat ein schutzwürdiges Interesse daran, dass die Belastungen, die ihm infolge der Erhaltungspflicht zum Schutz des Denkmals auferlegt werden, nicht entwertet werden, vgl. BVerwG, Urteil v. 21.4.2009 – 4 C 3.08 –, juris Rdnr. 17, sondern der mit der Unterschutzstellung angestrebte Zweck auch tatsächlich und auf Dauer erreicht werden kann. Vgl. zum Ganzen: OVG NRW, Urteil v. 8.3.2012 – 10 A 2037/11 –, juris Rdnr. 61.

Geboten ist insoweit eine wertende Einschätzung, ob das Vorhaben das Denkmal erdrückt, verdrängt, übertönt oder die gebotene Achtung gegenüber den Werten außer Acht lässt, welche das Denkmal verkörpert. Vgl. VG Düsseldorf, Urteil v. 16.3.2023 – 28 K 6678/19 –, juris Rdnr. 98; OVG Sachsen-Anhalt, Beschluss v. 5.3.2014 – 2 M 164/13 –, juris Rdnr. 15; Bay.VGH, Urteil v. 24.1.2013 – 2 BV 11.1631 –, juris; Davydov, in: Davydov/Hönes/Ringbeck/Stellhorn, Denkmalschutzgesetz Nordrhein-Westfalen, 6. Auflage (2018), § 9 Rdnr. 108.

Als Erscheinungsbild eines Denkmals ist nach § 9 Abs. 2 DSchG NRW der von außen sichtbare Teil des Denkmals geschützt, an dem jedenfalls der sachkundige Betrachter den Denkmalwert, der dem Denkmal innewohnt, abzulesen vermag; das Erscheinungsbild ist von Vorhaben in der engeren Umgebung des Denkmals nur dann betroffen, wenn die Beziehung des Denkmals zu seiner engeren Umgebung für den Denkmalwert von Bedeutung ist. Zur Ermittlung des Denkmalwertes im Einzelfall ist in erster Linie auf die Eintragung in der Denkmalliste und die ihr beigefügte Begründung abzustellen. Vgl. BVerwG, Beschluss v. 22.3.2023 – 4 VR 4.22 –, juris Rdnr. 40 m. w. N.; OVG NRW, Beschlüsse 10.4.2024 – 7 A 1248/22 –, juris Rdnr. 16, und vom 30.8.2022 – 7 B 925/22 –, juris, und Urteil v. 8.3.2012 – 10 A 2037/11 –, juris Rdnr. 69.

Soweit die Fassade eines historischen Gebäudes konstitutives Element für sein Erscheinungsbild ist und ihr daher eine hervorgehobene Bedeutung für die Denkmaleigenschaft eines Gebäudes zukommt, werden die Anforderungen an die denkmalrechtliche Rücksichtnahme beim Umgebungsschutz umso höher, je näher das Vorhaben an das Denkmal heranrückt. Denn bei geringeren räumlichen Abständen kommt es zwangsläufig zu stärkeren optischen Wechselwirkungen, die sich für das Denkmal beeinträchtigend auswirken können. Dies fällt dann stark ins Gewicht, wenn das Vorhaben in nahezu geschlossener Bauweise an der gemeinsamen Grundstücksgrenze errichtet werden soll, wo auch unmittelbar das Denkmal angrenzt. Vgl. OVG Hamburg, Beschluss v. 16.12.2015 – 2 Bs 218/15 – juris Rdnr. 32.

Ausgehend hiervon besteht kein denkmalrechtlicher Abwehranspruch des Antragstellers.

Die Begründung zu dem Bescheid der Beklagten über die Eintragung des Hauses W.-straße 00 in die Denkmalliste als Baudenkmal vom 00.12.0000 (Beiakte 5) lautet: »Das Gebäude wird in die Denkmalliste eingetragen, da es zu den letzten erhaltenen, kleinen Fachwerkbauten des Ortskerns von C. gehört. Im Zusammenhang mit weiterer kleinteiliger Bebauung der näheren Umgebung ist hier noch gut die alte dörfliche Struktur abzulesen. Bestandteil des Denkmals ist auch der rückseitige Fachwerkbau, nicht jedoch der Anbau an der rechten Giebelseite.«

Zwar kommt für das äußere Erscheinungsbild des Baudenkmals nicht nur seiner Fassade als Fachwerk hervorgehobene Bedeutung zu; sie ergibt sich nach der o.a. Begründung auch aus dem Bezug des Baudenkmals zu seiner näheren Umgebung und der dort vorhandenen dörflichen Struktur, so dass eine zu schützende Beziehung zwischen dem Denkmal und seiner engeren Umgebung von einigem Gewicht für den dem Denkmal innewohnenden Denkmalwert zu bejahen sein dürfte.

Es ist jedoch nicht ersichtlich, dass das Vorhaben nach seiner Art und Ausführung objektiv geeignet wäre, den im Erscheinungsbild des Baudenkmals zum Ausdruck kommenden Denkmalwert erheblich in einer Weise herabzusetzen, dass etwaige Investitionen des Antragstellers in die Pflege und Erhaltung des Denkmals entwertet würden.

Insofern ist einzustellen, dass das Haus Nr. 00 bereits aufgrund der unmittelbar angrenzenden Bebauung nur eingeschränkt wahrnehmbar und sein Erscheinungsbild insoweit nicht unerheblich vorbelastet ist. Denn mit einer Firsthöhe von 5,45 m bleibt es nicht nur deutlich hinter der unmittelbar benachbarten W.-straße 00 (13 m), sondern auch hinter dem nicht denkmalgeschützten Gebäudeteil W.-straße 00 (6,70 m) zurück. Von letzterem wird es aufgrund dessen straßenseitigen Vorsprungs zusätzlich verdeckt, so dass das Vorhaben, welches die Höhenentwicklung der Dachfirste moderat fortsetzt (7,96 m), die Wahrnehmbarkeit der W.-straße 00 allenfalls marginal erschwert. Dies ergibt sich auch deutlich aus dem mit Schriftsatz des Beigeladenen vom 23.4.2024, S. 14, übersandten Lichtbild (Bl. 236 GA). Einer vorhabenbedingten zusätzlichen Beeinträchtigung der Sicht auf das Baudenkmal W.-straße 00 und dessen Fassade kommt daher, wenn überhaupt, nur untergeordnete Bedeutung zu. Die Ansicht, die Baulinie des Neubaus rage überdimensional ins Straßenbild hinein, wird mit Blick auf dessen Zurücktreten hinter die Baulinie um ca. 1,8 bis 4 m nicht geteilt. Soweit die Antragsteller auf die Verdeckung der Feldbrandsteinmauer auf dem Grundstück Nr. 00 verweisen, ist dies vorliegend ohne Belang. Die baurechtliche Genehmigung eines Gebäudeensembles W.-straße 00–00 hat nicht zu einer Erweiterung der Denkmaleigenschaft auf den Gebäudeteil Nr. 00 geführt; hierfür bedürfte es einer gesonderten Unterschutzstellung, an der es bislang fehlt. Angesichts dessen ist selbst wenn die Baumasse des Neubaus deutlich höher sein mag als die des Baudenkmals, eine das Denkmal erdrückende, verdrängende oder übertönende Wirkung nicht festzustellen. Dies gilt auch mit Blick auf die Farbgebung der Fassade. Die durch die dunkelanthrazitfarbene Farbgebung hervorgerufene Kontrastwirkung besteht in erster Linie nicht zu der W.-straße 00, sondern zu dem Gebäudeteil Nr. 00, welcher das Vorhaben von dem Baudenkmal trennt. Der Kontrast wird zusätzlich dadurch abgeschwächt, dass die obere Giebeleinfassung der W.-straße 00 und deren Schiebeläden im Erdgeschoss, welche gemäß grüngestempelter Bauzeichnung (Beiakte 3) Abmessungen von ca. 1,0 x 2,5 m aufweisen, ebenfalls dunkel gehalten sind. Eine unmittelbare optische Konkurrenz, die sich nach Ansicht der Antragsteller für das Denkmal wegen der mangelnden Achtung gegenüber der in ihm verkörperten Werte störend auswirkt, OVG Hamburg, Beschluss v. 16.12.2015 – 2 Bs 218/15 – juris Rdnr. 35, und hierdurch den Denkmalwert erheblich beeinträchtigt, drängt sich daher nicht auf. Inwieweit der von dem Beigeladenen zu 2. bemühte »Achtungsabstand« überhaupt eine denkmalrechtliche Kategorie darstellt, vgl. OVG NRW, Urteil v. 8.3.2012 – 10 A 2037/11 –, juris Rdnr. 88, mag daher hier auf sich beruhen.

Weshalb von der Photovoltaikanlage als solcher eine erdrückende Wirkung auf das Baudenkmal W.-straße 00 ausgehen soll, obwohl diese unstreitig als Indach-Ziegel-System ausgeführt wird, welches durch Farbe, Größe und Struktur einen dunklen Dachziegel imitiert (Bl. 51 f. Beiakte 1), wird von den Antragstellern nicht erläutert. Hierfür ist auch sonst nichts ersichtlich. Im Übrigen ist der Errichtung und dem Betrieb von Solaranlagen in Anbetracht der Wertung von § 2 Satz 2 EEG, wonach die erneuerbaren Energien als vorrangiger Belang in die jeweils durchzuführenden Schutzgüterabwägungen eingebracht werden sollen, jedenfalls in der Regel ein Vorrang vor dem Denkmalschutz einzuräumen. Vgl. hierzu eingehend OVG NRW, Urteil v. 31.10.2023 – 7 D 187/22.AK –, juris Rdnr. 160 f. m. w. N.; VG Düsseldorf, Urteil v. 30.11.2023 – 28 K 8865/22 –, juris Rdnr. 23 ff.

Besondere Umstände, die ausnahmsweise ein zum Nachteil der erneuerbaren Energien gehendes Ergebnis der Abwägung gebieten, sind mit Blick auf die Geringfügigkeit dieses Eingriffs in den Denkmalschutz nicht ersichtlich.

Darüber hinaus werden durch das Bauvorhaben die Sichtbeziehungen zu den übrigen in der W.-straße gelegenen Fachwerkhäusern und der dort durch kleinteilige Bebauung ablesbaren dörflichen Struktur jedenfalls nicht wesentlich beeinträchtigt. Dies gilt insbesondere für das dem Vorhaben unmittelbar benachbarte Fachwerkhaus W.-straße 00. Dieses reicht ausweislich des mit Schriftsatz vom 8.4.2024 übersandten Lichtbildes (S. 3 unten, Bl. 215 GA) im Unterschied zu dem Vorhaben bis an die Straßenbegrenzungslinie heran und bleibt damit nach einer Entfernung des Baugerüsts auch von dem Baudenkmal W.-straße 00 aus deutlich erkennbar.

Eine wesentliche Herabsetzung des Erscheinungsbildes des Denkmalbereichs, welche aufgrund der Lage des Hauses W.-straße 00–00 im Bereich der Denkmalbereichssatzung zusätzlich zu untersuchen ist, n. 45, liegt nach summarischer Prüfung ebenfalls nicht vor.

Gemäß § 3 der Satzung zum Schutz des Denkmalbereichs Dorfkern C. in der Landeshauptstadt P vom 0.9.0000 sind die Häuser auf den Grundstücken W.-straße 0, 00, 00 und 00 als Baudenkmäler geschützt, die Objekte auf den Grundstücken W.-straße 0, 00 (»W.-straße 00«), 0, 0, 0, 0, 00 werden zudem als erhaltenswerte Objekte, der Straßenzug W.-straße ferner als schützenswerter Straßenzug eingestuft. § 5 der Satzung führt in seiner Begründung unter anderem aus: »Über die Jahrhunderte blieb die dörfliche Struktur Cs weitestgehend erhalten. Städtische Architektur der letzten Jahrhundertwende konnte lediglich an einem Abschnitt der M.-straße und einem Teil der N.-straße Fuß fassen. Die charakteristische zweigeschossige meist traufenständige Architektur des alten Dorfkerns blieb dominant.

Da fast alle alten Dorfkerne des Per Südens vor allem in der letzten Nachkriegszeit einem erheblichen städtebaulichen Veränderungsdruck unterlegen sind, kommt den erhaltenen dörflichen Strukturen Cs eine besondere Bedeutung zu. Das Erscheinungsbild des historischen Dorfkerns zu erhalten, ist das Anliegen dieser Satzung. Mit dem Erscheinungsbild sollen auch die Sichtbezüge, das aufeinander Bezogensein der baulichen Anlagen, des Straßenraumes sowie der Frei- und Grünflächen geschützt werden«.

Gemessen hieran bestehen keine Anhaltspunkte für eine erhebliche Beeinträchtigung des Erscheinungsbildes des Denkmalbereichs durch das Vorhaben. Das Vorhaben fügt sich sowohl hinsichtlich seiner Höhenentwicklung, die deutlich unter derjenigen der nahe gelegenen mehrgeschossigen Häuser W.-straße 00 und 00 zurückbleibt, als auch der Dachform als Satteldach in die Umgebungsbebauung ein. Die direkte Nachbarbebauung W.-straße 00 und 00 ist gleichsam giebelständig errichtet. Eine dunkel gehaltene Fassade findet sich ebenfalls auf dem voll verklinkerten Haus Nr. 0a (Bl. 237 GA), das in Kubatur und Höhe deutlich über das Vorhaben hinausgehen dürfte. Angesichts dieser Auflockerung des Denkmalbereichs geht von dem Vorhaben selbst in Anbetracht einer noch dunkleren Klinkerfärbung keine wesentliche Beeinträchtigung des Denkmalbereichs aus. Im Übrigen tritt das Vorhaben nach den vorgelegten Lichtbildern und dem über google maps abrufbaren Bildmaterial weder aufgrund seiner Dimension und Lage noch durch die dunkle Farbgestaltung als »klobiger Fremdkörper« in einer derart dominanten Weise in den Straßenzug hinein, dass es das Erscheinungsbild des historischen Dorfkerns und die dort vorhandenen Sichtbeziehungen in erheblicher Weise schmälert. Soweit die Antragsteller in dem Zusammenhang auf den Wegfall einer punktuellen Sichtbeziehung zu dem oberen Teil des in der Nähe befindlichen Kirchturms hinweisen, fällt dies nicht entscheidend ins Gewicht.

Die Anträge zu 2. und 3. sind aus den vorstehenden Gründen ebenfalls unbegründet. …

Nr. 115

Technisch-rechnerisch ermittelte Immissionswerte sind für die Beurteilung, ob Lärmbelästigungen von Stellplätzen und Garagen in rückwärtigen Grundstücksbereichen die Grenze des Zumutbaren überschreiten, nicht ausschlaggebend.

(Leitsatz der Redaktion)

BauNVO § 15 Abs. 1 Satz 2 Alt. 2.

OVG Nordrhein-Westfalen, Beschluss v. 29. Juli 2024 – 10 A 1719/22 –.

Aus den Gründen:

Der Antrag hat keinen Erfolg.

Aus den innerhalb der Frist des § 124a Abs. 4 Satz 4 VwGO dargelegten Gründen ergeben sich weder ernstliche Zweifel an der Richtigkeit des angefochtenen Urteils (Zulassungsgrund gemäß § 124 Abs. 2 Nr. 1 VwGO) noch besondere tatsächliche oder rechtliche Schwierigkeiten der Rechtssache (Zulassungsgrund gemäß § 124 Abs. 2 Nr. 2 VwGO), deren grundsätzliche Bedeutung (Zulassungsgrund gemäß § 124 Abs. 2 Nr. 3 VwGO), eine Abweichung des angefochtenen Urteils von einer Entscheidung des Oberverwaltungsgerichts, des Bundesverwaltungsgerichts, des gemeinsamen Senats der obersten Gerichtshöfe des Bundes oder des Bundesverfassungsgerichts, auf der das Urteil beruht (Zulassungsgrund gemäß § 124 Abs. 2 Nr. 4 VwGO), oder ein der Beurteilung des Berufungsgerichts unterliegender Verfahrensmangel, auf dem die Entscheidung beruhen kann (Zulassungsgrund gemäß § 124 Abs. 2 Nr. 5 VwGO).

1. Die Berufung ist nicht wegen ernstlicher Zweifel an der Richtigkeit des angefochtenen Urteils im Sinne des § 124 Abs. 2 Nr. 1 VwGO zuzulassen. Stützt der Rechtsmittelführer seinen Zulassungsantrag auf den Zulassungsgrund der ernstlichen Zweifel, muss er sich mit den entscheidungstragenden Annahmen des Verwaltungsgerichts auseinandersetzen. Dabei muss er den tragenden Rechtssatz oder die Feststellungen tatsächlicher Art, die er mit seinem Antrag angreifen will, bezeichnen, mit schlüssigen Gegenargumenten infrage stellen und damit zugleich Zweifel an der Richtigkeit des Entscheidungsergebnisses begründen. Diesen Anforderungen genügt das Vorbringen der Klägerin im Zulassungsverfahren nicht.

Das Verwaltungsgericht hat die Klage auf Erteilung eines bauplanungsrechtlichen Vorbescheids für die Errichtung von 39 Fertiggaragen auf den Flurstücken Gemarkung O., Flur 000, Flurstücke 18, 120, 121 und 122 (nebst Erschließung über das Flurstück 125) abgewiesen. Zur Begründung hat es ausgeführt, das Vorhaben sei planungsrechtlich unzulässig. Dem beantragten Vorhaben stehe § 30 Abs. 1 BauGB i. V. m. dem Bebauungsplan Nr. 0.00/0 »M.-straße« (im Folgenden: Bebauungsplan) entgegen. Im Bebauungsplan seien Baugrenzen in Form verschiedener Baufenster festgesetzt. Diese halte das Vorhaben nicht ein, denn es solle außerhalb der überbaubaren Grundstücksfläche errichtet werden. Das Vorhaben sei auch nicht nach der textlichen Festsetzung Nr. 5 des Bebauungsplans außerhalb der überbaubaren Grundstücksfläche zulässig. Diese textliche Festsetzung erfasse keine – wie vorliegend geplant – selbständige Hauptnutzung durch einen Garagenhof und zudem unter Berücksichtigung von § 23 Abs. 5 Sätze 1 und 2 BauNVO nur solche Garagen, Carports und Stellplätze, die in den Abstandsflächen zulässig seien oder zugelassen werden könnten. Das Vorhaben sei schließlich wegen eines Verstoßes gegen das in § 15 Abs. 1 Satz 2 Alt. 2 BauNVO verankerte Gebot der Rücksichtnahme zulasten der Wohnnachbarn planungsrechtlich unzulässig. Von erheblicher Bedeutung sei bei der gebotenen Einzelfallbetrachtung, dass der rückwärtige Bereich bislang als unberührter Hinterlandbereich betrachtet werden könne, in den mit dem streitgegenständlichen Garagenhof erstmals entsprechende Belästigungen hineingetragen würden. Der in der mündlichen Verhandlung gestellte Beweisantrag, durch ein Sachverständigengutachten zu belegen, dass bei bestimmungsgemäßer Nutzung der 39 Garagen die Richtwerte der TA Lärm für ein allgemeines Wohngebiet an der nächstgelegenen Bebauung eingehalten würden, habe vor diesem Hintergrund abgelehnt werden können.

Die Klägerin stellt die Richtigkeit dieser Erwägungen nicht schlüssig in Frage.

a. Die Einwände der Klägerin gegen die entscheidungstragende Annahme des Verwaltungsgerichts, das Vorhaben sei wegen eines Verstoßes gegen das Rücksichtnahmegebot planungsrechtlich unzulässig, führen nicht auf ernstliche Zweifel.

Nach der ständigen Rechtsprechung der Bausenate des beschließenden Gerichts (vgl. OVG NRW, Urteile v. 26.4.2019 – 7 A 3284/17 –, juris Rdnr. 35, vom 30.5.2017 – 2 A 130/16 –, juris Rdnr. 82, und vom 21.10.2002 – 7 A 3185/01 –, juris Rdnr. 43, sowie Beschlüsse v. 29.11.2023 – 10 A 2790/21 –, juris Rdnr. 13, vom 4.9.2018 – 10 B 993/18 –, juris Rdnr. 14, vom 9.8.2016 – 7 B 1396/15 –, juris Rdnr. 6, und vom 31.5.2006 – 7 B 583/06 –, juris Rdnr. 4), die das Verwaltungsgericht in zutreffender Weise seiner Entscheidung zu Grunde gelegt hat, sind technisch-rechnerisch ermittelte Immissionswerte für die Beurteilung, ob Lärmbelästigungen von Stellplätzen und Garagen in rückwärtigen Grundstücksbereichen die Grenze des Zumutbaren überschreiten, nicht ausschlaggebend. Dieser Rechtsprechung liegt die Erwägung zu Grunde, dass die Frage, wann die Benutzung von Garagen oder Stellplätzen die Umgebung unzumutbar stört, sich nicht abstrakt und generell nach festen Merkmalen beurteilen lässt. Vielmehr kommt es entscheidend auf die konkrete Situation an, in der sich die Belästigungen auswirken. Dementsprechend ist von Bedeutung, an welchem Standort die Garagen oder Stellplätze angeordnet werden sollen und in welcher Lage sich dieser Standort zu dem Grundstück, dem Wohnhaus und gegebenenfalls gegenüber den Wohn- und Aufenthaltsbereichen der betroffenen Nachbarn befindet.

Diese Grundsätze sind auch in der (aktuellen) Rechtsprechung des Bundesverwaltungsgerichts anerkannt. Danach ist eine generelle, für alle Standorte von Garagen und Stellplätzen im rückwärtigen (Wohn-)Bereich geltende Beurteilung nicht möglich; sie hängt immer von den Umständen des jeweiligen Einzelfalls ab. Vgl. BVerwG, Beschluss v. 15.8.2019 – 4 B 31.19 –, juris Rdnr. 3, sowie grundlegend Urteil v. 7.12.2000 – 4 C 3.00 –, juris Rdnr. 19.

Ohne Erfolg wendet die Klägerin ein, entgegen der Ansicht des Verwaltungsgerichts sei die TA Lärm hier maßgeblich. Zur Begründung ihrer Ansicht stützt sie sich dabei im Wesentlichen auf das Urteil des Bundesverwaltungsgerichts vom 29.11.2012 – 4 C 8.11 –, juris Rdnr. 18 f., sowie auf ein auf diese Entscheidung bezugnehmendes Urteil des Oberverwaltungsgerichts für das Land Nordrhein-Westfalen vom 18.2.2013 – 2 A 2135/11 –, juris Rdnr. 52 ff. Beide Entscheidungen verhalten sich jedoch lediglich allgemein zu den Bindungswirkungen der TA Lärm, ohne die spezifische Situation von Garagen und Stellplätzen in den Blick zu nehmen; insbesondere lässt sich dem Urteil des Bundesverwaltungsgerichts vom 29.11.2012 eine Abkehr von der oben genannten Grundsatzentscheidung vom 7.12.2000 nicht entnehmen (die Besonderheiten von Stellplätzen und Garagen in Abgrenzung zum Urteil des Bundesverwaltungsgerichts vom 29.11.2012 ebenfalls betonend VGH Bad.-Württ., Beschluss v. 4.4.2022 – 5 S 395/22 –, juris Rdnr. 22; OVG Rh.-Pf., Urteil v. 19.9.2019 – 1 A 10673/18 –, juris Rdnr. 35).

Damit ist die ständige Rechtsprechung der Bausenate des beschließenden Gerichts – anders als die Klägerin meint – auch nicht »offensichtlich überholt«.

Die Annahme der Klägerin schließlich, die Bausenate des beschließenden Gerichts hätten zur Begründung ihrer Rechtsprechung betreffend die Bewertung der von Stellplätzen und Garagen für die Nachbarschaft ausgehenden Beeinträchtigungen (allein) auf die »nicht mehr existierende Norm des § 51 Abs. 7 BauO NRW a. F.« Bezug genommen, trifft nicht zu. Die Vorgaben des planungsrechtlichen Rücksichtnahmegebots und des § 51 Abs. 7 BauO NRW a. F. als besondere Ausprägung dieses Gebots stimmen im Ergebnis regelmäßig überein, soweit sie gebieten, dass von Stellplätzen keine unzumutbaren Beeinträchtigungen für die Nachbarschaft ausgehen dürfen. Vgl. OVG NRW, Urteil v. 26.4.2019 – 7 A 3284/17 –, juris Rdnr. 32 f., sowie Beschlüsse v. 18.7.2018 – 10 A 1663/17 –, juris Rdnr.10, und vom 27.7.2018 – 10 B 690/18 –, juris Rdnr. 10.

Damit greift auch die Schlussfolgerung der Klägerin nicht, nach dem Wegfall der bauordnungsrechtlichen Zumutbarkeitsprüfung finde nunmehr (materiellrechtlich) ein anderes Prüfprogramm Anwendung.

b. Folglich kann dahinstehen, ob die Einwände der Klägerin gegen die Erwägungen des Verwaltungsgerichts zur textlichen Festsetzung Nr. 5 des Bebauungsplans sowie mit Blick auf § 23 Abs. 5 BauNVO tragfähig sind. 22 2. Die Rechtssache weist auch keine besonderen tatsächlichen oder rechtlichen Schwierigkeiten im Sinne von § 124 Abs. 2 Nr. 2 VwGO auf. Das wäre nur dann der Fall, wenn die Angriffe der Klägerin gegen die Tatsachenfeststellungen oder die rechtlichen Würdigungen, auf denen das angefochtene Urteil beruht, begründeten Anlass zu Zweifeln an der Richtigkeit der angefochtenen Entscheidung gäben, die sich nicht ohne Weiteres im Zulassungsverfahren klären ließen, sondern die Durchführung eines Berufungsverfahrens erfordern würden.

Wie sich aus den vorstehenden Ausführungen ergibt, ist der Ausgang des Rechtstreits nicht in diesem Sinne offen.

Die Rechtssache hat auch nicht die geltend gemachte grundsätzliche Bedeutung im Sinne von § 124 Abs. 2 Nr. 3 VwGO.

Eine Rechtssache hat grundsätzliche Bedeutung, wenn sie eine im betreffenden Berufungsverfahren klärungsbedürftige und für die Entscheidung dieses Verfahrens erhebliche Rechts- oder Tatsachenfrage aufwirft, deren Beantwortung über den konkreten Fall hinaus wesentliche Bedeutung für die einheitliche Anwendung oder Weiterentwicklung des Rechts hat. Dabei ist zur Darlegung dieses Zulassungsgrundes die Frage auszuformulieren und substantiiert auszuführen, warum sie für klärungsbedürftig und entscheidungserheblich gehalten und aus welchen Gründen ihr Bedeutung über den Einzelfall hinaus zugemessen wird. Vgl. OVG NRW, Beschluss v. 24.1.2024 – 10 A 400/22 –, juris Rdnr. 23.

Ein derartiger Klärungsbedarf besteht nicht, wenn die Rechtsfrage bereits geklärt ist oder auf der Grundlage der bestehenden Rechtsprechung mit Hilfe der anerkannten Auslegungsregeln auch ohne Durchführung eines Berufungsverfahrens beantwortet werden kann. Vgl. OVG NRW, Beschluss v. 2.7.2024 – 10 A 2224/22 –, juris Rdnr. 30.

a. Nach diesen Maßgaben fehlt den von der Klägerin formulierten Fragen, »ob in den textlichen Festsetzungen eines Bebauungsplans von den Regelungen des § 23 Abs. 5 BauNVO auch positiv im Sinne einer Erweiterung des Kreises der außerhalb der Baugrenzen zulässigen Anlagen und im Sinne eines Rechtsanspruchs auf Zulassung abgewichen werden kann«, »ob außerhalb der überbaubaren Grundstücksfläche nach § 23 Abs. 5 BauNVO oder nach den Festsetzungen des Bebauungsplans generell nur solche baulichen Anlagen zulässig sind, die ›keine Hauptanlagen sind‹«, »ob die Unterscheidung zwischen ›Hauptanlagen‹ und ›Nebenanlagen‹ auch auf Garagen und Stellplätze im Sinne des § 12 BauNVO anzuwenden ist, obwohl diese nach der gesetzlichen Definition keine Nebenanlagen im Sinne des § 14 BauNVO sein können«, schon deshalb die grundsätzliche Bedeutung, weil sie unter Berücksichtigung der obigen Erwägungen nicht entscheidungserheblich sind.

b. Die von der Zulassungsbegründung aufgeworfenen weiteren Fragen, »ob bei Garagen und Stellplätzen die Zumutbarkeitsgrenze in Nachbarkonflikten, die das in § 15 Abs. 1 S. 2 BauNVO konkretisierte Rücksichtnahmegebot fordert, zwingend nach den Grenzwerten der TA Lärm zu bestimmen ist, oder ob insoweit – wie das Verwaltungsgericht meint – allein auf die jeweiligen Umstände des Einzelfalls abzustellen ist«, und »ob die im Urteil des Verwaltungsgerichts angeführte Rechtsprechung des OVG NRW zu § 51 Abs. 7 BauO NRW a. F. weiterhin Anwendung findet, obwohl § 51 Abs. 7 BauO NRW nicht mehr gilt und die Neufassung der BauO NRW keine entsprechende Regelung mehr enthält, und obwohl nach der zeitlich späteren Rechtsprechung des Bundesverwaltungsgerichts (Urteil v. 29.11.2012 – 4 C 8/11 –, NVwZ 2013, 372, Rdnr. 18 f.), der sich das OVG NRW angeschlossen hat (Urteil v. 18.2.2013 – 2 A 2135/11 –, BeckRS 2013, 48673), die Grenzwerte der TA Lärm bei der Bestimmung der Zumutbarkeitsgrenze in Nachbarkonflikten, wie sie das in § 15 Abs. 1 S. 2 BauNVO konkretisierte Rücksichtnahmegebot fordert, Bindungswirkung haben«, verleihen der Rechtssache ebenfalls keine grundsätzliche Bedeutung. Die aufgeworfenen Fragen sind, wie vorstehend ausgeführt, in der Rechtsprechung der Bausenate des beschließenden Gerichts geklärt. 40 4. Die Berufung ist nicht aufgrund der Divergenzrüge der Klägerin im Sinne von § 124 Abs. 2 Nr. 4 VwGO zuzulassen. Wird der Zulassungsantrag mit dem Zulassungsgrund der Divergenz begründet, muss zur Darlegung dieses Zulassungsgrundes ein die angefochtene Entscheidung tragender abstrakter, aber inhaltlich bestimmter Rechtssatz aufgezeigt werden, der zu einem ebensolchen Rechtssatz in einer Entscheidung eines der in der Vorschrift genannten Gerichte in Widerspruch steht. Eine lediglich fehlerhafte Anwendung dieses Rechtssatzes stellt jedoch keine die Zulassung der Berufung rechtfertigende Divergenz dar. Vgl. OVG NRW, Beschluss v. 24.1.2024 – 10 A 400/22 –, juris Rdnr. 27.

Die Klägerin meint, die angegriffene Entscheidung des Verwaltungsgerichts weiche vom Urteil des Bundesverwaltungsgerichts vom 29.11.2012 – 4 C 8.11 –, juris, und vom Urteil des Oberverwaltungsgerichts für das Land Nordrhein-Westfalen vom 18.2.2013 – 2 A 2135/11 –, juris, ab. Ungeachtet der Frage, ob der Vortrag der Klägerin insoweit den Darlegungsanforderungen genügt, liegen die Voraussetzungen einer Divergenz unter Berücksichtigung der obigen Erwägungen nicht vor. Auch eine Berufungszulassung nach § 124 Abs. 2 Nr. 5 VwGO wegen eines – mit der Zulassungsbegründung sinngemäß gerügten – Verfahrensmangels des Verwaltungsgerichts, auf dem die Entscheidung beruhen kann, kommt nicht in Betracht. 44 a. Das gilt zunächst mit Blick auf den Anspruch der Klägerin auf rechtliches Gehör, Art. 103 Abs. 1 GG. Aus der Antragsbegründung ergibt sich nicht, dass dieser dadurch verletzt worden sein könnte, dass das Verwaltungsgericht den in der mündlichen Verhandlung gestellten Beweisantrag abgelehnt hat.

Die Ablehnung einer beantragten Beweiserhebung verletzt das rechtliche Gehör nur dann, wenn sie im maßgeblichen Prozessrecht keine Stütze findet. Vgl. BVerwG, Beschlüsse 21.1.2020 – 1 B 65.19 –, juris Rdnr. 17, und vom 10.8.2015 – 5 B 48.15 –, juris Rdnr. 10; OVG NRW, Beschluss v. 29.11.2023 – 10 A 2790/21 –, juris Rdnr. 33.

Die Klägerin legt in ihrer Zulassungsbegründung nicht dar, dass das Verwaltungsgericht den Beweisantrag prozessrechtswidrig abgelehnt hat.

Das Verwaltungsgericht hat den von der Klägerin in der mündlichen Verhandlung gestellten Beweisantrag – durch ein Sachverständigengutachten zu belegen, dass bei bestimmungsgemäßer Nutzung der 39 Garagen die Richtwerte der TA Lärm für ein allgemeines Wohngebiet an der nächstgelegenen Bebauung eingehalten werden – ausweislich der Ausführungen im Urteil (u. a.) mit der Begründung abgelehnt, die Beweistatsache sei nicht erheblich.

Das Verwaltungsgericht hat folglich den Ablehnungsgrund der »Wahrunterstellung« bemüht.

Der vom Untersuchungsgrundsatz bestimmte Verwaltungsprozess kennt die Möglichkeit, einen Beweisantrag durch »Wahrunterstellung« abzulehnen. Die Verfahrensweise der »Wahrunterstellung« setzt indes voraus, dass die behauptete Beweistatsache im Folgenden so behandelt wird, als wäre sie wahr. Das Gericht darf sich im weiteren Verlauf nicht in Widerspruch zu der als wahr unterstellten Annahme setzen und muss sie »ohne jede inhaltliche Einschränkung« in ihrem mit dem Beteiligtenvorbringen gemeinten Sinn behandeln, als wäre sie nachgewiesen. Die Wahrunterstellung einer unter Beweis gestellten Tatsache verpflichtet das Tatsachengericht, diese Tatsache der Sachverhalts- und Beweiswürdigung zugrunde zu legen. Dabei entfaltet eine Wahrunterstellung jedoch keine Bindungswirkung für die Würdigung des betreffenden Lebenssachverhalts. Sie verbietet nicht, aus diesem Sachverhalt unter Beachtung des Überzeugungsgrundsatzes bestimmte, andere Schlüsse zu ziehen, solange die als wahr unterstellten Tatsachen zugrunde gelegt werden. Vgl. BVerwG, Beschluss v. 28.1.2020 – 2 B 15.19 –, juris Rdnr. 21; OVG NRW, Beschluss v. 29.11.2023 – 10 A 2790/21 –, juris Rdnr. 38.

Die »Wahrunterstellung« kommt dabei regelmäßig nur für nicht entscheidungserhebliche Behauptungen in Frage. Vgl. BVerwG, Beschluss v. 27.6.2019 – 2 B 7.18 –, juris Rdnr. 60; OVG NRW, Beschluss v. 29.11.2023 – 10 A 2790/21 –, juris Rdnr. 40.

Angesichts der vorstehenden Erwägungen zur ständigen Rechtsprechung der Bausenate des beschließenden Gerichts zur fehlenden Entscheidungserheblichkeit technisch-rechnerisch ermittelter Immissionswerte bei der Beurteilung der Zumutbarkeit von Lärmbelästigungen, die von Stellplätzen und Garagen in rückwärtigen Grundstücksbereichen ausgehen, ist gegen die Ablehnung des Beweisantrags durch das Verwaltungsgericht nichts zu erinnern.

b. Das Vorbringen der Klägerin, die Voraussetzungen für eine Übertragung des Rechtsstreits auf den Einzelrichter gemäß § 6 Abs. 1 Satz 1 VwGO hätten nicht vorgelegen, führt ebenfalls nicht auf einen Verfahrensmangel, auf dem die Entscheidung des Verwaltungsgerichts beruhen kann.

Die Zulassung der Berufung kann grundsätzlich nicht auf einen fehlerhaften Übertragungsbeschluss gestützt werden. Denn § 124 Abs. 2 Nr. 5 VwGO setzt einen der Beurteilung des Berufungsgerichts unterliegenden Verfahrensmangel voraus. Gemäß § 173 Satz 1 VwGO i. V. m. § 512 ZPO unterliegt die Übertragung des Rechtsstreits auf den Einzelrichter nicht der Beurteilung des Berufungsgerichts, da es sich um eine unanfechtbare Vorentscheidung (vgl. § 6 Abs. 1 i. V. m. Abs. 4 Satz 1 VwGO) handelt. Vgl. OVG NRW, Beschlüsse v. 7.12.2023 – 12 A 1484/23 –, juris Rdnr. 43, vom 22.2.2018 – 10 A 2353/16 –, juris Rdnr. 10, und vom 12.11.2010 – 6 A 940/09 –, juris Rdnr. 23.

Etwas Anderes kann nur dann gelten, wenn dem Übertragungsbeschluss ein Rechtsfehler anhaftet, der zugleich eine Verletzung der prozessualen Gewährleistungen der Verfassung darstellt, so etwa, wenn durch willkürliche oder manipulative Auslegung oder Anwendung des einfachen Rechts das Recht auf den gesetzlichen Richter verletzt wird. Vgl. BVerwG, Beschluss v. 15.10.2001 – 8 B 104.01 –, juris Rdnr. 7; OVG NRW, Beschluss v. 10.8.2020 – 10 A 4320/19 –, juris Rdnr. 7.

Dahingehende Umstände trägt die Klägerin nicht vor; sie sind auch sonst nicht ersichtlich. …

Nr. 116

Eine Nachbarklage kann unter Berufung auf ein Notwegerecht nur erfolgreich sein, wenn das Bauvorhaben dazu führt, dass auf dem Nachbargrundstück ein solches gem. § 917 Abs. 1 BGB entsteht.

Ein Bauvorhaben kann wegen Verstoßes gegen das Rücksichtnahmegebot nur in besonderen Ausnahmefällen einer hinreichend konkreten, nicht bloß abstrakten Baumwurfgefahr i. S. d. Art. 7 Abs. 2 Nr. 3 LStVG bauplanungsrechtlich unzulässig sein.

(Leitsätze der Redaktion)

BGB § 917 Abs. 1; LStVG Art. 7 Abs. 2 Nr. 3.

Bayerischer VGH, Beschluss v. 31. Juli 2024 – 15 CS 24.1156 –.

Aus den Gründen:

I. Die Antragstellerin ist Miteigentümerin verschiedener Waldgrundstücke und wendet sich gegen die der Beigeladenen von der Antragsgegnerin erteilte Baugenehmigung zur Errichtung eines Hotels mit Parkplatz auf (teilweise) angrenzenden Grundstücken. Die Baugrundstücke liegen im Geltungsbereich des Bebauungsplans Sondergebiet »Ferienhäuser« K. … der Antragsgegnerin vom 29.12.1988. Über die hiergegen erhobene Klage (RO 7 K 24.373) hat das Verwaltungsgericht noch nicht entschieden.

Den von der Antragstellerin erhobenen Antrag auf vorläufigen Rechtsschutz lehnte das Verwaltungsgericht mit Beschluss vom 4.6.2024 ab. Zur Begründung wurde insbesondere ausgeführt, dass die Baugenehmigung nicht aufgrund des geltend gemachten erhöhten Haftungsrisikos wegen Baumwurfgefahr gegen das Gebot der Rücksichtnahme verstoße und sich die Antragstellerin auch nicht mit Erfolg auf eine Beeinträchtigung der wegemäßigen Erschließung und Bewirtschaftung eines ihrer Waldgrundstücke berufen könne.

Hiergegen wendet sich die Antragstellerin mit ihrer Beschwerde. Sie ist der Ansicht, das Verwaltungsgericht habe das Baumwurfrisiko nicht zutreffend bewertet, weil das Baugrundstück bisher nur während des Badebetriebs in der Sommerzeit genutzt wurde, während das geplante Hotel nunmehr ganzjährig in Betrieb sei. Sowohl aus einem Schreiben der Antragsgegnerin vom

13.7.2021 als auch aktuell ergebe sich ein akuter Handlungsbedarf zu Baumfällungen aufgrund der klimatischen Veränderungen. Darüber hinaus gehe das Verwaltungsgericht unzutreffend davon aus, dass alle ihre Waldgrundstücke über einen öffentlichen Weg oder eine öffentliche Straße erreichbar seien. Dies sei unzutreffend; ein Grundstück würde im Falle der Baumaßnahme zu einem »Helikoptergrundstück« und könne nicht mehr erreicht werden.

Die Antragstellerin beantragt sinngemäß, den Beschluss des Verwaltungsgerichts Regensburg vom 4.6.2024 aufzuheben und die aufschiebende Wirkung ihrer Klage gegen die Baugenehmigung der Antragsgegnerin vom 15.1.2024 anzuordnen.

Die Antragsgegnerin und die Beigeladene haben sich nicht geäußert.

Hinsichtlich der weiteren Einzelheiten wird auf die Gerichtsakten in beiden Instanzen und die vorgelegten Behördenakten Bezug genommen.

II. Das Verwaltungsgericht hat den Antrag der Antragstellerin auf Gewährung vorläufigen Rechtsschutzes bei summarischer Prüfung der Sach- und Rechtslage, wie sie das Verfahren des vorläufigen Rechtsschutzes kennzeichnet, zu Recht abgelehnt, weil die Klage der Antragstellerin auf Aufhebung der Baugenehmigung vom 15.1.2024 im Hauptsacheverfahren voraussichtlich erfolglos bleiben wird. Die allein zu prüfenden Beschwerdegründe (vgl. § 146 Abs. 4 Satz 3 und 6 VwGO) rechtfertigen keine Abänderung des verwaltungsgerichtlichen Beschlusses. Die angefochtene Baugenehmigung dürfte, worauf es allein ankommt, nicht gegen öffentlich-rechtliche Vorschriften verstoßen, die zumindest auch dem Schutz der Antragstellerin zu dienen bestimmt sind (§ 113 Abs. 1 Satz 1 VwGO). Die vorzunehmende Abwägung der gegenseitigen Interessen geht hier demnach zulasten der Antragstellerin aus.

1. Aus dem Beschwerdevorbringen ergibt sich keine Rücksichtslosigkeit des Bauvorhabens gegenüber der Antragstellerin.Soweit die Beschwerde hierfür eine erhöhte Baumwurfgefahr, ausgehend von den Waldgrundstücken der Antragstellerin, anführt, hat das Verwaltungsgericht zutreffend darauf abgestellt, dass allein Haftungsrisiken die Antragstellerin nicht in der bodenrechtlichen Nutzungsmöglichkeit ihrer Waldgrundstücke einschränken oder eine forstwirtschaftliche Nutzung ausschließen (vgl. BayVGH, Beschluss v. 16.12.2021 – 15 CS 21.2578 – Rdnr. 21). Es hat ferner zutreffend ausgeführt, dass ein Bauvorhaben wegen Verstoßes gegen das Rücksichtnahmegebot nur in besonderen Ausnahmefällen einer hinreichend konkreten, nicht bloß abstrakten Baumwurfgefahr i. S. d. Art. 7 Abs. 2 Nr. 3 LStVG bauplanungsrechtlich unzulässig sein könne und eine derartige Situation verneint (BA S. 7). Aus dem Beschwerdevorbringen ergibt sich nichts Gegenteiliges. Das Schreiben der Antragsgegnerin vom 13.7.2021 ist schon deswegen nicht geeignet, eine konkrete Gefahr zu belegen, weil die notwendigen Baumfällarbeiten nach eigenen Angaben der Antragstellerin im Laufe des Jahres 2021 durchgeführt worden sind. Aus dem Schreiben eines weiteren Miteigentümers sowie den vorgelegten Luftbildern lassen sich zwar Schädigungen an Bäumen ersehen. Eine darüber-

hinausgehende Gefahr für das Bauvorhaben lässt sich hieraus aber nicht ableiten. Denn das Absterben von Bäumen aufgrund klimatischer Veränderungen und/oder eines Schädlingsbefalls sowie damit verbundene Entnahmepflichten aufgrund der Verkehrssicherungspflicht gehen grundsätzlich nicht über die im Rahmen einer üblichen Waldbewirtschaftung bestehenden zumutbaren Handlungspflichten hinaus. Zudem ist anhand der vorgelegten Bilder auch eine genaue Verortung der geschädigten Bäume nicht möglich und das Bauvorhaben weist gemäß der genehmigten Lagepläne mitunter deutliche Abstände zu den wesentlichen Waldflächen der Antragstellerin auf. Mit den Ausführungen des Verwaltungsgerichts, dass die Grundstücke im Miteigentum der Antragstellerin nach der Verwirklichung des Bauvorhabens auch weiterhin in ordnungsgemäßer Erfüllung der gebotenen Verkehrssicherungspflicht zur Waldbewirtschaftung genutzt werden können (BA S. 7), setzt sich die Beschwerde nicht auseinander.

2. Die Antragstellerin bleibt auch mit ihrem Vorbringen, eines ihrer Grundstücke sei nach Ausführung des Bauvorhabens nicht mehr erreichbar und dessen wegemäßige Erschließung beeinträchtigt, erfolglos. Das Verwaltungsgericht hat zutreffend ausgeführt, dass eine Nachbarklage unter Berufung auf ein Notwegerecht nur erfolgreich ist, wenn das Bauvorhaben dazu führt, dass auf dem Nachbargrundstück ein solches gem. § 917 Abs. 1 BGB entsteht (vgl. BVerwG, Beschluss v. 11.5.1998 – 4 B 45.98 – juris Rdnr. 10; BayVGH, Beschluss v. 25.3.2022 – 15 ZB 22.268 – juris Rdnr. 9 f.). Die Antragstellerin macht aber vielmehr eine Beeinträchtigung eines zu ihren Gunsten bestehenden (Not-) Wegerechts geltend; hierfür gilt – wie das Verwaltungsgericht zutreffend ausgeführt hat (BA S. 9) – Art. 68 Abs. 5 BayBO.

…

Nr. 117

Eine Drittklage gegen eine rechtswidrige Genehmigung kann nur dann erfolgreich sein, wenn der Kläger zugleich in eigenen Rechten verletzt wird. Dies setzt voraus, dass die Genehmigung gegen Rechtsnormen verstößt, die nachbarschützenden Charakter haben und der jeweilige Nachbar durch den Verstoß auch tatsächlich in seinen eigenen Rechten, deren Schutz die Vorschriften zu dienen bestimmt sind, verletzt wird.

Ein nachbarlicher Abwehranspruch gegen eine mit den Planfestsetzungen übereinstimmende Baugenehmigung unter Berufung auf das Gebot der Rücksichtnahme besteht im Allgemeinen nicht, weil dieses bereits in den einen rechtsgültigen Bebauungsplan voraussetzenden Abwägungsvorgang eingeflossen sein muss, wodurch es gleichsam »aufgezehrt« wird.

Nr. 117

Festsetzungen eines Bebauungsplans können durch das in § 15 Abs. 1 BauNVO enthaltene Gebot der Rücksichtnahme nur ergänzt, nicht aber korrigiert werden.
(Leitsätze der Redaktion)

BauNVO § 15 Abs. 1 Satz 2.

Verwaltungsgericht Minden, Urteil v. 20. November 2024 – 9 K 2446/22 –.

Aus den Gründen:

Die gegen die Baugenehmigung vom 5.8.2022 in der Fassung der Nachtragsbaugenehmigungen gerichtete Anfechtungsklage i. S. d. § 42 Abs. 1 Satz 1 1. Fall der Verwaltungsgerichtsordnung (VwGO) ist zulässig (A.), aber unbegründet (B.).

A. Zulässiger Streitgegenstand der Anfechtungsklage ist die Baugenehmigung vom 5.8.2022 in der Fassung der Nachtragsbaugenehmigungen vom 13.9.2022, 6.10.2023 und 1.2.2024. Insbesondere die Genehmigung vom 6.10.2023 ersetzt nicht die Ursprungsgenehmigung vom 5.8.2022. Bei ihr handelt es sich nicht um eine neue Baugenehmigung, sondern (nur) um einen Nachtrag, mit der Folge, dass dieser im Hauptsacheverfahren nur zusammen mit der ursprünglichen Baugenehmigung angegriffen werden kann, der er eine abschließende Gestalt gibt. Ausgangsbaugenehmigung und Nachtragsgenehmigung bilden in aller Regel eine genehmigungsrechtliche Einheit. Vgl. dazu OVG NRW, Urteil v. 19.6.2020 – 2 A 211/17 –, juris, Rdnr. 29, und Beschluss v. 16.11.2012 – 2 B 1095/12 –, juris, Rdnr. 10.

In dem Eilverfahren 9 L 919/23 hat die Kammer in ihrem Beschluss v. 9.1.2024 umfassend dargelegt, aus welchen Gründen es sich bei der Genehmigung vom 6.10.2023 nicht um eine neue Baugenehmigung, sondern (nur) um einen Nachtrag handelt. Auf die diesbezüglichen Ausführungen der Kammer, an denen die Kammer festhält und deren Richtigkeit das Oberverwaltungsgericht für das Land Nordrhein-Westfalen in seiner zu einem anderen Eilverfahren in diesem Zusammenhang ergangenen Beschwerdeentscheidung vom 7.5.2024 – 2 B 1287/23 –, S. 3 f., bestätigt hat, wird zur Vermeidung von Wiederholungen entsprechend § 117 Abs. 5 VwGO Bezug genommen. Die angefochtene Baugenehmigung hat sich nicht nach § 43 Abs. 2 des Verwaltungsverfahrensgesetzes Nordrhein-Westfalen (VwVfG NRW) auf andere Weise erledigt.

Auf andere Weise erledigt ist ein Verwaltungsakt, der seine regelnde Wirkung verliert. Da das Gesetz den Wirksamkeitsverlust des Verwaltungsakts bei den übrigen in § 43 Abs. 2 VwVfG NRW genannten Varianten entweder – wie in den Fällen der Rücknahme, des Widerrufs oder der anderweitigen Aufhebung – an ein formalisiertes Handeln der Behörde oder – wie im Fall des Zeitablaufs – an einen eindeutig bestimmbaren Tatbestand knüpft, ist die Annahme einer Erledigung »auf andere Weise« im Sinne der letzten Variante der Vorschrift nur in eng begrenzten Ausnahmefällen gerechtfertigt. Als Fallgruppen für die Erledigung auf andere Weise sind insbesondere anerkannt der Wegfall des Regelungsobjekts, die inhaltliche Überholung der Regelung durch eine neue Sachentscheidung, der einseitige Verzicht und die Änderung der Sach- oder Rechtslage, wenn diese den Verwaltungsakt ausnahmsweise gegenstandslos werden lässt. Vgl. BVerwG, Urteil v. 9.5.2012 – 6 C 3.11 –, juris, Rdnr. 19; VGH Bad.-Württ., Urteil v. 8.7.2014 – 8 S 1071/13 –, juris, Rdnr. 27, m. w. N., insbes. zur Rechtsprechung des BVerwG.

Entgegen dem Klagevorbringen in der mündlichen Verhandlung hat die Beigeladene zu 1) nicht auf die ihr erteilte Baugenehmigung verzichtet. Sie hat keinen ausdrücklichen Verzicht erklärt. In der Initiierung einer Änderung des Bebauungsplans N04 und den in deren Zusammenhang erfolgten Aussagen gegenüber Ratsmitgliedern liegt auch kein konkludenter Verzicht, weil darin keine endgültige Aufgabe der ursprünglich genehmigten Nutzung gesehen werden kann. Ein konkludenter Verzicht läge hierin nur, wenn analog den §§ 133, 157 des Bürgerlichen Gesetzbuches (BGB) für einen verständigen und objektiven Beobachter nach den Umständen des Einzelfalls erkennbar wäre, dass die Rechte aus der früheren Baugenehmigung endgültig nicht mehr geltend gemacht werden sollen, wobei der Verzichtswille unmissverständlich und unzweifelhaft zum Ausdruck gebracht worden sein müsste. Daran fehlt es hier. Die Vertreter der Beigeladenen zu 1) haben in der mündlichen Verhandlung nachvollziehbar darlegen können, dass zwar eine Änderung des Vorhabens beabsichtigt sei und prioritär verfolgt werde, die Beigeladene zu 1) sich aber zum derzeitigen Zeitpunkt die Ausnutzung der angefochtenen Baugenehmigung offenhalten lassen wolle, was im Hinblick auf das noch nicht abgeschlossene Bauplanungsänderungsverfahren und den Umstand, dass noch kein neuer Bauantrag gestellt wurde, zur Wahrung der Möglichkeit einer Alternativplanung plausibel ist. Ferner ist zu berücksichtigen, dass sich derzeit ohne Abschluss des Planungsverfahrens und eines Änderungsantrags auch nicht abschließend beurteilt lässt, ob eine »neue« Baugenehmigung nicht doch nur eine Nachtragsbaugenehmigung sein wird, die der Ursprungsbaugenehmigung, mit der sie eine genehmigungsrechtliche Einheit bildet, weiter bedarf, so dass ein verständiger und objektiver Beobachter nach diesen Umständen des vorliegenden Falls nicht annehmen würde, dass Rechte aus der früheren Baugenehmigung bereits zum gegenwärtigen Zeitpunkt endgültig nicht mehr geltend gemacht werden sollen.

Die Klägerin ist auch klagebefugt. Hierzu wird auf die Ausführungen der Kammer in ihrem Beschluss v. 27.1.2023 in dem Eilverfahren 9 L 957/22 zu der Antragsbefugnis Bezug genommen.

B. Die angefochtene Baugenehmigung in der Gestalt der bis zum Zeitpunkt der gerichtlichen Entscheidung ergangenen Nachtragsbaugenehmigungen ist rechtmäßig und verletzt die Klägerin nicht in ihren Rechten, vgl. § 113 Abs. 1 Satz 1 VwGO.

Ein Rechtsanspruch des Nachbarn auf Aufhebung einer nach § 74 Abs. 1 der Bauordnung für das Land Nordrhein-Westfalen (BauO NRW) erteilten bauaufsichtlichen Genehmigung besteht nicht schon dann, wenn die Genehmigung objektiv rechtswidrig ist. Hinzukommen muss, dass der Nachbar durch die rechtswidrige Genehmigung zugleich in eigenen Rechten verletzt wird. Dies setzt voraus, dass die Genehmigung gegen Rechtsnormen verstößt, die nachbarschützenden Charakter haben und der jeweilige Nachbar durch den Verstoß auch tatsächlich in seinen eigenen Rechten, deren Schutz die Vorschriften zu dienen bestimmt sind, verletzt wird. Vgl. BVerwG, Beschluss v. 16.8.1983 – 4 B 94.83 –, juris, Rdnr. 3; OVG NRW, Beschluss v. 1.10.2019 – 2 B 1395/18 –, juris, Rdnr. 6.

Diese Voraussetzungen sind im vorliegenden Fall nicht gegeben. Die angefochtene Baugenehmigung in der Fassung der Nachtragsbaugenehmigungen verstößt nicht gegen den Gebietsgewährleistungsanspruch der Klägerin (I.) und gegen das drittschützende und gebietsübergreifend geltende – vgl. BVerwG, Urteil v. 28.10.1993 – 4 C 5.93 –, juris, Rdnr. 15 – bauplanungsrechtliche Gebot der Rücksichtnahme (vgl. § 15 Abs. 1 Satz 2 BauNVO) zum Nachteil der Klägerin (II.). Die Klägerin kann auch nicht die Aufhebung der angefochtenen Baugenehmigung in der Fassung der Nachtragsbaugenehmigungen nach § 4 Abs. 1 Satz 1 Nr. 1 des Umwelt-Rechtsbehelfsgesetzes (UmwRG) verlangen (III.).

I. Der Gebietsgewährleistungsanspruch der Klägerin wird durch das genehmigte Vorhaben nicht verletzt, weil der vorhabenbezogene Bebauungsplan N04 nach Durchführung des ergänzenden Verfahrens nach § 214 Abs. 4 BauGB wirksam ist und das geplante Vorhaben der Beigeladenen zu 1) und das klägerische Grundstück sich nicht mehr im selben Baugebiet befinden. Die Kammer folgt insoweit der Begründung in dem Beschluss des Oberverwaltungsgerichts für das Land Nordrhein-Westfalen vom 7.5.2024 in dem Verfahren 2 B 1287/23 und sieht entsprechend § 117 Abs. 5 VwGO von einer weiteren Darstellung der Entscheidungsgründe ab. Soweit das Oberverwaltungsgericht zur Klärung des von der Klägerin geltend gemachten Verstoßes des Bebauungsplans N04 gegen Ziele der Raumordnung zur Klärung auf das Hauptsacheverfahren verwiesen hat, führt dies zu keiner anderen Einschätzung. Hierzu im Einzelnen: Gemäß § 1 Abs. 4 BauGB sind die Bauleitpläne den Zielen der Raumordnung anzupassen. Diese Anpassungspflicht gilt für alle raumbedeutsamen Planungen. Sie dient der Gewährleistung materieller Konkordanz. Vgl. OVG NRW, Urteil v. 3.9.2009 – 10 D 121/07.NE –, juris, Rdnr. 63, m. w. N.

Der Landesentwicklungsplan Nordrhein-Westfalen enthält in seiner zum Zeitpunkt des Inkrafttretens des Bebauungsplans geltenden Fassung verbindliche, von der planenden Gemeinde zu beachtende Zielvorgaben für großflächigen Einzelhandel, vgl. § 4 Abs. 1 des Raumordnungsgesetzes (ROG). Nach Nr. 6.5-10 LEP NRW sind vorhabenbezogene Bebauungspläne für Vorhaben im Sinne des § 11 Abs. 3 BauNVO, soweit von § 12 Abs. 3a Satz 1 BauGB – wie hier – kein Gebrauch gemacht wird, nur zulässig, wenn sie den Anforderungen der Festlegungen 6.5-1, 6.5-7 und 6.5-8 entsprechen; im Falle von zentrenrelevanten Kernsortimenten haben sie zudem den Festlegungen 6.5-2 und 6.5-3, im Falle von nicht zentrenrelevanten Kernsortimenten den Festlegungen 6.5.-3, 6.5-4, 6.5-5 und 6.5-6 zu entsprechen.

Mit den festgesetzten Lebensmittelmärkten sowie den Getränke- und Drogeriefachmärkten liegen zentrenrelevante Kernsortimente im Sinne von Nr. 6.5-2 i. V. m. Anlage 1 LEP NRW vor.

Der Bebauungsplan N04 muss deshalb unter anderem den Anforderungen der Nr. 6.5-2 LEP NRW entsprechen, was die Klägerin hier in Zweifel zieht.

77 Danach dürfen Kerngebiete und Sondergebiete für Vorhaben im Sinne des § 11 Absatz 3 BauNVO mit zentrenrelevanten Kernsortimenten nur:

- in bestehenden zentralen Versorgungsbereichen sowie
- in neu geplanten zentralen Versorgungsbereichen in städtebaulich integrierten Lagen, die aufgrund ihrer räumlichen Zuordnung sowie verkehrsmäßigen Anbindung für die Versorgung der Bevölkerung zentrale Funktionen des kurz-, mittel- oder langfristigen Bedarfs erfüllen sollen, dargestellt und festgesetzt werden.

Ausnahmsweise dürfen Sondergebiete für Vorhaben im Sinne des § 11 Absatz 3 BauNVO mit nahversorgungsrelevanten Kernsortimenten auch außerhalb zentraler Versorgungsbereiche dargestellt und festgesetzt werden, wenn nachweislich:

- eine Lage in den zentralen Versorgungsbereichen aus städtebaulichen oder siedlungsstrukturellen Gründen, insbesondere der Erhaltung gewachsener baulicher Strukturen oder der Rücksichtnahme auf ein historisch wertvolles Ortsbild, nicht möglich ist und
- die Bauleitplanung der Gewährleistung einer wohnortnahen Versorgung mit nahversorgungsrelevanten Sortimenten dient und
- zentrale Versorgungsbereiche von Gemeinden nicht wesentlich beeinträchtigt werden.

Ausgehend hiervon liegt das genehmigte Fachmarkzentrum aufgrund der geringfügigen Erweiterung des bestehenden zentralen Versorgungsbereichs durch die 5. Änderung des Flächennutzungsplans in einem bestehenden zentralen Versorgungsbereich und nicht in einem (gänzlich) neu geplanten Versorgungsbereich.

Ob der zentrale Versorgungsbereich »Hauptzentrum K.« in den Grenzen vor der 5. Änderung des Flächennutzungsplans aufgrund der tatsächlichen Verhältnisse seine Versorgungsfunktion derzeit erfüllt, was die Klägerin unter Berufung auf das von ihr in Auftrag gegeben Gutachten der GMA verneint, ist nicht erheblich. Denn nach den Erläuterungen zu Nr. 6.5-2 LEP NRW (Seite 77 f.) können sich zentrale Versorgungsbereiche sowohl aus den tatsächlichen örtlichen Verhältnissen (so im Rahmen des § 34 Abs. 3 BauGB) als auch aus entsprechenden gemeindlichen planerischen Festsetzungen und Darstellungen ergeben (vgl. § 9 Abs. 2a BauGB). Daran knüpft Ziel 6.5-2 an, wonach die Ansiedlung von Vorhaben im Sinne des § 11 Abs. 3 BauNVO mit zentrenrelevanten Kernsortimenten auch in solchen zentralen Versorgungsbereichen erlaubt ist, die von den Gemeinden als zentrale Versorgungsbereiche festgelegt wurden.

Die abschließende Entscheidung über Lage, Größe und Funktion von zentralen Versorgungsbereichen und damit auch die Frage, wo Kerngebiete und Sondergebiete für großflächigen Einzelhandel festgesetzt werden dürfen, ist auf der kommunalen Planungsebene zu treffen. Die Gemeinde ist insoweit nicht an vorgelagerte raumordnerische Zielfestlegungen, sondern (lediglich) an ihre Zentrenkonzepte gebunden. Vgl. OVG NRW, Urteil v. 30.9.2009 – 10 A 1676/08 –, juris, Rdnr. 94.

Ob der zentrale Versorgungsbereich »Hauptzentrum K.« derzeit seiner Versorgungsfunktion nachkommt, was die Klägerin durch das von ihr beigebrachte Gutachten in Zweifel zieht, bedarf damit keiner Entscheidung, da es in der planerischen Gestaltungsfreiheit der Beigeladenen zu 2) liegt, an diesem zentralen Versorgungsbereich festzuhalten und ihn zudem durch dessen Erweiterung in den nördlichen Bereich verbunden mit der Ansiedlung eines Fachmarktzentrums zu stärken oder sogar zu reaktiveren.

Denn bei der Bestimmung der zentralen Versorgungsbereiche und ihrer genauen Grenzen ist der Gemeinde weitgehende planerische Gestaltungsfreiheit eingeräumt. Die Grenze dieses Planungsermessens überschreitet sie nur dann, wenn die von ihr getroffene Festlegung und Abgrenzung des zentralen Versorgungsbereichs eine nachvollziehbare städtebauliche Begründung vermissen lässt und deswegen willkürlich erscheint. Dies kann insbesondere dann der Fall sein, wenn die jeweilige örtliche Situation nicht individuell in den Blick genommen worden oder der Begriff des zentralen Versorgungsbereichs verkannt worden ist. Ebenso findet diese Befugnis auch im Lichte der einschlägigen raumordnerischen Vorgaben ihre Grenzen, wenn eine Gemeinde ausgedehnte unbebaute Areale in einen zentralen Versorgungsbereich einbezieht, die aktuell keinerlei städtebaulich-funktionalen Bezug zu diesem Versorgungsbereich und der ihm zugewiesenen Versorgungsfunktion haben und die lediglich eine spätere, noch ungewisse Entwicklung sichern sollen, ohne dass erkennbar wäre, dass ein städtebaulich-funktionaler Bezug zu dem vorhandenen Versorgungsbereich überhaupt hergestellt werden kann und soll. Vgl. OVG NRW, Urteile v. 27.2.2023 – 10 D 26/N01.NE –, juris, Rdnr. 124, vom 5.6.2018 – 2 A 2529/16 –, juris, Rdnr. 69, vom 12.4.2017 – 10 D 70/15.NE –, juris, Rdnr. 47, vom 14.10.2013 – 2 A 204/12 –, juris, Rdnr. 94, und vom 22.11.2010 – 7 D 1/09.NE –, juris, Rdnr. 91.

Dass diese Ausnahmen hier gegeben sind, also die Beigeladene zu 2) die Grenze ihres Planungsermessen überschritten haben könnte, weil die von ihr getroffene Festlegung und Abgrenzung des jeweiligen zentralen Versorgungsbereichs eine nachvollziehbare städtebauliche Begründung vermissen lässt und deswegen willkürlich erscheint, ist – wie bereits das Oberverwaltungsgericht für das Land Nordrhein-Westfalen in seiner Beschwerdeentscheidung, Beschluss v. 7.5.2024 – 2 B 1287/23 –, Seite 10, bei summarischer Prüfung festgestellt hat – auch angesichts der geringen Größe der nunmehr einbezogenen Fläche – nicht ersichtlich.

Der Bebauungsplan ist auch nicht wegen eines Abwägungsmangels, den die Klägerin in der mündlichen Verhandlung geltend gemacht hat, unwirksam.
93 § 1 Abs. 7 BauGB verlangt bei der Aufstellung eines Bebauungsplans die gerechte Abwägung der öffentlichen und privaten Belange gegen- und untereinander. Das Abwägungsgebot umfasst als Verfahrensnorm das Gebot zur Ermittlung und Bewertung des Abwägungsmaterials (vgl. § 2 Abs. 3 BauGB); inhaltlich stellt es Anforderungen an den Abwägungsvorgang und an das Abwägungsergebnis. Vgl. BVerwG, Beschluss v. 7.6.2022 – 4 BN 1.22 –, juris, Rdnr. 13, und Urteile v. 5.5.2015 – 4 CN 4.14 –, juris, Rdnr. 14, und vom 9.4.2008 – 4 CN 1.07 –, juris, Rdnr. 18.

Über die verfahrensrechtliche Verpflichtung hinaus erstreckt sich die gerichtliche Kontrolle dieser von der Gemeinde vorzunehmenden Abwägung darauf, ob in die Abwägung an Belangen eingestellt worden ist, was nach Lage der Dinge eingestellt werden musste, ob die Bedeutung der betroffenen öffentlichen und privaten Belange richtig erkannt worden ist und ob der Ausgleich zwischen den von der Planung berührten öffentlichen und privaten Belangen in einer Weise vorgenommen worden ist, die zu ihrer objektiven Gewichtigkeit in einem angemessenen Verhältnis steht. Hat die Gemeinde diese Anforderungen an ihre Planungstätigkeit beachtet, wird das Abwägungsgebot nicht dadurch verletzt, dass sie bei der Abwägung der verschiedenen Belange dem einen den Vorzug einräumt und sich damit notwendigerweise für die Zurückstellung eines anderen entscheidet. Vgl. BVerwG, Urteil v. 5.5.2015 – 4 CN 4.14 –, juris, Rdnr. 14; OVG NRW, Urteile v. 10.6.2022 – 10 D 19/N01.NE –, juris, Rdnr. 30, und vom 4.12.2020 – 2 D 88/19.NE –, juris, Rdnr. 49.

Ausgehend hiervon leidet der Bebauungsplan N04 nicht an durchgreifenden Abwägungsmängeln hinsichtlich der (Bewältigung der) Belange des (Lärm-)Immissionsschutzes, weil entgegen dem Klagevorbringen in der mündlichen Verhandlung in dem Verfahren zur Heilung des Verstoßes des ursprünglichen Bebauungsplans gegen § 12 Abs. 1 Satz 1 BauGB auch die ergänzenden schalltechnischen Untersuchungen der B. (Orientierende Betrachtung der gewerblichen Vorbelastung »D.«, Version 4.1, Februar 2023 und Betrachtung der gewerblichen Vorbelastung unter Berücksichtigung der Baugenehmigungen für die Fa. »D.«, Version 4.2, Juni 2023) zugrunde gelegt wurden (vgl. Seite 44 der Begründung der Aufstellung des vorhabenbezogenen Bebauungsplans N04 »Fachmarktzentrum H.-straße-Süd«). Die Gemeinde hat also auch die von dem Lackierbetrieb ausgehenden Emissionen und die dadurch – im Ergebnis nicht vorhandene (s. u.) – Vorbelastung in ihre Abwägung einbezogen.

Abgesehen davon liegt kein Mangel im Abwägungsvorgang vor, weil zum einen – wie sich anhand der Gutachten letztlich zeigte – von dem Lackierbetrieb keine Emissionen ausgehen, die eine Berücksichtigung als Vorbelastung erforderten. Zum anderen wäre, selbst wenn die Vorbelastung hätte berücksichtigt werden müssen und dies nicht erfolgt und vom Plangeber auch nicht in die Abwägung einbezogen sein sollte, dieser Mangel des Abwägungsvorgangs keiner des Abwägungsergebnisses, weil in den Schallgutachten – wie noch ausgeführt wird – zutreffend darauf abgestellt wird, dass bei Berücksichtigung der in einem allgemeinen Wohngebiet zulässigen Immissionen die maßgeblichen Immissionsrichtwerte nicht durch Emissionen des streitgegenständlichen Vorhabens überschritten werden.

II. Das Vorhaben verstößt auch nicht zu Lasten der Klägerin gegen das Gebot der Rücksichtnahme aus § 15 Abs. 1 Satz 2 2. Fall BauNVO. 101 § 15 Abs. 1 Satz 2 2. Fall BauNVO stellt sich als eine besondere Ausprägung des Rücksichtnahmegebots und als eine zulässige Bestimmung des Eigentumsinhalts (Art. 14 Abs. 1 Satz 2 des Grundgesetzes (GG)) dar. Diese Vorschrift soll – ebenso wie die übrigen Tatbestandsalternativen des § 15 Abs. 1 BauNVO – gewährleisten, Nutzungen, die geeignet sind, Spannungen und Störungen hervorzurufen, einander so zuzuordnen, dass Konflikte möglichst vermieden werden. Vgl. BVerwG, Urteile v. 29.11.2012 – 4 C 8.11 –, juris, Rdnr. 16, vom 23.9.1999 – 4 C 6.98 –, juris, Rdnr. N01, und vom 18.5.1995 – 4 C N01.94 –, juris, Rdnr. 21.

Soweit die Klägerin sich gegen schädliche Umwelteinwirkungen wendet, die durch vom Bauvorhaben ausgelösten Verkehr sowie vom Gewerbelärm verursacht würden, ist ein nachbarlicher Abwehranspruch der Klägerin unter Hinweis auf das Gebot der Rücksichtnahme ausgeschlossen, da § 15 Abs. 1 BauNVO als Ausprägung des bauplanungsrechtlichen Rücksichtnahmegebots bereits in den dem Bebauungsplan N04 vorausgegangenen Abwägungsvorgang eingeflossen ist (1)). Aber auch ungeachtet dessen ist ein Verstoß gegen das Gebot der Rücksichtnahme gemäß § 15 Abs. 1 Satz 2 BauNVO nicht durch von dem genehmigten Bauvorhaben hervorgerufene unzumutbare Lärmbelästigungen ersichtlich (2)).

1) Ein nachbarlicher Abwehranspruch gegen eine mit den Planfestsetzungen übereinstimmende Baugenehmigung unter Berufung auf das Gebot der Rücksichtnahme besteht im Allgemeinen nicht, weil dieses bereits in den einen rechtsgültigen Bebauungsplan voraussetzenden Abwägungsvorgang eingeflossen sein muss, wodurch es gleichsam »aufgezehrt« wird. Festsetzungen eines Bebauungsplans können durch das in § 15 Abs. 1 BauNVO enthaltene Gebot der Rücksichtnahme nur ergänzt, nicht aber korrigiert werden. Vgl. dazu BVerwG, Urteil v. 12.9.2013 – 4 C 8.12 –, juris, N01, und Beschluss v. 27.12.1984 – 4 B 278.84 –, juris, Rdnr. 2; OVG NRW, Beschlüsse v. 27.3.2024 – 2 B 674/23 –, juris, Rdnr. 29, und vom 19.1.2009 – 10 B 1687/08 –, juris, Rdnr. 27.

Der Plangeber hat die von der Klägerin gerügten Lärmimmissionen bei seiner Abwägungsentscheidung berücksichtigt. Hierzu hat er ausweislich der Begründung der Aufstellung des vorhabenbezogenen Bebauungsplans N04 seiner Abwägungsentscheidung die schalltechnische Untersuchung der B. (Schallimmissionsprognose Vorhabenbezogener Bebauungspla H15 »Fachmarktzentrum H.-straße-Süd«, H.-straße in 32805 U., Mai 2021) und die ergänzenden schalltechnischen Untersuchungen aus Februar und Juni 2023 in Bezug auf den Immissionsort IO03 auf dem klägerischen Grundstück zugrunde gelegt.

Da der geänderte Bebauungsplan N04 wirksam ist und mit der bauplanungsrechtlichen Ermöglichung des Vorhabens das bauplanungsrechtliche Gebot der Rücksichtnahme vorsteuert – vgl. dazu ausführlicher OVG NRW, Beschluss v. 2.8.2021 – 2 B 1893/N01 –, juris, Rdnr. 40 f., m. w. N. – 110 und das genehmigte Bauvorhaben der Beigeladenen den Festsetzungen des Bebauungsplans N04 entspricht, scheidet eine Anwendung des § 15 Abs. 1 BauNVO aus.

2) Ungeachtet dessen hat die Kammer in ihrem Eilbeschluss vom 27.1.2023 – 9 L 957/22 –, S. 7–17, dargelegt, aus welchen Gründen das Rücksichtnahmegebot durch das genehmigte Vorhaben der Beigeladenen zu 1) nicht verletzt wird. Zur Vermeidung von Wiederholungen wird auch hierauf entsprechend § 117 Abs. 5 VwGO vollumfänglich Bezug genommen und im Hinblick auf das Vorbingen in der dagegen erhobenen Beschwerde Folgendes ergänzt:

a) Die Beigeladene zu 1) hat – wie bereits im Eilbeschluss vom 27.1.2023 ausgeführt – die Einhaltung der maßgeblichen Immissionsrichtwerte durch Schallprognosegutachten belegt. Diese Gutachten sind nicht zu beanstanden. Soweit die Klägerin einwendet, die Vorbelastung des Lackierbetriebs sei nicht ausreichend berücksichtigt, dringt sie damit nicht durch. Eine gemeinsame Einwirkung der durch das Vorhaben der Beigeladenen zu 1) ausgelösten Emissionen und der des Lackierbetriebs auf den Immissionsort IO03 ist nicht ersichtlich. Die von der Klägerin aufgestellte Behauptung, insbesondere die Fahrzeugunterstellhalle im nordwestlichen Gebäudeteil des Lackierbetriebs emittiere zu ihrem Grundstück, ist irrelevant, weil nicht das Grundstück der maßgebliche Bezugspunkt ist, sondern der Immissionspunkt – hier IO03 –, auf den eben nicht eingewirkt wird. Welche emissionsträchtigen Tätigkeiten auf dem Hinterhof zwischen dem klägerischen Grundstück und dem Lackierbetrieb stattfinden sollen, trägt die Klägerin nicht vor. Ungeachtet dessen kommt die schalltechnische Untersuchung vom 2.2.2023 in der Fassung vom 15.6.2023 der B. zu dem Ergebnis, dass auch unter Berücksichtigung der maximal möglichen Vorbelastung für die Flächen des Lackierbetriebes für den auf dem klägerischen Grundstück gelegenen Immissionsort IO03 sich keine Veränderungen ergäben. Soweit die Klägerin vorträgt, dass es eine bloße Unterstellung sei, dass der Lackierbetrieb die Grenzen zulässiger Beeinträchtigungen schon einhalten werde, es aber Aufgabe des Schallschutzgutachters gewesen wäre, diese Vorbelastung zur Ermittlung der Gesamtbelastung nach Nr. 3.2.1 Abs. 1 TA Lärm auch tatsächlich zu untersuchen, ist dem nicht zu folgen. Wenn keine Anhaltspunkte dafür bestehen, dass die für ein allgemeines Wohngebiet geltenden Immissionsrichtwerte überschritten werden, ist die gutachtliche Vorgehensweise der Berücksichtigung der gesetzlich zulässigen Maximalbelastung nicht zu beanstanden. Solche Anhaltspunkte können etwa Beschwerden aus der Nachbarschaft über unzumutbaren Lärm oder in der Natur des Betriebes begründete Lärmquellen sein, die eine Überschreitung der Immissionsrichtwerte ohne besondere Vorkehrungen erwarten lassen. Beides ist hier weder vorgetragen noch ersichtlich.

b) Auch unter Berücksichtigung des Vorbringens der Klägerin im Beschwerdeverfahren 2 B 147/23 sind die entlang der H.-straße vorgesehenen Stellplätze nach Nr. 7.4 der TA Lärm nicht in die Betrachtung der Lärmbelastung einzubeziehen. Nr. 7.4 Abs. 2 TA Lärm bestimmt, dass Geräusche des An- und Abfahrtverkehrs auf öffentlichen Verkehrsflächen in einem Abstand von bis zu 500 m von dem Betriebsgrundstück in Gebieten nach Nr. 6.1 lit. c) bis f) TA Lärm durch Maßnahmen organisatorischer Art soweit wie möglich vermindert werden sollen, soweit sie den Beurteilungspegel der Verkehrsgeräusche für den Tag oder die Nacht rechnerisch um mindestens 3 dB(A) erhöhen, keine Vermischung mit dem übrigen Verkehr erfolgt ist und die Immissionsgrenzwerte der Verkehrslärmschutzverordnung (16. BImSchV) erstmals oder weitergehend überschritten werden.

Zu den Verkehrsgeräuschen nach Nr. 7.4 Abs. 1 Satz 3 TA Lärm zählt auch die Nutzung von Parkflächen im öffentlichen Verkehrsraum, selbst wenn die Parkvorgänge der Nutzung der zu beurteilenden Anlage dienen und die Stellplätze im öffentlichen Straßenverkehrsraum (faktisch) überwiegend von den Nutzern der geplanten Anlage genutzt werden. Vgl. Bay. VGH, Beschluss v. 23.11.2016 – 15 CS 16.1688 –, juris, Rdnr. 29.

Das Vorbringen der Klägerin lässt – nach wie vor – nicht erkennen, dass eine Vermischung des anlagebedingten An- und Abfahrtverkehrs mit dem übrigen Verkehr auf der H.-straße nicht vorliegt. Dafür reicht es – wie ausgeführt – nicht aus, dass die Stellplätze entlang der H.-straße auch oder sogar überwiegend von Besuchern des Fachmarktzentrums genutzt werden. Denn hierdurch wird die Vermischung des Verkehrs nicht tangiert.

Die Einhaltung der maßgeblichen Immissionsrichtwerte ist durch die Baugenehmigung vom 5.8.2022 entgegen dem Beschwerdevorbringen im Hinblick auf die Lufttechnik ausreichend abgesichert. Es reicht hierzu aus, dass der Beigeladenen zu 1) aufgegeben wird, die von der Lufttechnik N4-LA02 bis N4-LA03 ausgehenden Lärmemissionen auf 65 dB(A) zu reduzieren. Zu hinreichenden Bestimmtheit bedarf es nicht der Benennung der einzelnen Regelungsmechanismen, die die Klägerin auch nicht nachprüfen könnte. Das, was die Klägerin überprüfen kann, ist, ob die von der Lufttechnik ausgehenden Lärmemissionen spürbar zur Nachtzeit im Vergleich zur Tagzeit reduziert werden, was ausreichend ist.

III. Die Kammer hat in ihrem Beschluss v. 27.1.2023 in dem Verfahren 9 L 957/22 die Gründe dafür dargelegt, dass die Klägerin nicht die Aufhebung der angefochtenen Baugenehmigung nach § 4 Abs. 1 Satz 1 Nr. 1 UmwRG verlangen kann. Hierauf wird entsprechend § 117 Abs. 5 VwGO Bezug genommen. …

Nr. 118

Das Abstandsflächenrecht verfolgt (auch) den Zweck, die Interessen von Grundstücksnachbarn im Falle einer grenzständigen oder grenznahen Bebauung zum Ausgleich zu bringen.

Sind die abstandsflächenrechtlichen Vorgaben eingehalten, so ist im Regelfall auch das Gebot der Rücksichtnahme nicht verletzt (Indizwirkung).

Gemäß § 6 Abs. 1 Satz 2 Nr. 2 BauO NRW 2018 gelten die Vorgaben des Abstandsflächenrechts auch (»entsprechend«) für Anlagen, die keine Gebäude sind, die aber höher als einen Meter über die Geländeoberfläche hinausgehen und dazu geeignet sind, von Menschen betreten zu werden (hier Aufschüttung).

Grundstückseigentümer in Wohngebieten haben es grundsätzlich hinzunehmen, dass Grundstücke innerhalb des Rahmens baulich genutzt werden, den das Bauplanungsrecht und das Bauordnungsrecht vorgeben, und dass es dadurch auch zu Einsichtnahmemöglichkeiten kommt, die in bebauten Gebieten üblich sind.

(Leitsätze der Redaktion)

BauO NRW 2018 § 6 Abs. 1 Satz 1, § 69.

Verwaltungsgericht Gelsenkirchen, Urteil v. 26. November 2024 – 6 K 4305/22 –.

Aus den Gründen:

Die Klage ist zulässig und begründet.

Die der Beigeladenen erteilten Baugenehmigungen vom 17.10.2022 sind hinsichtlich nachbarschützender Vorschriften rechtswidrig und verletzen die Kläger insoweit in ihren Rechten, § 113 Abs. 1 Satz 1 Verwaltungsgerichtsordnung (VwGO).

Ein Nachbar kann nur dann erfolgreich gegen die einem Dritten erteilte Baugenehmigung vorgehen, wenn diese gegen nachbarschützende Vorschriften des öffentlichen Bauplanungs- oder Bauordnungsrechts verstößt und eine Befreiung oder Abweichung von diesen Vorschriften nicht vorliegt oder unter Berücksichtigung nachbarlicher Belange nicht hätte erteilt werden dürfen. Ob das Vorhaben objektiv, d. h. hinsichtlich derjenigen Vorschriften, die nicht nachbarschützend sind, rechtmäßig ist, ist dagegen im Nachbarverfahren unerheblich.

Gemessen an diesem Maßstab sind die Baugenehmigungen vom 17.10.2022 aufzuheben. Die Kammer hat dazu in ihrem Beschluss v. 21.2.2023 (6 L 131/23) betreffend den Antrag der Kläger auf Gewährung vorläufigen Rechtsschutzes ausgeführt:

»Zwar dürfte die Genehmigung der beiden Mehrfamilienhäuser rechtlich nicht zu beanstanden sein (dazu nachfolgend 1.). Die zugleich genehmigten Geländeveränderungen im Bereich der nordwestlichen Grundstücksgrenzen allerdings dürften die Antragsteller in ihren Rechten verletzen (dazu nachfolgend 2.).

1. Die Genehmigung der beiden Mehrfamilienhäuser selbst durch die angefochtenen Baugenehmigungen begegnet bei summarischer Prüfung keinen Bedenken.

a) Ein Verstoß gegen nachbarschützende Vorschriften des Bauordnungsrechts ist bei summarischer Prüfung nicht erkennbar.

Insbesondere werden die Vorgaben des Abstandsflächenrechts durch das genehmigte Vorhaben eingehalten. Gemäß § 6 Abs. 1 S. 1 Bauordnung (BauO) NRW 2018 sind vor den Außenwänden von Gebäuden Abstandsflächen von oberirdischen Gebäuden freizuhalten. Diese Abstandsflächen müssen nach § 6 Abs. 2 S. 1 BauO NRW 2018 auf dem Grundstück selbst, dürfen also nicht auf dem Nachbargrundstück liegen. Vorliegend sind diese Anforderungen gewahrt. Die auf dem entsprechenden Plan (Bl. 39 des VV 282-22) dargestellten, im Bereich der Grenze zu dem Grundstück der Antragsteller liegenden Abstandsflächen entsprechen den gesetzlichen Vorgaben. Dabei ist gemäß § 6 Abs. 5 S. 1 BauO NRW 2018 auf der gesamten Länge der nordwestlichen Außenwände des Neubaus (19,37 m) von einem Abstandsmaß von 0,4 auszugehen, nachdem im Zuge der Bauordnungsnovelle zum 1.1.2019 das Regelabstandsmaß auf diesen Faktor reduziert worden ist. Die Abstandsfläche (T1-3) der Außenwand des mittig vorspringenden Eingangs- und Treppenhausbereichs des Hauses 1 hat unter Zugrundelegung dieses Abstandsmaßes und des vor Beginn der Bauarbeiten existierenden, hier rund anderthalb Meter niedrigeren Geländeniveaus eine Tiefe von (10,23 × 0,4 =) 4,092 m. Die Abstandsflächen (T1-1 und T1-5) der anschließenden, zurückspringenden Teile der Wand haben eine Tiefe von rechnerisch (7,815 × 0,4 =) 3,126 m bzw. (7,94 × 0,4 =) 3,176 m. Alle drei Abstandsflächen liegen vollständig auf dem Baugrundstück, wobei noch ein zusätzlicher Abstand von im Bereich des Vorbaus rund 2,42 m und im Bereich der zurückspringenden Wandteile rund 5,38 m bzw. rund 5,30 m besteht.

b) Die Kammer kann bei summarischer Prüfung auch keinen Verstoß gegen nachbarschützende Vorschriften des Bauplanungsrechts feststellen.

Die beiden zur Genehmigung gestellten Wohngebäude sind hinsichtlich der Nutzungsart in dem durch den Bebauungsplan Nr. 72 »Ortskern A.« festgesetzten Allgemeinen Wohngebiet gemäß § 4 Abs. 2 Nr. 1 Baunutzungsverordnung ohne weiteres zulässig. Weitere Vorgaben enthält der Bebauungsplan nicht, so dass gemäß § 30 Abs. 3 BauGB die Zulässigkeit hinsichtlich des Maßes der baulichen Nutzung, der Bauweise und der überbaubaren Grundstücksfläche an § 34 oder § 35 BauGB zu messen ist. Der für die bauplanungsrechtliche Prüfung im – hier vorliegenden – unbeplanten Innenbereich maßgebliche § 34 Abs. 1 BauGB entfaltet indes grundsätzlich keine nachbarschützende Wirkung. Ob sich das Vorhaben mit Blick auf das Maß der baulichen Nutzung, die Bauweise und die überbaubare Grundstückfläche in jeder Hinsichtlich in die Eigenart der näheren Umgebung einfügt, braucht die Kammer daher nicht zu entscheiden. Eine nachbarschützende Wirkung kommt nur dem in dem Tatbestandsmerkmal des »Einfügens« enthaltenen Gebot der Rücksichtnahme zu. Vgl. nur BVerwG, Urteil v. 19.3.2015 – 4 C 12.14 –, juris (Rdnr. 9).

Das Gebot der Rücksichtnahme soll angesichts der gegenseitigen Verflechtungen der baulichen Situation benachbarter Grundstücke einen angemessenen planungsrechtlichen Ausgleich schaffen, der einerseits dem Bauherrn ermöglicht, was von seiner Interessenlage her verständlich und unabweisbar ist und andererseits dem Nachbarn erspart, was an Belästigungen und Nachteilen für ihn unzumutbar ist. Die Beachtung des Rücksichtnahmegebotes soll gewährleisten, Nutzungen, die geeignet sind, Spannungen und Störungen hervorzurufen, einander so zuzuordnen, dass Konflikte möglichst vermieden werden. Die sich daraus ergebenden Anforderungen sind im Einzelfall festzustellen, wobei die konkreten Umstände zu würdigen, insbesondere die gegenläufigen Interessen des Bauherrn und des Nachbarn in Anwendung des Maßstabes der planungsrechtlichen Zumutbarkeit gegeneinander abzuwägen sind. Dabei kann desto mehr an Rücksichtnahme verlangt werden, je empfindlicher und schutzwürdiger die Stellung dessen ist, dem die Rücksichtnahme im gegebenen Zusammenhang zugutekommt; umgekehrt braucht derjenige, der das Vorhaben verwirklichen will, desto weniger Rücksicht zu nehmen, je verständlicher und unabweisbarer die von ihm mit dem Bauvorhaben verfolgten Interessen sind. Vgl. nur BVerwG, Urteile v. 25.2.1977 – 4 C 22.75 –, BVerwGE 52, 122 ff., vom 18.5.1995 – 4 C 20.94 –, BVerwGE 98, 235 ff., und vom 29.11.2012 – 4 C 8.11 –, BVerwGE 145, 145 ff.; Uechtritz, Das baurechtliche Rücksichtnahmegebot: Konkretisierung durch Fallgruppenbildung, DVBl. 2016, 90 ff., mit weiteren Nachweisen.

Gemessen an diesem Maßstab hält die Kammer das streitgegenständliche Bauvorhaben nicht für im bauplanungsrechtlichen Sinne rücksichtslos.

Orientierung bei der insoweit erforderlichen Wertung bietet zunächst das Abstandsflächenrecht, das gerade den Zweck verfolgt, die Interessen von

Grundstücksnachbarn im Falle einer grenzständigen oder grenznahen Bebauung zum Ausgleich zu bringen. Zwar kann durch die (landesrechtlichen) Vorgaben des § 6 BauO NRW 2018 keine verbindliche und abschließende Konkretisierung des (bundesrechtlichen) Rücksichtnahmegebots herbeigeführt werden. Die Wahrung des Abstandsflächenrechts hat aber nach ständiger Rechtsprechung eine Indizwirkung: Sind die abstandsflächenrechtlichen Vorgaben eingehalten, so ist im Regelfall auch das Gebot der Rücksichtnahme nicht verletzt. Vgl. BVerwG, Urteil v. 11.1.1999 – 4 B 128.98 –, BauR 1999, 615 ff.; OVG NRW, Urteil v. 30.5.2017 – 2 A 130/16 –, juris (Rdnr. 43 ff.), und Beschluss v. 16.11.2020 – 2 B 1537/20 –, juris (Rdnr. 24 ff.), mit weiteren Nachweisen.

Das Oberverwaltungsgericht hat allerdings betont, dass gerade nach der Zurücknahme der abstandsflächenrechtlichen Anforderungen im Rahmen der Novellierung der nordrheinwestfälischen Bauordnung vom Dezember 2006 stets eine Betrachtung des Einzelfalls geboten sei, Beschluss v. 9.2.2009 – 10 B 1713/08 –, BauR 2009, 775; die Indizwirkung auch für das neuere Abstandflächenrecht bekräftigend hingegen OVG NRW, Urteil v. 30.5.2017 – 2 A 130/N05 –, juris (Rdnr. 45), und dies dürfte umso mehr für die abermalige Reduzierung der Abstandsflächenvorgaben im Zuge der Novelle 2018 gelten. Vorliegend wären die Vorgaben jedoch – wie die Behörde zutreffend betont (Hinweis Nr. 9 in der Baugenehmigung) – selbst nach der bis Dezember 2006 geltenden Fassung des Abstandsflächenrechts deutlich gewahrt.

Auch eine Einzelfallbetrachtung führt im Übrigen vorliegend nicht zu einem von den Wertungen des Abstandsflächenrechts abweichenden Ergebnis, obwohl das Grundstück der Antragsteller durch das Bauvorhaben der Beigeladenen zweifellos beeinträchtigt wird.

Die Kammer kann insbesondere nicht feststellen, dass das genehmigte Gebäude eine »erdrückende Wirkung« auf das Haus oder das Grundstück der Antragsteller hat. Rücksichtslos erweist sich ein Bauvorhaben insoweit erst dann, wenn es ein benachbartes Grundstück unangemessen benachteiligt, indem es diesem förmlich »die Luft nimmt«, wenn für den Nachbarn das Gefühl des »Eingemauertseins« entsteht oder wenn die Größe des »erdrückenden« Gebäudes aufgrund der Besonderheiten des Einzelfalls derart übermächtig ist, dass das »erdrückte« Gebäude oder Grundstück nur noch oder überwiegend wie eine von einem »herrschenden« Gebäude dominierte Fläche ohne eigene Charakteristik wahrgenommen wird. Vgl. nur OVG NRW, Urteile v. 19.7.2010 – 7 A 3199/08 –, juris, vom 18.10.2011 – 10 A 26/09 –, juris, und vom 27.5.2019 – 10 A 1860/17 –, juris; Beschluss v. 14.1.2021 – 10 B 1891/20 –, juris (Rdnr. 10).

Ein solcher, die Indizwirkung des Abstandsflächenrechts ausnahmsweise in Frage stellender Zustand wird vorliegend nicht erreicht. Zwar sehen die Antragsteller sich nach der Errichtung des Neubaus einer durchaus grenznahen, beinahe zwanzig Meter langen Wand gegenüber. Zu berücksichtigen ist jedoch, dass die optische Massivität dieser Wand durch Versprünge abgemildert wird. So tritt die Wand im mittleren »Drittel« um zwei Meter vor und erreicht hier eine Nähe von rund sechseinhalb Metern zur Grenze. Die beiden äußeren Drittel treten demgegenüber zurück und halten einen Grenzabstand von rund achteinhalb Metern ein. Ähnliches gilt mit Blick auf die vertikale Gestaltung. Während der Vorbau in einer Höhe von rund neun Metern mit einem Flachdach endet, erreichen die beiden äußeren Wandabschnitte bereits in einer Höhe von etwa sechseinhalb Metern die Traufe des mit 40° moderat geneigten Satteldachs. Dass die fragliche Außenwand aufgrund des zum Grundstück der Antragsteller hin abfallenden Geländes optisch etwas höher wirkt als sie tatsächlich ist, liegt auf der Hand. Die topographischen Verhältnisse bringen es in einer solchen Situation mit sich, dass sich eine Bebauung des höher gelegenen Grundstücks intensiver auf das Nachbargrundstück auswirkt. Die Gefahr einer entsprechenden Bebauung »oberhalb« ist dem tiefer gelegenen Grundstück indes als natürlicher Lagenachteil von vornherein eigen. Vgl. OVG NRW, Beschluss v. 16.11.2020 – 2 B 1537/20 –, juris (Rdnr. 17), mit weiteren Nachweisen.

Dass das Grundstück der Antragsteller und die dortige Bebauung nur noch als untergeordnetes »Anhängsel« des Baugrundstücks erscheinen, kann jedenfalls nicht angenommen werden.

Eine über das zumutbare Maß hinausgehende Beeinträchtigung der Belichtung und Sonneneinstrahlung ist ebenfalls nicht zu erwarten. Das Gebot der Rücksichtnahme fordert nicht, dass alle Fenster eines Hauses oder alle Teile eines Gartens optimal durch Sonneneinstrahlung belichtet werden. In einem Wohngebiet muss vielmehr damit gerechnet werden, dass Nachbargrundstücke innerhalb des durch das Bauplanungs- und das Bauordnungsrecht vorgegebenen Rahmens baulich ausgenutzt werden und es durch eine Bebauung zu einer Verschattung des eigenen Grundstücks oder von Wohnräumen kommt. Vgl. OVG NRW, Urteil v. 30.5.2017 – 2 A 130/16 –, juris (Rdnr. 57 ff.), sowie Beschlüsse v. 9.2.2009 – 10 B 1713/08 –, BauR 2009, 775, vom 29.8.2011 – 2 B 940/11 – und vom 16.11.2020 – 2 B 1537/20 –, juris (Rdnr. 26), jeweils mit weiteren Nachweisen.

Dass das Haus und das Grundstück der Antragsteller infolge des genehmigten Neubaus von jeglicher Sonneneinstrahlung abgeschnitten werden, lässt sich angesichts der begrenzten Höhe des Neubaus nicht annehmen, auch wenn eine gewisse Verschattung zu bestimmten (Jahres-) Zeiten sicher zu erwarten ist.

Für die Einblickmöglichkeiten aus den Fenstern des genehmigten Neubaus auf das Grundstück der Antragsteller gilt im Ergebnis dasselbe. Grundstückseigentümer in Wohngebieten haben es grundsätzlich hinzunehmen, dass Grundstücke innerhalb des Rahmens baulich genutzt werden, den das Bauplanungsrecht und das Bauordnungsrecht vorgeben, und dass es dadurch auch zu Einsichtnahmemöglichkeiten kommt, die in bebauten Gebieten üblich sind. Vgl. etwa OVG NRW, Beschluss v. 11.9.2018 – 7 B 918/18 –, juris.

Im Übrigen ist zu konstatieren, dass sich in dem am nächsten an das Grundstück der Antragsteller heranreichenden Gebäudeteil, also dem mittig vorspringenden Bereich, lediglich Treppenhausflächen einschließlich des Aufzugs befinden. Die Wohnzimmerbereiche der Wohnungen nebst Balkonen befinden sich auf der von den Antragstellern abgewandten Seite. Auch unter diesem Aspekt kann der Neubau daher nicht als im planungsrechtlichen Sinne rücksichtslos betrachtet werden.

Eine Verletzung des Rücksichtnahmegebots bewirkt schließlich auch nicht der Umstand, dass der bisherige Ausblick von der Terrasse und aus dem Garten der Antragsteller auf die südlich befindliche, von großzügigen begrünten Freiflächen umgebene Villa aufgrund des genehmigten Gebäudes kaum mehr bestehen wird. Dass die Situation sich insoweit für die Antragsteller verschlechtern wird, steht außer Frage. Entsprechende vorhandene Sichtbeziehungen stellen sich jedoch im Wesentlichen als faktischer Lagevorteil dar. Auf den Fortbestand eines solchen Lagevorteils hat der Grundstückseigentümer regelmäßig keinen Rechtsanspruch. Vgl. BVerwG, Urteil v. 28.10.1993 – 4 C 5.93 –, NVwZ 1994, 686; OVG NRW, Urteil v. 27.5.2019 – 10 A 1860/17 –, juris (Rdnr. 58); VG Gelsenkirchen, Urteile v. 28.11.2017 – 6 K 3879/16 –, juris (Rdnr. 27) und vom 3.3.2020 – 6 K 2798/19 –, juris (Rdnr. 49).

2. Die mit den angefochtenen Baugenehmigungen gestatteten Geländeveränderungen im Bereich der nordwestlichen Grenzen des Baugrundstücks verstoßen bei summarischer Prüfung gegen das Bauordnungsrecht, und zwar auch dann, wenn man diese Geländeveränderungen zugunsten der Bauherrin als selbständige Anschüttung und nicht als Bestandteil des Gebäudes betrachtet.

Gemäß § 6 Abs. 1 S. 2 Nr. 2 BauO NRW 2018 gelten die Vorgaben des Abstandsflächenrechts auch (»entsprechend«) für Anlagen, die keine Gebäude sind, die aber höher als einen Meter über die Geländeoberfläche hinausgehen und dazu geeignet sind, von Menschen betreten zu werden. Eine solche Anlage soll vorliegend in Form der nordwestlich der genehmigten Mehrfamilienhäuser geplanten Anschüttung, auf der sich unter anderem die Zuwegungen zu den Hauseingängen, aber etwa auch die Kinderspielflächen befinden, hergestellt werden. Denn diese Anschüttung ist in nicht unwesentlichen Teilen höher als einen Meter. Dies gilt insbesondere für den Bereich vor dem geplanten »Haus 1«. Dort soll das zukünftige Gelände teilweise um bis zu rund anderthalb Meter über dem bisherigen Gelände liegen. Es gilt aber beispielsweise wohl auch für den Bereich beider Kinderspielflächen. Die Anschüttung ist auch dazu geeignet (und bestimmt), von Menschen betreten zu werden. Vor der Anschüttung ist somit eine Abstandsfläche zu bilden, die gemäß § 6 Abs. 5 S. 1 BauO NRW 2018 mindestens drei Meter tief sein und gemäß § 6 Abs. 2 S. 1 BauO NRW 2018 auf dem Baugrundstück selbst liegen muss. Vorliegend liegt die Abstandsfläche der Anschüttung hingegen vollständig auf den Nachbargrundstücken.

Daran ändert auch der Umstand nichts, dass die Anschüttung zu den nordwestlichen Grundstücksgrenzen hin flacher wird und sie in einem drei Meter breiten Streifen an der Grenze selbst möglicherweise – etwas unklar ist insoweit der Geländeverlauf zwischen der westlichen Kinderspielfläche und der Grenze zum Grundstück ... 6 – nicht über eine Höhe von einem Meter hinausgeht. Denn eine einheitliche Anschüttung ist grundsätzlich als eine bauliche Anlage zu betrachten und kann nicht in mehrere, einer unterschiedlichen abstandsflächenrechtlichen Bewertung zugängliche Teilanlagen aufgeteilt werden. Bei einer abgeböschten Anschüttung beginnt daher nach ständiger Rechtsprechung die Abstandsfläche regelmäßig bereits am Böschungsfuß. Auch Absätze und Stufen innerhalb der Böschung ändern daran grundsätzlich nichts. Bilden die verschiedenen Bereiche der Anschüttung baulich konstruktiv, funktional und optisch eine Einheit, so muss die Anschüttung insgesamt den gebotenen Abstand zur Grenze wahren. Vgl. zu alldem OVG NRW, Beschlüsse v. 10.6.1999 – 7 B 827/99 –, n.v., vom 22.1.2001 – 7 E 547/99 –, juris (Rdnr. 4 f.), vom 10.2.2010 – 7 B 1368/09 –, juris (Rdnr. 22), vom 17.2.2011 – 7 B 1803/10 –, juris (Rdnr. 33), und vom 7.5.2021 – 2 A 468/21 –, juris (Rdnr. 14 ff.); VG Gelsenkirchen, Beschluss v. 16.8.2012 – 5 L 653/12 –, juris (Rdnr. 12 ff.); VG Köln, Beschluss v. 13.1.2021 – 23 L 2028/20 –, juris (Rdnr. 21 ff.); BeckOK BauordnungsR NRW/Kockler, 13. Ed. 1.12.22, § 6 Rdnr. 24.

Vorliegend handelt es sich um eine einheitliche Anschüttung in dem vorstehend beschriebenen Sinne. Sie tritt optisch als eine – wenn auch abgetreppte bzw. gestufte – Geländemodellierung in Erscheinung und auch funktional lassen sich die verschiedenen Bereiche der Anschüttung nicht voneinander trennen, weil alle Bereiche durch den gemeinsamen Zweck verbunden sind, die Anforderungen des hängigen Geländes in dem recht knappen Raum zwischen den Gebäuden und der Grundstücksgrenze sinnvoll zu bewältigen. Auch die in einem Abstand von drei Metern eingezogene, mit L-Steinen hergestellte Stufe ändert schließlich nichts daran, dass es sich auch baulich-konstruktiv um eine einzige Anlage handelt. Denn die Schnittzeichnungen belegen, dass die vorgenannten L-Steine ohne den davor angeschütteten niedrigeren Bereich ihre Funktion nicht erfüllen könnten. Ohne den ersten, niedrigeren Teil der Anschüttung wären die L-Steine erkennbar schon deshalb nicht in der Lage, ihre Funktion zuverlässig zu erfüllen, weil sie nicht bis auf das vorhandene Gelände hinabreichen. Der niedrigere Teil der Anschüttung stützt also den höheren Teil ab.

Verstößt sie demnach bereits zum Nachteil der Antragsteller gegen § 6 BauO NRW 2018, so kann offen bleiben, ob die Anschüttung – namentlich die bereits unmittelbar an der Grundstücksgrenze vorgesehene, von weiteren L-Steinen gehaltene Anhebung des Geländeniveaus um nach den Schnittzeichnungen teilweise wohl mindestens 40 cm – auch gegen § 8 Abs. 5 BauO NRW 2018 (Fassung 2021) verstößt.«

An diesen Überlegungen hält die Kammer fest. Die Beteiligten sind ihnen auch nicht im Einzelnen entgegengetreten. Ob der Abstandsflächenrechtsverstoß durch die Erteilung einer Abweichung nach § 6 Abs. 13 i. V. m. § 69 BauO NRW 2018 hätte beseitigt werden können, vgl. in diesem Zusammenhang Johlen, in: Gädtke u. a., Bauordnung NRW, Kommentar, 15. Aufl. 2024, § 6 Rdnr. 556, aber auch – zurückhaltender – BeckOK BauordnungsR NRW/ Hüwelmeier, 19. Ed. 1.7.2024, § 69 Rdnr. 25 ff., braucht die Kammer nicht zu entscheiden. Denn eine solche Abweichung ist weder (entsprechend den Vorgaben des § 69 Abs. 2 BauO NRW 2018) beantragt, noch erteilt worden. Da es sich um einen Fall des § 69 Abs. 1 S. 1 BauO NRW 2018 handelt, hätte die Beklagte insoweit Ermessen ausüben und dabei die nachbarlichen Belange berücksichtigen müssen. Auf die Ausübung dieses Ermessens durch die Behörde hat der betroffene Nachbar, wenn die Abweichung von einer nachbarschützenden Norm wie § 6 BauO NRW 2018 in Rede steht, einen Anspruch. Vgl. nur BeckOK BauordnungsR NRW/Hüwelmeier, 19. Ed. 1.7.2024, § 69 Rdnr. 47 mit weiteren Nachweisen. …

Nr. 119

Nach § 246 Abs. 14 Satz 1 BauGB kann, soweit auch bei Anwendung der von § 246 Abs. 8 bis 13 BauGB dringend benötigte Unterkunftsmöglichkeiten im Gebiet der Gemeinde, in der sie entstehen sollen, nicht oder nicht rechtzeitig bereitgestellt werden können, bei Aufnahmeeinrichtungen, Gemeinschaftsunterkünften oder sonstigen Unterkünften für Flüchtlinge oder Asylbegehrende bis zum Ablauf des 31.12.2027 von den Vorschriften dieses Gesetzbuchs oder den aufgrund dieses Gesetzbuchs erlassenen Vorschriften in erforderlichem Umfang abgewichen werden.

Wird eine Baugenehmigung unter rechtswidriger Abweichung von einer Veränderungssperre nach § 246 Abs. 14 BauGB erlassen, so wird die übergangene Gemeinde in ihrer verfassungsrechtlich geschützten Planungshoheit verletzt.

(Leitsätze der Redaktion)

BauGB § 35 Abs. 5 Satz 3, § 246 Abs. 8–13.

Verwaltungsgericht München, Beschluss v. 4. Dezember 2024 – M 1 SN 24.6216 –.

Aus den Gründen:

1. Der zulässige, insbesondere im Hinblick auf § 212a Abs. 1 BauGB auch im Falle der Anfechtungsklage einer Gemeinde statthafte Antrag nach §§ 80a Abs. 3 Satz 2, 80 Abs. 5 Satz 1 Alt. 1 VwGO hat Erfolg.

Nach summarischer Prüfung der derzeitigen Sach- und Rechtslage wird die im Hauptsacheverfahren erhobene Anfechtungsklage voraussichtlich Erfolg haben, sodass das Interesse der Antragstellerin an der Anordnung der aufschiebenden Wirkung ihrer Klage das Interesse der Beigeladenen an der sofortigen Vollziehbarkeit der angefochtenen Baugenehmigung überwiegt.

Das Gericht hat im Rahmen der nach § 80 Abs. 5 VwGO vorzunehmenden eigenen Ermessensentscheidung abzuwägen, ob die Interessen, die für einen sofortigen Vollzug des angefochtenen Verwaltungsakts sprechen, oder diejenigen, die für die Wiederherstellung der aufschiebenden Wirkung streiten, höher zu bewerten sind. Im Rahmen dieser Interessenabwägung sind auch die Erfolgsaussichten des Rechtsbehelfs in der Hauptsache zu berücksichtigen. Diese sind ein wesentliches, aber nicht das alleinige Indiz für und gegen den gestellten Antrag. Wird der in der Hauptsache erhobene Rechtsbehelf bei der im einstweiligen Rechtsschutzverfahren nur möglichen summarischen Prüfung voraussichtlich erfolgreich sein (weil er zulässig und begründet ist), so wird regelmäßig nur die Wiederherstellung bzw. Anordnung der aufschiebenden Wirkung in Betracht kommen. Wird dagegen der in der Hauptsache erhobene Rechtsbehelf voraussichtlich keinen Erfolg haben (weil er unzulässig oder unbegründet ist), so ist dies ein starkes Indiz für die Ablehnung des Eilantrags. Sind schließlich die Erfolgsaussichten offen, findet eine allgemeine, von den Erfolgsaussichten unabhängige Abwägung der für und gegen den Sofortvollzug sprechenden Interessen statt (vgl. BayVGH, Beschluss v. 18.9.2017 – 15 CS 17.1675 – juris Rdnr. 11; Beschluss v. 7.11.2022 – 15 CS 22.1998 – juris Rdnr. 25; BVerwG, Beschluss v. 11.11.2020, 7 VR 5.20 – juris Rdnr. 8).

Die in der Hauptsache erhobene Klage wird voraussichtlich Erfolg haben, da die Abweichungsentscheidung (Tenorbuchstabe B.) und die Baugenehmigung (Tenorbuchstabe A.) rechtswidrig sind und die Antragstellerin in ihren Rechten verletzen, § 113 Abs. 1 Satz 1 VwGO.

Dem Vorhaben steht derzeit die Veränderungssperre der Antragstellerin gemäß § 14 Abs. 1 Nr. 1 BauGB entgegen. Eine Ausnahme hiervon gemäß § 14 Abs. 2 BauGB hat der Antragsgegner nicht zugelassen und insoweit auch das gemeindliche Einvernehmen nicht eingeholt oder ersetzt.

Auch die Voraussetzungen für ein Abweichen von der Veränderungssperre der Antragstellerin nach § 246 Abs. 14 BauGB lagen im Zeitpunkt des Erlasses der streitgegenständlichen Baugenehmigung nicht vor. Es fehlt an der nach § 246 Abs. 14 Satz 5 BauGB erforderlichen Verpflichtungserklärung des Vorhabenträgers, das Vorhaben spätestens nach Ablauf der Geltungsdauer der befristeten Baugenehmigung zurückzubauen und Bodenversiegelungen zu beseitigen.

Nach § 246 Abs. 14 Satz 1 BauGB kann, soweit auch bei Anwendung der von § 246 Abs. 8 bis 13 BauGB dringend benötigte Unterkunftsmöglichkeiten im Gebiet der Gemeinde, in der sie entstehen sollen, nicht oder nicht rechtzeitig bereitgestellt werden können, bei Aufnahmeeinrichtungen, Gemeinschaftsunterkünften oder sonstigen Unterkünften für Flüchtlinge oder Asylbegehrende bis zum Ablauf des 31.12.2027 von den Vorschriften dieses Gesetzbuchs oder den aufgrund dieses Gesetzbuchs erlassenen Vorschriften in erforderlichem Umfang abgewichen werden.

Für unter Anwendung des § 246 Abs. 14 Satz 1 BauGB genehmigte Vorhaben bestimmen § 246 Abs. 14 Sätze 5 bis 8 i. V. m. § 35 Abs. 5 Satz 1 erster Halbsatz und Satz 3 BauGB als weitere Zulässigkeitsvoraussetzung die Abgabe einer Verpflichtungserklärung durch den Vorhabenträger, das Vorhaben nach dauerhafter Aufgabe der zulässigen Nutzung (oder – im Falle einer Befristung – spätestens nach Ablauf der Geltungsdauer der Baugenehmigung) zurückzubauen und Bodenversiegelungen zu beseitigen. Die Erfüllung dieser Verpflichtung soll zudem von der Baugenehmigungsbehörde nach Maßgabe des § 35 Abs. 5 Satz 3 BauGB gesichert werden. Die Rückbauverpflichtung gilt dabei für alle Vorhaben, die nach § 246 Abs. 14 Satz 1 BauGB zugelassen worden sind, d. h. auch dann, wenn der Vorhabenstandort dem Außenbereich zuzuordnen sein sollte (BT-Drs. 18/6185, S. 55).

Das Anerkenntnis der Rückbaupflicht in Gestalt einer Verpflichtungserklärung ist nach der Rechtsprechung des Bundesverwaltungsgerichts zu § 35 Abs. 5 Satz 1 BauGB konstitutiv für die Genehmigungserteilung (BVerwG, Urteil v. 17.10.2012 – 4 C 5.11 – juris Rdnr. 10). Dies gilt nach Auffassung der Kammer auch bei entsprechender Anwendung dieser Vorschrift nach § 246 Abs. 14 Satz 5 BauGB. Insoweit kann die Rückbauverpflichtung zwar nicht dem Außenbereichsschutz dienen, wenn das nach § 246 Abs. 14 Satz 1 BauGB genehmigte Vorhaben nicht im Außenbereich liegt. Die Rückbauverpflichtung soll jedoch nach der Systematik des § 246 Abs. 14 BauGB absichern, dass der mit der Anwendung des Sonderabweichungstatbestandes verbundene Eingriff in die durch Art. 28 Abs. 2 Satz 1 GG verfassungsrechtlich geschützte gemeindliche Planungshoheit auch in zeitlicher Hinsicht tatsächlich auf das Maß des Erforderlichen beschränkt bleibt (vgl. VG Würzburg, Beschluss v. 12.6.2024 – W 5 S 24.502 – juris Rdnr. 41).

Im vorliegenden Fall fehlt es nach summarischer Prüfung derzeit an der Verpflichtungserklärung nach § 246 Abs. 14 Satz 5 i. V. m. § 35 Abs. 5 Satz 1 erster Halbsatz BauGB. Eine solche lässt sich den Akten nicht entnehmen, deren vollständige Übermittlung gegenüber dem Berichterstatter am 2.12.2024 durch den Sachbearbeiter im Landratsamt R. telefonisch versichert wurde. Auch enthält der angefochtene Bescheid in Gestalt des Ergänzungsbescheids die Abgabe einer Verpflichtungserklärung nicht als Nebenbestimmung.

Auf die Verletzung des § 246 Abs. 14 Satz 5 BauGB kann sich die Antragstellerin, die sich einer Anwendung des § 246 Abs. 14 BauGB im Rahmen der

Anhörung (E-Mail vom 13.6.2024, Bl. 79-80 der Behördenakte) widersetzt hat, voraussichtlich auch berufen. Wird eine Baugenehmigung unter rechtswidriger Abweichung von einer Veränderungssperre nach § 246 Abs. 14 BauGB erlassen, so wird die übergangene Gemeinde in ihrer verfassungsrechtlich geschützten Planungshoheit (Art. 28 Abs. 2 GG, Art. 11 Abs. 2 BV) verletzt. Nach § 246 Abs. 14 Satz 3 zweiter Halbsatz tritt an die Stelle des gemeindlichen Einvernehmens eine Anhörung. Die Wirkungen einer rechtsfehlerhaften Anwendung des § 246 Abs. 14 BauGB sind somit vergleichbar mit Zulassung einer Ausnahme nach § 14 Abs. 2 Satz 1 BauGB unter Übergehung (oder rechtswidriger Ersetzung) des gemeindlichen Einvernehmens, wogegen die sich eine Gemeinde nach allgemeiner Ansicht zur Wehr setzen kann (siehe nur Stock in Ernst/Zinkahn/Bielenberg/Krautzberger, Baugesetzbuch, 155. EL August 2024, § 14 Rdnr. 146). Dieser Fehler erfasst auch – wiederum vergleichbar mit den Fällen der Genehmigungserteilung unter Verletzung der Vorschriften über das gemeindliche Einvernehmen und seine Ersetzung – die Baugenehmigung selbst, sodass die betroffene Gemeinde deshalb ihre Aufhebung verlangen kann (vgl. zum Ganzen Scheidler, ZfBR 2016, 756, 759; Beckmann, KommJur 2016, 366, 371). …

Nr. 120

Ein Grundstücksnachbar kann Abwehrrechte gegen die Verletzung abstandflächenrechtlicher Vorschriften durch ein Bauvorhaben grundsätzlich insoweit nicht geltend machen, als die Bebauung auf seinem Grundstück gegenüber dem Nachbargrundstück in vergleichbarem Umfang die nach dem geltenden Recht erforderlichen Abstandflächen nicht einhält.

Bei der Frage, ob die wechselseitigen Unterschreitungen der Abstandsflächen annähernd vergleichbar sind, ist auch zu berücksichtigen, auf welcher Länge und mit welcher Tiefe das fragliche Gebäude die Abstandflächenvorschriften missachtet, welche Höhe es aufweist, welche Emissionen (Lärm, Gerüche) mit seiner Nutzung verbunden sind, welche Brandgefahren von ihm ausgehen und in welcher Himmelsrichtung es vom Nachbargrundstück aus gesehen steht.
(Leitsätze der Redaktion)

BauGB § 35 Abs. 3 Nr. 7; § BauO LSA § 6.

OVG Sachsen-Anhalt, Beschluss v. 6. Dezember 2024 – 2 L 76/24.Z –.

Aus den Gründen:

I. Der Kläger begehrt die nachträgliche Erteilung einer Baugenehmigung zur »Erweiterung eines bestehenden landwirtschaftlichen Betriebes mit Neubau eines Verwaltungs- und Bürogebäudes für Gärtnerei und Landwirtschaftsbetrieb sowie Schaffung weiterer Anbauflächen« auf dem Grundstück der Gemarkung A-Stadt, Flur ..., Flurstück ... (E-Straße ...). Den am 31.7.2019 gestellten Bauantrag lehnte der Beklagte mit Bescheid vom 21.10.2019 ab. Die nach erfolglosem Widerspruchsverfahren erhobene Klage hat das Verwaltungsgericht mit dem angefochtenen Urteil abgewiesen und zur Begründung u. a. ausgeführt:

Das vom Kläger bereits errichtete Gebäude verstoße sowohl gegen bauplanungsrechtliche als auch gegen bauordnungsrechtliche Vorschriften. Das zweigeschossige Wohnhaus liege im Außenbereich und diene nicht dem gartenbaulichen Betrieb des Klägers. Es beeinträchtige öffentliche Belange, da es die Entstehung, Verfestigung oder Erweiterung einer Splittersiedlung befürchten lasse (§ 35 Abs. 3 Nr. 7 BauGB). Das bereits im Rohbau errichtete Einfamilienhaus verstoße auch gegen bauordnungsrechtliche Vorgaben, da es die erforderliche Abstandsfläche von mindestens 3 m auf dem streitgegenständlichen Grundstück selbst und zum Wohnhaus des Nachbargrundstücks E-Straße ... nicht einhalte. Das Gebäude sei bereits grenzständig zum Grundstück der Nachbarn errichtet. Soweit der Kläger darauf verweise, dass er die Fenster in der grenzständigen Hauswand entfernen und den Dachüberstand zurückbauen wolle und so auch seinen Bauantrag gestellt habe, sei dies für die dennoch fehlende Einhaltung der gesetzlichen Abstandsfläche unerheblich. Die Eintragung einer durch den Nachbarn erteilten Baulast in das Baulastverzeichnis sei genauso wenig erfolgt wie die Beantragung einer Abweichung durch den Kläger im Sinne des § 66 Abs. 1 BauO LSA, wobei der Beklagte davon ausgehe, dass eine solche Abweichung schon nicht zuzulassen sein dürfte.

II. A. Der Antrag des Klägers auf Zulassung der Berufung hat keinen Erfolg.

1. Die geltend gemachten ernstlichen Zweifel an der Richtigkeit der erstinstanzlichen Entscheidung (§ 124 Abs. 2 Nr. 1 VwGO) bestehen nicht. Solche Zweifel liegen nur dann vor, wenn ein einzelner tragender Rechtssatz oder eine einzelne erhebliche Tatsachenfeststellung mit schlüssigen Gegenargumenten in Frage gestellt worden sind (vgl. BVerfG, Beschluss v. 16.7.2013 – 1 BvR 3057/11 – juris Rdnr. 36, m. w. N.). Der Zweck des Zulassungsverfahrens gebietet es allerdings, auch dargelegte Rechtsänderungen zu berücksichtigen, die erst nach Erlass des angefochtenen Urteils eingetreten sind, und zwar auch solche, die erst nach Ablauf der Frist eingetreten sind, innerhalb welcher der Antragsteller die ernstlichen Zweifel an der Richtigkeit des angefochtenen Urteils gemäß § 124a Abs. 4 Satz 4 VwGO darzulegen hat. Hat der Antragsteller mit Blick auf eine bevorstehende Änderung der Rechtslage vor Ablauf der Frist des § 124a Abs. 4 Satz 4 VwGO ernstliche Zweifel an der Richtigkeit des angefochtenen Urteils dargelegt, steht der Berücksichtigung der späteren Rechtsänderung nicht entgegen, dass sie erst nach Ablauf der Frist, aber vor der Entscheidung des Oberverwaltungsgerichts über den Zulas-

sungsantrag eingetreten ist (zum Ganzen: BVerwG, Beschluss v. 15.12.2003 – 7 AV 2.03 – juris Rdnr. 9 ff.). Ist das angegriffene Urteil auf voneinander unabhängige und damit den Urteilsausspruch selbstständig tragende rechtliche Erwägungen gestützt, so setzt der Erfolg des Zulassungsantrags voraus, dass sämtliche Begründungsteile je für sich die Zulassung rechtfertigen; liegt für den anderen Begründungsteil kein Zulassungsgrund vor, muss die Zulassung daran scheitern, dass die angegriffene Begründung hinweggedacht werden kann, ohne dass sich am Ausgang des Rechtsmittelverfahrens etwas ändert (vgl. Beschluss des Senats vom 13.4.2012 – 2 L 46/11 – juris Rdnr. 5, m. w. N.).

Hiernach vermag der Vortrag des Klägers keine ernstlichen Zweifel an der Richtigkeit der erstinstanzlichen Entscheidung zu begründen.

Er wendet ein, nachdem die Beigeladene zwischenzeitlich eine Außenbereichssatzung erlassen habe, liege das Baugrundstück nicht mehr im Außen-, sondern im Innenbereich. Im Übrigen diene das Vorhaben seinem derzeitigen landwirtschaftlichen Betrieb und dessen Erweiterung, in dem es ihm die erforderlichen Verwaltungsflächen und Besprechungsräume zur Verfügung stelle, die für die Kundenakquise unerlässlich seien. Die angegriffene Entscheidung gehe zudem fälschlicherweise davon aus, dass sich das Baugrundstück im Außenbereich befinde. Sein Grundstück runde den Bebauungszusammenhang »E-Straße« ab und bilde gewissermaßen den Schlusspunkt. Eine Erweiterung der Bebauung sei wegen der Topographie des Grundstückes, der Bepflanzung und der umgebenden Landschaft schlicht nicht möglich. Soweit die angegriffene Entscheidung darauf abstelle, dass das Baugrundstück nicht dem Betrieb der gartenbaulichen Erzeugung diene, weil weder ersichtlich noch vorgetragen sei, dass spezifische Abläufe und individuelle Wirtschaftsweise in einem solchen Betrieb eine ständige Anwesenheit erforderten, habe das Verwaltungsgericht sein Recht auf rechtliches Gehör verletzt, da es einen entsprechenden Hinweis nicht erteilt habe. Die Einhaltung von Abstandsflächen sei nicht erforderlich, weil auch die Gebäude des betroffenen Nachbargrundstücks Abstandsflächen zum Baugrundstück nicht einhielten und auch das vormals aufstehende Gebäude keine Abstandsflächen eingehalten habe. Dabei sprächen die jahrhundertalte Bebauung und Nutzung des Baugrundstücks sowie dessen Lage in topographischer und sonstiger Hinsicht für die Erteilung einer Befreiung. Er knüpfe mit seinem Bauvorhaben überdies nach Art und Maß seiner Nutzung an die bisherige Nutzung des Grundstücks an. Dieses sei bislang mit einem Gebäude bebaut gewesen, dessen Außenmaße in etwa den Abmessungen des heutigen Gebäudes entsprochen hätten. Jedenfalls hätte ihm eine Befreiung von der Abstandsflächenvorgabe nachgelassen werden müssen. Mit diesen Einwänden vermag der Kläger nicht durchzudringen.

a) Zwar könnte das Vorhaben des Klägers durch die von der Beigeladenen am 21.8.2024 erlassene und im September 2024 in Kraft getretene Außenbereichssatzung nach § 35 Abs. 6 BauGB bauplanungsrechtlich zulässig geworden sein. Nach § 35 Abs. 6 Satz 1 BauGB kann die Gemeinde für bebaute Bereiche im Außenbereich, die nicht überwiegend landwirtschaftlich geprägt sind und in denen eine Wohnbebauung von einigem Gewicht vorhanden ist, durch Satzung bestimmen, dass Wohnzwecken dienenden Vorhaben im Sinne des Absatzes 2 nicht entgegengehalten werden kann, dass sie einer Darstellung im Flächennutzungsplan über Flächen für die Landwirtschaft oder Wald widersprechen oder die Entstehung oder Verfestigung einer Splittersiedlung befürchten lassen. Die Außenbereichssatzung ist zwar erst im September 2024 in Kraft getreten. Da der Stadtrat der Beigeladenen bereits am 25.10.2013 einen Beschluss zur Aufstellung der Außenbereichssatzung und am 10.7.2014 einen Abwägungsbeschluss gefasst hat, worauf die Kläger in der Begründung des Zulassungsantrages hingewiesen hat, ist diese Rechtsänderung aber im Zulassungsverfahren zu berücksichtigen.

b) Dies vermag aber die Richtigkeit der erstinstanzlichen Entscheidung im Ergebnis deshalb nicht in Frage zu stellen, weil das Verwaltungsgericht seine Entscheidung selbständig tragend auch darauf gestützt hat, dass das Vorhaben des Klägers wegen des Verstoßes gegen die Vorschriften über Abstandsflächen bauordnungsrechtlich unzulässig ist, und die von Kläger hiergegen erhobenen Einwände nicht stichhaltig sind.

Ohne Erfolg bleibt der Einwand des Klägers, das von ihm errichtete Gebäude müsse deshalb keine Abstandsflächen einhalten, weil auch die Gebäude des betroffenen Nachbargrundstücks Abstandsflächen zum Baugrundstück nicht einhielten. Das Gebäude des Klägers ist an der Grenze zum westlich angrenzenden Flurstück ... gebaut. Nach dem mit dem Bauantrag vorgelegten Auszug aus dem Geobasisinformationssystem (Bl. 104 Rückseite und Bl. 105 des Verwaltungsvorgangs) hält von den drei auf diesem Nachbargrundstück errichteten Gebäuden nur die an die südliche Grenze zum Grundstück des Klägers errichtete Scheune keine Abstandsfläche zum Grundstück des Klägers ein. Dar aus folgt aber noch nicht ohne weiteres, dass auch das in Rede stehende Gebäude keine Abstandsflächen einzuhalten hätte.

aa) Gemäß § 6 Abs. 1 Satz 1 BauO LSA sind vor den Außenwänden von Gebäuden Abstandsflächen von oberirdischen Gebäuden freizuhalten. Nach § 6 Abs. 1 Satz 3 BauO LSA ist eine Abstandsfläche nicht erforderlich vor Außenwänden, die an Grundstücksgrenzen errichtet werden, wenn nach planungsrechtlichen Vorschriften an die Grenze gebaut werden muss oder gebaut werden darf. Dass hier die Voraussetzungen des § 6 Abs. 1 Satz 3 BauO LSA vorliegen, macht der Kläger nicht geltend. Nach § 6 Abs. 9 BauO LSA sind in den Abstandsflächen eines Gebäudes sowie ohne eigene Abstandsflächen, auch wenn sie nicht an die Grundstücksgrenze oder an das Gebäude angebaut werden, zulässig (1.) Garagen und Gebäude ohne Aufenthaltsräume und Feuerstätten mit einer mittleren Wandhöhe bis zu 3 m und einer Gesamtlänge je Grundstücksgrenze von 9 m, (2.) gebäudeunabhängige Solaranlagen mit einer

Höhe bis zu 3 m und einer Gesamtlänge je Grundstücksgrenze von 9 m und (3.) Stützmauern und geschlossene Einfriedungen in Gewerbe- und Industriegebieten, außerhalb dieser Baugebiete mit einer Höhe bis zu 2 m. Dazu zählt das Vorhaben des Klägers nicht. Weitere Regelungen, die eine Entbehrlichkeit der Einhaltung von Abstandsflächen vorsehen, enthält die BauO LSA nicht.

Zwar ist in der Rechtsprechung anerkannt, dass ein Grundstücksnachbar Abwehrrechte gegen die Verletzung abstandflächenrechtlicher Vorschriften durch ein Bauvorhaben grundsätzlich insoweit nicht geltend machen kann, als die Bebauung auf seinem Grundstück gegenüber dem Nachbargrundstück in vergleichbarem Umfang die nach dem geltenden Recht erforderlichen Abstandflächen nicht einhält. Für die Vergleichbarkeit wechselseitiger Abstandflächenverletzungen kommt es allerdings nicht auf eine rein mathematische, sondern eine wertende Betrachtung an. Für die Bewertung des Gewichts des Abstandflächenverstoßes sind in erster Linie die Beeinträchtigungen der durch die Abstandflächenvorschriften geschützten nachbarlichen Belange in den Blick zu nehmen, insbesondere die Belange des Brandschutzes, die Belichtung, Belüftung und Besonnung des Nachbargrundstücks sowie die Wahrung eines ausreichenden Sozialabstands (zum Ganzen: Beschluss des Senats vom 28.11.2016 – 2 L 124/15 – juris Rdnr. 13, m. w. N.; vgl. auch NdsOVG, Beschluss v. 30.11.2022 – 1 ME 97/22 – juris Rdnr. 19, BayVGH, Beschluss v. 11.8.2023 – 15 ZB 22.1617 – juris Rdnr. 15, jew. m. w. N.). Bei der Frage, ob die wechselseitigen Unterschreitungen der Abstandsflächen annähernd vergleichbar sind, ist auch zu berücksichtigen, auf welcher Länge und mit welcher Tiefe das fragliche Gebäude die Abstandflächenvorschriften missachtet, welche Höhe es aufweist, welche Emissionen (Lärm, Gerüche) mit seiner Nutzung verbunden sind, welche Brandgefahren von ihm ausgehen und in welcher Himmelsrichtung es vom Nachbargrundstück aus gesehen steht (BayVGH, Beschluss v. 11.8.2023, a. a. O.). Zudem kann sich nach der Rechtsprechung des Senats (vgl. Beschluss v. 28.11.2016, a. a. O.) ein Nachbar, dessen Bau früherem (Abstands-)Recht entsprochen hat und genehmigt worden ist, auch dann auf die Einhaltung des nach neuem Recht gültigen Grenzabstands berufen, wenn er diesen jetzt im Verhältnis zum Nachbargrundstück nicht (mehr) einhält.

Der Kläger legt nicht dar, dass die Unterschreitung der Abstandsflächen durch das Gebäude auf dem Nachbargrundstück einerseits und die Nichteinhaltung des Grenzabstandes durch das von ihm errichtete Gebäude andererseits von gleichem Gewicht sind. Unabhängig davon folgt aus dem Umstand, dass ein Grundstückseigentümer einer dem Nachbarn erteilten Baugenehmigung nach Treu und Glauben nicht mit Erfolg die Nichteinhaltung von Abstandsflächen entgegenhalten kann, wenn sein Gebäude in vergleichbarem Maß die Abstandsflächen nicht einhält, noch nicht, dass die Baugenehmigung ungeachtet des objektiv vorliegenden Verstoßes gegen Vorschriften über

Abstandsflächen zu erteilen ist, insbesondere wenn der Bauherr keinen Antrag auf Erteilung einer Abweichung nach § 66 BauO LSA gestellt hat. Allein mit der Erteilung einer solchen Abweichung könnte die Errichtung eines abstandsflächenrechtlich objektiv rechtswidrigen Bauvorhabens vermieden werden (Schönfeld, in: Spannowsky/Manssen BeckOK, 31. Ed., (§ 35 Abs. 3 Nr. 7 BauGB Rdnr. 285). Wie das Verwaltungsgericht zutreffend festgestellt hat, hat der Kläger aber keinen Abweichungsantrag gestellt, der gemäß § 66 Abs. 2 BauO LSA gesondert schriftlich zu stellen und zu begründen ist. Unabhängig davon dürfte allein eine bereits bestehende abstandflächenwidrige Bebauung auf dem Nachbargrundstück nicht ausreichen, um eine Abweichung von den Vorschriften des Abstandflächenrechts zu erteilen; hinzu kommen müssen in der Regel weitere grundstücksbezogene Besonderheiten wie etwa der außergewöhnliche Grundstückszuschnitt (vgl. OVG MV, Urteil v. 4.12.2013 – 3 L 143/10 – juris Rdnr. 48). Solche Besonderheiten zeigt der Kläger nicht auf. Auch lässt sich den vorliegenden Lageplänen nicht entnehmen, dass eine Bebauung des Grundstücks des Klägers unter Einhaltung der Abstandsfläche zum Nachbargrundstück (Flurstück ...) nicht oder nur schwer möglich ist.

bb) Die Einhaltung der Abstandsfläche ist auch nicht deshalb entbehrlich, weil sich an gleicher Stelle auf dem Baugrundstück zuvor ein Gebäude befand, das ebenfalls ohne Grenzabstand errichtet wurde.

Die Einbeziehung des früheren Gebäudes (auch im Rahmen einer Abweichung) liefe, da mit der vollständigen Beseitigung des Gebäudes der Bestandsschutz erloschen ist, auf einen nachwirkenden Bestandsschutz hinaus, der, weil in der Eigentumsgarantie (Art. 14 GG) nicht angelegt, nur kraft besonderer, hier fehlender gesetzlicher Regelung anerkannt werden kann. Zudem sollen nach dem Gesetzeszweck abstandsflächenwidrige Bebauungsverhältnisse nach Möglichkeit bereinigt und nicht verewigt werden; der Zeitpunkt für eine solche Bereinigung ist gekommen, wenn der Bestandsschutz für das bisherige Gebäude endet (vgl. BayVGH, Urteil v. 13.2.2001 – 20 B 00.2213 – juris Rdnr. 17 f.; Beschluss v. 20.4.2020 – 15 ZB 19.1846 – juris Rdnr. 19).

2. Die Berufung ist auch nicht wegen besonderer tatsächlicher oder rechtlicher Schwierigkeiten im Sinne des § 124 Abs. 2 Nr. 2 VwGO zuzulassen.

Besondere tatsächliche oder rechtliche Schwierigkeiten der Rechtssache bestehen dann, wenn die Rechtssache wegen einer erheblich über dem Durchschnitt liegenden Komplexität des Verfahrens oder aufgrund der zugrundeliegenden Rechtsmaterie in tatsächlicher oder rechtlicher Hinsicht größere, also das normale Maß nicht unerheblich überschreitende Schwierigkeiten verursacht, mithin signifikant vom Spektrum der in verwaltungsgerichtlichen Verfahren zu entscheidenden Streitsachen abweicht. Im Hinblick auf die Darlegungsanforderungen gemäß § 124a Abs. 4 Satz 4 VwGO ist es erforderlich, im Einzelnen darzulegen, hinsichtlich welcher Fragen und aus welchen Gründen die Rechtssache besondere tatsächliche oder rechtliche Schwierigkeiten aufweist. Nur wenn sich schon aus dem Begründungsaufwand des erstinstanzlichen Urteiles ergibt, dass eine Sache in tatsächlicher oder rechtlicher Hinsicht schwierig ist, genügt ein Antragsteller der ihm gemäß § 124a Abs. 4 Satz 4 VwGO obliegenden Darlegungslast bereits mit erläuternden Hinweisen auf die einschlägigen Passagen des Urteiles (zum Ganzen: Beschluss des Senats vom 23.6.2020 – 2 L 83/18 – juris Rdnr. 41, m. w. N.).

Der Kläger macht geltend, die Zuordnung des Baugrundstücks zum Außen- oder Innenbereich weise besondere Schwierigkeiten tatsächlicher und rechtlicher Art auf. Die Frage, ob das Verwaltungsgericht diese Zuordnung zutreffend vorgenommen hat, ist hier aber nicht entscheidungserheblich, da – wie oben bereits ausgeführt – die Vorinstanz den fehlenden Anspruch auf Erteilung der begehrten Baugenehmigung selbständig tragend auch darauf gestützt hat, dass das Vorhaben des Klägers gegen die bauordnungsrechtlichen Vorschriften über Abstandsflächen verstoße und der Kläger dies nicht erfolgreich angegriffen hat.

3. Die Rechtsache hat auch nicht die geltend gemachte grundsätzliche Bedeutung im Sinne von § 124 Abs. 2 Nr. 3 VwGO.

Dieser Zulassungsgrund verlangt, dass eine konkrete, aber generalisierbare, aus Anlass dieses Verfahrens zu beantwortende, in ihrer Bedeutung über den Einzelfall hinausreichende Rechts- oder Tatsachenfrage aufgeworfen wird, die um der Einheitlichkeit der Rechtsprechung willen der Klärung bedarf und noch nicht (hinreichend) geklärt worden ist. Die Darlegung der grundsätzlichen Bedeutung erfordert, dass der Rechtsmittelführer konkret auf die Rechts- oder Tatsachenfrage, ihre Klärungsbedürftigkeit und Klärungsfähigkeit sowie ihre über den Einzelfall hinausgehende Bedeutung eingeht (Beschluss des Senats vom 27.8.2024 – 2 L 35/24.Z – juris Rdnr. 66).

Diesen Anforderungen genügt das Vorbringen des Klägers nicht. Er möchte im Zusammenhang mit der Frage, ob ein Vorhaben einem Betrieb im Sinne von § 35 Abs. 1 Nr. 1 BauGB »dient«, geklärt wissen, »inwieweit das erkennende Gericht, die Auffassung des Landwirtes von seiner subjektiven Wirtschaftsweise durch eigene Einschätzungen substituieren darf, um hieran die Antwort auf die Frage einer Förderlichkeit oder einer Unentbehrlichkeit festzumachen« sowie »inwieweit das erkennenden Gericht die subjektive Wirtschaftsweise im Rahmen der Amtsermittlung ergründen muss.« Damit ist eine grundsätzliche Bedeutung der Rechtssache schon deshalb nicht dargelegt, weil es auf diese Fragen aus den oben dargelegten Gründen nicht entscheidungserheblich ankommt. …

E. Rechtsprechung zum Baugenehmigungsverfahren

Nr. 121

§ 70 Abs. 2 Satz 3 HBauO regelt nicht allgemein und abschließend, unter welchen Voraussetzungen Bauvorlagen nachgereicht werden können.

Aus der Hamburgischen Bauordnung ergibt sich nicht, dass ein Befreiungsantrag während eines verwaltungsgerichtlichen Verfahrens nicht mehr gestellt werden kann. Dies gilt auch dann, wenn man den Befreiungsantrag selbst und nicht nur seine Begründung als Bauvorlage im Sinne von § 70 Abs. 2 Satz 2 HBauO qualifiziert.

Unter Dachgeschoss ist der Gebäudeteil zu verstehen, der nicht nur unter dem Dach liegt, sondern auch von den Dachflächen eingeschlossen wird und den Dachstuhl enthält. Ein lediglich durch ein Flachdach abgeschlossenes (Staffel-) Geschoss ist daher kein Dachgeschoss, sondern ein Vollgeschoss.
(Leitsätze der Redaktion)

BauGB § 31 Abs. 2, Abs. 3; BauO HA § 69 Abs. 2 Satz 1.

Verwaltungsgericht Hamburg, Urteil v. 15. Januar 2024 – 12 K 2905/21 –.

Aus den Gründen:

Die zulässige Klage ist unbegründet. Die Klägerin hat keinen Anspruch auf positive Bescheidung des von ihr gestellten Vorbescheidsantrags. Der ablehnende Vorbescheid der Beklagten vom 16.9.2020 in der Gestalt des Widerspruchsbescheids vom 21.5.2021 ist rechtmäßig und verletzt die Klägerin nicht in ihren Rechten (§ 113 Abs. 5 VwGO).

Nach § 63 Abs. 1 Satz 1 HBauO ist der Bauherrin oder dem Bauherrn auf Antrag zu einzelnen Fragen des Vorhabens ein Bescheid (Vorbescheid) zu erteilen. Nach § 63 Abs. 1 Satz 2 i. V. m. § 72 Abs. 1 Satz 1 HBauO ist eine zulässige Vorbescheidsfrage positiv zu bescheiden und der beantragte Vorbescheid zu erteilen, wenn dem Bauvorhaben, soweit seine Zulässigkeit mit der Vorbescheidsfrage abgefragt wird, keine öffentlich-rechtliche Vorschriften entgegenstehen, die im bauaufsichtlichen Genehmigungsverfahren zu prüfen sind. Nach diesen Maßgaben hat die Klägerin keinen Anspruch auf den begehrten Vorbescheid. Die von ihr geplante Aufstockung ihres Gebäudes um ein Staffelgeschoss widerspricht unter Zugrundelegung der maßgeblichen Vollgeschossdefinition der Baupolizeiverordnung für die Freie und Hansestadt Hamburg vom 8.6.1938 (im Folgenden: Baupolizeiverordnung bzw. BPVO) der für ihr Grundstück im Baustufenplan Harburg festgesetzten Zahl der Vollgeschosse (dazu 1.). Eine Befreiung von dieser Festsetzung kann weder nach § 31 Abs. 2 BauGB noch § 31 Abs. 3 BauGB erteilt werden (dazu

2. und 3.). Das Vorhaben der Klägerin wäre im Übrigen auch dann bauplanungsrechtlich unzulässig, wenn die Kammer unter Zugrundelegung der Vollgeschossdefinition der Baupolizeiverordnung zu dem Ergebnis gekommen wäre, dass die Festsetzung der zulässigen Zahl der Vollgeschosse im Baustufenplan Harburg für das Grundstück der Klägerin funktionslos ist (dazu 4.). Schließlich wäre das Vorhaben der Klägerin auch dann bauplanungsrechtlich unzulässig, wenn die Kammer ihrer Entscheidung die Vollgeschossdefinition der Hamburgischen Bauordnung (HBauO) in ihrer derzeit geltenden Fassung zugrunde gelegt hätte (dazu 5.).

Das Vorhaben der Klägerin – die Aufstockung ihres viergeschossigen Gebäudes um ein Staffelgeschoss – widerspricht der Festsetzung der zulässigen Zahl der Vollgeschosse durch den gemäß § 173 Abs. 3 Satz 1 des Bundesbaugesetzes vom 23.6.1960 (BGBl. I S. 341) übergeleiteten Baustufenplan Harburg.

a) Für das Grundstück der Klägerin setzt der Baustufenplan Harburg – zwingend und nicht lediglich als Höchstmaß (vgl. § 10 Abs. 3 BPVO; OVG Hamburg, Urteil v. 16.11.1961, OVG Bf. II 74/60, GE 1.325, S. 34; a. A. BPD 7/2016 »Altes Planrecht«, S. 23) – eine Bebauung mit drei Vollgeschossen fest. Das Gebäude der Klägerin würde bei Verwirklichung des Vorhabens dieser Festsetzung nicht entsprechen. Es überschreitet die zulässige Zahl der Vollgeschosse bereits im Bestand um ein Vollgeschoss. Die weitere Steigerung des Maßes der baulichen Nutzung durch die mit dem Vorhaben verbundene Aufstockung des Gebäudes kann dem Baustufenplan nicht entsprechen, und zwar unabhängig davon, ob sich das Staffelgeschoss – was davon abhängt, ob der Vollgeschossbegriff der Baupolizeiverordnung oder derjenige der Hamburgischen Bauordnung in ihrer derzeit geltenden Fassung zugrunde zu legen ist (vgl. hierzu sogleich unter b) aa)) – als Vollgeschoss darstellt oder nicht. Im letzteren Fall würde sich die Zahl der Vollgeschosse durch das Vorhaben der Klägerin zwar nicht ändern. Die Festsetzung einer Bebauung mit drei Vollgeschossen wäre jedoch auch durch die mit dem Vorhaben einhergehende Gebäudeaufstockung als solche berührt. Festsetzungen zur Zahl der Vollgeschosse legen zwar die Gebäudehöhe nicht metrisch fest, beeinflussen diese aber doch maßgeblich. Die weitere Steigerung des Maßes der baulichen Nutzung durch die hier in Rede stehende Gebäudeaufstockung kann dem Baustufenplan nicht entsprechen (vgl. OVG Hamburg, Beschluss v. 28.3.2023, 2 Bf 186/22.Z, n.v.; Beschluss v. 23.4.1999, 2 Bf 173/99, juris Rdnr. 2).

b) Entgegen der Rechtsauffassung der Klägerin ist die Festsetzung einer Bebauung mit drei Vollgeschossen nicht funktionslos geworden.

Eine bauplanerische Festsetzung tritt wegen nachträglicher Funktionslosigkeit außer Kraft, wenn und soweit die Verhältnisse, auf die sie sich bezieht, in ihrer tatsächlichen Entwicklung einen Zustand erreicht haben, der eine Verwirklichung der Festsetzung auf unabsehbare Zeit ausschließt, und wenn diese Tatsache so offensichtlich ist, dass ein in ihre Fortgeltung gesetztes Vertrauen keinen Schutz verdient. Dabei darf nicht gleichsam isolierend auf einzelne Grundstücke abgestellt, also die Betrachtung darauf beschränkt werden, ob die Darstellung hier und dort noch einen Sinn ergibt. Eine Festsetzung wird nicht deshalb ganz oder teilweise hinfällig, weil auf einzelnen Grundstücken eine planwidrige Nutzung entstanden ist. Entscheidend ist, ob die Festsetzung noch geeignet ist, zur städtebaulichen Ordnung einen sinnvollen und wirksamen Beitrag im Sinne der Steuerung der städtebaulichen Entwicklung zu leisten oder ob die tatsächlichen Verhältnisse, z. B. aufgrund einer großzügigen – ggf. rechtswidrigen – Befreiungspraxis, vom Planinhalt so massiv und offenkundig abweichen, dass der Bebauungsplan bzw. – hier – der übergeleitete Baustufenplan seine städtebauliche Gestaltungsfunktion nicht mehr erfüllen kann (vgl. OVG Hamburg, Beschluss v. 17.3.2023, 2 Bf 239/22.Z, n.v.; Beschluss v. 28.2.2013, 2 Bf 17/11, juris Rdnr. 42 ff. m. w. N.; Beschluss v. 15.10.2008, 2 Bs 171/08, juris Rdnr. 16).

Dabei kann eine Festsetzung in Anlehnung an die Teilnichtigkeit von Bebauungsplänen (Rechtsgedanke des § 139 BGB) ausnahmsweise auch bezogen auf ein Teilgebiet funktionslos geworden sein. Dies kommt insbesondere bei großflächigen Baugebietsausweisungen in Betracht und setzt voraus, dass das Teilgebiet (topographisch) abgrenzbar ist, dass es nicht nur aus wenigen Grundstücken besteht und dass die bauliche Entwicklung sich – jedenfalls dort – erkennbar anders entwickelt hat als es der Festsetzung und der Entwicklung in anderen Teilen des Gebiets entspricht (vgl. OVG Hamburg, Beschluss v. 17.3.2023, 2 Bf 239/22.Z, n.v.; Beschluss v. 28.2.2013, 2 Bf 17/11, juris Rdnr. 45; Beschluss v. 18.11.2015, 2 Bf 108/14.Z, n.v.).

Gemessen an diesen Maßstäben vermag die Kammer nicht zu erkennen, dass die für das Vorhabengrundstück getroffene Festsetzung der zulässigen Zahl der Vollgeschosse funktionslos geworden ist. Für die Bestimmung der Zahl der Vollgeschosse der Gebäude im Geltungsbereich des Baustufenplans Harburg ist auf die Vollgeschossdefinition in den Bemerkungen zu Spalte 2 der Baustufentafel in § 11 Abs. 1 BPVO abzustellen (dazu aa)). Danach überwiegt jedenfalls in dem abgrenzbaren Teilbereich der Ausweisung »M 3 g«, in dem das Vorhabengrundstück liegt, weiterhin eine Bebauung mit drei Vollgeschossen (hierzu bb)).

aa) Für die Ermittlung der Zahl der Vollgeschosse im Geltungsbereich des Baustufenplans Harburg ist nicht auf die derzeit geltende Vollgeschossdefinition in § 2 Abs. 6 HBauO abzustellen, sondern auf die zum Zeitpunkt des Erlasses des Baustufenplans geltende Vollgeschossdefinition in den Bemerkungen zu Spalte 2 der Baustufentafel in § 11 Abs. 1 BPVO (vgl. auch entsprechend für übergeleitete Pläne in Nordrhein-Westfalen und Baden-Württemberg Johlen, in: Heinz, ZfBR 1988, 111, 112; Gädtke, BauO NRW, 14. Aufl. 2023, § 2 Rdnr. 270; Uechtritz, BauR 1986, 172, 174 Fn. 28; wohl auch VGH Mannheim, Beschluss v. 27.1.1999, 8 S 19/99, juris Rdnr. 4).

Nach diesen Bemerkungen sind das Erdgeschoss und die Obergeschosse Vollgeschosse (Satz 1). Das Untergeschoss – definiert als Geschoss, dessen

Fußboden ganz oder teilweise unter der angrenzenden Erdoberfläche liegt (Satz 2) – gilt als Vollgeschoss, wenn die Oberkante seiner Decke an der Vorderseite der Gebäude durchschnittlich mehr als 1,0 m über der umgebenden Erdoberfläche oder die Oberkante seiner Decke an den übrigen Gebäudeseiten irgendwo mehr als 2,50 m über der Erdoberfläche liegt (Satz 3). Dachgeschoss ist sodann jedes Geschoss, das nach außen ganz oder teilweise durch das Dach abgeschlossen wird (Satz 4).

Der Baustufenplan Harburg weist das Vorhabengrundstück als Mischgebiet mit drei Vollgeschossen und geschlossener Bauweise (»M 3 g«) aus. Diese Festsetzungen zur Art der baulichen Nutzung, zur Zahl der Vollgeschosse und zur Bauweise sind gemäß § 173 Abs. 3 S. 1 BBauG wirksam in das geltende Bauplanungsrecht übergeleitet worden (vgl. OVG Hamburg, Urteil v. 4. 4.1968, OVG Bf. II 42/66, GE 1.610; siehe zur Überleitung der Hamburger Baustufenpläne auch VG Hamburg, Urteil v. 15.3.2021, 9 K 865/19, juris Rdnr. 20 ff.; OVG Hamburg, Urteil v. 14.3.1985, OVG Bf. II 16/83, GE 3.484; allgemein zu übergeleiteten »Alt-Bebauungsplänen« auch Hellriegel/Arne, BauR 2023, 1878). Nach dieser Vorschrift galten die bei dem Inkrafttreten des Bundesbaugesetzes bestehenden baurechtlichen Vorschriften und festgestellten städtebaulichen Pläne als Bebauungspläne, soweit sie verbindliche Regelungen der in § 9 BBauG bezeichneten Art enthielten. Diese Überleitungsvoraussetzungen lagen hier vor. Die Ausweisung »M 3 g« beinhaltet verbindliche Regelungen im Sinne von § 9 Abs. 1 Nr. 1 lit. a und b BBauG zur Art und zum Maß der baulichen Nutzung sowie zur Bauweise. Mit ihr wird vorgegeben, dass die von ihr betroffenen Grundstücke der Gebietsart Mischgebiet (»M«) zuzuordnen sind und dass auf ihnen Vorhaben mit drei Vollgeschossen in geschlossener Bauweise (»3 g«) verwirklicht werden dürfen.

Zusammen mit der übergeleiteten Festsetzung des Baustufenplans zur Zahl der Vollgeschosse ist nach § 173 Abs. 3 Satz 1 BBauG auch die diese Festsetzung ergänzende Bemerkung zu Spalte 2 der Baustufentafel in § 11 Abs. 1 BPVO übergeleitet worden, die den Begriff »Vollgeschoss« definiert und damit den Inhalt der Festsetzung bestimmt (vgl. zur Ergänzung der Baustufenpläne durch die Bestimmungen der Baupolizeiverordnung OVG Hamburg, Urteil v. 5.5.1966, OVG Bf. II 1+4/66, GE 1.511; Urteil v. 4.4.1968, OVG Bf. II 42/66, GE 1.610; Urteil v. 16.3.1972, OVG Bf. II 14/71, GE 1.724). Sie ist dabei nicht für sich genommen übergeleitet worden, sondern gilt als Ergänzung des jeweils übergeleiteten Baustufenplans, also als dessen Bestandteil, fort (vgl. BVerwG, Urteil v. 26.9.1991, 4 C 5.87, juris Rdnr. 30; OVG Hamburg, Urteil v. 12.9.1967, OVG Bf. II 61/67, BBauBl. 1970, 419; Beschluss v. 4.4.1968, OVG Bf. II 42/66, GE 1.610 [»(…) § 173 Abs. 3 BBauG bestimmt, dass die alten städtebaulichen Pläne zusammen mit den bestehenden baurechtlichen Vorschriften »als Bebauungspläne« weitergelten. Baurechtliche Vorschriften und städtebauliche Pläne bilden also eine Einheit und dürfen bei ihrer Anwendung nicht auseinandergerissen werden.«]; VGH

Mannheim, Urteil v. 4.12.2003, 5 S 1746/02, juris Rdnr. 32; Urteil v. 15.2.1995, 8 S 2183/94, juris Rdnr. 25; Urteil v. 25.2.1993, 8 S 287/92, juris Rdnr. 69; siehe auch § 117 Abs. 1 Nr. 23 HBauO 1969).

Zwar hat das Hamburgische Oberverwaltungsgericht in einer Entscheidung aus dem Jahr 1983 die Auffassung vertreten, dass die Frage, ob im Geltungsbereich eines Baustufenplans ein Unter- bzw. Kellergeschoss als Vollgeschoss anzurechnen ist, auf der Grundlage des damals geltenden § 2 Abs. 3 Nr. 1 HBauO 1969 zu beantworten sei und damit nicht anhand der Bemerkungen zu Spalte 2 der Baustufentafel in § 11 Abs. 1 BPVO (OVG Hamburg, Urteil v. 24.3.1983, HmbJVwBl. 1983, 149). Die von der Kellergeschossdefinition in § 2 Abs. 3 Nr. 1 HBauO 1969 abweichende Kellergeschossdefinition in diesen Bemerkungen sei nicht gemäß § 173 Abs. 3 Satz 1 BBauG übergeleitet worden. Zur Begründung hat es ausgeführt:

»Die Bestimmungen der Baupolizeiverordnung gelten nur insoweit fort, als sie Festsetzungen eines Baustufenplans ergänzten und bauplanungsrechtlicher Natur sind. ... Nun weist die Frage, ob ein Kellergeschoss als Vollgeschoss gilt, sowohl bodenrechtliche als auch bauordnungsrechtliche Aspekte auf. Ihre Beantwortung entscheidet einerseits darüber, wann die im Plan vorgenommene Höhenausweisung ausgeschöpft ist, und gibt zum anderen darüber Auskunft, ob die dort gelegenen Räume als Aufenthaltsräume genutzt werden dürften (vgl. § 59 Abs. 2 HBauO). Darüber hinaus sind bestimmte Anforderungen bauaufsichtlicher Art in mehreren Vorschriften der Bauordnung von der Zahl der Vollgeschosse abhängig (vgl. §§ 5 Abs. 2, 6 Abs. 3, 29 Abs. 2, 32 Abs. 2, 28 Abs. 2, 40 Abs. 1 und 8, 58 Abs. 6, 61 Abs. 1 HBauO). Bei Vorschriften, die sowohl eine bauordnungs- als auch eine bauplanungsrechtliche Komponente haben, beantwortet sich die Frage einer Überleitung durch § 173 Abs. 3 Satz 1 BBauG danach, welche dieser beiden Komponenten überwiegt. ... Bei der Festlegung der Voraussetzungen, unter denen ein Kellergeschoss als Vollgeschoss anzusehen ist, stehen die bauordnungsrechtlichen Auswirkungen im Vordergrund. Ihr Vorliegen entscheidet darüber, welche Anforderungen erfüllt sein müssen, damit derartige Räume Wohnzwecken zugeführt werden können. Hierfür sind gesundheitspolizeiliche (einwandfreie Belichtung, Belüftung und Besonnung), bautechnische (z. B. einwandfreier Wärmeschutz) und polizeiliche Gesichtspunkte maßgebend, die in demselben Maße wie die Ansprüche an die Wohnqualität überhaupt einem ständigen Wandel unterworfen sind, wie auch ein Blick auf die unterschiedlichen Regelungen in der Baupolizeiverordnung einerseits und der hamburgischen Bauordnung andererseits zeigt. Unter Einbeziehung der sonstigen oben aufgeführten Regelungen der Bauordnung, die vom Vorliegen eines Vollgeschosses u. a. die Bemessung der Grenzabstände, der Abstandsflächen, die Ausbildung der tragenden Wände, der Außenwände und der Brandwände abhängig machen, gebührt den bauordnungsrechtlichen gegenüber den bodenrechtlichen Bezügen der Vorrang. Das vom Stadtplaner mit der Festlegung der Geschosszahl verfolgte Anliegen wird durch die ausnahmsweise Geltung eines Kellergeschosses als Vollgeschoss nur geringfügig berührt. (…)«

Dieser Rechtsprechung – die sowohl in der Rechtsprechung des erkennenden Gerichts als auch in der Kommentarliteratur dahingehend verallgemeinert worden ist, dass die Bemerkungen zu Spalte 2 der Baustufentafel in § 11 Abs. 1 BPVO wegen ihres bauordnungsrechtlichen Charakters insgesamt nicht übergeleitet worden seien (VG Hamburg, Urteil v. 12.8.2022, 7 K 5525/19, n.v.; Urteil v. 14.4.2016, 7 K 2428/14, n.v.; Niere, in: Alexejew, HBauO, 31. Lfg. Mai 2020, § 2 Rdnr. 102; siehe auch BPD 7/2016 »Altes Planrecht«, S. 23) – folgt die Kammer nicht. Sie vermag nicht zu überzeugen. Die Bemerkungen zu Spalte 2 der Baustufentafel in § 11 Abs. 1 BPVO enthalten lediglich Geschossdefinitionen (Untergeschoss, Vollgeschoss, Dachgeschoss). Sie haben selbst keinen originär bauplanungs- oder bauordnungsrechtlichen Charakter, sondern bestimmen lediglich den Inhalt verschiedener, sowohl bauplanungs- als auch bauordnungsrechtlicher Regelungen in der Baupolizeiverordnung. § 11 BPVO, der die »Abstufung der Bebauung« regelt, stellt (im Kern) eine bauplanungsrechtliche Vorschrift dar (vgl. BVerwG, Urteil v. 26.9.1991, 4 C 5.87, juris Rdnr. 21; OVG Hamburg, Beschluss v. 25.5.2020, 2 Bs 55/20, juris Rdnr. 25; Urteil v. 16.6.1966, OVG Bf II 56/65, GE 1.508; siehe auch OVG Bremen, Beschluss v. 19.7.2004, 1 A 69/04, juris Rdnr. 8). Dementsprechend ist unstreitig, dass die in einem Baustufenplan als Teil einer Baustufe festgesetzte zulässige Zahl der Vollgeschosse eine übergeleitete planungsrechtliche Festsetzung ist (vgl. nur OVG Hamburg, Urteil v. 28.4.1994, Bf II 51/92, juris Rdnr. 20 f.; Urteil v. 5.10.1961, OVG Bf. II 145/60, GE 1.360; Urteil v. 31.1.1974, OVG Bf. II 67/73, GE 1.797). Andererseits ist ebenso unstreitig, dass zahlreiche andere Vorschriften der Baupolizeiverordnung, die an den Vollgeschossbegriff anknüpfen, als bauordnungsrechtliche Vorschriften nicht übergeleitet worden sind (vgl. etwa §§ 19 Abs. 2, 23 Abs. 3, 27 Abs. 2, 31 Abs. 11 lit. b BPVO). Selbst wenn man annehmen wollte, dass der Vollgeschossdefinition in den Bemerkungen zu Spalte 2 der Baustufentafel in § 11 Abs. 1 BPVO mehr bauordnungsrechtliche als bauplanungsrechtliche Bedeutung zukommt, ist die Definition als solche, wie ausgeführt, für sich genommen weder bauordnungsrechtlicher noch bauplanungsrechtlicher Natur. Eine größere bauordnungsrechtliche Bedeutung des Vollgeschossbegriffs kann daher nicht als Begründung dafür herangezogen werden, dass eine Festsetzung zur zulässigen Zahl der Vollgeschosse keinen planungsrechtlichen Charakter habe. Lediglich als (ergänzender) Bestandteil dieser Festsetzung wurden die Bemerkungen zu Spalte 2 der Baustufentafel in § 11 Abs. 1 BPVO jedoch übergeleitet.

Aus den vorgenannten Gründen steht der Überleitung auch nicht die vom Hamburgischen Oberverwaltungsgericht in seiner Entscheidung in Bezug genommene Rechtsprechung des Bundesverwaltungsgerichts entgegen, wonach eine Vorschrift, die einheitlich sowohl einem ordnungsrechtlichen als auch planungsrechtlichen Zweck diene, grundsätzlich nicht übergeleitet werden könne, da sie sonst bei gleichem Wortlaut sowohl als planungsrechtliche als auch als ordnungsrechtliche Vorschrift fortbestehen würde (BVerwG, Urteil v. 23.8.1968, IV C 103.66, VerwRspr 1969, 173, 174; vgl. hierzu auch OVG Münster, Urteil v. 26.8.2004, 7 A 4005/03, juris Rdnr. 51). Um eine solche Doppelung geht es vorliegend nicht. Die Bemerkungen zur Spalte 2 der Baustufentafel in § 11 Abs. 1 BPVO werden lediglich als Bestandteil der allein bauplanungsrechtlichen Festsetzung der zulässigen Zahl der Vollgeschosse übergeleitet.

Die hier vertretene Auffassung, wonach die Frage, ob im Geltungsbereich eines Baustufenplans ein Geschoss als Vollgeschoss anzusehen ist, anhand der Bemerkungen zu Spalte 2 der Baustufentafel in § 11 Abs. 1 BPVO zu beantworten ist, erscheint auch sachgerecht. Der Plangeber konnte bei seiner Willensbildung bzw. planerischen Abwägung (vgl. zum Erfordernis einer erfolgten Abwägung für die Überleitung BVerwG, Urteil v. 20.10.1972, IV C 14.71, juris Rdnr. 14) nur die seinerzeit geltenden Begriffsverständnisse zugrunde legen (vgl. – zur Frage des statischen oder dynamischen Charakters der Verweisung in § 20 Abs. 1 BauNVO – auch OVG Koblenz, Beschluss v. 9.12.2020, 8 B 11336/20, juris Rdnr. 25; OVG Münster, Beschluss v. 3.5.2018, 10 A 2937/15, juris Rdnr. 27; VGH Mannheim, Beschluss v. 27.1.1999, 8 S 19/99, juris Rdnr. 3; OVG Saarlouis, Beschluss v. 28.7.1986, 2 R 191/86, BRS 46 Nr. 100). Würde man seinen Festsetzungen zur zulässigen Zahl der Vollgeschosse nunmehr einen anderen Vollgeschossbegriff zugrunde legen, würde in die planerische Abwägungsentscheidung eingegriffen und dem Plan ein Inhalt gegeben, der so vom Plangeber nicht vorgesehen war. Durch eine Änderung der Vollgeschossdefinition kann sich der Inhalt der Festsetzung der zulässigen Zahl der Vollgeschosse erheblich verändern. So ist der Gesetzgeber nicht darauf beschränkt, ein Staffelgeschoss – wie es nach der derzeit geltenden Regelung in § 2 Abs. 6 Satz 3 HBauO der Fall ist – nur dann als Nichtvollgeschoss zu qualifizieren, wenn es das oberste Geschoss oder ein Geschoss im Dachraum ist und zugleich eine lichte Höhe von 2,30 m über mindestens zwei Drittel der Geschossfläche des darunterliegenden Geschosses hat. Der Gesetzgeber wäre nicht gehindert, die Beschränkung auf oberste Geschosse oder Geschosse im Dachraum aufzugeben (so etwa § 2 Abs. 6 BauO NRW) mit der Folge, dass mehrere Staffelgeschosse (als Nichtvollgeschosse) »übereinandergestapelt« werden könnten (vgl. hierzu Jäger/Krämer, KommJur 2020, 201 ff.). Ebenso könnte der Gesetzgeber ein Staffelgeschoss erst dann als Vollgeschoss qualifizieren, wenn es die erforderliche lichte Höhe über mindestens 9/10 des darunterliegenden Geschosses hat. Im Übrigen kann auch nach der geltenden Staffelgeschossdefinition in § 2 Abs. 6 HBauO ein Staffelgeschoss »von außen« als Vollgeschoss erscheinen, da § 2 Abs. 6 Satz 3 HBauO nicht verlangt, dass das Staffelgeschoss allseitig, insbesondere auch gegenüber der vorderen Gebäudefront, zurückspringt.

Selbst wenn man davon ausgehen wollte, dass der Plangeber angesichts der normhierarchischen Gleichrangigkeit der Baustufenpläne und der Baupolizeiverordnung (vgl. OVG Hamburg, Urteil v. 10.4.1997, Bf II 68/98, juris Rdnr. 57; Urteil v. 5.5.1966, OVG Bf. II 1+4/66, GE 1511 [»Baustufenplan und Baupolizeiverordnung besitzen dieselbe Normqualität: Beide sind Rechtsverordnungen, die auf denselben Ermächtigungen beruhen.«]) den Vollgeschossbegriff in den Baustufenplänen abweichend von der Baupolizeiverordnung hätte definieren können, fehlt es an jeglichen Anhaltspunkten für einen solchen Willen (vgl. auch OVG Hamburg, Urteil v. 4.4.1968, OVG Bf. II 42/66, GE 1.610; Urteil v. 5.5.1966, OVG Bf. II 1+4/66, GE 1.511).

Ebenso fehlen Anhaltspunkte dafür, dass der Plangeber der Hamburger Baustufenpläne seine Festsetzungen zur zulässigen Zahl der Vollgeschosse auch für einen später geänderten Vollgeschossbegriff öffnen wollte. Eine »dynamische« Auslegung von Baustufenplänen kommt zwar in Betracht, wenn ein Baustufenplan unbestimmte Rechtsbegriffe verwendet. Denn unbestimmte Rechtsbegriffe sind durch Auslegung zu konkretisieren. Dabei schließt die Unbestimmtheit der Begriffe ein, dass sie für ein sich dem Wandel der Lebensverhältnisse anpassendes Verständnis offen sind (vgl. BVerwG, Urteil v. 17.12.1998, 4 C 16.97, juris Rdnr. 27). Dementsprechend ist es z. B. unbedenklich, den Begriff der »Wohnbedürfnisse« in § 10 Abs. 4 BPVO den sich wandelnden Lebensverhältnissen anzupassen (BVerwG, ebenda; OVG Hamburg, Urteil v. 10.4.1997, Bf II 72/96, juris Rdnr. 57 ff.). Bei den Geschossdefinitionen in den Bemerkungen zu Spalte 2 der Baustufentafel handelt es sich jedoch nicht um unbestimmte Rechtsbegriffe, auch wenn sie in gewissem Umfang auslegungsbedürftig sind (dies nicht hinreichend berücksichtigend in Bezug auf die Frage des statischen oder dynamischen Charakters der Verweisung in § 20 Abs. 1 BauNVO Stock, in: Ernst/Zinkahn/Bielenberg/Krautzberger, BauGB, 150. EL Mai 2023, § 20 BauNVO Rdnr. 20; Petz, in: König/Roeser/Stock, BauNVO, 5. Aufl. 2022, § 20 Rdnr. 7 ff.; Hartmann/Schilder, in: Bönker/Bischopink, BauNVO, 2. Aufl. 2018, § 20 Rdnr. 8 ff.; VG Ansbach, Urteil v. 7.12.2011, AN 18 K 10.02567, juris Rdnr. 36). Sie sind daher – ebenso wie andere in der Baustufentafel verwendete auslegungsbedürftige, aber deshalb nicht unbestimmte Rechtsbegriffe (z. B. offene und geschlossene Bauweise oder »bebaubare Fläche«) – einer erweiternden (»zeitgemäßen«) Auslegung nicht in gleichem Maße zugänglich. Mit dem Wortlaut des Satzes 1 der Bemerkungen zu Spalte 2 der Baustufentafel in § 11 Abs. 1 BPVO (»Vollgeschosse sind das Erdgeschoß und die Obergeschosse.«) ist es jedenfalls nicht vereinbar, Staffelgeschosse der in § 2 Abs. 6 Satz 3 HBauO bezeichneten Art – soweit es sich nicht um Dachgeschosse i. S. v. Satz 4 der Bemerkungen handelt – nicht als Vollgeschosse anzusehen.

Eine Offenheit des Plangebers, den seiner Planung zugrundeliegenden Vollgeschossbegriff durch einen anderen Vollgeschossbegriff zu ersetzen, kann auch nicht daraus abgeleitet werden, dass er mit einer Neuregelung der Vollgeschossdefinition im hamburgischen Landesrecht habe rechnen müssen (vgl. zu diesem Argument – in Bezug auf die Frage der statischen oder dynamischen Verweisung in § 20 Abs. 1 BauNVO – VGH Mannheim, Beschluss v. 27.1.1999, 8 S 19/99, juris Rdnr. 4; VGH Kassel, Beschluss v. 26.7.1984, 4 TG 1669/84, BauR 1985, 293). Denn nach den Rechtsgrundsätzen des intertemporalen Rechts dürfte eine solche Neuregelung grundsätzlich keine Auswirkungen auf bereits bestehende Baustufenpläne haben (vgl. Söfker, in: Ernst/Zinkahn/Bielenberger/Krautzberger, BauGB, 150. EL Mai 2023, § 233 Rdnr. 2a; dies möglicherweise nicht hinreichend berücksichtigend OVG Hamburg, Urteil v. 10.4.1997, Bf II 72/98, juris Rdnr. 60).

Der Umstand, dass im Geltungsbereich von Baustufenplänen somit zwei unterschiedliche Vollgeschossbegriffe gelten, nämlich ein bauordnungsrechtlicher sowie ein bauplanungsrechtlicher Vollgeschossbegriff, ist aufgrund der nach Auffassung der Kammer eindeutigen Rechtslage hinzunehmen. Unzumutbare Folgen sind damit nicht verbunden. Solche werden nach Auffassung der Kammer auch in der Diskussion zu der insoweit vergleichbaren Frage, ob § 20 Abs. 1 BauNVO auf den im Zeitpunkt des Planerlasses geltenden landesrechtlichen Vollgeschossbegriff oder aber auf den im Zeitpunkt der Beurteilung der materiell-rechtlichen Zulässigkeit eines Vorhabens geltenden landesrechtlichen Vollgeschossbegriff verweist, nicht aufgezeigt (vgl. hierzu Stock, in: Ernst/Zinkahn/Bielenberg/Krautzberger, BauGB, 150. EL Mai 2023, § 20 BauNVO Rdnr. 17 ff.; Petz, in: König/Roeser/Stock, BauGB. 5. Aufl. 2022, § 20 BauNVO Rdnr. 5 ff.; Held, in: BeckOK BauNVO, 35. Ed. 15.10.2023, § 20 Rdnr. 6 ff.; Hartmann/Schilder, in: Bönker/Bischopink, BauNVO, 2. Aufl. 2018, § 20 Rdnr. 4 ff., jeweils mit weiteren Nachweisen).

bb) Ausgehend von der Vollgeschossdefinition der Baupolizeiverordnung ist die Festsetzung einer dreigeschossigen Bebauung jedenfalls für den hier in Rede stehenden Teilbereich der Ausweisung »M 3 g« nicht funktionslos geworden.

(1) Für den Teilbereich der »M 3 g«-Ausweisung, der aus dem Baublock, in dem das Vorhabengrundstück liegt, und der Straßenrandbebauung auf der gegenüberliegenden Seite der A…-Straße besteht, vermag die Kammer eine Funktionslosigkeit nicht zu erkennen.

(a) Bei dieser Bewertung ist zunächst zu berücksichtigen, dass eine Vielzahl von Gebäuden in diesem Teilbereich zwar unterhalb der Traufkante eine vierte Fensterreihe aufweist, sich dahinter jedoch kein viertes Vollgeschoss befindet. Die Beklagte hat insoweit nach Auswertung der Bauakten für die Grundstücke A…-Straße 12 bis 22 mitgeteilt, dass es sich hierbei um Fenster sog. Mezzanin- oder Attikageschosse handele (vgl. auch VG München, Urteil v. 18.2.2008, M 8 K 07.1449, juris Rdnr. 29 [»Kniestock- oder Drempelgeschoss«]), die insbesondere bei gründerzeitlichen Spätrenaissancebauten häufig anzutreffen seien. Es handele sich bei diesen Geschossen nicht um Vollgeschosse; vielmehr wiesen diese Gebäude drei Vollgeschosse und ein – nach der Baupolizeiverordnung nicht als Vollgeschoss zu qualifizierendes (siehe sogleich (b)) – Dachgeschoss auf. Die Kammer hat keinen Anlass, an dieser Einschätzung zu zweifeln, zumal hierfür auch das Ergebnis der Inaugenscheinnahme der Schrägluftbilder aus dem FHH-Atlas in der mündlichen Verhandlung spricht. Auf diesen Schrägluftbildern ist die sehr geringe Höhe der Mezzaningeschosse bzw. jedenfalls ihrer unterhalb der Trauf- bzw. Dachkante liegenden Teile deutlich zu erkennen.

(b) Weiterhin ist zu berücksichtigen, dass die Baupolizeiverordnung Dachgeschosse nicht als Vollgeschosse einstuft. Zwar mag der Wortlaut der Bemerkungen zu Spalte 2 der Baustufentafel es nicht ausschließen, auch Dachgeschosse – da Obergeschosse – als Vollgeschosse zu qualifizieren. Schon der Umstand, dass die Bemerkungen das Dachgeschoss gesondert definieren, legt jedoch nahe, dass der Verordnungsgeber ein Dachgeschoss nicht als ein herkömmliches Obergeschoss, das nach Satz 1 der Bemerkungen als Vollgeschoss zählt, angesehen hat. Eine solche Sichtweise würde auch zu offensichtlich nicht gewollten Konsequenzen führen. So wären in einem Wohn- oder Mischgebiet, in dem nur Gebäude mit einem Vollgeschoss errichtet werden dürfen (W 1 o, M 1 o), nur eingeschossige Gebäude mit Flachdach oder Nurdachhäuser zulässig, was offensichtlich nicht der üblichen Bauweise zum Zeitpunkt des Erlasses der Baupolizeiverordnung im Jahre 1938 entsprach. Dementsprechend hat das Hamburgische Oberverwaltungsgericht schon früh festgestellt, dass im Anwendungsbereich der Baupolizeiverordnung ein Dachgeschoss kein Vollgeschoss ist (vgl. OVG Hamburg, Urteil v. 5.10.1961, OVG Bf. II 146/60, GE 1.360; vgl. auch für die BauOBln 1966 OVG Berlin-Brandenburg, Urteil v. 22.2.2023, OVG 10 B 15.18, juris Rdnr. 79; Beschluss v. 30.11.2009, OVG 10 S 30.09, juris Rdnr. 14; OVG Berlin, Urteil v. 10.3.1989, 2 B 4.87, juris Rdnr. 29 f.), zumal dieses Verständnis auch der preußischen Einheitsbauordnung von 1919 zugrunde lag (vgl. Baltz/Fischer, Preußisches Baupolizeirecht, 6. Aufl. 1934, Nachdruck 1954, S. 290), an die sich die Baupolizeiverordnung anlehnte (vgl. OVG Hamburg, Beschluss v. 25.5.2020, 2 Bs 55/20, juris Rdnr. 27; VG Hamburg, Urteil v. 15.3.2021, 9 K 865/19, juris Rdnr. 41).

In der Rechtsprechung des Hamburgischen Oberverwaltungsgerichts ist ebenfalls geklärt, wie der Dachgeschossbegriff der Baupolizeiverordnung auszulegen ist. Nach der Legaldefinition in Satz 4 der Bemerkungen zu Spalte 2 der Baustufentafel in § 11 Abs. 1 BPVO kommt es darauf an, dass das Dachgeschoss »nach außen« – d. h. nicht allein nach oben – ganz oder teilweise durch das Dach abgeschlossen ist. Dies bedeutet, dass zumindest Teile der seitlichen Außenwände in die Dachkonstruktion einbezogen sein müssen (vgl. OVG Hamburg, Urteil v. 5.10.1961, OVG Bf. II 145/60, GE 1.360, unter Hinweis auf Baltz-Fischer, a. a. O.). Unter Dachgeschoss ist demnach der Gebäudeteil zu verstehen, der nicht nur unter dem Dach liegt, sondern auch von den Dachflächen eingeschlossen wird und den Dachstuhl enthält. Ein lediglich durch ein Flachdach abgeschlossenes (Staffel-) Geschoss ist daher kein Dachgeschoss, sondern ein Vollgeschoss (OVG Hamburg, ebenda).

(c) Daran gemessen weisen im hier in Rede stehenden Teilbereich des »M 3 g«-Gebietes beispielsweise die Gebäude R…berg 1, 3, 7, 19, 21 und 23 sowie A…-Straße 1, 8, 10, 12, 13, 14, 15, 16, 17, 18, 19, 20, 21, 22, 23, 25, 27, 30, 32 – auch soweit sie große, einen Großteil der jeweiligen Gebäudebreite einnehmende und bündig mit der Fassade abschließende Dachgauben aufweisen – drei Vollgeschosse auf. Die Dachgeschosse dieser Gebäude sind auch nicht deswegen ausnahmsweise als Vollgeschosse zu werten, weil es sich der Sache nach um als Dachgeschosse kaschierte Vollgeschosse handelt (vgl. hierzu OVG Berlin-Brandenburg, Beschluss v. Urteil v. 22.2.2023, OVG 10 B 15.18, juris Rdnr. 79; Beschluss v. 30.11.2009, OVG 10 S 30.09, juris Rdnr. 14; OVG Berlin, Urteil v. 10.3.1989, 2 B 4.87, juris Rdnr. 30 f.; vgl. auch zu Geschossen im Dachraum nach § 2 Abs. 6 Satz 3 HBauO VG Hamburg, Urteil v. 1.3.2019, 7 K 2991/16, n.v.). Trotz der Breite der Dachgauben liegt angesichts des Verhältnisses der Dachgauben zu den Flächen mit Dachschrägen noch kein Fall vor, in dem erkennbar nur der äußere Eindruck einer Zugehörigkeit zum Dach erweckt werden soll. Vielmehr bleibt der Raum unter den Dachschrägen noch von der Dachkonstruktion geprägt.

(d) Unter Berücksichtigung der vorstehenden Ausführungen kann nicht davon ausgegangen werden, dass die Festsetzung der Bebauung mit drei Vollgeschossen für den Teilbereich des »M 3 g«-Gebietes, in dem das Vorhabengrundstück liegt, funktionslos geworden ist. Zwar ist nicht zu verkennen, dass hier auch eine nicht unerhebliche Anzahl viergeschossiger Gebäude sowie einige wenige fünfgeschossige Gebäude vorhanden sind. Es spricht aber bereits einiges dafür, dass die meisten dieser Gebäude schon bei Erlass des Baustufenplans vorhanden waren und daher bei der Betrachtung der Funktionslosigkeit grundsätzlich nicht zu berücksichtigen sind, weil sie nicht Ausdruck einer vom Plan abweichenden tatsächlichen Entwicklung sind. Aber auch unabhängig hiervon handelt es sich bei den mehr als dreigeschossigen Gebäuden nicht um eine solche Zahl an Gebäuden, die geeignet wäre, die Steuerungsfunktion des Baustufenplans im Hinblick auf die Zahl der Vollgeschosse entfallen zu lassen.

(2) Die Kammer braucht nicht zu entscheiden, ob die Festsetzung einer dreigeschossigen Bebauung für den Bereich südwestlich der Straße R…berg funktionslos geworden sein könnte. Dies könnte zwar erwogen werden. Denn in dem von den Straßen R…berg, W…-K…-Weg und W…-Straße umschlossenen Baublock befindet sich eine Bebauung mit dreigeschossigen Wohnhäusern nur entlang des W…-K…-Wegs, während sich in dem Baublock ansonsten vor allem eine Kirche, eine (zweigeschossige) Schule und eine (zweigeschossige) Kindertagesstätte befinden (vgl. hierzu auch den Bebauungsplanentwurf Wilstorf 42, https://www.hamburg.de/bebauungsplaene/12063244/wilstorf-42/, abgerufen am 15.1.2024). In dem von den Straßen W…-

K…-Weg, R…berg, T…-weg und W…-Straße umschlossenen Baublock weisen die Grundstücke am W…-K…-Weg (Nr. 2 bis 8), R…berg (Nr. 18a bis 42) und T…-weg (Nr. 1 bis 9) – für die Grundstücke an der W…-Straße ist ein Mischgebiet mit viergeschossiger geschlossener Bauweise (»M 4 g«) festgesetzt – dagegen fast durchgängig vier Vollgeschosse (zuzüglich Dachgeschoss) auf.

Lediglich die Gebäude auf den Grundstücken T…-weg 3 und 5 sowie W…-K…-Weg 2, 4 und 6 dürften nur drei Vollgeschosse aufweisen.

Eine etwaige Funktionslosigkeit der Festsetzung einer dreigeschossigen Bebauung für den Bereich der »M 3 g«-Ausweisung südwestlich der Straße R…berg führt jedoch nicht dazu, dass diese Festsetzung auch für den hier in Rede stehenden Teilbereich nordöstlich der Straße R…berg funktionslos geworden wäre (vgl. auch OVG Hamburg, Beschluss v. 17.3.2023, 2 Bf 239/22.Z, n.v., wonach eine etwaige Funktionslosigkeit einer Wohngebietsausweisung für den Blockinnenbereich aufgrund einer dort stattfindenden gewerblichen Nutzung nicht die Annahme rechtfertige, dass die Wohngebietsausweisung für die Straßen am Blockrand keine Geltung mehr beanspruchen könne). Denn dieser Teilbereich ist nicht zuletzt aufgrund seiner weiterhin überwiegend dreigeschossigen Bebauung von dem vorgenannten Teilbereich abgrenzbar und aufgrund seiner Größe auch einer eigenständigen Betrachtung zugänglich. An die viergeschossige Bebauung R…berg 18a bis 42 grenzt er zudem nur punktuell, nämlich im Bereich zwischen den Straßen W…-K…-Weg und A…-Straße, an.

2. Die Klägerin hat auch keinen Anspruch auf Erteilung einer Befreiung von der Festsetzung der zulässigen Zahl der Vollgeschosse durch den Baustufenplan nach § 31 Abs. 2 BauGB, da bereits die tatbestandlichen Voraussetzungen einer Befreiung nach dieser Vorschrift nicht vorliegen.

Nach § 31 Abs. 2 BauGB kann von den Festsetzungen eines Bebauungsplans (nur) befreit werden, wenn die Grundzüge der Planung nicht berührt werden, zudem entweder Gründe des Wohls der Allgemeinheit die Befreiung erfordern (Nr. 1), die Abweichung städtebaulich vertretbar ist (Nr. 2) oder die Durchführung des Bebauungsplans zu einer offenbar nicht beabsichtigten Härte führen würde (Nr. 3), und die Abweichung schließlich auch unter Würdigung nachbarlicher Interessen mit den öffentlichen Belangen vereinbar ist.

a) Es kann dahinstehen, ob die Erteilung einer Befreiung nach § 31 Abs. 2 BauGB für ein Überschreiten der zulässigen Zahl der Vollgeschosse bereits daran scheitert, dass sie die Grundzüge der Planung berühren würde (vgl. hierzu – in Bezug auf den Baustufenplan St. Pauli – VG Hamburg, Urteil v. 25.1.2022, 9 K 6818/15, n.v.). Hierfür könnte allerdings sprechen, dass in Baustufenplänen nach der Rechtsprechung des Hamburgischen Oberverwaltungsgerichts das Maß der Bebauung vor allem durch die Festsetzung von Geschosszahlen geregelt werden sollte (vgl. OVG Hamburg, Urteil v. 31.1.1974, OVG Bf. II 67/73, GE 1.797 [»Denn nach dem Wesen der Baustufenpläne, ihrer historischen Entwicklung und nach dem Inhalt der meisten Baustufenpläne sollte in ihnen in erster Linie und hauptsächlich das Maß der Bebauung durch Festsetzung von Geschoßzahlen geregelt werden. Die bauliche Entwicklung in dieser Hinsicht zu lenken, war das entscheidende Anliegen der städtebaulichen Pläne.«]. Es könnte daher naheliegen, in der Festsetzung der Geschosszahl grundsätzlich ein planerisches Grundkonzept zu sehen (vgl. insoweit auch – in Bezug auf die Geschossflächenzahl in einem Berliner Baunutzungsplan aus dem Jahr 1958 – OVG Berlin-Brandenburg, Urteil v. 22.2.2023, OVG 10 B 15.18, juris Rdnr. 88). Dieses könnte durch die Erteilung einer Befreiung für ein fünftes Vollgeschoss berührt werden, zumal nach der Spalte 2 der Baustufentafel in § 11 Abs. 1 BPVO in Wohn- und Mischgebieten maximal vier Vollgeschosse zulässig sind.

b) Jedenfalls liegt keiner der Befreiungsgründe des § 31 Abs. 2 BauGB vor. Die für das Vorhaben erforderliche Abweichung von der nach dem Baustufenplan zulässigen Zahl der Vollgeschosse ist städtebaulich nicht vertretbar (dazu aa)). Gründe des Wohls der Allgemeinheit erfordern die Befreiung nicht (dazu bb). Bodenrechtliche Besonderheiten, die eine offenkundig nicht beabsichtigte Härte im Sinne des § 31 Abs. 2 Nr. 3 BauGB begründen würden, liegen ebenfalls nicht vor (dazu cc)).

aa) Die für das Vorhaben erforderliche Abweichung von der nach dem Baustufenplan zulässigen Zahl der Vollgeschosse ist städtebaulich nicht vertretbar. Was städtebaulich vertretbar ist, bemisst sich danach, ob die Abweichung ein nach § 1 BauGB zulässiger Inhalt eines Bebauungsplans sein könnte. Diese Frage ist nicht abstrakt, sondern anhand der konkreten Umstände und danach zu beurteilen, ob das Leitbild einer geordneten städtebaulichen Entwicklung gewahrt bleibt, das dem konkreten Plan zugrunde liegt, von dessen Festsetzungen abgewichen werden soll (BVerwG, Urteil v. 17.12.1998, 4 C 16/97, juris Rdnr. 36). § 31 Abs. 2 Nr. 2 BauGB dient nicht dazu, bestehende planerische Festsetzungen geänderten Auffassungen anzupassen. Das hierfür rechtlich vorgesehene Mittel ist das der Planänderung. Die städtebauliche Vertretbarkeit ist daher bereits auf der Tatbestandsseite zu verneinen, wenn das planerische Gesamtkonzept berührt wird (Siegmund, BeckOK BauGB, 56. Ed., Stand: 1.9.2022, § 31 Rdnr. 47 f. m. w. N.). So liegt es hier. Der Baustufenplan Harburg sieht für den hier in Rede stehenden Baublock und seine unmittelbare Umgebung eine dreigeschossige Bebauung vor. An der westlich davon gelegenen W...-Straße sieht er dagegen eine viergeschossige Bebauung (M 4 g) auf beiden Straßenseiten vor. Dieses Konzept einer vier- oder sogar fünfgeschossigen Straßenrandbebauung entlang einer größeren Straße und einer dahinter liegenden Bebauung mit einer geringeren Zahl von Vollgeschossen verfolgt der Plangeber auch in anderen Teilen des Plangebietes, insbesondere entlang der sich nördlich an die W...-Straße anschließenden Wi...-Straße, der B...-Straße und der G...-Straße. Damit hat sich der Plangeber im Sinne einer planerischen Grundentscheidung bewusst für ein höheres Maß der baulichen Nutzung entlang der vorgenannten Straßen bzw. umgekehrt für ein geringeres Maß der baulichen Nutzung für die abseits dieser Straßen gelegenen Grundstücke entschieden. Die Überschreitung der zulässigen Zahl der Vollgeschosse um ein weiteres Vollgeschoss auf insgesamt fünf Vollgeschosse würde dieses planerische Grundkonzept und damit das Leitbild einer geordneten städtebaulichen Entwicklung, das dem Baustufenplan Harburg zugrunde liegt, beeinträchtigen. Dies gilt insbesondere vor dem Hintergrund, dass sich nahezu jedes Grundstück bzw. Gebäude in dem hier in Rede stehenden Teilbereich der »M 3 g«-Gebietes für eine Aufstockung eignet. Das Grundstück der Klägerin befindet sich nicht in einer Sondersituation, die es rechtfertigen könnte, für dieses Grundstück eine Befreiung zu erteilen, für andere Grundstücke aber nicht. Dem Vorhaben der Klägerin käme eine Vorbildwirkung für die Realisierung einer Bebauung auf den anderen Grundstücken zu, die ebenfalls hinsichtlich der Geschossigkeit das bisherige Maß der baulichen Nutzung überschreitet. Dies würde die städtebauliche Situation negativ beeinflussen und ein Planungsbedürfnis auslösen (vgl. VG Hamburg, Urteil v. 25.1.2022, 9 K 6818/15, n.v.). Es ist daher städtebaulich nicht vertretbar, zumal das Gebäude der Klägerin mit fünf Vollgeschossen sogar mehr Vollgeschosse aufweisen würde als die Gebäude an der W…-Straße nach dem Baustufenplan aufweisen dürfen.

Darüber hinaus ist zu berücksichtigen, dass der Plangeber des übergeleiteten Baustufenplans Harburg im Bereich eines Mischgebiets aufgrund der enumerativen Aufzählung in der Baustufentafel in § 11 Abs. 1 BPVO nur ein, zwei, drei oder vier Vollgeschosse festsetzen durfte. Eine Festsetzung von mehr als vier Vollgeschossen konnte daher nicht das zulässige Ergebnis seiner Abwägungsentscheidung sein. Die beantragte Befreiung für ein fünftes Vollgeschoss überschreitet die in einem Mischgebiet höchstzulässige Zahl der Vollgeschosse, ohne dass sich städtebauliche Umstände von besonderem Gewicht für diese Überschreitung anführen ließen (vgl. so bereits – zu einer beantragten Befreiung für eine Überschreitung der zulässigen Zahl der Vollgeschosse um zwei auf sechs im Geltungsbereich des Baustufenplans Winterhude – VG Hamburg, Urteil v. 18.12.2017, 7 K 831/16, n.v.). Die Befreiung würde damit ein Vorhaben ermöglichen, dessen Zulassung durch eine entsprechende Festsetzung selbst dem Plangeber verwehrt war. Daran ändert auch der Umstand nichts, dass der Plangeber anstelle des bisherigen Baustufenplans einen Bebauungsplan auf der Grundlage des BauGB erlassen und darin eine höhere Zahl der Vollgeschosse festsetzen könnte. Denn auch insoweit würde es sich um eine tiefgreifende, mit allen übrigen Festsetzungen des Plans abzustimmende Änderung handeln, die allein dem Plangeber vorbehalten ist (VG Hamburg, ebenda).

bb) Gründe des Wohls der Allgemeinheit erfordern die Befreiung nicht. Gründe des Wohls der Allgemeinheit umfassen alle öffentliche Interessen und Belange. Sie erfordern eine Befreiung nicht erst dann, wenn den Belangen der Allgemeinheit auf eine andere Weise als durch eine Befreiung nicht entsprochen werden könnte, sondern bereits dann, wenn es zur Wahrnehmung des jeweiligen öffentlichen Interesses »vernünftigerweise geboten« ist, mithilfe der Befreiung das Vorhaben an der vorgesehenen Stelle in der vorgesehenen Art und Weise zu verwirklichen. Dass die Befreiung dem Gemeinwohl nur irgendwie nützlich oder dienlich ist, reicht demgegenüber jedoch nicht aus (BVerwG, Urteil v. 18.11.2010, 4 C 10/09, juris Rdnr. 25 f.). Ob eine Befreiung im Einzelfall »vernünftigerweise geboten« ist, ist anhand einer Abwägung zwischen dem Geltungsanspruch des Bebauungsplans und den zur Gewährung der Befreiung geltend gemachten Belangen zu ermitteln (Siegmund, in: BeckOK BauGB, 60. Ed. 1.10.2023, § 31 Rdnr. 42). Nach diesen Maßstäben erfordern Gründe des Wohls der Allgemeinheit die hier in Rede stehende Befreiung nicht.

Zwar werden seit seiner Änderung durch das Baulandmobilisierungsgesetz vom 14.6.2021 (BGBl. I S. 1802) auch die Wohnbedürfnisse der Bevölkerung in § 31 Abs. 2 Nr. 1 BauGB als Gründe des Wohls der Allgemeinheit genannt (vgl. zuvor zur Befriedigung eines dringenden Wohnbedarfs als Grund des Wohls der Allgemeinheit OVG Hamburg, Beschluss v. 7.6.2018, 2 Bf 44/18.Z, n.v.). Gleichwohl ist die Erteilung einer Befreiung hier nicht »vernünftigerweise geboten«. Die Festsetzung der Zahl der zulässigen Vollgeschosse im Baustufenplan Harburg steht der Schaffung von Wohnraum nicht grundsätzlich entgegen, sondern betrifft lediglich das zulässige Maß der Bebauung. Dass bei drei bereits zulässigen und vier realisierten Vollgeschossen ein dringender Wohnbedarf die hier in Rede stehende Befreiung für ein weiteres Staffelgeschoss erfordern würde, ist zu verneinen, da damit die Grenze zur sachlichen Notwendigkeit einer Planänderung überschritten wäre (s. o.). Zudem ist mit den im Bestand bereits vorhandenen vier Vollgeschossen die in Mischgebieten nach Spalte 2 der Baustufentafel in § 11 Abs. 1 BPVO maximal zulässige Zahl von vier Vollgeschossen bereits ausgeschöpft (vgl. entsprechend für eine Befreiung für zwei weitere Vollgeschosse bei bereits vier Vollgeschossen im Geltungsbereich des Baustufenplans Winterhude OVG Hamburg, Beschluss v. 7.6.2018, 2 Bf 44/18.Z, n.v.). Angesichts dessen hat der zusätzliche Wohnraum, der durch das Vorhaben der Klägerin geschaffen werden soll, nicht das Gewicht, um eine Befreiung nach § 31 Abs. 2 Nr. 1 BauGB rechtfertigen zu können (vgl. OVG Hamburg, ebenda; VG Hamburg, Beschluss v. 25.10.2018, 9 K 1706/17, n.v.).

cc) Die Klägerin legt schließlich auch keine bodenrechtlichen Besonderheiten in Bezug auf ihr Grundstück dar, die eine offenkundig nicht beabsichtigte Härte i. S. v. § 31 Abs. 2 Nr. 3 BauGB begründen könnten. Solche sind auch für die Kammer nicht ersichtlich. Allein ein verständliches Interesse an einer besseren wirtschaftlichen Grundstücksnutzung können eine Härte i. S. v. § 31 Abs. 2 Nr. 3 BauGB nicht begründen (vgl. BVerwG, Urteil v. 18.5.1990, 4 C 49.89, juris Rdnr. 30).

c) Die Befreiung ist darüber hinaus mit den öffentlichen Belangen i. S. v. § 31 Abs. 2 BauGB nicht vereinbar.

Eine Befreiung ist dann nicht mit den öffentlichen Belangen vereinbar, wenn das Vorhaben in seiner Umgebung Spannungen hervorruft oder erhöht, die nur durch Planung bewältigt werden können, so dass es bei unterstellter Anwendbarkeit des § 34 Abs. 1 BauGB nicht zugelassen werden dürfte (BVerwG, Urteil v. 9.6.1978, 4 C 54.75, juris Rdnr. 28; Urteil v. 19.9.2002, 4 C 13.01, juris Rdnr. 26; Urteil v. 2.2.2012, 4 C 14.10, juris Rdnr. 22; Reidt in: Battis/Krautzberger/Löhr, BauGB, 15. Aufl. 2022, § 31 Rdnr. 30).

Nach diesem Maßstab kann die begehrte Befreiung nicht erteilt werden, da das Staffelgeschoss, das die Klägerin auf dem Gebäude R…berg 9 errichten will, sich nicht in die Eigenart der näheren Umgebung im Sinne des § 34 Abs. 1 Satz 1 BauGB einfügt und dadurch bodenrechtliche Spannungen auslöst.

Nach § 34 Abs. 1 Satz 1 BauGB ist ein Vorhaben innerhalb eines im Zusammenhang bebauten Ortsteils nur zulässig, wenn es sich – u. a. – hinsichtlich des Maßes der baulichen Nutzung in die Eigenart der näheren Umgebung einfügt.

Ein Vorhaben, das sich innerhalb des Rahmens hält, der durch die in der Umgebung vorhandene Bebauung gezogen wird, fügt sich in der Regel in seine Umgebung ein. Dies gilt gleichwohl dann nicht, wenn das Vorhaben es an der gebotenen Rücksichtnahme auf die sonstige, d. h. vor allem auf die in seiner unmittelbaren Nähe vorhandene Bebauung fehlen lässt (BVerwG, Urteil v. 26.5.1978, IV C 9.77, juris Rdnr. 46; Söfker/Hellriegel, in: Ernst/ Zinkahn/Bielenberg/Krautzberger, BauGB, 151. EL August 2023, § 34 Rdnr. 30).

Auch ein Vorhaben, das sich nicht in jeder Hinsicht innerhalb des Rahmens hält, kann sich noch in seine nähere Umgebung einfügen. Voraussetzung hierfür ist jedoch, dass es weder selbst noch infolge einer nicht auszuschließenden Vorbildwirkung geeignet ist, bodenrechtlich beachtliche Spannungen zu begründen oder vorhandene Spannungen zu erhöhen (vgl. BVerwG, Urteil v. 15.12.1994, 4 C 13.93, juris Rdnr. 17).

Gemessen daran fügt sich das Vorhaben der Klägerin nicht in die nähere Umgebung ein.

aa) Bei der Bestimmung der »näheren Umgebung« ist darauf abzustellen, inwieweit sich einerseits das geplante Vorhaben auf die Umgebung und andererseits die Umgebung auf das Baugrundstück prägend auswirken kann (vgl. hierzu und zum Folgenden BVerwG, Beschluss v. 28.8.2003, 4 B 74.03, juris Rdnr. 2). Die Grenzen der näheren Umgebung lassen sich dabei nicht schematisch festlegen, sondern sind nach der tatsächlichen städtebaulichen Situation zu bestimmen, in die das für die Bebauung vorgesehene Grundstück eingebettet ist. Diese kann so beschaffen sein, dass die Grenze zwischen näherer und fernerer Umgebung dort zu ziehen ist, wo zwei jeweils einheitlich geprägte Bebauungskomplexe mit voneinander verschiedenen Bau- und Nutzungsstrukturen aneinanderstoßen. Der Grenzverlauf der näheren Umgebung ist nicht davon abhängig, dass die unterschiedliche Bebauung durch eine künstliche oder natürliche Trennlinie (Straße, Schienenstrang, Gewässerlauf, Geländekante etc.) entkoppelt ist. Eine solche Linie hat bei einer beidseitig andersartigen Siedlungsstruktur nicht stets eine trennende Funktion. Umgekehrt führt ihr Fehlen nicht dazu, dass benachbarte Bebauungen stets als miteinander verzahnt anzusehen sind und insgesamt die nähere Umgebung ausmachen.

Hiervon ausgehend und unter Würdigung der konkreten örtlichen Verhältnisse ist als maßgeblicher Bereich für die Beurteilung des Einfügens nach dem Maß der baulichen Nutzung im vorliegenden Fall die Bebauung im Baublock und auf der gegenüberliegenden Seite der A...-Straße anzusehen. Demgegenüber ist die Bebauung auf der gegenüberliegenden Seite der Straße R...berg aufgrund ihrer völlig anderen Struktur nicht in die nähere Umgebung einzubeziehen. Die weitere Bebauung am R...berg südöstlich des hier in Rede stehenden Baublocks ist ebenfalls nicht einzubeziehen, da sie mit ihrer einheitlichen und durchgehend viergeschossigen Bebauung ebenfalls eine andersartige Struktur aufweist. Zudem grenzt sie nur punktuell, nämlich im Bereich zwischen den Straßen W...-K...-Weg und A...-Straße, an den hier in Rede stehenden Baublock an.

bb) Das Vorhaben hält sich hinsichtlich des Maßes der baulichen Nutzung nicht innerhalb des durch die Eigenart der näheren Umgebung bestimmten Rahmens im Sinne von § 34 Abs. 1 Satz 1 BauGB.

Maßgebend für das Einfügen in die Eigenart der näheren Umgebung nach dem Maß der baulichen Nutzung ist die von außen wahrnehmbare Erscheinung des Gebäudes im Verhältnis zu seiner Umgebungsbebauung. Vorrangig ist auf diejenigen Maßkriterien abzustellen, in denen die prägende Wirkung besonders zum Ausdruck kommt (vgl. hierzu und zum Folgenden BVerwG, Urteil v. 23.3.1994, 4 C 18.92, juris Rdnr. 7 ff.; Beschluss v. 21.6.1996, 4 B 84.96, juris Rdnr. 3 ff.; Beschluss v. 21.6.2007, 4 B 8.07, juris Rdnr. 5). Es kommt dabei nicht auf die Feinheiten der an landesrechtliche Begriffe (Vollgeschoss) und die Art der baulichen Nutzung (Aufenthaltsräume) anknüpfenden Berechnungsregeln der Baunutzungsverordnung für die Geschossfläche an. Maßgeblich sind vielmehr solche Bezugsgrößen, die für den Betrachter an der Örtlichkeit ablesbar sind und anhand derer sich die Gebäude in der Umgebung leicht zueinander in Beziehung setzen lassen. Ihre (absoluten) Größen nach Grundfläche, Geschosszahl und Höhe prägen das Bild der näheren Umgebung und bieten sich deshalb als Bezugsgrößen zur Ermittlung des zulässigen Maßes der baulichen Nutzung i. S. d. § 34 Abs. 1 Satz 1 BauGB an. Entscheidend ist also, ob sich das Gebäude als solches, insbesondere nach seiner Grundfläche, Geschosszahl und Höhe, in die Eigenart der näheren Umgebung einfügt.

Ausgehend von diesen Grundsätzen überschreitet das Gebäude der Klägerin nach der Verwirklichung des zur Genehmigung gestellten Vorhabens jedenfalls hinsichtlich der Geschossigkeit den Rahmen der Umgebungsbebauung.

Das Gebäude der Klägerin würde sich nach Verwirklichung des zur Genehmigung gestellten Vorhabens als fünfgeschossig darstellen. Denn das Staffelgeschoss wirkt aufgrund seiner Flachdachkonstruktion nicht wie ein Dachgeschoss, sondern wie ein fünftes Geschoss. Unerheblich ist insoweit, ob das Staffelgeschoss auch von der Straße R...berg aus sichtbar ist. Denn das von außen wahrnehmbare Erscheinungsbild des Gebäudes im Verhältnis zur Umgebungsbebauung ist nicht auf den Blick von der Erschließungsstraße aus zu reduzieren (vgl. OVG Berlin-Brandenburg, Beschluss v. 11.5.2023, 10 N 88/20, juris Rdnr. 16; VGH München, Beschluss v. 22.2.2023, 2 ZB 21.2361, juris Rdnr. 6; OVG Lüneburg, Beschluss v. 12.2.2019, 1 ME 151/18, juris Rdnr. 10; Beschluss v. 21.12.2005, 1 LA 8/05, juris Rdnr. 9; OVG Münster, Urteil v. 30.10.2010, 7 A 853/09, juris Rdnr. 46).

Mit seiner optischen Fünfgeschossigkeit würde das Gebäude der Klägerin hinsichtlich der Geschossigkeit den Rahmen der Umgebungsbebauung überschreiten.

In die insoweit vorzunehmende Betrachtung sind zunächst alle anderen Gebäude der oben abgegrenzten näheren Umgebung einzubeziehen. Danach ist die Umgebungsbebauung mit wenigen Ausnahmen durch eine maximal viergeschossige Bebauung geprägt. Lediglich die Gebäude A...-Straße 2, 4 und 24 vermitteln nach ihrem äußeren Erscheinungsbild den Eindruck einer fünfgeschossigen Bebauung. Zugunsten der Klägerin kann die Kammer zudem unterstellen, dass das viergeschossige Gebäude A...-Straße 6 zumindest an der rückwärtigen Gebäudeseite in gewissem Umfang den Eindruck einer Fünfgeschossigkeit erwecken kann, da die recht großen Dachgauben auf der Rückseite bis an die Gebäudeaußenwand heranreichen und mit dieser bündig abschließen. Es kann daher unterstellt werden, dass von den insgesamt 44 Wohngebäuden in der näheren Umgebung vier Gebäude den Eindruck einer Fünfgeschossigkeit erwecken können. Aufgrund dieser geringen Anzahl sind sie jedoch nicht geeignet, die nähere Umgebung zu prägen.

Nicht jede vorhandene Bebauung in der näheren Umgebung bestimmt ihren Charakter. Vielmehr ist die Betrachtung auf das Wesentliche zu reduzieren. Es muss alles außer Betracht bleiben, was die vorhandene Bebauung nicht prägt oder in ihr gar als Fremdkörper erscheint (BVerwG, Urteil v. 15.2.1990, 4 C 23.86, juris Rdnr. 13, Beschluss v. 16.6.2009, 4 B 50.08, juris Rdnr. 6). Auszusondern sind danach solche baulichen Anlagen, die nach ihrem quantitativen Erscheinungsbild (Ausdehnung, Höhe, Anzahl etc.) nicht die Kraft haben, die Eigenart der näheren Umgebung zu beeinflussen, die also vom Betrachter nicht oder nur am Rande wahrgenommen werden. Ihre Aussonderung hat mit dem Begriff »Fremdkörper« nichts zu tun, sondern ergibt sich aus der Beschränkung auf das Wesentliche (BVerwG, Urteil v. 15.2.1990, 4 C 23.86, juris Rdnr. 13).

(a) Daran gemessen können die Gebäude A...-Straße 2, 4, 6 und 24 die nähere Umgebung nicht prägen. Sie sind von ihrer Zahl her nicht geeignet, die nähere Umgebung zu beeinflussen. Insoweit berücksichtigt die Kammer insbesondere, dass die Gebäude A...-Straße 2, 4 und 6 in geschlossener Bauweise unmittelbar aneinandergebaut sind, die abweichende Bebauung mit einer fünfgeschossigen oder zumindest den Eindruck einer Fünfgeschossigkeit erweckenden Bebauung sich also im Wesentlichen an einer Stelle des Baublocks konzentriert.

(b) Selbst wenn die genannten Gebäude bei der Bestimmung der Eigenart der näheren Umgebung zu berücksichtigen wären und sich das Gebäude der Klägerin nach der Aufstockung um ein fünftes Geschoss innerhalb des durch die Umgebungsbebauung vorgegebenen Rahmens hielte, würde es sich nicht einfügen. Ein Vorhaben, das sich innerhalb des durch die Umgebungsbebauung vorgegebenen Rahmens hält, fügt sich nicht schon deshalb ausnahmslos im Sinne des § 34 Abs. 1 BauGB ein. Vielmehr ist zusätzlich zu prüfen, ob es auch mit seiner unmittelbaren Umgebung vereinbar ist (BVerwG, Beschluss v. 10.1.1994, 4 B 158.93, juris Rdnr. 11; Urteil v. 26.5.1978, IV C 9.77, juris Rdnr. 46). Dies ist hier zu verneinen. Die Gebäude R...berg 1 bis 27 sind höchstens viergeschossig und im Wesentlichen gleich hoch. Mit dem Vorhaben der Klägerin würde in dieser Gebäudezeile erstmals ein fünfgeschossiges Gebäude entstehen. Die mit der Aufstockung verbundene Erhöhung des Firstes des Gebäudes der Klägerin würde den bereits vorhandenen Höhenversatz zwischen dem Gebäude der Klägerin und den Nachbargebäuden R...berg 7 und 11 weiter erhöhen. Dies würde zu einem Bruch im Erscheinungsbild der ansonsten einheitlichen Gebäudezeile und damit zu städtebaulichen Spannungen führen und ein Planungsbedürfnis auslösen (vgl. BVerwG, Beschluss v. 10.1.1994, 4 B 158.93, juris Rdnr. 11; OVG Hamburg, Beschluss v. 29.5.2001, 2 Bs 98/01, juris Rdnr. 19). Die Gebäude R...berg 7 und 11 weisen nach den Angaben der Beklagten eine Firsthöhe von 13,80 m bzw. 13,25 m auf. Demgegenüber soll das Gebäude der Klägerin ausweislich der (nicht vermassten) Bauvorlagen 7/4 und 7/5 nach der Realisierung des streitgegenständlichen Vorhabens eine Firsthöhe von ca. 16 m aufweisen und damit die Umgebungsbebauung deutlich überragen. Zwar ist die Firsthöhe des Gebäudes der Klägerin auch jetzt schon höher als die Firsthöhe der angrenzenden Gebäude; die mit dem Vorhaben verbundene Erhöhung des Dachfirstes um ca. 0,80 m ist jedoch nicht nur geringfügig.

(c) Nach alledem würde das Gebäude der Klägerin, unabhängig davon, ob die Gebäude A...-Straße 2, 4, 6 und 24 bei der Bestimmung der Eigenart der näheren Umgebung zu berücksichtigen sind oder nicht, nach seiner Aufstockung aufgrund seiner deutlich größeren Höhe und seiner Fünfgeschossigkeit jedenfalls für die übrigen Grundstücke der Gebäudezeile R...berg 1 bis 27 ein Vorbild für die Realisierung einer nach Geschossigkeit und Gebäudehöhe entsprechend dimensionierten und damit das bisherige Maß die städtebauliche Situation negativ beeinflussen und ein Planungsbedürfnis auslösen (vgl. VG Hamburg, Urteil v. 25.1.2022, 9 K 6818/15, n.v.).

d) Soweit die Klägerin einen Anspruch auf Erteilung der begehrten Befreiung unter Berufung auf Art. 3 Abs. 1 GG i. V. m. einer Selbstbindung der Verwaltung geltend macht, steht dem angesichts der nach den obigen Ausführungen nicht gegebenen tatbestandlichen Voraussetzungen bereits entgegen, dass sich aus dem allgemeinen Gleichheitssatz des Art. 3 Abs. 1 GG kein Anspruch auf Gleichheit im Unrecht herleiten lässt (vgl. nur BVerwG, Beschluss v. 22.4.1995, 4 B 55.95, juris Rdnr. 4; Urteil v. 22.3.1972, IV C 121.68, juris Rdnr. 27).

3. Die Klägerin hat auch keinen Anspruch auf Erteilung einer Befreiung nach § 31 Abs. 3 Satz 1 BauGB, wonach in einem Gebiet mit einem angespannten Wohnungsmarkt, das nach § 201a BauGB bestimmt ist, im Einzelfall von den Festsetzungen des Bebauungsplans (hier: Baustufenplan) zugunsten des Wohnungsbaus befreit werden kann, wenn die Befreiung auch unter Würdigung nachbarlicher Interessen mit den öffentlichen Belangen vereinbar ist.

a) Einer sachlichen Prüfung eines solchen Befreiungsanspruchs steht jedoch zunächst nicht entgegen, dass die Klägerin einen Antrag auf Erteilung einer Befreiung (auch) nach dieser Vorschrift erst während des laufenden gerichtlichen Verfahrens gestellt hat.

Nach § 69 Abs. 2 Satz 1 HBauO setzt die Erteilung einer Befreiung nach § 31 BauGB einen entsprechenden Antrag voraus (dazu aa)). Ein solcher Antrag konnte hier allerdings auch noch während des gerichtlichen Verfahrens nachgeholt werden (dazu bb)). Die Rechtsauffassung der Beklagten, wonach ein Befreiungsantrag während eines laufenden gerichtlichen Verfahrens grundsätzlich nicht mehr nachgeschoben werden könne und der Bauherr darauf zu verweisen sei, einen völlig neuen Bauantrag – nunmehr unter Beantragung der in Rede stehenden Befreiung – zu stellen, könnte verfassungsrechtlichen Bedenken begegnen (dazu cc)).

aa) Nach § 69 Abs. 2 Satz 1 HBauO bedarf die Zulassung von Befreiungen nach § 31 BauGB eines gesondert zu begründenden Antrags. Bei dieser Vorschrift handelt es sich nach der Gesetzgebungsgeschichte und der Gesetzesbegründung nicht um eine bloße »Ordnungsvorschrift«, deren Nichtbeachtung in dem Sinne folgenlos bleiben müsste, dass die Baugenehmigungsbehörde ungeachtet eines fehlenden Antrags einen Befreiungsanspruch zu prüfen hätte. In der Gesetzesbegründung zur Hamburgischen Bauordnung vom 14.12.2005 wird ausgeführt, dass das Antragserfordernis nach § 69 Abs. 2 Satz 1 HBauO zwingend sei, um eine einwandfreie und sachgerechte Ermessensausübung zu ermöglichen (Bü-Drs. 18/2549, S. 66). Die Vorschrift weicht damit insbesondere von der – die Zulassung von Ausnahmen regelnden – (Vorgänger-)Vorschrift des § 66 HBauO 1986 ab, nach dessen Absatz 1 Satz 2 ein Bauantrag grundsätzlich zugleich als Antrag auf Erteilung der Ausnahmen galt, die für die Verwirklichung des Vorhabens erforderlich waren. Diese

Rechtsänderung rechtfertigt den Schluss, dass ein Antrag stets ausdrücklich zu stellen ist und es nach hamburgischem Landesrecht insbesondere keinen konkludenten Ausnahme- bzw. Befreiungsantrag (mehr) gibt (vgl. hierzu bereits VG Hamburg, Urteil v. 23.11.2023, 6 K 2971/21, juris Rdnr. 59 f.; entsprechend für das bayerische Landesrecht VGH München, Beschluss v. 13.8.2020, 15 CS 20.1512, juris Rdnr. 48; VG München, Urteil v. 8.11.2017, M 9 K 16.4678, juris Rdnr. 43; für das sächsische Landesrecht OVG Bautzen, Urteil v. 11.3.2021, 1 A 565/17, juris Rdnr. 37; für das niedersächsische Landesrecht OVG Lüneburg, Urteil v. 10.11.2021, 1 LB 78/19, juris Rdnr. 57; nicht ohne weiteres übertragbar auf die Rechtslage in Hamburg daher VGH Mannheim, Urteil v. 21.2.2014, 3 S 1992/13, juris Rdnr. 25; OVG Berlin-Brandenburg, Beschluss v. 15.9.2020, OVG 2 B 11.17, juris Rdnr. 56).

Die Entbehrlichkeit eines ausdrücklichen Antrags auf Erteilung einer Befreiung nach § 31 BauGB ergibt sich auch nicht daraus, dass die Baugenehmigungsbehörde sowohl im vereinfachten Genehmigungsverfahren als auch im Baugenehmigungsverfahren mit Konzentrationswirkung (u. a.) die Zulässigkeit des Vorhabens nach den §§ 29 bis 37 BauGB zu prüfen hat (§§ 61 Abs. 2 Satz 1 Nr. 1, § 62 Abs. 1 Satz 1 Nr. 1 HBauO). Denn § 69 Abs. 2 Satz 1 HBauO schränkt den Prüfungsumfang gerade dahingehend ein, dass ein Anspruch auf Befreiung nach § 31 BauGB nur auf Antrag zu prüfen ist (vgl. für das vereinfachte Genehmigungsverfahren auch § 61 Abs. 2 Satz 1 Nr. 3 HBauO).

Bedenken hinsichtlich der Gesetzgebungskompetenz für die in § 69 Abs. 2 Satz 1 HBauO getroffene Verfahrensregelung bestehen nicht. Denn nach Art. 84 Abs. 1 Satz 1 GG ist es Sache der Länder, das Verwaltungsverfahren für die Ausführung von Bundesgesetzen zu regeln (vgl. Harms, in: Alexejew, HBauO, Stand: 31. Lfg. 2020, § 69 Rdnr. 59; siehe auch OVG Lüneburg, Urteil v. 10.11.2021, 1 LB 78/19, juris, Rdnr. 57; OVG Bautzen, Urteil v. 11.3.2021, 1 A 565/17, juris, Rdnr. 37).

Das in § 69 Abs. 2 Satz 1 HBauO geregelte Antragserfordernis steht auch nicht im Widerspruch zur Rechtsprechung des Bundesverwaltungsgerichts, wonach die Erteilung einer Befreiung materiell-rechtlich keinen Antrag voraussetzt (vgl. BVerwG, Beschluss v. 28.5.1990, 4 B 56.90, juris Rdnr. 2). Denn nach derselben Rechtsprechung bleibt offen, ob ein fehlender Antrag im Einzelfall ein prozessuales Hindernis für den Erfolg einer Verpflichtungsklage darstellen und dementsprechend auch der Erteilung einer Baugenehmigung unter Erteilung einer Befreiung entgegenstehen kann (vgl. BVerwG, ebenda; siehe hierzu auch Söfker, in: Ernst/Zinkahn/Bielenberg/Krautzberger, BauGB, 150. EL Mai 2023, § 31 Rdnr. 64; Siegmund, in: BeckOK BauGB, 60. Ed. 1.10.2023, § 31 Rdnr. 50; Harms, in: Alexejew, HBauO, 31. Lfg. 2020, § 69 Rdnr. 59)

Sollte die bisherige Rechtsprechung des Hamburgischen Oberverwaltungsgerichts dahingehend zu verstehen sein, dass sich aus § 69 Abs. 2 Satz 1

HBauO nicht ergibt, dass die Erteilung einer Befreiung nach § 31 BauGB grundsätzlich einen entsprechenden Antrag voraussetzt (OVG Hamburg, Beschluss v. 22.10.2013, 2 Bs 283/13, juris Rdnr. 18; Beschluss v. 9.2.2021, 2 Bs 231/20, juris Rdnr. 26), folgt die Kammer dieser Rechtsprechung aus den soeben dargestellten Gründen nicht.

Schließlich hält es die Kammer nicht für tragfähig, der Beklagten im Rechtsstreit um die Verpflichtung zur Erteilung einer Baugenehmigung die Berufung auf das Antragserfordernis für eine Befreiungsentscheidung zu verwehren (so aber wohl VGH München, Beschluss v. 2.8.2018, 15 ZB 18.764, juris Rdnr. 15 ff.). Ein solches Vorgehen widerspricht dem Gesetzeswortlaut und dem klar erkennbaren Willen des hamburgischen Gesetzesgebers, der den Befreiungsantrag für eine einwandfreie und sachgerechte Ermessensausübung als zwingend angesehen hat (vgl. zu den Grenzen einer [verfassungskonformen] Auslegung BVerfG, Beschluss v. 10.6.2009, 1 BvR 825/08, juris Rdnr. 47; Beschluss v. 11.1.2005, 2 BvR 167/02, juris Rdnr. 50).

bb) Die Klägerin konnte den somit erforderlichen Befreiungsantrag im vorliegenden Fall jedoch – entgegen der Rechtsauffassung der Beklagten – auch noch in dem auf die Verpflichtung der Beklagten zur Erteilung des beantragten Vorbescheids gerichteten Klageverfahren stellen.

(1) Bei einer Verpflichtungsklage auf Erteilung eines Vorbescheids oder einer Baugenehmigung ist grundsätzlich die Sach- und Rechtslage im Zeitpunkt der letzten mündlichen Verhandlung maßgeblich (vgl. OVG Münster, Urteil v. 17.6.1992, 11 A 1434/89, juris Rdnr. 30; VGH München, Urteil v. 17.9.2007, 25 B 05.358, juris Rdnr. 28; OVG Schleswig, Urteil v. 3.11.2022, 1 LB 11/16, juris Rdnr. 51). Änderungen der Sach- und Rechtslage, wie etwa ein nachträglich gestellter Befreiungsantrag, sind danach grundsätzlich auch im verwaltungsgerichtlichen Verfahren zu berücksichtigen (vgl. Hornmann, in: Hoppenberg/de Witt, BauR-HdB, 60. EL November 2022, Kap. A. 1. Teil Rdnr. 181). Daraus folgt, dass die Behörde die Rechtmäßigkeit ihrer Entscheidung verfahrensbegleitend fortlaufend zu überprüfen und ihre Entscheidung gegebenenfalls zu aktualisieren hat (vgl. BVerwG, Urteil v. 13.12.2011, 1 C 14.10, juris Rdnr. 10; VGH München, Beschluss v. 13.5.2016, 9 ZB 13.1991, juris Rdnr. 13).

(2) Aus der Hamburgischen Bauordnung ergibt sich nicht, dass ein Befreiungsantrag während eines verwaltungsgerichtlichen Verfahrens nicht mehr gestellt werden kann. Dies gilt auch dann, wenn man den Befreiungsantrag selbst und nicht nur seine Begründung als Bauvorlage im Sinne von § 70 Abs. 2 Satz 2 HBauO qualifiziert (vgl. dazu § 4 Abs. 1 Nr. 7 i. V. m. § 9 Nr. 2 und 3 BauVorlVO). Zwar sind nach § 70 Abs. 2 Satz 2 HBauO mit dem Bauantrag alle für die Beurteilung des Vorhabens und die Bearbeitung des Bauantrags erforderlichen Unterlagen (Bauvorlagen) einzureichen. Aus der Formulierung »mit dem Bauantrag« folgt jedoch nicht, dass stets eine gleichzeitige Einreichung erforderlich ist. Dagegen spricht bereits die Regelung in § 70

Abs. 2 Satz 1 HBauO, wonach die Baugenehmigungsbehörde mit der Bestätigung des Eingangs der Antragsunterlagen die (noch) fehlenden Unterlagen zu benennen hat. Im Übrigen entspricht es der – dem Gericht aus einer Vielzahl von Verfahren bekannten – ständigen Praxis der Beklagten, die Nachreichung von Bauvorlagen jedenfalls bis zur Entscheidung über den Bauantrag grundsätzlich zuzulassen (vgl. Niere, in: Alexejew, HBauO, 31. Lfg. Mai 2020, § 70 Rdnr. 36; siehe auch Bü-Drs. 19/5816, S. 8).

(3) Auch sonstige Vorschriften der Hamburgischen Bauordnung stehen der Nachreichung von Befreiungsanträgen, die das – durch die im Verwaltungsverfahren eingereichten Bauvorlagen hinreichend bestimmt beschriebene – Vorhaben als solches nicht verändern, während eines verwaltungsgerichtlichen Verfahrens nicht entgegen. Dies gilt insbesondere für § 70 Abs. 2 Satz 3 HBauO. Nach dieser Vorschrift können Bauvorlagen nach näherer Maßgabe der auf der Grundlage von § 81 Abs. 6 HBauO erlassenen Bauvorlagenverordnung (BauVorlVO) nachgereicht werden; sie bleiben dann bei der Beurteilung der Vollständigkeit der Unterlagen und der an diese geknüpften Fristen nach § 61 Abs. 3 und § 62 Abs. 1 HBauO außer Betracht.

§ 70 Abs. 2 Satz 3 HBauO regelt nicht allgemein und abschließend, unter welchen Voraussetzungen Bauvorlagen nachgereicht werden können. In seiner ursprünglichen Fassung sah § 70 Abs. 2 Satz 3 HBauO – ebenso wie die Vorgängerregelung in § 63 Abs. 1 Satz 4 HBauO 1986 – vor, dass Bauvorlagen nacheinander entsprechend dem Fortgang des Prüfverfahrens eingereicht werden können (vgl. hierzu Bü-Drs. 11/5093, S. 66 sowie Bü-Drs. 18/2549, S. 66 f.). Mit der Neufassung dieser Vorschrift durch das Gesetz zur Änderung der Hamburgischen Bauordnung und des Wohnwagengesetzes vom 27.4.2010 (HmbGVBl. S. 337) wollte der Hamburgische Gesetzgeber diese Möglichkeit der Nachreichung von Bauvorlagen nicht einschränken. Vielmehr ging es dem Gesetzgeber (lediglich) darum, eine Möglichkeit zu schaffen, die Prüfung solcher Bauvorlagen, die die grundsätzliche Genehmigungsfähigkeit des Vorhabens nicht berühren, einem späteren Ergänzungsbescheid zu einer Baugenehmigung vorzubehalten (Bü-Drs. 19/4798, S. 13, 16). Durch die Herausnahme solcher Bauvorlagen aus der Prüfung bzw. durch die Verschiebung der Prüfung dieser Bauvorlagen in ein späteres Ergänzungsbescheidsverfahren sollte es den Bauherren ermöglicht werden, schneller eine Baugenehmigung und damit Finanzierungssicherheit zu erlangen (vgl. Bü-Drs. 19/5816, S. 7 f.). Dies wird gesetzestechnisch dadurch erreicht, dass § 70 Abs. 2 Satz 3 HBauO bestimmt, dass das Fehlen der in § 4 Abs. 3 BauVorlVO genannten Bauvorlagen, die die grundsätzliche Genehmigungsfähigkeit des Vorhabens nicht berühren, bei der Berechnung der Fristen für die Entscheidung über den Bauantrag (§§ 61 Abs. 3, 62 Abs. 2 HBauO) außer Betracht bleibt, wenn der Bauherr von der Möglichkeit der Nachreichung Gebrauch macht bzw. machen will (vgl. hierzu auch Niere, in: Alexejew, HBauO, 31. Lfg. Mai 2020, § 62 Rdnr. 48 ff. und § 70 Rdnr. 36 f.).

(4) Auch § 114 Satz 2 VwGO steht der Möglichkeit, die im Ermessen der Behörde stehende Entscheidung über die Erteilung einer Befreiung nach § 31 BauGB erst während des gerichtlichen Verfahrens zu treffen, nicht entgegen. Der in § 114 Satz 2 VwGO angelegten prozessualen Ermächtigung der Behörde, ihre Ermessenserwägungen auch noch im gerichtlichen Verfahren zu »ergänzen«, ist kein generelles Verbot zu entnehmen, eine Ermessensentscheidung erstmals im gerichtlichen Verfahren zu treffen. Die Einschränkung des § 114 Satz 2 VwGO auf eine Ergänzung von Ermessenserwägungen soll die Heilbarkeit von Ermessensverwaltungsakten, die bereits bei Erlass wegen Ausfalls jeglichen Ermessens grob defizitär sind, verhindern und dadurch die Behörde zu einer sorgfältigen Ermessensausübung anhalten. Die Vorschrift erfasst daher nicht die Fälle, in denen sich wegen der Zeitpunktverschiebung aufgrund während des gerichtlichen Verfahrens neu eingetretener Umstände erstmals die Notwendigkeit einer Ermessensentscheidung ergibt (vgl. BVerwG, Urteil v. 13.12.2011, 1 C 14.10, juris Rdnr. 9 ff.; VGH Mannheim, Urteil v. 21.2.2014, 3 S 1992/13, juris Rdnr. 26 ff.; OVG Magdeburg, Urteil v. 18.2.2015, 2 L 22/13, juris Rdnr. 68). Dementsprechend bestehen in der Rechtsprechung auch keine Bedenken dagegen, dass die Baugenehmigungsbehörde im Falle einer Nachbarklage erst während des gerichtlichen Verfahrens eine (nachträglich als erforderlich erkannte) Befreiungsentscheidung trifft und diese – ohne Durchführung eines Vorverfahrens – in das gerichtliche Verfahren einbezogen wird (vgl. BVerwG, Urteil v. 17.2.1971, IV C 2.68, juris Rdnr. 33 ff.; VGH Mannheim, Urteil v. 21.2.2014, 3 S 1992/13, juris Rdnr. 25; VG Hamburg, Urteil v. 24.6.2020, 9 K 9673/17, juris Rdnr. 30, 33; Rieger, in: Schrödter, BauGB, 9. Aufl. 2019, § 31 Rdnr. 45a). Für den vorliegenden Fall einer Verpflichtungsklage auf Erteilung einer Baugenehmigung kann nichts Anderes gelten.

(5) Auch der Umstand, dass das Gericht nach § 114 Satz 1 VwGO nicht befugt ist, die erforderliche Ermessensentscheidung an Stelle der Behörde zu treffen, sondern grundsätzlich nur eine bereits getroffene Ermessensentscheidung auf gerichtlich überprüfbare Fehler überprüfen kann, stellt die Möglichkeit, einen Befreiungsantrag erst während des gerichtlichen Verfahrens zu stellen, nicht in Frage (a. A. wohl VG München, Urteil v. 30.9.2019, M 8 K 17.4074, juris Rdnr. 33). Stellt eine Bauherrin bzw. ein Bauherr, ggf. nach einem gerichtlichen Hinweis, einen Antrag auf Erteilung einer Befreiung nach § 31 BauGB, so hat das Gericht der Behörde Gelegenheit zu geben, ihre Entscheidung anzupassen und insbesondere ihr Ermessen auszuüben (vgl. BVerwG, Urteil v. 3.8.2004, 1 C 30.02, juris Rdnr. 30). Sollte die Behörde – bei Vorliegen der tatbestandlichen Voraussetzungen der Befreiungsvorschrift und fehlender Ermessensreduzierung auf Null – eine erforderliche Ermessensentscheidung nicht treffen, wäre sie zu verpflichten, unter Beachtung der Rechtsauffassung des Gerichts neu zu entscheiden (§ 113 Abs. 5 Satz 2 VwGO; vgl. auch VGH München, Urteil v. 26.10.2021, 15 B 19.2130, juris Rdnr. 69).

(6) Entscheidet die Baugenehmigungsbehörde während des gerichtlichen Verfahrens über den Befreiungsantrag – in Form eines akzessorischen Verwaltungsakts (vgl. BVerwG, Urteil v. 17.2.1971, IV C 2.68, juris Rdnr. 34; VG Hamburg, Urteil v. 24.6.2020, 9 K 9673/17, juris Rdnr. 9) – kann darin zwar ggf. eine nachträgliche Änderung des Ausgangsbescheids gesehen werden (vgl. BVerwG, ebenda). Eine dann ggf. erforderliche Klageänderung wäre aber in der Regel – und so auch hier – sachdienlich i. S. v. § 91 Abs. 1 VwGO (vgl. wiederum BVerwG, ebenda; VG Hamburg, Urteil v. 24.6.2020, 9 K 9673/17, juris Rdnr. 30).

cc) Die Kammer weist abschließend darauf hin, dass die Rechtsauffassung der Beklagten, wonach ein Befreiungsantrag während eines laufenden gerichtlichen Verfahrens grundsätzlich nicht mehr nachgeschoben werden könne und der Bauherr darauf zu verweisen sei, einen völlig neuen Bauantrag – nunmehr unter Beantragung einer Befreiung bzw. Abweichung nach § 31 BauGB – zu stellen, verfassungsrechtlichen Bedenken begegnen könnte. Das Antragserfordernis könnte in diesem Fall in bestimmten Sachverhaltskonstellationen einen unverhältnismäßigen Eingriff in die durch Art. 14 GG geschützte Baufreiheit sowie einen Verstoß gegen rechtsstaatliche Grundsätze darstellen.

Dem Gericht sind aus eigener Erfahrung mehrere Verfahren bekannt, in denen beiden Beteiligten – dem Bauherrn und der Baugenehmigungsbehörde – erst im Laufe des gerichtlichen Verfahrens die Notwendigkeit einer (Entscheidung über eine) Befreiung bzw. Abweichung nach § 31 BauGB bewusst geworden ist. Dies betrifft nicht nur Fälle wie den vorliegenden, in dem ein neuer Befreiungstatbestand (hier: § 31 Abs. 3 BauGB) erst während des gerichtlichen Verfahrens in Kraft tritt, sondern auch Fälle, in denen Bauherr und Baugenehmigungsbehörde übereinstimmend davon ausgehen, dass ein Vorhaben den Festsetzungen eines Bebauungsplans entspricht, das Gericht aber im Klageverfahren – sowohl des Bauherrn auf Verpflichtung zu einem »Mehr« als auch des Nachbarn auf Aufhebung der Baugenehmigung – zu einem anderen Ergebnis kommt. Hätte der Bauherr in diesen Fällen nur die Möglichkeit, einen neuen Bauantrag zu stellen, nunmehr unter gleichzeitiger Beantragung einer Befreiung bzw. Abweichung, könnte darin ein unverhältnismäßiger Eingriff in die durch Art. 14 GG geschützte Baufreiheit und ein Verstoß gegen rechtsstaatliche Grundsätze liegen.

Aus dem Rechtsstaatsprinzip folgt, dass die Rechtslage für den Betroffenen erkennbar sein und er sein Verhalten danach ausrichten können muss (vgl. – in Bezug auf Voraussetzungen und Inhalt von Genehmigungsvorschriften – BVerfG, Beschluss v. 12.6.1979, 1 BvL 19/76, juris Rdnr. 149). Diesen rechtsstaatlichen Anforderungen genügt § 69 Abs. 2 Satz 1 HBauO aber möglicherweise nicht, wenn der Bauherr zunächst nicht erkennen kann, ob er zur Verwirklichung seines Vorhabens einen Befreiungsantrag stellen muss, einen Befreiungsantrag zu einem späteren Zeitpunkt aber nicht mehr nachschieben kann. Vom Bauherrn dürfte nicht verlangt werden können, »klüger« als die Baugenehmigungsbehörde zu sein (vgl. auch zur Pflicht der Baugenehmigungsbehörde, auf die Notwendigkeit einer Abweichungsentscheidung hinzuweisen, Harms, in: Alexejew, HBauO, 31. Lfg. Mai 2020, § 69 Rdnr. 60) oder Befreiungsanträge »ins Blaue hinein« zu stellen.

Im Hinblick auf die durch Art. 14 GG geschützte Baufreiheit können zudem Zweifel an der vom Gesetzgeber getroffenen Feststellung bestehen, dass ein Antrag zwingend erforderlich sei, um eine einwandfreie und sachgerechte Ermessensausübung zu gewährleisten (vgl. dazu Bü-Drs. 18/2549, S. 66). Die mit dem Bauantrag zwingend einzureichenden (sonstigen) Bauvorlagen dürften nach Auffassung der Kammer die Baugenehmigungsbehörde regelmäßig auch ohne gesonderten und gesondert begründeten Befreiungsantrag in die Lage versetzen, eine sachgerechte Ermessensentscheidung über eine Befreiung nach § 31 BauGB zu treffen. Dem entspricht zum einen, dass die Begründung von Befreiungsanträgen nach der forensischen Erfahrung des Gerichts regelmäßig keine zusätzlichen Informationen enthält, die für die Entscheidung über eine Befreiung nach § 31 BauGB zwingend erforderlich wären, und zum anderen, dass sich die Beklagte in der Praxis in einer Vielzahl von Fällen nicht gehindert sieht, die Befreiungsvoraussetzungen – mit negativem Ergebnis – zu prüfen, obwohl ein Befreiungsantrag nicht gestellt worden ist (vgl. auch, die Notwendigkeit für ein Antragserfordernis verneinend, VGH München, Beschluss v. 2.8.2018, 15 ZB 18.764, juris Rdnr. 17).

Die Notwendigkeit, einen neuen Bauantrag zu stellen, stellt auch keine bloß geringfügige Unannehmlichkeit dar, die aus diesem Grunde verfassungsrechtlich unbedenklich wäre. Sie führt nicht nur zu erheblichen Mehrkosten im Hinblick auf erneut anfallende Gebühren und ggf. neu zu erstellende Bauvorlagen, z. B. wegen zwischenzeitlich eingetretener Rechtsänderungen (vgl. § 83 Abs. 2 Satz 1 HBauO), sondern kann auch eine erhebliche, ggf. mehrjährige Verfahrensverzögerung zur Folge haben.

b) Die Klägerin hat in der Sache keinen Anspruch auf Erteilung einer Befreiung nach § 31 Abs. 3 Satz 1 BauGB.

Zwar gilt die Freie und Hansestadt Hamburg als Gebiet mit einem angespannten Wohnungsmarkt im Sinne dieser Vorschrift (vgl. Verordnung über die Bestimmung der Freien und Hansestadt Hamburg als Gebiet mit einem angespannten Wohnungsmarkt vom 13.7.2021 [HmbGVBl. S. 530]). Bei dem Vorhaben der Klägerin handelt es sich auch um Wohnungsbau im Sinne des § 31 Abs. 3 Satz 1 BauGB, da zusätzlicher Wohnraum geschaffen wird (vgl. OVG Hamburg, Beschluss v. 28.3.2023, 2 Bf 186/22.Z, n.v.).

Die Erteilung einer Befreiung scheitert jedoch am Einzelfallerfordernis des § 31 Abs. 3 Satz 1 BauGB. Nach § 31 Abs. 3 Satz 1 BauGB kann von den Festsetzungen des Bebauungsplans nur »im Einzelfall« befreit werden. Diesem Erfordernis ist genügt, solange nicht erkennbar ist, dass eine vergleichbare Befreiungssituation im Plangebiet in einer solchen Zahl gleichgelagerter

Fälle eintreten könnte, dass die Schwelle des Planungserfordernisses überschritten würde (OVG Hamburg, Beschluss v. 16.8.2021, 2 Bs 182/21, juris Rdnr. 29; OVG Berlin-Brandenburg, Urteil v. 22.2.2023, OVG 10 B 15.18, juris Rdnr. 92; siehe ausführlich hierzu auch VG Hamburg, Urteil v. 12.8.2022, 7 K 5524/19, n.v.). Diese Gefahr besteht hier jedoch. Die Gründe, die für eine Befreiung von der Festsetzung der zulässigen Zahl der Vollgeschosse sprechen, lassen sich ohne weiteres auf nahezu alle Grundstücke in dem hier in Rede stehenden Baublock sowie auf die Grundstücke auf der gegenüberliegenden Seite der A...-Straße übertragen.

4. Das Vorhaben der Klägerin wäre im Übrigen auch dann bauplanungsrechtlich unzulässig, wenn die Kammer unter Zugrundelegung der Vollgeschossdefinition der Baupolizeiverordnung zu dem Ergebnis käme, dass die Festsetzung der zulässigen Zahl der Vollgeschosse im Baustufenplan Harburg für das Grundstück der Klägerin funktionslos sei. Denn in diesem Fall würde sich die bauplanungsrechtliche Zulässigkeit des Vorhabens der Klägerin insoweit nach § 34 Abs. 1 BauGB richten. Danach wäre es ebenfalls unzulässig (s. o. unter 2. c)).

5. Schließlich wäre das Vorhaben der Klägerin auch dann bauplanungsrechtlich unzulässig, wenn die Kammer ihrer Entscheidung die Vollgeschossdefinition der Hamburgischen Bauordnung in ihrer derzeit geltenden Fassung zugrunde legen würde.

Die Kammer vermag bereits nicht zu erkennen, dass die Gebäude in dem Teilbereich des M 3 g-Gebietes, in dem das Vorhabengrundstück liegt, bei Zugrundelegung der Vollgeschossdefinition der Hamburgischen Bauordnung mehr Vollgeschosse aufweisen würden als nach der Vollgeschossdefinition der Baupolizeiverordnung und damit die Frage der Funktionslosigkeit anders zu beurteilen wäre. Eine Befreiung könnte aus den bereits unter 2. und 3. genannten Gründen nicht erteilt werden.

Selbst wenn unter Zugrundelegung der Vollgeschossdefinition der Hamburgischen Bauordnung von einer Funktionslosigkeit der Festsetzung der Zahl der Vollgeschosse für das Grundstück der Klägerin auszugehen wäre, wäre das Vorhaben der Klägerin unzulässig. In diesem Fall würden die Ausführungen unter 4. entsprechend gelten. ...

Nr. 122

Akzessorische Nachtragsbaugenehmigungen sollen nach dem in der Rechtsprechung seit längerem etablierten Verständnis dazu dienen, eine Ursprungsbaugenehmigung zu modifizieren, um auf nach deren Erlass auftretende neue rechtliche sowie tatsächliche Entwicklungen sachgerecht reagieren zu können, ohne erneut ein umfassendes Baugenehmigungsverfahren mit sämtlichen zeit-

lichen und insbesondere auch wirtschaftlichen Folgen für den Bauherrn auszulösen.

Solche Nachtragsbaugenehmigungen haben im Verhältnis zur Ursprungsbaugenehmigung keine eigenständige Bedeutung.

Das Gericht hat bei einer Drittklage allein die Baugenehmigung unter nachbarschützenden Gesichtspunkten zu prüfen. Zum Prüfprogramm gehören keine nachbarlichen spekulativen Mutmaßungen über mögliche künftige Entwicklungen der Gebäulichkeiten.
(Leitsätze der Redaktion)

LBO § 62 Abs. 1; LBOVVO § 6 Abs. 4.

Verwaltungsgericht Karlsruhe, Urteil v. 21. Februar 2024 – 2 K 2590/23 –.

Aus den Gründen:

Die Klage hat keinen Erfolg.

Die als Anfechtungsklage nach § 42 Abs. 1 Alt. 1 VwGO statthafte und auch sonst zulässige Klage ist nicht begründet.

I. Maßgeblicher Streitgegenstand der vorliegenden Klage ist die Baugenehmigung der Beklagten vom 22.6.2018 in der Gestalt, die diese durch die insgesamt 3 Nachtragsbaugenehmigungen vom 5.8.2019, vom 20.7.2021 und vom 11.1.2023 erhalten hat. Eine isolierte Betrachtung der insgesamt 4 Baugenehmigungen jeweils für sich – wie von der Klägerin angenommen – verbietet sich.

1. Zunächst ist im Hinblick auf die Einordnung der Streitgegenstände grundlegend festzustellen, dass der Verwaltungsgerichtshof Baden-Württemberg in seinem Beschluss v. 9.6.2020 eine inhaltliche Einheit der Baugenehmigung vom 22.6.2018 mit der 1. Nachtragsbaugenehmigung vom 5.8.2019 angenommen hat, ohne dies für näher begründungsbedürftig zu erachten (vgl. VGH Baden-Württemberg, Beschluss v. 9.6.2020 – 5 S 1074/20 –, n.v., EA S. 2 f.)

2. Das Gericht teilt diese Einordnung des für Rechtsmittel im hiesigen Verfahren zuständigen Senats des Obergerichts auch im Hinblick auf das Verhältnis der Ursprungsbaugenehmigung zu den insgesamt 3 Nachträgen vom 5.8.2019, vom 20.7.2021 und vom 11.1.2023. Dies folgt angesichts des allgemeinen formell bauordnungsrechtlichen Begriffsverständnisses von Nachtragsbaugenehmigungen im Verhältnis zu »ihrer« Ursprungsbaugenehmigung wie auch konkret im Hinblick auf die Rechtsnatur der hier streitgegenständlichen Baugenehmigungen.

a) Akzessorische Nachtragsbaugenehmigungen sollen nach dem in der Rechtsprechung seit längerem etablierten Verständnis dazu dienen, eine Ursprungsbaugenehmigung zu modifizieren, um auf nach deren Erlass auftretende neue rechtliche sowie tatsächliche Entwicklungen sachgerecht reagieren zu können, ohne erneut ein umfassendes Baugenehmigungsverfahren mit sämtlichen zeitlichen und insbesondere auch wirtschaftlichen Folgen für den Bauherrn auszulösen.

Akzessorischen Nachtragsbaugenehmigungen ist – im Verhältnis zur Ursprungsbaugenehmigung – eigen, dass sie für sich genommen, also ohne die Genehmigung des Ursprungsvorhabens, keine eigenständige Bedeutung besitzen. Die Ursprungsbaugenehmigung ist ihrerseits auf die Nachtragsbaugenehmigung angewiesen, da sie ohne diese entweder auf Dauer nicht vollzugsfähig bzw. aufzuheben wäre oder schlechterdings nicht mehr interessengemäß erschiene (vgl. hierzu VGH Baden-Württemberg, Beschluss v. 16.2.2016 – 3 S 2303/15 –, BRS 84 Nr. 182 [2016], = juris Rdnr. 18). Aus der Akzessorietät folgt jedoch zugleich, dass die Nachtragsbaugenehmigung den Wesenskern der bereits bestehenden Baugenehmigung(en), das genehmigte »Vorhaben«, nicht gänzlich ersetzen oder so verändern darf, dass die Identität des gesamten Vorhabens sich hierdurch verändert (vgl. VGH Baden-Württemberg, Beschluss v. 16.2.2016 – 3 S 2303/15 –, BRS 84 Nr. 182 [2016], = juris Rdnr. 19). Dies unterscheidet sie von schlichten Änderungsbaugenehmigungen. Bei akzessorischen, weil im vorgenannten Sinne modifizierenden Nachtragsbaugenehmigungen handelt es sich damit um Baugenehmigungen, welche die Ausgangsbaugenehmigung lediglich ergänzen oder ändern, ohne das Vorhaben in seinem Wesen anzutasten. Sie sind zwar Verwaltungsakte, modifizieren aber nur die ursprüngliche Baugenehmigung und rechtfertigen – für sich genommen – die Verwirklichung des Vorhabens als Ganzes nicht (vgl. OVG Nordrhein-Westfalen, Beschluss v. 1.12.2012 – 2 B 1250/12 –, BRS 79 Nr. 153 [2012] = juris Rdnr. 15 f. m. w. N.). Eine nicht auf ein aliud führende Änderung bzw. Ergänzung liegt nahe, sofern die Nachtragsgenehmigung – bildlich gesprochen – dem bereits zuvor genehmigten Vorhaben seine abschließende Gestalt verleiht. Dass diese abschließende Gestalt praktisch – wie auch hier – regelmäßig deshalb gewählt wird, weil das Vorhaben in seiner ehemaligen Gestalt aufgrund gerichtlicher Anordnung nach § 80a Abs. 3 Satz 2 VwGO i. V. m. § 80 Abs. 5 Alt. 1 VwGO nicht vollzogen werden durfte, spielt insofern keine Rolle (vgl. VGH Baden-Württemberg, Beschluss v. 16.2.2016 – 3 S 2303/15 –, BRS 84 Nr. 182 [2016] = juris Rdnr. 20; ebenso anschaulich Schlotterbeck, in: Schlotterback/Hager/Busch/Gammerl, LBO, 8. Aufl. 2020, § 58 Rdnr. 17 m. dort. Beispiel).

b) Gemessen hieran handelt es sich bei den Nachtragsbaugenehmigungen vom 5.8.2019, vom 20.7.2021 und vom 11.1.2023 sämtlich um sogenannte »akzessorische Nachtragsbaugenehmigungen«. 55 Alle Nachtragsbaugenehmigungen, insbesondere die 1. Nachtragsbaugenehmigung vom 5.8.2019, setzen nichts gänzlich »Anderes« an die Stelle der Baugenehmigung vom 22.6.2018. Die 1. Nachtragsbaugenehmigung verändert zwar die Nutzung eines Geschosses innerhalb des Gebäudes, konkret die Nutzung des 1. Untergeschosses von Wohnnutzung zur Nutzung als Stellplätze. Hierdurch wird das Wesen des Vorhabens an sich jedoch nicht angetastet. Angesichts der hiernach verbleibenden 4 Wohneinheiten handelt es sich nach wie vor um ein Wohngebäude, das lediglich um zusätzliche (hierin integrierte), dem Wohnen dienende Nutzungen ergänzt wird. Auch ändert der Umstand, dass es sich – nach der Intention der Beigeladenen – aufgrund der 1. Nachtragsbaugenehmigung um ein Vorhaben mit 2 anstatt 3 Vollgeschossen handelt, nicht dessen Wesen. Die hiervon betroffene rechtliche Bewertung prägt nicht das Wesen des Vorhabens, sondern dient lediglich der Prüfung von dessen Vereinbarkeit mit nachbarschützenden Vorschriften (in diesem Sinne auch VGH Baden-Württemberg, Beschluss v. 16.2.2016 – 3 S 2303/15 –, BRS 84 Nr. 182 [2016], = juris Rdnr. 20). Anderenfalls wären Nachtragsbaugenehmigungen, von marginalen Rechtsverstößen abgesehen, von vornherein nicht geeignet, ein Vorhaben durch nachträgliche Änderungen rechtmäßig auszugestalten. Diese Intention liegt dem hergebrachten Verständnis von Nachtragsbaugenehmigungen indes zentral zugrunde.

Dass es sich bei den Nachtragsbaugenehmigungen lediglich um unselbständige Modifikationen der Ursprungsgenehmigung vom 22.6.2018 handelt, folgt auch aus dem Umstand, dass diese das Ursprungsvorhaben lediglich in einzelnen – das Vorhaben in seinem Kern indessen nicht antastenden – Punkten abändern, was auch aus den hierzu eingereichten Bauvorlagen ersichtlich hervorgeht. Denn es wird mittels farblicher Kennzeichnung im Sinne der Vorgaben nach § 6 Abs. 4 LBOVVO der Umfang der Änderungen beschrieben, während die sonstigen überwiegenden Teile des Ursprungsvorhabens (insbesondere im Erdgeschoss und im 1. Obergeschoss) überhaupt keinen nennenswerten Änderungen unterworfen werden. Teilweise sind einzelne Bauvorlagen (etwa die Grundrisse des 1. Obergeschosses sowie des Erdgeschosses) überhaupt nicht Gegenstand der Nachträge und könnten daher von vornherein keine Änderung erfahren. Auch die etwas weitergehenden Änderungen im 1. und 2. Untergeschoss in der 1. und 2. Nachtragsbaugenehmigung sowie die Änderungen des Dachgeschosses in der 3. Nachtragsbaugenehmigung sind nicht ohne die Ursprungsbaugenehmigung vorstellbar, sondern wären für sich genommen nicht umsetzbar und damit als isolierte Vorhaben völlig sinnwidrig.

c) Das von der Klägerin benannte Petitum, es müsse über sämtliche Baugenehmigungen, die von ihr angegriffen worden seien, entschieden werden, steht hierzu nicht in Widerspruch, weil genau dies geschieht. Denn die gerichtliche Entscheidung erfolgt – implizit – bezogen auf sämtliche Nachträge, soweit diese das Vorhaben der Beigeladenen aktuell (noch) prägen. Ob es hierbei Bestandteile einzelner Nachtragsbaugenehmigungen zwischenzeitlich durch spätere Nachträge überholt sind, ist insofern unerheblich.

Das der Klägerin vorschwebende Prüfprogramm jeder (Nachtrags-)Baugenehmigung jeweils für sich würde den angesichts der Akzessorietät der Baugenehmigungen einheitlichen Genehmigungsbestand unorganisch trennen, so dass letztlich überhaupt keine sachgerechte Prüfung der einzelnen (Nachtrags-)Baugenehmigungen mehr möglich wäre. Aus diesem Umstand folgt auch gerade nicht – was die Klägerin jedoch mit ihrem Vorbringen zu adressieren scheint – die Rechtswidrigkeit der Baugenehmigung, sondern vielmehr die Fehlerhaftigkeit ihres Verständnisses vom Wesen der Ursprungsbaugenehmigung und der insgesamt 3 Nachträge sowie deren Verhältnis untereinander.

Die Klägerin versucht ferner, die Ausführungen der Beklagten im Vorlagebericht vom 6.7.2022 betreffend die Widersprüche gegen die Ursprungsbaugenehmigung vom 22.6.2018 für ihre Sichtweise geltend zu machen. Eine andere Bewertung durch das Gericht folgt auch hieraus nicht. Die Klägerin trägt vor, die Beklagte stehe nach wie vor auf dem Standpunkt, dass diese Baugenehmigung bereits für sich genommen, insbesondere abstandsflächenrechtlich, rechtmäßig sei, so dass auch sie, die Beklagte, annehme, diese Genehmigung sei isoliert zu prüfen. Hieraus folge die isolierte Prüfpflicht jeder Baugenehmigung für sich. Dies führt in Bezug auf die Qualifizierung der einzelnen Baugenehmigungen nicht weiter. Denn bei der Beantwortung der Frage, ob ein eingereichtes (Nachtrags-)Baugesuch und dementsprechend auch die spätere (Nachtrags-)Baugenehmigung als akzessorisch-modifizierend einzuordnen ist, kommt der Sichtweise der Baurechtsbehörde keine entscheidende Bedeutung zu. Die Ausgestaltung eines bestimmten Vorhabens, das der Bauherr zur Genehmigung stellt, ist allein dessen Sache (vgl. VGH Baden-Württemberg, Urteil v. 9.11.2020 – 3 S 2590/18 –, VBlBW 2021, 326 = juris Rdnr. 40, 54; OVG Nordrhein-Westfalen, Urteil v. 6.2.2015 – 2 A 1394/13 –, RdL 2015, 332 = juris Rdnr. 65 f., jeweils m. w. N.), die Auslegung des Inhalts der Baugenehmigung ist indessen letztentscheidend Aufgabe des erkennenden Gerichts.

Die Ursprungsbaugenehmigung vom 22.6.2018 ist auch nicht infolge einer hiervon abweichenden Vorhabenrealisierung erloschen, sodass den 3 akzessorisch-modifizierenden Nachtragsbaugenehmigungen ihr jeweiliges Bezugsobjekt abhandengekommen wäre.

Solches wäre zum einen dann anzunehmen, wenn die Baugenehmigung durch Zeitablauf nach § 62 Abs. 1 LBO erlöschen wäre. Dies kann etwa der Fall sein, sofern die Bauausführung derart erheblich von dem genehmigten Vorhaben abweicht, dass das ausgeführte Vorhaben im Verhältnis zum genehmigten als ein »aliud« zu werten ist, mit der Folge, dass die Bautätigkeit nicht als Ausführung des Bauvorhabens i. S. d. § 62 Abs. 1 LBO angesehen werden kann. Die Konsequenz hieraus mag unter Umständen in einem Erlöschen der Baugenehmigung aufgrund Zeitablaufs nach drei Jahren gemäß § 62 Abs. 1 LBO erkannt werden (vgl. hierzu OVG Schleswig-Holstein, Urteil v. 16.6.2020 – 1 LB 8/16 –, juris Rdnr. 28).

Desgleichen kann in der Realisierung eines vom Bestand der erteilten Baugenehmigung abweichenden Vorhabens ein – konkludenter – Verzichtswille des Bauherrn erkennbar werden, der dazu führt, dass sich die Baugenehmigung »auf andere Weise« im Sinne des § 43 Abs. 2 Var. 5 LVwVfG erledigt (vgl. hierzu BayVGH, Urteil v. 11.11.2014 – 15 B 12.2672 –, NVwZ-RR 2015,

247 = juris Rdnr. 25 f.; Schlotterbeck, in: Schlotterbeck/Hager/Busch/Gammerl, LBO, 8. Aufl. 2020, § 58 Rdnr. 530). Ein konkludenter Verzicht liegt indes nur dann vor, wenn in dem schlüssigen Verhalten ein dauerhafter und endgültiger Verzichtswille unmissverständlich und eindeutig zum Ausdruck kommt (vgl. VGH Baden-Württemberg, Beschluss v. 22.7.2016 – 8 S 969/16 –, juris Rdnr. 13; vgl. auch bereits VGH Baden-Württemberg, Urteil v. 10.11.1993 – 3 S 1120/92-, VBlBW 1994, 349 = juris Rdnr. 34). Damit ein Verzichtswille bezogen auf die Baugenehmigung hinreichend eindeutig erscheint, reicht nicht jede beliebige Abweichung, die im Rahmen der Bauausführung mit den Mitteln der Bauaufsicht nachträglich korrigiert und als Ordnungswidrigkeit (vgl. § 75 Abs. 1 Nr. 9 LBO) ggf. mit Bußgeld geahndet werden kann. Es bedarf hierzu vielmehr einer Bauausführung, mit welcher der Bauherr bei einem Vergleich mit dem genehmigten Vorhaben zum Ausdruck bringt, dass er nunmehr abweichende Nutzungsinteressen seines Grundstücks verfolgt, für welche es (ihm) auf die erteilte Baugenehmigung schlechterdings nicht mehr ankommt bzw. nach den von ihm ins Werk gesetzten baulichen Festlegungen nicht mehr ankommen kann.

Gemessen hieran liegt, auch unter Würdigung der über die Zeit wiederholten Abweichungen der Beigeladenen bei der Bauausführung, keiner der Erlöschenstatbestände vor. Die zeitweise beharrlichen Abweichungen der Beigeladenen, die wiederholte bauordnungsrechtliche Baueinstellungsverfügungen und Ordnungswidrigkeitenverfahren zur Folge hatten, reichen angesichts des jeweils begrenzten Umfangs der einzelnen Abweichungen nicht hin, um eine Nicht-Ausführung des genehmigten Bauvorhabens oder gar die Annahme eines eindeutigen Verzichtswillens zu tragen. Die Beigeladenen haben nach Erteilung der 1. Nachtragsbaugenehmigung vielmehr – im Ergebnis in Übereinstimmung mit dem Genehmigungsbestand – ein Wohngebäude mit nur mehr 4 Wohneinheiten und Parkplatzflächen im 1. und 2. Untergeschoss verwirklicht. Die Klägerin zeigt mit ihrem gleichfalls beharrlich vorgetragenen – letztlich im Wesentlichen jedoch auf bloßen Mutmaßungen beruhenden – Bedenken gegen die genehmigungsgemäße Bauausführung auch keine schwerwiegendere Abweichung auf.

II. Die Baugenehmigung der Beklagten vom 22.6.2018 in der Gestalt, die diese durch die insgesamt 3 Nachtragsbaugenehmigungen vom 5.8.2019, vom 20.7.2021 und vom 11.1.2023 erhalten hat, sowie zugleich in Gestalt des Widerspruchsbescheids des Regierungspräsidiums Karlsruhe vom 2.6.2023 verletzt die Klägerin nicht in ihren Rechten (vgl. § 113 Abs. 1 Satz 1 VwGO).

Einen Rechtsanspruch auf Aufhebung einer erteilten Baugenehmigung hat ein Nachbar – wie hier die Klägerin – nicht schon dann, wenn diese objektiv rechtswidrig ist. Vielmehr setzt die Aufhebung der Baugenehmigung weiter voraus, dass der Nachbar durch die in der Baugenehmigung aufgeführten Feststellungen zur Zulässigkeit des baulichen Vorhabens – entsprechend den zur Entscheidung gestellten Fragen – zugleich in seinen Rechten verletzt ist (vgl. § 113 Abs. 1 Satz 1 VwGO). Dies ist nur dann der Fall, wenn die verletzte Norm zumindest auch dem Schutz der Nachbarn zu dienen bestimmt ist, also nachbarschützende Wirkung hat. Eine Verletzung solcher im durchgeführten Baugenehmigungsverfahren nach § 58 Abs. 1 Satz 1 LBO zu prüfenden drittschützenden Normen liegt im vorliegenden Fall nicht vor. Die streitgegenständliche Baugenehmigung vom 22.6.2018 in der Gestalt der 3 Nachtragsbaugenehmigungen verletzt die Klägerin mit Blick auf die darin getroffenen Feststellungen weder in bauordnungsrechtlicher noch in bauplanungsrechtlicher Hinsicht in ihren subjektiv-öffentlichen Rechten (vgl. § 113 Abs. 1 Satz 1 VwGO).

1. Das Vorhaben der Beigeladenen verletzt zu Lasten der Klägerin keine nachbarschützenden Vorschriften des Bauordnungsrechts.

Das Vorhaben verstößt nicht gegen die gemäß Ziffer 4 der örtlichen Bauvorschiften zum Bebauungsplan Nr. 515 der Beklagten zu beachtenden – und nach wie vor geltenden (hierzu VGH Baden-Württemberg, Beschluss v. 12.2.2019 – 5 S 2487/18 –, BRS 87 Nr. 94 [2019] = juris Rdnr. 15 ff.) – Abstandsflächenvorgaben. Nach den im Rahmen der Verfahren des vorläufigen Rechtsschutzes betreffend die Vollziehung der Ursprungsbaugenehmigung sowie der 1. Nachtragsbaugenehmigung (vgl. insbesondere VGH Baden-Württemberg (Beschluss v. 12.2.2019 – 5 S 2487/18 –, BRS 87 Nr. 94 [2019]; Beschluss v. 9.6.2020 – 5 S 1074/20 –, n.v.) bereits umfassend ausgebreiteten Maßstäben kommt es vorliegend für die Einhaltung der Abstandsflächen durch das Vorhaben der Beigeladenen – nach wie vor – darauf an, ob dieses mehr als 2 Vollgeschosse im Sinne des § 2 Abs. 7 Satz 1 LBO 1972 aufweist. Gemessen hieran weist das Gebäude der Beigeladenen in der Gestalt seiner 3. Nachtragsbaugenehmigung vom 11.1.2023 lediglich 2 Vollgeschosse auf. Denn es erfüllen neben dem – unstreitig kein Vollgeschoss ausbildenden – 2. Untergeschoss sowohl das 1. Untergeschoss [hierzu a)] als auch das Dachgeschoss [hierzu b)] nicht die Voraussetzungen für ein Vollgeschoss nach § 2 Abs. 7 LBO 1972.

a) Das 1. Untergeschoss ist kein Vollgeschoss im Sinne des § 2 Abs. 7 Satz 1 LBO 1972. Denn es handelt sich um ein Geschoss, das gemäß § 2 Abs. 8 Nr. 3 LBO 1972 teilweise Garagen enthält und welches in diesem Teil nicht mehr als 2,2 m über die festgelegte, im Mittel gemessene Geländehöhe hinausragt und im Übrigen nicht mehr als 1,2 m über die festgelegte, im Mittel gemessene Geländehöhe hinausragt.

aa) Das hier streitgegenständliche 1. Untergeschoss »enthält« teilweise Stellplätze bzw. Garagen im Sinne des § 2 Abs. 8 Nr. 3 LBO 1972. Dass in dem betreffenden Geschoss jedenfalls 3 PKW-Stellplätze geplant sind, ergibt sich aus der zum Gegenstand der 2. Nachtragsbaugenehmigung gewordenen Grundriss des 1. Untergeschosses.

(1) Die Klägerin macht hiergegen – im Wesentlichen im Wege der Verweisung auf ihr Vorbringen aus dem rechtskräftig abgeschlossenen Verfahren des

vorläufigen Rechtsschutzes (2 K 2839/21) – geltend, das 1. Untergeschoss sei deshalb nicht als teilweise Stellplätze enthaltendes Geschoss im Sinne des § 2 Abs. 8 Nr. 3 LBO 1972 anzusehen, weil dort nach den Bauvorlagen des 2. und 3. Nachtragsbaugesuchs mehrere Fahrradstellplätze vorgesehen seien. Das Gericht teilt diese Einschätzung nicht.

(a) Dem Vorbringen der Klägerin liegt offensichtlich das Verständnis zugrunde, jedwede von Stellplatznutzung abweichende Nutzung führe dazu, dass der entsprechende Bereich eines Untergeschosses stets als »übriger Teil eines Untergeschosses« im Sinne des § 2 Abs. 8 Nr. 3 LBO 1972 anzusehen sei. Hierfür gibt indes bereits der Wortlaut des § 2 Abs. 8 Nr. 3 LBO 1972 keinen hinreichenden Anhalt. Die in § 2 Abs. 8 Nr. 3 LBO 1972 verwendete Formulierung »enthalten« bedeutet gerade nicht »ausschließlich enthalten«. Begrifflich »enthält« ein Geschoss bereits Garagen oder Stellplätze im Sinne des § 2 Abs. 8 Nr. 3 LBO 1972, wenn die geplanten Stellplätze für Kraftfahrzeuge im Sinne des § 69 Abs. 1 LBO 1972 (vgl. Schlez, LBO, 2. Aufl. 1973, § 69 Rdnr. 7 f.) aufgrund ihrer Anzahl, Lage und Beschaffenheit den Charakter des Geschosses und seine Nutzungsart ersichtlich prägen und eine andere Nutzung hierhinter zurücktritt. Denn das Verb »enthalten« meint nach seinem hergebrachten Begriffsverständnis »etwas als Inhalt haben« oder »in einer anderen Sache vorhanden sein« (vgl. digitales Wörterbuch der deutschen Sprache, abrufbar unter https://www.dwds.de/wb/enthalten), nicht aber in einem Sinn, der alle anderen Inhalte ausschlösse. Hierzu bedarf es im semantischen Sinne einer weiteren Konkretisierung, etwa durch die Worte »nur« oder »ausschließlich«. Die in § 2 Abs. 8 Nr. 3 LBO 1972 zweifellos angelegte Aufteilung eines Untergeschosses in einen Garagen enthaltenden und einen keine Garagen enthaltenden »übrigen« Teil erfolgt dabei entlang abgrenzbarer Räume und nach dem erkennbaren Schwerpunkt ihrer Nutzung als Raum oder Fläche zum Abstellen von Kraftfahrzeugen. Der Wortlaut des § 2 Abs. 8 Nr. 3 LBO 1972 lässt dieses Verständnis aufgrund seiner im Allgemeinen bleibenden Formulierung zu, bringt es aber selbst nicht näher ausdifferenzierend zum Ausdruck. Eine solche Aufteilung folgt aber klar aus einer Betrachtung anhand von Systematik sowie Sinn und Zweck. Die innere Systematik des § 2 LBO 1972 und die äußere Systematik im Normkontext der Landesbauordnung 1972 insgesamt sprechen für ein solches Verständnis des Gesetzeswortlauts in § 2 Abs. 8 Nr. 3 LBO.

Im Hinblick auf das systematische Verhältnis zu § 2 Abs. 7 LBO 1972 ist zu berücksichtigen, dass der Gesetzgeber den Wortlaut des § 2 Abs. 7 Satz 2 LBO 1972 nicht in gleicher Form auch in § 2 Abs. 8 Nr. 3 LBO 1972 aufgegriffen hat. Er hat hier gerade nicht die dortige Formulierung »(…) die nur Stellplätze oder Garagen (…) enthalten, (…)« verwendet, sondern auf die insofern entscheidende Einschränkung durch das Adverb »nur« verzichtet. Für das Gericht folgt – ungeachtet des konkreten Verständnisses bei § 2 Abs. 7 Satz 2 LBO 1972 – hieraus, dass es jedenfalls im vorliegend allein interessierenden

Rahmen des § 2 Abs. 8 Nr. 3 LBO 1972 unschädlich ist, sofern in dem die Stellplätze enthaltenden Bereich bzw. Räumen des Untergeschosses noch weitere Nutzungen vorhanden sind, solange diese ein Überwiegen der Stellplatznutzung nicht in Frage stellen (in diesem Sinne auch Schlez, LBO, 2. Aufl. 1973, § 2 Rdnr. 38). Gegen eine – gegebenenfalls auch nur zu erwägende entsprechende – Übertragbarkeit dieser in § 2 Abs. 7 Satz 2 LBO 1972 formulierten Einschränkung spricht, dass § 2 Abs. 7 LBO 1972 allgemein von »Geschossen« spricht, während § 2 Abs. 8 Nr. 3 LBO 1972 lediglich die spezielle Unterform des Untergeschosses (vgl. § 2 Abs. 6 LBO 1972) in den Blick nimmt, sodass für die beiden Vorschriften keine kongruenten sachlichen Anwendungsbereiche bestehen.

Aus dem Verhältnis des § 2 Abs. 7 Satz 2 LBO 1972 zu § 2 Abs. 8 Nr. 3 LBO 1972 wird zudem ersichtlich, dass der Gesetzgeber von einer raumweisen Betrachtung ausgegangen ist. Hierfür spricht, dass § 69 Abs. 1 Satz 2 LBO 1972 Garagen als Räume zum Abstellen von Kraftfahrzeugen definiert. Die Garagennutzung liegt vor, wenn ein bestimmter Raum zum Abstellen von Kraftfahrzeugen »bestimmt« ist (vgl. Schlez, LBO, 2. Aufl. 1973, § 69 Rdnr. 8). Die Bestimmung zum Abstellen von Kraftfahrzeugen ist dann gegeben, wenn diese sich aus den Vorhabenplänen zu entnehmenden Gegebenheiten dieses Raums ablesen lässt. Dies wird durch eine anderweitige, lediglich ergänzende Nutzung nicht in Frage gestellt. Hieran ändert auch der Umstand nichts, dass die Landesbauordnung 1972 an anderer Stelle, nämlich in § 68 Abs. 6 LBO 1972, Abstellräume für Fahrräder als Anforderung an Wohnungen benennt. Hieraus folgt nämlich nicht zwangsläufig, dass Fahrräder nicht auch ergänzend in Räumen zum Abstellen von Kraftfahrzeugen untergebracht werden dürften.

Dies gilt umso mehr als in § 69 LBO 1972, der unter anderem auch die Nutzung von Garagen und Stellplätzen regelt, kein allgemeines Zweckentfremdungsverbot bezogen auf Stellplätze enthalten ist, sondern § 69 Abs. 11 LBO 1972 lediglich ein solches für notwendige Stellplätze vorsieht (vgl. VGH Baden-Württemberg, Urteil v. 27.1.1994 – 5 S 7/93 –, juris Rdnr. 27; Schlez, LBO, 2. Aufl. 1973, § 69 Rdnr. 99 f.). § 69 Abs. 11 i. V. m. Abs. 2 LBO 1972 erfüllt seinen Zweck (bereits) dann vollständig, wenn die notwendigen Stellplätze oder Garagen der Anlage, der sie zu dienen bestimmt sind, auf Dauer zur Verfügung stehen (vgl. VGH Baden-Württemberg, Urteil v. 3.11.1978 – VIII 121/77 –, juris Rdnr. 18). Es ist daher nicht zu erkennen, weshalb der Landesbaugesetzgeber eine ergänzende Nutzung von Garagenräumen, solange diese – wie hier – weiter im notwendigen Umfang für das Abstellen von Kraftfahrzeugen genutzt werden können, nicht hinnehmen wollte. Eine darüber hinausreichende Tendenz zur »Nutzungsmaximierung« von Garagen ist der Landesbauordnung 1972 nicht zu entnehmen. Die vom Gesetzgeber der Landesbauordnung 1972 anerkannte teilweise komplementäre Nutzung von Garagenräumen entspricht mit Blick auf die tatsächlichen Nutzungsverhältnisse in Garagen vielmehr schlichtweg der lebensnahen Betrachtung.

Sinn und Zweck der Vorschrift legen es damit ebenso nahe, Untergeschosse auch dann nach § 2 Abs. 8 Nr. 3 LBO 1972 weitergehend vom Vollgeschossbegriff zu privilegieren, sofern sich in ihren Stellplätze oder Garagen enthaltenden Teilen weitere ergänzende Nutzungen finden, ohne deren Charakter überwiegend zu prägen. Denn die Unterscheidung des Gesetzgebers zwischen Untergeschossanteilen, die Garagen (oder Stellplätze) enthalten und solchen, die keine Garagen enthalten, deutet darauf hin, dass die Unterscheidung nach der raumweisen Nutzung zum Abstellen von Fahrzeugen oder hierauf bezogenen Nutzungen einerseits und der Nutzung durch sonstige Räume bis hin zu Aufenthaltsräumen im Sinne des § 2 Abs. 9 LBO 1972 andererseits erfolgen sollte. Finden sich in einem im Übrigen zum Abstellen von Kraftfahrzeugen bestimmten und geeigneten Raum weitere Nutzungen, so führt dies nach der erkennbaren Intention des § 2 Abs. 7 und Abs. 8 Nr. 3 LBO 1972 nicht per se dazu, dass die entsprechenden Geschossanteile nicht mehr als privilegiert anzusehen wären, solange die Garagen- bzw. Stellplatznutzung die Nutzung insgesamt überwiegend prägt.

Gegen eine andere als die raumweise und anhand einer überwiegenden, die Gestalt prägenden Nutzung erfolgenden Abgrenzung spricht ferner der praktische Umstand, dass eine Differenzierung zwischen privilegierten Garagengeschossanteilen (mit einer in Bezug auf die Anrechnung als Vollgeschoss unschädlichen Geschosshöhe bis 2,2 m über Geländeoberfläche) und weniger privilegierten Anteilen (Geschosshöhe bis 1,2 m über Geländeoberfläche) anderenfalls quasi zentimetergenau vorgenommen werden müsste, je nachdem, ob sich in dem genannten Bereich nach den Inhalten der Bauvorlagen neben Stellplätzen weitere – auch völlig untergeordnete – Nutzungen erkennen lassen. Erschwerend käme hinzu, dass die räumliche Anordnung einzelner Nutzungen, wie etwa (PKW- oder Fahrrad-)Stellplätze, gemäß den Bauvorlagen in den Räumlichkeiten nach dem Dafürhalten der Rechtsprechung ohnedies nicht verbindlich ist (vgl. VGH Baden-Württemberg, Beschluss v. 9.6.2020 – 5 S 1075/20 –, n.v. EA, S. 4). Dies würde – zusätzlich zu den vorstehenden Argumenten – in Anbetracht der ohnedies bereits hohen Komplexität der Bestimmung der gemittelten Wandhöhen nach der Rechtsprechung des Verwaltungsgerichtshofs Baden-Württemberg (vgl. hierzu VGH Baden-Württemberg, Beschluss v. 12.12.2019 – 5 S 2431/19 –, juris Rdnr. 24) die Anwendung des § 2 Abs. 8 Nr. 3 LBO 1972 nochmals erheblich erschweren und im Einzelfall womöglich mit Blick auf Anforderungen der Rechtssicherheit sogar völlig undurchführbar machen.

Nach Wortlaut, Systematik sowie Sinn und Zweck des § 2 Abs. 8 Nr. 3 LBO 1972 ist daher aus Gründen der Praktikabilität und Anwendbarkeit des dortigen Normbefehls davon auszugehen, dass sämtliche Räume, die – wie der hier streitgegenständliche PKW-Abstellraum im 1. Untergeschoss – ihr überwiegendes Gepräge durch eine Garagennutzung erhalten, eine Geschosshöhe von nicht mehr als 2,2 m aufweisen können, ohne als Vollgeschoss im Sinne des

§ 2 Abs. 7 und 8 LBO 1972 zu gelten. 81 (b) Vorliegend ist der gesamte Bereich des 1. Untergeschosses, mit Ausnahme der 3 Wasch-, Trocken- und Technikräume im nördlichen Teil des Geschosses, als ein Stellplätze und zugehörige Nebeneinrichtungen enthaltender Teil des Geschosses anzusehen, mit der Folge, dass hierfür ein Hinausragen über die Geländeoberfläche von bis zu 2,2 m nicht zu einer Vollgeschossqualität führt.

Der Verwaltungsgerichtshof Baden-Württemberg hatte in seinem Beschluss v. 9.6.2020, bezogen auf die Vollziehbarkeit der Baugenehmigung in Gestalt ihrer 1. Nachtragsbaugenehmigung vom 5.8.2019, festgestellt, dass das 1. Untergeschoss lediglich in seinem nördlichen (bergseitigen) Teil mit dem Technikraum sowie dem Wäsche- und Trockenraum den »übrigen Teil« eines Untergeschosses im Sinne des § 2 Abs. 8 Nr. 3 LBO 1972 bildet und im Übrigen Garagen bzw. Stellplätze und die zugehörigen Nebeneinrichtungen im Sinne der Vorschrift »enthält« (vgl. VGH Baden-Württemberg, Beschluss v. 9.6.2020 – 5 S 1075/20 –, n.v. EA, S. 4). Auch der Umstand, dass de zu dem südlichen Garagenraum hin nicht abgegrenzte Bereich westlich des Aufzugsschachts seinerzeit bereits ersichtlich als Fahrradabstellfläche vorgesehen war, erwies sich für den Verwaltungsgerichtshof Baden-Württemberg als nicht im gegenteiligen Sinne relevant. Die Grundrissgestaltung der Räumlichkeiten in diesem 1. Untergeschoss ist seit der 1. Nachtragsbaugenehmigung im Wesentlichen unverändert geblieben. Die indessen zwischenzeitlich nach der 2. Nachtragsbaugenehmigung vom 20.7.2021 weiterentwickelte und durch die 3. Nachtragsbaugenehmigung vom 11.1.2023 unveränderte Nutzung des 1. Untergeschosses ändert an der vom Verwaltungsgerichtshof Baden-Württemberg bereits zur 1. Nachtragsbaugenehmigung gefundenen Abgrenzung zwischen Untergeschossanteilen, die Garagen enthalten, und den übrigen Geschossteilen nichts.

Dies gilt gerade auch mit Blick darauf, dass zwischenzeitlich sämtliche 10 Fahrradstellplätze in diesem 1. Untergeschoss untergebracht werden sollen. Die Stellplatzflächen der nach wie vor vorgesehenen insgesamt 3 PKW-Stellplätze sowie die hierzu ersichtlich zugehörigen Bewegungsflächen, einschließlich des PKW-Aufzugs, prägen die Charakteristik des Geschosses als Garagengeschoss ersichtlich und überwiegend. Für eine Nutzung als bloßer Fahrradabstellraum wären weder entsprechend großzügige Bewegungsflächen noch ein entsprechend dimensionierter PKW-Aufzug erforderlich. Im Übrigen machen auch die als Fahrradstellplätze eingetragenen Flächen keineswegs mehr als ein Drittel der gesamten Fläche des Garagenraums aus. Die Anordnung der Fahrradabstellplätze führt darüber hinaus nicht zu einer »Verdrängung« von PKW-Stellplätzen aus dem Gebäude insgesamt. Hieran ändert auch das Vorbringen der Klägerin nichts, bei Fahrradabstellplätzen handele es sich um eine »wohnnahe« Nutzung. Inwiefern diese wertungsmäßig – nach dem Verständnis der LBO 1972 wie auch sonst – »wohnnäher« als das Abstellen von PKW sein sollte, zeigt die Klägerin mit ihrem Vorbringen nicht auf und erschließt sich auch sonst nicht.

Die vom Regierungspräsidium Karlsruhe im Widerspruchsbescheid aufgeworfene und dort letztlich bejahte Frage, ob Fahrradstellplätze – entsprechend der aktuellen Rechtslage – auch im Sinne der Landesbauordnung 1972 mit Stellplätzen für Kraftfahrzeuge nach § 69 LBO 1972 gleichzusetzen oder jedenfalls als zugehörige Nebeneinrichtungen im Sinne des § 2 Abs. 8 Nr. 3 LBO 1972 anzusehen sein könnten, bedarf nach alledem keiner Entscheidung im hiesigen Verfahren.

(2) Die Klägerin trägt fernerhin vor, es sei angesichts der bisher erkennbaren Herstellung des 1. Untergeschosses ausgeschlossen, dass dort die Nutzung für Stellplätze als Garagengeschoss geplant und darüber hinaus überhaupt ausführbar sei. Auch dies führt nicht dazu, dass das 1. Untergeschoss als Vollgeschoss im Sinne von Ziffer 4 der örtlichen Bauvorschriften zum Bebauungsplan Nr. 515 anzusehen wäre. 86 Die Klägerin zeigt mit ihrem, sich lediglich in vagen Behauptungen und Mutmaßungen erschöpfenden Vorbingen keine greifbaren Anhaltspunkte auf, die angesichts der in den Bauvorlagen ab der 1. Nachtragsbaugenehmigung dargestellten, zudem bereits umfangreich ins Werk gesetzten und ferner – verschiedentlich – aktenkundigen Herstellung des 1. Untergeschosses gegen eine Nutzung als Garagengeschoss sprechen könnten. Der durch Betonsägearbeiten nachträglich hergestellte Ausschnitt aus der Geschossdecke zwischen dem 1. und 2. Untergeschoss ist seit längerem ebenso hergestellt wie auch der PKW-Aufzug bereits installiert wurde (s. Lichtbilder, Bl. 1611, 1613 f. d. Bauakte aus dem Sommer 2022). Die Beschaffenheit des Fußbodens des 1. Untergeschosses lässt – trotz der nach Angaben der Klägerin verbauten warmwassergebundenen Flächenheizung – an zum Befahren durch PKW erkennen. Das Gericht hat angesichts der von den Baukontrolleuren der Beklagten durchgeführten Kontrollen und der in der Bauakte befindlichen Lichtbilder sowie angesichts des Schriftverkehrs der Baurechtsbehörde mit den Beigeladenen und deren am Bau beteiligten Vertretern keine durchgreifenden Zweifel dahingehend, dass dem Bodenaufbau eine Eignung für das Abstellen und Rangieren von PKW fehle. Hiermit beschäftigt sich das Vorbringen der Klägerin auch überhaupt nicht, sodass sie keine Anhaltspunkte aufzuzeigen vermag, die eine anderweitige Betrachtung oder auch nur eine weitere Sachaufklärung durch das Gericht gebieten würden. Auch die Umsetzung des von der Beklagten geforderten Lüftungskonzepts für ein Garagengeschoss wurde von den Beigeladenen zwischenzeitlich gegenüber der Beklagten unter Verweis auf ein Schreiben ihres Architekten vom 4.8.2023 angezeigt. Schließlich ist aus den in der Bauakte befindlichen Lichtbildern eine weitgehend offene Grundrissgestaltung – übereinstimmend mit den Grundrissen des 1. Untergeschosses aus sämtlichen Nachtragsbaugenehmigungen – ersichtlich. Auch aus diesem Grund erscheint eine von einer Stellplatznutzung abweichende Nutzung fernliegend.

(3) Soweit die Klägerin weiter sinngemäß vorträgt, eine zukünftig zu erwartende genehmigungswidrige Nutzung des 1. Untergeschosses als Wohn- oder

sonstiges Geschoss schlage vorliegend auf die Genehmigung durch, weil eine Durchsetzung der Baugenehmigung durch die Beklagte für sie nicht absehbar sei, so führt auch dieses Vorbringen offenkundig nicht zu einer Anrechnung dieses Geschosses auf die Anzahl der Vollgeschosse. Das diesbezügliche Vorbringen beruht auf bloßen Vermutungen. Maßgeblich für die Prüfung des Gerichts ist allein die erteilte Baugenehmigung und nicht nachbarliche, nicht über bloße Spekulationen hinausreichende Mutmaßungen über die künftige Nutzung von Grundstücken und baulichen Anlagen sowie vergleichbare Verdachtsäußerungen. Das Gleiche gilt für hypothetische Überlegungen zu behördlichem Verhalten.

bb) Das 1. Untergeschoss weist in dem Bereich, der Stellplätze im Sinne des § 2 Abs. 8 Nr. 3 LBO 1972 enthält, eine mittlere Wandhöhe von nicht mehr als 2,2 m über die festgelegte, im Mittel gemessene Geländeoberfläche auf. Das Gericht nimmt insoweit Bezug auf die Ausführungen des Regierungspräsidiums Karlsruhe im Widerspruchsbescheid vom 2.6.2023 zur Berechnung der Geschosshöhe des 1. Untergeschosses (dort S. 17–19). Insofern wird gemäß § 117 Abs. 5 VwGO zur Vermeidung von Wiederholungen insgesamt auf die dortigen Ausführungen des Regierungspräsidiums verwiesen, die sich nachvollziehbar, widerspruchsfrei und ersichtlich kritisch mit der von den Beigeladenen zuletzt eingereichten Wandflächenberechnung des Ingenieurbüros S… + S… auseinandersetzen. Insbesondere hat das Regierungspräsidium ausgeführt, dass trotz eines in den von den Beigeladenen vorgelegten Berechnungen festgestellten Berechnungsfehlers die Wand im Bereich des Untergeschosses, der Garagen enthält, im Mittel gemessen um nicht mehr als 2,2 m über die Geländeoberfläche hinausreicht. Aus diesem Grund wahrt dieser Teil des Untergeschosses unter allen denkbaren Gesichtspunkten die Voraussetzungen des § 2 Abs. 8 Nr. 3 LBO 1972 und ist daher nicht als Vollgeschoss zu bewerten. Diesen Feststellungen ist die Klägerin im verwaltungsgerichtlichen Verfahren überhaupt nicht mehr substantiiert entgegengetreten. Soweit die Klägerin unter Verweis auf Blatt 1681 der Bauakte vorbringt, die Beklagte habe zuletzt noch feststellen müssen, dass die von den Beigeladenen vorgelegten Wandhöhenberechnungen fehlerhaft seien und zu Überschreitungen der in § 2 Abs. 8 Nr. 3 LBO 1972 genannten Grenzwerte führten, so ist dieses Vorbringen nicht geeignet, eine solche Überschreitung substantiiert dazulegen. Denn es bezieht sich auf eine Berechnung vom 8.8.2022. Diese wurde – insoweit ist der Klägerin zuzustimmen – von der Beklagten am 22.8.2022 als unzureichend bemängelt. Jedoch wurden von den Beigeladenen am 29.9.2022 geänderte Berechnungen vorgelegt. Diese hat ersichtlich auch das Regierungspräsidium Karlsruhe seiner Prüfung im Widerspruchsverfahren zugrunde gelegt. Die Klägerin vermag mit ihrem Vorbringen auch sonst keine weitergehenden und mit Blick auf die Vollgeschosseigenschaft des 1. Untergeschoss relevanten Zweifel an der letztlich zum Gegenstand der Baugenehmigung gemachten Wandflächenberechnung aufzuzeigen. Soweit die sichtbaren

Wandabschnitte in den Ansichten Ost der 1. bis 3. Nachtragsbaugenehmigungen sich – vermeintlich – optisch unterschiedlich ausnehmen, ist dieser Umstand nicht einer veränderten Geländemodellierung über die gesamten Wandlängen hinweg im Vergleich der verschiedenen Nachtragsgenehmigungen geschuldet. Es folgt vielmehr daraus, dass die Beigeladenen lediglich die Fensterfronten dieser Fassade im 1. Untergeschoss über die verschiedenen Nachträge hinweg weiterentwickelt, mit anderen Worten: Fenster versetzt, haben. Abgesehen hiervon entsprechen die später dargestellten Geländeverläufe demjenigen der 1. Nachtragsgenehmigung, die der Verwaltungsgerichtshof Baden-Württemberg in der Vergangenheit (VGH Baden-Württemberg, Beschluss v. 9.6.2020 – 5 S 1075/20 –, n. v., EA S. 4 ff.) nicht zu beanstanden wusste.

cc) Das 1. Untergeschoss ragt auch im Übrigen nicht mehr als 1,2 m über die festgelegte, im Mittel gemessene Geländeoberfläche hinaus. Das Gericht verweist insofern auf die Ausführungen des Regierungspräsidiums Karlsruhe im Widerspruchsbescheid vom 2.6.2023, denen es sich inhaltlich anschließt und sieht insofern von einer weiteren Wiedergabe von Entscheidungsgründen ab (vgl. § 117 Abs. 5 VwGO). Die Klägerin ist diesen Ausführungen überhaupt nicht entgegengetreten. Auch sonst sind keine Anhaltspunkte für Fehler oder Auslassungen in den Ausführungen des Regierungspräsidiums Karlsruhe ersichtlich.

b) Auch das Dachgeschoss des Wohngebäudes erfüllt nicht die Voraussetzungen des Vollgeschossbegriffs im Sinne des § 2 Abs. 8 Nr. 1 LBO 1972. Dach- oder Staffeldachgeschosse sind hiernach Vollgeschosse, wenn sie über mindestens zwei Drittel der Grundfläche des darunterliegenden Geschosses die für Aufenthaltsräume erforderliche lichte Höhe aufweisen. Es handelt sich hierbei um ein zurückgestaffeltes Dachgeschoss. Dieses weist nach den Feststellungen der Beklagten wie auch des Regierungspräsidiums Karlsruhe im Widerspruchsbescheid vom 2.6.2023 eine Überdeckung von weniger als 2/3 der darunterliegenden Geschossfläche auf. Auf die dortigen Ausführungen, die das Gericht teilt und in Bezug nimmt, wird zur Vermeidung von Wiederholungen verwiesen (vgl. § 117 Abs. 5 VwGO). Das Gericht erkennt diesbezüglich keine Fehler oder sonst Anlass zu Zweifeln bietende Umstände. Soweit die Klägerin vorträgt, für größere Teile des Daches sei ohne konstruktive Notwendigkeit eine darüber liegende Dachkonstruktion ausgeführt worden, die auf Dauer nichts Anderes als einen Innenausbau erwarten lasse, so zeigt sie hiermit nichts auf eine Vollgeschosseigenschaft Hindeutendes auf. Ihr Vorbringen erschöpft sich vielmehr – zum wiederholten Male – in völlig vagen Spekulationen gleichsam »ins Blaue hinein«. Die Klägerin zeigt mit ihrem Vorbringen bereits nicht ansatzweise substantiiert auf, inwiefern sich die von dem nach Süden auskragenden Dach überspannte Fläche für einen Innenausbau aufdrängen oder auch nur eignen sollte. Hiergegen spricht gerade auch der Umstand, dass nach den – insoweit einzig maßgeblichen – Vorhabenplänen die überdachten Außenwohnbereiche gerade keine seitlichen Wände aufweisen. Dass ein solcher bloß überdachter, aber nicht mit Wänden umfasster Außenwohnbereich nicht zur Geschossfläche des Staffeldachgeschosses zählt, hat der Verwaltungsgerichtshof Baden-Württemberg bereits in dem auf die Ausgangsgenehmigung bezogenen vorläufigen Rechtsschutzverfahren festgestellt (vgl. VGH Baden-Württemberg, Beschluss v. 12.2.2019 – 5 S 2487/18 –, n. v. EA S. 13 f.] –, BauR 2019, 1127 = juris Rdnr. 26). Aus diesem Grund bedarf es an dieser Stelle keiner weiteren Ausführungen zur Geschossflächeneigenschaft der hiervon überspannten Außenwohnbereiche. Eine nennenswerte qualitative Veränderung der – aus den Vorhabenplänen erkennbaren – Beschaffenheit der Überdachung des Außenwohnbereichs hat weder die Klägerin dargelegt noch wäre in dieser Beziehung sonst etwas ersichtlich. Im Übrigen gilt auch in diesem Zusammenhang, dass das Gericht allein die Baugenehmigung unter nachbarschützenden Gesichtspunkten zu prüfen hat, zum Prüfprogramm indessen keine nachbarlichen spekulativen Mutmaßungen über mögliche künftige Entwicklungen der Gebäulichkeiten gehören.

2. Das Vorhaben der Beigeladenen verstößt auch nicht gegen nachbarschützende Vorschriften des Bauplanungsrechts. Das Gericht verweist hierzu zunächst in vollem Umfang auf die Ausführungen des Verwaltungsgerichtshofs Baden-Württemberg aus dessen Beschluss in dem auf die Ausgangsgenehmigung bezogenen vorläufigen Rechtsschutzverfahren (VGH Baden-Württemberg, Beschluss v. 12.2.2019 – 5 S 2487/18 –, n. v. EA S. 14 ff.] –, BauR 2019, 1127 = juris Rdnr. 28 ff.). Die Klägerin zeigt keine Umstände auf, die ein Abweichen von den Feststellungen des Verwaltungsgerichtshofs Baden-Württemberg geboten erscheinen lassen.

Ferner verweist das Gericht mit Blick auf die Frage etwaiger sonstiger Verstöße gegen nachbarschützende Festsetzungen des Bebauungsplans bzw. gegen das bauplanungsrechtliche Gebot der Rücksichtnahme auf die Ausführungen des Regierungspräsidiums Karlsruhe in dessen Widerspruchsbescheid vom 2.6.2023 (dort S. 19 ff.). Diesen Ausführungen, die insgesamt in sich schlüssig, nachvollziehbar und mit Blick auf die in Betracht kommenden Verstöße gegen nachbarschützende Vorschriften des Bauplanungsrechts erschöpfend sind, hat die Klägerin im hiesigen Hauptsacheklageverfahren nicht substantiiert in Zweifel gezogen. Aus diesem Grund macht sich das Gericht diese zu eigen und sieht zur Vermeidung von Wiederholungen insoweit von einer erneuten Wiedergabe der Begründungserwägungen des Verwaltungsgerichtshofs Baden-Württemberg in seinen vorgenannten Beschlüssen und des Regierungspräsidiums Karlsruhe in seinem Widerspruchsbescheid ab (vgl. § 117 Abs. 5 VwGO). …

Nr. 123

Voraussetzung für den Beginn des Fristenlaufs nach § 36 Abs. 2 Satz 2 Halbs. 2 BauGB ist, dass die Einreichung des Bauantrags gemäß den Regelungen des formellen Bauordnungsrechts erfolgt. Hierbei handelt es sich um eine unbedingte Pflicht des Bauherrn.

Einem »Einreichen« eines Bauantrags bzw. einer Bauvoranfrage bei der Gemeinde i. S. d. § 36 Abs. 2 Satz 2 Halbs. 2 BauGB und i. S. d. § 53 Abs. 1 Satz 1 LBO entspricht es aber nicht, wenn der Bauherr diese an die Baurechtsbehörde des Landratsamts adressiert und in Textform per E-Mail an die Baurechtsbehörde versendet, wenn er gleichzeitig der Gemeinde lediglich eine Kopie der E-Mail zukommen lässt.

Bereits die Verletzung des formellen Beteiligungsrechts der Gemeinde führt zur Rechtswidrigkeit einer erteilten Baugenehmigung. Sinn und Zweck des Verfahrens im Zusammenhang mit der Einvernehmenserteilung ist die Sicherung der Planungshoheit der – wie hier – von der Genehmigungsbehörde verschiedenen Gemeinde.
(Leitsätze der Redaktion)

BauGB § 36 Abs. 2; BauO BW § 53 Abs. 1, § 57.

Verwaltungsgericht Karlsruhe, Urteil v. 8. April 2024 – 2 K 3865/23 –.

Aus den Gründen:

Das Gericht hat den nach Schluss der mündlichen Verhandlung eingegangenen Schriftsatz der Beigeladenen vom 8.4.2024 mit Anlagen bei seiner Entscheidung nicht berücksichtigt. Dieser ging bei der Posteingangsstelle des Gerichts am 8.4.2024 um 16:59 Uhr ein und wurde dem Einzelrichter am Vormittag des 9.4.2024 vorgelegt. Die das Gericht bindende Entscheidung wurde der Geschäftsstelle bereits zuvor am 8.4.2024 um 13:56 Uhr übergeben und die Entgegennahme dort vermerkt.

Die Klage hat keinen Erfolg.

Die als Anfechtungsklage nach § 42 Abs. 1 Alt. 1 VwGO statthafte und auch sonst zulässige Klage ist nicht begründet.

Die mit Bescheid des Landratsamts Enzkreis vom 3.3.2023 getroffene Rücknahmeentscheidung zu dem Bauvorbescheid vom 22.2.2023 erweist sich jedenfalls in der Gestalt, die diese durch den Widerspruchsbescheid des Regierungspräsidiums Karlsruhe vom 28.8.2023 erhalten hat, als rechtmäßig und verletzt die Klägerin nicht in ihren Rechten (vgl. § 113 Abs. 1 Satz 1 VwGO).

Gegenstand der Anfechtungsklage ist gemäß § 79 Abs. 1 Nr. 1 VwGO der ursprüngliche Verwaltungsakt in der Gestalt, die er durch den Widerspruchsbescheid gefunden hat. Dies bedeutet, dass bei einem angefochtenen Ermessensverwaltungsakt für das Gericht die Begründung des Widerspruchsbescheids und die hieraus zu Tage tretende Ermessensausübung der Widerspruchsbehörde maßgebend sind, soweit sie von derjenigen in der Begründung des ursprünglichen – möglicherweise noch ermessensfehlerhaft ergangenen – Verwaltungsakts abweichen (st. Rspr. vgl. BVerwG, Urteil v. 15.6.2016 – 8 C 5.15 –, BVerwGE 155, 261 = juris Rdnr. 22; Urteil v. 19.12.1995 – 1 C 3.93 –, BVerwGE 100, 187 = juris Rdnr. 34; Urteil v. 6.4.1989 – 1 C 70.86 –, BVerwGE 81, 356 = juris Rdnr. 35; VGH Baden-Württemberg, Beschluss v. 13.11.2020 – 2 S 2134/20 –, juris Rdnr. 16).

I. Die Rücknahmeverfügung findet ihre gesetzliche Grundlage in § 48 Abs. 1 Satz 1 und 2 VwGO i. V. m. § 48 Abs. 3 VwVfG.

II. Die Rücknahmeverfügung vom 3.3.2023 ist in der Gestalt des Widerspruchsbescheids des Regierungspräsidiums Karlsruhe vom 28.8.2023 formell rechtmäßig.

Mit Blick auf die von dem Landratsamt Enzkreis – wenngleich knapp – nach § 39 Abs. 1 LVwVfG begründete Rücknahmeverfügung kommt als Verstoß gegen Verfahrensvorschriften des Verwaltungsverfahrensrechts einzig eine Auslassung der Anhörung nach § 28 Abs. 1 LVwVfG ernstlich in Betracht. Auch ein solcher Verstoß scheidet jedoch vorliegend im Ergebnis aus.

Das Landratsamt Enzkreis hat die Klägerin vor dem Erlass der Verfügung vom 3.3.2023 nicht eigens angehört. Entsprechende Hinweise in der Verwaltungsakte fehlen. Die Vertreterin des Beklagten hat in der mündlichen Verhandlung ebenso mitgeteilt, dass eine Anhörung vorliegend unterblieben sei. Ob vorliegend eine Anhörung der Klägerin aufgrund eines der in § 28 Abs. 2 Nr. 1 bis 5 LVwVfG benannten Tatbestände oder aufgrund eines sonstigen unbenannten Tatbestands verzichtbar gewesen sein mag und das Landratsamt schon deshalb von einer Anhörung absehen durfte (vgl. zu den Maßstäben des Verzichts Engel/Pfau, in: Mann/Sennekamp/Uechtritz, VwVfG, 2. Aufl. 2019, § 38 Rdnr. 63 f., m. w. N.), bedarf keiner Klärung. Denn jedenfalls ist ein Anhörungsmangel nach Maßgabe des § 45 Abs. 1 Nr. 3 LVwVfG i. V. m. § 45 Abs. 2 VwVfG bis zum Abschluss der letzten verwaltungsgerichtlichen Tatsacheninstanz nachgeholt worden.

Die Klägerin hatte im Rahmen des Widerspruchsverfahrens Gelegenheit zur Stellungnahme zu der Rücknahmeentscheidung und hat hiervon auch Gebrauch gemacht. Das Regierungspräsidium Karlsruhe hat nach nochmaliger telefonischer Rücksprache bei der Klägerin zur Sachaufklärung sodann im Widerspruchsbescheid eine eigene umfängliche Ermessensprüfung angestellt und hierbei die von der Klägerin aufgeworfenen Gesichtspunkte gewürdigt. Der Zweck der Anhörung ist im – insoweit einheitlichen (vgl. BVerwG, Urteil v. 15.6.2016 – 8 C 5.15 –, BVerwGE 155, 261 = juris Rdnr. 22) – Verwaltungsverfahren damit gewahrt.

III. Die Rücknahmeentscheidung des Landratsamts Enzkreis erweist sich in der Gestalt des Widerspruchsbescheids des Regierungspräsidiums Karlsruhe vom 28.8.2023 auch als materiell rechtmäßig. Die Rücknahme des Bauvorbescheids ist nicht aufgrund von § 48 Abs. 4 Satz 1 LVwVfG oder aus sonstigen Gründen von vornherein ausgeschlossen (1.). Die tatbestandlichen Voraussetzungen für die Rücknahme des Bauvorbescheids liegen vor (2.). Das nach § 48 Abs. 1 Satz 1 LVwVfG der entscheidenden Behörde eingeräumte Ermessen wurde ebenfalls ohne rechtlichen Fehler ausgeübt (3.).

1. Die Rücknahme des der Klägerin erteilten Bauvorbescheids ist vorliegend nicht aus gesetzlichen Gründen von vornherein ausgeschlossen.

a) Ein Ausschluss der Rücknahme aufgrund Zeitablaufs nach § 48 Abs. 4 Satz 1 LVwVfG greift vorliegend – entgegen dem Vorbringen der Klägerin – nicht durch. Dabei kann es an dieser Stelle offenbleiben, ob der Anwendungsbereich des § 48 Abs. 4 Satz 1 LVwVfG überhaupt eröffnet ist, weil der Bauvorbescheid ein »begünstigender« Verwaltungsakt im Sinne des § 48 Abs. 1 Satz 2 LVwVfG ist.

Denn jedenfalls ist die Ausschlussfrist für die Rücknahme begünstigender Verwaltungsakte nach § 48 Abs. 4 Satz 1 LVwVfG ersichtlich nicht abgelaufen. Die hiernach geltende Jahresfrist ist eine sogenannte Entscheidungsfrist, die zu laufen beginnt, wenn die Behörde die Rechtswidrigkeit des Verwaltungsakts erkannt hat und ihr die für die Rücknahme außerdem erheblichen Tatsachen vollständig bekannt sin (vgl. grundlegend BVerwG 19.12.1984 – GrSen 1.84 und 2.84 –, BVerwGE 70, 356 = juris Rdnr. 17 ff.). Die für eine Rücknahmeentscheidung wesentlichen Erkenntnisse lagen dem Landratsamt frühestens ab dem 22.2.2023 und damit nur gut eine Woche vor der Rücknahmeentscheidung vom 3.3.2023 vor.

b) Die Rücknahme ist auch nicht deshalb ausgeschlossen, weil die Klägerin mit Schreiben vom 1.3.2023 auf »Rechtsmittel« gegen den Bauvorbescheid verzichtet hat. Dies folgt bereits aus dem Gesetz. § 48 Abs. 1 Satz 1 LVwVfG stellt einleitend fest, dass Verwaltungsakte auch nach Eintritt der Bestandskraft zurückgenommen werden können. Mithin ist der Rechtsmittelverzicht der Klägerin überhaupt nicht geeignet, die Rücknahmefähigkeit des Bauvorbescheids einzuschränken. Ob in dem Rechtsmittelverzicht ein Anzeichen für Vertrauen der Klägerin in den Bestand des Bauvorbescheids zu erkennen sein kann oder angesichts der Gesamtumstände des Bauvoranfrageverfahrens eine lediglich verfahrenstaktische Handlung, bedarf an dieser Stelle keiner Erörterung.

2. Die tatbestandlichen Voraussetzungen des § 48 Abs. 1 Satz 1 VwVfG für eine Rücknahme liegen vor. Der Bauvorbescheid des Landratsamts Enzkreis vom 22.2.2023 erweist sich als rechtswidrig.

a) Der Bauvorbescheid erweist sich vorliegend bereits deshalb als rechtswidrig, weil eine Beteiligung der Beigeladenen zur Erteilung bzw. Versagung des gemeindlichen Einvernehmens nach § 36 Abs. 1 BauGB nicht stattgefunden hat.

Gemäß § 36 Abs. 1 Satz 1 BauGB wird über die Zulässigkeit von Vorhaben nach den §§ 31, 33 bis 35 BauGB im bauaufsichtlichen Verfahren von der

Baugenehmigungsbehörde im Einvernehmen mit der Gemeinde entschieden. Gemäß § 36 Abs. 2 Satz 1 BauGB darf das Einvernehmen der Gemeinde nur aus den sich aus den §§ 31, 33, 34 und 35 BauGB ergebenden Gründen versagt werden. Das Einvernehmen der Gemeinde gilt gemäß § 36 Abs. 2 Satz 2 BauGB als erteilt, wenn es nicht binnen zwei Monaten nach Eingang des Ersuchens der Genehmigungsbehörde verweigert wird; dem Ersuchen gegenüber der Gemeinde steht dabei die Einreichung des Antrags bei der Gemeinde gleich, wenn sie nach Landesrecht vorgeschrieben ist.

Gemessen an diesen grundlegenden gesetzlichen Maßgaben ist die Baugenehmigung aufgrund unterbliebener Beteiligung der Beigeladenen zur Erteilung oder Versagung ihres gemeindlichen Einvernehmens nach § 36 Abs. 1 Satz 1 BauGB rechtswidrig.

Eine entgegen § 36 Abs. 1 Satz 1 BauGB ohne zuvor erteiltes, fingiertes oder ersetztes gemeindliches Einvernehmen erteilte Baugenehmigung ist formell rechtswidrig und unterliegt auf die Klage der betroffenen Gemeinde hin der Aufhebung. Bereits die Verletzung dieses formellen Beteiligungsrechts der Gemeinde führt zur Rechtswidrigkeit. Sinn und Zweck des Verfahrens im Zusammenhang mit der Einvernehmenserteilung ist die Sicherung der Planungshoheit der – wie hier – von der Genehmigungsbehörde verschiedenen Gemeinde. Sie soll auf einen Bauantrag mit der abweichenden Schaffung von materiellem Baurecht (durch Bauleitpläne) reagieren und so die die planungsrechtlichen Beurteilungsgrundlagen für ein Vorhaben während des Verfahrens verändern können. Die Beteiligung nach § 36 Abs. 1 Satz 1 BauGB und die Möglichkeit, ihr Einvernehmen versagen zu können, zählen zu den Mitteln der Sicherung ihrer verfassungsrechtlich gewährleisteten kommunalen Planungshoheit (vgl. BVerwG, Beschluss v. 11.8.2008 – 4 B 25.08 –, Buchholz 406.11 § 36 BauGB Nr. 59 = juris Rdnr. 5 m. w. N.).

Eine solche Beteiligung der Beigeladenen durch die Baurechtsbehörde des Landratsamts Enzkreis ist vorliegend nicht erfolgt.

aa) Nach den aus der Bauakte sich ergebenden Umständen erfolgte nach Eingang der Bauvoranfrage bei der Baurechtsbehörde des Landratsamts Enzkreis am 21.11.2022 von dort keine Beteiligung der Beigeladenen im Sinne des § 53 Abs. 3 LBO i. V. m. § 54 Abs. 2 Nr. 2 LBO, sodass auch keine Beteiligung im Hinblick auf die Prüfung des Einvernehmens stattgefunden hat. Der Beklagte sowie die übrigen Beteiligten behaupten nichts Gegenteiliges.

bb) Das Gericht verkennt bei seiner Bewertung gerade nicht die Möglichkeit einer etwaig fingierten Einvernehmenserteilung nach § 36 Abs. 2 Satz 2 BauGB. Eine solche Einvernehmensfiktion nach den eingangs beschriebenen Maßgaben ist vorliegend indes nicht eingetreten.

(1) Ein Ersuchen der Baurechtsbehörde des Landratsamts Enzkreis an die Beigeladene im Sinne des § 36 Abs. 2 Satz 2 Halbs. 1 BauGB, das die dort normierte Zwei-Monats-Frist in lauf setzen könnte, ist wie bereits festgestellt weder aus der Bauakte des Landratsamts Enzkreis ersichtlich noch von den Beteiligten vorgetragen.

(2) Auch unter Berücksichtigung des bereits seit längerem in § 36 Abs. 2 Satz 2 BauGB aufgenommenen, alternativen Fristbeginns für die Einvernehmensfiktion nach § 36 Abs. 2 Satz 2 Halbs. 2 BauGB im Falle der Einreichung des Bauantrags bei der Gemeinde ist vorliegend keine Einvernehmensfiktion eingetreten.

Hiernach beginnt die Frist zum Eintritt der Einvernehmensfiktion nach § 36 Abs. 2 Satz 2 Halbs. 1 BauGB bereits in dem Zeitpunkt zu laufen, in welchem der Bauantrag bei der – von der Baurechtsbehörde verschiedenen – Gemeinde eingereicht wird, weil dies nach landesrechtlichen Maßgaben vorgeschrieben ist. Das Ersuchen der Baurechtsbehörde ist damit entbehrlich, wenn die Gemeinde den Bauantrag bereits kennt, weil er bei ihr gestellt worden ist (vgl. BVerwG, Urteil v. 16.9.2004 – 4 C 7.03 –, BVerwGE 122, 13 = juris Rdnr. 24). Voraussetzung für den Beginn des Fristenlaufs nach § 36 Abs. 2 Satz 2 Halbs. 2 BauGB ist dabei, dass die Einreichung des Bauantrags gemäß den Regelungen des formellen Bauordnungsrechts erfolgt. Dies macht der Wortlaut des § 36 Abs. 2 Satz 2 Halbs. 2 BauGB deutlich, indem er die Wendung, »wenn sie nach Landesrecht vorgeschrieben ist«, verwendet und damit eine unbedingte Pflicht des Bauherrn in dieser Einreichungsweise verdeutlicht.

§ 53 Abs. 1 Satz 1 LBO in der zum Zeitpunkt der Einreichung der Bauvoranfrage geltenden Fassung vom 18.7.2019 (GBl. S. 313), der für das hier streitgegenständliche Verfahren nach § 77 Abs. 1 Satz 1 LBO insgesamt maßgeblich bleibt (nachfolgend: LBO a. F.), sieht die Einreichung des Bauantrags bei der Gemeinde vor, die diesen sodann an die Baurechtsbehörde weiterzuleiten hat (vgl. zum Verfahrensablauf Gassner, in: Spannowsky/Uechtritz [Hrsg.], BeckOK Bauordnungsrecht Baden-Württemberg, 27. Edition Stand: 15.3.2023, § 53 LBO Rdnr. 6). Hieran hat insbesondere auch die letzte hier maßgebliche Novellierung der Landesbauordnung aus dem Jahr 2019 nichts geändert (vgl. LT-Drs. 16/6477, S. 21; hierzu auch Sauter, LBO, 63. Ergänzungslieferung Juli 2023, § 53 Rdnr. 33). Dieser bis dahin hergebrachte Ablauf der Einleitung des Baugenehmigungsverfahrens gilt gemäß § 57 Abs. 2 LBO auch bei der Erteilung eines Bauvorbescheids.

Nach diesen Maßgaben folgt vorliegend kein Eintritt der Einvernehmensfiktion im Sinne des § 36 Abs. 2 Satz 2 Halbs. 2 BauGB aufgrund einer Einreichung der Bauvoranfrage bei der Beigeladenen.

(a) Zur Überzeugung des Gerichts wurde die Bauvoranfrage von der Klägerin nicht gemäß § 53 Abs. 1 Satz 1 LBO a. F. bei der Beigeladenen eingereicht, sondern bei der Baurechtsbehörde des Landratsamts Enzkreis.

Hierfür spricht zunächst und für sich genommen bereits schwerwiegend der Umstand, dass sich in der Verwaltungsakte des Landratsamts Enzkreis keinerlei Korrespondenz zwischen der Beigeladenen und der Baurechtsbehörde findet, die zeitlich vor dem Erlass des Bauvorbescheids am 22.2.2023 liegt und aus der sich eine Weiterleitung der auf den 16.11.2022 datierten

Bauvoranfrage von der Beigeladenen an die Baurechtsbehörde des Landratsamts ergeben könnte. Die erste aktenkundige Korrespondenz zwischen der Baurechtsbehörde des Landratsamts Enzkreis und der Beigeladenen im Verwaltungsverfahren zur Erteilung des Bauvorbescheids vom 22.2.2023 erfolgte in Form einer Mitteilung des Landratsamts an die Beigeladene über dessen Erteilung (Bl. 59 d. elektr. Verwaltungsakte). Gegen eine Einreichung der Bauvoranfrage bei der Beigeladenen spricht ferner der Umstand, dass die Klägerin das Antragsformblatt für die Bauvoranfrage (Bl. 5 d. elektr. Verwaltungsakte) nicht an die Beigeladene, sondern – einzig – an das Landratsamt Enzkreis adressiert hat und überdies auch der in dem Formblatt ebenfalls vorgesehene Eingangsstempel oder ein sonstiger Hinweis über einen Eingang bei der Beigeladenen fehlt.

Eine Einreichung der Bauvoranfrage bei der Beigeladenen folgt auch nicht aus der in der Verwaltungsakte des Landratsamts enthaltenen E-Mail vom 21.11.2022 (Bl. 59 d. elektr. Verwaltungsakte), dem aktenkundig vermerkten Eingangsdatum der Bauvoranfrage. Diese im Auftrag der Klägerin unter dem Betreff »Antrag auf Bauvoranfrage – Iptingen« verfasste E-Mail war ausdrücklich an das Baurechtsamt des Landratsamts Enzkreis (baurechtsamt@enzkreis.de) adressiert und verweist auf die als komprimierte elektronische Datei beigefügten Bauvorlagen, unter anderem den »Antrag auf Bauvoranfrage«, also das Antragsformblatt zur Bauvoranfrage, welches lediglich die Baurechtsbehörde des Landratsamts benennt.

Aus diesen Umständen ist zu folgern, dass die Klägerin die letztlich zu prüfende Bauvoranfrage allein – und insoweit entgegen § 53 Abs. 1 Satz 1 LBO – beim Baurechtsamt des Landratsamts Enzkreis »eingereicht« hat. Hieraus kann sich der Beginn der Fiktionsfrist nach § 36 Abs. 2 Satz 2 Halbs. 2 BauGB nicht ergeben.

(b) Hieran ändert auch der Umstand nichts, dass in der E-Mail vom 21.11.2022 der informatorische Hinweis enthalten ist, die Unterlagen seien bereits an die Beigeladene verschickt worden und dass ausweislich der Adressfelder der E-Mail diese zusätzlich in Form einer »Kopie« an eine E-Mail-Adresse der Beigeladenen gesendet wurden.

Die bloße Übermittlung der Kopie einer E-Mail mit einem Bauantrag bzw. einer Bauvoranfrage an die Beigeladene steht der förmlichen Einreichung bei dieser als »Gemeinde« im Sinne des § 53 Abs. 1 Satz 1 LBO wie auch im Sinne des § 36 Abs. 2 Satz 2 Halbs. 2 BauGB nicht gleich. Dies folgt bereits aus dem Begriffsverständnis der in den beiden Vorschriften verwendeten Begriffs des »Einreichens«. Hierunter ist nach dem allgemeinen Verständnis das Übergeben eines Gegenstands an die dafür zuständige Instanz zur Prüfung oder Bearbeitung zu verstehen (vgl. www.duden.de/rechtsschreibung/einreichen/). Erhält, wie hier von der Klägerin bewirkt, die eigentlich zuständige Stelle, die Beigeladene, lediglich eine Kopie der ihr eigentlich zur eigenständigen Bearbeitung vorzulegenden Unterlagen, aus denen sich zugleich die

Adressierung an eine dritte Behörde – eines anderen Rechtsträgers – ergibt, so ist dies mit dem Wortsinn des »Einreichens« bei ihr nicht vereinbar. Denn es ist für eine lediglich mit einer Kopie adressierte Gemeinde keineswegs klar, ob sie diese Kopie lediglich zur schlichten Kenntnis oder aber zur weiteren Veranlassung erhält, zumal, wenn – wie hier – mit dem Antrag ausdrücklich eine andere Behörde adressiert wird. Bei objektivierter Betrachtung spricht bei einer Übermittlung von Unterlagen in Form einer bloßen Kopie – ohne weitere Hinweise – insbesondere bei E-Mail-Kopien Überwiegendes für die lediglich ermöglichte Kenntnisnahme des Empfängers ohne den Wunsch auf weitergehende Veranlassung.

Ebenso verbieten Sinn und Zweck des § 53 Abs. 1 Satz 1 LBO i. V. m. § 36 Abs. 2 Satz 2 BauGB die Annahme, die bloße Übermittlung einer Kopie eines Bauantrags löse die Frist zur Einvernehmensfiktion aus. Dies folgt zum einen aus dem Umstand, dass die Gemeinde im Falle der Übermittlung einer bloßen Kopie des Bauantrags ohne selbst als dessen Adressat bezeichnet zu sein, im Unklaren darüber gelassen wird, ob unter diesen Umständen ein Ersuchen der Baurechtsbehörde nach § 36 Abs. 2 Satz 2 Halbs. 1 BauGB an sie erfolgen wird oder die Einvernehmensfrist nach § 36 Abs. 2 Satz 2 Halbs. 2 BauGB durch die Kopie in Lauf gesetzt wird. Ebenso wenig kann die Gemeinde bei einem ihr lediglich in Kopie zur Kenntnis gegebenen Bauantrag erkennen, ob sie den Bauantrag – wie dies das seinerzeit nach § 53 Abs. 1 LBO a. F. sowie nach dem Rechtsgedanken des § 53 Abs. 3 der LBO vom 11.11.2014 (GBl. S. 501) nach wie vor »vorgeschriebene« Verfahren war (vgl. zu den Aufgaben der Gemeinde ausführlich Sauter, LBO, 63. Ergänzungslieferung Juli 2023, § 53 Rdnr. 8, 33) – auf Vollständigkeit zu prüfen und innerhalb von 3 Tagen an die Baurechtsbehörde weiterzuleiten hat oder nicht.

Solche Unklarheiten, die geeignet sind, jedenfalls zu Verzögerungen bei der Behandlung von Bauanträgen durch die Gemeinde zu führen, sind dieser angesichts der für die Befassung mit Bauanträgen in den kommunalen Gremien durchaus als knapp zu bezeichnenden Fristlänge von zwei Monaten nach § 36 Abs. 2 Satz 2 BauGB nicht zumutbar. Denn ebenso wenig wie im Rahmen des § 36 Abs. 2 Satz 2 BauGB eine Verlängerung der Frist mit Blick auf die Interessen des Bauherrn in Betracht kommt (hierzu BVerwG, Urteil v. 12.12.1996 – 4 C 24.95 –, Buchholz 406.11 § 36 BauGB Nr. 51 = juris Rdnr. 17), ist gleichfalls eine Verunklarung des Fristbeginns angesichts der ebenfalls von § 36 Abs. 2 BauGB in den Blick zu nehmenden Interessen der Gemeinde nicht mit dem Sinn und Zweck der Vorschrift vereinbar. Ferner ist wertungsmäßig zu berücksichtigen, dass der Bauherr sich auf den Vertrauensschutz, welcher den Fristenregelungen des § 36 Abs. 2 Satz 2 BauGB inhärent ist (vgl. BVerwG, Urteil v. 27.8.2020 – 4 C 1.19 –, BVerwGE 169, 207 = juris Rdnr. 24, 28 m. w. N.), nur berufen kann, wenn er selbst die Behandlung eines Bauantrags und die Einvernehmensprüfung durch die Gemeinde durch ein Vorgehen gemäß den Vorgaben des formellen Bauordnungsrechts einleitet und die

Behandlung seines Bauantrags bei der Gemeinde nicht durch uneindeutiges bzw. widersprüchliches Verhalten erschwert.

b) Der erteilte Bauvorbescheid erweist sich auch im materiell-baurechtlichen Sinne als rechtswidrig. Das Vorhaben der Klägerin ist bauplanungsrechtlich nach § 35 Abs. 2 BauGB unzulässig und mithin auch deshalb im Rahmen eines Bauvorbescheids nicht positiv feststellungsfähig.

aa) Das Vorhaben ist in räumlicher Hinsicht nach § 35 BauGB zu bewerten. Denn sein geplanter Standort im nordwestlichen Bereich des Grundstücks der Klägerin liegt nach wie vor nicht – insoweit zwischen den Beteiligten unstreitig – im Geltungsbereich eines qualifizierten Bebauungsplans (vgl. § 30 Abs. 1 BauGB) und ebenso wenig innerhalb eines im Zusammenhang bebauten Ortsteils im Sinne des § 34 Abs. 1 Satz 1 BauGB.

(1) Der Verwaltungsgerichtshof Baden-Württemberg ist unter Anlegung der hergebrachten – und seither nicht wesentlich veränderten – Maßstäbe zur Abgrenzung des Außenbereichs von einem im Zusammenhang bebauten Ortsteil im Sinne des § 34 Abs. 1 Satz 1 BauGB (vgl. VGH Baden-Württemberg, Urteil v. 25.10.2001 – 5 S 476/01 –, n.v. UA S. 8 f.; vgl. zu den Maßstäben zuletzt auch VG Karlsruhe, Urteil v. 2.2.2024 – 2 K 2527/23 –, demnächst bei juris m. w. N.) und unter Würdigung der örtlichen Gegebenheiten nach den von ihm im Rahmen eines Augenscheintermins gewonnenen Eindrucks ist der 5. Senat des Verwaltungsgerichtshofs Baden-Württemberg seinerzeit im Urteil v. 25.10.2001 – 5 S 476/01 – zu dem Schluss gelangt, dass der – auch hier streitgegenständliche – nordwestliche Bereich des klägerischen Grundstücks »eindeutig« im Außenbereich belegen sei (VGH Baden-Württemberg, Urteil v. 25.10.2001 – 5 S 476/01 –, n.v. UA S. 9, letzter Absatz). Er führt hierzu wie folgt aus (VGH Baden-Württemberg, Urteil v. 25.10.2001 – 5 S 476/01 –, n.v. UA S. 10 f.):

> »Gemessen daran liegt – auch – der nordwestliche Teil des Baugrundstücks nicht innerhalb eines Bebauungszusammenhangs, sondern genauso wie der nordöstliche Teil eindeutig im Außenbereich. Davon hat sich der Senat auf Grund der vorliegenden Lagepläne und der beim Augenschein getroffenen Feststellungen überzeugt. Die Bebauung in der näheren Umgebung des Baugrundstücks wird durch je eine Bebauungszeile an der Südostseite der H… Straße und an der Nordseite der N… Straße bestimmt. Die Bebauungszeile entlang der Südostseite der H… Straße endet – spätestens – am Haus Nr. 50, diejenige entlang der Nordseite der N… Straße beginnt am Wohngebäude auf dem Grundstück Flst.Nr. … 75 und endet am Gebäude N… Straße 45/1.Von beiden Bebauungszeilen ist das Baugrundstück deutlich abgesetzt, insbesondere stellt sein nordwestlicher Teil keine Lücke im Zusammenhang dieser Bebauungszeilen dar. Der nordwestliche Teil des Baugrundstücks kann dem Bebauungszusammenhang der Gebäude entlang der Südostseite der H… Straße auch nicht deshalb zugeordnet werden, weil er an die Wendeschleife am Ende der H… Straße angrenzt und

weil das geplante Wohnhaus die Bebauung am Ende dieser Straße sinnvoll abrunden würde. Dabei kann dahinstehen, ob und inwieweit diese Wendeschleife überhaupt Bestandteil einer dem öffentlichen Verkehr gewidmeten Straße i. S. d. § 2 Abs. 1 StrG ist. Denn eine Straße ist ungeachtet dessen schon ihrer Art und ihrem Gewicht nach nicht geeignet, ein Gebiet als einen Ortsteil mit einem bestimmten städtebaulichen Charakter zu prägen. Sie kann deshalb für sich genommen einen Bebauungszusammenhang i. S. d. § 34 Abs. 1 BauGB nicht erweitern. Die Bebauungszeilen entlang der H… Straße und der N… Straße sind auch nicht durch die Gebäude H… Straße 48 und 50 einerseits und das neue Wohngebäude auf dem Grundstück Flst. Nr. … 75 an der Nordseite der N… Straße andererseits so miteinander verklammert, dass ein Teil der Fläche des Baugrundstücks sich als eine Baulücke zwischen den Bebauungszeilen darstellt. Eine solche Klammer wird schon durch die trennende Wirkung der dazwischen liegenden Verkehrsflächen der N… Straße und der H… Straße ausgeschlossen. Der nordwestliche Teil des Baugrundstücks stellt sich schließlich auch nicht auf Grund topografischer oder sonstiger besonderer örtlicher Gegebenheiten, die den Bebauungszusammenhang der genannten Bebauungszeilen abrunden oder erweitern würden, als bebaubar dar. Dies ist hinsichtlich der Bebauungszeile an der Nordseite der N… Straße wegen der trennenden Wirkung dieser Straße ausgeschlossen. Bezüglich der Bebauungszeile entlang der Südostseite der H… Straße fehlt in nordöstlicher Richtung ein eindeutiger Einschnitt. Anders als im Süden und Südosten, wo der bewaldete Steilhang eine natürliche Grenze darstellt, gibt es in nordöstlicher Richtung nach dem letzten Wohnhaus an der Südostseite der H… Straße (Nr. 50) keinen optisch erkennbaren Einschnitt in der Topographie, der die Grenze zum Außenbereich eindeutig markiert.«

Diesen Ausführungen, die im Wesentlichen nach wie vor volle Geltung beanspruchen, schließt sich das Gericht zunächst ausdrücklich an und verweist zur Vermeidung von Wiederholungen hierauf.

(2) Die Klägerin hat – erstmals – in der mündlichen Verhandlung mündlich und trotz vorheriger Aufforderung des Gerichts, Tatsachen bis zwei Wochen vor der mündlichen Verhandlung zu benennen, unter Vorlage zweier Lichtbilder vorgetragen, auf dem Grundstück H… Straße 50 sowie auf dem östlich hieran angrenzenden Grundstück Flst.-Nr. … 87 seien kürzlich Baumaßnahmen zu verzeichnen gewesen. Das alte Wohngebäude auf dem Grundstück H… Straße 50 sei durch einen Neubau ersetzt worden und zudem sei auf dem westlich an ihr Vorhabengrundstück angrenzenden Grundstück Flst.-Nr. … 87 eine Außenanlage als Terrasse bzw. Stellplätze hergestellt worden. Hierzu seien insbesondere umgrenzende (Stütz-)Mauern aus Natursteinblöcken hergestellt worden. Hierdurch werde noch deutlicher, dass ihr Grundstück zu einem im Zusammenhang bebauten Ortsteil zähle. Dem vermag das Gericht nicht ansatzweise zu folgen. Die von der Klägerin benannten – und von den

übrigen Beteiligten nicht substantiiert in Zweifel gezogenen – baulichen Veränderungen vermögen nicht die seinerzeit vom Verwaltungsgerichtshof Baden-Württemberg im Jahr 2001 getroffenen Feststellungen zur Zugehörigkeit des nordwestlichen Teils des Vorhabengrundstücks zum Außenbereich in Zweifel zu ziehen.

(a) Die auf den von der Klägerin vorgelegten Lichtbildern zu erkennende Ersetzung des alten Wohngebäudes auf dem Grundstück H… Straße 50 durch ein neues, größeres Wohngebäude vermag an der Einschätzung des Verwaltungsgerichtshofs Baden-Württemberg aus dem Urteil v. 25.10.2001 bereits deshalb nichts zu ändern, weil dieser seinerzeit noch die Zugehörigkeit dieses Grundstücks – anders als den nordwestlichen Teil des Baugrundstücks zu dem im Zusammenhang bebauten Ortsteil angenommen hat (vgl. VGH Baden-Württemberg, Urteil v. 25.10.2001 – 5 S 476/01 –, n.v. UA S. 10). Wieso bauliche Änderungen innerhalb eines nach § 34 Abs. 1 Satz 1 BauGB zu bewertenden Bereichs allgemein Auswirkungen auf einen hiervon verschiedenen Vorhabenstandort auslösen sollten, zeigt die Klägerin nicht auf und ist auch sonst nicht ersichtlich.

(b) Die Bebauung südlich der H…-Straße wird durch die Vergrößerung eines Baukörpers auch nicht dergestalt verdichtet, dass dies den Standort des Vorhabens der Klägerin ansatzweise als Baulücke oder als eine von der angrenzenden Bebauung in einen Bebauungszusammenhang »miteinbezogene« Fläche erscheinen lassen könnte.

(aa) Die Frage, ob eine Fläche als Baulücke oder schlicht als Teil des Außenbereichs jenseits eines Bebauungszusammenhangs zu qualifizieren ist, bedarf wie die Frage der Abgrenzung zwischen einer Lage im Bebauungszusammenhang und dem Außenbereich insgesamt einer Würdigung der gesamten Umstände des Einzelfalls und ist einer rein geographisch-mathematischen »Betrachtung« nicht zugänglich (vgl. nur BVerwG, Beschluss v. 8.10.2015 – 4 B 28.15 –, BRS 83 Nr. 78 [2015] = juris Rdnr. 5; Urteil v. 19.4.2012 – 4 C 10.11 –, Buchholz 406.11 § 35 BauGB Nr. 386 = juris Rdnr. 11 jew. m. w. N.). Dies bedeutet, dass es auf die Größe einer Lücke in der Bebauung nur im Sinne eines von verschiedenen Gesichtspunkten ankommt und im Übrigen die räumlichen Gegebenheiten des Vorhabenstandorts in den Blick zu nehmen sind, wie dieser durch Landschaftselemente und technogene Überformungen, zu denen zentral auch die Bebauung auf umliegenden Grundstücken zählt, beeinflusst wird.

Eine an Bebauung anschließende Fläche, die unbebaut ist oder trotz Vorhandenseins von Baulichkeiten nicht zur Prägung der Siedlungsstruktur beiträgt, kann einem im Zusammenhang bebauten Ortsteil zudem noch bis zu einer sich aus der örtlichen Situation ergebenden natürlichen Grenze zuzuordnen sein, wenn das Landschaftsbild Besonderheiten aufweist. In dieser Hinsicht kommen als besondere Gegebenheiten natürlich gewachsene topgraphische Strukturen, aber auch technogen geschaffene Strukturen in Betracht, beispielsweise Fluss- und Bachläufe, Gräben, Böschungen, Dämme, aber auch Straßen und Wege und – je nach Einzelfall – auch Wald- bzw. Gehölzbestände (vgl. BVerwG, Beschluss v. 8.10.2015 – 4 B 28.15 –, BRS 83 Nr. 78 [2015] = juris Rdnr. 6).

Fehlt es daran, verbleit es dabei, dass der Bebauungszusammenhang mit dem letzten Haus endet und keine in diesem Sinne keine »ausgreifende« Prägung angrenzender Flächen vermittelt, so dass die Grenzlinie zum Außenbereich auch in diesem Fall »parzellenscharf« bzw. letztlich sogar »baukörperscharf« vor- und zurückspringt (vgl. BVerwG, vgl. BVerwG, Beschluss v. 8.10.2015 – 4 B 28.15 –, BRS 83 Nr. 78 [2015] = juris Rdnr. 5 f.; Beschluss v. 4.7.1990 – 4 B 103.90 –, BauR 1991, 50 = juris Rdnr. 2; BayVGH, Beschluss v. 29.8.2023 – 1 ZB 23.140 –, juris Rdnr. 10).

(bb) Der Einordnung des nordwestlichen Teils des Vorhabengrundstücks als Baulücke steht insbesondere die – ungeschmälert – trennende Wirkung der nördlich verlaufenden N… Straße/Landesstraße 1135 entgegen, sodass bereits aus diesem Grund eine bloße »Lücke« zwischen dem Grundstück H… Straße 50 und dem nördlich der N… Straße belegenen Grundstück Flst.-Nr. … 75 ausscheidet. Diese trennende Wirkung, war bereits für den Verwaltungsgerichtshof Baden-Württemberg bei dessen Urteil im Jahr 2001 maßgeblich. Sie wird durch den Umstand verstärkt, dass das nördlich am nächsten gelegene Wohngebäude auf dem Grundstück Flst.-Nr. … 75, K. .. weg 1 nicht nach Süden zur N. …- Straße/Landesstraße 1135, sondern nach Norden zum Kreuzbachweg hin orientiert ist und der nördliche Rand der Landesstraße 1135 gerade in diesem Bereich, von Begleitgrün gesäumt ist, das eine Sichtbeziehung zu der dortigen Bebauung hemmt, wie nach den Bildern des Internet-Diensts »Google Street View« deutlich erkennbar ist. Auch aus den Satelliten- bzw. Luftbildaufnahmen des Weiteren vom Gericht herangezogenen Online-Kartendiensts www.geoportal-bw.de und der Online-Kartenanwendung der Landesanstalt für Umwelt und Messungen Baden-Württemberg lässt sich eine trennende Wirkung der Landesstraße 1135 entnehmen.

Das Maß der Vergrößerung des Baukörpers des Gebäudes Nr. 50 südlich der H. Straße gibt nach den vom Gericht herangezogenen Bildaufnahmen und den von der Klägerin eingereichten beiden Lichtbildern für eine mittlerweile bestehende Baulückenqualität ebenso nichts her. Die Vergrößerung des Baukörpers, der nach wie vor ein Einfamilienhaus bildet, erreicht bei weitem nicht die Ausmaße, die notwendig und hinreichend wären, um die gesamte zwischen diesem Gebäude und der N. Straße östlich der Wendeschleife des H. Wegs befindliche Fläche städtebaulich zu prägen und als »natürliche Abrundung« der dortigen Bebauung erscheinen zu lassen. Dies folgt aus dem – nach wie vor – völligen Fehlen einer topographisch oder technogen gebildeten »Grenze« für einen Zusammenhang bebauten Ortsteils nach Osten hin. Die Änderung und Vergrößerung des Baukörpers Nr. 50 führt allenfalls dazu, dass die Grenze des Außenbereichs sich nach der Gebäudeabschlusswand des neuen Gebäudes bestimmt. Hierdurch vermag die Klägerin für sich im hiesigen Verfahren nichts Begünstigendes abzuleiten.

Die Baulückenqualität wird vorliegend auch nicht durch die auf dem Grundstück Flst.-Nr. ... 87 geschaffene und zu dem neuen Wohngebäude auf dem Grundstück H... Straße 50 gehörende Freifläche begründet. Die Herstellung als bloße Stellplatz- bzw. Terrassenfläche führt, anders als eine oberirdische Bebauung mit (Haupt-)Gebäuden, nach den Maßstäben der Rechtsprechung nicht dazu, dass die Grenze des Außenbereichs weiter in Richtung Nordosten verschoben würde. Es fehlt einer solchen Fläche grundsätzlich an der notwendigen Prägungswirkung. Selbst wenn dies der Fall wäre, würde die Grenze des Außenbereichs jedoch gleichwohl nicht auf dem Vorhabengrundstück, sondern an der Grenze der hergestellten Fläche verlaufen. Einer Baulückeneigenschaft würde auch in diesem Fall insbesondere der Verlauf der N... Straße/Landesstraße 1135 sowie der Umstand entgegenstehen, dass bei einer Einbeziehung (auch von Teilen) des Grundstücks der Klägerin nach Osten hin in Richtung N... dorf keine sinnvolle Begrenzung mehr erfolgen könnte. Dies wird neben den bereits benannten Erkenntnisquellen aus den vom Gericht herangezogenen Karten- und Bilderdienste auch aufgrund des Lichtbilds der Klägerin, welches als Anlage 2 zur Niederschrift der mündlichen Verhandlung genommen wurde, deutlich. Denn durch die von der Klägerin geplante Bebauung östlich der Wendeschleife am Ende der H... Straße würde erstmals ein Bebauungsansatz im Bereich südlich der N... Straße/Landesstraße 1135 geschaffen. Die (teilweise) Einbeziehung dieses Grundstücks Flst.-Nr. ...84 in den Bebauungszusammenhang müsste nach den Maßgaben der oben dargestellten Abgrenzungskriterien letztlich als willkürlich erscheinen (vgl. in diesem Sinne BVerwG, Beschluss v. 8.10.2015 – 4 B 28.15 –, BRS 83 Nr. 78 [2015] = juris Rdnr. 6), Denn mag die – im Ergebnis bereits nicht völlig eindeutige – Einordnung des Grundstücks H. ... Straße 50 als Teil des Bebauungszusammenhangs noch als Endpunkt der Bebauung südlich der H. ... Straße begriffen werden, bewirkte die von der Klägerin begehrte Bebauung ihres weiter östlich gelegenen Grundstücks endgültig das Ausgreifen eines Siedlungsansatzes in den südlich der N. ... Straße/Landesstraße 1135 gelegenen und als Mähwiesen genutzten Teil der freien Landschaft, der sich ohne jede topgraphische oder sonstige Begrenzung nach Osten entlang der Landesstraße 1135 erstreckt. Dieser Eindruck wird nicht zuletzt auch durch das östlich der Wendeschleife vorhandene Begleitgrün erzeugt, das eine gewisse – dauerhafte – optische Zäsur zwischen der vorhandenen Bebauung auf den westlich gelegenen Grundstücken einerseits und dem Standort des Vorhabens andererseits erzeugt.

(3) Das Gericht war auch nicht gehalten, dem von der Klägerin in der mündlichen Verhandlung – bedingt – gestellten Beweisantrag zu der Frage, ob sich »das Grundstück im Bebauungszusammenhang befindet«, durch eine Beweisaufnahme im Wege des richterlichen Augenscheins auf dem Vorhabengrundstück nachzugehen.

Die von der Klägerin aufgeworfene »Beweisfrage« ist bereits nicht tauglicher Gegenstand eines Beweisantrags. Tauglicher Gegenstand eines Beweisantrags ist die Überprüfung des Vorliegens bestimmter Tatsachen als Grundlage für die rechtliche Würdigung eines durch eben diese Tatsachen gebildeten Sachverhalts durch das Gericht. Kein tauglicher Gegenstand eines Beweisantrags ist demgegenüber die Vermittlung rechtlicher Wertungen gegenüber dem Gericht.

Gemessen hieran ist die Beweisfrage aus dem Beweisantrag untauglich zur Aufklärung im Wege eines Augenscheinsbeweises. Denn es handelt sich bei der von der Klägerin unter Beweis zu stellenden Fragestellung, ob das Vorhabengrundstück an einem einen Bebauungszusammenhang teilhat, nicht um eine Tatsachenfrage, sondern um eine Rechtsfrage, nämlich die Prüfung des Vorliegens eines Tatbestandsmerkmals des § 34 Abs. 1 Satz 1 BauGB (vgl. hierzu BVerwG, Beschluss v. 24.06. 2004 – 4 B 23.04 –, ZfBR 2004, 702 = juris Rdnr. 4), die allein der rechtlichen Bewertung durch das Gericht offensteht.

Darüber hinaus und zusätzlich ist dem Beweisantrag auch deshalb nicht zu entsprechen, weil der Inhalt der unter Beweis zu stellenden »Tatsachen« nicht hinreichend bestimmt (vgl. zu dieser Anforderung W.-R. Schenke, in: Kopp/Schenke, VwGO, 29. Aufl. 2023, § 86 Rdnr. 18a m. w. N.). Der Formulierung des Beweisantrags ist nicht zu entnehmen, ob die Zugehörigkeit des gesamten etwa 7200 m^2 großen Grundstücks Flst.-Nr. … 84 oder lediglich dessen von der Klägerin zur Bebauung vorgesehene Teile Grundlage der Tatsachenermittlung sein sollen.

(4) Das Gericht war schließlich auch sonst nach den Maßgaben des verwaltungsprozessualen Untersuchungsgrundsatzes gemäß § 86 Abs. 1 VwGO nicht gehalten, eine Ortsbesichtigung auf dem Vorhabengrundstück und in dessen näherer Umgebung durchzuführen. Das Gericht hat allgemein die Art und den Umfang der Tatsachenermittlung nach pflichtgemäßem Ermessen zu bestimmen (BVerwG, Urteil v. 14.11.1991 – 4 C 1.91 –, Buchholz 310 § 86 Abs. 1 VwGO Nr. 236 = juris Rdnr. 22). Die bei der Abgrenzung des bauplanungsrechtlichen Außenbereichs von einem im Zusammenhang bebauten Ortsteil anzustellende Betrachtung der gesamten Einzelfallumstände gebietet es nicht, stets eine Ortsbesichtigung durchzuführen. Lichtbilder, Luftbild- und Satellitenaufnahmen sowie Lagepläne und sonstige Bilddarstellungen sind im Rahmen von § 86 Abs. 1 VwGO unbedenklich verwertbar, wenn sie die Örtlichkeiten in ihren für die gerichtliche Beurteilung maßgeblichen Merkmalen so eindeutig abbilden, dass sich der mit einer Ortsbesichtigung erreichbare Zweck mit ihrer Hilfe ebenso zuverlässig erfüllen lässt. Ist dies der Fall, so bedarf es unter dem Gesichtspunkt des Untersuchungsgrundsatzes keiner Durchführung einer Ortsbesichtigung. Das gilt nur dann nicht, wenn ein Beteiligter geltend macht, dass die Karten oder Lichtbilder in Bezug auf bestimmte, für die Entscheidung wesentliche Merkmale keine Aussagekraft besitzen und dies zutreffen kann (vgl. BVerwG, Beschluss v. 3.12.2008 – 4 B 26.08 –, BauR 2009, 617 = juris Rdnr. 3 m. w. N.).

Das Gericht hat die vor Ort gegebene Situation anhand zahlreicher, der Bauvoranfrage der Klägerin entnommener Pläne, verschiedener Satellitenaufnahmen der genannten Internet-Portale, Bildansichten aus dem Straßenraum der N. … Straße und Lichtbildern in der mündlichen Verhandlung mit den Beteiligten eingehend erörtert. Zwar haben die Vertreter der Klägerin geltend gemacht, die gezeigten Aufnahmen seien aufgrund der zuletzt erfolgten Baumaßnahmen auf dem Grundstück H. Straße 50 nicht mehr aktuell. Die Aussagekraft der gezeigten und vom Gericht in der mündlichen Verhandlung bereits vorläufig rechtlich bewerteten Aufnahmen ziehen sie damit jedoch nicht substantiiert in Zweifel. Denn aus den von ihnen selbst vorgelegten Lichtbildern ergibt sich bei einer Würdigung anhand der Maßstäbe zur Abgrenzung des Außenbereichs von im Zusammenhang bebauten Ortsteilen, dass die von ihnen vorgetragenen Änderungen ersichtlich zu keinem anderen Ergebnis der Beurteilung, als seinerzeit vom Verwaltungsgerichtshof Baden-Württemberg unter anderem aufgrund dessen Ortsbesichtigung im Jahr 2001 gewonnen, führen können. Insbesondere die – insgesamt überschaubaren – Ausmaße der Veränderungen der näheren Umgebung gegenüber dem Zeitpunkt ihrer Bewertung durch den Verwaltungsgerichtshof Baden-Württemberg im Jahr 2001 lassen sich den Lichtbildern hinreichend deutlich entnehmen.

Ob vorliegend mit Blick auf die Baulückenqualität wie auch sonst anderes gelten müsste, wenn auf dem Grundstück Flst.-Nr. 87 eine die nähere Umgebung prägende Bebauung in Form eines weiteren (Haupt-)Gebäudes verwirklicht worden wäre, mag hier auf sich beruhen. Denn eine solche wird weder von der Klägerin behauptet noch wäre solches nach den von ihr übermittelten Lichtbildern zu erkennen.

Angesichts der aus sonstigen Gründen mangelnden Erheblichkeit der geänderten Bebauung auf den Grundstücken Flst.-Nr. … 88, H… Straße 50 und Flst.-Nr. … 87 bedarf es vorliegend auch keiner abschließenden Klärung, ob die dort zuletzt verwirklichte Bebauung baurechtlich genehmigt wurde. Insofern brauchte das Gericht auf den Hinweis des Vertreters des Beklagten, nach der ihm im Termin zur mündlichen Verhandlung abrufbaren elektronischen Verfahrensübersicht sei für die beiden Grundstücke Flst.-Nr. … 87 und … 88 in den Jahren 2020 bis 2023 kein Baugenehmigungsverfahren durchgeführt worden, ebenfalls keine weiteren Ermittlungen anzustellen.

bb) Das nicht nach § 35 Abs. 1 BauGB privilegierte und ebenso wenig nach § 35 Abs. 4 Satz 1 BauGB teilprivilegierte Vorhaben der Klägerin ist nicht nach § 35 Abs. 2 BauGB als sonstiges Vorhaben zulässig.

(1) Das Wohnbauvorhaben der Klägerin widerspricht den Darstellungen des Flächennutzungsplans der Beigeladenen im Sinne des § 35 Abs. 3 Satz 1 Nr. 1 BauGB. Der Verwaltungsgerichtshof Baden-Württemberg hat im Jahr 2001 festgestellt, dass der Flächennutzungsplan der Beigeladenen für das Grundstück der Klägerin »Acker- und Grünland« darstellt (VGH Baden-

Württemberg, Urteil v. 25.10.2001 – 5 S 476/01 –, n.v. UA S. 11). Auch der aktuell geltende im Internet abrufbare Flächennutzungsplan der Beigeladenen stellt für das Grundstück entsprechende Nutzungen dar. Die Klägerin behauptet nicht substantiiert Gegenteiliges.

Dieser Widerspruch führt auch zu einer Beeinträchtigung öffentlicher Belange im Sinne des § 35 Abs. 2 BauGB. Bei der Entscheidung über die Zulässigkeit eines sonstigen Vorhabens im Außenbereich sind die Darstellungen des Flächennutzungsplans grundsätzlich ohne besondere Einschränkungen zu berücksichtigen (vgl. hierzu und zum Folgenden VGH Baden-Württemberg, Urteil v. 22.2.2022 – 6 S 1251/20 –, juris Rdnr. 60; vgl. außerdem BVerwG, Urteil v. 17.2.1984 – 4 C 56.79 –, NVwZ 1984, 434 = juris Rdnr. 14; OVG Nordrhein-Westfalen, Beschluss v. 17.3.2016 – 2 A 1170/15 –, BauR 2016, 1447 = juris Rdnr. 10; ebenfalls hierzu neigend OVG Sachsen-Anhalt, Beschluss v. 9.12.2020 – 2 M 97/20 –, NVwZ-RR 2021, 389 = juris Rdnr. 33 ff.). Die für privilegierte Vorhaben geltenden Einschränkungen der Steuerungswirkung der Darstellung von »Flächen für die Landwirtschaft« gelten nicht gleichermaßen, sofern – wie hier – ein sonstiges Vorhaben im Sinne des § 35 Abs. 2 BauGB in Rede steht (vgl. VG Karlsruhe, Urteil v. 2.2.2024 – 2 K 2527/23-, demnächst bei juris m. w. N.).

(2) Das Wohnbauvorhaben der Klägerin beeinträchtigt ferner die natürliche Eigenart der Landschaft im Sinne des § 35 Abs. 3 Satz 1 Nr. 5 Var. 5 BauGB. Diese wurde seinerzeit, wie der Verwaltungsgerichtshof Baden-Württemberg im Jahr 2001 festgestellt hat (vgl. VGH Baden-Württemberg, Urteil v. 25.10.2001 – 5 S 476/01 –, n.v. UA S. 11), durch die landwirtschaftliche Bodennutzung geprägt; dies gilt nach wie vor.

§ 35 Abs. 3 Satz 1 Nr. 5 Var. 5 BauGB dient dazu, den Außenbereich vor dem Eindringen wesensfremder Nutzungen zu schützen, zu denen insbesondere die Bebauung mit Gebäuden gehört. Der Außenbereich ist grundsätzlich der naturgegebenen Bodennutzung und den Erholungsmöglichkeiten der Allgemeinheit vorbehalten. Bei der Beeinträchtigung dieses Belangs geht es um die Frage, ob das Vorhaben mit der naturgemäßen Nutzungsweise der Landschaft und des davon geprägten Grundstücks vereinbar ist. Ein Bauvorhaben beeinträchtigt die natürliche Eigenart der Landschaft, wenn die zur Bebauung vorgesehene Fläche entsprechend der im Außenbereich zu schützenden naturgegebenen Bodennutzung – nämlich in aller Regel landwirtschaftlich – genutzt wird und nichts darauf hindeutet, dass sie die Eignung für diese Nutzung demnächst ohnehin einbüßen wird. Dieser Schutz entfällt erst, wenn die naturgegebene Bodennutzung bereits weitgehend durch andere – nichtbauliche – Nutzungen (wie etwa Sport- und Freizeitnutzungen, Steinbruch, Kiesgrube) verdrängt ist (BVerwG, Urteil v. 11.4.2002 – 4 C 4.01 –, BVerwGE 116, 169 = juris Rdnr. 24; Urteil v. 25.1.1985 – 4 C 29.81,- BauR 1985, 427 = juris Rdnr. 8).

Dies gilt ausdrücklich auch für Grundstücke in Ortsrandlage, weil sonst ein Ausufern der Bebauung in den Außenbereich zu befürchten wäre (vgl.

BVerwG, Urteil v. 11.4.2002 – 4 C 4.01 – BVerwGE 116, 169 = juris Rdnr. 24; Urteil v. 25.1.1985 – 4 C 29.81 –, BauR 1985, 427 = juris Rdnr. 11). Je zahlreicher allerdings eine nicht privilegierte Nutzung in der näheren Umgebung des Baugrundstücks anzutreffen ist, desto näher liegt der Schluss, dass die Landschaft in ihrem mittlerweile erreichten Zustand auch für weitere nicht privilegierte Vorhaben aufnahmefähig geworden ist (BVerwG, Urteil v. 24.8.1979 – IV C 3.77 –, BauR 1979, 481 = juris Rdnr. 19; vgl. auch Rieger, in: Schrödter, BauGB 9. Aufl. 2019, § 35 Rdnr. 140 m. w. N.).

Das geplante Wohnbauvorhaben der Kläger mit durchaus nennenswerter Größe verfälscht diesen dem Außenbereich im Gegensatz zu bebauten Ortsteilen eigenen Nutzungszweck ersichtlich. Hieran ändert auch der Umstand der zuletzt auf den Nachbargrundstücken hinzugetretenen bzw. geänderten Bebauung nichts. Die Bebauung an dem geplanten Standort ist von der N… Straße/Landesstraße 1135 aus und von Osten aus Richtung N…dorf her kommend bereits weithin sichtbar. Markierte bisher die Bebauung auf den Grundstücken Flst.-Nr. … 88 und … 87 die letzte Bebauung verschiebt der Baukörper der Klägerin diese Wirkung nach Osten auf den nach Süden hin ansteigenden und von Norden und Osten sowie auch von dem Waldrand im Süden aus umfassend einsehbaren, weil weitgehend von Bäumen und Gehölzen freigehaltenen, Wiesenhang.

c) Ob es dem Bauvorbescheid vom 22.2.2023 darüber hinaus und zusätzlich angesichts seiner von den Zulässigkeitsfragen aus der Bauvoranfrage vom 21.11.2022 abweichenden und unklaren Formulierung an der erforderlichen Bestimmtheit nach § 37 Abs. 1 LVwVfG mangelt, wofür angesichts der nachvollziehbaren und in sich schlüssigen Ausführungen des Regierungspräsidiums Karlsruhe in dessen Widerspruchsbescheid einiges spricht, bedarf angesichts der bereits festgestellten Verstöße des Bauvorbescheids gegen Vorschriften des formellen und materiellen Bauplanungsrechts keiner abschließenden Klärung.

3. Die Ausübung des Ermessens durch das Landratsamt Enzkreis im Bescheid vom 3.3.2023 in Gestalt des Widerspruchsbescheids des Regierungspräsidiums Karlsruhe vom 28.8.2023 lässt im Ergebnis keine gerichtlich festzustellenden Ermessensfehler erkennen. Jedenfalls die Ausführungen des Regierungspräsidiums im Widerspruchsbescheid vom 28.8.2023 wahren die gesetzlichen Grenzen der pflichtgemäßen Ermessensausübung nach § 114 Satz 1 VwGO.

a) Es bedarf dabei vorliegend keiner Entscheidung, ob der Bauvorbescheid vom 22.2.2023 einen erheblichen rechtlichen Vorteil für die Klägerin im Sinne des § 48 Abs. 1 Satz 2 LVwVfG vermittelt oder nicht – wie das Regierungspräsidium Karlsruhe im Widerspruchsbescheid vom 28.8.2023 annimmt. Denn selbst wenn man zugunsten der Klägerin zu dem Schluss gelangen wollte, der Bauvorbescheid vermittele einen rechtlichen Vorteil, und sei demgemäß nur unter einer den Wertungen des § 48 Abs. 3 LVwVfG entsprechenden Ermessensausübung zurückzunehmen, wäre die Ausübung des Rücknahmeermessens rechtlich nicht zu beanstanden.

b) Gemäß dem Wortlaut des § 48 Abs. 1 Satz 1 LVwVfG (»kann«) ist die Rücknahmeentscheidung in das pflichtgemäße Ermessen der Behörde gestellt. Bei Verwaltungsakten, die – wie der hier streitgegenständliche Bauvorbescheid – im Sinne des § 48 Abs. 3 Satz 1 LVwVfG begünstigend wirken, ist grundsätzlich von einer unbeschränkten Rücknahmefähigkeit auszugehen. Anders als bei Leistungs-Verwaltungsakten nach § 48 Abs. 2 Satz 1 LVwVfG ist die Rücknahme nicht bereits tatbestandlich eingeschränkt (vgl. hierzu Sachs, in: Stelkens/Bonk/Sachs, VwVfG, 10. Aufl. 2023, § 48 Rdnr. 177 m. w. N.).

Maßgeblicher Teil der Ausübung des Ermessens nach § 48 Abs. 1 Satz 1 LVwVfG bei der Rücknahme begünstigender Verwaltungsakte im Sinne des § 48 Abs. 3 Satz 1 LVwVfG ist gleichwohl die Abwägung zwischen dem das Rechtsstaatsprinzip mitprägenden Grundsatz der Gesetzmäßigkeit der Verwaltung auf der einen und des Schutzes des (berechtigten) Vertrauens des Adressaten eines begünstigenden Verwaltungsakts in dessen Fortbestand auf der anderen Seite (vgl. VGH Baden-Württemberg, Beschluss v. 1.2.1985 – 9 S 1812/84 –, VBlBW 1985, 425). Sie folgt im Ergebnis aus der staatlich ausgesprochenen Begünstigung des Adressaten und damit aus dem ebenfalls im Rechtsstaatsprinzip (und ggf. dem Eigentumsgrundrecht) mit subjektivem Schutzgehalt verankerten Vertrauensschutzgebot (vgl. hierzu BVerfG, Beschluss v. 30.6.2020 – 1 BvR 679/17, 1 BvR 2190/17 –, BVerfGE 155, 238 = juris Rdnr. 122; = juris; Urteil v. 6.12.2016 – 1 BvR 2821/11, 1 BvR 321/12, 1 BvR 1456/12 –, BVerfGE 143, 246 = juris Rdnr. 372) als Anforderung an die pflichtgemäße Ermessensausübung.

Bei der Ermessensausübung darf die zur Rücknahme schreitende Behörde gleichfalls berücksichtigen, dass nach § 48 Abs. 3 Satz 1 und 3 LVwVfG ein Anspruch auf finanzielle Kompensation eines beim Adressaten bestehenden Vertrauens besteht. Besonderes Gewicht im Rahmen der Ermessensausübung als Ansatzpunkt für einen Vertrauensschutz besitzen daher diejenigen Rechtsfolgen einer Rücknahme, die nicht kompensationsfähig, etwa, weil immaterieller Natur, sind (noch weitergehend, Vertrauensschutz bei Verwaltungsakten jenseits des § 48 Abs. 2 VwVfG insgesamt ablehnend, BVerwG, Urteil v. 28.1.2010 – 3 C 17.09 –, BVerwGE 136, 43 = juris Rdnr. 25).

Im Rahmen der Ermessensausübung ist nach dem Rechtsgedanken des § 48 Abs. 3 Satz 2 LVwVfG i. V. m. § 48 Abs. 2 Satz 3 Nr. 2 LVwVfG allerdings ebenso die mangelnde Schutzwürdigkeit eines Vertrauens des Rücknahmeadressaten in den Blick zu nehmen. Hiernach ist für die Fälle, in denen das Vertrauen des Adressaten eines begünstigenden Verwaltungsakts nach den Wertungen des § 48 Abs. 2 Satz 3 Nr. 1 bis 3 LVwVfG nicht schutzwürdig ist, dies bei der Ermessensausübung ebenfalls zu berücksichtigen, sodass der jeweilige Vertrauenstatbestand einer Rücknahme in der Regel nicht entgegenstehen kann. Eine Einschränkung der Ausschlusstatbestände § 48 Abs. 2 Satz 3 Nr. 2 und 3 LVwVfG ist im Rahmen der Erteilung von baurechtlichen

Erlaubnissen, anders als etwa im Staatsangehörigkeitsrecht (vgl. hierzu VGH Baden-Württemberg, Urteil v. 17.9.2007 – 13 S 2794/06 –, VBlBW 2008, 226 = juris Rdnr. 27 f.), nicht geboten. Es kommt hier gerade auf die Richtigkeit und Vollständigkeit der Angaben im Bauantrag an, um ein grundstücksbezogenes Recht (auf Bebauung bzw. bauliche Nutzung) zu verwirklichen. Der Bauherr als »Herr über sein Vorhaben« hat hierfür Sorge zu tragen.

c) Bei Betrachtung anhand dieser Maßstäbe erweist sich jedenfalls die Ermessensausübung im Widerspruchsbescheid vom 28.8.2023 als frei von Ermessensfehlern.

aa) Wie vom Regierungspräsidium Karlsruhe im Ergebnis angenommen, ist das von der Klägerin beanspruchte Vertrauen in den Bestand des Bauvorbescheids vom 22.2.2023 vorliegend nicht schützenswert. Die Klägerin hat den Bauvorbescheid durch unrichtige bzw. unvollständige Angaben erwirkt im Sinne des § 48 Abs. 2 Satz 3 Nr. 2 LVwVfG. Insofern genügt für die objektive Unrichtigkeit bzw. Unvollständigkeit, das heißt, es kommt auf ein Verschulden des Adressaten bei der Antragstellung nicht an (vgl. VGH Baden-Württemberg, Urteil v. 17.9.2007 – 13 S 2794/06 –, VBlBW 2008, 226 = juris Rdnr. 32 m. w. N.; OVG Sachsen-Anhalt, Beschluss v. 13.2.2023 – 1 L 28.22.Z –, BeckRS 2023, 2570, Rdnr. 35). Es genügt insofern dass ihm bewusst war, dass vollständige und inhaltlich richtige Angaben vorzulegen sind.

Vorliegend hat die Klägerin bzw. konkret der für sie handelnde und sich selbst als sogenannter »Projektleiter« bezeichnete Herr T… S… bei der Baurechtsbehörde des Landratsamts Enzkreis das Urteil des Verwaltungsgerichts Karlsruhe vom 17.10.2000 – 9 K 3217/99 –, als Anlage zu einer E-Mail vom 23.1.2023 vorgelegt. Diese Angabe war insoweit unvollständig als der Verwaltungsgerichtshof Baden-Württemberg das von der Klägerin eingereichte Urteil mit Urteil v. 25.10.2001 – 5 S 476/01 –, abgeändert hatte, sodass das von der Klägerin eingereichte Urteil keine Rechtsfolgen und – auch subjektiv empfundene – Bindungswirkungen mehr zeitigen konnte.

Diese Angabe war auch in wesentlicher Hinsicht unvollständig und im Übrigen kausal für die Erteilung des Bauvorbescheids. Denn die Baurechtsbehörde des Landratsamts, die die Bauvoranfrage zuvor noch im Schreiben vom 5.1.2023 als ablehnungsreif bezeichnet hatte, erteilte hierauf einen Bauvorbescheid, weil die zuständige Sachbearbeiterin es ersichtlich vermeiden wollte, entgegen der (vermeintlich maßgeblichen) Rechtsauffassung des Verwaltungsgerichts die Außenbereichseigenschaft des für das Vorhaben notwendigen Teils des Grundstücks der Klägerin anzunehmen.

Die Klägerin hat den Bauvorbescheid vom 22.2.2023 auch durch diese jedenfalls unvollständigen Angaben auch »erwirkt«. Denn die Klägerin reichte das Urteil des Verwaltungsgerichts Karlsruhe vom 17.10.2000 – nachträglich im Januar 2023 – gerade mit dem Ziel ein, die Baurechtsbehörde nunmehr von der bauplanungsrechtlichen Zulässigkeit ihres Vorhabens »zu überzeugen«.

Der Umstand, dass die Baurechtsbehörde des Landratsamts ohne auf die Vorlage einer Rechtskraftmitteilung zu bestehen oder ohne eigene Nachprüfung der Rechtskraft des vorgelegten Urteils den Bauvorbescheid vom 22.2.2023 erteilt hat, spielt mit Blick auf § 48 Abs. 2 Satz 3 Nr. 2 LVwVfG keine Rolle. Denn selbst eine Mitverantwortung der Behörde kann verlorenen Vertrauensschutz nicht wieder begründen, sondern allenfalls dazu führen, dass der Rücknahme eines Bewilligungsbescheides nach Treu und Glauben der Einwand unzulässiger Rechtsausübung entgegensteht (vgl. nur BVerwG, Urteil v. 23.5.1996 – 3 C 13.94 –, Buchholz 451.513 Sonst Marktordnungsrecht Nr. 1 = juris Rdnr. 50 m. w. N.). Für eine treuwidrige Fehlleistung des Baurechtsamts des Landratsamts Enzkreis ist überhaupt nichts ersichtlich. Denn es sah ersichtlich im guten Glauben an die Richtigkeit der Angaben des »Projektleiters« der Klägerin im Schreiben vom 23.1.2023 von einer weiteren Nachprüfung ab. Hieraus kann kein Einwand der unzulässigen Rechtsausübung folgen, wenn der Beklagte nach Kenntniserlangung von der Unvollständigkeit der gemachten Angaben die Entscheidung aufgehoben hat.

bb) Jedenfalls das Regierungspräsidium Karlsruhe hat – gemessen an diesen Maßgaben – im Widerspruchsbescheid vom 28.8.2023 im Ergebnis nicht zu beanstandende Ermessenserwägungen angestellt. Das Gericht vermag insofern keinen Ermessensfehler im Sinne des § 114 Satz 1 VwGO zu erkennen. Das Regierungspräsidium hat das Vertrauensschutzinteresse der Klägerin dem öffentlichen Interesse an der Schaffung baurechtmäßiger Genehmigungszustände gegenübergestellt und die Belange der Klägerin sowie den Umstand der möglichen Ausgleichspflicht für Vermögensnachteile bei der Klägerin ausführlich abgewogen. Die Annahme des Regierungspräsidiums, die Rücknahme sei im Sinne des Grundsatzes der Verhältnismäßigkeit geeignet, erforderlich und angemessen, begegnet keinen rechtlichen Bedenken.

Insbesondere im Hinblick auf die Angemessenheit der Rücknahme vermag das Gericht keine Unzumutbarkeit zulasten der Klägerin zu erkennen.

Die Klägerin kann sich – die Ermessensausübung beeinflussend – bereits nicht auf wesentliche Vertrauensschutzgesichtspunkte hinsichtlich des Fortbestands des ihr erteilten Bauvorbescheids vom 22.2.2023 berufen. Dies folgt bereits aufgrund des Ausschlusses eines Vertrauensschutzes nach der gesetzlichen Wertung in § 48 Abs. 2 Satz 3 Nr. 2 LVwVfG. Wollte man dem nicht folgen, ist zudem ebenso kein nennenswertes geschütztes Vertrauen in den Bestand des Bauvorbescheids von der Klägerin dargetan oder sonst zu erkennen. Ein erhebliches Vertrauensschutzinteresse ist nicht allein aufgrund des bloßen Erlasses eines Bauvorbescheids anzunehmen, sondern setzt vielmehr gewisse auf den Bauvorbescheid aufbauende (wirtschaftliche) Dispositionen des Adressaten bzw. sonstige Umstände, einschließlich des Zeitmoments, voraus. Solche Dispositionen hat die Klägerin nicht substantiiert dargelegt oder gar nachgewiesen. Die Klägerin hat schriftlich überhaupt keine konkreten Vermögensdispositionen darzulegen vermocht, sondern lediglich abstrakt mitgeteilt, solche seien geschützt.

Ferner sind die Angaben der Vertreter der Klägerin zu etwaigen Vermögensdispositionen nicht glaubhaft. Insbesondere das Vorbringen des für die Klägerin als »Projektleiter« aufgetretenen Herrn T… S… ist über die verschiedenen Verfahren hinweg mit Blick auf den Vertrauensschutz widersprüchlich. So hatte die Sachbearbeiterin des Regierungspräsidiums Karlsruhe in einer Telefonnotiz vom 23.8.2023 zum Widerspruchsverfahren festgehalten, Herr T… S… habe ihr gegenüber ausgeführt, wesentlich zu berücksichtigender Vertrauensgesichtspunkt sei, dass die Klägerin das Vorhabengrundstück »aufschiebend bedingt zur Bestandskraft der baurechtlichen Entscheidung« für einen Kaufpreis von 300 000 EUR gekauft habe, hierzu jedoch auch auf Nachfrage keine weiteren Angaben habe machen wollen. In der mündlichen Verhandlung wie auch zuvor im Schreiben vom 23.1.2023 im Verwaltungsverfahren über die Erteilung des Bauvorbescheids haben die Vertreter der Klägerin indessen angegeben, das Grundstück gehöre der Familie, konkret: der Mutter, des Herrn T… S… in 2. Generation. Von einer bereits ins Werk gesetzten und lediglich rechtsgeschäftlich bedingten Verkauf dieses Grundstücks an die Klägerin haben ihre Vertreter weder hier noch dort etwas ausgeführt. Herr T… S… hat im Rahmen der mündlichen Verhandlung vielmehr abweichend angegeben, man habe aufschiebend bedingt – für den Fall der Erteilung eines Bauvorbescheids – einen Planungsvertrag mit einem Planverfasser zur Erstellung von Vorhabenplänen geschlossen und weitere Verträge mit Baudienstleistern geschlossen. Diesbezüglich haben die Vertreter der Klägerin indessen zuvor noch überhaupt nichts vorgetragen. Auf die Nachfrage des Einzelrichters, wann denn entsprechende geschlossen worden seien, was diese konkret zum Inhalt gehabt hätten und welche Vermögensnachteile entstanden seien, haben die Vertreter der Klägerin keine substantiierten Angaben zu machen vermocht. Die Vertreter der Klägerin haben es zudem – auch auf Nachfrage – nicht im Ansatz vermocht, die ihr entstandenen wirtschaftlichen Nachteile zu beziffern, was bei lebensnaher Betrachtung jedoch ersichtlich nahegelegen hätte. Die Klägerin hat auch sonst keine Umstände vorgetragen, die eine gesteigerte Vertrauensschutzposition begründen könnten. In eine andere Richtung deuten auch gerade nicht die zeitlichen Umstände der Rücknahme, da der Klägerin der Rücknahmebescheid bereits 14 Tage nach Erteilung des Bauvorbescheids vorlag.

Demgegenüber ist hinsichtlich des behördlichen Interesses an der Rücknahme des Bauvorbescheids dessen Rechtswidrigkeit unter dem Gesichtspunkt der bauplanungsrechtlichen Unzulässigkeit des Vorhabens der Klägerin und darüber hinaus die formelle Rechtswidrigkeit der Erteilung ohne vorherige Einholung des gemeindlichen Einvernehmens der Beigeladenen nach § 36 Abs. 1 BauGB in den Blick zu nehmen. Vor diesem Hintergrund ist gegen die Ermessensentscheidung des Regierungspräsidiums Karlsruhe, die dem öffentlichen Interesse an der Wiederherstellung gesetzmäßigen Verwaltungshandelns Vorrang vor den Interessen der Klägerin einräumt, erst recht nichts zu erinnern.

Das Regierungspräsidium Karlsruhe hat ferner im Widerspruchsbescheid zutreffend festgestellt und in die Ermessensausübung einbezogen, dass etwaige – nach den vorstehenden Ausführungen indessen bislang nicht dargelegte – Vermögensnachteile der Klägerin im Wege eines Antrags auf Ausgleich nach § 48 Abs. 3 LVwVfG ausgleichsfähig sein können, und sich damit bei der Rücknahmeentscheidung auch gerade nicht von fiskalischen Erwägungen leiten lassen. Anderweitige Gesichtspunkte, die einen vom Gericht zu überprüfenden Ermessensfehler nahelegen, sind von der Klägerin nicht vorgetragen und auch sonst nicht ersichtlich. …

Nr. 124

Rechtsgrundlage für die Rücknahme einer fiktiven Baugenehmigung ist § 116 Abs. 1 LVwG.

Bei der in § 116 Abs. 4 LVwG vorgesehenen Jahresfrist handelt es sich zudem, wie auch bei der vergleichbaren Regelung des Bundes in § 48 Abs. 4 VwVfG, um eine Entscheidungsfrist und nicht um eine sogenannte Bearbeitungsfrist. Diese Entscheidungsfrist beginnt erst dann, wenn der für die Rücknahme erforderliche Sachverhalt vollständig, uneingeschränkt und zweifelsfrei, einschließlich der für eine eindeutige rechtliche Wertung und der für die Ermessensentscheidung maßgeblichen Gesichtspunkte, ermittelt worden ist.

Die (sofortige) Vollziehung der Rücknahme einer Baugenehmigung muss wegen öffentlicher oder überwiegender privater Interessen besonders dringlich sein und keinen Aufschub bis zum rechtskräftigen Abschluss des Rechtsschutzverfahrens in der Hauptsache dulden.

(Leitsätze der Redaktion)

VwG SH § 116 Abs. 1; LBO § 63 Abs. 2 Satz 3.

Verwaltungsgericht Schleswig-Holstein, Beschluss v. 6. September 2024 – 2 B 22/24 –.

Aus den Gründen:

Der Antrag, die aufschiebende Wirkung des Widerspruchs vom 28.6.2024 gegen die mit Bescheid vom 29.5.2024 ausgesprochene Rücknahme der fiktiv erteilten Baugenehmigung vom 30.6.2022 wiederherzustellen, ist gem. § 80 Abs. 5 Satz 1 Alt. 2 i. V. m. § 80 Abs. 2 Nr. 4 VwGO zulässig. Angesichts der im benannten Bescheid bezüglich der Rücknahme ausgesprochenen Anordnung der sofortigen Vollziehung stellt der Antrag die statthafte Rechtsschutzform dar. Das Gericht kann die aufschiebende Wirkung eines Rechtsbehelfs ganz oder teilweise wiederherstellen, wenn die Behörde – wie hier – die sofortige Vollziehung des von ihr erlassenen Verwaltungsakts im öffentlichen Interesse oder im überwiegenden Interesse eines Beteiligten gemäß § 80 Abs. 2 Satz 1 Nr. 4 VwGO angeordnet hat.

Die Kammer geht insoweit davon aus, dass das Rechtsschutzbegehren der Antragstellerin – trotz der weitergehenden wörtlichen Formulierung in der Antragsschrift vom 3.7.2024 – von vornherein ausschließlich darauf gerichtet gewesen ist, vorläufigen Rechtsschutz nach § 80 Abs. 5 Satz 1 VwGO gegen die Rücknahme der fiktiv erteilten Baugenehmigung zu erlangen. In der Antragsschrift wurde zwar auch ausgeführt, dass die aufschiebende Wirkung des Widerspruchs gegen die ebenfalls im Bescheid vom 29.5.2024 enthaltene Versagung der Baugenehmigung wiederhergestellt werden soll. Ein solches Begehren wäre jedoch bereits unzulässig, da der Antragsgegner im Bescheid vom 29.5.2024 ausdrücklich nur für die Rücknahmeentscheidung die sofortige Vollziehung angeordnet hat.

Die Antragstellerin stellte nach einem entsprechenden gerichtlichen Hinweis letztlich klar, dass sich das Rechtsschutzbegehren allein gegen die Rücknahmeentscheidung richten soll. Unschädlich ist insoweit, dass die Prozessbevollmächtigte der Antragstellerin zunächst mit Schriftsatz vom 9.7.2024 mitteilte, dass sich der gerichtliche Antrag auf die Versagung der Baugenehmigung beziehen soll. Hierbei handelt es sich nach Auffassung der Kammer um eine offensichtliche Ungenauigkeit der Prozessbevollmächtigten der Antragstellerin, welcher daraus resultieren mag, dass der Antragsgegner sowohl die Rücknahmeentscheidung als auch die Ablehnung des Antrags auf Erteilung einer Baugenehmigung in einem Bescheid zusammenfasste. Jedenfalls mit Schriftsatz vom 16.7.2024 hat die Prozessbevollmächtigte der Antragstellerin ausdrücklich klargestellt, dass das vorläufige Rechtsschutzbegehren allein die Rücknahmeentscheidung betreffen soll.

Der Antrag auf Wiederherstellung der aufschiebenden Wirkung des Widerspruchs gegen die Rücknahme der fiktiv erteilten Baugenehmigung ist unbegründet.

Die gerichtliche Entscheidung nach § 80 Abs. 5 Satz 1 VwGO ergeht in der Sache auf der Grundlage einer umfassenden Interessenabwägung. Gegenstand der Abwägung sind das private Aufschubinteresse der Antragstellerin einerseits und das öffentliche Interesse an der Vollziehung des streitbefangenen Verwaltungsaktes andererseits. Im Rahmen dieser Interessenabwägung können auch Erkenntnisse über die Rechtmäßigkeit oder die Rechtswidrigkeit des Verwaltungsaktes, der vollzogen werden soll, Bedeutung erlangen, allerdings nicht als unmittelbare Entscheidungsgrundlage, sondern als in die Abwägung einzustellende Gesichtspunkte. Hat die Behörde – wie vorliegend hinsichtlich der Rücknahme der fiktiv erteilten Baugenehmigung – die sofortige Vollziehung nach § 80 Abs. 2 Satz 1 Nr. 4 VwGO angeordnet, kommt es auch darauf an, ob sie zu Recht das öffentliche Interesse an der sofortigen Vollziehung höher gewichtet hat als das private Interesse, bis zum rechtskräftigen Abschluss des Hauptsacheverfahrens den Verwaltungsakt nicht befolgen bzw. dessen Wirkungen einstweilen nicht gegen sich gelten lassen zu müssen.

Die vom Antragsgegner dargelegte Begründung der Anordnung der sofortigen Vollziehung genügt den formellen Erfordernissen des § 80 Abs. 3 Satz 1 VwGO. Danach ist das besondere Interesse an der sofortigen Vollziehung schriftlich zu begründen. Das Begründungserfordernis dient dazu, die Behörde zu einer sorgfältigen Prüfung des besonderen Interesses an der sofortigen Vollziehung des Verwaltungsakts im Bewusstsein des Ausnahmecharakters der den Wegfall der aufschiebenden Wirkung des Rechtsbehelfs nach § 80 Abs. 1 VwGO bewirkenden Vollziehungsanordnung anzuhalten, dem Betroffenen die Kenntnis der für die Vollziehungsanordnung maßgeblichen Gründe zu vermitteln und ihm so die Rechtsverteidigung zu ermöglichen bzw. zu erleichtern und die Grundlage für eine ordnungsgemäße gerichtliche Kontrolle dahin zu bieten, ob das die Vollziehungsanordnung rechtfertigende besondere Interesse vorliegt. Dementsprechend muss aus der Begründung hinreichend nachvollziehbar hervorgehen, dass und aus welchen besonderen Gründen die Behörde im konkreten Fall dem besonderen öffentlichen Interesse an der sofortigen, d. h. vor einer Entscheidung über den Rechtsbehelf bzw. vor Eintritt der Bestandskraft bereits jetzt dringlichen Vollziehung des Verwaltungsakts Vorrang vor dem Aufschubinteresse des Betroffenen einräumt bzw. aus welchen im dringenden öffentlichen Interesse liegenden Gründen sie es für gerechtfertigt oder geboten hält, den durch die aufschiebende Wirkung eines Rechtsbehelfs ansonsten eintretenden vorläufigen Rechtsschutz des Betroffenen einstweilen zurückzustellen (OVG Schleswig, Beschluss v. 28.7.2020 – 1 MB 11/20 – juris, Rdnr. 14).

Der Antragsgegner hat ausgeführt, die Anordnung der sofortigen Vollziehung solle dazu dienen, die aufschiebende Wirkung eines Widerspruchs gegen die Rücknahme der Baugenehmigung und damit die Ausführung des Bauvorhabens zu verhindern. Der Vollzug bzw. die Ausnutzung einer rechtswidrigen Baugenehmigung stelle eine Störung der öffentlichen Sicherheit in Form der Unversehrtheit der Rechtsordnung dar. Es bestehe ein zu verhindernder Verstoß gegen formelles oder materielles Baurecht. Die Anordnung der sofortigen Vollziehung sei sowohl im Interesse der Bauherrin als auch im überwiegenden öffentlichen Interesse geboten. Es könne nicht hingenommen werden, dass eine Bauherrin, die Inhaberin einer rechtswidrigen Baugenehmigung sei, bessergestellt werde als eine Bauherrin, der eine rechtmäßige, weniger Rechte einräumende, Baugenehmigung vorliege. Es solle auch verhindert werden, dass ein bauordnungswidriger Zustand entstehe oder sich weiterentwickle und eine Rückgängigmachung aufgrund der Schaffung vollendeter Tatsachen unmöglich sei.

Die vom Antragsgegner angeführten Aspekte zeigen, dass er sich der Ausnahmesituation des § 80 Abs. 2 Satz 1 Nr. 4 VwGO bewusst war. Er hat Umstände angeführt, die seiner Auffassung nach über das bloße Vollzugsinteresse bezüglich der Rücknahmeentscheidung hinausgehen. Eine Kontrolle der inhaltlichen Richtigkeit oder Tragfähigkeit dieser Begründung des Sofortvollzugs erfolgt dabei im Rahmen der formellen Prüfung nicht (vgl. OVG Schleswig, Beschluss v. 29.10.2020 – 4 MR 1/20 – juris, Rdnr. 85 m. w. N.; VGH München, Beschluss v. 17.2.2023 – 15 CS 23.95 – juris, Rdnr. 21).

In die nach den dargestellten Maßstäben vorzunehmende Interessenabwägung ist nach Auffassung der Kammer zu Lasten der Antragstellerin einzustellen, dass sich die streitgegenständliche Rücknahme der fiktiv erteilten Baugenehmigung nach der insoweit gebotenen summarischen Prüfung als rechtmäßig erweist.

Rechtsgrundlage für den angefochtenen Rücknahmebescheid ist § 116 Abs. 1 LVwG, der auch für fiktive Verwaltungsakte gilt. Danach kann ein rechtswidriger Verwaltungsakt, auch nachdem er unanfechtbar geworden ist, ganz oder teilweise mit Wirkung für die Zukunft oder die Vergangenheit zurückgenommen werden. Diese Voraussetzungen sind vorliegend gegeben.

Der Antragsgegner hat zunächst die Fristvorgabe aus 116 Abs. 4 LVwG eingehalten, wonach die Rücknahme nur innerhalb eines Jahres seit dem Zeitpunkt der Kenntnisnahme zulässig ist, wenn die Behörde von Tatsachen Kenntnis erhält, welche die Rücknahme eines rechtswidrigen Verwaltungsakts rechtfertigen.

Die Fiktion der Baugenehmigung trat mit Ablauf der dreimonatigen Frist des § 63 Abs. 2 Satz 3 LBO 2022 am 30.6.2022 ein. Die Rücknahme der Baugenehmigung erfolgte zwar erst mit dem Rücknahmebescheid vom 29.5.2024. Allerdings ist zu beachten, dass die Jahresfrist für die Rücknahme einer fiktiven Baugenehmigung nicht bereits zu laufen beginnt, wenn die gesetzliche Fiktion eintritt, sondern (frühestens) erst dann, wenn dem zuständigen Amtswalter die Notwendigkeit erstmals bewusst wird, über die Rücknahme der Genehmigung zu entscheiden (vgl. OVG Schleswig, Beschluss v. 1.9.2004 – 1 MB 7/03 – juris, Urteil v. 20.10.2011 – 1 LB 5/11 – juris, jeweils für einen [fiktiv erteilten] Bauvorbescheid).

Bei der in § 116 Abs. 4 LVwG vorgesehene Jahresfrist handelt es sich zudem, wie auch bei der vergleichbaren Regelung des Bundes in § 48 Abs. 4 VwVfG, um eine Entscheidungsfrist und nicht um sogenannte Bearbeitungsfrist. Diese Entscheidungsfrist beginnt erst dann, wenn der für die Rücknahme erforderliche Sachverhalt vollständig, uneingeschränkt und zweifelsfrei, einschließlich der für eine eindeutige rechtliche Wertung und der für die Ermessensentscheidung maßgeblichen Gesichtspunkte, ermittelt worden ist. In der Regel ist die Aufbereitung des Sachverhaltes frühestens abgeschlossen, wenn die Behörde dem mit der Rücknahme Belasteten Gelegenheit zur Anhörung gegeben hat, vgl. § 87 Abs. 1 LVwG. Erst in diesem Stand des Verwaltungsverfahrens liegen regelhaft alle auch für die Ermessensentscheidung nach § 116 Abs. 1 S. 1 LVwG und für die Beurteilung eines eventuellen Vertrauensschutzes notwendigen Sachverhaltsvoraussetzungen vor (vgl. BVerwG, Urteil v. 20.9.2001 – 7 C 6.01 – juris, Rdnr. 13; OVG Magdeburg, Beschluss v. 29.8.2023 – 2 M 73/23 – juris, Rn 29 f.; OVG Münster, Beschluss v. 1.4.1999 –

10 A 3381/97 – juris, Rdnr. 8 m. w. N.; Sachs, in: Stelkens/Bonk/Sachs, VwVfG, 10. Auflage 2023, § 48 Rn 228 ff. m. w. N.).

Ausweislich des dem Gericht vorliegenden Verwaltungsvorgangs hat der Antragsgegner anlässlich einer internen Prüfung am 5.12.2022 erstmals Kenntnis von der möglichen Rechtswidrigkeit der Baugenehmigung erlangt und die Antragstellerin mit Schreiben vom 5.4.2023 zur Stellungnahme aufgefordert und dabei auf planungsrechtliche Bedenken hingewiesen. Diese hat dann mit Schriftsatz vom 24.7.2023 u. a. zur planungsrechtlichen Zulässigkeit des streitbefangenen Vorhabens Stellung genommen. Erst mit dem Eingang dieser (letzten) Stellungnahme im behördlichen Verfahren begann nach den vorangestellten Maßstäben somit die Jahresfrist zu laufen. Der Antragsgegner geht insofern zu Recht davon aus, dass erst mit dem Eingang der benannten Stellungnahme die für die Rücknahmeentscheidung relevanten Tatsachen ermittelt wurden. Demnach erfolgte die Rücknahme mit Bescheid vom 29.5.2024 noch innerhalb der Jahresfrist.

In diesem Zusammenhang ist im Übrigen nicht maßgeblich, dass sich die streitbefangenen Räumlichkeiten bereits (mindestens) seit dem Jahr 2013 in der landwirtschaftlich genutzten Halle befinden und seit wann der Antragsgegner Kenntnis von der Existenz dieser Räumlichkeiten hat. Der verfahrensrechtliche Auslöser für die streitbefangene Rücknahmeentscheidung ist der Eintritt der Genehmigungsfiktion am 30.6.2022 und damit die Existenz des Verwaltungsaktes, der nunmehr zurückgenommen wurde. Vor dem 30.6.2022 bestand noch kein (rechtswidriger) Verwaltungsakt, der Gegenstand einer Prüfung durch den Antragsgegner hätte sein können. Vorgänge vor dem 30.6.2022 sind daher für die Frage des Beginns oder Ablaufs der Jahresfrist nach § 116 Abs. 4 LVwG rechtlich nicht relevant.

Die fiktiv erteilte Baugenehmigung erweist sich nach summarischer Prüfung auch als rechtswidrig. Es fehlt es an der planungsrechtlichen Zulässigkeit des zur Genehmigung gestellten Vorhabens nach § 35 BauGB. Das Vorhabengrundstück befindet sich nach übereinstimmender Auffassung der Beteiligten im Außenbereich der Gemeinde Borstel. Für die Kammer ergeben sich ausweislich des vorhandenen Kartenmateriales und nach Betrachtung der im Internet zugänglichen Satellitenbilder keine Anhaltspunkte dafür, dass diese Einschätzung unzutreffend ist.

Das streitbefangene Vorhaben – Einbau von betrieblichen Räumen in eine landwirtschaftliche Halle – ist indes nicht als privilegiertes Vorhaben gemäß § 35 Abs. 1 Nr. 1 BauGB zu bewerten. Zwar betreibt die Antragstellerin, was zwischen den Beteiligten unstreitig ist, am Vorhabenstandort (auch) einen landwirtschaftlichen Betrieb in Form der Tierhaltung und Wiesen- bzw. Weidewirtschaft. Dem konkret zur Genehmigung gestellten Vorhaben fehlt es jedoch zumindest am Merkmal des »Dienens« im Sinne von § 35 Abs. 1 Nr. 1 BauGB.

Durch das Tatbestandsmerkmal des »Dienens« soll sichergestellt werden, dass das Bauvorhaben zu dem privilegierten Betrieb tatsächlich in einer funktionalen Beziehung steht. Die eigentliche Zweckbestimmung des Erfordernisses des »Dienens« liegt darin, Missbrauchsversuchen begegnen zu können. Nicht der nur behauptete Zweck des Vorhabens, sondern seine wirkliche Funktion soll entscheidend sein. Die Zulässigkeit des jeweiligen Vorhabens hängt von der tatsächlich gegebenen Bodenbewirtschaftung und Bodennutzung des konkreten Betriebs und davon ab, in welcher Beziehung das Vorhaben zu diesem konkreten Betrieb steht oder voraussichtlich stehen würde. Was die Beschaffenheit dieser Beziehung anlangt, sind in beiden Richtungen die gewissermaßen äußersten Grenzen dadurch gekennzeichnet, dass für die Privilegierung die bloße Förderlichkeit nicht ausreicht und andererseits die Notwendigkeit bzw. Unentbehrlichkeit nicht verlangt werden kann. Innerhalb des damit gegebenen Rahmens muss für das Merkmal des Dienens darauf abgestellt werden, ob ein vernünftiger Land- bzw. Forstwirt – auch und gerade unter Berücksichtigung des Gebots größtmöglicher Schonung des Außenbereichs – das Bauvorhaben mit etwa gleichem Verwendungszweck und mit etwa gleicher Gestaltung und Ausstattung für einen entsprechenden Betrieb errichten würde (vgl. BVerwG, Urteil v. 3.11.1972 – IV C 7/90 – juris, Rdnr. 19, Urteil v. 19.4.1985 – 4 C 13.82 – juris, Rdnr. 14, und Urteil v. 22.1.2009 – 4 C 17.07 – juris, Rdnr. 20 f).

Ein landwirtschaftlicher Betrieb im Sinne von § 35 Abs. 1 Nr. 1 BauGB setzt daher eine spezifische betriebliche Organisation und eine Nachhaltigkeit der Bewirtschaftung voraus. Es muss sich um ein auf Dauer gedachtes, potentiell für Generationen geschaffenes und auch lebensfähiges Unternehmen handeln. Denn der zu schonende Außenbereich darf grundsätzlich nur einer ernsthaften, in seiner Beständigkeit langfristig ausgerichteten nachhaltigen Betätigung »geopfert« werden (vgl. BVerwG, Urteil v. 4.3.1983 – 4 C 69.79 – juris, Rdnr. 14, und Beschluss v. 9.12.1993 – 4 B 196.93 – juris, Rdnr. 4; OVG Münster, Beschluss v. 30.10.2009 – 7 A 2370/08 – juris, Rdnr. 5, VGH Mannheim, Urteil v. 7.8.1991 – 3 S 1075/90 – juris, Rdnr. 21.)

Ausweislich der von der Antragstellerin vorgelegten und als Betriebsbeschreibung deklarierten Stellungnahme der Landwirtschaftskammer Schleswig-Holstein vom 2.2.2022 solle die Mutterkuhhaltung auf den in der Nähe zu der streitbefangenen Halle bestehenden Fläche intensiviert und der Bestand an Mutterkühen aufgebaut werden. Ein Teil des Fleisches aus der Mutterkuhhaltung solle direkt vermarktet werden und am Betriebsstandort, in dem in der Halle eingerichteten Raum, vorbereitet und verpackt werden. Die Halle solle dann auch als Verkaufs- oder Versandstandort dienen. In der betrieblichen Planungsrechnung für das Jahr 2023/24 werde von 20 verkauften Tieren je Jahr ausgegangen. Es werde angestrebt, hiervon sieben Tiere in der Direktvermarktung abzusetzen und 13 Tiere an den Großhandel zu verkaufen. Als nachfolgendes Planungsziel werde ein Bestand von 70 Mutterkühen angestrebt. Hiervon sollen zehn Tiere direkt verkauft und die restlichen 60 Tiere über den Handel abgesetzt werden. Der Anteil der direkt vermarkteten

Tiere solle erhöht werden, da der zu erwartende Erlös je Einheit bei der Direktvermarktung deutlich höher liege.

Die am Vorhabenstandort bereits vorhandene Betriebshalle war am 1.12.2009 zum Aktenzeichen xxxx als landwirtschaftliche (Betriebs-)Halle mit einer Grundfläche von 480 m^2 auf den Flurstücken xxx und xxx, Flur xx, Gemarkung XY genehmigt worden. Der genehmigte Grundriss wies dabei zwei Abkalbeboxen und eine Kranken- und Isolierbox für Rinder, eine Lagerfläche für 310 Rundballen Heu und jenseits einer etwa mittig in der Halle liegenden Trennwand eine Stellfläche für landwirtschaftliche Geräte aus.

Gegenstand des hier in Rede stehenden Genehmigungsantrags vom 31.3.2022 ist die Erteilung einer Baugenehmigung für den Umbau und die Nutzungsänderung von Teilen der Halle für die landwirtschaftliche Nutzung. Nach der Innenaufteilung im vom Umbau erfassten Hallenteil sind u. a. eine Kühlzelle, ein Raum als »Lager/Verpackung/Disposition«, ein Raum für Vermarktung, ein Aufenthaltsraum, ein Sozialraum, ein Heizungsraum sowie ein Bad vorgesehen (Bl. 9 der Beiakte 0478/22).

Die Kammer stellt nach den ihr zur Verfügung stehenden Informationen nicht in Frage, dass die Antragstellerin am Vorhabenstandort grundsätzlich einen von § 35 Abs. 1 Nr. 1 BauGB erfassten land- bzw. forstwirtschaftlichen Betrieb führt. Entsprechendes hat auch der Antragsgegner nicht vorgetragen. Bei Anlegung des dargestellten Maßstabs ist jedoch zu konstatieren, dass die Antragstellerin die Voraussetzungen für das Merkmal des Dienens im Hinblick auf die streitbefangene Nutzung von Teilen der bereits errichten Halle nicht hinreichend dargelegt hat. Sie begründet die Zulässigkeit der Nutzung der bereits vorhandenen Räume insoweit mit der Absicht, das aus der Mutterkuhhaltung gewonnene Fleisch vor Ort, d. h. in der bestehenden Betriebshalle, zu vermarkten. Es fehlt jedoch insbesondere an der insoweit gebotenen Darstellung, dass es für die Bewirtschaftung der Betriebsfläche der Antragstellerin der antragsgegenständlichen räumlichen Ausstattung für die Zwecke der Direktvermarktung der von ihr gehaltenen Tiere bzw. von deren Fleisch tatsächlich bedarf.

Zunächst ist festzuhalten, dass die Antragstellerin mit dem Bauantrag keine (ergänzende) Betriebsbeschreibung nach § 9 Abs. 2 BauVorlVO vorgelegt hat, obwohl sie mit Schreiben des Antragsgegners vom 28.4.2022 hierzu aufgefordert wurde. Die Antragstellerin hat zur Begründung ihres Vorhabens sowohl im behördlichen als auch im gerichtlichen Verfahren allein auf die Stellungnahme der Landwirtschaftskammer vom 2.2.2022 Bezug genommen.

Vorliegend bedarf es jedoch keiner Entscheidung, ob das Vorhaben der Antragstellerin angesichts der fehlenden Bauvorlagen bereits zu unbestimmt dargestellt wurde und daher schon aus diesem Grund nicht genehmigungsfähig ist. Die Antragstellerin muss sich bei der Prüfung der planungsrechtlichen Zulässigkeit des Vorhabens jedenfalls auf die Angaben in der Stellungnahme der Landwirtschaftskammer vom 2.2.2022 verweisen lassen. Diese reichen jedoch nicht aus, um von einer Privilegierung des Vorhabens ausgehen zu können.

In der Stellungnahme der Landwirtschaftskammer finden sich zum einen keine näheren Ausführungen zur Ausgestaltung der konkret angestrebten Direktvermarktung. Beispielsweise fehlt es an Informationen zu Liefer- und Betriebszeiten und zum Einsatz von Personal am Vorhabenstandort. Zum anderen fehlt die Darstellung eines schlüssigen Vermarktungskonzeptes. Gerade Letzteres ist erforderlich, um die Nachhaltigkeit der angestrebten Nutzung, gerade an dem zu beurteilenden Standort, bewerten zu können. Insoweit ist auch nicht ersichtlich, dass es der Antragstellerin nicht möglich (gewesen) sein sollte, hierzu entsprechende Angaben zu tätigen. Schließlich hat sie im gerichtlichen Verfahren ausgeführt, dass es bereits zur Direktvermarktung von Fleisch aus der Mutterkuhhaltung gekommen sei. Nachweise hierfür hat die Antragstellerin jedoch nicht vorgelegt.

Des Weiteren stellt der Antragsgegner in der angefochtenen Rücknahmeentscheidung zu Recht darauf ab, dass seit der Erteilung der Baugenehmigung für die Halle im Jahr 2009 keine Nachweise dafür vorgelegt wurden, dass die (damals) beantragte Mutterkuhhaltung im bewilligten Umfang von 14 Tieren bislang realisiert wurde. Angesichts der Angaben in der Stellungnahme der Landwirtschaftskammer vom 2.2.2022, wonach die Schaf- bzw. Mutterkuhhaltung derzeit mit einem Bestand von sieben Tieren betrieben werde, stellt sich zu Recht die Frage, inwiefern das Konzept einer Direktvermarktung mit Fleisch aus der Mutterkuhhaltung tatsächlich ernsthaft und nachhaltig verfolgt wird. Etwas Anderes ergibt sich auch nicht unter Berücksichtigung der Angaben der Antragstellerin in der Widerspruchsbegründung, wonach der Tierbestand zwischenzeitlich auf acht Rinder und 16 Schafe angewachsen sei. Die Anzahl der Schafe dürfte insofern unerheblich sein, da sich aus der Stellungnahme der Landwirtschaftskammer nicht ergibt, dass auch eine Direktvermarktung des Fleisches der Schafe beabsichtigt ist. Des Weiteren sind für die Beurteilung der planungsrechtlichen Zulässigkeit des Vorhabens grundsätzlich die Angaben in der Betriebsbeschreibung, bzw. hier in der Stellungnahme der Landwirtschaftskammer, maßgeblich. Überdies handelt es sich bei einem Bestand von acht Rindern im Vergleich zu den in Stellungnahme vom 2.2.2022 angegebenen sieben Rindern um eine lediglich marginale Erhöhung innerhalb eines Zeitraums von über zwei Jahren. Ausweislich der Stellungnahme der Landwirtschaftskammer war für das Betriebsjahr 2023/2024 sogar eine Erhöhung des Bestandes auf 20 Rinder vorgesehen, die offensichtlich nicht erreicht wurde.

Lediglich ergänzend ist zu erwähnen, dass der Stellungnahme der Landwirtschaftskammer die dort mehrfach angesprochene sogenannte Planungsrechnung nicht beigefügt gewesen ist und diese sich auch nicht in den weiteren, dem Gericht zur Verfügung stehenden, Unterlagen befindet. Die Angaben in der Stellungnahme der Landwirtschaftskammer sind schon aus diesem Grund nicht vollständig plausibel.

Soweit die Antragstellerin in der Widerspruchsbegründung noch vorträgt, dass sie mit der Direktvermarktung begonnen und in der letzten Zeit bereits sechs Tiere verkauft hätte, hat sie hierfür keine Nachweise vorgelegt, auch nicht zu den jeweiligen Erlösen. Die Angabe »in der letzten Zeit« ist zudem mehr als vage. Diese Angaben reichen jedenfalls nicht aus, um die dargestellten Zweifel an der Ernsthaftigkeit bzw. Nachhaltigkeit der angestrebten Nutzung im Außenbereich auszuräumen. Letztlich legt die Antragstellerin auch in der Widerspruchsbegründung nicht dar, wie die Direktvermarktung konkret ausgestaltet werden soll bzw. bereits ausgestaltet war (u. a. Werbung, Kundenkontakt, Vertriebszeiten, Mitarbeitereinsatz, Ort der Schlachtung, Transportwege zur und von der Schlachtung).

Im Rahmen der wegen des Gebotes der größtmöglichen Schonung des Außenbereichs erforderlichen strengen Bewertung der Ernsthaftigkeit und Nachhaltigkeit der streitbefangenen Nutzung sind zudem folgende Gesichtspunkte zu beachten:

Bei der von Antragstellerin begehrten Nutzung dürfte es sich – wenn überhaupt – um eine sogenannte mitgezogene Nutzung im Zusammenhang mit einem landwirtschaftlichen Betrieb im Sinne von § 35 Abs. Nr. 1 BauGB handeln. Die Vermarktung von Fleisch aus der eigenen Tierhaltung stellt grundsätzlich eine gewerbliche Tätigkeit dar, die nur unter bestimmten Voraussetzungen an der eigentlichen Privilegierung des landwirtschaftlichen Betriebes teilnimmt.

Einzelne nichtlandwirtschaftliche, wie insbesondere gewerbliche Betätigungen, können durch ihre betriebliche Zuordnung zur landwirtschaftlichen Tätigkeit von dieser »mitgezogen« werden und damit an der Privilegierung nach Nr. 1 teilhaben, auch wenn sie bei isolierter Betrachtung landwirtschaftsfremd sind, sog. mitgezogene Nutzungen (Betriebsteile). Hierzu reicht allein nicht aus, dass die landwirtschaftsfremde Betätigung betriebswirtschaftlich zweckmäßig ist; es muss das Gebot beachtet werden, den Außenbereich grundsätzlich von ihm wesensfremder Betätigung freizuhalten. Mindestvoraussetzung ist daher ein enger Zusammenhang mit der Bodenertragsnutzung und ihren vielfältigen Formen. Gegenüber der vorhandenen landwirtschaftlichen Betätigung muss es sich bei der landwirtschaftsfremden Betätigung um eine »bodenrechtliche Nebensache« handeln. Das Erscheinungsbild des landwirtschaftlichen Betriebs muss dabei insgesamt gewahrt bleiben. Hierfür ist wesentlich, dass zwischen dem landwirtschaftlichen Betrieb und der hinzukommenden Betätigung ein betrieblicher Zusammenhang besteht. Eine vom Privilegierungstatbestand der Nr. 1 mitgezogene Betätigung wird umso weniger anzunehmen sein, als der Zusammenhang zwischen Betrieb und hinzukommender Betätigung kaum oder nur entfernt besteht. Die Frage, ob das Vorhaben im Verhältnis zu dem privilegiert zulässigen Betrieb eine Nebensache ist, ist nicht aufgrund einer typisierenden, sondern einer konkreten Betrachtungsweise zu beurteilen. Es kommt nicht darauf an, ob sich der landwirtschaftliche Betrieb auch ohne den zusätzlichen Betriebsteil noch sachgerecht, also betriebswirtschaftlich sinnvoll, führen lässt (vgl. zum Ganzen: Söfker, in: Ernst/ Zinkahn/Bielenberg/Krautzberger, 153. EL Januar 2024, BauGB § 35 Rdnr. 28 m. w. N. aus der Rechtsprechung). Im Rahmen der gebotenen Betrachtung der Besonderheiten des Einzelfalles muss zudem festzustellen sein, dass die Landwirtschaft nach Umfang und Bedeutung für den Gesamtbetrieb deutlich überwiegen muss. Das ist dann nicht mehr der Fall, wenn die Einnahmen aus den landwirtschaftsfremden Tätigkeiten den Einnahmen aus der Landwirtschaft gleich oder annähernd gleich sind. Denn dann übersteigt der Betrieb der übrigen Betätigungen das Maß dessen, was als »bodenrechtliche Nebensache« an der Privilegierung des landwirtschaftlichen Betriebes teilhaben könnte (vgl. VGH München, Beschluss v. 7.7.2005 – 26 ZB 04.2503 – juris, Rdnr. 5 f.).

Zwar kann auch die sogenannte Direktvermarktung der im landwirtschaftlichen Betrieb »erzeugten« Produkte auf dem Betriebsgelände unter bestimmten Voraussetzungen selbst privilegiert sein oder als sogenannte mitgezogenen Nutzung an der Privilegierung nach § 35 Abs. 1 Nr. 1 BauGB teilnehmen. Allerdings bedarf es insoweit ebenfalls der Prüfung, ob der auf Schonung des Außenbereichs bedachte Landwirt, das Vorhaben in der konkreten Art und Weise und an diesem Standort verwirklichen würde. Gerade der Zuordnung von bestimmten Verarbeitungsstufen sind dadurch Grenzen gesetzt, dass die Prägung durch die reine Bodenertragsnutzung, d. h. aus eigener Produktion, gegeben sein muss. Sie setzt eine räumliche Nähe der jeweiligen Produktions- und Verarbeitungsstufe der unmittelbar durch Bodennutzung erworbenen Produkte voraus; bei entfernteren Stufen fehlt die prägende Wirkung (vgl. hierzu Söfker, a. a. O., § 35 BauGB Rdnr. 25).

Von der Antragstellerin wurde insbesondere nicht dargelegt, wo die zur Direktvermarktung vorgesehenen Tiere geschlachtet werden sollen und wie sich die Transportwege im Einzelnen darstellen. Eine Zuordnung der einzelnen Verarbeitungsstufen kann anhand der vorliegenden Unterlagen daher nicht vorgenommen werden. Des Weiteren kann der Stellungnahme der Landwirtschaftskammer nicht hinreichend nachvollziehbar entnommen werden, in welchem Verhältnis die (voraussichtlichen) Einnahmen aus dem originären landwirtschaftlichen Betrieb und dem hier streitbefangenen Betriebsteil »Direktvermarktung« stehen (werden). Es fehlt an einer ausreichend substantiierten Darstellung des (Gesamt)Betriebskonzepts. Ein solches ist für die Beurteilung der planungsrechtlichen Zulässigkeit der sogenannten mitgezogenen Nutzung im vorliegenden Einzelfall jedoch erforderlich.

Darüber hinaus ist zu beachten, dass die streitbefangenen Räumlichkeiten, die Gegenstand der fiktiv erteilten Baugenehmigung sind, ihrer wesentlichen Art nach bereits Gegenstand eines Genehmigungsantrags vom 25.11.2017 sind. Die Antragstellerin beantragte damals u. a. die Erteilung einer Baugenehmigung für den Umbau und die Nutzungsänderung von Teilen der landwirtschaftlichen Halle für die forstwirtschaftliche Nutzung. Ausweislich der vorgelegten Betriebsbeschreibung solle in den streitbefangenen Räumlichkeiten auch Wildschlachtung vorgenommen werden. Nach Ablehnung des Bauantrags durch den Antragsgegner und dem erfolglos durchgeführtem Widerspruchsverfahren hat die Antragstellerin vor dem erkennenden Gericht Klage erhoben (Az. 2 A 63/19). Nach Abweisung der Klage hat sie beim Schleswig-Holsteinischen Oberverwaltungsgericht die Zulassung der Berufung beantragt (Az. 1 LA 87/21). Über diesen Antrag wurde noch nicht entschieden.

Unabhängig davon, welche konkreten rechtlichen Konsequenzen sich daraus ergeben, dass die Antragstellerin derzeit zwei verschiedene Nutzungsbegehren für die gleichen Räumlichkeiten verfolgt, stellt sich im Lichte der dargestellten Anforderungen für die Bewertung der Ernsthaftigkeit und Nachhaltigkeit des streitbefangenen Vorhabens jedenfalls die Frage, welche konkrete Nutzung der verfahrensgegenständlichen Räume durch die Antragstellerin tatsächlich beabsichtigt ist, also ob die Räume allein landwirtschaftlichen oder fortwirtschaftlichen Zwecken oder gegebenenfalls beiden Zwecken dienen sollen. Auf Letzteres lassen die Äußerungen in der Widerspruchsbegründung vom 28.6.2024 schließen: Die Räume, die Gegenstand der fiktiv erteilten Baugenehmigung sind, würden auch für den fortwirtschaftlichen Betrieb benötigt. Das im Zusammenhang mit der ordnungsgemäßen forstwirtschaftlichen Unterhaltung der Waldflächen erlegte Wild müsse ordnungsgemäß verarbeitet werden. Das Wildfleisch müsse gekühlt und vermarktet werden.

Allerdings ist die Nutzung der Räumlichkeiten zu forstwirtschaftlichen Zwecken und zur Verarbeitung von Wildtieren nicht Gegenstand des hier in Rede stehenden Genehmigungsverfahrens. Auch die Stellungnahme der Landwirtschaftskammer verhält sich hierzu nicht. Sofern die Antragstellerin im Ergebnis eine gemischte Nutzung der Räumlichkeiten verfolgt, handelte es sich hierbei um ein eigenständig zu prüfendes Vorhaben, welches jedenfalls nicht von der Antragstellung vom 31.3.2022 erfasst ist.

Angesichts des von der Antragstellerin betriebenen Rechtsmittelverfahrens für die soeben beschriebene Nutzung der streitbefangenen Räumlichkeiten zu forstwirtschaftlichen Zwecken und der hiervon abweichenden verfahrensgegenständlichen Nutzung bestehen im Hinblick auf die Ernsthaftigkeit und Nachhaltigkeit des Vorhabens jedenfalls gewichtige Zweifel (vgl. allg. zur Berücksichtigung der Genese der Planungen in der Gesamtbetrachtung des »Dienens« OVG Münster, Beschluss v. 7.12.2016 – 2 A 1780/15 – juris, Rdnr. 23).

Die somit als sonstiges Vorhaben im Sinne von § 35 Abs. 2 BauGB einzuordnende streitbefangene Nutzung im Inneren der bereits errichteten Halle beeinträchtigt öffentliche Belange nach § 35 Abs. 3 BauGB.

Eine Beeinträchtigung öffentlicher Belange liegt bereits dann vor, wenn einer der in § 35 Abs. 3 BauGB aufgeführten Belange oder ein sonstiger für die Bebauung des Außenbereichs erheblicher Gesichtspunkt nicht unwesentlich berührt wird. Dabei ist zu berücksichtigen, dass der Außenbereich grundsätzlich von nicht privilegierten Vorhaben freizuhalten ist. Die Vorschrift ist daher restriktiv auszulegen. Die Genehmigung von nicht privilegierten Vorhaben im Außenbereich kommt daher nur ganz ausnahmsweise in Betracht. Eine solche Ausnahme liegt hier aber nicht vor. § 35 Abs. 3 BauGB führt die öffentlichen Belange, die nicht beeinträchtigt sein dürfen, beispielhaft auf, ohne dass diese Aufzählung abschließend wäre.

Vorliegend beeinträchtigt das streitbefangene Vorhaben jedenfalls öffentliche Belange gemäß § 35 Abs. 3 Satz 1 Nr. 7 BauGB, da es die Entstehung, Verfestigung oder Erweiterung einer Splittersiedlung befürchten lässt. Diese Regelung bringt die Intention des Gesetzgebers zum Ausdruck, die Entwicklung unorganischer Siedlungsstrukturen und damit eine Zersiedlung, d. h. eine zusammenhanglose oder aus anderen Gründen unorganische Streubebauung im Außenbereich zu verhindern (BVerwG, Urteil v. 26.5.1967 – IV C 25.66 – juris, Rdnr. 15). Der Außenbereich soll grundsätzlich von aller nicht unmittelbar seinem Wesen und seiner Funktion entsprechenden Bebauung freigehalten werden. Splittersiedlungen sind nach der Rechtsprechung des Bundesverwaltungsgerichts allerdings nicht schon um ihrer selbst willen zu missbilligen. »Zu befürchten« im Sinne von § 35 Abs. 3 Nr. 7 BauGB ist die Entstehung, Erweiterung oder Verfestigung einer Splittersiedlung nur, wenn das Vorhaben zu einer »unerwünschten Splittersiedlung« führt. Unerwünscht in diesem Sinne ist eine Splittersiedlung, wenn mit ihr ein Vorgang der Zersiedelung eingeleitet oder gar schon vollzogen wird. Das anzunehmen, rechtfertigt sich in der Regel.

Die Berechtigung einer solchen Annahme bedarf hingegen in Fällen der Verfestigung einer konkreten Begründung. Als Grund für eine Missbilligung kommt in diesen Fällen u. a. in Betracht, dass das Vorhaben eine weitreichende oder noch nicht genau übersehbare Vorbildwirkung besitzt und daher seine unabweisbare Konsequenz sein könnte, dass in nicht verlässlich eingrenzbarer Weise noch weitere Bauten hinzutreten werden. »Weitreichend« ist die Vorbildwirkung deshalb immer dann, wenn sich das Vorhaben und die weiteren Vorhaben, die nicht verhindert werden könnten, zusammen der vorhandenen Splittersiedlung nicht unterordnen, sondern diese erheblich verstärken und dadurch eine weitergehende Zersiedlung des Außenbereichs bewirken würden (BVerwG, Beschluss v. 24.6.2004 – 4 B 23/04 – juris, Rdnr. 8). Ein sicherer Nachweis ist in diesem Zusammenhang entbehrlich. Vielmehr begnügt sich § 35 Abs. 2 BauGB mit dem Maßstab verständiger Plausibilität und stellt darauf ab, ob nach Lage der Verhältnisse des Einzelfalles eine Beeinträchtigung anzunehmen ist (BVerwG, Beschluss v. 30.11.1994 – 4 B 226/94 – juris, Rdnr. 5). Dabei setzt der Tatbestand des Befürchtens der Verfestigung einer Splittersiedlung nicht voraus, dass – als Folge der Zulassung des beeinträchtigenden Vorhabens ein uneingeschränkter Rechtsanspruch auf Zulassung weiterer Vorhaben entsteht. Es genügt, dass die Gründe, welche weiteren Vorhaben entgegengehalten werden können, an Überzeugungskraft einbüßen würden wenn das streitgegenständliche Vorhaben nicht aus eben den Gründen (Verfestigung einer Splittersiedlung) versagt würde, mit der Genehmigung also ein sogenannter Berufungsfall geschaffen würde. Mit der Versagung der Genehmigung soll bereits »den Anfängen gewehrt« werden (BVerwG, Beschluss v. 2.2.1999 – 4 B 27.99 – juris, Rdnr. 6). Auch bauliche Anlagen, die nicht zum Aufenthalt von Menschen bestimmt sind, sind dabei grundsätzlich geeignet, die Splittersiedlung zu verfestigen. Der Begriff der Splittersiedlung beschränkt sich jedenfalls nicht auf die zum Wohnen bestimmten Baulichkeiten (BVerwG, Urteil v. 9.6.1976 – IV C 42.74 – juris, Rdnr. 15; Beschluss v. 7.9.1984 – 4 B 188.84 – juris, Rdnr. 2).

Vorliegend ist davon auszugehen, dass in der beabsichtigten Nutzung der Halle mit einem Aufenthaltsraum für Personen sowie einem Raum für die Direktvermarktung von Rindfleisch (Verkauf vor Ort oder Vorbereitung des Versands) eine erhebliche Nutzungsvertiefung liegt, die sich qualitativ, aber auch quantitativ der zuvor genehmigten Nutzung als Unterstell-, Lager- und Tierhaltungsplatz nicht hinreichend unterordnet. Durch das beantragte Vorhaben ist u. a. mit einer Intensivierung des Kraftfahrzeugverkehrs am und zum Vorhabenstandort und damit im Außenbereich zu rechnen. Ausweislich des den Antragsunterlagen beigefügten Stellplatznachweises sind vier Kfz-Stellplätze für Besucher und zwei Kfz-Stellplätze für Beschäftigte vorgesehen. Die mit dem streitbefangenen Vorhaben einhergehenden Auswirkungen gehen jedenfalls deutlich über diejenigen hinaus, die aus dem bislang genehmigten Nutzungsumfang für die Halle resultieren. Insofern würden die Einwendungen des Antragsgegners gegen weitere potentielle (Aufenthalts-)Nutzungen und ggf. gegen gewerbliche Nutzungen im Außenbereich der betroffenen Gemeinde erheblich an Überzeugungskraft verlieren, wenn man die negativen Auswirkungen der Zersiedelungsvorgänge allein mit Blick auf den bereits vorhandenen baulichen Hallenbestand in Zweifel zöge.

Die Tatbestandsvoraussetzungen des § 116 Abs. 1 LVwG sind somit erfüllt. Etwaige Aspekte des Vertrauensschutzes des Betroffenen sind bei der Rücknahme des Verwaltungsaktes auf Tatbestandsebene nicht zu prüfen. Einer tatbestandlich vorgeschriebenen Abwägung nach dem Modell des § 116 Abs. 2 S. 1 LVwG, die zu einer Rücknahmesperre führen kann, unterliegen die von § 116 Abs. 3 LVwG erfassten Verwaltungsakte nicht. Bei der Baugenehmigung handelt es sich nicht um einen Verwaltungsakt, der eine einmalige oder laufende Geldleistung gewährt oder hierfür Voraussetzung ist.

Die Rücknahme der fiktiv erteilten Baugenehmigung leidet nach Auffassung der Kammer auch nicht an Ermessensfehlern im Sinne von § 114 Satz 1 VwGO.

Im Rahmen der nach § 116 Abs. 1 Satz 1 VwVfG erforderlichen Ermessensausübung ist das öffentliche Interesse an der Herstellung gesetzmäßiger

Zustände mit dem Interesse des Betroffenen an der Aufrechterhaltung des Verwaltungsaktes abzuwägen, wobei das Prinzip der Gesetzmäßigkeit der Verwaltung und der Grundsatz der Rechtssicherheit grundsätzlich gleichwertig sind, sofern dem anzuwendenden Fachrecht nicht ausnahmsweise eine andere Wertung zu entnehmen ist. Erforderlich ist eine umfassende Güterabwägung unter Einbeziehung aller wesentlichen Umstände des konkreten Einzelfalls, wozu auch etwaige Vertrauensschutzgesichtspunkte gehören. Von Bedeutung für den Vertrauensschutz des Bauherrn ist insbesondere, ob er im Vertrauen auf die Baugenehmigung (Investitions-)Entscheidungen getroffen hat (OVG Berlin-Brandenburg, Beschluss v. 17.7.2015 – OVG 2 S 74.14 – juris, Rdnr. 5; OVG Magdeburg, Beschluss v. 29.8.2023 – 2 M 73/23 –, Rdnr. 35, juris).

Gemessen daran lässt die Entscheidung des Antragsgegners keine Ermessensfehler erkennen. Dieser hat im angefochtenen Bescheid ausgeführt, dass dem Grundsatz der Gesetzmäßigkeit der Verwaltung gegenüber dem Interesse der Antragstellerin auf den Bestand der Baugenehmigung Vorrang einzuräumen sei. Die Rechtsordnung würde mit dem Bestand der rechtsgestaltenden Baugenehmigung belastet. Im gerichtlichen Verfahren führte der Antragsgegner ergänzend aus, dass auf Seiten der Antragstellerin kein schutzwürdiges Vertrauen entstanden sei bzw. dass ein Vertrauensschutz über die Entschädigungsregelung des § 116 Abs. 3 LVwG hinreichend gewahrt werde.

Der Antragsgegner hat somit erkannt, dass ihm ein Ermessenspielraum eingeräumt wurde, weshalb kein Ermessensausfall vorliegt. Er ist auch zu Recht davon ausgegangen, dass Gesichtspunkte des Vertrauensschutzes der Rücknahme der Baugenehmigung nicht entgegenstehen und das öffentliche Interesse an der Rücknahme eines rechtswidrigen Verwaltungsakts überwiegt.

Bezugnehmend auf die weitere Argumentation der Antragstellerin ist festzuhalten, dass sie die streitbefangenen Räumlichkeiten nicht im Vertrauen auf den Bestand der fiktiv erteilten Baugenehmigung, sondern vielmehr bereits zuvor und auch ohne eine erforderliche Baugenehmigung, errichtet und nach ihren eigenen Angaben auch jahrelang genutzt hat (siehe Seite 5 der Antragsschrift). Der Bauantrag vom 31.3.2022 dient somit – ebenso wie der Bauantrag aus dem Jahr 2017 – offensichtlich der nachträglichen Legalisierung der sich im Inneren der Halle befindlichen Räume. Gründe, weshalb gleichwohl überwiegende Gründe des Vertrauensschutzes der Rücknahme der Baugenehmigung entgegenstehen sollen, wurden von der Antragstellerin nicht hinreichend substantiiert vorgetragen. Sie hat insbesondere nicht glaubhaft gemacht, dass sie im Vertrauen auf den Bestand der Baugenehmigung seit dem Eintritt der Genehmigungsfiktion erhebliche Investitionen getroffen hat, die einer Rücknahme entgegenstehen würden. Darüber hinaus ist insoweit auch die gesetzgeberische Wertung aus § 116 Abs. 3 LVwG Satz 1 zu beachten, wonach unter bestimmten Voraussetzungen ein Anspruch auf Ausgleich eines Vermögensnachteils besteht, welcher durch das Vertrauen auf den

Bestand des Verwaltungsaktes entstanden ist. Diese gesetzliche Ausgleichsregelung spricht dafür, dass jedenfalls durch das Vertrauen in den Bestand eines Verwaltungsaktes getroffene Vermögensdispositionen einen etwaigen Vertrauensschutz des Adressaten nicht derart »aufladen«, dass eine Rücknahme des Verwaltungsaktes grundsätzlich rechtswidrig wäre (vgl. hierzu auch OVG Schleswig, Beschluss 1.9.20004 – 1 MB 7/03 – BeckRS 2005, 25863, wonach das Rücknahmeermessen durch aufgewandte [Vor]Planungskosten nicht eingeschränkt wird).

Soweit die Antragstellerin darauf abstellt, dass sie für die Errichtung der Räume bereits erhebliches Kapital investiert hätte, ist zu konstatieren, dass die Räume bereits im Jahr 2013 vorhanden waren und daher nicht im Vertrauen auf die streitbefangene Baugenehmigung aus dem Jahr 2022 errichtet wurden. Der Antragstellerin muss daher bewusst gewesen sein, dass sowohl die Errichtung als auch die Nutzung der Räume jedenfalls formell illegal gewesen ist. Aus den gleichen Gründen verfängt auch der Einwand, die Rücknahme der Baugenehmigung würde eine massive Beeinträchtigung ihrer Rechte begründen, da infolgedessen ihre Pläne zum weiteren Aus- und Aufbau ihres land- und forstwirtschaftlichen Betriebes vereitelt würden und für die beabsichtigte Direktvermarktung das Rind- und Wildfleisch vor Ort ausreichend gekühlt werden müsse, nicht. Im Übrigen hat die Antragstellerin weder substantiiert dargelegt, noch glaubhaft gemacht, welche Investitionen von ihr im Hinblick auf den Bestand der fiktiv erteilten Baugenehmigung initiiert wurden. Auch möglicherweise anfallende Kosten für den Rückbau begründen keinen Vertrauensschutz zu Gunsten der Antragstellerin, da sie die Räumlichkeiten ohne das Vorliegen einer entsprechenden Genehmigung errichtet hat.

Die Annahme des Antragsgegners, für die Rücknahme der fiktiv erteilten Baugenehmigung bestehe ein besonderes Vollziehungsinteresse, ist nicht zu beanstanden.

Die Vollziehung der Rücknahme einer Baugenehmigung muss wegen öffentlicher oder überwiegender privater Interessen besonders dringlich sein und keinen Aufschub bis zum rechtskräftigen Abschluss des Rechtsschutzverfahrens in der Hauptsache dulden (vgl. VGH München, Beschluss v. 30.1.2019 – 9 CS 18.2533 – juris, Rdnr. 23). Hierbei ist eine Abwägung aller Umstände des konkreten Einzelfalls vorzunehmen, wobei die Rechtsschutzansprüche des Betroffenen ein umso höheres Gewicht gegenüber dem öffentlichen Vollzugsinteresse haben, je schwerwiegender die durch den Verwaltungsakt auferlegte Belastung ist und je mehr die Maßnahme der Behörde Unabänderliches bewirkt (vgl. Puttler in Sodan/Ziekow, Verwaltungsrecht, 5. Auflage 2018, § 80 VwGO Rdnr. 85). Ein solches Dringlichkeitsinteresse muss positiv festgestellt werden, weil der gesetzliche Regelfall gem. § 80 Abs. 1 VwGO derjenige des Aufschubinteresses ist.

Der Antragsgegner stellt vorliegend zutreffend darauf ab, dass ein legitimes öffentliches Interesse daran besteht, die Ausnutzung einer rechtswidrigen

– auch fiktiv erteilten – Baugenehmigung bis zum Abschluss des Hauptsacheverfahrens zu verhindern (vgl. beispielhaft OVG Schleswig, Beschluss v. 28.7.2020 – 1 MB 11/20 – juris, Rdnr. 16; VGH München, Beschluss v. 16.6.2023 – 15 CS 23.731 – juris, Rdnr. 23). Dies gilt im Grunde selbst dann, wenn sich die Erfolgsaussichten in der Hauptsache als offen darstellen würden, weil beispielsweise die Frage der bauplanungsrechtlichen Zulässigkeit eines Vorhabens tatsächliche und rechtliche Schwierigkeiten aufwirft. Maßgeblich ist insoweit der Umstand, dass nur so die Erteilung bzw. Fortgeltung einer möglicherweise rechtswidrigen Baugenehmigung und damit die Schaffung vollendeter Tatsachen durch Verwirklichung des Vorhabens verhindert werden kann. Demgegenüber muss das wirtschaftliche Interesse des Bauherrn an der Erteilung einer Baugenehmigung ohne weitere Verzögerung und einer Baufreigabe grundsätzlich zurücktreten (vgl. VGH Mannheim, Beschluss v. 21.11.2006 – 5 S 1825/06 – juris, Rdnr. 7; VGH München, Beschluss v. 16.6.2023 – 15 CS 23.731 – juris, Rdnr. 31 ff.).

Nach diesen Grundsätzen überwiegt das öffentliche Interesse an der sofortigen Vollziehung gegenüber dem Suspensivinteresse der Antragstellerin. Letzterem steht entgegen, dass bei einer Wiederherstellung der aufschiebenden Wirkung bis zum Abschluss des Hauptsacheverfahrens eine rechtswidrige Baugenehmigung verwirklicht werden könnte. Keine rechtliche Relevanz zeitigt insoweit der Umstand, dass die streitbefangenen Räumlichkeiten bereits vor mehreren Jahren errichtet und von der Antragstellerin genutzt wurden. Insoweit wird auf die obigen Ausführungen zum Ermessen Bezug genommen. Für ein Überwiegen des Suspensivinteresse kann zudem nicht angeführt werden, dass sich die Räume im Inneren der Halle befinden und deren Nutzung nicht nach Außen in Erscheinung trete. Wie bereits ausgeführt, würde das streitbefangene Vorhaben – die teilweise Nutzungsänderung der landwirtschaftlichen Halle – zu einer Intensivierung der Nutzung am Vorhabenstandort und damit im Außenbereich führen. Insoweit ist es unerheblich, dass sich die Räume im Inneren der Halle befinden. Die mit dem Vorhaben verbundenen Auswirkungen, insbesondere der Kunden- und Mitarbeiterverkehr, treten in jedem Fall in Erscheinung. Von dem Vorhaben ginge auch eine negative Vorbildwirkung aus. Im Übrigen liegen keine Anhaltspunkte dafür vor, dass der Antragsgegner sich mit der Existenz der Räume bzw. mit deren Nutzung derart abgefunden hat, dass etwa die Voraussetzungen einer Duldung vorliegen, die beispielsweise dem Erlass einer Nutzungsuntersagung entgegenstehen könnte. Auch die zeitlichen Abläufe im Rahmen des Rücknahmeverfahrens führen zu keiner gesteigerten Begründungspflicht für den Antragsgegner, da die rechtlichen Vorgaben des § 116 LVwG eingehalten wurden. Anhaltspunkte für ein missbräuchliches oder willkürliches Vorgehen des Antragsgegners sind nicht ersichtlich. …

Nr. 125

1. **Allein die Teilung eines Grundstücks, für das bereits eine Bebauung genehmigt wurde, führt nicht dazu, dass sich die erteilte Baugenehmigung auf andere Weise erledigt. Dies gilt auch dann, wenn durch die Teilung baurechtswidrige Zustände geschaffen werden.**

2. **Erst nach Rücknahme oder Widerruf der Baugenehmigung kann eine Baueinstellungsverfügung auf der Grundlage der formellen Illegalität des Bauvorhabens ergehen.**

3. **Die Teilung eines Grundstücks kann sich auf grundstücksbezogene Anforderungen des Baurechts auswirken und zum Verlust der Feststellungswirkung einer Baugenehmigung führen. Dies hat jedoch regelmäßig nur Auswirkungen auf die materielle Rechtmäßigkeit eines Bauvorhabens.**

HVwVfG § 43 Abs. 2; HBO § 81 Satz 1.

Hessischer VGH, Beschluss v. 24. September 2024 – 5 B 1516/24 –.

Aus den Gründen:

Die rechtzeitig eingelegte (§ 147 Abs. 1 VwGO) und fristgerecht begründete (§ 146 Abs. 4 Satz 1 VwGO) Beschwerde der Antragstellerin ist zulässig und begründet. Die von ihr erhobenen Einwendungen gegen die erstinstanzliche Entscheidung, auf deren Überprüfung der Senat beschränkt ist (§ 146 Abs. 4 Satz 6 VwGO), führen zur Abänderung des Beschlusses.

Das Verwaltungsgericht hat der Antragstellerin zu Unrecht einstweiligen Rechtsschutz verwehrt.

Einstweiliger Rechtsschutz nach § 80 Abs. 5 VwGO ist zu gewähren, wenn die vorzunehmende Interessenabwägung unter Einbeziehung der Erfolgsaussichten in der Hauptsache ergibt, dass das private Interesse der Antragstellerseite, einstweilen von der Vollziehung verschont zu bleiben, gegenüber dem öffentlichen Interesse an der sofortigen Vollziehbarkeit überwiegt. Dies ist regelmäßig dann der Fall, wenn sich der angefochtene Verwaltungsakt als offensichtlich rechtswidrig erweist, weil an der sofortigen Vollziehung eines rechtswidrigen Verwaltungsakts kein öffentliches Interesse bestehen kann. Umgekehrt bleibt das Eilbegehren erfolglos, wenn der Bescheid offensichtlich rechtmäßig ist und ein besonderes öffentliches Interesse an seiner sofortigen Vollziehung besteht. Bleibt bei summarischer Beurteilung des Sachstandes hingegen der Ausgang des Hauptsacheverfahrens offen, so ist die Entscheidung anhand einer Interessenabwägung zu treffen.

Bei Anlegung dieser Maßstäbe erweist sich das Ergebnis des Verwaltungsgerichts, die angegriffene Baueinstellungsverfügung sei offensichtlich rechtmäßig, als unzutreffend.

Rechtsgrundlage für die Baueinstellungsverfügung ist § 81 Satz 1 HBO. Danach kann die Bauaufsichtsbehörde die Einstellung der Arbeiten anordnen, wenn und soweit Anlagen im Widerspruch zu öffentlich-rechtlichen Vorschriften errichtet werden. Der Antragsgegner hat die gegenüber der Antragstellerin erlassene Baueinstellungsverfügung allein auf die formelle Illegalität der Bauvorhaben gestützt. Zwar sei der Antragstellerin mit Bescheid vom 14.6.2023 eine Baugenehmigung für ein Mehrfamilienhaus sowie zwei Einfamilienhäuser erteilt worden. Diese Baugenehmigung habe aber infolge der nachträglichen Teilung des ursprünglichen Grundstücks in drei einzelne Grundstücke ihre Feststellungswirkung verloren. Damit seien die Bauvorhaben formell illegal. Das Verwaltungsgericht hat sich dieser Rechtsauffassung mit einer sehr knappen Begründung angeschlossen.

Demgegenüber geht der Senat nach summarischer Prüfung und unter Berücksichtigung des Vorbringens der Antragstellerin im Beschwerdeverfahren nicht von einer formellen Illegalität der Bauvorhaben aus, was sich aus den folgenden Erwägungen ergibt:

Unstreitig wurde die Errichtung der drei Bauvorhaben gegenüber der Antragstellerin mit der Baugenehmigung vom 14.6.2023 gestattet. Anhaltspunkte für eine Nichtigkeit dieser Baugenehmigung nach § 44 HVwVfG bestehen nicht, weshalb sich ihre Wirksamkeit nach § 43 Abs. 2 HVwVfG richtet. Danach bleibt ein Verwaltungsakt wirksam, solange und soweit er nicht zurückgenommen, widerrufen, anderweitig aufgehoben oder durch Zeitablauf oder auf andere Weise erledigt ist. Diese Maßstäbe gelten auch für die Baugenehmigung (Hornmann, HBO, 4. Aufl. 2022, § 82 Rdnr. 218a). Vor Erlass der Baueinstellungsverfügung ist die Baugenehmigung nicht aufgehoben worden, auch wenn der Antragsgegner mittlerweile parallel zum Beschwerdeverfahren ein Widerrufsverfahren eingeleitet hat. Damit kommt allein der Tatbestand der Erledigung »auf andere Weise« in Betracht.

Teilweise wird in Bezug auf andere Landesbauordnungen angenommen, dass eine Grundstücksteilung zumindest dann die Erledigung der Baugenehmigung auf andere Weise zur Folge haben kann, wenn dadurch baurechtswidrige Zustände entstehen (so König, in: Schwarzer/König, Bayerische Bauordnung, 4. Aufl. 2012, Art. 69 Rdnr. 18; Balensiefen, in: BeckOK Bauordnungsrecht Baden-Württemberg, Stand: 1.7.2024, § 8 BWLBO Rdnr. 33). Noch weitergehend vertreten der Antragsgegner und das Verwaltungsgericht die Auffassung, dass bereits die bloße Grundstücksteilung unabhängig von der Entstehung baurechtswidriger Zustände ausreicht, um die Baugenehmigung auf andere Weise erlöschen zu lassen.

Der Senat folgt weder der weiten Auffassung, dass eine Grundstücksteilung automatisch die Wirksamkeit einer zuvor erteilten Baugenehmigung entfallen lässt, noch der etwas engeren Auffassung, dass diese Wirkung zumindest dann eintritt, wenn die Grundstücksteilung zu baurechtswidrigen Zuständen führt.

Eine Erledigung in anderer Weise tritt ein, wenn der Verwaltungsakt unabhängig von einer behördlichen Entscheidung gegenstandslos wird oder eine maßgebliche Änderung der Sach- und Rechtslage eintritt (Hess. VGH, Beschluss v. 12.4.2016 – 4 A 1438/15.Z –, juris Rdnr. 15). Ferner ist von einer Erledigung auszugehen, wenn der Verwaltungsakt nicht mehr geeignet ist, rechtliche Wirkungen zu erzeugen oder wenn die Steuerungsfunktion, die ihm ursprünglich inne wohnte, nachträglich entfällt (Hess. VGH, Beschluss v. 12.4.2016, a. a. O.). Letzteres ist der Fall, wenn das Regelungsobjekt wegfällt, die getroffene Regelung inhaltlich überholt wird, die Regelung aufgrund geänderter Sach- und Rechtslage gegenstandslos wird oder wenn ein eindeutiger einseitiger Verzicht erklärt wurde.

An die Erledigung auf andere Weise sind hohe Anforderungen zu stellen, weil der Tatbestand sehr unbestimmt ist und – anders als da aktive Herstellen der Unwirksamkeit durch die Aufhebung eines Verwaltungsaktes – unabhängig von einer formalisierten behördlichen Entscheidung sowie unabhängig vom Willen der Beteiligten eintritt. Deswegen ist es einhellige Auffassung, dass eine Erledigung auf andere Weise nur in eng begrenzten Ausnahmefällen möglich ist (vgl. nur BVerwG, Urteil v. 9.5.2012 – 6 C 3/11 –, juris Rdnr. 19; OVG Lüneburg, Urteil v. 7.10.2021 – 1 KN 17/20 –, juris Rdnr. 48; Goldhammer, in: Schoch/Schneider, Verwaltungsrecht, Stand: November 2023, § 43 VwVfG Rdnr. 110).

Zwar ist davon auszugehen, dass mit der Baugenehmigung nicht nur eine bestimmte Bausubstanz mit einer bestimmten Nutzung genehmigt wird, sondern auch diese konkrete Bausubstanz in einer konkreten Lage auf einem konkreten Grundstück. Wird aber nicht die Bausubstanz, sondern allein das Grundstück durch die Grundstücksteilung verändert, fällt damit nicht der Gegenstand der Baugenehmigung und damit ihre Wirksamkeit weg (ebenso Bay. VGH, Urteil v. 28.11.2013 – 2 BV 12.761 –, juris Rdnr. 34). Es handelt sich weiterhin um dasselbe Bauvorhaben, das weiterhin an dem geplanten Ort in der bereits genehmigten Ausgestaltung errichtet werden soll. In diesen Fällen besteht für die Bauaufsichtsbehörde erst nach Rücknahme oder Widerruf der Baugenehmigung die Möglichkeit, im Wege der Baueinstellungsverfügung oder Beseitigungsanordnung einzuschreiten (so auch Bay. VGH, Urteil v. 28.11.2013 – 2 BV 12.761 –, juris Rdnr. 34; Söfker, in: Ernst/Zinkahn/Bielenberg/Krautzberger, BauGB, Stand: Januar 2024, § 19 Rdnr. 44b; Grziwotz, in: BeckOK BauGB, Stand: 1.8.2024, § 19 Rdnr. 15).

Entgegen den Ausführungen des Antragsgegners ist die Grundstücksteilung auch nicht mit der Situation vergleichbar, in der ein Bauherr abweichend von einer ihm erteilten Baugenehmigung baut. Bei der Grundstücksteilung bleiben die geplante und genehmigte Bausubstanz sowie ihre Lage auf dem Grundstück identisch. Lediglich die »Rahmenbedingungen«, also die Zuordnung des Bauvorhabens zu einem konkreten Grundstück, ändert sich. Demgegenüber weicht in der vom Antragsgegner benannten Konstellation die Ausführung des Bauvorhabens von der durch die Baugenehmigung bestimmten Bausubstanz ab.

Der Antragsgegner weist zwar zutreffend darauf hin, dass sich die Teilung des Baugrundstücks auf grundstücksbezogene Anforderungen des Baurechts auswirken und dazu führen kann, dass die Frage der Vereinbarkeit der Anlage mit zum Genehmigungsmaßstab gehörenden Vorschriften neu zu stellen ist. In diesen Fällen kann die Baugenehmigung infolge der veränderten konkreten Grundstückssituation ihre Feststellungswirkung verlieren (vgl. dazu auch Hornmann, HBO, 4. Aufl. 2022, § 7 Rdnr. 44).

Der Verlust der Feststellungswirkung bedeutet aber nicht automatisch, dass die Baugenehmigung sich auf andere Weise im Sinne des § 43 Abs. 2 HVwVfG erledigt hätte. Denn die Feststellungswirkung ist nicht mit der Wirksamkeit eines Verwaltungsaktes gleichzusetzen. Vielmehr wird als »Feststellungswirkung« die Bindung des Verwaltungsakts an die ihm zugrunde liegenden tatsächlichen Feststellungen und/oder rechtlichen Beurteilungen bezeichnet (Anders, LKV 2017, 294). Im Fall der Baugenehmigung bedeutet die Feststellungswirkung, dass durch die Baugenehmigung die Baurechtskonformität des Vorhabens festgestellt wird (Hornmann, HBO, 4. Aufl. 2022, § 74 Rdnr. 158b). Die Feststellungswirkung ist allerdings nur ein Effekt, der von der Wirksamkeit des Verwaltungsaktes ausgeht (vgl. dazu Leisner-Egensperger, in: Mann/Sennekamp/Uechtritz, VwVfG, 2. Aufl. 2019, § 43 Rdnr. 36), ist aber nicht mit dessen Wirksamkeit gleichzusetzen. Vielmehr betrifft die Feststellungswirkung nur einen Bestandteil der von einem Verwaltungsakt ausgehenden Bindungswirkung (Schwarz, in: Fehling/Kastner/Störmer, Verwaltungsrecht, 5. Auf. 2021, § 43 VwVfG Rdnr. 21).

Darüber hinaus kommt einer Baugenehmigung nicht nur eine feststellende Wirkung bezüglich der Vereinbarkeit eines Bauvorhabens mit den öffentlich-rechtlichen Vorschriften zu, sondern auch eine Gestattungswirkung dahingehend, das genehmigte Bauvorhaben überhaupt errichten zu dürfen (vgl. dazu Gornig/Horn/Will, Öffentliches Recht in Hessen, 2. Aufl. 2022, Rdnr. 573). Diese Gestattungswirkung bleibt bestehen, auch wenn die Feststellungswirkung durch die Grundstücksteilung endet.

Überdies entfällt die Feststellungswirkung der Baugenehmigung infolge der Grundstücksteilung nicht pauschal, sondern nur insoweit, als das Bauvorhaben zu baurechtswidrigen Zuständen führt (vgl. dazu Hornmann, HBO, 4. Aufl. 2022, § 7 Rdnr. 44; König, in: Schwarzer/König, Bayerische Bauordnung, 4. Aufl. 2012, Art. 69 Rdnr. 18; Grziwotz, in: BeckOK BauGB, Stand: 1.8.2024, § 19 Rdnr. 15). Dies lässt sich aber regelmäßig nicht ohne weiteres erkennen. Hier einen automatischen Verlust der Wirksamkeit der Baugenehmigung bei einem infolge der Grundstücksteilung eintretenden Verstoß gegen Bauvorschriften anzunehmen, würde demnach zu einer erheblichen Rechtsunsicherheit führen. Rechtssicherheit kann in diesen Fällen nur die behördliche Aufhebung der Baugenehmigung schaffen.

Ferner ist zu berücksichtigen, dass die Grundstücksteilung in Hessen – anders als in den meisten anderen Bundesländern – unter einem speziellen

Genehmigungsvorbehalt steht, namentlich § 7 HBO. Danach bedarf auch die Teilung eines Grundstücks, dessen Bebauung – wie hier – genehmigt ist, zu ihrer Wirksamkeit der Genehmigung der Bauaufsichtsbehörde. Diese Teilungsgenehmigung darf nur versagt werden, wenn durch die Teilung Verhältnisse geschaffen werden, die den Vorschriften der Hessischen Bauordnung widersprechen (§ 7 Abs. 2 HBO). Damit gibt es in Hessen ein spezielles Genehmigungsverfahren für die Überprüfung der Auswirkungen einer Grundstücksteilung auf die Vereinbarkeit eines bereits genehmigten Bauvorhabens mit den Vorschriften der HBO. Insoweit entfaltet die der Antragstellerin bereits erteilte Teilungsgenehmigung ihrerseits eine Legalisierungswirkung. Auch diese besondere Rechtslage in Hessen spricht dagegen, die Erledigung einer Baugenehmigung infolge einer Grundstücksteilung anzunehmen.

Zwar trifft der Hinweis des Antragsgegners zu, dass im Rahmen des Genehmigungsverfahrens für die Grundstücksteilung nur bauordnungsrechtliche Vorschriften geprüft werden (vgl. § 7 Abs. 2 HBO). Wenn aber mit Blick auf den Eintritt der Erledigung einer Baugenehmigung infolge einer Grundstücksteilung auch noch danach differenziert werden müsste, ob das Bauvorhaben nunmehr bauplanungsrechtliche oder bauordnungsrechtliche Vorschriften verletzt, würde die Rechtsunsicherheit noch weiter erhöht. Dabei ist noch einmal zu betonen, dass die Erledigung auf andere Weise auf eng begrenzte Ausnahmefälle beschränkt ist, weil sie ohne einen nach außen erkennbaren Akt und losgelöst vom Willen der Beteiligten von Rechts wegen eintritt.

Soweit in der Baueinstellungsverfügung vom 10.7.2024 die Fundstelle in Hornmann, HBO, 4. Aufl. 2022, § 7 Rdnr. 44, zitiert wird, wonach die Baugenehmigung ihre Feststellungswirkung durch die Teilung des ursprünglichen Grundstücks verlieren würde, übersieht der Antragsgegner, dass auch nach der dort zitierten Auffassung infolge des Verlusts der Feststellungswirkung nur die Möglichkeit des Widerrufs der Baugenehmigung und der anschließenden Anordnung der vollständigen oder teilweisen Beseitigung nach § 82 Abs. 1 Satz 1 HBO besteht. Demgegenüber wird dort gerade nicht von einer Erledigung der Baugenehmigung in anderer Weise im Sinne des § 43 Abs. 2 HVwVfG ausgegangen. Überdies geht Hornmann in der zitierten Fundstelle auch nur dann von einem Verlust der Feststellungswirkung aus, wenn die Grundstücksteilung rechtswidrig erfolgt ist. Hier hatte der Antragsgegner die Grundstücksteilung aber nach § 7 HBO vorab genehmigt, weshalb sie gerade nicht rechtswidrig gewesen ist.

Der Verlust der Feststellungswirkung infolge der Grundstücksteilung könnte allenfalls dann relevant werden, wenn dadurch die Bauvorhaben der Antragstellerin materiell illegal geworden wären. Grundsätzlich steht einer Baueinstellungsverfügung die Feststellungs- beziehungsweise Legalisierungswirkung der Baugenehmigung entgegen, solange die Vorschriften, gegen die das Bauvorhaben verstößt, Teil des Prüfprogramms des Genehmigungsverfahrens gewesen sind und die Baugenehmigung nicht bestandskräftig oder unter Anordnung des Sofortvollzugs (§ 80 Abs. 2 Satz 1 Nr. 4 VwGO) zurückgenommen oder widerrufen worden ist (Hornmann, HBO, 4. Aufl. 2022, § 81 Rdnr. 33). Hier könnte sich die Frage stellen, ob der Verlust der Feststellungswirkung der Baugenehmigung infolge der Grundstücksteilung ausnahmsweise die Möglichkeit einer Baueinstellungsverfügung wegen der nunmehr eingetretenen materiellen Illegalität auch ohne die vorherige Aufhebung der Baugenehmigung eröffnen kann.

Dies bedarf vorliegend jedoch keiner Entscheidung. Zwar hat der Antragsgegner im Beschwerdeverfahren erstmals vorgetragen, dass eines der beiden Einfamilienhäuser infolge der Grundstücksteilung gegen die Geschossflächenzahl und damit gegen Bauplanungsrecht verstoßen würde. Aber selbst bei Unterstellung eines solchen Verstoßes gegen das Bauplanungsrecht würde der Bescheid an einem Ermessensfehler leiden, weil der Antragsgegner diesen allein auf die formelle Illegalität der Bauvorhaben der Antragstellerin gestützt hat. Die nach § 81 Abs. 1 HBO erforderliche Ermessensausübung bei Erlass einer Baueinstellungsverfügung wegen materieller Illegalität eines Bauvorhabens hat er damit unterlassen.

Losgelöst davon betrifft der vom Antragsgegner vorgetragene Einwand nur eines der drei Bauvorhaben, nämlich eines der beiden Einfamilienhäuser. Jedenfalls für die anderen beiden Bauvorhaben fehlt es damit weiterhin an Anhaltspunkten für eine aus einem Verstoß gegen das Bauplanungsrecht resultierende materielle Illegalität. Insoweit wäre eine Baueinstellungsverfügung daher nach summarischer Prüfung ohnehin nicht gerechtfertigt.

Anhaltspunkte dafür, dass das konkrete Bauvorhaben in wesentlichen Punkten von dem genehmigten Vorhaben abweichen würde und damit als »aliud« nicht mehr vom Regelungsgehalt der Baugenehmigung gedeckt wäre (vgl. dazu Hornmann, HBO, 4. Aufl. 2022, § 82 Rdnr. 16), liegen nach dem bisherigen Vorbringen des Antragsgegners ebenfalls nicht vor.

Nach alldem erweist sich die Baueinstellungsverfügung nach summarischer Prüfung als offensichtlich rechtswidrig. Da an der sofortigen Vollziehung eines rechtswidrigen Verwaltungsaktes kein öffentliches Interesse bestehen kann, ist die aufschiebende Wirkung des Widerspruchs antragsgemäß wiederherzustellen.

Zugleich ist die aufschiebende Wirkung des Widerspruchs gegen die kraft Gesetzes gemäß § 80 Abs. 2 Satz 2 VwGO in Verbindung mit § 16 HessAGVwGO sofort vollziehbare Zwangsgeldandrohung anzuordnen. …

Nr. 126

Wenn in der Nebenbestimmung einer Baugenehmigung entsprechend § 77 Abs. 6 Satz 2 NBauO geregelt ist, dass die bauliche Anlage – hier eine Veranstaltungshalle – vor der angeordneten Schlussabnahme nicht genutzt werden darf, stellt diese Nebenbestimmung die Genehmigung der Nutzung unter eine aufschiebende Bedingung. Die bauliche Anlage wird ohne die erforderliche Baugenehmigung – formell illegal – genutzt, wenn die angeordnete Schlussabnahme noch nicht erfolgt ist.

NBauO § 77 Abs. 6 Satz 2.

Verwaltungsgericht Hannover, Beschluss v. 30. September 2024 – 12 B 5770/23 –.

Aus den Gründen:

Der Antrag auf vorläufigen Rechtsschutz bleibt ohne Erfolg.

Soweit sich der Antragsteller gegen die Untersagung der Nutzung des gesamten Obergeschosses des Gebäudes D. 1 in E. wendet, ist der Antrag auf Wiederherstellung der aufschiebenden Wirkung seines Widerspruchs nach § 80 Abs. 5 Satz 1 Alt. 2 VwGO statthaft und auch im Übrigen zulässig.

Der Antrag ist aber unbegründet.

Dabei genügt die für die Anordnung der sofortigen Vollziehung gegebene Begründung den Anforderungen des § 80 Abs. 3 Satz 1 VwGO. Dem Erfordernis einer schriftlichen Begründung wird bereits genügt, wenn überhaupt eine schriftliche, einzelfallbezogene und nicht lediglich formelhafte Begründung vorhanden ist, die die von der Behörde getroffene Interessenabwägung erkennen lässt. Diese Voraussetzungen werden von der hier gegebenen Begründung (in der Verfügung unter 2.) erfüllt. Der Antragsgegner hat die Anordnung der sofortigen Vollziehung in ausreichender Weise damit begründet, dass eine negative Vorbildwirkung vermieden werden solle, damit sich andere Bürger nicht ermuntert fühlten, ebenfalls Änderungen an baulichen Anlagen ohne eine entsprechende Baugenehmigung vorzunehmen und die veränderte bauliche Anlage bis zu einer Entscheidung über die Baugenehmigung weiter zu nutzen. Weiterhin hat der Antragsgegner ausgeführt, dass nicht hingenommen werden könne, dass der Antragsteller die Nutzung des Obergeschosses fortführe, obwohl die Dachstatik gegebenenfalls nicht für die Last der Schallschutzdämmung ausgelegt sei. Es könne nicht ausgeschlossen werden, dass diese Last zu Schäden an der baulichen Anlage führe oder sogar Schutzgüter der Umwelt verletze, weshalb ein sofortiges Handeln erforderlich sei, um jegliche Gefahren auszuschließen.

In der Sache kann das Gericht gemäß § 80 Abs. 5 Satz 1 VwGO die aufschiebende Wirkung eines Widerspruchs ganz oder teilweise wiederherstellen, wenn das private Interesse des Antragstellers, von einer sofortigen Vollziehung einer behördlichen Anordnung verschont zu bleiben, das öffentliche Interesse an einer solchen sofortigen Vollziehung überwiegt. Maßgeblich für diese Interessenabwägung sind dabei die im Rahmen einer summarischen Prüfung zu beurteilenden Erfolgsaussichten des Widerspruchs. Während an der Vollziehung eines rechtswidrigen Verwaltungsakts kein öffentliches Interesse bestehen kann, überwiegt das Vollziehungsinteresse in den Fällen des § 80 Abs. 2 Satz 1 Nr. 4 VwGO bei einem rechtmäßigen Verwaltungsakt das Aussetzungsinteresse zumindest dann, wenn zusätzlich ein besonderes öffentliches Interesse an der sofortigen Vollziehung des Verwaltungsaktes besteht. Dieses muss – ohne Bindung des Gerichts an die Begründung der Behörde – anhand der Umstände des konkreten Falles positiv festgestellt werden, weil der gesetzliche Regelfall hier derjenige des Aufschubinteresses ist. Der Rechtsschutzanspruch des Antragstellers ist dabei umso stärker und darf umso weniger zurückstehen, je schwerwiegender die ihm auferlegte Belastung ist und je mehr die Maßnahme der Verwaltung Unabänderliches bewirkt (vgl. BVerfG, Beschluss v. 29.1.2020 – 2 BvR 690/19 –, juris Rdnr. 16).

Die Interessenabwägung ergibt vorliegend, dass das öffentliche Interesse am Sofortvollzug der Bauaufsichtsverfügung des Antragsgegners vom 6.11.2023 das private Interesse des Antragstellers, von der Vollziehung dieser Verfügung vorläufig verschont zu bleiben, überwiegt. Nach der im vorläufigen Rechtsschutzverfahren lediglich gebotenen summarischen Prüfung der Sach- und Rechtslage erweist sich die Anordnung der Nutzungsuntersagung gegenüber dem Antragsteller als offensichtlich rechtmäßig und besteht darüber hinaus ein besonderes Vollzugsinteresse.

Rechtsgrundlage der Anordnung ist § 79 Abs. 1 Satz 1 NBauO. Danach kann die Bauaufsichtsbehörde die zur Herstellung oder Sicherung rechtmäßiger Zustände erforderlichen Maßnahmen anordnen, wenn bauliche Anlagen oder Grundstücke dem öffentlichen Baurecht widersprechen oder dies zu besorgen ist. Gemäß § 79 Abs. 1 Satz 2 Nr. 5 NBauO kann sie dazu namentlich die Benutzung von Anlagen untersagen.

Maßgebender Zeitpunkt für die Beurteilung der Rechtmäßigkeit einer solchen bauaufsichtlichen Anordnung ist im Falle einer Entscheidung nach § 80 Abs. 5 VwGO bei noch nicht abgeschlossenem Widerspruchsverfahren die Sach- und Rechtslage zum Zeitpunkt der Eilentscheidung (vgl. BayVGH, Beschluss v. 31.8.2021 – 11 CS 21.1631 –, juris Rdnr. 24; VG Schleswig, Beschluss v. 16.6.2021 – 11 B 28/21 –, juris Rdnr. 18; Schenke in Kopp/Schenke, VwGO, 27. Aufl. 2021, § 80 Rdnr. 147 m. w. N.). Zum jetzigen Zeitpunkt widerspricht zumindest die nachträgliche Dämmung des Daches des »S.« in der D. 1 in E. sowie die Nutzung des Obergeschosses des Gebäudes durch den Antragsteller dem öffentlichen Baurecht. Dachdämmung und Nutzung sind formell baurechtswidrig.

Die nachträgliche Dämmung des Daches der Veranstaltungshalle ist ohne die erforderliche Genehmigung erfolgt. Entgegen der Ansicht des Antragstellers waren die am Dach durchgeführten Dämmarbeiten genehmigungspflichtig. Gemäß § 60 Abs. 1 NBauO i. V. m. Nr. 12.4 des Anhangs zu § 60 sind lediglich Bekleidungen und Dämmschichten in Gebäuden verfahrensfrei, die weder schwerentflammbar noch nichtbrennbar sein müssen. In der Auflage Nr. 33 der Baugenehmigung vom 31.7.2019 ist jedoch geregelt, dass die Verkleidungen in dem Veranstaltungsraum an den Wänden und Decken aus mindestens schwerentflammbaren Baustoffen hergestellt werden müssen und bei Hitzeentwicklung nicht brennend abtropfen dürfen, sowie, dass die Unterkonstruktionen aus nichtbrennbaren Baustoffen hergestellt werden müssen. Diese Regelung betrifft ersichtlich auch die Innenverkleidung des Daches und ausweislich der statischen Berechnung des Ingenieurbüros N. für die »Zusatzlast aus Schallschutzbekleidung« vom 16.6.2022 »unter dem Dachpaneel« ist die nachträgliche Dämmung von innen erfolgt. Mit den sich aus der Auflage Nr. 33 ergebenden Anforderungen an die Dämmung war deren Einbau im Umkehrschluss aus Nr. 12.4 des Anhangs zu § 60 NBauO nicht verfahrensfrei. Aus der Tatsache, dass – unter anderem – nicht brennbare Gipskartonplatten verbaut worden sind, folgt entgegen der Ansicht des Antragstellers keine Verfahrensfreiheit der Dämmmaßnahme; sie belegt lediglich – materiell – die Umsetzung der Nebenbestimmung der Baugenehmigung. Die nachträgliche Dachdämmung war darüber hinaus ersichtlich auch nicht nach § 62 NBauO genehmigungsfrei. Weder hat es sich bei den Dämmarbeiten um die Errichtung eines Gebäudes noch um die Errichtung einer baulichen Anlage, die kein Gebäude ist, gehandelt. Der Antragsteller irrt, wenn er die Dämmung als bauliche Anlage bezeichnet, denn bauliche Anlagen sind gemäß § 2 Abs. 1 NBauO nur solche, die mit dem Erdboden verbunden oder in der Vorschrift enumerativ genannt sind.

Darüber hinaus ergibt sich eine formelle Illegalität der Nutzung des Dachgeschosses als Veranstaltungsraum.

Der Veranstaltungsraum wird derzeit ohne die erforderliche Baugenehmigung genutzt. Der Baugenehmigung vom 31.7.2019 fehlt es bisher an ihrer inneren Wirksamkeit, die mit ihr gewährte Begünstigung der erlaubten Nutzung des Veranstaltungsraums ist noch nicht eingetreten (vgl. zum Begriff der inneren Wirksamkeit einer Baugenehmigung BayVGH, Urteil v. 19.1.2017 – 9 B 11.413 –, juris Rdnr. 28 und 30; VG Hannover, Urteil v. 21.5.2014 – 1 A 6365/12 –, juris Rdnr. 43; BVerwG, Urteil v. 29.3.1968 – IV C 27.67 –, BVerwGE 29, 261 und juris, Rdnr. 13 und 18). In der Nebenbestimmung Nr. 11 der Baugenehmigung ist entsprechend § 77 Abs. 6 Satz 2 NBauO geregelt, dass die bauliche Anlage – der Veranstaltungsraum – vor der angeordneten Schlussabnahme nicht genutzt werden dürfe. Diese Nebenbestimmung stellt die Genehmigung der Nutzung unter eine aufschiebende Bedingung, welche bis heute nicht eingetreten ist, da es noch immer an der Schlussabnahme fehlt.

Bis zum Eintritt der aufschiebenden Bedingung lässt sich im Übrigen mit dem von den Bauvorlagen abweichenden Innenausbau (Trennwände des

Behinderten-WCs) bzw. dem von der Betriebsbeschreibung abweichenden Betrieb (anderweitige Nutzung des vorgesehenen Personalraums) keine – weitere – formelle Illegalität begründen, da von einer noch nicht wirksamen Baugenehmigung schwerlich abgewichen werden kann.

Mit der formellen Rechtswidrigkeit der Dachdämmung sowie der Nutzung des Veranstaltungsraums besteht für den Antragsgegner die Befugnis zum Einschreiten. Diese Befugnis zum Erlass der Nutzungsuntersagung hat der Antragsgegner auch nicht »verwirkt«, denn bei hoheitlichen Eingriffsbefugnissen auf dem Gebiet der Gefahrenabwehr wie der baupolizeilichen Befugnis zum Einschreiten ist eine solche Verwirkung grundsätzlich ausgeschlossen (vgl. VG Hannover, Beschluss v. 16.3.2015 – 12 B 13254/14 – unter Bezugnahme auf BVerwG, Beschluss v. 7.8.2013 – 7 B 9.13 –, juris Rdnr. 10; Nds. OVG, Urteil v. 22.3.2001 – 1 L 4487/99 –, NdsVBl. 2002, S. 22); sie kommt überhaupt nur bei verzichtbaren subjektiven Rechten in Betracht (Nds. OVG, Urteil v. 22.3.2001 – 1 L 4487/99 –, NdsVBl. 2002, S. 22; Mann in Große-Suchsdorf, NBauO, 10. Aufl. 2020, 79 Rdnr. 62).

Die Nutzungsuntersagung ist entgegen der Ansicht des Antragstellers auch nicht ermessensfehlerhaft.

So stellt sich die Adressierung der Nutzungsuntersagung an den Antragsteller nicht als Fehler des (Auswahl-)Ermessens dar. Der Antragsgegner kann ermessensfehlerfrei neben der Inanspruchnahme der Eigentümerin, Frau J., auch den Antragsteller als Adressaten auswählen. Nach § 79 Abs. 1 Satz 3 NBauO hat die Behörde die Anordnung an die nach den §§ 52 bis 56 verantwortlichen Personen zu richten und gemäß § 56 Satz 3 NBauO ist neben dem Eigentümer einer Anlage auch der Inhaber der tatsächlichen Gewalt über die Anlage dafür verantwortlich, dass die Anlage dem öffentlichen Baurecht entspricht.

Aus dem Gesetz lässt sich nicht entnehmen, dass vorrangig der Eigentümer einer baulichen Anlage in Anspruch zu nehmen ist. Vielmehr ist eine Nutzungsuntersagung grundsätzlich an denjenigen zu richten, der die bauliche Anlage tatsächlich unmittelbar nutzt (st. Rspr. des Bausenats des Nds. OVG, vgl. Beschluss v. 19.12.2018 – 1 ME 155/18 –, juris Rdnr. 10; Mann in Große-Suchsdorf, NBauO, 10. Aufl. 2020, § 79 Rdnr. 85). Soweit der Antragsteller dementgegen ein Urteil des Niedersächsischen Oberverwaltungsgerichts (vom 7.11.1996 – 6 L 6600/95 –, BeckRS 2005, 21755) anführt, in dem es heißt, die Verantwortlichkeit für den Zustand baulicher Anlagen treffe in erster Linie den Eigentümer, weist der Antragsgegner zu Recht daraufhin, dass die damalige Entscheidung eine Abbruchverfügung betraf und keine Nutzungsuntersagung. Darüber hinaus lässt der Antragsteller unerwähnt, dass das Obergericht im nächsten Absatz eben jenes Urteils weiter ausführt, dass – bereits seinerzeit in § 61 Satz 3 NBauO a. F. normiert – verantwortlich aber neben dem Eigentümer auch derjenige ist, der die tatsächliche Gewalt über die bauliche Anlage ausübt.

Auch ist es regelmäßig (vgl. nur Nds. OVG, Beschluss v. 16.8.2019 – 1 LA 28/19 –, juris Rdnr. 9) und damit auch im vorliegenden Fall nicht ermessensfehlerhaft, eine Nutzungsuntersagung allein auf die formelle Baurechtswidrigkeit der baulichen Anlage und ihrer Nutzung zu stützen. Eine Nutzungsuntersagung kann selbst dann allein auf eine formelle Baurechtswidrigkeit gestützt werden, wenn der Betroffene bereits vor der Einleitung des bauaufsichtlichen Verfahrens zur Legalisierung eine Genehmigung beantragt hatte (Nds. OVG, Beschluss v. 16.8.2019 – 1 LA 28/19 –, juris 2. Leitsatz und Rdnr. 9) und damit im vorliegenden Fall erst recht, da der Antragsteller bis heute keinen (Nachtrags-)Bauantrag für die Dachdämmung gestellt hat.

Es handelt sich entgegen der Auffassung des Antragstellers bei der Dachdämmung auch nicht um eine offensichtlich genehmigungsfähige Baumaßnahme. Zwar stellt sich eine allein auf die formelle Baurechtswidrigkeit der baulichen Anlage oder ihrer Nutzung gestützte Nutzungsuntersagung dann als ermessensfehlerhaft dar, wenn Anlage und Nutzung offenkundig genehmigungsfähig sind. Das ist allerdings nur dann der Fall, wenn über die Genehmigungsfähigkeit bereits nach Aktenlage ohne jegliche weitere Ermittlungen entschieden werden könnte und wenn zusätzlich jedes andere Ergebnis als die Bejahung der Genehmigungsfähigkeit nicht nur falsch, sondern schlechthin unvertretbar wäre (Nds. OVG, Beschluss v. 8.6.2023 – 1 ME 15/23 –, juris Rdnr. 10, Beschluss v. 9.6.2020 – 1 ME 108/19 –, juris 5. Leitsatz und Rdnr. 19).

Eine Genehmigung der nachträglichen Dämmung des Daches ist jedoch nach Aktenlage ohne weitere Ermittlungen nicht möglich. Selbst unter Berücksichtigung der im Rahmen des seinerzeit anhängigen Beschwerdeverfahrens beim Oberverwaltungsgericht vorgelegten statischen Berechnung des Ingenieurbüros N. vom 16.6.2022 sowie der – im Übrigen erst nach Erlass der Nutzungsuntersagung beim Antragsgegner eingegangenen – Bestätigung des Ingenieurbüros Q. vom 29.11.2023, dass die Dämmung entsprechend seines statischen Nachweises eingebaut worden sei, werden noch weitere Ermittlungen notwendig sein. Insbesondere wird die Bauaufsicht des Antragsgegners zu prüfen haben, ob das – über die Gipskartonplatten hinaus, beispielsweise für die Unterkonstruktion – verwendete Dämmmaterial den in der Auflage Nr. 33 der Baugenehmigung formulierten Anforderungen des Brandschutzes genügt. Außerdem wird sich die Frage der Statik neu stellen, nachdem sich herausgestellt hat, dass auf der südlichen Dachhälfte inzwischen fast vollflächig eine Photovoltaikanlage montiert worden ist, die – asymmetrisch – zusätzliches Gewicht auf die vorhandene Dachkonstruktion bringt, die ursprünglich lediglich Blech-Sandwich-Elemente zu tragen hatte. Dieses zusätzliche Gewicht ist in der statischen Berechnung des Ingenieurbüros N. vom 16.6.2022 außer Betracht geblieben.

Darüber hinaus ist es alles andere als offensichtlich, dass zeitnah eine Schlussabnahme erfolgen kann. Die Schlussabnahme hängt schon davon ab, dass die Dachdämmung nachträglich genehmigt wird, was voraussetzt, dass dafür ein Bauantrag gestellt wird, was bis heute nicht geschehen ist.

Soweit der Antragsteller weiterhin vorträgt, der Antragsgegner habe den baurechtswidrigen Zustand über ein Jahr lang geduldet und insoweit ein ermessensfehlerhaftes Einschreiten des Antragsgegners geltend macht (vgl. zur Relevanz einer langjährigen Duldung durch die Bauaufsicht im Rahmen der Ermessensausübung Nds. OVG, Beschluss v. 9.6.2020 – 1 ME 108/19 –, juris 4. Leitsatz und Rdnr. 17), kann er nicht durchdringen. Es fehlt bereits an einem längeren Zeitraum des Duldens. Aufgrund der Abmeldung des Gewerbes durch die vormalige Betreiberin des Veranstaltungszentrums, Frau L., am 27.10.2022 und der Aufgabe der Nutzung des Dachgeschosses im Gebäude D. 1 in E. bestand für den Antragsgegner bis zur Anmeldung des Gewerbes durch den Antragsteller keinerlei Anlass, eine Nutzung zu untersagen. Nachdem dem Antragsgegner im September 2023 durch erneute Anwohnerbeschwerden bekannt geworden war, dass nun der Antragsteller eine Nutzung des Veranstaltungsraums aufgenommen hatte, hat er zeitnah mit der bauaufsichtlichen Verfügung vom 6.11.2023 die Nutzung untersagt und mithin keine Situation entstehen lassen, aus der sich ein Vertrauenstatbestand hätte ergeben können.

Die Nutzungsuntersagung stellt sich entgegen der Auffassung des Antragstellers auch nicht als unverhältnismäßig dar. Sie ist geeignet, erforderlich und angemessen, um baurechtmäßige Zustände herzustellen und beeinträchtigt den Antragsteller nicht unangemessen. Insbesondere hat der Antragsgegner die wirtschaftlichen Interessen des Antragstellers an einem Weiterbetrieb des Veranstaltungszentrums ausreichend berücksichtigt. Soweit der Antragsgegner den Antragsteller darauf verweist, dass dieser das Veranstaltungszentrum nicht ohne die noch erforderlichen Genehmigungen betreiben könne, wägt er zugleich ab, dass sich der Betrieb durch die Beantragung der nötigen Baugenehmigungen möglicherweise legalisieren ließe. Dabei durfte der Antragsgegner auch davon ausgehen, dass nicht die Eigentümerin des Gebäudes, sondern der Antragsteller Bauherr in Bezug auf die Dachdämmung war. Der Antragsteller bezeichnet sich selbst als Bauherrn, wenn er vorträgt, die gesetzte Frist für die Einstellung der Nutzung sei zu kurz, da er, der Antragsteller, ausreichend Gelegenheit hätte erhalten müssen, um eine nachträgliche Genehmigung für die durchgeführte Dämmung zu erlangen.

Die gesetzte Frist von 11 Tagen für die Einstellung der Nutzung war schließlich auch nicht zu kurz bemessen. Die Frist war nicht danach zu bemessen, dass ihr Lauf ein Baugenehmigungsverfahren umfasst, da es dem Antragsteller jederzeit möglich sein wird, die Nutzung nach Erhalt der notwendigen Genehmigungen wieder aufzunehmen. Die Frist war für den Antragsteller ausreichend bemessen, um die Feiern, für die die Vorbereitungen bereits erfolgt waren, noch durchzuführen und die übrigen Buchungen zu stornieren.

Entgegen der Ansicht des Antragstellers ist schließlich auch die Anordnung der sofortigen Vollziehung der Nutzungsuntersagung gerechtfertigt, denn es besteht ein besonderes öffentliches Vollzugsinteresse im Sinne des § 80 Abs. 2 Satz 1 Nr. 4 VwGO.

Ist eine genehmigungspflichtige bauliche Anlage bzw. ihre Nutzung formell illegal, besteht in aller Regel ein vorrangiges öffentliches Interesse an der Durchsetzung einer behördlichen Anordnung, die wie die Baueinstellung und das Nutzungsverbot das Ergebnis der Hauptsache nicht vorwegnimmt (vgl. Nds. OVG, Beschluss v. 16.6.2014 – 1 ME 70/14 –, juris Rdnr. 9; vgl. auch Mann in Große-Suchsdorf, NBauO, 10. Aufl. 2020, § 79 Rdnr. 106). Regelmäßig lässt sich das öffentliche Interesse an der sofortigen Vollziehung eines Nutzungsverbotes damit begründen, dass der negativen Vorbildfunktion ungenehmigter baulicher Anlagen und der damit einhergehenden Gefahr der Nachahmung schon vor dem rechtskräftigen Abschluss des Verfahrens entgegengewirkt werden muss (vgl. Bay. VGH, Beschluss v. 23.8.2012 – 15 CS 12.130 –, juris Rdnr. 13; Mann in Große-Suchsdorf, NBauO, 10. Aufl. 2020, § 79 Rdnr. 106). Auch für den Antragsteller besteht keine Ausnahme von dieser Regel. Im Besonderen besteht vorliegend ein überwiegendes öffentliches Interesse an der sofortigen Einstellung der Nutzung, solange es – im Rahmen eines weiteren Baugenehmigungsverfahrens – noch keine Feststellung dazu gibt, ob die Dämmung aus schwer entflammbaren Baustoffen hergestellt ist, die bei Hitzeentwicklung nicht brennend abtropfen, und ob die Unterkonstruktion aus nichtbrennbaren Baustoffen besteht. Allein der Hinweis des Antragstellers auf die Verkleidung der Dämmung mit Gipskartonplatten genügt nicht, um derzeit eine erhöhte Brandgefahr auszuschließen. Hinzu tritt, dass bisher nicht geklärt ist, ob die Dachkonstruktion mit der Dämmung und der aufgebrachten Photovoltaikanlage hinreichend tragfähig ist. Soweit sich der Antragsteller weiterhin gegen die kraft Gesetzes (§ 70 Abs. 1 NVwVG i. V. m. § 64 Abs. 4 Satz 1 NPOG) sofort vollziehbare Zwangsgeldandrohung wendet, ist der Antrag auf Anordnung der aufschiebenden Wirkung seines Widerspruchs gemäß § 80 Abs. 5 Satz 1 Alt. 1, Abs. 2 Satz 2 VwGO ebenfalls statthaft und zulässig, aber unbegründet. Da der Antragsgegner für die Nutzungsuntersagung rechtmäßig den Sofortvollzug angeordnet hat, ist ihre Durchsetzung mit Zwangsmitteln möglich. Gegen die Höhe des angedrohten Zwangsgelds sind Bedenken nicht ersichtlich. …

F. Rechtsprechung zum Denkmalschutzrecht

Nr. 127

Denkmalbereiche sind Mehrheiten baulicher Anlagen. Sie können u. a. Stadtgrundrisse, Stadt- und Ortsbilder sowie -silhouetten, Stadtteile und -viertel, Siedlungen, Straßenzüge sein.

Die Eigenschaft einer Sache als Kulturdenkmal setzt ihre Denkmalfähigkeit und Denkmalwürdigkeit voraus.

Denkmalfähig ist eine Sache, wenn einer der in § 2 Abs. 1 Satz 2 DenkmSchG LSA genannten Schutzgründe für ihre Erhaltung spricht; denkmalwürdig ist sie, wenn ein öffentliches Interesse besteht, das die auf einem gesetzlichen Schutzgrund beruhende Erhaltung der Sache rechtfertigt.

§ 2 EEG ist in denkmalschutzrechtlichen Genehmigungsverfahren anwendbar.

Nach § 2 Satz 1 EEG liegen die Errichtung und der Betrieb von Anlagen für den Ausbau erneuerbarer Energien sowie den dazugehörigen Nebenanlagen im überragenden öffentlichen Interesse und dienen der öffentlichen Sicherheit. Bis die Stromerzeugung im Bundesgebiet nahezu treibhausgasneutral ist, sollen die erneuerbaren Energien als vorrangiger Belang in die jeweils durchzuführenden Schutzgüterabwägungen eingebracht werden.

Damit ist aber nicht gesagt, dass nicht auch überwiegende andere Belange in der Schutzgüterabwägung überwiegen können. Vielmehr sind in jedem Einzelfall die denkmalrechtlichen Belange zu ermitteln und zu bewerten und mit dem öffentlichen Belang der Förderung erneuerbarer Energien abzuwägen.
(Leitsätze der Redaktion)

VwVfG LSA § 1 Abs. 1 i. V. m. VwVfG § 48 Abs. 1; DenkmSchG LSA § 10, § 14 Abs. 11 Satz 3; EEG § 2.

OVG Sachsen-Anhalt, Beschluss v. 7. März 2024 – 2 M 70/23 –.

Aus den Gründen:

Die mit der Beschwerdebegründung dargelegten Gründe (1.), auf deren Prüfung der Senat gemäß § 146 Abs. 4 Satz 6 VwGO beschränkt ist, rechtfertigen eine Änderung der Entscheidung des Verwaltungsgerichts Halle nicht. Dieses hat die aufschiebende Wirkung des Widerspruchs des Antragstellers gegen die Rücknahme der fiktiven denkmalrechtlichen Genehmigung für die Errichtung der PV-Anlage auf der Westseite des Gebäudes A-Straße, D-Stadt, im Ergebnis zu Recht wiederhergestellt. Der Antragsgegnerin steht ein besonderes Vollzugsinteresse, das das Aussetzungsinteresse des Antragstellers überwiegt, nicht zur Seite, denn die Voraussetzungen für die Rücknahme der dem

Antragsteller fiktiv erteilten Genehmigung liegen voraussichtlich nicht vor (2.).

1. Die Antragsgegnerin führt aus, es sei nicht nachvollziehbar, dass das Vorhaben der Errichtung von PV-Anlagen auf dem straßenseitigen Dach des in dem Denkmalbereich gelegenen Gebäudes aller Voraussicht nach genehmigungsfähig gemäß § 10 Abs. 1 bis 3 DenkmSchG LSA sei. Die Ausführungen des Gerichts zur Historie der Siedlung dürfen deren Denkmalwert nicht infrage stellen. Auch Bauten der NS-Zeit seien Teil der Geschichte. Denkmalwürdige Bauten aus dieser Zeit würden mit der entsprechenden geschichtlichen Einordnung gewürdigt und genutzt (Beispiel Anhaltisches Theater D-Stadt, eingeweiht 1938). Die aktualisierte Denkmalbegründung (Bearbeitungsstand 1.6.2023) führe (offenbar über die bisherige Begründung hinaus) aus: »...; die Siedlung ein kulturell-künstlerisches bedeutendes Beispiel des Siedlungsbaus der Heimatschutzarchitektur im Nationalsozialismus, in der Stadt einen bewusst gewählten Gegenpol zum Stil des Bauhauses und kontrastierenden Aspekt im Sinne einer Architektur der ›antimodernen‹ Moderne bildend; geschichtlich bedeutsam als wichtiges Zeugnis des Selbstbildes und der Stellung des IG Farben-Konzerns im NS-Staat.«

Das geplante Vorhaben sei denkmalfachlich unzulässig. Der Denkmalwert der Siedlung stehe außer Frage. Deren Erscheinungsbild werde ganz wesentlich durch die ein- bis zweigeschossigen Putzbauten mit traditionellen Satteldächern in zeittypisch malerischer Baugruppenanordnung am Übergang von der Stadt zur Waldheide, besonders beeindruckend die Hangbebauung entlang des G-Straße, mitbestimmt. Es handele sich um ein eher traditionelles Entwurfskonzept mit einer konservativen künstlerischen Haltung. Dies sei ein vor allem in der D-Stadt bewusst in räumlicher Nähe zum Stil des Bauhauses gewählter Gegenpol. Den Architekten sei es wichtig gewesen, dass die Häuser der Siedlungen, um »Liebe zur Scholle und Heimatgefühl zu erzeugen, [...] nicht wie ›moderne kahle Ziegelkasten‹ aussehen sollten, sondern einer heimisch und traditionell anmutenden Ästhetik entsprachen.« Die Siedlung sei aus historischer Sicht ein bedeutsames Zeugnis des Selbstbildes des IG-Farben-Konzerns im NS-Staat. Dieser geschichtliche Bezug sei für die Kontextualisierung und das Verständnis der Gestaltungsweise der Siedlung von entscheidender Bedeutung. Dies sei in der Fortschreibung und Aktualisierung des Denkmalverzeichnisses als wichtiger, denkmalkonstitutiver Zeugniswert betont worden. Keinesfalls sei eine Rehabilitierung des Architekten der Siedlung beabsichtigt. Die Siedlung sei ein sogenanntes unbequemes Denkmal. Der Umgang mit solchen Bauwerken erfordere ein besonderes Maß an Sensibilität und Reflexion und stelle die Gesellschaft im Allgemeinen sowie die Denkmalpflege im Speziellen vor Herausforderungen. Der Erhalt dieser Gebäude mache das Bauen der Epoche erlebbar, sodass diese als Erinnerungsorte und Mahnmale dem Vergessen und Verharmlosen entgegenwirken könnten. Das Verwaltungsgericht habe seiner Entscheidung sachfremde Erwägungen zugrunde gelegt.

Gerade das intakte Erscheinungsbild der Siedlung sei entscheidend für die vollumfängliche Vermittlung des historischen Aussagegehalts. Die bewusst gewählte malerische, idyllische und heimatliche Wirkung stehe im krassen Gegensatz zu den verbrecherischen Verstrickungen und Taten der IG-Farben im NS-Staat (Herstellung von Zyklon B, Zwangsarbeit, finanzielle Unterstützung der NSDAP etc.). Die monströse Doppelgesichtigkeit von harmlosem äußeren Schein und im Hintergrund verübter Verbrechen sei bezeichnend für den Nationalsozialismus. Die IG-Farben W-Siedlung sei hierfür Beispiel und Sinnbild. Die Diskrepanz zwischen dem optischen Idealbild und der düsteren Historie sei ein ganz entscheidender, denkmalkonstituierender Zeugniswert. Die Belegung der Dachflächen würde die Erfahrbarkeit dessen und damit den dokumentarischen Aussagewert der Siedlung entschieden beeinträchtigen, weil das intakte bauzeitliche Gesamterscheinungsbild gestört würde. Das Erscheinungsbild sei daher in diesem Denkmalbereich sowohl für den kulturell-künstlerischen als auch für den historischen Zeugniswert maßgeblich.

Es könne gerade nicht offenbleiben, ob das Vorhaben einen Eingriff im Sinne des § 10 Abs. 1 DenkmSchG LSA darstelle, denn das würde der Systematik des Denkmalschutzgesetzes nicht gerecht. Liege die geplante Veränderung unterhalb der Eingriffsschwelle, sei eine denkmalrechtliche Genehmigung regelmäßig zu erteilen. Liege hingegen ein Eingriff vor, seien nach der Systematik die Bestimmungen des § 10 Abs. 2 DenkmSchG heranzuziehen. Die fachlichen Stellungnahmen des Landesamtes für Denkmalpflege und Archäologie belegten zweifelsfrei, dass das Vorhaben einen Eingriff im Sinne von § 10 Abs. 1 S. 1 DenkmSchG LSA darstelle. In Gartenstädten dienten die Gärten im rückwärtigen Bereich als Rückzugsort und zur Eigenversorgung. Die straßenseitigen Grünflächen verfolgten andere Ziele. Hier stehe die städtebauliche Wirkung im Vordergrund, indem sie unter anderem zur Lebendigkeit und Natürlichkeit des Erscheinungsbildes beitrügen, indem sie die Uniformität und Strenge, z. B. durch das sich verändernde Laub von Bepflanzungen, auflockerten. Gleichzeitig fungierten die Gärten als städtebauliche Pufferzone zwischen privatem Heim und öffentlichem Raum. Prinzipiell gelte, dass in Siedlungen dieser Art alles gesamtheitlich konzipiert sei. Jede Form, Farbe, Fläche verfolge eine bestimmte Funktion. Dies müsse auch für das Erscheinungsbild der Hausdächer konstatiert werden. Die traditionellen Satteldächer mit der matten roten Ziegeleindeckung seien demzufolge maßgeblich für den Denkmalwert. Dies liege aus architekturhistorischer Sicht auch im programmatischen Ansatz des Siedlungsbaus im typischen Heimatschutz-Stil der NS-Zeit begründet, für den ein Rückgriff auf einen bewusst traditionalistischen und volkstümlichen Baustil mit einer aufgelockerten und naturnahen Bebauungsstruktur charakteristisch sei. PV-Anlagen mit glänzenden Oberflächen, großen Platten, reflektierenden Fassungen seien hingegen ein anachronistisches Element in der bewusst tradierten und heimatlich wirkenden architektonischen Gestaltung der Siedlung. Das denkmalfachliche

Ziel bestehe hinsichtlich der historischen Gebäudeoberflächen darin, diesen keine kontrastierenden Elemente entgegenzustellen, die dazu führten, dass die Geschlossenheit verletzt werde oder verloren gehe. Hinzufügungen neuer Elemente müssten sich ein- bzw. unterordnen. Dies werde durch die Anlehnung an historische Formen und Oberflächen erreicht, etwa Dachdeckungen mit naturroten, nicht glänzenden Dachsteinen. PV-Anlagen stünden zu diesen Zielen im Widerspruch und seien eine denkmalfachlich abzulehnende erhebliche Beeinträchtigung des Denkmalbereichs.

In erster Linie sei das Erscheinungsbild des Denkmalbereiches hier Schutzgegenstand, gleichwohl sei darauf hinzuweisen, dass durch die Montage von PV-Anlagen zumeist auch Schädigungen an denkmalkonstitutiven Gebäudeteilen verursacht würden. Jede neue Montage trage zur Substanzminderung bei und könne schließlich zum vollständigen Verlust denkmalkonstitutiver Teile führen.

Die Antragsgegnerin mache sich insoweit die Bewertungen des Denkmalfachamtes zu Eigen und gehe davon aus, dass die Anbringung der PV-Anlage einen Eingriff im Sinne des § 10 Abs. 1 Nr. 1 DenkmSchG LSA darstelle. Die Genehmigungsvoraussetzungen von § 10 Abs. 2 DenkmSchG LSA lägen nicht vor. Davon gehe auch das Verwaltungsgericht zutreffend aus. Dann allerdings komme es nicht darauf an, ob in einer Interessenabwägung nach § 10 Abs. 3 DenkmSchG LSA die privaten Interessen des Antragstellers an der Nutzung erneuerbare Energien die Denkmalwertigkeit der unterschiedlichen Schutzziele überwögen. § 10 Abs. 3 DenkmSchG sei kein Genehmigungstatbestand, sondern bestimme lediglich, wann ein Eingriff im Sinne des § 10 Abs. 1 i. V. m. Abs. 2 DenkmSchG unzulässig sei. Dies sei dann der Fall, wenn als Folge des Eingriffs erhebliche Beeinträchtigung eines Kulturdenkmals zu erwarten sein und die Belange des Denkmalschutzes und der Denkmalpflege bei Abwägung aller Anforderungen Vorrang hätten. Die Überlegungen des Verwaltungsgerichts zum öffentlichen Interesse an der Nutzung regenerativer Energien seien allenfalls im Rahmen der Prüfung des § 10 Abs. 2 Nr. 2 DenkmSchG LSA angebracht.

Dem Argument, dass das Auge durch die in der Nachbarschaft bereits vorhandenen Solaranlagen bereits an deren Anblick gewöhnt sei, werde ausdrücklich widersprochen. Dadurch könne die Prüfung der Genehmigungsfähigkeit entbehrlich werden. Zudem gehörten die schon mit PV-Anlagen versehenen Häuser nicht zum Denkmalbereich.

Entgegen der Auffassung des Verwaltungsgerichts werde der städtebauliche Wert des Denkmalbereiches erheblich gestört, wenn das intakte Erscheinungsbild der Siedlung, das für die vollumfängliche Vermittlung ihres historischen Aussagegehalts entscheidend sei, beeinträchtigt werde. Anderes ergebe sich auch nicht aus den Leitlinien des Ministers für Kultur vom 13.10.2022. Zwar sähen diese vor, dass für Baudenkmale und Denkmalbereiche eine Genehmigung für die Errichtung von Solaranlagen an und auf einem Kulturdenkmal zu erteilen sei. Sie schränkten gleichzeitig aber auch ein, dass bei einer erheblichen Beeinträchtigung eines Kulturdenkmals im Sinne von § 10 Abs. 1 S. 1 DenkmSchG LSA, so wie es hier der Fall sei, eine abweichende Entscheidung in Betracht komme. Insofern entsprächen die Leitlinien den gesetzlichen Vorgaben des Denkmalschutzgesetzes.

Zu wiederholen sei, dass das Aufbringen von PV-Anlagen in der Siedlung auf jene Flächen beschränkt bleiben solle, die vom öffentlichen Bereich aus nicht einsehbar seien. Hierfür kämen die zur Gartenseite gerichteten Dachflächen oder untergeordnete Nebengebäude in Betracht. Die Belegung dieser Flächen werde im Sinne eines Konsenses als vermittelnde Lösung vorgeschlagen. Dies geschehe, obgleich aus denkmalfachlicher Sicht jegliche PV-Anlagen in Denkmalbereichen höchst kritisch betrachtet würden.

2. Damit legt die Antragsgegnerin keine Gründe dar, die zu einer Änderung des Beschlusses des Verwaltungsgerichts führen müssten. Die fiktive denkmalrechtliche Genehmigung ist einer Rücknahme grundsätzlich zugänglich (a). Die IG-Farben Wolfen-Siedlung ist ein Denkmal (b) und in der Aufbringung einer PV-Anlage auf dem Dach eines Gebäudes des Denkmalbereichs liegt ein Eingriff (c). Jedoch wiegt dieser Eingriff nicht so schwer, als dass nicht die überragenden Interessen des Ausbaus der Erzeugung erneuerbarer Energien diesen Eingriff nicht rechtfertigten (d).

a) Rechtsgrundlage für die Rücknahme der fiktiven denkmalrechtlichen Genehmigung ist § 1 Abs. 1 VwVfG LSA i. V. m. § 48 Abs. 1 VwVfG. Danach kann ein rechtswidriger Verwaltungsakt, auch nachdem er unanfechtbar geworden ist, ganz oder teilweise mit Wirkung für die Zukunft oder für die Vergangenheit zurückgenommen werden.

Die fiktive denkmalrechtliche Genehmigung für die Installation einer straßenseitigen PV-Anlage auf dem Gebäude des Antragstellers ist ein rücknehmbarer Verwaltungsakt (Urteil des Senats vom 15.12.2011 – 2 L 152/06 – juris Rdnr.47 f.). Der Eintritt der Genehmigungsfiktion nach Ablauf der verlängerten Entscheidungsfrist ist zwischen den Beteiligten vorliegend unstreitig. Zwar hat die Antragsgegnerin den Antragsteller nicht entsprechend § 14 Abs. 11 Satz 2 DenkmSchG LSA darauf hingewiesen, dass die unter Ziffer 8 des Genehmigungsantrags aufgeführten Unterlagen dem Antrag mindestens teilweise nicht beigefügt waren, sondern ist sogleich in die materiell-rechtliche Prüfung eingetreten und hat die denkmalfachliche Stellungnahme des Landesamts für Denkmalpflege und Archäologie des Landes Sachsen-Anhalt eingeholt. Dieses hat mit seiner Stellungnahme vom 4.10.2022 sodann ohne nähere Angaben zu der geplanten Anlage ausgeführt, es sei von einer erheblichen Beeinträchtigung auszugehen, der Einsatz von PV-Elementen sollte auf jene Flächen beschränkt bleiben, die vom öffentlichen Bereich aus nicht einsehbar seien. Zur Straßenseite seien flach und zurückgesetzt auf der Gaube angebrachte, möglichst homogene, nicht reflektierende und in dunkle Rahmen gefasste Module denkbar. Entsprechende Unterlagen wurden vom Antragsteller indes nicht abgefordert. Will danach die Antragsgegnerin die vorgelegten Antragsunterlagen offenbar gleichwohl als vollständig gelten lassen, begann die Genehmigungsfrist am 8.9.2022 und endete, nach der einmonatigen Verlängerung, am 7.12.2022 (vgl. zu den Folgen des unterlassenen Hinweises auf die Unvollständigkeit von Antragsunterlagen für den Fristbeginn etwa OVG MV, Beschluss v. 19.7.2023 – 3 L 199/11 – juris Rdnr. 50 m. w. V.).

Mit Eintritt der Genehmigungsfiktion kann allerdings auch nur das als genehmigt gelten, was Gegenstand des Genehmigungsantrags war, vorliegend folglich, wie sich aus der textlichen Umschreibung der geplanten Maßnahme ergibt, die nicht näher spezifizierte Installation einer ca. 25 m^2 großen PV-Anlage auf der Dachfläche oberhalb der Gaube auf der West-Seite des Gebäudes des Antragstellers. Da dem Antrag ausweislich des als vollständig vorgelegten Verwaltungsvorganges weder eine Bestands- noch eine Bauzeichnung oder Material- und Maßangaben beigefügt waren, kann Gegenstand der Genehmigung nur die Feststellung sein, ob grundsätzliche denkmalschutzrechtliche Bedenken gegen die Errichtung einer solchen Anlage bestehen. Einzelheiten der zu errichtenden Anlage sind damit noch nicht festgelegt und auch nicht genehmigt.

Die Voraussetzungen für die Rücknahme dieser fiktiven Genehmigung liegen nicht vor, denn sie ist voraussichtlich nicht rechtswidrig. Das Verwaltungsgericht hat im Ergebnis zu Recht festgestellt, dass die Errichtung einer Photovoltaikanlage auf dem Dach des Gebäudes genehmigungspflichtig, aber voraussichtlich auch genehmigungsfähig ist. Anspruchsgrundlage des Antragstellers für die Erteilung der Genehmigung ist §§ 14 Abs. 1, 10 Abs. 2 Nr. 2 DenkmSchG LSA. Danach bedarf u. a. einer Genehmigung, wer ein Kulturdenkmal instandsetzen, umgestalten oder verändern oder in seiner Nutzung verändern will. Stellt die Maßnahme sich als Eingriff in das Denkmal dar, d. h. als Veränderungen in der Substanz oder Nutzung des Kulturdenkmals, die dessen Denkmalqualität erheblich beeinträchtigen können oder zur Zerstörung eines Kulturdenkmals führen, § 10 Abs. 1 Satz 1 DenkmSchG LSA, ist eine Genehmigung u. a. nur zu erteilen, wenn ein überwiegendes öffentliches Interesse anderer Art den Eingriff verlangt, § 10 Abs. 2 Nr. 2 DenkmSchG LSA. Sind als Folge eines Eingriffes erhebliche Beeinträchtigungen eines Kulturdenkmals im Sinne des Absatzes 1 zu erwarten, so ist der Eingriff unzulässig, wenn bei der Abwägung aller Anforderungen die Belange des Denkmalschutzes und der Denkmalpflege vorgehen, § 10 Abs. 3 DenkmSchG LSA.

b) Das Verwaltungsgericht ist zutreffend davon ausgegangen, dass es sich bei der Siedlung IG-Farben Wolfen um einen Denkmalbereich handelt. Kulturdenkmale sind gegenständliche Zeugnisse menschlichen Lebens aus vergangener Zeit, die im öffentlichen Interesse zu erhalten sind, § 2 Abs. 1 Satz 1 DenkmSchG LSA. Ein öffentliches Interesse in diesem Sinne besteht immer dann, wenn diese Zeugnisse von besonderer geschichtlicher, kulturell-künstlerischer, wissenschaftlicher, kultischer, technisch-wissenschaftlicher oder städtebaulicher Bedeutung sind, § 2 Abs. 1 Satz 2 DenkmSchG LSA. Denkmalbereiche sind Mehrheiten baulicher Anlagen. Sie können u. a. Stadtgrundrisse, Stadt- und Ortsbilder sowie -silhouetten, Stadtteile und -viertel, Siedlungen, Straßenzüge sein, § 2 Abs. 2 Nr. 2 DenkmSchG LSA. Die Eigenschaft einer Sache als Kulturdenkmal setzt ihre Denkmalfähigkeit und Denkmalwürdigkeit voraus. Denkmalfähig ist eine Sache, wenn einer der in § 2 Abs. 1 Satz 2 DenkmSchG LSA genannten Schutzgründe für ihre Erhaltung spricht; denkmalwürdig ist sie, wenn ein öffentliches Interesse besteht, das die auf einem gesetzlichen Schutzgrund beruhende Erhaltung der Sache rechtfertigt.

Die geschichtliche Bedeutungskategorie des Denkmalschutzes ist erfüllt, wenn ein Bauwerk historische Ereignisse oder Entwicklungen anschaulich macht. Die geschichtliche Bedeutung ist dadurch gekennzeichnet, dass durch das Schutzobjekt (heimat-)geschichtliche Entwicklungen deutlich gemacht werden (»Aussagewert«), dass ihm als Wirkungsstätte namhafter Personen oder als Schauplatz historischer Ereignisse ein bestimmter »Erinnerungswert« beizumessen ist oder dass es einen im Bewusstsein der Bevölkerung vorhandenen Bezug zu bestimmten politischen, kulturellen oder sozialen Verhältnissen seiner Zeit herstellt (»Assoziationswert«). Dabei ist die geschichtliche Bedeutung nicht auf übergeordnete oder besonders bedeutsame Entwicklungen oder Verhältnisse beschränkt. Sie umfasst vielmehr auch Gegenstände des Denkmalschutzes, die nur für einzelne Wissenschaftsdisziplinen (z. B. Kirchengeschichte, Baugeschichte, Kunstgeschichte) oder für die Regionalgeschichte, Heimatgeschichte oder Stadtgeschichte von Bedeutung sind. Entscheidend ist letztlich der dokumentarische und exemplarische Charakter des Schutzobjektes als eines Zeugnisses der Vergangenheit (Urteil des Senats vom 14.10.2004 – 2 L 454/00 – juris Rdnr. 30). Architekturgeschichtliche Bedeutung haben danach beispielsweise auch die Architektur des »Neuen Bauens« der 20er Jahre oder Gebäude aus der Zeit des Nationalsozialismus und der DDR. Voraussetzung ist allerdings, dass ihnen eine besondere, d. h. eine über »Massenprodukte« hinausgehende, Eignung zum Aufzeigen und Erforschen der Entwicklung der Baukunst zukommt (OVG NRW, Urteil v. 23.8.1995 – 7 A 3702/93 – juris Rdnr. 52).

Der Schutzgrund der künstlerischen Bedeutung erfordert ein gesteigertes Maß an ästhetischer oder gestalterischer Qualität. Insoweit kann eine Mehrheit von baulichen Anlagen künstlerisch bedeutsam sein, wenn sie über einen Aspekt der Kunst hinaus einen kulturell wichtigen Entwicklungsstand etwa als charakteristische Vertreter einer Stilepoche wiedergibt oder wenn sie das ästhetische Empfinden in besonderem Maße ansprechen oder mindestens den Eindruck vermitteln, dass etwas nicht Alltägliches oder eine Anlage mit Symbolgehalt geschaffen worden ist. Entscheidend ist letztlich, dass sich eine individuelle schöpferische Leistung auf der Basis künstlerischer Inspiration am Bauwerk ablesen lässt (Urteil des Senats vom 14.10.2004 – 2 L 454/00 – juris

Rdnr. 40–41). Allerdings ist die kulturell-künstlerische Bedeutung nicht nur im Sinne eines Beitrages für die Kunstgeschichte zu verstehen, sondern stets auch geschichtlich einzuordnen. Sie ist nicht geschichtsfrei denkbar.

Städtebauliche Gründe, die für den Erhalt eines Denkmals sprechen, sind gegeben, wenn das Objekt in seinem konkreten Bestand aus der ihm innewohnenden funktionalen Einbindung in die gegebene städtebauliche bzw. siedlungsbezogene Situation nicht herausgelöst werden kann, ohne zugleich die erhaltenswerte Situation in ihrer denkmalrechtlich relevanten Aussagekraft wesentlich zu beeinträchtigen oder gar zu zerstören (Urteil des Senats vom 18.2.2015 – 2 L 175/13 – juris Rdnr. 76). Städtebauliche Gründe lassen die Erhaltung und Nutzung eines Objektes dann geboten erscheinen, wenn ihm als historischem Bestandteil einer konkreten städtebaulichen Situation eine wünschenswerte stadtbildprägende Bedeutung zukommt, so dass es aus Gründen der Stadtgestaltung und wegen des Stadtbildes als Verlust empfunden würde, wenn es seine Prägung in seiner Eigenart als überlieferter baulicher Bestand nicht mehr wie bisher entfalten würde (Urteil des Senats vom 15.12.2011 – 2 L 152/06 – juris Rdnr. 55–57). Abzustellen ist dabei auf die städtebauliche, raumbildende Aussagekraft. Einzelheiten in Form, Farbe und Material sind nur zu berücksichtigen, wenn sie das städtebaulich bedeutsame Raumbild entscheidend prägen (Martin/Ahrensdorf/Flügel, DenkmSchG LSA 2001, § 2 Ziffer 2.3.6).

Das zur denkmalschutzrechtlichen Beurteilung erforderliche Fachwissen vermittelt in erster Linie das beigeladene Landesamt für Denkmalpflege und Archäologie Sachsen-Anhalt als staatliche Denkmalfachbehörde. Die Einstufung als Denkmal oder Denkmalbereich obliegt indes vollständig der gerichtlichen Überprüfung.

Nach der Denkmalbeschreibung des Landesamts für Denkmalpflege und Archäologie stehen für die Einschätzung als Denkmalbereich vor allem städtebauliche Gründe im Vordergrund, wenn die Siedlung als »gartenstadtartige Siedlung« mit »aufgelockerter und naturnaher Bebauungsstruktur« mit Gebäuden in »zeittypisch malerischer Baugruppenanordnung« und einheitlich gestalteten Straßenfronten und durch repräsentative Freitreppen flankierten Gartenfronten beschrieben wird. Auch das Einfügen in die Umgebung, die übergangslose Verbindung von Haus, Garten und Landschaft sind städtebauliche Kategorien. Einen siedlungsgeschichtlichen Aspekt enthält die Denkmalbeschreibung hingegen nicht. Die Siedlung erscheint weniger als prägnantes Zeugnis der Stadtentwicklungsgeschichte, etwa im Zuge der Industrialisierung, als vielmehr als regelhafter Städtebau ohne herausgehobene denkmalrechtlich relevante Aussagekraft. Soweit die Antragsgegnerin in der Beschwerdebegründung ausführt, die Siedlung versinnbildliche das Selbstbild der IG-Farben und deren Stellung im Nationalsozialismus, bleibt unklar, woran dies anknüpfen soll. Die Aussage, die Siedlung sei Beispiel und Sinnbild für die »monströse Doppelgesichtigkeit von harmlosem äußerem Schein und im Hintergrund verübter, unvorstellbar grausamer Verbrechen« überzeichnet die Bedeutung einer letztlich schlicht nach dem damaligen Zeitgeist errichteten, einem traditionellen Entwurfskonzept mit einer konservativen künstlerischen Haltung folgenden Siedlung.

Die vom Denkmalfachamt angenommene kulturell-künstlerische Bedeutung bleibt hinter der städtebaulichen Dimension deutlich zurück. Die Beschreibung der einzelnen Baukörper tritt deutlich zurück, die Häuser, Doppelhäuser sowie Mehrfamilienhäuser sind nicht als künstlerisch bedeutsam beschrieben. Auch die Dächer sind, außer in ihrer Beschreibung als »traditionelle Satteldächer« kein signifikantes Merkmal der Denkmalausweisung. Sie sind weder in ihrer Eindeckung noch in ihrer Farbigkeit oder ihrer Gliederung als besonders denkmalprägend hervorgehoben. Allein die Form des Satteldachs, von der im Nationalsozialismus vorherrschenden Architektur bevorzugt und in bewusster Abgrenzung zum Neuen Bauen etwa des Bauhauses verwendet, wird in der Denkmalbeschreibung aufgeführt. Dass gerade die Dachflächen in ihrer konkreten Ausgestaltung konstitutiv für die Ausweisung des Denkmalbereichs sein sollen, ist dem nicht zu entnehmen. Der Senat kann eine (herausgehobene) künstlerische Bedeutung der IG Farben-Siedlung in diesem Sinne nicht feststellen. Die Errichtung der »Werkssiedlung« stellte im Ergebnis eine bloße Umsetzung des damals beschlossenen Wohnungsbauprogramms dar, das in erster Linie von Zweckmäßigkeitsgesichtspunkten geprägt war, nicht aber Stilelemente einer spezifischen Bauepoche schaffen wollte. Dass dabei die Ideen des »Heimatschutzstils« für eine gefällige und wohnliche Gestaltung der Umgebung eingeflossen sind, macht den Denkmalbereich noch nicht kulturell-künstlerisch bedeutsam. Hintergrund der Baumaßnahmen war vielmehr ausschließlich die Beschaffung von Wohnraum für die Beschäftigten des IG Farben-Konzerns in unmittelbarer Nähe ihrer Arbeitsstätte (vgl. zur »Elektron-Siedlung« in Bitterfeld Urteil des Senats vom 14.10.2004 – 2 L 454/00 – juris Rdnr. 39 f.).

Die in der Siedlung zum Ausdruck kommende »Heimatschutzarchitektur« wird in der Denkmalbeschreibung zwar angesprochen, eine besondere architektur-historische Bedeutung gerade dieser Siedlung lässt sich allerdings nicht feststellen, auch nicht im herausgestellten Gegensatz zu den in D-Stadt vorhandenen Gebäuden des Bauhauses. Zwar kommt der Architektur im Nationalsozialismus eine bedeutende Rolle als Propagandamittel zu und dient die Verwendung des »Heimatschutzstils« und die Verunglimpfung des Neuen Bauens als »bolschewistische Bauweise« der Unterstützung der germanisch-rassistischen Kulturideologie und nationalsozialistischen Blut- und Boden-Ideologie. Einen besonders prägnanten Ausdruck fand dies offenbar im Streit um das Flachdach oder Satteldach (vgl.: Landeshauptstadt Magdeburg, Nationalsozialistischer Wohn- und Siedlungsbau, Heft 43/1, 1995, S. 10 f., abgerufen unter 698_6006_1.PDF [magdeburg.de]). Diese kulturell-künstlerische Dimension der Siedlung und der dort verwendeten Bauweise findet allerdings in der Denkmalbegründung keinen nennenswerten Ausdruck. In Ansehung der Vielzahl von entsprechenden Siedlungsprojekten deutschlandweit scheint eine besonders herausgehobene Stellung gerade der IG-Farben W-Siedlung auch nicht naheliegend.

Die geschichtliche Dimension einer Siedlung, die im Auftrag einer das nationalsozialistische Regime stützenden Industrie errichtet wurde, und die damit die Verstrickung von Industrie und Regime belegt, hat das Landesamt für Denkmalpflege und Archäologie in der Überarbeitung der Denkmalbeschreibung zwar erwähnt, indem es die Siedlung als »geschichtlich bedeutsam als wichtiges Zeugnis des Selbstbildes und der Stellung des IG Farben-Konzerns im NS-Staat« beschreibt. Auch dieser Aspekt tritt allerdings in der Denkmalbeschreibung hinter der städtebaulichen Dimension der Siedlung zurück. Die in der Beschwerdebegründung weiter ausgebreitete Argumentation, gerade das (unveränderte) Erscheinungsbild der Siedlung, die von den Architekten nach damaliger Ideologie »bewusst gewählte malerische, idyllische und heimatliche Wirkung« und die Diskrepanz zwischen diesem Idealbild und der düsteren Historie insbesondere auch der IG Farben verkörperten einen ganz entscheidenden, denkmalkonstituierenden Zeugniswert, bleibt letztlich ohne Substanz. Auch die Tatsache, dass in Zeiten von kriegsbedingter Materialknappheit ein Industrieunternehmen für seine Mitarbeiter eine Siedlung errichten lässt, wohl auch, um durch die Verfügbarkeit von Wohnraum die Bindung an das Unternehmen zu stärken, hat vor allem eine städtebauliche Dimension.

Die Siedlung ist auch denkmalwürdig, d. h. es besteht ein öffentliches Interesse an ihrem Erhalt. Das Tatbestandsmerkmal der Denkmalwürdigkeit ist ein Korrektiv zum Merkmal der Denkmalfähigkeit, um aus dem Denkmalschutz rein individuelle Vorlieben und private Liebhaberinteressen auszugrenzen. Voraussetzung ist deshalb, dass die besondere Bedeutung einer Sache, die ihre Denkmaleigenschaft begründen kann, und die Notwendigkeit ihrer Erhaltung durch bestimmte Fakten erwiesen, in das Bewusstsein der Bevölkerung eingegangen oder mindestens nach dem Wissens- und Erkenntnisstand sachverständiger Betrachter anerkannt ist. Insoweit bedarf es einer Abwägung der ausschließlich denkmalpflegerischen Interessen untereinander und gegeneinander, vor allem der dokumentarische und exemplarische Wert des Schutzobjekts (»Seltenheitswert«), sein Alter, das Maß an Originalität und Integrität sowie ganz allgemein das konkrete Gewicht der einschlägigen Schutzgründe sind zu berücksichtigen (Urteil des Senats vom 14.10.2004 – 2 L 454/00 – juris Rdnr. 43).

Die trefflichen Anmerkungen des Verwaltungsgerichts zur lückenhaften Reflexion der Historie der Siedlung und ihrer Einordnung in das nationalsozialistische Unrechtssystem in der ursprünglichen Denkmalbeschreibung wie in den Ausführungen der Antragsgegnerin und des Landesamts für Denkmalpflege und Archäologie im Verwaltungsverfahren, die die Antragsgegnerin in der Beschwerdebegründung aufgreift und hierzu auf die offenbar ergänzte Denkmalbegründung verweist, ändern auch nach Auffassung des Verwaltungsgerichts an der Einschätzung der Denkmalwürdigkeit des Denkmalbereich nichts. Die Denkmalwürdigkeit wird durch den geschichtlichen Hintergrund nicht geschmälert, allerdings erwächst daraus eine besondere Verantwortung, das Denkmal angemessen einzuordnen und seinen historischen Kontext herauszuarbeiten. Ob es dazu genügt, in der Denkmalbegründung ergänzend darauf hinzuweisen, die Siedlung sei ein kulturell-künstlerisches bedeutendes Beispiel des Siedlungsbaus der Heimatschutzarchitektur im Nationalsozialismus, in der Stadt Dessau einen bewusst gewählten Gegenpol zum Stil des Bauhauses und kontrastierenden Aspekt in Sinne einer Architektur der ›antimodernen‹ Moderne bildend, sowie geschichtlich bedeutsam als wichtiges Zeugnis des Selbstbildes und der Stellung des IG-Farben-Konzerns im NS-Staat, mag dahinstehen.

Auf diese Ergänzungen in der Denkmalbegründung kommt es letztlich nicht an, da auch das Verwaltungsgericht im Ergebnis die Denkmalqualität der Siedlung nicht in Zweifel gezogen hat.

c) Die Montage einer PV-Anlage auf dem Dach des Wohnhauses des Antragstellers ist eine Veränderung des zu dem Denkmalbereich gehörenden Gebäudes und auch eine Nutzungsänderung des Gebäudes bzw. des Daches, das nun auch der Energiegewinnung dienen soll. Diese Veränderungen überschreiten die Eingriffsschwelle und unterliegen daher den Genehmigungsvoraussetzungen des § 10 Abs. 2 DenkmSchG LSA.

Mit der Errichtung einer PV-Anlage auf dem Dach des Gebäudes A-Straße wird im Sinne des § 10 Abs. 1 Satz 1 DenkmSchG LSA in den Denkmalbereich eingegriffen. Denkmalrechtlich geschützte Ensembles genießen grundsätzlich den gleichen Schutz wie Einzeldenkmäler, wobei bei Ensembles insbesondere das überlieferte gemeinschaftliche Erscheinungsbild für die Denkmalqualität maßgeblich ist (Beschluss des Senats vom 10.6.2022 – 2 L 21/20.Z – juris Rdnr. 7). Insofern die Anbringung einer PV-Anlage an einem Gebäude eines Ensembles den gesamten Denkmalbereich beeinträchtigt, stellt sie einen Eingriff dar. Es ist nicht von der Hand zu weisen, dass eine PV-Anlage, selbst wenn sie, was vorliegend noch nicht feststeht, zurückhaltend, eingepasst und insgesamt denkmalgerecht angebracht wird, zumeist einen das Erscheinungsbild des Denkmals nicht unerheblich verändernden Eingriff in das Kulturdenkmal darstellt. Denn die Ansicht des einzelnen Gebäudes wird geändert, die Symmetrie der gleichförmig gestalteten Gebäude unterbrochen und – je nach Gestaltung der Anlage – ein möglicherweise massives »Störgefühl« beim Betrachter ausgelöst. Die Denkmalqualität wird, gerade bei Denkmalen, die bislang im Wesentlichen in ihrem Originalzustand überliefert sind, in der Regel, und so auch hier, erheblich beeinträchtigt.

d) Der Antragsteller hat allerdings im Ergebnis der Abwägung der Interessen des Denkmalschutzes mit dem öffentlichen Interesse an der Steigerung der Erzeugung und Nutzung erneuerbarer Energien gleichwohl einen Anspruch auf Erteilung einer Genehmigung für diesen Eingriff gemäß § 10 Abs. 2 Nr. 2 DenkmSchG LSA, denn überwiegende öffentliche Interessen anderer Art verlangen den Eingriff. Dabei ist »verlangen« nicht in dem Sinne zu verstehen, dass der Eingriff gleichsam unausweichlich sein muss, um ein zwingendes anderes öffentliche Interesse zu befriedigen. Es ist vielmehr in Ansehung des denkmalpflegerischen Rangs des betroffenen Denkmals und der Schwere und ggf. Irreversibilität des Eingriffs abzuwägen, ob dieser zur Befriedigung eines überwiegenden öffentlichen Interesses erforderlich ist und dem Antragsteller einen Anspruch auf Genehmigung verschafft.

Ein solcher Anspruch folgt auch in Ansehung der Vorgaben aus § 2 EEG in der Fassung vom 20.7.2022 nicht aus einem unbedingten Vorrang der Gewinnung erneuerbarer Energien vor jeglichen entgegenstehenden anderen öffentlichen Belangen. Danach liegen zwar die Errichtung und der Betrieb von Anlagen sowie den dazugehörigen Nebenanlagen im überragenden öffentlichen Interesse und dienen der öffentlichen Sicherheit, § 2 Satz 1 EEG. Bis die Stromerzeugung im Bundesgebiet nahezu treibhausgasneutral ist, sollen die erneuerbaren Energien als vorrangiger Belang in die jeweils durchzuführenden Schutzgüterabwägungen eingebracht werden, § 2 Satz 2 EEG. Damit ist aber nicht gesagt, dass nicht auch überwiegende andere Belange in der Schutzgüterabwägung überwiegen können. Vielmehr sind in jedem Einzelfall die (hier) denkmalrechtlichen Belange zu ermitteln und zu bewerten und mit dem öffentlichen Belang der Förderung erneuerbarer Energien abzuwägen. Im Ergebnis überwiegen hier die Interessen des Antragstellers und der Allgemeinheit am Ausbau der Gewinnung erneuerbarer Energien.

Bei der Bewertung ist der Senat nicht an die »Leitlinien für die Denkmalschutzbehörden in Sachsen-Anhalt zur Entscheidung über die Erteilung einer denkmalschutzrechtlichen Genehmigung nach § 14 Abs. 1 DenkmSchG für die Errichtung von Solaranlagen auf bzw. an einem Kulturdenkmal nach § 2 Abs. 2 Ziffern 1 und 2 DenkmSchG« des Chefs der Staatskanzlei und Minister für Kultur (Runderlass vom 13.10.2022 – Az. 63-57701) gebunden. Zwar ist danach die Genehmigung zur Errichtung von Solaranlagen an oder auf Kulturdenkmalen grundsätzlich zu erteilen, wenn nicht eine erhebliche Beeinträchtigung eines Kulturdenkmals im Sinne des § 10 Abs. 1 Satz 1 DenkmSchG LSA eine abweichende Entscheidung gebietet. Jedoch entfaltet dieser Runderlass keine bindende Außenwirkung, mit der dem Interesse an einem beschleunigten Ausbau erneuerbarer Energien unmittelbar durchgreifende Wirkung beigemessen würde. Anders als etwa Niedersachsen (dort § 7 Abs. 2 Satz 1 Nr. 3, Satz 2 DSchG ND i. d. F. vom 12.12.2023), Bayern (dort Art. 6 Abs. 2 Satz 3 BayDSchG i. d. F. vom 23.6.2023) oder Nordrhein-Westfalen (dort § 9 Abs. 3 Satz 2 DSchG NRW i. d. F. vom 13.4.2022), die die besondere Bedeutung des öffentlichen Interesses an der Errichtung von Anlagen zur Nutzung von erneuerbaren Energien in der Abwägung mit Belangen des

Denkmalschutzes gesetzlich verankert haben, hat Sachsen-Anhalt mit der Leitlinie eine letztlich nur verwaltungsintern wirkende Maßgabe geschaffen, die keine Bindungswirkung der Gerichte beansprucht.

§ 2 EEG ist in denkmalschutzrechtlichen Genehmigungsverfahren wie dem vorliegenden anwendbar. Auch wenn sich der Gesetzgeber für den Erlass des § 2 EEG lediglich auf die Gesetzgebungskompetenzen aus Art. 74 Abs. 1 Nr. 11 und 24 GG (i. V. m. Art. 72 Abs. 2 GG) und nicht auf eine solche für das Denkmalrecht gestützt hat, rechtfertigt dies keine andere Entscheidung (a. A. offenbar die Antwort der Landesregierung des Landes Sachsen-Anhalt auf eine Kleine Anfrage, Drs 8/1926 unter Bezugnahme auf Nds. OVG, Beschluss v. 21.4.2022 – 12 MS 188/21 – juris Rdnr. 74; dieses hatte die Frage seinerzeit allerdings nur offengelassen). Denn bei der Normierung des Gewichtungsvorrangs für die erneuerbaren Energien handelt es sich nicht unmittelbar um eine Regelung des Denkmalrechts, sondern um eine außerhalb des Fachrechts für sich stehende Regelung zum Gewicht des öffentlichen Interesses am beschleunigten Ausbau der erneuerbaren Energien, die auf die ansonsten unberührt gelassenen Regelungen fachgesetzlich normierter Abwägungsvorgänge lediglich mittelbare Auswirkungen hat (OVG MV, Urteil v. 7.2.2023 – 5 K 171/22 – juris Rdnr. 156, 159).

Entsprechend heißt es in der Gesetzesbegründung (BT-Drs. 20/1630, S. 158) zu § 2 EEG:

> »Die Definition der erneuerbaren Energien als im überragenden öffentlichen Interesse und der öffentlichen Sicherheit dienend muss im Fall einer Abwägung dazu führen, dass das besonders hohe Gewicht der erneuerbaren Energien berücksichtigt werden muss. Die erneuerbaren Energien müssen daher nach § 2 Satz 2 EEG 2021 bis zum Erreichen der Treibhausgasneutralität als vorrangiger Belang in die Schutzgüterabwägung eingebracht werden. Konkret sollen die erneuerbaren Energien damit im Rahmen von Abwägungsentscheidungen u. a. gegenüber […] Denkmalschutz […] nur in Ausnahmefällen überwunden werden. Öffentliche Interessen können in diesem Fall den erneuerbaren Energien als wesentlicher Teil des Klimaschutzgebotes nur dann entgegenstehen, wenn sie mit einem dem Artikel 20a GG vergleichbaren verfassungsrechtlichen Rang gesetzlich verankert bzw. gesetzlich geschützt sind oder einen gleichwertigen Rang besitzen.«

Das Gewicht des für die Maßnahme einzustellenden öffentlichen Interesses hat der Bundesgesetzgeber mit § 2 Satz 2 EEG für Abwägungsprozesse »voreingestellt« (OVG MV, Urteil v. 7.2.2023 – 5 K 171/22 OVG juris Rdnr. 155), den erneuerbaren Energien wird ein »relativer Gewichtungsvorrang« eingeräumt (Schlacke/Wentzien/Römling: Beschleunigung der Energiewende: Ein gesetzgeberischer Paradigmen-wechsel durch das Osterpaket? NVwZ 2022, 1577, 1586). Zugleich bleibt aber auch nach der Gesetzesbegründung deutlich, dass es weiterhin einer Abwägung im Einzelfall bedarf. § 2

Satz 2 EEG bewirkt jedoch, dass das überragende öffentliche Interesse am Ausbau erneuerbarer Energien sowie das öffentliche Sicherheitsinteresse regelmäßig überwiegen und nur in atypischen Ausnahmefällen überwunden werden können, die fachlich anhand der besonderen Umstände der jeweiligen Situation zu begründen sind (vgl. OVG Greifswald, Urteil v. 7.2.2023 – 5 K 171/22 – juris Rdnr. 156 m. w. N.; OVG Bln-Bbg, Urteil v. 27.7.2023 – OVG 3a A 52/23 – juris Rdnr. 52–53; NdsOVG, Beschluss v. 8.6.2023 – 1 ME 15/23 – juris Rdnr. 16). Dabei genügt es nicht, auf die in Art. 36 Abs. 4 der Verfassung des Landes Sachsen-Anhalt verankerte Verpflichtung des Landes zum Schutz und der Pflege der Denkmale und der Kultur zu verweisen. Denn das Land ist zugleich zum Schutz und zur Pflege der Natur, der Grundlage allen Lebens verpflichtet. Hierzu zählt zweifellos der schnellstmögliche Ausstieg aus der CO_2-produzierenden Energiegewinnung und Umstieg zu erneuerbaren, CO_2-neutralen Energien. Die Dringlichkeit dieses Anliegens unterstreicht § 2 EEG, der eine konkrete Ausformung der Staatszielbestimmung des Art. 20a GG ist. Vielmehr müssen im konkreten Einzelfall besondere Gründe dargelegt werden, warum den denkmalschutzrechtlichen Belangen ein größeres Gewicht einzuräumen ist als dem überragenden öffentlichen Interesse am Ausbau erneuerbarer Energien.

Solche besonderen Umstände des Einzelfalls sind hier weder vorgetragen noch sonst erkennbar. Sie folgen weder aus einer besonderen Schwere des Eingriffs in das Denkmal bzw. hier den Denkmalbereich noch aus einer besonders hohen Schutzwürdigkeit des Denkmals, in das eingegriffen wird (vgl. Beschluss des Senats vom 5.3.2014 – 2 M 164/13 – juris Rdnr. 15).

Zunächst stellt nicht jede bauliche Veränderung an einem Denkmal und auch nicht jede PV-Anlage auf einem zuvor »ungenutzten« Dach einen schweren Eingriff in einen Denkmalbereich dar. Eine solch erhebliche Beeinträchtigung der Denkmalqualität dürfte nur dann anzunehmen sein, wenn entweder das gemeinsame Grundprinzip bzw. der übergreifende Aspekt, unter dem die zugehörigen Einzelbauten zu einer schutzwürdigen Einheit zusammengefasst sind, oder die Elemente, die für die Denkmalqualität von Bedeutung sind und das Denkmal charakterisieren, aufgehoben oder erheblich gemindert werden, oder wenn die räumliche Ausdehnung des Denkmalbereichs in erheblichem Umfang reduziert wird (vgl. VG Dessau, Urteil v. 30.9.2005 – 1 A 85/05 – juris Rdnr. 18 ff.). Geboten ist nicht nur eine Prüfung, ob das Baudenkmal bzw. der Denkmalbereich durch die Veränderung im Hinblick auf den jeweiligen Schutzgrund überhaupt berührt wird, sondern auch, von welchem Gewicht diese Einwirkung im Verhältnis zur Bedeutung des Denkmalbereichs ist und ob sie auf nachvollziehbaren und verständlichen Nutzungswünschen des Eigentümers beruht (NdsOVG, Urteil v. 17.5.1995 – 1 L 2303/94 – juris Rdnr. 10). Es muss eine erhebliche Beeinträchtigung, eine empfindliche Störung vorliegen. Die wertende Einschätzung, ob das Erscheinungsbild des Kulturdenkmals bzw. des Denkmalbereichs empfindlich gestört wird, wird auch maßgeblich bestimmt vom Denkmalwert, so dass in Relation zur Wertigkeit des Kulturdenkmals die Hinnahme einer Beeinträchtigung des Erscheinungsbildes in unterschiedlichem Umfang geboten sein kann. Daran knüpft auch der Runderlass des Ministers für Kultur vom 13.10.2022 an, der Kulturdenkmale im Schutzbereich einer bereits anerkannten oder einer potentiellen Stätte von außergewöhnlichem universellen Wert für die Menschheitsgeschichte (UNESCO-Weltkulturerbe) vom seinem Anwendungsbereich ausnimmt.

Denkmäler, die für sich oder als Teil einer denkmalgeschützten Gruppe besonders wertvoll sind, etwa, weil sie beispielsweise eine außergewöhnliche architektonische Qualität aufweisen, die Landschaft oder das Stadtbild in ganz besonderer Weise prägen, für die Architekturgeschichte epochenbestimmend, im Rahmen ihrer nationalen Bedeutung identitätsstiftend oder einer UNESCO-Welterbestätte zugehörig sind, stellen nicht den Regelfall dar. Der besondere Wert eines Denkmals ist mithin geeignet, einen Ausnahmefall zu begründen und das Interesse am Ausbau erneuerbarer Energien zurücktreten lassen.

Ein Ausnahmefall kann aber auch dann vorliegen, wenn es sich nicht um ein besonders wertvolles Denkmal handelt, die mit der Errichtung von Anlagen zur Nutzung erneuerbarer Energien einhergehende Beeinträchtigung jedoch so gravierend ausfällt und erheblich über das hinausgeht, was mit der Errichtung derartiger Anlagen typischerweise verbunden ist, dass dadurch konstituierende Merkmale des Denkmals selbst verloren gehen oder sogar sein Denkmalwert insgesamt in Frage gestellt wird.

Diese Maßstäbe zugrunde gelegt, überwiegen vorliegend die Interessen des Ausbaus der erneuerbaren Energien diejenigen am unveränderten Erhalt des Denkmalbereichs.

Für eine besonders hohe Schutzwürdigkeit des Denkmalbereichs IG-Farben W-Siedlung ist hier, auch unter Berücksichtigung der ergänzenden Ausführungen der Antragsgegnerin in der Beschwerdebegründung, nichts dargelegt oder sonst ersichtlich. Anders als die Bauhausgebäude in D-Stadt (sowie Weimar und Bernau), die zentrale Werke der modernen europäischen Kunst sind und das, auf eine radikale Erneuerung von Architektur und Design ausgerichtete, Avantgarde-Konzept auf einzigartige Weise dokumentieren, kommt den Gebäuden der IG Farben-W-Siedlung eine solche Bedeutung nicht zu, auch nicht in dem von der Antragsgegnerin betonten Gegensatz zum Bauhaus. Das Bauhaus steht für die Blüte der Moderne, die hier ihren Ausgang nahm und weltweite Wirkung entfaltete. Die Bauhaus-Schule begründete die Avantgarde der Klassischen Moderne, die die Kunst und Architektur im 20. Jahrhundert maßgeblich veränderte. Sie erinnert an das unvollendet gebliebene Projekt »Moderne mit menschlichem Antlitz«, das versuchte, die ihm zur Verfügung stehenden Ressourcen nicht zerstörerisch zu nutzen, sondern aus ihnen eine Umgebung zu schaffen, die der menschlichen Sehnsucht gerecht wird. Aus diesem Grund sind sie wichtige Denkmäler für Kunst, Kultur und die historischen Ideen des 20. Jahrhunderts. Die direkte Zugänglichkeit fasziniert noch immer und gehört so zum Welterbe der Menschen weltweit. …

Eine vergleichbare Dimension kommt der IG Farben-Siedlung nicht zu, auch nicht in der räumlichen Auseinandersetzung mit den ca. sechs Kilometer entfernten Welterbestätten des Bauhauses in Dessau. Ihr ist auch im Übrigen kein besonderer Seltenheitswert zugeschrieben, noch ist sie sonst von erkennbar herausragender Bedeutung in einer der von der Antragsgegnerin aufgeführten Denkmal-Kategorien. Vielmehr verfolgte die IG Farben offenbar an vielen ihrer Standorte eigene Siedlungsprojekte, die als »nationalsozialistische Arbeitersiedlungen von Beginn an systematisch im Sinne der Parteipropaganda instrumentalisiert und überhöht« wurden (vgl. etwa Die »IG-Farben-Siedlung« in Rheinau-Süd, Rhein-Neckar-Industriekultur e. V.: Siedlungsprojekte an 20 Orten in und um Ludwigshafen; zudem Siedlungen in Frankfurt, Rottweil, Marl, Bitterfeld, Wolfen etc.). Allein die noch weitgehend erhaltene Geschlossenheit und Einheitlichkeit des Denkmalbereichs führt nicht zu einer besonderen Schutzwürdigkeit.

Auch eine besonders schwerwiegende Beeinträchtigung des Denkmalbereichs ist nicht erkennbar. Dies setzte mit Blick auf die gebotene kategorienadäquate Betrachtungsweise voraus, dass die Solaranlage das Denkmal bzw. den Denkmalbereich gerade in seinen wertgebenden Merkmalen beeinträchtigen, dass durch sie mit anderen Worten gerade in die schützenswerte künstlerische Aussage, die geschichtliche Bedeutung oder die städtebauliche Dimension eingegriffen und diese verletzt würden (OVG Bln-Bbg, Urteil v. 27.7.2023 – OVG 3a A 52/23 – juris Rdnr. 46). Dafür ist hier auch unter Berücksichtigung des Beschwerdevorbringens nichts ersichtlich.

Zunächst ist einzustellen, dass die Montage von PV-Anlagen bei fachgerechter Ausführung in der Regel keine irreversiblen Schäden an dem Dach hervorrufen dürfte. Die Antragsgegnerin widerspricht sich insofern selbst, wenn sie einerseits eine Installation von PV-Anlagen auf der straßenabgewandten Gartenseite des Daches für – unter Zurückstellung offenbar sehr grundsätzlicher Bedenken – vertretbar hält, andererseits aber gegen die Aufbringung auf der Straßenseite ausführt, jede neue Montage trage zur Substanzminderung bei und könne schließlich zum vollständigen Verlust denkmalkonstitutiver Teile führen. Im Übrigen könnte im Rahmen vertretbarer Nebenbestimmungen einer Genehmigung sichergestellt werden, dass die Montagearbeiten auf notwendige Maß beschränkt werden müssen. Ebenso kann mit Nebenbestimmungen sichergestellt werden, dass die PV-Module so angebracht werden, dass sie zwar effizient arbeiten, aber zugleich ein Mindestmaß an Rücksichtnahme auf das Denkmal walten lassen, etwa, indem sie auf die Dachform Rücksicht nehmen. In diesem Sinne sind auch die Leitlinien für die Denkmalschutzbehörden in Sachsen-Anhalt des Chefs der Staatskanzlei und Ministers für Kultur (Runderlass vom 13.10.2022 – Az. 63-57701 –) zu verstehen, der für die in jedem Fall zu treffende Einzelfallentscheidung bestimmte Kriterien vorschlägt.

Auch wenn bei der Aufgabe von Nebenbestimmungen die grundlegende Entscheidung des Gesetzgebers zugunsten der Anlagen zur Nutzung von erneuerbaren Energien nicht konterkariert werden darf, so dass eine für den Anlagenbetreiber – insbesondere wirtschaftlich – unzumutbare Ausgestaltung nicht verlangt werden kann, sind Auflagen, insbesondere auch zum Brandschutz (vgl. Viebrock in Martin/Krautzberger, Handbuch Denkmalschutz und Denkmalpflege, 5. Auflage 2022, Teil E Rdnr. 87), nicht ausgeschlossen. Wann die Schwelle der Unzumutbarkeit überschritten ist, ist wiederum eine Frage des Einzelfalls. Es bedarf einer abwägenden Betrachtung der Vorteile für das Denkmal einerseits und der Nachteile für den Denkmaleigentümer und – mit besonderem Gewicht – etwaiger Ertragseinbußen andererseits. Aufwändige und mit hohen Kosten verbundene technische Sonderlösungen können daher ebenso wie eine Installation in ertragsschwacher Lage – bei Photovoltaikanlagen beispielsweise auf der Nordseite eines Gebäudes – in aller Regel nicht verlangt werden (vgl. NdsOVG, Beschluss v. 8.6.2023 – 1 ME 15/23 – juris Rdnr. 18).

Weiter ist einzustellen, dass die Genehmigung zur Montage der PV-Anlagen angemessen zeitlich befristet werden kann und damit ein unwiederbringlicher Verlust der Denkmalqualität nicht zu befürchten steht.

Auch die Veränderung des Erscheinungsbilds des Denkmalbereichs durch die PV-Anlage ist vorliegend nicht so schwerwiegend, dass die Genehmigung zu versagen wäre. Zwar wird die Anlage, unabhängig von ihrer noch unbekannten konkreten Ausgestaltung, das Erscheinungsbild der Dachfläche der Doppelhaushälfte des Antragstellers und der Dachfläche des gesamten Gebäudes verändern. Auch wenn, wie der Antragsteller in der textlichen Maßnahmebeschreibung ausführt, nur die Dachfläche oberhalb der Gaube und damit nicht das gesamte Dach mit einer möglicherweise sogar aus roten Solarzellen (vgl. Seite 1 des Verwaltungsvorgangs) bestehenden PV-Anlage überdeckt wird, die Form des Daches folglich ebenso wie die Eindeckung mit den roten Ziegeln deutlich erkennbar bleibt, bleibt eine wahrnehmbare Veränderung der Ansicht nicht aus. Anders als bei der Aufbringung auf der straßenabgewandten Gartenseite ist diese Veränderung auch vom öffentlichen Straßenraum aus direkt wahrnehmbar und beeinflusst das Erscheinungsbild der Siedlung. Anders als beim Einbau etwa von Gauben oder anderen Fenstertypen ist aber bei der Installation von modernen Solaranlagen auf einem Gebäude selbst für ungeschulte Betrachter der historische Bestand unproblematisch von der technischen Neuerung zu trennen. Der Urzustand des Daches wird durch den Umbau hier nicht verwässert und der Zeugniswert nicht erheblich beeinträchtigt, zumal die Anlage wohl ohne nennenswerte Verletzung der Substanz des Gebäudes wieder abgenommen werden kann. Der künstlerisch-gestalterische Wert des Gebäudes wird daher zwar verändert, aber in einem in Ansehung der Bedeutung der Gewinnung erneuerbarer Energien hinnehmbaren Maße.

Der städtebauliche Assoziationswert der Siedlungshäuser besteht trotz der teilweisen Überformung der Dachfläche fort. Insbesondere werden weder die aufgelockerte Bebauungsstruktur noch die Einpassung in der Landschaft oder die treppengefassten Vorgärten beeinträchtigt. Dass die Antragsgegnerin in der Beschwerdebegründung weiter ausführt, in der Siedlung habe jede Form, jede Farbe und jede Fläche eine bestimmte Funktion, führt zu keiner anderen Einschätzung. Denn dies dürfte letztlich für jede Gestaltung gelten und hebt weder den Denkmalwert der Siedlung noch den Eingriffswert der Solaranlage auf ein Niveau, das zu einer Überwindung der überragenden Interessen des Ausbaus der erneuerbaren Energien führt.

Auch der geschichtliche Anschauungswert, den die Antragsgegnerin eng mit dem ursprünglichen Erscheinungsbild der Siedlung verknüpft, wird nicht in einer durchgreifenden Weise geändert, auch wenn die Solaranlage hinsichtlich des Anschauungswertes des gesamten Gebäudeensembles ablenkende Wirkung haben könnte. Zwar liegt das Gebäude des Antragstellers im Randbereich des Denkmalbereichs und in direkter Nachbarschaft zu dem Gebäude auf dem Grundstück G-Straße … (außerhalb des Denkmalbereichs), dessen Dachfläche bereits mit Solarpaneelen belegt ist, so dass nicht von der Hand zu weisen ist, dass die Paneele auf dem Dach des Antragstellers nicht als krasser Eingriff ohne Vorbild wahrgenommen werden könnten. Die Auswirkungen auf den gesamten Denkmalbereich könnten – betrachtet man nur das einzelne Gebäude – insofern zu vernachlässigen sein. Allerdings weist die Antragsgegnerin zu Recht darauf hin, dass eine Genehmigung zur Aufbringung der PV-Anlage auf dem Gebäude des Antragstellers auch weitere Eigentümer zu entsprechenden Anträgen ermutigen könnte. Da Schutzgut vorliegend der gesamte Denkmalbereich ist (und nicht ein Einzeldenkmal, das isoliert betrachtet werden könnte), ist die Antragsgegnerin auch nicht gehindert, die Auswirkungen auf den gesamten Denkmalbereich und insbesondere eine mögliche Vorbildwirkung in den Blick zu nehmen.

Es ist jedoch gleichwohl nicht davon auszugehen, dass die Aufbringung der PV-Anlage zu einer so erheblichen Beeinträchtigung der Denkmalqualität der Siedlung führt, dass sie den Abwägungsvorrang der erneuerbaren Energien überwindet. Denn die Anschaulichkeit des Gebäudeensembles, der Aufeinanderfolge einheitlich gestalteter Gebäude mit Vorgärten und größtenteils unverbauten Abständen zwischen den Gebäuden bleibt ebenso erkennbar wie die Gestaltung des Gebäudes an sich. Die neuzeitliche Ergänzung einer Solaranlage wirkt auf diesen Gebäuden, die dem unbefangenen Betrachter recht modern erscheinen, nicht wie ein Fremdkörper, sondern eher wie eine zeitgemäße Ergänzung.

Dürfte danach der Antragsteller einen Anspruch auf die Erteilung der denkmalrechtlichen Genehmigung haben, liegen die Voraussetzungen für eine

Rücknahme der fiktiven denkmalrechtlichen Genehmigung nicht vor, so dass es nicht darauf ankommt, ob die Antragsgegnerin das ihr zukommende Ermessen hier fehlerfrei ausgeübt hat. Sie hat die Genehmigung für die auf der Westseite vorgesehene – und auch allein beantragte – Photovoltaik-Anlage vollständig zurückgenommen, obwohl nach ihren eigenen Ausführungen im Verwaltungsverfahren etwa gegen die Aufbringung Anlage auf dem Dach der straßenseitigen Gaube Einwendungen nicht bestanden hätten, und eine solche Anlage von dem unspezifischen Antrag durchaus umfasst gewesen wäre. Auch andere Möglichkeiten, eine PV-Anlage denkmalgerecht auszugestalten, etwa durch farblich an das Dach angepasste Paneele, hat sie nicht in Erwägung gezogen. Darauf kommt es jedoch nach dem oben gesagten nicht entscheidungserheblich an, da schon die Voraussetzungen für eine Rücknahme nicht vorlagen. …

Nr. 128

Eine frühere Untätigkeit der Denkmalbehörde kann für den Eigentümer des Baudenkmals keinen Vertrauenstatbestand schaffen, der die gesetzlich zwingend gebotene Eintragung zu einem späteren Zeitpunkt ausschließe.

Ein Baudenkmal ist zwingend in die Denkmalliste einzutragen, wenn die Denkmaleigenschaft gegeben ist, und sich daran nichts ändert, wenn es im Geltungsbereich einer Denkmalbereichssatzung steht.
(Leitsätze der Redaktion)

VwVfG NRW § 45 Abs. 1 Nr. 3 Abs. 2; DSchG NRW § 2 Abs. 1.

OVG Nordrhein-Westfalen, Beschluss v. 18. April 2024 – 10 B 96/24 –.

Aus den Gründen:

Die zulässige Beschwerde ist unbegründet.

Das Verwaltungsgericht hat den sinngemäßen Antrag der Antragstellerin, die aufschiebende Wirkung der Klage 28 K 8415/23 gegen die Eintragung des Wohn- und Geschäftshauses auf dem Grundstück G01, in Y. (K.-straße 5) in die Denkmalliste und den Bescheid der Antragsgegnerin vom 19.10.2023 über diese Eintragung anzuordnen, abgelehnt. Zur Begründung hat es im Wesentlichen ausgeführt, die nach § 80 Abs. 5 Satz 1 VwGO gebotene Interessenabwägung falle zu Ungunsten der Antragstellerin aus. Die Eintragung und der Bescheid, deren Rechtsgrundlage § 23 Abs. 1 Satz 1 und Abs. 5 Satz 1 DSchG NRW sei, erwiesen sich (voraussichtlich) als rechtmäßig. Die Antragstellerin sei zuvor i. S. v. § 28 Abs. 1 VwVfG NRW angehört worden. Das Wohn- und Geschäftshaus sei ein Baudenkmal i. S. v. § 2 Abs. 1 und 2 DSchG NRW. Es sei zumindest bedeutend für Städte und Siedlungen und es lägen zumindest wissenschaftliche Gründe für seine Erhaltung vor. Ein hinsichtlich seines Äußeren denkmalwertes Gebäude stelle grundsätzlich insgesamt ein Baudenkmal dar, weil das Äußere und das Innere eines Gebäudes regelmäßig eine Einheit bildeten. Eine Ausnahme davon sei hier nach dem Ergebnis der Prüfung im Eilverfahren (zumindest) nicht (offensichtlich) gegeben. Bei Vorliegen der Voraussetzungen des § 2 Abs. 1 DSchG NRW sei das Objekt zwingend in die Denkmalliste einzutragen. Die frühere Untätigkeit der Denkmalbehörde könne für den Eigentümer des Baudenkmals keinen Vertrauenstatbestand schaffen, der die gesetzlich zwingend gebotene Eintragung zu einem späteren Zeitpunkt ausschließe. Dass das Objekt im Geltungsbereich einer Denkmalbereichssatzung stehe, ändere nichts an dessen Denkmaleigenschaft und dem Erfordernis der Eintragung in die Denkmalliste. Die fristgerecht dargelegten Gründe, auf deren Prüfung der Senat gemäß § 146 Abs. 4 Satz 6 VwGO beschränkt ist, rechtfertigen keine andere Entscheidung.

1. Die Antragstellerin macht ohne Erfolg geltend, die Eintragung in die Denkmalliste sei aufgrund einer unterbliebenen Anhörung nach § 28 Abs. 1 VwVfG NRW formell rechtswidrig.

Ihr Einwand, die Antragsgegnerin habe ihre Stellungnahme nicht zur Kenntnis genommen und bei ihrer Entscheidung nicht berücksichtigt, geht an der Entscheidung des Verwaltungsgerichts vorbei. Es hat tragend darauf abgestellt, dass eine mangelnde Berücksichtigung der Sachverhaltsergänzungen und Sachargumente nicht zu einem Anhörungsmangel führen könnten. Hiermit setzt sich die Beschwerdebegründung nicht in einer den Darlegungsanforderungen des § 146 Abs. 4 Satz 3 VwGO genügenden Weise auseinander. Dafür genügt es nicht, lediglich eine vom Verwaltungsgericht abweichende Rechtsauffassung anzuführen, ohne die betreffenden Ausführungen des Verwaltungsgerichts auch nur zu benennen und sich im Ansatz mit ihnen zu beschäftigen.

Unabhängig davon würde ein etwaiger Anhörungsmangel aller Voraussicht nach nicht zum Erfolg in der Hauptsache führen, da er bis zum Abschluss des Hauptsacheverfahrens noch geheilt werden könnte (§ 45 Abs. 1 Nr. 3, Abs. 2 VwVfG NRW). Vgl. OVG NRW, Beschlüsse v. 3.9.2018 – 10 B 1126/18 –, juris Rdnr. 6, und vom 29.10.2010 – 7 B 1293/10 –, juris Rdnr. 13.

2. Dem Vorbringen der Antragstellerin lässt sich nicht entnehmen, dass es sich bei dem Wohn- und Geschäftshaus auf dem Grundstück K.-straße 5 entgegen der Annahme des Verwaltungsgerichts nicht um ein Denkmal i. S. v. § 2 Abs. 1 und 2 DSchG NRW handelt.

Der Einwand der Antragstellerin, die Berufung auf die Immobilie als Zeichen der städtebaulichen Entwicklung könne von vornherein keinen individuellen Denkmalschutz rechtfertigen, genügt nicht den Darlegungsanforderungen. Das Verwaltungsgericht hat im Einzelnen, anknüpfend an die gesetzliche Regelung in § 2 Abs. 1 DSchG NRW, ausgeführt, wann unter dem Gesichtspunkt, dass eine Sache bedeutend für Städte und Siedlungen ist, die Denkmaleigenschaft bestehen kann. Damit setzt sich die Beschwerde in keiner Weise auseinander.

Auch im Übrigen lässt das Beschwerdevorbringen eine substantiierte Auseinandersetzung mit den Erwägungen des Verwaltungsgerichts zur Denkmaleigenschaft vermissen. Mit ihren Einwänden gegen das durch den Beigeladenen erstellte Gutachten vom 2.2.2023 zeigt die Antragstellerin nicht auf, dass die Einstufung des Objekts als Baudenkmal durch das Verwaltungsgericht unzutreffend ist. Gegen die tragende Erwägung des Verwaltungsgerichts, das Objekt dokumentiere die Bau- und Architekturgeschichte (Historismus) und die gründerzeitliche Nachverdichtung des Kirchenhügels als »Keimzelle« L. im ausgehenden 19. Jahrhundert, wendet sie nichts ein. Ihrem Vorbringen zur (nur) noch vorhandenen historischen Bausubstanz fehlt es an einer Auseinandersetzung mit den Ausführungen des Verwaltungsgerichts, die im Laufe der Jahrzehnte an den Gebäuden vorgenommenen Veränderungen – die Antragstellerin verweise im Besonderen auf Eingriffe in die Grundrisse und den Abriss und die Neuerrichtung der Bäder sowie den Austausch der Bodenbeläge – minderten den Dokumentationswert nicht in erheblichem Maße und der Gesamteindruck des Denkmals und seine Identität seien (dennoch) im Wesentlichen erhalten geblieben.

Aus dem von der Antragstellerin angeführten Umstand, die Antragsgegnerin habe sich in der Vergangenheit mehrfach mit der Immobilie beschäftigt und keine Denkmalwürdigkeit festgestellt, lässt sich für die vom Verwaltungsgericht zu prüfende Frage, ob die Voraussetzungen des § 2 Abs. 1 DSchG NRW vorliegen, nichts gewinnen. Dass keine bloße Untätigkeit gegeben war, sondern diese auf fachkundigen Einschätzungen zur (fehlenden) Denkmaleigenschaft fußte, legt die Beschwerde schon nicht dar.

3. Der Einwand der Antragstellerin, eine Unterschutzstellung des Innenbereichs ergebe sich nicht aus einer schutzwürdigen Fassade, greift nicht durch.

Die gegen die Schutzwürdigkeit schon der Fassade gerichteten, pauschal gehaltenen Ausführungen sind nicht geeignet, die vom Verwaltungsgericht herangezogene gegenteilige sachkundige Bewertung durch den Beigeladenen zu erschüttern. Dass – dies ist insoweit das einzige vorgetragene Argument der Antragstellerin – die große Schaufensterscheibe mit den beiden Eingangstüren »nicht historisch« sei, findet sich mit der Maßgabe auch in dem Gutachten des Beigeladenen wieder, ausweislich dessen die Erneuerung der beiden Haustüren und der Schaufensteranlage in den 1950er/1960er Jahren erfolgte. Dass, wie die Antragstellerin meint, dass (einzige) prägende Element der Fassade »die große Schaufensterscheibe mit den beiden Eingangstüren« sei, lässt sich dem Gutachten des Beigeladenen nicht entnehmen.

Im Weiteren ist das Verwaltungsgericht in Übereinstimmung mit der Rechtsprechung des Senats, vgl. Beschluss v. 27.7.2023 – 10 A 56/22 –, juris Rdnr. 7, sowie Urteil v. 12.9.2006 – 10 A 1541/05 –, juris Rdnr. 68 f., davon ausgegangen, dass im Regelfall ein hinsichtlich seines Äußeren denkmalwertes Gebäude insgesamt ein Baudenkmal darstellt, da das Äußere und das Innere eines Gebäudes grundsätzlich eine Einheit bilden und daher eine einheitliche Unterschutzstellung auch dann nahe legen, wenn das Innere des Gebäudes in seiner Bedeutung gegenüber dem Äußeren in gewissem Umfang zurücktritt. Mit den Ausführungen des Verwaltungsgerichts, dass eine Ausnahme von diesem Regelfall bei Prüfung im Eilverfahren hier jedoch zumindest nicht offensichtlich gegeben sei, alles Weitere einer Klärung im Hauptsacheverfahren vorbehalten sei, setzt sich die Antragstellerin nicht ansatzweise auseinander.

4. Das Beschwerdevorbringen, der Eintragung in die Denkmalliste stehe ein Vertrauenstatbestand entgegen, greift nicht durch. Die Antragstellerin meint, die Antragsgegnerin habe einen solchen geschaffen, indem sie im Rahmen der Erstellung eines Gutachtens für das Zwangsversteigerungsverfahren die Auskunft erteilt habe, es existiere eine Bereichssatzung, was die Aussage beinhalte, dass ein darüber hinausgehender Denkmalschutz nicht bestehe. Die Richtigkeit dieses Vortrages unterstellt, lässt sich dem aber – entgegen der Auffassung der Antragstellerin – schon nicht die Aussage entnehmen, dass eine Unterschutzstellung (auch) des auf dem zur Zwangsversteigerung anstehenden Grundstück K.-straße 5 aufstehenden Gebäudes zukünftig ausgeschlossen sein würde. Die Antragsgegnerin hat lediglich den seinerzeitigen Sachstand – zutreffend – mitgeteilt.

5. Der Einwand der Antragstellerin, der bestehende Denkmalschutz durch die Bereichssatzung sei auskömmlich und ein darüber hinausgehender Eingriff in ihr Eigentum nicht zulässig, greift nicht durch.

Der Senat hat bereits im Beschwerdeverfahren zur vorläufigen Unterschutzstellung, vgl. Beschluss v. 3.2.2023 – 10 B 1313/22 –, juris Rdnr. 13, klargestellt, dass ein Baudenkmal zwingend in die Denkmalliste einzutragen ist, wenn die Denkmaleigenschaft gegeben ist, und sich daran nichts ändert, wenn es im Geltungsbereich einer Denkmalbereichssatzung steht. Daran hält der Senat auch unter Berücksichtigung des Beschwerdevorbringens fest. Entgegen der Auffassung der Antragstellerin hat die Eintragung von Baudenkmälern in die Denkmalliste ausweislich des klaren Wortlauts des § 23 Abs. 1 Satz 1 DSchG NRW (»sind«) i. V. m. § 2 Abs. 1 und 2 DSchG NRW bei Vorliegen der tatbestandlichen Voraussetzungen zu erfolgen. Damit kann der Umstand, dass ein Denkmal im Geltungsbereich einer Denkmalbereichssatzung nach § 10 DSchG NRW liegt, nicht unter Verhältnismäßigkeitsgesichtspunkten einer Eintragung eines Baudenkmals in die Denkmalliste entgegenstehen. Auch aus dem weiteren Vorbringen, die Zielrichtung der Unterschutzstellung eines Gebäudes als Baudenkmal und der Unterschutzstellung eines Denkmalbereichs durch eine kommunale Satzung seien identisch, was auch bezogen auf das Wohn- und Geschäftshauses auf dem Grundstück K.-straße 5 gelte, ergibt sich nicht, dass eine vorhandene Denkmalbereichssatzung der (zwingenden) Eintragung eines Baudenkmals in die Denkmalliste entgegensteht. …

Nr. 129

Bestätigung einer sofort vollziehbaren denkmalrechtlichen Anordnung zur Sicherung eines teilweise einsturzgefährdeten Gebäudes.

Die verfügten Notsicherungsmaßnahmen sind angesichts der von dem teilweise einsturzgefährdeten Gebäude ausgehenden Gefahr für die Allgemeinheit sowie im Hinblick auf dessen weiteren Erhalt geeignet, erforderlich und verhältnismäßig.

(Leitsätze der Redaktion)

BayBO Art. 54 Abs. 4; BayDSchG Art. 4 Abs. 2.

Bayerischer VGH, Beschluss v. 24. Juli 2024 – 15 CS 24.1065 –.

Aus den Gründen:

Die zulässige Beschwerde bleibt ohne Erfolg. Die von der Antragstellerin dargelegten Gründe, auf die die Prüfung des Senats im Beschwerdeverfahren beschränkt ist (§ 146 Abs. 4 Satz 6 VwGO), rechtfertigen keine Abänderung des verwaltungsgerichtlichen Beschlusses. Bei summarischer Prüfung der Sach- und Rechtslage, wie sie das Verfahren des vorläufigen Rechtsschutzes kennzeichnet, hat das Verwaltungsgericht den Antrag der Antragstellerin auf vorläufigen Rechtsschutz (§ 80 Abs. 5 Satz 1 Halbsatz 2 VwGO) zu Recht abgelehnt, weil die Klage im Hauptsacheverfahren voraussichtlich keinen Erfolg haben wird. Der angefochtene Bescheid ist angesichts eines drohenden weiteren Einsturzes des unter Denkmalschutz stehenden Gebäudes und der von ihm ausgehenden Gefahr sowie zur Verhinderung seines weiteren Verfalls rechtmäßig (vgl. Art. 54 Abs. 4 BayBO; Art. 4 Abs. 2 BayDSchG) und verletzt keine Rechte der Antragstellerin, vgl. § 113 Abs. 1 Satz 1 VwGO. Der Senat nimmt deshalb zur Vermeidung von Wiederholungen zunächst gemäß § 122 Abs. 2 Satz 3 VwGO Bezug auf die Gründe des angefochtenen Beschlusses und sieht von einer weiteren Begründung ab. Lediglich ergänzend bleibt im Hinblick auf das Beschwerdevorbringen Folgendes zu bemerken:

Entgegen der (erstmals im Beschwerdeverfahren geäußerten) Auffassung der Antragstellerin ist die Denkmaleigenschaft des streitgegenständlichen Gebäudes – jedenfalls nach summarischer Einschätzung – nicht ernstlich zweifelhaft. Es ist in die Bayerische Denkmalliste aufgenommen (Art. 2 Abs. 1 BayDSchG), befindet sich im denkmalgeschützten Ensemblebereich der Altstadt von Schönsee und sowohl Untere Denkmalschutzbehörde als auch der von der Antragstellerin beauftragte Sachverständige gehen übereinstimmend – trotz der von der Antragstellerin durch Entfernung der kompletten Dacheindeckung selbst herbeigeführten erheblichen Schäden an dem Gebäude – von einer weiterhin bestehenden Denkmalwürdigkeit aus. Hierauf hat bereits das Verwaltungsgericht zutreffend hingewiesen (BA S. 12 f.). Der Einwand der Antragstellerin, es sei nicht ersichtlich, »was nun das vorliegende Wohnhaus aus dem 19. Jahrhundert so besonders dokumentationswürdig erscheinen lassen soll«, denn das Bauwerk sei stark beschädigt, habe große Teile seiner Originalsubstanz verloren und Häuser wie das ihre gebe es in Schönsee und den Nachbarorten zuhauf, stellt angesichts dessen lediglich ihre eigene, laienhafte und nicht näher substantiierte Beurteilung sowohl der sicherheits- als auch denkmalschutzrechtlichen Situation dar.

Soweit die Antragstellerin an ihrer Ansicht festhält, es fehle an ihrer Anhörung vor Erlass des streitgegenständlichen Bescheids gemäß Art. 28 Abs. 1 BayVwVfG, hat bereits das Verwaltungsgericht zutreffend auf deren Entbehrlichkeit nach Art. 28 Abs. 2 Nr.1 BayVwVfG hingewiesen. Ungeachtet dessen wäre aber auch eine im Verwaltungsverfahren zu Unrecht unterbliebene Anhörung jedenfalls mit Durchführung des verwaltungsgerichtlichen Verfahrens nach Art. 45 Abs. 2 BayVwVfG geheilt. Auch die weiteren Einwände der Antragstellerin gegen die Rechtmäßigkeit des angefochtenen Bescheids – im Hinblick auf dessen angeblich mangelnde Bestimmtheit, eine in ihren Augen fehlende Gefahr für Leib und Leben, seine Unverhältnismäßigkeit und die verhängten Zwangsgelder – erschöpfen sich in einer bloßen Wiederholung erstinstanzlichen Vortrags. Der Senat verweist deshalb nochmals ausdrücklich auf die entsprechenden, nachvollziehbaren Ausführungen des Verwaltungsgerichts und sieht zur Vermeidung von Wiederholungen von einer diesbezüglichen Begründung ab. …

Nr. 130

Keine denkmalrechtliche Erlaubnis nur durch eine E-Mail.
(Leitsatz der Redaktion)

VwVfG NRW § 48 Abs. 1; DSchG NRW § 9.

OVG Nordrhein-Westfalen, Beschluss v. 25. Juli 2024 – 10 B 483/24 –.

Aus den Gründen:

Die zulässige Beschwerde ist unbegründet.

Das Verwaltungsgericht hat den Antrag, den es dahingehend verstanden hat, dass die Antragstellerin im Wege der einstweiligen Anordnung die Freigabe zum Einbau der noch ausstehenden Fenster entsprechend der bereits im Objekt »Alte Schule«, S.-straße 0, 00000 T., eingebauten Fenster erreichen möchte, abgelehnt.

Zur Begründung hat es im Wesentlichen ausgeführt, die Antragstellerin habe bereits keinen Anordnungsanspruch glaubhaft gemacht. Es sei weder vorgetragen worden noch ersichtlich, woraus die Antragsgegnerin verpflichtet sein sollte, die begehrte »Freigabeerklärung« zu erteilen. Einem Einbau der noch ausstehenden Fenster entsprechend der bereits eingebauten Fenster stehe bereits die bestandskräftige denkmalrechtliche Ordnungsverfügung vom 24.11.2022 (»Stilllegungsverfügung«) entgegen. Soweit bezweckt sei, die Antragsgegnerin zur Rücknahme der Stilllegungsverfügung gemäß § 48 Abs. 1 VwVfG NRW zu bewegen, könnte die Antragstellerin auch hierdurch ihr Begehren nicht erreichen. Insoweit würde es an der erforderlichen denkmalrechtlichen Erlaubnis zum Einbau der weiteren Fenster fehlen.

Die denkmalrechtlichen Erlaubnisse vom 16.11.2020 bzw. vom 26.4.2021 gäben den beabsichtigten Fenstereinbau nicht her. Die Erlaubnisse knüpften den Einbau neuer Fenster (genauer den »Austausch aller substanziell nicht erhaltungsfähigen Fenster«) neben einer einzureichenden Schadenskartierung an einen Austausch »analog zu dem bereits freigegebenen Musterfenster«. Dem entsprächen die eingebauten Fenster jedoch nicht. Im Ortstermin habe die Kammer in Übereinstimmung mit den Beteiligten festgestellt, dass die bereits verbauten und für den weiteren Ausbau geplanten Fenster nicht dem freigegebenen Musterfenster entsprächen. Hiervon sei die Antragstellerin selbst im Anschluss an diesen Termin (zunächst) weiter ausgegangen. Dementsprechend habe sie z. B. in ihrem Schreiben an die Bürgermeisterin der Antragsgegnerin vom 18.10.2023 erläutert, »dass die Fenster 10 cm kleiner verbaut wurden als die Musterfenster […] und […] mit Rollokästen versehen wurden.« Soweit die Antragstellerin im Antragsverfahren nunmehr ausführe, sie habe »den Austausch der Fenster analog zu dem bereits freigegebenen Musterfenster vorgenommen« und insoweit »alle erforderlichen Bedingungen erfüllt«, sei dies weder nachvollziehbar, noch habe sie diesen Widerspruch auf entsprechenden gerichtlichen Hinweis hin aufgelöst. Die Erlaubnis zum Gesamtverfahren vom 8.1.2020 (»Sanierung und Umnutzung des Schulgebäudes«) beinhalte ebenfalls keine denkmalrechtliche Erlaubnis zum Einbau der Fenster.

Die fristgerecht dargelegten Gründe, auf deren Prüfung der Senat gemäß § 146 Abs. 4 Satz 6 VwGO beschränkt ist, rechtfertigen keine andere Entscheidung.

Die Antragstellerin macht allein geltend, eine Erlaubnis für den Einbau der aktuell verbauten Fenster mit nach innen verbauten Rollokästen sei bereits in der E-Mail der Mitarbeiterin der Antragsgegnerin vom 2.9.2020 – im Anschluss an einen Ortstermin vom 28.8.2020 – enthalten. In dem Ortstermin sei dieser Einbau mündlich genehmigt und akzeptiert worden, auf Anfrage ihres Architekten sei dies auch mit der genannten E-Mail schriftlich bestätigt worden. Dies verhilft der Beschwerde jedoch nicht zum Erfolg. Die E-Mail vom 2.9.2020 stellt entgegen der Ansicht der Antragstellerin keine denkmalrechtliche Erlaubnis dar. Eine solche wurde (erst) mit dem Bescheid vom 16.11.2020 erteilt. Zwar kann die E-Mail vom 2.9.2020 möglicherweise bei der Auslegung des Bescheidinhalts herangezogen werden. Zu der Frage, ob dieser unter Berücksichtigung der E-Mail oder auch der im Nachgang eingereichten Antragsunterlagen oder weiterer Umstände dahingehend auszulegen ist, dass die – im Bescheid nicht näher konkretisierten – »bereits freigegebenen Musterfenster« die verbauten Fenster mit innen liegenden Rollokästen sind, verhält sich die Beschwerde hingegen nicht. …

Nr. 131

Ein Gebäude ist, wenn es die Voraussetzungen für ein Baudenkmal erfüllt, ungeachtet der baulichen Veränderungen, die es seit der Epoche, für die es Zeugnis ablegen soll, erfahren hat, grundsätzlich als Ganzes unter Denkmalschutz zu stellen.

Nach dem Wortlaut des § 2 Abs. 2 Satz 1 DSchG NRW a. F. können auch Teile baulicher Anlagen Baudenkmäler sein.

Eine bauzeitliche baufeste Ausstattung zählt auch dann zum Denkmalumfang, wenn sie zwar für sich genommen die Denkmaleigenschaft des Denkmals nicht begründet, also isoliert keinen Denkmalwert aufweist, wohl aber als zeithistorisch beachtenswertes Zeugnis daran teilhat.

(Leitsätze der Redaktion)

DSchG NRW § 43 Abs. 2.

Verwaltungsgericht Düsseldorf, Urteil v. 12. September 2024 – 28 K 4846/23 –.

Aus den Gründen:

1. Die Klage ist zulässig.

Die denkmalrechtliche Unterschutzstellung des Objekts Z. 0-0 ist – wie mit dem Antrag in der mündlichen Verhandlung präzisiert – teilweise anfechtbar.

Ein Verwaltungsakt – hier in Gestalt einer dinglichen Allgemeinverfügung – kann nur dann in Teilen angefochten werden, wenn der verbleibende Verwaltungsakt für sich genommen sinnvoller- und rechtmäßigerweise bestehen bleiben kann. Maßgeblich ist, ob zwischen dem streitigen Teil und der Restentscheidung ein Zusammenhang besteht, der die isolierte Aufhebung ausschließt, mithin, ob der Verwaltungsakt materiell teilbar ist. Vgl. BVerwG zu belastenden Nebenbestimmungen: Beschluss v. 29.3.2022 – 4 C 4/20 – m. w. N., juris Rdnr. 9; Beschluss v. 12.10.2022 – 8 AV 1/22 –, juris.

Ausgehend von diesem – auf sonstige Verwaltungsakte übertragbaren – rechtlichen Maßstab ist vorliegend die Teilanfechtung der denkmalrechtlichen Unterschutzstellung zulässig.

Nach dem Wortlaut des § 2 Abs. 2 Satz 1 DSchG NRW a. F. können auch Teile baulicher Anlagen Baudenkmäler sein. Das bedeutet, dass sich der Denkmalschutz auf Teile dieser baulichen Anlagen beschränken kann und – aus Gründen des Art. 14 GG – muss, falls nur insoweit die Voraussetzungen für eine Unterschutzstellung vorliegen. Die Denkmalbehörde ist nicht befugt, über den schutzwürdigen Teil der Anlage hinaus weitere Teile oder gar die gesamte Anlage in die Denkmalliste einzutragen und hinsichtlich der nicht schutzwürdigen Teile erst im Rahmen des Erlaubnisverfahrens dem Mangel der Schutzwürdigkeit Rechnung zu tragen. Vgl. OVG NRW, Urteil v. 2.11.1988 – 7 A 2826/86 –, juris Rdnr. 4.

Da mithin der Gesetzgeber bereits von der Möglichkeit einer Teilunterschutzstellung ausgeht, muss in der Konsequenz auch in Bezug auf den gerichtlichen Rechtsschutz bei einer erfolgten vollumfänglichen Unterschutzstellung eine teilweise Anfechtung der Unterschutzstellung hinsichtlich der vom Eigentümer oder dinglich Nutzungsberechtigten als nicht denkmalwert eingestuften Teile einer baulichen Anlage zulässig sein, sofern die Möglichkeit einer denkmalrechtlichen Teilbarkeit der Gebäudebestandteile besteht.

Eine solche Möglichkeit der Teilbarkeit besteht vorliegend.

Die Beschränkung einer Unterschutzstellung auf einen Teil des Objekts und damit die denkmalrechtliche Teilbarkeit setzt voraus, dass der denkmalwerte Teil gegenüber dem nicht schutzwürdigen Teil der Anlage einer selbständigen Bewertung unter Gesichtspunkten des Denkmalschutzes zugänglich ist und in diesem Sinn als abtrennbarer Teil der Anlage erscheint. Vgl. OVG NRW, Urteile v. 2.11.1988 – 7 A 2826/86 –, juris, Rdnr. 4 ff., und vom 11.12.1989 – 11 A 2476/88 –, juris, Rdnr. 5; OVG Rh.-Pf., Urteil v. 5.6.1987 – 8 A 19/86 –, DÖV 1988, 431, 432.

Nach ständiger Rechtsprechung kommt im Regelfall bei Gebäuden, deren Fassade Denkmalcharakter hat und deren sonstige Teile für sich gesehen keinen Denkmalcharakter haben, nur die Unterschutzstellung des gesamten Gebäudes in Betracht, wenn die aus der Zeit der Errichtung des Hauses bzw. der Fassade stammende Bausubstanz der übrigen Teile im Wesentlichen noch erhalten und der typische zwischen der Fassade und den ursprünglichen übrigen Teilen des Gebäudes bestehende Funktionszusammenhang noch gegeben ist. Vgl. OVG NRW, Urteil v. 2.11.1988 – 7 A 2826/86 –, juris Rdnr. 9; VG Minden, Urteil v. 22.10.2013 – 1 K 3677/12 –, juris Rdnr. 32.

Nach dem Vortrag der Kläger wird für den E. gerade dieser Funktionszusammenhang zwischen den Gebäudehüllen und den Inneneinbauten in Zweifel gezogen, da die im Rahmen der Teilanfechtung bezeichneten Bauteile nicht zum Denkmalwert des Objekts beitragen würden. Da damit eine denkmalrechtliche Teilbarkeit der Unterschutzstellung zumindest möglich erscheint, steht den Klägern eine Teilanfechtung offen. Die Beantwortung der Frage der materiellen Teilbarkeit und der denkmalrechtlichen Bewertung des Innenausbaus bleibt der Begründetheitsprüfung vorbehalten.

2. Die Teilanfechtungsklage ist aber unbegründet.

Die unstreitig formell rechtmäßigen denkmalrechtlichen Unterschutzstellungsbescheide der Beklagten vom 00.6.2023 sowie die entsprechende Eintragung in die Denkmalliste der Beklagten sind – soweit sie angefochten sind – materiell rechtmäßig und verletzen die Kläger daher nicht in ihren Rechten, § 113 Abs.1 Satz 1 VwGO.

Das Objekt »Z./ L.-Bauten« ist im Umfang der erfolgten Eintragung – also auch hinsichtlich der streitgegenständlichen Inneneinbauten – ein Baudenkmal.

Auf die Eintragung ist das Denkmalschutzgesetz a. F. anzuwenden. Gemäß § 43 Abs. 2 DSchG NRW n. F. sind die vor Inkrafttreten des Gesetzes (1.6.2022) eingeleiteten Verfahren nach dem zum Zeitpunkt der Antragstellung geltenden Verfahren fortzuführen und abzuschließen, sofern nicht der Eigentümer oder sonstige Nutzungsberechtigte die Anwendung des DSchG NRW n. F. beantragt. Da lediglich zwei der drei Eigentümer die Anwendung des neuen Denkmalschutzgesetzes beantragt haben, verbleibt es aufgrund der Einleitung des Unterschutzstellungsverfahrens vor dem 00.6.2022 bei der Anwendung des DSchG a. F.

Nach § 3 Abs. 1 Satz 1 DSchG NRW a. F. sind die zuständigen Behörden verpflichtet, Denkmäler in die Denkmalliste einzutragen. Nach § 2 Abs. 1 DSchG NRW a. F. sind Denkmäler Sachen, Mehrheiten von Sachen und Teile von Sachen, an deren Erhaltung und Nutzung ein öffentliches Interesse besteht. Ein öffentliches Interesse besteht danach, wenn die Sachen bedeutend für die Geschichte des Menschen, für Städte und Siedlungen oder für die Entwicklung der Arbeits- und Produktionsverhältnisse sind und für die Erhaltung und Nutzung künstlerische, wissenschaftliche, volkskundliche oder städtebauliche Gründe vorliegen.

Entgegen der Auffassung der Kläger erfüllt die Gesamtanlage die Voraussetzungen der gesetzlichen Eintragungspflicht. Neben den unstreitig denkmalwerten Fassaden, der die Gebäude verbindenden Platzfläche und der statischen Konstruktion gehören auch die streitgegenständlichen Innenausbauten zum Baudenkmal.

Eine materielle Teilbarkeit der Unterschutzstellung der Gebäudehüllen und der Innenausbauten ist im Umfang der erfolgten Unterschutzstellung zu verneinen. Das Äußere der drei L.-Bauten und das Tragwerk können rechtlich nicht von der baufesten Innenausstattung getrennt werden. Die Foyers im Erdgeschoss, die Eingangsbereiche auf der Ebene der Tiefgarage und die inneren Erschließungsbereiche (Treppenhäuser, Aufzüge, Verteilerbereiche in den oberen Geschossen) sowie die Materialität der inneren Fensterbänke sind zu Recht von der erfolgten Unterschutzstellung umfasst.

Ein Gebäude ist, wenn es die Voraussetzungen für ein Baudenkmal erfüllt, ungeachtet der baulichen Veränderungen, die es seit der Epoche, für die es Zeugnis ablegen soll, erfahren hat, grundsätzlich als Ganzes unter Denkmalschutz zu stellen. Dies ergibt sich aus der in der Regel gegebenen untrennbaren baulichen Verbindung der jeweiligen Bauteile und im Übrigen schon daraus, dass ein Baudenkmal durch die Zeit geht und dabei nahezu zwangsläufig baulichen Veränderungen zum Zwecke der Instandsetzung, Modernisierung oder Anpassung an die Bedürfnisse der Nutzer unterworfen wird. Vgl. OVG NRW, Beschluss v. 11.2.2021 – 10 A 1421/20 –, juris Rdnr. 10.

Einer Identifizierung der ursprünglichen und der nachträglich veränderten Bestandteile des Denkmals bedarf es für die Unterschutzstellung daher in aller Regel nicht. Vgl. OVG NRW, Beschluss v. 3.3.2021 – 10 A 2137/20 –, juris Rdnr. 17.

Die – nach Vorgenanntem nur ausnahmsweise in Betracht kommende – Beschränkung einer Unterschutzstellung auf einen Teil der Anlage und damit die materielle Teilbarkeit setzen voraus, dass der denkmalwerte Teil gegenüber dem nicht schutzwürdigen Teil der Anlage einer selbständigen Bewertung unter Gesichtspunkten des Denkmalschutzes zugänglich ist und in diesem Sinn als abtrennbarer Teil der Anlage erscheint. Insoweit kommt es nicht auf eine bautechnische Verbindung dieser Teile mit anderen Teilen der Anlage oder auf zivilrechtliche oder baurechtliche Zuordnungen an, sondern darauf, ob Teile einer Anlage in denkmalrechtlicher Hinsicht abtrennbar sein können. Eine solche Abtrennbarkeit ist ausgeschlossen, wenn bei einer nur teilweisen Unterschutzstellung der Denkmalwert zerstört oder beeinträchtigt würde. Vgl. OVG NRW, Urteile v. 2.11.1988 – 7 A 2826/86 –, juris, Rdnr. 4 ff., und vom 11.12.1989 – 11 A 2476/88 –, juris, Rdnr. 5; VG Köln, Urteil v. 25.4.2012 – 4 K 5547/10 –, juris Rdnr. 48; OVG Rh.-Pf., Urteil v. 5.6.1987 – 8 A 19/86 –, DÖV 1988, 431, 432.

Dementsprechend kommt bei einer Gesamtanlage, die als solche den Charakter eines Denkmals aufweist, regelmäßig nur die Unterschutzstellung der gesamten Anlage in Betracht, wenn die einzelnen Teile der Anlage über den räumlichen Zusammenhang hinaus in einem inneren Funktionszusammenhang zueinanderstehen. Nur Teilbereiche der Anlage, die an diesem Funktionszusammenhang nicht teilhaben, können und müssen von der Unterschutzstellung ausgenommen werden. Auf die Frage, ob die einzelnen Teile für sich gesehen Denkmalqualität aufweisen, kommt es dabei nicht an. Die Rechtfertigung dieser funktionsbezogenen Betrachtungsweise ergibt sich auch aus Folgendem: Die einfachgesetzliche Definition des Denkmalbegriffs lässt erkennen, dass die denkmalrechtlich relevante Aussagekraft von baulichen Anlagen nicht auf ihre Substanz beschränkt ist. Die Vielfalt der Schutzgründe in § 2 Abs. 1 DSchG NRW (künstlerisch, wissenschaftlich, volkskundlich und städtebaulich) lassen im Zusammenhang mit den in derselben Vorschrift zuvor genannten Bedeutungskategorien den Schluss zu, dass die geschichtliche Funktion einer schützenswerten baulichen Substanz in denkmalrechtlicher Hinsicht relevant ist. Denkmäler sollen in weiten Bereichen als Kulturdenkmäler über ihre geschichtliche Nutzung Auskunft geben. Dieser denkmalrechtlich relevanten Funktionsbezogenheit würde es widersprechen, Teile einer Gesamtanlage, die für ihre geschichtliche Botschaft wichtig sind, einer isolierten denkmalrechtlichen Bewertung zu unterziehen. Vgl. dazu grundlegend: OVG NRW, Urteil v. 6.4.1989 – 7 A 1408/87 – (Schloss Merode), Seite 17 des amtl. Umdrucks; VG Aachen, Urteil v. 4.4.2018 – 3 K 959/14 –, juris Rdnr. 76.

Daher kommt eine denkmalrechtlich eigenständige Bewertung einer Fassade nur dann in Betracht, wenn der Funktionszusammenhang zwischen ihr und dem Hausinneren nicht mehr besteht. Dies kann sowohl bei einer vollständigen Auskernung des Hauses als auch bei anderen Substanzveränderungen im Inneren der Fall sein. Vgl. VG Köln, Urteil v. 25.4.2012 – 4 K 5547/10 –, juris Rdnr. 52 mit Verweis auf OVG NRW, Urteil v. 2.11.1988 – 7 A 2826/86 –, juris, Rdnr. 16.

Diese Grundsätze sind nicht auf die Frage der isolierten Unterschutzstellung einer Fassade beschränkt, sondern in gleicher Weise auf andere Teile einer baulichen Anlage übertragbar. Vgl. VG Köln, Urteil v. 25.4.2012 – 4 K 5547/10 –, juris Rdnr. 54.

Eine bauzeitliche baufeste Ausstattung zählt deshalb auch dann zum Denkmalumfang, wenn sie zwar für sich genommen die Denkmaleigenschaft des Denkmals nicht begründet, also isoliert keinen Denkmalwert aufweist, wohl aber als zeithistorisch beachtenswertes Zeugnis daran teilhat, vgl. OVG NRW, Beschluss v. 3.3.2021 – 10 A 2137/20 –, juris, Rdnr. 15, und so in einem inneren Funktionszusammenhang mit den denkmalwerten Teilen des Objekts steht.

Unter Zugrundelegung dieses rechtlichen Maßstabes kommt den streitgegenständlichen Innenausbauten zusammen mit den übrigen Gebäudebestandteilen ein einheitlicher Denkmalwert zu. Zwischen diesen Gebäudeteilen besteht ein über den – unstreitig vorhandenen – räumlichen Zusammenhang hinausreichender innerer Funktionszusammenhang.

Die Voraussetzungen für die Annahme eines Ausnahmefalls, in dem die Unterschutzstellung gegenständlich auf das Äußere des Gebäudes zu beschränken wäre, liegen nicht vor.

Der Gesamtkomplex ist bedeutend für die Geschichte des Menschen und für Städte und Siedlungen. Für seine Erhaltung und Nutzung liegen künstlerische wissenschaftliche (hier: architekturgeschichtliche) und städtebauliche Gründe vor. Die Denkmaleigenschaft des Objekts als Ganzes begründet sich durch das Zusammenwirken der Architektur der Fassaden, der Innenarchitektur und der Freiraumplanung. Diese Elemente sind für den denkmalrechtlichen Zeugniswert des Gesamtgebäudekomplexes von entscheidender Bedeutung und bilden sowohl aus architekturhistorischer und künstlerischer als auch aus städtebaulicher Sicht eine Einheit.

Architekturhistorisch und künstlerisch ist der J. als Ganzes ein Denkmal. Als Teil eines ganzheitlichen Entwurfsprozesses ist der J. inklusive seines Innenausbaus eine planerische und künstlerische Gesamtkonzeption, die dazu geeignet ist, als herausragendes Zeitdokument der Architekturgeschichte die Baukunst an der Schnittstelle des 20. und 21. Jahrhunderts am Beispiel P. C. R. zu dokumentieren und zu erforschen.

Den repräsentativen und in jeder Hinsicht auffälligen Fassaden stehen als notwendiges Pendant im Inneren repräsentative und sorgfältig gestaltete Foyers und die besonders gestalteten Erschließungsbereiche und festen Einbauten gegenüber. Ohne die auf vielfältige Weise ausgestaltete Korrespondenz der beiden repräsentativen Hauptgewichte der architektonischen Gestaltung ginge ein wesentlicher Teil des ursprünglichen architektonischen Gesamtkonzepts und des architektur- und kunsthistorischen Zeugniswerts des Gebäudekomplexes verloren.

So hat das Architektenbüro R. für alle drei Häuser ein – weitgehend erhaltenes – gemeinsames gestalterisches Konzept für die Innengestaltung entwickelt, das als verbindendes Element zwischen den Gebäuden wirkt. In allen drei Lobbys und den Eingangsbereichen der Tiefgarage war die Verkleidung der Wände, Stützen, Decken, Fensterlaibungen, Brüstungen und des Luftraums in Haus C mit Schichtplatten in Oregon Pine vorgesehen, die schließlich aus Brandschutzgründen in furnierten Eternitplatten ausgeführt wurden. Weitere Bauteile der von L. gestalteten Innenräume wie auch die Fensterbänke in den Fensterboxen sowie Fußleisten sind optisch – auch wenn ggf. in verschiedenen Holzarten realisiert – an die Wandvertäfelungen angepasst und Teil des Gestaltungskonzepts aller drei Gebäude. Gleiches gilt für die in den Häusern verbauten Aufzüge, die mit Edelstahlblechen ausgekleidet sind, die verzerrte Spiegelbilder erzeugen.

Der Einwand der Kläger, eine intendierte Brückenwirkung der Gestaltung der Innenräume zu den Fassaden sei nicht erkennbar, greift nicht durch. Die Foyer- und Erschließungsflächen sind schon von außen wahrnehmbar. Die individuell passend zum jeweiligen Äußeren gewählten Bodenbeläge in den einzelnen Häusern nehmen die Fassadengestaltung und deren architektonische Qualität auf und führen sie im Inneren fort. Besonders deutlich wird diese Wechselwirkung zwischen außen und innen an dem mit rotbraunen Ziegeln verkleideten Gebäude A, das im Inneren einen Bodenbelag aus demselben Material aufweist. Auch wirken die Fensterboxen als integraler Bestandteil der Fassaden nach innen und außen. Die durch die Gestaltung der Plaza und die ähnliche Architektur bestehende Verbindung zwischen den drei Häusern bezieht den Innenraum schließlich ebenso durch die Spiegelungen in der Fassade des mittleren Gebäudes, deren Idee sich in den verspiegelten Aufzügen der Häuser wiederfindet, gestalterisch mit ein. Auch das Konzept der Oberflächenverkleidung findet sich sowohl in den Außen- als auch in den Innenräumen wieder.

Es kommt gerade nicht darauf an, ob die Innenausstattung als solche isoliert die Bedeutungs-, Erhaltungs- und Nutzungskriterien für die Denkmaleigenschaft erfüllt. Daher ist es auch unerheblich, ob – wie die Kläger vortragen – sich der Innenausbau als lediglich alltäglich oder zweckmäßig darstellt oder das Hauptaugenmerk des Architekten auf der Gestaltung der Gebäudehüllen gelegen haben mag. Im Übrigen ist dies ganz offenbar nicht der Fall. L. hat die Gestaltung der Innenräume ganz bewusst geplant. Das Motiv der vertäfelten Innenräume findet sich seit Jahrzehnten wiederholt in seinem Werk wieder und präsentiert sich so als spezifische Handschrift des weltberühmten Architekten.

Auch in städtebaulicher Hinsicht lassen sich die Fassaden nicht vom Inneren trennen.

Selbst wenn – wie die Kläger anmerken – sich die städtebaulichen Aspekte im Wesentlichen auf die Außenerscheinung im öffentlichen Raum beziehen, schließt dieses die Einbeziehung der Innenbereiche in die Bedeutung für Städte und Siedlungen sowie die Erhaltungs- und Nutzungsgründe in städtebaulicher Hinsicht nicht aus. Das öffentliche Interesse an der Erhaltung einer baulichen Anlage aus städtebaulichen Gründen beruht in aller Regel auf der Einbindung der baulichen Anlage in ihrem konkreten Bestand in eine gegebene, unwiederholbare städtebauliche Situation. Dies schließt das Gesamtgebäude und nicht nur die Fassaden ein. Auch städtebaulich ist Denkmalschutz nicht nur als Fassadenschutz, sondern als umfassender Substanzschutz zu begreifen.

Das Innere der Gebäude ist seit der Entstehungszeit auch nicht so stark verändert worden, dass es seine historische Aussagekraft verloren hat und nicht mehr an dem dargestellten Funktionszusammenhang teilnehmen könnte. Vielmehr ist die bauzeitliche Innenausstattung in ganz erheblichem Umfang noch im Original vorhanden.

Der wegen des bestehenden Funktionszusammenhangs fehlenden materiellen Teilbarkeit der streitgegenständlichen Gebäudebestandteile steht nicht entgegen, dass die Beklagte den Innenausbau der Büroeinheiten aus dem Denkmalumfang ausgeklammert und insoweit eine Teilbarkeit der Unterschutzstellung angenommen hat. Denn hinsichtlich des Innenausbaus der Büroeinheiten fehlt es an dem erforderlichen inneren Funktionszusammenhang. Die Büros sind zum einen konzeptionell auf Veränderlichkeit und Anpassung an die jeweiligen Nutzeransprüche und -interessen ausgelegt. Zum anderen bilden sie auch baulich kein Pendant zu den Fassaden mit ihren in einem regelmäßigen Raster angeordneten boxenartigen Fensteröffnungen, da die Art der Nutzung der Räumlichkeiten nicht von außen ablesbar ist. Schließlich war der Innenausbau der Mietereinheiten unstreitig nicht vom Planungsauftrag des Architekten umfasst.

Der besonderen, durch die Unterschutzstellung auch des Gebäudeinneren bewirkten Belastung der Eigentümer kann durch den aus § 9 DSchG NRW a. F. folgenden Anspruch auf Erteilung einer Erlaubnis zur Vornahme von Veränderungen ohne weiteres begegnet werden. Vgl. OVG NRW, Urteil v. 12.9.2006 – 10 A 1541/05 –, juris Rdnr. 68. …

Nr. 132

Nach Art. 6 Abs. 1 Satz 1 Nr. 1 BayDSchG bedarf der Erlaubnis, wer Baudenkmäler verändern will.

Nach Art. 6 Abs. 2 Satz 1 BayDSchG kann diese Erlaubnis versagt werden, soweit gewichtige Gründe des Denkmalschutzes für die unveränderte Beibehaltung des bisherigen Zustands sprechen.

Ziel des Denkmalschutzes ist es, die Baukultur der Vergangenheit, d. h. die geschichtlichen Zeugnisse im Original zu erhalten. Das Denkmalschutzgesetz ist dementsprechend kein Gesetz zur Ortsbildpflege, sondern zur Erhaltung der historischen Bausubstanz.
(Leitsätze der Redaktion)

BayDSchG Art. 6 Abs. 1 Satz 1 Nr. 1.

Bayerischer VGH, Beschluss v. 13. September 2024 – 2 ZB 23.1899, 2 ZB 23.1900 –.

Aus den Gründen:

Der Antrag der Klägerin auf Zulassung der Berufung nach §§ 124, 124a Abs. 4 VwGO hat keinen Erfolg, weil die geltend gemachten Zulassungsgründe nicht vorliegen bzw. nicht ausreichend dargelegt sind.

1. Das Urteil des Verwaltungsgerichts begegnet im Rahmen der dargelegten Zulassungsgründe keinen ernstlichen Zweifeln an seiner Richtigkeit (§ 124 Abs. 2 Nr. 1 VwGO). Die Klägerin hat keinen Anspruch auf Erteilung der begehrten Baugenehmigung für die illegal vorgenommenen Veränderungen an dem streitgegenständlichen Baudenkmal. Auch ein Anspruch auf erneute Verbescheidung des Bauantrags besteht nicht. Die Beseitigungsanordnung der Beklagten vom 12.5.2021 ist rechtmäßig und verletzt die Klägerin nicht in ihren Rechten. Zur Begründung wird auf die angegriffenen Entscheidungen des Verwaltungsgerichts München (M 8 K 21.3037 und M 8 K 21.3038) Bezug genommen (§ 122 Abs. 2 Satz 3 VwGO). Im Hinblick auf das Vorbringen im Berufungszulassungsverfahren wird ergänzend Folgendes ausgeführt:

a) Nach Art. 6 Abs. 1 Satz 1 Nr. 1 BayDSchG bedarf der Erlaubnis, wer Baudenkmäler verändern will. Nach Art. 6 Abs. 2 Satz 1 BayDSchG kann diese Erlaubnis versagt werden, soweit gewichtige Gründe des Denkmalschutzes für die unveränderte Beibehaltung des bisherigen Zustands sprechen. Die Zulassungsbegründung versucht, durch die Aufspaltung der beantragten Gesamtmaßnahme in Teilmaßnahmen, nämlich Erhöhung des Mittelrisalit an der Hofseite des Vordergebäudes um 40 cm an dessen Traufkante (von + 16,78 m auf + 17,18 m) unter Beseitigung des bislang dort vorhandenen Dachs, Errichtung einer Dachterrasse auf diesem erhöhten Mittelrisalit, Errichtung eines Zugangs zur Dachterrasse durch Herstellung einer Dachgaube im 2. Dachgeschoss mit einer Breite von ca. 3,30 m und Errichtung eines Balkons mit einer Länge von 3,67 m im 1. Dachgeschoss im südlichen Teil der Hofseite und deren jeweils isolierter Betrachtung die Beeinträchtigung des Denkmalschutzes herunterzuspielen. Dabei verkennt sie jedoch, dass das Erhaltungsinteresse grundsätzlich für das Einzelbaudenkmal als Ganzes besteht. Ziel des Denkmalschutzes ist es, die Baukultur der Vergangenheit, d. h. die geschichtlichen Zeugnisse im Original zu erhalten. Das Denkmalschutzgesetz ist dementsprechend kein Gesetz zur Ortsbildpflege, sondern zur Erhaltung der historischen Bausubstanz (vgl. BayVGH, Urteil v. 3.1.2008 – 2 BV 07.760 – juris Rdnr. 18). Der Denkmalschutz ist nicht auf das Ziel beschränkt, über die Vergangenheit lediglich zu informieren, sondern will darüber hinaus körperliche Zeugnisse aus vergangener Zeit als sichtbare Identitätszeichen für historische Umstände bewahren und die Zerstörung historischer Substanz verhindern (vgl. BayVGH, Beschluss v. 14.9.2010 – 2 ZB 08.1815 – juris Rdnr. 3). Würde man an Teilen von Einzelbaudenkmälern, die nicht in gleichem Maße einsehbar und/oder optisch ansprechend sind, massive Beeinträchtigungen – so wie hier – zulassen, würde absehbar das ganze Baudenkmal in Frage gestellt. Mit den hier zur Genehmigung gestellten Baumaßnahmen sind insgesamt gravierende, verunklarende Eingriffe in die historische Bausubstanz verbunden, wodurch das Denkmal in besonders unästhetischer und unerträglicher Weise beeinträchtigt wird.

b) Die Feststellung, dass gewichtige Gründe des Denkmalschutzes für die Beibehaltung des bisherigen Zustandes sprechen, rechtfertigt für sich allein noch nicht eine Ablehnung eines Genehmigungsantrags. Art. 6 Abs. 2 Satz 1 und Satz 2 BayDSchG eröffnen vielmehr ein Ermessen, ob die denkmalschutzrechtliche Erlaubnis dennoch erteilt oder ob diese aufgrund der Betroffenheit denkmalschutzrechtlicher Belange versagt werden soll. Entgegen der Zulassungsbegründung, die sich insoweit im Wesentlichen auf eine Wiederholung des erstinstanzlichen Vorbringens beschränkt, hat die Beklagte ihr Ermessen jedoch ordnungsgemäß ausgeübt. Überschießende Erwägungen, die zur Annahme eines Ermessensfehlgebrauchs würden, sind nicht in ausreichendem Maß zu erkennen. Bei einer Gesamtbetrachtung der Ausführungen im Bescheid und der darin angestellten vielfältigen Erwägungen wird vielmehr deutlich, dass es der Beklagten insoweit darum ging, die der Klägerin durch eine Versagung der Genehmigung (und der darauf aufbauenden Rückbauanordnung) entstehenden finanziellen Einbußen herauszuarbeiten, zu gewichten und in die Abwägung einzustellen, und die Schilderung der Vorgeschichte der illegalen Baumaßnahmen ausschließlich nachrichtlichen Charakter hat. Die Bewertung der Intensität des beabsichtigten Eingriffs in das Bestandsgebäude stellt auch unter Berücksichtigung der Tatsache, dass der im Bestand (vor Ausführung der beantragten Maßnahmen) vorhandene Mittelrisalit nicht der historischen Gestalt entsprach, keine Fehlgewichtung dar. Auch die befürchtete negative Vorbildwirkung besteht tatsächlich. Die von der Klagepartei in der Zulassungsbegründung nochmals angeführten bereits angeblich bereits vorhandenen Bezugsfälle, die das Bestehen einer negativen Vorbildwirkung entkräften sollen, sind mit dem streitgegenständlichen Vorhaben nicht vergleichbar, da die Dachflächen bei diesen Gebäuden nicht in dem hier vorliegenden, massiven Umfang in Anspruch genommen werden.

c) Der Beseitigungsanordnung steht damit nicht entgegen, dass die Maßnahme genehmigungsfähig bzw. das Ermessen der Beklagten insoweit nicht ordnungsgemäß ausgeübt worden wäre. Die Beklagte war entgegen der Zulassungsbegründung, die insoweit das erstinstanzliche Vorbringen wiederholt, auch nicht verpflichtet, für jedes der zurückzubauenden Elemente eine gesonderte Zwangsgeldandrohung auszusprechen, sondern durfte, da die Maßnahmen tatsächlich zusammenhängen und so im Sinne einer einheitlichen Verpflichtung miteinander verknüpft sind, ein einheitliches Zwangsgeld androhen, das nach seinem Wortlaut erkennbar (auch) dann fällig werden soll, wenn nur eines der ohne Genehmigung umgesetzten und nicht genehmigungsfähigen Vorhaben nicht rechtzeitig entfernt wird (vgl. BVerwG, GB v. 26.6.1997 – 1 A 10/95 – NVwZ 1998, 393 – juris). Eine solche gebündelte bzw. einheitliche Zwangsgeldandrohung ist mit dem Bestimmtheitsgrundsatz vereinbar. Auch wahrt die Höhe des angedrohten Zwangsgeldes den Grundsatz der Verhältnismäßigkeit (Art. 29 Abs. 3 VwZVG). Zwar wird der in Art. 31 Abs. 2 Satz 1 VwZVG vorgegebene Rahmen ausgeschöpft. Dies ist unter Berücksichtigung der Umstände des hier vorliegenden Einzelfalles, insbesondere der wirtschaftlich deutlich höher liegenden Bedeutung für die Klägerin, nicht zu beanstanden.

2. Der geltend gemachte Verfahrensmangel (§ 124 Abs. 2 Nr. 5 VwGO) liegt nicht vor. Die Zulassungsbegründung erblickt ihn darin, dass das Erstgericht keinen Beweis zur Denkmalverträglichkeit der Erhöhung des Treppenhausanbaus (Mittelrisalit), der Herstellung der Dachterrasse auf diesem, der neuen Dachgaube, die den Zugang zur Dachterrasse ermöglicht, und des angebauten Balkons erhoben habe. Ferner habe das Verwaltungsgericht den in der mündlichen Verhandlung gestellten Antrag der Klägerin, Beweis zu erheben, ob gewichtige Gründe des Denkmalschutzes für die Beibehaltung des genehmigten Zustandes im Bereich des Mittelrisalits und im Bereich des Traubalkons sprechen, zu Unrecht abgelehnt.

Die erste Rüge greift bereits deswegen nicht durch, weil eine Verletzung der gerichtlichen Aufklärungspflicht grundsätzlich nicht geltend gemacht werden kann, wenn ein anwaltlich vertretener Kläger es – wie hier – unterlassen hat, in der mündlichen Verhandlung einen entsprechenden Beweisantrag zu stellen (vgl. etwa BVerwG, Beschluss v. 20.12.2012 – 4 B 20.12 – juris Rdnr. 6). Mit der Aufklärungsrüge können Versäumnisse eines Verfahrensbeteiligten, vor allem unterbliebene Beweisanträge, nicht kompensiert werden (vgl. BayVGH, Beschluss v. 8.2.2017 – 10 ZB 16.1049 – juris Rdnr. 8).

Auch die zweite Rüge hat keinen Erfolg. Die Ablehnung eines erheblichen Beweisangebots verstößt nur dann gegen den Anspruch auf rechtliches Gehör (§ 138 Nr. 3 VwGO) als prozessuales Grundrecht (Art. 103 Abs. 1 GG), wenn sie im Prozessrecht keine Stütze mehr findet. Das rechtliche Gehör ist versagt, wenn ein Beweisantrag in willkürlicher Weise als unerheblich qualifiziert wird. Willkürlich ist ein Richterspruch, wenn er unter keinem denkbaren Ansatz rechtlich vertretbar ist und sich daher der Schluss aufdrängt, dass er auf sachfremden Erwägungen beruht. Fehlerhafte Rechtsanwendung allein macht eine Gerichtsentscheidung nicht willkürlich. Von einer willkürlichen Missdeutung kann insbesondere nicht gesprochen werden, wenn das Gericht sich mit der Rechtslage eingehend auseinandersetzt und seine Rechtsauffassung nicht jeden sachlichen Grundes entbehrt (vgl. BVerfG, Beschluss v. 22.5.2015 – 1 BvR 2291/13 – juris Rdnr. 5; BayVGH, Beschluss v. 13.2.2019 – 10 ZB 18.32806 – Rdnr. 4; Beschluss v. 1.10.2019 – 9 ZB 19.33382 – juris Rdnr. 2; Beschluss v. 16.7.2019 – 9 ZB 19.32441 – juris Rdnr. 4, jeweils m. w. N.). Die Ablehnung des Beweisantrags durch das Erstgericht mit der Begründung, die Frage des »Vorliegens gewichtiger Gründe für die Beibehaltung des bisherigen Zustands« sei eine reine Rechtsfrage, die nicht im Wege des Sachverständigengutachtens zu beantworten ist, steht nach diesen Maßgaben mit der Prozessordnung im Einklang. Mit ihr wird entgegen der Zulassungsbegründung nicht behauptet, dass fachliche Elemente insoweit keine Rolle spielen würden. Aus dem Akteninhalt ergibt sich, dass das Landesamt für Denkmalpflege im Verfahren beteiligt war und die Gründe dargelegt hat, die aus fachlicher Sicht gegen die beantragte Maßnahme sprechen. Diese hat das Erstgericht berücksichtigt und seiner Entscheidung zugrunde gelegt. Insoweit kommt es – wie die Zulassungsbegründung aber meint – nicht darauf an, ob die Beklagte in ihrem Versagungsbescheid eine konkrete Stellungnahme des Landesamtes zitiert hat oder nicht. …

Nr. 133

Mit der unabhängig von der wirtschaftlichen Leistungsfähigkeit und von nichtwirtschaftlichen Interessen des Denkmaleigentümers zu vollziehenden Eintragung eines Denkmals in die Denkmalliste (§ 23 DSchG NRW) unterliegt der Eigentümer des Denkmals Einschränkungen.

Die Voraussetzungen für die Erteilung einer Erlaubnis nach § 9 Abs. 3 DSchG NRW sind regelmäßig vollumfänglich zu prüfen und strikt anzuwenden.

Vermag der Eigentümer des Denkmals keine ernsthaften Bemühungen zur Veräußerung des Baudenkmals zu einem angemessenen Preis nachzuweisen, kann er sich nicht darauf berufen, dass ihm dessen Erhaltung oder Nutzung nicht zumutbar sei und damit die Privatnützigkeit des Baudenkmals nicht mehr gewährleistet wäre.

(Leitsätze der Redaktion)

BauO NRW 2018 § 62 Abs. 3; DSchG NRW § 9 Abs. 1 Satz 1.

OVG Nordrhein-Westfalen, Urteil v. 19. September 2024 – 10 A 1397/22 –.

Aus den Gründen:

A. Die Berufung ist zulässig, insbesondere fristgerecht begründet worden.

Gemäß § 124a Abs. 6 Satz 1 VwGO ist die Berufung innerhalb einer Frist von einem Monat nach Zustellung des Beschlusses über die Zulassung der Berufung zu begründen. Der Kläger hat mit Schriftsatz vom 11.1.2023 innerhalb der am 16.1.2023 endenden Monatsfrist seine Berufung hinreichend begründet, auch wenn er dort lediglich auf die Begründung seines Antrags auf Zulassung der Berufung Bezug nimmt.

Das gesetzliche Erfordernis der Einreichung eines Schriftsatzes zur Berufungsbegründung kann grundsätzlich auch eine auf die erfolgreiche Begründung des Zulassungsantrags verweisende Begründung erfüllen, wenn damit hinreichend zum Ausdruck gebracht wird, dass und weshalb das erstinstanzliche Urteil weiterhin angefochten wird. Vgl. BVerwG, Urteil v. 8.3.2004 – 4 C 6.03 –, juris Rdnr. 21 f., sowie Beschlüsse v. 29.11.2021 – 2 B 14.21 –, juris Rdnr. 6 f., und vom 2.10.2003 – 1 B 33.03 –, juris Rdnr. 2, m. w. N.

Dem wird der Schriftsatz vom 11.1.2023, der auf die Begründung des Zulassungsantrags Bezug nimmt und den Willen erkennen lässt, das zugelassene Berufungsverfahren fortzuführen, im Hinblick auf den konkreten Inhalt dieser Begründung gerecht. In der Zulassungsbegründung vom 1.8.2022 bringt der Kläger insbesondere mit seinem Vortrag zum Zulassungsgrund ernstlicher Zweifel gemäß § 124 Abs. 2 Nr. 1 VwGO hinreichend zum Ausdruck, weshalb er das erstinstanzliche Urteil anficht.

B. Die Berufung ist aber unbegründet. Das Verwaltungsgericht hat die Klage zu Recht abgewiesen. Die zulässige Verpflichtungsklage ist unbegründet.

Der Kläger hat keinen Anspruch auf Erteilung der begehrten Baugenehmigung zum Abbruch des als Baudenkmal in die Denkmalliste der Beklagten eingetragenen Gebäudes auf seinem Grundstück M.-straße, § 113 Abs. 5 VwGO.

Dem vom Kläger zur Genehmigung gestellten Vorhaben stehen im Sinne von § 74 Abs. 1 Satz 1 BauO NRW 2018 öffentlich-rechtliche Vorschriften entgegen.

Die Voraussetzungen für die Erteilung einer Erlaubnis nach § 9 Abs. 3 DSchG NRW, die auch im baurechtlichen Genehmigungsverfahren nach § 9 Abs. 4 Satz 1 DSchG NRW – ungeachtet der Formulierung »in angemessener Weise zu berücksichtigen« – regelmäßig vollumfänglich zu prüfen und strikt anzuwenden sind, vgl. dazu OVG NRW, Urteile v. 2.3.2018 – 10 A 1404/16 –, juris Rdnr. 33 f., und vom 13.9.2013 – 10 A 1069/12 –, juris Rdnr. 26 f., jeweils m. w. N., liegen nicht vor.

Dabei ist das Denkmalschutzgesetz in seiner seit dem 1.6.2022 geltenden Fassung zugrunde zu legen. Dies ergibt sich hier schon daraus, dass der Kläger die Erteilung einer Baugenehmigung begehrt, die er nur beanspruchen kann, wenn im maßgeblichen Zeitpunkt der gerichtlichen Entscheidung öffentlich-rechtliche Vorschriften nicht entgegenstehen. Ein gesondertes Verfahren gemäß § 9 Abs. 4 Satz 2 DSchG NRW auf Erteilung einer denkmalrechtlichen Erlaubnis hat er nicht eingeleitet (vgl. insoweit die Übergangsvorschrift des § 43 Abs. 2 Satz 1 DSchG NRW). Lediglich im Rahmen des Baugenehmigungsverfahrens, das mit dem Antrag vom 11.3.2010 auf Erteilung einer Genehmigung zum Abbruch bei der unteren Bauaufsichtsbehörde eingeleitet wurde, erstrebt er die Prüfung der denkmalrechtlichen Erlaubnisvorschriften.

Nach § 9 Abs. 1 Satz 1 DSchG NRW bedarf der Erlaubnis der Unteren Denkmalbehörde, wer ein Baudenkmal oder einen Teil eines Baudenkmals beseitigen, verändern, an einen anderen Ort verbringen oder dessen bisherige Nutzung ändern will. Gemäß § 9 Abs. 3 Satz 1 DSchG NRW ist die Erlaubnis zu erteilen, wenn Belange des Denkmalschutzes nicht entgegenstehen oder – was hier nicht der Fall ist – ein überwiegendes öffentliches Interesse die Maßnahme verlangt.

I. Bei dem streitgegenständlichen Gebäude handelt es sich um ein Baudenkmal. Dies ergibt sich aus der bestandskräftigen Eintragung in die Denkmalliste der Beklagten vom 15.11.1988 nebst erweiterter Begründung vom 10.10.2011. Die dagegen erhobene Klage wurde vom Verwaltungsgericht Minden mit rechtskräftigem Urteil v. 19.2.2015 – 9 K 2598/11 – abgewiesen.

Entgegen der Auffassung des Klägers ist das Vorliegen der Voraussetzungen nach § 2 Abs. 1 und 2 DSchG NRW für die Eintragung in die Denkmalliste im vorliegenden Verfahren nicht (inzident) erneut zu prüfen. Die Eintragung als Baudenkmal ist für die Denkmaleigenschaft konstitutiv. Mit der Eintragung als dinglicher Verwaltungsakt in Form einer Allgemeinverfügung wird die öffentlich-rechtliche Eigenschaft einer Sache als Baudenkmal verbindlich festgestellt. Dies gilt ausweislich von Satz 1 des § 23 Abs. 1 DSchG NRW im Unterschied zu Satz 2 auch für die seit dem 1.6.2022 geltende Neufassung des Gesetzes. Anknüpfungspunkt für die Erlaubnispflicht nach § 9 Abs. 1 DSchG NRW ist deshalb allein der rechtliche Status des Objekts als Denkmal, d. h. seine Eintragung in die Denkmalliste.

Das System des Denkmalschutzes in Nordrhein-Westfalen ist – auch in der seit dem 1.6.2022 geltenden Fassung des Denkmalschutzgesetzes – zweistufig ausgestaltet. Es ist zu trennen zwischen der konstitutiven Begründung des Denkmalschutzes durch die Eintragung, die bei Vorliegen der Voraussetzungen des § 2 Abs. 1 und 2 DSchG NRW gemäß § 23 Abs. 1 Satz 1 DSchG NRW erfolgen muss, und den Wirkungen des Denkmalschutzes. Steht mit der Eintragung der rechtliche Status fest, geht es auf der zweiten Stufe um Entscheidungen über die Erhaltung, Veränderung, Nutzung oder Beseitigung des Denkmals, bei denen auch sichergestellt werden kann, dass das Eigentumsrecht des Eigentümers durch die Unterschutzstellung nicht unverhältnismäßig belastet wird. Vgl. OVG NRW, Urteil v. 8.10.2021 – 10 A 3620/210 –, juris Rdnr. 53, sowie Beschluss v. 24.4.2023 – 10 A 490/22 –, juris Rdnr. 9 ff. m. w. N.

Damit kommt es auf das umfassende Vorbringen des Klägers dazu, es habe sich gar nicht um ein jüdisches Gebetshaus gehandelt, die denkmalfachlichen Einschätzungen seien bloße Vermutungen und die daran angeknüpfte Denkmalwertbegründung nicht haltbar, nicht an. Die von dem Kläger aufgegriffenen Aspekte sind solche des rechtskräftig abgeschlossenen Eintragungsverfahrens. Dementsprechend bedurfte es mangels Erheblichkeit auch keiner weiteren Sachaufklärung zur Geschichte des Gebäudes, etwa durch die vom Kläger angeregte Anhörung des Sachverständigen, der das dendrochronologische Gutachten vom 9.12.2010 erstellt hat.

II. Der Beseitigung stehen Belange des Denkmalschutzes entgegen.

1. Belange des Denkmalschutzes im Sinne des § 9 Abs. 3 Satz 1 DSchG NRW stehen nach der Senatsrechtsprechung einem Vorhaben nach § 9 Abs. 1 DSchG NRW entgegen, wenn es Belange des Denkmalschutzes mehr als nur geringfügig beeinträchtigt und die Versagung der Erlaubnis zu den sich daraus ergebenden wirtschaftlichen Auswirkungen und privaten Betroffenheiten nicht außer Verhältnis steht. Vgl. OVG NRW, Urteile v. 2.3.2018 – 10 A 1404/16 –, juris Rdnr. 37, und vom 4.12.1991 – 7 A 1113/90 –, juris Rdnr. 5 ff. (zu § 9 Abs. 2 lit. a DSchG NRW a. F., der den Begriff »Gründe des Denkmalschutzes« verwendete).

Geht es um die Beseitigung einer in die Denkmalliste eingetragenen baulichen Anlage, stehen Belange des Denkmalschutzes entgegen, wenn die Erhaltung des Denkmals möglich und dem Eigentümer nicht aus wirtschaftlichen oder anderen Gründen unzumutbar ist oder die Unzumutbarkeit auf andere Weise ausgeglichen wird.

Wenn die Erteilung einer Abbrucherlaubnis beansprucht wird, ist ein strenger Maßstab anzulegen. Die vollständige Beseitigung eines eingetragenen Baudenkmals kann angesichts des damit verbundenen unwiederbringlichen Verlustes seiner Aussagekraft für erinnerungswürdige Aspekte vergangener Zeiten nur dann gerechtfertigt sein, wenn die Verweigerung der Erlaubnis sich als unverhältnismäßige Eigentumsbeschränkung darstellt. Vgl. OVG NRW, Urteile v. 2.3.2018 – 10 A 1404/16 –, juris Rdnr. 40, vom 13.9.2013 – 10 A 1069/12 –, juris Rdnr. 30, und vom 4.5.2009 – 10 A 699/07 –, juris Rdnr. 28; Davydov, in: Davydov/Hönes/Ringbeck/Stellhorn, Denkmalschutzgesetz NRW, Kommentar, 7. Auflage 2024, § 9 Rdnr. 10; siehe auch BVerfG, Beschluss v. 2.3.1999 – 1 BvL 7/91 –, juris Rdnr. 85; BVerwG, Beschluss v. 7.2.2002 – 4 B 4.02 –, juris Rdnr. 8.

Mit der unabhängig von der wirtschaftlichen Leistungsfähigkeit und von nichtwirtschaftlichen Interessen des Denkmaleigentümers zu vollziehenden Eintragung eines Denkmals in die Denkmalliste (§ 23 DSchG NRW) unterliegt der Eigentümer des Denkmals erheblichen Einschränkungen. Er hat das Denkmal im Rahmen des Zumutbaren zu erhalten (§ 7 DSchG NRW), ist Einschränkungen bei der Nutzung unterworfen (§ 8 DSchG NRW) und unterliegt einem Veränderungs- und Beseitigungsverbot mit Erlaubnisvorbehalt

(§ 9 DSchG NRW). Diese Einschränkungen der Eigentümerbefugnisse sind durch das öffentliche Interesse an der Erhaltung geschützter Denkmäler im Regelfall als zulässige Inhalts- und Schrankenbestimmung des Eigentums anzusehen. Solange die genannten gesetzlichen Pflichten oder behördliche Maßnahmen auf der Grundlage des Denkmalschutzgesetzes die Grenze der wirtschaftlichen oder ideellen Unzumutbarkeit der Denkmalerhaltung nicht überschreiten, sind sie – dies gilt auch für das Beseitigungsverbot – bei Einhaltung der übrigen Rechtmäßigkeitsvoraussetzungen verhältnismäßig. Vgl. OVG NRW, Urteile v. 4.5.2009 – 10 A 699/07 –, juris Rdnr. 29, und vom 20.3.2009 – 10 A 1406/08 –, juris Rdnr. 49; vgl. auch BVerfG, Beschluss v. 2.3.1999 – 1 BvL 7/91 –, juris Rdnr. 83 f.

Ist allerdings die Erhaltung des Denkmals als Ziel und rechtfertigender Grund für die denkmalrechtlichen Einschränkungen der Eigentümerbefugnisse nicht mehr möglich oder führen notwendige Erhaltungsarbeiten dazu, dass die Identität des Denkmals und damit seine Denkmalaussage beseitigt werden, entfällt auch die Grundlage für das Beseitigungsverbot. Denn die über eine – auch umfassende – Restaurierung eines Denkmals hinausgehende Umwandlung eines nicht mehr erhaltungsfähigen Originals in eine Kopie des Originals ist von den Zielen des nordrheinwestfälischen Denkmalrechts nicht erfasst und vermag deshalb die mit der Fortdauer der Unterschutzstellung verbundenen Eigentumseinschränkungen nicht zu rechtfertigen. Vgl. OVG NRW, Urteile v. 2.3.2018 – 10 A 1404/16 –, juris Rdnr. 43, und vom 4.5.2009 – 10 A 699/07 –, juris Rdnr. 29.

In gleicher Weise ist die Eigentumsbeschränkung unverhältnismäßig, wenn das Beseitigungsverbot dem Eigentümer aus wirtschaftlichen oder sonstigen Gründen nicht zugemutet werden kann und diese Unzumutbarkeit nicht auf andere Weise, etwa durch eine Entschädigung oder die Übernahme des Denkmals (§§ 34, 32 DSchG NRW), ausgeglichen werden kann. Vgl. OVG NRW, Urteile v. 2.3.2018 – 10 A 1404/16 –, juris Rdnr. 40, und vom 13.9.2013 – 10 A 1069/12 –, juris Rdnr. 30.

Ob bei der danach im Rahmen des § 9 Abs. 3 Satz 1 DSchG NRW regelmäßig erforderlichen – und gerichtlich voll überprüfbaren – Abwägung die Belange des Denkmalschutzes die gegenläufigen privaten Interessen überwiegen, ist eine Frage des Einzelfalls. Vgl. OVG NRW, Urteile v. 2.3.2018 – 10 A 1404/16 –, juris Rdnr. 40, und vom 13.9.2013 – 10 A 1069/12 –, juris Rdnr. 30 und 33; siehe auch BVerwG, Beschluss v. 7.2.2002 – 4 B 4.02 –, juris Rdnr. 8 f.

2. Hiervon ausgehend stehen der Beseitigung Belange des Denkmalschutzes entgegen. Dieses Baudenkmal ist erhaltungsfähig, insbesondere führen notwendige Erhaltungsmaßnahmen nicht dazu, dass seine Identität verloren ginge (dazu a.). Die Erhaltung ist dem Kläger auch nicht aus wirtschaftlichen oder anderen Gründen unzumutbar (dazu b.). Eine – unterstellte – wirtschaftliche Unzumutbarkeit wird zudem durch die im angefochtenen Bescheid angebotene Übernahme des Denkmals nach § 32 DSchG NRW ausgeglichen (dazu c.).

a. Die Erhaltung des Baudenkmals ist noch möglich. Es ist nicht davon auszugehen, dass erhaltensnotwendige Bauarbeiten dazu führen, dass die Identität des Denkmals und damit seine Denkmalaussage beseitigt werden.

Ob die erforderlichen Erhaltungsarbeiten die Denkmalaussage eines Objekts bewahren oder ob die Eingriffe in das Denkmal so weit gehen, dass die Denkmalaussage verloren geht, ist unter Berücksichtigung der Umstände des Einzelfalls im Wege wertender Betrachtung zu prüfen. Ein Denkmal hat nicht auf Dauer seine ursprüngliche Identität verloren, wenn es nach der Durchführung erhaltensnotwendiger Renovierungsarbeiten mit seinem historischen Dokumentationswert und mit den die Denkmaleigenschaft begründenden Merkmalen im Wesentlichen noch vorhanden ist und die ihm zugedachte Funktion, Aussagen über bestimmte Vorgänge oder Zustände geschichtlicher Art zu dokumentieren, noch erfüllen kann. Ein Auswechseln und Ergänzen von einzelnen Materialteilen, das den Gesamteindruck der Sache und die Erkennbarkeit der Aussage unberührt lässt, ist für die Bewertung der Denkmaleigenschaft unerheblich. Für die Frage, wann die historische Identität eines Baudenkmals entfällt, kommt es nicht auf eine schematische, an Zahlenwerten orientierte Betrachtungsweise an. Erforderlich ist vielmehr eine qualitative Betrachtung, die die Gründe der Unterschutzstellung und alle Besonderheiten des Einzelfalls berücksichtigt. Vgl. OVG NRW, Urteile v. 1.7.2024 – 10 A 1487/22 –, juris Rdnr. 71, vom 12.9.2006 – 10 A 1541/05 –, juris Rdnr. 59, und vom 26.8.2008 – 10 A 3250/07 –, juris Rdnr. 48, sowie Beschluss v. 31.5.2012 – 2 A 931/11 –, juris Rdnr. 15 ff.

Hiervon ausgehend ist das Baudenkmal erhaltungsfähig und der Verlust des historischen Dokumentationswertes durch notwendige Erhaltungsarbeiten nicht zu erwarten.

Nach der Denkmaleintragung kommt dem Baudenkmal hier in zweierlei Hinsicht Bedeutung zu: Zunächst handelt es sich um ein 1633 als jüdischer Betsaal des Typs der freistehenden Hofsynagoge errichtetes und als solches 110 Jahre genutztes Gebäude, das die Geschichte dieses Bautyps bezeugt und für dessen Erhaltung bauhistorische Gründe sprechen. Hinzu kommt eine weitere Bedeutungsebene. Es wird auf die spätere Nutzungs- und Umbaugeschichte des Gebäudes zu einem Wohnhaus einfachen Zuschnitts mit seinem ungewöhnlich vollständig überlieferten Innenausbau verwiesen, die für die Sozialgeschichte der Residenzstadt E. bedeutsam sei.

Ausgehend von diesen Gründen für die Unterschutzstellung des Denkmals ist der Senat nach den ihm vorliegenden Erkenntnismaterialien davon überzeugt, dass diese Identität des Denkmals und damit seine (zweifache) Denkmalaussage durch die notwendigen Erhaltungsarbeiten nicht untergeht. Der vom Verwaltungsgericht vorgenommenen Differenzierung zwischen »Hülle« und »Kern« des Baudenkmals folgt der Senat nicht. Es ist davon auszugehen, dass ein Auswechseln und Ergänzen von Gebäudeteilen den Gesamteindruck unberührt lässt und das Objekt weiterhin die ihm in zweifacher Hinsicht zugedachte Funktion, Aussagen über bestimmte Vorgänge oder Zustände geschichtlicher Art zu dokumentieren, erfüllen kann.

Dies ergibt sich aus den Gutachten und ergänzenden Stellungnahmen des Beigeladenen vom 3.1.2011, vom 30.8.2011, vom 20.7.2012, vom 30.7.2014 und vom 15.9.2023.

Stellungnahmen der in besonderem Maße fachkundigen Denkmalfachämter dienen der Beratung und Unterstützung der Denkmalbehörden (§ 22 Abs. 1 DSchG NRW) und der Gerichte. Auch wenn diesen Stellungnahmen in Ermangelung einer entsprechenden gesetzlichen Regelung weder im behördlichen noch im gerichtlichen Verfahren Bindungswirkung zukommt, ist den Denkmalfachämtern die Rolle unparteilicher, fachlich weisungsungebundener Gutachter zugewiesen, von denen sachkundige Stellungnahmen zur Schutzwürdigkeit von Baudenkmälern erwartet werden können. Vgl. OVG NRW, Urteil v. 1.7.2024 – 10 A 1487/22 –, juris Rdnr. 63, sowie Beschlüsse v. 3.3.2021 – 10 A 2137/20 –, juris Rdnr. 6 f., m. w. N., und vom 24.7.2017 – 10 B 193/17 –, juris Rdnr. 5.

Die genannten fachlichen Stellungnahmen des Beigeladenen sind nachvollziehbar und die dortigen Einschätzungen im Einzelnen begründet.

Nach dem Gutachten vom 3.1.2011, dem auch eine Ortsbesichtigung zugrunde lag, ist das Gebäude im Kern bis heute in wesentlichen Teilen erhalten und weist in seiner baulichen Erscheinung noch immer auf eine ursprüngliche Nutzung als Betsaal/Synagoge hin (S. 15, 21 ff.). Auch sind Bauteile in ihrer Erstverwendung noch als Kerngerüst erhalten (S. 17 ff.). Dies gilt für beide seitlichen Giebelfronten sowie für die Hölzer im Erdgeschoss inklusive eines Teils der darauf ruhenden Geschossbalkendecke, die noch im konstruktiven Fachwerkverband von 1633 erhalten sind (Seite 18 ff., sowie Stellungnahme vom 20.7.2012, S. 2 und 3, Stellungnahme vom 30.7.2014, S. 2). Die noch im Verband befindlichen Hölzer des Kerngerüsts lassen nach den ergänzenden Stellungnahmen des Beigeladenen Rückschlüsse auf Erschließung und Durchfensterung sowie innere räumliche Strukturen zu (Stellungnahme vom 30.8.2011, S. 2; Stellungnahme vom 30.7.2014, S. 3 und 15). Dies gilt also ungeachtet des Umstands, dass das Gebäude um 1850 weitreichend verändert und zu einem zweigeschossigen Mietshaus umgebaut wurde. Das Zweifamilienhaus wiederum ist in den kommenden Jahrzehnten baulich nur in kleineren Details verändert worden (Gutachten vom 3.1.2011, S. 29). Nach der fachlichen Einschätzung des Beigeladenen vom 20.7.2012 ist das Gebäude nicht ruinös, sondern konstruktiv erhaltungsfähig und -würdig; eine Wiederherstellung sei ohne weitgehenden Austausch der Substanz möglich (S. 2).

Substantiierte Einwände gegen diese sachkundigen Stellungnahmen zur Erhaltung und Erhaltungsfähigkeit des Baudenkmals ergeben sich auch aus dem klägerischen Vorbringen nicht.

Es fehlen jegliche Anhaltspunkte dafür, dass sich seit diesen fachlichen Einschätzungen der Zustand grundlegend verschlechtert hätte. Nach den dem

Gericht vorliegenden, bei den Akten befindlichen Lichtbildern unterschiedlicher Jahre (etwa aus den Jahren 2010, 2012, 2016 und vom erstinstanzlichen Ortstermin im Juli 2021) stellt sich das Gebäude innen und außen weitgehend unverändert dar. Gegenteiliges hat auch der Kläger nicht mitgeteilt, sondern vielmehr – etwa im Schreiben vom 1.3.2018 an die Beklagte und zuletzt noch einmal in der mündlichen Verhandlung – betont, der Zustand habe sich in den letzten Jahren im Wesentlichen nicht geändert.

Im erstinstanzlichen Ortstermin am 28.7.2021 hat sich ausweislich des Protokolls sowie der dort gefertigten Lichtbilder ergeben, dass es zwei Jahre zuvor einen Wasserrohrbruch in oder vor der äußeren Wand zur Rückseite (Nordseite) gegeben hatte, sich ferner dort ein (kleineres) Loch in der Wand befindet – deren Ursache zwischen den Beteiligten streitig ist – und zur Süd-/Ostseite hin ein Spalt im Dach sichtbar ist. Dabei handelt es sich zur Überzeugung des Senats nach dem vorliegenden Fotomaterial und unter Berücksichtigung der denkmalfachlichen Einschätzungen zum Erhaltungszustand aber eher um kleinere Schäden. Insbesondere sind ansonsten auf den Lichtbildern keine Öffnungen im Dach oder in der Fassade erkennbar, durch die das Gebäudeinnere der Witterung ausgesetzt gewesen wäre oder weiterhin Feuchtigkeit eindringen könnte. Fehlende Fensterscheiben waren teilweise durch Verbretterungen ersetzt worden. Neben vereinzelten feuchten Stellen an den Wänden sind größere Feuchtigkeitsschäden im Gebäude, Schimmelbefall oder Ähnliches nicht erkennbar und selbst vom Kläger nicht vorgetragen worden. Teile des Gebäudes werden als Abstell- und Lagerraum genutzt, unter anderem befinden sich dort, wie schon auf Lichtbildern aus dem Jahr 2010 ersichtlich, mehrere Regale mit – offensichtlich unversehrten – Büchern.

Seitdem sind nach dem Foto in dem zuletzt vom Kläger eingereichten Presseartikel offenbar die Verbretterungen vor den Fenstern abgenommen und durch Fensterscheiben oder durchsichtige Folien/Planen ersetzt worden. Auch hat noch im November 2023 in dem Gebäude eine Veranstaltung (»Halloween-Party«) stattgefunden. In der Berufungsverhandlung hat der Kläger zwar erneut pauschal behauptet, es handele sich um eine Ruine. Konkrete Schäden hat er hingegen auch hier nicht vorgetragen, sondern im Gegenteil betont, er habe die nötigen Sanierungsarbeiten immer durchgeführt und es gebe keinen Sanierungsstau.

All dies zugrunde gelegt, bestand keine Veranlassung für den Senat, die Frage der Erhaltungsfähigkeit des Denkmals weiter aufzuklären, wie der Kläger in der mündlichen Verhandlung mit seinem Hinweis auf die Amtsaufklärungspflicht angeregt hat.

Dass sich das Gebäude aufgrund des jahrzehntelangen Leerstands – unstreitig – baulich in keinem guten Zustand befindet und erhebliche Erhaltungsmaßnahmen erforderlich sind, rechtfertigt nicht die Annahme, diese führten dazu, dass seine Identität verloren ginge und es sich lediglich um eine Kopie des Originals handele. Vielmehr ist nach den vorstehenden Ausführungen davon auszugehen, dass das Denkmal ohne identitätsverändernden Austausch der Substanz erhalten werden kann und sich die ursprüngliche Nutzung als Betsaal sowie die spätere als Wohnhaus weiterhin an vorhandener Altsubstanz ablesen ließen.

Bei Fachwerkbauten gilt nach der Senatsrechtsprechung zudem in besonderem Maße, dass ein Denkmal »durch die Zeit geht«, weil ein derartiges Gebäude wegen der verwandten Baustoffe auf den fortwährenden Austausch abgängiger Bestandteile angelegt ist. Vgl. OVG NRW, Urteil v. 2.3.2018 – 10 A 1404/16 –, juris Rdnr. 46.

Die Beklagte hat überdies zutreffend darauf verwiesen, dass das Gebäude seine historische Identität als Baudenkmal nicht nur aufgrund des historischen Kerngerüstes erhalten hat, sondern ferner sein äußeres Erscheinungsbild und sein Standort im zurückliegenden Bereich des Grundstücks den historischen Aussage- und Dokumentationswert zu vermitteln geeignet sind.

b. Die Erhaltung des Denkmals ist dem Kläger auch nicht unzumutbar.

aa. Dabei muss der Senat der Frage nicht nachgehen, ob der Kläger durch eine Wirtschaftlichkeitsberechnung nachgewiesen hat, dass ihm die weitere Erhaltung mit Blick auf die Kosten der erforderlichen baulichen Maßnahmen wirtschaftlich unzumutbar ist.

Es fehlt jedenfalls deshalb an der Unzumutbarkeit der Denkmalerhaltung, weil der Kläger die Unverkäuflichkeit des Denkmals nicht nachgewiesen hat.

Vermag der Eigentümer des Denkmals keine ernsthaften Bemühungen zur Veräußerung des Baudenkmals zu einem angemessenen Preis nachzuweisen, kann er sich nicht darauf berufen, dass ihm dessen Erhaltung oder Nutzung nicht zumutbar sei und damit die Privatnützigkeit des Baudenkmals nicht mehr gewährleistet wäre. Die Unverkäuflichkeit des Denkmals zu einem angemessenen Preis ist entweder durch eine an Tatsachen orientierte fachliche Stellungnahme oder in sonstiger geeigneter Form zu belegen. Dies ist erforderlich, um der Denkmalbehörde die Feststellung zu ermöglichen, ob das Denkmal tatsächlich unverkäuflich ist oder ob seine Veräußerung allein an den nicht angemessenen Preisvorstellungen des Eigentümers gescheitert ist, der letztlich auf die lukrativere Verwendung des Grundstücks ohne das Denkmal spekuliert. Bei der Bewertung der Angemessenheit der Preisvorstellungen sind sämtliche Umstände des Einzelfalles zu berücksichtigen. 88 Vgl. OVG NRW, Urteile v. 2.3.2018 – 10 A 1404/16 –, juris Rdnr. 65 und 70 ff., vom 13.9.2013 – 10 A 1069/12 –, juris Rdnr. 45 ff., und vom 4.5.2009 – 10 A 699/07 –, juris Rdnr. 46; Davydov, in: Davydov/Hönes/Ringbeck/Stellhorn, Denkmalschutzgesetz NRW, Kommentar, 7. Auflage 2024, § 9 Rdnr. 73 ff.; Martin, NVwZ 2014, 24 (26); zur Darlegungs- und Beweislast auch BVerwG, Beschluss v. 28.7.2016 – 4 B 12.16 –, juris Rdnr. 7.

Entgegen der Auffassung des Klägers ist die Prüfung der Veräußerungsmöglichkeit nicht auf Investitionsobjekte beschränkt. Fehlende Verkaufsbemühungen stehen grundsätzlich der Berufung auf die wirtschaftliche Unzumutbarkeit der Denkmalerhaltung entgegen, wenn der Eigentümer das Denkmal aus wirtschaftlichen Gründen beseitigen will. An einer die Beseitigung rechtfertigenden unverhältnismäßigen Eigentumsbeschränkung fehlt es immer dann, wenn die Unzumutbarkeit der Erhaltung auf andere Weise ausgeglichen werden kann, etwa durch die Möglichkeit der Veräußerung. Jeder Eigentümer, der mit der geplanten Änderung oder Beseitigung des Denkmals vorrangig wirtschaftliche Absichten verfolgt, muss grundsätzlich nachweisen, dass er sich erfolglos um die Veräußerung des Denkmals zu einem angemessenen Preis bemüht hat. Denn ein über die wirtschaftlichen Belange hinausgehendes schützenswertes Affektionsinteresse des Eigentümers an einer von den Anforderungen des Denkmalschutzes unbelasteten Nutzung des Grundstücks ist bei einer im Vordergrund stehenden wirtschaftlichen Nutzungsabsicht regelmäßig nicht anzunehmen. Vgl. OVG NRW, Urteil v. 13.9.2013 – 10 A 1069/12 –, juris Rdnr. 48; Martin, NVwZ 2014, 24 (26).

Hiervon ausgehend kann der Kläger sich nicht auf eine die Unzumutbarkeit der Erhaltung begründende Unverkäuflichkeit berufen. Er hat, wie schon das Verwaltungsgericht zutreffend angenommen hat, keine hinreichenden Verkaufsbemühungen nachgewiesen. Im Berufungsverfahren hat er – ohne Vorlage von Belegen – lediglich pauschal darauf verwiesen, ein Käufer, der die hohen erforderlichen Sanierungskosten aufbringen könne, sei praktisch nicht zu finden. Ferner hat er mehrfach ausdrücklich erklärt, zuletzt im Schriftsatz vom 13.9.2024, er sei zum Verkauf des Grundstücks nicht bereit, die Option sei »absolut indiskutabel«. Insbesondere hat er sich erklärtermaßen geweigert, das Denkmal zu einem angemessenen Preis an die Beklagte zu verkaufen, die zur Bewahrung des kulturellen Erbes der Stadt ernsthaft am Kauf interessiert ist und diesen wiederholt und über Jahre angeboten hat.

Bereits im Anhörungsschreiben vom 9.5.2018 zur beabsichtigten Ablehnung des Abbruchantrags wies die Beklagte auf die grundsätzliche Bereitschaft hin, das Baudenkmal zu erwerben. Auf den Vorschlag des Verwaltungsgerichts zu den Modalitäten im Ortstermin am 28.7.2021 hat der Kläger sich nicht wie angekündigt geäußert. Auf die Erneuerung des Verkaufsangebots durch die Beklagte mit Schriftsatz vom 11.3.2022 hat der Kläger lediglich erwidert, die Beklagte werde »aus rein prozessualen Gründen ersucht, unverzüglich und konkret zu beziffern, welchen Kaufpreis sie für das Denkmal zu zahlen bereit wäre.« Die Beklagte hat hierzu mitgeteilt, zur konkreten Bezifferung müsse der Verkehrswert ermittelt werden. Sie sei auch bereit, die Kosten eines entsprechenden Gutachtens zu tragen, aber nur dann, wenn der Kläger grundsätzlich zu ernsthaften Verhandlungen bereit sei. Hierzu hat der Kläger erwidert, ein Verkauf sei keine Alternative, weil dies keine Nutzung, sondern der Untergang des Eigentums sei. In der erstinstanzlichen mündlichen Verhandlung hat die Beklagte ihr Erwerbsinteresse erneuert, der Kläger hingegen erneut erklärt, er wolle das Grundstück nicht verkaufen. Im Berufungsverfahren hat er mitgeteilt, wenn er sein Denkmal unter gar keinen

Umständen an die Stadt E. verkaufen wolle, »kann er das nicht nur mit den persönlichen Animositäten, die auf dem jahrelangen Streit um das Denkmal gewachsen sind, begründen, sondern er will seine geliebte Heimatstadt auch vor ihren Politikern und vor ihrer Verwaltung schützen.«

Anhaltspunkte dafür, dass die Beklagte nicht zur Zahlung eines angemessenen Kaufpreises bereit war und ist, sind nicht ersichtlich. Sie hat vielmehr angeboten, zusätzlich zum – per Gutachten zu ermittelnden – Verkehrswert noch einen Aufschlag wegen des kulturhistorischen Wertes zu zahlen. Ferner hat sie erklärt, bei der konkreten Bemessung des Kaufpreises könnten eventuelle Wertverluste, die auf Seiten des Klägers durch die Herauslösung eines Teils des Grundstückensembles entstünden, berücksichtigt werden.

Das Kaufangebot ist entgegen der Auffassung des Klägers auch nicht deshalb außer Betracht zu lassen, weil es von der Beklagten ausgeht, die zugleich die Erteilung der Abbruchgenehmigung versagt hat. Wie schon die Vorschriften über das gemeindliche Vorkaufsrecht (§ 31 Abs. 1 DSchG NRW) und die Übernahme von Denkmälern (§ 32 DSchG NRW) zeigen, sieht das Gesetz vielmehr ausdrücklich den Erwerb durch die Gemeinde vor, um so die dauernde Erhaltung von Denkmälern zu ermöglichen. Die Beklagte im öffentlichen Interesse vor finanziellen Risiken zu schützen, ist im Übrigen nicht Aufgabe des Klägers als Denkmaleigentümer.

Der Kläger kann auch nicht geltend machen, dies komme letztlich einer Enteignung gleich. Verpflichtet, sein Eigentum aus der Hand zu geben, ist er nicht. Die tatsächlich bestehende Möglichkeit eines Verkaufs begründet lediglich die Verhältnismäßigkeit des Beseitigungsverbots und des damit verbundenen Eigentumseingriffs. Zugleich dient es den Zielen des Denkmalschutzes, von dem Abriss eines Gebäudes abzusehen, wenn ein Erwerber – etwa aufgrund anderer wirtschaftlicher Einschätzungen, höherer Risikobereitschaft oder auch eines besonderen Affektionsinteresses – bereit ist, auch bei negativer Wirtschaftlichkeitsberechnung ein Denkmal zu erhalten. Vgl. BVerwG, Beschluss v. 28.7.2016 – 4 B 12.16 –, juris Rdnr. 8 ff.; zur Abgrenzung von der Enteignung auch BVerfG, Beschluss v. 2.3.1999 – 1 BvL 7/91 –, juris Rdnr. 74.

bb. Das Beseitigungsverbot verletzt den Kläger auch nicht aus anderen Gründen in seinem Eigentumsgrundrecht.

Die Erhaltung eines Baudenkmals kann im Einzelfall aus anderen Gründen unzumutbar sein, wenn der Eigentümer ein über wirtschaftliche Belange hinausgehendes schützenswertes Interesse an einer durch Anforderungen des Denkmalschutzes unbelasteten Nutzung des Grundstücks hat. Vgl. OVG NRW, Urteile v. 2.3.2018 – 10 A 1404/16 –, juris Rdnr. 65, und vom 4.5.2009 – 10 A 699/07 –, juris Rdnr. 46.

Ein solches Interesse, das die Beseitigung rechtfertigte, vermag der Senat nicht zu erkennen. Dafür genügt der vom Kläger angeführte Eigentumserwerb von einem Familienmitglied allein nicht. Das geltend gemachte Interesse an der Erhaltung seines Grundstückensembles und an der Schaffung von Parkraum – »E. ist reich an Denkmälern und sehr arm an Parkplätzen« – ist letztlich rein wirtschaftlicher Natur. Sollte der Kläger damit auch noch andere Interessen verfolgen, muss das Interesse, an der Stelle des Gebäudes zwei bis drei Parkplätze zu schaffen, gegenüber den Belangen des Denkmalschutzes zurückstehen. Im Übrigen hat die Beklagte ihm angeboten, durch Grundstücksteilung oder dingliche Sicherung die schon vorhandenen Stellplätze auf dem Grundstück zu erhalten.

c. Die wirtschaftliche Unzumutbarkeit der Denkmalerhaltung durch den Kläger unterstellt, kann er die Beseitigungserlaubnis auch deshalb nicht beanspruchen, weil die Unzumutbarkeit anderweitig ausgeglichen und so die Verhältnismäßigkeit des Eigentumseingriffs hergestellt wird. Vgl. dazu OVG NRW, Urteil v. 20.3.2009 – 10 A 1406/08 –, juris Rdnr. 52 ff.; Guckelberger, NVwZ 2016, 17 (21); Martin, NVwZ 2014, 24 (28); siehe auch BVerfG, Urteil v. 2.3.1999 – 1 BvL 7/91 –, juris Rdnr. 88 ff., sowie Beschluss v. 15.9.2011 – 1 BvR 2232/10 –, juris Rdnr. 38 ff.

Die Beklagte hat dem Kläger nunmehr förmlich die Übernahme gemäß § 32 DSchG NRW angeboten. Sie hat in der mündlichen Verhandlung vor dem Senat den Ablehnungsbescheid vom 7.8.2018 dahingehend ergänzt, dass sie ihm einen Anspruch auf Übernahme nach § 32 DSchG NRW einräumt. …

G. Rechtsprechung zum Natur- und Landschaftsschutzrecht

Nr. 134

Nach § 30 Abs. 1 BNatSchG werden bestimmte Teile von Natur und Landschaft, die eine besondere Bedeutung als Biotope haben, gesetzlich geschützt. Ein Biotop ist der Lebensraum einer Lebensgemeinschaft wild lebender Tiere und Pflanzen.

Eine Baurechtsbehörde handelt grundsätzlich in Übereinstimmung mit dem Zweck der Ermächtigung und damit rechtmäßig, wenn sie die Beseitigung einer im Widerspruch zum materiellen Baurecht errichteten baulichen Anlage anordnet.

Der Austausch der Ermächtigungsgrundlage begegnet dabei keinen rechtlichen Bedenken. Wenn ein Verwaltungsakt aus anderen Gründen als den von der Behörde angegebenen als rechtmäßig anzusehen ist, ohne dass deshalb an dem Rechtsfolgenausspruch etwas Wesentliches geändert zu werden braucht, so ist der Verwaltungsakt nicht im Sinne des § 113 Abs. 1 Satz 1 VwGO rechtswidrig.
(Leitsätze der Redaktion)

BNatSchG § 30 Abs. 2 Satz 1; NatSchG § 46 Abs. 1; LBO § 65 Abs. 1Satz 1.

Verwaltungsgericht Karlsruhe, Urteil v. 31. Mai 2024 – 2 K 224/23 –.

Aus den Gründen:
Die Berichterstatterin entscheidet nach Übertragung des Rechtsstreits durch die Kammer als Einzelrichterin (§ 6 Abs. 1 Satz 1 VwGO) und im Einverständnis der Beteiligten ohne weitere mündliche Verhandlung (§ 101 Abs. 2 VwGO).

Die Klage hat keinen Erfolg. Sie ist zulässig, aber unbegründet.

Gegenstand der Klage ist die Verfügung des Landratsamts vom 15.2.2022 in der im Termin zur mündlichen Verhandlung vom 31.1.2024 geänderten Fassung; die Klägerin hat ihren Antrag entsprechend sachdienlich angepasst. Hierin liegt keine Klageänderung im Sinne von § 91 Abs. 1 VwGO, weil das Landratsamt die Verfügung lediglich präzisiert, jedoch nicht in ihrem Wesensgehalt geändert hat. Unabhängig von einer Einwilligung des Beklagten wäre eine Klageänderung aber in jedem Fall sachdienlich, weil nur die Verfügung nur in ihrer geänderten Fassung einer inhaltlichen Prüfung im Klageverfahren unterzogen werden kann.

Die Klage ist als Anfechtungsklage nach § 42 Abs. 1 Alt. 1 VwGO statthaft und auch im Übrigen zulässig.

Die Klage ist jedoch unbegründet. Die Verfügung des Landratsamts XXX vom 15.2.2022 in der im Termin zur mündlichen Verhandlung vom 31.1.2024 geänderten Fassung nebst Gebührenbescheid vom 15.2.2022 und der Widerspruchsbescheid des Regierungspräsidiums XXX vom 15.12.2022 sind rechtmäßig und verletzen die Klägerin nicht in ihren Rechten (vgl. § 113 Abs. 1 Satz 1 VwGO).

Die Beseitigungsanordnung bezüglich der Einfriedung als solcher, d. h. des Maschendrahtzauns, in Ziffer 1 Satz 1 der streitgegenständlichen Verfügung und die Anordnung des Auf-den-Stock-Setzens der darin eingewachsenen Hainbuchen in deren Ziffer 1 Satz 2 und 3 ist rechtmäßig. Sie sind erstens rechtmäßig, soweit aufgrund der Ziffer 1 Satz 1 der Zaun ohne die Teile, in die die Hainbuchenhecke eingewachsen ist, zu entfernen ist (s. unter 1.). Soweit zweitens die Hainbuchenhecke in den Zaun eingewachsen ist und die Beseitigung der Einfriedung – notwendigerweise einschließlich der eingewachsenen Teile der Hainbuchenhecke – sowie das Auf-den-Stock-Setzen der Hainbuchen in diesem Bereich angeordnet wurde, ist die Verfügung in der in der mündlichen Verhandlung geänderten Fassung (Ziffern 1 Satz 1 bis 3 der Verfügung) ebenfalls rechtmäßig (s. unter 2.).

1. Die Anordnung der Beseitigung der Einfriedung in Form des Maschendrahtzauns ist rechtmäßig, soweit dessen Teile, in die die Hainbuchenhecke nicht eingewachsen ist, betroffen sind.

a) Die streitgegenständliche Verfügung in Gestalt des Widerspruchsbescheids hat im Einklang mit der Rechtsprechung des Verwaltungsgerichtshofs Baden-Württemberg § 47 Abs. 1 Satz 1 und 2 LBO und nicht § 65 Abs. 1 Satz 1 LBO als Ermächtigungsgrundlage herangezogen.

Gemäß § 47 Abs. 1 Satz 1 LBO haben die Baurechtsbehörden darauf zu achten, dass unter anderem die baurechtlichen Vorschriften eingehalten werden. Sie haben nach § 47 Abs. 1 Satz 2 LBO zur Wahrnehmung dieser Aufgaben diejenigen Maßnahmen zu treffen, die nach pflichtgemäßem Ermessen erforderlich sind. Demgegenüber kann gemäß § 65 Abs. 1 Satz 1 LBO der teilweise oder vollständige Abbruch einer Anlage, die im Widerspruch zu öffentlich-rechtlichen Vorschriften errichtet wurde, angeordnet werden, wenn nicht auf andere Weise rechtmäßige Zustände hergestellt werden können. Die zweitgenannte Vorschrift scheidet nach der Rechtsprechung des Verwaltungsgerichtshofs Baden-Württemberg als Grundlage für eine Verfügung wie die streitgegenständliche aus, weil ihr Tatbestand nur Anlagen erfasst, die schon im Widerspruch zu öffentlich-rechtlichen Vorschriften errichtet wurden (vgl. VGH Baden-Württemberg, Urteil v. 16.6.2003 – 3 S 2436/02 –, VBlBW 2004, 263 – juris Rdnr. 21; Beschluss v. 7.2.1994 – 8 S 2409/93 –, VGH-BW-Ls 1994, Beilage 4, B10 – juris Rdnr. 6 für die Vorgängervorschrift des § 64 Satz 1 LBO in der Fassung des Gesetzes vom 28.11.1983 [GBl. S. 770, ber. GBl. 1984 S. 519], zuletzt geändert durch Verordnung vom 23.7.1993 [GBl. S. 533], im Folgenden a. F.). Eine Abbruchsanordnung nach § 65 Abs. 1 Satz 1 LBO setzt mit Rücksicht auf den durch Art. 14 Abs. 1 GG gewährleisteten Bestandsschutz voraus, dass eine bauliche Anlage nicht durch eine Baugenehmigung gedeckt ist und seit ihrer Errichtung fortlaufend gegen materielle öffentlich-rechtliche Vorschriften verstößt (st. Rspr., vgl. VGH Baden-Württemberg, Urteil v. 16.6.2003 – 3 S 2436/02 –, VBlBW 2004, 263 – juris Rdnr. 19 m. w. N.; Urteil v. 11.7.2017 – 5 S 2067/15 –, BauR 2017, 2148 – juris Rdnr. 31; Sauter, LBO für Baden-Württemberg, 3. Aufl., Stand: Juli 2023, § 65 Rdnr. 20). Das sei nicht anzunehmen, wenn im Zeitpunkt der Errichtung der baulichen Anlage noch eine Baugenehmigung vorlag, die nur für die Zukunft beseitigt wurde; denn dann ist die Anlage nicht rechtswidrig, sondern rechtmäßig errichtet worden (VGH Baden-Württemberg, Urteil v. 16.6.2003 – 3 S 2436/02 –, VBlBW 2004, 263 – juris Rdnr. 21; Beschluss v. 7.2.1994 – 8 S 2409/93 –, VGHBW-Ls 1994, Beilage 4, B10 – juris Rdnr. 6; Schlotterbeck, in: Schlotterbeck/Hager/Busch/Gammerl, LBO, 8. Aufl. 2020, § 65 Rdnr. 25). In solchen Fällen soll vielmehr § 47 Abs. 1 Satz 1 und 2 LBO als Ermächtigungsgrundlage heranzuziehen sein (VGH Baden-Württemberg, Urteil v. 16.6.2003 – 3 S 2436/02 –, VBlBW 2004, 263 – juris Rdnr. 21; Beschluss v. 7.2.1994 – 8 S 2409/93 –, VGHBW-Ls 1994, Beilage 4, B10 – juris Rdnr. 6 für die Vorgängervorschrift des § 49 Abs. 1 LBO a. F.; vgl. zum Ganzen auch VG Karlsruhe, Urteil v. 31.10.2023 – 2 K 4067/22 –, juris Rdnr. 53).

aa) So liegt der Fall hier. Nach dem Ergebnis des behördlichen und auch des gerichtlichen Verfahrens ist nicht mehr aufklärbar, ob die Einfriedung in Form des Zauns von einem Voreigentümer formell und materiell rechtmäßig errichtet wurde, etwa weil für sie eine – nicht mehr verfügbare – Baugenehmigung erteilt wurde und sie einem früheren landwirtschaftlichen Betrieb diente, oder ob sie von vornherein rechtswidrig war. Dies gilt auch unter Auswertung des öffentlich-rechtlichen Vertrags mit Herrn XXX vom 21.8.1985, dem sich die Hintergründe der angenommenen Rechtswidrigkeit der danach zu beseitigenden Gegenstände einschließlich des die Einfriedung abschließenden Stacheldrahts nicht entnehmen lassen. Die Unaufklärbarkeit geht insoweit zunächst zulasten des Landratsamts. Indessen wurde eine etwaige frühere im Außenbereich privilegierte, insbesondere landwirtschaftliche, Nutzung (vgl. nach aktuellem Recht § 35 Abs. 1 Nr. 1 BauGB) zwischenzeitlich unstreitig jedenfalls dauerhaft aufgegeben. Die Klägerin nutzt das Grundstück und zugleich den Zaun nicht im Sinne eines landwirtschaftlichen Betriebs nach dem Begriffsverständnis des § 201 BauGB, sondern zum Zwecke der gärtnerischen Nutzung. Wird ein Gebäude, das in der Vergangenheit einen im Außenbereich privilegierten (vgl. § 35 Abs. 1 BauGB) Nutzungszweck hatte, auf unabsehbare Zeit für andere Zwecke weitergenutzt, so liegt darin – so auch hier, sofern eine privilegierte Nutzung stattgefunden haben sollte – nicht nur eine Nutzungs-, sondern zugleich eine Funktionsänderung. Diese hat eine Entprivilegierung, d. h. den Verlust der Privilegierung zur Folge (vgl. BVerwG, Urteil v. 15.11.1974 – 4 C 32.71 –, BVerwGE 47, 185 – juris Rdnr. 13, 17; Beschluss v. 27.2.1993 – 4 B 5.93 –, Buchholz 406.16 Eigentumsschutz Nr. 61 – juris Rdnr. 3; VG Karlsruhe, Urteil v. 31.10.2023 – 2 K 4067/22 –, juris Rdnr. 63). Im Einzelnen wird auf die Gründe des Widerspruchsbescheids Bezug genommen, denen das Gericht insoweit folgt (vgl. § 117 Abs. 5 VwGO).

Die vorstehenden Grundsätze begründen für das Gericht zwar gewisse Zweifel, ob in Fällen, in denen – wie gegebenenfalls hier – ein früherer (materieller) Bestandsschutz durch eine Funktionsänderung entfallen ist, anstelle von § 47 Abs. 1 Satz 1 und 2 LBO nicht doch § 65 Abs. 1 Satz 1 LBO als Ermächtigungsgrundlage heranzuziehen wäre (vgl. VG Karlsruhe, Urteil v. 31.10.2023 – 2 K 4067/22 –, juris Rdnr. 67). Dies bedarf aber keiner Entscheidung, weil die Voraussetzungen des § 65 Abs. 1 Satz 1 LBO gleichfalls vorlägen und ein Austausch der Ermächtigungsgrundlage unbedenklich wäre.

Wenn ein Verwaltungsakt aus anderen Gründen als den von der Behörde angegebenen als rechtmäßig anzusehen ist, ohne dass deshalb an dem Rechtsfolgenausspruch etwas Wesentliches geändert zu werden braucht, so ist der Verwaltungsakt nicht im Sinne des § 113 Abs. 1 Satz 1 VwGO rechtswidrig (vgl. BVerwG, Urteil v. 19.8.1988 – 8 C 29.87 –, BVerwGE 80, 96 – juris Rdnr. 13; VGH Baden-Württemberg, Urteil v. 11.7.2017 – 5 S 2067/15 –, BauR 2017, 2148 – juris Rdnr. 24; Beschluss v. 26.4.2010 – 8 S 33/10 –, NVwZ-RR 2010, 554 – juris Rdnr. 3; Bamberger, in: Wysk, VwGO, 3. Aufl. 2020, § 113 Rdnr. 20). Die Gründe können hingegen dann nicht ausgetauscht werden, wenn dies zu einer Wesensveränderung der Verfügung führen würde, etwa weil wesentlich andere oder zusätzliche Ermessenserwägungen erforderlich würden (vgl. BVerwG, Urteil v. 21.11.1989 – 9 C 28.89 –, NVwZ 1990, 673 – juris Rdnr. 12; Urteil v. 31.3.2010 – 8 C 12.09 –, NVwZ-RR 2010, 636 – juris Rdnr. 16; VGH Baden-Württemberg, Urteil v. 16.6.2014 – 9 S 1273/13 –, VBlBW 2015, 63 – juris Rdnr. 27; Urteil v. 4.7.2018 – 5 S 2117/16 –, VBlBW 2018, 507 – juris Rdnr. 46). Da sich in der vorliegenden Fallgestaltung weder hinsichtlich der Tatbestandsvoraussetzungen noch hinsichtlich der Rechtsfolge etwas ändern würde, würde auch eine Heranziehung des § 65 Abs. 1 Satz 1 LBO nicht zu einer Wesensveränderung der Anordnung führen.

bb) Soweit die Klägerin zuletzt vorgetragen hat, das Grundstück sei – auch von den Voreigentümern – nie landwirtschaftlich genutzt worden, kann sie hieraus nichts herleiten.

In diesem Fall hätte schon von vornherein keine legale und zeitweise Bestandsschutz begründende Nutzung bestanden. Vielmehr wäre die Errichtung des Zauns von Beginn an formell und materiell rechtswidrig gewesen, sodass § 65 Abs. 1 Satz 1 LBO einschlägig wäre. Der Austausch der Ermächtigungsgrundlage begegnet insofern aber – wie dargelegt – keinen Bedenken.

b) Die formell rechtmäßige Beseitigungsanordnung ist in Bezug auf die Entfernung der Teile des Zauns, in die die Hainbuchenhecke nicht eingewachsen ist, auch materiell-rechtlich nicht zu beanstanden.

aa) Die Tatbestandsvoraussetzungen für eine Beseitigungsanordnung lagen zum grundsätzlich maßgeblichen Zeitpunkt des Erlasses des Widerspruchsbescheids ebenso wie bei Anpassung der Verfügung in der mündlichen Verhandlung vom 31.1.2024 vor.

Die Einfriedung in Form des Zauns verstieß bei Erlass des Widerspruchsbescheids (vgl. VGH Baden-Württemberg, Urteil v. 16.6.2003 – 3 S 2436/02 –, VBlBW 2004, 263 – juris Rdnr. 18 m. w. N.; Urteil v. 15.9.2016 – 5 S 114/14 –, NVwZ-RR 2017, 315 – juris Rdnr. 23) – wie es auch im Rahmen des § 47 Abs. 1 Satz 1 und 2 LBO zu verlangen ist – gegen materielles öffentliches Recht. Die von der Verfügung betroffenen baulichen Anlagen waren im Zeitpunkt der letzten Behördenentscheidung und sind auch derzeit mit dem Bauplanungsrecht unvereinbar.

(1) Für den Zaun in der beschriebenen Nutzung durch die Klägerin besteht keine Bestandsschutz vermittelnde Baugenehmigung. Dabei kommt es letztlich nicht auf die Genehmigungsbedürftigkeit an, die im Übrigen aber nicht gegeben wäre. Die Einfriedung in Form eines Zauns ist eine bauliche Anlage im Sinne des § 2 Abs. 1 Satz 1 LBO, denn sie ist aus Bauprodukten hergestellt und unmittelbar mit dem Erdboden verbunden. Sie ist auch nicht nach § 50 Abs. 1 LBO i. V. m. Nr. 7 des Anhangs zu § 50 Abs. 1 LBO verfahrensfrei, weil sie sich weder bauplanungsrechtlich im Innenbereich befindet (Buchst. a) noch einem land- oder forstwirtschaftlichen Betrieb dient (Buchst. b). Unabhängig von der Frage der Genehmigungsbedürftigkeit ist die Einfriedung jedenfalls materiell baurechtswidrig (vgl. § 50 Abs. 5 Satz 1 LBO).

Dabei genügt es für die Rechtfertigung des Abbruchs der baulichen Anlage nicht, dass dieser kein Bestandsschutz zukommt. Vor dem Hintergrund der Eigentumsgarantie des Art. 14 Abs. 1 Satz 1 GG muss hinzukommen, dass sie aktuell gegen materielle baurechtliche bzw. sonstige zu prüfende öffentlich-rechtliche Vorschriften verstößt (vgl. VG Karlsruhe, Urteil v. 31.10.2023 – 2 K 4067/22 –, juris Rdnr. 70; im Ergebnis auch VGH Baden-Württemberg, Beschluss v. 7.2.1994 – 8 S 2409/93 –, VGHBW-Ls 1994, Beilage 4, B10 – juris Rdnr. 8). Insoweit gilt das Gleiche wie im Rahmen von § 65 Abs. 1 Satz 1 LBO (vgl. insofern auch VGH Baden-Württemberg, Urteil v. 9.11.2020 – 3 S 2590/18 –, VBlBW 2021, 326 – juris Rdnr. 61, unter Verweis auf § 65 Abs. 1 Satz 1 a. E. LBO).

(2) Die auf dem klägerischen Grundstück vorhandene Einfriedung in Form des Zauns verstößt gegen Vorschriften des Bauplanungsrechts über die Errichtung baulicher Anlagen nach §§ 29 ff. BauGB. Diese gelten für den auf dem klägerischen Grundstück errichteten Zaun als erfolgte Errichtung einer baulichen Anlage im Sinne des Baugesetzbuchs (§ 29 Abs. 1 BauGB). Diese weist die nötige bodenrechtliche Relevanz auf, da sie bei der gebotenen verallgemeinernden Betrachtung die in § 1 Abs. 6 und 7 BauGB genannten Belange derart berührt, dass sie ein Bedürfnis nach einer Bauleitplanung hervorruft (vgl. BVerwG, Urteil v. 7.5.2001 – 6 C 18.00 –, juris Rdnr. 18). Insbesondere werden die Belange der Erholung (§ 1 Abs. 6 Nr. 3 BauGB) der Allgemeinheit, der Gestaltung des Landschaftsbildes (§ 1 Abs. 6 Nr. 5 BauGB), des

Naturschutzes und der Landschaftspflege (§ 1 Abs. 6 Nr. 7 BauGB) und der Landwirtschaft (§ 1 Abs. 6 Nr. 8 Buchst. b BauGB) in maßgeblicher Weise berührt.

Die Einfriedung in Form des Zauns ist nach § 35 BauGB bauplanungsrechtlich unzulässig.

Maßgeblich ist hier § 35 BauGB, da das streitgegenständliche Grundstück unstreitig im Außenbereich der Gemeinde XXX, d. h. weder im Geltungsbereich eines Bebauungsplans noch innerhalb der im Zusammenhang bebauten Ortsteile der Gemeinde XXX gemäß § 34 Abs. 1 Satz 1 BauGB, sondern im Außenbereich (§ 35 Abs. 1 BauGB) liegt (zum Maßstab vgl. nur BVerwG, Urteil v. 30.6.2015 – 4 C 5.14 –, BVerwGE 152, 275 – juris Rdnr. 11). Dass die Anlagen nicht in einem im Zusammenhang bebauten Bereich liegen, lässt sich zudem dem Lageplan und den in der mündlichen Verhandlung betrachteten Auszügen aus Google Maps und dem Geoportal Baden-Württemberg ohne Weiteres entnehmen und wird durch die in der Behördenakte befindlichen Lichtbilder vom Grundstück der Klägerin und von dessen Umgebung bestätigt. Die Einfriedung ist nicht mehr Teil des Siedlungsbereichs von XXX, da insoweit kein Eindruck der Zusammengehörigkeit und Geschlossenheit mehr besteht (vgl. nur BVerwG, Urteil v. 30.6.2015 – 4 C 5.14 –, BVerwGE 152, 275 – juris Rdnr. 11). Die umgebenden Grundstücke sind unbebaut.

Das Vorhaben der Einfriedung ist entsprechend dem umzäunten, zu gärtnerischen Zwecken genutzten Bereich nicht nach § 35 Abs. 1 BauGB privilegiert, insbesondere dient es keinem landwirtschaftlichen Betrieb (Nr. 1). Als sonstiges Vorhaben kann es daher nach § 35 Abs. 2 BauGB nur im Einzelfall zugelassen werden, wenn seine Ausführung oder Benutzung öffentliche Belange nicht beeinträchtigt und die Erschließung gesichert ist.

Ob und inwieweit öffentliche Belange beeinträchtigt sind, ergibt sich insbesondere aus § 35 Abs. 3 BauGB und den dort bezeichneten öffentlichen Belangen. Bei der Anwendung des § 35 Abs. 2 BauGB bedarf es einer nachvollziehenden Abwägung zwischen dem Interesse des Bauherrn an der Verwirklichung seines Vorhabens und den von dem Vorhaben berührten öffentlichen Belangen. Bei den sonstigen Vorhaben ist – im Gegensatz zu privilegierten Vorhaben – in der Regel keine besondere Gewichtung des Vorhabens und der in Rede stehenden öffentlichen Belange vorzunehmen. Eine Beeinträchtigung öffentlicher Belange liegt danach bereits dann vor, wenn einer der in § 35 Abs. 3 BauGB aufgeführten Belange oder ein sonstiger für die Bebauung des Außenbereichs erheblicher Gesichtspunkt nicht unwesentlich berührt wird. Insofern genügt ein geringer Grad des Widerstreits, der allerdings konkret für das in Rede stehende Vorhaben bestehen muss (vgl. VGH Baden-Württemberg, Urteil v. 22.2.2022 – 6 S 1251/20 –, juris Rdnr. 57; Urteil v. 9.2.2023 – 10 S 3206/21 –, juris Rdnr. 33).

(a) Gemessen daran stehen dem streitgegenständlichen Vorhaben jedenfalls öffentliche Belange nach § 35 Abs. 3 Satz 1 Nr. 1 sowie Nr. 5 Var. 1 und 4 BauGB entgegen.

(aa) Öffentliche Belange sind hier schon deshalb beeinträchtigt, weil das Vorhaben den Darstellungen des Flächennutzungsplans widerspricht (§ 35 Abs. 3 Satz 1 Nr. 1 BauGB).

Zum Maßstab hat der Verwaltungsgerichtshof Baden-Württemberg ausgeführt (VGH Baden-Württemberg, Urteil v. 22.2.2022 – 6 S 1251/20 –, juris Rdnr. 60 m. w. N.; ebenso VGH Baden-Württemberg, Urteil v. 9.2.2023 – 10 S 3206/21 –, juris Rdnr. 36; VG Karlsruhe, Urteil v. 23.3.2023 – 2 K 1998/22 –, n.v.; Beschluss v. 10.6.2020 – 9 K 10117/18 –, jeweils n.v.): »Bei der Entscheidung über die Zulässigkeit eines sonstigen Vorhabens im Außenbereich sind die Darstellungen des Flächennutzungsplans grundsätzlich ohne besondere Einschränkungen zu berücksichtigen (vgl. Mitschang/Reidt, in: Battis/Krautzberger/Löhr, Baugesetzbuch, 15. Auflage 2022, § 35 Rdnr. 75; OVG NRW, Beschluss v. 17.3.2016 – 2 A 1170/15 –, BauR 2016, 1447 <juris Rdnr. 10>). Eine »qualifizierte Standortzuweisung« im Flächennutzungsplan ist – anders als bei einem privilegierten Vorhaben nach § 35 Abs. 1 BauGB – für die Annahme der Beeinträchtigung dieses öffentlichen Belangs bei einem sonstigen Vorhaben nach § 35 Abs. 2 BauGB nicht erforderlich (vgl. Mitschang/Reidt, in: Battis/Krautzberger/Löhr, Baugesetzbuch, 15. Auflage 2022, § 35 Rdnr. 75; OVG NRW, Beschluss v. 17.3.2016 – 2 A 1170/15 –, BauR 2016, 1447 <juris Rdnr. 10>; BVerwG, Ureil vom 23.5.1980 – IV C 79.77 –, NJW 1981, 474 <juris Rdnr. 17>; so im Ergebnis auch VGH Baden-Württemberg, Urteile v. 16.6.2003 – 3 S 2436/02 –, VBlBW 2004, 263 <juris Rdnr. 30> und vom 26.4.2002 – 5 S 2048/00 –, ESVGH 52, 213 <juris Rdnr. 25>). Lediglich bei privilegierten Vorhaben ist diese Standortzuweisung im Flächennutzungsplan erforderlich, um dem Vorhaben entgegenzustehen. Denn der Gesetzgeber hat mit § 35 Abs. 1 BauGB in einer der Rechtslage im beplanten und unbeplanten Innenbereich vergleichbaren Weise entschieden, dass die in dieser Vorschrift genannten Vorhaben im Außenbereich allgemein zulässig sind. Der Gesetzgeber hat damit jedoch keine Entscheidung über den konkreten Standort des Vorhabens getroffen. Daraus folgt, dass nur konkrete, standortbezogene Aussagen im Flächennutzungsplan auch der Zulässigkeit eines privilegierten Vorhabens entgegengehalten werden können (vgl. Rieger, in: Schrödter, Baugesetzbuch, 9. Auflage 2019, § 35 Rdnr. 113). Dies ist bei nicht-privilegierten Vorhaben im Sinne von § 35 Abs. 2 BauGB jedoch nicht der Fall, weil der Gesetzgeber hier – anders als bei privilegierten Vorhaben nach § 35 Abs. 1 BauGB – nicht in einer dem Innenbereich vergleichbaren Weise eine Entscheidung über die generelle Zulässigkeit von Vorhaben getroffen hat.«

Dem schließt sich das Gericht unter eigener Würdigung an.

Der maßgebliche Flächennutzungsplan der Gemeinde XXX – 3. Änderung für die Teilgemeinden XXX, Stand April 2019, stellt die Art der Bodennutzung im Bereich der klägerischen Grundstücke als Flächen für die Landwirtschaft dar (vgl. § 5 Abs. 1 Satz 1, Abs. 2 Nr. 9 Buchst. a BauGB). Damit steht die Nutzung als privater Garten nebst Einfriedung nicht im Einklang.

(bb) Öffentliche Belange werden nach § 35 Abs. 3 Satz 1 Nr. 5 BauGB zudem insbesondere beeinträchtigt, wenn das Vorhaben die Belange des Naturschutzes und der Landschaftspflege (Var. 1), die natürliche Eigenart der Landschaft (Var. 4) und ihren Erholungswert beeinträchtigt (Var. 5) oder das Orts- und Landschaftsbild verunstaltet (Var. 6). Dies ist hier jedenfalls hinsichtlich der natürlichen Eigenart der Landschaft und zum Teil hinsichtlich der Belange des Naturschutzes und der Landschaftspflege anzunehmen.

i. Es bedarf vorliegend keiner Entscheidung, ob die Belange des Naturschutzes und der Landschaftspflege (Var. 1) dadurch beeinträchtigt sind, dass der gesamte Maschendrahtzaun im Widerspruch zu einer Landschaftsschutzgebietsverordnung, nämlich der Verordnung des Regierungspräsidiums Karlsruhe über das Natur- und Landschaftsschutzgebiet »XXX« (Landkreise XXX und XXX) vom 15.7.1994 (verfügbar unter https://www.rheinstetten.de/de/ortsrecht1?file=files/rhs-internet/dateien/rathaus/ortsrecht/1-oeffentliche-sicherheit/verordnung-nsg-und-lsg-rheinniederung.pdf), errichtet worden ist. Jedenfalls für das später errichtete Tor ist dies anzunehmen.

Das Naturschutzrecht konkretisiert die öffentlichen Belange im Sinne des § 35 Abs. 3 Satz 1 Nr. 5 BauGB. Die naturschutzbezogenen bauplanungsrechtlichen Anforderungen decken sich mit den Anforderungen des Naturschutzrechts. Soweit dieses zwingende gesetzliche Verbote vorsieht, ist für eine nachvollziehende Abwägung im Rahmen des Naturschutzrechts kein Raum (vgl. BVerwG, Urteil v. 27.6.2013 – 4 C 1.12 –, BVerwGE 147, 118 – juris Rdnr. 6 m. w. N.). Maßgeblich ist demzufolge, ob zwingende Vorgaben des Naturschutzrechts – hier des Gebietsschutzes in Form einer Landschaftsschutzgebietsverordnung – dem Vorhaben entgegenstehen, die nicht durch Erteilung einer Ausnahme oder Befreiung beseitigt werden können (vgl. BVerwG, Beschluss v. 2.2.2000 – 4 B 104.99 –, ZfBR 2000, 428 – juris Rdnr. 2; VGH Baden-Württemberg, Urteil v. 30.8.2017 – 8 S 17/16 –, VBlBW 2018, 209 – juris Rdnr. 39; Urteil v. 30.9.2021 – 10 S 1956/20 –, VBlBW 2022, 321 – juris Rdnr. 35; Söfker, in: Ernst/Zinkahn/Bielenberg/Krautzberger, BauGB, Stand Oktober 2023, § 35 Rdnr. 92).

Das streitgegenständliche Grundstück liegt im Geltungsbereich der genannten Landschaftsschutzgebietsverordnung. Nach deren § 8 Abs. 1, Abs. 2 Nr. 1 bedürfen Handlungen, die den Charakter des Gebiets verändern oder dem Schutzzweck zuwiderlaufen können, und bedarf insbesondere – wie hier – die Errichtung einer baulichen Anlage grundsätzlich der Erlaubnis der unteren Naturschutzbehörde. Eine solche ist jedoch ebenso wenig wie eine Baugenehmigung erteilt oder beantragt worden.

Im vorliegenden Verfahren bedarf es aufgrund der weiteren beeinträchtigten Belange keiner Klärung, ob die Genehmigung nach § 8 Abs. 1, Abs. 2 Nr. 1 der § 8 Abs. 1, Abs. 2 Nr. 1 auch für Vorhaben erforderlich ist, die – wie die klägerische Einfriedung – bereits vor Erlass der betreffenden Verordnung im Jahr 1994 vorhanden, aber baurechtlich nicht genehmigt waren. Zumindest das Stahltor haben die Klägerin und ihr Ehemann aber selbst und nach Erlass der Verordnung errichtet. Sofern möglicherweise die bei Erlass der Verordnung vorhandenen, unter naturschutzrechtlichen Gesichtspunkten unerwünschten Anlagen nach den Grundsätzen über den Bestandsschutz (Art. 14 Abs. 1 GG) in ihrem Bestand erhalten werden dürfen – was für die formell illegale streitgegenständliche Einfriedung indessen zweifelhaft ist –, steht einer Erneuerung aber in der Regel ein relatives Veränderungsverbot entgegen (vgl. insoweit VGH Baden-Württemberg, Urteil v. 22.4.1980 – I 1667/79 –, juris Rdnr. 12) – so auch hier für die Erneuerung des Stahltors.

Es ist nicht geltend gemacht oder ersichtlich, dass die Genehmigung insoweit (offensichtlich) zu erteilen wäre. Nach § 8 Abs. 3 der Landschaftsschutzgebietsverordnung ist die Erlaubnis zu erteilen, wenn die Handlung Wirkungen der in § 7 der Landschaftsschutzgebietsverordnung genannten Art nicht zur Folge hat – hier insbesondere das Landschaftsbild nicht nachträglich geändert oder die natürliche Eigenart der Landschaft nicht auf andere Weise beeinträchtigt wird (Nr. 4) – oder solche Wirkungen durch Auflagen oder Bedingungen abgewendet werden können. Die Naturschutzbehörde des Landratsamts hat im behördlichen Verfahren – bezogen auf die gesamte Einfriedung – in der Weise nachvollziehbar Stellung genommen, dass eine Erlaubnis wegen der Wirkung als Sperre in der Landschaft im aktuellen Ausmaß nicht erteilt werden könne. Dies umfasst auch das später errichtete Stahltor.

Ob darüber hinaus die Errichtung des Zauns, der möglicherweise als Sperre in der freien Landschaft das Betretungsrecht für die Allgemeinheit nach § 59 Abs. 1 BNatSchG ausschließt, (auch) wegen des Fehlens der insoweit gemäß § 46 Abs. 1 Satz 1 BNatSchG nötigen Genehmigung der Naturschutzbehörde oder der Ortspolizeibehörde naturschutzrechtlich unzulässig ist (vgl. zum Maßstab VGH Baden-Württemberg, Urteil v. 23.11.2021 – 5 S 3374/19 –, juris Rdnr. 20, 37), bedarf nach alledem keiner Erörterung.

ii. Die Errichtung der Einfriedung in Form des Zauns beeinträchtigt die natürliche Eigenart der Landschaft (Var. 4).

Ein Bauvorhaben beeinträchtigt die natürliche Eigenart der Landschaft, wenn die zu bebauende Fläche nicht entsprechend der naturgegebenen Bodennutzung genutzt wird, wie sie im Außenbereich zu schützen ist, nämlich land- oder forstwirtschaftlich, und nichts darauf hindeutet, dass sie ihre Eignung für diese Nutzung demnächst verlieren wird. Maßgeblich ist, ob das Vorhaben funktionell – d. h. nach der Art seiner Nutzung – von dieser Bodennutzung abweicht und sich damit als Fremdkörper in der Landschaft darstellt (vgl. BVerwG, Urteil v. 25.1.1985 – 4 C 29.81 –, NVwZ 1985, 747 – juris Rdnr. 8; Urteil v. 15.5.1997 – 4 C 23.95 –, NVwZ 1998, 58 – juris Rdnr. 21; Beschluss v. 19.1.2022 – 4 B 22.21 –, juris Rdnr. 4; VGH Baden-Württemberg, Urteil v. 22.2.2022 – 6 S 1251/20 –, juris Rdnr. 40; Urteil v. 9.2.2023 – 10 S 3206/21 –, juris Rdnr. 36, jeweils m. w. N.). Auf seine optische bzw. ästhetische

Wirkung kommt es insoweit ebenso wenig an (BVerwG, Urteil v. 15.5.1997 – 4 C 23.95 –, NVwZ 1998, 58 – juris Rdnr. 21; VGH Baden-Württemberg, Urteil v. 22.2.2022 – 6 S 1251/20 –, juris Rdnr. 40; Urteil v. 9.2.2023 – 10 S 3206/21 –, juris Rdnr. 36) wie auf den Erholungswert der Landschaft (VGH Baden-Württemberg, Urteil v. 22.2.2022 – 6 S 1251/20 –, juris Rdnr. 40). Die Wahrung der natürlichen Eigenart der Landschaft dient dem Zweck, eine wesensfremde Bebauung des Außenbereichs zu verhindern. Vorhaben mit einer anderen als land- oder forstwirtschaftlichen Nutzung sind daher im Außenbereich in aller Regel unzulässig. Etwas anderes kann allenfalls angenommen werden, wenn ein Vorhaben im Einzelfall nur unerhebliche Auswirkungen auf die Umgebung hat (VGH Baden-Württemberg, Urteil v. 22.2.2022 – 6 S 1251/20 –, juris Rdnr. 40; Söfker, in: Ernst/Zinkahn/Bielenberg/Krautzberger, BauGB, Stand: Oktober 2022, § 35 Rdnr. 96).

Eine im Außenbereich errichtete Einfriedung – wie hier der Maschendrahtzaun –, die keinem nach § 35 Abs. 1 BauGB privilegierten Vorhaben dient, beeinträchtigt im Regelfall als dort wesensfremde Anlage die natürliche Eigenart der Außenbereichslandschaft (vgl. VGH Baden-Württemberg, Urteil v. 9.6.1988 – 8 S 51/88 –, n.v., UA S. 11; VG Augsburg, Urteil v. 15.4.2009 – Au 4 K 08.1016 –, juris Rdnr. 23; VG Würzburg, Beschluss v. 28.10.2021 – W 5 S 21.1119 –, juris Rdnr. 40). So liegt der Fall auch hier. Die Klägerin stellt nicht in Abrede, dass die streitgegenständliche Einfriedung keinen landwirtschaftlichen, sondern rein privaten Zwecken im Sinne einer Freizeit- oder jedenfalls gärtnerischen Nutzung dienen. Das Vorhaben widerspricht damit der naturgegebenen insbesondere landwirtschaftlichen Nutzung. Daran ändert es nichts, dass die Klägerin geltend gemacht, das Grundstück zu pflegen, weil jedenfalls die Notwendigkeit der Einzäunung in diesem Zusammenhang nicht zu erkennen ist. Es ist auch nicht ersichtlich oder vorgebracht, dass das Grundstück für eine landwirtschaftliche Nutzung gänzlich ungeeignet geworden wäre oder hiermit alsbald zu rechnen wäre. Dies ergibt sich nicht schon daraus, dass die ortsansässigen Landwirte, als das Grundstück zum Verkauf stand, dieses nach den Angaben der Klägerin nicht hätten kaufen wollen. In welchem Maß die Einfriedung eine optische Beeinträchtigung bewirkt oder nicht, ist nicht von Bedeutung. Auf den von den Beteiligten vorgelegten Lichtbildern ist allerdings durchaus erkennbar, dass der Zaun an verschiedenen Stellen von außen zu sehen ist. Beachtliche Auswirkungen auf die Umgebung hat er zudem dadurch, dass er sich als Sperre in der Landschaft darstellt und jedenfalls einen ungehinderten Durchgang von Menschen und Tieren sowie ein freies Wachstum der Pflanzen an der Grundstücksgrenze nicht erlaubt.

iii. Ob daneben zudem der Erholungswert der Landschaft beeinträchtigt wird (Var. 5), was davon abhängt, inwiefern sich das Baugrundstück nach seiner natürlichen Beschaffenheit für Erholungszwecke eignet (vgl. VGH Baden-Württemberg, Urteil v. 9.2.2023 – 10 S 3206/21 – juris Rdnr. 46), bedarf vorliegend keiner Entscheidung. Dabei handelt es sich um einen gesonderten öffentlichen Belang neben der zu bewahrenden natürlichen Eigenart der Landschaft im Sinne ihrer naturgegebenen Zweckbestimmung (vgl. VGH Baden-Württemberg, Urteil v. 9.2.2023 – 10 S 3206/21 –, juris Rdnr. 45). Ebenso bedarf es keiner Erörterung, ob neben § 35 Abs. 3 Satz 1 Nr. 5 BauGB ein unbenannter öffentlicher Belang der Bewahrung des Außenbereichs als freie Natur für das allgemeine Bedürfnis nach Erholung (vgl. BVerwG, Urteil v. 14.3.1975 – 4 C 41.73 –, BVerwGE 48, 109 – juris Rdnr. 31) angenommen werden kann und hier beeinträchtigt ist (vgl. insofern für einen Maschendrahtzaun auch VGH Baden-Württemberg, Urteil v. 9.6.1988 – 8 S 51/88 –, n.v., UA S. 11).

IV. Gleichfalls braucht der Frage nicht nachgegangen zu werden, ob – wie im Widerspruchsbescheid angenommen – die baulichen Anlagen auch das Landschaftsbild verunstalten (§ 35 Abs. 3 Satz 1 Nr. 5 Var. 6 BauGB), d. h. ob das Bauvorhaben angesichts des Landschaftsbildes in ästhetischer Hinsicht grob unangemessen ist und auch von einem für ästhetische Eindrücke offenen Betrachter als belastend empfunden wird (vgl. BVerwG, Urteil v. 22.6.1990 – 4 C 6.87 –, NVwZ 1991, 64 –, juris Rdnr. 25; VGH Baden-Württemberg, Urteil v. 30.9.2011 – 8 S 1947/11 –, BauR 2012, 618 – juris Rdnr. 37).

(cc) Eine Beeinträchtigung öffentlicher Belange läge des Weiteren vor, wenn das Vorhaben die Entstehung, jedenfalls aber die Verfestigung oder Erweiterung einer Splittersiedlung befürchten lässt (§ 35 Abs. 3 Satz 1 Nr. 7 BauGB). Ob mit einer entsprechenden Entwicklung ausgehend von der auf dem klägerischen Grundstück errichteten Einfriedung in der Umgebung mit landwirtschaftlichen Grundstücken konkret zu rechnen ist, bedarf hier wegen der weiteren beeinträchtigten öffentlichen Belange keiner abschließenden Entscheidung (vgl. zum Maßstab VGH Baden-Württemberg, Urteil v. 22.2.2022 – 6 S 1251/20 –, juris Rdnr. 66 f. m. w. N.).

(b) Die dargestellten Belange können dem klägerischen Vorhaben auch unter Berücksichtigung von § 35 Abs. 4 Satz 1 BauGB entgegengehalten werden, da dieses nicht von der Vorschrift erfasst ist.

(c) Hinsichtlich der betroffenen öffentlichen Belange sind keine Abwägungsgesichtspunkte gegeben, die dafür sprechen könnten, dass ausnahmsweise einzelne der oder alle Beeinträchtigungen der zuvor benannten öffentlichen Belange hingenommen werden könnten (vgl. VGH Baden-Württemberg, Urteil v. 22.2.2022 – 6 S 1251/20 –, juris Rdnr. 34; Urteil v. 9.2.2023 – 10 S 3206/21 – juris Rdnr. 34).

Insbesondere kann sich die Klägerin nicht auf Bestandsschutz berufen, auch wenn die streitgegenständliche Einfriedung unstreitig bereits seit Jahrzehnten vorhanden ist. Für Bestandsschutz genügt es nicht, dass die Nutzung – was hier ohnehin nicht geklärt ist – irgendwann dem materiellen Recht entsprochen hat; vielmehr setzt Bestandsschutz voraus, dass für eine genehmigungspflichtige Nutzung eine Baugenehmigung erteilt worden ist (VGH

Baden-Württemberg, Urteil v. 9.11.2020 – 3 S 2590/18 –, VBlBW 2021, 326 – juris Rdnr. 85 m. w. N. zum Meinungsstand). Denn außerhalb der gesetzlichen Regelungen ergibt sich kein Anspruch auf Zulassung eines Vorhabens aus eigentumsrechtlichem Bestandsschutz nach Art. 14 Abs. 1 Satz 1 GG (vgl. BVerwG, Urteil v. 12.3.1998 – 4 C 10.97 –, BVerwGE 106, 228 – juris Rdnr. 25; VGH Baden-Württemberg, Urteil v. 9.11.2020 – 3 S 2590/18 –, VBlBW 2021, 326 – juris Rdnr. 85; zum Ganzen auch VG Karlsruhe, Urteil v. 31.10.2023 – 2 K 4067/22 –, juris Rdnr. 53). Die Klägerin kann sich danach nicht auf Bestandsschutz berufen, nachdem sie über keine Baugenehmigung verfügt und, selbst wenn ursprünglich eine Baugenehmigung erteilt worden sein sollte, diese zwischenzeitlich jedenfalls – wie dargestellt – mit der endgültigen Aufgabe einer etwaigen früheren landwirtschaftlichen Nutzung funktionslos und damit unwirksam geworden wäre. Auch eine aktive Duldung, die gegenüber der Klägerin einen etwaigen Vertrauenstatbestand hätte erwecken können (vgl. dazu OVG Schleswig-Holstein, Urteil v. 5.8.2021 – 1 KN 20/17 –, NordÖR 2021, 569 – juris Rdnr. 71), ist nicht erfolgt.

Bestandsschutz kann die Klägerin auch nicht aus dem zwischen dem Voreigentümer Herrn XXX und dem Land Baden-Württemberg am 21.8.1985 geschlossenen öffentlich-rechtlichen Vertrag herleiten. Zum einen kann eine legalisierende Wirkung mit Wirkung auch für Rechtsnachfolger anstelle einer Baugenehmigung nicht durch einen Vertrag erzielt werden, der nur relative Wirkung zwischen den Vertragsschließenden entfaltet (vgl. allgemein Ernst, in: Münchener Kommentar zum BGB, 9. Aufl. 2022, Einl. SchuldR Rdnr. 18). Zum anderen ist dem öffentlich-rechtlichen Vertrag, in dem sich der Voreigentümer zum Abbruch eines Gartenhauses (§§ 1 und 2) und des die Einfriedung abschließenden Stacheldrahts (§ 5) verpflichtete, nicht zu entnehmen, dass die darüber hinaus bestehenden baulichen Anlagen, namentlich der Maschendrahtzaun (ohne Stacheldraht) – zumal dauerhaft – geduldet werden sollten.

bb) Die Beseitigungsanordnung weist ferner keine Ermessensfehler derart auf, dass die gesetzlichen Grenzen des Ermessens überschritten wären oder von dem Ermessen in einer dem Zweck der Ermächtigung nicht entsprechenden Weise Gebrauch gemacht worden wäre (§ 114 Satz 1 VwGO).

(1) Ermessensfehler ergeben sich hier nicht daraus, dass der Beklagte sein Recht auf Einschreiten verwirkt hätte (§ 242 BGB analog). Ordnungsrechtliche Eingriffsbefugnisse, die – wie hier – dem Bereich der Gefahrenabwehr zuzuordnen sind, können nicht verwirkt werden (vgl. VGH Baden-Württemberg, Urteil v. 1.4.2008 – 10 S 1388/06 –, VBlBW 2008, 339 – juris Rdnr. 50; Urteil v. 9.11.2020 – 3 S 2590/18 –, VBlBW 2021, 326 – juris Rdnr. 94); auch eine von der Klägerin geltend gemachte Verjährung scheidet im Übrigen von vornherein aus (vgl. VGH Baden-Württemberg, Urteil v. 1.4.2008 – 10 S 1388/06 –, VBlBW 2008, 339 – juris Rdnr. 48).

Darüber hinaus ist mit Blick auf eine Verwirkung auch nicht ersichtlich und geltend gemacht, dass das Landratsamt bereits vor der erfolgten Anzeige

Kenntnis von den betreffenden Anlagen gehabt und bei der Klägerin einen Vertrauenstatbestand dahingehend begründet hätte, dass es von einem Einschreiten absehen würde (vgl. allgemein VGH Baden-Württemberg, Urteil v. 1.4.2008 – 10 S 1388/06 –, VBlBW 2008, 339 – juris Rdnr. 51; Urteil v. 9.11.2020 – 3 S 2590/18 –, VBlBW 2021, 326 – juris Rdnr. 93 f.). Schutzwürdiges Vertrauen, auf das sich die Klägerin berufen könnte, ergibt sich auch nicht aus den Umständen um den Kauf des Grundstücks. Wie bereits dargelegt, folgt aus dem öffentlich-rechtlichen Vertrag aus 1985 kein Bestandsschutz zugunsten der Klägerin. Sie konnte auch nicht ohne weitere Nachfragen etwa beim Landratsamt davon ausgehen, dass nach Entfernung des Maschendrahtzauns durch Herrn XXX eine rechtskonforme Gestaltung des Grundstücks erfolgt war. Das Schreiben des Herrn XXX vom 6.4.2011 an eine Vor- oder potenzielle Eigentümerin (Frau XXX), das der Klägerin nach ihren Angaben im Rahmen der Kaufverhandlungen vorgelegt wurde, begründet ebenfalls keinen Vertrauenstatbestand. Hierin heißt es zwar, dem Verkäufer lägen keine Auflagen für das Grundstück von Seiten des Landratsamts oder der Gemeinde vor, dies jedoch mit dem Zusatz, dass eine Haftung für spätere Auflagen ausdrücklich ausgeschlossen werde. Unabhängig davon kann das Schreiben keine Wirkung gegenüber dem daran nicht beteiligten Landratsamt bzw. Beklagten entfalten. Auch die Tatsache, dass nach dem Vorbringen der Klägerin weder Landwirte noch die Gemeinde das Grundstück selbst hätten kaufen wollen, entbindet sie nicht von ihren öffentlich-rechtlichen Pflichten als Grundstückseigentümerin. Das Landratsamt – sofern es überhaupt von den Kaufverhandlungen Kenntnis gehabt haben sollte – war nicht verpflichtet, die Klägerin vor dem Kauf über die Illegalität der vorhandenen baulichen Anlagen aufzuklären oder einen Kauf zu verhindern. Nichts anderes gilt für die Gemeinde XXX, deren Handeln oder Unterlassen dem Beklagten auch nicht zuzurechnen wäre.

(2) Die Anordnung der Beseitigung der baulichen Anlagen ist auch verhältnismäßig und verstößt nicht gegen Art. 3 Abs. 1 GG.

Die Klägerin stellt nicht in Abrede, dass die Anordnung geeignet und erforderlich ist, um den Verstoß gegen das Bauplanungsrecht zu beheben. Sie ist auch verhältnismäßig im engeren Sinne.

Eine Baurechtsbehörde handelt grundsätzlich in Übereinstimmung mit dem Zweck der Ermächtigung und damit rechtmäßig, wenn sie die Beseitigung einer im Widerspruch zum materiellen Baurecht errichteten baulichen Anlage anordnet (VGH Baden-Württemberg, Urteil v. 16.6.2003 – 3 S 2436/02 –, VBlBW 2004, 263 – juris Rdnr. 39; Sauter, LBO für Baden-Württemberg, 3. Aufl., Stand: Juli 2023, § 65 Rdnr. 57). Es entspricht unter dem Gesichtspunkt der Gleichbehandlung und zur Vermeidung von Präzedenzfällen regelmäßig – so auch hier – ordnungsgemäßer Ermessensbetätigung, die Beseitigung eines formell und materiell illegalen Bauvorhabens anzuordnen. Nur wenn ganz konkrete Anhaltspunkte dafür sprechen, einen rechtswidrigen Zustand in Kauf zu nehmen, kann er ausnahmsweise zu dulden sein (vgl.

BVerwG, Urteil v. 11.4.2002 – 4 C 4.01 –, NVwZ 2002, 1250 – juris Rdnr. 25; VGH Baden-Württemberg, Urteil v. 16.6.2003 – 3 S 2436/02 –, VBlBW 2004, 263 – juris Rdnr. 39; Sauter, LBO für Baden-Württemberg, 3. Aufl., Stand: Juli 2023, § 65 Rdnr. 57).

Vorliegend sind keine besonderen Umstände dieser Art gegeben.

(a) Die Klägerin stützt sich vor allem auf eine gegen Art. 3 Abs. 1 GG verstoßende Ungleichbehandlung. Damit dringt sie nicht durch.

(aa) Der allgemeine Gleichheitssatz gebietet wesentlich Gleiches gleich und wesentlich Ungleiches ungleich zu behandeln (BVerfG, Beschluss v. 19.12.2012 – 1 BvL 18/11 –, BVerfGE 133, 1 – juris Rdnr. 44). Eine baurechtliche Beseitigungsanordnung ist wegen eines Verstoßes gegen Art. 3 Abs. 1 GG ermessensfehlerhaft, wenn die Behörde gegen eine im räumlichen Zusammenhang mit der zu beseitigenden baulichen Anlage stehende gleichartige Anlage ohne sachlichen Grund nicht einschreitet (VGH Baden-Württemberg, Urteil v. 8.2.1988 – 3 S 2194/87 –, NJW 1989, 603). Die Baurechtsbehörde darf insofern einzelne Bürger gegenüber anderen nicht willkürlich, d. h. ohne rechtfertigenden Grund, benachteiligen (BVerwG, Beschluss v. 19.2.1992 – 7 B 106.91 –, NVwZ-RR 1992, 360 – juris Rdnr. 2). Sie darf ihr Ermessen nicht ohne erkennbaren Grund unterschiedlich, systemwidrig oder planlos ausüben (BVerwG, Beschluss v. 24.7.2014 – 4 B 34.14 –, BauR 2014, 1923 – juris Rdnr. 4). Das bedeutet aber nicht, dass rechtswidrige Zustände, die bei einer Vielzahl von Grundstücken vorliegen, stets »flächendeckend« zu bekämpfen sind. Vielmehr darf die Behörde auch anlassbezogen vorgehen und sich auf die Regelung von Einzelfällen beschränken, sofern sie hierfür sachliche Gründe anführen kann (vgl. BVerwG, Urteil v. 24.7.2014 – 4 B 34.14 –, BauR 2014, 1923 – juris Rdnr. 4; Beschluss v. 19.2.1992 – 7 B 106.91 –, NVwZ-RR 1992, 360 – juris Rdnr. 2). Der Betroffene kann der Behörde demgegenüber Fälle, in denen sie bislang nicht eingeschritten ist, ausnahmsweise dann entgegenhalten, wenn es nach der Art des Einschreitens an jedem System fehlt, für diese gewählte Art des zeitlichen Vorgehens keine einleuchtenden Gründe sprechen und die Handhabung deshalb als willkürlich angesehen werden muss (vgl. BVerwG, Beschluss v. 24.7.2014 – 4 B 34.14 –, BauR 2014, 1923 – juris Rdnr. 4).

(bb) Daran gemessen ist vorliegend kein gleichheitswidriges, willkürliches Vorgehen des Landratsamts zulasten der Klägerin zu erkennen.

Dass das Landratsamt hier aufgrund der erfolgten Anzeige seitens der Gemeinde XXX tätig geworden ist, begegnet keinen Bedenken. Der Beklagte hat nachvollziehbar dargelegt, dass das Landratsamt allgemein aufgrund von Personalmangel anlassbezogen vorgehe, dabei aber sämtlichen Anzeigen nachgehe und bei Vorliegen der Voraussetzungen Beseitigungsverfügungen erlasse. Es ist insofern nicht zu erkennen, dass das Landratsamt im Einzelfall willkürlich und abweichend von seiner sonst üblichen Vorgehensweise gehandelt hätte.

Dies wird zunächst durch die erfolgte Behandlung der im Jahr 2021 angezeigten zahlreichen illegalen Außenbereichsnutzungen im Gebiet der Gemeinde XXX bestätigt. Nach den unbestrittenen Angaben des Beklagten sind sämtliche dieser Fälle zwischenzeitlich bearbeitet und abgeschlossen. Dies betraf insbesondere die Grundstücke Flst.-Nr. XXX und XXX, die – wie auch im Geoportal Baden-Württemberg ersichtlich ist – im Gewann XXX der Gemeinde XXX liegen, das sich ca. 800 m Luftlinie vom klägerischen Grundstück entfernt und zugleich deutlich näher am Siedlungsbereich von XXX befindet.

In diesem Zusammenhang hat der Beklagte eingeräumt, dass in vier Fällen eine Ersetzung von vorhandenen Maschendrahtzäunen durch Anpflanzungen von heimischen Sträuchern nebst sogenannten Rankhilfen, d. h. zwischen Pfosten gespannten Drähten, akzeptiert wurde (Grundstücke Flst.-Nr. XXX und XXX). Diese sind indessen mit dem um das Grundstück der Klägerin vorhandenen Maschendrahtzaun – wie der Beklagte zutreffend ausführt – nicht vergleichbar. Sie sind zum einen insbesondere für Tiere leichter durchlässig und verfügen zugleich über eine geringere optische Wirkung. Im Übrigen scheidet diese Variante als milderes Mittel im Fall der Klägerin deshalb aus, weil dort bereits eine umfangreiche Bepflanzung vorhanden ist. Diese ist nach der in der mündlichen Verhandlung geänderten Fassung der Ziffer 1 der Verfügung nicht zu entfernen, soweit nicht (mit weiteren Einschränkungen) die in den Zaun eingewachsenen Teile der Hainbuchen betroffen sind (s. dazu unter 2.). Hiergegen hat auch die Klägerin nichts vorgebracht.

Soweit die Klägerin unter Vorlage von Zeitungsberichten auf den Fall des Grundstücks eines älteren Ehepaars im Gewann XXX verwiesen hat, betraf dieser eine ebensolche Konstellation. Auch insoweit durfte nur eine Rankhilfe, aber gerade nicht der Maschendrahtzaun verbleiben. Hinzu kommt, dass das Alter der Eheleute von über 80 Jahren einen sachlichen Grund bildet, der eine Ungleichbehandlung gegenüber anderen Eigentümern für einen gewissen Zeitraum rechtfertigen kann.

Auch hinsichtlich der von der Klägerin erwähnten weiteren Grundstücke in der näheren Umgebung, auf denen rechtswidrige Außenbereichsnutzungen vorhanden seien, ist keine unzulässige Ungleichbehandlung gegeben. Zwar sind auf den von ihr vorgelegten Lichtbildern durchaus mehrere bauliche Anlagen wie Einzäunungen und auch Hütten erkennbar, die – sofern sie nicht baulich genehmigt oder einer landwirtschaftlichen Nutzung zugeordnet sind – im Außenbereich unzulässig wären. Die Klägerin hat die Grundstücke zwei grob auf einem Lichtbild eingekreisten Gebieten in 80 m und 400 m Entfernung zugeordnet. Unabhängig von der Frage, ob es sich um neun oder um zwei Grundstücke handelt, hat der Beklagte mitgeteilt, dass insoweit bislang keine Anzeigen vorlägen. Dennoch werde die im Zuge des vorliegenden Gerichtsverfahrens erfolgte Anzeige der Klägerin zum Anlass genommen, die gekennzeichneten Gebiete zeitnah zu überprüfen und sodann bei Vorliegen der Voraussetzungen einzuschreiten. Selbiges gelte für etwaige weitere Grundstücke auf den von der Klägerin vorgelegten Lichtbildern, die örtlich nicht hätten zugeordnet werden können; sollte die Klägerin hierzu nähere Angaben machen, werde auch diesen Anzeigen nachgegangen.

(b) Die Anordnung der Beseitigung des Zauns – gegebenenfalls einschließlich der eingewachsenen Teile der Hainbuchenhecken, soweit diese noch Gegenstand der Verfügung sind (s. dazu unter 2.) – ist auch nicht unverhältnismäßig, weil sie für die Klägerin untragbare Kosten verursachen würde.

Soweit die Klägerin die zu erwartenden Kosten auf mindestens 30 000,00 EUR schätzt, ist nicht hinreichend erkennbar, dass dies tatsächlich dem zu erwartenden Betrag entspricht. Das vorgelegte Angebot des Unternehmens XXX vom 14.2.2024 geht zu Unrecht davon aus, dass nahezu das gesamte Gartengrundstück der Klägerin (zu 80 %) gerodet werden müsste. Dies ist nach Aktenlage und dem Vorbringen der Klägerin nicht zu erwarten, weil lediglich der Zaun zu entfernen und nicht ersichtlich ist, wieso über die eingewachsenen Teile der Hainbuchen auf der Nordseite hinaus (s. dazu unter 2.) auch weitere Bepflanzungen (in größerem Umfang) entfernt werden müssten. Die Kostenschätzung weist im Übrigen einc Gesamtsumme für die Arbeiten von nur 16 411,29 EUR aus.

Unabhängig davon erschienen selbst Kosten in beträchtlicher Höhe von etwa 30 000,00 EUR für die Klägerin nicht unangemessen hoch. Es liegt in ihrem Risikobereich als Grundstückseigentümerin, dass sich dort den Vorschriften des Baurechts widersprechende bauliche Anlagen befinden. Sie trifft insoweit die im öffentlichen Interesse stehende Verpflichtung, diese zu entfernen. Abgesehen davon ist nicht geltend gemacht oder sonst ersichtlich, dass die Kosten für die Klägerin, die ebenso wie ihr Ehemann berufstätig ist, nicht finanzierbar wären, dies auch unter Berücksichtigung des – nicht näher dargelegten – Verkehrswerts des Grundstücks (vgl. insoweit BVerfG, Beschluss v. 16.2.2000 – 1 BvR 242/91 –, BVerfGE 102, 1 – juris Rdnr. 56).

Darüber hinaus erscheint es dem Gericht nicht zwingend, dass die Klägerin und ihr Ehemann sämtliche Arbeiten zur Entfernung des Zauns und der auf den Stock zu setzenden Teile der Hainbuchenhecke (s. unter 2.) bei Dritten in Auftrag geben müssten. Sie haben das Grundstück nach ihrem Vorbringen selbst hergerichtet und sind seit mehreren Jahren mit dessen Pflege beschäftigt. Daher ist anzunehmen, dass sie insoweit gewisse praktische Kenntnisse und Fähigkeiten besitzen und damit jedenfalls einen Teil der Arbeiten auch selbst vornehmen können. Bei Unsicherheiten hinsichtlich der tatsächlichen Umsetzung hat darüber hinaus der in der mündlichen Verhandlung anwesende Naturschutzbeauftragte des Landratsamts seine Unterstützung angeboten.

2. Die Anordnungen in Ziffer 1 Satz 1 bis 3 der Verfügung sind ebenfalls rechtmäßig, soweit die Beseitigung der Einfriedung auch bezüglich der Teile des Zauns verfügt wurde, in die Hainbuchen eingewachsen sind, und hinsicht-

lich der eingewachsenen Teile der Hainbuchenhecke angeordnet wurde, diese auf den Stock zu setzen. Die Tatbestandsvoraussetzungen für ein behördliches Tätigwerden liegen diesbezüglich vor (s. unter a und b)). Die getroffene Anordnung erweist sich in der in der mündlichen Verhandlung geänderten Fassung auch als hinreichend bestimmt (s. unter c)); auch die Ermessenserwägungen sind nicht zu beanstanden (s. unter d)).

a) Die Anordnung der Beseitigung des Maschendrahtzauns beruht – wie dargelegt – auf § 47 Abs. 1 Satz 1 und 2 LBO oder § 65 Abs. 1 Satz 1 LBO; dies gilt auch für die Teile des Zauns, in die Hainbuchen eingewachsen sind.

Die Anordnung des Auf-den-Stock-Setzens der Hainbuchenhecke, soweit diese mit dem Zaun verwachsen ist, beruht entweder als Annex zu der baurechtlichen Beseitigungsanordnung ebenfalls auf § 47 Abs. 1 Satz 1 und 2 LBO bzw. § 65 Abs. 1 Satz 1 LBO oder jedenfalls auf § 17 Abs. 8 Satz 2 BNatSchG.

b) Die Tatbestandsvoraussetzungen der genannten Vorschriften liegen vor.

aa) Wie bereits dargelegt, sind die Voraussetzungen für ein behördliches Einschreiten gegenüber der Einfriedung nach § 47 Abs. 1 Satz 1 und 2 LBO oder gegebenenfalls § 65 Abs. 1 Satz 1 LBO grundsätzlich gegeben. Da die gesamte Einfriedung in Form des Zauns nur gemeinsam mit den darin eingewachsenen Teilen der Hainbuchenhecke beseitigt werden kann, bedurfte es zugleich der Anordnung der Entfernung auch Letzterer, wobei diese aufgrund der Einschätzung der Naturschutzbehörde des Landratsamts auf deren Auf-den-Stock-Setzen beschränkt wurde, sodass der Stock und das Wurzelwerk bewahrt werden können. Es ist daher davon auszugehen, dass auch das Auf-den-Stock-Setzens der Hainbuchenhecke, soweit sie durch das Verwachsen Teil der Einfriedung wurde, als Annex zu der baurechtlichen Beseitigungsanordnung auf der Grundlage von § 47 Abs. 1 Satz 1 und 2 LBO oder § 65 Abs. 1 Satz 1 LBO grundsätzlich angeordnet werden durfte. Denn erst mit Entfernen auch der verwachsenen Teile von Zaun und Hainbuchenhecke ist aus baurechtlicher Sicht alles getan, um den baurechtswidrigen Zustand zu beseitigen (vgl. § 65 Abs. 1 Satz 1 Halbs. 2 LBO).

bb) Selbst wenn man dies anders sähe, wäre hinsichtlich der Entfernung der mit dem Zaun verwachsenen Teile der Hainbuchenhecke durch ihr Auf-den-Stock-Setzen jedenfalls § 17 Abs. 8 Satz 2 BNatSchG tatbestandlich erfüllt.

(1) Gemäß § 17 Abs. 8 Satz 1 BNatSchG soll die zuständige Behörde grundsätzlich die weitere Durchführung eines Eingriffs in Natur und Landschaft (vgl. § 14 Abs. 1 BNatSchG) untersagen, der ohne die erforderliche Zulassung oder Anzeige vorgenommen wird. Soweit jedoch nicht auf andere Weise ein rechtmäßiger Zustand hergestellt werden kann, soll sie nach § 17 Abs. 8 Satz 2 BNatSchG entweder Maßnahmen nach § 15 BNatSchG oder die Wiederherstellung des früheren Zustands anordnen. Die Vorschrift bleibt hier anwendbar, weil es sich um ein baurechtliches Vorhaben im Außenbereich nach § 35 BauGB handelt (vgl. § 18 Abs. 2 Satz 1 BNatSchG).

Die getroffene Verfügung zielt aus Sicht des objektiven Empfängerhorizonts (vgl. BVerwG, Urteil v. 5.11.2009 – 4 C 3.09 –, BVerwGE 135, 209 – juris Rdnr. 21; VGH Baden-Württemberg, Urteil v. 11.7.2017 – 5 S 2067/15 –, BauR 2017, 2148 – juris Rdnr. 24) in der Person der Klägerin auf die Wiederherstellung des früheren, von der Einfriedung durch den Zaun unberührten Zustands in diesem Sinne. Der Austausch der Ermächtigungsgrundlage begegnet dabei keinen rechtlichen Bedenken. Wenn ein Verwaltungsakt aus anderen Gründen als den von der Behörde angegebenen als rechtmäßig anzusehen ist, ohne dass deshalb an dem Rechtsfolgenausspruch etwas Wesentliches geändert zu werden braucht, so ist der Verwaltungsakt nicht im Sinne des § 113 Abs. 1 Satz 1 VwGO rechtswidrig (vgl. BVerwG, Urteil v. 19.8.1988 – 8 C 29.87 –, BVerwGE 80, 96 – juris Rdnr. 13; VGH Baden-Württemberg, Urteil v. v. 26.4.2010 – 8 S 33/10 –, NVwZ-RR 2010, 554 – juris Rdnr. 3; Urteil v. 11.7.2017 – 5 S 2067/15 –, BauR 2017, 2148 – juris Rdnr. 24; Bamberger, in: Wysk, VwGO, 3. Aufl. 2020, § 113 Rdnr. 20). Die Gründe können hingegen dann nicht ausgetauscht werden, wenn dies zu einer Wesensveränderung der Verfügung führen würde, etwa weil wesentlich andere oder zusätzliche Ermessenserwägungen erforderlich würden (vgl. BVerwG, Urteil v. 21.11.1989 – 9 C 28.89 –, NVwZ 1990, 673 – juris Rdnr. 12; Urteil v. 31.3.2010 – 8 C 12.09 –, NVwZ-RR 2010, 636 – juris Rdnr. 16; VGH Baden-Württemberg, Urteil v. 16.6.2014 – 9 S 1273/13 –, VBlBW 2015, 63 – juris Rdnr. 27; Urteil v. 4.7.2018 – 5 S 2117/16 –, VBlBW 2018, 507 – juris Rdnr. 46).

Das Landratsamt ist nicht nur als untere Baurechtsbehörde für den Erlass einer baurechtlichen Beseitigungsanordnung (§ 46 Abs. 1 Nr. 3, § 48 Abs. 1 LBO i. V. m. § 15 Abs. 1 Nr. 1 LVG), sondern als solche auch für den Erlass einer naturschutzrechtlichen Wiederherstellungsanordnung nach § 17 Abs. 8 Satz 2 BNatSchG zuständig, nachdem die Errichtung der Einfriedung als bauliche Anlage nach § 49 LBO einer Baugenehmigung, d. h. einer behördlichen Zulassung nach anderen Rechtsvorschriften, bedurft hätte (vgl. § 17 Abs. 1 BNatSchG; BVerwG, Beschluss v. 19.12.2017 – 9 B 27.17 –, NVwZ-RR 2018, 178 – juris Rdnr. 12; Fischer-Hüftle, in: Schumacher/Fischer-Hüftle, BNatSchG, 3. Aufl. 2021, § 17 Rdnr. 48). Im Übrigen wäre das Landratsamt zugleich als untere Verwaltungsbehörde untere Naturschutzbehörde (vgl. § 3 Abs. 1 Nr. 1 BNatSchG, § 57 Abs. 1 Satz 1 Nr. 3 NatSchG i. V. m. § 15 Abs. 1 Nr. 1 LVG). Die Heranziehung der Vorschrift des Naturschutzrechts wirkt sich auch nicht auf die maßgeblichen Ermessensgesichtspunkte aus (vgl. allgemein VGH Baden-Württemberg, Urteil v. 11.7.2017 – 5 S 2067/15 –, BauR 2017, 2148 – juris Rdnr. 24), weil das Landratsamt seine Erwägungen gerade auch an den Auswirkungen der vorhandenen Einfriedung auf Natur und Landschaft ausgerichtet hat.

(2) Die Tatbestandsvoraussetzungen des § 17 Abs. 8 Satz 1 und 2 BNatSchG liegen vor.

Ein Rechtsvorgänger der Klägerin hat mit der Errichtung der Einfriedung in Form eines Zauns einen Eingriff in Natur und Landschaft im Sinne des

§ 14 Abs. 1 BNatSchG vorgenommen, d. h. eine Veränderung (hier) der Gestalt oder Nutzung von Grundflächen, die die Leistungs- und Funktionsfähigkeit des Naturhaushalts oder das Landschaftsbild erheblich beeinträchtigen kann. § 14 NatSchG bestimmt näher, dass ein Eingriff in Natur und Landschaft insbesondere die Errichtung oder wesentliche Änderung von baulichen Anlagen im Sinne der Landesbauordnung sein kann. Dies ist auch hier mit Blick auf die Errichtung des Zauns als bauliche Anlage anzunehmen, die sich sowohl als Sperre in bedeutendem Maß negativ auf das Landschaftsbild auswirken kann als auch sich gemäß § 7 Abs. 1 Nr. 2 BNatSchG in Bezug auf die Naturgüter Tiere und Pflanzen – durch Erschwerung eines Durchkommens von Wildtieren und des freien Wachstums der Gehölze – verschlechternd auswirken kann (vgl. zum Maßstab Gellermann, in: Landmann/Rohmer, Umweltrecht, Stand: Juni 2023, § 14 BNatSchG Rdnr. 13). Der Eingriff wurde ohne die erforderliche Zulassung – hier die Baugenehmigung nach § 49 LBO – vorgenommen (vgl. § 17 Abs. 8 Satz 1 BNatSchG). Es ist nicht ersichtlich oder geltend gemacht, dass auf andere Weise ein rechtmäßiger Zustand hergestellt werden kann (vgl. § 17 Abs. 8 Satz 2 BNatSchG). Namentlich scheidet die Erteilung einer Baugenehmigung nach § 58 Abs. 1 Satz 1 LBO aus, weil das Vorhaben materiell baurechtswidrig ist.

c) Die Anordnung begegnet jedenfalls in der in der mündlichen Verhandlung geänderten Fassung auch keinen Mängeln mit Blick auf ihre Bestimmtheit nach § 37 Abs. 1 LVwVfG.

Ein Verwaltungsakt ist im Sinne des § 37 Abs. 1 LVwVfG inhaltlich hinreichend bestimmt, wenn sein Adressat in der Lage ist, zu erkennen, was von ihm gefordert wird, und zwar dergestalt, dass der behördliche Wille keiner unterschiedlichen subjektiven Bewertung zugänglich ist (BVerwG, Urteil v. 2.7.2008 – 7 C 38.07 – BVerwGE 131, 259 – juris Rdnr. 11 m. w. N.). Dabei muss sich die Regelung (vgl. § 35 Satz 1 LVwVfG) nicht unmittelbar und nur aus dem Entscheidungssatz eines Bescheids ergeben. Es reicht aus, wenn sie sich aus dem gesamten Inhalt des Bescheids, insbesondere seiner Begründung sowie den weiteren, den Beteiligten bekannten oder ohne Weiteres erkennbaren Umständen, unzweifelhaft erkennen lässt (BVerwG, Urteil v. 25.4.2001 – 6 C 6.00 –, BVerwGE 114, 160 – juris Rdnr. 13 m. w. N.; VGH Baden-Württemberg, Beschluss v. 30.1.2019 – 5 S 1913/18 –, VBlBW 2019, 415 – juris Rdnr. 34; VG Karlsruhe, Beschluss v. 22.3.2023 – 2 K 478/23 –, juris Rdnr. 40). Dabei ist entsprechend § 133 BGB der objektive Erklärungsgehalt aus der Sicht des Adressaten maßgebend (BVerwG, Urteil v. 15.12.1989 – 7 C 35.87 –, BVerwGE 84, 220 – juris Rdnr. 22).

Mit Ziffer 1 der streitgegenständlichen Verfügung in der im Termin zur mündlichen Verhandlung geänderten und nunmehr streitgegenständlichen Fassung hat das Landratsamt hinreichend deutlich gemacht, in welchem Umfang die Hainbuchen auf Stock gesetzt werden sollen. Es sollen nach deren Satz 3 nämlich nur die Hainbuchen erfasst sein, die in den Zaun eingewachsen sind und deren Durchmesser auf 1,30 m Höhe nicht mehr als 20 cm beträgt. Mit der Beschränkung auf die in den Zaun eingewachsenen Hainbuchen ist nunmehr klargestellt, dass freistehende Hainbuchen nicht auf Stock zu setzen sind. Ebenfalls sind besonders umfangreich gewachsene Hainbuchen mit einem Durchmesser von mehr als 20 cm auf 1,30 m Höhe ausgenommen. Des Weiteren ist in Satz 1 der Ziffer 1 präzisiert worden, dass die Frist zur Beseitigung des Zauns von einem Monat nach Bestandskraft der Verfügung im Zeitraum vom 1.3.bis 30. September nicht zu laufen beginnt. Mit diesen Vorgaben sind zugleich etwaige in der vorherigen Fassung der Ziffer 1 der Verfügung denkbare Widersprüche zu dem Flyer »Rückschnitt«, auf den diese verweist, nicht (mehr) zu erkennen.

d) Die Verfügung in Ziffer 1 Satz 1 bis 3 – in der im Termin zur mündlichen Verhandlung geänderten Fassung – weist keine Ermessensfehler auf (§ 114 Satz 1 VwGO). Dies gilt sowohl hinsichtlich der Anordnung der Teile des Zauns, in die die Hainbuchenhecke eingewachsen ist, als auch hinsichtlich des Auf-den-Stock-Setzens der in den Zaun eingewachsenen Hainbuchen.

aa) Wie bereits dargelegt, entspricht die Anordnung der Beseitigung einer formell und materiell illegalen baulichen Anlage nach § 47 Abs. 1 Satz 1 und 2 LBO oder § 65 Abs. 1 Satz 1 LBO regelmäßig ordnungsgemäßer Ermessensbetätigung.

Nichts anderes gilt letztlich nach § 17 Abs. 8 Satz 2 BNatSchG, nach dessen Rechtsfolge die Behörde entweder Maßnahmen nach § 15 BNatSchG oder die Wiederherstellung des früheren Zustands anordnen soll. Die Behörde ist im Regelfall verpflichtet einzuschreiten (»soll«) und kann davon nur in atypischen Fällen absehen (vgl. VG Karlsruhe, Beschluss v. 10.8.2018 – 12 K 1148/18 –, juris Rdnr. 71; VG Ansbach, Urteil v. 20.3.2013 – AN 11 K 12.00109 –, juris Rdnr. 25; VG Augsburg, Beschluss v. 4.9.2023 – Au 9 S 23.792 –, juris Rdnr. 45; Gellermann, in: Landmann/Rohmer, Umweltrecht, Stand: September 2023, § 17 BNatSchG Rdnr. 23). Es besteht grundsätzlich Ermessen für die Behörde dahingehend, ob sie eine Ausgleichs- oder Ersatzleistung nach § 15 Abs. 2 BNatSchG oder eine Wiederherstellung des früheren Zustands anordnet. Da Erstere hier aber auf eine Naturalkompensation gerichtet wäre (vgl. Gellermann, in: Landmann/Rohmer, Umweltrecht, Stand: Juni 2023, § 17 BNatSchG Rdnr. 25 f.), ergäbe sich insoweit jeweils das gleiche Ergebnis. Die Anordnung des Auf-den-Stock-Setzens (Ziffer 1 Satz 2 der Verfügung) als Konkretisierung bzw. Einschränkung der Entfernung der in die Einfriedung eingewachsenen Teile der Hainbuchenhecke (Ziffer 1 Satz 1 der Verfügung) ist daher grundsätzlich von der Rechtsfolge des § 17 Abs. 8 Satz 2 BNatSchG erfasst.

Die getroffene Anordnung ist geeignet und als mildestes Mittel erforderlich. Die Naturschutzbehörde des Landratsamts hat intern dahingehend Stellung genommen, dass die Problemstellen mit eingewachsenem Drahtgeflecht andernfalls in Zukunft immer tiefer einwachsen würden; daher werde dringend geraten, die gesamte Einfriedung – d. h. die Hainbuchenhecke, (nunmehr) soweit sie in den Zaun eingewachsen ist – auf den Stock zu setzen. An der Richtigkeit der fachlichen Einschätzung der Naturschutzbehörde bestehen keine Zweifel; solche hat auch die Klägerin – abgesehen von dem Verweis auf die Bedeutung der Hecke als Lebensraum für Tiere (s. dazu sogleich) – nicht konkret aufgeworfen.

bb) Von dem Ermessen ist auch nicht in einer dem Zweck der Ermächtigung des § 47 Abs. 1 Satz 1 und 2, § 65 Abs. 1 Satz 1 LBO bzw. § 17 Abs. 8 Satz 2 BNatSchG nicht entsprechenden oder unverhältnismäßigen Weise Gebrauch gemacht worden (vgl. § 114 Satz 1 VwGO).

(1) Ermessensfehler – bzw. eine Nichtigkeit bei Verwirklichung von Bußgeldtatbeständen (vgl. § 44 Abs. 2 Nr. 5 LVwVfG) – sind zunächst nicht mit Blick darauf ersichtlich, dass der Klägerin hinsichtlich naturschutzrechtlicher Vorgaben ein rechtswidriges Verhalten aufgegeben würde. Es kommen auch keine die Natur schonenderen Möglichkeiten zur Erreichung des Ziels in Betracht.

(a) § 39 Abs. 5 Satz 1 Nr. 2 BNatSchG sieht ausdrücklich ein Verbot vor, Bäume, die außerhalb des Waldes, von Kurzumtriebsplantagen oder gärtnerisch genutzten Grundflächen stehen, Hecken, lebende Zäune, Gebüsche und andere Gehölze in der Zeit vom 1.3.bis zum 30. September abzuschneiden, auf den Stock zu setzen oder zu beseitigen (Halbs. 1). Zulässig sind allein schonende Form- und Pflegeschnitte zur Beseitigung des Zuwachses der Pflanzen oder zur Gesunderhaltung von Bäumen (Halbs. 2). Die Regelung dient dem Artenschutz, indem die genannten Lebensstätten wild lebender Tiere und Pflanzen, auf die diese während des Sommerhalbjahrs angewiesen sind, geschützt werden (vgl. BT-Drs. 16/12274, S. 67; VG Augsburg, Beschluss v. 11.4.2012 – Au 2 E 12.460 –, juris Rdnr. 9; VG Neustadt, Beschluss v. 9.5.2017 – 3 L 504/17.NW –, ZUR 2017, 566 – juris Rdnr. 73; Lau, in: Frenz/Müggenborg, BNatSchG, 3. Aufl. 2021, § 39 Rdnr. 1, 13, 15; Gläß, in: Giesberts/Reinhardt, BeckOK Umweltrecht, Stand: 1.10.2023, § 39 BNatSchG Rdnr. 20; Gellermann, in: Landmann/Rohmer, Umweltrecht, Stand: September 2023, § 39 BNatSchG Rdnr. 20).

Das der Klägerin aufgegebene Auf-den-Stock-Setzen verstößt nicht gegen den Tatbestand der Vorschrift. Denn das Landratsamt hat der in der Vorschrift enthaltenen zeitlichen Einschränkung jedenfalls nach der Klarstellung im gerichtlichen Verfahren bzw. durch Einbeziehung der Vorgaben des Flyers Rechnung getragen.

(b) Darüber hinaus ist die Anordnung des Auf-den-Stock-Setzens auch nicht deshalb ermessensfehlerhaft, weil mit den mit dem Zaun verwachsenen Teilen der Hainbuchenhecke ein gesetzlich geschütztes Biotop betroffen wäre und dessen Auf-den-Stock-Setzen eine erhebliche Beeinträchtigung desselben bewirken würde.

Nach § 30 Abs. 1 BNatSchG werden bestimmte Teile von Natur und Landschaft, die eine besondere Bedeutung als Biotope haben, gesetzlich geschützt.

Ein Biotop ist der Lebensraum einer Lebensgemeinschaft wild lebender Tiere und Pflanzen (§ 7 Abs. 2 Nr. 4 BNatSchG); der Schutz besonders hochwertiger Biotope dient damit dem Artenschutz (vgl. Endres, in: Frenz/Müggenborg, BNatSchG, 3. Aufl. 2021, § 30 Rdnr. 1 f., 22). Der Schutzcharakter folgt unmittelbar aus dem Gesetz. Auf eine – nur deklaratorische – Kartierung als Biotop kommt es nicht an (vgl. Endres, in: Frenz/Müggenborg, BNatSchG, 3. Aufl. 2021, § 30 Rdnr. 2; Kratsch/Schumacher, Naturschutzgesetz Baden-Württemberg, § 33 Rdnr. 12, 14, Stand Juni 2020). Dass eine solche hier nicht erfolgt ist, kann damit allenfalls ein Indiz gegen die Annahme der Biotopeigenschaft bilden. Maßgeblich sind vielmehr die tatsächlichen Verhältnisse (vgl. VG Augsburg, Beschluss v. 4.9.2023 – Au 9 S 23.792 –, juris Rdnr. 40; Endres, in: Frenz/Müggenborg, BNatSchG, 3. Aufl. 2021, § 30 Rdnr. 2). Gemäß § 30 Abs. 2 Satz 1 BNatSchG sind Handlungen, die zu einer Zerstörung oder einer sonstigen erheblichen Beeinträchtigung der dort genannten Biotope führen können, verboten. Die Verbote gelten gleichermaßen für weitere von den Ländern gesetzlich geschützte Biotope (§ 30 Abs. 2 Satz 2 BNatSchG). § 33 Abs. 1 Nr. 6 NatSchG sieht diesbezüglich vor, dass weitere gesetzlich geschützte Biotope unter anderem Feldhecken und Feldgehölze in der freien Landschaft sind.

In Nr. 6.1 Abs. 1 der Anlage 2 zu § 33 Abs. 1 NatSchG werden Feldhecken als kleinere, linienhafte Gehölzbestände in der freien Landschaft definiert, die von Bäumen und Sträuchern oder nur von Sträuchern bestockt sind (Satz 1). Feldgehölze sind meist flächige Gehölzbestände in der freien Landschaft aus naturraum- und zugleich standorttypischen Arten von nicht mehr als 50 m Breite oder von weniger als 0,5 ha Fläche, bei denen Bäume in nennenswertem Umfang am Bestandsaufbau beteiligt sind und eine Baumschicht bilden (Satz 2). Nicht erfasst sind einerseits Feldgehölze von weniger als 250 m^2 Fläche sowie Feldhecken von weniger als 20 m Länge (Satz 3) und andererseits gebietsfremde Anpflanzungen und Heckenzäune (Satz 4).

Es bedarf letztlich keiner Entscheidung, ob die Hainbuchenhecke im vorliegenden Fall als Feldhecke und/oder Feldgehölz im Sinne von § 33 Abs. 1 Nr. 6 NatSchG zu qualifizieren ist. Mit der Hainbuche (Carpinus betulus) ist zwar eine der in Nr. 6.1 Abs. 2 und 3 der Anlage 2 zu § 33 Abs. 1 NatSchG aufgeführten besonderen typischen Arten der Feldhecken und Feldgehölze betroffen. Es ist auch nicht ersichtlich, dass es sich um eine gebietsfremde Anpflanzung handelt, die nach Nr. 6.1 Abs. 1 Satz 4 der Anlage 2 zu § 33 Abs. 1 NatSchG von § 33 Abs. 1 Nr. 6 NatSchG nicht erfasst wäre (vgl. auch Landesanstalt für Umweltschutz, Gebietsheimische Gehölze in Baden-Württemberg, 2002, S. 15, wonach die Hainbuche in den meisten Naturräumen Baden-Württembergs und vor allem in den Tieflagen verbreitet ist). Die Hainbuchenhecke befindet sich auch in der freien Landschaft (vgl. § 33 Abs. 1 Nr. 6 NatSchG), nämlich außerhalb der besiedelten Bereiche im Sinne von im Zusammenhang bebauten Ortsteilen (vgl. § 33 Abs. 2 NatSchG; VGH Baden-

Württemberg, Urteil v. 18.4.2018 – 5 S 2105/15 –, NuR 2018, 785 – juris Rdnr. 106; Beschluss v. 12.3.2013 – 3 S 954/12 –, NVwZ-RR 2013, 635 – juris Rdnr. 19 f.; VG Stuttgart, Urteil v. 18.1.2023 – 2 K 3632/21 –, juris Rdnr. 27; Kratsch/Schumacher, Naturschutzgesetz Baden-Württemberg, Stand Juni 2020, § 33 Rdnr. 12, 14).

Jedoch handelt es sich nach Überzeugung des Gerichts (§ 108 Abs. 1 VwGO), wie der Beklagte zu Recht dargelegt hat, um einen nicht unter den Biotopschutz fallenden Heckenzaun im Sinne von Nr. 6.1 Abs. 1 Satz 4 der Anlage 2 zu § 33 Abs. 1 NatSchG. Denn nach dem Erscheinungsbild, wie es sich den in den Akten befindlichen und von beiden Beteiligten vorgelegten Lichtbildern entnehmen lässt, verstärken die auf der Nordseite des Grundstücks Flst.-Nr. XXX vorhandenen Gehölze, hier in Form der Hainbuchen, die Einfriedung durch den Maschendrahtzaun im Sinne eines Heckenzauns, d. h. einer Hecke, die der Absicherung oder Abgrenzung eines Grundstücks dient. Ob die Klägerin die Hainbuchenhecke selbst angelegt hat oder dies durch einen Rechtsvorgänger geschehen ist, spielt dabei keine Rolle, wenn die Wirkung als Verstärkung des Zauns bei objektiver Betrachtung erkennbar ist. Die Eigenschaft als Heckenzaun wird noch dadurch bestätigt, dass die Klägerin die Hecke nach ihren Angaben jährlich auf die Grundstücksgrenze zurückschneidet. Selbst wenn die Hainbuchen in Teilen natürlich gewachsen sein sollten, genügt nach Einschätzung des Gerichts ihre objektive Eignung zur Grundstücksabgrenzung in Kombination mit dem Maschendrahtzaun, um sie als Heckenzaun zu qualifizieren.

Selbst wenn die Hainbuchenhecke hier jedoch nicht als Heckenzaun, sondern als geschützte Feldhecke und/oder geschütztes Feldgehölz einzustufen sein sollte, ergäbe sich im Ergebnis nichts anderes. Denn das Gericht konnte nicht die Überzeugung erlangen, dass das Auf-den-Stock-Setzen der mit dem Zaun verwachsenen Bereiche der Hainbuchenhecke eine erhebliche Beeinträchtigung derselben bewirkt. Eine erhebliche Beeinträchtigung ist bei Veränderungen gegeben, die Wert und Eignung des Biotops als Lebensraum mindern, ohne dass dieses vollständig zerstört würde. Maßgeblich sind Art, Umfang und Schwere der Auswirkungen und deren Dauer, sodass eine erhebliche Beeinträchtigung nicht vorliegt, wenn sich das Biotop in absehbarer Zeit von den Folgen der Veränderung erholt (vgl. BVerwG, Urteil v. 3.11.2020 – 9 A 12.19 –, BVerwGE 170, 33 – juris Rdnr. 636; VG Stade, Beschluss v. 19.1.2023 – 1 B 1887/22 –, juris Rdnr. 43; Gellermann, in: Landmann/Rohmer, Umweltrecht, Stand September 2023, § 30 BNatSchG Rdnr. 20).

Nach der streitgegenständlichen Verfügung sollen nur die Gehölze, die in den Zaun eingewachsen sind, auf den Stock gesetzt werden; im Übrigen können die Hainbuchen und auch eine durch sie bewirkte teilweise Einfriedung bestehen bleiben. Angesichts dessen sind auch keine Fehler bei der Einschätzung des Beklagten, wonach das einmalige Auf-den-Stock-Setzen der eingewachsenen Hainbuchen naturschutzfachlich vertreten werden kann und es keines abschnittsweisen, gestaffelten Vorgehens über Jahre – wie es der Flyer »Rückschnitt von Feldhecken und Feldgehölzen« beschreibt – bedarf, erkennbar oder substantiiert geltend gemacht. Denn es sollen gerade nicht die beiden Bereiche an Hainbuchenhecken in ihrer Gesamtheit (oder gar sämtliche verschiedenartige Gehölze um das Grundstück) auf den Stock gesetzt werden. Dass nur eine begrenzte Beeinträchtigung erfolgt, wird durch die Wertung des § 39 Abs. 5 Satz 1 Nr. 2 BNatSchG bestätigt, dessen Vorgaben – wie dargestellt – genügt wird. Zudem kann nach der nicht beanstandeten Einschätzung der Naturschutzbehörde des Landratsamts nur durch das Auf-den-Stock-Setzen ein weiteres Einwachsen der Hainbuchen in den Zaun vermieden werden und so eine natürliche Entwicklung erreicht werden.

(2) Der Klägerin wird mit der Entfernung auch der Teile des Zauns, in die Hainbuchen eingewachsen sind, und das Auf-den-Stocken deren betroffener Teile, auch nichts (subjektiv) Unmögliches abverlangt (vgl. zum Maßstab Leisner-Egensperger, in: Mann/Sennekamp/Uechtritz, VwVfG, 2. Aufl. 2019, § 44 Rdnr. 37).

Soweit sie in der mündlichen Verhandlung geltend gemacht hat, sie könne die eingewachsenen Teile im Süden des Grundstücks nicht beseitigen, weil diese für sie nicht zugänglich seien, hat sich dies anhand der vom Beklagten vorgelegten Lichtbilder von der südlichen Grundstücksseite (Bilder Nr. 13 bis 21 in der Anlage zum Schriftsatz vom 17.1.2024) nicht bestätigt. Auf diesen ist – wie mit den Beteiligten in der mündlichen Verhandlung erörtert wurde – deutlich erkennbar, dass der Zaun jedenfalls vom angrenzenden Nachbargrundstück aus gut erreichbar ist. Dass der Nachbar einen Zutritt nicht gestatten würde, ist weder ersichtlich noch konkret geltend gemacht. Da das Grundstück der Klägerin nicht vollständig bepflanzt ist, ist im Übrigen davon auszugehen, dass der Zaun in den wesentlichen Teilen auch vom klägerischen Grundstück aus zugänglich ist.

(3) Im Übrigen, insbesondere hinsichtlich der Fragen einer gegen Art. 3 Abs. 1 GG verstoßenden Ungleichbehandlung und einer Verhältnismäßigkeit der für die Beseitigung zu erwartenden Kosten, wird auf die bereits für die Entfernung des Zauns als solchem getätigten Ausführungen verwiesen.

3. Auch die in Ziffer 2 der Verfügung erfolgte Zwangsgeldandrohung ist rechtmäßig und verletzt die Klägerin nicht in ihren Rechten.

Rechtsgrundlage für die Androhung von Zwangsgeld ist § 2 Nr. 1, § 18, § 19 Abs. 1 Nr. 1, § 20, § 23 LVwVG. Nach § 20 Abs. 1 Satz 1 LVwVG sind Zwangsmittel – so auch das Zwangsgeld – vor ihrer Anwendung von der Vollstreckungsbehörde schriftlich anzudrohen. § 20 Abs. 4 LVwVG verlangt, dass die Androhung eines Zwangsgelds in bestimmter Höhe erfolgt. Dies dient dem Zweck, dem Vollstreckungsschuldner zu erkennen zu geben, für welchen Fall der Nichterfüllung einer Handlungs-, Duldungs- oder Unterlassungspflicht ihm ein Zwangsgeld in welcher Höhe droht. Das entspricht rechtsstaatlichen Anforderungen, wie sie der Gesetzgeber in § 20 Abs. 4 LVwVG eindeutig zum Ausdruck gebracht hat (vgl. VGH Baden-Württemberg, Urteil v. 17.8.1995 – 5 S 71/95 –, NVwZ-RR 1996, 612 – juris Rdnr. 30). Bei einer Zwangsgeldandrohung im Hinblick auf mehrere Verpflichtungen hat die Behörde grundsätzlich für jede einzelne Verpflichtung Teilbeträge in bestimmter Höhe auszuweisen. Droht die Behörde in demselben Bescheid für mehrere Verpflichtungen jedoch ein einheitliches Zwangsgeld an, ohne erkennen zu lassen, ob und in welcher Höhe das Zwangsgeld fällig wird, wenn der Betroffene nicht alle Verpflichtungen fristgemäß erfüllt, so ist die Androhung rechtswidrig. Mit dem Bestimmtheitsgebot ist dagegen eine Androhung zu vereinbaren, die klar erkennen lässt, ob das einheitliche Zwangsgeld bereits dann verhängt wird, wenn der Betroffene lediglich gegen eine einzige Verpflichtung verstößt, oder ob es nur dann fällig wird, wenn er keine der Verpflichtungen erfüllt (vgl. BVerwG, Beschluss v. 22.2.2022 – 4 A 8.21 –, juris Rdnr. 6; Sächsisches OVG, Beschluss v. 20.1.2022 – 6 B 407/21 –, juris Rdnr. 39 f.; VGH Baden-Württemberg, Urteil v. 17.8.1995 – 5 S 71/95 –, NVwZ-RR 1996, 612 – juris Rdnr. 33; VG Karlsruhe, Beschluss v. 14.4.2022 – 9 K s4208/21 –; Beschluss v. 25.5.2023 – 9 K 3026/22 –, jeweils n.v.). Diesen Anforderungen genügt die streitgegenständliche Zwangsgeldandrohung.

Gemessen an den oben dargestellten Maßstäben des in § 37 Abs. 1 LVwVfG normierten Bestimmtheitsgrundsatzes ist nach dem objektiven Empfängerhorizont hinreichend klar, welches Zwangsgeld bei einer Zuwiderhandlung gegen die Ziffer 1 der Verfügung droht. Es ist formuliert, das Zwangsgeld werde in Höhe von 500,00 EUR angedroht, wenn die Klägerin den unter Ziffer 1 genannten Forderungen nicht fristgerecht nachkomme. Dies ist in hinreichend klarer Weise allein so zu verstehen, dass ein Zwangsgeld in Höhe von 500,00 EUR fällig wird, wenn die Beseitigung der Einfriedung nebst Auf-den-Stock-Setzen der Hainbuchen, in die der Zaun eingewachsen ist, innerhalb der Fristsetzung (mit der dargestellten zeitlichen Einschränkung) nicht oder nichtvollständig erfolgt ist.

4. Auch gegen die Gebührenfestsetzung in Ziffer 3 der angegriffenen Verfügung und den entsprechenden Gebührenbescheid vom 15.2.2022 bestehen keine Bedenken. Das Gericht folgt den Gründen der Verfügung (vgl. § 117 Abs. 5 VwGO). …

Nr. 135

Nach § 44 Abs. 1 Nr. 2 BNatSchG besteht ein Verbot erheblicher Störungen wild lebender Tiere streng geschützter Arten sowie europäischer Vogelarten während der für die Arterhaltung besonders sensiblen Phasen im jährlichen Zyklus (insbesondere Fortpflanzung, Aufzucht, aber auch Überwinterung).

Vom Vorliegen einer »erheblichen Störung« ist nach der Legaldefinition des § 44 Abs. 1 Nr. 2 Satz 2 BNatSchG auszugehen, »wenn sich durch die Störung der Erhaltungszustand der lokalen Population einer Art verschlechtert.«

Die Regelung einer Bauzeitenbeschränkung, mit der sämtliche störungsrelevante Bautätigkeiten im Zusammenhang mit der Errichtung von WEA in die Zeit der Überwinterung einzelner Individuen im Winterrevier beschränkt werden, ist zur Vermeidung einer erheblichen Störung der Art »Raubwürger« geeignet.

(Leitsätze der Redaktion)

BImSchG § 6 Abs. 1 Nr. 2, § 14a; BNatSchG § 44 Abs. 1 Nr. 2 Satz 2.

OVG Rheinland-Pfalz, Urteil v. 12. Juni 2024 – 8 C 11223/22.OVG –.

Aus den Gründen:

Die Klage ist zulässig und begründet.

I. Ihre Zulässigkeit ergibt sich aus der spezialgesetzlichen Vorschrift des § 14a BImSchG, die der allgemeinen Regelung der Untätigkeitsklage nach § 75 VwGO vorgeht. Danach kann der Antragsteller in einem immissionsschutzrechtlichen Genehmigungsverfahren eine verwaltungsgerichtliche Klage bereits dann erheben, wenn über seinen Widerspruch nach Ablauf von drei Monaten seit der Einlegung nicht entschieden ist, sofern nicht wegen besonderer Umstände des Falles eine kürzere Frist geboten ist. Diese Voraussetzungen liegen hier vor, nachdem der Beklagte über den Widerspruch des Klägers vom 9.8.2021 gegen den Ablehnungsbescheid vom 9.7.2021 bis zum grundsätzlich maßgeblichen Zeitpunkt der Klageerhebung am 28.12.2022 – und bis heute – nicht entschieden hat.

Es ist sachdienlich, dass die Klägerin ihr Klagebegehren von vornherein nur auf die Verpflichtung des Beklagten – unter Aufhebung des Ablehnungsbescheides vom 9.7.2021 – zur Neubescheidung ihres Genehmigungsantrags gerichtet hat. Denn die Ablehnung des Genehmigungsantrags ist im Bescheid vom 9.7.2021 ausdrücklich nur »aus artenschutzrechtlichen Gründen« erfolgt, alle übrigen nach § 6 i. V. m. § 4 BImSchG in Betracht kommenden Genehmigungsvoraussetzungen sind mithin nicht (abschließend) geprüft worden. Nach den Grundsätzen des sog. »stecken gebliebenen Genehmigungsverfahrens« kann danach hier nur eine Verpflichtung des Beklagten zur Neubescheidung erstritten werden; insbesondere ist der Senat in diesen Fällen nicht zur Spruchreifmachung der Sache im Übrigen verpflichtet.

II. Die Klage ist auch begründet.

Die Klägerin hat Anspruch auf die begehrte Verpflichtung des Beklagten zur Neubescheidung ihres Antrags auf immissionsschutzrechtliche Genehmigung zur Errichtung und zum Betrieb der in ihrem Antrag vom 9.5.2018 näher bezeichneten sechs Windenergieanlagen in den Gemarkungen Bo. und B. auf den im Antrag genannten Grundstücken. Denn der Ablehnungsbescheid vom 9.7.2021 ist rechtswidrig und verletzt die Klägerin in ihren Rechten, während der Beklagte mangels Spruchreife der Sache nicht zur Erteilung der Genehmigung, sondern nur zur erneuten Bescheidung des Antrags unter Beachtung der Rechtsauffassung des Gerichts verpflichtet werden kann (§ 113 Abs. 5 Satz 2 VwGO).

1. Der (sachlichen) Bescheidung des Genehmigungsantrags stehen zunächst keine formellen oder verfahrensrechtlichen Hindernisse entgegen. Zwar hat der Beklagte eingangs des Ablehnungsbescheides formuliert, der Antrag werde »auf der Grundlage des § 20 Abs. 2 der Neunten Verordnung zur Durchführung des Bundes-Immissionsgesetzes (Verordnung über das Genehmigungsverfahren – 9. BImSchV) … abgelehnt.« Dies ist jedoch in dem Bescheid in keiner Weise begründet worden und der Beklagte hat hierzu auch im weiteren Verlauf des Verwaltungs- und des gerichtlichen Verfahrens nichts zur Begründung vorgetragen. Die Voraussetzungen für eine Ablehnung des Antrags nach dieser Vorschrift liegen auch ersichtlich nicht vor. Hierzu ist lediglich anzumerken:

Gemäß § 20 Abs. 2 Satz 1 der 9. BImSchV »ist der Antrag abzulehnen, sobald die Prüfung ergeben hat, dass die Genehmigungsvoraussetzungen nicht vorliegen und ihre Erfüllung nicht durch Nebenbestimmungen sichergestellt werden kann«; nach § 20 Abs. 2 Satz 2 der 9. BImSchV »soll« der Antrag »abgelehnt werden, wenn der Antragsteller einer Aufforderung zur Ergänzung der Unterlagen innerhalb einer gesetzten Frist, die auch im Falle ihrer Verlängerung drei Monate nicht überschreiten soll, nicht nachgekommen ist«. Im Ablehnungsbescheid vom 9.7.2021 findet sich eingangs schon keine Differenzierung danach, ob Satz 1 oder 2 der Vorschrift Anwendung finden soll, erst recht enthält er keine Ausführungen dazu, dass und weshalb die Erfüllung der (fehlenden) Genehmigungsvoraussetzungen i. S. des Satzes 1 der Vorschrift auch nicht durch Nebenbestimmungen sichergestellt werden kann; die Voraussetzungen von Satz 2 sind ohnehin schon mangels entsprechender Aufforderung und Fristsetzung nicht erfüllt. Die insoweit allein einschlägige Anmerkung auf Seite 23, 1. Abs. des Bescheides, die »Antragsunterlagen blieben trotz mehrfacher Aufforderung … unvollständig«, ist völlig unbestimmt und nicht nachvollziehbar begründet.

2. Da der Ablehnungsbescheid die beantragte Genehmigung letztlich allein »aus artenschutzrechtlichen Gründen« versagt hat, ist im vorliegenden Verfahren in materiell-rechtlicher Hinsicht allein die Frage zu klären, ob der Errichtung und dem Betrieb der sechs streitgegenständlichen Windenergieanlagen (im Folgenden: WEA) Verbotstatbestände des § 44 Abs. 1 BNatSchG als »andere öffentlich-rechtliche Vorschriften« i. S. v. § 6 Abs. 1 Nr. 2 BImSchG entgegenstehen. Sofern dies der Fall sein sollte, wäre ergänzend zu klären, ob die Einhaltung der artenschutzrechtlichen Bestimmungen durch mittels Nebenbestimmungen angeordnete Schutzmaßnahmen (i. S. v.. § 45b Abs. 3 Nr. 2 i. V. m. Anlage 1 Abschnitt 2 BNatSchG) sichergestellt werden kann.

Zur Überzeugung des Senats steht indessen fest, dass dem zur Genehmigung gestellten Vorhaben der Klägerin keine Verbotstatbestände des § 44 Abs. 1 BNatSchG entgegengehalten werden können.

a. Da der Beklagte mit Schriftsatz vom 5.1.2023 klargestellt hat, dass er »die im Ablehnungsbescheid dargestellten naturschutzrechtlichen Bedenken hinsichtlich des Vorkommens des Rotmilans und des Schwarzstorchs« als »im Rahmen des Widerspruchsverfahrens ausgeräumt« ansieht, beschränkt sich die Prüfung auf die Frage, ob hinsichtlich des Vorkommens der streng geschützten Vogelart »Raubwürger« (lanius excubitor) Verbotstatbestände des § 44 Abs. 1 BNatSchG durch Errichtung und/oder Betrieb der beantragten WEA 1 bis 6 (oder einzelne davon) erfüllt werden und ggf. auch nicht durch mittels Nebenbestimmungen anzuordnende Schutzmaßnahmen ausgeschlossen werden können. Im Ergebnis ist jedoch auch hinsichtlich der Art »Raubwürger« eine Erfüllung von Verbotstatbeständen des § 44 Abs. 1 BNatSchG nicht gegeben.

Dabei geht der Senat davon aus, dass es ein Vorkommen des Raubwürgers im Umfeld der WEA-Standorte gibt, was im Übrigen auch zwischen den Beteiligten unstreitig ist. Hierzu kann insbesondere auf die »Dokumentation von Raubwürger-Nachweisen im Bereich Bo.-B.« mit Markierung von Beobachtungspunkten in der Luftbildübersicht (Bl. 879 der Verwaltungsakte Band II) sowie auch auf die zuletzt als Anlage TP 6 zum Schriftsatz der Klägerin vom 27.5.2024 (Bl. 208 R ff. der Gerichtsakte) vorgelegte »Kurzdarstellung über die Ergebnisse der im Jahre 2021 durchgeführten Kartierungen zur Erfassung der Winterquartiere des Raubwürgers …« des Gutachterbüros e. verwiesen werden, wonach es einzelne Beobachtungen von Raubwürgern auch im Februar und April 2021 im Untersuchungsraum gab. Der Senat verkennt auch keineswegs die Bedeutung dieses Vorkommens als Reliktverkommen einer in Rheinland-Pfalz »vom Aussterben bedrohten Art« (Rote Liste, Kategorie 1) (vgl. dazu Isselbächer/Isselbächer, Vogelschutz und Windenergie in Rheinland-Pfalz, S. 53; siehe auch die Stellungnahme der Unteren Naturschutzbehörde des Beklagten vom 17.1.2022, S. 2, Bl. 887 VA II).

b. Zur Überzeugung des Senats steht indessen fest, dass auch hinsichtlich der Vogelart »Raubwürger« durch die Errichtung und/oder den Betrieb der hier in Rede stehenden sechs WEA der Klägerin weder der Tötungsverbotstatbestand des § 44 Abs. 1 Nr. 1 BNatSchG (dazu nachfolgend unter aa.) noch der Störungsverbotstatbestand des § 44 Abs. 1 Nr. 2 BNatSchG (nachfolgend unter bb.) erfüllt sein wird; das Lebensstättenbeschädigungsverbot des § 44 Abs. 1 Nr. 3 BNatSchG ist hier von vornherein nicht einschlägig (dazu unter cc.).

aa. Tötungsverbotstatbestand (§ 44 Abs. 1 Nr. 1 BNatSchG)

Das Vorhaben verstößt hinsichtlich des Raubwürgers nicht gegen das artenschutzrechtliche Tötungsverbot des § 44 Abs. 1 Nr. 1 BNatSchG.

Dabei steht außer Frage, dass der Raubwürger von dieser Schutzvorschrift erfasst wird. Denn es handelt sich bei ihm um ein wild lebendes Tier der geschützten Arten im Sinne von § 44 Abs. 1 BNatSchG und er zählt überdies als europäische Vogelart nach § 7 Abs. 2 Nr. 12 BNatSchG i. V. m. Art. 1 der Vogelschutzrichtlinie sowie als in der Spalte 3 der Anlage 1 zur Bundesartenschutzverordnung (BArtSchV) mit einem Kreuz gekennzeichnete Art zu den besonders geschützten Arten im Sinne von § 7 Abs. 2 Nr. 13 lit. c BNatSchG sowie zu den streng geschützten Arten im Sinne des § 7 Abs. 2 Nr. 14 lit. c BNatSchG.

Hinsichtlich der Frage, ob eine danach geschützte Art von dem Zugriffsverbot des § 44 Abs. 1 Nr. 1 BNatSchG betroffen ist, ist insbesondere von folgenden rechtlichen Beurteilungsmaßstäben auszugehen:

Das Zugriffsverbot ist individuenbezogen, d. h. es zielt grundsätzlich auf den Schutz der Individuen ab, ohne populationsbezogene Relativierung. Jedoch findet dieser Grundsatz seine Einschränkung durch den »Signifikanzansatz« gemäß § 44 Abs. 5 S. 2 Nr. 1 BNatSchG u. a. auch bei europäischen Vogelarten, »wenn die Beeinträchtigung durch einen Eingriff in Natur und Landschaft oder ein Vorhaben i. S. d. § 18 Abs. 2 S. 1 BNatSchG auch unter Berücksichtigung von Vermeidungsmaßnahmen das Tötungs- und Verletzungsrisiko für Exemplare der betroffenen Arten nicht signifikant erhöht und diese Beeinträchtigung unvermeidbar ist.« Eine »signifikante Erhöhung des Tötungs- (und Verletzungs-)risikos« liegt danach vor, wenn besondere Umstände im Wirkraum des Vorhabens bestehen, die das Tötungs- und Verletzungsrisiko der entsprechenden Individuen unter Berücksichtigung artspezifischer Verhaltensweisen in bedeutsamer Weise gegenüber dem »Grundrisiko« aus dem allgemeinen Naturgeschehen (auch unter Berücksichtigung menschlicher Aktivitäten oder Nutzung des Raumes) erhöhen; dabei sind Vermeidungsmaßnahmen zu berücksichtigen, soweit fachwissenschaftlich anerkannt.

Danach ist ein signifikant erhöhtes Tötungsrisiko für den Raubwürger durch den Betrieb der beantragten WEA nicht festzustellen. Dabei geht es konkret um die Frage, ob die Art »Raubwürger« bei dem Betrieb von WEA einem signifikant erhöhten Tötungsrisiko durch Kollision mit den Rotoren von WEA unterliegt.

Offenbleiben kann in diesem Zusammenhang, ob eine verbindliche gesetzliche Klärung fehlender Kollisionsgefahr für den Raubwürger schon deshalb vorliegt, weil die Art nicht in der Liste kollisionsgefährdeter Brutvogelarten gemäß der Anlage 1 Abschnitt 1 zu § 45b BNatSchG enthalten ist. Nach dem Wortlaut des § 45b Abs. 1 BNatSchG enthält die Vorschrift nur Maßgaben »für Exemplare kollisionsgefährdeter Brutvogelarten im Umfeld der Brutplätze«; ob dies im Umkehrschluss bedeutet, dass nur die dort genannten Arten aufgrund verbindlicher gesetzlicher Wertung als kollisionsempfindlich anzusehen und die behördliche Prüfung auf sie zu beschränken ist, ist in der Fachliteratur umstritten. Nach einer Meinung wäre eine derartige Auslegung mit EU-Recht unvereinbar, da sie zur Konsequenz hätte, dass zahlreichen

Brutvogelarten, die wegen ihres artspezifischen Verhaltens durch den Betrieb von WEA gefährdet werden und nach aktueller fachwissenschaftlicher Erkenntnis kollisionsgefährdet sind, der Schutz des § 44 Abs. 1 Nr. 1, Abs. 5 S. 2 Nr. 1 BNatSchG entzogen würde (so insbesondere Gellermann, in: Landmann/Rohmer, § 45b BNatSchG, Rdnr. 7 f., m. w. N.); danach wäre die Liste kollisionsgefährdeter Brutvogelarten nach Anlage 1 Abschnitt 1 als nicht abschließend anzusehen (a. A. offenbar OVG NRW, Urteil v. 24.8.2023 – 22 D 201/22.AK –, juris, Rdnr. 161: »Hinsichtlich der Betriebsphase ist zunächst festzustellen, dass der Raubwürger in Abschnitt 1 der Anlage 1 zu § 45b Abs. 1 bis 5 BNatSchG nicht als kollisionsgefährdete Art aufgeführt ist und demnach insoweit keinem Tötungsrisiko nach § 44 Abs. 1 Nr. 1 BNatSchG unterliegt«).

Die Frage bedarf indessen hier keiner Klärung. Denn nach dem aktuellen Stand fachwissenschaftlicher Erkenntnis zum Kollisionsrisiko des Raubwürgers an WEA ist davon auszugehen, dass es für die Annahme eines signifikant erhöhten Tötungs- oder Verletzungsrisikos durch den Betrieb von WEA für die Art »Raubwürger« keine tragfähige naturschutzfachliche Grundlage gibt:

Soweit für den Senat ersichtlich, wird der Raubwürger nur in einer Fachkonvention als (durch den Betrieb von WEA) »kollisionsgefährdet« i. S. v. § 44 Abs. 1 Nr. 1 BNatSchG eingestuft. In den »Hinweisen zur Erfassung und Bewertung von Vogelvorkommen bei der Genehmigung von Windenergieanlagen« der Landesanstalt für Umwelt Baden-Württemberg vom 15.2.2021, S. 131 f., heißt es im Rahmen eines sog. »Artsteckbriefs« für den Raubwürger, innerhalb eines Radius von 500 m um die Fortpflanzungs- und Ruhestätten der Art bestehe durch den Betrieb von WEA ein signifikant erhöhtes Tötungsrisiko, es sei denn, der Gefahrenbereich der WEA werde »nicht oder nicht häufig frequentiert.« Diese ohnehin wenig präzise Einschätzung wird aus Sicht des Senats nicht hinreichend aussagekräftig begründet und stützt sich erkennbar auch nicht auf eine hinreichend tragfähige empirische Grundlage, wenn etwa lediglich auf eine »Kollisionsgefährdung vor allem während der Wintermonate (Vogeljagd)« verwiesen wird, und zur Begründung davon die Rede ist, es seien »in Deutschland bisher 2 Schlagopfer nachgewiesen (Dürr 2020)«; zugleich wird zur »Situation in Baden-Württemberg« die Angabe »Brutbestand BW: 0« gemacht. Zudem steht es in einem gewissen Widerspruch, wenn der Art sowohl eine Kollisionsgefährdung als auch ein Meideverhalten gegenüber WEA attestiert wird, ohne dieses Spannungsverhältnis in der Begründung nachvollziehbar aufzulösen. Der Senat teilt daher die Auffassung des OVG NRW, dass aus diesem Leitfaden keine tragfähigen Rückschlüsse auf eine signifikante Erhöhung des Tötungs- und Verletzungsrisikos für Individuen der Art »Raubwürger« infolge einer Gefahr von Kollisionen mit WEA abgeleitet werden können (s. a. OVG NRW, Urteil v. 24.8.2023, a. a. O., Rdnr. 166: »nicht nachvollziehbar«).

Im Übrigen wird der Raubwürger in naturschutzfachlichen Leitfäden entweder gar nicht als »windkraftsensibel« erwähnt oder jedenfalls nicht als kollisionsgefährdete Art eingestuft (z. B. im »Naturschutzfachlichen Rahmen zum Ausbau der Windenergienutzung in Rheinland-Pfalz« vom 13.9.2012: Keine Aufnahme der Art in die Tabelle 5, S. 15 »Liste der windkraftsensiblen Brutvogelarten in Rheinland-Pfalz«; in den »Abstandsempfehlungen für Windenergieanlagen zu bedeutsamen Vogellebensräumen sowie Brutplätzen ausgewählter Vogelarten« – sog. »Helgoländer Papier« – der Landesarbeitsgemeinschaften der Vogelschutzwarten i. d. F. vom 15.4.2015 keine Aufnahme in die Tabelle 2, S. 4 der Übersicht über fachlich empfohlene Mindestabstände von WEA zu Brutplätzen bzw. Brutvorkommen WEA-sensibler Vogelarten; nach Bernotat & Dierschke »Übergeordnete Kriterien zur Bewertung der Mortalität wildlebender Tiere im Rahmen von Projekten und Eingriffen« – Stand: 20.9.2016 – wird einerseits auf S. 109 für den Raubwürger das artspezifische Kollisionsrisiko an WEA als »gering« eingestuft, andererseits auf S. 111 bei der »vorhabentypspezifischen Mortalitätsgefährdung von Brutvogelarten an WEA« der Raubwürger zusammen mit weiteren Arten in die Gefährdungsklasse C. 7 »mittlere vorhabentypspezifische Mortalitätsgefährdung« eingeordnet, ohne dass dies allerdings näher begründet, insbesondere durch empirische Daten etwa zu Schlagopfern gestützt wird; auch in Laux/Bernshausen, Artenhilfskonzept Raubwürger in Hessen, S. 99 ff.: Keine Erwähnung einer Kollisionsgefahr an WEA als Gefährdungsgrund und Ursache für Bestandsrückgänge der Art).

Danach kann sich die Einschätzung der Unteren Naturschutzbehörde des Beklagten namentlich in ihrer ergänzenden Stellungnahme vom 17.1.2022 (Bl. 888 ff. VA II) zum Widerspruch der Klägerin und dem dazu vorgelegten »Maßnahmenkonzept Raubürger« des Gutachterbüros e., dass hinsichtlich des Raubwürgers »weder ein anlage- noch betriebsbedingtes Mortalitätsrisiko in Gänze ausgeschlossen werden« könne (S. 6), sowie deren Annahme einer (potentiellen) Erfüllung des Tötungsverbots durch ein »mindestens hohes konstellationsspezifisches Risiko« (S. 7) schon nicht auf eine anerkannte naturschutzfachliche Einschätzung stützen; zudem ist der angewandte Maßstab ersichtlich nicht mit dem oben dargestellten Erfordernis der Begründung einer »signifikanten Erhöhung« des Tötungsrisikos vereinbar.

bb. Störungsverbotstatbestand (§ 44 Abs. 1 Nr. 2 BNatSchG)

Zur Überzeugung des Senats steht weiter fest, dass hinsichtlich von Individuen des Raubwürgers im Wirkraum des Vorhabens durch dessen Errichtung und/oder Betrieb auch der sog. Störungsverbotstatbestand des § 44 Abs. 1 Nr. 2 BNatSchG nicht erfüllt werden wird.

Insoweit ist auf folgende rechtliche Bewertungsmaßstäbe abzustellen:

Nach § 44 Abs. 1 Nr. 2 BNatSchG besteht ein Verbot erheblicher Störungen wild lebender Tiere streng geschützter Arten sowie europäischer Vogelarten während der für die Arterhaltung besonders sensiblen Phasen im jährlichen Zyklus (insbesondere Fortpflanzung, Aufzucht, aber auch Überwinterung). Vom Vorliegen einer »erheblichen Störung« ist nach der Legaldefinition des § 44 Abs. 1 Nr. 2 Satz 2 BNatSchG auszugehen, »wenn sich durch die Störung der Erhaltungszustand der lokalen Population einer Art verschlechtert.« Dabei ist auch der Störungsverbotstatbestand individuenbezogen, d. h. schon die Störung einzelner Exemplare einer Art genügt, wenn sich dadurch der Erhaltungszustand der lokalen Population der betroffenen Art verschlechtert. Unter dem Begriff »lokale Population« wird die »Gesamtheit der Individuen einer Art, die während einer bestimmten Phase im jährlichen Zyklus in einem anhand ihrer jeweiligen Habitatansprüche abgrenzbaren Raum vorkommen«, verstanden (vgl. z. B. Gellermann, a. a. O., Rdnr. 12, m. w. N.). Für das Überschreiten der »Erheblichkeitsschwelle« kann die Gesetzesbegründung herangezogen werden (BT-Drs. 16/5100, S. 11; s. a. Gellermann, a. a. O., Rdnr. 13, m. w. N.): Danach liegt eine Verschlechterung des Erhaltungszustands der lokalen Population namentlich vor, wenn die Überlebenschancen, der Bruterfolg oder die Reproduktionsfähigkeit vermindert werden; die Beurteilung der Erheblichkeit einer Störung ist dabei artspezifisch für den jeweiligen Einzelfall vorzunehmen; sie ist am ehesten berechtigt, wenn Exemplare seltener oder stark gefährdeter Arten gestört werden, die gestörten Individuen kleinen lokalen Populationen angehören oder eine Störung sämtliche Tiere des in Rede stehenden Bestandes betrifft (vgl. Gellermann, a. a. O., m. w. N.); eine Berücksichtigung von Ausweichräumen kommt nur in Betracht, wenn diese geeignet und nicht schon durch Individuen der betroffenen Art besetzt sind (vgl. wie vor).

Nach dem oben Ausgeführten ist vom Vorhandensein einer oder mehrerer lokaler Popuationen der Art »Raubwürger« im Umfeld der Vorhaben auszugehen (vgl. insbesondere die Luftbildübersicht, Bl. 879 VA II).

Zur Frage einer artspezifischen Störungsempfindlichkeit des Raubwürgers gibt es indessen nur wenige Quellen von letztlich nicht hinreichendem Aussagewert. So heißt es etwa bei Isselbächer/Isselbächer (a. a. O., S. 53), »WEA führen zu einer Erhöhung des Störungsdrucks infolge infrastruktureller und verkehrstechnischer Maßnahmen … dies kann zur Aufgabe von Brutrevieren führen …besonders kritisch (sind)… Standortplanungen in Gebieten … in denen Raubwürger auf bereits suboptimale oder isolierte Brutbiotope angewiesen (sind) …«; diese Einschätzung ist zu wenig konkret. Die Landesanstalt für Umwelt Baden-Württemberg (a. a. O., S. 131 f.) führt aus: »Innerhalb eines Radius von 500 m um die Fortpflanzungsstätte sowie in den häufig frequentierten Nahrungshabitaten und Flugkorridoren können durch die Errichtung und den Betrieb von WEA erhebliche Störungen auftreten …«; eine am rechtlichen Maßstab der »Erheblichkeit« orientierte nachvollziehbare, insbesondere durch empirische Befunde gestützte Begründung findet sich dazu nicht. Laux/Bernshausen (a. a. O., S. 103 f.) nennen »Störungen im Brutplatzumfeld« durch »optische Reize – vor allem anthropogene Aktivitäten« sowie »akustische Reize bzw. Lärm« als Ursachen für Bestandsrückgänge, stufen jedoch »Störungen durch Lärm, sollte es sich nicht um Dauerlärm handeln und geht dieser nicht mit anthropogenen Aktivitäten einher«, als »vernachlässigbar« ein, soweit »nicht im direkten Nistplatzumfeld«; auch daraus ergibt sich kein hinreichend klares Bild einer spezifischen, ggf. erheblichen Störungsempfindlichkeit der Art gerade in Bezug auf die Errichtung und/oder den Betrieb von WEA.

Zwar mag die Seltenheit und Rückläufigkeit der Bestände der Art eine gewisse Vermutung für eine grundsätzlich hohe Störungsempfindlichkeit gegenüber anthropogenen Lebensraumveränderungen begründen; zudem spricht der geringe Restbestand für die Erheblichkeit des Verlustes schon eines Brutplatzes bzw. -reviers für die lokale Population. Dies entbindet den Beklagten jedoch nicht von der Notwendigkeit, das Vorliegen einer erheblichen Störung von Individuen der Art gerade durch Auswirkungen der Errichtung und des Betriebs des zur Genehmigung gestellten Vorhabens naturschutzfachlich vertretbar zu begründen. Daran fehlt es hier.

Dabei wäre der Beklagte insbesondere auch deshalb gehalten gewesen, seine Auffassung, dass es durch den Betrieb der streitgegenständlichen WEA zu einer erheblichen Störung von Individuen der lokalen Population des Raubwürgers kommen wird, naturschutzfachlich »nachzuschärfen«, weil er sowohl von der Klägerin als auch vom Senat im Erörterungstermin darauf hingewiesen wurde, dass in der obergerichtlichen Rechtsprechung die gegenteilige Auffassung vertreten wird: Nach dem Urteil des OVG NRW vom 1.3.2021 (Az. 8 A 1183/18, BauR 2021, S. 1105 u. juris, Rdnr. 257 ff.) sind der Raubwürger sowie der naheverwandte Neuntöter »nach dem aktuellen fachwissenschaftlichen Erkenntnisstand … nicht windenergiesensibel, d. h. sie sind nicht schlaggefährdet und … auch nicht störungsempfindlich …«; eine Windenergieempfindlichkeit ergebe sich auch nicht aus der »Arbeitshilfe Vögel und Straßenverkehr – Ausgabe 2010« des Bundesministeriums für Verkehr, Bau und Stadtentwicklung oder aus dem Gutachten von Isselbächer/Isselbächer zu Vogelschutz und Windenergie in Rheinland-Pfalz vom April 2001. An dieser Einschätzung hat das OVG NRW inzwischen in einer weiteren Entscheidung festgehalten (Urteil v. 24.8.2023, a. a. O., Rdnr. 163 ff.), worauf der Beklagte im Termin zur mündlichen Verhandlung nochmals hingewiesen wurde.

Dem ist der Beklagte nicht substantiiert entgegengetreten; insbesondere konnte er eine Stellungnahme des Landesamtes für Umwelt Rheinland-Pfalz (LfU), deren Einholung der Senat im Erörterungstermin vorsorglich angeregt hatte, nicht vorlegen, da eine solche vom LfU entgegen seiner Verpflichtung aus § 3 Satz 1 LNatSchG zur Unterstützung der Landesbehörden verweigert worden sei (vgl. Bl. 151 ff. GA). Dies muss nach dem Grundsatz der Einheit der Verwaltung sowie nach dem allgemeinen Rechtsgedanken des § 444 ZPO zu Lasten des Beklagten gewertet werden.

Soweit der Beklagte mit Schriftsatz vom 29.9.2023 (Bl. 151 GA) einen »Beweisantrag« angekündigt hat, zu dem Thema »Welche Auswirkungen haben Errichtung und Betrieb der streitbefangenen WEA auf den Bestand der lokalen Raubwürgerpopulation?« ein Sachverständigengutachten des

Ornithologen und früheren Leiters des Referates Biologische Vielfalt und Artenschutz beim LfU L. S. einzuholen, ohne einen solchen Beweisantrag allerdings im Termin zur mündlichen Verhandlung zu stellen, besteht für den Senat keine Veranlassung, einer darin liegenden Anregung zur Einholung eines Sachverständigengutachtens zu dem genannten Thema durch den benannten Sachverständigen nachzukommen. Vielmehr wäre ein solcher Beweisantrag im Termin als unsubstantiiert bzw. als unzulässiges Beweisermittlungsersuchen abzulehnen gewesen. Der Beklagte formuliert keine konkrete Tatsachenbehauptung hinsichtlich von ihm angenommener bestimmter Auswirkungen der geplanten WEA auf in deren Wirkbereich vorkommende Individuen des Raubwürgers, sondern will mögliche, nicht näher spezifizierte, lediglich vermutete »Auswirkungen auf die lokale Population« durch den benannten Sachverständigen zunächst ermitteln lassen; zudem fehlt es an einer Darlegung, über welches besondere, dem Gutachter des Büros e., der das von der Klägerin vorgelegte »Maßnahmenkonzept Raubwürger« erstellt hat, überlegene Fachwissen zur Frage einer Störungsempfindlichkeit des Raubwürgers in Bezug auf Errichtung und Betrieb von WEA der (inzwischen pensionierte) Ornithologe S. (als ehemaliger Leiter des zuständigen Referats beim LfU) verfügen soll.

Ausgehend von der dargestellten naturschutzfachlichen Erkenntnislage ist vielmehr festzustellen, dass danach keine hinreichenden Anhaltspunkte dafür bestehen, dass es durch die Errichtung und/oder den Betrieb der streitgegenständlichen WEA zu einer erheblichen Störung von Individuen der lokalen Raubwürgerpopulation kommen könnte, die ggf. auch nicht durch in Gestalt von als Nebenbestimmungen zur Genehmigung anzuordnende Schutzmaßnahmen auszuräumen wäre. Dies gilt gleichermaßen für mögliche bau-, anlage- oder betriebsbedingte Störungen.

(1) Baubedingte Störungen

So ist der Senat zunächst davon überzeugt, dass etwaige Störungen des Raubwürgers während der Bauphase der WEA zumindest durch Schutzmaßnahmen, die als Nebenbestimmungen anzuordnen wären, unter der Schwelle der Erheblichkeit gehalten werden können.

Als relevante Störwirkungen beim WEA-Bau kommen in Betracht optische und akustische Störreize beim Bau der WEA selbst als auch der Zuwegungen (einschließlich der Herstellung von Kranstell-, Vormontage-, Abstell- und Lagerflächen, insbesondere auch durch Baustellenverkehr mit LKW); Anhaltspunkte für einen baubedingten direkten Lebensraumverlust gibt es hingegen unstreitig nicht, denn die UNB des Beklagten hat der Aussage im »Maßnahmenkonzept Raubwürger« des Büros e., dass keine Baumaßnahmen innerhalb potentieller Brutreviere stattfinden werden (vgl. e.-Gutachten, a. a. O., S. 18 und 21), nicht widersprochen.

Unterschiedlich bewertet vom e.-Gutachten einerseits und der UNB des Beklagten andererseits wird vielmehr lediglich die Frage der Vermeidbarkeit erheblicher baubedingter Störungen: So sieht das e.-Gutachten (a. a. O., S. 21 bis 33) hinsichtlich der WEA 1 bis 5 zur Vermeidung erheblicher baubedingter Störungen eine Beschränkung sämtlicher Bautätigkeiten durch Herrichtung der Bauflächen einschließlich des Baustellenverkehrs auf den Zeitraum von Mitte Oktober bis Mitte Februar (Maßnahme V 1), hinsichtlich der WEA 3 bis 5 zusätzlich auch die Beschränkung der Errichtung der WEA 3 bis 5 auf diesen Zeitraum (Maßnahme V 2), als eine hinreichend wirksame Vermeidungsmaßnahme an; lediglich hinsichtlich der WEA 6 soll die endgültige Antragstellung erst nach Vorlage eines positiven Monitoring-Ergebnisses erfolgen (Maßnahme V 3).

Demgegenüber hat die UNB des Beklagten in ihrer ergänzenden Stellungnahme vom 17.1.2022 (a. a. O., S. 8 – 13) an ihrer Annahme festgehalten, dass hinsichtlich aller WEA-Standorte mit erheblichen (auch) baubedingten Störungen zu rechnen sei, wobei »der Standort der WEA 6 zusammen mit den Standorten WEA 2, WEA 3 und WEA 4 am kritischsten zu beurteilen« sei (S. 11), der Standort WEA 1 zumindest wegen des Verlaufs der Zuwegungen (S. 8 f.), der Standort WEA 5 werde »als der vergleichsweise unkritischste Standort« angesehen, aber auch dort seien »von den Bautätigkeiten ausgehende Störreize … zu Beginn der Brutzeit nicht ausgeschlossen« (S. 11 oben); die Vermeidungsmaßnahmen V 1 und V 2 (Bauzeitregelung) seien wegen nicht belegbarer geringerer Störanfälligkeit der Art im Winterrevier (zudem wegen Annahme einer möglichen Revierbegründung bereits ab Januar, vgl. S. 7) ungeeignet (S. 12).

Grund für den fachlichen Dissens dürfte die Annahme unterschiedlicher »Fluchtdistanzen« der Art bzw. von Wirkbereichen der WEA in Bezug auf die Art sein (ecoda: Artspezifische Fluchtdistanz bei anthropogenen Störungen 150 m, vgl. S. 19 m. w. N. / UNB: Radius von »300 bis 500 m um Fortpflanzungsstätten und Nahrungshabitaten«, S. 8, m. w. N.; tatsächlich aber ohne weitere Begründung 500 m angewendet bei einzelnen WEA-Standorten, S. 8 ff.); zudem besteht eine unterschiedliche Einschätzung der Störungsempfindlichkeit im Winterrevier (e.: Höhere Toleranz bei wiederkehrenden Störungen, S. 19, dabei zeitliche Bemessung »Mitte Oktober bis Mitte Februar«, siehe V 1 und V 2; UNB: Keine sichere Annahme geringerer Störanfälligkeit im Winterrevier, zudem früherer Beginn der Paarungszeit, S. 12).

Nach Auffassung des Senats vermögen die Kritikpunkte des Beklagten nicht zu überzeugen. Dabei geht der Senat davon aus, dass es letztlich nur um die Frage gehen kann, ob etwaige erhebliche Störungen in der Bauphase durch die vorgeschlagene Bauzeitenregelung (Verlegung aller störungsrelevanten Bautätigkeiten in den Zeitraum Mitte Oktober bis Mitte Februar; im Falle der WEA 6 zusätzlich eine Zurückstellung der Errichtung bis zur Vorlage eines Monitoring-Ergebnisses) hinreichend sicher vermieden werden können. Dies ist aus Sicht des Senats zu bejahen.

Dabei ist ausschlagend, dass es für die Art »Raubwürger« charakteristisch ist, dass es sich bei den nördlichsten Populationen der Art, die insgesamt von

Nordeuropa bis nach Afrika und Asien verbreitet ist, um eine Zugvogelart handelt, während die Zugbereitschaft nach Süden kontinuierlich abnimmt; nur die Vögel im südlichen und südöstlichen Verbreitungsbereich sind Standvögel (vgl. Artikel »Raubwürger« im Online-Lexikon wikipedia, m. w. N.). Danach spricht aus Sicht des Senats alles dafür, dass in dem hier in Rede stehenden Lebensraum in der Vulkaneifel allenfalls einzelne Exemplare überwintern. Zudem ist auch aus Sicht des Senats davon auszugehen, dass die eventuellen Winterreviere deutlich größer sind als die Reviere in der Brutzeit, deren Beginn unter den klimatischen Bedingungen der Vulkaneifel nach wie vor – wie von e. angenommen – in aller Regel nicht vor dem Beginn des Monats März realistisch angenommen werden kann, und dass in den Winterrevieren, wie von e. nachvollziehbar dargelegt, von einer geringeren Standortbindung als in der Brutzeit und wegen sich daraus ergebender räumlicher und zeitlicher Ausweichmöglichkeiten bei der Nahrungssuche von einer deutlich geringeren Störungsempfindlichkeit der Art gegenüber optischen und akustischen Reizen in dieser Zeit ausgegangen werden kann.

Der Senat teilt daher die Auffassung des OVG NRW (Urteil v. 24.8.2023, a. a. O., Rdnr. 160), wonach jedenfalls die Regelung einer Bauzeitenbeschränkung, mit der sämtliche störungsrelevante Bautätigkeiten im Zusammenhang mit der Errichtung von WEA in die Zeit der Überwinterung einzelner Individuen im Winterrevier beschränkt werden, zur Vermeidung einer erheblichen Störung der Art »Raubwürger« geeignet ist. Das OVG NRW hat dabei sogar die Regelung einer Bauzeitenbeschränkung auf einen Zeitraum, der außerhalb des Zeitraums vom 1.3.bis zum 31. August eines jeden Jahres liegt, in dem nach der dortigen Nebenbestimmung eine Kontrolle im Umkreis von 500 m um den Vorhabenstandort auf bodenbrütende Vogelarten durch den ökologischen Baubegleiter stattfinden sollte, also auf die Zeit vom 1. September bis Ende Februar eines jeden Jahres, für ausreichend angesehen, und dazu näher ausgeführt: »Außerhalb dieses Zeitraums ist schon nicht ersichtlich, dass der Raubwürger – insbesondere während der Überwinterung einzelner Individuen im Winterrevier – eine artenschutzrechtlich relevante Störung durch Bautätigkeit erfahren könnte, zumal ein mit einer Brut vergleichbarer Ortsbezug in diesem Zeitraum der Überwinterung nicht besteht (…).« Hierzu wurde darauf verwiesen, dass die Reviere des Raubwürgers eine Größe von bis zu 100 ha, je nach Habitat und Witterungsbedingungen sogar bis zu 144 ha haben und die Winterreviere sogar noch größer als die Sommerreviere seien, und hieraus gefolgert: »Dass ein einmaliges und punktuelles Ereignis in einem Bereich, der voraussichtlich maximal 1 % dieser Fläche tangieren kann, den Grad einer artenschutzrechtlich relevanten Störung erreichen könnte, ist angesichts dessen allenfalls ein hypothetisches Szenario.« Dem schließt sich der erkennende Senat an.

Obwohl die Klägerin und der Senat auf diese Rechtsprechung hingewiesen haben, ist von Seiten des Beklagten das Festhalten an seiner Annahme, dass doch eine relevante baubedingte Störung von Vorkommen des Raubwürgers zu befürchten sei, in keiner Weise fachlich überzeugend untermauert worden.

(2) Anlagebedingte Störungen

Erst recht vermag der Senat nicht zu erkennen, dass unabhängig von der Bauphase auch das bloße Vorhandensein der WEA in dem von der lokalen Population besiedelten Naturraum eine relevante Störwirkung haben könnte.

Dabei ist die Abgrenzung zu baubedingten Störungen einerseits und betriebsbedingten Störungen andererseits wie folgt vorzunehmen: »Anlagebedingte Störungen« sind nur solche, die gerade durch das Vorhandensein der errichteten Anlage – auch, wenn nicht in Betrieb – ausgelöst werden (gleichsam als anthropogener »Fremdkörper« in einer insoweit bisher »ungestörten« Umgebung).

Sowohl von e. (S. 33) als auch von der UNB (S. 6 f. u. 8 ff.) wurde insoweit keine Differenzierung vorgenommen, aber mit unterschiedlichem Ergebnis:

Nach e. (Nr. 4.4, S. 33, im Rahmen »gemeinsamer« Betrachtung) gibt es »keinen Anhaltspunkt, dass eine der geplanten WEA oder auch alle WEA gemeinsam anlage- oder betriebsbedingt zu einer Verminderung der Habitatqualität oder gar zu einem Habitatverlust führen könnten« (Begründung: Es gebe bislang keinen Hinweis, dass Raubwürger die Nähe von WEA anlage- oder betriebsbedingt meiden).

Nach der UNB (S. 7) sollen hingegen »auch anlage- und betriebsbedingte Störungen infolge von Geräuschimmissionen und visuellen Reizen ... nicht ausgeschlossen« sein. Eine spezifisch anlagenbezogene Begründung hierfür wird allerdings nicht ansatzweise gegeben.

Die verfügbaren naturschutzfachlichen Quellen geben jedenfalls für spezifisch anlagebedingte Störungen nichts Überzeugendes her. Soweit allein die Landeanstalt für Umwelt Baden-Württemberg (a. a. O., S. 131) apodiktisch ausführt: »Zusätzlich weist diese Art ein Meideverhalten gegenüber WEA auf«, ist dies dort nicht ansatzweise empirisch näher begründet worden.

Danach besteht aus Sicht des Senats kein hinreichender Anlass, der Frage spezifisch anlagebedingter Störungen der Art weiter nachzugehen.

(3) Betriebsbedingte Störungen

Letztlich gelangt der Senat zu dem Ergebnis, dass auch keine tragfähige naturschutzfachliche Grundlage für die Annahme besteht, die Individuen der lokalen Raubwürgerpopulation könnten eine erhebliche Störung i. S. v. § 44 Abs. 1 Nr. 2 BNatSchG speziell durch den Betrieb der beantragten WEA erfahren.

Dabei sind »betriebsbedingte Störungen« einerseits gegenüber einem »betriebsbedingten Kollisionsrisiko«, andererseits gegenüber rein baubedingten Störungen (Zeitraum vor Fertigstellung und Betriebsaufnahme) sowie rein anlagebedingten Störungen (nur durch Vorhandensein der Anlage) abzugrenzen. Solche Störungen wurden hier nach dem oben Gesagten bereits ausgeschlossen.

Im Ergebnis ist der Senat davon überzeugt, dass es derzeit keine hinreichenden Anhaltspunkte für ein artspezifisches Meideverhalten von Individuen des Raubwürgers gegenüber WEA gibt, und zwar unabhängig davon, ob diese sich im Stillstand oder im Betrieb befinden.

Der Senat teilt mithin die Auffassung des OVG NRW (Urteil v. 24.8.2023, a. a. O., Rdnr. 163 ff.): Danach ist die Annahme, dass der Raubwürger im Hinblick auf den Betrieb von WEA nicht störempfindlich i. S. v. § 44 Abs. 1 Nr. 2 BNatSchG ist, naturschutzfachlich vertretbar, da es derzeit keine Untersuchungen gibt, die die Windenergieempfindlichkeit dieser Art belegen (unter Hinweis auf die Rechtsprechung auch des 8. Senats des OVG NRW).

Nachdem der Beklagte in Kenntnis dieser obergerichtlichen Rechtsprechung, auf die der Senat hingewiesen hat, keinerlei abweichende, insbesondere neuere oder überlegene naturschutzfachliche Erkenntnisse vorzubringen vermocht hat, die überzeugende Anhaltspunkte für seine gegenteilige Annahme liefern, besteht für den Senat keine Veranlassung, der Frage weiter nachzugehen.

cc. Lebensstättenbeschädigungsverbotstatbestand (§ 44 Abs. 1 Nr. 3 BNatSchG)

Nachdem der Beklagte der Feststellung im e.-Gutachten, dass durch die geplanten Standorte der beantragten 6 WEA keine potentiellen Brutreviere der lokalen Population des Raubwürgers in Anspruch genommen werden, nicht widersprochen hat, besteht für den Senat keine Veranlassung, der Frage einer möglichen Erfüllung dieses Verbotstatbestandes weiter nachzugehen.

Ist nach alledem der allein auf artenschutzrechtliche Gründe gestützte Ablehnungsbescheid vom 9.7.2021 zwar rechtswidrig, die Sache aber mangels abschließender Prüfung anderer Genehmigungsvoraussetzungen durch den Beklagten noch nicht spruchreif (§ 113 Abs. 5 Satz 2 VwGO), so war der Beklagte unter Heranziehung der zum »stecken gebliebenen« Genehmigungsverfahren entwickelten Grundsätze unter Aufhebung seines Bescheides zur Neubescheidung des Genehmigungsantrags unter Beachtung der Rechtsauffassung des Gerichts zu verpflichten. …

Nr. 136

In dem Maße, in dem sich die Gebietsvorschläge eines Landes zu einem kohärenten Netz verdichten, verringert sich die richterliche Kontrolldichte.

Projekte, die außerhalb eines Schutzgebietes realisiert werden sollen, können ein solches Gebiet erheblich beeinträchtigen, wenn sie auf den geschütz-

ten Raum selbst einwirken und sich auf den Lebensraum in den Schutzgebieten – das »Gebiet als solches« – auswirken.
(Leitsätze der Redaktion)

VwGO § 42 Abs. 2; UmwRG § 2 Abs. 1.

OVG Nordrhein-Westfalen, Urteil v. 6. September 2024 – 22 D 106/23.AK –.

Aus den Gründen:

Die Klage ist zulässig, aber unbegründet.

I. Klagegenstand ist die immissionsschutzrechtliche Genehmigung des Beklagten vom 30.3.2023 in der Fassung seines Änderungsgenehmigungsbescheids vom 21.3.2024. Der Kläger konnte die Änderungsgenehmigung in das laufende Klageverfahren einbeziehen. Denn diese wächst nach der Rechtsprechung des Bundesverwaltungsgerichts dem ursprünglichen Genehmigungsbescheid automatisch an (vgl. BVerwG, Beschlüsse v. 18.10.2022 – 7 B 1.22, 7 B 2.22 und 7 B 3.22 –, jeweils juris Rdnr. 6).

Zudem ist nach Angaben der Beigeladenen mangels Verfügbarkeit des ursprünglich beantragten und genehmigten Anlagentyps ohnehin nur noch die Ausnutzung der Genehmigung in der Fassung der nun vorliegenden Änderungsgenehmigung möglich.

II. Die Klage ist als Anfechtungsklage nach § 42 Abs. 1, 1. Fall VwGO statthaft und auch im Übrigen zulässig, insbesondere ist der Kläger als anerkannte Umweltvereinigung abweichend von der allgemeinen Regelung in § 42 Abs. 2 VwGO nach § 2 Abs. 1 UmwRG i. V. m. § 1 Abs. 1 Satz 1 Nr. 1a UmwRG klagebefugt.

III. Die Klage ist unbegründet.

Die angegriffene Genehmigung vom 30.3.2023 in der Fassung der Änderungsgenehmigung vom 21.3.2024 erweist sich im Rahmen des nach den Vorschriften des Umweltrechtsbehelfsgesetzes eröffneten Prüfungsrahmens als rechtmäßig. Sie leidet an keinem absoluten Verfahrensfehler (dazu 1.) und verstößt weder wegen einer Nichtbeachtung eines faktischen Vogelschutzgebiets (unten 2.) noch wegen einer Beeinträchtigung des einstweilig sichergestellten, beabsichtigten Naturschutzgebietes »Siepen/Quellbäche im Stadtgebiet von Warstein« (dazu 3.) gegen Habitat- oder Naturschutzrecht. Im Rahmen der artenschutzrechtlichen Prüfung findet die Sondervorschrift des § 45b Abs. 1 bis 6 BNatSchG Anwendung (dazu 4.). Die vom Kläger geltend gemachten Verstöße gegen artenschutzrechtliche Zugriffsverbote nach § 44 Abs. 1 BNatSchG zu Lasten des Schwarzstorches liegen nicht vor (unten 5.). Schließlich bleibt er mit seinem Vortrag erfolglos, dass die zur Sicherung der Rückbauverpflichtung beizubringende Sicherheitsleistung unzureichend sei (dazu unten 6.).

1. Die angefochtene Genehmigung ist nicht aufgrund eines absoluten Verfahrensfehlers rechtswidrig. Die im Genehmigungsverfahren vom Beklagten

durchgeführte allgemeine Vorprüfung des Einzelfalls vom 6.11.2023 entspricht dem Maßstab des § 5 Abs. 3 Satz 2 UVPG. (Substanziierte) Bedenken hat auch der Kläger insoweit – zu Recht – nicht erhoben.

a) Nach § 9 Abs. 1 Satz 1 Nr. 2 UVPG besteht, wenn ein Vorhaben geändert wird, für das eine Umweltverträglichkeitsprüfung durchgeführt worden ist, für das Änderungsvorhaben die UVP-Pflicht, wenn die allgemeine Vorprüfung ergibt, dass die Änderung zusätzliche erhebliche nachteilige oder andere erhebliche nachteilige Umweltauswirkungen hervorrufen kann.

Die Pflicht zur Durchführung einer allgemeinen Vorprüfung in einem Änderungsgenehmigungsverfahren besteht bereits dann, wenn eine Umweltverträglichkeitsprüfung vor Erteilung der ursprünglichen Genehmigung tatsächlich durchgeführt worden ist. Um den Behörden komplizierte retrospektive Prüfungen zu ersparen, stellt die Vorschrift allein darauf ab, ob die Zulassung des bestehenden Vorhabens seinerzeit tatsächlich mit Umweltverträglichkeitsprüfung erfolgt ist oder nicht. Vgl. OVG NRW, Beschluss v. 25.7.2023 – 8 B 734/23.AK –, NWVBl. 2023, 453 = juris Leitsatz 7 und Rdnr. 51, unter Bezugnahme auf Mann, in: Landmann/Rohmer, Umweltrecht, Stand: Januar 2023, § 9 UVPG Rdnr. 1 und die dort zitierte »Begründung der Bundesregierung« (BT-Drs. 18/11499, S. 79 f.). Gemäß § 9 Abs. 4 UVPG gilt für die Vorprüfung bei Änderungsvorhaben § 7 UVPG entsprechend. Demnach richtet sich die allgemeine Vorprüfung maßgeblich nach § 7 Abs. 1 UVPG. Sie wird als überschlägige Prüfung unter Berücksichtigung der in Anlage 3 zum UVPG aufgeführten Kriterien durchgeführt. Die UVP-Pflicht besteht, wenn die Änderung nach Einschätzung der zuständigen Behörde erhebliche nachteilige Umweltauswirkungen haben kann, die nach § 25 Abs. 2 UVPG bei der Zulassungsentscheidung zu berücksichtigen wären, vgl. § 9 Abs. 4 i. V. m. § 7 Abs. 1 Sätze 2 und 3 UVPG. Nach § 9 Abs. 4 i. V. m. § 7 Abs. 5 Sätze 1 und 2 UVPG berücksichtigt die Behörde bei der Vorprüfung, ob erhebliche nachteilige Umweltauswirkungen durch Merkmale des Vorhabens oder des Standorts oder durch Vorkehrungen des Vorhabenträgers offensichtlich ausgeschlossen werden. Liegen der Behörde Ergebnisse vorgelagerter Umweltprüfungen oder anderer rechtlich vorgeschriebener Untersuchungen zu den Umweltauswirkungen des Vorhabens vor, bezieht sie diese Ergebnisse in die Vorprüfung ein. Die für das Grundvorhaben durchgeführte UVP kann demnach verwertet werden. Vgl. Tepperwien, in: Schink/Reidt/Mitschang, UVPG/UmwRG, 2. Aufl. 2023, § 9 UVPG Rdnr. 3 ff.

Sofern eine Vorprüfung vorgenommen worden ist, gibt die zuständige Behörde die Feststellung der Öffentlichkeit bekannt. Dabei gibt sie die wesentlichen Gründe für das Bestehen oder Nichtbestehen der UVP-Pflicht unter Hinweis auf die jeweils einschlägigen Kriterien nach Anlage 3 an. Gelangt die Behörde zu dem Ergebnis, dass keine UVP-Pflicht besteht, geht sie auch darauf ein, welche Merkmale des Vorhabens oder des Standorts oder welche Vorkehrungen für diese Einschätzung maßgebend sind, vgl. § 5 Abs. 2

Sätze 1 bis 3 UVPG. Nach § 4 Abs. 1 Satz 2 UmwRG steht eine durchgeführte Vorprüfung des Einzelfalls zur Feststellung der UVP-Pflichtigkeit, die nicht dem Maßstab des § 5 Abs. 3 Satz 2 UVPG genügt, einer nicht durchgeführten Vorprüfung nach § 4 Abs. 1 Satz 1 Nr. 1 Buchst. b UmwRG gleich. Nach § 5 Abs. 3 Satz 2 UVPG hat das Gericht die Einschätzung der zuständigen Behörde nur daraufhin zu prüfen, ob die Vorprüfung entsprechend den Vorgaben des § 7 UVPG durchgeführt worden ist und ob das Ergebnis nachvollziehbar ist. Dementsprechend muss eine Vorprüfung überhaupt stattgefunden haben, und das Ergebnis darf keine Rechtsfehler aufweisen, die seine Nachvollziehbarkeit ausschließen. Diese Beschränkung verdeutlicht, dass der zuständigen Behörde für ihre prognostische Beurteilung ein Einschätzungsspielraum zusteht. Gefordert ist eine Plausibilitätskontrolle, bei der die von der Behörde für ihr Prüfergebnis gegebene Begründung zugrunde zu legen ist. Die Vorprüfung darf sich insbesondere nicht in einer oberflächlichen Abschätzung spekulativen Charakters erschöpfen, sondern muss auf der Grundlage geeigneter und ausreichender Informationen erfolgen. Hierzu zählen auch vom Vorhabenträger eingeholte Fachgutachten, die durch zusätzliche Ermittlungen der Genehmigungsbehörde ergänzt werden können. Vgl. BVerwG, Urteil v. 24.5.2018 – 4 C 4.17 –, BVerwGE 162, 114 = juris Rdnr. 18; OVG NRW, Beschlüsse v. 15.7.2020 – 8 B 1600/19 –, NWVBl. 2020, 519 = juris Rdnr. 10 f., und vom 27.11.2018 – 8 B 1170/17 –, juris Rdnr. 70 ff., jeweils m. w. N.

b) Dies zugrunde gelegt, genügt die UVP-Vorprüfung des Beklagten vom 6.11.2023 auf der Grundlage der mit dem Änderungsantrag vorgelegten »Deltaprüfung (Allgemeine Vorprüfung des Einzelfalls) aufgrund der Änderung des Anlagentyps« der S. vom 4.10.2023 dem Maßstab des § 5 Abs. 3 Satz 2 UVPG. Seine zum damaligen Zeitpunkt getroffene Einschätzung, dass eine UVP nicht erforderlich sei, wurde auf einer hinreichenden naturschutzfachlichen Grundlage getroffen und ist nachvollziehbar.

Der Beklagte hat in seinem – anschließend öffentlich bekanntgemachten – Vermerk vom 6.11.2023 nachvollziehbar ausgeführt, die Erhöhung der Gesamtanlage um ca. 13,5 m sei mit Blick auf die konkreten Bedingungen erkennbar zu vernachlässigen, eine Erhöhung der Immissionsbelastung resultiere hieraus insgesamt nicht. Die Annahme, es sei im Ergebnis keine signifikante Änderung der Umweltauswirkungen zu erwarten, sondern die Folgen auch des – um weniger als 10 % – erhöhten Rotordurchmessers seien als nur geringfügig zu qualifizieren, ist angesichts der gleichzeitig um mehr als 20 % reduzierten Drehgeschwindigkeit (Blattspitzengeschwindigkeit statt ca. 366,7 km/h nun ca. 288,65 km/h), plausibel, zumal der Beklagte zu Recht ergänzend auf die beibehaltenen und weiterhin ausreichenden Ausgleichs- und Vermeidungsmaßnahmen verweisen durfte.

2. Die der Beigeladenen erteilte immissionsschutzrechtliche Genehmigung vom 30.3.2023 in der Fassung des Änderungsbescheids vom 21.3.2024 verstößt

nicht gegen Habitatschutzrecht. Der Vorhabenstandort liegt entgegen der Annahme des Klägers nicht innerhalb eines faktischen Vogelschutzgebiets, für das nach Art. 4 Abs. 4 Satz 1 der Vogelschutzrichtlinie ein Beeinträchtigungsverbot gilt. Die Voraussetzungen für die Annahme eines solchen Gebiets (dazu a) sind am genehmigten Standort nicht erfüllt (dazu b).

a) Nach den von der Rechtsprechung zu den Voraussetzungen für ein faktisches Vogelschutzgebiet im Sinne des Art. 4 Abs. 1 und 2 der Vogelschutzrichtlinie entwickelten Maßstäben sind dies solche Gebiete, die nach den Kriterien der Vogelschutzrichtlinie förmlich unter Vogelschutz hätten gestellt werden müssen, aber nicht als Vogelschutzgebiet ausgewiesen worden sind. Sie unterliegen dem vorläufigen Schutzregime des Art. 4 Abs. 4 Satz 1 der Vogelschutzrichtlinie, wonach die Mitgliedstaaten die geeigneten Maßnahmen treffen, um die Verschmutzung oder Beeinträchtigung der Lebensräume sowie die Belästigung der Vögel, sofern sich diese auf die Zielsetzungen dieses Artikels erheblich auswirken, in den in den Absätzen 1 und 2 genannten Schutzgebieten zu vermeiden. Dieses Schutzregime ist vor allem dadurch gekennzeichnet, dass bis zu einem Regimewechsel nach Art. 7 der FFH-Richtlinie das Spektrum der Gründe, die eine Einschränkung des Vogelschutzes zugunsten eines Infrastrukturvorhabens rechtfertigen können, sehr eingeschränkt ist. Nur überragende Gemeinwohlbelange wie etwa der Schutz des Lebens und der Gesundheit von Menschen oder der Schutz der öffentlichen Sicherheit sind geeignet, das Beeinträchtigungs- und Störungsverbot des Art. 4 Abs. 4 Satz 1 der Vogelschutzrichtlinie zu überwinden.

Nach Art. 4 Abs. 1 Satz 4 der Vogelschutzrichtlinie erklären die Mitgliedstaaten insbesondere die für die Erhaltung der im Anhang I aufgeführten Vogelarten zahlen- und flächenmäßig geeignetsten Gebiete zu Schutzgebieten, wobei die Erfordernisse des Schutzes dieser Arten in dem geografischen Meeres- und Landgebiet, in dem diese Richtlinie Anwendung findet, zu berücksichtigen sind. Art. 4 Abs. 2 Satz 1 der Vogelschutzrichtlinie ergänzt diese Bestimmung dahin, dass die Mitgliedstaaten unter Berücksichtigung der Schutzerfordernisse in dem geografischen Meeres- und Landgebiet, in dem diese Richtlinie Anwendung findet, die entsprechenden Maßnahmen für die nicht in Anhang I aufgeführten, regelmäßig auftretenden Zugvogelarten hinsichtlich ihrer Vermehrungs-, Mauser- und Überwinterungsgebiete sowie der Rastplätze in ihren Wanderungsgebieten treffen.

Aus diesen Regelungen folgt jedoch nicht, dass sämtliche Landschaftsräume unter Schutz gestellt werden müssen, in denen die in Art. 4 der Vogelschutzrichtlinie genannten Vogelarten vorkommen. Vielmehr haben die Mitgliedstaaten die Gebiete auszuwählen, die im Verhältnis zu anderen Landschaftsteilen am besten die Gewähr für die Verwirklichung der Richtlinienziele bieten. Schutzmaßnahmen sind danach zu ergreifen, soweit sie erforderlich sind, um das Überleben und die Vermehrung der in Anhang I aufgeführten Vogelarten und der in Art. 4 Abs. 2 der Vogelschutzrichtlinie angesprochenen Zugvogelarten sicherzustellen. Die Auswahlentscheidung hat sich ausschließlich an diesen ornithologischen Erhaltungszielen zu orientieren. Eine Abwägung mit anderen Belangen findet nicht statt. Unter Schutz zu stellen sind die Landschaftsräume, die sich nach ihrer Anzahl und Fläche am ehesten zur Arterhaltung eignen. Welche Gebiete hierzu zählen, legt das Unionsrecht nicht im Einzelnen fest. Jeder Mitgliedstaat muss das Seine zum Schutz der Lebensräume beitragen, die sich auf seinem Hoheitsgebiet befinden. Entscheidend ist allein die ornithologische Wertigkeit, die nach quantitativen und nach qualitativen Kriterien zu bestimmen ist. Zu den Bewertungskriterien gehören neben Seltenheit, Empfindlichkeit und Gefährdung einer Vogelart unter anderem die Populationsdichte und Artendiversität eines Gebietes, sein Entwicklungspotenzial und seine Netzverknüpfung sowie die Entwicklungsperspektiven der bedrohten Art. Je bedrohter, seltener oder empfindlicher die Arten sind, desto größere Bedeutung ist dem Gebiet beizumessen, das die für ihr Leben und ihre Fortpflanzung ausschlaggebenden physischen und biologischen Elemente aufweist. Nur Lebensräume und Habitate, die unter Berücksichtigung dieser Maßstäbe für sich betrachtet in signifikanter Weise zur Arterhaltung beitragen, gehören zum Kreis der im Sinne des Art. 4 der Vogelschutzrichtlinie geeignetsten Gebiete.

Die Identifizierung der für die Erhaltung der Vogelarten nach ornithologischen Kriterien »zahlen- und flächenmäßig« geeignetsten Gebiete wird gerichtlich nur eingeschränkt überprüft, weil Art. 4 Abs. 1 Satz 4 der Vogelschutzrichtlinie den Mitgliedstaaten insoweit einen fachlichen Beurteilungsspielraum eröffnet. Ob eine Ausweisung als Vogelschutzgebiet aus sachfremden Erwägungen unterblieben ist, ist dagegen gerichtlich voll überprüfbar. Ständige Rechtsprechung, vgl. etwa EuGH, Urteile v. 26.4.2018 – C-97/17 –, juris Rdnr. 60 ff., vom 13.12.2007 – C-418/04 –, juris Rdnr. 36 ff., und vom 2.8.1993 – C-355/90 –, juris Rdnr. 26; BVerwG, Urteile v. 6.4.2017 – 4 A 16.16 –, DVBl. 2017, 1039 = juris Rdnr. 19, vom 11.8.2016 – 7 A 1.15 –, BVerwGE 156, 20 = juris Rdnr. 88 f., und vom 21.6.2006 – 9 A 28.05 –, BVerwGE 126, 166 = juris Rdnr. 20 f., Beschlüsse v. 13.3.2008 – 9 VR 9.07 –, juris Rdnr. 14 f., und vom 24.2.2004 – 4 B 101.03 –, juris Rdnr. 13 f., jeweils m. w. N.

Werden Regionen mit gleichwertigen Eigenschaften für die Erhaltung der Vogelarten nur teilweise als Vogelschutzgebiet ausgewiesen, muss die Gebietsabgrenzung unter Berücksichtigung der natürlichen Grenzen des betroffenen Ökosystems erfolgen und darf nicht das Ergebnis einer isolierten Prüfung des ornithologischen Wertes jeder einzelnen der in Rede stehenden Flächen sein, vgl. EuGH, Urteile v. 26.4.2018 – C-97/17 –, juris Rdnr. 62 (IBA-Gebiet im Gebirge), vom 14.1.2016 – C-141/14 –, juris Rdnr. 30 (IBA-Gebiet in einer Küstenregion), und vom 13.12.2007 – C-418/04 –, juris Rdnr. 142 (Wattgebiet).

Innerhalb der natürlichen Grenzen des betroffenen Ökosystems kann relevant sein, inwieweit die für die Gebietsausweisung ausschlaggebenden Vogelarten die Flächen in durchschnittlichem oder darüber hinausgehendem Umfang nutzen, vgl. EuGH, Urteil v. 13.12.2007 – C-418/04 –, juris Rdnr. 137, 145 (Wattgebiet).

An die Behauptung, es gebe ein faktisches Vogelschutzgebiet bzw. die Abgrenzung eines noch auszuweisenden Vogelschutzgebiets sei aus ornithologischer Sicht nicht vertretbar, sind angesichts des fortgeschrittenen Standes des Melde- und Gebietsausweisungsverfahrens besondere und gesteigerte Anforderungen zu stellen. Vgl. BVerwG, Beschluss v. 13.3.2008 – 9 VR 9.07 –, juris Rdnr. 16; OVG Rh.-Pf., Urteil v. 30.3.2023 – 1 C 10345/21.OVG –, ZNER 2023, 331 = juris Leitsatz 4 und Rdnr. 71; OVG NRW, Urteil v. 1.3.2021 – 8 A 1183/18 –, BauR 2021, 1105 = juris Rdnr. 281; Nds. OVG, Beschluss v. 10.3.2010 – 12 ME 176/09 –, NuR 2010, 290 = juris Rdnr. 20.

In dem Maße, in dem sich die Gebietsvorschläge eines Landes zu einem kohärenten Netz verdichten, verringert sich die richterliche Kontrolldichte. Mit dem Fortschreiten des Auswahl- und Meldeverfahrens steigen die prozessualen Darlegungsanforderungen für die Existenz eines (nicht erklärten) »faktischen« Vogelschutzgebiets, welches eine »Lücke im Netz« schließen soll. Entsprechendes gilt für die zutreffende Gebietsabgrenzung. Die gerichtliche Anerkennung eines faktischen Vogelschutzgebiets kommt im Falle eines abgeschlossenen Meldeverfahrens nur dann in Betracht, wenn der Nachweis geführt werden kann, dass die Nichtmeldung oder die Nichteinbeziehung des Gebiets in ein gemeldetes Vogelschutzgebiet auf sachwidrigen Erwägungen beruht. Vgl. BVerwG, Urteil v. 15.7.2016 – 9 C 3.16 –, NVwZ 2016, 1631 = juris Rdnr. 27, Beschluss v. 15.12.2022 – 4 BN 18.22 –, juris Rdnr. 12; VGH Bad.-Württ., Urteil v. 27.11.2023 – 10 S 1584/22 –, NuR 2024, 483 = juris Rdnr. 73 (»hohe Hürden«); OVG Rh.-Pf., Urteil v. 30.3.2023 – 1 C 10345/21.OVG –, ZNER 2023, 331 = juris Rdnr. 71.

Diesem Umstand kommt hier besondere Bedeutung zu, nachdem in Nordrhein-Westfalen nach Abschluss des ursprünglichen Meldeverfahrens auch das um das Jahr 2020 eingeleitete landesweite Nachprüf- und Nachmeldeverfahren Anfang 2024 mit der (Nach-)Meldung eines neuen (»Diemel- und Hoppecketal mit Wäldern bei Brilon und Marsberg«) und der deutlichen Erweiterung zweier bereits gemeldeter Vogelschutzgebiete (Erweiterung zum Vogelschutzgebiet »Nationalpark Eifel« und Erweiterung zum Vogelschutzgebiet »Schwalm-Nette« durch Einbeziehung des Bereichs des früheren Militärflughafens Niederkrüchten-Elmpt und Umgebung) erneut seinen Abschluss gefunden hat. Entsprechend der Bekanntmachung der Europäischen Vogelschutzgebiete in Nordrhein-Westfalen vom 4.12.2023 (MBl. NRW. S. 1426) wurde auch das Landesnaturschutzgesetz durch Gesetz vom 5.3.2024 (GV. NRW. S. 156) angepasst. § 52 Abs. 1 Satz 1 LNatSchG NRW verweist nunmehr auf diese aktualisierte Bekanntmachung im Ministerialblatt (vgl. LT-Drs. 18/7241, S. 24, 33 f.).

Dies schließt die Existenz faktischer Vogelschutzgebiete zwar nicht aus, erhöht die Anforderungen an eine an eine solche Annahme aber weiter.

b) Nach diesen (hohen) Maßgaben liegt der Vorhabenstandort nicht in einem faktischen Vogelschutzgebiet im Sinne des Art. 4 Abs. 1 und 2 der Vogelschutzrichtlinie, insbesondere hat der Kläger nicht den Nachweis geführt oder lässt sich anderweitig feststellen, dass die gegenteilige Annahme des Beklagten und des Landes Nordrhein-Westfalen auf sachwidrigen Erwägungen beruhen könnte.

Insoweit ist zunächst entgegen der von den Vertretern des Klägers in der mündlichen Verhandlung mit besonderer Vehemenz wiederholten Annahme ohne entscheidungserhebliche Bedeutung, ob der Beklagte hinreichende eigene Ermittlungen zu dieser Thematik angestellt hat. Maßgeblich ist allein, ob objektiv nach plausibler, insbesondere nicht sachwidriger fachlicher Einschätzung die Voraussetzungen für die Annahme eines faktischen Vogelschutzgebietes auf der Grundlage der vorhandenen Datenlage gegeben sind.

Jenseits dessen ist allerdings auch nicht zu erkennen, aus welchem Grund der Beklagte zur Beurteilung dieser Frage nicht auf die Erkenntnisse und Bewertungen übergeordneter Fachbehörden zurückgreifen und sich auf sie maßgeblich verlassen dürfte. Gerade das LANUV ist nicht zuletzt zu dem Zweck eingerichtet worden, (unabhängigen) naturwissenschaftlichen und damit auch naturschutzfachlichen Sachverstand zu bündeln und ihn den übrigen Landesbehörden zur Verfügung zu stellen. Vor diesem Hintergrund begegnet die – tatsächlich knappe – Begründung (S. 112 des Genehmigungsbescheides vom 30.3.2023) der der Genehmigung zugrunde gelegten Annahme, das Vorhaben solle nicht in einem faktischen Vogelschutzgebiet verwirklicht werden, gerade vor dem Hintergrund der engen Einbindung der höheren und der oberen Fachbehörde in das Genehmigungsverfahren auch in der Sache keinen (eigenständigen) Bedenken.

Auf der Grundlage der verfügbaren Daten und Erkenntnisse, vgl. zu deren Maßgeblichkeit BVerwG, Beschluss v. 13.6.2022 – 7 B 10.21 –, juris Rdnr. 10 f., lässt sich nicht feststellen, dass das Vorhaben der Beigeladenen in einem faktischen Vogelschutzgebiet verwirklicht werden soll.

Die zur Beantwortung der Frage, ob es sich im Sinne der Vogelschutzrichtlinie um eines der zahlen- und flächenmäßig geeignetsten Gebiete handelt, anerkannten Kriterien nach Brocksieper/Woike durfte der Beklagte sachgerecht als nicht erfüllt ansehen. Namentlich ist gerichtlich nicht zu beanstanden, dass er den im Gebiet regelmäßig vorkommenden Schwarzstorch wegen seines anzunehmenden weitflächigen Verbreitungsgebietes im gesamten südlichen Bergland Nordrhein-Westfalens als für die denknotwendig für ein Vogelschutzgebiet erforderliche räumliche Abgrenzbarkeit bzw. Konzentration im wie auch immer abgegrenzten Arnsberger Wald für nicht geeignet erachtet hat (dazu aa). Jenseits dessen ist aber auch nicht belastbar anzunehmen, dass das Gebiet wegen des Vorkommens (weiterer) potenziell charakteristischer Vogelarten als faktisches Vogelschutzgebiet betrachtet werden müsste (unten bb).

aa) Der Beklagte ist im Anschluss an entsprechende Bewertungen des LANUV jedenfalls nicht sachwidrig davon ausgegangen, dass die im Gebiet vorkommenden Schwarzstörche jedenfalls in Nordrhein-Westfalen nicht als für eine bestimmte Region in Abgrenzung zu anderen Verbreitungsgebieten charakteristisch angesehen werden können. Zur Überzeugung des Senats lässt sich anhand des verfügbaren Kartenmaterials ohne Weiteres die Annahme des Beklagten und des LANUV plausibel nachvollziehen, dass der Schwarzstorch im gesamten südlichen Bergland Nordrhein-Westfalens – d. h. vom Paderborner Hochland über das Sauerland bis zum Siegerland sowie der Eifel und darüber hinaus auch in den angrenzenden Regionen Hessens und Rheinland-Pfalz – annähernd gleichmäßig verbreitet ist und infolgedessen hier keine Teilgebiete wie den Arnsberger Wald charakterisiert.

Dies ergibt sich nicht nur aus der vom LANUV herangezogenen aktuellen Rasterkarte des Energieatlasses NRW, https://artenschutz.naturschutzinformationen.nrw.de/artenschutz/de/arten/gruppe/voegel/rasterkarten/103175, die nach unwidersprochen gebliebenen Angaben des LANUV insbesondere auch die vom Kläger ins Zentrum seines Vortrags gestellten Daten von Herrn F.-P. aus den Jahren 2005-2016 enthält. Warum diese Karte mit Stand 2019 gleichwohl als Beurteilungsgrundlage nicht geeignet sein sollte, erschließt sich dem Senat vor diesem Hintergrund auch unter Berücksichtigung der klägerischen Einwände nicht. Ihr lässt sich vielmehr aufgrund des relativ kleinräumigen Rasters und des relativ großen Aktionsraums des Schwarzstorches durchaus eine flächige Verbreitung entnehmen, zumal im südlichen Bergland jede Rasterkarte ein Schwarzstorchvorkommen ausweist. Dies ist aus Sicht des Senats ein deutliches Indiz für die angenommene im Wesentlichen gleichmäßige Verbreitung.

Dass sich an diesem Verbreitungsmuster auch seit dem Jahr 2019 trotz des offenbar eingetretenen Bestandsrückgangs nichts geändert hat, hat Herr Dr. Y. in der mündlichen Verhandlung für den Senat nachvollziehbar erläutert. Danach wirkt sich dieser Rückgang vor allem im nördlichen Teil des Landes aus. Dem ist der Kläger auch nicht entgegengetreten.

Für die Richtigkeit, zumindest aber die naturschutzfachliche Vertretbarkeit der daraus gezogenen Schlussfolgerungen des LANUV spricht angesichts dessen gerade die vom Kläger als Anlage 8 zur Klagebegründung vom 23.8.2023 vorgelegte Karte, die die aktuellen Bestandsfeststellungen von Herrn F.-P. für das Jahr 2023 für einen Bereich zwischen dem Möhnesee im Norden und Schmallenberg-Bödefeld im Süden wiedergibt. Diese verzeichnet insgesamt sieben aktuelle Brutplätze, zwei Reviere und fünf Revierverdachte des Schwarzstorchs. Von den sieben Brutplätzen befinden sich indes mindestens zwei südlich der vom Kläger für maßgeblich gehaltenen Grenzen des Arnsberger Waldes und ebenfalls mindestens zwei, möglicherweise sogar drei, im östlich anschließenden Vogelschutzgebiet »Diemel- und Hoppecketal«, zudem eventuell auch eines der beiden gekennzeichneten Reviere. Damit verbleiben lediglich max. drei Brutplätze und zwei Reviere im hier interessierenden Raum und ergibt sich schon daraus eine gleichmäßigere Verteilung in der Gesamtregion, als sie der Kläger mit dieser Karte begründen will.

Demgegenüber hat Herr Dr. Y. auf Nachfrage in der mündlichen Verhandlung bestätigt, dass aus fachlicher Sicht ein reiner Revierverdacht für die Kartierung eines Vogelschutzgebietes nicht als ausreichend angesehen werde, selbst wenn eine Brut als »wahrscheinlich« einzustufen sei. Angesichts dessen lässt sich aus den weiteren fünf »Revierverdachten«, die Herr F.-P. (nur) im Arnsberger Wald festgestellt hat, im vorliegenden Zusammenhang keine abweichende Bewertung der maßgeblichen Verbreitung des Schwarzstorchs begründen. Der von Herrn Dr. Y. näher erläuterten Einschätzung ist der Kläger auch nicht in substanziierter Form entgegengetreten, sondern hat lediglich darauf hingewiesen, dass Herr F.-P. sich die Revierverdachtsfälle »nicht ausgedacht haben« werde. Dies hält der Senat zwar für zutreffend, ändert aber gerade nichts daran, dass es mindestens fachlich vertretbar ist, solche Verdachtsfälle nicht den tatsächlich festgestellten (Brut-) Revieren gleichzustellen, zumal nach der in der Darstellung gewählten Systematik hier eine Brut nicht einmal wahrscheinlich sein dürfte, nachdem nicht einmal die Zwischenstufe eines Reviers erreicht worden ist. Die Darstellung bestätigt damit insgesamt die vom LANUV angenommene gleichmäßige Verteilung schon in diesem Gebietsausschnitt des Süderberglandes.

Dies gilt umso mehr, als das aus dem Kartenmaterial ableitbare Gesamtbild zum Verbreitungsgebiet des Schwarzstorches (nicht nur) in Nordrhein-Westfalen auch von der in der Klagebegründung vom 23.8.2023 ausdrücklich und mit entsprechender Verlinkung angeführten Verbreitungskarte des Dachverbandes Deutscher Avifaunisten (DDA), 79 https://www.ddaweb.de/voegel/voegelindeutschland/Schwarzstorch/verbreitung – zuletzt abgerufen am 6.9.2024, bestätigt wird. Nach dieser aktuell abrufbaren Karte entfallen auf die Region Arnsberger Wald – genauer die damit allerdings nicht ganz identischen TK 4514 bis 4517 – nach der verwandten Farbskala jeweils 1-3 Brutplätze/Reviere – ebenso wie nahezu in den gesamten Topographischen Karten des Süderberglandes. Eine stärkere Verbreitung (4-7) findet sich erst südlich des Arnsberger Waldes innerhalb der TK Bödefeld sowie nordwestlich innerhalb der TK Kleinenberg.

Soweit die Vertreter des Klägers in der mündlichen Verhandlung zu dieser Karte ausgeführt haben, sie sei veraltet und werde nach Auskunft des DDA seit vielen Jahren nicht mehr aktualisiert, findet sich ein solcher Hinweis weder an dieser noch an anderer Stelle der Dokumentation, die dort vielmehr auch Bestandszahlen bis 2016 auflistet. Dem Senat erscheint es auch unabhängig davon kaum nachvollziehbar, warum der DDA eine veraltete Karte kommentarlos weiter zugänglich halten sollte, obwohl er nach Darstellung der Vertreter des Klägers um deren Korrekturbedürftigkeit wissen soll. Noch weniger verständlich erscheint, warum der Kläger auf diese Karte noch in seiner Klagebegründung Bezug nimmt.

Selbst wenn man indes diese Angaben des Klägers zugrunde legte, änderte sich an der Vertretbarkeit der Auffassung des LANUV nichts. Dies gilt schon deshalb, weil der Kläger selbst das Kartenmaterial des DDA ausdrücklich nur für den Zeitraum 2005-2009 durch Zahlen von Herrn F.-P. ersetzt bzw. ergänzt sehen, diese aber offenbar ausweislich der von ihm im Verwaltungsverfahren vorgelegten Karte (Bl. 12.982) auf das Jahr 2020 bezogen verstanden wissen will. Dies erschließt sich so ebenso wenig wie der Umstand, dass diese offenbar von den Vertretern des Klägers erstellte bzw. bearbeitete Karte ohne diese Kenntlichmachung dem DDA zugeschrieben wird. Das ist – wie auch die offenbar eigenständig gewählte Darstellungsform, die von der vom DDA verwandten abweicht – selbst dann mehr als bemerkenswert, wenn der DDA das zugrunde gelegte Datenmaterial nicht beanstandet hat. Eine Autorisierung der Karte – zumal für das Jahr 2020 – war damit jedenfalls nicht verbunden.

Unabhängig davon spricht nach der dem Senat vorgelegten Karte für das Jahr 2023 mindestens Überwiegendes dafür, dass in die von Herrn F.-P. gemeldeten Daten auch Revierverdachtsfälle als Brutplätze/Reviere eingeflossen sind, die – wie ausgeführt – im vorliegenden Zusammenhang gerade nicht gleichgesetzt werden können. Hierzu passt nicht zuletzt, dass die Angaben von Herrn F.-P. – anders als diejenigen des DDA, die auch der vom LANUV grundsätzlich angewandten Darstellung entsprechen – stets nur einen Zahlenwert für den Fünf-Jahres-Zeitraum (2005-2009) benennen und nicht eine Spanne (etwa 5 statt 4-7). Schließlich dürfte es schon aus grundsätzlichen Erwägungen heraus unzulässig sein, selektiv gewonnene Daten aus einer offenbar besonders intensiven Beobachtung einer Teilregion mit denjenigen einer für das gesamte Gebiet angewandten gröberen Erfassung ohne Weiteres zu vermengen. Dies gilt nicht zuletzt vor dem Hintergrund des großen Aktionsradius der Art, die es naheliegend erscheinen lässt, dass sich Reviere überschneiden; das gilt naturgemäß erst recht für bloße Verdachtsfälle.

Ist damit (weiterhin) davon auszugehen, dass die Art Schwarzstorch im gesamten südlichen Mittelgebirgsraum Nordrhein-Westfalens annähernd gleichmäßig verbreitet ist, kann daraus nur der Schluss gezogen werden, dass sie gerade nicht für einen Teilbereich des großflächigen Gebiets charakteristisch ist und sich hieraus die Annahme des LANUV rechtfertigt, sie sei zur Gebietsabgrenzung nicht heranziehbar. Entgegen der Auffassung des Klägers handelt es hierbei auch nicht um einen Kurzschluss aus dem Umstand, dass eine gleiche Feststellung auch für den Rotmilan zu treffen ist (vgl. OVG NRW, Urteile v. 29.11.2022 – 22 A 1184/18 –, ZNER 2023, 53 = juris Rdnr. 432 ff., und vom 1.3.2021 – 8 A 1183/18 –, BauR 2021, 1305 = juris Rdnr. 312 ff., sowie Beschluss v. 2.12.2021 – 2 B 1217/21 –, BauR 2022, 618 = juris Rdnr. 30 ff.).

Dass aus einem vergleichbaren tatsächlichen Befund – der annährend gleichmäßigen Verteilung – gleiche rechtliche Schlüsse – fehlende »Charakteristik« – gezogen werden, auch wenn es nicht um gleiche oder vergleichbare absolute Bestandszahlen geht, ist in sich schlüssig, wenn nicht logisch zwingend. Bedenklich oder unzulässig ist dies jedenfalls nicht.

Solche Bedenken ergeben sich auch nicht daraus, dass in der Folge der Schwarzstorch – wie der Rotmilan – aus dem Schutzraster der Vogelschutzgebiete fiele und damit schutzlos bliebe, wie es der Kläger in der mündlichen Verhandlung noch einmal pointiert hervorgehoben hat. Abgesehen davon, dass dies für sich Folge der Verbreitungscharakteristik wäre, geht Letzteres schon deshalb fehl, weil es selbstverständlich bei den artenschutzrechtlichen Verbotstatbeständen bleibt, die gerade für den Schwarzstorch großflächige Habitatbetrachtungen einschließen. Unbeschadet dessen ist der Schwarzstorch in inzwischen mindestens sechs nordrheinwestfälischen Vogelschutzgebieten – zuletzt hinzu gekommen ist das Vogelschutzgebiet »Diemel- und Hoppecketal«, in dem sich zahlreiche Reviere des Schwarzstorchs befinden – als weitere schützenswerte Art genannt und genießt auch einen entsprechenden Habitatschutz. Dass er insofern auf das charakteristische Vorhandensein anderer Vogelarten gewissermaßen angewiesen ist, zwingt schon deshalb zu keiner abweichenden Bewertung, weil nach den auch vom Kläger nicht in Zweifel gezogenen Maßstäben von Brocksieper/Woike ein Vogelschutzgebiet nur dann ausgewiesen werden kann, wenn mindestens drei Vogelarten das sogenannte Top 5-Kriterium nachweislich erfüllen. Eine solche Abhängigkeit ist mithin strukturell bedingt und für sich genommen keine Besonderheit.

bb) Auch unter dem Aspekt des signifikanten Vorhandenseins weiterer wertgebender Vogelarten lässt sich indes unabhängig von der Frage, ob ein »charakteristisches« Vorkommen des Schwarzstorchs angenommen und bei der Gebietsfestlegung berücksichtigt werden kann, nicht feststellen, dass der Arnsberger Wald, so wie ihn der Kläger abgrenzt, die Kriterien eines faktischen Vogelschutzgebietes erfüllte. Dies gilt schon deshalb, weil die von ihm angenommenen Bestandszahlen offenbar allein auf Schätzungen beruhen, deren Datenbasis nicht offengelegt wird und – wie in der mündlichen Verhandlung auf Nachfrage deutlich wurde – auch dem Kläger nicht im Einzelnen bekannt ist. Jenseits dessen ergibt sich aus diesen Daten indes allenfalls für den Grauspecht, dass das Top 5-Kriterium bestätigt werden kann. Ob dies indes angesichts der Tatsache, dass diese Art in dem erst kürzlich ausgewiesenen Vogelschutzgebiet »Diemel- und Hoppecketal« (erstmals) als wertgebende und charakteristische Art berücksichtigt wurde und sie dort erhebliche Bestände aufweist, die Ausweisung eines weiteren Vogelschutzgebietes für diese Art erforderte oder sie dadurch bereits »anderweitig« ausreichend geschützt ist, ist zumindest fraglich. Für zahlreiche weitere vom Kläger benannte Arten, insbesondere den Schwarzspecht und den Sperlingskauz oder auch die Turteltaube, fehlen demgegenüber landesweite Bezugsdaten, sodass es derzeit an der notwendigen Datenbasis für die Annahme eines faktischen Vogelschutzgebietes fehlt, ohne dass dies für sich genommen unionsrechtlichen Bedenken begegnete (vgl. dazu BVerwG, Beschluss v. 13.6.2022 – 7 B 10.21 –, juris Rdnr. 10 f.).

Für die weiteren vom Kläger benannten Arten – namentlich den Neuntöter und den Wendehals – hat das LANUV ohne Weiteres nachvollziehbar dargelegt, dass sie zwar derzeit in den Kalamitäts- und Sukzessionsflächen des Arnsberger Waldes auch vermehrt anzutreffen sein könnten, aber gerade deshalb nicht von stabilen Habitatstrukturen, wie sie für die Meldung eines Vogelschutzgebietes erforderlich wären, auszugehen sei. Für den Neuntöter kommt hinzu, dass schon das Top 5-Kriterium nicht erkennbar erfüllt wird. Demgegenüber wurde der Raufußkauz nach den Feststellungen des LANUV bei ohnehin stark schwankenden Beständen im Arnsberger Wald nur vereinzelt angetroffen. Das einzige stabile Vorkommen im Sinne eines TOP 5-Gebietes wird im Kreis Siegen-Wittgenstein lokalisiert.

Die Richtig- oder zumindest die Vertretbarkeit der Einschätzung des LANUV, die auch der Beklagte zugrunde gelegt hat, wird schließlich, aber nicht zuletzt dadurch bestätigt, dass auch die Europäische Kommission auf der Grundlage der ihr vom Kläger bzw. der Arbeitsgemeinschaft Schwarzstorch im Arnsberger Wald unterbreiteten Daten, die im Wesentlichen auch dem gerichtlichen Verfahren zugrunde liegen, keine zureichenden Anhaltspunkte für die Durchführung eines Beschwerdeverfahrens oder die Einleitung eines Vertragsverletzungsverfahrens gesehen hat. Hierzu wäre sie indes nach den Unionsverträgen gehalten gewesen, wenn sie vom Vorliegen der tatbestandlichen Voraussetzungen eines (faktischen) Vogelschutzgebietes ausgegangen wäre. Denn in diesem Fall bestünde grundsätzlich eine entsprechende mitgliedstaatliche Meldepflicht, die die Bundesrepublik Deutschland durch das Land Nordrhein-Westfalen verletzt hätte. Hierfür hat die Kommission indes offenbar keine zureichenden Anhaltspunkte gesehen.

Auch wenn diese Einschätzung nicht von vornherein ausschließt, dass es sich gleichwohl um ein faktisches Vogelschutzgebiet handelt, lässt die Bewertung einer weiteren Fachbehörde die klägerische Auffassung kaum gleichsam als alternativlos erscheinen. Dies gilt umso weniger, als die Europäische Kommission im Zusammenhang mit dem Vogelschutzgebiet »Diemel- und Hoppecketal« auf Betreiben eines anderen Naturschutzverbandes nachhaltig auf die Meldung des Schutzgebietes gedrungen und anderenfalls mit der Einleitung eines Vertragsverletzungsverfahrens gedroht hat, selbst nachdem die Existenz eines faktischen Vogelschutzgebietes hier schon obergerichtlich und höchstrichterlich bestätigt worden war, vgl. OVG NRW, Urteile v. 29.11.2022 – 22 A 1184/18 –, ZNER 2023, 53 = juris Rdnr. 426, und vom 1.3.2021 – 8 A 1183/18 –, BauR 2021, 1105 = juris Rdnr. 284 ff., bestätigt durch BVerwG, Beschluss v. 13.6.2022 – 7 B 10.21 –, juris, sowie Beschluss v. 2.12.2021 – 2 B 1217/21 –, BauR 2022, 618 = juris Rdnr. 28.

Warum sie sich im vorliegenden Zusammenhang anders verhalten sollte, wenn sie die fachliche Überzeugung gewonnen hätte, die ihr unterbreiteten Daten erfüllten (ebenfalls) die Anforderungen an ein faktisches Vogelschutzgebiet, erschließt sich (dem Senat) nicht. Zumindest schließt es aus, die Annahme des Beklagten und des LANUV als sachwidrig einzustufen.

Demgegenüber betrifft die im Kommissionsschreiben vom 30.3.2022 angesprochene und vom Kläger – trotz der Schließung des Verfahrens – offenbar als Bestätigung seiner Annahme angesehene allgemeine Konsultation nur die Grundsätze für die Annahme eines faktischen Vogelschutzgebietes in der Behördenpraxis – i. e. die in der Verwaltungsvorschrift Habitatschutz nach den Angaben des Klägers und der Annahme der Europäischen Kommission zumindest damals vertretene Auffassung, es bedürfe hierfür einer Rüge der Kommission. Diese Praxis war nicht nur dem Senat, sondern ausweislich seiner Erklärung in der mündlichen Verhandlung auch Herrn Dr. Y. fremd. Zumindest in der vorzitierten Rechtsprechung hat sie auch nie eine Rolle gespielt, so dass sich weitergehende Erwägungen hierzu erübrigen.

cc) Auf die zwischen den Beteiligten weiter umstrittene Frage, ob es sich bei dem Arnsberger Wald, so wie ihn der Kläger versteht, um ein im Sinne der Kriterien von Brocksieper/Woike abgrenzbares Gebiet handelt oder ob er gewissermaßen unselbständiger Teil des größeren Landschaftsraum des südlichen nordrheinwestfälischen Berglandes ist, wie das LANUV annimmt, kam es vorliegend damit nicht an. Allerdings hat Herr Dr. Y. in der mündlichen Verhandlung mit Recht darauf hingewiesen, dass die für die Abgrenzbarkeit des Arnsberger Waldes nach dem Vortrag des Klägers wesentliche Annahme, er sei auf einer Fläche von 350 km^2 »nahezu unzerschnitten und nicht vorbelastet«, für den hier in Rede stehenden Bereich wegen der Nähe zu Warstein-Stadt und den Ortsteilen wie Hirschberg, Sichtigvor und Niederbergheim gerade nicht gilt und er sich gerade insoweit nicht dem vom Kläger angenommenen einheitlichen Gebietscharakter zuordnen lässt. Ob die vom LANUV für seine Annahme einer organischen Einbettung in den größeren Landschaftsraum des Süderberglandes (und damit gegen eine Abgrenzbarkeit) des Arnsberger Waldes maßgeblich angeführten Aspekte – das Relief und die Höhenstruktur, also orographische Gesichtspunkte – tatsächlich für diese Frage »weitestgehend unbedeutend« sind, mag angesichts dessen hier dahinstehen. Ohne Weiteres erschließt sich dies dem Senat allerdings nicht, nachdem diese Kriterien in besonderer Weise geeignet sind, die Landschaft augenfällig zu gliedern oder zu verbinden.

Demgegenüber ist es zumindest für das vorliegende Verfahren unerheblich, ob die Teile des Arnsberger Waldes, die im Nordwesten bereits als FFH-Gebiet ausgewiesen sind und sich tatsächlich als »unzerschnitten« darstellen, gegebenenfalls mit angrenzenden Strukturen (FFH-Gebiet Harmorsbruch und Quellbäche sowie östlich angrenzender Staatswald) als Vogelschutzgebiet zu bewerten sein werden. Deshalb kommt es auch nicht entscheidend darauf an, dass die für eine solche Einschätzung bereits 2021 erhobenen Kartierdaten nach den Angaben von Herrn Dr. Y. in der mündlichen Verhandlung bis heute nicht ausgewertet worden sind. Dies ist zwar – wie der Kläger mit Recht in der mündlichen Verhandlung kritisiert hat – tatsächlich nur schwer zu rechtfertigen, gibt aber kein Argument für die Bewertung des hiesigen Landschaftsraums her.

3. Die Genehmigung vom 30.3.2023 in der Fassung der Änderungsgenehmigung verstößt auch nicht gegen sonstiges Habitatschutzrecht. Die genehmigte

WEA 14 beeinträchtigt entgegen der vom Kläger erstmals mit Schriftsatz vom 5.8.2024 vorgebrachten Annahme nicht in unzulässiger Weise das durch die öffentliche Bekanntmachung vom 21.10.2022 einstweilen sichergestellte, beabsichtigte Naturschutzgebiet »Siepen/Quellbäche im Stadtgebiet von Warstein«. Insbesondere verstößt sie nicht gegen § 48 Abs. 3 LNatSchG NRW, so dass dahingestellt bleiben kann, ob der Kläger mit seinem Vortrag vor dem Hintergrund des § 6 UmwRG überhaupt gehört werden kann. Dies ist indes zumindest hinsichtlich der Nichteinhaltung eines nach Auffassung des Klägers zwingend einzuhaltenden »Puffers« von 300 m zu den Grenzen des beabsichtigten Naturschutzgebietes mehr als zweifelhaft, nachdem dies bereits für den ursprünglich genehmigten Anlagentyp (nahezu) gleichermaßen anzunehmen gewesen wäre – es dürfte kaum erheblich sein, ob dieser Abstand um 250 oder 270 m unterschritten wird –, vom Kläger aber im Hinblick auf die Ausgangsgenehmigung vom 30.3.2023 insoweit nicht thematisiert worden war.

a) Die Anlagengenehmigung vom 30.3.2023 in der Fassung der Änderungsgenehmigung vom 21.3.2024 verstößt nicht gegen § 48 Abs. 3 Satz 1 LNatSchG NRW. Nach dieser Vorschrift sind bei geplanten Naturschutzgebieten, Naturdenkmalen und geschützten Landschaftsbestandteilen von der Bekanntmachung der öffentlichen Auslegung nach § 46 an bis zum Inkrafttreten der Schutzverordnungen, längstens drei Jahre lang, alle Änderungen verboten, soweit nicht in ordnungsbehördlichen Verordnungen oder Verfügungen nach den Absätzen 1 und 2 abweichende Regelungen getroffen werden. Nach Satz 4 der Vorschrift ist in der öffentlichen Bekanntmachung nach § 46 auf die Wirkung dieses Absatzes hinzuweisen. Nach Satz 5 gelten die Sätze 1 bis 4 entsprechend für geplante Naturschutzgebiete, Naturdenkmale und geschützte Landschaftsbestandteile in einem Landschaftsplan vom Zeitpunkt der Beteiligung der Bürgerinnen und Bürger gemäß § 16 LNatSchG NRW.

Eine solche Änderung des geplanten Naturschutzgebietes liegt nicht vor. Nach dem eindeutigen Wortlaut des § 48 Abs. 3 Satz 1 LNatSchG NRW ist Bezugspunkt des Änderungsverbots die geplante Gebietsabgrenzung, die sich aus der Bekanntmachung ergibt. Etwaige Zweifel an diesem Verständnis räumte spätestens dessen Satz 4 aus, nach dem auf die Rechtsfolgen des Satzes 1 in der Bekanntmachung ausdrücklich hingewiesen werden muss. Das kann denklogisch nur bezüglich der dort bekanntgemachten Gebietsabgrenzung der Fall sein. Aus diesem Grund ist es ausgeschlossen, den von Herrn O. nachträglich kartierten Bachsiepen in das Veränderungsverbot des § 48 Abs. 3 LNatSchG NRW einzubeziehen, selbst wenn seitens der zuständigen Behörde diese Kartierung zu einem späteren Zeitpunkt zum Anlass genommen werden sollte, die Grenzen des Naturschutzgebietes zu erweitern. Es ist auch weder substanziiert begründet noch im Übrigen ersichtlich, warum die unionsrechtlich determinierten Grundsätze für die Annahme eines faktischen Vogelschutzgebietes auf Naturschutzgebiete nach nationalem Recht übertragen werden und eine weitere Vorverlagerung des Gebietsschutzes rechtfertigen könnten. Dies ist im Gegenteil schon wegen der gesetzlich geforderten Hinweispflicht vielmehr ausgeschlossen.

Vor diesem Hintergrund musste der Senat der Frage nicht weiter nachgehen, ob von einem solchen Verbot überhaupt Änderungen »im Luftraum« erfasst sein könnten, die hier in Form eines Überstreichens der Rotorblätter im Umfang von ca. 17 m hinsichtlich des »erweiterten Naturschutzgebietes« allenfalls in Rede stehen könnten. Denn selbst unter diesem Aspekt nähme die angegriffene WEA 14 keine Flächen des Naturschutzgebietes selbst in Anspruch. Dies gilt erst recht hinsichtlich der allein maßgeblichen Gebietsabgrenzung, die sich aus der Bekanntmachung vom 21.10.2022 ergibt. Das sieht auch der Kläger offenbar nicht anders.

Insofern käme allenfalls eine Gebietsbeeinträchtigung von außen in Betracht, wie sie der Kläger mit seinem Vortrag, es sei zwingend ein allgemeiner Puffer von 300 m zu einem Naturschutzgebiet einzuhalten, geltend macht. Selbst wenn es einen solchen Grundsatz geben sollte, wäre zunächst mehr als fraglich, ob dieser auch unter das Änderungsverbot des § 48 Abs. 3 LNatSchG NRW fallen könnte, das sich seinem Wortlaut nach eindeutig auf das geplante Gebiet selbst beschränkt. Zumindest bedürfte es eines – hier fehlenden – entsprechenden Hinweises nach § 48 Abs. 3 Satz 4 LNatSchG NRW, zumal ein solcher Puffer – wie nachfolgend auszuführen sein wird – jedenfalls nicht allgemein und unterschiedslos für jedes Naturschutzgebiet gelten kann und nicht immer 300 m betrüge.

Dies bedurfte indes keiner abschließenden Erörterung, weil es den vom Kläger geltend gemachten bindenden naturschutzfachlich stets – oder zumindest hinsichtlich der Errichtung von Windenergieanlagen bei Einschluss von windenergiesensiblen Vogelarten in dessen Schutzzweck und Erhaltungsziele – gebotenen Pufferabstand von 300 m zu den Grenzen eines (beabsichtigten) Naturschutzgebietes nicht gibt. Der Kläger beruft sich selbst hierfür allein auf den nordrheinwestfälischen Windenergieerlass vom 8.5.2018, dem indes keine über die Verwaltung hinausreichende Rechtsverbindlichkeit, etwa im gerichtlichen Verfahren, zukommt. Eine (anderweitige) rechtliche Grundlage für eine entsprechende generalisierte Annahme ist nicht zu erkennen und wird vom Kläger auch nicht benannt. Dass jedoch eine rechtlich nicht verbindliche Pufferzone einem gebundenen Genehmigungsanspruch entgegengehalten werden könnte, lässt sich kaum begründen. Wenn dieser Bereich zur Erfüllung des Schutzzweckes erforderlich sein sollte, wäre vielmehr das (beabsichtigte) Naturschutzgebiet entsprechend (größer) abzugrenzen. Insofern ist es konsequent, dass die Vorgaben des Windenergieerlasses hinsichtlich der Ausführungen zu Vorsorgepuffern wohl nur, zumindest aber vorrangig die – rechtlich freiere – Planungsebene im Blick haben, indem sie ausdrücklich nur den »Plangeber« adressieren, und der neue Artenschutzleitfaden des Landes NRW vom 12.4.2024 (dort S. 40) ausdrücklich ausführt, dass solche generellen Puffer nicht (mehr) anzuerkennen sind – und zwar nicht einmal im Rahmen der Planung. Selbst der Entwurf der 19. Änderung des Regionalplans für den Teilbereich Kreis Soest und Hochsauerlandkreis, der sich allgemein durch recht großzügige Vorsorgeabstände auszeichnet, legt hier lediglich 75 m zugrunde, die sich zudem jedenfalls vornehmlich aus Darstellungsunschärfen ergeben.

Dass es im Einzelfall – nicht zuletzt nach der Rechtsprechung des erkennenden Gerichts und Senats (vgl. BVerwG, Urteil v. 17.1.2007 – 9 A 20.05 –, BVerwGE 128, 1 = juris Rdnr. 36, m. w. N.; OVG NRW, Urteile v. 29.11.2022 – 22 A 1184/18 –, ZNER 2023, 53 = juris Rdnr. 438 ff., und vom 1.3.2021 – 8 A 1183/18 –, BauR 2021, 1305 = juris Rdnr. 321 ff., m. w. N.) eine Gebietsbeeinträchtigung von außen geben kann – etwa durch Immissionen oder eine Barrierewirkung – ist dann ebenso zutreffend wie vorliegend bedeutungslos. Projekte, die außerhalb eines Schutzgebietes realisiert werden sollen, können danach gemessen an den gebietsbezogenen Erhaltungszielen und Schutzzwecken ein solches Gebiet erheblich beeinträchtigen, wenn sie auf den geschützten Raum selbst einwirken und sich auf den Lebensraum in den Schutzgebieten – das »Gebiet als solches« – auswirken.

Eine solche Wirkung hat der Kläger schon nicht hinreichend dargelegt. Sie erschließt sich auch nicht aus den Umständen, namentlich der Lage der Windenergieanlage zu möglichen Flugrouten und -höhen des Schwarzstorchs und der Lage des Naturschutzgebietes. Im Regelfall beeinträchtigen aber selbst Windenergieanlagen, die außerhalb eines Europäischen Vogelschutzgebietes errichtet werden sollen, Gebietsbestandteile, die für dessen Erhaltungsziele und Schutzzweck maßgebend sind, nicht durch die von ihnen ausgehenden Emissionen erheblich. Durch die Errichtung der Windenergieanlagen kann allenfalls ein Funktionsverlust des Schutzgebietes zu besorgen sein, etwa wenn sie die Gefahr einer möglichen Verriegelung des Gebietes mit sich bringen oder wenn sie eine Barrierewirkung dergestalt entfalten, dass die Vögel daran gehindert werden, das Schutzgebiet zu erreichen oder zwischen Nahrungs- und Rastplätzen, die sich jeweils in einem Schutzgebiet befinden, zu wechseln; vgl. OVG NRW, Urteile v. 1.3.2021 – 8 A 1183/18 –, BauR 2021, 1305 = juris Rdnr. 327, vom 3.8.2010 – 8 A 4062/04 –, juris Rdnr. 117 ff. (zu § 34 Abs. 2 BNatSchG), und vom 30.7.2009 – 8 A 2357/08 –, juris Rdnr. 118 ff. (zu § 48d des damaligen Landschaftsgesetzes NRW), jeweils m. w. N.

Dafür ist in den konkreten Gegebenheiten hier nichts ersichtlich. Eine solche konkrete Betrachtung unternimmt – wie ausgeführt – auch der Kläger nicht. Angesichts des Grundsatzes, dass regelmäßig jedenfalls bei einer potenziellen Gebietsbeeinträchtigung von außen keine habitatschutzrechtlichen Bedenken bestehen, wenn (wie hier nach den nachfolgenden Ausführungen unter 5.) keine artenschutzrechtlichen Verbotstatbestände greifen, sind an dieser Stelle weitergehende Ausführungen nicht veranlasst.

4. Die vom Kläger erhobenen artenschutzrechtlichen Bedenken sind nach den Vorgaben des § 45b Abs. 1 bis 6 BNatSchG zu prüfen. Diese Vorschrift

betrifft den Betrieb von Windenergieanlagen an Land und dort die fachliche Beurteilung, ob nach § 44 Abs. 5 Satz 2 Nr. 1 BNatSchG das Tötungs- und Verletzungsrisiko für Exemplare kollisionsgefährdeter Brutvogelarten im Umfeld ihrer Brutplätze durch den Betrieb von Windenergieanlagen signifikant erhöht ist, und fachlich anerkannte Schutzmaßnahmen für diese Brutvogelarten. Nach § 74 Abs. 4 BNatSchG ist § 45b Abs. 1 bis 6 BNatSchG nicht anzuwenden auf bereits genehmigte Vorhaben zur Errichtung und zum Betrieb von Windenergieanlagen an Land sowie auf solche Vorhaben,

1. die vor dem 1.2.2024 bei der zuständigen Behörde beantragt wurden oder
2. bei denen vor dem 1.2.2024 die Unterrichtung über die voraussichtlich beizubringenden Unterlagen nach § 2a der 9. BImSchV erfolgt ist.

§ 74 Abs. 5 BNatSchG regelt, dass abweichend von Absatz 4 die Vorschrift des § 45b Abs. 1 bis 6 BNatSchG bereits vor dem in Absatz 4 genannten Tag anzuwenden ist, wenn der Träger eines Vorhabens dies verlangt.

Nachdem die Beigeladene bereits im Genehmigungsverfahren mit anwaltlichem Schriftsatz vom 19.7.2022 die Beurteilung ihres Antrags nach neuem Recht gewünscht hat, gilt § 45b Abs. 1 bis 6 BNatSchG auch hier und abweichend von § 74 Abs. 4 BNatSchG (vgl. zu Einzelheiten der Begründung OVG NRW, Urteile v. 24.8.2023 – 22 D 201/22.AK –, ZNER 2023, 447 = juris Rdnr. 80 ff., vom 24.8.2023 – 22 A 793/22 –, ZNER 2023, 437 = juris Rdnr. 60 ff., und vom 29.11.2022 – 22 A 1184/18 –, ZNER 2023, 53 = juris Rdnr. 136 ff., m. w. N.; Hess. VGH, Beschluss v. 22.5.2024 – 9 C 232/22.T –, NuR 2024, 472 = juris Rdnr. 9 ff., m. w. N.; VGH Bad.-Württ., Urteil v. 20.12.2023 – 14 S 219/23 –, juris Rdnr. 121, und Beschluss v. 19.12.2022 – 10 S 2295/22 –, NuR 2023, 275 = juris Rdnr. 32, sowie offen gelassen im Beschluss v. 18.6.2024 – 10 S 1546/23 –, juris Rdnr. 37; Schrader, in: BeckOK Umweltrecht, 71. Edition, Stand: 1.7.2024, § 74 BNatSchG Rdnr. 7; Schlacke, in: Schlacke, GK-BNatSchG, 3. Aufl. 2024, § 74 Rdnr. 8; Frank/Rolshoven, ZNER 2022, 535, 545).

Der Kläger hat hiergegen auch keine Einwände erhoben, sondern in diesem Kontext allein auf die seiner Meinung nach (zumindest in Teilen) bestehende Unionsrechtswidrigkeit der Neuregelung verwiesen. 119 In diesem Zusammenhang ist zudem in den Blick zu nehmen, dass die Neuregelung des § 45b Abs. 1 bis 6 BNatSchG gerade der Umsetzung der Vorgaben des Bundesverfassungsgerichts dient, nach denen der Gesetzgeber unter bestimmten Umständen gehalten sein kann, hinsichtlich des Umgangs mit auf naturschutzrechtliche Zusammenhänge verweisenden Tatbestandsmerkmalen für eine zumindest untergesetzliche Maßstabsbildung zu sorgen. Im Anwendungsbereich dieser Neuregelung soll also gerade Entscheidungen in einem fachwissenschaftlichen »Erkenntnisvakuum« entgegengewirkt und eine bessere Handhabbarkeit durch die Verwaltung und – wie hier – die Gerichte erreicht werden, vgl. BT-Drs. 20/2354, S. 25 unter Bezugnahme auf BVerfG, Beschluss v. 23.10.2018 – 1 BvR 2523/13 –, BVerfGE 149, 407 = juris Rdnr. 24; dazu auch

BVerwG, Urteil v. 19.12.2023 – 7 C 4.22 –, NVwZ 2024, 754 = juris Rdnr. 30; VGH Bad.-Württ., Urteil v. 20.12.2023 – 14 S 218/23 –, juris Rdnr. 98. Auch dies spricht dafür, dass § 45b Abs. 1 bis 6 BNatSchG im vorliegenden Verfahren Anwendung findet bzw. finden kann.

5. Das mit der angegriffenen Genehmigung zugelassene Vorhaben verstößt nicht zulasten des Schwarzstorches gegen artenschutzrechtliche Verbote des § 44 Abs. 1 BNatSchG. 123 Der Schwarzstorch (Ciconia nigra) zählt als europäische Vogelart nach § 7 Abs. 2 Nr. 12 BNatSchG i. V. m. Art. 1 der Vogelschutzrichtlinie – dort zusätzlich in Anhang I aufgeführt – sowie als in Anhang A der Verordnung (EG) Nr. 338/97 des Rates vom 9.12.1996 über den Schutz von Exemplaren wildlebender Tier- und Pflanzenarten durch Überwachung des Handels aufgeführte Tierart zu den besonders geschützten Arten im Sinne von § 7 Abs. 2 Nr. 13 Buchst. a BNatSchG und zu den streng geschützten Arten im Sinne von § 7 Abs. 2 Nr. 14 Buchst. a BNatSchG.

Der Schwarzstorch, dessen innerhalb der letzten fünf Jahren genutzte Horste sich nach übereinstimmenden Angaben der Beteiligten in einem Abstand von etwa 650 m (H 1) und 1 100 m (H 2) zum Anlagenstandort befinden, zählt nach den bindenden gesetzlichen Vorgaben nicht zu den kollisionsgefährdeten Brutvogelarten, sodass eine Verletzung des § 44 Abs. 1 Nr. 1 BNatSchG von vornherein ausscheidet (dazu a). Einer etwaigen erheblichen Störung im Sinne von § 44 Abs. 1 Nr. 2 BNatSchG (dazu b) bzw. einer etwaigen Beschädigung/ Zerstörung seiner Fortpflanzungs- oder Ruhestätte im Sinne von § 44 Abs. 1 Nr. 3 BNatSchG (dazu c) wird jedenfalls durch die betriebsbeschränkende Vermeidungsmaßnahme (Nebenbestimmung Nr. 3.12.10) i. V. m. der unter Nr. 3.12.8 angeordneten Aufwertung von Nahrungshabitaten des Schwarzstorches auf einer Fläche von mindestens 2 ha des Genehmigungsbescheides vom 30.3.2023 hinreichend vorgebeugt, wobei dies auch für die im Fall der Nichtbesetzung der Horste getroffen Regelung gilt (dazu d).

a) Der Schwarzstorch gehört nach Abschnitt 1 der Anlage 1 zu § 45b Abs. 1 bis 5 BNatSchG nicht zu den kollisionsgefährdeten Brutvogelarten. Dass der Gesetzgeber hinsichtlich des darin aufgestellten Katalogs der kollisionsgefährdeten Brutvogelarten von einer abschließenden Auflistung ausging, vgl. BT-Drs. 20/2354, S. 25, begegnet in diesem Zusammenhang auch keinen unionsrechtlichen Bedenken, wie sie der Kläger in seiner Klagebegründung vom 23.8.2023 unter Bezugnahme auf eine gutachterliche Stellungnahme des Rechtsanwalts LA. vom 22.3.2023 formuliert hat. Vgl. bereits OVG NRW, Urteil v. 29.11.2022 – 22 A 1184/18 –, ZNER 2023, 53 = juris Rdnr. 231 ff.; konkret für den Schwarzstorch OVG Rh.-Pf., Urteil v. 6.2.2024 – 1 C 10470/22 –, ZNER 2024, 159 = juris Rdnr. 56.

Derartige Bedenken bestünden allenfalls dann, wenn eine Brutvogelart wie der Schwarzstorch nach dem gesicherten Erkenntnisstand der Fachwissenschaft als kollisionsgefährdet anzusehen wäre – eine andere Auffassung mithin nicht (mehr) vertretbar wäre – und sich der Gesetzgeber darüber hinwegsetzte. Für den Schwarzstorch war und ist dies aber gerade nicht der Fall. So ging namentlich der per Runderlass in Kraft getretene (dort Seite 39) und damit für den Beklagten grundsätzlich verbindliche Artenschutzleitfaden 2017 – wie bereits die Vorgängerversion aus dem Jahr 2013 – in Bezug auf den Schwarzstorch davon aus, dass der Betrieb von Windenergieanlagen regelmäßig zu keiner signifikanten Erhöhung des Tötungsrisikos führt und fachlich begründete Abweichungen im Einzelfall nur in Absprache mit dem LANUV möglich sind (dort Seiten 12 und 18). Auch in anderen Bundesländern, etwa in Niedersachsen, Thüringen, Sachsen und Brandenburg, unterfiel der Schwarzstorch nicht der Regelung des § 44 Abs. 1 Nr. 1 BNatSchG. Demgegenüber wurde er ausweislich der jeweiligen Leitfäden bzw. Erlasse etwa in Bayern, Mecklenburg-Vorpommern, Rheinland-Pfalz und im Saarland als kollisionsgefährdet eingestuft. In Schleswig-Holstein und Baden-Württemberg galt dies vor allem, in Hessen nur für flugunerfahrene Jungtiere im Horst. Zugleich war die Zahl von Totfunden – und damit die empirische Basis dieser Einschätzungen – schon im Jahr 2017 mit insgesamt fünf Opfern – davon zwei Jungvögel – ausgesprochen überschaubar und hat(te) sich auch danach – trotz der erheblichen Zunahme von Windenergieanlagen gerade auch in Waldgebieten – nicht verändert. Die zentrale Schlagopferkartei der Vogelschutzwarte Brandenburg verzeichnet jedenfalls auch mit Stichtag 9.8.2023 nach wie vor fünf getötete Schwarzstörche.

Die Annahme, Windenergieanlagen führten nicht zu einer signifikant erhöhten Tötungsgefahr für den Schwarzstorch war und ist angesichts dieser Datenlage mithin jedenfalls nicht evident unvertretbar, sondern aufgrund der nicht zuletzt in der mündlichen Verhandlung von Herrn Dr. Y. geschilderten jüngeren Erkenntnisse zum Flugverhalten des Schwarzstorches und seiner schon evolutionsbedingt plausiblen Fähigkeit, Flughindernissen auch mit kurzen Reaktionszeiten ausweichen zu können, ohne Weiteres plausibel. Argumentativ entgegengetreten sind dem auch die Klägervertreter in der mündlichen Verhandlung nicht.

Schon deshalb durfte – und sollte nach den Vorgaben des Bundesverfassungsgerichts zu offenen naturschutzfachlichen Fragestellungen – der Gesetzgeber eine Festlegung – und auch die letztlich getroffene – treffen, vgl. BVerfG, Beschluss v. 23.10.2018 – 1 BvR 2523/13 –, BVerfGE 149, 407 = juris Rdnr. 24.

Dass angesichts der vorstehend dargestellten fachwissenschaftlich unterschiedlichen Wertungen auch der Gesetzgeber hier nicht von vornherein eine einheitliche Position bezogen haben mag, ändert an der fachwissenschaftlichen Vertretbarkeit des letztlich gefundenen Ergebnisses nichts.

Jenseits dessen ist auch nicht ersichtlich, dass der Gesetzgeber bei seiner Festlegung kollisionsgefährdeter Brutvogelarten in Bezug auf andere Arten seine Befugnis, bei strittigen fachwissenschaftlichen Bewertungen eine klärende Festlegung zu treffen, überschritten hätte. Es lässt sich weder feststellen, dass er eindeutig schlaggefährdete Arten nicht berücksichtigt hätte noch dass er eindeutig nicht kollisionsgefährdete Arten in die Liste des Abschnitts 1 aufgenommen hätte. Die vom Kläger nachdrücklich in diesem Zusammenhang angeregte Vorlage an den EuGH kam deshalb nicht in Betracht (zum Mäusebussard etwa OVG NRW, Urteil v. 29.11.2022 – 22 A 1184/18 –, ZNER 2023, 53 = juris Rdnr. 228 ff., zur Feldlerche Rdnr. 239 ff.). Dies entspricht – soweit ersichtlich – auch der Auffassung aller Obergerichte, die – soweit ersichtlich – § 45b BNatSchG ohne Einschränkungen anwenden. Vgl. etwa OVG RH.-Pf., Urteil v. 8.2.2024 – 1 C 10470/22 –, ZNER 2024, 159 = juris Rdnr. 47, 56; Hess. VGH, Beschluss v. 22.5.2024 – 9 C 232/22.T –, NuR 2024, 472 = juris Rdnr. 15 ff.; VGH Bad.-Württ., Urteil v. 20.12.2023 – 14 S 218/23 –, juris Rdnr. 98; Schl.-H. OVG, Beschluss v. 21.7.2023 – 5 MR 2/ 23 –, NuR 2024, 208 = juris Rdnr. 55 f.; OVG M.-V., Beschluss v. 21.11.2022 – 5 KM 346/22 –, NuR2023, 340 = juris Rdnr. 32; jüngst explizit auch BVerwG, Urteil v. 19.12.2023 – 7 C 4.22 –, NVwZ 2024, 754 = juris Rdnr. 30 (»Gesetzliche Konkretisierung des Signifikanzkriteriums«).

Demgegenüber überzeugt die vom Kläger zur Stützung seiner Auffassung, die Regelung sei unionsrechtswidrig, vorgelegte gutachterliche Stellungnahme des Rechtsanwalts LA. vom 22.3.2023 schon deshalb nicht, weil sie zum einen das sogenannte Helgoländer Papier als letztlich allein verbindlichen Maßstab für die naturschutzfachliche Vertretbarkeit in den hier aufgeworfenen ornithologischen Fragen betrachtet (zur fehlenden Überzeugungskraft dieses Verständnisses vgl. BVerwG, Urteil v. 24.5.2024 – 7 C 1.23 –, juris Rdnr. 46 ff. [zur Veröffentlichung in BVerwGE vorgesehen], zum anderen und vor allem aber, weil sie offenbar nicht bzw. nicht hinreichend zwischen kollisionsgefährdeten und störungsempfindlichen Arten in der Prüfung des (vermeintlichen) Unionsrechtsverstoßes unterscheidet. Zum Beleg seiner Hypothese, die Neuregelung übergehe in unionsrechtlich unvertretbarer Weise zahlreiche Arten, nennt Rechtsanwalt LA. jedenfalls in der Hauptsache Arten, bei denen (auch nach dem »Helgoländer Papier«) allenfalls eine Störungsempfindlichkeit angenommen werden könnte (etwa Wachtelkönig, Haselhuhn, Auerhuhn etc.). Hierzu trifft die Anlage 1 zu § 45b Abs. 1 bis 6 BNatSchG indes gerade keine Festlegungen, schon gar keine abschließenden und kann deshalb insoweit von vornherein kein unionsrechtliches Konfliktpotenzial begründen.

Wie der Beklagte unter Bezugnahme auf eigene fachliche Einschätzungen und diejenige des LANUV zutreffend festgestellt hat, besteht aufgrund dessen auch kein Raum mehr für eine ausnahmsweise anzunehmende Kollisionsgefährdung aufgrund konkreter Verhaltensweisen eines bestimmten Schwarzstorchpaares, wie es nach alter Rechtslage etwa für ein in Paderborn in der Nähe des Windparks Hassel brütendes Paar angenommen worden ist; vgl. dazu OVG NRW, Urteil v. 2.7.2024 – 22 D 47/23.NE –, KlimR 2024, 280 = juris Rdnr. 159 ff., insbesondere 173 ff.; vgl. auch Urteil v. 27.10.2022 – 22 D 243/21.AK –, NuR 2023, 130 = juris Rdnr. 72 ff.

Ein solcher Sonderfall dürfte hier indes schon mangels eines konkreten Hinweises darauf, dass die konkret betroffenen Schwarzstörche kein Meideverhalten gegenüber Windenergieanlagen aufweisen, nicht plausibel anzunehmen gewesen sein. Dass die Windenergieanlage auf einer möglichen Flugroute liegt, ist notwendige, aber nicht hinreichende Bedingung für eine solche nur im Ausnahmefall anzunehmende Kollisionsgefahr. Aufgrund der allgemeinen Erkenntnislage wäre viel eher anzunehmen, dass die Vögel (auch) diesem Hindernis ausweichen. Angesichts dessen erschließt sich dem Senat die ursprünglich entgegenstehende Annahme des Beklagten, die in Absprache mit dem LANUV getroffen wurde, jedenfalls in der dokumentierten Form in der Sache ohnehin nicht.

Vor diesem Hintergrund kann dahinstehen, ob die angeordneten Vermeidungs- und Ausgleichsmaßnahmen auch geeignet wären, ein unterstellt vorhandenes – nach vorstehenden Überlegungen, die auch dem Artenschutzfachbeitrag II explizit zugrunde gelegt und vom Beklagten und dem LANUV als solche auch nicht in Zweifel gezogen worden sind – allenfalls geringes Tötungsrisiko unter die Signifikanzschwelle zu drücken (vgl. zu den insoweit anzuwendenden Maßstäben ausführlich OVG NRW, Urteile v. 29.11.2022 – 22 A 1184/18 –, ZNER 2023, 53 = juris Rdnr. 156 ff., und vom 27.10.2022 – 22 D 243/21.AK –, NuR 2023, 130 = juris Rdnr. 60 ff.).

Hierfür könnte immerhin sprechen, dass der Gefährdungsbeurteilung die sich aus den vorliegenden Raumnutzungsanalysen abgeleitete Bewertung zugrunde lag, die potenzielle Gefährdung durch die WEA 14 resultiere vornehmlich aus den beobachteten Territorial- und Balzflügen im östlichen (Schwerpunkt), westlichen und südlichen Untersuchungsraum, also zumindest auch, allerdings nicht vornehmlich oder auch nur überdurchschnittlich oft im Bereich der WEA 14, und der Nutzung des südlichen Waldrands zum thermischen Flughöhengewinn. Zumindest die Balz- und Territorialflüge dürften jedoch bevorzugt im frühen Frühjahr stattfinden. Demgegenüber ließen sich weder ein essenzielles Nahrungshabitat noch signifikant häufige sonstige Flüge in diesem Bereich feststellen. Auch der Kläger hat im Wesentlichen geltend gemacht, der Umstand, dass Schwarzstörche in diesem Bereich nicht häufiger gesichtet worden seien, beruhe darauf, dass sie hier die Siepen entlang im Schutz des Waldes flögen bzw. sich in diesen Strukturen versteckt aufhielten. Dann befinden sie sich aber auch nicht im Bereich der Rotoren der WEA 14 und sind keinem, schon gar nicht einem signifikant erhöhten Kollisionsrisiko ausgesetzt.

b) Das Vorhaben der Beigeladenen verstößt hinsichtlich des Schwarzstorches nicht gegen das artenschutzrechtliche Störungsverbot des § 44 Abs. 1 Nr. 2 BNatSchG.

aa) Nach § 44 Abs. 1 Nr. 2 BNatSchG ist es u. a. verboten, wild lebende Tiere der europäischen Vogelarten während der Fortpflanzungs- und Aufzuchtzeiten erheblich zu stören; dabei liegt eine erhebliche Störung vor, wenn sich durch die Störung der Erhaltungszustand der lokalen Population einer Art verschlechtert. Der Störungstatbestand des § 44 Abs. 1 Nr. 2 BNatSchG kann durch bau- und betriebsbedingte Beeinträchtigungen der geschützten Tierarten in Gestalt von akustischen und optischen Störwirkungen erfüllt werden, die von der vorgesehenen Anlage ausgehen (vgl. BVerwG, Urteile v. 9.2.2017 – 7 A 2.15 –, BVerwGE 158, 1 = juris Rdnr. 471, und vom 6.4.2017 – 4 A 16.16 –, DVBl. 2017, 1039 = juris Rdnr. 80; OVG NRW, Beschluss v. 9.6.2022 – 8 B 407/22 –, ZNER 2022, 414 = juris Rdnr. 31 f., m. w. N.). Eine Störung ist nach der Definition des § 44 Abs. 1 Nr. 2 Hs. 2 BNatSchG erheblich, wenn sich durch sie der Erhaltungszustand der lokalen Population einer Art verschlechtert. Den Begriff »Erhaltungszustand einer Art« definiert Art. 1 Buchst. i der Richtlinie 92/43/EWG des Rates vom 21.5.1992 zur Erhaltung der natürlichen Lebensräume sowie der wildlebenden Tiere und Pflanzen (FFH-RL) als die Gesamtheit der Einflüsse, die sich langfristig auf die Verbreitung und die Größe der Population der betreffenden Art auswirken können. Eine Verschlechterung des Erhaltungszustandes ist damit insbesondere dann anzunehmen, wenn die Überlebenschancen, der Bruterfolg oder die Reproduktionsfähigkeit vermindert werden, was artspezifisch für den jeweiligen Einzelfall zu untersuchen und zu beurteilen ist. Vgl. BVerwG, Urteil v. 6.10.2022 – 7 C 4.21 –, BVerwGE 176, 313 = juris Rdnr. 33 f.; OVG NRW, Urteil v. 27.10.2022 – 22 D 243/21.AK –, NuR 2023, 130 = juris Rdnr. 78, und Beschluss v. 9.6.2022 – 8 B 407/22 –, ZNER 2022, 414 = juris Rdnr. 33 f., m. w. N.

Eine lokale Population umfasst diejenigen (Teil-)Habitate und Aktivitätsbereiche der Individuen einer Art, die in einem für die Lebens(raum)ansprüche der Art ausreichenden räumlichfunktionalen Zusammenhang stehen. Vgl. BVerwG, Urteil v. 9.6.2010 – 9 A 20.08 –, NVwZ 2011, 177 = juris Rdnr. 48.

Dies ist die Gesamtheit von Individuen einer Art, die während bestimmter Phasen des jährlichen Zyklus in einem anhand ihrer jeweiligen Lebensraumansprüche abgrenzbaren, zusammenhängenden Lebensraum vorkommen, vgl. Gellermann, in: Landmann/Rohmer, Umweltrecht, § 44 BNatSchG Rdnr. 12 (Stand der Kommentierung: September 2019); Lau, in: Frenz/Müggenborg, BNatSchG, 4. Aufl. 2024, § 44 Rdnr. 33 f.; Fellenberg, in: Kerkmann/Fellenberg, Naturschutzrecht in der Praxis, 3. Aufl. 2021, § 10 Rdnr. 109; Nds. OVG, Urteil v. 1.12.2015 – 4 LC 156/14 –, ZUR 2016, 227 = juris Rdnr. 48, wie etwa ein (lokal begrenztes) Schwerpunktvorkommen oder das Vorkommen in einem Schutzgebiet, vgl. OVG NRW, Urteile v. 27.10.2022 – 22 D 243/21.AK –, NuR 2023, 130 = juris Rdnr. 84, und vom 30.7.2009 – 8 A 2357/08 –, juris Rdnr. 148.

Nachteilige Auswirkungen auf den Erhaltungszustand der lokalen Population sind insbesondere dann zu erwarten, wenn Exemplare seltener oder stark gefährdeter Arten gestört werden, die gestörten Individuen kleinen lokalen Populationen angehören oder sämtliche Tiere des in Rede stehenden Bestandes gestört werden, vgl. Gellermann, in: Landmann/Rohmer, Umweltrecht, § 44 BNatSchG Rdnr. 13 (Stand der Kommentierung: September 2019); Fellenberg, in: Kerkmann/Fellenberg, Naturschutzrecht in der Praxis, 3. Aufl. 2021, § 10 Rdnr. 113 f.

Schutz- und Ausgleichsmaßnahmen wie etwa geeignete und für die Tiere tatsächlich nutzbare Ausweichhabitate können nachteilige Auswirkungen verhindern. Vgl. BVerwG, Urteil v. 18.3.2009 – 9 A 39.07 –, BVerwGE 133, 239 = juris Rdnr. 86; OVG NRW, Urteil v. 27.10.2022 – 22 D 243/21.AK –, NuR 2023, 130 = juris Rdnr. 88, und Beschluss v. 9.6.2022 – 8 B 407/22 –, ZNER 2022, 414 = juris Rdnr. 43; Fellenberg, in: Kerkmann/Fellenberg, Naturschutzrecht in der Praxis, 3. Aufl. 2021, § 10 Rdnr. 107, 115.

bb) Nach diesen Maßgaben ist eine erhebliche Störung eines Schwarzstorchenpaares, das den in einer Entfernung von ca. 650 m befindlichen Horst nutzt, jedenfalls aufgrund der vorgeschriebenen Vermeidungs- und Ausgleichsmaßnahmen nicht zu erwarten. Dabei kann dahinstehen, ob als lokale Population das jeweilige Brutpaar anzusehen ist, vgl. dazu, dass bei selten vorkommenden Arten die lokale Population auch aus einem einzelnen Brutpaar bestehen kann: BVerwG Urteil v. 27.11.2018 – 9 A 8.17 –, BVerwGE 163, 380 = juris Rdnr. 127 (dort Uhu), oder, wovon wohl das LANUV ausgeht, https://artenschutz.naturschutzinformationen.nrw.de/artenschutz/de/arten/gruppe/voegel/massn_stat/103175, zur Bestimmung der lokalen Population auf das Kreisgebiet abzustellen ist. Insoweit ist allerdings festzustellen, dass diese »Grenzziehung« nicht auf naturräumlichen Gegebenheiten beruht, vgl. OVG NRW, Urteil v. 27.10.2022 – 22 D 243/21.AK –, NuR 2023, 130 = juris Rdnr. 96.

Eine isolierende Betrachtung dürfte sich indes nicht zuletzt angesichts des großen Aktionsradius der Art in einem ausgedehnten Schwerpunktvorkommen mit etwa 15–20 Revierpaaren in der Region Arnsberger Wald und benachbarter Bereiche – wie etwa die vom Vogelschutzgebiet »Diemel- und Hoppecketal« erfassten Wälder bei Brilon und das südlich der Ruhr angrenzende Gebiet in Richtung Meschede, Bestwig und Schmallenberg – jedenfalls nicht aufdrängen. Den Ausführungen von Herrn Dr. Y. in der mündlichen Verhandlung hat der Senat nichts anderes entnommen, vgl. bereits OVG NRW, Urteil v. 27.10.2022 – 22 D 243/21.AK –, NuR 2023, 130 = juris Rdnr. 96 ff.

Wie der Senat bereits entschieden hat, ist die vom Kläger bzw. der AG Schwarzstorch im Verwaltungsverfahren angeführte und vom Beklagten ausdrücklich nicht »völlig ausgeschlossene« Annahme, der Schwarzstorch könne sich womöglich (auch) durch »hohe vertikale Bauwerke« gestört fühlen, nicht plausibel und belastbar. Es finden sich weder entsprechende wissenschaftliche Erkenntnisse noch eine nachvollziehbare Begründung. Dies wäre indes geboten gewesen, weil schon der Leitfaden 2017 den Schwarzstorch als störungsempfindlich (nur) gegenüber dem »WEA-Betrieb« (dort Seite 42) und nicht (auch) gegenüber der Errichtung der Windenergieanlage im Sinne eines vertikalen Bauwerks eingestuft hat. Diese Einschätzung hat Herr Dr. Y. in der mündlichen Verhandlung nochmals bestätigt, vgl. auch OVG NRW, Urteil v. 27.10.2022 – 22 D 243/21.AK –, NuR 2023, 130 = juris Rdnr. 100–102.

Sie ist für den Senat auch mit Blick darauf nachvollziehbar, dass der Schwarzstorch größere, naturnahe Laub- und Mischwälder besiedelt, https://artenschutz.naturschutzinformationen.nrw.de/artenschutz/de/arten/gruppe/voegel/kurzbeschreibung/103, und vertikale Strukturen für diese Vogelart daher offensichtlich nicht per se ein Störpotenzial bedeuten. Vgl. bereits Urteil v. 27.10.2022 – 22 D 243/21.AK –, NuR 2023, 130 = juris Rdnr. 102.

Angesichts dessen hat auch der neue Artenschutzleitfaden 2024 zu Recht an dieser Einschätzung festgehalten (dort S. 56).

Eine demnach allenfalls in Betracht zu ziehende betriebsbedingte (erhebliche) Störung des Schwarzstorches kann hier jedenfalls unter Berücksichtigung der betriebsbeschränkenden Vermeidungsmaßnahme nach Nr. 3.12.10 i. V. m. der in Nr. 3.12.8 vorgesehenen Habitatverbesserung mit der erforderlichen Sicherheit ausgeschlossen werden.

Nach den Ausführungen des Sachverständigen Dr. Y. in der mündlichen Verhandlung ist weiterhin unklar, ob die vom Betrieb der Windenergieanlage auf den Schwarzstorch ausgehende Störwirkung auf visuellen (Bewegung des Rotors) oder akustischen Reizen (Lärm) oder einer Kombination dieser beiden Wirkfaktoren beruht. Fallen beide Wirkfaktoren aus, besteht jedenfalls keine Störwirkung. Vgl. auch OVG NRW, Urteil v. 27.10.2022 – 22 D 243/21.AK –, NuR 2023, 130 = juris Rdnr. 104.

Hiervon abweichende, wissenschaftlich fundierte Erkenntnisse hat der Kläger nicht benannt; solche sind dem Senat auch im Übrigen nicht bekannt.

Dementsprechend kann nach dem im Artenschutzrecht geltenden Maßstab der praktischen Vernunft, vgl. BVerwG, Urteil v. 27.11.2018 – 9 A 8.17 –, BVerwGE 163, 380 = juris Rdnr. 123, m. w. N., eine (erhebliche) Störung des tagaktiven Schwarzstorchs ausgeschlossen werden, wenn die Windenergieanlage im Tageszeitraum nicht betrieben wird und von ihr in dieser Zeit daher weder visuelle noch akustische Reize ausgehen, wie es hier jedenfalls grundsätzlich für den Zeitraum vom 1.3. bis 30. April eines jeden Jahres vorgesehen ist. Dieser Zeitraum umfasst zwar nicht den gesamten Brutzyklus des Schwarzstorches, jedoch zumindest die sogenannte Reviergründungsphase, in der die Störempfindlichkeit des Schwarzstorchs nach allen dem Senat bekannten fachlichen Erkenntnissen besonders hoch ist. Vgl. auch OVG NRW, Urteile v. 2.7.2024 – 22 D 47/23.NE –, KlimR 2024, 280 = juris Rdnr. 165, und vom 27.10.2022 – 22 D 243/21.AK –, NuR 2023, 130 = juris Rdnr. 107.

Von diesen gesicherten Erkenntnissen hat sich auch der Beklagte ausweislich der Bescheidbegründung leiten lassen. Die bereits im Genehmigungsverfahren vom LANUV zugestandene fachliche Vertretbarkeit dieser Auffassung hat Herr Dr. Y. in der mündlichen Verhandlung ausdrücklich bekräftigt und zugleich die ursprüngliche zeitliche Präferenz des LANUV gewissermaßen widerrufen und sie mit einer vermutlich doch »im Hinterkopf« und entgegen der Rechtslage verbliebenen Kollisionsgefahr in Verbindung gebracht und damit die entsprechende Vermutung des Senats bestätigt.

Neben der größeren Störempfindlichkeit des Schwarzstorches in dieser Phase kommt hinzu, dass auch die Sichtbarkeit der Windenergieanlage wegen der noch nicht vorhandenen Belaubung des Waldes deutlich erhöht ist. Hierauf hat auch der Beklagte zutreffend und ausdrücklich abgestellt (Bescheidbegründung vom 30.3.2023, S. 92). Gleiches gilt für etwaige Geräusche, die später im Jahr im allgemeinen Blätterrauschen weitestgehend untergehen (zu Einzelheiten vgl. OVG NRW, Urteil v. 27.10.2022 – 22 D 243/21.AK –, NuR 2023, 130 = juris Rdnr. 110 ff.).

Nach der von der Beigeladenen vorgelegten Schallimmissionsprognose der ZK. GmbH & Co. KG vom 12.7.2018 mit Nachträgen vom 14.6.2022 und 23.6.2023 liegt die von der Anlage WEA 14 ausgehende Belastung an den geschätzt gut doppelt so weit wie der Horst H 1 entfernten Gebäuden KC.-straße 26 (IP 49) und AN.-straße 20 (IP 50) bei etwa 32 dB(A). Insofern dürften am Horst kaum mehr als 39 dB(A) zu erwarten sein – ein Wert, der erst bei höheren Windgeschwindigkeiten auftreten kann, die gerade auch zu höheren »Eigengeräuschen« des Waldes führt (vgl. OVG NRW, Urteil v. 27.10.2022 – 22 D 243/21.AK –, NuR 2023, 130 = juris Rdnr. 110, 112).

Relevante Lärmbelästigungen hat auch der Kläger – nach Vorstehendem mit Recht – nicht ins Feld geführt.

In diesem Zusammenhang ist zudem zu berücksichtigen, dass der in der Vergangenheit bevorzugt und regelmäßig genutzte Horst H 1 ausweislich der vorhandenen Bilder und Beschreibungen recht gut einsehbar ist und sich für einen Schwarzstorchhorst damit in einer geradezu exponierten Lage befindet. »Die Sichtachse zum östlichen Horst ist durch die Topographie frei, im näheren Umfeld des Horstes stockt stark lückenhafter und überwiegend junger Laubwald, in größerer Entfernung Pionierwald.« (Bescheidbegründung S. 91). Aufgrund dessen wird es sich jedenfalls bei den Einzelexemplaren, die ihn nutzen, augenscheinlich nicht um solche handeln, die hinsichtlich optischer oder akustischer Reize besonders – wohl nicht einmal durchschnittlich – sensibel reagieren; sonst wäre zudem zu erwarten, dass der benachbarte Horst H 2 bevorzugt würde, für den diese Charakteristika nicht gegeben sind. Für ihn ist vielmehr festgehalten: »Die Sichtachse zum südlichen Horst ist durch eine starke Geländeprofilierung gekennzeichnet, und aufgrund der Entfernung von über einem Kilometer wird bei einem Besatz des südlichen Horstes keine Störung durch die WEA angenommen« (Bescheidbegründung S. 91). Damit ist aber zugleich eine potenziell relevante erhebliche Störung dieses Horstes durch den Betrieb der WEA 14 auszuschließen.

Eine weitergehende erhebliche Störung der Schwarzstörche in diesem Bereich dadurch, dass die WEA 14 zu einer Habitatbeeinträchtigung führen könnte, erscheint nach den durchgeführten Raumnutzungsanalysen schon grundsätzlich unwahrscheinlich. Bei dem Standort selbst handelt es sich nicht um ein solches Habitat, dieses begänne frühestens mit den im Zusammenhang mit der beabsichtigten Naturschutzgebietsausweisung thematisierten Bachsiepen. Allerdings haben die Gutachter einen Habitatschwerpunkt eher östlich der WEA 15 und damit in einiger Entfernung zur WEA 14 ausgemacht. Konkretes hat der Kläger hiergegen auch nicht vorgebracht, sondern im Wesentlichen auf die Möglichkeit verwiesen, die Gutachter könnten (naheliegender Weise) die Anwesenheit von Schwarzstörchen übersehen haben, weil sie hier die Siepen entlang im Schutz des Waldes flögen bzw. sich in diesen Strukturen versteckt aufhielten. Gerade nach diesem Vortrag ist eine relevante Störung und Beeinträchtigung für diesen Bereich aber mindestens unwahrscheinlich. Denn die fehlende Sichtbarkeit dürfte in beide Richtungen gelten, sodass bei diesen Flügen/Aufenthalten in den Bachsiepen der Schwarzstorch auch die potenziell störende Windenergieanlage nicht wahrnehmen wird.

Selbst wenn dies indes anders zu beurteilen wäre, würde hier aber jedenfalls die in der Nebenbestimmung 3.12.8 des Genehmigungsbescheides vom 30.3.2023 vorgesehene Kompensationsmaßnahme greifen und zumindest erhebliche Störungen im Sinne von § 44 Abs. 1 Nr. 2 BNatSchG verhindern. Gegen diese Nebenbestimmung hat der Kläger im gerichtlichen Verfahren auch keine substanziierten Einwände erhoben. Solche sind für den Senat auch im Übrigen nicht zu erkennen.

Vor diesem Hintergrund lässt sich nicht feststellen, dass es fachlich unvertretbar sein könnte, den vom Beklagten verfügten – und als solchen mit dem LANUV abgestimmten – Abschaltzeitraum von zwei Monaten in Verbindung mit der gleichzeitig angeordneten Habitataufbesserung in den konkreten Gegebenheiten als für die Vermeidung des Verbotstatbestandes des § 44 Abs. 1 Nr. 2 BNatSchG ausreichend anzusehen. Dagegen spricht für sich genommen auch nicht, dass der Fachgutachter der Beigeladenen, Beklagter und LANUV ursprünglich einen längeren Zeitraum von zunächst etwa 5,5 Monaten und später 4 Monaten vorgeschlagen hatten. Diese Überlegungen sind schon nicht zuletzt unter der Annahme einer Kollisionsgefährdung erfolgt, die zumindest für die untere Naturschutzbehörde des Beklagten auch nach der Neufassung des Bundesnaturschutzgesetzes zunächst offenbar (weiterhin) im Vordergrund stand. Dies ergibt sich nicht nur aus einem Vermerk vom 1.8.2022 zu den Auswirkungen der Rechtsänderung, der zwar konstatiert, dass diese die Annahme einer Kollisionsgefahr für den Schwarzstorch nicht mehr zulasse, im Anschluss aber ausdrücklich festhält: »Die sich für die Arten Schwarzstorch und Waldschnepfe ergebenden Nebenbestimmungen werden unverändert beibehalten. Für die Anlagenstandorte WEA 05, 10, 14 und 15 bleiben anzunehmende erhebliche[r] Störungen sowie teilweise im Sinne besonderer Ausnahmefälle vorhandene Kollisionsrisiken […] unverändert bestehen.« (S. 13.070 der Beiakten), sondern auch aus der Mitteilung des zuständigen Sachbearbeiters der unteren Naturschutzbehörde vom 3.8.2022, er habe »abweichend vom Protokoll der Videokonferenz vom 24.1.2022« zudem eine erhebliche Störung auch bei der WEA 14 hergeleitet (S. 13.058 der Beiakten). Demgegenüber vertrat das LANUV ausweislich einer E-Mail vom 6.9.2022 (S. 13.094 der Beiakten) die Auffassung, durch die Rechtsänderung seien alle Aussagen zu einem möglichen Kollisionsrisiko an einzelnen Anlagen hinfällig geworden. »Für die Anlage WEA 14 bedeutet dies, dass kein artenschutzrechtliches Verbot ausgelöst wird«. Dass auch in der weiteren Diskussion um die Nebenbestimmung Nr. 3.12.10 die Frage eines Kollisionsrisikos eine Rolle spielte, entspricht schließlich der in der mündlichen Verhandlung gegebenen Einschätzung von Herrn Dr. Y. zur Wahl des »richtigen« Abschaltzeitraums. Belastbare und durchgreifende Anhaltspunkte dafür, dass der schließlich festgesetzte Abschaltmechanismus für die allein in Rede stehende Vermeidung eines Störungsrisikos fachlich nicht ausreichen könnte, ergeben sich aus der Entstehungsgeschichte der Nebenbestimmung mithin nicht.

Solches wird auch vom Kläger nicht substanziiert aufgezeigt mit der Vermutung, die Abschaltzeiten wären ohne die Berücksichtigung des neuen, seiner Auffassung nach ebenfalls unionsrechtswidrigen § 45b Abs. 6 BNatSchG länger ausgefallen. Der hierfür herangezogene Hinweis des LANUV diente ersichtlich der Sicherstellung, dass das naturschutzfachlich Notwendige anhand dieser Vorschrift auf die gesetzlich vorgegebene Verhältnismäßigkeit beschränkt bleibt. Wäre dies nicht gegeben gewesen, wären Ausnahmen zu prüfen, nicht aber die naturschutzfachlichen Standards abzusenken gewesen. Dies entspricht offenbar auch dem Verständnis des maßgeblich eingebundenen LANUV, das ausdrücklich darauf hingewiesen hat, eine Ausnahme sei seiner Kenntnis nach nicht beantragt worden. Zudem hat es die vorgesehene Maßnahme für den hiesigen Fall unter genauer Kenntnis der einschlägigen Besonderheiten ausdrücklich als »zielführend« und im gesetzlichen Rahmen »ausreichend« qualifiziert (vgl. Bescheidbegründung vom 30.3.2023, S. 91). Schon vor diesem Hintergrund bedurften die vom Kläger geäußerten Zweifel an der (Unions-)Rechtmäßigkeit des § 45b Abs. 6 Satz 2 BNatSchG vorliegend keiner näheren Betrachtung.

Selbst wenn indes eine Störung im Sinne von § 44 Abs. 1 Nr. 2 BNatSchG unterstellt würde, ist nicht anzunehmen, dass sich der Erhaltungszustand der lokalen Population des Schwarzstorchs verschlechtert. Die Annahme des Klägers, der Reproduktionserfolg des Schwarzstorchpaares verringere sich nicht nur vorübergehend und nicht nur unerheblich, bleibt lediglich eine zwar nicht auszuschließende, aber unwahrscheinliche Besorgnis. Deutlich plausibler erscheint demgegenüber, dass sich das Schwarzstorchpaar – bei unterstellter Störung durch den Betrieb der Windenergieanlage – einen neuen Brutplatz suchen wird, um an seiner artgemäßen Fortpflanzung nicht dauerhaft gehindert zu sein; vgl. auch BVerwG Urteil v. 27.11.2018 – 9 A 8.17 –, BVerwGE 163, 380 = juris Rdnr. 129 (dort Uhu); zum Schwarzstorch konkret OVG

NRW, Urteil v. 27.10.2022 – 22 D 243/21.AK –, NuR 2023, 130 = juris Rdnr. 113 ff.

Diese Annahme ist auch deshalb naheliegend, weil ein Schwarzstorchpaar trotz in der Regel hoher Orts- und Horsttreue oft auch Wechsel- und Ausweichhorste besitzt. https://artenschutz.naturschutzinformationen.nrw.de/artenschutz/de/arten/gruppe/voegel/massn_stat/103175.

Im vorliegenden Fall besteht hierfür sogar eine erhöhte Wahrscheinlichkeit, nachdem in einer Entfernung von gut 1 100 m ein Wechselhorst existiert, der im Jahr 2021 bereits einmal erfolgreich zur Brut genutzt wurde.

Hinzu kommt, dass die Windenergieanlage in einem im Energieatlas NRW ausgewiesenen Schwerpunktvorkommen des Schwarzstorches errichtet und betrieben werden soll, das nicht lokal begrenzt, sondern im Gegenteil sehr großflächig ist. Demnach kann berechtigter Weise davon ausgegangen werden, dass dem Schwarzstorchpaar innerhalb des Schwerpunktvorkommens genügend geeigneter Naturraum für eine Verlagerung des Brutplatzes zur Verfügung steht. Wie bereits ausgeführt, muss im Artenschutzrecht eine Beeinträchtigung nicht mit »Gewissheit« (d. h. ohne dass vernünftige Zweifel verbleiben) ausgeschlossen sein. Dazu bereits OVG NRW, Urteil v. 27.10.2022 – 22 D 243/21.AK –, NuR 2023, 130 = juris Rdnr. 117.

Hinzu kommt, dass das in der Nebenbestimmung Nr. 3.12.9. angeordnete Monitoring ausdrücklich vorsieht, dass für den Fall, dass die Kompensationsmaßnahmen keinen Erfolg zeitigen und sich zeigen sollte, dass nach Errichtung der WEA 14 beide Horste gemieden werden und kein neuer Horst im Untersuchungsraum errichtet wurde, in Absprache mit der unteren Naturschutzbehörde weitere, möglicherweise umfangreiche Maßnahmen, etwa in Form eines Lebensraumausgleichs mit Nisthilfe, zu veranlassen sind.

Lediglich ergänzend weist der Senat darauf hin, dass sich die vorstehend dargestellten und als plausibel bewerteten Annahmen nach Erlass der angegriffenen Bescheide – aber vor und nicht infolge von deren Ausnutzung – letztlich bestätigt haben. Wie der Fachgutachter der Beigeladenen in der mündlichen Verhandlung unwidersprochen vorgetragen hat, hat das in Rede stehende Schwarzstorchpaar im Jahr 2024 einen neuen Horst deutlich weiter im Norden errichtet. Vergleichbares gilt für das oben angesprochene Merschetaler Schwarzstorchpaar. Dieses hat, nachdem sein langjährig genutzter Horst durch einen Uhu-Besatz unbrauchbar geworden ist, im selben Landschaftsraum in einer Entfernung von ca. 5 km einen neuen Horst gebaut und zur erfolgreichen Brut genutzt.

c) Ein Verstoß gegen das artenschutzrechtliche Zugriffsverbot des § 44 Abs. 1 Nr. 3 BNatSchG liegt angesichts dessen in Bezug auf den Schwarzstorch ebenfalls nicht vor.

aa) Nach § 44 Abs. 1 Nr. 3 BNatSchG ist es verboten, Fortpflanzungs- oder Ruhestätten der wild lebenden Tiere der besonders geschützten Arten aus der Natur zu entnehmen, zu beschädigen oder zu zerstören. Ein Verstoß gegen dieses Verbot liegt gemäß § 44 Abs. 5 Satz 2 Nr. 3 BNatSchG nicht vor, wenn die ökologische Funktion der von dem Eingriff oder Vorhaben betroffenen Fortpflanzungs- und Ruhestätten im räumlichen Zusammenhang weiterhin erfüllt wird.

Der aus Art. 12 Abs. 1 Buchst. d FFH-RL übernommene Begriff der Fortpflanzungsstätte umfasst neben der eigentlichen Fortpflanzungsstätte auch deren Umfeld, sofern sich dieses Umfeld als erforderlich erweist, um einer geschützten Tierart eine erfolgreiche Fortpflanzung zu ermöglichen, wie z. B. Bereiche, die für die Balz, für die Paarung, für den Nestbau oder für die Wahl des Ortes der Eiablage oder der Niederkunft erforderlich sind, sowie den Ort der Eientwicklung und des Schlüpfens und das Nest oder den Ort der Niederkunft, wenn es bzw. er für die Nachwuchspflege benötigt wird; vgl. EuGH, Urteil v. 28.10.2021 – C-357/20 –, NVwZ 2022, 49 = juris Rdnr. 19 ff., m. w. N.

Bei der danach notwendigen Bestimmung, welche konkreten Bereiche als in diesem Sinne erforderlich angesehen werden können, handelt es sich um eine naturschutzfachliche Fragestellung, die auf der Grundlage der ökologischen Bedürfnisse der jeweiligen Tierart und – sofern greifbare Anhaltspunkte hierfür vorliegen – unter Berücksichtigung etwaiger Besonderheiten der betroffenen Individuen dieser Tierart, die die Fortpflanzungs- oder Ruhestätte nutzen, zu beantworten ist.

Zu den für die Fortpflanzung erforderlichen Bedingungen gehört im Ausgangspunkt auch die Verfügbarkeit von Nahrung, die zum eigenen Überleben und zur Aufzucht des Nachwuchses gebraucht wird. Daher wird beispielsweise für den Feldhamster vertreten, dass neben dem Wohnbau zugleich die umliegenden Ackerflächen zu schützen seien, die der Nahrungssuche dienten; vgl. Gellermann, in: Landmann/Rohmer, Umweltrecht, § 44 BNatSchG Rdnr. 19 (Stand der Kommentierung: September 2019).

Daraus folgt indes nicht, dass namentlich bei Tierarten mit großräumigen Aktionsbereichen und/oder ohne spezielle Nahrungsansprüche jedes in einem bestimmten Radius um die eigentliche Fortpflanzungsstätte gelegene Nahrungshabitat durch § 44 Abs. 1 Nr. 3 BNatSchG unter Schutz gestellt ist. Denn nicht jedes dieser Nahrungshabitate erweist sich als für eine erfolgreiche Fortpflanzung »erforderlich«, wenn und solange davon ausgegangen werden kann, dass der Tierart in ihrem Lebensraum auch nach dem Verlust eines Nahrungshabitats insgesamt genügend Nahrung zur Verfügung steht. Je kleiner allerdings der Aktionsradius der in Rede stehenden Tierart ist und je spezieller ihre Nahrungsansprüche sind, desto eher wird sich ein Nahrungshabitat als für eine erfolgreiche Fortpflanzung »erforderlich« erweisen, vgl. allgemein zur »engen« und »weiten« Auslegung bei der räumlichen Abgrenzung einer Fortpflanzungs- und Ruhestätte OVG NRW, Urteil v. 5.2.2021 – 11 D 13/18.AK –, juris Rdnr. 221 f., m. w. N.; konkret für den Schwarzstorch OVG NRW, Urteil v. 27.10.2022 – 22 D 243/21.AK –, NuR 2023, 130 = juris Rdnr. 125 ff.

Eine Beschädigung liegt vor, wenn die (geplante oder bereits durchgeführte) Maßnahme geeignet ist, die ökologische Funktionalität einer Fortpflanzungs- oder Ruhestätte einer geschützten Tierart schrittweise (»schleichend«) in qualitativer oder quantitativer Hinsicht zu verringern. Der in § 44 Abs. 1 Nr. 3 BNatSchG verwendete Begriff der Zerstörung, der inhaltlich identisch ist mit dem Begriff der Vernichtung in Art. 12 Abs. 1 Buchst. d FFH-RL, bezeichnet den vollständigen Verlust dieser Funktionalität, vgl. EuGH, Urteil v. 28.10.2021 – C-357/20 –, NVwZ 2022, 49 = juris Rdnr. 47 ff.

Dabei kommt es weder entscheidend darauf an, ob derartige Beeinträchtigungen absichtlich, vgl. EuGH, Urteil v. 28.10.2021 – C-357/20 –, NVwZ 2022, 49 = juris Rdnr. 49, 51 und 54, noch auf welche Art und Weise sie erfolgen, namentlich ist eine unmittelbar substanzverletzende Einwirkung nicht erforderlich, vgl. Gellermann, in: Landmann/Rohmer, Umweltrecht, § 44 BNatSchG Rdnr. 21, m. w. N. (Stand der Kommentierung: September 2019).

bb) Nach diesen Maßgaben führt das Vorhaben der Beigeladenen nicht zu einer Beschädigung oder Zerstörung einer Fortpflanzungs- oder Ruhestätte des Schwarzstorches im Sinne von § 44 Abs. 1 Nr. 3 BNatSchG. Eine etwaige Entwertung des Horstbereichs liegt aus den bereits im Rahmen der Prüfung des artenschutzrechtlichen Störungsverbots des § 44 Abs. 1 Nr. 2 BNatSchG genannten Gründen nicht vor. Entsprechendes gilt in Bezug auf eine etwaige Entwertung von Nahrungshabitaten. Insofern tritt hinzu, dass auf der Grundlage der Ergebnisberichte der Raumnutzungsanalyse Schwarzstorch vom 19.11.2019 (S.) und vom 29.7.2019 (P.) nach den Maßstäben der praktischen Vernunft ausgeschlossen erscheint, dass die mit dem Betrieb der WEA 14 möglicherweise einhergehende Entwertung eines (essenziellen) Nahrungshabitats, das der Vorhabenstandort indes schon nicht darstellen dürfte, sich negativ auf den Fortpflanzungserfolg des Schwarzstorches auswirken wird.

Bei ihm handelt es sich um eine Vogelart mit eher großen Raumansprüchen. Vom Nistplatz aus können Schwarzstörche über Distanzen von bis zu 10 km ihre Nahrungsgebiete aufsuchen. Der zentrale Aktionsraum wird dabei mit 3 000 m veranschlagt. https://artenschutz.naturschutzinformationen.nrw.de/artenschutz/de/arten/gruppe/voegel/kurzbeschreibung/103175.

Allerdings benötigt der Schwarzstorch großflächig zusammenhängende, störungsarme Komplexe aus naturnahen Laub- und Mischwäldern mit fischreichen Fließ- und Stillgewässern, Waldwiesen und Sümpfen. Als Hauptnahrung dienen ihm überwiegend Wasserinsekten, Fische (bis 25 cm Größe) und Amphibien, daneben Landtiere wie Insekten, Mäuse, Reptilien und weitere Kleintiere. Aufgrund dieser besonderen Habitatansprüche werden regelmäßig genutzte Nahrungshabitate (z. B. Laub- und Mischwaldkomplexe mit fischreichen Fließ- und Stillgewässern, Waldwiesen, Sümpfen) im Umkreis von etwa 5 km als essenzielle Habitatbestandteile abgegrenzt. https://artenschutz.naturschutzinformationen.nrw.de/artenschutz/de/arten/gruppe/voegel/massn_stat/103175.

Allein aus der Einordnung eines Gebiets als essenzielles Nahrungshabitat des Schwarzstorchs folgt indes nicht zwingend, dass es für dessen Fortpflanzung auch erforderlich ist, zumal die vorstehende Aussage in Anhang A »Methoden-Steckbriefe (Artspezifische Bestanderfassungsmethoden)« des »Methodenhandbuchs zur Artenschutzprüfung in NRW – Bestandserfassung, Wirksamkeit von Artenschutzmaßnahmen und Monitoring« des Ministeriums für Umwelt, Landwirtschaft, Natur- und Verbraucherschutz des Landes Nordrhein-Westfalen vom 19.8.2021 dahingehend relativiert wird, dass zur Klärung der Frage, ob die Habitate im Wirkraum essenziell für das Schwarzstorchrevier seien, weitere Methoden notwendig sein könnten. Die ökologische Funktion des hier in Rede stehenden Horstes als Fortpflanzungsstätte wird demnach weiterhin erfüllt (vgl. § 44 Abs. 5 Satz 2 Nr. 3 BNatSchG), wenn im Aktionsradius des Schwarzstorchs auch nach Errichtung der Windenergieanlage noch genügend (Ausweich-)Nahrungshabitate verbleiben.

Das ist hier der Fall. Nach allen vorliegenden Erkenntnissen der Fachgutachter, der Einschätzungen der unteren Naturschutzbehörde des Beklagten sowie des LANUV und gerade auch nach dem Vortrag des Klägers befindet sich in der engeren und weiteren Umgebung der Horste in diesem Bereich des Arnsberger Waldes eine Vielzahl geeigneter Habitate für den Schwarzstorch. Dies ist angesichts der dort vorzufindenden Habitatstrukturen ohne Weiteres plausibel. Dementsprechend ist auch das aufgrund der durchgeführten Raumnutzungsanalysen und der in die Bewertung des Beklagten und des Fachgutachters der Beigeladenen, in die auch die zahlreichen Beobachtungen Dritter – insbesondere des ehrenamtlichen Naturschutzes – eingegangen sind, gewonnene Ergebnis, eindeutig bevorzugte Habitate ließen sich kaum und wenn dann östlich des Windparks im Bereich der Romecke identifizieren, mindestens nachvollziehbar. Da zugleich – wie bereits ausgeführt – die Sichtbarkeit der Windenergieanlage bei Nahrungsflügen und möglichen Aufenthalten im Bereich der nächstgelegen Bachsiepen weitestgehend nicht gegeben ist, ist eine Entwertung dieses Gebiets, so sie überhaupt zu befürchten ist, allenfalls gering zu veranschlagen. Nimmt man hinzu, dass nach der fortgeltenden Nebenbestimmung 3.12.8 des Bescheides vom 30.3.2023 für eine etwaige Habitatentwertung eine Ausgleichsfläche (Maßnahmefläche F) im Umfang von mindestens 2 ha – tatsächlich werden nach den unwidersprochen gebliebenen Angaben der Beigeladenen 5 ha entstehen – zu schaffen und nach Nr. 3.12.9 in ihrer Wirksamkeit zu überwachen ist, ist nach den Maßstäben praktischer Vernunft eine Verwirklichung des Zugriffsverbots des § 44 Abs. 1 Nr. 3 BNatSchG auszuschließen. Zweifel an der Eignung der Ausgleichsfläche hat der Kläger – wie bereits ausgeführt – nicht, schon gar nicht in substanziierter Form, geltend gemacht.

d) Die Verwirklichung eines artenschutzrechtlichen Verbotstatbestandes droht schließlich auch nicht deshalb, weil nach der Nebenbestimmung Nr. 3.12.10 Satz 2 des Genehmigungsbescheides vom 30.3.2023 die Tagabschaltung entfallen kann, wenn die bekannten Horste H 1 und H 2 in einem Betriebsjahr bis zum 31.3. unbesetzt bleiben und auch keine Kenntnis von einem anderen besetzten Schwarzstorchhorst in der näheren Umgebung bis 1 000 m um die Windenergieanlage besteht.

Diese zwischen Beklagtem und LANUV abgestimmte Regelung ist naturschutzfachlich vertretbar. Die Beigeladene hat schon früh unwidersprochen geltend gemacht, dass nach den gesicherten Erkenntnissen und Erfahrungswerten des LANUV davon auszugehen sei, dass bei Horsten, die bis zum 31.3. nicht besetzt seien, im Regelfall auch danach in diesem Jahr keine Brut mehr stattfinde. Das hat Herr Dr. Y. in der mündlichen Verhandlung bestätigt. Da er zugleich – in Übereinstimmung mit dem Fachgutachter der Beigeladenen – ausgeführt hat, dass die Feststellung einer Horstbesetzung jedenfalls nicht von der Eiablage abhängt, sondern schon deutlich im Vorfeld etwa durch häufigen Aufenthalt oder revieranzeigendes Verhalten einsetzt, erscheint dies ohne Weiteres plausibel. So dürften bereits die im Jahr 2024 festgestellten Aktivitäten für eine solche Bewertung ausgereicht haben, obwohl es letztlich aus anderen Gründen nicht zu einer Brut gekommen ist.

Die von dem Kläger geäußerten weiteren Bedenken, die Regelung sei zu unbestimmt, weil nicht festgelegt werde, wie der Nachweis der Nichtbesetzung zu führen sei, bestehen mit Blick auf den Gesamtzusammenhang der artenschutzrechtlichen Vorgaben zum Schwarzstorch nicht. Wie eine solche Überwachung zu erfolgen hat, lässt sich bereits der Nebenbestimmung Nr. 3.12.9 in allgemeiner Form entnehmen. Dementsprechend führt die Begründung zur Nebenbestimmung Nr. 3.12.10 explizit aus, dass die Kontrolle, ob ein Horst besetzt sei, durch einen Biologen, eine vergleichbar qualifizierte Person oder mittels Kameraüberwachung erfolgen müsse (Bescheidbegründung vom 30.3.2023, S. 93).

Lediglich ergänzend ist darauf hinzuweisen, dass tatsächlich eine Überwachung des Bereichs mittels einer festinstallierten Kamera durch den Fachgutachter der Beigeladenen durchgeführt wird, wie sich dem Bericht auf den Seiten 27.855 ff. der Beiakten entnehmen lässt.

6. Die zur Sicherung der Rückbauverpflichtung nach § 35 Abs. 5 Satz 2 i. V. m. Satz 3 BauGB beizubringende Sicherheitsleistung in Form einer selbstschuldnerischen Bürgschaft in Höhe von 353 822,- Euro – vgl. Nr. 3.1.1. des Änderungsgenehmigungsbescheids vom 21.3.2024 – ist nicht zu beanstanden.

a) Nach § 35 Abs. 5 Satz 2 Hs. 1 BauGB ist für Vorhaben nach § 35 Abs. 1 Nr. 2 bis 6, 8 Buchst. b und Nr. 9 – also auch für nach § 35 Abs. 1 Nr. 5 BauGB privilegierte Windenergieanlagen wie hier – als weitere Zulässigkeitsvoraussetzung eine Verpflichtungserklärung abzugeben, das Vorhaben nach dauerhafter Aufgabe der zulässigen Nutzung zurückzubauen und Bodenversiegelungen zu beseitigen. Die Baugenehmigungsbehörde soll durch nach Landesrecht vorgesehene Baulast oder in anderer Weise die Einhaltung der

Verpflichtung nach § 35 Abs. 5 Satz 2 BauGB sicherstellen, vgl. § 35 Abs. 5 Satz 3 BauGB. Sie wird damit bundesrechtlich verpflichtet, durch geeignete Maßnahmen bereits bei Erteilung der Genehmigung die Voraussetzungen dafür zu schaffen, dass der Rückbau, zu dem sich der Vorhabenträger nach § 35 Abs. 5 Satz 2 BauGB verpflichtet hat, nach dauerhafter Nutzungsaufgabe auch auf seine Kosten durchgesetzt werden wird. Demgemäß zielt die Sicherheitsleistung auf eine unter Umständen notwendig werdende Ersatzvornahme. Nach dem gesetzgeberischen Regelungszweck soll diese Durchsetzung der Rückbaupflicht nicht daran scheitern, dass von einer Vollstreckung abgesehen wird, weil keine ausreichenden Mittel für eine solche Ersatzvornahme zur Verfügung stehen. Dies kann nur durch eine finanzielle Absicherung der anfallenden Kosten einer Beseitigung sichergestellt werden. Eine Baulast hat dies nicht zum Inhalt. Die Anordnung von Maßnahmen zur Einhaltung der Verpflichtung nach § 35 Abs. 5 Satz 2 BauGB ist nicht in das freie Ermessen der Genehmigungsbehörde gestellt; die Genehmigung ist vielmehr in der Regel (»soll«) mit Nebenbestimmungen zur Einhaltung der Rückbaupflicht zu versehen. Dazu gehört auch die Auferlegung einer Sicherheitsleistung, es sei denn, es liegen besondere Umstände des Einzelfalls vor, die eine Ausnahme rechtfertigen. Vgl. BVerwG, Urteil v. 17.10.2012 – 4 C 5.11 –, BVerwGE 144, 341 = juris Rdnr. 11, 15, 28; Gatz, jurisPR-BVerwG 4/2013 Anm. 1; VGH Bad.-Württ., Beschluss v. 18.6.2024 – 10 S 1546/23 –, juris Rdnr. 44 und 46; Nds. OVG, Beschluss v. 12.10.2022 – 12 MS 188/21 –, ZNER 2022, 655 = juris Rdnr. 61, m. w. N.

Mit Blick auf die Höhe der geforderten Sicherheitsleistung erlaubt das Bundesrecht eine Pauschalierung der Kosten. Maßgeblich ist, ob die Kostenschätzung auf einer geeigneten Grundlage beruht und die daran anknüpfende Pauschalierung sachlich nachvollziehbar ist. Vgl. BVerwG, Urteil v. 17.10.2012 – 4 C 5.11 –, BVerwGE 144, 341 = juris Rdnr. 34.

Es handelt sich um eine Ermessensentscheidung, die auch verwaltungspraktische Gesichtspunkte berücksichtigen darf. Vgl. VGH Bad.-Württ., Urteil v. 5.10.2022 – 10 S 1485/21 –, ZNER 2022, 662 = juris Leitsatz 2 und Rdnr. 65 ff.; OVG Rh.-Pf., Urteil v. 1.9.2021 – 1 A 11152/20 –, juris Rdnr. 158; VGH Bad.-Württ., Beschluss v. 18.6.2024 – 10 S 1546/23 –, juris Rdnr. 56.

b) Nach diesen Maßgaben dringt der Kläger mit seinen Einwendungen gegen die in dem Änderungsgenehmigungsbescheid vom 21.3.2024 festgesetzte Sicherheitsleistung in Form einer selbstschuldnerischen Bürgschaft in Höhe von brutto 353 822,- Euro nicht durch.

Im Ausgangspunkt übersieht oder übergeht der Kläger, dass sich der festgesetzte Sicherungsbetrag im Berechnungsansatz nicht an den Gesamtinvestitionskosten orientiert hat, sondern die von CH. berechneten, von der Bauaufsicht der Stadt Warstein für plausibel gehaltenen voraussichtlichen Rückbaukosten von netto 297 475,- Euro aufgreift und daraus den geforderten Bruttobetrag von 353 822,- Euro ermittelt. Was an dieser Kostenschätzung der voraussichtlichen Rückbaukosten – ohne etwaige Verwertungserlöse – durch die Herstellerfirma falsch oder wenigstens defizitär sein sollte, legt der Kläger mit keinem Wort dar. Erst im Anschluss an diese Kostenabschätzung wird wohl mit Blick auf den Windenergieerlass eine Betrachtung (im Sinne einer Plausibilitäts- oder Stimmigkeitskontrolle) anhand des Prozentwertes der Investitionskosten vorgenommen.

Der für die Sicherheitsleistung ermittelte Betrag von 353 822,- Euro hält auch dieser Kontrollberechnung anhand Nr. 5.2.2.4 des Windenergie-Erlasses vom 8.5.2018 stand. Danach kann, wenn nichts Gegenteiliges nachgewiesen wird, von einer Sicherheitsleistung in Höhe von 6,5 % der Gesamtinvestitionskosten ausgegangen werden. Der so ermittelte (anteilige) Betrag für die Sicherheitsleistung von 308 704,- Euro wird von der tatsächlich festgesetzten Sicherleistung von 353 822,- Euro so deutlich überschritten, dass der Beklagte allein diese Überschreitung vor dem Hintergrund der ermessenslenkenden Vorgabe des Windenergie- Erlasses nicht zu Unrecht für rechtfertigungsbedürftig gehalten hat. Dass keine Untersicherung zu erwägen war, ergab sich hingegen unmittelbar aus der Erlasslage. Auch dies bestätigt, dass die gewählte Höhe der Sicherheitsleistung nicht zu beanstanden ist, zumal der für Nordrhein-Westfalen durch Nr. 5.2.2.4 des Windenergie-Erlasses gewählte Berechnungsansatz nach dem im Auftrag des Umweltbundesamtes verfassten Abschlussbericht »Entwicklung eines Konzepts und Maßnahmen zur Sicherung einer guten Praxis bei Rückbau und Recycling von Windenergieanlagen« von September 2022 auch fachwissenschaftlich auf Zustimmung (dort S. 74) trifft. Vgl. https://www.umweltbundesamt.de/publikationen/entwicklung-eines-konzepts-massnahmen-zur-sicherung.

Lediglich ergänzend sei darauf hingewiesen, dass nach diesem Bericht jedenfalls bis zum Jahr 2022 kein Fall bekannt geworden ist, in dem eine Genehmigungsbehörde wegen eines nicht vom pflichtigen Betreiber verantworteten Rückbaus einer Windenergieanlage diesen im Wege einer Ersatzvornahme hätte durchführen und die Bürgschaft aktivieren müssen.

Auch die klägerische Kritik einer fehlenden Berücksichtigung des Aspekts der geldwertstabilen Absicherung der Rückbaukosten verfängt vor diesem Hintergrund nicht. Der Kläger wendet ein, der Beklagte habe entgegen Nr. 5.2.2.4 des Windenergie-Erlasses vom 8.5.2018 außer Acht gelassen, dass die Sicherheitsleistung den Rückbau am Ende der voraussichtlichen Lebensdauer der Anlage vollständig abdecken müsse. Die Kostenberechnung der Firma CH. gibt insofern aber explizit an, dass sich die Kostenschätzung auf einen »Rückbau nach Ende der Auslegungsdauer« bezieht. Hierauf geht wiederum der Kläger nicht ein. Ebenso liegt auf der Hand, dass die Berechnungsempfehlung des Windenergie-Erlasses insofern notwendig zukunftsgerichtet ist. Es dürfte allen Beteiligten klar gewesen sein, dass ein Rückbau später erfolgt als der Aufbau – nach dem üblicherweise zugrunde gelegten Zeithorizont bei einer Windenergieanlage etwa 20 Jahre. Dies ist so selbstverständlich, dass sich ein ausdrücklicher Hinweis hierauf nach Auffassung des Senats erübrigt. Damit liegt aber auch auf der Hand, dass in die Pauschalierung auch Preissteigerungen einkalkuliert sind.

Unbeschadet dessen trifft der Einwand des Klägers auch in der Sache allenfalls teilweise zu. Nach der Regelung unter Nr. 3.1.1 Satz 7 des Änderungsgenehmigungsbescheides vom 21.3.2024 ist die Bemessungsgrundlage (d. h. die Gesamtinvestitionskosten oder die voraussichtlichen Rückbaukosten) im Abstand von 5 Jahren auf den aktuellen Kostensatz zu prüfen und dem Sachgebiet Bauen und Denkmal der Stadt Warstein zur Entscheidung über eine Bürgschaftsanpassung vorzulegen. Mit diesem bereits in der Ausgangsgenehmigung enthaltenen Anpassungsmechanismus setzt sich der Kläger nicht, geschweige denn in substanziierter Form auseinander. Außer der schlichten und ohne jegliche Begründung in den Raum gestellten Behauptung, dass sich die Bemessungsgrundlage nicht ändern werde, findet sich hierzu nichts.

c) Keiner Klärung bedarf demnach, ob § 35 Abs. 5 Satz 2 i. V. m. Satz 3 BauGB tatsächlich den Rückbau als solchen absichert und damit den von § 2 Abs. 4 Satz 1 Nr. 2 i. V. m. § 1 Abs. 4 UmwRG – ungeachtet der Frage, ob es für die Begründetheit der Klage hier auf diese Vorschrift (allein) ankommt – vorausgesetzten Umweltbezug aufweist oder ob mit der Vorschrift nicht – was aus Sicht des Senates deutlich näher liegt – in erster Linie fiskalische Zwecke verfolgt werden (vgl. dazu nur VGH Bad.-Württ., Urteil v. 5.10.2022 – 10 S 1485/21 –, ZNER 2022, 662 = juris Rdnr. 65, m. w. N., und Beschluss v. 18.6.2024 – 10 S 1546/23 –, juris Rdnr. 47). …

H. Rechtsprechung zum Immissionsschutzrecht

Nr. 137

Die Löschwasserverfügbarkeit gehört – auch bei Windenergieanlagen – zur ausreichenden Erschließung im Sinne des § 35 Abs. 1 BauGB, weil sie der Versorgung des Vorhabengrundstücks mit einer im Fall eines Brandes erforderlichen Ressource dient.
(Leitsatz der Redaktion).

BImSchG § 4; BauGB § 35 Abs. 1; BbgBO § 14.

OVG Berlin-Brandenburg, Urteil v. 25. April 2024 – OVG 7 A 5/24 –.

Aus den Gründen:

1. Die Klage hat Erfolg. Sie ist zulässig (1.1) und begründet (1.2).

1.1 Die Klage ist als Anfechtungsklage gemäß § 42 Abs. 1, 1. Var. VwGO statthaft und auch im Übrigen zulässig.

Nach gefestigter Rechtsprechung des Bundesverwaltungsgerichts ist gegen belastende Nebenbestimmungen eines begünstigenden Verwaltungsaktes die Anfechtungsklage gegeben. Ob die Klage zur isolierten Aufhebung der Nebenbestimmung führen kann, hängt davon ab, ob der Verwaltungsakt ohne die Nebenbestimmung sinnvoller- und rechtmäßigerweise bestehen bleiben kann; dies ist eine Frage der Begründetheit und nicht der Zulässigkeit des Anfechtungsbegehrens, sofern nicht eine isolierte Aufhebbarkeit offenkundig von vornherein ausscheidet (vgl. u. a. BVerwG, Urteile v. 6.11.2019 – BVerwG 8 C 14/18 – juris Rdnr. 13, vom 17.10.2012 – BVerwG 4 C 5/11 – juris Rdnr. 5 und vom 22.11.2000 – BVerwG 11 C 2/00 – juris Rdnr. 25; jeweils m. w. N.). Ein derartiger Ausnahmefall liegt hier nicht vor.

Die Klägerin ist auch klagebefugt (§ 42 Abs. 2 VwGO). Insbesondere war sie nicht darauf verwiesen, nach dem nur teilweisen Bauherrenwechsel auf sie gemeinsam mit der weiteren Genehmigungsinhaberin, der J… AG (als Betreiberin der Windenergieanlage SD Z3), Klage zu erheben. Vielmehr ist von einer Einzelklagebefugnis jedes Genehmigungsinhabers auszugehen. Dass es im Fall des Klageerfolgs dadurch zu einem Auseinanderfallen der Betreiberpflichten kommen kann, ist unschädlich und hinzunehmen.

1.2 Die Anfechtungsklage ist auch begründet. Die angegriffene Nebenbestimmung ist rechtswidrig und verletzt die Klägerin in ihren Rechten, § 113 Abs. 1 Satz 1 VwGO (a.).

Die immissionsschutzrechtliche Genehmigung kann ohne die Nebenbestimmung zudem sinnvoller- und rechtmäßigerweise bestehen bleiben (b.).

a. Die Nebenbestimmung über die Festsetzung einer bestimmten Löschwassermenge von mindestens 48 m³/h (800 l/min) für die Dauer von zwei Stunden ist rechtswidrig.

Rechtsgrundlage der Nebenbestimmung ist § 12 Abs. 1 Satz 1 BImSchG. Danach kann die Genehmigung unter Bedingungen erteilt und mit Auflagen verbunden werden, soweit dies erforderlich ist, um die Erfüllung der in § 6 BImSchG genannten Genehmigungsvoraussetzungen sicherzustellen. Die tatbestandlichen Voraussetzungen dieser Vorschrift liegen hier nicht vor.

aa. Ausgehend von ihrem Wortlaut und ihrer systematischen Stellung soll die angegriffene Nebenbestimmung nach der Vorstellung des Beklagten zunächst dazu dienen, die bauordnungsrechtlichen Brandschutzanforderungen sicherzustellen. Die Regelung steht im Zusammenhang mit der Nebenbestimmung zu Ziffer IV.3.1 Satz 1 aus dem Bescheid vom 11.12.2018, an die sie auch sprachlich ausdrücklich anknüpft (»Hierfür«). Diese Regelung greift ihrerseits – zumindest teilweise – die Vorgaben des § 14 BbgBO (»Brandschutz«) auf. Unbeschadet dessen kommt der angegriffenen Nebenbestimmung zugleich eine Sicherungsfunktion bezüglich der bei Außenbereichsvorhaben aus § 35 Abs. 1 BauGB resultierenden bauplanungsrechtlichen Anforderungen an eine ausreichende Erschließung mit Löschwasser zu. Eine dahingehende Bedeutung hat auch der Beklagte selbst der Nebenbestimmung etwa schon im Widerspruchsbescheid vom 11.6.2021 beigemessen, unter anderem durch seine ausdrückliche Bezugnahme auf die Rechtsprechung des 11. Senats des Oberverwaltungsgerichts Berlin-Brandenburg im Urteil v. 16.11.2017 – OVG 11 B 6.15 –. Im Übrigen geht der erkennende Senat davon aus, dass die Anforderungen des Bauplanungsrechts an die Löschwasserversorgung in einem Fall wie dem vorliegenden jedenfalls nicht hinter denjenigen des Bauordnungsrechts zurückbleiben (vgl. auch VGH Kassel, Beschluss v. 10.3.2022 – 9 B 1348/20 – juris Rdnr. 101 ff.).

bb. Die angegriffene Nebenbestimmung ist zur Sicherstellung der Erfüllung der aus § 35 Abs. 1 BauGB wie auch aus dem Bauordnungsrecht folgenden Verpflichtung zu einer ausreichenden Löschwasserversorgung jedoch nicht erforderlich. Denn die schematische Forderung nach einer Löschwassermenge von 48 m³/h für die Dauer von zwei Stunden bei der Genehmigung einer Windenergieanlage entbehrt einer brandschutzfachlichen Grundlage.

Die Löschwasserverfügbarkeit gehört – auch bei Windenergieanlagen – zur ausreichenden Erschließung im Sinne des § 35 Abs. 1 BauGB, weil sie der Versorgung des Vorhabengrundstücks mit einer im Fall eines Brandes erforderlichen Ressource dient (vgl. OVG Berlin-Brandenburg, Urteile v. 21.10.2021 – OVG 11 B 2.18 – juris Rdnr. 41, vom 21.10.2021 – OVG 11 B 4.18 – juris Rdnr. 48 und vom 16.11.2017 – OVG 11 B 6.15 – juris Rdnr. 62 ff.; s. ferner z. B. auch OVG Berlin-Brandenburg, Urteil v. 9.11.2022 – OVG 10 B 3/20 – juris Rdnr. 66; OVG Magdeburg, Beschluss v. 11.7.2023 – 2 M 36/23 – juris Rdnr. 42 [jeweils zu § 34 Abs. 1 Satz 1 BauGB]; VGH Kassel, Beschluss

v. 10.3.2022 – 9 B 1348/20 – juris Rdnr. 101; OVG Hamburg, Urteil v. 28.5.2015 – 2 Bf 27/14 – juris Rdnr. 63; OVG Koblenz, Urteil v. 6.11.2014 – 8 A 10560/14 – juris Rdnr. 37; Rieger, in: Schrödter [Hrsg.], BauGB, 9. Aufl. 2019, § 35 Rdnr. 11; Mitschang/Reidt, in: Battis/Krautzberger/Löhr, BauGB, 15. Aufl. 2022, § 35 Rdnr. 7). Dem steht nicht entgegen, dass es technisch unmöglich ist, den Rotorbrand einer Windenergieanlage vom Boden aus zu löschen (vgl. für diesen Gesichtspunkt z. B. auch OVG Berlin-Brandenburg, Urteile v. 15.3.2023 – OVG 3a A 1/23 – juris Rdnr. 43 und vom 15.3.2023 – OVG 3a A 13/23 – juris Rdnr. 54; Beschluss v. 9.3.2022 – OVG 11 S 25/21 – juris Rdnr. 12 [unter Hinweis u. a. auf Ziffer 3.2 des Leitfadens Windkraftanlagen im Wald]). Denn die Löschwasserversorgung dient maßgeblich dazu, das Übergreifen des Brandes auf umliegende Bereiche (z. B. nahegelegenen Wald) oder schutzwürdige Objekte (z. B. Wohnhäuser) zu verhindern. Das Erschließungserfordernis erstreckt sich auf die Löschwasserversorgung des Randes des – je nach Größe der Windenergieanlagen – mit etwa 500 m zu bemessenden Sperrbereichs, in dem ein unmittelbarer Übergriff des Brandes von der Anlage oder heruntergefallenen Anlageteilen auf ihr Umfeld droht (vgl. OVG Berlin-Brandenburg, Urteile v. 21.10.2021 – OVG 11 B 2.18 – juris Rdnr. 41, vom 21.10.2021 – OVG 11 B 4.18 – juris Rdnr. 48 und vom 16.11.2017 – OVG 11 B 6.15 – juris Rdnr. 65).

Wann das bauplanungsrechtliche Erschließungserfordernis gemäß § 35 Abs. 1 BauGB (oder – im Innenbereich – § 30 Abs. 1 bzw. § 34 Abs. 1 Satz 1 BauGB) bzw. der bauordnungsrechtlich gebotene Brandschutz im Hinblick auf die Löschwasserversorgung als erfüllt angesehen werden kann, hängt regelmäßig von den konkreten Umständen des Einzelfalls ab, darunter die Beschaffenheit der näheren Umgebung, wobei auch die örtliche Organisation und technische Leistungsfähigkeit der Feuerwehr in den Blick zu nehmen ist (vgl. OVG Berlin-Brandenburg, Urteil v. 9.11.2022 – OVG 10 B 3/20 – juris Rdnr. 67 [zu § 34 Abs. 1 Satz 1 BauGB]). Als Orientierungshilfe kann dabei auf brandschutzfachliche Erkenntnisse zurückgegriffen werden, wie sie sich etwa aus dem DVGW- Arbeitsblatt W 405 ergeben (vgl. z. B. OVG Berlin-Brandenburg, Urteil v. 9.11.2022 – OVG 10 B 3/20 – juris Rdnr. 67; OVG Magdeburg, Beschluss v. 11.7.2023 – 2 M 36/23 – juris Rdnr. 42; VGH Kassel, Beschluss v. 10.3.2022 – 9 B 1348/20 – juris Rdnr. 104; VGH München, Urteil v. 23.11.2021 – 22 B 20.1402 – juris Rdnr. 63).

Der Beklagte stützt sich bei seiner Einschätzung zur Löschwassermenge, die nach seiner Auffassung vorliegend zur Verfügung stehen müsse, auf die Rechtsprechung des 11. Senats des Oberverwaltungsgerichts Berlin-Brandenburg im Urteil v. 16.11.2017 – OVG 11 B 6.15 –. Darin hat der 11. Senat angenommen, dass für die ausreichende Erschließung von vier Windenergieanlagen in unmittelbarer Nähe eines Waldgebietes (ca. 90 m Entfernung) ein Löschwasserbedarf von 48 m^3/h für zwei Stunden bestehe (juris Rdnr. 66). Begründet hat der 11. Senat das maßgeblich über eine Ableitung aus der Vorgabe des Leitfadens Windkraftanlagen im Wald, wonach für drei bis fünf Windkraftanlagen im oder in der unmittelbaren Nähe von Waldgebiet ein Löschwasservorrat in m³ »> 75« bereit zu stellen sei. Der Beklagte hält diese Rechtsprechung auch im vorliegenden Fall für anwendbar. Dem vermag der erkennende Senat nicht beizutreten.

Der Senat hat bereits Zweifel, ob die Herleitung des Löschwasserbedarfs von 48 m³/h für zwei Stunden im Urteil v. 16.11.2017 bei Windenergieanlagen im Wald überzeugt. Denn der dort in Bezug genommene Leitfaden Windkraftanlagen im Wald nennt keine Mindestförderleistung pro Stunde, sondern verlangt ein Wasserreservoir von > 75 m³, mit dem eine solche Förderleistung nicht zu erreichen ist. Jedenfalls wurde der besagte Leitfaden zwischenzeitlich zurückgezogen (vgl. OVG Berlin-Brandenburg, Urteil v. 15.3.2023 – OVG 3a A 1/23 – juris Rdnr. 43 und vom 15.3.2023 – OVG 3a A 13/23 – juris Rdnr. 54). Eine neue Erlasslage existiert im Land Brandenburg nicht. Unterdessen geht das Ministerium für Landwirtschaft, Umwelt und Klimaschutz bei seinen im Internet verfügbaren Informationen über die besonderen Anforderungen an Windenergieanlagen im Wald und auf Ackerflächen aber von einem Löschwasserbedarf aus, der hinter dem Wert von 48 m³/h für zwei Stunden zurückbleibt (als Erstversorgung für eine Löschzeit von 30 min 400 l/min = 12 m³, danach 800 l/min = 48 m³/h, insgesamt gerechnet über eine Dauer von zwei Stunden mithin 84 m³ = 42 m³/h; vgl. https://mluk.brandenburg.de/mluk/de/umwelt/immissionsschutz/genehmigungsverfahren/wka-im-wald/).

Unabhängig davon lässt sich der Wert von 48 m³/h über die Dauer von zwei Stunden für die Löschwasserversorgung von Windenergieanlagen im Wald nicht schematisch auf Windenergieanlagen in freier Landschaft einschließlich Ackerflächen übertragen. Fachliche Erkenntnisse, die diesen Löschwasserbedarf regelmäßig – und so auch im vorliegenden Fall – als geboten erscheinen lassen könnten, bestehen nicht.

Solche Erkenntnisse ergeben sich insbesondere nicht aus dem DVGW-Arbeitsblatt W 405 (vgl. dazu sowie zum Folgenden schon VGH Kassel, Beschluss v. 10.3.2022 – 9 B 1348/20 – juris Rdnr. 104). Zwar beansprucht die Unterlage Geltung für die Ermittlung des Löschwasserbedarfs nicht nur in ausgewiesenen Bebauungsgebieten, sondern auch bei Bauvorhaben im Außenbereich (vgl. Abschnitt 1, S. 5). Sie bezieht sich im Anwendungsbereich jedoch nur auf den Grundschutz, der als Brandschutz für Wohngebiete, Gewerbegebiete, Mischgebiete und Industriegebiete ohne erhöhtes Sach- oder Personenrisiko definiert wird (vgl. Abschnitt 3.1, S. 5). Daneben regelt das Arbeitsblatt noch den über den Grundschutz hinausgehenden Objektschutz, worunter auch Einzelobjekte im Außenbereich wie etwa Aussiedlerhöfe, Raststätten, Kleinsiedlungen und Wochenendhäuser fallen (vgl. Abschnitt 3.2, S. 5). Nur für den Bereich des Grundschutzes von kleinen ländlichen Ansiedlungen von zwei bis zehn Anwesen sowie von Wochenendhausgebieten gibt das Regelwerk vor, dass der Löschwasserbedarf – ungeachtet der baulichen Nutzung und der Gefahr der Brandausbreitung – mit 48 m^3/h anzusetzen sei (vgl. Abschnitt 5, S. 6).

Im Übrigen ist lediglich noch vorgesehen, dass die Löschwasserversorgung für abgelegene Einzelanwesen in ländlichen Gebieten dann als ausreichend angesehen werden könne, wenn das Löschwasser mit nachbarlicher Löschhilfe aus größerer Entfernung z. B. mit Tanklöschfahrzeugen oder mit Behälterfahrzeugen beschafft werde. Anzustreben seien für diese Selbsthilfe oder zur Unterstützung der Feuerwehr unterirdische Löschwasserbehälter gemäß DIN 14230, Löschwasserbrunnen gemäß DIN 14220, Staumöglichkeiten an nahen Oberflächengewässern oder Löschwasserteiche gemäß DIN 14210, wobei der empfohlene Löschwasservorrat je Einzelanwesen mit 30 m^3 angegeben wird (vgl. Abschnitt 6, S. 8). Für einen wirksamen Objektschutz sowie den Schutz des Umfeldes von Windenergieanlagen im Außenbereich vor einer Ausbreitung von Bränden lässt sich dem DVGW-Arbeitsblatt W 405 hingegen keine fachliche Vorgabe entnehmen.

Auch sonst sind dem Senat im Ergebnis des Klageverfahrens keine fachlichen Erkenntnisse bekannt geworden, die die Forderung des Beklagten rechtfertigen würden. Der Beklagte selbst hat über das DVGW-Arbeitsblatt W 405 hinaus keine solchen Erkenntnisse angeführt. Vielmehr hat die Vertreterin des Beklagten im Termin eingeräumt, dass die Vorgabe zur Löschwassermenge auch für Windenergieanlagen in freier Landschaft allein durch die Rechtsprechung des 11. Senats des Oberverwaltungsgerichts Berlin-Brandenburg Eingang in die Behördenpraxis gefunden habe. Die Vertreterin der Geschäftsführung der Klägerin wusste als Projektleiterin des Gesamtvorhabens im Termin zudem zu berichten, dass hinsichtlich der anderen Windenergieanlagen auf dem Feld keine Zisternen angelegt oder beauflagt worden seien, sondern jeweils nur das geprüfte Brandschutzkonzept habe vorgelegt werden müssen; die Praxis des Beklagten habe sich erst nach dem Urteil von 2017 geändert.

In Übereinstimmung mit der früheren Praxis des Beklagten geht der Senat davon aus, dass die Bezifferung einer bestimmten Löschwassermenge bei Windenergieanlagen in freier Landschaft in der Regel letztlich insgesamt als entbehrlich angesehen werden kann und es nur darauf ankommt, ob ein tragfähiges, auf den jeweiligen konkreten Einzelfall zugeschnittenes Brandschutzkonzept vorliegt. In dieser Einschätzung sieht sich der Senat nicht nur durch das Fehlen entsprechender brandschutzfachlicher Empfehlungen bestätigt, sondern auch durch die Erlasslage und Praxis in anderen Bundesländern. So sieht beispielsweise das vom Fachausschuss Brandschutz beim Hessischen Ministerium des Innern und für Sport erstellte »Merkblatt Windenergieanlagen« mit Stand vom 15.3.2020 zwar bei Windenergieanlagen im Wald vor, dass zur Erst- und weiteren Wasserversorgung eine Löschwassermenge notwendig sei, die identisch ist mit derjenigen, die nunmehr in Brandenburg auch vom Ministerium für Landwirtschaft, Umwelt und Klimaschutz gefordert wird

(Punkt 3.13, S. 6). Nicht nur heißt es dort (a. a. O.) aber weiter, dass als Alternative zur Wasserversorgung ein Mindestabstand zum Wald im Radius des 5-fachen Rotordurchmessers einzuhalten sei. Auch kann danach (unter anderem) auf die an Windenergieanlagen im Wald zu stellenden Anforderungen hinsichtlich der Löschwasserversorgung bei Windenergieanlagen auf freier Fläche verzichtet werden (S. 6, unten). Darin drückt sich die auch in der Fachliteratur geteilte Einschätzung aus, dass von Windenergieanlagen in freier Landschaft regelmäßig keine erhöhte Brandgefahr für die Umgebung ausgeht. In diesem Sinne heißt es etwa im »Windenergie-Handbuch«, an den üblichen Standorten im Außenbereich außerhalb von Waldgebieten, an denen die nächstgelegenen schutzwürdigen Objekte Wohnhäuser im Abstand von mehreren hundert Metern seien, sei das Risiko einer Brandausbreitung auf schutzwürdige Objekte so gering, dass ein kontrolliertes Abbrennenlassen der Windenergieanlagen vor Ort üblich und akzeptabel sei (vgl. Agatz, Windenergie-Handbuch, 19. Ausgabe, März 2023, S. 231). Auch der 11. Senat des Oberverwaltungsgerichts Berlin-Brandenburg hat in einem Fall von Windenergieanlagen auf landwirtschaftlich genutzten Flächen zu verstehen gegeben, dass er die Gefahr der Brandausbreitung angesichts der konkreten örtlichen Situation geringer einschätze als in dem Verfahren OVG 11 B 6.15 (vgl. OVG Berlin-Brandenburg, Beschluss v. 25.7.2018 – OVG 11 S 4.18 – juris Rdnr. 19). Soweit wegen besonderer Brandlasten oder schutzwürdiger Objekte in der näheren Umgebung etwas anderes anzunehmen sein kann, liegt ein derartiger Fall eines erhöhten Gefährdungspotenzials – vergleichbar der Gefahrenlage bei Waldstandorten – hier zur Überzeugung des Senats nicht vor. Das gilt insbesondere auch bei Berücksichtigung der im Termin erfolgten Einlassungen des bei der Freiwilligen Feuerwehr tätigen sachverständigen Beistandes für Brandschutz der Klägerin Herrn M… einerseits, andererseits der Begleiter der Beklagtenvertreterin im Termin Herrn L… und Herrn M… vom Landkreis (u. a. mit Zuständigkeit für die Sachbearbeitung im Bereich vorbeugender Brandschutz).

Für die Verzichtbarkeit einer genau definierten Löschwassermenge in einem Fall wie hier spricht im Übrigen auch, dass es ohnehin nur schwer möglich sein dürfte, den Löschwasserbedarf gleichsam »litergenau« zu »berechnen« (so in anderem Kontext schon VGH München, Urteil v. 23.11.2021 – 22 B 20.1402 – juris Rdnr. 63). Es kommt hinzu, dass nach dem standortbezogenen Brandschutzkonzept außerdem mechanische Methoden zur Verfügung stehen, die dazu beitragen können, die Brandausbreitung einzudämmen (Erzeugung eines vegetationsfreien, nicht brennbaren Streifens um den Brandherd durch landwirtschaftliche Geräte wie Scheibenegge oder Pflug). Die Effektivität dieser Methoden hat der sachverständige Beistand für Brandschutz der Klägerin im Termin nochmals eindrücklich bestätigt.

b. Die der Klägerin erteilte immissionsschutzrechtliche Genehmigung kann bei einer isolierten Aufhebung der angegriffenen Nebenbestimmung auch ohne Weiteres Bestand haben. Insbesondere verbleibt kein rechtswidriger »Torso« einer Genehmigung, dessen Rechtswidrigkeit sich gerade aus den in Zusammenhang mit der Nebenbestimmung stehenden rechtlichen Anforderungen zum Brandschutz ergäbe, also nicht auf anderen Rechtsfehlern der Genehmigung beruhen würde, über die im Anfechtungsprozess gegen die Nebenbestimmung nicht zu entscheiden ist (vgl. für diese Voraussetzung der isolierten Aufhebbarkeit belastender Nebenbestimmungen den Anfragebeschluss des 4. Senats des Bundesverwaltungsgerichts vom 29.3.2022 – BVerwG 4 C 4/20 – juris mit Antwortbeschluss des 8. Senats vom 12.10.2022 – BVerwG 8 AV 1/22 u. a. – juris).

Den Anforderungen zum Brandschutz einschließlich der Löschwasserversorgung trägt die verbleibende Genehmigung auch ohne die Nebenbestimmung zu Ziffer IV.3.1 Satz 2 hinreichend Rechnung. So greift die Nebenbestimmung zu Ziffer IV.3.1 Satz 1 zumindest teilweise die brandschutzrechtlichen Anforderungen des Bauordnungsrechts aus § 14 BbgBO auf (s. o.). Darüber hinaus bleibt die Genehmigung aufschiebend bedingt durch das Verlangen des Beklagten, dass der unteren Bauaufsichtsbehörde des Landkreises vor dem Beginn der Bauarbeiten das geprüfte standortbezogene Brandschutzkonzept mit dem dazu gehörigen Prüfbericht vorgelegt wird (Ziffer I.4. des Bescheides vom 11.12.2018). Hieran anknüpfend erlaubt es die Nebenbestimmung zu Ziffer I.5. dem Beklagten zudem, nachträgliche Auflagen anzuordnen, die sich aus der Prüfung des Prüfberichtes zum Brandschutz durch die untere Brandschutzbehörde des Landkreises ergeben können.

Im Übrigen bestehen – ohne dass die Frage der Erfüllung der aufschiebenden Bedingung in Ziffer I.4. hier entscheidungserheblich wäre – gegen das von der Klägerin im Widerspruchsverfahren vorgelegte standortbezogene Brandschutzbericht nach Auffassung des Senats keine durchgreifenden Bedenken. Insbesondere ist unter den Gegebenheiten des vorliegenden Falls kein Grund ersichtlich, aus dem mit dem Urteil des 11. Senats des Oberverwaltungsgerichts Berlin-Brandenburg vom 16.11.2017 – OVG 11 B 6.15 – (juris Rdnr. 77 f.) zu fordern sein sollte, dass für eine ausreichende Löschwassererschließung die zu überwindende Entfernung zwischen Wasserentnahmestellen und Standort(en) maximal 1 000 m betragen dürfe (vgl. auch OVG Berlin-Brandenburg, Beschluss v. 25.7.2018 – OVG 11 S 4.18 – juris Rdnr. 19: Unbedenklichkeit einer Entfernung von 1 388 m bei Windenergieanlagen auf landwirtschaftlich genutzten Flächen). Eine solche Forderung hat hier nicht allein der zuständige Prüfingenieur für Brandschutz, Herr Dipl.-Ing. R…, in seiner schriftlichen Stellungnahme vom 24.4.2024 nochmals ausdrücklich als fachlich unbegründet zurückgewiesen. Gleichermaßen haben auch der sachverständige Beistand für Brandschutz der Klägerin Herr M… und Her M… vom Landkreis im Termin übereinstimmend erklärt, dass nach ihrer fachlichen Einschätzung die maximal mögliche Schlauchlänge nicht auf 1 000 m begrenzt sei, sondern es sich um eine Frage des verfügbaren Materials handele. Die Vertreterin des Beklagten hat zudem eingeräumt, dass (auch) die Vorstellung, nach der die Schlauchlänge nicht mehr als 1 000 m betragen könne, allein durch die Rechtsprechung des 11. Senats Eingang in die Behördenpraxis gefunden habe. Zu Recht sieht die Klägerin generelle Zweifel an der Wirksamkeit einer Löschwasserförderung über lange Wegestrecken indes als unbegründet an. Diese Einsatztaktik ist Bestandteil der feuerwehrtechnischen Ausbildung in Deutschland und hat sich in der Praxis vielfach bewährt (vgl. VGH Kassel, Beschluss v. 10.3.2022 – 9 B 1348/20 – juris Rdnr. 106). …

Nr. 138

Nach dem Bestimmtheitsgebot in seiner nachbarrechtlichen Ausprägung muss sich der Baugenehmigung und den genehmigten Bauvorlagen mit der erforderlichen Sicherheit entnehmen lassen, dass nur solche Nutzungen erlaubt sind, die Nachbarrechte nicht beeinträchtigen können.

Im Fall einer durch den Bebauungsplan zulässigerweise dem nachfolgenden Verwaltungsverfahren überlassenen Konfliktbewältigung obliegt der Baugenehmigung das Abarbeiten und Lösen entsprechender Konfliktlagen, soweit dies bereits im Baugenehmigungsverfahren möglich ist.
(Leitsätze der Redaktion)

VwVfG § 37 Abs. 1; FreiZLärmRL.

OVG Rheinland-Pfalz, Beschluss v. 14. Juni 2024 – 1 B 10359/24 –.

Aus den Gründen:

Die Beschwerde des Antragstellers gegen den Beschluss des Verwaltungsgerichts Mainz vom 20.3.2024, mit dem dieses die Anordnung der aufschiebenden Wirkung des Widerspruchs des Antragstellers vom 19.2.2024 gegen die der Beigeladenen erteile Baugenehmigung vom 31.1.2024 abgelehnt hat, ist zulässig und hat auch in der Sache Erfolg.

Bei der insoweit gebotenen Interessenabwägung nach § 80 Abs. 5 Verwaltungsgerichtsordnung (VwGO) überwiegt das Interesse des Antragstellers an einer einstweiligen Aussetzung der Vollziehung das Interesse an der sofortigen Vollziehbarkeit der streitgegenständlichen Baugenehmigung.

Das Verwaltungsgericht hat die der Beigeladenen erteilte Baugenehmigung zum »Umbau eines historischen Gebäudes zu einer multifunktionalen Begegnungsstätte« als rechtmäßig angesehen und ausgehend davon ein überwiegendes Vollzugsinteresse angenommen.

Dem vermag der Senat unter Berücksichtigung der seitens des Antragstellers dargelegten Beschwerdegründe (§ 146 Abs. 4 Satz 6 VwGO) nicht zu folgen.

Die Baugenehmigung verstößt vielmehr gegen das in § 1 Abs. 1 Landesverwaltungsverfahrensgesetz (LVwVfG) i. V. m. § 37 Abs. 1 Verwaltungsverfahrensgesetz (VwVfG) verankerte Bestimmtheitsgebot. Aufgrund dessen kann vorliegend nicht ausgeschlossen werden, dass es durch von der Genehmigung umfasste Nutzungen zu einer Beeinträchtigung von Nachbarrechten des Antragstellers kommt.

Nach dem Bestimmtheitsgebot in seiner nachbarrechtlichen Ausprägung muss sich der Baugenehmigung und den genehmigten Bauvorlagen mit der erforderlichen Sicherheit entnehmen lassen, dass nur solche Nutzungen erlaubt sind, die Nachbarrechte nicht beeinträchtigen können. Fehlt es hieran und ist insoweit eine Verletzung von Nachbarrechten nicht auszuschließen, so steht dem betroffenen Nachbarn ein Abwehrrecht zu (vgl. OVG RP, Urteil v. 16.3.2023 – 1 A 10112/22.OVG –, juris Rdnr. 22, und Beschluss v. 26.9.2013 – 8 A 10587/13.OVG –, juris Rdnr. 6; OVG NRW, Urteil v. 15.5.2013 – 2 A 3010/11 –, juris Rdnr. 44; HessVGH, Beschluss v. 30.1.2012 – 4 B 2379/11 –, juris Rdnr. 5; BayVGH, Beschluss v. 22.4.2009 – 1 CS 09.221 –, juris Rdnr. 20; Jeromin, Landesbauordnung Rheinland-Pfalz, 5. Aufl. 2022, § 70 Rdnr. 45).

So liegt es hier.

1. Der angefochtenen Baugenehmigung kann bereits nicht mit der erforderlichen Sicherheit entnommen werden, dass das Wohngrundstück des Antragstellers durch die auf dem benachbarten »Festplatz« der Beigeladenen zugelassenen Veranstaltungen keinen unzumutbaren Lärmimmissionen ausgesetzt wird.

Maßgebend für die Beurteilung der Bestimmtheit einer Baugenehmigung sind der Bauschein und die mit Zugehörigkeitsvermerk versehenen Bauunterlagen (vgl. etwa BVerwG, Beschluss v. 20.5.2014 – 4 B 21/14 –, juris Rdnr. 9, und Jeromin, a. a. O., jeweils m. w. N.).

Der vorliegend im Bauschein selbst angegebene Genehmigungsgegenstand »Umbau eines historischen Gebäudes zu einer multifunktionalen Begegnungsstätte« als solcher vermag einen Ausschluss von durch das Vorhaben hervorgerufenen unzumutbaren Lärmimmissionen erkennbar nicht sicherzustellen.

Nichts anderes gilt für die zum Bestandteil der Genehmigung erklärte Schalltechnische Stellungnahme des Beratungsbüros S… vom 21.12.2020. Auch diese enthält keine die Verletzung von Nachbarrechten hinreichend sicher ausschließende Konkretisierung der zulässigen Nutzungen.

Gegenstand der Genehmigung sind nach der grüngestempelten Liste »Veranstaltungen in der Ortsmitte« (Bl. 14 der Bauakte – BA –) im Einzelnen folgende Nutzungen ….

Die bereits im Rahmen der Aufstellung des Bebauungsplans »O…« der Beigeladenen vorgelegte Schalltechnische Stellungnahme vom 21.12.2020 enthält keine konkreten Angaben hinsichtlich der bei Veranstaltungen auf dem überplanten Gelände (»Festplatz«) einzuhaltenden Immissionswerte auf den benachbarten Grundstücken und die dort zu erwartenden Schallpegel, sondern setzt das Fehlen einer planbedingten schalltechnischen Konfliktsituation mit der Formulierung »Eine mit der Planung einhergehende schalltechnische Konfliktsituation mit der angrenzenden Wohnbebauung wird somit von der zuständigen Behörde mit der Wahl des Verfahrens (beschleunigtes Verfahren nach § 13a BauGB) nicht gesehen.« letztlich als gegeben voraus.

Die weiteren Ausführungen in der nur knapp eineinhalbseitigen Stellungnahme beschränken sich im Wesentlichen auf eine Darstellung der Inhalte der Freizeitlärmrichtlinie (FreiZLärmRL) der Bund/Länder-Arbeitsgemeinschaft Immissionsschutz vom 6.3.2015, insbesondere der nach deren Ziffer 4.4 in den Fällen einer unvermeidbaren Nichteinhaltung der dortigen Richtwerte erforderlichen Sonderbetrachtung. Die Stellungnahme mündet sodann in der Feststellung, dass Veranstaltungen auf dem Dorfplatz der Beigeladenen sowohl sozialadäquat und von der Bevölkerung akzeptiert seien als auch nur selten innerhalb eines Kalenderjahres stattfänden. Die Zahl der seltenen Ereignisse sei dabei durch die Genehmigungsbehörde festzulegen.

Dies hat der Senat zwar in seinem Urteil v. 27.4.2023 (1 C 11415/21.OVG) als für die Zwecke des Bebauungsplanverfahrens ausreichend angesehen, weil die Bewältigung planbedingter Konflikte dem nachfolgenden Verwaltungsverfahren überlassen werden kann, soweit sie dort sachgerecht möglich ist.

Als Grundlage für eine hinreichende inhaltliche Bestimmtheit der streitgegenständlichen Baugenehmigung reicht die Schalltechnische Stellungnahme vom 21.12.2020 jedoch nicht aus.

So vermag die zum Gegenstand der Genehmigung gemachte Stellungnahme ihrerseits bereits nicht sicherzustellen, dass nach der Baugenehmigung Veranstaltungen auf dem Festplatz – wie von Ziffer 4.4 FreiZLärmRL verlangt – nur in zahlenmäßig eng begrenztem Umfang zulässig sein sollen, sondern verweist hierzu vielmehr ausdrücklich auf eine erforderliche Festlegung der Zahl der zulässigen seltenen Ereignisse durch die Genehmigungsbehörde.

Etwas anderes ergibt sich auch nicht unter Berücksichtigung der im Baugenehmigungsverfahren vorgelegten Bauunterlagen.

In der durch Grünstempelung und Unterschrift zum Genehmigungsgegenstand gemachten Liste »Veranstaltungen in der Ortsmitte« werden – lässt man die einmalig stattfindende 1200 Jahr-Feier im Jahr 2023 unberücksichtigt – bereits sechs konkrete wiederkehrende Veranstaltungen mit einer Häufigkeit von insgesamt maximal 15 Terminen im Jahr aufgeführt. Bei der »Kerb« handelt es sich zudem um eine mehrtägige Veranstaltung. Darüber hinaus wird in der Liste als weitere Nutzung pauschal »Veranstaltungen von Vereinen« angegeben, welche »sporadisch« durch »verschiedene Ortvereine« durchgeführt werden sollen. Eine Begrenzung der zulässigen Häufigkeit pro Jahr erfolgt insoweit nicht. Die hierdurch entstehende »Öffnungsklausel« für eine ungewisse Vielzahl an weiteren Veranstaltungen erscheint vorliegend unter Bestimmtheitsgesichtspunkten umso bedeutsamer, als es sich bei der Beigeladenen mit immerhin 2800 Einwohnern (Quellenhinweis) keinesfalls um eine nur kleine Ortsgemeinde handelt und sich dies auch in einer erheblichen Anzahl von Vereinen widerspiegelt (Quellenhinweis).

Soweit das Verwaltungsgericht für seine gegenteilige Auffassung auf das Urteil des Senats vom 27.3.2023 verweist, hat dieses lediglich die hinreichende Bestimmtheit der die Nutzung als Festplatz betreffenden Festsetzung im Bebauungsplan zum Gegenstand. An die Festsetzung im Bebauungsplan sind insoweit jedoch weniger strenge Anforderungen zu stellen als an die hier beantragte und erteilte, eine Nutzung des Platzes für die in der Liste aufgeführten Veranstaltungen konkret zulassende Baugenehmigung. Letztere ist nur dann zu erteilen, wenn dem Vorhaben keine baurechtlichen oder sonstigen öffentlich-rechtlichen Vorschriften entgegenstehen (§ 70 Abs. 1 Landesbauordnung – LBauO –). Die Genehmigung setzt mithin u. a. voraus, dass das Vorhaben nicht durch von ihm hervorgerufene unzumutbare Lärmimmissionen gegen das nachbarschützende Gebot der Rücksichtnahme verstößt (vgl. OVG NRW, Urteil v. 15.5.2013 – 2 A 3010/11 –, juris Rdnr. 42). Im – hier gegebenen – Fall einer durch den Bebauungsplan zulässigerweise dem nachfolgenden Verwaltungsverfahren überlassenen Konfliktbewältigung obliegt der Baugenehmigung mithin das Abarbeiten und Lösen entsprechender Konfliktlagen, soweit dies bereits im Baugenehmigungsverfahren möglich ist. Lediglich dort (noch) nicht abschließend zu bewältigende Konflikte – z. B. solche, die durch spezifische, im Baugenehmigungsverfahren noch nicht konkret erfassbare Charakteristika bestimmter einzelner Veranstaltungen hervorgerufen werden – darf die Baugenehmigung der ihr nachfolgenden Ebene einer Überprüfung durch die Kreisverwaltung im Rahmen der in der Begründung zum Bebauungsplan »O…« (S. 14) vorgesehenen Anmeldung von Einzelveranstaltungen überlassen. Eine vollständige Verlagerung der Bewältigung von Lärmschutzkonflikten auf die behördliche Überprüfung der einzelnen Veranstaltungen, wie sie die Baugenehmigung mangels eigener Regelungen hierzu offensichtlich im Blick hat, erscheint zumindest nicht geeignet, eine aus der Gesamtzahl der stattfindenden Veranstaltungen resultierende unzumutbare Beeinträchtigung der Nachbarschaft hinreichend sicher auszuschließen. Von daher wäre in der Baugenehmigung vorliegend insbesondere die dem Antragsgegner ohne Weiteres mögliche Festsetzung der maximalen Anzahl jährlich auf dem Festplatz zulässiger, potenziell mit Lärmschutzkonflikten verbundener Veranstaltungen im Sinne der Ziffer 4.4 FreiZLärmRL erforderlich gewesen, an der es hier jedoch fehlt. Des Weiteren ist nicht ersichtlich, dass im Genehmigungsverfahren eine nachvollziehbare Ermittlung des nach der FreiZLärmRL maßgeblichen Gebietscharakters und der danach grundsätzlich einzuhaltenden Immissionsrichtwerte erfolgt wäre. Ebenso wenig ist erkennbar, dass der Baugenehmigung nachvollziehbare Feststellungen zu der je nach Veranstaltung und Besucherzahl tatsächlich zu erwartenden Immissionsbelastung für das Grundstück des Antragstellers zugrunde gelegt worden wären, was umso schwerer wiegt, da aufgrund der »Hoflage« des Festplatzes schalltechnische Sondereffekte wie Schall-Reflexionen nicht von vorneherein auszuschließen sind. Überdies wäre zu prüfen gewesen, inwieweit für nur aufgrund einer Sonderfallbeurteilung gemäß Ziffer 4.4 FreiZLärmRL zulässige Veranstaltungen bereits im Rahmen der Baugenehmigung durch die Anordnung verhältnismäßiger technischer und organisatorischer Lärmminderungsmaßnahmen sichergestellt werden kann, dass ausnahmsweise zulässige Richtwertüberschreitungen zumindest auf das unvermeidbare Maß begrenzt bleiben. In diesem Zusammenhang fällt insbesondere auf, dass der nach den Bauunterlagen (Bl. 26 BA) unmittelbar an der Grenze zum Grundstück des Antragstellers vorgesehene »barrierefreie Unterstand« Sitzgelegenheiten erhalten soll (vgl. Baubeschreibung, Bl. 12 BA), so dass in diesem Bereich mit einem längeren Aufenthalt von Veranstaltungsteilnehmern und den damit einhergehenden Geräuschemissionen durch laute Gespräche, Rufe, Gelächter u. ä. gerechnet werden muss. Von daher drängt sich die Frage nach einer zumutbaren Standortalternative für den derart genutzten Unterstand geradezu auf.

Ohne entsprechende Regelungen in der Baugenehmigung bliebe es letztlich dem Antragsteller überlassen, anlässlich jeder einzelnen von ihm beanstandeten Veranstaltung ein behördliches Einschreiten gegen diese beantragen und notfalls erzwingen zu müssen, was ihm unter dem Gesichtspunkt effektiven Rechtsschutzes nicht zugemutet werden kann.

Soweit der Antragsgegner schließlich mit Schriftsatz vom 14.5.2024 noch darauf hingewiesen hat, dass eine detaillierte Betriebsbeschreibung vorgelegt worden sei, bleibt bereits unklar, ob damit die grüngestempelte Baubeschreibung vom 28.7.2023 gemeint sein soll oder möglicherweise eine in der dem Senat vorgelegten Verwaltungsakte nicht enthaltene weitere Baubeschreibung neueren Datums. Selbst wenn letzteres der Fall sein sollte, wäre jedenfalls nicht ersichtlich, dass der Antragsgegner diese neuere Baubeschreibung nachträglich zum Gegenstand der streitgegenständlichen Baugenehmigung vom 31.1.2024 gemacht hätte. Gleiches gilt für ein in dem Schriftsatz vom 14.5.2024 ebenfalls angesprochenes Schallschutzgutachten mit Datum vom 4.3.2024.

3. Nach alledem bedarf die durch den Antrag aufgeworfene weitere Frage, ob die angefochtene Baugenehmigung möglicherweise auch Rechte des Antragstellers in Bezug auf die Erschließung seines Grundstücks verletzt, jedenfalls für das vorliegende Eilverfahren keiner Klärung. …

Nr. 139

Nach § 6 Abs. 3 Nr. 1 BImSchG darf eine beantragte immissionsschutzrechtliche Änderungsgenehmigung nicht versagt werden, wenn nach ihrer

Durchführung zwar nicht alle Immissionsrichtwerte eingehalten werden, aber der Immissionsbeitrag der Anlage durch das Vorhaben deutlich und über das durch nachträgliche Anordnungen durchsetzbare Maß reduziert wird (Verbesserungsgenehmigung).

Ein Verstoß gegen das Rücksichtnahmegebot setzt voraus, dass das Vorhaben für den Nachbarn nicht nur nachteilig, sondern unzumutbar ist.

Im Rahmen des Gebotes der Rücksichtnahme ist hinsichtlich der Zumutbarkeit von Immissionen schutzmindernd zu berücksichtigen, dass eine schutzbedürftige Nutzung an einem Standort, der durch eine bereits vorhandene emittierende Nutzung vorgeprägt ist, Vorbelastungen vorfindet. Im Umfang der Vorbelastung sind Immissionen zumutbar, auch wenn sie ansonsten in einem vergleichbaren Gebiet unzumutbar wären.
(Leitsätze der Redaktion)

UmwRG § 6; BImSchG § 6 Abs. 3 Nr. 1.

Verwaltungsgericht Stuttgart, Urteil v. 2. Juli 2024 – 6 K 704/22 –.

Aus den Gründen:
Die Klagen sind zulässig, aber unbegründet.

§ 113 Abs. 1 Satz 1 VwGO ermächtigt das Gericht nur dann zur Aufhebung eines Verwaltungsakts, wenn er rechtswidrig ist und die Kläger in ihren Rechten verletzt. Daraus folgt für die gegen die Erteilung einer Baugenehmigung gerichteten Klagen von Nachbarn: Das Gericht kann die Baugenehmigung nur dann aufheben, wenn sie gegen von der Baurechtsbehörde zu prüfende Vorschriften (§ 58 Abs. 1 LBO) verstößt, die gerade dem Schutz dieser Nachbarn dienen sollen und die Nachbarn diese Verstöße fristgerecht gerügt haben. Ob die Baugenehmigung gegen sonstige Vorschriften verstößt, ist dagegen unerheblich und einer Prüfung des Gerichts entzogen (vgl. nur VGH Bad.-Württ., Urteil v. 21.7.2020 – 8 S 702/19 – juris Rdnr. 29; VG Stuttgart, Urteil v. 13.10.2020 – 2 K 2945/19 – juris Rdnr. 3).

Nach diesen Maßstäben ist eine Verletzung nachbarschützender Vorschriften zum Nachteil der Kläger nicht erkennbar. Dabei kann offenbleiben, ob die Kläger mit ihrem Vorbringen bereits nach § 6 Sätze 1 bis 3 UmwRG präkludiert sind (dazu I.). Denn das Vorhaben der Beigeladenen verstößt im entscheidungserheblichen Zeitpunkt (dazu II.) weder hinsichtlich der von ihm ausgehenden Geruchsimmissionen noch hinsichtlich seiner Lärmimmissionen gegen das Gebot der Rücksichtnahme (dazu III.).

I. Es kann dahinstehen, ob die Kläger mit ihrem Vorbringen nach § 6 Sätze 1 bis 3 UmwRG präkludiert sind.

Zwar ist aus den Akten ohne weiteres ersichtlich, dass der Prozessbevollmächtigte der Kläger die Klagebegründungsfrist des § 6 Satz 1 UmwRG nicht eingehalten hat. Nach § 6 Satz 2 UmwRG sind jedoch nach Ablauf der Frist vorgebrachte Erklärungen und Beweismittel zuzulassen, wenn die Voraussetzung des § 87b Abs. 3 Satz 1 Nr. 2 VwGO vorliegt, der Beteiligte die Verspätung also genügend entschuldigt hat. Vorliegend hat der Prozessbevollmächtigte der Kläger in der mündlichen Verhandlung glaubhaft versichert, während der laufenden Klagefrist lebensbedrohlich erkrankt zu sein, was sogar die amtliche Bestellung einer Vertreterin durch die zuständige Rechtsanwaltskammer erforderlich gemacht habe. Tatsächlich wurde der exakt zehn Wochen nach Klageerhebung eingegangene Fristverlängerungsantrag nicht vom Prozessbevollmächtigten des Klägers, sondern von einer für ihn bestellten Vertreterin gestellt und mit einer – nicht näher dargelegten – Erkrankung des Prozessbevollmächtigten der Kläger begründet. Das Gericht sieht davon ab, den Verlauf dieser Erkrankung zu erforschen, da die Rügen jedenfalls in der Sache unbegründet sind.

II. Vorliegend ist über die den Beigeladenen erteilte Baugenehmigung unter Berücksichtigung des erst lange nach ihrer Erteilung erklärten Verzichts auf das Halten und Betreiben von weiteren 150 Mastschweineplätzen zu entscheiden.

1. Ob eine angefochtene Baugenehmigung den Nachbarn in seinen Rechten verletzt, beurteilt sich grundsätzlich nach der Sach- und Rechtslage im Zeitpunkt der Genehmigungserteilung.

Nur nachträgliche Änderungen zugunsten des Bauherrn sind zu berücksichtigen. Änderungen zu seinen Lasten haben außer Betracht zu bleiben. Die erteilte Baugenehmigung vermittelt dem Bauherrn eine Rechtsposition, die sich, wenn ein Nachbar die Genehmigung anficht, gegenüber während des Rechtsmittelverfahrens eintretenden Änderungen der Sach- und Rechtslage durchsetzen kann. Das ist in der Rechtsprechung geklärt. Verzichtet der Bauherr teilweise auf die Ausnutzung der erteilten Baugenehmigung und schreibt die Genehmigungsbehörde diesen Verzicht durch eine Änderung der Genehmigung fest, richtet sich die Frage, ob der aufrechterhaltene Teil der Baugenehmigung den Nachbarn in seinen Rechten verletzt, weiterhin nach der Sach- und Rechtslage im Zeitpunkt der Erteilung der ursprünglichen Baugenehmigung (zu alledem BVerwG, Beschluss v. 8.11.2010 – 4 B 43/10 – juris Rdnr. 9 f. m. w. N.; VGH Bad.-Württ., Beschluss v. 30.4.2024 – 3 S 1056/23 – juris Rdnr. 16).

2. Nach diesen Maßgaben ist der Verzicht der Beigeladenen auf das Halten und Betreiben von weiteren 150 Mastschweineplätzen vom Gericht zu berücksichtigen.

Den Klägern ist zwar einzuräumen, dass es sich vorliegend nicht um einen Verzicht im Sinne der Rechtsprechung des Bundesverwaltungsgerichts handelt, weil nicht auf eine teilweise Ausnutzung der nun erteilten Baugenehmigung, sondern auf eine teilweise Ausnutzung älterer, seit langem bestandskräftiger Baugenehmigungen verzichtet wird. Dies stellt sich aber im Hinblick auf das Vorhaben der Beigeladenen als nachträgliche Änderung der Sachlage zu ihren Gunsten dar, sodass der Verzicht auf die teilweise Ausnutzung der alten Baugenehmigungen vom Gericht zu berücksichtigen ist, zumal die Vertreterin des Beklagten in der mündlichen Verhandlung zu Protokoll des Gerichts erklärt hat, dass die Bauakten der alten Genehmigungen des Schweinestalls um die Verzichtserklärungen ergänzt werden. Entgegen des erstmaligen Vortrags des Prozessbevollmächtigten der Kläger in der mündlichen Verhandlung bedarf es keiner zusätzlichen Änderung oder Ergänzung der bestandskräftigen Baugenehmigungen. Denn der eindeutig erklärte Verzicht der Beigeladenen führt dazu, dass diese sich insoweit auf andere Weise im Sinne des § 43 Abs. 2 LVwVfG erledigen. Eines Vermerks in den jeweiligen Baugenehmigungen bedarf es für diese Rechtsfolge nicht.

III. Das Vorhaben der Beigeladenen verstößt nicht zulasten der Kläger gegen das Gebot der Rücksichtnahme.

1. Das Gebot der Rücksichtnahme, vorliegend ableitbar aus § 35 Abs. 3 Satz 1 Nr. 3 BauGB, soll angesichts der gegenseitigen Verflechtungen der baulichen Situation benachbarter Grundstücke einen angemessenen planungsrechtlichen Ausgleich schaffen, der einerseits dem Bauherrn ermöglicht, was von seiner Interessenlage her verständlich und unabweisbar ist, und andererseits dem Nachbarn erspart, was an Belästigungen und Nachteilen für ihn unzumutbar ist. Die Beachtung des Gebots soll also gewährleisten, Nutzungen, die geeignet sind, Spannungen und Störungen hervorzurufen, einander so zuzuordnen, dass Konflikte möglichst vermieden oder jedenfalls abgemildert werden. Die sich daraus ergebenden Anforderungen sind im Einzelfall festzustellen, wobei die konkreten Umstände zu würdigen, insbesondere die gegenläufigen Interessen des Bauherrn und des Nachbarn in Anwendung des Maßstabes der planungsrechtlichen Zumutbarkeit gegeneinander abzuwägen sind. Dabei kann desto mehr an Rücksichtnahme verlangt werden, je empfindlicher und schutzwürdiger die Stellung dessen ist, dem die Rücksichtnahme im gegebenen Zusammenhang zugutekommt; umgekehrt braucht derjenige, der das Vorhaben verwirklichen will, desto weniger Rücksicht zu nehmen, je verständlicher und unabweisbarer die von ihm mit dem Bauvorhaben verfolgten Interessen sind (vgl. BVerwG, Beschluss v. 15.6.2016 – 4 B 52.15 – juris; VGH Bad.-Württ., Urteil v. 28.11.2019 – 5 S 1790/17 – juris Rdnr. 43). Dabei reichen bloße Lästigkeiten für einen Verstoß gegen das Rücksichtnahmegebot nicht aus. Erforderlich ist vielmehr eine qualifizierte Störung im Sinne einer Unzumutbarkeit. Was unzumutbar ist, hat sich regelmäßig an normativen Kriterien zu orientieren, nicht am subjektiven Empfinden des Einzelnen.

2. Das Vorhaben der Beigeladenen verstößt hinsichtlich der Geruchsimmissionen nicht gegen das Gebot der Rücksichtnahme.

a) Für die Beurteilung der Belästigung durch Gerüche von Vorhaben, die vor dem 1.12.2021 mit vollständigen Unterlagen zur Genehmigung gestellt worden sind, gab es noch keine normkonkretisierende Verwaltungsvorschrift (wie heute den Anhang 7 zur TA Luft vom 18.8.2021, GMBl. 2021, S. 1050, 1180). Die damalige Geruchsimmissionsrichtlinie (GIRL v. 29.2.2008 mit Ergänzung v. 10.9.2008, in Baden-Württemberg eingeführt durch ministeriellen Erlass, im Folgenden: GIRL) war aber eine wichtige Orientierungshilfe in solchen Fällen (vgl. nur VGH Bad.-Württ., Urteil v. 15.7.2020 – 5 S 2522/18 – juris Rdnr. 53; OVG NRW, Urteil v. 8.12.2023 – 7 A 742/22 – juris Rdnr. 68 ff.), die freilich nicht im Sinne einer Grenzwertregelung angewendet werden durfte (vgl. zu letzterem nur BVerwG, Urteil v. 15.9.2022 – 4 C 3.21 – juris Rdnr. 14). Sie war im vorliegenden Fall deswegen noch anzuwenden, da Nr. 8 der TA Luft vom 18.8.2021 ausführt, anhängige Genehmigungsverfahren – wie jenes der Beigeladenen – sollten nach der TA Luft 2002 zu Ende geführt werden, wenn vor dem 1.12.2021 ein vollständiger Genehmigungsantrag gestellt wurde. Ihr kommt keine rechtssatzartige Bedeutung, aber eine solche als (antizipierte) sachverständige Stellungnahme zu (vgl. BVerwG, Beschluss v. 9.4.2018 – 4 BN 10/18 – juris Rdnr. 14). Erforderlich ist eine umfassende Würdigung des Einzelfalls; zu betrachten sind vor allem die Ortsüblichkeit der Immissionen und die Siedlungsstruktur, die Nutzung des betreffenden Gebäudes, die historische Entwicklung und die besondere Ortsgebundenheit von Immissionsquellen (vgl. OVG Münster, Urteil v. 21.9.2018 – 2 A 669/17 – BauR 2019, 473 <477 ff.>). Etwaige Vorbelastungen, die eine schutzbedürftige Nutzung an einem Standort vorfindet, der durch eine schon vorhandene emittierende Nutzung vorgeprägt ist, sind schutzmindernd zu berücksichtigen (BVerwG, Urteil v. 15.9.2022 – 4 C 3.21 – juris Rdnr. 14).

Die GIRL verwendet (wie Anhang 7 zur TA Luft vom 18.8.2021) sogenannte Geruchsstundenhäufigkeiten. Sie sieht zur Beurteilung der Erheblichkeit von Geruchseinwirkungen in Abhängigkeit von verschiedenen Nutzungsbereichen unterschiedliche Immissionswerte in relativen Häufigkeiten von Jahresgeruchsstunden (Nr. 3.1, Tabelle 1) als regelmäßiges Maß für die maximal zulässigen Geruchsimmissionen sowie Gewichtungsfaktoren für mehrere Tierarten (Geflügel, Schwein, Rind; vgl. Nr. 4.6, Tabelle 4) vor. Mit diesen Einstufungen entspricht die GIRL den Ergebnissen des länderübergreifenden Projekts »Geruchsbeurteilung in der Landwirtschaft«. Denn die im Rahmen dieses Projekts zwischen 2002 und 2006 durchgeführten Untersuchungen haben die Annahme bestätigt, dass von den Kriterien Häufigkeit, Intensität, Qualität und Hedonik von Gerüchen vor allem die Geruchshäufigkeit in Prozent der Jahresstunden grundsätzlich ein sachgerechtes und hinreichendes Kriterium zur Beurteilung der Erheblichkeit von Geruchsimmissionen darstellt und eine nach Tierarten differenzierte Geruchsqualität im Gegensatz zur Hedonik immissionsseitig eindeutig wirkungsrelevant ist, während es auf die Geruchsintensität kaum ankommt. Berechnungen auf der Basis der GIRL stellen vielmehr ein im Sinne einer konservativen Prognosesicherheit komfortables »worst-case-Szenario« dar, sodass das gefundene Ergebnis »auf der sicheren Seite« liegt (vgl. VGH Bad.-Württ. Urteil v. 15.7.2020 – 5 S 2522/18 – juris Rdnr. 54; v. 12.10.2017 – 3 S 1457/17 – juris Rdnr. 31).

Nr. 3.1 (Tabelle 1) der GIRL legt den Immissionswert für Geruchsimmissionen, der die relative Häufigkeit der Geruchsstunden abbildet und dessen

Überschreitung in der Regel als erhebliche Belästigung zu werten ist, in Dorfgebieten auf 0,15 (also maximal 15 % Jahresgeruchsstunden) fest. Dabei geht die GIRL ausdrücklich davon aus, dass der Immissionswert für Dorfgebiete gerade für Geruchsimmissionen durch Tierhaltungsanlagen in Verbindung mit der belästigungsrelevanten Kenngröße IGb gilt, welche (vgl. Nr. 4.6 der GIRL) ihrerseits wiederum die Geruchshäufigkeit für bestimmte Tierarten (u. a. »die Tierart Milchkühe mit Jungtieren«) und einen hierauf bezogenen Gewichtungsfaktor berücksichtigt. Zur Bestimmung der Erheblichkeit von Geruchsimmissionen kann des Weiteren die VDI-Richtlinie 3894 (Blatt 1 vom September 2011 und Blatt 2 vom November 2012) herangezogen werden (VGH Bad.-Württ. Urteil v. 15.7.2020 – 5 S 2522/18 – juris Rdnr. 55 f.).

b) Auf der Grundlage des dargestellten Zusammenspiels von GIRL und VDI-Richtlinie 3894 hat die M.-GmbH ihre gutachterliche Stellungnahme erstellt, gegen deren Richtigkeit die Kläger – mit Ausnahme des Ansatzes der Tierzahlen des Ausgangsbestandes – keine Einwände erheben. Auch nach der letzten Überarbeitung vom 4.10.2023 unter Berücksichtigung der geringen Anzahl genehmigter Tierplätze für Rinder und des Verzichts der Beigeladenen auf weitere 150 Plätze für Mastschweine wird der angesetzte Beurteilungswert von 20 % noch (wenn auch nur geringfügig) überschritten.

c) Allerdings liegen nach dieser gutachterlichen Stellungnahme, die das Gericht zur Grundlage seiner Entscheidung gemacht hat, die Voraussetzungen einer Verbesserungsgenehmigung vor, sodass das Vorhaben gegenüber den Klägern nicht rücksichtslos ist.

aa) Nach § 6 Abs. 3 Nr. 1 BImSchG darf eine beantragte immissionsschutzrechtliche Änderungsgenehmigung nicht versagt werden, wenn nach ihrer Durchführung zwar nicht alle Immissionsrichtwerte eingehalten werden, wenn aber der Immissionsbeitrag der Anlage durch das Vorhaben deutlich und über das durch nachträgliche Anordnungen durchsetzbare Maß reduziert wird. Ausgehend von diesem Gedanken hat die Rechtsprechung auch für nicht immissionsschutzrechtlich, sondern (nur) baurechtlich genehmigungsbedürftige Anlagen die Rechtsfigur der Verbesserungsgenehmigung entwickelt, wobei dahinstehen kann, ob diese auf einer analogen Anwendung des § 6 Abs. 3 BImSchG beruht (OVG NRW, Beschluss v. 23.4.2013 – 2 B 141/13 – juris) oder ohne ausdrückliche Heranziehung des § 6 Abs. 3 BImSchG entwickelt wurde (BVerwG, Urteil v. 27.6.2017 – 4 C 3.16- juris; OVG Nds., Beschluss v. 25.3.2022 – 1 LA 89/21 – juris). Dementsprechend ist im Rahmen des Gebotes der Rücksichtnahme hinsichtlich der Zumutbarkeit von Immissionen schutzmindernd zu berücksichtigen, dass eine schutzbedürftige Nutzung an einem Standort, der durch eine bereits vorhandene emittierende Nutzung vorgeprägt ist, Vorbelastungen vorfindet. Im Umfang der Vorbelastung sind Immissionen zumutbar, auch wenn sie ansonsten in einem vergleichbaren Gebiet unzumutbar wären. Soll in einem erheblich vorbelasteten Gebiet ein (weiteres) emittierendes Vorhaben zugelassen werden, ist dies nach der

Rechtsprechung des Bundesverwaltungsgerichts jedenfalls dann möglich, wenn dadurch die vorhandene Immissionssituation verbessert oder zumindest nicht verschlechtert wird, sofern die Vorbelastung die Grenze zur Gesundheitsgefährdung (Art. 2 Abs. 2 Satz 1 GG) noch nicht überschritten hat und das – immissionsschutzrechtlich nicht genehmigungsbedürftige – Vorhaben den Anforderungen des § 22 Abs. 1 BImSchG genügt. Sind diese Voraussetzungen erfüllt, steht § 35 Abs. 3 Satz 1 Nr. 3 BauGB dem Vorhaben nicht entgegen (zu alledem BVerwG, Urteil v. 27.6.2017 – 4 C 3.16 – juris Rdnr. 13).

bb) Gegen das Vorliegen einer solchen Verbesserungsgenehmigung für die Beigeladenen haben die Kläger lediglich eingewandt, eine Verbesserung der Immissionssituation liege deshalb nicht vor, weil es an dem in der Geruchsimmissionsprognose zugrunde gelegten bestandsgeschützten Ausgangsbestand an Tierplätzen der Beigeladenen fehle, da die ihnen in der Vergangenheit erteilten Baugenehmigungen insoweit zu unbestimmt seien. Zwar ist es zutreffend, dass die bestandskräftigen Baugenehmigungen keine unmittelbaren Angaben zu Tierplatzzahlen enthalten. Dies führt aber nicht dazu, dass diese Baugenehmigungen in der Weise unbestimmt (dazu (1)) sind, dass die bisherige Tierhaltung der Beigeladenen nur bis zur Grenze der in der heutigen GIRL vorgesehenen Richtwerte zulässig ist. Die in der Geruchsimmissionsprognose angesetzten Tierzahlen des Ausgangsbestandes ergeben sich vielmehr bei entsprechender Auslegung aus den bereits erteilten Baugenehmigungen (dazu (2)).

(1) Ein Verwaltungsakt ist im Sinne des § 37 Abs. 1 LVwVfG hinreichend bestimmt, wenn sein Adressat in der Lage ist, zu erkennen, was von ihm gefordert wird, und zwar dergestalt, dass der behördliche Wille keiner unterschiedlichen subjektiven Bewertung zugänglich ist. Dabei muss sich die »Regelung« (vgl. § 35 Satz 1 LVwVfG) nicht unmittelbar und nur aus dem Entscheidungssatz eines Bescheides ergeben. Es reicht aus, wenn sie sich aus dem gesamten Inhalt des Bescheides, insbesondere seiner Begründung sowie den weiteren, den Beteiligten bekannten oder ohne Weiteres erkennbaren Umständen, unzweifelhaft erkennen lässt. Dabei ist entsprechend § 133 BGB der objektive Erklärungsgehalt aus der Sicht des Adressaten maßgebend (BVerwG, Urteil v. 15.12.1989 – 7 C 35.87 – juris Rdnr. 22). Eine Baugenehmigung wird nach Inhalt und Umfang bestimmt durch den Bauantrag und die ihm beizufügenden Bauvorlagen (§ 53 Abs. 1 und 2 LBO i. V. m. §§ 4 ff. LBOVVO), sofern die Genehmigung keine Einschränkungen oder Maßgaben enthält (st. Rspr., vgl. VGH Bad.-Württ., Beschluss v. 23.11.2017 – 3 S 1933/17 – juris Rdnr. 15 m. w. N.). Insoweit kann insbesondere auf die Baubeschreibung (§ 7 LBOVVO) abgestellt werden. Für weitere von der Baurechtsbehörde zur Beurteilung des Vorhabens verlangte (vgl. § 2 Abs. 3 Nr. 1 LBOVVO) oder vom Bauherrn vorgelegte Unterlagen, die das genehmigte Vorhaben bei verständiger Würdigung der Baugenehmigung ebenfalls konkretisieren, gilt nichts Anderes. Das Maß dessen, was die Baugenehmigung

insoweit detailliert regeln muss, um dem Bestimmtheitsgebot zu genügen, hängt vom Einzelfall ab (vgl. BVerwG, Beschluss v. 15.11.2007 – 4 B 52.07 – juris Rdnr. 6). Stets muss die Baugenehmigung aber klar erkennen lassen, was genau genehmigt wurde und welchen Umfang ihre gestattende Wirkung hat. Verweist die Baugenehmigung auf den Bauantrag oder Bauvorlagen, ist sie hinreichend bestimmt, wenn es der Bauantrag oder die Bauvorlagen sind (BVerwG, Beschluss v. 20.5.2014 – 4 B 21.14 – juris Rdnr. 9 m. w. N.; zu alledem VGH Bad.-Württ., Beschluss v. 30.1.2019 – 5 S 1913/18 – juris Rdnr. 34 f.).

(2) Der in der Geruchsprognose zugrunde gelegte Ausgangstierbestand der bisherigen Ställe der Beigeladenen ergibt sich aus den bereits erteilten Baugenehmigungen. Diese sind hinreichend bestimmbar.

In diesen sind alle Flächen, die für die Tiere zur Verfügung stehen, sowie Angaben zu den Buchten o. ä. enthalten. Aus diesen Angaben lässt sich der genehmigte Tierbestand ohne weiteres errechnen. In allen Baugenehmigungen – mit Ausnahme der ältesten vom 16.3.1993 – sind zudem in den Nebenbestimmungen und Hinweisen bereits Angaben zum Platzbedarf für die jeweiligen Tiere enthalten. Darüber hinaus kann zur weiteren Konkretisierung des Platzbedarfs insbesondere in dieser ältesten Genehmigung auf Vorgaben in technischen Richtlinien zurückgegriffen werden (die sich im Übrigen mit den jeweiligen Vorgaben in den Baugenehmigungen nahezu decken). Der Beklagte hat hinsichtlich des Platzbedarfs der Tiere auf aktuelle tierschutzrechtliche Vorgaben zurückgegriffen, die strenger sind als die Vorgaben in den jeweiligen Baugenehmigungen. Zudem ist er – zu Lasten der Beigeladenen – von hohen Durchschnittswerten ausgegangen, z. B. von einem Durchschnittsgewicht der Schweine von bis zu 110 kg, die auf der sicheren Seite liegen. Auf dieser Grundlage hat der Beklagte vor der mündlichen Verhandlung die angesetzten Tierzahlen des Ausgangsbestandes im Einzelnen begründet. Einwendungen gegen die Richtigkeit dieser Berechnungen haben die Kläger – auch auf konkrete Nachfrage in der mündlichen Verhandlung – nicht erhoben. Solche drängen sich dem Gericht auch nicht auf; vielmehr hat eine Überprüfung dieser Berechnungen errechneten Tierzahlen in der aktualisierten Ergebnisdarstellung der Geruchsimmissionsprognose vom 4.10.2023 zu einer erheblichen Verbesserung zugunsten der Kläger führen, ist das Vorhaben diesen gegenüber nicht rücksichtslos.

3. Das Vorhaben der Beigeladenen verstößt auch hinsichtlich der Lärmimmissionen durch den Fahrverkehr nicht gegen das Gebot der Rücksichtnahme.

Der Prozessbevollmächtigte der Kläger hat in der mündlichen Verhandlung nochmals klargestellt, dass hinsichtlich der Lärmimmissionen weder eine Überschreitung der Richtwerte der TA Lärm noch die Richtigkeit der eingeholten Schallimmissionsprognose gerügt werde. Die Rücksichtslosigkeit des Verhaltens der Beigeladenen liege vielmehr darin begründet, dass diese ihr Grundstück so bebaut hätten und weitebebauen würden, dass deren innerbetrieblicher Verkehr weitgehend auf der öffentlichen Straße und nicht auf dem Betriebsgelände stattfinde.

Eine rechtlich relevante Rücksichtslosigkeit des Vorhabens kann mit diesem Argument jedoch nicht begründet werden, da ein Verstoß gegen das Rücksichtnahmegebot – wie dargelegt – voraussetzt, dass das Vorhaben für den Nachbarn nicht nur nachteilig, sondern unzumutbar ist. Die Zumutbarkeit bestimmt sich maßgeblich nach den Richtwerten, hier der TA Lärm. Diese werden nach der von den Klägern nicht angegriffenen Schallimmissionsprognose deutlich eingehalten. Der Gutachter hat in einer Stellungnahme zur Schallimmissionsprognose dargelegt, dass hinsichtlich des Tagesrichtwertes aus physikalischer Sicht auch bei einer Verdreifachung des betrachteten Betriebes keine Überschreitung des Immissionsrichtwertes zu erwarten ist. Umstände des Einzelfalls, die dennoch eine Unzumutbarkeit begründen könnten, sind nicht ersichtlich. Dass es möglicherweise einen für die Kläger günstigeren Standort für den Stallneubau gegeben hätte, ist im Rahmen des Rücksichtnahmegebots unerheblich. Maßgeblich für die Prüfung ist allein der vom Bauherrn beantragte Standort. Ergibt sich danach, dass das beantragte Vorhaben für den Nachbarn zumutbar ist, muss dieser die bauliche Anlage auch dann hinnehmen, wenn es einen besser geeigneten Alternativstandort gibt (vgl. BVerwG, Beschluss v. 13.10.1998 – 4 B 93.98 – juris Rdnr. 5). Im Übrigen wäre für die Kläger unter Lärmgesichtspunkten ohnehin praktisch nichts gewonnen, wenn die Beigeladenen nicht auf der öffentlichen Straße, sondern unmittelbar entlang dieser auf ihrem eigenen Grundstück fahren würden. Vor dem Hintergrund des Art. 14 Abs. 1 GG ist nicht ersichtlich, warum die Kläger von den Beigeladenen verlangen könnten, dass diese ihre Grundstücke nicht zum öffentlichen Weg hin baulich ausnutzen. Dies zeigt sich insbesondere daran, dass die Kläger ihrerseits ihre Häuser sehr nah an den E.-Weg gebaut haben. Das Haus des Klägers 1 ist weniger als 10 m vom E.-Weg entfernt errichtet worden, obwohl das Grundstück eine Tiefe von ca. 50 m aufweist. Das Haus der Klägerin zu 2 liegt in unmittelbarer Nähe zum E.-Weg, obwohl das Grundstück eine Tiefe von deutlich über 100 m aufweist. Nach alledem ist nicht ansatzweise erkennbar, dass das Vorhaben der Beigeladenen unter dem Gesichtspunkt der (verkehrsbedingten) Lärmimmissionen rücksichtslos sein könnte. …

Nr. 140

Für die rechtliche Beurteilung einer immissionsschutzrechtlichen Genehmigung ist im Falle der Drittanfechtung grundsätzlich die Sach- und Rechtslage zum Zeitpunkt des Erlasses des Bescheids maßgeblich.

Nach § 249 Abs. 10 BauGB steht der öffentliche Belang einer optisch bedrängenden Wirkung einem Vorhaben nach § 35 Abs. 1 Nr. 5 BauGB, das

der Erforschung, Entwicklung oder Nutzung der Windenergie dient, in der Regel nicht entgegen, wenn der Abstand von der Mitte des Mastfußes der Windenergieanlage bis zu einer zulässigen baulichen Nutzung zu Wohnzwecken mindestens der zweifachen Höhe der Windenergieanlage entspricht.

Wird der in § 249 Abs. 10 BauGB vorgesehene Abstand zwischen einer Windenergieanlage und einer zulässigen baulichen Nutzung zu Wohnzwecken eingehalten, kommt eine optisch bedrängende Wirkung der Windenergieanlage nur ausnahmsweise in Betracht, wenn andernfalls die Schwelle der Zumutbarkeit aufgrund besonderer Umstände überschritten würde. Dies setzt einen atypischen, vom Gesetzgeber so nicht vorhergesehenen Sonderfall voraus.

(Leitsätze der Redaktion)

BauGB § 35 Abs. 1 Nr. 5, § 249 Abs. 10.

OVG Nordrhein-Westfalen, Urteil v. 26. Juli 2024 – 8 D 169/22.AK –.

Aus den Gründen:

Die Einzelrichterin ist für die Entscheidung zuständig, nachdem ihr der Senat den Rechtsstreit gemäß § 9 Abs. 4 Satz 1 VwGO zur Entscheidung übertragen hat.

Die Klage, über die der Senat gemäß § 48 Abs. 1 Satz 1 Nr. 3a VwGO erstinstanzlich entscheidet, hat keinen Erfolg.

I. Sie ist zwar als Anfechtungsklage nach § 42 Abs. 1 Var. 1 VwGO zulässig.

1. Der Kläger durfte den Nachtragsbescheid vom 27.10.2022 in das laufende Klageverfahren einbeziehen.

Der während des Gerichtsverfahrens ergangene Nachtragsbescheid bildet einen unteilbaren Regelungsgegenstand mit dem ursprünglichen Genehmigungsbescheid vom 27.6.2022, weil die Beigeladene ausweislich ihrer Erklärung im Schriftsatz vom 28.5.2024 die Ursprungsgenehmigung nur in der Fassung des Nachtragsbescheides ausnutzen wird. Daher stellt dessen Einbeziehung keine Klageänderung dar, sondern lediglich eine nach § 173 VwGO i. V. m. § 264 Nr. 3 ZPO ohne Weiteres zulässige Anpassung des Klageantrags aufgrund einer nachträglichen Veränderung. Vgl. BVerwG, Beschluss v. 18.10.2022 – 7 B 1.22 –, juris Rdnr. 6; OVG NRW, Urteil v. 27.4.2023 – 8 D 368/21.AK –, juris Rdnr. 85.

2. Die Klage ist gemäß § 42 Abs. 1 Var. 1 VwGO statthaft und auch im Übrigen zulässig.

a) Der Kläger ist als Eigentümer des in etwa 600 m Entfernung der Windenergieanlage 01 gelegenen Grundstücks gemäß § 42 Abs. 2 VwGO klagebefugt, weil nicht schon von vornherein offensichtlich auszuschließen ist, dass diese Anlage nachbarrechtsrelevante Beeinträchtigungen etwa in Form von Geräuschen zu seinen Lasten verursacht.

b) Die am 14.9.2022 bei Gericht eingegangene Klage ist rechtzeitig erhoben worden. Zwar hat der Kläger die Klage nicht innerhalb der in § 74 Abs. 1

Satz 2 VwGO vorgesehenen Frist von einem Monat nach Bekanntgabe der Genehmigung erhoben. Die Genehmigung galt mit Ablauf des 12.8.2022 als bekannt gegeben, weil der Genehmigungsbescheid öffentlich bekannt gemacht sowie bis zum 12.8.2022 zur Einsicht ausgelegt wurde und nach § 10 Abs. 8 Satz 5 BImSchG mit dem Ende der Auslegungsfrist auch gegenüber Dritten, die keine Einwendung erhoben haben, als zugestellt galt. Die Monatsfrist begann demnach am 13.8.2022 und endete nach § 57 Abs. 2 VwGO, § 222 Abs. 1 ZPO i. V. m. den §§ 187 Abs. 1, 188 Abs. 2 BGB mit Ablauf des 12.9.2022. Die Klage ist gleichwohl nicht zu spät erhoben worden, weil die einmonatige Klagefrist des § 74 Abs. 1 Satz 2 VwGO nicht zu laufen begonnen hatte. Denn die in der Bekanntmachung genannte Rechtsbehelfsbelehrung war unrichtig erteilt worden i. S. d. § 58 Abs. 2 VwGO. Unrichtig ist eine Rechtsbehelfsbelehrung nicht nur, wenn ihr eine der in § 58 Abs. 1 VwGO aufgeführten Angaben fehlt, sondern auch dann, wenn sie einen nicht erforderlichen Zusatz enthält, der fehlerhaft oder irreführend ist und dadurch generell geeignet ist, bei dem Betroffenen einen Irrtum über die formellen und materiellen Voraussetzungen des in Betracht kommenden Rechtsbehelfs hervorzurufen und ihn dadurch davon abzuhalten, den Rechtsbehelf überhaupt, rechtzeitig oder in der richtigen Form einzulegen. Dabei ist darauf abzustellen, wie die Erklärung bei objektiver Würdigung zu verstehen war. Vgl. BVerwG, Urteil v. 20.8.2020 – 1 C 28.19 –, juris Rdnr. 30.

Der am Ende der Bekanntmachung stehende Hinweis auf die bis zum 15.9.2022 laufende Klagefrist entspricht nicht dem Ende der Klagefrist von einem Monat, sondern nennt einen späteren Zeitpunkt. Damit war er irreführend und geeignet, Drittbetroffene davon abzuhalten, rechtzeitig zu klagen.

Der Hinweis »Diese Bekanntmachung ersetzt die Zustellung des Bescheides an die Personen, die Einwendungen erhoben haben. Mit dem Ende der Auslegungsfrist gilt der Bescheid auch gegenüber Dritten, die keine Einwendungen erhoben haben, als zugestellt. Die Klagefrist beginnt am Tage nach dem Ende der Auslegungsfrist am 15.8.2022 und läuft bis zum 15.9.2022.« ist nach dem objektiven Empfängerhorizont als Teil der Rechtsbehelfsbelehrung und nicht lediglich als rechtlich unverbindlicher Hinweis zu verstehen. Dafür spricht zunächst die Textgestaltung der Bekanntmachung. Das Wort »Hinweis« befindet sich in normaler und lediglich unterstrichener Schrift direkt unter dem letzten Abschnitt, dessen Überschrift »C. Rechtsbehelfsbelehrung« ebenso wie diejenigen der Abschnitte »A. Auszug aus dem Bescheid« und »B. Öffentliche Auslegung« fett gedruckt ist. Insbesondere der zweite Satz des Hinweises spricht dafür, dass der Hinweis verbindlicher Teil der Rechtsbehelfsbelehrung ist. Danach gilt der Bescheid mit dem Ende der Auslegungsfrist auch gegenüber Dritten, die keine Einwendungen erhoben haben, als zugestellt. Dieser Hinweissatz ist nach § 10 Abs. 8 Satz 5 Halbsatz 2 BImSchG (mit der Maßgabe, dass es im Gesetzestext »Einwendung« und nicht »Einwendungen« heißt) zwingend erforderlicher Bestandteil einer öffentlichen

Bekanntmachung. Da sich ein entsprechender Satz an keiner anderen Stelle der Bekanntmachung findet, handelt es sich nicht um einen entbehrlichen Zusatz; der Beklagte dürfte ihn vielmehr bewusst eingefügt haben, um den gesetzlichen Anforderungen zu genügen. Der unmittelbar folgende dritte Satz des Hinweises betreffend Beginn und Ende einer einheitlichen Klagefrist für alle Drittbetroffenen (Einwender und andere Personen) greift die beiden vorstehenden Sätze zur Zustellungsfiktion gegenüber diesen Drittbetroffenen auf. Dass dieser dritte, optisch nur durch einen Absatz ohne Leerzeile abgehobene Satz im Gegensatz zu dem vorherigen Satz lediglich völlig unverbindliche und nicht belastbare Daten nennen sollte, an denen Drittbetroffene sich nicht orientieren, sondern die Klagefrist, die sich nach der Zustellungsfiktion richtet, unabhängig von diesen Daten selbstständig ermitteln sollten, liegt bei objektiver Würdigung fern.

Enthält eine Rechtsmittelbelehrung fehlerhaft eine längere Frist als die gesetzlich vorgesehene, so ist die längere Frist maßgeblich. Sie darf jedoch nicht die Jahresfrist des § 58 Abs. 2 VwGO übersteigen. Der Rechtsbehelf kann in diesen Fällen bis zum Ablauf der in der Belehrung fehlerhaft benannten längeren Frist fristwahrend eingelegt werden. Dafür spricht vor allem, dass der Fehler den Betroffenen nicht hindern kann, den Rechtsbehelf innerhalb der gesetzlichen oder in der in der Belehrung genannten Frist einzulegen, und er deshalb des besonderen Schutzes durch § 58 Abs. 2 VwGO nicht bedarf. Vgl. BVerwG, Beschluss v. 29.1.2020 – 2 B 36.19 –, juris Rdnr. 9 f., m. w. N.

Die hier fehlerhaft angegebene Frist (15.9.2022) ist mit der Klageerhebung am 14.9.2022 gewahrt.

Hielte man in solchen Fällen die Jahresfrist für anwendbar, offen gelassen von BVerwG, Urteil v. 10.2.1999 – 11 C 9.97 –, juris Rdnr. 10, wäre diese hier erst recht gewahrt. Einer Entscheidung über die vom Kläger vorsorglich beantragte Wiedereinsetzung nach § 60 VwGO bedarf es nicht, weil keine Frist versäumt worden ist.

II. Die Klage ist aber unbegründet. Der Kläger wird durch die Genehmigung des Beklagten vom 27.6.2022 in der Fassung des Nachtragsbescheides vom 27.10.2022, soweit diese die Errichtung und den Betrieb der Windenergieanlage 01 betrifft, nicht in seinen Rechten verletzt (§ 113 Abs. 1 Satz 1 VwGO). Nach § 6 Abs. 1 BImSchG ist die immissionsschutzrechtliche Genehmigung zu erteilen, wenn sichergestellt ist, dass die sich aus § 5 BImSchG und einer auf Grund des § 7 BImSchG erlassenen Rechtsverordnung ergebenden Pflichten erfüllt werden, und andere öffentlich-rechtliche Vorschriften und Belange des Arbeitsschutzes der Errichtung und dem Betrieb der Anlage nicht entgegenstehen. Nach § 5 Abs. 1 Nr. 1 BImSchG sind genehmigungsbedürftige Anlagen so zu errichten und zu betreiben, dass zur Gewährleistung eines hohen Schutzniveaus für die Umwelt insgesamt schädliche Umwelteinwirkungen und sonstige Gefahren, erhebliche Nachteile und Belästigungen für die Allgemeinheit und die Nachbarschaft nicht hervorgerufen werden können.

Maßgeblich für die rechtliche Beurteilung einer immissionsschutzrechtlichen Genehmigung ist im vorliegenden Falle der Drittanfechtung grundsätzlich die Sach- und Rechtslage zum Zeitpunkt des Erlasses des Bescheids. Nachträgliche Änderungen in tatsächlicher oder rechtlicher Hinsicht zugunsten des Vorhabenträgers sind allerdings zu berücksichtigen – anders als solche zu seinen Lasten. Vgl. BVerwG, Beschluss v. 28.7.2022 – 7 B 15.21 –, juris Rdnr. 12, m. w. N.

Ausgehend vom Vorstehenden droht dem Kläger durch die Errichtung und den Betrieb der Windenergieanlage 01 keine Beeinträchtigung seiner geschützten Belange gemäß § 5 Abs. 1 Nr. 1 BImSchG durch Lärm (dazu 1.) oder Eiswurf (dazu 2.). Die Genehmigung verstößt auch nicht gegen das baurechtliche Rücksichtnahmegebot nach § 35 Abs. 3 [...] BauGB im Hinblick auf eine optisch bedrängende Wirkung (dazu 3.). Auf eine Beeinträchtigung des Landschaftsbildes und artenschutzrechtliche Belange (dazu 4.) kann der Kläger sich ebenso wenig berufen wie auf den in § 2 Abs. 1 Satz 1 BauGB-AG NRW in der bis zum 11.9.2023 geltenden Fassung vorgesehenen Mindestabstand von 1 000 m zu Wohngebäuden (dazu 5.).

1. Ausgehend von den Immissionsrichtwerten der TA Lärm, die für das im bauplanungsrechtlichen Außenbereich (§ 35 BauGB) gelegene Wohngrundstück des Klägers in Anlehnung an diejenigen für Dorf- und Mischgebiete nach Nr. 6.1 Buchstabe d TA Lärm 60 dB(A) tags und 45 dB(A) nachts betragen, sind dem Kläger die von der Windenergieanlage 01 ausgehenden Geräusche zuzumuten.

a) Nach dem Geräuschimmissionsgutachten des Ingenieurbüros U. vom 30.11.2021 beträgt die prognostizierte Gesamtbelastung auf dem Grundstück des Klägers am Haus mit der Nummer 46 mit den Immissionspunkten IP C (S) und IP C (O) an Süd- und Ostfassade 39,9 bzw. 41,2 dB(A) und am Haus mit der Nummer 46a mit dem Immissionspunkt IP N 42 dB(A), liegt also jeweils deutlich unter 45 dB(A).

Konkrete Anhaltspunkte dafür, dass dieses auf dem Interimsverfahren beruhende Gutachten die Lärmbelastung nicht sachgerecht ermittelt haben könnte, sind weder vorgetragen noch sonst ersichtlich. Insbesondere berücksichtigt die Immissionsprognose die Vorbelastung durch weitere Windenergieanlagen und durch sonstige gewerbliche Anlagen sowie die Zusatzbelastung durch die genehmigten Anlagen. Insgesamt wurde der Schall von 19 Windenergieanlagen angesetzt, neben den zehn neu geplanten Anlagen sechs schon vorhandene und drei bereits genehmigte. Dies ergibt sich aus der »Übersicht der berücksichtigten geplanten und vorhandenen WEA« auf S. 6 des Gutachtens. Bei den dort angeführten sechs Anlagen des Typs Enercon E 70 E4 handelt es sich um sechs Anlagen auf niedersächsischen Gebiet, wie sich aus der Erläuterung auf S. 12 f. und dem Lageplan zu »WEA, gewerbliche Schallquellen und Immissionspunkte« nach S. 40 ergibt. Weiter wurden eine genehmigte Windenergieanlage des Typs Enercon E-115 sowie zwei Windenergieanlagen des Typs Vensys 170 als Vorbelastung berücksichtigt. Die Rüge des Klägers, die Schallprognose berücksichtige nicht alle weiteren genehmigten Windenergieanlagen, greift aus den Gründen, die das Gericht in der Verfügung vom 4.10.2023 ausführlich erläutert hat und auf die wegen der Einzelheiten Bezug genommen wird, nicht durch. Diesen Hinweisen ist der Kläger im weiteren Verfahren nicht entgegengetreten.

b) Dass das Grundstück des Klägers auch durch Geräusche der westlich verlaufenden Bahnstrecke belastet wird, ist im vorliegenden Klageverfahren nicht zu berücksichtigen.

Schienenlärm ist keine Vorbelastung i. S. v. Nr. 2.4 der TA Lärm, weil die TA Lärm nach ihrer Nr. 1 nur für bestimmte Anlagen nach dem Bundes-Immissionsschutzgesetz, nicht aber für Schienenwege gilt. Er kann allenfalls Anlass für eine Sonderfallprüfung nach Nr. 3.2.2 TA Lärm bieten.

Unabhängig davon, ob dieser Schienenlärm gemäß Nr. 3.2.2 TA Lärm nach Art und Gewicht wesentlichen Einfluss auf die Beurteilung haben könnte, ob durch das Hinzutreten der streitbefangenen Windenergieanlage schädliche Umwelteinwirkungen entstehen, ist die Belastung mit Schienenlärm jedoch gemäß § 6 UmwRG nicht zu berücksichtigen.

Nach § 6 Satz 1 UmwRG hat eine Person innerhalb einer Frist von zehn Wochen ab Klageerhebung die zur Begründung ihrer Klage gegen eine Entscheidung im Sinne von § 1 Abs. 1 Satz 1 UmwRG dienenden Tatsachen und Beweismittel anzugeben. Erklärungen und Beweismittel, die erst nach Ablauf dieser Frist vorgebracht werden, sind nur zuzulassen, wenn die Voraussetzung nach § 87b Abs. 3 Satz 1 Nr. 2 VwGO erfüllt ist (Satz 2 der Vorschrift). Nach § 6 Satz 3 UmwRG gilt § 87b Abs. 3 Satz 2 und 3 VwGO entsprechend.

Die Belastung seines Grundstücks mit Schienenlärm hat der Kläger erstmals im Schriftsatz vom 30.8.2023 und damit lange nach Ablauf der 10-wöchigen Klagebegründungsfrist des § 6 Satz 1 UmwRG, die mit Klageerhebung am 14.9.2022 zu laufen begann, vorgetragen. Der verspätete Hinweis ist nicht nach § 6 Satz 2 UmwRG i. V. m. § 87b Abs. 3 Satz 1 Nr. 2 VwGO genügend entschuldigt worden; die Bahnstrecke kann dem Kläger nicht nachträglich bekannt geworden sein. Das entsprechende Vorbringen des Klägers ist auch nicht nach § 6 Satz 3 UmwRG i. V. m. § 87b Abs. 3 Satz 3 VwGO zu berücksichtigen. Denn der Aufwand, die Höhe der nicht aktenkundigen Lärmbelastung durch den Schienenweg an den Wohnhäusern des Klägers zu ermitteln, ist nicht lediglich als gering im Sinne von § 6 Satz 3 UmwRG i. V. m. § 87b Abs. 3 Satz 3 VwGO anzusehen.

Der Umstand, dass der Kläger im Lauf des Klageverfahrens den Nachtragsbescheid vom 27.10.2022 in zulässiger Weise einbezogen hat, für den die Klagebegründungsfrist des § 6 Satz 1 UmwRG nicht läuft, vgl. OVG NRW, Beschluss v. 3.11.2023 – 8 B 1049/23.AK –, juris Rdnr. 83 ff., m. w. N., 64 führt nicht dazu, dass der Schienenlärm nunmehr als Rüge in Bezug auf diesen Nachtragsbescheid berücksichtigungsfähig wäre. Denn der Nachtragsbescheid ändert die Vorgaben für die zulässigen Schallemissionen der genehmigten Anlagen nicht. Nr. 23 des Nachtragsbescheides zum Schallleistungspegel passt lediglich die Begründung der Ausgangsgenehmigung an den genehmigten Schallleistungspegel für die WEA 09 und 10 im schallreduzierten Betriebsmodus 3 an, der auch der Schallimmissionsprognose vom 30.11.2021 zugrunde liegt (dort S. 8)

2. Der Kläger wird nicht durch den von ihm befürchteten Eiswurf der Windenergieanlage 01 in rechtlich relevanter Weise gefährdet.

Die Anlage ist mit einer Eiserkennung und einer entsprechenden Abschaltautomatik ausgestattet. Dies ergibt sich aus der Bezugnahme in Abschnitt II. 4.1.2 der Genehmigung vom 27.6.2022 (dort S. 4) auf die Maßnahmen zur Anlagensicherheit, zu denen nach dem Inhaltsverzeichnis zum Genehmigungsantrag auch die »Allgemeine Dokumentation, Eiserkennung an Nordex-Windenergieanlagen« aus dem Jahre 2019 gehört, die Teil der Genehmigung ist. Danach gibt es drei unterschiedliche und voneinander unabhängige Eiserkennungsmöglichkeiten und wird die Anlage bei möglichem Eisansatz sofort gestoppt, so dass sie keine Eisstücke mehr wegschleudern kann (dort S. 3 f.). Dementsprechend geht das »Gutachten zu Risiken durch Eiswurf und Eisfall am Standort Y. N.« der K. GmbH & Co. KG vom 12.6.2020 (dort S. 26), das über die Bezugnahme in Abschnitt II. 4.2.4 und in Nebenbestimmung 2.10 in Abschnitt III. der Genehmigung vom 27.6.2022 (dort S. 4 und 10 f.) ebenfalls Teil der Genehmigung ist, davon aus, dass wegen der Abschaltung der Anlagen nicht mit einer Gefährdung durch Eiswurf zu rechnen ist. Dies ist mit Blick auf die Entfernung zwischen der WEA 01 und dem näher an der Anlage gelegenen Wohnhaus mit der Hausnummer 46a von über 590 m ohne Weiteres nachvollziehbar.

Unabhängig davon kann der Kläger nicht die Abwehr jeder theoretisch denkbaren Gefahr beanspruchen, sondern nur verlangen, vor einem mit hinreichender Wahrscheinlichkeit eintretenden Schaden und damit einer über das allgemeine Lebensrisiko hinausgehenden Gefahrenlage geschützt zu werden. Denn § 5 Abs. 1 Nr. 1 BImSchG zielt nicht darauf, an sich zumutbare Lebensverhältnisse noch risikoloser zu machen. Vgl. BVerwG, Beschluss v. 27.10.2023 – 7 B 10.23 –, juris Rdnr. 10 f., m. w. N.; OVG NRW, Urteil v. 4.5.2022 – 8 D 297/21.AK –, juris Rdnr. 159.

3. Die Windenergieanlage 01 verletzt nicht das baurechtlich begründete Gebot der Rücksichtnahme, indem sie optisch bedrängend auf das Hofgrundstück des Klägers wirkt. 70 Nach § 249 Abs. 10 BauGB, der am 1.2.2023 in Kraft getreten und nach den oben dargelegten Grundsätzen bei der rechtlichen Beurteilung der hier angefochtenen Genehmigung als nachträgliche Rechtsänderung zugunsten der Beigeladenen zu berücksichtigen ist, steht der öffentliche Belang einer optisch bedrängenden Wirkung einem Vorhaben

nach § 35 Abs. 1 Nr. 5 BauGB, das der Erforschung, Entwicklung oder Nutzung der Windenergie dient, in der Regel nicht entgegen, wenn der Abstand von der Mitte des Mastfußes der Windenergieanlage bis zu einer zulässigen baulichen Nutzung zu Wohnzwecken mindestens der zweifachen Höhe der Windenergieanlage entspricht. Satz 2 der Vorschrift bestimmt die Höhe im Sinne des Satzes 1 als die Nabenhöhe zuzüglich Radius des Rotors. Wird der in § 249 Abs. 10 BauGB vorgesehene Abstand zwischen einer Windenergieanlage und einer zulässigen baulichen Nutzung zu Wohnzwecken eingehalten, kommt eine optisch bedrängende Wirkung der Windenergieanlage nur ausnahmsweise in Betracht, wenn andernfalls die Schwelle der Zumutbarkeit aufgrund besonderer Umstände überschritten würde. Dies setzt einen atypischen, vom Gesetzgeber so nicht vorhergesehenen Sonderfall voraus. Allein die Sichtbarkeit der Anlagen von dem Grundstück eines Nachbarn aus bzw. das Fehlen von Bewuchs oder anderen Strukturen, die die Sichtbeziehung zu den Anlagen unterbrechen, begründet kein Abwehrrecht. Vgl. OVG NRW, Urteil v. 12.1.2024 – 8 D 92/22.AK –, juris Rdnr. 139 ff., und ausführlich im Beschluss v. 9.6.2023 – 8 B 230/23.AK –, juris Rdnr. 27 ff., jeweils m. w. N.

Die 199,95 m hohe Anlage steht zum südlicher gelegenen Wohnhaus auf dem Grundstück des Klägers mit der Hausnummer 46a in einem Abstand von fast dem Dreifachen der Gesamthöhe, nämlich etwas mehr als 590 m. Sie genügt damit den Anforderungen des § 249 Abs. 10 BauGB für den Regelfall.

Weder die Anzahl der Windenergieanlagen noch eine Gesamtbetrachtung dieser Anlagen mit der Bahnstrecke und großflächigen Photovoltaikanlagen führt hier dazu, eine Ausnahme von der Regelvermutung des § 249 Abs. 10 BauGB und eine optisch bedrängende Wirkung anzunehmen. Da es während des Gesetzgebungsverfahrens betreffend § 249 Abs. 10 BauGB und bei Inkrafttreten der Norm im Februar 2023 bundesweit zahlreiche Windparks auch größeren Ausmaßes gab, ist auszuschließen, dass der Gesetzgeber den Fall übersehen haben könnte, dass von einem Wohnhaus aus mehrere oder auch zahlreiche Windenergieanlagen gleichzeitig sichtbar sind. Hier geht es um insgesamt 19 Anlagen, die auch unter Berücksichtigung der flachen Landschaft jedenfalls deswegen keinen atypischen Sonderfall darstellen, weil sie sich sämtlich in einer Blickrichtung der Wohnhäuser (Südost) befinden und die übrigen Blickrichtungen nicht von Windenergieanlagen geprägt werden. Ein atypischer Sonderfall i. S. v. § 249 Abs. 10 BauGB liegt auch nicht deswegen vor, weil zusätzlich zu diesen 19 Anlagen etwa 300 m westlich der Wohnhäuser des Klägers eine stark frequentierte Bahnstrecke verläuft und der Kläger vorgetragen hat, unmittelbar südwestlich seines Grundstücks und bis zur Bahnlinie solle auf einem Areal, das nicht ihm gehöre, eine großflächige Photovoltaikanlage errichtet werden; ein entsprechender Vertrag mit der Eigentümerin sei bereits abgeschlossen. Da diese Bahnstrecke im Flachland nicht besonders hoch aufragt und damit kein Bauwerk darstellt, das wegen seiner Höhe und Breite auf das Nachbargrundstück »erdrückend« oder »erschlagend« wirken könnte, trägt sie auch mit regelmäßig vorbeifahrenden Zügen nicht zu einer optisch bedrängenden Wirkung der Windenergieanlage(n) bei. Dass für großflächige Photovoltaikanlagen auf einem flachen Areal etwas anderes gelten könnte, ist nicht ansatzweise vorgetragen oder sonst ersichtlich. Sollten die Photovoltaikmodule – wie vom Kläger befürchtet – Licht in störender Weise auf sein Grundstück reflektieren, steht es ihm frei, diesen Einwand gegen die Genehmigung für diese Anlagen geltend zu machen.

Die bloße Hoffnung des Klägers, dass im Umkreis seines Grundstücks dauerhaft keine Anlagen errichtet werden, die im Außenbereich gemäß § 35 Abs. 1 BauGB privilegiert zulässig sind, und die dortige Landschaft insoweit künftig unverändert bleibt, ist rechtlich nicht geschützt. Vgl. OVG NRW, Urteil v. 27.4.2023 – 8 D 368/21.AK –, juris Rdnr. 249.

Dem vom Kläger im Zusammenhang mit der behaupteten optisch bedrängenden Wirkung der Windenergieanlage 01 gestellten ersten Hilfsbeweisantrag ist nicht nachzugehen. Dieser zielt darauf, die Genehmigungsakte des Beklagten betreffend die Errichtung der großflächigen Photovoltaikanlage neben der Hofstelle des Klägers beizuziehen, um zu klären, ob und wann diese Anlage genehmigt worden ist. Die damit sinngemäß unter Beweis gestellte Tatsache ist nach dem Vorstehenden jedenfalls unerheblich. Selbst wenn eine solche Photovoltaikanlage schon vor Erlass des hier streitbefangenen Genehmigungsbescheides des Beklagten vom 27.6.2022 genehmigt worden wäre, so dass sie bei der Prüfung der Rechtmäßigkeit dieser Genehmigung in zeitlicher Hinsicht zu berücksichtigen sein könnte, führte dies aus den oben dargestellten Gründen nicht dazu, eine optisch bedrängende Wirkung der Windenergieanlage 01 anzunehmen. Soweit der Kläger mit diesem Beweisantrag möglicherweise auch klären will, ob einzelne Module dieser Photovoltaikanlage ausnahmsweise so hoch über dem Boden errichtet werden dürfen, dass die Höhe der Gesamtanlage als solche optisch bedrängend wirken könnte, ist der Beweisantrag unsubstantiiert und handelt es sich um einen Ausforschungsbeweis. Denn es ist nichts dafür vorgetragen oder sonst ersichtlich, dass die Photovoltaikplatten entgegen der im Flachland sonst üblichen Aufstellung auf der Erdoberfläche wesentlich höher montiert werden könnten.

Dem zweiten Hilfsbeweisantrag muss der Senat ebenfalls nicht nachkommen. Danach soll Beweis erhoben werden durch die Durchführung einer Ortsbesichtigung zum Beweis des Vorhandenseins einer optisch bedrängenden Wirkung durch die Anzahl der bestehenden und genehmigten Windenergieanlagen am Haus des Klägers, die vielfrequentierte IC-Strecke [...] und genehmigte PV-Großanlagen in unmittelbarer Nähe des Hauses des Klägers sowie zur Ermittlung der Landschaftsstruktur vor Ort.

Soweit der Beweisantrag die tatsächlichen Umstände in der Umgebung des Grundstücks des Klägers betrifft, die für die rechtliche Wertung, ob eine optisch bedrängende Wirkung vorliegt, relevant sind, hält das Gericht in Ausübung des ihm nach § 86 Abs. 1 Satz 2 VwGO zustehenden Ermessens einen Ortstermin für nicht erforderlich. Nach § 86 Abs. 1 Satz 2 VwGO ist das Gericht bei der Sachverhaltsermittlung an das Vorbringen und die Beweisanträge der Beteiligten nicht gebunden. Vielmehr bestimmt es Umfang und Art der Tatsachenermittlung nach pflichtgemäßem Ermessen. Auch von den Beteiligten vorgelegte und zu den Akten genommene Karten, Lagepläne, Fotos und Luftbildaufnahmen können im Rahmen von § 86 Abs. 1 VwGO unbedenklich verwertbar sein, wenn sie die Örtlichkeit in ihren für die gerichtliche Beurteilung maßgeblichen Merkmalen so eindeutig ausweisen, dass sich der mit einer Ortsbesichtigung erreichbare Zweck mit ihrer Hilfe ebenso zuverlässig erfüllen lässt. Ist dies der Fall, bedarf es unter dem Gesichtspunkt des Untersuchungsgrundsatzes keiner Durchführung einer Ortsbesichtigung. Das gilt nur dann nicht, wenn ein Beteiligter geltend macht, dass die Karten oder Lichtbilder in Bezug auf bestimmte, für die Entscheidung wesentliche Merkmale keine Aussagekraft besitzen, und dies zutreffen kann. Vgl. BVerwG, Beschluss v. 12.12.2019 – 9 B 53.18 –, juris Rdnr. 17.

Ausgehend davon ist nicht erkennbar, dass bei einer Ortsbesichtigung weitergehende Erkenntnisse hinsichtlich der Standorte und Höhen der 19 Windenergieanlagen, der Bahnstrecke und der umgebenden Landschaft gewonnen werden könnten, die sich nicht aus dem Akteninhalt mit den darin enthaltenen Karten, Lageplänen und Fotos sowie aus frei verfügbaren Luftbildern (etwa bei TIM-online, wie in der mündlichen Verhandlung verwendet und für die Beteiligten auf Leinwänden im Sitzungssaal sichtbar) ergeben könnten. Da die Photovoltaikanlagen nach den Angaben des Klägers bisher nicht errichtet worden sind, könnte ein Ortstermin insoweit keine weiteren Erkenntnisse liefern.

4. Auf artenschutzrechtliche Belange und die behauptete Beeinträchtigung eines Waldbiotops mit Fledermäusen und Schleiereulen kann der Kläger sich mangels eigener Rechte daran nicht berufen. Vgl. OVG NRW, Beschluss v. 26.1.2024 – 8 B 1072/23.AK –, juris Rdnr. 90 f., m. w. N.

Entsprechendes gilt für die geltend gemachte Veränderung der Landschaftsstruktur. Vgl. OVG NRW, Urteil v. 5.10.2020 – 8 A 894/17 –, juris Rdnr. 283.

Auch aus diesem Grund ist dem zweiten Hilfsbeweisantrag nicht nachzugehen, soweit er darauf abzielt, durch einen Ortstermin die Landschaftsstruktur vor Ort zu ermitteln.

5. Auf den in § 2 Abs. 1 Satz 1 BauGB-AG NRW in der bis zum 11.9.2023 geltenden Fassung vorgesehenen Mindestabstand von 1 000 m von Windenergieanlagen zu Wohngebäuden kann sich der Kläger nicht mit Erfolg berufen. Die Vorschrift galt für seine im Außenbereich liegenden Wohnhäuser nicht und ist im Übrigen mittlerweile außer Kraft getreten. …

Nr. 141

Eine heranrückende Wohnbebauung bzw. eine sonstige heranrückende immissionsempfindliche Nutzung verletzt gegenüber einem bestehenden emittierenden Betrieb das Gebot der Rücksichtnahme, wenn ihr Hinzutreten die rechtlichen immissionsbezogenen Rahmenbedingungen, unter denen der Betrieb arbeiten muss, gegenüber der vorher gegebenen Lage verschlechtert.

Mit einer Verschlechterung ist dann zu rechnen, wenn der Betrieb aufgrund der hinzutretenden Bebauung mit nachträglichen immissionsschutzrechtlichen Auflagen rechnen muss.

(Leitsätze der Redaktion)

BauNVO § 5; TA Lärm; BayBO Art. 68.

Bayerischer VGH, Beschluss v. 5. August 2024 – 15 ZB 24.453 –.

Aus den Gründen:

Der Antrag auf Zulassung der Berufung hat keinen Erfolg.

1. Ernstliche Zweifel an der Richtigkeit des angefochtenen Urteils des Verwaltungsgerichts (§ 124 Abs. 2 Nr. 1 VwGO) bestehen nicht.

Das Verwaltungsgericht ist in rechtlich nicht zu beanstandender Weise zu dem Ergebnis gekommen, die angefochtene baurechtliche Genehmigung zum Neubau eines Doppelhauses sei mit dem auf den Grundstücken der Klägerin genehmigten Betrieb im Hinblick auf die Lärmimmissionen nicht verträglich. Die Darlegungen der Beigeladenen im Zulassungsverfahren, auf die sich die Prüfung des Senats beschränkt (vgl. § 124a Abs. 4 Satz 4, Abs. 5 Satz 2 VwGO), führen nicht zu ernstlichen Zweifeln an der Richtigkeit der Entscheidung.

Der Einwand der Beigeladenen, der Betrieb der Klägerin könne ihrem Vorhaben nicht mehr entgegenstehen, da die Firma aufgelöst und der Geschäftsbetrieb eingestellt worden seien, ist unerheblich. Denn die Baugenehmigung ist sachbezogen und gilt auch für jeden Rechtsnachfolger des Bauherrn (Laser in Schwarzer/König, Bayerische Bauordnung, 5. Auflage 2022, Art. 68 Rdnr. 9). Anhaltspunkte für ein Erlöschen der Baugenehmigung ergeben sich aus der vorgetragenen Einstellung des Geschäftsbetriebs nicht automatisch und sind auch sonst weder dargelegt noch ersichtlich.

Das Vorbringen der Beigeladenen, es komme nicht darauf an, wer zuerst eine Baugenehmigung erhalten habe und der störungsintensivere Betrieb sei grundsätzlich weniger schutzwürdig, verhelfen dem Antrag ebenfalls nicht zum Erfolg. Eine heranrückende Wohnbebauung bzw. eine sonstige heranrückende immissionsempfindliche Nutzung verletzt gegenüber einem bestehenden emittierenden Betrieb das Gebot der Rücksichtnahme, wenn ihr Hinzutreten die rechtlichen immissionsbezogenen Rahmenbedingungen, unter denen der Betrieb arbeiten muss, gegenüber der vorher gegebenen Lage verschlechtert. Das ist insbesondere dann der Fall, wenn der Betrieb aufgrund der hinzutretenden Bebauung mit nachträglichen immissionsschutzrechtlichen Auflagen rechnen muss (BayVGH, Beschluss v. 9.6.2020 – 15 CS 20.901 – juris Rdnr. 27). Nach diesen Maßstäben hat das Verwaltungsgericht (UA S. 11 ff.) ausführlich und zutreffend begründet, dass das Vorhaben der Beigeladenen gegenüber dem Vorhaben der Klägerin das Gebot der Rücksichtnahme verletzt. Es hat schon deshalb Vorrang vor dem Vorhaben der Beigeladenen, weil hierfür zuerst ein (prüffähiger) Bauantrag vorlag. Unabhängig davon, ob das Vorhaben der Beigeladenen im Außen- oder Innenbereich liegt, werden die einschlägigen Immissionsrichtwerte eines Kern-, Dorf- und Mischgebiets bei dem später genehmigten Vorhaben der Beigeladenen nicht eingehalten. Die Behauptung des bloßen Gegenteils durch die Klägerin genügt nicht, ernstliche Zweifel an der Richtigkeit der Entscheidung des Verwaltungsgerichts darzulegen (vgl. BayVGH, Beschluss v. 21.12.2022 – 15 ZB 22.2199 – juris Rdnr. 9).

Entgegen dem Vorbringen der Beigeladenen ist das Verwaltungsgericht zutreffend zum Ergebnis gekommen, die Immissionsrichtwerte für ein Dorfgebiet von 60 dB(A) würden nicht eingehalten, da am Immissionsort 3 vom Gutachter der Beigeladenen bereits ein Beurteilungspegel von 60,4 dB(A) prognostiziert wurde. Es hat das Gutachten vom 27.6.2022 zu Recht in Frage gestellt. Eine Verwertung eines Sachverständigengutachtens ist unzulässig, wenn – erstens – das Gutachten unvollständig, widersprüchlich oder aus anderen Gründen nicht überzeugend ist, wenn – zweitens – das Gutachten von unzutreffenden tatsächlichen Voraussetzungen ausgeht, wenn – drittens – der Sachverständige erkennbar nicht über die notwendige Sachkunde verfügt oder Zweifel an seiner Unparteilichkeit bestehen, wenn – viertens – sich durch neuen entscheidungserheblichen Sachvortrag der Beteiligten oder durch eigene Ermittlungstätigkeit des Gerichts die Bedeutung der vom Sachverständigen zu klärenden Fragen verändert, wenn – fünftens – ein anderer Sachverständiger über neue oder überlegenere Forschungsmittel oder über größere Erfahrung verfügt oder, wenn – sechstens – das Beweisergebnis durch substantiierten Vortrag eines der Beteiligten oder durch eigene Überlegungen des Gerichts ernsthaft erschüttert wird (vgl. BVerwG, Beschluss v. 26.6.1992 – 4 B 1-11/92 – juris Rdnr. 54 und Leitsatz 7 – zu gerichtlich eingeholtem Gutachten).

Hier hat das Gutachten der Beigeladenen die Beurteilungspegel unter der unzutreffenden Annahme errechnet, dass der lärmintensive Radlader auf der gesamten auf S. 17 des Gutachtens dargestellten Freifläche bewegt wird. Ausweislich der Genehmigung der Klägerin vom 22.11.2021 darf der Radlader aber nur eine Grundstücksteilfläche nutzen. Das Verwaltungsgericht hat sich nicht, wie die Beigeladene einwendet, auf eigene Sachkunde, sondern auf die sachverständigen und schlüssigen Ausführungen des Umweltingenieurs des Beklagten in der mündlichen Verhandlung gestützt. Dieser führte nachvollziehbar aus, der »Immissionsrichtwert«, ersichtlich gemeint Beurteilungspegel, dürfte höher liegen, wenn der Radladerbetrieb nur auf der Lagerfläche stattfinde. Es war daher folgerichtig, dass dann ein höherer Beurteilungspegel als 60,4 dB(A) anzunehmen ist und damit der Immissionsrichtwert für ein Dorfgebiet von 60 dB(A) überschritten wird. Dieser Begründung des Verwaltungsgerichts (UA S. 16 ff.) tritt die Beigeladene nicht substantiiert entgegen.

Mit dem Vortrag, das Verwaltungsgericht habe den Gutachter nicht gehört, macht die Beigeladene eine Verletzung des Anspruchs auf rechtliches Gehör nach Art. 103 Abs. 1 GG und einen Aufklärungsmangel gem. § 86 Abs. 1 VwGO geltend. Der Verstoß gegen den Amtsermittlungsgrundsatz erfordert die substantiierte Darlegung, hinsichtlich welcher Umstände Aufklärungsbedarf bestanden hat, welche für geeignet und erforderlich gehaltenen Aufklärungsmaßnahmen hierfür in Betracht gekommen wären und welche tatsächlichen Feststellungen bei Durchführung der unterbliebenen Sachverhaltsaufklärung voraussichtlich getroffen worden wären (vgl. BVerwG, Beschluss v. 3.6.2014 – 2 B 105.12 – juris Rdnr. 26). Für die ordnungsgemäße Darlegung einer Verletzung des rechtlichen Gehörs ist erforderlich, dass der Betroffene die Tatsachen, auf die das Gericht seine Entscheidung gestützt hat und zu denen er sich nicht äußern konnte, benennt und zugleich aufzeigt, an welchen tatsächlichen oder rechtlichen Ausführungen er aufgrund der Verletzung rechtlichen Gehörs gehindert war bzw. was er bei ausreichender Gewährung rechtlichen Gehörs noch vorgetragen hätte und weshalb dies unter Zugrundelegung der Rechtsansicht des Verwaltungsgerichts entscheidungserheblich gewesen wäre (vgl. BayVGH, Beschluss v. 10.4.2017 – 15 ZB 16.673 – juris Rdnr. 37 m. w. N.).

Dem wird das Zulassungsvorbringen nicht gerecht. Die Beigeladene legt nicht dar, inwiefern sich dem Verwaltungsgericht auf der Grundlage seiner Rechtsauffassung eine weitere Aufklärung des Sachverhalts aufdrängen musste, obwohl die in der mündlichen Verhandlung vor dem Verwaltungsgericht anwaltlich vertretene Beigeladene in dieser keinen förmlichen Beweisantrag gestellt hat. Die Aufklärungsrüge und die Gehörsrüge dienen nicht dazu, Versäumnisse eines anwaltlich vertretenen Beteiligten zu kompensieren (vgl. BVerwG, Beschluss v. 15.7.2022 – 4 B 32.21 – juris Rdnr. 33; BVerwG, Beschluss v. 4.8.2008 – 1 B 3.08 – juris Rdnr. 9; Kraft in Eyermann, VwGO, 16. Auflage 2022, § 138 Rdnr. 35).

2. Die Rechtssache weist auch nicht die geltend gemachten besonderen tatsächlichen und rechtlichen Schwierigkeiten (§ 124 Abs. 2 Nr. 2 VwGO) auf. Der Sachverhalt des vorliegenden Falles ist geklärt und lässt sich – wie die obigen Ausführungen zeigen – ohne weiteres anhand der einschlägigen gesetzlichen Vorschriften beurteilen. …

Nr. 142

Die allgemeinen Brandschutzanforderungen nach Art. 12 BayBO sind nicht nachbarschützend.

Die Bayerische Biergartenverordnung sieht einen (maximalen) Immissionswert von 55 dB (A) vor.

(Leitsätze der Redaktion)

BImSchG § 24; BauNVO § 15; TA Lärm.

Bayerischer VGH, Beschluss v. 12. September 2024 – 9 ZB 23.357 –.

Aus den Gründen:

Der zulässige Antrag bleibt ohne Erfolg. Der geltend gemachte Zulassungsgrund der ernstlichen Zweifel an der Richtigkeit der verwaltungsgerichtlichen Entscheidung nach § 124 Abs. 2 Nr. 1 VwGO ist schon nicht in einer den Anforderungen des § 124a Abs. 4 Satz 4 VwGO entsprechenden Weise dargelegt und liegt auch nicht vor.

Ernstliche Zweifel an der Richtigkeit eines Urteils i. S. v. § 124 Abs. 2 Nr. 1 VwGO bestehen nur, wenn ein einzelner tragender Rechtssatz oder eine erhebliche Tatsachenfeststellung des Verwaltungsgerichts mit schlüssigen Argumenten in Frage gestellt wird (vgl. BVerfG, Beschluss v. 18.3.2022 – 2 BvR 1232/20 – NVwZ 2022, 789 = juris Rdnr. 23 m. w. N.; Happ in Eyermann, VwGO, 16. Aufl. 2022, § 124 Rdnr. 15). Bei der Beurteilung ist nicht auf einzelne Elemente der Urteilsbegründung, sondern auf das Ergebnis der Entscheidung abzustellen (vgl. BVerfG, Beschluss v. 7.10.2020 – 2 BvR 2426/17 – NVwZ 2021, 325 = juris Rdnr. 34; BVerwG, Beschluss v. 10.3.2004 – 7 AV 4.03 – DVBl 2004, 838 = juris Rdnr. 9). Das Darlegungsgebot des § 124a Abs. 4 Satz 4, Abs. 5 Satz 2 VwGO erfordert eine substantielle Erörterung des in Anspruch genommenen Zulassungsgrundes sowie eine erkennbare Sichtung und rechtliche Durchdringung des Streitstoffs, vor allem eine substantielle Auseinandersetzung mit dem angefochtenen Urteil. Dazu muss der Rechtsmittelführer im Einzelnen dartun, in welcher Hinsicht und aus welchen Gründen die Annahmen des Verwaltungsgerichts ernstlichen Zweifeln begegnen. Nur mit einer Wiederholung erstinstanzlichen Vorbringens oder der Darstellung der eigenen Rechtsauffassung wird dem Darlegungsgebot nicht genügt (vgl. BayVGH, Beschluss v. 30.11.2021 – 9 ZB 21.2366 – juris Rdnr. 11 ff.).

Mit dem Zulassungsvorbringen, das Verwaltungsgericht sei zu Unrecht davon ausgegangen, dass die gerügten Lärmschutzaspekte bezüglich des Geschirrhäuschens Teil des baurechtlichen Prüfprogramms gewesen seien, die neu ermittelten Werte des Messgutachtens bewegten sich an der oberen Grenze, so dass der Betrieb des Geschirrhäuschen das Rücksichtnahmegebot aus § 15 BauNVO verletze, und es müssten Brandschutzmaßnahmen geprüft werden, wiederholt der Kläger im Wesentlichen sein erstinstanzliches Vorbringen und seine von den Feststellungen des Verwaltungsgerichts abweichende Rechtsauffassung. Dies genügt nicht dem Darlegungsgebot nach § 124a Abs. 4 Satz 4, Abs. 5 Satz 2 VwGO.

Aus dem Zulassungsvorbringen ergeben sich im Übrigen auch keine ernstlichen Zweifel an der Richtigkeit des verwaltungsgerichtlichen Urteils. Das Verwaltungsgericht hat mit zutreffender Begründung auf die Legalisierungswirkung der bestandskräftigen Baugenehmigung vom 25.4.2013 hingewiesen und ausgeführt, dass die von der Klägerseite gerügten Lärmaspekte rund um das Geschirrhäuschen, die Lärmauswirkungen durch den (bislang nicht errichteten) Gastraum, die Nutzung durch bis zu 200 Gäste sowie die Geräusche oder sonstigen Belästigungen durch Stellplätze darin umfassend berücksichtigt wurden. Hinsichtlich eines begehrten Einschreitens nach § 24 BImSchG hat das Verwaltungsgericht zutreffend auf die schalltechnische Untersuchung der Handwerkskammer Mittelfranken vom 4.2.2013 hingewiesen, welche beim Kläger die Einhaltung der Immissionsrichtwerte nach § 2 Abs. 1 Satz 4 der Bayerischen Biergartenverordnung bestätigt hat. Das Verwaltungsgericht hat bezüglich der ergänzenden, die Geschirrrückgabe betreffenden Lärmmessung mit Bericht vom 18.9.2020 ausgeführt, dass die Vermessung der Geräuschimmissionen des Geschirrhäuschens den Zweck gehabt habe, den durch den Betrieb dieses Häuschens ausgelösten Immissionsbeitrag beim Kläger zu ermitteln. Dieser unter Dauerbetrieb ermittelte Immissionsbeitrag sei dem Rechtsgedanken von Nr. 3.2.1 Sätze 2 und 3 TA Lärm folgend so gering, dass er im Vergleich zu den Immissionsbeiträgen von Besucherlärm und An- und Abfahrtsverkehr als irrelevant zu betrachten sei.

Dem setzt das Zulassungsvorbringen nichts Substantiiertes entgegen, vielmehr beansprucht der Kläger weiter die Reduzierung der Lärmbelastungen auf ein Minimum durch Versetzung des Geschirrhäuschens.

Soweit der Kläger erneut die besondere Schutzbedürftigkeit seiner Gartennutzung hervorhebt, ergibt sich aus der vorgenommenen Messung vom 15.9.2020 laut Bericht vom 18.9.2020, dass der von der Bayerischen Biergartenverordnung vorgesehene Immissionswert von 55 dB(A) am Messpunkt 3 deutlich unterschritten wurde. Die Messung ist danach an drei Messpunkten erfolgt: Messpunkt 1 befand sich unmittelbar an der errichteten Abschirmung (Lärmschutzwand) im Anschluss an das Gebäude der Geschirrrückgabe. Messpunkt 2 lag an der Grundstücksgrenze zum Grundstück des Klägers. Der Messpunkt 3 befand sich in etwa gleichem Abstand zur Emissionsquelle wie das nächstgelegene Fenster der Wohnbebauung des Klägers. Bereits beim Messpunkt 2 wurde der Immissionsrichtwert von 55 dB(A) eingehalten. Selbst unter der Annahme, dass die Geschirrrückgabe andauernd in Betrieb wäre, wird der maßgebliche Immissionsrichtwert am Messpunkt 3 deutlich unterschritten. Dementsprechend ist davon auszugehen, dass der maßgebliche Immissionsrichtwert auch im weiter entfernteren Gartenbereich des Klägers eingehalten wird. Die Lärmbelastung durch das Geschirrhäuschen im Garten des klägerischen Wohnanwesens dürfte sich daher auf ein nach Maßgabe des Rücksichtnahmegebots bzw. nach Maßgabe von § 22 Abs. 1, § 24, § 3 Abs. 1 BImSchG zumutbares Maß beschränken. Eine darüberhinausgehende Schutzbedürftigkeit der Gartennutzung des Klägers ist mit dem Verwaltungsgericht nicht ersichtlich. Über die Grenze der Zumutbarkeit hinaus bzw. ohne Vorliegen von schädlichen Umweltauswirkungen kann der Kläger eine Optimierung der Geräuschbelastung durch Versetzung des Geschirrhäuschens nicht beanspruchen. Entgegen der Auffassung des Klägers besteht für eine Sonderfallprüfung nach Nr. 3.2.2 TA Lärm keine Veranlassung; konkrete Anhaltspunkte, dass die hier durchgeführte Regelfallprüfung unzureichend sein könnte, sind nicht ersichtlich.

Das weitere Zulassungsvorbringen, es seien Brandschutzmaßnahmen zu prüfen, setzt sich nicht mit der zutreffenden Ausführung des Verwaltungsgerichts auseinander, wonach die allgemeinen Brandschutzanforderungen nach Art. 12 BayBO nicht nachbarschützend sind, und bleibt hinsichtlich der zu prüfenden Brandschutzmaßnahmen unsubstantiiert. Nach unwidersprochenen Angaben des Landratsamtes sind die erforderlichen Brandabstände gewahrt (vgl. Gerichtsakte VG S. 96).

Der Antrag auf Zulassung der Berufung war daher mit der Kostenfolge des § 154 Abs. 2 VwGO abzulehnen. Der Beigeladene hat sich im Zulassungsverfahren nicht geäußert und damit keinem Prozessrisiko ausgesetzt. Es entspricht deshalb der Billigkeit, dass er seine außergerichtlichen Kosten selbst trägt (§ 162 Abs. 3 VwGO). …

Nr. 143

Ein Nachbar hat im Falle einer nicht nachbarschützenden Festsetzung weder ein Abwehrrecht gegen eine lediglich objektiv rechtswidrige Befreiung noch einen umfassenden Anspruch auf eine ermessensfehlerfreie Entscheidung.

Zur Beurteilung der Immissionen ausgehend von Wärmepumpen verweist das Gericht auf die Angaben in dem Leitfaden der Bund-Länder-Arbeitsgemeinschaft für Immissionsschutz für die Verbesserung des Schutzes gegen Lärm beim Betrieb von stationären Geräten in Gebieten, die dem Wohnen dienen, Stand: 28.8.2023 (nachfolgend: LAI-Leitfaden).

Ferner wird verwiesen auf die überschlägige Abschätzung anhand des Berechnungswerkzeugs »Schallrechner« des Bundesverbands Wärmepumpe (https://www.waermepumpe.de/schallrechner/).

(Leitsätze der Redaktion)

BauGB § 31; BauNVO § 15.

Verwaltungsgericht Karlsruhe, Urteil v. 30. Oktober 2024 – 2 K 597/24 –.

Aus den Gründen:

Die Klage hat keinen Erfolg. Sie ist als Anfechtungsklage nach § 42 Abs. 1 Alt. 1 VwGO statthaft und auch sonst zulässig, aber nicht begründet.

Die Baugenehmigung der Beklagten vom 8.4.2020 in Gestalt der Nachtragsbaugenehmigung vom 5.10.2023 und in der Gestalt des Widerspruchsbescheids des Regierungspräsidiums Karlsruhe vom 15.1.2024 verletzt die Kläger nicht in ihren Rechten (vgl. § 113 Abs. 1 Satz 1 VwGO).

I. Im Rahmen der Entscheidung über die Erteilung einer Baugenehmigung hat die Baurechtsbehörde, hier die Beklagte, grundsätzlich zu prüfen, ob das Vorhaben insgesamt die von ihr zu prüfenden Vorschriften des öffentlichen Rechts wahrt (vgl. § 58 Abs. 1 Satz 1 LBO). Der sich gegen eine Baugenehmigung wendende Dritte kann indessen die Aufhebung der Baugenehmigung im Wege einer (Dritt-)Anfechtungsklage nur verlangen, soweit diese rechtswidrig ist und ihn ein eigenen subjektiven Rechten verletzt (§ 113 Abs. 1 Satz 1 VwGO). Die Klage eines Dritten gegen die Baugenehmigung kann damit im Ergebnis nur Erfolg haben, sofern die Baugenehmigung unter Verstoß gegen eine der in § 58 Abs. 1 Satz 1 LBO genannten Vorschriften erteilt wurde und diese Vorschrift zugleich dem Schutz seiner Rechte zu dienen bestimmt ist (vgl. VGH Baden-Württemberg, Urteil v. 30.11.2018 – 5 S 854/17 –, VBlBW 2019, 247 = juris Rdnr. 53; Beschluss v. 16.2.2016 – 3 S 2167/15 –, juris Rdnr. 19; Schlotterbeck, in: Schlotterbeck/Hager/Busch/Gammerl, LBO, 8. Aufl. 2020, § 58 Rdnr. 620 ff.). Ferner darf der Dritte nicht nach den Vorgaben des formellen Bauordnungsrechts mit jeder einzelnen seiner im gerichtlichen Verfahren geltend gemachten Einwendungen präkludiert sein (vgl. § 55 Abs. 2 LBO).

II. Gemessen an diesen Maßstäben verletzt die Baugenehmigung vom 8.4.2020 in der Gestalt der hierauf bezogenen (»akzessorischen«) Nachtragsbaugenehmigung vom 5.10.2023 (vgl. zum Verhältnis von Baugenehmigungen und Nachtragsbaugenehmigung VG Karlsruhe, Urteil v. 21.2.2024 – 2 K 2590/23 –, juris Rdnr. 51 ff.) die Kläger nicht in subjektiven öffentlichen Rechten.

1. Das Gericht verweist zur Begründung der hiesigen Entscheidung und mit Blick auf das Vorbringen der Kläger zunächst insgesamt auf die schlüssigen und umfangreichen Ausführungen des Regierungspräsidiums Karlsruhe im Widerspruchsbescheid vom 15.1.2024, denen es sich inhaltlich nach dessen Würdigung in vollem Umfang anschließt und hierauf verweist. Zur Vermeidung von Wiederholungen sieht das Gericht insoweit im Sinne des § 117 Abs. 5 VwGO von der erneuten Wiedergabe der Entscheidungsgründe ab.

2. Mit Blick auf weitere von den Klägern erstmals im hiesigen Verfahren aufgezeigte bzw. nunmehr vertiefte Gesichtspunkte sowie im Übrigen folgt die Klageabweisung nach nochmaliger eigener Würdigung des Gerichts aus den folgenden Erwägungen:

a) Mit Blick auf das erneute Vorbringen der Kläger zu einem Verstoß gegen vorgeblich drittschützende Vorschriften zum Maß der baulichen Nutzung im Bebauungsplan Nr. 490, konkret zur Grundflächenzahl und zur Vollgeschossanzahl, vermag auch das Gericht nach eigenständiger Würdigung keine Verletzung in nachbarschützenden Vorschriften zu erkennen.

Insofern weist das Gericht darauf hin, dass aus der jüngeren Rechtsprechung des Bundesverwaltungsgerichts (BVerwG, Urteil v. 9.8.2018 – 4 C 7.17 –, BVerwGE 162, 363) entgegen der Ansicht der Kläger gerade nicht folgt, dass Festsetzungen zum Maß der baulichen Nutzung in Bebauungspläne, die unter der Geltung des BBauG ab 1960 oder hernach erlassen wurden, mittlerweile grundsätzlich oder auch nur unter erleichterten Voraussetzungen eine drittschützende Wirkung beizumessen wäre. Die genannte Entscheidung ist aufgrund der Spezialität der ihr zugrunde liegenden tatsächlichen Umstände schlechterdings nicht verallgemeinerungsfähig.

aa) Für Bebauungspläne wie den hiesigen, der erst ersichtlich nach Inkrafttreten des BBauG 1960 in Kraft getreten ist, verbleibt es bei der allgemeinen Maßgabe, dass Festsetzungen in Bebauungsplänen zum Maß der baulichen Nutzung in erster Linie Regelungen zur städtebaulichen Ordnung des Plangebiets im allgemeinen Interesse darstellen, die aus sich heraus – anders als etwa die Bestimmung des Gebietscharakters nach der Art der baulichen Nutzung – nicht dem Schutz der Nachbarn zu dienen bestimmt sind (st. Rspr., vgl. nur BVerwG, Beschluss v. 23.6.1995 – 4 B 52.95 –, VBlBW 1996, 12 = juris Rdnr. 4; VGH Baden-Württemberg, Beschluss v. 12.2.2019 – 5 S 2487/18 –, BauR 2019, 1127 = juris Rdnr. 32; Beschluss v. 31.12.2008 – 8 S 2604/07 –, VBlBW 2009, 342 = juris Rdnr. 10; zu dem abweichenden Fall in der genannten Sonderkonstellation BVerwG, Urteil v. 9.8.2018 – 4 C 7.17 –, BVerwGE 162, 363 = juris Rdnr. 13 ff.). Es hängt demgemäß von dem im Einzelfall zu prüfenden planerischen Willen der Gemeinde ab, ob einzelne oder sämtliche Festsetzungen zum Maß der baulichen Nutzung Nachbarschutz vermitteln sollen oder nicht (BVerwG, Urteil v. 9.8.2018 – 4 C 7.17 –, BVerwGE 162, 363 = juris Rdnr. 14; Beschluss v. 19.10.1995 – 4 B 215.95 –, NVwZ 1996, 888 = juris Rdnr. 3; Urteil v. 18.10. 1985 – 4 C 19.82 –, Buchholz 406.19 Nachbarschutz Nr. 66 = juris Rdnr. 18), wobei es der Gemeinde insofern grundsätzlich freisteht, ob sie Festsetzungen nachbarschützend ausgestalten will oder nicht (vgl. BVerwG, Urteil v. 16.9.1993 – 4 C 28.91 –, BVerwGE 94, 151 = juris Rdnr. 11 f.). Die Gerichte sind im Rahmen der Auslegung von Festsetzungen in Bebauungsplänen allein dazu berufen, dasjenige festzustellen, was aus den Äußerungen des Plangebers zu gewinnen ist, nicht dasjenige zu kreieren, was aus aktueller Sicht naheliegend erscheint oder der Plangeber bei »richtigem Verständnis« gewollt haben könnte.

Denn auch nach den Ausführungen des Bundesverwaltungsgerichts in dem benannten Fall (sogenannte »Wannsee-Entscheidung«) müssen Anhaltspunkte für eine Drittbezogenheit der Festsetzungen, die sich zum Schutz des nachbarlichen Austauschverhältnisses geeignet (hierzu VG Karlsruhe, Beschluss v. 23.8.2024 – 2 K 3116/24 –, juris Rdnr. 17 ff.) und bestimmt erweisen (vgl. BVerwG, Urteil v. 9.8.2018 – 4 C 7.17 –, BVerwGE 162, 363 = juris Rdnr. 21), aus dem planerischen Gesamtkonzept gewonnen werden (BVerwG, Urteil v. 9.8.2018 – 4 C 7.17 –, a. a. O.). Ein solcher Anhalt muss auch mit Blick auf die Frage gegeben sein, ob der Plangeber die Planbetroffenen in ein sie zu einer rechtlichen Schicksalsgemeinschaft verbindenden Austauschverhältnis zusammengefasst hat oder nicht. Anderenfalls würde die Frage, ob Festsetzungen Drittschutz gewähren oder nicht, von dem Willen des Plangebers abstrahiert und letztlich völlig beliebig.

bb) Die Kläger tragen mit Blick auf die nachbarschützende Wirkung der Festsetzungen zum Maß der baulichen Nutzung vor, diese dienten nach der Intention der Plangeberin dazu, eine Einfamilienhaussiedlung mit großzügigem Wohnumfeld zu schützen, das gerade auch einen Anspruch der Planbetroffenen auf dessen Erhaltung in sich trage und somit auch gerade zu ihrem Schutz eine intensivere Ausnutzung des Baurechts verbiete. Eine solche seinerzeitige Intention der Beklagten vermag das Gericht weder aus der Gesamtheit der Festsetzungen des Bebauungsplans Nr. 490 noch aus dessen Begründung zu gewinnen.

Eine Festsetzung im Bebauungsplan zur höchstzulässigen Anzahl an Wohneinheiten je Gebäude, wie seinerzeit nach § 3 Abs. 4 BauNVO 1968 festsetzungsfähig, fehlt im Bebauungsplan. Auch der nach dem Bebauungsplan Nr. 490 flächenmäßig ausgreifende Zuschnitt der Baugrenzen, jedenfalls im Bereich der Grundstücke der Beteiligten, gibt für eine besonders großzügige Bebauung nichts her. Ebenso wenig folgt solches aus sonstigen Festsetzungen. Es sind weder Mindestgrößen von Baugrundstücken (vgl. § 9 Abs. 1 Nr. 1 Buchst. c) BBauG 1960) noch sonstige Festsetzungen zur besonders deutlichen Verringerung der städtebaulichen Dichte enthalten. Die gewählten Grund- und Geschossflächenzahlen von 0,25 bzw. 0,50 sind – zumal mit Blick auf die seinerzeit üblichen Maße der Bebauung – als gewöhnlich zu bezeichnen. In Verbindung mit der erheblichen Größe der Grundstücke, auf die der Bebauungsplan wie bereits ausgeführt keinen Einfluss nimmt, sind hierdurch gerade vergleichsweise große Baukörper möglich. Dies eröffnet gerade auch die Möglichkeit zur Errichtung von Wohngebäuden im Geschosswohnungsbau oder sonst von mehreren Wohneinheiten je Gebäude. Auch der Begründung des Bebauungsplans ist über den Umstand hinaus, dass es sich um eine Aussichtslage handelt, nichts mit Blick auf eine besonders großzügige Gestaltung zu entnehmen. Diese Aussichtslage wird jedoch verbal ebenfalls nicht in Beziehung zu den individuellen Interessen der Nachbarn gesetzt, sondern es wird vielmehr auf städtebauliche Gesichtspunkte in Form des Wohnwerts abgestellt. Das Aufgreifen unterschiedlicher – auch gehobener – Wohnbedürfnisse durch Bauleitpläne ist durchaus auch ein öffentlicher Belang der Bauleitplanung (vgl. etwa § 1 Abs. 4 Satz 3 BBauG 1960) und damit nicht ohne Weiteres als drittschützend zu verstehen.

Für ein von der Rechtsprechung bisweilen angenommenes »Umschlagen von Quantität in Qualität« mit dem Ergebnis der Verfälschung des Gebietscharakters (vgl. BVerwG, Urteil v. 16.3.1995 – 4 C 3.94 –, NVwZ 1995, 899 = juris Rdnr. 17) im Plangebiet ist vorliegend nichts ersichtlich. Die qualitative Einordnung eines reinen Wohngebiets – zumal in der hier vorliegenden Größe des Plangebiets – wird durch die Verwirklichung zweier Mehrfamilienhäuser mit je 3 Wohneinheiten jedenfalls nicht ansatzweise verfälscht.

Fehlt es nach dem vorstehend Genannten bereits an einer drittschützenden Ausprägung der Festsetzungen zum Maß der baulichen Nutzung im Bebauungsplan Nr. 490, kommt es auf die Frage, ob das Vorhaben der Beigeladenen diese lediglich objektiv-rechtlichen Vorgaben zur Grundflächenzahl und Vollgeschossanzahl hier einhält, nicht mehr entscheidend an. Im Übrigen verweist da Gericht auf die Feststellungen des Regierungspräsidiums Karlsruhe vom 15.1.2024 (vgl. § 117 Abs. 5 VwGO).

b) Auch das neuerliche Vorbringen der Kläger betreffend die Befreiung von der festgesetzten südöstlich verlaufenden Baugrenze auf dem Grundstück der Beigeladenen verhilft ihrer Klage nicht zum Erfolg.

aa) Steht die Verletzung nachbarschützender Vorschriften aufgrund einer Befreiung nach § 31 Abs. 2 (oder 3) BauGB in Rede ist zu differenzieren, ob die Festsetzung, von der zu befreien ist, Drittschutz vermittelt oder nicht. Bei einer Befreiung von einer drittschützenden Festsetzung ist der Nachbar schon dann in seinen Rechten verletzt, wenn die Befreiung rechtswidrig ist, weil eine der tatbestandlichen Voraussetzungen des § 31 Abs. 2 BauGB nicht erfüllt ist und sich die Befreiung damit als schlicht rechtswidrig erweist (st. Rspr., vgl. nur BVerwG, Beschluss v. 27.8.2013 – 4 B 39.13 –, BRS 81 Nr. 181 [2013] = juris Rdnr. 3 m. w. N.; VGH Baden-Württemberg, Beschluss v. 17.5.2017 – 5 S 1505/15 –, BRS 85 Nr. 68 [2017] = juris Rdnr. 22; VG Karlsruhe, Beschluss v. 26.3.2024 – 2 K 4388/23 –, juris Rdnr. 77). Bei einer Befreiung von einer Festsetzung, die nicht (auch) den Zweck hat, die Rechte der Nachbarn zu schützen, sondern nur dem Interesse der Allgemeinheit dient, richtet sich der Nachbarschutz hingegen allein nach den Grundsätzen des Rücksichtnahmegebots, dass in § 31 Abs. 2 BauGB durch das Erfordernis der Würdigung nachbarlicher Interessen zum Ausdruck kommt. Darüber hinaus hat ein Nachbar im Falle einer nicht nachbarschützenden Festsetzung weder ein Abwehrrecht gegen eine lediglich objektiv rechtswidrige Befreiung noch einen umfassenden Anspruch auf eine ermessensfehlerfreie Entscheidung (st. Rspr., vgl. BVerwG, Urteil v. 9.8.2018 – 4 C 7.17 –, BVerwGE 162, 363 = juris Rdnr. 12; Beschluss v. 8.7.1998 – 4 B 64.98 –, Buchholz 406.19 Nachbarschutz Nr. 153 = juris Rdnr. 5; VG Karlsruhe, Beschluss v. 26.3.2024 – 2 K 4388/23 –, juris Rdnr. 77).

bb) Nach der Rechtsprechung des Verwaltungsgerichtshofs Baden-Württemberg, der sich das Gericht an dieser Stelle anschließt, entfalten seitliche und hintere Baugrenzen und Baulinien regelmäßig nachbarschützende Wirkung zugunsten der ihnen gegenüberliegenden Nachbargrundstücke (vgl. VGH Baden-Württemberg, Urteil v. 9.4.2019 – 8 S 1527/17 –, VBlBW 2019, 421 = juris Rdnr. 53; Urteil v. 26.1.2012 – 5 S 2233/11 –, DVBl. 2012, 508 =

juris Rdnr. 42; Beschluss v. 1.10.1999 – 5 S 2014/99 –, VBlBW 2000, 112 = juris Rdnr. 5; Beschluss v. 23.10.1997 – 5 S 1596/97 –, BRS 59 Nr. 126 = juris Rdnr. 10). Diese Regel beruht auf der Annahme, dass mit derartigen Festsetzungen grundsätzlich ein nachbarschaftliches Austauschverhältnis begründet und nach dem Willen des Ortsgesetzgebers ein gegenseitiges Verhältnis der Rücksichtnahme geschaffen werden soll. Sie greift daher dann nicht, wenn sich dem Bebauungsplan einschließlich der zu ihm gehörenden Unterlagen entnehmen lässt, dass mit der Festsetzung der überbaubaren Grundstücksflächen durch Baulinien oder Baugrenzen (vgl. § 23 Abs. 1 BauNVO) über die damit verfolgten städtebaulichen Gesichtspunkte hinaus keine Rechte der Nachbarn geschützt werden sollen (vgl. VGH Baden-Württemberg, Urteil v. 9.4.2019 – 8 S 1527/17 –, VBlBW 2019, 421 = juris Rdnr. 53 m. w. N.).

Bei der südlichen bzw. südöstlichen Baugrenze, die das Vorhaben der Beigeladenen ohne Zweifel in erheblichem Maße überschreitet, handelt es sich im Verhältnis zu den Klägern nicht um eine solcherart »geborene« drittschützende Vorschriften. Die Kläger selbst stellen hierzu fest, dass die Baugrenze zur Grundstücksgrenze mit dem Stadtwald hin ausgerichtet sei. Sie prägt damit keinen rückwärtigen Grundstücksbereich oder sonstige »Ruhezone« auf den Baugrundstücken aus, sondern liegt schlicht jenseits des aus städtebaulichen Gründen der Bebauung vorgesehen Bereichs. Ob dies im Zusammenhang mit der Wahrung eines hier bauplanungsrechtlichen Waldabstands zu sehen sein mag, steht hier nicht zur Klärung an.

Anhaltspunkte dafür, dass die hier allein maßgebliche Baugrenze von der Beklagten seinerzeit nach den zuvor im Rahmen des Maßes der baulichen Nutzung ausgeführten Maßgaben zur drittschützenden Festsetzung »gekoren« worden sein könnte fehlen und werden von den Klägern auch nicht substantiiert aufgezeigt. Aus dem insofern einzig greifbaren Umstand der Aussichtslage der Grundstücke folgt vorliegend nichts. Denn das Gebäude der Kläger liegt ebenfalls in nahezu vollem Umfang jenseits dieser Baugrenze und damit in einem Bereich, der nach dem planerischen Willen von Bebauung mit Hauptgebäuden freigehalten werden sollte. Dass der planerische Wille angesichts dessen nicht dahin gehen sollte, gerade den Ausblick aus einer dortigen Wohnbebauung, zu schützen, dürften auch die Kläger bei objektivierter Betrachtung nicht ernstlich in Betracht ziehen.

cc) Hinsichtlich eines ebenfalls nicht anzunehmenden Verstoßes gegen die nachbarlichen Interessen bei Erteilung der Befreiung verweist das Gericht auf die insofern zutreffenden und erschöpfenden Ausführungen des Regierungspräsidiums Karlsruhe im Widerspruchsbescheid vom 15.01.1024 (vgl. § 117 Abs. 5 VwGO).

c) Auch aus der Ausnahme nach § 56 Abs. 3 LBO i. V. m. § 4 Abs. 3 Satz 4 LBO von dem nach § 4 Abs. 3 Satz 1 LBO einzuhaltenden Waldabstand, folgt kein Verstoß gegen nachbarschützende Vorschriften. Die Kläger tragen insofern vor, der nach § 4 Abs. 3 Satz 1 LBO einzuhaltende Waldabstand diene dem Schutz vor einem Brandüberschlag und damit auch konkret ihnen als Eigentümer eines angrenzenden Baugrundstücks. Diese Einschätzung teilt das Gericht nicht. Der von ihnen zitierten Entscheidung (VGH Baden-Württemberg, Urteil v. 25.11.1982 – 3 S 1121/82 –, VBlBW 1983, 244 <245>) ist zwar eine drittschützende Wirkung der Waldabstandsvorschriften zu entnehmen; jedoch nur im Einzelfall gegenüber dem »benachbarten (privaten) Waldeigentümer«. Dies liegt auch auf der Hand. Dem Schutz sonstiger Dritter Grundeigentümer außerhalb des Waldes – wie den Klägern – gegenüber ist die Vorschrift gerade nicht zu dienen bestimmt. Denn sie alle müssen (grundsätzlich) den auch aus Gründen des Brandschutzes gebotenen Waldabstand einhalten und sind damit nach gesetzgeberischer Intention von vornherein vor solchen Gefahren geschützt, denen § 4 Abs. 3 LBO mit Blick auf den Waldeigentümer begegnen will. Mit anderen Worten folgt aus dem Waldabstand nicht der Schutz eines Nachbarn davor, gleichsam mittelbar, durch die Brandentstehung in einem benachbarten Gebäude, den hieraus folgenden Brandüberschlag auf den Wald und sodann durch den erneuten Brandüberschlag vom Wald zurück auf das Gebäude des Nachbarn zu schützen. Zur Vermeidung solcher von den Klägern erst nachträglich aus Anlass des Bauvorhabens der Beigeladenen für sich entdeckter Gefahren wäre ihnen seinerzeit anzuempfehlen gewesen, ihr Gebäude nicht in einem Abstand von etwa 12 m vom Waldtrauf, sondern in dem nach § 4 Abs. 3 Satz 1 LBO gebotenen Abstand zu errichten.

Darüber hinaus ist für eine erhöhte Waldbrandgefahr an der fraglichen Stelle nichts ersichtlich oder hierzu von den Klägern über bloßes Behaupten hinaus nichts substantiiert aufgezeigt worden. Insofern weist das Gericht lediglich darauf hin, dass die Forstbehörde der Beklagten in ihrer Stellungnahme auf den Bauantrag der Kläger mit einem Waldabstand von nicht mehr als 12 m keine drohenden brandschutzrechtlichen Weiterungen, sondern lediglich Erschwernisse bei der Waldbewirtschaftung im Traufbereich benannt hat (Bl. 72 d. Bauakte, Az. 02/00650/3/BA/006). An der fachlichen Richtigkeit dieser Aussage bestehen aus Sicht des Gerichts keine Zweifel und die Kläger machen insofern auch nichts geltend.

d) Auch im Zusammenhang mit der baurechtlichen Genehmigung der Luft-Wasser-Wärmepumpe als technischer Einrichtung zur Gebäudeheizung und Erzeugung von Trinkwarmwasser folgt kein Verstoß gegen nachbarschützende Vorschriften.

aa) Das Gericht vermag auch angesichts des neuerlichen Vorbringens der Kläger keinen Verstoß der Baugenehmigung gegen das Gebot der Bestimmtheit zu gewinnen (zu den Maßstäben mit Blick auf Luft-Wasser-Wärmepumpen VGH Baden-Württemberg, Beschluss v. 30.1.2019 – 5 S 1913/18 –, VBlBW 2019, 415 = juris Rdnr. 35 ff.; VG Karlsruhe, Beschluss v. 26.3.2024 – 2 K 4388/23 –, juris Rdnr. 44–48).

Die zum Gegenstand der Nachtragsbaugenehmigung vom 5.10.2023 (auf die es hier mit Blick auf das geänderte Wärmepumpenmodell allein ankommt) gemachten Unterlagen erfüllen die Anforderungen an die Eingabetatsachen zur Durchführung einer vereinfachten Regelfallprüfung nach Nr. 4.2 der Sechsten Allgemeinen Verwaltungsvorschrift zum Bundes-Immissionsschutzgesetz (Technische Anleitung zum Schutz gegen Lärm – TA Lärm) vom 26.8.1998 (GMBl. Nr. 26/1998 S. 503), zuletzt geändert durch Verwaltungsvorschrift vom 1.6.2017 (BAnz AT 8.6.2017 B5), wie dies in der Rechtsprechung auch des erkennenden Gerichts gefordert wird (vgl. VG Karlsruhe, Beschluss v. 26.3.2024 – 2 K 4388/23 –, juris Rdnr. 47 m. w. N.). Hierin wird das Wärmepumpenmodell, sogar (überobligatorisch) einschließlich des dieses Modell charakterisierenden Emissionsverhaltens, beschrieben und die Standorte der beiden Monoblock-Außengeräte vermasst angegeben. Es können hiernach keine rechtlichen Zweifel bestehen, dass das nächstgelegene Monoblock-Gerät in einem Abstand von 22 m von der südwestlichen Gebäudeecke des Gebäudes der Kläger errichtet werden soll.

Soweit die Kläger rügen, die Beigeladene habe nunmehr ein leiseres Modell zur Genehmigung gestellt, so geht dies in der Sache bereits fehl, ist im Übrigen jedoch zudem irrelevant. Das Wärmpumpenmodell NIBE F2120-20 weist, worauf die Kläger – insoweit richtig – hinweisen, die Eigenschaft einer Schallleistung von 53,00 dB(A) »nach ErP« auf. Dieser Wert ist jedoch nicht maßgeblich. Er beschreibt lediglich die Schallleistung der Anlage bezogen auf einen bestimmten (frei gewählten) Arbeitspunkt der Anlage. Hierbei handelt es sich gerade nicht notwendigerweise um den Schallleistungspegel im maximalen Lastzustand oder in einem schallreduzierten Betrieb, dem sogenannten »Nachtmodus« oder »Silent Mode« (vgl. wie hier LfU Bayern, Lärmprobleme bei Luftwärmepumpen, abrufbar unter https://www.lfu.bayern.de/laerm/gewerbe_anlagen/luftwaermepumpen/index.htm). Das benannte Wärmepumpenmodell weist vielmehr einen maximalen Schallleistungspegel von 64,00 dB(A) und einen Schallleistungspegel von 66 n an anderer Stelle aus.

Die Nebenbestimmung D024a zur Baugenehmigung vom 8.4.2020, mit der die zulässige Immissionsbelastung eines reinen Wohngebiets von 50 dB(A) im Tagzeitraum und 35 dB(A) im Nachtzeitraum als verbindlich festgesetzt werden, genügt entgegen dem Dafürhalten der Kläger, jedenfalls unter den hiesigen Umständen ebenfalls den Anforderungen an die Bestimmtheit. Muss die Baurechtsbehörde das gestattete Ausmaß der Geräuschimmissionen zum Schutz der Nachbarschaft festlegen, so erfordert die Bestimmtheit der Baugenehmigung in Bezug auf den gebotenen Immissionsschutz nach der Rechtsprechung zudem, die für betroffene Nachbarn maßgebende Zumutbarkeitsgrenze konkret zu bestimmen, etwa durch verbindliche Festlegung eines zielorientierten – nicht nur abstrakt einem Baugebiet zugeordneten – Immissionswerts (vgl. VGH Baden-Württemberg, Beschluss v. 30.1.2019 – 5 S 1913/18 –, VBlBW 2019, 415 = juris Rdnr. 37).

Ein Erfordernis, das gestattete Maß an Immissionen festzulegen, ist vorliegend jedoch schon nicht gegeben. Denn aufgrund des Umstands, dass die beiden Wärmepumpen der Beigeladenen bereits keinen relevanten Immissionsbeitrag im Sinne der Ziffer 3.2.1 der TA Lärm verursachen (siehe hierzu sogleich), war die Beklagte vorliegend überhaupt nicht gehalten, einen zielorientierten Immissionswert festzulegen. Der durch die Nebenbestimmung gegebene Hinweis (vgl. hierzu VGH Baden-Württemberg, Urteil v. 29.1.2008 – 8 S 2748/06 –, VBlBW 2008, 377 = juris Rdnr. 36) auf die Richtwerte eines reinen Wohngebiets ist insofern nicht schädlich. Die Festlegung eines hiervon (nach unten) abweichenden individuellen Grenzwerts ist vorliegend entbehrlich. Ein solcher ist nur dann erforderlich, wenn die kumulative Immissionsbelastung aufgrund mehrerer emittierender Anlagen in den Blick genommen werden muss (hiervon grundlegend ausgehend BVerwG, Urteil v. 16.5.2001 – 7 C 16.00 – NVwZ 2001, 1167 = juris Rdnr. 11 ff.; BayVGH, Beschluss v. 18.10.2017 – 9 CS 16.883 –, juris Rdnr. 26) und die gegenständliche Anlage hierzu einen relevanten Beitrag leistet. Sonst müsste in diesem Fall bei Angabe lediglich des höchstzulässigen Pegels nach Ziffer 6.1 TA Lärm, der notwendigerweise Ergebnis einer Summation aus Vor- und Zusatzbelastung ist (vgl. Ziffer 2.4 Abs. 3 TA Lärm), für den einzelnen Emittenten wie auch den Akzeptor offenbleiben, welchen Immissionsbeitrag die einzelne (zu einer Vorbelastung hinzutretende) Anlage im Höchstmaß »leisten« darf. Solches ist jedoch vorliegend, wie noch festzustellen sein wird (siehe sogleich bb), indes gerade nicht der Fall.

Im Übrigen nimmt auch der Verwaltungsgerichtshof Baden-Württemberg an anderer Stelle – in gewisser Abkehr von den vorstehenden Ausführungen – an, dass die Festlegung konkreter Immissionsrichtwerte eines Baugebietstyps nach Nr. 6.1 der TA Lärm, also Beispielsweise 50 und 35 dB(A) für ein reines Wohngebiet, die Bestimmtheitsanforderungen wahrt (so VGH Baden-Württemberg, Beschluss v. 30.1.2019 – 5 S 1913/18 –, VBlBW 2019, 415 = juris Rdnr. 47), sodass überhaupt keine Zweifel an der hinreichenden Bestimmtheit der Baugenehmigung vom 8.4.2020 in der Gestalt des Nachtrags vom 5.10.2023 bestehen können.

Schließlich ist nach der Nebenbestimmung Nr. 3 zur Nachtragsbaugenehmigung vom 5.10.2023 völlig eindeutig bestimmt, dass während der Nachtzeit im Sinne der Ziffer 6.4 Nr. 2 TA Lärm die Anlage im schallreduzierten Betrieb gemäß den Angaben auf den zum Bestandteil der Genehmigung erklärten Datenblättern betrieben werden muss. Hierdurch ist auch das Maß der zur Tag- und Nachtzeit zu erwartenden Geräuschemissionen hinreichend festgelegt (vgl. zu diesen Maßgaben VGH Baden-Württemberg, Beschluss v. 30.1.2019 – 5 S 1913/18 –, VBlBW 2019, 415 = juris Rdnr. 48).

bb) Auch ein Verstoß gegen das Gebot der Rücksichtnahme nach § 15 Abs. 1 Satz 2 BauNVO 1968 unter dem Gesichtspunkt der Lärmimmissionen der beiden Luft-Wasser-Wärmepumpen vermag das Gericht vorliegend nicht festzustellen.

Von den Außeneinheiten der beiden Wärmepumpen der Beigeladenen sind keine auf das Wohngebäude der Kläger einwirkenden schädlichen

Umwelteinwirkungen im Sinne des § 3 Abs. 1 BImSchG zu besorgen, sodass die Anlagen die Anforderungen des § 22 Abs. 1 BImSchG einhalten und sich in der Folge nicht als unzumutbar belästigend im Sinne des § 15 Abs. 1 Satz 2 BauNVO 1968 wie auch des § 15 Abs. 1 Satz 2 BauNVO in der aktuell geltenden Fassung erweisen (zu den Maßstäben VGH Baden-Württemberg, Beschluss v. 30.1.2019 – 5 S 1913/18 –, VBlBW 2019, 415 = juris Rdnr. 52 f.; OVG Hamburg, Beschluss v. 7.6.2023 – 2 Bs 38/23 –, NordÖR 2023, 521 = juris Rdnr. 43, 45 ff.).

Das Gericht kommt in Anbetracht der vorstehenden Maßstäbe und aufgrund der Gesamtheit der im Verfahren zu gewinnenden tatsächlichen Erkenntnisse zu dem Ergebnis, die maßgeblichen Immissionsgrenzwerte eines reinen Wohngebiets nach Ziffer 6.1 Buchst. f) der TA Lärm von 50 dB(A) tags und 35 dB(A) nachts auf dem Grundstück der Kläger durch die von den beiden Außeneinheiten der Wärmepumpen ausgehenden Emissionen nicht überschritten werden.

Dieser Befund folgt zum einen aus den Eingabetatsachen der Schallleistungspegel des – mittlerweile – streitgegenständlichen Wärmepumpenmodells Nibe F2120-20 von 64 dB(A) im Volllastbetrieb und von 61 dB(A) im schallreduzierten Nachtbetrieb (»Silent Mode«) und zum anderen aus dem Abstand der beiden Geräte von 22,0 m zur südöstlichen Gebäudeecke des Wohngebäudes der Kläger. Weder an der Richtigkeit der Schallleistungspegel noch an den Standorten der Wärmepumpen, wie sie zum Gegenstand der Nachtragsbaugenehmigung vom 5.10.2023 gemacht wurden, bestehen Zweifel seitens des Gerichts.

Das Gericht gelangt zu dem Unbedenklichkeitsschluss auf der Grundlage einer überschlägigen und auf einem »worst case« beruhenden Betrachtung (vgl. hierzu bereits VG Karlsruhe, Beschluss v. 26.3.2024 – 2 K 4388/23 –, juris Rdnr. 63). Diese entnimmt das Gericht zum einen den Angaben in dem Leitfaden der Bund-Länder-Arbeitsgemeinschaft für Immissionsschutz für die Verbesserung des Schutzes gegen Lärm beim Betrieb von stationären Geräten in Gebieten, die dem Wohnen dienen, Stand: 28.8.2023 (nachfolgend: LAI-Leitfaden) und zum anderen der überschlägigen Abschätzung anhand des Berechnungswerkzeugs »Schallrechner« des Bundesverbands Wärmepumpe (https://www.waermepumpe.de/schallrechner/). Das Gericht geht dabei davon aus, dass beide Instrumente zur Feststellung einer Einhaltung der maßgeblichen Immissionsrichtwerte in Zweifelsfällen nicht geeignet sind, die Einhaltung von Richtwerten nachzuweisen, sie daher keineswegs den Beweiswert gutachterlicher Untersuchungen in Anspruch nehmen können und auch in rechtlicher Hinsicht nicht verbindlich, sondern lediglich Auslegungshilfen sind (vgl. hierzu OVG Hamburg, Beschluss v. 7.6.2023 – 2 Bs 38/23 –, NordÖR 2023, 521 = juris Rdnr. 43, 45).

Gleichwohl kommt ihnen mit Blick auf die praktische Anwendung der Maßgaben der TA-Lärm eine Bedeutung dabei zu, die kritische Nähe einer

Wärmepumpe zu einem Immissionsort von einer unkritischen zu unterscheiden (vgl. VGH Baden-Württemberg, Beschluss v. 30.1.2019 – 5 S 1913/18 –, VBlBW 2019, 415 = juris Rdnr. 36). Ergeben die dortigen Abschätzungen, dass – unter vollständiger und zutreffender Eingabe der notwendigen und zutreffenden (vgl. hierzu OVG Hamburg, Beschluss v. 7.6.2023 – 2 Bs 38/23 –, NordÖR 2023, 521 = juris Rdnr. 51) Daten – eine Wärmepumpe einen nicht mehr als irrelevanten Immissionsbeitrag zu einer Gesamtbelastung an einem Immissionsort beiträgt und die hiervon ausgehenden Beurteilungspegel damit immissionsschutzrechtlich »auf der sicheren Seite« liegen, so kann grundsätzlich gefolgert werden, dass die betreffende Wärmepumpe im Sinne des Gebots der Rücksichtnahme nicht zu unzumutbaren Beeinträchtigungen führt. Gelangt das Gericht aufgrund seiner Abschätzungen mithilfe der genannten Auslegungshilfen zu dem Schluss, dass eine kritische Nähe (vgl. zum abweichenden Prozedere im Fall kritischer Immissionssituationen OVG Hamburg, Beschluss v. 7.6.2023 – 2 Bs 38/23 –, NordÖR 2023, 521 = juris Rdnr. 50) ersichtlich nicht vorliegt, so ist, solange diese Einschätzung durch sonstige Umstände oder Erkenntnisse nicht substantiiert in Zweifel gezogen wird, auch keine weitere Sachaufklärung durch Einholung eines lärmtechnischen Gutachtens geboten.

Dies ist vorliegend angesichts der errechneten Pegelwerte des »Schallrechners« des Bundesverbands Wärmepumpe der am nächsten zu Immissionsorten der Kläger gelegenen Wärmepumpe der Fall. Diese ergeben bei einem Abstand von 22,0 m und unter Annahme des geringstmöglichen Zuschlags von 3 dB(A) für Schallreflexionen und ohne einen Tonhaltigkeitszuschlag (für den hier nichts ersichtlich ist) im Volllastbetrieb 35,2 dB(A) und im Nachtbetrieb 26,2 dB(A). Die nächtliche Irrelevanzschwelle von 29 dB(A) nach Ziffer 3.2.1 TA Lärm wird somit um 2,8 dB(A) unterschritten. Die Irrelevanzschwelle am Tage von 44 dB(A) wird mit 35,2 dB(A) noch deutlicher unterschritten. Bereits eine Unterschreitung um 2,8 dB(A) ist als schalltechnisch erheblich und damit auf der sicheren Seite liegend zu bezeichnen.

Die Kläger tragen demgegenüber vor, nach dem LAI-Leitfaden dürfte, ausgehend von einem Schallleistungspegel von 64 dB(A) die nächstgelegene Wärmepumpe demgegenüber in einem Abstand von nicht näher als 22,2 m errichtet werden. Dies trifft indes nicht zu. Nach Ziffer 4.1.3 des LAI-Leitfadens hat die Beurteilung vom höchsten im Nachtbetrieb des Geräts ausgehenden Schallleistungspegel auszugehen. Dies ist nach den Angaben in der Baugenehmigung vom 5.10.2023 ein Pegel von 61 dB(A), nämlich des schallreduzierten Nachtbetriebsmodus. Hiervon ausgehend ist der Abstand der Wärmepumpe auf dem Haus 2 der Beigeladenen von 22,0 m als unkritisch zu bezeichnen. Eine kritische Nähe stellte sich erst in einem Abstand von etwa 16 m ein. Diese Abstände decken sich überdies bis auf wenige zehntel Meter mit den vom Gericht berechneten und mit den Beteiligten in der mündlichen Verhandlung erörterten Berechnungen des »Schallrechners« des Bundesverbands Wärmepumpe, der eine Pegelunterschreitung um 6 dB(A), also ein Beurteilungspegel von 29 dB(A) bei einem Abstand von 15,8 m ergibt.

Das Gericht hat insofern auch keine Zweifel daran, dass die Beigeladene – jedenfalls aufgrund der ihr gegenüber bestandskräftigen Nachtragsbaugenehmigung vom 5.10.2023 – die beiden Anlagen im schallreduzierten Nachtbetrieb von 61 dB(A) während der Nachtzeit im Sinne der Ziffer 6.4 der TA-Lärm betreiben wird (vgl. zur hinreichenden Bestimmtheit solcher Nebenbestimmungen VGH Baden-Württemberg, Beschluss v. 30. 01.2019 – 5 S 1913/18 –, VBlBW 2019, 415 = juris Rdnr. 46). Die dortige Nebenbestimmung Ziffer 3 verpflichtet die Beigeladene hierzu. Die Kläger tragen nichts Gegenteiliges vor. Sollte die Beigeladene hiervon abweichen, wofür derzeit nichts ersichtlich ist, wäre diesem auflagenwidrigen Verhalten im Wege der Verwaltungsvollstreckung bzw. durch bauaufsichtliches Einschreiten zu begegnen.

Auch weitere Zuschläge wegen des Reflexionsverhaltens von harten Wandflächen in näherer Umgebung der Wärmepumpen (vgl. Ziffer 4.1.2 LAI-Leitfaden), eine nach der TA Lärm vorzunehmende sogenannte Richtwirkungskorrektur durch ein Raumwinkelmaß (vgl. A.2.4.1 des Anhangs zur TA-Lärm) sind, anders als die Kläger meinen, nicht anzusetzen. Diese sind nach den Angaben in Ziffer 4.1.2 des LAI-Leifadens nur bei einem Abstand von weniger als 3 m von der punktförmigen Schallquelle anzusetzen. Nach den für das Gericht völlig eindeutigen Bauvorlagen zur Nachtragsgenehmigung befindet sich der von den Klägern in Bezug genommene Turmaufbau des Aufzugsschachts auf der Dachfläche des Hauses 2 in einem Abstand von über 3 m von der Wärmepumpe. Der im Maßstab 1:100 gezeichneten Dachaufsicht des Gebäudes XXX Weg 33 (Band 2, Bl. 96 d. Bauakte) ist ein Abstand von etwa 3,4 m zu dem dortigen Dachaufbau für den Aufzugsschacht zu entnehmen. Andere Bauvorlagen stehen hierzu nicht in Widerspruch. Anhaltspunkte, weshalb dennoch Zuschläge zu berücksichtigen sein sollten, zeigen die Kläger nicht substantiiert auf.

Unter diesen Umständen ist die Nähe der Wärmepumpe auf Haus 2 der Beigeladenen als unkritisch zu bezeichnen und das Gericht hat keine Zweifel daran, dass keine schädlichen Umwelteinwirkungen von dieser auf das Grundstück der Kläger einwirken. Angesichts dieser eindeutigen Umstände sieht sich das Gericht auch nicht veranlasst, der Immissionssituation im Wege der eigenen Sachverhaltsaufklärung (vgl. § 86 Abs. 1 VwGO) weiter nachzugehen.

e) Die Kläger machen vorliegend ferner einen Verstoß gegen das bauplanungsrechtliche Gebot der Rücksichtnahme unter dem Gesichtspunkt eines Verlusts des Ausblicks über die Hänge des Nordschwarzwalds geltend. Dem vermag das Gericht bereits im Ansatzpunkt nicht zu folgen. Die Attiken auf den Flachdächern der beiden Baukörper sollen auf Höhen von 357,16 m. ü. NHN (Haus 1) bzw. 358,06 m ü. NHN (Haus 2) aufweisen. Die oberen Abschlüsse der lediglich etwa 2 m breiten Aufzugsschächte sollen auf

357,76 m ü. NHN (Haus 1) bzw. 358,66 m ü. NHN (Haus 2) liegen. Diese sämtlichen Höhen liegen mehr als 1 m unterhalb der Erdgeschossfußbodenhöhe des Gebäudes der Kläger, welche in der Baugenehmigung vom 14.11.2002 auf 359,80 m ü. NHN festgelegt ist. Inwiefern hieraus ein Verlust des Ausblicks sich ergeben können sollte, zeigen die Kläger nicht auf. Die – hier im Ergebnis wohl ebenfalls zu verneinende (vgl. hierzu BVerwG, Urteil v. 28.10.1993 – 4 C 5.93 –, Buchholz 406.19 Nachbarschutz Nr. 120 = juris Rdnr. 25) – Frage, ob der ungestörte Ausblick vorliegend eine wehrfähige Rechtsposition des Nachbarn begründen kann, bedarf daher an dieser Stelle keiner abschließenden Klärung.

f) Das Gericht vermag auch keinen Verstoß gegen nachbarschützende Vorschriften aufgrund der nach dem Dafürhalten der Kläger drohenden Beeinflussung des Quellverlaufs einer vorgeblich unterirdisch auf dem Grundstück der Beigeladenen verlaufenden Quelle zu erkennen.

Es fehlt für das Gericht insofern jeder Anhaltspunkt dafür, inwiefern der Verlauf einer unterirdischen Quelle für sich genommen zugunsten eines angrenzenden Nachbarn drittschützend sollte wirken können. Es handelt sich hierbei vielmehr um Belange des Wasserhaushalts- bzw. des Naturschutzrechts (vgl. § 30 Abs. 2 Nr. 2 BNatSchG). Ein zugunsten der Kläger eingreifender Nachbarschutz ist hieraus indes nicht zu entnehmen und wird von den Klägern auch nicht im Ansatz aufgezeigt.

Die Kläger tragen weiter mit Blick auf die Beeinflussung des Quellverlaufs vor, die Herstellung der Tiefgaragen auf dem Grundstück der Beigeladenen beeinflusse den Ablauf des unterirdischen Quellwassers und staue dieses auf, was zu einer Vernässung ihres Grundstücks führen werde. Das Gericht vermag auch insofern keinen Verstoß gegen nachbarschützende Vorschriften zu erkennen. Auch insofern zeigen die Kläger nicht im Ansatz auf, gegen welche nachbarschützenden Vorschriften, die die Baurechtsbehörde im Rahmen des § 58 Abs. 1 Satz 1 LBO zu prüfen hätte, verstoßen worden sein sollte.

Das Vorbringen der Kläger ist zudem, auch unter Hinzunahme der von ihnen vorgelegten Stellungnahme des Bunds für Umwelt- und Naturschutz Deutschland (nachfolgend: BUND) vom 20.7.2024, bereits nicht hinreichend substantiiert. Aus dem bloßen Umstand eines – im Einzelnen unklaren – Quellverlaufs im Bereich des geplanten Baukörpers allein folgt für das Gericht noch kein hinreichender Anhaltspunkt für die Annahme einer drohenden Aufstauung des Quellwassers. Es fehlt dem Vorbringen der Kläger etwa an weitergehenden Ausführungen dazu, in welchen Tiefen oder mit welchem großräumigeren Verlauf die Quelle über das Grundstück der Beigeladenen entwässert. In dem Schreiben des BUND vom 20.7.2024 findet sich lediglich eine (wohl händisch vorgenommene) Eintragung von blauen Linien in einen Abstandsflächenplan des Vorhabens der Beigeladenen, die den Quellverlauf darstellen sollen. Hieraus vermag das Gericht nicht im Ansatz zu verifizieren, ob es sich hierbei überhaupt um einen – zutreffenden – Verlauf des

Quellflusses handeln sollte. Zu einer etwaigen Aufstauung von Quellwasser ist dem Schreiben des BUND überdies nichts zu entnehmen. Auch sonstige Umstände teilen die Kläger nicht mit. Daher bleibt ihr Vorbringen schlechterdings unsubstantiiert.

Aus demselben Grund ist auch der vom Prozessbevollmächtigten der Kläger in der mündlichen Verhandlung – bedingt – gestellte Beweisantrag auf Einholung eines (hydrologischen) Sachverständigengutachtens zur Klärung der Frage, ob sich auf dem Grundstück ein Quellverlauf befindet und dieser durch Anstau des Quellwassers zu einer Vernässung von deren Grundstück führt, abzulehnen. Das Gericht ist aufgrund des Vorbringens der Kläger nicht gehalten, durch die Beauftragung eines hydrologischen Gutachtens zunächst die Existenz sowie hydrologische Einzelheiten des Quellabflusses zu erhellen, um sodann die Frage aufzuwerfen, ob hierdurch ein Anstau des Quellwassers aus dem Baukörper folgen würde und schließlich, ob dieser sich auf das Grundstück der Kläger sollte auswirken können. Ein hierauf gerichteter Beweisantrag zielt auf die Ausforschung des Sachverhalts ab und ihm ist folglich durch das Gericht nicht nachzukommen. …

I. Rechtsprechung zum sonstigen Baunebenrecht

Nr. 144

Die durch Allgemeinverfügung bewirkte, selbständige Veränderungssperre nach § 16 Abs. 1 NABEG und die durch Gesetz eintretende, akzessorische Veränderungssperre nach § 44 Abs. 1 Satz 1 EnWG können nebeneinander bestehen.

Zu den Erschwernissen, die durch eine Veränderungssperre abgewehrt werden sollen, gehören neben tatsächlichen Hindernissen in Gestalt der Verwirklichung von baulichen Anlagen und sonstigen Vorhaben gemäß § 16 Abs. 1 Satz 2 Nr. 1 NABEG, nach § 16 Abs. 1 Satz 2 Nr. 2 NABEG auch rechtliche Änderungen insoweit als sie die Nutzbarkeit eines Grundstücks mit nachteiligen Folgen für das geplante Vorhaben einschränken.

Maßgeblich für die Dringlichkeit des Belangs der öffentlichen Trinkwasserversorgung ist, ob die Gemeinde in der Lage ist, den Trinkwasserbedarf tatsächlich zu decken, und ob es Anhaltspunkte dafür gibt, dass sich dies in einem überschaubaren Zeitraum nachteilig ändern wird.
(Leitsätze der Redaktion)

NABEG (Netzausbaubeschleunigungsgesetz) § 16 Abs. 1 Satz 1; BBPlG § 1 Abs. 1; WHG § 52.

Bundesverwaltungsgericht, Urteil v. 13. März 2024 – 11 A 12.23 –.

Aus den Gründen:

1. Die Klage ist zulässig, insbesondere ist die Klägerin gemäß § 42 Abs. 2 VwGO klagebefugt. Sie kann geltend machen, durch die in § 16 Abs. 1 Satz 2 NABEG geregelten Wirkungen der Veränderungssperre an der sachgerechten Erfüllung der ihr als Teil des kommunalen Selbstverwaltungsrechts nach Art. 28 Abs. 2 Satz 1 GG und Art. 83 Abs. 1 Bayerische Verfassung obliegenden Aufgabe der örtlichen Trinkwasserversorgung gemäß Art. 57 Abs. 2 Satz 1 Bayerische Gemeindeordnung (BayGO) gehindert zu werden (vgl. BVerwG, Urteil v. 22.2.2022 – 4 A 6.20 – NVwZ 2022, 1640 Rdnr. 14).

2. Die Klage ist unbegründet. Die angegriffene Veränderungssperre leidet nicht an den geltend gemachten Rechtsfehlern.

a) Der Senat ist auf die Prüfung derjenigen Tatsachen und Beweismittel beschränkt, welche die Klägerin innerhalb der zehnwöchigen Begründungsfrist nach § 16 Abs. 5 Satz 2 Netzausbaubeschleunigungsgesetz Übertragungsnetz (NABEG) i. d. F. von Art. 4 Nr. 1 des Gesetzes zur Beschleunigung von verwaltungsgerichtlichen Verfahren im Infrastrukturbereich vom 14.3.2023 (BGBl. I Nr. 71) i. V. m. § 43e Abs. 3 Satz 1 EnWG angegeben hat. Innerhalb dieser Begründungsfrist hat die Klägerseite grundsätzlich den Prozessstoff festzulegen, wobei späterer, lediglich vertiefender Vortrag nicht ausgeschlossen ist (vgl. zur Parallelvorschrift des § 6 Satz 1 UmwRG: BVerwG, Urteil v. 27.11.2018 – 9 A 8.17 – BVerwGE 163, 380 Rdnr. 14 m. w. N.; vgl. zu § 43e Abs. 3 Satz 1 EnWG a. F.: BVerwG, Urteil v. 6.4.2017 – 4 A 16.16 – Buchholz 451.17 § 43e EnWG Nr. 2 Rdnr. 67).

Maßgeblich für die Beurteilung, ob eine Veränderungssperre nach § 16 Abs. 1 NABEG zu Recht ergangen ist, ist grundsätzlich die Sach- und Rechtslage im Zeitpunkt ihres Erlasses. Nach ständiger Rechtsprechung des Bundesverwaltungsgerichts ist die Frage, zu welchem Zeitpunkt die Voraussetzungen einer Rechtsgrundlage erfüllt sein müssen, nach dem zugrundeliegenden materiellen Recht zu beantworten (vgl. BVerwG, Urteile v. 30.10.1969 – 8 C 112.67, 8 C 115.67 – BVerwGE 34, 155 <157 f.> und vom 9.8.2016 – 4 C 5.15 – BVerwGE 156, 1 Rdnr. 13 m. w. N.). § 16 Abs. 2 NABEG ist zu entnehmen, dass eine auf den Erlass der Veränderungssperre folgende Änderung der Sach- oder Rechtslage auf deren Rechtmäßigkeit keinen Einfluss haben soll. Die Aufhebung der Veränderungssperre von Amts wegen nach § 16 Abs. 2 Satz 1 NABEG und die Aufhebung auf Antrag hin nach § 16 Abs. 2 Satz 2 NABEG haben die Funktion, die Veränderungssperre nach ihrem Erlass unter Kontrolle zu halten (vgl. BVerwG, Beschluss v. 29.7.2021 – 4 VR 8.20 – Buchholz 451.17 § 43e EnWG Nr. 6 Rdnr. 28).

b) Die Einwände der Klägerin gegen das Vorliegen der tatbestandlichen Voraussetzungen für den Erlass der Veränderungssperre greifen nicht durch.

Nach § 16 Abs. 1 Satz 1 NABEG kann die Bundesnetzagentur mit dem Abschluss der Bundesfachplanung oder nachträglich für einzelne Abschnitte der Trassenkorridore Veränderungssperren erlassen, soweit für diese Leitungen ein vordringlicher Bedarf im Sinne des Bundesbedarfs festgestellt wird und anderenfalls die Möglichkeit besteht, dass die Trassierung der darin zu verwirklichenden Leitungen erheblich erschwert wird.

aa) Für die Leitung ist ein vordringlicher Bedarf festgestellt. Die gesonderte Feststellung eines vordringlichen Bedarfs ist entbehrlich. Dieses Tatbestandsmerkmal hat, wie sich aus § 2 Abs. 1 NABEG i. V. m. § 1 Abs. 1 BBPlG ergibt, eine bloß klarstellende Funktion (vgl. BVerwG, Beschluss v. 29.7.2021 – 4 VR 8.20 – Buchholz 451.17 § 43e EnWG Nr. 6 Rdnr. 15).

bb) Die Bundesnetzagentur durfte die Veränderungssperre am 15.8.2023 erlassen, da die Bundesfachplanung zu diesem Zeitpunkt abgeschlossen war. Dem Erlass stand auch nicht entgegen, dass zuvor durch den Beginn der Auslegung der Pläne im Planfeststellungsverfahren nach § 18 Abs. 5 NABEG i. V. m. § 44a Abs. 1 Satz 1 EnWG bereits eine sogenannte akzessorische Veränderungssperre in Kraft getreten war. Denn die durch Allgemeinverfügung bewirkte, selbständige Veränderungssperre nach § 16 Abs. 1 NABEG und die durch Gesetz eintretende, akzessorische Veränderungssperre nach § 44 Abs. 1 Satz 1 EnWG können nebeneinander bestehen (vgl. Appel, UPR 2013, 207

<209>; Pielow, in: Säcker, Berliner Kommentar zum Energierecht, 4. Aufl. 2019, EnWG, § 44a Rdnr. 5; a. A., wenngleich ohne nähere Begründung Riese/Nebel, in: Steinbach/Franke, Kommentar zum Netzausbau, 3. Aufl. 2023, § 16 NABEG Rdnr. 47).

cc) Die geplante Erweiterung des Wasserschutzgebiets kann die Trassierung erheblich erschweren.

(1) Entgegen der Auffassung der Klägerin gehören zu den Erschwernissen, die durch eine Veränderungssperre abgewehrt werden sollen, neben tatsächlichen Hindernissen in Gestalt der Verwirklichung von baulichen Anlagen und sonstigen Vorhaben gemäß § 16 Abs. 1 Satz 2 Nr. 1 NABEG, nach § 16 Abs. 1 Satz 2 Nr. 2 NABEG auch rechtliche Änderungen insoweit, als sie die Nutzbarkeit eines Grundstücks mit nachteiligen Folgen für das geplante Vorhaben einschränken. Denn der Wortlaut des § 16 Abs. 1 Satz 2 Nr. 2 NABEG ist mit Blick auf die Qualität der Veränderungen offen und nicht auf tatsächliche Veränderungen beschränkt. Das Veränderungsverbot bildet einen Auffangtatbestand, der entsprechend dem Schutzzweck einer Veränderungssperre auszulegen ist (vgl. BVerwG, Beschluss v. 29.7.2021 – 4 VR 8.20 – Buchholz 451.17 § 43e EnWG Nr. 6 Rdnr. 18).

Für den Erlass einer Veränderungssperre genügt die Möglichkeit, dass die an den festgelegten Trassenkorridor gebundene Trassierung (§§ 4, 15 Abs. 1 Satz 1 NABEG) durch neue tatsächliche oder rechtliche Hindernisse erheblich erschwert wird. Mit diesem weiten Maßstab soll im Interesse der zügigen Verwirklichung des energiewirtschaftlich vordringlichen Vorhabens das an die Bundesfachplanung anschließende Planfeststellungsverfahren nach §§ 18 ff. NABEG gesichert und so verhindert werden, dass der für die Planung zur Verfügung stehende Raum verengt wird. Es reicht, wenn solche Maßnahmen nicht völlig ausgeschlossen bzw. fernliegend sind.

(2) Die geplante Erweiterung des Wasserschutzgebiets schränkt die Nutzbarkeit der betroffenen Grundstücke für die Realisierung des Vorhabens ein. Denn nach dem Entwurf für die Wasserschutzgebietsverordnung sollen in den Schutzzonen u. a. die – für die Verwirklichung der Trasse notwendige – Verlegung von Leitungen, die Einrichtung von Baustellen sowie das Auf- und Einbringen von Bodenmaterial auf oder in den Boden beschränkt werden oder gänzlich verboten sein. Dass die zuständige Behörde hiervon nach ihrem Ermessen eine Befreiung erteilen wird, steht nicht hinreichend verbindlich fest und lässt das Sicherungsinteresse daher nicht entfallen (vgl. BVerwG, Urteil v. 22.2.2022 – 4 A 6.20 – NVwZ 2022, 1640 Rdnr. 37).

Der Möglichkeit einer erheblichen Erschwernis der Trassierung steht nicht entgegen, dass die Planung der Klägerin für die Erweiterung des Wasserschutzgebiets sich noch in einem frühen Stadium befindet und wesentliche Verfahrensschritte fehlen. Sie erstrebt die Erweiterung des Wasserschutzgebiets gerade im Hinblick auf § 52 WHG, der es in seinem Absatz 2 erlaubt, dass in einem als Wasserschutzgebiet vorgesehenen Gebiet einstweilige Anordnungen getroffen werden können.

(3) Ins Leere geht schließlich der Einwand der Klägerin, die von der Vorhabenträgerin beantragte Vorzugstrasse sei wegen eines fehlerhaften Variantenvergleichs nicht planfeststellungsfähig und damit schon nicht sicherungsfähig. Die Prüfung, ob eine Trasse planfeststellungsfähig ist, erfolgt im Planfeststellungsverfahren, dessen Sicherung die Veränderungssperre dient. Mit der Veränderungssperre soll dagegen eine ordnungsgemäße Prüfung aller in Betracht kommenden Trassenvarianten und eine umfassende Abwägungsentscheidung ermöglicht werden. Dies schließt es aus, bereits im Rahmen der rechtlichen Bewertung der Veränderungssperre bestimmte Trassenalternativen im Wege einer nur überschlägigen und mangels ausreichender Untersuchungen letztlich unzureichenden Vorprüfung für vorzugswürdig und andere, denen Hindernisse entgegenstehen können, als entbehrlich einzustufen und für das weitere Verfahren auszuscheiden (vgl. BVerwG, Urteil v. 22.2.2022 – 4 A 6.20 – NVwZ 2022, 1640 Rdnr. 27).

c) Die gegen die Ausübung des Ermessens vorgebrachten Einwände zeigen keinen Rechtsverstoß auf.

aa) Insbesondere bleibt die Forderung der Klägerin erfolglos, anstatt der Vorzugstrasse sei eine westlich gelegene Alternativtrasse zu wählen. Der Veränderungssperre kommt lediglich die Funktion zu, den Trassenkorridor für die spätere Auswahl zwischen den Trassenalternativen im Planfeststellungsverfahren und die künftige Planfeststellung zu sichern. Dies schließt es aus, im Rahmen der Ermessensausübung nach § 16 Abs. 1 Satz 1 NABEG bestimmte Trassenalternativen als vorzugswürdig und andere, denen Hindernisse entgegenstehen können, als entbehrlich einzustufen und so der Planfeststellung vorzugreifen.

bb) Das Interesse der Klägerin an einer gesicherten und ausreichenden Trinkwasserversorgung in ihrem Gemeindegebiet ist ein beachtlicher öffentlicher Belang im Sinne von Art. 57 Abs. 2 Satz 1 BayGO und § 50 Abs. 1 WHG. Deren Organisation gehört zu ihren durch Art. 28 Abs. 2 Satz 1 GG und Art. 83 Abs. 1 Bayerische Verfassung geschützten Selbstverwaltungsaufgaben (vgl. BVerwG, Urteil v. 22.2.2022 – 4 A 6.20 – NVwZ 2022, 1640 Rdnr. 14). Der Belang überwiegt aber nicht das Interesse an der zeitlich befristeten Sicherung der Planfeststellung für das Vorhaben von herausragender Bedeutung für die überregionale Stromversorgung (vgl. § 2 Abs. 1 NABEG i. V. m. § 1 Abs. 1 BBPlG).

(1) Die Klägerin meint, der Betrieb des Tiefbrunnens II »Am Sedling« könne durch vorbereitende Arbeiten für das Vorhaben beeinträchtigt werden, die zu dessen Außerbetriebnahme führen, und damit eine – auf einige Wochen beschränkte – Notversorgung durch den Wasserzweckverband Bayerisches Vogtland notwendig machen. Das führt nicht auf einen Ermessensfehler. Die Veränderungssperre nach § 16 NABEG dient nur dazu, einen Trassenkorridor für die spätere Planfeststellung zu sichern. Sie lässt aber keine vorbereitenden Maßnahmen – etwa durch den Vorhabenträger – zu.

(2) Soweit die Klägerin einem künftigen Trassenverlauf im Bereich der Schutzzone III des außer Betrieb genommenen Wasserschutzgebiets »Am Sportplatz« begegnen will, weil sie das Wasserschutzgebiet »Am Sedling« dorthin zur langfristigen Sicherung der Trinkwasserversorgung durch den Tiefbrunnen II »Am Sedling« erweitern will, bleibt ihr der Erfolg ebenfalls versagt. Eine gewichtige Beeinträchtigung ihres Interesses an der langfristigen Sicherung der Trinkwasserversorgung durch diesen Tiefbrunnen scheidet schon wegen der Befristung der Veränderungssperre nach § 16 Abs. 1 Satz 3 NABEG aus (vgl. BVerwG, Beschluss v. 29.7.2021 – 4 VR 8.20 – NVwZ 2021, 1536 Rdnr. 30). Die Veränderungssperre schließt die Erweiterung des Wasserschutzgebiets nur vorübergehend aus.

(3) Die Erweiterung des Wasserschutzgebiets für den Tiefbrunnen II »Am Sedling« ist nicht wegen einer kritischen Lage der Trinkwasserversorgung dringend erforderlich.

(a) Maßgeblich für die Dringlichkeit des Belangs der öffentlichen Trinkwasserversorgung ist, ob die Gemeinde in der Lage ist, den Trinkwasserbedarf tatsächlich zu decken, und ob es Anhaltspunkte dafür gibt, dass sich dies in einem überschaubaren Zeitraum nachteilig ändern wird (vgl. BVerwG, Urteil v. 22.2.2022 – 4 A 6.20 – NVwZ 2022, 1640 Rdnr. 40). Bei der Beurteilung der Rechtmäßigkeit der behördlichen Prognose ist von der Sach- und Rechtslage im Zeitpunkt der behördlichen Entscheidung auszugehen. Dabei gelten umso geringere Anforderungen an die Prognose, je weiter diese in die Zukunft reicht.

(b) Gemessen daran bestand im maßgeblichen Zeitpunkt des Erlasses der Veränderungssperre kein Anlass, die Trinkwasserversorgung der Klägerin als kritisch anzusehen.

Nach dem Gutachten vom 20.9.2022 deckt die Klägerin etwa 96 Prozent ihres Rohwasserbedarfs über den Tiefbrunnen II »Am Sedling«. Die restlichen circa vier Prozent bezieht sie über den benachbarten Wasserzweckverband Bayerisches Vogtland. Die Trinkwasserversorgung war im maßgeblichen Zeitpunkt aufgrund der der Klägerin mit Bescheid vom 27.12.2021 erteilten und bis zum 31.12.2023 gültigen wasserrechtlichen Erlaubnis zur Wasserentnahme aus dem Tiefbrunnen II »Am Sedling« mit einer Fördermenge in Höhe von 70 000 cbm/a gesichert. Für die Annahme, die zuständige Behörde werde der Wasserentnahme in der Folge Einhalt gebieten, insbesondere die wasserrechtliche Erlaubnis nicht verlängern, bestand kein Anlass. Denn die Behörde hatte in der Vergangenheit bereits mehrfach, darunter mit Bescheiden vom 23.12.2020 und vom 17.4.2018, Verlängerungen erteilt, dabei die Fördermengen jeweils angepasst und auch Wasserentnahmen jenseits der erlaubten Fördermenge geduldet (vgl. BVerwG, Beschluss v. 19.12.2023 – 11 VR 1.23 – juris Rdnr. 33). Diese Einschätzung wird im Übrigen durch die erneute Verlängerung der wasserrechtlichen Erlaubnis mit Bescheid vom 28.12.2023 für eine Fördermenge in Höhe von 70 000 cbm/a und mit einer Gültigkeit bis zum

31.12.2025 bestätigt. Dass die zuständige Behörde die wasserrechtliche Erlaubnis über diesen Zeitpunkt hinaus in der Zukunft nicht weiter verlängern wird, ist mangels entgegenstehender Anhaltspunkte nicht anzunehmen, zumal sie in dem vorgenannten Bescheid abermals das Vorliegen der Voraussetzungen für eine Versagung nach § 12 Abs. 1 WHG verneint hat. Es ist auch nicht absehbar, dass die Zulieferungen des Wasserzweckverbandes Bayerisches Vogtland in dem bisherigen Umfang in Frage stünden.

Soweit die Klägerin an ihrem Vortrag festhält, dass zur Versorgungssicherheit der Bevölkerung über die erlaubte Fördermenge in Höhe von 70 000 cbm/a hinaus 90 000 cbm/a gefördert werden müssten, entbehrt dies einer hinreichenden Grundlage. Wie der Senat in dem vorangehenden Eilbeschluss vom 19.12.2023 festgestellt hat, beruhen die erhöhten Fördermengen in den Jahren 2017 bis 2022 ausweislich des Gutachtens vom 20.9.2022 auf Wasserverlusten, insbesondere infolge eines sanierungsbedürftigen Rohrnetzes, denen die Klägerin durch Sanierungsarbeiten abhelfen kann (vgl. BVerwG, Beschluss v. 19.12.2023 – 11 VR 1.23 – juris Rdnr. 28 ff.). Diese Einschätzung wird durch den Verweis der Klägerin auf die schrittweise Umsetzung eines Sanierungskonzepts sowie die Fördermenge für das Jahr 2023 in Höhe von 65 778 cbm bestätigt.

Der Einwand der Klägerin, das Wasserschutzgebiet sei – unabhängig von den Fördermengen – wegen zu geringer Deckschichten sowie erhöhter Nitrat- und Chloridgehalte im Boden dringend zu erweitern, erweist sich ebenfalls nicht als stichhaltig. Die Deckschichtverhältnisse und die Schadstoffgehalte waren Gegenstand der Untersuchung des Gutachtens vom 20.9.2022. Darin werden die Deckschichtverhältnisse zwar als sehr sensibel gegenüber Eingriffen bewertet. Allerdings beträgt der Chloridgehalt im Grundwasser lediglich 70 mg/l. Der einschlägige Grenzwert für Chlorid in Höhe von 250 mg/l gemäß § 8 Abs. 3 Nr. 2 i. V. m. Anlage 3 Teil I der Verordnung über die Qualität von Wasser für den menschlichen Gebrauch vom 20.6.2023 (vgl. BGBl. I Nr. 159, im Folgenden: Trinkwasserverordnung) wird damit nicht annäherungsweise erreicht. Den Nitratgehalt veranschlagt das Gutachten vom 20.9.2020 bei 34,5–39,7 mg/l und stellt – im Einklang mit § 7 Abs. 2 i. V. m. Anlage 2 Teil I der Trinkwasserverordnung – sodann fest, dass der einschlägige Grenzwert der Trinkwasserverordnung in Höhe von 50 mg/l nicht überschritten wird. Insgesamt attestiert das Gutachten dem aus dem Tiefbrunnen II »Am Sedling« geförderten Rohwasser in qualitativer Hinsicht einen einwandfreien Zustand. Der Bescheid vom 28.12.2023 stützt die nochmalige Verlängerung der wasserrechtlichen Erlaubnis für die Wasserentnahme aus dem Tiefbrunnen II »Am Sedling« mit der Fläche und dem Zuschnitt des gegenwärtig festgesetzten Wasserschutzgebiets darauf, dass schädliche Gewässerveränderungen im Sinne von § 12 Abs. 1 WHG nicht zu erwarten sind.

Dass der Tiefbrunnen II »Am Sedling« das einzige Standbein für die Trinkwasserversorgung der Klägerin ist, verleiht diesem Belang gegenüber dem

Sicherungszweck der Veränderungssperre kein höheres Gewicht. Eine nachteilige Veränderung der ortsnahen Trinkwasserversorgung (vgl. § 50 Abs. 2 WHG) ist nicht zu prognostizieren (s. o.). Der Zustand, dass die Klägerin nur über ein Standbein verfügt, währte im maßgeblichen Zeitpunkt bereits seit nahezu sieben Jahren. Der Klägerin stand seither die Möglichkeit offen, sich mit einer Verbundleitung zu einem Drittanbieter ein zweites Standbein der Trinkwasserversorgung zu schaffen, wie sie selbst ebenso wie das Gutachten vom 20.9.2022 anerkennt. …

Nr. 145

Ein Anspruch eines Anliegers, dass vor seinem Grundstück keine Parkplätze errichtet und kein Baum gepflanzt werden, existiert nicht, soweit der durch § 14a Abs. 1 StrWG NRW gewährleistete Straßenanliegergebrauch nicht beeinträchtigt wird.

§ 14a StrWG NRW bietet keinen Anspruch darauf, dass ein Grundstück über dessen gesamte Straßenfront jederzeit uneingeschränkt befahren werden kann.

(Leitsätze der Redaktion)

StrWG NRW § 14a Abs. 1, § 18 Abs. 1.

OVG Nordrhein-Westfalen, Beschluss v. 14. März 2024 – 11 B 88/24 –.

Aus den Gründen:

Die zulässige Beschwerde ist unbegründet.

I. Die Beschwerde wurde insbesondere innerhalb der gemäß § 146 Abs. 4 Satz 1 VwGO vorgesehenen Frist von einem Monat nach Bekanntgabe der Entscheidung begründet.

1. Der angefochtene Beschluss ist dem Antragsteller ausweislich des Empfangsbekenntnisses seines Prozessbevollmächtigten am 12.1.2024 bekanntgegeben worden. Die Beschwerdebegründung ist am 12.2.2024 per Telefax und damit unter Wahrung der vorgenannten Frist von einem Monat (§ 57 Abs. 2 VwGO i. V. m. § 222 Abs. 1 ZPO und § 188 Abs. 2, 1. Alt. BGB) beim Oberverwaltungsgericht eingegangen.

2. Die Übermittlung per Telefax war zulässig. Gemäß § 55d Satz 1 VwGO sind Schriftsätze, die – wie hier die Beschwerdebegründung – durch einen Rechtsanwalt eingereicht werden, als elektronisches Dokument zu übermitteln. Ist eine Übermittlung aus technischen Gründen vorübergehend nicht möglich, bleibt die Übermittlung gemäß § 55d Satz 3 VwGO nach den allgemeinen Vorschriften zulässig. Die vorübergehende Unmöglichkeit ist gemäß § 55d Satz 4 1. Halbsatz VwGO bei der Ersatzeinreichung oder unverzüglich danach glaubhaft zu machen.

a. Die Voraussetzungen für die Einreichung der Beschwerdebegründung nach den allgemeinen Vorschriften waren erfüllt, sodass die Beschwerdebegründung per Telefax eingereicht werden durfte. Denn die elektronische Übermittlung von Schrittsätzen an Gerichte und Behörden über das beA-Postfach war ausweislich einer auf der Störungsseite des Serviceportals des beA-Anwendersupports veröffentlichten Meldung (https://portal.beasupport.de) seit dem 10.2.2024 u. a. in Nordrhein-Westfalen aufgrund einer Störung der Justiz-IT auch am 12.2.2024 nicht möglich.

b. Der Antragsteller hat die vorübergehende Unmöglichkeit der elektronischen Übermittlung der Beschwerdebegründung auch bei der Ersatzeinreichung glaubhaft gemacht. Sein Prozessbevollmächtigter hat mit der Einreichung der Begründung auf die der Begründung als Anlage beigefügte Störungsmeldung vom 12.2.2024 hingewiesen, in der die »Störung der Justiz-IT« bestätigt wird. Vgl. etwa zu den an eine solche Glaubhaftmachung zu stellenden Anforderungen: BGH, Beschluss v. 10.10.2023 – XI ZB 1/23 –, NJW 2023, 3800 = juris, Rdnr. 18.

II. Das Verwaltungsgericht hat den Antrag des Antragstellers auf Gewährung einstweiligen Rechtsschutzes zu Recht abgelehnt. Auf die zutreffenden Ausführungen des Verwaltungsgerichts wird gemäß § 122 Abs. 2 Satz 3 VwGO Bezug genommen.

Die Beschwerde, die der Senat gemäß § 146 Abs. 4 Satz 6 VwGO allein anhand der vom Antragsteller dargelegten Gründe prüft, rechtfertigt keine andere Entscheidung. Denn auch mit der Beschwerde hat der Antragsteller einen Anordnungsanspruch gemäß § 123 Abs. 1 VwGO nicht glaubhaft gemacht (§ 123 Abs. 3 VwGO i. V. m. den §§ 920 Abs. 2, 924 ZPO). Dass ihm gegen die von der Antragsgegnerin beabsichtigte Errichtung von zwei Parkplätzen und die Pflanzung eines Baums auf der öffentlichen Verkehrsfläche ein öffentlich-rechtlicher Unterlassungsanspruch zustehen könnte, zeigt er auch im Beschwerdeverfahren nicht auf.

1. Der Einwand des Antragstellers, die neben seinem Garagenbereich befindlichen Parkplätze, die »registriert« worden seien, und der neben seinem Haus gelegene Stellplatz für seinen »Großraumwohnmobilanhänger« seien nach der Errichtung der geplanten Parkplätze und der Pflanzung des von der Antragsgegnerin vorgesehenen Baums nicht mehr befahrbar, zudem sei sein Grundstück dann nicht mehr einsehbar, verfängt nicht.

a. Das Verwaltungsgericht ist unter Verweis auf die Rechtsprechung des Senats, vgl. OVG NRW, Beschluss v. 13.12.2011 – 11 B 1148/11 –, juris, Rdnr. 8, in nicht zu beanstandender Weise davon ausgegangen, ein Recht des Antragstellers, dass vor seinem Grundstück, soweit es an die B. -M. -B1. grenze, keine Parkplätze errichtet und kein Baum gepflanzt werde, existiere nicht, weil der insoweit allein in Betracht kommende und durch § 14a Abs. 1 StrWG NRW gewährleistete Straßenanliegergebrauch nicht beeinträchtigt sei. Das Grundstück des Antragstellers könne auch nach Durchführung der streitigen Maßnahmen weiter mit Fahrzeugen erreicht werden.

b. § 14a StrWG NRW bietet entgegen der auch im Beschwerdeverfahren zum Ausdruck gekommenen Auffassung des Antragstellers keinen Anspruch darauf, dass ein Grundstück über dessen gesamte Straßenfront jederzeit uneingeschränkt befahren werden kann. Vgl. hierzu OVG NRW, Beschlüsse v. 4.6.2014 – 11 A 472/14 –, juris, Rdnr. 9, m. w. N., und vom 13.12.2011 – 11 B 1148/11 –, juris, Rdnr. 10.

c. Darauf, ob die neben der Garagenzufahrt vorhandenen Zufahrtsmöglichkeiten bzw. Zufahrten zu weiteren Stellplätzen auf dem Grundstück des Antragstellers (bauordnungsrechtlich) »registriert wurden« oder ob »die Nutzungsmöglichkeit jedes bauordnungsrechtlich nicht zu beanstandenden Fahrzeugstellplatzes bestehen« »muss«, kommt es nicht an.

aa. Diese weiteren Zufahrten neben der Garagenzufahrt stellen – unabhängig von der möglicherweise gegebenen bauordnungsrechtlichen Zulässigkeit der weiteren Stellplätze – eine erlaubnispflichtige Sondernutzung nach § 18 Abs. 1 StrWG NRW dar. Denn sie erweisen sich angesichts der auf dem Grundstück des Antragstellers vorhandenen Zufahrt zur Doppelgarage nicht als zur Nutzung des Grundstücks erforderlich. Vgl. hierzu OVG NRW, Urteil v. 16.6.2014 – 11 A 1097/12 –, NWVBl. 2015, 73 = juris, Rdnr. 60 ff., m. w. N.

bb. Abgesehen davon erstreckt sich die dem Antragsteller erteilte Baugenehmigung vom 16.6.2015 zur Errichtung eines »Einfamilienhauses mit Garage« schon nicht auf die weiteren auf dem Grundstück befindlichen Stellplätze nebst ihren Zufahrten. Die Baugenehmigung wurde zudem ausdrücklich »unbeschadet der … aufgrund anderer Vorschriften bestehenden Verpflichtungen zum Einholen von Genehmigungen, Bewilligungen, Erlaubnissen und Zustimmungen« erteilt. Zu diesen »Vorschriften« gehört § 18 Abs. 1 StrWG NRW, wonach die Sondernutzung einer straßenrechtlichen Erlaubnis der Straßenbaubehörde (§ 18 Abs. 1 Satz 2 StrWG NRW) bedarf.

2. Soweit der Antragsteller meint, die vorzunehmende Abwägung müsse zu seinen Gunsten erfolgen, da die durch Art. 14 und 12 GG geschützten Rechte höher einzustufen seien als die Straßengestaltung, führt auch dieser Einwand nicht weiter.

a. Der Anliegergebrauch vermittelt schon keine aus Art. 14 Abs. 1 Satz 1 GG ableitbare Rechtsposition. Wie weit er gewährleistet ist, richtet sich allein nach dem einschlägigen Straßenrecht, das insoweit i. S. d. Art. 14 Abs. 1 Satz 2 GG Inhalt und Schranken des Eigentums am Anliegergrundstück bestimmt. Vgl. hierzu etwa OVG NRW, Beschluss v. 4.6.2014 – 11 A 472/14 –, juris, Rdnr. 5, m. w. N.

b. Es kann dahinstehen, ob der Schutzbereich des Grundrechts des Antragstellers aus Art. 12 Abs. 1 GG infolge der Errichtung der Parkplätze und der Pflanzung des Baums auf der öffentlichen Straßenfläche überhaupt betroffen sein kann. Angesichts dessen, dass der Antragsteller die weiteren vor und neben seinem Haus befindlichen »Grundstücksparkplätze« ausweislich der eingereichten Lichtbilder (bisher) für das Abstellen eines (weiteren) Fahrzeugs und seines »Großraumwohnmobilanhängers« nutzt, hat er schon nicht dargelegt, aus welchen Gründen die von der Antragsgegnerin geplanten Parkplätze vor seinem Grundstück zur schlechteren Einsehbarkeit des Eingangsbereichs oder zur Verdeckung der noch auszugestaltenden Unternehmenswerbung führen sollten. Abgesehen davon bleibt es ihm unbenommen (sofern baurechtlich zulässig), die Unternehmenswerbung und den Zugang zu seinem Haus so sichtbar zu gestalten, dass diese auch von der öffentlichen Straße aus wahrgenommen werden können.

3. Der Einwand, er wende sich »nicht gegen einen öffentlichen Parkplatz und/oder eine Baumpflanzung an sich, sondern gegen das Kontingent und das Konvolut, welches lediglich das Grundstück des Antragstellers belasten« werde, führt ebenfalls nicht weiter. Anhaltspunkte dafür, dass ein damit wohl geltend gemachter Verstoß gegen den Gleichbehandlungsgrundsatz gemäß Art. 3 Abs. 1 GG vorliegen könnte, bestehen nicht. Denn der Antragsteller hat lediglich pauschal ohne weitere konkrete Darlegungen behauptet, »die Nachbargrundstücke sollen überwiegend gar nicht oder lediglich mit einem öffentlichen Parkplatz oder Baum konfrontiert werden«. Abgesehen davon ist weder vorgetragen noch ersichtlich, dass, selbst wenn diese Behauptung des Antragstellers tatsächlich zuträfe, die Gegebenheiten vor den Nachbargrundstücken mit denen vor dem Grundstück des Antragstellers identisch sind. Dies wäre für eine Vergleichbarkeit der Sachverhalte aber erforderlich.

4. Soweit der Antragsteller ausführt, die Poolanlage auf seinem Grundstück könne durch Verwehung des Laubs des vor seinem Grundstück vorgesehenen Baums beeinträchtigt werden, jedenfalls sei die dauerhafte Verwendung einer Poolabdeckung zum Schutze der Pumpe vor Blättern des Baums nicht zumutbar, verhilft ihm auch dieser Einwand nicht zum Erfolg seiner Beschwerde. Insoweit wird auf § 32 Abs. 3 Satz 1 StrWG NRW hingewiesen, wonach die Eigentümer von Grundstücken an öffentlichen Straßen die Einwirkungen von Pflanzungen im Bereich des Straßenkörpers zu dulden haben. Diese Pflicht zur Duldung endet erst in besonderen Ausnahmesituationen, die nur dann vorliegen, wenn die Bepflanzung im Laufe der Zeit aufgrund natürlichen Wuchses einen Umfang erreicht hat, der entweder zu ernsthaften, nicht anderweitig behebbaren Schäden an privaten Nachbargrundstücken führt bzw. solche Schäden hinreichend konkret zu befürchten sind oder aber die Nutzung dieser Grundstücke in einem unter keinem vernünftigen Gesichtspunkt mehr zumutbaren Maße beeinträchtigt wird. Vgl. OVG NRW, Beschluss v. 25.1.2017 – 11 A 1701/16 –, juris, Rdnr. 12 ff., m. w. N.

Anhaltspunkte dafür, dass eine solche Ausnahmesituation infolge der »Laubentwicklung« des vor dem Grundstück des Antragstellers zur Pflanzung vorgesehenen Straßenbaums vorliegen könnten, sind weder vorgetragen noch erkennbar. …

Nr. 146

Das Erfordernis der gesicherten Erschließung dient grundsätzlich nur dem öffentlichen Interesse und hat keine nachbarschützende Funktion.

Ausnahmsweise kann der Nachbar eine Baugenehmigung jedoch dann zulässigerweise wegen einer fehlenden gesicherten Erschließung anfechten, wenn sie dazu führt, dass der Bauherr zur wegemäßigen Erschließung ein Notwegerecht (§ 917 BGB) über das Grundstück des Nachbarn in Anspruch nimmt.

Nicht ausreichend für eine gesicherte Erschließung sind bloß schuldrechtliche Vereinbarungen des Bauherrn mit Nachbarn.

Ein im Grundbuch zulasten des klägerischen und zugunsten des Vorhabengrundstücks eingetragenes Geh- und Fahrrecht schließt das Leitungsrecht nicht mit ein.

(Leitsätze der Redaktion)

UmwRG § 6 Satz 1; BauGB §§ 29 bis 38; BGB §§ 917, 918 Abs. 2.

Verwaltungsgericht München, Urteil v. 23. April 2024 – M 1 K 21.6 –.

Aus den Gründen:

Die zulässige Klage ist begründet.

I. Die von der Beklagtenseite erstmals in der mündlichen Verhandlung geäußerten Bedenken an der Zulässigkeit der Klage greifen nicht durch. Die Klagebegründung binnen der Zehnmonatsfrist nach § 6 Satz 1 Umwelt-Rechtsbehelfsgesetz (UmwRG) ist keine Zulässigkeitsvoraussetzung, sondern nur eine prozessuale Obliegenheit des Klägers und führt deswegen allenfalls zur Unbegründetheit der Klage (vgl. Fellenberg/Schiller in Landmann/Rohmer, UmwRG, 102. EL Sept. 2023, § 6 Rdnr. 74). Selbst wenn der Kläger also der Regelung unterfiele, würde dies jedenfalls nicht zur Unzulässigkeit der Klage führen.

II. Die Klage ist begründet. Die Baugenehmigung vom 7.12.2020 wird aufgehoben, weil sie rechtswidrig ist und den Kläger in seinen Rechten verletzt, § 113 Abs. 1 Satz 1 VwGO.

Die streitgegenständliche Baugenehmigung ist rechtswidrig, weil die im vereinfachten Genehmigungsverfahren gemäß Art. 59 Satz 1 Nr. 1 Buchst. a BayBO, §§ 29 bis 38 BauGB zu prüfende bauplanungsrechtliche Erschließung des Bauvorhabens nicht gesichert ist. Der Kläger kann sich hier auf die fehlende Erschließung berufen (vgl. sogleich unter 1.) und ist auch nicht präkludiert (unter 2.). Die Erschließung ist nicht gesichert, weil erstmals ein Notleitungsrecht auf dem Grundstück FlNr. 643 Gem. S. .... entstünde (unter 3.).

1. Die Frage der rechtmäßigen Erschließung ist ausnahmsweise ein Recht, auf das sich der Kläger im Grunde berufen kann.

Dritte können sich gegen eine Baugenehmigung nur dann mit Aussicht auf Erfolg zur Wehr setzen können, wenn die angefochtene Baugenehmigung rechtswidrig ist und diese Rechtswidrigkeit (auch) auf der Verletzung von Normen beruht, die gerade dem Schutz des betreffenden Nachbarn zu dienen bestimmt sind. Ob eine Norm des öffentlichen Rechts drittschützende Wirkung hat, bestimmt sich nach der sog. Schutznormtheorie. Ein Rückgriff auf Art. 14 GG zur Begründung des Nachbarrechtsschutzes wegen eines schweren und unerträglichen Eigentumseingriffs kommt grundsätzlich nicht mehr in Betracht, weil durch den den einzelnen baurechtlichen Vorschriften gegebenenfalls zuerkannten Drittschutzcharakter sowie insbesondere das sogenannte Gebot der Rücksichtnahme mögliche Verletzungen nachbarlicher Rechte bereits im Vorfeld des Art. 14 GG aufgefangen werden können. Allein in Fällen, in denen das genehmigte Bauvorhaben eine unmittelbar gegenständliche Inanspruchnahme des Nachbargrundstückes zur Folge hat, also quasi »enteignend« wirkt, kann Art. 14 GG beim Nachbarrechtsschutz im öffentlichen Baurecht noch von Bedeutung sein (vgl. BayVGH, Urteil v. 7.12.2010 – 14 B 09.2292 – juris Rdnr. 17 m. w. N.).

Das Erfordernis der gesicherten Erschließung dient grundsätzlich nur dem öffentlichen Interesse und hat keine nachbarschützende Funktion. Ausnahmsweise kann der Nachbar eine Baugenehmigung jedoch dann zulässigerweise wegen einer fehlenden gesicherten Erschließung anfechten, wenn sie dazu führt, dass der Bauherr zur wegemäßigen Erschließung ein Notwegerecht (§ 917 BGB) über das Grundstück des Nachbarn in Anspruch nimmt (vgl. BVerwG, Urteil v. 26.3.1976 – IV C 7.74 – BVerwGE 50, 282, juris Rdnr. 20; BayVGH, Beschluss v. 27.7.2018 – 1 CS 18.1265 – juris Rdnr. 11). Wird durch eine Baugenehmigung einem Nachbarn rechtswidrig die Duldung eines Notwegerechts aufgezwungen, so liegt darin ein von der Baugenehmigung ausgehender Eingriff in das Eigentum des Nachbarn, der von öffentlich-rechtlicher Qualität ist und gegen den sich dementsprechend auch ein öffentlich-rechtlicher Abwehr- und Beseitigungsanspruch des Nachbarn richtet, der vor den Verwaltungsgerichten durchzusetzen ist. Die Notwendigkeit, dem Eigentümer einen vor den Verwaltungsgerichten durchsetzbaren öffentlich-rechtlichen Abwehranspruch zuzubilligen, folgt daraus, dass die Baugenehmigung, sollte sie bestandskräftig werden, wegen der von ihr ausgehenden Feststellungswirkung zu seinem Nachteil auf die im Zivilprozess zu beurteilende Rechtslage von Einfluss wäre. Würde eine notwegerhebliche rechtswidrige Baugenehmigung bestandskräftig, so könnte die Ordnungsmäßigkeit der Benutzung des Grundstücks im Sinne des § 917 Abs. 1 BGB aus diesem Grunde nicht mehr in Frage gestellt werden (vgl. BayVGH, Beschluss v. 24.10.1996 – 2 B 94.3416 – BayVBl. 1997, 758 – juris). Darin liegt, wenn die Baugenehmigung objektiv rechtswidrig ist, ein vom öffentlichen Recht ausgehender Eingriff in das Eigentum, gegen den sich der Betroffene mit den Rechtsbehelfen des öffentlichen Rechts wehren kann (vgl. BVerwG, Urteil v. 26.3.1976 – IV C 7.74 – BVerwGE 50, 282, juris Rdnr. 27).

Die Vorschrift des § 917 BGB, die nach ihrem Wortlaut nur für das Wegerecht gilt, ist auf die Verbindung von Versorgungsleitungen mit den öffentlichen Versorgungsnetzen entsprechend anzuwenden (vgl. Elzer in Erman, Kommentar zum BGB, 17. Aufl. 2023, § 917 Rdnr. 10). Bayerisches Landesrecht, das die Voraussetzungen eines Notleitungsrechts entsprechend dem Vorbehalt in Art. 124 EGBGB in eigenständiger Weise regelt, besteht nicht.

2. Der klägerische Vortrag zur fehlenden Erschließung des streitgegenständlichen Vorhabens, die in sein Eigentumsrecht eingreife, unterliegt entgegen der Ansicht des Beklagten nicht der innerprozessualen Präklusion gemäß § 6 Satz 1 und 2 UmwRG.

Die Begründung der fristgerecht erhobenen Klage erfolgte zwar erst nach Ablauf der Zehnwochenfrist nach § 6 Satz 1 UmwRG, gleichwohl führt dieser Umstand nicht dazu, dass der Vortrag des Klägers als präkludiert zurückzuweisen wäre.

Es kann dahingestellt bleiben, ob die Vorschrift des § 6 Satz 1 UmwRG in baurechtlichen Nachbarstreitigkeiten überhaupt Anwendung findet (offengelassen auch von BayVGH, Beschluss v. 5.5.2023 – 1 CS 23.34 – juris Rdnr. 6 m. w. N.). Denn jedenfalls sind die Voraussetzungen von § 6 Satz 2 und 3 UmwRG, § 87b Abs. 3 Satz 3 VwGO erfüllt, wonach eine Präklusion ausgeschlossen ist, wenn es mit geringem Aufwand möglich ist, den Sachverhalt auch ohne Mitwirkung der Beteiligten zu ermitteln. Davon ist auszugehen, wenn für die Ermittlung des Sachverhalts keine oder nur geringe finanzielle Mittel erforderlich sind; auf den zeitlichen Aufwand kommt es nicht an (Schübel-Pfister in Eyermann, VwGO, 16. Aufl. 2022, § 87b Rdnr. 12). Aufgrund des im Verwaltungsprozess geltenden Amtsermittlungsgrundsatzes (§ 86 Abs. 1 VwGO) ist das Gericht unabhängig vom Vortrag der Beteiligten zur Prüfung des Sachverhalts berechtigt und verpflichtet und erst recht dazu berufen, rechtliche Schlüsse aus den ermittelten Tatsachen zu ziehen (vgl. BayVGH, Beschluss v. 22.5.2020 – 22 ZB 18.856 – juris). Die für die Klage maßgeblichen tatsächlichen Umstände, insbesondere die Eigentümerstellung des Klägers an dem Grundstück und der Umfang der grundbuchrechtlichen Dienstbarkeiten ergeben sich schon aus den Behördenakten und aus dem allgemein und für das Gericht einsehbare Grundbuch. Die Eigentümerstellung des Klägers war im Übrigen auch allen Beteiligten von vornherein offenbar. Bereits im Verwaltungsverfahren legte Rechtsanwalt Dr. A., der von der Beigeladenen beauftragt worden war, die Eigentumsverhältnisse u. a. am Grundstück Fl Nr. 643 Gem. S.... offen (vgl. Bl. 16 der Behördenakte). Ebenfalls auf Grundlage der bekannten Eigentumsverhältnisse stellte das Landratsamt den angefochtenen Baugenehmigungsbescheid dem Kläger als Eigentümer des benachbarten Grundstücks zu.

3. Das Vorhaben, das mit dem angefochtenen Bescheid genehmigt wurde, ist nicht hinreichend erschlossen, zwingt dem Kläger rechtswidrig ein Notleitungsrecht auf und verletzt ihn daher in seinem Eigentumsgrundrecht (Art. 14 Abs. 1 Satz 1 GG). Das ergibt sich im Einzelnen aus Folgendem:

a) Das Wohnbauvorhaben der Beigeladenen bedarf einer Erschließung, die neben der Zuwegung u. a. auch die Versorgung mit Frischwasser, Abwasser und Strom umfasst. Dies steht auch bei den Beteiligten nicht in Frage. Dieses Erschließungserfordernis gilt unabhängig davon, ob es sich um ein sonstiges Vorhaben im Außenbereich, § 35 Abs. 2 BauGB, handelt, oder ob hier ein Innenbereichsvorhaben, § 34 Abs. 1 BauGB, vorliegt. Der Beklagte geht von letzterem aus und beruft sich hierfür auf die gemeindliche Einbeziehungssatzung nach § 34 Abs. 4 Nr. 3 BauGB. Ob die Tatbestandsvoraussetzung des § 34 Abs. 4 Nr. 3 BauGB vorliegen, wonach die Flächen, die mittels der Satzung in den Innenbereich einbezogen werden sollen, durch die bauliche Nutzung der angrenzenden Bereiche baulich geprägt sein müssen, ist anhand der Luftbilder jedenfalls zweifelhaft, muss aber hier nicht geklärt werden. Denn auch im Falle eines Außenbereichsvorhabens richten sich die Anforderungen an die ausreichende Erschließung nach den jeweiligen Gegebenheiten, also nach den Auswirkungen und Bedürfnissen des gegenständlichen Vorhabens; gewisse Mindestanforderungen müssen aber dennoch erfüllt werden (vgl. BVerwG, Urteil v. 13.2.1976 – IV C 53.74 – juris Ls.); hierzu gehören bei sonstigen Vorhaben im Außenbereich neben der wegemäßigen Erschließung auch die Strom- und Wasserversorgung sowie die Abwasserbeseitigung (Söfker in Ernst/Zinkahn/Bielenberg/Krautzberger, BauGB, 152. EL Okt. 2023, § 35 Rdnr. 74). Bei dem hier geplanten Wohnbauvorhaben ist die Versorgung mit den genannten Sparten erforderlich.

b) Die Erschließung muss darüber hinaus auf Dauer gesichert sein, was voraussetzt, dass sie nicht nur tatsächlich vorhanden, sondern auch rechtlich gewährleistet sein muss (BVerwG, Beschluss v. 22.11.1995 – 4 B 224/95 – juris Rdnr. 39). Tatsächlich vorhanden ist die Erschließung dann, wenn damit gerechnet werden kann, dass sie bis zur Herstellung des Bauwerks (spätestens bis zur Gebrauchsabnahme) funktionsfähig angelegt ist, und wenn ferner damit zu rechnen ist, dass sie auf Dauer zur Verfügung stehen wird (BVerwG, Urteil v. 30.8.1985 – 4 C 48/81 – juris Rdnr. 20). Von einer rechtlichen Gewährleistung ist dann auszugehen, wenn das Vorhabengrundstück entweder an eine öffentliche Straße angrenzt oder ein Zugang zum öffentlichen Wegenetz dadurch hergestellt wird, dass an den dazwischenliegenden Grundstücken Grunddienstbarkeiten bestellt sind (vgl. BVerwG, Urteil v. 3.5.1988 – 4 C 54/85 – juris Rdnr. 14). Nicht ausreichend für eine gesicherte Erschließung sind bloß schuldrechtliche Vereinbarungen des Bauherrn mit Nachbarn (BVerwG, Beschluss v. 22.11.1995 – 4 B 224/95 – juris Rdnr. 3) sowie ein etwaiges Notwege- oder Notleitungsrecht (VG München, Urteil v. 12.11.2019 – M 1 K 18.3848 – juris Rdnr. 22; v. 24.11.2020 – M 1 K 17.5873 – juris Rdnr. 24; zum Notwegerecht: Battis/Krautzberger/Löhr/Mitschang, 15. Aufl. 2022, BauGB § 30 Rdnr. 26; OVG Magdeburg, Beschluss v. 26. 10. 2012 – 2 M 124.12 – juris Ls.; BayVGH, Beschluss v. 2.12.2005 – 6 CS 05.1522 – juris Rdnr. 16).

Hier fehlt es an der leitungsmäßigen Erschließung des nicht an einer öffentlichen Straße angrenzenden Vorhabengrundstücks. Das Leitungsrecht ist von dem dinglichen Geh- und Fahrtrecht [sic!] nicht umfasst (vgl. sogleich unter aa)). Das Vorhaben kann auch nicht auf ein bereits bestehendes Notleitungsrecht zurückgreifen, das durch das Vorhaben nur unwesentlich erweitert würde (bb)) Der Kläger hat das Leitungsrecht auch nicht aus anderem Rechtsgrund zu dulden (cc) bis ee)).

aa) Das im Grundbuch zulasten des klägerischen und zugunsten des Vorhabengrundstücks eingetragene Geh- und Fahrtrecht schließt das Leitungsrecht nicht mit ein.

An einem Grundstück können eine oder mehrere Grunddienstbarkeiten bestellt werden, d. h., ein Grundstück kann zugunsten des jeweiligen Eigentümers eines anderen Grundstücks in der Weise belastet werden, dass dieser das Grundstück in einzelnen Beziehungen benutzen darf (§ 1018 Var. 1 BGB). Zu der Belastungsart der Benutzungsdienstbarkeit werden Fallgruppen gebildet, denkbar sind etwa Wege-, Durch- und Zufahrtsrechte, Entnahmerechte von Bodenbestandteilen, Benutzungsrechte an Anlagen und Leitungsrechte (MüKoBGB/Mohr, 9. Aufl. 2023, BGB § 1018 Rdnr. 33). Der wesentliche Inhalt des Rechts, also die allgemeine Rechtsnatur und die besondere Art des Rechts muss im Eintragungsvermerk gekennzeichnet sein; dabei genügt es, dass dies schlagwortartig geschieht (vgl. BayObLG, Beschluss v. 15.2.1990 – BReg 2 Z 10/90 – juris Rdnr. 10; OLG Zweibrücken, Beschluss v. 28.9.2016 – 3 W 76/16 – juris Rdnr. 7).

Für die Auslegung von Dienstbarkeiten wird entscheidend auf die Grundbucheintragung abgestellt. Angesichts der Zweckbestimmung des Grundbuchs, jedem Gutgläubigen sowie allen späteren Verpflichteten und Rechtsnachfolgern über Inhalt und Umfang der eingetragenen Rechte eindeutig Aufschluss zu geben, ist bei der Auslegung einer Grundbucheintragung auf den Wortlaut sowie insbesondere auf den Sinn abzustellen, wie er sich aus dem Grundbuch selbst und einer gemäß § 874 BGB in Bezug genommenen Eintragungsbewilligung für einen unbefangenen Betrachter als nächstliegende Bedeutung der Eintragung ergibt. Umstände, die außerhalb dieser Urkunde liegen, dürfen hiernach zur Ermittlung von Inhalt und Umfang des dinglichen Rechts nur insoweit herangezogen werden, als sie nach den besonderen Umständen des Einzelfalls für jedermann ohne weiteres erkennbar sind (MüKoBGB/Mohr, 9. Aufl. 2023, BGB, § 1018 Rdnr. 18)

Im Grundbuch ist ein Ein- und Ausfahrtsrecht eingetragen. Ein Leitungsrecht wurde schon nach dem Wortlaut nicht eingetragen und findet sich im Grundbuch »schlagwortartig« nicht. Einer auf ein Leitungsrecht erweiternden Auslegung ist diese Eintragung nicht zugänglich. Auch aus den übrigen Umständen, insbesondere der in der Eintragung in Bezug genommenen Bewilligungen vom 20.2.1937 und 9.4.1938 ergibt sich nicht, dass auch ein Leitungsrecht zugunsten des Vorhabengrundstücks bestellt werden sollte. Im Gegenteil wurde in demselben Erbausei nandersetzungsvertrag, der auch das Vorhabengrundstück zum Gegenstand hatte, zugunsten eines anderen Grundstücks (FlNr.639) die Eintragung von Leitungsrechten bewilligt (S. 27–28 und

S. 42 Behördenakte). Bezüglich des Vorhabengrundstücks beschränkten sich die Beteiligten gerade auf die Bestellung eines Geh- und Fahrtrechts. Dies ist gerade unter den gegebenen Umständen als absichtsvolles Vorgehen und nicht etwa als versehentliche Auslassung zu werten.

Diese grundbuch- und sachenrechtliche Beurteilung ist auch in diesem Verfahren zu Grunde zu legen. Die Kammer folgt nicht der in der verwaltungsgerichtlichen Rechtsprechung vertretenen Ansicht (vgl. z. B. BayVGH, Beschluss v.13.8.2003 – 23 CS 03.1922 – BeckRS 2003, 31497; Beschluss v. 28.8.2008 – 4 ZB 08.1071 – juris Rdnr. 10; VG München, Urteil v. 1.6.2017 – M 10 K 16.3834 – juris Rdnr. 23; weitere Rechtsprechungsnachweise bei Grziwotz in BayVBl. 2019, 187), dass ein dingliches Geh- und Fahrtrecht stets auch ein Leitungsrecht enthält. Das Wegerecht berechtigt nur zu der damit eingeräumten Nutzungsmöglichkeit des belasteten Grundstücks, nicht zu der Verlegung von Leitungen (so ausdrücklich BGH, Urteil v. 26.1.2018 – V ZR 47/17 – juris Rdnr. 15).

bb) Das Vorhaben kann auch nicht auf ein bereits bestehendes Notleitungsrecht zurückgreifen, das mit dem Vorhaben nur unwesentlich ausgeweitet würde.

Ein Notleitungsrecht bestünde, wenn dies bereits bislang zur ordnungsmäßigen Grundstücksnutzung notwendig gewesen wäre, § 917 Abs. 1 BGB entsprechend. Das Vorhabengrundstück war und ist ein Gartengrundstück; diese Nutzung war im Übrigen auch in dem Erbauseinandersetzungsvertrag vorgesehen. Für kleingärtnerische Nutzung bedarf es nicht der Versorgung mit all den in Rede stehenden Leitungen. Die Kammer hält selbst eine Wasserleitung für eine gärtnerische Nutzung nicht für im Rechtssinne notwendig; jedenfalls aber ist ein Abwasserkanal nicht erforderlich.

Auch die von der Beigeladenen in Bezug genommene Vorschrift des § 918 Abs. 2 BGB führt zu keinem anderen Ergebnis. § 918 Abs. 2 BGB sieht vor, dass wenn infolge der Veräußerung eines Teils des Grundstücks der veräußerte oder der zurückbehaltene Teil von der Verbindung mit dem öffentlichen Wege abgeschnitten wird, der Eigentümer desjenigen Teils, über welchen die Verbindung bisher stattgefunden hat, den Notweg zu dulden hat. Dieser Rechtsgedanke findet auf Notleitungsrechte entsprechende Anwendung (BeckOK BGB/Fritzsche, 69. Ed. 1.2.2024, BGB § 918 Rdnr. 7). Der Tatbestand der Vorschrift ist nicht erfüllt. Die Norm setzt mit der Formulierung »die Verbindung bisher stattgefunden hat« voraus, dass zum Veräußerungszeitpunkt bereits ein Notleitungsrecht vorhanden war. Zu dem Zeitpunkt der Erbauseinandersetzung, als das Vorhabengrundstück als gefangenes Grundstück herausgemessen wurde, bestand aus den o. g. Gründen kein Notleitungsrecht zugunsten der Fläche, die heute das Vorhabengrundstück ausmacht.

cc) Es liegt ein Eingriff in das Eigentum des Klägers vor, insbesondere ist von einem schutzwürdigen Interesse des Klägers an der Ausschließung der Beigeladenen auszugehen.

Ein Eingriff liegt vor, wenn sich die Rechtswidrigkeit der Baugenehmigung in dem gekennzeichneten Sinne aus Gründen ergibt, die sich – wie vor allem Mängel der Erschließung – ihrer Art nach auf die Duldung eines Notleitungsrechts auswirken. Von einer solchen Auswirkung könnte dann keine Rede sein, wenn der Kläger die Verlegung von Leitungen ohnehin dulden müsste oder wenn die Inanspruchnahme des Nachbargrundstücks infolge der Bebauung nur derart »unwesentlich« sein sollte, dass der Kläger die damit verbundenen Nachteile ohne weiteres hinnehmen müsste (BVerwG, Urteil v. 26.3.1976 – IV C 7.74 – BVerwGE 50, 282–292, juris Rdnr. 28). Dieser Rechtsgedanke findet sich in der Vorschrift des § 905 Satz 2 BGB wieder, wonach der Eigentümer Einwirkungen nicht verbieten kann, die in solcher Höhe oder Tiefe vorgenommen werden, dass er an der Ausschließung kein Interesse hat.

(1) Das Herrschaftsrecht des Eigentümers an seinem Grundstück erstreckt sich nach § 905 Satz 1 BGB einerseits senkrecht auf den Raum über der Oberfläche und andererseits senkrecht auf den Erdkörper unter der Erdoberfläche. Der Kläger (bzw. sein Rechtsvorgänger) hat sich durch das eingetragene Geh- und Fahrtrecht zwar der umfassenden Herrschaftsbefugnis an dem oberirdischen Grundstücksteil begeben. Davon unabhängig ist jedoch der unterirdische Grundstücksteil, der Bezugspunkt für das Leitungsrecht wäre, und der bisher nicht mit einem dinglichen Recht belastet ist. Zwar kann der Eigentümer Einwirkungen nicht verbieten, die in solcher Höhe oder Tiefe vorgenommen werden, dass er an der Ausschließung kein Interesse hat (§ 905 Satz 2 BGB). Ob ein solches Interesse nicht besteht, richtet sich nach der Verkehrsanschauung. Bei welcher Tiefe (oder Höhe) das Interesse des Grundstückseigentümers an der Ausschließung einer Einwirkung entfällt, lässt sich nicht allgemein festlegen, entscheidend sind die konkreten Verhältnisse, wobei jedes schutzwürdige Interesse das Verbietungsrecht begründen kann; einer konkreten Beeinträchtigung bedarf es nicht (MüKoBGB/Brückner, 9. Aufl. 2023, BGB § 905 Rdnr. 5). Dabei ist nicht nur die gegenwärtige Nutzung maßgebend; zu berücksichtigen sind vielmehr auch solche Umstände, die erst in der Zukunft eine Behinderung besorgen lassen (BGH, Urteil v. 1.2.1994 – VI ZR 229/92 – BGHZ 125, 56–68, juris Rdnr. 22). Die Zivilgerichte sind hinsichtlich der Beschränkung des Eigentums bei Einwirkungen in die Tiefe des Grundstücks streng; der Grundstückseigentümer hat danach in der Regel ein Ausschließungsinteresse an der Verhinderung der unterirdischen Nutzung (vgl. Grziwotz in BayVBl. 2019, 188 m. w. N.). Vor dem Hintergrund der Feststellungswirkung der Baugenehmigung für den Zivilprozess erscheint ein Gleichlauf der öffentlich-rechtlichen Beurteilung mit der zivilrechtlichen geboten.

(2) Hier ist davon auszugehen, dass dem Kläger das Verbietungsverbot nicht genommen ist, sondern er ein schützenswertes Interesse an der Ausschließung der in Rede stehenden Grundstücksnutzung hat.

Die Beigeladene beruft sich darauf, dass kein Interesse des Klägers erkennbar sei, die Beigeladene mit ihrer Nutzungsabsicht auszuschließen, weil die

Leitungen bereits bestünden. Es sei damit kein Eingriff verbunden. Dieser Einwand verfängt nicht. Dabei kann offengelassen werden, auf welcher Grundlage und mit welcher rechtlichen Dauerhaftigkeit diese Leitungen verlegt wurden, auch kann dahinstehen, welche Duldungspflichten bezüglich dieser Leitungen bestehen. Denn ausweislich der vorliegenden Akten reichen die vorhandenen Leitungen nicht bis an das Grundstück der Beigeladenen heran, sondern verlaufen in ca. 4 m Entfernung (vgl. Plan S. 60, vgl. auch S. 14 des Behördenakts). Dementsprechend bedürfte es noch weiterer Erdarbeiten zur Verlegung des fehlenden Leitungsabschnitts bzw. des Grundstücksanschlusses, die auf dem Grundstück des Klägers stattfinden müssten. Es ist kein Rechtsgrund dafür ersichtlich, dass der Kläger diese hinzunehmen hätte. Ein Interesse des Klägers, die Beigeladene von der Nutzung auszuschließen, besteht auch insoweit, als an Leitungen Wartungs- und Reparaturarbeiten durchzuführen sein können und auch damit sein Grundstück beansprucht würde. Ferner besteht die Gefahr von Grundstücksbeeinträchtigungen, die im Lauf der Zeit von undichten und maroden Kanälen ausgehen. Daher ist durch das Vorhaben der Beigeladenen auch ein öffentlich-rechtlicher Eingriff zu bejahen.

(3) Auch die von der Beigeladenen bemühten Grundsätze des nachbarlichen Gemeinschaftsverhältnisses führen nicht zur Duldungspflicht.

Das nachbarliche Gemeinschaftsverhältnis stellt eine Ausprägung des Grundsatzes von Treu und Glauben (§ 242 BGB) für den besonderen Bereich des notwendigen Zusammenlebens von Grundstücksnachbarn dar, aus dem eine Pflicht zur gegenseitigen Rücksichtnahme entspringt (BGH, Urteil v. 31.1.2003 – V ZR 143/02 – juris). In dem von der Beigeladenen hierzu herangezogenen Urteil des OVG Bremen (v. 30.9.2003 – 1 A 251/01 – abrufbar unter https://www.oberverwaltungsgericht.bremen.de) wird hierfür darauf abgestellt, ob es sich um einen Eingriff handelt, der als unwesentlich hinzunehmen sei. Es wird dargelegt, dass unter dem Blickwinkel dieses Gemeinschaftsverhältnisses auch ein Notwegerecht eine eigene, zusätzliche Rechtfertigung erlangen könne, die dazu führe, dass eine erteilte Baugenehmigung die Eingriffsqualität für den Nachbarn verliere. Dies sei in Erwägung zu ziehen, wenn die Inanspruchnahme des Nachbargrundstücks nur unwesentlich sei. In diesem Fall zeichne das Notwegerecht lediglich die ohnehin schon bestehenden nachbarlichen Pflichten nach. Die erteilte Baugenehmigung bewirke keine Rechtsverschlechterung des Nachbarn; ihr fehle die Eingriffsqualität. Aus einer nur unwesentlichen, praktisch nicht spürbaren Beeinträchtigung eine Sperrposition für die ansonsten zulässige Bebauung des Nachbargrundstücks abzuleiten widerspräche dem durch das nachbarliche Gemeinschaftsverhältnis konkretisierten Grundsatz von Treu und Glauben.

Hier nimmt das in Rede stehende Leitungsrecht, wie oben dargelegt, das Grundstück des Klägers jedoch nicht nur unwesentlich in Anspruch. Von einer Treuwidrigkeit kann daher nicht die Rede sein. Auch die Vorgeschichte, die die beiden Grundstücke verbindet und die zu den gegenwärtigen Grundstücksverhältnissen geführt hat, vermag zu keiner anderen Bewertung zu führen, ebenso wenig die möglicherweise in den nachfolgenden Generationen aufgetretenen Familienstreitigkeiten. Die Herauslösung des Vorhabengrundstücks aus dem (nunmehr im klägerischen Eigentum stehenden) Grundstück im Wege der Erbauseinandersetzung erfolgte in bewusster Steuerung der baulichen Nutzungsmöglichkeit des Vorhabengrundstücks und der damit flankierenden, lediglich beschränkten Einräumung von Dienstbarkeiten.

(4) Die von der Beigeladenen angestellten Erwägungen zur Wegefläche, insbesondere zur straßenrechtlichen Einstufung des Weges und zu der bestehenden Erhaltungspflicht gehen wegen der oben dargestellten Differenzierung zwischen dem Eigentum am oberirdischen und am unterirdischen Grundstücksteil gemäß § 905 Satz 1 BGB fehl.

dd) Aus den von der Beigeladenen vorgebrachten Duldungspflichten bezüglich der Frischwasserzuleitung und des Abwasserkanals nach den kommunalen Satzungen ergibt sich nichts anderes. Nach § 19 Abs. 1 Satz 1 der örtlichen Entwässerungssatzung (EWS) hat der Grundstückseigentümer das Anbringen und Verlegen von Leitungen einschließlich Zubehör zur Ableitung von Abwasser über sein im Einrichtungsgebiet liegendes Grundstück sowie sonstige Schutzmaßnahmen unentgeltlich zuzulassen, wenn und soweit diese Maßnahmen für die örtliche Abwasserbeseitigung erforderlich sind. Eine vergleichbare Regelung für die Frischwasserleitungen enthält § 14 Abs. 1 Satz 1 der örtlichen Wasserabgabesatzung (WAS).

Die Anwendung dieser Vorschriften setzt nach ihrem Wortlaut voraus, dass die Leitungsverlegung für die örtliche Abwasserbeseitigung bzw. Wasserversorgung »erforderlich« ist. Davon ist in diesem Streitverfahren, in dem es um die Rechtmäßigkeit der erteilten Baugenehmigung und der damit verbundenen Entscheidung für ein einzelnes Gebäude geht, nicht auszugehen. Die Erforderlichkeit der Maßnahmen im Rahmen der öffentlichen Daseinsvorsorge liegt nämlich nicht schon zur Erfüllung eines Bauwunsches vor, sondern erst bei feststehender Bebaubarkeit bzw. Bebautheit des Grundstücks (vgl. hierzu auch § 4 Abs. 1 WAS, § 5 Abs. 1 EWS). Die Anwendbarkeit der Regelung setzt voraus, dass die hier streitige Baugenehmigung bestandskräftig worden wäre. Dies hat der Kläger mit der Erhebung seiner Klage gerade verhindert. …

Nr. 147

Eine öffentliche Straße in Gestalt eines öffentlichen Weges im Sinne des § 2 Abs. 1 NStrG entsteht durch eine genehmigte Zuwegung nicht, wenn diese nicht gem. § 6 Abs. 1 Satz 1, 2 NStrG durch die Straßenaufsichtsbehörde als solche gewidmet ist.

Wie weit der Anliegergebrauch gewährleistet ist, in den eine etwaige Sondernutzung der Beigeladenen übergreifen könnte, richtet sich nach dem einschlägigen Straßenrecht, dessen Regelungsbereich das Nachbarschaftsverhältnis zwischen Straße und angrenzenden Grundstücken mit umfasst.

Die durch öffentliche Wegeverbindungen entstehenden Einsichtnahmemöglichkeiten und Geräuscheinwirkungen sind innerhalb eines allgemeinen Wohngebiets regelmäßig zumutbar.

(Leitsätze der Redaktion)

BauNVO § 4; NStrG § 2 Abs. 1; StVO § 1 Abs. 1; NBauO § 70 Abs. 1 Satz 1.

Niedersächsisches OVG, Beschluss v. 8. November 2024 – 1 ME 110/24 –.

Aus den Gründen:

Die gegen diesen Beschluss gerichtete, zulässige Beschwerde hat keinen Erfolg. Die fristgerecht dargelegten Gründe, auf deren Prüfung der Senat gem. § 146 Abs. 4 Satz 6 VwGO beschränkt ist, rechtfertigen keine Änderung des verwaltungsgerichtlichen Beschlusses.

1. Der Einwand der Antragsteller, wonach das Verwaltungsgericht übersehen habe, dass die streitgegenständliche Baugenehmigung den Anforderungen des Bestimmtheitsgebots nicht genüge, verfängt nicht. Gegenstand der Baugenehmigung ist der zeichnerisch dargestellte und als solcher bezeichnete Neubau einer Zuwegung zum Grundstück der Beigeladenen. Ob dessen Nutzung als Friedhof bauaufsichtlich oder bestattungsrechtlich genehmigt ist, ist hierfür ohne Belang; eine baurechtlich relevante Änderung des bestehenden Friedhofs ist damit nicht verbunden. Selbst wenn das aber der Fall wäre, bedeutete das zudem nicht, dass eine die Änderung gestattende Genehmigung sich stets auf alle bebauungsrechtlichen Voraussetzungen der Zulässigkeit des Gesamtvorhabens erstrecken müsste; die Prüfung muss sich vielmehr nur auf die Punkte erstrecken, die durch die Änderung berührt werden (vgl. BVerwG, Beschluss v. 4.2.2000 – 4 B 106.99 –, NVwZ 2000, 1047 = BauR 2000, 1041 = juris Rdnr. 2). Die Antragsteller bezeichnen weder bauliche Anlagen auf dem Friedhof, denen die Genehmigung fehlen könnte, noch legen sie auch nur ansatzweise substantiiert dar, dass die Errichtung der Zuwegung solche Anlagen berühren könnte.

2. Ohne Erfolg machen die Antragsteller ferner geltend, das genehmigte Bauvorhaben »Neubau einer Zuwegung« sei nur vorgeschoben, um einer eigentlich beabsichtigten, unzulässigen Maßnahme einen genehmigungsfähigen Anschein zu verleihen; tatsächlich solle durch die genehmigte Zuwegung eine öffentliche innerörtliche Fuß- und Radwegeverbindung von der Dürerstraße über die Flurstücke K., J. und H. bis zur Lingener Straße geschaffen werden. Dies trifft nicht zu. Eine öffentliche Straße in Gestalt eines öffentlichen Weges im Sinne des § 2 Abs. 1 NStrG entsteht durch die genehmigte Zuwegung nicht, weil diese nicht gem. § 6 Abs. 1 Satz 1, 2 NStrG durch die

Straßenaufsichtsbehörde als solche gewidmet ist. Nichts anderes ergibt sich, wenn die Beigeladene beabsichtigt, der Öffentlichkeit einen freien Durchgang über die Vorhabenfläche zur Lingener Straße hin zu gewähren. Hierin liegt schon deshalb kein sog. Etikettenschwindel, weil diese Nutzung einer Verschleierung nicht bedarf. Die von den Antragstellern vermutete »wahre« Maßnahme – die Schaffung eines öffentlich zugänglichen Privatweges – entspricht ebenso dem (drittschützenden) öffentlichen Baurecht im Sinne des § 70 Abs. 1 Satz 1 NBauO wie die Errichtung einer nur zum Zwecke des Friedhofsbesuchs nutzbaren Zuwegung.

Auch die Baugenehmigung suggeriert nicht, dass der öffentliche Durchgang unterbunden wird, sondern lässt diesen – nach freiem Ermessen der Beigeladenen – zu.

3. Unabhängig davon, für welchen Nutzerkreis die Beigeladene die genehmigte Zuwegung öffnet, stehen auch die Festsetzungen des Bebauungsplans Nr. 122 »Eschkamp I« der Baumaßnahme nicht entgegen. Die Beigeladene ist an dessen Festsetzungen bereits deshalb nicht gebunden, weil das Vorhabengrundstück – worauf das Verwaltungsgericht zu Recht hinweist – außerhalb des Geltungsbereichs des Bebauungsplans liegt. Weil der Bebauungsplan zwischen den Antragstellern und der Beigeladenen kein nachbarliches Austauschverhältnis schafft, können diese sich gegenüber der Beigeladenen nicht – wie sie meinen – unabhängig von einer tatsächlichen Beeinträchtigung auf ein »Erfordernis der Gebietsverträglichkeit« berufen.

Im Übrigen steht die planerische Festsetzung eines allgemeinen Wohngebiets für die Grundstücke der Antragsteller der von ihnen befürchteten Errichtung eines »öffentlichen Fuß- und Radwegs« auf dem Nachbargrundstück offensichtlich nicht entgegen. Insbesondere hat die Festsetzung »WA« gem. § 1 Abs. 2 Nr. 3 BauNVO i. V. m. § 4 BauNVO nicht den ihr von den Antragstellern beigemessenen Inhalt, dass die Straßenverkehrsfläche Dürerstraße über das Plangebiet hinaus nicht anschlussfähig wäre. Zwar mag es zutreffen, dass der Plangeber im Bebauungsplan Nr. 122 auf die Planung einer (zweiten) Zuwegung zum Friedhof über die Dürerstraße bewusst verzichtet hat. Ein Anschlussverbot an die Verkehrsfläche Dürerstraße hat er jedoch gerade nicht vorgesehen, obwohl dies beispielsweise auf der Grundlage des § 9 Abs. 1 Nr. 11 BauGB möglich gewesen wäre. Eine solches Verbot bedarf einer ausdrücklichen planerischen Festsetzung (Mitschang/Reidt, in: Battis/Krautzberger/Löhr, BauGB, 15. Aufl. 2022, § 9 Rdnr. 67), weil es die Position des betroffenen Grundstückseigentümers über das übliche Maß hinaus einschränkt und zudem geeignet ist, Erschließungsbeitragslasten von dem betroffenen Grundstück auf die Nachbargrundstücke »abzuschieben« (vgl. OVG NRW, Urteil v. 1.4.2005 – 3 A 3243/02 –, NVwZ-RR 2006, 384 = juris Rdnr. 28; hierzu auch BVerwG, Urteil v. 1.3.1991 – 8 C 59.89 – BVerwGE 88, 70= BRS 52 Nr. 93 = juris Rdnr. 15.). Weder die zeichnerischen noch die textlichen Festsetzungen des Bebauungsplans Nr. 122 enthalten aber ein solches Verbot.

Darauf, ob der Plangeber die Lücke zwischen den Grundstücken der Antragsteller gezielt geschaffen hat oder ob diese ein zufälliges Vermessungsergebnis ist, kommt es insoweit nicht an. Jedenfalls hat er die über eine Länge von 2,30 m an das Flurstück H. angrenzende Fläche bewusst mit einer Verkehrsfläche überplant, die den stimmigen Anschluss weiterer Straßenverkehrsflächen oder Zuwegungen ermöglicht.

4. Die streitgegenständliche Baugenehmigung verstößt auch nicht gegen das drittschützende und gebietsübergreifend geltende (vgl. BVerwG, Urteil v. 28.10.1993 – 4 C 5.93 –, BauR 1994, 354 = BRS 55 Nr. 168 = juris Rdnr. 15) bauplanungsrechtliche Gebot der Rücksichtnahme (vgl. § 15 Abs. 1 Satz 2 BauNVO). Zu Recht hat das Verwaltungsgericht angenommen, dass auch von einer Nutzung der genehmigten Zuwegung als »öffentliche innerörtliche Wegeverbindung« keine mit der Wohnnutzung der Grundstücke der Antragsteller unverträglichen Wirkungen ausgehen. Im Gegenteil sind die durch öffentliche Wegeverbindungen entstehenden Einsichtnahmemöglichkeiten und Geräuscheinwirkungen schon innerhalb eines allgemeinen Wohngebiets regelmäßig zumutbar; sie sind jeder Siedlungsstruktur wesenseigen. So ist auch im vorliegenden Fall zu erwarten, dass die durch die Nutzung der streitgegenständlichen Zuwegung entstehende Belastung hinter dem zurückbleibt, was die Antragsteller bereits nach den Festsetzungen des Bebauungsplans dulden müssen. Innerhalb des Plangebietes grenzen ihre Grundstücke unmittelbar an die Verkehrsfläche »Dürerstraße«, die – anders als die genehmigte Zuwegung auf der Vorhabenfläche – zu jeder Tag- und Nachtzeit auch mit motorisiertem Verkehr öffentlich befahren werden kann. Vor diesem Hintergrund ist die zusätzliche Belastung durch Geräusche von Fußgängern und Radfahrern minimal; die von den Antragstellern vertretene Behauptung, diese seien unzumutbar, ist fernliegend.

Erst recht steht den Antragstellern kein Abwehranspruch gegen solche gebietstypischen Einwirkungen zu, wenn diese von außen auf das allgemeine Wohngebiet treffen. Die nachbarliche Rücksichtnahme gebietet es nicht, die Nutzung des nicht überplanten Grundstücks der Beigeladenen stärker zu beschränken als die Nutzung der innerhalb des Plangebiets angrenzenden Fläche. Das Rücksichtnahmegebot vermittelt keinen Anspruch auf die Unveränderlichkeit der Nutzung des Vorhabengrundstücks, die die Antragsteller hier der Sache nach begehren. Die Antragsteller mögen, wie sie ausführen, darauf vertraut haben, dass auf dem Flurstück H. außerhalb der Nutzungszeiten des Friedhofs dauerhaft »absolute Stille« herrscht. Rechtlichen Schutz genießt diese Erwartung jedoch nicht; hierfür fehlt es bereits an einem (objektiven) Vertrauenstatbestand. Einen solchen hat insbesondere der Rat der Gemeinde Geeste nicht geschaffen. Er hat eine Anbindung des Friedhofs an die Dürerstraße – wie gesehen – gerade nicht durch eine entsprechende Festsetzung im Bebauungsplan rechtsverbindlich ausgeschlossen, sondern zum Zeitpunkt der Aufstellung des Bebauungsplans lediglich auf die Planung einer weiteren

Zuwegung zum Flurstück H. verzichtet. Ein Ausschluss für alle Zeiten – zumal mit Wirkungen auf Dritte, hier die Beigeladene – war damit nicht verbunden. Inhalt und Schranken des Eigentums der Antragsteller werden hierdurch nicht angetastet, so dass auch der Hinweis der Antragsteller auf ihr Eigentumsrecht i. S. d. Art. 14 Abs. 1 Satz 1 GG insoweit ins Leere geht.

5. Ohne Erfolg berufen sich die Antragsteller ferner darauf, dass das streitgegenständliche Vorhaben den bauordnungsrechtlichen Anforderungen an die Sicherheit und Leichtigkeit des Verkehrs nicht genüge. Richtig ist, dass gem. § 3 Abs. 1 Satz 2, 2. Var. NBauO unzumutbare Verkehrsbehinderungen nicht entstehen dürfen. Hierunter fällt eine unzumutbare Behinderung der Ausfahrt aus bzw. Zufahrt zu Privatgrundstücken auf die öffentliche Straße (Mann, in: Große-Suchsdorf, NBauO, 10. Aufl. 2020, § 3 Rdnr. 34), auf die sich die betroffenen Nachbarn auch berufen können (Burzynska/Fontana, in: Große-Suchsdorf, NBauO, 10. Aufl. 2020, § 68 Rdnr. 68; vgl. Senatsbeschl. v. 20.12.2013 – 1 ME 214/13 –, BauR 2014, 663 = BRS 81 Nr. 187 = juris Rdnr. 12). Die genehmigte Zuwegung der Beigeladenen erschwert die Aus- und Einfahrt von den Grundstücken der Antragsteller auf die Dürerstraße aber nicht unzumutbar. Eines Ortstermins, dessen Unterbleiben die Antragsteller rügen, bedarf es zu dieser Feststellung – zumal im Verfahren des vorläufigen Rechtsschutzes – nicht.

Für das Grundstück der Antragstellerin zu 1. folgt dies bereits daraus, dass die Zufahrt zu ihm über seine vom Vorhabengrundstück abgewandte Ostseite erfolgt. Eine Verkehrsbeeinträchtigung wird hier durch das Bauvorhaben nicht geschaffen. Wenn die aus der Zuwegung kommenden Fußgänger und Radfahrer die Zufahrt der Antragstellerin zu 1. passieren, sind diese nicht mehr von den sonstigen Nutzern der Dürerstraße zu unterscheiden.

Die Zufahrt des Antragstellers zu 2. hingegen ist zwar durch die streitgegenständliche Zuwegung behindert. Zu Recht weist er darauf hin, dass durch das Vorhaben der Beigeladenen ein unübersichtlicher Kreuzungspunkt geschaffen wird, denn der neu entstehende Fuß- und Radverkehr mündet unmittelbar und ohne einen möglichen vorherigen Sichtkontakt vor seiner Grundstückszufahrt ein. Das Ausfahren aus dem bzw. das Einfahren auf das Grundstück des Antragstellers zu 2. erfordert damit ein gegenüber der bisherigen Situation erhöhtes Maß an (gegenseitiger) Rücksichtnahme im Sinne des § 1 Abs. 1 StVO.

Dieses erhöhte Maß an Rücksichtnahme ist für den Antragsteller zu 2. aber nicht unzumutbar. Ihm ist es weiterhin möglich, den Anforderungen des § 10 Satz 1 StVO entsprechend von seinem Grundstück aus auf die Fahrbahn ein- bzw. auszufahren, ohne andere Verkehrsteilnehmer zu gefährden. Bei unübersichtlichen Grundstücksausfahrten muss sich der Einfahrende notfalls zentimeterweise in die Fahrbahn hineintasten, bis er einen Überblick erlangt (Grabow, in: BeckOK StVR, StVO, 24. Ed. 15.7.2024, § 10 Rdnr. 25; Burmann/Heß/Hühnermann/Jahnke/Burmann, 28. Aufl. 2024, StVO § 10

Rdnr. 10). Hier kann der Antragsteller zu 2. sein Sichtfenster auf die streitgegenständliche Zuwegung durch eine situationsangepasste Fahrweise weiter vergrößern. So kann er – insbesondere bei Ausfahrten vom nördlichen Stellplatz der Doppelgarage – die gut fünf Meter lange Wegstrecke seiner Zufahrt nutzen, um mit seinem Fahrzeug von einem möglichst weit von der Kreuzungsstelle entfernten Punkt der Zufahrt aus auf die Fahrbahn einzufahren. Weiter verbessern kann er seine Sicht auf den Kreuzungspunkt, indem er sein Fahrzeug – von einem möglichst südlichen Punkt der Zufahrt aus – rückwärts in der Garage abstellt, um später vorwärts in die Dürerstraße einfahren zu können. Bei einer solchen auch einem ungeübten Fahrer ohne weiteres zumutbaren Fahrweise ist es regelmäßig nicht erforderlich, dass er sich – wie es § 10 Abs. 1, 2. HS StVO ausdrücklich vorsieht – durch Dritte beim Einfahren einweisen lässt. Zu Lasten des Antragstellers zu 2. fällt in der Gesamtschau der verkehrlichen Situation zudem der Umstand ins Gewicht, dass die streitgegenständliche Zuwegung eine unübersichtliche Verkehrssituation nicht schafft, sondern nur verschärft. Auch ohne die zusätzliche Einmündung vor dem Grundstück der Beigeladenen erfordert das Einfahren vom Grundstück des Antragstellers zu 2. in die Dürerstraße ein gewisses Maß an Umsicht. Denn diese verfügt – wie das Verwaltungsgericht zu Recht betont – über keinen von der Straßenverkehrsfläche abgetrennten Gehweg; auch erlaubt die rechtwinklige Straßenführung jedenfalls in nördlicher Richtung keinen frühzeitigen Sichtkontakt zum herannahenden Verkehr.

6. Auch der Vortrag der Antragsteller, es fehle eine sachkundige straßenrechtliche Prüfung und Erlaubnis der Herstellung der innerörtlichen Wegeverbindung, greift nicht durch. Ob die streitgegenständliche Maßnahme als nicht notwendige weitere Zuwegung zum Grundstück der Beigeladenen eine Sondernutzung im Sinne des § 18 Abs. 1 Satz 1 NStrG ist und als solche gem. § 18 Abs. 1 Satz 2 NStrG einer Erlaubnis des Trägers der Straßenbaulast bedurft hätte (vgl. hierzu NdsOVG, Urteil v. 18.7.2012 – 7 LB 29/11 –, juris Rdnr. 26), kann hier offenbleiben.

Zwar wäre in diesem Falle die streitgegenständliche Baugenehmigung als »Schlusspunkt« des Zulassungsverfahrens rechtswidrig, weil sie die Vereinbarkeit mit dem gesamten öffentlichen Baurecht gem. § 70 Abs. 1 Satz 1 NBauO feststellt, ohne dass diese tatsächlich vorläge. Denn das in § 18 Abs. 1 Satz 2 NStrG geregelte präventive Verbot mit Erlaubnisvorbehalt ist öffentliches Baurecht im Sinne des § 2 Abs. 17 NBauO, soweit es – wie ggf. hier – als sonstige Vorschrift des öffentlichen Rechts Anforderungen an bauliche Anlagen stellt bzw. die Bebaubarkeit von Grundstücken regelt. Eine Sondernutzungserlaubnis ist der Beigeladenen für den Neubau der Zuwegung aber nach Aktenlage nicht erteilt worden. Auch die streitgegenständliche Baugenehmigung selbst enthält keine wegerechtliche Erlaubnis gem. § 18 Abs. 1 Satz 2 NStrG, weil ihr weder die NBauO noch das NStrG insoweit Konzentrationswirkung beimisst.

Selbst dann, wenn eine (fehlende) Sondernutzungserlaubnis hier erforderlich wäre, verhälfe dies der Beschwerde aber nicht zum Erfolg. Die (vorzeitige) Erteilung der Baugenehmigung könnte keine Rechte der Antragsteller im Sinne des § 113 Abs. 1 Satz 1 VwGO verletzen, weil die wegerechtliche Erlaubnis hier ihrerseits nicht dem Schutz von Nachbarrechten dienen würde (vgl. zu diesem Maßstab Senatsbeschl. v. 17.1.2022 – 1 ME 142/21 –, BauR 2022, 631 = BRS 90 Nr. 141 = juris Rdnr. 15). Zwar ließe eine Sondernutzungserlaubnis eine Nutzung der Straße über den Gemeingebrauch hinaus zu; ein Übergriff in den Anliegergebrauch der Antragsteller wäre hiermit aber nicht notwendig verbunden. Wie weit der Anliegergebrauch gewährleistet ist, in den eine etwaige Sondernutzung der Beigeladenen übergreifen könnte, richtet sich nach dem einschlägigen Straßenrecht, dessen Regelungsbereich das Nachbarschaftsverhältnis zwischen Straße und angrenzenden Grundstücken mit umfasst (BVerwG, Beschluss v. 11.5.1999 – 4 VR 7.99 –, NVwZ 1999, 1341 = juris Rdnr. 5). Ein Abwehrrecht gegenüber einer Sondernutzung steht dem Nachbarn hiernach nur zu, wenn der notwendige Zugang zur Straße abgeschnitten oder zumindest erheblich erschwert wird (vgl. BVerwG, Beschluss v. 11.5.1999 – 4 VR 7/99 –, NVwZ 1999, 1341 = juris Rdnr. 7). Dieser Kernbereich des Anliegergebrauchs der Antragsteller ist hier durch das Vorhaben der Beigeladenen nicht berührt. Der Zugang der Grundstücke der Antragsteller zur Straße und ihre Zugänglichkeit von der Straße her werden durch die neu einmündende Zuwegung nicht in Frage gestellt.

7. Zu einem anderen Ergebnis führen auch nicht die von den Antragstellern geltend gemachten Verfahrensfehler. Zu Recht weisen die Antragsteller selbst darauf hin, dass die Aufhebung eines Verwaltungsaktes wegen eines Verfahrensfehlers nur dann verlangt werden kann, wenn sich dieser auf die materiell-rechtliche Position des Rügenden ausgewirkt haben könnte (vgl. BVerwG Urteil v. 24.11.2011 – 9 A 24.10 –, NuR 2013, 184 = juris Rdnr. 14). Dies ist hier aber nicht der Fall. Soweit die Antragsteller rügen, dass der Antragsgegner ihnen die Baugenehmigung nicht den Anforderungen des § 70 Abs. 5 Satz 1 NBauO genügend zugestellt, Akten unzureichend zugänglich gemacht und auch über ihren Antrag auf Aussetzung der sofortigen Vollziehung nicht entschieden habe, ergibt sich dies schon daraus, dass diese Fehler zeitlich nach der Erteilung der streitgegenständlichen Baugenehmigung lägen. Auch bedarf es keine Prüfung, ob dem Bauantrag ein (ggf. informeller) Vorlauf vorausging und ob die Besorgnis der Befangenheit der Mitarbeiter der unteren Bauaufsichtsbehörde bestand. Auch hieraus ergäbe sich kein Anspruch der Antragsteller auf Aufhebung der streitgegenständlichen Baugenehmigung, weil diese jedenfalls ihre materiellen (Nachbar-)Rechte nicht verletzt. …

J. Rechtsprechung zum Besonderen Städtebaurecht

Nr. 148

1. **Die Unbestimmtheit des räumlichen Geltungsbereichs der Sanierungssatzung in wenigen Randbereichen führt nur zur Unwirksamkeit der Satzung in den betroffenen Grundstücksbereichen.**
2. **Ob ein städtebaulicher Missstand vorliegt, beurteilt sich auf der Grundlage einer Gesamtschau, bei der alle ermittelten Mängel zu würdigen und zu gewichten sind. Dabei ist auf das Sanierungsgebiet abzustellen und nicht auf einzelne Grundstücke.**
3. **Soweit Sanierungsziele mithilfe der Bauleitplanung umgesetzt werden sollen, sind Nachteile für die betroffenen Eigentümer im Rahmen dieser Planung zu ermitteln und zu würdigen.**
4. **Eine Sanierungssatzung kann für ein Gebiet erneut erlassen werden, wenn die Sanierung an veränderte Rahmenbedingungen und neue Zielsetzungen angepasst werden soll; auch ist die Weiterführung begonnener Projekte damit möglich.**

BauGB §§ 136, 141, 142.

Bayerischer VGH, Urteil vom 29. Februar 2024 – 1 N 21.3984 –.

Aus den Gründen:

Die Antragstellerin wendet sich gegen die Satzung über die förmliche Festlegung des Sanierungsgebietes »II Altstadt (Altstadt und D. Fr. mit den frühen Siedlungserweiterungen)«, die die Antragsgegnerin am 21.10.2021 beschlossen und am 23.11.2021 bekannt gemacht hat. …

Der Normenkontrollantrag ist zulässig und im Hinblick auf kleine Bereiche in der Peripherie begründet. Im Übrigen hat er keinen Erfolg.

Gemäß § 47 Abs. 2 Satz 1 VwGO ist im Normenkontrollverfahren jede natürliche oder juristische Person antragsbefugt, die geltend macht, durch die Rechtsvorschrift oder deren Anwendung in ihren Rechten verletzt zu sein oder in absehbarer Zeit verletzt zu werden. Die Antragstellerin muss hinreichend substantiiert Tatsache vortragen, die es zumindest als möglich erscheinen lassen, dass sie durch die Festsetzungen der Satzung in einem Recht verletzt wird. Wie die Antragstellerin vorgetragen hat, unterliegen die in § 14 Abs. 1 BauGB genannten Vorhaben mit der Aufnahme ihrer Grundstücke in den Geltungsbereich der Sanierungssatzung der Genehmigungspflicht nach § 144 Abs. 1 Nr. 1 BauGB. Die Sanierungssatzung hat für die in ihrem Geltungsbereich liegenden Grundstücke aufgrund des eingreifenden sanierungsrechtlichen Genehmigungsvorbehalts eine unmittelbare Eigentumsbeschränkung zur Folge (vgl. VGH BW, Urteil v. 24.3.2011 – 5 S 163.09 – juris Rdnr. 21). Die Antragstellerin ist daher als Eigentümerin von Grundstücken im Sanierungsgebiet antragsbefugt. Soweit sie sich allerdings auf Einschränkungen im Sinn von § 144 Abs. 1 Nr. 2 BauGB beruft, wird darauf hingewiesen, dass für die dort genannten Vereinbarungen eine allgemeine Genehmigung nach § 144 Abs. 3 BauGB erteilt wurde.

Der Antragstellerin fehlt auch nicht das Rechtsschutzbedürfnis für die begehrte Unwirksamkeitserklärung der Satzung. Soweit die Antragsgegnerin darauf verwiesen hat, dass bei Unwirksamkeit die vorhergehende Satzung wiederaufleben würde, da diese weder isoliert aufgehoben worden sei noch nach § 235 Abs. 4 BauGB automatisch außer Kraft trete, ist es der Antragstellerin nicht verwehrt, die Anwendung dieser Satzung im Rahmen des Genehmigungsvorbehalts anzuzweifeln (vgl. BVerwG, Urteil v. 20.3.2014 – 4 C 11.13 – BVerwGE 149, 211; Beschluss v. 12.4.2011 – 4 B 52.10 – BauR 2011, 1308). Mit einem erfolgreichen Normenkontrollantrag kann sie daher ihre Rechtsstellung verbessern. Dies folgt allerdings nicht, wie die Antragstellerin meint, aus einem Entfall der Grundlage für den Bebauungsplan Nr. 61 »Obere H1.straße West«, 1. Änderung, wenn die Sanierungssatzung für unwirksam erklärt wird. Sanierungssatzung und Bebauungsplan sind rechtlich voneinander unabhängige Satzungen. Die Ungültigkeit einer Sanierungssatzung zieht deshalb nicht die Ungültigkeit eines Bebauungsplans nach sich, der im Zuge der beabsichtigten Sanierung aufgestellt worden ist. Ein Sanierungsbebauungsplan ist nicht aus der Sanierungssatzung zu entwickeln (vgl. BVerwG, Beschluss v. 24.3.2010 – 4 BN 60.09 – NVwZ 2010, 1490; Beschluss v. 31.3.1998 – 4 BN 5.98 – BauR 1998, 750; OVG Rh-Pf, Urteil v. 10.12.2015 – 1 C 10631/14 – juris Rdnr. 23; BayVGH, Urteil v. 14.12.1981 – 14 N 81 A.272 – BauR 1982, 239).

Soweit mit dem Schriftsatz der Antragsgegnerin vom 12.2.2024 die Einhaltung der Jahresfrist nach § 47 Abs. 2 Satz 1 VwGO bezweifelt wird, da mit der Sanierungssatzung keine anderen oder weitergehenden Regelungswirkungen im Vergleich zur Altsatzung verbunden seien, ist dies unzutreffend. Es handelt sich vorliegend nicht um den Neuerlass oder die Neubekanntmachung einer Satzung mit identischen Regelungsinhalt, da bereits der Geltungsbereich verändert wurde. Weiter fand eine Änderung der Satzung im Hinblick auf die Veränderung der Rahmenbedingungen statt, die Ziele wurden angepasst (vgl. die Vorbemerkung und Begründung der Satzung). Es wurden neue Beurteilungsgrundlagen für die Sanierungssatzung erstellt bzw. dieser zugrunde gelegt. Die Fortentwicklung der Satzung wurde nicht zuletzt im Hinblick auf die Pflicht zur Aufhebung nach § 235 Abs. 4 BauGB erforderlich (vgl. BayVGH, Urteil v. 16.6.2017 – 15 N 15.2769 – juris Rdnr. 25). Die Antragsgegnerin hat ihren Einwand in der mündlichen Verhandlung auch nicht mehr aufrechterhalten.

Der räumliche Geltungsbereich der Satzung ist in einigen Grundstücksbereichen unbestimmt; insoweit war die Unwirksamkeit der Satzung festzustellen.

Die Satzung unterliegt als Rechtsnorm dem Gebot der Bestimmtheit; dies gilt unter anderem auch für den räumlichen Geltungsbereich. In der Sanierungssatzung ist das Sanierungsgebiet zu bezeichnen (vgl. § 142 Abs. 3 Satz 2 BauGB). Erforderlich ist damit eine Bezeichnung des Sanierungsgebietes, aus der sich ergibt, welche Flächen im Geltungsbereich der Sanierungssatzung liegen, also eine eindeutige Beschreibung des Sanierungsgebietes als Einheit (vgl. BVerwG, Beschluss v. 25.2.1993 – 4 NB 18.92 – ZfBR 1993, 195). Die in dieser Hinsicht getroffenen Festsetzungen müssen aus sich heraus klar und unmissverständlich sein. Der Gemeinde steht es frei, welcher Mittel sie sich bedient, um dem Bestimmtheitsgebot zu genügen. Sie hat die Wahl zwischen zeichnerischer Festsetzung und textlicher Beschreibung und kann auch beide Elemente miteinander kombinieren. Ist der Grenzverlauf an einzelnen Stellen nicht eindeutig bestimmt, so ist die Satzung für den Bereich nichtig, für den fraglich ist, ob er vom räumlichen Geltungsbereich noch erfasst wird oder nicht. Lässt sich dieser Teil rein tatsächlich abtrennen und ist der Plan auch rechtlich in dem Sinne teilbar, dass er ohne den mit dem Rechtsmangel behafteten Teil eine selbständige und rechtmäßige Planung zum Inhalt hat, zieht diese Nichtigkeit nicht zwangsläufig die Gesamtnichtigkeit des Plans für den räumlichen Bereich nach sich, den er zweifelsfrei umfasst. Von einer bloßen Teilnichtigkeit ist vielfach auszugehen, wenn sich die Nichtigkeit auf einen räumlichen Teilbereich an der Peripherie des Plangebiets beschränkt (vgl. BVerwG, Urteil v. 3.12.1998 – 4 C 14.97 – NVwZ 1999, 419; Beschluss v. 4.1.1994 – 4 NB 30.93 – NVwZ 1994, 684). Eine Satzung ist, wie jede andere Rechtsnorm, der Auslegung zugänglich; dies gilt auch für den räumlichen Geltungsbereich (vgl. BVerwG, Urteil v. 7.5.2014 – 4 CN 5.13 – NVwZ 2014, 1170; Beschluss v. 1.2.1994 – 4 NB 44.93 – juris Rdnr. 4). Die notwendige förmliche Bestimmtheit des Plans kann sich aus einer Zusammenschau von planerischer Zielsetzung und Plan ergeben (vgl. OVG SH, Urteil v. 26.5.2009 – 1 KN 22/08 – juris Rdnr. 33).

Nach diesen Maßgaben liegt nur in wenigen Randbereichen eine Unbestimmtheit vor. Die Antragsgegnerin hat das Sanierungsgebiet mit einer Karte dargestellt, die Bestandteil der ausgefertigten Satzung ist und nach § 143 Absatz 1 Satz 2 i. V. m. § 10 Abs. 3 Satz 3 BauGB bekanntgemacht wurde (vgl. BVerwG, Beschluss v. 25.2.1993 – 4 NB 18.92 – ZfBR 1993, 195). Das Satzungsgebiet wird in dem amtlichen Lageplan mit hellblauer Farbe dargestellt, die durchscheinend ist, sodass die dargestellten Grundstücksgrenzen und Straßen bzw. Flüsse weiterhin erkennbar sind. Der Maßstab lässt sich dem Entfernungslineal entnehmen (Maßstab 1:6000). Die Darstellung und der gewählte Maßstab sind geeignet, die für die Sanierungsgebietsausweisung erforderliche Genauigkeit zu gewährleisten. Die Abgrenzung des Sanierungsgebiets erfolgt zum ganz überwiegenden Teil entlang von Grundstücksgrenzen oder den Begrenzungslinien von Straßen und Flüssen (zu dem Verlauf eines Gewässers oder einer Straße als nachvollziehbare Begrenzung vgl. BayVGH, Urteil v. 11.7.2000 – 26 N 99.3185 – BayVBl 2001, 114). Werden lediglich Grundstücksteile in die Sanierungssatzung einbezogen, lässt sich grundsätzlich die Grenzziehung anhand der Farbgebung und des Maßstabs bestimmen. Soweit die Antragstellerin erhöhte Anforderungen im Hinblick auf die Eintragung eines Sanierungsvermerks in die Grundbücher der Grundstücke geltend macht, ist dies vorliegend im Hinblick auf den Ausschluss der Genehmigungspflicht nach § 144 Abs. 2 BauGB nicht erforderlich (vgl. § 143 Abs. 2 Satz 4 BauGB). Eine Unbestimmtheit liegt allerdings dann vor, wenn bei bebauten Grundstücken die Abgrenzung durch Gebäude bzw. Gebäudeteile führt oder die Abgrenzung angesichts des tatsächlichen Verlaufs der Grundstücksgrenzen nicht mehr nachvollziehbar ist. Die für § 144 Abs. 1 Nr. 1 BauGB gebotene Parzellenschärfe wird damit nicht erreicht (vgl. BayVGH, Urteil v. 11.7.2000 a. a. O.).

So genügt der nördlich der S1. straße liegende Bereich zwischen der L. Straße und der H.-moosach (westliches Grundstück FlNr. 506 bis zu den östlichen Grundstücken FlNr. 524 und 527) nicht mehr dem Bestimmtheitsgebot, da mit der Farbgebung Gebäude bzw. Gebäudeteile durchtrennt werden, die rückwärtigen Grundstücksgrenzen, die verspringen, nicht eindeutig nachgezeichnet werden und auch Grundstücksteile bei der dichten Bebauung schwer abgrenzbar sind. Eine Differenzierung nach einzelnen Grundstücken ist hier nach Ansicht des Senats nicht geboten, vielmehr sollte die Antragsgegnerin diesen Bereich insgesamt in einem ergänzenden Verfahren klar abgrenzen.

Weiter liegt eine zur Unbestimmtheit führende Farbgebung im Bereich der Teilfläche des Grundstücks FlNr. 976, die nördlich der Inneren St. liegt (V.weg 4), und im Bereich des Grundstücks FlNr. 957/2 (F.-damm 11) vor, bei der jeweils die Grenzziehung durch ein Gebäude läuft.

Bei den weiter von der Antragstellerin genannten Grundstücken FlNr. 1262/3 (Finanzamt), FlNr. 968/9 und 960/2 sowie 960/11 hingegen ist die Grenzziehung bestimmbar. Bei dem Grundstück FlNr. 1262/3 wird lediglich der westliche Teil mit dem historischen Gebäude des Finanzamts in die Sanierungssatzung einbezogen. Soweit die im Osten gezogene Linie auch das neue Gebäude des Finanzamtes berührt, handelt es sich ersichtlich um ein »Redaktionsversehen« (zu einer ein Redaktionsversehen berichtigenden Auslegung vgl. BVerwG, Urteil v. 7.5.2014 – 4 CN 5.13 – NVwZ 2014, 1170). Bei dem Grundstück FlNr. 968/9 werden mit der Farbgebung die Grundstücksgrenzen nachgezogen; soweit die nördliche Grundstücksgrenze mit der Farbgebung auf dem schmalen Streifen neben der J. straße weitergezogen wird, ist auch dieser Bereich abgrenzbar. Bei den Grundstücken FlNr. 960/2 und 960/11 bleibt in der Farbgebung ein kleiner Grundstücksstreifen entlang des westlich verlaufenden Weges frei. Hier handelt es sich ersichtlich ebenfalls um ein

»Redaktionsversehen«. Die Grundstücke sollen im Gegensatz zu der westlichen Nachbarbebauung (Grundstücke FlNr. 960/5 und 960/9) in die Sanierungssatzung einbezogen werden. Die Grenzziehung erfolgt hier im Hinblick auf den ausgenommenen Bereich der abgeschlossenen Sanierung »Am Wörth«; die entsprechende Satzung wurde 2004 aufgehoben. Die genannten zwei kleinen weißen Flecke in der B2. straße als östliche Umgrenzung des ausgenommenen Bereichs, begegnen ebenfalls keine Bedenken im Hinblick auf die Bestimmtheit des räumlichen Geltungsbereichs der Satzung. Soweit der Prozessbevollmächtigte der Antragstellerin in der mündlichen Verhandlung geltend gemacht hat, dass in einer weiteren Mehrzahl von Fällen im Süden, Osten und auch Norden des Satzungsumgriffs die äußeren Grenzen des Satzungsgebiets nicht eindeutig durch die Einfärbung in der Satzungskarte bestimmbar seien, ist dieser Vortrag bereits unsubstantiiert. Der Senat kann auch keine offensichtlichen Fehler erkennen.

Die Satzung war lediglich für teilweise unwirksam zu erklären, da der übrige Planinhalt mit den fehlerhaften Randbereichen nicht in einem untrennbaren Regelungszusammenhang steht, sondern die Satzung insoweit tatsächlich und rechtlich teilbar ist. Durch eine partielle Zurücknahme der Grenze des Geltungsbereichs wird die Durchführung des Sanierungskonzepts nicht in Frage gestellt (vgl. BVerwG, Beschluss v. 4.1.1994 – 4 NB 30.93 – NVwZ 1994, 684).

Die Sanierungssatzung begegnet im Übrigen keinen rechtlichen Bedenken. Es liegen städtebauliche Missstände vor, mit der Sanierungssatzung als Rahmenordnung werden die in § 136 Abs. 4 BauGB genannten Ziele verfolgt und die Abwägung der Antragsgegnerin ist nicht zu beanstanden. Dies gilt sowohl im Hinblick auf die durchgeführten vorbereitenden Untersuchungen, die Ermittlung von etwaigen Nachteilen für die Antragstellerin bzw. für private Grundstückseigentümer, die Abgrenzung des Sanierungsgebiets, den Sanierungszeitraum sowie im Hinblick auf die Kosten der Gesamtmaßnahme und den in Betracht kommenden Finanzierungsmöglichkeiten.

Die förmliche Festlegung eines Sanierungsgebiets durch eine Sanierungssatzung gehört zum Recht der städtebaulichen Sanierungsmaßnahmen. Die Gemeinde darf eine Sanierungssatzung erlassen, wenn ihre einheitliche Vorbereitung und zügige Durchführung im öffentlichen Interesse liegt (§ 136 Abs. 1 BauGB). Voraussetzung ist das Vorliegen städtebaulicher Missstände, die die Gemeinde beheben möchte (vgl. § 136 Abs. 2 BauGB). Für den Erlass einer Sanierungssatzung genügt ein Sanierungskonzept mit der Feststellung, dass städtebauliche Missstände vorliegen, der Benennung der Ziele und Zwecke der Sanierung und der Feststellung, dass die Sanierung im Allgemeinen (§ 141 Abs. 1 Satz 1 BauGB) durchführbar erscheint. Die Voraussetzungen für den Erlass der Sanierungssatzung unterliegen dem Abwägungsgebot des § 136 Abs. 4 Satz 3 BauGB. Zwar mögen einzelne Begriffe zunächst eine Subsumtion erfordern. Ob aber ein bestimmtes Gebiet sanierungsbedürftig ist und ob seine Sanierung aus der maßgeblichen Sicht der Gemeinde erforderlich ist, lässt sich abschließend nur unter Berücksichtigung des – seinerseits auf einer Abwägung beruhenden – Sanierungskonzepts und aller übrigen öffentlichen und privaten Belange, also im Wege einer Abwägung, entscheiden (vgl. BVerwG, Beschluss v. 24.3.2010 – 4 BN 60.09 – NVwZ 2010, 1490; Urteil v. 4.3.1999 – 4 C 8.98 – NVwZ 1999, 1336).

Der als Sanierungsgebiet festgelegte Bereich (Altstadt und D. Fr. mit den frühen Siedlungserweiterungen) weist städtebauliche Missstände auf.

Städtebauliche Missstände liegen nach der Legaldefinition des § 136 Abs. 2 Satz 2 BauGB vor, wenn das Gebiet nach seiner vorhandenen Bebauung oder nach seiner sonstigen Beschaffenheit den allgemeinen Anforderungen an gesunde Wohn- und Arbeitsverhältnisse oder an die Sicherheit der in ihm wohnenden oder arbeitenden Menschen auch unter Berücksichtigung der Belange des Klimaschutzes und der Klimaanpassung nicht entspricht (sog. Substanz- oder Zustandsmängel) oder das Gebiet in der Erfüllung der Aufgaben erheblich beeinträchtigt ist, die ihm nach seiner Lage und Funktion obliegen (sog. Funktionsmängel). Die zwei Grundfälle stehen dabei nicht in einem Verhältnis der Exklusivität nach dem Muster eines »entweder-oder«, sondern können auch zusammentreffen. Ob ein städtebaulicher Missstand vorliegt, beurteilt sich auf der Grundlage einer Gesamtschau, bei der alle ermittelten Mängel, d. h. sowohl Substanzmängel als auch Funktionsmängel zu würdigen und zu gewichten sind. Bei der Bewertung der zukünftigen Struktur und Funktion eines Sanierungsgebiets ist der Gemeinde ein weiter Beurteilungs- und Gestaltungsspielraum eingeräumt (vgl. BVerwG, Beschluss v. 24.3.2010 – 4 BN 60.09 – NVwZ 2010, 1490).

Nach diesen Maßgaben weist das Sanierungsgebiet städtebauliche Missstände auf.

Die vorbereitenden Untersuchungen, insbesondere das Integrierte Innenstadt-Entwicklungskonzept und der Plan zur städtebaulichen Denkmalpflege, treffen dazu ausreichend abgesicherte Feststellungen. So hat der Plan zur städtebaulichen Denkmalpflege Teil 2, der das Gebiet für die Betrachtung in einzelne Quartiere untergliedert hat, in fast allen Quartieren einen Gebäudesanierungsbedarf festgestellt, zum Teil stehen die Gebäude auch leer. Eine zusammenfassende Darstellung ergibt sich aus dem Plan »Schwächen in der historischen Struktur und Gestalt«. Dabei geht es nicht nur um wünschenswerte Änderungen im Sinn des Denkmalschutzes oder um eine optische Aufwertung des äußeren Erscheinungsbildes des Baubestands im Bereich des Ensembles, wie die Antragstellerin meint, sondern die genannten Grundstücke weisen baulich einen schlechten Gebäudezustand auf, wie sich aus der Beschreibung und auch aus den Fotos ergibt. Exemplarisch wird auf das Gasthaus »Z. G.« (erheblicher Sanierungsstau sowie weitreichende Mängel im Brandschutz), den schlechten baulichen Zustand der Gebäude L.-gasse 5 und G1. straße 12 sowie der ehemaligen Sondermühle, S2.weg 6 (jeweils mit Fotos

S. 66, 73, 113), und das Pflegedefizit und den Instandsetzungsbedarf bei den D.hängen, die bereits zu einer Sperrung der Gartenanlagen für die Öffentlichkeit geführt haben, verwiesen.

Im Übrigen sind alle genannten sanierungsbedürftigen Gebäude auch in der Fotodokumentation zu Teil 1 des Plans zur städtebaulichen Denkmalpflege dargestellt (vgl. hier z. B. Fischergasse 2 und 17).

Der Sanierungsbedarf von einzelnen Gebäuden sowie den D.hängen mit Stützmauern und Wegen ergibt sich auch aus der städtebaulichen und freiraumplanerischen Feinuntersuchung »D. Fr. Masterplan«, der im Rahmen der vorbereitenden Untersuchungen für die Sanierungssatzung erstellt wurde (vgl. z. B. den baufälligen Zustand der Brey-Mühle, mit Foto auf S. 44, den baulichen Zustand von Belägen, Stützmauern sowie von Treppen S. 43, 128, 139).

Weiter bestehen Missstände im Hinblick auf den Verkehr, die in mehrfacher Hinsicht auftreten und sowohl Substanzwie Funktionsmängel betreffen. So werden in den vorbereitenden Untersuchungen die Belastung von Anwohnern an viel befahrenen Straßen (z. B. B2. straße, S3. straße, J. straße, O. straße, K.-gasse), die fehlende Aufenthaltsqualität von Straßen in der Stadtmitte (z. B. Obere H1.straße), die stark eingeschränkte Erschließung am D., die insbesondere hinsichtlich des Tourismusverkehrs Probleme verursacht, sowie fehlende Zugänge zur Altstadt (z. B. Anbindung L.-feld) genannt.

Ein weiteres Defizit besteht in der starken Versiegelung der Flächen, die nicht nur stadtgestalterische Fragen aufwirft und die Wohn- und Lebensqualität betrifft, sondern auch aus Klimaschutzgründen einen Sanierungsbedarf aufweist (sommerliche Hitzeperioden, gehäuft auftretende Starkregenereignisse).

Im Bereich Einzelhandel und Versorgung werden funktionale Schwächen festgestellt. So bedarf es in der zentralen Innenstadtlage zusätzlicher Verkaufsflächen und eines besseren Branchenmixes (vgl. neben dem Integrierten Innenstadt-Entwicklungskonzept hier auch das Einzelhandelsentwicklungskonzept). Insbesondere besteht außerhalb der »Hauptlagen« ein Verbesserungs- und Entwicklungsbedarf.

Soweit die Antragstellerin geltend macht, dass die Innenstadtkonzeption im Hinblick auf die teilweise angeführten Mängel des zentralen Versorgungsbereichs der Altstadt bzw. der hier vorhandenen Einzelhandelsstruktur veraltet sei, wurde das Einzelhandelskonzept von 2012 im Januar 2019 gutachterlich überprüft; die grundsätzliche Gültigkeit und Aktualität der Aussagen wurde dabei bestätigt. Soweit sie auf eine Telefonnotiz vom 26.1.2021 Bezug nimmt, ergibt sich daraus, dass der Gutachter das Einzelhandelskonzept auch im Hinblick auf die pandemiebedingten Einflüsse für aktuell und schlüssig hält.

Weiter ist bislang der Umgang mit einzelnen altlastenbelasteten Grundstücken im Bereich der Oberen H1.straße ungelöst. Wie sich aus den dargestellten Mängeln bzw. Schwächen gibt, bestehen diese nicht nur vereinzelt im Gebiet und sie sind in der notwendigen Gesamtschau auch erheblich.

Es ist nicht erforderlich, dass jedes einzelne Grundstück von den Mängeln betroffen ist. Die städtebauliche Sanierung – und dies gilt vor allem für die sog. Funktionsschwächesanierung – ist stets eine gebietsbezogene Maßnahme. Sie dient der Behebung städtebaulicher Missstände eines Gebiets und nicht nur einzelner Grundstücke (vgl. BVerwG Beschluss v. 16.1.1996 – 4 B 69.95 – BauR 1996, 522).

Zur Behebung dieser städtebaulichen Missstände sind Sanierungsmaßnahmen im Sinn von § 136 Abs. 1 BauGB geboten. Sanierungsmaßnahmen im Sinn des § 136 BauGB sind städtebauliche Gesamtmaßnahmen, d. h. Maßnahmen, die in der Regel aus zahlreichen miteinander in Zusammenhang stehenden planerischen und baulichen und sonstigen Einzelmaßnahmen bestehen. Sanierung ist ein Prozess, der als Gesamtmaßnahme eine Koordination sehr unterschiedlicher Einzelmaßnahmen erfordert (vgl. BVerwG, Urteil v. 24.5.2006 – 4 C 9.04 – BVerwGE 126, 104). Die Sanierungssatzung stellt eine Rahmenordnung dar, die auf Konkretisierung angelegt ist (vgl. BVerwG, Urteil v. 24.3.2010 – 4 BN 60.09 – NVwZ 2010, 1490). In Sanierungsgebieten steht ein Rechts- und Förderinstrument zur Verfügung, um in die Stadtentwicklung positiv einzugreifen. So bestehen sanierungsrechtliche Genehmigungsvorbehalte, erweiterte Rechte im Liegenschaftsverkehr, steuerrechtliche Vergünstigungen sowie die Möglichkeit, Städtebauförderungsmittel einzusetzen. Die Tatsache, dass zur Beseitigung der im Integrierten Innenstadt-Entwicklungskonzept festgestellten städtebaulich funktionalen, strukturellen und gestalterischen Missstände 23 Maßnahmen entwickelt wurden, steht deren Umsetzung im Rahmen der Sanierungssatzung nicht entgegen. Die Einzelmaßnahmen sollen mit dem Durchführungsinstrumentarium des Sanierungsrechts im Sinn einer Gesamtmaßnahme realisiert werden. Soweit einzelne Maßnahmen schon umgesetzt wurden, ist dies ebenfalls im Rahmen einer städtebaulichen Satzung, der Vorgängersatzung erfolgt. Im Altstadtbereich besteht ein städtebaulicher Handlungsbedarf, der aus Gründen des öffentlichen Interesses ein planmäßiges, aufeinander abgestimmtes Vorgehen im Rahmen einer Gesamtmaßnahme erfordert (vgl. BayVGH, Urteil v. 30.11.1992 – 14 N 89.2472 – juris Rdnr. 31).

Mit der Sanierungssatzung werden auch die in § 136 Abs. 4 BauGB genannten Ziele verfolgt. So lassen sich die von der Antragsgegnerin genannten übergeordneten Planungsziele Stärkung der Innenstadt als Wirtschafts- und Handelsstandort, Erhalt der typischen Funktionsmischung (Wohnen, Einzelhandel, Verwaltung, Kultur), Reduzierung des Verkehrs innerhalb des Altstadtrings (Anwohner, Taxi, Bus, Mobilitätseingeschränkte, Rad, Lieferverkehr), Entstehung eines Parkrings um die Altstadt, qualitative Verbesserung von öffentlichen und privaten Grünräumen sowie Erhalt und Weiterentwicklung der hohen Qualität des historischen Stadtbildes vor allem unter die Ziele des § 136 Abs. 4 Satz 2 Nr. 2 und 4 BauGB subsumieren.

Mit den einzelnen genannten Zielen zum Verkehr und zum Klimaschutz werden aber auch die Ziele nach § 136 Abs. 4 Satz 2 Nr. 1 und 3 BauGB angesprochen. Die von der Antragsgegnerin aufgeführten Sanierungsziele leiten sich aus den vorbereitenden Untersuchungen ab und sind in sich stimmig. Soweit vorgetragen wird, dass mit dem Plan zur städtebaulichen Denkmalpflege und der Rückgewinnung der im rückwärtigen Bereich der Grundstücke einst vorhandenen Grünflächen ein Widerspruch zu den Empfehlungen der Innenstadtkonzeption vorliege, sehen dessen Leitlinien nicht nur Verdichtungsmaßnahmen für untergenutzte oder nebengenutzte Blockinnenbereiche vor, sondern umgekehrt sollen stark verdichtete bzw. versiegelte Innenbereiche zur Schaffung gesunder Wohnverhältnisse auch entkernt werden. Im Übrigen wird die Leitlinie 4 »Grüne Hänge, Grüne Gärten« in die Sanierungssatzung nicht vollständig übernommen, sondern in den Zielen zum Freiraum auf den Erhalt und die mögliche Rückgewinnung der grünen Hänge von W. Berg und D., von Domanger und der Hausgärten und Vorgärten im Grabenbereich beschränkt sowie die Erhöhung des Grünflächenanteils und die qualitative Verbesserung und Sicherung öffentlicher und privater Grünräume als Ziel ausgegeben. Soweit die Antragstellerin die Rückgewinnung der Hausgärten und Vorgärten als Zeugnisse, die zur besonderen historischen Struktur und Gestaltung von Fr. beitragen, nicht nur auf den Grabenbereich beschränkt wissen will, ergibt sich dies weder aus dem genannten Ziel zum Freiraum noch aus dem letzten Absatz auf Seite 13 der Begründung der Sanierungssatzung, der auf die Ziele zum Freiraum und Klimaschutz Bezug nimmt. Auch sieht die Untersuchung zur städtebaulichen Denkmalpflege mit dem Plan »Leitlinien und Handlungsempfehlungen« für die Grundstücke der Antragstellerin keine Zurückgewinnung von Grün- bzw. Freiflächen vor, sondern nur eine sensible Umstrukturierung bzw. Neuordnung der Freifläche bei Gelegenheit. Mit den Zielen zur Stadtgestalt »Verbesserung des Stadtbildes durch Schließen von Baulücken und Ergänzung fehlender Raumkanten« liegt kein Widerspruch zu den Zielen zum Freiraum vor. Denn bei der Schließung von Baulücken zur Verbesserung des Stadtbildes kann es sich jeweils nur um Gebäude an der Straßenfront handeln, Grünflächen im rückwärtigen Bereich sind davon unberührt.

§ 136 Abs. 4 Satz 3 BauGB bestimmt, dass bei den städtebaulichen Sanierungsmaßnahmen die öffentlichen und privaten Belange gegeneinander und untereinander gerecht abzuwägen sind. Gegenstand des sanierungsrechtlichen Abwägungsgebots ist die Sanierungsplanung, die auch die förmliche Festlegung eines Gebiets als Sanierungsgebiet durch Satzung umfasst. Auch wenn die Sanierungsplanung im Zeitpunkt des Satzungsbeschlusses im Regelfall noch wenig konkret sein wird, entbindet dieser Umstand die Gemeinde nicht vom Erfordernis, eine Abwägungsentscheidung zu treffen. Denn das Abwägungsgebot ist zentraler Bestandteil jeder rechtsstaatlichen Planung. Aus dem sanierungsrechtlichen Abwägungsgebot ergeben sich auch Anforderungen an den Abwägungsvorgang. Dabei kommt den nach § 141 Abs. 1 BauGB vor der förmlichen Festlegung des Sanierungsgebietes durchzuführenden oder zu veranlassenden vorbereitenden Untersuchungen eine besondere Bedeutung zu. Die Gemeinde soll durch die vorbereitenden Untersuchungen Beurteilungsgrundlagen über die Notwendigkeit der Sanierung, die sozialen, strukturellen und städtebaulichen Verhältnisse und Zusammenhänge sowie die anzustrebenden allgemeinen Ziele und die Durchführbarkeit der Sanierung im Allgemeinen gewinnen (§ 141 Abs. 1 Satz 1 BauGB). Die Untersuchungen sollen sich dabei auch auf nachteilige Auswirkungen erstrecken, die sich für die von der beabsichtigten Sanierung unmittelbar Betroffenen in ihren persönlichen Lebensumständen im wirtschaftlichen oder sozialen Bereich voraussichtlich ergeben werden (§ 141 Abs. 1 Satz 2 BauGB). Damit ist insgesamt sichergestellt, dass der Gemeinde in dem für die Abwägung maßgeblichen Zeitpunkt des Satzungsbeschlusses ausreichende Beurteilungsgrundlagen zur Verfügung stehen. Ob die Anforderungen des sanierungsrechtlichen Abwägungsgebots eingehalten sind, lässt sich nur überprüfen, wenn die aus der Sicht des Satzungsgebers maßgeblichen Gesichtspunkte erkennbar sind. Zwar besteht für eine Sanierungssatzung keine förmliche Begründungspflicht, die Gemeinde muss im Streitfall – insbesondere auf der Grundlage der Ergebnisse der vorbereitenden Untersuchungen – aber darlegen können, von welchen Überlegungen sie sich bei der Festlegung der Sanierungsziele und der Abgrenzung des Sanierungsgebietes hat leiten lassen (vgl. BVerwG, Beschluss v. 21.3.2019 – 4 BN 34.18 – juris Rdnr. 9 ff.; Urteil v. 4.3.1999 – 4 C 8.98 – NVwZ 1999, 1336).

Von diesen rechtlichen Maßstäben ausgehend ist die Sanierungsplanung nicht zu beanstanden. Der Satzung ist eine ausführliche Begründung beigefügt, in der auf die gesetzlichen Anforderungen eingegangen wird. Weiter hat die Antragsgegnerin geeignete und dezidierte Voruntersuchungen durchgeführt (§ 141 BauGB), die öffentlich ausgelegt wurden. Dabei wurden nicht nur das Integrierte städtebauliche Entwicklungskonzept und der Plan zur städtebaulichen Denkmalpflege als wesentliche fachliche Grundlagen ausgelegt, sondern auch die daraus entstandenen Konzepte wie das Einzelhandelsentwicklungskonzept, das Gestaltungshandbuch mit Gestaltungssatzung, der Masterplan Licht, das Freiraumkonzept (D. Süd), Parkpflegewerk und der D. Fr. Masterplan. Weitere ausgelegte Unterlagen waren das Mobilitätskonzept »nachhaltig mobil«, die Stadtgrünverordnung und die Fr.er Resolution zum Klimawandel. Einwendungen von Seiten der Antragstellerin sind im Rahmen der öffentlichen Auslegung nicht erfolgt. Soweit sie den denkmalschutzfachlichen Untersuchungen den notwendigen städtebaulichen Bezug abspricht, verkennt sie, dass die Baudenkmale und vorhandenen Anlagen von historischem Wert in ihrer Beziehung zur aktuellen Stadtstruktur und ihrer stadträumlichen Funktion für das gegenwärtige und künftige Zusammenleben der Menschen in den Blick genommen werden. So sollen die Maßnahmen der Erhaltung bzw. Verbesserung des Stadtbildes dienen, Grünflächen und Fließgewässer werden in ihrer Bedeutung für die Lebensqualität und den Klimaschutz wahrgenommen und Verkehrsfragen beleuchtet. Soweit gestalterische Anforderungen aufgestellt werden, geht es um das Ortsbild; dabei kann auf die historische Prägung der Stadtstruktur abgestellt werden (vgl. § 136 Abs. 4 Satz 2 Nr. 4 BauGB). Der Rahmen städtebaulicher Zielsetzungen wird nicht überschritten, wenn er darauf zielt, die überkommene Nutzungsstruktur oder prägende Bestandteile des Orts- und Straßenbildes um ihrer städtebaulichen Qualität willen für die Zukunft festzuschreiben (vgl. BVerwG, Urteil v. 18.5.2001 – 4 CN 4.00 – BVerwGE 114, 247).

Soweit die Antragstellerin im Hinblick auf das Ziel der Rückgewinnung privater Grünräume, insbesondere von Hausgärten und Vorgärten, die Ermittlung der Nachteile für die jeweiligen Grundstückseigentümer und die Berücksichtigung der Einschränkungen in der Abwägung vermisst, geht sie von einem falschen Verständnis der Zielsetzung in der Sanierungssatzung aus. Dass die Grundstücke der Antragstellerin entgegen ihrem Vortrag von dem städtebaulichen Ziel der Rückgewinnung von Hausgärten nicht betroffen sind, wurde bereits unter 3.2 ausgeführt. Zwar ist im privaten Bereich die Rückgewinnung bestimmter Haus- und Vorgärten bzw. die Rückgewinnung von ökologisch wertvollen Freiflächen und eine Reduzierung des Versiegelungsgrades erklärtes Sanierungsziel. Die Sanierungsziele liegen für die Eigentümer aber grundsätzlich zunächst im freiwilligen Bereich. So hat die Antragsgegnerin nachvollziehbar vorgetragen, dass in die Zielsetzung selbst der Zusatz »soweit möglich« aufgenommen wurde. Weiter wird in der Begründung der Sanierungssatzung dazu ausgeführt, dass die Stadt mit Förderungen über das kommunale Förderprogramm sowie der Vermittlung einer frühzeitigen Sanierungsberatung die Möglichkeit habe, Anreize für Private zu schaffen und Steuerungsmöglichkeiten im Sinn der Sanierungsziele zu nutzen. Der Auslegung der Antragstellerin, dass mit den Worten »soweit möglich« nur die tatsächliche oder faktische Unmöglichkeit der Rückgewinnung im Sinn einer bestehenden Überbauung gemeint sei, kann nicht gefolgt werden. Die Antragsgegnerin geht aber auch davon aus, dass ihre Sanierungsziele langfristig durch Bauleitplanung erreicht werden können. So wird unter Nr. 4 der Begründung im Hinblick auf die Grundstücke der Antragstellerin ausgeführt, dass mit dem in Aufstellung befindlichen Bebauungsplan Nr. 61 Ä 1 »Obere H1.straße West« im Bereich K.-gasse/St.-gasse neben der Berücksichtigung von verkehrsberuhigenden Maßnahmen bei der Gebietserschließung der Erhalt von hochwertigen Grünflächen im dicht bebauten Altstadtbereich und die Schaffung von neuen Grünflächen langfristig erreicht werden soll; hierdurch soll u. a. ein Beitrag zur Linderung der zu erwartenden Hitzeperioden in der klimatisch belasteten Altstadt geleistet werden. Auch mit zwei weiteren Bebauungsplänen (Nr. 158 »Westliche Altstadt« und Nr. 152 »An.«) soll unter anderem eine Verbesserung der Grünausstattung angestrebt bzw. Baumpflanzungen an Straßen, Plätzen sowie im Altstadtgraben realisiert werden. Soweit Sanierungsziele in Bauleitplanungsverfahren umgesetzt werden sollen, sind allerdings Einwendungen in diesen Verfahren zu würdigen und zu gewichten. Dem für den Erlass einer Sanierungssatzung geltenden Abwägungsgebot unterliegen die Bestimmung der Ziele und Zwecke der Sanierung und die Abgrenzung des Sanierungsgebietes, aber noch nicht, welche planerischen Festsetzungen für die einzelnen Grundstücke letztlich getroffen werden sollen (vgl. BVerwG, Beschluss v. 10.11.1998 – 4 BN 38.98 – NVwZ 1999, 420; VGH BW, Urteil v. 8.7.2010 – 5 S 3092/08 – juris Rdnr. 59). Die Sanierungsziele bedürfen der Konkretisierung durch nachfolgende Planung (vgl. BVerwG, Beschluss v. 24.3.2010 – 4 BN 60.09 – NVwZ 2010, 1490). Sanierungssatzung und Bebauungsplan sind trotz des gemeinsamen Zwecks, städtebauliche Missstände zu beheben, rechtlich voneinander unabhängige Satzungen (vgl. OVG RhPf, Urteil v. 10.12.2015 – 1 C 10631/14 – juris Rdnr. 23; BayVGH, Urteil v. 14.12.1981 – 14 N 81 A.272 – BauR 1982, 239).

Auch einer Ermittlung der Mitwirkungsbereitschaft der Grundstückseigentümer hinsichtlich des Ziels der Rückgewinnung privater Grünräume bedurfte es aus den genannten Gründen nicht, die von der Antragstellerin zitierten Urteile sind nicht einschlägig.

Eine unzumutbare Beschränkung der Eigentümer von im Sanierungsgebiet gelegenen Grundstücken ist nicht gegeben. Bei der Abwägung von Einwendungen Privater hinsichtlich ihrer im Sanierungsgebiet gelegenen Grundstücke, auf die die Antragstellerin Bezug genommen hat, hat die Antragsgegnerin ausgeführt, dass die Beschränkungen des Eigentums im Sinne einer Inhalts- und Schrankenbestimmung nicht allzu schwer wiegen, da im Veräußerungsfalle das Interesse des Eigentümers als Verkäufer, den Kaufpreis zu, erhalten, nicht tangiert werde, und die Hürden im vereinfachten Verfahren im Hinblick auf Genehmigungspflichten als niederschwellig zu bewerten seien. Die Vorteile, im Sanierungsgebiet zu liegen, mit den damit verbundenen Fördermöglichkeiten und den steuerlichen Vorteilen würden die vorgebrachten Nachteile deutlich überwiegen. Ein Missverhältnis wird von der Antragstellerin nicht aufgezeigt. Im Übrigen sind entgegen dem schriftsätzlichen Vortrag im Rahmen der Öffentlichkeitsbeteiligung nicht zahlreiche Einwendungen vorgebracht worden, sondern in dem großen Sanierungsgebiet sind lediglich bei drei Grundstücken Bedenken gegen ihre Einbeziehung in den Geltungsbereich der Satzung geäußert worden. Die Öffentlichkeit bzw. die Grundstückseigentümer wurden bereits im Zuge der Erarbeitung des Integrierten Innenstadt-Entwicklungskonzepts umfangreich beteiligt. Dies hat zu einer hohen Akzeptanz des Projekts geführt.

Auch die Abgrenzung des Sanierungsgebiets ist nicht zu beanstanden. Das Sanierungsgebiet ist so abzugrenzen, dass sich die Sanierung zweckmäßig durchführen lässt. Die Gemeinde hat hier zunächst einen planerischen Gestaltungsspielraum. Begrenzt wird dieser Spielraum durch das Abwägungsgebot, sodass eine fehlerhafte Beurteilung der Zweckmäßigkeit zu einem Abwägungsfehler führt (vgl. BVerwG, Urteil v. 4.3.1999 – 4 C 8.98 – NVwZ 1999,

1336; Beschluss v. 16.1.1996 – 4 B 69.95 – BauR 1996, 522). Die Antragsgegnerin hat sich für die Gebietsabgrenzung vor allem auf den Plan zur städtebaulichen Denkmalpflege bezogen. Wie dort dargestellt ist, liegen für die Altstadt mit dem D. als eigenständige städtebauliche Gesamtanlage gemeinsame städtebauliche Zielsetzungen vor, die sich insbesondere auf die Bestandssanierung, den Erhalt und der Schaffung von Grünflächen bzw. Freiflächen und der Lösung der Verkehrsproblematik beziehen. Diese Ziele erstrecken sich auch auf die einbezogenen frühen Siedlungserweiterungen; hier kommt vor allem der Gestaltung der Verkehrswege (verkehrliche Entlastung und Umgestaltung von Hauptverkehrsachsen), der Schaffung von Parkraum und der Gestaltung bzw. Umnutzung von Freibereichen eine entscheidende Bedeutung zu (vgl. z. B. Entwicklung An., geplante Neuordnung der »I.-vorstadt«). Bestimmte Randbereiche wurden aus freiraumplanerischer Sicht aufgenommen. Abwägungsfehler bei der Bestimmung des Sanierungsgebiets werden von der Antragstellerin nicht aufgezeigt und sind auch nicht ersichtlich. Soweit in dem Schriftsatz vom 29.4.2022 behauptet wird, dass vorhandene Missstände durch eine Sanierungssatzung mit wesentlich kleinerem Umgriff – beispielsweise beschränkt auf das Ensemble des D.s – hätten beseitigt werden können, wird zu Unrecht davon ausgegangen, dass es im Stadtgebiet lediglich vereinzelt bauliche Missstände gibt. Wie unter 3.1 dargestellt bestehen gerade im Altstadtbereich, so auch im Bereich der Grundstücke der Antragstellerin, Substanz- und Funktionsmängel, die im Rahmen der Sanierungssatzung beseitigt werden sollen.

Soweit ein insgesamt unangemessen langer Sanierungszeitraum geltend gemacht wird, liegen ebenfalls keine Abwägungsfehler vor.

Die Antragsgegnerin hat vorliegend die Frist, in der die Sanierung durchgeführt werden soll, mit Beschluss v. 21.10.2021 auf 15 Jahre festgelegt. Der Gesetzgeber geht in § 142 Abs. 3 Satz 3 BauGB davon aus, dass eine Frist von 15 Jahren grundsätzlich angemessen ist. Wenn in § 136 Abs. 1 BauGB von einer zügigen Durchführung der Sanierungsmaßnahmen die Rede ist, lenkt der Gesetzgeber den Blick vornehmlich in die Zukunft; eine Anrechnung früherer Zeiten sieht das Gesetz nicht vor (vgl. BVerwG, Urteil v. 10.7.2003 – 4 CN 2.02 – NVwZ 2003,1389).

Allerdings muss sich die Gemeinde über die Erreichbarkeit der Sanierungsziele in einem zeitlichen Rahmen vergewissern. Das Erfordernis einer zügigen Durchführung der Sanierung als Voraussetzung für den Erlass der Sanierungssatzung unterliegt dem Abwägungsgebot des § 136 Abs. 4 Satz 3 BauGB (vgl. BVerwG, Urteil v. 10.4.2018 – 4 CN 2.17 u. a. – BVerwGE 161, 345). Muss die Gemeinde das in der Vergangenheit begründete Sanierungsregime von Rechts wegen beenden – hier nach § 235 Abs. 4 BauGB –, kann sie sich dieser Verpflichtung nicht dadurch entziehen, dass sie eine neue Rechtsgrundlage unterschiebt. Es bleibt der Gemeinde aber unbenommen, ein früher festgelegtes Sanierungsgebiet in den Geltungsbereich einer Sanierungssatzung einzubeziehen, mit der aufgrund veränderter Verhältnisse neue Ziele verfolgt werden; auch kann die Erledigung eines »Rest«-Programms im Rahmen einer neuen Sanierungssatzung in Betracht kommen (vgl. BVerwG, Urteil v. 10.7.2003 a. a. O.).

Es ist nach diesen Maßgaben nicht zu beanstanden, dass die Antragsgegnerin das Altstadtgebiet erneut in die Sanierungssatzung aufgenommen hat. Mit der vorliegenden Sanierungssatzung wird das frühere Sanierungskonzept konkretisiert bzw. an veränderte Rahmenbedingungen angepasst, der Bereich der städtebaulichen Denkmalpflege wird erstmals vertieft betrachtet. Die Antragsgegnerin stützt sich für ihre Sanierungsziele maßgeblich auf neue Untersuchungen, die die aktuellen Herausforderungen bzw. strukturellen Veränderungen für das Sanierungskonzept berücksichtigen. So wird u. a. auch der Klimaschutz verstärkt in den Blick genommen. Die Antragstellerin trägt selbst vor, dass die vorliegende Sanierungssatzung mit ihrer Zielsetzung über die Vorgängersatzung vom 2.1.1992 hinausgehe. Auch begonnene bauliche Einzelmaßnahmen können mit der vorliegenden Satzung zu Ende gebracht werden. Es bestehen nach den vorgelegten Unterlagen keine Bedenken, dass die Sanierungsmaßnahmen, für die die Sanierungssatzung die Grundlage bildet, nicht zügig durchgeführt werden. Die Stadt betreibt seit Ende 2009 die Entwicklung ihrer Innenstadt im Rahmen des neu angelegten Städtebauförderungsprogramms »Aktive Stadt- und Ortsteilzentren«. Das Integrierte Innenstadt-Entwicklungskonzept wurde im Mai 2011 vom Stadtrat beschlossen und es wurde bereits im Rahmen der Vorgängersatzung begonnen, die einzelnen Maßnahmen umzusetzen.

Eine zeitgerechte Realisierung der Projekte ergibt sich zum einen aus der vorgelegten Terminüberwachungsliste der Regierung von Oberbayern für die beantragten und bewilligten Fördermaßnahmen als auch aus einem vorgelegten Bericht des Innenstadtbeirats vom 16.5.2023, der zur Lenkung bzw. Begleitung der beschlossenen Maßnahmen im Integrierten Innenstadt-Entwicklungskonzept eingerichtet wurde. Aus letzterem ergibt sich, dass zum Berichtszeitpunkt von den 23 beschlossenen Maßnahmen 14 bereits abgeschlossen waren, 7 sich noch in Umsetzung befinden sowie 2 aufgegeben wurden; die Umsetzung der einzelnen Maßnahmen wird mit Zeitfenster dargestellt. Die Antragsgegnerin hat zu Recht darauf hingewiesen, dass es sich vorliegend um ein großes Sanierungsgebiet mit komplexer Aufgabenstellung handelt (mittelalterliches Stadtbild, Einbindung von Fließgewässern). Die Neukonzeption der H1.straße als einer der Hauptmaßnahmen des im Jahr 2011 beschlossenen Innenstadtkonzepts wird in der Beschlussvorlage der Verwaltung für die Stadtratssitzung vom 18.9.2019 hinsichtlich des Bauabschnitts 2, die von der Antragsgegnerin als Beispiel für die Ermittlung der Projektkosten vorgelegt wurde (vgl. unten), auch zeitlich dargestellt. Vorplanungen für die Neugestaltung der H1.straße mit Moosachöffnung fanden mit einer Machbarkeitsstudie 2012, einem städtebaulichen Wettbewerb im Jahr 2013, dem

Beschluss eines Verkehrskonzepts im Oktober 2014 und einem Vorentwurf für das gesamte Planungsgebiet der H1.straße mit M.platz und Seitengassen im April 2015 statt. Die Entwurfsplanung für den Bauabschnitt 2 wurde im Januar 2017 beschlossen, dass erforderliche wasserrechtliche Planfeststellungsverfahren bereits im Februar 2017 eingeleitet und der Planfeststellungsbeschluss des Landratsamts war seit Anfang Mai 2019 bestandskräftig. Erst danach konnte eine EUweite Ausschreibung und eine Auftragserteilung erfolgen. Auch dieser Verlauf zeigt, dass die Antragsgegnerin die städtebaulichen Sanierungsmaßnahmen konsequent betreibt. Die Projektmaßnahme »Neugestaltung der H1.straße einschließlich Moosachöffnung« ist mittlerweile abgeschlossen.

Soweit neue Gebietsteile in die Satzung aufgenommen wurden, bestehen unter dem Gesichtspunkt des Zügigkeitserfordernisses ebenfalls keine Bedenken. So wurden erstmals der westliche Stadteingang und Stadtrand (V. Straße, W2. Straße, V.weg, J. straße) und der (nord)östliche Stadtrand (M. Straße, I. straße, nördliche G1. Straße, S1. straße) einbezogen, der Bereich der I.-vorstadt (E. Straße, P2. straße) und des V.-viertels (H. straße, G2. straße, W3. straße) wurde etwas erweitert. Für die Einbeziehung der Flächen bestehen sachliche Gründe, sie hängen mit der Verwirklichung der Sanierungsziele für das Altstadtgebiet zusammen; so soll in der westlichen Altstadt zur Entlastung und besseren Erreichbarkeit der Innenstadt eine Parkierungsanlage entstehen und mit der Entwicklung des An.s sollen Defizite im Einzelhandelsangebot beseitigt werden. Soweit die Antragstellerin die Erreichbarkeit der Sanierungsziele im Hinblick auf die Mitwirkungsbereitschaft der Grundstückseigentümer auch im Hinblick auf den zeitlich vorgegebenen Rahmen bezweifelt, liegt der Schwerpunkt der städtischen Maßnahmen im öffentlichen Raum. So zielt die Gesamtmaßnahme vorrangig auf die großflächige Verbesserung der Verkehrserschließung und der Gestaltung des öffentlichen Verkehrsraums sowie die Verbesserung der Attraktivität der historischen Altstadt. Für die Beseitigung von städtebaulichen Missständen im privaten Bereich sind finanzielle Anreize gegeben bzw. wurde begleitend ein kommunales Förderprogramm aufgestellt. Im Übrigen können hier städtebauliche Ziele auch mithilfe der Bauleitplanung erreicht werden. Eingeleitete Bebauungsplanverfahren werden in der Begründung der Sanierungssatzung genannt.

Als nicht oder nicht zügig durchführbar können sich städtebauliche Sanierungsmaßnahmen nicht nur aus rechtlichen, sondern auch aus finanziellen Gründen erweisen. Eine ausreichende Finanzierung ist deshalb bodenrechtliche Voraussetzung für die Anwendung des Sanierungsrechts. Schon im Rahmen der vorbereitenden Untersuchungen nach § 141 Abs. 1 Satz 1 BauGB ist die Gemeinde grundsätzlich verpflichtet, die Kosten der Gesamtmaßnahme zumindest überschlägig zu ermitteln und die Finanzierungsmöglichkeiten zu erkunden. Ermittlungen sind immer dann geboten, wenn die Finanzierbarkeit der Sanierung nicht auf der Hand liegt. Dabei ist eine förmliche Kosten- und Finanzierungsübersicht im Sinn von § 149 BauGB, die systematisch der Durchführung der Sanierung zugeordnet ist, keine zwingende Voraussetzung für eine abwägungsfehlerfreie Beschlussfassung über eine Sanierungssatzung. Auch überschlägige Ermittlungen zu den Kosten der Gesamtmaßnahme und den in Betracht kommenden Finanzierungsmöglichkeiten können ausreichen, um den Anforderungen des sanierungsrechtlichen Abwägungsgebots zu genügen, sofern sich auf ihrer Grundlage die finanzielle Durchführbarkeit der Maßnahme nachvollziehbar prognostizieren lässt (vgl. BVerwG, Urteil v. 10.4.2018 – 4 CN 2.17 u. a. – BVerwGE 161, 345). Dabei kann auch berücksichtigt werden, dass die Sanierungsmaßnahmen in das staatliche Förderprogramm aufgenommen sind bzw. werden (vgl. BayVGH, Urteil v. 30.11.1992 – 14 N 89.2472 – juris Rdnr. 35).

Nach diesen Maßgaben liegen hier ausreichende Ermittlungen zu den Kosten der Gesamtmaßnahme vor.

Bereits mit den vorbereitenden Untersuchungen existieren Kostenschätzungen. So werden für die im Integrierten Innenstadt-Entwicklungskonzept beschlossenen Maßnahmen, soweit dies absehbar war, jährliche oder projektbezogene Kosten bzw. in der Maßnahmenübersicht die prognostizierbaren Gesamtkosten angegeben. Dies bestreitet auch die Antragstellerin nicht, sie moniert aber, dass mit dem Plan zur städtebaulichen Denkmalpflege keinerlei Angaben zu voraussichtlich entstehenden Kosten vorliegen. Dies ist allerdings nicht richtig. So wurde vor allem in Umsetzung des Plans zur städtebaulichen Denkmalpflege das kommunale Förderprogramm aufgestellt und ein Architekt bei der Stadt eingestellt, der Bauwillige für eine Sanierung kostenlos berät. Diese Maßnahmen wurden vor dem Satzungsbeschluss vom Stadtrat beschlossen (vgl. die Niederschrift über die öffentliche Sitzung des Stadtrates vom 25.7.2019) und die jährlichen Kosten in den Haushalt eingestellt (vgl. die als Beispiel vorgelegten Haushaltsansätze des Amtes für das Jahr 2021). Da die Antragsgegnerin bereits mit der Vorgängersatzung in ein staatliches Förderprogramm einbezogen war und nach dem Stand der Planung eine Kosten- und Finanzierungsübersicht nach § 149 BauGB erstellt, waren die Gesamtkosten und die Finanzierungsmöglichkeiten für die begonnenen Maßnahmen, die mit der vorliegenden Satzung zu Ende geführt werden sollen, sowie für laufende Maßnahmen bekannt. Die Maßnahmen-, Kosten- und Finanzierungsübersicht für die Gesamtmaßnahme »Aktive Zentren« wurde mit aktuellem Stand im Verfahren vorgelegt. Die dort eingestellten Kosten und Einnahmen ergeben sich auch aus den jeweiligen Ansätzen im Haushaltsplan der Stadt. Wie die Vertreter der Antragsgegnerin in der mündlichen Verhandlung dargelegt und mit Geheften für die »Mittelanforderung für die Finanzplanung (Vermögenshaushalt)« für die Jahre 2020 und 2021 belegt haben, werden für die Sanierungsmaßnahmen, soweit es sich um Baumaßnahmen handelt, die voraussichtlichen Kosten für einen Fünfjahreszeitraum im Haushaltsplan, der vom Stadtrat beschlossen wird, dargestellt. Für die Kostenansätze im einjährigen Verwaltungshaushalt wurde ebenfalls ein Beispiel vorgelegt. Die bewilligten Städtebaufördermittel werden im Haushaltsplan als Einnahmen verzeichnet. Die Antragsgegnerin erhält für ihre Sanierungsmaßnahmen erhebliche städtebauliche Mittel, die sich u. a. auch aus der mit Schriftsatz vom 16.8.2022 vorgelegten Kosten- und Finanzierungsübersicht ergeben. Weiter haben die Vertreter der Antragsgegnerin in der mündlichen Verhandlung dargelegt, dass es für die größeren Sanierungsprojekte bzw. deren Bauabschnitte jeweils einen Stadtratsbeschluss gibt. Dies wurde auch beispielhaft belegt. So wurde ein Sachbericht des Fachamtes vom 3.3.2020 vorgelegt, aus dem sich ergibt, dass in der Stadtratssitzung vom 18.9.2019 der Ausbau der Oberen H1.straße sowie Teile der Sackgasse und B2. straße samt Öffnung der St. in Teilbereichen als Bauabschnitt 2 zur Neugestaltung der Innenstadt Fr. als Projekt mit Gesamtkosten von 19 Mio € beschlossen wurde. Zusätzlich wurde die Beschlussvorlage der Verwaltung für die Stadtratssitzung vom 18.9.2019 vorgelegt. Soweit die Antragstellerin meint, dass die Kosten für die mit der Sanierungssatzung verfolgten neuen Zielsetzungen nicht bekannt gewesen seien, hat die Antragsgegnerin bereits vor dem Erlass der vorliegenden Sanierungssatzung mit der Umsetzung des Konzepts begonnen, die beschlossenen Maßnahmen des Integrierten Innenstadt-Entwicklungskonzepts sind teilweise bereits umgesetzt. Auch den Einwand, dass im Augenblick des Abwägungsbeschlusses dem Stadtrat die durch die neue Satzung anstehenden Kostenverpflichtungen in ihrer Gesamtheit nicht erkennbar gewesen seien, hält der Senat nicht für durchgreifend. Es handelt sich vorliegend um eine Sanierungssatzung, die eine schon bestehende Sanierung fortschreibt bzw. ergänzt. Im Gegensatz zu dem bei einer Sanierungssatzung oft noch wenig konkreten Stand der Planung und dem Ausgehen von Erfahrungswerten, Kostenrichtwerten und Schätzwerten bei einer vorläufigen Kosten- und Finanzierungsübersicht (vgl. OVG RhPf, Urteil v. 24.4.1991 – 10 C 11555/90 – juris Rdnr. 29), konnte die Antragsgegnerin ihrem Satzungsbeschluss schon belastbare Kosten- und Einnahmeansätze zugrunde legen. Die Ermittlungen zu den Kosten der Gesamtmaßnahme sind nicht Selbstzweck, sondern erforderlich, um die finanzielle Durchführbarkeit der Maßnahmen zu prognostizieren. Daran konnte vorliegend aufgrund der Kostenschätzungen in den vorbereitenden Untersuchungen, der zum Zeitpunkt des Satzungsbeschlusses bereits vorhandenen Kosten- und Einnahmenansätzen im Haushaltsplan der Stadt, der vom Stadtrat beschlossenen Maßnahmen und Projekten mit den jeweiligen Kosten sowie der Tatsache, dass die Stadt in ein laufendes Städtebauförderungsprogramm einbezogen ist, kein Zweifel bestehen. Mit der Einbeziehung der Antragsgegnerin für ihre Gesamtmaßnahme in das Städtebauförderprogramm »Aktive Zentren« erhält sie erhebliche Mittel, einzelne Maßnahmen werden mit mehr als der Hälfte der Kosten bezuschusst (vgl. BayVGH, Urteil v. 30.11.1992 – 14 N 89.2472 – juris Rdnr. 35). Insoweit ist die Abwägung des Stadtrats in dem abschließenden Beschluss v. 21.10.2021, die auf die bestehende Städtebauförderung mit den jährlichen Bedarfsanmeldungen und die Übersicht über die Kosten und Finanzierung der Sanierung abstellt, die sich in der Haushaltsplanung und dem Finanzplan widerspiegelt, nicht zu beanstanden. …

Nr. 149

1. **Die nach Aufstellung einer Sanierungssatzung erforderliche Konkretisierung der Sanierungsziele erfolgt durch Beschluss des zuständigen Gemeindeorgans, beispielsweise durch Satzungsbeschluss über einen Bebauungsplan oder eine örtliche Bauvorschrift (Gestaltungssatzung). Erweist sich der Bebauungsplan oder die örtliche Bauvorschrift als unwirksam, lässt das die Zielkonkretisierung unberührt, wenn eine Heilung des zur Unwirksamkeit führenden Fehlers möglich ist und die Gemeinde an dem Ziel festhält.**
2. **Der Ausschluss von Fremdwerbeanlagen kann sowohl auf § 1 Abs. 5 und 9 BauNVO als auch die Ermächtigung zum Erlass örtlicher Bauvorschriften (in Niedersachsen § 84 Abs. 3 Nr. 2 NBauO) gestützt werden.**

BauGB § 145.

Niedersächsisches OVG, Beschluss vom 23. Mai 2024 – 1 LA 154/23 –.

Aus den Gründen:

Die Klägerin begehrt die Erteilung einer sanierungsrechtlichen Genehmigung zur Errichtung einer beleuchteten Fremdwerbetafel. …

Gemäß § 145 Abs. 2 BauGB darf die sanierungsrechtliche Genehmigung unter anderem dann versagt werden, wenn Grund zur Annahme besteht, dass das Vorhaben den Zielen und Zwecken der Sanierung zuwiderlaufen würde.

Welche Anforderungen an die Formulierung von Sanierungszielen zu stellen sind, ist in der Rechtsprechung des Bundesverwaltungsgerichts seit langem geklärt: Im Zeitpunkt des Satzungserlasses bedarf es noch keiner besonderen Konkretisierung; im Laufe des Sanierungsverfahrens müssen sie sich zunehmend verdichten und konkreter werden (vgl. nur BVerwG, Beschluss v. 27.5.1997 – 4 B 98/96 –, NVwZ-RR 1998, 216 = BRS 59 Nr. 248 = juris Rdnr. 3 m. w. N.). Diese Verdichtung und Konkretisierung leisten, soweit das Gelingen der Sanierung von der Aufstellung eines Bebauungsplans abhängt (vgl. § 140 Nr. 4 BauGB), dessen Festsetzungen (NdsOVG, Urteil v. 28.6.1985 – 6 A 8/84 –, ZfBR 1986, 84 = BRS 44 Nr. 233; VGH BW, Urteil v. 8.7.2010 – 5 S 3092/08 –, juris Rdnr. 62). Davon ist auch das Verwaltungsgericht in Übereinstimmung mit beiden Beteiligten zutreffend ausgegangen.

Die Klägerin meint indes, mit der von ihr behaupteten Unwirksamkeit der ihrem Vorhaben entgegenstehenden, mit dem Bebauungsplan verbundenen örtlichen Bauvorschrift sei es der Beklagten nicht gelungen, ihr Sanierungsziel im Hinblick auf den Ausschluss von Fremdwerbeanlagen wirksam zu konkretisieren. Fehle es aber an einer rechtsverbindlichen Konkretisierung, komme es wieder auf die ursprüngliche Zielsetzung des Sanierungsverfahrens an. Diese habe den Ausschluss von Fremdwerbeanlagen nicht zum Gegenstand gehabt. Diese Argumentation überzeugt aus mehreren Gründen nicht.

Erstens ist es nicht zutreffend, dass die im Rahmen eines Sanierungsverfahrens erforderliche Zielkonkretisierung im Anwendungsbereich von § 140 Nr. 4 BauGB nur durch einen wirksamen Bebauungsplan erfolgen kann. Die Zielkonkretisierung kann vielmehr auch in anderer Rechtsform durch das zuständige Gemeindeorgan, den Rat, erfolgen (vgl. Schmidt-Eichstaedt, in: Brügelmann, BauGB, § 145 Rdnr. 39, Stand der Bearbeitung: Oktober 2023).

Erforderlich ist mithin (lediglich) ein entsprechender Ratsbeschluss (vgl. Senatsurt. v. 9.4.1986 – 1 A 33/85 –, BRS 46 Nr. 217).

Ein solcher Ratsbeschluss liegt mit der Beschlussfassung über den Bebauungsplan und die örtliche Bauvorschrift vor. Er benennt die eindeutige und unmissverständliche Absicht des Rats, im Plangebiet keine Fremdwerbung zuzulassen. Diese die Sanierungsziele ausformende und zuspitzende Absicht ist – wie das Verwaltungsgericht zu Recht und mit zutreffender Begründung festgestellt hat – unabhängig davon, ob Bebauungsplan und örtliche Bauvorschrift wirksam sind; sie steht der von der Klägerin begehrten sanierungsrechtlichen Genehmigung zwingend entgegen. Bebauungsplan und örtliche Bauvorschrift können und müssen erforderlichenfalls einem Heilungsverfahren unterzogen werden (vgl. VGH BW, Urteil v. 8.7.2010 – 5 S 3092/08 –, juris Rdnr. 59).

Die rechtlichen Grenzen einer zulässigen Zielkonkretisierung wären – auch das hat das Verwaltungsgericht richtig gesehen – erst dann überschritten, wenn das Ziel der Sanierung nur mittels eines Bebauungsplans bzw. einer anderen Satzung erreichbar, mit dem konkret zur Verfügung stehenden rechtlichem Instrumentarium aber nicht umsetzbar wäre. Das wäre beispielsweise der Fall, wenn es für die zur Zielerreichung erforderliche Regelung keine Ermächtigungsgrundlage gäbe oder das Abwägungsgebot eine solche Regelung im Einzelfall etwa aus Gründen der Verhältnismäßigkeit gänzlich ausschlösse. Ein solcher Fall liegt hier nicht vor. Dabei kann offenbleiben, ob nicht bereits § 84 Abs. 3 Nr. 2 NBauO – jedenfalls bei entsprechender, über die insofern wenig aussagekräftigen Aussagen in der Planbegründung hinausgehender Argumentation – den Ausschluss von Fremdwerbeanlagen im konkreten Fall zu rechtfertigen vermag. Die geringe Größe der von der Regelung betroffenen Teile des Plangebiets und ihre exponierte Lage entlang von zwei Haupteinfallstraßen in unmittelbarer Nähe zur historischen Altstadt mögen durchaus Anlass zu einem gestalterisch motivierten Ausschluss von Fremdwerbeanlagen geben, der nicht zwangsläufig kompetenzrechtlichen Bedenken begegnet (vgl. zu den Grenzen der Vorschrift näher Wiechert/Lenz, in: Große-Suchsdorf, NBauO, 10. Aufl. 2020, § 84 Rdnr. 69). Jedenfalls aber kommt –

wie das Verwaltungsgericht zu Recht ausgeführt hat – ein im Bebauungsplan selbst verankerter Ausschluss von Fremdwerbeanlagen auf der Grundlage von § 1 Abs. 5 und 9 BauNVO in Betracht (vgl. VGH BW, Beschluss v. 24.1.2017 – 8 S 2081/16 –, BauR 2017, 850 = BRS 85 Nr. 57 = juris Rdnr. 8 ff. m. w. N.). Die letztgenannte Vorschrift ermöglicht eine bauplanungsrechtliche Feinsteuerung zulässiger Nutzungen, soweit besondere städtebauliche Gründe vorliegen, ohne dass die kompetenzrechtlichen Grenzen des § 84 Abs. 3 Nr. 2 NBauO zu beachten wären. Dass ein Fremdwerbungsausschluss zumindest auf dieser Grundlage nicht möglich sein könnte, ist weder dargetan noch ersichtlich.

Soweit die Klägerin demgegenüber sinngemäß meint, mit dem Erlass eines unwirksamen Bebauungsplans bzw. einer unwirksamen örtlichen Bauvorschrift sei die Möglichkeit einer erneuten/weiteren Zielkonkretisierung gewissermaßen »verwirkt«; die Gemeinde müsse sich an der gewählten – unwirksamen – Regelung festhalten lassen, findet diese Ansicht im geltenden Recht keine Stütze. Nicht überzeugend ist insbesondere die Annahme, die Achtung vor der gemeindlichen Selbstverwaltungshoheit schließe es aus, eine vorhandene, das Ziel gleichermaßen erreichende Regelungsalternative zu berücksichtigen. Im Gegenteil entspricht es dem Respekt vor der gemeindlichen Planungshoheit, eine solche Regelungsalternative in die Betrachtung einzubeziehen. Hinzu kommt, dass die §§ 136 ff. BauGB keine die Möglichkeit eines Heilungsverfahrens beschränkenden Regelungen enthalten.

Zweitens wäre der Fall auch dann nicht anders zu beurteilen, wenn das Begehren der Klägerin – die Unwirksamkeit der örtlichen Bauvorschrift unterstellt – anhand der ursprünglichen Zielsetzung im Sanierungsverfahren zu beurteilen wäre. Wäre das Verfahren – wie die Klägerin meint – insoweit auf den früheren Stand zurückgesetzt, griffe das Sanierungsziel der stadtgestalterischen Aufwertung der Hauptverkehrsstraßen, die räumlich neu gefasst, in das von Wohnbebauung mitgeprägte Umfeld integriert und optisch aufgewertet werden sollen. Die Errichtung einer beleuchteten Fremdwerbeanlage ist mit dieser Zielsetzung, die in den vorbereitenden Untersuchungen der Beklagten näher umschrieben wird, nicht vereinbar. Eine solche Anlage, zumal an der vorgesehenen exponierten Stelle im Einmündungsbereich der Laugenhäger in die Vornhäger Straße, wirkt sich störend auf Wohnnutzungen aus, deren Ansiedlung die Beklagte anstrebt. Sie konterkariert zudem die vorgesehene gestalterische Aufwertung des als »Tor zur Altstadt« dienenden Einmündungsbereichs, indem sie optische Unruhe in das Gebiet hineinträgt.

Die Divergenzrüge greift ebenfalls nicht durch. Zur Darlegung einer Abweichung i. S. d. § 124 Abs. 2 Nr. 4 VwGO ist ein inhaltlich bestimmter, die angefochtene Entscheidung tragender abstrakter Rechtssatz zu benennen, mit dem das Verwaltungsgericht einem in der Rechtsprechung eines der in § 124 Abs. 2 Nr. 4 VwGO genannten Gerichte aufgestellten, tragenden Rechtssatz in Anwendung derselben Vorschrift widersprochen hat. Zwischen den Gerichten muss ein prinzipieller Auffassungsunterschied über den Bedeutungsgehalt einer bestimmten Rechtsvorschrift oder eines Rechtssatzes bestehen. Die Behauptung einer fehlerhaften oder unterbliebenen Anwendung von Rechtssätzen, die das Oberverwaltungsgericht, das Bundesverwaltungsgericht oder das Bundesverfassungsgericht in seiner Rechtsprechung aufgestellt hat, genügt den Darlegungsanforderungen nicht (st. Rspr., vgl. Senatsbeschl. v. 18.4.2024 – 1 LA 1/24 –, juris Rdnr. 15 m. w. N.).

Die Klägerin entnimmt dem Urteil des 6. Senats des erkennenden Gerichts vom 28.6.1985 – 6 A 8/84 – (BRS 44 Nr. 233) den Rechtssatz, dass dann, wenn ein Sanierungsbebauungsplan bestehe, allein dessen Festsetzungen für die sanierungsrechtlichen Belange zu bewerten seien. Diese Aussage ist der Entscheidung in der von der Klägerin formulierten Allgemeinheit indes nicht zu entnehmen. Das Gericht hat vielmehr entschieden, dass die Zielsetzungen eines Sanierungsbebauungsplans im Fall eines Widerspruchs zu den ursprünglich formulierten Zielsetzungen maßgeblich sind. Die mit dem Sanierungsbebauungsplan vorgenommene Konkretisierung sticht vorangegangene gegenläufige Überlegungen der Gemeinde.

Zu diesem Rechtssatz hat sich das Verwaltungsgericht nicht in Widerspruch gesetzt, sondern vielmehr in Übereinstimmung damit auf die mit dem Erlass von Bebauungsplan und örtlicher Bauvorschrift formulierten aktuellen Ziele abgestellt. Ein Fall von Divergenz liegt damit nicht vor.

Aus den vorstehenden Ausführungen folgt zugleich, dass der Rechtssache nicht die von der Klägerin behauptete grundsätzliche Bedeutung (§ 124 Abs. 2 Nr. 3 VwGO) zukommt. Die maßgeblichen Rechtsfragen sind in der Rechtsprechung des Bundesverwaltungsgerichts und der Obergerichte seit langem geklärt. Die von der Klägerin verfochtene Auffassung, im Fall der Unwirksamkeit eines Bebauungsplans bzw. einer örtlichen Bauvorschrift sei die damit verbundene Zielkonkretisierung auch dann hinfällig, wenn eine Heilung möglich sei, findet weder in der Rechtsprechung noch in der Literatur die geringste Stütze; sie ist auch mit den dargestellten Grundsätzen des Rechts der städtebaulichen Sanierungsmaßnahmen unvereinbar. Hinzu kommt, dass die sanierungsrechtliche Genehmigung – wie ausgeführt – auch nach Maßgabe der ursprünglichen Ziele nicht erteilt werden könnte, die aufgeworfenen Fragen sich mithin nicht entscheidungserheblich stellen würden. …

K. Rechtsprechung zum Raumordnungsrecht

Nr. 150

1. **Der raumordnerische Entscheid (§ 15 Abs. 1 ROG [juris: ROG 2008], § 17 LPlG [juris: LPlG RP]) ist kein Verwaltungsakt, sondern lediglich eine verwaltungsinterne gutachterliche Stellungnahme ohne unmittelbare Rechtswirkung nach außen.**

2. **Der Zielabweichungsbescheid (§ 6 Abs. 2 ROG [juris: ROG 2008]) entfaltet zwar Regelungswirkung, jedoch bezieht sich diese nicht auf einen konkreten wirtschaftlichen Vorteil im Sinne des Art. 107 Abs. 1 AEUV, sondern erschöpft sich regelmäßig in der Feststellung, dass bestehende Ziele der Raumordnung einer bestimmten Planung oder Maßnahme nicht entgegenstehen.**

3. **Eine mögliche mittelbare faktische Begünstigung eines Wettbewerbers dergestalt, dass aufgrund eines raumordnerischen Entscheids oder eines Zielabweichungsbescheids ein Planungsträger rechtlich nicht (länger) an einer ein konkretes Vorhaben überhaupt erst ermöglichenden Bauleitplanung gehindert ist, stellt bei sachgerechter normativer Abschichtung der Verantwortungsbereiche keine dem Träger der Raumordnung zurechenbare Vorteilsgewährung im Sinne des Art. 107 Abs. 1 AEUV dar.**

ROG § 6, § 15 Abs. 1.

OVG Rheinland-Pfalz, Beschluss vom 21. Mai 2024 – 1 A 10251/24 –.

Aus den Gründen:

Die Klägerin begehrt ihrem erstinstanzlich gestellten Klageantrag zufolge eine Verurteilung des Beklagten zur Aufhebung des raumordnerischen Entscheids vom 5.8.2020 sowie des darin enthaltenen Zielabweichungsbescheids vom 20.7.2020.

Als mögliche Anspruchsgrundlage hierfür kommt vorliegend in Bezug auf den Zielabweichungsbescheid (§ 6 Abs. 2 Satz 1 Raumordnungsgesetz – ROG –), bei dem es sich um einen Verwaltungsakt im Sinne des § 35 Verwaltungsverfahrensgesetz – VwVfG – handelt (vgl. BVerwG, Urteil v. 5.11.2009 – 4 C 3/09 –, juris Rn 14; OVG RP, Zwischenurteil vom 15.10.2008 – 1 A 10389.OVG –, n. v., S. 14), § 48 VwVfG in Betracht. Der raumordnerische Entscheid ist hingegen bereits mangels unmittelbarer Rechtswirkung kein Verwaltungsakt (BVerwG, Beschluss v. 30.8.1995 – 4 B 86/95 –, juris Rdnr. 6 ff.; OVG SH, Urteil v. 13.12.1994 – 4 K 2/94 –, juris Rdnr. 22; vgl. a. § 17 Abs. 11 Landesplanungsgesetz – LPlG –) und kann daher unmittelbar allenfalls auf der Grundlage eines Folgenbeseitigungsanspruchs angegriffen werden.

Voraussetzung für entsprechende Ansprüche der Klägerin wären indessen die Rechtswidrigkeit des Zielabweichungsbescheids (§ 48 Abs. 1 Satz 1 VwVfG) bzw. ein auf Seiten der Klägerin durch den raumordnerischen Entscheid entstandener rechtswidriger Zustand (vgl. dazu etwa BVerwG, Urteil v. 26.8.1993 – 4 C 24/91 –, juris Rdnr. 24 m. w. N.) sowie eine hierdurch bewirkte Verletzung in eigenen Rechten oder rechtlich geschützten Interessen.

Ob ein Zielabweichungsbescheid bzw. ein durch einen raumordnerischen Entscheid entstandener Zustand rechtswidrig ist und einen Dritten dadurch in seinen Rechten verletzt, richtet sich primär nach den entsprechenden Vorschriften des Fachrechts, hier also des Raumordnungs- und Planungsrechts. Die von der Klägerin geltend gemachten subventionsrechtlichen Vorschriften erlangen dabei allenfalls mittelbar dergestalt Bedeutung, dass sie möglicherweise durch auf der Grundlage des ROG bzw. des LPlG ergangene Maßnahmen verletzt worden sein könnten.

Formaler Gegenstand des vorliegenden Rechtsstreits ist danach eindeutig das Raumordnungs- und Landesplanungsrecht. Soweit darüber hinaus möglicherweise subventionsrechtliche Sachverhalte betroffen sind, ist hierüber nach den allgemeinen Grundsätzen des Prozessrechts durch den zuständigen erkennenden Senat inzident mit zu entscheiden (vgl. dazu etwa Ruthig in: Kopp/Schenke, VwGO, 29. Aufl. 2023, § 40 Rnrn. 5 und 42 ff. m. w. N.). …

Das Verwaltungsgericht hat die Klage mit der Begründung abgewiesen, dass es sich bei dem raumordnerischen Entscheid vom 5.8.2020 und dem hierin integrierten Zielabweichungsbescheid vom 30.7.2020 nicht um gegen das Durchführungsverbot des Art. 108 Abs. 3 Satz 3 des Vertrags über die Arbeitsweise der Europäischen Union – AEUV – verstoßende Beihilfen im Sinne des Unionsrechts handele. Insoweit fehle es bereits am Merkmal eines Vorteils, der unmittelbar oder mittelbar aus staatlichen Mitteln gewährt werde. Die betreffenden raumordnerischen Entscheidungen bezögen sich nicht auf die Gewährung wirtschaftlicher Vergünstigungen, sondern dienten allein dazu, im Wege einer raumordnenden Vorentscheidung die raumordnungsrechtlichen Grundlagen für eine an die Ziele der Raumordnung und Landesplanung angepasste Bauleitplanung zu schaffen, die ihrerseits die Grundlage für die Zulassung bestimmter Vorhaben bilde. Insoweit handele es sich um staatsorganisationrechtliches Handeln im weitesten Sinne, das keinen Bezug zu wettbewerblichen Auswirkungen entfalte. Abgesehen davon seien die beiden Maßnahmen auch nicht an ein Unternehmen gerichtet, sondern an die Beigeladene als Trägerin der Bauleitplanung. Überdies sei selbst die Aufstellung eines raumordnungskonformen Angebotsbebauungsplans, wie er vorliegend in Gestalt des Bebauungsplans »G… (3. Änderung)« bestehe, regelmäßig wettbewerbsneutral und komme allen potenziellen Mitbewerbern um die bauliche Ausnutzung des Plangebiets gleichermaßen zugute.

Dem hält der Zulassungsantrag entgegen, dass der Begriff der staatlichen Beihilfe im Sinne des Art. 107 Abs. 1 AEUV grundsätzlich weit auszulegen sei, da nur so Wettbewerbsverzerrungen zulasten des europäischen Binnenmarkts möglichst umfassend verhindert werden könnten. Eine Beihilfe könne auch dann vorliegen, wenn es nicht zu einer unmittelbaren Gewährung staatlicher Mittel komme. Entscheidend sei letztlich die Wirkung einer dem Staat zurechenbaren Maßnahme auf den Wettbewerb. Insoweit seien die beiden angegriffenen Maßnahmen im Sachzusammenhang mit der Veräußerung des Vorhabengrundstücks an einen Investor durch den Zweckverband G… zu sehen, da erst durch sie die Grundlage für die Schaffung von Baurecht und einer entsprechenden Vermarktung geschaffen worden sei. Der Kaufpreis habe hierbei weit unter dem marktüblichen Preis gelegen. Das Durchführungsverbot des Art. 108 Abs. 3 AEUV solle Wettberber vor genau solchen wettbewerbsverzerrenden Begünstigungen schützen.

Dem vermag der Senat nicht zu folgen.

Nach Art. 107 Abs. 1 AEUV sind, soweit in den Verträgen nicht etwas anderes bestimmt ist, staatliche oder aus staatlichen Mitteln gewährte Beihilfen gleich welcher Art, die durch die Begünstigung bestimmter Unternehmen oder Produktionszweige den Wettbewerb verfälschen oder zu verfälschen drohen, mit dem Binnenmarkt unvereinbar, soweit sie den Handel zwischen Mitgliedstaaten beeinträchtigen. Gemäß Art. 108 Abs. 3 Satz 1 AEUV ist die Kommission von jeder beabsichtigten Einführung oder Umgestaltung von Beihilfen so rechtzeitig zu unterrichten, dass sie sich dazu äußern kann; nach Satz 3 darf der betreffende Mitgliedstaat die beabsichtigte Maßnahme nicht durchführen, bevor die Kommission einen abschließenden Beschluss erlassen hat.

Der Rechtsprechung des Europäischen Gerichtshofs (vgl. Urteile v. 15.5.2019 – C-707/17 –, juris Rdnr. 46 m. w. N., und vom 3.3.2021 – C-434/19 –, juris Rdnr. 37) zufolge setzt eine Einstufung als »staatliche Beihilfe« im Sinne des Art. 107 Abs. 1 AEUV voraus, dass es sich um eine staatliche Maßnahme oder eine Maßnahme unter Inanspruchnahme staatlicher Mittel handelt, die geeignet ist, den Handel zwischen Mitgliedstaaten zu beeinträchtigen, dem Begünstigten einen selektiven Vorteil gewährt und den Wettbewerb verfälscht oder zu verfälschen droht. Zudem müssen die Vergünstigungen dem Staat zuzurechnen sein (Urteil v. 15.5.2019 – C-707/17 –, juris Rdnr. 47 m. w. N.).

Nach Maßgabe dieser Grundsätze stellen weder der raumordnerische Entscheid vom 5.8.2020 noch der integrierte Zielabweichungsbescheid vom 30.7.2020 eine dem Beklagten zurechenbare Begünstigung eines Unternehmens – hier des Investors, welcher auf dem durch den Zweckverband an ihn veräußerten Grundstück ein Möbelhaus und einen Möbelmitnahmemarkt mit einer Gesamtverkaufsfläche von 30 000 m^2 errichten will – dar.

Mit keiner der beiden Maßnahmen hat der Beklagte selbst eine Regelung getroffen, die als solche bereits geeignet wäre, den Handel zwischen Mitgliedstaaten zu beeinträchtigen, einem Begünstigten einen selektiven Vorteil gewährt und den Wettbewerb verfälscht oder zu verfälschen droht.

Der raumordnerische Entscheid dient der Prüfung, ob bestimmte raumbedeutsame Planungen und Maßnahmen mit den Erfordernissen der Raumordnung übereinstimmen und wie sie gegebenenfalls aufeinander abgestimmt und durchgeführt werden können (§ 15 Abs. 1 Sätze 1 und 2 ROG, § 17 Abs. 1 und 2 LPlG). Es handelt sich hierbei lediglich um eine der konkreten Planung oder Maßnahme vorgeschaltete verwaltungsinterne Abklärung der raumordnerischen Verträglichkeit, die den Charakter einer bloßen gutachterlichen Stellungnahme hat (§ 15 Abs. 1 Satz 4 ROG) und keine unmittelbare Rechtswirkung nach außen entfaltet (vgl. etwa BVerwG, Beschluss v. 30.8.1995 – 4 B 86/95 –, juris Rdnr. 8 m. w. N.; OVG SH, Urteil v. 13.12.1994 – 4 K 2/94 –, juris Rdnr. 22). Letzteres wird auch nochmals ausdrücklich durch § 17 Abs. 11 LPlG bestätigt, wonach das Ergebnis des Raumordnungsverfahrens weder gegenüber dem Träger der Planung noch gegenüber Einzelnen unmittelbare Rechtswirkung entfaltet und nicht die Genehmigungen, Planfeststellungen und sonstigen behördlichen Entscheidungen nach anderen Rechtsvorschriften ersetzt.

Von daher fehlt es dem raumordnerischen Entscheid bereits an einem Regelungscharakter in Bezug auf die Gewährung eines Vorteils; zudem beschränkt er sich gegenständlich auf die Feststellung der Raumverträglichkeit raumbedeutsamer Planungen und Maßnahmen (vgl. zum Ganzen ausführlich OVG SH, a. a. O.).

Der Zielabweichungsbescheid entfaltet demgegenüber zwar eine Regelungswirkung, jedoch bezieht sich diese ebenfalls nicht auf einen konkreten wirtschaftlichen Vorteil.

Nach § 6 Abs. 2 Satz 1 ROG soll die zuständige Raumordnungsbehörde einem Antrag auf Abweichung von einem Ziel der Raumordnung stattgeben, wenn die Abweichung unter raumordnerischen Gesichtspunkten vertretbar ist und Grundzüge der Planung nicht berührt werden. Der Zielabweichungsbescheid als solcher »gewährt« also nichts, sondern erschöpft sich regelmäßig in der Feststellung, dass bestehende Ziele der Raumordnung einer bestimmten Planung oder Maßnahme nicht entgegenstehen. Erst im Nachgang hierzu ist sodann etwa über eine Änderung des Flächennutzungsplans sowie eine – das geplante Bauvorhaben überhaupt erst rechtsverbindlich ermöglichende – Änderung des Bebauungsplans aufgrund einer umfassenden, nicht nur Ziele der Raumordnung, sondern alle gemäß § 2 Abs. 3 i. V. m. § 1 Abs. 5 und 6 BauGB maßgeblichen Belange einbeziehenden Abwägung durch den Träger der gemeindlichen Planungshoheit zu entscheiden.

Die danach lediglich noch in Betracht kommende mittelbare faktische Begünstigung eines Wettbewerbers dergestalt, dass aufgrund der raumordnungsrechtlichen Entscheidungen die Beigeladene als Planungsträgerin nicht länger rechtlich an einer das Vorhaben überhaupt erst ermöglichenden Bauleitplanung gehindert war, stellt bei sachgerechter normativer Abschichtung der Verantwortungsbereiche jedenfalls keine dem Beklagten noch zurechenbare Vorteilsgewährung dar. Auch insoweit ist nämlich zu beachten, dass eine verbindliche Entscheidung über die Planung allein und eigenverantwortlich durch die Beigeladene unter Einbeziehung aller – und nicht nur der raumordnerischen – zu berücksichtigenden Belange zu treffen war und ein konkretes Baurecht darüber hinaus noch eine baurechtliche Genehmigung des Vorhabens voraussetzt. Insoweit spricht nach der Rechtsprechung des Bundesverwaltungsgerichts (vgl. Urteile v. 3.11.2020 – 9 A 6/19 –, juris Rdnr. 16, vom 26.10.2016 – 10 C 3/15 –, juris Rdnr. 14, und vom 19.10.2006 – 3 C 33/05 –, juris Rdnr. 40) vieles dafür, dass die unionsrechtliche Zulässigkeit von Beihilfen selbst im Klageverfahren gegen einen Planfeststellungsbeschluss oder eine Baugenehmigung generell nicht zu prüfen ist. Dann kann jedoch erst recht eine bloße gutachtliche, nicht rechtsverbindliche Stellungnahme zur raumordnungsrechtlichen Verträglichkeit einer Planung oder einer Maßnahme bzw. die bloße Feststellung in einem Zielabweichungsbescheid, dass die bereits vorgegebenen Ziele der Raumordnung der Planung oder Maßnahme nicht entgegenstehen, als dem Beklagten als Träger der Landesplanung zurechenbare unzulässige Beihilfegewährung angesehen werden.

Nur der Vollständigkeit halber ist danach insoweit noch darauf hinzuweisen, dass eine andere Sichtweise letztlich eine uferlose Annahme mittelbarer »Begünstigungen« im Rahmen der Beteiligung weiterer öffentlicher Stellen in einem Planungs- oder Genehmigungsverfahren ermöglichen würde, obwohl diese Beteiligung lediglich auf die Abklärung einzelner fachspezifischer Genehmigungsvoraussetzungen abzielt. Überdies widerspräche eine separate Inanspruchnahme einzelner in einem Verwaltungsverfahren beteiligter Stellen auf Rückgängigmachung ihres Verfahrensbeitrags auch dem Rechtsgedanken des § 44a Abs. 1 VwGO, wonach Rechtsbehelfe gegen behördliche Verfahrenshandlungen nur gleichzeitig mit den gegen die Sachentscheidung zulässigen Rechtsbehelfen geltend gemacht werden können. …

Nr. 151

1. Der Antrag, die Ausschlusswirkung eines sachlichen Teilflächennutzungsplans »Windenergie« vorläufig außer Vollzug zu setzen, kann entsprechend § 47 Abs. 6 VwGO nach den dortigen Maßgaben zulässig und begründet sein.

2. Ein Planungskonzept nach § 35 Abs. 3 Satz 3 BauGB, das – entgegen der von der Rechtsprechung geforderten Unterscheidung zwischen harten und weichen Tabuzonen sowie von sich nach deren Abzug ergebenden Potenzi-

alflächen – die planerische Darstellung von großflächigen Tabubereichen innerhalb von Potenzialflächen und auch nachfolgend innerhalb einer Konzentrationszone vorsieht, ist offensichtlich abwägungsfehlerhaft.

3. **Ein vom Plangeber errechneter Abstandsmittelwert, der ohne nähere Begründung nicht zwischen den Baugebietstypen der Baunutzungsverordnung (hier v. a. WR, WA und MI, MD) differenziert, ist als weiches Tabukriterium offensichtlich nicht hinreichend städtebaulich legitimiert.**

4. **Die beabsichtigte Verhinderung einer übermäßigen Umfassung von einzelnen Ortslagen im Rahmen der Abwägung der einzelnen Potenzialflächen ist jedenfalls dann offensichtlich abwägungsfehlerhaft, wenn sich der Plangeber nicht mit den städtebaulichen Aspekten, die hierdurch berührt sein sollen, im Einzelnen hinreichend auseinandersetzt und die für das gesamte Gemeindegebiet zur Anwendung gebrachten Kriterien der »Einkreisung« erkennbar nicht sachgerecht sind.**

5. **Die Überleitungsvorschrift des § 245e Abs. 1 Satz 1 BauGB, wonach die Rechtswirkungen eines Flächennutzungsplans nach § 35 Abs. 3 Satz 3 BauGB für Windenergievorhaben nach § 35 Abs. 1 Nr. 5 BauGB nur dann fortgelten, wenn der Plan bis zum 1.2.2024 wirksam geworden ist, lässt nach summarischer Prüfung keinen Raum für ein ergänzendes Verfahren nach § 214 Abs. 4 BauGB.**

BauGB § 1 Abs. 6, § 1 Abs. 7, § 35 Abs. 3 Satz 3, § 245e; VwGO § 47.

OVG Nordrhein-Westfalen, Beschluss vom 17. Juni 2024 – 22 B 286/24 –.

Aus den Gründen:

Der Antrag der Antragsteller, den sachlichen Teilflächennutzungsplan »Windenergie« der Antragsgegnerin bis zur Entscheidung über den Normenkontrollantrag der Antragsteller außer Vollzug zu setzen, soweit mit dem Teilflächennutzungsplan eine Ausschlusswirkung nach § 35 Abs. 3 Satz 3 BauGB erzielt werden soll, hat Erfolg. Er ist zulässig und begründet.

Der Antrag ist zulässig.

Er ist statthaft nach § 47 Abs. 6 VwGO analog. Denn für die hier von den Antragstellern im Rahmen ihres Normenkontrolleilantrags allein zur Prüfung gestellte Ausschlusswirkung eines Flächennutzungsplans nach § 35 Abs. 3 Satz 3 BauGB gilt nach der ständigen höchstrichterlichen Rechtsprechung auch § 47 Abs. 1 Nr. 1 VwGO entsprechend (vgl. nur BVerwG, Urteil v. 13.12.2018 – 4 CN 3.18 –, BVerwGE 164, 74 = juris Leitsatz 2 und Rdnr. 29 ff., m. w. N.).

Die Antragsteller sind antragsbefugt nach § 47 Abs. 2 Satz 1 VwGO analog. …

Es genügt danach mit Blick auf die Ausschlusswirkung nach § 35 Abs. 3 Satz 3 BauGB, wenn die Antragsteller substanziiert geltend machen, die Planung nehme ihnen konkrete Nutzungsmöglichkeiten und Nutzungsabsichten auf Grundstücken außerhalb der dargestellten Vorrangflächen. Ein potenzieller Bauherr kann auch dann die Beschränkung der Nutzung eines in einer Ausschlusszone gelegenen Grundstücks einer gerichtlichen Kontrolle zuführen, wenn er nicht Grundstückseigentümer ist (vgl. BVerwG, Urteil v. 31.1.2013 – 4 CN 1.12 –, BVerwGE 146, 40 = juris Rdnr. 26, Beschluss v. 19.11.2020 – 4 BN 14.20 –, ZfBR 2021, 180 = juris Rdnr. 5; OVG NRW, Urteile v. 24.2.2023 – 7 D 372/21.NE – BauR 2023, 1069 = juris Rdnr. 34 ff., und vom 4.7.2019 – 2 D 6/18.NE –, juris Rdnr. 31 f.). ...

Der Antrag ist begründet. Die materiellen Voraussetzungen für die begehrte Außervollzugsetzung liegen vor.

Das Normenkontrollgericht kann gemäß § 47 Abs. 6 VwGO eine einstweilige Anordnung erlassen, wenn dies zur Abwehr schwerer Nachteile oder aus anderen wichtigen Gründen dringend geboten ist.

Der Begriff »schwerer Nachteil« stellt an die Aussetzung des Vollzugs einer (untergesetzlichen) Norm erheblich strengere Anforderungen, als § 123 VwGO sie sonst an den Erlass einstweiliger Anordnungen stellt. Eine Außervollzugsetzung ist nur in besonders gelagerten Ausnahmefällen gerechtfertigt, die durch Umstände gekennzeichnet sind, die den Erlass einer einstweiligen Anordnung unabweisbar erscheinen lassen (vgl. BVerwG, Beschluss v. 18.5.1998 – 4 VR 2.98 –, NVwZ 1998, 1065 = juris Rdnr. 3; OVG NRW, Beschlüsse v. 23.11.2023 – 2 B 677/23.NE –, juris Rdnr. 16 f., und vom 13.5.2022 – 2 B 97/22.NE –, BRS 90 Nr. 5 = juris Rdnr. 16 f., beide m. w. N.).

Der bloße Vollzug eines Bebauungsplans stellt noch keinen schweren Nachteil in diesem Sinne dar. Ein schwerer Nachteil, der die Außervollzugsetzung eines Bebauungsplans nach § 47 Abs. 6 VwGO rechtfertigt, ist – regelmäßig, so auch hier – (nur) dann zu bejahen, wenn die Verwirklichung des angegriffenen Bebauungsplans in tatsächlicher und rechtlicher Hinsicht eine schwerwiegende Beeinträchtigung rechtlich geschützter Positionen des jeweiligen Antragstellers konkret erwarten lässt (vgl. OVG NRW, Beschluss v. 17.5.2024 – 10 B 186/24.NE –, juris Rdnr. 11 f., m. w. N. zur Rechtsprechung der weiteren Bausenate des OVG NRW).

»Aus anderen wichtigen Gründen dringend geboten« sein kann die Außervollzugsetzung des Bebauungsplans, wenn dieser sich bei der im Verfahren des einstweiligen Rechtsschutzes nur möglichen und gebotenen summarischen Prüfung als offensichtlich rechtsfehlerhaft erweist und von einem Erfolg des Antragstellers im Hauptsacheverfahren auszugehen ist. Da § 47 Abs. 6 VwGO einstweiligen Rechtsschutz jedoch grundsätzlich nur im individuellen Interesse des jeweiligen Antragstellers gewährt, setzt die Außervollzugsetzung eines offensichtlich unwirksamen Bebauungsplans weiter voraus, dass seine Umsetzung den jeweiligen Antragsteller – unterhalb der Schwelle des schweren Nachteils – konkret so beeinträchtigt, dass die einstweilige Anordnung jedenfalls dringend geboten ist (vgl. OVG NRW, Beschlüsse v. 23.11.2023 – 2

B 677/23.NE –, juris Rdnr. 20 f., vom 18.8.2023 – 2 B 349/23.NE –, juris Rdnr. 24 f., und vom 13.5.2022 – 2 B 97/22.NE –, BRS 90 Nr. 5 = juris Rdnr. 21 f., alle m. w. N.).

Dieser für Bebauungspläne geltende Maßstab findet entsprechende Anwendung, wenn – wie hier – Gegenstand der Prüfung die nach § 35 Abs. 3 Satz 3 BauGB beabsichtigte Ausschlusswirkung eines Flächennutzungsplans ist, die nach dem Vorstehenden gemäß § 47 Abs. 1 Nr. 1 VwGO analog ebenfalls – gerade wegen ihrer der Bindungskraft von Festsetzungen eines Bebauungsplans gleichkommenden Rechtswirkungen – Gegenstand einer statthaften Normenkontrolle sein kann.

Gemessen an diesen Maßstäben liegen die Voraussetzungen für eine Außervollzugsetzung der angegriffenen Ausschlusswirkung des sachlichen Teilflächennutzungsplans »Windenergie« der Antragsgegnerin hier vor. Denn unabhängig von der Frage, ob den Antragstellern schwere individuelle Nachteile drohen, ist die Außervollzugsetzung jedenfalls aus anderen Gründen dringend geboten.

Nach der hier allein möglichen und gebotenen summarischen Prüfung ist die angegriffene Ausschlusswirkung des sachlichen Teilflächennutzungsplans offensichtlich (materiell) rechtswidrig.

Die von den Antragstellern vorgebrachten Abwägungsfehler sind jedenfalls mit Blick auf die Nachvollziehbarkeit des Planungskonzepts, das weiche Tabukriterium eines Vorsorgeabstandes von 656 m (zuzüglich eines als hartes Tabu bewerteten immissionsschutzrechtlichen Schutzabstandes von 279 m) für »Innenbereichsflächen, verbindliche Bebauungspläne, in denen Wohngebäude nicht nur ausnahmsweise zulässig sind, baurechtlich genehmigte Wohnnutzungen in diesem Siedlungszusammenhang, Krankenhäuser, Pflegeanstalten« sowie mit Blick auf die Verhinderung einer übermäßigen Umfassung von einzelnen Ortslagen im Rahmen der Abwägung der einzelnen Potenzialflächen offensichtlich; die Erwägungen der Antragsgegnerin finden jeweils offensichtlich keine städtebauliche Rechtfertigung und sind abwägungsfehlerhaft im Sinne von § 214 Abs. 1 Satz 1 Nr. 1 oder Abs. 3 Satz 2 BauGB. Ausführungen zu den übrigen von den Antragstellern gerügten oder weiteren, nicht rügeabhängigen Fehlern der Konzentrationszonenplanung bedarf es – zumal im vorliegenden Eilverfahren und mit Blick auf § 245e Abs. 1 Satz 1 i. V. m. § 249 Abs. 1 BauGB – nicht.

Die verfahrensrechtlichen Anforderungen an den Abwägungsvorgang ergeben sich aus den Vorgaben des § 2 Abs. 3 BauGB, wonach bei der Aufstellung der Bauleitpläne die Belange, die für die Abwägung von Bedeutung sind (Abwägungsmaterial), ermittelt und bewertet werden müssen. Sie decken sich mit denen, die die Rechtsprechung bezogen auf die Zusammenstellung des Abwägungsmaterials aus dem Abwägungsgebot des § 1 Abs. 7 BauGB entwickelt hat.

Das Abwägungsgebot des § 1 Abs. 7 BauGB, nach dem bei der Aufstellung der Bauleitpläne die öffentlichen und privaten Belange gegeneinander und untereinander gerecht abzuwägen sind, stellt inhaltliche Anforderungen an den Abwägungsvorgang und an das Abwägungsergebnis. Das Abwägungsgebot ist danach verletzt, wenn eine sachgerechte Abwägung überhaupt nicht stattfindet, wenn in die Abwägung Belange nicht eingestellt werden, die nach Lage der Dinge hätten eingestellt werden müssen, wenn die Bedeutung der betroffenen Belange verkannt oder wenn der Ausgleich zwischen den von der Planung berührten Belangen in einer Weise vorgenommen wird, die zur objektiven Gewichtigkeit einzelner Belange außer Verhältnis steht. Innerhalb des so gezogenen Rahmens ist dem Abwägungserfordernis genügt, wenn sich die zur Planung berufene Gemeinde im Widerstreit verschiedener Belange für die Bevorzugung des einen und damit notwendigerweise für die Zurückstellung des anderen Belangs entscheidet.

Bei der Planung von Konzentrationszonen für die Windenergienutzung mit den Wirkungen des § 35 Abs. 3 Satz 3 BauGB verlangt das Abwägungsgebot nach der Rechtsprechung des Bundesverwaltungsgerichts die Entwicklung eines schlüssigen Gesamtkonzepts, das sich grundsätzlich (vgl. BVerwG, Urteil v. 24.1.2023 – 4 CN 6.21 –, BVerwGE 177, 306 = juris) auf den gesamten Außenbereich des Gemeindegebiets erstreckt. Die planerische Entscheidung muss nicht nur Auskunft darüber geben, von welchen Erwägungen die positive Standortzuweisung getragen wird, sondern auch deutlich machen, welche Gründe es rechtfertigen, den übrigen Planungsraum von Windenergieanlagen freizuhalten.

Die insgesamt auf der Ebene des Abwägungsvorgangs angesiedelte Ausarbeitung eines Planungskonzepts vollzieht sich abschnittsweise. Im ersten Abschnitt sind diejenigen Bereiche als Tabuzonen zu ermitteln, die sich für die Nutzung der Windenergie nicht eignen. Die Tabuzonen lassen sich in zwei Kategorien einteilen, nämlich in Zonen, in denen die Errichtung und der Betrieb von Windenergieanlagen aus tatsächlichen und/oder rechtlichen Gründen schlechthin ausgeschlossen sind (harte Tabuzonen), und in Zonen, in denen Windenergieanlagen zwar tatsächlich und rechtlich möglich sind, in denen sie aber nach den städtebaulichen Vorstellungen, die die Gemeinde anhand eigener Kriterien entwickeln darf, nicht aufgestellt werden sollen (weiche Tabuzonen).

Auf der ersten Stufe des Planungsprozesses muss sich die Gemeinde zunächst den Unterschied zwischen harten und weichen Tabuzonen bewusst machen und ihn dokumentieren. Bei den harten Tabuzonen handelt es sich nach der Rechtsprechung des Bundesverwaltungsgerichts um Flächen, deren Bereitstellung für die Windenergienutzung an § 1 Abs. 3 Satz 1 BauGB scheitern würde. Danach haben die Gemeinden die Bauleitpläne aufzustellen, sobald und soweit es für die städtebauliche Entwicklung und Ordnung erforderlich ist. Nicht erforderlich ist ein Bauleitplan, wenn seiner Verwirklichung auf unabsehbare Zeit rechtliche oder tatsächliche Hindernisse im Wege stehen. Harte Tabuzonen scheiden kraft Gesetzes als Konzentrationszonen für die Windenergienutzung aus und sind so einer Abwägung zwischen den Belangen der Windenergienutzung und widerstreitenden Belangen (§ 1 Abs. 7 BauGB) von vornherein entzogen.

Demgegenüber sind weiche Tabuzonen zu den Flächen zu rechnen, die einer Berücksichtigung im Rahmen der Abwägung zugänglich sind. Zwar dürfen sie anhand einheitlicher Kriterien ermittelt und vorab ausgeschieden werden, bevor diejenigen Belange abgewogen werden, die im Einzelfall für und gegen die Nutzung einer Fläche für die Windenergie sprechen. Ihre Ermittlung und ihre Bewertung sind aber gleichwohl der Ebene der Abwägung zuzuordnen. Weiche Tabuzonen sind disponibel, was sich daran zeigt, dass städtebauliche Gesichtspunkte hier nicht von vornherein vorrangig sind und der Plangeber die weichen Tabuzonen einer erneuten Betrachtung und Bewertung unterziehen muss, wenn er als Ergebnis seiner Untersuchung erkennt, dass er für die Windenergienutzung nicht substanziell Raum schafft. Der Rat muss die Entscheidung, eine Fläche als weiche Tabuzone zu bewerten, nicht zuletzt vor dem Hintergrund, dass damit eine gesetzliche Privilegierung und damit den Eigentümern eine an sich gesicherte Nutzungsoption ohne Einzelfallprüfung entzogen wird, rechtfertigen. Dazu muss er aufzeigen, wie er die eigenen Ausschlussgründe bewertet, d. h. kenntlich machen, dass er – anders als bei harten Tabukriterien – einen Bewertungsspielraum hat, und die Gründe für seine Wertung offen legen. Diese Forderung ist mit dem abschließenden Abwägungsparameter rückgekoppelt, dass, je kleiner die für die Windenergienutzung verbleibenden Flächen am Ende ausfallen, umso mehr das gewählte methodische Vorgehen zu hinterfragen ist.

Nach Abzug der harten und der weichen Tabuzonen bleiben nach der Rechtsprechung des Bundesverwaltungsgerichts sog. Potenzialflächen übrig, die für die Darstellung von Konzentrationszonen im Flächennutzungsplan in Betracht kommen. Sie sind in einem weiteren Arbeitsschritt zu konkurrierenden Nutzungen in Beziehung zu setzen, das heißt, die öffentlichen Belange, die gegen die Darstellung eines Landschaftsraums als Konzentrationszone für die Windenergienutzung sprechen, sind mit dem Anliegen abzuwägen, der Windenergienutzung an geeigneten Standorten eine Chance zu geben, die ihrer Privilegierung nach § 35 Abs. 1 Nr. 5 BauGB gerecht wird.

Das Abwägungsergebnis ist schließlich darauf zu prüfen, ob mit der Planung der Windenergienutzung substanziell Raum gegeben wird. Das Bundesverwaltungsgericht hat die Entscheidung, anhand welcher Kriterien sich diese Frage beantworten lässt, den Tatsachengerichten vorbehalten und verschiedene Modelle gebilligt, dabei jedoch eine gewisse Priorität für einen Flächenvergleich dergestalt erkennen lassen, dass der prozentuale Anteil der ausgewiesenen Vorrangflächen zu der nach Abzug der harten Tabukriterien verbleibenden Außenbereichsfläche als aussagekräftiger Ansatzpunkt gewertet werden kann.

Für die Rechtmäßigkeit der Flächenauswahl unter Abwägungsgesichtspunkten sind die Erwägungen maßgeblich, die tatsächlich Grundlage der

Abwägungsentscheidung des Plangebers waren. Entscheidend für die gerichtliche Überprüfung der Abwägungsentscheidung sind damit in erster Linie die Verlautbarungen in der Begründung, die dem Flächennutzungsplan nach § 5 Abs. 5 BauGB beizufügen ist, ergänzt durch die Erwägungen, denen der Plangeber bei seiner abschließenden Beschlussfassung gefolgt ist (vgl. insgesamt zum Vorstehenden VerfGH NRW, Urteil v. 1.12.2020 – VerfGH 10/19 –, ZNER 2021, 50 = juris Rdnr. 79 ff.; OVG NRW, Urteile v. 24.2.2023 – 7 D 372/21.NE –, BauR 2023, 1069 = juris Rdnr. 55 ff., vom 20.1.2020 – 2 D 100/17.NE –, BauR 2020, 1120 = juris Rdnr. 100 ff., und vom 6.3.2018 – 2 D 95/15.NE –, BauR 2018, 1214 = juris Rdnr. 49 ff., jeweils mit zahlreichen weiteren Nachweisen insbesondere zur Rechtsprechung des BVerwG).

Ausgehend von diesen Grundsätzen ist die Abwägung offensichtlich fehlerhaft, weil das Planungskonzept der Antragsgegnerin nicht nachvollziehbar ist. Sie hat dieses Konzept schon nicht wie geboten systematisch stimmig und unter Beachtung der Unterschiede der maßgeblichen (Tabu-)Kriterien erarbeitet.

Zu Recht machen die Antragsteller in diesem Zusammenhang geltend, dass die Einordnung der »Laubwaldbestände < 4 ha im 3. Planungsschritt« nicht nachvollziehbar ist. Einerseits werden diese Waldbestände ausweislich der zusammenfassenden Tabelle der Planbegründung (dort Seite 42) den harten Tabukriterien (»Schutzobjekt und Schutzabstand (hartes Kriterium)«) zugeordnet. Andererseits soll bei näherer Betrachtung der Potenzialflächen ein Verbleib dieser Wälder in einer Potenzialfläche möglich sein, wenn der Zugang zu der Fläche gewahrt bleibt – etwa weil der Waldbestand im Randbereich liegt. Im Falle des Verbleibs der Wälder in der Potenzialfläche soll aber die Nutzung als Anlagenstandort ausgeschlossen sein. Damit wird die nach der zitierten Rechtsprechung geforderte Unterscheidung zwischen harten und weichen Tabuzonen sowie von – sich nach deren Abzug ergebenden – Potenzialflächen aufgegeben. Die Lage der Laubwaldflächen in den Potenzialflächen führt gerade dazu, dass von vornherein und »geplant« nicht der gesamte Bereich der Potenzialfläche für die Windenergie ausgenutzt werden kann, obwohl die als Konzentrationszonen dargestellten Potenzialflächen bei einem durchzuführenden Flächenvergleich im Rahmen der Prüfung, ob der Windenergie substanziell Raum gegeben wird, vollständig – also frei von planerischen Tabuflächen – angerechnet werden. Dies mündet letztlich in verzerrten Ergebnissen, die keine hinreichende Auskunft darüber geben, ob der Privilegierung der Windenergie nach § 35 Abs. 1 Nr. 5 BauGB entsprochen wurde.

Dass Nr. 8.1 (dort Abs. 4) des von der Antragsgegnerin zitierten Gemeinsamen Runderlasses des Ministeriums für Wirtschaft, Innovation, Digitalisierung und Energie – VI.A-3 – 77-30 Windenergieerlass –, des Ministeriums für Umwelt, Landwirtschaft, Natur- und Verbraucherschutz – VII.2-2 – 2017/01 – Windenergieerlass – und des Ministeriums für Heimat, Kommunales, Bau und Gleichstellung des Landes Nordrhein-Westfalen – 611 – 901.3/202 – vom

8.5.2018 (Erlass für die Planung und Genehmigung von Windenergieanlagen und Hinweise für die Zielsetzung und Anwendung – Windenergie-Erlass) auf der Planungsebene des Flächennutzungsplans kleinflächige Tabubereiche (für den Standort des Turms und das Fundament sowie für die Fläche, die vom Rotor überstrichen wird), die aus maßstabsbedingten Gründen zeichnerisch nicht abbildbar sind, innerhalb der Darstellung der Konzentrationszonen – insbesondere bei Insellagen – zulässt, besagt nichts anderes. Denn – wie schon der Wortlaut der genannten Bestimmung nahelegt – geht es dort allein um kleinflächige Bereiche, deren Darstellung auf der Ebene des Flächennutzungsplans nicht möglich ist. Dies hat aber gerade nichts mit der hier in Rede stehenden planerischen Darstellung von Tabubereichen – mit bis zu 4 ha nicht unbeträchtlicher Größe – innerhalb von Potenzialflächen zu tun. Lediglich ergänzend ist festzuhalten, dass es hier auch nicht vorrangig um die im Windenergieerlass genannten Insellagen innerhalb der Konzentrationszone geht. Die Laubwaldbestände < 4 ha, die innerhalb einer Konzentrationszone verbleiben sollen, betreffen nach dem erklärten Willen der Antragsgegnerin insbesondere den Randbereich einer Vorrangfläche. Auch vor diesem Hintergrund drängt sich die Frage auf, warum die Waldbestände dann nicht außerhalb dieser Zonen verortet wurden. Allein der Hinweis des Plangebers darauf, dass diese Flächen vom Rotor dann überstrichen werden dürften, reicht hierfür nicht aus. Zum einen wäre eine systemwidrige Einbeziehung nicht erforderlich gewesen – die Planbegründung weist selbst auf die Möglichkeit einer »Rotor-außerhalb«-Planung hin –, zum anderen erschließt sich eine solche Differenzierung zu sonstigen Waldflächen anhand des Größenkriteriums nicht.

Im Übrigen hat die Antragsgegnerin, worauf der Prozessbevollmächtigte der Antragsteller zutreffend hinweist, im Rahmen ihrer Planung vielfach davon Gebrauch gemacht, harte und weiche Tabuzonen auch innerhalb von Konzentrationszonen darzustellen. Die Planbegründung führt dazu aus, dass Tabuflächen innerhalb der Konzentrationszonen durch Vorhaben der Windenergienutzung nicht baulich verändert werden dürften, eine Überstreichung dieser Flächen durch die Rotoren einer Windenergieanlage jedoch möglich sei. Auch dies verstößt offensichtlich gegen die nach der vorzitierten Rechtsprechung gebotene Trennung zwischen harten und weichen Tabuzonen sowie von – sich nach deren Abzug ergebenden – Potenzialflächen. Exemplarisch kann auf die von den Antragstellern benannte Darstellung der Potenzialfläche 3 in den Aufstellungsvorgängen der Antragsgegnerin Bezug genommen werden. Anhand dieser Darstellung zeigt sich deutlich, dass sowohl (teilweise »ergänzende«) harte (Fließgewässer mit Gewässerrandstreifen; kleinere Laubwaldbestände, für die keine Waldumwandlung in Aussicht gestellt werden kann; sonstige harte Ausschlusskriterien) als auch »ergänzende« weiche (Vorsorgeabstände zu Schutzgebieten, Vorsorgeabstand Quellgebiet von 100 m, sonstige weiche Ausschlusskriterien) Tabuzonen innerhalb der Potenzialfläche 3 und auch nachfolgend innerhalb der Konzentrationszone liegen.

Die von der Antragsgegnerin vorgenommene Auswahl und Anwendung der weichen Tabukriterien ist ebenso offensichtlich abwägungsfehlerhaft. Dies gilt hier namentlich für die Bestimmung des immissionsschutzrechtlichen Vorsorgeabstandes für »Innenbereichsflächen, verbindliche Bebauungspläne, in denen Wohngebäude nicht nur ausnahmsweise zulässig sind, baurechtlich genehmigte Wohnnutzungen in diesem Siedlungszusammenhang, Krankenhäuser, Pflegeanstalten«, weil er sich so städtebaulich nicht rechtfertigen lässt.

Zwar bleibt es einem Plangeber grundsätzlich unbenommen, sich in diesem Kontext für ein vorsorgendes Konzept zu entscheiden. Dieses muss er indes sowohl hinsichtlich des »Ob« als auch des »Wie« begründen und hat sich dabei – wie bei jeder planerischen Entscheidung – an städtebaulichen Belangen im Sinne des § 1 Abs. 6 BauGB zu orientieren, muss also insbesondere grundlegende Strukturen des Städtebaurechts beachten. So darf er sich nicht über grundlegende Differenzierungen des Städtebaurechts wie die Gebietstypisierungen der Baunutzungsverordnung hinwegsetzen und diesen (auch) bewohnten Bereichen einen einheitlichen Immissionsschutzanspruch zuordnen, obwohl die grundsätzlich verbindliche (vgl. BVerwG, Urteile v. 27.7.2021 – 4 A 14.19 –, BVerwGE 173, 132 = juris Rdnr. 38, und vom 12.11.2020 – 4 A 13.18 –, juris Rdnr. 46, Beschluss v. 30.12.2022 – 7 B 15.22 –, ZNER 2023, 38 = juris Rdnr. 7; OVG NRW, Urteil v. 14.2.2019 – 2 A 2584/14 –, juris Rdnr. 83 ff.) TA Lärm hier Unterschiede von 5 dB(A) (WA zu MI und MD) oder sogar 10 dB(A) (WR zu MI/MD) vorsieht. Zugleich darf der angesetzte Schutzanspruch nicht zu einer Über- oder Untersicherung im Hinblick auf die geschützten immissionsschutzrechtlichen Belange führen. Mit Blick darauf, dass die energetische Addition zweier gleicher Schallpegel (nur) zu einem um 3 dB(A) höheren Summenpegel führt, sind diese – bindenden – Vorgaben realiter mit einer tatsächlich deutlich unterschiedlichen Geräuschkulisse verbunden, die planerisch jedenfalls nicht mit der alleinigen Erwägung von Zufälligkeiten oder Abgrenzungsschwierigkeiten eingeebnet werden kann. Zwar mag dies für die Abgrenzung von reinen und allgemeinen Wohngebieten gelten, so dass eine planerische Gleichbehandlung – auch angesichts des weitgehend identischen Nutzungszweckes dieser Gebietstypen und vor dem Hintergrund, dass der Plangeber nicht alles rechtlich Erlaubte auch planerisch ermöglichen muss – vertretbar ist. Eine vergleichbare Ausgangskonstellation besteht indes nicht, jedenfalls nicht regelmäßig, für den Übergang zum Mischgebiet, das nicht mehr einen überwiegenden Wohnzweck verfolgt und sich wegen der geforderten gleichmäßigen gewerblichen Nutzungen (vgl. § 6 BauNVO) auch äußerlich erkennbar von Wohngebieten abhebt (vgl. OVG NRW, Urteil v. 20.1.2020 – 2 D 100/17.NE –, BauR 2020, 1120 = juris Rdnr. 200 ff).

Diesen Maßgaben wird das Vorsorgekonzept der Antragsgegnerin offenkundig nicht gerecht. Wie dem als Anlage 1 beigefügten Plankonzept zu entnehmen ist, hat sie sich bei der »Herleitung des Vorsorgeabstandes für Siedlungsbereiche« auf einen rechnerischen Abstands-Mittelwert von 833,5 m gestützt. Diesen leitet sie aus den Immissionsrichtwerten für reine und allgemeine Wohngebiete sowie Mischgebiete von 35 dB(A) (WR nachts), 40 dB(A) (WA nachts) bzw. 45 dB(A) (MI nachts) ab, wobei unterschiedliche Anlagenaufstellungen bei schallreduziertem Betrieb (102,5 dB(A)) nach den Blättern 3 bis 12 der Anlage 1 zugrunde gelegt wurden. Der der Planung schließlich zugrunde gelegte Gesamtabstand von 935 m folgt aus einem zusätzlichen Aufschlag für einen ertragsoptimierten Betrieb mit einem um 3 dB(A) erhöhten Schallleistungspegel von 105,5 dB(A). Im Ergebnis differenziert der Abstands-Mittelwert damit jedenfalls nicht zwischen den Baugebietstypen der Baunutzungsverordnung. Er hat vielmehr einen vergleichbaren Effekt wie die unterschiedslose Heranziehung des Immissionsrichtwerts für ein allgemeines Wohngebiet. Wie die nach den Blättern 3 bis 12 der Anlage 1 ausgewiesenen Abstände zeigen, ergibt das arithmetische Mittel der nach den baugebietsspezifischen Immissionsrichtwerten – also 35 dB(A) (WR nachts), 40 dB(A) (WA nachts) und 45 dB(A) (MI nachts) – differenzierenden Abstände sogar stets einen Abstand, der größer ist als der spezifisch nach dem Immissionsrichtwert von 40 dB(A) für ein allgemeines Wohngebiet errechnete Abstand. Zu Recht weist daher der Prozessbevollmächtigte der Antragsteller im Rahmen seiner Antragsbegründung darauf hin, dass die »Berechnungen in Anlage 1 zum Konzept einem Schutzanspruch mit einem Immissionsrichtwert von < 40 dB(A)« entsprächen.

Im Sinne der aufgeführten Rechtsprechung des Gerichts differenziert damit auch – wie ein unterschiedslos nach den Immissionsrichtwerten eines WA-Gebietes bestimmter Vorsorgeabstand – der von der Antragsgegnerin errechnete Abstands-Mittelwert nicht ausreichend zwischen den Baugebietstypen der Baunutzungsverordnung und ist der Vorsorgeabstand als weiches Tabukriterium auf dieser Grundlage offensichtlich nicht hinreichend städtebaulich legitimiert. Selbst wenn dies grundsätzlich denkbar sein sollte, sind den Aufstellungsvorgängen jedenfalls keine Anhaltspunkte dafür zu entnehmen, aus welchen Gründen eine solche Differenzierung in der planerischen Abwägung unter dem Gesichtspunkt der Vorsorge nicht für zielführend erachtet und aus welchen städtebaulichen Gründen eine Gleichbehandlung von Wohn- und Mischgebieten für vorzugswürdig gehalten wurde.

Ebenso offensichtlich abwägungsfehlerhaft ist die Anwendung des Kriteriums der Verhinderung einer übermäßigen Umfassung von einzelnen Ortslagen im Rahmen der Abwägung der einzelnen Potenzialflächen.

Ob und unter welchen Voraussetzungen eine »Einkreisung«, geschweige denn eine nur bandartige Struktur in besonders gelagerten Einzelfällen überhaupt bei der Planung von Konzentrationszonen für die Nutzung der Windenergie relevant sein kann, ist in der Rechtsprechung bislang nicht abschließend geklärt. Der Rat einer planenden Gemeinde muss sich aber jedenfalls im Einzelnen mit der Frage auseinandersetzen, welcher städtebauliche Aspekt durch eine solche Bandstruktur konkret berührt sein kann, nach welchen allgemeinen, städtebaulich gerechtfertigten Kriterien eine entsprechende Bewertung vorzunehmen ist und weshalb sie im konkreten Fall ausschlaggebend sein soll. Sofern sich der Rat in diesem Zusammenhang darauf beruft, für gesunde Wohn- und Arbeitsverhältnisse sorgen zu wollen, erscheint dies allerdings fernliegend (vgl. OVG NRW, Urteile v. 20.1.2020 – 2 D 100/17.NE –, BauR 2020, 1120 = juris Rdnr. 227, und vom 21.1.2019 – 10 D 23/17.NE –, BauR 2019, 1410 = juris Rdnr. 127).

Die Antragsgegnerin hat sich hier schon offenkundig nicht mit den städtebaulichen Aspekten, die durch die bandartige Anordnung von Windenergieanlagen berührt sein sollen, im Einzelnen hinreichend auseinandergesetzt. Sie listet im Rahmen der Begründung lediglich pauschal »die Anforderungen an gesunde Wohn- und Arbeitsverhältnisse, umweltbezogene Auswirkungen auf den Menschen und seine Gesundheit sowie die Bevölkerung insgesamt, die Nutzung erneuerbarer Energien sowie die sparsame und effiziente Nutzung von Energie und die Belange der Versorgung, insbesondere mit Energie, einschließlich der Versorgungssicherheit« auf. Der erstgenannte Aspekt wurde dabei nach der vorgenannten Rechtsprechung des Gerichts als fernliegend eingestuft. Die weiteren Aspekte sind in ihrer konkreten städtebaulichen Relevanz hier nicht nachvollziehbar. Soweit die Antragsgegnerin hinsichtlich der Anforderungen an gesunde Wohnverhältnisse und der umweltbezogenen Auswirkungen auf den Menschen (§ 1 Abs. 6 Nr. 1 und 7 Buchst. c BauGB) in der Begründung ausführt, dass die von Windenergieanlagen ausgehenden Lärmemissionen und ihre optisch bedrängende Wirkung als Beeinträchtigungen der menschlichen Gesundheit aufgrund einer »Einkreisung« verstärkt werden könnten, auch wenn die immissionsschutzrechtlichen Vorsorgeabstände eingehalten seien und der öffentliche Belang einer optisch bedrängenden Wirkung einer Einzelanlage nicht entgegenstehe, erschließt sich die konkrete Betroffenheit der genannten städtebaulichen Belange mangels einer plausibel begründeten Herleitung nicht. Schließlich kann die Antragsgegnerin mit der Auflistung von »zusätzlichen positiven« Aspekten, die sich in einzelnen Teilbereichen des Gemeindegebiets durch die Anwendung des Kriteriums der Verhinderung einer übermäßigen Umfassung von einzelnen Ortslagen ergeben sollen, diese Kriterien nicht rechtfertigen. Denn es geht um die städtebauliche Rechtfertigung der allgemeinen Anwendung dieser Kriterien und nicht um punktuelle positive Nebeneffekte im Einzelfall.

Unabhängig von der durch die Antragsteller zusätzlich gerügten Ermittlung des Umfassungsgrades für die einzelnen Ortsteile sind jedenfalls auch die für das gesamte Gemeindegebiet der Antragsgegnerin zur Anwendung gebrachten und beanstandeten Kriterien der »Einkreisung« offensichtlich abwägungsfehlerhaft gewählt worden. Dies gilt schon deshalb, weil sich die Antragsgegnerin im Rahmen der Planbegründung ganz wesentlich und pauschal auf ein – ausweislich der dortigen Fußnote 14 schon zum damaligen

Zeitpunkt veraltetes – Gutachten zur »Umfassung von Ortschaften durch Windenergieanlagen« von Januar 2013 der UmweltPlan GmbH Stralsund für das Ministerium für Energie, Infrastruktur und Landesentwicklung Mecklenburg-Vorpommern bezieht. Die Ausführungen in diesem Gutachten für den Bereich Vorpommern (im Folgenden auch: VP) und dessen Regionales Raumentwicklungsprogramm sind erkennbar nicht auf den hiesigen Landschaftsraum des Wittgensteiner Landes als Mittelgebirgsregion übertragbar, der sich maßgeblich durch seine Lage im Rothaargebirge auszeichnet. Dies wird insbesondere anhand der Begründung des genannten Gutachtens für die Wahl eines Radius von 3,5 km des Umkreises um eine Siedlung als maßgeblicher Betrachtungsraum deutlich. Es heißt dort: »Als Betrachtungsraum gilt der Raum im Umkreis von 3 500 m um eine Siedlung. Der Betrachtungsraum ergibt sich aus dem vorgeschriebenen Mindestabstand zwischen Eignungsgebieten und Siedlungen von 1 000 m und dem vorgeschriebenen Mindestabstand zu bestehenden oder neu geplanten Eignungsgebieten von 2 500 m nach den ›Hinweisen zur Festlegung von Eignungsgebieten für Windenergieanlagen in M-V‹ vom 22.5.2012 (MEIL M-V 2012A). Aufgrund der flachen bis welligen Landschaftsstruktur in der Planungsregion VP können Windenergieanlagen selbst bei strukturreichen Landschaften als weithin sichtbare Bauwerke eingestuft werden. Somit kann ein Bereich mit einem Radius von 3 500 m um eine Siedlung als Betrachtungsraum zugrunde gelegt werden, der alle potenziellen Anordnungen von Windeignungsgebieten und alle in Kapitel 5.2 dargestellten Anlagehöhen sowie deren Wirkung in der Landschaft berücksichtigt.« Die Anwendung eines Radius von 3,5 km vom Siedlungsmittelpunkt auf das Gemeindegebiet der Antragsgegnerin zur Ermittlung von Umfassungen geht damit erkennbar an den hiesigen Verhältnissen vorbei. Insoweit wird ergänzend angemerkt, dass das genannte Gutachten der UmweltPlan GmbH Stralsund im Jahr 2021 aktualisiert und dabei der Betrachtungsraum auf einen Radius von 2,5 km ab dem Siedlungsrand geändert wurde. Hierauf wurde die Antragsgegnerin im Rahmen der frühzeitigen Öffentlichkeitsbeteiligung auch ausdrücklich hingewiesen, ohne sich hiermit in dem zugehörigen Abwägungsvorschlag erkennbar auseinandergesetzt zu haben. Daneben wird auch das gutachterliche Kriterium einer maximalen Einzelumfassung von 120° ohne nähere Ausführungen auf die hiesige Situation übertragen. Hierbei bleibt insbesondere schon außer Betracht, ob derartige Umfassungen tatsächlich in dem hiesigen Landschaftsraum einer Mittelgebirgsregion überhaupt wahrnehmbar sind. So beträgt ausweislich der jeweiligen »Steckbriefe« (Anlage 2 des Konzepts) der Höhenunterschied zwischen den einzelnen Konzentrationszonen bis zu 300 m (vgl. Konzentrationszonen 1 und 2: 440 m ü. NHN und Konzentrationszone 10: 740 m ü. NHN) und übersteigt damit die Gesamthöhe der von der Antragsgegnerin ihrer Planung zugrunde gelegten Referenzanlage. Gleiches gilt sogar innerhalb einer einzelnen Konzentrationszone (Konzentrationszone 2 mit einer im zugehörigen »Steckbrief« angegebenen Höhenlage von 440 m bis 660 m ü. NHN). Die zur Begründung der getroffenen Abwägungsentscheidung herangezogenen Einzelkarten lassen eine solche Befassung mit der Geländestruktur ebenfalls nicht ansatzweise erkennen, sondern beschränken sich auf eine zweidimensionale Betrachtung einschließlich der offenkundig den tatsächlichen Gegebenheiten nicht entsprechenden freien Rundumsicht.

Jenseits dessen lässt sich die herangezogene Begutachtung zudem auch aus Rechtsgründen nicht ohne nähere – hier fehlende – Betrachtung auf nordrhein-westfälische Verhältnisse übertragen. Jedenfalls zum Zeitpunkt des Feststellungsbeschlusses gab es in Nordrhein-Westfalen – anders als offenbar in Mecklenburg-Vorpommern – keine bindenden Mindestabstände von 1 000 und 2 500 m für die Flächennutzungsplanung, aus denen sich der gutachterlich gewählte und von der Antragsgegnerin ohne erkennbare eigene Prüfung übernommene Betrachtungsraum zusammensetzt.

Soweit die Antragsgegnerin zudem abweichend von dem genannten Gutachten das Kriterium einer maximalen Gesamtumfassung von 150° festgelegt und im Gegenzug auf die Bestimmung eines Freihaltekorridors von 60° verzichtet hat, ist auch dies offenkundig abwägungsfehlerhaft. Eine städtebaulich tragfähige Begründung liefert die Planbegründung nicht einmal im Ansatz; sie ist auch sonst nicht erkennbar. Gemessen an dem Ziel der Verhinderung einer »Einkreisung« ist bereits nicht erkennbar, warum schon bei einem (aufaddierten) Gesamtwert von 150° – also nicht einmal einem Halbkreis – eine solche Situation bestehen sollte, zumal gerade der Verzicht auf eine Mindestgröße des Freihaltekorridors die verdichtete Anordnung von Windenergieanlagen begünstigt. Im Übrigen lässt selbst das genannte Gutachten für Vorpommern eine maximale Umfassung einer Ortslage von 240° (maximal 2 x 120°) zu. Aus den Erläuterungen der Planbegründung (dort Seite 49) ergibt sich zudem, dass das Kriterium der Gesamtumfassung von maximal 150° allein deshalb gewählt wurde, weil das nach den Kriterien des Gutachtens für Vorpommern gefundene Ergebnis nicht gewünscht war. Damit ist dieses Kriterium aber weder in sich stimmig noch nachvollziehbar, geschweige denn städtebaulich gerechtfertigt, sondern schlicht willkürlich. Auf die Frage, ob hier ein »Rundumblick« überhaupt möglich ist, kommt es damit nicht einmal mehr an.

Lediglich ergänzend ist festzuhalten, dass das von der Antragsgegnerin herangezogene Gutachten für Vorpommern von Januar 2013 selbst einräumt, dass es keine Studien gebe, die Auswirkungen einer Umfassung auf die menschliche Gesundheit belegten. Aufgrund fehlender empirischer Untersuchungen zu den Auswirkungen einer »Umfassungswirkung« auf den Menschen hätten keine Zusammenhänge zwischen der visuellen Wahrnehmung der umgebenden Windenergieanlagen und der menschlichen Psyche herausgearbeitet werden können. Auch dies hat der Plangeber augenscheinlich ignoriert.

Da die Ausschlusswirkung nach § 35 Abs. 3 Satz 3 BauGB des sachlichen Teilflächennutzungsplans der Antragsgegnerin schon auf der Grundlage der vorstehenden Erwägungen offensichtlich unwirksam ist, bedarf es – zumal im vorliegenden Eilverfahren mit der ihm eigenen summarischen Prüfung – keiner weiteren Ausführungen zu sonstigen möglichen Fehlern der Konzentrationszonenplanung, die nach dem Vortrag der Antragsteller insbesondere die Bekanntmachung, die Erforderlichkeit der Planung, weitere Vorsorgeabstände als weiche Tabukriterien, die Ermittlung und Auswahl der Potenzialflächen nach ihrer Eignung sowie das Kriterium der Schaffung substanziellen Raums für die Windenergie betreffen (allgemein zur fehlenden Verpflichtung einer umfassenden Prüfung bei Feststellung eines durchgreifenden Planungsmangels jüngst BVerwG, Beschluss v. 11.4.2024 – 4 B 24.23 –, juris Rdnr. 5, m. w. N.).

Dies gilt hier umso mehr mit Blick auf die Überleitungsvorschrift des § 245e Abs. 1 Satz 1 BauGB, wonach die Rechtswirkungen eines Flächennutzungsplans nach § 35 Abs. 3 Satz 3 BauGB für Windenergievorhaben nach § 35 Abs. 1 Nr. 5 BauGB nur dann – abweichend von der Neuregelung in § 249 Abs. 1 BauGB – fortgelten, wenn der Plan bis zum 1.2.2024 wirksam geworden ist. Ein solcher Fall der zum Stichtag wirksamen Konzentrationszonenplanung mit Ausschlusswirkung liegt nach dem Vorstehenden hier gerade nicht vor. Für die fortdauernde Anwendung des § 35 Abs. 3 Satz 3 BauGB bleibt daher kein Raum.

In diesem Zusammenhang weist der Senat klarstellend darauf hin, dass auch eine Weiterverfolgung der Planung der Antragsgegnerin im Wege eines ergänzenden Verfahrens nach § 214 Abs. 4 BauGB der Ausschlusswirkung des § 35 Abs. 3 Satz 3 BauGB nicht rückwirkend zur Wirksamkeit »bis zum 1.2.2024« im Sinne des § 245e Abs. 1 Satz 1 BauGB verhelfen dürfte. Schon der Wortlaut des § 245e Abs. 1 Satz 1 BauGB spricht dagegen. Denn der dort verwendete Begriff der Fortgeltung legt eine ununterbrochene Wirksamkeit der Ausschlussplanung ohne den nachträglichen Rückgriff auf das Instrument einer rückwirkenden Inkraftsetzung nach § 214 Abs. 4 BauGB nahe. Dieser Befund wird durch die Gesetzesbegründung gestützt. Danach soll § 245e Abs. 1 Satz 1 BauGB regeln, »dass die aufgrund von Bestandsplanungen bei Inkrafttreten dieses Gesetzes schon vorhandenen Wirkungen des § 35 Absatz 3 Satz 3 BauGB übergangsweise weiter Anwendung finden« (BT-Drs. 20/2355, Seite 31; Hervorhebung nur hier), wobei ein spätestens bis zum 1.2.2024 wirksam gewordener Plan wie ein Bestandsplan behandelt werden soll. Für eine in diesem Sinne restriktive Auslegung spricht zudem der Charakter der Vorschrift als Ausnahme von § 249 Abs. 1 BauGB, um dem neuen Regelungsregime zügig Wirkung zu verleihen. Könnten unwirksame Ausschlussplanungen nachträglich geheilt werden, wäre dies gerade nicht sichergestellt. Schließlich sieht § 245e Abs. 1 Satz 4 BauGB zwar vor, dass Flächennutzungspläne im Sinne des § 245e Abs. 1 Satz 1 BauGB auch geändert, ergänzt oder aufgehoben werden können. Diese Anpassungsbefugnis bezieht sich notwendigerweise aber nur auf eine wirksame Rechtsetzung nach § 35 Abs. 3 Satz 3 BauGB, die wegen ihrer Fortgeltung nicht »versteinern« und daher in gewissem Umfang noch Modifizierungen unterliegen soll. Das hat aber mit einer rückwirkender Heilung nach § 214 Abs. 4 BauGB, die den Zweck hat, insoweit erstmalig wirksames Recht zu schaffen, gerade nichts zu tun. Auch dies spricht demnach dagegen, dass die Vorschrift des § 245e Abs. 1 Satz 1 BauGB bei einer unwirksamen Planung nach § 35 Abs. 3 Satz 3 BauGB noch Raum für ein ergänzendes Verfahren lässt.

Die Aussetzung der Vollziehung der Ausschlusswirkung des sachlichen Teilflächennutzungsplans »Windenergie« der Antragsgegnerin ist auch zur Vermeidung von Beeinträchtigungen der Antragsteller unterhalb der Schwelle des schweren Nachteils dringend geboten.

Die Antragsteller haben konkret und nachvollziehbar erläutert, dass sie ein Windenergieprojekt auf dem außerhalb der Konzentrationszonenplanung gelegenen Grundstück Gemarkung H., Flur 6, Flurstücks 84 realisieren wollen. Diese Möglichkeit würde ihnen durch die von der Antragsgegnerin mit ihrer Planung beabsichtigte Ausschlusswirkung gleichsam genommen. Dabei streitet neben den individuellen Interessen der Antragsteller gerade auch § 2 Satz 1 EEG 2023 für eine Aussetzung der Vollziehung der Ausschlusswirkung, wonach die Errichtung und der Betrieb u. a. von Windenergieanlagen (§ 3 Nr. 1 EEG 2023) sowie den dazugehörigen Nebenanlagen im überragenden öffentlichen Interesse liegen und der öffentlichen Sicherheit dienen. Die Vorschrift findet auf unionsrechtlicher Ebene inzwischen ihre Entsprechung und Verstärkung in Art. 3 Abs. 1 Satz 1 der Verordnung (EU) 2022/2577, wonach bei der Abwägung rechtlicher Interessen im Einzelfall angenommen wird, dass die Planung, der Bau und der Betrieb von Anlagen und Einrichtungen zur Erzeugung von Energie aus erneuerbaren Quellen im überwiegenden öffentlichen Interesse liegen und der öffentlichen Gesundheit und Sicherheit dienen (vgl. zur Anwendung des § 2 Satz 1 EEG 2023 im Rahmen der Folgenabwägung im gerichtlichen Eilverfahren OVG NRW, Beschlüsse v. 26.1.2024 – 8 B 1072/23.AK –, juris Rdnr. 92, vom 3.11.2023 – 8 B 1049/23.AK –, BauR 2024, 495 = juris Rdnr. 115, vom 25.7.2023 – 8 B 734/23.AK –, NWVBl. 2023, 453 = juris Rdnr. 87, und vom 29.3.2023 – 22 B 176/23.AK –, KlimR 2023, 153 = juris Rdnr. 66).

Im Übrigen ist nach der Rechtsprechung des Gerichts anerkannt, dass eine Beeinträchtigung unterhalb der Schwelle des schweren Nachteils im Sinne des § 47 Abs. 6 VwGO schon dann vorliegt, wenn der Antragsteller ohne die begehrte Außervollzugsetzung der Rechtsnorm nach § 47 Abs. 1 Nr. 1 VwGO die nach Lage der Dinge ohne eine solche Norm ersichtlich bestehende Möglichkeit verlöre, eine positive Entscheidung zu erwirken (vgl. OVG NRW, Beschlüsse v. 23.6.2020 – 2 B 581/20.NE –, BauR 2020, 1908 = juris Rdnr. 58, vom 7.2.2017 – 2 B 994/16.NE –, BauR 2017, 1313 = juris Rdnr. 78, und vom 18.5.2016 – 2 B 282/16.NE –, juris Rdnr. 34).

So verhält es sich auch hier. Die Antragsteller haben bereits einen Antrag auf Erteilung eines immissionsschutzrechtlichen Vorbescheids gestellt und von einem Antrag auf Erteilung einer Vollgenehmigung nach ihrem für den Senat nachvollziehbaren Bekunden bislang allein wegen der Ausschlusswirkung des sachlichen Teilflächennutzungsplans »Windenergie« der Antragsgegnerin abgesehen. …

Nr. 152

1. **Der Regionalplan Ostthüringen – Sachlicher Teilplan Windenergie – ist unwirksam. Er ist abwägungsfehlerhaft, soweit er die übergeleiteten Landschaftsschutzgebiete als harte Tabuzonen ausgewiesen hat.**
2. **Eine Windenergieanlage ist unzulässig, wenn dadurch das Tötungsrisiko von WEA-sensiblen Vogelarten signifikant erhöht wird.**
3. **Mit Inkrafttreten des mit Wirkung zum 29.7.2022 neu eingeführten § 45b BNatSchG hat der Gesetzgeber für die Beurteilung der Signifikanz abschließende Regelungen für die in der Anlage 1 zu dieser Vorschrift aufgeführten Vogelarten getroffen.**
4. **Für Vogelarten, die in der Anlage 1 nicht aufgeführt sind, besteht bereits von Gesetzes wegen kein signifikant erhöhtes Tötungsrisiko.**
5. **Für Genehmigungsverfahren, die noch nicht rechtskräftig abgeschlossen sind, steht dem Antragsteller nach § 74 Abs. 4 BNatSchG n. F. ein Wahlrecht zu, ob er die Anwendung der neuen Vorschrift verlangt.**

BauGB § 35 Abs. 3 Satz 1; ROG 2017 § 10, § 11.

Thüringer OVG, Urteil vom 4. Oktober 2024 – 5 KO 776/21 –.

Aus den Gründen:

Der Beklagte sowie die Beigeladene wenden sich mit ihrer Berufung gegen ein Urteil des Verwaltungsgerichts Gera, mit dem der Beklagte verpflichtet wird, den Antrag der Klägerin auf Erteilung einer immissionsschutzrechtlichen Genehmigung zur Errichtung und zum Betrieb einer Windenergieanlage unter Beachtung der Rechtsauffassung des Gerichts neu zu bescheiden. …

Dem Vorhaben stehen keine raumordnerischen Belange entgegen.

Soweit die Widerspruchsbehörde den klägerischen Antrag unter Berufung auf den 2. Planentwurf als ein dem Vorhaben entgegenstehenden öffentlichen Belang im Sinne des § 35 Abs. 3 Satz 1 BauGB abgelehnt und dies damit begründet hat, dass das Vorhaben der Klägerin nicht in einem der darin ausgewiesenen 21 Windvorranggebiete, sondern in einem Bereich liege, der von der Windenergienutzung grundsätzlich freigehalten werden solle, ist dem nicht zu folgen. Denn der am 26.6.2020 beschlossene und mit Bescheid vom 23.11.2020 genehmigte Regionalplan Ostthüringen – Sachlicher Teilplan Windenergie – (fortan Plan 2020) ist kein verbindliches Ziel der Raumordnung, da der Plan (nach der hier vorzunehmenden Inzidenzprüfung) zwar formell rechtmäßig ist, sich aber als materiell rechtswidrig erweist. … Der Plan 2020 … leidet unter einem Abwägungsmangel.

Der für die Beurteilung der Rechtmäßigkeit der Abwägung maßgebliche Zeitpunkt ist gemäß § 11 Abs. 3 Satz 1 ROG a. F. der Zeitpunkt der Beschlussfassung über den Regionalplan – hier der 26.6.2020.

In dem Plan 2020 hat die Beigeladene unter dem Punkt 3-3 insgesamt 21 Vorranggebiete Windenergie ausgewiesen, indem sie nach Abzug der harten und weichen Tabuzonen die verbliebenen zusammenhängenden Prüfflächen mit einer Größe von mehr als 25 ha einer Einzelfallprüfung unterzogen hat, ob diese als Windvorrangfläche geeignet sind. Es sollten nur solche Flächen als Windvorranggebiete ausgewiesen werden, in denen mindestens drei Windenergieanlagen Platz finden. Ferner benennt die Beigeladene in einem eigens erstellten Kriterienkatalog ausgewählte harte und weiche Tabukriterien. Die Ausweisung des hohen Anteils harter Tabuzonen sei vor allem auf die relativ hohe Siedlungsdichte im ländlichen Raum (»verstädterte Räume«) zurückzuführen. Weitere Flächen könnten aus naturschutzrechtlichen Gründen nicht für Windenergieanlagen genutzt werden. Zahlreiche Kulturerbe-Standorte mit einer sehr weitreichenden Raumwirkung würden ebenfalls die Windenergienutzung ausschließen. Zudem dürften in 10 der 21 ausgewiesenen Windvorranggebiete die WEAs die Gesamthöhe von 200 m nicht überschreiten, da in diesen Bereichen bereits WEAs vorhanden seien, welche den 1 000 m-Abstand zu Siedlungsflächen unterschritten

Da sich die Kriterien 2.5 und 2.6 (Diverse Landschaftsschutzgebiete – harte Tabuzonen) schon als rechtswidrig erweisen mit der Folge, dass sie sich fehlerhaft auf das Abwägungsergebnis ausgewirkt haben und damit beachtlich sind, müssen die weiteren vom Verwaltungsgericht benannten Fehler nicht mehr geprüft werden.

Die harte Tabuisierung der Landschaftsschutzgebiete »Hainspitzer See, Der Hausberg, Zaufensgraben, Trießnitz, Oberaue, Unteraue« in dem Kriterium 2.5 mit der Folge, dass die Errichtung und der Betrieb von WEAs in den darin genannten Landschaftsschutzgebieten grundsätzlich und ausnahmslos unzulässig sind, erweist sich als abwägungsfehlerhaft.

Bei den dort genannten Gebieten handelt es sich ausnahmslos um nach DDR-Recht ausgewiesene und übergeleitete Landschaftsschutzgebiete. Der Senat hat in seinem Urteil v. 9.11.2022 (– 1 N 548/19 – juris Rdnr. 145 ff.) zum Regionalplan Mittelthüringen – Sachlicher Teilplan Windenergie – zu der Ausweisung von übergeleiteten Landschaftsschutzgebieten als harte Tabuzonen Folgendes ausgeführt:

»In der Rechtsprechung des Bundesverwaltungsgerichts ist – wie oben ausgeführt – geklärt, dass harte Tabuzonen nur solche Flächen sind, deren

Bereitstellung für die Windenergienutzung an § 1 Abs. 3 Satz 1 BauGB scheitert, weil dem auf unabsehbare Zeit unüberwindbare rechtliche oder tatsächliche Hindernisse entgegenstehen (vgl. BVerwG, Urteil v. 13.12.2012 – 4 CN 1.11 –, juris Rdnr. 12 und Beschluss v. 16.12.2019 – 4 BN 30/19 –, juris Rdnr. 15).

Im Gegensatz zu der für Naturschutzgebiete geltenden Regelung des § 23 Abs. 2 BNatSchG enthält aber die für Landschaftsschutzgebiete geltende Verbotsregel des § 26 BNatSchG kein absolutes Veränderungsverbot. Die Vorschrift rechtfertigt es von daher nicht, Landschaftsschutzgebiete generell von vornherein als harte Tabuzonen zu qualifizieren.

Nach § 26 Abs. 2 BNatSchG sind in Landschaftsschutzgebieten nämlich unter besonderer Beachtung des § 5 Abs. 1 BNatSchG und nach Maßgabe näherer Bestimmungen nur solche Handlungen verboten, die den Charakter des Gebiets verändern oder dem besonderen Schutzzweck zuwiderlaufen. Landschaftsschutzgebiete genießen deshalb von Gesetzes wegen keinen den Naturschutzgebieten vergleichbaren absoluten Schutz. Ihr Schutzstatus ist schwächer ausgebildet, weil sie nicht dem Schutz von Natur und Landschaft »in ihrer Ganzheit« (§ 23 Abs. 1 BNatSchG) dienen, sondern sich auf den Schutz der in § 26 Abs. 1 Nr. 1 bis 3 BNatSchG ausdrücklich genannten Eigenschaften und Funktionen beschränken (Schumacher, in: Schumacher/Fischer-Hüftle, BNatSchG, 3. Auflage, § 26 Rnr. 33). Im Unterschied zum gesetzlich angeordneten absoluten Veränderungsverbot in Naturschutzgebieten sind die Verbote eines Landschaftsschutzgebietes deshalb stets auf den jeweiligen Schutzzweck einschließlich des Gebietscharakters bezogen und in diesem Sinne »relativ«. Dabei dürfen die Schutzregelungen nicht weitergehen als dies zur Vermeidung einer Veränderung des Gebietscharakters oder einer Verletzung des spezifischen Schutzzweckes erforderlich ist (Gellermann, in: Landmann/Rohmer, UmweltR, BNatSchG § 26 Rnr. 15). Folglich ist es nicht grundsätzlich ausgeschlossen, Windenergieanlagen in Landschaftsschutzgebieten zu errichten und zu betreiben, wobei dies jedenfalls für solche Schutzgebiete gilt, die nur Schutzzwecke im Sinne des § 26 Abs. 1 Nr. 1 BNatSchG verfolgen, es also um die Leistungs- und Funktionsfähigkeit des Naturhaushaltes oder um die Regenerationsfähigkeit und nachhaltige Nutzungsfähigkeit der Naturgüter geht.

Unabdingbar erforderlich für die Einordnung als (harte oder weiche) Tabuzone für die Nutzung der Windenergie ist deshalb für jedes Landschutzgebiet eine Prüfung, die sich am Schutzzweck dieses Gebietes und an den zur Erreichung dieses Zweckes notwendigen Verboten zu orientieren hat. Ohne Abgleich mit diesen Parametern ist eine Aussage zum Ausschluss von Flächen für Windenergieanlagen im jeweiligen Landschaftsschutzgebiet nicht möglich (vgl. Gatz, Windenergieanlagen in der Verwaltungs- und Gerichtspraxis, 3. Auflage Rnr. 78, Nds.OVG, Urteil v.

7.2.2020 – 12 KN 75.18 –, juris Rnr. 97, OVG Berlin-Brandenburg, Urteile v. 23.5.2019 – OVG 2 A 4.19 –, juris Rnr. 99 f. und [einen Flächennutzungsplan betreffend] vom 13.11.2020 – 2 A 1.19 –, juris 1. Leitsatz und Rnr. 62 ff.).«

Diese danach erforderliche und sich am Schutzzweck des jeweiligen Landschaftsschutzgebietes sowie an den zur Erreichung dieses Zweckes notwendigen Verboten zu orientierende Prüfung hat die Beigeladene hier jedoch nicht vorgenommen:

Die Beigeladene hat das Kriterium 2.5 damit begründet, dass alle ostthüringischen Landschaftsschutzgebiete mit Ausnahme des Landschaftsschutzgebietes Thüringer Schiefergebirge übergeleitete Landschaftsschutzgebiete im Sinne von § 36 Abs. 2 Thüringer Gesetz zur Ausführung des Bundesnaturschutzgesetzes und zur weiteren landesrechtlichen Regelung des Naturschutzgesetzes und der Landschaftspflege (Thüringer Naturschutzgesetz – ThürNatG –) vom 30.7.2019 (ThürNatG 2019) seien, in denen gemäß § 36 Abs. 4 Nr. 1 ThürNatG 2019 nicht gebaut werden dürfe. Die Gebietsausweisungen der sechs vom Kriterium 2.5 erfassten Landschaftsschutzgebiete würden keine abweichenden Regelungen enthalten.

Diese Begründungspassage belegt, dass die Beigeladene keine schutzgebiets- und schutzzweckbezogene Einzelfallprüfung der im einzelnen benannten Landschaftsschutzgebiete vorgenommen hat. Zwar hat sie sich in ihrem Planungsprozess den Unterschied zwischen harten und weichen Tabuzonen bewusst gemacht und ist sodann auch zutreffend davon ausgegangen, dass die Errichtung und der Betrieb von Windenergieanlagen den Schutzzwecken von Landschaftsschutzgebieten nicht generell zuwiderlaufen und infolgedessen diese Gebiete auch nicht generell als harte Tabuzone einzuordnen seien. Zudem hat sie in ihre Abwägung eingestellt, dass die von ihr identifizierten, nach § 36 ThürNatG 2019 übergeleiteten, »Alt«-Schutzgebiete nach dem Erlass des Thüringer Ministeriums für Infrastruktur und Landwirtschaft zur Planung von Vorranggebieten »Windenergie«, die zugleich die Wirkung von Eignungsgebieten haben (Windenergieerlass) vom 21.6.2016 im Rahmen einer Einzelfallprüfung zu betrachten seien. Dabei kam sie zu dem Ergebnis, dass jedes der Landschaftsschutzgebiete als harte Tabuzone eingeordnet werden könne. Dies hat sie daraus hergeleitet, dass für diese Landschaftsschutzgebiete nur einfache Unterschutzstellungen existierten ohne Hinweise darauf, wie beispielsweise mit Hochbauten zu verfahren sei, so dass für diese übergeleiteten »Alt«-Schutzgebiete das in § 36 Abs. 4 Nr. 1 ThürNatG 2019 normierte Bauverbot im gesamten Landschaftsschutzgebiet gelte, also sowohl im Wald als auch im Offenland. Anschließend hat sie ausgeführt, dass die im Windenergieerlass geforderte Prüfung bereits im Vorfeld durchgeführt worden und sie nach Prüfung jedes einzelnen Schutzgebietes »zum vorliegenden Ergebnis bezüglich der Tabuzonen gekommen« sei.

Diese Begründung wird den oben genannten Kriterien jedoch nicht gerecht. Es fehlt insoweit schon an einer nachvollziehbaren schlüssigen und substantiierten Dokumentation, welche Überlegungen für die Plangeberin im Einzelnen für die Einstufung des jeweiligen Gebietes als harte Tabuzone, auch unter Beachtung von Stellungnahmen der Fachbehörden, maßgeblich waren.

Der bloße pauschale Verweis auf »bereits im Vorfeld durchgeführte Prüfungen« (s. Anlage 1 zur Begründung Z 3-3 S. 9) reicht insoweit nicht aus. Denn die Beigeladene hat offensichtlich nur abgeglichen, ob Unterschutzstellungen oder Landschaftspflegepläne die Errichtung von baulichen Anlagen unter einen Erlaubnisvorbehalt stellen und ist, nachdem sie dies verneint hat, von einem in § 36 Abs. 4 Nr. 1 ThürNatG 2019 normierten absoluten Bauverbot für die betroffenen Gebiete ausgegangen. Anhand der Planunterlagen lässt sich aber schon nicht ergründen, dass sie das Bauverbot tatsächlich darauf hin überprüft hat, ob es zur Wahrung des Charakters und der Schutzzwecke des jeweiligen zu DDR-Zeiten ausgewiesenen und übergeleiteten Landschaftsschutzgebietes (noch) erforderlich ist. Eine solche Prüfung ist aber nach dem Windenergieerlass geboten, nachdem darin im letzten Absatz unter Punkt 2.2.1.3 gefordert wird, dass die besondere rechtliche Situation der nach § 26 ThürNatG in der Fassung vom 30.8.2006 (ThürNatG 2006, heute § 36 ThürNatG 2019) übergeleiteten »Alt«-Landschaftsschutzgebiete von der obersten Naturschutzbehörde nachvollzogen worden sei und diese Gebiete keine harten Tabukriterien darstellten, sondern im Rahmen einer Einzelfallprüfung zu betrachten seien. Daran anknüpfend wird im dritten Absatz unter Punkt 2.2.2 vorgegeben, in nach § 26 ThürNatG 2006 (heute § 36 ThürNatG 2019) übergeleiteten »Alt-Landschaftsschutzgebieten« nach den Maßstäben des jeweiligen Unterschutzstellungsbeschlusses in Verbindung mit § 56b ThürNatG 2006 (jetzt § 36 ThürNatG 2019) zu prüfen, ob der Ausnahmentatbestand für Offenlandbereiche mit Zustimmungserfordernis der unteren Naturschutzbehörde greife.

Es trifft zwar zu, dass es nach § 36 Abs. 4 ThürNatG 2019 in einem übergeleiteten Landschaftsschutzgebiet, soweit nicht die Unterschutzstellung oder der Landschaftspflegeplan eine entgegenstehende Regelung enthält, bis zu einer anderweitigen Regelung verboten ist, baugenehmigungspflichtige Anlagen auf nicht baulich genutzten Grundstücken zu errichten sowie Plätze aller Art, Straßen und andere Verkehrsflächen mit festem Belag anzulegen. Mit der gleichlautenden Vorgängervorschrift § 56b Abs. 1 Nr. 1 ThürNatG 2006 – die durch Artikel 2 des Thüringer Gesetzes zur Änderung umweltrechtlicher Vorschriften vom 7.1.1999 (GVBl. S. 1) in das Gesetz eingefügt wurde –, sollte nach der Gesetzesbegründung den bestehenden Landschaftsschutzgebieten der ehemaligen DDR ein dem heutigen Verständnis von Schutzgebieten angenäherter Schutzstatus verschafft werden, um Verschlechterungen zu Lasten des Status Quo in diesen Gebieten zu vermeiden, die bis zu einer Anpassung der Unterschutzstellung an das Gesetz eintreten könnten (LT-Drucks. 2/2972

S. 58). Hintergrund dieser Regelung war offenbar, dass die Regelung in § 26 Vorläufiger Thüringer Gesetz über Naturschutz und Landschaftspflege – Vorläufiges Thüringer Naturschutzgesetz – VorlThürNatG – vom 28.1.1993 nur die Weitergeltung des in der DDR begründeten Natur- und Landschaftsschutzes zum Gegenstand hatte und nicht beabsichtigte, das Niveau des Schutzes dem Stand anzugleichen, den Landschaftsschutzgebiete genießen können, die nach § 13 VorlThürNatG durch Verordnung festgesetzt worden sind (vgl. hierzu BVerwG, Urteil v. 27.11.1996 – 11 A 99/95 –, juris Rdnr. 37). Anders als die Beigeladene aber offenbar meint, kann der Schutz nicht weiter gehen, als es zur Vermeidung einer Veränderung des Gebietscharakters oder einer Verletzung des spezifischen Schutzzweckes notwendig ist (siehe insoweit auch das Senatsurteil zum Regionalplan Mittelthüringen: Urteil v. 9.11.2022 – 1 N 548/19 – juris Rdnr. 152).

Dem kann die Beigeladene daher auch nicht erfolgreich entgegenhalten, dass es nicht ihre Aufgabe als Plangeberin sei, derartige Einzelfallprüfungen vorzunehmen und dass dies angesichts der Größe der einzelnen Landschaftsschutzgebiete allein schon aus Praktikabilitätsgründen gar nicht leistbar sei. Denn sie setzt sich damit in Widerspruch zu der oben zitierten Rechtsprechung des Bundesverwaltungsgerichts, wonach eine harte Tabuzone nur ausgewiesen werden darf, wenn feststeht, dass der Windenergienutzung auf unabsehbare Zeit unüberwindbare rechtliche oder tatsächliche Hindernisse entgegenstehen. Dies erfordert von dem Plangeber zwingend eine rechtliche und tatsächliche Prüfung vor der Ausweisung von Tabuzonen und gilt umso mehr, wenn es sich – wie hier – um übergeleitete Landschaftsschutzgebiete handelt, die noch unter der Geltung des DDR-Rechts als Schutzgebiete ausgewiesen wurden. Gerade bei diesen drängt es sich mehr als dreißig Jahre nach der Wiedervereinigung auf, die tatsächlichen Verhältnisse auf ihre Aktualität zu überprüfen und abzugleichen, ob diese Gebiete nicht durch eine dem Schutzzweck entgegenstehende Bebauung mittlerweile ihre Schutzbedürftigkeit verloren haben. Zumindest aber ist eine solche Prüfung – selbst wenn sie nur stichpunktartig oder punktuell erfolgt sein sollte – nachvollziehbar zu dokumentieren.

Selbst wenn man – wie offenbar die Beigeladene – in der Vorschrift des § 36 Abs. 4 ThürNatG 2019 für alle übergeleiteten Landschaftsschutzgebiete ein von der Erforderlichkeit zur Wahrung des Gebietscharakters und der Erreichung des Schutzzweckes unabhängiges repressives Verbot sehen wollte, solange es nicht durch eine das jeweilige Schutzgebiet betreffende Regelung in der Unterschutzstellung, den Behandlungsrichtlinien oder den Landschaftsschutzplänen zu einem präventiven Verbot mit Erlaubnisvorbehalt relativiert wurde, ergäbe sich hinsichtlich der Einstufung altrechtlicher Landschaftsschutzgebiete kein anderes Ergebnis. Insoweit wäre nämlich mit Blick auf die besondere Situation dieser Gebiete der Befreiungsvorschrift des § 67 BNatSchG eine besondere Bedeutung beizumessen, die dann allein Gewähr dafür bieten würde, sich mit der Reichweite des in § 36 Abs. 4 Nr. 1 ThürNatG 2019 verankerten Bauverbots auseinanderzusetzen.

Es kann offen bleiben, ob unabhängig von der hier dem § 67 BNatSchG zuzuschreibenden Bedeutung allein schon die theoretische Möglichkeit einer Befreiung generell Anlass zu der Annahme bietet, dass der Errichtung und dem Betrieb von Windenergieanlagen in Landschaftsschutzgebieten von vornherein kein rechtliches Hindernis entgegensteht, sondern vielmehr stets eine Einzelfallprüfung erforderlich ist. Denn die Beigeladene war – da nach ihrer Rechtsauffassung § 36 Abs. 4 ThürNatG 2019 offenbar ein repressives Bauverbot für alle nach § 26 ThürNatG 2006 übergeleiteten Landschaftsschutzgebiete beinhaltet – gehalten, spätestens wegen der Befreiungsmöglichkeiten tatsächliche Ermittlungen und Bewertungen anzustellen, um sich über den Charakter und die spezifischen Schutzzwecke der übergeleiteten Landschaftsschutzgebiete, deren Unterschutzstellungen offenbar Jahrzehnte nach dem Beitritt keine Anpassungen erfahren haben, Klarheit zu verschaffen. Sie hätte sich damit auseinandersetzen und prüfen müssen, ob ein Bauverbot nicht nur kleinräumig überwunden werden kann und es von daher der Nutzung der Windenergie auf unübersehbare Zeit zwingend entgegensteht. Nicht zuletzt mit Blick auf eine Situierung von Anlagen in Randlagen oder Gebieten mit Vorbelastung ist dies nicht von vorne herein ausgeschlossen. Eine solche Prüfung hat sie jedoch unterlassen bzw. ist eine solche nicht dokumentiert.

Gleiches gilt für das Kriterium 2.6 (harte Tabuzone – Wald in den einzeln benannten Landschaftsschutzgebieten), das ebenfalls rechtswidrig ist.

Die Waldflächen in den in der Nr. 2.6 des Kriterienkatalogs aufgeführten übergeleiteten Landschaftsschutzgebieten sind ebenfalls zu Unrecht als jeweils harte Tabuzone eingestuft worden.

Die Beigeladene hat die Waldflächen in den genannten Landschaftsschutzgebieten als harte Ausschlusskriterien tabuisiert. Dies hat die Beigeladene damit begründet, dass die Errichtung von WEAs im Wald eine Waldumwandlung im Sinn des § 10 des Thüringer Waldgesetzes (ThürWaldG) sei. Hierfür müsse aber das Einvernehmen der unteren Naturschutzbehörde vorliegen, die aber an das in § 36 Abs. 4 Nr. 4 ThürNatG 2019 enthaltene Verbot gehalten sei. In allen übergeleiteten Landschaftsschutzgebieten sei naturschutzrechtlich also grundsätzlich die Umwandlung von Waldflächen in eine andere Nutzungsart verboten, sofern nicht die Unterschutzstellungen und Landschaftspflegepläne im Einzelnen etwas anderes besagten. Diese Unterlagen seien für jedes einzelne Landschaftsschutzgebiet vom Plangeber überprüft worden. Nirgendwo finde sich eine Regelung, die das Waldumwandlungsverbot relativiere. Daher stehe dieses naturschutzrechtliche Verbot der Errichtung von Windenergieanlagen dauerhaft entgegen und könne auch die abstrakte Möglichkeit einer Befreiung den Charakter einer harten Tabuzone – zumindest auf Regionalplanebene – nicht in Frage stellen. Der Windenergieerlass sehe vor, dass diese nach § 26 ThürNatG 2006 (jetzt § 36 ThürNatG 2019) übergeleiteten »Alt-Schutzgebiete« im Rahmen einer Einzelfallprüfung zu betrachten seien. Diese im Windenergieerlass geforderte Prüfung sei vom Plangeber bereits im Vorfeld durchgeführt worden und sei nach Prüfung jedes einzelnen Landschaftsschutzgebietes zum vorliegenden Ergebnis bezüglich der Tabuzonen gekommen.

Diese Entscheidung ist ebenfalls abwägungsfehlerhaft, da für das Verbot der Waldumwandlung nach § 56b Abs. 1 Nr. 4 ThürNatG 2006 bzw. 36 Abs. 4 Nr. 4 ThürNatG 2019 nichts anderes gelten kann, als das zu § 56b Abs. 1 Nr. 1 ThürNatG 2006 bzw. § 36 Abs. 4 Nr. 1 ThürNatG 2019 Ausgeführte. Denn auch hier lässt sich den Planunterlagen keine Dokumentation entnehmen, die es nachvollziehbar macht, was die Plangeberin tatsächlich geprüft hat und was sie meint, wenn sie die Unterlagen auf Regelungen untersucht haben will, die das Waldumwandlungsverbot »relativieren«. Offenbar ist auch hier die Auseinandersetzung mit dem Charakter des Schutzgebietes und den Schutzzwecken ausgefallen, derer es aber zumindest aufgrund der oben beschriebenen Situation im Rahmen der Prüfung von Befreiungen bedurft hätte, um sicher beurteilen zu können, ob in den betroffenen Gebieten die Errichtung und der Betrieb von Anlagen für die Nutzung der Windenenergie tatsächlich und rechtlich ausgeschlossen sind.

Die dargestellten Abwägungsmängel sind als Fehler im Abwägungsvorgang auch nach § 11 Abs. 3 Satz 2 ROG beachtlich.

Nach dieser Vorschrift sind Mängel im Abwägungsvorgang nur erheblich, wenn sie offensichtlich und auf das Abwägungsergebnis von Einfluss gewesen sind. Offensichtlich ist ein Mangel, wenn er auf objektiv feststellbaren Umständen beruht und ohne Ausforschung der Entscheidungsträger über deren Planungsvorstellungen für den Rechtsanwender erkennbar ist. Auf das Abwägungsergebnis von Einfluss gewesen ist der Mangel, wenn nach den Umständen des jeweiligen Falles die konkrete Möglichkeit besteht, dass ohne ihn die Planung anders ausgefallen wäre (BVerwG, Urteil v. 11.4.2013 – 4 CN 2.12 –, juris Rnr. 9).

Diese Voraussetzungen sind hier erfüllt. Denn die benannten Abwägungsfehler ergeben sich bereits aus der Planbegründung und sind damit offensichtlich. Sie sind auch auf das Abwägungsergebnis von Einfluss gewesen, weil die konkrete Möglichkeit besteht, dass bei einer zutreffenden Bewertung durch die Plangeberin mehr Flächen für die Nutzung der Windenergie in Betracht gekommen wären, diese für eine Abwägung im Einzelfall zur Verfügung gestanden hätten und die Beigeladene mehr oder größere Vorranggebiete für Windenergie festgelegt hätte, als sie derzeit ausgewiesen hat. …

Der Beklagte darf den klägerischen Antrag auf Erteilung einer immissionsschutzrechtlichen Genehmigung auch nicht unter Hinweis auf entgegenstehende Belange des Naturschutzes nach § 35 Abs. 3 Satz 1 Nr. 5 BauGB ohne weitere Begründung ablehnen.

Der Beklagte hat seinen ablehnenden Bescheid mit entgegenstehenden artenschutzrechtlichen Belangen gemäß § 44 Abs. 1 Nr. 1 BNatSchG begründet und das Risiko für den seinerzeit im Umkreis des Vorhabenstandortes ansässigen WEA-sensiblen Rotmilan, von der beantragten WEA AU 07 verletzt oder getötet zu werden, als signifikant erhöht eingeschätzt. Im erstinstanzlichen Verfahren hat sie diese Signifikanzbewertung noch auf die Vogelarten Schwarzmilan, Graureiher und Mäusebussard erweitert. Das Verwaltungsgericht hat ein signifikantes Tötungsrisiko für alle vier Vogelarten verneint.

Diese Einschätzung der ersten Instanz hält einer rechtlichen Überprüfung im Ergebnis zumindest für die Vogelarten Graureiher, Mäusebussard und Rotmilan stand. Ein Verstoß gegen das in § 44 Abs. 1 Nr. 1 BNatSchG normierte Tötungs- und Verletzungsverbot steht für diese Vogelarten zu dem hier maßgeblichen Zeitpunkt der Senatsentscheidung durch die Errichtung und den Betrieb der beantragten WEA AU 07 nicht zu befürchten. Inwieweit allerdings das Risiko der Tötung und Verletzung der Vogelart Schwarzmilan signifikant erhöht ist, bedarf noch weiterer behördlicher Prüfung.

Für das vorliegende Verfahren ist folgende Rechtslage zu beachten:

Nach § 44 Abs. 1 Nr. 1 BNatSchG ist es verboten, wildlebenden Tieren der besonders geschützten Arten nachzustellen, sie zu fangen, zu verletzen oder zu töten oder ihre Entwicklungsformen aus der Natur zu entnehmen, zu beschädigen oder zu zerstören. Sind – wie hier – europäische Vogelarten betroffen, liegt nach § 44 Abs. 5 Satz 2 BNatSchG ein Verstoß gegen das Tötungs- und Verletzungsverbot nach Absatz 1 Nr. 1 nicht vor, wenn die Beeinträchtigung durch den Eingriff oder das Vorhaben das Tötungs- und Verletzungsrisiko für Exemplare der betroffenen Arten nicht signifikant erhöht und diese Beeinträchtigung bei Anwendung der gebotenen, fachlich anerkannten Schutzmaßnahmen nicht vermieden werden kann.

Nach der im Zeitpunkt der erstinstanzlichen Entscheidung noch geltenden Rechtslage war die Frage, inwieweit ein insoweit signifikant erhöhtes Risiko besteht, anhand einer tatsächlichen Risikoermittlung durch eine an den Vorgaben des Avifaunistischen Fachbeitrages zur Genehmigung von Windenergieanlagen in Thüringen vom 30.8.2017 orientierte Habitatpotentialanalyse sowie gegebenenfalls einer Raumnutzungsanalyse zu beurteilen. Mit Inkrafttreten des mit Wirkung zum 29.7.2022 neu eingefügten § 45b BNatSchG (BGBl. I S. 1362- im Folgenden BNatSchG n. F.) hat der Gesetzgeber detaillierte Regelungen für die fachliche Beurteilung, ob nach § 44 Abs. 5 Satz 2 Nr. 1 BNatSchG das Tötungs- und Verletzungsrisiko signifikant erhöht ist, erlassen. Diese Vorschrift enthält bundeseinheitliche Konkretisierungen für die Prüfung des Signifikanzkriteriums. Zentraler Bezugspunkt ist dabei die in Abschnitt 1 der neuen Anlage 1 zum BNatSchG enthaltene Tabelle mit einer abschließenden Auflistung kollisionsgefährdeter und daher insoweit prüfungsrelevanter Brutvogelarten (Anlage 1 Abschnitt 1 Tabelle Spalte 1) sowie hierauf bezogener artspezifischer Prüfabstände (Anlage 1 Tabelle Spalten 2, 3 und 4). Damit stellt der Gesetzgeber weniger auf eine tatsächliche Risikoermittlung als vielmehr auf eine pauschale Festlegung der Signifikanz ab (Bader,

Geißler u. Dietrich, Genehmigungsrahmen für Windenergieanlagen mit Antikollisionssystemen, NVwZ 2023, S. 803, 804).

Die zwischenzeitliche Novellierung der naturschutzrechtlichen Regelung findet auf den vorliegenden Fall Anwendung.

Nach der Übergangs- und Überleitungsvorschrift des § 74 Abs. 4 Satz 1 BNatSchG n. F. sind die Abs. 1 bis 6 des § 45b BNatSchG zwar nicht anzuwenden auf solche Vorhaben, für die – wie hier – vor dem 1.2.2024 ein Genehmigungsantrag gestellt worden ist. Allerdings kann der Vorhabenträger nach § 74 Abs. 5 BNatSchG n. F. die Anwendung der neuen Vorschrift verlangen. Ein solches Verlangen hat der Kläger mit Schriftsatz vom 18.7.2024 durch die Formulierung, von dem Wahlrecht Gebrauch zu machen, wirksam geäußert.

In der Rechtsprechung ist ein solches, in einem Schriftsatz im laufenden Klageverfahren und nicht bei der zuständigen Behörde geltend gemachtes Verlangen als zulässig und wirksam erachtet worden (HessVGH, Beschluss v. 24.5.2024 – 9 C 232/22.T – juris Rdnr. 8 unter ausführlicher Bezugnahme auf die Gesetzesbegründung, Rdnr. 10 ff.; OVG NRW, Urteil v. 24.8.2023 – 22 D 201/22.AK –, juris Rdnr. 85 ff.).

Dieser Auffassung schließt sich der Senat an. Sie entspricht der in der Gesetzesbegründung wiederholt angeführten gesetzgeberischen Intention der Verfahrensbeschleunigung (BT-Drucksache 20/2354 vom 21.6.2022, S. 17, 25). Für diese Auslegung spricht letztlich auch die Verfahrensökonomie.

Unter Anwendung der Signifikanzregelung des § 45b BNatSchG n. F. ist für die Vogelarten Graureiher und Mäusebussard sowie für die WEA-sensible Vogelart Rotmilan im hier maßgeblichen Zeitpunkt der Senatsentscheidung ein signifikantes Tötungs- und Verletzungsrisiko zu verneinen. Ob dies auch für die WEA-sensible Vogelart Schwarzmilan gilt, kann nach derzeitigem Kenntnisstand nicht sicher beurteilt werden; dies wird durch den Beklagten im weiteren Genehmigungsverfahren zu prüfen sein.

Für die Vogelarten Graureiher und Mäusebussard ist eine Signifikanz nach der hier anzuwendenden Neuregelung in § 45b BNatSchG n. F. bereits von Gesetzes wegen zu verneinen.

Zentraler Bezugspunkt der Neuregelung ist die in Abschnitt 1 der neuen Anlage 1 zum BNatSchG enthaltene Tabelle mit einer abschließenden Auflistung kollisionsgefährdeter und daher insoweit prüfungsrelevanter Brutvogelarten (Anlage 1 Abschnitt 1 Tabelle Spalte 1) sowie hierauf bezogener artspezifischer Prüfabstände (Anlage 1 Tabelle Spalten 2, 3 und 4). Im Abschnitt 1 der Anlage 1 (zu § 45b Absatz 1 bis 5) sind für insgesamt 15 Vogelarten die Bereiche zur Prüfung bei kollisionsgefährdeten Brutvogelarten – unterteilt in Nahbereich, zentraler Prüfbereich und erweiterter Prüfbereich – benannt. In dieser Liste sind von den hier betroffenen vier Vogelarten lediglich Rot- und Schwarzmilan, nicht aber Graureiher und Mäusebussard genannt.

Dies hat zur Folge, dass lediglich der Rot- und der Schwarzmilan nach den gesetzgeberischen Vorgaben noch als WEA-sensible (d. h. kollisionsgefährdete) Vogelarten gelten bzw. dass bei den von der Neuregelung nicht erfassten Vogelarten und Fallgestaltungen – wie Graureiher und Mäusebussard – gerade kein hinreichendes Kollisionsrisiko besteht und damit keine signifikante Erhöhung des Tötungsrisikos vom Gesetzgeber gesehen wird (so auch OVG Berlin-Brandenburg, Beschluss v. 27.3.2024 – OVG 7 S 2/24 –, juris Rdnr. 12; Scheidler in Feldhaus, Bundesimmissionsschutzrecht, Stand April 2024, § 6 BImSchG, Rdnr. 78a).

Dieses Verständnis der in der Anlage 1 aufgestellten Liste als abschließende Aufzählung wird durch die Gesetzesbegründung bestätigt, wonach die Tabelle eine abschließende Auflistung kollisionsgefährdeter und daher insoweit prüfungsrelevanter Brutvogelarten enthält (BT-Drs. 20/2354, S. 25) und die Tabelle ein bundeseinheitlicher Rahmen ist, der der Vereinheitlichung der Prüfung des artenschutzrechtlichen Tötungs- und Verletzungsrisikos dient und von dem die Länder nicht abweichen können (BT-Drs. 20/2354, S. 31).

Soweit in der Literatur zum Teil die Auffassung vertreten wird, dass die abschließende Auflistung in der Anlage 1 mit der Folge, dass dort nicht genannte Vogelarten nicht (mehr) als WEA-sensibel gelten, der Rechtsprechung des EuGH widerspreche (Rieger, »Neue Regelungen für die Prüfung der artenschutzrechtlichen Vorschriften im Rahmen der Genehmigung von Windenergieanlagen an Land – der neue § 45b BNatSchG«, UPR 12/2022, S. 453 ff. [456]) teilt der Senat diese Auffassung nicht. Denn die Unterschutzstellung von Arten im Rahmen des europäischen Rechts bleibt von der Neuregelung unberührt, wie sich aus der weiterhin gültigen Vorschrift § 44 Abs. 2 bis 6 BNatSchG n. F. ergibt. Die Vogelarten Graureiher und Mäusebussard stehen nicht unter besonderem europäischem Schutz.

Eine andere Bewertung ist im vorliegenden Fall auch nicht deshalb geboten, weil nach dem Vortrag des Beklagten in der näheren Umgebung des Vorhabenstandortes eine »Graureiher-Ansammlung« existiere, da im Jahr 2020 im Waldgebiet »Am Kleewinkel« eine aus 18 Brutpaaren bestehende Brutkolonie erfasst worden sei. Dabei kann dahinstehen, ob dies als ein »Ansammlung« zu bewerten ist:

Nach dem in der Gesetzesbegründung dokumentierten Willen des Gesetzgebers (BT- Drs. 20/2354, S. 25) soll mit der gesetzlichen Neuregelung in § 45b BNatSchG n. F. nicht zugleich auch der Umgang mit der betriebsbedingten Kollisionsgefährdung von »Ansammlungen« bzw. während der Zeiten des Vogelzugs geregelt werden. Unter einer »Ansammlung« sind ausweislich der Gesetzesbegründung insbesondere Kolonien, bedeutende Brut- und Rastgebiete sowie Schlafplatzansammlungen zu verstehen (BT-Drs. 20/2354, S. 25).

Soweit der Beklagte aus dieser Gesetzesbegründung herleitet, dass auftretende artenschutzrechtliche Konflikte der geplanten WEA AU 07 mit der in der Nähe des Vorhabenstandortes vorhandenen Graureiherbrutkolonie nach dem in Thüringen geltenden Avifaunistischen Fachbeitrag zu prüfen seien, teilt der Senat diese Auffassung nicht. Denn unabhängig davon, dass die in der

Gesetzesbegründung genannten »Ansammlungen« weder in § 45b BNatSchG n. F. noch in der Anlage 1 explizit erwähnt werden, spricht sowohl die systematische als auch die teleologische Auslegung des BNatSchG gegen die Annahme des Beklagten einer rechtlichen Relevanz des Vorhandenseins von Graureihern, egal ob als Einzelexemplare oder als »Ansammlungen«:

Der Gesetzgeber hat in § 45b BNatSchG n. F. i. V. m. der Anlage 1 für 15 Vogelarten eine bundesweit einheitlich anzuwendende Signifikanzregelung für das Brutgeschehen vorgegeben. Nach den obigen Ausführungen hat er damit den Kreis der überhaupt im immissionsschutzrechtlichen Genehmigungsverfahren zu prüfenden Vogelarten (deren Tötungsrisiko überhaupt signifikant erhöht sein kann) abschließend geregelt. Daher kann sich die von dem Beklagten zitierte Gesetzesbegründung auch lediglich auf diese 15 Vogelarten beziehen. Innerhalb dieser Arten unterscheidet der Gesetzgeber ausweislich der Gesetzesbegründung (BT-Drs. 20/2354 S. 25, 3. Absatz) zwischen Brutgeschehen und »Ansammlungen« und stellt klar, dass die für das Brutgeschehen normierten artspezifischen Prüfabstände und Vermutungsregelungen nicht für den Umgang mit der betriebsbedingten Kollisionsgefährdung von »Ansammlungen« bzw. während der Zeiten des Vogelzugs gelten sollen.

Diese Auslegung entspricht der gesetzgeberischen Intention sowie der Gesetzessystematik. Nach den oben dargestellten Grundsätzen ist das Tötungsverbot nach § 44 BNatSchG nur beachtlich, soweit ein signifikantes Tötungsrisiko bejaht werden kann. Für welche Vogelarten konkret dies im Rahmen des Brutgeschehens unter welchen Voraussetzungen der Fall ist, bestimmt § 45b BNatSchG n. F. i. V. m. der Anlage 1. Der Gesetzgeber wollte durch die Aufnahme der neuen Vorschrift des § 45b in das Bundesnaturschutzgesetz nach den obigen Ausführungen eine Beschleunigung der Genehmigungsverfahren herbeiführen und den Prüfungsumfang im Rahmen der Signifikanzprüfung auf 15 Vogelarten beschränken und eine einheitliche Vermutungsregelung schaffen.

Demgegenüber hätte die von dem Beklagten favorisierte Auslegung jedoch zur Folge, dass »durch die Hintertür«, ohne dass der Gesetzgeber dies explizit im Gesetz geregelt hätte, für den Fall einer »Ansammlung« oder während der Zeiten des Vogelflugs wieder eine individuelle zeitaufwändige Einzelprüfung für sämtliche in der Umgebung eines Vorhabenstandortes anzutreffende Vogelart durchgeführt werden müsste. Dies widerspricht dem Beschleunigungsgedanken. Hätte der Gesetzgeber für den Fall der »Ansammlung« alle denkbaren Vogelarten umfassend schützen wollen, hätte er dies im Gesetzestext eindeutig so formulieren müssen. Er hat jedoch im Sinne der Vereinfachung und Beschleunigung die Vermutungsregelung für ein signifikant erhöhtes Tötungsrisiko von vorneherein auf lediglich 15 Vogelarten beschränkt und damit die anderen Vogelarten von vorneherein von Gesetzes wegen als nicht WEA-sensibel eingestuft.

Dies ist für die hier relevante Vogelart Graureiher auch vertretbar, weil diese Vogelart generell nicht als gefährdete Vogelart gilt.

Für den in § 45b BNatSchG n. F. i. V. m. Anlage 1 benannten Rotmilan ist ein signifikantes Tötungsrisiko durch die geplante Anlage ebenfalls zu verneinen.

Zwar ist diese Vogelart in der in der Anlage 1 enthaltenen Auflistung explizit genannt. Jedoch sind nach den unbestrittenen Aussagen des von der Klägerin beauftragten Umweltgutachters P... im Termin zur mündlichen Verhandlung für den Rotmilan im zentralen Prüfbereich mittlerweile keine Brutstätten mehr festgestellt worden.

Hinsichtlich des Schwarzmilans kann nach derzeitigem Kenntnisstand ein signifikant erhöhtes und nicht abwendbares Tötungsrisiko nicht sicher festgestellt werden.

Vorliegend existiert in einer Entfernung von 620 m zum Vorhabenstandort ein Brutplatz dieser Vogelart, die in der Anlage 1 zu § 45b BNatSchG n. F. aufgelistet ist. Damit liegt der Brutplatz zwischen dem in der Anlage 1 zu § 45b BNatSchG n. F. bestimmten Nahbereich und dem dort definierten zentralen Prüfbereich. Für diesen Fall bestimmt § 45b Abs. 3 BNatSchG n. F., dass dann in der Regel Anhaltspunkte dafür bestehen, dass das Tötungs- und Verletzungsrisiko der den Brutplatz nutzenden Exemplare signifikant erhöht ist.

Dies gilt nach § 45b Abs. 3 Nr. 1 BNatSchG n. F. jedoch nur, soweit eine signifikante Risikoerhöhung nicht auf der Grundlage einer Habitatpotentialanalyse oder einer auf Verlangen des Trägers des Vorhabens durchgeführten Raumnutzungsanalyse widerlegt werden kann oder nach Nr. 2 dieser Vorschrift nur, soweit die signifikante Risikoerhöhung nicht durch fachlich anerkannte Schutzmaßnahmen hinreichend gemindert werden kann; werden solche Maßnahmen ergriffen, so ist für die betreffende Art in der Regel davon auszugehen, dass die Risikoerhöhung hinreichend gemindert wird.

Ob diese Voraussetzungen des § 45b Abs. 3 Nr. 1 BNatSchG n. F., die die gesetzliche Regelvermutung widerlegen, vorliegend erfüllt sind, vermag der Senat aufgrund des Akteninhalts oder Ermittlungen der Behörde nicht zu beurteilen.

Zwar hat die Klägerin eine Habitatpotentialanalyse vorgelegt, die allerdings für einen anderen als den hier streitgegenständlichen Vorhabenstandort erstellt worden ist. Ob sie damit die Voraussetzungen der Nr. 1 erfüllt, d. h. die ihr im Antragsverfahren vorgelegte Analyse den fachlichen Anforderungen entspricht, hinreichend aussagekräftig sowie noch hinreichend aktuell ist, ist zwischen den Beteiligten umstritten.

Der Senat kann diese Frage jedoch dahinstehen lassen, da hier jedenfalls § 45b Abs. 3 Nr. 2 BNatSchG n. F. anzuwenden ist, wonach zu prüfen ist, ob die signifikante Risikoerhöhung nicht durch fachlich anerkannte Schutzmaßnahmen hinreichend gemindert werden kann. Solche Maßnahmen hat die Klägerin auch angeboten. Die anerkannten Schutzmaßnahmen sind in der Anlage 1 im Abschnitt 2 zu § 45b BNatSchG n. F. aufgelistet und bestehen für den Schwarzmilan etwa in der Abschaltung bei landwirtschaftlichen

Bewirtschaftungsereignissen, der Anlage von attraktiven Ausweichnahrungshabitaten, der Senkung der Attraktivität von Habitaten im Mastfußbereich sowie gegebenenfalls in der phänologiebedingten Abschaltung. Nach § 45b Abs. 6 Satz 2 BNatSchG gilt allerdings die Anordnung von Schutzmaßnahmen, die die Abschaltung von Windenergieanlagen betreffen, unter bestimmten Voraussetzungen, die sich auf die Verringerung des Jahresenergieertrages beziehen, als unzumutbar.

Welche der Maßnahmen im Einzelfall wirksam sowie zumutbar und von der Behörde zu beauflagen sind, ist von dem Beklagten im Rahmen des der Naturschutzbehörde zustehenden Ermessens und unter Beachtung des Verhältnismäßigkeitsgrundsatzes zu entscheiden. An einer solchen behördlichen Beurteilung der Fachbehörde unter Beachtung der gesetzlichen Neuregelung in § 45b Abs. 6 BNatSchG n. F. fehlt es bislang, so dass eine weitere Sachverhaltsaufklärung dem Beklagten obliegt und nicht durch den Senat angezeigt ist.

Gleiches gilt auch für die Rüge des Beklagten, dass sich die Klägerin bislang nicht zu möglichen Verstößen gegen das Tötungsverbot nach § 44 Abs. 1 BNatSchG »im Vorfeld und bei der Errichtung von WEA« verhalten habe. Insoweit liegt es an dem Beklagten, konkrete mögliche Verstöße bezogen auf die hier allein relevante Vogelart substantiiert darzulegen und die Klägerin zur Stellungnahme zu möglichen Vermeidungsmaßnahmen aufzufordern. Auch hier geht der Senat aus den bereits oben dargelegten Gründen davon aus, dass insoweit eine individuelle Gefahrenprognose lediglich für die von der Neuregelung des § 45b BNatSchG umfassten und in der Anlage 1 aufgelisteten Vogelarten zu erstellen ist.

Angesichts der vorstehenden Ausführungen kann der Senat nicht abschließend entscheiden, welche Maßnahmen konkret die Klägerin zu ergreifen hat, um die signifikante Risikoerhöhung hinreichend zu mindern. Diese vom Beklagten noch vorzunehmende Prüfung nach der neuen Rechtslage wird Teil des Weiteren noch vom Verwaltungsgericht im Übrigen zutreffend festgestellten »steckengebliebenen« Genehmigungsverfahrens sein. Der Senat folgt insoweit den Ausführungen des Verwaltungsgerichts zur mangelnden Spruchreife auch unter diesem Aspekt. …

L. Rechtsprechung zum Verwaltungsprozessrecht

I. Im Baugenehmigungsverfahren

Nr. 153

Ein Gericht kann, solange das Verfahren noch nicht rechtskräftig abgeschlossen oder in höherer Instanz anhängig ist, von Amts wegen oder auf Antrag andere, deren rechtliche Interessen durch die Entscheidung berührt werden, beiladen.

Ob eine Beiladung erfolgt, liegt im Ermessen des Gerichts (hier Beiladung der Gemeinde unter Verweis auf das Normenkontrollverfahren abgelehnt).

(Leitsätze der Redaktion)

VwGO § 65 Abs. 1.

Bayerischer VGH, Beschluss v. 26. Juni 2024 – 15 C 24.1013 –.

Aus den Gründen:

Die Beschwerde bleibt ohne Erfolg.

Das Verwaltungsgericht hat den Antrag der Beiladungsbewerberin, sie gemäß § 65 Abs. 1 VwGO zum Verfahren der Kläger gegen eine der Beigeladenen erteilte Baugenehmigung (einfach) beizuladen, zu Recht abgelehnt. Nach dieser Vorschrift kann das Gericht, solange das Verfahren noch nicht rechtskräftig abgeschlossen oder in höherer Instanz anhängig ist, von Amts wegen oder auf Antrag andere, deren rechtliche Interessen durch die Entscheidung berührt werden, beiladen. Ob bei Vorliegen dieser Voraussetzungen eine Beiladung erfolgt, liegt im Ermessen des Gerichts, bei dem die Streitsache anhängig ist, im Fall der Beschwerde gegen die den Beiladungsantrag ablehnende Entscheidung im Ermessen des Beschwerdegerichts, das nicht auf die Nachprüfung des Ermessens der Vorinstanz beschränkt ist (vgl. BayVGH, Beschluss v. 18.8.2015 – 15 C 15.1263 – juris Rdnr. 9 m. w. N.).

Der erkennende Senat hält eine Beiladung im vorliegenden Fall für nicht zweckmäßig. Die Beiladungsbewerberin macht zwar geltend, ihre rechtlichen Interessen würden durch die im Hauptsacheverfahren zu treffende Entscheidung berührt, sollte diese sich auf eine im Wege der Inzidentprüfung festgestellte Unwirksamkeit des von ihr erlassenen Bebauungsplans stützen. Allerdings ist sie als Antragsgegnerin bereits an dem vor dem Senat anhängigen Normenkontrollverfahren (§ 47 Abs. 1 Nr. 1 VwGO, Az. 15 N 23.994) beteiligt, das diesen Bebauungsplan betrifft. Abgesehen davon, dass jegliche – eventuell zu treffende – Feststellungen des Verwaltungsgerichts zur Rechtmäßigkeit des Bebauungsplans im Klageverfahren gegen die Baugenehmigung die Einschätzung des im Verfahren nach § 47 VwGO allein zuständigen Bayerischen Verwaltungsgerichtshofs im Hinblick auf die Rechtmäßigkeit des Bebauungsplans nicht binden, kann sie damit ihre rechtlichen Interessen losgelöst von dem laufenden Klageverfahren vor dem Verwaltungsgericht verfolgen (vgl. BayVGH, Beschluss v. 17.1.2011 – 15 C 10.3060 – juris Rdnr. 6).

Die Kostenentscheidung beruht auf § 154 Abs. 2 VwGO.

Einer Streitwertfestsetzung bedarf es nicht, weil sich aus Nr. 5502 der Anlage 1 zu § 3 Abs. 2 GKG eine Festgebühr für das Beschwerdeverfahren ergibt.

Dieser Beschluss ist unanfechtbar (§ 152 Abs. 1 VwGO).

Nr. 154

Verweist eine Baugenehmigung zur Frage der Standsicherheit auf ein noch vorzulegendes Privatgutachten des Bauherrn, kommt die Erstattung der Kosten für ein weiteres Privatgutachten in Betracht, das der Nachbar im Rahmen einer Drittanfechtung der Baugenehmigung zur Überprüfung des ersten Gutachtens einholt.

VwGO § 162.

Niedersächsisches OVG, Beschluss vom 12. Februar 2024 – 1 OA 67/23 –.

Aus den Gründen:

Der Antragsteller verfolgt die Erstattung von Kosten für eingeholte Privatgutachten.

Der Antragsteller ist Erbbauberechtigter eines Grundstücks auf dem Gebiet der Antragsgegnerin. Diese erteilte am 8.3.2021 einem privaten Bauträger eine Baugenehmigung für die Errichtung von drei Reihenhäusern nebst vier Pkw-Einstellplätzen auf dem direkten Nachbargrundstück des Antragstellers. Beide Grundstücke befinden sich im Erdfall- und Senkungsgebiet. Die Baugenehmigung enthielt unter I. u. a. die folgenden auf das Bauordnungsrecht bezogenen Nebenbestimmungen:

»1. […] Die geprüfte statische Berechnung bildet einen Bestandteil dieser Baugenehmigung. Prüfungsänderungen und Prüfberichte sind genau zu beachten und umzusetzen. Eventuelle Forderungen, die sich aufgrund der noch durchzuführenden Prüfung des Standsicherheitsnachweises ergeben, gelten als Nebenbestimmungen dieser Baugenehmigung.

2. Entsprechend den anerkannten Regeln der Technik ist ein geotechnisches Fachgutachten nach den Vorgaben u. a. der DIN EN 1997 mit den ergänzenden Regelungen der DIN 1054: 2010-12, dem Eurocode 7 (EC 7), der DIN EN 1997-1: 2014-07 als Grundlage für den Standsicherheitsnach-

weis vorzulegen. Daraus resultierende Maßnahmen und Vorgaben sind Bestandteil der Baugenehmigung.«

Gegen diese Baugenehmigung erhob der Antragsteller am 6.4.2021 Widerspruch und beantragte nach Beginn der Bauarbeiten am 14.4.2022 vorläufigen Rechtsschutz, den er u. a. damit begründete, die Standfestigkeit seines eigenen Wohngebäudes werde durch das Bauvorhaben gefährdet. Zur Begründung seines Antrags bezog er sich unter anderem auf ein »2. Kurzgutachten« eines von ihm beauftragten Privatgutachters vom 28.3.2021. In der Folgezeit stritten die Beteiligten insbesondere darum, in welche sogenannte geotechnische Kategorie das Baugelände einzustufen sei und welche Baugrunduntersuchungen nach den zitierten Nebenbestimmungen in Abhängigkeit von dieser Kategorie zur Beurteilung der Standfestigkeit notwendig seien. Bereits in einer Stellungnahme vom 24.11.2021 hatte ein von der Antragsgegnerin beauftragter Geologe die Einstufung des Bauvorhabens in die geotechnische Kategorie GK 3 befürwortet, die eine eingehendere Untersuchung des Baugrunds verlange. Dessen ungeachtet kam die von der Beigeladenen in Vollzug der Nebenbestimmung I.2 in Auftrag gegebene Gründungsbeurteilung vom gleichen Tage, die die Antragsgegnerin mit Schriftsatz vom 13.5.2022 vorlegte, zum Ergebnis, die Baumaßnahme sei in die geotechnische Kategorie GK 2 für weniger kritische Baugrundverhältnisse einzuordnen. Mit Schriftsatz vom 1.6.2022 trat der Antragsteller dem entgegen und bezog sich dabei auf ein Gutachten seines Privatsachverständigen vom 30.5.2022, der die Einstufung in die geotechnische Kategorie GK 3 für notwendig erachtete. Dem wiederum entgegnete der Sachverständige der Beigeladenen mit Schriftsätzen vom 9. und 21 Juni 2022.

Mit Beschluss v. 23.6.2022 (– 2 B 47/22 –) lehnte das Verwaltungsgericht den Antrag auf Gewährung vorläufigen Rechtsschutzes ab. Der Besorgnis des Antragstellers um die Standsicherheit seines Wohngebäudes habe die Antragsgegnerin mit den Nebenbestimmungen ausreichend Rechnung getragen. Die Vorgabe einer geotechnischen Kategorie durch die Antragsgegnerin sei nicht erforderlich, sondern dürfe der sachverständigen Einschätzung überlassen werden.

Die gegen diesen Beschluss gerichtete Beschwerde begründete der Antragsteller mit Schriftsatz unter anderem erneut damit, die Gründungsbeurteilung, die auf der Annahme der geotechnische Kategorie GK 2 basiere, sei fehlerhaft und daher unbrauchbar, wie sich aus der Einschätzung seines Privatgutachters vom 30.5.2022 ergebe. Diese gutachterliche Stellungnahme halte auch der Kritik des Sachverständigen der Beigeladenen mit Schreiben vom 9. und 21 Juni 2022 stand. Dabei bezog sich der Antragsteller auf eine weitere Stellungnahme seines Privatgutachters vom 30.6.2022.

Jeweils in Erwiderung auf gutachterliche Stellungnahmen des von der Beigeladenen beauftragten Sachverständigen erwiderte der Antragsteller nachfolgend in mehreren Schriftsätzen gestützt auf Stellungnahmen seines Privatsachverständigen vom 7. August, 11. September und 17.10.2022, auf deren Inhalt Bezug genommen wird.

Mit Beschluss v. 16.11.2022 (– 1 ME 70/22 –) änderte der Senat den angefochtenen Beschluss des Verwaltungsgerichts und legte der Antragsgegnerin die Kosten des Verfahrens in beiden Rechtszügen auf. Die Baugenehmigung sei nicht hinreichend bestimmt. Es sei nicht klar, in welchem Umfang die Baugenehmigung unter Vorbehalt der nach Ziffer I.1 angeordneten Prüfung des von der Beigeladenen beizubringenden Nachweises stehe. Diese Unbestimmtheit erfasse gerade die hier gemäß § 65 Abs. 2 Satz 2 NBauO notwendige Prüfung der Standsicherheit gemäß § 12 Abs. 1 Satz 2 NBauO und gehe daher zu Lasten des Antragstellers.

Mit Bescheid vom 12.1.2023 erteilte die Antragsgegnerin daraufhin der Beigeladenen eine geänderte Baugenehmigung.

Mit Kostenfestsetzungsantrag vom 19.1.2023 beantragte der Antragsteller die Festsetzung eines Betrages von 14 903,18 € gegen die Antragsgegnerin. In diesem Betrag waren folgende Rechnungen des Privatsachverständigen des Antragstellers enthalten: …

Mit Kostenfestsetzungsbeschluss vom 21.3.2023 setzte die Urkundsbeamtin der Geschäftsstelle des Verwaltungsgerichts die von der Antragsgegnerin den Antragsteller zu erstattenden Kosten auf 2 156,99 € fest, wobei sie den Antrag auf Festsetzung der Kosten für dessen Privatsachverständigen insgesamt ablehnte.

Die dagegen gerichtete Erinnerung wies das Verwaltungsgericht mit Beschluss v. 28.4.2023 zurück. Zur Begründung führte das Verwaltungsgericht aus, die Einholung der Gutachten sei nicht erforderlich gewesen. Die Einstufung in die geotechnische Kategorie GK 3 sei von der Antragsgegnerin nicht bestritten worden. Auch der von Antragsgegnerin beauftragte Gutachter Trapp sei von dieser geotechnischen Kategorie ausgegangen. Die vom Privatsachverständigen begutachtete Frage, ob das Gründungsgutachten den Anforderungen der maßgeblichen DIN-Norm entsprochen bzw. diese Anforderungen verfehlt habe, weil es von einer unzutreffenden geotechnischen Kategorie ausgegangen sei, sei keine Frage der Rechtmäßigkeit der Baugenehmigung, sondern eine Frage der ordnungsgemäßen Durchführung dieser Genehmigung. Schließlich habe es der Gutachten auch nicht bedurft, um substantiiert darzulegen, dass die Baugenehmigung an einem Bestimmtheitsmangel gelitten habe. Auch das Beschwerdegericht habe sich zu den Feststellungen des Privatsachverständigen des Antragstellers nicht verhalten.

Gegen diesen Beschluss hat der Antragsteller Beschwerde erhoben.

Die zulässige Beschwerde ist nur zum Teil begründet.

Der Antragsteller kann die Kosten für die von ihm vorgelegten Gutachten vom 30.5.2022 und vom 30.6.2022 erstattet verlangen.

Die Erstattungsfähigkeit der Kosten für ein in einem verwaltungsgerichtlichen Verfahren von einem Beteiligten vorgelegtes privates Gutachten richtet sich nach § 162 Abs. 1 VwGO. Danach sind die zur zweckentsprechenden Rechtsverfolgung notwendigen Aufwendungen der Beteiligten erstattungsfähig. Nach dem von der Rechtsprechung entwickelten objektivierten Maßstab ist die Notwendigkeit außergerichtlicher Aufwendungen aus der Sicht eines verständigen Beteiligten zu beurteilen, der bemüht ist, die Kosten so niedrig wie möglich zu halten.

Auch die Kosten eines Privatgutachtens können erstattungsfähig sein, wenn dessen Einholung – etwa zur Vorbereitung des Verfahrens oder zur Erlangung der erforderlichen Sachkunde – geboten war. Zudem muss die Prozesssituation die Vorlage eines Privatgutachtens herausfordern (sogenannte »prozessuale Notlage«) und dessen Inhalt auf die Förderung des Verfahrens zugeschnitten sein (vgl. BVerwG, Beschluss v. 2.3.2020 – GrSen 1.19 –, BVerwGE 168, 39 = NVwZ 2021, 997 = juris Rdnr. 15 m. w. N.; NdsOVG, Beschluss v. 14 8.2018 – 12 OA 90/18 –, BauR 2018, 1877 = BRS 86 Nr. 219 = juris Rdnr. 12). Dabei ist ex ante auf den Zeitpunkt der die Aufwendungen verursachenden Handlungen abzustellen. Es ist deswegen ohne Belang, ob sich diese im Nachhinein als erforderlich oder unnötig herausstellen (BVerwG, Beschluss v. 2.3.2020 – GrSen 1.19 –, BVerwGE 168, 39 = NVwZ 2021, 997 = juris Rdnr. 15 m. w. N.; v. 29.9.2020 – 9 KSt 3.20 –, NVwZ 2021, 78 = juris Rdnr. 11) oder im Rahmen einer ex-post-Betrachtung tatsächlich die Entscheidung des Gerichts beeinflusst oder vorweggenommen hat (Senatsbeschl. v. 2.4.2012 – 1 OA 48/12 –, NJW 2012, 1828 = BauR 2012, 1097 = BRS 79 Nr. 191 = juris Rdnr. 8 ff.). Der Beteiligte muss das Gutachten in den Prozess eingeführt haben; das erfordert grundsätzlich die Vorlage des Gutachtens (vgl. BVerwG, Beschluss v. 27.3.2023 – 3 KSt 1.22 –, juris Rdnr. 4). Wird das Gutachten sowohl im Klage- als auch im zugehörigen Eilverfahren vorgelegt, sind die Kosten vorbehaltlich der jeweiligen Kostengrundentscheidung unter den in § 162 Abs. 1 VwGO genannten Voraussetzungen anteilig in beiden Verfahren erstattungsfähig (BVerwG, Beschluss v. 2.3.2020 – GrSen 1.19 –, BVerwGE 168, 39 = NVwZ 2021, 997 = juris Rdnr. 14).

Kommt es nach dem Eilverfahren nicht mehr zu einer Vorlage im Klageverfahren, etwa dann, wenn – wie hier – die im Eilverfahren unterliegende Behörde den angefochtenen Bescheid abändert, deshalb die erneute Vorlage der im Eilverfahren vorgelegten Gutachten entbehrlich macht und sich dadurch freiwillig in die Position des unterliegenden Beteiligten begibt, hat es bei der Kostengrundentscheidung im Eilverfahren sein Bewenden.

Daran gemessen kann der Antragsteller die Erstattung der Kosten der Privatgutachten vom 30.5.2022 und vom 30.6.2022 verlangen. Zum Zeitpunkt der Beauftragung des Gutachters, somit aus der maßgeblichen Sicht ex ante, musste der Antragsteller zumindest als möglichen Verfahrensausgang in Betracht ziehen, dass das vorgelegte Gutachten der Beigeladenen vom 24.11.2021 als ausreichendes geotechnisches Fachgutachten im Sinne der Nebenbestimmung I.2 der Baugenehmigung gewertet werden und als taugliche Grundlage für den Standsicherheitsnachweis angesehen würde. Daraus resultierende Maßnahmen und Vorgaben wären in diesem Fall ausweislich der Nebenbestimmung unmittelbar Bestandteil der Baugenehmigung geworden. Dies gab dem Antragsteller Anlass, sich damit auseinanderzusetzen, ob das geotechnische Fachgutachten den aus seiner Sicht bestehenden Besonderheiten des Baugrunds sowohl des Vorhabengrundstücks als auch seines eigenen Nachbargrundstücks gerecht wurde und ausreichende Vorgaben für die Ausführung der Bauarbeiten und die weitere Erkundung des Baugrunds machte. Da er dies als Laie nicht selbst beurteilen konnte, hatte er berechtigten Anlass dazu, einen Privatgutachter hinzuzuziehen.

Dem lässt sich auch nicht mit dem Verwaltungsgericht entgegenhalten, die Einstufung des Baugrunds in die geotechnische Kategorie 3 sei zwischen den Beteiligten unstreitig gewesen. Die Beigeladene hatte als Gründungsgutachten das Gutachten des von ihr beauftragten Büros vom 24.11.2021 vorgelegt, in dem die geotechnische Kategorie 2 zugrunde gelegt worden war. Selbst wenn der Antragsteller zum Zeitpunkt der Beauftragung des Privatgutachters hätte erkennen können – was zweifelhaft ist –, dass der von der Antragsgegnerin selbst beauftragte Geologe den Baugrund entgegen der Auffassung des von der Beigeladenen beauftragten Sachverständigenbüros ebenfalls in die geotechnische Kategorie 3 einstufte, stellte sich für ihn die Lage angesichts des zeitgleichen Baubeginns dennoch so dar, dass die Antragsgegnerin die davon abweichende Einschätzung der zutreffenden geotechnischen Kategorie durch den Sachverständigen der Beigeladenen gleichermaßen akzeptierte. Zudem war die Baugenehmigung – rechtswidrigerweise – so formuliert, dass die Maßnahmen und Vorgaben, die aus dem von der Beigeladenen eingeholten Gutachten resultierten, unmittelbar Regelungswirkung erlangen sollten. Umso mehr bestand Anlass, sich mit eben diesem Gutachten und seinen Grundlagen auseinanderzusetzen.

Entgegen der Ansicht der Antragsgegnerin und auch des Verwaltungsgerichts steht der Erstattungsfähigkeit des Gutachtens nicht entgegen, dass der Senat in seinem Beschluss v. 16.11.2022 inhaltlich auf die im Eilverfahren vorgelegten Gutachten nicht eingegangen ist und die Baugenehmigung mangels Bestimmtheit als rechtswidrig erachtet hat.

Wie ausgeführt spielt es für die Erstattungsfähigkeit keine Rolle, ob sich die Beauftragung des Privatsachverständigen im Nachhinein als erforderlich oder unnötig herausstellen oder tatsächlich die Entscheidung des Gerichts beeinflusst oder vorweggenommen hat. Ebenso wenig kann dem Antragsteller entgegengehalten werden, dass er die vom Senat angenommene mangelnde Bestimmtheit der Nebenbestimmung I.2 auch ohne sachverständige Beratung hätte erkennen können und müssen. Angesichts der Tatsache, dass die Frage der Bestimmtheit in hohem Maße wertungsabhängig ist, entsprach es vielmehr der anwaltlich gebotenen Sorgfalt, sich inhaltlich mit dem Gutachten auseinanderzusetzen.

Die Erstattungsfähigkeit kann auch nicht mit der Begründung verneint werden, dass die Kritik an dem von der Beigeladenen vorgelegten Gründungsgutachten nicht die Rechtmäßigkeit der Baugenehmigung an sich infrage stellte, sondern deren rechtmäßigen Vollzug. Dies wird der besonderen Regelungssystematik der Baugenehmigung nicht gerecht. Danach sollten – wie ausgeführt – »Maßnahmen und Vorgaben« des Gutachtens »Bestandteil der Baugenehmigung« werden. Aus Sicht des Antragstellers wie auch aus Sicht des Senats ließ dieser Wortlaut Raum für eine Auslegung, wonach einem Dritten, nämlich dem Sachverständigen, gestattet wurde, den Inhalt der Baugenehmigung weiter auszugestalten (vgl. Senatsbeschl. v. 16.11.2022 – 1 ME 70/22 –, BauR 2023, 428 = juris Rdnr. 19). Aus Sicht des Antragstellers war es daher geboten, sich im Rahmen der Anfechtung der Baugenehmigung auch mit dem Inhalt des geotechnischen Fachgutachtens und der Frage zu befassen, ob dies angesichts der Besonderheiten des Baugrunds ausreichende »Maßnahmen und Vorgaben« zum Schutz des Grundstücks des Antragstellers beinhaltete. Gerade weil die Ergebnisse der Begutachtung ipso jure Bestandteil der Genehmigung werden sollten, musste sich der Antragsteller – erst recht in einem Eilverfahren – auch inhaltlich mit dem vorgelegten Gutachten befassen. Hätte er seine Kritik an dem Gutachten erst in einem Verfahren gemäß § 79 Abs. 1 NBauO vorgetragen, hätte er sich unter Umständen dem Einwand ausgesetzt, dass dieses Gründungsgutachten als Teil der Baugenehmigung nur in einem gegen diese gerichteten Verfahren implizit zur Kontrolle gestellt werden könne.

Die Voraussetzungen, unter denen Kosten für ein Privatgutachten erstattet verlangt werden können, liegen allerdings nur für die Gutachten vom 30. Mai und 30.6.2022 vor.

Mit dem Gutachten vom 30.5.2022 hat der Antragsteller erstmals zum maßgeblichen Gutachten der Beigeladenen vom 24.11.2021 Stellung genommen und seine grundsätzliche Kritik daran dargelegt, insbesondere, dass der Gutachter der Beigeladenen von einer unzutreffenden geotechnischen Kategorie ausgegangen sei. Die Kosten für dieses Gutachten sind aus den oben genannten Gründen erstattungsfähig.

Noch als erstattungsfähig erachtet der Senat die folgende fachgutachterliche Stellungnahme des Privatsachverständigen zu den zwischenzeitlich eingegangenen Stellungnahmen des gegnerischen Sachverständigen vom 9. und 21.6.2022. Zu Recht wendet zwar die Antragsgegnerin ein, dass diese Stellungnahme im Verhältnis zur vorangegangenen vom 30.5.2022 Doppelungen enthielt. Sie richtet sich aber zumindest auch gegen die von der Gegenseite vorgebrachten Einwände. Es kann dem Antragsteller – zumal im Eilverfahren – nicht verwehrt werden, auf diese noch einmal zu erwidern und dabei seinen Sachverständigen hinzuzuziehen.

Die Kosten für die übrigen Gutachten sind hingegen nicht erstattungsfähig.

Für das sogenannte »2. Kurzgutachten« vom 28.3.2021 gilt dies bereits aus dem Grund, dass dieses fast neun Monate vor dem Gründungsgutachten erstellt wurde, im Wesentlichen aus einer Bitte um Vorlage weiterer Unterlagen besteht und nur allgemeine Ausführungen zum Baugrund und den notwendigen Untersuchungen enthält. Zudem ist das Kurzgutachten außer an den Antragsteller an zwei weitere Adressaten gerichtet, weshalb nicht erkennbar ist, wer das Gutachten in Auftrag gegeben hat.

Die Kosten für die Gutachten vom 7. August, 11. September und 7. Oktober sind ebenfalls nicht erstattungsfähig. Die Argumente, weshalb die Gutachten der jeweiligen Gegenseite ungenügend sein sollten, waren zu diesem Zeitpunkt ausgetauscht. Von der anfangs streitigen Frage, in welche geotechnische Kategorie der Baugrund einzustufen sei, hatten sich beide Gutachter entfernt. Soweit der Privatsachverständigen des Antragstellers mit dem Gutachten vom 7.8.2022 darstellt, »welche zeitliche Abfolge zur Erstellung geotechnische Leistungen im Rahmen des Baugenehmigungsverfahrens seitens geltender Normen und Regelwerke in Niedersachsen vorgesehen sind«, lassen seine Ausführungen keinen Bezug mehr zu dieser Streitfrage erkennen. Gleiches gilt für die Stellungnahme vom 11.9.2022, mit der der Privatsachverständige eine Gesamtbewertung vornahm, »welche Versäumnisse und Fehlentscheidungen beim Baugenehmigungsverfahren für den Neubau […] erfolgten«. Die Beurteilung der Gefährdungslage mit einem weiteren Gutachten vom 7.10.2022 besteht überwiegend aus Wiederholungen von bereits früher gehaltenem Sachvortrag, was die einleitende Bezugnahme auf sechs frühere Stellungnahmen betont. Die dafür angefallenen Aufwendungen sind somit bereits von der Erstattung für die früheren Gutachten umfasst. …

Nr. 155

Der Verlust des Plandokuments eines Bebauungsplans führt nicht zu einer Beweislastumkehr zugunsten des Antragstellers.

BauGB §§ 30, 35.

OVG Sachsen-Anhalt, Beschluss vom 13. März 2024 – 2 M 110/23 –.

Aus den Gründen:

Die Antragstellerin wendet sich gegen eine Nutzungsuntersagung für den von ihr betriebenen Campingplatz »Großer Sch-See« in W-Stadt. Sie ist Pächterin des aus mehreren Flurstücken bestehenden Grundstücks, auf dem sie den Campingplatz betreibt. …

Die von der Antragstellerin gegen die Versagung der Wiederherstellung der aufschiebenden Wirkung eingelegte Beschwerde bleibt ohne Erfolg. …

Das Verwaltungsgericht hat zutreffend festgestellt, dass der Campingplatz der Antragstellerin voraussichtlich formell wie materiell rechtswidrig ist und damit die Nutzungsuntersagung im Vergleich etwa zu einer Beseitigungsverfügung das verhältnismäßige und ermessensgerechte Mittel ist, den illegalen Zuständen zu begegnen.

Rechtsgrundlage für die Nutzungsuntersagung ist § 79 BauO LSA. Danach kann die Bauaufsichtsbehörde die teilweise oder vollständige Beseitigung von Anlagen anordnen, die im Widerspruch zu öffentlich-rechtlichen Vorschriften errichtet oder geändert werden, wenn nicht auf andere Weise rechtmäßige Zustände hergestellt werden können. Werden Anlagen im Widerspruch zu öffentlich-rechtlichen Vorschriften genutzt, kann diese Nutzung untersagt werden. Die Antragstellerin betreibt den Campingplatz formell illegal, denn sie besitzt weder eine Baugenehmigung für den Campingplatz noch für die meisten der aufstehenden Bauten und kann sich auch nicht auf einen Bestandsschutz für die Nutzung des Campingplatzes berufen. …

Die Antragstellerin kann unstreitig keine Baugenehmigung für den Betrieb des Campingplatzes oder die Errichtung der baulichen Anlagen, möglicherweise mit Ausnahme des Sanitärkomplexes, soweit dieser noch dem 1992 genehmigten entsprechen sollte, vorlegen. Sie kann sich auch nicht auf einen Bestandsschutz aus dem behaupteten jahrzehntelangen Betrieb des Campingplatzes berufen. Beruft sich ein Bürger gegenüber einer Nutzungsuntersagung auf Bestandsschutz, etwa mit der Begründung, das Bauwerk oder die Nutzung sei genehmigt und deswegen formell baurechtmäßig, ist er beweispflichtig für das von ihm behauptete Vorliegen einer Baugenehmigung (vgl. BVerwG, Beschluss v. 5.8.1991 – 4 B 130.91 – juris Rdnr. 4; Beschluss des Senats vom 8.4.2022 – 2 M 14/22 – juris Rdnr. 3). Diesen Beweis hat die Antragstellerin nicht erbracht.

Die Antragstellerin führt aus, das Naherholungszentrum »W-Stadt Sch-See« sei Bestandteil einer einheitlichen Planung gewesen, die das gesamte Ufer einschließlich der heutigen Bungalowsiedlungen umfasst habe. Darauf lasse der Beschluss des Rates des Kreises Staßfurt vom 16.10.1968 schließen, mit dem unter Punkt 1 das »Bauverbot für die Anglerkolonie« aufgehoben worden sei unter Verweis auf einen Bebauungsplan, nachdem die Anglerkolonie weiter ausgebaut werden könne. Allerdings habe das Verwaltungsgericht den Campingplatz ohne ersichtliche Begründung von der Gesamtanlage abgetrennt und eine losgelöste Prüfung der formellen und materiellen Legalität des Platzes vorgenommen. Damit habe das Verwaltungsgericht unzutreffend einen Bestandsschutz aus der Gesamtanlage »Erholungszentrum W-Stadt Sch-See« ausgeschlossen.

Sie kann sich hierfür aber nicht auf die beigefügten Unterlagen zur Entwicklung des Naherholungszentrums berufen. Denn aus den Unterlagen, die bereits im Verwaltungsvorgang vorliegen und sowohl vom Antragsgegner als auch dem Verwaltungsgericht ausgewertet wurden, ergibt sich nicht, dass und mit welchen Festlegungen ein Campingplatz bereits seit den 1960er Jahren bestand oder Bestandteil der Planung für das Naherholungszentrum »Großer Sch-See« war. Insbesondere enthalten auch diese Unterlagen keinen Bebauungsplan und keine Baugenehmigung für den Platz oder die Mobilheime bzw. die zu ihrer Errichtung erfolgten befestigten Aufschüttungen. Soweit die Baugenehmigung vom 14.9.1992 zum Neubau eines Sanitärgebäudes auf eine Teil-Baugenehmigung Nr. 610/91 vom 8.10.1991 Bezug nimmt, liegt diese nicht vor. Ihr Inhalt ist damit ebenso unbekannt wie letztlich auch derjenige der Baugenehmigung vom 14.9.1992. Denn Unterlagen wie Planzeichnungen oder die Antragsunterlagen, aus denen sich ergeben würde, was genau Gegenstand der Genehmigung ist, liegen nicht vor.

Die Antragstellerin dringt auch nicht mit dem Argument durch, für die Gesamtanlage »Erholungszentrum W-Stadt Sch-See« müsse ein Bebauungsplan bestehen, auf den sie sich berufen und aus dem sie wegen der seit den 1960er Jahren ununterbrochene Nutzung des Geländes einen Bestandsschutz ableiten könne. Denn sie hat einen solchen Bebauungsplan, der Grundlage für die Errichtung von Wochenendhäusern oder den Betrieb eines Campingplatzes sein könnte, nicht beigebracht. Sie kann sich auch nicht darauf berufen, diesen nicht vorlegen zu müssen, da es sich bei einem Bebauungsplan um eine Satzung im Sinne des § 10 Abs. 1 BauGB und mithin um materielles Recht handele. Ist der Bebauungsplan nicht mehr auffindbar, gilt nicht etwa, dass diesem die für die Antragstellerin denkbar günstigste Regelung zugeschrieben werden muss. Vielmehr obliegt es demjenigen, der sich für die Zulässigkeit eines Vorhabens auf den für ihn günstigen Inhalt eines Bebauungsplans berufen will, diesen beizubringen. Ihm obliegt die objektive Beweislast für die ihm günstigen Festsetzungen (BVerwG, Beschluss v. 1.4.1997 – 4 B 206.96 – juris Rdnr. 21).

Ist das Verwaltungsgericht damit zutreffend von der formellen Illegalität des Campingplatzes wie der meisten der dort errichteten Gebäude ausgegangen, begründen die Einwände der Antragstellerin auch keinen Zweifel an der materiellen Rechtswidrigkeit der Anlage. Sie kann sich auch hier nicht darauf berufen, der Prüfungsmaßstab für die Rechtmäßigkeit der Anlage sei § 30 BauGB, weil sie im Geltungsbereich eines Bebauungsplans liege. Denn einen Bebauungsplan legt sie nicht vor. Es ist zudem aus den beigebrachten Unterlagen schon nicht ersichtlich, ob der Campingplatz überhaupt von einem solchen Plan umfasst gewesen wäre und was für diesen Fall dessen Festsetzungen gewesen wären. Zwar führt der Verlust oder Teilverlust eines Bebauungsplandokuments nicht schon für sich gesehen zur Ungültigkeit oder zum Außerkrafttreten des Bebauungsplans (BVerwG, Beschluss v. 1.4.1997 a. a. O. Rdnr. 24). Will die Gemeinde die durch Verlust der Planurkunde eingetretene Rechtsunsicherheit beseitigen, kann sie den früheren Bebauungsplan durch ein Verfahren nach § 1 Abs. 8 BauGB förmlich aufheben oder durch einen neuen Bebauungsplan ersetzen. Wählt die Gemeinde stattdessen das Verfahren, durch einen »einfachen« Beschluss die Unwirksamkeit eines Bebauungsplans festzustellen, so stellt dies keinen die Rechtslage konstitutiv verändernden Akt dar (BVerwG, Beschluss v. 1.4.1997, a. a. O., Rdnr. 26). Bis dahin führt der Verlust der Planurkunde jedoch nicht zwingend zu einer Beweislastumkehr in dem Sinne, dass die Behörde nachzuweisen hätte, dass die Festsetzungen des Bebauungsplans dem Vorhaben nicht entgegenstehen. Beweiserleichterungen für die Antragstellerin kämen – ein Organisationsversäumnis bei dem Antragsgegner unterstellt, das zum Verlust der Planungsurkunde führte – allenfalls dann in Betracht, wenn sich aus den noch vorhandenen Unterlagen, die nach umfassender Recherche des Antragsgegners, des Kreisarchivs des Antragsgegners und des Landesarchivs Sachsen-Anhalt zusammengestellt wurden, für die Antragstellerin günstiges ableiten ließe.

Davon ist jedoch ebenfalls nicht auszugehen. Zum einen ist schon nicht erkennbar, dass der im Beschluss des Rates des Kreises Staßfurt vom 16.10.1968 in Bezug genommene Bebauungsplan die Anlage des Campingplatzes überhaupt umfasst. Zum anderen sind die dann möglichen Festsetzungen nicht erkennbar. Zuletzt bestimmt der Ratsbeschluss zugleich (Bl. 59 des Verwaltungsvorgangs), dass »die Bauten« genehmigungspflichtig sind. Entsprechende Genehmigungen legt die Antragstellerin nicht vor. Die Genehmigungsfähigkeit drängt sich auch nicht auf, ausgehend davon, dass jedenfalls im Jahre 1968 das Konzept von »Mobilheimen« oder ortsfest eingehausten Wohnwagen unbekannt gewesen sein dürfte. Insofern wird aus den vorhandenen Unterlagen deutlich, dass für 42 zu errichtende Wochenendhäuser eine Wochenendsiedlung ausgewiesen werden sollte und insofern eine deutliche Trennung zwischen der »Anglerkolonie«, als deren Nachfolgerin die Antragstellerin sich offenbar verstehen will, und der Wochenendsiedlung bestehen sollte.

Das Verwaltungsgericht ist danach zutreffend davon ausgegangen, dass die mögliche Genehmigungsfähigkeit des Campingplatzes am Maßstab des § 35 BauGB zu beurteilen und im Ergebnis abzulehnen ist, weil das Grundstück sich im Außenbereich befindet. …

Nr. 156

Maßgeblicher Zeitpunkt für die Beurteilung einer Baunachbarklage ist zwar grundsätzlich die Sach- und Rechtslage bei der Genehmigungserteilung. Nachträgliche Änderungen zugunsten des Bauherrn sind aber zu berücksichtigen, da es mit der nach Maßgabe des einschlägigen Rechts gewährleisteten Baufreiheit nicht vereinbar wäre, eine zur Zeit des Erlasses rechtswidrige, den Nachbarn in seinen Rechten verletzende Baugenehmigung aufzuheben, die

sogleich nach der Aufhebung wieder erteilt werden müsste. Ein entsprechende Klageänderung ist nicht anfechtbar.
(Leitsatz der Redaktion)

VwGO § 86 Abs. 1, § 91 Abs. 3, § 108, § 138.

Bundesverwaltungsgericht, Beschluss vom 4. Juli 2024 – 4 B 5.24 –.

Aus den Gründen:

Die auf sämtliche Zulassungsgründe nach § 132 Abs. 2 VwGO gestützte Beschwerde hat keinen Erfolg.

Aus dem Beschwerdevorbringen ergibt sich nicht, dass das angegriffene Urteil an einem Verfahrensfehler (§ 132 Abs. 2 Nr. 3 VwGO) leidet. Ein Verfahrensmangel ist im Sinne von § 133 Abs. 3 Satz 3 VwGO ausreichend bezeichnet, wenn er sowohl in den ihm (vermeintlich) begründenden Tatsachen, als auch in seiner rechtlichen Würdigung substantiiert dargetan wird. Dem wird die Beschwerde nicht gerecht.

Die Beschwerde beanstandet, dass das Berufungsgericht im Rahmen der Nachbarklage gegen die der Beigeladenen erteilte Baugenehmigung den erst nach Abschluss des erstinstanzlichen Verfahrens ergangenen Änderungsbescheid in seine Prüfung einbezogen hat. Diesem Vorgehen habe das Prozesshindernis der anderweitigen Rechtshängigkeit (§ 17 Abs. 1 Satz 2 GVG) entgegengestanden, weil die Klägerin gegen den Änderungsbescheid Klage vor dem Verwaltungsgericht erhoben habe.

Mit diesem Vorbringen rügt die Beschwerde der Sache nach, das Oberverwaltungsgericht, das die Vorschriften über die Klageänderung jedenfalls auch herangezogen hat (UA S. 12 unter Bezugnahme auf OVG Münster, Urteil v. 1.3.2021 – 8 A 1183/18 – Rdnr. 57 ff.), habe in Bezug auf den geänderten Bescheid von einer nicht sachdienlichen und folglich unzulässigen Klageänderung ausgehen müssen, weil die erweiterte Klage durch Prozessurteil hätte abgewiesen werden müssen (vgl. BVerwG, Urteile v. 7.10.1980 – 6 C 39.80 – BVerwGE 61, 45 <51> und vom 8.12.2016 – 4 CN 4.16 – Buchholz 406.11 § 13a BauGB Nr. 3 Rdnr. 10). Der so begründeten Verfahrensrüge bleibt wegen § 173 Satz 1 VwGO i. V. m. § 557 Abs. 2 ZPO und § 91 Abs. 3 VwGO der Erfolg versagt.

Änderungen der Sach- und Rechtslage im Laufe des Gerichtsverfahrens können nach dem materiellen Recht beachtlich sein. Maßgeblicher Zeitpunkt für die Beurteilung einer Baunachbarklage ist zwar grundsätzlich die Sach- und Rechtslage bei der Genehmigungserteilung. Danach bleiben nachträgliche Änderungen zugunsten des Nachbarn außer Betracht. Nachträgliche Änderungen zugunsten des Bauherrn sind aber zu berücksichtigen. Dem liegt die Erwägung zugrunde, dass es mit der nach Maßgabe des einschlägigen Rechts gewährleisteten Baufreiheit nicht vereinbar wäre, eine zur Zeit des Erlasses rechtswidrige, den Nachbarn in seinen Rechten verletzende Baugenehmigung aufzuheben, die sogleich nach der Aufhebung wieder erteilt werden müsste (vgl. BVerwG, Urteile v. 20.8.2008 – 4 C 11.07 – BVerwGE 131, 352 Rdnr. 21 und vom 9.8.2016 – 4 C 5.15 – BVerwGE 156, 1 Rdnr. 17). Dies gilt auch für Änderungen und Ergänzungen einer erteilten Baugenehmigung während des Nachbarrechtsstreits, mit denen Nachbarrechtsverletzungen ausgeräumt werden sollen (vgl. Reidt, in: Battis/Krautzberger/Löhr, BauGB, 15. Aufl. 2022, Vorbem. zu §§ 29–38 Rdnr. 82).

Diesem Anliegen einer abschließenden Prüfung wird im Planfeststellungsrecht dadurch Rechnung getragen, dass Ergänzungs- und Änderungsbeschlüsse dem ursprünglichen Planfeststellungsbeschluss anwachsen und damit automatisch Gegenstand der gerichtlichen Überprüfung werden (st. Rspr., siehe etwa BVerwG, Urteile v. 25.6.2014 – 9 A 1.13 – BVerwGE 150, 92 Rdnr. 14, vom 9.2.2017 – 7 A 2.15 – BVerwGE 158, 1 Rdnr. 19 und vom 31.3.2023 – 4 A 10.21 – 2023, 495 Rdnr. 11).

Bei sonstigen Drittanfechtungsklagen bedarf es demgegenüber einer Einbeziehung des ändernden Bescheids in das anhängige Verfahren unter Beachtung der Vorschriften über die Klageänderung (BVerwG, Urteile v. 17.2.1971 – 4 C 2.68 – Buchholz 406.11 § 31 BBauG Nr. 6 S. 3 ff., vom 14.4.1978 – 4 C 96.76 u. a. – BauR 1978, 289 und Beschluss v. 19.8.1981 – 4 B 105.81 – Buchholz 316 § 45 VwVfG Nr. 4 S. 1; siehe auch Beschluss v. 17.3.2020 – 3 VR 1.19 – Buchholz 442.09 § 18e AEG Nr. 3 Rdnr. 18; zur Anfechtungsklage des Bescheidadressaten siehe Beschluss v. 1.9.2020 – 4 B 12.20 – NVwZ-RR 2021, 87 Rdnr. 5 und Urteil v. 11.11.2020 – 8 C 22.19 – BVerwGE 170, 311 Rdnr. 16 ff.).

Nach § 91 Abs. 3 VwGO ist die Entscheidung, dass eine Änderung der Klage nicht vorliegt oder zuzulassen sei, nicht selbstständig anfechtbar. Daraus folgt, dass auch mit dem Rechtsmittel gegen die abschließende Hauptsacheentscheidung nicht geltend gemacht werden kann, das Gericht habe – wie hier – die Klageänderung bzw. die bloße Umstellung des Klageantrags (§ 173 Satz 1 VwGO i. V. m. § 264 Nr. 2 ZPO) zu Unrecht als zulässig angesehen (siehe zum Anwendungsbereich BVerwG, Urteil v. 16.3.1972 – 1 C 49.70 – Buchholz 451.170 AtG Nr. 1 S. 9 und VGH Mannheim, Beschluss v. 17.4.2020 – 2 S 1463/19 – ESVGH 70, 196 = juris Rdnr. 16; Riese, in: Schoch/Schneider, Verwaltungsrecht, Stand Januar 2024, § 91 VwGO Rdnr. 77b; Haack, in: Gärditz, VwGO, 2. Aufl. 2018, § 91 Rdnr. 36). Die Entscheidung, welche die Sachdienlichkeit einer Klageänderung annimmt, kann hiernach gemäß § 173 Satz 1 VwGO i. V. m. § 557 Abs. 2 ZPO keinen selbstständigen Beschwerdegrund im Sinne des § 132 Abs. 2 Nr. 3 VwGO bilden (BVerwG, Beschlüsse v. 14.5.1999 – B 21.99 – Buchholz 310 § 132 Abs. 2 Ziff. 3 VwGO Nr. 20 S. 2, vom 19.6.2013 – 3 B 86.12 – juris Rdnr. 8 und vom 17.11.2015 – 4 B 35.15 – juris Rdnr. 9).

Ein die Revision eröffnender Verfahrensmangel ist auch dann nicht dargelegt, wenn ungeachtet der Unanfechtbarkeit der Vorentscheidung deren Auswirkungen auf verfassungsrechtliche Verfahrensgarantien in den Blick genommen werden. Die Klägerin könnte nur dann geltend machen, wegen der Konzentration des Nachbarrechtsschutzes beim Oberverwaltungsgericht dem gesetzlichen Richter im Sinne des Art. 101 Abs. 1 Satz 2 GG entzogen zu werden, wenn objektive Anhaltspunkte dafür bestünden, dass die Entscheidung auf willkürlichen oder manipulativen Erwägungen beruhte (vgl. BVerwG, Urteil v. 10.11.1999 – 6 C 30.98 – BVerwGE 110, 40 <43 f., 46 f.>). Dafür trägt die Klägerin nichts vor.

Das Berufungsgericht ist der Auffassung, die angefochtene Baugenehmigung sei nicht in nachbarrechtsrelevanter Weise unbestimmt. Mit den hiergegen gerichteten Verfahrensrügen dringt die Beschwerde nicht durch.

Die Beschwerde rügt als Verstoß gegen den Amtsermittlungsgrundsatz (§ 86 Abs. 1 VwGO), dass das Berufungsgericht die mit dem ersten Beweisantrag unter Beweis gestellten Tatsachen als wahr unterstellt und den Beweisantrag allein mit dieser Begründung abgelehnt habe. Die Klägerin hatte die Einholung eines Sachverständigengutachtens zum Beweis der Tatsache beantragt, dass das der Baugenehmigung zugrunde gelegte Geruchsgutachten untauglich und infolgedessen die darin prognostizierten Geruchswerte bezogen auf das klägerische Grundstück zu niedrig seien. Das beanstandete Vorgehen des Berufungsgerichts begegnet indessen keinen Bedenken. Die Ablehnung des Beweisantrags findet – auf der Grundlage der insoweit maßgeblichen materiell-rechtlichen Rechtsauffassung des Berufungsgerichts (st. Rspr., vgl. BVerwG, Urteile v. 14.1.1998 – 11 C 11.96 – BVerwGE 106, 115 <119> und vom 16.12.2016 – 8 C 6.15 – [insoweit in BVerwGE 157, 126 nicht abgedruckt] = juris Rdnr. 16; Beschluss v. 26.6.2023 – 4 B 2.23 – juris Rdnr. 9) – eine Stütze im Prozessrecht.

Auch für den vom Untersuchungsgrundsatz bestimmten Verwaltungsprozess ist in der Rechtsprechung anerkannt, dass ein Beweisantrag durch »Wahrunterstellung« abgelehnt werden kann. Diese Verfahrensweise setzt jedoch voraus, dass die behauptete Beweistatsache im Folgenden so behandelt wird, als wäre sie wahr. Folglich kommt die »Wahrunterstellung« nur für nicht entscheidungserhebliche Tatsachen in Frage, die das Tatsachengericht letztlich dahinstehen lassen kann. Die »Wahrunterstellung« ist eine Variante des Ablehnungsgrundes der Unerheblichkeit (vgl. BVerwG, Beschlüsse v. 14.6.2016 – 4 B 45.15 – juris Rdnr. 82 und vom 10.4.2024 – 2 B 26.23 – juris Rdnr. 15; siehe auch Schübel-Pfister, in: Eyermann, VwGO, 16. Aufl. 2022, § 86 Rdnr. 75 und Dawin/Panzer, in: Schoch/Schneider, Verwaltungsrecht, Stand Januar 2024, § 86 VwGO Rdnr. 120). Auf diesen durfte sich das Oberverwaltungsgericht nach seiner materiell-rechtlichen Auffassung stützen. Denn danach bedarf es zur Herstellung der erforderlichen nachbarrechtlichen Bestimmtheit nicht der Festlegung von exakten Immissionswerten zu den maximal zulässigen Geruchsstundenzahlen auf den benachbarten Grundstücken; vielmehr reiche es aus, dass die Genehmigung den Umfang des in Rede stehenden Betriebs durch anderweitige Vorgaben festlege.

Ohne Erfolg bleibt auch die Rüge, das Oberverwaltungsgericht habe jedenfalls den Umfang der Bindungswirkung der – grundsätzlich zulässigen – »Wahrunterstellung« missachtet und insoweit gegen den Überzeugungsgrundsatz (§ 108 Abs. 1 VwGO) in seinem die richterliche Überzeugungsbildung steuernden verfahrensrechtlichen Gehalt verstoßen.

Aufgrund der Bindungswirkung der »Wahrunterstellung« darf sich das Gericht im weiteren Verlauf nicht in Widerspruch zu der als wahr unterstellten Annahme setzen und muss sie »ohne jede inhaltliche Einschränkung« in ihrem mit dem Beteiligtenvorbringen gemeinten Sinn behandeln, als wäre sie nachgewiesen. Die »Wahrunterstellung« einer unter Beweis gestellten Tatsache verpflichtet das Tatsachengericht, diese Tatsache der Sachverhalts- und Beweiswürdigung zugrunde zu legen. Dabei entfaltet eine »Wahrunterstellung« jedoch keine Bindungswirkung für die rechtliche Würdigung des betreffenden Lebenssachverhalts. Sie verbietet nicht, aus diesem Sachverhalt unter Beachtung des Überzeugungsgrundsatzes bestimmte rechtliche Schlüsse zu ziehen, solange die als wahr unterstellten Tatsachen zugrunde gelegt werden (vgl. BVerwG, Beschluss v. 10.4.2024 – 2 B 26.23 – juris Rdnr. 15 m. w. N.).

Das Berufungsgericht hat sich zu diesen Grundsätzen nicht in Widerspruch gesetzt. Sie sind dann zu beachten, wenn die als wahr unterstellten Tatsachen ein weiteres Element eines entscheidungserheblichen Sachverhalts bilden und insoweit von Bedeutung sind. Sind die Tatsachen demgegenüber – wie hier – allein für einen als solchen nicht entscheidungserheblichen Sachverhalt relevant, hat es mit der vom Berufungsgericht angenommenen Unerheblichkeit sein Bewenden. Auch wenn man den mit dem ersten Beweisantrag angesprochenen Tatsachen noch Relevanz für die Frage der Verletzung des Rücksichtnahmegebots einräumt – und diesen Komplex nicht allein dem zweiten Beweisantrag zuordnet – hat das Oberverwaltungsgericht den Umfang der Bindungswirkung nicht verkannt. Es hat in diesem Zusammenhang nicht auf die im streitigen Gutachten prognostizierten Werte, sondern auf jene (höheren) des von der Klägerseite vorgelegten Gutachtens abgestellt.

Schließlich geht die Rüge fehl, das Urteil sei im Hinblick auf die Annahme der hinreichenden Bestimmtheit der Baugenehmigung nicht mit Gründen versehen (§ 138 Nr. 6 VwGO). Nach § 117 Abs. 2 Nr. 5, § 108 Abs. 1 Satz 2 VwGO müssen im Urteil die Gründe schriftlich niedergelegt werden, die für die Überzeugungsbildung des Gerichts maßgeblich waren. Nicht mit Gründen versehen ist eine Entscheidung nur dann, wenn die Entscheidungsgründe keine Kenntnis darüber vermitteln, welche tatsächlichen und rechtlichen Gesichtspunkte für die Entscheidung maßgebend waren, und wenn den Beteiligten und dem Rechtsmittelgericht deshalb die Möglichkeit entzogen ist, die Entscheidung auf ihre inhaltliche Richtigkeit zu überprüfen. Das ist nur dann der Fall, wenn die Entscheidungsgründe vollständig oder zu wesentlichen Teilen des Streitgegenstandes fehlen oder rational nicht nachvollziehbar, sachlich inhaltslos oder aus sonstigen Gründen derart unbrauchbar sind, dass sie unter keinem denkbaren Gesichtspunkt geeignet sind, den Urteilstenor zu tragen. Der in § 138 Nr. 6 VwGO vorausgesetzte grobe Verfahrensfehler liegt indessen nicht schon dann vor, wenn die Entscheidungsgründe lediglich unklar, unvollständig, oberflächlich oder unrichtig sind (st. Rspr., vgl. nur BVerwG, Urteile v. 4.4.2012 – 4 C 8.09 u. a. – BVerwGE 142, 234 Rdnr. 571 und vom 18.5.2021 – 4 C 6.19 – NVwZ 2021, 1713 Rdnr. 19 m. w. N.).

Bei Anwendung dieses Maßstabs ist für einen Begründungsmangel im Sinne von § 138 Nr. 6 VwGO nichts dargetan. Denn die Klägerin rügt lediglich eine in ihren Augen unzureichende Begründungstiefe und einen Widerspruch zur Rechtsprechung eines anderen Senats des Oberverwaltungsgerichts, was jedoch den groben Verfahrensmangel des § 138 Nr. 6 VwGO nicht darzutun geeignet ist.

Der Beschwerde kann des Weiteren nicht gefolgt werden, soweit sie sich in dieser Hinsicht auf eine als Verfahrensfehler rügefähige Verletzung des Überzeugungsgrundsatzes beruft. (Angebliche) Fehler der Sachverhalts- und Beweiswürdigung des Tatsachengerichts, die dem Überzeugungsgrundsatz gemäß § 108 Abs. 1 VwGO genügen muss, sind regelmäßig nicht dem Verfahrensrecht, sondern dem sachlichen Recht zuzuordnen (BVerwG, Beschluss v. 14.7.2010 – 10 B 7.10 – Buchholz 310 § 108 Abs. 1 VwGO Nr. 66 Rdnr. 4 m. w. N.). Die Grenzen der Freiheit der richterlichen Überzeugungsbildung sind mit der Folge des Vorliegens eines Verfahrensfehlers aber dann überschritten, wenn das Gericht seiner Sachverhalts- und Beweiswürdigung nicht das Gesamtergebnis des Verfahrens zugrunde legt, sondern nach seiner Rechtsauffassung entscheidungserheblichen Akteninhalt übergeht oder aktenwidrige Tatsachen annimmt oder wenn die von ihm gezogenen Schlussfolgerungen gegen die Denkgesetze verstoßen oder sonst von objektiver Willkür geprägt sind (st. Rspr., vgl. etwa BVerwG, Urteile v. 5.5.2015 – 4 CN 4.14 – Buchholz 406.11 § 1 BauGB Nr. 136 Rdnr. 12; Beschlüsse v. 29.1.2019 – 4 B 73.17 – juris Rdnr. 4 und vom 23.8.2021 – 4 BN 7.21 – juris Rdnr. 3, jeweils m. w. N.).

Entgegen der Auffassung der Klägerin ist hiernach für eine Aktenwidrigkeit von tatsächlichen Feststellungen nichts ersichtlich. Vielmehr bemängelt die Beschwerde unzutreffende rechtliche Wertungen, wenn sie meint, dass der »Genehmigungsbestand« mit den Feststellungen des Genehmigungsgutachtens verknüpft sei und zwangsläufig dessen Schicksal teilen müsse. Auch für einen als Verfahrensfehler rügefähigen Verstoß gegen die Denkgesetze ist nichts dargetan. Die Beschwerde bemängelt wiederum der Entscheidung zugrundeliegende rechtliche Erwägungen. Angriffe gegen die materiell-rechtliche Rechtsauffassung könnten selbst im Falle objektiver Willkür nicht zur Zulassung der Revision nach § 132 Abs. 2 Nr. 3 VwGO führen (vgl. nur BVerwG, Beschluss v. 18.10.2023 – 4 BN 8.23 – juris Rdnr. 23 m. w. N.).

Das Berufungsgericht kommt zu dem Schluss, dass ein Verstoß gegen das Rücksichtnahmegebot nicht mit Blick auf Beeinträchtigungen des Grundstücks der Klägerin durch vorhabenbedingte Gerüche zu befürchten sei. Die hierauf bezogenen Verfahrensrügen führen ebenso wenig zur Zulassung der Revision.

Nach Ansicht der Beschwerde hat das Oberverwaltungsgericht seine Pflicht zur vollständigen Sachverhaltsaufklärung (§ 86 Abs. 1 VwGO) in erster Linie dadurch verletzt, dass es die Frage der Zumutbarkeit der Geruchsbelastung – ausgehend von den Jahresgeruchsstunden, wie sie in dem von der Klägerin vorgelegten Gutachten vom 13.2.2020 prognostiziert worden seien – bejaht habe, ohne hierzu ein Sachverständigengutachten eingeholt zu haben. Ungeachtet dessen habe das Oberverwaltungsgericht seinen Erwägungen die in dem genannten Gutachten errechneten Geruchsstunden gar nicht zugrunde legen dürfen.

Es ist nicht dargetan, dass das Oberverwaltungsgericht die Angaben zu den Geruchsstunden aus dem Gutachten vom 13.2.2020 unter Verstoß gegen die Sachaufklärungspflicht herangezogen hat. Das Oberverwaltungsgericht hat den zweiten, auf die Feststellung einer Überschreitung der Schwelle i. H. v. 10 % Geruchsstundenhäufigkeit pro Jahr gerichteten Beweisantrag ebenfalls im Wege der »Wahrunterstellung« abgelehnt und in den Entscheidungsgründen – zur Konkretisierung der als wahr unterstellten Überschreitung – ausdrücklich auf »die von der Klägerin für zutreffend erachteten Gutachten« verwiesen. Angesichts des Vortrags der Klägerin bereits im erstinstanzlichen Verfahren, in dem sie sich die darin errechneten Geruchsstundenhäufigkeiten zu eigen gemacht hat, bestand für das Oberverwaltungsgericht kein Anlass, an der Tauglichkeit dieser Angaben zu zweifeln. Solche Zweifel ergaben sich – entgegen der Auffassung der Klägerin – auch nicht aus der im Gutachten enthaltenen »Zusammenfassung der Aufgabenstellung«; denn dort ist von »ergänzenden Ausbreitungsberechnungen« die Rede.

Jedenfalls hätte die Klägerin in der mündlichen Verhandlung nach der Ablehnung der Beweisanträge im Rahmen der im Anschluss eingeräumten Möglichkeit zur Stellungnahme allen Anlass gehabt, die nunmehr vorgetragenen Einwände gegen die Verwertbarkeit der Angaben vorzubringen und gegebenenfalls einen neuen Beweisantrag zu formulieren. Die Verfahrensrüge ist auch insoweit kein Mittel, um Versäumnisse eines Verfahrensbeteiligten in der Tatsacheninstanz zu kompensieren (st. Rspr., BVerwG, Beschluss v. 18.10.2023 – 4 BN 8.23 – juris Rdnr. 27).

Auch im Übrigen dringt die Klägerin mit ihrer Verfahrensrüge nicht durch. Grundsätzlich befindet das Gericht selbst darüber, ob es zur Entscheidung des Rechtsstreits die Hilfe eines Sachverständigen benötigt. Die Nichteinholung eines Sachverständigengutachtens kann demnach nur dann als verfahrensfehlerhaft beanstandet werden, wenn das Gericht eine ihm unmöglich zur Verfügung stehende Sachkunde in Anspruch nimmt oder wenn es sich in einer Frage für sachkundig hält, in der seine Sachkunde ernstlich zweifelhaft ist, ohne dass es für die Beteiligten und für das zur Nachprüfung berufene Revisionsgericht überzeugend darlegt, dass ihm das erforderliche Fachwissen in genügender Weise zur Verfügung steht (st. Rspr., vgl. etwa Urteil v. 26.10.2021 – 8 C 34.20 – BVerwGE 174, 58 Rdnr. 15; Beschlüsse v. 16.1.2002 – 4 BN 27.01 – 65 Nr. 58 S. 292, vom 14.1.2016 – 7 B 19.15 – ZUR 2016, 286 Rdnr. 4 und vom 15.3.2021 – 4 B 14.20 – juris Rdnr. 33, jeweils m. w. N.).

Das Oberverwaltungsgericht hat mit dem von der Klägerin beanstandeten Vorgehen die Grenzen seiner Erkenntnismöglichkeiten nicht überschritten. Es hat bei der Prüfung, ob in Bezug auf die vom genehmigten Vorhaben ausgehenden Gerüche erhebliche Belästigungen im Sinne von § 5 Abs. 1 Nr. 1 BImSchG zu befürchten sind, für die Bestimmung der insoweit maßgeblichen Zumutbarkeit der Immissionen im Einklang mit der Rechtsprechung des Bundesverwaltungsgerichts auf die Geruchsimmissionen-Richtlinie (GIRL) als Orientierungshilfe zurückgegriffen und zugleich darauf hingewiesen, dass im Falle der Anwendbarkeit der TA Luft 2021 in der Sache sich nichts Abweichendes ergebe (siehe auch BVerwG, Urteil v. 15.9.2022 – 4 C 3.21 – Buchholz 406.12 § 15 BauNVO Nr. 35 Rdnr. 12 f. und Beschluss v. 24.8.2023 – 7 B 5.23 – juris Rdnr. 19). Die GIRL ist nicht rechtssatzartig, sondern in ihrer Bedeutung als ein antizipiertes generelles Sachverständigengutachten heranzuziehen. Maßgeblich für die Bestimmung der Zumutbarkeitsgrenze bleiben die konkreten Umstände des Einzelfalls, die einer umfassenden Würdigung zu unterziehen sind. Dies gilt auch für das in der GIRL enthaltene Irrelevanzkriterium von 2 % der Jahresgeruchsstunden (vgl. BVerwG, Urteile v. 27.6.2017 – 4 C 3.16 – 159, 187 Rdnr. 12 und vom 15.9.2022 – 4 C 3.21 – Buchholz 406.12 § 15 BauNVO Nr. 35 Rdnr. 14). Die hiernach gebotene einzelfallbezogene Würdigung und Wertung der konkreten Umstände baut zwar auf der sachverständig prognostizierten Geruchsbelastung in Gestalt der Jahresgeruchsstunden auf und richtet sich an den in der GIRL generalisierend zusammengefassten sachverständigen Erkenntnissen aus. Sie bleibt jedoch Teil der originär richterlichen Aufgabe der abschließenden Sachverhaltswürdigung, die nicht auf einen Sachverständigen delegiert werden kann.

Ein Gehörsverstoß ist nicht dargetan. Die Verfahrensgarantie des rechtlichen Gehörs gemäß Art. 103 Abs. 1 GG, § 108 Abs. 2 VwGO verpflichtet die Gerichte, die Ausführungen der Prozessbeteiligten zur Kenntnis zu nehmen und in Erwägung zu ziehen. Grundsätzlich ist davon auszugehen, dass die Gerichte dieser Pflicht nachgekommen sind (st. Rspr., BVerfG, Urteil v. 8.7.1997 – 1 BvR 1621/94 – BVerfGE 96, 205 <216>, zuletzt Kammerbeschluss vom 22.5.2024 – 2 BvR 51/24 – juris Rdnr. 57; BVerwG, Urteil v. 18.12.2014 – 4 C 35.13 – NVwZ 2015, 656 Rdnr. 42). Die Gerichte sind allerdings nicht verpflichtet, sich mit jedem Vorbringen in den Entscheidungsgründen ausdrücklich zu befassen (st. Rspr., BVerfG, Beschluss v. 5.10.1976 – 2 BvR 558/75 – BVerfGE 42, 364 <368>). Vielmehr sind in der Entscheidung nur diejenigen Gründe anzugeben, die für die richterliche Überzeugung leitend gewesen sind (§ 108 Abs. 1 Satz 2 VwGO). Die Gerichte können sich auf die Darstellung und Würdigung derjenigen rechtlichen Gesichtspunkte beschränken, auf die es nach ihrem Rechtsstandpunkt entscheidungserheblich ankommt. Geht ein Gericht auf einzelne Teile des Vorbringens nicht ein, dokumentiert es damit in der Regel zugleich, dass es sie für rechtlich irrelevant hält (st. Rspr., BVerwG, Beschluss v. 7.6.2017 – 5 C 5.17 D – juris Rdnr. 8 m. w. N.). Insbesondere vermittelt der Anspruch auf rechtliches Gehör keinen Schutz davor, dass ein Gericht den Vortrag eines Beteiligten aus Gründen des formellen oder materiellen Rechts ganz oder teilweise unberücksichtigt lässt (st. Rspr., BVerfG, Urteil v. 8.7.1997 – 1 BvR 1621/94 – BVerfGE 96, 205 <216>). Das Gebot des rechtlichen Gehörs verpflichtet die Gerichte nicht, dem Tatsachenvortrag oder der Rechtsansicht eines Verfahrensbeteiligten auch inhaltlich zu folgen (st. Rspr., BVerfG, Kammerbeschluss vom 10.11.2004 – 1 BvR 179/03 – 2005, 204 <205>).

Gemessen daran ist für eine Gehörsverletzung nichts ersichtlich. Die Klägerin beanstandet, dass das Oberverwaltungsgericht auf die von ihr wiederholt vorgetragene besondere Schutzbedürftigkeit der Grundstücksnutzung – in der dort betriebenen stationären Einrichtung der Jugendhilfe würden Kinder und Jugendliche auf Dauer und teilweise auch im Rahmen freiheitsentziehender Maßnahmen untergebracht – nicht eingegangen sei. Damit ist nicht dargetan, dass entscheidungserheblicher Vortrag übergangen worden ist. Das Oberverwaltungsgericht hat die Schutzbedürftigkeit der Wohngruppenbereiche einschließlich der zugehörigen Gartenflächen sehr wohl ausdrücklich in den Blick genommen und sie einem wohngebietsähnlichen Wert von – im Ausgangspunkt – 10 % Jahresgeruchsstunden zugeordnet. Es ist in keiner Weise ersichtlich, dass diese Einordnung darauf schließen ließe, die Besonderheiten der Lebenssituation der dort untergebrachten Personen seien nicht zur Kenntnis genommen worden. Denn das ein Wohngebiet kennzeichnende Wohnen umfasst ein weites Spektrum je unterschiedlicher Ausprägungen, denen jedenfalls das Element einer auf Dauer angelegten Häuslichkeit gemein ist (vgl. BVerwG, Urteil v. 18.10.2017 – 4 C 5.16 – BVerwGE 160, 104 Rdnr. 17). Bei generalisierender Betrachtungsweise ist die Zumutbarkeit einer Geruchsbelastung nicht dadurch bestimmt, dass diese nur bei der Möglichkeit des räumlichen Ausweichens gegeben ist. Vielmehr wird dem Betroffenen eine bestimmte zeitliche Belastung mit Gerüchen zugemutet. …

Nr. 157

Wird eine GmbH wegen Vermögenslosigkeit aus dem Handelsregister gelöscht, wird eine Klage der GmbH unzulässig, da die GmbH ihre Beteiligtenfähigkeit verloren hat. Des Weiteren ist das Rechtsschutzbedürfnis durch

die Löschung entfallen, weil die GmbH die Baugenehmigung nicht mehr nutzen oder wirtschaftlich verwerten kann.
(Leitsatz der Redaktion)

VwGO § 61Nr. 1.

Bundesverwaltungsgericht, Beschluss vom 6. August 2024 – 4 B 4.24 –.

Aus den Gründen:

Die Beschwerde der Klägerin ist zulässig.

Dem steht nicht entgegen, dass aufgrund der Löschung der Klägerin im Handelsregister wegen Vermögenslosigkeit (§ 394 Abs. 1 Satz 1 FamFG) ein Beweisanzeichen für eine liquidationslose Vollbeendigung (§ 60 Abs. 1 Nr. 7 GmbHG) vorliegt und ein Fortbestehen der Rechtsfähigkeit der Klägerin als Liquidationsgesellschaft lediglich nicht ausgeschlossen erscheint. Denn in einem Rechtsstreit über die Beteiligtenfähigkeit ist derjenige, dessen Beteiligtenfähigkeit fraglich ist, als beteiligtenfähig anzusehen (statt vieler: Czybulka/Siegel, in: Sodan/Ziekow, VwGO, 5. Aufl. 2018, § 61 Rdnr. 8). Das gilt jedenfalls für Rechtsmittelverfahren gegen Prozessurteile, die wegen Fehlens der Beteiligtenfähigkeit ergangen sind (vgl. BVerwG, Urteil vom 13.7.2011 – 8 C 10.10 – juris Rdnr. 23 [insoweit in BVerwGE 140, 142 nicht abgedruckt]).

Die Beschwerde konnte durch die Prozessbevollmächtigten der Klägerin eingelegt und begründet werden. Die Löschung der Klägerin im Handelsregister führte trotz des Wegfalls der Prozessfähigkeit wegen des Verlusts ihrer Organe und damit ihrer gesetzlichen Vertreter nicht gemäß § 173 Satz 1 VwGO i. V. m. § 241 Abs. 1 ZPO zur Unterbrechung des Verfahrens bis zur Bestellung eines Liquidators nach § 66 Abs. 5 Satz 2 GmbHG und dessen – sowie der gelöschten GmbH als Liquidationsgesellschaft – Eintragung im Handelsregister gemäß § 67 Abs. 4 GmbHG (vgl. BGH, Beschluss vom 26.7.2022 – II ZB 20/21 – NJW 2022, 3290 Rdnr. 8). Diese Rechtsfolge ist wegen der Sondervorschrift des § 246 Abs. 1 Halbs. 1 ZPO nicht eingetreten, weil die Klägerin im Verwaltungsgerichtsprozess durch Prozessbevollmächtigte vertreten wird, die sie vor ihrer Löschung (5.4.2023) ordnungsgemäß bevollmächtigt hat. Die bereits am 14.11.2016 erteilte Vollmacht an ihre Bevollmächtigte (Bl. 17 der VG-Akte 4 K 3271/19) umfasst auch eine Prozessvollmacht zur gerichtlichen Vertretung und wirkt daher über den Zeitpunkt der Löschung der Klägerin und des Verlusts der gesetzlichen Vertretungsmacht ihres (letzten) Geschäftsführers hinaus, § 173 Satz 1 VwGO i. V. m. § 86 ZPO (vgl. BGH, Urteil vom 18.1.1994 – XI ZR 95/93 – NJW-RR 1994, 542 – juris Rdnr. 8; BFH; Urteil vom 13.6.2018 – XI R 20/14 – BFHE 262, 174 Rdnr. 33 f.).

Die Beschwerde ist jedoch unbegründet. Die Sache hat weder in Bezug auf den Verpflichtungsantrag noch hinsichtlich des hilfsweise gestellten Fortsetzungsfeststellungsantrags die grundsätzliche Bedeutung, die ihr die Klägerin beimisst, auch die der Sache nach geltend gemachte Verfahrensrüge greift nicht durch.

Das Oberverwaltungsgericht ist davon ausgegangen, dass die auf Erteilung der beantragten Baugenehmigung (bzw. auf Neuverbescheidung) gerichtete und in erster Instanz erfolgreiche Klage unzulässig (geworden) ist. Die Klägerin sei nicht mehr beteiligtenfähig i. S. v. § 61 Nr. 1 Alt. 2 VwGO, denn sie sei infolge Vermögenslosigkeit von Amts wegen gemäß § 394 Abs. 1 FamFG gelöscht worden und habe daher ihre Rechtsfähigkeit verloren. Ihre Beteiligtenfähigkeit sei auch nicht ausnahmsweise weiter zu bejahen. Es bestünden keine belastbaren Anhaltspunkte dafür, dass noch verwertbares Vermögen der Klägerin vorhanden sei. Unabhängig davon fehle ihr für das Verpflichtungsbegehren das erforderliche Rechtsschutzbedürfnis. Von der begehrten Baugenehmigung könne sie offensichtlich keinen Gebrauch mehr machen, weil sie nicht mehr existent bzw. nicht mehr rechtsfähig sei und auch die Ausnutzung einer Baugenehmigung nicht mehr zur Abwicklung der vermögensrechtlichen Ansprüche der Klägerin gehöre. Ebenso wenig sei ersichtlich, dass die Klägerin die Baugenehmigung selbst wirtschaftlich verwerten könne.

Ist die vorinstanzliche Entscheidung – wie hier – auf mehrere selbständig tragende Begründungen gestützt, so kann die Revision nur zugelassen werden, wenn hinsichtlich jeder dieser Begründungen ein Revisionszulassungsgrund geltend gemacht wird und vorliegt. Denn ist nur bezüglich einer Begründung ein Zulassungsgrund gegeben, dann kann diese hinweggedacht werden, ohne dass sich der Ausgang des Verfahrens ändert (st. Rspr., vgl. BVerwG, Beschluss vom 30.4.2024 – 4 B 19.23 – juris Rdnr. 3 m. w. N.). Jedenfalls in Bezug auf die Annahme des Oberverwaltungsgerichts, der Klägerin fehle es am Rechtsschutzbedürfnis, ist der Revisionszulassungsgrund des § 132 Abs. 2 Nr. 1 VwGO nicht geltend gemacht worden. Die Beschwerde greift diese Einschätzung vielmehr nur im Stile eines zugelassenen bzw. zulassungsfreien Rechtsmittels an (Beschwerdebegründung S. 6 unten und S. 7 oben) und verfehlt insoweit die Darlegungsanforderungen des § 133 Abs. 3 Satz 3 VwGO.

Mit dem Vorbringen, das Oberverwaltungsgericht habe das Rechtsschutzbedürfnis zu Unrecht verneint und damit in unzulässiger Weise durch Prozessstatt durch Sachurteil entschieden, macht die Klägerin der Sache nach eine Verfahrensrüge geltend (vgl. etwa BVerwG, Beschluss vom 5.1.2024 – 3 BN 9.23 – juris Rdnr. 13). Diese Rüge greift aber nicht durch. Ein Verfahrensfehler im Sinne von § 132 Abs. 2 Nr. 3 VwGO liegt in der genannten Situation dann vor, wenn das Prozessurteil auf einer fehlerhaften Anwendung einer prozessualen Vorschrift, z. B. einer Verkennung der Begriffsinhalte, beruht (st. Rspr., vgl. BVerwG, Beschlüsse v. 1.2.2022 – 4 BN 48.21 – juris Rdnr. 5 und vom 7.3.2013 – 4 BN 33.12 – juris Rdnr. 14, jeweils m. w. N.). Es ist nicht in der nach § 133 Abs. 3 Satz 3 VwGO gebotenen Weise dargetan, dass das Oberverwaltungsgericht deshalb zu einem Prozessurteil gelangt ist, weil es den Sachverhalt auf der Grundlage seiner materiell-rechtlichen Beurteilung fehlerhaft unter eine zutreffend erkannte Prozessvoraussetzung subsumiert hat (BVerwG, Beschlüsse v. 14.6.2011 – 8 B 74.10 – Buchholz 310 § 132 Abs. 2 Nr. 3 VwGO Nr. 61 Rdnr. 10, vom 21.10.2004 – 3 B 76.04 – juris Rdnr. 9 und vom 16.2.1998 – 1 B 12.98 – juris Rdnr. 5). Die Klägerin legt nicht dar, dass das Oberverwaltungsgericht die Unzulässigkeit der Klage von seinem materiell-rechtlichen Standpunkt zu den Handlungsmöglichkeiten einer Liquidationsgesellschaft aus zu Unrecht abgewiesen habe. Sie rügt der Sache nach nicht, dass das Oberverwaltungsgericht sich von einem unzutreffenden Verständnis der prozessrechtlichen Anforderungen an das Rechtsschutzbedürfnis habe leiten lassen, sondern beanstandet, dass das Oberverwaltungsgericht die dem vorausliegende materielle Rechtslage verkannt habe.

Das Oberverwaltungsgericht hat auch den in der Berufungsinstanz hilfsweise gestellten Fortsetzungsfeststellungsantrag als unzulässig angesehen: es fehle nicht nur an der Beteiligtenfähigkeit der Klägerin, sondern es bestehe hierfür auch kein Feststellungsinteresse. Ein solches folge insbesondere nicht aus der Vorbereitung eines nicht offensichtlich aussichtslosen Amtshaftungsprozesses. So fehle zur Liquidität der Gesellschaft im Hinblick auf die Finanzierung eines nachfolgenden Amtshaftungsprozesses jeglicher substantiierter Vortrag. Unabhängig davon habe die Klägerin ihrer Darlegungspflicht zur Substantiierung der annähernden Schadenshöhe nicht genügt, sondern lediglich pauschal behauptet, im Fall der Erteilung der Baugenehmigung hätten »entsprechend« höhere Umsätze erwirtschaftet werden können.

Die (ebenfalls) doppelt begründete Verneinung eines Fortsetzungsfeststellungsinteresses wegen der Vorbereitung eines nicht offensichtlich aussichtslosen Amtshaftungsprozesses greift die Klägerin nur unter dem zweiten Aspekt ausdrücklich mit der Grundsatzrüge und der Sache nach mit der Verfahrensrüge an. Ein Zulassungsgrund in Bezug auf die Annahme der Vorinstanz, zur Finanzierung eines nachfolgenden Amtshaftungsprozesses fehle jeglicher substantiierter Vortrag, weshalb ein solcher nicht mit hinreichender Sicherheit zu erwarten oder jedenfalls ernsthaft beabsichtigt sei, wird nicht dargelegt. Insofern beschränkt sie sich – wie auch schon in der Vorinstanz – auf die bereits vom Oberverwaltungsgericht als unzureichend zurückgewiesene Behauptung, dass die M. GmbH den Amtshaftungsprozess einleiten und finanzieren werde. Damit wird nicht ansatzweise den Erfordernissen des § 133 Abs. 3 Satz 3 VwGO entsprechend aufgezeigt, dass das Oberverwaltungsgericht die Anforderungen an die Darlegung eines Fortsetzungsfeststellungsinteresses überspannt habe und das angegriffene Urteil insoweit auf einem Verfahrensfehler beruht. …

II. Im Normenkontrollverfahren

Nr. 158

Die Antragsbefugnis im Rahmen einer Normenkontrolle wegen einer möglichen Verletzung von Art. 14 Abs. 1 Satz 2 GG ist grundsätzlich zu bejahen, wenn sich ein Eigentümer eines im Plangebiet gelegenen Grundstücks gegen eine bauplanerische Festsetzung wendet, die unmittelbar sein Grundstück betrifft.

(Leitsatz der Redaktion)

VwGO § 47 Abs. 2.

Bundesverwaltungsgericht, Beschluss vom 8 Februar 2024 – 4 BN 28.23 –.

Aus den Gründen:

Die Beschwerde hat mit der Verfahrensrüge Erfolg. Der Beschluss beruht auf einem Verfahrensmangel im Sinne von § 132 Abs. 2 Nr. 3 VwGO, weil der Verwaltungsgerichtshof die Antragsbefugnis mit unzutreffenden Erwägungen verneint und den Antrag deswegen als unzulässig abgelehnt hat. Im Interesse der Verfahrensbeschleunigung verweist der Senat den Rechtsstreit nach § 133 Abs. 6 VwGO an die Vorinstanz zurück.

Die Antragsteller tragen mit ihren Ausführungen zur Divergenz, die auf eine Frage des Prozessrechts bezogen und folglich zugleich als Verfahrensrüge zu verstehen ist (vgl. BVerwG, Beschlüsse v. 3.11.1992 – 11 B 40.92 – 310 § 132 VwGO Nr. 313 S. 47, vom 28.10.2013 – 8 B 18.13 – juris Rdnr. 4 und vom 27.9.2021 – 4 BN 17.21 – NVwZ 2022, 73 Rdnr. 7), zu Recht vor, dass der Verwaltungsgerichtshof die Anforderungen an die Geltendmachung einer Rechtsverletzung im Sinne von § 47 Abs. 2 Satz 1 VwGO überspannt hat.

Danach kann einen Normenkontrollantrag jede natürliche oder juristische Person stellen, die geltend macht, durch die angegriffene Rechtsvorschrift oder deren Anwendung in ihren Rechten verletzt zu sein oder in absehbarer Zeit verletzt werden. Erforderlich, aber auch ausreichend für die Antragsbefugnis ist, dass der Antragsteller hinreichend substantiiert Tatsachen vorträgt, die es zumindest als möglich erscheinen lassen, dass er durch die Festsetzungen des Bebauungsplans in einem subjektiven Recht verletzt wird (st. Rspr., vgl. BVerwG, Urteil v. 30.4.2004 – 4 CN 1.03 – Buchholz 310 § 47 VwGO Nr. 165 S. 137).

Die Antragsteller sind Eigentümer von Grundstücken, für die der Bebauungsplan Festsetzungen trifft. Sie sind daher wegen einer möglichen Verletzung von Art. 14 Abs. 1 Satz 2 GG antragsbefugt. Die Antragsbefugnis ist grundsätzlich zu bejahen, wenn sich ein Eigentümer eines im Plangebiet gelegenen Grundstücks gegen eine bauplanerische Festsetzung wendet, die unmittelbar sein Grundstück betrifft. In diesem Fall kann der Eigentümer die Festsetzung gerichtlich überprüfen lassen, weil diese Inhalt und Schranken seines Grundeigentums bestimmt. Es kommt nicht darauf an, ob aus der angegriffenen Festsetzung für das Grundstück des Antragstellers ein Nachteil folgt. Die Antragsbefugnis kann daher auch nicht auf der Grundlage eines Vergleichs der bisherigen mit der durch den Bebauungsplan geschaffenen Rechtslage verneint werden (st. Rspr., vgl. nur BVerwG, Urteil v. 27.8.2020 – 4 CN 4.19 – BVerwGE 169, 219 Rdnr. 10 und Beschluss v. 28.6.2023 – 4 BN 27.22 – juris Rdnr. 3). …

Nr. 159

Für die Feststellung der Unwirksamkeit einer Rechtsnorm genügt die Benennung eines Fehlers, der zur Unwirksamkeit der Rechtsvorschrift führt. Das Normenkontrollgericht muss sich weder dazu verhalten, ob der Fehler in einem ergänzenden Verfahren geheilt werden kann, noch ist es von Rechts wegen verpflichtet, die Rechtsvorschrift auf weitere Rechtsmängel hin zu überprüfen. Das Normenkontrollverfahren dient nicht der umfassenden Prüfung der Rechtslage unter jedem denkbaren Gesichtspunkt.
(Leitsatz der Redaktion)

VwGO § 47 Abs. 5.

Bundesverwaltungsgericht, Beschluss vom 20. Februar 2024 – 4 BN 22.23 –.

Aus den Gründen:

Die auf § 132 Abs. 2 Nr. 1 und 3 VwGO gestützte Beschwerde hat keinen Erfolg. Sie ist jedenfalls unbegründet.

Die Rechtssache hat nicht die grundsätzliche Bedeutung, die ihr die Beschwerde beimisst. …

Die Beschwerde wirft als grundsätzlich klärungsbedürftig auf, ob das Normenkontrollgericht auch im Falle der Feststellung der Unwirksamkeit einer untergesetzlichen Rechtsvorschrift zur Überprüfung sämtlicher der von Antragstellerseite geltend gemachten Unwirksamkeitsgründe verpflichtet ist und ob dies jedenfalls dann gilt, wenn bundesrechtlich die Möglichkeit eingeräumt ist, Unwirksamkeitsgründe unter bestimmten Voraussetzungen in einem ergänzenden Verfahren zu heilen.

Diese Frage führt nicht zur Zulassung der Revision. Sie ist in der Rechtsprechung des Senats bereits geklärt. Nach § 47 Abs. 5 Satz 2 Halbs. 1 VwGO erklärt das Oberverwaltungsgericht im Normenkontrollverfahren die (verfahrensgegenständliche) Rechtsvorschrift für unwirksam, wenn es zu der Überzeugung kommt, dass sie ungültig ist. Für die Feststellung genügt die Benennung eines Fehlers, der zur Unwirksamkeit der Rechtsvorschrift führt. Das Normenkontrollgericht muss sich weder dazu verhalten, ob der Fehler in einem ergänzenden Verfahren geheilt werden kann, noch ist es von Rechts wegen verpflichtet, die Rechtsvorschrift auf weitere Rechtsmängel hin zu überprüfen. Denn das Normenkontrollverfahren dient nicht der umfassenden Prüfung der Rechtslage unter jedem denkbaren Gesichtspunkt (vgl. BVerwG, Urteil v. 20.6.2023 – 4 CN 11.21 – NVwZ 2023, 1748 Rdnr. 18; Beschlüsse v. 20.6.2001 – 4 BN 21.01 – Buchholz 310 § 47 VwGO Nr. 148 S. 63 und vom 17.9.2013 – 4 BN 40.13 – BRS 81 Nr. 76 Rdnr. 12).

Die verschiedenen Fassungen des § 47 Abs. 5 VwGO zum Entscheidungsausspruch bei Begründetheit der Normenkontrolle sind insoweit ohne Belang. Die von der Beschwerde für geboten erachtete umfassende Prüfungspflicht des Normenkontrollgerichts griffe erheblich in das System der Normenkontrolle ein und setzte daher einen eindeutigen dahingehenden gesetzgeberischen Willen voraus (vgl. BVerwG, Urteil v. 20.6.2023 – 4 CN 11.21 – NVwZ 2023, 1748 Rdnr. 21). Dafür ist aber weder im Rahmen der Novellierung der Vorschrift durch das Gesetz zur Änderung des Baugesetzbuchs und zur Neuregelung des Rechts der Raumordnung vom 18.8.1997 (BGBl. I S. 2081, 2111, siehe dazu BT-Drs. 13/6392 S. 92) noch durch das Gesetz zur Anpassung des Baugesetzbuchs an EU-Richtlinien vom 24.6.2004 (BGBl. I S. 1359, siehe dazu BT-Drs. 15/2250 S. 74) etwas ersichtlich.

An diesem Befund ändert die abweichende Rechtslage im Anwendungsbereich des § 7 Abs. 5 Satz 1 UmwRG sowie im Planfeststellungsrecht nichts. § 7 Abs. 5 Satz 1 UmwRG findet im Normenkontrollverfahren nach § 47 VwGO keine Anwendung (BVerwG, Urteil v. 20.6.2023 – 4 CN 11.21 – NVwZ 2023, 1748 Rdnr. 19). Planfeststellungsbeschlüsse sind Zulassungsentscheidungen für konkrete Einzelvorhaben und als Verwaltungsakte der Bestandskraft fähig. Prüfungsgegenstand im Normenkontrollverfahren sind hingegen ausschließlich untergesetzliche Rechtsvorschriften, bei denen – trotz der Fristgebundenheit des Rechtsbehelfs (§ 47 Abs. 2 Satz 1 VwGO) – eine spätere Überprüfung, etwa im Rahmen einer Inzidentkontrolle, möglich bleibt. Die von der Beschwerde der Sache nach erstrebte allgemeinverbindliche Sicherheit über die Gültigkeit einer Norm lässt sich durch das Verfahren nach § 47 VwGO schon deshalb nicht erlangen, weil die Rechtskraft einer ablehnenden Entscheidung ausschließlich die Verfahrensbeteiligten bindet (vgl. BVerwG, Beschluss v. 12.3.1982 – 4 N 1.80 – BVerwGE 65, 131 <137>).

Die weiteren von der Beschwerde aufgeworfenen Fragen,

ob es mit § 2 Satz 2 EEG vereinbar ist, nach Inkrafttreten dieser Vorschrift von einer generellen Fortgeltung der Annahme einer »Unteilbarkeit« eines Windenergie-Regionalplans, der die Wirkungen des § 35 Abs. 3 Satz 3 BauGB auslösen soll, auszugehen,

und ob es mit § 2 Satz 2 EEG vereinbar ist, von einer vollständigen Unwirksamkeit eines mit den Wirkungen des § 35 Abs. 3 Satz 3 BauGB ausgestatteten Windenergie-Raumordnungsplans bereits dann auszugehen, wenn lediglich nicht ausgeschlossen werden kann, dass ein Plangeber, der hinsichtlich einer geringen Teilfläche des Planungsraums rechtsfehlerhaft eine Einstufung als harte (richtig: weiche) Tabuzone vorgenommen hat, in diesem Bereich abwägungsfehlerfrei Vorranggebiete vorgesehen und dafür im übrigen Raum eine entsprechende Reduzierung von Vorranggebieten vorgenommen hätte, oder eine solche Annahme im Hinblick auf die durch § 2 Satz 2 EEG erfolgte Intendierung des planerischen Ermessens im Sinne einer Vorrangigkeit von Entscheidungen für die erneuerbaren Energien voraussetzt, dass durch das Gericht zumindest Anhaltspunkte für eine derartige Vorgehensweise des Plangebers festgestellt worden sind,

führen ebenfalls nicht zur Zulassung der Revision.

Eine Rechtsänderung, wie hier das Inkrafttreten der Neufassung des § 2 EEG am 29.7.2022 durch das Gesetz vom 20.7.2022 (BGBl. I S. 1237; ber. BGBl. 2023 I Nr. 87), kann nicht zur Zulassung wegen einer als rechtsgrundsätzlich klärungsbedürftig bezeichneten Frage führen, die das Oberverwaltungsgericht nicht beantwortet hat und auch nicht beantworten musste. Es ist grundsätzlich nicht Sinn der Revisionszulassung, die Anwendung neuen Rechts im Einzelfall ohne vorherige Prüfung durch die Instanzgerichte zu ermöglichen. Die Revisionszulassung setzt vielmehr eine Rechtsfrage voraus, die für das angegriffene Urteil entscheidungserheblich war (st. Rspr., vgl. BVerwG, Beschluss v. 7.8.2023 – 4 BN 2.23 – juris Rdnr. 6 m. w. N.). Das ist vorliegend nicht der Fall. Gemäß § 11 Abs. 3 Satz 1 ROG ist für die Abwägung nach § 7 Abs. 2 ROG die Sach- und Rechtslage im Zeitpunkt der Beschlussfassung über den Raumordnungsplan maßgebend. Nichts anderes gilt für die Bestimmung des hypothetischen Willens des Plangebers bei der Prüfung einer teilweisen Wirksamkeit eines Plans. Die Beschlussfassung über den Regionalplan erfolgte im Jahr 2020 und damit vor Inkrafttreten des § 2 EEG n. F. im Juli 2022. Für eine rückwirkende Geltung des § 2 Satz 2 EEG bieten weder der Gesetzeswortlaut noch die Gesetzesbegründung (vgl. BT-Drs. 20/1630 S. 159) einen Anhalt. Inwieweit die für die Abwägung danach nicht relevante Rechtsänderung im Hinblick auf die Rechtsfolgen des von der Vorinstanz angenommenen Abwägungsmangels eine Rolle spielen soll, legt die Beschwerde nicht in der gebotenen Weise dar. Die Begründung erschöpft sich insoweit in einem Hinweis auf § 214 Abs. 4 BauGB und obergerichtliche Rechtsprechung zur rückwirkenden Fiktion im Zweckverbandsstabilisierungsgesetz sowie zur Planfeststellungsfiktion in § 71 LuftVG. …

Die Beschwerde dringt auch mit den Verfahrensrügen (§ 132 Abs. 2 Nr. 3 VwGO) nicht durch.

Eine unzulässige Überraschungsentscheidung ist nicht schlüssig dargetan. Eine gerichtliche Entscheidung stellt sich als eine das rechtliche Gehör (§ 108 Abs. 2, § 104 Abs. 1 und § 86 Abs. 3 VwGO) verletzende Überraschungsentscheidung dar, wenn das Gericht einen bis dahin nicht erörterten rechtlichen oder tatsächlichen Gesichtspunkt zur Grundlage seiner Entscheidung macht und damit dem Rechtsstreit eine Wendung gibt, mit der die Beteiligten nach dem bisherigen Verlauf des Verfahrens nicht zu rechnen brauchten (st. Rspr., vgl. BVerwG, Beschluss v. 28.5.2019 – 4 BN 44.18 – juris Rdnr. 12 m. w. N.).

Das legt die Beschwerde nicht dar. Sie macht geltend, die Annahme des Oberverwaltungsgerichts, die geplanten Landschaftsschutzgebiete machten etwa 11 % der Fläche des Kreises N. aus, sei weder in den Schriftsätzen angesprochen noch in der mündlichen Verhandlung erörtert worden. Dieser Vortrag führt nicht auf eine Überraschungsentscheidung. In der Beschwerdebegründung wird weder aufgezeigt noch ist sonst ersichtlich, inwiefern diese in einem Halbsatz getroffene Flächenangabe entscheidungstragend sein soll. Namentlich kann daraus, wie sich aus dem Kontext ergibt, nicht geschlossen werden, dass das Oberverwaltungsgericht das Gebiet des Kreises N. als relevanten Planungsraum betrachtet hat. Vielmehr hat es bei der Prüfung des hypothetischen Willens des Plangebers maßgeblich auf die vom Antragsgegner vorgelegte »Flächenbewertung und theoretische Abwägung unter den damaligen Rahmenbedingungen« abgestellt, nach der die fehlerhaft als weiche Tabuzonen eingeordneten geplanten Landschaftsschutzgebiete jedenfalls in einem gewissen Umfang für die Ausweisung von Konzentrationsflächen in Betracht gekommen wären. Die o. g. Flächenangabe diente in dem Zusammenhang erkennbar nur der Illustrierung, dass die fraglichen Bereiche in Bezug auf ihre Größe nicht von völlig untergeordneter Bedeutung sind.

Die Aufklärungsrüge greift ebenfalls nicht durch. Sie kann nur Erfolg haben, wenn substantiiert dargetan wird, hinsichtlich welcher tatsächlichen Umstände auf der Grundlage des materiell-rechtlichen Rechtsstandpunktes des Tatsachengerichts Aufklärungsbedarf bestanden hat, welche für geeignet und erforderlich gehaltenen Aufklärungsmaßnahmen hierfür in Betracht gekommen wären, welche tatsächlichen Feststellungen bei der Durchführung der vermissten Sachverhaltsaufklärung voraussichtlich getroffen worden wären und inwiefern das unterstellte Ergebnis zu einer dem Beschwerdeführer günstigeren Entscheidung hätte führen können.

Haben die Beschwerdeführer – wie hier – nicht bereits im Verfahren vor dem Tatsachengericht, insbesondere in der mündlichen Verhandlung, auf die Vornahme der Sachverhaltsaufklärung hingewirkt, deren Unterbleiben nunmehr beanstandet wird, muss dargelegt werden, dass sich dem Gericht die bezeichneten Ermittlungen auch ohne ein solches Hinwirken von sich aus hätten aufdrängen müssen (st. Rspr., vgl. BVerwG, Beschluss v. 15.5.2023 – 4 B 1.23 – juris Rdnr. 7 m. w. N.). Diese Voraussetzungen sind nicht erfüllt.

Nach dem Rechtsstandpunkt des Oberverwaltungsgerichts kam es für die Frage der Teil- oder Gesamtunwirksamkeit des Regionalplans darauf an, ob mit der gebotenen Sicherheit anzunehmen ist, dass der Planungsträger den Plan auch mit dem eingeschränkten Inhalt beschlossen hätte. Das hat es verneint. Es könne nicht von vornherein ausgeschlossen werden, dass der Antragsgegner in den geplanten Landschaftsschutzgebieten bei ordnungsgemäßer Abwägung Vorranggebiete vorgesehen und im Gegenzug die Zahl oder Größe der Vorranggebiete im übrigen Planungsraum reduziert hätte. Zur Begründung hat das Oberverwaltungsgericht sich – wie bereits ausgeführt – tragend auf die vom Antragsgegner vorgelegte »Flächenbewertung und theoretische Abwägung unter den damaligen Rahmenbedingungen« gestützt und diese in Beziehung zu dem mit den Regionalplänen angestrebten energiepolitischen Mindestflächenziel von zwei Prozent der Landesfläche und den darin tatsächlich ausgewiesenen Vorranggebieten im Umfang von 2,03 % der Landesfläche gesetzt. Vor diesem Hintergrund hat das Oberverwaltungsgericht angenommen, es könne mit guten Gründen angezweifelt werden, dass sich das Interesse des Plangebers bei Einbeziehung der Landschaftsschutzgebiete ausschließlich darauf gerichtet hätte, in diesen Flächen zusätzliche Vorranggebiete auszuweisen. Die Beschwerde legt nicht dar, inwieweit ausgehend vom o. g. Rechtsmaßstab des Oberverwaltungsgerichts Anlass zu weiterer Sachverhaltsaufklärung oder richterlichen Hinweisen bestand. Der Sache nach greift sie die tatrichterliche Würdigung der vom Antragsgegner selbst vorgelegten »Flächenbewertung und theoretischen Abwägung« als fehlerhaft an. Damit kann ein Aufklärungsmangel nicht begründet werden. …

Nr. 160

Die Unwirksamkeit eines Teils einer Satzungsbestimmung hat dann nicht die Gesamtunwirksamkeit der Satzung zur Folge, wenn die Satzung auch ohne den wirksamen Teil sinnvoll bleibt und mit Sicherheit anzunehmen ist, dass die Satzung auch ohne den unwirksamen Teil erlassen worden wäre. Maßstab für die geforderte Sicherheit ist die volle richterliche Überzeugungsgewissheit im Sinne des § 108 Abs. 1 VwGO.
(Leitsatz der Redaktion)

VwGO § 132; BauGB § 1 Abs. 3 Satz 1.

Bundesverwaltungsgericht, Beschluss vom 19. August 2024 – 4 B 9.24 –.

Aus den Gründen:
Die Beschwerde, zu deren Begründung der Kläger allein den Zulassungsgrund nach § 132 Abs. 2 Nr. 2 VwGO in Anspruch nimmt, hat keinen Erfolg.

Nach der genannten Vorschrift ist die Revision zuzulassen, wenn das Urteil von einer Entscheidung des Bundesverwaltungsgerichts abweicht und auf dieser Abweichung beruht. Diese Abweichung setzt einen Widerspruch in einem abstrakten Rechtssatz voraus, also einen prinzipiellen Auffassungsunterschied über den Bedeutungsgehalt einer bestimmten Rechtsvorschrift oder eines Rechtsgrundsatzes (BVerwG, Beschluss v. 21.12.2017 – 6 B 43.17 – 421.2 Hochschulrecht Nr. 198 Rdnr. 4). In der Beschwerdebegründung muss nach § 133 Abs. 3 Satz 3 VwGO die Entscheidung bezeichnet werden, von der das

Urteil abweicht. Der Beschwerde obliegt es, aus einer Entscheidung des Divergenzgerichts einen tragenden, abstrakten Rechtssatz zu einer revisiblen Rechtsvorschrift zu benennen und darzulegen, dass die Entscheidung der Vorinstanz auf einem abweichenden abstrakten Rechtssatz zu derselben Rechtsvorschrift beruht. Der Vorwurf, die Vorinstanz habe einen abstrakten Rechtssatz des Divergenzgerichts fehlerhaft oder gar nicht angewandt, genügt dagegen nicht (st. Rspr., vgl. BVerwG, Beschluss v. 19.8.1997 – 7 B 261.97 – Buchholz 310 § 133 <n. F.> VwGO Nr. 26 S. 14).

Eine entscheidungserhebliche Divergenz legt die Beschwerde hiernach nicht dar.

Der Kläger rügt zunächst, der Verwaltungsgerichtshof weiche ausdrücklich von der Rechtsprechung des Bundesverwaltungsgerichts ab, indem er – im Anschluss an seine Rechtsprechung zum Verhältnis von Bebauungsplan und örtlichen Bauvorschriften – eine uneingeschränkte Geltung der Grundsätze über die Teilunwirksamkeit eines Bebauungsplans für einen – wie hier gegeben – übergeleiteten, ursprünglich aus verschiedenen Rechtsvorschriften, nämlich den Bebauungsvorschriften und dem Straßen- und Baufluchtenplan, bestehenden Bebauungsplan ablehne.

Die Beschwerde zeigt aber nicht auf, in welcher Hinsicht entscheidungserhebliche Auffassungsunterschiede vorliegen. Soweit der Verwaltungsgerichtshof feststellt, dass die Unwirksamkeit der einen Satzung »nicht automatisch« zur Unwirksamkeit der anderen führe, und dies (»mithin«) der Anwendung der Rechtsprechung des Bundesverwaltungsgerichts entgegenstehe, ist nicht dargetan, dass das Bundesverwaltungsgericht von einem zur Gesamtunwirksamkeit führenden »Automatismus« ausgeht. Vielmehr liegt der Rechtsprechung des Bundesverwaltungsgerichts ein Rechtssatz selbst des Inhalts, dass die Teilunwirksamkeit immer die Ausnahme sei, nicht zugrunde (vgl. BVerwG, Urteil v. 14.12.2022 – 4 CN 1.22 – BVerwGE 177, 249 Rdnr. 33 m. w. N.).

Soweit der Verwaltungsgerichtshof zur Feststellung, ob der Baufluchtenplan trotz des Umstands, dass die Bebauungsvorschriften wegen Zeitablaufs außer Kraft getreten sind, weiterhin wirksam ist, auf den hypothetischen Willen des Satzungsgebers abstellt, ist ebenfalls nicht ersichtlich, inwieweit darin eine Distanzierung von der Rechtsprechung des Bundesverwaltungsgerichts liegen sollte. Diese erste Rüge bedarf jedoch keiner weiteren und abschließenden Erörterung.

Denn mit der zweiten Rüge, die jedenfalls nach dem Begründungsgang des Verwaltungsgerichtshofs selbständig tragend sein soll, dringt die Beschwerde keinesfalls durch. Der Verwaltungsgerichtshof führt aus, dass die Annahme einer Teilunwirksamkeit des übergeleiteten Bebauungsplanes auch dann gerechtfertigt sei, wenn die Grundsätze der Teil-/Gesamtnichtigkeit von Bebauungsplänen uneingeschränkt angewendet werden. Zu Unrecht beanstandet die Beschwerde, dass der Verwaltungsgerichtshof diesem Ansatz nicht gerecht geworden sei, sondern abweichende Rechtssätze zugrundegelegt habe.

Die Beschwerde verweist auf die Ausführungen des Verwaltungsgerichtshofs, wonach darauf abzustellen ist, ob die Festsetzungen auch ohne die fehlerhaften Regelungen für sich betrachtet noch eine sinnvolle städtebauliche Ordnung im Sinne des § 1 Abs. 3 Satz 1 BauGB bewirken können und ob die Gemeinde nach ihrem im Planungsverfahren zum Ausdruck gekommenen Willen im Zweifel auch einen Bebauungsplan dieses eingeschränkten Inhalts beschlossen hätte; maßgeblich sei, welche Entscheidung mutmaßlich getroffen worden wäre, wenn die Gemeinde den Fehler, der dem Bebauungsplan anhaftet, erkannt hätte. Dem stellt die Beschwerde den Rechtssatz aus dem Beschluss des Bundesverwaltungsgerichts vom 30.10.2019 – 4 B 37.18 – (juris Rdnr. 6) gegenüber, wonach die Unwirksamkeit eines Teils einer Satzungsbestimmung nur dann nicht die Gesamtunwirksamkeit zur Folge habe, wenn die Rechtsbestimmung auch ohne den unwirksamen Teil sinnvoll bleibe (Grundsatz der Teilbarkeit) und mit Sicherheit anzunehmen sei, dass sie auch ohne diesen Teil erlassen worden wäre (Grundsatz des mutmaßlichen Willens des Normgebers).

Zu Unrecht meint der Kläger, der Verwaltungsgerichtshof habe bereits insoweit einen abweichenden Rechtssatz aufgestellt, als er einen hypothetischen Willen des Plangebers ausreichen lasse, während das Bundesverwaltungsgericht eine gesicherte Annahme voraussetze. Ein rechtssatzmäßiger Gegensatz ist damit schon deswegen nicht dargetan, weil das Bundesverwaltungsgericht auch in dem genannten Beschluss die zweite Voraussetzung mit dem Grundsatz des mutmaßlichen Willens des Normgebers umschreibt (so auch schon BVerwG, Beschluss v. 8.8.1989 – 4 NB 2.89 – Buchholz 406.11 § 10 BBauG/BauGB Nr. 17 S. 12).

Eine Abweichung liegt entgegen der Auffassung der Beschwerde auch nicht insoweit vor, als der Verwaltungsgerichtshof es genügen lasse, wenn die verbleibende Satzung »im Zweifel« beschlossen worden wäre, während die vom Bundesverwaltungsgericht verwendete Formulierung »Sicherheit« verlange. Wenn in der Rechtsprechung des Senats im Zusammenhang mit dem mutmaßlichen Willen des Normgebers zum einen von Sicherheit (siehe etwa BVerwG, Beschluss v. 8.8.1989 – 4 NB 2.89 – Buchholz 406.11 § 10 BBauG/BauGB Nr. 17 S. 12; Urteile v. 26.3.2009 – 4 C 21.07 – BVerwGE 133, 310 Rdnr. 30 und vom 17.10.2019 – 4 CN 8.18 – BVerwGE 166, 378 Rdnr. 37), zum anderen von Zweifeln (siehe etwa BVerwG, Beschlüsse v. 18.7.1989 – 4 N 3.87 – 82, 225 <230> und vom 25.2.1997 – 4 NB 30.96 – Buchholz 310 § 47 VwGO Nr. 116 S. 77; Urteile v. 19.9.2002 – 4 CN 1.02 – BVerwGE 117, 58 <61>, vom 5.5.2015 – 4 CN 4.14 – Buchholz 406.11 § 1 BauGB Nr. 136 Rdnr. 19, vom 25.1.2022 – 4 CN 5.20 – Buchholz 406.12 § 11 BauNVO Nr. 43 Rdnr. 16 und vom 14.12.2022 – 4 CN 1.22 – BVerwGE 177, 249 Rdnr. 32) die Rede ist, werden damit keine divergierenden Maßstäbe bezeichnet. Vielmehr ist der Bezugspunkt jeweils ein anderer.

Die Worte »im Zweifel« weisen auf den hypothetischen Charakter der Untersuchung des gemeindlichen Willens für den Fall der Kenntnis der Nichtigkeit einzelner Festsetzungen bzw. der einen Rechtsvorschrift hin.

Demgegenüber betrifft der Maßstab »mit Sicherheit anzunehmen ist« die volle richterliche Überzeugungsgewissheit im Sinne des § 108 Abs. 1 Satz 1 VwGO (BVerwG, Beschluss v. 27.1.1998 – 4 NB 3.97 – Buchholz 406.12 § 1 BauNVO Nr. 24 S. 18; siehe auch Urteile v. 23.4.2009 – 4 CN 5.07 – BVerwGE 133, 377 Rdnr. 30 und vom 11.7.2013 – 4 CN 7.12 – Buchholz 406.12 § 10 BauNVO Nr. 4 Rdnr. 22).

Schließlich ist auch in Bezug auf den Grundsatz der Teilbarkeit der Regelungen eine Divergenz nicht dargetan. Nach dem Verwaltungsgerichtshof liegt diese Voraussetzung dann vor, wenn die verbleibenden Regelungen auch ohne die fehlerhaften Regelungen für sich betrachtet noch eine sinnvolle städtebauliche Ordnung im Sinne des § 1 Abs. 3 Satz 1 BauGB bewirken können. Es ist weder dargetan noch sonst ersichtlich, dass die vom Bundesverwaltungsgericht im genannten Beschluss gewählte Umschreibung eines untrennbaren Zusammenhangs inhaltlich Abweichendes zum Ausdruck bringen will. Ein seines Kerngehalts beraubtes Planungskonzept, von dem nur noch ein Planungstorso übrigbleibt, kann offensichtlich zu einer sinnvollen städtebaulichen Ordnung nichts mehr beitragen. Ob der Verwaltungsgerichtshof die maßgeblichen Rechtssätze im Einzelfall, auch unter Würdigung des Umstands, dass Vorschriften zur Art der baulichen Nutzung entfallen sind, richtig angewandt hat, ist für den geltend gemachten Revisionszulassungsgrund ohne Bedeutung. …

Nr. 161

Rechtsfragen, die auslaufendem oder ausgelaufenem Recht angehören, kommt regelmäßig keine grundsätzliche Bedeutung im Sinne des § 132 Abs. 2 Nr. 1 VwGO zu, weil diese Zulassungsvorschrift im Wesentlichen auf die für die Zukunft richtungsweisende Klärung des geltenden Rechts gerichtet ist.

Eine Zulassung der Revision kommt bei solchen Fragen nur ausnahmsweise in Betracht, wenn ihre Beantwortung noch für einen nicht überschaubaren Personenkreis in nicht absehbarer Zukunft von Bedeutung ist oder noch eine erhebliche Anzahl oder gar eine nicht überschaubare Vielzahl von Fällen nach dem ausgelaufenen Recht zu entscheiden ist, oder wenn sie sich zu den Nachfolgevorschriften in gleicher Weise stellen.
(Leitsätze der Redaktion)

BauGB § 35 Abs. 1 und Abs. 3, § 249; VwGO § 132 Abs. 2 Nr. 1.

Bundesverwaltungsgericht, Beschluss vom 12. September 2024 – 4 BN 4.24 –.

Aus den Gründen:

Die ausschließlich auf § 132 Abs. 2 Nr. 1 VwGO gestützte Beschwerde hat keinen Erfolg. Die Rechtssache hat nicht die grundsätzliche Bedeutung, die ihr die Beschwerde beimisst.

Grundsätzlich bedeutsam im Sinne von § 132 Abs. 2 Nr. 1 VwGO ist eine Rechtssache, wenn in dem angestrebten Revisionsverfahren die Klärung einer bisher höchstrichterlich ungeklärten, in ihrer Bedeutung über den der Beschwerde zugrundeliegenden Einzelfall hinausgehenden, klärungsbedürftigen und entscheidungserheblichen Rechtsfrage des revisiblen Rechts (§ 137 Abs. 1 VwGO) zu erwarten ist. In der Beschwerdebegründung muss dargelegt (§ 133 Abs. 3 Satz 3 VwGO), also näher ausgeführt werden, dass und inwieweit eine bestimmte Rechtsfrage des revisiblen Rechts im allgemeinen Interesse klärungsbedürftig und warum ihre Klärung in dem beabsichtigten Revisionsverfahren zu erwarten ist (st. Rspr., vgl. BVerwG, Beschlüsse v. 2.10.1961 – 8 B 78.61 – BVerwGE 13, 90 <91> und vom 14.10.2019 – 4 B 27.19 – Buchholz 406.11 § 34 BauGB Nr. 225 Rdnr. 4).

Die Antragstellerin wendet sich als potenzielle Betreiberin von Windenergieanlagen gegen eine Änderung des Flächennutzungsplans der Antragsgegnerin, soweit darin die Nutzung von Flächen für Windenergie außerhalb einer ausgewiesenen Konzentrationszone nach § 35 Abs. 3 Satz 3 BauGB ausgeschlossen wird. Das Oberverwaltungsgericht hat den Normenkontrollantrag abgelehnt. …

Die Beschwerde hält für grundsätzlich klärungsbedürftig, ob eine Planungsentscheidung rechtsfehlerfrei ist, wenn der Plangeber bei einem gesamträumlichen Planungskonzept, das die Rechtswirkungen des § 35 Abs. 3 Satz 3 BauGB begründen soll, für Flächen, deren plankonforme Nutzung unter einem Zustimmungsvorbehalt (hier: § 14 LuftVG) steht, keine weiteren, plangebietsbezogenen Untersuchungen und Ermittlungen zur Möglichkeit einer Zustimmung vornimmt, sondern auf der Grundlage von Erfahrungswerten annimmt (»üblicherweise wird die fachrechtliche Zustimmung bei der Vorhabenzulassung versagt«), dass eine Windenergienutzung auf den Flächen ausgeschlossen ist und sie als harte Tabuzone einordnet.

Die Frage rechtfertigt die Zulassung der Revision nicht. Sie bezieht sich – soweit sie auf ihren entscheidungserheblichen Gehalt zurückgeführt wird – auf auslaufendes bzw. ausgelaufenes Recht.

Im Streit steht die Ausweisung von Konzentrationszonen für Windenergie in einem Flächennutzungsplan mit der Ausschlusswirkung des § 35 Abs. 3 Satz 3 BauGB. Die Beschwerde formuliert ihre Frage zwar losgelöst von § 35 Abs. 1 Nr. 5 BauGB für alle Planungen, die eine solche Ausschlusswirkung begründen sollen; überdies ist darin allgemein von »Zustimmungsvorbehalten« die Rede.

Weder die von § 35 Abs. 3 Satz 3 BauGB erfassten Vorhaben nach § 35 Abs. 1 Nr. 2 bis 6 BauGB noch alle – von der Beschwerde mit Ausnahme von

§ 14 Abs. 1 LuftVG auch nicht näher benannten – denkbaren fachrechtlichen Zustimmungsvorbehalte sind aber ohne Weiteres vergleichbar. Die Beschwerde legt schon für den Zustimmungsvorbehalt des § 14 Abs. 1 LuftVG, der an eine Bauwerkshöhe von mehr als 100 m anknüpft, nicht dar, inwieweit dieser für Vorhaben im Sinne von § 35 Abs. 1 Nr. 2, 3, 4 und 6 BauGB überhaupt relevant ist.

Sie verlangt damit die Klärung einer Frage für eine Vielzahl einzelner Fallgestaltungen nach Art eines juristischen Kommentars oder Lehrbuchs. Das ist indes nicht Aufgabe eines Revisionsverfahrens (vgl. BVerwG, Beschluss v. 5.3.2019 – 4 BN 18.18 – BauR 2019, 1400 – juris Rdnr. 58 m. w. N.).

Der entscheidungserhebliche Gehalt der ersten Frage beschränkt sich mithin darauf, unter welchen Voraussetzungen Flächen, deren Nutzung einem Zustimmungsvorbehalt nach § 14 Abs. 1 LuftVG unterliegt, bei der Ausweisung von Konzentrationsflächen für Windenergie in einem Flächennutzungsplan mit der Ausschlusswirkung nach § 35 Abs. 3 Satz 3 BauGB als harte Tabuzonen eingestuft werden dürfen.

Die Änderung des Flächennutzungsplans ist im März 2021 beschlossen worden. Das Oberverwaltungsgericht hat den Plan daher an den Anforderungen gemessen, die der Senat zur Rechtfertigung der Ausschlusswirkung nach § 35 Abs. 3 Satz 3 BauGB an ein schlüssiges gesamträumliches Planungskonzept stellt (Differenzierung zwischen harten und weichen Tabuzonen, substantielles Raumverschaffen).

Mit dem zum 1.2.2023 in Kraft getretenen Artikelgesetz zur Erhöhung und Beschleunigung des Ausbaus von Windenergieanlagen an Land vom 20.7.2022 (BGBl. I S. 1353, sog. Wind-an-Land-Gesetz) hat der Gesetzgeber einen Systemwechsel vollzogen. Mit dessen Art. 1 wurde das Gesetz zur Festlegung von Flächenbedarfen für Windenergieanlagen an Land (Windenergieflächenbedarfsgesetz – WindBG) eingeführt, das den Bundesländern verbindliche Mindestflächenziele in Form sogenannter Flächenbeitragswerte vorschreibt, die bis Ende 2027 bzw. Ende 2032 zu erfüllen sind. Durch Art. 2 wurde das Baugesetzbuch geändert (§§ 245e, 249 BauGB).

Die bisherige Kombination der Privilegierung von Windenergieanlagen im Außenbereich nach § 35 Abs. 1 Nr. 5 BauGB in Verbindung mit der Möglichkeit einer Negativ(Ausschlussflächen)Planung nach § 35 Abs. 3 Satz 3 BauGB wird aufgegeben (§ 249 Abs. 1 BauGB).

Neuplanungen nach diesen Vorschriften waren nur bis zum 1.2.2024 möglich.

Im Übrigen gilt das alte Planungsregime übergangsweise bis längstens Ende 2027 fort (§ 245e Abs. 1 BauGB; vgl. BVerwG, Urteil v. 24.1.2023 – 4 CN 6.21 – BVerwGE 177, 306 Rdnr. 10). Spätestens ab diesem Zeitpunkt wird es nach der Vorstellung des Gesetzgebers durch eine Positivplanung ersetzt; die nach altem Recht festgelegten Positivflächen bleiben grundsätzlich erhalten (§ 245e Abs. 1 Satz 2 und 3 BauGB). Das Erreichen der gesetzlich vorgegebenen Mindestflächenziele führt zur Entprivilegierung der Windenergieanlagen außerhalb der ausgewiesenen Flächen (§ 249 Abs. 2 Satz 3 BauGB). Umgekehrt wird das Versäumen der rechtzeitigen Zielerreichung mit einer umfassenden Privilegierung der Windenergie im Außenbereich sanktioniert, ohne dass ihr Darstellungen in Flächennutzungsplänen oder Ziele der Raumordnung entgegengesetzt werden können (§ 249 Abs. 7 BauGB).

Die Ausweisung von Windenergiegebieten erfolgt nach den für die jeweiligen Planungsebenen geltenden Vorschriften für Gebietsausweisungen (§ 249 Abs. 6 Satz 1 BauGB). Für die Rechtswirksamkeit des Plans ist es hingegen unbeachtlich, ob und welche sonstigen Flächen im Planungsraum für die Ausweisung von Windenergiegebieten geeignet sind (§ 249 Abs. 6 Satz 2 BauGB). Ausweislich der Gesetzesbegründung soll die Planung und ihre gerichtliche Kontrolle damit erheblich vereinfacht werden. Die Rechtfertigung des Plans soll sich künftig auf die positiv für die Windenergie ausgewiesenen Flächen beschränken können. Dadurch soll ein gesamträumliches Planungskonzept in seiner bisherigen Form, mit dem im Einzelnen auch die Ausschlusswirkung im übrigen Außenbereich gerechtfertigt werden musste und an das deswegen hohe Anforderungen gestellt wurden, künftig nicht mehr erforderlich sein (BT-Drs. 20/2355 S. 2, 33).

§ 249 Abs. 6 Satz 2 BauGB soll sicherstellen, dass im Rahmen einer gerichtlichen Überprüfung bei Windenergiegebieten keine unangemessen hohen Anforderungen im Hinblick auf eine vergleichende Betrachtung zur Eignung sonstiger Flächen im Planungsraum gestellt werden. Für die Rechtswirksamkeit des Plans soll es ausreichen, dass die diesbezüglich gewählte planerische Methodik sowie das Ergebnis nachvollziehbar sind. Eine bestimmte Planungsmethodik, etwa in Form bestimmter Planungsschritte einer vergleichenden Betrachtung, könne hingegen nicht verlangt werden (BT-Drs. 20/2355 S. 34; vgl. auch BT-Drs. 20/4823 S. 23, 25 zu Raumordnungsplänen; vgl. zur Reform des Planungsrechts für Windenergieanlagen auch Arbeitshilfe zum Vollzug des Gesetzes zur Erhöhung und Beschleunigung des Ausbaus von Windenergieanlagen an Land vom 3.7.2023; Tigges/Wördenweber, ZNER 2024, 305; Kment, NVwZ 2023, 959; Mitschang, DVBl 2024, 521; Meurers, UPR 2023, 41; Raschke/Roscher, ZfBR 2022, 531; Operhalsky, UPR 2022, 337).

Rechtsfragen, die auslaufendem oder ausgelaufenem Recht angehören, kommt regelmäßig keine grundsätzliche Bedeutung im Sinne des § 132 Abs. 2 Nr. 1 VwGO zu, weil diese Zulassungsvorschrift im Wesentlichen auf die für die Zukunft richtungsweisende Klärung des geltenden Rechts gerichtet ist.

Eine Zulassung der Revision kommt bei solchen Fragen nur ausnahmsweise in Betracht, wenn ihre Beantwortung noch für einen nicht überschaubaren Personenkreis in nicht absehbarer Zukunft von Bedeutung ist oder noch eine erhebliche Anzahl oder gar eine nicht überschaubare Vielzahl von Fällen nach dem ausgelaufenen Recht zu entscheiden ist, oder wenn sie sich zu den

Nachfolgevorschriften in gleicher Weise stellen. Letzteres muss jedoch offensichtlich sein, weil es nicht Aufgabe des Nichtzulassungsbeschwerdeverfahrens ist, in diesem Zusammenhang mehr oder weniger komplexe Fragen des jetzt geltenden Rechts zu klären und die frühere mit der geltenden Rechtslage zu vergleichen.

Für das Vorliegen einer solchen Sachlage ist der Beschwerdeführer darlegungspflichtig (st. Rspr., vgl. BVerwG, Beschlüsse v. 1.6.2010 – 3 B 9.10 – juris Rdnr. 4 ff., vom 27.10.2010 – 5 B 18.10 – juris Rdnr. 4 ff., vom 8.8.2012 – 7 B 1.12 – juris Rdnr. 8, vom 21.12.2017 – 8 B 70.16 – juris Rdnr. 4, vom 29.8.2023 – 1 B 17.23 – juris Rdnr. 24 und vom 29.2.2024 – 2 B 42.23 – juris Rdnr. 7). Diesen Anforderungen wird die Beschwerdebegründung nicht gerecht. Ihr Hinweis, die Frage betreffe nicht nur Pläne zur Steuerung von Windenergie, reicht nicht aus. Wie vorstehend ausgeführt, ist schon nicht dargelegt, dass der Zustimmungsvorbehalt des § 14 Abs. 1 LuftVG für Vorhaben nach § 35 Abs. 1 Nr. 2, 3, 4 und 6 BauGB relevant ist. Der Verweis auf ein abweichendes Urteil des Verwaltungsgerichtshofs Baden-Württemberg vom 13.10.2020 – 3 S 526/20 – (juris Rdnr. 71 ff.) zum Konflikt zwischen Windenergie und § 14 Abs. 1 LuftVG ist kein tauglicher Beleg für eine erhebliche Anzahl von Altfällen. Dass die aufgeworfene Frage zu den Voraussetzungen für die Annahme einer harten Tabuzone wegen des Zustimmungsvorbehalts nach § 14 Abs. 1 LuftVG sich nach der neuen Rechtslage offensichtlich in gleicher Weise stellt, macht die Beschwerde nicht geltend.

Für die Frage, ob es für eine fehlerfreie Planungsentscheidung ausreicht, wenn der Plangeber bei einem gesamträumlichen Planungskonzept, das die Rechtswirkungen des § 35 Abs. 3 Satz 3 BauGB begründen soll, einen relevanten, für die Positivausweisung streitenden Belang (hier: Klimaschutz) als »Globalbelang« benennt, diesen aber weder bei der Auswahl der weichen Tabukriterien, noch in der einzelgebietlichen Abwägung auf Ebene der identifizierten Potentialflächen jeweils in die Auswahlentscheidung/Abwägung einstellt, ergänzend, ob der Klimaschutz bei der Auswahl einheitlich anzuwendender Kriterien jeweils in der Auswahlentscheidung berücksichtigt werden und dies dokumentiert werden muss, ist ein grundsätzlicher Klärungsbedarf nicht dargetan.

Es kann dahinstehen, ob es auch insoweit um auslaufendes bzw. ausgelaufenes Recht geht, weil die Frage auf ein Planungskonzept für einen Flächennutzungsplan zielt, der eine Ausschlusswirkung nach § 35 Abs. 3 Satz 3 BauGB begründen soll. Die Beschwerde zeigt nicht auf, dass der für die Windenergie streitende Belang des Klimaschutzes für Vorhaben im Sinne von § 35 Abs. 1 Nr. 2, 3, 4 und 6 BauGB vergleichbare Bedeutung hat.

Ungeachtet dessen ist in der vom Oberverwaltungsgericht zugrunde gelegten Rechtsprechung des Senats bereits geklärt, dass der Plangeber seine Entscheidung für weiche Tabuzonen rechtfertigen muss.

Dazu muss er aufzeigen, wie er die eigenen Ausschlussgründe bewertet, d. h. kenntlich machen, dass er – anders als bei harten Tabuzonen – einen

Bewertungsspielraum hat, und die Gründe für seine Wertung offenlegen (BVerwG, Urteile v. 13.12.2012 – 4 CN 1.11 – BVerwGE 145, 231 Rdnr. 12 und vom 11.4.2013 – 4 CN 2.12 – Buchholz 406.11 § 35 BauGB Nr. 391 Rdnr. 6). Ob diese Anforderungen erfüllt sind, ist eine Frage der tatrichterlichen Würdigung des Einzelfalls.

Grundsätzlicher Klärungsbedarf ergibt sich auch nicht, soweit die Beschwerdebegründung auf das in § 2 Satz 1 EEG normierte überragende öffentliche Interesse am Ausbau erneuerbarer Energien verweist. Die Neufassung des § 2 EEG durch das Gesetz vom 20.7.2022 (BGBl. I S. 1237; ber. BGBl. 2023 Nr. 87) ist erst am 29.7.2022 in Kraft getreten. Das Oberverwaltungsgericht ist davon ausgegangen, dass nach § 214 Abs. 3 Satz 1 BauGB maßgeblicher Zeitpunkt für die gerichtliche Überprüfung der Abwägung die Sach- und Rechtslage bei der Beschlussfassung über den Flächennutzungsplan ist (UA S. 23), hier also der 18.3.2021. Zu § 2 Satz 1 EEG musste das Oberverwaltungsgericht sich daher nicht verhalten (vgl. BVerwG, Beschluss v. 7.8.2023 – 4 BN 2.23 – juris Rdnr. 6 m. w. N.).

Schließlich rechtfertigt auch die Frage, ob die Substantiierungspflicht für eine Rüge nach § 215 Abs. 1 BauGB bei einer Planung, die die Rechtswirkungen des § 35 Abs. 3 Satz 3 BauGB begründen soll, voraussetzt, dass bereits bei der Erhebung der Rüge alle, ggf. auch erst später erkennbare, Fehler bei der Einstufung von harten und weichen Tabuzonen sowie alle im Zusammenhang mit der Auswahl der weichen Tabuzonen begangenen Abwägungsfehler konkret benannt und aufgelistet werden, oder ob es ausreicht, dass in diesem Zusammenhang bestimmte Auswahl- und Abwägungsfehler anhand einzelner, jedoch nicht abschließender Beispiele gerügt werden, die Zulassung der Revision nicht. Soweit sie auf »ggf. auch erst später erkennbare Fehler« verweist, legt sie einen Sachverhalt zugrunde, den das Oberverwaltungsgericht nicht festgestellt hat. Reduziert man sie auf ihren verallgemeinerungsfähigen Gehalt, fehlt es am Klärungsbedarf.

§ 215 Abs. 1 Satz 1 BauGB verlangt Substantiierung und Konkretisierung. Der Gemeinde soll durch die Darstellung des maßgebenden Sachverhalts die Prüfung ermöglicht werden, ob Anlass besteht, in eine Fehlerbehebung einzutreten (sog. Anstoßfunktion der Rüge). Darüber hinaus wird durch die schriftliche Darlegung der Kreis der präkludierten Rügen bestimmt. Das schließt eine nur pauschale Rüge aus. Die Feststellung, ob eine Rüge im konkreten Fall den dargestellten Anforderungen des § 215 Abs. 1 Satz 1 BauGB genügt, obliegt den Tatsachengerichten (st. Rspr., vgl. BVerwG, Beschluss v. 7.5.2020 – 4 BN 13.20 – BRS 88 Nr. 35 S. 250 m. w. N.; zu den Ermittlungspflichten der Gerichte vgl. BVerwG, Beschluss v. 16.12.2019 – 4 BN 16.19 – BauR 2020, 827 <828>). Mehr lässt sich dazu verallgemeinernd nicht ausführen. …

Nr. 162

Im Rahmen einer Normenkontrolle gegen einen Änderungsbebauungsplan darf das Gericht den ursprünglichen Bebauungsplan oder eine vorangegangene Planänderung nicht ungefragt zum Gegenstand der Normenkontrolle machen, wenn kein hierauf gerichteter Antrag gestellt wurde. Anderes gilt, wenn die Wirksamkeit vorangegangener Bebauungspläne Vorfrage für die Wirksamkeit des Änderungsbebauungsplans ist, wenn also ein Rechtmäßigkeitszusammenhang besteht.
(Leitsatz der Redaktion)

VwGO § 47, § 132 Abs. 2.

Bundesverwaltungsgericht, Beschluss vom 5. November 2024 – 4 BN 10.24 –.

Aus den Gründen:

Die auf § 132 Abs. 2 Nr. 1 und 3 VwGO gestützte Beschwerde hat keinen Erfolg. Sie ist jedenfalls unbegründet.

Die Grundsatzrüge bleibt erfolglos.

Grundsätzlich bedeutsam im Sinne von § 132 Abs. 2 Nr. 1 VwGO ist eine Rechtssache, wenn in dem angestrebten Revisionsverfahren die Klärung einer bisher höchstrichterlich ungeklärten, in ihrer Bedeutung über den der Beschwerde zugrunde liegenden Einzelfall hinausgehenden, klärungsbedürftigen und entscheidungserheblichen Rechtsfrage des revisiblen Rechts (§ 137 Abs. 1 VwGO) zu erwarten ist. In der Beschwerdebegründung muss dargelegt (§ 133 Abs. 3 Satz 3 VwGO), also näher ausgeführt werden, dass und inwieweit eine bestimmte Rechtsfrage des revisiblen Rechts im allgemeinen Interesse klärungsbedürftig und warum ihre Klärung in dem beabsichtigten Revisionsverfahren zu erwarten ist (st. Rspr., vgl. BVerwG, Beschlüsse v. 2.10.1961 – 8 B 78.61 – BVerwGE 13, 90 <91> und vom 14.10.2019 – 4 B 27.19 – ZfBR 2020, 173 Rdnr. 4).

Die von den Antragstellern als grundsätzlich klärungsbedürftig bezeichneten Fragen, ob die Prüfpflicht des Oberverwaltungsgerichts im Normenkontrollverfahren in Bezug auf beanstandete Bebauungsplanfestsetzungen entfallen kann,

(1) wenn Festsetzungen wortgleich wie im vorherigen Plan formuliert sind, im Kontext des neuen Plans (Verdichtung) einen anderen Sinn als im alten Plan ergeben,

(2) wenn das öffentliche Interesse an Festsetzungen nicht mit der Zielrichtung des neuen Plans (Nachverdichtung) abgewogen oder sonst geprüft wurde,

(3) wenn wortgleiche Festsetzungen, die schon im alten Plan funktions- und gegenstandslos waren, in den neuen Plan übernommen wurden (Fortschreibung ersichtlich funktionsloser oder rechtswidriger Festsetzungen),

(4) wenn gegen alte Festsetzungen Willkür im Raum steht, sie aber trotzdem wortgleich in den neuen Plan aufgenommen wurden (Fortschreibung willkürlicher Festsetzungen),

rechtfertigen die Zulassung der Revision wegen grundsätzlicher Bedeutung nicht.

Sie führen nicht auf entscheidungserhebliche und klärungsbedürftige Fragen des revisiblen Rechts.

Nach der Beschwerdebegründung betreffen sie die Festsetzung zu den Gauben. Das Oberverwaltungsgericht hat angenommen, dass diese Festsetzung keinen Regelungscharakter habe, weil sie textlich mit der im Ursprungsbebauungsplan identisch und ein abweichender Inhalt nicht ersichtlich sei. Die Übernahme in die Planurkunde des angegriffenen Änderungsbebauungsplans sei nur aus Praktikabilitätsgründen erfolgt. Die Festsetzung sei daher im Änderungsverfahren nicht abwägungsrelevant gewesen, sämtliche Rügen der Antragsteller bezüglich der Dachgauben gingen ins Leere. Die Erforderlichkeit der Vorgaben zu den Dachgauben sei im Rahmen von § 1 Abs. 3 BauGB nicht relevant. An die Auslegung des irrevisiblen Rechts durch das Oberverwaltungsgericht ist der Senat mangels durchgreifender Verfahrensrügen gebunden (§ 173 Satz 1 VwGO i. V. m. § 560 ZPO).

Klärungsbedürftige Fragen des revisiblen Rechts zu der vom Oberverwaltungsgericht sinngemäß angenommenen »nachrichtlichen Übernahme« der Festsetzung in den Änderungsbebauungsplan wirft die Beschwerde nicht auf.

Der Sache nach will die Beschwerde geklärt wissen, ob das Normenkontrollgericht eine inhaltsgleiche textliche Festsetzung zur Gestaltung baulicher Anlagen in einem Änderungsbebauungsplan jedenfalls dann am Maßstab von § 1 Abs. 3 und 7 BauGB überprüfen muss, wenn die unter (1) bis (4) aufgeführten Umstände vorliegen bzw. geltend gemacht werden.

Sie legt aber schon nicht dar, dass diese Vorschriften auf die Festsetzung zu den Gauben überhaupt Anwendung finden. Auszugehen ist von § 9 Abs. 4 BauGB. Danach können die Länder bestimmen, dass auf Landesrecht beruhende Regelungen in den Bebauungsplan als Festsetzungen aufgenommen werden können und inwieweit auf diese Festsetzungen die Vorschriften dieses Gesetzbuchs Anwendung finden. Die Festsetzung zu den Gauben beruht nach der Planurkunde auf der Landesbauordnung für das Land Schleswig-Holstein (vgl. § 84 Abs. 1 Nr. 1, Abs. 3 LBO SH vom 22.1.2009, GVOBl. Schl.-H. S. 6; zuvor § 92 Abs. 1 Nr. 1, Abs. 4 LBO SH vom 10.1.2000, GVOBl. Schl.-H. S. 47). Dass das Landesrecht zum maßgeblichen Zeitpunkt des Erlasses bzw. der Beschlussfassung über den Plan die Regelungen des § 1 Abs. 3 und Abs. 7 BauGB für anwendbar erklärte, ist weder dargetan noch ersichtlich (vgl. BVerwG, Beschluss v. 18.5.2005 – 4 B 23.05 – BauR 2005, 1752 m. w. N.).

Klärungsbedarf zu Normen des revisiblen Rechts zeigt die Beschwerde schließlich auch nicht auf, soweit die oben genannten Fragen das Verhältnis von ursprünglichem Bebauungsplan und Änderungsbebauungsplan im Hinblick auf den gerichtlichen Prüfungsumfang berühren.

In der Rechtsprechung ist bereits geklärt, dass das Gericht im Verfahren nach § 47 VwGO gegen einen Änderungsbebauungsplan nicht von sich aus den ursprünglichen Bebauungsplan oder eine vorangegangene Planänderung zum Gegenstand der Normenkontrollentscheidung machen darf, wenn kein hierauf gerichteter Antrag gestellt wurde (vgl. BVerwG, Urteil v. 16.12.1999 – 4 CN 7.98 – BVerwGE 110, 193 <198> und Beschluss v. 29.8.2000 – 4 BN 40.00 – Buchholz 310 § 47 VwGO Nr. 143 S. 47 f.). Die Wirksamkeit vorangegangener Bebauungspläne kann aber Vorfrage für die Wirksamkeit eines Änderungsbebauungsplans sein, wenn zwischen der früheren und der zur Überprüfung gestellten Fassung ein Rechtmäßigkeitszusammenhang besteht (vgl. BVerwG, Urteil v. 16.12.1999 – 4 CN 7.98 – BVerwGE 110, 193 <199> und Beschluss v. 4.10.2016 – 4 BN 11.16 – BauR 2017, 62). Ob dies der Fall ist, hängt von den Umständen des Einzelfalls ab und lässt sich nicht allgemeingültig beantworten (vgl. BVerwG, Beschluss v. 30.9.1992 – 4 NB 22.92 – Buchholz 310 § 47 VwGO Nr. 70 S. 116 f.).

Die weiter für grundsätzlich bedeutsam gehaltenen Fragen,

(1)ob die Einhaltung des § 13a BauGB zu prüfen war, wenn das Verfahren in der Planurkunde als solches bezeichnet ist, und Vorbelastungen im Plangebiet nicht ernsthaft geprüft bzw. sogar faktisch ausgeschlossen wurden,

(2)ob eine Umdeutung der in der Planurkunde bezeichneten Norm des § 13a BauGB durch das Gericht erfolgen, insbesondere die Normbezeichnung als redaktionelles Versehen »abgetan« werden darf (Normenklarheit),

(3)ob ein in ein Verfahren nach § 13 BauGB umgedeutetes Verfahren trotz Umweltproblematik als zulässig gerechtfertigt werden durfte und

(4)ob vor einer gerichtlichen Wertung der Umweltthematik die Ermittlungspflicht der Antragsgegnerin zu prüfen, Recherchen anzustellen, Akten beizuziehen, die Antragsgegnerin und weitere Ämter (Exekutive) einzubeziehen waren,

führen ebenfalls nicht zur Zulassung der Revision.

Die Beschwerde legt schon keinen grundsätzlichen Klärungsbedarf dar, sondern beanstandet im Gewand der Grundsatzrüge die Entscheidung des konkreten Einzelfalles.

Ihr Ansatz einer – unzulässigen (vgl. BVerwG, Beschluss v. 21.12.2016 – 4 BN 14.16 – Buchholz 406.11 § 13 BauGB Nr. 4 Rdnr. 10) – »Umdeutung des Verfahrens« durch das Oberverwaltungsgericht geht zudem am Inhalt der Entscheidung vorbei. Das Normenkontrollgericht ist davon ausgegangen, dass es sich bei der Bezeichnung des Verfahrens als solches nach »§ 13a BauGB« in der Präambel der Planurkunde der angefochtenen ersten Änderung des Bebauungsplans Nr. 4 – neu – unter Auslegung des Plans mit Begründung und den Verfahrensakten nur um ein redaktionelles Versehen und weil das Verfahren entsprechend § 13 BauGB durchgeführt worden sei, um eine unschädliche Falschbezeichnung handele. An diese Auslegung ist der Senat mangels durchgreifender Verfahrensrügen gebunden (§ 173 Satz 1 VwGO

i. V. m. § 560 ZPO). Im Übrigen sind Bebauungspläne – wie andere Normen auch – einer ein Redaktionsversehen berichtigenden Auslegung zugänglich (vgl. etwa BVerwG, Urteil v. 7.5.2014 – 4 CN 5.13 – NVwZ 2014, 1170 Rdnr. 19 m. w. N.).

Die Wahl des vereinfachten Verfahrens hat das Oberverwaltungsgericht nicht beanstandet; in diesem entfällt gemäß § 13 Abs. 3 Satz 1 BauGB die Pflicht zur Durchführung einer Umweltprüfung (§ 2 Abs. 4 BauGB) und Fertigung eines Umweltberichts (§ 2a Satz 2 Nr. 2 BauGB), der als Teil der Begründung (§ 2a Satz 3 BauGB) nach § 3 Abs. 2 Satz 1 BauGB mit dem Entwurf zu veröffentlichen und nach § 9 Abs. 8 BauGB der Begründung beizufügen ist. Das entbindet den Plangeber allerdings nicht von der materiellrechtlichen Pflicht, die Umweltbelange gemäß § 2 Abs. 3 BauGB zu ermitteln und zu bewerten sowie nach § 1 Abs. 6 Nr. 7, Abs. 7, § 1a BauGB in der Abwägung zu berücksichtigen (vgl. etwa Jaeger, in Spannowsky/Uechtritz, BeckOK BauGB, Stand 1.8.2024, § 13 Rdnr. 50; Krautzberger, in: Ernst/Zinkahn/Bielenberg/Krautzberger, BauGB, Stand April 2024, § 13 Rdnr. 47). Ob eine Gemeinde dem gerecht geworden ist, beurteilt sich nach den konkreten Umständen des Einzelfalles und entzieht sich einer allgemeinverbindlichen Klärung.

Schließlich führt auch die Frage, ob bei Unwirksamkeitserklärung des neuen Bebauungsplans Festsetzungen des alten Plans aufleben, unter welchen Voraussetzungen dies ggf. der Fall ist, und was gilt, wenn sie wortgleich wie im alten Plan formuliert sind, im neuen Plan aber im Kontext veränderter Zielrichtung stehen, nicht zur Zulassung der Revision.

Sie ist, soweit sie sich in verallgemeinerungsfähiger Weise beantworten lässt, in der auch vom Oberverwaltungsgericht bei der Prüfung des Rechtsschutzinteresses zugrunde gelegten Rechtsprechung des Senats bereits geklärt.

Danach verliert ein alter Bebauungsplan seine frühere rechtliche Wirkung, wenn eine Gemeinde diese Bauleitplanung ändert, insbesondere einen Bebauungsplan durch einen neuen ersetzt. Das folgt über § 10 BauGB aus dem gewohnheitsrechtlich anerkannten Rechtssatz, dass die spätere Norm die frühere verdrängt. Entfällt wegen der Unwirksamkeit der späteren Norm die Möglichkeit der Normenkollision, dann gilt die alte Rechtsnorm unverändert fort. Möchte die Gemeinde diese Rechtsfolge vermeiden, sollen mithin die Festsetzungen des früheren Bebauungsplans auf jeden Fall – und sei es bei Unwirksamkeit der Festsetzungen des neuen Bebauungsplans auch ersatzlos – beseitigt werden, muss sie einen – im textlichen Teil des Plans zum Ausdruck zu bringenden – Aufhebungsbeschluss fassen. Ein solcher Aufhebungsbeschluss muss erkennen lassen, dass er auch dann Bestand haben soll, wenn die neuen Festsetzungen unwirksam sein sollten (st. Rspr., vgl. zusammenfassend BVerwG, Beschluss v. 16.5.2017 – 4 B 24.16 – ZfBR 2017, 682 Rdnr. 4, Beschluss v. 27.3.2019 – 4 BN 28.18 – BRS 87 Nr. 28 S. 215). Zudem ist die

Entscheidungserheblichkeit der Frage nicht dargelegt, zumal die Vorinstanz das Rechtsschutzinteresse bejaht hat. Einen darüber hinaus gehenden Klärungsbedarf zeigt die Beschwerde nicht auf. …

Nr. 163

Streitgegenstand einer Normenkontrolle ist die Gültigkeit einer Rechtsnorm. Mehrere Bauvorhaben im jeweiligen Planungsgebiet begründen daher nicht die Antragsbefugnis für mehrere Normenkontrollen.
(Leitsatz der Redaktion)

VwGO § 47 Abs. 4, § 117, § 132 Abs. 2.

Bundesverwaltungsgericht, Beschluss vom 19. November 2024 – 4 BN 11.24 –.

Aus den Gründen:

Die auf die Zulassungsgründe nach § 132 Abs. 2 Nr. 1 und Nr. 3 VwGO gestützte Beschwerde hat keinen Erfolg.

Mit den geltend gemachten Verfahrensrügen dringt die Beschwerde nicht durch.

Zu Unrecht meint die Beschwerde der Sache nach, der angegriffene Beschluss habe gemäß § 117 Abs. 1 Satz 1 VwGO mit der Eingangsformel »Im Namen des Volkes« versehen werden müssen. Die Verweisung in § 122 VwGO, die bestimmte Vorschriften über das gerichtliche Verfahren auf Beschlüsse für entsprechend anwendbar erklärt, § 117 VwGO jedoch nicht erwähnt, ist zwar nicht als abschließend zu verstehen. Vielmehr findet § 117 VwGO auf urteilsersetzende Beschlüsse Anwendung, soweit die Vorschrift formale und inhaltliche Anforderungen formuliert, denen auch Beschlüsse ungeachtet des Vereinfachungszwecks aufgrund ihrer Funktion zu entsprechen haben (BVerwG, Urteil v. 4.10.1999 – 6 C 31.98 – BVerwGE 109, 336 <343>; Beschluss v. 15.12.2020 – 3 B 34.19 – Buchholz 310 § 117 VwGO Nr. 54 Rdnr. 7). Dazu zählt § 117 Abs. 1 Satz 1 VwGO aber nicht, der gerade der besonderen und herausgehobenen Entscheidungsform des Urteils Rechnung trägt (BVerwG, Beschluss v. 28.7.2021 – 3 BN 4.21 – juris Rdnr. 10; siehe Kilian/Hissnauer, in: Sodan/Ziekow, VwGO, 5. Aufl. 2018, § 122 Rdnr. 15).

Im Übrigen bliebe eine Verletzung von § 117 Abs. 1 Satz 1 VwGO, wenn er anwendbar wäre, ohnehin prozessual folgenlos (vgl. statt aller Kuhlmann/Wysk, in: Wysk, VwGO, 4. Aufl. 2025, § 132 Rdnr. 34 m. w. N.).

Ohne Erfolg macht die Antragstellerin geltend, dass die formellen und materiellen Voraussetzungen, unter denen gemäß § 47 Abs. 5 Satz 1 VwGO – in Abkehr von der Regel der vorherigen Durchführung einer mündlichen Verhandlung – im Beschlusswege über einen Normenkontrollantrag entschieden werden kann, nicht vorgelegen hätten und folglich ein Gehörsverstoß gegeben sei.

§ 47 Abs. 5 Satz 1 VwGO macht die Entscheidung durch Beschluss nicht vom Einverständnis der Beteiligten abhängig. Über die Entbehrlichkeit einer mündlichen Verhandlung entscheidet das Normenkontrollgericht nach richterlichem Ermessen. Für die Ermessensausübung kommt es darauf an, ob der Entscheidung ein unstreitiger oder umfassend aufgeklärter Sachverhalt zugrunde liegt und ob die entscheidungserheblichen Rechtsfragen in den Schriftsätzen der Beteiligten ausreichend erörtert worden sind. Das Normenkontrollgericht ist zudem verpflichtet, Art. 6 Abs. 1 Satz 1 der Europäischen Menschenrechtskonvention (EMRK) mit dem Inhalt, den die Vorschrift in der Entscheidungspraxis des Europäischen Gerichtshofs für Menschenrechte gefunden hat, zu beachten (BVerwG, Beschlüsse v. 31.3.2011 – 4 BN 18.10 – juris Rdnr. 29, vom 30.11.2017 – 6 BN 1.17 – Buchholz 310 § 47 VwGO Nr. 212 Rdnr. 15 ff. und vom 23.6.2020 – 8 BN 1.20 – NVwZ-RR 2021, 8 Rdnr. 15).

Soweit die Antragstellerin eine unzureichende Anhörung vor Erlass des Beschlusses beanstandet, kann dahinstehen, ob weiterhin an der Rechtsprechung festzuhalten ist, wonach es einer Anhörung, die im Unterschied zur Regelung zum Berufungsverfahren in § 130a Satz 2 i. V. m. § 125 Abs. 2 Satz 3 VwGO nicht ausdrücklich vorgeschrieben ist, regelhaft nicht bedarf (so insbesondere BVerwG, Beschlüsse v. 8.9.1988 – 4 NB 15.88 – Buchholz 406.11 § 1 BBauG/BauGB Nr. 34 S. 11 und vom 31.3.2011 – 4 BN 18.10 – juris Rdnr. 30; offengelassen in Beschlüssen vom 8.9.2020 – 4 BN 17.20 – juris Rdnr. 3 und vom 7.12.2021 – 4 BN 18.21 – BRS Bd. 89 Nr. 172 S. 1040 f.).

Denn die Antragstellerin wurde vom Oberverwaltungsgericht mit Schreiben vom 20.11.2023 darauf hingewiesen, dass es vor dem Hintergrund der in den Schriftsätzen der Beteiligten erörterten Frage der Unzulässigkeit des Antrags eine Entscheidung im Beschlusswege erwäge; zugleich wurde der ins Auge gefasste Zeitpunkt für eine Beschlussfassung genannt. Vor diesem Hintergrund konnte die Antragstellerin weder in der Sache noch vom zeitlichen Ablauf von der Entscheidung des Oberverwaltungsgerichts in einer Weise überrascht werden, die auf eine Verletzung des Anspruchs auf rechtliches Gehör führt (vgl. BVerwG, Beschluss v. 8.9.1988 – 4 NB 15.88 – Buchholz 406.11 § 1 BBauG/BauGB Nr. 34 S. 11).

Die Antragstellerin hatte aufgrund der gerichtlichen Mitteilung die Gelegenheit, nochmals insbesondere zu der vom Oberverwaltungsgericht als entscheidungserheblich benannten Rechtsfrage der doppelten Rechtshängigkeit Stellung zu nehmen, deren Beantwortung für die Wahl der Entscheidungsform ausschlaggebend war. Von einem bloß »formularmäßig« und ohne Fallbezug erteilten Hinweis kann entgegen dem Einwand der Antragstellerin keine Rede sein. Diese Möglichkeit zur Stellungnahme war nicht deswegen unzureichend und gar entwertet, weil das Oberverwaltungsgericht zutreffend darauf verwiesen hat, dass die Beteiligten zur Zulässigkeitsfrage bereits vorgetragen hätten.

Auch ist unbeachtlich, dass die Antragstellerin sich in der Antragsbegründung – einer verbreiteten anwaltlichen Übung entsprechend – weiteres Vorbringen vorbehalten, vor dem Hinweis des Weiteren auf den Fortgang des Verfahrens durch Anberaumung einer mündlichen Verhandlung gedrängt und der Antragsgegner in der Antragserwiderung auf eine noch nachzureichende inhaltliche Erwiderung verwiesen hatte. Gleichwohl war die Antragstellerin angesichts der in § 47 Abs. 5 Satz 1 VwGO ermöglichten Verfahrensweise gehalten, sich – falls aus ihrer Sicht geboten – durch eine Stellungnahme Gehör zu verschaffen. Wenn sie davon abgesehen hat, kann ein solches Versäumnis nicht durch eine Verfahrensrüge kompensiert werden.

Das Oberverwaltungsgericht hat von dem ihm eingeräumten Ermessen, über den Antrag im Beschlusswege ohne mündliche Verhandlung zu entscheiden, rechtsfehlerfrei Gebrauch gemacht. Es hat insbesondere die Vorgaben aus Art. 6 Abs. 1 EMRK beachtet. Diese Vorschrift hat es zu Recht als anwendbar angesehen, weil mit den Festlegungen für die Windenergienutzung im angegriffenen Regionalplan Inhalt und Schranken des Grundeigentums bestimmt werden; dieses zählt zu den zivilrechtlichen Ansprüchen im Sinne von Art. 6 Abs. 1 EMRK.

Eine hiernach grundsätzlich gebotene mündliche Verhandlung ist jedoch dann entbehrlich, wenn der Normenkontrollantrag offensichtlich unzulässig ist (vgl. BVerwG, Urteil v. 16.12.1999 – 4 CN 9.98 – BVerwGE 110, 203 <215>; siehe auch Beschlüsse v. 12.11.2019 – 6 BN 2.19 – Buchholz 11 Art. 19 Abs. 4 GG Nr. 16 Rdnr. 8, vom 2.6.2021 – 5 BN 1.21 – Buchholz 310 § 47 VwGO Nr. 223 Rdnr. 5 und vom 28.7.2021 – 3 BN 4.21 – juris Rdnr. 9).

Zu Recht hat das Oberverwaltungsgericht angenommen, dass der Normenkontrollantrag angesichts des bereits kurz zuvor von der Antragstellerin anhängig gemachten, gegen denselben Regionalplan gerichteten Normenkontrollantrags wegen anderweitiger Rechtshängigkeit – und damit offensichtlich – unzulässig war (§ 173 Satz 1 VwGO i. V. m. § 261 Abs. 3 Nr. 1 ZPO). Denn der Streitgegenstand des zuletzt anhängig gemachten Normenkontrollantrags ist ungeachtet des jeweils auf unterschiedliche Betroffenheiten bezogenen Vorbringens in den beiden Verfahren mit dem des früher eingereichten Normenkontrollantrags identisch.

Nach dem auch im Verwaltungsprozess zugrunde zu legenden zweigliedrigen Streitgegenstandsbegriff ist der Streitgegenstand identisch mit dem prozessualen Anspruch, der durch die erstrebte, im Klageantrag zum Ausdruck gebrachte Rechtsfolge sowie durch den Klagegrund, nämlich den Sachverhalt, aus dem sich die Rechtsfolge ergeben soll, gekennzeichnet ist (vgl. BVerwG, Urteile v. 10.5.1994 – 9 C 501.93 – BVerwGE 96, 24 <25>, vom 31.8.2011 – 8 C 15.10 – BVerwGE 140, 290 Rdnr. 20, vom 14.11.2016 – 5 C 10.15 D – BVerwGE 156, 229 Rdnr. 17; zuletzt Urteil v. 31.8.2022 – 6 A 9.20 – BVerwGE 176, 224 Rdnr. 26).

Allerdings kommt dem Vortrag des Klägers bei der Bestimmung des Streitgegenstandes nur Anstoßfunktion zu. Als prozessualer Anspruch wird er zunächst durch die im Prozessrecht vorgegebenen Rechtsschutzformen mitbestimmt (vgl. BVerwG, Beschluss v. 3.5.2016 – 7 C 7.15 – AfP 2016, 564 Rdnr. 4), wobei die gewählte Fassung des Klageantrags nicht maßgeblich ist (§ 88 VwGO).

Auch wird der Streitgegenstand nicht durch den ausdrücklich vom Kläger vorgetragenen Sachverhalt beschränkt. Der Kläger hat es nicht in der Hand, den vorgegebenen Streitgegenstand in tatsächlicher oder rechtlicher Hinsicht zu verengen, noch kann er verlangen, dass einzelne entscheidungserhebliche Sachverhaltselemente außer Betracht zu bleiben hätten (BVerwG, Urteil v. 26.10.2006 – 10 C 12.05 – Buchholz 424.01 § 44 FlurbG Nr. 83 Rdnr. 19 sowie Beschluss v. 7.3.2016 – 7 B 45.15 – NVwZ 2017, 242 Rdnr. 6).

Hiernach ist beim Normenkontrollantrag nach § 47 VwGO, der im weiteren Sinne den Feststellungsklagen zuzurechnen ist, Streitgegenstand die allein objektiv-rechtlich zu beurteilende Frage der Gültigkeit der Rechtsnorm (vgl. BVerwG, Urteil v. 19.1.1984 – 3 C 88.82 – BVerwGE 68, 306 <310>; Beschlüsse v. 2.9.1983 – 4 N 1.83 – BVerwGE 68, 12 <16> und vom 29.1.1992 – 4 NB 22.90 – NVwZ 1992, 662). Diese Frage ist auf einen bestimmten, die Norm als Ganzes betreffenden Sachverhalt bezogen. Bei Änderung der insoweit der Prüfung zugrunde liegenden Sach- und Rechtslage ergibt sich ein neuer Streitgegenstand mit der Folge, dass die Bindungswirkung eines rechtskräftigen, den Normenkontrollantrag abweisenden Urteils entfällt (vgl. BVerwG, Beschlüsse v. 16.7.1990 – 4 NB 20.90 – NVwZ-RR 1991, 54 und vom 3.11.1993 – 4 NB 33.93 – NVwZ-RR 1994, 236; BGH, Urteil v. 8.7.2010 – III ZR 221/09 – BGHZ 186, 136 Rdnr. 26).

In diesem Sinne unterschiedliche Sachverhalte stehen nicht in Rede, soweit die Antragstellerin darauf verweist, dass sie in den anhängigen Normenkontrollverfahren ihre Antragsbefugnis auf je verschiedene Betroffenheiten in jeweils anderen von der angegriffenen Norm überplanten Bereichen stützt. Denn davon bleibt der einheitliche Streitgegenstand, der ungeachtet individueller Betroffenheiten und subjektiven Rechtsverletzungen im Normenkontrollverfahren als einem objektiven Rechtsbeanstandungsverfahren durch den gesamten, der Rechtsnorm zugrundeliegenden Sachverhalt gekennzeichnet ist, unberührt. Die Normenkontrolle nach § 47 VwGO enthält zwar zugleich ein Element des subjektiven Rechtsschutzes (vgl. BVerwG, Urteil v. 29.10.2020 – 4 CN 9.19 – NVwZ 2021, 331 Rdnr. 12 m. w. N.). Dies zeigt sich allerdings allein in der Regelung der Antragsbefugnis, die für die Bestimmung des Streitgegenstandes ohne Bedeutung ist.

Soweit die Beschwerde vorträgt, sie verfolge mit den Normenkontrollverfahren jeweils andere Vorhaben, nämlich die Errichtung von Windenergieanlagen an unterschiedlichen Standorten, wird damit lediglich eine für die Bestimmung des Streitgegenstandes wiederum unbeachtliche Motivation für die Inanspruchnahme von Rechtsschutz benannt.

Schließlich führt auch der Einwand nicht weiter, der Umfang der gerichtlichen Prüfung sei jedenfalls in der Praxis auf die Bewertung des Sachverhalts beschränkt, aus dem die Antragsbefugnis hergeleitet werde. Denn ein solches Vorgehen stünde in offensichtlichem Widerspruch zur Ausgestaltung des Normenkontrollverfahrens als objektives Rechtsbeanstandungsverfahren. Danach ist das Normenkontrollgericht verpflichtet, auch ohne entsprechende Rüge, die angegriffene Norm unter jedem denkbaren Gesichtspunkt auf ihre Wirksamkeit hin zu überprüfen; es gibt vor dem Hintergrund des § 86 VwGO kein Verbot, ungefragt auf Fehlersuche zu gehen (vgl. BVerwG, Urteil v. 29.10.2020 – 4 CN 9.19 – NVwZ 2021, 331 Rdnr. 14 m. w. N.). Es bleibt letztlich auch unerfindlich, was einen Antragsteller, nach dessen Auffassung die angegriffene Norm an verschiedenen Rechtsmängeln leidet, daran hindern sollte, dies – im Übrigen auch unter Verringerung des Kostenrisikos – gebündelt in einem Verfahren vorzubringen. …

III. Sonstiges Prozessrecht und Streitwert

Nr. 164

Der Verzicht auf mündliche Verhandlung nach § 101 Abs. 2 VwGO bezieht sich als grundsätzlich unwiderrufliche Prozesshandlung auf die nächste Entscheidung des Gerichts. Er verliert seine Wirksamkeit, wenn eine den Verzicht aufbrauchende Zwischenentscheidung ergeht, wie ein Beweis- oder ein Auflagenbeschluss.
(Leitsatz der Redaktion)

VwGO § 101, § 132 Abs. 2.

Bundesverwaltungsgericht, Beschluss vom 18. Juni 2024 – 4 B 3.24 –.

Aus den Gründen:

… Nachdem die Beteiligten im gerichtlichen Augenscheintermin am 6.7.2023 wirksam Verzichtserklärungen abgegeben hatten, durfte das Berufungsgericht nach § 125 Abs. 1 Satz 1 i. V. m. § 101 Abs. 2 VwGO ohne mündliche Verhandlung entscheiden. Die von der Beklagten vorgelegte Erklärung der Vermieterin der Klägerin, mit einer Nutzung der Wohnung zu Prostitutionszwecken nicht einverstanden zu sein (E-Mail vom 16.10.2023), hat hieran nichts geändert.

Der Verzicht auf mündliche Verhandlung nach § 101 Abs. 2 VwGO bezieht sich als grundsätzlich unwiderrufliche Prozesshandlung auf die nächste Entscheidung des Gerichts (vgl. BVerwG, Beschluss v. 1.9.2020 – 4 B 12.20 – NVwZ-RR 2021, 87 Rdnr. 11); er verliert seine Wirksamkeit, wenn nach den Verzichtserklärungen ein Beweisbeschluss ergeht, den Beteiligten durch einen Auflagenbeschluss eine Stellungnahme abgefordert wird oder Akten zu

Beweiszwecken beigezogen oder sonst neue Erkenntnismittel in den Prozess eingeführt werden (st. Rspr., vgl. BVerwG, Beschluss v. 5.7.2016 – 4 B 21.16 – BRS 84 Nr. 207 S. 1221 m. w. N.). Eine derartige, den Verzicht verbrauchende Zwischenentscheidung bzw. eine dem gleichstehende Maßnahme des Oberverwaltungsgerichts ist hier nicht erfolgt. Das Oberverwaltungsgericht hat kein neues, im Wege des Urkundenbeweises zu verwertendes Erkenntnismittel in das Verfahren eingeführt (vgl. BVerwG, Beschluss v. 29.12.1995 – 9 B 199.95 – Buchholz 310 § 101 VwGO Nr. 21 S. 3). Vielmehr hat die Beklagte das – hinsichtlich seiner Urheberschaft und seines Inhalts nicht umstrittene – Schreiben der Wohnungseigentümerin als Teil ihres Beteiligtenvortrags vorgelegt (vgl. BVerwG, Beschluss v. 15.2.1984 – 9 CB 149.83 – NVwZ 1984, 791).

Die hierdurch geänderte Prozesslage hat nicht die Widerruflichkeit der Verzichtserklärung zur Folge.

Das Verfahren der Entscheidung ohne mündliche Verhandlung hat in § 101 Abs. 2 VwGO für den Verwaltungsprozess eine eigenständige Regelung erfahren. Für eine Anwendung des § 128 Abs. 2 Satz 1 ZPO über § 173 Satz 1 VwGO, wonach bei einer wesentlichen Änderung der Prozesslage der Verzicht widerruflich ist, ist daher kein Raum (BVerwG, Beschluss v. 13.12.2013 – 6 BN 3.13 – Buchholz 310 § 101 VwGO Nr. 38 Rdnr. 10 m. w. N.). Es steht jedoch im Ermessen des Gerichts, ob es ungeachtet des wirksamen Verzichts gleichwohl aufgrund mündlicher Verhandlung entscheidet. Das Gericht hat in diesem Zusammenhang dafür Sorge zu tragen, dass durch seine Verfahrensweise das rechtliche Gehör der Beteiligten nicht verletzt wird. Danach kann eine mündliche Verhandlung dann geboten sein, wenn ein Beteiligter geltend macht, eine wesentliche Änderung der Prozesslage erfordere unter dem Gesichtspunkt seines rechtlichen Gehörs deren Durchführung (vgl. BVerwG, Beschlüsse v. 1.3.2006 – 7 B 90.05 – juris Rdnr. 14 und vom 1.9.2020 – 4 B 12.20 – NVwZ-RR 2021, 87 Rdnr. 11). Eine solche Lage, die im Berufungsurteil verneint wird, hat die anwaltlich vertretene Klägerin, der in der Vorinstanz Gelegenheit zur Stellungnahme gegeben wurde, indes nicht dargelegt. Sie hat im Berufungsverfahren nicht ausgeführt, warum es gerade einer mündlichen Verhandlung bedürfe, um auf die neue Prozesslage angemessen reagieren zu können. Sie trägt auch im Beschwerdeverfahren nichts dafür vor, dass das Berufungsgericht ohne solches Vorbringen von seinem Ermessen fehlerhaft Gebrauch gemacht hätte. …

Nr. 165

§ 86 Abs. 3 VwGO verpflichtet das Gericht nicht, die Beteiligten in der mündlichen Verhandlung auf ihre Rechtsauffassung oder die beabsichtigte Würdigung des Prozessstoffes hinzuweisen. Denn die tatsächliche und rechtli-

che Würdigung ergibt sich regelmäßig erst aufgrund der abschließenden Beratung des Spruchkörpers.
(Leitsatz der Redaktion)

VwGO § 86 Abs. 3, § 108, § 132.

Bundesverwaltungsgericht, Beschluss vom 19. Juni 2024 – 4 BN 27.23 –.

Aus den Gründen:

Die allein auf § 132 Abs. 2 Nr. 3 VwGO gestützte Beschwerde hat keinen Erfolg. Sie ist jedenfalls unbegründet.

Ohne Erfolg berufen sich die Antragsteller auf eine Verletzung des Überzeugungsgrundsatzes.

Fehler der Sachverhalts- und Beweiswürdigung des Tatsachengerichts, die dem Überzeugungsgrundsatz gemäß § 108 Abs. 1 VwGO genügen muss, sind regelmäßig nicht dem Verfahrensrecht, sondern dem sachlichen Recht zuzuordnen. Die Grenzen der Freiheit der richterlichen Überzeugungsbildung sind mit der Folge des Vorliegens eines Verfahrensfehlers aber dann überschritten, wenn das Gericht seiner Sachverhalts- und Beweiswürdigung nicht das Gesamtergebnis des Verfahrens zugrunde legt, sondern nach seiner Rechtsauffassung entscheidungserheblichen Akteninhalt übergeht oder aktenwidrige Tatsachen annimmt, oder wenn die von ihm gezogenen Schlussfolgerungen gegen die Denkgesetze verstoßen oder sonst von objektiver Willkür geprägt sind (st. Rspr., vgl. BVerwG, Beschlüsse v. 19.8.1997 – 7 B 261.97 – Buchholz 310 § 133 <n. F.> VwGO Nr. 26 S. 15, vom 23.8.2021 – 4 BN 7.21 – juris Rdnr. 3 m. w. N. und vom 2.3.2023 – 4 B 16.22 – juris Rdnr. 26), ferner, wenn es Umstände übergeht, deren Entscheidungserheblichkeit sich ihm hätten aufdrängen müssen (BVerwG, Beschluss v. 30.12.2016 – 9 BN 3.16 – NVwZ-RR 2017, 1037 Rdnr. 12).

Die Beschwerde macht geltend, dass die Annahme des Verwaltungsgerichtshofs, die Antragsteller könnten bauliche Anlagen auch auf solche Flächen nördlich der Hofstelle verlagern, die im Bebauungsplan mit »B« gekennzeichnet sind, auf einer unterbliebenen Würdigung der textlichen Festsetzung unter Ziffer 3.2 beruhe. Die darin vorgesehene Ausnahme vom Bebauungsverbot könne nicht auf § 9 Abs. 1 Nr. 10 und Nr. 24 gestützt werden, so dass im Ergebnis ausschließlich Einfriedungen zulässig seien. Mit der vom Verwaltungsgerichtshof nicht erkannten Unwirksamkeit der textlichen Festsetzung unter Ziffer 3.2 entfalle auch die Erforderlichkeit der Planung (§ 1 Abs. 3 BauGB), namentlich erweise sich die Festsetzung dieses Bereichs als Dorfgebiet als »Etikettenschwindel«.

Diese Ausführungen führen nicht auf einen Mangel im o. g. Sinne. Sie erschöpfen sich in inhaltlicher Kritik an der vorinstanzlichen Entscheidung. Der Verwaltungsgerichtshof hat sich im Rahmen der Abwägungskontrolle ausführlich mit den Erfordernissen und Entwicklungsmöglichkeiten des landwirtschaftlichen Betriebs der Antragsteller befasst. Nach seiner Auffassung unterliegen die Festsetzungen der Flächen, die von Bebauung freizuhalten sind, keinen rechtlichen Bedenken. Er hat angenommen, dass die Antragsgegnerin auf der Grundlage des Sachverständigengutachtens von Oktober 2013 weitere Entwicklungsmöglichkeiten auch auf der nördlichen Seite des G. Wegs vorgesehen habe, »so dass auch bei diesen Festsetzungen die beiderseitigen Interessen zu einem gerechten Ausgleich gebracht worden sind«. Die damit in ihrer Gesamtheit in Bezug genommenen Festsetzungen sind auf § 9 Abs. 1 Nr. 1 BauGB i. V. m. § 5 BauNVO sowie § 9 Abs. 1 Nr. 10, 18 Buchst. a und 24 BauGB gestützt. Für die mit den Planzeichen »A« und »B« gekennzeichneten Flächen verweist die Planlegende auf die Textfestsetzungen, hinsichtlich des Planzeichens »B« ist dies Ziffer 3.2. Anhaltspunkte dafür, dass der Verwaltungsgerichtshof dies übersehen hat, sind nicht ersichtlich. Soweit er von Entwicklungsmöglichkeiten ausgegangen ist, ergeben diese sich gerade aus der Ausnahmeregelung in Satz 2 der textlichen Festsetzung unter Ziffer 3.2.

Richtig ist, dass der Verwaltungsgerichtshof sich nicht näher mit der Frage befasst hat, ob die Festsetzungen für sich genommen und in Kombination zulässig sind. Die Beschwerde zeigt aber nicht auf, dass die in der Vorinstanz anwaltlich vertretenen Antragsteller insoweit Einwände erhoben haben und der Verwaltungsgerichtshof dieses Vorbringen übergangen hat.

Die Beschwerde legt keinen Verstoß gegen den Amtsermittlungsgrundsatz (§ 86 Abs. 1 Satz 1 VwGO) dar.

Eine Aufklärungsrüge kann nur Erfolg haben, wenn substantiiert dargetan wird, welche Tatsachen auf der Grundlage des materiell-rechtlichen Standpunkts des Tatsachengerichts aufklärungsbedürftig waren, welche für geeignet und erforderlich gehaltenen Aufklärungsmaßnahmen hierfür in Betracht kamen, welche tatsächlichen Feststellungen dabei voraussichtlich getroffen worden wären und inwiefern das unterstellte Ergebnis zu einer dem Beschwerdeführer günstigeren Entscheidung hätte führen können (st. Rspr., vgl. BVerwG, Beschlüsse v. 19.8.1997 – 7 B 261.97 – Buchholz 310 § 133 <n. F.> VwGO Nr. 26 S. 14 f. und vom 29.1.2019 – 4 BN 15.18 – juris Rdnr. 14). Das leistet die Beschwerde nicht. Sie rügt, der Verwaltungsgerichtshof habe nicht ermittelt, ob den Beteiligten – genauer gesagt den Antragstellern – die Bedeutung der textlichen Festsetzung unter Ziffer 3.2 bekannt gewesen sei. Dieses Vorbringen verkennt den Inhalt der Amtsermittlungspflicht. Diese bezieht sich auf den entscheidungserheblichen Sachverhalt und nicht auf das rechtliche Vorverständnis der Beteiligten.

Schließlich ist auch ein Verstoß gegen die Hinweispflicht (§ 86 Abs. 3 VwGO) nicht ersichtlich.

Mit dem Vorwurf, der Verwaltungsgerichtshof habe gegen § 86 Abs. 3 VwGO verstoßen, weil er den auf die Änderungen an den Verkehrswegen »verengten Blick« der Antragsteller auch auf die Festsetzungen für die Flächen nördlich und südlich des G. Wegs hätte lenken müssen, wird Bedeutung und Reichweite des § 86 Abs. 3 VwGO verkannt. § 86 Abs. 3 VwGO soll verhindern, dass die Durchsetzung von Rechten an der Unerfahrenheit, Unbeholfenheit oder mangelnden Rechtskenntnis eines Beteiligten scheitert. Hinweise sind vor allem dann geboten, wenn ein Beteiligter erkennbar von falschen Tatsachen ausgeht und es deshalb unterlässt, das vorzutragen, was für seine Rechtsverfolgung notwendig wäre. Daher hat der Vorsitzende gemäß § 86 Abs. 3 VwGO mit Hinweisen behilflich zu sein und dem Kläger den rechten Weg zu weisen, wie er im Rahmen der gebotenen Möglichkeiten das erstrebte Ziel am besten und zweckmäßigsten erreichen kann (BVerwG, Urteil v. 14.5.1963 – 7 C 40.63 – BVerwGE 16, 94 <98>). Die Pflicht, die § 86 Abs. 3 VwGO begründet, darf indes nicht mit Rechtsberatung verwechselt werden. Das gilt insbesondere dann, wenn ein Beteiligter – wie hier – anwaltlich vertreten wird. Das Gericht darf grundsätzlich davon ausgehen, dass ein Rechtsanwalt mit der Sach- und Rechtslage hinreichend vertraut ist (BVerwG, Beschluss v. 23.10.2008 – 4 B 30.08 – 2009, 233 Rdnr. 14).

Dass die Entwicklungsmöglichkeiten des landwirtschaftlichen Betriebs der Antragsteller südlich und nördlich des G. Wegs zentraler Gegenstand des Verfahrens waren, zeigt schon das im Tatbestand des angegriffenen Urteils wiedergegebene Vorbringen der Antragsgegnerin und stellt auch die Beschwerde nicht in Abrede. Der Verwaltungsgerichtshof hatte einen zuvor aufgestellten Bebauungsplan vor allem wegen einer unzulänglichen Berücksichtigung der Belange der Antragsteller für unwirksam erklärt (VGH Kassel, Urteil v. 25.8.2011 – 4 C 419/10.N – juris Rdnr. 29 ff.). Ob und in welchem Umfang Entwicklungsmöglichkeiten bestehen, richtet sich nach den zeichnerischen und textlichen Festsetzungen. Hierauf und auf die damit zusammenhängende Frage ihrer Zulässigkeit musste das Gericht die anwaltlich vertretenen Antragsteller nicht hinweisen. Auch sonstiger Hinweise bedurfte es nicht. Namentlich verpflichtet § 86 Abs. 3 VwGO das Gericht nicht, die Beteiligten in der mündlichen Verhandlung auf ihre Rechtsauffassung oder die beabsichtigte Würdigung des Prozessstoffes hinzuweisen. Denn die tatsächliche und rechtliche Würdigung ergibt sich regelmäßig erst aufgrund der abschließenden Beratung des Spruchkörpers (st. Rspr., vgl. BVerwG, Beschluss v. 15.7.2022 – 4 B 32.21 – juris Rdnr. 22 m. w. N.). Vor diesem Hintergrund liegt auch der in der Beschwerdebegründung allenfalls »anklingende« Vorwurf einer Überraschungsentscheidung neben der Sache. …

Nr. 166

Eine Beschwerde, die über das besondere elektronische Anwaltspostfach an die elektronische Poststelle des Gerichtseingereicht wird und deren Eingang durch den vertrauenswürdigen Herkunftsnachweis bestätigt wird, ist ord-

nungsgemäß eingereicht, auch wenn die Prüfung des sicheren Herkunftsnachweises bei Gericht – aus welchen Gründen auch immer – nicht möglich war. (Leitsatz der Redaktion)

VwGO §§ 55a, 55d.

Bundesverwaltungsgericht, Beschluss vom 6. November 2024 – 4 BN 3.24 –.

Aus den Gründen:

Die Beschwerde ist zulässig. Insbesondere hat der Antragsgegner die am 6.2.2024 abgelaufene Beschwerdebegründungsfrist gemäß § 133 Abs. 3 Satz 1 VwGO durch das am 5.2.2024 an das Oberverwaltungsgericht übermittelte elektronische Dokument gewahrt.

Nach § 55d Satz 1 VwGO sind vorbereitende Schriftsätze und deren Anlagen sowie schriftlich einzureichende Anträge und Erklärungen, die durch einen Rechtsanwalt eingereicht werden, als elektronisches Dokument zu übermitteln. Diese Regelung gilt in entsprechender Anwendung von § 141 Satz 1, § 125 Abs. 1 Satz 1 und § 173 Satz 1 VwGO i. V. m. § 253 Abs. 4 ZPO auch für die Beschwerde gegen die Nichtzulassung der Revision und deren Begründung (BVerwG, Beschlüsse v. 17.1.2023 – 9 B 23.22 – NVwZ 2023, 1422 Rdnr. 2 und vom 21.12.2023 – 2 B 2.23 – NVwZ 2024, 595 Rdnr. 7).

Gemäß § 55a Abs. 3 Satz 1 VwGO muss das elektronische Dokument mit einer qualifizierten Signatur der verantwortenden Person versehen oder von der verantwortenden Person signiert und auf einem sicheren Übermittlungsweg eingereicht werden. Auf diese Weise soll die Authentizität des Dokuments, d. h. die Verknüpfung des Erklärungsinhalts mit der Identität des Absenders als der verantwortenden Person, nachgewiesen werden (vgl. BVerwG, Beschluss v. 12.10.2021 – 8 C 4.21 – Buchholz 310 § 55a VwGO Nr. 5 Rdnr. 5).

Diesen Anforderungen ist hier Genüge getan.

Die elektronisch übermittelte Beschwerdebegründung war zwar ausweislich des Prüfvermerks des Oberverwaltungsgerichts nicht nach der ersten Alternative mit einer qualifizierten elektronischen Signatur versehen; anderes wird auch in der Beschwerde nicht behauptet. Das mit der maschinenschriftlichen Angabe des Namens des Prozessbevollmächtigten auf dem Schriftsatz ordnungsgemäß einfach signierte Dokument (BVerwG, Beschluss v. 4.10.2022 – 20 F 15.22 – Buchholz 310 § 99 VwGO Nr. 100 Rdnr. 8; BAG, Beschluss v. 14.9.2020 – 5 AZB 23/20 – BAGE 172, 186 Rdnr. 14 f.; BGH, Beschluss v. 30.11.2023 – III ZB 4/23 – NJW-RR 2024, 331 Rdnr. 10 und BSG, Beschluss v. 15.5.2024 – B 8 SO 3/22 R – juris Rdnr. 5) wurde aber über das besondere elektronische Anwaltspostfach und die elektronische Poststelle des Gerichts und damit auf einem sicheren Übermittlungsweg im Sinne der zweiten Alternative eingereicht (§ 55a Abs. 4 Satz 1 Nr. 2 VwGO i. V. m. §§ 31a f. BRAO und der Verordnung über die Rechtsanwaltsverzeichnisse und die besonderen elektronischen Anwaltspostfächer – RAVPV –).

Die ordnungsgemäße Einreichung auf diesem sicheren Übermittlungsweg setzt voraus, dass die das Dokument signierende und damit verantwortende Person, d. h. der Rechtsanwalt, dieses selbst versendet; die Versendung durch einen Dritten genügt nicht (BVerwG, Beschluss v. 12.10.2021 – 8 C 4.21 – Buchholz 310 § 55a VwGO Nr. 5 Rdnr. 4; BAG, Beschluss v. 5.6.2020 – 10 AZN 53/20 – BAGE 171, 28 Rdnr. 14 ff.; BSG, Beschluss v. 27.9.2023 – B 2 U 1/23 R – juris Rdnr. 17 sowie BGH, Beschluss v. 5.6.2024 – 4 StR 157/24 – NStZ-RR 2044, 254). Demnach bestimmt § 23 Abs. 3 Satz 5 RAVPV, dass das Recht, nicht-qualifiziert elektronisch signierte Dokumente über das besondere elektronische Anwaltspostfach zu versenden, nicht auf Dritte übertragen werden kann; § 26 RAVPV legt dem Postfachinhaber die Verpflichtung auf, den unbefugten Zugriff auf sein Postfach durch die erforderlichen Maßnahmen zu verhindern.

Die Nutzung des sicheren Übermittlungswegs durch die berechtigte Person wird durch den vertrauenswürdigen Herkunftsnachweis (vHN) bestätigt. Der vHN, der beim besonderen elektronischen Anwaltspostfach durch die Bundesrechtsanwaltskammer sicherzustellen ist (§ 20 Abs. 3 RAVPV), ist eine fortgeschrittene elektronische Signatur, die nachweist, dass der Postfachinhaber mit seiner persönlichen Kennung bei seinem Verzeichnisdienst angemeldet war und dass dieser Verzeichnisdienst ihn als Inhaber eines sicheren Übermittlungswegs ausweist (BVerwG, Beschluss v. 12.10.2021 – 8 C 4.21 – Buchholz 310 § 55a VwGO Nr. 5 Rdnr. 6 f.; BAG, Beschluss v. 5.6.2020 – 10 AZN 53/20 – BAGE 171, 28 Rdnr. 27).

Ob das eingegangene Dokument auf einem solchen Übermittlungsweg versandt worden ist, lässt sich anhand des Prüfvermerks, des Transfervermerks oder des Prüfprotokolls erkennen. Diese visualisieren den vHN, während auf dem eingegangenen Dokument selbst sich kein verlässlicher Hinweis auf den Übermittlungsweg befindet. Auf dem Transfervermerk, dem Prüfvermerk oder dem Prüfprotokoll in der EGVP-Empfangskomponente der Justiz lässt sich das Vorhandensein eines vHN bei den »Informationen zum Übermittlungsweg« durch den Eintrag: »Sicherer Übermittlungsweg aus einem besonderen Anwaltspostfach« erkennen (siehe BRAK, beA-Anwenderhandbuch, November 2024, S. 152, 154). Hierdurch wird der Übermittlungsweg im Sinne des § 298 Abs. 2 und 3 ZPO aktenkundig gemacht (vgl. Müller, in: Ory/Werth, jurisPK-ERV, Band 3, 2. Aufl. 2022, § 55a VwGO Rdnr. 215 f., 220).

Fehlt es demgegenüber am vHN, wird je nach festgestelltem Mangel und abhängig von der Art des genutzten vHN (siehe zum vHN 2, Vertrauenswürdiger Herkunftsnachweis (vHN) 2, Spezifikation, Version 2.2, Stand 9.12.2021, verfügbar unter https://www.egvp.justiz.de/Drittprodukte) vermerkt: »Sicherer Übermittlungsweg aus einem besonderen elektronischen Anwaltspostfach. Das Zertifikat des Herkunftsnachweises ist gesperrt.« bzw. »Keine Übermittlung über einen sicheren Übermittlungsweg, weil die Prüfung des Herkunftsnachweises des besonderen Anwaltspostfachs zu dem Ergebnis ›ungültig‹ führte.« oder »Diese Nachricht wurde per EGVP versandt.«, dies ggfs. mit der Ergänzung »Die Prüfung des Herkunftsnachweises führte zu dem Ergebnis ›ungültig‹.« (siehe BRAK, a. a. O., S. 155 f.).

An einer abschließenden – positiven oder negativen – Feststellung zum Vorliegen eines vHN fehlt es hier indessen. Im Prüfprotokoll des Oberverwaltungsgerichts wird vielmehr darauf hingewiesen, dass die »Prüfung des sicheren Übermittlungswegs zum Prüfungszeitpunkt nicht möglich« sei. Damit wird dokumentiert, dass das Ergebnis der Signaturprüfung unbestimmt ist (vgl. BRAK, a. a. O., S. 152, 154). Dies kann seine Ursache in Störungen des Intermediärs (siehe Tiedemann, in: Henssler/Willemsen/Kalb, Arbeitsrecht Kommentar, 11. Aufl. 2024, § 46c ArbGG Rdnr. 44) oder der Nichterreichbarkeit des Verifikationsservers haben (BRAK, a. a. O., S. 157).

Die Frage der ordnungsgemäßen Erhebung der Beschwerde hat der Senat im Wege des Freibeweises aufzuklären (vgl. BVerwG, Beschluss v. 14.5.2020 – 2 B 14.19 – Buchholz 310 § 56 VwGO Nr. 14 Rdnr. 10 m. w. N.; BAG, Beschluss v. 5.6.2020 – 10 AZN 53/20 – BAGE 171, 28 Rdnr. 31).

Im Rahmen des ihm eingeräumten Ermessens sieht der Senat von der Anordnung weiterer technischer Prüfungen ab. Dabei kann dahinstehen, ob die vom Oberverwaltungsgericht gegebene Begründung für einen Verzicht auf eine nochmalige Prüfung – eine solche sei angesichts der noch verwendeten, mittlerweile aber überholten GO§A-Version mit vertretbarem Aufwand nicht möglich – ohne Weiteres als tragfähig anerkannt werden kann. Denn der Senat kann sich schon anhand des vom Prozessbevollmächtigten des Antragsgegners vorgelegten Prüfprotokolls, das dem Rechtsanwalt eine verlässliche Ausgangskontrolle ermöglicht (siehe BGH, Beschluss v. 21.3.2023 – VIII ZB 80/22 – NJW 2023, 1668 Rdnr. 23), davon überzeugen, dass ein vHN vorhanden ist. Das Prüfprotokoll vermerkt unter »Informationen zum Übermittlungsweg« – »Sicherer Übermittlungsweg aus einem besonderen Anwaltspostfach.« und weist den vHN auf der Grundlage der hierfür erforderlichen Dateien – vhn.xml und vhn.xml.p7s – nach (vgl. Müller, in: Ory/Werth, jurisPK-ERV, Band 3, 2. Aufl. 2022, § 55a VwGO Rdnr. 250 ff.; vHN 2, Vertrauenswürdiger Herkunftsnachweis (vHN) 2, Spezifikation, Version 2.2, Stand 9.12.2021, verfügbar unter https://www.egvp.justiz.de/Drittprodukte, S. 3). Als Gesamtprüfergebnis wird unter »Zusammenfassung und Struktur« darin wiedergegeben, dass sämtliche durchgeführten Prüfungen ein positives Ergebnis lieferten; beim Autor wird vermerkt: »Vertrauenswürdiger Herkunftsnachweis beA« – dies wird im Prüfprotokoll mit der »Ampelfarbe« grün unterlegt – sowie: »Die Signatur ist gültig. Alle notwendigen Prüfungen sind positiv verlaufen.« (siehe auch hierzu BRAK, beA-Anwenderhandbuch, November 2024, S. 156 f.). Hiernach spricht viel dafür, dass der fehlende Hinweis auf den vHN beim Eingang im elektronischen Postfach des Oberverwaltungsgerichts auf einem technischen Fehler beruht. …

Nr. 167

1. **Ein als »Berufung« bezeichnetes Rechtsmittel gegen einen im Verfahren des einstweiligen Rechtschutzes ergangenen Beschluss kann ggf. als Beschwerde ausgelegt werden, ohne dass es einer gerichtlichen Umdeutung bedarf (Abgrenzung zu BVerwG, Beschluss v. 19.4.2010 – 9 B 4.10 –, juris Rdnr. 5; Hess. VGH, Beschluss v. 7.1.2019 – 7 A 2421/18.Z –, juris Rdnr. 8).**

2. **In einer Situation, in der vieles dafür spricht, dass ein qualifiziert elektronisch signiertes Widerspruchsschreiben zu einem konkret bezeichneten Zeitpunkt im besonderen elektronischen Behördenpostfach (beBPo) einer Behörde eingegangen ist, kann diese sich nicht darauf beschränken, den Zugang eines entsprechen Schreibens pauschal oder unter Verweis auf ihre regelmäßig korrekt ablaufenden Verwaltungsvorgänge zu bestreiten. Ebenso wenig kann sie sich darauf berufen, sämtliche den Posteingang betreffenden digitalen Verwaltungsvorgänge bereits nach wenigen Monaten – d. h. in einem Zeitraum, in dem nicht notwendigerweise mit einer Entscheidung über einen Widerspruch gerechnet werden kann und auch ein etwaiges »Untergehen« eines Schriftstückes nicht notwendigerweise bemerkt wird – automatisiert gelöscht zu haben.**

3. **§ 55a VwGO regelt nur die Einreichung elektronischer Dokumente bei Gericht. Auch nach § 3a Abs. 2 Satz 1 VwVfG besteht jedoch die Möglichkeit, eine durch Rechtsvorschrift angeordnete Schriftform durch die elektronische Form zu ersetzen. Nach § 3a Abs. 2 Satz 2 VwVfG genügt hierfür ein elektronisches Dokument, das mit einer qualifizierten elektronischen Signatur versehen ist.**

4. **Eine genehmigungspflichtige Nutzung einer baulichen Anlage, die nicht von der erforderlichen Baugenehmigung gedeckt ist, steht im Widerspruch zu öffentlich-rechtlichen Vorschriften. Es entspricht regelmäßig pflichtgemäßer Ermessensausübung, wenn die Bauaufsichtsbehörde eine formell illegale Nutzung durch Erlass einer Nutzungsuntersagung unterbindet, wenn die Nutzung nicht offensichtlich genehmigungsfähig ist (vgl. schon Senatsurt. v. 9.11.2020 – 3 S 2590/18 –, juris Rdnr. 47 ff. 58 ff., 66 ff.). Eine solche Nutzungsuntersagung kann regelmäßig für sofort vollziehbar erklärt werden, um der gesetzlich vorgesehenen Präventivkontrolle Geltung zu verschaffen (Anschluss an VGH Bad.-Württ., Beschluss v. 1.2.2007 – 8 S 2606/06 –, juris Rdnr. 5)**

VwGO § 55a, § 88; VwVfG § 3a.

VGH Baden-Württemberg, Beschluss vom 16. Juli 2024 – 3 S 1709/23 –.

Aus den Gründen:

Der Antragsteller begehrt vorläufigen Rechtsschutz gegen zwei von der Antragsgegnerin ausgesprochene Nutzungsuntersagungen im Hinblick auf die Nutzung von Räumlichkeiten eines Massagestudios als Bordell sowie die Nutzung benachbarter Kellerräumlichkeiten zu Wohnzwecken. …

Die Entscheidung der Antragsgegnerin wurde dem Antragsteller am 21.7.2023 zugestellt. Mit am Abend des 15.8.2023 im Elektronischem Gerichts- und Verwaltungspostfach (EGVP) des Verwaltungsgericht Karlsruhe eingegangenem, qualifiziert elektronisch signiertem Schriftsatz seines Bevollmächtigten vom 4.8.2023 hat der Antragsteller einen Antrag auf einstweiligen Rechtsschutz gestellt, der der Antragsgegnerin seitens des Verwaltungsgerichts am 17.8.2023 über das besondere elektronische Behördenpostfach (beBPo) technisch übermittelt worden ist. Das beim Verwaltungsgericht am 22.8.2023 eingegangene elektronische Empfangsbekenntnis der Antragsgegnerin trägt das Datum vom 22.8.2023; ob der Bevollmächtigte des Antragstellers – wie dieser erstmals im Beschwerdeverfahren geltend gemacht hat – parallel zu seinem Antragsschreiben ein Widerspruchsschreiben an das besondere elektronische Behördenpostfach des Rechtsamts der Antragsgegnerin gerichtet hat, ist zwischen den Beteiligten streitig. …

Mit Beschluss v. 7.10.2023, der dem Bevollmächtigten des Antragstellers am 10.10.2023 zugestellt wurde, hat das Verwaltungsgericht den Antrag auf vorläufigen Rechtsschutz abgelehnt, da das – ggf. sachdienlich auch als Widerspruchsschreiben auszulegende – Antragsschreiben ausweislich des Empfangsbekenntnisses der Antragsgegnerin erst nach Ablauf der Widerspruchsfrist an die Antragsgegnerin übermittelt worden sei und eine Wiedereinsetzung in die Widerspruchsfrist nicht in Betracht komme.

Am 12.10.2023 hat der Bevollmächtigte des Antragstellers gegen die Entscheidung des Verwaltungsgerichts »Berufung« beim Verwaltungsgerichtshof eingelegt und diese begründet. …

Mit Verfügungen vom 29.11.2023 und vom 24.6.2024 hat die frühere Berichterstatterin den Antragsteller zur Vorlage u. a. des Widerspruchsschreibens aufgefordert und die Antragsgegnerin um Prüfung des hinsichtlich des Widerspruchsschreibens vorgetragenen Sachverhalts gebeten. Mit Schriftsätzen vom 7.12.2023 und vom 1.7.2024 hat die Antragsgegnerin mitgeteilt, dass eine Rekonstruktion des Schreibens vom 15.8.2023, das unter der im Übertragungsprotokoll bezeichneten Nachrichten-ID übersandt worden sei, nicht möglich sei, da alle zu diesem Zeitpunkt eingegangenen Schreiben bereits im Zeitpunkt der ersten gerichtlichen Aufforderung routinemäßig gelöscht gewesen seien. Da Posteingänge im Zeitpunkt ihres Eingangs stets zur jeweiligen Akte genommen würden, ein Widerspruch aber nicht zur Akte der Antragsgegnerin gelangt sei, könne nicht von einem Eingang des Widerspruchs ausgegangen werden. Im Übrigen sei die Angabe des Bevollmächtigten des Antragstellers, den Widerspruch unmittelbar an das Rechtsamt gesandt zu haben, nicht glaubhaft, da dieses erst mit Übermittlung des Antragsschriftsatzes durch das Verwaltungsgericht in das Verfahren eingebunden worden sei und der an das Verwaltungsgericht übersandte, auf den 4.8.2023 datierte Antrag die Postadresse der Baurechtsbehörde trage. Es sei im Übrigen jedenfalls nicht glaubhaft gemacht, dass dieser den gesetzlichen Formvorschriften entsprochen hätte. …

Das Rechtsmittel des Antragstellers gegen den im Verfahren des vorläufigen Rechtsschutzes ergangenen Beschluss des Verwaltungsgerichts ist als Beschwerde im Sinne des § 146 Abs. 1 und 4 VwGO statthaft und auch im Übrigen zulässig. Zwar kann die nach dem Wortlaut des anwaltlichen Schriftsatzes vom 12.10.2023 eingelegte »Berufung« nach § 124 Abs. 1 i. V. m. § 84 Abs. 2 Nr. 1, Abs. 3 Hs. 1 VwGO nur im Hinblick auf erstinstanzliche Endurteile und Gerichtsbescheide des Verwaltungsgerichts statthaft sein. Der Antrag lässt jedoch noch hinreichend erkennen, dass sich das Rechtsmittel gegen den Beschluss des Verwaltungsgerichts vom 7.10.2023 richtet und der Antragsteller eine Abänderung der erstinstanzlichen Entscheidung zu seinen Gunsten begehrt. Da das vom Bevollmächtigten des Antragstellers bezeichnete Rechtsmittel auch in der Sache demselben Zweck dient wie die hier tatsächlich statthafte Beschwerde, ist sie gemäß § 122 Abs. 1 i. V. m. § 88 VwGO einer sachdienlichen Auslegung als Beschwerde zugänglich (vgl. BVerwG, Beschluss v. 2.8.1995 – 9 B 303.95 –, juris Rdnr. 3), ohne dass es einer – bei anwaltlichen Rechtsmittelerklärungen ggf. unstatthaften (vgl. BVerwG, Beschluss v. 19.4.2010 – 9 B 4.10 –, juris Rdnr. 5; Hess. VGH, Beschluss v. 7.1.2019 – 7 A 2421/18.Z –, juris Rdnr. 8 m. w. N.) – Umdeutung bedürfte.

Das so verstandene Rechtsmittel des Antragstellers hat jedoch in der Sache keinen Erfolg.

Dabei kann offen bleiben, ob das – auch inhaltlich außerordentlich knapp gehaltene – Vorbringen des Antragstellers die Begründung des Verwaltungsgerichts, das seine Entscheidung alleine auf den Eintritt der Bestandskraft der Entscheidung der Antragsgegnerin vom 14.7.2024 gestützt hat, in hinreichender Weise erschüttert hat.

Denn auch in diesem Fall hätte das Beschwerdegericht ohne Bindung an die im Sinne des § 146 Abs. 4 Satz 6 VwGO dargelegten Gründe zu prüfen, ob die (ggf.) fehlerhaft begründete Entscheidung des Verwaltungsgerichts aus anderen Gründen im Ergebnis richtig ist (vgl. Senatsbeschl. v. 27.2.2013 – 3 S 491/12 –, juris Rdnr. 3 m. w. N.). Auch im Fall einer solchen eigenständigen Prüfung durch den Senat hätte der Antrag des Antragstellers, die aufschiebende Wirkung seines Widerspruchs im Hinblick auf die Ziffern 1 und 2 der Entscheidung der Antragsgegnerin vom 14.7.2024 wiederherzustellen und im Hinblick auf deren Ziffern 4 und 5 anzuordnen, jedoch keinen Erfolg.

Allerdings spricht manches dafür, dass die Entscheidung der Antragsgegnerin vom 14.7.2023 – entgegen der seitens des Verwaltungsgerichts vertretenen Rechtsauffassung – nicht in Bestandskraft erwachsen sein dürfte.

Zwar zieht der Antragsteller im Beschwerdeverfahren nicht substantiiert in Zweifel, dass die Weiterleitung seiner an das Verwaltungsgericht gerichteten, dort am Abend des 15.8.2023 eingegangenen Antragsschrift an die Antragsgegnerin nicht geeignet gewesen wäre, den Eintritt der Bestandskraft der Entscheidung vom 14.7.2023 zu vermeiden, da diese bei der insoweit empfangszuständigen Antragsgegnerin ausweislich des von dieser abgegebenen Empfangsbekenntnisses erst am 22.7.2023 – d. h. nach Ablauf der Widerspruchsfrist – einging.

Die diesbezüglichen Ausführungen des Verwaltungsgerichts zur Beweiskraft des abgegebenen Empfangsbekenntnisses und zur Weiterleitung des Antrags im ordnungsgemäßen Geschäftsgang hat der Antragsteller nicht erschüttert.

Er verweist im Beschwerdeverfahren jedoch erstmals darauf, ein Widerspruchsschreiben parallel zu seinem Antragsschriftsatz per besonderem Anwaltspostfach an die Antragstellerin abgesandt zu haben. Insoweit spricht nach Auffassung des Senats vieles dafür, dass die Angaben im seitens des Bevollmächtigten des Antragstellers übermittelten Prüfprotokoll vom 13.10.2023, dem zufolge am 15.8.2023 gegen 18:43 Uhr ein als »Widerspruch« bezeichnetes Dokument aus dem besonderen Anwaltspostfach des Bevollmächtigten des Antragstellers im besonderen elektronischen Behördenpostfach des Rechtsamts der Antragsgegnerin eingegangen sein soll, zutreffen. Zwar hat der Bevollmächtigte des Antragstellers das dazugehörige Schreiben dem Senat auch auf wiederholte Aufforderung nicht vorgelegt; aus dem im Prüfungsprotokoll vom 13.10.2023 bezeichneten Aktenzeichen, das dem Aktenzeichen des bei der Antragstellerin geführten Verfahrens entspricht, ergibt sich jedoch – voraussichtlich unabhängig vom konkreten Inhalt des Schreibens – mit noch hinreichender Deutlichkeit, dass der Antragsteller in rechtlicher Hinsicht gegen die Entscheidung vom 14.7.2023 vorgehen wollte.

Zwar kann auch der Senat nicht nachvollziehen, warum der Bevollmächtigte des Antragstellers den Einwand trotz entsprechenden Hinweises des Verwaltungsgerichts auf eine mögliche Verfristung im erstinstanzlichen Verfahren nicht geltend gemacht und auf den Vorhalt der Antragsgegnerin, dass eine Übermittlung an das besondere elektronischen Behördenpostfach des am bisherigen Verfahren nicht beteiligten Rechtsamts nicht plausibel sei, nicht erwidert; dennoch sprechen die Gesamtumstände gegen eine bewusst wahrheitswidrige Fälschung des Prüfprotokolls vom 13.10.2023 und für die Richtigkeit der seitens des Bevollmächtigten des Antragstellers behaupteten Umstände.

Insbesondere lässt auch die Angabe der Postadresse der Baubehörde im Antragsschreiben an das Verwaltungsgericht nicht den Schluss zu, dass die behauptete Übermittlung des elektronischen Widerspruchsschreibens an das besondere elektronische Behördenpostfach des Rechtsamts – die i. d. R. durch Auswahl einer von ggf. mehreren, oft nicht auf den ersten Blick unterscheidbaren Postfachadressen der betroffenen Behörde aus einem Drop-Down-Menü erfolgt – nicht als glaubhaft angesehen werden könnte. Vielmehr werden die – allerdings irrtümlich auf den Folgetag datierten – Angaben des Bevollmächtigens des Antragstellers zu einer (nahezu) parallelen Absendung von Eilrechtsschutzantrag (15.8.2023, 18:26 Uhr) und Widerspruchschreiben (15.8.2023, 18:36 Uhr) durch die jeweiligen Protokolle belegt.

Dabei kann im Übrigen offen bleiben, ob der Antragsteller im vorliegenden Fall die (materielle) Beweislast für die Statthaftigkeit seines Antrags trägt oder die Antragsgegnerin materiell hinsichtlich des Einwands beweisbelastet ist, dass die an sich gegebene Statthaftigkeit des Widerspruchs wegen Verfristung des Widerspruchs entfalle (vgl. zur Beweislast für den Zugang eines Widerspruchsschreibens allerdings ThürOVG, Beschluss v. 7.2.2011 – 2 ZKO 621/09 –, juris Rdnr. 7 [Hauptsacheverfahren] und HambOVG, Beschluss v. 24.10.2005 – 3 Nc 37/05 –, juris Rdnr. 8 [Eilrechtsschutzverfahren]). Denn angesichts der dargetanen Gesamtumstände spricht vieles dafür, dass ein (als solches hinreichend erkennbares) Widerspruchsschreiben des Bevollmächtigten des Antragstellers am 15.8.2023 gegen 18:43 Uhr auf dem Server der Antragsgegnerin eingegangen sein dürfte.

In einer solchen Situation kann sich die Antragsgegnerin nicht darauf beschränken, den Zugang eines entsprechen Schreibens pauschal oder unter Verweis auf ihre regelmäßig korrekt ablaufenden Verwaltungsvorgänge zu bestreiten, da sich sämtliche in Rede stehenden Vorgänge alleine in ihrer Sphäre abspielen. Ebenso wenig kann sie sich darauf berufen, sämtliche den Posteingang betreffenden digitalen Verwaltungsvorgänge bereits nach wenigen Monaten – d. h. in einem Zeitraum, in dem nicht notwendigerweise mit einer Entscheidung über einen Widerspruch gerechnet werden kann und auch ein etwaiges »Untergehen« eines Schriftstückes nicht notwendigerweise bemerkt wird – automatisiert gelöscht zu haben. Angesichts dessen spricht vieles für die Annahme einer fristgerechten Widerspruchseinlegung.

Entgegen der seitens der Antragsgegnerin vertretenen Rechtsauffassung kann auch nicht davon ausgegangen werden, dass das elektronische Widerspruchsschreiben den gesetzlichen Formanforderungen nicht genügte.

Zwar weist sie im Ausgangspunkt zutreffend darauf hin, dass die Vorschrift des § 55a VwGO, die eine formwirksame Einreichung elektronischer Dokumente sowohl mit einer qualifizierten elektronischen Signatur als auch dann ermöglicht, wenn das betreffende Dokument lediglich einfach signiert, aber auf einem sicheren Übermittlungsweg übermittelt wird (§ 55a Abs. 3, Abs. 4 Satz 1 VwGO), schon ausweislich des Gesetzeswortlauts (§ 55a Abs. 1 VwGO) nur auf die Einreichung elektronischer Dokumente bei Gericht Anwendung findet (vgl. VG Karlsruhe, Urteil v. 6.5.2024 – 2 K 3493/23 –, juris Rdnr. 36).

Nach § 70 Abs. 1 Satz 1 VwGO in der hier anzuwendenden, bis zum 31.12.2023 gültigen Fassung des Gesetzes vom 5.7.2017 (BGBl. I, 2208) konnte der Widerspruch jedoch sowohl schriftlich, »in elektronischer Form nach § 3a Abs. 2 VwVfG« als auch zur Niederschrift bei der Behörde erhoben werden. Nach § 3a Abs. 2 Satz 1 VwVfG besteht jedoch ebenfalls die Möglichkeit, eine durch Rechtsvorschrift angeordnete Schriftform durch die elektronische Form zu ersetzen. Nach § 3a Abs. 2 Satz 2 VwVfG i. d. F. des Gesetzes vom 18.7.2017 (BGBl. I, 2745) genügt hierfür ein elektronisches Dokument, das mit einer qualifizierten elektronischen Signatur versehen ist (vgl. Ulrich, in: Ory/Weth, jurisPK-ERV Band 3, 2. Aufl., § 70 VwGO [Stand: 15.12.2022], Rdnr. 14, 24). Insoweit ergibt sich aus dem vorgelegten Prüfungsprotokoll vom 13.10.2023, dass der Bevollmächtigte des Antragstellers auch das am 15.8.2023 um 18:43 Uhr an die Antragstellerin übermittelte Dokument »2023000051_Antrag_20230815001.pdf« – wie auch die Antragsschrift –, das im Feld »Bezeichnung« als »Widerspruch« bezeichnet ist, qualifiziert elektronisch signiert hatte. Auch ohne Vorlage des eigentlichen Dokuments, das ggf. allerdings zumindest im Hauptsacheverfahren vorzulegen wäre, spricht daher einiges für die Statthaftigkeit des vom Verwaltungsgericht für unzulässig gehaltenen Eilrechtsschutzantrags. …

Nr. 168

1. **Im Anwendungsbereich des § 70 Abs. 1 VwGO i. V. m. § 3a VwVfG in der Fassung vom 21.6.2019 ist die mit einer qualifizierten elektronischen Signatur versehene elektronische Einreichungsform kein Unterfall der Schriftform.**

2. **Ein nach diesen Vorschriften an das elektronische Behördenpostfach übermitteltes elektronisches Dokument, das nicht der dafür vorgesehenen elektronischen Form genügt, ist dort nur (formunwirksam) elektronisch und nicht zugleich »schriftlich« eingegangen. Ein ohne notwendige qualifizierte elektronische Signatur in elektronischer Form erhobener Widerspruch kann deshalb nicht nach den in der Rechtsprechung entwickelten Kriterien als trotz fehlender eigenhändiger Unterschrift formwirksamer schriftlicher Widerspruch aufrechterhalten werden.**

VwGO § 70.

VGH Baden-Württemberg, Urteil vom 10. Dezember 2024 – 5 S 673/24 –.

Aus den Gründen:

Am 22.3.2022 beantragte die Klägerin die Erteilung eines Bauvorbescheides ….

Mit Bescheid vom 31.8.2022 lehnte die Beklagte die Erteilung des Bauvorbescheides ab. …

Hiergegen erhob der Prozessbevollmächtigte der Klägerin am 29.9.2022 über sein besonderes elektronisches Anwaltspostfach und das besondere elektronische Behördenpostfach der Beklagten für die Klägerin Widerspruch. Das Widerspruchsschreiben wurde vom Prozessbevollmächtigten nicht eigenhändig unterzeichnet, sondern mit der maschinenschriftlichen Wiedergabe seines Namens sowie seiner Fachanwaltsbezeichnung versehen. Ausweislich des Prüfvermerks des elektronischen Behördenpostfachs der Beklagten ist das Schreiben nicht qualifiziert elektronisch signiert. …

Mit Bescheid vom 14.4.2022 wies das Regierungspräsidium Karlsruhe den Widerspruch als unzulässig zurück, da das Schreiben vom 29.9.2022 weder die schriftliche noch die elektronische Form i. S. d. § 70 Abs. 1 Satz 1 VwGO wahre. …

Am 17.5.2023 hat die Klägerin beim VG Karlsruhe Klage erhoben ….

Mit Urteil v. 29.11.2023 hat das Verwaltungsgericht die Klage abgewiesen ….

Die Berufung der Klägerin gegen das Urteil des Verwaltungsgerichts Karlsruhe vom 29.11.2023 – 2 K 1932/23 – hat keinen Erfolg. …

Zu Recht hat das Verwaltungsgericht die Klage für unzulässig gehalten, denn die Klägerin hat nicht das hier nach § 68 Abs. 1 Satz 1 VwGO i. V. m. § 68 Abs. 2 VwGO vor Klageerhebung durchzuführende Widerspruchsverfahren durchlaufen. Sie hat innerhalb der Widerspruchsfrist keinen zulässigen Widerspruch erhoben. Die Durchführung des Vorverfahrens ist hier nicht ausnahmsweise entbehrlich. Für eine Wiedereinsetzung der Klägerin in die versäumte Widerspruchsfrist besteht kein Anlass.

Die einmonatige Widerspruchsfrist des § 70 Abs. 1 Satz 1 VwGO hat hier mit der Zustellung der Ablehnungsentscheidung der Beklagten an den Prozessbevollmächtigten der Klägerin am 1.9.2022 zu laufen begonnen und hat mit Ablauf des 4.10.2022 geendet. Denn der 1.10.2022 war ein Samstag und der 3.10.2022 ein Feiertag (§ 57 Abs. 2 VwGO, § 222 ZPO, § 187 Abs. 1 BGB, § 188 Abs. 2 BGB). Innerhalb dieser Frist hat die Klägerin ausschließlich mit Schreiben vom 29.9.2022 bei der Beklagten Widerspruch erhoben. Auf die Jahresfrist des § 58 Abs. 2 VwGO kommt es hingegen nicht an. Denn die Rechtsbehelfsbelehrung im Ausgangsbescheid war ordnungsgemäß. Über die für den Rechtsbehelf geltenden Formvorschriften war darin nicht zu belehren (BVerwG, Urteile v. 27.2.1976 – IV C 74.74 – juris Rn 19 ff; 29.8.2018 – 1 C 6.18 – juris Rdnr. 13 und vom 25.1.2021 – 9 C 8.19 – juris Rdnr. 28; Czybulka in Sodan/Ziekow, 3. Auflage, § 58, Rdnr. 61 m. w. N., auch zur Gegenauffassung). Davon ist das Verwaltungsgericht zu Recht ausgegangen. …

Das Widerspruchsschreiben vom 29.9.2022 entspricht jedoch nicht der in § 70 Abs. 1 Satz 1 VwGO verlangten Form. Maßgebend ist hier § 70 VwGO in der bis zum 31.12.2023 gültigen Fassung vom 5.7.2017 (VwGO 2017). Danach war der Widerspruch schriftlich, in elektronischer Form nach § 3a Abs. 2 des Verwaltungsverfahrensgesetzes oder zur Niederschrift bei der Behörde zu erheben, die den Verwaltungsakt erlassen hat.

Die Klägerin hat ihren Widerspruch nicht im Wege der Niederschrift bei der Beklagten erhoben.

Der Widerspruch vom 29.9.2022 wurde auch nicht in elektronischer Form erhoben. Zwar ist er über das besondere elektronische Anwaltspostfach ihres Prozessbevollmächtigten sowie über das besondere elektronische Behördenpostfach und damit elektronisch bei der Beklagten eingegangen. § 3a Abs. 2 Satz 2 des Verwaltungsverfahrensgesetzes in der hier maßgeblichen, noch bis 31.12.2023 geltenden Fassung vom 21.6.2019 (im Folgenden: VwVfG 2019) verlangt für das Vorliegen der »elektronischen Form« jedoch, dass das elektronische Dokument zusätzlich mit einer qualifizierten elektronischen Signatur versehen ist. Über eine solche Signatur verfügte das Widerspruchsschreiben vom 29.9.2022 ausweislich des Prüfvermerks vom selben Tage nicht. Dies ist unter den Beteiligten unstreitig.

Offensichtlich – und ebenfalls unstreitig – liegen auch die weiteren Voraussetzungen nicht vor, unter denen nach § 3a Abs. 2 Satz 4 VwVfG 2019 die Schriftform durch eine elektronische Kommunikation ersetzt werden konnte, nämlich die unmittelbare Erklärung in einem elektronischen Formular, die Versendung eines elektronischen Dokuments mit der Versandart nach § 5 Abs. 5 des De-Mail-Gesetzes, die Versendung einer De-Mail-Nachricht nach § 5 Abs. 5 des De-Mail-Gesetze oder die Verwendung eines sonstigen sicheren Verfahrens, welches durch Rechtsverordnung der Bundesregierung festgelegt wurde. Die erforderliche Rechtsverordnung war jedenfalls bei Ablauf der o. g. Widerspruchsfrist am 5.10.2022 noch nicht ergangen.

Der am 29.9.2022 an die Beklagte übermittelte Widerspruch wurde ferner nicht »schriftlich« i. S. v. § 70 Abs. 1 Satz 1 VwGO 2017 erhoben. Denn die Klägerin hat sich bei der Übermittlung ihres Widerspruchsschreibens vom 29.9.2022 des elektronischen Behördenpostfachs der Beklagten und damit eines von dieser eröffneten elektronischen Zugangs bedient (§ 3a Abs. 1 VwVfG 2019). Ein im Sinne von § 70 Abs. 1 Satz 1 VwGO 2017 i. V. m. § 3a VwVfG 2019 übermitteltes elektronisches Dokument, das nicht der dafür vorgesehenen elektronischen Form genügt, ist dort nur (formunwirksam) elektronisch und nicht zugleich »schriftlich« eingegangen.

Dies ergibt sich bereits aus dem Wortlaut des § 70 Abs. 1 VwGO 2017. Denn dort differenziert der Gesetzgeber zwischen den Einreichungsarten »schriftlich«, »in elektronischer Form nach § 3a Abs. 2 des Verwaltungsverfahrensgesetzes« und »zur Niederschrift bei der Behörde«. Anders als bei der Klageerhebung, wo er es bei den in § 81 VwGO genannten, herkömmlichen Klageeinreichungsalternativen »Schriftform« und »Einreichung zu Protokoll des Urkundsbeamten der Geschäftsstelle« belassen, in § 55a VwGO lediglich die Übermittlung elektronischer Dokumente an das Gericht geregelt und damit die Schriftformanforderungen modifiziert hat (dazu im Einzelnen BVerwG, Urteil v. 25.1.2021 – 9 C 8.18 – juris Rdnr. 31 ff), hat er mit der Einfügung der Wörter »in elektronischer Form nach § 3a Abs. 2 VwVfG«

durch das VwGO-Änderungsgesetz vom 5.7.2017 (BGBl. I 2208) in § 70 Abs. 1 Satz 1 VwGO keine Unterform schriftlicher Einreichung, sondern eine zusätzliche, eigenständige elektronische Einreichungsform geschaffen, welche an die Stelle der Schriftform tritt (so auch BVerwG a. a. O. Rdnr. 41; Eyermann, VwGO, 16. Auflage, § 55a Rdnr. 3 und Kopp/Schenke, VwGO, 30. Auflage, § 55a Rdnr. 1). Dies folgt auch aus der Formulierung in § 3a Abs. 2 Satz 1 und Satz 4 VwVfG 2019, dass die Schriftform durch bestimmte Formen elektronischer Übermittlung »ersetzt« werden kann.

Dieses schon bei einem Wortlautvergleich naheliegende Ergebnis wird bei einem Blick in die Gesetzgebungsmaterialien bestätigt. Denn in der Gesetzesbegründung zu dem Dritten Gesetz zur Änderung verfahrensrechtlicher Vorschriften vom 21.8.2002 (BGBl I, S. 3320), mit welchem die Regelung des § 3a in das Verwaltungsverfahrensgesetz eingefügt wurde, wird betont, dass elektronische Kommunikationsformen künftig »gleichberechtigt neben der Schriftform und der mündlichen Form« rechtswirksam sollen verwendet werden können und die »durch Rechtsvorschrift angeordnete Schriftform der mit einer qualifizierten elektronischen Signatur verbundenen Form« gleichwertig sein soll (BT-Drs 14/9000 S. 26). Zudem ist (S. 27) davon die Rede, dass eine Möglichkeit geschaffen werden soll, die Schriftform durch eine funktionsäquivalente elektronische Alternative zu ersetzen. Beiden Einreichungsformen gemeinsam ist nach der Vorstellung des Gesetzgebers lediglich, dass es sich jeweils um eine Gedankenerklärung handelt (S. 28). Im Anwendungsbereich des § 70 Abs. 1 VwGO i. V. m. § 3a VwVfG 2019 ist die mit einer qualifizierten elektronischen Signatur verbundene Einreichungsform daher kein Unterfall der Schriftform.

Dafür spricht auch die ausdrückliche Klarstellung in der Gesetzesbegründung (BT-Drs. 14/9000 S. 27 unter 3. und 4.), dass es Erscheinungsformen elektronischer Dokumente nicht nur als Alternative zur gesetzlich angeordneten Schriftlichkeit gebe, sondern auch im Rahmen der gesetzlich angeordneten Schriftform. Als Beispiel werden dort E-Mails ohne qualifizierte elektronische Signatur genannt. Solche Erscheinungsformen sind jedoch nicht Regelungsgegenstand des § 3a VwVfG und sollen einer ausdrücklichen (gesetzlichen) Regelung vorbehalten bleiben.

Telelogische Argumente sprechen ebenfalls für die Auslegung, dass die elektronische Form i. S. d. § 3a VwVfG jedenfalls im Rahmen des § 70 Abs. 1 Satz 1 VwGO kein Unterfall der Schriftform ist.

Denn der Gesetzgeber wollte mit der Einführung elektronischer Kommunikationsformen im VwVfG zwar einerseits neuen technischen Entwicklungen Rechnung tragen und damit die Zugangsmöglichkeiten zur Verwaltung erweitern. Andererseits war es ihm aber ein zentrales Anliegen, die Authentizität und Integrität der elektronisch übermittelten Dokumente sicherzustellen. Als Mittel der Wahl erschienen ihm die Regelungen des Signaturgesetzes, denn ohne eine qualifizierte elektronische Signatur hatte ein elektronisches

Dokument seiner Ansicht nach nicht die der Schriftform entsprechende Funktionalität und nur eine geringe Beweisqualität (BT-Drs 14/9000, S. 26 und S. 28). Diese Zielsetzung würde konterkariert, wenn elektronische Kommunikationsformen, die in den Anwendungsbereich des § 3a VwVfG fallen – wie die von der Klägerin hier gewählte elektronische Übermittlung über ein besonderes Behördenpostfach – plötzlich die Einreichungsform wechseln und den Charakter einer schriftlichen Erklärung annehmen könnten, sofern sie nicht den für eine elektronische Übermittlung erforderlichen Anforderungen entsprechen und beispielsweise – wie im vorliegenden Fall – nicht die notwendige qualifizierte elektronische Signatur aufweisen. Zudem würde der Anwendungsbereich des § 3a VwVfG unter Verkennung des gesetzgeberischen Anliegens in ganz erheblichem Umfang reduziert und Unsicherheit über die Wirksamkeit rechtserheblicher Erklärungen ausgelöst, wenn fehlgeschlagene elektronische Einreichungsformen, die unter § 3a VwVfG fallen, als schriftliche Einreichungsformen aufrechterhalten werden könnten und dies von der Behörde sodann aufwändig geprüft werden müsste.

Aus dem Ausgeführten ergibt sich zugleich, dass den hier maßgeblichen Vorschriften (§ 70 Abs. 1 Satz 1 VwGO 2017 i. V. m. § 3a VwVfG 2019) ein unterschiedliches systematisches Verständnis von schriftlicher Einreichungsform einerseits und elektronischer Einreichungsform andererseits zugrunde liegt, das es nicht zulässt, die spezifischen Geltungsvoraussetzungen eines in elektronischer Form übermittelten Dokuments mittels eines Rückgriffs auf die Anforderungen der Schriftform zu umgehen.

Dies hat zur Folge, dass die von der Klägerin gewählte elektronische Einreichung ihres Widerspruchs ohne erforderliche qualifizierte elektronische Signatur auch nicht nach den Kriterien aufrechterhalten werden kann, welche die Rechtsprechung zum Schriftformerfordernis entwickelt hat, um dem jeweiligen technischen Fortschritt auf dem Gebiet der Telekommunikation Rechnung zu tragen. Danach genügt auch eine Übermittlung von bestimmenden Schriftsätzen durch Telegramm, Fernschreiben (Telex), Telebrief, Telefax und Computerfax dem Schriftformerfordernis, obwohl in diesen Fällen kein eigenhändig unterschriebenes Original bei dem Gericht oder bei der Behörde eingeht (Gemeinsamer Senat der obersten Gerichtshöfe des Bundes, Beschluss v. 5.4.2000 – GmS-OGB 1.98 – juris; BVerwG, Urteil v. 25.1.2021 – 9 C 8.19 – juris Rdnr. 34 m. w. N.). Auf die Frage, ob der Widerspruch der Klägerin den Anforderungen der Schriftform genügt, kommt es schon mit Blick auf die von ihr gewählte alternative Einreichungsform nicht an.

Entgegen dem Berufungsvortrag der Klägerin ergibt sich aus dem Urteil des 4. Senats des Verwaltungsgerichtshofs vom 8.6.2021 (– 4 S 1004/21 –, juris) nichts Gegenteiliges. Denn diese Entscheidung betrifft die – vom 4. Senat bejahte – Frage, ob eine über das Kundenportal des Landes Baden-Württemberg verschlüsselt versandte Nachricht den Anforderungen an die Schriftform gemäß § 70 VwGO entspricht. Um solche Anforderungen geht es hier nicht.

Soweit in Rdnr. 31 ff der genannten Entscheidung elektronische Kommunikationsformen unter dem Gesichtspunkt des § 3a VwVfG (in der hier maßgeblichen Fassung) betrachtet werden, prüft der 4. Senat erkennbar nur, ob solche elektronischen Kommunikationsformen im Rahmen der gesetzlichen Schriftform zulässig sind. Zu dem hier vorliegenden Fall des Vorliegens eines die Schriftform ersetzenden elektronischen Schriftformäquivalents äußert sich der 4. Senat nicht. Im Gegenteil stellt er ausdrücklich fest (Rdnr. 33 f.), dass ein Schriftformäquivalent nicht vorliegt.

Die Klägerin weist im Berufungsverfahren zu Recht darauf hin, dass ihr Widerspruch unter Zugrundelegung des aktuellen Rechts rechtswirksam eingegangen wäre. Denn nach § 70 Abs. 1 Satz 1 VwGO i. V. m. § 3a Abs. 3 Nr. 2a) VwVfG aktueller Fassung kann die Schriftform auch dadurch ersetzt werden, dass eine von dem Erklärenden elektronisch signierte Erklärung an die Behörde aus einem besonderen elektronischen Anwaltspostfach an die Behörde (über deren besonderes elektronisches Behördenpostfach) übermittelt wird. Eine qualifizierte elektronische Signatur ist in diesem Fall nicht (mehr) erforderlich. Diese Änderung wurde mit dem zum 1.1.2024 in Kraft getretenen 5. Gesetz zur Änderung verwaltungsverfahrensrechtlicher Vorschriften eingeführt. Ausweislich der Gesetzesbegründung (BT-Drs. 20/8299 S. 13) hat der Gesetzgeber damit der Forderung der Anwaltschaft entsprochen, schriftformersetzende elektronische Kommunikation auch in Verwaltungsverfahren über das besondere elektronische Anwaltspostfach zuzulassen, dessen Nutzung für die elektronische Kommunikation mit den Gerichten zwingend vorgeschrieben ist (§ 55a VwGO). Die zum 1.1.2024 in Kraft getretene Änderung bestätigt, dass § 3a Abs. 2 VwVfG in der bislang geltenden – und hier maßgeblichen – Fassung ein anderes Regelungsmodell verfolgte als § 81 i. V. m. § 55a VwGO. Sie ändert deshalb nichts daran, dass der bereits am 29.9.2022 übermittelte Widerspruch formunwirksam ist.

Der Widerspruch wurde auch nicht deshalb »schriftlich« i. S. v. § 70 Abs. 1 Satz 1 VwGO 2019 bei der Beklagten erhoben, weil diese das Widerspruchsschreiben vom 29.9.2022 nach Erhalt ausgedruckt hat. Denn hierfür wäre Voraussetzung, dass das ausgedruckte Dokument jedenfalls im Original eine handschriftliche Unterschrift aufweist. Dies hat das Verwaltungsgericht auf Seite 18 seines Urteils überzeugend im Einzelnen ausgeführt. Hierauf wird verwiesen (§ 130b Satz 2 VwGO). Die Klägerin greift diese Argumentation in ihrer Berufung auch nicht an.

Die Durchführung des Vorverfahrens ist hier nicht ausnahmsweise entbehrlich, weil sich die Beklagte oder das Regierungspräsidium Karlsruhe vorbehaltlos zur Begründetheit der Klage in der Sache eingelassen hätten.

Die Klägerin meint, die Beklagte – in Gestalt ihrer Baurechtsbehörde – sei bereits im Rahmen ihrer Abhilfeentscheidung in die Sachprüfung eingetreten. Dies ist nicht nachvollziehbar, denn die Beklagte hat dem Widerspruch gerade nicht abgeholfen und diesen vielmehr mit Schreiben vom 9.11.2022 an das Regierungspräsidium mit der Bitte um Entscheidung weitergeleitet. Der Umstand, dass der Widerspruch der Klägerin in dem Vorlageschreiben an das Regierungspräsidium als »form- und fristgerecht eingelegt« bezeichnet wurde, stellt schon deshalb keine vorbehaltlose Einlassung in der Sache dar, weil die Zuständigkeit der Ausgangsbehörde darauf beschränkt ist, dem Widerspruch entweder abzuhelfen, was nicht geschehen ist, oder diesen zur Entscheidung an die Widerspruchsbehörde weiterzuleiten (Kopp/Schenke, VwGO, 30. Auflage, § 72 Rdnr. 3). Zudem betrifft dieses Schreiben nur das Innenverhältnis zwischen Ausgangs- und Widerspruchsbehörde. …

Weil nach Nichtabhilfe der Beklagten allein die Widerspruchsbehörde zur Sachentscheidung berufen war, kommt es nur noch darauf an, ob sich das Regierungspräsidium Karlsruhe im Verwaltungsverfahren vorbehaltslos in der Sache eingelassen hat. Dies ist nicht der Fall. Denn das Regierungspräsidium hat die Unzulässigkeit des Widerspruchs gegenüber der Klägerin bereits mit Schreiben vom 15.3.2023 ausdrücklich kommuniziert und den Widerspruch mit Entscheidung vom 14.4.2023 sodann wegen dessen Unzulässigkeit zurückgewiesen. Der Hinweis, dass der Widerspruch auch unbegründet sei, erfolgte am Ende des Bescheides ausdrücklich »hilfsweise und ohne Verzicht auf die Widerspruchsfrist«.

Im gerichtlichen Verfahren hat sich die Beklagte ebenfalls nicht sachlich auf die Klage eingelassen. Dies gilt schon deshalb, weil sie nicht die zuständige Widerspruchsbehörde und über den Widerspruch somit gar nicht dispositionsbefugt ist (vgl. BVerwG, Urteil v. 2.9.1983 – 7 C 97.81 – juris Rdnr. 8f; VGH Bad.-Württ., Urteil v. 23.9.1991 – 1 S 1746/91 – juris Rdnr. 17; OVG Saarland, Urteil v. 8.6.1995 – 1 R 57/94 – juris Rdnr. 44). Zudem hat sie das Fehlen des Vorverfahrens sowohl im Verfahren erster Instanz als auch im Berufungsverfahren ausdrücklich gerügt. Deshalb ist es unschädlich, dass ihre Schriftsätze vom 30.6.2023 und vom 16.7.2024 auch – in der Sache als Hilfsvortrag zu verstehende – Ausführungen zur Begründetheit enthalten.

Zu Recht hat das Regierungspräsidium der Klägerin keine Wiedereinsetzung in den vorigen Stand bezüglich der ohne formwirksamen Widerspruch abgelaufenen Widerspruchsfrist (§ 70 Abs. 2 VwGO 2017 i. V. m. § 60 Abs. 1 bis 4 VwGO) gewährt. Denn eine Wiedereinsetzung setzt voraus, dass der Antrag binnen zwei Wochen nach Wegfall des Hindernisses gestellt und die versäumte Rechtshandlung innerhalb dieser Frist nachgeholt wird. Dies ist hier nicht geschehen. Der Klägerin war spätestens infolge des verfahrensleitenden Hinweises des Regierungspräsidiums Karlsruhe vom 15.3.2023 bekannt, dass der am 29.9.2022 eingegangene Widerspruch nicht formwirksam erhoben ist. Einen Wiedereinsetzungsantrag hat sie jedoch nicht gestellt. Das Schreiben ihres Prozessbevollmächtigten vom 23.3.2023 enthält zur Frage der Wiedereinsetzung keinen Vortrag. Dort wird vielmehr ausgeführt, dass der Widerspruch vom 29.9.2022 formwirksam erhoben sei, und eine Fristversäumung gerade in Abrede gestellt. Deshalb fehlt es auch an der nach § 60 Abs. 2 Satz 2 VwGO notwendigen Glaubhaftmachung.

Für eine Wiedereinsetzung von Amts wegen gem. § 60 Abs. 2 Satz 4 VwGO bestand in dieser Situation ebenfalls kein Anlass. Denn abgesehen davon, dass die Klägerin die versäumte Rechtshandlung nicht innerhalb der zweiwöchigen Antragsfrist nachgeholt hat, liegen bei ihr keine offen zu Tage liegenden Umstände vor, welche eine Fristversäumung als unverschuldet erkennen lassen (BVerwG, Beschluss v. 27.6.2022 – 8 PKH 1.22 – juris Rdnr. 4).

Schließlich ist eine Wiedereinsetzung (nunmehr durch den Senat, vgl. VGH Bad.-Württ., Urteil v. 28.5.1980 – 9 S 114/80 – juris Rdnr. 19) auch deshalb nicht mehr möglich, weil inzwischen die Jahresfrist des § 60 Abs. 3 VwGO, gerechnet ab dem Ablauf der Widerspruchsfrist am 4.10.2022, 24.00 Uhr, abgelaufen ist. Der innerhalb der Jahresfrist liegende Klagevortrag vor dem Verwaltungsgericht (Schriftsatz vom 17.5.2023) enthält schon kein entsprechendes Begehren an das Gericht. Denn das Wort Wiedereinsetzung wird dort nur im letzten Satz als Vorwurf an das Regierungspräsidium erwähnt. Zudem fehlt es an jeglichem Vortrag hierzu und erst recht an einer Glaubhaftmachung. …

Stichwortverzeichnis

(Die Zahlen bezeichnen jeweils die Nummer der Entscheidung.)

N

O

P

R